JN192748

火災便覧

Handbook for Fire Science and Engineering

第4版

日本火災学会編

共立出版

刊行のことば

　火災は，生活や産業など人間の日々の営みの中で発生し，その被害は人命から建造物，財産，社会的機能など多方面に及びます．被害の軽減には施設の防火性能の確保をはじめ火災時の迅速な対応・消防活動，火災保険等の活用が必要で，そのために必要な情報や技術は，各種の災害の中でも特に広い範囲に及んでいます．火災便覧初版は，こうした観点から1955年（昭和30年），戦災復興から経済成長期に入る時期に刊行され，火災に関する幅広い情報を科学の目で検証した最初の集大成として各界から好評をもって受け入れられました．

　その後，研究の進展，技術の発達，社会環境の変化に応じて1984年（昭和59年）に新版が，また1997年（平成9年）には第3版が刊行され，いずれも火災研究，防災技術の開発，消防活動，施設の防災計画，火災鑑定等にあたって，科学的で信頼される基本資料として活用されてきました．第3版の刊行から約20年を経て本格的な高齢社会の到来を迎えるとともに，東日本大震災等では自然災害に伴う火災の新たな課題が浮き彫りになり，避難や広域火災，産業火災について新しい取り組みが必要になってきました．また，木材活用や電気自動車の普及等の社会情勢には，火災安全の今後に向けた新たな取り組みの必要性も窺われます．一方で，火災研究の各分野では，現象の理解に向けた新たな考え方が導入され，シミュレーション手法の進歩と普及，基本データの整備等，大きな発展が見られました．

　こうした背景から，2016年（平成28年）に火災便覧第4版の編集委員会が発足し，旧第3版刊行以降の火災を巡る環境の変化を踏まえ，今後の防火対策に資するように新たな研究成果と火災統計等の情報を踏まえた内容とすべく真摯に編集を進めて参りました．本書を活用される読者の期待に十分かなうものと確信しております．

　ここに本書を世に送るにあたり，編集執筆に取り組まれた編集委員会の方々及び執筆者の尽力に感謝すると同時に，本書が火災安全に関わる方々の手引きとして広く活用されることを願ってやみません．

　平成30年10月

公益社団法人
日本火災学会会長　長谷見　雄二

編集委員・主査・幹事一覧

編集委員 （五十音順）

主査 土 橋　　律 （東京大学大学院工学系研究科）
幹事 八 島 正　明 （独立行政法人労働者健康安全機構 労働安全衛生総合研究所）
　　 秋 月 有 紀 （富山大学人間発達科学部）
　　 大 宮 喜 文 （東京理科大学理工学部）
　　 喜 多 洋 樹 （東京消防庁予防部調査課）
　　 田 村 裕 之 （総務省消防庁消防大学校消防研究センター）
　　 中 村　　順 （公益財団法人総合安全工学研究所）
　　 成 瀬 友 宏 （国土交通省国土技術政策総合研究所）
　　 北 後 明 彦 （神戸大学都市安全研究センター）
　　 水 野 雅 之 （東京理科大学大学院理工学研究科）

主査・幹事
第一編　火災の基礎

第1章　燃 焼 現 象　　　　主査 土 橋　　律 （東京大学大学院工学系研究科）
　　　　　　　　　　　　　　幹事 鈴 木 正太郎 （長岡技術科学大学工学部）
第2章　伝 熱 と 熱 気 流　　主査 大 宮 喜 文 （東京理科大学理工学部）
　　　　　　　　　　　　　　幹事 野 秋 政 希 （国立研究開発法人建築研究所）
第3章　火災現象と火災性状　主査 大 宮 喜 文 （東京理科大学理工学部）
　　　　　　　　　　　　　　幹事 野 秋 政 希 （国立研究開発法人建築研究所）

第二編　各種の火災の実態

第4章　火 災 の 実 態　　　主査 鈴 木 恵 子 （総務省消防庁消防大学校消防研究センター）
　　　　　　　　　　　　　　幹事 篠 原 雅 彦 （総務省消防庁消防大学校消防研究センター）
第5章　建 物 火 災　　　　主査 成 瀬 友 宏 （国土交通省国土技術政策総合研究所）
　　　　　　　　　　　　　　幹事 鈴 木 淳 一 （国土交通省国土技術政策総合研究所）
第6章　火災時の避難行動・　主査 佐 野 友 紀 （早稲田大学人間科学学術院）
　　　　心理・人間生理　　　幹事 水 野 雅 之 （東京理科大学大学院理工学研究科）
第7章　産 業 火 災 爆 発　　主査 西　　 晴 樹 （総務省消防庁消防大学校消防研究センター）
　　　　　　　　　　　　　　幹事 板 垣 晴 彦 （独立行政法人労働者健康安全機構
　　　　　　　　　　　　　　　　　　　　　　　労働安全衛生総合研究所）
第8章　広 域 火 災 の 現 象　主査 岩 見 達 也 （国立研究開発法人建築研究所）
　　　　　　　　　　　　　　幹事 樋 本 圭 佑 （国土交通省国土技術政策総合研究所）

目　　　次

第一編　火　災　の　基　礎

第2章　伝熱と熱気流

第二編　各種の火災の実態

第8章　広域火災の現象

第三編　火災安全対策の技術と方法

第四編　火災安全に関する調査・研究

資　料　編

第一編　火 災 の 基 礎

	主　査	幹　事
第1章	土橋　　律	鈴木正太郎
第2章	大宮　喜文	野秋　政希
第3章	大宮　喜文	野秋　政希

執筆者（五十音順）

岩田　雄策	大谷　英雄	大宮　喜文	尾川　義雄	桑名　一徳
斎藤　　直	神　　忠久	鈴木正太郎	鈴木　鑓士	関根　　孝
高橋　　哲	鶴田　　俊	徳永　太造	土橋　　律	成瀬　友宏
野秋　政希	長谷見雄二	平野　敏右	松下　敬幸	若松　孝旺

第1章 燃 焼 現 象

1・1 燃焼現象の分類

1・1・1 燃 焼 と は

　燃焼という言葉は，通常，燃えることを意味する一般用語として，厳密な定義を考えることもなく使われているが，燃焼学の分野では，高速の発熱反応で，一般に光を伴う過程を表す総称として使われている[1~4]。

　燃えるものにはいろいろなものがある．都市ガス，ガソリン，灯油などはよく燃えるものとして知られている．木は燃えるので，木を素材とする住宅や家具などは，特別の加工をしない限り燃える．また，石油や石炭を原料とするプラスチック類も，燃えにくい物質を含んでいない限り燃える．

　これらの燃えるもののことを，可燃性物質あるいは略して可燃物というが，それらは，私たちの日常生活においていろいろな目的で用いられている．可燃性物質を用途により大別すると，それらを燃焼させることにより，それらの保有する化学エネルギーを熱エネルギーに変換し，その熱エネルギーを利用する，いわゆる火薬や燃料などと，住宅や家具などの生活用品として用いる，可燃性の材料や製品などに分類することができる．これらの可燃性物質のうちの火薬や燃料を，その目的に沿って，制御しながら燃焼させる場合を除くと，燃焼は，多くの場合我々に損失をもたらす．そのような我々に損失をもたらす燃焼のうち，急激な圧力上昇による破壊を引き起こす場合がいわゆる爆発の原因となる燃焼であり，それ以外の燃焼が火災の主要な過程となる燃焼である．

　いろいろな物質が，様々な条件のもとで燃焼する様子を考えてみると，燃焼現象は非常に多様であることがわかる．火花点火機関で起こっている燃焼では，ガソリンと空気の混合気中を，電気火花の着火で形成された火炎が伝播する．室内などで燃焼器から灯油が漏洩し，火災となるときの灯油の燃焼では，蒸発した灯油が周囲の空気中の酸素との間で燃焼反応を起こし，火炎を形成する．木製の椅子が燃焼するときには，木が熱を受けて熱分解して発生した可燃性気体が周囲の空気中の酸素との間で燃焼反応を起こし，この場合にも火炎を形成する．さらに燃焼を続けると炭が残るが，炭は，赤くなった表面で燃焼反応を起こし燃焼する．また，ガスこんろで燃焼する都市ガスは，火口の上流で空気と混合され，火口において安定した火炎を形成し燃焼する．さらに，加圧されたアセチレンは，電気火花などで容易に着火し，火炎がその中を伝播する．

　このように，燃焼は，いわゆる燃焼反応の起こる過程の他，様々な過程を伴う．それらの燃焼に伴う過程をも含めて，燃焼現象という．火災時の燃焼現象の代表として，木材の燃焼と灯油の燃焼に関していえば，火炎からの熱を受けて，木材が熱分解し，灯油が蒸発する過程から，発生した可燃性気体の火炎に向かっての拡散，空気中の酸素の火炎に向かっての拡散，可燃性気体と酸素の燃焼反応，発生した熱の移動，さらには火炎の挙動や燃焼生成物の挙動にいたるまで燃焼現象に含める．燃焼現象が多様であるのは，このような燃焼に伴う過

程が多様であることによる.

　火災科学の分野で燃焼というと，いわゆる火災時の燃焼を指し，木，紙，プラスチック，石油類などの可燃性物質が空気中で燃焼することを想定することが多い．これらの可燃性物質が燃焼するとき，空気中の酸素は燃焼反応を起こすのに不可欠である．そこで，燃焼を可燃性物質が酸素などの酸化剤との間で高速の発熱反応を起こす過程であるというように，狭義に定義することが多い[5, 6]．厳密には問題があるが，一般の火災を対象とする場合に限れば，容認できないことではない．

　以上のように，燃焼は，その定義だけに限ってみてもいろいろな問題がある．それらの問題の解決には，燃焼現象の詳細とその主要過程である燃焼について，的確に理解する必要がある．燃焼現象を詳細に見れば，それぞれ特徴があり，それらを分類することが，それぞれの特徴を把握し，燃焼現象あるいは燃焼を理解する第一歩と思われる．

1・1・2　燃焼に関わる相による分類

　燃焼の経過や燃焼に関与する物質は，多種・多様であり，それが燃焼現象が多岐にわたる要因の１つであるといえる．まず，燃焼現象を燃焼の起こっている部分，いわゆる燃焼帯の物質の状態，すなわち相に関して分類すると次のようになる[1]．

　1）　固相燃焼
　2）　液相燃焼
　3）　気相燃焼
　4）　固液界面燃焼
　5）　液気界面燃焼
　6）　気固界面燃焼

可燃性物質と酸化剤がいずれも固体のままで燃焼反応を起こす固相燃焼や，いずれも液体のままで燃焼反応を起こす液相燃焼のような燃焼は，火薬や爆薬などで起こると考えられる．可燃性物質と酸化剤のいずれもが気体あるいは気体になってから燃焼反応を起こす気相燃焼が最も一般的な燃焼形態であり，ほとんどがこれである．固液，液気および気固界面燃焼のうちで，比較的よく起こるものは気固界面燃焼で，表面燃焼という場合これを指す．炭素が空気中で燃焼するときこの燃焼形態をとる．比重の大きい鉄などの金属が高圧酸素中で燃焼する場合もこの形態をとるといわれてきた．しかし，この場合には，燃焼形態は，液相あるいは気液界面燃焼であると考えたほうが妥当である．

　可燃性物質あるいは分解燃焼性物質の初期状態の相に関して分類すると次のようになる[1]．

　1）　気体の燃焼（均一燃焼）
　2）　液体の燃焼（不均一燃焼）
　3）　固体の燃焼（不均一燃焼）

　調理用のガスこんろにおける燃焼や火災時の燃焼など，通常の状態で可燃性物質が燃焼することを考える場合には，空気が酸化剤であることを前提としているとみてよい．灯油や木のような液体や固体の可燃性物質が燃焼するときには，酸化剤が気体であれば，ほとんどの場合燃焼は気相で起こることになるが，燃焼現象が異なる相にわたっているという意味で，

不均一燃焼という．これに対して，都市ガスのような気体が燃焼するときには，燃焼現象が起こる場すべてが気相にあるので，相が変化しないという意味で，均一燃焼という．均一燃焼は，特別の場合を除いて気体の燃焼に限ると考えてほぼ間違いなさそうである．

1・1・3　可燃性物質と酸化剤の混合による分類

アセチレンなどの単一物質の，酸化剤を混合しない分解燃焼においても火炎は形成されるが，通常観察される火炎は，気体あるいは気化した可燃性物質と酸化剤，すなわち可燃性気体と気体酸化剤の燃焼において形成されるものである．火炎の性質は，可燃性物質と酸化剤があらかじめ混合してから燃焼する場合とそれらが火炎の別の側から拡散してきて燃焼する場合とでは，大幅に異なる．このような火炎の性質に大きな影響を及ぼす可燃性物質と酸化剤の混合に関して，燃焼現象を分類すると次のようになる[1]．

1) 予混合燃焼
2) 拡散燃焼

予混合燃焼の際形成される火炎を予混合火炎とよぶ．ガスこんろの火炎やガス爆発時の火炎が予混合火炎であるが，予混合火炎は混合気中を伝播する一種の波であり，その速度は，燃焼反応速度と温度伝導率に依存する．予混合気が静止していれば，予混合火炎は可燃性気体と酸化剤の性質，それらの混合割合，温度，圧力に応じた速度で伝播することになる．しかし，予混合気が動いていれば，予混合火炎の動きはその動きの影響を受ける．予混合気の火炎面に垂直な方向の速度が燃焼速度より大きければ，火炎は予混合気の流れの方向に動くし，逆であれば，火炎は予混合気の流れに対向する方向に動く．両者が等しければ，当然火炎は静止することになる．また，予混合気が脈動すれば火炎も脈動し，予混合気が乱流状態にあれば火炎も乱流火炎となる．

これに対して，拡散燃焼の際形成される火炎を拡散火炎とよぶ．ろうそくの火炎や家具などが燃焼するときの火炎が拡散火炎であるが，拡散火炎は，火炎への可燃性混合気と酸化剤の拡散によって維持されており，その強度は，それらの拡散速度に依存する．気体分子の拡散は流れの場に大きく影響されるので，可燃性気体と酸化剤の拡散によって維持されている拡散火炎も，流れの状況によって大幅に異なる．流れが層流であれば，火炎は乱れのないいわゆる層流火炎となり，流れが乱流であれば，火炎は複雑な形状の変動する乱流火炎となる．乱流火炎では，乱流混合が高速化したとき，拡散によって火炎が維持されているとはいえなくなる場合がある．このような場合も考慮し，予混合火炎でないものを拡散火炎ではなく非予混合火炎と分類する場合もある．

予混合火炎および拡散火炎の構造と性質については，それぞれ1・5節および1・7節で詳しく述べるので，参照されたい．

1・1・4　定在火炎と伝播火炎

火炎の特徴を示すのに，予混合燃焼による予混合火炎か拡散燃焼による拡散火炎かによる類別の他，火炎が特定の場所に静止している定在火炎か移動している伝播火炎かによる類別がしばしば用いられる．これらの類別の方法を組み合わせると，火炎は，予混合定在火炎，予混合伝播火炎，拡散定在火炎，および拡散伝播火炎に分類できる[7,8]．ただし，予混合火炎と拡散火炎では，移動の機構が全く異なるため，予混合火炎の移動を伝播，拡散火炎の移動

を燃え拡がりといい，これらを区別することが多い．

　代表的な予混合定在火炎として，予混合バーナ火炎，保炎器あるいは壁上の段差や凹みに保持された予混合火炎，対向流予混合火炎などがある[7]（1·5節参照）．予混合バーナ火炎は，バーナ口において安定化している予混合火炎であるが，その形状は，混合気の性質やバーナ口における流れの状況に依存する．円形バーナのバーナ口における流れが一様であれば，火炎は直円錐形になるし，流れが乱れていれば，火炎は複雑な変動する形状となる．保炎器あるいは壁上の段差や凹みに保持された火炎の性質も流れの場や混合気の性質に強く依存することはいうまでもなく，流れの場に直接影響する保炎器あるいは壁上の段差や凹みの形状およびその付近の混合気濃度の制御をどのようにするかが，燃焼機器の設計にとって重要となる．

　火花点火機関の燃焼室内の火炎，ガス爆発時の火炎，あるいは火災時に起こるバックドラフトの火炎などが予混合伝播火炎である．火炎は，可燃性気体と酸化剤が混合してできた混合気中を伝播するが，その挙動は，混合気の濃度分布，温度や圧力，混合気の流れの乱れ，可燃性気体や酸化剤の種類，火炎が伝播する空間の状況などに依存する．一様な濃度，温度，圧力の混合気中を伝播する火炎は球状になるし，火炎が加速するような状況に置かれると，火炎面に乱れが発生する．火炎前方の混合気に何らかの理由で乱れが存在すれば，乱流伝播火炎となる．また，火炎速度が高く火炎の直前に衝撃波が発生し，それによる圧力上昇が燃焼反応を誘起するような状況になることがあるが，この状況における衝撃波と火炎が一体となった波を，爆ごう波（デトネーション波）という．

　拡散定在火炎には，基本的なものに，平行流拡散火炎，対向流拡散火炎，直交流拡散火炎，噴流拡散火炎などがあり[7]（1·7節参照），種々の固体や液体の可燃性物質の燃焼時にみられる火炎のほとんどが，これらのいずれかの火炎あるいはこれらの組み合わせとみられる火炎である．拡散火炎は，すでに述べたように，可燃性気体と酸化剤の拡散の状況に強く依存した特性を持っており，対向流拡散火炎など，特別の場合を除いて，火炎の構造をはじめとする特徴が，火炎帯に沿って変化している．このことは，例えばプロパンと空気の平行流拡散火炎において，その基部では青炎がみられるが下流では黄色の輝炎となる現象により，容易に確認できることである．

　紙やプラスチック板に沿って，燃え拡がっていく場合の火炎は拡散火炎である．このような拡散火炎が移動する機構については種々の説があるが，火炎から熱を受ける未燃焼部分の温度が上昇して，気化して可燃性気体となり気相にそれを供給する部分が火炎の進行方向に移動し，その移動とともに火炎が移動していくことは確からしい．これまでに数多く引用されてきた，火炎の移動すなわち燃え拡がりについての理論においては，火炎からの熱により，未燃焼部分の温度が上昇していく過程を解析し，火炎先端付近の等温度線が移動する速度すなわち熱波の速度を燃え拡がり速度として，それを表す式を導いている[8]．このことより，少なくとも拡散火炎の移動が気体発生領域の移動に支配されていると考えられる．

（平野　敏右・土橋　律）

1・2 火災・爆発と燃焼

1・2・1 火災時の燃焼の経過

　建物の一室で火災が起こった場合の燃焼の経過について説明する．室内火災の経過は，お
おまかに火災の初期，成長期，火盛期，終期の４つの段階に分類できる[1～3]．各々の段階に
ついて以下に簡単に記す．

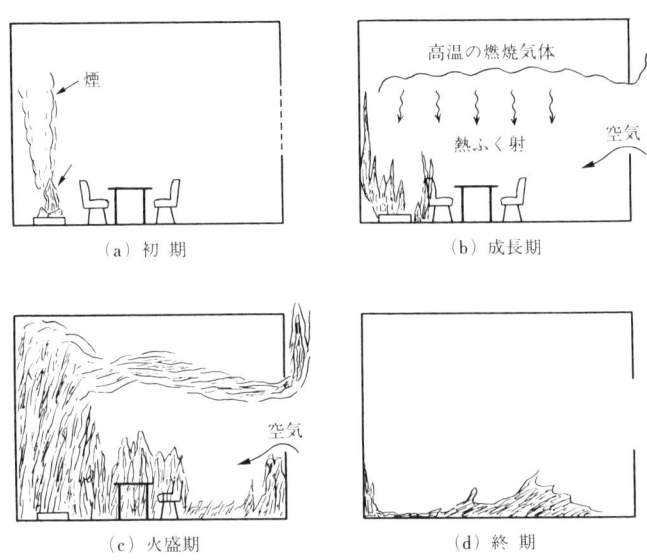

図 1・1　室内火災の経過

（1）火災の初期〔図1・1(a)〕

　何らかの可燃性物質に着火し燃焼が開始することから火災は始まる．火源は，ストーブや
こんろの火，たばこ，電気器具の異常加熱やスパークなどである．可燃性物質は着火の起こ
りやすい紙くず，カーテン，カーペット，クッションなどである．条件が整えば燃焼部分が
拡大していく．ここでの燃焼は，固体の燃焼であり，固体の熱分解等によって生成された可
燃性気体が，固体の表面付近の気相で拡散燃焼を起こし火炎を形成している．この燃焼の範
囲は固体の表面に沿って拡大していく．前節で説明したようにこれを燃え拡がりとよぶ．気
相における反応（拡散燃焼）は，固体から供給される可燃性気体により維持され，また固体
における反応（熱分解等による可燃性気体の発生）は気相の火炎から供給される熱により維
持されている．このように，気相における反応と固体における反応は相互に依存関係にあ
る．燃え拡がり継続の条件は，この依存関係のバランスが成り立つことである．例えば，可
燃性気体の発生や供給が不十分であったり，火炎からの熱の発生や供給が不十分であった場
合には，このバランスが成り立たず燃え拡がりは進行しない．また燃焼の維持には酸素の供
給も必要であり，空気の流通が悪い場合等には，酸素の供給が不足し火炎の維持が困難とな

り，燃え拡がりが進行しなくなる．

このようなバランスが維持できず気相に火炎を形成できないにもかかわらず，燃焼が進行する状態が存在する．これはくん焼または無炎燃焼とよばれ，炎を伴わない燃焼現象である．たばこや線香などの炎を伴わない燃焼がこれにあたる．熱分解により発生する可燃性気体の発生速度が小さく，気相には火炎を維持できないが，残留した炭素の表面燃焼は維持できる場合に起こる．風速の上昇などの条件変化により，しばしばくん焼から火炎を伴う燃焼（有炎燃焼）へと遷移が生じる．実際の火災において，最初の着火物がしばらくの間無炎燃焼をした後，有炎燃焼に遷移し急速に燃焼が拡大するという経過をとることがしばしばみられる．

火災の初期では，酸素の供給は充分であるため火災による発熱速度は燃焼している部分の表面積に依存する．この状態を燃焼物表面積支配の状態という．そのためこの段階では着火，燃え拡がりの現象は，着火の発生する部分付近の状態に依存する現象となり，部屋の全体の大きさや形といった要因の影響はほとんど受けない．

（2）火災の成長期〔図1·1(b)〕

燃え拡がりが起こり燃焼範囲が拡大していくと，火炎は大きくなり，家具や壁，天井に燃え移る．燃焼範囲が拡大すると，燃焼により生じた密度の小さい高温の気体や煙が天井付近に溜まるようになる．この高温の気体からの熱輻射により壁面などの可燃性物質の温度が上昇するため，可燃性物質に沿って急速な燃え拡がりが起こる．このような火炎からの熱のフィードバックにより燃え拡がりは加速的に進行し，室内の部分的な燃焼から全面的な燃焼（火勢期）への急激な変化が起こる．この変化をフラッシュオーバーとよぶ．別の現象であるが，火災の成長期に窓等の破壊により開口が生じた場合にも，開口部から流入した外部の空気により急激に燃焼が促進されるため著しい変化が起きることがあるが，この現象をフラッシュオーバーとよぶこともある．

（3）火盛期〔図1·1(c)〕

フラッシュオーバーを経て室内が全面的に燃焼している状態を火盛期という．火盛期になると室内の様子はフラッシュオーバー以前と一変する[2〜4]．図1·2に室内の温度変化および酸素，一酸化炭素，二酸化炭素の濃度変化の様子を示す．フラッシュオーバー以降，室内の温度は1000℃にも達する．燃焼部分はフラッシュオーバーを境に一気に拡大するため消火も困難になる．また酸素濃度は急激に低下し，一酸化炭素，二酸化炭素濃度が上昇する．したがってこの状態は，人体には非常

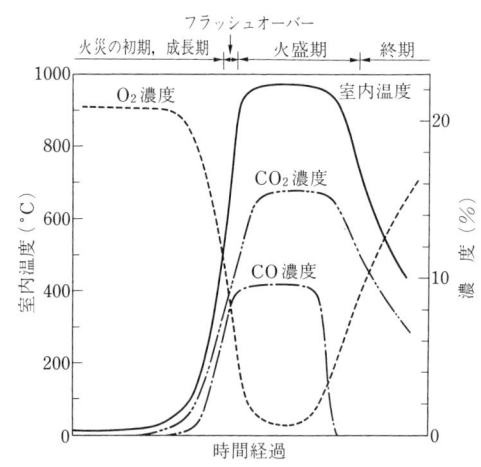

図1·2　火災時の室内の温度，濃度の変化

に過酷な条件となる．このように，フラッシュオーバーにより物的・人的被害が急速に拡大し，消火や避難が非常に困難になることを考えると，フラッシュオーバー以前の消火，避難が重要であることが理解できる．

　室内が全面的に燃焼している状態では，通常，燃焼部分への酸素の供給が不足する．火災により破損された壁面や窓などの開口部が存在すると，開口部の上部から高温で密度の小さい燃焼生成気体が室外に流出し，下部から室外の空気が流入して燃焼部分に酸素の供給がおこなわれる．すなわち換気がおこなわれ，燃焼が進行する．ここでは，燃焼状態は換気量に依存するため，この状態は換気支配とよばれている．さらにこの状態では，燃焼状態は部屋の大きさや形状，開口部の形状に依存するようになる．

（4）火災の終期〔図1·1(d)〕

　ある時間火盛期が続いた後，室内の温度は低下し始め火災は鎮火に向かう．これは燃焼物が燃え尽くされてくることにより熱分解で発生する可燃性気体の量が減少してくるためである．厚い木材等では，燃焼時に表面に形成される炭化層が，熱伝達および可燃性気体の外部への放出の遮蔽効果を持つために，表面からある程度燃焼すると内部に未燃焼部分が残っていてもそれ以上燃焼せずに燃え残る現象が起こることもある．

　以上は室内火災で，消火活動がなされなかった場合について記述した．消火活動が行われればそれだけ早く鎮火に向かうわけである．特に，火盛期になる前に消火を行うことは物的・人的被害の拡大および消火が困難になることを防ぐうえで重要である．

1·2·2　爆発時の燃焼の経過

　爆発という言葉には水蒸気爆発等の物理的爆発をはじめ核爆発まで含まれるが，ここでは燃焼反応を伴う爆発を取り上げる．燃焼反応を伴う爆発も，発生する相によって凝縮相（固相，液相）が関与する爆薬・火薬の爆発，粉じん爆発，および噴霧爆発と，気相のみで発生するガス爆発に分類できる．いずれにおいても燃焼反応が相中を伝播する現象である．爆薬・火薬の爆発では固相中を燃焼波が伝播し，粉じん・噴霧の爆発では気相中に浮遊分散した粉体や液滴の中を燃焼波が伝播し，ガス爆発では気相中を火炎が伝播する．ガス爆発は，可燃性混合気中を予混合火炎が伝播することで発生する典型的な燃焼反応が関与する爆発であるので，ここではガス爆発について説明する．

　ガス爆発は，発生する空間によりかなり異なった様相を呈するが，ここでは縦，横，高さの寸法比が1に近い閉鎖空間を取り上げ，室内でのガス爆発の過程について説明する[5~7]．

（1）混合気の形成〔図1·3(a)〕

　ガス爆発が発生するためには燃焼範囲内の濃度の可燃性混合気が存在することが必要である．通常，可燃性混合気は可燃性気体が漏洩し空気と混合することにより生成される．

　まず室内の可燃性気体の平均濃度の変化について考えてみる．容積 V の室内に可燃性気体が流量 q で漏洩する場合を考える．流出量を基準とした換気率（単位時間に部屋の容積の何倍の気体が流出するか）を n とし，流出気体中の可燃性気体の平均濃度が室内の平均濃度 $\overline{X}_f$ と等しいと仮定すると，可燃性気体の量の収支より，

$$\frac{d(\overline{X}_f V)}{dt} = q - \overline{X}_f V n \qquad (1·1)$$

が成り立ち，$t=0$ で $\overline{X}_f=0$ とすると，

$$\overline{X}_f=\left(\frac{q}{Vn}\right)\{1-\exp(-nt)\} \tag{1・2}$$

となる．式（1・2）で示される平均濃度 $\overline{X}_f$ の変化を図示したのが図1・4である．これより部屋の容積に対する漏洩速度の比率が大きければ可燃性気体の濃度が上がりやすく，到達濃度が高くなること，換気率が大きければ濃度が上がり難く，到達濃度が低くなることなどがわかる．得られる主要な関係を以下にまとめておく．

最終到達濃度＝$q/(Vn)$

初期の濃度増加速度＝q/V

濃度増加所要時間$\propto 1/n$

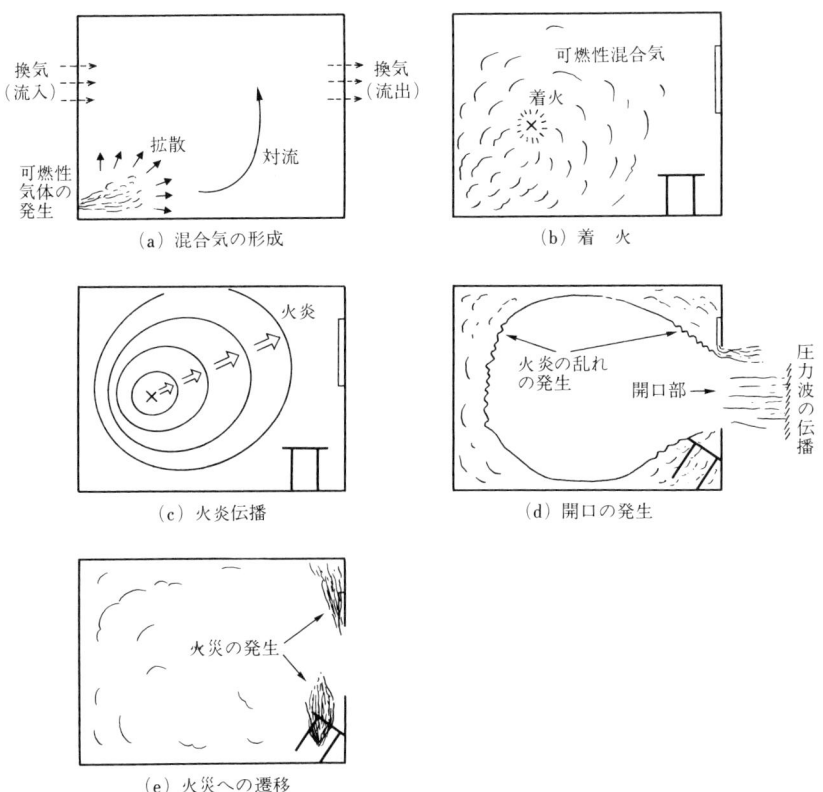

（a）混合気の形成　　　　　　　　　　（b）着　火

（c）火炎伝播　　　　　　　　　　（d）開口の発生

（e）火災への遷移

図 1・3　ガス爆発の経過

　実際には可燃性気体はガス配管の亀裂等の局所的放出源から漏洩し拡がっていくので，室内の可燃焼気体の濃度は均一ではない．そのため平均濃度の評価だけでは不十分である．そこで室内各点での濃度 $X_f(x, y, z)$ を考えると，これは以下の式に従って変化する．

$$\frac{\partial X_f}{\partial t} + u\frac{\partial X_f}{\partial x} + v\frac{\partial X_f}{\partial y} + w\frac{\partial X_f}{\partial z} =$$

$$\frac{\partial}{\partial x}\left(D_f\frac{\partial X_f}{\partial x}\right) + \frac{\partial}{\partial y}\left(D_f\frac{\partial X_f}{\partial y}\right) + \frac{\partial}{\partial z}\left(D_f\frac{\partial X_f}{\partial z}\right)$$

$$(1\cdot3)$$

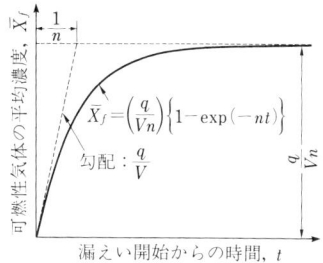

図 1·4 室内の可燃性気体の平均濃度の変化

ここで u, v, w は x, y, z 方向の気体の速度であり，D_f は可燃性気体の拡散係数である．式の左辺第 2, 3, 4 項は，対流による可燃性気体の輸送を表し，右辺は分子拡散による輸送を表している．このように室内の濃度場の形成は，室内の気体の流動お

よび可燃性気体の拡散係数に依存する．可燃性気体の密度が空気と異なるときは浮力の影響により気体の流れが誘起され，例えば空気より密度の大きいプロパンは室内の下部における濃度が上がりやすいといった現象も生じる．(1·3) 式も含めた流体の基礎方程式を解くことで可燃性気体の濃度分布とその時間変化を求めることができる．しばしば数値計算により解くことがおこなわれる．

（2）着　　火〔図1·3(b)〕

可燃性混合気に着火が起こることによりガス爆発が開始する．着火は，電気接点等に発生する電気火花や口火などの炎により起こる．着火が成立するためには，燃焼範囲内の濃度の混合気に最小着火エネルギー以上のエネルギーを与える必要がある．燃焼範囲内の可燃性気体濃度の下限を燃焼下限界（爆発下限界），上限を燃焼上限界（爆発上限界）という．着火現象では，これらの値と最小着火エネルギーが主要な特性値となる．ここで注意すべきは，文献等に示されている燃焼限界や最小着火エネルギーの値は静止状態の濃度の均一な混合気を用いて，決められた方法により測定された値であるということである．着火現象は，混合気の状態や着火装置，方法に依存するため，気流や濃度不均一があり，かつ着火源の形態も種々のものが考えられる現実の場合では，文献値と一致した現象が起こるとは限らない．

また，いったん着火してもすぐに消炎させることができれば，空間内の圧力上昇や火炎から放出される熱による被害をほとんど発生させずにすむ．消炎は壁面等によって火炎が冷却されることにより発生する．壁面の間隔がある値以下になるとその隙間を火炎が伝播できなくなる．この値のことを消炎距離という．例えば，覆いの中の配線でショートが起こり火花が発生し気体に着火しても，覆いの隙間が消炎距離よりも小さければ覆いの外に火炎は伝播していかず，部屋全体のガス爆発には至らない．ここで消炎距離の値は，可燃性混合気の状態や壁面等の状態，気流の有無に依存するので注意が必要である．

（3）火炎伝播と圧力上昇，開口の発生〔図1·3(c)，(d)〕

着火後，火炎が伝播していくと燃焼時の気体の体積膨張により空間内の圧力が上昇していく．ガス爆発による被害の大部分は，この圧力上昇による構造物の破壊や破壊時に発生した圧力波の周囲への伝播により引き起こされる．

火炎が伝播していく速度は，可燃性混合気の燃焼速度に依存するが，燃焼による体積膨張により気体の流れが誘起されるため，燃焼速度の数倍の値となる．火炎に固定した座標系で

考えてみると（図1・5），火炎に乱れのな
い場合，未燃焼気体の火炎に流入する速
度 U_u は燃焼速度 S_L に等しく，未燃焼気
体，既燃焼気体の密度をそれぞれ ρ_u, ρ_b
とすると，質量保存の関係により，既燃
焼気体の速度 U_b は，

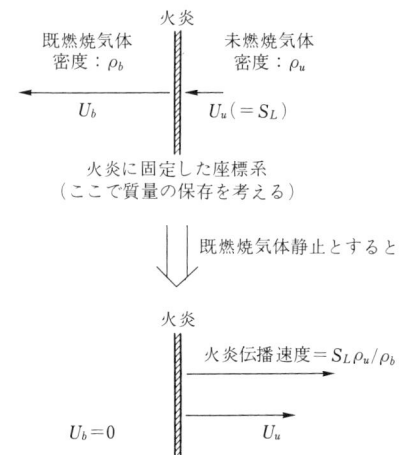

図 1・5　火炎近傍の気体の流れ

$$U_b = U_u\rho_u/\rho_b = S_L\rho_u/\rho_b \qquad (1\cdot4)$$

と表せる．火炎が球状に伝播した場合，
火炎に囲まれた既燃焼気体の体積が室内
の体積に比べて小さいうちは，既燃焼気
体がほぼ静止していると考えられるた
め，火炎は $U_b = S_L\rho_u/\rho_b$ の速度で伝播し
ていくことになる．例えば，常温の10％
の濃度のメタン／空気混合気では，S_L は
約40 cm/s，ρ_u/ρ_b は約7であるので，初
期の火炎の伝播速度は約2.8 m/s となるわけである．既燃焼気体の体積が大きくなり室内の
圧力上昇が顕著になってくると，既燃焼気体の圧縮が無視できなくなり，火炎伝播速度はそ
の分小さくなってくる[8]．

　密閉空間内で火炎が伝播したときの空間内の圧力 p の時間 t による変化は以下の式に従
う[9]．

$$\frac{dp}{dt} = \frac{\bar{\gamma}_u p S A_f(\rho_u/\rho_b - 1)}{V\{1 + (V_b/V)(\bar{\gamma}_u/\bar{\gamma}_b - 1)\}} \qquad (1\cdot5)$$

ここに，$\bar{\gamma}_u$ は未燃焼気体の平均の比熱比，$\bar{\gamma}_b$ は既燃焼気体の平均の比熱比，S は燃焼速度，A_f
は火炎面積，V は空間の体積である．乱れのない場合，S は層流燃焼速度 S_L であり，乱流火
炎では，S は乱流燃焼速度，A_f はみかけの火炎面積となる．火炎伝播初期で圧力上昇が小さ
く，火炎面に乱れがない場合には，$t=0$ のときの圧力を p_o とすると式（1・5）は次式で近似
できる．

$$\frac{p - p_0}{p_0} \propto \frac{S_L{}^3 t^3}{V} \qquad (1\cdot6)$$

　この式のように，爆発初期においては圧力上昇は着火からの時間の3乗ならびに燃焼速度
の3乗に比例して増加する．

　室内の圧力が上昇してくると，窓や扉など強度の弱い部分が破壊されその部分に開口が生
じることがしばしば起こる．破壊は，部屋の内部と外部の圧力差に応じた力がかかることに
より起こる．同じ材質であれば，面積が小さいほどまた圧力上昇速度が大きいほど大きな圧
力差で破壊が起こることが材料学的には知られている[10]．開口が生じると外部との圧力差に
よりその部分から室内の気体が流出し始める．この流出流速と室内での燃焼による体積膨張
速度により室内の圧力変動が決まる．すなわち，燃焼による体積膨脹速度が開口からの流出
流量よりも大きい場合には空間内の圧力は上昇し，小さい場合には圧力は減少することにな

る．したがって，圧力変動は開口部の大きさおよび室
内の可燃性混合気の燃焼速度に依存してくる．開口面
積および燃焼速度が異なるときの圧力変動の例につい
て図 1·6 に示した．開口面積が小さい場合（A_1）や燃
焼速度が大きく（S_2）圧力上昇速度が大きい場合には，
開口の発生する圧力が大きくなることがわかる．これ
らの場合には，開口発生直後に減少した圧力が再度大
きく上昇し，2 つめの極大（第 2 ピーク）が顕著に現
れることもわかる．

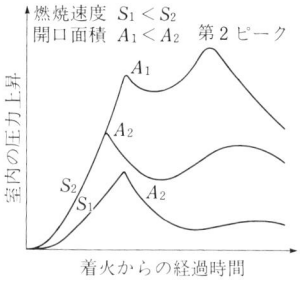

図 1·6 圧力変動の変化

　圧力上昇による破壊を防護するため，万一爆発が起
こっても空間内の圧力上昇を最小限に抑えるように壁面などに圧力を逃がす部分を設ける方
法がある．爆発放散口（Explosion Vent）や爆発扉などであり，これらの設計には上記の圧
力変動の知識が有用である．特に，破壊圧力よりも第 2 ピークの圧力のほうが大きくなるこ
とがある点には注意が必要である．

　可燃性混合気に濃度の不均一や乱れのある流動が存在する場合は，火炎伝播の様子が変化
し，それに応じて圧力変動も変化する．

　可燃性気体の濃度分布に不均一があ
る場合，火炎は燃焼範囲内の濃度の混
合気の部分を各部の濃度場に応じた速
度で伝播する[11, 12]．容器内に層状の濃
度分布を持つ可燃性混合気を形成し着
火した実験の結果を図 1·7[11] に示す．
容器内に形成された燃焼限界内の濃度
の混合気の厚さに対する，実験で測定
された最大圧力上昇をプロットしてあ
る．この場合の最大圧力上昇は可燃層
の厚さでほぼ決まることがわかる．

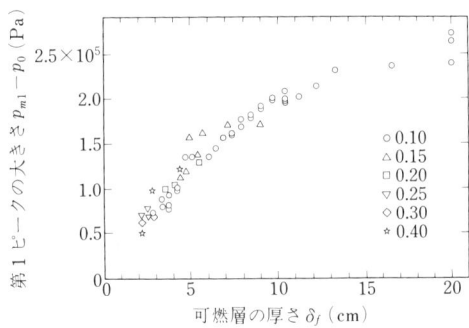

図 1·7 圧力上昇（第 1 ピークの大きさ）と可燃層の厚さ
の関係[11]

　可燃性混合気に乱れのある流動があ
る場合，伝播する火炎面に乱れが生じる．火
炎面に乱れが生じると，式（1·5）の $S \cdot A_f$ の
値が大きくなり圧力の上昇速度が大きくな
る．図 1·8 に爆発時の圧力変動に及ぼす気流
の乱れの影響について示す．気流に乱れがあ
ると圧力上昇速度が大きくなり，開口発生圧
力が高くなることがわかる．未燃混合気の気
流に初めは乱れがない場合でも，火炎伝播に
より発生した流れや火炎面の不安定化現象な
どにより火炎に乱れが発生することが起こる．

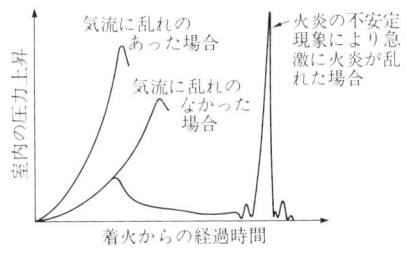

図 1·8 火炎の乱れによる圧力変動の変化

例えば，開口部付近に生じた剪断流れにより

引き起こされた乱れにより火炎に乱れが生じたり，開口発生時に生じた圧力波が火炎を通過することにより火炎面が不安定になり急速に乱れが生じたりする現象が発生する．このような現象により，開口発生以降に急速な圧力上昇を引き起こした場合の圧力変動について図1・8の中に示す．このような火炎伝播自体が引き起こす乱れは，火炎の伝播している時間が長く，壁面等による冷却効果等が相対的に小さくなる大規模な空間での爆発の場合により発生しやすい[13, 14]．小規模実験の結果をもとに装置を設計する場合には注意が必要である．

（4）火災への遷移〔図1・3（e）〕

ガス爆発の後に室内の可燃性固体あるいは液体が燃焼し火災に遷移する現象がしばしば起こる．この現象についてはまだ十分には解明されていないが，火災に遷移するためには少なくとも以下の条件が整う必要がある．

① 室内に可燃性物質が存在する．
② ガス爆発時の火炎および高温の燃焼気体から可燃性物質が発火するために十分な熱が供給される．
③ 発火およびその後の燃焼に必要な酸素が燃焼部分に供給される．

①については，紙，布，可燃性液体，爆発に直接関与しなかった可燃性気体などが最初に発火するものとして挙げられるが，少ない熱量で十分な可燃性気体を発生できるものが発火しやすいと考えられる．②については，火炎や高温の燃焼気体との接触時間が長く，また火炎や可燃性物質の輻射率の高いほうが熱量の供給量が多く発火しやすいと考えられる．③については，室内に初めから存在した酸素でガス爆発時の気相の燃焼時に消費されず残ったもの，および開口が発生し，そこを通して外部から流入するものなどが寄与すると考えられる．

図1・9[15]に小型模型を用いた実験結果を示す．この実験では開口を生じる小型容器内で爆発を発生させ，容器内に置いた紙試料の発火や熱分解の程度を調べたものである．火炎伝播速度の大きい，理論混合比に近い濃度の場合よりも，火炎伝播速度の遅い燃料希薄や過濃の場合のほうが熱分解が進みやすいことがわかる．これは火炎伝播速度が小さいほうが紙試料への熱の供給量が大きくなるためであると考えられる．　　　　　　　　　　　　　（土橋　律）

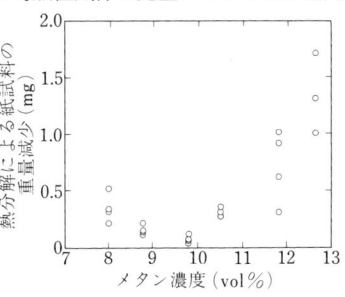

図 1・9　熱分解による紙試料の重量減少とメタン濃度との関係[15]

1・3　火災の燃焼反応

1・3・1　燃焼における化学反応式

燃焼における化学反応の特徴は，非常に高速な反応でかつ発熱反応であるということである．一般にそれらは高温における反応となるため，活性基を含んだ反応となる．例えば，水素やメタンの燃焼の総括反応は，

$$[1]\quad H_2 + 1/2\,O_2 \rightarrow H_2O \qquad -\Delta H = 242\,\text{kJ/mol}$$

$$[2]\quad CH_4 + 2\,O_2 \rightarrow CO_2 + 2\,H_2O \quad -\Delta H = 802\,\text{kJ/mol}$$

のように記述できるが，実際の反応はこのように単純な1段階反応ではなく多くの素反応から構成されている．例えば，水素の着火限界が温度，圧力へ複雑な依存を示すことは単純な1段階反応では説明できないが，複数の素反応を考慮した連鎖反応機構により初めて説明可能になる[1,2]．また，火炎の発光が火炎帯に存在する OH，CH，C_2 等の化学発光であることを考えても1段階反応ではこれらの化学種の発生が説明できない．

　水素と酸素の燃焼反応における主な素反応を以下に示す[2]．

　　　［3］　$H_2+O_2 \rightarrow$ 2 OH または HO_2+H（起鎖反応）

　　　［4］　$OH+H_2 \rightarrow H_2O+H$

　　　［5］　$H+O_2 \rightarrow OH+O$（連鎖分枝反応）

　　　［6］　$O+H_2 \rightarrow OH+H$（連鎖分枝反応）

　　　［7］　$H+O_2+M \rightarrow HO_2+M$（連鎖停止反応）

　　　［8］　H, OH, O $\rightarrow$ 失活（連鎖停止反応）

ここで M は第三体である．反応［3］で反応物から活性基 OH や H が生成されると，反応［4］，［5］，［6］が次々と起こる．これらの反応は連鎖的に進行するので連鎖反応と呼ばれる．反応［5］，［6］では活性基の数が2倍に増加するため反応は加速的に進行する．活性基は，反応［7］，［8］により失活する．水素以外の燃焼反応においても活性基により連鎖反応が起こっているという点では同様である．メタンの反応経路を図1・10[3]に示す．ここで

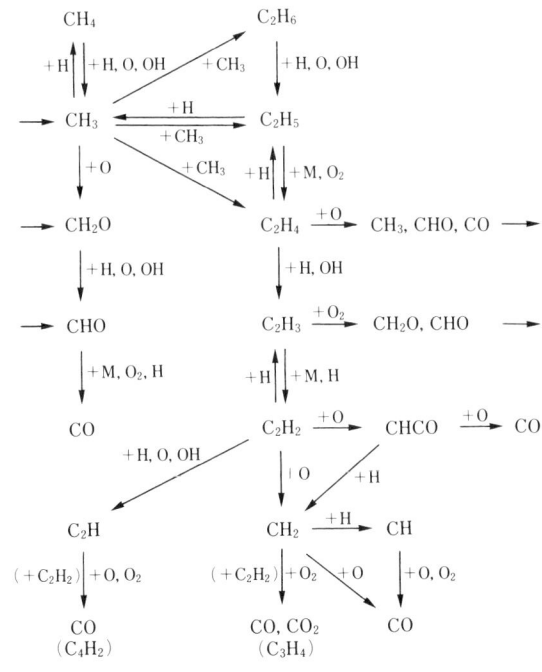

図 1・10 メタンの燃焼反応機構[3]

は活性基 CH_3 が反応の進行に重要である．ここでは反応物より炭素数の多い C_2H_6 が発生しており，反応はかなり複雑なものとなっている．このように，燃焼における反応の詳細は非常に複雑であり，詳細な反応が解明されているものは今のところ水素，一酸化炭素，オゾン，メタン等単純な物質に限られている．

建物火災では木材や布などの高分子物質が燃焼する．これらの物質の燃焼反応を正確に記述することは不可能であるが，これらの天然高分子物質の主要な成分であるセルロースについては高温中で図 1·11 のように熱分解することが知られている[4]．このように，燃焼時にセルロースは，まずレボグルコサンに分解し，さらにレボグルコサンが熱分解することにより可燃性気体を生じ，それが気相で燃焼反応を起こし火炎を形成しているわけである．

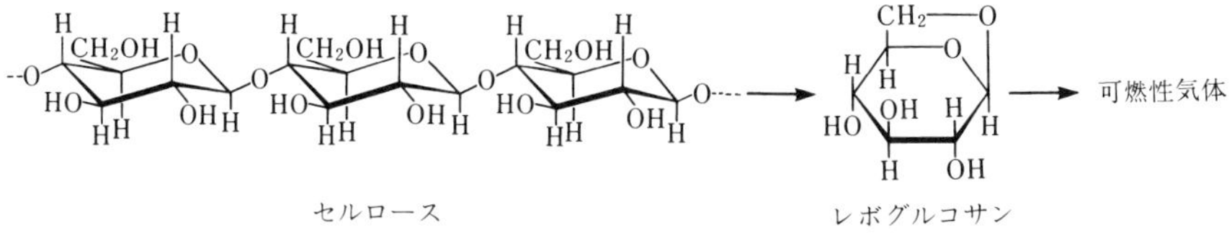

セルロース　　　　　　　　　　　　　　レボグルコサン

図 1·11　セルロースの熱分解過程（250℃ 以上）[4]

1·3·2　化学平衡と断熱火炎温度

反応式 [1] や [2] に示されるように水素やメタンの燃焼反応が完結するとすると，$-\Delta H$ の発熱があるわけで，これがすべて気体の温度上昇に使われたとすれば，到達温度つまり火炎温度が計算できる．実際には輻射等の熱損失を考慮しなければならないが，これらを無視し，系外への熱の移動がない（断熱）としたときの火炎の温度を断熱火炎温度とよぶ．単純にこの $-\Delta H$ がすべて温度上昇に使われるとする方法で求めた断熱火炎温度は，実際の火炎温度より必ず少し高くなる．これは実際の火炎が断熱状態になく必ず熱損失があるためでもあるが，むしろ火炎温度のような高温状態では生成物の水や二酸化炭素が解離することの影響によるところが大きい．つまり，これらの解離反応は吸熱反応であるため，系に供給される熱量は [1] や [2] 式で示される $-\Delta H$ の値よりも小さくなり，火炎温度が低下するわけである．

正確な火炎温度を求めるためには，高温状態で存在する化学種の種類と組成について把握する必要がある．このような高温状態では化学種はほぼ化学平衡状態になっていると考えられ，これを利用して各化学種の濃度が計算できる．ここで化学平衡について説明しておく．例えば $aA+bB \rightleftharpoons cC+dD$ で表される可逆化学反応があったとすると，質量作用の法則より右向きの反応速度は A の濃度の a 乗および B の濃度の b 乗に比例する．各化学種の濃度を $[A]$，$[B]$ …のように表すと，右向きの反応速度 $v_f = k_f[A]^a[B]^b$，また左向きの反応速度 $v_b = k_b[C]^c[D]^d$ となる．化学平衡の状態とは，これらの速度が釣り合っている状態をいう．つまり，反応は起こっているが各化学種の濃度は変化しない状態である．このとき $v_f = v_b$ であるので，

$$k_f[A]^a[B]^b = k_b[C]^c[D]^d \tag{1·7}$$

したがって，

$$\frac{[\mathrm{C}]^c[\mathrm{D}]^d}{[\mathrm{A}]^a[\mathrm{B}]^b}=\frac{k_f}{k_b}=K_c \tag{1·8}$$

となる．ここで K_c は平衡定数とよばれ反応に固有の値である．また気相反応ではしばしば濃度の代わりに分圧 p を用いて，

$$\frac{p_C{}^c p_D{}^d}{p_A{}^a p_B{}^b}=K_p \tag{1·9}$$

と表せる．K_c, K_p は温度の関数であり，関与する反応と火炎温度がわかればこの関係を用いて組成が計算できる．計算した組成から，化学反応により発生した熱量が求まるが，この熱量は系の温度が火炎温度に達するために必要な熱量と一致するはずである．この関係を利用して断熱火炎温度を求めることができる．発生熱量と温度上昇とのバランスについては，反応系と生成系の保有するエンタルピーを標準生成エンタルピーを基準として算出し，これらを等しいとおくことにより得られる．これを式で表すと以下のようになる[5]．

$$\sum_i p_{iu}\varDelta H_{fi}{}^\circ + \sum_i \left(p_{iu}\int_{293}^{Tu} c_{pi}\,dT\right)=n_b \sum_i p_{ib}\varDelta H_{fi}{}^\circ + n_b \sum_i \left(p_{ib}\int_{293}^{T_b} c_{pi}\,dT\right) \tag{1·10}$$

ここで，$\varDelta H_f{}^\circ$ は標準生成熱，c_p は比熱，T は温度，n_b は単位モルの混合気が燃焼したときに生じる既燃焼気体のモル数を表し，添字 u は未燃焼気体，b は既燃焼気体，i は各成分を表す．つまり燃焼に関与する反応，その反応の平衡定数，関与する化学種の熱力学的データが明確になれば，断熱火炎温度および火炎中の化学種の組成を求めることができる．このような原理により断熱火炎温度を算出することは計算機を用いて広く行われている．計算手順の概要の一例を図 1·12 に示す．またしばしば，平衡定数 K は用いないで，熱力学的ポテンシャルの一種である Gibbs の自由エネルギー G を用いることがある．化学平衡の状態ではこの G が極小になるという原理を用いる．断熱火炎温度の計算にしばしば用いられる NASA のプログラム CEA (Chemical Equilibrium with Applications)[6] ではこの方法を用いている．

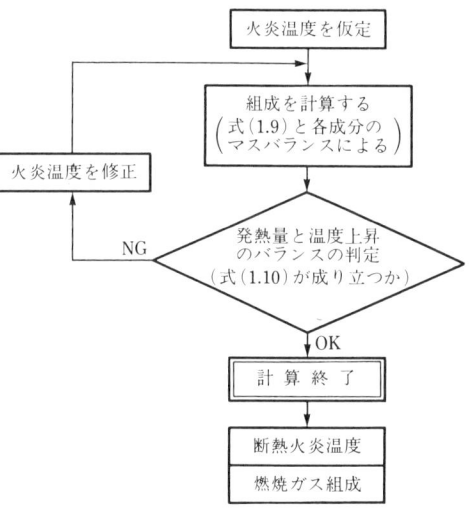

図 1·12 断熱火炎温度の計算手順

（土橋　律）

1·4　燃焼現象における基礎方程式

1·4·1　基 礎 方 程 式

燃焼現象は化学反応や熱移動を伴う流体現象であり，未知数として以下が挙げられる——

密度 ρ，速度 $\boldsymbol{v}=(v_x, v_y, v_z)$，圧力 p，温度 T，各化学種の質量分率 Y_i（考慮する化学種の数を N とすると，$i=1, 2, \cdots, N$）．つまり未知数が $(6+N)$ 個あるため，これらを求めるためには同じ数の方程式が必要であり，一般には次の方程式が解かれる．

・質量保存式（連続の式）　　　　　1 個
・各化学種の質量保存式　　　　　　N 個
・運動量保存式（3 成分）　　　　　3 個
・エネルギー保存式　　　　　　　　1 個
・状態方程式　　　　　　　　　　　1 個

なお，実際に方程式を解く際には，初期条件と境界条件が必要である．拡散燃焼であろうが予混合燃焼であろうが，化学反応と熱移動を伴う流体現象であることに違いはないので，基礎方程式は原則同じである．つまり，解を決めるのは初期条件と境界条件である．

基礎方程式のそれぞれについて以下に簡単に説明する．

（1）質量保存式（連続の式）

質量の湧き出しも吸い込みもないとすると，質量保存式あるいは連続の式と呼ばれる次式が成立する．

$$\frac{\partial \rho}{\partial t} + \nabla \cdot (\rho \boldsymbol{v}) = 0 \tag{1·11}$$

密度 ρ を一定とみなせる場合，式（1·11）は

$$\nabla \cdot \boldsymbol{v} = 0 \tag{1·12}$$

と単純になる．燃焼は一般に温度上昇を伴い，つまりは密度変化を伴うので，密度を一定とみなせるはずがないと思われるかもしれない．しかし，流れ場を簡単に見積もるために密度を一定とみなす場合も多いし，運動量保存式における重力（浮力）の項以外では密度を一定とみなす，いわゆるブシネスク近似を採用する場合も式（1·12）を解くことになる．

（2）化学種の質量保存式

単位体積当たりの化学種 i の質量は ρY_i であり，この量について以下の保存式が成立する．

$$\frac{\partial \rho Y_i}{\partial t} + \nabla \cdot (\rho \boldsymbol{v} Y_i) = -\nabla \cdot (\rho \boldsymbol{V}_i Y_i) + \omega_i \tag{1·13}$$

ただし，$\boldsymbol{V}_i$ は拡散速度で，ω_i は反応による生成速度である．拡散速度を厳密に求めるのは，ソレー効果（温度勾配により物質拡散が生じる現象）などもあり意外と難しいのだが[1]，近似的には次のフィックの法則により計算できる．

$$Y_i \boldsymbol{V}_i = -D_i \nabla Y_i \tag{1·14}$$

ここで，D_i は混合気中での化学種 i の拡散係数である．フィックの法則は，ある化学種（例えば窒素）が大量に存在し，他の成分の濃度が低い場合には拡散速度の良い近似を与える．

当然のことながら，全ての成分の質量分率の和は 1 に等しい．つまり，

$$\sum_{i=1}^{N} Y_i = 1 \tag{1·15}$$

である．このことと，$\Sigma_i \omega_i = 0$（全体としては化学反応で質量が変化することは無い）および $\Sigma_i \rho \boldsymbol{V}_i Y_i = 0$（拡散速度は全体として差し引きゼロである．ゼロにならなければ，それは拡

散速度ではなく流速である）であることに注意し，全成分について質量保存式（1・13）の和をとれば連続の式（1・11）が得られる．つまり，式（1・15）の制約のもとでは，連続の式と N 個の化学種保存式は独立な関係ではない．このことは，連続の式と N 個の化学種保存式を解くかわりに，そのうち一つを式（1・15）で置き換えられることを意味している．例えば，窒素以外の化学種の質量分率はそれぞれの保存式（1・13）を解いて求め，窒素の質量分率は 1 から他の化学種の質量分率の和を引くことにより求めるといったことが一般に行われる．

化学反応速度 ω_i はアレニウスの式を用いて次のように表せる．

$$\omega_i = W_i \sum_{k=1}^{M} \nu_{ik} f_k(p, T) \exp\left(-\frac{E_k}{RT}\right) \prod_{j=1}^{N} X_j^{n_{jk}} \tag{1・16}$$

ただし，W_i は成分 i のモル質量，M は考慮する反応の数，ν_{ik} は反応 k における化学種 i の量論係数，f_k は反応 k の速度の圧力および温度依存性（指数関数部を除く）を表す関数，E_k は反応 k の活性化エネルギー，R は気体定数（$R = 8.314$ J/mol・K），X_j は成分 j のモル分率，n_{jk} は反応 k における成分 j についての反応次数である．なお，モル分率 X_i と質量分率 Y_i の間には

$$X_i = \frac{Y_i/W_i}{\sum_{j=1}^{N} Y_j/W_j} \tag{1・17}$$

という関係が成立し，Y_i から X_i を求められるので，方程式は閉じている．また，関数 f_k は一般に次のように表される．

$$f_k(p, T) = A_k T^{\alpha_k} \left(\frac{p}{RT}\right)^{\sum_{j=1}^{N} n_{jk}} \tag{1・18}$$

反応速度パラメータである A_k，α_k，E_k などの値については，文献データが豊富に存在する．燃焼反応を総括反応とみなす場合は，例えば文献 2) に炭化水素系燃料の反応データがまとめられているし，多くの素反応を考慮する反応機構としては，GRI-Mech[3] などがよく知られている．

（3）運動量保存式

運動量保存式は，いわゆるニュートンの運動方程式の流体バージョンであり，運動量の 3 成分について次式で表される．

$$\frac{\partial \rho \boldsymbol{v}}{\partial t} + \nabla \cdot (\rho \boldsymbol{v}\boldsymbol{v}) = -\nabla p + \nabla \cdot \mathbf{T} + \rho \sum_{i=1}^{N} Y_i \boldsymbol{f}_i \tag{1・19}$$

ただし，$\mathbf{T}$ は粘性応力テンソルで，$\boldsymbol{f}_i$ は化学種 i に働く外力ベクトルである．ニュートン流体の場合，$\mathbf{T}$ は次式で与えられる．

$$\mathbf{T} = \mu\left[(\nabla \boldsymbol{v}) + (\nabla \boldsymbol{v})^{\mathrm{T}}\right] - \left(\frac{2}{3}\mu - \kappa\right)(\nabla \cdot \boldsymbol{v})\mathbf{I} \tag{1・20}$$

ただし，μ は粘性係数，κ は体積粘性係数，$\mathbf{I}$ は単位テンソルである．火災現象では体積粘性を無視できるのが普通である．また，外力として重力のみを考えると，$\boldsymbol{f}_i = \boldsymbol{g}$ である（$\boldsymbol{g}$ は重力ベクトル）．さらに，密度と粘性係数を一定とみなす近似もよく用いられる（例えば，先にも述べたブシネスク近似では，重力項における密度以外は物性値を一定とみなす）．これらの仮定や近似を全て導入すると，式（1・19）は次のように簡略化される．

$$\frac{\partial \boldsymbol{v}}{\partial t}+(\boldsymbol{v}\cdot\nabla)\boldsymbol{v}=-\frac{1}{\rho}\nabla p+\nu\nabla^2\boldsymbol{v}+\boldsymbol{g} \tag{1·21}$$

ただし，$\nu=\mu/\rho$ は動粘性係数である．ついでに粘性項まで無視してしまうと，

$$\frac{\partial \boldsymbol{v}}{\partial t}+(\boldsymbol{v}\cdot\nabla)\boldsymbol{v}=-\frac{1}{\rho}\nabla p+\boldsymbol{g} \tag{1·22}$$

となる．これは完全流体を記述する運動方程式で，オイラー方程式と呼ばれる．

（4）エネルギー保存式

エネルギー保存式は色々な形で書くことができるが，例えばエンタルピー $h=\Sigma_i h_i Y_i$ と運動エネルギー $|\boldsymbol{v}|^2/2$ の和について保存式を書くと，次のようになる．

$$\left(\rho\frac{\partial}{\partial t}+\rho\boldsymbol{v}\cdot\nabla\right)\left(h+\frac{|\boldsymbol{v}|^2}{2}\right)=\frac{\partial p}{\partial t}+\nabla\cdot\left[\lambda\nabla T-\sum_{i=1}^{N}h_i\rho Y_i\boldsymbol{V}_i-\boldsymbol{q}_{\mathrm{R}}+(\boldsymbol{v}\cdot\mathbf{T})\right]+\rho\sum_{i=1}^{N}Y_i\boldsymbol{f}_i\cdot\boldsymbol{V}_i \tag{1·23}$$

ただし，λ は熱伝導率，$\boldsymbol{q}_{\mathrm{R}}$ は輻射熱流束であり，$\boldsymbol{q}_{\mathrm{R}}$ を正確に求めるためには輻射輸送方程式を解く必要がある．なお，右辺第二項の［　］の中身はエネルギー流束を表しているが，式（1·23）に示したもの以外にデュフォー効果（濃度勾配により熱の移動が生じる現象）を含めることがある[1]．

重力のように各成分に働く外力が等しい場合，つまり，$\boldsymbol{f}_i=\boldsymbol{f}$ の場合，右辺最後の項は $\rho\sum Y_i\boldsymbol{f}_i\cdot\boldsymbol{V}_i=\rho\boldsymbol{f}\cdot\sum Y_i\boldsymbol{V}_i=0$ である．また，火災現象の場合は，運動エネルギーがエンタルピーに対して無視できることがほとんどで，粘性によるエネルギー散逸も無視できることが多い．

式（1·23）には化学反応の項が含まれていないが，これはエンタルピーを用いてエネルギー保存式を書いているからである．化学反応が起きても総エンタルピーは変化しない．一方，各化学種のエンタルピー h_i は

$$h_i=\Delta h_{t,i}^0+\int_{T_0}^{T}c_{p,i}\,dT \tag{1·24}$$

で定義され（Δh_t^0 は標準生成エンタルピー，T_0 は標準温度，c_p は定圧比熱），化学反応により温度は変化し得る．式（1·24）を式（1·23）に代入し，化学種保存式（1·13）も駆使すると，温度ベースのエネルギー保存式を導くことができる．c_p が全化学種に対して等しく一定で，λ も一定とし，先に述べた単純化に加えて輻射伝熱も無視するなどすると，次のエネルギー保存式が得られる．

$$\rho c_p\left(\frac{\partial T}{\partial t}+\boldsymbol{v}\cdot\nabla T\right)=\lambda\nabla^2 T-\sum_{i=1}^{N}\Delta h_{t,i}^0\omega_i \tag{1·25}$$

この式には化学反応による温度変化の項が明示的に含まれている．

（5）状 態 方 程 式

理想気体の状態方程式は次式で与えられる．

$$p=\frac{\rho RT}{\overline{W}} \tag{1·26}$$

ただし，$\overline{W}$ は平均モル質量で，各化学種のモル分率 X_i あるいは質量分率 Y_i を用いて次の

ように表される.

$$\overline{W} = \sum_{i=1}^{N} W_i X_i = \frac{1}{\sum_{i=1}^{N} Y_i / W_i} \tag{1·27}$$

1・4・2　基礎方程式の無次元化と主な無次元数

　基礎方程式は無次元化されることも多い. 無次元化の目的の一つは, 考慮すべきパラメータの数を減らすことである. 例えば, 定常な管内流れの基礎方程式と境界条件には, 管径 L, 平均流速 U, 流体の密度 ρ および粘性係数 μ と 4 つのパラメータが現れるが, 無次元化するとレイノルズ数ただ 1 つになる. ある有次元系を無次元化すると, 独立な単位の数だけパラメータの数が減る. 管内流れの例では, 質量 (kg), 長さ (m), 時間 (s) を独立な単位とみなせるので (速度や密度, 粘性係数の単位はこれらの組み合わせで表せる), 有次元系で 4 つあったパラメータが無次元系では 1 つになる.

　無次元化の基準となる代表値の選び方には色々な方法があり, 考える問題によって様々な無次元数が現れる. 燃焼現象で用いられることが多い無次元数について, 流れに関する無次元数を表 1·1 に, 熱・物質移動に関する無次元数を表 1·2 に, 反応速度が関係する無次元数を表 1·3 に示す. なお, これらの表は文献 1) を参考に作成した.

表 1·1　流れに関する無次元数

無次元数	定義	備考
マッハ数	$M = \dfrac{U}{a}$	U:流速 (m/s), a:音速 (m/s). $M > 1$ のとき, 流れは超音速である.
レイノルズ数	$Re = \dfrac{\rho UL}{\mu} = \dfrac{UL}{\nu}$	ρ:密度 (kg/m^3), U:流速 (m/s), L:代表長さ (m), μ:粘性係数 (kg/m·s), ν:動粘性係数 (m^2/s). 慣性力と粘性力の比. 管内流れでは, L として管の直径をとると, $Re > 2300$ で乱流となる[4].
グラスホフ数	$Gr = \dfrac{g\beta(T_w - T_g)L^3}{\nu^2}$	g:重力加速度 (m/s^2), β:体積膨張係数 (1/K, 気体では温度の逆数で与えられる), T_w:加熱壁温度 (K), T_g:周囲流体温度 (K), L:代表長さ (m), ν:動粘性係数 (m^2/s). 浮力と粘性力の比. 加熱壁周囲の自然対流の強さを表す.
フルード数	$Fr = U^2/gL$ または $Fr = \dfrac{U}{(gL)^{1/2}}$	U:流速 (m/s), g:重力加速度 (m/s^2), L:代表長さ (m). 慣性力と重力 (浮力) の比. 自然対流で誘起される流れでは $Fr = O(1)$ であり, 速度を $U \sim (gL)^{1/2}$ と見積もることができる.
レイリー数	$Ra = \dfrac{g\beta(T_w - T_g)L^3}{\nu\alpha}$ $= Gr \cdot Pr$	g:重力加速度 (m/s^2), β:体積膨張係数 (1/K, 気体では温度の逆数で与えられる), T_w:加熱壁温度 (K), T_g:周囲流体温度 (K), L:代表長さ (m), ν:動粘性係数 (m^2/s), α:熱拡散率 (m^2/s), Gr:グラスホフ数, Pr:プラントル数. 自然対流に関する無次元数. Ra が臨界値以下では伝導伝熱が支配的で, 臨界値以上の場合は対流伝熱が支配的になる.
スワール数	$S = \dfrac{G_\phi}{G_z R}$	G_ϕ:角運動量流量 (kg·m^2/s^2), G_z:並進運動量流量 (kg·m/s^2), R:管半径. 旋回を伴う流れにおける旋回強さを表す.

表 1·2　熱・物質移動に関する無次元数

無次元数	定義	備考
プラントル数	$Pr = \dfrac{\nu}{\alpha}$	ν：動粘性係数（m^2/s），α：熱拡散率（m^2/s）．$Pr < 1$ならば，速度境界層より温度境界層の方が厚くなる．
ヌセルト数	$Nu = \dfrac{hL}{\lambda}$	h：熱伝達係数（$W/m^2 \cdot K$），L：代表長さ（m），λ：熱伝導率（$W/m \cdot K$）．自然対流や強制対流による熱伝達と伝導伝熱量の比．
ペクレ数	$Pe = \dfrac{\rho c_p UL}{\lambda} = \dfrac{UL}{\alpha}$ または $Pe = \dfrac{UL}{D}$	ρ：密度（kg/m^3），c_p：定圧比熱（$J/kg \cdot K$），U：流速（m/s），L：代表長さ（m），λ：熱伝導率（$W/m \cdot K$），α：熱拡散率（m^2/s），D：拡散係数（m^2/s）．対流で運ばれる量と熱伝導あるいは拡散で運ばれる量の比．
ボルツマン数	$B = \dfrac{4\sigma T_b^4}{\rho U c_p (T_b - T_u)}$	σ：ステファン・ボルツマン定数（$W/m^2 \cdot K$），T_b：燃焼ガス温度（K），T_u：未燃ガス温度（K），ρ：密度（kg/m^3），U：流速（m/s），c_p：定圧比熱（$J/kg \cdot K$）．高温の燃焼ガスから輻射で失われる熱量と火炎帯に供給される化学エンタルピーとの比．
シュミット数	$Sc = \dfrac{\nu}{D}$	ν：動粘性係数（m^2/s），D：拡散係数（m^2/s）．$Sc < 1$ならば，速度境界層より濃度境界層の方が厚くなる．
ルイス数	$Le = \dfrac{\alpha}{D}$	α：熱拡散率（m^2/s），D：拡散係数（m^2/s）．予混合燃焼では，$Le < 1$のときセル状火炎の形成やブンゼン火炎先端の消炎現象が起きる．
シャーウッド数	$Sh = \dfrac{h_D L}{D}$	h_D：物質移動係数（m/s），L：代表長さ（m），D：拡散係数（m^2/s）．流体中で壁面への物質移動量と拡散による移動量の比．

表 1·3　反応速度が関係する無次元数

無次元数	定義	備考
第一ダムケラー数	$Da_1 = \dfrac{\tau_r}{\tau_c} \propto \dfrac{BL}{U}$	τ_r：流れの特性時間（s），τ_c：化学反応の特性時間（s），B：化学反応速度式の前因子（1/s），L：代表長さ（m），U：流速（m/s）．流れと化学反応それぞれの特性時間の比．拡散燃焼では，Da_1 が臨界値より小さくなると消炎が起きる．
カルロビッツ数	$Ka = \dfrac{\delta_T}{s_u^0} \dfrac{1}{S} \dfrac{dS}{dt}$ $= \dfrac{\delta_T \kappa}{s_u^0}$	δ_T：火炎の熱的厚さ（m），s_u^0：燃焼速度（m/s），S：火炎要素面積（m^2），t：時間（s），κ：火炎伸長率（1/s）．火炎要素面積の時間変化の割合を表す火炎伸長率を無次元化した量．火炎が曲率を持ちながら伝播する場合や火炎面に沿った流速が勾配を持つ場合に火炎は伸長を受け，燃焼速度が変化するなどする．
マークシュタイン数	$Ma = \dfrac{\mathscr{L}}{\delta_T}$	$\mathscr{L}$：マークシュタイン長（火炎帯の特性長さ）（m），δ_T：火炎の熱的厚さ（m）．燃焼速度の火炎伸長率応答性を表す無次元数．
ゼルドビッチ数	$\beta = \dfrac{E(T_b - T_u)}{RT_b^2}$	E：活性化エネルギー（J/mol），T_b：既燃温度（K），T_u：未燃温度（K），R：気体定数（$J/mol \cdot K$）．活性化エネルギーを無次元化した量．燃焼理論では$\beta^{-1} \to 0$の漸近解析（活性化エネルギー漸近解析）が広く行われる．

（桑名　一徳）

1・5 予混合火炎の構造と性質

1・5・1 予混合火炎の構造

可燃性気体（燃料）と酸素があらかじめ混合されてから燃焼する燃焼形態を予混合燃焼と呼ぶ．予混合燃焼で形成される火炎が予混合火炎であり，その大きな特徴は伝播性を持つことである．

最も基本的な例として，1次元で定常な層流予混合火炎の伝播（図1・13）を考える．図1・13（a）に示したように，予混合火炎は燃焼前の未燃気体（添え字uで表す）と燃焼後の既燃気体（添え字bで表す）をわける界面のようなものである．予混合火炎は未燃気体に相対的に，ある速度 s_u^0 で伝播する．この速度のことを燃焼速度（層流燃焼であることを強調したい場合は層流燃焼速度）と呼ぶ．火炎が未燃気体に対して速度 s_u^0 で伝播するということは，火炎から見ると未燃気体が速度 s_u^0 で流入してくるということである（図1・13（a））．また，一次元定常な質量保存の式より $\rho u =$ 一定なので（ρ は密度，u は流速），既燃気体の流速は $s_b^0 = s_u^0 \times (\rho_u / \rho_b)$ である．つまり，燃焼による温度上昇に伴う密度変化（膨張）のために，既燃気体の速度は未燃気体よりも大きい．

一次元予混合火炎の構造を図1・13（b）に示す．この図は，燃料と酸素の反応がアレニウス型の総括一段反応で表されると仮定して得られる火炎構造を示したものである．また，ここでは燃料が希薄な条件を考えた．燃料希薄の場合，既燃気体中の燃料濃度がゼロであるのに対し，酸素は燃焼後も残っている．どれだけの酸素が残るかは，量論関係により決まる．なお，理論混合比に対して燃料が薄いか濃いかを表す指標として，次式で定義される当量比 ϕ が用いられる．

$$\phi = \frac{（可燃性気体／酸素）}{理論混合比における（可燃性気体／酸素）} \tag{1・28}$$

$\phi = 1$ のときは燃料と酸素が理論混合比で存在し，$\phi < 1$ のときは燃料希薄，$\phi > 1$ のときは燃料過濃である．

未燃気体の温度 T_u から燃焼温度 T_b まで温度が上昇する．この温度上昇が生じる領域の厚さを火炎（あるいは火炎帯）の熱的厚さと呼ぶ．火炎帯の熱的厚さ δ_T は燃焼速度 s_u^0 および熱拡散率 $\lambda / (\rho c_p)$ に $\delta_T \sim \lambda / (\rho c_p s_u^0)$ のように依存し（λ は熱伝導率，c_p は定圧比熱），通常は1ミリメートル以下である．

火炎帯の中で燃焼反応が盛んに起こる領域を反応帯と呼ぶ．火炎帯と比べると，反応帯ははるかに薄い．これは，燃焼反応が一般に活性化エネルギーの高い反応で反応速度の温度依存性が大きいので，最高温度 T_b に近い温度になるまでほとんど反応が起こらないためである．温度が T_b に近づくと，温度上昇とともに反応速度が指数関数的に増加し，燃料または酸素のどちらか（図1・13（b）の場合は燃料）が消費され尽くすと，それ以上は反応しない．火炎帯と反応帯の厚さの比は，ゼルドビッチ数 $\beta = E(T_b - T_u) / R T_b^2$ 程度である（E は燃焼反応の活性化エネルギーで R は気体定数）．一般に β の大きさは10程度であり，燃焼現象の理論解析では $\beta^{-1} \to 0$ の極限を考える（つまり，火炎帯の厚さに対して反応帯の厚さをゼロとみなす）特異摂動法がしばしば用いられ，活性化エネルギー漸近解析と呼ばれ

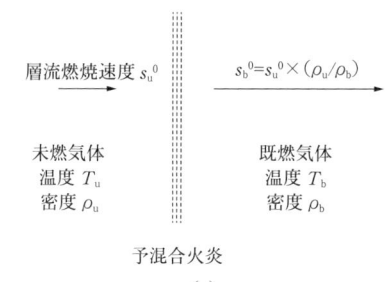

層流燃焼速度 s_u^0　　　$s_b^0 = s_u^0 \times (\rho_u / \rho_b)$

未燃気体　　　　　　　既燃気体
温度 T_u　　　　　　　温度 T_b
密度 ρ_u　　　　　　　密度 ρ_b

予混合火炎

(a)

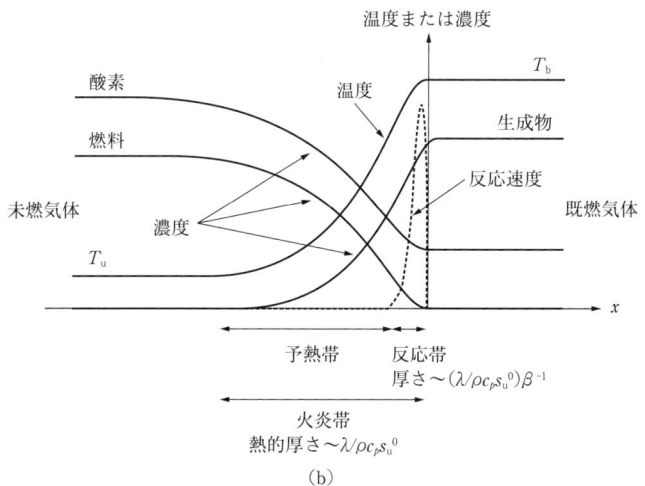

温度または濃度

酸素

燃料

温度

T_b

生成物

未燃気体

濃度

反応速度

既燃気体

T_u

x

予熱帯　　　反応帯
　　　　　厚さ $\sim (\lambda / \rho c_p s_u^0) \beta^{-1}$

火炎帯
熱的厚さ $\sim \lambda / \rho c_p s_u^0$

(b)

図 1·13 1 次元予混合火炎の構造

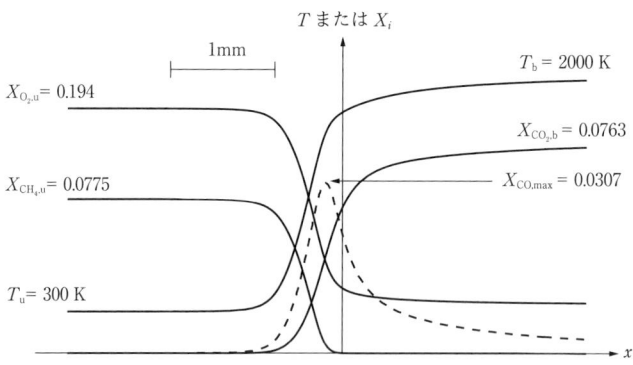

T または X_i

1mm

$T_b = 2000$ K

$X_{O_2,u} = 0.194$

$X_{CO_2,b} = 0.0763$

$X_{CH_4,u} = 0.0775$

$X_{CO,max} = 0.0307$

$T_u = 300$ K

x

図 1·14 反応機構 GRI-Mech[4] を用いた詳細化学反応計算により求めたメタン・
空気予混合火炎 ($\phi = 0.8$) の構造.
X_i は化学種 i のモル分率を示す. 縦軸のスケールはデータごとに異なる.

る[1~3]．なお，火炎帯のうち，反応がほぼ起こらない領域を予熱帯と呼ぶことがある．予熱帯は，火炎からの熱伝導により温度が上昇するものの，反応が盛んに起こるには至らない領域である．

　以上は総括一段反応をもとにした火炎構造の説明であるが，素反応を考慮した数値計算を実施すれば，より詳細な構造を知ることができる．例として，$\phi = 0.8$ におけるメタン・空気予混合火炎の構造を図1・14に示す．全体的な傾向としては図1・13（b）と同様である．しかし，実際の燃焼反応は多数の素反応から成り，図1・14に示したCO以外にも多くの中間生成物が生じる．1ミリメートル程度かそれ以下の狭い領域で急激な温度上昇に伴い中間生成物を含む燃焼生成物が生じた後，数ミリメートルかけてゆるやかに最終的な平衡状態へと到達する様子がわかる．

1・5・2　層流燃焼速度

　1次元予混合火炎の燃焼速度 s_u^0 は気体の組成や温度，圧力といった条件が決まれば一意に定まるので，予混合気の物性値のように扱うことができる．予混合燃焼の様ざまな性質が燃焼速度に依存するので，予混合気の燃焼速度を知ることは重要である．例えば図1・15に模式的に示した予混合バーナ火炎の形状は，燃焼速度と予混合気の供給速度により決まる．定常な予混合バーナ火炎が伝播性を持つのにもかかわらず定在していられるのは，燃焼速度と気体流速が釣り合っているためである．火炎伝播は火炎と垂直な方向に生じるので，気体流速の火炎に垂直な成分が燃焼速度に等しく，図1・15の場合，$s_u = u_u \cos \alpha$ が成立する（バーナ火炎は1次元系ではなく燃焼速度が厳密には s_u^0 に等しくないため，記号 s_u を用いた．燃焼速度の s_u^0 からのずれについては次節以降で説明する）．

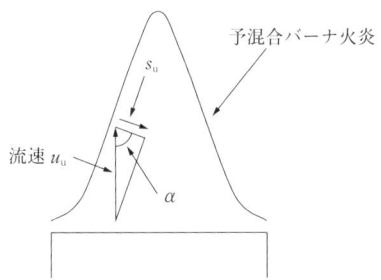

図 1・15　予混合バーナ火炎の形状と燃焼速度

　燃焼速度は，未燃気体中に燃料と酸素が理論混合比で存在する条件付近で最大になることが多い．燃料あるいは酸素が過剰に存在する場合，発熱反応に寄与しない成分が含まれるので火炎温度が低くなり，反応速度が小さくなるためである．

　燃焼反応を総括一段反応とみなし，燃料と酸素のそれぞれに対して1次，つまり全体で2次の反応を考えると，活性化エネルギー漸近解析により燃焼速度を次式で求められる[2,3]．

$$\phi < 1 \text{の場合} \qquad s_u^0 = \left(\frac{2 Le_F Le_0 \nu_0 \lambda_b \rho_b^2 A Y_{F,u}}{\beta^3 \rho_u^2 c_p W_F} \right)^{1/2} \left[\frac{\beta(1-\phi)}{\phi Le_0} + 2 \right]^{1/2} e^{-E/2RT_b}$$

$$\phi>1 \text{の場合} \qquad s_u^0 = \left(\frac{2Le_F Le_O \nu_F \lambda_b \rho_b^2 A Y_{O,u}}{\beta^3 \rho_u^2 c_p W_O}\right)^{1/2} \left[\frac{\beta(\phi-1)}{Le_F}+2\right]^{1/2} e^{-E/2RT_b} \qquad (1\cdot29)$$

ただし，$Le_i = \lambda/(\rho c_p D_i)$ は化学種 i のルイス数（D は拡散係数），ν_i は化学種 i の量論係数，A は反応速度定数の前指数因子，Y_i は化学種 i の質量分率，W_i は化学種 i のモル質量であり，添え字の F よび O はそれぞれ燃料および酸素を表す．この式より，熱拡散率 $\lambda/(\rho c_p)$ が大きいほど燃焼速度も大きくなることがわかる．これは，高温の既燃側から低温の未燃側への熱伝導が促進されるためである．一方，ルイス数の定義より，式（1·29）は拡散係数 D が大きくなると燃焼速度が減少することを示している．D が大きいほど濃度が変化する領域が厚くなり，つまりは反応帯での濃度が低下する（濃度が低い既燃側の状態がより前方まで伝わる）ためである．

　燃焼速度は，例えば文献 5)-8) などに実験データがまとめられているし，詳細化学反応機構を考慮した数値計算により予測することもできる．例として，メタン・空気混合気の燃焼速度を当量比 ϕ の関数として図 1·16 に示す．なお，化学平衡計算により求めた火炎温度 T_b も同じ図に示した．計算結果と実験結果が概ね一致していることがわかる．また，理論混合比 $\phi=1$ よりもやや燃料過濃側で燃焼速度が最大となる．これは，図 1·16 に示した当量比 ϕ の範囲では，$X_{CH_4,u} X_{O_2,u}$ で見積もられる反応速度に及ぼす濃度の影響を表す因子が ϕ に対して単調に増加することと，化学平衡計算の結果に示されるようにやや燃料過濃側で火炎温度が最高となることが原因である．

　図 1·17 に，水素・空気混合気の燃焼速度および火炎温度の計算結果を示す．メタン・空気混合気と同様に，$\phi=1$ よりもやや過濃側で火炎温度が最高になる．ところが燃焼速度が最大になるのは $\phi=1.8$ 付近であり，温度が最高となる条件とは異なる．火炎温度が低下するにもかかわらず燃焼速度が上昇する領域が存在する原因として以下の要因が挙げられる．

①過濃側での火炎温度の低下がゆるやかであり，また，水素・空気混合気の総括活性化エネルギー E が比較的小さいので火炎温度低下が燃焼速度に及ぼす影響がそれほど大きくな

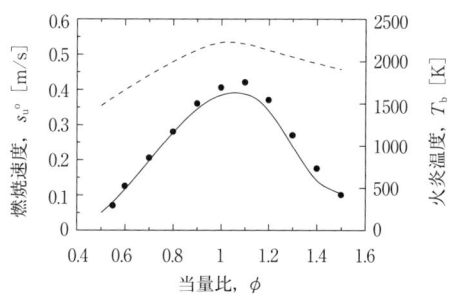

図 1·16　メタン・空気混合気の燃焼速度（黒点：実験結果[6]，実線：反応機構 GRI-Mech[4] を用いた詳細化学反応計算）と火炎温度（破線）

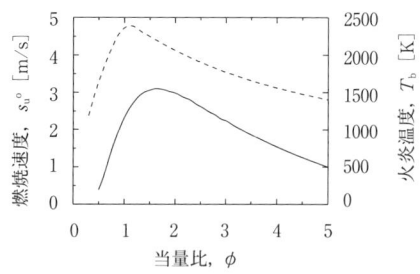

図 1·17　反応機構 GRI-Mech[4] を用いた詳細化学反応計算により求めた水素・空気混合気の燃焼速度（実線）と火炎温度（破線）

い.

② $X_{H_2u}X_{O_2u}$ で見積もられる反応速度に及ぼす濃度の影響を表す因子が $\phi = 2$ 付近で最大となる.

③ 軽い分子である水素は熱拡散率が大きく,特に水素濃度が高いとき（$\phi = 1.8$ では水素のモル分率が 40% を超える）に混合気の熱拡散率そして燃焼速度を増加させる効果が大きい.

1・5・3　熱損失の影響

　実際の燃焼では,燃焼容器壁への熱損失や輻射による熱損失のように,火炎から外部への熱損失が必ず存在する.そして,熱損失がある場合は燃焼速度が低下する.総括一段反応を仮定した活性化エネルギー漸近解析によれば,熱損失がある場合の燃焼速度 s_u は次式で与えられる[1].

$$\left(\frac{s_u}{s_u^0}\right)^2 \ln\left(\frac{s_u}{s_u^0}\right)^2 + \Phi_{loss} = 0 \tag{1・30}$$

ただし,s_u^0 は熱損失がない場合の燃焼速度で,Φ_{loss} は熱損失の大きさを表すパラメータである.式（1・30）で表される s_u/s_u^0 と Φ_{loss} の関係を図 1・18 に示す.$0 \leq \Phi_{loss} < 1/e$ の条件では解が 2 つ存在するが,下側の解は不安定なので上側のみ考えればよい.熱損失が全くない場合すなわち $\Phi_{loss} = 0$ の場合,s_u は s_u^0 に等しい.$\Phi_{loss} < 0$ のときは外部からの熱の供給がある場合で,燃焼速度は s_u^0 よりも上昇する.$\Phi_{loss} > 0$ すなわち熱損失がある場合は,

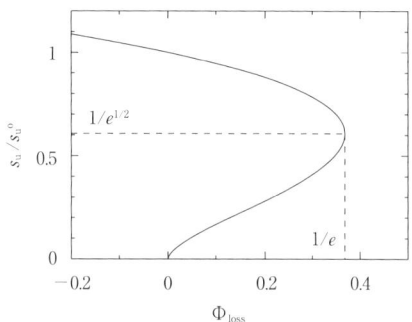

図 1・18　熱損失と燃焼速度の関係

熱損失の増加とともに燃焼速度が減少し,Φ_{loss} がある限界値を超えると解が存在しなくなり,消炎してしまう.そして,このときの燃焼速度の値は $s_u^0/e^{1/2}$ である.つまり,予混合火炎の燃焼速度は熱損失の増加とともに徐々に減少し,熱損失がない場合の $1/e^{1/2} (\approx 0.6)$ 倍にまで低下すると,それ以上は燃焼できなくなる.

1・5・4　火炎伸長の影響

　火炎伸長率 κ は火炎要素の面積 S の変化率であり,次式で定義される.

$$\kappa = \frac{1}{S}\frac{dS}{dt} \tag{1・31}$$

$\kappa \gtrless 0$ のとき,火炎はそれぞれ正および負の伸長を受けているという.火炎伸長に影響を及ぼすのは,火炎の曲率と火炎に沿った流速の変化である.曲率を持った火炎が火炎と垂直な方向に伝播すると火炎面積が変化するし,火炎に沿った流速に勾配があればやはり S が時間とともに変化し,火炎は伸長を受ける.

　火炎が伸長を受けると燃焼速度は複雑に変化する.一例として,水素・空気予混合火炎の燃焼速度の火炎伸長率依存性を,対向流予混合火炎の詳細化学反応計算により求めた結果[9]

を図 1·19 に示す．当量比が小さい条
件では火炎伸長率の増加とともに燃焼
速度も上昇する傾向があり，当量比が
大きくなると逆の傾向がみられるよう
になる．火炎伸長率 $\kappa \to 0$ のとき，s_u
と κ の関係を線形近似することができ
る．このとき

$$s_u = s_u^0 - \mathscr{L}\kappa \qquad (1\cdot32)$$

と表すことができ，$\mathscr{L}$（長さの次元を
もつ）をマークシュタイン長と呼ぶ．

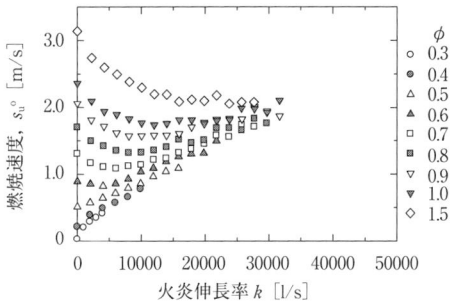

図 1·19　水素・空気予混合火炎の火炎伸長率依存性[9]

これは燃焼速度の火炎伸長率依存性に
関わる火炎の特性長さであり，マークシュタイン[10]が導入した概念である．伸長を受けない
場合の燃焼速度 s_u^0 および火炎の熱的厚さ δ_T を用いて式（1·32）を無次元化すると，次式が
得られる．

$$\frac{s_u}{s_u^0} = 1 - \left(\frac{\mathscr{L}}{\delta_T}\right)\left(\frac{\delta_T \kappa}{s_u^0}\right) = 1 - Ma Ka \qquad (1\cdot33)$$

ここで，$Ma = \mathscr{L}/\delta_T$ と $Ka = \delta_T \kappa /s_u^0$ は，それぞれマークシュタイン数およびカルロビッツ
数と呼ばれる無次元数である．

　燃焼速度の火炎伸長率依存性は，ルイス数 $Le = \lambda /(\rho c_p D)$ の影響を大きく受ける．ここ
で拡散係数 D に関しては，不足成分の拡散が重要であることから，少なくとも $\phi = 1$ から
十分遠い条件では，不足成分の拡散係数を考えればよい．$\phi = 1$ に近い場合は，燃料および
酸素の両方のルイス数から混合気の有効ルイス数を計算する方法が提案されている[11]．密度
一定近似（燃焼による密度変化を無視する近似方法で，燃焼現象の理論解析では頻繁に用い
られる）のもとでの対向流予混合火炎の活性化エネルギー漸近解析により得られた無次元燃
焼速度 s_u/s_u^0 とカルロビッツ数の関係[1]を図 1·20 に模式的に示す．Ka が小さいとき，$Le >$
1 の場合は Ka の増加とともに燃焼速度が減少し（つまり，$Ma > 0$），$Le < 1$ の場合は逆に
$Ma < 0$ という傾向がみられる．そして密度一定近似のもとでは，

$$Ma = \beta(Le-1)/2+1 \qquad (1\cdot34)$$

という関係が得られる[1]．密度が一定でな
い場合の解析結果は，文献 9）や 11）を参
照されたい．図 1·19 に示した水素・空気
予混合火炎の場合は，燃料が十分に希薄の
条件では軽い分子である水素の拡散係数が
大きいことから Le が小さくなり，Ma が
負になる．すなわち，火炎伸長率の増加と
ともに燃焼速度が上昇する．逆に燃料過濃
の条件では，Ma が正であり，火炎伸長率
が増加すると燃焼速度は減少する．そし

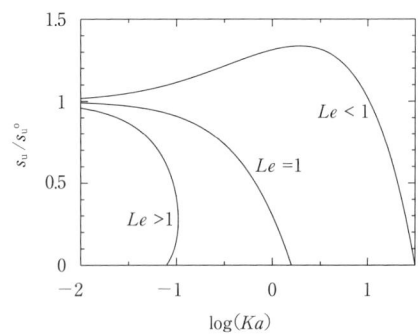

図 1·20　無次元燃焼速度と Karlovitz 数の関係

て，いずれの条件でも，火炎伸長率が限界以上に大きくなると燃焼状態を維持できなくなり，消炎する．

1·5·5 可 燃 範 囲

予混合燃焼では，燃料が薄すぎても濃すぎても燃焼できないことが経験的に知られている．つまり，燃焼可能な下限界濃度や上限界濃度が存在する．1·5·3 および 1·5·4 節に記したように，熱損失や火炎伸長率が限界値を超えると燃焼状態を維持できないため，可燃範囲が存在するのである．熱損失の程度や火炎伸長率の大きさは条件ごとに異なるため，下限界濃度や上限界濃度が一意に定まらないことは明らかである．しかし実用的には，図 1·21 に示すような米国鉱山局の燃焼限界測定法が標準的に用いられてきた．これは，鉛直に立てられ

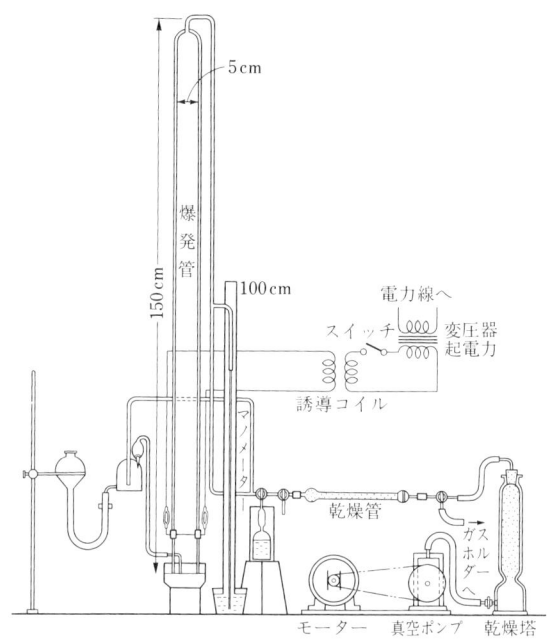

図 1·21 米国鉱山局の燃焼限界測定装置

た内径 5 cm 長さ 150 cm の管内に予混合気を満たし，下端で着火したときに上端まで火炎が伝播するか否かで可燃性を判定する方法である．代表的な結果を表 1·4 に示す．なお米国鉱山局は現在は存在せず，燃焼速度の測定等には ISO 817：2014 に記された方法なども用いられる．可燃範囲の下限界については，バージェス・ウィーラーの法則という経験則が知られている．これは，下限界濃度 L と発熱量 Q の間に次のような関係が成立するというものである．

$$L[\text{vol\%}] \times Q[\text{kJ/mol}] \approx 4600 \tag{1·35}$$

この法則の意味するところは，燃焼下限界においては単位体積当たりの発熱量がほぼ一定であり，混合気の大部分が窒素なので混合気の比熱が窒素の比熱に近いことを考えると，火炎温度がほぼ一定であるということである．このことから，性質がそれほど異ならない可燃性気体であれば，2種類以上混合したとしても，その混合気の単位体積当たりの発熱量が一定の条件で下限界が生じることが示唆される．可燃性気体を混合したときの発熱量が $\sum_i X_i Q_i$ であることを考えると（X_i は可燃性気体 i の体積（モル）分率），可燃性気体が混合されたときの下限界 L_m について次式が得られる．

$$L_\text{m} = \left(\sum_i \frac{X_i}{L_i}\right)^{-1} \tag{1·36}$$

表 1·4　燃料空気混合気の可燃限界（燃料の体積%），大気圧，25℃[12, 13]

燃　　料		下限界	上限界	燃　　料		下限界	上限界
水　　素	H_2	4.0	75	m-キシレン	C_8H_{10}	1.1	6.4
一酸化炭素(湿)	CO	12.5	74	p-キシレン	C_8H_{10}	1.1	6.6
メ タ ン	CH_4	5.0	15.0	シクロヘキサン	C_6H_{12}	1.3	7.8
エ タ ン	C_2H_6	3.0	12.4	メチルシクロヘキサン	C_7H_{14}	1.1	6.7
プロパン	C_3H_8	2.1	9.5	メチルアルコール	CH_4O	6.7	36[1]
n-ブタン	C_4H_{10}	1.8	8.4	エチルアルコール	C_2H_6O	3.3	19[1]
n-ペンタン	C_5H_{12}	1.4	7.8	n-プロピルアルコール	C_3H_8O	2.2[2]	14[3]
n-ヘキサン	C_6H_{14}	1.2	7.4	n-ブチルアルコール	$C_4H_{10}O$	1.7[3]	12[3]
n-ヘプタン	C_7H_{16}	1.05	6.7	ジメチルエーテル	C_2H_6O	3.4	27
エチレン	C_2H_4	2.7	36	ジビニールエーテル	C_4H_6O	1.9	36
プロピレン	C_3H_6	2.4	11	アセトアルデヒド	C_2H_4O	4.0	36
ブテン-1	C_4H_8	1.6	10	アセトン	C_3H_6O	2.6	13
ブテン-2	C_4H_8	1.7	9.7	アンモニア	NH_3	15	28
1,3-ブタジエン	C_4H_6	2.0	12	硫化水素	H_2S	4.0	44
アセチレン	C_2H_2	2.5	100	二硫化炭素	CS_2	1.3	50
ベンゼン	C_6H_6	1.3	7.9	ヒドラジン	N_2H_4	4.7	100
トルエン	C_7H_8	1.2	7.1	ガソリン		1.3	7.1
o-キシレン	C_8H_{10}	1.1	6.4	JP-4		1.3	8.0

1) 60℃，2) 53℃，3) 100℃

式（1·36）は，ルシャトリエの法則として知られている．

不活性ガスや燃焼生成ガスによる希釈や消火剤の添加によっても，燃焼限界が生じる．これらの添加剤が可燃範囲に及ぼす影響を図1·22に示す．添加濃度が大きくなると可燃範囲が狭くなり，限界値を超えると火炎伝播が不可能になる．ヘリウムより二酸化炭素の方が少量の添加で燃焼限界に至るのは，二酸化炭素の方が比熱が大きく火炎温度を低下させる効果が大きいためである（一般に，分子内の原子数が多いほど運動の自由度が多いため比熱が大きい）．また，燃焼反応を化学的に阻害する CH_3Br や CCl_4 は，少量添加するだけで火炎伝播が起こらなくなる．

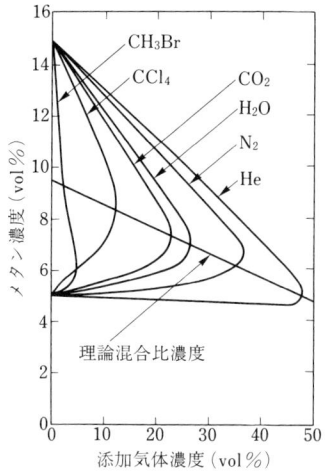

図 1·22　添加物が燃焼範囲に及ぼす影響（各曲線の左側が燃焼範囲）[13~15]

1·5·6　最小着火エネルギーと消炎距離

可燃性の予混合気中で電気火花等により局所的にエネルギーが加えられた場合，そこから球状に火炎が伝播する．しかし，このときのエネルギーが十分でないと火炎伝播が継続せず消炎してしまう．つまり，最小着火エネルギーが存在する．これは，球状火炎の半径がごく小さい場

合，曲率が非常に大きいので伝播火炎が大きな伸長を受けるためである．1・5・4節で記したように，火炎伸長率が限界値以上の場合は火炎伝播が維持できない．

　最小着火エネルギーを求める装置として，2枚のガラスの円板に電極を取り付け，円板の間隔を変化させて電気火花による着火の可否を調べるものがある．この装置を用いると図1・23に示すような結果が得られ，最小着火エネルギーと消炎距離を求めることができる．消炎距離は，この距離以下になると火炎が伝播できない距離のことである．固体壁への熱損失やラジカルの失活のために火炎伝播が不可能になるのである．図1・23の消炎距離と同様に，火炎は十分細い管内を伝播できないし，伝播火炎を金属メッシュ等により消炎させることもできる．

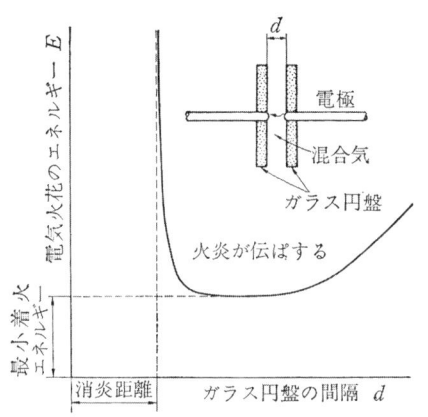

図 1・23　最小着火エネルギーの求め方[15, 16]

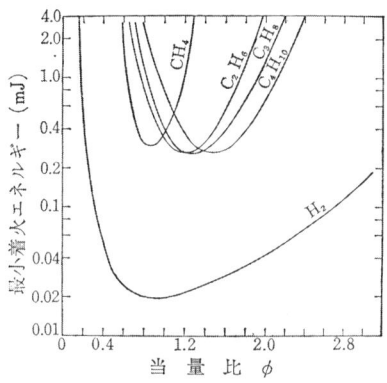

図 1・24　可燃性気体と空気の混合気の最小着火エネルギー（大気圧，室温）[15, 16]

　可燃性気体と空気の混合気の最小着火エネルギーが当量比に依存する様子を図1・24に示す．最小着火エネルギーが可燃性気体の濃度によって大幅に変わることがわかる．また，可燃性気体の分子量が大きいほど，最小着火エネルギーの最小値が高濃度側にずれていくことがわかる．分子量の大きい燃料（熱拡散率が小さい）が過濃な条件ではルイス数が小さくなるので，比較的大きな火炎伸長率に対しても火炎伝播が可能であり（図1・20），最小着火エネルギーも小さくなる傾向がある．

　最小着火エネルギーの最小値は防災上重要なデータであり，この値を単に最小着火エネルギーと呼ぶこともある．この最小値は，炭化水素系可燃性気体ではほぼ等しく 0.25 mJ 程度である．一方水素は 0.02 mJ 程度と非常に小さい．

1・5・7　乱流予混合燃焼

　これまでは，可燃性混合気の流れが乱れを含まない層流の状態を前提にしていたが，実用燃焼器の多くで流れは乱流であり，したがって乱流火炎が形成される．乱流予混合燃焼の場合も，燃焼速度（乱流燃焼速度）を知ることが大切である．

　乱流火炎の例として瞬間的には図1・25のような形状をしているものを考える．バーナ火

炎のように定在している火炎だとしても，乱流火炎の場合はその位置が絶えず変動している．そして，平均的には火炎は図の破線で示すような幅を持って存在する．

　瞬間的な火炎のそれぞれの要素が（層流）燃焼速度 s_L（これまでの s_u のことであるが，乱流燃焼速度と区別するため s_L と記す）で伝播する場合，火炎は単位面積当たり $\rho_u s_L$ の速さで未燃気体を消費する．したがって乱流火炎のように複雑な形状をしていて面積が大きいときは，滑らかな層流火炎よりも多くの未燃気体を消費できるので，見かけの燃焼速度が増加する．この見かけの燃焼速度が乱流燃焼速度 s_T であり，次の保存式が成り立つ．

$$\rho_u s_T = \rho_u s_L \frac{A_F}{A} \tag{1.37}$$

ただし，A_F/A は単位断面積あたりの火炎面積である．

　乱流燃焼速度の値は乱流の状態により変わるため，簡単に求めることはできない．しかし，多くの実験データに基づいた経験的な相関式がいくつか提案されている．実用的には，

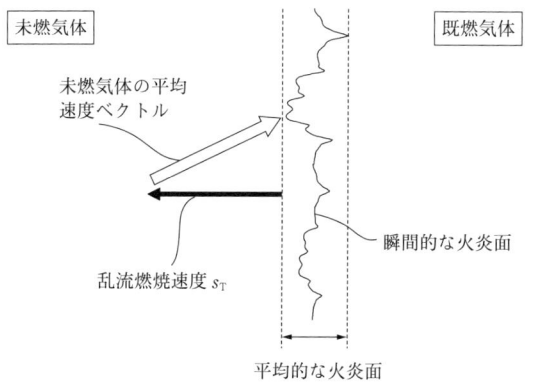

図 1·25　定在する乱流火炎とその乱流燃焼速度

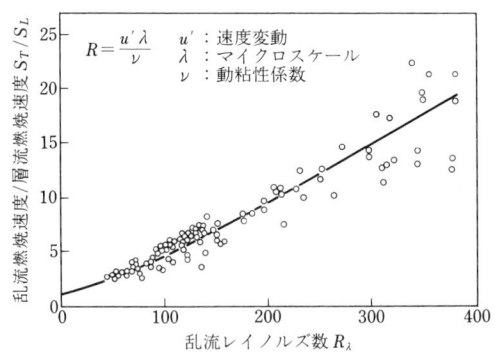

図 1·26　乱流燃焼速度と乱流レイノルズ数との関係[17]

図1·26 に示すように s_T/s_L が乱流レイノルズ数に対し増加することが知られている．乱流燃焼の数値シミュレーションにおいては，乱流燃焼速度を局所的な乱流パラメータの関数として表せると便利である．そのような関係式として文献18）のものなどが用いられる．

1·5·8 予混合火炎の不安定性

前節では気流が乱流である場合を考えたが，火炎の不安定性により自発的に乱流化する場合がある．予混合火炎の不安定性について，以下に簡単にまとめる．

（1）拡散・熱的不安定性と選択拡散

先にも述べたように，予混合火炎は未燃気体と既燃気体をわける界面のようなものである．未燃気体は低温で既燃気体は高温であるから，熱伝導は既燃気体から未燃気体の方向に生じる．一方，燃料や酸素の濃度は既燃気体で低く未燃気体で高いので，燃料や酸素は未燃気体から既燃気体へ向かって拡散する．ここで，何らかの原因で火炎に微小な擾乱が生じた場合を考える（図1·27）．全く擾乱の無い系は現実的にはありえず，このような擾乱が成長するなら火炎は不安定であり，逆に擾乱が抑えられるなら火炎は安定である．

温度勾配や濃度勾配は火炎と垂直な方向に生じるので，熱伝導や拡散もその方向に起こる．そのため火炎が未燃気体に向かって凸な領域では，熱伝導により熱が発散することになり，熱的には不利である．一方，拡散により燃焼に必要な成分（不足成分が特に重要である）が集中するので，物質拡散の意味では有利である．逆に火炎が既燃気体に向かって凸な領域では，熱的には有利で物質拡散的には不利である．

熱的および物質拡散的な二つの要因のうち，どちらが支配的かを表す指標が不足成分のルイス数 $Le = \lambda/(\rho c_p D)$ である．$Le > 1$ の場合，熱伝導の方が物質拡散より強く働く．この場合，熱的な効果により未燃気体に凸な領域では燃焼が弱められ，既燃気体に凸な領域では強められる．したがって，図1·27のような擾乱は減衰することになるので，$Le > 1$ の予混合火炎は安定である．逆に $Le < 1$ の場合は擾乱が成長するので不安定である．ルイス数が小さいことにより生じる不安定性を拡散・熱的不安定性と呼ぶ．

拡散・熱的不安定性は，1·5·4で述べた火炎伸長の効果と密接な関係がある．未燃気体に向かって凸な伝播火炎は正の伸長を受けている．このとき，燃焼速度は $s_u = s_u^0 - \mathcal{L}\kappa$ のように変化する（式（1·32））．マークシュタイン長 $\mathcal{L}$ が負の場合，未燃気体に向かって凸な領域の燃焼速度が増加することになるので，擾乱がますます成長し，火炎は不安定である．一方，$\mathcal{L}$ が正なら火炎は安定である．そして，1·5·4節で述べたように，Lewis 数が大きければ $\mathcal{L}$ は正であり，小さければ $\mathcal{L}$ は負である．なお，Lewis 数が非常に大きい場合は，火炎の振動を伴う別のモードの不安定性が生じることがある[1,2]．

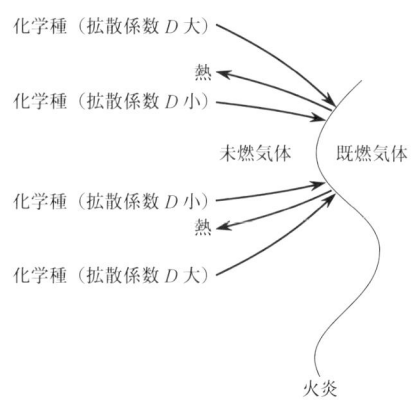

化学種（拡散係数 D 大）
熱
化学種（拡散係数 D 小）
未燃気体　　既燃気体
化学種（拡散係数 D 小）
熱
化学種（拡散係数 D 大）
火炎

図 1·27 拡散・熱的不安定性および選択拡散の効果の模式図

拡散・熱的不安定性とよく似た機構で生じる不安定性に，選択拡散の効果がある．これは燃料と酸素の拡散係数が異なるときに起こる．選択拡散の効果により局所的な濃度（当量比）が変化するので燃焼速度も変化し，これにより火炎が不安定になることがある．

（2）ダリウス・ランダウ不安定性

先の図1・13（a）に示したように，燃焼に伴う熱膨張のため，既燃気体の速度は未燃気体よりも大きい．このことにより生じる不安定性がダリウス・ランダウ不安定性（流体力学的不安定性とも呼ばれる）であり，図1・28に模式図を示す．

温度は火炎に垂直な方向に変化するため，温度上昇に伴う流れの加速はこの方向で起こり，火炎に平行な方向の速度成分は火炎の前後で変化しない．したがって，図1・28に示したように，火炎の前後で流線が曲がるような流れが生じる．このとき，未燃気体に向

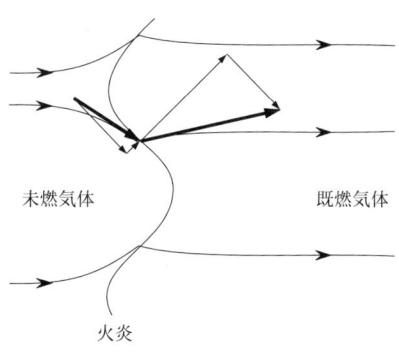

図 1・28　Darrieus・Landau 不安定性の模式図

かって凸の領域では未燃側において火炎近傍で流管が広がり，火炎に向かう未燃気体流速が低下する．それでも火炎が燃焼速度で伝播しようとすれば，図1・28のような擾乱は増幅する．既燃気体に向かって凸の領域では逆のことが起こり，やはり擾乱が増幅する．この不安定性がダリウス・ランダウ不安定性である．火炎では必ず熱膨張があることを考えると，ダリウス・ランダウ不安定性の観点からは予混合火炎は絶対に不安定である．

ガス爆発のように大規模で高速な火炎伝播現象では，ダリウス・ランダウ不安定性の影響が大きい．ガス爆発の被害は火炎伝播速度に大きく依存するが，火炎伝播速度を見積もるときは，ダリウス・ランダウ不安定性により火炎が乱れ面積が増加することによる加速現象を考慮することが不可欠である[19~21]．

（3）外力不安定性

密度の小さい流体の上に密度の大きい流体があると不安定である．レイリー・テイラー不安定性と呼ばれる不安定性であるが，予混合火炎でも同様な不安定性が生じる．未燃気体の方が既燃気体よりも密度が大きいため，上に向かって伝播する予混合火炎は重力（浮力）の観点からは不安定である．逆に，未燃気体が下にある場合は安定である．（2）で，全ての予混合火炎はダリウス・ランダウ不安定性の観点からは不安定だと述べた．それにもかかわらず，図1・15に示したようなバーナ火炎が安定でいられるのは，重力（浮力）による安定化の効果が大きい．

重力以外の力，例えば遠心力なども外力不安定性の要因になる．あるいは，圧力波が火炎を通過するときに火炎が加速を受け慣性力により不安定になることもある[22, 23]．

（桑名　一徳）

1・6 爆 ご う 波

1・6・1 爆ごうによる被害事例

化学物質が, 激しい爆発を起こした事故を調べると爆ごうが起きたとされることがある. 例えば, 密閉された容器が破裂した場合, 均一圧力上昇による損傷と異なり, 局所圧力上昇による損傷が見られることがある. 圧力が, 音速で伝わることから超音速で化学反応が伝わったことがわかる. この超音速で化学反応で伝わる波を爆ごう波と呼んでいる.

2015 年 8 月 12 日中国天津港化学薬品集積所で大規模爆発が発生, 多数の死傷者が発生した[1]. 爆発発生地点近傍に, 巨大なクレーターが生成した. 硝酸アンモニウム等の化学物質がこの爆発に関与したと推定されている. 火災発生に伴い, 多くの防災関係者が集積所に急行, 対応中に被災している. 2013 年 4 月 17 日米国テキサス州ウエストで貯蔵されていた 40 トンから 60 トンの硝酸アンモニウムが火災により爆ごうを起こし, 12 名の防災関係者と 3 名の市民が死亡した[2]. 火災通報に伴い, 防災関係者が急行, 対応中に被災している. 2001 年 9 月 21 日フランスツールズの硝酸アンモニウム製造施設爆発[3]では, 貯蔵庫内の中間製品 40 トンから 80 トンが爆ごうを起こしたと推定されている.

2000 年 6 月 10 日に群馬県のヒドロキシルアミン再蒸留中に爆発火災事故が発生[4], 死者 4 名, 負傷者 58 名の被害となった. 事故調査から高濃度ヒドロキシルアミン水溶液は爆ごうを起こすことがわかった. この事故を契機として科学技術の進展等により新たに出現する物質で火災危険性を有すると想定されるものについて, 物質性状や流通実態を早期に把握, 危険物として規制, 保安確保を図ることとなっている[5].

2001 年 11 月 7 日に静岡県の浜岡原子力発電所 1 号機で非常用炉心冷却装置「高圧注入系」作動試験時に配管が破断[6], 放射能を含む蒸気が原子炉建屋内に漏れた. 事故調査から放射線分解によって生じた水素−酸素混合気体が, 着火, 爆ごうが生じた. 配管内を燃焼波が伝播, 加速, 爆ごう波となる過程が, 損傷配管径変化から明らかになっている. この事故を契機として原子炉の水素−酸素混合気体滞留箇所が調査され, 爆発防止策が講じられた.

1991 年 10 月 2 日に大阪大学基礎工学部でプラズマ CVD 装置を用いた実験中に爆ごうが起こり, 学生 2 名が死亡し, 5 名が軽傷を負った[7]. モノシラン容器内に亜酸化窒素が混入したと推定されている. この事故を契機として高圧ガス保安法が改正され, モノシラン等の半導体製造に使用される高圧ガスの安全対策が強化された.

爆ごうは, 固体の硝酸アンモニウム, 液体のヒドロキシルアミン水溶液, 気体の水素−酸素混合気, モノシラン−亜酸化窒素混合気で起きている.

1・6・2 爆 ご う 予 防

硝酸アンモニウムは, 空気と水から化学合成されたアンモニアから生産され, 肥料や爆薬原料として使用されている. 貯蔵された硝酸アンモニアが, 火災などにより爆ごうを起こし, 大きな被害を起こしている. 安価な肥料として世界中で使用され, 大量に流通している. 中国天津港の爆発は, 保税区域で起きており, 世界中の港にこの物質が輸送される可能性があった. 硝酸アンモニウムについて長年研究されているが, 大規模事故を完全に予防できていない. 安全な取り扱いのガイドラインを順守し, 必要以上に大量集積することは避け

る必要がある[8]．

　原子力発電所は，核分裂反応を常時監視，原子炉を人間の制御下に常に管理するために，施設設計段階から運転を計画，公的機関がその運転管理の妥当性を確認した後，事業者によって運転されている．ところが，規制の要求する試験実施中に，配管が破断，放射性物質を含む水蒸気が建屋内に漏洩した．施設設計段階想定に漏れが有ったことを実証する結果となった．

　爆ごうによる被害は，硝酸アンモニウムの他，原子力や半導体製造の分野で新技術を用いた時に起きている．化学物質であれば一定の安全性評価で爆ごうを起こすか判定可能となっている．

1・6・3　気体中の燃焼波と爆ごう波

　爆ごうが起きる条件を理解し，爆ごうを起こさないような取り扱いを行うことが望まれる．

　ここでは，比較的解析的な取り扱いが容易な気体の爆ごう波を例に説明する．可燃性気体を燃焼させるとき，酸化剤となる空気や酸素と予め混合させ燃焼させる予混合火炎と，酸化剤となる空気や酸素と拡散させ反応する拡散火炎の二つの火炎がある．拡散火炎では，気体の拡散が現象を支配している．予混合火炎では，混合過程は伴わないので化学反応が現象を支配している．

　予混合火炎の構造を詳しく見ると低温の混合気体と高温の燃焼気体が火炎帯を境界として接している．温度差が火炎帯の幅で生じ，この温度勾配に応じた熱が燃焼気体から混合気体へ輸送され，混合気の温度が上昇すると化学反応速度が急激に上昇する．

　混合気体中の濃度場は，均一であるが，化学反応が進行し，燃料や酸化剤が消費され，燃焼生成物と熱が発生する．化学反応により物質濃度と温度に空間分布が生じる．そして，生じた物質や熱の拡散が現象を支配する．

　混合気体の温度を均一に上昇させると化学反応が，自律的に進行する．この化学反応帯が，混合気体の音速を超える速さで伝わる場合と音速以下で伝わる場合を考えることが出来る．液体の場合にも同様な二つの場合があることがわかる．固体の場合，弾性波の速度を超える速さで伝わる場合と弾性波の速度以下で伝わる場合の二つの場合を考えることができる．

　静止した混合気に対する燃焼波の伝播速度は，燃焼速度（Burning velocity）とよばれている．燃焼速度は，大気圧下のメタン－空気混合気で最大 37 cm/s，水素－空気混合気で最大 291 cm/s である[9]．

　爆ごう波の場合，反応帯が混合気体の音速よりも速く伝播し，その前方に衝撃波が形成される．爆ごう波の混合気体に対する伝播速度は，爆ごう速度（Detonation velocity）とよばれている．爆ごう速度は，大気圧の水素－酸素混合気の場合，最大 3532 m/s である[10]．爆ごう波の反応帯は，混合気の音速よりも速く伝播するため，燃焼波に比べ大きなピーク圧力を生じる．

1・6・4　爆ごう波の構造と速度

　燃焼波も爆ごう波も反応帯が予混合気中を伝播する．燃焼波の場合には，化学反応の起き

た領域から未反応の部分へ熱や活性化学種が拡散によって運ばれることにより化学反応が開始する.

　一方, 爆ごう波の場合, 衝撃波によって急速に予混合気が断熱圧縮され高温高圧になり, 反応が開始する. 衝撃波の厚みは, 平均自由行程のスケールなので, 衝撃波の中では, 分子同士の衝突はわずかであり, ほとんど化学反応は進行しない. 予混合気は, 衝撃波によって急激に圧縮され, 有限な遅れ時間の後に化学反応が進行し, エネルギーが放出される.

　予混合気の反応帯で発熱が起こり, 反応帯が伝播してゆくことは, 燃焼波も爆ごう波も同じである. 反応帯を基準に流れ場の様子を検討する. 圧力 P_1, 温度 T_1, 密度 ρ_1 の予混合気が, 反応帯に垂直に流速 U_1 で流れ込み, 反応し, 圧力 P_2, 温度 T_2, 密度 ρ_2 の燃焼気体が, 反応帯に垂直に流速 U_2 で流れ出すとする.

　反応帯に沿う方向での流れ場の変化が十分小さく, 無視できると仮定すると流れ場を一次元と考えることができる. 圧力, 温度, 密度, 流速の変化や化学反応は, 反応帯の内部のみで起こり, 予混合気と燃焼気体の内部では一様であると仮定すると速度勾配, 温度勾配は無視できることになる. 流体力学の連続の式, 運動量保存の式, エネルギー保存の式を仮定を用いて単純化するとそれぞれ書き換えることができる[11].

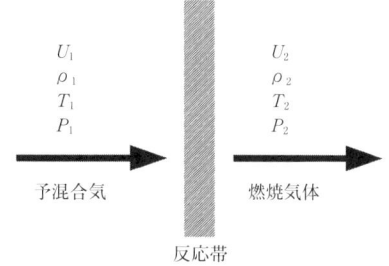

図 1·29　反応帯周囲の流れ場

$$\rho_1 U_1 = \rho_2 U_2 = m \tag{1·38}$$

$$\rho_1 U_1^2 + P_1 = \rho_2 U_2^2 + P_2 \tag{1·39}$$

$$U_1^2/2 + C_p T_1 + h_1 = U_2^2/2 + C_p T_2 + h_2 \tag{1·40}$$

　ここで, C_p は定圧比熱である. h_1, h_2 は, 予混合気と燃焼気体の標準状態の単位重量当たりのエンタルピーである.

　式 (1·39) を変形し, 式 (1·38) を用いると次式のように書ける.

$$P_2 - P_1 = \rho_1 U_1^2 - \rho_2 U_2^2 = -m^2(1/\rho_2 - 1/\rho_1) \tag{1·41}$$

この式を圧力 P を縦軸に密度の逆数 $1/\rho$ を横軸にとり, 式 (1·41) を表示すると直線で表せる. この直線をレーリー (Rayleigh) 線と呼んでいる (図1·30).

　図1·30 の点 A が, 予混合気の状態である. 予混合気の流速 U_1 を変化させるとレーリー線の勾配が変化する. レーリー線上では, 連続の式, 運動量保存の式が共に満足されている. 予混合気の圧力 P_1, 密度 ρ_1, 流速 U_1 を与えると燃焼気体の圧力 P_2 と密度 ρ_2 は, レーリー線上に存在する. レーリー線の勾配は, 負である.

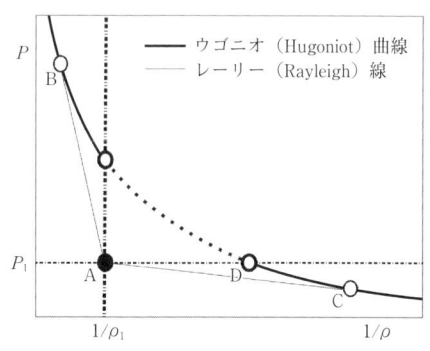

図 1·30　レーリー線とウゴニオ曲線

式（1・40）を変形する.

$$(U_2^2 - U_1^2)/2 = -C_p(T_2 - T_1) - (h_2 - h_1) \qquad (1\cdot42)$$

ここで，予混合気体と燃焼気体は，式（1・43）に従う理想気体として扱えると仮定する.

$$P = \rho R T \qquad (1\cdot43)$$

定圧比熱 C_p をマイヤーの式（1・44）によって書き換える. ここで γ は，比熱比である.

$$C_p = \gamma R/(\gamma - 1) \qquad (1\cdot44)$$

$$(U_2^2 - U_1^2)/2 = -\gamma/(\gamma - 1)(P_2/\rho_2 - P_1/\rho_1) - (h_2 - h_1) \qquad (1\cdot45)$$

U を m と ρ で表し，式の左辺を書き換える. 両辺の符号を整理すると式（1・46）が得られる.

$$(P_2 - P_1)/2(1/\rho_2 + 1/\rho_1) = \gamma/(\gamma - 1)(P_2/\rho_2 - P_1/\rho_1) + (h_2 - h_1) \qquad (1\cdot46)$$

圧力 P を縦軸に密度の逆数 $1/\rho$ を横軸にとり，予混合気の圧力 P_1 と密度 ρ_1 を与え，エンタルピー変化量 $(h_2 - h_1)$ を指定すると曲線が得られる. この曲線をウゴニオ（Hugoniot）曲線と呼んでいる. ウゴニオ曲線は，連続の式，運動量保存の式，エネルギー保存の式を満足する燃焼気体の取りうる状態を表している.

　燃焼気体の圧力 P_2 と密度 ρ_2 は，レーリー線とウゴニオ曲線を同時に満たさなければならない. 図のウゴニオ曲線の一部は点線で示してある. この領域は，レーリー線の勾配が負とならず，実現しないことを示している. ウゴニオ曲線は，この実現しない領域によって大きく2つに分割される. 予混合気の圧力 P_1，密度 ρ_1，流速 U_1 を与え，エンタルピー変化量 $(h_1 - h_2)$ を指定すると，図のようにレーリー線とウゴニオ曲線がそれぞれ決定される. レーリー線とウゴニオ曲線が交点を持てば，燃焼気体の状態を求めることができる. レーリー線とウゴニオ曲線の交点は，二点で交わる場合と一点で接する場合に分けられる. このような接する点をチャップマン－ジュゲ点（Chapman-Jouget Point）と呼んでいる.

　一本のウゴニオ曲線には二つのC-J点が存在する. ウゴニオ曲線に沿って安定な条件を調べると点線で二つに分割された上側の領域と下側の領域に存在する.

　下側の点では燃焼気体の圧力は，予混合気の圧力よりもわずかに低い. 上側の点では燃焼気体の圧力は，予混合気の圧力よりも高くなっている. さらにこの点の気体密度は，予混合気の密度よりも大きくなっている. この点が，爆ごう波に対応している. このような計算で求められた爆ごう波の速度は，定常伝播する爆ごう波の速度とよく一致する.

　一方，下側の交点では，燃焼気体の圧力は，予混合気の圧力よりも低く，密度も小さくなっている. この領域は，燃焼波に対応している.

　この図を見ると燃焼波と爆ごう波は，ウゴニオ曲線の点線部で分離されている. このような計算では，燃焼波が爆ごう波に変化することは起きない. ところが，2001年11月7日の浜岡原子力発電所1号機爆発では，急激な圧力変化を伴う試験実施中であり，非定常条件となり，燃焼波から爆ごう波へ変化した. 高圧ガス配管のバルブ操作をゆっくりと操作するよう指示されることも非定常条件を起こさないように配慮しているためである.

1・6・5　発生限界と開始

　爆ごう波の発生には，予混合気の組成，圧力だけではなく，伝播する空間，入射する衝撃波の強度に条件がある.

　爆ごう波の発生限界近傍では，非定常な爆ごう波が観察されることがある．そのような条件では，定常な爆ごう波の検討に用いている仮定は，必ずしも成立していない．例えば，管内を旋回しながら伝播するスピニング（Spinning）やパルス的な（Pulsating）伝播が観察される[10]．

　爆ごう波を発生させるためには，予混合気の組成が爆ごう限界内になければならない．爆ごう限界は，実験的に求められている．予混合気の圧力を変化させると爆ごう限界が変わることが知られている．爆ごう波の伝播する管径を小さくすると爆ごう範囲が狭くなる[12]．

（鶴田　俊）

1・7　拡散火炎の構造と性質

1・7・1　拡散火炎の構造

　燃料と酸化剤が拡散すると同時にその領域で燃焼反応が進行する現象を拡散燃焼とよび，そこに形成される火炎を拡散火炎という．この場合の燃焼反応は拡散の過程に律せられる．燃料と酸化剤の相互の拡散，すなわち両者の混合，が生じていない所に火炎が形成されることはない．逆火が起こらないので，実用燃焼器には拡散火炎が多く用いられている．ガス爆発のような場合を除けば，通常の火災時に形成される火炎の大部分は拡散火炎である．

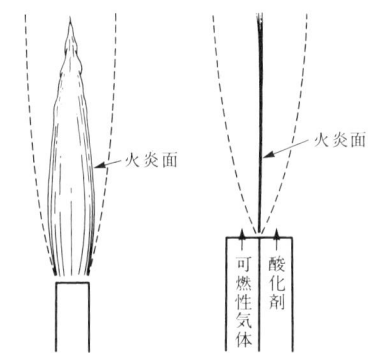

（a）拡散バーナ火炎　　（b）平行流拡散火炎

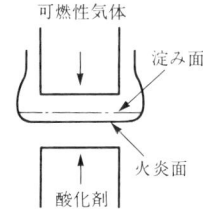

（c）対向流拡散火炎

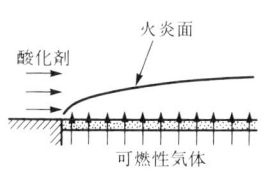

（d）多孔平面から気流中に可燃性気体を吹き出したとき形成される拡散火炎

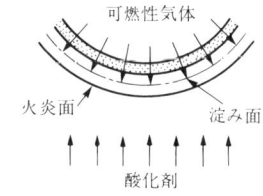

（e）多孔面から気流に対向して可燃性気体を吹き出したとき形成される拡散火炎

図 1・31　種々の拡散火炎[1]

　気体燃料（可燃性気体）の場合，可燃性気体が酸化剤側へ拡散し火炎が形成される．液体燃料や固体燃料（可燃性液体や可燃性固体）の場合には，燃料の蒸発や分解により発生した可燃性気体が酸化剤側へ拡散することにより火炎が形成されることになる．炭素の燃焼のように表面反応により拡散燃焼を持続する場合もあるが，大部分の固体燃料は火炎を伴って気相反応により燃焼する．また，噴霧燃焼の場合には，液体燃料を空気中などで微粒化すると同時に燃焼をさせるので，液滴の運動，燃料の蒸発と拡散，熱移動，燃焼反応などいくつもの過程が関与する複雑な現象になる．拡散燃焼の形態は種類が多く，その現象は複雑であるが，これまでに，実験および理論解析によりかなり解明されている．一般に，拡散の過程が複雑であり，拡散燃焼の理論的な取り扱いは難しいが，個々の現象を理解するのに適した解析モデルを工夫し，1・4・1項に示される基礎式を用いて，理論的な解析も数多く行われている．ここでは図1・31に示す代表的な形態の拡散火炎の構造と基本的性質について紹介する[1]．

（1）拡散バーナ火炎

　拡散バーナ火炎は，噴流拡散火炎ともよばれ，多くの実用燃焼器で一般的に用いられている火炎である（図1・31（a））．バーナ口から可燃性気体が空気中に噴出し，そこへ周囲の空気中の酸素が拡散してきて燃焼反応が持続している．火炎の様子は，可燃性気体の種類や流量，バーナの寸法などによってかなり異なる．炭化水素系気体を空気中で拡散燃焼させる場合，バーナ口付近では薄い青色の拡散火炎が形成されるが，そこから離れると黄色火炎が形成され，発光領域の境界がはっきりしなくなる．バーナ口が大きくなると，火炎先端から不完全燃焼による煤が生じるようになる．一方，可燃性気体に空気を加えると，煤の発生が著しく減少し，バーナ口からかなり離れた所まで青色火炎が形成されるようになる．

　燃焼反応が起こる領域を火炎帯という．燃焼反応の速度が拡散の速度に比べて十分大きく，拡散してきた燃料と酸化剤とが理論混合比でただちに反応する場合，火炎帯は，きわめて薄くなるので厚さゼロの火炎「面」として取り扱うことができる．可燃性気体，酸化剤，燃焼生成物などの拡散係数がいずれも等しいと仮定すると，比較的小規模の拡散バーナ火炎の構造は図1・32のように簡略に表示される[2]．鎖線は，可燃性気体の濃度を座標軸について反転し，理論混合比の酸化剤と燃料のモル比を乗じたものである．この鎖線の火炎面付近の勾配は，酸素の火炎面付近の勾配に等しくなる．

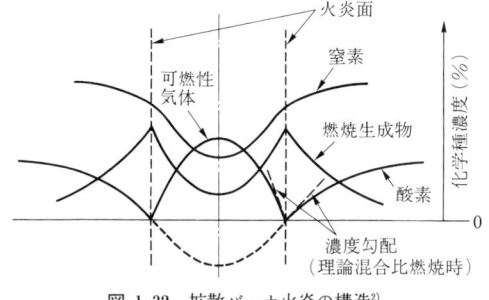

図1・32　拡散バーナ火炎の構造[2]

（2）平行流拡散火炎

　可燃性気体と酸化剤とが同一方向に平行して流れるとき，その拡散層中に形成される火炎が平行流拡散火炎である（図1・31（b））．この火炎は，構造が簡単で，最も典型的な拡散火炎といえる．この場合，上流側で隔壁によって分かれて並進していた可燃性気体と酸化剤とが隔

壁端より下流側で混合を開始し，火炎は隔
壁端からわずかに離れた位置に付着する．

平行流拡散火炎の構造の概略を図1·33
に示す[1]．反応帯は，可燃性気体と酸化剤
の境界に存在し，反応帯に向かって可燃性
気体および酸化剤が拡散してくる．可燃性
気体と酸化剤が反応する速度は，それらが
反応帯に向かって拡散する速度につりあ
う．火炎面モデルが適用できるとすると，
火炎面における可燃性気体と酸化剤との拡
散速度の比は理論混合のモル比に等しい．

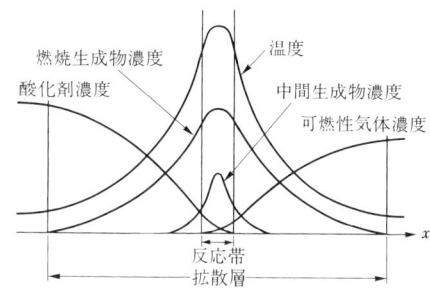

図 1·33　平行流拡散火炎の構造の概略[1]

境界層理論によれば，拡散層の厚さ δ_D は代表的な流れの速度 V（可燃性気体あるいは酸
化剤の主流の速度），化学種 i の拡散係数 D，および代表的な寸法 L（隔壁端からの距離）
に依存し，次式で表せる．

$$\delta_D \propto \left(\frac{D_i L}{V}\right)^{1/2} \tag{1·47}$$

主流における化学種 i の濃度を C_{i0} とすると，火炎面における化学種 i の濃度勾配 $(\partial C_i/\partial x)_f$ は C_{i0}/δ_D にほぼ比例する．すなわち，

$$\left(\frac{\partial C_i}{\partial x}\right)_f = A C_{i0} \left(\frac{V}{D_i L}\right)^{1/2} \tag{1·48}$$

と表示できる．ここで，x は火炎面の法線方向にとった座標，A は比例定数である．比例定
数 A は1から3程度である．火炎単位面積当たりの化学種 i の消費速度 $(\omega_i'')_f$ は，火炎面
付近における拡散速度 $D_i(\partial C_i/\partial x)_f$ に等しいので，

$$(\omega_i'')_f = A C_{i0} \left(\frac{V D_i}{L}\right)^{1/2} \tag{1·49}$$

と表せる．この式から，火炎での可燃性気体の消費速度が流れの速度や隔壁端からの距離に
依存する様子がわかる．可燃性気体の消費速度は火炎面での発熱量に直結するから，この式
から発熱量が速度や距離に依存する様子もわかることになる．

火炎帯で発生した熱は，拡散層とほぼ同じ厚さの温度境界層を横切って火炎帯から外に向
かって失われていく．火炎帯の温度は，そこで発生する熱とそこから外側へ移動する熱との
つり合いで決まる．発生する熱が少なくなると，火炎帯の温度が低くなり，燃焼反応が持続
できなくなる[1]．

（3）対向流拡散火炎

可燃性気体と酸化剤の流れが互いに向き合っている場合，その淀み面付近に形成される火
炎が対向流拡散火炎である（図1·31（c））．対向流拡散火炎は，火炎構造が淀み点付近の比
較的広い範囲で変わらないので，拡散火炎の構造，可燃性気体の燃焼特性，消火剤の効果な
どについての基礎研究にしばしば用いられる．

対向流拡散火炎の構造を解析した結果の概要を図1·34に示す[1]．この図の火炎面は，淀み

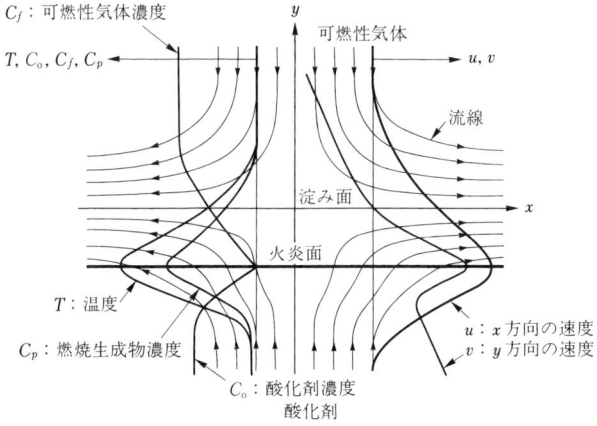

図 1·34　対向流拡散火炎の構造解析結果の概要[1)]

面の酸化剤側に位置している．こうなるのは，可燃性気体を完全燃焼させるのに必要な酸化剤の量が可燃性気体の量に比べて多いときである．可燃性気体側あるいは酸化剤側で不活性気体の濃度を高くすると，火炎面の位置はそれぞれ可燃性気体側あるいは酸化剤側に移動する．拡散層における温度および濃度の変化の様子は，平行流拡散火炎の場合（図1·33）と同様である．しかし，対向流拡散火炎の場合には，代表的な流れの速度 V（図中では，火炎面に沿う流れの速度 u）が代表的な寸法 L（図中では，淀み点から火炎面に沿う距離 x）にほぼ比例して増加するため，式（1·47）および（1·49）からも明らかなように，拡散層の厚さおよび可燃性気体の消費速度が淀み点付近の比較的広い範囲でほとんど変化しない．対向流の速度が大きくなると，拡散層の厚さは薄くなり，可燃性気体の消費速度は増加するが，対向流の速度が大きくなり過ぎると，流れの伸長のため火炎帯の温度が低くなり，淀み点付近で燃焼反応が持続できず，火炎は吹き飛んでしまう．

（4）境界層に形成される拡散火炎

境界層拡散火炎は，例えば可燃性気体を多孔質壁面から吹き出して拡散燃焼させるときのように，物体の表面付近の境界層に形成される火炎である．主なものとして，平面に沿う流れの境界層に形成される拡散火炎（図1·31（d））や，球面付近や円筒面付近の境界層に形成される拡散火炎（図1·31（e））などがある．液体や固体の可燃性物質が気流中で燃焼する場合には，これらの可燃性物質の表面付近の境界層に同様の拡散火炎が形成されることが多いので，このような形態の拡散火炎の構造をよく理解しておくとよい．

拡散火炎の構造の一例として，多孔質平板の表面からメタンを吹き出し，その平板に平行な空気流の下で燃焼させたときの速度分布および温度分布の測定結果を図1·35に示す[3)]．境界層理論で解析的に求められる平板境界層の速度分布と比べれば，拡散火炎が形成されると，燃焼反応に伴う気体の密度変化により境界層内の速度分布が大きく影響を受けることがわかる．火炎先端の上流に比較的圧力が高い部分が生じ，そこへ向かう流れは減速する．そ

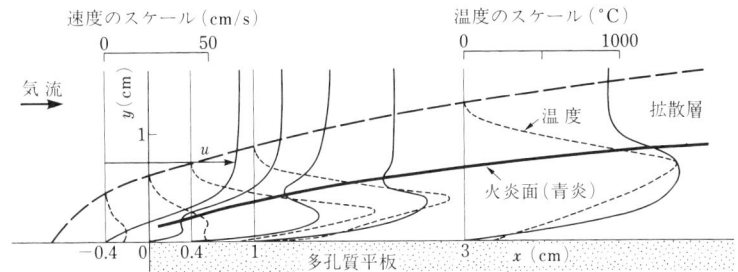

x：多孔質平板上流端からの距離，y：多孔質平板からの距離，u：x方向の気流速度，
メタン吹き出し速度：2 cm/s，主流速度：65 cm/s

図 1·35　平板境界層に形成されたメタン-空気拡散火炎の構造[3]

の領域を通過して火炎帯に達すると，流れは急激に加速する．一方，温度は火炎の位置で最大値をとり，そこから離れるにつれて減少する．

　多孔質円筒の表面から空気流に対してメタンを吹き出したときに円筒前方の淀み点近傍の境界層に形成される拡散火炎の構造についても詳細に調べられている[4]．この場合，火炎は，円筒表面の近傍に形成される淀み面の空気側に位置し，そこで温度が最大となる．円筒に向かう流れの速度は，円筒に近づくにつれて減少するが，火炎直前で上昇し，火炎の位置で極大値をとり，さらに円筒に近づくにつれて再び減少し，淀み点で0となる．このような円筒前方の淀み点近傍に形成される拡散火炎の構造は対向流拡散火炎の構造（図1·34）とほとんど変わらない．

　液体や固体の可燃性物質の表面付近の境界層に形成される火炎の構造は，上述の2つの例における火炎の構造とほぼ同じである．ただし，上述のように可燃性気体を燃焼させるときには気体の種類や噴出量を任意に制御できるが，液体や固体を燃焼させる場合は，可燃性物質の表面から蒸発または分解により放出される可燃性気体の性質および量が火炎から可燃性物質への熱の流入速度などに依存し任意に制御できない点が著しく異なる．

1·7·2　拡散火炎の成立条件

　安定な拡散火炎が形成されるためには，可燃性気体と酸化剤とが混合を開始する位置の近傍に火炎が付着し，燃焼反応に不可欠な熱や活性基が維持されることが必要である．火炎の構造は平行流拡散火炎と対向流拡散火炎とでかなり異なるが，いずれであっても火炎の安定性は，付着点近傍における速度勾配，壁面への熱移動による冷却，火炎伸長，化学反応時間と滞留時間のつり合いなどを考慮すれば目安が得られる．

（1）拡散バーナ火炎および平行流拡散火炎の場合

　拡散バーナ火炎（図1·31（a））や平行流拡散火炎（図1·31（b））の場合，バーナ出口（あるいは隔壁端）のごく近傍に火炎が付着する．バーナ出口から火炎の付着点までの区間は，壁面への熱移動による冷却のため消炎している．この消炎部で可燃性気体と酸化剤とが相互に拡散し，火炎の付着点で安定に燃焼が持続することにより，拡散火炎全体が安定に定在する．可燃性気体の流量を増加すると，この部分の気体の速度が大きくなり，化学反応時

間と滞留時間のつり合いがとれなった時点で付着点がバーナから離れ，火炎は吹き飛ぶ．

　火炎の付着点では，消炎部で混合を開始した可燃性気体と酸化剤とが反応し燃焼している．このため，火炎の安定性を，予混合火炎と同様に，火炎を通過する流れの速度と燃焼速度とのつり合いにより論ずることがある．しかし火炎付着点近傍の流れ場は複雑であり，そこでの可燃性気体と酸化剤の混合の過程を的確に予測することが難しいので，火炎の安定性を厳密に論ずることは容易ではない．そこで，火炎付着点近傍の流れ場の状態をバーナ出口の壁面付近の速度勾配すなわち境界速度勾配で代表させ，この速度勾配を用いて火炎の安定性を論ずる方法が多く用いられる．火炎吹き飛び限界の境界速度勾配は，可燃性気体と酸化剤の性質に依存するが，同じ形式のバーナであればバーナの大きさにはほとんど依存しないと考えてよい．

　火炎の安定性は流れ場の乱れの強さにも左右される．流れ場の乱れを表す指標としてはレイノルズ数 Re が用いられ，拡散バーナ火炎の場合は，バーナ出口での可燃性気体の平均速度とバーナ径とを代表値に用いて Re が算出される．バーナ口から空気中に噴出する可燃性気体の速度を増加させていくと，層流火炎から乱流火炎に遷移し，さらに増加させていくと，バーナ口近傍の火炎が不安定になり火炎の吹き飛びあるいは浮き上がりが起こる．このような火炎の変化が起こる条件は，Re により適切に表示することができる．層流火炎から乱流火炎に遷移する臨界のレイノルズ数 Re_C や火炎安定限界の Re は，可燃性気体の性質などその他の要因によってかなり異なる．通常の場合，火炎安定限界の Re は 10000 程度で，これ以下の比較的広い範囲で安定な拡散バーナ火炎が形成される．

　さて，火炎の規模が燃焼反応に及ぼす影響についてもここで触れておきたい．拡散バーナ火炎や平行流拡散火炎は，燃焼の規模が大きくなると大量の煤を生じるようになる．炭化水素系の可燃性気体は，高温になると分子の分解と結合の反応がおこり煤粒子を生じる．火炎が大きくなると，火炎の内側にある可燃性気体が火炎帯に到達して酸素との反応を開始するまで，より長い距離を流れに乗って下流に進むことになり，その間に煤の生成が進行することになる．式（1・49）により明らかなように，流れの下流側に進んでバーナ出口あるいは隔壁端からの距離 L が大きくなるほど，火炎帯での燃料の消費速度すなわち火炎の発熱量は小さくなる．少しの熱損失でも燃焼反応の持続が困難になるため，火炎が大きくなりバーナ出口から火炎下流端までの距離が長くなると下流側で未燃焼の燃料物質を残したまま燃焼が終了することになる．このような理由により，拡散バーナ火炎では，バーナ口が大きくなると火炎先端部で不完全燃焼となって煤が排出されるようになる．

（2）対向流拡散火炎および境界層に形成される拡散火炎の場合

　対向流拡散火炎（図1・31（c））の場合，図1・34 にも示されているように，対向する可燃性気体と酸化剤の流れの淀み面付近に火炎面が形成され，火炎構造は淀み点付近の比較的広い範囲で変わらない．対向流の速度が大きくなり過ぎると，火炎伸長のため燃焼反応帯の温度が低くなり，淀み点付近で燃焼反応が持続できず，火炎は吹き飛ぶ．このような火炎の基本的な特性は，多孔質円筒前方の淀み点近傍の境界層に形成される拡散火炎（図1・31（e））の場合でもほとんど変わらない．これらの拡散火炎については数多くの基礎研究が行われており，火炎構造，成立条件，可燃性気体の燃焼特性などについて詳細な検討がされている．

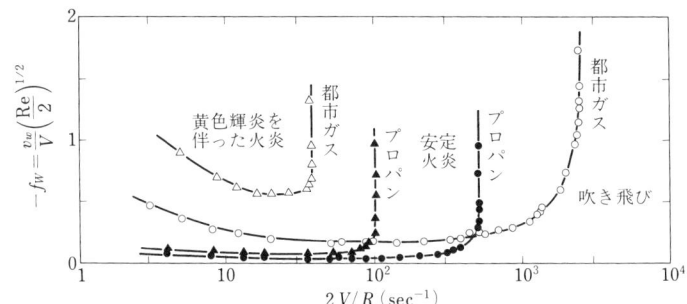

図 1·36　多孔質円筒前方の淀み点近傍に形成される火炎の安定範囲[4]

　図1·36 には，気流中の多孔質円筒から可燃性気体を吹き出したとき，その前方淀み点近傍の境界層に形成される火炎の安定範囲を示す[4]．ここでは，空気の主流速度を V，円筒の半径を R，円筒面からの可燃性気体の吹き出し速度を v_w，V と R を代表値としたレイノルズ数を Re としている．横軸の $2V/R$ は，淀み点近傍における流れの，円筒面に沿う速度勾配を表しており，火炎伸長の程度を示す．縦軸の $(v_w/V)(\mathrm{Re}/2)^{1/2}$ は可燃性気体の吹き出し速度を無次元表示したものである．可燃性気体として都市ガスおよびプロパンガスを使用した場合について示している．v_w が比較的大きい場合，V が非常に小さいと可燃性気体側に黄色火炎を伴った火炎が形成される．V を増加させていくと安定な青色火炎が形成されるようになり，さらに V を増加させていくと火炎の吹き飛びが起こる．図からわかるように，v_w をいくら大きくしても前方淀み点近傍に火炎が形成されなくなる限界を示す値（$2V/R)_c$ がある．この限界で，化学反応時間と滞留時間のつり合いがとれなくなり，燃焼反応が持続できなくなる．$(2V/R)_c$ は限界状態における滞留時間の逆数に比例する量であり，化学反応時間の逆数すなわち総括的な反応速度に比例する量でもある．したがって，$(2V/R)_c$ は総括的な反応速度の目安を示す重要な値であるといえる[4,5]．また，可燃性気体の吹き出し量が少なくなると，円筒面に火炎が近づき，壁面への熱移動による冷却が増加する．このため，図に示されるように，v_w を小さくしても消炎する．

　平面に沿う流れの境界層に形成される拡散火炎（図1·31 (d)）の場合には，気流の主流速度がかなり大きくても安定な火炎が維持される．これは，図1·35 に示したように，燃焼反応に伴う気体の密度変化により境界層内の速度分布が大幅な影響を受け，付着点（図1·35 の $x=0$）の近傍に速度の遅い領域が形成されて火炎先端部へ向かう気流の速度が小さくなるためである．しかし，やはり，主流速度が限界値を越えると，可燃性気体の吹き出し速度をいくら大きくしても火炎が形成されなくなる．この場合の付着点近傍の火炎構造は，上述の多孔質円筒の前方淀み点近傍の境界層に形成される火炎の構造に類似しているので，火炎先端の安定機構も同様であると考えられる．

　図1·37 には，灯油を含んだ砂の表面に沿い，気流に対向して燃え拡がる火炎の先端付近の流れの様相を煙流脈法により可視化したときの写真とその説明図を示す[6]．火炎先端部に向かう気流は火炎面に近づくにつれて急速に減速しており，燃料層近傍には火炎付着点付近

から上流側に向かう逆流が生じている．
この逆流は燃料層の幅方向（写真の奥行
きの方向）に流れの向きを変えていき，
逆流を開始する位置には戻らない．火炎
付着点の上流側には逆流領域あるいは淀
み領域が形成され，火炎先端部付近には
燃料層から蒸発してくる可燃性気体の流
れに対向する低速度の気流が形成され
る．このことが，主流速度がかなり大き
な気流の中でも安定な火炎が維持される
主な理由であると考えられる．付着点近
傍で蒸発した燃料のいくぶんかは逆流に
より上流側に運ばれるはずであるが，そ
れに伴う火炎伝播は起こらない．

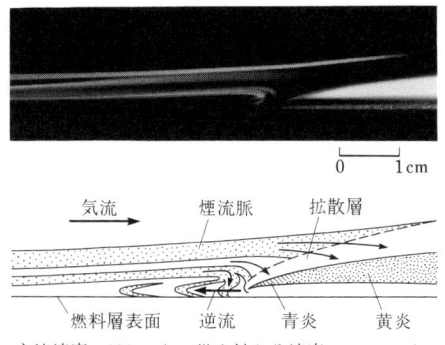

主流速度：130 cm/s，燃え拡がり速度：0.035 cm/s，
燃料層幅：12 cm

図 1·37　気流に対向して燃え拡がる火炎の先端付近
の煙流脈の様相[6]

　平面に沿う流れの境界層に拡散火炎が形成されるとき，火炎先端の付着点付近には消炎領
域があり，そこでは可燃性気体と酸化剤とが拡散により混合し共存する．この火炎先端部を
予混合火炎とみなすかどうかについては研究者により意見が分かれるが，少なくとも典型的
な予混合火炎とは構造と性質が異なる．火炎を表面に形成させた可燃性固体を急速に移動さ
せたときの火炎先端の追従性を調べた研究によれば，火炎先端部は予混合火炎の性質を持た
ず，拡散火炎の性質を示す[7]．

1・7・3　拡散火炎の性質（乱流火炎）

　拡散火炎は，流れ場の乱れに着目して，層流拡散火炎と乱流拡散火炎とに区分されて論じ
られることがある．可燃性気体と酸化剤との混合が分子拡散に依存し形状が整然としている
火炎が層流拡散火炎であり，混合が主として乱流拡散に依存し形状が複雑に変動している火
炎が乱流拡散火炎である．通常，火炎規模が大きくなると，その一部分，あるいは火炎付着
点付近を除く大部分が複雑に変動するようになる．これを乱流拡散火炎とよぶ．この節で
は，層流拡散火炎あるいは特に区分する必要がない火炎を拡散火炎とよび，乱流拡散火炎を
単に乱流火炎とよぶこととする．

　1·7·1 および 1·7·2 項では，代表的な形態の拡散火炎の構造と成立条件について紹介して
きた．ここでは，まず拡散火炎の基本的な性質と特徴を整理し，そのうえで乱流火炎の性質
と特徴を概説する．

（1）拡散火炎の基本的性質

　拡散火炎には多くの形態があり，形態によって構造も違ってくるが，火炎帯が可燃性気体
と酸化剤の境界に存在し，そこに向かって拡散してきた可燃性気体と酸化剤とが燃焼すると
いうことには変わりない．安定な拡散火炎が形成されるためには，可燃性気体と酸化剤とが
混合を開始する位置の近傍に火炎が安定に付着する必要があり，燃焼反応に必要な熱や活性
基が維持されることが条件となる．火炎の付着点は，バーナ出口端や対向流の淀み点の近傍
などの，気体の速度が小さく化学反応時間と滞留時間のつり合いが維持されるところに位置

する．

　付着点近傍の火炎先端部は，拡散バーナ火炎では予混合火炎の性質すなわち伝播性を持つが，平面に沿う境界層に形成される拡散火炎では，予混合火炎の性質は持たず，拡散火炎の性質を持つ．また，平面に沿う境界層に形成される拡散火炎の安定機構は，多孔質円筒の前方淀み点近傍の境界層に形成される火炎の安定機構と同様であると考えられる．

　拡散バーナ火炎では，バーナ出口から遠ざかるにつれて発熱量が小さくなり，そこでの燃焼反応の持続が困難になる．このため，火炎が大きくなると完全燃焼に達しないまま反応が終了して中間生成物や煤が排出されやすくなる．

　液体や固体の可燃性物質が燃焼するときも，生じる火炎は基本的に気体の拡散火炎と同様である．このときの火炎は，可燃性気体を多孔質壁面から吹き出したときに多孔質壁面付近の境界層に形成される拡散火炎と同様な形態となる．ただし，可燃性物質の表面から蒸発または分解により放出される可燃性気体の性質および量が火炎から可燃性物質への熱の流入速度などに依存するという点で，可燃性気体の燃焼とは著しく異なる．

（2）乱流火炎の性質

　乱流火炎では流体の渦運動の混合作用による気体の拡散，すなわち乱流拡散が起こる*．これは，分子運動の混合作用による気体の拡散，すなわち分子拡散に比べて非常に速くなり得る．層流拡散火炎は通常，拡散律速であり，遅い分子拡散による未燃気体（可燃性気体と酸化剤）の供給速度がそのまま，燃焼反応によるそれらの消費速度となる．しかし乱流火炎（乱流拡散火炎）は，流れ場の状態により乱流拡散の速度が非常に大きくなり得るため，必ずしも拡散律速とはいえなくなる．乱流により拡散が速くなると高負荷での燃焼が起こることになる一方，その速度が化学反応の速度を越えて，燃焼反応による消費速度が乱流拡散による供給速度に追いつかなくなると，未燃気体が余って火炎帯の温度が低下し，燃焼反応を維持できなくなって消炎する．いいかえれば，化学反応時間と滞留時間のつり合いが崩れた領域で局所的な消炎が引き起こされることになる．この消炎が起こって，可燃性気体と酸化

剤とが混合した未燃焼領域が流れ場中にいったん生じたのち，そこに予混合火炎の伝播が起こることもある．このように，流れが乱流となることにより燃焼場は強い影響を受ける．逆にまた，燃焼により引き起こされた体積変化や物性値変化も流れ場に影響を及ぼすから，流れ場と燃焼場との間には複雑な相互作用があることになる．このような乱流拡散火炎と流れの相互作用の解説には概説[8]がある．また，乱流拡散火炎の消炎については，非定常挙動を考慮に入れた消炎限界の研究が進められている[9]．

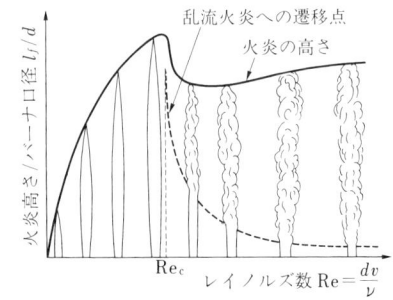

図 1・38　レイノルズ数によるバーナ拡散火炎の変化の様子[3,8]

───────────────

*　ここでいう乱流拡散が分子拡散と異なることを考慮して，1・1・3節でも触れたように，拡散火炎という表現を避け非予混合火炎の用語が用いられることもある．

　さて，最も典型的な形態の火炎である拡散バーナ火炎（噴流拡散火炎）を例に，レイノル
ズ数 Re と火炎形状の関係を概説する．図 1・38 に示すように，可燃性気体の噴流の速度が
遅く Re が小さいときは，火炎は層流拡散火炎であるが，噴流の速度を増して火炎が長くな
ると火炎の下流端が乱れ始め，速度の増加とともに乱れの始まる位置が急速に上流側に移動
しバーナ口に近づく．乱流火炎に遷移した後の火炎は，遷移直後にいくぶん短くなった後，
速度の増加とともにゆるやかに長くなっていく[10]．ここで，レイノルズ数 Re＝$(dv)/\nu$，d：
バーナ口径，v：噴流の平均速度，ν：可燃性気体の動粘性係数，l：バーナ口からの距離で
ある．

　層流火炎から乱流火炎への遷移は主として可
燃性気体の噴流の乱れに依存するが，その他の
いくつかの要因にも依存する．種々の可燃性気
体を空気中に噴出させた場合に形成される火
炎の臨界レイノルズ数 Re_C を表 1・5 に示す[10]．
Re_C は，可燃性気体の種類によりかなり異なり，
また，1 次空気として可燃性気体に空気をあら
かじめ添加すると大きな値をとるようになる．
その他，バーナの大きさや周囲空気の乱れなど
の要因によっても遷移の現れ方が異なるが，表
1・5 に示す数値は，乱流火炎への遷移を予測す
るための有用な目安となる．

表 1・5　種々の可燃性気体を空気中に噴出さ
せた場合に形成される火炎の臨界レ
イノルズ数 Re_C[10]（d：0.32〜0.64 cm）

可燃性気体	Re_C
水素	2000
都市ガス	3300〜3800
一酸化炭素	4800〜5000
プロパン	8800〜11000
アセチレン	8800〜11000
水素（1 次空気あり）	5500〜8500
都市ガス（1 次空気あり）	6400〜9200

　層流火炎から乱流火炎への遷移の原因には，噴流のそれ自身の乱れに依存するものと噴流
と周囲流との間に形成される剪断層における流れの不安定性によるものがあり，場合によっ
ては火炎の存在により不安定性が抑制されることもある[11]．噴流拡散火炎の遷移の現象は複
雑ではあるが，これまでに詳細な検討がいくつか行われている[12]．

　図 1・39（a）〜（d）には，純プロパンを静止空気中に噴出させたときに形成される拡散
バーナ火炎の直接写真の代表的な例を示す．使用したバーナはノズルバーナであり，その口
径は 1.2 cm である．バーナ出口の流れに乱れを付加するときには，多孔板を用い流れの乱
れを約 6 ％ とした．このバーナの口径は比較的大きいので，Re が小さい場合でも燃焼ガス
と周囲空気の間に発生する不安定性により，火炎に揺らぎが生じるが，その状態では本質的
に層流火炎であると判断すると，明確に乱流火炎に遷移するのは，Re が 8000 付近のときで
ある．また，Re が 17000 付近に達すると付着点付近の火炎がバーナ口から浮き上がるよう
になる．

　図 1・39（a）は，Re が 11000 のときの火炎であり，バーナ口からの距離 l が約 1 d までの
範囲は安定な青炎で，大部分は輝きの強い黄色炎である．l が約 8 d の位置で火炎面に乱れ
が生じ，その乱れは l の増加とともに次第に増加していく．l がさらに大きくなると，火炎
帯が一体となって，螺線状に連なったような状態になる．このような火炎の変化の様子か
ら，噴流と周囲流との間に形成される剪断層における流れの不安定性による渦の発生とその
渦の急激な成長の過程がうかがえる．この写真の火炎の長さは，90 d（108 cm）である．こ

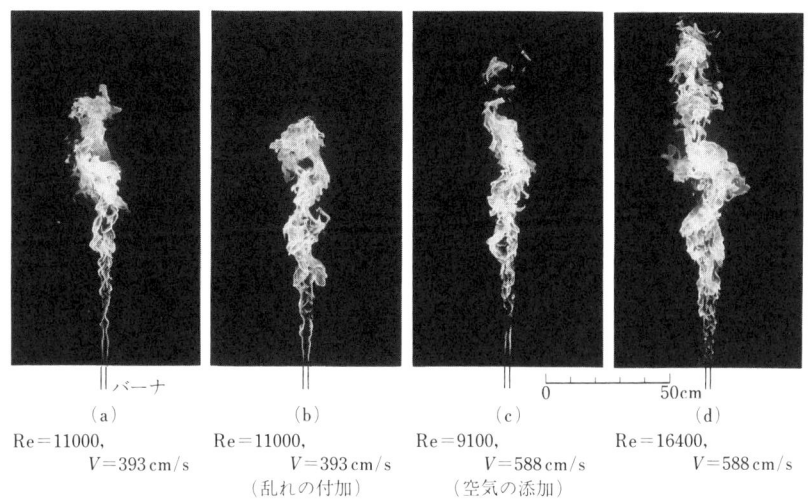

|| バーナ
　（a）　　　　　　　　（b）　　　　　　　　（c）　　　　　　　　（d）

Re＝11000,　　　　　Re＝11000,　　　　　Re＝9100,　　　　　Re＝16400,
　　V＝393 cm/s　　　　　V＝393 cm/s　　　　V＝588 cm/s　　　　V＝588 cm/s
　　　　　　　　　　　（乱れの付加）　　　　（空気の添加）

可燃性気体：プロパン，バーナ口径：1.2 cm，撮影時間：1/1000 s，Re：レイノルズ数，
V：バーナ出口の平均速度

図 1·39　拡散バーナ火炎の直接写真の代表的な例

こには示されてないが，火炎先端部では，火炎が分離して島状に写り，輝きが弱まった部分が頻繁に認められることからも，この火炎からの煤の発生がかなり多いことがわかる.

図 1·39 (b) は，プロパンの流量は (a) の状態と同じにし，プロパンの噴流に約 6 ％の乱れを付加したときの火炎である. 青炎部が拡大するとともに，l が約 4 d の位置で火炎面に乱れが発生し，l とともに火炎帯の厚さが急速に増加し，火炎の長さは目立って短くなる. 火炎の輝きが全般的に強くなり，煤の発生も少なくなる. 噴流へ乱れを付加することが火炎帯における乱流拡散を著しく促進させることがわかる.

図 1·39 (c) は，プロパンの流量は (a) および (b) の状態と同じにし，プロパンの流量の 50％（2分の1）の流量で，空気を添加したときの火炎である. この場合，青炎が約 8 d の位置まで形成されるようになるとともに，約 10 d の位置で火炎面に乱れが発生するようになり，火炎の長さは (a) のプロパンのみの場合よりも明らかに長くなる. 煤の発生は目立って少なくなる. プロパンに空気を添加することにより，当量比 47.6 の過濃な予混合状態になるので，燃焼反応の促進効果はかなりあるはずである. しかし，空気が加わることにより，v が著しく大きくなるため，噴流の速度がかなり大きくなっているにもかかわらず，Re は小さくなっている. そのため，噴流と周囲流との間に形成される剪断層における渦の発生が抑制され，火炎面に乱れが発生する位置は下流に移り，乱流火炎に遷移した後の火炎帯における乱流拡散もいくぶん抑制されているように推測される.

図 1·39 (d) は，プロパンの流量を (a) および (b) の場合の 1.5 倍に増加させたときの火炎である. この火炎は，浮き上がりの限界にかなり近い状態の火炎である. l が約 2 d の

位置で火炎面に乱れが発生し，l とともに火炎帯の厚さが急速に増加し，火炎の長さはかなり長くなっている．この場合には，付着点近傍を除く大部分の火炎が乱流火炎に遷移しているので，高負荷の燃焼が起こっているはずである．それにもかかわらず，多量の煤を発生しているので，燃焼反応が十分に進行しておらず，不完全燃焼の状態にある．

　乱流火炎においては，熱や物質の移動，燃焼反応などの多くの過程が乱流の場で同時進行するので，その現象が複雑であるが，これまでに実験的および理論的に詳細な研究が行われており，明らかにされた事柄は多い．特に，近年では，理論的な解析の分野での進歩が目覚ましく，実験結果だけからはわからなかった乱流火炎の性質が明らかにされている．これらについては，その専門の参考文献を参照していただきたい[13,14]．

（鈴木　鐸士・鈴木　正太郎）

1・8　着　　　火

　着火とは気相に火炎が生じること，もしくは可燃性固体が表面燃焼を始めることである．表面燃焼は可燃性固体の一部が酸化発熱により赤熱し，赤熱部が徐々に拡大していく現象であり，この赤熱部が着火源となり未燃焼のガスに着火して火炎が発生しない限りは大規模な災害に発展することは考え難い．そこで以下では気相に火炎が生じる着火について述べる．可燃性気体の場合には可燃性気体と空気の混合気が燃焼範囲内の濃度になっているところにあるエネルギーを与えると着火が起こる．一方，可燃性液体や可燃性固体ではまず液体あるいは固体に熱エネルギーが加えられることによって蒸気あるいは熱分解生成物が発生し，それが可燃性気体と同様に空気と混合して着火する．そこで，以下では可燃性気体と可燃性液体および固体に分けて着火の条件等について述べる．

1・8・1　気　　　体

　気体の場合，着火に必要なエネルギーの与え方は大きく分けて全体を均一に加熱する方法と，電気火花などによって局部的にエネルギーを与える方法の2つがある．気体の場合，対流が発生しやすいといった理由により，全体が均一に加熱されることはあまりなく，主に局部的にエネルギーが与えられた場合の着火が問題となる．以下では，可燃性ガスが電気火花・熱面・高温ガス・断熱圧縮によって着火する場合について述べる．

　なお，半導体材料ガスの一つであるシランのように，室温で空気中に流出するだけで自然発火するガスも存在する[1]．このように室温以下の温度で着火するガスは一般に自然発火性のガスとよばれている．

（1）電 気 火 花

　1・5・6節で説明されているように，電気火花による着火はある値以上の放電エネルギーを加えることにより起こり，これ以下の放電エネルギーでは着火を生じないという最低の放電エネルギーが存在する．これを最小着火あるいは最小発火エネルギーとよぶ．これは，表1・6[2]に示すように可燃性ガスの種類により異なる値となる．静電気火花の場合も通常の電気火花と同程度のエネルギーで着火すると考えられており，最小着火エネルギーは電気火化による着火しやすさの目安として使われることが多い．

　最小着火エネルギーは可燃性ガスの種類の他，混合気の圧力，温度，組成などによっても

変化する．圧力・温度に対する依存性
としては，燃焼限界が広がるのと同じ
ように圧力あるいは温度の上昇ととも
に小さなエネルギーで着火するように
なるのが普通である．混合気の組成に
関しては，ある可燃性ガス濃度で最小
値を持ち，この濃度から離れるにつれ
て最小着火エネルギーは急激に大きく
なる（図1·24）．低級炭化水素におい
て最小値は化学量論濃度付近において
得られるが，炭素数の増加につれ，最
小値をとる濃度は燃料過剰側にずれ
る．可燃性ガスの爆発危険性に関する
数表においては最小着火エネルギーと

表 1·6 各種可燃性ガスの最小着火エネルギー
と消炎距離[2)]

可燃性ガス	最小着火エネルギー〔mJ〕	消炎距離〔mm〕
エタン	0.26	1.5
プロパン	0.26	1.75
ベンゼン	0.22	1.95
n-ブチルクロライド	0.33	2.2
メチレンクロライド	133（80℃）	5.46
エチレンクロライド	2.37	4.57
二硫化炭素	0.015	0.55
エチレンエーテル	0.20	1.85
酸化エチレン	0.062	1.18
メタノール	0.14	1.5
酸化プロピレン	0.14	1.3

して化学量論濃度での値が書かれていることがあるが，この値がそのガスに対する最小値と
は限らない．

　また，最小着火エネルギーは図1·23に示されているように点火に使用される電極の間隔
にも依存する．電極間距離が短くなるとある距離までは最小着火エネルギーは低下するが，
電極間距離がこれより小さいと着火しないという限界が存在する．この距離を消炎距離（表
1·6）というが，この現象は電極間距離が小さくなると電極への放熱が大きくなり，放電に
より発生する初期の火炎核が電極により冷却されて火炎を維持できないことにより起こる．
放熱速度は雰囲気温度や圧力などの他，電極の形状や材質によっても異なるので消炎距離も
電極の形状や材質にも影響される．

（2）熱　　面

　可燃性混合気が高温の固体表面に接触
すると条件によっては着火が起こる．後
に述べる自然発火も高温の固体表面によ
る着火であるが，自然発火の場合は混合
気が周囲を高温の固体表面に取り囲まれ
て均一に加熱されるのに対して，ここで
いう熱面の場合は熱面近傍の混合気の一
部しか加熱されないという違いがある．

　熱面による着火は熱面近傍の混合気の
一部が後に述べる自然発火と同じ温度条
件を満足することにより起こると考えら
れる．したがって，熱面の温度は自然発
火温度以上になることが必要であるが，
熱面の温度が自然発火温度以上であって

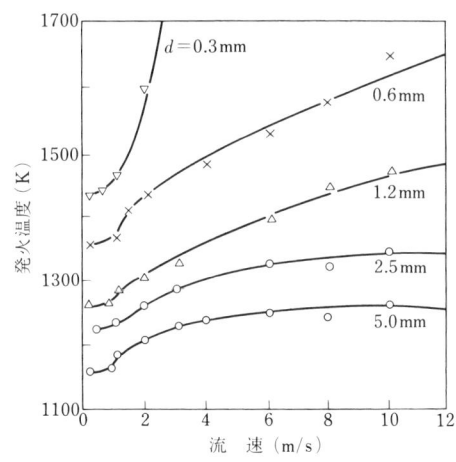

（都市ガス-空気混合気，d は加熱円筒の直径）

図 1·40 熱面発火温度と混合気流速の関係

も混合気の温度は熱面から離れると急激に低下する．また，混合気が自然発火する温度条件を満たしていたとしても，熱面からの距離が先に述べた消炎距離より小さい領域では発火は起こらない．つまり，熱面で可燃性混合気を着火させるには熱面から消炎距離以上離れた地点の温度が自然発火温度以上になるくらいに熱面の温度が高くならなければならない．熱面から離れることによる温度低下は熱面が小さいほど大きく，したがって熱面が小さいほど可燃性混合気に着火できる熱面の温度は高くなる．

　円筒状の熱面を使用した実験では都市ガス/空気混合気に着火する温度は，直径 5 mm では約 1150℃ であるが，1.2 mm では 1260℃，0.3 mm では 1430℃ というように直径の減少とともに上昇している[4]．混合気が流動している場合には，流動する混合気と熱面の間の対流熱伝達の速度が混合気の流速に依存するので，熱面により着火する温度も混合気の流速に依存する（図 1・40[3]）．

（3）高温ガス

　高温ガスにより加熱される場合も，加熱された部分の混合気が自然発火温度以上になり着火するという点では熱面による着火と同じである．ただし，熱面の場合以上に気体の流動，混合などの挙動が複雑であり，定量的な取り扱いは困難である．

　図 1・41[4] に水素および低級炭化水素と空気の混合気を高温の空気噴流で加熱したときの噴流直径と発火温度の関係を示す．噴流の直径が小さいほど混合気の着火温度が上昇していることがわかる．これは熱面の場合と同様であり，噴流直径が小さいと噴流から離れた場合の温度低下が大きくなるためである．

　しかし，火炎を着火源として使用した場合はどんなに小さな火炎でもほとんど確実に着火することができる．一般に，炭化水素系の火炎の温度は最低でも 1,200℃ 程度[5]はあるので，火炎と高温ガスでは化学的な面で違いもあるが，温度条件だけを比較してよいならば，火炎ではなく高温ガスを使った場合でも 1,200℃ 以上の温度であれば噴流の大きさによらず着火できるのではないかと考えられる．

　表 1・7[6] には混合気を加熱することによって着火する温度をいくつかの着火源について示したが，いずれの着火源でも発火温度は全面加熱により測定される自然発火温度より高い，すなわち着火を生じる混合気は自然発火温度以上になっていることがわかる．

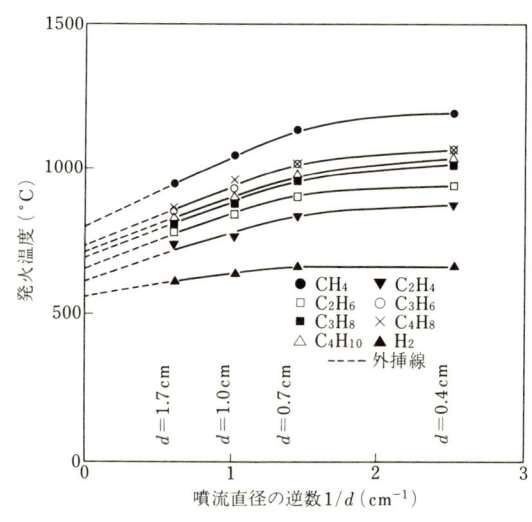

図 1・41　高温空気噴流による発火温度

表 1·7 種々の着火源による可燃性ガスの発火温度（℃）

燃 料	全面加熱 （ASTM 法）	高温固体 (0.5 cmϕ×15 cm)	抵抗線 (0.5 cmϕ×5 cm)	高温気体 (0.5 cmϕ×10 cm)
水素	554	635	—	640
メタン	537	745	—	1040
エタン	515	580	—	840
ブタン	405	630	—	910
ヘキサン	234	605	670	765
オクタン	220	585	660	755
デカン	208	585	650	750
JP–6	232	560	695	805
ベンゼン	562	685	—	1020

（4）断 熱 圧 縮

断熱圧縮による着火は，可燃性混合気が断熱的に圧縮され，そのときの圧力および温度が自然発火の条件を満足している場合に起こる．断熱圧縮後の温度 T_2 は断熱圧縮後の圧力を P_2，断熱圧縮前の圧力を P_1，温度 T_1 とすると，

$$T_2/T_1=(P_2/P_1)^{(\gamma-1)/\gamma}$$

によって求められる[7]．ここで，γ は混合気の比熱比である．断熱圧縮では加熱が急激に起こるため，熱損失は少ないが，熱損失が皆無というわけではないので，実際に到達する温度はこれよりは低くなる．

また，温度，圧力ともに高いほうが発火しやすいが，これより低いと発火しないという発火限界の温度 T_c，と圧力 P_c には一般的に，

$$\ln P_c=\mathrm{A}_1/T_c+\mathrm{A}_2$$

という関係がある[8]．ここで，A_1，A_2 は定数である．これを Semenov の発火限界式といい，この式より，温度が高いほど低い圧力で発火すること，逆に圧力が高いほど低い温度で発火することがわかる．

高圧の可燃性混合気を扱うときに低圧の配管中に急激に高圧の混合気を流すと，配管中にあらかじめ入っていたガスが断熱圧縮されて高温となり，それによって混合気が着火することがある．可燃性ガスと空気が混合したものをそのような条件下で扱うことはないと思われるが，可燃性ガスと空気以外の支燃性ガスの混合気や単独でも爆発し得る，いわゆる分解爆発性物質や自己反応性物質の場合にこのような断熱圧縮による爆発事故が報告されている[9]．また，酸素が断熱圧縮されて高温になり，配管などに使用されている金属やあるいは配管中に残留している潤滑油などの可燃物が発火するという事故も起こっている[10]．

1·8·2 液体および固体

液体および固体の場合には蒸気あるいは熱分解生成物への着火が問題となるが，凝縮相（液体あるいは固体）から発生した蒸気あるいは熱分解生成物が流出して凝縮相と離れて存在する場合は気体の場合と同じと考えてよいので，ここでは凝縮相と気相が共存する場合の着火，すなわち引火と，液体あるいは固体が全面加熱されて蒸発あるいは熱分解をしながら

着火する，いわゆる自然発火について述べる．

（1）引火と引火点

　可燃性液体や，昇華あるいは熱分解により可燃性ガスを発生している固体の表面に口火を近付けたときに，試料が炎を発して燃えはじめる現象を引火という．これは試料の表面に存在する可燃性ガスの濃度が燃焼下限界以上になっていることによって起こる現象である．

　低温では発生する可燃性ガスの濃度が薄く引火しない物質でも温度を上げていくと可燃性ガスの濃度が上昇し，やがてある温度で可燃性ガスの濃度が燃焼下限界を超えて引火が起こる．この引火が起こる温度を引火温度または引火点という．通常は，温度を上げていった場合に可燃性ガスの濃度が燃焼下限界に達する最低の温度を引火点とよんでいるが，密閉容器中に可燃性液体が存在する場合のように可燃性ガスが溜まりやすく，容易に濃度が濃くなる場合には，温度をさらに上げていくと可燃性ガスの濃度が燃焼上限界を超えて再び引火しなくなる．この燃焼上限界に対応する温度を上部引火点といい，これと区別する必要がある場合には先の燃焼下限界に対応する引火点を下部引火点という．密閉されていない場合には可燃性ガスが拡散しやすく，表面近傍で燃焼上限界を超えていても表面から離れると濃度が低下し，いずれかの地点で燃焼範囲内の濃度になるので上部引火点は存在しない．

　例えば，ガソリンはガソリンタンク内では上部引火点を超えているので引火・爆発することはないが，ガソリンが外部に漏れた場合にはガソリン蒸気が拡散し，どこかで燃焼範囲内の濃度となるところができるので容易に引火する．このように開放空間では上部引火点は火災危険性に関してあまり意味のない数値であるので，通常，引火点というと下部引火点のことである．

　なお，この引火という現象は試料の表面上にある可燃性ガスが口火により発炎する現象であり，液体あるいは固体からの可燃性ガスの供給速度が遅い場合には表面上の可燃性ガスが燃え尽きてしまえば消えることもあり得る．引火した後に消えないでそのまま液体や固体が燃え続ける温度は引火点とは別に燃焼点とよぶ．燃焼点は引火点より高い温度であり，試料からの可燃性ガスの供給速度が引火点のときよりも大きく，あらかじめ表面上に存在する可燃性ガスが燃え尽きても次々に試料から可燃性ガスが供給されるため燃え続けることができる．

（2）引火点の測定

　引火点は口火により試料に引火する温度であるから，試料を加熱しながら試料表面に口火を近付けて引火の有無を判定できる装置によって測定される．前述のように密閉容器では上部引火点が存在するが，開放された容器では上部引火点は存在しないというように，引火点は試料容器の形態や加熱速度，口火や容器の大きさなどの測定条件により異なる．特に引火点に大きく影響するのは密閉式（closed cup；C. C.）か，開放式（open cup；O. C.）かという違いであるが，「消防法」の施行の細目を定めた「危険物の規制に関する政令」によると，引火点が 80℃ 以下の場合にはタグ密閉式引火点測定器あるいは粘度の高いものはセタ密閉式引火点測定器，80℃ を超えるものについてはクリーブランド開放式引火点測定器により測定することとなっている．それぞれの測定器については日本工業規格（JIS）に規定がある．なお，GHS ではペンスキー・マルテンス密閉式引火点測定器も使用される[11]．

（3）引火点の推定

　引火は試料表面の可燃性ガス濃度が燃焼範囲内に入ることによって起こる現象であるので，可燃性ガス放出濃度あるいは放出速度の温度依存性やその可燃性ガスの燃焼限界が知られていれば理論的に予測が可能なはずである．しかし，周囲の条件により可燃性ガスの拡散条件が異なることや，混合液体では蒸気圧曲線やその蒸気の燃焼限界値が不明のことも多いため，実測するのが最も手軽であり，確実でもある．ただし，脂肪族飽和炭化水素については性状にあまり差がないので，沸点 T_b と引火点 T_f の間には，

$$T_f = 0.6946 T_b - 73.7 \ （℃）$$

という関係があることが知られている[12]．

（4）発　　火　　点

　可燃性液体や固体を全周から加熱したときの着火危険性を表す指標として発火点という値が用いられている．発火点とは明瞭な形で着火エネルギーを与えることなしに試料が発火（自然発火）する温度である．雰囲気温度を上昇させることもエネルギーを与えることには違いないが，雰囲気温度を上げるために使用するエネルギーについては考えない．発火点については JIS には規定がないが，図 1・42[13]に米国試験材料協会（ASTM）の規定による発火点の測定装置を示す．図でわかるように，フラスコをある温度まで加熱し，その中に試料を投入した場合に自然発火するかどうかを観察し，自然発火する最低温度を発火点とするものである．

　発火点測定装置における自然発火は試料の酸化反応による発熱速度と発生した熱のフラスコ壁への放散速度を比べた場合に，発熱速度のほうが大きくなることによって起こると考えられる．フラスコ内の発熱速度，すなわち酸化反応の速度は試料の温度だけでなくフラスコ内に投入する試料の量にも依存するため，試料の投入量によっても発火点は異なる．

　発熱速度が放熱速度より大きいと徐々に熱が試料に蓄積し，試料の温度が上昇を始めるが，徐々に温度が上昇するという程度では発火には至らず，発火するためには急激に温度が上昇する，すなわち反応速度が極端に速くなることが必要であ

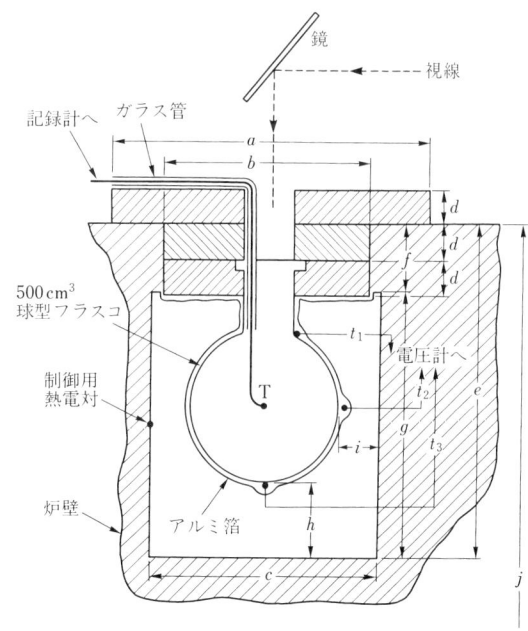

図 1・42　発火点測定装置（ASTM E 659）[13]

る．反応速度は通常試料温度に
指数関数的依存性を持つため，蓄
熱により徐々に試料の温度が上昇
し始めると発熱速度も徐々に大き
くなり，やがて発火という現象が
観測されるほど発熱速度が大きく
なる．この発火する限界の温度に
到達するまでの時間は初期温度に
依存する．すなわち，初期温度が
低いと試料をフラスコ中に投入し
てもすぐに自然発火することはな
く，ある程度時間をおいてから発
火するが，初期温度が高いと短時
間で発火する（図1·43[14]）．この
試料投入から発火するまでの時間

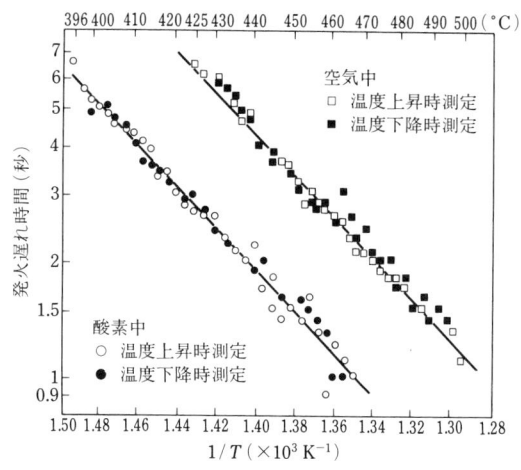

図 1·43　発火点と発火遅れ時間の関係

を発火遅れ時間または発火誘導時間とよぶ．

　図1·43からわかるように，発火点は雰囲気や発火遅れ時間の設定により異なる．通常は
発火遅れ時間としては1秒程度の短い時間で発火する温度を瞬間発火温度といい，長時間
かけて発火に至る最低の発火温度を最低発火温度というが，両者には100℃程度の差がある
こともある．また先に述べたように発火温度は試料の投入量によっても異なるので，試料の
投入量は種々変化させて最も発火点の低くなる値を使用することになっている．測定装置と
してはASTMの装置の他にも各種使用されている[15]が，測定装置が異なると放熱条件が異
なるため発火点の測定値も異なっている．このように条件によって測定値が変化するため，
発火点を引用する場合，使用された装置や測定条件を確認し，発火点を知ることが必要な条
件と類似した条件での測定値を探すことが重要である．　　　　　　　　　　（大谷　英雄）

1·9　可燃性物質の性質と燃焼現象

1·9·1　気　　体

　気体の燃焼は燃焼現象の基礎であり，その基本は前項までに詳細に解説されている．ここ
では，すでに解説された気体の燃焼現象と重複しない範囲で，気体可燃物の性質とガス爆発，
ガス火災などの燃焼現象との関連について述べる．

　可燃性気体は常温で気体状態にある可燃性物質のことを意味し，これに該当する多くの化
学物質が存在する．一般になじみ深いものとして，単一物質の可燃性気体では，水素（H_2），
一酸化炭素（CO），メタン（CH_4），プロパン（C_3H_8），ブタン（C_4H_{10}），アセチレン（C_2H_2）
などがあり，また，複数のガス状物質の混合物のLNG（液化天然ガス）は都市ガスとして，
LPG（液化石油ガス）は家庭用の燃料ガスとして有名である．LNGおよびLPGの成分の例
は表1·8に示されている．

　可燃性気体は，空気などの気体酸化剤との混合により可燃性混合気を形成し，あるいは，

表 1·8　LNG, LPG の成分表

	LNG*)	LPG**)		
		1 号	2 号	3 号
メタン	66.8-99.5	—	—	—
エタン, エチレン	0.1-19.4	< 5	< 5	< 5
プロパン, プロピレン	0.4- 9.1	>80	60-80	<60
ブタン, ブチレン	0.2- 3.5	<20	<40	>30
ペンタン	0.1- 1.2	—	—	—
その他	0- 1.3	<0.5	<0.5	<0.5

　＊）　L. N. Davis,「LNG の恐怖—凍れる炎」(LNG 研究会訳), 亜紀書
　　　房 (1981), 産地により成分が異なるため各成分濃度を範囲で示し
　　　た.
　＊＊）　JIS K 2240 - 1991　1種　家庭用燃料, 業務用燃料による.

酸化剤中に拡散し, 何らかの方法により点火されると燃焼する. あらかじめ酸化剤と混じり
合い燃焼する場合を予混合燃焼, 拡散により混合し燃焼する場合を拡散燃焼とよぶ. 燃焼す
る速さは, 予混合燃焼のときには主として燃焼反応の速度により, 拡散燃焼のときには拡散
過程によって決まる. この他, アセチレンのように大きな発熱を伴い分解する性質のある気
体では, 酸化剤がない場合でも分解し燃焼する. この燃焼現象は分解燃焼とよばれ, 特殊な
燃焼形態の1つである.

　可燃性気体は, 密度, 拡散係数, 粘性係数, 比熱, 熱伝導率, 燃焼熱 (標準燃焼エンタル
ピー) などの物性値がそれぞれに異なる. このため, 燃焼速度をはじめとする種々の燃焼形
態に, それぞれのガスの性格が現れる.

（1）ガ ス 爆 発

　可燃性気体が何かの原因で空気と混合し, ある空間において燃焼範囲 (可燃範囲, 爆発範
囲) 内の組成の可燃性混合気となったとき, これに火がつけばガス爆発となる. ガス爆発現
象は, 例えば図1·44 に模式的に説明されているように, 可燃性混合気が形成された空間の状
態によってそれぞれ異なることが知られている. しかし, 爆発にいたる過程を1·2·2項で述
べられているように, 統一的に把握することは可能である.

　ガス爆発時の燃焼は予混合燃焼なので, 屋外などの開放された空間 (開空間) では温度上
昇と体積膨張を, また, 室内やトンネルなどの周囲が閉じた空間 (閉空間) では温度上昇と
圧力上昇を伴う. これらの現象により, ガス爆発からの熱放射や爆風による被害を受けるこ
とになる. ガス爆発により, 開空間における火炎温度と体積膨張, また, 閉空間における温
度上昇と圧力上昇が最大どの程度に達するかは, 化学平衡計算により求めることができる.
この場合, 火炎からの熱損失を考慮していないので, 断熱火炎温度とよばれることが多い.
代表的なガス燃料と空気の混合気で, 完全燃焼する組成, すなわち当量比1の混合気が一定
圧力下で燃焼 (定圧燃焼) したときの火炎温度と, 何倍に体積が膨張するかを表す膨張比,
および一定容積のまま燃焼 (定容燃焼) したときの火炎温度と終圧の計算結果を表1·9に示
す. ただし, 計算では, 混合気初圧を1気圧, 初期温度を298.15 K (25℃) とした.

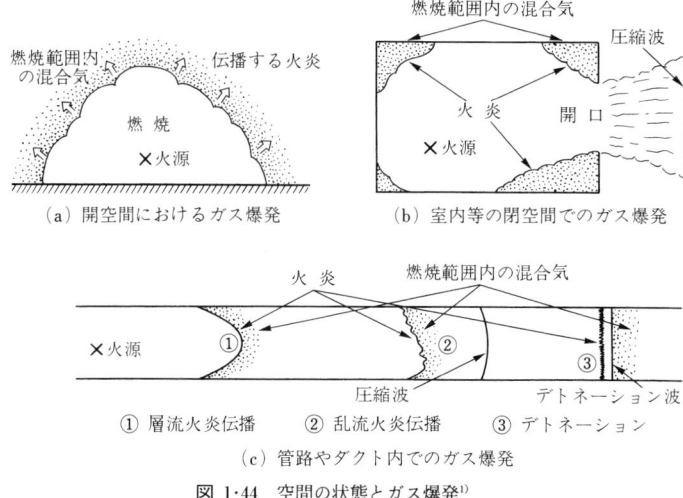

① 層流火炎伝播　② 乱流火炎伝播　③ デトネーション

（c）管路やダクト内でのガス爆発

図 1·44　空間の状態とガス爆発[1]

表 1·9　可燃性気体を空気中で完全燃焼させた場合の火炎温度，
膨張比，終圧（計算値）

可燃性気体	定圧燃焼		定容燃焼	
	火炎温度 (K)	膨張比	火炎温度 (K)	終 圧 (atm)
水　　素	2382	6.88	2752	8.02
一酸化炭素	2384	6.96	2699	7.96
アンモニア	2074	7.36	2460	8.76
メ タ ン	2226	7.52	2588	8.80
エ タ ン	2259	7.86	2623	9.20
プ ロ パ ン	2267	7.98	2631	9.34
ブ タ ン	2270	8.04	2634	9.41
エ チ レ ン	2370	8.06	2735	9.39
アセチレン	2539	8.41	2918	9.77

開空間におけるガス爆発　　開空間中で燃焼範囲にある組成の混合気が形成され爆発した場合，火炎が乱れることなく空間的に伝播する速さ（伝播速度：V_f）は，可燃性混合気の燃焼速度（S_u）と表 1·9 の膨張比（$E = \rho_u / \rho_b$）により，

$$V_f = S_u \cdot E = S_u \left(\frac{\rho_u}{\rho_b} \right) \tag{1·50}$$

と表すことができる．ここで，ρ_u, ρ_b はそれぞれ未燃焼の混合気と燃焼ガスの密度であり，体積とは逆数の関係にある．

炭化水素の化学量論組成混合気の代表的な燃焼速度を 0.4 m/s，膨張比を 8 とすれば，開

空間で炭化水素系の可燃性混合気が乱れなく伝播する速度は 3.2 m/s 程度になる．乱れを伴い伝播する場合には，乱流燃焼速度が層流燃焼速度より大きいため，さらに伝播速度は大きくなる．火炎温度は表 1.9 にみられるように 2000℃ 以上に達することもあり，放射発散度の大きい火炎では，火炎からの放射熱による影響が無視できなくなる．

　開空間では，形成された塊状の可燃性混合気の半径が数 m 程度なら，周囲の空気との拡散により希釈され，比較的短時間に燃焼限界以下の濃度になると推定される．したがって，たとえこれに引火したとしても，重大な被害を及ぼす確率は小さいと思われる．しかし，可燃性混合気の半径が数十 m 以上にもなる場合，形成される巨大な球状の火炎（ファイヤーボール）からの放射熱や爆風による被害を想定しなければならない．

　閉空間におけるガス爆発　　閉空間内でガス爆発が起こる場合には，大きな圧力上昇を伴う．しかし，その空間の形状や，壁の強度によって現象が異なる．壁の強度がしっかりしたトンネル状の空間内でガス爆発が起こった場合，図 1.44 (c) のようにデトネーションに転移する場合もある．デトネーションが起こると圧力の増大が著しく，被害も甚大になる．

　通常の室内のような空間内のガス爆発の場合には，もし壁体が爆発圧力に十分耐え空間内のガスが外部に漏れないなら，最大圧力は表 1.9 の平衡計算による終圧程度にまで上昇する．しかし，通常の居住空間等ではこのような圧力に耐えうるほどの壁体の強度も気密性もなく，脆弱な部分が存在する．このため，ガス爆発による圧力は，脆弱部の耐圧，破壊によりできた開口の面積，可燃性混合気の燃焼速度，膨張比などで決まる．閉空間内の圧力変化は，1.2.2 項に説明された挙動を示す．

（2）ガ ス 火 災

　配管や貯蔵容器から漏れ出た可燃性気体に着火し，人為的に制御できない状態で燃え続けている状態をガス火災という．すなわち，可燃性気体の供給を停止できないような場合である．ガス火災では，たとえ火炎を消火できても可燃性気体の漏れが止まるわけではないので再着火の可能性があり，消火しにくい性質を持っている．

　可燃性気体が漏れなどにより空気中に噴出して燃焼する場合の火炎は拡散炎である．したがって，ガス火災時の火炎の大きさ（長さ）は，拡散炎バーナ上に形成された火炎と同様に，可燃性気体の性質や噴出するガスの流れの状態によって変わる[2]．

　ガス火災の火炎は拡散炎であるので，その火炎温度は基本的に拡散炎の温度と同じである．拡散炎の火炎面は，可燃性気体と空気が相互に拡散しあい化学量論比の混合気が形成された場所に存在するとされているので，原理的には表 1.9 に示した定圧燃焼時の化学量論混合気の火炎温度に等しくなる．しかし，拡散炎の火炎帯の厚さは予混合炎に比べて厚く，炎は輝炎となることが多く，しばしばすすの生成が認められる．火炎からの熱損失が大きく，平均の火炎温度は断熱火炎温度よりかなり低くなる．

1・9・2　液　　　体

　可燃性液体は常温で液体状態にある可燃性物質のことを意味し，ガソリン，灯油をはじめとする多くの石油類やアルコール類などの液体燃料がよく知られている．可燃性液体の燃焼では，まず蒸発気化し可燃性気体となり，前項の気体と同じように燃焼し，燃焼による発熱の一部が蒸発のための熱エネルギーとして可燃性液体に還元され燃焼が継続する．したがっ

て，可燃性液体の燃焼が気体の燃焼と異なる点は，空気との界面を形成することおよび蒸発に必要な熱のフィードバックにある.

　ここでは，可燃性液体の液面燃焼，液面に沿った火炎の燃え拡がり，液滴と噴霧の燃焼について述べる.

（1）液　面　燃　焼

　容器に入れられた可燃性液体は平らな液面を持ち，点火すると液面全面に火炎を形成し燃焼する. この形態を液面燃焼という. 液面燃焼では可燃性液体が消費されその表面高さが次第に低くなるため，燃焼する速さを単位面積当たりの消費速度に相当する液面降下速度で表すことが多い. これを慣用的に燃焼速度ということもある. 直径の異なる円筒容器内で種々の液体燃料を燃焼させたときの液面降下速度の実測結果を，図1·45に示す.

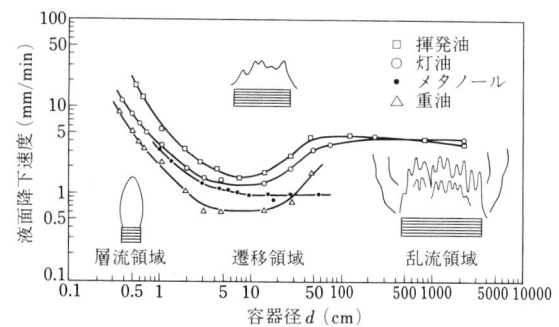

図 1·45　燃焼による各種可燃性液体の液面降下速度[3]

　液面降下速度は容器径の小さい領域では容器径が大きくなるにつれ小さくなる. この領域では，火炎はほとんどゆらぎのない層流火炎である. また，容器径がある値以上の領域になると，液面降下速度は容器径に関係なくほぼ一定となる. 液面降下速度が一定なこの領域では，火炎は激しく乱れ，石油類では煙の発生が激しくなる. この2つの領域の中間に遷移領域が存在し，ここで液面降下速度は最小値をとる.

　液面燃焼している可燃性液体の燃焼する速度は，火炎から液体に伝えられる熱量と蒸発などにより液体から持ち去られる熱量のバランスにより決まる. 火炎の熱エネルギーは，加熱された容器の縁からの伝導，液面上にある高温のガスの対流，および火炎からの熱放射によって液体へ伝えられる. 可燃性液体から外部への熱損失を無視し，液体の蒸発に要する単位質量当たりの熱量を q_v とし，単位時間当たりの蒸発量を $\dot{m}$，伝導による熱量を q_{cd}，対流による熱量を q_{cv} および放射による量を q_{ra} とすると，可燃性液体に関する熱収支は，

$$q_{cd}+q_{cv}+q_{ra}-\dot{m}q_v=0 \tag{1·51}$$

と表される. 可燃性液体の容器を直径 d の円筒とし，Hottel[2] に従い各熱移動量を，

$$q_{cd}=\pi d k_1(T_f-T_b) \tag{1·52}$$

$$q_{cv}=\frac{\pi d^2}{4}\alpha(T_f-T_b) \tag{1·53}$$

$$q_{ra}=\frac{\pi d^2}{4}\sigma F_{1-f}(T_f^4-T_b^4)\{1-\exp(-\kappa d)\} \tag{1·54}$$

のように表現する. また，液面降下速度を v とすれば，

$$m = \frac{\pi d^2}{4} \rho_1 v \tag{1・55}$$

である. 式 (1・52) から式 (1・55) までを式 (1・51) に代入し, 液面降下速度 v について整理すると,

$$v = \frac{1}{\rho_1 q_v} \left[k_1 \frac{T_f - T_b}{d} + \alpha(T_f - T_b) + \sigma F_{1-f}(T_f{}^4 - T_b{}^4)\{1 - \exp(-\kappa d)\} \right] \tag{1・56}$$

が得られる. ここで, ρ_1 は液体の密度, k_1 および α は熱伝達係数, σ は Stefan Boltzmann の定数, κ は炎の不透明係数, F_{1-f} は液面と炎間の形態係数, T_f は火炎温度, T_b は液体の温度である.

図 1・47 から, 容器径 d が小さい層流領域では容器の縁からの熱伝導が支配的となり, d が大きくなるにつれ液面降下速度 v は, d にほぼ反比例して小さくなることがわかる. 他方, d の大きい乱流領域では放射が支配的となり, v は d に依存しなくなる. 式 (1・56) はこれらの事実を定性的に説明している. また, d が大きい領域では, 炎からの放射の弱いメタノールの液面降下速度は他の燃料に比べ小さくなることも説明できる.

Burgess ら[4]は, 容器径が十分大きいとき, 火炎から可燃性液体への放射による熱移動は可燃性液体の燃焼熱に比例するとし, 液面降下速度 v (mm/min) について次式を導いた.

$$v = 0.076 \frac{\Delta H_c}{q_v} \tag{1・57}$$

ここで, ΔH_c は標準燃焼エンタルピーである. 式 (1・57) は単一成分の可燃性液体の液面降下速度に関する実験結果と合うことが知られている.

（2）液面に沿った火炎の燃え拡がり

可燃性液体の表面に沿った火炎の燃え拡がりは, 可燃性液体の性質と空気の流れに影響される. 静止した空気中に置かれた可燃性液体の表面に沿って燃え広がる火炎の挙動は, 液体の温度が引火点より高いか低いかによって変わる. 液温が引火点以上の場合には, 燃料表面上に可燃性混合気があらかじめ存在するので, 火炎の燃え広がり現象は可燃性混合気の中の場合に類似する. 他方, 引火点以下の可燃性液体の場合, 火炎は引火点以上に液体の温度を高めながら燃え進むことになる. 図 1・46 に, メタノールの表面に沿った火炎の燃え拡がり速度と温度の関係[5]を示した.

液温が引火点より高い場合　　液温が引火点以上になると, 液面から蒸発した可燃性液体の蒸気と空気が混合し, 液面上に可燃性混合気が形成される. 液面上の蒸気濃度は, 液面から上方に向かって指数関数的に減少する. このため可燃性混合気は液面に沿って層状に存在することになる. この層のどこかに点火すれば, 火炎

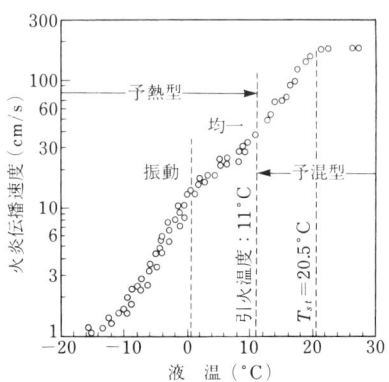

図 1・46　メタノール液面に沿った火炎燃え拡がり速度[5]

は表面に沿って拡がっていく．その燃え広がり速度 V_f は，次式から求められる[6]．

$$V_f = S_u \left(\frac{\rho_u}{\rho_b} \right)^{1/2} \tag{1·58}$$

液温が上昇すると燃え拡がり速度は増すが，その値は液面近傍の気相中の可燃性混合気組成が化学量論組成になる液温で最大になり，それを越すとほぼ一定となる．

メタノールでは，引火点の 11℃ より液温が高い場合にこのような燃え拡がりが観測され，20℃ よりいくぶん高い温度で燃え拡がり速度が最大になる．最大の速度は約 2 m/s であると報告されている[5]．

温度が引火点より低い場合　可燃性液体の温度が引火点より低温なら，液面上の蒸気濃度は低く燃焼範囲に達していないため，着火できない．液面のある箇所を加熱し着火すれば，火炎はその先端より前方の液面を加熱し，火炎の維持に十分な濃度の蒸気を得て燃え拡がる．この場合，火炎は拡散火炎となる．火炎先端付近で加熱された液体と前方の冷たい液体の温度差が引き起こす図 1·47 の模式図のような表面流で高温液体が前方に流れることにより，火炎から前方へ熱が移動する[7]．この表面流は，温度による表面張力の差が引き起こす流れで，マランゴニ対流として知られている．

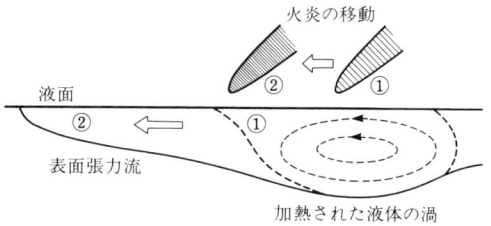

図 1·47　火炎が引き起こした液面下の流れと燃え拡がり

メタノールでは，液温が引火点以下の領域における火炎の燃え拡がりは，図 1·46 に示されているように，おおむね 0℃ 以上では定常的に，0℃ 以下で振動的に進行する．これらの現象は，表面張力に依存している[5]．

（3）液滴と噴霧の燃焼

可燃性液体を噴霧し多数の液滴として燃焼させる噴霧燃焼は，家庭用暖房器，工業用ボイラ，ディーゼルエンジン，液体ロケットエンジン等の燃焼に広範に利用されている．それは，噴霧により空気中に分散した可燃性液体は，燃焼点以下の温度にあっても容易に着火し急速に燃焼するからである．このような性質は，配管から漏れた高圧の液体燃料が噴霧状になるときの危険性をも意味する．空気中の燃焼下限界は，炭化水素可燃性液体の場合，45〜50 g/m³ といわれている[8]．

噴霧燃焼現象の基礎として単一液滴の燃焼機構が研究されている．単一組成の液滴の場合，空気中に保持され燃焼している液滴直径 d_1 は，時間 t とともに次式に従い減少する．

$$-\frac{d(d_1)^2}{dt} = K \tag{1·59}$$

すなわち，

$$(d_1)^2 = -Kt + C \tag{1·60}$$

ここで，K は燃料によって決まる定数，C は積分定数である．図 1·48 の燃焼する液滴直径の 2 乗と時間の関係[9]から，式（1·60）がよく成立しているのがわかる．なお，K の値は，

ほとんどの炭化水素燃料およびアルコールについておおむね 1×10^{-6} m²/s である.

Spalding[10] は,熱が周囲の火炎から液滴へ熱伝導により伝わるとすれば,液滴表面から失われる単位時間当たり燃料の重量 m_1 は,

$$m_1 = \frac{h}{C_{pair}} \ln(1+B) \qquad (1 \cdot 61)$$

で表されることを示した.ここで,h は液滴表面での平均の熱伝達係数で

$$h = 2\pi d_1 \lambda = 2\pi d_1 \rho D C_{pair}$$

と表される.また,C_{pair} と λ はそれぞれ空気の比熱と熱伝導率であり,B は物質伝達数(mass transfer number)または $B-$ 数(B-number)

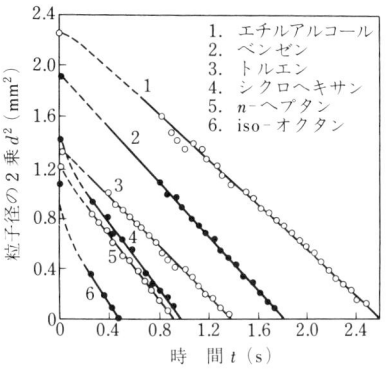

図 1·48 液滴直径の 2 乗と燃焼時間の関係[9]

とよばれ,燃焼で消費される空気単位グラム当たりの可燃物の発熱量約 3000 J/g を用いて次式で近似的に表現される.ただし,L_v は単位グラム当たりの蒸発潜熱である.

$$B \fallingdotseq \frac{3000}{L_v} \qquad (1 \cdot 62)$$

表 1·10 に各種可燃性液体に関する $B-$ 数を示す[11].

表 1·10 各種液体可燃物の $B-$ 数[11]

燃　料	B	燃　料	B
$n-$ペンタン	8.1	キシレン	5.8
$n-$ヘキサン	6.7	メタノール	2.7
$n-$ヘプタン	5.8	エタノール	3.3
$n-$オクタン	5.2	アセトン	5.1
$n-$デカン	4.3	ケロシン	3.9
ベンゼン	6.1	ディーゼルオイル	3.9
トルエン	6.1		

　空間における液滴の密度が高く液滴相互の影響が大きくなると,燃焼の様子は単一液滴の場合と異なってくる.ミストや噴霧中の液滴の燃焼では放射熱伝達の影響が無視できなくなるため,式(1·61),(1·62)を用いて質量燃焼速度を求めることはできない.

1·9·3　固　　体

可燃性固体には,種々の元素,化学物質,日常的に用いられる高分子材料など,非常に多くのものが存在する.多種多様の可燃性固体一般について,その性質と燃焼現象を論じるのは必ずしも本書の目的に添うとは思えないので,ここでは火災と関係の深い高分子物質の燃焼について主として議論する.

　民生用,産業用を問わず高分子物質は至るところで材料として使用されている.しかも,多くは可燃性であるため,それらの性質と燃焼現象に関する知識は火災対策上も必要である.

（1）高分子物質の分類

　高分子物質とは分子量が 10000 以上で主として共有結合でできている化合物を指し[12]，単に高分子またはポリマーともよばれる．高分子物質の一般的特徴は，その化学構造が基本的な構造単位の規則的な繰り返しからできている点にある．高分子物質には，天然高分子と合成高分子がある．高分子物質は，着目する性質により様々に分類できる．図 1·49 に分類の一例を示す．図 1·49 で，熱可塑性プラスチックとは，加熱すると軟化溶融し変形する性質を持ち，冷えると固まり元の高分子に戻る性質を持つ高分子物質をいう．また，熱硬化性プラスチックとは，加熱することにより高分子の分子構造に変化が起こり硬化し，冷却しても元の高分子には戻らない性質を持つ高分子物質である．

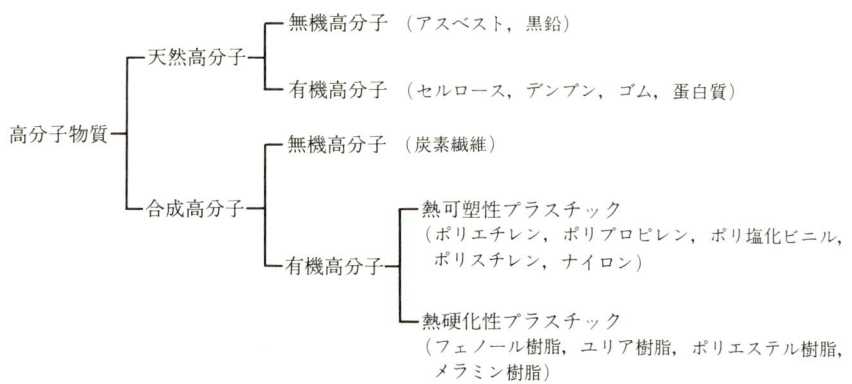

図 1·49　高分子物質の分類

（2）高分子の燃焼過程

　可燃性の高分子物質のほとんどは有炎燃焼する．高分子の燃焼は，一般に高分子が加熱され熱分解し，その結果生じた可燃性気体が空気と混合し有炎燃焼する．その炎の熱が再び未燃部分を加熱するというサイクルを繰り返して継続する．このような高分子の燃焼過程をモデル化したものが図 1·50[13] である．

　加熱された高分子物質は，水分を含んでいる場合には水分を蒸発させ，また熱可塑性物質である場合には溶融する．さらに加熱され高温となり熱分解温度以上に達すると熱分解し，可燃性あるいは不燃性の気体を放出する．発生した可燃性気体は空気中に拡散して燃焼し，拡散火炎を形成する．この過程は，引火点以下の液体の燃焼の場合に類似である．もし，空気の出入りのほとんどない区画された閉空間で高分子が燃焼している場合，区画室内の酸素濃度は燃焼により消費されるために次第に低下し，ある酸素濃度に達すると有炎燃焼は停止する．このときの酸素濃度は高分子の種類により異なる．その目安として，高分子試料が燃焼し続けられるための最低酸素濃度である酸素指数を表 1·11[14, 15] に示す．ただし，酸素指数は温度によって変化するので，表 1·11 の酸素濃度以下で常に消炎するとは限らないことに留意する必要がある．

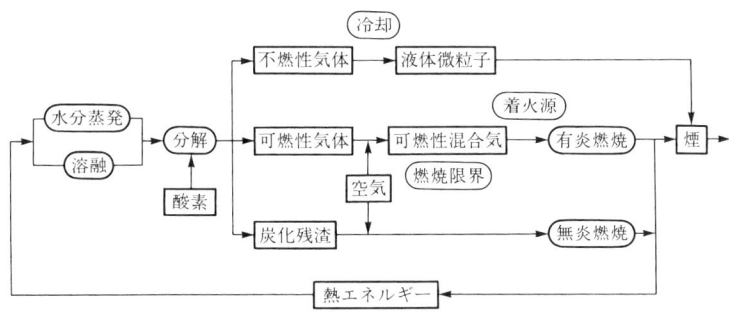

図 1·50 高分子物質の燃焼過程

表 1·11 各種高分子物質の酸素指数

高分子物質	酸素指数	高分子物質	酸素指数
ポリエチレン	17.4	ABS 樹脂	18.8
ポリプロピレン	17.4	ポリエチレンオキシド	15.0
ポリ四フッ化エチレン	95	ポリカーボネート	26～28
ポリ塩化ビニル	45～49	ナイロン	29
ポリスチレン	18.1	アラミド	25～34
PMMA	17.3	炭素繊維	49～61
綿	18		

　物質によっては，例えば木材のように，熱分解してもすべて気体にはならず，炭化残渣を生じる物質もある．炭化残渣の燃焼は，炎を伴わない無炎燃焼となる．無炎燃焼の典型的な例は，沸点が非常に高く通常の燃焼条件では気化しない炭素の燃焼である．この場合，炭素表面に拡散した酸素と表面で，

$$C + \frac{1}{2} O_2 = CO + 26.4 \text{ kcal} \tag{1·63}$$

の反応でまず CO を生成し，つづいて，気相で，

$$CO + \frac{1}{2} O_2 = CO_2 + 67.7 \text{kcal} \tag{1·64}$$

の反応が起こり燃焼していくとされている[16]．

　高分子物質が熱分解され可燃性気体を発生しても，例えば，周囲の空気中の酸素濃度が不十分であるなどの何らかの原因により可燃性混合気を形成できないとき，有炎燃焼は起こらず炭化残渣の燃焼のみが起こる場合がある．この形式の燃焼はくん焼とよばれ，たばこ，線香等の燃焼や，布団綿が炎を上げることなく燃焼する場合がこれに相当する．くん焼は，高分子物質の性質ばかりではなく，周囲の空気に含まれる酸素濃度や流速等にも依存するので，条件が変わるとくん焼から有炎燃焼へ，逆に有炎燃焼からくん焼へ変化したりすることが知られている[17, 18]．

　くん焼は一般的に，燃え拡がり速度も発熱速度も遅い一方で，断熱性の高い環境では極め

て低い酸素濃度でも継続するので，可燃物の堆積層の内部に入りこむと消火が困難になる．インドネシアで頻発し深刻な問題を引き起こしている泥炭火災はくん焼の典型例で，燃焼領域が泥炭中に入り込んで火災が数ヶ月間の長期にわたる．くん焼のメカニズムや概要については概説19, 20) を参照されたい．

（3）質量燃焼速度

可燃性固体の燃焼する速度は質量燃焼速度として表され，液面燃焼における液面降下速度と同様に火災の燃焼を支配する重要な要素の1つである．可燃性固体の質量燃焼速度は，火炎から固体に伝えられる熱量と分解，気化等に使われる熱量がバランスすることにより決まる．火炎の熱エネルギーは，表面上にある高温のガスから伝導と対流，また，火炎からの熱放射によって固体内へ伝えられる．高分子物質の場合，燃焼している固体の典型的な表面温度は350℃以上になるため，燃焼している表面からの放射熱損失は無視できない．

ここで，高分子表面への熱の流入量を q_a，表面からの熱損失を q_l，蒸発・気化に必要な単位質量当りの熱量を L_v とすると，表面における熱収支を考慮して，高分子の質量燃焼速度 $\dot{m}$（g/m^{2}s）は次のように表せる．

$$\dot{m} = \frac{q_a - q_l}{L_v} \tag{1・65}$$

代表的な高分子が水平に配置され，上面が燃焼する場合の式（1・65）の L_v，q_a，および q_l のそれぞれについて，Tewarson ら[21]が報告している値を表1・12に示す．

表 1・12　代表的高分子物質の"燃焼パラメータ"[21]

高分子	L_v (kJ/g)	q_a (kW/m²)	q_l (kW/m²)
ポリエチレン	2.32	32.6	26.3
ポリプロピレン	2.03	28.0	18.8
ポリスチレン	1.76	61.5	50.2
PMMA	1.62	38.5	21.3
ポリカーボネート	2.07	51.9	74.1
ポリエステル（難燃）	1.39	24.7	16.3
木材（ダグラスモミ）	1.82	23.8	23.8

（4）火炎の燃え拡がり

高分子物質についた火は，そこを起点として周囲に燃え拡がっていく．この燃え拡がりは，有炎燃焼している場合には，炎の熱が火炎前方の未燃部分を加熱し熱分解させ，その結果発生する可燃性ガスに次々と着火することによって起こる．火炎が高分子物質の表面に沿って燃え拡がるとき，火炎先端付近で起こっている現象の説明図[22]を図1・51に示す．

火炎で発生した熱による未燃部分の加熱は，火炎付近の気流の状態によって左右される．無風状態において下方に燃え拡がる場合には，未燃部分は炎をかぶることがない．他方，上方に燃え拡がる場合には未燃部分は炎にさらされるため，未燃部分の加熱は下方へ燃え拡がる場合に比べてはるかに効率よく行われる．その結果，上方に燃え拡がる速さは，下方に燃

え拡がる速さよりずっと大きなものとなる．また，水平方向へ燃え拡がる速度は，下方に燃え拡がる速度より大きく，上方へのそれより小さい．

　下方および水平に燃え拡がる速度は，条件が定められれば一定となることが知られている．これらの燃え拡がり速度は可燃物の厚さに関係している．de Ris[22]によれば，燃え拡がり速度 V_f は，熱的に薄い厚さ τ の固体の場合，

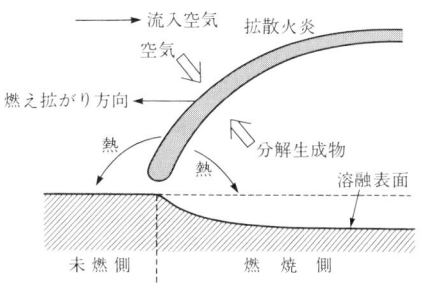

図 1·51　可燃性固体表面に沿った火炎の燃え拡がり[22]

$$V_f \fallingdotseq \left(\frac{\sqrt{2}\,\lambda_g}{C_{pc}\rho_c\tau}\right)\left(\frac{T_f-T_d}{T_d-T_a}\right) \tag{1·66}$$

熱的に厚い固体の場合，

$$V_f \fallingdotseq V_a\left(\frac{C_{pg}\rho_g\lambda_g}{C_{pc}\rho_c\lambda_c}\right)\left(\frac{T_f-T_d}{T_d-T_a}\right)^2 \tag{1·67}$$

のように表される．ここで，T_f は火炎温度，T_d は試料の分解温度，T_a は外気温度，g は重力加速度，λ は熱伝導度，C_p は比熱，および ρ は密度を示し，添字 g は気相を，c は固相を意味する．V_a は流入空気の速度で，自然対流の場合には

$$V_a = \left\{\frac{g\lambda_g(T_f-T_d)}{C_{pg}\rho_g T_a}\right\}^{1/3} \tag{1·68}$$

で与えられる．また，熱的に厚いとは，厚さ τ が固体熱伝導特性長さ $l=\lambda_c T_d/q$ に比べて $\gg l$ の場合をいう．

　薄いとき燃え拡がり速度は厚さ τ に反比例するため，厚さの増大とともに燃え拡がり速度は小さくなる．しかし，ある程度以上の厚さになると，燃え拡がり速度は厚さに関係なく一定となる．さらに，燃え拡がり速度は可燃物周囲の空気温度 T_a にも依存し，薄い可燃物の場合には，熱分解温度 T_d との差 (T_d-T_a) に反比例し，厚い場合には $(T_d-T_a)^2$ に反比例することが知られている．このことは，薄いものほど，また温度が高くなるほど速く燃えることを示している．

　他方，V_f と固体の厚さの間の関係には，未燃部分への熱移動の様式の変化が関係しているという報告もある[23]．すなわち，厚さが薄い範囲では，予熱領域への熱移動は主として気相から固相に向かって起こっているのに対し，厚さが厚くなると，固体内部の熱移動が主となっているとするものである．

　なお，熱可塑性の高分子物質は，温度が高くなると溶融し流動するため，可燃性液体に類似した燃え方をする．

（5）高分子の難燃化

　高分子物質の難燃化とは，狭い意味では可燃性の高分子を難燃薬剤等で処理し燃えにくくすることであり，広義には構造的に燃えにくい高分子である難燃性高分子を設計し創り出す

ことを含んでいる．難燃性高分子とは燃えにくい高分子を意味し，不燃すなわち燃えないことを意味するものではない．しかし，炎炎の出火原因にたばこ等の小火源によるものが多いことや火災初期の火源は多くの場合小さい[24]ことを考慮すれば，難燃性の高分子材料の使用は火災の予防と拡大防止の意義を持つことがわかる．

　高分子物質の難燃化は，図1·50に示した高分子の燃焼過程を阻害することにより達成される．それゆえ，難燃化の方法として，(a) 火炎から高分子物質への熱伝達の制御，(b) 高分子物質の熱分解速度の制御，(c) 熱分解生成物の制御，(d) 気相燃焼反応の制御の4方法がある[25]．

　(a) の方法は，高分子物質への火炎からの熱エネルギーのフィードバック，すなわち，式 (1·65) の q_a を減少させることにより質量燃焼速度を小さくし難燃化する．この難燃化の機構は気相-固相の界面で作用し，脱水反応による吸熱過程を持つ水酸化アルミニウムや水酸化マグネシウムなどが利用される．

　(b) および (c) による難燃化機構は，いずれも高分子内で作用する．(b) は，熱分解速度を小さくし可燃性気体の発生を抑制し燃えにくくする方法で，耐熱性高分子もこれに当たる．また，(c) は，熱分解ガス中の可燃性成分の発生量を減少させることにより難燃化する方法である．このタイプの難燃剤は，V族の元素の窒素，リン，アンチモンを含む化合物であることが多い．

　(d) の方法は，高分子物質が分解するときに燃焼抑制作用を持つ物質を発生させ，火炎中に送り込み燃焼反応を抑制する方法で，化学的な作用によるものである．Ⅶ族のハロゲン元素，特に塩素，臭素を含む化合物であることが多い．

　しかし，難燃化機構の実際はそれほど単純なものではない．例えばハロゲンを含む難燃高分子の難燃化機構には，ハロゲンによる高分子の熱分解機構の変化と，発生したハロゲン化水素による炭化縮合反応の接触触媒作用による炭化残渣量の増加，生成した炭化残渣によるフィードバックする熱エネルギーの遮断などの寄与も示唆されている[26]．

　難燃化と難燃剤の詳細については文献[27, 28]を参照されたい．

(6) 粉 じ ん 爆 発

　可燃性の粉末として，石炭粉末である微粉炭，木粉，穀物粉，魚粉，金属粉などがある．可燃性液体の噴霧燃焼と同じように，これらの粉末も空気中に分散され，ある濃度以上になると火炎が伝播することができるようになり，爆ごうに至る場合もある[29]．穀物粉，魚粉等による爆発事故はこのために起きる．粉じん爆発が起こる最小粉じん濃度は燃焼下限界とよばれ，可燃性気体の燃焼下限界と同じ意味を持つ．

　粉体の平均粒子径と燃焼下限界濃度（g/m³）の関係を図1·52に示す[30]．粒子径が数

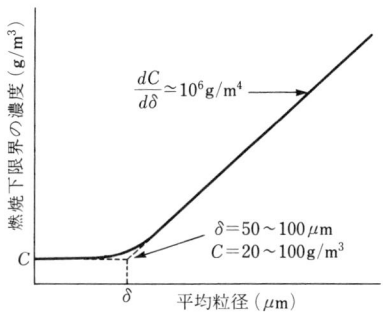

図 1·52 粉体の平均粒子径と燃焼下限界濃度[30]

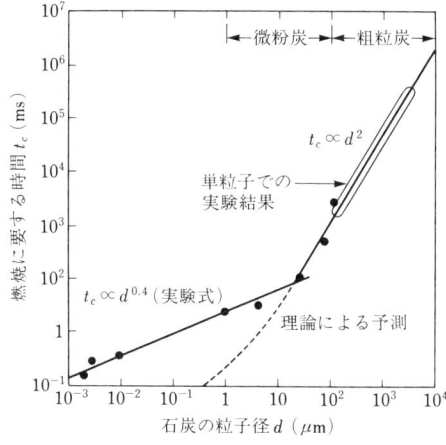

図 1・53 石炭粒子の粒子径と燃焼時間[31]

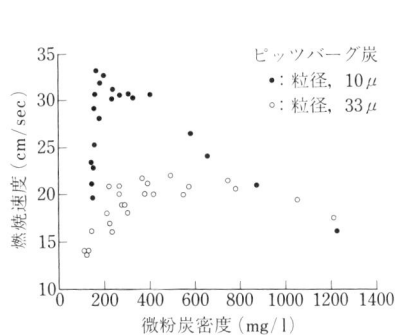

図 1・54 微粉炭密度と燃焼速度[32]

十 μm までは粒子径によらず下限界濃度は一定であるが,それ以上になると粒子径に比例して大きくなる.粒子径が大きくなると,可燃性固体粒子の燃焼時間は長くなる.図1・53は,石炭粒子の粒子径と燃焼時間の関係である[31].粒子径が数十 μm 以上になると燃焼時間は粒子径の2乗に比例し,液滴径と燃焼時間に類似する関係が成立する.他方,粒径が十 μm 以下になると燃焼時間は粒径にそれほど依存しなくなる.

空気と粉じんの可燃性混合物の層流燃焼速度は,ブンゼンバーナ法等で測定できる.微粉炭の測定結果を図1・54に示す[32].これによれば最大の燃焼速度は 30 ～ 35 cm/s であり,炭化水素の場合と同程度の燃焼速度になっている.

(7) 発熱量と酸素消費法

各種の可燃性固体1グラムが完全燃焼した場合に発生する熱量,すなわち燃焼熱(標準燃焼エンタルピーともよばれる)と,その際に消費される酸素1グラム当たりの燃焼熱を表1・13[33]に示す.

その他の化合物の燃焼熱 ΔH_c° も総括燃焼反応式,燃焼反応に関与する化学種 j の化学量論数 ν_j,および,それらの化学種の標準生成エンタルピー $\Delta H_f^\circ (j)$ の値を用いて次式により計算することができる.

$$\Delta H_c^\circ = \sum_j \nu_j \Delta H_f^\circ (j) \tag{1・69}$$

その際の燃焼反応式は以下のものとする[34].

(a) 化合物 $C_aH_bO_cN_d$

$$C_aH_bO_cN_d + \frac{4a+b-2c}{4}O_2(g) = aCO_2(g) + bH_2O(l) + \frac{d}{2}N_2(g)$$

(b) 化合物 $C_aH_bO_cN_dS_e$

$$C_aH_bO_cN_dS_e + \frac{4a+b-2c+6e}{4}O_2(g) + \frac{2e-b}{2}H_2O(l) = aCO_2(g) + \frac{d}{2}N_2(g) + eH_2SO_4(l)$$

(c) 化合物 $C_aH_bO_cCl_f$

$$C_aH_bO_cCl_f + \frac{4a+b-2c-f}{4}O_2(g) + \frac{f-b}{2}H_2O(1) = aCO_2(g) + fHCl(g)$$

(d) 化合物 $C_aH_bO_cF_g$

$$C_aH_bO_cF_g + \frac{4a+b-2c-g}{4}O_2(g) + \frac{g-b}{2}H_2O(1) = aCO_2(g) + gHF(g)$$

なお，これらの総括反応式は，$c=0$，$d=0$ および $c=d=0$ の場合を含む．

可燃性固体の多くは分解燃焼する．高分子物質などの熱分解は複雑で，分解の経過に応じて発生ガス組成が変化するため，発熱は燃焼の経過とともに変化する．しかし，表1·13から，燃焼熱は物質により異なるが，燃焼で消費される酸素の単位質量当りの燃焼熱は多くの可燃性固体で近似的に等しく，表1·14の気体可燃物や液体可燃物でも同様であるので，燃焼に費やされている酸素量を計測すれば，燃焼中の可燃性固体の発熱速度をよい近似で求めることができる．この原理に基づき発熱速度を求める方法は酸素消費法と命名され，±5％の誤差範囲で適用可能とされている[33]．

表 1·13　各種可燃性固体の燃焼熱と単位消費酸素当たり発生する熱量[33]

可燃性固体	燃焼熱 ΔH_c° kJ/g	消費酸素当たり燃焼熱 kJ/g
ポリエチレン	−43.28	−12.65
ポリプロピレン	−43.31	−12.66
ポリイソブチレン	−43.71	−12.77
ポリブタジエン	−42.75	−13.14
ポリスチレン	−39.85	−12.97
PVC	−16.43	−12.84
ポリ塩化ビニリデン	−8.99	−13.61
ポリフッ化ビニリデン	−13.32	−13.32
PMMA	−24.89	−12.98
ポリアクリロニトリル	−30.80	−13.61
ポリオキシメチレン	−15.46	−14.50
ポリエチレンテレフタレート	−22.00	−13.21
ポリカーボネート	−29.72	−13.12
酢化セルロース	−17.62	−13.23
ナイロン 66	−29.58	−12.67
セルロース	−16.09	−13.59
木綿	−15.55	−13.61
新聞紙	−18.40	−13.40
段ボール箱	−16.04	−13.70
木葉（堅木）	−19.30	−12.28
木材（モミジ）	−17.76	−12.51
亜炭	−24.78	−13.12
石炭（瀝青炭）	−35.17	−13.51
単純平均		−13.17

表 1·14 可燃性気体，液体の燃焼熱と単位消費酸素当たり発生する熱量[33]

可燃性物質	燃焼熱 ΔH_c° kJ/g	消費酸素当たり燃焼熱 kJ/g
メタン（気）	−51.01	−12.59
エタン（気）	−47.48	−12.75
n−ブタン（気）	−45.72	−12.78
エチレン（気）	−47.16	−13.78
アセチレン（気）	−48.22	−15.69
ブタノール（液）	−33.13	−12.79
n−オクタン（液）	−44.42	−12.69
ベンゼン（液）	−40.14	−13.06

（8）質量燃焼速度と相似則

燃焼現象は規模の大きさにより変化する．実験室規模の基礎的な燃焼実験から得た結果をより大規模のものに拡張しようとする場合，着目する現象が両者間で相似関係にあることが必要である．模型と原型（実物）間の相似則全般については文献[35~38]を参照されたい．

固体可燃物が関与する燃焼の相似モデルとして，

表 1·15 圧力モデルの相似則

圧力	$P_o : P_m = 1 : a$
長さ	$l_o : l_m = 1 : a^{-2/3}$
速度	$V_o : V_m = 1 : a^{-1/3}$
時間（気相）	$t_o : t_m = 1 : a^{-1/3}$
時間（固相）	$t_o : t_m = 1 : a^{-4/3}$
温度	$T_o : T_m = 1 : 1$
熱流速	$q_o : q_m = 1 : a^{4/3}$
質量流速	$m_o : m_m = 1 : a^{4/3}$

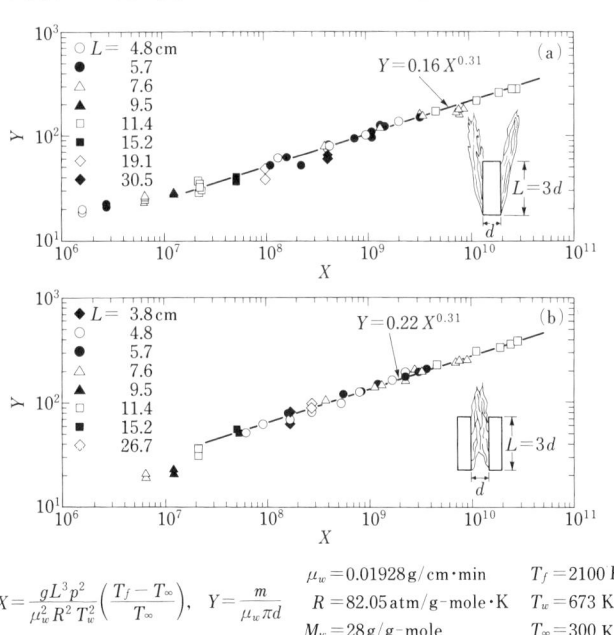

$$X = \frac{g L^3 p^2}{\mu_w^2 R^2 T_w^2}\left(\frac{T_f - T_\infty}{T_\infty}\right), \quad Y = \frac{m}{\mu_w \pi d}$$

$\mu_w = 0.01928\,\mathrm{g/cm \cdot min}$ $T_f = 2100\,\mathrm{K}$
$R = 82.05\,\mathrm{atm/g\text{-}mole \cdot K}$ $T_w = 673\,\mathrm{K}$
$M_w = 28\,\mathrm{g/g\text{-}mole}$ $T_\infty = 300\,\mathrm{K}$

図 1·55 PMMA 円筒の燃焼速度とグラスホフ数[11]

圧力モデルが知られている．de Ris ら[39]は，（1）火災において化学反応速度は重要ではない，（2）放射が無視できないなら，質量燃焼速度に比例すると仮定し，フルード数，レイノルズ数，およびその結合として表されるグラスホフ数も保存される気相から固相にわたる圧力モデルの相似則を表 1・15 のように導いた．

　米国ファクトリミューチャル研究所（FMRC）は，固体可燃物の質量燃焼速度に関する圧力モデルの相似則の妥当性を，いろいろの寸法のアクリル樹脂（PMMA）の円筒を 40 気圧下で燃焼させて調べ，図 1・55 のように無次元質量燃焼速度とグラスホフ数の間によい相関のあることを示した．この結果は固体の質量燃焼速度について，模型実験と実大実験間の相似は圧力 p と長さ l について $p^2 l^3$ を揃えればよいことを示しており，圧力モデルの妥当性を証明している．　　　　　　　　　　　　　　　　　　　　（斎藤　直・鈴木　正太郎）

1・10　危険物質の燃焼

1・10・1　危険物質の分類と危険性

　危険と安全は我々の日常に密接した重要関心事である反面，何が危険で何が安全かは多分に経験的，感覚的に判断されることが多く，常に，論理的に厳密に理解できたうえで生活しているわけではない．危険や安全は立場によっても変わるものであり，また，厳密に突き詰めようとすると難しくなることがある．例えば，非常に優れたガス系消火剤であるハロン消火剤は，成層圏オゾン層を破壊していることが明らかとなり，地球環境保全の観点から生産が禁止されるに至ったのは，危険と安全を判断する難しさの典型といえる．解説をいたずらに難しくしないため，ここで危険物質に対し，「健康，安全及び環境の保護（資産の保護を含む）[1]」にとって危険をもたらす可能性のある物質とする一般的な定義を採用し，この定義に関し立ち入った議論はしないことにする．

　物質という言葉は，その意味するところが広範になりすぎる．ここでは，物質を日本化学会防災専門委員会編集の化学防災指針[2]に取り上げられるべき各種物質に限定する．これらの物質について，化学防災指針，米国防火協会（NFPA）[3]，ギュンター・ホンメルの危険物ハンドブック[4]では，毒性危険性，火災危険性，反応危険性の 3 つの側面に分類し，物質が持つそれぞれの危険性の総合としてその物質の危険性を容易に判断できるように工夫されている．ここで，反応危険性とは，激しく化学反応し爆発などを引き起こす危険性のことである．化学防災指針 1「諸物質の火災危険性表」で行っている危険性の分類と，危険性の程度によるランク付けの説明を表 1・16 に示した．

　危険物質を取り扱う場合には，それぞれの取り扱う場面で十分な注意が払われなければならない．危険物質を安全に取り扱う際，守るべきことを定めた我が国の主要な法令には，消防法，石油コンビナート等災害防止法，高圧ガス保安法，毒物および劇物取締法，労働安全衛生法，船舶安全法，航空法，鉄道営業法などがある．それぞれの法令が対象とする危険物質の定義と範囲は，法令の目的により当然異なる．そのうち，火災・爆発性の危険物質に関係する消防法，高圧ガス保安法，労働安全衛生法，鉄道営業法，船舶安全法，航空法で分類された危険物質（危険物）の項目を表 1・17 に示した．

　化学防災指針などの危険物質の分類と，各種の法令による分類は異なってみえるが，本質

表 1·16　化学防災指針の危険物質の分類[2]

危険性	度合	説　明
有害危険性	4	消防隊員がさらされると非常に危険な物質. わずかの蒸気を吸入しても死を招きかねない.
	3	健康に対して非常に危険な物質. 皮膚を絶対にさらしてはならない.
	2	健康には危険な物質.
	1	健康に対してわずかに危険なだけの物質.
	0	火災の場合にも普通の可燃性物質の示す危険性と同様の危険性を示す.
燃焼危険性	4	非常に燃えやすい気体か非常に揮発性の大きい引火性液体.
	3	常温で燃え得る物質. 引火点が低い.
	2	燃焼が起こる前に少し加熱が必要である物質.
	1	燃焼が起こるためには予熱が必要である物質.
	0	燃焼しない物質.
反応危険性	4	単独で爆ごうを起こし, あるいは普通の温度, 圧力で爆発的分解や爆発反応を起こし得る物質. 機械的あるいは局部的熱衝撃に対して鋭敏な物質も含まれる.
	3	単独で爆ごうあるいは爆発的分解や爆発反応を起こし得るが, 強い起爆力を要し, あるいは起爆前に密閉下で加熱させる必要がある. 高温, 高圧下で熱的あるいは機械的衝撃に鋭敏な物質, または熱や密閉がなくとも水によって爆発的に反応する物質を含んでいる.
	2	単独では普通不安定であり, 容易に激しい化学反応を起こすが爆ごうしない物質. 普通の温度, 圧力でエネルギーを急激に放出し, 化学変化を受ける物質, あるいは高温, 高圧下で激しい化学変化を受ける物質を含んでいる. また, 水と激しく反応し, あるいは水と混ざって潜在的な爆発性混合物をつくりうる物質も含む.
	1	単独では普通安全であるが, 高温, 高圧下では不安定となり, あるいは水と反応して若干のエネルギーを放出するが激しくはない物質.
	0	単独でも火災にさらされた状態でも普通は安定で, 水と反応しない物質.

表 1·17　各種法令の危険物質の分類

法令	消　防　法	高圧ガス保安法	労働安全衛生法	船舶安全法	航　空　法	鉄道営業法
分類項目	第1類：酸化性固体 第2類：可燃性固体 第3類：自然発火性物質および禁水性物質 第4類：引火性液体 第5類：自己反応性物質 第6類：酸化性液体	高圧ガス 液化ガス	爆発性のもの 発火性のもの 腐食性のもの 引火性のもの 可燃性のガス	火薬類 高圧ガス 腐食性物質 毒類 引火性液体類 可燃性物質類 酸化性物質類 放射性物質等 有害性物質	火薬類 高圧ガス 腐食性液体 引火性液体 可燃性液体 酸化性物質 毒物 放射性物質等 磁性物質 その他の有害物件 付着物件等 銃砲刀剣類等	高圧ガス 軽火工品 油紙・布類 可燃性液体 可燃性固体 吸湿発熱物 酸類 酸化腐食物 揮発性毒物

表 1·18　消防法危険物の品名

種　別	性　質	品　　　　　名
第1類	酸化性固体	① 塩素酸塩類　② 過塩素酸塩類　③ 無機過酸化物　④ 亜塩素酸塩類 ⑤ 臭素酸塩類　⑥ 硝酸塩類　　　⑦ よう素酸塩類　⑧ 過マンガン酸塩類 ⑨ 重クロム酸塩類　⑩ その他政令で定めるもの ⑫ 前掲のいずれかを含有するもの
第2類	可燃性固体	① 硫化りん　　　　② 赤りん　　　③ 硫黄　　　　④ 鉄粉 ⑤ 金属粉　　　　　⑥ マグネシウム　⑦ その他政令で定めるもの ⑧ 前掲のいずれかを含有するもの　　⑨ 引火性固体
第3類	自然発火性物質および禁水性物質	① カリウム　　　　　② ナトリウム　③ アルキルアルミニウム ④ アルキルリチウム　⑤ 黄りん　　　⑥ アルカリ金属, アルカリ土類金属 ⑦ 有機金属化合物　　⑧ 金属の水素化物　⑨ 金属の硫化物 ⑩ カルシウム, アルミニウムの炭化物　　　⑪ その他政令で定めるもの ⑫ 前掲のいずれかを含有するもの
第4類	引火性液体	① 特殊引火物　　② 第1石油類　　③ アルコール類　④ 第2石油類 ⑤ 第3石油類　　⑥ 第4石油類　　⑦ 動植物油類
第5類	自己反応性物質	① 有機過酸化物　② 硝酸エステル類　③ ニトロ化合物　④ ニトロソ化合物 ⑤ アゾ化合物　　⑥ ジアゾ化合物　　⑦ ヒドラジンの誘導体 ⑧ ヒドロキシルアミン　　　　　　　⑨ ヒドロキシルアミン塩類 ⑩ その他政令で定めるもの　　　　　⑪ 前掲のいずれかを含有するもの
第6類	酸化性液体	① 過塩素酸　　② 過酸化水素　　③ 硝酸 ④ その他政令で定めるもの　　　　⑤ 前掲のいずれかを含有するもの

注)・引火性固体とは, 固形アルコール, その他引火点が 40℃ 未満のもの.
　　・特殊引火物とは, ジエチルエーテル, 二硫化炭素, その他発火点が 100℃ 以下のもの, または引火
　　　点が零下 20℃ 以下で, 沸点が 40℃ 以下のもの.
　　・第1石油類とは, アセトン, ガソリン, その他引火点が 21℃ 未満のもの.
　　・アルコール類とは, 炭素原子数が, 1から3までの飽和1価アルコールおよび変性アルコールを
　　　いい, 組成等を勘案して省令で定めるものを除く.
　　・第2石油類とは, 灯油, その他引火点が 21℃ 以上 70℃ 未満のものをいい, 組成等を勘案して省令
　　　で定めるものを除く.
　　・第3石油類とは, 重油, クレオソート油, その他引火点が 70℃ 以上 200℃ 未満のものをいい, 組
　　　成等を勘案して省令で定めるものを除く.
　　・第4石油類とは, ギヤー油, シリンダー油, その他引火点が 200℃ 以上のものをいい, 組成等を勘
　　　案して省令で定めるものを除く.

的に相違するものではない. 一見した違いは, 例えていえば索引の深さが異なっているためである. すなわち, 対象が限定され危険性の分類が具体的に（索引の深さが深く）なるにつれ, 危険性に関する情報はより専門化されて提示されることによる.

1·10·2　危険物質の燃焼と爆発

　すでに触れたように, 危険物質は様々の法令で, その目的に応じ取り決められている. ここでは, 火災の発生や, 火災を拡大する危険性が大きく火災予防上問題があり, また, いったん火災になると消火が難しく, 消火活動の支障となる発火性, 引火性の物質を危険物と定め, 特別な取り扱いを義務づけている消防法の危険物の燃焼と爆発性について紹介する. そ

表 1·19　消防法危険物の類別燃焼・爆発性と火災時の消火方法[5]

類　別	主な性質・消火法
第1類 （酸化性固体）	（1）一般に不燃性物質である． （2）強酸化剤であって，酸素供給源となり可燃物の燃焼を促進させる物質である． （3）反応性に富み，加熱，衝撃，摩擦などによって分解し，酸素を放出しやすい．このとき可燃物があると爆発することがある． （4）消火には大量の水で冷却する．しかし，分解は急速で，消火は困難であるので発火させない注意が必要である． （5）アルカリ金属の過酸化物は水と反応して発熱するので水による消火は厳禁である．
第2類 （可燃性固体）	（1）比較的低い温度で着火しやすい可燃性物質である． （2）金属粉以外の物質は，有毒のもの，あるいは燃焼の際の有毒ガスを発生するものもある． （3）金属粉以外の物質は，注水消火が有効である． （4）金属粉は水または酸と接触すると発熱することがある．
第3類 （自然発火性・ 禁水性物質）	（1）水と接触すると化学反応を起こし，水素などの可燃ガスを発生したり，発熱発火などの危険性のある物質である． （2）消火の際には注水は厳禁である．乾燥砂，膨脹ひる石，膨脹真珠岩などによる窒息消火を用いる．
第4類 （引火性液体）	（1）引火，燃焼危険性のきわめて大きい液状の物質である． （2）一般に蒸発しやすく，蒸気は空気より重いので，滞留しやすい． （3）多くのものは，水に不溶で，水より軽いので，水によって消火することができないものが多い．泡，粉末，二酸化炭素などによる消火が有効である．
第5類 （自己反応性物質）	（1）加熱，衝撃，摩擦によって爆発する危険物である． （2）分子中に可燃性元素と燃焼に必要な酸素を持ち，他から酸素の供給を受けなくても燃焼する． （3）燃焼物に応じた消火方法をとる．水が適用できる場合は，大量の水を用いるが，消火は困難であるので発火させないような注意をする．
第6類 （酸化性液体）	（1）強酸化性物質で自らは不燃性であるが，可燃物と接触して酸化させ発火させる． （2）水と混合すると発熱する場合もあるので，水で希釈して酸性を弱めるときは，細かい噴霧水による． （3）刺激性のガスを出す危険もある．

表 1·20　発火・爆発危険性の情報を収録している書物

書　名	編集者／作成者	出版社など
化学薬品の安全	吉田忠雄	大成出版社（1982）
化学薬品の混触危険ハンドブック	東京消防庁編	日刊工業新聞社（1980）
危険物データブック	東京消防庁警防研究会監修	丸善（1988）
危険物ハンドブック	L. Bretherick 著，田村昌三監訳	丸善（1998）
危険物輸送・貯蔵ハンドブック	危険物輸送・貯蔵ハンドブック編集委員会	フジ・テクノシステム（1988）
危険物・毒物処理取扱いマニュアル	海外技術資料研究所専門委員会	海外技術資料研究所（1974）

取り扱い注意試薬ラボガイド	東京化成工業（株）編	講談社サイエンティフィク（1988）
反応性化学物質と火工品の安全	吉田忠雄・田村昌三	大成出版社（1988）
Chemical Safety Data Sheets Vol. 5：Flammable Chemicals	R. Allen	The Royal Society of Chemistry, Cambridge（1992）
Sax's Dangerous Properties of Industrial Materials 5 th ed.	Richard J. Lewis Sr.	Wiley（2012）
Extmerely Hazardous Substances；Superfund Chemical Profile	U. S. Envioronmental Protection Agency	Noyes Data Crop., Parkridge（1989）
Fire Protection Guide to Hazardous Materials, 2010 ed.	National Fire Protection Association	National Fire Protection Association, MA（2010）
Flammable and Combustible Liquids Code Handbook, 2015 ed.	National Fire Protection Association	National Fire Protection Association, MA（2015）
Bretherick's Handbook of Reactive Chemical Hazards, 8 tn ed.	Peter Urben	Elsevier（2017）
Hazard Communication Standard Inspection Manual, 3 rd ed.	Occupational Safety and Health Administration（OSHA）	OSHA（1991）
Hazards in the Chemical Laboratory, 5 th ed.	S. G. Luxon	The Royal Society of Chemistry, Cambridge（1992）
Hazardous Chemical Data Book	G. Weiss（CHRIS）	Noyes Pub.（1986）
Hazardous Materials Response Handbook, 3 rd ed.	Charles Smeby	National Fire Protection Association, MA（1997）
The Generator's Guide to Hazardous Materials Management	L. H. Traverse	Van Nostrand Reinhold, New York（1991）
RCRA Regulatory Compliance Guide	M. S. Dennison	Noyes Data Corp., Parkridge（1993）
Regulated Chemicals Directory	ChemADVISOR	Chapman and Hall, NY（1992）
Risk Management of Chemicals	M. L. Richardson	The Royal Society of Chemicals, Cambridge（1992）
The Sigma-Aldrich Library of Regulatory and Safety Data	Robert E. Lenga and Kristine L. Votoupal	Aldrich（1992）

　の他の法令にいう危険物についての解説は，それぞれの法令の解説書にゆずる.

　消防法では危険物を物質の性質により第1類から第6類までに分類している．その分類の詳細は，表1・18に示したとおりである．消防法の危険物には，それ自体は燃焼しないが，可燃物と共存すると，燃焼・爆発を引き起こすことのできる酸化剤としての酸化性固体・液体，自然発火するものからなかなか燃焼しにくい液体・固体の種々の可燃物，それに水と反応し火を出すものや，火薬・爆薬となりうる物質まで広範に網羅されている．これらの危険物の燃焼・爆発性と火災時の消火方法について沖山[5]がまとめたものを，表1・19に示した.

　危険物質は化学薬品であるため，その数は膨大となる．個々の危険物質の燃焼・爆発性についての詳細は，各論的になるためにここでは触れない．それらに関する情報は，文献2），3），4），6）に掲載されている．また，この種の危険性情報に関し，松永・吉田[7]が収集し

報告した表1·20の文献・データベースを参照されたい．　　　（斎藤　直・岩田　雄策）

1·11　燃 焼 排 出 物

　燃焼現象は，化学反応と流体力学で構成される変化の過程とみることができる．化学的な側面からは，可燃物が酸化剤と反応し燃焼生成物と熱を発生する現象である．すなわち，熱化学式で

可燃物＋酸化剤 → 燃焼生成物＋反応熱

のように表現される．燃焼生成物は通常複数の化合物からなる混合物であり，その成分は可燃物の化学的組成によって異なる．また，反応物（この場合，可燃物と酸化剤）の混合形態とそれぞれの濃度，温度，反応時間等の燃焼状況によって変化する．このようにして発生する燃焼生成物は，燃焼反応している系外に排出された場合に燃焼排出物とよばれる．燃焼排出物には人体に有害なものも含まれ，火災で発生する有毒ガス対策や環境汚染からの保全をはかるうえで燃焼排出物の成分に関する知識は重要である．

1·11·1　燃焼状況と生成物の発生

　可燃物が塩素，窒素，硫黄，重金属などを含むなら，燃焼したときに塩化水素（HCl），窒素酸化物（NOx），硫黄酸化物（SOx），フライアッシュなどとして有害物質を発生する．仮に，可燃物が炭素原子と水素原子から成る炭化水素化合物であったとしても，燃焼条件が変わると生成物の組成が変化する．このことは，火災のように状況が複雑に変化する燃焼においては，発生する生成物も複雑に変化していることを意味する．

　ここで，空気と燃料から成る混合気が燃焼し，外部への熱損失は無いものとする．仮定により，任意組成の空気−炭化水素混合気について化学平衡計算が可能となり，例えば，燃焼生成物に及ぼす燃料濃度の影響を知ることができる．化学平衡計算による燃焼計算結果は，実際の燃焼ガス組成をよく近似するとされる．表1·21は，25℃，大気圧下のプロパン−空気混合気のプロパン濃度を変化させ，火炎温度と主要生成物濃度を求めた結果である．表

表 1·21　プロパン−空気混合気の燃料濃度と火炎温度および主要
燃焼生成物濃度の変化（計算値）

燃料濃度	火炎温度	生成物濃度		
プロパン %	$T_{f, calc}$ ℃	CO_2 %	CO %	H_2O %
2.0	1207	5.9	0.0	7.8
3.0	1668	8.7	0.0	11.6
4.0	1990	10.3	1.1	14.8
5.0	1888	7.2	6.4	15.4
6.0	1686	4.8	10.7	13.7
7.0	1495	3.6	13.6	11.2
8.0	1316	2.8	15.8	8.5
9.0	1145	2.3	17.7	6.0
10.0	982	1.8	19.4	3.7

1·21 から，プロパン濃度4.0% 以上で，一酸化炭素濃度が急激に増加するのがわかる．ちなみに，大気圧下のプロパン−空気混合気の燃焼範囲は2.1〜9.5% とされている．

表1·22 は，燃焼上限界組成より燃料濃度が過剰で，普通の条件下では燃焼しないプロパン−空気混合気を，1500 K（1227℃）の高温に保持した場合の化学平衡組成について計算した結果である．プロパン濃度が増えると生成物中の二酸化炭素と水蒸気は消失し，固体炭素が急増することがわかる．固体炭素はすすに相当する．この結果は，炭化水素燃料が高温で高濃度に存在する場合，燃料は熱分解し大量のすすに変わることを示している．

火災の燃焼は拡散燃焼である．拡散燃焼では，燃料と酸化剤の拡散混合過程が燃焼過程を支配する．したがって，高濃度の燃料ガスが高温状態にさらされる可能性が大きく，すすの発生も多くなる．さらに，燃料−空気混合気が十分に反応する時間がなく外部に排出される場合には反応は不完全となり，未反応の燃料やその熱分解生成物，酸化反応の中間生成物でもある一酸化炭素などを多く排出することになる．

表 1·22　1500 K（1227℃）における高濃度プロパン−空気混合気1 kg
　　　　から生成する固体炭素（すす）量の変化（計算値）

燃料	生 成 物			
C_3H_8 %	CO_2 %	CO %	H_2O %	固体炭素 g/kg
10.0	1.3	19.9	4.2	0
15.0	0.0	21.9	0.0	36
20.0	0.0	19.0	0.0	99
25.0	0.0	16.5	0.0	159
30.0	0.0	14.4	0.0	217

1・11・2　煙

火災の煙は避難の際に視界を妨げ，また，人体に有害であるため，火災建物内にいる人々にとって最も恐ろしいものの一つである．

ある国語辞典[1]は，煙について「物が燃える時に出る気体，燃焼以外の場合の有色ガスなどもいう」としている．平野[2]は火災の煙を，「すすをはじめとする個体微粒子，水滴をはじめとする液体微粒子，一酸化炭素をはじめとする有害成分や刺激成分を含む燃焼生成物と周囲空気の混合物」と定義している．また，Drysdale[3] は，煙は「燃焼する有機物質から生成する固体や液体の微粒子が分散することのある気体生成物である」とした Gross らの説を紹介している．火災安全の立場からは，煙による生命危険にも注目し定義する必要がある．

このように，今日，煙は光の透過を悪くし視界を妨げ，有毒で，排出当初は高温というういくつかの側面を持つものとしてとらえられている．煙を単に燃焼排出物と考えるなら，煙濃度はこの燃焼排出物の空気中濃度とみることもできる．しかし，煙の持つそれぞれの特徴による危険を表現するうえで，常識的なこの煙濃度の定義は常に妥当であるとはいえない．

伝統的には，「白煙」や「黒煙」という言葉で表されるように，煙は粒子を含む視界を妨げる気体状のものとして，有毒な気体成分とは別に取り扱われてきた．これは，煙が視界を妨

げることによる危険に着目したことによる．燃焼に伴う液体，または固体微粒子の生成経路は以下のようである．液体微粒子は，可燃物の熱分解生成物が燃焼せずに排出されるか，大量の水蒸気を含んだ燃焼排出物が冷却され凝縮して生成する．これに対し，固体粒子は，燃焼または高温での熱分解の結果生じた遊離の炭素であるすすを主成分としている．煙濃度を燃焼排出物が含む微粒子によって表す場合，

　　1）一定体積中の煙を濾紙で捕獲し重量を計る方法

　　2）一定体積中の煙粒子の数を計測する方法

　　3）煙の減光係数を測定する方法

の3通りの方法が知られている．1）の方法で煙収率を厳密に計測でき，2）の方法ではきわめて低濃度の煙濃度の計測が可能であり，3）の方法では見通し距離に直接関係する減光係数を測定しているなど，それぞれ特徴を持っている．

　煙濃度と減光係数の関係は次のようになる．図1・56のように光源 S と受光部 D を距離 L (m) だけ離して配置し，S からの光の強度を測定する．L の間に煙のないときの D における光強度を I_0 とし濃度 C（％）の煙があるときの光強度を I とすると，I は Beer–Lambert の法則により，

$$I = I_0 \exp(-\kappa C L) \tag{1・70}$$

と表される．ここで，κ は煙の吸収係数で光の波長と煙粒子の種類や大きさによって決まる定数である．

　実用的には煙により光がどの程度吸収され見えなくなるかが重要である．そこで，煙の減光係数を Cs とし次のように定義すると，

$$Cs = \kappa C = (1/L) \cdot \ln(I_0/I) \tag{1・71}$$

Cs は単位長さ当たりの減光率で煙濃度に比例することがわかる．なお，煙の中の見通し距離については神[4]の研究がある．

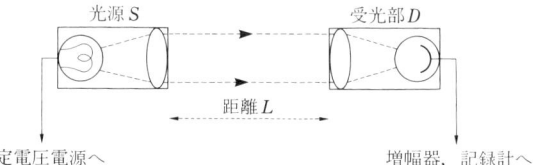

　　　　　　　　　図 1・56　光吸収式煙濃度計

　　　　　　　　　　　　　　　　　　　　　　　　　　　　　　（斎藤　直）

1・12　消 火 の 基 礎

　火災における消火は，これを人工的，強制的に行うことをいう．この意味で，燃焼現象の単なる停止とは異なる次元の意味合いがある．そして我々が消火を行う目的は，火災に包まれた財産を救うためというより，火災の延焼を防ぎ，損害を最小限に止めることにある．したがって，消火を行うことは今後とも必要なことなのである．消火を理解するうえで必要な消火の原理については，従来からの消火の「三原則」または「四原則」という形で，随所に

解説されてきた．しかし消火は人為的に操作を加えて行うものであるから原理だけで現実の消火に伴う諸々の現象を説明したり，計算できるかどうか疑わしい．また後述のような問題点もある．ここには従来から解説されてきた消火の原理にとどまらず，いくつかの考え方を紹介してみる．

1・12・1　燃焼停止の要因

消火に必要な燃焼停止の素要因として，秋田[1,2]の分類方法を取り上げておく．秋田は他の自然科学分野と同様，消火現象をエネルギー，物質，運動に関わる現象として分類を試みた．これらが燃焼継続に必要な条件を満たさないとき，消火が起こるとする．

（1）エネルギー限界による消火

燃焼反応では反応を維持継続していくために，熱の発生速度と放出速度がつり合いを保っている．その結果，系に固有の燃焼温度が表れ，この温度を保てなくなったとき火炎は不安定となり消火に至る．燃焼を化学反応と見るとき，反応に支配的影響を及ぼす要因は温度であるから，系の温度を変える操作は，1つの消火方法として成立するはずである．この限界温度は，有炎燃焼であれば火炎の維持される最低温度，すなわちバージェス–ウイラーの法則によって導かれる，下限界組成の予混合炎におけるほぼ一定の温度1100～1200℃ぐらいと考えられる．

彼らによると，一般に炭化水素の場合，発熱量 Q（kJ/mol）と下限濃度 L（vol %）の積は燃料の種類に関わらず一定値をとり，その値は式（1・35）のようにほぼ4600になるという[3,4]．

下限濃度と発熱量の積が一定ということは，可燃性気体が異なっても，混合気の大部分は窒素であることから燃焼ガスの比熱がほとんど変わらないと考えれば，火炎温度がほぼ一定になるということである．

パラフィン系炭化水素–空気混合気に対して，爆発限界組成の温度依存については，次式（1・72）が近似的に成立する[1,5]．

$$L_t/L_{25}=1-0.784\times10^{-3}(t-25) \tag{1・72}$$

ここに L_t（vol %）は t（℃）における下限値である．

また式（1・72）に通常の値を代入すると，$t\fallingdotseq1100～1200℃$ となり，火炎維持の限界温度がこの付近にあることを暗示する．

そこでこのエネルギー条件に基づく消火方法として，火炎の冷却を利用する方法が考えられる．不活性ガス，固体粉末，水等の添加である．このうち，不活性ガスの比熱は小さいので冷却効果は小さいことに加え，実用上は適用量が制限される．粉末の添加は，粉末消火剤や炭鉱における岩粉の散布で知られるが，主に火炎の消炎に限られ，可燃固体に対する冷却効果は小さい．水の添加では，微小噴霧（ウォーターミスト）の場合，火炎に対する冷却効果が期待できる．オゾン層破壊係数の大きいハロン消火剤の生産全廃を契機に，微小噴霧はハロン消火剤の代替として，大規模発生方法の開発と適合消火対象の検索に関する研究が活発に行なわれるようになった[6,7]．水の粒子を微小化することで，水の蒸発潜熱を活かした冷却効果が期待できる．ただし，水の単位重量当たりの熱吸収量は変化しないので，微小化しても必要な水量は劇的に減らないことになる[8,9]．

（2）物質限界による消火

　燃焼は化学反応を伴うものであるから，物質に関わる条件も存在する．有炎燃焼であれば，可燃性ガスと空気との混合組成が燃焼範囲内にあることである．消火が起こるとすれば，外部からの操作によって，この混合組成が燃焼範囲を外れたときである．この燃焼範囲には，空気過剰を利用する下限界と可燃物過剰を利用する上限界がある[1,4]ので，消火にもこの2つを利用する方法が考えられる．メタンを燃料とし，空気を数種類のガスで希釈した場合の燃焼範囲は図1・22に示されている．

　燃料-空気系（2成分系の混合組成）では図1・22の添加気体濃度が0の点の燃料濃度の高低間が燃焼範囲で，それより上でも下でも燃焼しない．

　燃焼-空気-消火剤系（3成分系の混合組成）では消火剤の添加によって燃焼範囲は狭まる．その狭まり方が消火剤により異なることを図1・22は示している．消火剤には，物理的希釈作用しか持たない不活性ガスと，化学的な燃焼抑制作用を有するものとの2種類がある．消火剤を添加していくとき，ある濃度以上になると，燃料ガスがどんな濃度であっても燃焼は起こらない．これをピーク値とよび消火剤の設計濃度として利用される．ブロモメタンは二酸化炭素の1/5の濃度で不燃化させる．ピーク値は予混合気について得られる値であり，実火災は拡散火炎であるので，このような場合，必要濃度はピーク値の2/3程度で消炎するといわれる．これを消炎濃度とよぶ[4]．

（3）運動限界による消火

　燃焼現象にはほとんどすべてにわたって気体が関与する．それゆえ，気体の運動条件次第では消火が起こりうるはずである．予混燃焼の場合，火炎が安定に維持されているのは，その領域 L における流速 U の可燃混合気の滞留時間 L/U と反応に要する時間（着火遅れ時間）τ がつり合っているからである．この比 D_1 は第1ダムケラー数とよばれ，$D_1 = 1$ が吹き消え限界を表すことになる[4,10]．吹き消えは，目的とする系内の混合ガスの通過時間内に燃焼が終了しないことを示す．これは式（1・73）で表せる．

$$D_1 = \left[\frac{L}{U}\right]/\tau = \frac{\text{反応領域における反応物の滞留時間}}{\text{化学反応時間}} \qquad (1\cdot73)$$

　拡散火炎でも原理は同様である．空気噴射は火炎面の燃料供給方向への移動，または燃料の燃焼領域への移動を空燃比を燃焼が継続できないまでにかき乱してしまう．これも火炎の不安定化による“吹き消え”の現象である．実火災では拡散火炎が多いが，不活性ガスの吹き込みによる吹き消えもこの現象に関わる．気体の場合，消炎しても後に生ガスが残るので，その供給を停止させる以外ないが，これは物質限界による消火の分類に入る．応用は液体と固体に限る．実用例としては，油井火災の爆薬による吹き消しが挙げられる．近年は，高出力レーザーを集光させ爆発を起こし，その爆風を用いた消火方法の研究も進められている[11~13]．

　以上3つの消火条件は，消火原理の解析的理解方法としての意義が認められる．従来の分類に含まれるものも，この視点から眺めれば，確かにより集約されよう．

1・12・2　消火方法の種類

　従来，消火のために次の4つの方法があると説明されてきた．すなわち，（1）エネルギー

除去による消火（冷却消火法），（2）酸素除去による消火（窒息消火法），（3）可燃物除去
による消火（希釈消火法），（4）化学的消火，である[14]．この分類方法は個別，具体的に理
解しやすい面はあるが，除去という手段による分類であって，内容的には必ずしも原理に
よる分類ではないので，同一ないし重複するものが生ずるという欠陥がある．しかし改め
て示し，さらに重要と思われる機構を（5）として追加し参考に供する．

（1）エネルギー除去による消火

　可燃物が液体や固体の場合，可燃性蒸気はその蒸発や熱分解によって供給される．した
がって，可燃物の温度の低下は蒸気の発生速度を小さくするので，可燃性気体の濃度の低下
をきたし，2成分系の燃焼の下限界に基づいて消火が起こる．
　一般に，液体の場合，液面上の蒸気圧は Clasius-Clapeyron の法則で液温により支配さ
れ，また燃焼に必要な蒸気の濃度 L_t は燃焼の下限界によって決まる．したがって，燃焼の継
続しえない液温は自動的に決まり，この方法による消火の条件は，液温をこの限界温度，す
なわち引火温度以下に下げることにある．

$$L_t = \text{const} \cdot \exp(-H/RT_t) \tag{1·74}$$

ここに，L_t は燃焼の下限界濃度，H は蒸発熱，R は気体定数，T_t は引火温度である．固体可
燃物の場合にも，現象はほとんど同じである．ただ固体の場合，表面の融解現象を経るもの
や，炭化，表面燃焼を起こす形態のものもある．
　液体や固体燃料が燃焼を継続するのは，炎からの伝熱によって液面や固体面が加熱され，
蒸発や熱分解を起こして可燃性の気体を出すからである．このことを利用して，燃料の温度
を下げる方法の1つに，炎からの熱伝達を減らし消火する方法がある．普通，この種の伝熱
の主体は幅射であるところから，炎の中に不燃性の固体粒子を分散させ，それによって幅射
加熱をさえぎることが考えられる．これは遮蔽効果とよばれる．炭鉱爆発の伝播防止にまき
散らされた不活性な岩粉の有効性は，これによる熱の吸収による．また粉末消火剤による消
火方法ではこれも大きな役割を果たしていると考えられる．油脂の燃焼においても，粉塵や
不活性ガスは火炎からの幅射熱の液面への還元を減少させるので，火炎のみでなく，液面を
冷却させる作用を有するといえる．しかし間接的な冷却効果であって，大きな効果を有する
とはいえない．
　これに対して広く使用され，通常の可燃物火災に最も効果的な消火手段は直接に燃料から
熱を除去することである．注水消火はこの代表例である．固体可燃物の冷却によって消火を
達成するためには，総発熱量相当のうち，ほんの一部分の熱量を吸収するだけでよい．仮
に，大規模な火災の消火達成に，発生熱量の大部分を水が吸収することが必要とすれば，そ
の水量は不可能な量に達するだろう．Magee ら[15]は，水が有効に燃料表面に散布されたと
き，発熱速度相当の水量よりはるかに少ない水量，わずか3〜5%で消火できると指摘し
た．ただ，実火災では，このような理想的な条件での放水は期待できない．
　一般的に不活性ガスの消火剤および抑制剤としての効果は，それらのモル熱容量の違いに
依存する．より大きなモル熱容量を持つものは火炎に対しより大きな冷却作用を有するので
消火効果が大きい．数種類の不活性化物質のモル熱容量はヘリウムを1.0としたとき，窒素
1.4，水蒸気1.7，二酸化炭素1.8，四塩化炭素4.4，などである．不活性ガスの熱伝導度は二

義的であるが，伝導度の大きいものはより効果的である．図1·22 はこのような関係を示している．

（2）酸素除去による消火

　燃料から酸素を遮断することによる消火は，火を覆うことによって達成できる．二酸化炭素，泡，四塩化炭素のような不燃性の蒸発性液体は主にこの原理によって消火を行う．しかし，可燃性蒸気の希釈，供給停止，冷却，燃焼抑制作用も伴うから酸素除去単独での作用は実現しがたい．これらの消火剤は，消火されるべき燃焼中の可燃物表面に十分な時間止まることができないから，開放条件下の木材その他の可燃物に対しては限られた効果しか持たない．この消火方法の効果は，閉鎖的空間において発揮される．燃焼を妨げるのに必要な酸素濃度の減少の割合は，可燃物の種類，不活性ガスの種類により異なる．図1·22 の不活性ガスのピーク値をもとに酸素濃度を計算すると，14 ～ 11％ ぐらいであり，多くの普通の可燃性ガスについて一定値となる．この値を限界酸素量[1]とよび，消火剤の添加量の設計に利用されている．

（3）可燃物除去による消火

　ガス火災の消火に確実な方法は，ガスの流出を停止させることである．サイロや積層固体可燃物火災のような深部火災では，消火の唯一の実際的方法は，火災領域から未燃の燃料を除去することである．山火事における防火帯の作成，建物火災における破壊消防，可燃性液体タンクからポンプアウトすることも火災領域から未燃の燃料を除去して火を止める方法である．一方，（1）のエネルギー除去による消火は，可燃ガスの発生を少なくする方法であるから，それも一種の可燃物除去による消火といえる．爆発による吹き飛ばし，高速空気の噴射による消火もこれと重複しよう．これらは表裏一体の関係にあり，どれが優勢になるかの違いだけである．

（4）化 学 的 消 火

　ある種の薬剤（燃焼抑制物質）を火炎の中に添加すると，その薬剤または分解生成物が燃焼の継続に重要な役割を果たしている原子やラジカルなどの化学種と反応を起こし，それを不活性な物質に変え，燃焼を抑制する．この現象は一般に燃焼の抑制作用とよばれ，ハロゲン化炭化水素やアルカリ金属を含む物質にこの作用の強いことが知られている．したがって，これらの薬剤を炎の中にある量以上加えると消火が起こるわけで，この種の作用に基づく消火法を抑制作用による消火という．二酸化炭素などの不活性ガスと比べ，少量で大きな効果を有することは，図1·22 のようにピーク値が著しく低下することから明らかである．

　無機塩類の火炎に対する消火効果の研究からは，アルカリ金属塩が効果を有することが知られている．一般的に使用されるものは，炭酸水素ナトリウムと炭酸水素カリウムである．一般にこの消火作用はハロゲンでは，フッ素＜塩素＜臭素＜ヨウ素，またアルカリ金属では，リチウム＜ナトリウム＜カリウムの順に増加する[16]．

　他方，固体可燃物に直接作用する薬品として，リン酸アンモニウムや炭酸カリウムに代表される薬品がある．これらの化合物は，可燃物の熱分解の形態を変え，可燃性ガスの発生を著しく少なくする[14, 16]．この作用を防炎作用とよび，着火，再燃を押さえるから，消火に有効である．1·12·1 項の分類法によれば，物質限界による消火となる．

（5）機構的消火

　消火の個々の原則については言い尽くされた感のある一方，実火災の消火現象を定量的に説明するには，どの一つの原則を適用してもうまくいかないことが多い．これは，速度論的な視点に欠けるからである．燃焼と消火反応を考えるとき，これはいわゆる化学反応の可逆反応とは異なるので，燃焼の逆反応＝消火，とはいい切れまい．着火の条件と消火開始時の条件は現実には異なり，この実現は不可能である．

　消火の原理は均質系での現象，あるいは素反応を説明することが多いが，現実の消火現象は，人為的操作を燃焼体に施すものであり，ここでは物理，化学的要因以外にも燃焼停止のパラメータが付与される．この最たるものは機構的要因によるものである．すなわち，原理の複合的な総和が，人為操作によって作用させられるものである消火速度と，既消火領域の再燃速度との競合関係で全体の消火が決定されているという事実である[17~20]．そこでこれを機構的消火とよんでおく．

　例えば，粉末消火器を用い，油火災の消火を行ったときの状況を見ると，消火剤を打ち当てた部分は消火するが，放射軸の移動につれ，周辺部分は再び燃えだす．再燃部分については，再度放射を行って消火する必要がある．消火に十分な消火薬剤が放射されても消火できないのは，火炎のどこを狙って消火器のノズルをどのように動かすか，といった消火方法が適切でないことによる[21~22]．もっと極端な例では，消火しない状況下では，消火剤のいかんを問わず燃焼領域と消火領域が共存する．消火速度と再燃速度が均衡しているということである[20, 23~24]．他の例は，木材火災の水による消火である．木材が燃焼したとき，必ず表面に炭化層を形成する．水による消火では，注水速度がある程度以上大きくなると，蒸発量より炭化層への浸透量のほうが大きくなり，見かけ上，消火速度は水の蓄積速度によって支配されるようになる．この場合，注水速度が小さく蒸発速度が支配的消火要因になる場合と異なり，熱に関係する現象は全く表れない[25]．消火原理からいえば，燃料表面の冷却による可燃ガスの発生速度の抑制であろうが，消火機構からいえば，消火必要水量は生成炭素量に比例するにすぎない．これらの例のように，原理と実際の機構は，異なるものとしてとらえる必要がある．むしろ実火災では，人的操作などが作用する機構的要因が全体を律速しており，消火を定量的に取り扱うためには，この処理方法の開発が重要になるといえる．

（高橋　哲・尾川　義雄）

文　　献

〔1・1〕

1）平野敏右：燃焼学，p. 7，海文堂出版（1986）

2）J. Chomiak：Combustion；A Study in Theory, Fact and Application, p. 1, Gordon and Breach（1990）

3）J. Warnatz, U. Maas, R. W. Dibble：*Combustion*, Springer（2001）

4）C. K. Law：*Combustion Physics*, Cambridge University Press（2010）

5）日本火災学会編：火災便覧新版，p. 3，共立出版（1984）

6）新岡　嵩：燃える，p. 7，オーム社（1994）

7) 平野敏右：燃焼学，p. 42，海文堂出版（1986）

8) J. N. de Ris：12 th Symposium（International）on Combustion, p. 241, The Combustion Institute（1969）

〔1・2〕

1) 平野敏右：燃焼学，p. 194，海文堂出版（1986）

2) D. Drysdale：*An Introduction to Fire Dynamics*, John Wiley & Sons（2011）

3) J. G. Quintiere：*Fundamentals of Fire Phenomena*, Wiley（2006）

4) 田中哮義：建築火災安全工学入門，p. 196，日本建築センター（1993）

5) 平野敏右：ガス爆発予防技術，p. 73，海文堂出版（1983）

6) 土橋　律：物質安全の基礎 その4：可燃性気体，安全工学，**46**, 5, pp. 322－328（2007）

7) 安全工学会監修：実践・安全工学 シリーズ1 物質安全の基礎，化学工業日報社（2012）

8) T. Takeno and T. Iijima：Nonsteady Flame Propagation in Closed Vessels, in "Combustion in Reactive Systems", *Prog, Astronaut.*, 76, p. 578（1981）

9) 平野敏右：ガス爆発予防技術，p. 114，海文堂出版（1983）

10) 兼子　弘：第17回燃焼シンポジウム前刷集，p. 307（1979）

11) 原山美知子，大谷英雄，平野敏右，秋田一雄：濃度不均一混合気の爆発，安全工学，**19**, 5, p. 266（1980）

12) R. Dobashi：Experimental Study on Gas Explosion Behavior in Enclosure, *J. Loss Prevention in the Process Industries*, **10**, 2, pp. 83－89（1997）

13) D. P. J. McCann, G. O. Thomas and D. H. Edwards：Combustion and Flame, 59, p. 233（1985）

14) R. Dobashi：Studies on accidental gas and dust explosions, *Fire Safety Journal*, **91**, pp. 21－27（2017）

15) 平野敏右，鶴田　俊，久野哲彦，土橋　律，佐藤研二：日本火災学会論文集，36, 1・2, p. 1（1987）

〔1・3〕

1) J. Warnatz, U. Maas and R. W. Dibble：*Combustion*, Springer（2001）

2) 疋田　強，秋田一雄：燃焼概論（第6版），p. 34，コロナ社（1978）

3) J. Warnatz：Twenty-Fourth Symposium（International）on Combustion, p. 553, The Combustion Institute（1992）

4) R. H. Baker and M. J. Drews：Flame Retardants for Cellulosic Materials, in "Cellulose Chemistry and Its Application", p. 431, John Wiley & Sons（1985）

5) 平野敏右：燃焼学，p. 39，海文堂出版（1986）

6) S. Gordon and B. J. McBride：Computer Program for Calculation of Complex Chemical Equilibrium Compositions and Applications, NASA Report No. NASARP－1331（1994）

〔1・4〕

1) 平野敏右・石塚　悟：化学流体力学，丸善（1996）

2) C. K. Westbrook & F. L. Dryer：*Combustion Science and Technology*, 27, pp. 31－43（1981）

3) G. P. Smith, D. M. Golden, M. Frenklach, N. W. Moriarty, B. Eiteneer, M. Goldenberg, C. T. Bowman, R. K. Hanson, S. Song, W. C. Gardiner, Jr., V. V. Lissianski and Z. Qin：GRI

-Mech 3.0, http：//www.me.berkeley.edu/gri_mech/

4) H. Schlichting：Boundary-Layer Theory, 6 th Ed., p. 432, 492, McGraw-Hill（1968）

〔1・5〕

1) J. D. Buckmaster and G. S. S. Ludford：*Theory of Laminar Flames*, Cambridege University Press（1982）

2) F. A. Williams：*Combustion Theory*, Addison-Wesley（1985）

3) A. Linan and F. A. Williams：*Fundamental Aspects of Combustion*, Oxford University Press（1993）

4) G. P. Smith, D. M. Golden, M. Frenklach, *et al.*：GRI-Mech 3.0, http：//www.me.berkeley.edu/gri_mech/

5) G. J. Gibbs & H. F. Calcote:*Journal of Chemical and Engineering Data*, 4, pp. 226 - 237（1959）

6) C. K. Law：in *Reduced Kinetic Mechanisms for Applications in Combustion Systems*, N. Peters and B. Rogg, eds., pp. 15 - 26, Springer-Verlag（1993）

7) C. M. Vagelopoulos, F. N. Egolfopoulos and C. K. Law：*Twenty-Fifth Symposium (International) on Combustion*, pp. 1341 - 1347（1994）

8) I. Glassman and R. A. Yetter：*Combustion*, 4 th ed., Academic Press（2008）

9) 佐藤　実・桑名一徳：日本燃焼学会誌, **56**, pp. 251 - 257（2014）

10) G. H Markstein：*Non-steady Flame Propagation*, Pergamon Press（1964）

11) J. K. Becktold and M. Matalon：*Combustion and Flame*, **127**, pp. 1906 - 1913（2001）

12) 辻　　廣：燃焼現象論（3）, 機械の研究, **28**, p. 908（1976）

13) M. G. Zabetakis：Flammability Characteristics of Combustible Gases and Vapors, U. S. Bureau of Mines, Bulletin 627（1965）

14) 平野敏右：ガス爆発予防技術, p. 39, 57, 58, 海文堂出版（1983）

15) 平野敏右：燃焼学, 海文堂（1986）

16) B. Lewis and G. von Elbe：*Combustion, Flames and Explosions of Gases*, 2 nd ed., Academic Press（1961）

17) G. E. Andrews *et al.*：Combustion and Flame, 24, pp. 285 - 304（1975）

18) V. Zimont, W. Polifke, M. Bettelini and W. Weisenstein：*Journal of Engineering for Gas Turbines and Power*, 120, pp. 526 - 532（1998）

19) R. Dobashi, S. Kawamura, K. Kuwana and Y. Nakayama：*Proceedings of the Combustion Institute*, **33**, pp. 2295 - 2301（2011）

20) 桑名一徳：ながれ, **31**, pp. 357 - 364（2012）

21) 金　佑勁・茂木俊夫・桑名一徳・土橋　律：日本燃焼学会誌, **56**, pp. 74 - 79（2014）

22) T. Tsuruda and T. Hirano：*Combustion and Flame*, **84**, pp. 66 - 72（1991）

23) R. Dobashi, T. Hirano and T. Tsuruda：*Twenty-Fifth Symposium (International) on Combustion*, pp. 1415 - 1422（1994）

〔1・6〕

1) 国务院天津港"8・12"瑞海公司危险品仓库特别重大火灾爆炸事故调查组：天津港"8・12"瑞海公司危险品仓库　特别重大火灾爆炸事故调查报告

http：//www.chinasafety.gov.cn/newpage/newfiles/201600812baogao.pdf

2）U. S. CHEMICAL SAFETY AND HAZARD INVESTIGATION BOARD：INVESTIGATION REPORT（FINAL）WEST FERTILIZER COMPANY FIRE AND EXPLOSION（15 Fatalities, More Than 260 Injured）http：//www.csb.gov/west-fertilizer-explosion-and-fire-/

3）Ministry for Regional Development and the Environment：REPORT OF THE GENERAL INSPECORATE FOR THE ENVIRONMENT, Affair no. IGE/01/034, Accident on the 21st of September 2001 at a factory belonging to the Grande Paroisse Company in Toulouse http：//www.hse.gov.uk/landuseplanning/toulouse.pdf

4）消防庁危険物保安室：危険物等の危険性に関する調査検討会報告書
http：//www.fdma.go.jp/neuter/topics/houdou/h21/2102/210219-1.pdf

5）総務省：規制の事前評価書（危険物物質の類の変更）
www.soumu.go.jp/main_content/000103745.pdf

6）中部電力株式会社：浜岡原子力発電所1号機手動停止について
http：//www.chuden.co.jp/corpo/publicity/press2001/1107_1.html

7）高圧ガス保安協会：大阪大学モノシランガス爆発事故調査委員会中間報告書，平成4年6月

8）高圧ガス保安協会：リスクアセスメント・ガイドライン（Ver. 1）
http：//www.meti.go.jp/policy/safety_security/industrial_safety/sangyo/hipregas/files/guidelines_on_RA_ver1.pdf

9）平野敏右：ガス爆発予防技術，pp. 188 - 190（1983）

10）L. Von Elbe：*Combustion, Flames and Explosions of Gases*, 3 rd ed., p. 549（1987）

11）K. K. Kuo：*Principle of Combustion*, p. 231（1986）

12）松井英憲：水素-空気系の爆ごう限界，第17回燃焼シンポジウム，pp. 292 - 294（1979）

〔1・7〕

1）平野敏右：燃焼学─燃焼現象とその制御─，pp. 72 - 74, p. 78，海文堂出版（1986）

2）H. C. Hottel, W. R. Hawthorne：3 rd Symposium on Combustion, Flame and Explosion Phenomena, pp. 254 - 266, Williams and Wilkins（1949）

3）T. Hirano, Y. Kanno：14 th Symposium（International）on Combustion, pp. 391 - 398, The Combustion Institute（1973）

4）H. Tsuji, I. Yamaoka：11 th Symposium（International）on Combustion, pp. 979 - 984, The Combustion Institute（1967）

5）大竹一友，藤原俊隆：燃焼工学，p. 73，コロナ社（1985）

6）T. Suzuki, M. Kawamata, K. Matsumoto, T. Hirano：Proceedings of The ASME・JSME Thermal Engineering Joint Conference 1991, Vol. 5, pp. 341 - 346（1991）

7）八島正明，平野敏右：燃焼の科学と技術，**3**, 1，pp. 29 - 40（1995）

8）A. Cavaliere, R. Ragucci：*Progress in Energy and Combustion Science*, **27**, pp. 547 - 585（2001）

9）J. C. Hewson：*Combustion and Flame*, **160**, pp. 887 - 897（2013）

10）平野敏右：燃焼学─燃焼現象とその制御─，pp. 82 - 83，海文堂出版（1986）

11）大竹一友，藤原俊隆：燃焼工学，p. 125，コロナ社（1985）

12）R. A. Strehlow：*Combustion Fundamentals*, pp. 357 - 359, McGraw-Hill（1984）

13）R. W. Bilger：*Ann. Rev. Fluid Mech.*, **21**, pp. 101 - 135（1989）

14) H. Akiba *et al.*：*Computing in Science and Engineering*, 9, 2, pp. 76 - 83 (2007)

〔1・8〕

1) 日本化学会編：第 5 版実験化学講座 30 化学物質の安全，p. 54，丸善（2006）

2) J. M. Kuchta：Bulletin 680, p. 33, U. S. Bureau of Mines (1985)

3) 安全工学協会編：火災，p. 45，海文堂出版（1983）

4) J. M. Kuchta：Bulletin 680, p. 37, U. S. Bureau of Mines (1985)

5) 安全工学協会編：火災，p. 46，海文堂出版（1983）

6) 日本化学会編：化学実験の安全指針（改訂 3 版），p. 20，丸善（1991）

7) 日本化学会編：第 5 版実験化学講座 30 化学物質の安全管理，p. 45，丸善（2006）

8) 疋田　強，秋田一雄：燃焼概論（第 4 版），p. 16，コロナ社（1976）

9) 北川徹三：化学安全工学（第 8 版），p. 109，日刊工業新聞社（1974）

10) 駒宮功額：火災，43，2，pp. 13 - 19（1993）

11) 八島正明：労働安全衛生総合研究所特別研究報告　JNIOSH-SRR-No. 40, pp. 5 - 12（2010）

12) 前澤正禮：化学安全工学，p. 60，共立出版（1990）

13) 大谷英雄：安全工学，31，6，pp. 394 - 399（1992）

14) 北川徹三：化学安全工学，p. 62，日刊工業新聞社（1974）

15) 福山郁生監修：安全工学実験法，p. 138，日刊工業新聞社（1983）

〔1・9〕

1) 日本火災学会編：火災便覧，p. 46，共立出版（1984）

2) H. C. Hottel, and W. R. Howthorne：3 rd Symposium (International) on Combustion, p. 255, Williams & Wilkins (1949)

3) V. I. Blinov, and G. N. Khudiakov：Fire Research Abstracts and Reviews, 1, p. 41 (1959)

4) D. S. Burgess *et al.*：Fire Research Abstracts and Reviews, 3, p. 177 (1961)

5) K. Akita：14 th Symposium (International) on Combustion, p. 1075, The Combustion Institute (1973)

6) 平野敏右：燃焼学，p. 65，海文堂（1986）

7) A. Ito, D. Masuda and K. Saito：Combustion and Flame, 83, p. 375 (1991)

8) D. D. Drysdale：An Introduction to Fire Dynamics, p. 86, John Wiley and Sons (1985)

9) K. Kobayashi：5 th Symposium (International) on Combustion, p. 141, The Combustion Institute (1955)

10) D. B.Spalding："Selected Combustion Problems" (AGARD), p. 340, Butter-worth (1954)

11) R. J. Friedman：Fire & Flammability, 2, p. 240 (1971)

12) 玉虫文一ほか編：理化学辞典（第 3 版），p. 449，岩波書店（1971）

13) 神戸博太郎編，秋田一雄：高分子の熱分解と耐熱性，p. 252，培風館（1974）

14) 高分子学会編：高分子材料便覧，p. 1298，コロナ社（1973）

15) 消防研究所研究資料第 24 号，火災規模の防炎効果に及ぼす影響に関する研究，p. 88（1991）

16) 疋田　強，秋田一雄：燃焼概論，p. 152，コロナ社（1971）

17) 瀬賀節子，佐藤研二：火災学会論文集，34，p. 39（1985）

18) 瀬賀節子，佐藤研二：火災学会論文集，35，p. 9（1985）

19) T. J. Ohlemiller："Smoldering combustion", SFPE Handbook of Fire Protection Engineering, 2 nd ed., pp. 171 - 179 (1995)

20) G. Rein：International Review of Chemical Engineering, 1, pp. 3 - 18 (2009)

21) A. Tewarson, and R. F. Pion：Combustion and Flame, 26, p. 85 (1976)

22) J. N. de Ris：12 th Symposium (International) on Combustion, p. 241, The Combustion Institute (1969)

23) 平野敏右：燃焼学, p. 159, 海文堂 (1986)

24) 消防白書

25) 秋田一雄：高分子, 22, p. 184 (1973)

26) 神戸博太郎編, 奈良茂男：高分子の熱分解と耐熱性, p. 281, 培風館 (1974)

27) J. W. Lyons：The Chemistry and Use of Fire Reardants, Wiley-Interscience (1970)

28) 小西光, 平尾正一：難燃剤, 幸書房 (1972)

29) 榎本兵治：粉じん爆発, p. 11, オーム社 (1991)

30) 平野敏右：ガス爆発予防技術, p. 42, 海文堂 (1983)

31) R. H. Essenhigh：16 th Symposium (Internatinoal) on Combustion, p. 353, The Combustion Institute (1977)

32) L. D. Smoot, M. D. Horton, and G. A. Williams：16 th Symposium (International) on Combustion, p. 375, The Combustion Institute (1977)

33) C. Huggett：Fire and Materials, 4, p. 61 (1980)

34) 日本化学会編：化学便覧　基礎編II, p. II - 303, 丸善 (1984)

35) D. B. Spalding：9 th Symposium (Internatinal) on Combustion, p. 833, The Combustion Institute (1963)

36) 江守一郎, 斉藤孝三, 関本孝三：模型実験の理論と応用 (第 3 版), 技報堂 (2000)

37) J. G. Quintiere：Fundamentals of Fire Phenomena, Chap. 12, Wiley (2006)

38) 桑名一徳：日本燃焼学会誌, 53, 164, pp. 78 - 84 (2011)

39) A. de Ris, M. Kanury, and M. C. Yuen：14 th Symposium (International) on Combustion, p. 1033, The Combustion Institute (1973)

〔1・10〕

1) 経済協力開発機構：危険性物質に係る防災基本指針 (日本語版), p. 2, 高圧ガス保安協会 (1994)

2) 日本化学会編：化学防災指針, 丸善 (1979)

3) National Fire Protection Association：NFPA No. 49, Hazardous Chemical Data, (1975)

4) G. ホンメル編 (新居六郎訳)：危険物ハンドブック, シュプリンガー・フェアラーク東京 (1991)

5) 沖山博道：危険物の安全と消火設備, p. 6, 深田工業 (1993)

6) 消防庁危険物規制課監修：危険物データ集, 危険物保安技術協会 (1991)

〔1・11〕

1) 新村 出編：広辞苑　第 4 版, 岩波 (1992)

2) 平野敏右：燃焼学, p. 199, 海文堂出版 (1985)

3) D. Drysdale："An Introduction to Fire Dynamics", p. 351, John-Wiley & Sons (1985)

4) T. Jin：J. Fire Flamm., 9, p. 135 (1973)

〔1・12〕

1) 疋田　強, 秋田一雄：燃焼概論, コロナ社（1982）

2) 秋田一雄：災害の研究, 第22巻, p. 243, 日本損害保険協会（1991）

3) M. J. Burgess, R. V. Wheeler：*J. Chem. Soc.*, p. 2013（1911）

4) 平野敏右：燃焼学―燃焼現象とその応用―, 海文堂出版（1987）

5) M. G. Zabetakis：Flammability Characteristics of Combustible Gases and Vapours, Bulletin 627, U. S. Bureau of Mines（1965）

6) H. W. Carhalt, R. S. Sheinson, P. A. Tatem and J. R. Lugar：First International Conference on Fire Suppression Research, Proceedings, p. 337, NIST（1993）

7) J. R. Mawhinny：NFPA Journal, May/June, p. 46（1994）

8) 消防研究所研究資料第59号, ウォーターミストの消火機構と有効な適用方法に関する研究報告書 分冊1（2003）

9) 消防研究所研究資料第60号, ウォーターミストの消火機構と有効な適用方法に関する研究報告書 分冊2（2003）

10) 小林清志, 荒木信幸, 牧野　敦：燃焼工学―基礎と応用―, 機械工学基礎講座, p. 76（1988）

11) 鳥飼宏之, 北島暁展, 竹内正雄：CH 4 -N 2/Air 対向流拡散火炎のレーザー消火, 日本機械学会論文集B編, **72**, 713, pp. 179 - 186（2006）

12) 鳥飼宏之, 北島暁展, 竹内正雄：レーザーアブレーションによる可燃性固体表面上に形成された拡散火炎の消火, 日本機械学会論文集B編, **73**, 731, pp. 1448 - 1455（2007）

13) 鳥飼宏之：爆風消火の基礎研究, 火災, **351**, pp. 14 - 19（2018）

14) 日本火災学会編：火災便覧新版, 共立出版（1984）

15) R. S. Magee, R. D. Reitz：Extinguishment of Radiation Augmented Plastic Fires by Water Sprays；15 th Symposium（Int.）on Combustion, p. 337（1974）

16) 中田金一：火災, 共立出版（1969）

17) D. J. Rasbash：Fire Research Abstracts and Reviews, 4, 2, p. 28（1962）

18) A. S. Kalerkar：Understanding Sprinkler Performance, Modeling of Combustion and Extinction, Fire Technology, 7, p. 293（1971）

19) S. Takahashi：Fire Safety Science；Proceedings, p. 1197（1985）

20) 高橋　哲：限界放水速度と消火必要水量に関する考察, 日本火災学会論文集, 35, 2, p. 9（1986）

21) 尾川義雄, 山内幸雄, 久保田勝明, 北後明彦：粉末消火器による液体火災の消火成功条件, 日本火災学会論文集, **67**, 3, pp. 9 - 18（2017）

22) 中村祐二ほか：粉末消火器を用いた消火実験に基づく初期消火に関する防災教育に関する検討, 環境と安全, **8**, 3, pp. 101 - 111（2017）

23) F. Tamanini：A Study of the Extinguishment of Vertical Wood Slabs in Self-sustained Burning by Water Spray Application, *Combustion Science and Technology*, 14, pp. 1 - 15（1976）

24) F. Tamanini：The application of Water Sprays on the Extinguishment of Crib Fires, *Combustion Science and Technology*, 14, pp. 17 - 23（1976）

25) 高橋　哲：木材火災の消火注水中の重量増加速度と消火時間, 日本火災学会論文集, **30**, 1, p. 31（1980）

第2章 伝熱と熱気流

2・1 伝熱の機構と計算法

　火災で扱う温度は一般的に数百℃～千数百℃ の高温であるため，例えば，構造部材がこの高温に曝され当該部材の強度が著しく低下すれば，建物が倒壊する一因となる．また，未燃焼の可燃物がこの高温に熱せられることによって着火すれば火災拡大の引き金となりうる．このように，火災時における火熱または物体間の熱の伝わりを定量的に把握することは火災に関連する様々な事象を検討する上で重要となる．本節では，基本的な伝熱形態である放射・伝導・対流の機構と計算法について概説する．　　　　　　　　（野秋　政希）

2・1・1 放射伝熱の機構と計算法

　放射による熱交換は，後述するように絶対温度の4乗の差に比例するため，火災時のような高温では他の伝熱機構より重要な役割を果たすことが多い．また，放射伝熱は，固体表面間の伝熱で問題とされることが多いが，火災・燃焼に関する現象では火災・ガス（水蒸気，CO_2 など）の放射も問題にされる．放射伝熱を扱う上で考慮すべきことは，問題とする物体の温度，波長別吸収特性などであり，固体表面間の放射を扱う場合は，表面の幾何学的位置関係と表面の状態・形状が重要である．

（1）放射に関する一般事項

　ある温度の物体から放射によって放出されるエネルギーは電磁波スペクトルの全波長に及ぶが（図2・1），その波長別分布は，温度などによって変わる．放射を単に熱として扱おうとする場合は，このような分布よりは全波長について，単位時間・単位面積当り放出される全放射エネルギー（全放射能）E を使うのが便利なことが多い．全放射エネルギーと放射の波長別放出特性を区別するために，波長 $\lambda - d\lambda / 2$ から $\lambda + d\lambda / 2$ の間のスペクトル範囲から単位時間・単位面積当り放出されるエネルギーが $E_\lambda \cdot d\lambda$ になるように E_λ を決め，これを単色放射能と定義する．E と E_λ の関係は式（2・1）で与えられる（図2・2）．

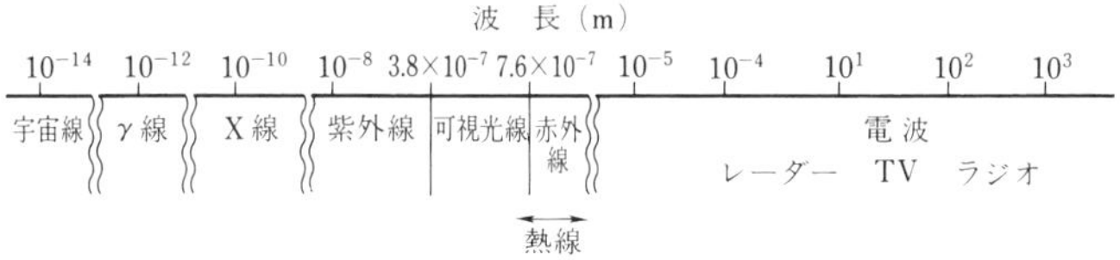

図 2・1 電磁スペクトルの構成

$$E = \int_0^\infty E_\lambda \, d\lambda \qquad (2 \cdot 1)$$

　次に，ある物体の表面に放射エネルギーが入射し，その一部が物体に吸収され，他が透過する場合を考える．この場合は入射エネルギーは外部条件で与えられるから，問題は，そのうち，物体によって吸収されるエネルギーの比率（吸収率）である．α_λ を，波長 λ の近傍の

波長帯の吸収率（単色吸収率），G_λ を同じ波長帯の入射エネルギー密度，G を全入射エネルギーとすると，全入射エネルギーに関する吸収率（単に吸収率といえば，この場合をさす）α と，α_λ の関係は式（2·2）で与えられる．

$$\alpha = \frac{1}{G} \int_0^\infty \alpha_\lambda G_\lambda d\lambda \qquad (2·2)$$

放射については種々の法則が知られているが，代表的なものを整理すると以下のようになる．

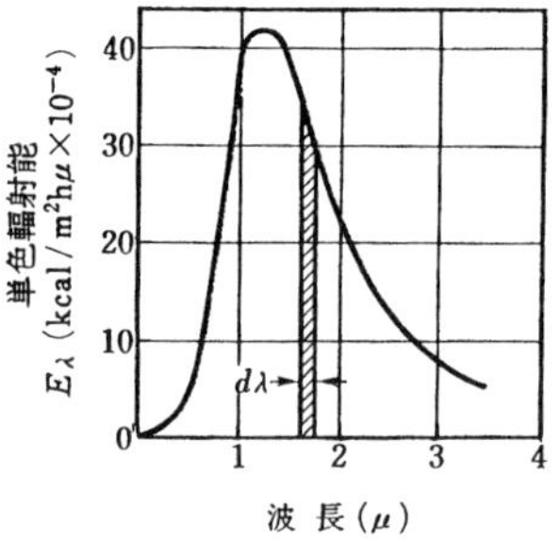

図 2·2　2200℃ のタングステン灯のエネルギースペクトル分布

A. 黒体表面の放射に関する法則

$\alpha = 1$ となる物体は光線を完全に吸収し肉眼では黒く見えるので黒体という．黒体の放射能 E_b は T を表面温度として式（2·3）で表される（ステファン-ボルツマン（Stefan-Boltzman）の法則）．

$$E_b = \sigma T^4 \qquad (2·3)$$

σ は Stefan-Boltzman 定数とよばれる定数で，$\sigma = 5.67 \times 10^{-11}\,\mathrm{kW/m^2K^4}$ である．黒体の単色放射能は $\lambda = 0.002885/T$ [m] で最大値をとり（ウィーン（Wien）の変位則），その波長分布は

$$E_{\lambda b} = \frac{C_1 \cdot \lambda^{-5}}{\exp(C_2/\lambda T) - 1} \qquad (2·4)$$

で与えられる（プランク（Planck）の公式）．ここに，$C_1 = 0.374 \times 10^{-15}\,\mathrm{kW/m^2}$，$C_2 = 0.0144$ mK，文献によっては，上式の C_1 を 2 で割ったものを C_1 と表しているものもある．Planck の公式は構成が複雑であるが，2μ 程度以下の短波長領域に対しては，より簡単な近似式

$$E_{\lambda b} \approx C_1 \cdot \lambda^{-5} \cdot \exp(-C_2/\lambda T) \qquad (2·5)$$

が使われることが多い（ウィーン（Wien）の公式）．

黒体以上に放射エネルギーを放出することのできる物体は存在しないから，黒体を放射体の基準にすると便利なことが多い．例えば，非黒体の単色放射能 E_λ と $E_{\lambda b}$ の比

$$\varepsilon_\lambda \equiv E_\lambda / E_{\lambda b} \qquad (2·6)$$

を単色放射率とよび，全放射能の比

$$\varepsilon \equiv E/E_b = E_b^{-1} \int_0^\infty \varepsilon_\lambda E_{\lambda b} d\lambda \qquad (2·7)$$

を放射率と定義する．ε_λ は一般に波長・温度によって異なるが，すべての波長・温度に対して実用的に $\varepsilon = \varepsilon_\lambda = $ 一定，となる物体を灰色体という．

B. Kirchhoff の法則

ある物体の単色放射能，単色吸収率をそれぞれ E_λ，α_λ とするとき，次の関係式が常に成り立つ．

$$E_\lambda / \alpha_\lambda = \text{一定} \qquad (2·8)$$

これをキルヒホフ（Kirchhoff）の法則というが，この関係は黒体でも成り立つから，黒体の単色放射能を $E_{\lambda b}$ とし，他のある物体の単色放射能，単色吸収率をそれぞれ $E_\lambda{}'$，$\alpha_\lambda{}'$ とする

と，$E_\lambda'/\alpha_\lambda'=E_{\lambda b}$ が成り立つ（黒体の単色吸収率 $\alpha_{\lambda b}$ は 1）．$E_\lambda'/E_{\lambda b}$ が単色放射率となることに注意すると，この関係式から

$$\alpha_\lambda'=E_\lambda'/E_{\lambda b}=\varepsilon_\lambda' \tag{2.9}$$

となって，単色吸収率と単色放射率が一致することがわかる．

C. 物体の表面の状態と Lambert の余弦法則

放射エネルギーが完全に滑らかな表面に入射して，その一部が反射される場合は，反射の方向は，物体表面の垂線に対して入射角と等しい角度となる（図2.3）．このような表面を鏡面というが，逆に入射した放射エネルギーの反射の方向があらゆる方向にわたるような粗い表面を完全拡散面という（図2.4）．すべての物体表面は鏡面と完全拡散面の中間にあるが，例えばごく滑らかな金属表面などは鏡面に近く，黒体表面は完全拡散面である．完全拡散面上の小要素 dA_1 から放射されるエネルギーのうち，dA_1 の垂線と θ の角度をなす半径 R の球面上の小要素 dA_2（図2.5）に入射するエネルギー q は

$$q=idA_1\cos\theta\cdot dA_2/R^2 \tag{2.10}$$

で与えられる．dA_2/R^2 は dA_2 の立体角 $d\omega$ だから，i は立体角当りに放射するエネルギー強度を表す．また式（2.10）はランベルト（Lambert）の余弦法則を表すので，式（2.10）を満たす表面は，Lambert の余弦法則に従うという．dA_1 からの全放射エネルギーは式（2.10）を球面上で積分して

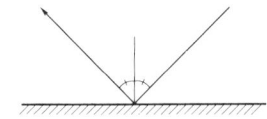
図2.3 鏡面上の放射エネルギーの反射

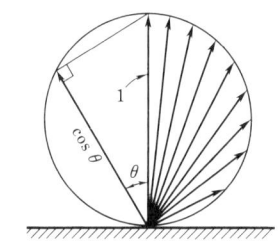
図2.4 完全拡散面における放射の指向性

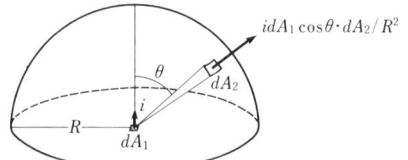
図2.5 微小面から半球面上の微小面への放射

$$EdA_1=\int_0^{\pi/2}2\pi R^2\sin\theta\cdot i\cdot dA_1\cos\theta\, d\theta/R^2=\pi idA_1 \tag{2.11}$$

となるから，次の関係が得られる．

$$E=\pi i \quad または \quad i=E/\pi \tag{2.12}$$

（長谷見　雄二）

（2）固体表面間の放射伝熱

A. 一般公式

2つの黒体面が非吸収性の媒体で隔てられているとする．この場合の2面間の放射伝熱は面の位置関係と各面の放射能に支配される．面1，2の放射能，面積，温度をそれぞれ E_1，E_2，A_1，A_2，T_1，T_2 とすると，面1から面2への放射伝熱量 Q_{12} は

$$Q_{12}=A_1F_{12}(E_1-E_2)=A_1F_{12}\sigma(T_1^4-T_2^4) \tag{2.13}$$

で与えられる．F_{12} は「面1から面2を見る形態係数」とよばれ，面の位置関係で定まる（B.

項参照).両面が黒体でない場合の一般論は繁雑であるが,いくつかの代表的条件に対する伝熱公式は次のようになる.

○面1,2の放射率が1に近い場合

$$Q_{12} \fallingdotseq \varepsilon_1 \varepsilon_2 A_1 F_{12}(T_1^4 - T_2^4) \tag{2·14}$$

○平行な2面間の放射伝熱

$$Q_{12} = \frac{A_1 \sigma(T_1^4 - T_2^4)}{(1/\varepsilon_1) + (1/\varepsilon_2) - 1} \tag{2·15}$$

○面1が面2に囲まれている場合

$$Q_{12} = \frac{A_1 \sigma(T_1^4 - T_2^4)}{1/\varepsilon_1 + A_1(1-\varepsilon_2)/A_2\varepsilon_2} \tag{2·16}$$

B. 形態係数

黒体表面1,2の位置関係が図2·6のようになっているとき,面1から放出されて面2に入射する放射エネルギーは,Lambert の法則から

$$Q_{12} = \frac{E_1}{\pi} \int_{A_1}\int_{A_2} \frac{\cos\phi_1 \cos\phi_2 \, dA_1 dA_2}{r^2} \tag{2·17}$$

となる.ここで次のように定義したものが,「面1から面2を見る形態係数」である.

$$F_{12} \equiv \frac{1}{\pi A_1} \int_{A_1}\int_{A_2} \frac{\cos\phi_1 \cos\phi_2}{r^2} \, dA_1 dA_2 \tag{2·18}$$

基本的な図形について形態係数を求める公式を整理すると表2·1のようになる(より詳しくは文献[1]を参照).これらの公式と,形態係数について成り立ついくつかの定理などを用いると,実用的に放射伝熱の計算ができる.例えば

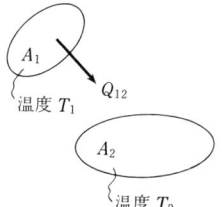

図 2·6　面 A_1, A_2 間の放射熱交換

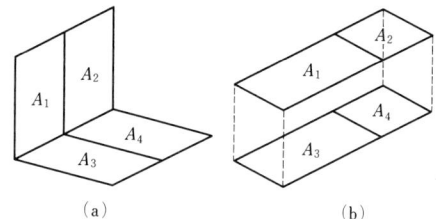

図 2·7　相反定理の適用できる場合の例
（ともに $A_1 F_{14} = A_1 F_{32}$, $A_2 F_{23} = A_4 F_{41}$ が成り立つ）

面1から面2への放射伝熱量は,F_{21} を,「面2から面1を見る形態係数」として

$$Q_{12} = A_1 F_{12}\sigma T_1^4 - A_2 F_{21}\sigma T_2^4 \tag{2·19}$$

とも書けるが,$T_1 = T_2$ なら $Q_{12} = 0$ とならなければならないから,常に

$$A_1 F_{12} = A_2 F_{21} \tag{2·20}$$

が成り立つ(相反定理).また,面が図2·7のような関係になっている場合は

$$A_1 F_{14} = A_3 F_{32} \tag{2·21}$$

となることも明らかである.さらに,図2·7で F_{14}, F_{32} を求めるには,F_{12}, F_{34}, $F_{(1+3)(2+4)}$(これらは公式から直接得られる)を使って

表 2·1　代表的な幾何学的条件に関する形態係数の計算式[1]

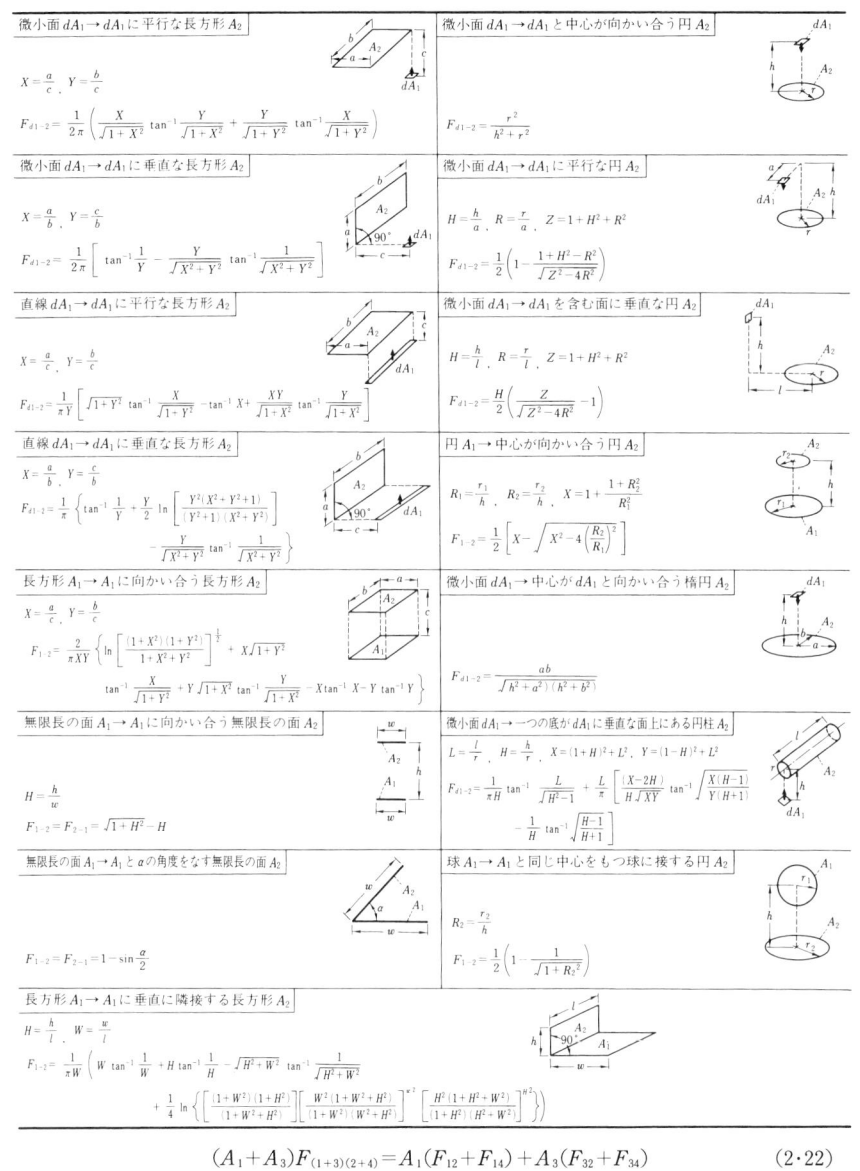

微小面 $dA_1 \rightarrow dA_1$ に平行な長方形 A_2	微小面 $dA_1 \rightarrow dA_1$ と中心が向かい合う円 A_2
$X = \dfrac{a}{c},\ Y = \dfrac{b}{c}$	
$F_{d1\text{-}2} = \dfrac{1}{2\pi}\left(\dfrac{X}{\sqrt{1+X^2}}\tan^{-1}\dfrac{Y}{\sqrt{1+X^2}} + \dfrac{Y}{\sqrt{1+Y^2}}\tan^{-1}\dfrac{X}{\sqrt{1+Y^2}}\right)$	$F_{d1\text{-}2} = \dfrac{r^2}{h^2+r^2}$
微小面 $dA_1 \rightarrow dA_1$ に垂直な長方形 A_2	微小面 $dA_1 \rightarrow dA_1$ に平行な円 A_2
$X = \dfrac{a}{b},\ Y = \dfrac{c}{b}$	$H = \dfrac{h}{a},\ R = \dfrac{r}{a},\ Z = 1 + H^2 + R^2$
$F_{d1\text{-}2} = \dfrac{1}{2\pi}\left[\tan^{-1}\dfrac{1}{Y} - \dfrac{Y}{\sqrt{X^2+Y^2}}\tan^{-1}\dfrac{1}{\sqrt{X^2+Y^2}}\right]$	$F_{d1\text{-}2} = \dfrac{1}{2}\left(1 - \dfrac{1+H^2-R^2}{\sqrt{Z^2-4R^2}}\right)$
直線 $dA_1 \rightarrow dA_1$ に平行な長方形 A_2	微小面 $dA_1 \rightarrow dA_1$ を含む面に垂直な円 A_2
$X = \dfrac{a}{c},\ Y = \dfrac{b}{c}$	$H = \dfrac{h}{r},\ R = \dfrac{r}{l},\ Z = 1 + H^2 + R^2$
$F_{d1\text{-}2} = \dfrac{1}{\pi Y}\left[\sqrt{1+Y^2}\tan^{-1}\dfrac{X}{\sqrt{1+Y^2}} - \tan^{-1}X + \dfrac{XY}{\sqrt{1+X^2}}\tan^{-1}\dfrac{Y}{\sqrt{1+X^2}}\right]$	$F_{d1\text{-}2} = \dfrac{H}{2}\left(\dfrac{Z}{\sqrt{Z^2-4R^2}} - 1\right)$
直線 $dA_1 \rightarrow dA_1$ に垂直な長方形 A_2	円 $A_1 \rightarrow$ 中心が向かい合う円 A_2
$X = \dfrac{a}{b},\ Y = \dfrac{c}{b}$	$R_1 = \dfrac{r_1}{h},\ R_2 = \dfrac{r_2}{h},\ X = 1 + \dfrac{1+R_2^2}{R_1^2}$
$F_{d1\text{-}2} = \dfrac{1}{\pi}\left\{\tan^{-1}\dfrac{1}{Y} + \dfrac{Y}{2}\ln\left[\dfrac{Y^2(X^2+Y^2+1)}{(Y^2+1)(X^2+Y^2)}\right] - \dfrac{Y}{\sqrt{X^2+Y^2}}\tan^{-1}\dfrac{1}{\sqrt{X^2+Y^2}}\right\}$	$F_{1\text{-}2} = \dfrac{1}{2}\left[X - \sqrt{X^2 - 4\left(\dfrac{R_2}{R_1}\right)^2}\right]$
長方形 $A_1 \rightarrow A_1$ に向かい合う長方形 A_2	微小面 $dA_1 \rightarrow$ 中心が dA_1 と向かい合う楕円 A_2
$X = \dfrac{a}{c},\ Y = \dfrac{b}{c}$	
$F_{1\text{-}2} = \dfrac{2}{\pi XY}\left\{\ln\left[\dfrac{(1+X^2)(1+Y^2)}{1+X^2+Y^2}\right]^{\frac{1}{2}} + X\sqrt{1+Y^2}\tan^{-1}\dfrac{X}{\sqrt{1+Y^2}} + Y\sqrt{1+X^2}\tan^{-1}\dfrac{Y}{\sqrt{1+X^2}} - X\tan^{-1}X - Y\tan^{-1}Y\right\}$	$F_{d1\text{-}2} = \dfrac{ab}{\sqrt{h^2+a^2}\sqrt{h^2+b^2}}$
無限長の面 $A_1 \rightarrow A_1$ に向かい合う無限長の面 A_2	微小面 $dA_1 \rightarrow$ 一つの底が dA_1 に垂直な面上にある円柱 A_2
$H = \dfrac{h}{w}$	$L = \dfrac{l}{r},\ H = \dfrac{h}{r},\ X = (1+H)^2+L^2,\ Y = (1-H)^2+L^2$
$F_{1\text{-}2} = F_{2\text{-}1} = \sqrt{1+H^2} - H$	$F_{d1\text{-}2} = \dfrac{1}{\pi H}\tan^{-1}\dfrac{L}{\sqrt{H^2-1}} + \dfrac{L}{\pi}\left[\dfrac{(X-2H)}{H\sqrt{XY}}\tan^{-1}\sqrt{\dfrac{X(H-1)}{Y(H+1)}} - \dfrac{1}{H}\tan^{-1}\sqrt{\dfrac{H-1}{H+1}}\right]$
無限長の面 $A_1 \rightarrow A_1$ と a の角度をなす無限長の面 A_2	球 $A_1 \rightarrow A_1$ と同じ中心をもつ球に接する円 A_2
	$R_2 = \dfrac{r_2}{h}$
$F_{1\text{-}2} = F_{2\text{-}1} = 1 - \sin\dfrac{\alpha}{2}$	$F_{1\text{-}2} = \dfrac{1}{2}\left(1 - \dfrac{1}{\sqrt{1+R_2^2}}\right)$
長方形 $A_1 \rightarrow A_1$ に垂直に隣接する長方形 A_2	

$H = \dfrac{h}{l},\ W = \dfrac{w}{l}$

$F_{1\text{-}2} = \dfrac{1}{\pi W}\left(W\tan^{-1}\dfrac{1}{W} + H\tan^{-1}\dfrac{1}{H} - \sqrt{H^2+W^2}\tan^{-1}\dfrac{1}{\sqrt{H^2+W^2}} + \dfrac{1}{4}\ln\left\{\left[\dfrac{(1+W^2)(1+H^2)}{1+W^2+H^2}\right]\left[\dfrac{W^2(1+W^2+H^2)}{(1+W^2)(W^2+H^2)}\right]^{W^2}\left[\dfrac{H^2(1+H^2+W^2)}{(1+H^2)(H^2+W^2)}\right]^{H^2}\right\}\right)$

$$(A_1 + A_3)F_{(1+3)(2+4)} = A_1(F_{12} + F_{14}) + A_3(F_{32} + F_{34}) \tag{2·22}$$

から，次式によればよい．

$$A_1 F_{14} = A_3 F_{32} = \{(A_1+A_3)F_{(1+3)(2+4)} - A_1 F_{12} - A_3 F_{34}\}/2 \tag{2·23}$$

（長谷見　雄二）

（3）火炎からの放射

炭化水素を主たる燃料とする火炎では炭素粒子が多量に発生する．炭素粒子は放射伝熱的には黒体に近いので，高温では明るく輝く．このような場合の明るい，視覚的に不透明な火炎を輝炎といい，輝炎からの放射は主として炭素粒子の放射によるものである．

多数の粒子からなる媒質における放射伝熱過程では，粒子の吸収と散乱の2つの過程が重要である．粒子径を d，粒子への入射波長を λ とするとき，$\pi d/\lambda \ll 1$ ならば吸収が散乱に卓越して，媒質全体の単色放射率 ε_λ はランベルト－ビーア（Lambert-Beer）の吸収法則

$$\varepsilon_\lambda = 1 - \exp(-C_\lambda \cdot l) \tag{2・24}$$

で定式化される．ここに，l は平均光路長，C_λ は単色吸収係数である．ここで，C_λ がそれほど大きくなければ，式（2・24）は次式で近似される．

$$\varepsilon_\lambda \fallingdotseq C_\lambda \cdot l \tag{2・25}$$

l は媒質の幾何学的形状で定まり，形態が相似な媒質では，l はその寸法 D に比例するが，前項によれば，こうした媒質からの放射はその表面積 A にも比例するから，C_λ が十分小さく，しかも散乱が無視できる媒質からの放射は，$D \cdot A \propto D^3$，すなわち媒質の体積に比例することがわかる．一方，火炎の中に炭素粒子の凝集物や灰など，寸法の大きな粒子が存在すると，散乱が無視できなくなり，放射熱源としての火炎の性質は，不透明な灰色体に近づく．散乱が重要な役割を果たす媒質では，その寸法・形状などの幾何学的条件と放射率の関係は，吸収だけが問題となる上記の場合ほど鮮明でなく，一般に放射量はその表面積，すなわち，媒質の寸法の2乗 D^2 に依存することになる．

一般の乱流拡散火炎では一般に，炭素の組成比率の大きい燃料の場合ほど，炭素粒子を多く発生して，散乱を無視できない傾向を示す．例えば，一定の寸法の燃料上に形成される乱流拡散火炎の寸法 D は発熱量 Q の2/5乗に依存するから[2,3]，散乱が無視できれば，火炎からの放射エネルギーは $D^3 = Q^{6/5}$ に比例し，散乱が無視できず，実用的に灰色体で近似できるような火炎からの放射エネルギーは $D^2 = Q^{4/5}$ に比例すると考えられる[4]．図2・8は種々の炭

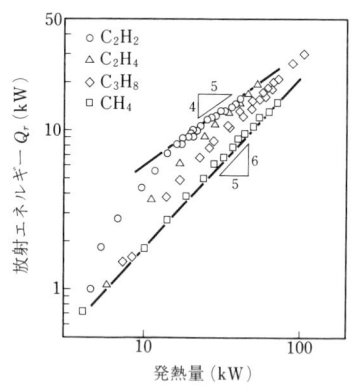

図 2・8　各種の炭化水素を燃料とする乱流拡散火炎の放射性状[5]

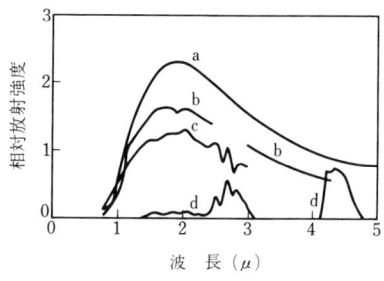

a：黒体，b：微粉炭火炎，c：液体燃料火炎，d：ジェットエンジンの排気

図 2・9　火炎放射の波長特性の測定例（1500 K）[6]

化水素を燃料とする乱流拡散火炎からの放射エネルギー Q_r と発熱量の関係[5]を整理したもので

$$Q_r \propto Q^n, \quad n = 4/5 \sim 6/5 \qquad (2 \cdot 26)$$

が成り立ち，炭素組成比率の大きい燃料ほど n が $4/5$ に近いことを示す[4].

　乱流拡散火炎では，発熱量の約 $20 \sim 40\%$ が放射により放出され，他の大部分が対流で失われるが，発熱量に対する放射量の割合は，図 $2 \cdot 8$ にみられるように炭素組成の大きい燃料ほど大きく，また，固体燃料からの火炎のほうが液体，気体燃料からの火炎より，この値が大きく波長特性も灰色体に近くなる傾向がある（図 $2 \cdot 9$）[6]. 乱流拡散火炎からの放射は図 $2 \cdot 10$ のような指向性を持ち，火炎の中心からの距離が同じなら，上方ほど放射受熱強度が大きくなる.

（長谷見　雄二・徳永　太造）

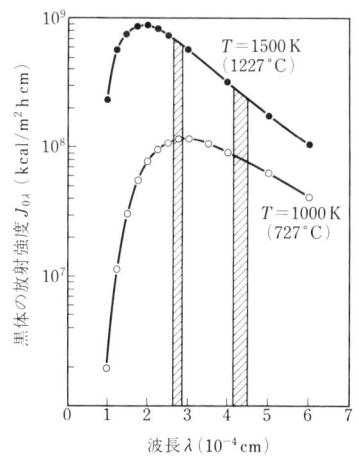

図 $2 \cdot 10$　乱流拡散火炎からの放射の指向性[7]（燃料プロパン，R は火炎中心からの距離）

（4）ガス・煙の放射・吸収特性の計算法

A. 炭酸ガスおよび水蒸気の吸収特性

　物体からの放射は，途中の空気中の炭酸ガスや水蒸気により弱められる. 図 $2 \cdot 11$ は，完全黒体の放射強度のスペクトルをプランクの式により示したものである. しかし，実際に受熱面に達する放射強度のスペクトルは図 $2 \cdot 11$ の斜線で示された部分が空気中の炭酸ガスや水蒸気に吸収され欠けている.

　炭酸ガスおよび水蒸気による吸収スペクトル帯の主なものを表 $2 \cdot 2$ に示す. 各波長帯での吸収の強さは，炭酸ガスまたは水蒸気の濃度と放射の通過するガス層の厚さにより異なる. すなわち，ガス層を通過した各波長帯の放射強度 J_λ は次式で表される.

　不輝ガスまたは不輝炎中の炭酸ガスや水蒸気の吸収特性については，H. C. Hottel と H. G. Magelsdorf の実験[8]などにより詳細に調べられている.

図 $2 \cdot 11$　黒体の放射強度と波長との関係，および炭酸ガスの吸収帯

縦軸：黒体の放射強度 $J_{0\lambda}$（kcal/m^2 h cm）
横軸：波長 λ（10^{-4} cm）
$T = 1500$ K（1227℃）
$T = 1000$ K（727℃）

表 $2 \cdot 2$　炭酸ガスおよび水蒸気の吸収帯[8]

物　質	波長域（μm）	幅（μm）
CO_2	$2.64 \sim 2.83$	0.19
	$4.15 \sim 4.50$	0.35
	$12.8 \sim 17.0$	4.2
H_2O	$2.3 \sim 3.48$	1.18
	$4.4 \sim 8.5$	4.1
	$12 \sim 25$	—

$$J_\lambda = J_{0\lambda}e^{-k\lambda l} \tag{2・27}$$

ここで，$J_{0\lambda}$：物体の各波長別の放射強度［kcal/m²h］　k_λ：減衰係数［1/m］で，通過ガス体の種類お
よびそれらの温度，濃度により定まる定数，
l：通過したガス層の厚さ［m］

B．火炎煙の吸収特性

火災等の燃焼時には，炭酸ガスや水蒸気のほかに多量の煙が発生する．この煙も物体から
の放射を吸収し，その吸収の強さは煙の種類および濃度，煙層の厚さにより異なる．煙の種
類は，燃焼物の種類のほかに，燃焼時の条件，例えば加熱温度や供給空気量等により定まる．
煙による放射の吸収は，ガスのように特定の波長帯での選択吸収ではなく，すべての波長域
で吸収が起こる．したがって，放射の吸収量も一般にガス体による吸収量よりも大きい．

図2・12（a）は，木材をくん焼させたときの煙（白煙）および着炎燃焼させたときの煙（黒
煙）の赤外域における波長別の相対減衰係数 σ_λ を示したものである[9]．相対減衰係数 σ_λ は，
可視光（0.4〜0.8μm）に対する煙の減衰係数 C_s［1/m］を 1.0 としたときの赤外域での減衰
係数を相対値で示したものである．したがって，赤外域での相対減衰特性があらかじめわ
かっていると可視光域での煙濃度を測定することにより，赤外域での減衰係数を求めること
ができる．すなわち，赤外域での各波長ごとの減衰係数 k_λ は

$$k_\lambda = C_s \cdot \sigma_\lambda \quad [1/m] \tag{2・28}$$

で示される．

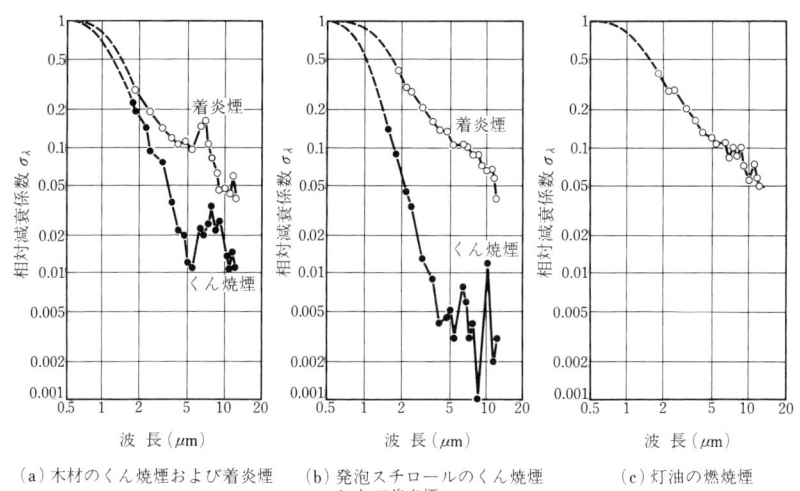

（a）木材のくん焼煙および着炎煙　　（b）発泡スチロールのくん焼煙　　（c）灯油の燃焼煙
および着炎煙

図 2・12　赤外領域での相対減衰係数

木材のくん焼煙の赤外域での減衰係数 k_λ は，波長 2〜5μm の領域では波長の約3乗に逆
比例して小さくなる．これに対して着炎煙の場合の減衰係数は波長にほぼ逆比例して小さく
なる．すなわち，赤外域では着炎煙（黒煙）のほうが，くん焼煙（白煙）よりも放射を減衰

させる効果が大きい．なお，2.6〜2.8 μm および 4.2〜4.3 μm の狭い波長域で，それぞれ水蒸気，炭酸ガスの吸収による減衰係数の鋭いピークがみられるが，図 2·12 (a) の曲線は，これを無視して描いている．

一方，波長 5 〜 12 μm の領域では，くん焼煙，着炎煙とも 7 〜 8 μm 付近に減衰係数に大きなピークがみられるが，おおむね波長の増加に従い減衰係数が小さくなる．

図 2·12 (b) は発泡スチロールのくん焼煙および着炎煙の赤外域での相対減衰係数を示したものである[9]．くん焼煙で波長 2 〜 5 μm の領域では，減衰係数は波長の 4 乗に逆比例して小さくなる．また，波長 5〜12 μm の領域では減衰係数にいくつかのピークがみられるが，おおむね波長の増加に従い小さくなっている．また，着炎煙の減衰係数は波長 2 〜 12 μm の領域で，ほぼ波長に逆比例して小さくなる．他のプラスチック材を燃焼させたときの煙の赤外域での減衰係数は，木材と発泡スチロールの煙の減衰係数のほぼ中間値を示す．

図 2·12 (c) は灯油の燃焼煙の赤外域での減衰係数を示したものである[9]．減衰係数は，プラスチック材の着炎煙と同様，波長 2〜12 μm 間でほぼ波長に逆比例し，小さくなる．

低温度の煙層を通過した放射強度 J_λ [kW/m^2] は

$$J_\lambda = J_{0\lambda} e^{-C_3 \sigma_\lambda l} \tag{2·29}$$

で表される．したがって，煙層を透過する放射エネルギーの強度 E [kW/m^2] は次式により求められる．すなわち

$$E = \int_\lambda J_\lambda d\lambda = e^{-Csl} \int_\lambda J_{0\lambda} e^{-\sigma_\lambda} d\lambda \tag{2·30}$$

C. 炭酸ガス・水蒸気からの放射

前述のように放射が炭酸ガスや水蒸気のようなガス体を通過すると，放射強度スペクトルのある部分が吸収され，逆に，このようなガスが熱せられると同じ波長帯から放射が行われる．したがって，炭酸ガスや水蒸気からの全放射エネルギーの強度 E は，表 2·2 の各吸収帯からの放射エネルギーの強度 ΔE_i を加算すればよい．すなわち，$E = \sum_i \Delta E_i$ で示される．

ガス体からの放射は，途中のガスにより吸収されるので，ガス層の放出する各波長における放射強度 $J_{\lambda i}$ [kW/m^2] は，ガスの減衰係数 k_λ およびガス層の厚さ l により定まり

$$J_{\lambda i} = J_{0\lambda i}(1 - e^{-k_\lambda l}) \tag{2·31}$$

により表される．$J_{0\lambda i}$ は，各波長帯の放射強度をプランクの式より求めた値である．ガス層の厚さ l が十分厚い場合，あるいはガス濃度の濃い場合には，$J_{\lambda i}$ はプランクの式より求めた値 $J_{0\lambda i}$ に近づく．また，ガス層から放出される放射エネルギーの強度 E [kW/m^2] は

$$E = \int_\lambda J_\lambda d\lambda = \int_\lambda J_{0\lambda}(1 - e^{-k_\lambda l}) d\lambda \tag{2·32}$$

により計算できる．また，全放射エネルギー E_T は，次のような方法によっても求めることができる．いま，温度 T_G [K]，分圧 P_c [atm] の炭酸ガスが半径 l [m] の半球内に充満している場合，半球の底面の中心での放射エネルギー E_T [kW/m^2] は次式で示される．

$$E_T = \gamma T_G^4 \varepsilon_G \tag{2·33}$$

ここで，σ：ステファン-ボルツマン定数（$=5.67 \times 10^{-11}$ kW/m^2·K^4），ε_G：炭酸ガスの放射率

ε_G は炭酸ガスの温度 T_G，$P_c \cdot l$ および全圧 P_T に関係する．$P_T = 1$ atm のときの ε_G を図 2·

13（a）に示す[10]. また，水蒸気についても，水蒸気の放射率がわかれば式（2・33）より放射エネルギーが求められる. 水蒸気の放射率 ε_G は図 2・13（b）に示す[10]ように水蒸気の温度 T_G，および水蒸気の分圧（P_w）と水蒸気層の厚さ l との積により定まる. ただし，図 2・13（b）

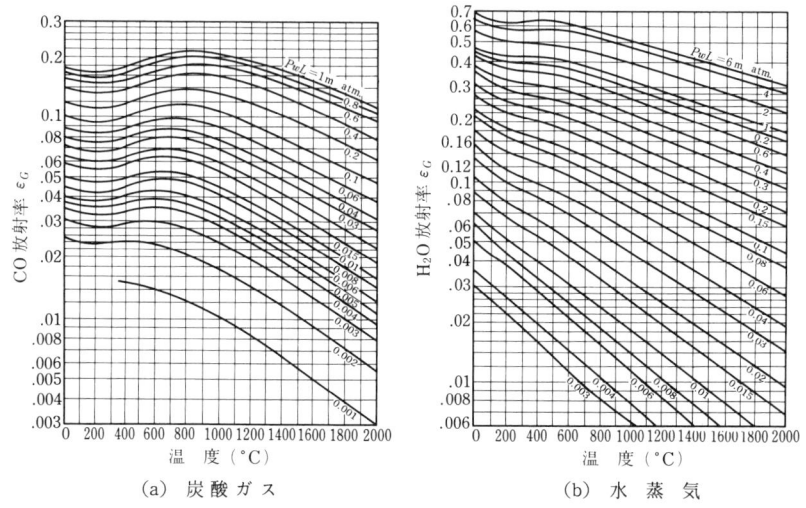

図 2・13 放射率と温度[10]

の値は水蒸気の全圧が 1 気圧の場合である.

炭酸ガスと水蒸気が共存しているときの放射エネルギーは両者を別々に計算した後，加算すればよい.

D. 火災煙からの放射

高温の火災煙からは，すべての波長で放射が行われる. その放射の強さは，煙の種類，煙濃度，煙層の厚さのほかに波長によっても異なる. 煙の種類については，着炎煙（黒煙）のほうがくん焼煙（白煙）よりも放射が強い. また，波長については，長波長領域ほど放射が弱くなる. 煙の放射強度は途中の煙により減衰するので，煙層からの放射強度 J_λ は次式で表される.

$$J_\lambda = J_{0\lambda}(1 - e^{-C_s \sigma_\lambda l}) \tag{2・34}$$

ここで，$J_{0\lambda}$：プランクの式より得られる放射強度 [kW/m²]，C_s：可視光域での減衰係数 [1/m]，σ_λ：赤外域での相対減衰係数，l：煙層の厚さ [m] である.

煙濃度の濃いとき，または煙層の十分厚いときには，放射強度 J_λ はプランクの式より求めた値 $J_{0\lambda}$ に近づく.

この煙層から放出される放射エネルギーの強度 E [kW/m²] は

$$E = \int_\lambda J_\lambda d\lambda = \int_\lambda J_{0\lambda}(1 - e^{-C_s \sigma_\lambda l}) d\lambda \tag{2・35}$$

により計算できる. すなわち，式（2・35）中で，煙の温度より $J_{0\lambda}$ が与えられ，煙の種類およ

び可視域での煙濃度より $C_s\sigma_\lambda$ が与えられる．しかし，相対減衰係数 σ_λ が波長により複雑に変化し，波長の関数で表せない場合には，放射エネルギーの強度は数値計算により求めなければならない．　　　　　　　　　　　　　　　　　　　　　　　　　　　　（神　忠久）

2・1・2　熱伝導の機構と計算法
（1）熱伝導の機構と基礎方程式

　温度は分子運動の大小の程度を表す指標と考えられるから，温度の異なる2つの領域が接していると，高速の分子と低速の分子が衝突して（格子振動）エネルギーが伝達される．金属の固体では分子の振動よりも自由電子が主要なエネルギー伝達媒体となるが，物質そのものの移動を伴わずに分子レベルの運動により熱が高温の領域から，それに接する低温の領域に伝達される現象を熱伝導という．

　熱伝導による伝熱量は，問題とする2つの領域の温度差・接する面積に比例し，距離に反比例する．これを式で表すと

$$Q = kA(T_1 - T_2)t/x \tag{2.36}$$

となる．k は熱伝導率で，物質によって定まる定数であるが，厳密には温度によっても変化することがわかっている．ここで $x,\ t \to 0$ としたときの極限，すなわち式（2・36）の微分をとると

$$\frac{1}{A} \cdot \frac{\partial Q}{\partial t} = q = -\frac{k\partial T}{\partial x} \tag{2.37}$$

となる．q は x に垂直で，単位面積の面に単位時間に伝導する熱量で，一般に熱流または熱流束という．k が一様な物質では，温度勾配が一定ならば q も一定となる．

　いま，物体内の温度分布を予測することを目的として，熱伝導によって伝導された熱量と発熱 g によって，物体内温度分布が時間的に変化する場合を考える．物体内で微小な厚み δx を持つ部分 V に微小時間 δt 内に貯えられる熱量は

$$\delta q = \left[-k\frac{\partial T}{\partial x} + \left\{ k\frac{\partial T}{\partial x} + \frac{\partial}{\partial x}\left(k\frac{\partial T}{\partial x} \right) \right\} + g \right] \delta x \delta t$$

$$= \left\{ \frac{\partial}{\partial x}\left(k\frac{\partial T}{\partial x} \right) + g \right\} \delta x \partial t \tag{2.38}$$

となる．∂q による V の温度上昇 ∂T は，c を比熱，ρ を密度として

$$\delta q = c\rho \cdot \delta x \cdot \delta T = c\rho \cdot \delta x \cdot \frac{\partial T}{\partial t} \cdot \delta t \tag{2.39}$$

となるから式（2・38），（2・39）を組み合せて

$$\frac{\partial T}{\partial t} = \frac{1}{c\rho}\left\{ \frac{\partial}{\partial x}\left(k\frac{\partial T}{\partial x} \right) + g \right\} \tag{2.40}$$

を得る．k が一様なら，$\alpha = k/c\rho$ として

$$\frac{\partial T}{\partial t} = \alpha\frac{\partial^2 T}{\partial x^2} + \frac{g}{c\rho} \tag{2.41}$$

となる．α は温度伝導率（熱拡散率）とよばれるもので，式（2・40），（2・41）が普通熱伝導の基礎方程式として用いられる．壁体の熱伝導計算などを行うときには，十分時間が経過すれば $\partial T/\partial t \approx 0$ となる．もし，さらに $g = 0$ であれば，$\partial^2 T/\partial x^2 \approx 0$ となる．これが定常熱伝導

であり，$\partial T/\partial t=0$ を仮定しない場合を非定常熱伝導という.

　熱伝導現象は種々の分野では研究されているが，火災に係る問題では温度差が大きいために，壁体の熱伝導などでは熱伝導率の温度依存性を考慮しなければならない場合がある.また，火災は一般に短時間内に終始する現象であるため，非定常熱伝導計算を必要とする場合が多い.ここでは，熱伝導率の性質，熱伝導現象の評価指標および熱伝導計算法を解説するが，手計算・作図による古典的解法はすでに完成され，多くの教科書に取り上げられている[11),12)].

（2）熱伝導率と熱定数

　固体の熱伝導現象は，金属では分子の格子振動と自由電子に由来し，非金属では格子振動のみに由来するが，これらの分子レベルの挙動には温度依存性があるので，熱伝導率も温度によって変化する.図2·14に示すように金属では，熱伝導率が高温になるに従って減少するものがあるが，一般に非金属の建築材料の熱伝導率は高温になるに従って増大する.熱伝導率は実用的には温度に対して直線的に変化するとみなしてよいので，0℃での熱伝導率を k_0 として，温度 T℃ の熱伝導率 $k(T)$ を

$$k(T)=k_0(1+aT) \tag{2·42}$$

と表すと，図2·14のような場合の定常熱伝導は，式（2·42）を積分して

$$\int_{x_1}^{x_2}qdx=q(x_2-x_1)=-\int_{t_1}^{t_2}k(T)dT=-k_0\int_{t_1}^{t_2}(1+aT)dT$$

$$=k_0\Big(1+a\frac{T_1+T_2}{2}\Big)(T_1-T_2)=k_m(T_1-T_2) \tag{2·43}$$

となる.$k_m\equiv k_0(1+a(T_1+T_2)/2)$ は $k(T_1)$ と $k(T_2)$ の算術平均だから，実用的な計算では熱伝導率の代表値としては壁体の表裏面温度の平均値に対する値を用いればよい.

　熱伝導計算では熱伝導率のほかに比熱・密度のデータが必要となる場合が多いので，いくつかの主要な材料について，これらの値をまとめておく（表2·3)[13)].

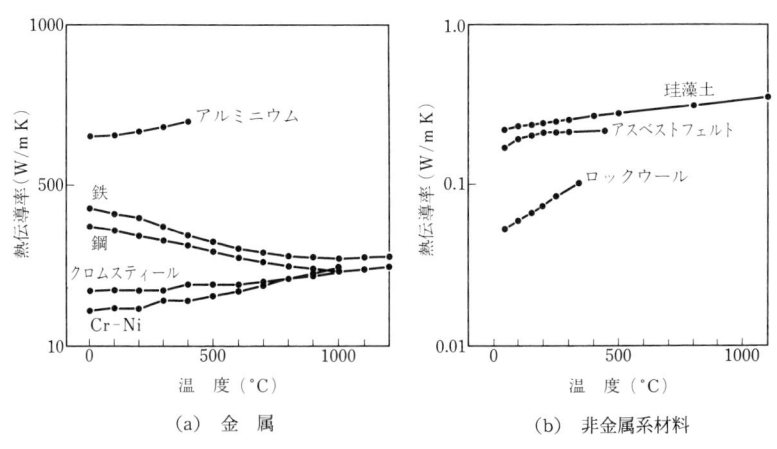

(a)　金　属　　　　　　　　(b)　非金属系材料

図 2·14　熱伝導率の温度による変化

表 2·3　各種材料の熱定数

物　質　名	密　　度 [kg/m³]	比　　熱 [J/gK]	熱伝導率 [W/m・K]	熱拡散率 [m²/h]	備　　考 温度 [℃]
亜　鉛	7130	0.381	113	0.149	20
アルミニウム	2700	0.899	203	0.301	20
炭素鋼	7830	0.460	57	0.053	20
黄　銅	8710	0.385	60	0.065	20
七三黄銅	8560	0.385	99	0.108	20
アスファルト	2120	0.92	0.74	0.0014	20
アスベスト紙	256		0.053		40
アスベストフェルト			0.058		40
セメントモルタル	2000		0.55		30
ス　ギ	341	2.1 ～ 2.9	0.105		30
マ　ツ	377	2.1 ～ 2.9	0.105		30
ヒノキ	527	2.1 ～ 2.9	0.135		30
れんが		0.988	0.56 ～ 1.08		200
シャモットれんが	1700 ～ 2000	0.83 ～ 0.96	0.39 ～ 0.58		200
〃		1.09 ～ 1.25	1.04 ～ 1.63		1000
ケイ石れんが	1500 ～ 1900	0.92 ～ 1.0	0.54 ～ 1.09		200
キャスタブル耐火材	1600 ～ 2000		1.01 ～ 1.04		1000
〃　　保温材	700 ～ 1000		0.27 ～ 0.36		400
プラスチック耐火材	2200 ～ 2300		1.07		1000
普通コンクリート*¹	2300		1.3	0.026	10 ～ 30
軽量コンクリート*²	900 ～ 1600		0.43	0.0013	
気泡コンクリート	500 ～ 800		0.19 ～ 0.21	0.0009	

*¹ 川砂・川砂利を骨材とする場合
*² 軽砂・軽石を骨材とする場合

（3）熱伝導の計算法

　熱伝導計算は，実用的な立場からは定常熱伝導と非定常熱伝導に区別される．定常熱伝導問題では，壁などの表裏面温度がわかっていれば $q = \Delta T/R$ から熱流が計算され，q が既知であれば $\Delta T = R \cdot q$ として，温度差が得られる．なお，R は壁などの熱伝導抵抗である．積層材などでは $q = \Delta T/\Sigma R$ から q が得られ，各層の表裏面温度差は $\Delta T_i = q \cdot R_i$ で計算できる．

　一方，非定常熱伝導問題では様々な解法が存在する．以下，代表的な解法を概説するが，これらの方法の特徴は相互に異なっており問題の性質・目的に応じて使い分ける必要がある．なお，ここでは，計算法の概要の説明のしやすさに配慮し，一次元の熱伝導を対象とする．

A. 解析解法

　一次元熱伝導方程式は2変数の2階偏微分方程式であり，境界条件・初期条件がともに理想化されたものであれば解析的に解くことができる．この方程式の解法はいくつか存在するが，ここではラプラス変換を用いた方法を紹介する．内部発熱の無い熱伝導方程式を再掲すると，

$$\frac{\partial T}{\partial t} = \alpha \cdot \frac{\partial^2 T}{\partial x^2} \tag{2·44}$$

ここで, α は固体の熱拡散率 $[\mathrm{m^2/s}]$ である.

　まず, 式 (2·44) の両辺を時刻 t に対してラプラス変換を施す. なお, 関数 $f(t)$ に対するラプラス変換は,

$$L(f(t)) = \int_0^\infty f(t) \cdot \exp(-s \cdot t) dt = F(s) \tag{2·45}$$

と表され, 関数 $T(x,t)$ の時刻 t に関するラプラス変換を $F(x,s)$ と記述する. 式 (2·44) の左辺および右辺をそれぞれ求めると

・式 (2·44) 左辺：$L\left(\dfrac{\partial T}{\partial t}\right) = \int_0^\infty \dfrac{\partial T}{\partial t} \cdot \exp(-s \cdot t) dt = -T_0 + s \cdot F(x,s)$

・式 (2·44) 右辺：$L\left(\alpha \cdot \dfrac{\partial^2 T}{\partial x^2}\right) = \alpha \cdot \dfrac{\partial^2}{\partial x^2} L(T(x,t)) = \alpha \cdot \dfrac{\partial^2}{\partial x^2}(F(x,s))$

$$\tag{2·46}$$

式 (2·46) より, 式 (2·45) は,

$$\alpha \cdot \frac{\partial^2}{\partial x^2}(F(x,s)) - s \cdot F(x,s) + T_0 = 0 \tag{2·47}$$

　式 (2·47) は x に関する非同次の常微分方程式とみなせるため, 式 (2·47) の一般解は非同次項が 0 の場合の解 $F_h(x,s)$ と特殊解 $F_p(x,s)$ の和で表される.

・$F_h(x,s)$ の導出

$$F_h(x,s) = A \cdot \exp(-\lambda \cdot x) \tag{2.48}$$

と仮定すると, 式 (2·47) の非同次項が 0 となる方程式は,

$$\alpha \cdot \frac{\partial^2}{\partial x^2}(F(x,s)) - s \cdot F(x,s) = 0$$

$$\alpha \cdot A \cdot (-\lambda)^2 \cdot \exp(-\lambda \cdot x) - s \cdot A \cdot \exp(-\lambda \cdot x) = 0 \tag{2·49}$$

$$A \cdot \exp(-\lambda \cdot x) \cdot (\alpha \cdot \lambda^2 - s) = 0$$

となる. 式 (2·49) が任意の x で成立するためには, $(\alpha \cdot \lambda^2 - s)$ が 0 となる必要があるため,

$$F_h(x,s) = A_1 \cdot \exp\left(-\sqrt{\frac{s}{\alpha}} \cdot x\right) + A_2 \cdot \exp\left(\sqrt{\frac{s}{\alpha}} \cdot x\right) \tag{2·50}$$

・$F_p(x,s)$ の導出

非同次項が定数であることから,

$$F_p(x,s) = B \tag{2·51}$$

とおく. このとき, B は x に依らない定数である. すると, 式 (2·47) から

$$B = \frac{1}{s} T_0 \tag{2·52}$$

　したがって, 式 (2·50), 式 (2·52) より, 式 (2·47) の一般解 $F(x,s)$ は

$$F(x,s) = A_1 \cdot \exp\left(-\sqrt{\frac{s}{\alpha}} \cdot x\right) + A_2 \cdot \exp\left(\sqrt{\frac{s}{\alpha}} \cdot x\right) + \frac{1}{s} T_0 \tag{2·53}$$

ここで，表面を加熱される半無限固体を想定した場合，表面から十分に深い位置（$x \to \infty$）は熱が到達せず，初期温度 T_0 に等しいことを考慮すれば，$A_2 = 0$ でなければならない．よって，式（2·53）は

$$F(x,s) = A_1 \cdot \exp\left(-\sqrt{\frac{s}{\alpha}} \cdot x\right) + \frac{1}{s} T_0 \tag{2·54}$$

と書き換えられる．したがって，同式が任意の x における初期温度を定数と見なした場合の半無限固体の $F(x,s)$ の一般解となる．

　残る未定数 A_1 は表面の境界条件によって変化する．ここでは単純な事例を幾つか紹介する．

　1）固体表面で吸収される熱流束が一定値 q_{in} に保たれた場合
　この境界条件は，

$$-k \cdot \left(\frac{\partial T}{\partial x}\right)_{x=0} = q_{in} \tag{2·55}$$

と表され，式（2·55）の両辺を t でラプラス変換すると，

$$L\left(-k \cdot \left(\frac{\partial T}{\partial x}\right)_{x=0}\right) = L(q_{in})$$
$$-k \cdot \frac{\partial}{\partial x}(L(T(0,s))) = \frac{1}{s} \cdot q_{in} \tag{2·56}$$
$$-k \cdot \frac{\partial}{\partial x} F(0,s) = \frac{1}{s} \cdot q_{in}$$

式（2·56）に式（2·54）を代入し，展開すれば，

$$-k \cdot \frac{\partial}{\partial x} F(0,s) = \frac{1}{s} q_{in}$$
$$-k \cdot A_1 \cdot \left(-\sqrt{\frac{s}{\alpha}}\right) \cdot \exp\left(-\sqrt{\frac{s}{\alpha}} \cdot 0\right) = \frac{1}{s} q_{in} \tag{2·57}$$
$$A_1 = \frac{1}{k} \sqrt{\frac{\alpha}{s^3}} \cdot q_{in}$$

したがって，$F(x,s)$ は

$$F(x,s) = \frac{1}{k} \cdot \sqrt{\frac{\alpha}{s^3}} \cdot q_{in} \cdot \exp\left(-\sqrt{\frac{s}{\alpha}} \cdot x\right) + \frac{1}{s} T_0 \tag{2·58}$$

となる．ここで，未知数 m に対する逆ラプラス変換が

$$L^{-1}\left(\frac{1}{\sqrt{s^3}} \cdot \exp(-m \cdot \sqrt{s})\right) = 2 \cdot \sqrt{\frac{t}{\pi}} \cdot \exp\left(-\frac{m^2}{4t}\right) - m \cdot erfc\left(\frac{m}{2\sqrt{t}}\right) \tag{2·59}$$

であることを考慮し，式（2·58）を逆ラプラス変換すると，

$$T(x,t)-T_0=\frac{2}{\sqrt{\pi}}\sqrt{\frac{t}{k\rho c}}\cdot q_{in}\cdot\exp\left(-\left(\frac{x}{2\sqrt{\alpha t}}\right)^2\right)-\frac{x}{k}\cdot q_{in}\cdot erfc\left(\frac{x}{2\sqrt{\alpha t}}\right) \qquad (2\cdot60)$$

ここで，$k\rho c$ は熱慣性と呼ばれ，この値が大きいほど受熱面の温度上昇が緩慢であることから，固体表面の温度の立ち上がりの速さを表す指標となっている．また，$\sqrt{\alpha t}$ は時刻 t において熱が固体内部に浸透する深さを表す指標であり，長さの単位となっている．したがって，$x/\sqrt{\alpha t}$ は熱浸透深さに対する位置を表す無次元数であり，特に固体の厚み d を用いた $d^2/\alpha t$ はフーリエ数 Fo と呼ばれ，平板の裏面への温度伝播のしやすさを表す指標とされている．

　一般的に火災は時間とともに成長・減衰するため，実態としてここで仮定したように固体表面で吸収される熱流束が一定となる状況は少ない．しかし，もし火熱を幾分過剰に評価することを許容できるのであれば，経時的に変化する熱流束のうち最大値が終始受熱物に入射すると想定することによって，当該物体の温度履歴を，実態よりも高めに見積もられるものの，簡便に算定できる．そのため，例えば，建物火災においては構造体を火熱から防護するための被覆材の材料や厚みの選定などに有効である．ただし，受熱物の熱定数の温度変化を考慮できない点に注意が必要である．

　2）固体表面の入射熱流束が時間の二乗に比例する場合
　この境界条件は，

$$-k\cdot\left(\frac{\partial T}{\partial x}\right)_{x=0}=\gamma\cdot t^2 \qquad (2\cdot61)$$

と表される．ここで，γ は定数である．1）と同様の過程で計算すれば，

$$T(x,t)-T_0=2\gamma\frac{\sqrt{\alpha}}{k}\cdot\frac{1}{120}\cdot\left\{\begin{array}{l}\frac{2\sqrt{t}}{\sqrt{\pi}}\cdot\exp\left(-\frac{x^2}{4\alpha t}\right)\cdot\left(\frac{x^2}{\alpha}+2t\right)\cdot\left(\frac{x^2}{\alpha}+16t\right)\\[2mm]-\frac{x}{\sqrt{\alpha}}\cdot\left(\frac{x^4}{\alpha^2}+20\frac{x^2}{\alpha}\cdot t+60t^2\right)\cdot efrc\left(\frac{x}{2\sqrt{\alpha t}}\right)\end{array}\right\} \qquad (2\cdot62)$$

なお，可燃物の燃焼によって生じた火炎からの射出された放射熱が距離 r [m] の位置に入射する熱流束 q_r は

$$q_r=\frac{X_r\cdot Q}{4\pi\cdot r^2} \qquad (2\cdot63)$$

で概ね計算できる．このとき，X_r は火炎の放射成分 [−]，Q は発熱速度 [kW] である．

　また，燃焼の拡大過程にある可燃物の発熱速度は火災成長率 β [kW/s^2] を用いて，$Q=\beta\cdot t^2$ で表されることが多い．したがって，受熱物が受ける入射熱を q_r と見なせる場合には，γ は次式のように表すこともできる．

$$\gamma=\frac{X_r\cdot\beta}{4\pi\cdot r^2} \qquad (2\cdot64)$$

B.　畳み込み計算法

　畳み込み計算法は，壁体などの表面での入射熱流が複雑である場合の表裏面温度などを計算する場合に特に有効な手法である．ただし，この方法は対象とする物体に関する理想条件

での解析解から出発するので，一般に解析解が得られない多次元問題には適用できず，熱定数の温度変化の影響を評価することもできない.

　畳み込み計算法では，例えば壁体表面への熱流が図2·15のように与えられたとき，これを矩形，三角形などのパルスの集積と考え，一つ一つのパルスに対する表裏面温度などの応答を計算し，パルスごとの応答の和を求めることにより，図2·15 (a) に対する表裏面温度の応答を再構成する．すなわち，あるパルスに対する$i\Delta t$時の温度などの応答を$\phi(i\cdot\Delta t)$，時刻jの入射熱流をq_jとすると，時刻lの表面温などの応答T_lは，次のように定式化される.

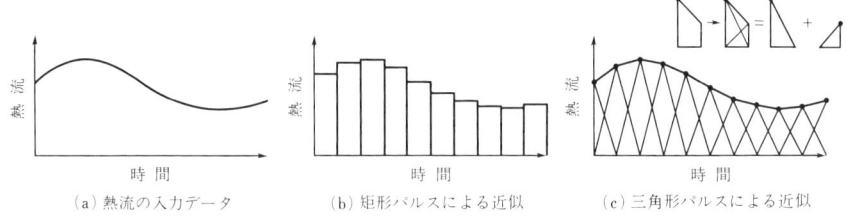

（a）熱流の入力データ　　　　（b）矩形パルスによる近似　　　（c）三角形パルスによる近似

図 2·15　畳み込み計算法のための入力データの近似

$$T_l = \sum_{j=0}^{l} q_j \cdot \phi\{(l-j)\Delta t\} \tag{2·65}$$

　例として，半無限固体にq_jの入射熱流がある場合，これを矩形パルスの集合とみて表面温の時間変化を求める．図2·16のような矩形波を考えると，表面温の応答は式（2·45）より

$$\phi(t) = 2\sqrt{t/k\rho c} - 2\sqrt{(t-\Delta t)/k\rho c} \tag{2·66}$$

となるから，表面温の応答は

図 2·16　矩形波の例

$$T_l = \sum_{i=0}^{l} 2q_i(\sqrt{(l-j)\Delta t} - \sqrt{(l-j-1)\Delta t})/\sqrt{k\rho c} \tag{2·67}$$

となる.

　畳み込み積分による計算法は，壁体などの熱伝導問題で表裏面温度だけが問題で壁体内の温度分布を必要としない場合は，差分法よりはるかに効果的であり，半無限固体のように原理的に差分法が適用できない場合にも適用できる．以上に述べた方法は畳み込み積分による熱伝導計算の最も初歩的な解法であり，この手法を駆使するためには演算子法の理解が必須である[14].

C.　差分法とシュミット-棚沢の図式解法

　差分法は問題とする物体内の温度分布を詳しく調べたり，凹凸などのある複雑な形状の物体の熱伝導を扱う場合に有効な手法で，熱伝導率の温度変化の影響も考慮することができる.

　この方法では，例えば壁体などを図2·17のようにm個の差分格子に分割してT, kなどの変数を割り当て，熱伝導方程式（2·40）を次のように差分近似する.

$$\frac{T_i^{n+1}-T_i^n}{\varDelta t}$$

$$=\frac{1}{c\rho}\cdot\left\{\frac{k_{i+1/2}(T_{i+1}^n-T_i^n)-k_{i-1/2}(T_i^n-T_{i-1}^n)}{\varDelta x^2}+g_i\right\}$$

$$(2\cdot68)$$

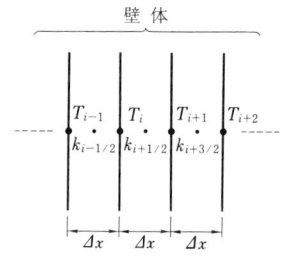

図 2·17 壁体の差分格子分割の例

ここに，$\varDelta t$ は時間きざみで，n，$n+1$ はそれぞれ，$n\times\varDelta t$，$(n+1)\times\varDelta t$ の時刻を表す．$n\cdot\varDelta t$ 時の温度分布から $(n+1)\varDelta t$ 時の温度分布を求めるには，上式を次のように整理すればよい．

$$T_i^{n+1}=\frac{\varDelta t}{c\rho\varDelta x^2}\Big\{k_{i+1/2}\cdot T_{i+1}^n+k_{i-1/2}\cdot T_{i-1}^n$$

$$+\Big(\frac{c\rho\varDelta x^2}{\varDelta t}-k_{i+1/2}-k_{i-1/2}\Big)T_i^n+\varDelta x^2 g_i\Big\},\quad i=1,2,\cdots,m \qquad (2\cdot69)$$

この方法では$\varDelta t$，$\varDelta x$の決め方に任意性があるようにみえるが，物理的に意味のある計算をするには，$c\rho\varDelta x^2/(k_{i+1/2}+k_{i-1/2})\varDelta t\geqq1$ となるように $\varDelta x$ と$\varDelta t$ を決める必要がある．k が一様であれば，$c\rho\varDelta x^2/2k\varDelta t=1$ となるように $\varDelta t$ と $\varDelta x$ を決めることにより式 $(2\cdot69)$ は次のように簡単な形となる．

$$T_i^{n+1}=\frac{T_{i+1}^n+T_{i-1}^n+\varDelta x^2\cdot g_i/k}{2} \qquad (2\cdot69')$$

式 $(2\cdot68)$，$(2\cdot69)$，$(2\cdot69')$ は壁体などの 1 次元熱伝導問題の解法であるが，2 次元・3 次元への拡張も容易である．例えば 2 次元の熱伝導問題では

$$\frac{dT}{dt}=\frac{1}{c\rho}\left\{\frac{d}{dx}\Big(k\frac{dT}{dx}\Big)+\frac{d}{dy}\Big(k\frac{dT}{dy}\Big)+g\right\} \qquad (2\cdot70)$$

を基礎方程式とし，式 $(2\cdot69')$ に対応して

$$T_{i,j}^{n+1}=\frac{T_{i+1,j}^n+T_{i-1,j}^n+T_{i,j+1}^n+T_{i,j-1}^n+\varDelta x^2 g_i/k}{4} \qquad (2\cdot71)$$

が定まる．式 $(2\cdot71)$ では $c\rho\varDelta x^2/4k\varDelta t=1$ となるように $\varDelta t$ と $\varDelta x$ が決められている．

　シュミットの図式解法は，1 次元非定常熱伝導問題で式 $(2\cdot69')$ をそのまま作図で求める技法で，$\varDelta t=c\rho\varDelta x^2/2k$ に設定するとき，時刻 k における温度分布から，時刻 $k+1$ における温度分布が図 2·18 (a) のようにして得られる，というものである．シュミットの解法は手順は簡単であるが，温度の境界条件が与えられている場合を除くと，境界条件の処理が困難になる場合が多い．シュミット–棚沢の図式解法は，差分格子の中央点の温度を図式で求めるのに，格子境界線を補助線として使い，$\varDelta t=c\rho\varDelta x^2/4k$，時間きざみ，すなわちシュミットの解法の場合の1/2とすることで，この難点を除いたものである[15]．この方法では，例えば，壁体が何らかの流体に接していて，流体の温度が境界条件として与えられている場合，壁体内温度分布は熱伝達長さ $\delta=\lambda/h$（λ：壁材の熱伝導率，h：壁表面の熱伝達率）を使って図2·18 (b) の手順で計算される．すなわち時刻 $k+1$ におけるある格子中央の温度 T_i^{k+1} は時刻 k（時刻 $k+1$ より $c\rho\varDelta x^2/4k$ だけ前）における格子両端の温度の平均で与えられることになる．

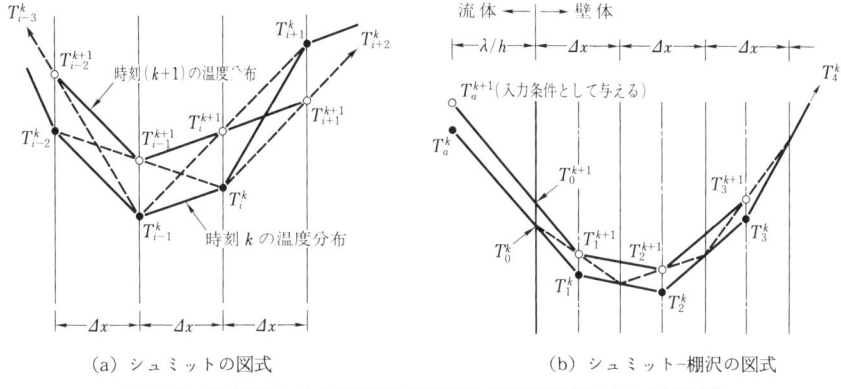

(a) シュミットの図式　　　　　　　　　　　(b) シュミット－棚沢の図式

図 2·18　図式解法による非定常熱伝導計算（破線は計算のための補助線）

D.　集中定数系による近似計算法

　複雑な形状の物体の熱伝導を扱う場合に有効な計算法である．差分法に比べて幾分高度な数学的技法を必要とし，場合によっては大きな記憶容量と計算時間を必要とするが，対象とする物体各部の温度の立ち上がり特性を，非定常計算を行わずに評価できるのは大きな利点である．

　熱伝導方程式の右辺だけを差分化すると，式（2·40）は次のように，各差分格子の代表温度に関する線形連立常微分方程式となる．

$$\frac{dT_i}{dt}=\frac{1}{c\rho\Delta x^2}\{k_{i+1/2}\cdot T_{i+1}+k_{i-1/2}\cdot T_{i-1}-(k_{i+1/2}+k_{i-1/2})T_i+g_i\cdot\Delta x^2\}$$

$$i=1, 2, \cdots, n \tag{2·72}$$

ここに，n は格子の数で，g_i が定数か 0 であれば，式（2·72）は種々の方法で解くことができる．例えばラプラス（Laplace）変換による演算子法では，$J_i(S)\equiv\int_0^\infty T_i(t)\exp(-St)dt$ として，式（2·72）は S を含む連立代数方程式

$$SJ_i=\frac{1}{c\rho\Delta x^2}\left\{k_{i+1/2}J_{i+1}+k_{i-1/2}J_{i-1}-(k_{i+1/2}+k_{i-1/2})J_i+\frac{g_i\Delta x^2}{S}\right\}$$

$$i=1, 2, \cdots, n \tag{2·73}$$

に変換される．式（2·73）を $J_i(S)$ について解き，それを逆変換すれば式（2·72）の T_i に関する解が得られる．式（2·72）の解は，通常

$$T_i(t)=\sum_i\sum_{j=1}^{\mu i}a_{ij}t^{j-1}\exp(-\lambda_i t)+C \tag{2·74}$$

なる形式となる．λ_i は式（2·56）をベクトル表示で $d\boldsymbol{T}/dt=A\cdot\boldsymbol{T}+G$ と書いたときの行列 A の固有値で，μ_i は λ_i の重複度である．A の固有値がすべて相異なるものならば，$\mu_i=1$．λ_i が大きいほど，温度の立ち上がり方が速いことを表す．特に係数 a_{ij} の絶対値が大きい項の λ_i が大きければ速く定常状態に近づくことを示す．

本計算法では k, c, ρ は定数でなければならないから，熱伝導率などの温度依存性を計算に組み込むことはできない.

E. 集中熱容量法

対象とする物体が熱的に薄く，内部温度を一様と見なすことができれば，当該物体の熱収支は次式の様に非常に簡易に表現することができる.

$$q_{net}=c\rho d\frac{dT}{dt} \tag{2·75}$$

ここで q_{net} は物体に入射する正味の入射熱流束 [kW/m^2]，c は物体の比熱 [kJ/kg/K]，ρ は物体の密度 [kg/m^3]，d は物体の厚み [m] である.

同式を適用できる場合，入射熱流束 q_{net} が時間で変化する関数であっても上式を離散化し，

$$\frac{T(t+\varDelta t)-T(t)}{\varDelta t}=\frac{q_{net}(t)}{c\rho d}$$
$$T(t+\varDelta t)=T(t)+\frac{q_{net}(t)}{c\rho d}\cdot\varDelta t \tag{2·76}$$

と変換できるため，初期温度 T_0 から逐次計算することで任意の時刻 t における温度を求めることができる. この計算法は変数が時間 t のみであるため，上記の差分法のように大きな計算負荷を必要とせず，熱定数の温度依存性も考慮することが可能である.

このような近似が成り立つのは鋼製シャッターなどのように熱的に薄い物体，若しくは，熱感知器やスプリンクラーヘッドのように構成材料や形状が複雑であるものの一質点系と見なす方が工学的に有用である場合などに用いられる. ここで，物体の熱的な薄さを評価する指標としてビオ数 B_i という無次元数がある. これは物体表面の熱伝達率 h，物体の熱伝導率 k，物体の厚み d を用いて $B_i=h/(k/d)$ と表され，物体表面に与えられる加熱の強さに対する物体内の伝導熱の比を表しており，$B_i \ll 1$ であれば熱的に薄い物体と見なせる.

熱定数 c, ρ および d が温度および時間により変化せず，正味の入射熱流束 q_{net} を

$$q_{net}(t)=q_0-h\cdot(T(t)-T_\infty) \tag{2·77}$$

と表せる場合（ただし，q_0 および h は定数），温度算定式をさらに簡易化できる. 式（2·76）は

$$q_0-h(T(t)-T_\infty)=c\rho d\frac{dT}{dt}$$
$$\frac{1}{c\rho d}=\frac{1}{q_0-h(T(t)-T_\infty)}\cdot\frac{dT}{dt} \tag{2·78}$$

と書き換えられるため，両辺を t で積分すれば

$$q_0-h(T(t)-T_\infty)=\exp\left(-\frac{h}{c\rho d}\cdot t-C\right) \tag{2·79}$$

となる. ここで，初期条件 $T(0)=T_\infty$ であると仮定すれば，$q_0=\exp(-C)$ となり，

$$q_0-h(T(t)-T_\infty)=q_0\cdot\exp\left(-\frac{h}{c\rho d}\cdot t\right)$$

$$T(t) = \frac{q_0}{h} \cdot \left(1 - \cdot \exp\left(-\frac{h}{c\rho d} \cdot t \right) \right) + T_\infty \tag{2·80}$$

となる．したがって，q_0 が正の値であれば時刻 t の経過に伴い，固体の温度 $T(t)$ は上昇するものの最終的に $q_0/h + T_\infty$ に収束する．

F. プロファイル法

上記 A〜E は熱伝導方程式を解析的または近似的に解く方法であったが，本項で示すプロファイル法は固体内の温度分布を予めある関数形に見立て，その関数に含まれる係数を境界条件や初期条件等から与える方法であり，固体の内部温度分布を巨視的に評価したい場合に有効である．ここでは単純な事例として固体表面で吸収される熱流束が一定の場合の計算例を示す．ただし，固体内の熱定数はいずれも温度依存性を考慮しないものとする．

　1）二次関数で近似した場合

$$T(x,t) - T_0 = \Delta T(x,t) = a \cdot \left(\frac{x}{\delta} \right)^2 + b \cdot \left(\frac{x}{\delta} \right) + c \tag{2·81}$$

ここで，a, b, c は境界条件等によって求まる係数であり，δ は熱浸透深さ［m］である．ただし，x が熱浸透深さより浅い領域（$x/\delta \leqq 1$）でのみ適用するものとする．式（2·81）には熱浸透深さ δ を合わせて4つの未知数が含まれているため，これらの係数を同定するために，境界条件等によって4つの方程式を立てる必要がある．ここでは以下の条件を想定した．

〈境界条件①〉加熱側表面（$x=0$）から内部に吸収される熱流束が一定である．

$$-k\left(\frac{\partial T}{\partial x} \right)_{x=0} = q_{in} \tag{2·82}$$

〈境界条件②〉熱浸透深さの先端（$x=\delta$）では温度上昇が始まっていない．

$$\Delta T(\delta,t) = 0 \tag{2·83}$$

〈境界条件③〉熱浸透深さの先端（$x=\delta$）での熱の移動が無い．

$$-k\left(\frac{\partial T}{\partial x} \right)_{x=\delta} = 0 \tag{2·84}$$

〈熱量保存〉固体表面から内部に吸収される熱流束と固体内全体の温度上昇に寄与した熱が等価である．

$$q_{in} = \frac{\partial}{\partial t}\left(c \cdot \rho \cdot \int_0^\delta \Delta T(x,t) \cdot dx \right) \tag{2·85}$$

式（2·82）〜（2·85）より，係数 a, b, c および δ は

$$\delta = \sqrt{6\alpha t}$$

$$a = \frac{q_{in}}{2k} \cdot \sqrt{6\alpha t}$$

$$b = -\frac{q_{in}}{k} \cdot \sqrt{6\alpha t} \tag{2·86}$$

$$c = \frac{q_{in}}{2k} \cdot \sqrt{6\alpha t}$$

となる．これらを式（2·81）に代入すれば，

$$\Delta T(x,t) = \frac{q_{in}}{2k} \cdot \sqrt{6\alpha \cdot t} \cdot \left(\frac{x}{\sqrt{6\alpha \cdot t}} - 1 \right)^2 \tag{2·87}$$

なお，位置 x における温度は熱が浸透するまでの間は温度が上昇しないと考えられるため，式（2·87）は $t \geqq x/(6\alpha)$ の範囲で適用可能である．

2）指数関数で近似した場合

$$T(x,t) - T_0 = \Delta T(x,t) = a \cdot \exp(-b \cdot x) \tag{2·88}$$

ここで，a, b は境界条件によって求まる係数である．ここでは以下の条件を想定した．

〈境界条件①〉加熱側表面（$x=0$）から内部に吸収される熱流束が一定である．

$$-k\left(\frac{\partial T}{\partial x}\right)_{x=0} = q_{in} \tag{2·89}$$

〈熱量保存〉固体表面から内部に吸収される熱流束と固体内全体の温度上昇に寄与した熱が等価である．

$$q_{in} = \frac{\partial}{\partial t}\left(c \cdot \rho \cdot \int_0^\delta \Delta T(x,t) \cdot dx \right) \tag{2·90}$$

式（2·89），（2·90）より，

$$a = q_{in}\sqrt{\frac{t}{k\rho c}}$$
$$b = \frac{1}{\sqrt{\alpha t}} \tag{2·91}$$

が得られ，これらを式（2·88）に代入すれば，

$$T(x,t) - T_0 = q_{in} \cdot \sqrt{\frac{t}{k\rho c}} \cdot \exp\left(-\frac{x}{\sqrt{\alpha t}}\right) \tag{2·92}$$

プロファイル法では，最初に内部温度分布を見立てる関数によって予測精度が大きく左右されるという特徴がある．火熱を受ける壁体の温度上昇履歴を検討する場合には，一般的に壁体の内部温度は加熱側表面から非加熱側に掛けて値が低下し，下に凸の形状となるため，二次関数や指数関数などが用いられる．

（4）各種計算法の性質

ある計算条件における固体内の内部温度を各種計算法別に比較した結果が図 2·19 である．図 2·19 より，差分法は Δx, Δt の選定が妥当であれば，解析解と遜色ない結果となっている．また，プロファイル法は二次関数，指数関数で近似すれば，内部温度分布は 1 割程度の誤差の範囲で解析解と一致している．このように，熱伝導問題の解法の種別に応じて性質が異なるため，検討すべき事象に応じて適切な解法を選択されるのが望ましい．

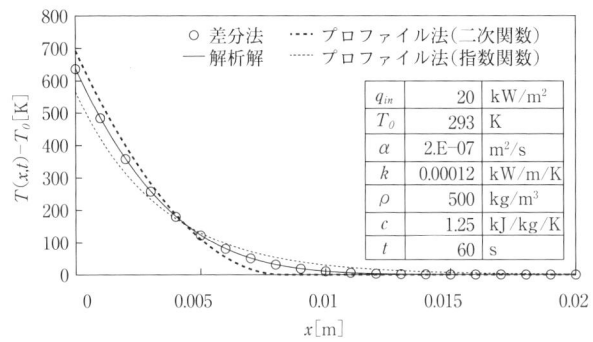

図 2·19　各種計算法による固体内部温度を比較した例

（長谷見　雄二・野秋　政希）

2·1·3　移流と対流熱伝達

（1）移流・乱流によるエネルギー輸送

空気などの流体中の伝熱現象では流体の移動（移流）に伴うエネルギー輸送が重要な役割を果たす．移流による伝熱量は，流れの分布がわかっていれば，流速 u に密度 ρ，比熱 C_p，温度 θ を乗ずることで計算できる．例えば図 2·20 のような場合，断面 A-A' を通過する熱流量 Q は次式で与えられる．

$$Q = \int_0^l \rho \cdot C_p \cdot \theta \cdot u \, dx \qquad (2·93)$$

空気などの流体は，流れが遅かったり，流路が狭い場合はきれいな層を成して流れるが，流速が大きかったり，著しい温度差が流れの中にあるような場合は，流れの中に不規則な渦が形成される（図 2·21）．前者を層流，後者を乱流というが，乱流流れでは，流速・温度などが不規則な信号として検出されるため，便宜上，その平均値（通常は時間的平均）とその変動分に分けて扱うことが多い．このとき，温度，流速の平均と変動分をそれぞれ $\bar{\theta}$, $\bar{u}$, θ', u' とすると，式（2·56）で定義される熱流量の時間的平均は

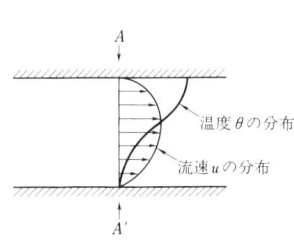

図 2·20　管路の中の流れ

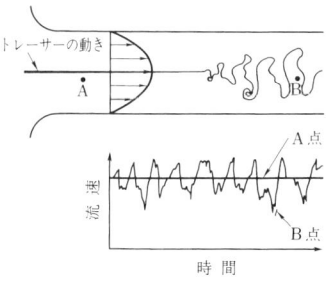

図 2·21　管路における乱流形成の例

$$\bar{Q} \equiv \frac{1}{t^*} \int_0^{t^*} Q dt = \frac{1}{t^*} \int_0^{t^*} \int_0^l \rho C_p \theta u d x dt$$

$$= \frac{1}{t^*} \int_0^{t^*} \int_0^l \rho C_p (\bar{\theta} + \theta')(\bar{u} + u') dx dt = \int_0^l \rho C_p \bar{\theta} \bar{u} d + x \int_0^l \rho C_p \overline{\theta' u'} d x \qquad (2 \cdot 94)$$

となって，$\bar{Q}$ は $\bar{\theta}$, $\bar{u}$ を便宜的に式（2・93）に代入した結果とは異なることがわかる．式（2・94）右辺第2項は乱流によるエネルギー輸送を表すもので，この項を計算する場合は $\overline{\theta' u'}$ をどう扱うかが問題の核心である．最も常套的な扱いは，分子熱拡散（熱伝導）からの類推で

$$\overline{\theta' u'} \approx K \cdot \frac{\partial \bar{\theta}}{\partial x} \qquad (2 \cdot 95)$$

により，平均温度の勾配と結びつけるものである．K は乱流拡散係数で，分子拡散における分子拡散係数に対応するが，それとは異なって一般に流れ性状の関数となる．例えば混合距離理論では，l を混合距離として次式で与えられる．

$$K \approx c \cdot l^2 \cdot \frac{\partial \bar{u}}{\partial x} \qquad (2 \cdot 96)$$

ここに，c は乱流プラントル数の逆数で，一般に $10^{-1} \sim 10^0$ のオーダーの値をとり（Reichardt によると $c \approx 0.7$），l は乱流境界層では $l \approx kz$（z：固体表面からの高さ，k：カルマン定数で，接地層では $k \approx 0.4$）とするのが普通である．一般に十分発達した乱流流れでは，乱流によるエネルギー輸送は分子拡散よりはるかに大きく，分子拡散は無視されることが多い．

（2）固体表面と流体のエネルギー交換――熱伝達

　火災時の流体に関する伝熱過程で実用上特に問題になるのは，流体と固体表面の間の伝熱現象（熱伝達）である．この場合も流れが層流であるか，乱流であるかによって，層流熱伝達と乱流熱伝達に分類されるが，問題の処理の基本は，熱伝達または式（2・95）の扱いと同様に，伝熱量が固体表面温度と表面から十分離れた部分の流体の温度の差に比例するものとして，比例係数（熱伝達率）を定式化することである．

　火災に関係する熱伝達の問題では，平板上の伝熱が扱われることが多いであろう．平板上の流れの様子は，例えば図2・22のようになって，流れの方向に境界層が発達する．したがって，層流境界層の熱抵抗はその厚さの増大とともに増加して，境界層を介しての伝熱量 q を $q = h_x \Delta T$（Δt：表面・流体の温度差）とすると，h_x は流れの方向に減衰する．流れが乱流に遷移すると，乱流によるエネルギー輸送が卓越し，遷移とともに h_x は著しく増加して，以後乱流境界層の厚さの増加に伴って h_x が再び減衰する傾向を示す（図2・23）．このように，h_x は部位によって異なる値をとるので，これを局所熱伝達率という．これに対してある固体表面全体と流体の間の熱交換を扱う場合は，表面の平均温度と流体の平均温度の差に，接触面積と熱伝導率に相当する係数を直接乗ずるのが実用的である．この場合は，A を接触面積

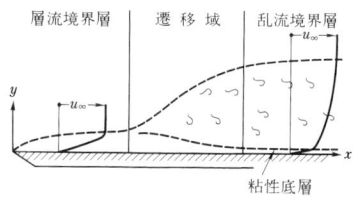

図 2・22　平板上の境界層の発達
（強制対流の場合）

として,

$$h_m \equiv \frac{1}{A} \int_A h_x dA \qquad (2 \cdot 97)$$

を定義し,h_m を平均熱伝達率という.

　対流熱伝達は固体表面付近の流れ性状に大きく支配されるが,問題の取扱いは,固体表面付近にもともと流れが存在する場合(強制対流)と,流体の温度が熱伝達現象のために変化して流体中の密度差による自然対流が形成される場合(自然対流)で異なる.例えば,熱伝達率の実験公式は,熱伝達率を含む無次元数であるヌセルト数 $Nu_x = h_x x / \lambda$,$Nu_m = h_m l / \lambda$(x:ある基準点からの距離,l:代表寸法,λ:流体の熱伝導率,Nu_x:局所ヌセルト数,Nu_m:平均ヌセルト数)またはスタントン数 $St = h / \rho u C_p$(ρ:密度,u:代表流速,C_p:比熱)とレイノル

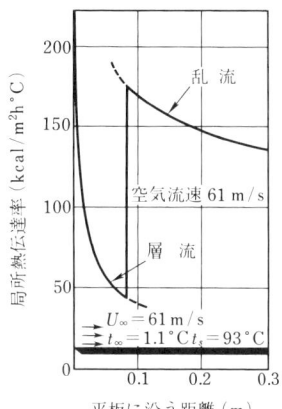

図 2·23　気流に並行な平板上の局所熱伝達率の変化

ズ数 $Re = \rho u l / \mu$(μ:粘性係数),グラスホフ数 $Gr = g \beta \theta l^3 / \nu_2$($g$:重力加速度,$\beta$:体積膨脹率,$\theta$:基準温度差,$\nu$:動粘性係数),プラントル数 $Pr = \mu C_p / \lambda$ などの無次元数の関係式として表されることが多いが,強制対流では代表流速が一般に既知なため,ヌセルト数またはスタントン数とレイノルズ数・プラントル数の関係で示され,自然対流では代表流速が未知で基準温度差が既知なため,ヌセルト数とグラスホフ数・プラントル数の組合わせで示される.すなわち,一般に

$$\left. \begin{array}{l} \bullet \text{強制対流}\cdots\cdots N_u = f_1(Re, Pr),\text{ または } St = f_2(Re, Pr) \\ \bullet \text{自然対流}\cdots\cdots N_u = f_3(Gr, Pr) \end{array} \right\} \qquad (2 \cdot 98)$$

　以下に強制対流と自然対流熱伝達における代表例として平板について整理した例を挙げるが,これら以外にも円柱や球などのように流れの性質と固体の表面形状の組合せ等に応じて対流熱伝達率は変化する.詳細については伝熱を取り扱う各種参考書を参照されたい.

A. 平板上の強制対流熱伝達

　図 2·24 のように層流境界層が $x = 0$ から発達し,$x < x_0$ では平板表面温が平板から遠く離れた部分の流体温度と等しく,$x \geqq x_0$ で平板が加熱または冷却されて,その表面がある一定の温度に保たれる場合は,層流強制対流に関する無次元関係式として,

$$Nu_x = \frac{0.331 Re^{1/2} \cdot Pr^{1/3}}{\{1 - (x_0/x)\}^{1/3}} \qquad (2 \cdot 99)$$

を得る.$x_0 = 0$,すなわち,平板先端から加熱(冷却)が行われる場合は,式(2·99)から,

図 2·24　境界層

$$Nu_x = 0.31 Re^{1/2} \cdot Pr^{1/3} \qquad (2 \cdot 100)$$

となる.ここで,Nu_x,Re に含まれる代表寸法には,平板先端からの距離xが使われる.そこで,$x_0 = 0$ の場合,平板先端から距離lまでの平均ヌセルト数は式(2·100)をxについて積分

し，l で割って，次式を得る．この場合の Nu_m, Re の代表寸法は l である．μ，λ などは流体の温度により値が変化するので，$T^*=0.58\,T_s+0.42\,T_f$ における物性値を使う．

$$Nu_m=0.662\,Re^{1/2}\cdot Pr^{1/3} \qquad (2\cdot101)$$

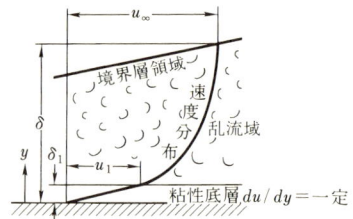

図 2·25　乱流境界層の構造

平板上の境界層の層流から乱流への遷移点は便宜的には $Re=\rho u x/\mu \approx 5 \times 10^5$ を満たす x で与えられるとされているが，平板の表面の仕上げや先端の条件にも影響される．乱流境界層では平板のごく近傍に粘性底層と称する層流の部分があって，この領域を主として熱伝導で伝わる熱量が乱流部分の渦によって境界層外に運ばれる（図2·25）．粘性底層では流速が直線的に変化するため，剪断力 τ は一定で，$\tau=0.0296\,\rho u_\infty{}^2\cdot Re^{-1/5}\cdot u_l \approx 2.11\,Re^{-1/10}\cdot u_\infty$ である．定常状態では τ は乱流境界層でも等しく，プラントル数が $Pr\approx1$ の近傍では，乱流境界層について

$$St=\tau/\rho u_\infty{}^2 \qquad (2\cdot102)$$

が成り立つ．局所ヌセルト数に関する表現に改めると，乱流の強制流れに関する関係式として

$$Nu_x=\frac{0.0296\,Re^{4/5}\cdot Pr}{1+2.11\,Re^{-1/10}(Pr-1)} \qquad (2\cdot103)$$

を得る．流体が空気である場合は実用的には上式で十分であるが，$0.5<Pr<5.0$，特に $Pr>1$ では，カルマンの相似則による式

$$Nu_x=\frac{0.0296\,Re^{4/5}Pr}{1+1.58\,Re^{-1/10}\cdot Pr^{-1/5-3}(Pr-1)} \qquad (2\cdot104)$$

が使われる．$Pr\approx1$ の近傍では，式（2·104）は次式で近似される．

$$Nu_x \fallingdotseq 0.0296 Re^{4/5}\cdot Pr^{3/5} \qquad (2\cdot105)$$

以上は境界層の理論に基づく推定式であるが，コルバーンは実験的に

$$Nu_x=0.0296\,Re^{4/5}\cdot Pr^{1/3} \qquad (2\cdot106)$$

を得た．式（2·104）～（2·106）では無次元数に含まれる代表寸法として平板先端からの距離を用いる．平均ヌセルト数は，層流境界層の場合と同様の方法で次式のようになる．

$$\left.\begin{array}{l} Nu_m=0.037Re^{4/5}\cdot Pr^{3/5} \quad（境界層理論による場合）\\ Nu_m=0.037\,Re^{4/5}\cdot Pr^{1/3} \quad コルバーンの実験による場合 \end{array}\right\} \qquad (2\cdot107)$$

乱流流れで，平板の先端から流れ方向に x_0 の距離から風下で平板が一様に加熱（冷却）される場合は，局所ヌセルト数は，境界層理論から，次式で与えられる．

$$Nu_x=\frac{0.161\,Re^{3/5}\cdot Pr^{1/3}}{\{1-(x_0/x)^{9/10}\}^{1/3}} \qquad (2\cdot108)$$

また，この場合の平均ヌセルト数については次の実験式がある（Jacob の式）．

$$Nu_m=0.028\,Re^{4/5}\{1+0.4(x_0/l)^{11/4}\},\quad 0.1<x_0/l<0.6 \qquad (2\cdot109)$$

平板の先端から x_c までが層流で，$x>x_c$ で乱流境界層が形成される場合，先端から l（$l>x_c$）までの平均ヌセルト数は実験的に次式で与えられる（Johnson–Rubesin の式）．

$$Nu_m = 0.037 \{Re^{4/5} - Re^{4/5} + 18Re_c^{1/2}\} \cdot Pr^{1/3} \tag{2·110}$$

ここで Re は l を，Re_c は x_c を代表寸法とするレイノルズ数で，前述のように実用的には，$Re_c \approx 5 \times 10^5$ である．式 (2·108) ～ (2·110) では，無次元数に含まれる物理量で温度依存症のあるものは流体と平板表面の平均温度に関する値を使う．

平板の強制対流熱伝達に関する上記の結果を図示すると，図 2·26 のようになる．

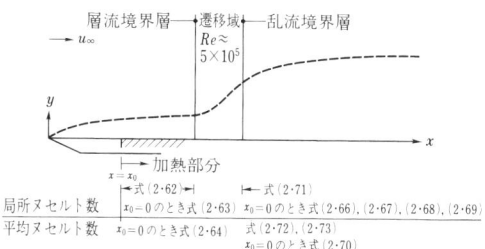

図 2·26　平板上の対流熱伝達に関する次元関係式の適用範囲

B. 水平に置かれた正方形平板の自然対流熱伝達

静止流体中に平板を水平に置き，加熱または冷却すると，流体内に温度差が生じて自然対流が起こる．自然対流のパターンは，平板が周囲流体より高温である場合は図 2·27 (a)，周囲流体より低温である場合は同図 (b) のようになる．上下方向に密度差のある流れでは，上方の密度が下方より小さいと流れが安定し，逆に下方の密度が上方ほり小

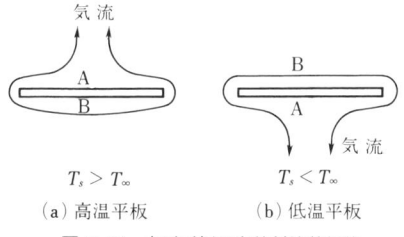

(a) 高温平板　　　(b) 低温平板

図 2·27　水平平板の自然対流熱伝達

さいと不安定となるから，図 2·27 では，気流は B 面側より A 面側で不安定となり，熱伝達現象も活発になる．A 面側の平均ヌセルト数は

$$\left. \begin{aligned} Nu_m &= 0.54(Gr \cdot Pr)^{1/4}(10^5 < Gr \cdot Pr < 2 \times 10^7,\ 層流 \\ Nu_m &= 0.14(Gr \cdot Pr)^{1/3}(2 \times 10^7 < Gr \cdot Pr < 3 + 10^{10},\ 乱流) \end{aligned} \right\} \tag{2·111}$$

となり，B 面側では，$3 + 10^5 < Gr \cdot Pr < 3 + 10^{10}$ で層流で

$$Nu_m = 0.27(Gr \cdot Pr)^{1/4} \tag{2·112}$$

となる．式 (2·111)，(2·112) では，代表長さは正方形板 1 辺の長さ，代表温度差は $(t_s - t_\infty)$ で，温度依存性のある物理量 (ρ, ν) などは $(t_s + t_\infty)/2$ における値をとる．

C. 垂直平板の自然対流熱伝達

静止流体中に流体より高温の垂直平板を置くと，平板に沿って上昇気流が形成される（図 2·28）．流速は壁面上で 0 となり，やや離れた位置に最大値が現れる．平板に沿う境界層は，下流付近では層流であるが，$Gr \cdot Pr \approx 10^9$ に対応する代表寸法 x 以上の高さでは一般に乱流となる．

層流境界層の局所ヌセルト数は，平板表面温が一定なら，境界層理論から

$$Nu_x = C_1 \cdot Gr^{1/4} \cdot Pr^{1/2}/(C_2 + Pr)^{1/4}, \quad (Gr \cdot Pr < 10^9) \qquad (2\cdot113)$$

となり，Schmidt の理論では，$C_1 = 0.478$，$C_2 =$ 0.861，プロフィル法による近似理論では，$C_1 =$ 0.508，$C_2 = 0.952$ である．実際にはどちらの方法でも，得られる結果は大きく違わない．高さ l までの平均ヌセルト数を求めるには，式 (2·113) に代表寸法として l を代入し，得た結果を 4/3 倍すればよい．

$Gr \cdot Pr > 10^9$ の乱流境界層では，境界層内の温度・流速分布を適当に仮定して，ヌセルト数に関する関係式が誘導される．最も常套的な方法は，流速分布の 1/7 乗則に基づくもので，平均ヌセルト数は

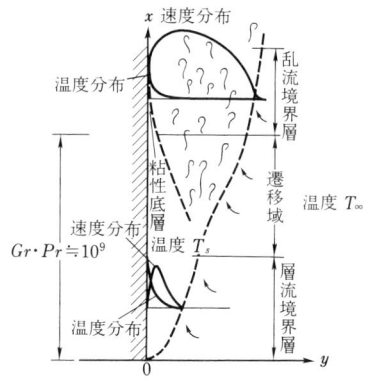

図 2·28　垂直平板に沿う境界層の発達

$$Nu_x = 0.0314\, Gr^{2/5} \cdot Pr^{7/15}(1 + 0.494\, Pr^{2/3})^{-2/5}$$

$$(2\cdot114)$$

となる．高さ l までの平均ヌセルト数は，上式に代表寸法として l を代入し，得られた結果を 5/6 倍すれば得られる．

（長谷見　雄二）

2·2　火災と熱および気流

2·2·1　火　災　と　伝　熱

　熱は火災現象における最も基本的な要素であることはいうまでもないが，火災現象の解明という視点からは，発熱機構のほかは伝熱機構として取り扱うことがほとんどである．図 2·29 は，区画内火災初期における代表的な伝熱のパターンの一例として示したものである．これからも明らかなように，伝熱機構は放射，伝導，対流，移流の 4 種に分けられる．

　放射伝熱は，火災現象のように高温域の熱を対象とする場合，他の伝熱機構より重要な役割を果たすことが多い．また，放射伝熱は，火炎・ガス（H_2O，CO_2 など）からの放射，固

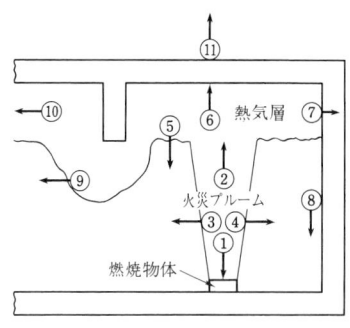

① プルーム（火炎）から燃焼物体への放射伝熱
② プルームから高温ガス層への移流による熱の移動
③ プルームから系外への熱放射
④ プルームから周壁，床，高温ガス層への放射伝熱
⑤ 高温ガス層から周壁，床，燃焼物体等への放射伝熱
⑥ 高温ガス層から天井・周壁への対流および放射による伝熱
⑦ 天井・周壁等系構成材内部における熱伝導
⑧ 周壁表面から系内空気への対流熱伝達
⑨ 高温ガス層から系外への熱放射
⑩ 高温ガス層の移流による熱の移動
⑪ 系外周表面から系外への対流および放射による熱放散

図 2·29　区画内火災初期における伝熱のパターン（例）

体表面間の放射熱の授受が問題にされることが多い．放射伝熱機構における要素としては，対象物体の温度，放射率（放射・吸収特性），形態係数（対象物体間の幾何学的位置関係）が重要である．放射伝熱機構に関しては，すでに理論体系が確立されているが，火炎・ガスの放射問題のように，対象物体の温度や放射率が複雑に混成されている系についてはその理論的対応が困難なことが多く，これに関しては，問題に応じて実用モデルを構築することが必要とされる．

　熱伝導は，一般に固体内部の伝熱機構として重要である．例えば，建築物の火災についてみると，火炎からその周囲の建築構造物へ放射・対流によってその表面に熱が伝熱されると，その熱は構造物内部へ伝導という機構によって流れる．建築構造物を構成する部材，材料についてみると，そこでの伝熱機構は，微視的には放射，対流，伝導の 3 つの機構が同時に係ることが多い．この場合，実用上，これらの機構を包含して部材の熱抵抗や材料の熱伝導率といった部材，材料の特性として巨視的に扱うことが多い．熱伝導機構に関しては，その基礎理論は 1 つの微分方程式で代表され，実際問題はその解法にあるといえる．これらの現象解析にコンピュータが使われる以前は，いろいろな条件について，先の微分方程式を解く数学的手法（演算子法など）や図解法がこの問題に関する重要手段であった．最近では，コンピュータを用いることにより，有限要素法や差分法によって，多次元非定常熱伝導問題も容易に解けるようになった．なお，熱伝導問題は，固体界面における放射，対流熱伝達を合わせた系として扱うことが多い．

　移流による熱伝達は，空気や燃焼生成ガスなどの流体の移動，すなわち移流に伴うエネルギーの輸送であり，移流による伝熱量は，流体の流速，温度，密度，比熱の積として容易に求められる．

　流体と固体表面間の伝熱を対流伝達とよび，流体の流れ性状が層流であるか乱流であるかによって，それぞれ層流熱伝達，乱流熱伝達に分類される．この機構による伝熱量は，固体表面の温度と表面から十分離れた流体の温度の差に比例するものとし，その比例定数を熱伝達率と定義している．いろいろな系について，この熱伝達率を与えることが問題処理の基本となる．対流熱伝達は，固体表面近傍の流れの性状に大きく支配され，固体表面近くにもともと流れのある場合の強制対流と，流体の温度が熱伝達現象のために変化して自然対流が形成される場合の自然対流に分けて扱われる．熱伝達率の実験公式は，熱伝達を含む無次元数であるヌセルト数またはスタントン数と，流体の性状や物性を含む無次元数であるレイノルズ数，グラスホフ数，プラントル数などの関係式として表されることが多い．このように，対流熱伝達機構は，熱伝達率の実験公式の定式化を中心に，理論基盤は一応整備されているといえる．

2・2・2　火災と気流

　火災時に生じる火炎，煙流などの気流は，火災の延焼拡大や建物内の煙の流動拡散などの火災性状を支配する要因であることはいうまでもない．これに関しては，さまざまな問題が取り上げられ，多くの研究が行われてきた．例えば，火源上の上昇気流，火災室廊下等における煙層，建物内の煙の流動拡散，窓からの噴出熱気流，市街地の火災気流などがあげられる．これらの解析手法としては，相似理論解析，模型実験，数値実験などがある．

窓からの噴出熱気流，市街地の火災気流の問題を含めて，火源上の上昇気流の解明は，さ
まざまな火災性状の把握や防火対策上の知見の予測に不可欠な基本課題である．火源上に形
成される上昇気流は，連続火炎域，間欠火炎域，プルーム域の3つの領域に分けられ，おの
おの異なる性状を示す．市街地の火災気流は，市街地大火に関連して取り扱われることが多
く，したがって，有風時の性状を問題にすることが多い．ここで取り上げられる問題として
は，風による火炎の傾き，無限線熱源の仮定による熱拡散，面熱源からの火災気流などがあ
る．

建物内での煙の流動拡散は，火災時の建物内居住者の安全対策に関連して，その性状把握
が重要となる．建物火災において，火災室で発生した煙は，まず火災室上部に煙層を形成
し，煙層下端が火災室の開口上端より低い位置に達すると，開口部より廊下等へ流出し，廊
下等の上部で煙層を形成し，さらに階段，エレベーター等，竪シャフトなどを通って，他の
階へ流れ，拡散する．火災室およびこれに直接通じる廊下等においては，一般に煙温度が高
く，浮力が煙の流れ性状に支配的に影響する．火災室以外の部分においても，煙が高温の場
合，浮力が煙の流れ性状に大きな影響を及ぼすことはもちろんであるが，一般的には，外気
風，建物内外の温度配置，建物内の流路開口条件，空調条件などの要素によって支配される
建物内の圧力配置が，建物内各部における煙あるいは空気の流れ性状を決定するといえよ
う．これらの性状把握のための手法としては，建築物の防煙計画のための煙制御計算法を含
めて，一連の数値計算法が提案され，すでに実用に供されている．

2・2・3　火災実験と相似則および計測技術

以上に述べた熱および気流を含む火災性状を把握するため，模型実験が行われるが，これ
が実物の代用を果たすためには，模型と実物との間に幾何学的ばかりでなく，熱学的にも相
似でなければならない．これらの問題では，種々のパイナンバーを活用して相似則を導くと
いった常套的手法が使われる．ここでは，タンク火災と液面火災など，実用性が高いと思わ
れるいくつかの代表的な火災に関する相似則を紹介する．

火災実験では，温度，熱流，圧力，流速，煙・ガスの濃度などの測定が行われる．温度，
熱流，流速などの計測は，火災実験に限らず種々の分野で行われており，多くは他分野で開
発された原理・技術を応用して行われるが，火災実験では，1000℃を超える高温が生じる
ので，そのための特別の技法が要求されることが多い．

温度測定では，熱電対が最も多く使われているが，そのほかに，放射温度計（被測体表面
からの放射を計測して被測体の表面温度を測定する計器），熱映像写真（空間内の温度分布
を写真のように測定する方法），元素素子ラベル・塗料などがある．

熱流・放射の測定では，熱電堆を用いて熱流量を測る熱流計と放射計（原理は熱流計と同
じ）が一般に用いられている．

流速の測定では，熱線流速計，相関流速計，差圧による流速測定器，ドップラー効果を利
用した流速測定器などのほかに，トレーサ粒子を利用したPIV（粒子画像流速測定法）シス
テムなどが用いられる．　　　　　　　　　　　　　　　　　（若松　孝旺・大宮　喜文）

2・3　火災と熱気流

　火災時の流体力学的現象で火災安全上の脅威とされるものとしては，室火災における煙層降下，火災区画からの噴出煙の建物内流動拡大，火災室窓からの噴出火炎による上階延焼，市街地火災における熱気流・旋風等がある．これらの現象に対する合理的対策を計画するには，問題とする現象について必要な性状を予測できるようにする必要があるが，さらに，火災安全上直接問題とならない現象であっても，例えば，天井面に取り付けられるスプリンクラー・火災感知器などの性能・配置を合理的に設計しようとする場合などは，火源上に形成される熱気流性状の予測が必要となる．これらの問題の中には互いに現象の仕組みの共通するものがいくつかあり，取扱いの方法論の立場から火災気流を分類すると次のようになろう．

　1）無風の空間に置かれた火源上の熱気流
　2）廊下・火災室等における煙層の流動性状
　3）建物内全体系における煙の流動性状
　4）火災区画の開口から噴出する熱気流性状
　5）横風を受ける熱気流性状

　これらの中では1）のモデル化が理論的に最も単純であり，その研究も進んでいるが，5）は一般に市街地程度の大規模な現象を問題とするために，現在までに実物の規模の現象について定量的な知識が十分得られているとはいえない．ここでは火災気流性状を上の1），4），5）に分けて順次概説するが，それに先だって火災気流に共通する特徴と一般的な解析手法を整理しておきたい．なお，上の2），3）については次節で詳しく述べられている．

2・3・1　一　般　事　項

（1）火災気流の一般的特徴

　火災気流を他の流体力学現象と比べて最も特徴的なことは，それが数百℃に及ぶ著しい温度差を伴うことである．熱気流の理論的な取扱いでは，温度変化に伴う密度の変化が気流性状に及ぼす影響を浮力についてのみ考慮し，気体そのものは非圧縮であることを仮定するブシネスク（Boussinesq）近似を用いるのが常套的であるが，大きな温度差を伴う流れに対しては気体の圧縮性を無視することができない．ブシネスク近似を仮定すると，xを水平方向，yを鉛直方向とする2次元の気流性状の基礎方程式は式（2・115）～（2・118）のように書かれ，流速と温度が直接関係づけられる．したがって，ブシネスク近似系では気流の熱的状態と気流性状の関係の解析が著しく容易になるが，気体の圧縮性を考慮する場合は式（2・119）～（2・123）のように変数が増えるだけでなく，気流性状と気体の熱的状態の関係がはるかに複雑になり，解析が著しく困難になる．このような難点を避けるための便法として，火災気流の取扱いでは，しばしば，まず火災気流を非圧縮と仮定して定性的なモデルを誘導したうえで圧縮性を考慮した補正が行われる．ちなみに，気体の圧縮性に由来する火災気流の特徴としては，浮力以外に次のようなものがある．

A.　コアンダ効果の促進

　噴流状の流れがあるとき，その付近に壁などを置くと，流れが壁に吸い寄せられることがある．この現象をコアンダ効果という．噴流では軸上の流速が大きいために静圧は軸上で最

も低く周囲から空気を巻き込んでいるが（図2·30），壁
を付近に置くと，壁に遮断された部位からの空気供給が
失われるために壁面上で静圧が低下し，噴流軸が壁面付
付近に移動する，というのが，この現象の機構である．
したがって，コアンダ効果そのものは熱気流でなくと
も，等温噴流でも起こり得る現象ではあるが，燃焼によ
る熱気流が天井・壁面などに沿って流れる場合には固体
表面への熱損失により気流が冷却・収縮するので噴流へ
の空気巻き込みは等温噴流より大きくなり，コアンダ効

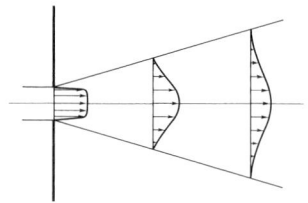

図 2·30　噴流の構造
（周囲から空気を巻き込んでその幅
を拡大する．巻き込み空気量は噴
流の幅と軸上流速の積に比例する）

果を助長する．コアンダ効果は，火災室窓からの噴出火
災・熱気流が壁面に吸い寄せられて上階延焼の危険を高めるなど，防火対策上，重要な意義
をもつ現象である．

B. 室火災成長期の煙噴出の助長

　室火災のフラッシュオーバー期には，火災室温が急上昇するために室内空気が膨張して，
火災室開口からの空気流出が空気流入に卓越するようになる．このため火災室への酸素供給
が減少して不完全燃焼を促進して黒煙や CO の発生を増加させる一方で，室からの流出空気
が増加するため，建物内への煙拡大を助長する．気体の圧縮性を無視してフラッシュオー
バー期の換気を計算すると，流入空気量が温度上昇に伴って増加するため，この現象の危険
性は過小評価されることとなる．

（2）火災気流の解析手法

　火災気流性状を予測する方法としては，半実験的理論である相似理論解析，模型実験，数
値実験などがある．これらの手法の特徴はおおむね次のとおりである．

A. 相似理論解析

　無風時の火源上の熱気流や天井面下の煙流動性状をモデル化する際に常套的に用いられる
手法である．この方法では，問題とする火災気流の基礎方程式の解の定性的な形状・特徴を
実験的に求めておき，それを基礎方程式（例えば式（2·115）〜（2·118）に代入して，基礎方
程式を解きやすい形の適当な常微分方程式に変換し，その解を求める．この手法では，基
礎方程式として圧縮性を考慮したもの（例えば式（2·119）〜（2·123）を用いると解きやすい
形の常微分方程式の誘導が困難となるため，ブシネスク近似を使った方程式（例えば式（2·
115）〜（2·118））から出発するのが普通である．この手法の具体的適用例は第 2 節を参照さ
れたい．

B. 模型実験と無次元数

　模型実験では実物との相似性を保つために，適当な無次元数が実物と一致するように実験
計画をたてる．火災気流は顕著な熱気流だから，その解析に用いられる無次元数も熱対流に
係るものが多く，火災気流に係る模型実験で一般に使われる無次元数を整理すると表 2·4 の
ようになる．ただし，これらの無次元数がすべて実物と一致するような模型実験を行うこと
は原理的に不可能であって，問題とする現象の性質によって考慮する無次元数を取捨選択す
る必要がある．

熱気流の基礎方程式（ブシネスク近似，2次元）

- 連続の式　　　　　　　　　　　$\partial u/\partial x + \partial w/\partial z = 0$　　　　　　　　　　　(2·115)
- 運動方程式
  - （水平方向）$\partial u/\partial t + \partial u^2/\partial x + \partial uw/\partial z = -\partial \pi/\partial x + \nu(\partial^2 u + \partial x^2 + \partial^2 u/\partial z^2)$　　(2·116)
  - （垂直方向）$\partial w/\partial t + \partial uw/\partial x + \partial w^2/\partial z = -\partial \pi/\partial z + \nu(\partial^2 w/\partial x + \partial^2 w/\partial z^2) g\beta\theta$　　(2·117)
- エネルギー方程式

$$\partial \theta/\partial t + \partial u\theta/\partial x + \partial w\theta/\partial z = a(\partial^2 \theta/\partial x^2 + \partial^2 \theta/\partial z^2)$$
$$+ 2\nu\{(\partial u/\partial x)^2 + (\partial w/\partial z)^2 + (\partial u/\partial z + \partial w/\partial x)^2/2\} + q \quad (2·118)$$

u：水平方向流速　　　　w：垂直方向流速

x：水平方向座標　　　　z：垂直方向座標

θ：温度差　　　　　　q：発熱量を熱容量で基準化したもの

π：静圧を密度で基準化したもの

熱気流の基礎方程式（圧縮性を考慮する場合，2次元）

- 連続の式　　　　　　　　　　$\partial \rho/\partial t + \partial \rho u/\partial x + \partial \rho v/\partial y = 0$　　　　　　　　　(2·119)
- 運動方程式
  - （水平方向）　　　$\partial \rho u/\partial t + \partial \rho u^2/\partial x + \partial \rho uw/\partial z = -\partial p/\partial x$

$$+ \partial\{2\mu\partial u/\partial x - 2\mu(\partial u/\partial x + \partial w/\partial z)/3\}/\partial x$$
$$+ \partial\{\mu(\partial u/\partial z + \partial w/\partial x)\}/\partial z \quad (2·120)$$

  - （垂直方向）　　　$\partial \rho w/\partial t + \partial \rho uw/\partial x + \partial \rho w^2/\partial z = -\partial p/\partial z$

$$+ \partial\{\mu(\partial u/\partial z + \partial w/\partial x)\}/\partial x$$
$$+ \partial\{2\mu\partial w/\partial z - 2\mu(\partial u/\partial x + \partial w/\partial z)\}/\partial z - \rho \quad (2·121)$$

- エネルギー方程式

$$\partial \rho e/\partial t + \partial \rho ue/\partial x + \partial \rho we/\partial z = \partial(K\partial T/\partial x)/\partial x$$
$$+ \partial(K\partial T/\partial z)/\partial z - p(\partial u/\partial x + \partial w/\partial z) + Q$$
$$+ 2\mu\{(\partial u/\partial x)^2 + (\partial w/\partial z)^2 + (\partial u/\partial z + \partial w/\partial x)^2/2$$
$$- 2(\partial u/\partial x + \partial w/\partial z)^2/3\}, \quad e = C_v T \quad (2·122)$$

- 状態方程式　　　　　$P = \rho RT$　　　　　　　　　　　　　　　　(2·123)

R：気体定数，C_v：定積比熱，P：圧力，Q：発熱量

　無次元数は模型実験の条件設定の際だけでなく，実験データを整理する際の指標としても一般に用いられる．例えば図 2·31 は，火災時に廊下を流れる煙が安定な 2 層流を形成するか，廊下内で混合するかがどのように決まるかをレイノルズ数とリチャードソン数を使って整理した例で，図上の曲線を境界として廊下の煙流動性状が著しく相違することを示す．したがって，廊下を流れる煙の条件が図中のどの領域に属するかがわかれば，その流動性状を予測することができるわけである．

表 2·4　火災気流の性状の整理に使われる代表的な無次元数

名　　称	定　　義	物　理　的　内　容
レイノルズ数*	$Re = ul/\nu = \rho ul/\mu$	慣性力と粘性力の比，一般に $Re = 2 \sim 3 \times 10^3$ で層流から乱流に遷移
グラスホフ数*	$Gr = g\beta\theta l^3/\nu^2$	浮力と粘性力の比
プラントル数*	$Pr = \nu/\alpha = \mu C_P/\lambda$	動粘性係数と温度拡散率の比
レイリー数	$Ra = g\beta\theta l^3/\alpha\nu$	Gr と Pr の積，自然対流の起こりやすさを表す
ヌセルト数*	$Nu = hl/\lambda$	固体表面と流体の間の境界層内熱伝達現象
スタントン数*	$St = h/\rho u C_P$	強制対流による固体表面・流体間の熱伝達現象
内部フルード数	$Fr = u/\sqrt{g\Delta\rho l^*/\rho}$	慣性力と浮力の比，上下方向に密度差のある流れの成層のしやすさ
リチャードソン数	$Ri = -g \cdot (d\rho/dz)/\rho (du/dz)^2$	$1/Fr^2$ に相当．上下方向の密度差による乱れの生じやすさ

u：代表流速，　　　l：代表寸法，　　　　ν：動粘性係数，　　　ρ：代表密度，　　　μ：粘性係数，
g：重力速度，　　　β：体積膨張率，　　　α：温度拡散率，　　　C_P：比熱，　　　λ：熱伝導率，
θ：代表温度差，　　h：対流熱伝達率，　　$\Delta\rho$：代表密度差，　　l^*：代表高さ

(注)* 印：2·1·3 節参照

C. 数値実験

　火災気流の挙動を表す基礎方程式 (2·115)〜(2·118)，または式 (2·119)〜(2·123) は解析的には解くことができないが，これらを差分近似した方程式を数値的に解くことは電算機と数値計算技術の進歩によって可能になった．この方法は，火災室など，問題とする空間を差分格子に分割し，各格子の温度・流速・圧力等の代表値について式 (2·115)〜(2·118)，または式 (2·119)〜(2·123) に対応する方程式を解くものである．図 2·32，2·33 は数値実験の応用例で，既往の理論的手法では扱えないような複雑な流れを再現できることと，模型実験に比べて非常に詳しい情報を得ることができるところに，この手法の特徴がある．最近のコンピュータの小型化・高速化により，複雑な形状の空間等の火災気流シミュレーションを行う例も増えている．なお，数値実験の解析方法については第 19 章に詳細が記載されている．

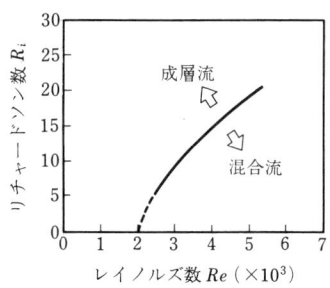

図 2·31　廊下を流れる煙の成層の安定性[1]

（長谷見　雄二）

2·3·2　無風時の火源上に形成される熱気流性状

　風のない静穏な空間で燃焼が生ずると，火源上に垂直な火炎・熱気流を形成する．もし火源が便宜的に円形と仮定できるようなものであれば，こうして形成される火炎・熱気流の流速・温度等の分布は軸対称になるはずであるから，その取扱いはそう難しくないであろう．

ブシネスク近似を仮定すると，点熱源または円形の熱源上に形成される軸対称な熱気流の挙動は次式で近似的に表される．

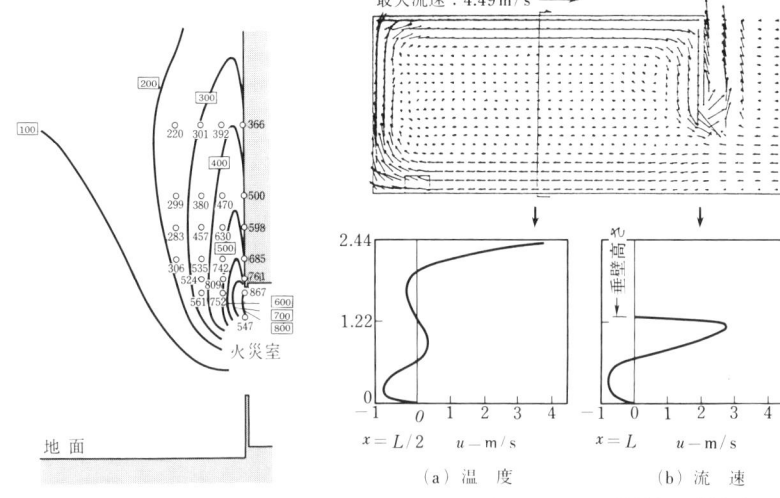

図 2·32　火災室開口からの噴出気流に　　　　図 2·33　火災室まわりの熱対流の計算例[3]
　　　　　関する数値実験と実大実験の　　　　　（上は流れのパターン，下は水平方向流速成分の断面図）
　　　　　結果の比較[2]

$$\frac{\partial ruw}{\partial r} + \frac{\partial rw^2}{\partial z} = \frac{\partial}{\partial r}(\overline{ru'w'}) + g\beta\theta \qquad (2\cdot124)$$

$$\frac{\partial ru\theta}{\partial r} + \frac{\partial rw\theta}{\partial z} = \frac{\partial}{\partial r}(\overline{ru'\theta'}) + q \qquad (2\cdot125)$$

$$\partial ru/\partial r + \partial rw/\partial z = 0 \qquad (2\cdot126)$$

式（2·124）には圧力勾配を表す項が含まれていないが，これは，熱気流では，高さ方向の圧力勾配が浮力に比べて非常に小さいからである．式（2·124），（2·125）の右辺第1項の中の相関項 $\overline{u'w'}$，$\overline{u'\theta'}$ は工学的には，一般に次のように近似的に表現される．

$$\overline{u'w'} \approx K_w\, \partial w/\partial r, \quad \overline{u'\theta'} \approx K_\theta\, \partial\theta/\partial r \qquad (2\cdot127)$$

以上の条件を満たす典型的な場合としては，室火災の初期に着火物上に立ち昇る火災気流，火盛り期に窓から噴出して壁面を這う火災気流などがあるが，これらの火災気流で防火対策上問題となるのは，火炎高さ，熱気流が天井に届く時の温度・煙層への空気供給量や高さ方向の温度分布などである．ここでは，風のない空間の火炎気流性状を概観して，防火対策上必要な知見を予測する方法を示す．

（1）矩形または円形の火源上の熱気流の一般性状

火災時に火源上に形成される拡散火炎は，常時火炎が存在する（連続火炎）領域と火炎が息をする（間欠火炎）領域よりなるが，熱気流の性状は，これらの領域にさらに火炎が全く

存在しない（プルーム）領域を加えた3つの領域で次のように異なる性状を示す[4].

A. 連続火炎

軸上温度は火源からの高さに関係なくほぼ一定. 軸上の垂直方向流速は, おおむね火源からの高さの平方根に比例する. 熱気流の水平方向の広がりも高さ方向にほぼ一様で, 温度・流速は火炎からはずれると急激に低下する.

B. 間欠火炎域

軸上温度は高さに反比例し, 軸上の垂直方向流速はほぼ一定. 上昇気流の幅は高さの平方根にほぼ比例して広がる.

C. プルーム（火炎が存在しない領域）

軸上温度は高さの5/3乗に反比例して低下し, 軸上の垂直方向流速は高さの1/3乗に反比例する. 熱気流の幅はほぼ高さに比例する.

図2·34はこの関係を示す実験結果で, 横軸の高さを発熱量 Q の2/5乗で割ったのは, 火炎の高さが一般に $Q^{2/5}$ に比例するとされるため, 熱気流性状を火炎との位置関係で整理するのに都合がよいからである. また, 表2·5は軸上の温度・流速を領域ごとに整理したもので

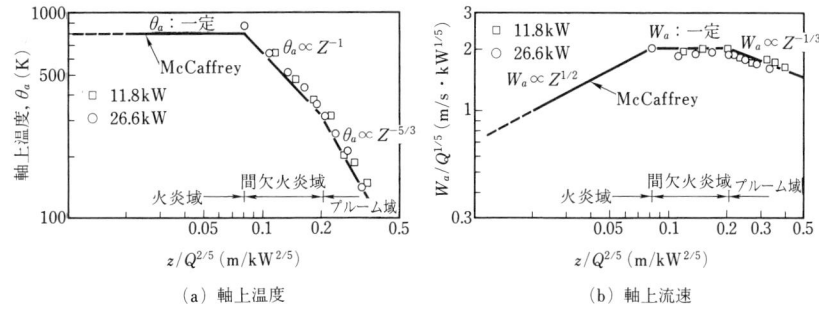

図 2·34　乱流拡散火炎上の熱気流の軸上の温度・流速の高さによる変化

表 2·5　熱気流の領域分類と各領域の特徴

	$W_a/Q^{1/5}=A \cdot z'^{\,n}$, $\theta_a=B \cdot z'^{\,2n-1}$, $z'=z/Q^{2/5}$						
	火 炎 域　$0.03<z'<0.08$　$n=1/2$		間欠火炎域　$0.08<z'<0.20$　$n=0$		プルーム域　$0.20<z'$　$n=-1/3$		$\dfrac{W_a^2}{2g\beta\theta_a z}$
	A	B	A	B	A	B	
長谷見	—	—	1.90	70	—	—	0.72
寺井・新田	—	700〜800	1.5	56	—	—	0.56
McCaffrey	6.84	797	1.93	63	1.12	21.6	0.86
Cox–Chitty	6.83	880	1.85	70	1.08	23.6	0.69
Rouse–Yih–Humphreys	—	—	—	—	1.42	29.7	1.00
Yokoi	—	—	—	—	1.17	24.6	0.81
George–Tamanini–Alpert	—	—	—	—	1.24	24.6	0.64〜0.69

ある．火炎高さ，すなわち火炎域・間欠火炎域の高さは燃料の種類や火源の寸法によって異なるが，表2·5はメタンを主成分とする天然ガスやメタノールの直径20〜30 cm 程度の火源に対して有効で，これらより炭素の多い燃料や寸法の小さい火源では火炎がさらに高くなる．また燃焼によって生じた熱のうち上昇気流によって散逸するのは約60〜80％で，20〜40％は主として火炎放射によって失われる．木材のように濃い火炎を形成する燃料では火炎放射による熱損失比率は40％程度に達することがあり，メタノールのように火炎の薄い燃料ではその比率は20％以下となる．

熱気流の軸上の温度θ_a，流速w_aおよび熱気流幅bの広がり方は相互に無関係ではなく，$\theta_a \propto z^l$, $w_a \propto z^m$, $b \propto z^n$とするとき，次の関係が満足されなければならない．

$$l = 2m - 1 \tag{2·128}$$
$$l + m + 2n = 0 \tag{2·129}$$

式 (2·128) によれば$w_a^2/\theta_a z$が一定になるはずであるが，この値の領域によってあまり変化せず，$w_a^2/\theta_a z = \alpha \cdot g\beta$とすると，連続火炎で$\alpha \approx 1.75$，間欠火炎域で$\alpha \approx 1.5$，プルームで$\alpha \approx 1.6$となる．

（2）間欠火炎域の気流性状[5]

間欠火炎域の及ぶ高さは通常の区画火災では天井面下に形成される煙層の下端と同程度になるため，火災室の煙層降下等を予測するにはこの領域の性状をモデル化する必要がある．

2·3·2 (1) に示した間欠火炎域の特徴を条件として軸対象熱気流の基礎方程式 (2·124)〜(2·126) を解くと，次の解が得られる．

$$w = \sqrt{g\beta/0.005\pi C_p\rho} \cdot Q^{1/5}/(\eta+1)^2 \tag{2·130}$$
$$\theta = Q^{2/5}/0.0075\pi C_P\rho z(\eta+1)^3 \tag{2·131}$$

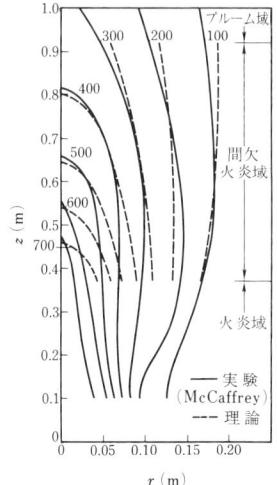

図 2·35　間欠火炎域に関する実験と
　　　　　理論の比較

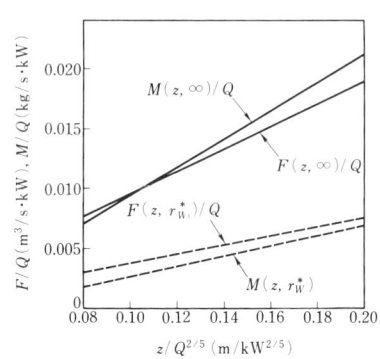

図 2·36　間欠火炎域の煙・空気流量の
　　　　　計算図表

$$\eta=r^2/xz, \quad x=0.00212\,Q^{2/5}\sqrt{\pi C_p\rho/g\beta} \tag{2·132}$$

ここに，C_P：空気比熱（kJ/kg），ρ：空気密度（kg/m³），Q：発熱量（kw），K：渦動拡散係数で，$K\sim 0.0025\,Q^{3/5}$（m/s）

式（2·130）～（2·132）はブシネスク近似を仮定しているので，この領域下端付近の非常に高温の部分では実際よりふくらんだ等温線を与える傾向があるが，他の部分では実験結果とよい一致を示す（図 2·35）．ちなみに，図 2·36 は間欠火炎域の空気流量，すなわち

$$F=2\pi\int wrdr \text{ (m}^3\text{/s)}, \qquad M=2\pi\int \rho wrdr \text{ (kg/s)} \tag{2·133}$$

の計算図表で，軸から半径 r までを流れる体積流量 F は

$$F(z,\,r)=0.03\pi Q^{3/5}r^2z/(r^2+0.00212\,Q^{2/5}z\sqrt{\pi C_p\rho_m/g\beta}\,) \tag{2·134}$$

となるから高さに比例し，質量流量 M は実用的には次式で与えられる．

$$M=0.043Q(z/Q^{2/5}-0.0372) \tag{2·135}$$

$$M=0.026Q(z/Q^{2/5})^{0.909} \tag{2·136}$$

（3）プルーム域の気流性状

横井[24]によれば，プルーム域の温度・流速の分布は式（2·137）で与えられる．

$$w=0.178(Q\beta/\rho C_p)^{1/3}\cdot C^{-4/9}\cdot z^{-1/3}\cdot$$

$$\underline{(1+0.9174\eta^{3/2}+0.3990\eta^3+0.1077\eta^{9/2})\cdot\exp(-1.4617\eta^{3/2})} \tag{2·137}$$

$$\theta=0.00198(Q^2/\beta\rho^2C_p^2)^{1/3}\cdot C^{-8/9}\cdot z^{-5/3}\cdot$$

$$\underline{(1+0.9383\eta^{3/2}+0.4002\eta^3+0.09398\eta^{9/2})\cdot\exp(-1.4617\eta^{3/2})} \tag{2·138}$$

ここに，$\eta=r/(C^{2/3}\cdot z)$ で，乱れの強さを表すパラメータ C は，室内の燃焼などでは，おおむね，$C\approx0.03\sim0.06$ となる．$w,\,\theta$ の水平面分布は上式の下線部で与えられる．温度・流速の水平面分布は実用的には正規分布で近似されることが多いが，上式で与えられる分布形は，軸から離れた位置では正規分布より緩やかに減衰し，実験的にも，その傾向がみられる（図 2·37）[6]．この領域では熱気流と周囲との間の温度差が小さいので一般には圧縮性を無視して扱ってよいが，質量流量を求める場合は，密度の分布を考慮する必要がある．すなわち，上の関係式を使い，$\rho=$ 一定と仮定して質量流量を計算すると

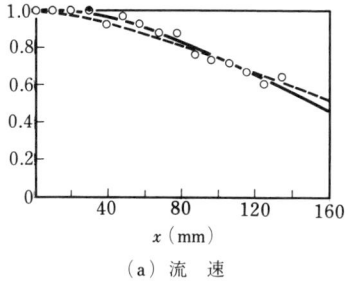
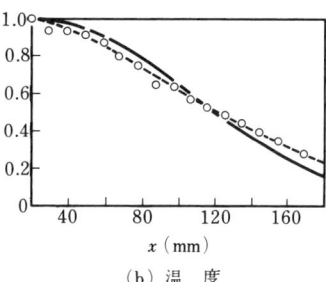

(a) 流　速　　　　　　　　　　　(b) 温　度

図 2·37　プルーム域における温度・流速の水平面分布形
（実線は正規分布，破線は式（2·137），（2·138）の
下線部分，プロットは実験データ，$z/Q^{2/5}=0.252$）

$$M = 2\pi\rho \int_0^\infty wrdr \propto z^{5/3} \qquad (2 \cdot 139)$$

となるが，実験的には $M \propto z^{1.8 \sim 2.0}$ となることが知られている．例えば w, θ の水平面分布を同じ幅を持つ正規分布で近似すると，密度の温度依存を考慮した質量流量が解析的に得られる．すなわち，この場合は

$$M = 2\pi \int_0^\infty \frac{353\beta}{(1+\beta\theta)} w\theta dr \propto (z/Q^{2/5})^{10/3} \ln(1+\beta\theta_a) \qquad (2 \cdot 140)$$

となる．上式の右辺は $z \to \infty$ とすると一定値 $0.00198(\beta/\rho C_p)^{2/3} \cdot C^{-8/9}$ に漸近するが，普通，プルームの性状が問題となる領域では，ほぼ z^2 に比例する[4]．密度の温度依存を考慮したプルーム域の質量流量の実験式には次のようなものがある．

$$M = 0.124 Q(z/Q^{2/5})^{1.895} \qquad (2 \cdot 141)$$

$$M = 0.29\sqrt{D} \cdot Q(z/Q^{2/5})^2 \qquad (2 \cdot 142)$$

式 $(2 \cdot 141)$，$(2 \cdot 142)$ はほぼ同じ構造をもっているが，式 $(2 \cdot 142)$ では火源の直径 D （m）の効果が考慮されている．

（4）熱気流性状に対する火源寸法の影響[7]

2・3・2（1）によると，火源上の熱気流の性状は火炎の高さの影響を受けるが，火炎の高さは火源寸法に依存するから，熱気流の性状も火源寸法の影響を受けることになる．プロパンを燃料とする実験では，火炎高さ L_f は $L_f \propto D^{-0.3}$ なる関係があり，間欠火炎域・プルーム域などの区分と気流性状はそれぞれ次のようになる．

A．間欠火炎域

$0.075 < z/(D^{-3/10} \cdot Q^{2/5}) < 0.143$ が間欠火炎域となる．この領域の気流性状は式 $(2 \cdot 92) \sim (2 \cdot 95)$ で $K = 0.0032 \cdot D^{1/5} \cdot Q^{3/5}$ とすれば求まる．したがって，軸上流速 w_a，軸上温度 θ_a はそれぞれ $D^{-1/10}$，$D^{-1/5}$ に比例することになる．式 $(2 \cdot 135)$，$(2 \cdot 136)$ では，$z/Q^{2/5}$ の代わりに $1.44 z/(D^{-3/10} \cdot Q^{2/5})$ とすればよい．

B．プルーム域

$0.143 < z/(D^{-3/10} \cdot Q^{2/5})$ がプルーム域となる．横井のモデル式 $(2 \cdot 137)$，$(2 \cdot 138)$ では，$C = 0.172 \cdot D^{9/20}$ とすればよい．式 $(2 \cdot 135)$，$(2 \cdot 136)$ では，間欠火炎域と同様に，$z/Q^{2/5}$ の代わりに $1.44 z/(D^{-3/10} Q^{2/5})$ とすればよい．$L_f \propto D^{-0.3}$ であれば，理論的にはプルーム内の質量流量 M は $M \propto D^{0.5 \sim 0.6}$ となるが，実験式 $(2 \cdot 136)$ はこの関係をほぼ満足している．

（5）線熱源上の火災プルーム

火災時の熱気流に関する問題では火源を点または有限の面積の面とみなしてよい場合が多いが，火源幅が大きい場合などは，前項までの理論があてはまらなくなる．このような場合の火災気流の性状は，一般に無限の幅をもつ線熱源上の熱気流に関する理論から推定される．

線熱源上の火災プルームでは軸上温度 θ_a が高さにほぼ反比例し，軸上流速 w_a が高さにかかわらず，ほぼ一定となる（図2・38）．またプルームの幅は熱源からの高さに比例して拡大する（図2・38）．流速 w, 周囲との温度差 θ の分布は，横井[8]によると，それぞれ

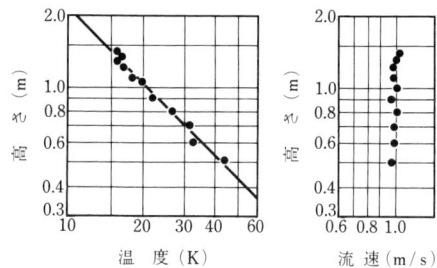

図 2·38　線熱源上の熱上昇気流の軸上の温度流速[8]

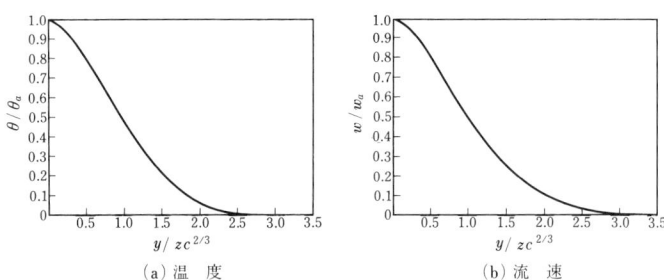

(a) 温　度　　　　　　　　　　　　(b) 流　速

図 2·39　線熱源上の熱上昇気流の温度・流速の水平面分布[8]

$$w = 482.7(Qg\beta/C_p\rho)^{1/3}c^{-2/9}\{1 + 0.442(y/z \cdot c^{2/3})^{3/2} + 0.0474(y/zc^{2/3})^3$$
$$- 0.00850(y/zc^{2/3})^{9/2}\}\exp\{-1.109(y/zc^{2/3})^{2/3}\} \tag{2·143}$$

$$\theta = 1428.4(Q^2/C_p^2\rho^2g\beta)^{1/3} \cdot c^{-4/9}z^{-1}\{1 + 0.529(y/zc^{2/3})^{3/2} + 0.0676(y/zc^{2/3})^3$$
$$- 0.0323(y/zc^{2/3})^{9/2}\}\exp\{-1.109(y/zc^{2/3})^{3/2}\} \tag{2·144}$$

となる. ここに, z は火源からの高さ [m], y は気流軸からの水平方向距離 [m] である. c は乱れの強さを表すパラメータで, 区画火災初期の燃焼などでは $c^{2/3} \coloneqq 0.13$ 程度となる.

　横井の理論では熱源の幅が 0 であると仮定している が, 有限の幅を持つ線熱源上の気流性状については Lee -Emmons が理論的に研究して, 軸上流速・幅・軸上密 度などが次式で与えられるとした[9].

$$u_a = \{(1+\lambda^2)/2\}^{1/6} \cdot \alpha^{-1/3} \cdot Q^{1/3} \tag{2·145}$$

$$b = 2\alpha z/\sqrt{\pi} + b_0 \tag{2·146}$$

$$\gamma_1/\Delta\gamma_a = 1.78g\lambda\alpha^{2/3}(z + \sqrt{\pi}\,b_0/2\alpha)/(1+\lambda^2)^{1/3}Q^{2/3} \tag{2·147}$$

ここに, λ は温度の水平面分布の幅 b_0 と流速分布の幅 b_w の比, $\lambda = b_0/b_w$, α は巻込み係数, γ_1 は周囲空気の 密度, $\Delta\gamma_a$ は軸上の密度と γ_1 の差

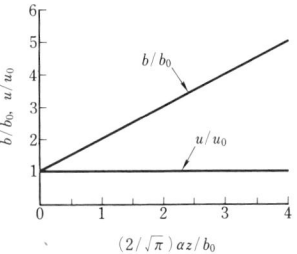

図 2·40　有限の幅を持つ線熱源から の熱気流の軸上温度と流れ の幅

　図2・40のように，このモデルでは気流の幅は熱源の端部から直線的に拡大し，軸上流速は高さにかかわらず一定となる．また，$\theta_a \propto \Delta\gamma_a$ であるから，軸上温度は $(z+\sqrt{\pi}\,b_0/2\,d)$ に反比例する．したがって $b_0=0$ ならば，式(2・145)〜(2・147)は図2・38，図2・39に示した実験的特徴を満足する．実験によると[8,10]，λ, α はそれぞれ $\lambda \approx 1.00 \sim 1.07$ 程度，$\alpha \approx 0.16$ となる．

（6）壁面上の熱気流性状

　火源が壁面近傍にあると，熱気流への空気巻き込みが自由空間の場合より減少するため，熱気流内部の質量流量は一般に減少し，軸上温度は自由空間の場合より高くなる．壁面上の熱気流が壁面の正津や断熱性に応じてどのような性状を示すかは十分明らかにされていないが，断熱壁上の線熱源熱気流の高さごとの温度・流速の最大値および質量流量は半実験的理論により，次のように定式化されている[11]．

$$W_a = \left\{ \frac{2\,g\beta Q I_3}{C_p \rho I_4 (2 E_0 \cdot I_2 / I_1 + C_f)} \right\}^{1/3} \tag{2・148}$$

$$\theta_a = \left\{ \frac{Q^2 I_1{}^3 (2 E_0 \cdot I_2 / I_1 + C_f)}{2\,g\beta C_p \rho^2 I_4{}^2 E_0{}^3 I_3} \right\}^{1/3} / x \tag{2・149}$$

$$M = \rho W_a \cdot E_0 x \tag{2・150}$$

ここに，$I_1 \sim I_4$ は水平面上で w/w_a, $(w/w_a)^2$, θ/θ_a, $(w\theta/w_a\theta_a)$ を積分した値で

$$I_1 = \int_0^\infty w/w_a\,dy, \quad I_2 = \int_0^\infty (w/w_a)^2 dy,$$

$$I_3 = \int_0^\infty \theta/\theta_a\,dy, \quad I_4 = \int_0^\infty (w\theta/w_a\theta_a)dy$$

表2・6　壁面上の熱気流の計算式の諸定数の実験値

E_0	0.067
I_2/I_1	0.701
I_3/I_1	0.937
I_4/I_1	0.617

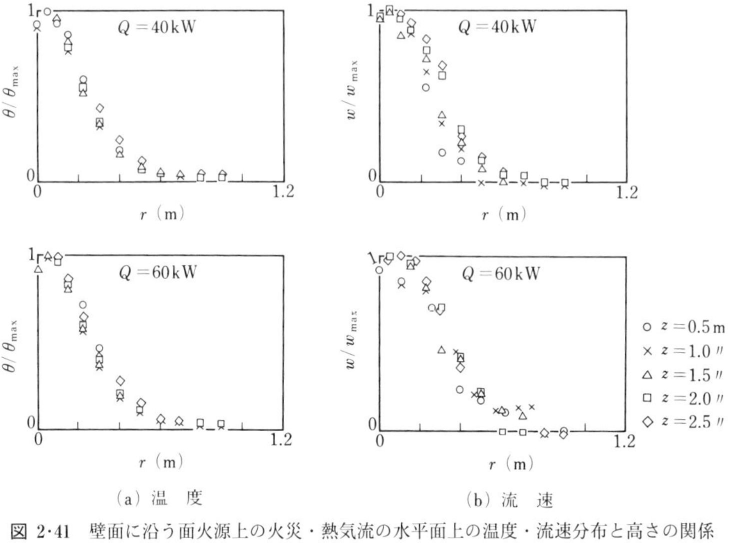

(a) 温　度　　　　　　　　　(b) 流　速

図2・41　壁面に沿う面火源上の火災・熱気流の水平面上の温度・流速分布と高さの関係

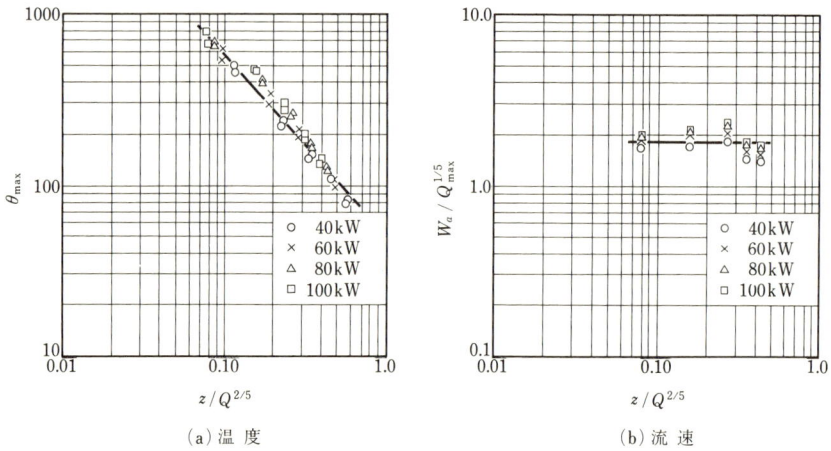

（a）温　度　　　　　　　　　　　　　　　（b）流　速

図 2·42　壁面に沿う面熱源上の火災・熱気流のトラジェクトリーの温度・流速と高さの関係

である．また，E_0 は巻き込み係数，C_f は壁面の摩擦係数で，金属・ガラスなどの滑らかな表面では $C_f \fallingdotseq 0.01$，粗い面では C_f は 0.1 を超える．式（2·148）〜（2·150）を実際に計算するには，I_2/I_1，I_3/I_1，I_4/I_1，E_0 の数値が必要である．表 2·6 は，壁面に沿う線熱源上の上昇気流に関する，これらの値の実験値を示す[6]．

なお熱源が点または有限な寸法の面である場合は，気流幅は壁に垂直な方向には拡大せず（図 2·41），また壁が熱的に熱い場合は，ある水平面上の温度・流速の最大値 θ_a，w_a はほぼ $\theta_a \propto z^{-1}$，$w_a =$ 一定，となる（図 2·42）[7]．

（7）火災区画開口からの噴出熱気流[24]

火災区画開口からの噴出熱気流は火災区画外の上方または隣接する空間への延焼原因の一つである．開口噴出熱気流の性状を把握する上で開口高さ H と幅 B の関係は重要な指標の一つであり，$B/2H$ を開口噴出面のアスペクト比 n と呼ぶ．これは，開口噴出熱気流の主たる噴出面が開口の上半分であると見立てた場合の開口噴出熱気流の噴出面の縦横比を表している．また，図 2·43 に示すように，ある高さにおける開口噴出熱気流の温度が最高値を示す位置を連ねた線は開口噴出熱気流の中心軸（トラジェクトリー）と呼ばれ，火災区画外の上部や隣接空間への延焼を検討する上で重要な要因である．熱気流の中心軸が壁に近ければ，火災区画側の壁が高温に曝されるため上方へ延焼しやすく，逆に熱気流の中心軸が開口から離れるほど対向方向への延焼危

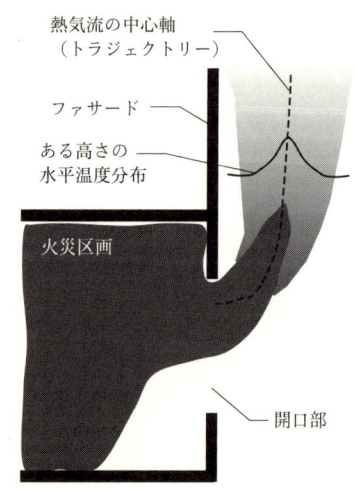

熱気流の中心軸
（トラジェクトリー）

ファサード

ある高さの
水平温度分布

火災区画

開口部

図 2·43　開口噴出熱気流の中心軸

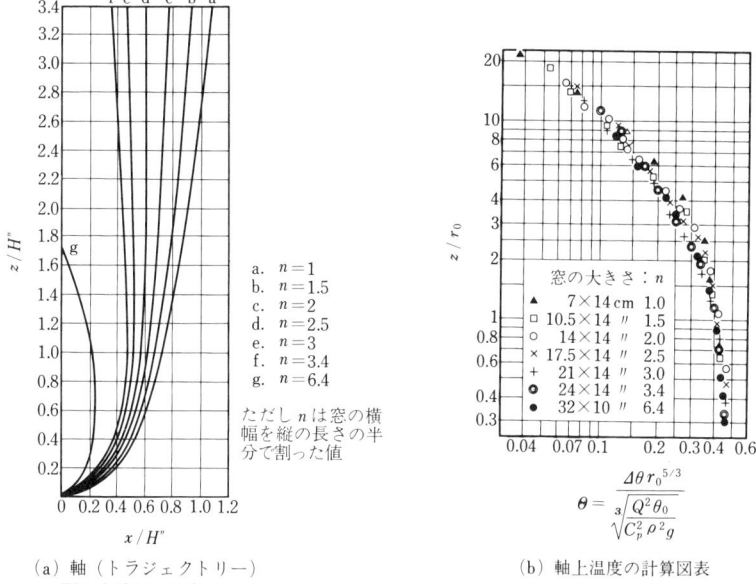

（a）軸（トラジェクトリー）
z：開口上端からの高さ，　x：開口から
壁面に垂直方向への距離，H：ほぼ開口
高さの1/2

（b）軸上温度の計算図表

図 2·44　火災区画開口からの噴出熱気流[12]

険が高まる．図 2·44（a）は火災区画の開口上部に壁等が存在する場合における開口噴出熱
気流の中心軸を開口噴出面のアスペクト比毎に整理した結果である．図に示されるように開
口噴出面のアスペクト比 n が高い，すなわち横長の開口になるほど中心軸は壁面側に近づ
く傾向にある．

A.　横井により提案された開口噴出熱気流中心軸上の温度算定方法

図 2·44（b）は，横井[12]により提案された開口条件と開口から換気によって放出される熱
エネルギーから開口噴出熱気流の中心軸上の温度分布を求める計算図表である．開口の上半
分に等しい面積の円の半径を相当半径 r_0 とすると，中心軸に沿った距離 z の温度（周囲温
度からの上昇分）は縦軸に z/r_0 を代入し，図 2·44（b）のプロットで構成される曲線に対
応する無次元温度 Θ（横軸の値）を読み，次式を用いて $\Delta\theta$ に換算すれば求まる．

$$\Delta\theta = \Theta \cdot \left(\frac{\theta_\infty \cdot Q^2}{c_p^2 \cdot \rho^2 \cdot g} \right)^{1/3} \cdot r_0^{-5/3} \tag{2·151}$$

ここで，θ_∞ は雰囲気温度 [K]，Q は開口から換気によって放出されるエネルギー [kW]，
c_p は空気の比熱（≒1.0）[kJ/kg/K]，ρ は噴出熱気流の密度 [kg/m³]，g は重力加速度（＝
9.8）[m/s²] である．

なお，次式は $0.14 \leq \Theta \leq 0.46$ の範囲で図 2·44（b）における Θ と z/r_0 の関係を近似し

た結果であり，図から読み取らずとも次式からΘを計算することもできる．ただし，この方法は開口噴出面のアスペクト比が6.4以下で適用可能である．

$$\Theta=\frac{1}{2}\cdot\exp\left(-\frac{1}{4}\cdot\left(\frac{z}{r_0}\right)^{4/5}\right) \tag{2・152}$$

このとき，噴出熱気流の密度ρは噴出熱気流の温度θにより変化する（気体の状態方程式より$\rho=353/\theta$）ため，式（2・151）で噴出熱気流の温度を陽に求めることができない．そのため，最初に任意の噴出熱気流の温度θに仮の値を代入して噴出熱気流の密度ρを求め，式（2・151）を用いて$\varDelta\theta$を計算し，さらに得られたθから噴出熱気流の密度ρを再計算し，再度式（2・151）に代入する……という反復計算することでθの真の値を求めることができる．

あるいは，次の方法に依ることもできる．式（2・151）に$\rho=353/\theta$を代入し，噴出熱気流の温度θの項について整理すれば，

$$\frac{\varDelta\theta}{(\theta_\infty\cdot\theta^2)^{1/3}}=\Theta\cdot\left(\frac{Q^2}{353^2\cdot c_p^2\cdot g\cdot r_0^5}\right)^{1/3} \tag{2・153}$$

となる．この式の左辺は対数関数で近似することができる．

$$\frac{\varDelta\theta}{(\theta_\infty\cdot\theta^2)^{1/3}}\approx\frac{1}{1.16}\cdot\ln\left(\frac{\theta}{\theta_\infty}\right) \tag{2・154}$$

ただし，θが1500 K以下を適用対象とする．この近似を用いると，熱気流中心軸温度を次式により直接求めることもできる．

$$\theta=\theta_\infty\cdot\exp\left(1.16\cdot\Theta\cdot\left(\frac{Q^2}{353^2\cdot c_p^2\cdot g\cdot r_0^5}\right)^{1/3}\right) \tag{2・155}$$

B．大宮らにより提案された開口噴出熱気流中心軸上の温度算定方法

大宮ら[13]は自由空間における長方形火源の気流中心軸状の温度分布算定式を応用し，開口噴出面のアスペクト比が5以上の横長の開口を対象とした実大規模の区画火災実験の結果を用いて，横長開口から噴出する熱気流の壁面近傍（前述のとおり，横長の開口から噴出した熱気流の中心軸は外壁面に沿う傾向にある）の温度θの推定式として次式を提案した．

$$\theta=\min\left(\theta_{max},\frac{794}{x}+\theta_\infty\right) \tag{2・156}$$

ここで，θ_{max}は開口噴出熱気流温度の上限値（火災室温度T_f[K]と自由空間中の連続火炎領域の火炎温度T_c[K]のうちの高い方）[K]，θ_∞は雰囲気温度[K]である．また，xは無次元鉛直距離と呼ばれ，次式で計算される．

$$x=\frac{z}{Q^{*2/3}_{l,(H-z_n)}\cdot(H-z_n)} \tag{2・157}$$

ここで，Hは開口高さ[m]，z_nは開口下端から中性帯までの高さ[m]，また，式（2・157）における$Q^*_{l,(H-zn)}$は無次元保有熱量と呼ばれ，次式で計算する．

$$Q^*_{l,(H-zn)}=\frac{Q_{l,(H-z_n)}}{\rho_\infty\cdot c_p\cdot\theta_\infty\cdot\sqrt{g}\cdot(H-z_n)^{3/2}} \tag{2・158}$$

ここで，c_pは空気の比熱（$=1.0$[kJ/(kg・K)]），gは重力加速度（$=9.8$[m/s²]），ρ_∞は大

気の気体密度 [kg/m³] である.

さらに, $Q_{l,(H-zn)}$ は開口幅当たりの噴出熱気流の保有熱量 [kW/m] であり,「開口から換気によって火災区画外に排出される熱流」$c_p m_d \theta_p$ と「火災室外での未燃ガスの燃焼の発熱速度」の和を開口幅で除した値であり次式で計算する.

$$Q_{l,(H-zn)}=\frac{c_p \cdot m_d \cdot \Delta\theta_p + Q_b - Q_{v,crit}}{B} \qquad (2\cdot159)$$

ここで, m_d は開口から噴出する熱気流の質量流量 [kg/s], θ_p は火災室温度 [K], θ_p は火災室温度 [K] である. また, Q_b は火災区画内で発生した可燃物の熱分解ガスが全て燃焼した場合の発熱速度 [kW], $Q_{v,crit}$ は火災区画内で発生した可燃物の熱分解ガスのうち火災区画内で燃焼する発熱速度 [kW] を意味しており, 大宮らは各種区画火災実験において開口噴出火炎が発生する限界の発熱速度を $Q_{v,crit}$ みなし, 次の実験式を提案した[14].

$$Q_{v,crit}=150\cdot\left(\frac{A_T}{A\sqrt{H}}\right)^{2/5}\cdot A\sqrt{H} \qquad (2\cdot160)$$

ここで A は開口の面積 [m²], A_T は火災室の内表面積 [m²]

（長谷見　雄二・野秋　政希）

2・3・3　風のある場合における熱気流性状
（1）矩形火源の場合

屋外に風のある場合, 火災気流は火源より上昇しつつ風下方向に流れる（図2·45）.

このような現象は1950年代に多発した木造市街地の強風下の延焼拡大の主因の1つをなした. そこで, 浜田は炎を含む最高温度の気流部分に注目し, 式（2·161）で炎の傾きを表した[15].

地上にある物体が一様な風を受けて燃焼, 発生する炎の中心軸と水平とのなす角 α（図2·46）は式（2·161）で与えられる.

$$\tan\alpha=\frac{g(1-p)}{K}\cdot\frac{D}{U^2} \qquad (2\cdot161)$$

ここに, g は重力加速度 [m/s²], U は風速 [m/s], p は大気の絶対密度と火炎の絶対密度の比, D は物体の風向方向の長さ [m], K は実験から求める定数である.

次に, 浜田は木材模型による風洞実験[15]を行い, その結果, 次の値を得て, 式（2·161）を実用的に式（2·162）の形にした. 実験から $g/K=5.15$, $(1-p)=0.772$ となった. そこで, $5.15\times0.772=3.98\fallingdotseq4$ となるから

図 2·45　風のある場合の火災気流の例
2階建家屋の火災実験（1979年）点火後7～8分後の気流

$$\tan\alpha=\frac{4D}{U^2} \qquad (2\cdot162)$$

その後, 浜田は市街地の延焼危険算定に対応させるため, 式（2·162）の形を次のように拡張した[16, 17].

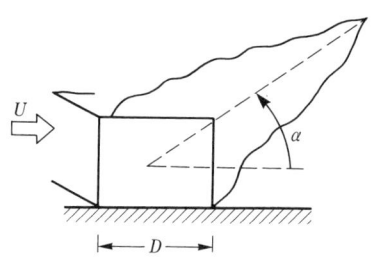

図 2·46　浜田の式における角 α

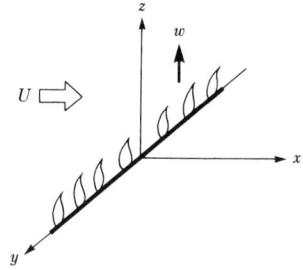

図 2·47　線状火源の座標軸

$$\tan \alpha = \frac{4Dmn}{U^2} \tag{2·163}$$

ここで，D は同時炎上している建物群の主風向に沿った距離（m），m は街区の建蔽率，n は延焼速度比．式（2·163）は東京都の地震火災対策に応用された[17]．

（2）線状火源から風下への熱拡散

火源を無限線状とし，これに直角に風速 u の風が吹く場合として，横井[18] は拡散方程式を次のような近似で解く方法で風下温度を示す解を得た（図 2·65 参照）．

座標軸は火源上に原点，風下方向に x 軸，鉛直方向に z 軸，火源に沿う方向に y 軸とし，（xz）面の 2 次元定常とする．風があまり弱くなければ x 方向の乱れによる拡散は無視できるので，熱拡散の方程式は次のようになる．

$$u\frac{\partial \theta}{\partial x} + w\frac{\partial \theta}{\partial z} = \frac{\partial}{\partial z}\left(K\frac{\partial \theta}{\partial z}\right) \tag{2·164}$$

ここに，θ は火災気流の温度上昇，K は z 方向のうず拡散係数である．一般には風速 u は高さ z の関数，K も x，z の関数だが，いまは u も K も近似的に定数とし，風速鉛直成分 w も一定とする．

境界条件は，地面への伝熱を無視して $z=0$ で，$Kd\theta/dz=0$，すなわち $d\theta/dz=0$，熱源 $x=0$ では $z\leqq h$ で $\theta=\Theta$，$z>h$ で $\theta=0$ として上式の解は

$$\theta = \Theta h \frac{u}{\sqrt{\pi K x}} \cdot \exp\left\{-\frac{u}{4Kx}\left(z-\frac{w}{u}x\right)^2\right\}$$

となる．次に上式の Θh を $Q(x)$（熱量），その他で表す工夫[18] をすると，温度分布を発生熱量の関数として次のように表す（これが横井による解）．

$$\theta = \frac{Q(x)}{c\rho(\pi Kux)^{1/2}} \cdot \frac{1}{1+\Phi\left(\dfrac{w}{2}\sqrt{\dfrac{x}{Ku}}\right)^{1/2}} \cdot$$

$$\exp\left\{-\frac{u}{4Kx}\left(z-\frac{w}{u}x\right)^2\right\}$$

ただし，

$$\Phi\left(\frac{\omega}{2}\sqrt{\frac{x}{Ku}}\right) = \frac{2}{\sqrt{\pi}}\int_0^{w/2\cdot\sqrt{x/Ku}} e^{-\lambda^2}d\lambda \tag{2·165}$$

　　ここに，$Q(x)$ は風下 x において xz 面に垂直な面を単位時間当り通過する気流の熱量，c と ρ は気流の比熱と密度である．式（2·165）より，風下の気流温度最大の点は，$z = x \cdot w/u$ なる直線に沿い，温度分布はその上下に正規分布をする．横井は実験から $K = 800 \text{ cm}^2/\text{s}$ を得た[18]．後に横井は上述の方法を不備とし，後述の線状火源の風洞実験と考察をした[21]．

（3）火源風下の温度分布の解析

A．Thomas の次元解析

　　英国では 1943 ～ 1944 年に飛行場の霧を消す目的で大規模な風洞実験が線状火源（源はブタンバーナ）を使って行われ，温度分布などが Rankine[19] によって研究された．その後 Thomas は Rankine のデータをもとにして，気流の熱収支および運動量の法則を与える微分方程式を次元解析し，それらが次の形をとることを示した．

$$\phi = \frac{\theta x}{(Q^2 T_0 / \rho^2 c^2 g)} = G\left(\frac{z}{x}, \Omega\right) \qquad (2·166)$$

$$\Omega = \frac{u_0}{(gQ/\rho c T_0)^{1/3}} \qquad (2·167)$$

ここに，ϕ は温度上昇（無次元），Ω は風速（無次元），Q は線状火源の単位長から熱気流に与えられる熱量，T_0 は熱気流外の空気の絶対温度，G は関数を表す．g は重力加速度，c と ρ は熱気流の比熱と密度，u_0 は風洞で熱源のない時の一般風速，座標原点は火源にとり線状方向に y 軸，風下水平方向に x 軸，鉛直方向に z 軸をとる．

　　Thomas の結論では，Rankine の実験の風下温度分布は，次の無次元式で表される．

$$\phi = \Omega^{0.14} \cdot F\left\{\frac{z}{x}, \Omega^{1/4}\right\} \qquad (2·168)$$

　　横井[21] は 1964 年に建築研究所において線状火源模型の風洞実験（源はアルコールの燃焼）を行い，上述の Thomas の解析を加味して風下温度ほかの性状を考察し，次の結果を得た（記号は上述と同じ）．

　　ⅰ）熱気流は風下に向けて上昇するが，上昇角度は風速が増すとともに小になり，気流温度が最高になる点（これを気流の中心軸という）の床面からの高さ z は風下距離 x に比例する．つまり，Thomas の式（2·168）の z/x はパラメータに使用できる．

　　ⅱ）風下温度上昇値 θ は，$\theta \propto x^{-1.14}$ となる．熱気流の中心軸の軸線の式は

$$z = \frac{x}{10}\left(\frac{gQ}{u_0^3 \rho c T_0}\right)^{1/4}$$

だから，軸線が水平面となす傾き角 α は

$$\tan \alpha = \frac{z}{x} = \frac{1}{10}\left(\frac{gQ}{u_0^3 \rho c T_0}\right)^{1/4}$$

上式から

$$\tan \alpha \propto (\text{熱量})^{1/4} \cdot (\text{風速})^{-3/4}$$

となる．これは火源の発生熱量が少し増えても気流の中心軸はあまり傾かないが，風速が増すと α は小さく（水平に近く）なることを示す．

B. 藤田による火災気流論

藤田[22]は，Rankine による実験データおよび Thomas，横井の解析を火災気流の特性の記述に大きく寄与した研究と評価し，自らも 1963 〜 65 年に風洞実験（東北大学）を行い，線状または帯状火源からの熱気流を取り扱う場合，Thomas のパラメータ Ω を基本的に用いること，また模型と実物の気流の相似条件として，$\Omega_m = \Omega_f$, $\phi_m = \phi_f$（添え字 m は模型，f は実物）とする論を展開した（ただし，引用例が豊富すぎて論旨にやや難解な点のあることに注意）．佐賀[23]による模型実験の相似性の検討が続いている．　　　　　　（関根　孝）

2・4　建物内での煙の流動

2・4・1　火災室での煙流動

本節では，建物内部における火災時の煙を，①火災室内での煙の性状と火災室からの避難との関係，②火災室から流出した煙の伝播による建物内部全体への影響，という2つに分けて考察する．

火災発生とともに，浮力によって燃焼生成物は火源から上昇するが，その際に周囲の空気を巻き込みながら体積を増加させていく．煙先端部は，熱的な浮力によって天井面をある層厚を保ちながら進行し，周壁部に到達した後，火源から供給される流れと周壁部から戻ってくる流れが一体となり，煙層全体の降下によってその層厚を増加させていく．これらの性状を予測するためには，①火源の性状，②火源上のプルームの性状，③天井面を進行する煙の性状，④天井面下を降下する煙の性状，に関する解析手法が必要である．

（1）火源の性状とその取り扱い

初期火災時の火災現象および火災の発展経過には不確定な要素が多いために，火源性状を確定的に与えることは困難である．しかし，実用上何らかの推定を必要とするため，一般には過去の火災実験における実験値を参考にすることが多い．図 2・48 に火源面積および発熱速度の例を示す．ただし，これらの関係式を常に使用しておけば事足りるわけではなく，建物の特性，使用形態などに応じた火源想定を行う必要がある．例えば，火災のごく初期に対してはソファーや椅子が燃焼したときの代表的な性状の実測値などを使用し，その後，建物に応じた盛期火災状態への移行を考えるなどである．天井高の低い火災室の火源に天井高の高い場合の実験結果を無条件に用いることのないような注意も必要である．なお，建築基準法では αt^2 火源（α は周壁・天井などの仕上げ条件および室内の積載可燃物条件で決定される）を火災成長の標準火源とした避難安全検証が行われている．

盛期火災時には燃焼面積と流入空気量との関係により燃焼性状は異なる．火災室内の空気量が不十分で流入空気量（$A\sqrt{H}$ に比例する）により燃焼速度が支配されるときを「換気支配の火災」といい，逆に火災室内に空気が十分にあり火源面積により燃焼速度が支配されるときを「燃料支配の火災」という．それぞれの領域における燃焼速度の関係式を図 2・49 に示す．

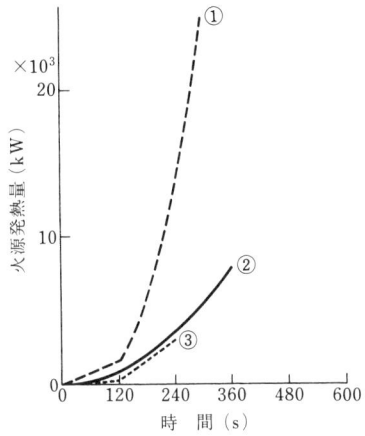

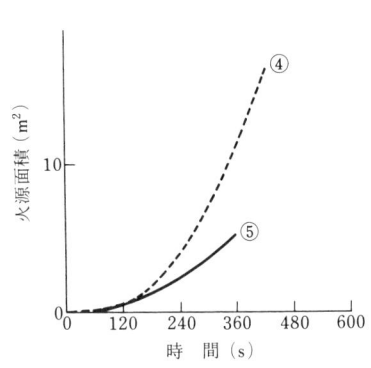

① 蔵前 $Q = 16000\, m_0$ として推定

　　m_0：燃焼速度（kg/s）

$$= \begin{cases} 8.1 \times 10^{-4}\, t & t \leqq 120\,\text{s} \\ 2.7 \times 10^{-5}\, (t-60)^2 & t > 120\,\text{s} \end{cases}$$

② 金杉橋 $Q = 1500\, A_f$ として推定

③ 大形ソファ（Lawson, NBSIR 83-2787）を近似

$$Q = \begin{cases} 2.5\, t & t \leqq 120\,\text{s} \\ 22.5\, t - 2400 & t > 120\,\text{s} \end{cases}$$

④ 蔵前 $A_f = \begin{cases} 0.00375\, t & t \leqq 120\,\text{s} \\ 1.25 \times 10^{-4}\, (t-60)^2 & t > 120\,\text{s} \end{cases}$

⑤ 金杉橋 $A_f = 4.0 \times 10^{-5}\, t^2$

図 2·48　火源面積および発熱速度の例

（2）煙 の 発 生 量

　火災時における煙の発生量を予測するためには，火源の性状を知る必要がある．火源規模による煙量の変化とともに，火源面からの距離による煙量の変化も考慮する必要がある．

　まず，火源上の中心軸上の流速および温度は図 2·50 に示すように 3 つの領域に分けて扱うことができる．

　1）火炎域 $(0.03 < z/Q^{2/5} < 0.08)$

　2）間欠火炎域 $(0.08 < z/Q^{2/5} < 0.20)$

　3）プルーム域 $(0.20 < z/Q^{2/5})$

　ただし，z は火源面からの高さ [m]，Q は火源発熱速度 [kW] である．

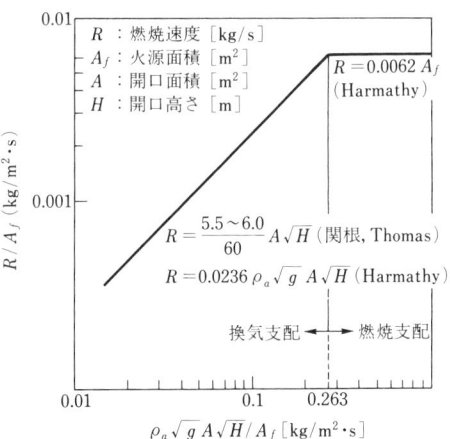

図 2·49　流入空気と燃焼速度との関係

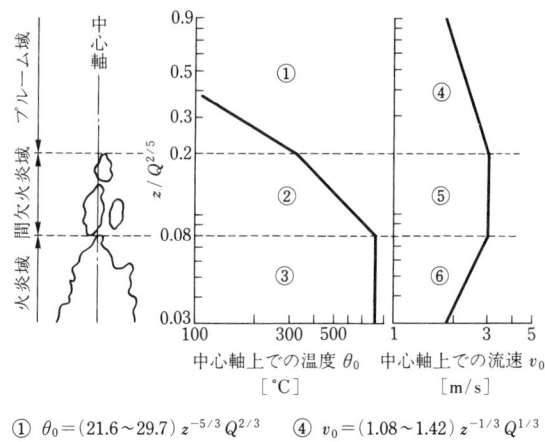

① $\theta_0 = (21.6 \sim 29.7)\, z^{-5/3} Q^{2/3}$ ④ $v_0 = (1.08 \sim 1.42)\, z^{-1/3} Q^{1/3}$
② $\theta_0 = (56 \sim 70)\, z^{-1} Q^{2/5}$ ⑤ $v_0 = (1.5 \sim 1.93)\, Q^{1/5}$
③ $\theta_0 = 700 \sim 880$ ⑥ $v_0 = (6.83 \sim 6.84)\, z^{1/2}$

図 2・50　火源上の中心軸の流速および温度

　初期火災時には火炎が天井に到達しておらず，煙が成層化するという条件下でプルームの煙層への貫入流量を考えるのが通常である.

　火源上のプルームの流量は，仮想点源という火源面に対応した仮想的な点熱源を想定し，そこからの上昇気流を考えることにより予測される. 仮想点源の位置については，図2・51中に示した何種類かの提案がある. ただし，A_fは火源面積 [m²]，Dは火源直径 [m]，Qは発熱量 [kW] である. 仮想点源から煙層下端までの距離をz'としたとき，煙層に流入する流量を予測する式を図2・51中に示す. ただし，ρは気流平均密度 [kg/m]，gは重力加速度 [m/s²]，C_Pは気流の比熱 [kJ/kgK]，T_aは環境温度 [K]，ρ_aは環境空気密度 [kg/m³] である. 火災気流内の温度を用いず，環境温度，発熱量，点源からの距離のみから予測可能な式を使用するのが計算上は便利である.

　火災が大きくなり天井面に火炎が到達した場合の燃焼速度の変化への影響には不明な点が多く，初期火災から盛期火災への移行時については問題が残されている.

（3）天井面下を進行する煙

　火災実験時には顕著に見られることであるが，火源に点火直後にプルームが天井面に到達した後，煙の先端部が天井面の下をある速度で進行していく様子が観察される.

　伝播時の密度変化を無視する場合の密度流に関する研究としては，Craik らの軸対称流定常跳水問題[1]，Didden-Maxworthy の密度流の軸対称非定常伝播に関する研究[2]などがあるが，これらの研究は定常状態を対象としていたり，実際の煙に見られるような熱損失に伴う密度変化の扱いに関して問題を残している. 天井面における煙の性状に関する Alpert の研究[3]は，定常状態を対象とした煙層内部の扱いに関するものであり，煙先端部の移動を予測したものではないが，天井面での煙の流動を取り扱う手法としては著名なものである.

① プルーム域流量

$$M(z') = 1.66\,c^{8/9}\left(\frac{\rho^2 g}{c_p T_a}\right)^{1/3} Q^{1/3}(z')^{5/3}$$

ただし，$C = 0.03 \sim 0.06$

$$M(z') = c_m\left(\frac{\rho_a^2 g}{c_p T_a}\right)^{1/3} Q^{1/3}(z')^{5/3}$$

ただし，$c_m = 0.21$

$$z' = z + z_0$$

ρ_a：環境空気密度　　T_a：環境空気温度　　c_p：比熱

② 最大火災高さ

$$z_{flm} = \begin{cases} 1.4\,z_{fl} & (D/Q^{2/5} \geq 0.06) \\ z_{fl} + 0.5\,D\left(1.44\dfrac{z_{fl}}{D} - 0.13\right)^{1/2} & (D/Q^{2/5} < 0.06) \end{cases}$$

ただし，z_{fl}：平均火災高さ

$$= \begin{cases} 0.0307\,Q^{2/3} D^{2/3} & (D/Q^{2/5} \geq 0.06) \\ 0.20\,Q^{2/5} & (D/Q^{2/5} < 0.06) \end{cases}$$

$$z_{flm} = 0.2\,Q^{2/5}$$

③ 乱流火災域流量

$$M(z') = c_m\left(\frac{\rho_a^2 g}{c_p T_a}\right)^{1/3} Q^{1/3}(z')^{5/2}(z_{flm} + z_0)^{-5/6}$$

ただし，$c_m = 0.21$

④ 初期領域流量

$$M(z') = 0.447\,\rho_a D(z)^{3/4}$$

⑤ 仮想点源

$$z_0 = 1.5\sqrt{A_f}$$
$$z_0 = 1.02\,D - 0.083\,Q^{2/5}$$
$$z_0 = 0.50\,D - 0.33\,z_{fl}$$

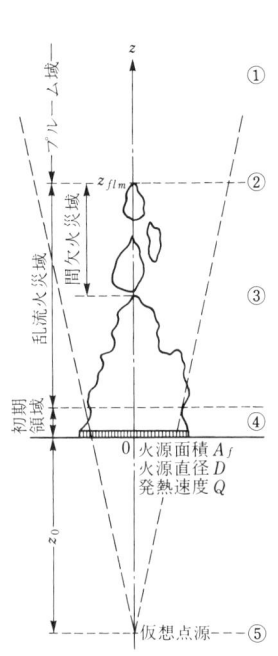

図 2·51　仮想点源位置と煙流動

火災初期に水平天井面を軸対称に煙先端部が進行するとき，松下らは発熱速度が一定の場合において煙層平均温度の簡略解析解に基づいた密度流として取扱い，プルーム衝突位置からの先端部位置の近似解析解を導出しており，時間の 1/2 乗に比例して拡大することが示されている[4]．

なお，周壁部に到達した流れはそこでの衝突により平均的な煙層厚さよりも下部に跳ね降りることが知られており，研究が行われているが[5]，その取り扱い方法はまだ確立されていない．

（4）火災室における煙層の降下

煙層はその浮力により，空気層と分離された成層化した状態を保つことが多い．天井面全体に煙が拡がった後は煙層はその厚さを増しながら次第に降下していく．この取扱いは，現在のところ2層ゾーンモデルによる解析が一般的である．図 2·52 に示すように，大空間における煙の降下性状と2層ゾーンモデルによる簡単な解析とはよく一致することが確認されている．

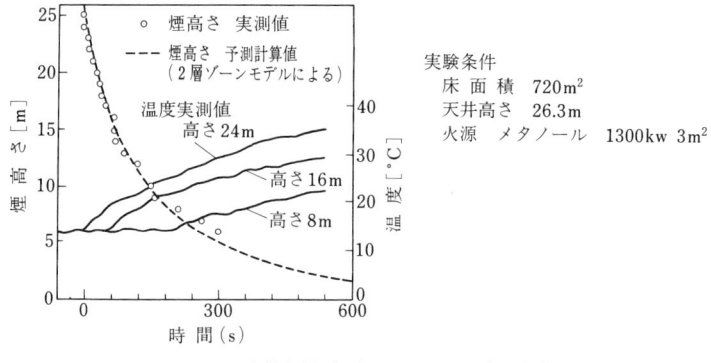

図 2·52　火災室(大空間)における煙の降下性状

2・4・2　廊下などでの流れ

火災時における避難行動に対して煙が及ぼす影響には確定しがたい面がある. 健常者であっても火災時に煙の中を避難することは心理的にも生理的にも多大な困難を伴うものであり, 身障者や病院の患者にとってはさらに重大な影響を及ぼす. このような観点から, すべての避難者に対して, 避難行動中に煙と遭遇したり煙の中を突破して避難せざるをえないような計画は許容しないというのが現在の火災時の避難計画における前提条件となっている.

居室の扉が開放されていたり大きな隙間があった場合にはその開口部から, またダンパー閉鎖が不完全であったり火災時の運転の停止が行われていない場合の空調用ダクトを経由して, 火災室の煙は廊下に流出したり噴出したりすることになる. この場合, ある場所では天井面に沿うように, またある場所では廊下全体を管路流として, 煙が廊下を移動する. 廊下での流れについては, ①避難開始時において煙がどこまで伝播しているかという問題を対象とした煙の先端部の移動, ②避難経路での煙の状態がどのようなものであるか, 建物のほかの部分にどれほどの煙が供給されているかを解析するための煙層内部の流れの性状, に関する解析手法が必要である.

(1) 廊下での流れにおける煙先端部の位置の予測

火災を初期の段階で消火するとともに火災室をきちんと区画することが煙伝播を防止する最良の方法であるが, 想定を越えた事態によって区画が形成されないことが多いことも過去の火災事例が物語る事実である. 火災室の区画に失敗した場合の煙の伝播予測に関しては, 煙先端部が時間的にどのように進行するか, どこまで到達しているかに関する情報が重要である.

火災初期の煙の伝播速度が避難および防排煙対策上重要な要因であることは知られているが, 煙先端部の移動速度および煙層高さの簡単な予測手法は確立されているとはいい難い. Benjamin による密度流先端部の移動の研究[6]や Chobotov–Zukoski[7], Didden–Maxworthy[8]らの実験により, 密度変化を無視できる場合の密度流の初期移動速度は一定であることが知られている. これらは密度変化が無視できる場合の煙先端部の移動速度の予測に使用可能で

あるが，そのときの比例係数，すなわちいかなるフルード数が妥当であるかについては不明な点が残されている．さらに，実際の煙の熱損失による密度変化を考慮する必要があり，Benjamin の研究を煙流動に適用した Hinkley の研究[9]などがあるが，煙先端部の移動性状を定式化する観点からは不十分である．

以下では密度流モデルに基づいた煙先端部の移動性状の単純な予測法[10]を示す．密度流における先端部の平均移動速度は次式で与えられる．

$$\bar{u}_f = \frac{Q_f}{bh_f} = \frac{2}{3^{2/3}}\left(\frac{\Delta\rho g Q_0}{\rho_s b}\right)^{1/3} \tag{2·169}$$

ただし，Q_f は先端部の体積流量，Q_0 は注入部での注入流量，h_f は先端部の層厚さ，b は横幅，ρ_s は密度流密度，$\Delta\rho$ は密度流と周囲流体との密度差である．

この式が密度が変化する火災時の煙における先端部の移動に対しても適用できるものとする．火災時の煙では熱損失による温度低下を無視できないため，煙の流入部から先端部までの平均温度から得られる密度によって流れが決定されると仮定して，煙層の平均温度を用いる．流入量と先端部の移動速度が直接関係づけられる場合には，質量保存およびエネルギー保存の関係を用いて平均温度の変化に関する次式が得られる．

$$C_P \rho_s V_S \frac{dT_S}{dt} = C_P \rho_0 V_0 (T_0 - T_S) - A_S \alpha(T_S - T_w) \tag{2·170}$$

ただし，ρ_s は煙層の平均密度，T_S は煙層の平均温度，T_w は煙層と接する壁面の平均温度，V_S は煙層の全体積，C_P は定圧比熱，A_S は煙層が接している周壁の面積，α は通常の環境工学的な扱いに準じた対流および輻射を総合した総合熱伝達率である．添え字 S は煙層，0 は流入地点の煙を意味する．

松下らは発熱速度が一定の場合における煙層平均温度の簡略解析解を用いて，廊下状の水平天井面を進行する密度流とした取扱いにより煙先端部位置 L[m] の近似解析解を導出し，図 2·53 に示すように時間 t[s] の 2/3 乗に比例して拡大することが示されている[11]．なお，図中の A は廊下幅 B[m]，煙流入量 [kg/s]，煙先端部進行速度の初期値 u_{f_0}[m/s] および熱伝達率 [kW/m²] から決定される定数である．

また，現在我が国において煙制御上の考え方から防煙区画形成のために用いられる垂れ壁に煙先端部が衝突した場合の挙動については，垂れ壁による煙伝播の遅延効果の程度などに不明な点が残されている．

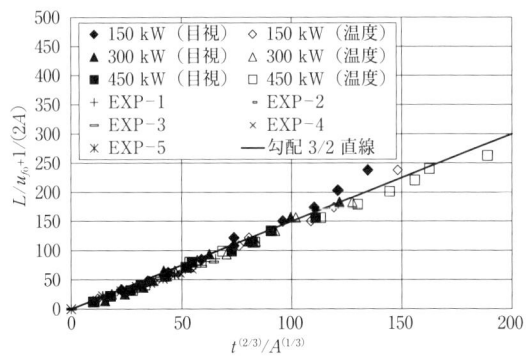

図 2·53　水平廊下での煙先端部移動の実験値と近似解析解との比較

このほかに，有力な手法として場のモデルによる密度流の解析が行われており，Rehm, Baumら[12]の煙流動性状の研究などがある．今後，計算上の時間的・経済的制約の問題が解決されれば，その有用性は高いと考えられる．ただし，建物全体における煙の伝播との対応を考えると，現時点で防災計画において一般に使用されているゾーンモデルとの対応を考慮することも必要である．

（2）定常流れにおける煙層内部の性状

2層化した煙の流れに関しては，煙層と空気層の2層化の流れの安定性[13]，垂れ壁を越える流れの解析[14]，煙の遡上を防止するための実験的研究[15]などがある．

廊下での定常流れに対する取り扱いについては，図2·54に示すような定常煙流内部での速度分布と温度分布の相似性を実験的に示した辻本らの実験的研究[16]や半田らの解析および実験[17]がある．

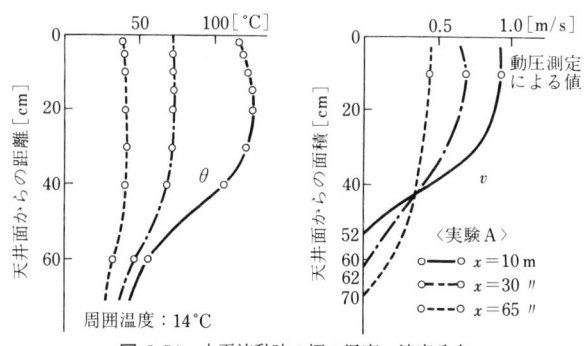

図 2·54 水平流動時の煙の温度・速度分布

（3）斜 路 で の 流 れ

イギリスのキングスクロスでの地下鉄火災においては，エスカレータを経由した煙の流れが問題になった[18]．現在のところ，斜路での流れの取扱いについての研究はあまりみられないが，水理学における斜路での流れを適用した考え方[16]，場のモデルを用いた解析例[19]がある．

2·4·3　大規模空間での煙流動

パビリオンや体育館のような大空間が数多くある．また，最近の建築物の特徴の1つに，アトリウムのような垂直方向の拡がりをもつものや，モール，ガレリアのような水平方向に拡がりをもつ大空間などがある．一般にこのような空間は天井高が高く容積が大きい大空間を形成する．

大規模な空間内部で火災が発生した場合や，この空間に隣接した場所から出火した場合，煙はその浮力によって上昇し，大空間の天井面下に蓄煙され，煙層と空気層とが比較的きれいに成層化した状態のまま，煙層が次第に下降する．その様子を図2·52に示した．

アトリウムの場合，頂部付近は日射の影響などにより底部と比べて高温になっていたりする．火災初期の煙の温度が比較的低い場合には，このような頂部の高温層を突き抜けて頂部

から成層化していくという保証はなく，その温度や速度条件によっては，空気層の下に煙層が形成されることもあることが予想される．通常，大空間内部での垂直方向の温度分布を均一とした取り扱いを行うことが多く，注意が必要である．

　大空間内部の温度分布を均一とした取り扱いが許容される場合，大空間内部での煙の蓄煙性状は簡単な2層ゾーンモデルによって予測が可能である．図2・52 に示したように，蓄煙時の煙層降下の実験結果と解析結果はよく一致している．

　開閉式野球場のような大きな開口部が頂部に設けられる場合には，場のモデルによる解析や風洞実験による気流性状の把握が行われることが多い．

　ボイド空間は，水平断面積が小さく頂部が開放された垂直方向の高さが高い空間であるが，その中を煙が上昇する場合には，高さとともに火災プルームが拡がるために，条件によってはプルームが側壁に衝突してピストン状に上昇することが予測される[20]．

　ガレリアのように，水平に長い大空間における煙流動性状については未解決な点も多いが，非定常状態での煙の拡散および自然排煙に関する実験的研究が行われている[21]．これについては前節の水平廊下における非定常煙伝播に関する研究の適用の可能性があると考えられる．

2・4・4　建物全体における煙流動
（1）煙流動と煙突効果

　火災時の建物全体における煙の流れを知るためには，建物全体における空気の流れについて把握する必要がある．煙をすみやかに排出するためには，それに見合うだけの空気が供給される必要があることを認識しなければならない．すなわち，機械排煙，自然排煙といった排煙手法の違いに関わりなく，煙が出ていく際にはそれに代わる空気の補給が考慮されなければスムーズな排煙を行うことはできない．

　火災の場合の排煙についてみれば，法的には排煙口の設置のみが指示されており，給気経路に関しては明示されていない．これは，過去においては，排煙口さえ考慮していれば，建物の隙間からの給気によって必要な流入空気が補給されることが暗黙のうちに成立していたためと考えられる．しかし，現在の建物においては気密性がきわめて高くなっており，暗黙のうちに期待されるほどの建物隙間が存在しないことが多い．このことは，自然排煙においても，機械排煙においても，スムーズな排煙に対する障害となる．これが，近年，給気口の存在を明確にするように要求されるようになった経緯である．

　さて，垂直方向に長い縦穴を考えることにより，建物全体における煙流動の基本的な関係を示す．いま，この縦穴の下端と上端のみ開口がある場合を考える．火災時には高温の煙と外から流入する低温の空気とは2層化する傾向があるが，簡単のために，縦穴に入ってきた空気は瞬時に縦穴内の温度になり，さらに縦穴の周壁を通しての熱の出入りを補う発熱・吸熱があるものとして，エネルギーの収支は無条件に満足されていると考える．このときには質量収支のみを満足する流れを考えればよい．

　冬期の暖房状態における縦穴内部の温度が外気温度よりも高い場合を考える．このとき，縦穴上部から空気が流出し，下部から外気が流入する．縦穴内部では下部から上部への気流を生じることになり，このような流れを煙突効果による流れという．夏期の冷房状態におけ

る縦穴内部が外部より温度が低い場合には，上部から外気が流入し下部から流出する現象を生じる．

上下の開口の大きさにより，縦穴の圧力分布は影響を受ける（図2·55）．質量の収支を考えればすぐに理解できるように，縦穴内部と外気の圧力が等しい中性帯の位置は大きな開口のほうに引き寄せられることになる．

煙突効果が煙流動において問題にされるのは，煙突効果の作用している縦穴に煙が侵入した場合，急速に上方に煙が伝播されるためである．

（2）圧力差と流れ

煙流動計算では一般にゾーンモデルが使用されることが多い．煙流動計算にはこのほかに，ナビエ・ストーク式（フィールドモデル）によるものや水理学の手法を使用したものなどがあるが，建物全体における煙流動を取り扱う場合，現在のところゾーンモデルによる方法が最も一般的である．

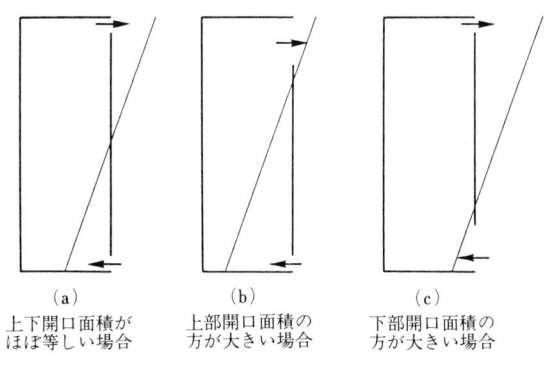

(a)	(b)	(c)
上下開口面積が	上部開口面積の	下部開口面積の
ほぼ等しい場合	方が大きい場合	方が大きい場合

図 2·55　開口の大きさと圧力分布の影響

ゾーンモデルは室内を1つのゾーンとして扱ったり，室内が煙と空気の層に成層化している2つのゾーンとして取り扱ったりするモデルである．ゾーンの内部での気体の性質，温度などは瞬時に均質となると考えるが，内部での流速の影響は小さいとして無視する．また，扉や窓のようなゾーンとゾーンの間の開口部は，その体積は0であるが，流れに対する抵抗は有すると考える．ここでは，このようなゾーンモデルにおける基本事項を記述する．

ゾーンモデルにおいては各ゾーン内の圧力は水平方向には均一であり，高さの方向のみ変化すると考える．したがって，室内の温度および室の床面での圧力が与えられれば室内圧力はすべての高さで求めることができる．煙の密度は大気と同様に扱ってよいとされているため，通常の大気圧下では温度を T とすると密度 ρ は

$$\rho = \frac{353}{T} \tag{2·171}$$

で近似される．床面圧力を $P\,[\mathrm{Pa}]$ とすると，床面から $z\,[\mathrm{m}]$ の高さでの圧力は

$$P - \rho g z \tag{2·172}$$

となる（図2·56）．ただし，g は重力加速度
[m/s^2] である．

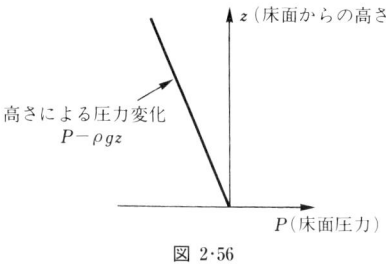

図 2·56

開口の両側の室の床面が同一水平面上にあ
り，その圧力がそれぞれ P_i および P_j，各室の
密度が ρ_i および ρ_j であると，床面の高さで
の圧力差 p [Pa] は

$$p = P_i - P_j \qquad (2·173)$$

で与えられる．床面からの高さ z の同一水平
面における開口の間の圧力差 p は

$$p(z) = (P_i - \rho_i gz) - (P_j - \rho_j gz)$$
$$= P_i - P_j - (\rho_i - \rho_j)gz \qquad (2·173')$$

となる（図2·56）．

微小な開口の間にこの圧力差が生じて上流側の静止した流体が開口を流出したときの平均
速度を ν [m/s] とすると，流体内の圧力が下流側の静止した流体の圧力と等しいとして，こ
の開口を通過する流体のエネルギーの関係は次式で与えられる．ただし，エネルギーの損失
は考えないとする．

$$p = \frac{1}{2}\rho\nu^2 \qquad (2·174)$$

したがって，その微小開口を流れる流体の速度は

$$\nu = \left(\frac{2p}{\rho}\right)^{1/2} \qquad (2·174')$$

となる．

開口が縦長の場合，開口全体を通して流れる流体の流量は，式（2·174'）を開口の面積で
積分することにより得られる．開口の幅 b が一定とすると，開口における圧力損失を考えな
い時の流量は

体積流量 $\qquad Q' = b\int \nu dz \quad$ [m^3/s] $\qquad (2·175)$

質量流量 $\qquad M' = \rho Q' \quad$ [kg/s] $\qquad (2·176)$

で与えられる．ただし，式（2·176）の右辺の ρ は上流側の密度を意味する．

実際には開口での摩擦抵抗や形状変化によるエネルギー損失があるために流量は

$$Q = \alpha Q' \qquad (2·175')$$

$$M = \rho Q = \alpha \rho Q' \qquad (2·176')$$

の形で表される．α は流速係数または流量係数といわれるものであり，開口でのエネルギー
損失が大きいほど値は小さくなる．また，(αA) の形でみると開口での流れの有効面積の減
少と考えられることもできるので縮流係数ともいわれる．ただし，A は開口の面積である．
実際に使用される α の値については，表2·7を参照されたい．

表 2·7 α の値

建物部位	部位面積当りの流量係数 [m²/m²]	部位隙間長さ当りの流量係数 [m²/m]
扉開放時の開口部	0.6〜0.7	
階段片開き扉(閉鎖時)	(0.005〜0.012)*	0.0015〜0.0040
階段両開き扉(閉鎖時)	(0.003〜0.005)*	0.0015〜0.0022
建物内部扉(閉鎖時)	(0.004〜0.007)*	0.0007〜0.0024
エレベータ扉(閉鎖時)	(0.008〜0.014)*	0.0034〜0.0061
防煙シャッタ(閉鎖時)	0.0005	
防火シャッタ(閉鎖時)	0.0055	
防火ダンパ(閉鎖時)	0.013	
外 壁	$0.8 \times 10^{-3} \sim 1.65 \times 10^{-3}$	
床	0.02×10^{-3} 1.65×10^{-3}	
階段軀体	0.01×10^{-3} 0.20×10^{-3}	
エレベータシャフト軀体	0.10×10^{-3} 0.96×10^{-3}	

注)表中( )*は，部位隙間長さ当りの流量係数を，部位面積当りの表記をした場合の参考値である.

(3)中 性 帯

各室の温度が異なる場合，開口部の間の圧力差 p の値は高さにより変化する．圧力の変化の程度は密度に関係し，温度差が同一の開口間では圧力差の変化は直線的である．このとき，ある高さでの水平断面で開口両端の室の圧力が等しくなり，圧力差が 0 になる位置がある．この位置を中性帯という（図 2·57）．中性帯は必ずしも開口部に生じるわけではなく，開口部をはずれて生じることもある．開口部内部に中性帯がある場合，その位置を境にして上下で流れの向きが変化する．中性帯が開口をはずれた位置にあるとき，開口全体に同一方向の流れを生じる．中性帯は p = 0 の位置であるから，中性帯の床面からの高さを h_n とすると式

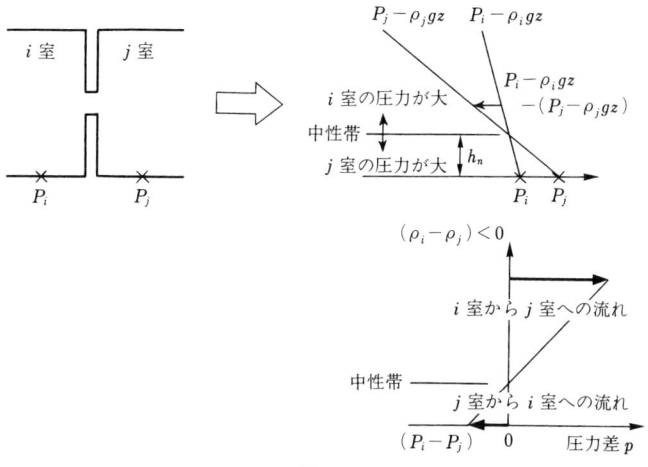

図 2·57

（2·173′）より

$$h_n = \frac{(P_i - P_j)}{(\rho_i - \rho_j)g} \qquad (2\cdot177)$$

で与えられる.

$(\rho_i - \rho_j) > 0$, すなわち室 i の温度が室 j よりも低いとき, 式（2·173′）より z が大きくなるに伴い p の値は小さくなり, したがって, 温度の低い室 i から温度の高い室 j への流れは中性帯の下部で生じる. 反対に $(\rho_i - \rho_j) < 0$, すなわち室 i の温度が室 j よりも高いとき, z が大きくなるに伴い p の値は大きくなり, したがって, 温度の高い室 i から温度の低い室 j への流れは中性帯の上部で生じる. このように, 開口両端の室に温度差がある場合, 温度の高い室から低い室への流れは, 必ず中性帯の上部で起こることがわかる（図2·57）.

（4）開口部での流量

開口が大きいとき, その開口を通して流れる体積流量は式（2·175′）, 質量流量は式（2·176′）で与えられる. ここでは, 室 i の温度が室 j よりも高い場合を考える. すなわち, $(\rho_i - \rho_j) < 0$ である. いま仮に中性帯が開口部の範囲内にあるとし, 床面から開口上端までの高さを H_u とすると, 中性帯より上部で生じる室 i から室 j の方向への体積流量は

$$Q_{ij} = \int_{h_n}^{H_u} \alpha b \left(\frac{2p}{\rho_i} \right)^{1/2} dz \qquad (2\cdot178)$$

で与えられる. 開口幅, 開口間の密度が高さにより変化しないとき, 式（2·173′）を代入して積分を行い, 式（2·177）を用いると

$$Q_{ij} = \frac{2}{3} \alpha b \left(\frac{2|\varDelta\rho|g}{\rho_i} \right)^{1/2} (H_u - h_n)^{3/2} \qquad (2\cdot179)$$

となる. ただし, $\varDelta\rho = \rho_i - \rho_j$ である. 式（2·179）おいて, $H_u - h_n$ は中性帯の位置から開口上端までの距離を示す（図2·58）.

床面から開口下端までの高さを H_l とすると, 中性帯より下部での室 j から室 i への体積流量も同様にして

$$Q_{ij} = \frac{2}{3} \alpha b \left(\frac{2|\varDelta\rho|g}{\rho_j} \right)^{1/2} (h_n - H_l)^{3/2} \qquad (2\cdot179')$$

で与えられる.

質量流量は, 体積流量に上流側の密度を乗じて得られる. このようにして得られた中性帯の位置 h_n と正味の質量流量 w との対応を図2·58 にまとめて示す.

（5）静止外気圧基準の圧力

煙の流動計算では開口間の圧力差が与えられればよいことから, これまでは圧力の基準を不明確な形で表していた. 差を求めている圧力の両方から一定値を差し引いても差には影響がないことや絶対圧と比べて圧力差の値が小さい（絶対圧はほぼ 10^5 のオーダーであり, 煙流動計算時に現れる圧力差は通常 10^2 以下のオーダーである）ために数値計算時の精度の問題などから, 通常絶対圧を使用することは少なく, 基準圧力を差し引いた形での圧力を使用する. 基準圧力として同一水平面での静止した外気の圧力を使用し, これを基準に求められる圧力を静止外気圧基準の圧力という（図2·59）.

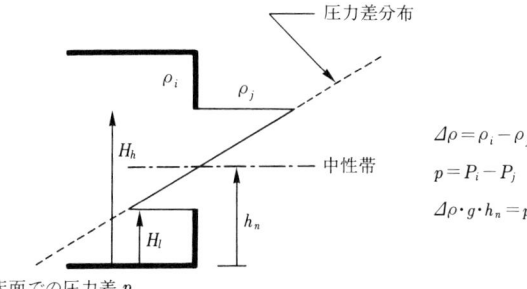

$$\Delta\rho = \rho_i - \rho_j$$
$$p = P_i - P_j$$
$$\Delta\rho \cdot g \cdot h_n = p$$

床面での圧力差 p

H_l を開口下端高さ，H_h を開口上端高さ，h_n を中性帯高さとする．

$\Delta\rho = 0,\ p > 0$ のとき

$$w = ab\,(H_h - H_l)\,\sqrt{2\,\rho_i\,|p|}$$

$$\frac{\partial w}{\partial p} = \frac{1}{2}\,ab\,(H_h - H_l)\,\sqrt{2\,\rho_i}\,|p|^{-1/2}$$

$\Delta\rho = 0,\ p < 0$ のとき

$$w = -ab\,(H_h - H_l)\,\sqrt{2\,\rho_j\,|p|}$$

$$\frac{\partial w}{\partial p} = \frac{1}{2}\,ab\,(H_h - H_l)\,\sqrt{2\,\rho_j}\,|p|^{-1/2}$$

$\Delta\rho < 0,\ h_n < H_l$ または $\Delta\rho > 0,\ h_n > H_h$ のとき

$$w = \frac{2}{3}\,ab\,\sqrt{2\,\rho_i\,|\Delta\rho|g}\cdot\|H_h - h_n|^{3/2} - |H_l - h_n|^{3/2}|$$

$$\frac{\partial w}{\partial p} = ab\,\sqrt{\frac{2\,\rho_i}{|\Delta\rho|g}}\cdot\|H_h - h_n|^{1/2} - |H_l - h_n|^{1/2}|$$

$\Delta\rho < 0,\ h_n > H_h$ または $\Delta\rho > 0,\ h_n < H_l$ のとき

$$w = -\frac{2}{3}\,ab\,\sqrt{2\,\rho_j\,|\Delta\rho|g}\cdot\|H_h - h_n|^{3/2} - |H_l - h_n|^{3/2}|$$

$$\frac{\partial w}{\partial p} = ab\,\sqrt{\frac{2\,\rho_j}{|\Delta\rho|g}}\cdot\|H_h - h_n|^{1/2} - |H_l - h_n|^{1/2}|$$

$\Delta\rho < 0,\ H_l < h_n < H_h$ のとき

$$w = \frac{2}{3}\,ab\,\sqrt{2|\Delta\rho|g}\cdot(\sqrt{\rho_i}\cdot|H_h - h_n|^{3/2} - \sqrt{\rho_j}\cdot|H_h - h_n|^{3/2})$$

$$\frac{\partial w}{\partial p} = ab\,\sqrt{\frac{2}{|\Delta\rho|g}}\cdot(\sqrt{\rho_i}\cdot|H_h - h_n|^{1/2} + \sqrt{\rho_j}\cdot|H_l - h_n|^{1/2})$$

$\Delta\rho > 0,\ H_l < h_n < H_h$ のとき

$$w = \frac{2}{3}\,ab\,\sqrt{2|\Delta\rho|g}\cdot(\sqrt{\rho_i}\cdot|H_l - h_n|^{3/2} - \sqrt{\rho_j}\cdot|H_h - h_n|^{3/2})$$

$$\frac{\partial w}{\partial p} = ab\,\sqrt{\frac{2}{|\Delta\rho|g}}\cdot(\sqrt{\rho_i}\cdot|H_l - h_n|^{1/2} + \sqrt{\rho_j}\cdot|H_h - h_n|^{1/2})$$

図 2·58　w，$\partial w/\partial p$ の計算式一覧（中性帯を用いた表現）

　ある床面と同一の水平面にある静止外気圧を P_0 とすると，その高さでの静止外気圧を基準とした床面圧力は

$$P' = P_i - P_0$$

で表される．また，床面からの高さ z での室内の静止外気圧基準の圧力は

$$P'(z) = (P_i - \rho_i gz) - (P_0 - \rho_0 gz)$$

$$= P_i - P_0 - (\rho_i - \rho_0) gz \tag{2·180}$$

で与えられる．この静止外気圧気基準の圧力を使用しても，室 i と室 j との同一高さでの圧力差は式（2·173′）となり，圧力差を使用する限りにおいて式の変更は必要ない．

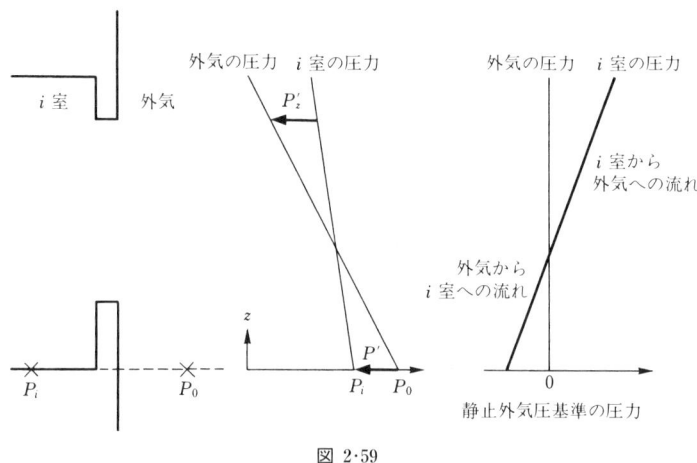

図 2·59

（松下　敬幸）

文　　献

〔2·1〕

1) R. Siegel, J. R. Howell：Thermal Radiation Heat Transfer, McGraw-Hill, Kogakusha (1972)

2) F. R. Steward：Combustion Science and Technology, Vol. 2, pp. 203 - 212 (1970)

3) 長谷見雄二：拡散火炎の巨視的性状と気流性状に関する相似理論的考察，日本火災学会大会学術講

　　演梗概集（1982）

4) Y. Hasemi, T. Tokunaga：ASME/AICHE NHTC, Heat Transfer in Fires (1983)

5) B. J. McCaffrey：WSS/CI (Combustion Institute), Vol. 81, No. 15 (1981)

6) J. M. Beer, C. R. Howarth：12 th Symposium on Combustion (International) (1969)

7) 長谷見雄二，徳永太造：乱流拡散火炎の巨視的性状のモデル化，日本火災学会論文集，Vol. 33,

　　No. 1 (1983)

8) A. Schack, 高橋安人訳：応用伝熱，コロナ社 (1953)

9) 神　忠久，熊野陽平：火炎による熱放射の減衰について，日本火災学会論文集，Vol. 28, No. 1 (1978)

10) 粟野誠一，葛丘常雄：伝熱工学，丸善 (1978)

11）ギート著，横堀進・久我　修訳：基礎伝熱工学，丸善（1960）

12）内田秀雄編：伝熱工学，裳華房（1969）

13）E. R. G. Eckert, R. M. Drake, Jr.：Analysis of Heat and Mass Transfer, McGraw-Hill, Kogakusha（1972）

14）ミクシンスキー：演算子法（上，下），裳華房（1963）

15）棚沢　泰：衛生工業協会誌，Vol. 7，No. 8，pp. 542（1933）

〔2・3〕

1）新田勝通，前田敏男，寺井俊夫：煙と空気の二層流境界面での混合について，日本建築学会大会学術講演梗概集（計画系・環境工学）（1976）

2）Y. Hasemi：Final Report of the 10 th Congress, IABSE, Tokyo（1976）

3）N. C. Markatos, M. R. Malin, G. Cox：Mathematical modeling of buoyancy-induced smoke flow in enclosures, International Journal of Heat and Mass Transfer, Vol. 25, No. 1（1982）

4）B. J. McCaffrey：Purely Buoyant Diffusion Flames：Some Experimental Results, NBSIR 79-1910（1979）

5）長谷見雄二：拡散火炎上の上昇気流の簡潔火炎域の構造とモデル化，日本火災学会論文集，Vol. 31，No. 2（1981）

6）G. Cox, R. Chitty：A study of the deterministic properties of unbounded fire plume, Combustion and Flame, 39, pp. 191-209（1980）

7）長谷見雄二，徳永太造：乱流拡散火炎の巨視的性状のモデル化，日本火災学会論文集，Vol. 33，No. 1（1983）

8）横井鎮男：無限長線火源からの上昇気流，日本火災学会論文集，Vol. 10，No. 1（1961）

9）S. L. Lee, H. W. Emmons：J. Fluid Mech., 11, part3, pp. 353-369（1961）

10）J. J. Grella, G. M. Faeth：J. Fluid Mech., 71, part4, pp. 701-710（1975）

11）横井鎮男：無暖房時の室内温度分布（第1報），日本建築学会論文報告集，No. 50（1955）

12）横井鎮男：耐火造火災時の開口からの噴出気流の熱気流の中心軸，日本火災学会論文集，8，1，pp. 1-5（1958）

13）大宮喜文，申易澈，野秋政希，姜昇具：横長開口から噴出する熱気流の鉛直壁面近傍温度分布，日本建築学会環境系論文集，第81巻 第730号，pp. 1055-1063（2016）

14）大宮喜文，堀雄兒：火災室外への余剰未燃ガスを考慮した開口噴出火炎性状，日本建築学会計画系論文集，第545号，pp. 1-8（2001）

15）災害科学研究会：災害の研究V，pp. 146-148，技報堂（1959）

16）浜田　稔：大火災の熱輻射からみた避難地の選定条件に関する研究，火災学会論文集，Vol. 17，1，pp. 25-29（1967）

17）川越邦雄編：新訂建築学大系，21巻，p. 449，彰国社（1975）

18）横井鎮男：大火の熱の風下に於ける拡散に就て，日本建築学会論文報告集，No. 46，3（1953）

19）A. Q. Rankine：Proc. Phys. Soc., 63, 365 A, p. 417（1950）

20）P. H. Thomas：Some Observation of Effect of Wind on Line source, Fire Reserarch Note, No. 510（1962）.

21）横井鎮男：線熱源の風下における温度分布（第1報），日本火災学会論文集，Vol. 13，2，pp. 49-55（1965）

22）藤田金一郎：新訂建築学大系，第3版4刷，21巻，8章，pp. 410-436（1978）

23）佐賀武司（学位論文）：市街地火災における熱気流の相似則に関する基礎的研究（1991）

　　　佐賀武司：日本建築学会大会概要集（名古屋）（1994）

24) 日本建築学会：火災性状予測計算ハンドブック，7章（2018）

〔2・4〕
1) A. D. D. Craik et al. : The Circular Hydraulic Jump, J. Fluid Mech., Vol. 112, pp. 347 - 362（1983）
2) N. Didden, T. Maxorthy : The Viscous Spreading of Plane and Axisymmetric Gravity Currents, J. Fluid Mech, Vol. 121, pp. 27 - 42（1982）
3) R. L. Alpert : Turbulent Ceiling-Jet induced by Large-Scale Fires, Combustion Science and Technology, Vol. 11, pp. 197 - 213（1975）
4) 松下敬幸，岸上昌史，藤田浩司：水平天井面を軸対称に拡大する火災初期の煙先端部位置の近似解析解，日本建築学会環境系論文集，第79巻，第703号，pp.745 - 751（2014）
5) K. Jaluria, K. Kapoor : Wall and Coener Flows Driven by a Cailing Jet in an Enclosure Fire, Combust, Sci. and Tech., Vol. 86, pp. 311 - 326（1992）
6) T. B. Benjamin : Gravity currents and related Phenomina, J. Fluid Mech., Vol. 31（1967）
7) M. V. Chobotov, E. E. Zukoski and T. Kubota : Gravity Currents with Heat Transfer Effects, NBS-GCR- 87 - 522（1986.12）
8) N. Didden, T. Maxworthy : The Viscous Spreading of Plane and Axisymmetric Gravity Currents, J.Fluid Mech., Vol. 121, pp. 27 - 42（1982）
9) P. L. Hinkley : The Flow of Hot Gases along an Enclosed Shopping Mall, Fire Research Note No. 807, Fire Research Station（1970）
10) 松下敬幸, 若松孝旺：煙先端部の水平伝播性状に関する研究，日本建築学会構造系論文集，No. 468, p. 477（1995）
11) 松下敬幸，藤田浩司：進行方向に細長い空間の水平天井面における火災時の煙先端部位置の近似解析解，日本建築学会環境系論文集，第79巻，第703号，pp.739 - 744（2014）
12) R. G. Rehm, H. R. Baum et. al. : A Boussinesq Algorithm for Enclosed Buoyant Convection in Two Dimensions, NISTIR 4540（1991）
13) 前田敏男，寺井俊夫，新田勝通：煙と空気の二層流境界面での混合について，日本建築学会大会学術講演梗概集（1970）
14) 寺井俊夫：垂壁のある廊下を流れる煙と空気の2層流の数値計算，日本建築学会近畿支部研究報告集（1972）
15) 前田敏男，寺井俊夫ほか：廊下を流れる煙を止める実験，日本建築学会大会学術梗概集（1969.8）
16) 辻本　誠：火災時の建物内煙流動に関する研究，東京大学学位論文（1981.2）
17) 半田　隆，浜田　稔ほか：実大廊下における火災気流の煙流動性状，日本火災学会論文集，Vol. 26, No. 2（1976），Vol 28, No. 2（1978）
18) The King's Cross Underground fire : fire dynamics and organization of safety, Institution of Mechanical Engineers（1989）
19) 新田勝通：数値計算による傾斜路煙流の解析，日本建築学会計画系論文集，No. 467, pp. 39 - 46（1995）
20) 田中哮義，熊井　直ほか：ボイド空間における煙流動性状，日本建築学会計画系論文集，No. 469（1995）
21) 上原茂男，古平章夫，長岡　勉：ガレリア状吹き抜け空間における煙流動の研究，日本建築学会技術報告集第1号，pp. 192 - 198（1995）

第3章 火災現象と火災性状

　消防白書にも分類されている通り，ひとえに火災と言っても，建物火災，林野火災，車両火災など様々な種類がある．また，例えば，建物火災の中でも，住宅内で失火により衣類等が燃える火災と工場で可燃性ガスが爆発する火災の様子が全く異なるものであることは想像に難くない．

　全ての種類の火災の現象や性状について本章のみで言及することは困難であるため，火災の種類毎の性質および防火対策等についての詳細は本書の該当する章を参照いただくとして，本章では主に建物のように壁や床等で囲われた空間（区画）の中で発生する火災を対象とした火災の進展，機構，火災性状について概説する．

3・1　火　災　の　進　展

　建物火災のように壁・床・天井等で囲われた区画内で発生した火災は一般的に図3·1に示すような経過を辿る．例えば，①タバコなどの火種がくすぶっていたり，コンロによって天ぷら油が熱せられ続けるように，可燃性の物品が予熱されている状態（予熱期），②予熱された可燃性の物品から出火し，その物品が燃焼している状態（単体燃焼期），③燃焼中の物品から区画内の別の物品若しくは可燃性の内装材に燃え移り，火災が拡大する状態（成長期），④その後，煙層が高温となり火災室内の可燃物が一斉に燃焼して，火災室温度が室内で一様となる状態（火災盛期），⑤可燃物の燃え尽きにより火勢が減衰していく状態（減衰期）である．

　ただし，スプリンクラー等の消火設備の作動により燃焼中の可燃物が消火したり，第一着火物の燃焼により生じた煙または火炎からの放射熱が弱ければ，第一着火物に隣接する可燃物の着火が生じず，②から③への移行は起こらない．また，可燃物間の延焼が生じたとしても火災区画の開放性が高かったり，消防隊が有効な放水活動を実施することにより煙層が十分に高温にならなければ③から④への移行は生じない．

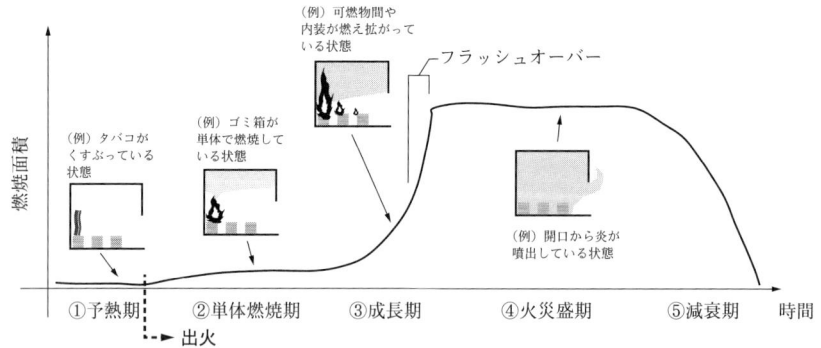

図 3·1　区画内で発生した火災の進展の概念図

本章では，これらの火災の各進展（フェーズ）における性状の特徴について記述する．

（野秋　政希）

3・2　予熱期から出火

　予熱期は，タバコなどの火種がくすぶっていたり，コンロによって天ぷら油が熱せられ続けるように，可燃性の物品が予熱されている状態である．このときのタバコやコンロを「発火源」，発火源により加熱されて着火する可燃性の物品を「着火物」と呼び分けている．火災は意図しない燃焼現象であるため通常の火気による燃焼とは区別されるが，発火源は放火を除けば生活の中でごく一般に用いられている火気が中心である．建物火災を例とした場合の発火源には厨房のコンロ，風呂がま，ストーブなどの建築物に設置されている固定火源と，たばこなど火気そのものが利用者に伴って移動する移動火源がある．移動火源は利用者に伴って使用されるため，利用者の身の回りのソファ，寝具などの詰め物家具や屑籠などが着火物となる．

　また，出火原因には，放置，消し忘れ，空焚き，誤操作などのヒューマンエラーが関わることもある．これらは不可避の事象であることから，どのような環境でも出火の可能性があり，火災安全上の観点からは，日常使用している器具が発火源とならないよう，当該器具に過昇温を防ぐ機構を設けることや着火物が容易に着火しないように離隔したり，難燃化することが望ましい．一方，ライターやマッチなどによる放火は，意図的に着火物を加熱して引火現象を引き起こす行為であるため，他の出火原因による火災に比べ出火に至る時間が短く，早期に火災拡大するのが特徴である．

（1）着火に至る過程と着火の分類

　可燃性固体が着火するまでの過程は図3・2に示すとおりであり，着火はその機構によって引火，発火，無炎発火の3種類に大別される．図3・3は発火，引火，無炎発火の温度と加熱時間の関係を示している．

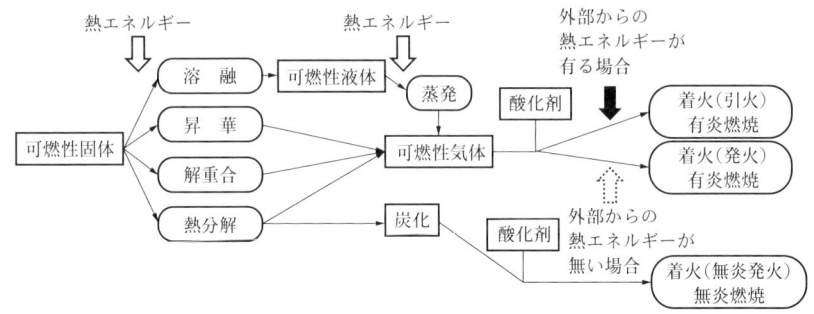

図 3・2　可燃性固体が着火するまでの過程[1]

A．引火（口火着火）

　一般的な可燃性材料が加熱されると，材料の熱分解・昇華・蒸発等が起こり，可燃性ガスと不燃性ガス，固体残渣が発生する．熱分解ガスは空気または酸素と混合気を形成する．こ

こで，混合気が可燃領域にある状態で火災（口火）があれば引火現象が起きる．口火となりうる代表的な事象として，ライターなどの口火，火の粉，静電気，火花などが挙げられる．

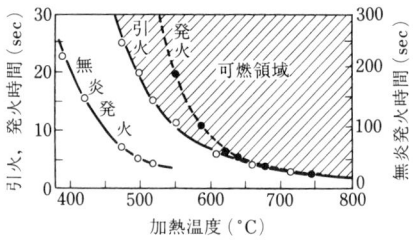

図 3·3　木材の発火，引火，無炎発火の関係[2]

B. 発　火

混合気が可燃領域にある状態で口火がなくとも，着火物の予熱が継続していれば発炎に至ることがある．これを発火と呼ぶ．

発火の代表的な例として，鍋に入った食用油の過加熱から食用油が発炎する現象が挙げられる．この火災での発火は，ガスコンロによる加熱が継続されることによって起こり，口火となる火源が無いため引火現象より高い温度で発生する．

C. 無炎発火

コンロやストーブなどの発熱器具による木造の壁等への長期間の加熱がある場合や使用時間が 1 日 10 時間以上毎日使われる場合，壁内の木材などからの発熱も合わせた発熱が失熱を上回れば出火する．このような場合，通常の着火温度より低温で無炎発火が起こる．

なお，可燃性ガスと空気の混合気が可燃領域外であると，発生したガスは疑縮して液体微粒子となりくん焼が起こる．くん焼では，風などによる空気（酸素）の供給があると燃焼発熱が進むことにより，熱分解が活発になって発炎燃焼が起きることがある．着火物がくん焼を起こしている空間の開口部が閉められた状態では，空気の流れが少なく酸素の供給が十分でないことなどから，発炎燃焼が起きるまでに長時間を要する．くん焼の代表的な事例としてタバコが挙げられる．タバコはそれ自体がくん焼しており発火源として熱量が小さく，出火まで 1 ～ 3 時間を要するものが多いことが特徴である．

（2）着火現象に関する試験方法などについて

発火源の加熱強度，加熱時間や大きさ，着火物への伝熱，熱分解や引火・発火のしやすさはそれぞれ異なり，発火源と着火物の熱のバランスによって出火するかどうかが分かれる．

日本では，薄物材料の難燃性や防炎性に関する試験法（JIS A 1322，JIS Z 2150）および消防法で定める防炎物品に関する基準がある．これらは，外部加熱がない条件下で，材料の難燃性や防炎性を確認するものである．このほかに，外部加熱がある条件下での着火性試験（ISO 5657）や発熱速度を測定するための試験法（ISO 5660 など）がある．また，米国（カリフォルニア州）[3]や英国[4]などでは，たばこなどが家具の上に落ちて着火する現象の試験法が定められている．　　　　　　　　　　　（成瀬　友宏・野秋　政希）

3·3　出火から成長期

出火後，着火物の燃焼から生じた火炎や熱気等により着火物近傍の別の可燃性物品（壁や天井などに設けられた内装材も含む）の未燃焼部分が強く加熱され着火すると，燃焼範囲が拡大する．この燃焼拡大が速ければ，燃焼で発生した多くの煙によって火災近傍に存する人が窒息または一酸化炭素中毒などに陥りやすくなったり，消防隊が火災現場に駆けつけた時

点での火勢が強く，消火困難となる．そのため，如何に燃焼拡大を抑制するかが火災安全上の大きな検討事項の一つである．区画で火災が発生した場合には，一般的に可燃物が多量に収納されていたり，区画の内装材が易燃性材料で構成された場合には区画内の燃焼拡大が速くなることが知られている．本節では，燃焼拡大の基本となる火炎伝播の機構と火炎伝播に影響を及ぼす要因，そして，燃焼拡大を抑制する手法について概説する．なお，火災初期における人命の安全性という観点では，煙の流動性状が大きく影響するが，その性状については 2・4 節に詳細が記述されている．

3・3・1 火炎伝播の機構

前述のとおり，燃焼拡大は熱分解部分から生じた火炎や熱気流等により未熱分解の部分が強く加熱され，その熱分解により生じた可燃性気体が燃焼して生じた火炎や熱気流等により，さらに未熱分解の部分が加熱されて，分解が継続することで生じる．これを火炎伝播と呼ぶ．可燃性物品の鉛直面の火炎伝播の様子を模式化したものが図 3・4 である．図 3・4 中の黒い網掛部は可燃性物品の鉛直面がある時点で熱分解している範囲（熱分解部分と呼ぶ），灰色部は未熱分解の部分のうち，火炎により強く熱せられる範囲（予熱範囲と呼ぶ），白抜部が未熱分解の部分のうち，強く熱せられていない範囲（未熱分解部分と呼ぶ）である．厳密には各部の境界は図 3・4 のように明瞭ではないが，現象の機構の理解のしやすさを考慮して概念的にこのように示した．

図 3・4 の左図において予熱範囲①の熱分解が一定以上になると，図 3・4 の右図のように，予熱範囲だった部分（予熱範囲①）も熱分解部分に加わるため，燃焼が激しくなると共に火炎も長くなる．それゆえ，図 3・4 右図の灰色部（予熱範囲②）が新たな予熱範囲となり，さらに上部の未熱分解部分を加熱し始める．燃え拡がりはこの一連の現象が連鎖的に発生することである[2]．したがって，熱分解部分の長さが同じであっても火炎が長く，予熱範囲の熱分解が早いほど，燃え拡がりが速くなる．ここでは，一つの可燃物における火炎伝播の例を

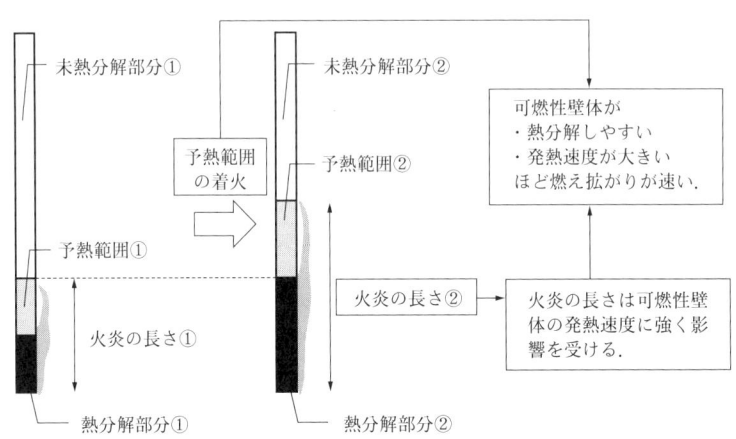

図 3・4 可燃性材料の鉛直面が燃え拡がっていく過程の概念図[1]

示したが，複数の可燃物間の燃焼拡大にあっても，可燃物の燃焼によって生じた火炎や熱気
流からの伝熱により未熱焼の可燃物が予熱され，やがて着火に至るという意味では概ね同様
の概念である．ただし，可燃物間の燃焼拡大の場合には，可燃物間が離れているため，火炎
から未熱分解の可燃物への加熱は対流熱よりも放射熱が卓越するため，可燃物の燃焼が激し
くなっても予熱範囲は大きく変わらないものの，未熱分解の可燃物に与えられる放射熱が強
くなる．

　また，火炎の長さや放射熱の大きさは熱分解部分の発熱速度（燃焼によって発生した単位
時間当たりの発熱量）に大きく影響されることを考慮すると，可燃物の"燃焼時の発熱のし
やすさ"と"熱分解のしやすさ"が燃焼拡大の速さを左右する要因となることがわかる．

　可燃物の発熱性や着火性を把握するための試験法には，材料レベルの小規模な試験として
のコーンカロリーメータ試験（ISO 5660）や着火性試験（ISO 5657），部材レベルの試験で
あるICAL試験（ISO 14696）やSBI試験（EN 13823），火災区画全体を再現したルームコー
ナー試験（ISO 9705）や模型箱試験（ISO TS 17431）などがある．

　椅子やソファーなど我々の身の回りにあるものはもともと複雑な形状をしていたり，溶融
して変形したり，複数の材料から構成されている物も少なくないため燃焼拡大の様相も単純
ではない．しかし，これまで実施された単体の可燃物の燃焼実験では発熱速度が着火時間か
らの経過時間に対して下に凸の性状を示すのが一般的であり，図3·5の発熱速度が最大にな
るまでに見られるよう次式のように経過時間の二乗に比例する関数で近似することが多い．

$$Q = \alpha \cdot t^2 \qquad (3\cdot1)$$

ここで，Qは発熱速度［kW］，αは火災成長率［kW/s²］，tは出火からの時間［s］である．

　図3·5は二人掛けソファーを燃焼させた場合の発熱速度の経時変化の例である．火災成
長率αが大きい可燃物ほど燃焼拡大が激しく，火災安全上危惧される．NFPA（米国防火
協会）では，この火災成長率を図3·6に示すようにSlow，Medium，Fast，Ultra-Fastの4
段階に分類している．

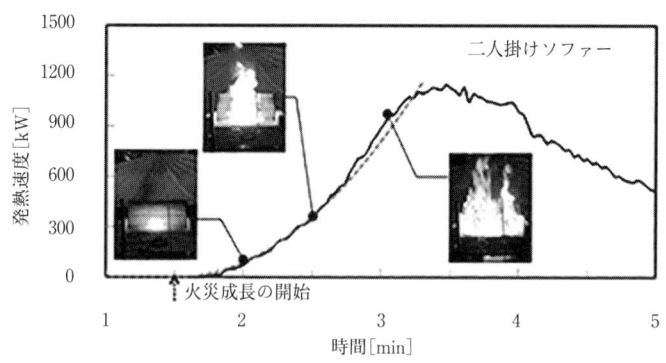

図 3·5　発熱速度の経時変化の例（二人掛けソファー）

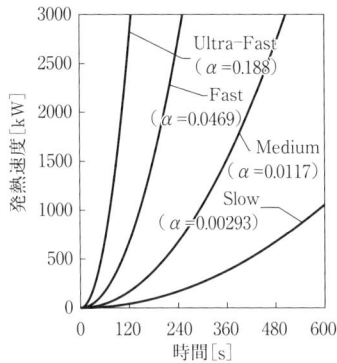

図 3·6　NFPA による火災成長率の分類[3]

3・3・2　可燃物の発熱性と着火性

A. 可燃物の発熱性

可燃物が固体または液体である場合，可燃物の発熱性は単位時間あたりに発生する発熱量（発熱速度）で評価するのが一般的である．可燃物の発熱速度は完全燃焼を想定すると単位面積当たりの発熱速度と燃焼している部分の面積の積で表される．このとき，単位面積当たりの発熱速度は可燃物に供給される加熱強度（単位面積単位時間あたりに供給される熱量）に概ね比例し，以下の関係式がある[4]（図 3·7）．

$$Q'' = (q_{ex} - q_{lo}) \cdot \frac{\Delta H}{L_p} \tag{3·2}$$

ここで，Q'' は可燃物の単位面積当たりの発熱速度 $[\mathrm{kW/m^2}]$，q_{ex} は可燃物表面に供給される加熱強度 $[\mathrm{kW/m^2}]$，q_{lo} は可燃物表面からの失熱 $[\mathrm{kW/m^2}]$，ΔH は可燃物の単位重量当たりの発熱量（燃焼熱）$[\mathrm{kJ/g}]$，L_p は可燃物の単位重量が熱分解するために必要となる熱エネルギー（熱分解潜熱）$[\mathrm{kJ/g}]$である．

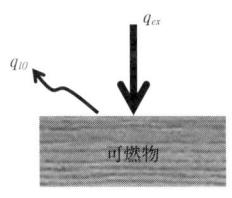

図 3·7　可燃物表面の熱収支

したがって，可燃物表面に供給される加熱強度 q_{ex} が同じであれば可燃物の燃焼熱と熱分解潜熱の比 $\Delta H/L_p$ が大きく，可燃物表面からの失熱 q_{lo} が小さい材料ほど単位面積当たりの発熱速度が大きくなる．$\Delta H/L_p$ は可燃物の材質の影響が強く，可燃性固体の $\Delta H/L_p$ は $10^0 \sim 10^1$ のオーダー，可燃性液体は $10^1 \sim 10^2$ のオーダーにある．

また，可燃物表面からの失熱 q_{lo} には可燃物表面での対流熱伝達も含まれるため可燃物表面付近での気流の影響も受けるが，可燃物表面から射出される放射熱の影響が大きいため，熱分解には燃焼中の可燃物表面の放射率および温度が影響する．

一方，加熱強度 q_{ex} は外部（熱収支を考えている部分の燃焼以外）からの加熱が無い場合においては主に可燃物の燃焼によって生じた火炎からの放射熱である．火炎からの放射熱は火炎の温度はもとより火炎に含まれる煤の量が大きく影響する．詳細については本書の第

2・1・1 節を参照されたい．また，可燃物が区画内にあり，可燃物の燃焼生成ガスが区画の上部に高温の煙層を形成する場合，この煙層から可燃物への放射熱も加熱強度に加わる．

B. 可燃物の着火性

可燃物の着火については 3・2 節に記述した通りであるが，今，可燃物近傍に口火が存在することを前提とすれば，可燃物の熱分解ガスと酸化性気体の混合割合が可燃限界以内にあると引火する．一般的に，酸化性気体としての酸素は空気中に潤沢に存在することから，熱分解ガスの生成量が引火の発生を決定づける要因となる．また，可燃物の分解反応の速度は温度に大きく影響を受けるため，熱分解等によって生じた熱分解ガスの生成量から口火周辺の熱分解ガスと酸素の混合比を求め，可燃限界となった時点をもって着火するとみなせる．このとき，可燃性混合気の混合比は可燃物表面付近の気流性状にも影響するが，着火に必要な条件のうち，酸化性気体と口火は満たされているとすると，火災安全工学上は，熱分解が生じている未燃の温度が着火温度になる時点をもって着火とみなす熱着火理論を用いて，可燃物の着火性状を検討することがある．これは，可燃物表面の温度だけでその可燃物の着火の成否または着火が生じる時間を可燃物表面の熱収支（境界条件）に応じた伝熱計算のみで評価できる（伝熱計算の詳細は本書の第 2・1・2 節を参照）．ここでは熱伝導問題を近似的に扱った手法について説明する．

可燃物表面が一定強度の放射加熱を受けると共に対流熱伝達等により失熱する場合においては，多くの研究者によって解析的方法が検討されている[例えば5〜7]．いずれの研究においても，可燃物表面の境界条件を

$$\varepsilon \cdot q_{ex} - h \cdot (T_s - T_\infty) = -k \cdot \left(\frac{\partial T}{\partial x}\right)_{x=0} \tag{3・3}$$

と与え，この境界条件における半無限固体の熱伝導方程式を解き，次式を得ている．

$$\frac{T_s - T_\infty}{\varepsilon \cdot q_{ex}/h} = 1 - \exp\left\{\left(\frac{h}{\sqrt{k\rho c}}\sqrt{t}\right)^2\right\} \cdot erfc\left(\frac{h}{\sqrt{k\rho c}}\sqrt{t}\right) \tag{3・4}$$

ここで，ε は物体の放射率 [−]，q_{ex} は外部からの加熱強度 [kW/m²]，h は熱伝達率 [kW/m²/K]，T_s は物体の表面温度 [K]，T_∞ は雰囲気温度 [K]，k は可燃物の熱伝導率 [kW/m.K]，$k\rho c$ は可燃物の熱慣性 [(kW/m².K)²s]，t は時間 [s] である．

したがって，表面温度 T_s が着火温度 T_{ig} に到達した時点を着火とみなせば，式（3・4）の T_s に T_{ig}，t に t_{ig} を代入することで，可燃物の熱特性や着火温度，加熱強度と着火時間の関係式を導出できる．

また，Delichatsios らは[6]，式（3・4）は可燃物の熱慣性 $k\rho c$，着火温度 T_{ig} などの可燃物の熱特性に依存する指標である TRP および着火限界熱流束 q_{cr} を用いて，次式のように近似できることを明らかにした．

$$\frac{1}{\sqrt{t_{ig}}} = \frac{1}{TRP} \cdot (q_{ex} - \chi \cdot q_{cr})$$
$$TRP = \frac{\sqrt{\pi}}{2} \cdot \sqrt{k\rho c} \cdot (T_{ig} - T_\infty) \tag{3・5}$$

ここで，χ は着火限界熱流束に対する可燃物表面での失熱の割合である．なお，式（3・5）

では放射率 ε を 1 としている.

したがって，式（3・5）右辺の *TRP* および q_{cr} を可燃物の仕様等によって決まる定数とみなすことができれば，着火時間の平方根の逆数と加熱強度は直線的な相関を持つことがわかる.

過去に実施された一定の外部加熱強度下における各種可燃物の加熱実験における着火時間と加熱強度の関係を整理した結果を図 3・8 に示す．図より同じ材料であれば幾分バラつきがあるものの q_{ex} と $1/\sqrt{t_{ig}}$ に直線的な傾向が確認できる.

なお，同計算式を用いる上で熱慣性 k ρc，着火温度 T_{ig} などを個々に入力した *TRP* を使用すると，実態との一致が不十分となる場合があることや，可燃物表

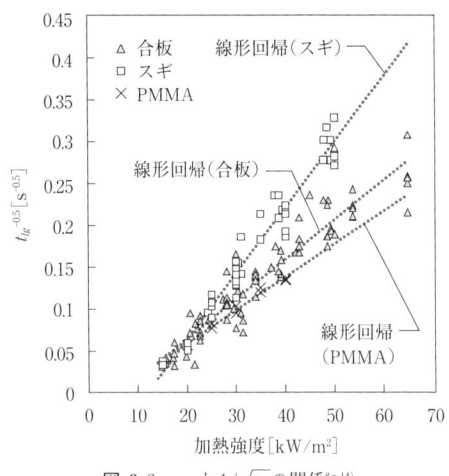

図 3・8　q_{ex} と $1/\sqrt{t_{ig}}$ の関係[8~14]

面の失熱の性質によって χ が異なることから，実用上はコーンカロリーメータ試験装置や着火性試験装置などを用いて，いくつかの加熱強度において実測した着火時間から TRP および $\chi \cdot q_{cr}$ の実効値を求めることが推奨される．ただし，加熱強度と可燃物の着火限界に近い領域においてはこの計算式から算出される着火時間は実験値よりも小さな値となることがある点に注意が必要である.

3・3・3　燃焼拡大抑制手法

燃焼拡大を抑制する代表的な手法としては，「防火区画」，「可燃物の難燃化・不燃化」，「消火設備」が挙げられる.

「防火区画」は火災盛期の火熱に対しても抵抗性のある壁，床，扉などで対象とする空間を区切ることであり，火災を局所的な範囲に留めておくことで消火活動が容易になる等の理由から，非常に重要な対策として位置付けられる．防火区画を構成する壁，床，扉などには，火災による熱で容易に溶融，損傷，変形等を生じない性能や火災による熱や炎を非火災側の空間に伝えにくくする性能が必要となる.

「可燃物の難燃化・不燃化」は文字通り，空間内に持ち込まれる収納物品または内装材等の固定可燃物を加工することにより難燃化または不燃化することであり，広義には空間内の収納物品や内装材等を含む物品全体に占める可燃物の割合を少なくすることも含まれる．前者の一例として，近年ではリン酸やホウ酸などを主成分とする薬剤を木材に含浸させることで木材を難燃化する技術が普及しており建築材料等に実用化されている．一方，後者の例としては，火災時の燃焼拡大に大きく影響を与える壁の上部や天井の内装材には難燃性の材料を使用し，他の部分を可燃性材料とするといった方法である.

「消火設備」のうちで主たるものである散水設備は火災区画内に設けられた装置から散布された水によって燃焼の拡大を抑制する手法である．設備の例としては屋内消火栓設備，ド

レンチャー設備，スプリンクラー設備などが挙げられるが，人が使用する設備については
ヒューマンエラーや技術不足などにより十分な性能を発揮できない可能性があるため，設備
の管理体制やフールプルーフに配慮する必要がある．一方，閉鎖型スプリンクラー設備のよ
うに，火災発生時に人の操作なく自動で作動する設備については作動信頼性が高く，放水圧
等が管理されていれば安定した燃焼
拡大抑制効果を得ることができる．
ただし，電気系統の故障や配管系統
の損傷による水圧損失等には日ごろ
から維持管理する必要がある．

　火災区画内に散布された水が燃焼
拡大を抑制する物理的要因は以下の
4点に大別される（図3·9)[15~17]．以
降，下記の各項目について近年の研
究事例を紹介する．

A. 区画内の高温ガスの温度低減
B. 燃焼中の可燃物の燃焼抑制
C. 未燃焼の可燃物の延焼抑制
D. 区画部材等の受熱低減

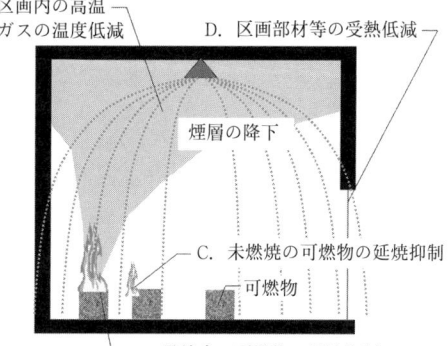

図 3·9　散水による燃焼拡大抑制効果の分類

A. 区画内の高温ガスの温度低減

　総務省消防庁による防火対象物の総合防火安全評価基準のあり方検討会[18]において，木材
クリブをはじめとした可燃物の燃焼時にスプリンクラー設備を作動させた場合の火災区画内
のガスの温度低減効果に関する定量的知見を収集している．また，太田ら[19]は水滴群が火災
区画内のガスから吸収する熱量をガスの温度および厚さと散水量から算定する式を提案して
いる．

B. 燃焼中の可燃物の燃焼抑制

　高橋[20]は散水量や木材クリブの段数等をパラメーターとし，燃焼中の木材クリブに散水す
る実験を実施した．その結果，木材クリブの仕様が同じであれば，散水密度（単位時間あた
りに供給される単位面積当たりの散水量，以降，本章において同じ）が大きい場合，可燃物
の重量の増加勾配が大きくなり消火時間が早くなる傾向を示し，散水量と消火時間の関係式
を導出している．

　また，Evans[21]，Yuら[22]は，主に散水設備作動以降，可燃物の燃焼が減衰し続ける条件を
対象とし，散水開始以降の可燃物の発熱速度時刻歴を次式のように指数関数で近似してい
る．

$$Q_{w,t} = Q_{tact} \cdot \exp(-k \cdot (t - t_{act})) \tag{3·6}$$

　ここで$Q_{w,t}$は時刻t〔s〕における可燃物の発熱速度〔kW〕，Q_{tact}は散水設備作動時の発
熱速度〔kW〕，t_{act}は散水設備の作動時間〔s〕である．また，kは実験係数〔1/s〕であり，
可燃物の仕様や散水密度に応じて変化する．

　一方，散水による主な可燃物の燃焼抑制機構は図3·10に示すように「①燃焼部分の熱分解速度の低減」，「②燃焼面積の低減」，「③酸欠による燃焼熱の低減」のいずれかであり，これらの機構別に着目した研究事例を次に挙げる．

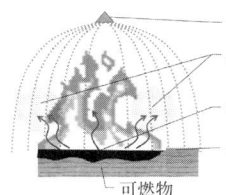

- 散水設備
- ③ 酸欠による燃焼熱の低減
- ① 燃焼部分の熱分解速度の低減
- ② 燃焼面積の低減
- 可燃物

図 3·10　散水による可燃物の燃焼抑制機構

　①燃焼部分の熱分解速度の低減については次に示す研究事例がある．前述のとおり，可燃物の単位面積当たりの発熱速度は可燃物に入射する熱流束に比例することが知られているが，散水中にも燃焼が継続する条件においては，可燃物表面で蒸発した水の潜熱の分だけ可燃物に入射する正味の熱流束が低減されるとみなすことにより，散水時の可燃物の単位面積当たりの発熱速度を推定できる[23]．

$$Q_w'' = (q_{ex} - q_{lo} - q_w) \cdot \frac{\varDelta H}{L_p} \tag{3·7}$$

ここで，Q_w'' は散水時における可燃物の単位面積当たりの発熱速度 [kW/m²]，q_{ex} は加熱強度 [kW/m²]，q_{lo} は散水が無い場合の可燃物表面での失熱 [kW/m²]，$\varDelta H$ は可燃物の燃焼熱 [kJ/kg]，L_p は熱分解潜熱 [kJ/kg]，q_w は散水による吸熱量 [kW/m²] であり，散水密度（単位面積単位時間あたりに可燃物表面に供給される水量）[g/s/m²] と水の単位重量当たりの潜熱（≒2.265）[kJ/g] の積で求められる．ただし，液体可燃物の場合，水滴群が可燃物の表面で有効に蒸発せず燃焼抑制効果が得られないことがある．特に燃焼時の液面の温度が水の沸点よりも低く，液体の密度が水よりも小さい場合において顕著である．

　また，②燃焼面積の低減に関し，野秋らは[24]，可燃物表面に形成された水膜が可燃物の燃焼面積を低減させる効果に着目し，水膜の熱収支を分析した結果，散水による燃焼面積の低減量は加熱強度と水の吸熱のバランスによって決定されることから，次に示す推定式を提案した．

$$A_w = \frac{W \cdot L_w}{q_{net}} \tag{3·8}$$

ここで，A_w は水膜により低減された燃焼面積 [m²]，W は可燃物の燃焼部分に供給された散水量 [g/s]，L_w は水の単位重量当たりの潜熱（≒2.265）[kJ/g]，q_{net} は可燃物の受熱量 [kW/m²] である．なお，同理論は木材クリブの燃焼に対しても適用可能であることが示唆されており，その燃焼面積の低減を考慮した散水中の木材クリブの発熱速度は次式で算出される[25]．

$$Q_w = Q_0 - 12 \cdot W \tag{3·9}$$

ここで，Q_w は散水中の木材クリブの発熱速度 [kW]，Q_0 は非散水時の木材クリブの発熱速度 [kW] である．

　散水による可燃物の燃焼抑制機構として，水滴群が火炎を通過する際に火炎自体を冷却し，可燃物に入射する熱流束を低減する効果も考えられるが，スプリンクラー設備作動時のn−ヘプタンの発熱速度が非散水時の発熱速度とほぼ同じ値を示している[26]ことから，スプ

リンクラー設備程度の粒子径の散水ではこの影響が少ないと推測される.

　一方，スプリンクラー設備から放出された水滴群程度の水滴径について文献23），25），27）で実施された実験の結果から，燃焼前後の可燃物の重量差と総発熱量の比（単位重量当たりの発熱量）は散水の有無によらず大きく変化しておらず，③酸欠による燃焼熱の低減効果は確認されていない．ただし，ウォーターミストのように水滴径が小さな散水の場合，燃焼抑制効果として③酸欠による燃焼熱の低減効果が大きいとされている.

C.　未燃焼の可燃物の延焼抑制

　中原ら[28]はウォーターミストとプロパンガスの混合気を充てんした空間内でニクロム線を溶断させる実験を実施し，ウォーターミストにより可燃性ガスの最小着火エネルギーが増大されることを確認している.

　一方，加熱開始後，熱分解が発生する時間（以降，熱分解時間と呼ぶ）および着火時間に及ぼす散水の影響を把握するため，未燃焼の可燃物に対し，散水と加熱を同時に行う実験を実施した[14]．その結果，加熱強度に対し散水密度が低い条件では散水されているにも関わらず可燃物が着火する現象が確認された．しかし，散水により着火時間や熱分解時間は非散水時に比べ長くなる傾向を示した．また，3・3・2節に示した熱着火理論を応用し，散水時の可燃物の熱分解時間を次式で概ね推定できることを確認した．なお，同式で着火時間を求めると実態よりも着火時間が早めになる傾向にある.

$$\frac{1}{\sqrt{t_x}} = \frac{1}{TRP} \cdot (q_{ex} - \chi \cdot q_{cr} - q_w) \tag{3・10}$$

　ここで，t_x は熱分解時間または着火時間 [s]，q_{ex} は加熱強度 [kW/m²]，q_w は散水による吸熱量 [kW/m²] であり，散水密度（単位面積単位時間あたりに可燃物表面に供給される水量）[g/s/m²] と水の単位重量当たりの潜熱（≒2.265）[kJ/g] の積で求められる．また，TRP，q_{cr} は式（3・5）と同義であるが，熱分解時間または着火時間を算出するために用いる値はそれぞれ異なる.

　他方，いくつかの研究[29,30]により，散水設備から放出された水滴群が燃焼物と未燃焼物の間の空間に存在する場合，その水滴群が燃焼物の火炎から受熱物への放射熱を減衰されることが報告されている.

D.　区画部材等の受熱低減

　大宮ら[31]は散水設備を用いて木製柱部材に対し積極的に散水を行った状態で ISO 834 標準加熱温度曲線の加熱に曝し，木製柱部材の炭化抑制に関する実験的知見を収集した．図3・11 は実験終了後の試験体表面の様子であるが，部材表面に水膜が形成された範囲以外で縞状に炭化が進行し，平均的な炭化速度は散水無しの条件の 1/20 ～ 1/10 程度になることが確認された．また，散水設備を用いて鋼板表面に水膜を形成させた条件において，加熱強度と散水量をパラメーターとする実験を実施し，水膜の熱収支から加熱強度と散水量に応じた水膜の温度算定

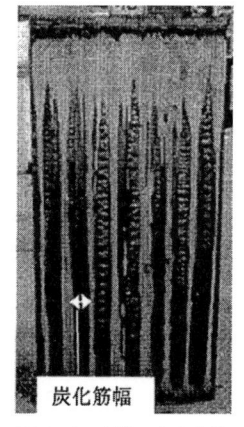

炭化筋幅

図 3・11　水膜による木造
柱の炭化抑制[31]

式を導出した[32]．さらに，野秋ら[33]は局所火災に曝された木製柱部材に対しスプリンクラー設備を作動させる実験を実施し，散水の有無による木製柱部材の炭化性状および内部温度に関する知見を収集した（図3·12）．

そのほか，太田ら[19]の研究によって報告されている通り，散水設備が作動すると温度低下や水滴群の効果に伴う巻き込みに

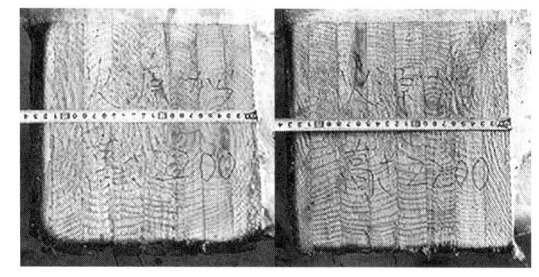

（a）スプリンクラー無し　　（b）スプリンクラー有り

図 3·12　スプリンクラーの有無による炭化深さの比較[33]

より，火災区画内上部に溜まっていたガスが降下することが知られている．したがって，散水設備が作動した空間に火災から避難する人が存在する場合においてはその影響に留意する必要がある．　　　　　　　　　　　　　　　　　　　　　（成瀬　友宏・野秋　政希）

3·4　成長期～火災盛期

先述のとおり，壁床天井などで囲われた区画で発生した火災においては，まず区画内の一部分で出火して，少しずつ拡大する成長期を経て，区画全体が燃焼する火災盛期を迎える．この間に火災が急激に拡大する時点があり，これをフラッシュオーバー現象とよぶ．フラッシュオーバーの発生を遅らせることは，火災感知や初期消火の機会を増すばかりでなく，出火区画の上階からの避難も安全に行うことが可能となり，火災による被害は少なくてすむ．フラッシュオーバーの発生時期には，それまで火災区画内で起きていた燃焼や発煙といった現象の急激な変化によって区画内環境が急激に変化するという意味でこの言葉の示す現象は広い範囲に渡っている．そのため，どの時点をもってフラッシュオーバー現象が発生したかについては，様々な定義がなされており，

［1］局部的な燃焼が全可燃物表面に拡大する現象

［2］区画内が火に包まれる現象

［3］急激に温度が上昇する現象

［4］開口から火炎が噴出し始める現象

などがある．ISO 13943 では，

［5］＜Stage of fire＞ transition to a state of total surface involvement in a fire of combustible materials within an enclosure

と定義されているが，［2］と［5］は同じと考えても厳密にはいずれも異なった現象を示していると解釈できる．例えば，［1］が起きれば［2］と［3］は起きるが，区画内天井下の未燃ガスに着火して区画内が火に包まれるような［2］，［3］あるいは［4］が起きたとしても［1］が起こるとは必ずしもいえず，［2］，［3］，［4］も同様である．これは，実際の火災が空間の形状や収納可燃物の状態，開口の状態，出火の仕方などがそれぞれ異なることや，［1］～［4］のいずれにも該当せず明確には定義できない場合があるためであ

る．

　過去に実施された内外装に防火的仕様を施した約 10 m² 程度の在来工法建物における和室
形態・単室モデルの木造住宅の火災実験[1]では，着火後 1 分 30 秒〜3 分で［3］が起きてい
る．その後，目視観測による［4］をフラッシュオーバー時点としたが，これは，開口部か
ら火炎が噴出するようになると，火災初期の特徴的な現象である大量の黒煙の発生がなくな
るということとあわせて判断している．この実験では，重量減少速度が変化する時点と目視
観測による開口からの火炎の噴出がほぼ同じ時点であることから区画内環境が急激に変化し
た時点といえる．しかし，実際の火災では，区画内温度や重量減少を測定しているわけでな
く，見かけ上の現象から判断するより方法がないことからも，開口から火炎が噴出し始め黒
煙が減少して区画内の燃焼状態が変化する時点をフラッシュオーバー発生時点と考えて差し
支えないであろう．

3・4・1　フラッシュオーバー現象の発生機構

　フラッシュオーバー現象は，区画内環境が急激に変化する現象を示し，多くの現象を含む
ため，影響する因子も多く，発生機構も多様である．Thomas[2]は，フラッシュオーバー現
象は次のいずれかの過程に続いて発生するとしている．

① 出火室の上部に蓄積された未燃ガスの混合気が自然発火する．あるいは，未燃ガスを含
　む層を下部で燃焼した火炎が着火させる．

② 火源から離れた可燃物に着火して急激に火災の規模が拡大する．

③ 一定の火源面積であっても壁を温めて熱のフィードバックが増加すると，やがて熱的に
　不安定になる．

④ 火源面積が半定常的な状態で増加すると，同じような不安定性を生み出す．

⑤ 火源面積が増加してすべての可燃物に着火して最大規模となっても，燃料支配の状態で
　あれば，フラッシュオーバーに至ったとする．

⑥ 初期火災の規模が十分に大きければ，熱的に不安定にならなくても換気支配に移るか
　ら，この遷移もフラッシュオーバーと認める．

　また，これらが組み合わさった現象も，フラッシュオーバー現象である．

　②については，「床面への放射による入射熱量が 20 kW/m² であると，未燃の可燃物を着火
させ，可燃物表面の火炎伝播を瞬時に起こさせる原因となる」[3]と示している．また，火災
便覧（第 3 版）には，「600℃ 付近がフラッシュオーバー時間の目安であり，床面上の温度
約 300℃，輻射受熱量が約 15 kW/m²（12900 kcal/m²h）になる時点と読みかえてよいとい
う見解もある」と述べられている．

　③と④について，通常，熱分解領域は火炎からの伝熱により平衡を保っているが，周壁な
どからの再放射熱によりこの平衡が崩れ，熱的に不安定な状態，つまり，熱分解が加速度
的に進む状況が生じる．このような状況における材料の燃焼性状は，ISO 5660 や ASTM-E
1354 や Tewarson 炉[4]によって検討が可能である．

　なお，8.0 m×7.9 m×3.8 m（H）の木材内装の区画火災実験では[5]，200℃ 程度の温度が
継続した後，1000℃ 程度まで火災室内が急激な温度上昇を示した．⑤と⑥については，ど
の段階でフラッシュオーバー現象が起こったかどうかの判断が難しい．そこで，火炎が開口

から現れるようになった時点としたり，火災室の上部層が 600℃ になった時点をフラッシュオーバー現象の発生時点としている[6]．

3・4・2　フラッシュオーバー現象発生に及ぼす諸因子に関する研究事例

　フラッシュオーバー現象は火災が発生している空間内に存する可燃性物品が一斉に着火することで生じるため，この可燃性物品を構成する材料が着火しやすければ，容易に二次着火が起こり，火災が早期に拡大してフラッシュオーバー現象が発生する．これらの材料の着火のしやすさについては先に記述した熱着火理論で示されるように材料へ入射する熱流束が同じであれば材料へ熱が伝わる性質を表す熱伝導率，密度，比熱，表面放射率に影響を受ける．しかしながら，火災が発生している空間内に存する収納物品の材質や大きさ，量などはその空間の使われ方に依るところが大きく，火災安全上の観点だけで物品の材料を決めることは難しい．しかし，次項に示すように火災拡大（フラッシュオーバーの早期発生）には，空間内の鉛直面および天井に面した部分に施された材料の可燃性が大きく影響するため，火災成長の拡大抑制には当該部分の可燃性を抑制することが有効である．

A.　斉藤らによる研究[7]

　内装材が燃焼して天井面が燃焼するようになると，天井に近い広い範囲の内装への加熱が強くなることで燃焼範囲が増加してフラッシュオーバー現象が起きやすくなるので，内装材料を含めた壁や天井などの固定可燃物の燃焼性状も重要である．このことから，内装の不燃化はフラッシュオーバー発生を遅らせる効果がある．図3・13には，模型実験によるフラッシュオーバー発生と内装材料の種類の関係を示す[7]．ベニヤのような可燃性内装材料の室で，最も早くフラッシュオーバー現象が発生しているのに対し，難燃合板の場合は，1〜2分程度ベニヤよりフラッシュオーバー現象の発生が遅く，その後の温度は無処理のベニヤと同じ温度性状を示す一方，準不燃材料の場合は，難燃合板の場合と発生時間は同じであるが，その激しさは弱くなり，不燃材料では，温度上昇はきわめて緩やかになる．

　また，上記の要因として，天井下の高温層からの放射熱により可燃物が着火する状況を考慮すると，放射熱伝達は距離の2乗に反比例するので，天井面を不燃化した場合でも，火炎が天井に到達すると浮力により天井下に拡がり，放射熱源が拡大して収納可燃物や床面への放射が強くなる．そこで，天井が高く気積が大きな空間では，天井面への火炎の到達に時間がかかり，天井下の火炎や高温煙層からの放射熱伝達が少なくなり，フラッシュオーバー現象が起こりにくくなる．

B.　武田らによる研究[8]

　フラッシュオーバーには火災区画の開口の条件が影響する．図3・14に示すとおり，開口部の大きさによって区画内でフラッシュオーバー現象が起きるまでの時間には違いがあり，極小値をとる．これは，開口が大きくなると換気による流出空気による失熱および流入空気による冷却効果が働くからである．一方火災区画に開口部など空気の流通経路が極端に少ない場合は酸欠燃焼により鎮火することもある．

C.　CIB W 14 による研究[9]

　火災の成長に関する系統的な実験が行われ，フラッシュオーバー現象に影響を及ぼす因子に関して報告されているので紹介する[9]．

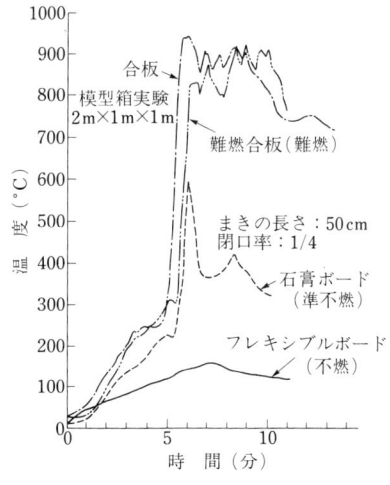

図 3·13 フラッシュオーバー現象発生時間と内装材料の種類の関係[7]

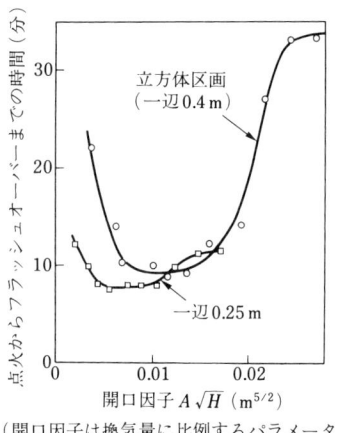

（開口因子は換気量に比例するパラメータ）

図 3·14 フラッシュオーバー現象発生時間と開口換気条件の関係[8]

　この研究は，1960 年代の後半に CIB W 14 が主体となって行ったもので，世界の 9 研究機関において行った実験結果をまとめたものである．実験は，可燃物として木材クリブを用いた小空間内で行われた．各実験条件は表 3·1 に示すとおりであり，8 つのパラメーターについてそれぞれ 2 つの条件を設定し，合計 2⁸＝256 通りの実験が研究機関ごとに分けて行われた．なお，同じ条件と異なる条件について FMRC と NBS（現，NIST）で実験が繰り返された．各実験において，クリブ表面すべてに着火した時間をフラッシュオーバー現象が発生

表 3·1　CIB 実験の条件[9]

変　　数	条　　　　件	
区画形状[*1]	$1 \times 2 \times 1$	$2 \times 1 \times 1$
着火源の位置[*2]	後部隅各部	中心
可燃物の高さ	160 mm	320 mm
開口幅	区画幅	区画幅の 1/4
可燃物の密度[*3]	20 mm	60 mm
可燃物の分布	1 つの大きなクリブ	21 の小さなクリブ
内装（壁と天井）[*4]	なし	ハードボード
着火源面積	16 cm²	144 cm²

可燃物は，20 mm 角のぶな材のクリブで，含水率は 10 % 以下.
* 1　幅×奥行き×高さ（単位は m）.
* 2　着火源はアルコールパン.
* 3　クリブ 1 本ずつの間隔.
* 4　内装がないものは，区画材である石綿板が内装である.

した時間とした．実験結果を分析した結果，次の結論に至った．

①フラッシュオーバー発生時間は，区画形状にあまり影響を受けない．

②フラッシュオーバー発生時間は，開口の寸法と可燃物の分布にわずかに依存する．ただし，開口の寸法は実験条件に左右されることがある．

③フラッシュオーバー発生時間は，着火源の位置と面積，可燃物の高さ，可燃物の密度内装材料の特性に影響を受ける．このなかで，3の各要因について，主な特徴を以下に示す．

（a）着火源　フラッシュオーバー発生時間は，火源が中央にあるほど早い．これは，火災初期の燃焼面積が急速に拡大するからである．同様に，着火源の面積が大きいほど，発生時間は早い．

（b）可燃物の高さ　可燃物の高さが高いほど，火炎が天井に到達するまでの時間が早くなり，初期のうちに可燃物表面火炎伝播が促進される．

（c）可燃物の密度　可燃物の密度が低いものは火炎の伝播が早くなる傾向があるので，火災の大きさが急速に増加してフラッシュオーバー現象が早期に発生する．実際の火災では，隣接する可燃物への燃焼拡大に相当する．

（d）内装材料　可燃性の内装材料は，フラッシュオーバー発生を早める．これらのうちで，着火源の位置と内装材料は相互に作用し，ついで，可燃物の高さと密度が作用する．

D．Ostman らによる研究[10]

先の研究事例で示したように，フラッシュオーバーの発生には内装材の可燃性が大きく影響を与える．これは，燃焼面積の拡大に大きく影響を及ぼすことが一因である．3・2 節（1）に記述した通り，材料の火炎伝播性状にはその材料の発熱性と着火性が大きく寄与することから，Ostman らは可燃性内装材の燃え拡がり性状を把握するための試験法であるルームコーナー試験におけるフラッシュオーバーの発生時間とコーンカロリーメータ試験によって収集した当該内装材の発熱性や着火性のデータとの相関を確認した結果，次の関係式を導出した．

$$t_{F.O} = 0.0716 \cdot \frac{t_{ig}^{0.25} \cdot \rho^{1.72}}{THR_{300}^{1.30}} + 57.4 \tag{3・11}$$

ここで，$t_{F.O}$ はルームコーナー試験におけるフラッシュオーバーの発生時間 [s]，t_{ig} はコーンカロリーメータ試験において加熱強度 50 kW/m² での材料の着火時間 [s]，ρ は材料の密度 [kg/m³]，THR_{300} はコーンカロリーメータ試験において加熱強度 50 kW/m² で材料が300 秒間加熱された時点の総発熱量 [MJ/m²] である．

E．市原らによる研究[11]

先に紹介した内装材の仕様とフラッシュオーバーの関係に関する実験では，ルームコーナー試験装置（平面寸法 2.4 m×3.6 m）または模型規模での実験であったが，この研究ではルームコーナー試験装置を用いた実験に加え，内寸 6.91 m×7.61 m×2.79 m 高の大規模な区画（図 3・15）を用いて，木製内装材の貼り方をパラメーターとした実大規模実験を実施した．なお，点火源はどちらの区画においても発熱速度が 300 kW となるよう流量を設定したガスバーナーである．その結果，内装材の貼り方に着目すれば，どちらの区画において

も，壁木材－天井不燃材は壁木材－天井木材の仕様に比べてフラッシュオーバーが発生しにくいという結果であった．特に大規模区画においては壁木材－天井不燃材の場合，内装は火源近傍のみの燃焼に留まった．一方，区画の大きさの違いに着目すると，内装の仕様が同じ場合，ルームコーナー試験装置に比べ，大規模区画の方がフラッシュオーバーが発生しにくい結果となった．これは，大規模区画の方が区画上部に溜まった燃焼生成ガスが天井面に熱を吸収されやすく温度が低く保たれたこと等が原因と考えられる．

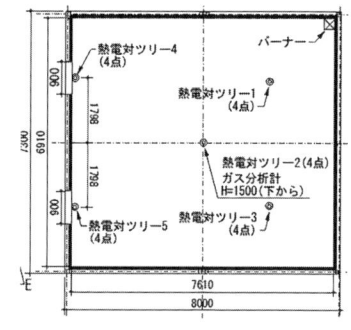

図 3·15　平面図（大規模区画：教室火災実験）

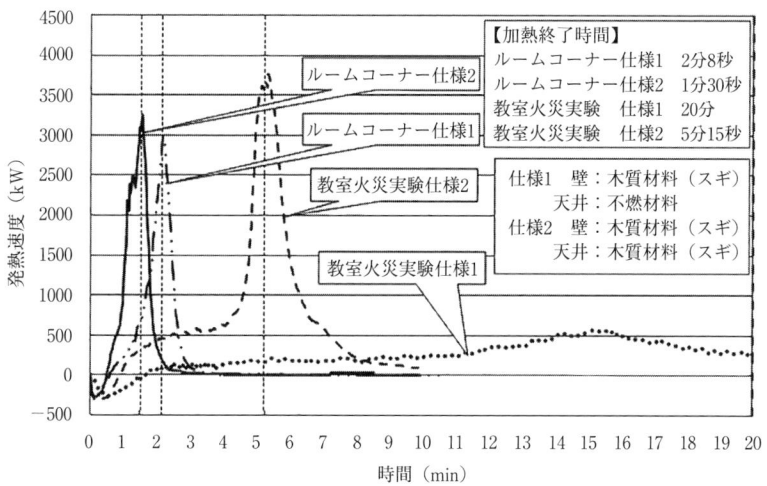

図 3·16　区画の大きさと内装の貼り方による発熱速度の比較

F.　McCaffrey らによる研究[12]

　McCaffrey らは壁が不燃性の材料で作られている区画を対象として，フラッシュオーバー以前の火災区画内の温度上昇について，火災区画内の熱収支に関連する因子について，実験結果から相関性の高いものを選定して，次式を導出した．

$$\frac{\varDelta T}{T_\infty}=C\cdot\left(\frac{Q}{\sqrt{g\cdot c_p\cdot\rho_\infty\cdot T_\infty\cdot A_o\cdot\sqrt{H_o}}}\right)^N\cdot\left(\frac{h_k\cdot A_T}{\sqrt{g\cdot c_p\cdot\rho_\infty\cdot T_\infty\cdot A_o\cdot\sqrt{H_o}}}\right)^M \qquad(3\cdot12)$$

ここで，$\varDelta T$ は火災区画の初期温度からの上昇値 [K]，T_∞ は雰囲気温度 [K]，Q は火災区画内の温度上昇に寄与する発熱速度 [kW]，g は重力加速度 [m/s^2]，c_p は空気の比熱 [kJ/kg/K]，ρ_∞ は大気の密度 [kg/m^3]，A_o は開口の面積 [m^2]，H_o は開口の高さ [m]，h_k は

火災区画内の高温ガスと周壁のなす実効熱伝達率 [kW/m²/K], A_T は周壁の面積 [m²] である. なお, 周壁とは壁床天井の外皮を指し, C, N, M は実験定数である.

　McCaffrey らは過去に実施された火災実験のデータを集計し, 式 (3·12) の定数 C, M, N を統計的に導出した. その結果, $C=480$, $N=2/3$, $M=-1/3$ とした.

　また, 3·4·1 節に示した通り, 不燃内装の区画では区画内温度が 600℃ 付近がフラッシュオーバー時間の目安であることから, やや安全側にフラッシュオーバー発生時の火災区画内の温度上昇 $\varDelta T$ が 500 K と想定して, 式 (3·12) を用いてフラッシュオーバー発生時の発熱速度 $Q_{F.O}$ を導出した結果が次式である.

$$Q_{F.O}=610\cdot(h_k\cdot A_T\cdot A_o\cdot\sqrt{H_o})^{1/2} \tag{3·13}$$

ここで, 記号は式 (3·12) に等しい. なお, 同式では, $T_\infty=295$ K, $g=9.8$ m/s², $c_p=1.0$ kJ/kg/K, $\rho_\infty=1.18$ kg/m³ としている. 式 (3·13) に従えば, フラッシュオーバーの発生時の発熱速度を決定づける要因は開口の面積 A_o, 開口の高さ H_o, 周壁と区画の熱伝達率 h_k, 周壁の面積 A_T であることが分かる. また, h_k は周壁の熱慣性 $k\rho c$ を火災発生からの経過時間 t で除した値の平方根または熱伝導率 k を壁の厚さ δ で除した値で表されるため, 周壁材料の種類と厚さに応じて変化する.

　なお, 同式を用いる際の実効熱伝達率 h_k の計算に必要となる時間 t は, 原著では 1000 s が推奨されているが, 李らの検討[13]では, 1000 s を用いるとフラッシュオーバーの発生時間は実態に比べ短めに評価された. 一方, フラッシュオーバーの発生時間の実験値 (李らの論文で抽出した実験では平均で 340 s) を用いると, 周壁の熱慣性 $k\rho c$ が大きい場合にはフラッシュオーバー発生時の発熱速度の計算値と実験値は概ね一致するとされている.

　また, フラッシュオーバー発生時の発熱速度については, 上式のほか Babrauskas[14]や Thomas[15]により以下の式が提案されている.

$$Q_{F.O}=750\cdot A_o\cdot\sqrt{H_o} \tag{3·14}$$

$$Q_{F.O}=7.8\cdot A_T+378\cdot A_o\cdot\sqrt{H_o} \tag{3·15}$$

　そのほか, 火災荷重が 5 kg/m² 程度以下とみなせる室では, フラッシュオーバー現象が発生しないことが経験的にいわれている[16]. 　　　　　　　（成瀬　友宏・野秋　政希）

3·5　火災盛期〜減衰期

3·5·1　燃焼型支配因子と燃焼速度

　火災最盛期の燃焼速度の実験結果について可燃物表面積あたりの燃焼速度と開口因子と可燃物表面積の比 $A_o\cdot\sqrt{H_o}/A_f$ を整理した結果を図 3·17 に示す[1]. 図より, 一定の開口因子以下の範囲では燃焼速度 R は開口因子に比例し, 開口因子がそれ以上大きくなると比例しないことがわかる. すなわち, 火災盛期の火災性状には 2 つの型がある. 1 つは式 (3·16) に示されるように可燃物の燃焼速度が開口因子, すなわち給気量にのみ依存する火災であり, このような火災は換気支配型火災と呼ばれている. なお, 式 (3·16) は数多くの実大建物の火災実験により妥当性が証明されている[例えば2,3].

$$m_b=(0.09\sim0.10)\cdot A_o\cdot\sqrt{H_o} \tag{3·16}$$

ここに，m_b：燃焼速度［kg/s］，A_o：開口面［m²］，H_o：開口高さ［m］である．

他の1つは開口が大きな火災で，可燃物の表面積や材質等に燃焼速度が支配される燃料支配型の火災である．ここで，$A_o \cdot \sqrt{H_o}/A_f$は燃焼型支配因子はχと呼ばれ，対象とする区画で発生した火災が火災盛期時に換気支配型火災に至るか燃料支配型火災に至るかを判別するために有効な指標となる．大宮らは複数の可燃物を用いて燃焼型支配因子χを変化させた区画火災実験を実施した．このうち，木材の可燃物表面積当たりの燃焼速度を近似した式が次式である．

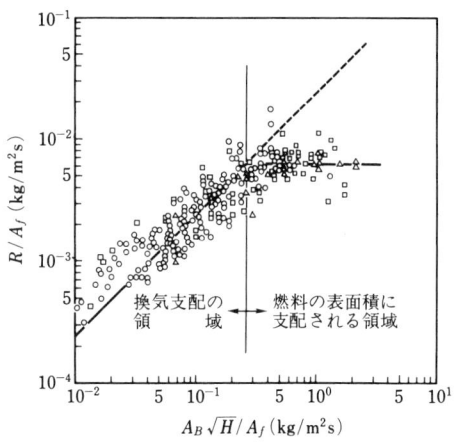

図 3·17　燃焼速度 m_b と $A_o\sqrt{H_o}$ の関係（A_fは可燃物の露出表面積）

$$\frac{m_b}{A_f} = \begin{cases} 0.1 \cdot \chi & [\chi \leq 0.07] \\ 0.007 & [0.07 < \chi \leq 0.1] \\ 0.12 \cdot \chi \cdot \exp(-11 \cdot \chi) + 0.003 & [0.1 < \chi] \end{cases}$$

$$(3 \cdot 17)$$

一方，厳密には可燃物の燃焼速度 m_b は時間に対して一定の値ではなく，上式で示される燃焼速度の燃焼がある程度継続すると次第に減衰し始める．この減衰勾配は火災区画内の可燃物の仕様や開口の大きさ，周壁の条件

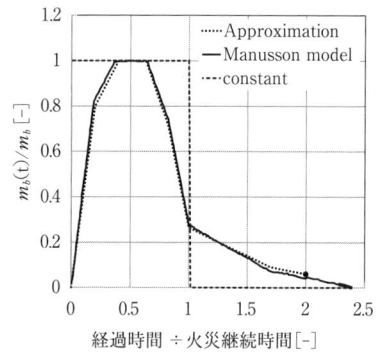

図 3·18　減衰期を考慮した可燃物の燃焼速度[5]

に応じて異なると考えられるが，Magnusson[5]は図3·18に示される実線のような関係式を提案している．これを同図中の点線のように近似すると次式の通りとなる．

$$\frac{m_b(t)}{m_b} = \begin{cases} 4 \cdot (t/t_b) & [t/t_b < 0.20] \\ (t/t_b - 0.2) + 0.8 & [0.20 \leq t/t_b < 0.40] \\ 1 & [0.40 \leq t/t_b < 0.63] \\ -1.5 \cdot (t/t_b - 0.63) + 1 & [0.63 \leq t/t_b < 0.82] \\ -2.5 \cdot (t/t_b - 0.82) + 0.715 & [0.82 \leq t/t_b < 1.00] \\ -0.25 \cdot (t/t_b - 1.00) + 0.265 & [1.00 \leq t/t_b < 1.70] \\ -0.1 \cdot (t/t_b - 1.70) + 0.09 & [1.70 \leq t/t_b < 2.60] \\ 0 & [2.60 \leq t/t_b] \end{cases}$$

$$(3 \cdot 18)$$

ここで t は火災開始からの経過時間 [s], t_b は火災継続時間 [s], $m_b(t)$ は時刻 t における可燃物の燃焼速度 [kg/s] である.

この関係式によれば, 燃焼速度を一定とした場合の火災の継続時間の 6 割程度の時間が経過した時点で燃焼速度が減衰し始める. なお, 区画内の可燃物の熱分解ガスの発生量を重量減少速度, 熱分解ガスのうち区画内で燃焼する量を燃焼速度と呼び分けることもある.

3・5・2　火災区画内温度

（1）火災区画内温度予測の基本概念（火災区画内の熱収支）

火災区画内で可燃物が燃焼することによって発生した発熱速度の一部は床, 壁, 天井などの周壁などに吸収され, 一部は開口から外部に放射熱として放射され, 一部は火炎や熱気流として区画外に噴出される. これらの残りの熱量が火災室の温度を上昇させる. したがって, この熱収支を考えることにより, 火災温度が刻々と求まる. 火災区

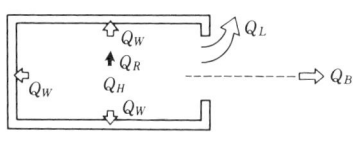

図 3・19　火災室内熱収支

画内での熱収支の概念図を図 3・19 に示し, 次式により表せる.

Q_H	=	Q_W	+	Q_B	+	Q_L	+	Q_R
区画内での可燃性ガスの燃焼による発熱速度		周壁などへの吸収熱		開口から屋外への放射熱		開口噴出熱気流が区画外に持ち去る熱		区画内のガスの温度上昇に要する熱量

$$(3 \cdot 19)$$

この内, 周壁への吸収熱 Q_W は周壁内の熱伝導計算から求まり, 式 (3・19) の熱収支の計算とこの熱伝導の計算を初期値から次々に行っていくと, 逐次的に火災温度が求まる.

また, 熱収支の式のうち, 急激な温度変化が無い時間帯では区画内ガスを火災温度に高めるための熱量 Q_R は他の熱量に比べてきわめて小さく, これを無視しても熱収支はほとんど変わらない. この略算値と実大火災実験における実測温度との比較を図 3・20 に示す[6].

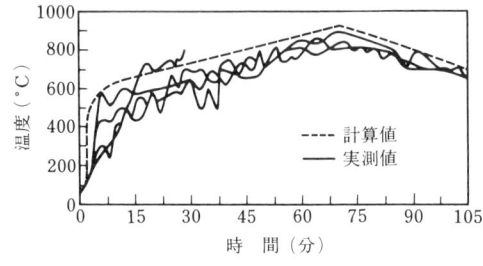

図 3・20　耐火建物の火災性状

（2）火災区画内で発生した可燃性ガスのうち区画内で燃焼する発熱速度

換気支配型の火災で火災区画の開口から火炎が吹き出している場合, 火災区画内で発生した可燃性ガスの一部が区画外で燃焼しているため, 区画内で発生したガスの全ての燃焼発熱が区画内の温度上昇に寄与するわけではない. 換気支配型火災であれば, 可燃性ガスは区画内に流入する空気に含まれる酸素の分しか区画内では燃焼しないため, 式 (3・19) の Q_H は流入空気量と空気の燃焼熱（単位重量当たりの発熱量）の積で表される.

一方，火災区画に流入する空気量は火災区画内の質量収支をベースとして求められる．火災区画内の質量収支を模式的に示したものが図 3·21 であり，質量収支式を次式に表す．

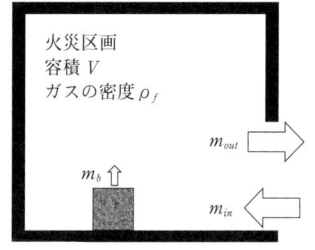

$$V \cdot \frac{d\rho_f}{dt} = m_{in} - m_{out} + m_b \qquad (3·20)$$

ここで，V は区画の容積 [m³]，ρ_f は火災区画内ガスの密度 [kg/m³]，m_{in} は区画に流入する空気量 [kg/s]，m_{in} は区画から流出するガス量 [kg/s] である．

図 3·21　火災区画の質量収支の概念図

このとき，フラッシュオーバー発生前後のように火災区画内温度の急激な温度が無い時間帯においては，式（3·20）の左辺が他の質量流量に比べて小さな値となる．また，燃焼速度 m_b も m_{in}，m_{out} に比して小さいことから，式（3·20）においてこれらを無視，すなわち，m_{in} と m_{out} が釣り合うと想定すると，開口部における密度差換気の概念より，次式が成立する．

$$\frac{m_{in}}{A_o \cdot \sqrt{H_o}} = \frac{m_{out}}{A_o \cdot \sqrt{H_o}} = \frac{2}{3} \cdot \alpha \cdot \rho_\infty \cdot \sqrt{2} \cdot g \cdot \left[\frac{1 - T_\infty / T_f}{\left\{ 1 + (T_f / T_\infty)^{1/3} \right\}^3} \right]^{1/2} \qquad (3·21)$$

ここで，α は流量係数 [−]，ρ_∞ は大気の密度 [kg/m³]，g は重力加速度 [m/s²]，T_∞ は雰囲気温度 [K]，T_f は火災区画内温度 [K] である．

式（3·21）の右辺において T_f 以外の項は全て定数と見なせるため，火災区画内温度 T_f と $m_{in}/A_o \cdot \sqrt{H_o}$ の関係を整理した結果を図 3·22 に示す．図 3·22 より，火災区画内温度 T_f が 200℃ を超えると $m_{in}/A_o \cdot \sqrt{H_o}$ は 0.48 〜 0.52 程度の

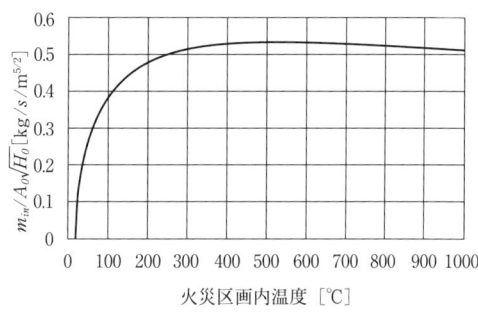

図 3·22　火災区画内温度と $m_{in}/A_o \cdot \sqrt{H_o}$ の関係

値で推移する．そこで $m_{in}/A_o \cdot \sqrt{H_o}$ を 0.5 で一定とみなし，空気の燃焼熱を 3000 kJ/g とすれば，火災区画内での可燃性ガスの燃焼による発熱速度 Q_H は次式で求められる．

$$Q_H = 1500 \cdot A_o \cdot \sqrt{H_o} \qquad (3·22)$$

（3）周壁の断熱性が火災区画内温度に及ぼす影響

周壁の熱伝導率が小さく断熱性がよいと周壁を通して失われる熱が減少し，火災区画内温度は高くなる傾向にある．図 3·23 は火災区画と燃料が同じ条件で内装を変えた場合の実験結果である[7]．不燃材料の岩綿板内装の場合が最も温度が高く，高温の状態が長く継続している．

上述のとおり，式（3・19）における周壁
への吸収熱 Q_W は周壁内の熱伝導計算から
求まるが，数値計算を要するため，精緻な
計算をするほど計算負荷が大きくなる．一
方，McCaffrey らはこの周壁の吸収熱 Q_W
を半無限固体内の一次元熱伝導の概念より
次のように近似した．

$$Q_W = h_k \cdot A_T \cdot (T_f - T_\infty)$$
$$(3\cdot23)$$

$$h_k = \begin{cases} \sqrt{k\rho c/t} & [t \leq \delta^2/(4\cdot\kappa)] \\ k/\delta & [\delta^2/(4\cdot\kappa) < t] \end{cases}$$
$$(3\cdot24)$$

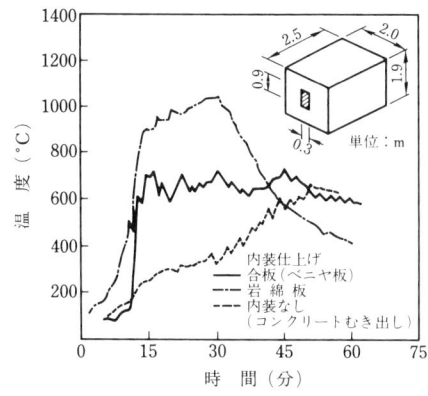

図 3・23　内装の保温性と火災温度

ここで，h_k は実効熱伝達率［kW/m²/
K］，A_T は周壁の面積［m²］，$k\rho c$ は周壁
の熱慣性［(kW/m²/K)²s］，k は周壁の熱伝導率［kW/m/K］，κ は周壁の熱拡散率［m²/
s］，δ は壁の厚み［m］である．

（4）火災区画内温度の簡易算定式と温度因子

上述のとおり，火災区画内温度は式（3・19）の熱収支を逐次的に計算することで求めることができるが，計算の簡便さを考慮し，以下のような近似式が提案されている．

A．開口からの放射熱を無視した場合

火災区画の熱収支式（式（3・19））において，区画内のガスの温度上昇に要する熱量 Q_R
と開口から屋外への放射熱 Q_B を無視し，周壁への吸熱 Q_W の計算に実効熱伝達率を用いた
近似（式（3・23））を用いると共に，開口から噴出する熱気流の量を $0.5\, A_o \cdot \sqrt{H_o}$ で近似す
れば，火災区画の熱収支式（式（3・19））は次式のように書き換えられる．

$$T_f - T_\infty = \frac{Q_H}{h_k \cdot A_T + c_p \cdot 0.5 \cdot A_o \cdot \sqrt{H_o}} \tag{3・25}$$

また，換気支配型火災であれば $Q_H = 1500 \cdot A_o \cdot \sqrt{H_o}$ の近似が成つため，上式は

$$T_f - T_\infty = \frac{1500 \cdot A_o \cdot \sqrt{H_o}}{h_k \cdot A_T + c_p \cdot 0.5 \cdot A_o \cdot \sqrt{H_o}} = \frac{1500}{h_k \cdot \dfrac{A_T}{A_o \cdot \sqrt{H_o}} + 0.5 \cdot c_p} \tag{3・26}$$

と書き換えられる．

B．MQH 式

3・4 節に示した McCaffrey らによる提案式（式（3・13））は本来フラッシュオーバー以前
の火災区画内温度の計算式であるが，松山ら[8]の検討により一層化した火災盛期における区
画内温度の算定にも適用可能であることが示された．建物火災において主要構造部の耐火性
能を検証する手法（耐火性能検証法）では，火災区画内温度の算定式としてこの式を応用し
た次式が採用されている．

$$T_f = \alpha \cdot t^{1/6} + T_\infty = 1280 \cdot \left(\frac{Q_H}{\sqrt{A_o \cdot \sqrt{H_o} \cdot A_T \cdot \sqrt{k\rho c}}} \right)^{2/3} \cdot t^{1/6} + T_\infty \qquad (3\cdot27)$$

ここで, α は火災温度上昇係数〔K/min$^{1/6}$〕と呼ばれることがある. なお, 上式の時間の単位が〔min〕, Q_H の単位が〔MW〕となっている点にご注意いただきたい.

一方, 換気支配型火災の場合においては $Q_H = 1500 \cdot A_o \cdot \sqrt{H_o}$ の近似が成りたつため, g, c_p, ρ_∞, T_∞ に具体的な値を代入すれば式 (3・13) は次のように変換できる.

$$\frac{T_f}{T_\infty} = 3 \cdot \left(\frac{A_o \cdot \sqrt{H_o}}{h_k \cdot A_T} \right)^{1/3} + T_\infty \qquad (3\cdot28)$$

A. B. に示したいずれの方法も換気支配時における火災区画の温度性状は $A_o \cdot \sqrt{H_o} / A_T$ と h_k に依存している. このうち, $A_o \cdot \sqrt{H_o} / A_T$ は火災温度因子または温度因子と呼ばれ, 換気支配時における火災区画の温度性状を把握する上で重要な因子である. 周壁の熱物性の異なる場合の様々な温度因子の火災温度上昇曲線を図 3・24 に示す.

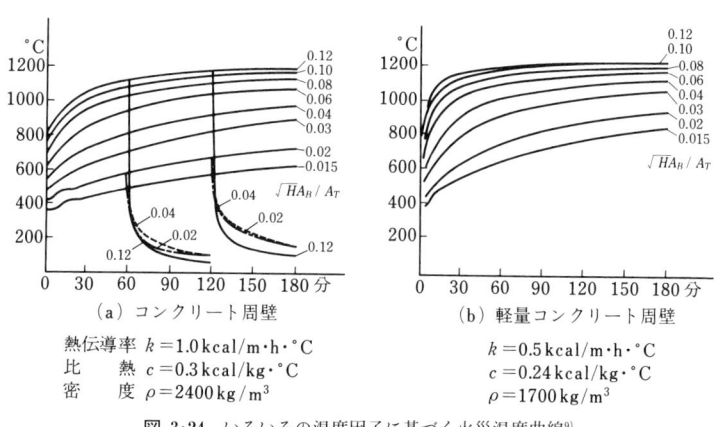

図 3・24　いろいろの温度因子に基づく火災温度曲線[9]

3・5・3　火 災 継 続 時 間

盛期火災時において火災区画内の構造体などの耐火性等を検討する場合には, 火災の温度とともに火災の継続時間が重要となる. 火災盛期の燃焼速度を終始一定とみなした場合の, 火災継続時間 t_b は次式のようになる.

$$t_b = \frac{q \cdot A_r}{m_b} \qquad (3\cdot29)$$

ここで, q は単位床面積当たりの可燃物量(火災荷重)〔kg/m²〕, m_b は火災区画内の可燃物の燃焼速度〔kg/s〕, A_r は床面積〔m²〕である.

区画内の可燃物は, 壁・天井・床・間仕切り等の下地と仕上げ材料等の固定可燃物と, 家具・書籍・衣類などの積載可燃物に大別される. これらの可燃物は, 単位重量あたりの発熱量の異なる複数の材料によって構成されていることが少なくないので, 実際に存在する可燃

物と同じ発熱量となる木材の量に換算した等価可燃物量として表現するのが一般的である．また，火災区画の単位床面積に対する等価可燃物量の値は，火災性状を論ずる場合の基本的な要素となり，これを火災荷重とよんでいる．

$$q=\Sigma(G_i \cdot H_i)/(H_0 \cdot A_r)=\Sigma Q_i/(H_0 \cdot A_r) \tag{3·30}$$

ここに，q は火災荷重（kg/m²），G_i は可燃物 i の可燃物重量（kg），H_i は可燃物 i の単位発熱量（kJ/kg），H_0 は木材の単位発熱量（kJ/kg），A_r は火災区画の床面積（m²），ΣQ_i は火災区画内可燃物の全発熱量（kJ）である．また，単に可燃物の重量と単位発熱量の積和（ΣQ_i）を床面積 A_r で除した発熱量密度を火災荷重と呼ぶこともある．

　固定可燃物量は空間を設計する段階で確定するので比較的正確に求めることができる．これに対して，積載可燃物の仕様や量は空間の使われ方などに応じて変化するため，積載可燃物量の実態を正確に把握することは難しい．特に建物においては近年，生活様式が変化し，スチール製やプラスチック製の什器が多用されるようになったことや文章データの保管ツールとしての電子媒体が普及してきたことなどから積載可燃物量は大きく変化している可能性がある．

3・5・4　火災温度時間曲線と等価火災時間

　建物の構造体等の耐火性を確認する試験法では加熱温度として，次式に示す標準加熱温度曲線（ISO 834）が世界的に採用されている．

$$T_f=345\log_{10}(8t+1)+20 \tag{3·31}$$

ここに，T_f は火災時の室内温度［℃］，t は火災経過時間［min］である．

　しかし，3·5·2 節に記述したとおり実際の火災では様々な火災温度曲線が想定されうるので，それらの温度曲線に基づいて耐火性能を評価する必要があるが，その際過去の耐火試験の資料を活用できると有用である．そのために，ある火災により生じる構造体等の損傷と同等の損傷を与えると考えられる標準火災の継続時間を求めて，これを等価火災時間と定義することで，種々の火災性状の異なる火災を標準加熱温度曲線の加熱時間に置換する方法が提案された．以下にその例を示す．

（1）温度時間面積で評価する方法

　この方法では，対象物（構造体など）の許容限界温度を求め，この温度と実火災の火災温度曲線の間の面積と標準火災曲線の間の面積が等しいことを等価の条件とする．周壁をコンクリートとした場合の火災温度および等価火災時間を求める計算図表が図3·25である[9]．

（2）熱流時間面積で評価する方法[10]

　火災区画に存する対象物内に吸収される熱流束の時間累積値の等価をもって評価する方法である．対象物が熱的に厚ければ対象物内に吸収される熱流束（単位面積あたりに入射する熱流）は半無限固体に入射する熱流束 q_w と同等と見なせるため，熱の浸透が対象物の非加熱側に達するまでの時間であれば，対象物に吸収される熱流束の時間累積値（熱流時間面積）は次式で計算できる．

$$\int_0^{t_b}\frac{Q_w}{A_T}dt=\int_0^{t_b}h_k\cdot(T_f-T_\infty)\cdot dt=\int_0^{t_b}\sqrt{\frac{k\rho c}{t}}\cdot(T_f-T_\infty)\cdot dt \tag{3·32}$$

　今，半無限固体の熱物性が時間に依って変化せず，火災区画内の温度上昇が式（3·27）で

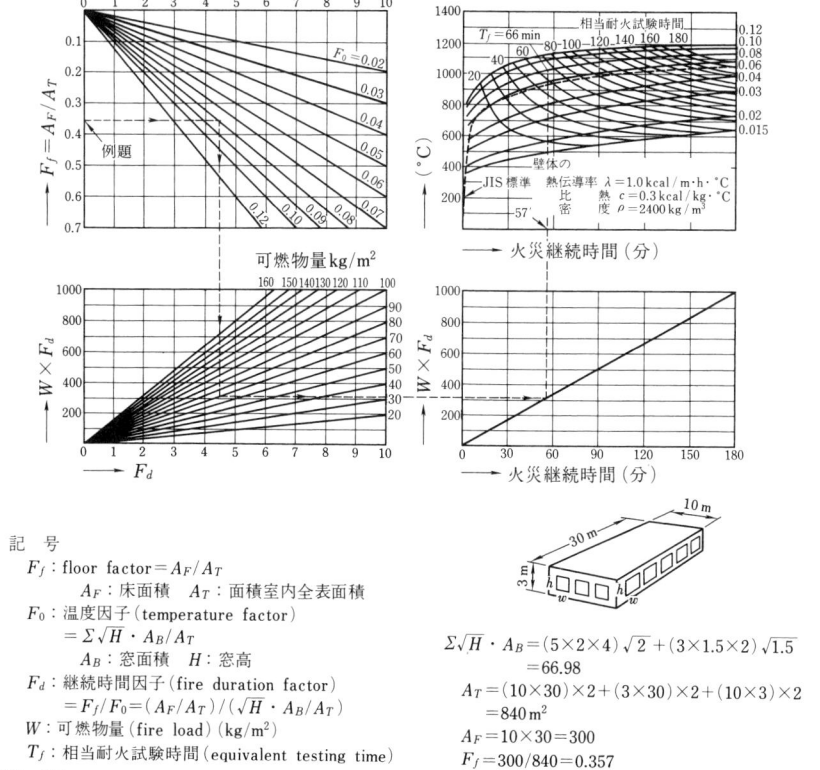

記　号
F_f : floor factor $= A_F/A_T$
　　A_F : 床面積　A_T : 面積室内全表面積
F_0 : 温度因子 (temperature factor)
　　$= \Sigma\sqrt{H}\cdot A_B/A_T$
　　A_B : 窓面積　H : 窓高
F_d : 継続時間因子 (fire duration factor)
　　$= F_f/F_0 = (A_F/A_T)/(\sqrt{H}\cdot A_B/A_T)$
W : 可燃物量 (fire load) (kg/m²)
T_f : 相当耐火試験時間 (equivalent testing time)

〔例　題〕
上図の右下図で長手壁面の窓：$h=2$, $w=4$,
短手壁面の窓：$h=1.5$, $w=2$とすると

$\Sigma\sqrt{H}\cdot A_B = (5\times2\times4)\sqrt{2} + (3\times1.5\times2)\sqrt{1.5}$
　　　　　$= 66.98$
$A_T = (10\times30)\times2 + (3\times30)\times2 + (10\times3)\times2$
　　$= 840\,\text{m}^2$
$A_F = 10\times30 = 300$
$F_f = 300/840 = 0.357$
$F_0 = 66.98/840 = 0.08$
となるから，上図点線に従って相当耐火試験時間
66分となる．

図 3・25　火災温度曲線および等価火災時間算定図表（コンクリート内周壁）[9]

表されるとすると，上式の右辺は次のように求められる．

$$\int_0^{t_b}\left\{\sqrt{\frac{k\rho c}{t}}\cdot(T_f-T_\infty)\right\}dt = \sqrt{k\rho c}\cdot\int_0^{t_b}\left(\alpha\cdot t^{1/6}\cdot\sqrt{\frac{1}{t}}\right)dt = \frac{3}{2}\sqrt{k\rho c}\cdot\alpha\cdot t_b^{2/3} \quad (3\cdot33)$$

したがって，基準とする火災温度上昇係数，火災継続時間をそれぞれ α_{std}, $t_{b,std}$ とおくと，任意の火災温度上昇係数 α_i に対する熱流時間面積が等価な火災継続時間 $t_{b,eq}$ は次式で求められる．なお，火災温度上昇係数 α が 460 [K/min$^{1/6}$] における温度曲線が ISO 834 に規定される標準加熱温度曲線（式 (3·31)）と概ね等しいとされている．図 3·26 は各種火災温度上昇係数 α に対し，熱流時間面積が等価となる火災温度曲線を求めた例である．

$$t_{b,eq} = t_{b,std}\cdot\left(\frac{\alpha_i}{\alpha_{std}}\right)^{3/2} \quad (3\cdot34)$$

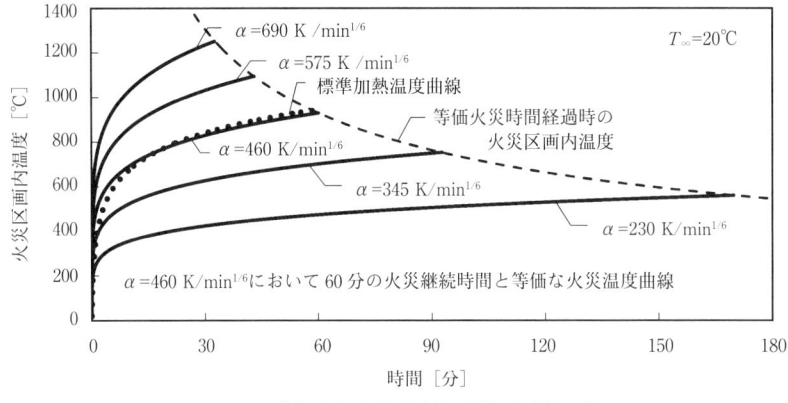

図 3·26　熱流時間面積が等価な火災温度曲線の例

（大宮　喜文・野秋　政希）

文　　献

〔3・2〕

1）平野敏右：燃焼学，p. 97，海文堂出版（1986）

2）日本火災学会編：火災便覧（第 3 版），p. 369，共立出版（1984）

3）Flammability Information Package, State of California, Department of Consumer Affairs, Bureau of Home Furnishings, North Highlands, CA（1983）

4）Fire Tests for Furniture, Part 1.（1979）, Part 2.（1982）, British Standard BS 5852

〔3・3〕

1）建設工業調査会：散水による燃え拡がり抑制効果，ベース設計資料　No. 175（2017）

2）*SFPE Handbook of Fire Protection Engineering, 5 th*, Vol. 1, pp. 705 – 723 Springer,（2016）

3）National Fire Protection Association：NFPA 92 Standard for Smoke Control Systems, 2015 Edition

4）Tewarson, A. and Pion, R. F.：Flammability of Plastics–I Burning Intensity, *Combustion and Flames*, **26**, pp. 85 – 103（1976）

5）M. J. Spearpoint, J. G. Quintiere：Predicting the piloted ignition of wood in the cone calorimeter using an integral model – effect of species, grain orientation and heat flux, *Fire Safety Journal*, **36**, pp. 391 – 415（2001）

6）日本国土開発技術研究センター：建築物の総合防火設計法，第 2 巻，日本建築センター（1989）

7）Michael A. Delichatsios, T.H. Panagiotou, F. Kiley：The use of time to ignition data for characterizing the thermal inertia and the minimum critical heat flux for ignition or pyrolysis, Combustion and Flame 84", pp. 323 – 332（1991）

8）吉田正志：木質材料の燃焼特性に関する研究コーンカロリー計試験による木質材料の燃焼（2004）

9）長岡　勉，辻本　誠，古平章夫，上原茂男，菊地伸一：木材の密度と着火時間の関係，日本建築学会環境系論文集，第 67 巻，第 559 号，pp. 233 – 236（2002）

10）野秋政希，鈴木　稔，鈴木淳一，山口純一，大宮喜文：スプリンクラー作動時の木製内装材を用いた壁の燃焼実験，日本建築学会技術報告集，第 20 巻，第 45 号，pp. 593 – 598（2014）

11）Mark Janssens：Improved Method for Analyzing Ignition Data from the Cone Calorimeter in the Vertical Orientation, Proceedings of the seventh international symposium, pp. 803 - 814 (2003)

12）土橋常登：コーンカロリーメータと着火性試験装置による合板の着火および燃焼特性測定方法に関する実験的研究，京都大学博士論文（2016）

13）Masaki Noaki, Yoshifumi Ohmiya：Experiments on delayed ignition and suppressed combustion at the vertical surface of wood under water spraying, *Structural Safety under Fire & Blast*, pp. 154 - 160 (2015)

14）野秋政希，山口純一，大宮喜文：散水による可燃物の熱分解および着火の遅延効果に関する研究，日本建築学会環境系論文集，第83巻，第744号，pp. 107 - 117（2018）

15）Andrew M. Walb：Fire Protection Handbook eighth edition, Section 6 Chapter 1, Water and Water Additives for firefighting, p. 6 - 7

16）Back G. G., Beyler C. L., Hansen R.：A quasi-steady model for predicting fire suppression in spaces protected by water mist system, *Fire Safety Journal*, 35, pp. 327 - 362 (2000)

17）大宮喜文：スプリンクラー設備を考慮した建築火災安全設計，火災，52，No. 3，pp. 9 - 13 (2002)

18）総務省：防火対象物の総合防火安全評価基準のあり方検討会報告書（平成15年度）

19）太田　充，松山　賢，大宮喜文，野秋政希，山口純一：二層ゾーンの概念に基づく散水時の煙性状に関する数値解析　スプリンクラー設備作動時の区画内煙性状その3，日本建築学会環境系論文集，第78巻，第685号，pp. 231 - 239 (2013)

20）高橋　哲：水による固体可燃物火災の消火と延焼阻止の機構に関する研究報告書，消防研究所研究資料，第56号，pp. 5 - 29 (2002)

21）David D. Evans：Sprinkler Fire Suppression Algorithm for HAZARD, NISTIR 5254, pp. 114 - 120 (1993)

22）Hong-zeng Yu, James L. LEE, Hsiang-cheng Kung：Suppression of Rack-Storage Fires by Water, Proceedings of the fourth international symposium, pp. 901 - 912 (1994)

23）野秋政希，山口純一，大宮喜文：可燃物表面への注水による発熱速度の低減効果－水膜が無い場合における注水時の発熱速度簡易推定モデルの構築とコーンカロリーメータ試験結果との比較－，日本建築学会環境系論文集，第79巻，第696号，pp. 123 - 131 （2014）

24）野秋政希，大宮喜文，松山　賢，山口純一：注水による水膜形成時の燃焼面積の低減を考慮した可燃物の発熱速度，日本建築学会環境系論文集，第77巻，第676号，pp. 425 - 432 (2012)

25）Masaki Noaki, Michael A. Delichatsios, Jun-ichi Yamaguchi, Yoshifumi Ohmiya：Heat release rate of wooden cribs with water application for fire suppression, *Fire Safety Journal*, 95, pp. 170 - 179 (2018)

26）平成24年度建築基準整備促進事業成果報告書

27）Masaki Noaki,Yoshifumi Ohmiya, Michael A. Delichatsios：Heat Release Rate of Urethane Foam for a Sprinkler System Application, 12 th International Symposium on Fire Safety Science, p. 98 (2017)

28）中原佳祐，廖赤虹，内藤浩由，吉田　亮：プロパン-空気予混合気の最小着火エネルギーに及ぼすウォーターミストの影響（第2報），日本火災学会研究発表会概要集，pp. 212 - 215 (2017)

29）H. Sunahara, T. Ishihara, K. Matsuyama, S. Sugahara, M. Morita：Relation between Heat Release Rate and Radiative Heat Flux of Wooden Crib Burning during Water Discharge, Journal of Environmental Engineering, Fire Science and Technology, 30, No. 1, pp. 1 - 25 (2011)

30）Masaki Noaki, Akira Saito, Taku Sato, *et al*.：Delay of wood ignition owing to attenuation of radiation by water, Proceedings of 14 th international fire science and engineering conference, pp. 571－576 (2016)

31）大宮喜文，増田秀昭，砂原弘幸，松山　賢ほか：散水設備による木質系柱部材の炭化抑制実験，日本建築学会技術系報告集，第 19 号，pp. 151-156（2004）

32）大宮喜文，野秋政希，鈴木淳一，小林武雅，太田　充：加熱時の散水システムによる建築部材の延焼防止に関する研究　鋼板面上の水膜流による温度上昇抑制効果，日本火災学会論文集，第 60 巻，第 2 号，pp. 29-38（2010）

33）野秋政希，大宮喜文，鈴木淳一：局所火災時における柱の受熱量に及ぼす散水設備の影響－火源に囲まれた実大規模の隅柱の入射熱流束および温度分布－，日本火災学会論文集第 67 巻　第 1 号，pp. 17-30（2017）

〔3・4〕

1）（財）日本住宅・木材技術センター：小規模空間実大火災実験報告書（1981）

2）P. H. Thomas：Modeling of compartment fires, *Fire Safety Journal*, **5**, 3-4, pp. 181-190 (1983)

3）T. E. Waterman：Room flashover-scaling of fire conditions, *Fire Technology*, **5**, pp. 52-58 (1969)

4）A. Tewarson, R. F. Pion：A laboratory-scale test method for the measurement of flammability parameters, FMRC Technical Report No. 22524 (1977)

5）T. Naruse *et. Al.*：Experimental Study of Time to Onset of Flashover in Classroom Size Compartment, 10 th AOSFST（2015）

6）Hagglund B.：Estimating flashover potential in residential rooms, F. O. A Report C 20369-A 3 (1980)

7）斉藤文春：模型の使用による材料の燃焼性，火災，**15**，2，pp. 34-44（1965）

8）T. Takeda and K. Akita：日米天然資源会議防火部会第 6 回合同会議（1982）

9）D. Gross, J. N. Breese：Experimental Fires in Enclosures（growth to flashover）, National Bureau of Standards Report, C. I. B Cooperative Program（CIB 2）, NBS report 10471（1971）

10）Birgit A. L. Ostman, Lazaros D. Tsantaridis：Correlation between Cone Calorimeter Data and Time to Flashover in the Room Fire Test, *Fire and Material*, **18**, pp. 205-209 (1994)

11）市原卓麿，長谷見雄二，安井　昇，鈴木淳一ほか：木質内装材料の燃焼発熱性状に関する研究－大規模空間における火災成長率の実験的把握－，日本建築学会大会学術講梗概集，pp. 319-322（2012）

12）B. J. McCaffery, J. G. Quintiere, and M. F. Harkleroad：Estimating Room Fire Temperatures and the Likelihood of Flashover Using Fire Test Data Correlations, *Fire Technology*, **17**, 2, pp. 98-119 (1981)

13）SungChan Lee and Kazunori Harada：A Validation Study of Existing Formulas for Determining the Critical Heat Release Rate for Flashover, Proceedings of the 10 th Asia-Oceania Symposium on Fire Science and Technology, Springer, pp. 631-638 (2016)

14）Vytenis Babrauskas：Estimating Room Flashover potential, *Fire Technology*, **16**, 2, pp. 94-104 (1980)

15）P. H. Thomas：Testing products and materials for their contributions to flashover in rooms, *Fire and Materials*, **5**, pp. 103-111 (1981)

16）（財）国土開発技術研究センター：建築物の総合防火設計法，第 2 巻，p. 34（1989）

〔3・5〕

1）T. Sekine：Research on Fire Using Models, Inst. of Fire Engineers Quart (1961)

2) P. H. Thomas：Research on Fire Using Models, Inst. of Fire Engineers Quart（1961）

3) T. Z. Harmathy：A New Look at Compartment Fire, Part I and II, *Fire Technology*, 8, 3,（1972）

4) 大宮喜文，佐藤雅史，田中哮義，若松孝旺：区画内における可燃物の燃焼速度と噴出火災の発生限界，日本建築学会構造系論文集，第469号，pp. 149 - 158（1995）

5) 建築物の総合防火設計法第2巻，出火拡大防止設計法，p. 89（1988）

6) 川越邦雄・関根　孝：コンクリート造建物の室内火災温度の推定（1），（2），日本建築学会論文報告集，No. 85，86（1963）

7) 川越邦雄：最近の建築と難燃材料，火災，**13**，4（1964）

8) 松山　賢，藤田隆史，金子英樹，大宮喜文ほか：区画内火災性状の簡易予測法，日本建築学会構造系論文報告集，第60巻，第469号，pp. 159 - 164（1995）

9) 川越邦雄：コンリート造建物の室内火災温度，日本建築学会論文報告集，No. 140（1967）

10) 原田和典，辻本　誠，細沢貴史：熱流時間面積が等しい等価火災時間，日本火災学会研究発表会概要集，pp. 112 - 115（1998）

第二編　各種の火災の実態

	主　査	幹　事
第4章	鈴木　恵子	篠原　雅彦
第5章	成瀬　友宏	鈴木　淳一
第6章	佐野　友紀	水野　雅之
第7章	西　　晴樹	板垣　晴彦
第8章	岩見　達也	樋本　圭佑
第9章	北後　明彦	廣井　　悠
第10章	岩田　雄策	鈴木　　健

執筆者（五十音順）

秋山　修一	石井　　晃	糸井川栄一	今村　友彦	岩河　信文
岩崎　哲也	岩見　達也	上田　邦治	榎本　兵治	小木曽千秋
加藤　眞蔵	北口　久雄	熊谷　良雄	玄海　嗣生	小島原将直
古積　　博	後藤　義明	小林　恭一	坂本　朗一	佐藤　博臣
佐藤　　寛	篠原　雅彦	神　　忠久	菅原　進一	鈴木　恵子
鈴木　　健	鈴木　淳一	鈴木　　護	瀬川　　俊	関　　政彦
関澤　　愛	高木　伸夫	髙島　裕正	髙橋　　太	高橋　祐司
滝　　史郎	田村　陽介	塚越　　功	柘　浩一郎	成瀬　友宏
西　　晴樹	西形　國夫	西野　智研	萩原　一郎	橋口　幸雄
長谷川和俊	長谷川晃一	林　　春男	樋本　圭佑	廣井　　悠

（裏面へ続く）

徳留	省悟	藤﨑	進稔	堀	史治	町井雄一郎	松尾	義裕
武田	松男	松原	美之	水野	雅之	村井	裕樹	村田	明子
室﨑	益輝	諸星	征夫	八島	正明	山下	邦博	山田	剛司
遊佐	秀逸	吉川	仁	吉葉裕毅雄	若倉	正英	和田	有司

第4章 火災の実態

4・1 火災統計

4・1・1 火災統計の意義

　我が国では，毎年約4万件の火災が発生して貴重な人命が失われ，莫大な財貨が焼失している．これらの個々の火災事例における火災原因や拡大過程は多種多様ではあるが，今後の対策に活かすべき重要な情報を多数含んでいるはずである．したがって，火災による損害の軽減に役立てるために，多くの火災事例を統計的に解析し火災の実態や傾向を見極めることは，きわめて重要な意義を有している．また，もしある対策を実施した場合の効果を確かめようとする場合にも，火災統計データに基づいた統計的推定を利用することは一つの有効な方法であろう．

　さらに，火災は単なる物理的な燃焼現象であるばかりでなく，多くの人為的要因や社会的要因も関係している災害事象であるため，火災実験など実験的方法のみでは解明できない要素があり，その面に対する研究方法としても火災事例や火災統計の解析は必要不可欠であるといえる．

　　　　　　　　　　　　　　　　　　　　　　　　　　　　　　（関澤　愛）

4・1・2 火災統計の現状

　現在，我が国の火災統計として全国レベルで集められているものには，「火災報告」，「火災による死者の調査表」，「火災詳報」などがある．これらのうち，「火災報告」および「火災による死者の調査表」は，それぞれ火災1件および火災による死者1名ごとに作成されるものである．「火災詳報」は，火災損害が大規模となった場合や，特殊な出火原因，特殊な態様による火災など，特に重要な火災について消防庁長官が必要に応じて報告を求めた場合に作成されるものである．また，このほかにも国が行っている統計調査には，防火対象物実態調査，危険物施設調査，消防力現況調査など，火災に関連する消防防災に係わる年次統計がある．

　我が国で，全国レベルの火災統計が実施されているのは，消防制度全般のことを規定した消防組織法に基づいており，「火災報告」などは，各市町村から各都道府県知事を経て，消防庁長官宛に報告が行われている．その内容は「火災報告等取扱要領」[1]に規定されており，そのなかの重要な点について述べると，以下のとおりである．

　まず，「火災報告」の対象となる「火災」の定義は，「火災とは，人の意図に反して発生し若しくは拡大し，又は放火により発生して消火の必要がある燃焼現象であって，これを消火するために消火施設又はこれと同程度の効果のあるものの利用を必要とするもの，又は人の意図に反して発生し若しくは拡大した爆発現象をいう」として規定されている．もちろん，この火災の定義は，消防行政上からの定義，あるいは火災という災害の社会的性格を反映した定義ともいえるもので，必ずしも学術的な見地から厳密に定義されたものでないことは，理解しておく必要がある．実際，火災の定義は適切に表現しにくいものであり，例えば欧米では「公設の消防隊が出動したものの中から誤報やいたずらによるものを除いたものすべて」を火災件数として算定する方法を採用している国が多い．次に火災件数については，出

火から鎮火までを１件とし，消防隊がいったん引き揚げたあとに再燃した場合は，別の１件として数えることになっている．また，火災の種別としては，建物，林野，車両，船舶，航空機およびその他の６種に分類されている．

ところで，「火災報告」に関しては，耐火構造建築物の増加や，予防対策の重視など，近年の社会環境等の変化に対応して，平成７年（1995年）から，「火災報告取扱要領」が改訂[2]され，従前に比べより多くの有用な情報を含めた新しい様式で行われるようになり，より一層の活用が期待されている．

以上の報告は消防庁に集められ，毎年公表・刊行される「消防白書」に集計結果が反映されるほか，統計表が「火災年報」「消防年報」等として取り纏められ，概要が政府統計の総合窓口（e–Stat）（http://www.e-stat.go.jp/）で公表されている．また，住宅の火災と火災による死者について集計した結果が「火災の実態について」[5]として消防庁ホームページで毎年公表されている．

また，国による全国統計のほかにも，各都道府県や市町村によっては，火災をはじめ救急・救助，消防力の現況などについての統計書が発行されているので，参考にすることができる．以下，主としてこれらの資料により，火災とりわけ建物火災の実態について述べる．

（関澤　愛）

4・1・3　火災の傾向と推移
（1）出　火　件　数
A．出火件数と出火率の推移

図4・1は，1955（昭和30）年から2016年（平成28）に至るまでの我が国の出火件数と出火率（人口１万人当たり年間出火件数）の推移を示したものである．この図から，過去60年間の我が国の出火の傾向を概観すると，1955（昭和30）年から始まる高度成長期（～1970（昭和45）

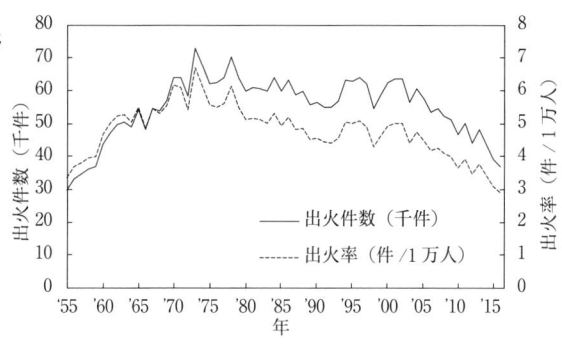

図4・1　出火件数と出火率の推移（文献３）より作成）

年ごろ）と期を同じくして出火件数，出火率とも増加の一途を辿り，1970（昭和45）年代に出火件数，出火率ともピークを迎え横ばい状態に達したのち，やや漸減の傾向を示している．その後，1990（平成2）年代後半から一旦増加するが，2000（平成12）年代中頃からは減少が続いている．このように，出火の傾向は国内の社会経済の状態とある程度関係を有しているようにみえる．

B．火災種別の出火件数

表4・1は，火災種別ごとの出火件数と損害額を示したものである．この表から最近の年間の火災件数は約4.6万件で，そのうち建物火災は５割強を占めていることがわかる．その他の火災（道路，空地，土手および河川敷の枯れ草，看板，広告等の火災）を除くと，建物火

表 4·1 火災種別別の出火件数と損害額（2016（平成28）年と2017（平成29）年の平均値）

火災種別	出火件数	内訳比率 （%）	損害額 （単位：万円）	内訳比率 （%）	1件あたり損害額 （単位：万円）
建　　　物	26107	55.9%	881億2650	92.3%	338
林　　　野	1644	3.5%	4億6560	0.5%	28
車　　　両	4850	10.4%	27億0460	2.8%	56
船　　　舶	94	0.2%	3億7480	0.4%	398
航　空　機	3.5	0.0%	13億1580	1.4%	37,593
そ　の　他	13972	29.9%	24億8610	2.6%	18
合　　　計	46671	100.0%	954億7350	100.0%	205

※　文献3）（平成28年版，平成29年版）より作成

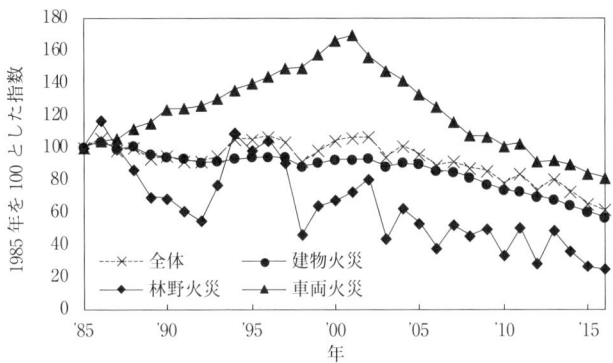

図 4·2　1985（昭和60）年以降の火災種別出火件数の傾向（文献3）より
　　　　作成）

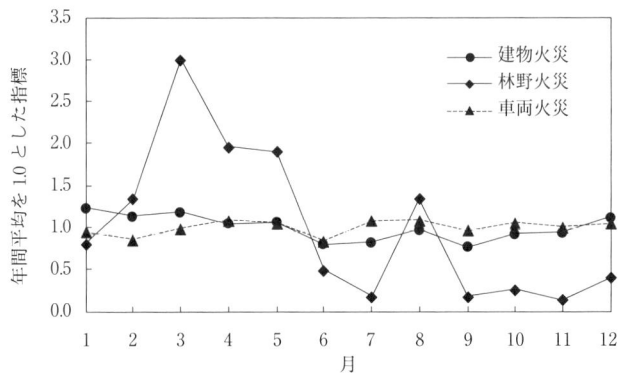

図 4·3　月別にみた火災種別の出火傾向（2016（平成28）年）（文献3）
　　　　より作成）

災に次いで多いのは，車両火災（10.4％）と林野火災（3.5％）で，船舶火災や航空機火災
は比率ではきわめて少ない．一方，損害額でみると，建物火災は全体の9割強と大半を占め
ており，他の火災種別はそれぞれ数％以下である．

　過去30年間の主な火災種別ごとの出火件数の推移を1985（昭和60）年を100とした指数
でみると，建物火災は全体の傾向とほぼ同様でやや漸減の傾向を示しているが，林野火災は
年によって増減はあるもののかなり減少し，約1/4まで減少していることがわかる．一方，
自動車火災が大半を占める車両火災は2001（平成13）年までは単調に増加の一途であった
が，これ以降減少に転じ，2015（平成27）年には1985（昭和60）年時の約8割となってい
る（図4・2）．

　建物火災，林野火災，車両火災それぞれごとに月別の出火傾向を年間平均を1.0とした指
数でみたものが図4・3である．車両火災は月ごとの多少のばらつきはあるものの，季節的な
変化の特徴があまりみられないのに対して，建物火災や林野火災は季節別変化の特徴が現れ

表 4・2　都道府県別出火率（2016（平成28）年）

都道府県	出火件数	人口（万人）	出火率	都道府県	出火件数	人口（万人）	出火率
北 海 道	1,859	540	3.4	滋 賀	448	142	3.2
青 森	472	134	3.5	京 都	545	257	2.1
岩 手	438	129	3.4	大 阪	2,129	887	2.4
宮 城	734	232	3.2	兵 庫	1,569	562	2.8
秋 田	311	104	3.0	奈 良	448	139	3.2
山 形	311	113	2.8	和 歌 山	353	99	3.6
福 島	640	195	3.3	鳥 取	219	58	3.8
茨 城	1,062	297	3.6	島 根	256	70	3.6
栃 木	669	200	3.3	岡 山	601	193	3.1
群 馬	755	201	3.8	広 島	781	286	2.7
埼 玉	1,835	732	2.5	山 口	434	142	3.1
千 葉	1,742	627	2.8	徳 島	239	77	3.1
東 京	4,007	1,342	3.0	香 川	298	100	3.0
神 奈 川	1,927	914	2.1	愛 媛	389	142	2.7
新 潟	573	232	2.5	高 知	266	74	3.6
富 山	195	108	1.8	福 岡	1,274	512	2.5
石 川	244	116	2.1	佐 賀	258	84	3.1
福 井	196	80	2.5	長 崎	482	140	3.4
山 梨	338	85	4.0	熊 本	592	181	3.3
長 野	786	214	3.7	大 分	383	118	3.2
岐 阜	686	208	3.3	宮 崎	399	113	3.5
静 岡	967	377	2.6	鹿 児 島	604	168	3.6
愛 知	2,042	751	2.7	沖 縄	421	146	2.9
三 重	654	185	3.5	計	36,831	12,807	2.9

※　人口は平成28年10月1日現在の住民基本台帳による
※　文献3）（平成29年版）より引用

ている．建物火災は湿度の高い6月から9月の期間に少なく，暖房器具を使用している冬季あるいは湿度の低い時期という意味で12月から3月にかけて多くなっている．林野火災は，季節別変化がさらに顕著で，乾燥していて季節風の強い3月から5月に特に出火が集中している一方，6月から12月にかけての半年間はきわめて少ないが，3月は特異に多くなっており，5月と共に屋外活動の増加の影響があるものと思われる（詳細は4・2参照）．

C. 都道府県別出火率

出火率は，一定地域内の年間出火件数をその地域内の人口（1万人単位）で除したもので，各地の出火の傾向を比較する場合に，その指標の1つとして用いられている．2016（平成28）年でみると，全国平均では2.9であるが都道府県別にはばらつきがあり，最高は山梨県の4.0，最低は富山県の1.8で，最低と最高の値とで約2倍の違いがある（表4・2）．

（2）出 火 原 因

A. 出火原因の分類

火災報告のなかの出火原因については，日本火災学会で研究された分類法に従って，「発火源」，「経過」および「着火物」の3段階に大別し，それぞれをさらに十進分類法により細分化しコード化することによって，統計の整理と分析に便利なように分類されている[1]．ここで，発火源とは火災発生の火種（火気などの要因）となったものであり，着火物とは発火源が作用して最初に着火し燃焼を始めたものをいう．また，経過とは発火源が着火物を着火させるに至った経過的要因を指す．例えば，ガスこんろで天ぷら調理中に長時間その場を離れて出火に至ったいわゆる"天ぷら油火災"の場合は，発火源は"ガスこんろ"，着火物は"動植物油"，そして経過は"放置・忘れる"というように出火原因が記録されることになる．

B. 建物火災の発火源別・経過別出火原因

2016（平成28）年中の建物火災20,991件のうち，発火源を中心とした主な出火原因と，それぞれの主なる経過別原因を示したものが表4・3である．これをみると，建物火災の出火原因では，こんろ（14.7%），たばこ（10.0%），放火（7.5%）および放火の疑い（4.1%），ストーブ（5.6%）などが上位を占めており，その傾向は最近数年間ほぼ同じである．ところで，放火と放火の疑いを合わせると11.6%にもなり出火原因第2位のたばこを上回るほどの多さにのぼっている．

一方，それぞれの項目の火災件数は多くはないものの，配線器具，電灯電話等の配線，電気機器等の電気関係の出火原因が複数挙がっている．そこで，発火源を熱源別に分類し，その占める割合の推移を示したのが図4・4である．線香やたばこ，ライター等を示す「火種」が約4割を占めていてほぼ一定である．ガス・油類を燃料とする道具や装置からの出火の割合は緩やかな減少傾向を示すのに対し，電気による発熱体からの出火の占める割合は着実に増加してきており，近年ではガス・油類に匹敵するほどになっている．

C. 建物火災の出火原因の推移

建物火災の出火原因は，使用される火気器具や燃料の種類の変化，火気器具自体の安全化の進展などにより，時代によって変化するものである．図4・5は，1970（昭和45）年以降の建物火災の主な出火原因の推移を5年毎に示したものである．"こんろ"や"放火（疑い

表 4·3　建物火災の出火原因別・経過別件数（2016（平成 28）年）

火源を中心とした総合出火原因	出火件数	割合(%)	左欄のうち主な経過別件数
こ　　ん　　ろ	3090	14.7	放置する・忘れる 1553　過熱する 312　可燃物の接触落下 315
た　　ば　　こ	2108	10.0	不適当な場所に放置 931　火源の接触・落下 713 残り火処置不十分 102
放　　　　　火	1581	7.5	ライター 594　マッチ 107　その他のたばことマッチ 77
ス　ト　ー　ブ	1175	5.6	可燃物の接触落下 399　引火・ふく射 257　使用方法の誤り 72
配　線　器　具	976	4.6	金属接触部の過熱 277　スパーク 234　短絡 153
電灯電話等の配線	941	4.5	短絡 455　半断線 118　金属接触部の過熱 98
電　気　機　器	871	4.1	短絡 432　半断線 125　金属接触部の過熱 82
放　火　の　疑　い	870	4.1	ライター 188　その他のたばことマッチ 88　マッチ 19
灯　　　　　火	404	1.9	火源が接触落下 201　可燃物の接触落下 117 放置する・忘れる 25
電　気　装　置	394	1.9	絶縁劣化 120　短絡 64　スパーク 50

※　割合は全建物火災の出火原因に占める割合を示したもの
※　文献 3）（平成 29 年版）より作成

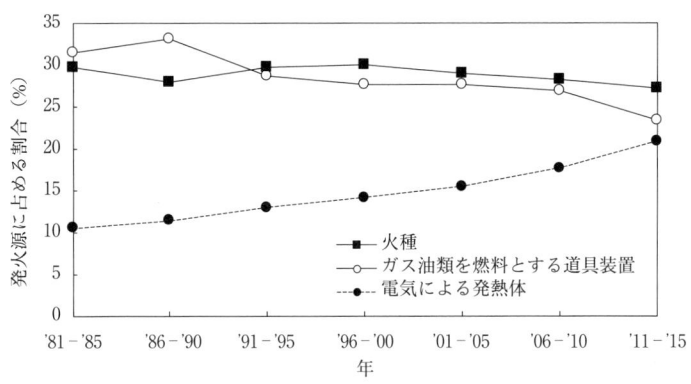

図 4·4　建物火災の発火源の熱源別割合の推移（文献 4）より作成）

含む）”は 1970（昭和 45）年には出火原因全体に占める割合が 6 ％〜 8 ％ であったが急激に増加し，“こんろ”は 1990（平成 2）年に，“放火（疑い含む）”は 2000（平成 12）年にそれぞれ約 19% を占めるに至った．その後出火原因に占める割合は減少しているが，2015（平成 27）年には “こんろ” が約 15%，“放火（疑い含む）” が約 13% と出火原因の 1 位，2 位を占めている．“たばこ” は喫煙率の低下がいわれるが，この間の出火原因に占める割合に大きな変化はなく，2015（平成 27）年は 10% を占める第 3 位の出火原因である．一方，図 4·5 には示されていないが，1970（昭和 45）年代前半には多かった出火原因である “煙突・

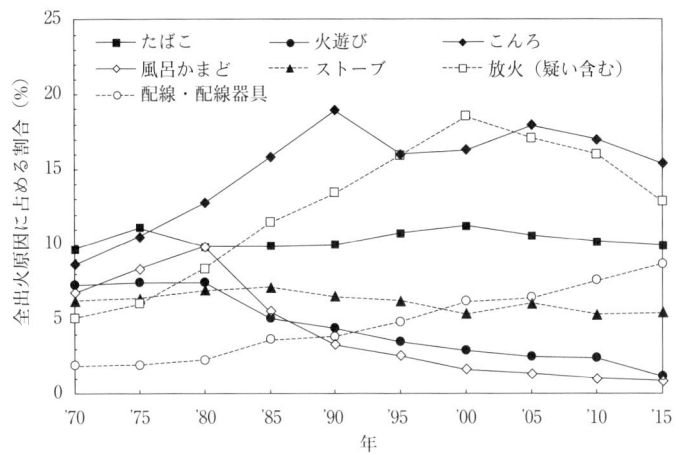

図 4·5 建物火災の主な出火原因の推移（文献 4）より作成）

煙道”や“こたつ”は，現在では両方とも 1 % 未満に減少している．

　ところで，“風呂かまど”は，1970（昭和 45）年代後半にいったん上昇したのち減少傾向を辿っているが，この理由は 1980（昭和 55）年代以降に空だき防止装置付き風呂がまが普及したことによるものと思われる．同様に，“こんろ”は過熱防止機能付きガスこんろが普及しはじめた 1990（平成 2）年代に出火原因に占める割合が減少している．2008（平成 20）年には「家庭用のガスこんろ」がガス事業法及び液化石油ガスの保安の確保及び取引の適正化に関する法律（液石法）の規制対象品目として指定されて調理油過熱防止装置と立ち消え安全装置の全口搭載が義務づけられたことから，今後はさらなる減少が期待される．

（3）火 災 損 害[1)]

A. 火 災 損 害

　火災統計における火災損害は，火災によって受けた損害のうち直接的な損害をいい，り災のための休業による損失，焼け跡の整理費，消火のために要した経費など間接的な損害を除いたもの指す．火災損害には，建物や収納品などの焼損による「焼き損害」，消火活動に伴う水損（濡れ損）や破損による「消火損害」，爆発現象の破壊作用によって発生した損害のうち焼き損害や消火損害を除く「爆発損害」，そして火災による死者および負傷者の「人的損害」があり，人的損害以外の物的損害は損害額として評価される．

　建物の損害額の評価方法は，その土地における「時価」，すなわち建物などの老朽程度に応じて耐用年数による減価償却を見込んだ価額によることとされているが，風水害などで公共施設が損害を受けた場合のように，復旧に要する費用でその損害額を評価する方法に比べると，かなり低く見積もられる場合があるので，この点は各種の災害による被害の程度を損害額で比較する場合には注意を要する．また，損害の程度を金額で表す方法は，貨幣価値の変動の影響を受けるため，年次変化などを検討する場合には特に不便であり，むしろ以下に述べる「焼損面積」などを用いたほうが適当な場合が多い．

B. 建物の評価と損害見積額の算出方法

建物の火災損害見積額は次の方法により算出する．り災地において，り災した建物を新築するために通常要すべき費用の単価を「再建築費単価」a（円/3.3 m²），減価償却の方法により経過年数に応じて減価を控除した残存価格の割合を「残存率」b，木造建物時価単価の都道府県別補正係数をc，焼損面積をs（m²）とすると，建物の時価単価x（円/3.3 m²）および建物の損害見積額y（円）は，次の式により求められる．

建物の時価単価　$x = a \times b \times c$　（円/3.3 m²）

ただし，耐火構造建物の場合はcを除く．

建物の損害見積額　$y = x \times s / 3.3$　（円）

C. 焼　損　面　積

建物火災の物的な損害の程度を最も端的に示すものとして焼損面積，あるいは建物火災1件当たり焼損面積が用いられる．建物の焼損面積は，「焼損床面積」と「焼損表面積」に区分される．

焼損床面積とは，建物焼損が立体的に及んだ場合に，その部分を床面積の算定要領で算定し，平方メートルで表したものである．建物は立体的なものであり，建物としての機能を有しているが，焼損したことによってその機能が失われた部分の床面積が焼損床面積である．機能が失われた部分の床面積は，その空間の床または天井とその空間を形成している表面との2面以上の焼損があった表面で囲まれる部分の，床または天井から水平投影した床面積をいう．

一方，建物の焼損が部分的である場合（立体的に焼損が及ばなかった場合），例えば，内壁，天井，床板等が部分的に被害を受けたのみで焼損が立体的に及ばなかった場合は，内壁，天井，床板等の平面的な焼損部分の面積を焼損表面積として，平方メートルで表す．

図4・6は，建物火災1件当たり平均焼損面積の推移を，1950（昭和25）年から2016（平成28）年までの各5年間平均の値（2015年～2016年は2年間の平均）でみたものであるが，減少傾向を示しており，1950（昭和25）年代前半に118.4m²であったものが2010（平成

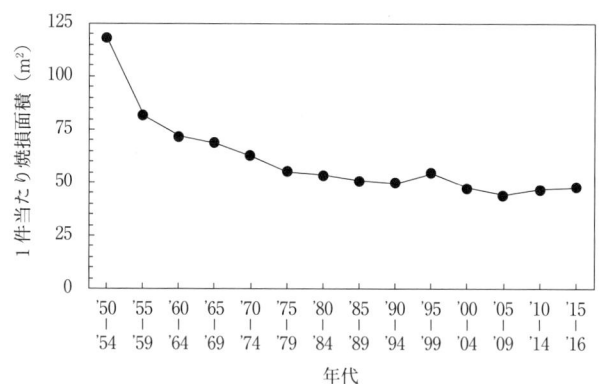

図 4・6　建物火災1件当たり平均焼損面積の推移（文献3）より作成）

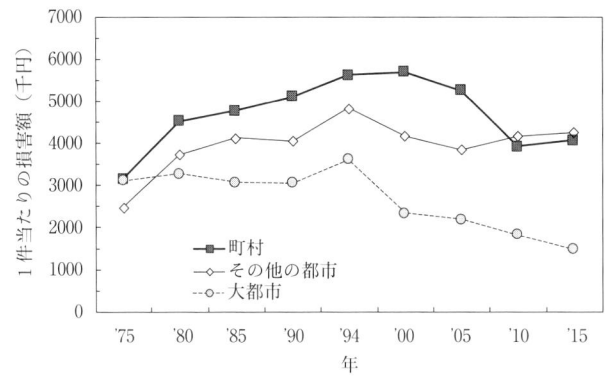

図 4·7　都市規模別にみた建物損害額の推移（文献 4 ）より作成）

※ 1995（平成 7 ）年は阪神・淡路大震災の影響を受けるため，1994（平成 6 ）年のデータを用いた．

22) 年代前半には 46.9m^2 と 60% も減少している．これは，この間の消防力の強化や耐火構造建物の増加などにより，火災による延焼危険が減少してきていることを物語っている．

　ところで，図 4·7 は，1975（昭和 50）年以降 5 年毎（1995（平成 7 ）年は阪神・淡路大震災の影響を受けるため前年の値を用いた）の都市規模別の建物火災 1 件当たりの損害額の推移を示している．大都市とは政令指定都市と東京特別区である．大都市では漸減しているが，その他の都市では微増の傾向がみられ，2010（平成 22）年以降は町村の額を上回っている．町村では増加傾向にあったものが 2000（平成 12）年以降減少傾向を示すものの，政令市との差は大きい．このことは，市街地の状況や消防力などの条件を総合して，建物火災の焼損が大都市ほど小さいことを示しているといえる．ただ，この平均値には都市部で多い「小火（ぼや）」火災も含まれているので，半焼程度以上の本格的な建物火災の平均焼損面積については，大都市と町村との格差がもう少し縮まることになる．

（4）死　　傷　　者

A.　火災による死者発生状況の推移

　1961（昭和 36）年から 2016（平成 28）年に至る過去 55 年間における火災による死者発生状況の推移を図 4·8 でみると，1960（昭和 35）年ごろは火災による死者数は 800 名程度であったが，高度経済成長期といえる 1970（昭和 45）年にかけて，出火件数の上昇とともに火災による死者も増加し 1970 年代前半には 1600 名を超え，この間に 2 倍となった．ところで，1970（昭和 45）年ごろまでは放火自殺という事例が少なかったせいもあり，火災統計にもその分類項目がなかったが，1968（昭和 43）年以降記録されるようになった．

　1968（昭和 43）年以降の特徴をみると，火災による死者数全体としては増加を続け，1980（昭和 55）年以降は 2000 名前後で横ばいの時期が続くが，放火自殺を除いた死者数でみると，1970（昭和 45）年代前半より以降はむしろ漸減の傾向を示しており，出火件数の減少傾向とほぼ一致している．一方，1992（平成 4 ）年頃から火災件数と死者数ともに増加の傾向に転じているようにみえる．この要因の一つとして，高齢化の進展による住宅火災の死者

数の増加が考えられる．
また，2003（平成 15）年
以降は火災件数が再度減
少に転じているが，死者
数は 2005 年をピークに
数年遅れて 2006（平成
18）年から減少に転じて
いる．

　このように，放火自殺
を除く火災による死者数
の推移は，出火件数の推
移とおおむねよく相関し

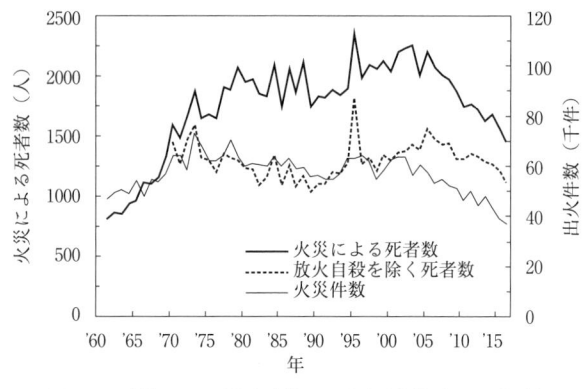

図 4・8　火災による死者発生状況の推移（文献 5）より作成）

ており，1970（昭和 45）
年以降の火災による死者数全体の増加部分は放火自殺の急増によるところが大きかったこと
がわかる．

B. 火災による負傷者発生状況の推移

　1955（昭和 30）年か
ら 2016（平成 28）年
に至る過去約 60 年間
における火災による負
傷者発生状況の推移を
図 4・9 でみると，放火
自殺を除く火災による
死者数の傾向と同様に
出火件数の推移とほ
ぼ相関して 1973（昭
和 48）年頃までは増
加し，それ以降減少す
るという経過を辿って
いる．しかしながら，

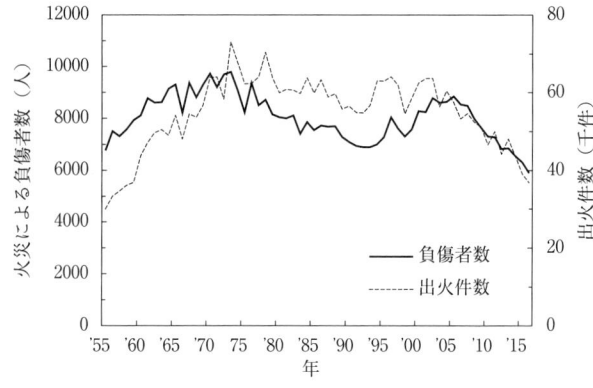

図 4・9　火災による負傷者と出火件数の推移（文献 3）より作成）

1973（昭和 48）年以降の負傷者の減少傾向は，出火件数よりも急激である．これは，消防
職員や消防団員の現場活動における安全管理の向上により，1970（昭和 45）年ごろには年
間 3,000 名を超えていた消防職員や消防団員の負傷者が着実に減少し，1990（平成 2）年頃
には約 1,000 名にまで減少したという成果の現れである．なお，消防職団員の負傷者数はそ
の後も減少し，1996（平成 8）年には約 300 名であった．

　また，死者数の傾向と同様に，1992（平成 4）年ごろから負傷者数が増加に転じ，2005
（平成 17）年の約 8800 人をピークに 2006（平成 18）年からは減少に転じた．

C.　年齢別死者発生状況

建物火災による死者数の約9割を占める住宅火災による死者数（放火自殺者を除く）について，年齢グループ別に人口10万人当たりの死者発生率（2016（平成28）年）をみると，11歳から20歳が最も低く，火災に遭遇した時のとっさの行動力や判断力に対応して，年齢が高くなるとともに急激に死者発生率が大きくなっており，81歳以

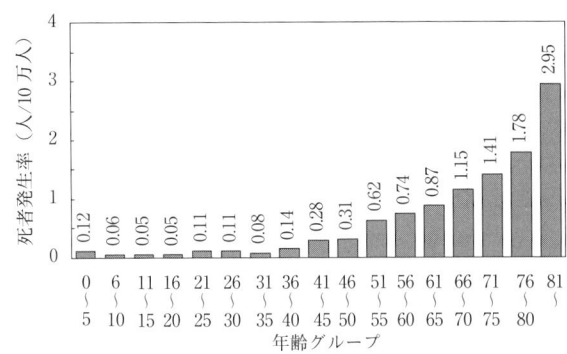

図 4・10　住宅火災における年齢階層別死者発生状況（放火自殺者を除く，2016（平成28）年，文献3）より作成）

上の死者発生率は2.95で，全体平均0.70の4倍にのぼっている．なお，0から5歳では，1980（昭和55）年代には死者発生率が10万人あたり1人を超えることもあったが，乳幼児の安全に関する意識の高まりとともに，2011（平成23）年に火遊び火災による子供の死亡事故の低減を目指して，使い捨てライターにチャイルドレジスタント機能等が義務付けられたこと等が相まって，死者発生率が顕著に低下している（図4・10）．

D.　建物構造別・死因別死者発生状況

放火自殺者を除く建物構造別・死因別死者発生状況（2012（平成24）年～2016（平成28）年の平均による）は図4・11のとおりで，まず全体での死因別では，一酸化炭素中毒・窒息によるもの（42.9%）と，火傷によるもの（40.7%）とでほとんど（84%）を占めている．

また，火傷によるもののなかには，煙に巻かれ一酸化炭素中毒あるいは酸欠で倒れ，失神状態のまま火傷により死に至ったケースも含まれていると考えられるので，一酸化炭素中毒・窒息の影響によるケースはさらに多い可能性がある．

死因別の傾向を構造別にみると，木造や防火造に比べ準耐火造，耐火造は，一酸化炭素中毒・窒息によるものの比率が大

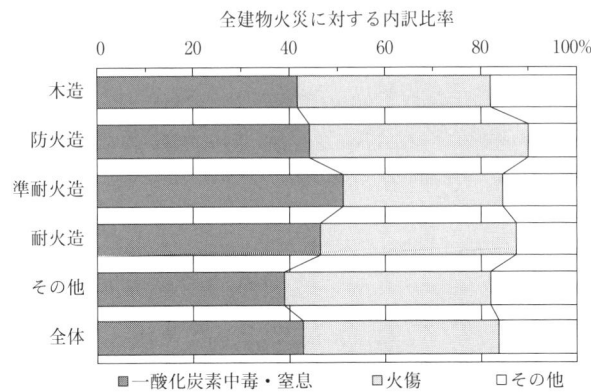

図 4・11　建物構造別・死因別死者発生状況（放火自殺者を除く，2012（平成24）年から2016（平成28）年，文献3）（平成25年版から平成29年版）より作成）

きくなっているが，これらの建物では，部屋の区画性あるいは密閉性が木造や防火造に比べ高いためではないかと思われる.

（5）用途別，構造別の建物火災状況

A．建物用途別の損害状況

表4・4は，建物火災の火元用途別の出火件数，焼損面積，損害額を示したものである．出火件数の用途別内訳では，住居用途が約55％と大半を占めており，居住用途以外で比較的比率が高いのは工場・作業場，事務所，飲食店，倉庫である．これらの5つの用途で全体の約70％を占めている．以上の用途以外は，概ね1％以下である．

　火災1件当たり焼損面積により，用途別の平均火災規模をみると，最も大きいのは神社・寺院等であり，ついで倉庫，工場・作業場などが大きい．これらの建物用途は，いずれも1棟内の区画が少なく，面積の大きいものが含まれているので，建物内での延焼拡大がしやすいためであると考えられる．

　1件当たり損害額で大きい用途は，神社・寺院，工場・作業場，倉庫であり，これらは1件当たり焼損面積でも大きな値となっているが，建物自体のほかに収納物，設備も含めた総合的な価値が大きいからであろう．

　次に，火災による死者の火元建物用途別発生状況（放火自殺者を除く）を表4・5にみると，一般住宅，共同住宅，併用住宅を合わせた割合が87.6％あり，ごく普通の住宅での火

表 4・4　建物火災の火元用途別の損害状況（2015（平成27）年と2016（平成28）年の平均）

用途	出火件数	内訳比率 (%)	焼損面積 (m²)	1件当たり 焼損面積 (m²/件)	損害額 (百万円)	1件当たり 損害額 (百万円/件)
住　　　　　居	11,726	54.3	511,823	43.7	25,934	2.21
工　場・作　業　場	1,606	7.4	144,483	90.0	5,897	3.67
事　　務　　所	738	3.4	48,186	65.3	1,383	1.88
飲　　食　　店	547	2.5	28,201	51.6	903	1.65
倉　　　　　庫	473	2.2	44,800	94.8	1,284	2.72
物　品　販　売　店　舗	315	1.5	8,146	25.9	672	2.14
学　　　　　校	172	0.8	1,211	7.0	87	0.51
旅　館・ホ　テ　ル	139	0.6	3,720	26.8	306	2.20
病　院・診　療　所	98	0.5	629	6.5	53	0.54
遊　技　場　等	85	0.4	1,946	22.9	167	1.96
神　社・寺　院　等	81	0.4	7,865	97.1	1,128	13.93
高齢者デイサービス等	67	0.3	319	4.8	36	0.53
グ　ル　ー　プ　ホ　ー　ム　等	55	0.3	76	1.4	17	0.30
劇　場・興　業　場	51	0.2	975	19.3	65	1.29
駐　　車　　場	48	0.2	871	18.1	29	0.60
複　合　用　途	2,694	12.5	48,485	18.0	3,604	1.34
そ　の　他	2,703	12.5	176,897	65.4	4,998	1.85
合　　　　計	21,594	100.0	1,028,629	47.6	46,559	2.16

※　文献3）（平成28年版，平成29年版）より作成

表 4·5 火元建物用途別死者の発生状況（2012（平成24）年～2016（平成28）年の平均）

	出火件数 （件）	内訳比率 （%）	死者数 （人）	死者数の 内訳比率 （%）	100件当たり死者数 （人/100件）
一 般 住 宅	8,374	35.6	772	69.9	9.2
共 同 住 宅	3,903	16.6	170	15.4	4.4
併 用 住 宅	552	2.4	26	2.3	4.6
飲 食 店	574	2.4	2	0.2	0.4
物 品 販 売 店 舗	340	1.4	2	0.2	0.7
旅 館 ・ ホ テ ル	141	0.6	6	0.6	4.4
グ ル ー プ ホ ー ム 等	49	0.2	0	0.0	0.4
高齢者ディサービス等	66	0.3	0	0.0	0.3
工 場 ・ 作 業 所	1,691	7.2	11	1.0	0.6
倉 庫	520	2.2	2	0.1	0.3
事 務 所	761	3.2	3	0.3	0.4
複 合 用 途	2,893	12.3	51	4.6	1.8
そ の 他	3,630	15.4	60	5.4	1.6
合 計	23,493	100.0	1,105	100.0	4.7

※1　文献5）（平成24年中～平成28年中）より作成

※2　合計欄は各項目の数値を足し合わせたものではなく，5年間の平均の値

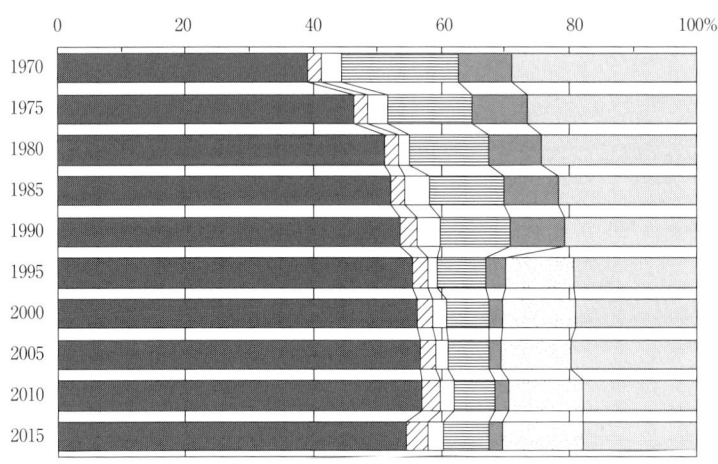

※ 1995（平成7）年から建物用途分類が変更されている

図 4·12　建物用途別出火件数の推移（文献4）より作成）

災によって大半の死者が発生していることがわかる．この理由には，もちろん母数として住
宅の数が多いということもあるが，建物用途別の火災100件当たり死者数でみても住宅は死

者の発生率が他の建物用途に比べ高い.

B. 建物用途別出火件数の推移

建物火災の主な火元用途別内訳比率の推移は，図 4·12 に示すとおりである．統計上の用途区分が 1995（平成 7）年に変更されたことから，単純な比較はできないが，居住用途の火災が占める割合が増加して 6 割弱に上っている．しかし，2015（平成 27）年はその割合を少し下げている．これは，2006（平成 18）年に住宅用火災警報器の設置義務化が始まったことの影響が考えられる.

C. 建物構造別の損害状況

表 4·6 は建物火災の火元構造別の出火件数，焼損面積，損害額を示したものである．出火件数の構造別内訳では，木造が 40.7% を占めており，防火造と木造を合わせると全体の約半分となる．一方，耐火造は 27.9% で，これに準耐火造を加えると約 4 割となる．火災 1 件当たり焼損面積では，耐火造が他に比べ著しく小さい．ほかの構造では，防火造→木造準耐火造→非木造準耐火造→木造の順に大きくなっている．火災 1 件当たり損害額では，非

表 4·6　建物火災の火元構造別の損害状況（2015（平成 27）年と 2016（平成 28）年の平均）

建物構造	出火件数	内訳比率 （%）	延焼件数 （件）	延焼率 （%）	1 件当たり 焼損面積 （m²）	1 件当たり 損害額 （千円）
木　　　　　造	8,784	40.7	2,779	31.7	75.2	3,828
防　火　　造	1,909	8.8	280	14.7	26.8	2,219
木造準耐火造	303	1.4	38	12.6	27.9	2,142
非木造準耐火造	2,407	11.1	251	10.4	55.7	5,594
耐　火　　造	6,032	27.9	171	2.8	7.4	1,389
その他・不明	2,160	10.0	690	32.0	60.4	5,445
建物火災全体	21,594	100.0	5,709	19.5	47.7	3,346

※　文献 3）（平成 27 年版，平成 28 年版）より作成

表 4·7　火元建物の構造別死者の発生状況（放火自殺者を除く，2012（平成 24）年〜 2016（平成 28）年の平均）

建物構造	出火件数	内訳比率 （%）	死者数 （人）	死者数の 内訳比率 （%）	100 件当たり死者数 （人/100 件）
木　　　　　造	9,667	41.1	750.4	67.9	7.8
防　火　　造	2,152	9.2	127.6	11.5	5.9
木造準耐火造	319	1.4	8.6	0.8	2.7
非木造準耐火造	2,600	11.1	48.4	4.4	1.9
耐　火　　造	6,424	27.3	131.0	11.9	2.0
そ　の　他	2,331	9.9	39.0	3.5	1.7
合　　　　　計	23,493	100.0	1105.0	100.0	4.7

※　文献 5）（平成 24 年中から平成 28 年中）より作成

木造準耐火造が最も大きく，ついで木造，防火造，木造準耐火造と続き，耐火造が最も小さい．非木造準耐火造は，1件当たりの焼損面積，損害額ともに防火造より大きいが，おそらく建物用途として工場・作業場や倉庫などが多いことも影響していると考えられる．

次に，火災による死者の火元建物構造別発生状況（放火自殺者を除く）を表4·7にみると，一般の住宅火災で大半の死者が発生していることを反映して木造と防火造を合わせた割合が約80%と高い．また，建物構造別の火災100件当たり死者数では，木造が7.8と最も多く，ついで防火造の5.9が続く．非木造準耐火造，耐火造はそれぞれ1.9，2.0と低い．

D.　建物構造別出火件数と死者数の推移

建物火災の火元構造別内訳比率の推移は図4·13に示すとおりである．ここ数十年における耐火造建物，とりわけ住宅ストックにおける耐火造共同住宅の増加を反映して，火元構造別出火件数にも明らかな変化が読みとれる．1970（昭和45）年には70%を占めていた木造からの火災は2015（平成27）年には40%程度になり，代わって防火造からの出火割合が増えている．1990（平成2）年以降，木造と防火造を合わせた割合は約70%でほぼ一定である．耐火造，簡易耐火造は，1970（昭和45）年にはそれぞれ7.4%，5.8%であったものが，1990（平成2）年には11.3%，14.0%となり，合わせて全体の1/4を占めるようになった．1995（平成7）年以降，簡易耐火造は木造準耐火造と非木造準耐火造の区分に置き換わっているが，これらを合わせた割合は微減の傾向にある．

これに対し，火元建物の構造別に放火自殺者を除く死者数の割合の推移を示したのが図4·14である．木造建物から出火した火災での死者の割合が約7割を占めていて，変化がみられない．同じ期間に木造建物からの出火の割合が大幅に低下しているのとは対照的である．この背景として，居住者の高齢化や木造建物ストックの老朽化等の要因が考えられる．

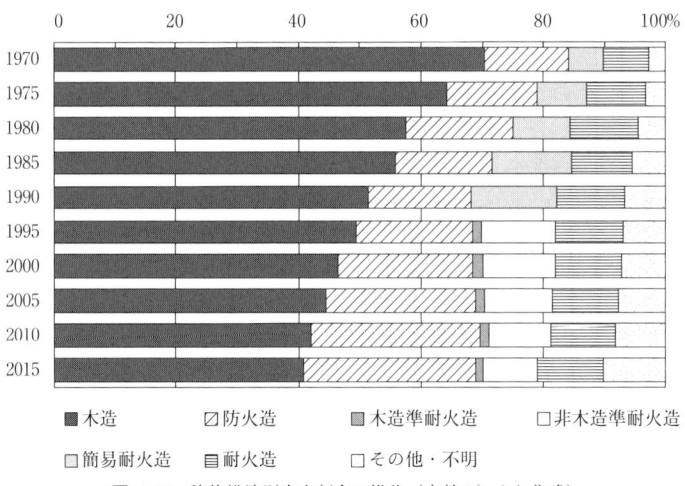

図 4·13　建物構造別出火割合の推移（文献3）より作成）

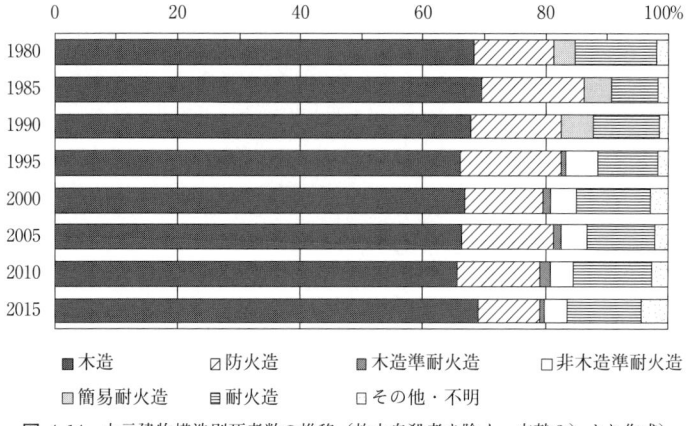

図 4·14　火元建物構造別死者数の推移（放火自殺者を除く，文献 3）より作成）

（関澤　愛・鈴木　恵子）

4・2　火災と気象

4・2・1　火災と気象の概説

火災は気象・人為等の諸条件の影響を受けるものの，その受け方は火災種別で異なる．2006（平成 18）年から 2015（平成 27）年までの全 483,153 件の全国の火災について，全火災，建物火災（全火災のうちの 56.2%），林野火災（全火災のうちの 3.5%）についてそれぞれの件数割合の月別変化を図 4・15 に示す．

図 4・15 からわかるように，林野火災では月別変化が非常に大きいのに対して全火災および建物火災では月別変化が小さい．建物火災件数は 12 月から 4 月に多く，6 月，7 月，9 月に少ない．一方，林野火災件数は 1 月，2 月，3 月にかけて増加し，4 月にピークとなり，7 月まで減少し，また 8 月にいくぶん増加する．

さらに，火災件数割合を季節別にみると，建物火災では，多い順に冬季 29.1%，春季

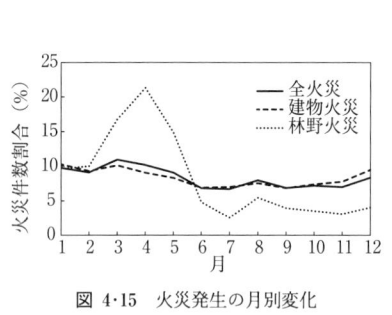

図 4·15　火災発生の月別変化

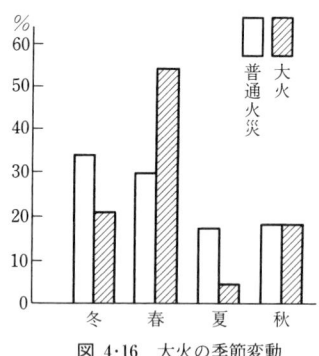

図 4·16　大火の季節変動

27.5%，秋季 22.0%，夏季 21.5% である．これに対して林野火災は春季 52.9%，冬季
23.7%，夏季 12.8%，秋季 10.6% である．建物火災の件数が冬季に多い理由は，気温が低
くなることから暖房器具の使用率が高くなること，建物内で生活する時間が長くなることな
どが考えられる．一方，林野火災が春季に多い理由は，たき火の増大，燃えやすい地表可燃
物量の増大，乾燥・強風となる時間の増大など屋外における火気の使用頻度と気象条件の変
化等に関係していると推測できる．全火災の季節変化はほぼ建物火災と一致する．全火災件
数のなかで建物火災の件数が占める割合が高いことによる．

　火災の発生・拡大はこのように気象・人為条件のほか，建物条件，水利条件，道路事情，
地形条件にも影響される．同じ建物火災であっても通常の小規模火災と大火で異なる．通常
火災と大火の季節変化を図 4.16 に示す．木造家屋が密集した市街地の大火は気象条件に大
きく左右されて，その月別の変化は林野火災と類似する．これに対して建物火災の小規模火
災は外気の気象条件よりもむしろ室内気象に左右されることから月別変化は小さい．

　火災と気象の相関関係がわかってきたことから，火災の発生しやすい条件下では火災注意
報あるいは火災警報が発表される．消防隊および住民の火災に対する警戒心が高まり，それ
が火災減少につながっていると考えられる．しかし，火災に対する警戒心が高まってもなお
悪化した気象条件下では多くの火災が発生し，大規模な火災へと進展する可能性がある．こ
のように火災の発生・拡大は気象条件以外にも多くの因子に左右されることから複雑な現象
であるが，大火と林野火災に焦点を当てて火災と気象の関係を概説する．

（山下　邦博・篠原　雅彦）

4・2・2　火　災　と　風
（1）出火メカニズムと風速

　火災発生は確率的な現象であり，類似した環境下で出火に関する実験を行っても発炎した
りしなかったりすることが多い．しかし，火災が発生しやすい諸条件は存在しており，それ
らの諸条件が十分に満たされれば高い確率で火災が発生する．林野火災の発生メカニズムを
検証するため，火の粉を林内可燃物の上において着火率を求める実験が行われた．その実験

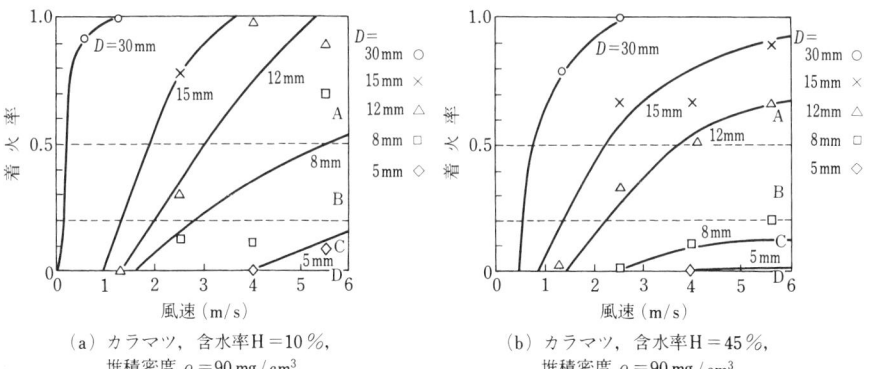

（a）カラマツ，含水率H＝10 %，
　　堆積密度 ρ ＝90 mg/cm³

（b）カラマツ，含水率H＝45 %，
　　堆積密度 ρ ＝90 mg/cm³

図 4・17　着火率と風速の関係（D：火の粉の直径）

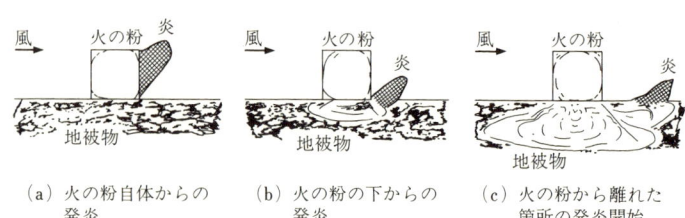

|（a）火の粉自体からの発炎|（b）火の粉の下からの発炎|（c）火の粉から離れた箇所の発炎開始|

図 4·18　着火箇所の分類

は可燃物の種類，含水率，風速，火源の大きさ等を変えて着火率の計測が行われた．火の粉のサイズをパラメータにして着火率と風速の関係を図 4·17 に示す．風速が大きくなるほど，また，火の粉のサイズが大きくなるほど着火率が増大する．また，火の粉を可燃物の上に置いた時に発炎する箇所を図 4·18 に示す．風速が小さい場合には図（c）のように燃焼域が可燃物内部に深く浸透した後で発炎するが，風が強い場合には図（a），（b）のように燃焼域が深く浸透する以前に発炎する．発炎時間は風速に依存し，風速が大きいほど発炎時間が短くなった．

（2）大火と強風

　大火が発生した時の気象条件をみると，乾燥（低湿度）・強風下の大火が圧倒的に多い．亀井幸次郎が調査した大火と強風の継続時間を表 4·8 に示す．

　火災は強風の継続時間が長いほど，大火になる可能性が高くなる．大火は高湿度・強風下あるいは低湿度・弱風下という条件下でも発生する．1976（昭和 51）年 10 月の酒田市大火は，1 時間に 1 mm 程度の降雨があった時の強風下の大火である．また，台風通過時に発生した火災を図 4·19 に示している．これらの火災は台風に煽られて延焼拡大したものである．乾燥・強風下では，①延焼速度が大きい，②飛火火災が発生する，③放水の射程が低下して有効注水にならないなどの消防活動上の障害が起きる．このように乾燥・強風下において，いったん火災が発生すれば消火活動がきわめてむずかしく，火災が拡大する危険性がきわめて高い．大火を防ぐには乾燥・強風下における火災発生を未然に防止することが必要であり，そのためにパトロールの実施および警戒体制の強化が必要である．

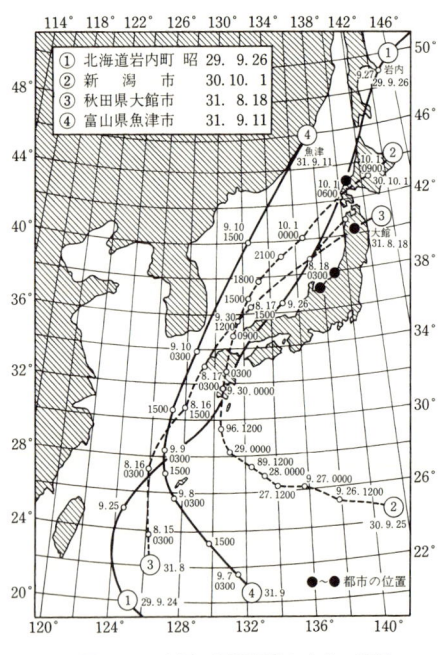

図 4·19　台風の通過経路と大火の関係

表 4·8　大火と強風

日　　時	場　　所	出火および鎮火時間	出火時の風の状況	大火前後の強風の継続時間	強風の程度(max)〜(min)	大火前後の強風の継続時期
				時間	（m/s）	
1934. 3.21	函 館 市	18：53〜06：00	風速増加の頃	13	23.5〜 9.6	17：00〜06：00
1940. 1.15	静 岡 市	12：06〜23：45	風速最大時	4	9.2〜 5.0	12：00〜23：45
	砺 波 町	15：58〜17：30	風速漸増の頃	8	15.6〜17.3	10：00〜18：00
1947. 4.20	飯 田 市	11：48〜21：00	〃	5	11.2〜 5.5	11：48〜21：00
1947. 4.29	郡河湊市	17：00〜23：30	強風の終り頃	2.5	8.0〜 5.3	17：00〜23：30
1951.12.16	松 阪 市	22：30〜04：30	〃	9	6.9〜 5.5	15：00〜24：00
1952. 4.17	鳥 取 市	14：30〜24：30	フ ェ ー ン	14	13.9〜 5.5	14：30〜24：30
1954. 9.26	岩 内 市	20：20〜12：00	強風の最中	26	37.6〜 5.9	10：00〜12：00
1955. 5. 3	大 館 市	13：25〜15：00	〃	5	13.0〜 9.2	12：00〜17：00
1955.10. 1	新 潟 市	02：45〜10：50	〃	24	20.2〜 5.0	09：00〜09：00
1956. 3.20	能 代 市	22：50〜07：30	漸減の途中	19	17.7〜 5.0	15：00〜10：00
1956. 4.23	芦 原 町	06：30〜14：00	強風の最中	13	16.5〜 6.9	02：00〜15：00
1956. 8.18	大 館 市	23：45〜07：00	漸減の途中	20	12.4〜 8.4	11：00〜07：00
1956. 9.10	魚 津 市	19：45〜02：10	〃	17	11.3〜 4.8	09：00〜04：00
1976.10.29	酒 田 市	17：40〜05：00	強風の最中	15	26.7〜 4.2	12：00〜06：00

（3）延焼速度と風速

　火災拡大は風の影響を強く受ける．風向は主な延焼方向を決定し，風速は延焼速度と延焼限界距離を変える．無風下あるいは弱風下では火災前線は火源を中心にしてほぼ円形になって拡大する．しかし，風が強い場合には延焼区域は卵形となり，風下方向に延びる．風がさらに強い場合には炎と熱気流が風下方向に収束するため，延焼区域がもっぱら風下方向に延びてその形状は帯状になる．火災の延焼速度は風速のほか建物状況，地形，道路および空き地などの影響を受け，その時間変動はかなり大きい．平均の延焼速度が毎時200 mであっても，最大瞬間延焼速度は毎時400 mにも達する．風下方向，風横方向および風上方向の木造市街地の延焼速度と風速の関係をそれぞれ図4·20，図4·21，図4·22に示す．これらの図を参考にして得られた木造建物への延焼着火時間を表4·9に示す．

　この表4·9では顕著な飛火を除外して求めたもので，木造市街地の延焼速度を計算することができる．延焼速度はいずれも風速の増加とともに徐々に大きくなるが，風下方向の延焼速度の増加が顕著である．また，平家から平家への延焼限界距離を表4·10に示す．

　風上と風横方向の延焼限界距離は時間的にあまり変化しないが，風下方向は火災の拡大とともに

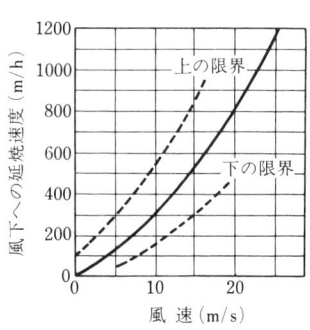

図 4·20　大火の風下への延焼速度と風速との関係

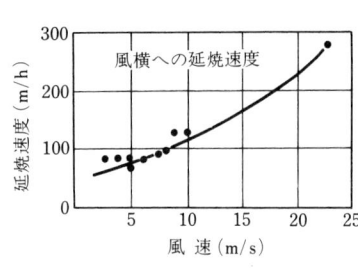

図 4·21　風速と風横への延焼速度の関係

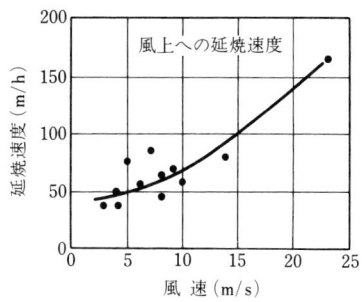

図 4·22　風速と風上への延焼速度の関係

表 4·9　延焼着火時間と風速の関係

風　向	時　間	
風下側		$t_0 = \dfrac{3 + \dfrac{3}{8}a + \dfrac{8d}{D_1}}{1 + 0.1V}$
	出火→10分	$t_1 = \dfrac{3 + \dfrac{3}{8}a + \dfrac{8d}{D_1}}{1 + 0.1V + 0.007V^2}$ （min）
	10→30分	$t_2 = \dfrac{t_1}{1.2}$
	30→60分	$t_3 = \dfrac{t_1}{1.4}$
	60分以上	$t_4 = \dfrac{t_1}{1.6}$
風上側	時間に無関係	$t' = \dfrac{3 + \dfrac{3}{8}a + \dfrac{8}{D'}d}{1 + 0.002V^2}$
風横側	時間に無関係	$t'' = \dfrac{3 + \dfrac{3}{8}a + \dfrac{8}{D''}d}{1 + 0.005V^2}$

(注)　t_0：出火してから隣接家屋に着火するまでの時間
(分), t_1, t_2, t_3, t_4：延焼着火から次の隣家へ着火するまで
の時間(分), a：家屋幅(m), d：家屋間距離(m), V：
風速(m/s), D_1 出火から10分以内の延焼限界距離

表 4·10　延焼限界距離と風速の関係

風　向	時　間	
風下側	出火→10分	$D_1 = \left(5 + \dfrac{V}{2}\right)$
	10→30分	$D_2 = 1.5D_1$
	30→60分	$D_3 = 3D_1$
	60分以上	$D_4 = 5D_1$
風上側	時間に無関係	$D' = \left(5 + \dfrac{V}{5}\right)$
風横側	時間に無関係	$D'' = \left(5 + \dfrac{V}{4}\right)$

著しく増加する.

（4）飛　　火

　飛火は火の粉が飛散・落下して出
火する現象である. 飛火はそれが出
火原因になる場合と, 飛火して延焼
を促進させる場合がある. 前者は風
呂およびかまどなどの煙突またはた
き火から火の粉が飛散して出火する
場合であり, 後者は炎上建物から吹
き上がる火炎, あるいは熱気流に
乗って火の粉が舞い上がり, これが風に流されて遠くに落下して建物に着火させる場合であ
る. 前者は原因飛火, 後者は大火飛火として区別される.

　原因飛火の火の粉は, その時の可燃物に応じて石灰塊, 木片, おがくず, 草木茎, 溶接火
花, 花火等である. 大火飛火の場合には建物の構築材で板, 棒, 柱等の断片であり, また屋
根板, 茅屋根の茅, 家の中にある新聞紙, 雑誌等の紙類である. 火の粉の形状からみると,

細粉状，破片状，塊状，棒状，板状のものがある．火災現場のすぐ風下では，3〜10 cm 程度の消し炭状のものが多く見出されて，火の粉というよりは火の玉である．

　火の粉は上昇する熱気流に乗って舞い上がり，風に流されて落下する．火の粉の飛散の解析には，乱流理論が適用されている．火の粉は火源を頂点として次の式（4·1）で求められる頂角 2θ の扇形領域に飛火する．

$$\tan\theta=\sqrt{v^2}/U \qquad\qquad (4\cdot1)$$

　式（4·1）において，U はある時間内の平均風速（m/s），v^2 はその時間内の風向に直角方向の風速変動の自乗平均値である．v^2 は，その観測時間（T）に比例して増大する．この拡散角の正接は観測時間（T）の平方根に比例して増大する．過去の火災時の火の粉の拡散角を表 4·11 に示す．風の乱れの強さ（$\sqrt{v^2}/U$）は田野では 0.1，市街地では 0.25 くらいであるから，火源を頂点とする 11 から 28 度の扇形内に落下する．

表 4·11　火の粉の拡散角

火災地	年月日	風速（m/sec）	拡散角
福　岡（綿工場）	1944 年 5 月　7 日	2.2	37
富 山 県 砺 波	1944 年 5 月　7 日	約 10.2	10
名古屋火災実験	1940 年 4 月 22 日	約　9.0	33
村　　　　　山	1948 年 2 月 26 日	約 15.0	13〜15
北　　　　　山	1965 年 5 月 12 日	約　8.0	15〜20

　火の粉の飛散を理論的に取り扱ったものに，大気汚染に関する理論を適用したものがある．それによると火の粉の地上濃度分布 x_0 は式（4·2）で与えられる．

$$x_0=2QU^2/2\pi\sqrt{v^2}\sqrt{w^2}\,Ux^2\cdot\exp\{-U^2/2x^2\cdot(y^2/v^2+h^2/w^2)\} \qquad (4\cdot2)$$

上式において，h は煙突の高さ，x 軸は地上で風下の方向，y 軸も地上で x 軸に直角方向にとってあり，Q は火の粉の放出速度，v と w は y 軸と鉛直方向の風の乱れである．この式によれば，汚染濃度が最大になる位置（x_m）は次の式（4·3）で求められる．

$$x_m=h/(\sqrt{2}\cdot\sqrt{w^2}/U) \qquad (4\cdot3)$$

　式（4·3）で乱れの強さ（$\sqrt{w^2}/U$）を 0.25 とすると，最大濃度地点は煙突の高さ（h）の $2\sqrt{2}$ 倍の位置となる．飛火の危険領域を火の粉の濃度が一定値になる領域であるとすれば，その領域の形は風向に平行に細長い卵形になる．飛火は

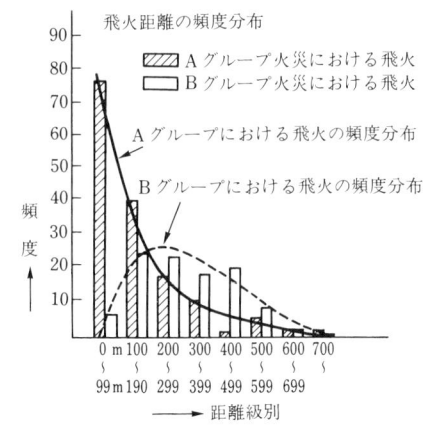

Aグループは烈風下で，Bグループは
強風下の火災である

図 4·23　飛火距離の頻度分布

弱風下（0〜4.9 m/s）ではあまり発生しないが，強風下（5.0〜14.9 m/s）では飛火が多い．飛火距離は強風下では一般に風速とともに増加する．しかし，烈風下では上昇気流が地面を這うため飛火距離は強風下の場合よりはむしろ小さくなる．飛火距離を強風下と烈風下に分けて飛火距離の頻度分布を求めると，図4・23に示すとおりになる．この図は飛火の頻度曲線が強風下と烈風下で異なることを示している．

　木造家屋の飛火に対する弱点箇所としては，瓦屋根，軒裏，羽目板，下見板，物置などがある．窓ガラスが開放されている場合には，この部分からの火の粉が侵入する．火の粉が屋根裏に侵入する状況を図4・24に示す．瓦屋根には瓦と瓦の間に隙間がありこの隙間は強風によりさらに大きくなり，そこへ火の粉が侵入する．飛火箇所を表4・12に示す．

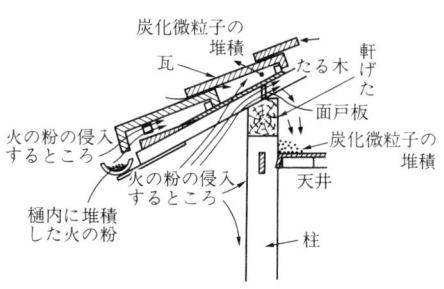

図 4・24　火の粉が屋根裏に侵入する経路

　各大火においても，屋根に飛火する割合は飛火全体の35％以上を占める．火の粉が多く飛来する場所は，茅葺きの建物，または大型木造家屋の風下地区であり，火の粉が吹きだまる場所は周辺の建物よりも低くなっている場所である．老朽木造密集家屋が多い市街地では強風のためにトタン板，屋根瓦等の屋根葺き材の一部がめくれて，そこに飛火する場合もある．飛火は留守宅あるいは空き屋などの予想外の場所から発生することがある．このような場所で飛火火災が起きると発見が遅れて火災が拡大する．

表 4・12　大火時の飛火箇所

火災地 （発生日）	屋　根	軒　裏	羽目下見	窓 開口部	庇	物　置	その他	不　詳
新　　　潟 （1955.10.1）	26 44.8%	3 5.2	14 24.2	5 8.6	— 	1 1.7	9 15.5	—
能　　　代 （1956.2.20）	6 37.5%	6 37.5	1 6.3	1 6.3	— 	1 6.2	1 6.2	—
芦　　　原 （1956.4.23）	8 36.3%	3 13.7	2 9.1	— 	1 4.6	2 9.1	1 4.6	22.6
魚　　　津 （1956.9.10）	20 48.8%	6 14.6	9 22.0	— 	5 12.2	— 	1 12.4	—

（山下　邦博）

4・2・3　風　の　性　質

（1）風速の日変化および年変化

　台風や発達した低気圧が通過する場合には風が強くなる．しかし，高気圧圏内においても日中には風が強く，朝方および夜は風が弱い．また，天気が良く，日中には気温が昇り，夜には冷える．各都市における風の日変化，季節変化の例を図4・25および図4・26に示す．

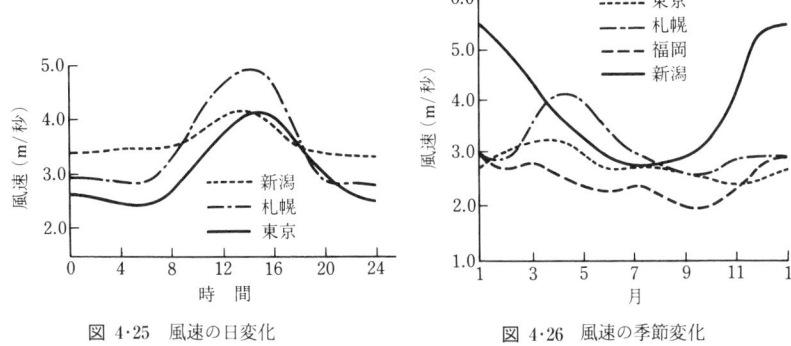

図 4·25　風速の日変化　　　　　　図 4·26　風速の季節変化

　海岸地方では朝の9時ごろから海から陸に吹き込む風，すなわち，海風が始まり，日が傾くころまで続く．日没後しばらく無風状態（夕なぎ）が続く．夜になると陸から海に吹き出す陸風が始まり，日の出ごろまで続く．日の出後しばらく無風状態（朝なぎ）が続く．これは海陸風とよばれる．このような傾向は晴天の時で，しかも弱風下に現れる．海陸風の平均風速は2〜3 m/sくらいである．海風が陸地に吹き込む距離は20〜30 kmくらいで，高さは660〜700 mに及ぶ．

（2）地形による風

　山地では，風の弱い日には日の出後しばらくして，山腹の傾斜に沿って吹き上がる谷風が発生し，日没後しばらくして，今度は逆に山腹に沿って吹き下りる山風が吹く．山谷風は，夏季，好天の日，日射の強い晴れた日に最もよく発達する．谷風が吹くと山のほうで湿気が増し，谷地が乾燥するが，山風が吹くと谷地が湿ってくる．山谷風のデファントのモデルを図4·27に示す．

　図（a）は日の出のころの状態で，谷壁斜面では斜面を昇る気流が発生するが，谷では下向きの気流が流れ，山風の状態である．図（b）は，午前中は，谷壁斜面を昇る気流によって谷の中の小さい循環系ができており，まだ谷風は吹かない．図（c）は，正午ごろには，谷壁斜面を昇る気流が最も発達し，また谷風も強く吹く．図（d）は，午後になると，谷壁斜面を昇る気流は弱ま

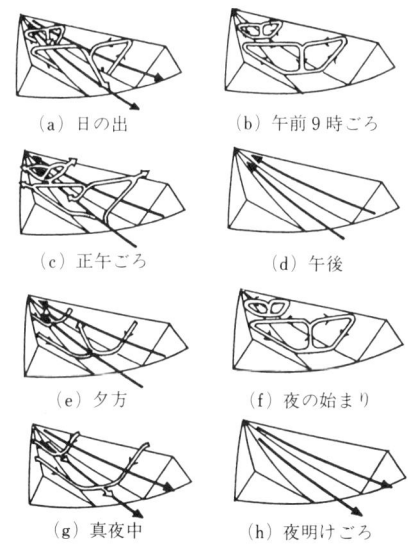

(a) 日の出　　　　(b) 午前9時ごろ

(c) 正午ごろ　　　(d) 午後

(e) 夕方　　　　(f) 夜の始まり

(g) 真夜中　　　(h) 夜明けごろ

図 4·27　山谷風のモデル（DEFANT）

り，谷の中に上向きの谷風が吹く状態になる．図（e）は，夕刻の日の入りごろには，すでに谷壁斜面では下降気流が起こっている．しかし，谷の中にはまだ谷かぜの状態である．図（f）は，夜の始まりごろに，谷壁斜面を下りる気流による小さな循環系ができる．図（g）は夜半ごろになると谷壁斜面を降りる気流が強くなり，山風が吹き出す．図（h）は，日の出前には，谷壁斜面を降りる気流はすでにやみ，山風だけが吹く．この山谷風の性状は林野火災の延焼状況に大きな影響を及ぼす．

（3）風速の高度分布

風は地上を吹走する際，地表摩擦によって下層の風速は減衰する．風速高度分布をみると，常に地表付近で最も弱く，上層へ向かうにつれて強くなっている．この風速高度分布については古くから数多くの研究がなされており，いろいろな近似式が提案されている．そのなかで対数法則およびベキ法則とよばれる2つの風速高度分布が最も広く使用されている．

A. 対数法則

風速の高度分布に関する対数法則は，L. Prandtl（1932）によって理論的に導かれたもので，その基本形は式（4・4）に示される．

$$U = u_1/\kappa \cdot \log(Z/z_0) \tag{4・4}$$

ここで，U は地表からの高さ Z（m）における風速（m/s），z_0 は地表粗度（m），κ はカルマン定数（=0.4），u_1 は摩擦速度（$=\sqrt{(\tau_0/\rho)}$）（m/s），ρ は空気密度（kg/m³），τ_0 はせん断応力（N/m²）である．

対数法則はせん断応力 τ_0 が高さによって変わらないという条件から導かれたものである．自然風においても，地表から 50 〜 100 m の高さまではせん断応力が変化しないという観測結果があり，事実この範囲の風速高度分布は対数法則によく合っている．しかし，それ以上の高度になると，せん断応力一定の仮定は成り立たず，実際の風速高度分布はこの法則に合わなくなってくる．

B. ベキ法則

地表から約 300 m 付近までの風速分布については，ベキ法則のほうが実測値によく合う．この法則は経験的に得られたもので，式（4・5）にそれが示されている．

$$U/U_0 = (Z/Z_0)^{1/n} \tag{4・5}$$

ここで，U は地上 Z（m）における風速（m/s），U_0 は基準高度 Z_0（m）の風速（m/s）である．

指数 $1/n$ は地表の粗さによって異なるもので，実測から得られた $1/n$ は，表 4・13 のとおり

表 4・13　地表状態とベキ法則の指数

地表状態	測定の最高々度(m)	指数($1/n$)	研究者
樹木のない開けた草原	13.1	1/7.7	Scrass
開けたやや起状のある農地	76.2	1/7.0	Sberock
低い石垣と垣根で分割された平地	95.4	1/5.9	Heywood
林や畑のある住宅地	44.2	1/4.0	塩谷正雄
市街地（東京）	253.0	1/3.0	相馬清二
市街地（パリ）	274.3	1/2.0	Taylor

である．なお，基準高度 Z_0 は一般に地上 10 m とされることが多い．

　以上のことは平均風速の高度分布について述べたものであるが，最大瞬間風速もまた一応ベキ法則に則っている．ただしこの場合，指数 $1/n$ は平均風速の場合よりもかなり小さい値になる．東京タワーで得られたものは $1/6.3$ であり，また，新井ほか（1968）が海岸近くで観測したところでは $1/10.7$ という小さい値になっている．このことは，最大瞬間風速の高さによる変化が，平均風速の場合よりもはるかに少ないことを示す．

（4）風　の　乱　れ

　自然の風の記録紙をみると，いつ，いかなる場合も風向，風速ともに複雑に変化している．このように，変動している大気の流れを乱流とよんでいる．乱流に対して変動のない一様な流れは層流とよばれている．自然大気では特別な場合を除いて，層流の風はみられない．自然風は常に乱れているものといってよい．火災には，煙の拡散，火の粉の飛散あるいは延焼の拡大など風に関係する問題は多いが，そのいずれも乱流を無視して議論を進めるわけにはいかない．これらの現象に対する乱流の影響はきわめて大きいからである．乱れている風を式で表す場合，一般に式（4·6）のように示す．

$$u = U + u' \qquad\qquad (4·6)$$

　ここで，u は時々刻々変化する風速（m/s）であり，u' は平均値 U の回りを変動する乱流成分（m/s）であり，その値はプラスにもマイナスにもなる．ただし，u' の平均値は零である．u' および U の意味をわかりやすく説明するため，図 4·28 に乱流を模式的に図示した．

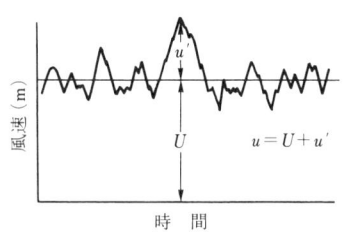

　自然の風は常に乱れているが，その乱れの程度を表すものとして，式（4·7）のような乱れの強さが用いられる．

$$乱れの強さ = \sqrt{\overline{u'^2}}/U \qquad (4·7)$$

　ここで，$\sqrt{\overline{u'^2}}\,(=\sigma_u)$ は風速の標準偏差である．

図 4·28　乱流に関する模式図

　ここまでの観測データによると，乱れの強さは市街地で $0.15\sim0.20$，平野部では $0.10\sim0.15$ となっている．地表の粗い市街地上では乱れの強さは大きく，平野部では小さい．地表の粗さのことを粗度（z_0）とよんでいる．J. Counihan（1971）によれば，地表粗度と乱れの強さの関係は図 4·29 のとおりである．なお，両者の関係を式で表したのが式（4·8）で，図中の曲線はこの式から得られたものである．

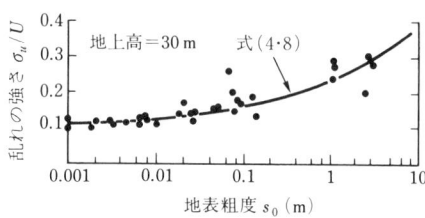

図 4·29　地表粗度と乱れ強さとの関係

$$\sigma_u/U = 0.096(\log_{10}z_0) + 0.016(\log_{10}z_0)^2 + 0.24 \qquad (4·8)$$

　乱れの強さは高さとともに減少する傾向がある．これについては東京タワーで得られた観測データを表 4·14 に示す．

表 4·14　乱れの強さの高さによる変化

台風番号 / 風速・乱れの強さ	高さ(m)	26	67	107	173	253
5915 号 伊勢湾台風	U(m/s)	16.1	21.9	26.1	—	32.5
	$\sqrt{\overline{u'^2}}/U$	0.12	0.11	0.09	—	0.04
6118 号 第2室戸台風	U(m/s)	16.7	21.8	23.0	27.8	33.2
	$\sqrt{\overline{u'^2}}/U$	0.24	0.17	0.14	0.13	0.10
6124 号	U(m/s)	15.2	20.7	22.9	26.3	33.2
	$\sqrt{\overline{u'^2}}/U$	0.21	0.16	0.13	0.10	0.07

　これまでは，主流方向の乱流だけについて述べてきたが，大気乱流は三次元的構造をなしており，実際には主流方向に直角で，地表に平行な乱流成分 (v') や，鉛直な成分 (w') も存在する．それぞれの方向について乱れの標準偏差が等しい場合は，乱れが等方性であるといわれている．しかし，接地気層において，風速は下層で弱く上層に向かうにつれて次第に強くなるという測定の風速高度分布となっている．　　　　　　　　　　　　　　　（山下　邦博）

4·2·4　火災と湿度
（1）湿　　度
　火災は相対湿度（単に湿度ともいう）と密接に関係する．湿度は，空気の乾燥ないしは湿潤の度合を示すもので，その場の水蒸気圧を，その時の乾球温度における飽和水蒸気圧で割り，それを百分率（％）で表したものである．湿度の測定には，一般に通風乾湿計が用いられる．これは 2 本の水銀温度計からなっており，一方の温度計球部はそのままで，他方は寒冷紗かガーゼで包まれ，常時湿っている状態におかれている．前者は乾球，そして後者は湿球とよばれている．湿球のほうは表面から水蒸気蒸発の潜熱が奪われるため，乾球温度より常に低い．この温度差と乾球・湿球温度における飽和蒸気圧 E, E' がわかれば，式 (4·9)，(4·10) から水蒸気圧 e と湿度 H が求まる．

$$e = E' - A/755 \times P \times (t - t') \tag{4·9}$$

　ここで，t, t' は乾球温度計および湿球温度計の示度（℃），P は気圧（hPa），E' は t'℃ における飽和水蒸気圧（hPa），A は湿球が氷結しない場合は 0.50，氷結した場合は 0.44，e は求めようとする水蒸気圧（hPa）である．
　湿度 H は，

$$H = e/E \times 100 \quad （\%） \tag{4·10}$$

　ここで，E は t℃ における飽和水蒸気圧（hPa）である．
　なお，1 m³ 中に含まれる水蒸気の質量 ρ は式 (4·11) から求められるが，これは絶対湿度ともよばれている．

$$\rho = 217 \times e/T_2 \quad （\text{g/m}^3） \tag{4·11}$$

　ここで T_2 は絶対温度で示された気温（K）である．
　普通の晴れた日には湿度は顕著な日変化をする．この変化は気温の日変化と対称的で，明

け方が最も湿度が高く，気温の高い午後2時前後に，湿度が最も低くなる．東京での湿度観測例を図4·30に示す．図において，実線が湿度であり，破線は絶対湿度を示す．なお，縦軸の左側は湿度の値であるが，平均値からの偏差で示されている．右側の縦軸には，同様な方法で絶対湿度が記されている．

極端に湿度が低く空気が乾燥した日に火災発生件数が多くなる．我が国の主要気象官署の観測資料から，最小湿度とは一体どの程度のものか，あるいはそれが現れる季節はいつごろなのかを調べたものを表4·15に示す．この表によれば，極端に空気が乾燥した日，つまり10%以下の最小湿度を観測した気象官署を数えあげてみると29箇所である．最小湿度を20%以下ということにすれば，全官署80のうち77個所がそれに入る．なお，これまで我が国において最も低い湿度を観測した気象官署は甲府気象台で，

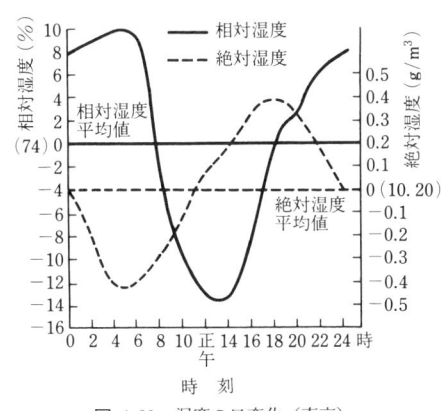

図 4·30　湿度の日変化（東京）

表 4·15　全国の最小湿度表（観測開始より 1970 年まで）

地点	月	最小湿度	地点	月	最小湿度	地点	月	最小湿度	地点	月	最小湿度
稚内	5	15	輪島	4	11	銚子	1,2	17	和歌山	5	11
羽幌	4	16	相川	4	14	津	4	10	湖岬	2	14
旭川	5	14	新潟	4	13	浜松	2	15	奈良	1	9
網走	5	15	金沢	4	14	静岡	3	8	厳原	3	14
札幌	5	10	富山	4	14	東京	1	6	福岡	3	14
帯広	4,5	13	長野	4	10	尾鷲	4	8	佐賀	5	9
釧路	4	15	高田	4	12	横浜	1	11	大分	4	14
根室	4	17	宇都宮	4	10	大島	2	7	長崎	4	12
寿都	4	14	福井	4	11	八丈島	5	23	熊本	4	8
浦河	5	10	高山	4	10	西郷	5	7	鹿児島	1,2	13
函館	5	18	松本	3	8	境	4	14	宮崎	3,11	15
青森	5	14	軽井沢	4	11	鳥取	5	12	福江	6	16
秋田	4	14	前橋	3,4	11	浜田	4	15	松山	4	7
盛岡	3	9	熊谷	4	11	京都	4	11	高松	5	10
富古	5	9	水戸	2	13	彦根	4	12	高知	4	9
酒田	4	16	敦賀	4	14	下関	4,5	16	徳島	3,5	12
山形	4,5	10	岐阜	3	7	広島	3,4	14	足摺	3	12
仙台	4	10	名古屋	4	10	岡山	4	11	室戸	3	15
福島	4	9	飯田	2,4	6	神戸	5	7	名瀬	5	23
小名浜	4	12	甲府	4	4	大阪	3	11	那覇	5	28

表 4·16　月別の最小湿度発生数

月	1	2	3	4	5	6	7	8	9	10	11	12
発生数	5	7	13	42	21	1	0	0	0	0	1	0

その最小湿度は 4 % であり，その発生月は 4 月であった．表 4·16 には，月別の最小湿度発生数を掲げた．この表によると，やはり 4 月に発生数が最も多く 42 となっており，5 月，3 月の順でこれに続いている．

　火災時の可燃物となる木材や繊維質のものは，常に若干の水分を含んでおり，しかもその水分量は大気中の湿度に関係する．もちろん，湿度が高い時ほどこれらが保持する含水量は多くなる．しかし，薄い板材あるいは繊維質のものなどは，その日の湿度に直接影響を受けて含水量は変化する．角材のような肉厚のものは，前日および前々日の湿度の影響が残っているため，当日の湿度だけとの対応は必ずしもよくない．このような場合，前日および前々日の湿度を考慮した実効湿度のほうが，肉厚の角材などの含水量との対応がよいのである．

　実効湿度 He は，前日の湿度および前々日の湿度に重み r（r < 1）を掛けて加え合わせたもので，式（4·12）でそれが表される．

$$He = (1-r)\cdot[H(0)+r\cdot H(1)+r^2 H(2)+r^3 H(3)+r^4 H(4)+r^5 H(5)\cdots\cdots]　　（4·12）$$

ここで，$H(0)$ は当日，$H(1)$ は前日，$H(n)$ は n 日前の湿度である．

　これまでの調査によると，厚さ 7 mm の板については $r=0.5$，7 cm 角の木柱については $r=0.7$ として求めた実効湿度が，それぞれの可燃物の含水量とよい一致を示す．

（2）湿度と火災の関係

　林野火災ではしばしばたき火中の飛火により火災が発生することがあるが，その場合には可燃物の乾燥状態が火災発生を左右する．可燃物の乾燥状態は含水率で表す．湿度は時々刻々と変化することから可燃物の含水率はその影響を受けて変わる．含水率の変化は可燃物の形状と大きさで異なり，小さい可燃物は速く変化する．しかし，大きい可燃物は湿度の変化に対して遅れて変化する．また，可燃物の表面とその内部で遅れ時間に差が生じる．林野火災の主要な可燃物である落ち葉について求められた相対湿度と含水率の関係を図 4·31 に示す．湿度が 70% では含水率は 19% である．可燃物の燃えやすさは含水率に依存しており，

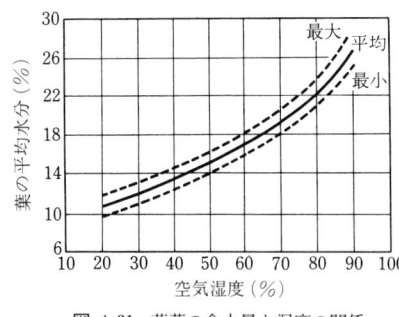

図 4·31　落葉の含水量と湿度の関係

表 4·17　林内堆積物の含水率と燃焼性の関係

含水率（%）	可燃性
29<	なし
19～25	僅少
14～18	小（たき火は危険）
11～13	中（マッチの火は危険）
8～10	大（マッチの火は常に危険）
2～7	著大（あらゆる火気は危険）

その関係を表 4·17 に示す．含水率が 10% 以下になると火災危険性が高いことがわかる．

東京都の火災で，火災期（12 月～3 月）と非火災期（4 月～11 月）に分けて火災件数と日

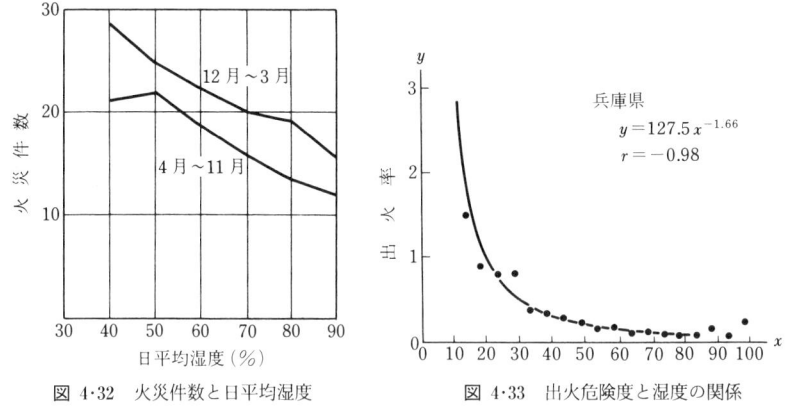

図 4·32　火災件数と日平均湿度　　　　　図 4·33　出火危険度と湿度の関係

表 4·18　湿度と出火率（昭和 54, 55 年）

相対湿度	岩手県			千葉県			兵庫県			広島県		
	火災件数	出現日数	出火率	火災件数	出現日数	出火率	火災件数	出現日数	出火率	火災件数	出現日数	出火率
0—5										1		
6—10	1						2			5		
11—15	2	1	2	4	2	2	3	2	1.5	6	1	6
16—20	5	6	0.83	13	20	0.65	9	10	0.9	12	4	3
21—25	8	21	0.38	34	71	0.48	21	26	0.81	16	13	1.23
26—30	13	45	0.29	43	125	0.34	42	51	0.82	22	49	0.45
31—35	18	87	0.21	43	185	0.23	46	114	0.40	32	98	0.33
36—40	20	157	0.13	48	224	0.21	71	200	0.36	47	177	0.27
41—45	22	246	0.09	50	259	0.19	96	306	0.31	40	274	0.15
46—50	17	342	0.05	55	287	0.19	95	402	0.24	55	366	0.15
51—55	19	431	0.04	51	319	0.16	77	456	0.17	44	415	0.11
56—60	12	473	0.03	49	365	0.13	78	431	0.18	40	444	0.09
61—65	8	483	0.02	33	382	0.09	48	394	0.12	37	456	0.06
66—70	12	452	0.03	19	378	0.05	42	324	0.13	22	404	0.05
71—75	8	399	0.02	20	326	0.06	25	251	0.10	7	326	0.02
76—80	2	321	0.01	12	242	0.05	12	159	0.08	3	242	0.01
81—85	3	221	0.01	11	149	0.07	8	93	0.09	5	152	0.03
86—90	1	153	0.01	11	77	0.14	8	50	0.16	1	88	0.01
91—95	0	71	0	4	24	0.17	2	23	0.09		50	
96—100	1	12	0.08		2		1	4	0.25		16	

平均湿度の関係をみると図4·32のとおりとなる．湿度が減少すると火災件数が増加する．同じ湿度の時，火災期の火災件数は非火災期の件数よりも1.3倍大きい結果となっている．出火件数はその日の相対湿度との相関が高い．

　佐々木らは1979（昭和54）年からの2年間の4県の林野火災と湿度の関係を調べた．その日の湿度と火災件数を調べるとともにその年における湿度の出現率を求めて林野火災の発生危険度を検討した．その結果を表4·18に示す．火災件数と湿度の関係をみると湿度が100%から40%までの範囲では湿度が低くなるにつれて火災件数が増加するが，湿度が40%以下では湿度が低い時に火災件数が少ない結果となった．低湿度では湿度の出現率を考慮する必要性がある点を指摘して，湿度の出現率を補正して湿度と林野火災の出火危険の関係を求めた．その結果を図4·33に示す．これらの結果から湿度が2倍になると出火危険性は1/7になる．このように湿度と火災件数の関係は密接な関係にある．

（山下　邦博・篠原　雅彦）

4·2·5　大火と気圧配置

　1945（昭和20）年〜1964（昭和39）年ごろまでは市街地大火（大火）がしばしば発生していたが，1965（昭和40）年以降になると少なくなり，建物焼損床面積が1万坪（33000m²）以上の大火は，昭和51年の酒田大火以降，地震時以外は発生していない．このように大火が少なくなった理由として道路が拡幅されるなど市街地が整備されたこと，建物の不燃化が進んだこと，消防力・消防水利が充実したこと，住民の防火意識が高まり，警戒が強まったことなどがあげられる．しかしながら気象条件の悪化時に火災が発生すれば拡大する危険が高い地域がまだ存在する．藤井幸雄らの研究から1927（昭和2）年から1969（昭和44）年までの大火の変動を図4·34に示す．

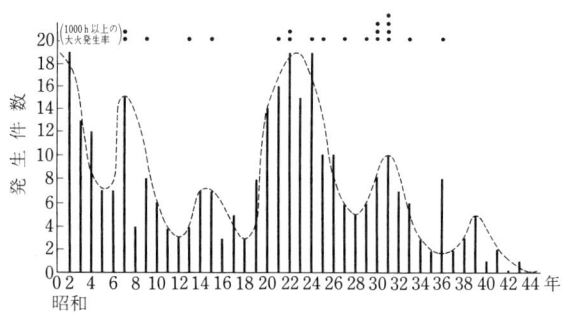

図 4·34　大火発生の時系列的変動

（1）大火と気圧配置

　大火を誘起する気象条件は乾燥・強風である．過去の多くの大火は，この二つの条件が重なった時間帯に発生している．このような気象条件をもたらすものは気圧配置である．日本の代表的な気圧配置として，西高東低型（冬型），南高北低型（夏型），東高西低型，北高南低型などの静的な気圧配置と移動性高気圧型，日本海低気圧型，太平洋沿岸低気圧型，台風

型などの動きのある気圧配置がある．移動性高気圧に覆われている場合には晴天となり，火災が発生する危険性が高い．西高東低型の気圧配置の時には日本海側で天候が悪化するが，太平洋岸では晴天となることが多い．一方，日本海低気圧型の気圧配置では，日本海側で降雨になることが多いが，時には降雨は全くなく乾燥した強風が吹くことがある．この気圧配置下ではしばしばフェーン現象が発生して火災が発生すると大規模化する．1927（昭和2）年から1967（昭和42）年までの100戸あるいは100棟以上の建物が焼失した大火313件について大火時の気圧配置を表4・19に示す．

表 4・19 大火時の気圧配置（1927（昭和2）年～1967（昭和42）年）

気圧配置 ＼ 月	1	2	3	4	5	6	7	8	9	10	11	12	計
西 高 東 低	13	14	8	4	1	—	—	—	2	—	4	13	59
南 高 北 低	—	—	1	8	8	2	2	—	—	—	—	—	23
東 高 西 低	—	—	—	2	2	—	3	1	1	—	—	—	9
北　　　　高	—	—	—	1	—	1	—	—	3	1	—	1	7
移 動 性 高	1	7	13	39	44	3	2	1	5	7	7	2	131
日 本 海 低	3	—	6	14	11	1	—	—	—	3	1	2	42
日 本 付 近 低	1	1	4	3	3	3	1	0	2	1	2	1	22
台　　　　風	—	—	—	—	1	—	3	6	6	2	2	—	20
計	18	22	32	71	70	10	12	10	19	14	16	19	313

　この表4・19によると大火発生は移動性高気圧型の時に多く，ついで西高東低型，日本海低気圧型，南高北低型の順に多い．大火が発生した月は4月が71件で一番多く，それについで5月70件，3月32件，2月22件である．2月から5月での4カ月間で60％以上を占めている．4月中においては大火は，移動性高気圧型，日本海低気圧型，南高北低型の気圧配置の時に多く発生している．気圧配置の発現率は月によって異なり，西高東低型（冬型）と南高北低型はそれぞれ冬季と夏季に発生している．この表からも西高東低型の気圧配置は12月，1月，2月，3月に多いことがわかる．一方，移動性高気圧型と日本海低気圧型の気圧配置は春季に多く発生する．

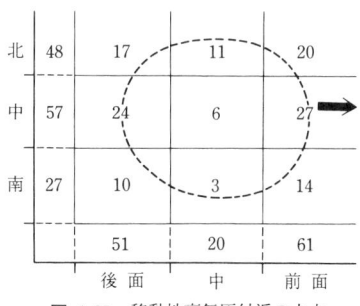

図 4・35　移動性高気圧付近の大火
　　　　　発生分布

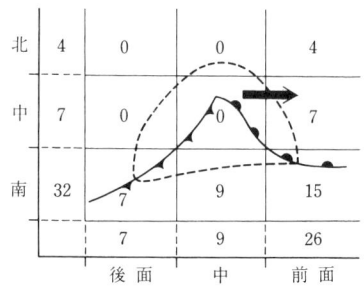

図 4・36　日本海にある低気圧付近
　　　　　の大火発生分布

　移動性高気圧付近を9つのブロックに分けた時の大火発生場所を図4・35に示す。移動経路の中央の場合が44%を占め，ついで，その経路に対して北側すなわち南風の場合が36%になっている。移動性高気圧の南側では北側の半分である。また，移動性高気圧の前面と後面で多く発生する。同じように日本海低気圧付近を9つのブロックに分けた時の大火発生分布を図4・36に示す。低気圧の進行方向に対して南側で大火が多く発生しており，南東で63%を占める。

　大火の被災戸数と気圧配置の関係を表4・20に示す。被災戸数が100〜199の大火をみると移動性高気圧型では大火のなかでも比較的被災戸数が少ない火災が多くを占める。しかし，日本海低気圧型では1000戸数以上の特大規模の大火割合が10%を占めている。このように日本海低気圧型では特に大きい火災が発生する。

表 4・20　気圧配置と被災戸数の頻度（％）

被災戸数 ＼ 気圧配置	100〜199	200〜299	300〜499	500〜999	1000以上
日本海低気圧型	52	14	7	17	10
西 高 東 低 型	60	17	10	8	5
移動性高気圧型	62	13	11	10	4

（2）フェーン現象

　フェーン現象は高い山脈を越えた気流が風下山麓へ高温かつ乾燥した気流となって吹き下ろす現象である。これはヨーロッパのアルプス地方で生じる特異な山越えの気流に対して名付けられたものであるが，地形条件が似たところであればどこでも生じる。我が国でも，日本海にある発達した低気圧に向かって南よりの強風が吹き込む場合，中央山脈を越え日本海沿岸部へ吹き下ろす気流がフェーン現象となって高温・乾燥の空気をもたらす。このフェーン現象は高温・乾燥なだけでなく，かなりの強風を伴う。したがって，この現象が生じている最中に大火がしばしば発生する。

　フェーン現象の発生メカニズムを図4・37に示す。気流が山脈を越す場合，まず風上側において気流は斜面を上昇するため雲が生じ雨となる。この雨混じりの雲中における気温低減率は100mにつき0.5℃である。一方，この気流が山脈の稜線を越えて下降しはじめると，気流の温度は上昇し雲は消散する。その時，風下側斜面を下降する気流は，100mにつき1℃という風上側よりはるかに大きい乾燥断熱減率で上昇

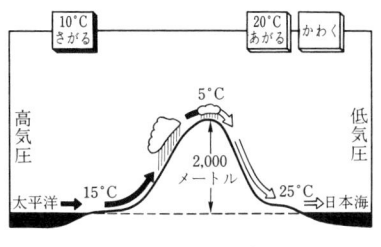

図 4・37　フェーン現象

する。つまり，山の風上側と風下側で同じ高度差を空気が上昇・下降するだけであるが，この間に10数度の気温変化が生じてくる。

（3）大 火 事 例

A. 江戸の大火

山川によると，1657（明暦 3）年から 1881（明治 14）年までの 224 年の間に江戸・東京において延焼距離が 1.5 km 以上に及ぶ大火は 93 件あった．これらの火災について，その出火点と焼け止まり点を結んで延焼距離と延焼方向を調べたものを図 4·38 に示す．この図について，その延焼方向を調べてみると，大体において南西から北東に向かいものと，北西から南東へ向かうものとに分けることができる．いうまでもなく，前者は南西風，そして後者は北西風によるものである．北寄りの風の場合の大火は冬と春に発生し，南寄りの風の場合には春に発生した．大火時の気圧配置を推定すると，北寄りの風は西高東低型の場合であり，南寄りの風は日本海低気圧型の場合である（表 4·21）．この東京の例のように，各地域には卓越風向があり，大火の延焼方向が特定方向に偏ることが多い．

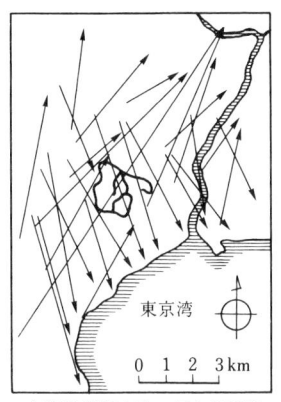

矢印は延焼方向，長さは延焼距離を示す

図 4·38 江戸・東京の延焼方向

表 4·21 江戸・東京における月別風向別大火発生数

月 ＼ 風向	東	北東	北	北西	西	南西	南	南東	計
1	0	0	6	7	0	0	0	0	13
2	0	0	7	6	0	3	0	0	16
3	0	0	14	10	0	4	1	0	29
4	0	0	3	3	0	3	3	0	12
5	0	0	0	2	0	2	3	1	8
6	0	0	0	0	0	0	1	0	1
7	0	0	0	0	0	0	0	0	0
8	0	0	0	0	0	0	0	0	0
9	0	0	0	0	0	1	0	0	1
10	0	0	0	0	0	0	2	0	2
11	0	0	3	1	0	0	0	0	4
12	0	0	4	3	0	0	0	0	7
全年	0	0	37	32	0	13	10	1	93

B. 函館市大火

この大火は住吉町（市街地南部）において，1934（昭和 9）年 3 月 21 日の 18 時 53 分ごろ出火した．火災の発生した日には，日本海にあった低気圧が前日から発達しながら移動し，21 日の午後 6 時ごろには寿都の沖合 50 km の位置にあり，最低気圧は 965 mb まで下がっていた（図 4·39）．正午ごろには風は弱く，風向は北寄りであったが，午後 1 時ごろには風向が南東に変化した．風は午後 4 時ごろから急激に強まり，20 m/s 前後の南南西の烈風が午後 10 時ごろまで吹きまくった．出火する前から雨が断続的に降っていたが，夜になると雪に変わり海岸で避難者が凍死した．不連続線の通過とともに風向が急変し，火災が住宅の

密集している地域でしかも多数の避難者がいた方向に拡大したため数千人もの死者が出た.

C. 静岡市大火

この大火は新富町（市の西端）から1940（昭和15）年1月15日12時08分に出火した. 火災により, 風下に約600m飛火した2次火災が拡大した. 火災当日の気圧配置は西高東低型で1ヵ月以上も降雨がなく, 晴天が続いていた（図4・40）. このため極度の異常乾燥状態となっていた. 湿度は午前6時でも43%で, 正午には23%まで下がった. 午前11時すぎより西風が次第に強まり, 正午には9.2 m/sになった. その後, 風速は徐々に弱まったが, 各地で飛火が発生して延焼を助長させた.

D. 鳥取市大火

この大火は吉方町（鳥取駅の近く）において1952（昭和27）年4月17日の14時30分ごろ出火した. 出火原因は機関車からの飛火と推定された. この日の気圧配置は日本海低気圧型で, 午後3時には996 mbの低気圧が日本海北部にあった（図4・41）. また, 1,022 mbの高気圧が本州の南方海上にあって, その一部は広く西日本をおおっており, 西日本の各地は好天となっていた. 日本海沿岸ではフェーン現象が発生し, 乾燥した強風が吹きまくっていたころに出火して大火となった. 翌日（18日）の午前1時ごろには寒冷前線が通過して風向が北西に急変した.

E. 新潟市大火

この大火は医学町（県庁の近く）の建物から1955（昭和30）年10月1日の午前2時45分ごろに漏電により出火した. 前日（9月30日）から台風が接近していたため10 m/s前後の強風が吹いていた（図4・42）. 出火する数時間前から風が強まり, 20 m/s前後の烈風が吹いていた. 火災警報と暴風警報が前日から出されていたため, 火災に対する警戒体制がと

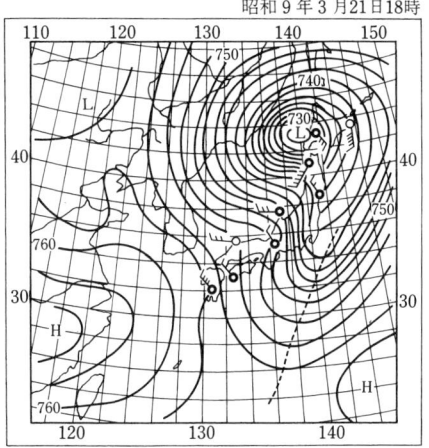

昭和9年3月21日18時

図 4・39　函館市大火当日の天気図
（気圧の単位　mmHg）

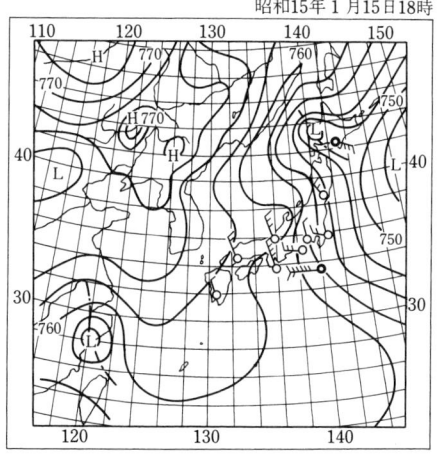

昭和15年1月15日18時

図 4・40　静岡市大火当日の天気図
（気圧の単位　mmHg）

られていた．火災の覚知とともに消防署の
全消防車が出動して消火にあたったが，烈
風のために早期消火の時期を失した．台風
通過時の大火例として，氷見市（富山県），
防府市（山口県），魚津市（富山県），岩内
町（北海道），大館市などの大火がある．

F. 酒田市大火

この大火は1976（昭和51）年10月29
日の午後5時40分ごろ，市内の映画館か
ら出火した．この日の気圧配置は二つ玉低
気圧型で，一つの低気圧は日本海に，他の
一つは太平洋にあって北東に移動していた
（図4・43参照）．日本海にあった低気圧が
酒田市に接近し始めた午後4時ごろから風
が特に強まり，午後10時ごろまで烈風な
みの強風が吹いた．雨が継続的に強く降っ
たが，火災を鎮圧するまでにはいたらな
かった．出火当初は風向は西であったが，
延焼中に北西に変化したため，家財道具を
搬出する時期を失した被災者が多かった．
酒田市大火は平均風速が11 m/sの時の大
火であった．風下方向では幅20 mの道路
でも突破されたが，風下800 mにあった
新井田川で焼け止まった．一方，風横方向
ではわずか幅員6 mの寺町通りで焼け止
まった．　　　　　　　　（山下　邦博）

4・2・6　火　災　旋　風
（1）火災旋風と大火

大火はその発生形態から強風下大火と地
震時の同時多発性大火に分類することがで
きる．前者は，1箇所から発生した火災が，
強風・烈風に煽られて風下に延焼するのに
対し，後者は，同時期に多くの地点から発
生した火災が急激に拡大するもので，時に
は合流して一つの大火災になる．

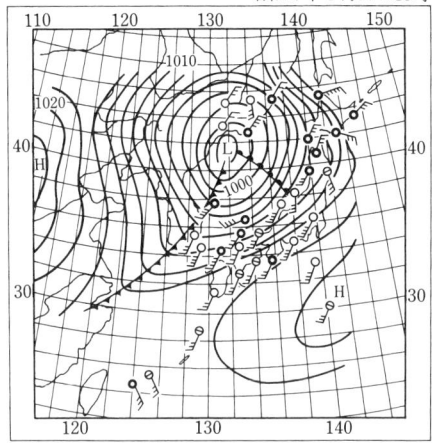

昭和27年4月17日15時

図 4・41　鳥取市大火当日の天気図

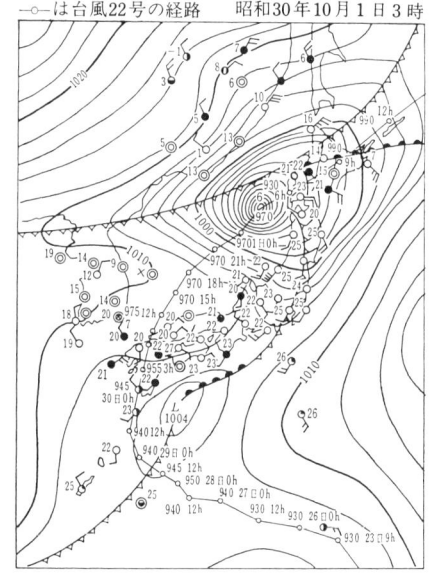

図 4・42　新潟市の大火当日の天気図

同時多発性の大火では，対流活動が活発であり，強い対流柱が形成され，火災の中心に向
かう強風が誘起される．火災は強い流入空気のために外側方向にはほとんど拡大しないが，
その内部の建造物は，完全に焼失する．火災嵐（ファイア・ストーム）は，同時多発性大火

の代表的なものであり，時には嵐状の烈風を誘起する．火災上昇気流の周辺には，強い旋回流と上昇気流を伴う火災旋風がしばしば起こる．この火災旋風は火災に起因して起きる旋風であり，火災による被害を増大させる．タンク火災の周囲で発生した火災旋風を図4・44に示す．

強風下大火では活発な火災前線を有しており，それが移動する．活発に燃えている領域は風速に応じて拡大するが，高い対流柱は形成されない．強風下大火の場合にも火災旋風

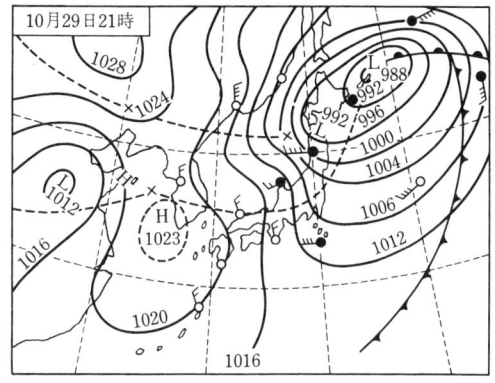

図 4・43　酒田市大火当日の天気図

は形成されるが，同時多発性大火に比較して規模と激しさは劣り，継続時間も短い．

竜巻と旋風の区別は漏斗雲の有無によるものである．漏斗雲がある場合が竜巻で，ない場合が旋風として区別される．漏斗雲は回転が速くなり中心部の気圧が低くなるにつれて，断熱冷却によって水蒸気が凝結してできるもので，空気の回転速度と湿度に関係する．一般的には回転が速くなるにつれて漏斗雲が生じやすくなる．竜巻のほうが旋風よりも強いといえるが，厳密な差はない．火災旋風は風速勾配に関係して生じる一つの渦であり，地形，火災などに起因して発生する．

気象的な要因で発生した竜巻が移動して火災現場に達するとそこで火炎を含んだ旋風となり，火災旋風に変わることもある．

カナダ，モントリオール市ガソリンタンクの炎上の際生じた火災旋風（1967年8月19日，Fire Engineering 誌）——火炎旋風に放水しても吹き飛ばされて中心まで水が達しない——

図 4・44　タンク火災で発生した火災旋風

（2）火災旋風の発生事例

A．被服廠跡で発生した火災旋風

1923（大正12）年9月1～2日の関東大震災は，他に例をみないほどの大惨事になって，死者は10万人にも及んだ．他の大震災火災および空襲火災などと比較しても，死者と焼失面積の点においては甚大であった．この大震災火災時には旋風が方々で発生した．東京では約100個，横浜では約30個の火災旋風が発生し，小田原や真鶴でも発生したと報告されている．個々の火災旋風は，規模と強さで異なり，小さい旋風から強い竜巻級の旋風まである．関東大震災火災時に発生した旋風は2，3のものを除いて大部分が比較的弱いものだったと推定される．この大震災時の被服廠跡において，わずか2万坪（6.6

ha）の広場で約 38,000 人もの多くの死者がで
た．被服廠跡付近の火災の拡大状況を図 4·45
に示す．

　被服廠跡の旋風は，強烈な火災旋風で火災嵐
状のものであり，人的・物的被害を増大させ
た．関東大震災時の旋風については，以下の記
録が残されている．

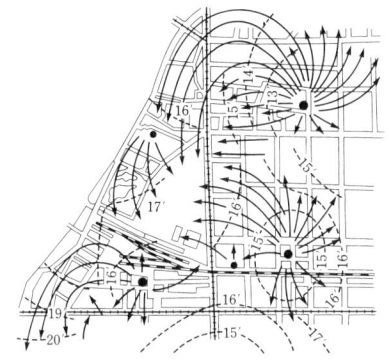

　　1）だいたい同時刻に発生したる旋風の位置
　　　　が一種の帯状分布を示しているらしいこ
　　　　と．

　　2）旋風の発生時刻が，だいたいその近くの
　　　　場所が燃焼していた時刻と一致している
　　　　場合の多いこと．ただしこれには若干の
　　　　例外がある．

火災が三方から接近してきた頃に
火災旋風が発生した．数字は火災
前線の時刻

図 4·45　被服廠跡付近における延焼動態図

　　3）火災が二方あるいは三方から進み，その二つか三つの火流の前線が合して，その前線
　　　　部分が，未だ燃えない部分に突入した場合に，旋風が起こりやすくみえること．この
　　　　著しい例は水道橋，三ノ輪，被服廠跡などの場合である．

　　4）移動性の旋風が河や堀に沿って進行する場合のあること．例えば吉野橋，押上，伊予
　　　　橋付近の場合がそれである．

　　5）橋詰や四辻の広場に起こった場合の多いこと．

　これらのことから火災旋風は，気象原因説よりは，むしろ火災そのものに起因して発生し
たと推定される．

B. 油タンク火災

　1926 年 4 月 7 日，サン・ルイス・オビスポ（米国，California）で落雷のために油タンクに
着火して爆発し，周辺に油が流れ，500 エーカーの広い地域が 5 日間にわたって燃えた．その
際数百個の火災旋風が発生した．旋風の回転方向は反時計方向であったが，中には時計方向
の旋風もあった．旋風によって一つの家屋が 45 m ほど飛ばされて全壊し，家の中で 2 名が
死亡した．

C. 都市火災（函館市大火）

　函館大火は 1934（昭和 9）年 3 月 21 日午後 7 時ごろ，函館市内の住吉町から強風下で出
火し，風に煽られて約 4.2 km² の大部分が 4 時間で焼失した．この大火の際には，低気圧が
発達しながら通過していたため，火災発生時には最高 22 m/s の風が吹いていた．この大火
時に風の穏やかになった時に火災旋風が発生し，火炎は 220 m にものぼった．消火活動は
強風のために隊員の活動が思うにまかせなかったと記録されている．この時の旋風の発生
は，火災の他に地形にも大きく影響を受けた．死者は 2,000 人にものぼり，特に新川におい
ては多数であった．死者の多かった原因は，旋風よりもむしろ強風下での凹地における気流
の特異な流れに関係していたと推測される．また静岡大火の場合にも火災旋風が発生した
が，その規模は大きくなかった．

D. 山火事における火災旋風の発生例

1951 年 8 月 23 日，米国のオレゴン州の南西の
Vincent Creek 火災において火災旋風が発生した．
発生した場所は南または南西向きの斜面で，この斜
面には木がところどころ生え，やぶ，雑草，折れた
枝，倒れた木があった．燃焼幅は約 15 m で，火災
前線が頂上まであと 150 ヤードの所にきたころに，
火災前線の付近で火災旋風が発生した．上空の大気
は不安定で温度 67° F，湿度 48% で，山の頂上よ
り上のほうでは北よりの風が毎時 8 〜 16 マイルの

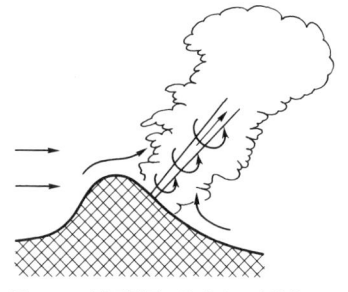

図 4·46　風下斜面に発生する火災旋風

速さで吹いていた．地上において回転の速い部分は直径 30 〜 60 m で，その中心には竜巻
のような管があり上空に伸びていた．上空 300 m では煙のためにその管は見えなかった．
この火災旋風は直径 40 インチの木をよじり曲げ，地上 6 m まで巻き上げた．この旋風は
あまり移動せず，短時間に生成したり消滅したりして，10 分間のうちに少なくとも 3 回以
上旋風が発生した．起伏のある場所の林や火災現場で発生する火災旋風を図 4·46 に示す．

（3）実験時に発生した火災旋風

火災実験あるいは気象実験で発生した火災旋風の例を表 4·22 に示す．実火災においては
消火活動あるいは避難が優先されることから火災に関する詳細な記録は少ない．時には火災
旋風の写真が撮られている場合もあるが，そのような例は少ない．これに対して大規模火災
実験では，火災性状の観測に重点がおかれるため，火災旋風の発生場所，移動方向，その直
径，高さなどに関して詳細な記録が残されている．以下に火災旋風の発生した大規模な火災
実験または気象実験について触れる．

A. フランボー計画

1966 年 6 月 14 日にカリフォルニアの Mono County で行われた．320 m × 345 m の面積
に木材を積んで行った火災実験において，点火後 14 分で火災旋風が発生した．火災旋風の発
生個数は 1 個の場合が多いが，対になって発生することもあり，2 個以上の旋風が同時にで
きる場合もあった．それらの大きさにはバラツキがあるが，直径 6 〜 15 m，高さは，300 〜
900 m で，火災旋風の継続時間は 2 〜 3 分以下であった．その時の風向は西よりで，風速は
1.5 m/s 程度で弱く，火災旋風は大部分が，火災域で発生し消滅するが，火災の終期には火
災地域の外部にも移動した．

B. ユーロカ作戦

オーストラリアのクイーンズランドで，50 エーカーの面積に切り倒した木材を集積して燃
焼させた火災実験において，点火後 33 〜 60 分の間に火災旋風がいくつか発生した．この火
災実験の主な目的は，火災によって誘起される風速と発熱速度との関係を明らかにすること
であった．火災旋風は高さが 300 m 程度であり，そのうちの一つは設置された風速計の近く
を通過した．この場合の最大風速は 29.4 m/s で，上昇速度は 15 m/s であった．これらの火
災旋風は局所的に燃焼速度を増加させたが，火災旋風の影響を受けた範囲は直径 100 m 以
下だった．この実験で着火時の風速は 4 m/s 程度であった．

表4·22　火災旋風および火災嵐の発生事例

火災	時	場所	火災地域面積(km²)	発生量	直径(m)	高さ(m)	継続時間(分)	行程(m)	死者(名)	気象状況	風速(m/s)	旋回方向	摘要
関東大震災時の火災	1923 9.1	東京	34.7	約100	2~数十m			100~2,200	90,548	不連続線の通過		時計回りと反時計回り	直径約45cm程の木を根こそぎにした
		横浜	9.3	約30			数分~130						
油タンク火災	1926 4.7	San Luis Obispo (Calif.)	3.6	数百				4,750以下	2		10	時計回りと反時計回り	cottageを約45m運ぶ
気象学的実験	1961 6.17 8.31	Plateau of Lamemsan	0.015	数百	10~40	150	3~4	数百m	0		1	時計回りと反時計回り	
Flambeau Experiment	1966 6.14	Mono County (Calif.)	0.12	約200	6~15	300~900	2~3		0		3	時計回りと反時計回り	
Operation Euroka	1969 10.23	クィーズランド(オーストラリア)	0.2			300			0		4		一つの施風が風速計の近くを通過した
函館	1934 3.21		4.2			200			2,013	低気圧の通過時	22		消防活動が思うにまかせなかった
山火事	1954 8.23	Vincent Creek (オレゴン)			9	300		45以下	0		5	時計回り	直径1mの木の地上6mのところでよじれ折れた
ハンブルクの火災嵐	1943 7.27~28	ハンブルク(西ドイツ)	44		1.5~2マイル(2,400~3,200m)	3マイル(4,800m)			4,200	低気圧の通過時	3	反時計回り	直径1mの木が根こそぎに倒れ、その家の戸は一人では開閉できなかった

C. 大規模気象実験

　1961 年 6 月 17 日ピレネー山脈の北 20 km の高原で，125 m × 125 m の燃焼面積を有する Meteotron とよばれる装置で気象実験を実施している時に，偶然火災旋風が発生した．火災旋風の直径は約 10 m で，高さが約 200 m の黒い筒状のものであった．火災旋風は，風速 1.7 m/s の風によって風下に移動した．さらに 8 月 31 日に追加して行った実験においても火災旋風が生じた．この時の上空は特に不安定で，直径 40 m の火災旋風が生じて火源の一部を吹き消した．風速は 1.3 m/s 程度であったが，火災旋風の中心に直径 1 m 程度の明るい筒が観測された．

（4）火災嵐の発生事例

A. ハンブルグの火災嵐と空襲火災

　1943 年 7 月 27 日〜 28 日に第二次大戦中の西ドイツのハンブルグで発生した火災嵐の様子を図 4·47 に示す．この火災嵐では連合軍の爆弾と焼夷弾の集中投下によって市内 44 km² の地域が大火になり，そして火災嵐が生じて短時間で大部分が焼失した．この火災嵐の発生の原因としては，可燃物が乾燥していたこと，出火点が多かったこと，逆転層のために地上の温度が高くなっていたところに低気圧が通過して，気温減率が大になって対流活動が盛んになったことなどが主なものである．その他に広島，和歌山，ドレスデンなどの諸都市においても空襲火災時に火災嵐が発生した．R. M. Rodden などは第二次世界大戦中の西ドイツや日本の諸都市における火災嵐の事例調査により，火災嵐の発生する条件として，火災荷重は 40 kg/m² より大，火災密度は 50% より大，火災面積は 1.3 km² より大，風速は 3.6 m/s よりも小で，大気が不安定の場合としている．空襲火災の場合の火災嵐は爆撃開始後 10 〜 30 分で発生しており，この発生時刻は大震火災の場合と比較してみれば早いと思われるが，これは火災の出火点の個数の差によるものである．

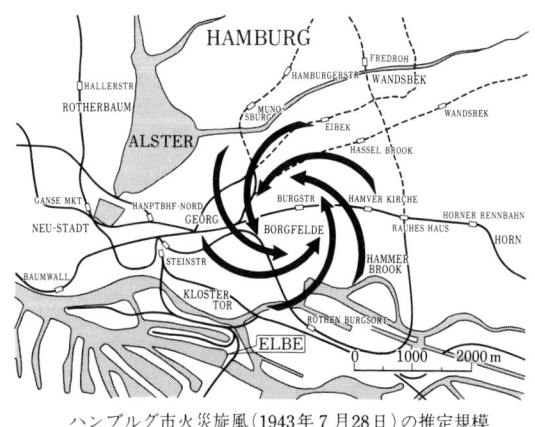

ハンブルグ市火災旋風（1943 年 7 月 28 日）の推定規模
（Ebert 教授による）

図 4·47　ハンブルグの火災嵐

（5）火災旋風の速度モデル

火災旋風は，大きな渦柱でありその内部および周辺の流速分布を表す近似式として式（4·13），（4·14）が提案されている．火災旋風の速度モデルを図4·48に示す．渦の流速分布（U, V, W）は，以下の式で与えられる．ここで，U, V, Wはそれぞれ円筒座標系（r, θ, z）の速度成分で，火災中心から半径方向への流出速度，回転速度，上昇速度である．

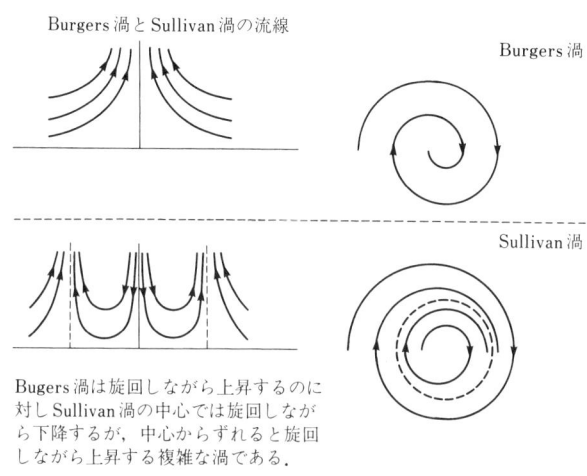

図 4·48　火災旋風の速度モデル

A．ランキンの複合渦

この渦は中心部は強制渦で，外側は自由渦になっている．

$$V = ar \quad (0 < r < r_0) \tag{4·13}$$

$$V = b/r \quad (r > r_0) \tag{4·14}$$

ここで，a, bは定数である．

B．バーガース渦

この渦の速度モデルは三次元の渦であり，旋回しながら上昇する．

$$U = -ar \tag{4·15}$$

$$V = \Gamma/2\pi r \times [(1 - \exp(-ar^2/2\nu)] \tag{4·16}$$

$$W = 2az \tag{4·17}$$

ここで，Γは循環（m^2/s），νは動粘性係数（m^2/s）である．

C．サリバン渦

この渦は，三次元の渦であり，その中心部は下降流であるが，外周部では旋回しながら上昇する渦である．

$$U = -ar + 6\nu/r \times [(1 - \exp(-ar^2/2\nu)] \tag{4·18}$$

$$V = \Gamma/2\pi r \times [(H(ar^2/2\nu)/H(\infty)] \tag{4·19}$$

$$W = 2az \times [1 - 3\exp(-ar^2/2\nu)] \tag{4·20}$$

$$H(x) = \int_0^x \exp\left[-t + 3\int_0^t (1 - e^{-\tau})/\tau d\tau\right] dt \qquad (4\cdot21)$$

　火災旋風の発生条件と性状は，気象，火災，地形によって変化する．火災旋風が発生する
風速範囲は，火災の種類（油火災，建物火災，山火事）や火災規模などによって異なる．こ
の風速範囲はおよそ 3 〜 8 m/s の範囲で，これよりも風の強い場合には，発生しても継続時
間の短い旋風になる．

　火災旋風の回転方向は，時計回りと反時計回りの両方があり，規模が小さい火災旋風では，
その発生割合は，ほぼ 1 対 1 である．ロスビー数は，局所渦度と地球の自転に起因する周囲
渦度を比べ，それが大きい場合には，火災旋風はあまり地球の自転の影響を受けない．この
時の回転方向は風と火災の相互干渉によって決まる．

　火災旋風の直径は 1 〜 40 m のものが多いが，この旋風の直径については検討する必要があ
る．旋風の直径は，写真または肉眼観察によるもので，旋風を可視化できる要因は，凝縮
した水，火災の煙または炎，土埃，飛散物などであるが，これらの物質の生成と流動に関係
して直径が変化して見える．これらの物質の生成および移動の原因は，火災旋風の風速およ
び圧力分布などの構造に関係するが，特に気圧の低い部分または上昇気流および下降気流の
強い部分が旋風の直径として見える．

　火災旋風は強風をもたらす．1945（昭和20）年の和歌山大空襲の際に測候所付近で観測
された旋風は風速約 30 m/s で，測器が破損したため最大瞬間風速は測れなかった．関東大
震災で被服廠跡を襲った旋風は，直径約 30 cm の樹木をねじ折ったことから，竜巻の風速
を推定する拡張藤田スケールを用いると最大で約 60 m/s と推定される．

　火災旋風の継続時間は，上昇気流の有無，気流の乱れ，地形および火災による気流の対称

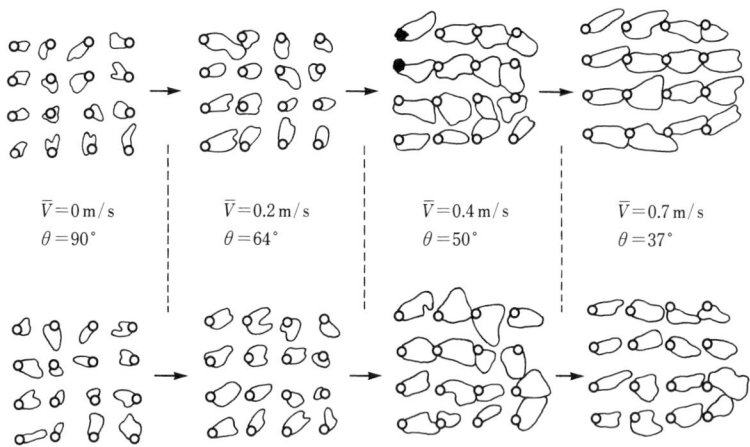

同時多発火災の内部の気流の乱れが激しいときは，火災旋風が発生する．
上の四つの例では左側の二つのような状況下で火災旋風が起る．

図 4·49　同時多発火災と火災の傾きの方向（火災個数 16）

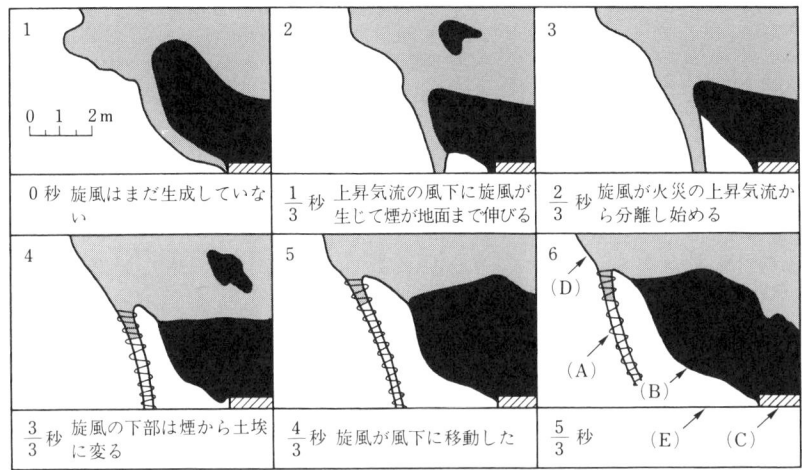

（A）旋風 （B）炎 （C）容器 （D）煙 （E）地面

小規模な火災旋風は，火災上昇気流の渦から作られ，それが独立して移動する．

図 4·50 火災の風下における火災旋風の発生過程

性などによって変化する．一般には，上昇気流があって，気流の乱れが小さく対称性が保持されるような場合には継続時間は長い．一方，火災の風下のように，気流が乱れていて，上昇気流の中心から離れた場所では旋風の発生数は多いが継続時間が短くなると考えられる．同時多発火災において個々の火災の火炎の傾きの方向を図4·49に示す．火災旋風の発生場所は中心よりも風下側で発生する（図4·50）．

（6）火災旋風の危険性と対策

火災旋風の恐しさは，単に火災による危険性と旋風による危険性が重なるだけではなく，火災が強風を誘気し，強風が火災の延焼を促進させ，この上に人間の避難時の不適切な行動が加わって被害が加速度的に増加するという点である．

火災による人的な危険性と旋風による人的危険性に対して致死の危険区域が存在する．この危険区域は旋風の発生，移動および延焼などによって短時間内に拡大し，移動し，その上に風上が回転しているために，正確な情報の得られない条件下では，迅速に風向の変化と危険区域を判断し，それに対して適切な行動がとれないで惨事に巻き込まれる場合が多いと推定される．火災旋風の強風は，人，樹木，トタン板，屋根瓦，石，レンガなども吹き飛ばす．強風によって，立とうとしても立てず，転がされたり，叩きつけられたりして，避難を困難にさせられる．旋風の上昇気流を伴う強風は，火の粉を遠くに近くに撒き散らし，延焼拡大させる．避難時の危険性としては，人波による圧死や河川における溺死もあり，寒い冬の場合には，川の中で凍死した例もある．このように火災旋風の現場においては数多くの危険性があり，なかでも，風向の急変が大惨事につながる場合が多いので，風向の急変による危険区域の変化を予測して行動する必要がある．

旋風の発生しやすい場所は以下に示すとおりである．

①火災の上昇気流の風下

②「コ」の字型の燃焼区域の風下

③火が三方からせめてくる場所

④上昇気流の強い場所（前線，低気圧等の内部）

⑤風下斜面上

⑥同時多発火災の内部とその風下　　　　　　　　　　　　　　（山下　邦博・篠原　雅彦）

4・2・7　火　災　警　報

　火災が発生しやすく，また，一度発生した火災が大火災に移行する危険性が高い気象条件下では火災警報が発表されることがある.

　消防法第22条では，「気象庁長官，管区気象台長，沖縄気象台長，地方気象台長又は測候所長は，気象の状況が火災の予防上危険であると認めるときは，その状況を直ちにその地を管轄する都道府県知事に通報しなければならない」とし，「都道府県知事は，前項の通報を受けたときは，直にこれを市町村長に通報しなければならない」としている.

　火災警報は，市町村長が次の場合に発表するとされている（消防法第22条第3項）.

①都道府県知事を通じて，気象庁長官等から気象の状況が火災の予防上危険であるという通報を受けたとき.

②市町村長自らが，気象の状況が火災の予防上危険であると認めるとき.

　特に，前の①の場合の設定が，科学的かつ合理的であるように留意しなければならない.したがって，消防庁通達「消防法第22条第3項の運用について（昭和25年7月12日国消管発第163号）」では，必要な気象観測資器材を整備するとともに，気象に関する知識を高め，訓練，講習等により平素から気象観測技術の向上に努めるものとしている.

　火災警報が発表された場合には，その旨を住民に周知徹底させなければならない．その伝達方法として，消防法施行規則（「昭和36年4月1日，自治省令第6号」以下規則という）ではそれぞれの所定の信号によることを定めている（消防法第18条第2項，消規則第34条）．伝達の具体的な方法としてサイレンの吹鳴，警鐘の打鳴，提示板，吹き流しがあるが，その他の方法として広報車，有線放送，街頭放送，防災無線等も十分に利用することができる．このような警報の伝達により，地域住民の警戒心を強く喚起することができる.

　消防法第22条第4項では，「火災警報が発せられたときには，警報が解除されるまでの間，その市町村の区域内に在るものは，市町村条例で定める火の使用制限に従わなければならない」としている．その具体的な内容については，火災予防条例(例)（第29条）によれば次のとおりである.

①山林，原野等に火入れをしないこと.

②煙火を消費しないこと.

③屋外において，火遊びまたはたき火をしないこと.

④屋外においては，引火性または爆発性の物品その他の可燃物の付近で喫煙をしないこと.

⑤山林，原野等の場所で，火災が発生するおそれが大であると認めて管理者が指定した区域内において喫煙をしないこと.

⑥残火（たばこの吸い殻を含む），取灰または火の粉を始末すること．

⑦屋内において裸火を使用するときは，窓，出入り口等を閉じて行うこと．

　これに違反した者には，30 万円以下の罰金または拘留の罰則（消防法第 44 条第 18 号）を適用することができる．消防機関は査察または巡回指導により火気の使用制限の徹底を図ることが必要である．

　火災警報の発令基準は地域によって異なるが，東京では次のとおりである．

　1）実効湿度が 50% 以下であって，最小湿度が 25% 以下になる見込のとき．

　2）実効湿度が 60% 以下であって，最小湿度が 30% 以下になり，平均風速 10 m/s 以上の風が吹く見込のとき．

　3）平均風速 13 m/s 以上の風が吹く見込のとき．

　気象上の警報が発表された場合には，消防機関は次の 3 通りの経路から必要な情報を入手することができる．

　1）気象庁（通知）→NHK（放送）→消防機関

　2）気象庁（通知）→警察庁，消防庁，NTT，都道府県（通知）→市町村長→消防機関

　3）気象庁長官等（通報）→都道府県知事（通報）→市町村長→消防機関

　消防機関は，この間情報が確保できるように，ラジオ，テレビ，無線，有線等の施設を完備するように努めることが必要である．　　　　　　　　　　　（山下　邦博・篠原　雅彦）

4・3　火災と防火の変遷

4・3・1　概　　説

　人類が火を利用し始めると同時に火災も発生したと思われるが，太古の時代は，その貴重さおよび実用の点から，消火方法より燃焼継続方法に心を砕いたはずである．時代が下がって農耕生活の広がり，住まいの安住化が進むにつれ，住居の構造材が可燃性であることに起因し，火災が発生し，住民生活に多大な損害を与えるようになり，消火方法についても検討するに至った．このことは，古代の住居跡から焼けて炭化した棟木や梁など建築部材が発掘されており，さらに同地に住居が再建されていること（4・3・2 日本の火災史）からも想像される．近代になり，集落が発達し都市化が進むにつれ，戸建，単体建築物の防火から，地域，集団防火思想が強く主張されるようになった．

　近年は，これら火災現象を科学的方法，すなわち，物理，化学，建築工学的手法を駆使して研究し，燃焼理論の確立，消火方法，火災感知，避難方法の模索など，火災による被害の軽減，極限化の検討が盛んになった．

　しかし，現実に，火災を実大実験を通して検証することは不可能に近く，我が国では度重なる大火災の教訓を基に，法律による規制を強化し，防火安全対策を推進してきた側面も無視できない．

　本節では，日本の火災史について述べ（年表は資料編 2・1），このうち近年において社会的に注目を集めた火災についてより詳細な情報を一覧表に記した（資料編 2・2）．

　次に，外国の火災史について述べる（年表は資料編 2・3）．

　また，戦後日本の火災研究の歴史について，概説する．

　最後に現在日本で行われている防火に関する主な法規制である建築基準法と消防法について その成立過程および変遷を概観し，出火防止，初期消火，延焼拡大防止対策，さらには， 消火設備および防火管理などについて，法の主旨を記し，両法の関連性について解説する.

（髙橋　太）

4・3・2　日本の火災史

　火災の発生は火の利用と建物の構造・材料などに深い関係がある．特に大火に関しては， 家屋が密集していることが条件となっている．したがって，大火災発生の歴史は都市の発展 の歴史でもある．

（1）太古の火災

　縄文時代には，立竹木・葛藤の類を自然のままに利用した家屋で生活していたが，縄文時 代草創期，いまから約11,000年前の太古にすでに火災に焼けた竪穴式住居跡（福岡市大原 D遺跡，静岡県沼津市葛原沢遺跡）がみられる．

　やや進んだ中期以降でも竪穴式住居をつくって住んだが，彼らは自然を征服する技術を持 たなかったので漁獲，狩猟によって生活し，小人数で丘の上や海岸，河川の近くで暮らして いた．この竪穴には炉があり，火を使ってつくられた土器も多く発見されている．この時代 は家屋が密集することもなかったので大火とはならず，もし，火を出してもただちに新しく つくり替えることもできたのであろう．

　次いで，弥生時代に入ると，水田に稲をつくる技術が普及し，鉄製の鎌や鋤，鍬も製造さ れて農業技術も進んだ．農業の発達によって，人々は低地の水稲の栽培に適した土地に移り， 数百の家が集まった部落もできた．

　この時代に入ると竪穴のほかに，平地の木造建築も多くなってきた．横浜市内で，弥生時 代のものと思われる遺跡（三殿台遺跡）が発掘されたが，火つぼ，いろりの跡が残っており， 火を保存するのに努力したことがわかる．また，焼け残りの棟木や梁が焼けつぶれ，方位方 角までそのまま残っているのをみても，火災がいくたびか発生したことを物語っている．ま た，同じく弥生時代のものといわれる神戸市灘区篠原の伯母野山遺跡は，同山の中腹から山 頂へかけて階段状に数十戸の住居があった高地性の集落とみられ，中腹のかなり広い範囲に わたって激しい火災の跡が明らかとなっている．そのうちの一住居を調べてみると，前に火 災があった跡に再建され，その後再び火災にあっていることがわかっている．この集落には かなり大きな岩穴がつくられており，雨水か湧き水を集めていたと思われる．おそらく日常 に使う以外に火災にも備えたものでろう．

　昭和の後期に発掘された播磨・大中遺跡にも火災状況がかなり詳しく残された住居跡があ り，梁や柱に使われたと思われる木材の炭化したものまで発見されている．この遺跡はかな り大きい集落で，焼け落ちた当時のままの様子からみて，相当に大きな火災があったのでは ないかと推察される資料が出てきている．

（2）中世の火災

　大和を中心とする統一国家が成立すると人々は都に集まってきたが，皇居が転々と移動し たので都は発展せず，一時的な集落にすぎなかった．

　推古天皇の時代になって中国との国交が始まり，中国の文化や政治の影響を受けて都が大

規模につくられるようになった．このように都市が形成されるにつれて大きな火災も起こるようになってきたが，火災のほとんどが皇居や役所，寺院などとなっている．

　京都に遷都の後も大火が相次ぎ，また，戦火によって焼け野原となるなど大火に見舞われ続けた．室町中期以降，鎌倉，大阪，名古屋などの城下町や，堺，長崎などが港町として発展するに従って，これらの都市も大火に見舞われるようになった．また，桃山時代になって，織田信長が入洛したときに武士や町民が反抗したため信長は火を放っている．このように日本の古い時代の火災は現在の常識では考えられないくらい延焼し，大火となっている．これは，消防もなく，紙と木と草からできた家屋のため火が出ると手がつけられなかったのであろう．

（3）江戸時代の火災

　江戸時代の記録の多くは，江戸の大火（火元から風下焼け止まりまで直線距離にして15町（1635 m）以上にわたって焼失した火災）についてのものである（4・2・5（3））[3,4]．

　1657（明暦3）年 ～ 1881（明治14）年の224年間において93件発生している（表4・21参照）．この表より，7月，8月は，大火が1件もなく1月より増加し，春3月に極大となり，それから漸次減少して，7月にいたっては全くなくなる．

　また，風向は北または北西が74％で大部分を占めている．

　このような大火に対して「火事は江戸の華」などと無策でいられなくなり，①幕府直轄の定火消，②大名が組織する所々火消，方角火消等，③旗本が組合をつくって運営した飛び火防組合，④町人が組織した町火消，町内火消などを組織し，防火にあたった．

（4）明治以降の火災

　明治以降の火災については，資料編2・1，後述（4・3・5，4・3・6項）やその他多くの成書があるので，ここでは，火災の原因の変遷からみた火災史について略記する．

　明治時代における火災の原因を詳細に統計処理したものはほとんどなく，東京に偏るが警視庁調べを基に次に述べる[11,12]．

　火災原因の第一は，放火であり，全火災の20 ～ 30％を占めていた．次に洋灯（石油ランプ），わら灰，取り灰が多くみられた．石油ランプの火災は，取り扱いのよくわからない人が多かったためと考えられる．

　また，炊事用かまど，火ばち，消炭からの出火も多いので往時の生活様式をうかがうことができる．このほかで目を引くのは，煙突，銭湯からの出火である．煙突からの火災は，開放式いろり，かまどが減少し，密閉式台所器具が増えてきたことを示している．銭湯からの出火は，明治中期に多くなり，その後減少し，逆に自家用風呂場からの火災が後期から漸増している．これも様式の変化によるものと思われる．

　特異なものでは，汽車の煙突というのがある．明治34年ころから統計表に現れ，明治40年をピークにまた減少している．これは，煙突の火の粉によるものと思われ，当時はまだ沿線に藁や茅葺き，板葺きの家屋が多かったためと思われる．

　大正時代の出火原因も放火，不審火が多いが，たばこによる出火が漸増している．その他では，電気，揮発油等石油類，ガスによる火災が増加し，取り灰，わら灰，汽車の煙突，火消し壺などからの火災が減少している．時代の変換期である．

なお，ガス関係火災のうち，40％がガス漏れ火災であり，当時の安全装置のレベルが低かったことを示唆している．

　昭和時代（第二次大戦前）で特徴的なのは放火件数の推移である．出火原因のトップを占めていたが，時代が下るにつれ減少している．特に第二次大戦中は，極端に減っている．

　一般に放火は社会不安が大きくなると多くなるといわれているが戦時中には不平，不満を上回る緊張感と連帯感があり，それによる相互監視および警察力の強化が放火を減少させたのかもしれない．

　第二次大戦前後の火災調査は消防機関が行うことになった．

　終戦直後は，物不足，エネルギー不足により，電力が不足し，かつ電熱器具の安全装置不備，電気工事の粗雑等により，これらの電気器具等からの出火が多く，昭和30年ころを境に薪かまど，取り灰，七輪こんろ，炭こたつからの出火はすっかり姿を消した．

　1950（昭和25）年代までは都市の大火[6]が頻繁に発生し，当時多かった木造密集地の家屋が焼失した．1960（昭和35）年代以降は大火が減少し，それに代わって，旅館やデパート等の火災が顕著になった．1970（昭和45）年代には大阪の千日デパート火災，熊本の大洋デパート火災で100人を超える死者を出した．また，高速道路の整備により，東名高速道路の日本坂トンネル火災が発生している．坑内火災と爆発はそれぞれ1984（昭和59）年の三井三池炭鉱，1985（昭和60）年の三菱南夕張炭鉱を最後に，閉山に伴いその後発生していない．1990（平成2）年代では，阪神・淡路大震災（1995（平成7）年）で倒壊した家屋が燃える市街地大火が同時多発し，地震による直接死5483人のうち406人が焼死であった．大火としては酒田大火（1976（昭和51）年）以来のものとなった．2000（平成14）年代以降の火災については，4・3・3項の資料等に詳しいので省略する．

（髙橋　太・八島　正明）

4・3・3　特異な大規模火災

　1955（昭和30）年頃以降の建物火災では，防災的な見地から見て種々の問題を含んだものが発生しており，防災関連法令や火災安全技術の変遷とも密接に関わっている．このような火災事例を資料編2・2に示す．

　1972（昭和47）年の千日デパート火災や1973（昭和48）年の大洋デパート火災等を受けて，消防法と建築基準法の法改正が行われ，防火戸の構造強化，防火ダンパーの基準，スプリンクラー設備の設置義務など消防用設備等の強化が図られた．1980（昭和55）年の川治プリンスホテル火災では，防火基準適合表示要綱が制定された．

　2001（平成13）年には新宿区歌舞伎町雑居ビル火災を受けて，雑居ビル等における防火防災管理体制の強化，その後，福山市のホテル火災（2012（平成24）年）や長崎市グループホーム火災（2013（平成25）年）を受けて，それぞれ病院等，社会福祉施設の一部におけるスプリンクラー設備の面積制限撤廃等が法制化された．

　このうち，1995（平成7）年までの火災事例[7]については，建物火災のうち消防法施行令別表第一に掲げるもののうち，主として4項，5項イ，6項イ，16項イの対象物で，原則として①焼損面積1000 m²以上の火災，②焼損面積500 m²〜1000 m²の火災で死者の出た火災，③焼損面積500 m²未満で死者3名以上出た火災，④火災の延焼経路が特異な火災，⑤

火災原因の特異な火災，⑥その他火災予防対策上参考となる火災，のいずれかに該当する火災である．

また，1996（平成8）年以降の火災事例は，消防白書の附属資料「用途別の主な火災発生事例」に掲載されたもの，「年ごとの主な火災」のうち車両火災，航空機火災，林野火災を除いた死傷者数1人以上のもの，及びその他火災予防対策上重要な火災であり，爆発を含むものである．　　　　　　　　　　　　　　　　　　　　　（高橋　太・八島　正明）

4・3・4　外国の火災史

外国における大規模火災はいろいろな火災種別，程度に分類されるが，いずれの場合も時の政治に大きな影響を与えたものが少なくない．本節では主に建物火災に焦点を合わせて年表（資料編2・3）を記すが，建物火災以外でも社会的影響の大きかった火災について記述することにする．

外国における大火が歴史上に現れたのは，古代アテネ・ローマ時代からである．これは当時この地域に人口が密集していたこと，および火災の記録が比較的よく整理保存されていたためと思われる．ただし，それらはほとんど戦火によるもので，不正確な場合も多い．

このほか同一の都市で何回も大火に見舞われているのがあるが，これは引用した資料によるもので，特に火災になりやすい都市であったとは考えにくい．また，出火日時も文献により多少違う．

戦争以外では，地震によるものや森林火災によるものが目につく．森林火災の場合は，森林に囲まれた小都市が，強風下，火災旋風などにより，町全体が火の海になるのが大きな理由である．

このほか，建物で大量の死者を出しているのをみると，18～19世紀前半では劇場や教会の火災によるものが多い．しかし，第二次大戦後はこの種の大量焼死火災は少なくなっている．

近年の火災で死者，損害の多いものは途上国で発生する傾向にあるが，先進国でもナイトクラブやディスコ火災で多数の死者を生じている．また，森林火災による人的・物的損害も発生している．　　　　　　　　　　　　　　　　　　　（高橋　太・八島　正明）

4・3・5　戦後の火災研究の歴史

図4・51は，戦後の主な火災・災害と研究・対策等の変遷を整理したものである．これをみると，1950（昭和25）年の火災学会創立から1960（昭和35）年代までの期間は，都市大火の終焉と不燃都市実現を目指した研究に総力を傾けていた時代といえる．たとえば，火災誌創刊号（1951（昭和26）年）には，「熱海の大火に学ぶ」として前年4月に発生した熱海市大火の総合調査報告が特集されている．火災研究の草創期の諸先生方の総力を結集した内容であった．

1960（昭和35）年代後半から1970（昭和45）年代は，平常時都市大火から建築防火や地震時都市防火へ研究対象が移行した転換期である．平常時の都市大火は，1960年代末になると次第に発生頻度が少なくなり，やがて酒田市大火（1976（昭和51）年）を最後に，2016（平成28）年に糸魚川市大規模火災が発生するまで姿を消した．一方，1970年代には，日本ビル火災至上最大の死者を出した千日デパートビル火災（1972（昭和47）年）や熊本大洋

デパート火災（1973（昭和 48）年）など多数の死者を出す建物火災が相次ぎ，これらに対応して避難や煙流動の建築防火研究，対策技術の開発，法令改正が盛んに行われるようになった．また，被害地震が頻発し始めた時期でもあり，1964（昭和 39）年に発生した新潟地震では石油タンク火災が市街地へと延焼し大火となった．この震災後，河角広のいわゆる「69 年周期説」（南関東地域における大地震の可能性が 69 年 ± 13 年周期というもの）がマスコミを通じて話題となり，地震防災対策がにわかにクローズアップされた．それ以降，国や東京都などの大都市では地震時の被害想定調査や都市防災対策研究が盛んとなった．

1980（昭和 55）年代は，建築基準法第 38 条に基づく大臣認定のルートを制度化した建築防災性能評定が定着するようになり，この制度を利用した新しい防火技術，斬新な建築空間，デザインの導入を支援するための防火研究が急速に活性化した時期である．時代的背景としては，都市防火から建築物単体の防火へと研究対象の関心がシフトし，火災安全工学の発展と，それに習熟した防火技術者，研究者の養成がなされた時期でもある．

1990（平成 2）年代以降は，都市防火と建築防火の二つの課題が防火研究の両輪として推移している時代である．1993（平成 5）年に釧路沖地震と北海道南西沖地震と火災被害を伴う大きな地震災害が相次いで発生し，1995（平成 7）年には阪神・淡路大震災が発生した．この震災は都市大火防止が地震時という条件下では現在もなお未解決のきわめて重要な課題であることを喚起することになった．

戦後の火災研究・対策の変遷を俯瞰して大きな流れとして言えることは，1960（昭和 35）年代までは平常時大火との戦いの歴史であり，火災学会設立当初からの最大の課題であったが，やがて火災学会諸先輩や防災関係者らの懸命な努力によって，公設消防力の整備とあい

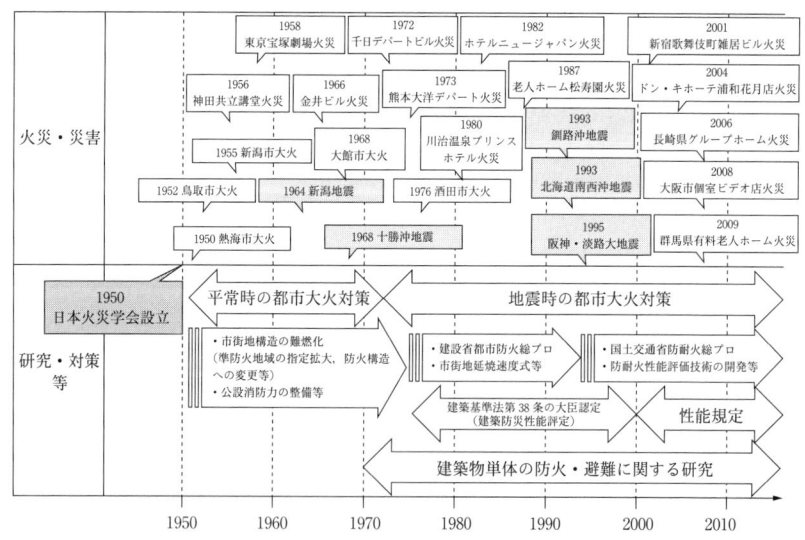

図 4・51 主な火災・災害と研究・対策等の変遷

まって防火構造の建物の普及によって，念願の平常時大火の終焉に結実したという点である．

（関澤　愛）

4・3・6　火災関連法規の防火体系
（1）火災関連法規の変遷
A.　火災と防火法規

火は人類の歴史において限りない恩恵を与えるとともに，多大の被害をももたらしてきた．建物は生活の基盤であり，建物の集合により都市が形成される．火と建物との関係において最も影響の大きい被害の一つが建物火災である．

火災に対する対策は，火災を起こさない対策から，火災が起きた後いかにその損失を低減するかまで，種々の対策がある．これらの建築防火対策は，建築物単体の対策よりも，都市レベルの対策（市街地火災の防止）に主眼がおかれてきたことは，日本に限らず海外においても同様のようである．

建築技術の進展，消防力の増強などにより，現在の日本においては市街地大火が影をひそめ*，建築防火といえば建物単体の対策を指すほどになってきており，市街地大火対策は地震発生後の対策として位置づけられてきている．

ここでは，建築防火に対し，先人達がどのように取り組んできたか，防火法規の歴史を概説することとする．

B.　近代以前の防火法規
a.　ヨーロッパにおける防火法規の始動と進展

建築法規の生い立ちは，紀元前2000年頃にバビロン帝国の創立者であるハムラビが制定したハムラビ法典に始まるとされているが，防火法制の起源としては，古代ローマの時代から始まるといわれている．

古代ローマにおいては，建築技術，道路等においてその卓越した技術が遺跡として残されているが，紀元前450年ころには前代の慣習法を成文化した記録に「建築物は相互に5フィートの間隔を有すること」とあり，相隣関係の規定が盛り込まれている．

その後，人口増加に伴い空地を節約する傾向が現われ，建築物の高層化（9階建可燃性共同住宅の例も）が進み，アウガスタス皇帝（紀元前27年から紀元後14年まで）は，倒壊防止のため，建築物の高さを70フィートに制限し，7階以上の建築物を禁止する法律を出したり，ネロの時代（西暦54年〜68年）に行われたローマ大火（西暦64年）後の復興の際には，道路を整備し，建物の高さを道路幅の2倍以下に制限したりしている．ローマの建築法は，採光，窓などの規定もあり，ローマ時代に今日の防火規定を含む建築法規の礎が作られている．

近代建築防火法規の基礎は，1666年のロンドン大火後に形づくられたとする見方が一般的である．この火災は5日間燃え続け，約13000戸が焼失し，市の約3/4の面積を焼失させた．復興には「復興法」を成立させ，狭溢な街路と木造建築物を撲滅し，再び大火を発生さ

---

*　2016（平成28）年12月に発生した糸魚川市大規模火災は，大火とされる建物の焼損面積33000 m²には達しなかった．詳細は8・1・3（2）節を参照されたい．

せないような都市に再生させた．このロンドン大火は，近代的火災保険制度を生み出す契機
となったが，この保険制度が，19世紀に至ってアメリカで防火法制の整備に多大の貢献を
することとなる．アメリカでは，植民地時代に手近で豊富な木材を用いて大量に建築物が建
てられたため，大火が絶えなかった．

　シカゴ大火（1871年10月8日），ボストン大火（1872年11月9日）と続き，シカゴで
は1874年に再度大火に遭遇する結果になった．これにより火災保険会社が大量に倒産する
事態となり，保険業界はそれまでの料率を本質的に見直し，火災を科学的に研究しなけれ
ばならない状況に追い込まれた．このため共同して火災保険局（the National Board of Fire
Underwriters）を設立し，種々の研究に取り組み多くの有益な成果を得た．これに基づき
アメリカの建築防火法制は大幅に改正され，今日の世界の防火法制のモデルとなるまでに
至った．この時の研究の結果，大火対策として，街路の拡幅，高圧地下給水施設の建設，火
災通報非常電話の設置なども行われている．

　サンフランシスコ大火（1906年4月18日）は，地震による火災であったが，都市不燃化
の重要性を知らしめることとなり，これによりアメリカの諸都市は中心部一帯に従来より広
範囲に防火地域を指定し，建物の不燃化を促進することとなった．

　また，建物単体の防火法規の先駆者もアメリカであり，なかでもニューヨーク市は，早く
から高層建築物が出現し，ワールドビル火災（1882年，5階建，12人死亡）をきっかけに
建築防火規制をつくり，この種の規制のさきがけとなっている．その後，ホーム生命保険会
社ビル火災（1898年，16階建，16人死亡），トライアングル社ビル火災（1911年，10階建，
145人死亡）などのたびに，窓の防火基準，避難設備の基準等を次々に整備し，アメリカに
おける防火規制のリーダー格となった．

　しかし，今日の建築防火法規に最も影響を与えたのは，シカゴのイロコイ劇場火災（1903
年，602人死亡）であろう．この火災の教訓として，避難口の確保，スプリンクラー設備・
屋内消火栓設備の必要性，カーテン類の防炎処理，客席と舞台部の電源を別系統にする必要
性などがあり，アメリカの各都市に強い影響を与えただけでなく，日本の建築基準法および
消防法などにも多くの影響を与えている．

b. 日本の防火法規

　我が国の建築法規の生い立ちは大宝律令（701年）に始まるとされているが，防火法規の
起源としては，養老律令（718年）の中の倉庫令であるといわれている．この内容は，倉庫
の近くには池をつくり，倉庫と他の建物とは一定の距離を保つというものであり，倉庫すな
わち財産をいかに火災から守るかということに重点がおかれている．また，財産保全の手段
として，一種の不燃構造としての土倉が多く造られるようになった．土倉以外の建物に関し
て，目立った防火規制は見受けられず，本格的な防火法規は江戸時代に入ってから始まるこ
とになる．

　江戸は，人口100万人を超す当時としては世界でも最大級の都市であったが，開府以来明
治維新までの250年の間に，長さ2km近くに及ぶ大火が100回近くも発生している．その
多くは日本橋，京橋という繁華街であり，2〜3月の乾燥した北西の季節風が吹くころ，一
度どこかで火を出せば，木造密集の都市構造であった江戸の町はたちまち火の海と化してし

まうため，幕府において防火対策は重要事項であった．

市街地大火の頻発に対して，多くの防火対策が立てられ，具体的には御触書という方式で規制を行い，「火の用心」の徹底とともに，放火犯に対する極刑，町ごとの防火用具の整備，消防組織の整備などにも力をいれたが，その効果は限定的だったようである．

江戸時代の建物に対する規定は，当時の封建体制の維持，経済状況等から，格式・倹約・防火などの要因が大きいことがうかがえるが，防火規制としては，延焼防止を直接の目的としていた．建物単体としては，草葺等を禁じた屋根葺き材料の制限，瓦葺，土蔵造り，塗屋等の奨励が行われ，都市防火的には，火除地，広小路などの延焼遮断帯の整備が行われている．

1601（慶長6）年には，草葺を板葺にする屋根制限の命令を出し，その後しばしば茅葺・草葺に土を塗ることを命じている．また，こけら葺・そぎ葺は蛎殻葺とするよう命じており，当時の民家はほとんどが草葺・こけら葺の類であったことがうかがえる．

明暦の大火（1657年，死者約10万人，武家屋敷約8百，町屋約4百町焼失）は，江戸の3大大火の一つに数えられているが，このような大火による延焼を止めるには，都市空間としての空地を設けるより方法がなく，幕府はこの大火後，火除地の設定を行い，その後機会あるごとに増やしていった．

江戸時代において，防火対策に一段の進歩が生じたのは吉宗（八代将軍）の時代である．引き続いて火除地や広小路が各所に設けられていたが，人口の集中，商業の発展等から必然的に土地の高度利用が高まり，これら防火遮断帯の確保が困難となったため，消防力の整備とともに，防火建築の奨励をはかった．1770（明和7）年には，それまで封建体制維持の観点（格式・倹約）から禁じられていた町家の土蔵造り，塗家，瓦屋根を解禁して積極的に家屋の不燃化をはかり，1723（享保8）年の牛込の火災以降，融資制度を設けて旗本には強制的に瓦葺・塗屋・蛎殻葺とすることを命じている．また，民家に対しても，公役免除，融資により塗家・土蔵造りの普及をはかっているが，実際には蛎殻葺程度がほとんどであったようである．

しかしながら，幕府は積極姿勢でこれに取り組んだため，江戸の市街はかなり防火的になったようで，以後数十年間は特筆すべき大火は発生していない．

享保に至って防火対策が強力に推進されているが，これは武士階級の経済的窮乏など財政立て直しを主眼としたものといわれており，これらの対策も，幕府権威の衰退，市街地の一層の高度利用，経済的要因から，火除地や防火建築は次第に減少し，江戸の都市構造は再び防火的に弱くなった状況で明治に至っている．

C. 日本おける近代防火法規

a. 明治から市街地建築物法制定まで

近代国家となった明治期の防火法規の歴史は，外国との交流の中心となった東京をいかに防火都市として実現するかということに主眼がおかれ，近代防火法規といわれる市街地建築物法の制定までの間に，種々の試みがなされている．

1872（明治5）年の銀座大火の後，政府は大蔵省に建築局を設置して，焼跡である京橋以南の区画整理とレンガ造による不燃都市の構築を同時に行おうとし（1872年，東京府告諭「煉瓦家屋建築ノ御趣意」），それなりの成果を得た．また，1879（明治12）年の日本橋大火

の後，1881（明治14）年に「防火路線及屋上制限ニ関スル布達」（通称，屋上制限令とよば
れる）が東京府知事から発せられ，京橋・日本橋・神田の3区の主要道路を防火路線と定
め，その両側の建物をレンガ造・石造・土蔵造のいずれかに制限し，また，開口部等の防火
規制を行っている．

　しかしながら，道路拡幅の必要性等から，1888（明治21）年に東京市区改正条例が公布
され，1899（明治32）年ころから東京市区改正速成計画が実施され，主要街路の拡幅が行
われた．これにより，道路両側の不燃建築物群は取り壊され，その後新たに不燃建築物は建
てられず，防火都市への道は後退してしまった．

　同じころ，建築法規なくして近代都市の構築は不可能との考えが痛感されるようになり，
1906（明治39）年に尾崎東京市長から建築学会へ東京市建築条例案の起草が委託された．

　これを受けて建築学会では，世界17ケ国，40都市の建築条例・衛生規則・消防規則を参
考にしながら，我が国の実情にあう規定の作成作業を進め，6年半かけて1913（大正2）年
に最終案が提出された．この案は日の目をみることはなかったが，市街地建築物法に大きな
影響を与えたほか，その審議途上において，大阪府建築取締規則（1909（明治42）年）が
策定されるなど，その後の地方における建築法規制定の参考とされ，多くの影響を与えた．

b. 市街地建築物法制定から第二次大戦終了まで

東京市建築条例案の作成が動機となって，全国統一の建築法規の制定が要望されるように
なり，1919（大正8）年4月に都市計画法と市街地建築物法が同時に制定された．両法は，
1920（大正9）年12月から6大都市（東京，横浜，名古屋，京都，大阪，神戸）に適用さ
れるようになり，その後徐々に他都市でも適用されるようになっていった．

　都市計画法には防火地区の規定が定められた．この防火地区内に建てられる建築物は市街
地建築物法の制限を受けることとなっており，防火の主眼は市街地大火の防止におかれてい
る．市街地建築物法第13条には「主務大臣は防火地区を指定し，防火設備，防火構造に
関する必要な規定を設けることができる」と規定しており，市街地建築物法施行規則（1920
（大正9）年）で具体的な技術基準を定めている．防火地区は，甲種と乙種の2種類があり，
当該地区内にある建築物の外壁，軒，窓，屋根等の耐火・不燃化等の措置，さらに甲種防火
地区内の一定規模以上の建築物の床，柱，階段の耐火構造化について規定されている．ま
た，市街地建築物法第14条に「主務大臣は特殊建築物の位置，構造，設備，敷地に関し必
要な規定を設けることができる」と規定してあり，市街地建築物法施行規則で階段の構造，
屋根の耐火・不燃化，防火壁，一定高さ以上の建築物の主要構造部の耐火構造規定などが定
められている．また，「市街地建築物法第14条に依る特殊建築物耐火構造規則」（1923（大
正12）年6月）が別途定められ，特殊建築物（学校・集会所・劇場・旅館等）の用途・規
模等に応じ，主要構造部の耐火構造制限が定められている．

　1923（大正12）年9月1日の関東大震災により，東京・横浜は，地震倒壊および地震後
の大火により壊滅的な被害を受け，これを契機に防火地区の拡大をはかり，補助制度により
耐火建築物の奨励をはかったが，結果はかんばしくなかった．

　図4・52は，1868（明治元）年～1939（昭和14）年の72年間について，1回の火災で概ね
300戸以上燃えたとされる火災の件数を3年単位で表したものである．これを見ると，この

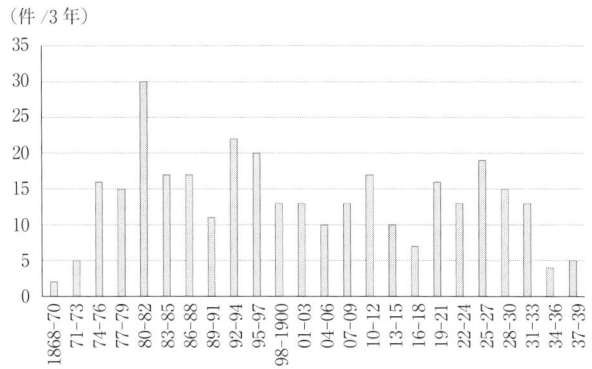

（件 /3 年）

図 4·52　1868（明治元）年 ～ 1939（昭和 14）年の市街地大火（概ね 300 戸以上焼損）の変遷[23]

　72 年間に概ね 300 戸以上を焼失した市街地大火は 323 件，年平均 4.5 件発生しており，明治維新以降太平洋戦争直前までに行われた市街地大火の発生防止策は，結果的にあまり効果がなかったことがうかがえる．

　1932（昭和 7）年になると，日本橋白木屋デパート火災（耐火 8 階建，死者 14 人），深川大冨アパート火災（木造 3 階建，死者 23 人）が発生し，これを教訓として特殊建築物規則（1936（昭和 11）年）が制定された．同規則は学校，共同住宅，百貨店，自動車車庫の 4 つの用途を適用範囲としたもので，学校・百貨店については避難規定を主に，また，共同住宅・自動車車庫については耐火・防火構造規定に重点がおかれ，避難階段について「屋内避難階段」，「準屋内避難階段」および「屋外避難階段」の 3 種類の構造基準を定めるなど，避難規定の充実がはかられている．

　やがて，日華事変（1937（昭和 12）年），太平洋戦争（1941（昭和 16）年）と戦時色が強くなっていき，建築資材の統制が開始されると，防火法制も強い影響を受けるようになる．1939 年に防空建築規則（防空上の観点からの防護措置），1942（昭和 17）年に防空法（1937（昭和 12）年）に基づく防火改修規則（既存の木造建築物の外壁，軒裏等の防火改修）が制定されるとともに，1943（昭和 18）年には市街地建築物法関係法令の戦時特例が制定され，防火関係規定は甲種防火地区等一部を除いて施行が停止されることになった．

D.　日本における現代防火法規の創設

a.　消防法の制定

　1945（昭和 20）年に戦争が終結し，社会が混乱して各地で大火が発生するなか，戦後の諸法制の整備が進められた．他の諸法制と同様，消防に関しても連合軍総司令部（GHQ）の強い影響を受け，実体法としての消防法が 1948（昭和 23）年 7 月に公布され，同年 8 月 1 日から施行された．それまでの消防は，消火・救助など消防活動主体の組織であり，火災予防上の発言権はなかったが，消防法の制定により①建築許可確認の際の同意権，②危険物施設の許可権，③各種建築物等への立入検査権，④違反是正等の命令権，⑤火災調査権など

の権利が委ねられることとなり，建築防火に対して大いに関与することとなった．

　ただし，当時は市街地大火が続発する一方，大規模なビルは少なく特筆すべきビル火災も発生していなかったため，消防行政の主眼は市街地大火による被害の軽減に置かれていた．建築防火上重要な地位を占める消防用設備等については，「学校，工場，事業場，興業場，百貨店，旅館，飲食店その他市町村条例の指定する建築物その他の工作物の所有者，管理者又は占有者は，市町村条例の定めるところにより，消火器その他消防の用に供する機械器具及び消防用水並びに避難器具を設備しなければならない」と規定されるだけで，実質規定を市町村の条例に委ねており，同法の施行令，施行規則は制定されていなかった．

b. 建築基準法の制定

　戦時体制のため施行停止の状態にあった市街地建築物法の諸規定は停止が解除され，1948年1月までには美観地区制などを除くほとんどすべてが復活した．

　そのころ，すでに「市街地建築物法」に関し，新時代に対処するため抜本的な検討が進められており，1950（昭和25）年に，新たな精神と規定内容を整えた「建築基準法」が公布・施行された．これにより30年の歴史をもつ「市街地建築物法」および一連の関係法令・規則は廃止されることとなった．

　制定建築基準法は，技術基準面では市街地建築物法の諸規定を取り込んでいるが，①建築基準の全国適用，②技術基準の明文化，③建築主事制度，④消防同意制度など従来にない新たな制度を取り入れている．

　当時，建築基準法においてもその主たるねらいは市街地大火の防止であり，建築物単体にかかる防火関係規定は今から見れば十分とは言いがたい状況だった．

c. その他

　不燃都市実現のため，規制法とは別に，補助・事業の観点からいくつかの法令が制定され

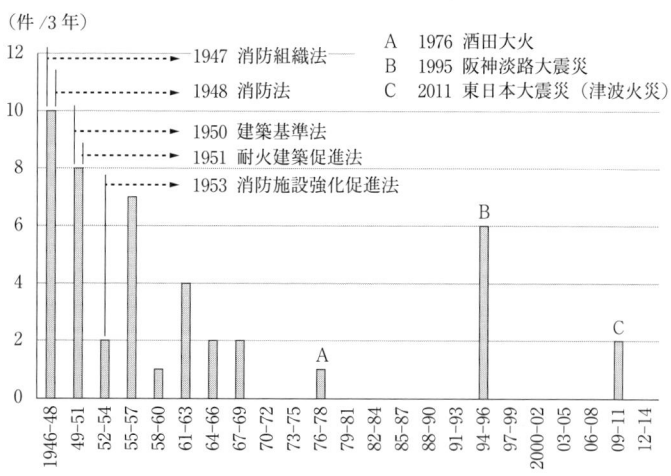

図 4・53 1946年以降の市街地大火件数（3年ごと）
市街地大火；合計焼損面積 33000m² 以上の市街地火災．消防白書から作成．

た．1952（昭和 27）年に耐火建築促進法が制定されたが，これは防火地区内に防火建築帯を指定し，耐火建築物を建築しようとする者に対し資金援助をするもので，その後，大火の減少や社会状況の変化に伴い，防火建築街区造成法（1961（昭和 36）年），都市再開発法（1969（昭和 44）年）へと名称を変え，そのたびに防火法制の性格を弱めていった．また，土地区画整理法（1955（昭和 30）年），住宅地区改良法（1960（昭和 35）年），市街地改造法（1961（昭和 36）年）などの法律や，公共機関が供給する住宅に関する公営住宅法（1952（昭和 27）年），日本住宅公団法（1955（昭和 31）年）などの法律のなかに，耐火構造化など防火規定が盛り込まれ，建築防火の推進に寄与してきている．

　一方，戦後整備が遅れていた消防力も，1953（昭和 28）年に消防施設強化促進法が制定されて国による補助制度が確立されると，着々と強化が進むようになった．

　以上のように，様々な法整備が行われた結果，戦後多発していた市街地大火は急激に減少し，1970（昭和 45）年代以降は，大地震，強風などによる大火以外は発生しないようになった（図 4・53）．

E.　現代防火法規の変遷

a.　消防法大改正と政省令の制定

　戦争終結後 10 年が過ぎると，経済は急成長のきざしを見せ始めてきたが，火災件数の増加，地方都市の大火等を背景に消防執行体制が地域ごとに偏っていることなどが問題となり，制定消防法を見直す気運が盛り上がってきた．

　このような状況を背景として審議された消防審議会の答申を踏まえ，1960（昭和 35）年 7 月に消防法が改正され，①防火管理者制度の創設（従来は防火責任者制度）と，②消防用設備等の全国統一規制の実現（政令規定化）がはかられた．消防用設備等について制定消防法では市町村の条例に委ねられていたものを政令化することとなり，1961（昭和 36）年 3 月に消防法施行令が，また翌月の 4 月には消防法施行規則が制定され，これらの技術基準が細部にわたり全国基準として統一化されることとなった．また，1963（昭和 38）年 4 月の消防法の改正で，消防用機械器具等の検定制度が発足し，規格，品質の水準が確保されることとなった．

b.　建築物の高層化等と防火法規

　東京宝塚劇場火災（1958（昭和 33）年，死者 3 名）などを背景とし，当時増加傾向にあった無窓建築物等の防火基準整備のため，1959（昭和 34）年に建築基準法が改正された．この改正では，①耐火建築物・簡易耐火建築物の新概念の導入，②地下街に関する新規定，③木造特殊建築物以外でも内装制限を適用，準不燃・難燃材料の新規定，④ 3 階以上の建築物・無窓居室・地階の避難施設規定の強化などが行われている．

　建築物の高層化に対しては，1961（昭和 36）年，1963（昭和 38）年の建築基準法の改正で，それぞれ特定街区，容積地区制度が導入され，1964（昭和 39）年の建築基準法施行令の改正で，① 11 階以上の階の防火区画，②高さ 31 m を超える建築物の内装制限，③ 15 階以上の階の特別避難階段の設置義務等，高層化に対応した防火・避難規定が強化された．

　この一連の改正は，防火法規の主眼が，市街地大火から建物単体規制へと大きく移っていく時期に行われており，消防法関係でも，1964（昭和 39）年 7 月の消防法施行令改正で，

高層建築物に対する消防用設備等の規制強化（消火設備・誘導灯・消防用水・連結送水管・非常用コンセント設備等）が行われている．

c. 旅館・ホテル等のビル火災を踏まえた防火法規の整備

1960（昭和35）年代後半には，川崎市金井ビル火災（1966（昭和41）年1月，死者12人），群馬県水上温泉菊富士ホテル火災（1966（昭和41）年3月，死者30人），神戸市池之坊満月城火災（1968（昭和43）年11月，死者30人），郡山市磐光ホテル火災（1969（昭和44）年2月，死者30人）など大量の死傷者を出した耐火建築物火災が多発した．

これらを踏まえ，1966（昭和41）年12月には消防法施行令が改正され，①防火管理者の責務の追加，②自動火災報知設備・避難器具の規制強化が行われ，また1968（昭和43）年6月には消防法が改正されて，高層建築物・地下街等の共同防火管理および防炎規制が新たに規制されることとなった．改正法の施行に伴い1969（昭和44）年3月に関係施行令が改正されたが，その際，上記の火災を受けて旅館等と病院等に自動火災報知設備が遡及設置されることとなった．

一方，建築基準法関係では，1969（昭和44）年1月に建築基準法施行令が改正され，①竪穴区画の新設，②内装制限・避難施設の規制強化，③地下街の防火区画・避難施設規定が強化されることとなった．また，1970（昭和45）年6月の建築基準法の改正では（1970（昭和45）年12月，建築基準法施行令改正），執行体制の整備等とともに，①無窓居室関係規定の整備，②排煙設備・非常用の照明装置・非常用の進入口・非常用の昇降機の設置義務化が行われている．

d. 千日デパートビル火災・大洋デパート火災の教訓

以上のように建築防火法規の整備がはかられるなか，1972（昭和47）年5月に大阪市千日デパートビル火災（7階建，死者118人）が，また，1973（昭和48）年11月には熊本市大洋デパート火災（9階建，死者100人）が相次いで発生し，防災関係者および国民にビル火災の恐怖をまざまざと見せつけることとなった．

千日デパートビル火災を教訓に，1972（昭和47）年12月の消防法施行令の改正で，①防火管理制度の拡充，②スプリンクラー設備の設置対象の拡大，③複合用途防火対象物の規制強化，④不特定多数の者や身体弱者等が利用する施設（特定防火対象物）に対する自動火災報知設備の遡及設置などがはかられ，1973（昭和48）年8月の建築基準法施行令の改正で，①常閉式防火戸基準の追加，②煙感知器連動防火戸の基準追加，③二方向直通階段の設置強化，④防火ダンパー基準の創設（遮煙性能等），⑤内装制限の強化等，主に煙対策を重点とした改正が行われた．

これらの改正にもかかわらず，大洋デパート火災において大惨事が発生したため，1974（昭和49）年6月に特定防火対象物に対する消防用設備等の遡及適用条項新設を含む消防法の大改正が行われた．これは不特定多数の者や防災弱者が利用する施設は，建築当時の技術基準に適合していても，最新の技術基準に適合させなくてはならないという画期的な規定である．

建築基準法でも，防火・避難施設の遡及適用条項を新設する改正が検討されたが，技術的・経済的困難性などにより，改正は見送られ，1979（昭和54）年3月の「建築物防災対

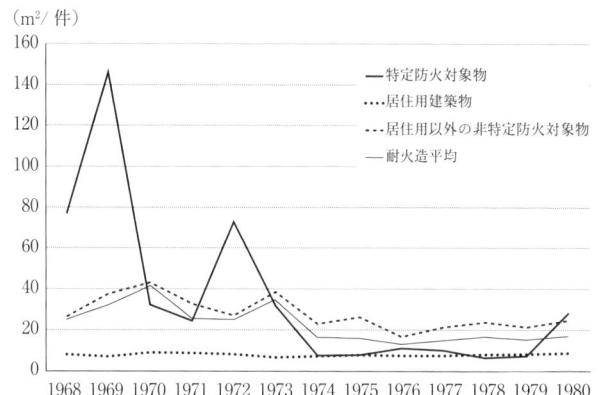

（m²/件）

図 4·54　耐火建築物の用途別火災 1 件当たり焼損面積の推移（1968（昭和 43）年～ 1980（昭和 55）年）

火災年報より作成.

策要綱」により，既存の大規模特殊建築物等に対し，①最終避難経路の確保，②竪穴対策など，最低限の人命安全確保対策が推進されることとなった.

　大洋デパート火災に伴う建築基準法の改正は，結局，1976（昭和 51）年 11 月，工事中の建築物に対する仮使用承認制度等が設けられることで結着した.

　以上のような 1960（昭和 35）年代後半以降の相次ぐ防火法令改正の結果，図 4·54 に見るように，改正の主たる目標であった火災による人命危険の高い用途の建築物（消防法では「特定防火対象物」と区分）においては，防火安全性は急激に改善され，それ以外の用途の建築物についても着実に改善された.

e.　1980（昭和 55）年代以降の火災と防火法令の改正

ⅰ.　旅館・ホテル等の火災

　1980（昭和 55）年以降になると，再び旅館・ホテル等で大きな被害を出す火災が相次ぐこととなる.栃木県川治プリンスホテル火災（1980（昭和 55）年 11 月，45 人死亡），東京都ホテルニュージャパン火災（1982（昭和 57）年 2 月，33 人死亡），山形市蔵王観光ホテル火災（1983（昭和 58）年 2 月，11 人死亡），静岡県大東館火災（1986（昭和 61）年 2 月，24 人死亡）などである.

　しかし，これらの火災で多数の死者が出た原因は，防火法令の不備というよりも，これらの旅館・ホテル等が消防法や建築基準法に違反していたことであったため，法令違反の是正を徹底するための「適マーク」制度の創設（1981（昭和 56）年 5 月），違反処理体制の整備等（いずれも消防庁）が行われたが，防火法令の強化は行われなかった.また，旅館・ホテル等のハード・ソフト両面の防火対策の整備を促進することを企図した「旅館・ホテル等における夜間の防火管理体制指導マニュアル」が作成され（1987（昭和 62）年 8 月），適マーク制度とリンクすることにより大きな成果を上げた（図 4·55）.

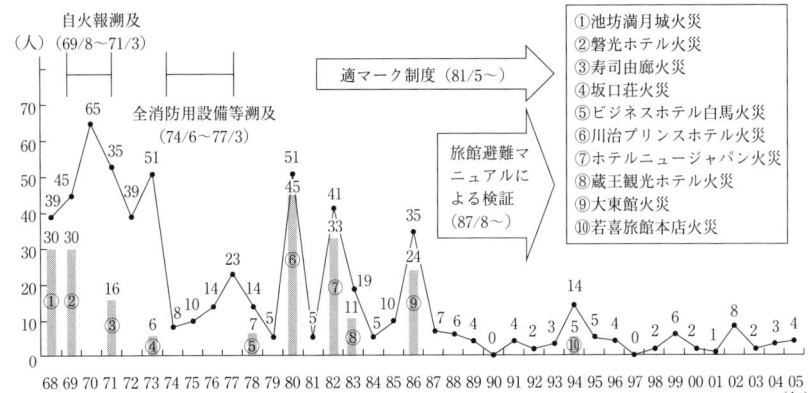

図 4·55 旅館・ホテル火災における死者数の推移と主な対策
棒グラフは凡例欄の火災の死者数，折れ線グラフは当該年の旅館・ホテル火災による死者
数．消防白書より作成．

ii．静岡駅前ゴールデン街のガス爆発

1980（昭和 55）年 8 月，静岡市の地下商店街「ゴールデン街」で大規模なガス爆発火災
が起き，14 人が亡くなった．この火災の結果，1981（昭和 56）年 1 月に消防法施行令が改
正され，地下街類似のいわゆる「準地下街」にも地下街同様の規制が行われることとなると
ともに，不特定多数の者が利用する大規模な地下空間にガス漏れ火災警報設備の設置が義務
づけられた．

ゴールデン街のガス爆発は，1970（昭和 45）年以降多発するようになっていたガス爆発
対策に各省庁が「規制」という形で本格的に取り組むきっかけにもなり，1981（昭和 56）
年の建築基準法施行令の改正の際に共同住宅のガス安全対策が盛り込まれたのをはじめ，
1980 年から 81 年にかけて，通商産業省（当時）から液化石油ガスの，資源エネルギー庁
（当時）から都市ガスの安全対策が「ガス事業者等への規制」という形で次々に打ち出され
た．この結果，都市ガス又は液化石油ガスが着火物となって生じた爆発・火災件数は，1983
（昭和 58）年の 1777 件から 1993（平成 5）年の 329 件へと，10 年間で 5 分の 1 以下に激減
した（消防庁危険物規制課調べ）．

iii．福祉施設と大規模小売店舗へのスプリンクラーの設置規制の強化

1986（昭和 61）年 7 月の神戸市の社会福祉施設陽気寮の火災（8 人死亡）及び 1987（昭和
62）年 6 月の東京都東村山市の特別養護老人ホーム松寿園の火災（17 人死亡）では，この
種の施設で初期消火に失敗した場合の避難誘導の難しさが改めて浮き彫りになり，同年 10
月，スプリンクラー設備の設置規制の強化が行われた．

また，1990（平成 2）年 3 月の尼崎市のスーパー長崎屋の火災（15 人死亡）を契機として，
同年 6 月にスプリンクラー設備の設置規制の強化が行われた．

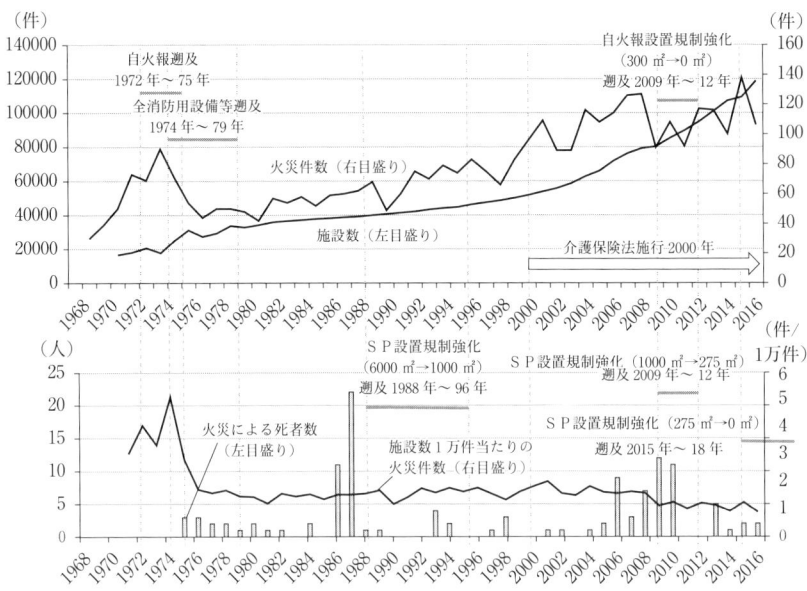

図 4·56 福祉施設等（現行（6）項ロ・ハ）の施設数・火災件数・出火率・死者数の推移（1968〜2016）
自火報；自動火災報知設備，SP；スプリンクラー設備．1988（昭和 63）年以降の自
火報・SP の設置規制の強化は一部対象外．消防白書より作成．
（注）この図では，自火報及び SP の規制強化時期として施行時を記載（改正時では
ない）
上段：消防法施行令別表第一（6）項ロ〜ニ　施設数については延べ面積 150 m² 以上
下段：消防法施行令別表第一（6）項ロ（2013 年は（6）項ロを含む（16）項イ）

iv．新宿歌舞伎町雑居ビルの火災と中小雑居ビルの火災

スーパー長崎屋の火災以降 2000（平成 12）年まで 10 年以上，10 人以上の死者を伴う火災
は発生しなかったが，2001（平成 13）年 9 月に新宿歌舞伎町の火災（44 人死亡）が発生し
た．これにより，違反の多い中小雑居ビルの火災危険性が改めて問題になり，違反是正対策
を主眼とする消防法の改正（2002（平成 14）年 4 月）が行われた．また，死者の多かった
ことの大きな原因が階段が一つしかなかったことであったため，この種のビルについて自
動火災報知設備や避難器具などの設置基準の強化や検査制度の強化も行われた（2002（平成
14）年 8 月）．

その後，2007（平成 19）年 1 月の宝塚市カラオケボックスの火災（3 人死亡），同年 6 月
の東京都渋谷区温泉施設のメタンガス爆発事故（3 人死亡），2008（平成 20）年 10 月の大阪
市個室ビデオ店の火災（15 人死亡），2012（平成 24）年 5 月の福山市の小規模ホテルの火災
（7 人死亡）などを契機として，その都度，関連する消防法令の強化が行われた．

v．小規模高齢者福祉施設等の火災と規制強化

2006（平成 18）年 1 月に長崎県の認知症高齢者グループホームで 7 人の高齢者が亡くな

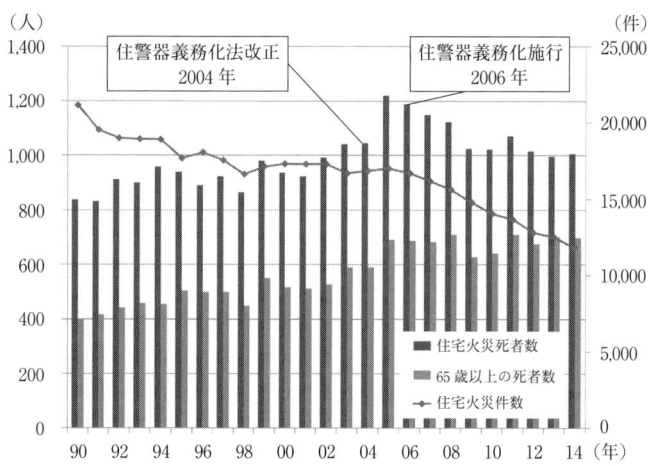

図 4·57　住宅火災件数と死者数の推移（1990（平成 2）年〜 2014（平成 26）年）
消防白書より作成.

る火災が発生した．この種の小規模施設は 2000（平成 12）年の介護保険法の施行以後に急
増したものであるが，この火災を契機として，2007（平成 19）年 6 月に，この種の施設に
ついて，スプリンクラー設備の設置基準の拡大，自動火災報知設備・消防機関へ通報する火
災報知設備・消火器等の設置基準における面積要件の撤廃，防火管理義務対象物の拡大など
を内容とする政令改正が行われた．その後も，数人の死者が出るグループホームの火災がた
びたび発生したため，2013（平成 25）年 2 月の長崎市の福祉施設の火災（5 人死亡）を契機
に，この種の施設は延べ面積にかかわらず原則としてスプリンクラー設備が設置されること
とされた（2014（平成 26）年 3 月）.

　また，2013（平成 25）年 10 月の福岡市整形外科医院の火災（10 人死亡）では，有床診療
所でも小規模社会福祉施設と同様の火災危険があることが明らかになり，同様に延べ面積
にかかわらずスプリンクラー設備等の設置が義務づけられることとなった（2014（平成 26）
年 10 月）.

　図 4·56 は，社会福祉施設の火災件数や死者数の推移と，消防法令の規制強化の関係を見
たものであり，規制強化が火災被害の軽減に大きな効果を上げていることがわかる.

　vi．住宅防火対策の法制化

　住宅火災による死者数は，社会の高齢化の進展とともに増加するようになり，特に 2002
（平成 14）年以降は急増の傾向が見えてきたため，2004（平成 16）年 6 月に消防法が改正さ
れ，一般住宅にも住宅用火災警報器（以下「住警器」）の設置が義務づけられた．図 4·57 は，
住宅火災件数と住宅火災による死者数の推移を見たもので，住警器の設置義務づけ以降減少
に転じていることがわかる.　　　　　　　　　　　　　　　　　（秋山　修一・小林　恭一）

（2）建築基準法の防火体系

A. 建築基準法の概要

　建築基準法（1950（昭和25）年，法律第201号）は，建築物に関する技術基準を定めたものであり，その第1条に「この法律は，建築物の敷地，構造，設備及び用途に関する最低の基準を定めて，国民の生命，健康及び財産の保護を図り，もって公共の福祉の増進に資することを目的とする」と規定しているとおり，必要最小限の基準である．もっとも，これらの基準をすべて法律だけで定めているのではなく，法律に基づき，政令，規則，告示および地方公共団体の条例等で規定しており，その体系は図4・58のようになっている．また，これ以外に通達等により，法令の運用解釈等が示されている．

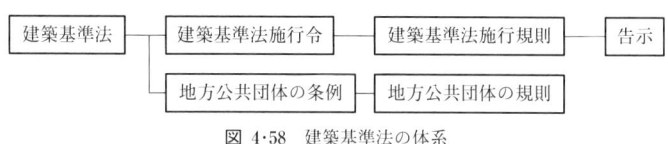

図 4·58　建築基準法の体系

a. 構　成

　建築基準法は，7つの章と附則で構成されており，その内容は以下のとおりである．

　・建築基準法の構成

　　　第1章　総　則

　　　第2章　建築物の敷地，構造及び建築設備

　　　第3章　都市計画区域等における建築物の敷地，構造及び建築設備及び用途

　　　第3章の2　型式適合認定等

　　　第4章　建築協定

　　　第4章の2　指定建築基準適合判定資格者検定機関等

　　　第4章の3　建築基準適合判定資格者の登録

　　　第5章　建築審査会

　　　第6章　雑　則

　　　第7章　罰　則

　規定内容から，①総括規定（目的・用語の定義・法令の適用），②実態規定（建築物単体としての技術規定・集団としての技術規定）および③制度規定（手続規定・行政制度等）の大きく3つに分類される．

　防火に関する技術基準は，第2章では建築物単体として要求される基準が，第3章では集団として要求される基準が示されている．また，内容に注目すると，①部材の耐火性能などに関する防火規定と，②階段や排煙設備などに関する避難規定の大きく2つに分けることができる．防火の技術基準は大きな火災被害が発生する度に見直しが行われ，規制強化が行われてきたが，基本的な構成は制定当時からほぼ同じである．B. では，それぞれについて規定の概要を説明する．

b. 性能規定化

防火基準は，従来，具体的な仕様が細かく規定されてきた．このような仕様書的な基準は誰でもが理解することができる点で優れていたが，新しい技術の採用が困難になるなど不都合な点もあった．そのため，下記に示す第38条の規定により，大臣認定の制度が用意されていた．

「第38条　この章の規定又はこれに基く命令若しくは条例の規定は，その予想しない特殊の建築材料又は構造方法を用いる建築物については，建設大臣がその建築材料又は構造方法がこれらの規定によるものと同等以上の効力があると認める場合においては，適用しない．」

2000（平成12）年に施行された法令改正では，この第38条が削除された代わりに性能規定が導入され，従来の仕様規定に適合しない場合でも，要求性能を満足することを検証することにより法令に適合する道が開かれた．具体的には耐火性能検証法と避難安全検証法が告示で定められ，仕様規定に縛られない自由な計画が可能となった．なお，2014（平成26）年の法令改正において改めて第38条が設けられ，性能規定が用意されていない場合には従来と同様に大臣認定が可能となった。

B. 防火規定

防火規定では，建築物の用途，規模，立地等に応じて，次のような対策を定めている．
- ・建築物の倒壊を防止するため，建築物の主要構造部の耐火性能
- ・建築物内部の火災拡大を防止するため，防火区画などの設置
- ・建築物内部の火災の発生・成長を抑制するため，内装材料の制限
- ・隣棟建物や周辺市街地への火災拡大防止するため，外壁などに求める性能

これらの防火規定の内容は，以下のとおりである．

a. 建築物の主要構造部の耐火性能

不特定多数の人々が利用する施設，就寝施設，火災荷重の大きい施設などの特殊建築物については，建築物の倒壊・延焼拡大を防止し，建物内の人の避難安全を確保するため，次のような耐火性能が要求されている．また，大規模建築物や市街地として高い防火性能が要求される地域（防火・準防火地域）に建つ建築物については，建築物の倒壊を防止し，周辺地域への延焼危険を低減させるため，次のような耐火性能が要求されている．

①特殊建築物（建築基準法第27条）*

　　特殊建築物は，その用途・規模により，特定避難時間倒壊防止建築物または耐火建築物等としなければならない．概ね3階以上の階に居室がある特殊建築物は，耐火建築物としなければならない．但し，木造3階建ての共同住宅や木造3階建て学校については，1時間の準耐火構造とすることができる（表4・23）．

②防火・準防火地域内の建築物（法第61条・第62条）

　　防火・準防火地域内の建築物は，その立地，規模に応じて耐火建築物または準耐火建築物等としなければならない．建築物の延べ面積や階数が多い方がより高い耐火性

---

*　以下，4・3・6（2）では「建基法」，「法」は建築基準法を，また「建基令」，「令」は建築基準法施行令を表す．

表 4·23 用途・規模により耐火建築物等としなければならない建築物（法第27条）

用　　　　　途		特定耐火時間倒壊防止建築物または耐火構造建築物*		特定耐火時間倒壊防止建築物または準耐火建築物
		その用途に供する階	その用途に供する床面積の合計	その用途に供する床面積の合計
(1)	劇場，映画館，演芸場	3 階以上の階主階が 1 階にないもの	客席が 200 m² 以上屋外観覧席では 1000 m² 以上	—
	観覧場，公会堂，集会場	3 階以上の階		
(2)	病院，ホテル，旅館，下宿，共同住宅，寄宿舎など	3 階以上の階	—	2 階部分が 300 m² 以上（病院などでは，患者収容施設が 2 階にあるもの）
(3)	学校，体育館など	3 階以上の階		2,000 m² 以上
(4)	百貨店，マーケット，展示場，キャバレー，カフェー，ダンスホール，遊技場など	3 階以上の階	3000 m² 以上	2 階部分が 500 m² 以上

*　耐火構造建築物等：主要構造部が以下のいずれかで，かつ，延焼のおそれのある部分にある外壁の開口部に防火設備を設けたもの
　　・耐火構造または耐火性能が確認されたもの
　　・特定避難時間倒壊および延焼を防止する構造（準耐火構造）
　　・準耐火建築物

　　能が要求される（表 4·24）．
　　また，防火地域・準防火地域では，周囲からの延焼を防止するために，屋根や外壁などに対して延焼防止対策が要求される．
③大規模建築物の構造制限（法第21条）
　　建築物の高さが 13 m 又は軒の高さが 9 m を超える建築物や，延べ面積が 3000 m² を超える建築物は主要構造部を木造としてはならず，耐火構造としなければならない．
　　なお，2014（平成26）年の法令改正により，延べ面積が 3000 m² を超える建築物については，3000 m² 以内ごとに壁等で区画された場合には木造とすることが可能となった．

b. 防火区画などの設置
　建築物内に発生した火災を，建築物内の一定区画内に封じ込めて火災の拡大を防ぎ，火災による被害を最小限に抑えるとともに，避難安全の確保，消防活動を支援することを目的として，次のような防火区画などが規定されている．
　①防火区画（令第112条）
　　防火区画は，建築物内の延焼拡大を防止することを目的としている．具体的には面

表 4·24　防火・準防火地域内の構造制限（法第 61 条・第 62 条）

	対象となる建築物の規模	構造
防火地域	階数が 3 以上	耐火建築物
	延べ面積が 100 m² を超える	
	上記以外	耐火建築物または準耐火建築物
準防火地域	地階を除く階数が 4 以上	耐火建築物
	延べ面積が 1,500 m² を超える	
	地階を除く階数が 3 で，延べ面積が 500 m² 以下	耐火建築物，準耐火建築物または防火上必要な技術基準（令第 136 条の 2）に適合する建築物
	延べ面積が 500 m² を超え 1,500 m² 以下のもの	耐火建築物または準耐火建築物
	地階を除く階数が 2 以下で，延べ面積が 500 m² 以下	耐火建築物または準耐火建築物でなくてもよい．ただし，木造の場合は外壁及び軒裏の延焼のおそれのある部分を防火構造とする．

積区画，竪穴区画，異種用途区画があり，建築物の構造や高さ，用途等に着目して最大の区画面積などが定められている（表 4·25）．

　防火区画の基本となるのは面積区画である．建築物の構造や階数などに応じて，原則として準耐火構造の床，壁または特定防火設備で 1500 m² 以内ごとに区画する．スプリンクラー設備などの自動消火設備が設置されている部分については，その 1/2 の床面積を除いて規定が適用される．防火区画の開口部に設ける特定防火設備は常時閉鎖式とするか，煙感知器または熱感知器の作動により自動的に閉鎖する随時閉鎖式のものとしなければならない．なお，11 階以上の高層部分では消防活動が困難になることから，より狭い区画面積とすることが求められている．

　竪穴区画は，階段室やエレベーターの昇降路等の垂直方向に連続した空間（竪穴）を経由して，煙が他の階へ伝搬することを防止することを目的としている．そのため，竪穴区画の開口部に設ける防火設備には遮煙性能が必要である．

　異種用途区画は，用途や管理，使用時間などが異なる部分が一つの建築物内にある場合，被害の拡大を防止するために設ける区画である．

②木造等の建築物の防火壁など（法第 26 条，令第 113 条，法第 21 条，令第 109 条の 5）

　延べ面積が 1000 m² を超える木造建築物は，床面積 1000 m² 以内ごとに防火壁で区画しなければならない．防火壁は延焼を防止することが目的であるため，耐火構造とし，かつ，自立した構造としなければならない．また，噴出火炎による外部を経由した延焼を防止するため，防火壁の両端および上端は外壁および屋根面から突出させる．

　延べ面積が 3000 m² を超える木造建築物は，床面積 3000 m² 以内ごとに壁等で区画

表 4·25　防火区画の設置（令第 112 条）

対象となる建築物			区画部分	区画の構造	緩和・特例
面積区画	主要構造部を耐火構造とした建築物（延べ面積 1500 m² 超）/ 準耐火建築物で下欄によらないもの（延べ面積 1500 m² 超）		床面積 1500 m² 以内ごと	準耐火構造*の床・壁・特定防火設備	・用途上やむを得ないもの（劇場・映画館・集会場等の客席、体育館・工場等）・法第 27 条、第 62 条による準耐火建築物で、内装を不燃または準不燃材料とした体育館または工場等に限る・階段室、昇降路の部分（乗降ロビーを含む）を準耐火構造または準耐火構造*の壁、床または特定防火設備で区画したものに限る
	準耐火建築物 法第 27 条または法第 62 条の規定によるもの	準耐火建築物*（延べ面積 1000 m² 超）	床面積 1000 m² 以内ごと		スプリンクラー設備等の自動式消火設備を設けた部分の床面積はその 1/2 が控除される
		準耐火建築物**（延べ面積 500 m² 超）	床面積 500 m² 以内ごと / 防火上主要な間仕切壁	準耐火構造	
高層区画	11 階以上の部分の区画（各階の床面積 100 m² 超）	内装は下地とも不燃材料	床面積 500 m² 以内ごと	耐火構造の床・壁、特定防火設備	階段室、昇降路の部分（乗降ロビーを含む）または廊下その他の地下その避難の用に供する部分または床面積 200 m² 以内の共同住宅の住戸を耐火構造の壁・床または特定防火設備で区画したものに限る
		内装は下地とも準不燃材料	床面積 200 m² 以内ごと	耐火構造の床・壁、防火設備	
		上記以外	床面積 100 m² 以内ごと	耐火構造の床・壁、防火設備	
竪穴区画	地階または 3 階以上の階に居室を有する主要構造が準耐火構造の建築物		吹抜き、階段、エレベーターの昇降路、ダクトスペース等	準耐火構造の床・壁、防火設備	・避難路とその直上階または直下階とのみ通ずる吹抜き・階段室等の部分の内装は下地とも不燃材料であるものに限る・階数 3 以下、延べ面積 200 m² 以内の一戸建ての住宅の吹抜き・階段室等の部分/・用途上区画できない劇場等では、天井・壁の内装を下地とも準不燃材料とする
異種用途区画	建築物の一部が、法第 24 条に該当する建築物		その用途部分とその他の部分	準耐火構造の壁、防火設備	―
	建築物の一部が、法第 27 条 1 項一号に該当する建築物		その用途部分とその他の部分	準耐火構造の床・壁、特定防火設備	―

* 1 時間準耐火構造、または令第 109 条の 3 二号による

** 法第 27 条 1 項に規定する特定避難時間倒壊防止建築物、同 3 項または法 62 条 1 項による

しなければならない．壁等は準耐火構造とし，区画された部分の火災が終了するまで火災に耐えて，かつ，自立した構造としなければならない．防火壁と同様に自立した壁とする場合や，階段などの火災の発生するおそれの少ない室により区画する場合がある（図4·59）．

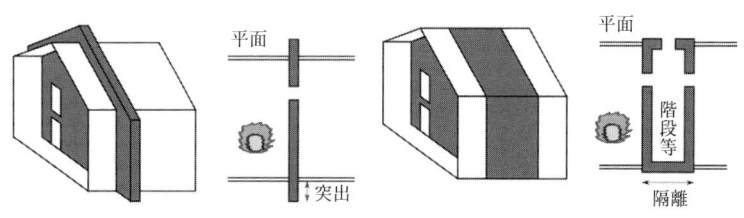

平面

突出

平面

階段等

隔離

図 4·59　壁等のイメージ（壁タイプ，コアタイプ）

③界壁・間仕切壁・隔壁（建基令第114条）

　　上記以外にも延焼防止が必要とされる以下の部分には，一定の耐火性能が要求される．

　　・共同住宅や長屋の界壁は準耐火構造とし，小屋裏または天井裏に達するようにしなければならない．

　　・学校，病院，ホテル，旅館などの防火上主要な間仕切りは準耐火構造とし，小屋裏または天井裏に達するようにしなければならない．

　　・大規模木造は小屋組に準耐火構造の隔壁を12 m以内ごとに設置しなければならない．

c.　内装材料の制限（令第128条の3の2〜第128条の5）

火災の成長を遅延させ，火災初期における避難安全を確保するため，建築物の用途・規模・構造等に応じて内装制限が規定されている．対象となる建築物は以下の4点に区分することができる（表4·26）．

・特殊建築物（不特定または多数の人が集まる用途，就寝利用の用途）

・一定規模以上の建築物

・排煙上の無窓居室を有する建築物

・火気使用室

なお，内装制限は居室や廊下等の壁や天井を対象としているが，床は対象から除外されている．

d.　外壁などに求める性能（法第22条〜第25条・第62条〜第65条，令第136条の2の2，令第109条，令第136条）

隣棟建築物や周辺市街地への延焼防止（接炎・輻射・飛び火等）のため，建築物の屋根，外壁，軒裏，外壁の開口部は，それぞれ防火措置が要求されている．

市街地火災で発生する火の粉により，屋根が延焼したり，屋根を燃え抜けて内部へ延焼しないようにするため，屋根を準耐火構造とするか，不燃材料などでつくりまたはふくことが

表 4·26　内装制限（令第 128 条の 3 の 2 〜第 128 条の 5）

用途・構造・規模	用途の対象となる構造と床面積			内装制限（天井・壁）	
	耐火建築物など*	準耐火建築物など**	その他の建築物	居　室	通路など
① 劇場，映画館，演芸場，観覧場，公会堂，集会場など	客席が 400 m² 以上	客席が 100 m² 以上		難燃材料（3 階以上の天井は準不燃材料）（床面から1.2 m 以下の壁を除く）	準不燃材料
② 病院，有床診療所，ホテル，旅館，下宿，共同住宅，寄宿舎など	3 階以上の部分の計が 300 m² 以上	2 階部分の計が 300 m² 以上	床面積の計が 200 m² 以上		
③ 百貨店，マーケット，展示場，キャバレー，遊技場など	3 階以上の部分の計が 1000 m² 以上	2 階部分の計が 500 m² 以上	床面積の計が 200 m² 以上		
④ 地階または地下工作物内の①②③の用途	全　部			準不燃材料	準不燃材料
⑤ 自動車車庫，自動車修理工場	全　部			準不燃材料	準不燃材料
⑥ 無窓の居室（天井の高さが 6 m を超えるものを除く）	全　部	—	—	準不燃材料	準不燃材料
⑦ 大規模建築物	・階数が 3 以上で 500 m² を超えるもの ・階数が 2 で 1000 m² を超えるもの ・階数が 1 で 3000 m² を超えるもの			難燃材料（床面から1.2 m 以下の壁を除く）	準不燃材料
⑧ 火気使用室	—	階数が 2 以上の住宅の最上階以外の階にあるもの，住宅以外の建築物		準不燃材料	

スプリンクラー設備等の自動式消火設備および排煙設備を設けた建築物の部分については適用しない．
＊耐火建築物または法第 27 条 1 項の特殊建築物（特定避難時間が 1 時間未満の特定避難時間倒壊防止建築物を除く）
＊＊準耐火建築物または特定避難時間が 45 分以上 1 時間未満である特定避難時間倒壊防止建築物

要求されている．
　建築物の外壁に設けた開口部で，延焼のおそれのある部分には，防火設備などを設ける必要がある．

C. 避難規定
　避難規定では，火災時に，建築物内のすべての人が安全に地上まで避難できるようにするために，次のような対策を要求している．
　・避難経路を確保するため，階段などの設置や配置
　・避難を容易にするため，非常用の照明装置や排煙設備等の設置

表 4・27　直通階段に至る歩行距離

居室の種類	主要構造部が準耐火構造，または不燃材料で作られている場合		その他の場合
	内装を不燃化したもの*	内装を不燃化しないもの	
① 有効採光上面積が床面積の 1/20 未満の居室	40 m 以下 (30 m 以下)**	30 m 以下 (20 m 以下)**	30 m 以下
② 百貨店・マーケット・展示場			
③ 病院・有床診療所・ホテル・旅館・下宿・共同住宅・寄宿舎および児童福祉施設	60 m 以下 (50 m 以下)**	50 m 以下 (40 m 以下)**	
④ その他の居室			40 m 以下

＊居室及び廊下，階段の天井，壁（1.2 m 以下の部分を除く）を準不燃材料としたもの
＊＊15 階以上の居室については（ ）内の数値による

・消防活動を支援するため，非常用進入口や非常用エレベーター等の設置
これらの避難規定の内容は，以下のとおりである．

a. 避難経路の確保（令第 118 条～令第 125 条の 2，令第 128 条）

居室から地上さらに公道など最終避難場所まで，連続した経路（廊下，階段，屋外への出口，敷地内通路など）を確保する．
①直通階段の配置（令第 120 条・令第 121 条）
　　居室の各部分から直通階段（直接，避難階または地上に通ずるもの）までの歩行距離は，用途や構造に応じて表 4・27 に示す数値となるように設置しなければならない．
　　火災時の避難が困難になる可能性のある階では，表 4・28 に示すように 2 以上の直通階段を設けなければならない．なお，火災の影響により 2 つの階段が同時に使えないことが生じないよう配置することが重要であり，居室から直通階段までの歩行距離が重複する場合には，その重複距離が表 4・27 に示す数値の 1/2 を超えてはならない．
②直通階段の構造（令第 122 条・令第 123 条）
　　5 階以上の階に通ずる直通階段や，3 階以上の階を物販店舗に利用する建築物の売り場に通ずる直通階段は，避難安全の対策をした避難階段または特別避難階段としなければならない（表 4・29）．
　　なお，不特定多数の人々が利用する物販店舗の避難階段等の出入口の幅や階段幅については，別途，階の床面積に応じて必要最低限の幅が定められている（令第 124 条）．
③避難階における屋外への出口（令第 125 条）
　　各階段から避難階に降りてきた人を屋外に安全に避難させるため，避難階において階段から屋外への出口までの歩行距離が制限されている．この距離は，①の各居室から直通階段までの歩行距離の制限と同じ数値である（表 4・27）．
　　なお，避難階における居室（直接屋外に避難できるものを除く）の各部分から屋外への出口に至る歩行距離は，表 4・27 の数値の 2 倍以下としなければならない．

表 4·28　2以上の直通階段を設ける場合（令第121条）

階の用途・階数	階の居室		
	種　類	床面積の合計（S）	
		主要構造部が準耐火構造，または不燃材料でつくられている場合	左欄以外の場合
① 劇場・映画館・演芸場・観覧場・公会堂・集会場および物品販売業を営む店舗（床面積の合計が1500 m² を超えるもの）	客室・集会室・売場等を有する階	すべて	
② キャバレー・カフェー・ナイトクラブ，バー	客席を有する階	原則としてすべて*	
③ 病院・診療所	病　室	S＞100 m²	S＞50 m²
④ 児童福祉施設等	児童福祉施設等の主用途の居室		
⑤ ホテル・旅館・下宿	宿泊室	S＞200 m²	S＞100 m²
⑥ 寄宿舎	寝　室		
⑦ 共同住宅	居　室		
⑧ その他	6階以上の階	原則としてすべて**	
	5階以下の階	S＞200 m²（避難階の直上階は 400 m²）	S＞100 m²（避難階の直上階は 200 m²）

*以下の場合には，適用が除外される．

　・5階以下の階で次のすべてに該当するもの

　　イ．その階の居室の床面積の合計が 100 m²（200 m²）以下であり，

　　ロ．避難上有効なバルコニー・屋外通路等があり，

　　ハ．屋外避難階段か特別避難階段のいずれかが設けられている

　・避難階の直下階か直上階のいずれかで，その階の居室の床面積の合計が 100 m²（200 m²）以下であるもの

**以下のすべてに適合する場合には，適用が除外される．

　・用途が上表中の①〜④でないこと．

　・その階の居室の床面積が 100 m²（200 m²）以下であること．

　・避難上有効なバルコニーまたは屋外通路等があること．

　・屋外避難階段か特別避難階段のいずれかが設けられていること．

***（）内は主要構造部が準耐火構造または不燃材料で作られている場合．

b.　避難を容易にするための設備（排煙設備・非常用の照明装置）（令第126条の2・令第126条の4 等）

　火災による死者の多くは，火災時に大量に発生する煙やガスが原因で亡くなっている．火災の煙を屋外に排出する設備が排煙設備であり，不特定多数の人々が利用する用途の建物や3階建て以上の大規模建築物に設置が必要である（表4·30）．

表 4·29　避難階段・特別避難階段とする場合（令第 122 条）

直通階段の通ずる階		階段の種類
① 5 階以上または地下 2 階以下		避難階段または特別避難階段*
② 15 階以上または地下 3 階以下		特別避難階段*
③ 物品販売業を営む店舗の用途に供するもの	3 階以上	避難階段または特別避難階段（2 以上）
	5 階以上	避難階段または特別避難階段（2 以上） （5 階以上に通ずるもの 1 以上，15 階以上に通ずるものはすべて特別避難階段）

* 次のいずれかの場合は，直通階段とすることができる.

　a. 主要構造部が準耐火構造または不燃材料でつくられている建築物で，5 階以上または地下 2 階以下の階の延べ床面積が 100 m² 以下の場合.

　b. 主要構造部が耐火構造で，床面積 100 m² 以内ごとに防火区画をした場合.

表 4·30　排煙設備の設置対象（令第 126 条の 2）

	設置を必要とする建築物または部分	適用除外される建築物または部分
①	延べ面積が 500 m² を超える次の特殊建築物 ・劇場，映画館，観覧場，集会場など ・病院，ホテル，旅館，下宿，共同住宅，寄宿舎，児童福祉施設等 ・学校，体育館，博物館，美術館など ・百貨店，マーケット，展示場，キャバレー，ナイトクラブ，バー，飲食店など	・病院，ホテルなどの用途の特殊建築物で，100 m²（共同住宅の住戸は 200 m²）以内ごとに準耐火構造の壁，床などで防火区画された部分 ・学校等 ・階段の部分，昇降機の昇降路の部分等 ・機械製作工場，不燃性の物品保管倉庫等で，主要構造部が不燃材料でつくられたもの ・火災が発生した場合に，避難上支障がある高さまで煙またはガスの降下が生じない建築物の部分として国土交通大臣が定めるもの
②	階数 3 以上で延べ面積が 500 m² を超える建築物（高さ 31 m 以下にある居室で，床面積 100 m² 以内毎に防煙壁で区画されているものを除く）	
③	延べ面積が 1000 m² を超える建築物の床面積が 200 m² を超える居室（上の②の（ ）内に同じ）	
④	排煙上の無窓居室（排煙上有効な開口部の面積が居室の床面積の 1/50 未満）	

　建築物を不燃性の間仕切りや垂れ壁により 500 m² 以内毎に防煙区画し，排煙口を設置する. 煙を直接屋外に排出する方式や，排煙機や送風機を設けて排煙する方式などがある. また，避難経路となる階段やその付室に煙が侵入することを防ぐために，加圧する方式もある（令第 123 条 3 項）.

　火災が発生して停電すると避難に大きな支障となるため，最低限の行動がとれる照明（床面において 1 ルクス以上）を確保するために非常用の照明装置の設置が必要である. 不特定多数の人々が利用する用途の居室や，居室から地上に通ずる廊下や階段などに設置しなければならない.

c. 消防活動を支援する設備（非常用進入口・非常用エレベーター）

　火災時において，公設消防隊による建築物内の人の救出および消火活動が円滑に行えるよ

う，建築物の高さ 31 m 以下の部分にある 3 階以上の階には，非常用の進入口を設けなけれ
ばならない．非常用の進入口は，はしご付き消防車両から到達できるように，各階の外壁面
に 40 m 以内毎に設ける．ただし，非常用エレベーターを設置している場合などは設置が免
除される（令第 126 条の 6・第 126 条の 7）．

　高さ 31 m を超える高層建築物においては，公設消防隊による高層部の救出活動および消
火活動が円滑に行えるために，原則として非常用エレベーターを設置しなければならない．
非常用エレベーターには，避難階以外の各階において屋内に連絡する乗降ロビーを設置する
（令第 129 条の 13 の 2 等）．　　　　　　　　　　　　　　　（秋山　修一・萩原　一郎）

（3）消防法の体系

A．消防法の目的と体系

　消防に関しては，二つの基本法がある．一つは消防組織法（1947（昭和 22）年 12 月）で
あり，もう一つは消防法（1948（昭和 23）年 7 月）である．消防組織法が消防の組織・制
度を定めた組織法であるのに対し，消防法は実体法として位置づけられる消防の作用に関す
る基本法であり，その第 1 条（目的）に「この法律は，火災を予防し，警戒し及び鎮圧し，
国民の生命，身体及び財産を火災から保護するとともに，火災又は地震等の災害による被害
を軽減するほか，災害等による傷病者の搬送を適切に行い，もって安寧秩序を保持し，社会
公共の福祉の増進に資することを目的とする．」と規定しており，この目的に沿って火災の
予防等に係る基準が定められている．もっとも，建築基準法と同様にこれらの基準をすべて
法律だけで定めているのではなく，法律に基づき，政令，規則，告示および市町村の条例等
で規定しており，その体系は図 4・60 のようになっている．

　建築基準法の体系と比較して大きく異なるのは，消防法では政令が二つありそれぞれの体
系ができていることであり，これ以外に通知等により，法令の運用解釈等が示されている．

　この通知等は，消防組織法第 37 条（消防庁長官は，必要に応じ，消防に関する事項につ
いて都道府県又は市町村に対して助言を与え，勧告し，又は指導を行うことができる．）に

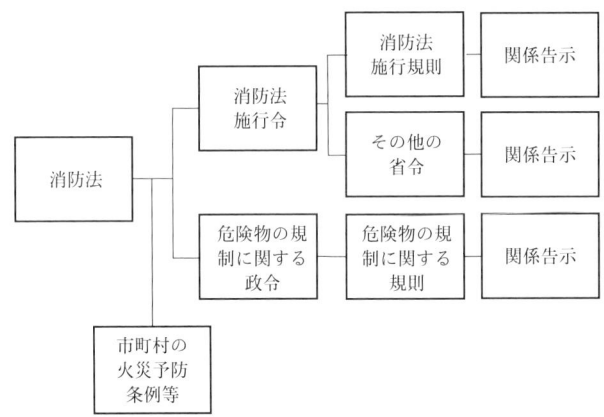

図 4・60　消防法の体系

基づいて行われており，建築基準法にはない仕組みである．

B. 消防法の構成

消防法は，目次からみると13の章と附則で構成されており，その内容は以下のとおりである．

・消防法の目次構成

　　　　第1章　　　　総則（第1条・第2条）

　　　　第2章　　　　火災の予防（第3条〜第9条の4）

　　　　第3章　　　　危険物（第10条〜第16条の9）

　　　　第3章の2　危険物保安技術協会（第16条の10〜第16条の49）

　　　　第4章　　　　消防の設備等（第17条〜第21条）

　　　　第4章の2　消防の用に供する機械器具等の検定等（第21条の2〜第21条の16の7）

　　　　第4章の3　日本消防検定協会等（第21条の17〜21条の57）

　　　　第5章　　　　火災の警戒（第22条〜第23条の2）

　　　　第6章　　　　消火の活動（第24条〜第30条の2）

　　　　第7章　　　　火災の調査（第31条〜第35条の4）

　　　　第7章の2　救急業務（第35条の5〜第35条の12）

　　　　第8章　　　　雑則（第35条の13〜第37条）

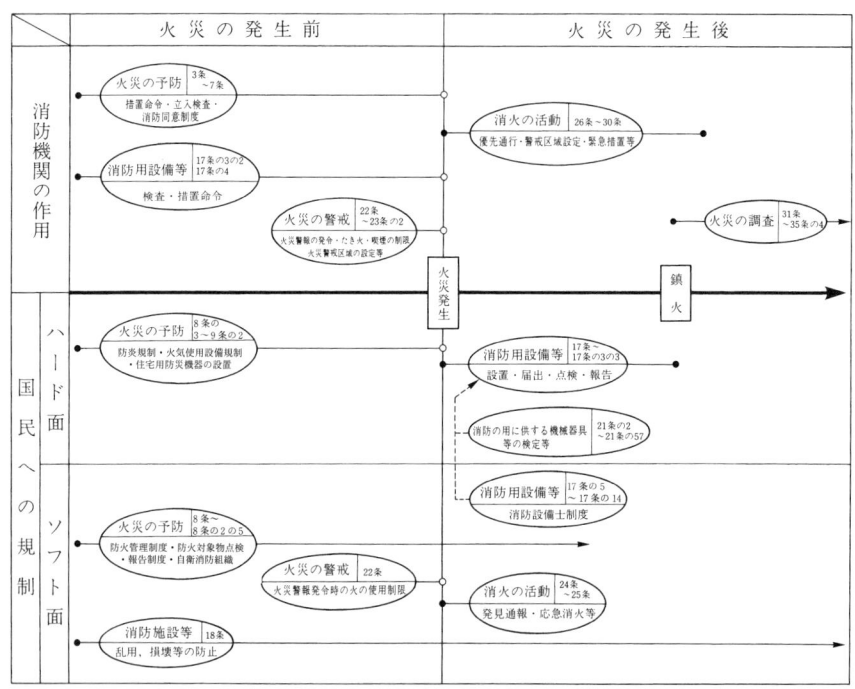

図 4·61　火災進展フェーズからみた消防法の概念構成図（危険物・救急業務を除く）

第9章　　　罰則（第38条〜第46条の5）

　附　則　（第47条〜第49条）

また，危険物関係（第3章・第3章の2）および救急業務（第7章の2）を除いた，火災関係業務を火災進展フェーズに沿って概念的に整理すると図4·61のようになる.

C. 建築防火に関する主要規定

消防法における各種規定のうち，建築防火に関する主要規定と，その内容については，以下のとおりである.

a. 消防機関による火災予防活動

i. 屋外における措置命令（消防法第3条）

消防長・消防署長その他の消防吏員は，屋外において火災の予防に危険であると認める行為者または火災の予防に危険であると認める物件もしくは消防の活動に支障になると認める物件の所有者，管理者等で権原を有する者に対して，次に掲げる必要な措置をとるべきことを命ずることができるとされている.

〔命令内容〕

①火遊び，喫煙，たき火，溶接，その他これらに類する行為の禁止もしくは制限またはこれらの行為を行う場合の消火準備.

②残火・取灰または火粉の始末.

③危険物または放置され，もしくはみだりに存置された燃焼のおそれのある物件の途去その他の処理.

④放置され，またはみだりに存置された物件の整理または除去.

ii. 立入検査（消防法第4条）

消防長・消防署長は，火災予防のため必要があるときは，関係者に対して資料の提出を命じ，もしくは報告を求め，または当該消防職員にあらゆる仕事場，工場もしくは公衆の出入りする場所その他の関係ある場所に立ち入って，消防対象物の位置，構造，設備および管理の状況を検査させ，もしくは関係のある者に質問させることができることとされている. なお，立入検査を行う際の対象者の権利に配慮した制約等についても規定されている.

iii. 防火対象物に対する措置命令（消防法第5条）

消防長・消防署長は，防火対象物の位置，構造，設備または管理の状況について，火災の予防上必要があると認める場合，消防の活動に支障になると認める場合，火災が発生したならば人命に危険であると認める場合その他火災の予防上必要があると認める場合には，権原を有する関係者（特に緊急の必要があると認める場合においては，関係者および工事の請負人または現場管理者）に対し，当該防火対象物の改修，移転，除去，使用の禁止，停止もしくは制限，工事の停止もしくは中止その他の必要な措置をなすべきことを命ずることができる. ただし，建築物その他の工作物で，それが他の法令により建築，増築，改築または移築の許可または認可を受け，その後事情の変更していないものについては，この限りでないとされている.

b. 消防同意（消防法第7条）

建築物の新築，増築，改築，移転，修繕，模様替え，用途の変更または使用についての許

可，認可または確認をする権限を有する行政庁またはその委任を受けた者は，当該許可，認可または確認に係る建築物の工事施工地または所在地を管轄する消防長または消防署長の同意を得なければ，当該許可，認可または確認をすることができないこととされている．ただし，確認に係る建築物が都市計画法に定める防火地域および準防火地域以外の区域内における住宅（長屋，共同住宅その他政令で定める住宅を除く）である場合には，この限りでないとされている．

c. 防火管理制度（消防法第8条・第8条の2・第8条の2の5）

火災予防を推進し，万一火災が発生した場合の被害を軽減するためには，防火対象物関係者による自主防災体制がきわめて重要である．消防法においては，消防法第8条において，防火管理者を中心とした防火管理制度を規定している．

i．防火管理（消防法第8条）

消防法施行令別表第一（表4・31）に掲げる防火対象物のうち，収容人員が（六）項ロ，（六）項ロが存する（十六）項イまたは（十六の二）項にあっては10人以上，（一）項〜（四）項，（五）項イ，（六）項イ，ハ及びニ，（九）項イ，（十六）項イまたは（十六の二）項にあっては30人以上，その他にあっては50人以上のものの管理について権原を有する者は，政令で定める資格を有する者のうちから防火管理者を定め，防火管理上必要な業務を行わせなければならないこととされている．

ii．防火管理者の業務

防火管理者の業務は，次のとおりである．

- ・消防計画の作成
- ・消火，通報および避難の訓練の実施
- ・消防の用に供する設備，消防用水または消火活動上必要な施設の点検および整備
- ・火気の使用または取扱いに関する監督
- ・避難または防火上必要な構造および設備の維持管理
- ・収容人員の管理

iii．統括防火管理者制度（消防法第8条の2）

管理について権原が分かれている①高層建築物，②地下街のうち消防長または消防署長が指定するもの，③消防法施行令別表第一（表4・31）の（十六の三）項に掲げる防火対象物などの管理について権原を有する者は，資格を有する者のうちからこれらの防火対象物の全体について防火管理上必要な業務を統括する防火管理者（以下「統括防火管理者」）を協議して定め，当該防火対象物の全体についての消防計画の作成，当該消防計画に基づく消火，通報及び避難の訓練の実施，当該防火対象物の廊下，階段，避難口その他の避難上必要な施設の管理その他当該防火対象物の全体についての防火管理上必要な業務を行わせなければならないとされている．

iv．自衛消防組織（消防法第8条の2の5）

防火管理制度の対象となる防火対象物のうち多数の者が出入するもので，かつ，11階建て以上で延べ面積1万 m^2 以上など大規模なものの管理について権原を有する者は，自衛消防組織を置き，その要員の現況その他の事項を所轄消防長又は消防署長に届け出なければな

らないとされている.

d. 防炎規制（消防法第8条の3）

　カーテン, じゅうたん等は, ライター等の小火源により着火しやすいため, 特定の防火対象物（防炎防火対象物）で使用される特定の物品（防炎対象物品）について, 一定の防炎性能を有しているものでなければ使用できないこととされている.

i. 防炎防火対象物等

　カーテン, じゅうたん等を使用する場合に, その物品が防炎性能を有していなければならない防火対象物は, 次のとおりである.

　　・高層建築物（高さ31mを超える建築物）

表 4·31　消防法施行令別表第一（要約）

（一）	イ　劇場, 映画館, 演芸場又は観覧場 ロ　公会堂又は集会場
（二）	イ　キャバレー, カフェー, ナイトクラブその他これらに類するもの ロ　遊技場又はダンスホール ハ　風俗営業等関係店舗 ニ　カラオケボックス, 個室ビデオ店等
（三）	イ　待合, 料理店その他これらに類するもの ロ　飲食店
（四）	百貨店, マーケットその他の物品販売業を営む店舗又は展示場
（五）	イ　旅館, ホテル, 宿泊所その他これらに類するもの ロ　寄宿舎, 下宿又は共同住宅
（六）	イ　次に掲げる防火対象物 　（1）病院のうち診療科等からみて火災危険が比較的高いもの 　（2）診療所のうち診療科等からみて火災危険が比較的高いもの又は4人以上の患者を入院させる施設を有するもの 　（3）（1）以外の病院又は（2）以外の診療所で入院施設のある診療所若しくは入所施設のある助産所 　（4）入院施設のない診療所又は入所施設のない助産所 ロ　次に掲げる防火対象物 　（1）老人短期入所施設, 養護老人ホーム等で宿泊を伴うもの 　（2）救護施設 　（3）乳児院 　（4）障害児入所施設 　（5）障害者支援施設等 ハ　次に掲げる防火対象物 　（1）老人デイサービスセンター, 老人福祉センター等 　（2）更生施設 　（3）助産施設, 保育所, 幼保連携型認定こども園, 児童養護施設等 　（4）児童発達支援センター, 情緒障害児短期治療施設等 　（5）身体障害者福祉センター, 障害者支援施設等 ニ　幼稚園又は特別支援学校

（七）	学校その他これらに類するもの
（八）	図書館，博物館，美術館その他これらに類するもの
（九）	イ　公衆浴場のうち，蒸気浴場，熱気浴場その他これらに類するもの ロ　イに掲げる公衆浴場以外の公衆浴場
（十）	車両の停車場又は船舶若しくは航空機の発着場（旅客の乗降等用の建築物に限る．）
（十一）	神社，寺院，教会その他これらに類するもの
（十二）	イ　工場又は作業場 ロ　映画スタジオ又はテレビスタジオ
（十三）	イ　自動車車庫又は駐車場 ロ　飛行機又は回転翼航空機の格納庫
（十四）	倉庫
（十五）	前各項に該当しない事業場
（十六）	イ　複合用途防火対象物のうち，その一部が特定用途（（一）項から（四）項まで，（五）項イ，（六）項又は（九）項イに掲げる防火対象物の用途）に供されているもの ロ　イに掲げる複合用途防火対象物以外の複合用途防火対象物
（十六の二）	地下街
（十六の三）	建築物の地階で連続して地下道に面して設けられたものと当該地下道とを合わせたもの（特定用途に供される部分が存するものに限る．）
（十七）	重要文化財，重要有形民俗文化財等の建造物
（十八）	延長五十メートル以上のアーケード
（十九）	市町村長の指定する山林
（二十）	総務省令で定める舟車

　・地下街
　・防炎防火対象物（消防法施行令別表第一（表4・33）（一）項から（四）項まで，（五）項イ，（六）項，（九）項イ，（十二）項ロおよび（十六の三）項に掲げる防火対象物）
　・工事中の建築物その他の工作物
ii．防炎対象物品
防炎規制の対象となる防炎対象物品は，次のとおりである．
　・カーテン
　・布製のブラインド
　・暗幕
　・じゅうたん等
　・展示用の合板
　・どん帳その他舞台において使用する幕
　・舞台において使用する大道具用の合板
　・工事用シート

e.　火気使用設備器具等の規制（消防法第9条）

かまど，風呂場その他火を使用する設備またはその使用に際し，火災の発生のおそれのある設備の位置，構造および管理，こんろ，こたつその他火を使用する器具またはその使用に際し，火災の発生のおそれのある器具の取扱いその他火の使用に関し火災の予防のために必要な事項は，政令で定める基準に従い市町村条例でこれを定めることとされている．

火気使用設備器具等の規制は市町村条例に委ねられているが，その基準については国が定めることとされている．

f.　消防用設備等の規制（消防法第17条〜第17条の3）

ⅰ．消防用設備等の設置・維持義務

消防用設備等の規制における基本条文は消防法第17条であり，同条第1項において「学校，病院，工場，事業場，興行場，百貨店，旅館，飲食店，地下街，複合用途防火対象物その他の防火対象物で政令で定めるものの関係者は，政令で定める消防の用に供する設備，消防用水及び消火活動上必要な施設（以下「消防用設備等」という．）について消火，避難その他の消防の活動のために必要とされる性能を有するように，政令で定める技術上の基準に従って，設置し，及び維持しなければならない．」と規定している．政令で定めるものの関係者とは，消防法施行令別表第一（表4・31）に規定する防火対象物の関係者であり，政令で定める技術上の基準とは，消防法施行令第2章第3節において一般通則的な事項および表4・31の防火対象物の各項（用途）ごとに，防火対象物の構造・規模，用途特性等から火災危険・人命危険等を勘案して，それに応じた消防用設備等のうち特定種類のものを定めて具体的に規定している．

ⅱ．消防用設備等の種類

政令で定める消防用設備等の種類は，図4・62のとおりである．

ⅲ．消防用設備等の遡及適用（消防法第17条の2の5）

消防用設備等の技術上の基準は，国民の求める安全水準の向上・技術の進展等に応じて適宜改正されてきた．既存の防火対象物にすでに設置されている消防用設備等については，設置された当時の技術上の基準に適合している限りにおいては，その後，基準改正がなされても法令の不遡及の原則により，当面は原則として改正後の技術上の基準に適合しなくてもよいこととなっている．これは，国民に対する経済負担の軽減等を考慮してのことである．改正された技術上の基準については，一定規模以上の増・改築時等の機会をとらえて既存の防火対象物にも適用することにより，時間をかけて必要な安全水準を確保していくのが原則である．この考え方は，建築基準法第3条の考え方と同様である．

しかしながら，過去における火災教訓等を踏まえ（E．のd．参照），消防用設備等の規制においては，建築基準法と異なり，常に現行基準が要求される場合がある．その内容は以下のとおりである．

・すべての防火対象物に現行基準が適用される消防用設備等（消防法第17条の2の5第1項かっこ書き）

　消防法施行令別表第一（表4・31）に掲げるすべての防火対象物に現行基準が適用される消防用設備等は，次のとおりである．

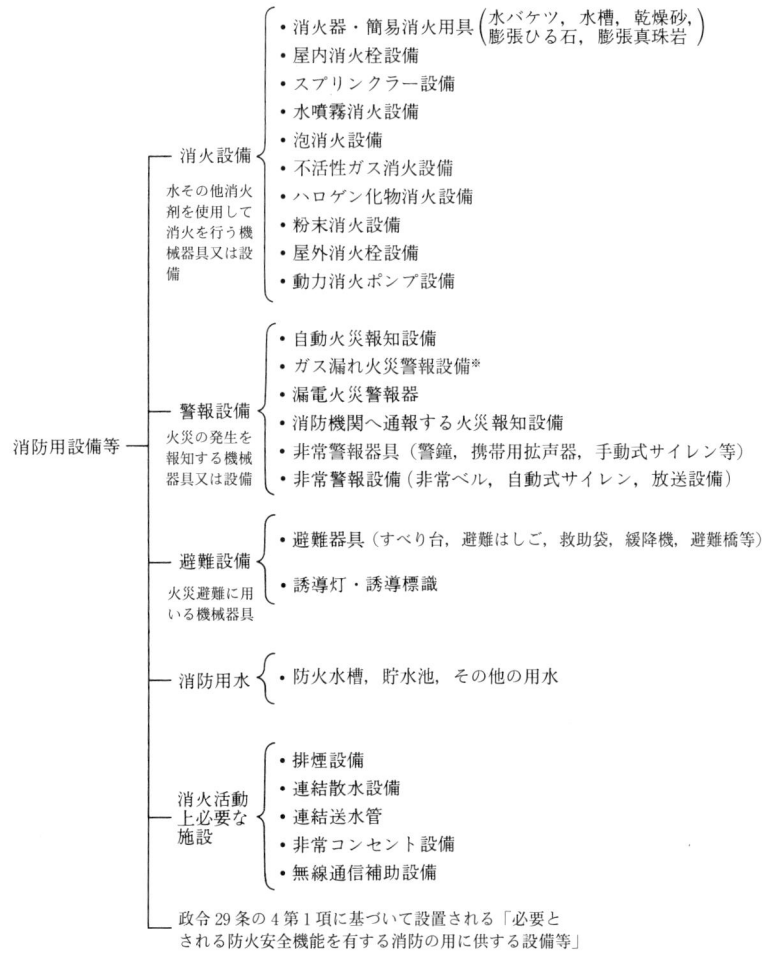

図 4·62　消防用設備等の種類（消防法施行令第7条）

① 消火器および簡易消火用具
② 避難器具
③ 自動火災報知設備（特定防火対象物及び（十七）項に掲げる防火対象物に設ける
　　もの）
④ ガス漏れ火災警報設備（特定防火対象物及びそれ以外の防火対象物で内部に温泉
　　採取設備が設置されているもの）
⑤ 漏電火災警報器

　　⑥非常警報器具および非常警報設備

　　⑦誘導灯および誘導標識

　　⑧必要とされる防火安全性能を有する消防の用に供する設備等であって，①〜⑦に類するものとして消防庁長官が定めるもの

・既存の特定防火対象物に係る消防用設備等が現行基準に適合していない場合（消防法第17条の2の5第2項第4号）

　　特定防火対象物とは，消防法施行令別表第一（表4·31）（一）項から（四）項まで，（五）項イ，（六）項，（九）項イ，（十六）項イ，（十六の二）項および（十六の三）項に掲げる防火対象物である．これらの防火対象物は不特定多数の者が利用し，または防災弱者が在館する施設等であり，これらの防火対象物から出火した場合は大きな人命危険が予想されるため，人命安全優先の観点から消防用設備等を現行基準に適合するように設置することとされている．

g. 消防設備士制度（消防法第17条の5〜第17条の14）

　消防用設備等は，火災という非常時に使用するものであるため，その機能は常に万全でなければならない．このため一定の消防用設備等の工事または整備は，消防設備士でなければ行ってはならないこととされている．消防設備士には，甲種消防設備士と乙種消防設備士があり，甲種消防設備士は消防用設備等の工事および整備を行い，乙種消防設備士は消防用設備等の整備のみを行うことができることとされている．

h. 消防の用に供する機械器具等の検定等（消防法第21条の2〜第21条の57）

　消防用設備等は，火災の際に常に的確に機能する必要があるため，生産段階でその品質を一定レベルに確保することがきわめて重要である．このような見地から，消防用設備等の全部または一部である検定対象機械器具等について検定制度が設けられている．検定対象機械器具等については検定に合格したものでなければ，販売し，または販売の目的で陳列してはならず，また，設置・変更等に係る工事に使用してはならないという，厳しい規制がある．

　現在，検定対象機械器具等として指定されているものは，次に掲げる12品目である．

〔検定対象機械器具等の種類〕

　　・消火器

　　・消火器用消火薬剤（二酸化炭素を除く）

　　・泡消火薬剤（水溶性液体用泡消火薬剤を除く）

　　・火災報知設備の感知器（火災によって生ずる熱，煙または炎を利用して自動的に火災の発生を感知するものに限る）または発信機

　　・火災報知設備またはガス漏れ火災警報設備（総務省令で定めるものを除く）に使用する中継器

　　・火災報知設備またはガス漏れ火災警報設備（総務省令で定めるものを除く）に使用する受信機

　　・住宅用防災警報器

　　・閉鎖型スプリンクラーヘッド

　　・スプリンクラー設備，水噴霧消火設備または泡消火設備（以下「スプリンクラー設

備等」，に使用する流水検知装置

- ・スプリンクラー設備等に使用する一斉開放弁（配管との接続部の内径が 300 mm を超えるものを除く）
- ・金属製避難はしご
- ・緩降機

　また，国全体の規制緩和の方針に基づき，1985（昭和60）年12月に消防法が改正され，国の定める技術上の規格に適合していることを製造業者等が自ら検査し，所定の表示を付すことができる，いわゆる自己認証制度が導入された．従来検定対象機械器具等とされていた品目のうち，自己認証制度に委ねても安全性が確保されると考えられるものについては，政令で順次自主表示対象機械器具等に移行している．現在，自主表示対象機械器具等は，以下のとおりとなっている．

- ・動力消防ポンプ
- ・消防用ホース
- ・消防用吸管
- ・消防用ホースに使用する差し込み式又はねじ式の結合金具
- ・消防用吸管に使用するねじ式の結合金具
- ・エアゾール式簡易消火具
- ・漏電火災警報器

D.　消防法における性能規定

a.　性能規定の導入

　国全体の方針に従い，2003（平成15）年6月に消防法が改正されて，消防用設備等の規制に性能規定が導入された．消防法の性能規定は，建築基準法とは異なり，従来からある仕様書規定（ルートA）を原則としつつ，新しい技術を用いるなど仕様書規定では予想していない設備等（特殊消防用設備等）については総務大臣がその性能を認めることができるようにする（ルートC）とともに，ルートCで知見を積み重ねることなどにより一定のルール化が可能になったものについてはルートAと同様の性能がある消防用設備等として認めていく（ルートB）仕組みとなっている．

b.　特殊消防用設備等の認定（ルートC）

　消防用設備等は防火対象物に設置されることによって初めてその性能が確定するため，消防用設備等の基準には，消防用設備等そのものの性能に関する基準と，その設備をどこにどのように設置するかという設置基準の組み合わせが必要である．たとえば，非常に高感度の火災感知器が開発された場合，その感知器そのものが通常の感知器以上の性能や信頼性を有していることを確認して使用を認めるだけでなく，通常の感知器に比べて設置間隔が長くてもよいことなどとも合わせて認めないと，実社会では普及しない．その場合には，防火対象物の用途，天井の高さ，壁や垂れ壁の位置などとの関係も重要になる．

　このため，特殊消防用設備等については，防火対象物ごとにその関係者が「設備等設置維持計画」に従って設置し及び維持するものとして，その都度総務大臣の認定を受けることになっている（消防法第17条第3項）．

　総務大臣は，日本消防検定協会又は総務大臣の登録を受けた法人が行う性能評価（設備等設置維持計画に従って設置し，及び維持する場合における特殊消防用設備等の性能に関する評価）に基づいて認定を行う（消防法第 17 条の 2 第 1 項）．

　特殊消防用設備等については，設置時の届出や検査，措置命令など全ての面で，消防法第 17 条第 1 項で定める消防用設備等と全く同様の位置づけとされている．一方で，特定防火対象物における遡及適用の除外措置（消防法第 17 条の 2 の 5 第 2 項第 4 号），検定制度の適用除外（消防法施行令第 37 条）及び点検報告制度の特例（消防法施行規則第 31 条の 6 第 2 項及び第 3 項並びに消防庁告示第 9 号）という 3 つの措置により，技術開発の促進と特殊消防用設備等の導入の円滑化が図られている．

c.　必要とされる防火安全性能を有する消防の用に供する設備等に関する基準（ルート B）

　消防法第 17 条第 1 項に性能規定の根拠規定が置かれたことを受け，消防法施行令第 29 条の 4 が新設された．同条第 1 項では，消防法施行令第 2 章第 3 節第 2 款から第 6 款まで（同第 10 条（消火器具）から第 29 条の 3（無線通信補助設備）まで）に規定するところによる「通常用いられる消防用設備等」に代えて，総務省令で定めるところにより消防長又は消防署長が「通常用いられる消防用設備等」と同等以上の防火安全性能を有すると認める「消防の用に供する設備等」を用いることができることとしている．ここで，「防火安全性能」は，「火災の拡大を初期に抑制する性能」，「火災時に安全に避難することを支援する性能」及び「消防隊による活動を支援する性能」の三つに整理されている．

　この総務省令がルート B と呼ばれるもので，現在以下の 6 省令が定められている．

- ・必要とされる防火安全性能を有する消防の用に供する設備等に関する省令
- ・特定共同住宅等における必要とされる防火安全性能を有する消防の用に供する設備等に関する省令
- ・特定小規模施設における必要とされる防火安全性能を有する消防の用に供する設備等に関する省令
- ・排煙設備に代えて用いることができる必要とされる防火安全性能を有する消防の用に供する設備等に関する省令
- ・複合型居住施設における必要とされる防火安全性能を有する消防の用に供する設備等に関する省令
- ・特定駐車場における必要とされる防火安全性能を有する消防の用に供する設備等に関する省令

　消防法施行令第 29 条の 4 に基づいて定められた省令に規定された設備等は，同第 7 条第 7 項により，設置時の届出や検査など全ての面で，消防法第 17 条第 1 項で定める消防用設備等と全く同様の位置づけとなった．　　　　　　　　　　　　　　　（秋山　修一・小林　恭一）

（4）建築基準法と消防法の関連性

A.　建築防火における建築基準法・消防法の役割

　建築防火において，建築基準法と消防法とはきわめて密接な関係にあり，両法の規定は，相互に車の両輪のごとく補い合いながら火災対策について規定している．建築基準法の第 1 条（目的）および消防法の第 1 条（目的）については，すでに本節（2）A および（3）A

においてそれぞれ述べているが，両法とも「国民の生命，財産の保護により，公共の福祉に資する」という目的を掲げている．建築物における火災対策の観点から，建築基準法においては主要構造部の制限（耐火構造，準耐火構造等），防火区画規定，階段・通路等の主に建築物自体の構造面から規定しており，消防法では消防用設備等，防火管理等の面を主に規定しているといえるであろう．火災進展フェーズからみた施設・設備等の規制に係る建築基準法と消防法の相関関係を図4・63に示すが，これをみても両法の密接な関連性と両法の役割が理解できるであろう．

B.　手続き規定の関連性

建築基準法と消防法とが，手続き規定において密接な関連性をもつ一例に，建築許可・確認制度と消防同意制度をあげることができる．建築基準法第93条に「特定行政庁，建築主事又は指定確認検査機関は，この法律の規定による許可又は確認をする場合においては，当該許可又は確認に係る建築物の工事施工地又は所在地を管轄する消防長又は消防署長の同意を得なければ，当該許可又は確認をすることができない……」と規定している．消防法においては第7条において同様な規定があり，さらにただし書きとして，「同意を求められた場合において，当該建築物の計画が法律又はこれに基づく命令若しくは条例の規定で建築物の防火に関するものに違反しないものであるときは，一定期間内に同意を与えて，その旨を当該行政庁若しくはその委任を受けた者又は指定確認検査機関に通知し，同意することができない事由があると認めるときも，一定期間内に通知しなければならない」旨規定されている．

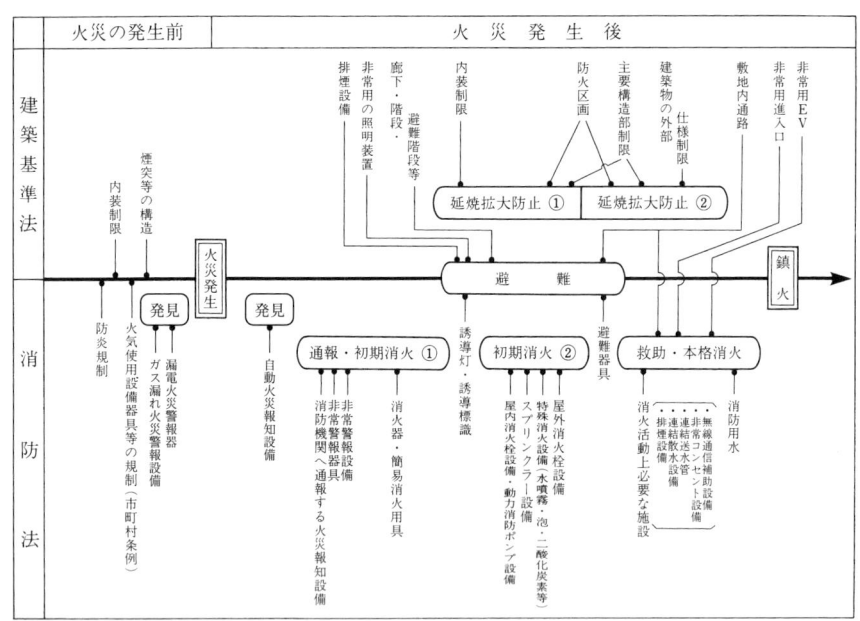

図 4・63　火災進展フェーズからみた施設・設備等の規制に係る建築基準法・消防法の相関関係図

　これは両法が建築防火に密接に関係していることから，一つの手続きにより，建築主事等と消防機関の双方が防火についてそれぞれの観点から有効にチェックを行う制度として設けられたものである．

　また，両法において措置命令の規定（建築基準法第9条・第10条等，消防法第5条等）が設けられており，両者の行政部局が密接な連携をとりあって適正な安全対策がとられるよう位置づけられている．

C.　技術基準の関連性

　建築基準法および消防法における技術基準の関連性は，以下のとおりである．

a.　建築構造等

ⅰ.　内装制限と防炎規制

　建築基準法で規定する内装制限（建築基準法第35条の2）は，建築物の構成部位である壁・天井に対する規制であり，火災の発生・成長の抑制および火災発生時の煙・有毒ガスの低減化により，火災初期における避難安全の確保を目的としたものであり，不燃材料・準不燃材料等が防火材料として指定されている．

　これに対し，消防法で規定する防炎規制（消防法第8条の3）は，カーテン，暗幕，じゅうたん等の物品に一定の防炎性能を持たせ，マッチ，ライター等の小火源からの出火防止を目的とした規制である．

ⅱ.　非常用進入口・非常用エレベーター

　非常用進入口は，建築物の高さ31 m以下の部分にある3階以上の階に設けられるものであり，非常用エレベーターは原則として高さ31 mを超える高層建築物に設けられるものである．どちらも公設消防隊による救出活動・消火活動に使用されるものであるが，双方とも建築基準法（第34条，第35条）で規定されている．

ⅲ.　中央管理室と防災センター等

　中央管理室は，建築基準法施行令第20条の2第2号に規定されており，その機能等を含め規定内容は表4・32のとおりである．また，消防法令では，高層建築物・大規模建築物等における消防用設備等（屋内消火栓設備・スプリンクラー設備，自動火災報知設備等）に係る監視，操作等を行う総合操作盤を防災センター，中央管理室，守衛室等に設けることとされている．

　これは，これら防火対象物にあっては，各種の消防用設備等が設置されるとともに，その監視または防護すべき部分も広範囲・多岐にわたることとなることから，個々の消防用設備等が設置されている場所のみでは，火災発生時において迅速，かつ的確な対応が十分に行えないことが予想されるからである．

　なお，防災センター等については，消防法施行規則第12条（屋内消火栓設備に関する基準の細目）第1項第8号で，「総合操作盤（消防用設備等又は特殊消防用設備等の監視，操作等を行うために必要な機能を有する設備をいう．）を，消防庁長官が定めるところにより，当該設備を設置している防火対象物の防災センター（総合操作盤その他これに類する設備により，防火対象物の消防用設備等又は特殊消防用設備等その他これらに類する防災のための設備を管理する場所をいう．），中央管理室（建築基準法施行令第20条の2第2号に規定す

表 4・32　建築基準法令で規定する中央管理室の規制概要

設置対象	機械換気設備を有する次の建築物（建基令 20 条の 2）①高さ 31 メートルを超えるもの（非常用 EV の設置対象）②地下街（各構えの合計が 1000 m² を超えるもの）	
設置位置等	設置位置	次のいずれかに該当（建基令 20 条の 2）①当該建築物内②同一敷地内の他の建築物内③一団地内の他の建築物内⇒管理事務所，守衛所その他常時当該建築物を管理する者が勤務する場所
	設置階	次のいずれかに該当①避難階　②避難階の直上階　③避難階の直下階
	機　能	①機械換気設備の制御・作動状態の監視（建基令 20 条の 2）②中央管理方式の空気調和設備の制御・作動状態の監視（建基令 20 条の 2）③排煙設備の制御・作動状態の監視（建基令 126 条の 3）④非常用 EV のかごを呼び戻す装置の作動（建基令 129 条の 13 の 3）⑤非常用 EV のかご内と連絡する電話装置（建基令 129 条の 13 の 3）

る中央管理室をいう），守衛室その他これらに類する場所（常時人がいる場所に限る．以下「防災センター等」という．）に設けること」として，定義されている．

　iv．無窓居室・無窓階

　建築物の開口部は，衛生上，防火・避難上等の観点から，採光，換気，排煙，避難，消火・救助活動等のために必要であり，建築基準法および消防法においてそれぞれ大きさ等の規定がある．開口部によっては，一律に最低限の大きさを確保しなければならないもの（出入口扉，非常用進入口の進入開口部等）もあるが，必要な開口部が確保されない場合には，防災施設設備等の強化規定が設けられている．

　建築基準法では，第 35 条，第 35 条の 2，第 35 条の 3 等で「政令で定める窓その他の開口部を有しない居室」という規定があり，一般に「無窓（の）居室」とよばれている．

　無窓居室を有する建築物にあっては，直通階段の設置，排煙設備，非常用の照明装置，内装制限，主要構造部制限等において強化規定が設けられている．

　また，消防法では，消防法施行令第 10 条第 1 項第 5 号に「無窓階（建築物の地上階のうち，総務省令で定める避難上又は消火活動上有効な開口部を有しない階をいう）」と無窓階の定義がされており，無窓階になると消火器をはじめとする消火設備，警報設備，避難設備，排煙設備の設置基準が厳しくなっている．

　v．火気使用室と火気使用設備器具

　火気使用室は，燃焼設備を使用することにより火災の危険性が高いこと，室内空気が汚染されることから建築基準法では内装制限（法第 35 条の 2）および換気設備（法第 28 条第 3 項）について規定している．一方，消防法では第 9 条で，火気使用設備の位置・構造・管理および火気使用器具の取扱いについては，政令で定める基準に従い市町村の条例で規制するよう規定している．

b. 建築設備と消防用設備等

ⅰ. 非常用の照明装置・誘導灯

火災時における避難が円滑に行えることをねらいとして，建築基準法に非常用の照明装置の規定（建築基準法施行令第126条の4，第126条の5）が，また，消防法には誘導灯の規定（消防法施行令第26条）がある．どちらも火災の際の停電等により暗くなった建築物内で円滑に避難することができるよう技術基準が定められている．

非常用の照明装置は，通常時は点灯していなくてもよいが，停電になると自動的に点灯する照明装置である．一方，誘導灯は，明るさの確保とともに避難方向を示すことが主要な役割であるため，通常時に利用者に避難方向を記憶させることを意図し，原則として常時点灯しておき，停電時においては自動的に非常電源により点灯を継続することを求めている（客席の避難口誘導灯などについては，一定の条件のもとに特例により，平常時消灯が可の場合がある）．

非常用の照明装置と誘導灯とは，明るさの確保という点では機能が重複するため，階段部分に設ける通路誘導灯などについては，建築基準法による非常用の照明装置が設けられていれば，別途設ける必要がないとして運用される場合もある．

ⅱ. 排煙設備

排煙設備については，建築基準法（建築基準法施行令第126条の2，第126条の3）と消防法（消防法施行令第28条）に規定があり，それぞれ通称「建築排煙」，「消防排煙」といわれている．建築排煙は火災時に発生する煙により，在館者の避難が阻害されない目的で設けられるものであり，1971（昭和46）年1月1日から施行されている．また，消防排煙は煙を排出することにより消防隊の消火活動を円滑に行うべき目的で設けられる消火活動上必要な施設として位置づけられ，1961（昭和36）年4月1日から施行されている．このため，一つの建築物に建築排煙と消防排煙の両方が規定されることがあるが，建築排煙のほうが構造等の技術基準が細かく規定されており，消防排煙が設置対象となる建築物において，建築排煙の設備が設けられている部分については，原則として，別途消防排煙を設けなくてもよいとして運用されている．

ⅲ. 予備電源・非常電源

火災時には熱による電気配線の短絡などで停電となることが多いが，火災時に用いられる設備が停電により使用できなくては，本来の役目を果せない．このため電気をエネルギーとして用いる防災設備（建築基準法で規定する非常用の照明装置・非常用エレベーター等，消防法で規定する誘導灯・屋内消火栓設備，スプリンクラー設備，自動火災報知設備等）には，通常電源が停電となっても切替送電が可能な電源が必要となる．このような電源には，蓄電池設備，自家発電設備等がある．建築基準法では予備電源，消防法では非常電源と表現されているが，内容的には同様のものである．

c. 建築構造と消防用設備等の補完性

建築基準法と消防法はそれぞれ別の法律として，法体系を構成しているが，技術基準において，お互いに補完し合っている部分がある．その内容については，以下のとおりである．

ⅰ. 自動消火設備（スプリンクラー設備等）の設置による建築基準法上の防火・避難規定

の補完性

・防火区画

　　スプリンクラー設備等の自動消火設備を設けた場合は，防火区画の面積が2倍に緩和される（建築基準法施行令第112条第1項等）．

・内装制限

　　スプリンクラー設備等の自動消火設備と建築基準法上の排煙設備を設置した部分については，内装制限は適用されない（建築基準法施行令第128条の5第7項）．

ii．建築基準法上の防火・避難措置による消防法上の消防用設備等の補完性

・設置単位

　　開口部のない耐火構造の床または壁で区画されているときは，その区画された部分は，消防用設備等の設置にあたって，それぞれ別の防火対象物とみなす（消防法施行令第8条）．

・設置基準の緩和

　　①主要構造部を耐火構造とし，内装制限をすることにより，消火器の能力単位数値の2倍緩和措置（消防法施行規則第6条第2項）．

　　②主要構造部を耐火構造とした建築物または準耐火建築物とし，これらと内装制限とを組み合せることによる，屋内消火栓設備及びラック式倉庫に係るスプリンクラー設備の設置必要面積の緩和措置（2倍または3倍）（消防法施行令第11条第2項，同第12条第4項）．

　　③主要構造部を耐火構造とし，一定条件に適合する区画（開口部規制・内装制限等）を行うことによるスプリンクラー設備の設置免除措置（消防法施行令第12条第1項・消防法施行規則第12条の2・同13条）．

　　④主要構造部が耐火構造であり，一定条件に適合する避難措置（階段構造・開口部規制・内装制限等）がされている場合の避難器具の減免措置（消防法施行規則第26条）．

　　⑤主要構造部が耐火構造であり，一定条件に適合する区画（開口部規制等）を行うことによる連結散水設備の散水ヘッドの設置免除措置（消防法施行規則第30条の2）．

（秋山　修一・小林　恭一）

文　　献

〔4・1〕

1）防災行政研究会編：11訂版火災報告取扱要領ハンドブック，東京法令出版

2）吉村　修："火災報告取扱要領の改正について，"火災，Vol. 44, No. 6, pp. 38-43（1994）

3）総務省消防庁：消防白書

4）消防庁防災情報室：火災年報

5）消防庁予防課：火災の実態について

〔4・2〕

1）藤井幸雄ら：大火の統計と発生時の気圧パターン解析：火災，Vol. 29, No. 1.

2) 総務省消防庁：消防白書

3) 東京消防研究会：火災における延焼速度, 東京消防研究会 (1942)

4) 畠山久尚：火災と気象, 全国加除法令出版 (1978)

5) 山下邦博：林野火災の飛火延焼に関する研究, 消防研究所研究資料 (1988)

6) 井上 桂：日本の林野火災と消防に関する問題点, 火災誌, Vol.13, No1. (1963)

7) 全国消防長会：林野火災消防活動対策に関する中間方向 (1984.10)

8) 山下邦博：林内可燃物の火災危険について, 日本火災学会論文集, Vol.37, No.1 (1987)

9) 畠山久尚：山火事の天気図, 火災誌, Vol.35, No.2 (1985)

10) 消防庁：林野火災の消防対策について, 近代消防 (1967)

11) 林野庁：日本における林野火災と対策の概要 (1975)

12) 佐々木弘明：林野火災県別出火率と県内出火湿度, 火災誌, Vol.33, No.2 (1983)

13) 佐々木弘明, 笹原邦夫：林野火災の出火率とその温度依存性, 火災誌, Vol.32, No.5 (1982)

14) 畠山久尚：気象と火災再論—東北地方の山火事に関連して—, 火災, Vol.33, No.3 (1983)

15) 消防大学校：気象と災害, 消防科学センター

16) 佐々木弘明, 笹原邦夫：林野火災の出火率と温度依存性, 火災, Vol.32, No.5 (1982)

17) 亀井幸次郎：大火に関する研究

18) 浜田稔：火災の延焼速度について, 災害の研究（1）

19) 中田金市編：火災, 共立出版 (1969)

20) 塩谷正雄：強風に関する研究

21) 吉野正敏：小気候, 地人書館 (1961)

22) 公平秀蔵, 中沖豊：林野火災ハンドブック, 宏林タイムス社 (1971)

23) 畠山久尚：気象災害, 共立出版 (1966)

24) 相馬清二：強風の乱流構造, 気象集誌, Vol.42, No6. (1964)

25) 塩谷正雄：強風の性質, 開発社 (1981)

26) 山下邦博：火災旋風, 火災, Vol.24, No.4 (1974)

27) 相馬清二：たつ巻と火災旋風, 建築防災 (1980)

28) 気象庁, 気象観測の手引き (1998)

29) 諸井孝文, 武村雅之：歴史地震, No.22, pp.109-115 (2007)

30) 和歌山市役所, 和歌山市戦災史 (1956)

31) J. R. McDonald and K. C. Mehta, A recommendation for an enhanced Fujita scale (EF-Scale), Wind science and engineering center, Texas Tech University (2006)

〔4・3〕

1) 消防庁：消防白書（昭和23～平成7年版）

2) 荒川秀俊：災害の歴史, 至文堂 (1964)

3) 竹内吉平：火との斗い（江戸時代編）, 全国加除法令出版 (1992)

4) 日本消防新聞社編, 藤野至人：日本火災史と外国火災史, 原書房 (1977)

5) 魚谷増男：消防の歴史四百年, 全国加除法令出版 (1965)

6) 菅原進一：都市の大火と防火計画－その歴史と対策の歩み－, 共立出版 (2003)

7) 東京消防庁行政研究会編：火災の実態からみた危険性の分析と評価－特異火災事例112－, 全国加除法令出版 (1981)

8) World Almanac 1981年版, Reader's Digest 社

9) 安全技術ニュース, 安田火災海上保険社

10) Fire Jounal（米国, 月刊）

11）P. R. Lyins：Fire in America, NFPA 出版（1976）

12）警視庁：警視庁統計書　火災編　原因の部

13）高橋　太：出火原因ワースト 10 の変遷，予防時報 122 号（1980）

14）日本損害保険協会：世界の重大災害（1993）

15）保険毎日新聞：世界の自然災害・巨大災害，1991 ～ 1993

16）東京消防庁：火災の実態，昭和 51 年～平成 7 年

17）日本火災学会編：火災便覧―新版―，pp. 1535 - 1545，共立出版（1984）

18）建築学大系編集委員会編：建築学体系 21，建築防火論，彰国社（1973）

19）水越義幸：新版図解建築法規，新日本法規出版（1975）

20）高橋　清：月刊消防，1988 年 1 月号～ 6 月号，防火規定の変遷（1）～（完），東京法令出版

21）小林恭一：社会のニーズに対応した消防法令改正の歴史とその効果，空気調和・衛生工学（2015）

22）小林恭一：消防用設備等の性能規定化の施行にあたって，火災（271 号），Vol. 54, No. 4（2004）

23）小林恭一：火災年表（国内，明治以降），環境・災害・事故の事典（平野敏右ほか編），pp. 510 - 522，丸善（2001）

第5章 建物火災

5・1 概　　説

　建物火災とは，建築物に関わる火災をいう．建築物は，建築基準法第2条1項に，「土地に定着する工作物のうち，屋根及び柱若しくは壁を有するもの，これに附属する門若しくはへい，観覧のための工作物又は地下若しくは高架の工作物内に設ける事務所，店舗，興行場，倉庫その他これらに類する施設（鉄道及び軌道の線路敷地内の運転保安施設並びに跨線橋，プラットホームの上屋，貯蔵槽その他これらに類する施設を除く.）をいい，建築設備を含むものとする」と規定されている．定義に忠実であれば，宇宙の工作物などは含まれない．建築物は，電気製品などと異なり人が出入りする空間で形態も多彩である．火災現象の視点から，建築空間の特徴を分ければ，次のようになる．

　　1）建築物の形状：高さ（深さ）・床面積・空間構成・階数
　　2）火源：火気器具・使用燃料・配置
　　3）可燃物（室の用途）：内外装材料も含めた収納可燃物の質・量・配置
　　4）開口部：数・配置・寸法・防火性
　　5）建物の構造：耐火性・防火性
　　6）在館者：特性・人数

　建築空間における火災は，上記の各要素が複雑に絡み合った現象であり，その性状を解析することはかなり困難であるが，区画火災として実用化できる程度に単純化し，火災の成長過程を予測する手法開発も進展しており，第3章に示す通りである．

　最近の建築物は，大規模でしかも複合的なものも多い．これらはいくつかの用途に区分され全体としては1つの建物というコンセプトである．こうした建築物の火災性状は，出火室（区画）の火災の激しさ，そこからの熱煙流の拡散を順次予測することにより記述されるが，単純ではない．本章では，建物単体の火災の特徴を物理化学的視点から，その進展過程に沿って解説し，合わせて建物の主な用途（住宅，ホテル，デパート，病院，百貨店，劇場，倉庫など）別の火災の特性についても述べることとした．また，出火・拡大現象については，統計的に見た火災の実態を知ることも大切なので，こうした内容も述べた．

（菅原　進一・成瀬　友宏）

5・2　建物火災の特徴

5・2・1　建物火災の進展

　出火室内では，着火物の発炎燃焼に続いて燃焼拡大が起こる．この燃焼拡大は，無炎燃焼より早い．出火直後の燃焼範囲は小さく，燃焼によって形成される火炎は，一般には層流から乱流への遷移域であるか乱流の拡散火炎であり，燃焼範囲が小さいため火炎の高さも低い．また，室内の酸素も十分で周囲環境から受ける影響は少ない．

　こんろ等により長期に加熱されて壁内から出火するなどの場合を除いて，着火物の燃焼拡

大が進むと，出火源近くにある可燃物は，火炎や熱気流からの加熱や接炎により着火する．そして，開口部があり空気の流通があると，さらに燃焼拡大して火災が進行する．

　出火場所が耐火性能を持つ室内である場合，火災初期以降の燃焼性状は，通常の可燃物の燃焼とは異なる非常に特徴的な性状を示す．燃焼には，燃料，空気または酸素とエネルギーの3要素が必要である．出火場所が屋外であると，風などの気象条件に影響は受けるもののマクロには燃料が完全燃焼するのに必要な空気量は制限を受けず，燃料である可燃物に支配される燃料支配型の燃焼となる．これに対し，耐火性を持つ建物では，開口部での浮力に基づく換気によって室内への空気量が制限され，燃焼に必要な空気量が不足する換気支配型の燃焼を示す場合がある．もちろん，火災のごく初期のように室内の可燃物からの熱分解ガス（燃料）量が少なく，室内への流入空気が十分な空気過剰率を示す量であれば，屋外と同じように燃料支配型の燃焼となる．通常，可燃物が多い区画火災時は，火災のごく初期に燃料支配型を示し，火災の成長あるいはフラッシュオーバーとともに換気支配型を示すのが一般的である．

　一方，今日のような機密性の高い開口部や防火設備を持つ区画内で，開口部が閉められた状態において出火した際は，出火後しばらくすると室内の酸素が消費されて酸欠燃焼を起こすこともあり，開口部の状態や破損はその後の火災の進展を大きく左右する．

　また，火災初期の燃焼拡大期における火炎性状や材料の諸性状は，火災室内という環境から大きな影響を受け，図5·1に示すとおり，燃焼性，発煙性，発ガス性など材料の高温性状は，煙拡散現象や避難行動，延焼拡大などに深く関わっている．

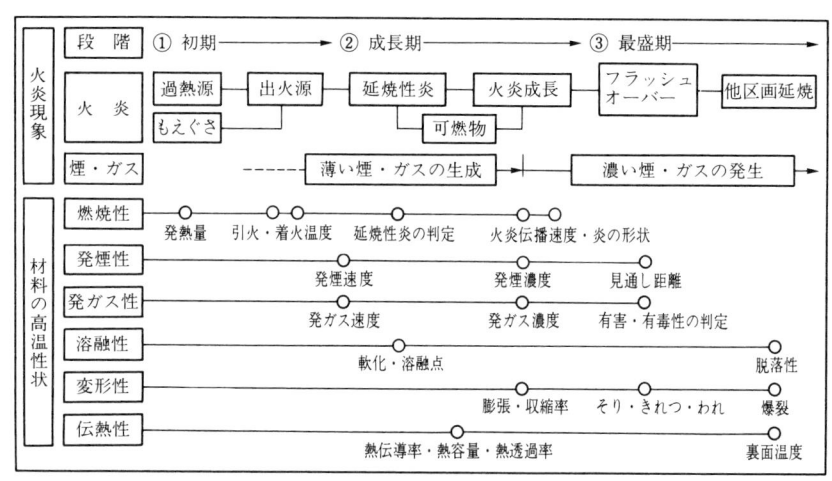

図 5·1　火災の進行段階と材料の高温性状[2]

（1）小空間建物の火災性状

　火災初期における室内の環境の変化には，温度上昇や高温ガスからの受熱，O_2の減少やCO や CO_2 増加などの窒息性ガス，刺激性ガスの発生，さらに煙の発生による心理・生理的

なものがある．火災初期から盛期にわたる火災性状を系統的な実験によって検討しているので，以下に紹介する．

　この実験は和室の防火性向上を目的として実施されたもので，内外装に防火的仕様を施した約 10 m² 程度の和室形態・単室モデル（真壁造）の木造住宅 5 棟を試作し，実大実験を通して，これらの建物の防火性を検証したものである．特に，この実験の注目するところは，実験建物が小規模なために建物の重量を測定することが可能であることから，実験中の燃焼による重量減少を測定しているところにある．

A. 実験建物の概要

　実験建物は在来工法による木造平屋建て床面積約 10 m² の小空間住宅 5 棟である．平面は図 5・2（a）に示すように 4.5 畳に押入と踏み込みを付帯したもので，5 棟とも同一平面である．同断面は同図（b）に示すとおりで，鉄骨架台の上に木架台を配し，その上に ALC 版を敷いて土台から上の建物を載せている．また，重量を測定するために図にあるように鉄骨架台と木架台の中間にロードセルを均等に 4 個配置している．建物内外の仕上げを表 5・1 に示すが，No. 1 は，一般に施工されている和室の仕上げ工法を採用しており，特に，上階延焼経路を検討するために他の 4 棟より小屋裏部分を高くとり，ここに 2 階部分に相当する室内を造成している．同様の理由で小屋裏の押入，居室の小屋裏境には石こうボード 12 mm 厚による区画が施工されている．

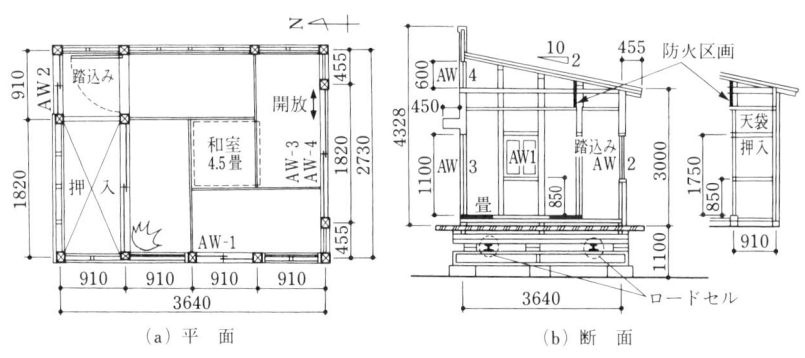

図 5・2　実験建物[1]

B. 建物重量と可燃物

　積載可燃物の条件を同一にするため，家具や押入可燃物は表 5・2 の備考欄に示すようにタルキ，合板等で重量および形状を統一してある．重量の基準は既往の実験値に合わせ 30 kg/m² としている．建物の総重量および可燃系，不燃系等のそれぞれの重量合計は表 5・5 に示すとおりである．

C. 実験条件等

　a. 点火方法　　点火源の種類，大きさ等および点火方法は従来の実験にそろえている．点火源の位置は図示の箇所で，ふすまおよび壁よりそれぞれ 5 cm 離して配置されている．

　b. 開口部条件　　開口部の開閉状況は図に併記されたように AW-3 のサッシ 1 枚の 1/2

表 5·1　実験建物内外仕上げ表[1]

部位	実験棟記号	No. 1	No. 2
屋根	仕上げ	瓦　葺	瓦　葺
	下地	木野地板　⑦12	合板野地板　⑦12
外壁		防火構造*1)	防火構造*1)
軒裏		防火構造*1)	防火構造*1)
霧よけヒサシ		無	有　ヒサシ出　455
2階相当床		パーティクルボード　⑦30	無
断熱材	外壁	無	グラスウール　⑦50
	天井	無	グラスウール　⑦50
外周開口部*2)	AW-1	アルミサッシ　⑦1.2 ガラス　⑦5	アルミサッシ　⑦1.2 ガラス　網入　⑦6.8
	AW-2	アルミサッシ　⑦1.2 ガラス　網入　⑦6.8	アルミサッシ　⑦1.2 ガラス　網入　⑦6.8
	AW-3	アルミサッシ　⑦1.2 ガラス　⑦5	アルミサッシ　⑦1.2 ガラス　⑦5
	AW-4	アルミサッシ　⑦1.8 ガラス　⑦5	アルミサッシ　⑦1.8 ガラス　⑦5
天井*3)	4.5畳	天井用化粧合板　⑦2.7	石こうボード捨張　⑦9 難燃合板張　⑦5.5
	踏込み	合板捨張　⑦3 軟質繊維板　⑦12	石こうボード捨張　⑦9 難燃合板張　⑦5.5
	押入	普通合板　⑦ 天袋合板　35.5	難燃合板　⑦5.5 天袋床合板　⑦5.5
内壁	4.5畳 A面	ガラスボード下地　⑦7 下・中塗　⑦6 上塗　⑦2	ガラスボード下地　⑦9 下・中塗　⑦12 上塗　⑦2
	4.5畳 B面	ガラスボード下地　⑦7 下・中塗　⑦6 上塗　⑦2	ガラスボード下地　⑦9 下・中塗　⑦12 上塗　⑦2
	踏込み	パーティクルボード　⑦12	ラスボード下地　⑦9 下・中塗　⑦12 上塗　⑦2
	押入	普通合板　⑦3	難燃合板　⑦5.5
内開口部	ドア	普通合板フラッシュ戸 ペイント仕上げ　⑦2.5	難燃合板フラッシュ戸　⑦5.5
	ふすま	既成品	1枚　既成品 1枚　難燃ふすま
備考		1.　2階床想定床組*4) 2.　小屋裏区画*4) 　　石こうボード　⑦12	一般小屋組 小屋裏区画 　石こうボード　⑦12

*1)防火構造：パーライト板⑦8＋フレキシブル板⑦4，No. 5のみケイ
*2)外周開口部：アルミニウムサッシ⑦は，障子部の最小肉厚部分の寸法，
*3)No. 4─4.5畳の野縁を除き，他はすべて木野縁ⓐ455
*4)No.1小屋裏内の内装は壁，天井ともに合板⑦3，区画部分は室内

No. 3		No. 4		No. 5	
鉄板瓦棒葺		鉄板瓦棒葺		鉄板瓦棒葺	
木野地板	⑦ 12	木野地板	⑦ 12	木野地板	⑦ 12
防火構造*¹⁾		防火構造*¹⁾		防火構造*¹⁾	
防火構造*¹⁾		防火構造*¹⁾		防火構造*¹⁾	
無		有　ヒサシ出	455	無	
無		無		無	
グラスウール	⑦ 50	ロックウール	⑦ 50	グラスウール	⑦ 50
グラスウール	⑦ 50	ロックウール	⑦ 50	グラスウール	⑦ 50
アルミサッシ	⑦ 1.8	アルミサッシ	⑦ 1.8	アルミサッシ	⑦ 1.8
ガラス	⑦ 5	ガラス　網入	⑦ 6.8	ガラス　網入	⑦ 6.8
アルミサッシ	⑦ 1.2	アルミサッシ	⑦ 1.2	アルミサッシ	⑦ 1.2
ガラス　網入	⑦ 6.8	ガラス　網入	⑦ 6.8	ガラス　網入	⑦ 6.8
アルミサッシ	⑦ 1.8	アルミサッシ	⑦ 1.8	アルミサッシ	⑦ 1.8
ガラス　網入	⑦ 6.8	ガラス	⑦ 5	ガラス　網入	⑦ 6.8
アルミサッシ	⑦ 1.8	アルミサッシ	⑦ 1.8	アルミサッシ	⑦ 1.8
ガラス	⑦ 5	ガラス	⑦ 5	ガラス	⑦ 5
パーライト板　塩ビシート張	⑦ 10	ロックウール板　VCクロス張　目すかしバー吊金具方式	⑦ 15	繊維石こうボード　木目壁紙　サオ縁天井	⑦ 12
パーライト板　（仕上げなし）	⑦ 10	ロックウール吸音板　石こうボード下地	⑦ 9 ⑦ 9	繊維石こうボード　ペイント仕上げ	⑦ 12
パーライト板（仕上げなし）　天袋床合板　＋パーライト	⑦ 10 ⑦ 5.5 ⑦ 6.0	ロックウール　シージング板　天袋床合板	⑦ 12 ⑦ 5.5	繊維石こうボード　（仕上げなし）　天袋床合板	⑦ 12 ⑦ 5.5
ケイカル板　クロス張	⑦ 10	（大　壁）　ロックウール板　ガラスクロス張	⑦ 12	繊維石こうボード　クロス張	⑦ 12
ケイカル板　新ジュラク	⑦ 8 ⑦ 2	（真　壁）　ロックウールシージング板　無機塗壁材	⑦ 12 ⑦ 2	繊維石こうボード　クロス張	⑦ 12
ケイカル板　（仕上げなし）	⑦ 10	（大　壁）　ロックウール板　ガラスクロス張	⑦ 12	繊維石こうボード　クロス張　ペイント仕上げ	⑦ 12
ケイカル板　（仕上げなし）	⑦ 10	（真　壁）　ロックウールシージング板	⑦ 12	繊維石こうボード　（仕上げなし）	⑦ 12
ロックセルボード，戸　ふすま片面合板　片面ふすま紙（枠・防火塗料）	⑦ 2.7	普通合板ペイント仕上げ　ロックウール	⑦ 2.5 30	難燃合板　ロックセルボード　フラッシュ戸	⑦ 5.5 20
1枚　既成品　1枚　難燃ふすま		1枚　既成品　1枚　難燃ふすま		1枚　既成品　1枚　難燃ふすま	
一般小屋組　小屋裏防火区画　石こうボード	⑦ 12	一般小屋組　小屋裏区画　石こうボード	⑦ 12	一般小屋組　小屋裏区画　石こうボード	⑦ 12

カル板⑦　8＋フレキシブル板⑦　4
ガラスはすべて透明とする.

と押入・踏込み境（共通）

表 5·2　実験建物重量[1]   (kg)

実験建物	可　燃　物　系			不　燃　物　系			架台重量	合　計	備　　考
	積載荷重	固定荷重	小　計	積載荷重	固定荷重	小　計			
No. 1		1654.0	1974.6	131.7	1892.7	2024.4		5578.0	可燃物は合板および
No. 2		1409.5	1730.1	125.1	1895.8	2020.9		5330.0	タルキ材35×42mm
No. 3	320.6	1245.0	1565.6	124.9	1204.5	1329.1	1579.0	4474.0	室　内　126.6
No. 4		1218.2	1538.8	124.0	1214.2	1336.2		4454.0	押入内　187.1
No. 5		1255.4	1576.5	124.9	1177.6	1302.5		4458.0	点火源　　6.9
									計　　320.6

だけ開き，他はすべて閉鎖している．

 c. 当日の気象条件　　表 5·3 に示すように風速が不安定であるが，No. 3～No. 5 は他の実験と異なり強風下の実験となっている．

 d. 実験項目　　建物内の温度，燃焼速度（重量減少），圧力，煙濃度，ガス濃度，マウス動態，火害状態などの項目について測定している．

 e. 実験時間　　火害の調査の必要から No. 1 (26分)を除きすべて 30 分で消火している．これは通常の火災において，木造の区画性能を 30 分と設定したことによる．

表 5·3　実験中の気象条件[1]

実験建物	日　　時	風　向	平均風速 (m/sec)	瞬間最大風速 (m/sec)	気温 (℃)	湿度 (%)
No. 1	21日　13：00～13：30	北 後　南	1.8	5.4	8.3	28.5
No. 2	21日　　9：00～ 9：30	北北西	3.3	8.6	3.4	—
No. 3	22日　　9：00～ 9：30	〃	4.6	13.0	3.0	—
No. 4	22日　13：00～13：30	〃	4.7	11.8	6.3	30.5
No. 5	23日　　9：00～ 9：30	北　西	3.7	10.0	5.4	—

D.　火災性状

 実験室内の温度，開口上部における O_2 と CO_2 と CO 濃度，重量減少と開口部における流入空気の流速の時間変化を図 5·3 に示す．

 a. 建物内の燃え方と温度　　各実験とも建物が比較的小さな空間であることと，点火条件が統一されているために点火から着火物の燃焼による温度上昇（プレフラッシュオーバー）までの温度変化は同じ傾向を示している．火源と着火材である立ち上り材（ふすま）の距離がないこと，立ち上り材が燃えやすことから点火後約 1 分で天井に着火し，その後 30 秒から 2 分すると室内の温度は急激に上昇する．この時点では，表 5·4 に示すとおり，No. 2 を除いて，室内温度が 600～700℃ に上昇しているが，床面付近の温度の平均は 80～230℃ であるため，室内の上部は火煙に包まれているものの，床面全体への延焼拡大は起こっていないものと判断できる．

 ところで，開口から流入する空気量 m_{air} は，開口部にベルヌーイの法則を適用し，単位

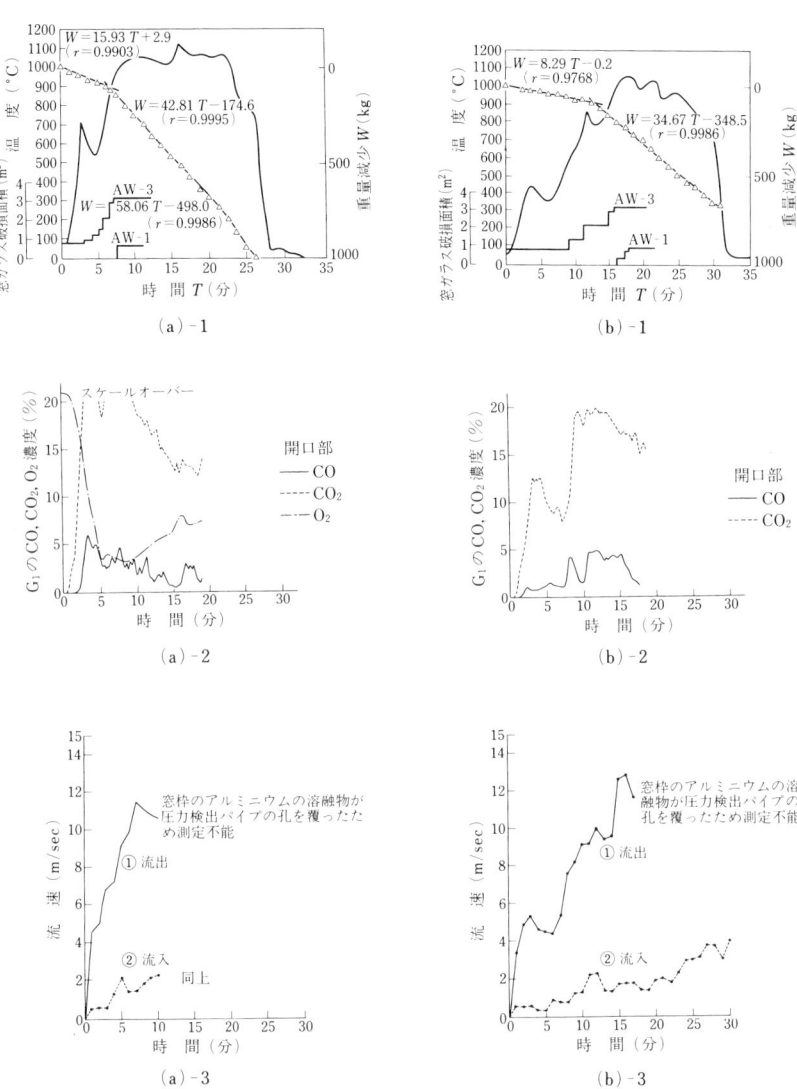

図 5·3　実験結果[1,3]

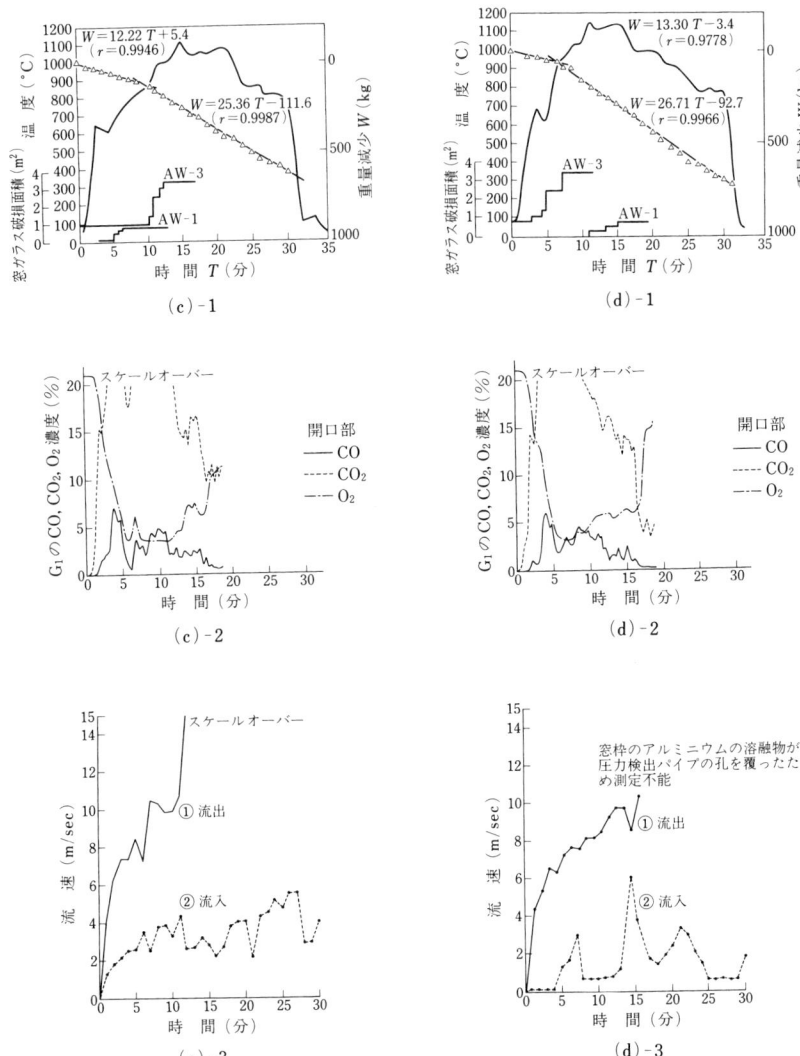

図 5·3　(つづき)

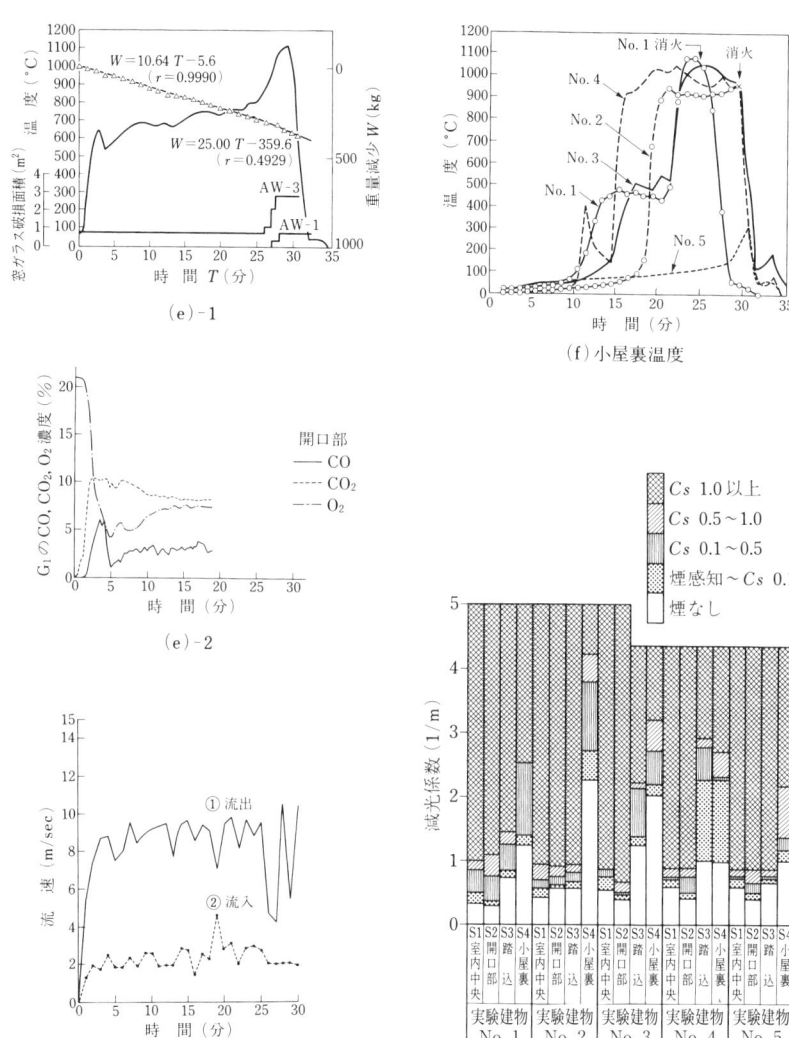

(e)-1

(f) 小屋裏温度

(e)-2

(e)-3

(g) 煙濃度

図 5·3　（つづき）

時間あたりの流出ガス量が流入空気量と可燃物の熱分解量（燃焼速度 R で表す）の和と等しくなることから式（5・1）と（5・2）で示される．一般に m_{air} は R に比べてかなり大きいので，式（5・2）の分母にある R/m_{air} は無視できることから，常温 T_0 と火災室内温度 T_g の比 T_g/T_0 と関数 $f(T_g)$ との関係は図5・4のとおりである．この結果から，$230℃ \leqq T_g \leqq 1200℃$ の範囲では $f(T_g)$ の変化はあまり大きくなく，$0.2 \leqq f(T_g) \leqq 0.214$ となるので，近似的には $f(T_g)$ は一定とみなせる．そこで，$f(T_g)＝0.214$ とすると，式（5・1）は式（5・3）のように表せる．

$$m_{air}＝\frac{2}{3} C_d \rho_0 \sqrt{2g} f(T_g) A \sqrt{H}$$

(5・1)

$$f(T_g)＝\left\{ \frac{1-\dfrac{T_0}{T_g}}{\left[1+\left\{ \dfrac{T_g}{T_0}\left(1+\dfrac{R}{m_{air}}\right)^2 \right\}^{1/3} \right]^3} \right\}^{1/2}$$

(5・2)

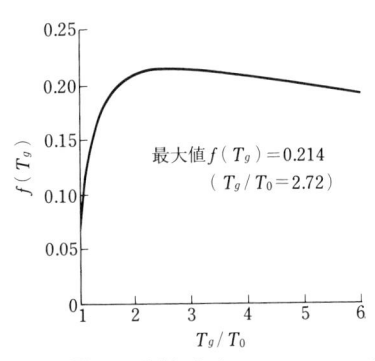

最大値 $f(T_g)＝0.214$
（$T_g/T_0＝2.72$）

図 5・4　関数 $f(T_g)$ と T_g/T_0 との関係[4]

ここで，ρ_0 は常温の密度，C_d は開口係数（ほとんどの場合 $C_d＝0.7$），g は重力加速度，A は開口面積，H は開口高さである．

$$m_{air}＝33.1 \times A\sqrt{H} \quad (\text{kg/min})$$

(5・3)

　プレフラッシュオーバー時点では開口部の破壊は起きていないので，実験開始時点の開口面から流入する空気量を式（5・3）から算出すると $30.65(\text{kg/min})$ と見積もられる．各実験のこの時点での燃焼速度の平均は，図5・3および表5・4に示すとおりである．表中には，木材1 kg が燃焼するのに必要な空気量を 3.08 kg として燃焼速度から熱分解した木材が完全燃焼するのに必要とする空気量を計算した値を示す．このことから，温度が急激に上昇する時

表 5・4　実験結果（その1）

実験建物	立ち上り材		ドア	天井		壁		プレフラッシュオーバー			燃焼に必要な空気量(kg/min)
	着火時間	燃え抜け時間	燃え抜け時間	着火時間	燃え抜け時間	着火時間	燃え抜け時間	発生時間	温度	燃焼速度(kg/min)	
No. 1	30″	1′00″	5′30″	1′10″	8′00″	12′00″	16′00″	2′30″	795℃	15.9	48.98
No. 2	32″	1′00″	12′30″	1′35″	20′00″	20′00″	21′00″	3′30″	677℃	8.3	25.57
No. 3	20″	55″	15′00″	12′00″	21′00″	21′00″	なし	3′00″	694℃	12.2	37.59
No. 4	20″	40″	12′00″	1′00″	11′00″*	11′00″	12′00″	2′00″	829℃	11.0	33.89
No. 5	15″	40″	24′00″	55″	28′30″	28′30″	なし	1′30″	815℃	10.6	32.66

　「着火」は，実際の着火あるいは木骨表面が260℃に達した時点．
　「燃え抜け」は，実際の燃え抜けあるいは260℃以上で急激に温度が上昇した時点．
　＊軽鉄下地のため400℃で検討する．

点では余剰空気量が少なくなり，ガス分析の結果が示すとおり，CO が発生し始めて燃焼効率が下がっているのがわかる．

　その結果，室内での発熱量が減少し，わずかであるが燃焼速度も低下して室内温度が下がる．不完全燃焼が進み，CO 濃度が極大値を示す時点で，室内温度は極小値を示している．ここで，開口部に網入りガラスを用いた実験 No. 5 の結果が示すとおり，開口ガラスの破損が起きない，つまり換気に供する開口面積が大きくならなくとも，CO 濃度の低下に伴って室内温度は上昇していることから，急激な燃焼拡大に伴う一時的な酸欠状態となっていることがわかる．この状況に関しては，川越・今泉[5]が実大火災実験から，着火室のガス濃度測定の結果，可燃性ガスの発生比率がピークを示す時点で，室内温度が低下していると報告している．

　この燃焼効率の上昇と開口部の破損や燃焼速度の増加により，ふたたび室内の燃焼が活発になり，CO 濃度の減少や室内温度の上昇がみられる．室内温度が 800 〜 900℃ になると床面付近の温度も 500℃ 以上に上昇し，室内全体が火炎に包まれ，燃焼速度が明らかに変化して，本格的なフラッシュオーバー現象を迎える．

　各実験の最高温度は 1100 〜 1150℃ で，温度曲線形態も従来の木造の形態と異なり，耐火構造内の火災性状に類似している．No. 5 は開口部のすべてが網入りガラスであるために空気の供給が限定され，アルミサッシ枠の溶融によりガラスの全面落下とともに 25 分頃より急激な火災となっている．これは，フラッシュオーバーに転換する要因に開口部が重大に関与していることを示している．全建物とも 22 〜 23 分頃より室内の可燃物がなくなり，加えて内装不燃化の効果により燃焼も下降をはじめる（図 5·3）．小屋裏の燃え方，すなわち，天井材の防火性能を示したものが図 5·3(e) であるが，それぞれの材料工法についての効果がみられる．特に，No. 2 の難燃合板天井の石こうボード捨て張りの効果は著しく，上階（小屋裏）への漏煙阻止や施工の容易性からみても推奨できる材料工法であると思われる．

　b．燃焼速度（重量減少速度）　　結果は，表 5·5 および図 5·3 に示されているが，これを要約すると次のようになる．

　1）外壁や屋根がある程度防火的な構造の場合，これらが破壊するまでの燃焼速度は，大きく 2 段階に分けることができ，その分岐点は重量減少速度の変曲点として示すことができる．その重量減少速度の変曲点は表 5·5 に示されるように，目視観察によるフラッ

表 5·5　実験結果(その2)

実験建物	火災継続時間(min)	可燃物全重量(kg)	全減少重量(kg)	重量減少率(%/wt)	燃焼速度(kg/min) 初期 R_1	燃焼速度(kg/min) 盛期 R_2	燃焼速度(kg/min) 平均 R	目視観察によるフラッシュオーバー	重量減少の変曲点
No. 1	26	1,975	1,005	50.9	15.9	42.8	38.7	6′00″	6′30″
No. 2	30	1,730	675	39.0	8.3	34.7	22.5	14′00″	13′15″
No. 3	30	1,566	638	40.7	12.2	25.4	21.3	9′00″	8′45″
No. 4	30	1,539	676	43.9	11.0	26.7	22.5	6′00″	6′45″
No. 5	30	1,577	392	24.9	10.6	25.0	13.1	26′00″	25′30″

シュオーバー時点とほぼ一致している．この時点以降は窓ガラスが全壊し，開口部による換気支配型燃焼となる．

2）燃焼速度の変曲点に至るまでに燃焼した可燃物量は 90〜110 kg の範囲である（No. 5 は除く）．この値に木材の発熱量を 14.88 MJ/kg として，フラッシュオーバーに至るまでの総発熱量を算出すると 133.8〜163.9 MJ/m² となる．

3）フラッシュオーバー時点の窓ガラスの破損率は，普通ガラスが 85％ 程度，網入りガラスが 25％ 程度であり，その後，0.5〜3 分の間に窓ガラスは全壊に至っている．窓ガラスの全壊に至るまでの時間に関して，火災室の南側の AW-3 および西側の AW-1 を整理すると，これらの破壊が，その後の火災性状に大きく影響を与えることが判かる（図 5·3 参照）．破壊開始は，普通ガラスの 7〜10 分に対して，網入りガラスは約 20 分であり，2 倍強の防火性能を示している．網入りガラスの脱落はアルミサッシ枠の溶融によって生じており，保持能力の向上を計れば，さらに防火的になると考えられる．

4）開口部が限定されている鉄筋コンクリート造区画の燃焼速度 R は式（5·4）で示される．

$$R = k \cdot A \sqrt{H} \qquad\qquad (5·4)$$

ここで，k は実験定数で 5.5〜6.0，A は開口部の面積（m²），H は開口部の高さ（m）である．

この実験で AW-3 と AW-1 の窓ガラスが全部破壊しているという条件（k を 5.5 とする）で，火災盛期の燃焼速度 R_2 を計算すると，26.0〜27.0 kg/min になり，No. 3，No. 4 および No. 5 の R_2 の値とほぼ近似している．すなわち，屋根や外壁が十分に堅牢で，そのうえ，内装に耐火性のある材料で火災室が区画されている状態では，木造住宅でも耐火造に似た火災性状を示すことがわかる．

c．煙濃度　　各実験とも室内および開口部における煙の発生，濃度に顕著な差はみられないが，踏み込みおよび小屋裏への煙の侵入は，ドアおよび 1 階天井の材料・工法の相違により差異が認められる．踏み込みへの煙の侵入は，化粧回り縁の隙間からの漏煙が問題となる．この隙間に発泡性防火塗料を塗布した No. 3 は，初期に薄煙の侵入があったが，減光係数が 0.1〜0.5 に到達する時間が約 1 分と他の棟の 5〜15 秒に比較して大幅に遅れている．No. 4 に用いた吊り金具方式のものは，それ自体は不燃性（天井裏まで）のものであるが，熱による金具バーの変形が大きく，天井裏への火炎および煙の侵入は他のものより早い．このような点は，考慮すべき点の 1 つである．

d．ガス濃度　　a 項でも示したが，発ガス特性の面から火災性状についてみると，No. 1，No. 3 および No. 4 の開口部における CO_2 は，点火後 2〜3 分で 20％ 以上となり CO は 3〜4 分のプレフラッシュオーバー時点で 5〜7％ のピークを示している．O_2 は，6 分ごろ最小値を示した．また，No. 2 および No. 5 は，AW-1 の窓ガラスが網入りであったため，破損，脱落が遅れ火災の成長が抑えられ，開口部における CO_2 は，No. 2 が 9 分，No. 5 が 20 分まで約 10％ と前者の半分である．また，CO の踏み込みへの侵入は，煙濃度と同様 No. 3 が，また，小屋裏へは No. 2 が遅れている．

（2）初期延焼拡大

2013（平成 25）〜2016（平成 28）年に東京消防庁管内で発生した建物から出火して部分

焼以上に延焼拡大した火災の中で，出火室内の延焼拡大経路をみると，表5·6と5·7に示すとおりである．火災初期の延焼拡大経路は，家具等の収納可燃物や内壁を延焼拡大経路とした火災が多いことが特徴として挙げられる．

表 5·6　出火室の延焼拡大経路[6]

出火室の拡大経路		2013 年中	2014 年中	2015 年中	2016 年中
合計		732	631	653	557
家具調度品・商品材料等		157	120	131	118
家具調度品・商品材料等	→天井	163	145	143	130
	→天井→小屋裏	61	86	58	48
	→小屋裏等	5	4	5	5
内装	→天井	143	96	143	115
	→天井→小屋裏	39	29	44	27
	→小屋裏等	10	10	6	8
ふすま・障子・カーテン等	→天井	23	24	9	16
	→天井→小屋裏	6	12	7	6
	→小屋裏等	0	0	0	1
天井		12	10	14	7
天井→小屋裏		12	15	7	12
小屋裏・天井裏・壁内・土台等		18	11	13	12
その他		60	33	37	35
不明		23	36	36	17

表 5.7　出火室から他室への延焼拡大経路[6]

他室への延焼拡大経路	建物構造					
	合計	耐火造	準耐火造	防火造	木造	その他の構造
合計	173	28	11	86	32	16
開いている開口部	61	21	6	26	6	2
しまっている開口部（その他）	26	2	—	11	10	3
壁の燃え抜け	21	—	2	10	7	2
区画にない小屋裏部屋	18			15	1	2
閉まっている開口部（防火設備）	9	—	1	8	—	—
不完全な小屋裏部	5			4	1	—
壁の穴	4	1	—	—	1	2
その他	29	4	2	12	6	5

　表に示す「商品材料等」の燃焼に関しては，百貨店の売り場を想定して，床面積約 2,480 m²，天井高さ 7.4 m，開口部 7.7 m² の耐火造空間において物品（衣類 614 kg，ダンボール 33 kg）を陳列し，この燃え広がり速度・発生熱気流および煙流動性状を調べた報告[7]がある．水平方向への燃え広がり速度（面積）の結果は，式（5·5）に示すとおりである．また同様に，高天井・大空間の建築物での物品販売を想定して，出火階床面積約 4,120 m²，天井高さ 24 m の耐火造空間において物品（衣類 600 kg，30 kg/m²）を陳列し，この燃え広がり速度（面積）・発生熱気流および煙流動性状を調べた結果[8]のうちで水平方向への燃え広がり速度の結果は，式（5·6）に示すとおりである．また，燃焼速度については式（5·7）に示すとおりである．ただし，点火後 6 分 30 秒（煙層厚 8 m）で自然排煙口 30 m² と吸気口 30 m² を開放している．

$$A_f = 4.0 \times 10^{-5}\, t^2 \qquad\qquad (t \leq 360 \text{（sec）}) \qquad\qquad (5\cdot5)$$

$$A_f = 1.25 \times 10^{-4}\,(t-60)^2 \qquad (60 \leq t \leq 420 \text{（sec）}) \qquad (5\cdot6)$$

$$R_e = 2.7 \times 10^{-3}\,(t-60)^2 \qquad (60 \leq t \leq 420 \text{（sec）}) \qquad (5\cdot7)$$

ここで，A_f は火源面積（m²），R_e は燃焼速度（kg/sec），t は時間（sec）である．燃焼速度の結果に，衣類の単位重量当たりの発熱量をかけあわせることにより，発熱速度を見積ることができる．

（3）酸 欠 燃 焼

　換気条件の悪い室内で出火した場合，室内 O_2 濃度が 13 ～ 14% 程度に低下すると，火炎の基部が火源を離れるゴースティング現象が発生することが報告[9]されている．さらに，開口部が閉じられたような換気条件の悪い空間で，開口が容易に破損しなければ，酸欠燃焼となり鎮火することがある．以下に，実大火災実験における酸欠燃焼の事例を紹介する．

　昭和 13 年 6 月 22 日に行われた東大第 3 回実験（第 1 号家屋・第 1 次実験）[10]は，木造 2 階建て瓦葺き大壁造りの建物で行われた．出火室内部の壁および天井は漆喰仕上げ，床板は木でできており，出火源は小型焼夷弾を用いている．点火後 1 分 45 秒で窓を閉めた結果，13 分後からは室内の燃焼が衰えはじめ，27 分で鎮火した．

　木質系パネル工法住宅の実験[11]では，約 20 m² の部屋でクリブを点火源とし，本箱に着火させ，火炎を立ち上がらせた．内装材として石こうボードを壁と天井に張り，開口部となる掃き出し窓と廊下へ通じるドア 2 枚をそれぞれ閉め切った状態で実験した．点火源から立ち上がった火炎が周囲可燃物に着火して約 5 分後には部屋全体（居間と台所）に黒煙が充満して，内部は全く見えなくなり，いったん上りかけた室温が約 200℃ をピークにして再び降下した．この時点では本箱とソファ 1 個が燃えて酸素濃度が 14% 程度まで下降している．LDK の室容積を約 50 m³，過剰空気率を 2 倍とみれば，約 5 kg の可燃物が燃えただけで酸素がなくなると計算される．点火後 11 分 15 秒で掃き出し窓の線入りガラスアルミサッシを開放し，点火後 12 分で廊下に通じるドアを開放すると，酸素濃度が上昇して，収納可燃物が燃焼拡大し，フラッシュオーバーが起こって，酸素濃度はほとんど 0 % となった．

5·2·2 延 焼 拡 大 現 象

（1）出火室から他室への延焼拡大性状

　火災が発生した区画（室）内から他の区画（室）へ延焼拡大する現象は，火災室の燃焼継

続時間や温度などの火災性状と非火災室の開口部の状態や可燃物の量・配置，区画の熱特性などの区画の要素とに支配される．出火室の火災性状からみると，1つには，裸木造といわれるような建築材料・構造上で防火（耐火）的な要素が少ない建物，耐火構造でつくられた建物であっても開口部が開放されているものや構造的に欠陥のあるものでは，これらの部分を通じた伝熱により燃焼拡大が起こり，出火室が火災初期の段階から盛期にわたる段階が問題になる．もう1つは，耐火構造の建物で区画が守られている場合に，この区画を構成する壁や床などの建築部位や内部開口，さらに外部開口に形成される噴出火炎による上階の開口部などの建築要素の耐火性能の問題に起因する延焼で，火災盛期が問題となる．

　延焼拡大状況を，「平成29年版　火災の実態」[6]をもとにして建物構造別に他室（出火階）と他階への延焼拡大経路をみると，まず，他室（他住戸）へ延焼した火災は，木造と防火造建物が火災全体の68.2%を占めており，主な延焼経路は，全ての構造で，開いている開口部が関連したものが最も多く，火災全体の36.4%を占めている（表5·6）．

　次に，他階へ延焼した火災については，木造と防火造建物が全体の70.2%を占めており，主な延焼経路は，避難階段以外の階段と床の燃え抜け及び壁内によるものである．これに対して，耐火造と準耐火造では，避難階段以外の階段と外壁の開口部により延焼したものが，耐火造と準耐火造の火災の53.8%を占めており，延焼状況は建物構造と深く関係していることがわかる（表5·7）．

　延焼拡大を他区画内可燃物の未燃部分が着火・発火して燃焼拡大する現象と考えると，次のような過程に分けられる．

　①　区画構成部材の耐火性能の低下に起因する隣接室内可燃物の着火・発火
　②　区画開口を通じた接炎による室内可燃物の着火・発火（建物内外を含む）
　③　施工不良・熱膨張・断面欠損に起因する部材の隙間などを通じた接炎・熱伝達による
　　　可燃物の着火・発火

と，これらに続く燃焼の継続である．

　延焼拡大経路には，壁や床，内部開口を通じて建物内を拡大する内部延焼と，外壁の開口部を通じて上階に延焼する外部延焼がある．

　また，延焼過程の②に関しては，外部開口を通じて火災室上階へ延焼したり，ボイド空間を通じてこれに面する区画へ延焼する外部延焼と，竪穴区画や屋外空間とみなされるアトリウム空間を通じてこれに面する他区画へ延焼する内部延焼とがある．外部開口を通じる延焼では，火災室開口部から噴出する火炎自身によるものとバルコニーなどにある布団や洗濯物などの可燃物を着火させ，この燃焼によって延焼が起きる場合[12]もある．

（2）延焼拡大実験・事例

A．火災初期における延焼拡大

　建物火災時の初期火災性状に関しては，5·2·1項で述べたとおりであるが，建物の構造に係わらず，ほぼ内装材料や収納可燃物，開口の状態などの条件に支配される．火災時に区画の内部開口が閉鎖されないと，このような部分を通して火災の拡大が起こったり，可燃性のふすま等は容易に燃え抜ける．

　図5·5は，実大火災実験を行った枠組木造住宅[13]であり，平均火災荷重を1階21.55 kg/

m², 2階 30.01 kg/m² としている. 窓, 扉等の開閉状況は, 図中の◎が開, ©が閉を表している. 図5·6は, 火災温度の測定結果を表しているが, 着火室 L. D. D. の急激な温度上昇に伴い, 扉が開放された B. R.–1, B. R.–3 の両室の温度も上昇している. ところが, 扉が閉鎖されていた和室, BR–2, 納戸の温度上昇は, 階の別なくいずれも 16 分ほど遅れていることから, 火災時の内部開口の開閉の状況が火災に進展に大きく影響していることがわかる.

また, 第1回東大実験[14]や第2回東大実験[15]のように, 壁や天井の材料が燃えやすいものであると, 容易に壁や天井内に火炎が進入し, 急激な延焼拡大を招く.

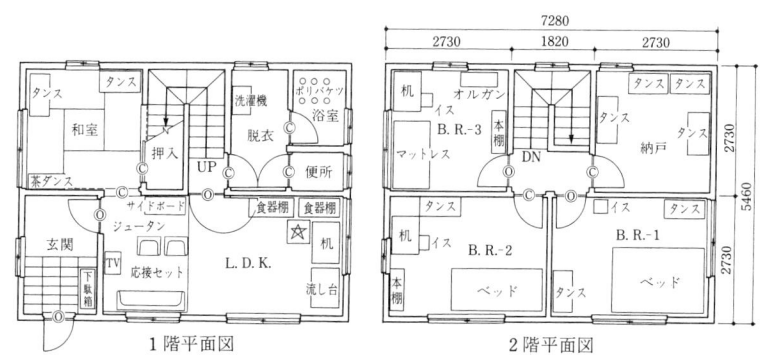

図 5·5　枠組木造住宅平面図[13]

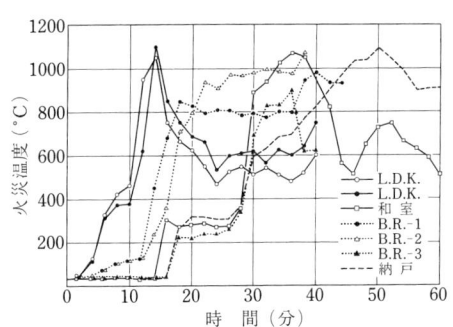

図 5·6　火災温度の測定結果[13]

B. 火災盛期における延焼拡大

火災盛期における延焼拡大の代表的な事例を示すと以下のとおりである.

①建物本体　　ファーストインターステート銀行ビル火災においては, 鉄骨造のスパンドレル部の内壁部分が上階延焼経路となっており[16], 千日デパートビル火災[17]においては, 建物本体の構造不良や埋め戻し不良が延焼経路となった. 高層共同住宅の火災においても, このような埋め戻し不良による上階延焼が報告されている[12].

②開口部　　千日デパートビル火災[17]では，防火戸が閉鎖せず延焼経路となったことが指摘されており，防火戸の閉鎖障害の問題[18]とも併せて対策が必要である．さらに，銀座・松屋百貨店[19]では，閉鎖されたシャッターの両面に近接して商品等の可燃物が集積されていたため，延焼する結果となった．西武百貨店の火災[20]では，開口部にできる噴出火炎により上階延焼した．

③貫通部　　千日デパートビル火災[17]や第4秀和ビル火災[21]では，ダクト内のダンパーが不作動のため延焼した．また，中部日本放送火災[22]では，空調ダクトの断熱材の一部に可燃材が使用されていたため延焼拡大を促し，電気配線ダクトの壁体貫通部に延焼防止の措置がなされていなかったため延焼経路となった．

5・2・3　類　焼　現　象

火元建物から他の建物へ火災が拡大することを類焼というが，類焼機構上は火元建物からの飛火，接炎（熱気流の接触），放射加熱という加害性の要因と，これらを受ける側の建物の受害性の要因とに分けて考える必要がある．

類焼加害性に関しては，火元建物の構造と火災性状が問題となり，類焼受害性に関しては，火元建物からの距離や屋根，軒裏，壁，開口部などの部位の防火性が問題となる．

「平成29年度　火災の実態」[6]から，火元建物から他の建物（最初の類焼建物）へと類焼した火災410件中，建物内部まで類焼が及んだ火災132件の建物構造別の隣棟間隔を表5・8に示す．木造および防火木造建物の類焼件数が全体の73件（55.3%）を占めており，そのなかでも2m未満の隣棟間隔で類焼した事例が多いことがわかる．また，耐火造および準耐火建物では類焼件数は少ないものの，木造および防火造建物と同様に2m未満の隣棟間隔で類焼した事例が多い．

表5.8　類焼建物の構造と隣棟間隔の関係[6]

類焼建物構造	火元・類焼建物の間隔						
	合計	1m未満	1m以上 2m未満	2m以上 3m未満	3m以上 4m未満	4m以上 5m未満	5m以上
合計	132	10	72	23	11	5	11
耐火造	6	—	6	—	—	—	—
準耐火造	5	—	4	—	1	—	—
防火造	66	3	34	15	6	2	6
木造	7	—	3	2	1	1	—
その他の構造	48	7	25	6	3	2	5

次に，132件の類焼部位を建物構造別に示す．木造建物から類焼した火災は7件と少なく，防火造建物66件では，開口部から類焼した火災が17件（25.8%），外壁に類焼した火災が18件（27.3%）で，開口部及び外壁が類焼上の問題であることがわかる．

（1）類焼要因と類焼部位

類焼要因に関しては，火の粉，接炎（熱気流の接触），放射加熱，倒壊が考えられるが，放射加熱のみによる場合と火元建物から遠く離れた建物が火の粉により出火する場合を除けば，強弱はあるものの放射加熱を受けた状態での火の粉や接炎による複合作用が働く．以下にそれぞれの特徴と問題となる類焼部分を示す．

①火の粉　　建物火災時には火の粉の発生を完全に抑えることはできない．特に，大規模な木造建物の倒壊時には多く発生するので，このような建物の倒壊防止を考慮する必要がある．類焼部位は，屋根，壁，開口部，軒の隙間や雨樋の堆積物などである．これまでに，多くの火災で都市大火につながる要因であったにも関わらず，飛火は，火の粉の発生，飛行，着床後の可燃物への着火等の現象を含むため，十分解明されておらず不明な点が多い．

②接炎（熱気流の接触）　　主に火災盛期が問題となるが，火元建物全体が燃焼したり，開口部から発生する火炎（熱気流）により，隣接建物の軒先や軒裏などの材料に着火して延焼する．このような着火現象には，放射による加熱が影響している場合が多い．なお，類焼部位は，屋根，壁，開口部，軒先・軒裏などである．

③放射加熱　　主に火災盛期が問題となるが，火元建物の構造により，裸木造では建物全体がほぼ同時に火災盛期になり，外壁が燃えて屋根が燃え抜けることが多いため建物全体が火源となる．建物に防火的な要素が加わるほど，火災盛期が各室毎に起こるようになり，加害性を考えるうえでの火源には，各室の開口部とその熱気流を考慮すればよいことになる．なお，類焼部位は，屋根，壁，開口部，軒の隙間（可燃性材料では各部位）である．

④倒壊によるもの　　建物の耐火性に問題があったり，火災が放置された場合には，建物が倒壊して，隣接建物の壁部等を破壊することによって類焼の経路となることが考えられる．

（2）建物構造種別と類焼要因

建物の火災性状はその構造種別により異なるため，類焼要因も建物構造によって，加害性と受害性に分けて考える必要がある．そこで，類焼加害性と受害性について，建物を裸木造，防火造，耐火造に大きく分けて，それぞれの性状について述べる．

A．類焼加害性

①裸木造　　建物内が延焼しやすい構造のため建物全体がほぼ同時に延焼し，外壁や屋根が容易に燃え抜ける．そのため，燃焼領域への空気の供給が豊富であることから火災温度は他の構法に比べて高いものの燃焼継続時間は短い．屋根が燃え抜けたり外壁が燃えることにより火源面積は拡大し，火の粉の発生や有風時の接炎が主に問題となる．

②防火造　　外壁が燃えにくく，燃え抜けにくくなるため，燃焼領域への空気の供給が制限を受けるため，火災温度が低下し燃焼継続時間が延びる．接炎や放射加熱源としては，開口部とその熱気流，そして燃え抜けが起きた部分が主に問題となる．

③耐火造　　壁や屋根は燃え抜けないため，燃焼領域への空気の供給が制限を受けて，火災温度が低下し燃焼継続時間が延びる．火災は出火室のみで鎮火するかあるいは延焼しても建物内の各室が火災盛期を迎える時期にずれが生じる．そのため，接炎や放射加熱源は，開口部とその熱気流が主に問題となる．

B. 類焼受害性

①裸木造　外壁・軒先・軒裏等が可燃材料でできた構造であると，このような部分が，接炎・飛火・放射熱によって，いずれも容易に類焼する．

②防火造　外壁等が燃えにくくなるため，裸木造などよりは類焼が起こりにくくなるものの，全くなくなるわけではない．この場合，外壁より性能が劣る開口部が主な類焼箇所である．

③耐火造　防火造と同様に開口部が主な類焼箇所であることがわかる．

（3）類焼危険に関する実験報告

過去における火災実験において，類焼危険性について検討された結果を以下に示す．

図5・7は，5・2・1項で示した小空間住宅 No. 1 において測定された温度の結果[1,3]である．この結果は，ディスク熱電対を用い，点火後15分と25分の時点で測定されたものである．

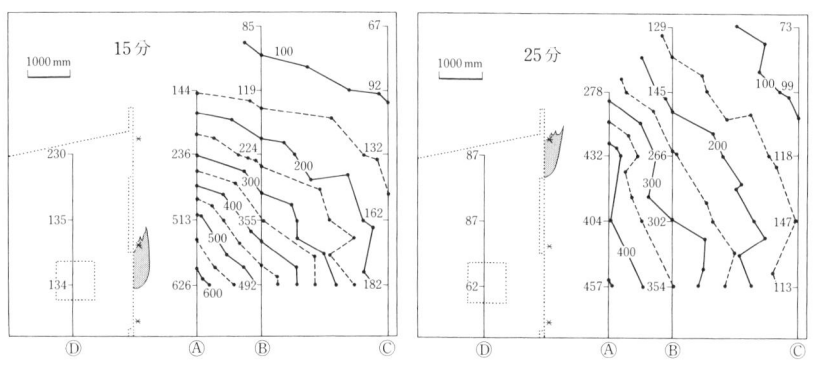

図 5·7　小空間住宅火災実験における温度測定結果[3]

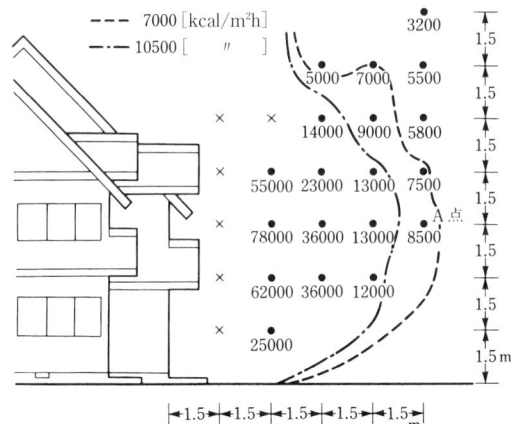

図 5·8　枠組壁工法３階建連続住宅火災実験における放射受熱量の測定結果[23]

図中Ⓐ，Ⓑ，Ⓒは南側壁面からそれぞれ 1.5 m，3.0 m，6.0 m の位置で，Ⓓは西側壁面から
3 m 離れた位置での測定結果である．この結果からは，浜田が仮定した放物型等温曲面の関
係はみられず，開口を中心とした同心円状の分布を示していることがわかる．

　枠組壁工法 3 階建連続住宅火災実験において室中心軸上において測定された温度から換算
した放射受熱量の結果[23]を図 5·8 に示す．この結果は，ディスク熱電対を用い，点火後 65
分の時点で測定されたものである．図中には，7000 kcal/m²h（＝8.16 kW/m²）と 10,500
kcal/m²h（＝12.24 kW/m²）のラインを示すが，2 階軒先部分までの高さにおいては，浜田
が仮定した関係がみられるが，むしろ開口を中心とした同心円状の分布を示していると考え
られる．

　図 5·9 は，枠組木造住宅において測
定された建物南側中央線上における放
射受熱量の測定結果[5]を示す．この結
果は，ディスク熱電対を用い，すべて
の室に火災が進展し，開口部からの放
射熱が十分大きくなった 50 分の時点
で測定されたものである．図中には，
3300 kcal/m²h（＝3.85 kW/m²）のラ
インを示すが，浜田が仮定した関係に
近い結果を表している．

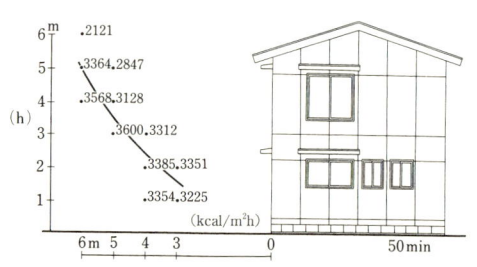

図 5·9　枠組木造住宅火災実験における放射受熱量
　　　　の測定結果[5]

　図 5·10 は，木造 3 階建て学校の火災安全性を検討する目的で実施した実験における外部
放射受熱量の測定結果[24]である．着火から建物（延べ床面積 2260 m²）全体（防火壁により
区画された室を除く）に火災が拡大する 24 分までの受熱量と離隔距離 L との関係を，2 分
毎（22 分以降は 0.5 分毎）に示したものである．複数の測定点のうちで同一離隔距離にお
ける最大値を示し，L＝0 の値は，外壁面に設けた熱流束計の値である．大規模な噴出火炎
が発生した 23，23.5 分を除き，L＝3 〜 14 m の熱流束は，建物から離れるに従って減衰す
るものの，L＝14 m の距離でも大規模な火炎が噴出すると（24 分時点），約 70 kW/m² に達
することが分かる．　　　　　　　　　　　　　　　　　　　　　　　　　　　　　（成瀬　友宏）

5・3　建物構造と火災

5・3・1　建物内での火災進展の概要

　建物の火災は建物構造の違いや同じ構造であっても内装材の違い，収納可燃物の種類・
量，開口部の大きさなど種々の条件によって異なってくる．建物火災は，一般に図 5·11 に
示すような火災進行過程を示す．火災初期は燃焼が火源付近の可燃物に限定されるため，室
内の温度も低いが，火炎が壁面から天井面へと拡大していくと徐々に室温は上昇を始め，燃
焼面からの放射熱と火源近傍の可燃物への着火・燃焼の成長により火源の周囲以外の可燃物
が熱分解を始める．そして，分解ガスが燃焼領域に入ると急激な燃焼が起きて室全体が火炎
に包まれる．この状況をフラッシュオーバー（flashover）といい，出火からこの状態に至
るまでの時間は火源の大きさ，火源周囲の可燃物の種類と配置，内装材料の種類，開口条件

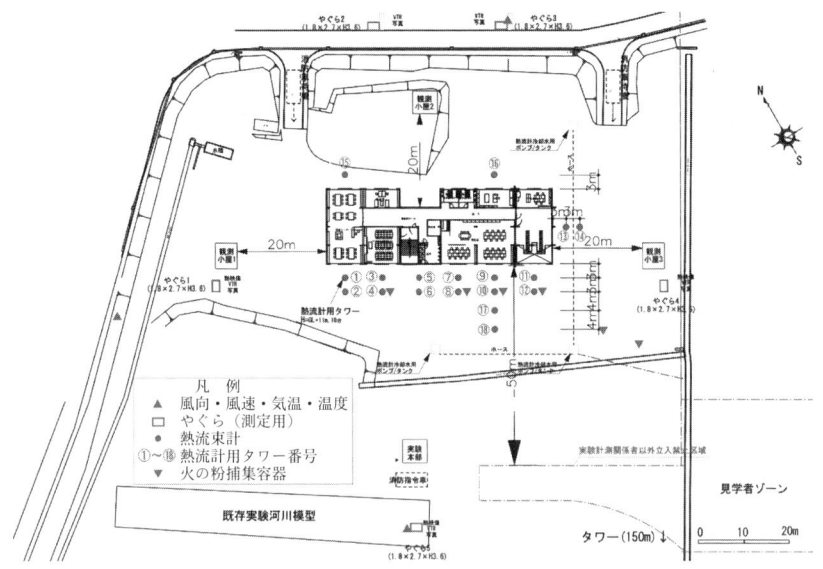

（a）建物概要と計測位置

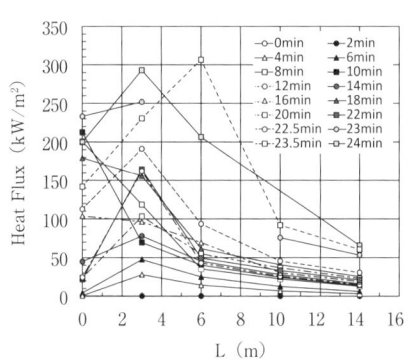

（b）外壁面⑨，⑩，⑰，⑱の位置における放射受熱量の測定結果

図 5·10 木造 3 階建て学校実大火災実験（予備実験）における放射受熱の測定結果[21]

などが関与し，建物の構造体の違いによる影響は小さい．したがって，開口条件によっては
フラッシュオーバーの生じないこともある．この後，火災は最盛期（火盛り期）を迎え隣室
や上階などの他区画へ延焼拡大していき，減衰期を経て鎮火に至る．最盛期から減衰期に至
る火災の大小には流入空気量と可燃物量が大きく関わってくるが，他区画への延焼は，開口
部の条件や区画を構成する部材などの耐火性能の有無で大きく変る．現在，日本で造られて
いる建物の構造はいろいろな観点から分類されるが，その概要を以下に示す．

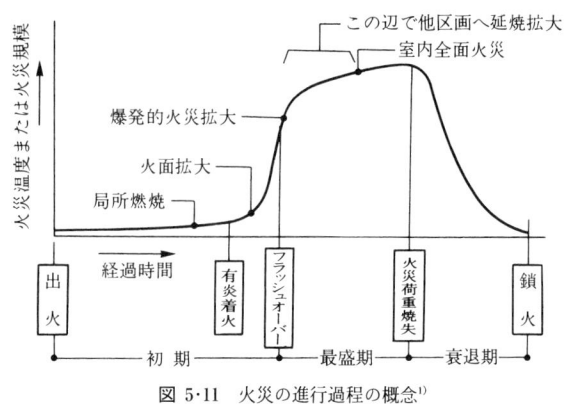

図 5·11　火災の進行過程の概念[1]

（佐藤　寛・鈴木　淳一・成瀬　友宏）

5·3·2　建物構造の種類

（1）建築構法による分類

建物の構造は，木質構造や鉄骨造（鋼構造），鉄筋コンクリート造などと呼ばれるように主要な構造体の構成材料によって分類するのが一般的である．これを構造形式からみると，ラーメン構造，壁式構造，組積造などに分類される．構造材料による分類との関係を示すと下記のとおりである．

・ラーメン構造（木構造，鉄骨構造，鉄筋コンクリート造，CFT 造，鉄骨鉄筋コンクリート造等）

・壁式構造（壁式鉄筋コンクリート造，木造枠組壁工法，木質プレハブ工法等）

・組積造（補強コンクリートブロック造等）

（2）防火性能上の分類

建築基準法・施行令では防・耐火性能に応じて，建築物の主要構造部，建築物を下記のように規定している．

A.　防・耐火性能

・準防火性能：建築物の周囲において発生する通常の火災による延焼の抑制に一定の効果を発揮するために外壁に必要とされる性能

・防火性能：建築物の周囲において発生する通常の火災による延焼を抑制するために，外壁又は軒裏に必要とされる性能

・準耐火性能：通常の火災による延焼を抑制するために当該建築物の部分に必要とされる性能

・耐火性能：通常の火災が終了するまでの間当該火災による建築物の倒壊及び延焼を防止するために当該建築物の部分に必要とされる性能

B.　耐火構造等の種類

・耐火構造：主要構造部が耐火性能を有するもの

・準耐火構造：主要構造部が準耐火性能を有するもの
・防火構造：外壁，軒裏が防火性能を有するもの

C. 耐火建築物等の種類

・耐火建築物：主要構造部が耐火構造であるか，耐火性能検証法等により確かめられた構造で，外壁の開口部で延焼のおそれのある部分に防火設備を有するもの
・準耐火建築物：主要構造部を準耐火構造としたもの，柱・はりが不燃材料である等の構造，外壁が耐火構造で造られる等の構造である建築物で，外壁の開口部で延焼のおそれのある部分に防火設備を有するもの
・特定避難時間倒壊等防止建築物：主要構造部が特殊建築物に存する者の全てが地上までの避難を終了するまでの間通常の火災による建築物の倒壊及び延焼を防止するために必要となる性能を有するもの.

　上記の構造のうち，準耐火構造（1993（平成5）年の建築基準法改正）は，従来の簡易耐火建築物の構造に45分の準耐火性能を有する木質構造の主要構造部を付加したものである．なお，木造3階建ての学校，共同住宅等については1時間の準耐火性能が要求される．特定避難時間倒壊等防止建築物は，2014（平成26）年の建築基準法改正で法第27条の性能規定化によって導入された．　　　　　　　　　　　（佐藤　寛・鈴木　淳一・成瀬　友宏）

5・3・3　木造建物の火災性状

　木造建築と一日にいっても，在来木造とよばれる軸組構造，木質プレハブ工法や枠組壁工法（ツーバイフォー），木材を積み上げる丸太組構法（ログハウス）がある．1970（昭和45）年代に始まった木造建物の防火性向上に関する各種の実大火災実験を含む諸研究で，従前の木造建物の火災性状とは異なる火災温度等の諸性状が明らかとなり，今日の木造軸組による準耐火構造の出現となった．また，2000（平成12）年の建築基準法の改正により，木造の耐火構造が可能となり，木質構造の建物といっても“簡単に燃える木造”から“耐火建築物の木造”まである．

（1）在来木造（裸木造の建物）

　木造建築の火災性状に関する本格的研究は，1933（昭和8）年から1938（昭和13）年にかけて東京大学建築学科が行った一連の実大火災実験[25]に始まり，その後も主として防空上の要求から1943（昭和18）年までに多数の実大火災実験が行われている．一連の実験の主要な結論は“木造家屋の火事温度は比較的高いが，その継続時間はきわめて短い”ということである．すなわち，出火後6〜9分で最高温度が1100〜1200℃となり，しかも高温域の時間は短く約30分以内で全焼倒壊する．また，燃焼時間を速めるのは結局のところ熱による対流作用であって，水平的に火災を拡大するのは小屋裏および天井裏の空間を水平に流れる対流であり，垂直に火災を拡大するのは中空壁や吹き抜けの広間，階段等に垂直に流れる対流のためであるとの結論が得られている．したがって，このような個所に火が回ると速やかに拡大して危険であるなどのことが判明した．この結果は，我が国の在来工法による木造建物の火災性状として近年まで定着していた．

（2）在来木造（内装可燃，外装不燃化の建物）

A．建物内火災温度

　1979（昭和54）年に外壁にスレートを張り，壁にラスボード下地プラスター塗（繊維壁），天井に主としてプリント合板を内装とした図5·12に示す平面の2階建て戸建て住宅の実験が行われたが，この実験の結果は1930（昭和5）年代の実験と比べて火災温度，継続時間等については図5·13に示すように大筋において（1）項に示す性状と同じような結果であった．しかし，外壁の不燃化，個室化などの要件を反映して総体的に火災性状の進展はやや緩慢であった．また，火災時に燃焼生成物とし排出される気体成分については，室内の家具や内装材の質が戦前と今日ではかなりの変化がある．計測法が進んだことから，この実験では次のような種々の知見が得られている．

B．建物内空気成分の変化

a．酸素の減少とCO，CO_2ガスの増量

　普通，空気中の酸素は容積で20.7％である．空気が清浄なときは酸素量14％でも人体には害はなく，10％以下になると呼吸困難，7％において窒息に至るといわれている．室内に煙が満ち，まだ本格的燃焼に至らない間は19〜16％である．酸素の減少は燃焼が盛んにな

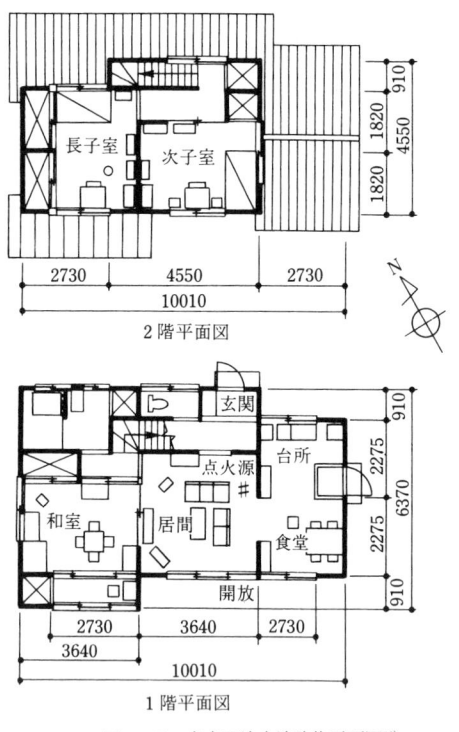

2階平面図

1階平面図

図 5·12　在来工法木造建物平面図[26]

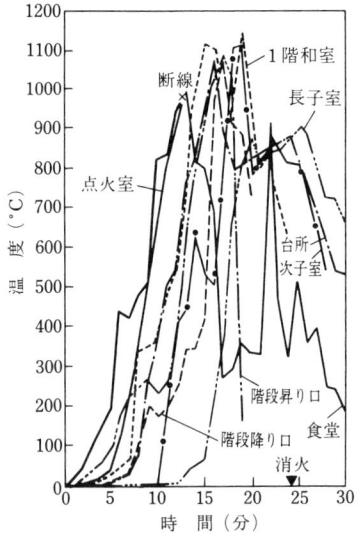

図 5·13　各居室の床上1.8mにおける温度上昇比較[26]

るにつれてさらに減少する．上記の火災実験では，点火とともに徐々に酸素は減少し，6 分のフラッシュオーバー期から急激な減少をみせ，8 分の時点では約 4 ％となっている．すなわち，室内の一部が燃焼しても全体に広がらないうちは室内空気全体としては酸素量に余裕があるが，いったん火が全室に広がると酸素は極度に消費される．また，3 分ころから，CO_2 ガスおよび CO ガスの感知は始まり，CO_2 ガスはフラッシュオーバー期から急増し，8 分時点では 15％ に及んでいる．O_2 減少，CO および CO_2 増加とともにフラッシュオーバーの時点が転換期となることが測定結果から明白に示されている．

b.　煙濃度とマウスの動態

火災室から放出される物質には上記の燃焼分解生成ガス（CO_2, CO, H_2O, CH_4, H_2 等）のほかに煙粒子がある．これら燃焼に関与した空気のうち，反応に関わらなかったガスを含め一般に煙と称している．煙は避難時の行動を阻害するとともに，上記有害ガスの毒性により生理作用を狂わせ致死に至らしめる．煙濃度 $C_S=1.0$ の煙は出火後 7 分弱ですべての室に拡散している．この実験の項からマウスの動態を火災計測に導入しているが，火災室のマウス行動停止が出火後約 5 分であったのに対し，最も遅れて行動を停止したマウスですら約 12 分と比較的早い．この建物は構造実験の後利用のもので，内部の建具などは可燃性で建具と枠の間は隙間が多く，気密性がすこぶる悪い条件下にあったが，一般の古い木造建物では大体似たようなものであろう．気密性のよい建物では当然のことながら各室への煙の流入は遅れる．

（3）在来木造（内・外装不燃化の建物）

その後の木造の防火性向上に向けた各種の解明実験を経て，木造建築物であっても，内・外装に不燃性の材料を用いて開口部の防火性能を向上すれば，火災の成長や室の周壁の燃え抜けを遅らせたり，あるいは防止したりすることができることが判明し，この成果を基に，1986（昭和 61）年に同一平面による防火改良・在来木造 2 棟の実大実験が実施されている．1 棟は，要所に区画防火を適用した大壁型木造住宅（以下，大壁造）と，他の 1 棟は，柱や梁など構造部材や 2 階床板などに比較的断面の大きい部材を用い，かつ在来の工法・仕様を極力生かした真壁型木造住宅（以下，真壁造）である．大壁造は通柱 120×120 mm，管

表 5·9　外部仕上げの概要[27]

	大 壁 造	真 壁 造
屋　根	日本瓦葺	日本瓦葺
軒　裏	モルタル金ゴテ仕上 20 mm	化粧野地板 40 mm 表し 化粧タルキ 90 × 90 表し
外　壁	石綿セメントけい酸 カルシウム板（防火構造）	モルタル 20 mm 下地 プラスター 5 mm 仕上 （柱，染表し）
腰　壁	同　　上	押縁下見板張
建　具	住宅用アルミサッシ （東側面のみ網入ガラス）	木製サッシ （東西面のみ網入ガラス）

柱 105×105 mm で，真壁造は通柱 150×150 mm，管柱 120×120 mm である．両実験棟の平面は図 5·14 に，外部仕上げの概要は表 5·9 に示すとおりである．各棟における主要各室の内部仕上げは基本的には同一仕様である．大壁棟の区画形成は石こうボードが主で，洋室は 12 mm 厚クロス張り，和室はラスボード 7 mm 厚下地プラスター 20 mm 塗り京壁仕上げ，天井は各室とも石こうボード 9 mm 厚下地 9 mm 厚化粧石こうボード仕上げとなっている．真壁は基本的には内部柱表しで，壁は各室ともラスボード 7 mm 厚下地プラスター 20 mm 厚塗仕上げ，2 階天井は大壁造と同じであるが 1 階各室の天井は古い民家にみられるような床梁，根太，2 階床（40 mm 厚床板）表しとなっている．両棟の特徴としては，大壁造は 1 階の各室ごとの区画を 2 階床下まで施工されており，真壁造は内外とも柱を表しとし，かつ，2 階床下が天井となっていること，また外部周りの窓に木製サッシを使用していることである．各室の出入り口の建具はすべてロックウール入りの合板フラッシュ戸を使用している．開口条件は両実験とも，既往の実験にあわせ出火室（1 階居間）の外部に面した開口部の 1/4 を開放し，他の内外開口部はすべて閉鎖している．

A. 建物内火災温度

　図 5·15 および図 5·16 にみられるように，実験結果を全体的にまとめると，室内開口部に防火性のあるドア，襖を使用していることも含め区画防火性の形成が良好であったため，大壁・真壁造のいずれもある時間差をおいて，各室が順次火盛りになるという結果が得られている．1979（昭和 54）年の実験（（2）の実験）では約 15 分で火勢は建物全体に及んだが，大壁造ではこれが約 50 分であった．したがって，従来の在来木造よりも著しく火のまわりが遅くなることが実証された．真壁造の室内延焼拡大の状況は大壁造に比して，おおよそ約 10 分遅れている．この理由は，各室の区画形成において湿式壁および室内表面露出の木材の含水分が初期火災時に放出され，一時的に温度の上昇を抑えたためと推測される．結果的には大壁造と同時間 55 分に消火がなされたが，この時点では洋室 2 間には火炎の侵入はみられない．

B. 煙，ガス濃度，マウスの挙動

　大壁造木造住宅の煙およびガス濃度は 2 階廊下と 2 階和室で測定しているが，その変化を図 5·17 に示す．煙は，5 分頃

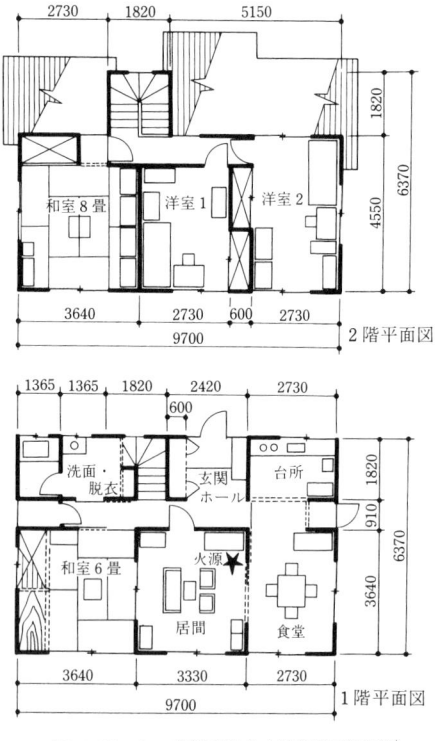

図 5·14　内・外装不燃化木造建物平面図[28]

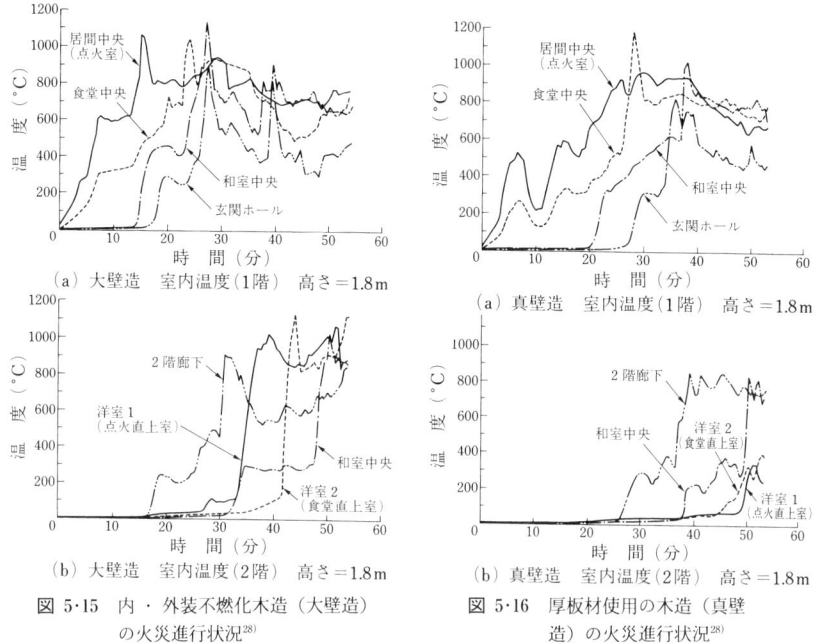

（a）大壁造　室内温度（1階）　高さ＝1.8m

（a）真壁造　室内温度（1階）　高さ＝1.8m

（b）大壁造　室内温度（2階）　高さ＝1.8m

（b）真壁造　室内温度（2階）　高さ＝1.8m

図 5·15 内・外装不燃化木造（大壁造）
の火災進行状況[28]

図 5·16 厚板材使用の木造（真壁
造）の火災進行状況[28]

から感知され始め，7分頃には $C_s = 0.5$ に達している．ガス濃度は CO，CO_2 とも8分頃から上昇し始め，17分頃に急激に上昇し，これにあわせるように CO 濃度が減少している．マウスは CO 濃度が急上昇し始める18分43秒に行動不能に陥っており，そのとき CO 濃度は 1.4%，周囲の温度は 98℃ 以上であった．

　2階和室のマウスも廊下と同様にガス濃度が急上昇する頃，34分33秒に行動不能に陥っており，そのときの CO 濃度は 0.7%，周囲の温度は 120℃ 以上であった．いずれの位置でも，マウスが行動不能に陥った理由は熱によるものと推定される．

　図5·17 に示すように，煙の感知は和室のほうが廊下より早いにもかかわらず，ガス濃度の変化は和室のほうが廊下よりも15分遅れており，マウスの生存時間も15分以上長く，区画とドアの防火性の効果が現れていることが確認されている．

　真壁造木造住宅の2階廊下の煙およびガス濃度の変化を図5·18 に示す．煙は5分頃から感知され始め，濃度は急激に上昇して7分後には $C_s = 0.5$ に達している．ガス濃度は CO，CO_2 とも9分頃から上昇し始め，27分頃に急激に上昇しているが，CO 濃度の上昇のほうが若干早くなっている．いずれも区画された室内のマウスのほうが，廊下のマウスよりも10分以上長く行動しており，大壁同様に区画の効果が裏付けられている．

（4）準耐火構造建物の火災性状

　耐火造に準ずる木造の防火上の特徴は，気密構造になっていること（床パネルも直打ち天井の場合は同様である），階段や軒天の取り合い部分にはファイヤストップ材が挿入されて

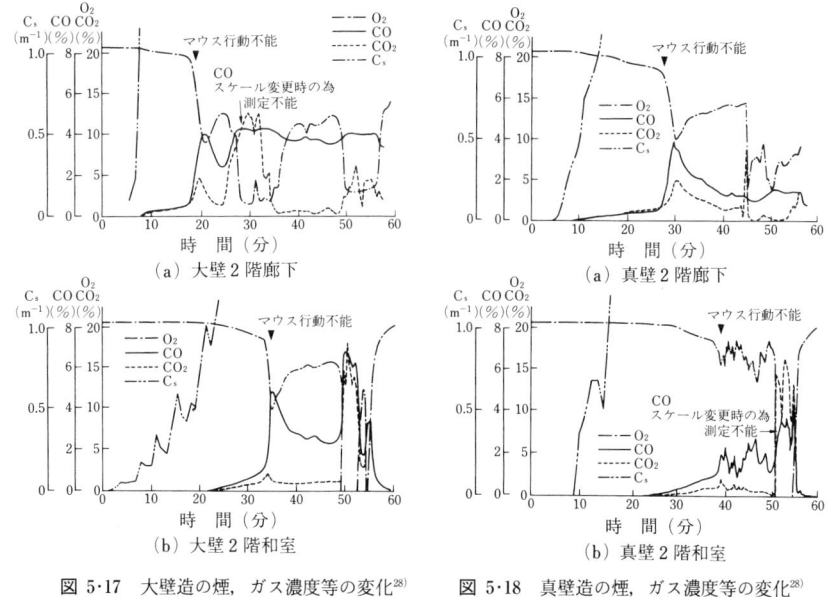

図 5·17　大壁造の煙，ガス濃度等の変化[28]　　　図 5·18　真壁造の煙，ガス濃度等の変化[28]

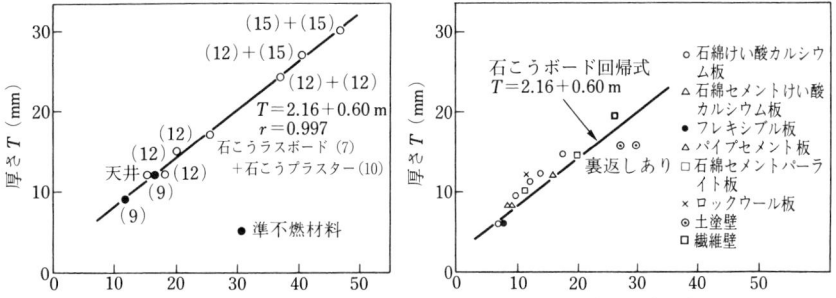

図 5·19　防火被覆材と耐火時間の関係[28]

いること，壁の室内に面する部分および天井の部分に石こうボードが張られていることなどである．したがって，図 5·19 に示すように石こうボードの厚さを増すと耐火性能が向上し，また，石こうにガラス繊維などの補強材を混入することで加熱による脱落が少なくなる．

　図 5·20 は，1991（平成 3）年に実施された木造 3 階建共同住宅の火災実験における各室内の火災温度の経時変化を示したものである．図中には，耐火構造の加熱試験に用いられる標準加熱温度曲線（JIS A 1304）を併記してある．

　点火後約 30 分までの火災初期は，LDK の火災温度は標準加熱温度曲線におおむね近い経

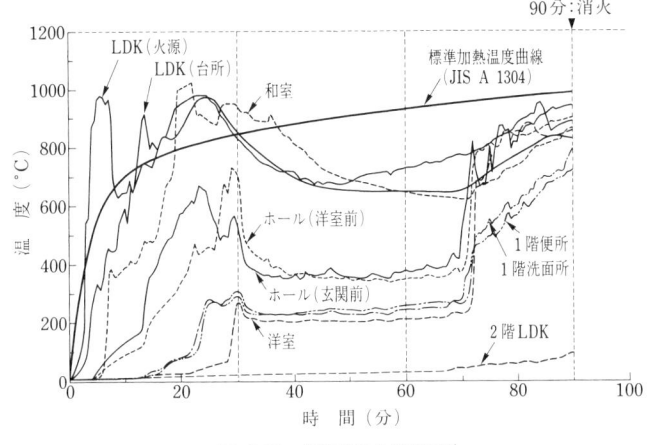

図 5·20 各室内の火災温度[29]

時変化を示していることから，本仕様の実験建物は，木造ではあるが鉄筋コンクリート造や鉄骨造等の耐火造建物に類似の火災性状を示している.

（佐藤　寛・成瀬　友宏・鈴木　淳一）

5·3·4　枠組壁工法建物等の火災性状
（1）工 法 の 概 要

　最近のパネル工法やユニット工法などによる建物は，内装に不燃材料を張り，部屋単位に気密性が高く造られているので，出火してもその部室だけで食い止めることも可能な構造になっている.

　枠組壁工法建築物等は現在では耐火構造とすることも可能であるが，従来は，ある時間内では室区画を構成する壁や床・天井が火熱により燃え抜けや変形・破壊などを起こさないので，その間は耐火造とほぼ同じ火災性状を呈する準耐火建築物として位置づけられてきた.このような建物では，消火されずに放置されれば，熱の侵入でパネルを構成する木製や鋼製の枠材が燃焼したり耐力低下を生じて室区画が次々に炎上破壊し，最終的には倒壊してしまう.耐火構造としての被覆を用いた枠組壁工法建築物や，コンクリート系パネル（プレキャストコンクリート板–PC 板）で構成されたプレハブ工法の建築物は，現場打ちの RC 耐火造とほぼ同等の火災性状を示す.

　以下，各種工法建築物の特徴について，建築防火の観点から概説する.

A．枠組壁工法

　この工法は，1973（昭和 48）〜 1975（昭和 50）年度にわたって実施された建設省総合プロジェクト「小規模住宅新施工法の開発」を契機として北米（主にカナダ）から我が国に紹介されたものである.

　上記プロジェクトの成果を基に，1974（昭和 49）年にオープン化された工法は，通し柱のない方式（プラットフォーム方式（platform construction））でツーバイフォー工法と通

称され，その概要は図5·21に
示すとおりである．

　ツーバイフォーとは，壁パネ
ルを構成する縦枠・横枠・頭つ
なぎなどの枠材の断面寸法が公
称2×4インチ（204と書く）
となっていることを指してい
る．しかし，日本では乾燥状態
（含水率14%以下）の実寸38
×89 mmで実用に供されてい
る．壁パネルのスタッド間隔は
455 mm程度が普通である．工
程は，公称208～210の床根太
の上に日本農林規格（JAS）に
規定する構造用合板（厚さ12
～18 mm）を張り，床パネル
とし，この上を作業台として現
場で寸法を確認しつつ壁パネル
を造り，立て起こし，必要であ
れば再びその壁パネルの上に床
パネルを張り上階を造るもので
ある．

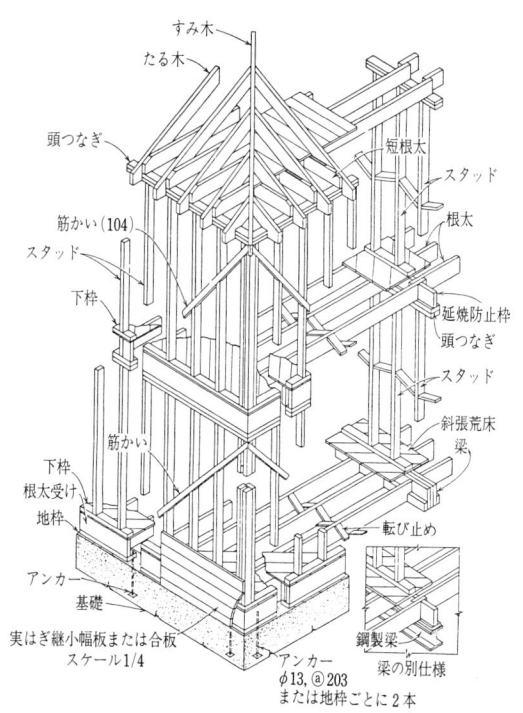

図 5·21　プラットフォーム構法[30]

　防火上の特徴は，壁パネルが気密構造になっていること（床パネルも直打ち天井の場合は
同様である），階段や軒天の取り合い部分には204材をファイヤストップ材として挿入して
いること，壁パネルの室内に面する部分には石こうボードが張ってあること，天井にも石こ
うボードやけい酸カルシウム板などの防火材料が張られていることなどである（図5·22）．

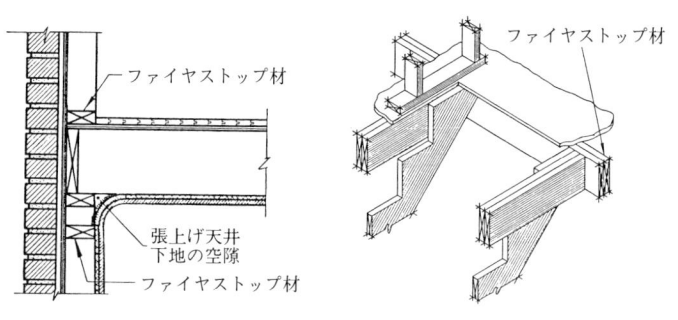

（a）天井‐床の部分　　　　　　　　（b）階段部分

図 5·22　ファイヤストップ材の適用例[31]

パネル相互に隙間を生じたり，パネルが燃え抜けたりすると，外気の供給が増えて燃焼速度が増大し裸木造と類似の火災性状に移行する．裸木造の場合は，通気性を重視するため，室間の仕切りに襖や障子を使用し，また，外壁内と床下から天井裏・小屋裏へ抜ける空気の流れもあり，さらに，天井や壁の内装仕上げに薄手の合板（2.7～5.5 mm 程度）を使用することも多いので，建物全体に火がまわるのが 10 分前後ときわめて短い．

　一方，枠組壁工法の建築物は，空間構成および構造自体が逆に気密性を有しているから，火災拡大を抑える働きをする部分も多く，屋内開口部の開閉や外周風の強弱による影響を勘案してもなお裸木造より火に強いといえる．

B. 工業化工法

　いわゆる，プレハブ住宅に代表される建築工法である．主要構造材料の別によって，鉄筋コンクリート系，鉄鋼系，木質系に分けられている．工場で生産される割合（工業化率）は，高いものでは 80～90% に及ぶものもある。その普及の理由としては，労務費低減・品質確保・工期短縮・低価格化などが挙げられる．なお，在来工法木造でもプレカットなど部材レベルの工業化はかなり進んでいて，現場では組立て作業が中心であり壁パネル式なども増えている．

a. 鉄筋コンクリート系

　プレキャスト鉄筋コンクリート（PC）板を床と壁に使用して住戸を造るタイプで壁式 PC 工法ともいわれている．臥梁を RC で造り壁の部分に PC 板をはめる方式および柱・梁を H 形鋼で組立て壁面となる部分に PC 板を使う方式もあり，後者は高層の場合に利用される．図5・23 は PC 工法の組立て図の例であり，PC 板は普通コンクリートで造られ比重が約 2.4 であるが，軽量骨材を利用した軽量 PC 板もある．

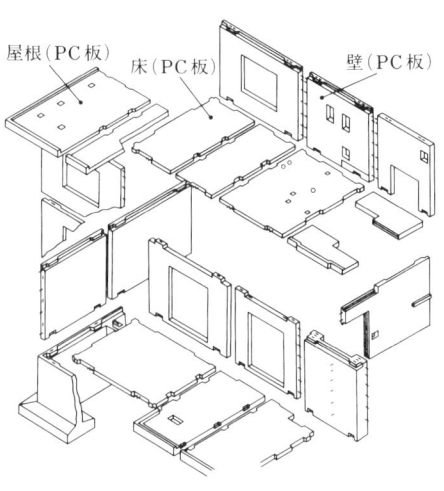

図 5・23　PC 工法の例（F 社）

　防火上からこれらの工法をみると，おおむね現場打ち RC 造と同等の耐火性を有すると考えられる．しかし，プレストレスを掛けた PC 板（PS 板と称する）では火災時の温度差応力で爆裂を起こしたり，軽量 PC 板でも表面付近の骨材部分が核となって図5・24のような爆裂（spalling）を起こすことがある．こうした場合は，区画防火性や建物の耐火性が急減する恐れがあるため熱可塑性樹脂繊維

図 5・24　軽量 PC 板のはぜ割れ状況

図 5・25　鉄骨の耐火被覆が不十分等により ALC 板にも荷重がかかり変形した状況

図 5・26　り災後も再使用可能と診断された軽量 PC 板住宅

を混入して蒸気圧を逃がす工夫もなされている.

　高温高圧蒸気養生気泡コンクリート板（autocraved lightweight concrete）は ALC 板と略称され，この方が正式名称となっている．製法は石灰分として生石灰（CaO）あるいはセメント，けい酸分としてケイ砂（SiO₂）を用い，さらに発泡剤を加えて成形し，約180℃，10気圧の養生釜に入れて水熱合成させ，けい酸カルシウムの組織結合を強化するものである．建築に使用する場合は防錆処理を施した鉄筋網を入れる．ALC は化学的に中性に近く鉄筋を腐食させやすく，また低比重で吸水率も比較的大であるから表面および目地の防水処理技術に十分留意しないと，耐久性を損ない防火・耐火性にも影響を与える．鉄骨 ALC 構造は，鉄骨部分で耐力を保持させるため，鉄骨には十分な耐火被覆を施しておく必要がある．被覆が不十分な場合は図5・25にみるように ALC 部分にも荷重負担が生じ大きく変形することもある．

　鉄筋コンクリート系の建物は主要構造部分が耐火性のある不燃材料で造られているため，り災後は図5・26にみるように建物としての形態は保持し得るし，再利用が可能な場合も多い．

b.　鉄鋼系

　鉄骨は H 型や箱型などのビル用重量型鋼と C 型を主とした住宅用軽量型鋼に分けられる．鉄鋼は約500℃で強度や弾性係数が常温のおよそ半分になる．したがって，耐火被覆を十分に施さないと倒壊する恐れがある．耐火被覆は 1200〜1300℃ に達する火災熱を鉄骨に伝えないために必要であることから，耐熱性に富む材料を使用するだけでなく，鉄骨に確実に取り付けるよう施工法に留意することが肝要である．

　また，鉄骨造は不燃材料であるので，都市防火上有効であるという考え方を基に準耐火建築物が広く普及している．前述の鉄骨 ALC 造で3階建ての建物は，その代表例といってもよい．しかし，この種の建物は屋内出火に対し延焼拡大を防火区画などによって阻止する性能を有しているとは必ずしもいえないので，火災時に倒壊する恐れもある．したがって，必要な場合は鉄骨柱を防火被覆しなければならない（建築基準法施行令第70条参照）．また，軽量鉄骨を用いた工業化住宅の構造形式の概要を表5・10に示す．

表 5·10　鉄鋼系工業化住宅の構造型式（プレハブ建築協会）

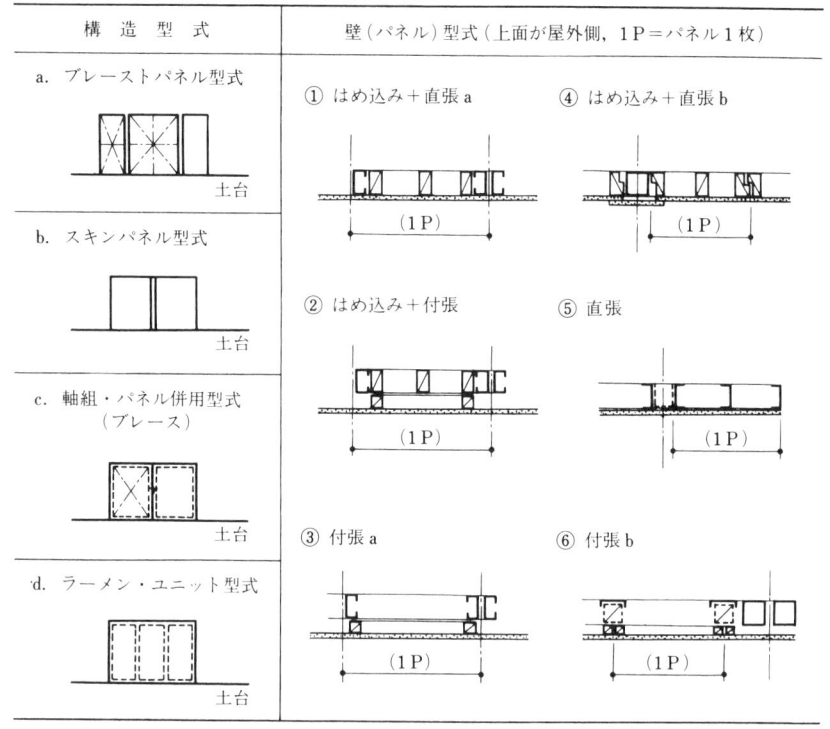

| 構　造　型　式 | 壁（パネル）型式（上面が屋外側，1P＝パネル1枚） |

火災時には自重や積載荷重による鉛直方向の力のみを考慮すればよいが，地震が起って火事になるケースでは，隣地や道路に倒れ込むなど第三者の権利や利益を損なう恐れがある点に配慮すべきであろう．工業化住宅等には肉厚が 3.2 mm 程度の軽鉄が使われているので，火熱を直接受けると容易に変形する．したがって，ある程度の耐火性を保持させるために，室内側に石こうボードやけい酸カルシウム板などの防火被覆材を張っている．壁や床・天井に木製の枠材と桟木によるパネルがはめ込まれているものも多く，これらは軽量鉄骨造とはいっても木材の使用量は少なくない．防火被覆材を下地材に取り付ける場合，鉄と木との材質差を考慮しジョイント部に隙間などが生じないようにしておく必要がある．

c.　木質系

在来工法木造は柱・梁・根太などにより室空間の軸組をまず構成し，屋根をかけ，次に床板を張り，必要な部分に壁を造るという手順であり，壁内・床下・小屋裏の通気を確保できるような構造となっている．したがって，燃え抜けると火災が急速に拡大する恐れがある．これに対して，最近，木製の桟木を骨組として枠を造り，これに合板や石こうボードを張りつけたパネルを壁や床に用いて組立てる工法も普及している．骨組が木製であっても在来の

工法とは異なるし，枠材を現場に持ち込んでパネルを組立てる枠組壁工法とも区別され，木質系パネル工法と一般に呼ばれている．本来が木造であるため，在来工法や枠組壁工法の手法を一部取り入れた例もある．また，桟木の断面が各種あり，パネル型式も異なっている．図5·27は構造型式の概要を示した例である．大別すると，パネルだけで構成する場合と，軸組とパネルとを組合わせる場合とがある．パネル骨組の型式も縦桟のみ，縦桟の間に横桟をはさみ込んだもの，縦桟と横桟とを同一断面寸法として交差部を相互にはめこんでかみ合わせた格子桟方式などがある．

　また，パネル面材の取り付けについては，工場で片面のみを張り付ける場合と，両面とも張り付ける場合とがある．

　防火面からの特徴としては，次のことが挙げられる．

① 　パネル型式であるため，壁内延焼の恐れが少ない．

② 　床パネルの場合では，天井板を直付けすると天井裏での火災拡大を遅らせることができる．

③ 　個室化がはかられた建物では，ドアに防火性の高いものを使用すれば，火煙の侵入をかなり抑えることができる．

（2）火災進行の特徴

　鉄筋コンクリート，鉄鋼，木質などいずれの構造型式の場合も，パネル型式を主体としているため，空間の気密性が比較的高い．したがって，パネルの防火力（燃え抜け抑止力）や

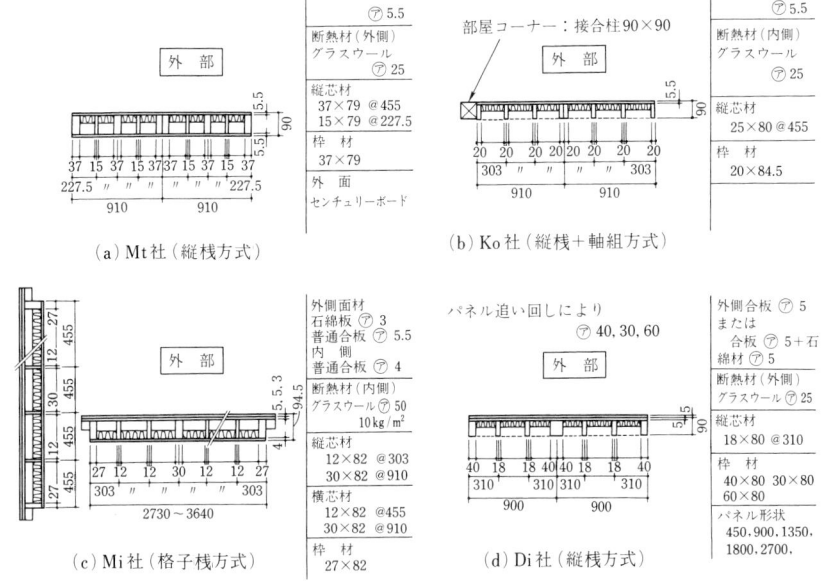

図 5·27　木質系パネルの型式例（プレハブ建築協会）

耐火力（火災時における構造体の強度低下や変形進行の抑止力）が持続する限りは，鉄筋コンクリート造建物にみるような開口部による換気支配型の火災性状を呈する場合が多いことが大きな特徴である．したがって，開口部を封鎖するなどの措置をとれば，酸素濃度が急減して火勢を抑えることもできる．

A. 火災の初期

パネル型建物のいずれであっても，屋内に面する天井や壁の内装部分に石こうボードやけい酸カルシウム板などの不燃材料が張ってあれば，発火源が直接内装材に触れても急速に本格火災に移行することはない．ガス爆発や大量の灯油の燃焼など，発火源が極端に大きい場合を除けば，発火源から周囲可燃物に着火し，その火炎が成長し立ち上がるまでの状況は同様である．すなわち，その状況の時系列的変化は，発火源の特徴，可燃物との距離，可燃物の種類・材質・形状などにより違いがある．ただし，この時点では酸素はまだ十分にあるから，着火した素材および製品の燃焼性状が火災現象の支配的要因となり，これを材料支配型の燃焼と呼ぶこともある．図5・28〜5・30は，こうした火災の初期状況を示す例である．

図 5・28 こたつふとんに着炎した状況(14分) 　図 5・29 襖に着炎した状況(1分) 　図 5・30 火源から立ち上がった炎が天井面下に拡散している状況(3分)

（菅原　進一・成瀬　友宏）

5・4 建物用途と火災

5・4・1 総　論
（1）は じ め に

多様な利用目的を持って建築物は建設されている．近年，建物規模が大きくなり，様々な用途の空間が複雑に組み合わさって1つの建物を構成する事例が多くなっている．

したがって，そこで発生する火災の性状も多様化するために，建物の主たる用途だけで火災安全対策を考えては危険な場合も懸念される．また，それら用途空間をアトリウムとよば

れる火災経験の少ない空間を介在させて接続したり，また，空間を構成する材料も多様化したりして，火災の拡大危険が増大している可能性がある．

　加えて，建物利用者の中には65歳以上の高齢者の占める割合が徐々に高くなり，災害発生に対して避難や消火などの迅速かつ確実な対応が困難な者の比率が増大している．さらに，建築物の24時間利用化や利用者の国際化なども，災害の様相を変化させている．また，出火原因についても，放火やその疑いがあるものの割合が増加し，全国統計でも上位を占めるとともに東京消防庁管内では第一位になっている．

　このように，建物利用者の特性や建築計画の変化が今後の火災の発生や火災の拡大に大きな影響を及ぼすものと考えられる．そこで，火災発生件数の多い住宅，就寝を伴う施設，災害弱者利用施設，不特定多数の人が利用する施設，火災危険や可燃物の多い施設など主たる用途別の火災の特徴や教訓について，特にそれらを主たる用途とした建物の火災安全設計を行う際に役立てることを目的として，火災事例と火災統計の両側面から整理するとともに用途の複合化による特徴を示す．特に，性能設計を行う場合に大切になると考えられる用途別の標準的な出火場所，出火原因などについて示す．

（2）東京消防庁管内の建物用途別火災の概要

　東京消防庁で毎年発行している「火災の実態」によれば，その管内における建物火災の件数は2007（平成19）年から10年間で31350件を数え，そのうち部分焼以上は7804件（延

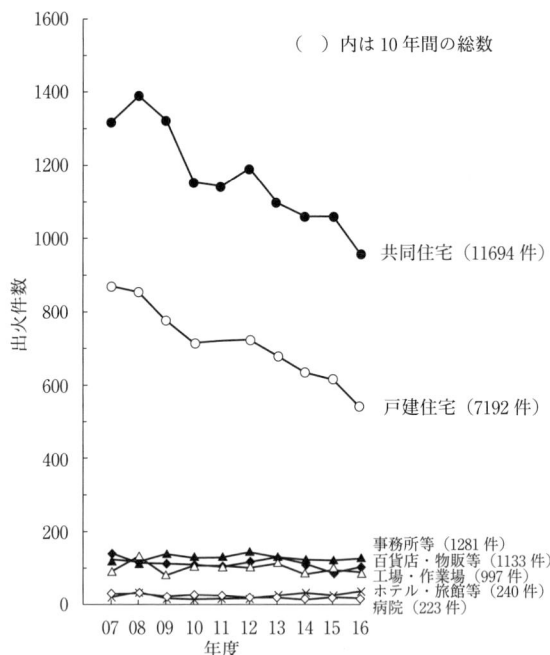

図 5・31　最近10年間の火災発生件数の推移（東京消防庁管内）

焼拡大率「＝出火件数/対象物数」は 24.9% 程度）で，全体の 75% 程度の火災はぼやにとどまっている[1]．

　図 5·31 は，東京消防庁管内における用途別・年度別の過去 10 年間の火災発生件数である．この図から，戸建住宅と共同住宅は，ほぼ同じ件数の火災が発生し，最近では共同住宅の火災のほうが多く，どちらも減少傾向を示し，両者で全建物火災の約 60% を占めている．次に多いのは事務所火災で，全体的な変化は少ない傾向にある．百貨店・物販等の火災は，ここ 10 年は年間 110 件程度である．

　表 5·11 は，2014（平成 24）～ 2016（平成 28）年度における同管内の用途別の政令対象物（消防法施行令第 6 条で定める防火対象物（令別表第 1）の棟数で，それぞれの出火件数を割ったものを出火率として示した．この表から対象物数の少ないものを除けば，用途に関わらずおおむね 1000 棟に数件から十数件の比率で火災が発生しているといえよう．

　一方，政令対象物以外の用途である戸建住宅の火災件数は最近の 5 年間は年 500 件程度，全建物火災の約 23% を占め，少しずつ減少の傾向にある．

5・4・2　各種建物用途と火災

　東京消防庁管内で各年に起きた火災の様子については，「火災の実態」として公表されており，建物火災について，住宅（戸建住宅，共同住宅・寄宿舎），飲食店，百貨店・物販店舗等，旅館・ホテル・宿泊所，病院・診療所，学校，工場・作業所，倉庫，事務所の用途別に，また，防火管理義務対象物・その他の建物用途について，火災状況，出火原因，発見・通報・初期消火等の状況の特徴が統計値と合わせてまとめられている．

　1991（平成 3）年の情報[2]から，25 年後の 2016（平成 28）年の情報[5]を比較して特徴的な事項と過去に起きた火災事例から得られた教訓を以下にまとめて示す．なお，表 5·11 には，各用途別政令対象物[5]のうち（16）項複合用途は複合用途として集計した結果と，各用途で集計した結果を示し，過去に起きた主な火災と関連法規の強化の契機となった火災については，資料編にまとめて示されている．

（1）住宅（戸建住宅，共同住宅・寄宿舎）火災

　住宅火災件数・死者数は減少傾向にあり，表 5·11 の最下欄に示すとおり，火災件数は，1991（平成 3）年の 2326 件に比べて，2016（平成 28）年には 1497 件と 36% 減少した．

　出火原因については，第 1 位は放火（1991（平成 3）年の 469 件から 2016（平成 28）年には 150 件と 68% 減少），次いでたばこ（1991（平成 3）年の 425 件から 2016（平成 28）年には 255 件と 40% 減少），ガステーブル・コンロ（1991（平成 3）年の 504 件から 2016（平成 28）年には 301 件と 40% 減少）で，それぞれの割合も大きく変わらない．

　2006（平成 18）年 6 月 1 日に改正消防法が施行され，住宅の居室や階段などに住宅用火災警報器の設置が義務付けられ，施行後 10 年になる 2016（平成 28）年には，住宅用火災警報器または自動火災報知設備の設置された建物火災をみると，初期消火成功率と 1 件あたりの焼損床面積は住宅用火災警報器がある建物で 50.2% と 4.6 m²，自動火災報知設備がある建物で 62.7% と 2.1 m²，設置がない建物で 40.0% と 13.4 m² の違いがあり，それらの効果が確認できる．

　死者（自損を除く）をみると，1991（平成 3）年の 52 人に比べて，2016（平成 28）年に

表 5・11　用途別政令対象物の出火率（平成24年〜28年）

用途別政令対象物	政令対象物 24年	25年	26年	27年	28年	火元建物の用途別火災状況 24年	25年	26年	27年	28年	出火率（×10⁻⁵）24年	25年	26年	27年	28年	16項を除いた用途別火災状況 25年	26年	27年	28年
計	366539	378427	386930	394965	402867	2526	2474	2277	2238	2149	6.89	6.54	5.88	5.67	5.33	2141	1969	1989	1926
(1)項 イ 劇場等	136	140	142	147	145					2					13.61				1
(1)項 ロ 公会堂等	66	64	58	59	60				1	1			18.87	16.95	16.67		3	4	
(2)項 イ キャバレー	39	48	53	57	56	1		1			25.64						6		8
(2)項 ロ 遊技場	624	609	597	593	579	7	7	8	8	7	11.22	11.49	13.40	13.49	12.09	8	11	11	10
(2)項 ハ 性風俗営業店舗等	14	15	15	13	12		1					13.40	13.40	5.06		1	1	1	2
(2)項 ニ カラオケ等	199	205	205	207	204		1									11	8	2	6
(3)項 イ 料理店等	126	114	116	101	104	1					8.77					1	1		
(3)項 ロ 飲食店	6347	6548	6725	6973	7127	38	43	43	53	63	5.99	6.57	6.39	7.60	8.84	311	296	339	345
(4)項 百貨店等	6644	6947	7262	7459	7630	24	38	28	19	24	3.61	5.47	3.86	2.55	3.15	130	113	87	103
(5)項 イ 旅館等	1984	1965	1914	1960	2033	6	16	12	14	21	3.02	8.14	6.27	7.14	10.33	25	33	26	37
(5)項 ロ 共同住宅等	141795	148064	152433	156422	161149	911	857	854	845	760	6.42	5.79	5.60	5.40	4.72	1097	1060	1060	958
(6)項 イ 病院等	2711	2707	2756	2769	2790	13	15	7	17	12	4.80	5.54	3.20	1.33	4.30	19	13	20	17
(6)項 ロ 自力避難困難者入所施設等	1923	2087	2189	2255	2347	8	10	7	3	6	4.16	4.79	3.20	1.33	2.56	12	11	13	9
(6)項 ハ 老人福祉、支援施設等	3549	3778	4042	4283	4536	6	5	6	2	5	1.69	1.32	1.48	0.47	1.10	9	10	15	9
(6)項 ニ 幼稚園等	1406	1399	1397	1368	1364		2				1.43			0.73		2	2		2
(7)項 学校等	8925	8894	8896	9010	9043	37	38	25	28	30	4.15	4.27	2.81	3.11	3.32	38	27	29	33
(8)項 図書館等	376	385	390	401	403			2				5.13		2.49		1	5		1
(9)項 イ 特殊浴場等	170	162	167	166	162	2					11.76								
(9)項 ロ 一般浴場等	535	516	485	463	442	2	2			3	3.74	3.88		2.16	6.79	2	4	4	6
(10)項 駅舎等	614	603	602	601	609	15	17	8	13	10	24.43	28.19	13.29	21.63	16.42	32	22	18	21
(11)項 神社等	3960	4061	4164	4260	4322	4	4	7	4	4	1.01	0.98	1.68	0.94	0.93	8	8	8	4
(12)項 イ 工場等	11225	11370	11412	11238	11193	71	65	56	57	55	6.33	5.72	4.91	5.07	4.91	113	84	95	89
(12)項 ロ スタジオ等	63	63	60	61	64	1	1			1	15.87	15.87			15.63	2	2	1	4
(13)項 イ 駐車場等	2788	2839	2879	2946	2939	4	5	3	2	1	1.43	1.76	1.04	0.68	0.34	13	10	6	2
(13)項 ロ 格納庫等	29	27	27	24	23														
(14)項 倉庫	7854	8045	8141	8281	8369	20	10	5	10	11	2.55	1.24	0.61	1.21	1.31	17	17	17	15
(15)項 ①	2742	2843	2865	2899	2861	10	5	5	7	14	3.65	1.76	1.75	2.41	4.89	7	8	9	17
(15)項 ② 事務所等	22085	22299	22429	22624	22719	61	58	48	58	50	2.76	2.60	2.14	2.56	2.20	120	114	107	109
(15)項 ③	14429	14858	15319	15993	16362	103	117	77	69	79	7.14	7.87	5.03	4.31	4.83	153	115	115	124
(16)項 イ 特定用途の複合	56117	57397	58429	59376	60265	803	795	742	735	721	14.31	13.85	12.70	12.38	11.96				
(16)項 ロ 非特定用途の複合	66663	68959	70345	71526	72518	378	363	328	293	269	5.67	5.26	4.66	4.10	3.71				
(16の2)項 地下街	12	11	10	10	10														
(16の3)項 準地下街	2	2	2	2	2														
(17)項 文化財	387	403	404	418	425	1			1		2.58				2.35				
(18)項 アーケード	24	25	26	27	28														
総出火件数	5051	3127	4554	4476	2681								100.00			3269	3002	2922	2681
政令以外の出火件数	680	649	601	583	532											1128	1033	933	840
（うち住宅用途）	591	554	518	524	460											680	634	615	539
住宅用途と共同住宅等	1502	1411	1372	1369	1220											1777	1694	1675	1497

(15) 項：①官公庁、②事務所、③その他

表 5·12　住宅（戸建・共同・寄宿舎）の火災件数の比較

		1991（平成3）年				2016（平成28）年
		戸建住宅	共同住宅	寄宿舎	小計	戸建・共同・寄宿舎
火災件数		1096	1155	75	2326	1497
出火原因	放　火	142	320	7	469	150
	た　ば　こ	142	253	30	425	255
	ガスレンジ・こんろ	297	195	12	504	301
死者	青年・壮年	13	15	2	28〜30	17
	高　齢　者	7	15		22〜24	44
	小　　計	20	30	2	52	61
	自　　損	11	13	0	24	8

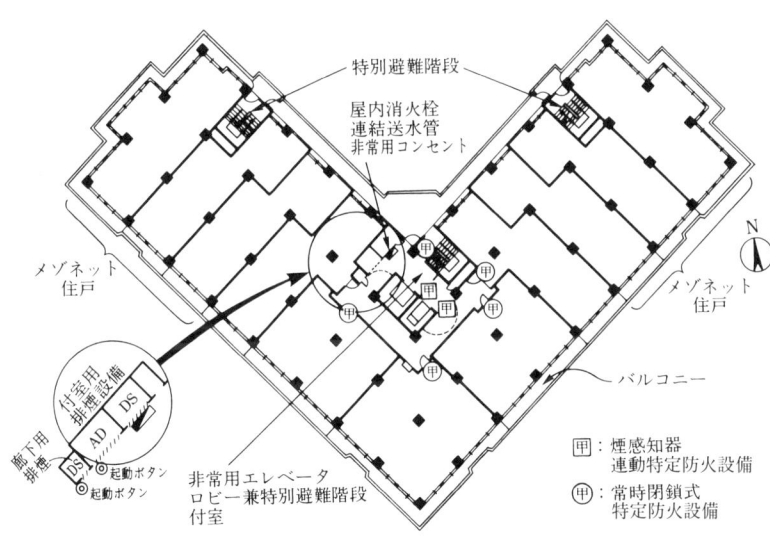

図 5·32　火災が発生した超高層マンションの平面図

は 61 人と 17% 増加した．このうち高齢者（65 歳以上）でみると，約 2 倍に増加しており，死者に占める高齢者の割合が高くなっていることが分かる．

1989（平成元）年 8 月 24 日午後 4 時頃に発生した 28 階建の超高層マンション（東京都江東区）の 24 階住戸での火災は，新たな問題をいくつか顕在化させた．この建物の平面図を図 5·32 に示す．

　1）この火災は発見者が体の不自由な人であったため，通報や初期消火ができず 1 住戸を全焼させた．かつ家人がその人を助け出すために，玄関ドアにストッパーを固定したた

め大量の煙や熱が廊下に流出した．要救護者がいる家庭の玄関扉の構造の改良と避難の
場合には確実に扉を閉鎖する習慣の必要性を顕在化した．

2）自然排煙装置の開放については，手動開放装置の位置や表示がわかりにくく，かつそ
のような装置があることを仮に居住者が知っていたとしても探し難い状態であった．ま
た管理人も慌ててその遠隔操作を忘れた．これらのことから，管理人の資質や居住者の
役割や責任の周知など防災教育の大切さが指摘されるとともに，このような設備の起動
ボタンの位置と避難経路の関係などコア部分の設計に格段の配慮が望まれた．

3）メゾネット住戸など住戸のバリエーションの多いことが消火活動の障害になったり，
小さい廊下に何枚もの扉や曲がり角があることが，通常の経路の景色と災害時の経路の
景色との間にギャップを生じさせ，避難行動の支障となった．

4）この火災ではヘリコプターが救助のために用いられたが，屋上の扉が施錠されていた
ため目的地への到達に時間がかかった．

以上のように，共同住宅については，きめ細かに安全を配慮した設計とその設計意図の適
切な伝達を目的とした設計者，建物管理者，居住者の防災計画書を媒体とした確実な連携の
必要性が指摘できる．

（2）ホテル・旅館の火災

ホテル・旅館は客を宿泊させるのが主目的の施設であるが，その建設場所の要求に合わせ
て集会，飲食，店舗，レジャーなど様々な利用目的の空間を含む複合施設となることが多い．
そのため，一度火災が発生すれば，被害の様相は複雑になり，規模も大きいものとなる例が
多い．この原因は，不特定多数の人が利用し就寝を伴うこと，旅行時の気の緩みや建物の地
理・事情に不案内であること，酩酊状態の人もいること，老人・子供などの災害弱者や外国
人も多いこと，宴会場では高密度に人が集中することなどの人的な弱点が集中していること
にある．また，プライバシーの確保のための空間の独立性が発見の遅れなどマイナスに作用
することや観光地のホテルでは複雑な地形に増築につぐ増築で避難経路がわかりにくくなっ
たりすることなど，建築的な潜在的危険要因も多い．したがって，設計者はこれらの要因を
低減するように配慮した設計を行うことが望まれる．

東京消防庁管内では2012（平成24）〜2016（平成28）年の5年間で138件の火災が発生
した．出火場所では客室が最も多く，主な原因はたばこ，放火，電気機器の火災で，1989
（平成元）〜1993（平成5）年の出火原因[10]と変わらない．また，この施設では，宿泊客が
利用する場所での出火と従業員が利用する場所での出火件数がほぼ同じであり，出火原因が
宿泊客によるものなど施設側の維持管理だけで防止できるものではないことが分かる．

これらの傾向は，1981（昭和56）〜1990（平成2）年までの10年間に全国で発生した
2354件の火災の統計からもうかがわれる[4]．さらに，その統計では建物の構造種別が人的お
よび物的被害に及ぼす影響についても記述している．これによれば，当然のことながら木造
の被害が耐火造に比べて大きく，人的な被害は2倍，物的被害（火災1件当りの焼損面積）
は7倍を越えている．人的被害にそれほどの差がないのは耐火造の建物の規模が木造に比べ
て大きく，維持管理などの条件が悪ければ一度に多数の死傷者を出す例の多いことによる．
また，この用途においても，通報時間は空間の独立性に起因する覚知の遅れのため昼間で約

12 分，夜間で 14 分強となり建物全用途火災の平均の倍程度を要している．駆け付け放水時間（放水開始時間）は，市街地から離れた場所に立地するものも多く含むため他の用途に比べて若干大きく 9 分弱である．また，この統計分析によれば，昼夜間別死傷者発生率や被害状況の指標から，これらの施設の夜間の防火管理体制の手薄さと宿泊者の避難行動能力の低下を反映してか，夜間の被害が昼間に比べて 2 倍以上になっている．したがって，これらの施設の設計に際しては，夜間の安全確保を前提とし，様々な人的機能の低下をバックアップする計画であることが必要である．

表 5·13 は多数の死傷者を出した火災事例の一覧表である[5]．このうち，発生年次は比較的古いが，川治プリンスホテルおよびホテル・ニュージャパンの火災は共通性の高い被害拡大の様相を残している．また，同じことが福島県飯坂温泉で発生した若喜旅館本店火災（1994（平成 6）年 12 月 21 日午後 10 時 50 分ごろ新館（1964（昭和 39）年建築）4 階大広間から出火，死者 5 名，傷者 2 名，焼損面積 5723 m² 全焼，放火の疑い，既存不適格建物で過去 5 回の改修・改築指導に対応していない）でも指摘され，繰り返されている．

表 5·13　多数の死傷者を出したホテル・旅館の火災事例の一覧表（平成 29 年消防白書[5]）

出火年月日	出火場所	事業所名	死者数	負傷者数	損害額（千円）	出火原因
1969年 2 月 5 日	福島県郡山市	磐光ホテル	30	41	1,098,261	石油ストーブ
〃 5 月18日	石川県加賀市	白山荘	－	16	2,321,732	不明
1971年 1 月 2 日	和歌山県和歌山市	寿司由楼	16	15	216,637	不明
1973年10月11日	兵庫県神戸市	坂口荘	6	5	14,919	たばこの消し忘れ
1975年 3 月10日	大阪府大阪市	千成ホテル	4	64	99,477	不明
1978年 6 月15日	愛知県半田市	白馬	7	24	60,116	不明
1980年11月20日	栃木県藤原町	川治プリンスホテル	45	22	533,751	アセチレンガス切断機の火花
1982年 2 月 8 日	東京都千代田区	ホテルニュージャパン	33	34	1,726,126	たばこ
〃 11月18日	富山県庄川町	庄川温泉観光ホテル	2	8	472,780	不明
1983年 2 月21日	山形県山形市	蔵王刊行ホテル	11	2	308,563	不明
1986年 2 月11日	静岡県東伊豆町	大東館	24	－	17,120	ガスコンロによる長期低温加熱
〃 4 月21日	静岡県河津町	菊水館	3	56	112,810	不明
1988年12月30日	大分県別府市	ホテル望海荘	3	1	3,114	たばこの火の不始末
1994年12月21日	福島県福島市	若喜店	5	3	1,024,315	不明
2012年 5 月13日	広島県福山市	ホテルプリンス	7	3	29,090	不明
2015年 5 月17日	神奈川県川崎市	吉田屋	9	19	101,251	放火

A.　川治プリンスホテル火災[6]

1）建物の構造的な欠陥（防火区画や階段の区画が事前の査察で指摘されていたが未対応）や消防設備の不備（自動火災報知設備や誘導灯について改修が指示されていたが未対応）に加えて，相次ぐ増築のため，避難経路が複雑で迷路化していた．

2）防火管理体制の不備など防災意識の欠如が指摘された．そのため組織的な初動態勢が取られなかった．

3）通報が遅れ，従業員による避難誘導も時機を逸した．

4）宿泊客も到着直後で建物について不案内，かつ老人が多かった．

5）自動火災報知設備の追加工事の完了通知が従業員の末端まで周知されていなかったため誤報（ベルのテスト）と思って対応が遅れた．

B.　ホテル・ニュージャパン火災[7]

1）建物の構造的な欠陥（特に防火区画の不備や木製扉の使用）から火炎や煙が急速に拡大した．また館内の廊下は三叉路状の組み合わせのため方向を見失いやすく，階段の位置もわかりにくい建物であった．

自動火災報知設備のベルの鳴動操作がなかった．また，非常放送設備の操作は行ったが，機器が故障しており，放送は行われなかった．スプリンクラーも未設置．

2）不備・欠陥の改修に対する東京消防庁の度重なる警告・命令にも従ってない．

従業員に対する教育訓練などの不徹底により適切な初動態勢が取られていなかった．
夜間従業員の不足も問題となった．

3）第一報の通報は通行人からであり，しかも出火から相当時間経過していた．

4）常宿として利用している人も多かったが，外国人も多かった．

上記の項目のうち，1）の項目については，建物所有者の防災意識が低くても，設計や施工に携わるものの責任でその一端は回避できたはずで，建築実務家の猛省を促したい．2），3）の項目については建物所有者の責任ある対応を期待したいが，この点については消防行政などの査察や予防活動の中で意識の向上のための抜本的な方策が必要と考える．また，宿泊者も避難通路を確認しておくなど，自分の責任で自分を守る創意工夫が必要であることをこれらの事例は示している．

（3）病院・養護施設などの災害弱者利用施設の火災

消防法施行令別表第1に掲げる防火対象物第6項（イ）～（ニ）に示す用途に供される施設について示す．これらの施設には，比較的行動の自立性が高い通院・通園の利用者もいるものの，避難が困難な患者や要介護者を収容したり，就寝を伴う用途であるため，特に安全性に配慮して設計すべき対象である．

これら火災件数はそれほど多くはないが，一度の火災で初期対応などに齟齬があれば，避難行動に介護を要する人が多いことから，多数の死傷者を生み出す例が多い．東京消防庁管内では，複合用途の建物での出火を各用途で集計した結果から，2013（平成25）～2016（平成28）年の4年間で（イ）の用途では69件，（ロ）の用途では37件，（ハ）では43件，（ニ）では3件の火災が発生している．（イ）の用途では，全体の約3割が放火により，病室，廊下・ホール，便所で出火しており，次いで暖房機器，照明機器により出火している．（ロ）～（ニ）の用途についても，火災件数は多くないものの，出火原因が明らかなものの火災では放火を出火原因とするものが多い．

1980（昭和55）年から1991（平成3）年まで12年間に全国で1525件の火災がこれらの用途で発生した．日野はそれらを分析し以下のことを報告している[8]．この用途の特徴として

発見の遅れ勝ちな放火火災が多いことが，消防への通報時間の遅れとなって現れ，病院では通常建物火災（1985（昭和60）年では昼間7.4分，夜間8.9分）の倍程度の15～17分となり，老人など福祉施設では11～12分となっていること，また，駆け付け放水時間（覚知から放水開始までの所要時間とする）では後者が郊外に立地することと相まってか8分以上と

表 5·14　多数の死傷者を出した災害弱者施設の火災事例の一覧表（平成29年消防白書[5]）

（病院）

出火年月日	出火場所	事業所名	死者数	負傷者数	損害額（千円）	出火原因
1960年 1月 6日	神奈川県横須賀市	日本医療伝導会衣笠病院	16	―	19,122	石油ストーブの消し忘れ
〃　 3月19日	福岡県久留米市	国立療養所	11	―	1,536	不明
〃　10月29日	愛知県守山市	精神科香流病院	5	5	2,270	放火
1964年 3月30日	兵庫県伊丹市	常岡病院	9	3	7,015	不明
1969年11月19日	徳島県阿南市	阿南市精神病院	6	5	10,908	放火
1970年 6月29日	栃木県佐野市	秋山会両毛病院	17	1	2,365	放火
〃　 8月 6日	北海道札幌市	手稲病院	5	―	2,793	放火
1971年 2月 2日	宮城県岩沼町	小島病院	6	―	3,782	不明
1973年 3月 8日	福県北九州市	福岡県済生会八幡病院	13	3	57,593	蚊取線香の不始末
1977年 5月13日	山口県岩国市	岩国病院	7	5	7,178	ローソクの疑い
1984年 2月19日	広島県尾道市	医療法人社団宏知会青山病院	6	1	1,328	不明
2013年10月11日	福岡県福岡市	安部整形外科	10	5	63,279	トラッキング

（社会福祉施設）

出火年月日	出火場所	事業所名	死者数	負傷者数	損害額（千円）	出火原因
1955年 2月17日	神奈川県横浜市	聖母の園養老院	99	9	15,340	かいろの火の不始末
1968年 1月14日	大分県日出町	みのり学園小百合寮	6	―	2,793	アイロンの使用放置
1970年 3月20日	山梨県上野原町	泉老人ホーム	4	―	不明	電気コンロの使用不適切
1973年 3月14日	東京都東村山市	老人ホーム東村山分院	2	―	234	不明
1986年 2月 8日	青森県弘前市	島光会草薙園	2	―	5,352	たばこ
〃　 7月31日	兵庫県神戸市	陽気会陽気寮	8	―	56,702	放火の疑い
1987年 2月11日	静岡県富士市	佛祥院	3	1	14,807	不明
〃　 6月 6日	東京都東村山市	昭青会松寿園	17	25	71,666	放火の疑い
2006年 1月 8日	長崎県大村市	やすらぎの里さくら館	7	3	34,852	マッチ・ライタ
2009年 3月19日	群馬県渋川市	静養ホームたまゆら	10	1	20,055	不明
2010年 3月13日	北海道札幌市	グループホームみらいとんでん	7	2	16,317	ストーブ
2013年 2月 8日	長崎県長崎市	グループホームベルハウス東山手	5	7	3,058	加湿器

なり，他の用途よりも 1 〜 2 分長くなっていることなどを指摘している．さらに，昼夜間別死者・負傷者発生率および昼夜間別被害状況を指標としてこれらの用途を検討した結果から老人など福祉施設の夜間の火災は被害を大きくする傾向にあることも統計上から示されている．一方，病院・保育所については被害状況に昼夜の差は認められない．表 5・11 から最近 5 年間の平均でみると，出火率（対象物数で出火件数を除した値）では，病院は 5.0×10^{-3}，老人など福祉施設や保育所は 1.2×10^{-3} で，共同住宅 5.6×10^{-3}，ホテル 7.0×10^{-3}，百貨店 3.7×10^{-3} に比べて著しく大きいわけではない．

表 5・14 は多数の死傷者を出した事例の一覧である[5]．この用途においてもホテル火災と同様に火災被害の拡大要因は，建築的な欠陥，防災設備の不備といったハードな要因と防災意識や体制など管理側と行動が不自由な利用者に起因する人為的なソフトの要因とに大別される．

1987（昭和 62）年 6 月深夜の死者 17 名，負傷者 25 名の大惨事となった東京・東村山「松寿園」火災は，現行の安全基準が自力で避難が困難な人々を収容するこのような施設に本当に合致したものなのかとの問題を考える機会を我々に与えた[9]．

すなわち，この事例は，その 1 年前に発生した神戸の障害者施設「陽気寮」火災の教訓をもとに，実効のある防火管理や訓練の推進を進めていた矢先に発生し，しかも，消防設備をはじめ建築的にも，防火管理者の選任，消防計画の作成・届出および訓練の実施などに関して法令にすべて適合した良質と評価された施設での火災である．しかし，夜間の避難誘導などを担当する職員が 40 代の女性 2 名（10 分以内に 11 〜 12 名が駆付ける体制となってはいた．消防法令では夜間の人数の規定はない）であったことが通報・消火・誘導など適切な初動体制をとれず，設置してあった諸防災設備を働かせることなく無用の長物とさせ，被害を大きくした．

この火災を契機として，これらの施設へのスプリンクラーの設置や施設と消防署間のホットラインの設置などハード面の普及促進がはかられた．また，防火管理のありかたについても検討された．さらに部屋から外部へ出る折角の避難バルコニーに 15 cm の段差があり高齢者にとって有効でなかったことや避難用滑り台の傾斜が老人にとって狭く急すぎることなど利用者に優しい建築のディテールの検討などの課題も投げかけた．

（4）百貨店・物品販売店舗等の火災

この施設は主として昼間に利用され，就寝や酩酊といった避難行動を低下させる要因は伴わないが，不特定多数の老若男女が来店し，比較的大きな広がりを持った空間に様々な種類の可燃物が大量に燃えやすい状態で陳列しているという防火上の特徴を持ち，ハード・ソフト両面の火災安全対策が施されているが，一度火災が発生するとその人的な被害は膨大なものになる例が多い．古くは，東京白木屋の火災（1932（昭和 7）年，死者 14 名），大阪千日デパート火災（1972（昭和 47）年，死者 118 名），熊本大洋デパート火災（1973（昭和 48）年，死者 100 名）があり，それらの教訓が様々な法改正や研究のトリガーとなった．

百貨店においては，2013（平成 25）年から 2016（平成 28）年の 4 年間で 39 件の火災が発生し，客が利用する場所では 27 件，従業員が利用する場所では 14 件であった．放火は売り場において 2 件発生したが，出火原因のほとんどは電気機器を原因としたもので，ガス機器

表 5·15　物品販売店舗の出火原因[5]（2013（平成25）～ 2016（平成28）年）

出火場所	合計	2013（平成25）年				2014（平成26）年				2015（平成27）年				2016（平成28）年			
		客利用		従業員利用		客利用		従業員利用		客利用		従業員利用		客利用		従業員利用	
		売り場	その他	調理場	その他	売り場	その他	調理場	その他	売り場	その他	調理場	その他	売り場	その他	調理場	その他
小　　　計	394	63	6	19	25	67	5	15	20	48	4	19	11	60	4	15	13
放　　　火	44	6	1	0	2	10	3	0	2	5	2	0	0	11	1	0	1
た　ば　こ	20	2	1	0	4	0	0	0	3	1	1	0	3	1	2	0	2
電 気 機 器 等	260	50	3	7	15	51	2	6	11	37	1	12	5	45	0	7	8
ガ ス 機 器 等	38	0	0	9	2	2	0	8	1	0	0	7	1	0	0	8	0
その他・不明	32	5	1	3	2	4	0	1	3	5	0	0	2	3	1	0	2
合　　　計	394	113				107				82				92			

やたばこも数は少ない.

　物品販売店舗等には，スーパーマーケット，コンビニエンスストア，店舗併用住宅および複合用途の小売店など，規模，形態，営業時間も様々である．表5·15に示すとおり，2013（平成25）年から2016（平成28）年の4年間で394件の火災が発生した．放火とガス機器はそれぞれ約10％で，差込プラグ，コンセント，蛍光灯や電子レンジ等の電気機器，テーブルタップの配線機器，電気フライヤ等の電熱器，屋内線が主な出火原因である．

　1989（平成元）年から1993（平成5）年の百貨店火災123件・物品販売店舗等の火災294件の出火原因計417件を見ると[10]，放火は145件，電気機器を原因としたもの150件であり，近年では放火の減少が顕著である．

　表5·16は百貨店の主な火災の事例である[5]．熊本大洋デパート火災と尼崎長崎屋火災（1990（平成2）年）からの教訓・問題点を以下に示す．

A．大洋デパート火災[6]

　この火災は営業しながら増築工事を行っていたために防災施設や防火管理体制に欠陥を生じ，階段を経由して火災が他の階に急速に拡大して13時15分頃の出火時に1166人の在館者に影響をもたらす大惨事となった．この火災を契機としてスプリンクラー設備などの消防設備が既存防火対象物に遡及適用されるような消防法令の強化がなされた．

　1）大量の易燃性の物品が広範囲にあるため，初期消火に失敗すれば多くの人命が危険に
　　さらされる恐れがある．

　2）見やすい場所に多くの階段を設けても，その防煙区画が不完全であれば，煙がそれを
　　経由して急速に他の階に拡散し，短時間で上階の避難を困難にさせる可能性がある．

　3）階段自体は安全であっても，管理上閉鎖してあったり，そこに至る避難経路に煙が流
　　出するような状態としてはいけない．

　4）工事中のため各種防災設備は機能しなかった．特に迅速な火災状況に関する情報の伝

表 5·16　多数の死傷者を出した百貨店の火災事例の一覧表（平成 29 年消防白書[5]）

［複合用途防火対象物（雑居ビル）］

出火年月日	出火場所	事業所名	死者数	負傷者	数損害額（千円）	出火原因
1972年 5 月13日	大阪府大阪市	千日デパートビル	118	81	1,649,693	たばこの疑い
1973年12月19日	三重県津市	大門観光	－	1	256,336	不明
1975年 3 月 1 日	東京都豊島区	アサヒ会館	5	17	57,789	不明
1976年12月 4 日	東京都墨田区	国松ビル（サロンうたまろ）	6	2	7,810	放火
〃　 12月16日	北海道旭川市	今井ビル（二条プラザ）	3	－	10,270	たばこの不始末
〃　 12月26日	静岡県沼津市	三沢ビル（大衆サロンらくらく酒場）	15	8	38,781	放火の疑い
1978年 3 月10日	新潟県新潟市	今町会館（エル・アドロ）	11	2	10,483	不明
〃　 11月19日	東京都葛飾区	天狗ビル（和風喫茶古都）	4	3	17,685	たばこの投げ捨て
1979年11月20日	福岡県岡垣町	パチンコホール（ラッキーホール）	4	2	48,988	不明
1980年 8 月16日	静岡県静岡市	ゴールデン街第 1 ビル	14	223	554,226	爆発
1981年 2 月28日	島根県松江市	サンパチンコ	3	2	140,964	不明
1984年11月15日	愛媛県松山市	三島ビル	8	13	68,954	不明
1986年 6 月14日	千葉県船橋市	船橋東武	3	－	1,786,895	不明
2001年 9 月 1 日	東京都新宿区	明星56ビル	44	3	23,050	放火の疑い
2007年 1 月20日	兵庫県宝塚市	カラオケボックス（ビート）	3	5	4,063	ガスコンロによる長期加熱
〃　 6 月19日	東京都渋谷区	シエスパB棟	3	8	180,630	天然ガスに引火
2008年10月 1 日	大阪府大阪市	桧ビル（個室ビデオ店キャッツなんば）	15	10	3,127	放火の疑い
2009年 7 月 5 日	大阪府大阪市	パチンコホール（CROSS－ニコニコ）	4	19	44,770	放火
〃　 11月22日	東京都杉並区	第 8 東京ビル（居酒屋石狩亭）	4	12	1,896	炉

（備考）「火災報告」等により作成

　　達が重要である．

5）階段を倉庫代わりにしたり，防火シャッターのくぐり戸を防犯のため施錠したり，シャッターが適切に作動しないものが多かったなど，本来の機能を果たせない状態をそのまま放置しているような防災意識の低さがあった．さらに，消防計画も作成されていなかった．

6）営業中の増築工事を進める場合の営業範囲の避難計画や火災拡大防止対策との関連の適切な把握と対応の重要性．

7）建物周囲の高圧電線が消防活動の大きな障害となった．

8）窓は合板を貼ったり，商品棚が取り付いたりして，窓からの救出の障害となった．

B. 長崎屋火災[11]

1990 年 3 月 18 日（日）昼過ぎに，地上 5 階・地下 1 階基準階面積 814 m² の鉄筋コンクリート造の建物の 4 階寝具売り場から出火し，焼損部分はその階にとどまったが煙が上階へ侵入した．出火当時 5 階（ゲームコーナー，従業員食堂・事務室）にいたと推定される 22 人のうち逃げ遅れた 15 人（従業員 12 人，客 3 人）がこの煙にまかれて死亡し，6 人が負傷した．4 階以下の客は従業員の誘導で避難した．

　1）寝具売り場の天井から吊してあったカーテンへの放火であったこと，天井が内装の不燃化が徹底されておらず燃えやすい合板であったことならびにスプリンクラーが未設置（法的には要求されていなかった）であったことなどが相まって急速に火災が拡大し，気が付いた時には初期消火できない状態であった．

　　　―――スプリンクラーの設置と内装不燃化の重要性．

　2）煙がきわめて短時間に階段を経由して上階に広がった．これは煙感知器連動防火戸の前に商品やごみなど置かれて開放状態のままで区画を形成していなかったことによる．

　　　―――防災意識の低さ．経済性（利益）の優先．

　3）化学繊維類の燃焼によって大量の有害な煙が発生したものと考えられる．密閉性の高い空間での不完全燃焼の問題．

　4）初期対応の遅れ．自火報が作動したが，誤報と判断した可能性がある．

　　　―――情報系の整備と従業員の訓練・教育の徹底．

　5）煙の急速な上階伝播のため，顕在化しなかったが一方の階段が倉庫になっており，避難には使えない状態であった．

　　　―――利益優先．

　6）窓が塞がれていて消防隊の侵入の障害となった．消防車両が接近しにくい敷地・建物形状であった．

（5）劇場・集会場の火災

1970 年代初め頃までは人々の娯楽の中心は映画・大衆演劇であった．そのため，全国の津々浦々にまで多数の映画館や劇場があった．現在の劇場に比べて，当時のこれらの施設は防災上粗末なものであったため一度火災が発生すると多数の死傷者を出した例も多かった．しかし，近年は人々のレジャーの多様化に伴い，映画館などの興行場はその数を減らすとともに客席数の少ない小規模のものとすること，ならびに過去の事例に基づいた安全対策の徹底により，その発生件数を減らし，表 5·11 の（1）項イ・ロを合わせても年間数件である．

過去の事例で多数の死傷者を出した原因は，小屋掛けが粗末で燃えやすい構造であったこと，狭い空間に多数の人が密集していたにもかかわらず避難経路が不十分であったこと，映写機やフィルムの問題，裸火の使用，燃えやすい緞帳の使用などなどである．その後これらの多くは法的に規制され安全が強化され，今日に至っている．

（6）倉庫等の火災

表 5·17 に，1979（昭和 54）～ 2017（平成 29）年に発生した焼損床面積 10,000 m² 以上の倉庫火災を示す．

倉庫は，商品や材料の保管の用に供されており，多くの可燃物を収納するものの，外壁の

表 5·17　焼損床面積 10,000 m² 以上の倉庫火災[12]　（1979（昭和 54）～ 2017（平成 29）年）

発生場所	発生年月日	建物延べ面積 (m²)	焼損床面積 (m²)	焼損 棟数	負傷 者数	覚知から鎮火 までの時間
滋賀県守山市	1980年11月29日	14,949	14,949	1	0	21 時間
岐阜県笠松町	1997年11月20日	26,012	18,497	1	0	12 時間
愛知県蟹江町	2002年12月26日	11,389	11,409 (11,389)	2	0	14 時間
埼玉県さいたま市	2011年 4 月10日	19,064	19,064	1	0	35 時間
愛知県蟹江町	2014年11月29日	25,252	19,782	1	0	45 時間
埼玉県三芳町	2017年 2 月16日	71,892	約 45,000	1	2	296 時間

開口部は小さく，外部からの放水活動に支障を来す結果，火災継続時間が長くなることが特徴である．また，内装材料に可燃性の材料を使用したサンドイッチパネルを使用した倉庫においては，消火活動に支障を来す等の問題が指摘されている．

　以下，2017（平成 29）年に，埼玉県三芳町で発生した大規模な物流倉庫火災，また 2009（平成 21）年に神戸市で発生したサンドイッチパネルを使用した工場・倉庫火災の概要と問題点を以下に示す．

A. 埼玉県三芳町で発生した大規模な物流倉庫火災（2017 年）

　火災があった物流倉庫は，図 5·33 および表 5·18 に示すように，3 階建て，幅約 240 m，奥行き約 109 m，延べ面積 72114 m² であり，建物構造体は 1，2 階部分が鉄筋コンクリートの柱と鋼梁で，3 階部分が鋼柱（コンクリート根巻き）と鋼梁であった．床を支持する梁には，巻き付け耐熱ロックウールフェルトが耐火被覆として利用され，屋根を支持する梁は無耐火被覆，架構のスパン割は 10 ～ 14 m 程度で，床は型枠デッキを用いた鉄筋コンクリートスラブ，屋根は鋼製折板屋根，外壁及び間仕切壁は ALC パネルであった．防火区画は一部を除き鋼製の防火シャッターで 1500 m² 以下となるように区画されていた．1 階の北西部分の端材室で発生した火災は，覚知から鎮圧までに約 7 日間，鎮火までに約 12 日間を要し，1 階の出火室と 2 階と 3 階の大部分が焼損した[13]．

　この火災においては，以下の問題点が指摘された[14]．

　建物には，自動火災報知設備の熱感知器が約 3000 個，自動火災報知設備の煙感知器が約 30 個，防火シャッター作動用の煙感知器が約 800 個設置されていたが，これらの感知器は，熱又は煙の感知時のみ電流が流れるもので，例えばショートした場合でも同様に電流が中継器に流れることから，配線は耐熱措置が講じられていない一般配線で接続されていた．一部コンベヤ等の床貫通部の防火区画には，アナログ式感知器（随時，煙濃度の情報が送られるもの）が 4 個設けられていたが，これらは，常時電流を送るため，火災受信機，感知器用中継器，防火シャッター用中継器が一体の伝送線で接続されていたため，一部分でショートなどの異常が発生すると一体に接続された全ての感知器の情報が伝達できなくなる構造になっていた．

　その結果，防火シャッターの閉鎖状況は，火災後の現場調査において目視によると，火

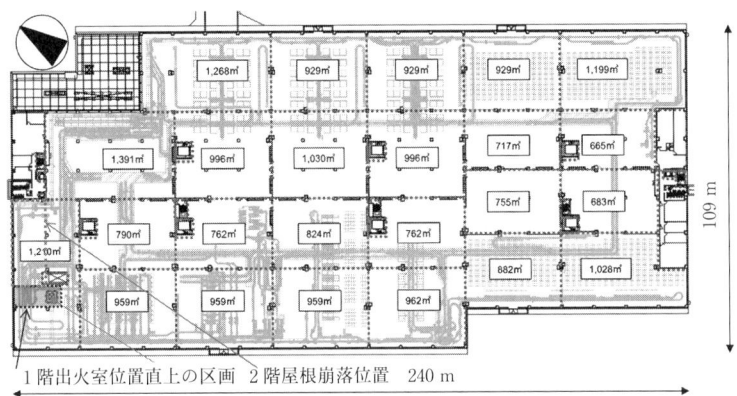

1階出火室位置直上の区画　2階屋根崩落位置　　240 m

図 5·33　2階平面図と防火区画（凡例…防火区画）

表 5·18　建築物の概要

建築面積	27,159.96 m²
各階床面積	1階：27,180 m² 2階：23,908 m² 3階：20,777 m²
階高	1階：6.85 m 2階：8.13 m 3階：5.97 m
軒高，高さ	22.1 m，22.42 m

災で焼損した2階及び3階の防火シャッター（計133箇所）のうち，作動しなかったものが61箇所，物品等の搬送に用いるベルトコンベアやローラー等のマテリアル・ハンドリング装置が防火区画を跨ぐように設置されており，コンベヤ及び物品等による閉鎖障害が発生しているものが23箇所，崩壊により不明なものが4箇所あり，約60%の防火シャッターが正常に作動しなかったことが確認された.

　また倉庫は，近年では大規模なものが建設されること，保管の用途以外に通信販売等の梱包・出荷の作業を行うため，多くの作業者が在館するなど，建物特性が変化している.本倉庫火災時においても，従業員421名が避難を行っており，避難計画も併せて検討する必要があることが確認された.

　B. 神戸市東灘区で発生したサンドイッチパネルを内装に使用した工場・倉庫火災（2009年）

　2009（平成21）年に神戸市東灘区深江浜町にある株式会社三輪（みつわ）北工場・倉庫（延べ面積4715 m²）で火災が発生し，覚知から鎮火まで16時間を要した（焼損床面積3484 m²）.建物内壁に使用されたサンドイッチパネル内の発泡ウレタンフォームが燃焼し，火災が急激に延焼拡大したため，消防職員1名が殉職した.

　この火災を受け，倉庫火災発生時の消防活動に関する留意事項（平成21年6月17日付消防消第176号消防庁消防・救急課長通知）が発出され，安全管理体制の再点検，安全管理マニュアルの徹底等の措置が講じられた．

　近年，省エネルギーの観点から発泡プラスティック断熱材の外張り工法やアルミニウムサンドイッチパネルを用いた可燃性の外装材（aluminum composite material）が使用された建築物において火災が発生した際に，外装が燃焼して他の区画に火災が拡大する要因となった事例が韓国や英国などで見られる．特に，2017年6月に発生したロンドンのグレンフェルタワー火災では，死者70名に及ぶ人的被害等も発生している．

（7）火災の実態と関連法令の強化

　以上に概括したように建物の火災は，それぞれの空間の用途・構造に密接に関連して発生拡大し，また，設計・施工の無知・不備に加えて，施設の維持管理の方針を含めた適否に大きく左右されることを見てきた．我が国の関連法規はそれらの高い代償を背景にして再発の防止をスローガンとして着実に整備されてきてはいる．しかし，建物を利用するのが人間である以上，いかに建物の構造や計画・設備に万全を期したとして（ある限られた状況証拠からの類推にすぎない）も，絶対的な安全の確保は不可能である．いい換えるとハード面の追求・向上だけでは不十分であること，むしろ絶対がない以上あるレベルの安全対策にとどめ，その不足分を人的なソフト面での対応にゆだねるほうが防災に関わる投資の有効性の観点からも，また，利用者の防災意識の向上を待つうえからも望ましいとすら思える．しかるに，これまでの火災事例は人的な対応の強化を示唆する例も少なくないし，法令の強化もその方向で進んできている．しかし，同じような災害が繰り返し起きるのはなぜなのだろうか，経済性優先の社会における効果的な安全投資についての検討と市民レベルの防災意識向上のための教育の必要性が痛感される．

　過去の火災事例とその影響を受けて強化された関連法規の一覧を資料編に表としてまとめておく．　　　　　　　　　　　　　　　　　　　　　　　（佐藤　博臣・成瀬　友宏）

文　　献

〔5・2〕
1）（財）日本住宅・木材技術センター：小規模空間実大火災実験報告書（1981）
2）菅原進一：建築生産，工業調査会（1972）
3）菅原進一ほか：日本建築学会学術講演概要集，pp. 2377 – 2386（1981）
4）平野敏右：燃焼学，p. 97，海文堂出版（1986）
5）川越，今泉：日本建築学会学術講演概要集，pp. 2143 – 2144（1977）
6）東京消防庁電子図書館：火災の実態
7）三菱銀行金杉支店火災実験結果報告書，東京消防庁（1974）
8）勝野　仁・河崎和夫：火災，Vol. 35，No. 2，pp. 1 – 11（1985）
9）須川修身ほか：日本建築学会学術講演概要集，pp. 975 – 976（1989）
10）岸田日出刀ほか：日本建築学会論文集，pp. 437 – 446（1936）
11）（財）日本建築防災協会・プレハブ住宅火災研究委員会：木質系パネル工法住宅の実験等に関する調査報告書（1981）
12）東京消防庁調査課：火災，Vol. 39，No. 6（1989）

13) 川越邦雄・今泉勝吉：日本建築学会大会学術講演概要集，pp. 2143 – 2145（1977）
14) 内田祥三ほか：建築雑誌，pp. 1649 – 1722（1933）
15) 内田祥三ほか：建築雑誌，pp. 405 – 469（1935）
16) 牟田紀一郎・栗岡　均：日本建築学会大会学術講演概要集，pp. 1009 – 1010（1989）
17) 大阪市消防局：火災，Vol. 22，No. 4，pp. 31 – 40（1972）
18) 森脇哲男・江田敏雄：日本建築学会大会学術講演概要集，pp. 2107 – 2108（1978）
19) 芦浦義雄：火災，Vol. 14，No. 4，pp. 35 – 40（1964）
20) 芦浦義雄：火災，Vol. 14，No. 2，pp. 41 – 50（1964）
21) 東京消防庁調査課：火災，Vol. 23，No. 2，pp. 111 – 114（1973）
22) 名古屋市消防局：火災，Vol. 20，No. 1，pp. 38 – 44（1970）
23) 岸谷孝一ほか：日本建築学会大会学術講演概要集，pp. 1831 – 1840（1979）
24) 鈴木淳一ほか：日本建築学会大会学術講演概要集，pp. 303 – 304（2012.9）
25) 内田祥文：建築と火災，p. 53，相模書房（1953）
26) 菅原進一ほか：在来工法による木造建築の実大火災実験，日本建築学会関東支部研究報告集（1979）
27) 岸谷孝一ほか：在来軸組工法・木造住宅の実大火災実験，日本建築学会大会学術講演便概集（1988）
28) 岸谷孝一ほか：在来軸組工法・木造住宅の内装防火性実験，災害の研究 12 巻，災害科学研究会
29) 岸谷孝一ほか：木造三階建て共同住宅の実大火災実験，日本建築学会学術講演便概集（1992）
30) ツーバイフォー協会：2′×4′ ハンドブック，HUD（1973）
31) CWC 協会：Fire protection design（1980）

〔5・4〕
1) 東京消防庁電子図書館：火災の実態（平成 25 年～29 年版）
2) 東京消防庁監修：火災の実態（平成 4 年版）
3) 東京消防庁：第 69 回東京消防庁統計書（平成 28 年分），東京消防庁
4) 日野宗門：消防科学と情報，クローズアップ火災 19，1992 年秋季号（1992）
5) 消防庁編：消防白書（平成 29 年版），大蔵省印刷局（2017）
6) 東京消防行政研究会編：火災の実態から見た危険性の分析と評価―特異火災事例 112，全国加除法令
出版社（1981）
7) 近代消防 4 月号，4 月臨時増刊，特集ホテルニュージャパン火災惨事（1982）
8) 日野宗門：消防科学と情報，クローズアップ火災 20，1992 年夏季号（1992）
9) 近代消防 8 月号，特集東村山「松寿園」火災惨事（1987）
10) 日本火災学会編：火災便覧（第 3 版）（1997）
11) 尼崎消防局：株式会社　長崎屋尼崎店火災概況，火災，Vol. 40，No. 3（1986），近代消防（1990）
12) http://www.fdma.go.jp/neuter/about/shingi_kento/h28/miyoshimachi_souko_kasai/01/
shiryo1-10.pdf
13) 鈴木淳一ほか，埼玉県三芳町倉庫火災の概要と火災室近傍の損傷，安全工学シンポジウム（2018）
14) 埼玉県三芳町倉庫火災を踏まえた防火対策及び消防活動のあり方に関する検討会，埼玉県三芳町倉
庫火災を踏まえた防火対策及び消防活動のあり方に関する検討会報告書（2017）

第6章　火災時の避難行動・心理・人間生理

6・1　火災と人間心理

6・1・1　火災時の人間心理

（1）火災時の人間の心理と行動のモデル

　人間の心理過程と行動はその個人を取り巻く環境への適応過程としてとらえることができる．環境への適応を可能とするためには，個人を取り巻く環境変化を認識する認識系と，それに応じて行動を変容させる効果器系の間の協応関係が必要になる．自分がどのような状況にいるかを認識し，その中で最も環境へ適応的な行動を選択し，実行する．その結果が新しい状況を生み，それに応じて行動も修正されるという．こうしたフィードバックループの存在によって，人間は環境に対する適応的な行動が可能になるといえよう．

　火災は環境の急激なしかも人間の生命や財産にとって危険な環境の変化である．したがって，火災に対する人間の対応行動は，火災の発生によって生じた新しい現実に対する適応行動としてとらえることができる．本節では，図6・1に示す火災発生時の人間の対応のモデルに基づいて，火災時の危険性を検討する．

　図 6・1 の二重線で囲んだ部分は，個人の認識過程を示している．火災の発生によって，炎，煙，臭い，熱，非常ベルの音，周囲の人々の反応，消防車や救急車の喧騒などといった環境変化が発生する．こうした変化を情報として，個人はそれがどのような意味を持つかについての状況認識を成立させる．また，環境変化を情報として受けるばかりでなく，そうした環境変化や直接的に火災に関する情報を人から知らされることで状況認識を成立させる場合もある．情報そのものが不足していたり，曖昧であったり，あるいは個人

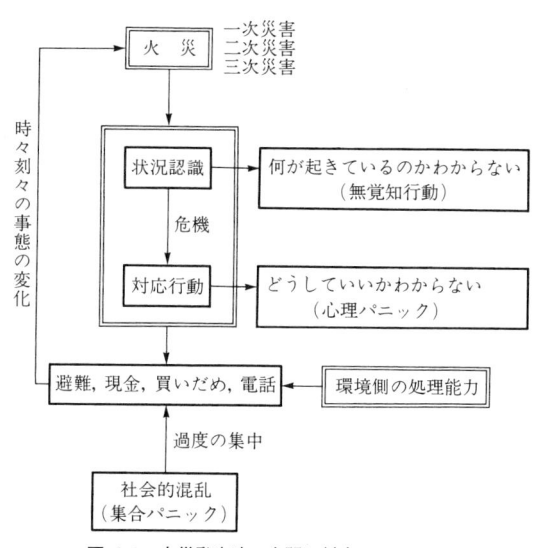

図 6・1　火災発生時の人間の対応のモデル

の側に情報処理能力が不足しているときには，環境変化が正しく認識されない危険性もある．個人が火災の発生を認識できた状態を「火災覚知」という．火災防災の観点からは，火災発生から覚知までの時間をいかに短縮できるかが重要な課題となる．睡眠，飲酒，病気などによる意識水準の低下あるいは注意の低下は覚知を遅らせる要因として影響する．さら

に，「まさか火災など起こるはずがない」と思い込み，環境からの火災情報を否定する「正常化の偏見」（「正常性バイアス」に同じ）も覚知を遅らせる要因となる．

　火災が発生し，自らの生命や財産に危機が迫っていることを認識した個人は，次にその状況で何をすべきかの行動選択に移る．火災に対する対応行動を考えると，脅威となる火源との係り方から，次のような4種類の対応行動に整理できる．

　①脅威の積極的な除去：初期消火，消防への通報
　②脅威に対する耐性の向上：施設の不燃化対策，煙の侵入の防御
　③脅威からの逃避：避難
　④脅威の甘受：信仰などを支えにして救助を待つ

　火災覚知後の人間は，そのときの状況認識に基づいてこれらの対応行動の中から火災による脅威を低減できる，あるいは脅威から逃れられると判断される行動を選択する．これまで述べた認識過程は火災時だけでなく，平常時にも同じように機能している．言い換えると，平常時も火災時も人間の心理や行動に本質的な変化がある訳ではない．火災時と平常時とを分けるものは，火災によって生み出された環境変化そのものが持つ環境的な制約であり，しかも環境が時々刻々その姿を変える不安定性に起因している．

　状況認識の成立と対応行動の選択は，進展する火災に対して，次に環境側のチェックを受ける．すなわち，個人が選択した対応行動はそれを取り巻く環境的制約の中で許容されてはじめて実行可能になる．また，火災は時々刻々その姿を変えるため，ある時点で適応的な対応行動でも，時間的推移によって適切でなくなる危険性が存在する．

（2）火災に対する対応行動が抱える4種類の危険性

　火災の際に問題となる人間行動の特徴は「パニック行動」とひとくくりにされることがしばしばある．しかし，これまで述べた火災に対する人間の対応行動のモデルに従うと，火災時の人間行動には（a）無覚知行動，（b）心理パニック，（c）集合パニック，および（d）状況の変化と人間行動とのタイミングのずれ，という異なるメカニズムを持つ4種類の危険性が潜んでいる．

A．無覚知行動

　無覚知行動とは，火災の発生を知らないままに行動する危険性をさす．いわば「何がおきているのかわからない」ために生ずる危険性といえる．消防では，覚知が重要な意味を持っている．火災発生時刻とは別に火災覚知時刻が記録されている．火災発生時刻とは，物理現象としての火災が発生した時刻であり，火災覚知時刻とは，人々が火災に気づき，火災に対する対応行動を開始した時刻をさす．ただし，消防行政における火災覚知時刻とはいわゆる消防機関が火災を知った時刻であり，一般に通報を受けた時刻をさす．初期消火や火源からの避難を考えるうえでは，火災覚知時刻が大変重要な意味を持つ．火災発生から火災覚知までの時間を短縮できれば，初期消火活動によって火災を鎮火できる可能性も高まるとともに，たとえ初期消火が不調に終わっても，余裕を持って避難行動に移ることが可能になる．逆に，火災発生から覚知までに手間どると，燃焼規模も大きくなり消火しにくくなるだけでなく，避難のための持ち時間も短かくなる．つまり，火災発生後から覚知に至るまでの無覚知行動の時間の長さが初期消火や避難といった有効な火災対応行動を阻害し，生命や財産に

対する火災の危険性を増加させる.

　無覚知行動が危険性を増大させることは，単に火災だけの特殊な問題ではなく，災害一般にもあてはまる．無覚知行動が生まれる背景として，どのような地域にはどのような危険が存在し，火災が発生するとどのような経過をへて，どのように終息していくかについてに多くの人が十分な知識を欠いていることが指摘できる．高速交通体系が整備され，人々の行動半径は拡大し，よく知らない場所にも気軽に出掛けるようになった．十分な知識を持たずに災害に機遇した人は，正しい状況認識を成立させにくく，その結果として無覚知行動をしがちである．また，無覚知行動はその人自身の危険性を増大させるだけでなく，局所災害の場合には人々を災害から守る立場の防災担当者にとっても大きな課題をなげかけている．局所的に発生する可能性の高い土石流や雪崩といった土砂災害などでは，消防や警察といった災害対応機関が災害発生を覚知するまでに長い時間を要する場合がかなりある．災害発生後の災害覚知が遅れれば遅れるほど，救助隊の編成や出動が遅れ，被災者の生存確率が低下していく．

B.　心理パニック

　心理パニックとは，危機に関する正しい状況認識を持ちながらも，そうした状況に対して効果的な対応行動をとれずにおり，将来自分にとって不利な結果がもたらされることを予想できる状態をさす．いわば「どうしていいかわからない」ために生ずる危険性である．ある風俗営業店で起きた火災の例では，店内の様子を熟知している従業員だけが避難してしまい，客たちが取り残され，廊下を右往左往して非常口を探したが見つからないので，それぞれが自分がいた個室に戻って救助を待っていたことが報告されている．この時，取り残された客の心理状態が心理パニックである．すなわち，自分が危機的な状況にいることは知りながら，うつ手を持てない無力感が心理パニックの特徴である．心理パニックの研究は主として臨床心理学の分野でなされている．例えば，喘息発作が起きたときに人はパニック反応を示すと説明されるが，それは自分の意志では制御できない発作に対する心理的行動的な反応をさしている．

C.　集合パニック

　集合パニックとは，災害による社会的混乱の発生をさし，防災担当者が最もその発生を危惧する現象である．集合パニックと心理パニックは全く別のメカニズムを持っている．集合パニックはこれまでの無覚知行動や心理パニックと違って，個人の認識過程には何の問題もない．個人は正しい状況認識を持ち，置かれた状況の中で最良の対応行動を選択している．個人の観点からは適切な対応行動であっても，それが同時に多くの人によってなされる場合に，環境の制約を超えるような集中が起きる危険性がある．ナイトクラブで火災が発生し，人々が一斉に出口に殺到したため混乱が起き，出口の前で多くの人が亡くなったことで有名なココナッツグローブ火災は，まさしく集合パニックの典型である．これまでの災害研究の結果では，集合パニックが起きやすい行動として，（1）避難の際の行動，（2）銀行預金の引出し，（3）物の買い占め，そして，（4）電話の異常輻輳の4種類があることが指摘されている．その中でも，安否の確認や各種の連絡，お見舞い等の目的で災害発生直後に被災地への通話が殺到し，電話がかかりにくくなる電話の異常輻輳現象は，大規模災害では高い頻

度で発生している．

D．状況と行動とのタイミングのずれ

　火災は時々刻々その姿を変える不安定な現象である．そのため，ある時点でなされた状況認識に基づいて，その時点での最良の対応行動を選択したとする．ところが，その後に発生した状況の変化を正しく認識できなかったために，選択した対応行動が有効とはいえなくなるという危険性が存在している．火災事例でも，熱心に初期消火にあたりすぎ，他者への情報伝達が遅れてしまったり，避難すべきタイミングを失する場合も数多く報告されている．状況認識と行動のタイミングのずれは，正しい状況認識ができていない点では無覚知行動と同じだが，心理的には全く異なった状況にある．無覚知行動の場合には，危険そのものの存在が認識されていないのに対して，行動のタイミングがずれる場合には，うまくいくと思ってやったことが予想外の結果に終わり，次にどういう手を打つべきかがわからなくなるという心理パニックに近い状態が成立する．

（3）火災による4種類の危険性を低減するには

　前頁にあげた火災時の人間行動が持つ4種類の危険性を低減していくことが火災防災である．最後にどのような方策があるかを検討する．

　無覚知行動が原因となる危険性を減らすには，火災時にはどのような現象がどのような順序で起きるのか，何が危険の兆候なのか，環境のどこに着目すればいいのか，といった火災過程について具体的な知識の啓発が重要になる．そのためには，学校での授業や地域の講演会あるいはマスコミなど様々なチャネルを通じて日頃からの防災教育の充実が大切になる．

　心理パニックが原因となる危険性を減らすには，個人が持ちうる対応行動のレパートリーを充実させることが重要になる．対応行動は1つあればよいというのではなく，できるだけ多様な対応行動を持つようにすることが大切である．複数の行動選択肢を持てば，有効な対応行動を選択できる可能性は高まり，災害の危険性を低減できる．そのためには，疑似的な体験を提供してくれる防災訓練が有効となる．特に，様々な状況設定のシナリオに基づいた訓練を実施することで，単なる知識としてだけでなく，行動選択肢の多様化を進めることが可能になる．

　集合パニックが原因となる危険性を低減するには，対応行動の過度の集中を回避することが重要になる．そのためには，施設の拡充整備をはかり環境側の処理能力を向上することも1つの方法である．しかし，この方法は多大な時間と資金を必要とする．そこで，人々の行動を分散させ，行動集中が起きにくくする方法と組み合せる必要がある．高層建築物では階段の通行容量が限られているために全館避難を行うと，長時間待つことが予想できるが，待機時の安全を確保しつつ，危険が及ぶ可能性の高い階を優先し，また混雑を緩和させるために順次避難方法を採用することが推奨される．企業が採用しているフレックスタイム制度は，朝の混雑解消のために人々の行動を時間的に分散させた例である．そのほか，行動の空間的分散や選択される行動そのものの多様化が考慮されるべきである．さらに，一見矛盾するようにも思えるが，行動の集約化も存在する．例えば，カリフォルニア州で実施しているカープール制度のように，乗用車1台当りの利用効率をあげ全体の車両台数を減少させようとする試みもある．

状況と行動とのタイミングのずれが原因となる危険性を低減するには，時々刻々変化する状況をリアルタイムで人々に周知できる情報システムの整備が重要な課題となる．

（林　春男・水野　雅之）

6・1・2　避　　難

建物内の在館者の安全は，通常，煙，火熱（火災の拡大），構造体の損傷・倒壊などの要因から，避難経路を通って建物外の安全な避難場所に避難することで確保される．そのため，避難経路は，少なくとも避難中は危険要因から保護される必要があり，避難者の数や行動特性に適応したものでなければならない．危険要因のうちで，煙と火熱はその性質上，出火空間およびその周囲，上方の空間に危険を及ぼし，構造体の損傷・崩壊による落下物が出火階より下の空間に危険を及ぼす．

表 6・1　火災発見時の状況・報知状況別の主な避難上の支障理由[1]

主な避難上の支障理由	合計	火災が天井等に達する以前に発見した				出火室内を延焼拡大中に発見した			他室や他階へ延焼拡大中に発見した		
		小計	報知あり	報知なし	報知の要なし	小計	報知あり	報知なし	小計	報知あり	報知なし
合　　　　計	128	80	36	31	13	41	20	21	7	4	3
階段（避難階段以外）が火・煙で利用できなかった	65	46	20	18	8	17	9	8	2	2	
廊下が火・煙で利用できなかった	10	6	2	4		3	1	2	1		1
火災に気付くのが遅れた	8	1	1			6	2	4	1		1
パニック状態となった	2	2	2								
そ　　　　の　　　　他	43	25	11	9	5	15	8	7	3	2	1

実際の火災において，避難上支障があったものを表6・1に示す．これは，発見時の火災状況・報知状況別の主な避難上の支障理由について示したもので，出火した建物で避難行動があった火災の中で，避難上支障のあった128件の支障理由である（ただし，平屋および出火時に避難階にしか人がいなかった建物の火災を除いた383件中のもの）．この結果から，火災初期に発見されたにもかかわらず，報知されない，避難経路への火煙の侵入，パニックが起きる，発見が遅れるなど避難上の問題点がうかがわれる．

建物火災時における避難の支障理由には，いくつかの要因が関係していると考えられるので，避難計画を，時間，空間，現象，人的要因について概要を述べる．

（1）時　間　要　因

避難時間を決定する要因には，在館者が避難を開始する時間（避難開始時間），建物から安全な場所へ移動するまでの時間（避難行動時間），避難者に危険な状態が発生する時間（危険

状態発生時間）が挙げられる.

　①避難開始時間　　在館者が避難を開始するまでの時間は，熱気や煙に気付くか警報器や人の声など火災に関する情報を受け取ってから，実際の火災であることを自覚するまでの時間（火災覚知時間）と実際の避難行動を開始するまでの時間（避難行動準備時間）で決まる.多くの場合，火災を覚知後即避難を開始せず，大切なものを持ち出そうとしたり，ガス栓を閉めたり火の始末をするなどの行動が多く見られる.

　また，千日デパートビル火災では7階にいたホステス，客，バンドマン，従業員の火災に気付いてからの行動を調査した結果[2]，次のことがわかった．なお，行動軌跡を図6・2に示す.

　ホステスと客は火災を覚知後直ちに避難行動を開始したが，バンドマンの団長は団員を控室に残してホールを出るものの避難を断念して控室で待機した.これに対して，従業員は連絡活動や非常口の確保などの積極的行動に出たため行動範囲が大きく，空間的な知識からホステスや客より救出された割合が高いことが特徴である.

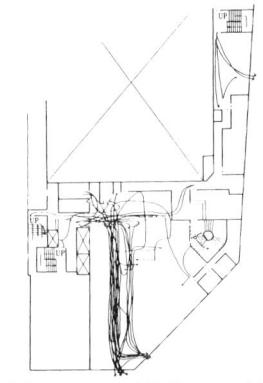

（a）ホステスの行動軌跡（13名）

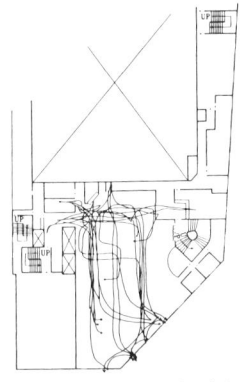

（b）客の行動軌跡（9名）

　②避難行動時間　　避難行動にかかる時間は，避難経路の長さと移動速度により求められる歩行時間と滞留時間から決まり，移動速度は，避難者の行動能力，群集密度，心理的影響という人的要因と，煙流動現象や停電による経路の視認性などにより左右される.

　なお，避難行動時間については，火災室，火災階，非火災階について検討することが一般的であるが，火災室と火災階についての計算方法は，「新・建築

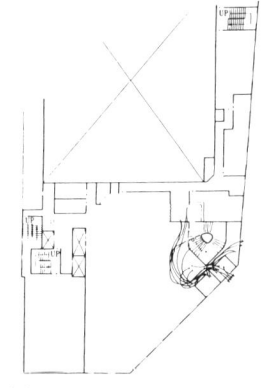

（c）バンドマンの行動軌跡（8名）　　（d）従業員の行動軌跡

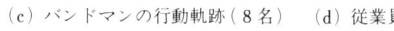

図 6・2　千日デパートビル火災時の行動軌跡[2]

防災計画指針」（（財）日本建築センター発行）にその詳細が示されており，実際の設計において避難安全性の検討が行われている．また，階避難や全館避難の安全性を検証する方法が建設省（現在の国土交通省）告示に整理されている.

　③危険状態発生時間　　避難者が危険状態となる要素には，高温の物質に接触したり煙と

火熱の暴露と放射熱による火傷と，熱分解・燃焼反応によって生成するガスによる中毒・窒息，さらには，構造体の損傷・倒壊が挙げられ，火災の拡大に伴い危険状態が生じる．

（2）空 間 要 因

空間要因には，出火場所，避難経路と避難場所が挙げられる．

①出火場所　　建物内外のいずれの場所においても，出火の危険性の高低はあるものの，出火の可能性が全くない所はない．発火源や着火源となりにくくすることと，可燃物等が容易に着火しないような対策が必要である．さらに，出火室内の避難者にとっては，出火室内の内装材料等が急激な燃焼拡大を起こす場合は，きわめて危険な状態となるので，内装材料には防火性能を持つものを使用したり，急激な燃焼拡大を起こさないことが必要である．

②避難経路　　建築物の出火危険の高い部分で火災が発生した場合，在館者に対して安全な避難経路が少なくとも1つは確保されていることが原則である．避難経路は，在館者の存在する各位置から避難場所まで連続したもので，少なくとも避難中は危険要因から保護される必要があり，避難者の数や行動特性に適応したものでなければならない．

千日デパートビル火災の結果から，避難経路選択上影響を与える要因としては，避難口を認知していること，日常使用頻度，避難口までの距離の近さ，阻害要因となる煙の知覚が挙げられる．このなかで，特に煙の影響は強いことが指摘されており避難経路への煙の進入には注意が必要である．

③避難場所　　避難場所は，公共広場など火災建物外の安全な空間に確保することを原則としている．しかし，避難者の行動特性や超高層ビルなど，建物外への避難を適正な時間内に完了することが困難なことが予想される場合は，建物内に設けることもある．ただし，このような空間が，危険な状態にならないように計画する必要がある．

（3）現 象 要 因

避難行動時間に関わる移動速度は，避難者の行動能力，密度，心理的影響という人的要因に左右されるが，火災時に限らず，通路が細くなる部分では群集流がある程度の密度になると，容易に通過できなくなる滞留現象が起きる．こうした滞留現象は避難経路の通行可能容量に対してそこを通ろうとする群集流の流動量がそれを上回わることで生じる．すなわち，出口等の幅がネックとなったり，人々が合流したりする場合である．これにより個々の移動が遅くなり，密度が高まる現象が生じる．特に，火災時のような心理的影響がある条件下において，滞留現象が生ずると，足元を視認しづらくなることによるつまづきが転倒を引き起こしたり，後方の人が押す力によってけがをするなど様々な障害を引き起こす．

（4）人 的 要 因

避難行動に関わる人的要素は，これまでの多くの火災事例から，避難者の密度と避難経路の煙濃度に影響される歩行速度，避難経路の見通し距離，煙の中での思考力および記憶力などの低下が挙げられる．また，通常使用している出入口や階段に向かうこと，明るい方向に向かうこと，開かれた空間に向かうこと，混乱の度合いが増すと狭いところに逃げたり他に追従することが火災時の人的な特性である．さらには，時間要因の避難開始時間で述べたとおり，火災を覚知しても，ただちに避難を開始しないことがあることも問題である．

表6・2には，「避難行動」について5つに分類したものを示し，近道やとっさの判断によ

るものや追従することが基本的な行動であることがわかる．さらに，このような基本的な行動に対して，職業的な意識が強く反映され，比較的安全に避難が行われる場合においては，責任行動をとって，平素から考えていた経路を通ること，そして誰かの指示を待ち，その指示の誘導に従う行動が現れると考察している．そのため，これらの基本的な行動を前提として設計計画することが安全側の措置として必要である．

表 6・2　「避難行動」の分類[3]

分　　　類	内　　　　　容	反応数
平　素　考	1．平素から自分で考えていた経路だから 8．煙や熱気がこなかったので 9．混雑が少ないと思ったので	95
近　　　道 と　っ　さ	3．とっさの判断で 4．何となく安全だと思ったので 10．近道，または最も早く外へにげられると思ったので	273
平　素　教	2．平素から教えられていた経路だから 5．誘導放送があったので 11．その他	90
追　　　従	7．周囲の人が皆そちらに行くのでついていった	145
従　誘　導	6．上司，その他の人の指示誘導があったので	101

（成瀬　友宏・水野　雅之）

6・1・3　群集の流動

建物火災時には，出火階で多くの人がほぼ同じ頃に避難することを迫られることで出口に集中したり，非火災階でも非常放送による避難指示が出されると多くの人が限られた垂直動線である階段に集中することが考えられる．また市街地での広域火災時には，一時期に大量の避難が開始されることがある．そのため，特定の街路に避難者が集中し，自由歩行が困難となる場合や，橋詰などの隘路では大量の避難者が集中することもある．そこで，ここでは，群集密度の実際と群集流動の速度等について示す．

（1）人の歩行速度

人の歩行速度は，一般に 60 m/分といわれているが，個人の属性や様々な環境によって変化する．表6・3に各種の状況下における歩行速度を示す．

表 6・3　各種属性や状況下での歩行速度

歩 行 者 の 種 類	m/s	各 種 の 状 況 下	m/s
遅い歩行者	1.0	膝までの水中での歩行	0.7
全体平均	1.3	腰までの水中での歩行	0.3
大学生等の若者	1.5	知らない暗闇の空間	0.3
軍隊の行進等	2.0	知っている暗闇の空間	0.7
高齢者等の災害弱者	0.8	群集歩行（1.5人/m² まで）	1.0

文献 5）を基に作成．

（2）群集密度の実際

　群集の密度が避難に関連する場は2つある．第1は後述の避難群集の移動と密度との関連であり，第2は避難者の収容である．特に避難者の収容は，収容可能面積と1人当たりの所要面積：収容密度（人/m²）によって算定されることが多い．

　そこで，群集密度の実際をまとめると表6·4のようになる．

　通勤電車やエレベーター等の閉鎖空間を除いて我々が，日常，体験する密度はせいぜい4人/m² である．また，広域火災時の避難と密接な関係がある群集移動に関連するクリティカルな密度は，1.5人/m²（自由歩行の限界）→約4人/m²（渋滞の始まり）→約6人/m²（群集移動の停止）である．

（3）群集流動の速度

A．一方向群集流動の速度

　図6·3は，実測値による歩行速度と密度の関連を示している．歩行速度には上限値と下限値とがあり，また，おおむね1.5人/m² を境に自由歩行が困難となり，周囲に追随しなければ

ならない群集歩行となることが，図6·3から読み取れる．さらに，群集の移動速度と群集の密度との間には密接な関連があることも図6·3から理解できる．ただし，グラフ中に描かれている実線では上に凸の曲線の関係が示されているが，これは群集密度が6人/m² を少し超えた条件での歩行速度との関係に大きく影響を受けたためと考えられる．群集密度が6人/m² に及ぶ条件では移動が制限された状況となっているため，過去の調査データは一般に4〜5人/m² までを対象に整理されていることが多い．

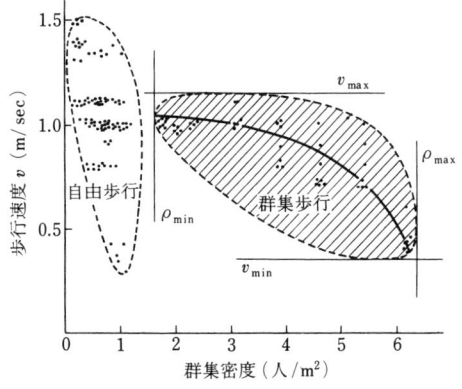

図6·3　実測による歩行速度と群集密度との関連[6]

　群集の移動速度が下がるから密度が上昇するのか，群集の密度が上昇するから移動速度が低下するのか，両者の因果関係は不明であるが，これまで，図6·4に示すように，現象面をとらえて多くの「速度–密度式」が提案されてきている．

　図6·4に示される「速度–密度式」はすべて群集移動速度を群集密度で説明しようとするものであり，直線モデル，べき乗モデル，指数モデル，反比例モデルの4つに分類できる．

　後述の避難モデル等においては，図6·4に示される「速度–密度式」のいずれを用いても大きな差異はないが，それぞれの「速度–密度式」の適用範囲，すなわち群集の移動速度には上限と下限があることに注意しなければならない．

B．二方向（対面）群集流動の速度

　通勤時の駅構内等では，二方向（対面）の群集流動がしばしば見られる．また，広域火災時においても，避難先が異なる避難群集が，同一時期に同一街路上で対面歩行する場合もあ

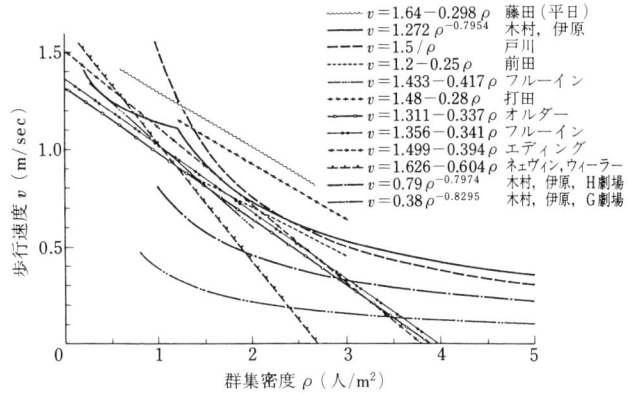

$v=1.64-0.298\rho$ 藤田（平日）
$v=1.272\rho^{-0.7954}$ 木村，伊原
$v=1.5/\rho$ 戸川
$v=1.2-0.25\rho$ 前田
$v=1.433-0.417\rho$ フルーイン
$v=1.48-0.28\rho$ 打坦
$v=1.311-0.337\rho$ オルダー
$v=1.356-0.341\rho$ フルーイン
$v=1.499-0.394\rho$ エディング
$v=1.626-0.604\rho$ ネヴィン，ウィーラー
$v=0.79\rho^{-0.7974}$ 木村，伊原，H劇場
$v=0.38\rho^{-0.8295}$ 木村，伊原，G劇場

図 6・4　水平で一方向流における「速度–密度式」
文献 6) を基に作成

り得る.

岡田等[6]は，大阪のいくつかの繁華街での観測から（最大密度：1.65人/m²），歩行方向は問わずに，以下の「速度–密度式」を提示している.

$$v=1.269\times10^{-0.222\rho} \qquad v:\text{歩行速度(m/s)}, \ \rho:\text{密度(人/m²)}$$

一方，105 名の学生（個人の歩行速度の平均：1.5m/s）によって対面する人数構成比を変化させて各々の群集歩行を観測した結果によると，多くの場合，異なる歩行方向の 2 つの群集が混在せずに "層流" となり，粉体流と同じように人数の少ない群集の歩行速度のほうが大きくなる[4].

二方向の群集の人数比が 1〜2 倍の場合は，各方向の歩行速度は全体の密度に依存し，

$$v=1.724-0.313\rho \qquad \text{（サンプル数：48, 相関関数：}-0.753\text{）}$$

で群集全体の歩行速度が説明できる. しかし，群集の人数比が 1：5 の場合には，各々の方向の歩行速度は独立と考えるべきであり，また，各種の撹乱要因によって，以下のように，密度と群集歩行速度との関連は弱くなる[8].

$$v_{b5}=1.336-0.090\rho \qquad \text{（サンプル数：12, 相関関数：}-0.354\text{）}$$

$$v_{s1}=1.714-0.307\rho \qquad \text{（サンプル数：12, 相関関数：}-0.405\text{）}$$

$$v_{b5}:\text{人数が多い群集(他方の 5 倍)の歩行速度}$$

$$v_{s1}:\text{人数が少ない群集(他方の 1/5)の歩行速度}$$

C. 先導者がいる場合の群集歩行速度[9]

大地震後の広域火災における避難にあっては，自主防災組織単位に，一時集合場所等から先導者を付けた集団避難を行うこととしている自治体が多い. しかし，これまで示してきた「速度–密度式」は経験式であり，理論的根拠がないばかりでなく密度の仮定にも不合理な点があり，また，先導者に追随する群集の歩行速度への適用には不適切である.

そこで，李は「前進自走力」「摩擦力」「心理的な反力」を用いて，歩行者の理論的な運動方程式を導き，群集の密度は先導者の自由歩行速度に依存していることを示した. さらに，

表 6·4　群集密度の実際

密度：人/m²	密　度　の　実　際
0.5	避難所での長期収容の一般的基準
0.55	京間の 1 畳に 1 人が座る
0.65	江戸間の 1 畳に 1 人が座る
1.0	雨の日に一人一人が傘をさして集っている状態 避難者の短期収容（2〜3 日）の一般的基準
1.04	新幹線のグリーン車の満席状態
1.1	京間の 1 畳に 2 人が座る
1.2	30 cm の床タイルの 3 枚×3 枚に 1 人の割合で立つ
1.3	江戸間の 1 畳に 2 人が座る
1.5	自由歩行の限界
1.62	新幹線普通車の満席状態
1.64	京間の 1 畳に 3 人が座る：集会等でゆったりと座った状態
2.0	少し詰めて座った状態 人間を長期にわたって収容する限界
2.3	新幹線普通車の通路に座席の背を持って乗客が立っている状態（乗車率：140%）
2.8	通勤電車の定員
3.0	通勤電車の座席部分のみの密度 映画館の座席に人が詰っている状態（2.6〜3.5 人/m²）
3.1	駅のホーム等での行列
3.5	乗車率 140% の新幹線普通車の通路部分
3.8	群集移動で渋滞発生開始
4.0	野球場のスタンド等長椅子に詰めて座った状態 正座で詰めて座った状態（あぐらでは無理）
4.5	乗車率 150% の通勤電車（新聞が楽に読める）
5.0	小型エレベーターの定員
5.7	乗車率 200% の通勤電車（週刊誌は読めるが落としたものは拾えない）
6.0 〜	大型エレベーターの定員
6.3	標準体型の人間を正方グリッドに並べた場合
6.5	群集移動の限界
10.0	通勤電車のつり皮部分の密度
13.0	通勤電車のドア付近の密度
14.0	旧型の電話ボックス（0.72 m²）に 10 人押込んだ場合
〃	標準体型の人間をグリッド状に詰め込む限界
16.0	標準体型の人間を千鳥状に詰め込む限界
17.0	図上で標準体型の人間を詰め込む限界
17.8	通勤電車で観測された最大値
19.2	足型を図上で詰め込む限界

文献 6), 7) を基に作成.

実験を踏まえ，
　①　これまで示されてきた「速度–密度式」は，先導者がいる場合に追随する群集の定常状態といえる．
　②　先導者の歩行速度が一定であっても，個々人の「前進自走力」が一定ではないため，追随する群集の密度は一定とはならない．
　③　厳密には定常状態とはいえないが，先導者の歩行速度が充分に遅く，かつ，追随する群集の「前進自走力」が十分に大きい場合，密度の分散が小さくなり，定常流と見なしてもよい．したがって，マクロ的には平均密度を用いてもよい．
と結論付けた．

（熊谷　良雄・水野　雅之）

（4）自力避難困難者の避難行動

　自力避難困難者の避難行動力に関する実験的な研究としては，当事者を対象としたものと模擬的な高齢者や障害者で実施したもの（装具等を使用する場合もある）に大別される．前者では，肢体不自由者等を対象とし移動時間を把握した研究，片まひ者を対象とした防火戸通行の研究などが行われている．後者では，車いすや介助歩行者混在時の群集避難について検討した研究，高齢者や障害者の疑似体験用具を利用した研究，車いすを使用したエレベータ利用避難に関する研究や報告などが挙げられる．また，自力避難困難者が持つ困難さを整理した報告がある．
　以下では，障害等ごとに避難行動の課題を整理する[10～12]．
①肢体不自由者：上肢障害者は手指の動作が困難であり，扉の開閉や手すり等を掴むことが課題である．避難行動時は，部屋の扉を開ける，防火戸を開ける，階段の降下などの際に困難が生じる．下肢障害者は歩行できたとしても速度が遅いことや段差の乗り越えなどで困難が生じ，車いすを使用している場合は段差の乗り越えに加え避難通路の幅員が車いすより広くないと避難が不可能となる．上肢下肢両方の障害の一例に片まひがあり，歩行時の身体バランスの不安定さに加え，扉の開閉時において困難が生じやすい．
②視覚障害者：避難時の視覚情報は極めて重要であり避難行動そのものが困難になる．視覚情報が不足するため，火災の覚知や避難の判断，避難方向の判断など，火災情報や避難情報の取得が難しい．特に慣れていない場所での避難が困難となりやすい．また，弱視者の場合は，適切な文字の大きさやコントラストなどの工夫により避難情報取得の難易度が変わる．
③聴覚言語障害者：視覚以外での火災情報や避難情報の覚知が困難となり，また，音声による火災の通知や避難誘導が得られず，避難開始が遅れる可能性がある．さらに，避難途中での火災の進展等に伴う安全な方向の確認など，他者や周囲の状況からの情報を入手しにくい．避難方向の他者への確認などコミュニケーションが困難となるため，安全な方向へ的確に向かえない可能性もある．
④内部障害者：他者から障害のあることがわかりにくいため，避難支援を得られにくい．呼吸器系の障害などでは長距離の避難行動が困難であったり，医療機器を常時使用している人ではその機器の維持など，障害に応じて避難困難が異なる．
⑤判断に障害がある者（知的障害者，精神障害者，認知症高齢者等）：避難行動に移る判断

等に課題があり，また火災状況の変化に応じた行動判断や，冷静な行動などにも課題がある．本来避難すべき方向に向わないなど，他者による避難支援が必要となるケースもある．

⑥その他：妊婦は避難行動力の低下や転倒の危険性があり，乳幼児連れの場合は保護者は自身と子どもの安全を確保しつつ避難行動をしなければならない．外国人は言葉の理解や文字の読解に困難があり適切な避難行動をとれないことがある．これらの人々も何らかの避難支援を必要とする場合がある．

（村井　裕樹）

6・1・4　火災と人間行動

（1）火災現場における視力低下

A．煙の濃度と見透し距離[13]

煙の中での誘導灯など光源の内蔵されている発光型標識の見透し距離（V）は次式により表される．すなわち

$$V \fallingdotseq \frac{1}{C_S} \ln \frac{B_{EO}}{\delta_C \, kL} \ (\text{m}) \tag{6・1}$$

ここで，C_S：煙濃度（減光係数（1/m）），B_{EO}：標識の輝度（cd/m²），δ_C：視認限界となる標識と周囲の煙との輝度対比（0.01〜0.05），k：散乱係数/減光係数（0.4〜1.0），L：照明光の散乱による煙の輝度（cd/m²）．

一方，反射板型標識の見透し距離（V）は

$$V \fallingdotseq \frac{1}{C_S} \ln \frac{\alpha}{\delta_C \, k} \ (\text{m}) \tag{6・2}$$

で示される．ここで，α：反射板型標識の反射率である．

発光型標識を煙の満たした箱の中に入れ，箱外からガラス越しに標識を見たときの煙濃度と見透し距離との関係を求めたものを図6・5に示す．煙濃度（C_S）と見透し距離（V）との間には$C_S \times V \fallingdotseq \text{const.}$ なる関係が成り立っている．図6・5には，標識の輝度の大小，および煙の種類による見透し距離の差についても示してある．一方，反射型標識の場合も $C_S \times V \fallingdotseq \text{const.}$ なる関係が成立する．このときの積の値は，主に標識の反射率や周囲とのコントラストにより定まる．これらの結果から，煙中での見透し距離（V）は簡略化すると

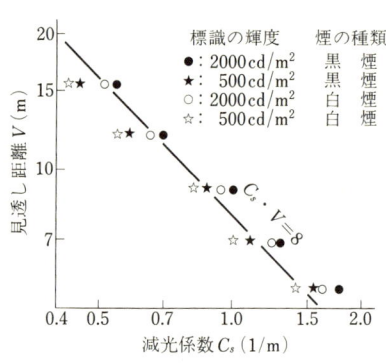

図 6・5　煙箱内の発光型標識の見透し距離と煙濃度

発光型標識では，$V \fallingdotseq (5 \sim 10)/C_S$ (m)　　　(6・3)

反射板標識では，$V \fallingdotseq (2 \sim 4)/C_S$ (m)　　　(6・4)

で示される．

なお，廊下・階段等避難路の見透し距離は，壁や床などの反射率や周囲とのコントラストを考慮すると $C_S \times V \fallingdotseq 2$ と考えてよい．

B.　刺激性の煙中での見透し距離[14)]

廊下に煙を充満させ，その中で誘導灯の表示面の文字「非常口」の判読できる距離を求めた．実験に用いた煙は2種類で，1つは刺激の比較的弱い煙で灯油を燃やすことにより発生させた黒煙であり，もう1つは刺激性の強い煙で，木材をくん焼させることにより発生させた白煙である．実験の結果を図6·6に示す．

刺激の弱い煙の中では，$C_S \times V \fallingdotseq$ const. なる関係がおおむね成立するが，刺激の強い煙の中では，煙の濃度がある値以上になると見透し距離が急激に低下し，$C_s \times V \fallingdotseq$ const. なる関係が成立しなくなる．この急激な低下は，煙の刺激性のために流涙が激しくなり誘導灯の文字が見えにくくなり，視力が低下するためである．

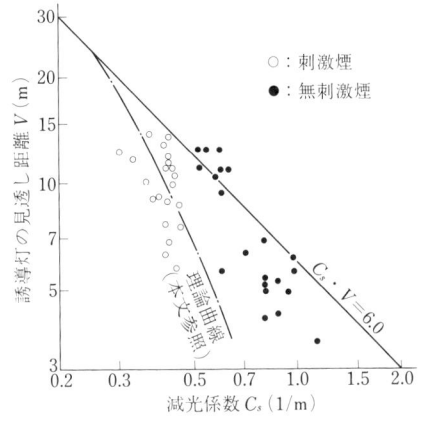

図 6·6　煙中での誘導灯の文字「非常口」の判読できる距離と煙濃度

煙中での見透し距離への刺激性の影響を調べるため，刺激性の強い煙の中でランドルト環視力表を用いて煙濃度と視力との関係を調べた．この実験は2つの条件下で実施した．最初は被験者の目を煙の刺激から保護するために，十分にシールされたゴーグルを，次に全くシールされていないゴーグル（ゴーグルなしと同等）を被験者に装着させ，煙の中でそれぞれの場合について視力を測定した．

煙中での視力の低下は，煙粒子により標識の表示面の文字が物理的に遮られることによる視力の低下と，煙の刺激性による流涙のため標識の表示面の文字が歪んで見えることによる生理的な視力の低下とが考えられる．各煙濃度におけるゴーグル装着の有無による相対視力の変化を求めた結果を図6·7に示す．ゴーグル装着の場合には，視力は煙粒子により標識の表示面の文字が物理的に遮られることにより低下するのに対し，ゴーグルなしの場合には，前述の理

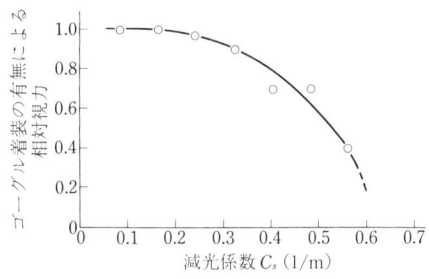

図 6·7　各煙濃度におけるゴーグル装着の有無による相対視力

由による低下のほかに，煙の刺激性による生理的影響による低下が加わる．

図6·7の相対視力は，両者の比を示したもので視力への煙の刺激性の影響（生理的影響）を求めたものである．すなわち

$$相対視力 = \frac{視力 - (物理的影響による視力の低下 + 生理的影響による視力の低下)}{視力 - 物理的影響による視力の低下} \qquad (6·5)$$

薄い煙濃度のときには，煙の刺激性の視力への影響はほとんど認められない．煙濃度が減光係数で約 0.25/m を超えるころから相対視力が徐々に低下し始め，煙濃度が 0.4/m を超えるころから急激に低下し，煙の刺激性の視力への影響が強くなっていることを示している．

ウェーバー・フェヒナー（Weber-Fechner）の法則によると，刺激の強さが等比級数的に増加するとき，感覚の大きさは等差級数的に増加するとある．これを相対視力（S）と刺激性の強い煙の濃度（C_S）とに適用すると $S=A-B \log C_S$ なる関係が成立するものと考えられる．定数 A および B の値は図 6・7 の相対視力と煙濃度との関係から求められる．

その結果，木材のくん焼煙のような刺激性の強い煙の中での見透し距離（V）は，次の 2 つの式で近似できる．すなわち

$$V_1 \fallingdotseq C/C_S \qquad\qquad ただし，0.1<C_S<0.25のとき \qquad (6\cdot6)$$

$$V_2 \fallingdotseq C/C_S(0.133-1.47 \log C_S) \qquad ただし，C_S>0.25のとき \qquad (6\cdot7)$$

上式の定数 C は視標の輝度，コントラスト，煙の種類などに依存し，図 6・6 では 6.0 となる．この式を用いて計算した理論曲線を図 6・6 に一点破線で示してある．理論曲線がおおむね実験値と一致している．

C. 煙濃度と歩行速度[15]

煙の存在は，避難者の見透し距離を低下させ，これにより心理的に動揺する．さらに歩行速度も低下させる．その測定例を図 6・8 に示す．

煙中での歩行速度は，煙濃度の増加に従い低下するが，煙の刺激性の有無にも大きく左右される．すなわち，刺激の弱い煙中での歩行速度は，煙濃度にほぼ比例して低下しているのに対して，刺激の強い煙中での歩行速度は，煙濃度がある値を超えるころから急激に低下すること

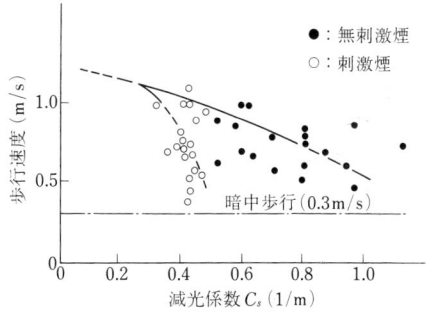

図 6・8　無刺激性煙および刺激性煙の中での歩行速度

が図に示されている．これは，煙の刺激性が強くなると目を開いていることができなくなるため，ジグザクに歩行したり，壁伝いに歩行するようになるためである．さらに濃い煙の中での歩行速度は，目隠しでの歩行速度（約 0.3 m/s）とおおむね等しくなる．

D. 煙中での誘導灯の見え方

小型の誘導灯は薄い煙中でも見えなくなる．誘導灯を煙の中でもよく見えるようにするためには誘導灯の形状を大きくするか，誘導灯の表示面輝度を高める必要がある．

1974（昭和 49）年に消防法令の改正が行われた際，小形誘導灯のほかに大形，中形の誘導灯が出現した．これにより，煙のない状態で小形誘導灯は約 30 m 先からほぼ確認できるのに対して，中形誘導灯は約 60 m，大形誘導灯は 100 m も先から確認できるようになった[16]．

誘導灯が大型化され，煙のない状態での見え方が大幅に改善されたが，煙の中での見え方

の大幅な改善にはつながらなかった．煙の中でもよく見えるようにするためには，誘導灯を大きくするほかに表示面輝度を極端に高める必要がある．そこで考えられたのがキセノンランプの閃光である．すなわち，キセノンランプの閃光は瞬間的ではあるが，蛍光灯の数百倍以上明るい．誘導灯にキセノンランプを付加することにより煙の中での誘導灯の見え方をある程度改善することができた[17]．

　一方，誘導灯にキセノンランプを付加，または誘導灯の光源（蛍光灯）を点滅させると，地下街などの光ノイズの多い場所でも誘導灯がかなり目立つ．そこで，光ノイズの多い営業中の地下街で各種の大きさの誘導灯にキセノンランプを付加し，あるいは誘導灯の光源自体を点滅させ，通常の誘導灯と目立ちやすさの比較を行った．その結果を図6・9に示す．なお，各データは，観測者37名の観測値の平均値である[18]．

　大形誘導灯にキセノンランプを付加しても大形誘導灯自体がかなり目立つため，誘目性（目立ちやすさ）をさらに大幅に高めることはできない．これに対して，中形誘導灯にキセノンランプを付加した場合には誘目性を大幅に高めることができる．また，小形誘導灯の場合もキセノンランプを付加することにより，誘目性を高めることができるが，光ノイズの多い場所では，遠い距離からは十分な誘目性の得られないことが図に示されている．なお，誘導灯の光源を点滅させたときもほぼ同様な結果が得られる．

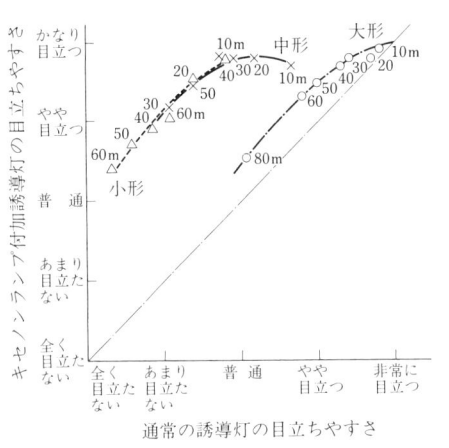

図 6・9　通常の誘導灯に比べキセノンランプを付加した誘導灯の目立ちやすさ

　火災時の濃煙中では，キセノンランプの閃光ですら見えなくなる．そこで音声を付加した誘導灯を開発した．音は濃煙中でも減衰することはない．ただ，音の欠点としては，大きな音を発すると反響音により音の方向がわかりにくくなることがあるが，音量を調整することにより反響音を小さくすることが可能である[19]．

　誘導音装置付きの誘導灯は，キセノン点滅灯付きの誘導灯と同様，避難口誘導灯の横にスピーカーを取り付け，火災信号が入るとスピーカーから「ピン・ポーン，ピン・ポーン，非常口はこちらです．非常口はこちらです」と警報音と音声が出るようになっている．現在設置されているものは，前記キセノンランプを付加した点滅形誘導灯と組み合わせた誘導音装置付点滅形誘導灯が多い．この誘導灯からの音声は，濃煙中を非常口の近くまで非難してきた人達を大いに勇気づけるものと考えられる．

　また，この誘導音装置付点滅形誘導灯は，健常者のみでなく視聴覚障害者や高齢者の火災などの災害時の避難にも有効である[20]．

　現在販売されている誘導灯は，光源にLEDを用いたコンパクト型になり，その等級も

「大形・中形・小形」の表記から，表示面の縦寸法を基準とする「A級・B級・C級」の等
級表記に変更されている．また，光源の違いはその耐熱性にも影響があり，日本照明工業会
の JIL 5501「非常用照明器具技術基準」では，従来光源である白熱電球，蛍光ランプ等での
保障される周囲温度は 140℃，LED 光源では 70℃ となっている．

E.　光点滅走行による避難誘導システムの煙中での有効性[21]

　大規模建築物や大規模地下街で火災が発生した場合，避難者は通常の建物火災時以上に心
理的に動揺することが予想され，これらの人々を適切に避難誘導するためには動的な光を用
いた強力な避難誘導システムが必要と考えられる．

　光点滅走行避難誘導システムは，火災信号により床面または壁面下部に一定の間隔で埋め
込んだ緑色の光源を安全な避難方向に向けて点滅走行させることによって，煙の中でも避難
経路を明確にさせ避難者を非常口まで積極的に誘導するものである．その際，床などに埋め
込んだ光源の間隔，大きさ，輝度および点滅走行速度が誘導効果に影響を及ぼすが，そのな
かでも光源の間隔が誘導効果に最も大きな影響を及ぼす．このシステムは，かなり濃い煙の
中でも誘導効果を有することが図 6·10 に示されている．各データは，観測者 12 名の観測値
の平均値である．

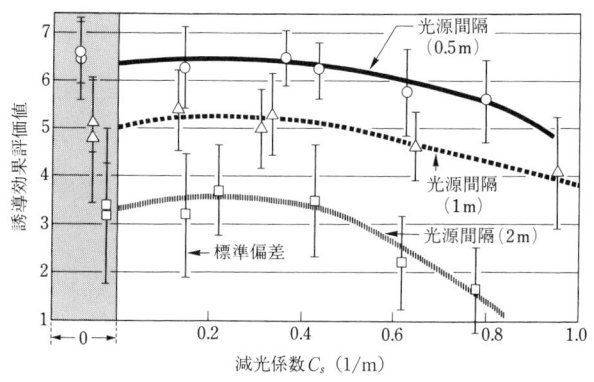

評価値　7：誘導効果が非常にある　　　　3：誘導効果が少しある
　　　　5：誘導効果がかなりある　　　　1：誘導効果が全くない

図 6·10　光点滅走行避難誘導システムの煙の中での誘導効果

　図 6·10 の横軸は減光係数で示した煙濃度であり，縦軸は誘導効果評価値で，評価値 4 は誘
導効果の有無のしきい値と考えてよい．図中の減光係数 0 のときの 2 つのデータは煙実験の
前後に実施した煙のない状態での誘導効果評価値である．2 つのデータがほぼ一致している
ことは，この実験の精度の良さを示していると考えてよい．

　光源の間隔が 0.5 m の場合には，煙濃度の増加に従って徐々に評価値が低下しているもの
の煙濃度が 1.0/m でも十分な誘導効果のあることを示している．また，光源の間隔が 1.0 m
の場合には，煙濃度が 1.0/m で評価値がしきい値まで低下している．これらに対して，光源
の間隔が 2 m の場合には，煙のない状態ですでに評価値がしきい値以下になっており煙の

濃度の増加に従い急激に低下している．この図から，光源の間隔が1m以内ならば，煙濃度が0.8/m程度までは十分な誘導効果があることがわかる．

　なお，薄い煙中のほうが煙のないときよりも評価値の良いのは，煙が存在すると周囲の光ノイズが見えなくなるため点滅光源が相対的に目立つようになるためと考えられる．

（2）火災現場における判断低下

A．煙の中での心理的動揺度[22]

　心理学の分野で用いている安定度検査器により煙の中での心理的動揺度を調べた．検査器の略図を図6・11に示す．被験者は金属板に開けられた大小4つの穴に金属棒を穴の縁に触れないように順次差し込んでいく．煙濃度が増すにつれ，煙に対する恐怖感や煙による目や喉への刺激が増すため，被験者は段々作業に神経を集中することができなくなる．このため煙濃度の増加に従い金属棒が穴の縁に触れる回数も増えてくる．なお，この実験では，心理的動揺度を上記安定度検査器による測定のほかに心拍数の変化からも測定している．

　煙濃度の増加に伴う接触回数および心拍数の変化の例を図6・12に示す．両データはほぼ同様な傾向を示しているが，安定度検査器による測定値のほうが心理的の動揺度をいくぶん鋭敏にとらえていることを示している．

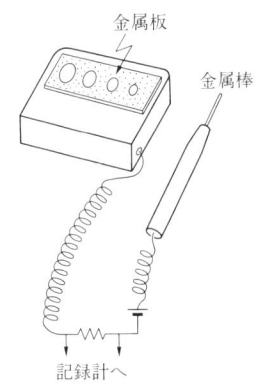

図6・11　安定度検査器略図

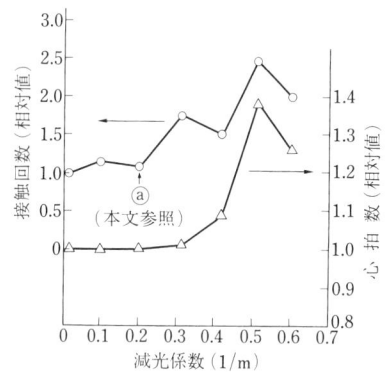

図6・12　安定度検査器で測定された接触回数および心拍数

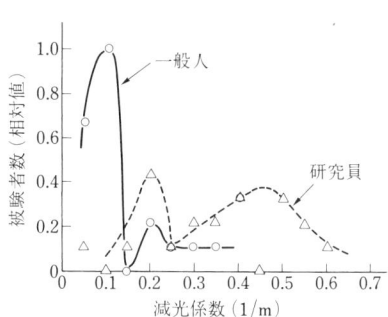

図6・13　安定度検査器により求めた心理的に動揺し始めた時点の煙濃度と被験者数

　次に，接触回数が急激に増加し始める煙濃度（ⓐ点）にのみに注目しデータを整理したものを図6・13に示す．なお，被験者には消防研究所（現在の消防庁消防大学校消防研究センター）の研究員24名と一般人（主に家庭婦人）25名が参加しているので，両者を別々に整

理してある．図の横軸は減光係数で示した煙濃度であり，縦軸はそれぞれの煙濃度で心理的に動揺し始めた被験者の人数を相対値で示してある．

　一般人の場合，煙濃度が 0.1/m に達した時点で多数の人が動揺し始めているが，少数の気丈夫な人は煙濃度が 0.2～0.4/m に達した時点で動揺し始めている．これに対して，研究員の場合は，少数の人は煙濃度が 0.2/m に達した時点で動揺し始めているが，大部分の人は煙濃度が 0.35～0.55/m に達した時点で動揺し始めている．

　このように，一般人と研究員とで動揺し始める煙の濃度に差が生じたのは，主に研究員のほうは実験に用いた煙の安全性に対しある程度の知識をもっていたことと，建物の内部がわかっていたことによるものと考えられる．しかし，この研究員の場合でも煙濃度が 0.5～0.7/m では，生理的（煙の刺激性と息苦しさ）に耐えられる限界に近かったという．

　これに対して，一般人の場合には，薄い煙なので耐えられなくはないが今後どうなるかと考えると心配になり，このことが引き金になり心理的に動揺し始めたようである．

　不特定多数の者の出入りする建物で，火災の際，安全に避難できる限界の煙濃度として，図 6·13 で一般人の大部分の人が動揺し始める煙濃度 0.15/m が採用できるものと考えられる．

　一方，建物内の熟知者に対する避難限界の煙濃度としては図 6·13 の研究員が動揺し始める煙濃度 0.5/m が採用できるものと考えられる．この煙濃度は，図6·6 の見透し距離の急激に低下する濃度および図 6·8 の歩行速度の急激に低下する濃度ともおおむね一致している．

表 6·5　避難限界時の煙濃度と見透し距離

建物内の熟知度	煙濃度（C_S）（減光係数）	見透し距離（V）
不特定者	0.15/m	13m
熟知者	0.5 /m	4m

　上記の避難限界の煙濃度（C_S）のときの見透し距離（V）を $C_S \times V = 2$ として計算すると表6·5 のようになる．建物内の熟知者の場合には避難の際必要とする見透し距離は 4 m 程度なのに対して，不特定者の場合には 13 m の見透し距離が確保されなければならないことを示している．

B．避難誘導機器のあるときの不特定者の避難限界の煙濃度

　不特定者の火災時の避難は，避難路に煙が到達する以前に完了することが望ましい．しかし，不幸にして避難完了前に煙が到達した場合でも各種の誘導灯や避難誘導システムにより避難が可能である．それぞれの避難誘導機器により安全に避難できる限界の煙濃度をこれまでの実験をもとにしてまとめたものを表 6·6 に示す．避難誘導機器の種類により避難限界の煙濃度に大きな差のあることを示している．なお，誘導灯のあるときの避難限界の煙濃度は，誘導灯が 20 m 間隔で設置されているとして煙濃度（C_S）と誘導灯の見透し距離（V）との関係 $C_S \times V = 6$ より求めた．また，近年開発された高輝度誘導灯では $C_S \times V ≒ 8$ と考えられる．

表 6·6　不特定者の避難限界時の煙濃度

避難誘導機器の種類	避難限界の煙濃度
誘導灯のない場合	0.15/m[22]
誘導灯のある場合	0.3～0.4/m[14]
避難誘導システム	0.8～1.0/m[21]

C. 煙の中での思考力および記憶力の低下[23]

長さ 15 m の廊下に木材をくん焼させることにより刺激の強い煙を発生させた. この廊下に男子 16 名, 女子 13 名の被験者を入れ, 煙の中で暗算をさせることにより思考力を, また, 4 種類の色の並んでいる順序を思い出させることにより記憶力を求めた. それぞれの結果を図 6・14 に示す. 各データは, 男子 16 名と女子 13 名の観測値の平均値である.

暗算の正解率の低下は, ごく薄い煙濃度から始まり, 煙の増加に従ってほぼ直線的に低下しており, 煙の中での思考力の弱さを示している. 一方, 色の並んでいる順序の記憶の正解率はデータがいくぶんバラツイているものの, 暗算の場合と異なり, 煙濃度が減光係数で 0.4/m くらいまではほとんど低下していないことを示している. このことは, 記憶力, 例えば非常口までの避難経路等の記憶については多少濃い煙の中でも影響しないことを示している.

この実験結果は, 初めて入った建物で, 自室から非常口までの避難経路をあらかじめ調べておくことの重要性を示唆している.

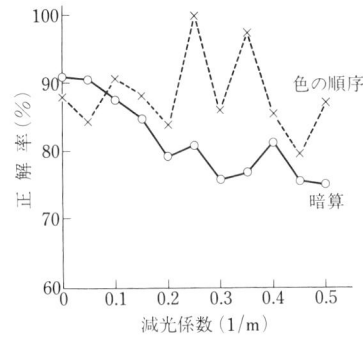

図 6・14 煙の中での暗算 (思考力) および色の並んでいる順番 (記憶力) の正解率

(神　忠久)

6・1・5 放　火
(1) 放 火 の 心 理
A. 放火の動機分類

放火の心理を検討する上で主眼となるのは, 犯行動機の分類だと考えられる. これについては, 犯行内容や発生形態との関連から検討がなされている. 例えば, 我が国における古典的な放火研究において, 中田[24]は動機を 12 種類に分類した. 一方で, 最近の研究例として女性連続放火犯に限定されるが, 和智ら[25]は表出的放火と道具的放火という 2 種類の動機を提案している. また犯人像推定において代表的手法を開発している米国 FBI の放火分類では, 犯人の感情が優先していると考えられる復讐型, 興奮型, バンダリズム型と, ある種の合理的判断の下に行われる利益型, 犯罪隠蔽型, 過激派型に分けられている[26].

さらに, 発生形態と犯行動機を関連づけて犯行を類型化する試みもある. 例えば, 犯行現場の地域性をもとにした都市型―田舎型という分類や, 単発・連続・スプリーという発生頻度と犯行間隔をもとにした分類がそれにあたる. 都市型―田舎型放火の違いは, 動機の源泉が, どのような人間関係によってもたらされたのかという点にある. 田舎型放火の場合は, 狭いコミュニティの濃密な人間関係の中で起こる軋轢に起因し, 放火対象も犯人と軋轢のある特定人物に関連する, 家屋・田畑や動産が中心になると想定される. 一方で都市型放火の場合は, 特定・具体的な対象との軋轢ではなく, 漠然とした社会一般に対する自らの不全感・不遇感の発散手段として放火を選択しているため, 放火対象となる建物等の持ち主に対して特別な感情はなく, 犯人が支援的な人間関係を築くことに失敗し, 孤独感を募らせたこ

とに由来する場合が多いと考えられる．そして都市型放火の犯行は，不適応感に駆られた犯人が飲酒した際など，多分に機会的なものとなりやすい．また桐生[27]は，田舎型放火についても純然たる形態をとどめる事件より，都市型放火に近い性格の事件が増加していることを指摘した．地方の過疎地域における人口減と都市への人口流出は，田舎型放火の減少と変質という形でも影響を及ぼしていることが考えられる．

　さて，こうした犯行動機に基づく分類の背後にある枠組みとして，放火が道具的なものであるのかどうか，対象がどのようなものであるのかという二つの観点を想定できる．道具的な動機とは，放火はあくまでも手段として選択されたものであり，保険金詐取や窃盗をはじめとする他の犯罪の隠蔽工作の一環として行われる放火が，代表的なものである．逆に道具的な動機を持たない放火は，表出的な動機による放火であり，犯人自らの考える目的の達成が，放火によってこそ可能であるとして，実行される類型である．特に，犯人個人の感情の発露ともいえる，怨恨・復讐型，興奮型やバンダリズム型等が代表的な犯行動機である．

　最近の放火動機に関する研究では，容疑者の供述内容をテキストマイニングの手法によって分析し，単一放火と連続放火という犯行形態別に，犯行動機の分類と比較を行ったものがある[28]．結果として単一放火の場合は，怨恨型・自殺型・不満の発散型・犯罪副次型・保険金詐取型・火遊び型・人生悲観型に分類された一方，連続放火の場合は不満の発散（雑多要因）・不満の発散（就業要因）・火事騒ぎ型・逆恨み型・犯罪副次型に分類され，不満の発散が中心であった．特に，これまでの放火研究では類型化されていない「人生悲観型」が単一放火で，そして「逆恨み型」が連続放火の動機の一類型として抽出されている．2004年以降の事件データが分析対象であることから，さらなる検証が求められるものの，放火の動機の検討や犯人像推定のための基礎資料として興味深い．

B. 犯行・犯人像分析

　放火は夜の犯罪と称されることが多く，連続放火の場合[29]で約7割が午後8時以降午前4時までに発生している．また都市規模別の比較から，大都市では都市部以外の地域と比較して，発生は夕方に少なく早朝に多い傾向が見られ，都市生活の夜型化の影響が考えられる．犯行期間の平均は98.5日で，連続放火事件が数ヶ月にわたり地域に犯罪被害不安を引き起こすことがうかがえる．放火対象を複数選択でまとめると，最も多いのが家屋で5割近く，次いで小屋・納屋・ガレージ，屋外に置かれた物品（段ボール・荷物・洗濯物等）が約4割，屋外のゴミ，車・バイク（カバー類含む）がそれぞれ3割となっていた．特に大都市において，屋外のゴミを対象とする事件が4割を超えており，ゴミ出しルールの徹底をはじめとする地域の環境整備は，放火の抑制につながる[30]．被疑者属性と放火対象の関係については，男性の20代以下で自動車・バイクを選択した者の割合が6割を超えて高いこと，家屋を選択した者が男性の40代以上で7割超，女性で約6割と高いことが特徴的であった[31]．被疑者の性別・年代によって，価値あるものと注目される対象が異なることに対応する結果といえる．

　さて，東京都および隣接する3県と大阪府で発生した連続放火犯の属性分析からは，身体・知的・精神障害，無職，犯罪歴等の負因を抱える者が大多数を占め，定職を持つ一般的な属性を持つ者は2割程度しかいないことが指摘されている[32]．動機を分類すると，6割が

家庭・職場・近隣等に対する不満，またスリルを求めるや消防活動が見たいからという，放火が面白いとした者は15％であった．性別・年代別に見ると，近隣・その他に対する不満は，男性で年代が上がるにつれて上昇する一方，放火が面白いという動機は，男性の20代以下・30代で比較的割合が高い．女性では，家庭に対する不満が1/4近くを占め最も多く，次いで近隣・その他に対する不満，恨みが続いた[31]．社会的な生きづらさは，その発散としての都市型放火を招くという経過を容易に想像することができる．

　財津[33]は，連続放火事件の犯行特徴を，機械学習手法の一つであるベイジアンネットワークによって分析し，犯人を窃盗犯歴ありあるいは有職者と推定する確率が高まるノードの抽出を試みた．窃盗犯歴の有無については，警察や消防への通報・連絡，犯行現場が駐車場等の場合に，窃盗犯歴ありとなりやすく，逆に現場への土足侵入は，窃盗犯歴なしの可能性が高まることが明らかとなった．また窃盗犯歴の有無については，検証用のデータ分析において事前確率を上回る推定精度が得られたため，当該分析の有効性が示唆されたものの，犯人が有職者か否かを推定するモデル検証については，事前確率を上回る推定精度を実現できず，一層のモデル修正が必要であることが明らかとなった．犯行特徴と犯人属性の関連の検討は，犯人像推定への知見提供にとどまらず，放火犯行自体の理解を促進させるものであり，今後も研究の進展が期待される．

　また既存の研究では検討されることの少なかった，放火殺人に焦点を絞った分析も，最近になって包括的な分析が行われるようになった．岩見[34]は，放火殺人事件の犯人特徴と犯行の相同性を検討し，犯行の類型化を試みている．数量化Ⅲ類によって，犯罪性の高低という第1軸と，私的—公的空間における犯行という第2軸が得られ，それぞれの犯行および犯人特徴がまとめられた．高犯罪性・公的空間に分類される事件は，全体の1割ほどと少ないものの，計画性や移動性の高さのために捜査対象者の絞り込みは時間を要すると想定されている．捜査手法としては，車両情報や防犯カメラ映像の分析に期待がかかる．また低犯罪性・私的空間に分類される事件は，全体の約4割を占める最頻出の類型である．このタイプでは，高い情動性と被害者との関係性が強く示唆されるため，被害者の周辺から早期に捜査対象者を絞り込むことが可能であると考えられている．高犯罪性・私的空間群及び低犯罪性・公的空間群の事件については，地理的な捜査範囲を設定した上で犯罪経歴者を重点にした捜査の有効性が示唆されている．犯行行動と犯人特徴については概ね相同性が認められ，捜査員個人の経験や直感よりも，適合度の高い基礎的知見を提供するものとなっている．

C．地理的分析

　犯行の分析としては，犯行状況からの動機・犯人像分析に加え，地理的要因についての検討が加えられている．放火を犯罪捜査の観点から考えると，放火事件を認知した際には次回犯行の阻止と被疑者検挙が，警察の直面する課題である．犯行現場の分析による犯人像推定に加え，地理的分析から容疑者の拠点推定や次回犯行地予測が行われることによって，根拠に基づいた捜査方針の優先順位付けと，捜査資源の有効活用を期待する捜査陣の負託に応えることが可能となる．

　犯行移動のモデルとしては，連続犯行のうち最も遠い2地点を直径とする円に，全犯行地点と犯人の拠点が含まれるとする円仮説や[29,30,32,35]，犯行地点の中央点から犯行地点間の平

均距離を半径とする円を疑惑領域として設定し，そこに犯人の拠点が含まれるとする重心モデルが検討されている[36]．これらは，いずれも犯人の自宅を基本とする拠点が犯行領域に含まれ，その拠点から各犯行地点へ移動して戻るという，拠点犯行型となることを想定している．一方で，そうした犯行移動パターンに当てはまらないのが通勤犯行型であり，この場合だと犯人は犯行領域内に拠点を持たずに，犯行領域外の拠点からあたかも通勤するかのように犯行領域へ乗り込んで犯行を重ねる．この拠点犯行型と通勤犯行型の区分は，元々英国の連続強姦犯の空間移動の分析に用いられたものであるが，我が国の連続放火事件においても，大多数の事件は拠点犯行型であることが明らかとなっている．

　例えば，連続放火事件の分析からは，約半数の被疑者が円仮説で設定される円内に住居などの拠点を持ち，設定された円の近傍に拠点がある2割を加えると，大多数の事件で円仮説が成立することが明らかになっている[32]．ただし，犯行現場2点間の最長距離が300 m以下または5 kmを越えるという極端な空間分布となった場合，円仮説の成立率は4割程度に低下してしまう[35]．また円仮説が成立する場合であっても，被疑者の拠点は設定された円の中心やその近くよりも，円周に近い方に偏って存在することが示唆された．円仮説が成立しにくい事件特性としては，男性30代・女性が被疑者の場合，犯行期間が7日以内と短い場合で，逆にバイク・車を対象とした者の約9割は，設定された円内か近接領域に拠点が存在した．

　犯行移動特徴と属性[30]については，女性被疑者の場合，男性被疑者のうち年齢が若い層（10代・20代・30代）と比較して，自宅から犯行地点までの平均距離が短い．これは女性被疑者の行動領域が狭く，多くの場合で動機が日常生活上の問題と関係することに対応した結果と考えられる．また自宅から最長犯行地点までの距離は，犯行件数の増加に伴って増大するのに対して，自宅から最短犯行地点までの距離は，犯行が7〜9件の被疑者で最も大きく，犯行件数がそれ以上の群では，より自宅に近い場所も犯行地点として選択されている．これは犯行を重ねるにつれて，自宅からより離れた場所に犯行領域を拡大する傾向と同時に，発覚リスクが高まるとしても，自宅により近い場所が犯行地点として選択される傾向を表すものと考えられる．さらに，放火の発生地域を大都市・地方都市・その他に分類した上で，被疑者の空間行動を検討したところ，移動手段はどの発生地域でも徒歩が中心となっている一方で，非都市地域ではバイク・車の割合が，3割程度見られるという差異が確認された．ところが犯行地点までの最短距離や最長距離は，発生地域によって差異が見られず，発生地域によらない被疑者の移動性の存在を示唆する結果が得られている．

　現状の地理的分析は，犯行領域の物理的・社会的環境特性の取り込みが十分とは言えないため，犯人の縄張りの大きさを推定する性格が強い．推定される犯行圏，すなわち犯行地点から逆算される容疑者の拠点存在範囲に基づき，分析者や捜査担当者がさらにその範囲の中での優先捜査範囲を決定することとなる．その意味では，捜査担当者は犯行領域でこれまで発生した事件での容疑者拠点の存在パターン，犯人像推定から導かれた類似事件における犯行移動特徴，犯行領域に居住する人々の日常移動，犯行領域に外部から業務等で来訪する人々の移動パターンをふまえた検討が求められる．例えば連続放火事件を対象に羽生[37]は，犯行領域がより大きな群において，犯行地点分布の異方性が大きくなることを示唆した．こ

れは，空間地理学の研究知見に対応するとともに，日常生活感覚からも納得のゆく結果である．

D. 放火の心理研究と実務

　放火の心理に関して研究を進展させていくためにも，消防の持つデータと警察の持つデータを統合して，より精度の高い放火に関するデータの蓄積と分析が進められるべきである．しかし現状では，基礎的な統計のレベルであっても差異が大きい．2016年を例に取ると，消防では放火が原因とされた火災件数が3586件であった[38]のに対して，同年に警察が認知した放火事件は914件である[39]．これだけを持ってして明白であるが，統一的な放火の検討のためには，乗り越えるべき障害はまだまだ大きいことが分かる．

　放火の心理を検討する実務上の目的は，犯行動機の解明と被疑者検挙による事件の解決にある．放火の犯行現場に臨場する消防士・警察官にあっては，一刻の猶予もなく犯人の動機に迫る取り組みが求められるが，その端緒となるのは道具的放火と表出的放火の区別であろう．道具的放火であった場合は，犯人が隠蔽しようとした事実を明らかにするために，犯人の真の狙いを見極める必要があり，放火対象と接点を持つ可能性が高いと考えられる容疑者の絞り込みを進めることとなる．一方，犯行が表出的放火であると考えられる場合は，犯人の犯行移動について検討が加えられ，推定された拠点を対象に容疑者を効率的にあぶり出す方法をとることになる．地理的分析を含む犯人像推定の結果と，被疑者検挙のための捜査手法を，すり合わせて実施していくことが早期の放火事件検挙につながるものと考えられる．

　言うまでもなく，放火現場であっても人命と財産の保護は最優先となるものの，以後の事件解明への悪影響が最小限となるよう，現場の保全についても配慮が求められる．米国では司法省において，放火事件捜査を想定した現場保全対応がマニュアル化されており，標準的な取り扱いの共有が図られている．我が国においても，消防や警察に同様の取り組みが確実に行われるよう，適切な現場保全方法が共有・周知・徹底されることが求められる．

（鈴木　護）

（2）放火火災対策

A. 放火火災の実態

　1970年代以降，我が国では特に都市部における放火火災（「放火の疑いによる火災」も含む．以下同じ）が急激な増加傾向を示し続け，1997（平成9）年には全国における出火原因のトップが放火火災となっている．

　2002（平成14）年の14553件をピークに発生件数及び発生率は減少に転じているが，2016（平成28）年まで20年間継続して出火原因のトップとなっており，出火率も16%近くを占めるなど，全国的に見ても放火火災対策は依然として喫緊の行政課題である（図6・15）．

　しかし，放火火災が発生する背景には，都市の生活環境から来る都市生活の孤独やストレス，また，家庭や職場，地域社会における人間関係の歪みなど，様々な原因があると考えられ，それを防止することは容易ではない．

　この状況は，消防機関としても社会生活の安全を確保する上で極めて憂慮されるものであることから，放火火災から住民の生命財産や地域社会を守るために，「火の用心」や「放火火災に対する警戒心の高揚」の呼びかけだけでなく，現在に至るまで様々な取組を行ってきた．

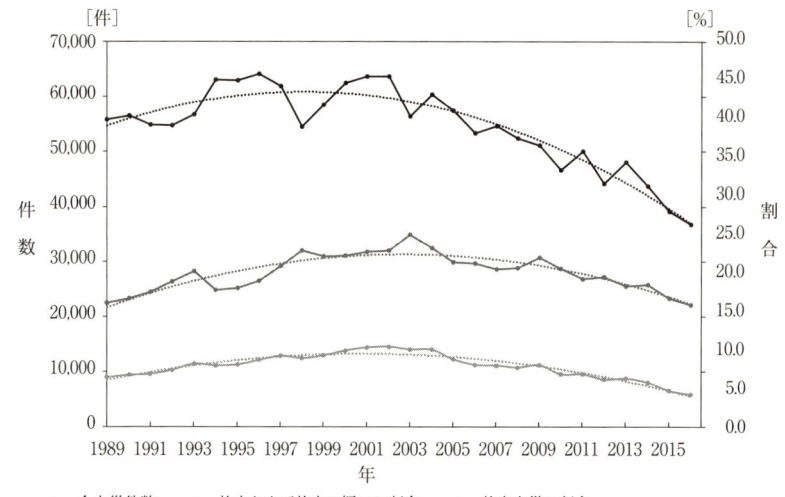

図 6·15 　全国における全火災件数に占める放火火災件数の割合（全火災件数・放火及び放火の疑い件数については消防白書から抜粋）

　総務省消防庁では，1997（平成9）・1998（平成10）年度に「防火対象物の放火火災予防対策に関する調査研究委員会」において，放火発生の動向，各地域・消防本部での対応策等を調査・研究し，平成11年に「放火火災予防対策マニュアル」を策定した．

　また，2002（平成14）・2003（平成15）年度には「放火対策検討会」を開催し，その成果を踏まえて開催された2004（平成16）年度の「放火火災某石対策検討会」において2005（平成17）年1月に「放火火災防止対策戦略プラン」を策定し，地域全体の安心・安全な環境が確保される取組みを継続的に行うことで，放火火災に対する地域の対応力を向上させるための諸対策を様々な面から講じてきた．

　一方，放火火災の予防対策の基本は，地域住民及び防火対象物の管理権原者等が自らの役割を認識し，行政機関と連携を図りながら自主防災組織による地域特性に応じた活動を展開し，「放火されない，放火させない，また，放火されても大きくしない環境づくり」を推進することである．

　このようなことから，今後放火火災予防対策を効果的に推進するためには，地域における消防団，自主防災組織を基盤とした活動の展開が不可欠であり，また，事業所においても防火対象物の防火管理の重要性を認識した活動を展開するなど，関係行政機関も含め，地域ぐるみで総合的に展開していくことが必要である．

B.　地域における予防対策の推進

a.　自主防災組織等の自主的な活動

　i　行政と地域社会とのコミュニケーションの確保

　地域の予防活動を支援するためには，平素から地域社会と消防機関のコミュニケーション

を深めていくことが重要である．そのための方策として，消防機関が把握している放火火災事例の実態等の情報など適宜地域住民と共有するなどして，コミュニケーションの醸成を図り，これらを通じて地域社会の動向を把握しておくことが必要である．

　ii　地域住民による自主的な活動

　放火火災の多発時期等の機会を捉え，自主防災組織による地域特性に応じた放火防止キャンペーンなど自主的な活動を展開する．

　また，放火されやすい区域や施設等の定期的な実態把握によって危険個所の改善を図り，区市町村等に働きかけて街路灯の増設等，明るい町づくりや建物外周部の不燃化を促進する．

　さらに，連続放火発生時はもとより，平素から地域内に火災等の災害が発生した場合に備え，電話等を活用した連絡体制と活動要領について検討しておく必要がある．

　iii　放火火災予防のための協力体制づくり

　放火火災を抑止するためには，消防機関独自の対策だけでは限界がある．このことから，地域住民や関連する行政機関相互の連携を基調として，一般家庭や事業所等では，

① 一般火災予防を含めた諸対策の樹立

② 放火されない環境づくり

③ 連続放火火災等が発生した場合の諸活動等の協議の場の設置など，地域の実態を踏まえた地域ぐるみの放火火災予防対策を総合的に展開する必要がある．

b. 屋外の可燃物に対する放火火災予防対策

　2016（平成28）年中の建物以外に対する放火火災は，①建物外周部の可燃物，②ゴミ集積所，③車両等の外周部等で多く発生し，16時から3時までの夕方から深夜帯に出火する場合が多く見受けられる．このことから，屋外に放置された可燃物等の整理・整頓や，ゴミ集積所に照明や防犯カメラを設置したり，防火性のある樹木により緑化するなど，地域ぐるみの環境づくりを推進する必要がある．さらに，ゴミは収集日の決められた時間に出すことや，自動車等のカバーを防炎性能があるものにするなど，住民個々の取り組みも重要である．

c. 空き家の放火火災予防対策

　i　全国における空き家の現状と空き家対策の動向

　2013（平成25）年に総務省が行った「住宅・土地統計調査」によると，全国の空き家件数は約820万軒で，住宅総数（約6,063万軒）の13.5%にのぼり，空き家件数，空き家率とも増加傾向にある．特に「賃貸用の住宅」「売却用の住宅」及び別荘などの「二次的住宅」以外の住宅で，居住者が長期間不在の住宅や取り壊すことになっている住宅等「その他の住宅」が約318万軒あり，過去20年で2倍に増加している．

　空き家対策については，2014（平成26）年11月に「空家等対策の推進に関する特別措置法」が公布，翌2015（平成27）年2月に施行され，空き家対策における区市町村の責務等も定められ，対策が本格化してきている．消防機関においても市町村と連携し，防火上危険な空き家に関する情報共有や，当該空き家の所有者等に対し，火災予防上必要な指導を行っていく必要がある．

　ii　放火予防対策

　空き家は，建物周辺，建物内に生活用品やゴミ，木くずや紙くずのような燃えやすいもの

がある場合が多い．また，長い間放置されている空き家は建物や門扉・塀などが破損し，容易に内部に侵入できる場合も多く，居住者のいる住宅と比べても放火されやすい環境に置かれている．

空き家の火災は，一般的に発見が遅れることが多く，特に密集した市街地内で木造空き家が放火された場合は延焼火災となる危険性が高い．しかし，空き家は普段生活している住宅と異なり管理が行き届かないことから，空き家の所有者等に対し，定期的な見回り，施錠の徹底，門扉の設置，電気やガスの供給停止，さらには取り壊しなどの措置を含め火災予防上の自主的な対策を推進する必要がある．

また，自主防災組織等に対しては，空き家建物及び周辺の定期的な巡回を可能な範囲で実施させることや，近隣住民への協力を依頼するなどの措置を講じる必要がある．

C.　用途別における予防対策の推進

a.　一般住宅・共同住宅の予防対策

東京消防庁管内で発生した2016（平成28）年中の放火火災（881件）のうち，建物から出火した火災345件を用途別にみると，居住系（一般住宅・共同住宅及び複合用途の住宅部分）が最も多く150件（43.5%）を占めている（図6·16）．

このうち，共同住宅が106件となっており，建物への放火火災では最も多く発生している．

共同住宅での放火火災うち，出火箇所の内訳をみると，「廊下・階段等」が最も多く，「玄関・ホール」や「車庫・駐車場」など，共用部分に放火されている割合は5割を超えている（図6·17）．

共同住宅での放火が多い主な原因としては，

①　居住者以外でも比較的自由に出入りができる．
②　居住者であっても互いに顔見知りではない．
③　廊下，階段等の共用部分に可燃物が置かれている．

ことなどが考えられる．

したがって，各居住者等は放火に対する危機意識を持ち，専有部分のほか，共用部分の防火管理の徹底，不審者の侵入防止対策，監視体制の強化など放火されない環境づくりを行う必要がある．

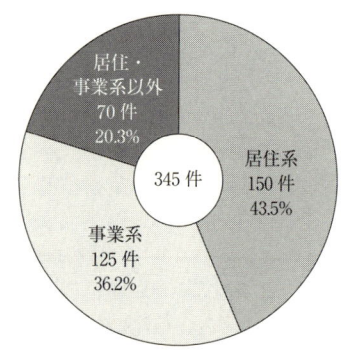

図6·16　放火火災のうち建物から出火した火災（2016（平成28）年中　東京消防庁管内）

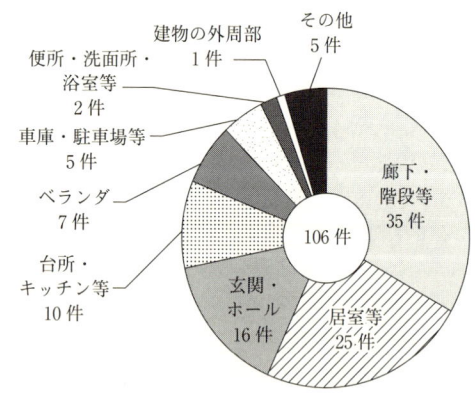

図6·17　共同住宅の放火火災の出火箇所別内訳（2016（平成28）年中　東京消防庁管内）

一般住宅・共同住宅の放火予防対策としては，以下のことが挙げられる．

① 建物外周部及び共同住宅の廊下，階段等の共用部分には，紙くず，段ボール，不用品等燃えやすい物を置かないなど整理整頓する．

② 建物外周部への照明設備の設置，ごみ収集場所の管理の徹底，車庫・物置など人がいない場所の施錠管理の徹底など，放火されにくい環境を整備する．

③ 共同住宅では，管理人，居住者全員が防火防災に対して関心を持

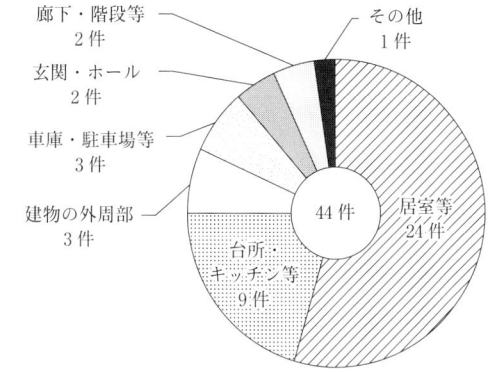

図 6·18 住宅の放火火災の出火箇所別内訳（2016 年中 東京消防庁管内）

ち，防火防災行動力の向上と連帯意識の高揚のため，定期的な防火防災訓練等の実施や，防火座談会を開催する．

④ 共用部分に置いてある移動可能な可燃物は，夜間や留守になる時間帯は各住戸内に片付ける．

⑤ しばらく家を留守にする場合は，新聞配達を一時ストップさせ，隣人等に留守にする旨を伝えておく．

b. 事業所における予防対策

事業所等における放火火災は，外部からの侵入が容易な共用部分や，普段人目につきにくい場所から出火することが多い．このことから，自由に出入りできる場所の予防対策として，死角となりやすい廊下，階段等における可燃物の整理整頓や除去，物置，空室等死角になりやすい場所の施錠管理，出入口の特定と出入りする者への監視強化（出入者の管理），監視カメラ等の設置による死角の解消と巡回警備の強化などが必要である．

また，就業時間外等の対策として，敷地内及び建物内への侵入防止措置の実施や，夜間休日における巡回体制の確立や可燃物の整理整頓等，建物の使用実態に応じた放火防止措置の徹底，更には施錠時の留意事項として，出入口だけでなく窓の施錠の徹底，車庫・駐車場内における車両の施錠等も必要である．

事業所における放火対策は日常の防火管理が重要であり，管理権原者，防火管理者はもとより，従業員，テナント関係者全員に放火火災に対する意識の高揚を図り，建物の用途と実態に応じた放火火災予防対策を推進していくことが重要である．

D. 放火火災予防の広報

a. 広報活動の推進方法

放火火災は，放火される環境を自ら作り出している状況が多く見受けられているのが特徴である．このことから，広報活動は，普段から住民及び事業所の管理者等自らが放火火災を防ぐという自衛意識を高揚させ，自衛手段を講じさせることが必要である．

特に，連続放火火災発生時における住民等に対する広報活動は，早期に住民の安全を確保し，不安を取り除くことを主眼として，住民の注意心を喚起するために行う.

① 連続放火火災であると判断した場合は，ただちに広報計画を樹立し，実施が容易な広報活動から早期に実施する.

② 広報活動に際しては，チラシや電光掲示板，ホームページ等即報性に優れた媒体を選定する.

③ チラシ等を配布する場合は，放火火災発生地域の各組織に連絡し，配布地域を決定するなど，連携を密にして行う.

④ 町会・自治会，消防団等の組織は座談会等を適宜開催し，放火火災予防のための自主的な警戒等について検討する.

⑤ 地域住民が自主的に巡回警戒する場合は，消防機関は巡回警戒の方法等について指導する. また，警戒等の自主的な活動に対しても積極的に協力し，地域住民と連携した広報活動を展開する.

⑥ 放火火災防止キャンペーンを行う場合は，関係行政機関や事業所等に働きかけるなど地域一体となったキャンペーンを展開する.

b. 広報活動上の留意点

放火火災を防ぐための広報活動は，警察機関の行う捜査とも深い関わりを持っているので，特に次の点に留意する必要がある.

① 連続放火発生地域での車両による巡回広報，パレード等のキャンペーンを行う場合は，事前に警察機関と連携を密にして実施する.

② 広報紙，チラシ，ホームページ等を作成する場合には，放火行為者を刺激したり，放火を誘発するような表現は避ける.

③ 消防機関によって出火原因が放火であると判明した場合は，警察機関と連携を取りながら可能な限り公表する（公安事件や明らかに殺人放火火災など特別な場合は除く）.

④ 情報提供をする場合は，情報の正確性やプライバシーに配慮し，個人情報等の取扱いについて留意する.

E. 放火火災に関わる関係法令等

放火火災は，失火等による一般の火災とは異なり，行為者の意思に基づく人為的原因により起こるものである. このため刑法や民法などにおいても，一般の失火等による火災とは種々の点で異なった取扱いがなされている.

a. 刑法，民法上の取扱い

刑法第108条から第113条及び第115条には，放火の罪が規定されている. これらの規定は，放火という犯罪行為が個人の財産を侵害するばかりでなく，しばしば不特定多数の生命・身体・財産に不測の災害を及ぼす危険があることに着目して，不特定多数の生命・身体・財産を保護法益とし，窃盗などの財産犯に比べて重い法定刑を定めている.

また，民事上，放火は過失による火災発生行為である失火とは異なり，放火行為者の故意によるものであることから，「失火ノ責任二関スル法律」の適用による免責を受けることはできず，放火行為者は一般不法行為の規定（民法第709条）により損害賠償責任を負うこと

になる．このように，一般的に放火行為者には失火者に刑事上，民事上の重い責任が課せられる．

なお，刑事法では現行犯人（刑事訴訟法第212条）の場合は，何人でも逮捕できる（刑事訴訟法第213条）こととされている．

b．消防関係法令上の放火対策

i　消防法第1条

現行消防法令には，消防機関が放火火災を予防・抑制する権限を有することを明記した規定は存在しないものと考えられているが，消防法第1条（消防法の目的）「火災を予防し，警戒し及び鎮火」するという趣旨からみて，対物的な範囲で放火火災の予防活動が可能と考えられ，放火火災の発生危険が認めている場合や放火火災による公共の危険性などが現出すると考えられる状況にあれば，地域住民に放置可燃物等の整理・除去を指導するなど放火行為の誘因事象を排除するように働きかけることができるものと考えられる．

ii　消防法第3条（屋外の火災予防措置等）

消防法第1条の「警戒」の運用のほか，第3条では屋外において火災の予防に危険であると認められる場合には，物件の整理，除去等の命令ができるとされている．この規定は，当該物件等の放置，存置状況によって，具体的または現実的に火災の発生危険性が認められるときに発動されるものである．

いうまでもなく，抽象的な放火犯罪発生の蓋然性のみを持って消防機関が本条の権限を行使できるものではない．しかし，当該地域の特定期間における放火火災の発生状況，頻度，火災発生時の拡大危険，気象の状況，あるいは放火予告等があり，当該建築物に放火火災の発生危険が認められる状況にあれば，放火火災の事前防止のため，行政指導によって地域住民の協力を得たうえで，可燃物の整理，除去等を行わせることは可能なところである．

iii　消防法第31条（火災の調査等）

消防法上，消防機関には火災原因調査及び損害調査権が定められており，放火に至った経過，放火の被害を受けた誘因等をある程度明らかにすることができる．

iv　消防法第35条等（警察機関との協力等）

放火及び放火による火災発生の危険性を消防機関が把握した場合は，捜査機関に通報し（放火等の犯罪があると認めた場合には，消防長，消防署長は消防法第35条第2項により警察機関へ通報すべき義務が課せられている），放火火災の絶滅等相互に行政上の目的に応じた諸対策を協力して実施する必要がある（消防法第35条の4第2項）．

（関　政彦・藤﨑　進稔）

6・2　火災と人間生理

6・2・1　火災生成ガスの毒性

（1）火災生成ガスの測定・分析

A．実火災における測定・分析

a．実施要領

東京消防庁では，1988（昭和63）年9月から同年12月までの間，都内の8消防署におい

て火災現場から燃焼生成ガスを採取し分析した[1].

　採取したガスは，一酸化炭素（CO），二酸化炭素（CO_2），シアン化水素（HCN），塩化水素（HCl），硫黄酸化物（SO_x），窒素酸化物（NO_x）の6種類のガスについて分析した.

　火災現場では，市販の充電式ハンディクリーナーを改造して製作した採取器を用いて，火災室で発生した生成ガスを1ℓおよび5ℓサンプリングバッグに採取した．1ℓサンプリングバッグに採取したガスは，ガスクロマトグラフによりCOおよびCO_2の濃度を測定し，5ℓサンプリングバッグに採取したガスは，その場で0.1N水酸化ナトリウム水溶液50mℓに吸収させた後，液体クロマトグラフを使用してHCN，HCl，SO_xおよびNO_xの濃度を測定した.

b.　採取状況

　実施期間中，40件の火災から51サンプルのガスを採取した．ただし，CO，CO_2については，回収した際すでに8サンプルはサンプリングバッグ中のガスが放出しており，分析できたものは43サンプルであった.

　建物火災の焼損程度別のガス採取件数は，部分焼以上の延焼火災が27件で，小火は12件であった．また，車両火災からの採取も1件あった.

　建物の用途別の採取件数は「住宅」が8件，「共同住宅」が14件，「複合用途建物」の「住宅」部分からの採取が8件で，全体の75.0%が居住用途からの採取であった.

　火災覚知からガス採取実施までに要した時間は，25分以上経過して採取したものもあるが，5分以上10分未満の間が22サンプルで約半数を占めており，平均13分であった．採取したサンプルのうちの32サンプルは，消防隊による放水が行われた後であり，また，41サンプルは火災室等の開口部（屋内および屋外を含む）が開放された状況にあった.

　ガスを採取した位置と，火点または火災室等の燃焼実体からの距離は，直線距離で1m未満のものが20サンプルで最も多く，2m未満のものと合計すると28サンプルで全体の過半数を占めていた．採取位置が7m以上のものもあったが，平均2.5mであった.

c.　分析結果

　CO_2およびHClについては，分析したすべてのサンプルから検出され，COは40サンプル（93.0%）から検出された．また，HCN，SO_xおよびNO_xはそれぞれ28サンプル（54.9%），33サンプル（64.7%）および9サンプル（17.6%）から検出された．高い毒性を示す濃度のガスは，火災の程度に関係なく検出された.

　採取した51サンプルのうち13サンプルから「数分〜10分間暴露で死亡あるいは致命的となる」濃度（以下，致死濃度という）に達するCOまたはHCN（COの致死濃度0.5%[1]，HCNの致死濃度180ppm[3]）が検出された．COが11サンプル，HCNが5サンプルであり，3サンプルについてはCOとHCNがともに致死濃度に達していた.

　なお，CO，HCNの最高濃度はそれぞれ5%，358ppmであった.

　CO_2については，2サンプルから「眩暈，昏睡，人事不省に陥る」濃度（8%）[4]を超えるものが検出され，HClについては，21サンプルから「数分しか耐えられない」濃度（50ppm）[5]以上のものが検出された.

　SOxおよびNOxの最高濃度は，それぞれ「短時間の作業に耐えられる限界」となる濃度

（50〜100 ppm）[6]，「1分で呼吸不全が起こる」濃度（50 ppm）[7] であった．

　致死濃度に達する高い濃度が検出された CO および HCN について，濃度と燃焼位置から採取位置までの距離（採取距離），火災発生から採取までの経過時間（採取時間），火災規模および放水の有無との関係を図6·19 および図6·20 に示した．

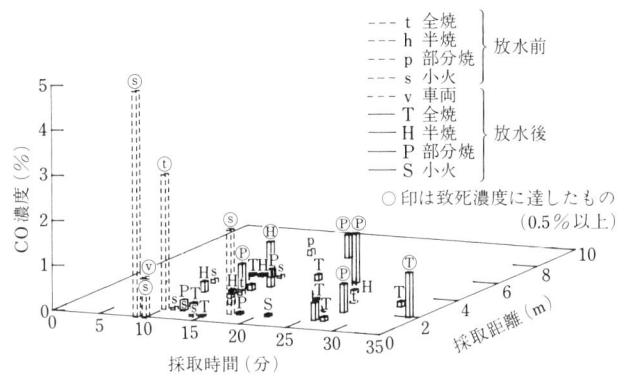

図 6·19　CO 濃度と採取に関わる各要素との関係

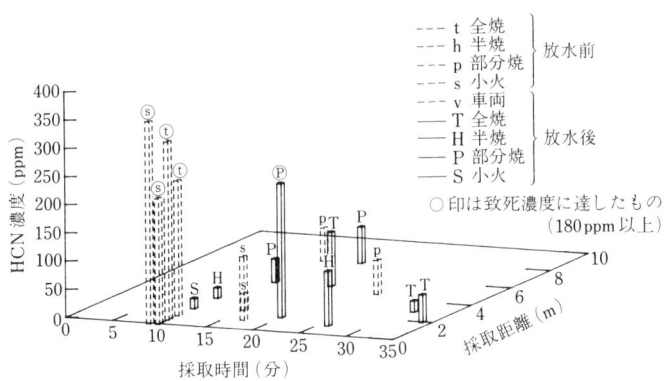

図 6·20　HCN 濃度と採取に関わる各要素との関係

　致死濃度に達する CO は，放水の有無に関わらず，燃焼位置から数メートル離れた場所においても，また，出火から 30 分以上経過した後も採取され，燃焼物までの距離，経過時間，放水の有無にほとんど関係なく採取されている．また，致死濃度に達する CO が検出された火災は 11 サンプル中 8 サンプル（約 73％）が部分焼以上の火災であり，ガス採取時には，部屋全体あるいは建物全体が盛んに燃えている時期（火災最盛期）であった．

　致死濃度に達した HCN は，火炎の中またはその直近から採取したものに限られ，しかも放水前に採取されたものに多く，致死濃度に達した 5 サンプル中 4 サンプルがこの状況下で

採取されている. また, ガス採取時の火災の状況は, いずれも小区画や部屋全体または建物全体が盛んに燃焼している時期であった.

　CO, HCN 以外のガスの濃度と前述の採取距離・採取時間等の採取に関わる要素との間には, ①全般に放水前燃焼物直近において比較的高い濃度のガスが採取された. ②水溶性の高い HCN, HCl, SO_x は, 概して放水後に比べて放水前のほうが濃度の高い傾向がある, などの特徴がみられる.

　HCN 発生時の燃焼状況を把握するために HCN 濃度と CO_2 濃度/CO 濃度比との関係を図 6·21 に示す.

　CO_2 濃度/CO 濃度比は, くん焼状態では 1 前後, 有炎火災の初期では 200〜1000, 有炎火災の成長期では 100〜200, 有炎火災の最盛期には低換気状態で 10 以下, 高換気状態で 100 以下といわれている[8].

　火災現場において採取したガスで高濃度の HCN が発生しているのは, 火災の規模に関わらず, CO_2 濃度/CO 濃度比の値が 10 以下の場合に限られ, 低換気状態における有炎火災の最盛期, すなわち, 高温・酸素不足の状況下であったといえる. 一般に HCN は 400〜500℃ で生成され, 高温になるほど, また空気量が不足するほど多く生成される[9]といわれているが, 今回の採取結果でもそのような状況下で致死濃度に達するガスが採取されている.

　図 6·22 には, 同一火災における, CO と HCN の毒性危険を比較するため CO 濃度と HCN 濃度との関係を示した.

　CO 濃度が高くなると HCN 濃度も高くなる傾向がみられる. しかし, CO 濃度の比較

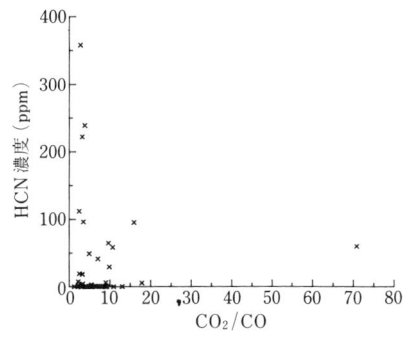

図 6·21　火災現場から採取した燃焼生成ガス中の CO_2/CO と HCN 濃度との関係

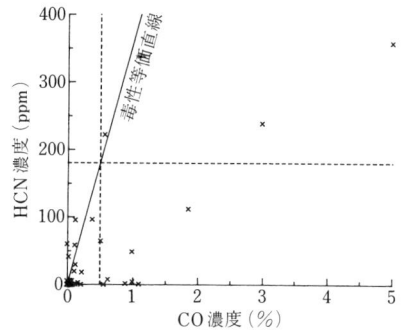

図 6·22　火災現場から採取した燃焼生成ガス中の CO 濃度と HCN 濃度との関係 (HCN が分析され, CO が分析されていない採取事例を除く)

的高い範囲では, 毒性等価直線を上回る点は皆無となっている. このことは, 同一火災で発生する CO と HCN の毒性危険を比較すると, 発生量的に CO のほうが HCN より危険性が大きいことを示している.

　なお, 近年実施された同種の分析[10]では, 前述の他, ホルムアルデヒド (ACGIH 許容濃度 0.3 ppm) が, 火点屋外において数分間曝露で重度の障害を引き起こす濃度[11]である 100 ppm (測定限界) 以上検出された事例があることを申し添える.

(武田　松男・町井　雄一郎)

B. モデル火災における測定・分析

a. 概　要

　これまでに多くの実大規模のモデル火災実験が実施され，その際建物内の空気成分を分析したり，実験動物を建物内に配して生体に対する影響を調べて医学的検討を加えたものがいくつかある．ただし，火災生成物の毒性解明を主目的としてモデル化された火災例はほとんどないので，特殊解と見なされる場合もあることに留意する必要がある．火災時に建物内部の雰囲気がどのように変化するか，すなわち，O_2 濃度の低下状態や CO，CO_2 その他の有害ガスの発生状態を知ることは，火災時の安全性を考えるうえできわめて重要なことであり，火災と人間生理を論ずる場合の基本的事項の1つである．モデル火災実験の際に分析の対象とされたガスは，CO，CO_2，O_2 がほとんどで，これら以外のガスについて分析した実験はきわめて少ないが，HCN を分析した例が複数ある．古い実験では，ガスの分析は化学分析法によっているため分析回数が少ないが，最近のものは自動機器分析法を採用して各種ガスの濃度の経時変化について詳しく調べたものが多い．

　火災時の建物内空気成分は，可燃物量，可燃物の種類，空気供給量（窓，出入口などの開口部の開口条件の設定によって変化する），建物構造などによって異なる．また，測定位置，測定時間によっても大きく変化する．一般に木造の建物では，火災の進行が速く，窓，壁体の燃え落ちが容易なため，空気の供給量が多く燃焼が激しい．このため O_2 濃度の変化や CO，CO_2 濃度の上昇は大きく，また急速である．火災室をはじめ建物各所の温度も急激に上昇する．したがって，室内空気成分の悪化によるよりも火熱によるダメージのほうが人体にとっては大きいと考えられる．しかし，火災室から離れた部屋（例えば，火災室が1階の場合の2階の部屋）などでは，避難上空気成分の悪化のほうが火熱よりも問題となることがある．

　耐火造的な建物では一般的に火災の進行は遅いといわれている．これは建物軀体が不燃であり，避体が破壊されることは少なく，また窓面積も小さいため外気からの空気供給量が少ないことなどによって燃焼が木造に比較してあまり激しくないためである．しかし，コンクリート造住宅などにおいて，窓面積などの開口部が一般木造住宅などとあまり変わらない場合においては，開口条件によっては火災の進行も木造の建物と同じように速いこともありうる．その他の耐火造建物では，火災室において室内温度が 1000℃ 以上にも達するが，火災室内の人間は火災発生の覚知が早期にできるため火熱による影響を免れることは可能であろう．問題となるのは，火災室または火災階以外の人間が火災進行が遅いことや建物規模が大きいことなどのために覚知とそれに伴う避難が遅れたときである．このとき室内や避難経路となる廊下，階段などは温度上昇があまり大きくないにもかかわらず，煙や有害ガスまたは O_2 濃度の低下などのために安全避難が阻害され，最悪の場合には中毒死，窒息死を招く．

　一般には火災室では温度の上昇とともに O_2 濃度が低下し，CO，CO_2 濃度が上昇する．燃焼の激しい時には O_2 濃度は 2〜3 %，CO_2 濃度は 15 % 程度にも達する．CO 濃度は 2〜3 % から 5〜6 % になる．これらの成分を持つ煙が廊下，階段に噴出し，さらに上階へと上昇する．また，消火活動が遅れると火災は他区画へ進展する．この結果，建物の空気成分は火災の進行とともに次第に悪化してくる．

実験動物をモデル火災用建物内に配して生体に対する影響を調べる研究においては，各報告に一般的な結論を導くことはきわめて困難である．なぜならば，可燃物量，可燃物の種類，火源の種類，空気供給状態，建物のプランや規模が各実験によって異なるためである．このため動物の暴露条件が一定しない．また，モデル化された実験と異なり，この暴露条件（生成物の組成と濃度，温度，その他）が時間によって急変し，建物内に人間が入れないこともあって正確にこれらの条件を把握することができないことにもよる．しかし，火災時の有害性を直接生体によってある程度調べることができる点で，これらの動物実験は有益な場合がある．

b. 木造家屋に関するモデル火災

2棟の木造家屋（いずれも1階4室，2階2室，床面積は各階とも91 m²）を使用して火災実験が行われた[12]．1号棟は一部真壁，一部一重メタルラスモルタル塗壁であり，2号棟はすべて二重のメタルラスモルタル塗壁であった．1号棟の可燃物量は3_1室のみ 8.7 kg/m² で，他の5室は 17.4 kg/m² であり，2号棟は1_2室が 25.0 kg/m²，3_2室が 40.0 kg/m² で，他の4室は 17.4 kg/m² であった．第1回実験は1号棟を使用し，点火源は2階の5_1室に置いた小型焼夷弾，第2回実験は2号棟を使用し，点火源は1階1_2室に置いた中型焼夷弾であった．各実験における各室の空気成分は表6・7および表6・8のようになった．これについて報告は次のように述べている．

火災室についてみると（第1回実験では再点火後）O_2濃度は第1回実験 18.39〜11.59%，第2回実験 19.18〜6.57%，CO_2濃度は第1回実験 1.00〜10.21%，第2回実験 0.63〜12.03%，CO濃度は第1回実験 0.03〜0.24%，第2回実験 0.04〜0.28% となった．これを時間的にみると火災室の火勢が盛んになって後5分ごろから次第に空気の状態は悪化し，家屋が炎上するころはただちに中毒を起こすような状態になった．第2回実験についてみると，空気の悪化状態は室の中層以上に特に著しい．空気中のCO_2濃度が著しく減じたにもかかわらず，火勢がますます盛んになっていることから，火勢に対しては空気の供給が大きく影響するものではないようである．火災室の直上，直下に当たる部屋でCOの発生が著しかったのは注目すべきである．今回の実験でCOの発生が鉄筋コンクリート造アパートの場合[13]に比較して著しく少なかったのは，木造家屋が周囲からの空気の供給量が多く，燃焼が速く十分に行われた結果だと思われる．鉄筋コンクリートの場合には炎のほうよりもむしろガス中毒のほうが恐ろしいと感じられたが，今回の場合は部屋の中のガスが非常に悪性となってくるころには，炎が非常に盛んで，こういう状態ではガスよりは炎や熱のほうが恐ろしいということになろう．ただし，燃えつつある部屋の上下，付近の部屋では炎の危険がなくともガスのために中毒を起こす可能性がある．

服部ら[14]は前述の2棟の木造家屋の火災実験において，発生したガスを20ℓのガラス容器中に捕集し，ガス成分（CO，CO_2，O_2）を分析するとともに，捕集容器にラット（雄雌を問わず，体重90〜130 g）を投入して捕集ガスの毒性をみた．これとは別に純CO，CO_2の対象試験を行い，この結果と比較検討して次のように結論した．

　i．火災時発生ガスの毒性は主としてCOに基因し，これを空気中にCOのみを混入するものと比較するとその毒性はやや強い．

表 6・7　第1回実験における空気試験成績

家屋階数	捕集室	捕集次数	点火後の捕集時間	捕集位置	O₂(cc/L)	CO₂(cc/L)	CO(cc/L)	室内温度（天井下30cm）	室の状態	備考
2階	5₁室	1	自1分 至3分	床上約1.5m	194.84	1.7407	0.0253	測定せず 床上より10cm上部測定せず	焼夷弾強き光を発しつつ燃え室内に相当煙を発生す（2時36分）（入口開開放しあり）	床上に焼夷弾を置き点火す（2時35分）その後床上を焼き抜きたるのみにてほとんど鎮火す
		2	自14分 至16分	〃	183.93	9.9737	0.2555	200℃前後 床上より10cm上部26℃前後	隣室との境壁に沿う机上の紙束よく燃焼するも室内空気はほとんど静かにして透明なり（3時36分）	第2回点火（3時21分）その後火災進展の目的をもって石油を注ぐ（3時35分）廊下の煙濃巻始む（3時36分）
	5₂室	3	自23分 至25分	〃	163.43	40.4615	0.4051	198～196～246℃ 床上より10cm上部26～28～30℃	室内火炎と煙と満ち燃焼の音しきりなり（3時45分）	3時29分南側窓一部開開放す 廊下煙激しく着く眼を刺激す（3時44分～46分）
		4	自34分 至36分	〃	182.58	21.6968	0.6325	220～214～214℃ 床上より10cm上部42～44～48℃	天井裏の床下真赤となり危険を放す（3時56分）火勢悠々盛んなり	危険につき廊下に於ける観測を中止せり
		5	自39分 至41分	〃	115.90	102.0838	2.3988	460～710～728℃ 床上より10cm上部134～474～710℃	窓硝子次第に熔融し落ち始め煙と焔を噴出しつつ炎上せり（4時0分～4時2分）	2階窓火に包まれ軒下火災盛んなり（4時0分）2階屋根全部火に包まる（4時1分）火壁に向う（4時2分）
1階	6₁室	1	自37分 至39分	〃	197.72	6.6377	0.2651	38～78～630℃ 床上より10cm上部40～42～790℃	天井裏3/4ほど火となる（2時56分30秒）	2階窓火に包まれ軒下火災盛んなり（4時0分）2階屋根全部火に包まる（4時1分）
	3₁室	1	自38分 至40分	〃	74.35	129.5980	35.9416	76～730～1162℃ 床上より10cm上部26～80～996℃	天井より次第に室内の壁に向って燃え続く（2時56分30秒）捕集時に至り急激に燃焼せり	家屋炎上直前
1階	4₁室	1	自39分 至41分	〃	200.79	1.4861	0.0686	28～144～196℃ 床上より10cm上部20～26～26℃	ほとんど異状なかりしごと	防火壁より1つ窓を残し以外の窓全部に火災（4時2分）

表 6·8　第 2 回実験における空気試験成績

家屋階数	集室	採集次数	点火後の採集時間	採集位置	O₂(cc/L)	CO₂(cc/L)	CO(cc/L)	室内温度（天井下 30 cm）	室の状態	備考
1階	1₂室	1	自2分 至4分	上中下平均	191.66 191.75 189.33 190.91	6.3342 6.3310 12.5618 8.4090	0.4576 0.5240 0.4124 0.4647	170〜140〜126℃ 床上より10cm上部100〜70〜56℃	煙夷弾光を発しつつ燃え 室内に相当煙を発生す（2時12分）	床上に煙夷弾を置き点火す（2時10分）外側燃の木立燃え書物飛火を受け燃焼に始む（2時12分30秒）右側の家具盛んに燃焼す（2時14分）
		2	自6分 至8分	上中下平均	170.99 153.88 190.17 171.68	16.5981 22.9812 11.8537 17.1443	0.7560 0.8945 0.5208 0.7238	190〜216〜238℃ 床上より10cm上部64〜58〜58℃	室内次第に煙と炎に満ちつつ燃焼盛んなり（2時16分）	右側隅の木立半分以下燃え（2時17分）右側窓寄りの家具盛んに燃ゆ（2時18分）
		3	自11分 至13分	上中下平均	128.33 125.25 173.72 142.43	75.5624 52.5624 53.8681 60.6128	1.2840 1.3354 0.9039 1.1744	308〜366〜448℃ 床上より10cm上部70〜80〜108℃	室内燃焼悠々盛んなり（2時21分）	右側の隅の書物燃焼しつつ床上にて燃ゆ（2時22分）
	1₂室	4	自14分 至16分	上中下平均	74.00 65.67 142.10 93.92	99.7555 120.3344 81.8112 100.6337	1.8550 2.7764 2.3700 2.3338	584〜606〜710℃ 床上より10cm上部164〜236〜738℃	室内火炎に満ち屋内廊下へ通ずる扉燃え始め入口扉の下端もほとらと落つ（2時24分30秒〜26分）	右側家具胃組と盛んに燃焼す（2時24分）窓の外側燃え始め屋根および白煙を噴出す屋根より（2時25分30秒〜26分）
		5	自21分 至23分	上中下平均	164.86 185.44 — 175.15	68.9204 41.8842 — 55.4023	0.6800 0.2450 — 0.4625	840〜856〜730℃ 床上より10cm上部730〜776〜788℃	火熱により窓硝子次第に熔融し落ち始む（2時32分）	窓枠より煙と炎を次第に噴出す（2時32分〜33分）
2階	5₂室	1	自14分 至16分	床上約1.5m	198.67	5.8986	0.0293	常温 床上より10cm上部常温〜38℃	入口より反対側硝子窓に向い室内を透視し天井空気色を呈して下がる（2時24分）	2階軒下および屋根より白煙を噴出す（2時25分30秒〜26分）同上発炎烈しくなる（2時26分）同上窓および屋根より2時褐色の煙を発生す（2時28分）
		3	自19分 至21分	〃	188.08	40.5814	2.7241	134〜410〜384℃ 床上より10cm上部50〜66〜66℃	入口より反対側硝子窓に向い室内を透視するに室内空気褐色を呈す（2時29分）	屋根一面黒褐色の煙に満つ（2時30分）妻の一部落下す（2時31分）
		4	自21分 至23分	〃	172.63	42.9861	4.0732	384〜446〜440℃ 床上より10cm上部66〜82〜180℃	入口より反対側硝子窓に向い室内を透視するに暗褐色を呈し室内全く透視不能となり（2時31分）	妻より著しく煙盛んなり軒下より黒煙盛んの炎なり屋根一面に発生し（2時32分）軒上半分炎上す（2時33分）

ii．火災の発生する室内においては，室の上部および中部に比べて下部における毒性はいく小小さい．

iii．火災時発生ガスによるラットの歩行障害発現 CO–Hb 量は 40 〜 45％，致死 CO–Hb 量は 48 〜 83％ である．

iv．CO 分圧が大きく致死時間が短い場合は CO–Hb％ は小さく，分圧が小さく致死時間が長い場合は CO–Hb％ は大となる．

Shorter ら[16, 17] は 6 戸の住宅で行われたモデル火災実験の際に 2 階の寝室の CO と O_2 の濃度を測定した．これら 6 戸の 2 階建住宅は 3 戸の内壁が不燃材（プラスター），他の 3 戸の内壁が可燃材（繊維板，加圧紙または木材）でできていることを除けば類似の構造であった．すべての住宅の床は木製であった．主目的の 1 つは実験火災中に各住宅において，1 室は戸を開放し，他室は戸を閉じた 2 階の 2 つの寝室内で住人の生存が不可能となる時間を決定することであった．実験火災は各住宅において 1 階の 1 室に置いた 2 つの同一な木製クリブに点火することによって開始された．各クリブは 1/2 ×1/2 インチから 2×4 インチまでの木からなり，重さは 340 ポンドで，この重量は約 3 ポンド/ft^2 の火災荷重に相当した．表 6·9 に示したデータは原報告から抜粋したもので実験火災中に開戸または閉戸した 2 階の寝室のガス

表 6·9　生存限界時間[16, 17]

内壁の種類	場　所	所定値に達するまでの所要時間（分）		
		CO 1.28%	O_2 10%	温度（床上4ft）300°F（149℃）
不燃材	寝室（閉戸）	18.6	20.2	11.7
〃	〃　（開戸）	12.1	4.2	2.5
可燃材	〃　（閉戸）	5.6	12.9	8.7
〃	〃　（開戸）	2.9	2.5	1.8

濃度と温度がある値（CO 1.28％，O_2 10％，温度 149℃）に達するまでの所要時間である．1.28％ 以上の CO 濃度，10％ 以下の O_2 濃度，149℃ 以上の温度はそれぞれ，ショーターらによれば人間を意識不明にする，または死亡させる濃度である．内壁が可燃性で閉戸したとき，CO による危険が O_2，温度による危険よりも先行している．

高田ら[18] はプレハブ住宅と一般木造住宅の火災実験において建物内に配置した家兎とマウスの各種生体反応を調べた．図 6·23 は木造住宅実験火災中の 2 階の部屋における環境条件と生体所見の経時的変動を示したものである．この木造住宅は 1 階（2 室）と 2 階（1 室）の床面積がそれぞれ 26.96 m^2 と 11.60 m^2 で，2 階の部屋の床，壁，天井がそれぞれラワンフローリング，プリント合板，吸音テックス貼インシュレーションボードで内装されていた．火源はエゾ松のクリブ（2×2×60 cm）62 本で 1 階の部屋に置いた．可燃物量は 55 kg/m^2 であった．結果についての考察の一部を次に引用する．

「まず，No. 16 では家兎，マウスとも状態は良く，P_{CO_2}，P_{O_2}，PH にも異状はない．気中の O_2 も十分で，温度，煙濃度も障害を与えるには至らぬ程度である．No. 17 では，No. 16 に比べ血液ガス所見はかなり悪化し，その様相は前項までに述べた，気中 O_2 の減少，CO_2 の増加による O_2 欠乏の所見に一致する．しかし，環境条件としては煙濃度はかなり高くなっているが，その他の条件は正常である．No. 18 では再び血液ガス所見は

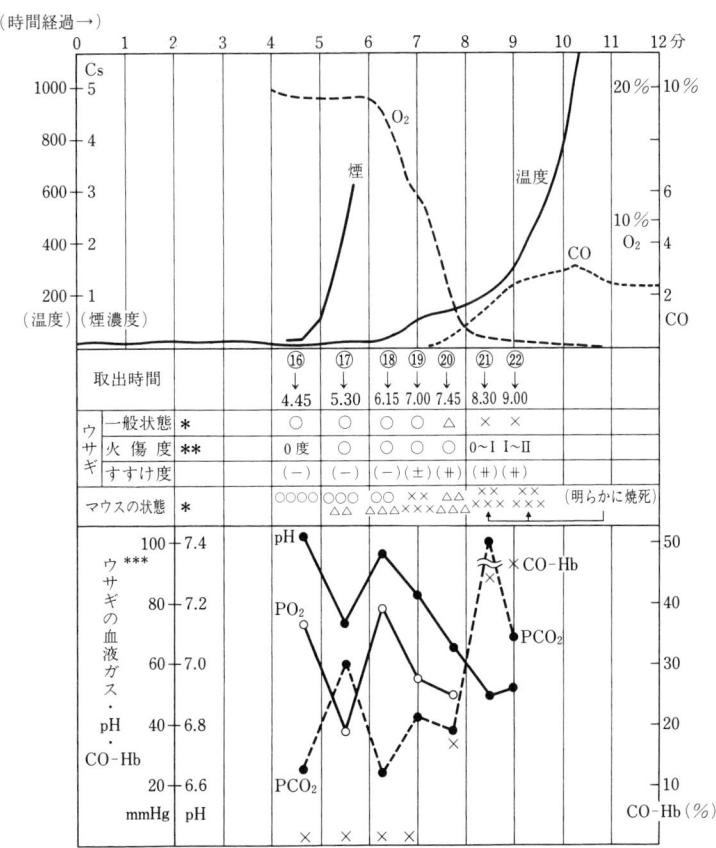

図 6·23　環境条件と生体所見の経時的変動（Bの（3）室）[18]

*○ 良好，△ 不良，× 死亡，** I度，：体毛こげて変色，II度：体毛焼失，
III度：皮フ露出・ビラン，IV度：炭化，*** pH：血液 pH：，PO_2：血液 O_2
分圧，PCO_2：血液 CO_2 分圧，CO-Hb：COヘモグロビン量

好転し，この間に環境条件の一過性の変動があったのではないかと推測される．7分ご
ろには気中 O_2 がかなり減少し始めているが，温度の上昇はわずかである．この時期に取
り出した No. 19, No. 20 では PO_2 の減少があるが，PCO_2 は 40 mmHg 前後で横ばい状
態である．No. 20 の家兎は一般状態不良で取り出されたが，これはいま述べた経時的な
環境条件の不規則な変動が影響しているものと思われる．また No. 19 までのマウスが
全部生存していたことからも，火源でない B-（3）にその時点までは致死的な熱や，O_2
不足のなかったことを示している．No. 21, No. 22 では PCO_2 が著しく増加し，また気
中 O_2 濃度が5％以下になっている（PO_2 が血液変性のため測定できなかったが，おそ
らくかなりの低値と思われる）．また，CO-Hb が46％と高くなっていることから，死因

としては O_2 欠乏と CO–Hb の増加による組織における窒息とが同時に作用したと考えられ，火勢の強くない部屋で，いわゆる煙に巻かれて死亡する場合の一例を示しているように思われる．」

川越ら[19]は枠組木造（ツーバイフォー，2階建 80 m²）住宅の火災実験を行った．火災戸は図 6·24 に示すようなもので，可燃物は実際の家具等で配置し，平均火災荷重 1 階 21.6 kg/m²，2 階 30 kg/m² で行い，O_2，CO 濃度および煙濃度を測定した．これらの結果を図 6·25 および図 6·26 に示す．各室扉の開閉条件によりガスおよび煙濃度の変化開始時間は異なるものの，O_2 濃度の低下に伴って CO 濃度が上昇している．煙濃度の上昇はこれらガス濃度

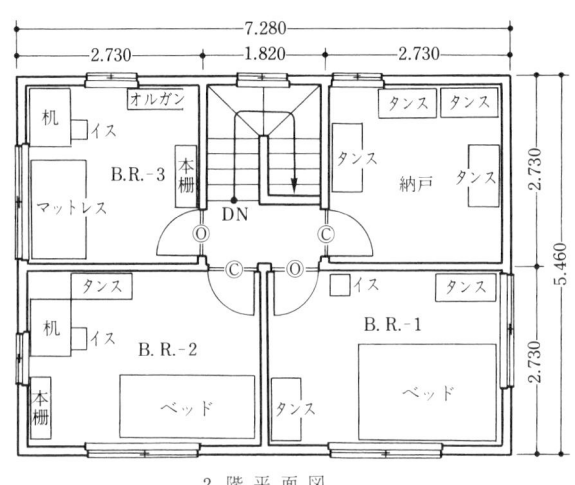

2 階 平 面 図

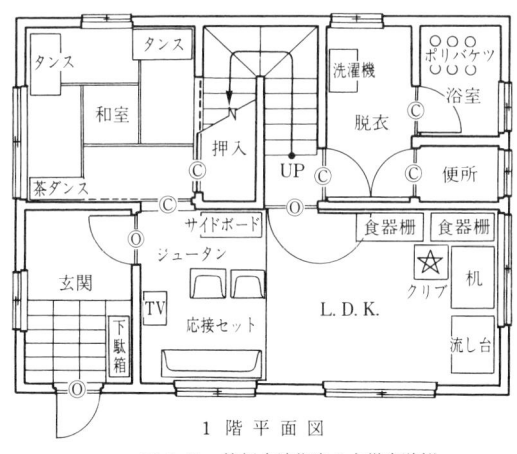

1 階 平 面 図

図 6·24　枠組木造住宅の火災実験例

の変化に先行している. O₂濃度が 10% 以下に低下すると, CO 濃度は 5% を超えるようになる. CO 濃度が 10% を超え, 20% 以上になっている部分は, 温度測定結果からみて炎の中のガス濃度を分析していると考えられるので参考とはならない.

c. 鉄筋コンクリート造アパートのモデル火災

内田ら[13]は鉄筋コンクリート造アパート（3 階建）の 2 階の 1 戸を使用して火災実験を行った. 火災戸は 6 畳・3 畳間と台所・便所・その他からなり, 面積 22.6 m² で可燃物量は 35 kg / m² であった. このときの室内空気成分の変化を表 6·10 に示す. 試験は4 回行われたが, 表示したデータは第 2 ～ 4 回試験のもので, ガスは 6 畳間から捕集した. このうち第 3 回試験は第 2 回試験でほとんど鎮火した後, 窓を開けたところ再び火炎を発したため再び窓を閉めて行ったものである. 得られた結論は次のようなものであった.

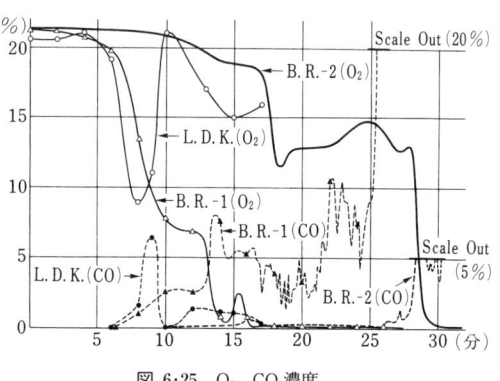

図 6·25　O₂, CO 濃度

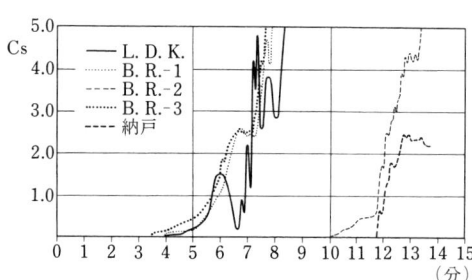

図 6·26　煙濃度（電球 CdS セル間は 30 cm）

　i . 閉窓下では O₂ の減少は平均 1.80 ～ 2.86%, CO₂ の発生は平均 0.73 ～ 1.22%（新鮮空気中の CO₂ 含有量 0.06% を差し引いている）に過ぎず, この程度の量では衛生上危害を生ずる原因になるとは認めにくい. しかし, CO の発生は平均 0.18 ～ 0.23% で衛生上危害を生ずると認められる.

ii . 閉窓下では, 下層から上層になるに従って O₂ が減少し CO₂ が多くなり, 中層では CO の濃度が特に大きい. O₂ の減少は平均 9.61%, CO₂ の発生は平均 6.44%, CO の発生は平均 0.46% となり, この程度の O₂ 減少と CO₂ 発生で衛生上危害を生ずるばかりでなく, この程度の CO 発生でもただちに中毒の原因になると認められる.

iii . 室温が著しく上昇する場合には相当著しく O₂ が減少するが, ますます火災を助長し得るようにみえる.

iv . CO は開窓時のほうが閉窓時よりも発生量が大であるが, CO₂ 発生量に対する比率ははるかに小さい.

日本住宅公団赤羽台団地内の 5 階建共同住宅の 1 棟（3 階段 30 戸）中の 1 戸（2 階）を

表 6·10　空気試験成績[3]

火災試験回数	捕集次数	捕集日時	捕集位置	ガス項目			炭酸と一酸化炭素との比率		室内温度(6畳室中央 床上1.6m)	室の状態	備考
				O₂(cc/L)	CO₂(cc/L)	CO(cc/L)	CO₂	CO			
2	1	自 8日午後1時43分　至 〃 1時45分	上 中 下 平均	186.35 191.52 187.46 188.44	10.2253 10.3219 7.4468 0.3313	2.4641 2.0906 1.9783 2.1777	1.0000 1.0000 1.0000 1.0000	0.2409 0.2025 0.2657 0.2364	20〜30℃	煙室内ニ満ツ	人々立去ル
	2	自 8日午後1時47分　至 〃 1時49分	上 中 下 平均	190.28 189.08 189.29 189.55	8.2171 8.1430 7.4010 7.9204	1.9311 1.6402 1.5316 1.7010	1.0000 1.0000 1.0000 1.0000	0.2350 0.2014 0.2069 0.2144	20〜30℃	煙更ニ多シ	唐紙筒ヲ立テテ燃ユ
	3	自 8日午後1時55分　至 〃 1時57分	上 中 下 平均	188.67 185.38 192.60 188.88	6.2976 6.7632 5.8930 6.3180	1.5423 1.3870 1.2952 1.4082	1.0000 1.0000 1.0000 1.0000	0.2449 0.2051 0.2198 0.2233	20〜30℃	煙多ク火始ド消ユ	鎮火
3	4	自 8日午後2時54分　至 〃 2時56分	上 中 下 平均	171.38 181.52 182.30 178.40	17.5841 13.1196 7.7772 12.8270	2.8062 2.3115 1.8936 2.3371	1.0000 1.0000 1.0000 1.0000	0.1596 0.1762 0.2435 0.1931	20〜30℃	再燃シテ煙満チタルトキ	北側窓開放ニヨリ再燃セルモ直チニ開窓シタリ
	5	自 9日午後0時1分　至 〃 0時3分	上 中 下 平均	135.07 155.28 159.50 149.95	55.8519 48.3060 34.7622 46.3067	4.8323 3.2725 2.8418 3.6489	1.0000 1.0000 1.0000 1.0000	0.0865 0.0677 0.0817 0.0786	30〜80℃	煙室内ニ満ツ	北側ノ窓一部開放, 人々立去ル
4	6	自 9日午後0時11分　至 〃 0時13分	上 中 下 平均	115.77 140.87 181.35 146.00	91.6196 53.8900 19.8761 55.1282	4.3530 5.0585 2.0400 3.8177	1.0000 1.0000 1.0000 1.0000	0.0475 0.0939 0.1026 0.0813	350℃	火ヘ南側ノ室ニ移リ煙更ニ多シ	中間ノ唐紙タンス盛リ燃エ
	7	自 9日午後0時17分　至 〃 0時19分	上 中 下 平均	56.35 66.70 171.48 98.18	134.7319 128.3908 20.7877 94.6368	4.8532 11.1769 3.1518 6.3940	1.0000 1.0000 1.0000 1.0000	0.0360 0.0871 0.1511 0.0914	550℃	南及西側窓銷ヲ破壊シ盛ンニ焔ヲアグ	南及西側ノ窓破壊ト共ニ防火扉硝子トモニ焼ケ入ル

* 第2回試験: 閉窓, 午後1時30分開始, 3畳室内押入ノフスマニマッチで点火
第3回試験: 閉窓, 午後2時36分開始, 第2回試験の火災が鎮火後, 再燃したもの
第4回試験: 開窓, 午前11時30分開始, 3畳室内押入ノフスマニマッチで点火

表 6·11　CO および CO₂ ガス測定成績[20]

点火後経過時間（分）		0	5	10	15	20	25	30	35	40	45	50	55	60	65	70
CO 濃度 (%)	4.5畳	0.0001	0.0005	0.001	0.5	2.3	8.4	1.6	7.2	1.6	0.5	0.7		0.3		
	台所	〃	0.0001	0.005	0.25	4.4	6.0	2.4	2.4	0.3	0.14	0.45		0.2		
	6畳上層	〃	0.0008	0.001	—	1.2	8.0	0.7	0.2	0.6	0.15	0.2		0.4		
	〃 中層	〃	0.001	0.001	1.3	6.0	6.0	1.5	2.2	0.15	0.1	0.4		0.3		
	〃 下層	〃	0.001	—	0.7	5.2	2.8	0.6	4.0	0.1	0.2	0.4		0.3		
	2階階段室	〃	0.0001	0.0005	1.5	3.2	0.9	0.2	0.45	0.1	0.2	0.5	0.25	0.4	0.1	0.005
	3階 〃	〃	0.0005	0.0005	0.3	0.6	0.2	0.1	0.15	0.02	0.025	0.1	0.4	0.05	0.015	0.05
CO₂ 濃度 (%)	4.5畳	0.06	0.15	0.12	8.0	11.0	11.0	15.0	8.0	6.5	7.5	4.0		1.4		
	台所	〃	0.1	0.2	4.0	11.0	—	13.0	10.0	7.0	7.0	5.0		5.7		
	6畳上層	〃	0.12	0.18		3.7	7.8	7.5	7.0	2.5	7.5	1.0		1.4		
	〃 中層	〃	0.15	0.15	9.0	15.0	15.0	6.0	14.0	5.5	8.5	4.0		1.2		
	〃 下層	0.16	0.15	—	10.5	13.0		11.0	15.0	6.8	8.5	4.0		1.3		
	2階階段室	0.04	0.06	0.12	9.5	14.0	3.0	2.0	2.2	1.0	0.4	7.5	1.5	1.2	0.4	0.13
	3階 〃	0.07	0.13	0.13	0.35	2.0		0.5	0.5	0.5	0.05	3.0	0.7	0.5	0.1	0.05

注）表中棒線はガスサンプリング用風船が破損したので測定不能，空欄は試料ガスを捕集せず．分析は北川式検知管による．

使用して火災実験が行われた[20]．実験住戸の面積 35.06 m²（バルコニー，階段室を除く），間取りは 6 畳と 4.5 畳の居室，台所，浴室，便所その他で総可燃物量は 1540 kg（44 kg/m²）であった．火源は漏油させた石油ストーブ（6 畳間と 4.5 畳間の境のフスマ近くに配置）を 6 畳間に置き，芯に点火した．点火後 12 分 30 秒でストーブの台に漏れた石油に着火し，13 分 10 秒でフスマに着炎した．窓は閉め玄関の戸は開放した．このとき火災戸内と階段室の空気成分の変化を調べるとともに，マウスを建物内の各所に配置し，実験火災後に生存マウスについて血液中の CO–Hb 量を測定した．空気成分の変化についての結果を表 6·11

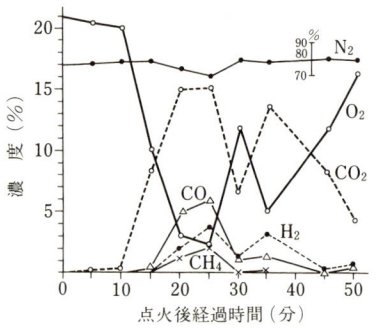

図 6·27　火災室空気成分の変化[20]
（6 畳中層の空気，ガスクロマトグラフによる）

および図 6·27 に示す．これについて，報告書では次のように述べている．

空気成分の変化は火災の進行状況とよく一致したが，空気成分が最大の変化を示す時間は火災空気の最高温度を示す時間より約 5 分早い．空気成分は点火後 25 分で最大の変化を示し，その組成は N₂ 70.49%，O₂ 2.27%，CO₂ 15%，CO 5.61%，H₂ 3.65%，CH₄ 1.90%，その他の炭化水素 0.69% であった．

マウスの配置は図 6·28 に示すようなもので，平均体重は 14 g であった．これについての結果は次のとおりである．

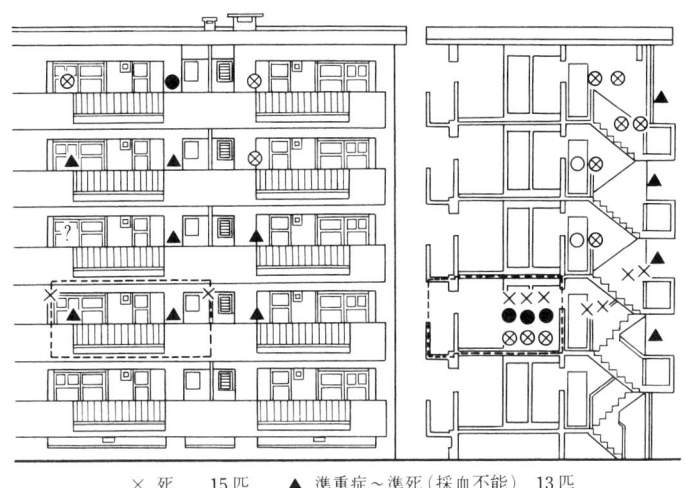

× 死　　15 匹	▲ 準重症〜準死（採血不能）　13 匹
● 重症　　5 匹	○ 健　全　4 匹
⊗ 軽症　11 匹	? 不　明
	----- 火災戸

図 6・28　マウスによる試験結果[20]

ⅰ．点火後 16 分で回収した火災戸内のマウスは，天井位置のものは焼死，床上 1.5 m の
　　マウスは重症（CO–Hb 8 〜 11％），床上のマウスは軽症（CO–Hb 5 〜 7％）であった．

ⅱ．火災終了後，火災戸内から回収したマウスはすべて黒焦げで死亡していた．

ⅲ．火災戸に近い 2 階の階段室内のマウスは直接火に触れて焼死，上階ほど CO の害が顕
　　著になった．

d．耐火造建築物に関するモデル火災

　東京消防庁[21]は，鉄筋コンクリート造オフィスビル（地上 4 階，地下 1 階，建築面積 1350
m^2，総床面積 6669 m^2）での火災実験において，100 匹のマウスを建物内に分散配置し，血液
中の CO–Hb 量を測定した．火源は地下の 1 室に置いた廃木材類（800 kg）であった．マウス
の症状の内訳は死亡 5，重症 1，中症 2，軽症 23，健全 69 匹で，死亡と重症のマウスはすべて
地階に配置されたものであった．ここで，重症，中症，軽症，健全とは，CO–Hb％がそれ
ぞれ 15，10，5，0 ％のものをいう．図 6・29 にマウスの配置と状態を示す．火災の規模が
小さかったため，CO–Hb が 0 ％のマウスが 7 割を占め，他のマウスの CO–Hb も 30％ 前後
で重症，40％ で死亡という通常の判定基準よりもはるかに低いものであったと報告してい
る．結果について次のように述べている．

　ⅰ．火災室付近の廊下はどの行き止まりの個所も危険である．

　ⅱ．階段は熱気流の通過場所となるので，だいたい危険であるが，特に最上階の熱気流の
　　　滞溜する個所および吹き出し口となるような個所は危険である．

　ⅲ．各階については天井に近いほど CO による危険が大きい．

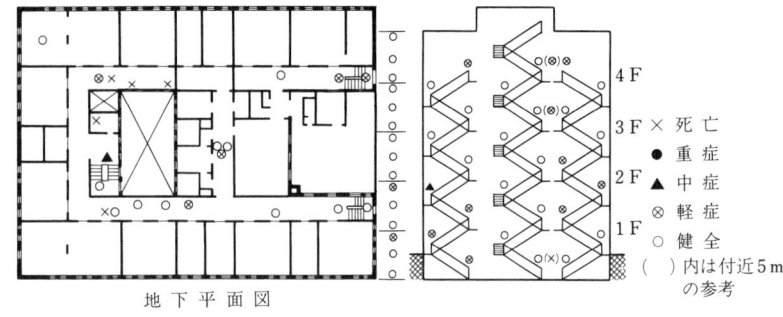

図 6·29　マウスの配置と状態[21]

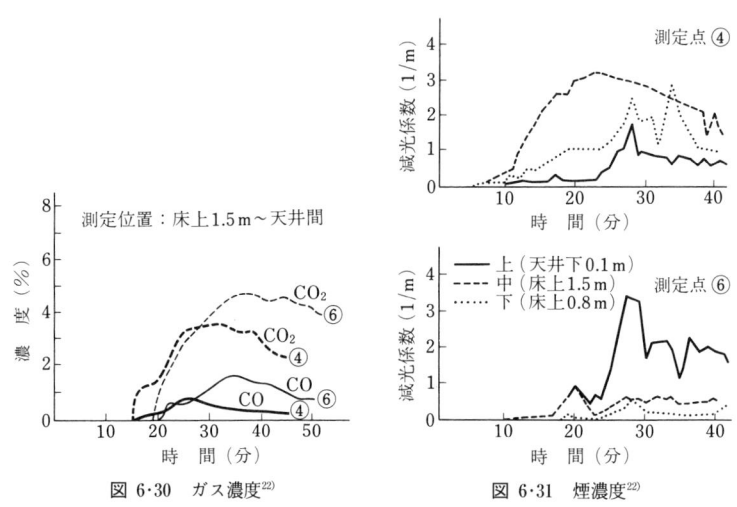

図 6·30　ガス濃度[22]　　　　　　図 6·31　煙濃度[22]

iv．廊下の曲り角付近も一応警戒を要する．

v．火災階に次いで，最上階が危険であり，順次下階に及ぶもののように推定される．

vi．各階については，行き止まりの個所が危険で，廊下に向けて開放された室なども危険である．

東京消防庁火災予防対策委員会[22]は，鉄骨鉄筋コンクリート造事務所（地上7階，基準階（4F）面積2370 m²，延べ床面積16590 m²）を使用して各種火災実験を行った．これらのうち2つの実験ではマウスとウサギを使用して生体に対する影響が検討された．これら一連の実験のうちで，2階の1室に木材1トンを置き，これに点火して行った実験火災における測定結果の一部を図6·30～6·32に示す．測定点④⑥はいずれも2階で，④は火災室（壁，天井が石膏ボード仕上げ）に隣接する部屋のほぼ中央，⑥は階段前廊下で，廊下は④のある部屋に通じている．これらの結果について，報告は次のように述べている．

廊下はCO濃度からみてかなり危険度が高い．CO，CO_2とも火災室に近い④より火災室

から遠い⑥のほうが高い．④では煙濃度は床近く
ほど高く，⑥ではその反対である．熱気流に含ま
れるガスと煙の流動は一体であるとすればガス
採取が床上 1.5 m から上部で行われたことから，
④よりも⑥の CO，CO_2 濃度が高くなっているこ
との説明がつく．火災室から約 42 m 離れた階段
前廊下に呼吸時間 1 分以内で人間が死に至る高
濃度の CO が含まれていることは注意すべきであ
る．

　4 階の 1 室に木材 1 トンを置き，火源とした実
験では 4 ～ 7 階にマウスを配置し，その血中 CO–
Hb を測定した．このときのマウスの配置と状態
を図 6·33 に示す．CO–Hb 量は最高で 44％ あり，
20％ 以上のものもかなりあった．4 階に配置した
ウサギに関する所見は次のとおりである．

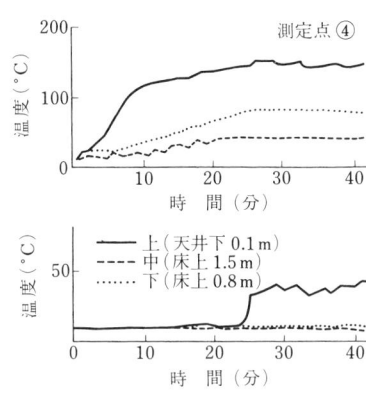

図 6·32　温度[22]

　心電図上よりみると多少の心拍促進があるが正常という判定で，この例での死因は心臓が
原因ではなく脳に起因すると考えられる．死亡した 6 匹の解剖所見では，心・肺・気管・声
帯等に充血，うっ血がみられた．肺においては胸膜下出血が各所にみられた．また，肺実質
内出血もある程度みられた．気管は粘液分泌が非常にあり，気管内粘膜の充血・出血・浮腫
がみられた．頭部については硬膜内出血を認め，その他にも脳皮質外部の毛細管より出血を

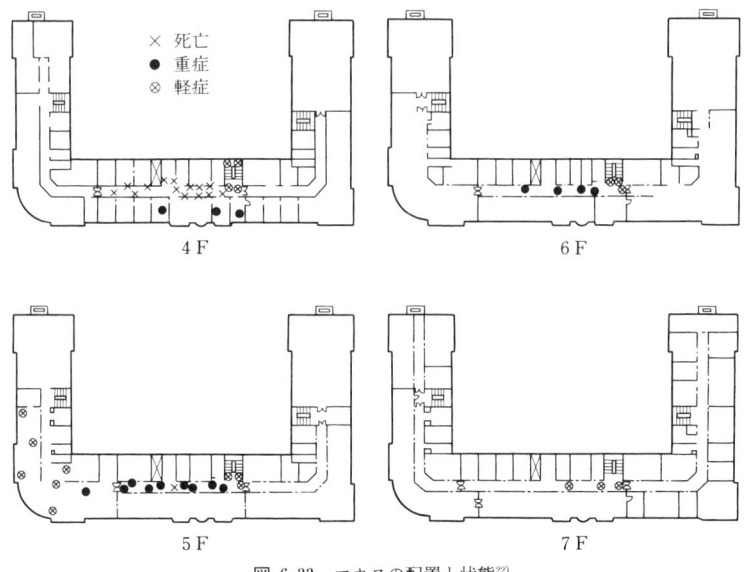

図 6·33　マウスの配置と状態[22]

認め，脳組織内にも出血があった．高温 C 分子が粘膜刺激になって気管支内に粘膜を分泌し，その分泌物による窒息死と考えられる．

　他の実験では 4 階の 1 室に 4 トンの木材を配し火源とした．マウスの状況について次のように報告している．

　非常な濃煙に 50 分間も暴露されながら生存していたマウスの集団（床上 1.5 m に配置，4 階火災室に近い廊下の中間）がいた．これは CO ガスを含んだ煙の主流は天井面へへばりついて流れ，下方には逆風による空気の流れがあり，CO 濃度がそれほど上がらなかったためと思われる．また，煙の侵入がわずかであった閉め切った室内で死亡しているのは空気の流れの存在が非常に重要であることを示している．

　中央鉄道病院火災実験委員会[23]は，耐火建築病院（4 階建）を用い火災実験を行った．2 階

表 6·12　ラットの実験による死亡率と CO–Hb 量[24]

位　置　　高　さ		ポリウレタン30kg燃焼爆露時間30分					一般混合燃焼物, 爆露時間10分				
		使用数	死亡数	死亡率（%）	CO–Hb（%）	備　　考	使用数	死亡数	死亡率（%）	CO–Hb（%）	備　　考
地階，火点より 3 m 階段寄り	床上 1.5 m	3	1	33.3	75 24.5	逃亡 曝気温 100℃ 以上	5	5	100.0		爆気温 50℃ 以上
1 階，階段降り口 1m 前方	天井より 0.4 m 下	3	3	100.0			3	3	100.0		
〃	床上 1.5 m	5	5	100.0		曝気温 50℃ 以上	5	5	100.0		爆気温 50℃ 以上
〃	床上 0.5 m	3	0	0	51.9 46.4 61.7	CO–Hb 平均 53.3%	3	0	0	35.7 28.0 43.6	CO–Hb 平均 25.8%
〃	床上 1.5 m	5	5	100.0		乾ガーゼ 4 枚にて 被覆	5	5	100.0		乾ガーゼ 4 枚にて 被覆
〃	〃	5	5	100.0		濡ガーゼ 4 枚にて 被覆	5	5	100.0		濡ガーゼ 4 枚にて 被覆
1 階，小室 階段上り口 2 m 前方	床上 1.5 m	3	2	66.6	94.4		5	0	0	42.0 22.8 70.6 64.5 45.2	爆気温 50℃ 以上 CO–Hb 平均 49.0%
2 階 階段室	〃	3	0	0	45.5 72.6 59.6	曝気温 31℃ CO–Hb 平均 59.2%	5	0	0	33.2 52.4 28.4 17.0 40.0	爆気温 31℃ CO–Hb 平均 34.2%

または3階を火災室とし，3階および4階にマウスを配置してこれに対する影響を調べた．彼らが得た結論は次のようなものであった．4階廊下において，著しい O_2 濃度の低下が認められた．マウスの死亡率は3階のほうが4階よりも高かった．

山賀ら[24]は，耐火建築物（地上2階，地下1階）の火災実験の際に医学的影響を避難，救助，消火活動に従事する消防隊員と実験動物（ウィスター系ラット）によって検討した．医学的検討は2回行われ，第1回は地下室を火点とし，ポリウレタンフォーム約30 kg を燃焼させ，第2回は1階の室を火点とし，衣類その他の一般住宅内の混合物を燃焼させた．実験動物を建物内の各所に配置し，暴露時間は第1回実験で10分間，第2回実験で20分間であった．暴露後，生き残ったラットについて CO–Hb 量と血中 CN 量とを測定した．これらについての結果を表 6·12 に示す．また，第2回実験の際に訓練に従事した者の医学的（血圧・脈拍・フリッカーテスト），心理学的（アメフリ抹消検査・情意不安訴え数）検査を訓練の前後について行った．結論として次のように報告している．

　i．動物実験では，火災実験の物理化学的条件が著しく激烈であったため，特に燃焼物による差としては2階に置いたラットの CO–Hb 量がウレタンフォーム燃焼時に有意（α ＝0.05）に高いことがみられたのみであった．

　ii．いずれの燃焼物の場合にも，床上 1.5 m および天井より 0.4 m 下に置かれたラットの死亡率に比して，床上 0.5 m に置かれたラットの死亡率が有意に低かった．

　iii．ウレタンフォームの燃焼時には CN の発生が疑われているが，本報で選んだ測定方法の範囲では，ラット血液中に CN の存在を確認することはできなかった．

　iv．訓練に従事した隊員の諸検査では，訓練に基づく著しい医学的影響は認められなかったが，訓練に際しては高い緊張感が存在し，これら心理学的背景はむしろある種の知的機能を阻害していたと考えることができた．

横浜市消防局[25]は，耐火建築物（4階建）を用いて，デパートの繊維製品売場を火災発生階と想定して実験を行った．1階を出火階とし，4階にマウス，ラットおよび家兎を配置し，ガス，煙および熱などによる影響を調べた．それについて次のような結果を得た．

死亡したマウスの CO–Hb 濃度は 15.5〜37％ であった．ラットの CO–Hb 濃度は 37.5〜44.5％ であった．家兎の血液中のシアン化水素量は 0.007〜0.35 mg/mℓ であった．

e. 三階建て建築物等のモデル火災

岸谷らは[26]，枠組壁工法による延べ床面積 89 m^2 の木造3階建試作連続住宅の各室に実際の家具等を配置して 21.4〜28.3 kg/m^2 の可燃物量で実施した実大火災実験において，O_2，CO_2，CO および HCN ガス濃度とマウスの運動機能障害を測定した．CO および HCN ガス濃度[27]の測定結果の例を図 6·34 および図 6·35 に示す．マウスの行動不能時間，温度，煙濃度等を表 6·13 に示す．マウスの行動不能の要因のうち，雰囲気温度や輻射熱の影響の少ないとみられる場合の CO 濃度と HCN 濃度の積分値としてそれぞれ 3.22 〜 5.48（％・min），および 94.5 〜 119.9（ppm・min）の値を得ている．このようなモデル火災実験において，HCN ガス濃度を分析した例は少ないが，図 6·35 によれば，200 ppm 以上の濃度に達するのは大いにあり得そうであり，場合によっては 500 ppm 以上の場合もあり得る．

遊佐ら[28]は，延べ床面積 114.68m^2，各室の収納可燃物量 24.5〜30.3 kg/m^2 の3階建プレ

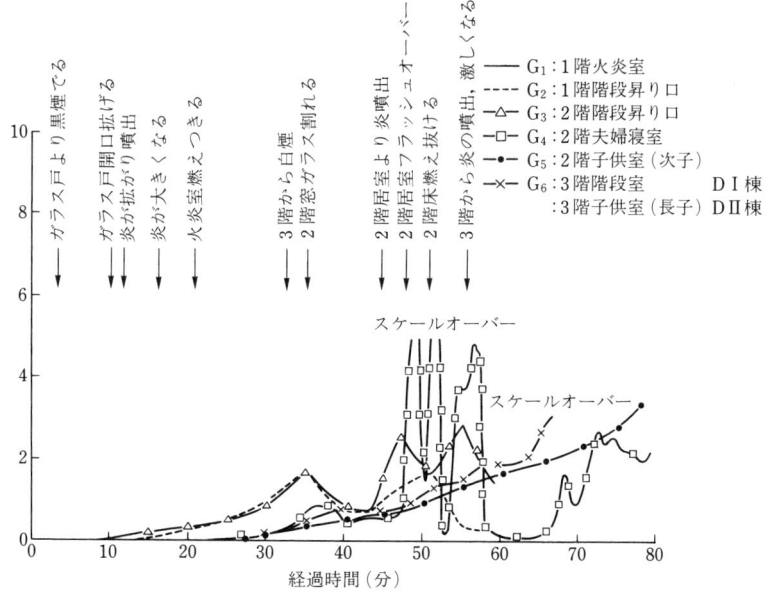

図 6·34　DⅡ棟火災実験における各測定点の CO ガス濃度変化

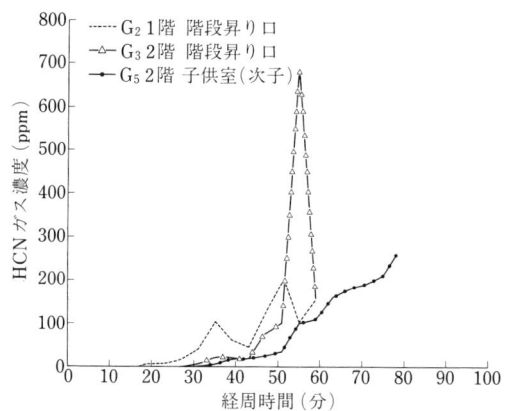

図 6·35　DⅡ棟火災実験における各測定の HCN ガス濃度変化

ハブ工法木造住宅を用いたモデル火災実験において，O_2，CO_2，CO ガス濃度およびマウスの運動機能障害を測定し，マウスの動態について表6·14のように報告している．マウスが行動不能に至った時間は，34.6〜61.8分と比較的長く，その時の温度は 30 〜 44℃ であった．2例の CO 濃度積分値は5.6 および6.3であったが，低濃度曝露の場合の限界積分値が大きくなることを勘案すると，多少の雰囲気温度，他の成分ガス等の影響があった可能性がある．

表 6·13　マウスの行動不能時間

マウス No.	匹数	配置位置	DI棟実験 マウスの行動停止時				DII棟実験 マウスの行動停止時					備考
			停止時間(分)	温度(℃)	煙濃度(m⁻¹)	CO死積濃度(%·min)	停止時間(分)	温度(℃)	煙濃度(m⁻¹)	CO死積濃度(%·min)	HCN·t(PPM·min)	
M1	2	1階火災室	1.88	1.5′225〜2′409	1.87	1.89	2.93	170	1.80	欠測	測定せず	
M2	2	1階階段昇り口	4.74	4.5′338〜5′650	スケールオーバー	欠測	26.94	95	スケールオーバー	5.15	119.9	
M3	3	2階階段昇り口	5.16	欠測	スケールオーバー	欠測	26.19	86	スケールオーバー	5.48	0	
M4	3	2階夫婦寝室	断線のため測定できず				33.64	34	11.00	2.73	測定せず	
M5	3	2階子供室(次子)	11.44	11′190〜12′200	スケールオーバー	欠測	40.31	36	スケールオーバー	4.17	94.5	
M6	3	3階階段室	5.06	4′100〜5′270	スケールオーバー	0.82	36.98	42	1.00	3.22	測定せず	3階子供室(長子)

表 6·14　マウス動態の測定結果

マウスNo	配置位置	行動停止時間(分)	行動停止時ガス濃度(%)			温度(℃)	煙濃度Cs(m⁻¹)	ΣCO·t(%·min)
			CO	CO₂	O₂			
1	2F 和室(1.8m)	61.3	—*		17.6	36	>1.51	
2	2F 洋室(1.8m)	57.9	0.58		16.7	34	>12.0	6.3
3	2F 階段前(1.8m)	34.6				44	4.76	
4	3F 洋室(0.25m)	61.4				30		
5	3F 洋室(1.8m)	58.2	0.51	測定不調		38	18.4	5.6
6	3F 洋室(2.25m)	51.6				39		
7	3F 階段前(1.2m)	38.0			15.6	—		
8	3F 階段前(1.8m)	37.1				41	8.17	

注　*）測定せず

　総3階建ツーバイフォー住宅技術開発委員会[29]は，延べ床面積 195.27 m² の3階建ツーバイフォー工法木造住宅を用いて，収納可燃物量を 28.2 kg/m² に設定してモデル火災実験を実施した．ここでは O_2, CO_2, CO ガス濃度およびマウスの運動機能障害を測定し，後者について表6·15 に示す結果を得ている．また，マウス行動不能時の CO 濃度は 0.21〜0.38% であり，温度 34〜40℃ の場合の CO 濃度積分値は 1.75〜2.4% ·min であったので，CO ガスの毒性以外が寄与しているものと考えられる．

表 6·15　マウス挙動測定結果

曝露位置	マウスNo	行動不能時間(分)	行動不能時の温度(℃)	行動不能時のガス濃度(%)			煙濃度が1.5に達した時間	備　考
				CO	CO_2	O_2		
2階台所	1	43.5	39.8	0.35	2.24	19.0	約24分	
	2	44.7	40.8	0.38	2.40	18.8		
2階南居間	3	21.2*	22.9	0.02	0.09	20.9	——	＊参考値この時間に回転カゴからの接続電線が断線した可能性あり
	4	19.6*	21.9	0.01	0.04	21.0		
3階南洋室	5	28.6	33.7	0.21	0.88	19.4	約19分	
	6	29.1	34.0	0.24	0.96	19.3		
3階南寝室	7	19.5*	19.2	0.00	0.03	21.0	——	＊参考値同上
3階廊下	8	19.3	95.6	0.26	2.02	18.5	約16.5分	

f. その他のモデル火災

　小國ら[30]は，軽量鉄骨系パネル組立構造による2階建モデル火災において，ガス濃度およびマウス動態を調べ，マウスの行動停止時間について表6·16 に示す結果を得ている．居間および主寝室の行動停止までの CO 濃度積分値が，それぞれ 0.04% ·min，0.49% ·min であったので，CO の毒性による影響は少なく，行動停止は温度その他の要因によるものと考えられる．

表 6·16　マウスの行動停止時間（設置高さ 120 cm，＊は 10 cm）

場　　所	居　間	階　段（1階）	階　段（2階）	主寝室*	主寝室	子供室（2）
行動停止時間（分）	4.3	13.7	13.5	21.4	24.0	22.1
行動停止温度（℃）	64	68	60	76	—	40

　遊佐[31]は，密閉された居室内でパイプチェアー付属のクッション（ポリアクリロニトリルが主成分）が燃焼し，下の合板を焦がして自然鎮火したモデル火災実験を行い，室内の O_2, CO_2, CO および HCN ガス濃度を測定し，図6·36 に示す結果を得た．これは同様な火災で死者が発生した事例の再現実験であり，着火したクッションの全面に炎がまわり，厚さ 12 mm のフローリング合板上に落下し，ほぼクッションの大きさに等しい面積を燃やし，さら

にその下の厚さ 100 mm のグラスウール断熱材を溶かして最下層の合板を焦がした状況は，事例と一致している．ガス濃度分析値から本居室内における毒性をみた場合，毒性の主因となるのは HCN および CO であ

り，温度，CO₂ および O₂ 不足の寄与は小さいと考えられる．このことは，犠牲者の血中 CO–Hb 濃度が 30% 以下で，火傷も全くないことからも裏付けられる．

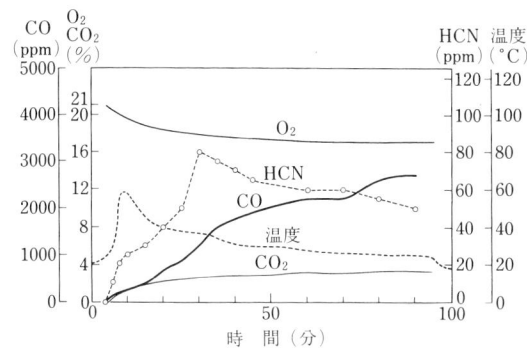

図 6·36　室内のガス濃度

守川ら[32~34)]は，図 6·37 に示す鉄筋コンクリート 2 階建プレハブ住宅を用いて，一連のモデル火災実験を実施した．火災室の壁の一部や収納可燃物の種類や量を変え，外部に接する開口面積や内部への漏洩を調節し，各種ガス分析や動物（ラビット）曝露を行って毒性の評価を行っている．得られた結論は，以下のように要約される．

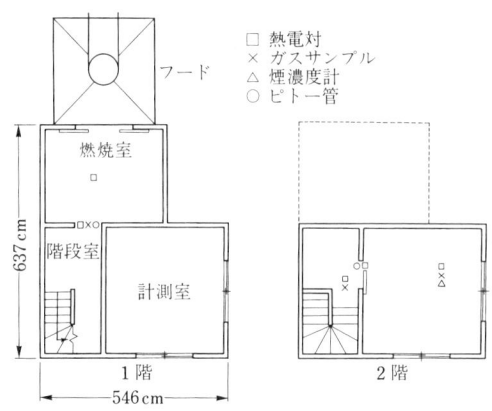

図 6·37　実験装置の平面図

i．主たる有毒ガスは，CO と HCN であり，窒素を含む可燃物の場合には，天然系より合成系のものからのほうが HCN の発生量が多い．

ii．2 階室への開口は，ほんのわずかの隙間程度の場合でも，ガスの毒性は致死の起こるほどの高さに達する．

iii．建材を用いず，一般に室内に存在する非難燃物質だけを燃焼させた場合も，有毒ガスによる危険はあり得る．

g．まとめ

モデル火災実験で行われた建物内空気の成分分析は，これまでの報告からわかるように CO，CO₂，O₂ についてのみ行われたものが多いが，HCN を分析したものがいくつかある．各種のプラスチック材料が多量に使用されている現状からみて，上記以外にも多くの種類の有害ガスが発生する可能性はあるが，有害性の主因となる場合は少ないと考えられる．CO，CO₂，O₂ についてみると，O₂ 濃度の低下に伴い CO，CO₂ の濃度が上昇し，また温度や煙濃度も上昇する．閉窓時よりも開窓時（供給空気量の多いとき）のほうが CO，CO₂ の生成量は

多い．これは材料の燃焼量が多いためである．しかし，CO に対する CO_2 の生成量は閉窓時よりも開窓時のほうが非常に大きい．火災室またはその付近の状態は人間にとって非常に厳しく，CO は 5 ％以上，CO_2 は 15％ にもなり，O_2 濃度は 2 ～ 3％ にまで低下する．しかし，このとき温度は 700 ～ 800℃ ぐらいまで達していると考えられるため，火熱の影響に比較すればガスの有害性はほとんど問題にはならない．問題は火災室からかなり離れた，そして火熱の影響をほとんど受けないような場所で有害ガス，例えば，CO 濃度が高くなることである．火災室から離れた廊下の床上 1.5 m の測定で温度が常温，煙濃度が 0.5 程度であるにもかかわらず CO 濃度は約 1.5％ にもなり，CO_2 濃度は 5 ％になる例がある．このようなときは CO 中毒によって体の自由がきかなくなり，逃げ遅れて焼死したり，また直接中毒死したりするケースが多いと考えられる．上記の事態は大規模の建物で火災の覚知が遅れた場合は，特に起こりやすい．しかし，小規模の住宅でも 1 階で火災が発生したときの 2 階の室などでは，O_2 欠乏や火熱による危険よりも CO による危険が先行する場合がある．CO 以外に有害ガスが発生するときは人間にとって条件はさらに厳しくなろう．建物規模，可燃物量，空気供給量などによって差はあるが，火災室から離れた廊下，階段などの避難路の CO，CO_2 濃度は，報告結果からみて熱，煙の影響が少ないときでもそれぞれ 1 ～ 2 ％，5 ～ 6 ％ぐらいには達すると思われる．O_2 濃度はあまり低下しないとみられるが，10 ～ 15％ 程度まで低下しよう．

　実験動物を用いて燃焼生成物の有害性を調べた報告に共通していることは，主に CO を動物の死因として挙げていることである．その他の死因として O_2 欠乏，熱が考えられている．CO_2 の効果を考えた例はほとんどない．これは CO_2 の毒性が低いためである．火災条件（建物の構造や規模，可燃物量や種類，空気の供給量など）がかなり異なっても有害性の主体は CO であることは明らかである．しかし，単純に CO のみの毒性だけで火災時の有害性を決めることはできない．このことは火災時発生ガスの毒性が熱による影響を取り去ってもなお純粋の CO 毒性よりも強かったり，HCN 濃度が危険レベルに達する例からもわかる．CO 以外に O_2 欠乏による有害性を挙げている報告が多いので，O_2 欠乏が CO 毒性をある程度強化していると推定できる．CO，HCN，および O_2 欠乏以外の有害ガスが複雑に影響しているとみられるが，これらについての報告は非常に少ない．粘膜刺激によって気管支内に粘液が分泌され，この分泌物によって窒息死したとする報告もあるが，一般的ではない．ただし，HCl のような刺激性ガスが多量に発生したときは上記のような窒息死を招く可能性がある．

　有害性の主因とみられる CO（場合により HCN），O_2 欠乏および熱は人間が火災建物内のどの位置にいるかでそれぞれ影響度が異なる．火災室またはその近くにいる人間は熱の影響をより強く受けよう．火災室の温度は建物全体としては火災初期であっても 700 ～ 800℃ にもなる．この温度での材料の燃焼によって O_2 濃度は急激に低下する．CO をはじめ各種有害ガスも発生するが，熱の影響の大きさからみればあまり問題にはならない．各報告ともこのような位置での実験動物の死因を焼死としている．O_2 欠乏のみによる窒息死はほとんどあり得ないと考えられる．なぜならば相当の O_2 濃度低下をみるときはその周辺部の温度はかなりの高温になっているはずであり，窒息よりも熱傷のほうが先であろう．また，O_2 濃度の低下には必ず CO，CO_2 の発生を伴い，たとえ完全燃焼で CO が発生しないとしても CO_2 は

O_2 濃度低下とほぼ等しいオーダーで発生する．すなわち，窒息する程度の O_2 濃度域では，CO_2 濃度はかなり高くなることが推定できる．

これに反して火災室から離れた位置にある人間は，CO をはじめとする有害ガスの影響を強く受ける．高温気流による熱の影響は火災室に直結する階段，廊下を別にすればあまりないといえる．O_2 欠乏は有害ガスの毒性を強化するという間接的効果をもたらす．小規模の建物，特に木造で防火対策の乏しい場合は，火の回りが早く火熱による影響が強いと思われる．しかし，大規模な建物で長時間煙にさらされるような場合は，有害ガスによる中毒死や行動不能となるケースが多いと考えられる．　　　　　　　　　（遊佐　秀逸・町井　雄一郎）

（2）火災生成ガスの人体への影響

A.　一酸化炭素（CO）

性質：気体，無色，無臭，水に難溶（1 atm，0℃ で 3.5 mL，15℃ で 2.5 mL，30℃ で 2.0 mL が 100 mL の水に溶ける），アルカリ水溶液・エタノールに溶け，可燃性である．空気より軽い（対空気比重 0.968）．

一酸化炭素は，火災，爆発事故および湯沸し器，練炭等の不完全燃焼の際に発生し，石炭ガス等にも含まれている．火災時の室内には 0.1 ～ 5 %，炭鉱における爆発事故現場では 1 ～ 8 %，自動車排気ガスには 1 % 以下（道路車両運送法等による規制値，アイドリング時），ストーブ等の暖房器具の不完全燃焼で 1 ～ 2 %，タバコの煙には 0.5 ～ 1 % 含まれているとされる．かつては都市ガスとして石炭ガスや水性ガスなどが主成分として用いられていたことから，都市ガス中にもかなりの高濃度の一酸化炭素が含まれ，中毒の危険が高かったが，2010 年までにすべての都市ガスの原料が液化ガスや天然ガスとなったため，現在では都市ガスには一酸化炭素は含まれていない．

ヒトは生命活動に必須な酸素を肺を介して体内に取り込む．肺は空気中から得た酸素を体内に取り込んだり，老廃物である二酸化炭素を空気中に排出する役割（呼吸）を持つ．この際，酸素を肺から全身へ，全身で発生した二酸化炭素を肺へ運搬するのが血液中のヘモグロビンである．通常，ヘモグロビンは肺において酸素と結合するが，一酸化炭素が存在する場合，ヘモグロビンは一酸化炭素と結合して一酸化炭素ヘモグロビン（COHb）となる．一酸化炭素のヘモグロビンに対する親和性は，酸素のヘモグロビンに対する親和性の約 200 倍といわれており，肺に取り込まれた空気中に一酸化炭素が含まれていた場合，

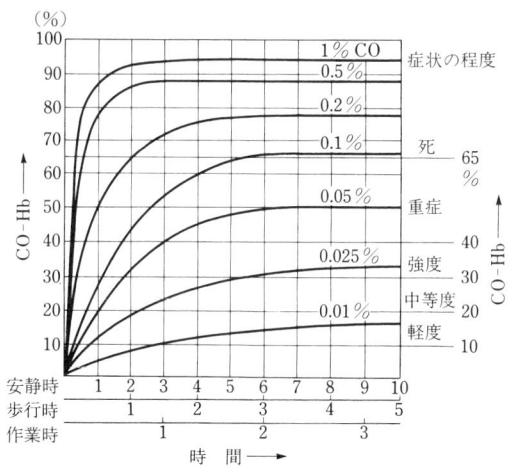

図 6·38　様々な一酸化炭素濃度における吸入時間と血中一酸化炭素ヘモグロビン及び症状の程度の関係[81]

ヘモグロビンの多くが一
酸化炭素と結合し，酸素
と結合できない状態とな
る．この結果，体内に酸
素が行き渡らない状態と
なり，いわゆる内部窒息
と呼ばれる状態となって
毒性を発揮し，死に至る
場合もある．
　大気中の一酸化炭素濃
度と吸入時間の関係を図
6·38 に，一酸化炭素ヘ

表 6·17　血中一酸化炭素ヘモグロビン濃度と中毒症状[82]

CO–Hb（％）	中毒症状
0 ～ 10 %	なし
10 ～ 20 %	軽い頭痛，皮下血管の拡張
20 ～ 30 %	頭痛，頭側部の拍動
30 ～ 40 %	激しい頭痛，めまい，視力混濁，嘔吐，唇・皮膚粘膜が桃赤色に呈色
40 ～ 50 %	上記症状に加えて：失神傾向の増加，仮死状態，脈拍・呼吸数の増加
50 ～ 60 %	脈拍・呼吸数の増加，失神，チェーン・ストークス呼吸，間欠的な痙攣を伴った昏睡
60 ～ 70 %	間欠的な痙攣を伴った昏睡，心拍と呼吸の減弱
70 ～ 80 %	心拍と呼吸の微弱化，呼吸困難，死

モグロビン濃度と中毒症状の関係を表6·17に示す．
　COHb 濃度が 10 % を超えると軽い頭痛，前頭部の絞扼感が生じる．それ以下の濃度でも，
視力障害や判断低下が生じ，狭心症患者では，一酸化炭素がない状態に比べより少ない労
作で胸痛が生じるという．20 ～ 30% で拍動性の頭痛，悪心，巧緻性の低下を引き起こす．
急性一酸化炭素中毒は，大気中の一酸化炭素濃度が 0.03 ～ 0.06 %，吸入時間 4 ～ 5 時間で
血中一酸化炭素ヘモグロビン濃度が 30 ～ 40 % となり，激しい頭痛，悪心，嘔吐，運動能
力を失う等の症状となる．また，0.07 ～ 0.1 %，吸入時間 3 ～ 4 時間で血中一酸化炭素濃
度は 40 ～ 50 % となり，意識障害や失神傾向となる．さらに 0.16 ～ 0.3 %，吸入時間 1 ～
1.5 時間で血中一酸化炭素濃度は 60% と超となり，昏睡，心拍・呼吸の減弱等の症状を呈
し，死に至る場合もある．生存例では，自発性の低下，パーキンソン症候群，失外套症候群
等の後遺症を残す例や，ほぼ完全な回復後，2 ないし 4 週間後，突然失見当識，不穏，行動
異常等の症状が出現することがある（間欠型一酸化炭素中毒）．
　低濃度の曝露の場合，空気中の一酸化炭素濃度が 100 ppm 以下では中毒症状は現れず，
200 ～ 400 ppm で 4 ～ 5 時間吸入で激しい頭痛，めまい，吐き気，嘔吐等の症状が出る．一
酸化炭素中毒を自覚するのは難しく，就寝時の火災等の事例では，危険を察知できずに一酸
化炭素を吸入してしまい，気がついた時には意識障害や運動能力の抑制のため避難が思うよ
うにできず，死に至る場合が多いとされている．
　米国労働安全衛生局の許容暴露限度は 50 ppm，米国労働安全衛生研究所の推奨暴露限度
は 35 ppm，脱出限界濃度は 1200 ppm である．

B. シアン化水素（HCN）

性質：気体，無色，特有の微臭（シアンの臭気の感じ方は人それぞれであり，表現は困難
である）をもつ，気体比重 0.69（空気より軽い）．引火性があり，引火点 −17.8℃．沸点
25.6℃．
　火災に際しては，窒素を含む建材や家具，衣類等の燃焼によって生じる．一般的に燃焼温
度 400 ～ 500℃ で生成を開始するが，温度が高く，酸素が乏しくなる火災の火勢期～終期に
より多く生成するといわれている[83]．

　青酸化合物の中で最も毒性が強く，吸入した場合肺から直接体内に吸収され，シアン化物イオンとなって血液を通じて全身に行き渡る．体内に分布したシアン化水素はミトコンドリアの電子伝達系の末端酵素であるシトクロムオキシダーゼと結合し，その反応を阻害する．これにより，全身の組織中で酸素が存在するにも関わらず，細胞が酸素を利用できない状態となり，組織中毒性酸素欠乏症を示す．シアン化物イオンは急速に全身に行き渡り，ほとんど全ての細胞内呼吸に影響を及ぼし，特に脳の呼吸中枢および頸動脈小体等，生命維持に重要な部位を傷害するため，速やかに死に至る．症状の発現は急速で，初発症状は頭痛，過換気，呼吸促迫，頻脈，高血圧等の症状が出現し，引き続いて混迷，昏睡，けいれん，呼吸停止，心停止等が生じる．

　シアン化水素の大量の吸入の場合，突然意識を失って倒れ，痙攣を起こし，呼吸停止，心停止に至る．死に至らない少量吸入時には，遠心の脱力感，頭痛，悪心，嘔吐，動悸などの症状を示す．継続的な吸入では，血中シアン化物イオンの上昇に伴い，意識消失をきたし，痙攣を起こして死に至る．

　シアン化水素は $300\ mg/m^3$ の吸入で即死，$100\ mg/m^3$ を継続的に吸入すると 1 時間程度で死亡，$50\ mg/m^3$ 以下では長時間吸入後に症状が現れる．100 ppm では 23 〜 30 分で意識消失，200 ppm で約 2 分後に意識消失，300 ppm で速やかに死亡するとされるが，それ以上の濃度でも生存例があるという．米国労働安全衛生局の許容暴露限度は 10 ppm，米国労働安全衛生研究所の脱出限界濃度は $25\ mg/m^3$ である．なお，青酸 1 ppm は $1.10\ mg/m^3$ に等しい．

C. 塩化水素（HCl）

性質：気体（発煙性），無色，強い刺激臭，水溶性，気体比重 1.268（空気より重い）．大気圧中での沸点は $-85.05℃$．

　火災時，ポリ塩化ビニル等の含塩素化合物の燃焼によって生じる．塩化水素の中毒では，そのものが酸として粘膜に作用する．吸入によって灼熱感，咳，息苦しさ，息切れ，咽頭痛が生じる．症状は遅れて現われることがある．腐食性があり，組織タンパク質との結合や pH の変化を通して組織の障害をもたらし毒性を発現する．5 ppm ガスの吸入で鼻腔，咽喉頭に刺激を感じ，35 ppm ガスの吸入で咳及び胸部圧迫感が出現，500 ppm ガスの 10 分の吸入で気道や気管支上皮細胞の破壊，気管支の血管障害，肺水腫，肺気腫を惹起し，死に至る．2000 ppm ガスの吸入で即死とされる．

　米国労働安全衛生局の許容暴露限度は 3 ppm，米国労働安全衛生研究所の脱出限界濃度は 50 ppm である．

D. アクロレイン（CH₂＝CH–CHO）

性質：無色または微黄色の液体，不快な刺激臭，水，エーテル，アルコールに可溶．20℃での比重は 0.8389，沸点は 52.5℃．重合しやすく，光や酸・アルカリで促進される．

　ポリエチレン，ポリプロピレン，ビニロン，セルロース系物質などの燃焼により発生する．火災において比較的初期（温度が 500℃ 以下）の無炎熱分解/くすぶり燃焼時に多く発生するといわれている．

　毒性は上気道，目および皮膚を刺激する．毒性は比較的高く，5 ppm ガスの 20 秒の吸

入・接触で眼や鼻に苦痛を感じ 1 分間で耐えられなくなり，10 ppm ガスの短時間曝露で肺水腫で死亡する．

米国労働安全衛生局の許容暴露限度は 0.1 ppm，米国労働安全衛生研究所の脱出限界濃度は 2 ppm である．

E．二酸化窒素（NO_2）

性質：気体，赤褐色，強い刺激臭，水溶性（溶解後硝酸，亜硝酸に分解），気体比重は 1.58，水を 1 とした時の比重は 1.448．沸点 21℃，低温で液体となり液体比重 1.49，−10℃ 以下では無色固体となる．

火災時には，十分に酸素が存在する完全燃焼に近い状態で，建材や家財に含まれる窒素化合物の燃焼によって生じる．毒性は主に呼吸器系への刺激と，血液中での酸素運搬能の低下であり，吸入した場合，肺深部まで容易に到達し，肺胞上皮周囲の破壊作用により，肺胞機能の低下，肺水腫から死に至る．また，血液内に取り込まれた場合，血液中のヘモグロビンを酸化してメトヘモグロビン化（ヘモグロビンのヘムに含まれる鉄イオンを 2 価から 3 価に酸化）し，酸素結合能を喪失させることでメトヘモグロビン血症をもたらす．これにより，頭痛などの全身症状や呼吸苦，呼吸抑制，意識障害，さらには死に至ることもある．

$10 \sim 20$ ppm で眼，気道への粘膜刺激があり，$25 \sim 75$ ppm で軽度の呼吸困難，$50 \sim 150$ ppm で刺激性咳嗽，息切れ，胸骨後痛，巣状間質性肺炎，$150 \sim 300$ ppm で重篤な肺水腫，$300 \sim 500$ ppm で致死的な肺水腫，500 ppm 以上で数分以内に死亡するとされる[84]．

米国労働安全衛生局の許容暴露限度は 5 ppm，米国労働安全衛生研究所の脱出限界濃度は 13 ppm である．

F．ホルムアルデヒド（HCHO）

性質：液体，無色，強い刺激臭，水・エタノールに可溶，液体比重 1.1，沸点 101.1℃

火災時には，すべての有機物の燃焼によって生じる．粘膜への刺激性を中心とした急性毒性があり，蒸気は呼吸器系，眼，のどなどの炎症を引き起こす．皮膚や目などが水溶液に接触した場合は，激しい刺激を受け，炎症を生ずる．

$2 \sim 3$ ppm で眼，鼻に刺激感，$4 \sim 5$ ppm で強い不快感，流涙，$10 \sim 20$ ppm で呼吸困難，$50 \sim 100$ ppm を数分間の吸入で咽頭炎，気管支炎，深部食道障害を起こす．

米国労働安全衛生局の許容暴露限度は 0.75 ppm，米国労働安全衛生研究所の脱出限界濃度は 20 ppm である．

G．二酸化炭素（CO_2）

性質：気体，無色，無臭，気体比重 1.53（空気より重い），水に可溶（20℃ で 90.1 mL/100 mL 水）．

火災時には，すべての有機物の完全燃焼の結果として生じる．毒性は二酸化炭素自体によるものと，二酸化炭素が過剰になることによる酸素欠乏の両者があると考えられており，それぞれの相乗効果が働いて毒性を示すものと考えられている[85]．

急性中毒症状として，$2 \sim 10\%$ で視力障害，耳鳴り，チアノーゼなどの症状が現れ，$10 \sim 25\%$ で血圧の上昇，振戦，1 分で意識消失がおき，25% 以上では即時に昏睡状態に陥り死に至るとされる．

表 6·18　空気中二酸化炭素濃度と臨床症状[85]

CO_2濃度	臨床症状
3%	呼吸数増加，顔面温感
4%	過呼吸，頭痛，めまい，顔面紅潮，除脈，血圧上昇
5%	頻呼吸，熱感，血管拡張，悪心，嘔吐
6%	意識レベル低下
8%	肺うっ血，呼吸困難
10%	数分以内に意識喪失
20%	呼吸・脈拍促拍，集中力低下
30%	ほんのわずかの呼吸で意識消失，短時間で死亡の危険
50%	昏睡，死亡

　米国労働安全衛生局の許容暴露限度は 5000 ppm，米国労働安全衛生研究所の脱出限界濃度は 40000 ppm である.

　最後に，火災生成ガスの30分間曝露時の LCt_{50} 濃度の一覧表を表6·19に示す.

表 6·19　主な火災生成ガスの 30 分吸引時の LCt_{50} 濃度[86]

ガス	LCt_{50}（30 分）
a.　一酸化炭素	$5000 \sim 6600$ ppm
b.　シアン化水素	$100 \sim 200$ ppm
c.　塩化水素	$1300 \sim 4500$ ppm
d.　アクロレイン	$50 \sim 300$ ppm
e.　二酸化窒素	$100 \sim 200$ ppm
f.　ホルムアルデヒド	$500 \sim 1000$ ppm
g.　二酸化炭素	50000 ppm $\sim$

LCt_{50}：ガスを一定時間（本表では 30 分）吸引した場合に実験動物が半数（50%）死に至るガスの濃度

H.　アンモニア（NH_3）

性質：無色の不燃性ガス.刺激性の臭気を有する.水に可溶.気体比重は 0.5967.大気圧中での沸点は $-33.35℃$.発火点 615℃.

粘膜に吸収されるとアルカリとして作用し，組織が壊死する.水溶性が高いため，吸引すると粘膜の水分に吸収され，眼結膜，口腔粘膜，上気道に痛みや刺激を感じ，呼吸困難を生じる.また，遅発的に気道の閉塞を起こすこともある.

　濃度 $100 \sim 500$ ppm 吸入のときアンモニアは粘膜の水に溶け，鼻，咽喉頭，眼への刺激が著明で，頭痛，咽喉頭部の炎症，流涙，臭覚異常，嘔吐，胸痛，呼吸困難，窒息感が出現する.さらに $2500 \sim 4500$ ppm/30 分曝露では気道粘膜の炎症，浮腫，上気道閉塞による窒息を起こし，$5000 \sim 10000$ ppm では短時間で即死する.また，低濃度の場合においても，肺水腫を発生し，後遺症として肺気腫，気管支拡張症となる.

　米国労働安全衛生局の許容暴露限度は 50 ppm，米国労働安全衛生研究所の脱出限界濃度は 300 ppm である.

I.　硫化水素（H_2S）

性質：腐卵臭を伴う独特の臭気を有する.空気中の濃度が $0.02 \sim 0.13$ ppm で知覚可能.引火性，毒性を持つ.発火点は 260℃.気体比重は 1.19.沸点は $-60.33℃$.

　低濃度では代謝により無毒化されるが，高濃度で細胞内のチトクロム酸化酵素の鉄イオンと結合して活性を阻害する.濃度と暴露時間に従い，眼結膜の刺激症状，気管・気管支の刺

激や炎症，肺水腫，急性呼吸促迫症候群，けいれんを生じ，死に至る．

　硫化水素濃度 70 ～ 150 ppm/長時間曝露で粘膜の水に溶け，眼，鼻，咽喉頭の灼熱感および疼痛が出現し，150 ～ 300 ppm で 1 時間程度耐えられる限度であり，結膜炎，角膜炎，眼瞼浮腫などが出現し，400 ～ 700 ppm/30 分間曝露で失神，痙攣，呼吸停止する．また，肺水腫は 100 ppm（48 時間），600 ppm（30 分）で起きる．

　米国労働安全衛生局の許容暴露限度は 20 ppm，米国労働安全衛生研究所の脱出限界濃度は 100 ppm である．

J．亜硫酸ガス（SO_2）

性質：無色の不燃性ガス．強い窒息性の臭気を有する．気体比重は 2.26．－10℃ で凝集し，無色の液体となる．液体比重は 1.5．融点－72℃，沸点－10℃．

　亜硫酸ガスは，水に溶け，酸性の亜硫酸となり，粘膜を腐食する．粘膜の刺激症状が認められ，咳嗽，呼吸困難が生じる．また，遅発性に閉塞性ないし拘束性肺障害が後遺症として認められることもある．

　亜硫酸ガス濃度 3 ～ 4 ppm で臭気を感じ，30 分間曝露で鼻，咽喉頭に不快感出現，10 ppm/10 ～ 15 分曝露で鼻，咽喉頭の刺激出現，30 ～ 40 ppm で呼吸抵抗が 40 ～ 50% 増大し，呼吸困難出現，400 ～ 500 ppm で呼吸困難，反射性声門閉鎖による窒息を起こす可能性があり（限界時間 0.5 ～ 1 時間），2000 ppm で反射的に咽喉痙攣，気管支痙攣，呼吸停止する．米国労働安全衛生局の許容暴露限度は 5 ppm，米国労働安全衛生研究所の脱出限界濃度は 100 ppm である．

（徳留　省悟・松尾　義裕・小島原　将直・柘　浩一郎・石井　晃）

（3）火災による死因の診断

　火災による死亡の死因としては，一酸化炭素を含む燃焼ガスの中毒，熱による作用，酸素欠乏状態に加え，落下物による損傷等が関与していることもある．

　法医学領域では，火災死亡者の血中 COHb 濃度がおおむね 50 ないし 60% 以上で一酸化炭素中毒死と判断することが多い．それ以下の COHb 濃度で，生前に熱作用を受けたことが明らかであれば火傷死と判断する．また，火災による有害作用で死亡した場合，その死因を包括的に焼死と呼称する場合もある．日本法医学会が 2011 年に行った課題報告では，2007 年から 2009 年までに施行された法医解剖 2224 例について解析が行われており，そこで付けられた死因として最も多いものは，焼死が 63% で，次いで一酸化炭素中毒が 23%，火傷死が 8% であった．この調査において，血中 COHb 濃度は解剖事例中 98.3% で測定されているものの，青酸は 13% に留まっている．しかし血中青酸の測定例に限っても，血中中毒濃度と考えられる 1 μg/ml を超える事例が約 30% 程度存するため，火災による死亡においては，一酸化炭素の作用のみならず青酸が関与する例も一定程度存在すると思われる．その他のガスについては，生存例においては肺障害に何らかの関与が想定される例が認められるものの，死亡例については，ガスの化学的不安定性や，時系列に沿った肺障害の評価が行えない等の理由から，その関与は十分に想定されるが，その程度を明確に示すことは極めて困難と考えられる．

　その他，法医学的には，火災による死因診断には，以下のような問題が伏在している．一

つは，被災者の死因が焼死であったことは，死者の自他殺・事故の別とは関係がないという点である．この点を明らかにするためには，解剖事例においては遺体に加えられた損傷を正確に記載・評価し，遺体の体液・臓器中の薬毒物の検査を施行することが強く求められる．これら諸検査は，特に多数が死亡した事例において，死亡状況を解析する際の助けとなる．なぜなら，例えば，火災現場の異なる場所において，死者のCOHb濃度や青酸濃度が大きく異なることが観察されるからである．また，警察・消防等の組織により，発生状況や周辺の状況を正確に記録・解析することも同時に求められる．これらの多角的情報が総合的に分析・検討されて，初めて火災による死因診断を適切に行うことができ，これらの情報は事故の再発防止にも役立つと考えられる．もう一つは，死者が有していた既存の疾病が，当該火災からの脱出不能や火災による死亡に関与していたか，という点であり，組織学的検査や法医生化学的検査も必要である．また，後の追加検査に資する試料の保存という観点においても，火災死亡者の解剖は，積極的に行うべきであると考えられる．　　　　　　（石井　晃）

（4）有毒ガス排除方策

火災時における有毒ガスは，通常，煙を伴って発生するものであり，また，煙の成分をなすものであるため，その排除については，煙の排除とほぼ同等に考えることができる．また，火災の現場において発生する人体に影響を及ぼす有毒ガスは，その種類も多く，その排除について個別に検討することは実際的でない．したがって，ここでは有毒ガスの排除方策を煙の排除に準じて記すことにする．なお，有毒性ガスの影響については，特に建物の構造上からは気密性が最も関係が深いと思われることから，気密性の高い耐火建物についておよび自然の換気が期待できにくい地下街等について取り上げる．

A．耐火建物における排除

a．自然換気

①火災室および上階の階段室回りの出入口扉を閉鎖し，塔屋または最上階の開口部で風下・風横側に面する部分を開放する．なお，扉の閉鎖は人のいないことを確認してから行う．

②火災室の風下・風横側の窓を開放して火災室を減圧する．

b．強制換気

①前記の自然換気を行ったうえで，給気側から噴霧注水または送風機（図6・39）で通風する．この場合，状況により排気側に警戒筒先を配備する．

②状況により，空調設備を活用する場合は，ダクト系統・排煙口・運転開始時期等を慎重に検討し，他の延焼防止措置をとったうえで開始する．

図 6・39　送排風機

B．地下街等における排除

a．排除手段の決定

煙等の噴出量・濃度・避難状況および火災状況等を見極めて決定する．

① 排煙設備の作動による排除

② 送排風機等による排除

③ スプレー注水による排除

④ 送風による排除

⑤ ①〜④の併用

b. 排除要領等

排除は排除口を設け，排除口には警戒筒先を配備するほかは次による．

　i．排除設備による排除

　　状況に応じ，次に配意のうえ排煙設備を活用する．ただし，空調設備兼用の排煙設備の使用にあたっては，ダンパーの切り換えが行われたことを，防災センターの操作盤等で確認した後とする．

① 防火区画または防煙区画を活用する．

② 火災区画または煙汚染区画の排煙口の開放は，防災センターから遠隔操作または手動操作による．

③ 空調設備を給気運転し，火災区画以外を加圧して煙等の汚拡大を防止する．

④ 火災区画以外の部分を加圧する場合は，次に配意する．

・送風による火勢の助長防止

・大区画では効率が低いので，シャッター，防火戸等を閉鎖して小区画とする

⑤ 空調設備兼用の排煙設備を活用する場合は，空気流入口を確認してから排煙口を開放する．

　ii．送排風機等，スプレー注水および送風による排除

① 排除口は，道路に直接通じている階段を選定する．

② 防火戸，シャッターを活用して，煙等の流路を設け効率化をはかる．

③ スプレー注水による排除は，給気側で併列，重列の組合せ筒先により行う．

④ 送風による排除は，火災室以外の場合とする．　　　（西形　國夫・高橋　祐司）

6・2・2　火災熱等の人体への影響

（1）消防活動現場の環境

　消防活動現場は濃煙と熱気の場である．過酷な環境下で消防活動を行うため，消防隊員は防火衣と空気呼吸器を装着しているが，これら装備が濃煙や熱気を完全に，しかも長時間にわたり遮断するわけではない．空気呼吸器の使用時間は限られており，一定時間経過後はボンベ等の交換のため，一時的に濃煙内からの脱出が必要であるし，防火衣を着用していても一定時間経過後には受熱と疲労が重なり，身体の熱放射も阻害され脱水や体温上昇が起こるので，高温の環境（以下，熱環境という）からの脱出が必要である．

（2）熱環境下の生理変化

　人体は熱環境から影響を受け，様々な生理的反応を示す．

　環境温度を20℃，50℃，60℃，65℃，70℃ の 5 条件とし，各条件とも湿度を60% に設定した室内で，進入，折膝待機，検索活動，救出活動，脱出の一連の人命検索救助活動の動作を模擬した運動を実施した．この実験で得られた主な生理変化の概要について次に述べる[101]．

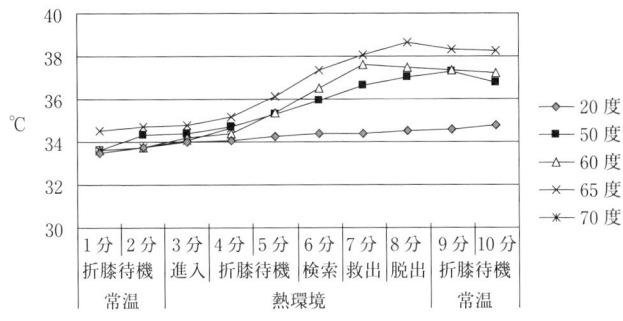

図 6·40 皮膚表面温度の変化

A. 皮膚表面温度

　火災現場で活動する消防隊員は，熱環境から身を守るため遮熱性や気密性の高い防火衣や防護衣を着用して活動するため，消防隊員の体から産生された熱や発汗による湿気が防火衣内に蓄積され続け，消防隊員にかかる熱負荷は時間の経過に比例して増加し，皮膚表面温度も顕著に上昇する．

　ここで，皮膚表面温度の変化を図 6·40 に示す．

　環境温度が高くなると皮膚表面温度が高くなる傾向があり，「65℃」では 38℃ を超えていた．脱出後も防火衣を離脱するまで皮膚表面温度はほぼ平衡状態であった．

B. 心拍数

　暑さは心拍数を高め，心臓への負担を増加させる．これは，熱環境下では体表の血管が拡張し，体表を流れる血液が多くなり，内臓を流れる血液が減少するためと考えられている．

　ここで心拍数の変化を図 6·41 に示す．

　環境温度が高くなるにつれ，心拍数の上昇が認められ「65℃」では検索活動開始 2 分後には，心拍数が 150回/分まで急上昇した．

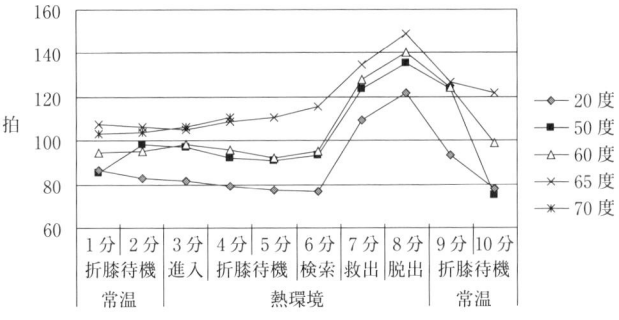

図 6·41 心拍数の変化

C. 血 圧

　収縮期血圧（最高血圧）は運動したり環境温度が高くなると上昇するが，拡張期血圧（最

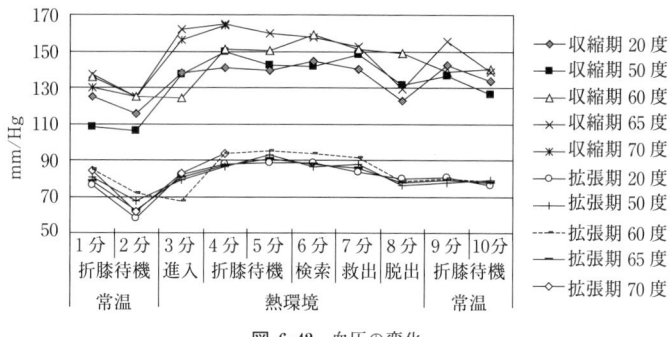

図 6·42　血圧の変化

低血圧）はほとんど変化しない．このため，熱環境下では，脈圧（収縮期と拡張期の血圧差）が大きくなる．

　ここで血圧の変化を図 6·42 に示す．

（3）熱　　中　　症

　熱中症とは，高温多湿な環境下において，体内の水分及び塩分（ナトリウムなど）のバランスが崩れたり，体内の調整機能が破綻するなどして発症する障害の総称であり，表 6·20 のような様々な症状が現れる[102]．

　なお，熱中症の予防策として，以下の点に留意する必要がある．

　① 勤務日の前日は，深酒や過度な運動を控え，睡眠時間を十分にとる．

　② 熱環境下で活動する際は，冷却ベストを着用するとともに適度な休息時間を確保す

表 6·20　熱中症の分類と症状等

分類	症状	重症度
I 度	・めまい，失神 （「立ちくらみ」という状態で，脳への血流が瞬間的に不十分になったことを示し，"熱失神" とよぶこともある．） ・筋肉痛，筋肉の硬直 （筋肉の「こむら返り」のことで，その部分の痛みを伴う．発汗に伴う塩分（ナトリウム等）の欠乏により生じる．これを "熱痙攣" と呼ぶこともある．） ・大量の発汗	小
II 度	・頭痛，気分の不快，吐き気，嘔吐，倦怠感，虚脱感 （体がぐったりする，力が入らないなどがあり，従来から "熱疲労" と言われていた状態．）	↓
III 度	・意識障害，痙攣，手足の運動障害 （呼びかけや刺激への反応がおかしい，体がガクガクと引きつけがある，真直ぐに走れない・歩けないなど．） ・高体温 （体に触れると熱いという感触がある．従来から "熱射病" や "重度の日射病" と言われていたものがこれに相当する．）	大

る.

③　消火活動中の熱気に対しては，交替を早くしたり，放水用の水を自らの身体にかける
　　などして冷却をはかる.

④　めまい，頭痛，吐き気，体温の上昇など，熱中症と思われる症状に対してはただち
　　に，防火衣等や衣服を脱ぎ，冷却剤等で体温の降下を図る.

⑤　熱環境下での活動中，一時休息をとる場合は，心拍数が100拍/分以下に回復するま
　　で休息する[103].

⑥　勤務日には一日を通して水分摂取を心掛け，訓練時や消防活動時に十分に汗をかける
　　よう留意する.

⑦　災害現場に設ける休息場所には，飲料水や食塩又はスポーツドリンク，冷却剤（交換
　　用）等を備える.

⑧　身体を暑熱ストレスに繰り返し暴露させることで，身体が徐々に適応して暑熱耐性を
　　獲得する（暑熱順化）[104].

　　　夏季を迎える前に暑熱順化するには，例えば5月頃から防火衣を完全着装した状態で
　　の消防活動訓練等を実施することにより，暑熱負荷を連続的にかける方法がある[105].

（4）熱　　　傷

熱傷とは，熱の物理的作用による体表の損傷である．損傷を受ける臓器は体表を覆う皮膚
が主体であるが，そのほか口腔，気道，外陰の粘膜，眼球や結膜，皮下の筋，腱，骨などが
損傷を受けることがある.

　熱傷は，その深度により次のように分類される[106].

①　Ⅰ度熱傷：表皮熱傷で受傷部皮膚の発赤のみで瘢痕を残さず治癒する.

②　浅達性Ⅱ度熱傷：水泡が形成されるのみで，水泡底の真皮が赤色を呈している.

③　深達性Ⅱ度熱傷：水泡が形成されるもので，水泡底の真皮が白色で貧血状を呈してい
　　る.

④　Ⅲ度熱傷：皮膚全層の壊死で白色皮革様または褐色皮革様となったり完全に炭化した
　　熱傷も含む.

（5）気　道　熱　傷

気道熱傷とは，高温気体，火炎，水蒸気，煙，燃焼により発生する有毒ガスを吸収した結
果起こる上気道，気管，気管支，肺の損傷である．気道熱傷が重篤な損傷として広く認識さ
れたのは1942年に491人の死者を出した米国ボストン市の「ココナッツグローブ」ナイト
クラブの火災である.　　　　　　　　　　　　　　　　　　　　（瀬川　俊・玄海　嗣生）

文　　　献

〔6・1〕
1）東京消防庁監修：火災の実態（平成6年版），東京防災指導協会（1994）
2）堀内三郎・府内美彦・北山啓三：火災，23，4，pp. 37-45（1973）
3）小林正美・堀内三郎：日本建築学会論文報告集，No. 284，pp. 119-125（1979）
4）建設省：建設省総合技術開発プロジェクト，都市防火対策手法の開発報告書，建設省（1982）
5）日本建築学会編：建築学便覧Ⅰ，計画，第2版，丸善（1980）

6) 岡田光正・吉田勝行・柏原士郎・辻　正矩：建築と都市の人間工学，空間と行動のしくみ，鹿島出版会（1977）

7) 日本トンネル技術協会：地下防災避難システムモデルの予備的検討，日本トンネル技術協会（1984）

8) 建設省：建設省総合技術開発プロジェクト，都市防火対策手法の開発報告書，建設省（1982）

9) 李　載吉：誘導群集の歩行動態ならびに広域群集避難勧告支援モデルの開発，筑波大学社会工学研究科学位論文（1992）

10) 志田弘二，村井裕樹，秋月有紀　ほか：避難安全におけるバリアフリーデザインの確立を目指して（日本建築学会 避難安全のバリアフリーデザイン特別調査委員会，研究協議会資料），pp. 59-70（2014）

11) 東京都心身障害者福祉センター：障害のある方への接遇マニュアル，東京都心身障害者福祉センター（2006）

12) 大阪府：避難行動要支援者支援プラン作成指針（2015）

13) 神　忠久：煙中の見透し距離について（1），日本建築学会論文集，No. 182，pp. 21-32（1971）

14) 神　忠久，山田常圭：煙の中でのものの見え方（その3），照明学会誌，70，1，pp. 19-24（1986）

15) 神　忠久：煙の中の歩行速度について，火災，25，2，pp. 44-48（1975）

16) 神　忠久：各種誘導灯の見え方実験，火災，36，4，pp. 25-30（1986）

17) 神　忠久：煙中の視程について（第3報　せん光標識の見透し距離について），消防研究所報告，No. 40，pp. 1-5（1975）

18) T. Jin, Y. Yamada, *et al.*：Elevation of the cospicipusuness of emergency exit signs, *Fire Safety Science Proceedings of the 3 rd International Symposium*, pp. 835-841（1991）

19) 神　忠久，大串健吾：音による避難誘導について，火災，36，1，pp. 24-29（1975）

20) 消防庁予防課：視聴覚障害者等火災安全対策検討委員会報告書（1992）

21) T. Jin, Y. Yamada：Experimental study on effect of escape guidance in fire smoke by travelling flashing of light sources, *Fire Safety Science Proceedings of the 4 th International Symposium*, pp. 705-714（1994）

22) 神　忠久：煙の中での心理的動揺度について，日本火災学会論文集，30，1，pp. 1-6（1980）

23) 神　忠久：煙の中での思考力および記憶力の低下について，日本火災学会論文集，32，2，pp. 1-6（1982）

24) 中田　修：放火の犯罪心理，金剛出版（1977）

25) T. Wachi, K. Watanabe, K. Yokota, *et al*：*Journal of Investigative Psychology and Offender Profiling*, 4, pp. 29-52（2007）

26) J. E. Douglas, A. W. Burgess, A. G. Burgess and R. K. Ressler：*Crime Classification Manual*, Lexington Books（1992）

27) 桐生正幸：最近18年間における田舎型放火の検討，犯罪心理学研究，33，2，pp. 17-26（1995）

28) 財津　亘：テキストマイニングによる最近10年間の放火事件に関する動機の分類―単一放火と連続放火の比較―，犯罪心理学研究，53，2，pp. 29-41（2016）

29) 鈴木　護：（所一彦編）犯罪の被害とその修復―西村春夫先生古稀記念祝賀―，pp. 79-92，教文堂（2002）

30) 鈴木　護：連続放火の犯人像分析，予防時報，225，pp. 30-35（2006）

31) 鈴木　護，田村雅幸：連続放火の犯人像（上）―犯人の基本的属性と事件態様―，警察学論集，51，2，pp. 161-174（1998）

32) 田村雅幸，鈴木護：連続放火の犯人像分析 1. 犯人居住地に関する円仮説の検討，科学警察研究所報告防犯少年編，38，1，pp. 13-25（1997）

33) 財津　亘：ベイジアンネットワークによる連続放火犯の分析，犯罪心理学研究，47，2，pp. 1-14

（2010）

34）岩見広一：放火殺人における犯行行動と犯人特徴の相同性，応用心理学研究，**42**, 2, pp. 121 - 129（2016）

35）鈴木　護，田村雅幸：捜査心理学と犯人像推定（第 3 回）連続放火の犯人像（ト）地理的分析による居住地推定，警察学論集，**51**, 3, pp. 157 - 174（1998）

36）三本照美，深田直樹：連続放火犯の居住地推定の試み―地理的重心モデルを用いた地理的プロファイリング―，科学警察研究所報告防犯少年編，**40**, 1, pp. 23 - 36（1999）

37）羽生和紀：連続放火の地理的プロファイリング：サークル仮説の妥当性，犯罪心理学研究，**43**, 2, pp. 1 - 12（2005）

38）消防庁：平成 28 年（1 月～12 月）における火災の状況（確定値），（2016），
http://www.fdma.go.jp/neuter/topics/houdou/h29/07/290728_houdou_1.pdf

39）警察庁：平成 28 年の犯罪（http://www.npa.go.jp/toukei/soubunkan/h28/pdf/H28_ALL.pdf）

〔6・2〕

1）鈴木唯一郎ほか：火災現場における燃焼生成ガスの採取・分析について，消防科学研究所報 26 号，pp. 45 - 52（1988）

2）自治省消防庁予防課：火災燃焼生成物の毒性，p. 38，新日本法規（1988）

3）自治省消防庁予防課：火災燃焼生成物の毒性，p. 39，新日本法規（1988）

4）自治省消防庁予防課：火災燃焼生成物の毒性，p. 44，新日本法規（1988）

5）自治省消防庁予防課：火災燃焼生成物の毒性，p. 40，新日本法規（1988）

6）自治省消防庁予防課：火災燃焼生成物の毒性，p. 47，新日本法規（1988）

7）自治省消防庁予防課：火災燃焼生成物の毒性，p. 43，新日本法規（1988）

8）守川，籔内：消防研究所報告，耐火室内における発生ガスの毒性評価，p. 71（1985）

9）岸谷孝一：火災科学セミナーテキスト（ビル火災における煙などの諸問題），煙の発生と有毒ガス，p. 65（1974）

10）中西智宏ほか：火災現場周辺にある有毒ガスを測定する方策に関する検証，消防技術安全所報 47 号，pp. 38 - 44（2009）

11）自治省消防庁予防課：火災燃焼生成物の毒性，p. 42，新日本法規（1988）

12）内田祥三：　木造家屋の火災の本質，特に 2 階建の場合に就いて，建築雑誌，Vol. 53, No. 651（1939）

13）内田祥三ほか：　鉄筋コンクリート造アパートの火災実験報告，建築雑誌，Vol. 52, p. 426（1938）

14）服部健三，大岡増二郎：　火災時発生ガスの毒性に就いて，　日本衛生化学会誌，Vol. 10, No. 6, p. 356（1938）

15）R. E. Dufour : Survey of Available Information on the Toxicity of the Combustionand Thermal Decomposition Products of Certain Buiding Materials under Fire Conditions, Bulletin of Research, No. 53, Underwriter's Laboratories, Inc., July（1963）

16）G. W. Shorter, J. H. McGuire, N. B. Hutcheson and R. M. Legget : The St. Lawrence Burns, National Fire Protection Association, Quartaerly, Vol. 53, No. 4, pp. 300 - 316（1960）

17）G. W. Shorter, G. Williams-Leier, J. H. McGuire, D. G. Stephenson, J. R. Jutras, et. al. : The St. Lawrence Burns, National Research Council-Canada, Division of Building Research, DBR Inteernal Repports, Nos. 156 - 158, Unpublished Reports.

18）高田弘昭，小林昭夫，中木良太郎：　住宅火災実験における動物生体の諸反応について，　松仁会誌，第 9 集，p. 100（1970）

19）川越邦雄，今泉勝吉：　枠組木造（ツーバイフォー）住宅の実大火災実験――般住宅型，　日本建築学会学術講演梗概集，pp. 2145 - 2146（1977）

20) 日本科学防火協会，公団住宅火災実験委員会：赤羽台火災実験報告，報告書，p. 93，日本住宅公団 (1962)

21) 東京消防庁：耐火造高層建築物の火災実験報告 (三菱仲15号館)，昭和36年6月20日，21日，報告書 (1962)

22) 東京消防庁火災予防対策委員会：東京海上ビル火災実験報告書，報告書，p. 124 (1967)

23) 鉄道建築協会：中央鉄道病院火災実験委員会，報告書 (1968)

24) 山賀ほか：耐火建築物の火災実験における医学的検討，横浜医学，Vol. 21, No. 1, p. 107 (1970)

25) 横浜市消防局：ビル火災実験報告書 (1975)

26) 岸谷孝一，斎藤文春，遊佐秀逸，上杉三郎，菅原進一，佐藤 寛，吉田正志：枠組壁工法による木造3階建試作連続住宅の実大火災実験，その4．ガス濃度・マウスの運動機能障害，日本建築学会学術講演梗概集，pp. 1837 - 1838 (1979. 9)

27) 日本科学防火協会：2×4工法による小屋裏付二階建試作連続住宅－実大火災実験報告書 (1979)

28) 遊佐秀逸，岸谷孝一，吉田正志，斎藤文春，菅原進一，佐藤 寛：三階建工業化住宅 (木質系) の火災実験 (その4．ガス分析とマウス動態)，日本建築学会学術講演梗概集，pp. 2313 - 2314 (1982)

29) 建設省建築研究所：総3階建2×4住宅実大火災実験共同研究報告書，日本ツーバイフォー建築協会 (1988)

30) 小國勝男，塚本 彰，森国 功，奥田善彦，浅野富男，秋山茂夫：軽量鉄骨系 (2階建) 住宅の実大火災実験，(その3．煙濃度，ガス濃度，感知器，マウス動態，圧力)，日本建築学会学術講演梗概集，pp. 2129 - 2130 (1980)

31) 遊佐秀逸：火災時の燃焼生成物の毒性評価法，建築研究所「あらか」第4集，pp. 185 - 198 (1986)

32) 守川時生，箭内英治，渡辺貞一，岡田健夫，佐藤喜宣：日本火災学会論文集，Vol. 38, No. 2 (1989)

33) 守川時生，箭内英治，渡辺貞一，岡田健夫，佐藤喜宣：実大規模火災実験において火災室から上階室に流入する有毒ガスとその毒性，日本火災学会論文集，Vol. 40, No. 2 (1991)

34) 守川時生，箭内英治，岡田健夫，梶原正弘，佐藤喜宣：難燃性建材を含む実大規模火災実験における有毒ガスの発生とその毒性，日本火災学会論文集，Vol. 40, No. 2 (1991)

35) 津田征郎：犠牲者の血液分析等からの有毒ガス，近代消防，No. 266 (1984)

36) 岸谷孝一：火災における燃焼生成物の毒性に関する調査委員会報告書 (1987)

37) 徳留省悟：火災における死因，予防時報，No. 153 (1988)

38) 内藤裕史：中毒百科，南光堂 (1992)

39) 鵜飼 卓：急性中毒処理の手引，薬業時報社 (1995)

40) 日本火災学会編：火災便覧－新版－，p. 697，共立出版 (1984)

41) W. C. Kuryla and A. J. Papa, ed.：Flame Retardanncy of Polymeric Materials, p. 90, 91, *Marcel Dekker*, New York (1973)

42) L. A. Wall：*Journal of Research, National Bureau of Standards*, 41, p. 315 (1948)

43) M. M. Q'Mara：*Journal of Polymer Science, A-1*, 8, p. 1887 (1970)

44) S. Straus and S. L. Madorsky：*Journal of Research, National Bureau of Standards*, 66 A, p. 401 (1962)

45) S. L. Madorsky, S. Straus and D. Thompson：ibid., 42, p. 499 (1949)

46) 森本高克：高分子の燃焼生成ガスの組成，高分子，Vol. 22, No. 253, p. 190 (1973)

47) 斎藤 直，箭内英治：消防研究所技術資料第10号 (1977)

48) A. P. Hobb and G. A. Patten：Products of Plastics and other Commor Solid, *Dow Chemical* (1966, March)

49) E. H. Coleman and C. H. Tomas：The Products of Combustion of Chlorinated Plastics, *Journal of Applied Chemistry*, 4, p. 379 (1954, July)

50) W. D. Walley：Decomposition Products of PUC for Studies of Fire, *British Polymer Journal*, 3, p. 186（1971, July）

51) K. Sumi and Y. Tsuchiya：Combustion Products of Polymeric Materials Cotaining Nitorogen in Their Chemical Structures, *Journal of Fire and Flammability*, 4, p. 15（1973）

52) 岸谷孝一，中村賢一：高分子材料の燃焼および熱分解生成物に関する考察，プラスチック，25〔11〕（1974）

53) G. W. Mulholland, M. Janssens, S. Yusa, W. Twilley and V. Babrauskas："The effect of oxygen concentration on CO and smoke produced by flames", *Proceedings of the 3 rd International Symposium on Fire Safety Science*, pp. 585－594, Edinburgh, Scotland,（1991）

54) Y. Tsuchiya：CO/CO$_2$ ratio in fire, *Proceedings of the 4 th International Symposium on Fire Safety Science*, Ottawa, Canada, June（1994）

55) 遊佐秀逸：火災時の燃焼生成物の毒性評価法，建築研究所建築研成果撰「あらか」No. 4, pp. 185－198（1986）

56) 土屋能男：酸素濃度および燃料/酸素等量比の関数としてのCO/O$_2$比，日本火災学会平成7年度研究発表会概要集，pp. 242－245（1995）

57) 長尾英夫，内田成也，山口晃雄：ポリアクリロニトリルの熱分解（青酸の発生），工業化学雑誌，Vol. 59, No. 6, p. 698（1956）

58) 守川時生：燃焼熱分解によるシアン化水素の発生，日本火災学会論文集，Vol. 22, No. 1－2, p. 1,（1972）

59) 芦田包義：ウレタンフォームの燃焼ガスと煙，プラスチックマテリアル，Vol. 15, p. 52,（1975）

60) 秋田一雄：燃焼概論，コロナ社（1971）

61) T. Tanaka：A Model of Multiroom Fire Spread, NBSIR 83－2718（1983）

62) 田中哮義：建築火災安全工学入門，日本建築センター

63) C. L. Beyler：Major Species Production by Diffusion Flames in a Two-layer Compartment Fire Environment, *Fire Safety Journal,* 10（1986）

64) 山田　茂，田中哮義：燃焼時の化学種生成モデル，日本建築学会大会学術講梗概集，pp. 1285－1286,（1992）

65) 山田　茂，田中哮義：火災時の建物内一酸化炭素濃度予測モデル，日本建築学会大会学術講演梗概集，pp. 1263－1264,（1993）

66) 山田　茂，田中哮義：一酸化炭素濃度予測モデルの改善，日本建築学会大会学術講演梗概集，pp. 1263－1264,（1994）

67) W. M. Pitts：Long-range Plan for a Research Project on Carbon Monoxide Production and Prediction, NISTIR 89－4185, National Institute of Standards and Technology, May（1989）

68) C. L. Beyler：Ph. D. Thesis, Harvard University（1983）

69) C. L. Beyler：*Fire Safety Science-Proceedings of the First International Symposium*, pp. 431－440, Hemisphere, New York（1986）

70) W. M. Pitts：The Global Equivalence Ratio Concept and the Formation Mechanismsof Carbon Monoxide in Enclosure Fires, *Prog. Energy Combustion Science*, Vol. 21, pp. 197－237（1995）

71) ISO/TR 9122－4　Toxicity testing of fire cffluents —Part 4：The fire model（furnaces and combustion apparatus used in small-scale testing）（1993）

72) ISO/CD 13344 Determination of the lenthal toxic potency of fire effuluents.

73) 日本火災学会編：火災便覧―新版―，p. 1319，共立出版（1984）

74) 東京消防庁：消防科学研究所報19号，pp. 90－99，東京消防庁（1982）

75) 三浦豊彦：夏と暑さと健康，p. 82，労働科学研究所出版部（1985）

76）安全工学協会編：安全工学講座 I　火災，p. 148，海文堂出版（1983）

77）東京消防庁：消防科学研究所報 31 号，pp. 131 – 136，東京消防庁（1994）

78）日本体育協会編：スポーツ活動中の熱中症予防ガイドブック，p. 17，日本体育協会（1994）

79）大塚敏文，都築正和，山本保博，東京消防庁救急部：救急医療の基本と実際「熱傷・環境障害・溺水」，p. 18，情報開発研究所（1985）

80）東京消防庁：消防科学研究所報 29 号，pp. 125 – 136，東京消防庁（1992）

81）J. May：*Arch. Gewebepath. Gewebehyg*, **10** p. 97（1940）

82）J. M. Arena：*Poisoning*, C. C. Thomas Publisher, Springfield, MA（1979）

83）国本由人：火災時に発生する燃焼生成ガスの毒性について　繊維製品消費科学，**31**，11，pp. 2 – 10（1990）

84）公益財団法人 日本中毒情報センター　医師向け中毒情報【二酸化窒素】Ver. 1.02（http：//www. j–poison–ic.or.jp/ippan/O 28100 O.pdf）

85）平川昭彦：ドライアイスによる急性二酸化炭素中毒の 1 例，日職災医誌，**55**，p. 229 – 231（2007）

86）The National Institute for Occupational Safety and Health（NIOSH）：Immediately Dangerous to Life or Health（IDLH）Values"（https：//www.cdc.gov/niosh/idlh/intridl4.html）

87）M J O' Neil（Ed）：*The Merck Index, 15 th Ed*, The Royal Society of Chemistry（2013）

88）R C Baselt：*Disposition of Toxic Drugs and Chemicals in Man, 9 th Ed*, Biomedical Publications（2011）

89）A Stec, R Hull（Eds）：*Fire Toxicity*, Woodhead Publishing（2010）

90）日本火災学会編：火災便覧 第 3 版，共立出版（1997）

91）国本由人：繊維製品消費科学，**31**，11 pp. 500 – 509（1990）

92）内藤裕史：中毒百科 事例・病態・治療，改定第 2 版，南江堂（2001）

93）自治省消防庁予防課 監修：火災燃焼生成物の毒性，新日本法規（1987）

94）相馬一亥 監修，上條吉人 執筆：臨床中毒学，医学書院（2009）

95）矢崎義雄 総監修：内科学 第 11 版，朝倉書店（2017）

96）Department of Health and Human Services, Centers for Disease Control and Prevention, National Institute for Occupational Safety and Health：*NIOSH Pocket Guide to Chemical Hazards, 3 rd Printing*, DHHS（NIOSH）Publication（2007）

97）Centers for Disease Control and Prevention, National Institute for Occupational Safety and Health：Immediately Dangerous to Life or Health（IDLH）Values,（https：//www.cdc.gov/niosh/idlh/intridl4.html）

98）日本法医学会企画調査委員会：火災に関連した死亡事例の調査，日本法医学会（2011）（http：//www.jslm.jp/problem/kasaikanren.pdf）

99）G L Nelson：Fire Technology, **34**, 1, pp. 39 – 58（1998）

100）T. Michiue, T. Ishikawa, S. Oritani, H. Maeda：Legal Medicine, **17**, 1, pp. 43 – 47（2015）

101）東京消防庁：火災室内の検索救助活動時における消防隊員の生理的・心理的変化に係る検証，消防技術安全所報，**45**，pp. 84 – 88（2008）

102）厚生労働省：職場における熱中症の予防について，2009（平成 21）年 6 月 19 日付け基発第 0619001 号

103）東京消防庁：消防活動と休息時間に関する研究，消防科学研究所報，**22**，pp. 80 – 91（1985）

104）澤田晋一：熱中症の現状と予防，pp. 155，杏林書院（2015）

105）東京消防庁：消防隊員が行う暑熱順化トレーニングの具体的方策に関する検証，消防技術安全所報，**50**，pp. 62 – 68（2013）

106）日本皮膚科学会：創傷・褥瘡・熱傷ガイドライン—6，日皮会誌，**127**（10），pp. 2261 – 2292（2017）

第7章　産業火災爆発

7・1　産業火災爆発の分類と実態

7・1・1　分　　類

（1）産業火災爆発の範囲

産業火災爆発は，産業における火災および爆発災害の意味である．産業は一般に，第一次，第二次および第三次産業に区分され，ここでいう産業とは，第二次産業である製造業を中心とする物質の加工業を主体として，一部，運輸・通信業，電気・ガス・水道業などの第三次産業に及ぶ範囲を考える．第一次および第三次産業を主体とした火災については，第8章，第10章などの他の章で述べる．

（2）物質による分類[1]

火災および爆発災害の原因物質の物理化学的な性質によって分類できる．危険性物質ごとに，①可燃性ガス，②引火性液体（可燃性液体），③易燃性物質，④可燃性粉体，⑤爆発性物質（自己反応性物質），⑥混合危険性物質，のように区分され，それぞれの物質ごとに特徴的な火災および爆発が生じている．

（3）形態による分類[2]

火災および爆発災害の特徴的な形態によって区分して，主に表7・1のように分類できる．むろん，これらが複合した形態で火災または爆発になることも少なくない．

表 7・1　産業火災爆発の形態による分類

	形態による分類	対象物質
火	可燃物火災	可燃性物質一般
	金属火災	金属粉体，固体金属
	電気火災	電気設備，ケーブル材料等
	プール火災	引火性液体，低温液化ガス
災	噴出（ガス）火災	加圧可燃性ガス，加圧可燃性液体
爆	ガス爆発（閉空間）	可燃性ガス
	蒸気雲爆発（開放空間）	可燃性ガス，沸騰気化する可燃性液体
発	噴霧（ミスト）爆発	可燃性液体
	粉じん爆発	有機物粉体，金属粉体
災	蒸気爆発（ブレビーを含む）	圧縮液化ガス，沸騰気化する可燃性液体
		溶融金属，高温可燃性液体
害	爆発性物質の爆発	火薬類，自己反応性物質

（4）北川による爆発災害の分類[3]

北川は，爆発事故の原因と経過の解析に基づいて，爆発を6種の型に類別している．それによると，着火源の必要な爆発（Ⅰ）と必要でない爆発に大別し，着火源の必要でない爆発は熱の蓄積に原因するものとして，さらに化学反応熱を物質の内部に蓄積したもの（Ⅱ）と，

過熱状態にある液体の蒸発潜熱の蓄積によるもの（Ⅲ）に区分している．これらをまとめると表7·2のようになる．爆発災害では，これら6種の型の爆発が，それぞれ単独で発生する場合があるほかに，2種または3種の型の爆発が連鎖的に相次いで発生する場合があるとしている．Ⅱ-A，Ⅲ-AおよびⅢ-Bの爆発災害では，火を出さない爆発で終わる場合もある．

表 7·2　北川による爆発火災の分類[3]

Ⅰ．着火源必要		Ⅰ-A	着火破壊型
		Ⅰ-B	漏洩着火型
着火源不要 （熱の蓄積）	Ⅱ．化学反応熱	Ⅱ-A	自然発火型
		Ⅱ-B	反応暴走型
	Ⅲ．蒸気爆発	Ⅲ-A	熱移動型
		Ⅲ-B	平衡破綻型

（5）業種または製造装置ごとの分類

　産業の業種または製造装置等ごとに，それぞれ特徴的な同種の火災または爆発災害を発生することが多いことから，火災または爆発にこれらの業種または装置名などを冠して火災および爆発災害を区分することがある．例えば，業種名では，鉱業，炭鉱，化学工業，石油精製業，貯蔵所，倉庫，廃棄物処理業など，装置名または施設名では反応装置，蒸留装置，熱交換器，配管（パイプライン），ポンプ室，粉砕・分級装置，集じん装置，過熱装置（ボイラ，炉），乾燥装置，貯蔵槽（タンク，容器），サイロ，鉱道などである．また，運転手段ごとに，鉄道，船舶，自動車，航空機の他に個別の名称としてタンクローリーなどがある．

表 7·3　日本の法令による産業災害

産業災害の分類	所管官庁	区分の内容
労働災害	厚生 労働省	労働者100人以上の事業場について，産業区分ごとに死傷災害の発生率を度数率および強度率で表示している．産業区分は，日本標準産業分類に準じており大分類として，農業・林業，鉱業，建設業，製造業，電気・ガス・水道・熱供給業・情報通信業・運輸業・卸売・小売業などの12区分とし，さらに中分類と小分類がなされている．また，各労働災害の発生状況について，死亡災害は全数，死傷災害は約1／4が公表されている．
危険物災害	消防庁	危険物施設ごとに火災および爆発災害の件数などが公表されている．危険物施設は，危険物製造所，危険物貯蔵所および危険物取扱所に3区分され，さらに貯蔵所と取扱所は7区分と4区分にそれぞれ細区分されている．
高圧ガス災害	経済 産業省	高圧ガス保安法の一般高圧ガス保安規則，液化石油ガス保安規則，コンビナート等保安規則および冷凍保安規則が適用される製造事業所について，事故の件数，内容などが公表されている．
火薬類災害[5,6]		火薬類取締法が適用される火薬類の事故について，取扱区分（製造中，消費中，その他）および種類別区分（産業火薬，煙火，がん具煙火）ごとに発生日時，発生場所，火薬類の種類，数量，被害状況および事故発生状況の概要が公表されている．

（6）法令に基づいた分類[4)]

　産業災害としては，厚生労働省が労働災害，消防庁が危険物災害ならびに経済産業省が高圧ガス災害および火薬類災害として，それぞれ法令に基づいて災害の件数などを公表している。しかし，労働災害および高圧ガス災害は必ずしも火災および爆発災害とは限らず，前者では休業1日以上の業務上の死傷災害であり，後者では，①充填容器等の破裂・破損，②高圧ガスの噴出漏洩，③爆発・火災，④社会に影響のあったものを災害としている．表7·3にこれらの災害の区分内容を示した．　　　　　　　　　　　（長谷川　和俊・西　晴樹）

7·1·2　統計にみる実態

（1）労　働　災　害[7)]

　産業における災害の実態を全体的に最もよく表しているのが労働災害である．全産業について度数率の歴史的推移を図7·1に示した．1952（昭和27）年から2016（平成28）年までの約65年間に全産業の度数率は約40分の1に減少しており，1994（平成6）年以降はほぼ横ばい状態にあるが長期的には低下傾向にある．

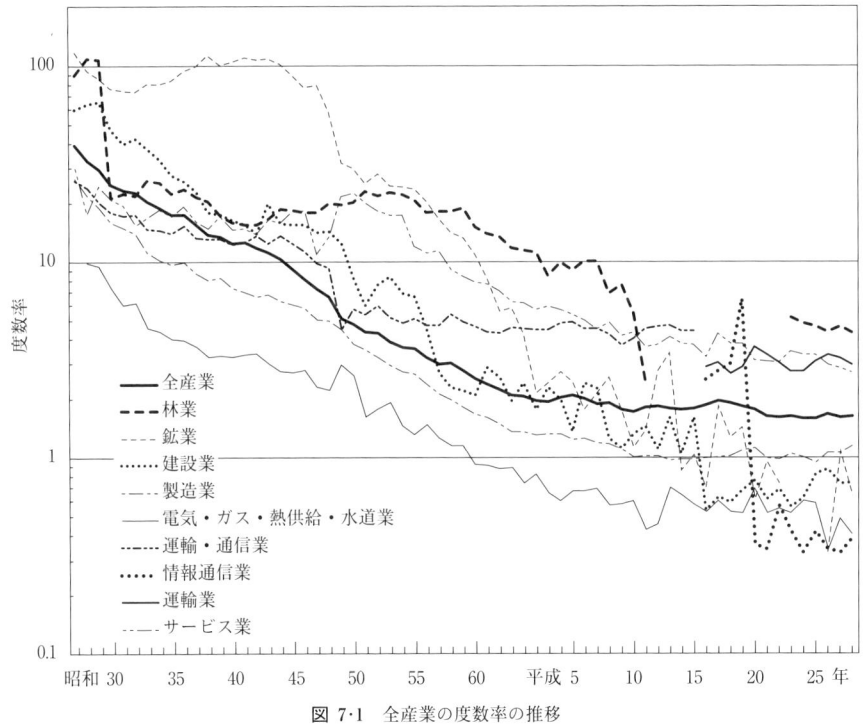

図 7·1　全産業の度数率の推移

（2）危 険 物 災 害[8)]

　危険物施設における火災および爆発災害の発生率について，危険物施設ごとに図7·2に示

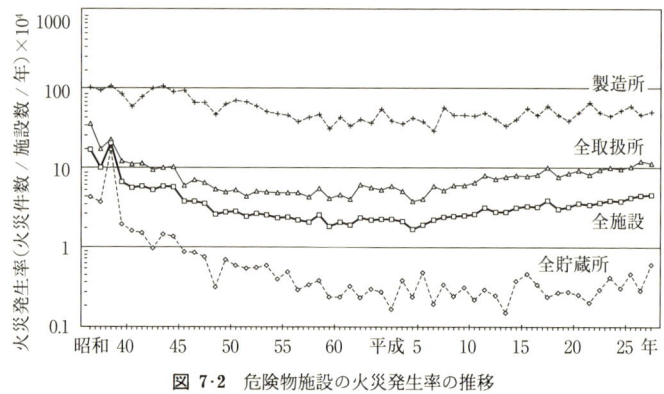

図 7・2　危険物施設の火災発生率の推移

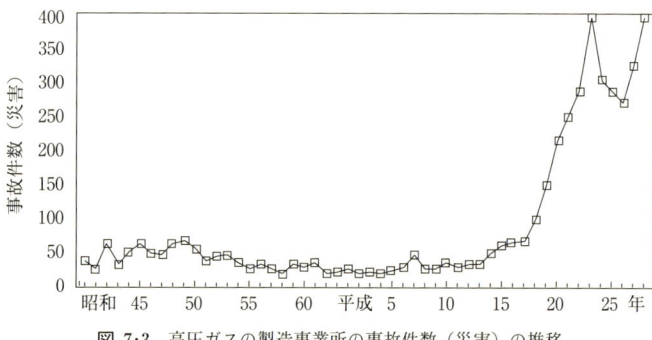

図 7・3　高圧ガスの製造事業所の事故件数（災害）の推移

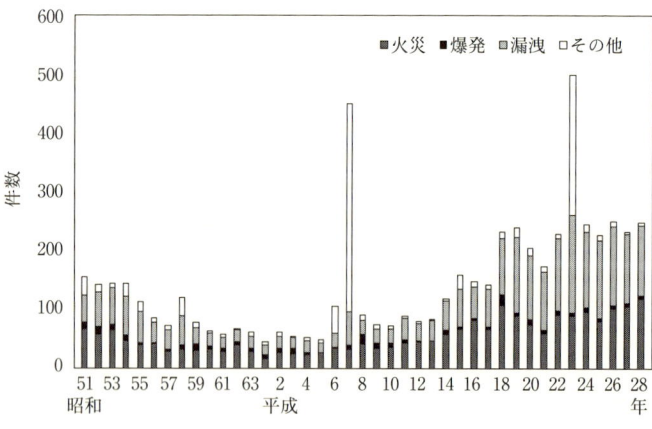

図 7・4　石油コンビナート区域における災害件数の変遷

した．1962（昭和37）年から1994（平成6）年までの約30年間に，発生率はそれぞれ，危険物施設全体で4分の1，危険物貯蔵所で約30分の1，危険物取扱所で6分の1および危険物製造所で3分の1に低下したが，その後増加傾向となり，危険物施設全体では1994（平成6）年の発生率の2.5倍となっている．

（3）高圧ガス災害[9]

高圧ガスに関わる製造事業所の事故発生件数の推移を図7·3に示した．1965（昭和40）年から1999（平成11）年までの約25年間に事故件数は約2分の1に減少したが，1999（平成11）年以降は増加傾向にあり，近年特にその傾向が顕著である．

（4）石油コンビナート災害[10]

石油コンビナート区域における火災および爆発災害を含めた災害件数の様相を図7·4に示した．石油コンビナート区域は，2016（平成28）年現在，83地区が指定されており，363の第1種と323の第2種事業所が含まれている．地区数および事業所数には年変動があるため，図7·4はあくまでも災害の件数であり，災害の発生頻度を示すものではない．災害の発生件数は1993（平成5）年までの約20年間では著しく減少していたが，その後増加傾向に転じ，2006（平成18）年に急増した．　　　　　　　　　　　　　　　（長谷川　和俊·西　晴樹）

7·2　産業火災爆発の形態

7·2·1　ガ　ス　爆　発

爆発は相対的に小さな空間で短い時間にエネルギーや物質が放出される現象で，周囲に空気など気体が存在するとその運動によって爆風が形成される．産業爆発事故の大部分は燃焼によるエネルギー放出によるものである．可燃性の混合気が形成され，それが発火すれば必ず圧縮波を作り出し爆発となる．燃焼波前方の未燃混合気の流動は壁面などの影響で容易に乱流となり，乱流予混合火炎が伝播することになりエネルギー放出速度が大きくなる．熱エネルギーとラジカルの輸送によって伝播する通常の火炎がつくる燃焼波をデフラグレーション（爆燃）と呼ぶ．これに対して衝撃波圧縮による加熱で維持伝播する燃焼波をデトネーション（爆ごう）と呼び，爆薬の燃焼モードで破壊力が格段に大きい．

どんな空間にでも可燃性混合気が少しでも形成され，着火すれば程度の差こそあれ爆発する．しかし爆発といっても可燃性混合気の種類，組成，状態だけでなく，混合気の形成のされ方，空間·形状などによって千差万別である．爆発によってその源をとりまく大気中には爆風が形成され，その理想的な圧力波形は図7·5のようになる．一般に爆発のエネルギー放出が短時間で小さい空間とみなしうる程度にその中心から離

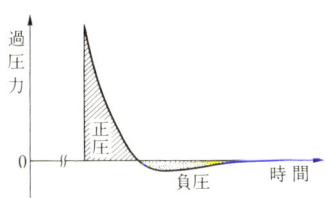

図 7·5　理想的な爆風の圧力波形[1]

れると，このような波形に近づく．本項（1）Aで述べるように，このモデルに基づいて爆発威力の算定がなされる．

容器内や管内での混合気の燃焼は衝撃波を発生しやすく，特に複数の衝撃波の干渉によってデトネーションのモードに遷移しやすいので注意が必要である．開放空間中では衝撃波の

エネルギーが分散されやすいのでデトネーションに比較的なり難いが，複雑で細かい形状の物体の多い中を火炎が伝播するとデトネーションに遷移することがある．デトネーション波自体は特殊な高速度カメラでしか見ることは出来ないので，それが発生したか否かは構造物の破壊の程度で判断される．まれにデトネーション波独特の「爪跡」で発生が確認されることがある．

　比較的特殊な爆発事故に燃料蒸気雲爆発があり，本項（3）で少し詳しく述べる．これは液化ガスが大気中に放出された場合に生じ，輸送車両の事故で生じることが多い．デフラグレーションによる爆風の後ファイアボールと呼ばれる燃料ミストの燃焼が続く．

（1）爆 風 の 強 さ

　ガス爆発で最も多くの被害を与えるのは爆風である．爆風の特性について簡単に説明する．

A．理想的爆発

　理想的な爆風は相対的に大きなエネルギーが無限小の時間と空間で一様な大気中に放出されたときにつくられる大気の運動である．このとき爆発の中心からやや離れた位置で観察される圧力の時間変化は図7·5のようになる．この場合，パラメーターは放出エネルギーの大きさと周囲の大気の状態の2つだけであるため，相似則が成り立つ．無次元距離を R として

$$R=\frac{r}{\left\{E/\left(\frac{4}{3}\pi p_0\right)\right\}^{1/3}} \qquad (7·1)$$

を導入すると，爆風の状態を表すすべての物理量は距離 R のみ関数となる．ここで r は爆心からの距離，E は放出エネルギー，p_0 は環境の圧力である．爆風の強さのめやすとしてしばしばピーク過圧力が採用される．相似則によって，無次元ピーク過圧力 $(p-p_0)/p_0$ は無次元距離 R と一対一に対応するので爆心からの距離 r におけるピーク過圧力 $p-p_0$ を測定すれば爆発のエネルギー E を知ることができる．

　実用上は爆発中心を地表面とした方が都合よい．しかし爆風は地表面を境に鏡面対称にはならず，地表面での反射があるため，理想的な爆風とは差異が生じるが，TNT爆薬を用いた実験によって得られる爆風のピーク過圧力と距離の関係を上述の相似則の形で表現する．無次元距離 R の代わりに換算距離として，

$$\hat{R}=\frac{r}{W^{1/3}} \qquad (7·2)$$

を用いる．ここで W は TNT 爆薬の質量（単位 kg）で，r は爆心からの距離（単位 m）である．エネルギー E

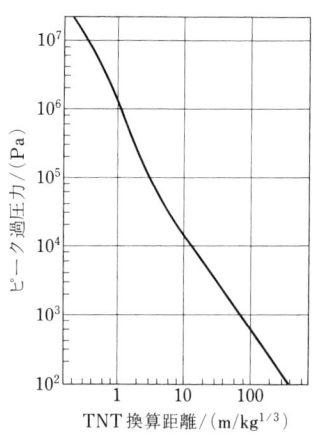

図 7·6　地表でのTNT爆薬の爆発による爆風のピーク過圧力と換算距離との関係[2]

を基準量として考えたときと同様に，ピーク過圧力と換算距離とは一対一に関係づけられるので，爆発の威力をTNT爆薬換算量で知ることができる．この量をTNT当量とよび，爆発に関与した燃料の質量に対する比をTNT収率とよぶ．図7·6に理想爆風のピーク過圧力と換算距離との関係を示す．

B.　非理想的爆発

ガス爆発では爆薬の爆発と違って，エネルギーの放出が時間的にも空間的にも小さいとみなすことができないことがある．モデルとして自由空間中で半径 $R=1$ の内部に可燃性混合気が存在し，中心で点火されデフラグレーションが伝播する場合を考えると，中心からの距離 R における圧力波形は図7·7のようになる．圧縮波の後に来る強い膨張波が特徴的で，ある程度離れた位置では前後がゆるやかなN字型の波形となる．このようなデフラグレーションによる爆発を，体積膨張とみなして生じる爆風を計算した例が図7·8に示される．図中破線で示した速度で球の体積を膨張させたときの各位置における圧力波形である．ゆるやかではあるが同様にN字型の圧力波形となる．図7·5に示された理想的爆発のつくる爆風とは異なり，事故の際の破壊力の及ぼし方が違う．このため，前述のように爆風のピーク過圧だけで爆発の威力を評価するのはいくらか無理があり，むしろ過圧力の時間積分をとったインパルスの方が適当ではないかという考え方もある[5]．

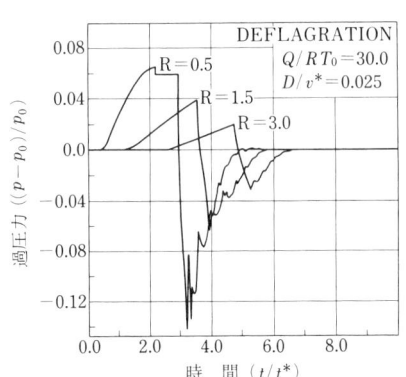

図 7·7　伝播火炎がつくる爆風の波形の一例[3]

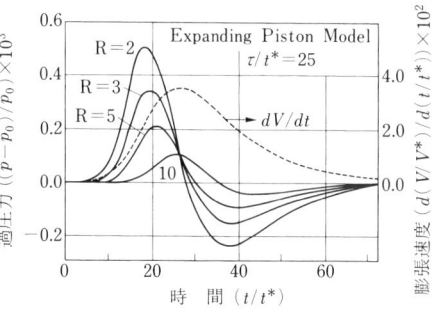

図 7·8　急激に開放空間中に放出された燃料の蒸気雲に着火，爆発したときにつくられる爆風の例[4]

（2）閉空間中での燃焼による爆発

容器や管内に可燃性混合気あるいは分解爆発性気体が存在する場合，着火すれば爆発する．危険であるため，このような状況は過失のほか，機器・装置の故障によってつくられることが多い．閉空間では可燃性ガスが空気中に漏れることによって容易に可燃性混合気がつくられるため，爆発事故を起こしやすい．本項の最初に述べたように燃焼のモードによって大きくデフラグレーションとデトネーションの二つに分けられる．

A.　デフラグレーション

燃焼による爆発事故の多くはデフラグレーションによる．可燃性混合気中を火炎が伝播す

ることによって生ずる波で，図7・7に示したように強い圧力波を火炎前方に作り出す．閉空間では圧力の散逸が少ないだけでなく，火炎前方の未燃混合気の流れの乱流を強め易いので，強い乱流伝播火炎となり易い．障害物の存在などで乱流強度が強くなると燃焼速度は大きくなり，前方の圧力波が衝撃波を形成するまでになることもある．もちろんデトネーションに比べれば破壊力は格段に小さい．

可燃性混合気で満たされた容器内では圧力は定容燃焼の圧力にまで上昇しうる．初気圧の5倍以上にもなるので強度が不十分な容器は破壊される．

B. 気体デトネーション

デトネーションは衝撃波加熱による混合気の爆発の連続で，燃焼反応による発熱エネルギーの大部分が前面衝撃波に集中し，極めて大きな破壊力を持つ．前面波は多くの爆風の集合体で爆風と爆風の衝突が高温高圧領域を作り，そこでの爆発的燃焼による高圧が壁面に「爪跡」を残すことがあり，デトネーションの証拠となるが，見つけられるのは稀である．

デトネーションの開始は起爆と呼ばれ，衝撃波による直接起爆と乱流火炎のつくる衝撃波による爆燃－爆ごう遷移（DDT）の2通りがある．起爆し易さは混合気の種類，組成によって大きく異なる．また複数の衝撃波の干渉は高温領域を作りやすく起爆の源となるが，圧力波が散逸し易い開放空間に比べ，閉空間，とりわけ管内では起爆しやすい．

C. フィルム・デトネーション

まれな爆発事故の形態である．配管の内壁に薄く付着したオイルが，それが不揮発性でも爆発することがある．空気や酸素などで満たされた管内を強い衝撃波が伝播すると，衝撃波背後の高速流れで管壁に強いせん断力が働き，オイルが削り取られて舞い上がり，粉じん爆発のような形態となる．

（3）開放空間での燃料蒸気雲爆発

加圧された可燃物質入り容器から事故によりそれが開放大気中に大量に放出されてしまった場合，着火すると爆発になる．燃料物質が気体の場合，空気より軽いか重いかによって気体の運動がかなり異なり，空気との混合や拡散の速度にも違いがある．しかし，いずれの場合も可燃性混合気が形成された部分でデフラグレーションが生じて爆風ができ，よく混合されていない燃料気体のかたまりが残っている場合は，それに続いて拡散燃焼する火の玉ができる．

燃料物質が液化ガスのように液体の場合は燃焼までに気化のプロセスが必要でファイアボールがやや長時間続き，燃料蒸気雲爆発と呼ばれる特徴的な現象となる．

A. 燃料蒸気雲の形成

典型的な燃料の急激な噴出は，液化ガスが火災の火炎にさらされて沸点以上になり高圧になって容器が破壊され急激に大気中に放出されるような場合である．放出された大量の液体燃料はミスト，すなわち雲を形成する．周辺部の燃料は空気と急速に乱流混合し，火災が点火源となってデフラグレーションを生じる．この爆発の爆風と高温による上昇気流で燃料ミストは拡散火炎を伴って上昇し，きのこ雲となってパンケーキ形のファイアボールをつくる．

B.　爆風の特性

　爆薬が爆発したときのようなきのこ雲を形づくるが，爆風は基本的にデフラグレーションによるもので図7・7に示したようなゆるやかな圧力の立ち上がりと急激な膨張波を伴っているのが特徴である[3]．伝播火炎に続く拡散燃焼があるため実際には波の後方がなまってくる．実験による実測データによく合うモデルで計算した圧力波形が図7・8に示される[4]．

C.　ファイアボールによる輻射熱

a.　ファイアボールの大きさ　　着火後の初期の火炎伝播の後に大量の燃料が残るため，その拡散火炎を含んだ比較的持続時間の長いファイアボールが形成され，その輻射熱にさらされて，副次的な火災等が発生することがある．燃料のかなり大きな割合がファイアボール形成に寄与するため，ファイアボールの大きさおよび持続時間は燃料の量によって推定できる．燃料の質量を W（kg）とすると，ファイアボールの直径 D（m）は球とみなして，ほぼ，

$$D = aW^{1/3} \tag{7・3}$$

程度であるという近似式が成り立つ．ただし，a は通常の炭化水素では約 5.85（m/kg$^{1/3}$）程度である[5]．この関係式は 0.1 グラム以下の微量な燃料から数百トンの大量の燃料までかなりよく成り立つ．

b.　ファイアボールによる輻射熱　　火炎温度 T（K）のファイアボールから距離 r（m）の位置において受ける輻射熱 E は，

$$E = b\frac{W^{2/3}T^4}{r^2}, \quad b \approx 4.86 \times 10^{-7} \text{（J/sm}^2\text{）} \tag{7・4}$$

と近似することができる．輻射熱の大きさは，その4乗に比例する火炎温度 T に大きく影響を受ける．火炎温度は燃料の種類，混合の仕方，ファイアボールのスケールなどによって異なり，一般に 1500～2000 K 程度と考えられる．また輻射率は上式では1としているが，これら条件によって異なってくる．このため輻射熱の予測には大きな誤差を見込む必要がある．

c.　ファイアボールの持続時間　　ファイアボールの持続時間もまた輻射熱による危険性に大きな影響を与える．持続時間は混合気の形成のされ方や燃料の性質によって影響を受けるが，ファイアボールの形成が重力，すなわち自然対流によって生じるため，その直径と関係が深く，燃料の質量と関係づけることができる．その結果，持続時間 t の粗い近似式として，

$$t = cW^{1/6} \tag{7・5}$$

を得る．c は実験結果から炭化水素では 1.0（s/kg$^{1/6}$）程度の大きさである．

（滝　史郎）

7・2・2　噴出ガス火災

　高圧のガスが噴出すると高速ガスの乱流領域を形成し，急速に周囲の空気を巻き込んで混合する．これに着火すると，燃焼速度の大きいジェット火炎になる．ジェット火炎は物体の同じ位置に高速であたるので，油火災や木材火災よりも物体に対する加熱効果がはるかに大きい．LP ガスなど常温高圧で貯蔵される液化ガスが液相部で噴出すると，大気中で急速に気化するのでガス噴出と同じような現象になる．

（1）噴 出 流 量

ガスの圧力が高くなると出口で臨界状態になり，流速が音速に等しくなる．臨界圧力とガスの圧力の関係は式（7·6），臨界状態の質量流量は式（7·7）で表される[1]．CO_2 では $\kappa=1.3$ であるから $P_0=1.83P_*$ で，$P_0>1.83P_a$ であると臨界状態になる．LP ガスのような液化ガスの液相部からは，液または気液二相で噴出する．その質量流量は式（7·8）[2]のとおりである．

$$\frac{P_*}{P_0}=\left(\frac{2}{\kappa+1}\right)^{\frac{\kappa}{\kappa-1}} \tag{7·6}$$

$$M_g=\left\{\kappa\left(\frac{2}{\kappa+1}\right)^{\frac{\kappa+1}{\kappa-1}}\right\}^{1/2}\cdot\frac{P_0}{\sqrt{RT_0}}\cdot\frac{\pi D^2}{4} \tag{7·7}$$

$$M_l=C_D\cdot\frac{\pi D^2}{4}\cdot\sqrt{2\rho(P_0-P_a)} \tag{7·8}$$

ここで，P_0 はガスの圧力（abs），P_* は臨界圧力（abs），P_a は大気圧（abs），M_g はガスの流量，M_l は液または気液相の流量，D は噴出口の口径，R は気体定数，T_0 はガスの温度，κ はガスの比熱比，ρ は液の密度，C_D は流出係数である．

液化プロパンの実験[3]によると，貯蔵タンクから噴出口までのパイプの長さが短く，管径に比べて噴出口径が小さいと液化ガスはほとんど液で噴出し，$C_D\fallingdotseq0.6$ であった．パイプラインが長く，噴出口径が管径と同じ場合はパイプ中で気化して気液二相で噴出し，$C_D\fallingdotseq0.1$ であった．図7·9は結果の一例である[3]．プロパン約84%のLP ガスが，呼び径 2″，長さ 100 m のパイプの先端から噴出する流量は 2.75 ～ 3.33 kg/s であった[4]．

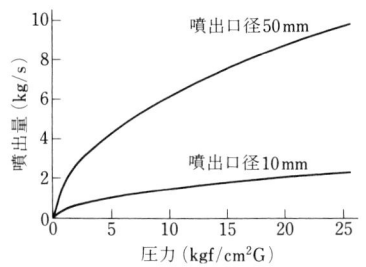

図 7·9　液化プロパンの噴出量[3]（パイプの直径 50 mm，長さ 100 m）

（2）濃 度 分 布

高圧で噴出するガスは周囲の空気を巻き込み，急速に空気と混合して噴出後直ちに一定の濃度分布を形成する．噴出ガスの濃度分布は式（7·9）[5]で表される．ノズルの内径 3.8 mm と 6.8 mm，CO_2 の下向き噴出の実験によると式（7·9）は圧力にかかわらず成立し，$k_1=5.1$，$k_2=9.2$ とするとよく実験結果に適合した．

$$\frac{C_{xr}}{C_0}=k_1\frac{D}{x}\cdot\left(\frac{M_{x0}}{M_0}\right)^{1/2}\cdot\left(\frac{P_0}{P_a}\right)^{1/2}\cdot\exp\left\{-\left(\frac{k_2 r}{x}\right)^2\right\} \tag{7·9}$$

ここで C_0 は噴出口のガス濃度，C_{xr} は x,r 点のガス濃度，M_0 はガスの分子量，M_{x0} は x,r 点のガス空気混合気の平均分子量，D は噴出口の口径，x は噴出口からの距離，r は噴流中心軸から半径方向への距離，k_1，k_2 は係数である．

液化ガスが液相部から噴出する場合には式（7·9）がそのまま適用できない．しかし噴出後気化するので，k_1，k_2 の値は変わるが式（7·9）のような濃度分布になるであろう．大量噴出の場合には噴出の運動量を失った後蒸気雲を形成する．気化熱を奪われるために低温と

なって霧が発生する．呼び径 6″，長さ 40 m パイプからの噴出実験結果を表 7·4 に示す[2]．

表 7·4　液化プロパン噴出のガス濃度（高さ 1 m）[2]

噴出口径 (mm)	圧力 (kgf/cm²G)	ガス濃度（%）	
		噴出口から 20 m	噴出口から 30 m
13.52	17.8	2.0	1.6
25.8	7.5	3.2	2.2

（3）燃　　焼

　噴出ガス，蒸気雲に着火すると，可燃混合気の流速が燃焼速度より大きければ火炎が吹き飛び，小さければ定常的にジェット火炎が形成される．例えば，水素火炎では，円形の噴出口の直径が 1.17 mm 以上の場合，安定的に着火・保炎が認められるが，直径 0.53 mm では圧力 0.1 ～ 3 MPa の範囲で保炎しなかったとの結果が報告されている．同時に，噴出圧力や流量で保炎範囲を整理すると，図 7·10 に示すように開口の形状が大きく異なる場合でも，保炎範囲に大きな違いはないとされている[6]．

　Imamura ら[7]は，水平に噴出させた水素に着火し，火炎長さを図 7·11 に示すように，既往の研究成果との比較[8-10]も交えながら噴出口径と圧力で整理している．また，イソパラフィン系溶剤を鉛直上方へ噴出させた実験結果[11]と，既往のジェット火炎長さに関する実験結果[12, 13]を合わせて整理し，燃料及び噴射方向が異なった場合でも火炎長さ及び火炎の壁面付着を統一的に予測できるモデルを構築している（図 7·12）[11]．なお図 7·12 中において t は燃料の噴出時間を表し，Fr_f は式（7·10）で表される値である．

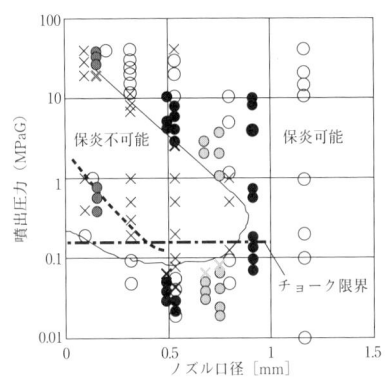

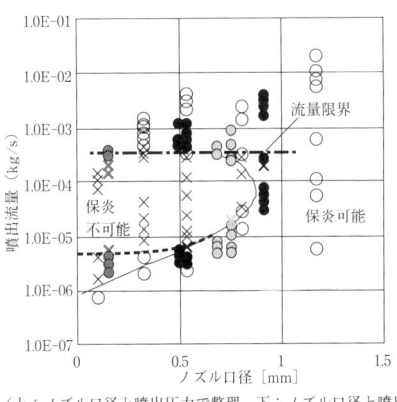

○ 保炎可能（丸型）
× 保炎不可能（丸型）
● 保炎可能（△型）
✕ 保炎不可能（△型）
◐ 保炎可能（スリット型）
⦸ 保炎不可能（スリット型）
◑ 保炎可能（亀裂型）
✖ 保炎不可能（亀裂型）

（上：ノズル口径と噴出圧力で整理，下：ノズル口径と噴出流量で整理）

図 7·10　水素火炎の保炎範囲[6]

$$Fr_f = \frac{u_s}{\sqrt{gD}} \cdot \frac{1}{(r+1)^{3/2}} \cdot \frac{1}{(\rho_s/\rho_0)^{1/4}} \cdot \frac{1}{\left(\dfrac{\Delta h_c(\chi_A - \chi_R)}{C_p T_\infty (r+1)}\right)^{1/2}} \qquad (7\cdot10)$$

ここで u_s：ノズル出口における燃料流速（m/s），g：重力加速度（m/s²），D：ノズル径（m），r：空燃比（-），ρ_s：燃料ガスの密度（kg/m³），ρ_0：雰囲気ガスの密度（kg/m³），Δh_c：低位発熱量（kJ/kg），χ_A：燃焼効率（1.0），χ_R：放射率（-），C_p：定圧比熱（kJ/(kg·K)），T_∞：雰囲気温度（K），L_M：火炎長さ（m）である．

Hirst は蒸気雲の火炎伝播速度を測定しており[2]，噴出流量，着火位置等で変わるが9～28 m/sであったと報告している．また，Cowley らによる液化プロパンの実験[3]では，パイプの長さ100 m，直径50 mm，噴出口径10 mmで，噴出口から4 mの最高温度は1297℃であったと報告している．

（4）加 熱 効 果

ジェット火炎は放射熱と火炎が直射することにより周囲の物体を加熱する．液化プロパンのジェット火炎表面からの放射熱は最大 2.15×10^5 kcal/(m²·h)，直射火炎による物体への熱伝達は $4.30\times10^4 \sim 1.89\times10^5$ kcal/(m²·h)との報告がある[3]．

内径1750 mm，長さ1957 mm，肉厚9 mmのLPガス3トンタンクに約半分の水を入れ，これを7.5トンタンクローリーから呼び径2″，長さ100 mのパイプを通じてLPGのジェット火炎で加熱した[4]．噴出口の反対側に障壁をおくとジェット火炎が障壁で反転し，両方向から3トンタンクに当たるので最も強くタンクを加熱した．タンクの温

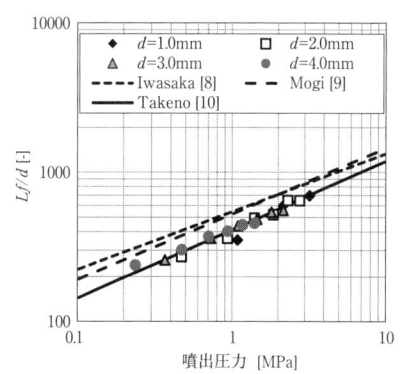

図 7·11　水平に形成された水素火炎の長さと噴出圧力の関係[7]

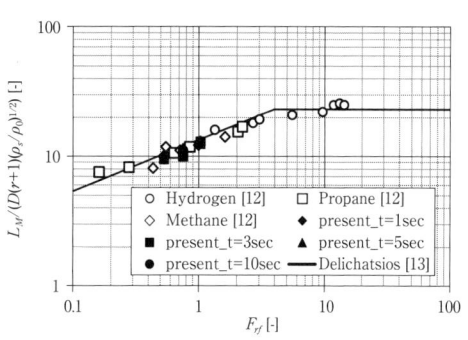

図 7·12　水平及び鉛直に形成されたジェット火炎の長さとフルード数の関係[11]

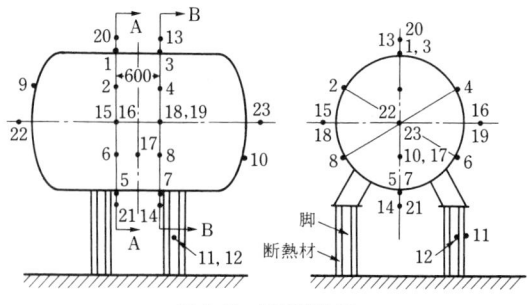

図 7·13　温度測定点[4]

度測定点，各部の温度を図7·13, 7·14 に示す[4].

タンク内の水の受熱量は37000 〜 78600 kcal/(m²·h) で，噴出口の反対側に障壁をおいた実験が最大であった．雰囲気温度を常温から1400℃の平均値とし，水に対する総括熱伝達率を計算した結果は80 〜 110 kcal/(m²·h·℃) であった．

LP ガスの充填所など，容器が多数置かれているところで火災が発生すると，容器が加

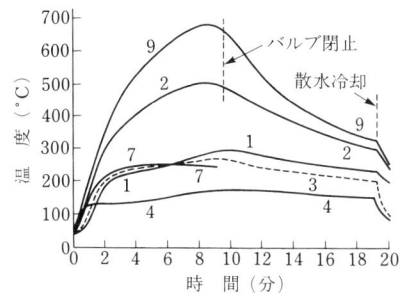

図 7·14　3 トンタンク各部の温度[4]

熱されて圧力が上昇し，安全弁からガスが吹き出す．容器が転倒していれば液が吹き出す．これに着火するとジェット火炎となって隣接容器を強熱する．鋼材は約300℃までは強度が上昇するが，それ以上になると強度が低下する．大体500℃で常温の75%，600℃で45%，700℃で25%程度になる[14]．特に容器の気相部にジェット火炎があたると温度が上昇し，安全弁の吹き出し圧力以下の圧力で破裂することがあり，事故例もある．

Imamura らは水素噴流火炎の下流側の温度場を計測し，噴流火炎中心軸に沿った温度上昇を，図7·15 に示すようにピンホール径及び噴出圧力の影響を加味して整理している[7]．

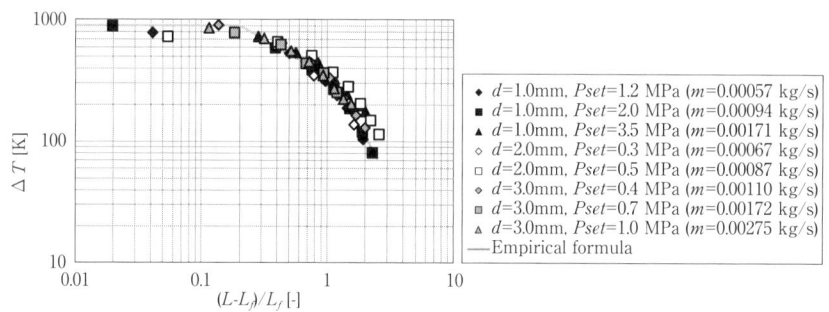

図 7·15　水素噴流火炎中心軸上の温度と距離の関係[7]

（加藤　眞蔵・今村　友彦）

7·2·3　粉じんおよび噴霧爆発
（1）爆発発生条件
粉じん爆発とは，空間に分散・浮遊する粉じんの粒子群（これを粉じん雲という）中を伝播する燃焼反応によって，被害が想定される程度の圧力の上昇（窓ガラスが破壊される0.1気圧程度）が認められる場合をいう．したがって，粉じん爆発の発生条件は，固体燃料を微粉にし，空間に分散させて燃焼させる場合（例えば微粉炭撚焼）の燃焼開始条件と，実際上同一とみなしてよい．

燃焼の3要素（可燃物，支燃物，着火源）に対応させて爆発発生条件をまとめると以下のようである[1,2]．

A. 可燃物

微粉（一般には 500 μm 以下）の可燃性物質であるが，低揮発分（VM 10% 以下）の石炭（無煙炭）やコークスは通常爆発しない．これは，粒子が熱分解や蒸発によって可燃性気体を発生して気相で燃焼反応が進行する物質に比べて，固体表面反応で燃焼する物質の反応速度が低いからである．金属粉については酸化物の沸点あるいは燃焼温度が金属の沸点より低いものは表面反応である．しかし，Fe や Ti などは表面反応であっても燃焼熱が大であり爆発する．金属でも沸点が燃焼温度より低く，かつ酸化物の沸点よりも低いもの（A1, Mg など）は気相反応であり，爆発危険性は高い．

爆発が発生するためには粉は空間に分散・浮遊し，単位空間当りに存在する粉じん量（これを粉じん雲濃度という）がある範囲（爆発濃度範囲）内になければならず，低いほうの限界値を爆発下限濃度，高いほうを爆発上限濃度という．この爆発濃度範囲は一般にかなり広く，粉体を取り扱う多くの装置内では，気相中の酸素濃度を減ずるなどの対応がとられていなければ，爆発濃度範囲内にあることが多いと推測される．また，爆発が発生すると火炎よりも爆風が先行伝播するので，周囲に堆積粉が存在すると爆風によって舞い上げられて粉じん雲を形成する．そこへ火炎が到達すると爆発はどこまでも伝播することになる．このようにして局所的な事象が全工場を破壊するに至ったという事例は少なくない．

B. 支燃物

金属粉には二酸化炭素や水蒸気から酸素を奪って反応するものや気体窒素と反応するものもあるが，化合物として分子内に酸素を有し他からの酸素の供給を必要としない火薬類は除外されているので，ほとんどの場合支燃剤としては気体酸素が対象となる．雰囲気中の酸素濃度が減少すると爆発の発生は次第に困難になり，爆発が発生するに必要な酸素濃度には限界値が存在する．これを爆発限界酸素濃度という．爆発限界酸素濃度は酸素濃度を減ずるのに用いられる気体が窒素か二酸化炭素であるかによっても異なり，有機物に対しては二酸化炭素の方が効果が高いが，金属粉に対しては上述のように二酸化炭素から酸素を奪って反応するものもあり，逆の場合が多々ある．

また，爆発限界酸素濃度は着火源の大きさ（強さ）の影響を強く受けるので，防爆対策として酸素濃度を減ずる方法を採用する場合は想定される着火源の大きさに対応した爆発限界酸素濃度で対策を取らなければならない．

C. 着火源

着火源には微粒子の燃焼反応を開始させるに十分なエネルギーを供給できる種々のものがあげられるので，状況に応じて特異な着火源についてもその危険性を考慮しなければならない．しかし事故事例からは（1）火災や爆発等の火炎，（2）溶接のトーチやライタなどの裸火，（3）高温表面，（4）電気回路の短絡や回路切断などによる電気火花，（5）静電気放電火花，（6）高温固体粒子，などが主要な着火源としてあげられ，これらはおよそこの順で着火能力が高い（エネルギーとしては kJ から mJ まで，幅が広い）．

爆発を発生させるためには着火源の温度あるいはエネルギーに限界値が存在する．これらをそれぞれ（最低）発火温度，最小着火エネルギーという．これらは堆積体と粉じん雲で異なった値になる．堆積体については，直接的には火災と関係し粉じん爆発とは関係しない

が，堆積体の発火から粉じん爆発に移行することがあるので，無関係ではない．有機物の最小着火エネルギーは粉じん雲の方が低いが，金属粉では両状態での値に大差がない．金属粉は導電性であることが影響していると考えられる．

（2）粉じん爆発と噴霧（液滴）爆発の類似点と相違点

物質には気体，液体，固体の3様態があり，条件が整えば，いずれも爆発を起こす．噴霧爆発とは噴霧（空間に分散浮遊する液滴粒子群）が起こす爆発のことで，粉じん爆発における粉じん粒子を微粒液滴に置き換えた場合の爆発と理解すれば，それらの類似点と相違点が自ずから明らかになる．揮発性の高い液体の噴霧で，着火温度より低い温度で蒸発した成分が空気と混合して爆発性の予混合気を形成する場合は噴霧爆発であっても，実際は予混合気のガス爆発に類似した爆発となる．前述のように，金属粉じんにも気相で燃焼するものがあるが，その場合金属は液滴となっていて，各液滴粒子の周囲に形成される燃焼帯では拡散燃焼が起こっている．同様に，液滴の燃焼も気相拡散燃焼反応と考えられるが，有機溶剤など多くの液体有機物は着火温度以下の温度での蒸気圧が高いので，前述のように，可燃性蒸気‐空気の予混合気を形成したのちに着火・爆発するものも少なくないと思われる．一般に，固体よりも常温で液体である液滴のほうが蒸発しやすいので，着火・爆発が容易である．

特に，揮発性の高い成分も含む液滴の場合には，揮発した可燃性成分が空気と混合して可燃性ガス－空気混合気を形成し，可燃性ガス－空気混合気中に（低揮発性の）液滴が分散する状況が起こりうる．可燃性ガス－空気混合気中に形成された粉じん雲や低揮発性液滴噴霧の爆発はハイブリッド混合気（異相系混合気）の爆発といい，粉じん爆発や噴霧爆発よりはむしろガス爆発に類似の高い危険性を持つようになる．ハイブリッド混合気の爆発特性については後述の粉じん爆発の特性の項でふれる．

（3）ガス爆発との比較でみた粉じん爆発の特徴

ガス爆発との比較でみた粉じん爆発の特徴は可燃物が固体であることに起因する．すなわち，粉じん爆発では，気相燃焼であっても，多くの場合ミクロ的には各粒子の周囲での拡散燃焼であり，それが点在する粒子間で伝播するので，予混合気の燃焼に比較すると燃焼速度が遅く圧力の上昇速度は低いが，ガス爆発の場合と比較すると温度低下が遅くなるので，高圧力が持続する時間は長い．また，実規模坑道試験[3]での炭じん爆発でマッハ3以上の爆轟の発生が報告されているが，一般の工場規模の装置内では爆轟への遷移は困難と考えられている．しかし，燃焼帯の幅は広くなり，実規模坑道試験では，燃焼帯の幅は坑道の直径と同程度の大きさであった．このため，高温にさらされる時間が長い．また，粉じん爆発は燃焼帯の伝播が容易な濃度（有機物で 1000 g/m³ 程度）で激しい爆発となり，多くの場合完全燃焼を仮定した化学量論濃度（同 100 ～ 150 g/m³）よりもはるかに高い濃度で爆発は起る．すなわち，粒子が完全燃焼する状況にはなく未燃焼の状態の高温固体粒子が残るため，爆発後に火災が発生することが多い．さらに，気相反応形式をとる粉じんの場合，燃焼帯が通過後に残留する高温固体粒子から発生する可燃性気体の量が多いと爆発後の跡ガス中に多量の可燃性ガスが存在し，これが空気と混合して爆発性混合気を形成することがある．有機粉じんの場合，特殊な組成のものでなくても，CH_4 や H_2 のほかに CO などの有毒ガスが発生するので，毒性にも注意がいる．なお，ガス爆発では可燃性ガス予混合気の存在する範囲に爆

発範囲は限定されるが，前述のように，粉じん爆発では堆積粉がある限りどこまでも伝播するので被害が拡大する危険性が高い.

（4）爆発危険性評価[1,2]

爆発危険性には粉じんの性質としての危険性と装置あるいはシステムに内在する危険性とがある. 後者については爆発が発生するための3条件（粉じん雲，酸素濃度，着火源）が同時に成り立つ時間確率で評価する方法が提唱されている. これは，個々の装置の安全性を危険確率で数値として評価することで危険性を認識するとともに，安全操業を行うためにはどのようなことに注意すべきか，どのような改良が効果的かの指針を与える.

粉じんの性質としての危険性には，爆発の発生の容易さの危険性と，発生した爆発の激しさの危険性とがある. 前者に関する性質を着火特性，後者に関する性質を強度特性という. これらはしばしば同一のものと誤解されるが，前者は爆発が発生し難い条件下での性質に関係し，爆発がより発生し難い条件下で爆発するものほど危険性が高いと評価するのに対し，後者は爆発反応の進行に最適の条件下での性質を評価するので，基本的には異なる性質を評価するものである.

表7・5に，着火特性と強度特性を評価するのに，粉じんのどのような性質をもってするかを示す. 爆発下限濃度と上限濃度はこれ以下の濃度あるいはこれ以上の濃度の粉じん雲は爆発しないという限界濃度である，後述のように，爆発下限濃度は粉じんの着火・爆発危険性の相対評価の指標に用いられる.

表 7・5　粉じん雲の爆発特性パラメータ

着火特性	強度特性	その他
（1）爆発下限濃度	（1）爆発圧力	（1）電気抵抗率
（2）爆発上限濃度	（2）圧力上昇速度	（2）爆発跡ガス
（3）発火温度	（3）火炎伝播速度	
（4）最小着火エネルギー		
（5）爆発限界酸素濃度		

着火温度はある程度の大きさの粉じん雲が存在する空間の温度を上昇させていったとき粉じん雲が発火する最低の温度であり，空間温度を高温に維持する乾燥器や粉体を空間に分散させて溶剤を分離する工程などで必要とされる.

最小着火エネルギーは，粉じん雲のごく一部にエネルギーを与え，粉じん雲を着火・爆発させるに要するエネルギーの最低量であるが，着火源の種類やエネルギーの与え方によって値は大きく異なる. 一般には放電エネルギーとして測定されており，静電気の発生が懸念される場合に必要な特性値である.

爆発限界酸素濃度は，きわめて爆発性が高い物質を取り扱う工程ではしばしば窒素ガスなどによって酸素濃度を減じる方法がとられ，この場合に必要な特性値である.

強度特性のうちの爆発圧力は，密閉容器内で爆発した場合に発生する圧力のピーク値であるが，これは粉じん雲濃度によって変化するので，その最大値を最大爆発圧力といい，これを特性値とする. これは，耐爆発圧力衝撃構造装置や爆発圧力放散設備（ベント）の設計な

どに必要な値である.

　圧力上昇速度とは単位時間当りの圧力の増加率のことで，平均値と最大値がある．またこれらの値は粉じん雲濃度によって変化するので，それらの最大値を特性値とする．最大圧力上昇速度の最大値は，後述のように，ベントの設計などに必要な値であるが，測定装置の大きさの影響を受けるので 1 m³ の空間装置での値に補正した値を爆発指数とし，爆発の激しさの相対評価の指標に用いる.

　最適濃度とは爆発圧力が最大（最大爆発圧力）となる粉じん雲濃度のことで，爆発反応の観点から最適条件にある濃度であって，防爆・安全の観点からは最も危険な濃度である．厳密には最適濃度はある特定の濃度のことであるが，一般に着火危険性が高く，かつ爆発が発生すると激しくなる濃度範囲は 150 g/m³ 〜 1500 g/m³（0.15 g/L 〜 1.5 g/L）であるので，この濃度範囲を避けた操業が望ましい.

　火炎伝播速度は爆発の発生あるいは火炎の存在を検知し，伝播する火炎に対して消火剤などを放出することで爆発の発生を抑制する，あるいは爆発の伝播を抑制する装置の設計などに利用される．小規模装置内での伝播速度は 10 m/s 程度以下であるが，助走区間が長いと爆轟にまで発達することがある.

　そのほかの特性として堆積粉体の電気抵抗率と爆発跡ガスを掲げた．これらを爆発特性に含めないこともあるが，前者は静電気による爆発危険性を評価する場合に必要な値である．また後者は，有機粉じんの爆発跡ガス中に可燃性ガスが多量に含まれることがあり，これが空気と混合して爆発性混合気を形成し，粉じん爆発に続いてガス爆発を起こす危険性の評価と，跡ガスの毒性による危険性について教えてくれる.

　表 7·6 に，これらの諸特性に及ぼす影響因子を示す．実操業時の安全性を評価するには，操業条件からこれらの因子についての条件を明らかにし，その条件下での爆発特性値を求めることが必要である．しかしこれは容易でない場合が多く，したがって，次に述べる危険性の相対評価法が有用となる.

表 7·6　爆発特性に影響を及ぼす諸因子

粉じんの性質	環境条件	空間条件
（1）種類	（1）粉じん雲濃度	（1）着火源の位置
（2）粒度	（2）酸素濃度	（2）着火源の強さ
（3）形状	（3）不燃性物質	（3）容器・空間の形状
（4）含有水分	（4）可燃性ガス	（4）容器・空間の密閉度
（5）含有不燃性固体	（5）初期圧力	
	（6）温度	
	（7）粉じん雲の均一性	
	（8）粉じん雲の流動状況	

（5）爆発危険性の相対評価法[1]

　着火特性の相対評価法に関する国際規格はない．我が国では，JIS Z 8818：可燃性粉じんの爆発下限濃度の測定方法[4]があり，爆発下限濃度で粉じんの爆発発生危険性の程度を相対

的に評価する方法が制定されている，この方法では爆発性粉じんを3段階で評価し爆発下限濃度が 35 g/m 以下の粉じんの爆発危険性は最も高いランクに評価される．この方法で金属粉の危険性を評価する場合は，質量濃度を比重で除して密度の影響を除外した値で評価する必要がある．

爆発強度特性の相対評価法については国際標準化機構（ISO）による国際規格[5]が制定されており，基準化した最大爆発圧力上昇速度で評価する方法が採用されている．この方法でも爆発性粉じんを3段階で評価する．国内でも ISO 規格に準拠した JIS 規格がある[6]．

（6）爆発特性パラメータ[1, 6, 7]

A. 爆発限界濃度

図 7·16 に爆発下限濃度と粉じん粒子径との関係の例を示す．爆発下限濃度は粒子径の減少とともに低下するが，粒子径がある程度小さくなるとその影響も小さくなる．さらに粒子径が小さなナノ粒子では粒子の凝集が起こるので実験的には明らかになっていないが，有機物が分子のオーダーまで小さくなった極限の状態として炭化水素ガスの爆発下限濃度をみると 40 g/m³ 程度であるので，μm 以下の微粒子でも爆発下限濃度はあまり変化しないものと考えられる．逆に，粒子径が大きくなるとある粒度を境にして爆発下限濃度が急激に増加するようになり，ついには爆発しなくなる．すべての粉じんにこのような限界の粒子径が存在する．図の例では 100 μm より粗粒になると次第に爆発発生の危険性は低下し，250 μm より粗粒のものは爆発しない．

爆発上限濃度が知られているものは少ない．上限濃度は着火源の強さの影響を大きく受け

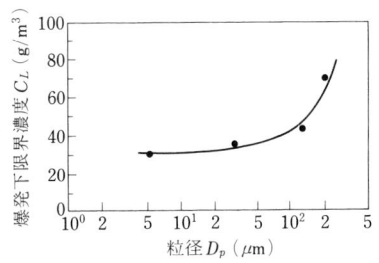

図 7·16　ポリエチレン粉じんの爆発下限濃度と粉じん粒径との関係

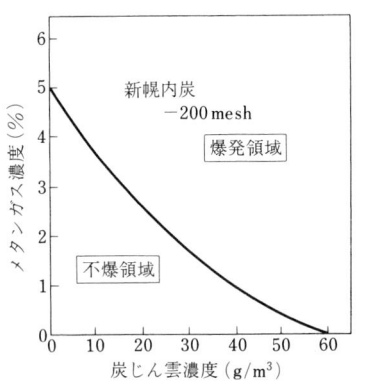

図 7·17　異相系混合気の爆発下限界（炭じん―メタン―空気混合気の場合）[8]

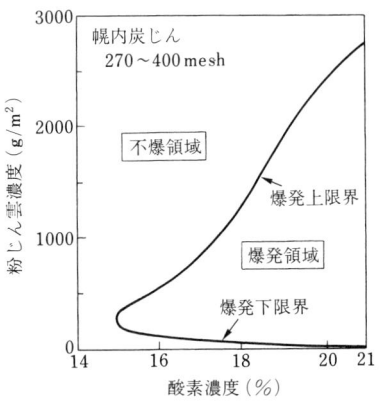

図 7·18　爆発限界に及ぼす酸素濃度の影響（不活性ガスとして窒素を用いた場合）

る．着火源としてライタやろうそくの炎程度の大きさのものを用いた場合，炭じんのなかでは危険性が大の幌内炭で 2800 g/m³，Al 粉や Mg 粉およびポテトスターチでは 8000 g/m³ 以上である．

　可燃性ガスが共存する場合（ハイブリッド混合気）の爆発下限濃度の変化の例を図 7·17 に示す．可燃性ガスが存在すると粉じんの爆発下限濃度は低下する．この図は揮発分約 47% の亜瀝青炭とメタンガスのハイブリッド混合気の場合の例であるが，ハイブリッド混合気の爆発限界に関する研究は少ない．図に示すように，ハイブリッド混合気の爆発限界は可燃性ガスの爆発下限濃度と粉じんの爆発下限濃度を結ぶ直線よりも下に凸になることが知られている．炭化水素ガス同士の混合気では両下限濃度を結ぶ直線となるので，ハイブリッド混合気ではそれよりもいくらか爆発範囲が拡大することになる．図 7·18 に雰囲気中の酸素濃度の影響を示す．下限濃度に比べて上限濃度の変化が大きく，酸素濃度が上限濃度の決定要因であることがわかる．

B.　発火温度

　発火温度はその温度場に粉じん雲が存在する時間の影響を受け，また加熱方法の影響を受けるので，各種方法による測定値間に相関がないことが多い．したがって，文献値の引用には特に注意が必要である．周囲に高温の熱源があり熱放射が大の場合は雰囲気温度が低くても着火する．

C.　最小着火エネルギー

　図 7·19 に着火エネルギーに及ぼす粉じん雲濃度の影響を示す．一般に，着火エネルギーは粉じん雲濃度の増加とともに低下し，粉じん雲濃度が 150 〜 1000 g/m³ で最小になる．図には示されていないが，さらに濃度が増加しても着火エネルギーはほぼ一定で最小値をとり，粉じん雲濃度が 1000 〜 1500 g/m³ 以上になると着火エネルギーは増加するようになる．

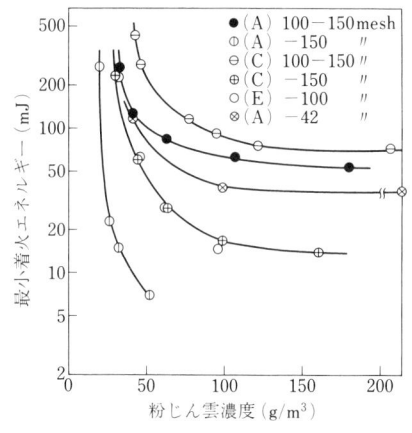

図 7·19　各種ポリプロピレン粉じんの着火エネルギーに及ぼす粉じん雲濃度の影響

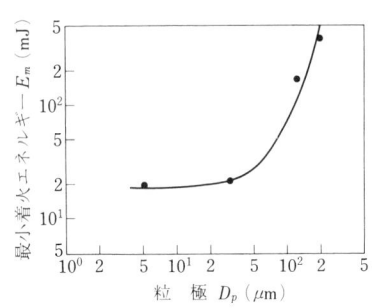

図 7·20　ポリエチレン粉じんの最小着火エネルギーに及ぼす粒径の影響

図 7·20 に，最小着火エネルギーに及ぼす粒子径の影響を示す．図 7·16 と酷似していることがわかる．しかしさらに粒子径が小さくなった場合について，上記の爆発下限濃度の場合と同様に炭化水素ガスの場合をみると，最小着火エネルギーは 1/10 〜 1/100 であるので，ナノ粒子になると着火に必要なエネルギーは小さくなるものと推察される．着火エネルギーは着火のために与えたエネルギーとして測定されており，着火のために有効に利用されたエネルギーとして求められていないので，エネルギーの与え方によって測定値は大きく異なることがある．したがって，絶対値の過信は禁物であるが，最小着火エネルギーが 10 mJ 以下の粉じんは危険性がきわめて高く，その取り扱い工程では何らかの積極的な対策が必要である．

D．爆発限界酸素濃度

図 7·18 において，酸素濃度を減少させていくと粉じんの爆発濃度範囲は次第に狭くなり，ついには爆発下限濃度と上限濃度が合致する．このときの酸素濃度が爆発限界酸素濃度である．爆発限界酸素濃度は酸素濃度を低下させるために用いた不活性ガスの種類と着火源の強さの影響を受ける．不活性ガスとして窒素ガス，着火源としてマッチの炎程度の強さのものを用いた場合，自然界に存在する多くの有機物質の爆発限界酸素濃度は 14 〜 16%，Al 粉は 10% である．また金属粉は，有機物粉じんと比較すると，単位酸素量に対する発熱量が高いものが多く，かつ酸素希釈用の二酸化炭素や窒素ガスとも発熱反応するものもあり，有機物粉じんよりも爆発限界酸素濃度はかなり低いものが多い．

E．爆発圧力

粉じん爆発の最大爆発圧力は，一般にはガス爆発の場合より低く，多くの有機粉じんで数気圧以下であるが，装置内に気流の乱れがあると爆発は激しくなり，ガス爆発の場合と大差がなくなる．特殊な場合を除くと，実装置内で発生する爆発の圧力は 12 気圧以下であることから，爆発を容器内に封じ込める耐爆発圧力衝撃構造装置は 12 気圧の爆発圧力に耐えうることが標準化されつつある．図 7·21 に，乱れがほとんどない場合の爆発圧力の粉じん雲濃度による変化の例を示した。

F．圧力上昇速度

図 7·21 に，内容積が 10 dm³ の爆発試験容器での最大および平均圧力上昇速度の粉じん雲濃度による変化も示した．これらはほぼ同じ濃度（最適濃度）で最大となる．前述のように，最大圧力上昇速度は爆発の激しさの相対評価に用いられるが，圧力上昇速度も乱れの影響を強く受けるので，指定された装置・方法で測定しなければならない．また，圧力上昇速度は爆発試験装置の内容積の影響を受けるので，cubic law とよばれる次式，

$$(dP/dt) \cdot V^{1/3} = K \quad (一定) \quad (7·11)$$

により 1 m³ の容積の場合に基準化した K 値

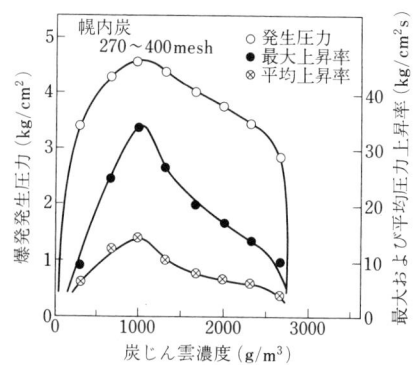

図 7·21 爆発圧力，平均および最大圧力上昇速度に及ぼす粉じん雲濃度の影響（270 〜 400 mesh 幌内炭じんの場合）

を用いる．K 値は爆発指数とも称され，ベントの設計に用いられる．

（7）爆発事故防止対策

爆発事故の防止対策としては，（1）爆発の発生を未然に防止する，（2）発生した爆発を未然もしくは初期の段階で抑制する，（3）被害の軽減化をはかる，などが挙げられる．

（1）については表7・5に掲げた当該粉じんの着火特性を知ることがなによりも大切である．そして危険性があると判断された粉じんについては，その程度と装置や操業条件などから，適切な対策を実施する．粉じんについては取り扱い粉体を粗粒にする，気相中に分散させない，水分を含ませたり不燃性粉じんを混合する，浮遊濃度が爆発限界外で操業する，集じんをする，清掃を慣行する，などが一般的な対策である．前述のように，一般に，最も危険な濃度範囲は 150 g/m³ 〜 1500 g/m³ の範囲であるので，この範囲を避けた操業が望ましい．

着火源については機器の保守点検の慣行，火器の使用制限，静電気発生の抑制と除電，異物の混入防止と除去，堆積粉体の自然発火防止対策，低い雰囲気温度下での操業，過熱防止，などが挙げられる．想定される着火源が静電気のみに限定される場合，人体やドラム缶程度より大きい接地されていない導体が存在しないようにすれば 100 mJ 以上のエネルギーの火花放電は発生しないので，対策が容易になる．

また，酸素については雰囲気中の酸素濃度を爆発限界酸素濃度未満に減少させる方法があり，これは最も確実な防止方法であるため極めて危険性の高い粉じんの場合はこれ以外に有効な方法がないこともある．この爆発限界酸素濃度は着火源の強さの影響を大きく受けるので，例えば，上述の静電気対策を実施して 100 mJ 以上のエネルギーを有する放電火花が発生しないようにすれば，着火源として 100 mJ のエネルギーの放電火花を用いたときの爆発限界酸素濃度を対策の目安にできる．実際の管理濃度については爆発限界酸素濃度より2％低い酸素濃度にするなどの対応が必要であるが，100 mJ 以上のエネルギーの着火源がない場合，多くは管理酸素濃度を 15％ 以上にできるので，酸欠への配慮が軽減される．

（2）の初期段階での抑制については，火炎あるいは爆発の発生を検知して消火剤を火炎に向かって放出するなどにより，火炎の発生あるいは伝播の途中で抑制する方法がある．爆発の発生を定義する規定はないが，前述のように破壊が想定される程度の圧力の発生がある場合を爆発とすると，圧力の上昇が 0.1 気圧以下の時点で消炎させうるので，爆発の発生以前に抑制したことになる．

（3）は不幸にして爆発が発生した場合に被害を軽減させるための対策で，装置全体が破壊されるのを防ぐためのベントの設置から，建屋内作業員の安全確保対策まで，多種多様な方法がある．爆発の拡大を抑制することは被害軽減の基本であり，その基本は清掃と連結装置間の爆発伝播遮断対策である．爆発が発生すると火炎に先行して爆風が伝播するので，堆積粉じんが存在すると爆風で巻き上げられたところに火炎が到達するということになり，堆積粉じんが存在する限りどこまでも爆発は拡大する．装置間を連結する配管等には遮断装置を設置して爆発の伝播を遮断することが必要である．また，近年は，発生した爆発を装置内に封じ込める耐爆発圧力衝撃装置が，特にヨーロッパで普及が著しい．これは耐圧装置であるが，装置の破壊は防ぐが変形を許容することで，実用技術となってきた．わが国でも技術

指針[9]が制定され，法規制のある流動層乾燥機に耐爆発圧力衝撃構造流動層乾燥機の使用が認可されている．さらに，爆発放散口に消炎装置を設備した消炎型ベントも，火炎伝播を防止する方法として注目されている．

そのほか，工程の途中にスクリューコンベアやロータリーバルブを設けて，爆発の拡大を防止する方法も採用されている． (榎本 兵治)

7・2・4 蒸 気 爆 発

蒸気爆発とは，液体が急激に沸騰・蒸発して気化するとき，体積が著しく増加するために圧力が急上昇する現象であると広義に解釈され，"vapor explosion" また，液体が水の場合には，水蒸気爆発 "steam explosion" とよぶ．この現象は，各種産業や原子力分野において経験されており，火山などの自然界においても知られるようになり，マグマによる場合には "マグマ水蒸気爆発" または，"マグマ水蒸気噴火" とよぶ．これらの現象による災害は，発生頻度は多くないものの，大きな災害になることもあるので注意が必要である．一方，これらの現象は，発生過程が条件により複雑であるため，その機構の詳細は十分に解明されていないところがある．ここではこの現象がどのように発生するかを現象論的に述べる．

上の定義のなかで，液体が急激に蒸気化するには次の2つの場合がある．1つは，二液が接触するとき，高温度の液体から低温度の液体への急速な熱移動により局所的に高い非平衡状態になるために低温液が急激に沸騰・蒸発する場合である．この蒸気爆発を熱移動型蒸気爆発とよぶ．一方，飽和温度の液体を内蔵した容器に何らかの原因で開口部が生じて内部の圧力が急激に減少すると，平衡が破綻するために急激な蒸気化が生じる．この蒸気爆発を平衡破綻型蒸気爆発とよぶ．この液体が可燃性である場合には，平衡破綻型蒸気爆発により空気中に放出された蒸気が大量の蒸気雲を形成し，これに着火するとファイヤボールとなり被害を拡大する．この一連の現象を BLEVE（ブレビー，ブリーブ）とよぶ．

（1）熱移動型蒸気爆発

溶融金属と水との接触による水蒸気爆発の事故事例は他のものに比べて多い．過去の事例から，蒸気爆発が発生する契機となる接触モードをまとめると次のようになる．

1）溶鉱炉などの製造装置の故障や劣化

2）製造工程での不適切な操作

3）作業中に異常が発生したときの不適切な対応

4）火災時における不適切な消火注水等

発生場所としては，金属加工場などの溶解炉，鍋，溶鉱炉，鋳造機，解体工場，スクラップ置き場，廃棄物リサイクル工場などで発生している．

金属の種類としては，銑鉄（鉄，珪素，マンガン，燐，硫黄），かわ（銅，鉛，ニッケル），合金鉄，ステンレススチール，スラグ（石灰，マグネシア，無水珪酸，アルミナ），真鍮（銅と亜鉛の合金），アルミニウム，マンガン，酸化ウラン，チタンなど多岐にわたる．事故例として多かったものには，銑鉄やアルミニウムがある．最近の事例としては，鉄工所において溶解炉内の銑鉄からインゴット（延べ板）の鋳型を製造中に炉から湯が出なくなり，緊急措置の作業中に炉から流出した湯が床にあった水と接触して大規模な水蒸気爆発を生じたとされている例がある．アルミニウムの加工工場では，アルミニウムを溶解中に炉に穴が開

き漏れ出したアルミニウムが水と接触して小爆発が起き，やがて大爆発を生じた例がある．

　上の事例は比較的に少量の水又は含水物に溶融金属が接触した場合であるが，他の例としては，比較的に多量の水の中に溶融金属が流入し，あるいは逆に溶融金属の中に水が流入した場合もある．

　溶融塩も水と接触するときに爆発を生じることがある．事例としては，製紙産業において廃液の処理工程中，黒液回収ボイラの炉底やディゾルバタンク内で蒸気爆発が発生した．また，食品や繊維産業等の製造工程から排出される産業廃液を処理する工程において，溶融塩と水が接触して蒸気爆発が発生した．この溶融塩は炭酸ナトリウムや硫化ソーダを成分とした物質であった．

　低温液化ガスが水と接触するときに蒸気爆発を生じることがある．例えば，プロパンやフロン 22 のような低温液化ガスが水と接触すると蒸気爆発を生じる．純粋な LNG（液化天然ガス，メタンリッチ）は水と接触しても爆発しないが，貯蔵等により組成が変化した LNG は爆発する可能性がある．LNG は液化ブタンガスと接触すると爆発する．

　このような蒸気爆発の発生機構の概要をまとめると，その発生前後の現象過程は図 7·22 のように示すことができる．

　二液が接触すると，その接触モードのいかんによらず，両液の混合状態は比較的に粗いので，初期粗混合状態とよぶ．両液の温度差が大きい場合には，両液体の間に低温液体の蒸気が膜状に存在した膜沸騰による伝熱が行われる．この安定な蒸気膜に外部から圧力波が加わると伝熱が不安定になる．また伝熱により両液の温度差が減少すると自発的に不安定化して，やがて局部的に蒸気膜が崩壊し，二液の直接接触により急速な伝熱が生じる．このとき急速な蒸気

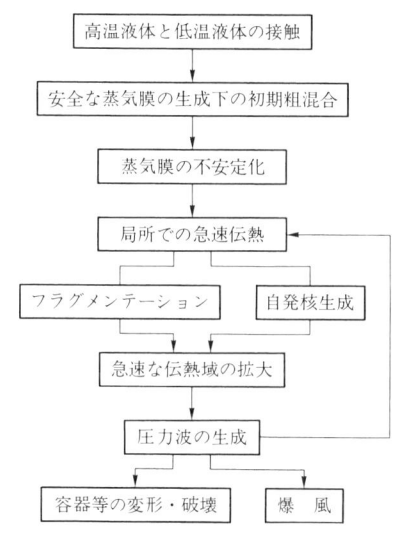

図 7·22　熱移動型蒸気爆発の発生前後の現象過程[1]

の発生により，高温液にフラグメンテーション（微細化，細粒化）が生じる．その結果，微細化した高温液から低温液へさらに急速な熱移動が起こる．すなわち，蒸気膜の崩壊に伴う高い熱伝導とフラグメンテーションによる伝熱面積の拡大とにより伝熱量が飛躍的に増大することになる．そこで蒸気化が急激に促進されるので，伝熱域が拡大するとともに圧力波が発生する．これが他の蒸気膜を崩壊させてさらに局所での急速伝熱を促進することにより，初期の粗混合域の全体に現象が拡大・伝播して爆発現象となる．その結果，容器等に変形や破壊を及ぼし，容器外に爆風を生じる．このフラグメンテーションの機構としては，高温液が容器との間に低温液を囲い込む，低温液が高温液に抱き込む，高温液が冷却されて沸騰曲線に示される遷移沸騰域に到達して微細化する等，そのほかにも多くのモデルが示されてい

る．

蒸気膜の不安定化から両液が接触すると，その界面の温度（Ti）は次式のようにモデル化できる．

$$Ti=(T_h+RT_c)/(1+R) \tag{7·12}$$

$$R=(K_c\rho_cC_c/K_h\rho_hC_h)^{1/2} \tag{7·13}$$

ここに，T は液体の温度，K は熱伝導率，ρ は密度，C は比熱，添え字 h，c はそれぞれ高温，低温の液体を示す．

この界面温度が上昇して低温液の自発核生成温度（T_{SN}）に達すると，気泡核が急激に生成するために蒸気化が増大する．実際の体系では，このしきい値は厳密な値とはならないが発生温度の概略値として使える．このように，発生条件として両液の温度に限界温度が存在する．また体系の圧力については，高圧になると爆発しなくなる．

爆発の大きさとしては，エネルギー変換率が調べられているが，爆発として放出される機械エネルギーは初期の熱エネルギーの数％から，たかだか30％程度以下である．この爆発に影響を与える因子としては，上に示した伝熱特性を与える物性値のほか，高温液体と低温液体の温度と質量，ボイド率，初期粗混合域の大きさ，両液体および固液間の濡れ性等が重要である．

（2）平衡破綻型蒸気爆発

ボイラが破壊すると，ときには極めて激烈な爆発事故になることが古くから経験されている．タンクや高圧ガス容器においても同様の爆発が生じている．

2011（平成23）年に起きた東北地方太平洋沖地震と直後の余震により，千葉県にある液化石油ガス（LPガス）出荷設備の球形タンク一基が倒壊した．このタンクには，LPガスより比重の大きな水を入れていたために，地震の揺れに耐えられず，タンクの筋交いが破断，支柱が座屈し，倒壊した．そのため，隣接したLPガス配管を破損し，漏洩したLPガスが着火したために，隣接したLPガスの入っていたタンクが火炎に包まれ，加熱された．その結果タンク内の圧力が

（a）液温および内部圧力の上昇

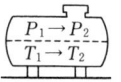

（b）容器の延性破壊と圧力の急減少
　　（平衡の破綻と液体の過熱）

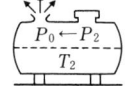

（c）爆発的沸騰蒸発と液撃

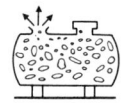

（d）容器破壊の拡大（脆性破壊）
　　爆風，容器破片の飛散

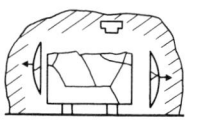

図 7·23　平衡破綻型蒸気爆発の発生機構のモデル[2]

上昇し，タンク上部の一部が破損し，続いて大爆発が生じ，さらに大きなファイヤボールを発生させた．

この爆発は平衡破綻型蒸爆発に続いてBLEVEが発生したものと考えられる．この蒸気爆発の発生機構をモデル化すると，その概要は図7·23に示される．図の（a）では，密閉容器内で液体の温度 T_1 と圧力 P_1 が平衡状態にあるとき，温度がその液体の沸点以上の温度 T_2

へと上昇するに従い，容器内の圧力が P_1 から P_2 へと上昇している．（b）では，何らかの原因で容器の気相部分に延性破壊が生じ，その開口部から蒸気が急激に逸出すると，内圧が大気圧 P_0 まで急激に減少している．そこで気液の間に達成されていた相平衡が破綻し，液体は過熱状態となる．ここで，容器内の非平衡度が一挙に高まり，液温が P_0 に平衡する温度 T_0 まで降下して平衡状態を取り戻すべく液相全体から沸騰・蒸発が急速度に生じる．このときに生じる気液二相流が容器の内壁に衝突すると容器に衝撃を与える．この衝突現象を液撃とよぶ．この過程が（c）である．（d）では，その衝撃により開口部がさらに大きく裂開，衝撃圧が大きいときには容器が脆性破壊を生じ，破片となって周囲に飛散し，容器の基礎（台座）が損傷し，グラウンドショックが生じる．

　この爆発の激しさは，平衡の破綻により生じる蒸気量によるので，液体の物性値と平衡破綻時の初期条件（温度，圧力，質量）に依存する．この蒸気量を，蒸発率（加圧下の飽和温度のエンタルピと大気圧下の液体のエンタルピとの差を蒸気潜熱で除した値，フラッシュ率ともいう），および過熱液体から発生する蒸気の体積 V と初期体積 V_2 との体積比は次のようになる[3]．

$$蒸発率：Mw'/Mw = c(T_2 - T_0)/\lambda \tag{7·14}$$
$$体積比：V/V_2 = 82\,dc(T_2 - T_0)(T_0 + 273)/(M\lambda) \tag{7·15}$$

ここに，Mw' は蒸発する液体の質量（kg），Mw は飽和温度にある液体の質量（kg），V は蒸発した蒸気の体積（L），V_2 は蒸発前の液体の体積（L），c は液体の比熱（kcal/kg℃），λ は蒸発線熱（kcal/kg），d は液体の密度（kg/L），M は液体の分子量を示す．

　これらの値の大きさから，爆発の威力を相対的に調べることができる．

　水は激しい蒸気爆発を起こす可能性のある物質であるが，LP ガス等の液化ガスも蒸気爆発を起こす危険性のある物質であることが上に示した蒸発率や体積比の計算値からわかる．液体が可燃性の場合には，図 7·23 の（d）において発生した気液二相の噴霧流は急激に拡大して大規模な蒸気雲を生じ，これが着火すると巨大なファイアボールとなる．

　爆発の発生条件や威力に影響を与える因子としては，容器に生じる開口部の大きさと位置がある．開口部の面積が大きいほど，容器内の減圧速度が大きくなるために非平衡度が大きくなりやすい．その結果，過熱液体から生じる気化がより激しくなり，生じる二相流の速度と密度が大きくなり，その運動エネルギーが大きくなる．そこで，開口部の面積が大きいほど激しい液撃を生じることになる．逆に，安全弁のように開口部の面積が小さい場合には爆発は生じない．また開口部の位置は，液体の自由表面付近である場合に最も大きな爆発を生じる．開口部からの距離が小さい場所ほど液体は過熱されやすいからである．

　図 7·23 の（a）の P_2 と T_2 の平衡状態は，BLEVE 等にみられるように外部からの火災によりもたらされる場合のほか，容器内で生じた化学変化による場合もある．

（小木曽　千秋）

7·2·5　反応暴走による火災爆発

1980（昭和 55）年代様々な化学反応が実プロセスに移行され，それに伴って反応の熱的暴走が化学プラントの大きな事故要因となった．その後化学反応の熱危険性に関する研究や評価機器の開発も進み，反応暴走による事故は大きく減少した．しかし，2010（平成 22）

年以降の国内の重大化学事故では反応暴走が原因となった例が少なくない．1980年代の反応暴走は設備や反応条件の初期設定の不備や冷却や攪拌の不良などによるものであった．しかし，最近の反応暴走事故は既設のしかも運転経歴の長い設備で発生しており，設備の変更管理の不足や緊急時の不適切な対応が事故の拡大要因となっている．運転，設備管理，設計など各部門で反応暴走への理解を深めた上で，適切な変更管理，緊急時の対応マニュアルの整備や異常を想定した訓練などが必要である．

（1）反応暴走とは

反応暴走とは，何らかの原因で反応系の熱的制御が不能となった状態をさし，主として以下のような現象を経て時には装置の破壊や反応系の内容物の噴出などに至るものをさす．

1）　反応温度の過熱による反応内容物の蒸気圧の上昇

2）　過熱による反応原料や中間体，製品の急激な分解

3）　不安定物質の生成，蓄積とその急激な分解

事故事例の解析により，これらの現象の発生には種々の直接的な原因が見いだされているが，それらについては次項で述べる．

（2）反応暴走事故の発生状況とその原因

Barton らは[1]1962年から1987年にかけて，バッチプロセスで発生した189件の暴走反応の解析を試みている．それらの事例はいずれもイギリス国内で発生し，HSE（Health and Safety Executive：イギリス）に報告されたものである．

表 7·7　反応暴走事故のプロセス別分類

反応の種類	事故件数	発生率(%)
重合反応	64	47
ニトロ化反応	15	12
スルホン化反応	13	10
水添反応	10	8
中和反応	8	6
ハロゲン化反応	8	6
フリーデル-クラフツ反応	5	4
ジアゾ化反応	4	3
酸化反応	2	2
エステル化反応	1	1

R. G. Baron, Ross Prev. Int. Symp., Preprint (1992)

反応の種類による事故の発生割合を表7·7に示す．重合反応での事故が全体の2分の1を占め，ニトロ化反応がそれに続いている．業種的には医薬，生化学などを含めたファインケミストリー関連での比率が50％近い．

原因が特定できた事例189件の内訳は，反応機構や反応の熱的特性に関する知識の不足とみられるものが最も多く，原料の精製不十分（不純物の影響），温度制御（冷却）に起因するもの，不適当な攪拌速度や停電などによる突発的な攪拌停止，副原料や触媒の添加ミスなどがある．詳細はおおむね以下のとおりである．

A．プロセス化学上の問題点

反応プロセス中に存在する原料，反応中間体，製品などの熱的性質を把握していなかったために生じた事故である．

・反応生成物や中間体の分解

・反応熱の発生速度に対する事前評価不足

　スケールアップ時の必要冷却量を適切に設定できていないことなど

・不安定な副生成物（過酸化物やニトロ化合物，アジ化化合物など）の生成
・原料の添加速度に関する不適当な熱量計算
・ニトロ化反応での予期せぬ酸化反応の発生
・自触媒反応などによる反応の予想外の加速
・不純物（錆や微量の酸，塩基，水など）の影響

B．プロセスデザインとオペレーション

a．温度制御

・加熱システムの蒸気圧や加熱時間の制御不良
・反応器や蒸留装置，熱交換器の不適当な測温位置
・温度記録システム不良
　結果として冷却水が自動的に停止したり，熱媒体油が過熱した例がある
・反応器やコンデンサーの冷却水量の不足
・温度などプロセス運転条件の読み取りミス

b．かく拌

・不適当なかく拌速度
　かく拌速度不良による反応中間体などの蓄積や，熱移動速度低下による蓄熱
・固体状物質の析出などによるかく拌能の機械的故障
・停電などでの電力供給停止
・試料の再添加などのためのかく拌装置の手動停止
　特定物質の極在化による部分的な突沸や分解

c．原料や触媒の不適当な供給量や供給速度

・触媒や原料の過剰供給，供給速度過大
・不適当な供給シーケンス
・異なる化学物質の供給

d．メンテナンス

・供給ライン（バルブ，冷却パイプなど）のリークや詰まり
・還流ラインの閉塞による溶剤の凝縮
・洗浄不足による，前バッチ残さ等に起因する異常反応

e．ヒューマンファクター

・反応終了前の反応物の抜き取り
・操作マニュアルの誤読

（3）反応危険性の予測

　反応暴走の防止のためには，過去の事故例を知ることと同時に反応を十分に理解し，原料や生成物，予想される中間体，反応プロセスの熱的評価が必要である．

A．定常反応での熱危険性

　反応が定常的に進行する場合，安全な操作を確保するために必要な情報を示す．

・反応熱量
・熱発生速度

・反応中に発生するガス状物質の種類と発生速度

・断熱温度上昇

・伝熱係数や熱容量，粘度などの物性値（反応中の変化の有無）

・反応に関する定性的な情報（ラジカル反応かイオン反応か，または気液二相反応か，結晶化が起きるのかなど）

B. 目的外の反応での危険性

予期せぬ副反応や分解反応が発生した場合のために，事前に得ておくべき熱的情報．

・発熱的な分解が起きる最低温度

・乾燥や蒸留などを正常に行うことのできる最高温度

・反応系の潜在総熱量

・自触媒反応の発生の可能性

C. 反応の熱暴走を想定した危険性

反応プロセスで熱的制御が失われると反応暴走に移行する危険性が大きい．最悪の状態を把握するために，以下の値を知っておくことが望ましい．

・最大の温度上昇速度，到達温度

・最大の圧力上昇速度，到達圧力

・反応の暴走に伴って発生するガスの種類とその性質（毒性，発火性など）

以上のような反応による熱危険性予測をするために，種々の機器の開発が進んでいる．それらの機器は以下のように分類される．

1）熱分析（試料量　1～10 mg）

DSC（示差走査熱量計）などの熱分析は，試料量数 mg で発熱量や発熱開始温度を測定することができるため，化学物質の熱危険性予測の予備試験としてきわめて有効で，後述するように消防法に取り入れられていることは周知のとおりである．TG（熱重量分析）は熱量測定ではなく，試料を定速昇温させたときの重量変化を求めるもので，分解開始温度や分解速度などを知ることができる．

しかし，微量試料での熱分析は多量の物質を取り扱う場合の危険性を見逃す可能性が否定できず，また副反応の予測などでも限界がある．

2）反応熱量測定（試料量　10 g～1 kg）

RC1（メトラー社製）に代表される反応熱量計は撹拌や混合，反応中の試料添加など化学工学的単位操作過程での熱量測定を目的に開発されたものである．これらの装置では，主としてバッチ反応の発熱挙動や総括伝熱係数，比熱などを得ることができる．一方，これらの機器は試料量が比較的大きいため，危険性評価より，冷却能力や撹拌条件の設定など実規模プラントの最適化条件の設定に利用される例が多い．

3）断熱測定（試料量　1 g～100 g）

断熱状態での試料の熱挙動は化学物質の貯蔵時の安定性のみならず，反応中に冷却機能が停止した場合などの反応の危険性を予測するうえでも重要である．デュワー瓶による断熱危険性評価は，マッキー試験などとして以前から行われてきたが，最近では種々の断熱試験装置が開発され，精度の高い測定が可能となった．

4）ベントサイジング

ベントサイジング（圧力放出規模の推定）に関しては欧米で重要性が理解されているが，国内での認識はあまり高まっているとはいえない.

（4）自己分解性物質による火災爆発危険性

加熱や衝撃，摩擦，光などにより急激に分解する物質を自己分解性物質といい，反応プロセスや化学物質の貯蔵，輸送時の火災爆発事故の原因となることも多い. 化学物質の反応危険性や安定性をその構造から完全に予測することはまだ限界があるが，官能基によりある程度の推定が可能である. 分解爆発の危険性に関連する官能基の例を表 7·8 に示す[2].

また，消防法では密封型ステンレスセルを用いた DSC 測定の発熱量，発熱開始温度をもとに，自己反応性物質の危険性評価を行うこととしている. この評価試験では標準試料として，70% ベンゾイルペルオキシド，80% ジニトロトルエンを用いる.

表 7·8　反応性物質に固有の原子団

原子団	分　　　　類
$-C\equiv C-$	アセチレン化合物
$-C\equiv C-Metal$	金属アセチリド
$>CN_2$	ジアゾ化合物
$>C-N=O$	ニトロソ化合物
$>C-NO_2$	ニトロ化合物
$>C-O-N=O$	亜硝酸アシル，亜硝酸アルキル
$>C-O-NO_2$	硝酸アシル，硝酸アルキル
$=N-N=O$	N-ニトロソ化合物
$=N-NO_2$	N-ニトロ化合物
$>C-N=N-C$	アゾ化合物
$-N=N-N=N-$	多窒素化合物，テトラゾール
$-N_3$	アジド（アザイド）化合物
$>C=N-O-$	金属雷酸塩，aci-ニトロ塩
$-O-O-$	過酸化物
$-C\overset{O-O}{\underset{O-O}{\diagdown}}C-$	オゾニド化合物

（5）混合による火災爆発

複数の化学薬品の混合により発火や爆発が発生する危険がある. 化学薬品の混触による火災は関東大震災（1923（大正 12）年）や宮城県沖地震（1978（昭和 53）年）などの例がよく知られており，阪神・淡路大震災（1995（平成 7）年）でも大学等から発生している. 酸化剤は可燃物や還元剤と混合して事故となる可能性の高い物質である. 特に，過塩素酸，過酸化水素，硫酸，硝酸などが事故と関わる例が多い. 水との混触により危険性が増大する化合物も多い. これらの化合物は禁水性物質とよばれ，ナトリウムやカリウムなどのアルカリ金属や高度さらし粉などが代表例である.

吉田らは混合危険予測プログラム（REITP-2）により混触による最大反応熱を計算し，種々の化学物質の組み合わせについて混触危険性を予測している[3]. 　　　　（若倉　正英）

7・2・6　漏洩による火災・爆発

石油・化学プラントでは，大量の可燃性物質が種々の条件下で取り扱いまたは貯蔵されている. また，加熱炉，ボイラー，焼却炉，ディーゼルエンジン，ガスタービン，電気機器，高温の機器や配管，車両，溶接や溶断の火花，静電気などの多くの着火源が存在している. そのため，可燃性物質が漏洩すると着火して火災・爆発事故となる危険性がある. 石油・化学プラントにおける代表的な漏洩個所としては，ポンプやコンプレッサーのシール部，フランジ，バルブ，計器，配管本体，サンプリング個所，フレキシブルホースなどが挙げられる. また，保全作業時やタンクローリーなどからの受け払い時にも誤操作や不注意などによる漏洩に伴う火災・爆発事故も多く発生している. 北川[1]は，漏洩の原因を①材料の強度劣

化による破壊漏洩，②外的荷重による破壊漏洩，③内圧上昇による破壊漏洩，④弁操作による漏洩，⑤ふたの開放による漏洩の5つに分類し，それぞれの事故例を紹介している．

　漏洩による火災・爆発の形態は，漏洩する物質の性状，貯蔵・取り扱い条件，漏洩量，漏洩後の着火のタイミング，漏洩が発生する空間の密閉度などの条件により異なる．例えば，風のある開放空間に可燃性ガスが少量漏洩した場合は，風により拡散，希釈されるため，着火源が漏洩個所の近くになければ着火の可能性は低い．しかし，ポンプやコンプレッサーなどを設置している建築物の内部のような密閉または半密閉空間に可燃性ガスが漏洩した場合は，漏洩が少量でも拡散，希釈されず，ある規模の爆発性混合気が形成されるため，着火すると密閉空間でのガス爆発となる可能性がある．また，水素のように空気より非常に軽いガスが開放空間に漏洩した場合は，浮力により大気中を上昇し希釈されるため着火の可能性は低い．しかし，LP ガスなどように空気より重いガスが漏洩した場合は，地上に沈降し地面を這うように拡散するため着火の可能性がある．特に，漏洩個所の近くに排水溝のような溝がある場合は，空気より重いガスが溝に流入し溝内を通って広がり，漏洩個所から離れた思いがけない場所で着火して被害が遠方まで及ぶことがある．その代表的な事故例が，石油・化学プラントではないが，1965（昭和 40）年西宮市での LPG タンクローリーの衝突により漏洩した LPG が道路端の雨水集水口に流入し下水管を通って拡散し民家で着火した爆発事故である[1]．

　一方，開放空間に可燃性ガスが大量に漏洩した場合は，大規模な蒸気雲が形成された後に着火すると，非密閉空間での蒸気雲爆発（Unconfined Vapor Cloud Explosion）という，爆風波を伴う爆発となるため，近傍の装置や計器室はもとより遠方のタンクやプラント敷地外の住宅などにまで被害が及ぶ．特に，大規模な蒸気雲が機器，配管，木々などの障害物が複雑に入り込んで存在する空間で爆発した場合は，障害物により火炎が乱れることで燃焼速度が加速されるため爆発圧力と爆風波の圧力が大きくなる．その代表的な事故例が，① 1974年イギリス・フリックスボローでのシクロヘキサン酸化反応器の不適切な改造工事によるベローズの破断に続くシクロヘキサンの液体の大量流出に伴う爆発事故（死者 28 人）[2,3]，② 1989 年アメリカ・パサデナでのフィリップス 66 社のポリエチレン製造装置の保守保全作業時の不注意による可燃性ガス（エチレン，イソブタン，ヘキセン，水素を含む）の大量漏洩に伴う爆発事故（死者 23 人）[2,4]，③ 2005 年アメリカでの BP 社のテキサスシティ製油所の蒸留塔の液面計故障や運転ミスによる過充填とオーバーフローに続くベントスタックからのラフィネート（ガソリン基材）の大量流出に伴う爆発事故（死者 15 人）[5,6]，④ 2005 年イギリスでのバンスフィールド油槽所のタンクの液面計故障による過充填とオーバーフローに続くガソリンの大量流出に伴う爆発事故（死者 0 人）[7]，⑤石油・化学プラントではないが，1989 年ロシア（当時ソビエト）での長距離パイプラインからの天然ガスの液体の大量漏洩に伴う爆発事故[2,8]である．

　また，発火温度以上で取り扱われている高温の可燃性液体や可燃性ガスが漏洩した場合は，漏洩と同時に発火し火災となることがある．その代表的な例が，高温の油を移送しているポンプのシール部からの漏洩によるポンプ火災である．また，可燃性液体が漏洩し長時間かけて機器や配管を覆う保温材に浸み込んだ場合は，漏洩が少量でも自己発熱反応や保温材

の触媒作用による発熱反応により保温材火災となることがある．

　以上の他にも多くの火災・爆発事故が発生しているが，それらの多くは基本的な設計，保守保全，点検などの各段階での安全管理の欠如に起因している．

（1）漏洩による火災・爆発の諸形態

　可燃性ガスや可燃性液体の漏洩による火災・爆発の形態としては，密閉空間または半密閉空間でのガス爆発，開放空間での蒸気雲爆発，液体のプール火災，噴出ガスや噴出液体によるジェット火災などに分類できる．① LNG のような低温液化ガス，② LPG のような加圧液化ガス，③ ガソリンや灯油のような常温常圧の可燃性液体，④ 高圧の水素のような高圧の可燃性ガスや高圧のナフサのような高圧の可燃性液体について，漏洩後の着火のタイミングの違いによる火災・爆発の形態を以下に示す．

A．低温液化ガスの漏洩による火災・爆発

　低温常圧で貯蔵されている LNG や LPG のような低温液化ガスがタンクやその接続配管などから漏洩し直ちに着火した場合は，地面に落下した低温液化ガスの液面の火災いわゆるプール火災となる．タンク周囲に防液堤が設置されている場合は，防液堤内のプール火災にとどまる．しかし，防液堤が設置されておらず何の制限もない場合は，プール火災の液面は燃焼しながら拡大し漏洩速度と燃焼速度がバランスする大きさとなり防液堤がある場合より大きなプール火災となるため被害が遠方まで及ぶ．プール火災による被害は，火炎が近傍の装置を直接あぶることによるものと，遠方の装置，建築物，人への輻射熱によるものがある．

　一方，漏洩後直ちに着火しない場合は，低温液化ガスの液面は蒸発しながら拡大し漏洩速度と蒸発速度がバランスする大きさとなる．液面から蒸発したガスは地面を這うように風下に拡散して蒸気雲を形成するため，この時点で着火すると，まず蒸気雲爆発が発生し，続いてプール火災が発生する．なお，低温液化ガスの液面からの蒸発は，液面形成開始直後は液面と地面との温度差が大きく地面からの入熱による蒸発が支配的であり蒸発速度が大きいため大規模な蒸気雲が形成される．しかし，その後は地面が冷えるにつれて蒸発速度は減少し，さらに時間が経過すると地面からの入熱はなくなり，太陽からの輻射や風による対流伝熱による蒸発が支配的になり蒸発速度は小さい一定の値となるため蒸気雲は小さくなる．

B．加圧液化ガスの漏洩による火災・爆発

　常温高圧で貯蔵されている LPG のような加圧液化ガスが球形タンクやその接続配管などから漏洩した場合は，漏洩と同時に圧力が大気圧まで降下するため，貯蔵状態における気液平衡が破綻し，漏洩した加圧液化ガスの一部が瞬間的に気化する．これをフラッシュという．この時，加圧液化ガスは気化熱により大気圧における沸点まで温度が降下する．液体がフラッシュにより気化する割合をフラッシュ率といい，$F = (H_1 - H_2)/L$ で計算される．ここで，F はフラッシュ率（—），H_1，H_2 は貯蔵状態および大気圧における沸点での液体のエンタルピー（J/kg），L は蒸発潜熱（J/kg）である．表 7・9 に種々の加圧液化ガスの漏洩によるフラッシュ率やフラッシュ前後の気液体積比を示す．フラッシュ前後の気液体積比は代表的な貯蔵状態にあった液体がフラッシュした際にその何倍の体積のガスが発生するかを表す．加圧液化ガスはフラッシュ前後の気液体積比が大きいため少量の漏洩でも大量の体積の

ガスを発生する．フラッシュしたガスは漏洩個所より風下に拡散し，同時に，フラッシュせ
ずに残った液体は地面に落下して液面を形成し，液面から蒸発したガスが地面を這うように
拡散する．漏洩個所が地面に近い場合は，フラッシュしたガスと液面から蒸発したガスとが
重なり合って拡散するため大規模な蒸気雲が形成されるのため，この時点で着火すると，ま
ず蒸気雲爆発が発生し，続いてプール火災やジェット火災が発生する．

　なお，大気圧における沸点が常温以上の液体であってかつ高温高圧の過熱状態にある液体
が漏洩した場合は，フラッシュしたガスにより蒸気雲が形成されるが，地面に落下した液体
はほとんど蒸発しないため液面から蒸発したガスは蒸気雲の形成にほとんど寄与しない．

表 7·9　加圧液化ガスの漏洩によるフラッシュ[9)]

加圧 液化ガス名	代表的な貯蔵 温度（℃）	代表的な貯蔵 圧力（MPaA）	大気圧におけ る沸点（℃）	フラッシュ率 （—）	フラッシュ前後の 気液体積比[注1)]（—）
プロパン	21	0.86	−42.1	0.36	73
プロピレン	21	1.05	−47.7	0.35	75
ブタン	21	0.22	−0.5	0.12	26
アンモニア	21	0.89	−33.4	0.18	125
エチレン	−31	1.83	−103.8	0.38	81

注1) 貯蔵状態の液密度，フラッシュ率，大気圧における沸点でのガス密度を用いて算出した．

C. 常温常圧の可燃性液体の漏洩による火災・爆発

　常温常圧で貯蔵されているガソリン，灯油，軽油，重油，ベンゼンのような可燃性液体が
漏洩した場合は，ほとんどフラッシュせず液体のみの漏洩となる．重油のように引火点の高
い液体の場合は，揮発性が低くほとんど気化しないため着火のタイミングによらず一般に
プール火災となる．しかし，ガソリンのように引火点の低い液体の場合は，揮発性が高く，
ある程度気化するため漏洩後直ちに着火せず時間を置いて着火すると，まず蒸気雲爆発が発
生し，続いてプール火災が発生する．

D. 高圧の可燃性ガスや高圧の可燃性液体の漏洩による火災・爆発

　高圧の可燃性ガスが噴出するように漏洩した場合や高圧の可燃性液体がミストになって噴
出するように漏洩した場合は，直ちに着火するとジェット火災となることがある．ジェット
火災は，火炎が細長いため輻射熱は遠方には及ばないが，火炎が近傍の装置やその支柱を
直接あぶると，それらは急激に温度が上昇し金属強度が低下して倒壊する可能性がある．
一方，漏洩後直ちに着火せず時間を置いて着火すると，まず蒸気雲爆発が発生し，続いて
ジェット火災が発生する．

（2）漏洩による火災・爆発の対策

　漏洩を防止するためには，設計，保守保全，点検などの各段階で安全管理を適切に実施す
ることが基本である．加えて，漏洩の発生を前提として火災・爆発の被害を軽減するための
以下のような対策も必要である．

A. 漏洩量の低減

　漏洩量を少なくするため，装置が保有する可燃性物質の量を必要以上に大きくしない．ま

た，漏洩発生時に使用する，①漏洩個所前後の装置からのガスや液体の流入を遮断する緊急遮断弁，②装置内の液体を他の装置などに移送する緊急移送設備，③装置内のガスをフレアスタックなどから放出して圧力を下げる緊急脱圧設備を設置する．

B. 漏洩の早期検知

漏洩を早期に検知するため，ポンプやコンプレッサーのシール部などの漏洩しやすい個所の近辺に可燃性ガス検知器，油検知器，火炎検知器，煙検知器，監視カメラなどを設置する．

C. 着火源の除去

漏洩しやすい個所周辺の電気機器は防爆電気機器とする．着火源となる加熱炉，ボイラー，焼却炉，ディーゼルエンジン，ガスタービン，電気機器などは，漏洩検知後直ちに使用を停止する．また，これらはプラントにおける支配風向を考慮して風上側に設置することを検討する．

D. 着火危険範囲の拡大防止

着火危険範囲を小さくするため，可燃性液体や液化ガスのタンク周囲には防油堤や防液堤を設置して，漏洩した液体の液面拡大を防止する．また，液化ガスの漏洩に対しては，気化したガスの拡散，希釈を促進するためのウォーターカーテンやスチームカーテンの設置を検討する．

E. 火災・爆発からの防護

火災による二次災害を防止するため，消火設備を設置する．また，①二次的な火災・爆発を起こす可能性が高いかその影響範囲が大きくなるような機器（LPG球形タンクや危険物タンクなど）に対して離隔距離の確保，耐火被覆の施工，耐火壁や耐爆壁の設置，耐火構造や耐爆構造の採用，冷却用散水設備などを検討する．　　　　　（高木　伸夫・上田　邦治）

7・3　各種産業火災爆発の特徴

7・3・1　高圧ガス容器（ボンベ）の爆発火災
（1）高圧ガスの分類

高圧ガス容器は，種々の燃料用ガスや産業用の原料ガスを充填してガスの輸送・貯蔵に使用されるものである．高圧ガスは，その物性からは，圧縮ガスと液化ガスに分類される．また，その燃焼性からは，可燃性ガス，支燃性ガス，および，不燃性ガスに分類される．その他に爆発火災の危険性を有するガスの分類として，自然発火性ガスと分解爆発性ガスがある．

爆発火災の危険性がある具体的なガスの種類は，水素，プロパン，アンモニアなどの可燃性ガス，空気，酸素，三フッ化窒素などの支燃性ガス，モノシラン，ジシランなどの自然発火性ガス，アセチレン，酸化エチレンなどの分解爆発性ガスである．このほか，可燃性ガスには数多くのガスがあるが，その取扱量は少ない．

一般的に高圧ガス容器の爆発火災には，次のような特徴がある．

1）加圧下にあるガスおよび液体は，漏洩または噴出しやすいため，空気中に放出され，発火して火災となりやすい．この火災は，ガス火災と呼ばれる．

　2）ガス火災は，可燃性ガスが周囲の空気と混合しながら燃焼するため，典型的な拡散燃焼である．漏洩したガスの流れの状態に応じて，層流燃焼の場合と乱流燃焼の場合がある．この違いは，流れのレイノルズ数によって決まる．実際に発生する漏洩，噴出では，ほとんどが乱流となる．

　3）火炎の長さは，層流火炎ではガス流速の増加とともに長くなるが，乱流火炎になると一定値に留まる．

　4）空気中に漏洩した可燃性ガスが，直ちに燃焼しない場合は，空気中に滞留して爆発範囲内の可燃性混合気を形成する．その後，発火すると爆発となる．

　5）高圧ガス容器が室内等に設置されている場合には，わずかな漏洩によっても時間が経過すると室内に爆発範囲内の可燃性混合気を形成し，何らかの発火源によって激しい爆発となることがある．

　6）高圧ガス容器から漏洩したガスが火災となると，その火炎で容器自身が加熱されることがあり，また，高圧ガス容器が複数使用されている場合には，隣接容器が加熱されることがある．それにより，高圧ガス容器が破裂，あるいは，安全弁が作動してガスが噴出すると，二次的な火災を引き起こすことがある．

（2）高圧ガス容器および火災の特徴

　高圧ガスの物性別に高圧ガス容器および火災の特徴を示す．

A．圧縮ガス充塡容器

　常温で圧縮して液化しないガスは，容器に圧縮ガスとして充塡される．一般的に使用される容器の容積は 47.6 L であり，最大充塡圧力は 15 MPa の容器が多いが，20 MPa の容器もある．容器内のガスが消費されると消費量に比例して圧力は低下する．容器1本に充塡されているガス量は，容器容積と圧力との積であるため，$7 \sim 9.5$ m³ 程度ある．そのため，ガスを大量に消費する場合は，高圧ガス容器を $20 \sim 30$ 本枠組みして固定したカードルが使用される．カードルの個々の容器は，配管で主管に連結され，充塡および消費は，全ての容器について同時に行われる．

火災時の特徴

　①　通常は，容器内の圧縮ガスが漏洩または噴出により空気中に放出され，発火源により発火して，火炎を伴い燃焼する．1本の容器の噴出火災では，保有量が限られるため，短時間（$1 \sim 2$ 分）で終了する．

　②　圧縮ガスに分類される可燃性ガスは多種類あるが，取扱量が多いのは水素である．水素の火炎は，通常は容器内の粉じん等を伴うため，赤色であるが，清浄な水素の火炎は無色で，直接目に見えないため，燃焼していることに気付かないことがある．

　③　空気中に漏洩した可燃性ガスの着火源としては，裸火，電気スパーク，衝撃火花，静電気放電火花等がある．圧縮ガスでは，ガス噴出に粉じん等が伴いやすく，静電気を発生するため，噴出ガスは着火しやすい．

　④　容器から空気中に漏洩した可燃性ガスが，すぐに発火しない場合は，空気中に滞留して爆発範囲内の可燃性混合気を形成する．その後，発火すると爆発になる．その際，爆発だけで終わらずに周囲に可燃物が存在すると，それに着火して火災となることがある．

B. 液化ガス容器

常温で圧縮して液化するガスは，容器に液化ガスとして充填される．充填圧力は，その温度における液化ガスの蒸気圧であり，圧縮ガス容器より低い圧力である．ガスの消費は，容器内の液化ガスの気化によるため，全てが消費されるまで圧力は一定である．液化ガス容器に充填される可燃性ガスは多種類あるが，最も取扱量が多いのは，燃料として使用されるLPガス（液化石油ガス）で，その圧力は常温で約 0.7 MPa である．LPガス容器の大きさは，充填されるガスの質量で示され，小型容器には 2 kg 容器があるが，50 kg 容器が一般的で，大型容器としては 0.5 ～ 3 t 容器が使用される．

火災時の特徴

①　容器内にガスを液化して保有しているため，1本の容器のガス貯蔵量が圧縮ガス容器と比較して大きく，火災になった場合には，短時間には終了しない．

②　液化ガスは一般に気化後も空気より重く，漏洩すると地表や床面に滞留しやすく，滞留後に発火して爆発する危険性が高い．

③　ガスが漏洩，噴出する際に液を伴うため，静電気を発生し，それが発火源となりやすい．

④　他の火災の火炎で液化ガス容器自身が強く加熱されると，安全弁からの放出量では内圧の上昇を抑制できず，また，容器材質が高温により耐圧力が低下するため，液化ガス容器が破裂することがある．また，容器内の液化ガスが空気中に放出されて，急激な気化による蒸気爆発や発火によって大きなファイアボールを形成することがある．

C. 分解爆発性ガス容器

分解爆発性ガスというのは，そのガスの分解反応が発熱反応であるため，酸素や空気がなくても発火源があると爆発を起こすガスである．特に，高圧状態になるとわずかなエネルギーで発火するようになる．そのため，容器に貯蔵する際には特殊な安全対策がとられている．

アセチレンでは，容器内で溶剤（アセトンあるいはジメチルホルムアミド（DMF））に溶解し，さらに，容器全体に多孔質物（「マス」と呼ばれるケイ酸カルシウム等）を充填して，容器内の空間を無くして分解反応の発生を防止している．そのためアセチレン用の容器は，溶解アセチレン容器と呼ばれる．通常の取扱いで分解爆発が発生しないように，高圧ガス保安法関連の例示基準[1]で，溶剤の品質，多孔質物の多孔度に応じた容器内容積に対する溶剤の最大充填率，多孔質物性能試験等を規定している．溶解アセチレン容器は，41 L 型が標準で，7.2 kg のアセチレンが充填されている．その他に，3.6 L，12.5 L，24 L 型がある．充填容器の圧力は，温度 15℃ で約 1.5 MPa である．

酸化エチレンでは，容器内の空間に規定量の窒素を充填して，酸化エチレン蒸気を希釈して分解爆発の発生を防止している．

その他，分解爆発事故の起きたガスとして，ゲルマンがある．半導体製造に使用されるガスで，取扱量も少ないが，輸送中に容器が爆発して，作業者2名が火傷で重傷を負う事故があった[2]．ゲルマンについては，充填量を減らして，爆発しても容器が破裂しない量に制限している．

溶解アセチレン容器火災の特徴

①　溶解貯蔵しているため，1本の容器の噴出火災でも容器内の全てのガスが燃焼し終わるまで 20 分以上を要する．

②　安全弁が温度 105℃ で作動する溶栓（可溶合金）で容器肩に装着されているため，使用中に溶接火花が落下して安全弁が作動し，火災となることがある．

③　火災で容器本体が加熱されても，安全弁が作動し，ガスが噴出して燃焼するだけで終わるが，隣接容器の噴出火炎で強く加熱されると容器内で分解爆発が発生し，破裂することがある．容器火災では，容器本体の水による冷却が爆発防止には効果がある．

④　自然発火性ガス容器　近年，半導体製造等に使用されているシランは，その発火温度が常温より低く，空気中に漏洩すると発火源が存在しなくても直ちに発火する．ジシラン，ホスフィンも同様に，漏洩すると直ちに発火し，ガス火災となる．消火するためには，漏洩を止めるしかない．このような半導体製造用ガスは，水素とケイ素，リン，ヒ素等との化合物で燃焼生成物が固体であり，煙や付着物となる．通常使用される燃料ガスは，燃焼して気体の二酸化炭素になるのと異なっている．シラン充填工場で容器火災があり，発生した大量の白煙が，周囲に流れて周辺住民に影響を与えた事故例がある．

D.　LP ガス，アセチレン等ボンベの充填所

高圧ガス容器へのガス充填は，1本の充填主管に枝管で多数の容器を接続して同時に充填する方式と1本ずつ充填する方式とがある．圧縮ガスの場合は前者で，漏洩事故があると充填中の全ての容器のガスが漏洩し，爆発火災となる危険性がある．

a.　アセチレン充填所

標準的なアセチレン充填所は，充填台に空の容器を並べ，そこに設置された高圧アセチレンの配管（充填主管）から枝管によりアセチレンを充填する．アセチレンを容器に充填する場合は，容器中の溶剤にアセチレンが溶解する際にかなり発熱する．そのため，冷却水配管があり，各容器毎に噴霧冷却をする．この噴霧は，容器からアセチレンが漏洩した場合の静電気発生を防止する作用もある．各充填台で一度に充填する容器数は 60 本程度の場合が多い．

充填中のアセチレンの圧力は，最高約 2.5 MPa で，充填開始から終了まで，約 8 時間である．充填直後は溶解熱で容器内部温度が高く，不安定なため，工場内で 24 時間静置し，常温になってから出荷するように一般高圧ガス保安規則例示基準[3]で定められている．

1965 ～ 1975（昭和 40 ～ 50）年頃は，溶解アセチレンの需要が多く，アセチレン充填所において爆発火災事故が多数発生している．そのうち最大の事故は 1967（昭和 42）年に発生した事故で，高圧ガス配管末端の溶接部が運転中に脱離し，噴出ガスが発火した事故であり，充填所にあった 1000 本の容器が火災に巻き込まれ，250 本が破裂，飛散した．

このような充填所の事故は，充填終了時近くに発生することが多く，高圧配管系統内部における分解爆発の発生，充填台の配管，容器弁からアセチレンが漏洩し，緊急措置のために現場に行った作業員の静電気が発火源となって爆発火災になった事故例がある．

このような事故対策として，高圧ガス保安法関連基準が強化され，アセチレン容器の改善や容器充填所および貯蔵所における非常用散水設備が設置され，火災発生時には直ちに散水

で容器を冷却することができるようになっている．また，アセチレン容器の多孔質物の製造
方法の進歩と防消火設備の改善の効果があり，近年では大きな充填所および貯蔵所の爆発火
災事故は発生していない．

b. LP ガス充填所

　LP ガスは液化ガスであり，容器には貯槽からポンプで充填される．LP ガスを容器に充
填するために一般的に使用されている充填機は，コンベア式自動充填機および回転式自動充
填機で，容器に充填ホースを接続し，規定の質量の LP ガスが充填されたら自動的に LP ガ
スの供給が停止されるようになっている．LP ガスは安定な物質であるため，充填所で発生
する爆発火災は，LP ガスの漏洩とそれに引き続く発火が原因である．

　LP ガス充填所の大きな事故には次の例がある．1964（昭和 39）年，兵庫県で貯槽にタン
クローリから荷卸し作業を行っている間に，タンクローリが移動してカップリングが折損
し，大量の LP ガスが漏洩して発火し，貯槽を加熱して破裂した．そのため，周辺住宅数棟
が全焼し，3 名が死亡した．1986（昭和 61）年には，三重県で容器の充填作業中に，正しく
充填機にセットされなかったために過充填された容器を取り外し，横倒しにしてバルブを開
放し，液状の LP ガスの放出を開始した直後に発火して，噴出火災となった．この火災が，
周囲の容器を加熱したため容器の安全弁が作動し，噴出ガスが火炎となり，充填所全体に火
災が拡大した．そのため，20 〜 500 kg 容器，合計約 600 本が焼損した[1]．

　このように LP ガス充填所の火災事故は，定常の充填作業中の事故は少なく，充填に関連
して容器中の残ガスの放出等の非定常作業中の事故が多い．

　LP ガスの場合もこれらの事故対策として高圧ガス保安法関連基準が強化され，LP ガス
充填所および貯蔵所の製造設備や容器を貯蔵する場所は，LP ガスが滞留しない構造になっ
ていて漏洩の早期検知のためにガス漏洩検知警報器が設置されている．また，火災の消火と
拡大防止のための散水装置や粉末消火器が主として設置されている．

（橋口　幸雄・和田　有司）

7・3・2　石油タンクの火災爆発

（1）石油タンクの火災性状

　石油タンクの立地および配置などの規制や石油タンク火災の消防活動上，重要な火災性状
として，石油の燃焼速度，周囲への放射熱（輻射熱），火炎高さ，火炎温度，発生する煙量
がある．また，重油，原油の火災時に起こるボイルオーバー現象や液化ガスや軽質系石油に
よって起きる BLEVE（Boiling liquid expanding vapor explosion）も重要である．最近，国
内外で多くの大規模火災実験が行われ，その結果，多くの知見が得られている．

A. 石油の燃焼速度

　大規模火災の燃焼速度については Blinov ら[1]による実験データが有名である．燃焼速度 v
は，燃料の液面降下速度（mm/min または m/hr）で表すことが実用的である．v は，火炎
からの熱伝達に支配されるが，タンク直径が概ね 0.3 m 以上では，火炎からの放射熱に依
存し，式（7・16）で表される[2]．

$$v = (1/\rho Hu)[(K/D)(T_f - T_b) + U(T_f - T_b)$$
$$+ \sigma F(T_f{}^4 - T_b{}^4)(1 - \exp(-\kappa\beta D))] \qquad (7\cdot16)$$

式（7·16）右辺の［　］内の第1項はタンク壁を
経る伝導伝熱，第2項は対流伝熱であるが，D が
十分大きい場合，第3項（火炎からの放射伝熱）
に支配される．ここで，ρ，Hu はそれぞれ燃料
の密度，蒸発熱，K は燃料蒸気の熱伝達率，D
はタンク直径，T_f は火炎の温度，T_b は燃料の沸
点 U は対流伝熱係数，σ は Stefan-Boltzmann 定
数，F は火炎と受熱面間の形態係数である．同一
燃料では v は D に支配されるが，例えば，原油
の場合，図7·24のようになる．$\kappa\beta$ は，火炎の吸
収パラメーターで火炎中の微小炭素粒子濃度に影
響される．主要な物質のデータは Babrauskas[3]
によってまとめられている（表7·10）．$D = \infty$

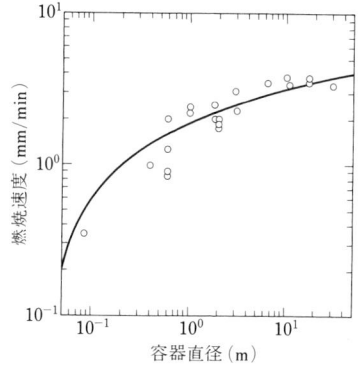

図 7·24　原油の燃焼速度と容器直径の関係

（巨大タンク）の場合，v は，燃料の熱化学的性質（燃焼熱 Hc と蒸発熱 Hv の比）で表すこ
とができる（$v_\infty = kH_c/H_v$，k：比例定数）．

B.　周囲への放射熱

火災から周囲への放射熱を調べることは防災上重要で多くの実験例がある．また，推定法

表 7·10　主要な石油類の燃焼速度，放射発散度，放射熱（容器直径：$D > 1$ m）[*1]

種　別	燃焼速度v_∞, (mm/min)	放射発散度R_f, (kw/m^2)[*2]	平均放射熱q, (kw/m^2)[*3]	吸収パラメータ $\kappa\beta(m^{-1})$
ガソリン/ナフサ	7.0	58.1	1.2	2.1($\pm$0.3)
灯油	4.7	50	2.0	3.5($\pm$0.8)
軽油	3.3	42	1.8	
A重油	1.3	23	1.4	1.7($\pm$0.6)
JP-4	6.0			3.6($\pm$0.1)
ベンゼン	6.0	62	1.3	2.7($\pm$0.3)
トルエン	4.4	86	1.6	
n-ヘキサン	7.2	85	2.2	1.9($\pm$0.4)
ヘプタン	8.6	90	2.9	1.1($\pm$0.3)
メタノール	1.8	9.8	0.19	
エタノール	1.9	12	0.30	
LNG(メタン)	10.4	76		1.1($\pm$0.8)
原油	4.0	48	0.81	2.8($\pm$0.4)

＊1　データは，気温，風等によって影響を受けるが，ここでは，おおむね無風時の平均値．
＊2　D が1～3mの実験での平均値．
＊3　D が1～3mの実験でのタンク中心から5Dの位置で受ける放射熱量．

はオランダ TNO (Yellow book) のものが有名である[4]. 実用的には，一様火炎モデル，点源モデルが広く使われている. 前者は，火炎を温度一定な火源（円筒火炎）と考え，火炎と受熱面間の形態係数 ϕ を使って表すものである（式7·17）. R_f は火炎の放射発散度で，多くの測定データがある[5]. 大規模火炎では，R_f は発生する煙が火炎からの放射熱を遮蔽することから大規模実験の結果を基に修正されている[5,6]. 後者は，放射熱が火炎の中心から放出するとして発熱量 Q を使って表す（式7·18）. ここで，L は火炎から受熱面までの距離である. 大規模火炎では，放射分率 χ_R を使って修正する試みがなされている. χ_R は，

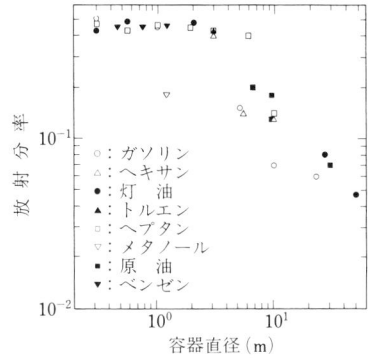

図 7·25　各種燃料の放射分率と容器直径の関係

火炎から生じるエネルギーのうち，放射エネルギーとして失われる割合のことで過去の多くの実験から得られており（図7·25）[7]，大規模火災での推測に使うことができる. q は火災タンクから離れるほど減少し，実験結果でも大略 1.6 〜 2.0 乗に反比例して減少する.

$$q = \phi R_f \tag{7·17}$$

$$q = \chi_R \cdot Q/L^2 \tag{7·18}$$

C. 火炎高さ

石油タンクの火災のような乱流火炎では，火炎高さは一定の周期で振動しているが，その高さについては，Heskestad の相関式[8](7·19) が良く知られている.

$$H_f/D = 3.7 \cdot Q^{*2.5} - 1.02$$

$$Q^* = Q/(\rho C_p T_a (g/D)^{1/2} D^2) \tag{7·19}$$

ここで，C_p，T_a はそれぞれ空気の密度，温度である. 直径数 10 m のタンク火災では大量の煙で火炎上部は明確でないが，熱画像装置（Infra-red camera）を使うことで火炎高さと変動の様子を明らかにすることができた[9]. 本式が大規模火炎に適用できるか議論があったが，最近の大規模実験[9]でのデータから概ね合致することが示された.

D. 火炎温度

炭化水素の断熱火炎温度は概ね 2000℃ である. タンク火災のような乱流火炎の場合，火炎域は，常に変動している. 多くの研究では熱電対を使って平均的な値を示している. 大規模実験[9,10]の結果では，直径 20 〜 50 m のタンク火災（燃料：原油，灯油）でほぼ 1400℃ に達した.

E. 発生する煙の量

火炎から生じる煙量（煙収率）は燃料によって大きく異なる. $D > 2$ m での煙収率（Smoke yield）[11]はヘプタンでは，0.014，アラビアライト原油で 0.14 が得られている[7]. 火炎中の微小炭素の酸化が起こり，その反応熱によって放射熱量が支配される，微小炭素の凝集した煙は，放射熱を遮蔽する. 他方，有風時，風下側に煙が集中することから風下側の方が放射熱の遮蔽の影響は大きいとも考えられていた. 国内外での大規模火災実験の結果[9,12]は，風下

側の放射熱が風上側よりも大きいことを示しており，煙による放射熱遮蔽が限定的なものであることが示された．

（2）ボイルオーバー

原油や重油のような重質油の火災が長時間続いた場合，燃料層内に高温の温度層（ホットゾーン）が形成され（図7・26），それがタンク底部に存在する水に触れた時，水が沸騰して爆発的な火災を引き起こすことが知られている[12, 13]．また，類似の現象にスロップオーバーがある．これは，消火作業中に火災タンクに水が大量に入った場合，沸騰してタンクから溢れる現象である．

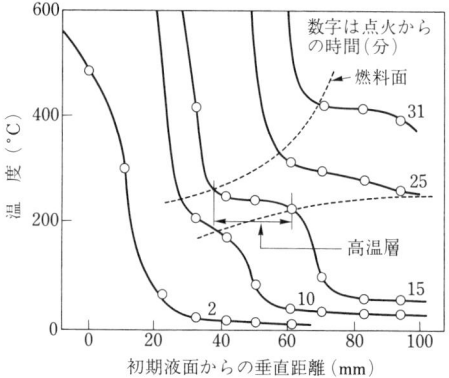

図 7・26　1 m 容器での原油火災実験中の高温層成長

最近，高温層形成メカニズムの解明，ボイルオーバー発生の予測に関連して多くの研究がなされている[13-15]．ボイルオーバーまでの時間 t_{bo} は，初期燃料層厚さ（液面高さ）L_0，高温層降下速度 u でもって表される．また，L_h はボイルオーバー時の高温層厚さである．

$$t_{bo}=L_0/u \tag{7・20}$$
$$L_h=L_0(1-v/u) \tag{7・21}$$

過去の災害事例，実験結果から，L_0 が厚いほど，時間はかかるが激しいボイルオーバーが起こること，他方，タンク直径が大きい場合，高温層の形成が遅れ，ボイルオーバーが起こりにくいことが示された[13]．

また，軽油は高温層を形成しないが，ボイルオーバーのような激しい燃焼になることが確認された．原油でも燃料層が薄い場合，同様な現象を起こす．この現象は，薄層ボイルオーバー（Thin-layer boilover）と呼ばれている[14]．海上に流出した原油の火災で問題になる．

高温層形成メカニズム解明のため，高温層内部の可視化，燃料の加熱によって高温層形成の試みがなされている[15]．この結果，火炎無し（上部からの加熱のみ）でも高温層が形成され，ボイルオーバーが起こることが明らかになった．

（3）ＢＬＥＶＥ

BLEVE（Boiling liquid expanding vapor explosion，ブレービー）は沸騰状態の液化ガスが気化・膨張して爆発する現象である[2]．2011（平成23）年3月の東日本大震災では千葉県のコンビナートにおいて LP ガスタンクが加熱され，BLEVE が複数回起こり，直径数100 m の巨大なファイアボールが生じた[16]．ファイアボールからの放射熱はタンクの全面火災に比べて非常に大きくなる．また，タンク破片の飛散の被害も大きいことから極めて危険である．

液化ガスタンクが周囲から急激に加熱された場合，液化ガスは気化するが，安全弁が作動した場合，ガスが噴出，それに着火して噴出火炎（ジェット火炎）が生じる．しかし，内圧

の上昇が急激な場合，タンク自体が破裂，一挙にガスが気化・噴出，蒸気雲を形成，更にファイアボールに至る．放射熱はタンク火炎同様，(7・17) および (7・18) 式で計算できるが，火炎温度，放射発散度はタンク火炎よりも高く，放射熱は数倍になる．ファイアボールの大きさ（直径）D，その継続時間 t は，被害と密接な関係にあり，物質量（液化ガス＋空気）W と以下の関係にあるとされている．

$$D = 3.77\ W^{0.325} \tag{7・22}$$

$$t = 0.258\ W^{0.349} \tag{7・23}$$

（古積　博）

7・3・3　化学反応に伴う反応容器等の火災爆発

本項では，反応暴走や不安定物質の蓄積などにより発生した反応容器や蒸留装置，貯蔵施設など化学プロセスでの火災爆発の典型的な事例を紹介する．

（1）ヒドロキシルアミン再蒸留塔の爆ごう（2000 年）

工程　硫酸ヒドロキシルアミンに硫酸と水酸化ナトリウムを添加して粗ヒドロキシルアミンを生成する．次いで，粗ヒドロキシルアミンに含有される微量の鉄イオンを除去するため，再蒸留塔で減圧気化を行い 51% のヒドロキシルアミン（鉄イオンフリー）を製造する．

概要　ヒドロキシルアミン製造プロセスの再蒸留塔で爆ごうが起き，その後火災となった．爆発による破片は工場から 1500 m 先まで飛散し，工場内はほぼ全壊したほか，飛散物により周辺の地域にも多大な被害を発生させた．事故により従業員 4 人が死亡し，工場内外で 56 人が負傷した．

原因　粗ヒドロキシルアミン中の鉄イオンが蒸留工程で濃縮し，再蒸留塔で 85% まで濃縮されたヒドロキシルアミンの分解を引き起こした．事故後の熱危険性評価でヒドロキシルアミンは濃度が高くなるにつれ，鉄イオンによる分解危険性が高まり，85% 以上では爆ごうを引き起こすことなどが明らかになった．事故の背景原因は熱危険性評価の不足に加えて，1999 年に米国で発生した類似事故（ヒドロキシルアミン再蒸留塔での爆ごうにより 5 人が死亡）の水平展開の徹底不足である．

（2）レゾルシン製造プラント酸化反応器の火災爆発（2011 年）

工程　メタジイソプロピルベンゼンを空気酸化してジヒドロキシペルオキシドを生成させ，酸触媒を用いてジヒドロキシペルオキシドからレゾルシン（レソルシノール，m－ジヒドロキシベンゼン）を製造する．

概要　酸化反応器のインターロック解除を契機に，異常反応が進行して反応器が破裂し，内容物が噴出，火災，爆発となった．工場周辺地域の負傷者は 16 名にのぼり，従業員も 1 名が死亡し，9 名が負傷した．また，爆発により周辺の地域 999 軒で窓ガラス，ドアシャッター等が破損した．

原因　レゾルシン製造プラント全体で蒸気の供給が停止したため，緊急停止を行った．緊急停止による酸化反応器の温度下降速度が低いと誤判断し，インターロックを解除して緊急冷却水による冷却から，通常の運転停止時の循環冷却水による冷却に切り替えた際に，酸化反応器内の液循環のために供給されていた窒素が自動で停止した．冷却用コイルが酸化反応器上部に設置されていなかったため，酸化反応器上部でジヒドロキシペルオキシドが分解

し，暴走的に温度，圧力が上昇して酸化反応器が破裂し，漏洩物により火災，爆発に至ったものと推定された．

（3）塩化ビニルモノマ製造施設の塩酸塔還流槽での爆発火災（2011年）

工程　第一段階はエチレン，塩酸，酸素を原料として，気相のオキシクロリネーション反応で，1,2-二塩化エタン（EDC）が生成される．

$$C_2H_4 + 2HCl + 1/2O_2 \rightarrow C_2H_4Cl_2 + H_2O$$

精製工程を経た高純度EDCは，熱分解により塩化ビニルモノマを生成する

$$C_2H_4Cl_2 \rightarrow C_2H_3Cl + HCl$$

概要　塩化ビニルモノマ製造施設の塩酸塔還流槽付近で内容物が漏洩して爆発，火災が起きた．塩酸一時受タンクが延焼したほか，周辺プラントが損壊し，従業員1名が死亡した．

原因　反応工程の緊急放出弁の故障によりオキシ反応工程系が停止して，塩酸塔の運転状態が変動した．この変動への対応の不備によって塩酸塔塔頂部の塩酸中に塩化ビニルモノマが混入したため，プラント全工程が停止した．塩酸塔還流槽の一時受タンク内に滞留した塩酸と塩化ビニルモノマの混合物が鉄錆の触媒作用で，1,1-二塩化エタンを生成する反応が徐々に進行した．この反応の熱が蓄熱して反応が暴走し，内部圧力が上昇して可燃物が漏えい噴出し，その後塩酸塔還流槽が破裂し，爆発，火災に至った．

（4）高純度アクリル酸製造施設における中間タンクの破裂火災（2012年）

工程　プロピレンと酸素との気相酸化により粗アクリル酸を生成し，精製塔で不純物を取り除いて高純度アクリル酸を製造するプロセス．精製塔ボトム液は回収塔で粗アクリル酸を回収し，再利用される．精製塔ボトム液を回収塔に送液する間に中間タンク（一時貯蔵タンク）が存在する．

概要　アクリル酸製造施設の保全工事終了後の再稼働中に上記の中間タンクが破裂し，火災が発生した．消防士1名が死亡，消防士1名と従業員5名が重傷，消防士，警察官，従業員の計31名が中軽傷を負った．

原因　全停電による工場全体の保全工事後の再稼働前に，中間タンクの下流に設置された回収塔の能力確認テストを行うため，アクリル酸の精製塔の塔底液を中間タンクに貯留した．しかし，本来実施することになっていた天板リサイクル（冷却している中間タンク下層の液を上層に送り全体を冷却する操作）が実施されなかったため，中間タンク上部で下記のアクリル酸の二量化反応による蓄熱で反応が熱的に暴走し，内部圧力上昇が生じて，タンク側板が亀裂開口してアクリル酸が漏洩し，蒸気爆発が起きたものと推定された．

アクリル酸の二量化反応

$$2CH_2=CH\text{-}COOH \rightarrow CH_2=CH\text{-}C(O)O\text{-}CH_2\text{-}CH_2\text{-}COOH$$

（5）酸化エチレン再蒸留器の爆発（1991年）

工程　酸化エチレンを精製し，微量の揮発成分（ホルマリンなど）を塔頂留分として，アルデヒド，水などを底部から除去し，再蒸留された高純度酸化エチレンを液相のサイドカットとして取り出す．

概要　酸化エチレン再蒸留器が爆発した．爆風と火炎により1名が死亡し，工場全体に

大きな被害が発生した．

　　原因　再蒸留器内部に酸化鉄を含むポリマーの薄膜が存在していた．特に表面積の大きい酸化鉄の存在によりホットスポット（部分的な高温部分）が生成し，酸化エチレンが急激に重合し，発生した熱が蓄積して酸化エチレン蒸気と酸化エチレン重合物の分解を引き起こしたものとみられる．

　この事故を契機にして，酸化エチレンの分解に対する不純物の影響について詳細な研究が進められ，酸化鉄の酸化エチレンに対する作用性がかなり明白になった[1]．

（6）廃液蒸留プラントでの爆発[2]（1990年）

　　工程　エポキシ樹脂製造工程で発生する廃液（エピクロロヒドリン；ECH，ジメチルスルホキシド；DMSOを含有）を90℃で減圧蒸留し，初留分をカットしたのち26時間かけて留分を製品として取り出していた．

　　概要　蒸留操作開始後3時間ほどして加熱用スチームの安全弁が作動したので，スチームの圧力を下げる作業を行っていたところ，蒸留塔フランジ部分からガスが噴出し，当直員が2階のコントロール室に到達したときに蒸留釜が突然爆発した．爆発と同時に反応容器内容物が飛散して火災が発生し，プラント建屋を焼損した．さらに，作業員1名が噴出物を浴びて死亡し，消防隊員1名が負傷した．

　　原因　蒸留操作では蒸留中に蒸留母液に含有されるECHが重合する．蒸留の初期には，

表 7·11　微量成分による火災爆発例

事故物質	微量物質	概　　　要
酸化エチレン	アンモニア	アンモニア由来の窒素を酸化エチレン貯蔵施設の不活性ガスとして使用したところ，窒素中に微量のアンモニアが残存し，その触媒作用で酸化エチレンが爆発した．
酸化エチレン	酸化鉄（錆）	酸化エチレン反応塔の爆発では，酸化鉄が酸化エチレンの急激な重合と分解を引き起こすことが明らかになっている．
アクロレイン	金属イオン	アクロレイン貯蔵タンクの冷却水として地下水を使用したところ，地下水に微量含まれる金属イオンが冷却水管の隙間からタンクに移動し，これが発熱的重合の触媒となって，タンクが爆発した．
アンモニア	三塩化窒素	海水の電気分解で副生するマグネシウムをアンモニアで処理する工程では，微量の三塩化窒素が生成する．塩素蒸発器などでこの三塩化窒素が濃縮して爆発する例が報告されている．
塩化チオニル	アルカリ	合成原料の塩化チオニルをゴムホースで移送中に，ホースを交換したところホースが破裂し内容物が噴出した．ゴムホースにアルカリが少量付着していたため，塩化チオニルから塩化水素と二酸化硫黄が発生したものである．
アクリル酸	酸化鉄（錆）	アクリル酸を充填したドラム缶を加熱中突然爆発した．重合禁止剤の濃度低下と，鉄錆の触媒作用による急激な重合が反応暴走を引き起こした．
ニトロベンゼン	水	ニトロベンゼンのスルホン化反応中に爆発発生．冷却水管の腐食により水が漏れて硫酸と接触し，反応熱でニトロベンゼンが分解した

その重合熱は ECH の蒸発潜熱により相殺され系内には蓄積されない．しかし，蒸発熱の大きな ECH の減少に伴い重合熱が蓄熱し，同時に高沸点の DMSO の比率が増加して系内温度がさらに上昇した．断熱貯蔵試験によると，ECH は 110 ～ 120℃ に保持すると 1 ～ 4 時間で大きな発熱と圧力上昇が生じることが確認された．本事故でも ECH の急激な重合と分解により爆発が発生したものと推定された．

（7）不純物による分解爆発[3]

上述したように，化学プロセスでは反応や蒸留，移送中に不純物が混在して分解爆発の原因となる例が少なくない．表 7·11 に事故例を示す．特に，錆などの金属酸化物や金属イオン，酸，アルカリ，過酸化物などが事故に関与する例が多く，事前にこれらの微量成分の分析や反応系への影響を検討しておくことは，安全上重要である．　　　　　　（若倉　正英）

7・3・4　倉庫，貯蔵所などの火災[1, 2]
（1）火災の要因と対策

実際の火災事故の原因だけでなく，潜在的要因も含めて以下のように分類した．火災事故の多くは，これらの要因が複合して起こっている．

A．物質的要因と対策

倉庫に貯蔵する物質の危険性については，その物質を製造または製品として販売する者が発行する「安全データシート」（通称 SDS）などの資料によって確認する必要がある．このような資料には，その物質または製品の物理的，化学的性状だけでなく，取扱い上の注意，緊急時の措置などが記述されているので，倉庫に納入する前に，その倉庫に貯蔵することが，安全上妥当かどうかを十分チェックする必要がある．酸化性，還元性，水との反応性などの性質ごとに分類し，同一倉庫またはその防火区画内には同種の分類のものを貯蔵し，異種の物質同士の混触による発熱，発火を防ぐ必要がある．スプリンクラーや泡消火などの防消火設備の選定にあたっては，水との反応性も重要なファクターとして考慮しなければならない．

自己反応性，自然発火性の物質に対しては，貯蔵温度制御などの配慮が必要となる．貯蔵量の集積と蓄熱・放熱の関係，微量の不純物の反応性への影響などもチェックポイントの 1 つであろう．衝撃，摩擦，熱などによる爆発性，静電気火花，電気火花，裸火などによる着火，引火性，燃焼継続性，粉じん爆発性なども貯蔵環境条件を考えるうえで重要なファクターとなる．

B．設備的要因と対策

耐火性，断熱性，防火区画など倉庫の建物構造のほか，散水，空調などの冷却設備の性能，内部熱源となる設備の有無なども火災の出火，拡大の重要な要因である．火災の発生防止の点から考えれば，前述の物質的要因との関係が，対策上のポイントとなる．火災の拡大防止の点からは，倉庫の消火設備，延焼防火と消火活動に必要な倉庫周辺の保有空地，消火用の給水設備などが考えるべきファクターとなる．

C．人的要因と対策

物質を取り扱う人，設備を動かし，修理する人，この両面にヒューマンファクターが関わってくる．製品に誤った表示をする，貯蔵してはならない物を，貯蔵してはならない場所

に貯蔵する，定められた基準に従った取扱いをしない，日常の点検を怠ったために異常の発見が遅れる，異常個所の補修を怠ったために，火災防止の設備が機能を発揮しない，設備保全が不十分なために火災を招く，等々の要因で火災が発生する．火災の潜在危険性に対する鋭敏な感覚を磨き，一人一人の危険予知能力を高めること，物質や設備に関する知識教育，緊急時の措置や初期消火活動の訓練などが，火災を防ぐうえで重要なポイントとなる．

D．管理的要因と対策

物質，設備，人，この3つの要因を総合的に管理し，火災を予防するための制度，基準などの管理システムを確立することが扇のかなめとなる．物質と設備の安全性評価体制，作業の基準化とその教育計画，良好な人間関係のうえに立って行われる冷徹な管理，などが必要となるであろう．非常時における通報体制，指揮命令系統，処置判断のできる責任者の宿日直制度なども倉庫管理上重要である．

企業内の管理のみならず行政的管理の役割も大きい．法律に基づく技術基準の遵守のみならず，行政上の指導に対する協力の姿勢も必要であろう．化学薬品倉庫の安全管理指針が欧州化学工業連盟（CEFIC）[3]から発行されている．危険性評価，倉庫の設計，防災活動，消火後の処理などの参考になるかもしれない．日本では消防法に危険物の屋内貯蔵所の技術基準が細かく定められている．物質に関しては危険物の試験評価基準，設備に関しては倉庫の建築基準のほか，防消火，保有空地などの基準，人に関しては危険物取扱者や防火管理者などの法定責任者の資格と選任，管理に関しては予防規程などの組織制度に関することが定められている．消防法では，法の別表第一に定める危険物の貯蔵所の位置，構造および設備の技術上の基準が政令によって定められている．酸化性固体，可燃性固体，自然発火性物質および禁水性物質，引火性液体，自己反応性物質，酸化性液体という危険性の類別と危険性の度合，および貯蔵数量に応じて，屋内および屋外の貯蔵に対する規制が異なってくる．また政令別表第三に定める数量未満の危険物は，いわゆる少量危険物として別表第四に定める火災の広がりやすい物品（綿花，わら，石炭，木材加工品，合成樹脂類など）については指定可燃物として，技術上の基準が市町村条例で定められている．以上述べた危険物や指定可燃物以外の物品を貯蔵する倉庫についても，一般防火対象物としての消防法や建築基準法に基づく規制がある．

（2）火災の影響

以上，火災の発生要因と予防対策について述べたが，火災の発生と拡大の結果，どのような影響と被害が生じるかについて，以下に述べる．

A．建物などの物質への影響

火災そのものの輻射熱によって周辺の建物，屋外貯蔵品（屋外タンク，野積みのドラム缶，駐車中のタンクローリー，貨車など）に延焼したり，防消火活動を阻害したりする．火災によって生じた未燃ガスのフラッシュバックや，揮発性可燃物のガスが空気を巻き込んで発生するファイアボールは，短時間の爆燃現象ではあるが，大きな輻射熱を与える．火薬などの爆発性物質や，可燃性気体と空気とが混合して生ずる蒸気雲，可燃性液体の屋内貯蔵タンクが火災によって加熱され，沸騰膨張によって生じる蒸気雲などの爆発は，強い爆風を発生し建物の倒壊，破損，窓ガラスの破損等々の広範囲な影響を与える．破損した破片の飛翔に

よって災害が飛び火することもあるし，人命への影響を与える危険性も大きい．輻射熱については火炎の大きさやファイアボールを形成する可燃物の量によって，爆風圧については爆発に寄与する物質の量によって，距離とそれらの影響との関係を推算することができる．穀類，粉状の食品（砂糖など），その他微粉状の化学品や合成樹脂の貯蔵サイロでは，搬入時に生ずる粉じんが起爆剤となって大きな爆発を起こすことがある．火災によって生成した腐食性，粘着性，着色性物質などが，煙とともに拡散し，灰や煤と一緒に沈下して物品（他工場の製品，建物，自動車など）に損害を与えることがある．

　また，近年は大規模な物流倉庫が出現しており，一旦火災が発生すると，消火が行える開口部が少なく消火活動が困難になり火災が長期化することもある[4]。

B. 人体への影響

　火炎に近いところでは，火災が酸素を消費することによる酸素欠乏と輻射熱による火傷とがある．定常的に燃焼する火炎の輻射熱からは逃れることができるが，収容物の燃焼や揮発によって生成する有害物の拡散は，広い範囲に及ぶことが多い．有害物の吸入や，皮膚・粘膜への付着などによって障害を与える．消火活動に与える影響も大きいので，消防法では，毒物や劇物の貯蔵についても届出を義務づけている．爆発やファイアボールのような短時間に発生する非定常現象に対しては，予測も逃避も困難である．爆風圧によって吹き飛ばされたり，呼吸器系への障害を与えたりする．物的障害（倒壊など）の巻き添えを受けることもある．

C. 環境への影響

　化学薬品などの貯蔵倉庫の火災に際して考慮しなければならないことは，収容物品そのものや，火災生成物の健康と環境への影響である．揮発性または飛散性化学品と，火災によって生成するガスや浮遊粒子状物質は大気中に拡散し，広い地域を汚染する．現在，難分解性の有害物質の製造は禁止されているので，可能性は少ないにしても，汚染物質の土壌への沈積と，食物連鎖による生体への吸収の潜在的危険性は皆無とはいえないであろう．

　消火活動によって使われた水には，収納化学品が含まれている可能性があり，そのまま排水すると水系を汚染する危険がある．貯留池などで排出前に無害化処理することが望ましい．

（3）火災の事例

　前述の火災の要因と影響に関する教訓を数多く含んだ事例を紹介する．文中のキーワードに，カッコ内の記号で要因（含対策）と影響の判別を，次の分類によって示した．

要因：a—物質，b—設備，c—人，d—管理
影響：x—物体，y—人体，z—環境

[倉庫火災事故例][5]

　1992年7月21日14時20分頃，英国の化学工場の倉庫で爆発火災が生じた．13時30分頃，倉庫の換気口から白煙が出ているのを発見し，火災報知器で工場消防隊に通報した．倉庫内を調べたところ，還元剤[a]の樽が上方の棚の上で破損し，床の上の酸化剤の袋の近くにこぼれていた．掃除機でこぼれた物を吸い上げる作業中に，酸化剤と還元剤の反応[a]が始まり，閃光とともに火炎が発生した．退却する最中に，おそらく粉じん[a]によると思われる爆

発が起こった．2分後に消防署に通報し消火にあたったが，水利[b]が悪く，近くのダムからポンプで給水した．黒煙[z]が広がり交通遮断したが，約3時間後に鎮火した．しかし再発火の危険[a]が去るまで18日かかった．

このような事故発生時には，サイレンを鳴らして近所の住民に知らせ，窓を閉めて屋内に閉じこもってもらうことになっていたが，どのようなときにサイレンを鳴らすべきかが明確に定められていなかった[d]．電源[b]が切られた以後はサイレンは鳴らなくなった．結局すぐ近くの住民が避難[y]し，約2000人が家の中に閉じこめられた[y]．化学薬品[a]を含んだ数万トンの消火に使った水が，下水処理場[b]で処理できなくなり，近くの川に流れ込んで数万匹の魚が死んだ[z]．

工場内では原料倉庫[x]が全壊，製品倉庫[x]が一部焼失，タンクローリー[x]1台と屋外に積んだプラスチックドラム[x]が輻射熱で炎上した．保有空地が十分あった屋外貯蔵タンクは延焼を免れた．

発災した倉庫は酸化剤の倉庫であった．そこに「酸化剤」と誤表示[c]された還元剤[a]が貯蔵されていた．貯蔵場所の近くにスチーム凝縮水の高温の配管[b]が通っており，熱的に不安定[a]な還元剤が熱分解し，それによって破損した樽[b]から放出された還元剤[a]と反応したことが火災の原因である．この倉庫の管理体制[d]にも問題があった．倉庫を管理している物流部には，薬品の誤表示に気づくような専門家[c]が一人もいなかった．事故後の対策として，スプリンクラー付[b]，4時間耐火の新倉庫[b]を建築した．可燃性や引火性の液体倉庫とは十分な保有空地[b]をとり，固定式泡消火設備[b]も設置した．他の倉庫も含めコンピュータ制御システム[b]を導入した．4500 m³の消火用水プール[b]およびそれと同量の集水池を約6億円相当の費用で新設した．新倉庫周辺も含め，消火活動に支障のない幅の通路[b]を設けた．緊急サイレンには非常電源[b]を設けた．火災の煙[a]はすべて有害という考えの下に防災計画[d]を立てた．物流部は生産・安全担当役員の指揮下[d]に置き，部員の教育計画[d]，新しい安全基準[d]，設備点検制度など[d]を確立した．　　　　　　　　　（長谷川　和俊・西　晴樹）

7・4　個々の施設の安全設計

7・4・1　火炎伝播の防止・爆発拡大防止装置
（1）逆火防止装置

A.　基本構造

逆火防止装置は，逆火防止器，火炎抑止器，フレームアレスター，安全器などとよばれるものである．火炎伝播の防止は消炎素子，多孔質や水などの障害物の設置による．ここではフレームアレスターで代表する．

ガス爆発にみられる予混合火炎は，可燃性混合気中を伝播する性質があり，また狭い隙間を伝播できないという性質もある．特に伝播できる最小隙間を消炎距離という．逆火防止装置では，消炎距離よりも小さい

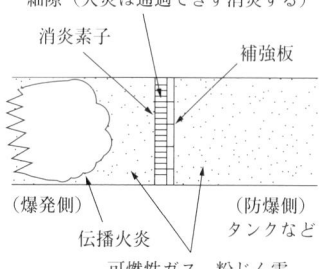

図 7·27　フレームアレスターの基本

隙間をもつ消炎素子（金網，焼結金属，多層平板，クリンプリボンなど）から構成される器具を管路の途中に設置することで，素子を通して前方に火炎が伝播できないようにするものである（図7・27）[1~3]．クリンプリボンとは，ある幅の波形の金属板と平板（金属板））を交互に重ね，ロール状に巻いたものである．

B. MESG

逆火防止のための隙間は，一般に平行平板で求められる消炎距離ではなく，爆発性雰囲気で使用する電気機械器具に関する試験[4]で求められる火炎逸走限界あるいは最大安全隙間とよばれるMESG（Maximum Experimental Safe Gap）で選定されることに注意する．一般にMESGは消炎距離の1/2程度である．MESGは爆発性雰囲気の中に置かれた標準容器の接合面の奥行き25 mmの隙間を通って爆発の火炎が内部から外部へ伝播することを阻止し得る最大の隙間をいう．フレームアレスターに関する欧州国際規格にはEN/ISO 16852[5]がある．MESGの値によって次のようにガスの爆発等級が定められ，そのグループに該当するフレームアレスターを用いる．

グループⅡA：MESG $\geq$ 0.9 mm

メタン，プロパン，メタノール，ヘキサン，ガソリンなど

グループⅡB（ⅡB1，ⅡB2，ⅡB3，ⅡB），：0.5 mm < MESG < 0.9 mm

エチレン，1-ブタノール，ジエチルエーテルなど

グループⅡC：MESG $\leq$ 0.5 mm

アセチレン，水素など

C. 適用法令との関係

フレームアレスターは，燃料ガスの移送管，貯蔵タンクの通気管，高圧ガス容器に接続される燃焼装置などで用いられる．燃焼速度が大きい水素，アセチレンなどを取り扱う場合には，必ず逆火を防止する装置を取り付け，燃料容器．タンク方向への逆火を防止する．火炎の抑止性能が火炎の伝播速度に強く依存することが知られており，パイプや管路の中を伝わるデトネーションのように火炎の伝播速度が音速を超える場合は特にデトネーション対応型のものを使うようにする．

消防法の危険物の規制に関する規則では，引火性液体の屋外貯蔵タンクのうち圧力タンク以外のタンクに設ける通気管については，細目の銅網等による引火防止装置を設けることとある．フレームアレスターは船舶防火構造規則，危険物船舶運送及び貯蔵規則でも定められている．

一般高圧ガス保安規則では，溶接又は熱切断用のアセチレンガスを消費する設備に逆火防止の措置を講じることになっている．消防法危険物の規制に関する政令では，バーナーを使用する場合でのバーナーの逆火を防ぐことが要求されている．労働安全衛生規則ではアセチレン溶接装置に取り付ける逆火防止のためのものを安全器といい，乾式安全器と水封式安全器がある．

D. 安全器

乾式安全器は図7・28に示すように，消炎素子，遮断器，逆止弁から構成される．消炎素子は焼結金属で作られる．逆火が発生すると，消炎素子で消火するとともに，遮断弁と逆止

弁が作動して火炎を抑止する．逆火の原因の多くは，燃料ガスの酸素側への流入，または酸素の燃料ガス側への流入によって生じるため，逆止弁はこの逆流を防止する．水封式安全器を図7・29に示す．これはガスを水中にくぐらせて逆火を阻止する機構をもった安全器で，安全弁と破裂板を有する．遮断のため，常に必要な水位さを確保しなければならず，法令では有資格者の職務として，1日1回以上，点検することが義務付けられている．

E. 粉じん爆発用

粉じん爆発に見られる火炎の消炎距離はガスのそれに比べて大きいた

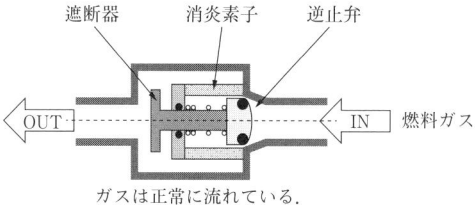

正常の場合

ガスは正常に流れている．

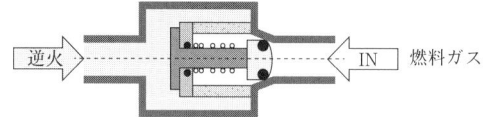

逆火した場合

逆火が発生すると，火炎を消炎素子で消火し，遮断弁と逆止弁が作動してガスを遮断する．

図 7・28　乾式安全器の動作[6]

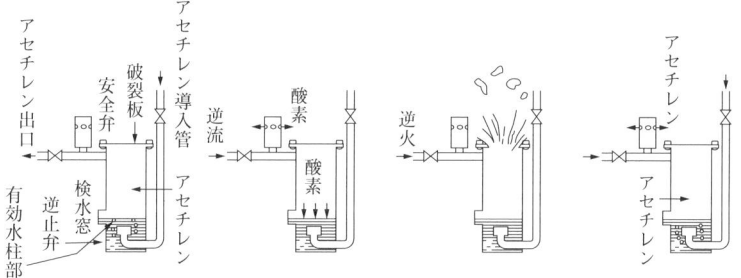

a）正常な使用状態　　b）吹管から酸素の逆流　　c）吹管からの逆火　　d）アセチレン圧力過大

図 7・29　水封式安全器の動作（燃料ガスがアセチレンの場合）[7]

め，粉じん爆発用のフレームアレスターは最小隙間を大きくすることができる．ただし，粉じんの場合は，目詰まりや圧力抵抗が大きくなるため，ガスと違い，そのような細隙のあるものを空気輸送系，流れのある場には取り付けない．

　仮に爆発した場合に隙間の奥行きが短いと，単独で燃焼する粒子がその隙間をすり抜ける可能性がある．粉じんはガスよりも消炎性能にばらつきがあるため，消炎性能は実際に扱う粉を使い，装置に取り付けて確認する．粉じん爆発用のフレームアレスターは，フレームレス型の爆発放散口として，最近，室内に設置した爆発圧力放散設備と併せて使用されるようになってきた[8]．フレームレス型のアレスターは消炎を行うとともに，粉じんと燃焼ガスをできるだけ装置外に出ないような構造を有するものである．

（2）高速遮断装置

高速遮断装置は隔離を目的に，化学プラントで装置を接続する配管の途中に高圧ガスなど

を駆動源として高速で動作するゲート弁で，ほかの装置での爆発発生や火炎伝播の電気信号と連動するものである．機械的，物理的な遮断方法の一つである．高速遮断弁の例を図7·30に示す．遮断には，フラップ，浮き子，ピンチバルブなどの方式もある[8]．各形式はNFPA 69[9]に詳しい．

この弁に代えて，不活性ガス，ドライパウダ，水などの消火剤（燃焼抑制剤）を配管の側壁から予め散布することで不燃化を図り，化学的に隔離する方法もある．

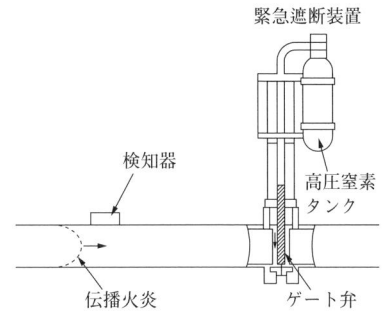

図 7·30　高速遮断弁の例[9]

機械的な遮断では弁が爆発に耐える強度が求められる．化学的な遮断は配管内に気流があると消火剤が下流に流れるので，消火剤の量に比べて隔離の効果が期待できないこともある．

（3）火花検知消火装置

主な構成は図7·31に示すように，配管内を流れる火の粉や燃えさし（燃焼粒子）から発せられる光や熱を検出し，下流側で水などの消火剤を散布することで消火する装置である[8]．

実用的な粉じんの移送速度（10〜30 m/s）の範囲で，火の粉が少ない場合の消火性は高い．検出部と散布部の種類と設置距離は，配

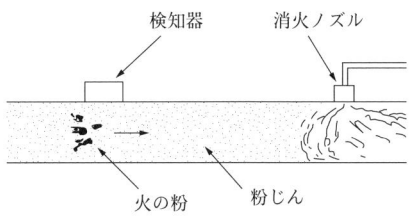

図 7·31　火花検知消火装置の構成

管の寸法，気流速度，取り扱う粉の燃焼粒子の性状と規模，消火装置の応答性などを考慮して決められる．

（4）爆発抑制装置

爆発抑制装置は防護する装置内に高性能の圧力検出器と消火剤散布部（抑制剤ホルダー）を取り付けておき，着火初期段階の圧力上昇を検出し，火炎が伝播，成長する前に消火剤を高速で噴射し，火炎を抑止するというものである（図7·32）．圧力波の速度は音速に等しいので，初期火炎の伝播速度（概ね10 m/s以下）よりも相当大きく，火炎の成長よりも早く圧力上昇を検出できる．この装置は音速以下のガス爆発と粉じん爆発の抑制に適用できる．消火剤としては，かつてはハロゲン化合物も使われていたが，現在は，主に粉末系（炭酸水素ナトリウム等）の消火剤が使われている．

この装置は単独で用いられる場合だけでなく，化学プ

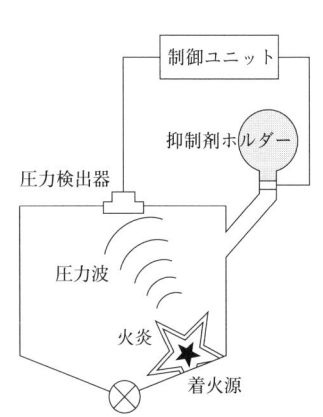

図 7·32　爆発抑制装置の動作[10]

ラントで防護すべき他の装置への爆発の拡大を防止するため，高速遮断装置や別の爆発抑制装置と連動して，システムとして用いられることも多い．

　この装置の長所は，有害な内容物を外部に漏洩させずに動作すること，爆発圧力放散設備が設置できない場合に取り付けられることである．対象となる火炎を効果的に消火するためには，適切な数・位置に設置したホルダーから，適量の消火剤を散布する必要があり，設置には高度なノウハウが求められる．取り扱う可燃物の爆発危険性データ（基礎データ）を求め，爆発抑制装置のメーカーで適用性の確認試験などを行ってから設置する[8, 11~12]．

（5）爆発圧力放散設備

A．構造と原理

　爆発圧力放散設備は爆発放散口，爆発ベントともいわれるもので，防護対象となる装置本体の一部に意図的に弱い開口部を設け，カバーで覆ったものである．これをベントカバーという．ベントカバーには破裂板や扉（蝶番式やかけがね式）が使われる．ただし，開口でベントカバーが吹き飛ばないことが必要である．図7・33に，密閉容器中で測定したガス爆発の圧力の時間的変化の例を示す．図の P_{max} は到達した最大圧力，t_{max} は着火から P_{max} に達するまでの時間，$(dP/dt)_{max}$ は圧力

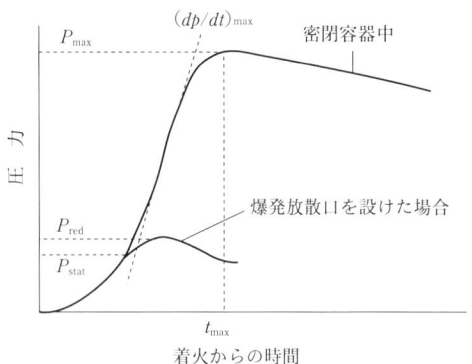

図 7・33　爆発圧力の時間変化と爆発特性値[13]

－時間曲線の傾きの最大値を示す．P_{stat} は静的作動圧力：静的な圧力によってベントカバーが作動して開口が生ずるときの圧力，P_{red} は放散圧力：爆発放散口が作動して圧力を放散した際に装置に加わる圧力の最大値をいう．防護する装置は，少なくともこの圧力に耐える強度を有することが必要である．爆発放散口を設けた場合で，P_{stat} に達しても圧力が上昇し続けるのは，開口が生じてもまだ装置内で燃焼が継続しているためである．実際には着火位置，開口部の位置と面積，混合気の不均一，火炎の伝播速度など諸々の因子が関係し，開口が生じたことで激しく燃焼する場合があるので，圧力変化は複雑である．その場合であっても，爆発圧力放散設備は到達する圧力が P_{red} よりも小さくなるように設計しなければならない．

B．適用法令との関係

　労働安全衛生規則の第294条では，危険物乾燥設備は，周囲の状況に応じて，その上を軽量な材料で作り，又は有効な爆発戸，爆発孔等を設けることとある．この条文をもとに，可燃性のガス，液体，粉じんを扱う危険物乾燥設備はもちろん，現場では集じん機や貯槽などの安全装置として利用されている．爆発圧力放散設備は，音速以下の火炎の伝播速度を有する可燃性ガス，引火性の液体の蒸気，可燃性粉じんあるいはこれらの混合物の爆発（爆燃）に適用できる．ただし，爆ごう，開放空間における爆発，化学物質の発熱分解や発熱化学反

 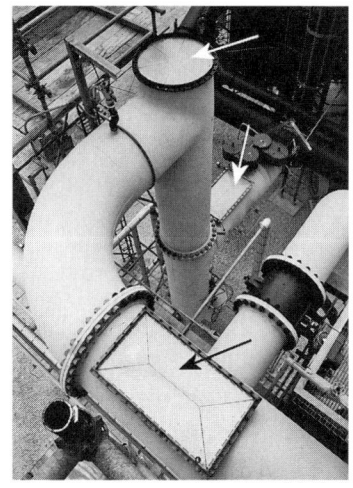

集じん機への設置例　　　　　　　　　　ダクトへの設置例

図 7·34　爆発圧力放散設備の設置例（矢印箇所）[13]

応を行う反応容器中の暴走反応などには適用しない．爆発圧力放散設備は，防護すべき装置内で設定圧力に急激に達して圧力を放出する安全弁や（小型の）破裂板とは異なり，装置内部で爆発が発生し，時々刻々と準静的に圧力が上昇し，内容物が噴き出す場合に適用するものである．

　図 7·34 に集じん機に爆発放散口を取り付けた様子を示す．爆発圧力放散は外気に行うことが原則である．集じん機を室内に設置し，万が一爆発放散口が作動すれば，爆風，火炎，燃焼物などが室内に飛散して，現場作業員の怪我や火災拡大につながるおそれがある．装置が室内に設置しなければならない場合は，外気に向けた放散ダクトを開口部に接続する．装置の設置の制約上，室内に装置を設置し，かつ放散ダクトを設置できない場合は，開口部にフレームアレスターが取り付けられたフームレス型の爆発圧力放散設備を使用することが望ましい．

　C.　放散面積の規格.

　放散面積は，国内の技術指針 TR–No. 38[13]，NFPA 68[14]，欧州規格 EN 14994[15]（ガス爆発），EN 14991[16]（粉じん爆発）によって算出することができる．NFPA 68 は約 5 年ごとに改訂を行っており，最新刊は 2018 年版である．　　　　　　　　　　　　（八島　正明）

7·4·2　安全計装システム

（1）制御・監視システムの安全性

　防火システムとしては火災発生を早期発見し警報を発する監視システムとさらに消火する制御システムがある．火災防止・監視システムは，安全のためのシステムであり機器が故障すれば，火災や爆発を防止できない．

　防火には火災を発生させないことが何よりも重要であり，産業設備においては燃焼または

電気加熱炉やボイラー等の装置や電動機器，事務用機器や電源設備・配線等から火災や爆発を起こさないシステムとすることが要求される．このため装置や制御システムが故障したとき災害を起こさないように制御機器の他に安全制御機器を付加した計装システムを組んでいる．産業用装置の場合この計装システムが故障すると災害が発生する可能性がある．

安全を確保するための計装は安全計装システムともよばれており，防災システムや産業用の安全制御システムは安全計装システムでなければならない．

火災・爆発は石油・化学プラント，火力・原子力発電が異常になっても発生するが，それぞれ特有な安全制御・管理している．しかし以下に述べる安全計装システムのための考え方は同じである．

そこで監視・制御のための安全計装システムはどのようなものであるべきかを示す．

A．フェールセーフ

装置や種々の機器あるいは計装システムそのものが故障しても安全が確保される．ただし装置そのものを含むシステム全体がフェールセーフであるシステムはほとんど実在しない．そこで装置・機器・部品・制御ループで可能な限りフェールセーフ化する．

単に信頼性が高いから，あるいは完全なフェールセーフが難しいからフェールセーフの必要がないと考えるのは間違いである．

B．点検周期

フェールセーフに構成できない装置や種々の機器あるいは計装システムでは専門家が周期的に点検を行うことを使用の条件とする．

この場合，点検可能な構造・設備を用意しておく必要がある．

C．冗長化

フェールセーフにできないが非常に重要であり，点検周期が短くて管理しきれない場合にはシステムを冗長化し，例えば2重化し，そのシステムの同時故障の確率が低くなることを利用する．すなわち，フェールセーフではないが信頼性を高くする．信頼性が高ければ点検周期は長くてよい．

D．誤用の回避

原理的または性能的にできないことをできると思い込む勘違い，間違いから生ずる．期待される安全が確保されないのでシステムに欠陥があることになる．このような欠陥に起因する災害はシステムとしては故障しなくても，使用の初期段階でも，設置初期と環境が変わっても起こる場合がある．フェールセーフなシステムでも使用条件，設置環境によって使用者が期待する安全が確保できないことがある．その場合はその限界を明確にし，限界外では使用すべきではない．すなわちどんな取り扱いをしてもフェールセーフなものというものはなく，取り扱う人の常識レベルに合致していなければならない．このため，使用可能な資格等を明確にしておく必要がある．

E．寿　命

寿命となり摩耗故障の領域で使用すると，故障確率が高くなり，後述するフェールセーフが維持できなくなる．また定期点検の周期もどのくらい短くすればよいか予測できなくなる．

（2）安全回路の構成方法

A．フェールセーフの考え方

　安全が要求される回路や構造物は，故障しても安全でなければならない．このような機能をフェールセーフという．しかしフェールセーフという言葉を正しく理解している人は少ないようである．JIS Z 8115：2000の信頼性用語では「フェールセーフ設計とはアイテム（信頼性の対象となるシステム，サブシステム，機器，装置，構成品，部品，素子，要素などの総称またはいずれか）に故障が生じても安全性が保持されるように配慮してある設計」と説明されている．故障しても安全が確保されているということである．

　すべての装置がフェールセーフであることは好ましいことであるが，前述したようにどんな条件のしかもどの時点でも完全にフェールセーフなものは実現していない．

　しかし，2つの異なる装置があった場合に，どちらが「よりフェールセーフ」であるということはいえるし，「よりフェールセーフ」な手法は種々存在する．

　このように，現在実現可能な「よりフェールセーフ」な手法を駆使した安全性の高い装置をフェールセーフであるとしている．

　以下に述べるフェールセーフという言葉はこのような意味で使用する．このように理解するとJISの定義で「配慮してある」としていることも理解できる．

　絶対的なフェールセーフはないと述べたが，「よりフェールセーフ」という安全性のレベルは単なる高信頼で故障しないから安全という安全のレベルとは雲泥の差であることについては，後に解説する．少なくとも「信頼性が高いのでフェールセーフの必要がない」とか，「そもそも完全にフェールセーフにできないのだからフェールセーフ，フェールセーフと騒ぐ必要はない」という考えは許されない．なぜなら「よりフェールセーフ」な手法は，制御・監視の対象装置および制御・監視システムそのものの物理・化学的な原理原則に基づいた安全のための対応策であり，考え方（Safety Philosophy）であり，設計者の持つべき常識であるからである．

　欧米の規格では，このような考え方ではほぼ共通しており，設計者，製造者の自己責任として上記考え方が要求されている．規格や法律に書いてないから考慮しなかったということは許されない．実際欧米の規格にはフェールセーフという言葉や，どうすればフェールセーフかはあまり書かれていない．常識となっている訳である．

B．フェールセーフの構成法

　フェールセーフを構成する以上，フェールセーフ素子が必要になるが，完全フェールセーフ素子というものは，ほとんど実在しない．電気部品の場合，半導体，コンデンサ，抵抗などのほとんどの素子は故障すると短絡または開放またはその中間的な値になる．そして短絡と開放の故障モードの確率もほぼ同じくらいある．したがって故障したとき，どの故障モードになるかわからない．

　ところが，巻線形抵抗は短絡故障が少なく，開放故障のみであるとしてよいことが世界的に認められている．

　このように故障モードの確率が片寄っているものを非対称誤り素子またはフェールセーフ素子とよんでいる．巻線形抵抗を用いて開放故障が生じたときに回路が安全側になるように

しておけばフェールセーフ回路が構成できる.

しかしながら, このような素子は少なく, 多くは非フェールセーフ素子なので, これらを用いて, 非フェールセーフ回路を作り, これをフェールセーフ回路により周期的に自己チェック (自動的に) して, 非フェールセーフ回路の故障, 非故障を判別し, 故障時には安全側の特定状態に移行するようにした回路もフェールセーフとしている.

ところで, この自己チェックと自己チェックの間に故障が起こると不安全な事態が発生するのではないかという心配がある.

次にこの問題を解説する.

ある物が使用開始後の時間 t に, 正常である確率を信頼度といい, $R(t)$ と記す.

このときの故障率 $\lambda(t)$ は, 次式で定義される.

$$\lambda(t) = -(dR(t)/dt)/R(T) \tag{7·24}$$

ところで, 故障率は, デバック (初期故障の除去) をされたものは, 一定値となるので, 定数 λ とすると式 (7·24) より, 次式が得られる.

$$R(t) = \exp(-\lambda t) \tag{7·25}$$

$R(t)$ を $0 \sim \infty$ まで積分すると平均寿命 (故障までの平均時間 MTTF) t_0 を得る. その結果は次のようになる.

$$t_0 = 1/\lambda \tag{7·26}$$

t が平均寿命 t_0 のとき, 信頼度 $R(t)$ は 0.368 となる.

一般にバルブなどは λ が $10^{-4} \sim 10^{-5}$ であり, 電子部品は $10^{-6} \sim 10^{-7}$ くらいと言われている.

式 (7·26) より各々の寿命 t_0 は, 1.4 年〜14 年, および 140 年〜1400 年であり, 一見よいようであるが, 平均寿命 t_0 での信頼度は 0.368 と 60% 以上が故障しているので心配である. そこで, 信頼度を 0.368 より高い 0.95 のレベルに設定すると, 各々 24 日〜8 ヶ月と 7〜70 年と短い寿命となる. この信頼度 0.95 でも故障時に不安全になるとすればまだ低すぎる. そこでフェールセーフな自己チェックをする場合の信頼性がどのくらい高くなるかについて検討する.

チェック周期を T とすると, ある時間 t_1 と次の周期 (t_1+T) での信頼度は各々 $R(t_1)$, $R(t_1+T)$ となるが, $R(t_1)$ はチェックされ異常がなかったとすれば 1 である. λ は一定としたので, 劣化は考えないからである.

したがって信頼度 $R(t_1+T)$ は次のようになる.

$$R(t_1+T) = \exp(-\lambda T) \tag{7·27}$$
$$\fallingdotseq 1 - \lambda T \qquad (\lambda T \ll 1) \tag{7·28}$$

式 (7·27) は時間 t_1 に関係なく, 一定であること, およびもし $\lambda T \ll 1$ と T を平均寿命の t_0 に比べて十分短くすれば信頼度はほぼ 1 に維持できることになる. 例えば 1 日に 1 回チェックするだけでもバルブの信頼度は 0.9976〜0.99976, 電子部品の信頼度は 0.999976〜0.9999976 で, 先に検討した 0.95 の信頼度を大幅に向上させることができる (図 7·35).

以上が一定周期でチェックした場合のシステムの信頼性であり, 式 (7·27) がそのレベルを示しているが, 同時にフェールセーフに自己チェックできないシステムのチェック周期す

なわち定期点検周期を，いかに定めたらよいかを示す式でもある.

　工業用燃焼加熱炉等の自動運転用の燃焼安全制御装置は，通常 1 日に数回以上の自動的な
フェールセーフな手段での自己チェックを行っており，24 hr 以上連続燃焼で使用される装
置には，1～2 秒に 1 回チェックする機器もあり，これが推奨され使われている.

　なお燃焼安全制御では次のような安全に対する確率的考え方がある．すなわち，燃焼安全
制御装置の故障は燃焼装置に対する影響を与えない，また燃焼装置の故障も燃焼安全制御装
置には影響がない，互いに独立した関係にあるので，同時に異常となる確率は，各々の異常
となる確率の積となり，低い値となるという考え方である.

　ここで重要なことは装置の故障率が低いことが条件となっていることである．炉が崩れて
火が出るようなことが起これば，どんなに計装システムをフェールセーフにしても災害を防
止することができない．7・4・2（1）A 項で示したように装置や設置条件を故障しないよう

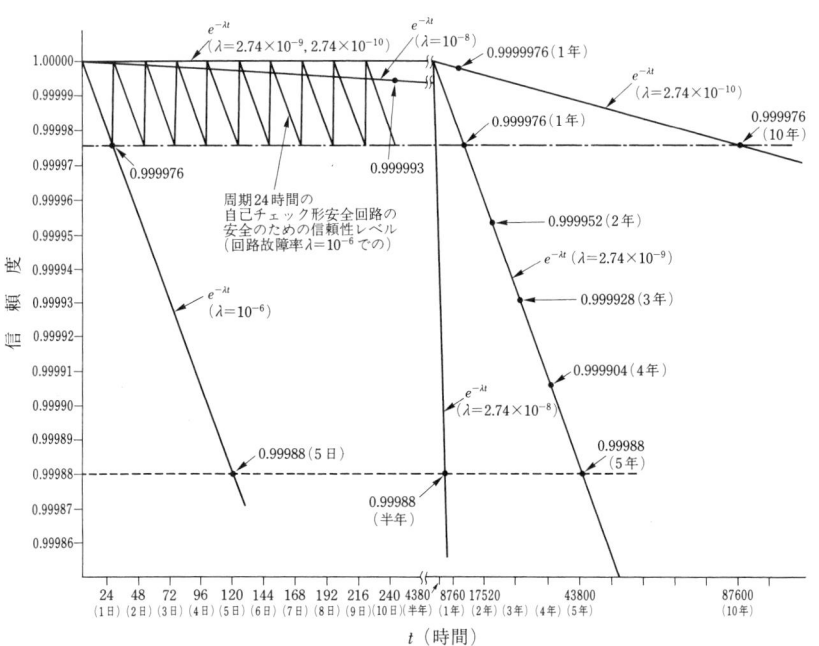

図 7・35　安全性のレベル

にかつ可能な限りフェールセーフ構成にすることが重要である.

　この考え方は，他の装置においても重要であり，装置と制御機器のシステムをよく分析し，
確認したうえで，はじめて系全体の安全性が評価でき，安全の確保ができることを示してい
る.

　以上，フェールセーフな安全計装システムを作るためには部品レベルでの故障物理的特性
を把握し，それに適した制御回路としなければならないことを強調しておきたい．また，信

頼性を高めることなく，フェールセーフを実現できないことと，もちろんいかにしてアベイラビリティを上げるかという点でも信頼性は高くなくてはならないことを付け加えておく．

C. フェールセーフと高信頼性の違い

信頼性がいかに高くても，故障する確率は存在している訳で，むしろ前述のように数年あるいは 10 年使用したときに，フェールセーフな自動自己チェックのシステムで実現した高信頼性を得ることはかなり困難である．10 年目に 0.999976 を実現するには 10^{-10} の故障率でなければならないからである．

前述の燃焼安全制御器の自己チェック・システムでは，10^{-6} の故障率で 1 日 1 回のチェックをすることで実現している．しかもこの数値は全故障率であり，不安全側の故障率はさらに低くなる．

そもそも信頼度あるいは故障率は，高信頼性となるほど実験的な証明は不可能になり，10^{-10} となると 10 万個で 10 年以上のテストをする必要があり，その推定が困難になるという問題もある．

高信頼性の故障率 λ を 10^{-7} としても 10 年（10 万時間とする）後の信頼度は式（7・25）より 0.99 であり，10^{-6} の故障率の製品で 1 日 1 回のチェックをした場合の 10 年後の信頼度は式（7・22）より 0.999976 で約千倍高い．また前述のように燃焼安全制御装置では，1 日に約 10 回，あるいは 1 秒に 1 回の自動自己チェックをするので，それぞれ高信頼性機器の 1 万倍，1 億倍の信頼性があるので雲泥の差があり，フェールセーフと見なされるわけである．

しかし，もっと重要なのは高信頼性でも非フェールセーフでは故障しても自己チェックしていないので，動作していれば異常がわからないという欠点があることである．そのため災害が発生するまでは，危険な故障が潜在していたことがわからないという事態になることがある．故障したときに，どのような動作になるかが解析されていなければ，当然のことである．非フェールセーフ素子では故障モードはいろいろあるので，フェールセーフ回路のように限定されず，組み合わせも多く，解析は不可能と考えられる．

このようなことから，本来危険があり得る仕事をフェールセーフでない製品に任せることは，安全思想に反することとなる．

燃焼安全制御装置では，すべての素子の短絡，開放で危険性のないことを確認するための故障による影響分析である FMEA（Failure Mode Effect Analysis）テストで，フェールセーフなことを確認している．

制御装置に汎用シーケンサーなどマイクロコンピュータ使用機器が使用されるようになって久しいが，マイクロコンピュータを使用した設計では，結果的に安全性の確保は難しい．

例えば，マイクロコンピュータで自動的にチェックする方法は簡単であるが，フェールセーフにすることは困難である．マイクロコンピュータは，非常に多くの素子から構成された集積回路であるため，その故障モードを完全に特定することが難しく，かつメモリーなど時間の経過とともに状態が変わり，ノイズなどにより一時的に誤動作することもあり，ソフトすなわち論理まで変わってしまうなどの可能性があるからである．したがって，マイクロコンピュータ単体でフェールセーフとすることは現在のところ不可能であり，一般的に周辺ハードウエアとの組み合わせで実現しているのが実状である．この場合，従来の FMEA テ

ストに相当するような，フェールセーフ性を評価する手法が一般的に認知されていない．したがって，世界的にも汎用のシーケンサー等を燃焼安全のためシーケンスに用いることは認可されておらず（例えば米国防火協会規格 NFPA 86），またマイコン使用の安全機器で認定機関の認証を得ているものは非常に稀であるのが現状である．

もちろん安全が確保された場の中でシーケンサーを制御に用いることはなんら問題はない．

（3）冗長化と定期点検周期

（1）B 項で述べたようにどうしてもフェールセーフでかつ自動的な周期チェックができない場合は，定期点検を確実に行わなければならない．

定期点検時の点検では劣化の徴候がなく，かつ正常であることを確認しなければならない．

適正な点検周期は（2）A 項で示したように次のような考え方から決めることができる．

不信頼度を $F(t)$ とすると $F(t)=1-R(t)$ であり，式（7・27）で $\lambda t \ll 1$ の場合は，$\exp(-\lambda t)=1-\lambda t$ なので，次式を得る．

$$F(t)=\lambda t \tag{7・29}$$

定期点検周期を T とし，保持したい不信頼度を C とすると，周期 T は，

$$T \leq C/\lambda \tag{7・30}$$

を満足しなければならない．式（7・30）は定期点検周期を決める．

燃料供給・遮断用の電磁弁の場合，故障率は 10^{-5} レベルである．この場合の不信頼度 c を 10^{-4} すなわち信頼度を 0.9999 とすると，定期点検周期は式（7・30）より，$T \leq 10$ 時間となり 10 時間ごとに点検しなければならない．このような場合にシステムの冗長化を図る．すなわち電磁弁を 2 個直列にして 2 重遮断を行う．すると 2 つが同時に故障する確率は $(\lambda T)^2$ となり，

$$F(T)=(\lambda T)^2 \tag{7・31}$$

となる．したがって上記，$F(T)=C=10^{-4}$，$\lambda=10^{-5}$ とすると $T \leq 10^3$ 時間すなわち約 1.4 ヶ月となる．これなら定期点検も可能になる．

ここで示したように冗長化の目的は，製品の寿命が延びることを期待するのではなく，同時故障の確率を低くすることにあり，それによってチェック周期を長くすることにある．2重化した場合の平均寿命 t_0 は証明は省くが単体の場合の 1.5 倍ぐらいしか延びない．

前述のように，1 日 1 回チェックした場合の信頼度は $\lambda=10^{-6}$ のとき 0.999976 であり，これを単なる高信頼で対応するには 10^{-10} の故障率という実現不能な値となった．これを 2 重化して点検周期を 10 年としたときに必要な故障率 λ' を求めると，$F(T)=C=24\times10^{-6}=(\lambda'T)^2$ なので，$\lambda'T=4.9\times10^{-3}$ となり，$T=10$ 年（87,600 時間）とすると，$\lambda'=5.6\times10^{-8}$ となる．

このように 10 年間定期点検なしとすると，2 重化してもまだ実現はかなり難しいことがわかる．

実際に，欧米の規格では前述の燃焼安全制御器の場合には，回路上安全の保証のために冗長化（2 重化）する手法は認められていない．テストする場合，1 個故障してなんら動作に

変化がなければ（正常に動作すれば），そのままにしてテストを続けることになっている．したがって2重化しておいても何の効果もないわけである．

　ところで警報システムはフェールセーフに構成することが難しい．誤報はもちろん避けなければならないが，システムとして正しく動作できなくなったとき動作を停止し警報を出すのはフェールセーフな考え方であるが，あまり多いと誤報と同じで人間を麻痺させ警報無視による災害を招き，また警報はそのためのパワーがなければ出力できないなどが考えられるからである．

　このようなシステムでは冗長化し，個々のシステムは電源を含めて原理的に異なるものを用い，設置場所も離すなどの分散化を図り，同一原因で故障しないようにする．そのうえで定期点検を確実に行う必要がある．

（4）制御の計装と安全の計装の構成法

　産業用システムは，自動的にまたは手動で制御・管理されているが，それがうまく機能しない場合に災害が発生する可能性があり，そのために安全機器や完全計装システムがある．

　制御や管理は制御性，有効性，利便性等が保たれていればよい．

　このように本来，制御用の計装と安全上の計装とは分けて考える必要がある．

　安全計装システムは制御が不能になっても安全を保証する構成にしなければならない．具体的には安全機器，制限器（リミット）は作動したときに制御機器の動作に関係なく，制御対象の負荷を直接に遮断するように計装を構成する．これによって制御がどうなっていようと，制限器が作動したときは遮断し，警報を発する．このためには制御機器とは別の安全機器，制限器を計装する必要がある．制御機器のイベント出力等をリミットとして使用することは避けなければならない．この考え方が大事である．

　以上の考え方をまとめたのが図7・36であり，制御は安全な場が確保されたときのみ可能となるように安全の中に収まっていなければならない．そして制御・安全のためには装置・設置条件もまたその機能を分担する必要があり，かつその全体が正しいメンテナンスの場に収まっていなければならないことを示したものである．

　図7・37，7・38はこの考え方で回路およびバルブシステムを組み，安全計装システムの在り方を示したものである．

　また，流量，圧力，温度などの制御システムの場合は周期的な自己点検が難しいので，制御機器が故障し，制御領域内での制御の維持が不能となった場合は，制限器（リミット）で，安全領域内にとどめる．そのためには，制限器を定期的に点検しなければならない（図7・39）．

　次に計装回路を設計するときに注意

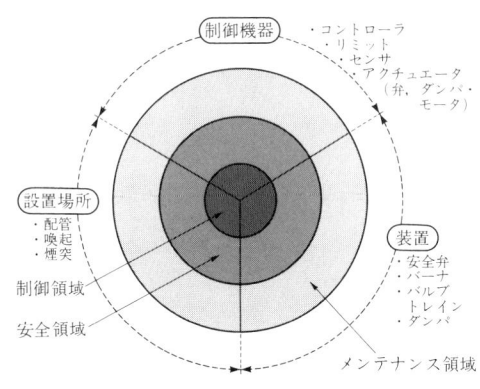

図 7・36　完全計装システムの構成

すべきことを述べておく.

　電気があることを前提とすると，電気が入ったときオフ，切れたときにオンという負論理でも回路の構成ができる．ところが前提の電気がないと回路上の意図に反してオンしてしまうことになる．したがってこのような負論理は使用してはならない．例えば電磁弁が開くのは電源オンのときのみとし，電気力を利用した弁であれば，電源が入ったときのみ開となる構造でなければならない．電磁弁はフェールセーフ構造に作ることができないので，2重化して使用するが，電源オンのときのみ開く構造とすることは，「よりフェールセーフ」な考え方であってすべてのシステムにも適用すべき考え方である．例えば電車の電動ブレーキは電気がこなければブレーキが効く構造としておくべきで，こういう構造になっていれば，ブレーキをかけるべき他の制限からの条件をこの電路にインクロックとして入れれば，前述の負荷を直接遮断する回路・計装を構成することができる．停電や故障により配線が切れたときもブレーキが効く.

　これらの例では電気がきていて，かつインターロックが作動していないときに運転信号がきたときのみ運転可能としている．負論理では電気の有無が運転条件から消えている.

　これらの考え方を整理すると，制御用の安全計装システムでは，基本的に不完全を避けるため個々の要素がすべて正常なときのみ制御可能とする回路

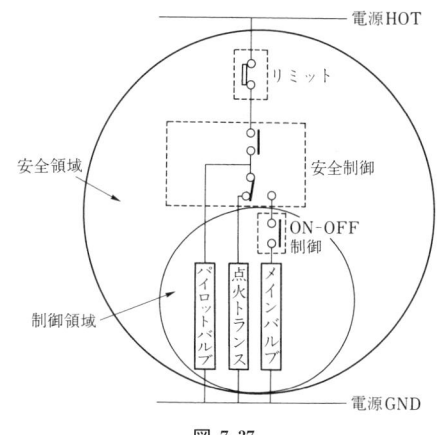

図 7·37

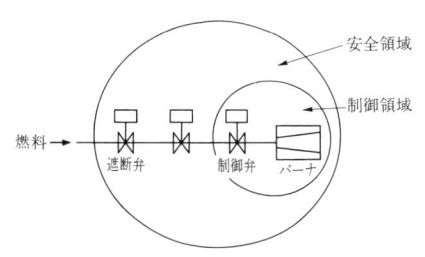

図 7·38　安全構成の具体例

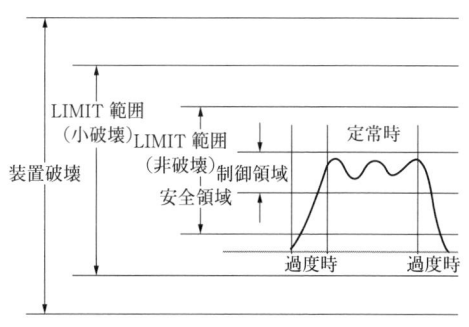

図 7·39　プロセス制御の安全構成

構成，すなわち直列回路としていることがわかる．論理的には AND 回路を組む.

　一般にフェールセーフ回路は AND 回路に構成し，いずれの要素が故障しても制御を停止するようにしている．その結果フェールセーフ回路では運転を停止してしまう故障確率が高

いという欠点がある．しかし安全のためには止むを得ない．

またポンプで冷却する場合，装置そのものの構造や弁システムもポンプ停止でも自然冷却できるような構造・構成にしておくことも「よりフェールセーフ」上重要である．

安全計装システム上の考え方をまとめておく．

1）　安全回路は制御精度（動作点の精度）が多少悪くても，確実に作動すること．そのためフェールセーフ構造であること．そうできないときは，実績があり長寿命のものを用い周期的なチェックを行うこと．

2）　制御と安全の回路は別の物で構成し，安全計装システムとして一体化されるが，安全回路が作動したときは制御に優先して負荷を遮断すること（システム上安全な状態へ移行すること）．

3）　すべてが正常なときのみ制御が可能なように正論理で AND 回路を構成し，かつ負論理は使わない（駆動源があるときのみ動作可能な構造とする）こと．

4）　汎用シーケンサーは安全のための回路・計装には使用しないこと．

（5）1997 年以降の安全関連規格の動向

本便覧の第 3 版発行（1997 年）当時，1980 年頃より始まったマイクロコンピュータの産業界への普及に対する安全対応などが進み，また，1970 年代に多発したプラントでの重大事故，特に 1976 年のセベソの爆発事故（イタリア北部のセベソの農薬工場で発生）に対する 1982 年の欧州共同体（European Communities）のセベソ指令への対応，1993 年の欧州連合（EU：European Union）設立前後の欧州規格（EN 規格）の整備を背景に，2000 年前後に，ISO/IEC の安全関連規格が整備された．現在も改訂が行われている．これらのうち，本項に関係し，確認しておくべき規格を紹介しておく．

A. 燃焼安全制御器の規格

商業・軽工業のガス・油燃焼装置用の燃焼安全制御器の基準である UL 372 は 1969 年初版であるが，家庭用のガス機器用米国規格：自動ガス点火システム Z 21.20 も当時の電子化に対応するため，1971 年に，UL 372 の起動時の自動点検と制御機器部品の内部故障の解析方法の記述内容を取り入れ，2.7 項に「安全回路の解析」を設け，わかりやすく記述した．本 7・4・2 項の考え方はこれらに基づいている．

この文章が 1987 年初版の英国規格 BS 5885 に反映され，1993 年に欧州規格 EN 298 となった．この動きに同調し，1990 年には電気用品の制御機器用規格である IEC 60730 に追加の形で，IEC 60730 - 2 - 5 を制定した．1993 年の第 2 版で，EN 298 と同じ記述を H 27 項の「異常動作」で規定している．更に，UL も 1998 年になって，UL 372 に同文の，30 A 項：「FMEA 手順」を追加した．この結果，燃焼安全制御器の，起動時の自動点検とその内部部品の故障解析方法については世界的に統一されている．

なお，BS 5885 では Control system requirements（制御システム要求事項）の項に「As far as practicable, circuits shall be designed to be 'fail-safe'（実行可能な限り回路はフェールセーフであるように設計する事）」と世界の規格で初めてフェールセーフと言う言葉を規格に使用して，要求している．そして AGA Z 21.20 - 1971 と同様の文章で，素子の 1 個故障，2 個故障による FMEA 手法が取り入れられている．本規格を骨子にして，EN 298

（Automatic gas burner control systems for gas burning appliances with or without fan）が
1993 年 10 月に制定された.

この中で,「自動バーナ制御システムはフェールセーフであること. 本規格に合致してい
るシステムは本質的にフェールセーフ（inherently fail-safe）であると考える.」と記述され
ている. なお, 同じ内容の IEC 60730‑2‑5 にはこの記述はない.

また, それまでの独・英の対立などを乗り越えて, 規格が統一化されているのがわかる.
例えば点火タイミングは, それぞれ 2 秒, 5 秒の違いで対立していたが, 数値を省いている.

これら内容は現在最新の EN 298：2012 版においても維持されている.

B. 国際基本安全規格：ISO/IEC GUIDE 51（安全側面－規格への導入指針）

本指針は JIS Z 8051 となっている. 1990 年に, 国際基本安全規格第 1 版（ISO/IEC
GUIDE 51：1990）が制定され「絶対安全は存在しない」,「安全とは受容できないリスクが
ないこと」等を定義し, 製品は安全を確保すべきこと及びそのための規格策定の指針を示し
た. 従来曖昧であった安全への取り組み方を示した初めての文書である. その後, 1999 年
に第 2 版が発行され, リスク低減のための考え方, 及びそのための手順などが明示された.

設計時には, 第 1 に本質的安全設計（Inherently safe design）を行い, 次にガードや防護
機器により本質的安全設計で対応出来ない部分に対応し, 最後に使用条件を示す. そして,
使用時には, 設計後残っているリスクに対して, 更に防護機器を付加し, 訓練し, 作業や装
置の適用（誤使用を避け）・監視（定期点検など）の組織が必要とした.

今後も拡充されると思われるが, 考え方としては当然のことを示したものであり, 本 7・
4・2 項に述べた事項はその具体例の一部と言える. 特に新しい分野での規格開発, 製品開発
においては, 新たな危険事象が発生するが, それらの危険事象を同定し, リスク低減策を検
討する場合, この指針に従う必要がある. 2000 年前後から制定されている機械安全, 機能
安全規格などはこの指針に沿って, 整備されている.

C. 機能安全（IEC 61508）

1998 年初版のプラント分野でのプロセス制御用の安全制御機器用の規格である. 正式名
称 は FUNCTIONAL SAFETY OF ELECTRICAL/ELECTRONIC/PROGRAMMABLE
ELECTRONIC SAFETY‑RELATED SYSTEMS で, 本規格は JIS C 0508（電気・電子・プ
ログラマブル電子安全関連系の機能安全）となっている.

本規格の考え方は電気・電子機器分野の基本規格として, 工業用から家庭用まで, 機械安
全を含め, IEC/ISO のあらゆる分野の規格に導入が進められている.

プロセス制御では連続運転となり, 起動停止は定期点検以外には行われない. この定期点
検をプルーフテスト（proof test）と言い, 安全関連系の故障状態を見つけるために実施し,
必要に応じて, システムを"新品"又は実際上これに近い状態に修復することを要求してい
る.

そして, 機器, 装置の信頼性ブロック図を作成し, このプルーフテスト期間 T_1 の総合的
な危険確率を λ_D として平均危険確率 PFD（Average probability of failure on demand）を
次式で算出する.

$$\mathrm{PFD}=1-e^{-\lambda_D \frac{T_1}{2}}≒\lambda_D\frac{T_1}{2} \tag{7・32}$$

この考え方は本項と同じで，（7・32）式は（7・29）式と同じで，1 次近似であり，その平均なので 1/2 となっている．また，プルーフテスト実施直後は信頼度を 1 としているのも同じである．このシステムの安全確率（信頼度）を図示すれば，図 7・35 に示した形になり，プルーフテストを繰り返せば，信頼度の時間的な推移は，図内の自己チェックの場合のノコギリ歯形と同じ形になる．本項では燃焼安全制御器用安全規格を満たす自己点検をする機器の信頼度維持レベルを示したが，自己点検をプルーフテストと同等と見做せば，機能安全の安全性維持の考え方は同じである．

　システムの構造・回路を読み取り，分析し，FMEA，FTA を繰り返して論理構造を明確にして，信頼性ブロック図を作成し，システムの総合的な信頼度を算出し，安全性を評価しなければならないという考え方が機能安全規格として確立したことは評価される．

　しかし，総合的な安全性の最高レベルを SIL 4（Safety Integrity Level［安全度水準］4）の 10^{-9}［1/（ユニット・時間）］としているが，このレベルは低いと考えている．本 7・4・2（2）C 項で，10^{-6} を実現しているとしたのは，安全性を維持するために自己点検する場合と，高信頼性で自己点検の無い場合との比較のために示したのであって，また，安全故障も含めた故障率であり，完全自動の場合の危険故障確率としては高過ぎる．ただし，機能安全はプラントの制御機器用として制定された規格であり，プラントの場合は完全自動ではなく，制御監視が行われており，その場合は，監視の安全確率への寄与を明確にする必要はあるが，10^{-9}［1/（ユニット・時間）］でも，容認されると考える．

　完全自動の燃焼安全制御器の場合は，設計側からは，非対称故障モード部品を駆使し，フェールセーフレベルとした機器としては 10^{-12}［1/（ユニット・時間）］レベル，それを使用した装置としては 10^{-15}［1/（ユニット・時間）］の危険確率が確保されていると筆者は試算している．

　一方，使用側から見ても，機器の生産数・稼働数と事故件数を考慮すると，10^{-15}［1/（ユニット・時間）］レベルならば，受け入れ可能であると考えている．

　これらの数値については，（5）A 項で述べたように，完全自動運転用の燃焼安全制御器用規格では，昔から，起動点検，FMEA 手法を定め，フェールセーフレベルを実現しているが，その信頼度，危険確率については 2018 年時点においても，残念ながら筆者以外による試算，公表はない．　　　　　　　　　　　　　　　　　　　　　（諸星　征夫）

7・4・3　安　　全　　弁

　安全弁は，ボイラー，圧力容器，タンクなどの機器や配管を過剰圧力による破壊から保護するための重要な圧力放出設備である．安全弁（safety valve）は，通常，ガス，ベーパー，気液二相流などの圧縮性流体に使用され，弁上流の流体圧力で作動し瞬時に全開する特性を持つ．逃し弁（relief valve）は，主に液体すなわち非圧縮性流体に使用され，弁上流の流体圧力で作動し流体圧力の増加に比例して弁が開く．安全逃し弁（safety relief valve）は，使用条件に応じて安全弁または逃し弁として使用できる．通常，安全弁というと上記の 3 種類の弁を総称することも多い．

（1）安全弁の分類

　安全弁は，①ばねの伸縮を用いて弁を開閉するばね安全弁，②パイロット弁の吹き出しにより主弁が作動するパイロット式安全弁，③てこの一端におもりを付け，てこの原理で開閉するてこ式安全弁などに分類されるが，中でも信頼性の高いばね安全弁が広く使われている．

　ばね安全弁は，弁体のリフトの違いから全量式と揚定式に分類され，構造的には普通形（コンベンショナル形）と平衡形（バランス形）に分類される．普通形安全弁は，安全弁出口の圧力（背圧）が上昇すると，吹出し圧力，吹出し量，作動の安定性能に影響を受けやすい．そのため，例えば，安全弁の許容超過圧力が吹出し設定圧力（ゲージ圧）の 10% としている場合は生成背圧が吹出し設定圧力（ゲージ圧）の 10% 以下となる範囲で使用される．なお，背圧は，安全弁から吹き出された流体が安全弁出口からベントスタックやフレアスタックまでの配管（安全弁出口配管）中を流れる際に安全弁出口に生じる圧力であり，安全弁出口配管を短くし口径を大きくすることで低く抑えることができる．一方，平衡形安全弁にはピストン形とベローズ形がある．平衡形安全弁は，弁体にかかる背圧の有無や変動の影響を受け難い構造であり，吹出し圧力や吹出し量に対する背圧の影響が小さい．そのため，背圧（既存背圧と生成背圧の合計）が吹出し設定圧力（ゲージ圧）の 50% 以下となる範囲で使用されることが多い．また，平衡形安全弁は，吹き出した流体がばねに接しない構造であり，ばねを腐食性流体から保護することができる．安全弁の形式は，背圧の大小や安全弁から吹き出す流体の性質に応じて選定する必要がある．

（2）安全弁に関する法規

　安全弁は，その重要性から法規や規格により構造や設置基準などが定められている．安全弁に関する国内の代表的な法規や規格には以下がある．①労働安全衛生法「ボイラー構造規格」「圧力容器構造規格」，②高圧ガス保安法「一般高圧ガス保安規則」「液化石油ガス保安規則」「コンビナート等保安規則」，③ガス事業法「ガス事業法施行規則」「ガス工作物技術基準の解釈例」，④電気事業法「電気事業法施行規則」「発電用火力設備の技術基準の解釈」，⑤消防法「危険物の規制に関する規則」，⑥日本工業規格「JIS B 8210：2009 蒸気用及びガス用ばね安全弁」「JIS B 8227：2013 気液二相流に対する安全弁のサイジング」．

　一方，海外の代表的な規格には以下がある．アメリカ石油協会（American Petroleum Institute（API））規格の API 520 Part I，API 520 Part II，API 521，API 526，アメリカ機械学会（American Society of Mechanical Engineers（ASME））規格の ASME Boiler and Pressure Vessel Code Section I と Section VIII，国際標準化機構規格の ISO 4126 Part 1 〜 Part 10 などがある．

（3）安全弁の必要吹出し量と必要吹出し面積

　主要な法規や規格における，全量式のばね安全弁の必要吹出し量と必要吹出し面積に関する代表的な規定を以下に示す．

A.　ボイラー構造規格

　蒸気ボイラーでは一般に，必要吹出し量は当該ボイラーの最大蒸発量以上とする．また，必要吹出し面積は，JIS B 8210 で規定される公称吹出し量が必要吹出し量以上となるような

吹出し面積をもって必要吹出し面積とする.

B. 圧力容器構造規格

第一種圧力容器では一般に，必要吹出し量は圧力容器に流入する気体または圧力容器内において発生する気体の最大量以上とする．また，必要吹出し面積は JIS B 8210 で規定される公称吹出し量が必要吹出し量以上となるような吹出し面積をもって必要吹出し面積とする.

C. JIS B 8210：2009 蒸気用及びガス用ばね安全弁

必要吹出し面積は次式で与えられる公称吹出し量がボイラー構造規格や圧力容器構造規格などで規定される必要吹出し量以上となるような吹出し面積をもって必要吹出し面積とする.

（ア）水蒸気に対する公称吹出し量

$$Q_{\mathrm{m}}=5.25C'K_{\mathrm{dr}}AP \tag{7·33}$$

Q_{m}：公称吹出し量〔kg/h〕，C'：水蒸気の性質による係数であり，本規格中の表による，K_{dr}：公称降格吹出し係数（＝測定値×0.9），A：吹出し面積〔mm²〕，P：公称吹出し量決定圧力〔MPa〕.

（イ）ガスまたはベーパーに対する公称吹出し量

$$Q_{\mathrm{m}}=C''K_{\mathrm{dr}}P_1AK_{\mathrm{bv}}\sqrt{M/ZT} \tag{7·34}$$

Q_{m}：公称吹出し量〔kg/h〕，C''：断熱指数による係数であり，本規格中の数式によるが断熱指数が 1.001 の場合 $C''=23.96$，K_{dr}：公称降格吹出し係数（＝測定値×0.9），P_1：吹出し量決定圧力〔MPa〕，A：吹出し面積〔mm²〕，K_{b}：背圧補正係数であり，臨界流の場合 1.0，亜臨界流の場合本規格中の数式による，M：分子量，Z：吹出し量決定圧力と温度での圧縮係数，T：吹出し量決定圧力での温度〔K〕.

D. 高圧ガス保安法

（ア）所要吹出し量（必要吹出し量と同じ意味である．）

①液化ガスの高圧ガス設備の所要吹出し量は次式で与えられる.

・耐火被覆などの断熱措置が火災時の火炎に 30 分間以上耐えることができ，かつ，防消火設備による放水などの衝撃に耐えることができる場合の所要吹出し量

$$W=\frac{9400\lambda(650-t)A^{0.82}}{\sigma L}+\frac{H}{L} \tag{7·35}$$

・その他の場合の所要吹出し量

$$W=\frac{2.56\times10^8A^{0.82}F+H}{L} \tag{7·36}$$

W：所要吹出し量〔kg/h〕，λ：断熱材の熱伝導率，t：吹出し量決定圧力での温度〔℃〕，A：貯槽の場合は外表面積，蒸留塔などの場合は（液化ガスの液相部の体積）÷（内容積）×（外表面積）〔m²〕，σ：断熱材の厚さ〔m〕，L：蒸発潜熱〔J/kg〕，H：直射日光などの入熱による補正係数，F：全面に 7 L/m²·min 以上の水噴霧装置または全面に 10 L/m²·min 以上の散水装置を設けた場合 0.6，埋設した場合 0.3，その他の場合 1.0.

②圧縮ガスの高圧ガス設備の所要吹出し量は一般に流入する圧縮ガスの流量とする.

（イ）必要吹出し面積

　次式で与えられる規定吹出し量が式（7·35）または式（7·36）で与えられる所要吹出し量以上となる吹出し面積をもって必要吹出し面積とする.

　①安全弁ノズル部での流れが臨界流（安全弁の出口圧力が入口圧力の 0.4〜0.6 倍程度以下の場合）の場合の規定吹出し量

$$W = CKp_1A\sqrt{M/ZT} \tag{7·37}$$

　②安全弁ノズル部での流れが亜臨界流（安全弁の出口圧力が入口圧力の 0.4〜0.6 倍程度以上の場合）の場合の規定吹出し量

$$W = 5580Kp_1A\sqrt{\frac{\kappa}{\kappa-1}\left\{\left(\frac{p_2}{p_1}\right)^{\frac{2}{\kappa}} - \left(\frac{p_2}{p_1}\right)^{\frac{\kappa+1}{\kappa}}\right\}}\sqrt{\frac{M}{ZT}} \tag{7·38}$$

W：規定吹出し量〔kg/h〕，C：κ による係数であり，本規則中の表によるが $\kappa = 1.00$ の場合 $C = 2380$，K：吹出し係数，p_1：吹出し量決定圧力であり，圧縮ガスの高圧ガス設備では許容圧力の 1.1 倍以下，液化ガスの高圧ガス設備では許容圧力の 1.2 倍の圧力以下の圧力〔MPa〕，A：吹出し面積〔cm²〕，M：分子量，Z：吹出し量決定圧力と温度での圧縮系数，T：吹出し量決定圧力での温度〔K〕，κ：断熱指数であり，本規則中の表による，p_2：背圧〔MPa〕.

E.　アメリカ石油協会（American Petroleum Institute（API））規格

（ア）必要吹出し量

　API 521[1]は以下の要因について検討した上で必要吹出し量を決定することを要求している.　①機器出口バルブの閉止，②エアフィンクーラー，ポンプ，制御系などの不調による冷却水の停止，③蒸留塔塔頂リフラックスの停止，④サイドリフラックスの停止，⑤吸収塔への吸収液の供給停止，⑥非凝縮性ガスの発生，⑦水や揮発性軽質油の熱油への流入，⑧過充填，⑨故障や誤操作による制御弁の不調，⑩リボイラーや加熱炉などでの過剰入熱，高圧容器の液レベル喪失による高圧ガスの吹抜け，逆止弁からの逆流，⑪内部爆発（爆燃を対象とし爆轟には適用不可），ウォーターハンマー，スチームハンマー，⑫暴走反応，⑬液体の温度上昇による体積膨張，⑭外部火災（プール火災を対象としジェット火災には適用困難），⑮熱交換器のチューブ切損による高圧流体の流入，⑯電力などのユーティリティの喪失，⑰メンテナンス中の過剰圧力など.

　これらのうち例えば，プール火災に対する必要吹出し量は以下のように与えられる.

　①液体を保有する容器のプール火災に対する必要吹出し量

　プール火災時に安全弁からベーパーが放出される場合は，必要吹出し量は次式で与えられるプール火災の入熱量〔W〕を蒸発潜熱〔J/kg〕で除して得られる.

$$Q = CFA_{\mathrm{ws}}^{0.82} \tag{7·39}$$

Q：プール火災からの入熱量〔W〕，C：迅速な防消火活動と可燃性液体の排液設備がある場合 43200，ない場合 70900，F：環境係数であり，断熱措置がある場合は断熱性能に応じて 0.0〜0.3，ない場合 1.0，A_{ws}：火炎から継続的に入熱を受ける容器表面のうち内部が液体に接する部分の面積〔m²〕.

プール火災時に安全弁からガス（臨界温度以上の気体）が放出される場合，液体が放出される場合，気液二相流が放出される場合は，入熱量や顕熱による体積膨張率などに基づいて必要吹出し量を決定する．

②気体のみを保有する容器のプール火災に対する必要吹出し量

必要吹出し量は一般に次式で与えられる．

$$q = C\sqrt{M}p_1 \left[\frac{A'(T_w - T_1)^{1.25}}{T_1^{1.1506}} \right] \qquad (7\cdot40)$$

q：必要吹出し量〔kg/h〕，C：0.2772，M：分子量，p_1：吹出し圧力〔kPa〕，A'：火炎から継続的に入熱を受ける容器表面の面積〔m²〕，T_w：容器壁の温度〔K〕であり，炭素鋼に対する推奨最高温度は593 ℃，T_1：吹出し温度〔K〕であり $T_1 = T_n/p_n$ による，p_n：通常運転圧力〔kPa〕，T_n：通常運転温度〔K〕．

なお，API 521 は，プール火災の火炎の高さは7.6 m 以上になることもあるが，経験的には火炎から継続的に入熱を受ける高さはプール形成面から7.6 m までであるとしている．また，API 521 は，局所的に著しい入熱を与えるジェット火災に対しては一般に安全弁による保護では不十分なため，緊急脱圧弁や耐火被覆などの安全弁以外の対策が必要であるとしており，留意が必要である．

（イ）必要吹出し面積

API 520 Part I[2]は必要吹出し量から必要吹出し面積を計算する式を示している．これらの式は等エントロピー流れの理論式を種々な補正係数で補正したものであり，高圧ガス保安法の式と概ね同様のものである．

（4）安全弁の設置

安全弁の安定な作動，吹出し量の確保，吹き出していない時の弁漏れの防止などの安全弁の機能を適切に維持するため，以下の点に注意して設置する必要がある．

①チャタリング防止のため，安全弁のサイズは必要以上に大きくしない．安全弁の必要吹出し量に大小2ケース以上ある場合は，小さいサイズの安全弁を複数個取り付け，それらの吹出し設定圧力に差を持たせることで，それら複数の安全弁を圧力上昇に伴い段階的に吹き出せるようにする．

②チャタリング防止や吹出し量確保のため，安全弁で保護する機器から安全弁までの配管（安全弁入口配管）での圧力損失を最小限にする．すなわち，保護する機器に可能な限り近接して安全弁を設置し，安全弁入口配管の長さを短くし口径を大きくする．API 520 Part I では，安全弁入口配管における圧力損失の目安を安全弁の設定圧力（ゲージ圧）の3 % 以下としている．

③普通形安全弁を使用する場合は，チャタリング防止のため，安全弁出口配管の長さを短くし口径を大きくすることで生成背圧を低く抑える．API 520 Part I では，安全弁の許容超過圧力を吹出し設定圧力（ゲージ圧）の10% としている場合は生成背圧は吹出し設定圧力（ゲージ圧）の10% 以下にしなければならない，としている．

④安全弁出口配管の荷重は，安全弁の安定な作動や弁漏れ防止に影響を与えないよう極力軽くする．

（5）緊急脱圧弁

　緊急脱圧弁は，安全弁ではないが，火災時の事故拡大防止のための重要な圧力放出設備である．緊急脱圧弁は，火災にさらされた容器や異常反応が発生した反応装置の内圧を急速に降下（脱圧することで）破裂を防止するためや，容器などから漏洩が発生した際に脱圧することで漏洩量を低減するために設置される．なお，脱圧弁は安全弁のように流体圧力により自発的に作動するものではなく，計器室からの制御信号などにより開く弁である．安全弁は容器の内圧を運転圧力以下に下げることができないが，脱圧弁はそれが可能である．

　容器が火災にさらされると，鋼板の内側が液体に接する部分は液体の蒸発により温度上昇が抑制されるが，鋼板の内側が気体に接する部分は温度上昇が著しいため，鋼板の強度が低下し，容器は内圧に耐えられなくなり短時間に破裂する可能性がある．特に LPG や水などの高圧過熱液体を保有した容器の破裂は，ブレビー（Boiling Liquid Expanding Vapor Explosion（BLEVE））という相平衡破綻型の蒸気爆発を引き起こす可能性がある．容器が火災にさらされてから気相部の鋼板強度が低下し破裂するまでの時間は，火災からの入熱量，鋼板の材質や厚み，脱圧弁作動までの時間，脱圧速度などで決まる．そのため，脱圧弁は鋼板強度が低下するよりも早く脱圧する能力が必要である．API 521[1] は，厚み 25.4 mm 以上の炭素鋼製の容器がプール火災にさらされた場合は，火災にさらされてから 15 分以内に設計圧力の 50% まで脱圧することを一つの目安としている．しかし，局所的に著しい入熱を与えるジェット火災にさらされた場合は，より短時間により低圧まで脱圧する必要がある．そのため，API 521 は，一般の容器がジェット火災またはプール火災にさらされた場合の必要脱圧能力を決定する手法を示している．

　また，脱圧弁を作動させるための電気系統や計装空気系統は火災により機能を喪失しない構造とする必要がある．脱圧弁作動時には上下流の装置からの流入がある場合は，これを遮断する緊急遮断弁を設置する必要がある．脱圧弁作動時には液体の蒸発により容器内の温度が低下するため，条件によっては容器や脱圧弁接続配管に耐低温材料を用いる必要がある．

（高木　伸夫・上田　邦治）

7・4・4　危険区域の分類と防爆電気設備

　可燃性物質を取り扱う事業所において電気設備を安全に使用するため，危険区域分類という作業が広く行われている．危険区域分類は爆発性雰囲気が生成するおそれのある事業所の区域を予め分類・区分し，その区分に応じて適切な電気機器・設備を選定し設計・施工するという考えである．

（1）防爆の基本と日本の防爆規格

A. 爆発性雰囲気

　可燃性ガス（蒸気を含む）はそれぞれの特性に応じて爆発が起こり得る濃度範囲があり，それ以外の濃度では爆発は起きない．上限界以上の濃度で放出（漏洩）したガスは容易に爆発限界内の濃度に希釈されるた

表 7·12　爆発限界の例

可燃性ガスの種類	下限界（vol%）	上限界（vol%）
メタン	4.4	17
水素	4.0	77
エチレン	2.3	36
プロパン	1.7	10.9
ベンゼン	1.2	8.6

め，防爆上は下限界以上の濃度を爆発性
雰囲気と考える．表 7·12 に IEC 60079
−20−1[1] より引用した爆発限界の例を示
す．

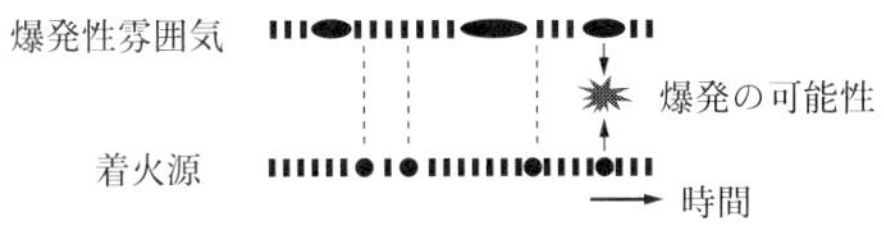

図 7·40 に示すように，爆発性雰囲気

図 7·40　爆発の条件

が生成することがあってもそこに着火源がなければ爆発することはないが，爆発性雰囲気と
着火源が同時に同一地点に存在すると爆発の可能性が生じる．

B. 爆発の防止

爆発を防止するためには，爆発性雰囲気と着火源の共存を可能な限り低減することが重要
である．可燃性物質を収納する機器の構造，形状，配置等を検討・調整することで，爆発性
雰囲気の除去，着火源の除去のいずれかが達成できれば，爆発性雰囲気への着火を本質的に
防止することができる．それが難しいところでは，プロセス機器，電気設備，保護システ
ム，運転手順等を適切に選定・設計することにより，爆発性雰囲気と着火源が直接接触して
生じる着火リスクを低減させる．この作業を容易に行うため，あらかじめ区域を爆発性雰囲
気が生じる可能性の程度により分類・区分する手順・手法が危険区域分類である．

C. 日本の防爆規格

国際規格である IEC 60079 シリーズに，危険区域の分類及び危険区域で使用する電気機
器の防爆構造や電気設備の設計・施工に対する要件が整理されている．日本ではこの IEC
60079 シリーズをもとに日本工業規格（JIS）及び国際整合防爆指針が発行されている．

これらのうち，JIS C 60079−10[2] は 2008（平成 20）年の厚生労働省の通達により危険区域
分類のベースとして使用するよう求められており，JIS C 60079−14[3] は電気設備の技術基準
（電技）で選定・設計・施工に関する規格として参照されている．

国際整合防爆指針 2015 は，独立行政法人 労働安全衛生総合研究所（JNIOSH）技術指針
である工場電気設備防爆指針（国際整合技術指針）の第 1 編から第 9 編[3~12] のことであり，
労働安全衛生法にもとづく型式検定の基準として使用されている．なお，第 10 編[13] は国際
整合防爆指針 2015 には含まれていない．

国内における電気機器の防爆構造の基準はあくまで従来からの構造規格（電気機械器具防
爆構造規格[14]）である．国際整合防爆指針 2015 は構造規格による防爆構造と同等以上の防
爆性能を有するものとして認める扱いとなっており，2017（平成 29）年時点では構造規格
と国際整合防爆指針 2015 が並行して型式検定の基準として運用されている*．

（2）危険区域の分類

JIS C 60079−10 にもとづく可燃性ガス（蒸気を含む）による危険区域分類の概要を，次
に紹介する．

＊　2018（平成 30）年 3 月 28 日付け厚生労働省労働基準局長通達（基発 0328 第 1 号）により，国際整合
　防爆指針 2015 と国際整合防爆指針 2018（JNIOSH 技術指針第 2 編から第 5 編[15~18]，第 7 編[19] 及び
　第 9 編[20]）が並行運用されることになった．なお，2015 年版と 2018 年版が重複して存在する第 2 編
　から第 5 編，第 7 編及び第 9 編については，いずれを検定の基準とするか編ごとに選択する必要が
　ある．

A. 危険区域と Zone

爆発性雰囲気が生成する可能性のある区域（三次元の空間）を危険区域と呼び，次の定義に従って3段階の Zone に区分する．危険区域以外の区域は非危険区域と呼ぶ．

Zone 0　爆発性雰囲気が連続，長時間又は頻繁に存在する区域

Zone 1　爆発性雰囲気が通常運転中にときどき生成する可能性がある区域

Zone 2　爆発性雰囲気が通常運転中には生成する可能性がない，又は生成しても短時間しか持続しない区域

Zone による危険区域分類は爆発性雰囲気となる可能性の程度を時間的な尺度（時間と頻度）で区域を分類・区分する考えである．爆発の威力や被害・損害の大きさは Zone による危険区域分類では考慮の対象としていない．

危険区域では，その要因である可燃性ガスの防爆上の特性を，火炎逸走能力と着火エネルギーによる分類である「ガスグループ」と着火温度による分類である「温度等級」により表す．

Zone の区分は放出源の評価（放出源の特定と放出等級の決定）と換気の評価を組み合わせて行う．

B. 放出源

可燃性物質を取り扱うタンク，ポンプ，配管，塔槽類などのプロセス機器は本体又は周囲にベント，軸貫通部，フランジ接続部，バルブ等を有するため，放出源を有する機器とみなす．通常運転中に漏洩が起きないもの，あるいは可燃性物質を大気中に放出することがないと考えられるもの（例えば，全溶接配管）は放出源とみなさないが，フィルタ交換，バッチ充填等のためにその一部を開放するものは放出源とみなす．

放出源は，予測される放出の頻度及び持続時間により放出等級を分類する．

a）連続等級：連続的な放出，若しくは，高頻度又は長期にわたって発生すると予測される放出．例えば固定屋根式タンク内の液面上部空間などが相当する．

b）第1等級：通常運転中に周期的又はときどき発生すると予測される放出で，タンクの開放形ベントの開口部や定期的にサンプリングを行うバルブなどがこの放出等級に相当する．

c）第2等級：通常運転中には発生しないと予測される放出又は低頻度で短時間だけの放出．ポンプやバルブの軸シール，フランジ接続部などは一般にこの放出等級に相当する．

放出等級は可燃性物質を放出する可能性の時間的な程度による分類であり，放出率（放出量/時間）とは直接関係のない概念である．放出率は後述する Zone の範囲に影響する．

実際にこれらの作業を進める際には，危険区域分類の基礎資料として，プロセス機器のそれぞれが収納する可燃性物質とプロセス条件（温度，圧力等）をリストアップし，プロセス系統図，機器配置図等と照合して放出源と可燃性物質を特定・分類し，換気の評価と組み合わせて，危険区域分類を進める．

C. ガスグループ

可燃性物質はグループ I （鉱山），グループ II （ガス：ただし鉱山以外），あるいはグルー

プⅢ（粉じん）に分類する．グループⅡの可燃性ガスは，テスト結果より得られた最大安全すき間（MESG）及び最小着火電流（MIC）により更にⅡA，ⅡB 又はⅡC の 3 段階のガスグループに細分類する．これらは，耐圧防爆，本質安全，及びこれらの思想を応用した防爆構造の選定を的確に行うための分類であり，ⅡA よりもⅡB，ⅡB よりもⅡC がより厳しい（着火能力が高い）という関係にある．

D.　温度等級

温度等級はすべての防爆構造に対して必要な分類であり，爆発性ガス雰囲気の着火温度によりT 1 ～ T 6 の 6 段階に分類する．また，後述するように，防爆電気機器にもT 1 ～ T 6 の 6 段階の温度等級がある．

主な可燃性物質のガスグループ及び温度等級はその他の特性と共に IEC 60079‐20‐1 にデータが整理されている．また，この IEC をもとに「ユーザーのための工場防爆設備ガイド」[21] にも同様のデータが紹介されている．

E.　換　気

換気，すなわち新鮮な空気による放出源周辺の雰囲気を置換する空気の移動は，希釈を促進する．適切な換気は Zone の範囲を限定し，放出停止後の爆発性雰囲気の持続を防止する．

F.　換気方式

換気には，自然換気と強制換気がある．

強制換気は，一般に屋内に使用する効果的な換気システムであるが，防爆用に設計する場合にはいくつかの要件を満たす必要がある．代表的なものを次に示す．

・換気システムが確実に機能するよう，制御・監視する．

・換気用の空気を非危険区域から取り込む．

・吸排気口の配置，放出源の放出等級及び放出率を確定したうえで，換気システムの容量選定及び設計を行う．

G.　換気度

換気度は，次に示す 3 段階に区分する．

a）高換気度：放出源周囲の濃度を瞬時に爆発下限界以下に低下させ，Zone の範囲を無視できるほどに狭い領域に低減することができる換気．例えば，次のような換気が相当する．

　　・放出源の回りの局所的な強制換気．

　　・放出率（放出量と放出速度）が非常に低い放出に対する強制換気．

b）中換気度：放出継続中の濃度を調整し Zone の境界を安定させることができ，放出が停止した後にはその濃度が持続しないような換気．開放された屋外の自然換気が代表例．

c）低換気度：放出継続中の濃度を安定して低下させることができない，又は放出が停止した後もその濃度が長時間持続するような換気．一般に，次のような例が相当する．

　　・開放容器内の液面上部の空間．

H.　換気の有効度

換気の有無は爆発性雰囲気の生成又は持続に影響する．したがって，Zone の区分を判定する際には，その換気が常に有効に存在すると期待できるかどうかの評価も行う．

　換気の有効度は下記の3段階に区分する．強制換気の場合は，換気装置の予備機の有無，予備機への切替え方法（自動又は手動），換気装置に不具合が生じたときの対応手段等を加味して評価する．

a）良：実質的に連続した換気が存在する場合．例えば，開放された屋外の自然換気，冗長化した自動切換え機能付きの強制換気システムによる換気など．

b）可：通常運転中に有効な換気が期待できる場合．予備機をもつ警報装置付きの強制換気システムによる換気など．

c）弱：上記のいずれでもないもの．なお，長時間にわたる停止が予測される換気は危険区域用の換気とはみなさない．

I．Zone の判定手順

　Zone の区分を判定する基本的な手順を図 7・41 に示す．第1段階として放出源の特定・評価，第2段階として換気の評価を行って，総合的に Zone の区分を判定する．

　放出等級と換気の組み合わせから Zone を判定する基準は JIS C 60079‒10 の表 B・1 を参照されたい．例えば，開放された屋外は中換気度で換気の有効度を「良」と評価されるので，連続等級，第1等級，第2等級放出源の回りはそれぞれ Zone 0，Zone 1，Zone 2 となる．

J．Zone の範囲の推定手順

　Zone の範囲は，可燃性物質の放出により生じた爆発性雰囲気が拡散し希釈され爆発下限界以下の濃度に低下するところまでの距離で囲まれる三次元の空間である．

　JIS C 60079‒10 は，IEC と同様に放出源の回りの爆発性雰囲気の範囲を理論的な計算により求める考えを紹介している．

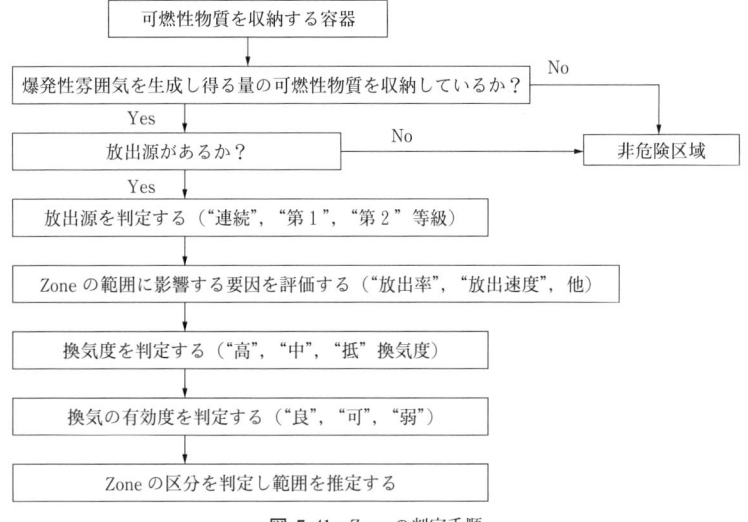

図 7・41　Zone の判定手順

　実務上は，IEC に基づいてさまざまな典型例での計算結果にもとづいた爆発性雰囲気の範囲を紹介している EI Part 15[21)]（旧 IP Part 15），多くの例図を示している NFPA 497[22)]，API RP 505[23)]，これらを参考にして推奨例を示している「ユーザーのための工場防爆設備ガイド」[24)]等が広く利用されている．

（3）危険区域で使用する電気機器

A．電気機器における着火源

電気機器において着火源となり得る要因の代表的な例を図 7·42 に示す．

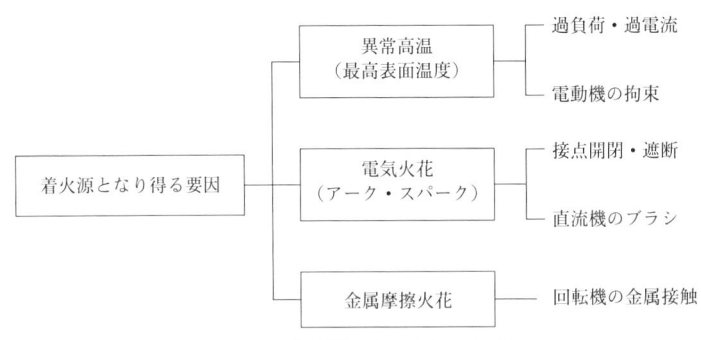

図 7·42　電気機器における着火源の例

B．機器グループ

危険区域で使用する電気機器は，その用途に応じて次の 3 種類に分類する．

グループⅠ：鉱山（炭坑）用

グループⅡ：ガス状爆発性雰囲気の施設（鉱山以外）用

グループⅢ：粉じん状爆発性雰囲気の施設（鉱山以外）用

　グループⅡの電気機器のうち耐圧防爆及び本質安全の思想に基づくものは，更にⅡA，ⅡB，あるいはⅡC に細分類される．グループⅢの機器にも同様に，粉じんの種類に対応してⅢA，ⅢB，ⅢC の細分類がある．

表 7·13　ガス・粉じんグループと使用可能な機器グループ

	グループ	使用可能な機器グループ
ガス	ⅡA	Ⅱ，ⅡA，ⅡB or ⅡC
	ⅡB	Ⅱ，ⅡB or ⅡC
	ⅡC	Ⅱ or ⅡC
粉じん	ⅢA	ⅢA，ⅢB or ⅢC
	ⅢB	ⅢB or ⅢC
	ⅢC	ⅢC

注記　構造規格にも，火炎逸走限界により爆発等級 1 〜 3
　　　に細分類する考えがある．

より厳しい要件を満足するよう設計・製造された機器は，低位の要件の区域で使用することが可能である．したがって，ガス又は粉じんのグループと，そこで使用することができる機器グループとの関係は表7·13のように表すことができる．

C. 機器の温度等級

危険区域で使用する電気機器は，その最高表面温度によりT1〜T6の6段階に分類される．既に述べた可燃性ガスの温度等級とそこで使用可能な電気機器の温度等級との関係を表7·14に示す．粉じん用は温度等級ではなく最高表面温度で表す．構造規格にも，爆発性ガスの発火温度によりG1〜G5に細分類する考えがある．

表 7·14　周囲の温度等級と使用可能な機器の温度等級

可燃性ガス	周囲の温度等級	国際整合防爆指針 2015 による機器		構造規格による機器	
着火温度		最高表面温度	使用可能な等級	発火度	電気機器の温度上昇限度
$450℃ < t$	T 1	450℃	T 1〜T 6	G 1	360℃
$300℃ < t ≤ 450℃$	T 2	300℃	T 2〜T 6	G 2	240℃
$200℃ < t ≤ 300℃$	T 3	200℃	T 3〜T 6	G 3	160℃
$135℃ < t ≤ 200℃$	T 4	135℃	T 4〜T 6	G 4	110℃
$100℃ < t ≤ 135℃$	T 5	100℃	T 5〜T 6	G 5	80℃
$85℃ < t ≤ 100℃$	T 6	85℃	T 6		

注記　国際整合防爆指針 2015 は最も厳しい条件での温度上昇，構造規格は定格条件での温度上昇がベース．

D. 防爆構造（防爆方式）

構造規格と国際整合防爆指針 2015 で規定されている防爆構造と，それらを使用することができる危険区域の Zone の関係を表7·15に示す．

E. 防爆電気機器の検定

日本では，労働安全衛生法において防爆電気機器は厚生労働大臣の登録を受けた者（型式検定機関）が行う型式検定を受けたものでなければ，譲渡，貸与，又は設置してはならないと定められている．従来はこの型式検定機関は公益社団法人 産業安全技術協会（TIIS）だけであったが，その後の法改正で海外の認証機関の登録が可能になり，2017（平成29）年時点では複数の型式検定機関が存在している．

IEC では，共通の規格，共通の認証書，共通の表示を参加各国が認め合う制度の導入により，適切な防爆性能を維持しつつ各国による多重認証を排除し防爆電気機器の各国間の流通促進を図ることを目的に，IECEx システムという認証システムが運用されている．日本も2005（平成17）年9月から IECEx システムに参加し，2017（平成29）年の時点では TIIS が IECEx システムの認証機関（ExCB）に登録され，防爆電気機器に対する IECEx の認証も行っている．

しかし，IECEx の認証をもつ防爆電気機器をそのまま国内で使用することが国内法で認められているわけではない．IECEx 認証済みの電気機器であっても，国内で使用するためには労働安全衛生法にもとづく型式検定が必要であることに注意する必要がある．

表 7·15　危険区域の Zone 区分と使用可能な防爆構造

電気機器の防爆構造の種類と記号			使用可能な防爆構造		
準拠規格	防爆構造	記号	Zone 0	Zone 1	Zone 2
構造規格	本質安全防爆構造	ia, ib	○ (ia のみ)	○	○
	耐圧防爆構造	d	×	○	○
	内圧防爆構造	f	×	○	○
	安全増防爆構造	e	×	×	○
	油入防爆構造	o	×	○	○
	特殊防爆構造	s	—	—	—
国際整合防爆指針 2015	本質安全防爆構造	Ex ia, ib, ic	○ (ia のみ)	○ (ia, ib のみ)	○
	耐圧防爆構造	Ex d	×	○	○
	内圧防爆構造	Ex px, py, pz	×	○ (px, py のみ)	○
	安全増防爆構造	Ex e	×	○	○
	油入防爆構造	Ex o	×	○	○
	非点火防爆構造	Ex n	×	×	○
	樹脂充填防爆構造	Ex ma, mb, mc	○ (ma のみ)	○ (ma, mb のみ)	○
	容器による粉じん		Zone 20	Zone 21	Zone 22
	防爆構造 "t"	Ex ta, tb, tc	○ (ta のみ)	○ (ta, tb のみ)	○

備考 1：○：使用可，×：使用不可，—：個別に判断が必要

備考 2：構造規格に従った粉じん防爆構造には「普通粉じん防爆構造」と「特殊粉じん防爆構造」があ
る．普通粉じん防爆構造は可燃性粉じん危険場所でのみ使用可能であり，特殊粉じん防爆構造
は可燃性粉じん危険場所に加え可燃性粉じん危険場所でも使用することができる．

備考 3：特殊防爆構造は構造規格に従ったもののみ使用可能（国際整合技術指針第 10 編「特殊防爆構造
"s"」は国際整合防爆指針 2015 には含まれていない）．

（4）危険区域における電気設備の設計・施工

A．危険区域用電気設備設計・施工の基本原則

電気機器はできるだけ非危険区域に設置する．不可能な場合には，爆発性雰囲気になる可
能性がより低いところに設置するようにする．

危険区域に設置する場合は，周囲の危険区域の Zone レベル，ガスグループ，温度等級に
適したものを選定する．

危険区域における電気設備は，通常の（非危険区域の）電気設備に対する要件，特に
JIS C 60364 - 4 - 41[25]等の技術的要件を満足した上で危険区域の要件（電気設備の技術基
準[26]第 69 条及び解釈 176 条等）にも従うことが重要である．

注記　粉じんに対しては，電気設備の技術基準第 68 条及び解釈 175 条．

B．危険区域用電気設備設計の基本

危険区域における電気設備設計の基本はアーク・スパークの発生防止であり，そのために
は次のような点に特に注意する．

・適切な接地と等電位ボンディング
・地絡電流（大きさと持続時間）の抑制
・地絡発生時の対地電圧の上昇防止

これらを達成するため，配電回路設計の際に特に次の点に注意を払う必要がある．

a）系統接地方式（TN，TT，IT等）に適した地絡保護を行う．

b）中性線を含めて断路を行う．

c）多心ケーブルの未使用線心は接地する，端子台へ接続する，適切な端末処理を行う等の
　　方法により不測の状況によるスパークを防止する．

d）本質安全回路においては，他の電源からのエネルギー侵入防止が重要であるので，次の
　　点に特に注意を払う．

　　・他の回路と隔離する

　　・複数の本質安全回路を接続する端子箱での短絡防止に注意する

C. 危険区域用電路設計の基本

危険区域での電路設計の基本はケーブルの損傷防止と電路を通じた可燃性ガスの流入・流
出阻止である．それぞれについて，特に注意すべきことを記す．

a）ケーブルの損傷防止

　　・ケーブルをできるだけ機械的，化学的，熱的損傷を受けないところに布設する．

　　・金属管等で保護する，金属がい装（鎧装）ケーブルを使用する等により，機械的損傷
　　　を受けないようにする．

b）電路を通じた可燃性ガスの流入・流出阻止（異なる Zone 間及び電気機器への引込）

　　・ケーブルの構造は，円形・内部充実，シースは押し出し，フィラー（詰め物）には非
　　　吸湿性の材料を使用する

　　・ケーブルグランドは，接続する電気機器の防爆構造に適合し，ケーブルの外径に合っ
　　　たものを選定する

　　・シーリングフィッティングは，ケーブルの外装ではなく各線心の周囲をシールする

　　・ケーブルグラントへはケーブルを垂直に挿入する

（堀　史治）

7・4・5　化学工場の防・消火設備

（1）化学工場とは

化学工場というと誰しもがすぐ爆発や火災を起こしやすいものと考えがちであるが，一口
に化学工場といってもそれに含まれる業種はきわめて多岐にわたっており，危険度も業種に
よって大きく異なる．化学工場とは無機/有機薬品・医薬品・燃料・塗料・染料・香料・合
成樹脂・化粧品・セルロイド・顔料・インク・ゴムなどの化学物質の製造所/加工所のこと
であり，石油類の製油所などは，石油化学工場とよばれている．

化学工場には，化学製造施設の他，貯蔵施設・輸送施設などがあり，これらも化学工場特
有の防・消火設備の対象となる．また，化学工場の業種によって原料・プロセス・製品が全
く違うため，個々の防・消火設備は業種別に分析する必要があるが，ここでは石油関連も含
めて，総括的な観点から化学工場をとらえるものとする．

（2）化学物質の危険度

化学物質の危険度は，その種類によって大きく異なるため，消防法上，危険度合に応じて
危険物（表7・16），指定可燃物（ゴム類，合成樹脂類等），その他（非危険物）の3種類に

分類している.

表 7·16 危 険 物

種別	性 質	品 名
第一類	酸化性固体	塩素酸塩類, 過塩素酸塩類, 無機過酸化物, 亜塩素酸塩類, 臭素酸塩類, 硝酸塩類, よう素酸塩類, 過マンガン酸塩類, 重クロム酸塩類, その他政令で定めるもの, これらを含有するもの
第二類	可燃性固体	硫化りん, 赤りん, 硫黄, 鉄粉, 金属粉, マグネシウム, その他政令で定めるもの, これらを含有するもの, 引火性固体
第三類	自然発火性物質および禁水性物質	カリウム, ナトリウム, アルキルアルミニウム, アルキルリチウム, 黄りん, アルカリ金属（カリウムおよびナトリウムを除く）およびアルカリ土類金属, 有機金属化合物（アルキルアルミニウムおよびアルキルリチウムを除く）, 金属の水素化物, 金属のりん化物, カルシウムまたはアルミニウムの炭化物, その他政令で定めるもの, これらを含有するもの
第四類	引火性液体	特殊引火物（ジエチルエーテル, 二硫化炭素等）, 第一石油類（引火点21℃未満：アセトン, ガソリン等）, アルコール類, 第二石油類（引火点21℃以上, 70℃未満：灯油, 軽油等）, 第三石油類（引火点70℃以上200℃未満：重油, クレオソート油等）, 第四石油類（引火点200℃以上250℃未満：ギアー油, シリンダー油等）, 動植物油類（引火点250℃未満）
第五類	自己反応性物質	有機過酸化物, 硝酸エステル類, ニトロ化合物, ニトロソ化合物, アゾ化合物, ジアゾ化合物, ヒドラジンの誘導体, ヒドロキシルアミン, ヒドロキシルアミン塩類, その他政令で定めるもの, これらを含有するもの
第六類	酸化性液体	過塩素酸, 過酸化水素, 硝酸, その他政令で定めるもの, これらを含有するもの

（3）防・消火設備の概要

　化学工場の場合は, 化学物質の種類/取り扱い量によって適合する防・消火設備が異なるが, 一般的な防災設備（自動火災報知設備, スプリンクラー設備, 屋内/外消火栓設備等）だけでは十分とはいえない. 出火防止のために, 着火源管理を十分に実施すれば, 火災発生の可能性は減る. しかし, 現実的には, あらゆる着火源に対して網羅的に完璧な予防対策を施すことは困難である. そこで万が一出火または出火の危険性が高まった場合にそなえて, 防災監視システム・延焼/出火防止設備・化学物質用消火設備等が必要となる.

A．防災監視システム

　火災, 漏洩, 爆発等の災害の発生に関する情報を現場にいって確認することなく, 早期に発見し, その情報を迅速に, かつ, 自動的に関係者に通報連絡できる機能を有する.

B．延焼/出火防止設備

　冷却散水設備（冷却散水により, 延焼/出火防止）, 水幕設備（輻射熱遮断により, 延焼防止）がある.

C. 化学物質用消火設備

　水噴霧消火設備（消火の他火勢抑制，延焼/出火防止効果有），泡消火設備（可燃性・引火性液体に有効，燃焼液面を流動展開），二酸化炭素消火設備（汚損小，耐電圧大），ハロゲン化物系消火設備（汚損小，耐電圧大），新ガス消火設備（汚損小，耐電圧大，オゾン層の破壊なし），粉末消火設備（表面火災に有効，消火速度大），その他（消火器，乾燥砂など）がある．

（4）防災監視システム

　防災監視システムは，災害の現象を検知する監視センサ，監視センサからの信号を受信・処理・表示等をする防災監視盤および必要な情報を消防関係機関等へ連絡通報する装置から成り立つ．

　監視センサは，災害の種類（火災，漏洩，爆発等）に応じて，当該現象を適切に検出できるものであることが要求される．特に火災センサの場合は，種類が多いため，用途/設置場所に応じた選定が必要となる．

　例えば，爆発性化学物質を取り扱う場所では，防爆感知器を，腐食性化学物質を取り扱う場所では，腐食性ガス（酸性）に強い耐酸型定温式感知器あるいは腐食防止のため空気管をステンレス製（通常は銅管）にした差動式分布型熱感知器を，半導体工場のクリーンルームでは，超高感度の煙センサを使うなどである．また，火災監視，侵入監視，情報確認などにCCTV（closed-circuit television）を用いる場合も多い．

　一例として石油コンビナートにおける防災監視システムの構成例を図7·43に示す．

　なお，防災監視盤は，その前に人が座り，見る，操作するなど一連の動作が伴うものであ

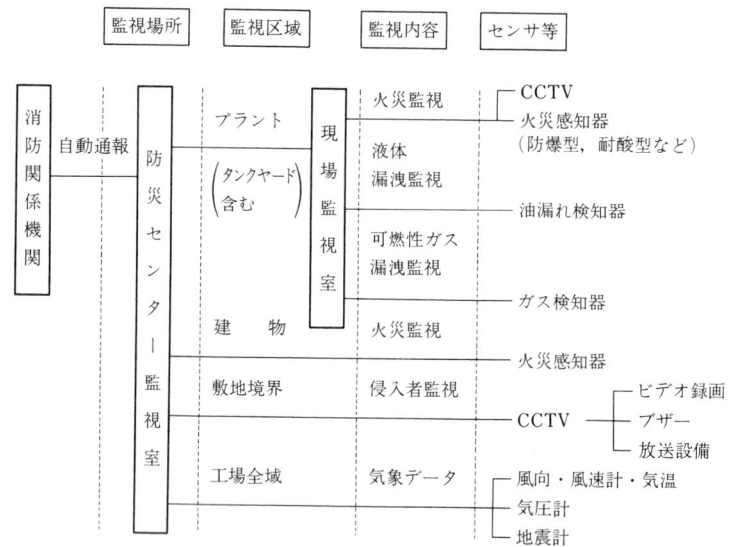

図 7·43　防災監視システムの構成例

る．したがって，操作員にとって親和性の良い盤の設計が求められるところではあるが，業務形態，設置場所，監視規模等により適切な監視機能を取り入れる必要がある．

（5）延焼/出火防止設備

A．冷却散水設備

水滴を防護対象物に分散放水して冷却し，延焼/出火防止するもので，水源・ポンプ・配管・バルブ類・散水ノズルから構成されている．防護面積当たりの散水量は保安関係法令で定められているが，$2 \sim 10 \, \text{L/min} \cdot \text{m}^2$ が一般的であり，防護対象面に均一に散水されるようにノズルが配置されている．

B．水幕設備

地上または天井から水を放射して，火災と防護対象物の間に，板状，棒状，噴霧状の水による間仕切り（水幕）を形成し，水幕により輻射熱を吸収して防護対象物に到達する輻射熱を軽減し，延焼防止，温度上昇による強度の低下を防止するものである．

水源・ポンプ・バルブ類・ノズルヘッダー・放水ノズル等から構成され，放水ノズルには棒状/扇型/半円型放水ノズル等があり，使用目的に合わせて選択配置している．水幕用放水ノズルの放水量は，輻射熱遮断の場合，火災の規模・燃焼物の輻射熱・防護対象物の安全限界等により決められるが，一般的な目安として $30 \sim 250 \, \text{L/min}$ 程度が採用されている．

（6）化学物質の消火設備

A．水噴霧消火設備

水を微粒子状に分散放出して防護対象物の火災を消火するもので，潤滑油・変圧器油などの引火点の高い油火災に有効である．

水源・ポンプ・配管・バルブ類・噴霧ノズル等から構成され，火災を初期のうちに発見し，自動的に水噴霧設備を作動させる場合には火災感知装置あるいは異常温度検出器などを設ける．噴霧ノズルは水流を衝突させたり，回転撹拌して水を微細な水滴とするもので，防護対象物のすべての面がノズルの有効防護空間内に包含できるように，ノズル散水形状などにより適宜配置させる．

また，消火用の他に火勢制圧用または延焼/出火防止用として使用することもある．単位面積当たりの必要放水量は，それぞれの規則で表 7·17 のように規定されている．

表 7·17 単位面積当たりの放水量（水噴霧消火設備）

法規	目的	必要放水量	放水時間
消防法	指定可燃物の火災 自動車の車庫・駐車場の火災	$10 \, \text{L/min} \cdot \text{m}^2$ $20 \, \text{L/min} \cdot \text{m}^2$	20分間以上
損害保険料率 算定会	消火 火勢の制圧	$20 \, \text{L/min} \cdot \text{m}^2$ $10 \, \text{L/min} \cdot \text{m}^2$	90分間以上
NFPA 15 – 1990	可燃物および可燃性液体の消火 ケーブルの消火 一般可燃物の延焼防止 構造物および装置の延焼防止 変圧器およびベルトコンベアの延焼防止	$8.1 \sim 20.4 \, \text{L/min} \cdot \text{m}^2$ $6.1 \, \text{L/min} \cdot \text{m}^2$ $2.0 \, \text{L/min} \cdot \text{m}^2$ $4.1 \sim 10.2 \, \text{L/min} \cdot \text{m}^2$ $10.2 \, \text{L/min} \cdot \text{m}^2$	

B．泡消火設備

本設備は，水による消火方法では効果が少ないか，火災を拡大する危険性のあるような可燃性液体火災の消火を主な目的として用いられる．

泡を油火災面に投入し，火災油面と空気とを遮断すると同時に泡の有する水により冷却するもので，引火点の低い石油類の火災にも有効である．

泡には膨張比（泡体積/泡水溶液）20以下の低発泡と80〜1000の高発泡とがあり，低発泡は火に対して強く，高発泡は投入する泡量を大量に使用することで効果を発揮する．一般的に，低発泡は平面火災に，高発泡は平面的・立体的火災に用いており，その適用膨張比，放射量は消防法に規定されている．

泡消火設備の一般的な構成は，水源・ポンプ・混合装置・泡原液等からなる．混合装置，発泡器・泡放出口，泡原液には各種ある．泡の投入方法には貯油タンク上部から投入するフォーメイクチャンバー方式が一般的であるが，タンク底部より投入する方法（SSI方式）もある．

C．二酸化炭素消火設備

二酸化炭素を消火剤とする消火設備で，酸素濃度の低下と冷却作用で消火する．二酸化炭素は高圧でボンベに充填されており，安定したガスのため，消火後の汚損・金属その他への影響も少ない．設備の方式は，防護対象物の状況により全域放出方式，局所放出方式，移動式があり，必要なガス量等は消防法に規定されている．

全域放出方式は最も多く採用されている一般的な方式で，防護対象物を包含する囲いあるいは部屋等の全域に二酸化炭素を放出し，火災の位置，規模に関係なく可燃物の燃焼を不能とする消火方法である．局所放出方式は二酸化炭素を燃焼面に直接放出する方式である．移動式は，人がホース，ノズルを操作して消火する方法で煙の充満するような所には不向きである．

D．ハロゲン化物系消火設備

炭化水素のハロゲン化物を消火剤とする消火設備で，ハロン2402，ハロン1211，ハロン1301が使用される．我が国では，このうちハロン1301が普及している．

ハロン1301は常温で気体の消火剤で，容器内では圧縮され液化している．ハロゲン化物の消火薬剤は火炎に触れると速やかに気化して不燃性の重い気体となり燃焼物の周囲に滞留し，酸素濃度の低下，可燃性ガス濃度の希釈をして消火する．また，ハロゲン元素 Br, Cl, F が燃焼物の連鎖反応機構における活性物質に作用して燃焼を抑制する負触媒作用があることから，①消火時間が短い，②消火剤の質量・容量当たりの消火力が大きい，③放射後の汚損が少ない，④電気絶縁性が大きい，等の特徴を有している．

ただし，従来使用していたハロゲン化物消火設備は，消火剤のハロンがオゾン層を破壊することから，消火剤の製造・使用が抑制され，1994（平成6）年1月以降の製造はできないことになっている．

オゾン層に影響を与えないハロン代替消火剤としては，ハロゲン化物系とイナートガス系がある．ハロゲン化物系でオゾン破壊係数が0のものとしては，HFC-23，HFC-227 ea，FK-5-1-12が開発されている．これらのガスの消火原理は，ハロン1301と同様，化学連

鎖反応の抑制であるが，従来のハロゲン化物消火薬剤と区別するため，新ガスともよばれている.

E. イナートガス系消火設備

ハロン代替消火設備として開発されたもので，オゾンを破壊しない消火剤による消火設備である．消火剤の種類は，窒素，IG-55，IG-541 があり，消火原理は酸素濃度低下によるものである.

F. 粉末消火設備

固定配管の先に取り付けた粉末ヘッド・ホースノズルあるいはモニターノズルより粉末薬剤を放出して火災を消火するもので，粉末貯蔵容器・加圧用ガス容器・減圧器・配管・ノズル等から構成される.

粉末薬剤は，防湿剤によって被覆し，さらに潤滑剤で処理し流動性を持たせてあり，種類としては 4 種類（炭酸水素ナトリウム，炭酸水素カリウム，リン酸塩類，炭酸水素カリウムと尿素の反応物）がある．いずれの粉末消火剤も火炎にあうと熱分解して熱吸収による冷却作用，可燃物と空気を遮断する窒息作用，また粉末放射時にできた粉の雲が燃焼の連鎖反応を遮断妨害等の相乗効果で消火する.

G. その他

小規模な化学物資の火災には，粉末，泡，炭酸ガス等の消火器あるいは乾燥砂なども有効である．　　　　　　　　　　　　　　（長谷川　晃一・吉葉　裕毅雄・西　晴樹）

7・4・6　可燃性ガス検知
（1）は　じ　め　に

工場，コンビナート等における可燃性ガスの引火，爆発による災害を防ぐうえでガス検知技術の果たす役割は大きい．可燃性ガスの検知技術は主として爆発事故を防止するという目的で進んできたといえる．可燃性ガスの性状等は他で述べられているので，ここでは検知技術の要となるガスセンサを中心に述べる.

可燃性ガスの爆発はその濃度が標準大気中で爆発下限界濃度（LEL＝Lower Explosive Limit）以上になり，かつ爆発上限界濃度（UEL＝Upper Explosive Limit）以下の場合に起こる．法的には爆発防止用の警報器は 1/4 LEL 以下で警報を発すればよいことになっている．しかし最近は漏洩ガスの早期発見の必要性，さらにセンサの高感度化（特に半導体式センサ），選択性の進歩等もあり低濃度警報設定の傾向にある．例えばイソブタンで 200 ppm，メタンで 500 ppm（1/100 LEL）での警報設定も行われている.

（2）各種センサの種類と検知原理

センサとしては比較的安価，小型で周辺に複雑な装置を必要としないものを中心に述べる．実用化されているセンサは触媒反応等を利用した「化学センサ」といわれているものである．「化学センサ」はその感応（反応）材料から分類すると固体式と電気化学式に分けられるが，ここでは固体式センサの代表であり，かつ可燃性ガス検知によく使われている接触燃焼式と半導体式の 2 つについて述べる．赤外線を利用した検知システムも一部で実用化されているがここでは省略する.

A. 接触燃焼式センサ

ガス検出部の構造は図7·44に示すように貴金属コイル（通常は高温度でも安定な白金線を用いる）の周囲を酸化触媒活性を有する白金，パラジウム等を担持させた酸化アルミナ等のセラミックで覆い，焼き固められた構造をしている．電気回路的には検出部は温度補償部とともにホイートストンブリッジ回路に組み込まれて使用される．温度補償部として大気中での電気的・熱的特性が検出部と同じであるが触媒活性を持たない素子が用いられる．検出部ならびに温度補償部は通常大気中ではコイルを流れる電流によるジュール加熱によって300～400℃の温度に保たれる．つまりセンサの温度はブリッジ電圧（E）によって決まる．

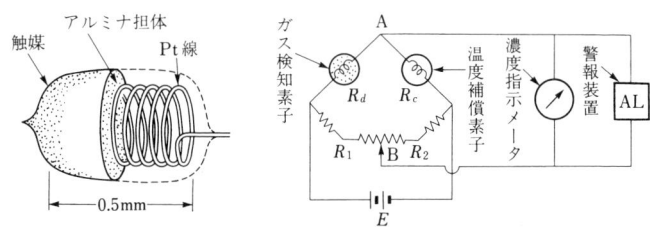

図 7·44　検出部構造と基本回路

センサ検知部周辺に可燃性ガスが存在すると，検知部表面で酸化触媒による酸化反応が起こり，このとき発生する反応熱によって検出部の温度が上昇し，コイルの抵抗値が増加する．抵抗値の増加分ΔRdはガス濃度に比例する．

ブリッジ出力の可燃性ガスによる変分ΔV（感度）は以下のように表される．

$$\Delta V \fallingdotseq 4(\Delta R_d/R_d) \cdot E \quad (ただし，定電圧電源で\Delta R_d/R_d が比較的小の場合) \qquad (7\cdot41)$$

特徴は

・LEL濃度以下ではガス濃度に比例した出力が得られる．

・各種ガスに対する出力は爆発下限界濃度で規格化した濃度（LEL濃度）で目盛るとほぼ同一直線にのる（図7·45）．

・温度，湿度の影響が非常に少ない．

・シリコン等いわゆる触媒毒の影響を受ける．

上記特徴を生かし可燃性ガスのLEL濃度管理には適したセンサであり定置式警報器，携帯用警報器に広く使われている．

B. 半導体式ガスセンサ

a. 半導体式センサのガス検知メカニズム　　酸化錫や酸化亜鉛等の金属酸化物は結晶中に自由電子（伝導電子）が存在しn型半導性を持つとともに，結晶表面には活性な吸着酸素（O_2^-，O^-，O^{2-}等）が存在する．これら吸着酸素は空気中に還元性ガスが共存すると，それと反応（酸化反応）し，同時

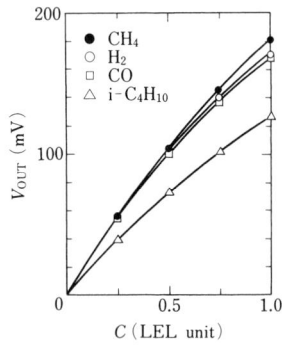

図 7·45　接触燃焼式センサの基本特性

に，捕獲していた電子を半導体の結晶中へ再び放出する．この結果，伝導電子が増加し半導体の電気伝導度が増加する．上記の過程は半導体表面での還元性ガスの吸脱着過程を含む．この過程の反応速度を速めるために，ガス検出部は加熱ヒーター等で高温状態に保つ必要がある．半導体式ガスセンサはヒーターと感応物質の組み合せでいくつかの構造があるが，ここでは基板型半導体式，熱線型半導体式の2種類について述べる．

b. 基板型半導体式センサ

センサの構造はアルミナ基板の片方に白金薄膜によるヒータを設ける．他面に対象とする

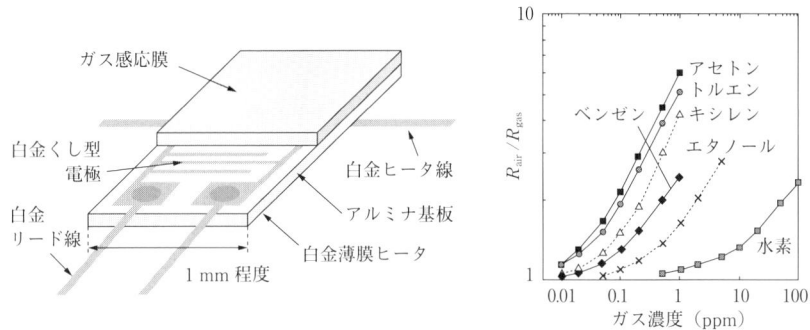

図 7·46　基板型半導体式センサの構造とガスに対する出力特性（VOC 検知用センサ）

ガス吸着による半導体の抵抗変化を検出するための白金電極（くし型電極）を設ける．半導体は薄膜状態又は厚膜状態で形成される．回路的にはヒータで2電極，半導体抵抗変化検出で2電極の計4端子構造となる．

感度特性として VOC（Volatile Organic Compounds，揮発性有機化合物）ガスに対する出力特性を図7·46に示すが接触燃焼式センサに比べ低濃度（1 ppm 以下）でも非常に高感度である．

c. 熱線型半導体式センサ

センサの構造は図7·47に示すように，感応層が直径0.4から0.6 mm の多孔質の金属酸化物半導体で形成された球体であり，その中心に貴金属線のコイルが埋設された二端子のきわめて簡単な構造である．コイルは半導体を加熱するためのヒーターと半導体の抵抗値変化を検出するための電極とを兼ねている．つまり模式的にヒーターの抵抗（抵抗値 R_h）と半導体の抵抗（抵抗値として R_s で代表）が電気回路的に並列に結合されているとみなす．検出部半導体に還元性ガスが吸着すると検知メカニズムで示したように R_s が減少し R_h が不変でも全抵抗（R_d）が減少する（減少分を ΔR_d とする）．このセンサは接触燃焼式センサと同じように，ブリッジ回路の一辺に組み込まれ，その動作温度はブリッジ電圧（センサ電圧，定電圧 E）によって制御される．接触燃焼式センサの場合と同様に，ガス感度 ΔV は以下のように表される．

$$\Delta V \fallingdotseq 4(\Delta R_d/R_d)E \tag{7·42}$$

このセンサは半導体センサの一般的特性である高感度，長期安定性の特性を持つ．さらに，いくつかの優れた選択性を持つセンサが実用化され定置式警報器に使用されている．

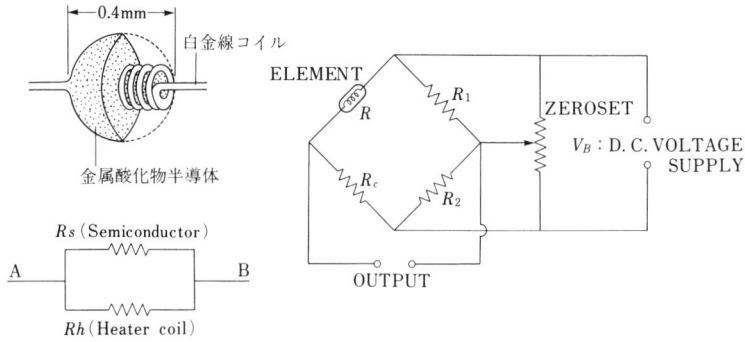

図7·47　熱線型半導体式センサの構造と基本回路

　図7·48に熱線型半導体式センサの特性を，また図7·49にメタン選択性センサの特性を示す．

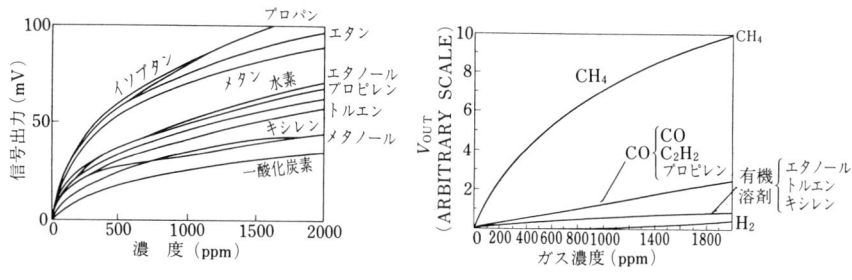

図7·48　熱線型半導体式センサの特性例　　　**図7·49　メタン選択性センサの特性例**

（3）ガスセンサの今後

　現在コンピュータ技術の進展によるAI化，技術の様々な分野におけるIoTの採用が著しい．その中で各種センサに対するニーズも急速に高まっている．ガスセンサもその例外ではない．上記技術に対応するためにはセンサの小型化，省電力化が必要になっている．この両方のニーズに対応するためにMEMS（Micro Electro Mechanical Systems）技術を使用したガスセンサも実用化，又は提案されている．　　　　　　　　　　（北口　久雄・髙島　裕正）

文　　献

〔7·1〕

1)　安全工学協会編：新安全工学便覧，コロナ社（1999）

2)　F. P. Lees：Loss Prevention in the Process Industries, Vol. 1, Butterworths, p. 11（1980）

3)　北川徹三：爆発災害の解析，p. 11，日刊工業新聞社（1980）

4)　長谷川和俊：労働災害，危険物災害および高圧ガス災害の発生率推移，災害の研究，第22巻，pp. 196–214(1991)，第23巻，pp. 168–185（1992），第24巻，pp. 268–292(1993)，日本損害保険協会

5）経済産業省：火薬類事故一覧
6）公益社団法人全国火薬類保安協会：火薬類事故防止対策事業報告書
7）厚生労働省：労働災害動向調査
8）消防庁：危険物に係る事故の概要
9）経済産業省商務流通保安グループ高圧ガス保安室：高圧ガスの事故の状況について
10）消防庁：石油コンビナート特別防災区域の特定事業所における事故概要

〔7・2・1〕
1) R. A. Strehlow： Accidental Explosion, American Scientist, 68, 4, pp. 420 – 428 (1980)
2) H. G. Johnson： Designing Remote Control Shelters for Personnel Safety, Annals of the New York Academy of Science, 152, pp. 585 – 598 (1968)
3) S. Taki： Numerical Analysis of the Blast Waves Generated by Spherical Burning of Gases, Shock Waves (Proc. of the 18 th International Symposium on Shock Waves), Edited by K. Takayama, pp. 933 – 940, Springer-Verlag (1992)
4) 滝 史郎, 小川勇治：自由空間燃料蒸気雲爆発の特性とスケール則, 日本機械学会論文集, 55, 516 B, pp. 2508 – 2516 (1989)
5) 長谷川和俊：可燃性蒸気雲の爆発, 安全工学, 19, 6, pp. 333 – 339 (1980)

〔7・2・2〕
1) 岩浪, 平山：基礎力学演習　流体力学, pp. 121 – 123, 実教出版 (1977)
2) W. J. S. Hirst：Proceedings of 3 rd Symposium on Heavy Gas Risk Assessment (1986)
3) L. T. Cowley, V. H. Y. Tam：Presentation at the 13th International LNG/LPG Conference and Exhibition, GASTECH 88 (1989).
4) 赤羽周作, 加藤真蔵, 松田 正, 塩田莞爾：LPガス貯槽火災試験に関する研究, 高圧ガス, 6, 4, pp. 259 – 270 (1969)
5) 佐藤公雄：高圧で噴出したガスの拡散性状, 安全工学, 23, 2, pp. 88 – 92 (1984)
6) （独）新エネルギー・産業技術総合開発機構：水素の有効利用ガイドブック, pp. 613 – 619 (2008)
7) T. Imamura et al.： Experimental investigation on the thermal properties of hydrogen jet flame and hot currents in the downstream region, International Journal of Hydrogen Energy, 33, pp. 3426 – 3435 (2008)
8) 岩阪雅二, 浦野洋吉, 橋口幸雄："高圧水素の噴出による火災発生の危険性", 高圧ガス, 16, 7, pp. 333 – 338 (1979)
9) T. Mogi et al.：Flame Characteristics of High Pressure Hydrogen Gas Jet, International Conference on Hydrogen Safety 2005 (ICHS 2005), Pisa, Italy (2005)
10) 武野計二, 橋口和明, 岡林一木, 千歳敬子, 串山益子, 野口文子："高圧水素噴流への着火爆発および拡散火炎に関する研究", 安全工学, 44, 6, pp. 398 – 406 (2005)
11) T. Imamura et al.：Flame Height of a Turbulent Diffusion Jet Flame with a Comparatively High Initial Discharging Velocity, Fire Science and Technology, 29, 1, pp. 15 – 26 (2010)
12) G. T. Kalghatgi：Lift-off Heights and Visible Length of Vertical Turbulent Jet Diffusion Flames in Still Air, Combustion Science and Technology, 41, pp. 17 – 29 (1984)
13) M. A. Delichatsios：Transition from Momentum to Buoyancy-Controlled Turbulent Jet Diffusion Flames and Flame Height Relationships, Combustion and Flame, 92, pp. 349 – 364 (1993)
14) 井上勝郎：鋼の高温加工強度に関する研究（Ⅱ）（各種鋼材の高温変形抵抗）, 鉄と鋼, 41, 16, pp. 593 – 601 (1955)

〔7・2・3〕

1) 日本粉体工業技術協会監修，榎本兵治編：粉じん爆発－危険性評価と防止対策－，オーム社（1991）

2) 日本粉体工業技術協会 粉じん爆発委員会編：粉じん爆発・火災対策，オーム社（2015）

3) W. Cybulsky：Coal Dust Explosions and Their Suppressions, English Translation, U. S. Bureau of Mines, No. TF-73-54001（1975）

4) JIS Z 8818：可燃性粉じんの爆発下限濃度の測定方法

5) ISO. 6184/1-1985（E）：Explosion Protection Systems-Part 1；Determination of Explosion Indices of Combustible Dust in Air（1985）

6) JIS Z 8817：可燃性粉じんの爆発圧力及び圧力上昇速度の測定方法

7) H. Enomoto and T. Matsuda：Dust Explosibility in Pneumatic Systems, Chapter 19, the Encyclopedia of Fluid Mechanics vol. 4, Cheremisinoff ed. Gulf Publishing Co.（1986）

8) W. Ishihama：Studies on the Lower Critical Explosive Concentration of Coal Dust Cloud, presented at 11 th International Conference of Directors of Safety in Mines Research, Poland（1961）

9) JNIOSH-TR-47：2017，耐爆発圧力衝撃乾燥設備技術指針，（独）労働者健康安全機構　労働安全衛生総合研究所

〔7・2・4〕

1) C. Ogiso, K. Sano and Y. Uehara：An experimental study in fragmentation process in vapor explosion, *Int. Conf. on Ergonomics and Occupational Safety*, 1, pp. 79-88（1988）

2) C. Ogiso, N. Takagi and T. Kitagawa：On the mechanism of vapor explosion, *First Pacific Chemical Engineering Congress*, 2, pp. 233-240（1972）

3) 上原陽一監修：防火・防爆対策ハンドブック，pp. 470-478，テクノシステム（1994）

〔7・2・5〕

1) J. Barton, and P. F. Nolan：Incidents in the chemical industry due to thermal-runaway chemical reactions, I Chem E Symp. Ser., No. 115, pp. 3-17（1989）

2) L. Bertherick, 吉田忠雄，田村昌三監訳：危険物ハンドブック，丸善（1987）

3) 東京消防庁編：化学薬品の混触危険ハンドブック，丸善（1980）

〔7・2・6〕

1) 北川徹三：爆発災害の解析，p. 351，日刊工業新聞社（1980）

2) Center for Chemical Process Safety：*Guidelines for Vapor Cloud Explosion, Pressure Vessel Burst, BLEVE, and Flash Fire Hazards*, Second Edition, p. 456, John Wiley & Sons, Inc.（2010）

3) 上原陽一，小川輝氏監修：新版防火・防爆対策技術ハンドブック，p. 808，テクノシステム（2004）

4) 平井　純：米国フィリップス社の事故と OSHA の対応，安全工学，30, 2, pp. 122-127（1991）

5) U. S. Chemical Safety and Hazard Investigation Board：*Investigation Report Refinery Explosion and Fire, BP, Texas City, Texas, March 23, 2005*, Report No. 2005-04-I-TX（2007）

6) 高木伸夫：BP テキサスシティ製油所爆発事故と OSHA のペナルティ，安全工学，46, 1, pp. 24-29（2007）

7) 藤本康弘：英国バンスフィールド油槽所で発生した爆発火災について—バンスフィールド事故調査委員会調査報告書（第1報）より抜粋—，労働安全衛生研究，1, 1, pp. 53-58（2008）

8）高木伸夫：ソ連のパイプライン爆発事故と安全，ペトロテック，**13**, 3, pp. 230‒234（1990）
9）高圧ガス保安協会：コンビナート保安・防災技術指針―化学工場における地震対策―資料編，KHK E 077‒1974, p. 321, 高圧ガス保安協会（1974）

〔7・3・1〕
1）経済産業省大臣官房技術総括・保安審議官：一般高圧ガス保安規則の機能性基準の運用について，別添 一般高圧ガス保安規則関係例示基準 46, 20180323 商局第14号，pp. 110‒111（2018）
2）高圧ガス保安協会：事故事例データベース，1984‒081
3）経済産業省大臣官房技術総括・保安審議官：一般高圧ガス保安規則の機能性基準の運用について，別添 一般高圧ガス保安規則関係例示基準 45, 20180323 商局第14号，p. 109（2018）
4）高圧ガス保安協会：事故事例データベース，1986‒009

〔7・3・2〕
1）V. Blinov and G. W. Khudyakov：Diffusive Burning of Liquids（English translation by US Army Engineering Research and Development Laboratories, T‒1490 a‒c ASTIA, AD 296 762）（1961）
2）安全工学協会：安全工学実験講座（1）火災，海文堂出版（1983）
3）V. Babrauskas：Estimating large pool fire buring rate, *Fire Technology*, **19**, 4, pp. 251‒261（1983）
4）http://www.tno.nl/en/
5）消防庁特殊災害室：石油コンビナートの防災アセスメント指針，（2013.3）
6）湯本太郎・中川 登・佐藤公雄：大規模石油火災からの放熱の推定，安全工学，**21**, pp. 30‒33（1982）
7）H. Koseki：Large scale pool fires：Results of recent experiments, *Fire Safety Science*, 6 pp. 115‒132（1999）
8）G. Heskestad：Luminous heights of turbulent diffusion flames, *Fire Safety Journal*, **5**, pp. 103‒108（1983）
9）消防研究所：大規模石油タンクの燃焼性状に関する研究報告書，（1999.9）
10）安全工学会：タンク火災実験報告書（1976）
11）G. Mulholland, V. Henzel and V. Babrauskas：The effect of scale on smoke emission, *Fire Safety Science*, **2**, pp. 347‒357（1989）
12）H. Koseki, Y. Natsume, Y. Iwata, T. Takahashi and T. Hirano：Large‒scale boilover experiments using crude oil, *Fire Safety Journal*, **41** pp. 529‒535（2006）
13）古積 博：ボイルオーバー：事故事例と最近の研究，安全工学，**55**, pp. 253‒264（2016）
14）P. Garo, P. Vantelon and C. Fernandez‒Pello：Boilover burning of oil spilled on water, Proceedings of the Combustion Institute, **25**, pp. 1481‒1488（1994）
15）W. N. I. W. Kamarudin, A. Buang：Small scale boilover and visualization of hot zone, *J. of Loss Prevention in the Process Industries*, **44**, pp. 232‒240（2016）
16）R. Dobashi：Fire and explosion disasters occurred due to the Great East Japan Earthquake（March 11, 2011）, *J. of Loss Prevention in the Process Industries*, **31**, pp. 121‒126（2014）

〔7・3・3〕
1）中嶋克己：危険物製造所の爆発火災について，火災調査研究発表概要集，名古屋市消防局，**22**, pp. 145‒156（1993）

2）G. A. Viera, L. L. Simpson and B. C. Ream：Lessons learned from the ethylene oxide explosion at Seadrift, Texas, *Chemical Engineering Progress*, 89, 8, pp. 65 - 75（1993）

3）R. G. Baron：*Loss. Prev. Int. Symp. Preprint*, 63, pp. 1 - 15（1992）

〔7・3・4〕

1）松井健児：大規模倉庫火災の教訓，高圧ガス，Vol. 26, No. 11, p. 22（1989）

2）難波桂芳監修：危険物輸送・貯蔵ハンドブック，フジテクノシステム（1988）

3）CEFIC：A Guide to the Safe Warehousing for the European Chemical Indurtry（1900）

4）消防庁：埼玉県三芳町倉庫火災を踏まえた防災対策及び消防活動のあり方に関する検討会報告書（2017）

5）V. C. Marshall：Disaster Frevention and Limitation Unit, Loss Prevention Bulletin, No. 116（4），pp. 1 - 8（1994）

〔7・4・1〕

1）相原昌弘：プラントの安全を追及するフレームアレスタ，配管技術研究協会会誌，51, 3, pp. 26 - 31（2011）

2）阿部和臣：水素社会に貢献するフレームアレスタ，バルブ技法，31, 1, pp. 42 - 45,（2016）

3）白石欣治郎：水素社会の安全を支えるフレームアレスター，クリーンエネルギー，23, 11, pp. 57 - 58（2014）

4）ISO/IEC 80079 - 20 - 1：2017, Explosive atmospheres - Part 20 - 1：Material characteristics for gas and vapour classification - Test methods and data.

5）EN/ ISO 16852：2016, Flame arresters. Performance requirements, test methods and limits for use.

6）日本乾式安全器工業会ホームページ，乾式安全器の作動状態について
http://www.kanshikianzenki.com/index.html

7）中央労働災害防止協会編：ガス溶接. 溶断作業の安全−ガス溶接技能講習用テキスト−，第 2 版，中央労働災害防止協会，p. 55（2017）

8）那須貴司：粉体プラントにおける粉じん爆発とその対策，化学装置，58, 9, pp. 10 - 16（2016）

9）NFPA 69：2014, Standard on Explosion Prevention Systems.

10）集じん機及び関連機器における粉じん爆発防止技術指針 NIIS−TR−No. 36（1999），労働省産業安全研究所（現. 労働安全衛生総合研究所）技術指針

11）鉾田泰威：粉じん爆発被害軽減対策技術の新分野−爆発抑制装置を中心に−，配管技術，54, 11, pp. 63 - 69（2012）

12）荏原秀樹：21 世紀への粉体プロセス設備 粉粒体関連製品紹介 ファイク・爆発抑止システム 爆発の発生直後を感知し，爆発を早期抑止する防護システム，配管技術，41, 3, pp. 213 - 216（1999）

13）爆発圧力放散設備技術指針（改訂版）NIIS−TR−No. 38（2005），産業安全研究所技術指針，独立行政法人産業安全研究所（現. 労働安全衛生総合研究所）

14）NFPA 68：2018, Standard on Explosion Protection by Deflagration Venting.

15）EN 14994：2007, Gas explosion venting protective systems.

16）EN 14491：2012, Dust explosion venting protective systems.

〔7・4・3〕

1）American Petroleum Institute（API）Standard 521, Pressure Relieving and Depressuring System（2014）

2）American Petroleum Institute（API）Standard 520, Sizing, Selection, and Installation of Pressure Relieving Devices, Part I, Sizing and Selection（2014）

〔7・4・4〕
1）IEC 60079‐20‐1, *Explosive atmospheres‐Part 20‐1：Material characteristics for gas and vapour classification‐Test methods and data*
2）JIS C 60079‐10，爆発性雰囲気で使用する電気機械器具－第10部：危険区域の分類
3）JIS C 60079‐14，爆発性雰囲気で使用する電気機械器具－第14部
4）JNIOSH‐TR‐46‐1：2015，工場電気設備防爆指針（国際整合技術指針），第1編：総則，独立行政法人労働安全衛生総合研究所（2015）
5）JNIOSH‐TR‐46‐2：2015，同上，第2編：耐圧防爆構造"d"
6）JNIOSH‐TR‐46‐3：2015，同上，第3編：内圧防爆構造"p"
7）JNIOSH‐TR‐46‐4：2015，同上，第4編：油入防爆構造"o"
8）JNIOSH‐TR‐46‐5：2015，同上，第5編：安全増防爆構造"e"
9）JNIOSH‐TR‐46‐6：2015，同上，第6編：本質安全防爆構造"i"
10）JNIOSH‐TR‐46‐7：2015，同上，第7編：樹脂充塡防爆構造"m"
11）JNIOSH‐TR‐46‐8：2015，同上，第8編：非点火防爆構造"n"
12）JNIOSH‐TR‐46‐9：2015，同上，第9編：容器による粉じん防爆構造"t"
13）JNIOSH‐TR‐46‐10：2015，同上，第10編：特殊防爆構造"s"
14）電気機械器具防爆構造規格，昭和44年4月1日労働省告示第16号（平成20年3月13日厚生労働省告示第88号等による改正あり）
15）JNIOSH‐TR‐46‐2：2018　工場電気設備防爆指針（国際整合技術指針）独立行政法人労働安全衛生総合研究所（2018）　第2編：耐圧防爆構造"d"
16）JNIOSH‐TR‐46‐3：2018　同上　第3編：内圧防爆構造"p"
17）JNIOSH‐TR‐46‐4：2018　同上　第4編：油入防爆構造"o"
18）JNIOSH‐TR‐46‐5：2018　同上　第5編：安全増防爆構造"e"
19）JNIOSH‐TR‐46‐7：201　同上　第7編：樹脂充塡防爆構造"m"
20）JNIOSH‐TR‐46‐9：2018　同上　第9編：容器による粉じん防爆構造"t"
21）EI Model code of safe practice Part 15, *Area classification for Installations Handling Flammable Fluids*, 4th edition, Energy Institute.
22）NFPA 497, *Recommended Practice for the Classification of Flammable Liquids, Gases, or Vapors and of Hazardous（Classified）Locations for Electrical Installations in Chemical Process Areas*, National Fire Protection Association（2017）
23）API RP 505, *Recommended Practice for Classification of Locations for Electrical Installations at Petroleum Facilities Classified as Class I, Zone 0, Zone 1, and Zone 2, 1st edition*, American Petroleum Institute（1998）
24）JNIOSH‐TR‐No. 44，ユーザーのための工場防爆設備ガイド，独立行政法人労働安全衛生総合研究所（2012）
25）JIS C 60364‐4‐41，低圧電気設備 第4‐41部：安全保護－感電保護
26）電気設備の技術基準，電気設備に関する技術基準を定める省令

第8章　広域火災の現象

8・1　広域火災の特徴

8・1・1　市街地火災と林野火災

　通常の消防力を上回るほどに発展した火災をここでは広域火災とよぶ．これは，大火と同義であるが，いわゆる市街地大火のほかに広域の林野火災も含めて広域火災とする．林野の場合には，もともと人のいない地域で発生する火災で，発見が遅れ，消火作業開始にも時間を要することなどから，乾燥期には消防力を上回る規模の火災に発展し，数日にわたって燃え続けるような事態になる．市街地では，火災が発生しても小規模な段階で消火されることが原則であり，市街地が広域にわたって延焼するような火災は例外的な災害といえる．このような例外的事態に至る原因としては，強風時の火災，地震時の火災，戦災などの人為的火災，その他が考えられる．

　江戸の大火など日本の代表的な広域市街地火災は大部分が強風大火である．強風時には，飛び火が卓越し，同時多発の火災と同様な状況になり，消防力が追いつかなくなって広域に拡大してしまうことが特徴であるが，近年では，消防の能力が向上しており，また，藁葺き，板葺きなどの可燃性の屋根が少なくなっているため，強風大火が発生する危険性は極めて少なくなったといえる．

　地震火災は，様々な出火原因があるが，地震直後に消防力を上回る多数の火災が発生する場合，地震時の交通混乱や水利の不足のため消防が効果を発揮できない場合に広域火災に発展してしまう危険性がある．日本のほとんどの都市は大規模な木造密集地帯を抱えており，同時に，地震の危険性が高い都市が多いから，このタイプの広域火災が発生する危険性は低いとはいえない．1995（平成7）年の兵庫県南部地震（阪神・淡路大震災）の火災では，約65 ha，7,000棟を焼失したのであるが，風が弱かったため，延焼速度が低く，飛び火による拡大も限られていた．1923（大正12）年関東大地震（関東大震災）のように強風下で地震火災が発生すると，都市の木造密集地域がほとんど焼失してしまうような大規模広域市街地火災になる危険性も皆無とはいえない．

　2011（平成23）年の東北地方太平洋沖地震（東日本大震災）では，東日本を中心に多数の火災が発生した．比較的風は弱く，沿岸部を除いては大規模に延焼拡大する火災は発生していないが，この地震での広域火災の一つの形態として，地震によって引き起こされた津波が原因となる火災が多数発生し，大規模延焼火災も見られた．1993（平成5）年に発生した北海道南西沖地震の際にもこの形態の火災が発生している．津波を原因としない地震動による火災は広域火災には至っていないが，出火は多数にのぼり地震後の出火抑制に依然課題が残っているといえる．

　戦時の焼夷弾などによる火災は意図的に引き起こされるものであり，第二次大戦の東京大空襲火災のように，都市全体を焼き尽くすような大規模な広域市街地火災に発展する危険がある．

　広域市街地火災につながるその他の要因としては，火山の噴火によるものが考えられる．1914（大正 3）年の桜島噴火では 2,148 棟を焼失している．1991（平成 3）年の雲仙普賢岳の噴火では，広域市街地火災には成らなかったが，火砕流による火災が発生している．海外の事例としては，1902（明治 35）年にマルチニック島のペレー火山の火砕流が人口 28,000 人のサンピエールの町を焼き尽くした記録がある．

　図 8・1 は明治以降の地震時以外の広域市街地火災の発生状況であり，大部分がいわゆる強風大火に属する．明治時代から大正にかけては，群発大火の様相を見せているが，1876 〜 85（明治 9 〜 18）年の 10 年間は東京の大火が多く，東京だけで 10 年間に 15 の大火が発生している．これに対して，明治末期のピークは主として地方都市の大火であり，東京だけは，新たに導入された消防装備で何とか対策を講じたものの，産業振興の波に乗って成長してきた地方都市までは対策が行き届かなかったということであろうか．3 つ目のピークは戦後の復興期であるが，1947（昭和 22）年の飯田市の火災で 3,742 棟，1949（昭和 24）年の能代市の火災で 2,238 棟，1952（昭和 27）年の鳥取市の火災で 7,240 棟，1954（昭和 29）年の北海道岩内町で 3,299 棟を焼失した他に，1,000 棟以上を焼失する火災 5 件を含み，10 年間に合計 23 件の大火が発生している．戦後の混乱期でバラック建築が無秩序に建てられたことと消防体制の復興が遅れたことが，主要な要因である．この種の広域火災は，図 8・1 に示すように，1965（昭和 40）年以降になると減少し，消防力の充実した近代都市では起こりえない災害と考えられるに至ったのであるが，1976（昭和 51）年に発生した山形県酒田市の火災は，この種の危険性が皆無ではないことを示した．また，酒田市の火災から約 40 年を経た 2016（平成 28）年には新潟県糸魚川市で 147 棟，約 30,412 m² を焼損する大規模火災が発生した．平常時市街地火災は発生しないのではないかという予想が誤りであることを裏付ける結果となった．

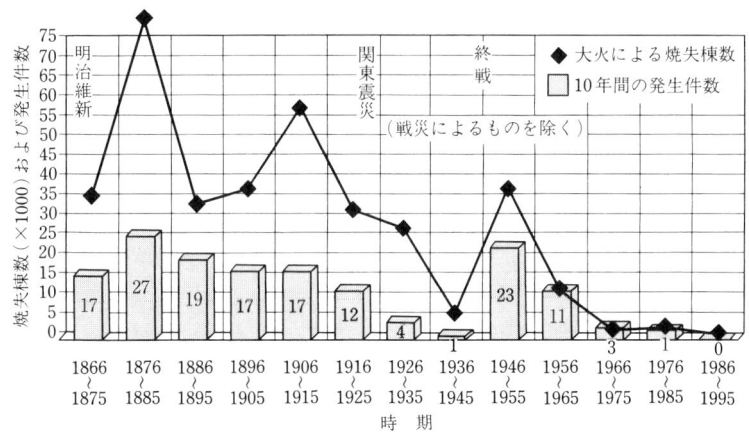

図 8・1　広域市街地火災（地震時を除く）の発生状況
　戦前は 1000 戸以上，戦後は 1 万坪以上の焼損火災で，戦前のデータは文献 1），戦後のデータは消防白書[2]の大火記録のうち焼損棟数が 10 棟以上の火災．

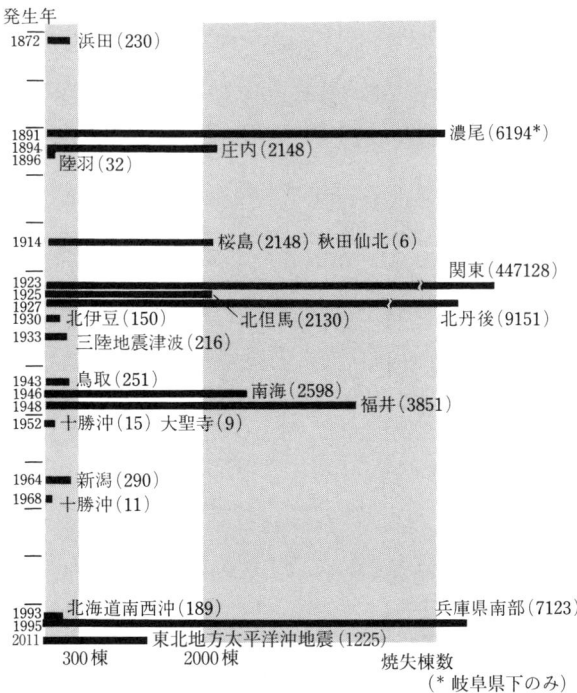

図 8·2　地震火災の焼失棟数

　図 8·2 は，明治以降に発生した地震による広域市街地火災を示すものであるが，図 8·2 か
ら明らかなように，東北地方太平洋沖地震を除けば焼失棟数が，300 棟以下のケースと 2,000
棟以上のケースだけが存在し，中間的規模のケースが無い．これは，偶然の結果とも考えら
れるが，多数の出火点に対し消防力が機能しなかったケースには大規模な焼損になるという
地震災害のメカニズムを表しているとみることもできる．北海道南西沖地震のケースは被災
地が集落規模の小さい離島であったために，焼失棟数が 300 棟以下にとどまったが，兵庫県
南部地震では約 7,000 棟の焼失があり，大都市が強い地震に見舞われるケースでは，2,000
棟以上焼失するケースが現実に存在することが実証された．なお，東北地方太平洋沖地震は
記録では 2,000 棟に満たないが，例えば津波によって倒壊して形状を保っていない建物が多
数集積して燃焼した場合に，焼損棟数を数えることが不可能であったと考えられる火災があ
るなど，津波浸水範囲内で発生した火災については，実際に燃焼した建物数を十分表してい
ない．
　以上の状況を概観すると，現在の市街地状況と消防対策の条件では，強風大火の発生は確
率が低いものの今後も発生する危険性は残っていると考えられるが，地震大火については，
かなりの発生危険性があるといわねばならない．代表的な広域火災の事例について，次項で
考察する．
　　　　　　　　　　　　　　　　　　　　　　　　　　　　　（塚越　功・岩見　達也）

8・1・2　地震広域火災事例
（1）関東大震災大火

　1923（大正 12）年 9 月 1 日の関東大地震は約 10.5 万人（東京市では 6.8 万人）[3]の死者を出した大災害であったが，被服廠跡の避難地において火災旋風で 3.8 万人（4.4 万という報告もある）が犠牲になったことをはじめとして，地震大火により多くの焼死者を出した．この地震による被災地域全体の火災件数は 628 件と報告[1]されており，焼失棟数 44 万 7 千棟は，倒壊戸数 12 万 8 千戸を大きく上回っている．東京区部では，136 件の火災が発生，3 日にわたる延焼で約 38 km² を焼失し，市内全戸数の 70％ にあたる 31 万 6 千棟が焼失した[4]と伝えられている．

　この災害は，今村明恒，寺田寅彦，中村清二，末広恭二，内田祥三など震災予防調査会の委員と学生による献身的な調査が行われ，詳細な報告書がまとめられている．火災については震災予防調査会報告第百号戊に，中村清二，井上一之らが，出火点，飛び火火点，出火原因，延焼の状況などを詳しく報告しており，その後の各種の研究成果の基礎とされている．

　図 8·3 は，この地震火災による東京の延焼動態であるが，中村清二が報告している動態図[5]をとりまとめたものである．これを見ると，地震発生から 3 時間後には，まだ，延焼領域は分散しており，避難経路もかなり残っているといえるが，6 時間後には広域火災の様相を呈しており，12 時間後にはほとんど勝負がついている状況である．

　中村は，関東大震災と 1855（安政 2）年の安政江戸地震による火災の比較も行っており，安政の地震では 66 点の火元火災が拡大して 61 万坪（約 2 km²）を焼失しているのに対し，関東大震災では，84 点の火元により 1,150 万坪（約 38 km²）を焼失していることを指摘している[6]．この指摘は関東大地震火災の特徴をよく表現しており，地震による同時多発火災が

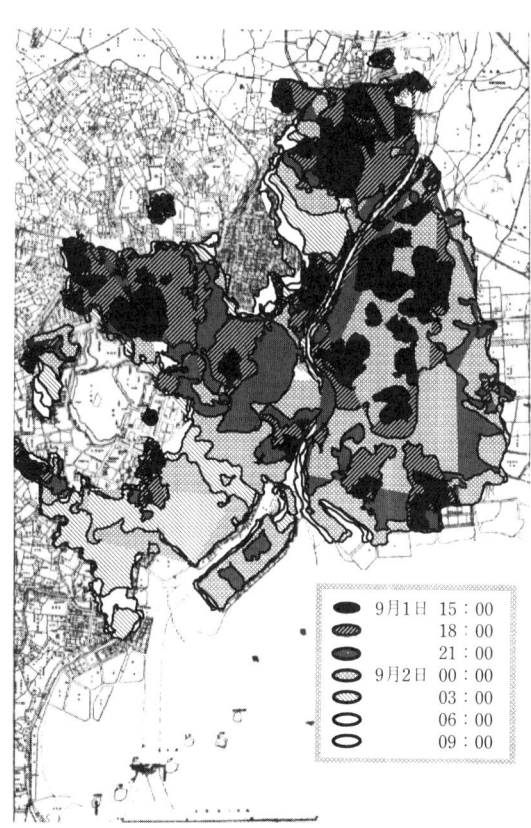

図 8·3　関東大震災による東京の延焼動態図[5]

発生しても，風が弱ければ，火災による被害は限られたものとなるが，関東大震災の場合には，たまたま，台風に近い低気圧が通過中で，最大瞬間風速21.8 m/sを記録するほどの強風下の火災であったことが被害を大きくした原因と考えられる．一般に，任意の時点における風速の期待値はそれほど大きくはないから，兵庫県南部地震による神戸の火災のように，焼失範囲が限定されたケースとなることが多く，関東大地震のように焼失地域が都市全体に及ぶケースは悪条件が重なって起きる例外的な災害といえる．大都市における強風下の地震火災の発生確率はきわめて低いので，どの程度これに対処するかは自治体の基本政策が関係するが，過去に体験した最も厳しい条件の災害に備えることを災害対策の基本とするのであれば，関東大地震火災時と同程度の風速を想定しておく必要がある．

中村は，動態図の中に240個の飛び火地点を記入しているが，飛び火の定義については厳密ではないことを述べている．「火の粉で拡がるのが飛び火だとするとほとんど総ての火は飛び火で拡がった……」という記述からすると，延焼拡大の要因として火の粉を重要視していたことは確実で，「……建物が高ければ，遠方から飛んでくる火の粉を捉える媒となって先ず自ら火を引き一旦燃え始めると今度は四方に火の粉を散布する……」という記述の他，窓や換気口などの開口部，地震により破損した部分から火の粉が屋内に入って延焼した事例について繰り返して報告している．また，避難者が運搬中の家財が火の粉により着火しこれが延焼を助長することになったこと，樹木があると，輻射熱だけでなく火の粉を防ぐうえで効果的であることなどが記されている．現在の火災工学では，隣棟間の延焼は基本的に熱と気流で説明することになり，直接的に延焼要因としての火の粉を説明するだけの知見が得られておらず，基礎的研究の発展が望まれる分野である．

被服廠跡の避難地で大量の犠牲者が発生した原因は火災旋風であるとされており，これについて，寺田寅彦が，古文書の記録事例，実地の体験者からの聞き取り調査，気象状況との関係，巻き上げられた物体の落下地点などを報告している．しかし，寺田が，「何ら断定的の結論に到達する事を得なかった」と述べているように，何をもって火災旋風というかさえ明らかではなく，今もって未解明な分野の1つである．炎や煙が渦を巻いて上昇する現象は通常の火災でもしばしば見られる現象であるが，関東大震災の火災旋風は，荷車や樹木を巻き上げたり，川筋に沿って移動していったということが事実であるとすれば，気象学的な異常現象としての竜巻が発生し，これに向かって，火の粉を大量に含んだ地上気流が吹き寄せたということであろうか．

中村の報告の1つに焼死者の発生場所の調査があり，100名以上の焼死者を出した11箇所は，広場や橋詰め，駅であり，中村は避難者の停滞を起こりやすくすることの危険性を指摘している． （塚越　功・岩見　達也）

（2）北海道南西沖地震

図8・4は1993（平成5）年7月の北海道南西沖地震における広域火災の延焼動態図[7]である．この火災は津波により引き起こされた火災と言っても過言ではない．出火原因と正確な出火場所については不明扱いとなっており，地震の振動により出火した可能性が高いが，10年前にも津波の被害を受けている住民がその時の状況を教訓として，地震とほとんど同時に高台に避難したため，火災が発生した時点ではこれに対処するべき家人が誰もいなかったこ

とが火災の拡大を招いた最大の要因と考えられる．珍しい事例という感があるが，調べてみると，インドネシアのフローレス島やニカラグアの地震津波でも火災が起きており，火の始末をする余裕がない状態で避難をするという状況を考えれば，津波と火災はかなりの因果関係があるといえよう．

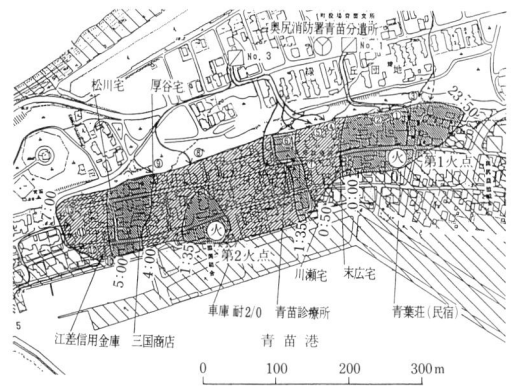

図 8·4　北海道南西沖地震(1993年)による奥尻町青苗地区の火災の延焼動態図[7]

離島の最南端に位置する奥尻町青苗地区には，消防自動車2台が配備されていたが，夜間の地震で，水利不足，道路通行不能の状況では適切な対処は期待できなかった．道路が津波により寸断されており，青苗以外の地区からの応援も間に合わず，結局，11時間におよぶ延焼で，津波により破壊を免れた低地部の建物の大部分にあたる189棟を消失してしまった．1時間に50mくらいの延焼速度であるから決して速い速度とはいえないが，火災時の風向はおおむね東から西，すなわち，海から陸に向かっており，風横方向への延焼拡大速度としてはむしろ速いといえる．この原因として，冬季の暖房用燃料として各戸が大量の灯油を備蓄しており，これが延焼を促進する要因となったことが指摘されている．消失地区の西側は約10〜20mの高台となっており，この上にも多くの火の粉が散布された形跡が残されており，一部には，地震でモルタルが剥離した外壁に飛び火着火している家屋もあったから基本的な風向は東から西であったことは確かである．同時に低地部の地上風が高台の崖にあたって南向きに変わった可能性があり，これによって延焼が促進されたと考えることもできるが，局地的な風向を確かめるための着実な資料は残されていない．　　　　　　　　　　　　　　　　　　　　　（塚越　功）

（3）兵庫県南部地震

1995（平成7）年1月17日の兵庫県南部地震（阪神・淡路大震災）では神戸市を中心として293件の火災が発生し，全焼7,036棟，半焼以下538棟，計7,574棟の被害があった[8]．このうち大部分の火災被害は神戸市に集中し，焼損区域が33,000 m²を超える大規模火災は，長田区に関わるものが5件，兵庫区で1件発生している[2]．風速が概ね4 m/s以下であったため延焼拡大は極めて遅く，20〜40 m/hであった．

地震直後のみでなく地震後数日を経た後にも火災の発生があった点が特徴的であった．地震直後の火災については，混乱した状況の中で火災が発生・拡大したなどの理由により出火原因の特定が困難なものが多い一方，地震後時間が経過して発生した火災については出火原因自体は明確となっていても，はたしてそれが地震による火災といい得るのかどうかが曖昧な火災が含まれることとなり，「地震による火災」であるか否かの境界線が明解になっているとはいえない．自治省消防庁消防研究所（現　総務省消防庁消防大学校消防研究セン

表 8·1　日別，消防本部別火災発生件数[9]

	17日	18日	19日	20日	21日	22日	23日	24日	25日	26日	合計
兵庫県											
東灘署	17	2	4	1	0	0	2(1,0)	0	2(0,1)	0	28(1,1)
灘署	17	2	0	1	1	0	0	0	0	1(0,1)	22(0,1)
葺合署	12(0,4)	2	1	0	1(1,0)	2	0	0	1(1,0)	0	19(2,4)
生田署	6	0	1	3(1,1)	1	0	0	0	0	0	11(1,1)
水上署	2	1	1	0	0	0	1	0	0	0	5
兵庫署	17(0,1)	4	3(1,0)	0	0	1	1	1	1	0	28(1,1)
北署	1	0	0	0	0	0	0	1	0		2
長田署	16	1	4	2	0	0	1	0	1(0,1)	1	26(0,1)
西署	1	0	0	1	0	0	0	0	0	0	2
須磨署	12	2	1	0	0	0	1	1	2(0,2)	0	19(0,2)
垂水署	6(0,1)	0	0	0	2	0	0	0	2(0,1)	1	11(0,2)
神戸市小計	107(0,6)	14	15(1,0)	8(1,1)	5(1,0)	3	6(1,0)	3	9(1,5)	3(0,1)	173(5,13)
尼崎市	8	0	1(0,1)	0	0	2(0,2)	0	0	0	1	12(0,3)
明石市	6	1	0	0	1	1	0	0	2	0	11
西宮市	27(1,0)	2	3	0	0	0	1	0	0	0	33(1,0)
芦屋市	9	2	2	0	0	0	0	0	0	0	13
伊丹市	7(0,1)	0	0	0	0	0	0	0	3(0,2)	0	10(0,3)
加古川	0	0	1	0	0	0	0	1(1,0)	0	0	2(1,0)
宝塚市	4(1,0)	0	0	2	0	0	0	2(0,1)	0	1	9(1,1)
川西市	3	1	0	0	0	0	0	0	1	0	5
淡路広域	2	1(0,1)	0	0	0	0	0	0	0	0	4(0,1)
猪名川町	0	0	0	0	0	0	0	0	0	0	0
兵庫県合計	173(2,7)	21(0,1)	22(1,1)	10(1,1)	7(1,0)	6(0,2)	7(1,0)	6(1,1)	15(1,7)	5(0,1)	272(8,21)
大阪府											
大阪市	16	2	2	3	1	0	4	1	4(0,2)	2	35(0,2)
豊中市	6(0,1)	1	2(1,0)	0	0	1	1	0	0	0	11(1,1)
池田市	0	0	0	0	0	0	0	0	0	1	1
吹田市	2	1	0	0	0	1	0	0	0	1	5
高槻市	1	0	0	1	0	1	0	0	0	0	3
茨木市	0	0	0	0	0	0	0	0	0	0	0
箕面市	0	1(0,1)	0	0	0	1(1,0)	0	0	0	0	2(1,1)
摂津市	0	0	0	0	0	0	1	0	0	0	1
島本町	1	0	0	0	0	0	0	0	0	0	1
豊能町	0	0	0	0	0	0	0	0	0	0	0
堺市高石市	1	1	1	2	2(1,0)	0	0	0	1	0	9(1,0)
能勢町	0	0	0	0	0	0	0	0	0	0	0
大阪府小計	27(0,1)	6(0,1)	5(1,0)	6	3(1,0)	4(1,0)	7	1	5(0,2)	4	68(3,4)
合計	200(2,8)	27(0,2)	27(2,1)	16(1,1)	10(2,0)	10(1,2)	14(1,0)	7(1,1)	20(1,9)	9(0,1)	340(11,25)

（　）内の数字は左側は車両火災，右側はその他の火災．

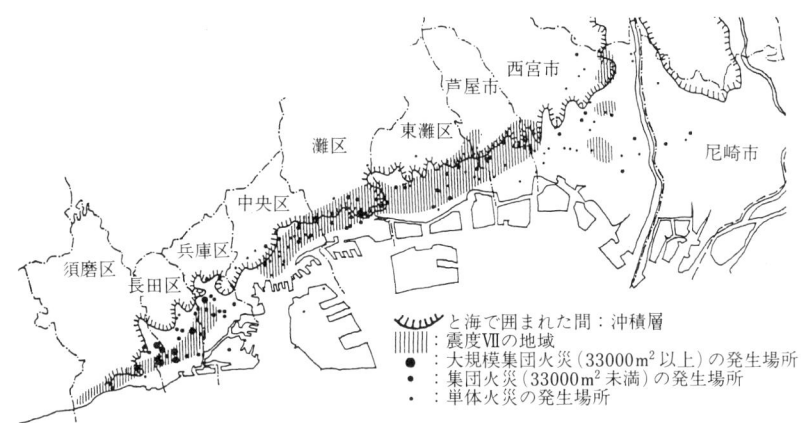

図 8·5　焼失規模別火災の地域分布[9)]

表 8·2　市区別焼失区域面積・焼損棟数等[9)]

	大規模 区域数 33,000 m² 以上	集団 区域数 1,000 〜 33,000 m²	集団 区域数 1,000 m² 未満	単体 火災の 区域数	火災の 区域数 の合計	焼損 区域 面積 (m²)	焼損 棟数 (棟)	被災した 耐火的な 建築物数 (棟)	罹災 世帯数 (世帯)
明石市	0	0	0	1	1	187	1	1	1
神戸市 計	7	35	21	39	102	611,211	6,814	446	7,548
須磨区	0	4	3	3	10	31,695	351	15	596
須磨区・ 長田区※	2	0	0	0	2	140,648	1,583	132	1,746
長田区	4	7	1	2	14	251,938	2,926	190	3,100
兵庫区	1	7	5	0	13	87,619	972	29	1,004
中央区	0	3	4	18	25	13,473	88	25	112
灘区	0	7	5	5	17	48,370	561	39	617
東灘区	0	7	3	11	21	37,468	333	16	373
芦屋市	0	0	3	10	13	2,925	22	7	51
西宮市	0	1	8	21	30	8,259	66	11	101
尼崎市	0	1	1	2	4	2,090	10	0	84
合　計	7	37	33	73	150	624,672	6,913	465	7,785

※：1つの火災区域が須磨区と長田区にまたがる.

ター）が兵庫県及び大阪府の 23 消防本部から入手した資料をもとに，1 月 17 日より 26 日までの 10 日間に発生した全火災 340 件を，発生日別，消防本部別（神戸市の場合のみは署別）に整理したものが表 8·1 である．先に述べたように，ある火災が地震に起因するか否かの最終的な判断は困難であるとして，この表では，各本部が把握している地震後 10 日間に発生したすべての火災を対象として計上している．震災時の火災においては，複数の出火源から発生した火災が延焼し合流した場合の情報がすべて得られるとは限らないことから，「1 件の火災」の範囲についても通常の状況の下での火災と異なってくる．このため，表 8·1 では，原則として消防本部が特定したものをもって「1 件の火災」としている．表中の件数の括弧内の数字は，それぞれ，「車両火災」，「その他の火災」の件数を示している．

図 8·5 は，建設省建築研究所（現　国立研究開発法人建築研究所）が現地調査を実施した 150 カ所について焼失規模別に分布を示したものである．また，表 8·2 は調査結果に基づき，住宅地図を用いて焼失面積等を求めたものを集計した結果である（須磨・長田両区にまたがる 2 つの火災区域については，同表の須磨区，長田区の区域数に加えて 2 カ所ずつ区域数を

表 8·3　焼け止まり線における焼け止まり要因別にみた延長距離とその内訳比率[10]

焼け止まり要因　　地区名	道路，鉄道		空　地		耐火造，防火壁，崖等		放水，破壊等消防活動		合計	
	延長 (m)	比率 (%)	延長 (m)	比率 (%)	延長 (m)	比率 (%)	延長 (m)	比率 (%)	延長 (m)	比率 (%)
1)　太田中学校北	110	31.4	145	41.4	30	8.6	65	18.6	350	100.0
2)　太田中学校南	165	38.8	75	17.6	55	12.9	130	30.6	425	100.0
3)　大田4丁目	55	48.9	25	22.2	33	28.9	0	0.0	113	100.0
4)　横綱ビル	25	12.3	25	12.3	87	43.2	65	32.1	203	100.0
5)　千歳小公園周辺	298	46.9	58	9.1	142	22.4	138	21.7	635	100.0
6)　高橋病院周辺	812	64.6	298	23.7	124	9.9	23	1.8	1258	100.0
7)　西代市場周辺	280	23.4	295	24.7	337	28.2	282	23.6	1195	100.0
8)　水笠西公園周辺	985	42.0	539	23.0	626	26.7	195	8.3	2345	100.0
9)　日吉町2丁目	143	58.8	82	34.0	17	7.2	0	0.0	243	100.0
10)　新長田駅南	625	59.1	119	11.3	262	24.8	50	4.7	1058	100.0
11)　神戸デパート南	262	24.3	170	15.7	365	33.8	283	26.2	1080	100.0
12)　細田町4丁目	117	39.8	97	33.0	50	16.9	30	10.1	295	100.0
13)　御船通2・3・4丁目	480	71.1	0	0.0	90	13.3	105	15.5	675	100.0
14)　川西通1丁目	135	49.0	43	15.5	48	17.3	50	18.2	275	100.0
15)　御蔵通5・6丁目	234	24.1	242	24.9	370	38.0	124	12.8	973	100.0
16)　菅原市場周辺	528	40.0	442	33.5	350	26.5	0	0.0	1320	100.0
17)　東尻池7丁目	197	61.7	37	11.7	0	0.0	85	26.6	320	100.0
18)　会下山南	642	23.4	942	34.3	686	25.0	472	17.2	2745	100.0
19)　中道通6丁目	178	58.7	40	13.2	53	17.4	32	10.7	303	100.0
20)　魚崎北町5・6丁目	170	35.8	93	19.5	123	25.8	90	18.9	475	100.0
21)　青木駅南	235	49.2	38	7.9	107	22.5	97	20.4	478	100.0
以上の地区についての総計	6676	39.9	3805	22.7	3955	23.6	2316	13.8	16752*	100.0

＊この欄の延長合計は，各要因別の延長総計欄の合計である．

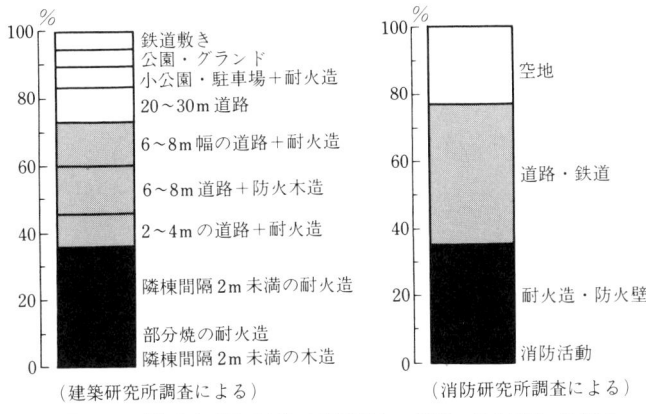

図 8·6 延焼阻止要因（水笠西公園周辺，2機関の調査結果の比較）[9]

増やしている）．火災は震度7が記録された地域に，ほぼ均等に分布していることがわかる一方で，大規模な延焼火災が発生したのが須磨区，長田区，兵庫区に集中していること，中央区では火災は多く発生しているものの小規模な火災にとどまっていることがわかる．

表8·3は消防研究所の調査した21地区の延焼火災についての焼け止まり要因別の延長比率を示している[10]．図8·6は，「水笠西公園周辺地区」の火災に関して，建築研究所[11]と消防研究所[10]とのそれぞれの結果を比較したものである．消防活動や道路幅とその両側の建物構造の組み合わせの扱いなどに焼け止まり要因の分類に違いがあり，調査結果にも調査機関による相違が表れているが，大筋では一致が得られている．

出火原因は原因不明のものが多く，確定的なことはいえないが，電気・ガスに関連する出火が多く（110件），従来から危険性を指摘されていた灯油ストーブや化学薬品が原因となる火災は各々9件ずつが記録されているにすぎない（東京消防庁調べ）．

延焼速度が低いにもかかわらず焼損領域が大きくなった原因は，多数の倒壊家屋が発生し，そのための混乱と消防水利の不足により，本格的な消火活動が遅れたことが指摘されている．燃焼中の映像の大部分は，炎や煙がほとんど垂直に立ち上がっていることから，大部分の熱エネルギーは上空に吸収されており，延焼の要因は火源からの放射熱が主要なものと考えられるが，飛び火による延焼という証言も多数ある．風速が弱くても，上空に巻き上げられた火の粉が周辺の倒壊した木造家屋に落下して延焼拡大するというメカニズムも，今後検討していく必要がある．

7,000棟を超える焼失棟数は1952（昭和27）年の鳥取市の火災と並んで戦後最大級の火災被害であり，まさに，大災害であることは間違いないのであるが，従来の強風大火の状況とは大きく異なり，想定しうる最悪の火災でなかったことも事実である．東京など他の都市における地震時の被害が憂慮されているが，この地震火災が阪神・淡路大震災と同様な火災状況になるという保証はない．大都市の木造密集地，地震による同時出火，強風下の飛び火を重ねて考えるとき，関東大震災と同様な広域火災が繰り返される危険性も否定できない．

（塚越　功・松原　美之・岩見　達也）

（4）東北地方太平洋沖地震

　2011（平成23）年3月11日に発生した東北地方太平洋沖地震（東日本大震災）は，M 9.0 というわが国の観測史上最大級のものであった．この結果，宮城県栗原市で震度7を観測するなど，東北地方を中心に広範囲にわたって大きな揺れがもたらされ，また各地に到来した大津波によって甚大な被害が記録されることとなった．一方で，この地震によって東北・関東地方の至る所で深刻な市街地火災が多数発生している．総務省消防庁の報告ではこの地震に関連する330件の火災が発生したとされている[12]．兵庫県南部地震の項でも触れたが，この地震でも地震後に発生した火災について，「地震による火災」であるか否かの判断は困難な場合が多く，また消防本部によってその判断が異なることも考えられた．日本火災学会東日本大震災調査委員会は，統一した基準のもとで地震に関連する火災を抽出し火災の概要を網羅的に調べる調査を行った[13]．この調査は東日本1都1道16県の全消防本部に対して，2011（平成23）年3月11日から同年4月11日までに発生した1カ月間の全火災3,162件を尋ね，地震・津波の関連が疑われるものを抜き出したものであり，結果として398件の地震に関連する火災が確認されている．従来の地震火災の定義に当てはまらない多種多様な火災が発生しているため，地震火災を，津波を原因として発生した火災（津波火災），揺れに伴って発生したと考えられる火災，間接的な原因で発生した火災の3パターンに整理しており，それぞれ159件，175件，64件となっている．

　表8・4および図8・7は，地震火災の発生件数と空間分布を示したものである．また図8・8

表 8・4　地震火災の発生都道府県

	地震火災	津波	揺れ	間接
茨城県	39	9	24	6
岩手県	45	29	8	8
宮城県	145	96	34	15
群馬県	7	0	4	3
埼玉県	19	0	13	6
山形県	2	0	0	2
山梨県	1	0	0	1
秋田県	3	0	2	1
新潟県	2	0	2	0
神奈川県	11	0	9	2
青森県	13	5	1	7
静岡県	3	0	0	3
千葉県	28	5	19	4
長野県	0	0	0	0
東京都	35	0	31	4
栃木県	7	0	5	2
福島県	34	12	22	0
北海道	4	3	1	0
合計	398	159	175	64

は地震火災の出火月日を累積で示したものである（ただし出火日時が不明の火災を除く）．全体的な傾向として，揺れによる火災は多くが3月11日に発生したものであり，また間接的な要因による火災は3月11日よりもむしろ3月12日以降に多い．津波火災はこれに比べ，3月11日中に約半分が発生しているものの，その後も断続的に累積火災件数は増加している．

　次にこれらの出火原因を述べる．図8·9〜図8·14は地震火災（全体），揺れによる火災，間接的な火災，津波火災の出火原因をそれぞれ示したものである．図8·9をみると地震火災全体としては398件中，原因不明が103件（全体の25.9%）を占めるほか，津波によるものは159件（全体の39.9%）と非常に多いことがわかる．また津波関連以外の電気器具，電気配線・コンセント，配電設備など電気によるものは122件（全体の30.7%，津波火災を除いた地震火災全体の割合は51.0%）と判明した．兵庫県南部地震では285件の地震火災のうち，電気による火災（電気による発熱体）は85件であり，全体の29.8%（不明を除くと全体の61.2%）である[9]．いまだ電気による地震火災は非常に数多く発生している．

　図8·10は，揺れによる火災の出火原因を示したものである．これによると，兵庫県南部地震で24件発生している[9]．

図 8·7　調査対象地域と地震火災の空間分布（N＝398）

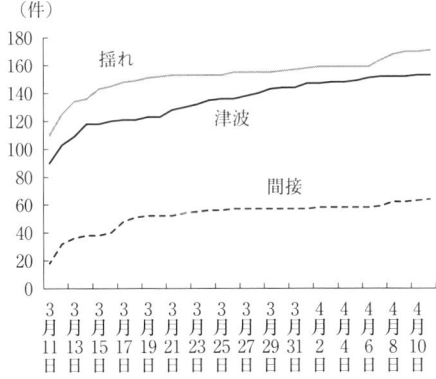

図 8·8　地震火災発生件数の累積数（黒線：津波火災，灰線：揺れによる火災，破線：間接的な火災）

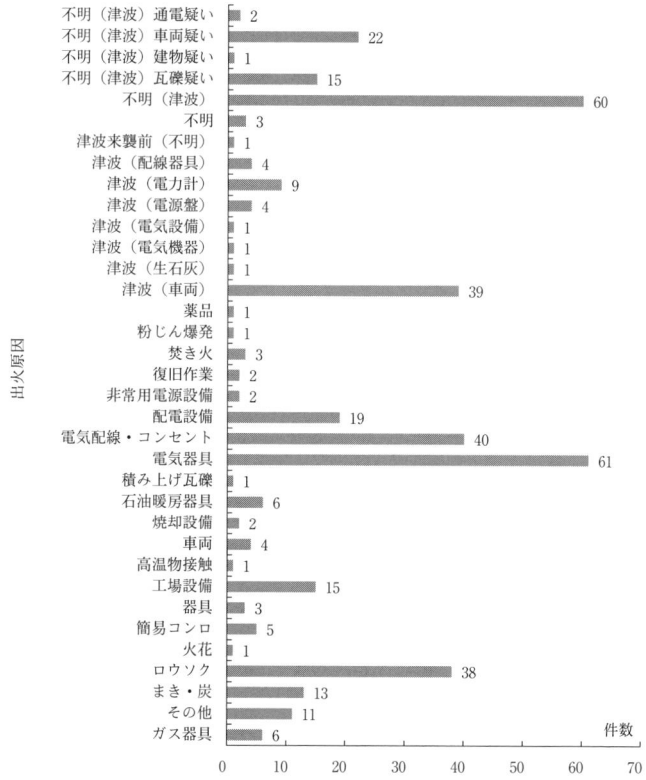

図 8・9　地震火災（全体）の出火原因（N＝398）

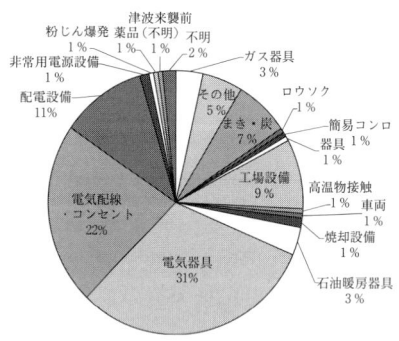

図 8・10　揺れによる火災の出火原因（N＝175）

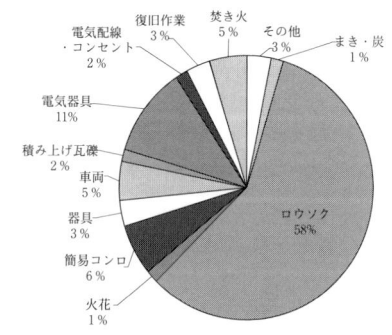

図 8・11　間接的な原因で発生した火災の出火原因
（N＝64）

ガス器具や油によるものは少なくなっている（ガス器具 6 件，石油暖房器具 6 件）．これは地震発生時刻や揺れの特性，建物被害の有無もさることながら，マイコンメータの普及など，都市ガスの地震時緊急遮断システムが効果を発揮したものとも考えることができる．他方で，揺れによる火災の多くが電気器具，電気配線・コンセント，配電設備など電気による火災であり，その割合は合計 65.1% を数える．他には工場設備などで火災が発生しているほか，簡易コンロや石油暖房器具の出火は少ない．これは地震の発生が 3 月中旬であったことや転倒防止対策が普及したことによるものと類推される．

　図 8·11 をみると，間接的な火災の出火原因は電気によるものも多いが，多くがロウソクによるものであり，その件数は 57.8%（37 件）にも及ぶことがわかる．これらは大規模停電の際に明かりとりとして用いたロウソクが余震で倒れ，火災が発生したものが多い．つまり，大規模な停電と断続的な余震が同時発生するような地震では，ロウソクによる本震後の火災対策を考える必要がある．

　他方で津波火災の出火原因は，不明が非常に多い点が特徴である（図 8·12）．質問紙調査で出火原因が「不明」と記入があった消防本部については別途聞き取り調査を行い，疑いも含めてできるだけ原因の究明に努めたが，およそ 37.7% が類推の及ばない原因不明であった．こ

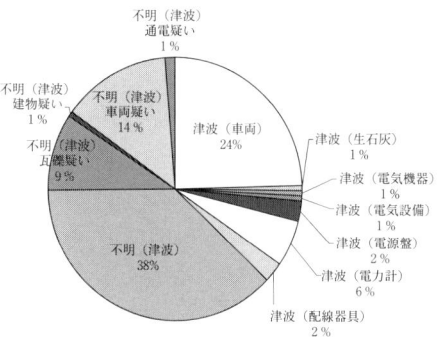

図 8·12　津波火災（全体）の出火原因（N＝159）

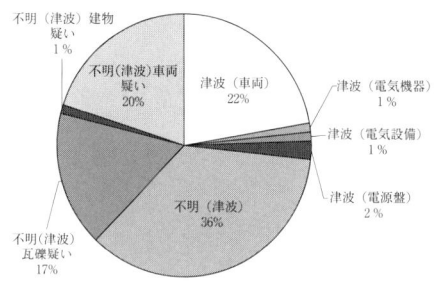

図 8·13　津波火災（3 月 11 日）の出火原因（N＝90）

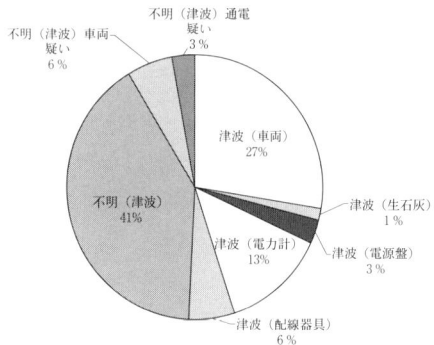

図 8·14　津波火災（12 日以降）の出火原因（N＝69）

こでは，不明の中でも出火状況や目撃証言などから限りなく特定の出火原因が疑われる火災については，上記の消防本部への聞き取りによって，瓦礫疑い，車両疑いなどの推察を行っている．建物の電気系統や流出した瓦礫によるものも多少存在するが，やはり津波火災の出火原因は疑いも含めて車両によるものが多い．また津波浸水地域内では，通電火災が疑われる火災も発生している．

　ところで，津波火災の出火原因を発生日時ごとに整理すると，ひとつの特徴に気付く．図8·13および図8·14は図8·12を震災当日発生した津波火災と震災2日目以降に発生した津波火災に分けて表示したものである．このうち3月11日に発生した火災は比較的瓦礫による出火（疑い含む）が多く，電気・配線系の出火は極少ない傾向にある（4.4%）．他方で，2日目以降は瓦礫による出火（疑い含む）が皆無で，電気・配線系の出火が多いことがわかる（25%）．この傾向は，得られた出火原因を比較すると一目瞭然である．3月11日に出火した火災は，「津波による倒壊家屋等のがれきから出火し，延焼したもの」，「津波による浸水域内の住宅と周辺に流れ着いた車両が燃えたもの」，「津波により車両が水没し，電気配線から出火したもの」などの出火要因が多く，「津波により大型トラックが横転，数時間後出火し全焼した．バッテリーのショートによる」などの事例も含めると，瓦礫や車が津波によって押し流され，堆積して延焼したもの，もしくは車が水没してその後電気配線などから出火したものとみることができる．他方で，4月中に出火した火災の出火要因は「津波により冠水した電力量計内の配線に塩分が付着し，絶縁低下または，腐食により発熱し出火」，「津波により漂着した車両の配線類から出火し，住宅へ延焼」など電気配線からの出火が特に多くなっている．この傾向は，津波襲来後時間が経過すればするほど顕著となる．

　津波火災の発生パターンにはいくつかの類型があり，主なものとして次の4つの類型が挙げられている[13]．

ⅰ）　主に三陸沿岸などで特徴的に見られた「斜面瓦礫集積型」は，津波によって倒壊家屋・プロパンガスボンベ・自動車等，多くの可燃物や危険物が山・高台のふもと等に沿って打ち寄せられ，その後一緒に漂流してきた火源（家屋・各種燃料）から着火炎上し大規模延焼に至った．

ⅱ）　主に仙台平野などで見られた「都市近郊平野部型」は，プロパンガスボンベや車などの都市部の膨大な生活エネルギーが火源となり多数の火災が発生した．平野部のため瓦礫は分散して延焼範囲は広くはならないが比較的堅牢な建物周辺に集積した漂流物に接近・延焼拡大する可能性がある．

ⅲ）　気仙沼でみられた「危険物流出型」では，重油などの危険物が流出するなどして海上で大規模火災が継続し，火のついた船や瓦礫または発泡スチロールなどに着火し，それが漂着・回遊して火災が拡大，大規模なものとなった．

ⅳ）　「電気系統単発出火型」は，主に発災2日目以降の特徴であり，車や家屋の電気系統が津波の浸水の影響により時間経過後に出火した火災である．延焼面積は大きくならない傾向にあるが，浸水範囲に広く分布した．

　各火災あたりの焼失棟数平均値を分析すると，①津波火災が24.5棟/件，②揺れによる火災が1.4棟/件，③間接的に生じた火災が1.9棟/件であることがわかった．東日本大震災時に発生した地震火災に限っては，おおむね火災1件あたりの焼失棟数，即ち被害量は津波火災が揺れによる火災や間接的な原因で発生した火災よりも圧倒的に大きいことになる．

　津波火災以外では，最大でも7棟に延焼した火災が確認されているのみで，それを超えるような大規模な火災は発生していないが，津波火災は，覚知が遅くなる傾向があること，津波によって倒壊した家屋が建物の間に滞留してこれを伝って拡大すること，瓦礫や浸水で火

表 8·5　主な津波火災のリスト

地区名	延焼面積（m²）	地区名	延焼面積（m²）
野田村	508	気仙沼市　弁天町（7）	1,973
大槌町　上町・本町・末広町	159,374	気仙沼市　弁天町（8）	1,109
大槌町　大槌中学校	4,294	気仙沼市　弁天町（9）	267
大槌町　マスト	14,934	気仙沼市　弁天町（10）	175
大槌町　赤浜地区	9,900	気仙沼市　内の脇地区	39,976
宮古市　田老（ケラス）地区	9,947	南三陸町　志津川	20,789
山田町　陸中山田駅周辺	173,342	石巻市　門脇小付近（1）	32,792
山田町　大沢地区	2,318	石巻市　門脇小付近（2）	18,913
山田町　織笠地区	3,001	石巻市　門脇町　車両	334
山田町　田の浜（1）	5,432	石巻市　門脇町　港近辺（1）	1,966
山田町　田の浜（2）	4,457	石巻市　門脇町　港近辺（2）	1,096
山田町　田の浜（3）	8,240	石巻市　門脇町　アパート	275
大船渡市	2,068	石巻市　蛇田地区	334
気仙沼市　鹿折地区	114,175	仙台市　青葉区住宅	60
気仙沼市　浪板（1）	1,017	仙台市　泉区住宅	66
気仙沼市　浪板（2）	1,572	仙台市　宮城野区　港四丁目車両流通センター（1）	1,986
気仙沼市　浪板（3）	439	仙台市　宮城野区　港四丁目車両流通センター（2）	117
気仙沼市　浪板（4）	3,870	仙台市　宮城野区　港四丁目倉庫	3,676
気仙沼市　浪板（5）	2,395	仙台市　宮城野区　蒲生一丁目	1,580
気仙沼市　浪板（6）	2,212	仙台市　宮城野区　蒲生二丁目物流センター	2,126
気仙沼市　大浦地区	21,924	仙台市　宮城野区　蒲生二丁目市街地	7,924
気仙沼市　小々汐（1）	7,446	仙台市　宮城野区　牛小舎	1,893
気仙沼市　小々汐（2）	6,416	名取市　閖上7丁目	10,190
気仙沼市　小々汐（3）	2,289	名取市下増田	168
気仙沼市　小々汐（4）	3,532	名取市小塚原（1）	400
気仙沼市　小々汐（5）	2,691	名取市小塚原（2）	296
気仙沼市　二の浜	3,451	名取市小塚原（3）	4,000
気仙沼市　弁天町（1）	50	名取市小塚原（4）	100
気仙沼市　弁天町（2）	305	名取市小塚原（5）	105
気仙沼市　弁天町（3）	2,535	名取市小塚原（6）	18
気仙沼市　弁天町（4）	337	亘理町　吉田	2,879
気仙沼市　弁天町（5）	108	いわき市　久ノ浜地区	14,687
気仙沼市　弁天町（6）	326	合計	747,175

災現場への到着が困難となること，津波が繰り返し押し寄せる中での消火活動を強いられることなどから，対応が極めて困難であり，大規模に延焼拡大する火災も多数に上った．延焼範囲が 10,000 m² 以上に及んだ火災は 11 件あり，そのうち山田町 1 件（約 170,000 m²），大槌町 1 件（約 160,000 m²），気仙沼市 2 件（約 110,000 m² および約 40,000 m²）が 3,3000 m² を超えた．表 8·5 に，大規模延焼に至った津波火災の延焼面積を示す．この結果，市街地だ

けでも阪神・淡路大震災を超える約75 ha の延焼面積が明らかになった.

　避難の面では，浸水範囲内にある高齢者施設で入居者らが孤立したところに火災が迫ったり，沿岸部の津波火災が山林に延焼して避難者のいる施設に迫るなど，極めて危険な状況が確認されており，津波避難を考える際に津波火災に対する安全性をどのように確保するかは忘れてはならない大きな課題である.　　　　　　　　　　　（岩見　達也・廣井　悠）

8・1・3　地震時以外の広域火災事例

（1）昭和初期の広域市街地火災事例

　関東大震災の復興は不燃都市建設の好期であったが，とりあえずの復旧に対処するだけでも容易ではない経済状況であり，当時の国家予算をはるかに上回る復興予算は大幅に削減されることとなった.　そのため，基本的には民間の努力に期待することとなり，結局は潜在的に都市大火の危険性がある木造密集都市を再建することになってしまった.　しかし，震災以降，東京，大阪などの大都市部では，消火栓の増設，ポンプ車両の配備，消防官の増員などの対策が行われ，広域の市街地火災が発生する危険性はきわめて小さくなった.

　一方，地方都市では，基本的に消防団中心の消防力であり，装備にも限界があったので，1926 ～ 45（昭和元～ 20）年の 20 年間で発生した 12 件の大火は，いずれも地方都市の火災である.　このうち，1,000 戸以上の焼損を招いた火災は，1930（昭和 5）年の石川県小松町，1932（昭和 7）年静岡県大宮町，1934（昭和 9）年北海道函館市，1940（昭和 15）年静岡市の大火であるが，なかでも，1934（昭和 9）年 3 月 21 日の函館の大火は，死者 2,165 名，負傷者 2,200 名，焼損面積 442 ha，焼損戸数 20,667 戸の大災害となった.

　函館市大火の最大の特徴は，強風下の火災であり，記録的に速い延焼速度で火災が拡大したことである.　最大風速は 23.5 m/s で，18 時 53 分に火災が発生してから翌朝 6 時に鎮火するまでの最低の風速が 9.6 m/s という記録であった.　19 時から 23 時までの 4 時間は風速 20 m/s を超え，この間の 1 時間ごとの延焼速度は，2,070，378，1,800，526 m/h が報告されており，今村明恒の分析による数値として 21 時の延焼速度 2,550 m/h を示している[14].　災害の記録は「函館大火災害誌」（北海道社会事業協会 1937）および「函館大火史」（函館消防本部 1937.7）にまとめられているが，詳細な延焼動態図は残されておらず，図 8・15 を手がかりとして，内田の延焼速度が報告されており，この記録は後に浜田の延焼速度式にも間接的に影響を与えている.

　延焼速度は等時延焼線の間隔を計測して算出するが，延焼動態図の作り方や計測方法によって異なる値となる.　延焼動態図は火災の後で消防官，住民の証言に基づいて作られるのであるが，飛び火により新たな火点が作られると，その点からの等時延焼線を描く必要がある.　しか

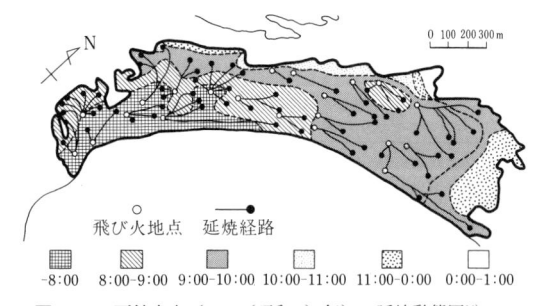

図 8・15　函館大火（1934（昭和 9）年）の延焼動態図[14]

し，飛び火火点を完全に記録することはきわめて困難であり，飛び火火点を出発点とする等

時線も出火点から拡大したものとして記録されてしまうことが多い．この場合には，当然，実際より速い延焼速度が算出されることになる．

　したがって，上述の 2,000 m/h を超える延焼速度には疑問が残り，後になって亀井幸次郎らが延焼動態の記録と分析方法を確立してからの数字と同列には扱えないのであるが，近年の，酒田大火や阪神淡路大震災の事例に比べれば，はるかに速い延焼であったことは確かであるといえる．

　1940（昭和 15）年の静岡市の大火も，強風下の火災であり，飛び火が卓越した大火であった．出火時の風速は 9 m/s であり，函館の火災に比べれば低い風速であったが，40 日間の晴天続きで湿度が 23% という飛び火が発生しやすい条件であったため，出火後すぐに 600 m 風下に飛び火し，消防が第 1 火点に対応している間に第 2 火点から拡大した火災である．鎮火まで 27 時間を要し，約 5,000 戸を焼失した．この火災の報道写真を計測して，藤田金一郎は市街地火災における炎の高さが 30 〜 40 m に達することを報告している[15]．当時の報道写真はモノクロであったから，これが本当に炎であったのか，どの程度持続的な炎であったのかなどの疑問は残るが，実際の現象だとすれば，通常の 1 棟火災では考えられない高さの炎であり，市街地火災で炎が合流して立ち上がった例と考えられる．　　　　　　　　（塚越　功）

（2）戦後の広域市街地火災事例

　図 8·1 でわかるように，1936 〜 45（昭和 11 〜 20）年の 10 年間は，静岡大火を除けば，比較的大火が少なかった期間であるが，太平洋側の都市は，1944 〜 1945（昭和 19 〜 20）年の空襲で壊滅的被害を受け，戦災を免れた日本海側の都市も，戦後に頻発する大火で戦前からの市街地を焼失することになる．1946 〜 55（昭和 21 〜 30）年の 10 年間に 23 件の大火が記録されており，1,000 棟以上の焼損があった火災が 9 件あったが，このほか，1921（大正 10）年 12 月 21 日の新宮市の火災，1923（大正 12）年 6 月 23 日の福井の火災は，地震による同時多発火災であり 1 つの火点から拡大した大火ではないので，火災統計上の大火の記録には含まれていない．この期間の最大の被害は 1952（昭和 27）年の鳥取市の大火であり，死者 3 名，負傷者 3,963 人，7,240 棟の焼失被害を被っている．出火原因は，機関車の火の粉による飛び火とされているが，その後も平均 10 m/s の風で次々と飛び火して（判明している飛び火火点は 43 点），結局，12 時間あまりの延焼で，45 ha を焼く被害となった[16]．

　1956 〜 65（昭和 31 〜 40）年の 10 年間には，大火の数はかなり少なくなったが，能代，大館，魚津，鹿児島県瀬戸内町，岩手県新里村で焼失棟数 1,000 棟を上回る大火が発生している．このうち 1956（昭和 31）年 3 月 20 日の能代市大火（図 8·16）は，平均風速 14.5 m/s，最大風速 21.7 m/s の強風下の火災であり，18 ha，1,475 棟の被害であったが，能代市は 1949（昭和 24）年にも大火に見舞われ，21 ha，2,238 棟の焼損を受けた経験があり，同じ秋田県の大館市や北海道の函館市とともに火災都市としての印象を強くした．1956（昭和 31）年の火災についての亀井の調査報告[17]によると，出火の約 5 時間前に発生した製材所の火災に対して消防活動を行った直後の火災であったため，転戦に時間がかかったことが大火になった直接の理由とされている．能代市が火災都市であることは，このときに始まったことではなく，亀井によると明治以来 1956（昭和 31）年までに 27 回の大火（焼損 50 棟以上）を経験している．さらに江戸時代に溯ると，2 度の地震火災に見舞われ（1964〔元禄 7〕年

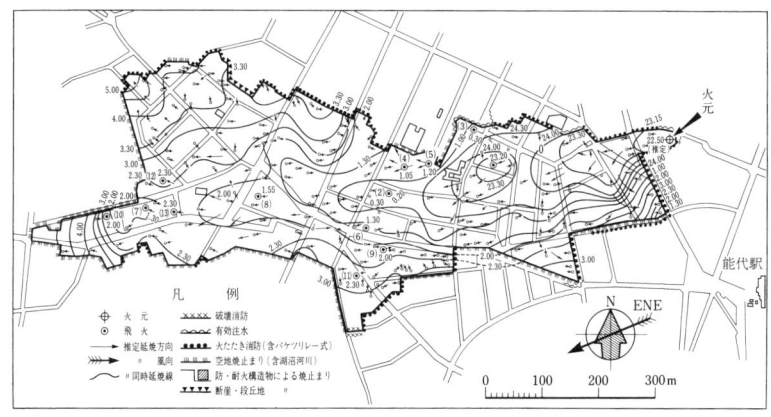

図 8・16　能代市大火（1956（昭和31）年）の延焼動態図[17]

の地震および 1704〔宝永元〕年の羽後津軽地震），町ぐるみの被害となったことから町名を
「野代」から「能代」に改めた[18]という経緯もある．能代でたびたび大火事が発生している
理由は，昔から秋田杉の集散地で材木業が多いこと，米代川の河口に位置するため，年間を
通して風が強いことがあげられる．

　この火災では 13 点の飛び火が確認されており，飛び火発生時刻，火元からの距離，飛び火
した距離などが報告されているが，実際には，火事場風（Fire Storm）の状態で次々と飛び
火着火して火面が拡大していったなかで新しい火元と確認できるものが少なかったことが述
べられている．強風下の火災で火の粉を大量に含んだ熱風が地表を這うような加熱状況につ
いては，亀井の他にも多くの報告がされているにもかかわらず，この状況を適切に表現する
モデルは，いまだに開発されていない．

　能代の火災と同様な強風大火は，1966 〜 75（昭和 41 〜 50）年の期間ではきわめて少なく
なり，三沢市，大館市など 3 件の大火の記録はあるが，焼損棟数は以前に比べれば小さいも
のであった．戦災復興も一段落し，地方都市整備も進展して消防力も増強されてきたため
に，江戸時代以来の悩みであった大火は撲滅されたという感があった．このような状況下で
発生した火災が 1976（昭和 51）年 10 月 29 日の山形県酒田市の大火であった．

　この火災では，1774 棟を焼失し，焼損棟数でいえば，1954（昭和 29）年の北海道岩内町
の火災以来の被害となった．出火建物は建築面積 598 m², 延べ床面積 865 m² の木造 2 階建
て映画館であり，周囲が建て詰まっており消火に手間取ったこと，隣接する耐火構造の百貨
店に延焼し，この建物の防火区画が不完全であったため全館に拡大したこと，商店街の火災
でアーケードが消防活動の障害となったことなどが，直接的な大火発生要因であるが[19]，火
災継続時間 11 時間の平均の風速が 17.4 m/s, 最大瞬間風速 26.7 m/s を記録した強風下
の火災であり，飛び火による火災拡大が消防戦闘能力を上回った火災といえる．図 8・17 に
みるように，酒田市の中心市街地を横切って火災が拡大し，11 時間後に幅員約 70 m の河川
敷で延焼を阻止したのであるが，これまでの強風大火に比べれば延焼速度が遅いことがこの

火災の特徴であり，平均約 90 m/h の延焼速度であった．この原因としては，当日，雨が降っていたこと，消防活動などの他に，木造建物が戦後のバラック建てではなく，屋根材はほとんどすべて不燃材であり，外壁も，鉄板や不燃系サイディングなどで防火的配慮をしたものが多かったこと，および耐火建築物や簡易耐火建築物も混在していたことが考えられる．

　この火災の場合も，飛び火火点として確認されたものは 13 点であるが，建設省建築研究所のアンケート調査[20]で 224 名中 32 名（14.3％）の人が，自分の家は飛び火で焼けたと回答していることから考えると，かなり飛び火が多かったと推察される．防火的配慮をした建物であっても，屋根瓦の隙間や軒下換気口から火の粉が侵入し，小屋裏や室内から延焼するというケースもあったと考えられる．延焼域のほぼ中央に，通称「浜町通り」と呼ばれる広幅員道路があり，消防戦闘はこの道路で火勢を鎮圧する計画で展開されたが，戦闘部隊の背後を飛び火が襲い，火災に挟撃される状況となり，結局，後退せざるを得なくなった．最終的な延焼阻止線となった新井田川の風下の市街地にも多数の火の粉が襲い，一部には，飛び火着火に至った

図 8·17　山形県酒田市における大火（1976（昭和 51）年）の延焼動態図[21]

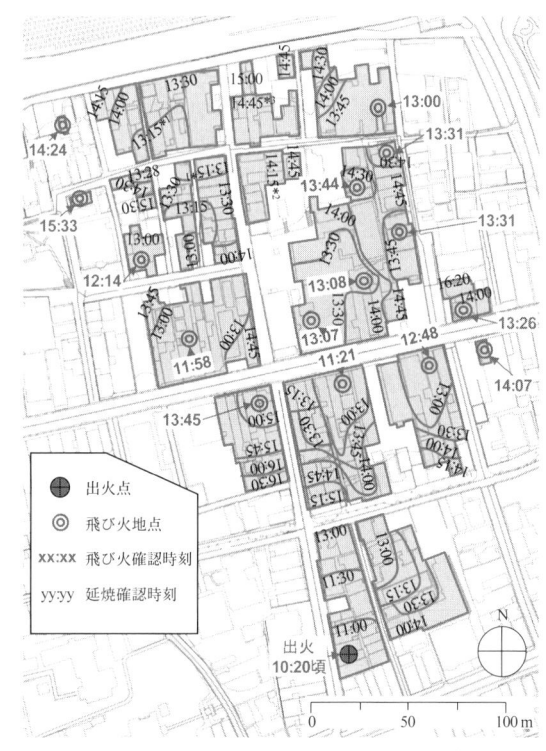

図 8·18　糸魚川市大規模火災の延焼動態図[23]

ところもあったが，住民消火により事なきを得た．この火災の火の粉の飛散範囲については

山下邦博の調査がある[21].

2016（平成28）年12月22日，午前10時20分ごろ新潟県糸魚川市において，こんろの消し忘れによって飲食店から発生した火災は，南からの強風にあおられ147棟30,412m²超が焼損する大規模市街地火災となった[22].　この火災では10点を超える多数の飛び火が確認されており[23]，飛び火によって同時多発火災の様相を示したことで消防が劣勢に立たされ，風下方向への延焼は出火点から約300m北側の海岸線にまで達した（図8・18）.　一方で，火災発生の広報や避難の呼びかけが行われたほか，12時22分に避難勧告が発令されたこともあり住民の避難は円滑に行われ[24]，人的被害は17名（うち，15名が消防団）の負傷者のみで幸いにも死者は発生しなかった.　このような大規模市街地火災は40年前の酒田大火以来であり，地震時以外であっても強風下では市街地火災の危険性が残存していること，そして強風下の火災対策の必要性を改めて示すこととなった.　被害が拡大した要因としては強風の他に火災に対して脆弱な構造の建物が多かったことも指摘されている.　被害のあった地域は準防火地域に指定されており，木造建物にも外壁・軒裏や開口部に一定の防火措置が求められていたものの，指定より前に建てられた古い建物など必要な性能を有していない建物が多く残っていた.　図8・18に示す飛び火が発生した15地点の建物について構造，建築年及び屋根の構造を調べた結果，すべてが木造2階建てで，13地点の建築年が昭和9年以前であり，そのうち少なくとも10地点の屋根が瓦の隙間が大きく火の粉が侵入して着火しやすい建設当時現地で標準的な仕様の瓦屋根であったことが明らかになっている[23].

（塚越　功・岩見　達也）

（3）林　野　火　災

林野火災には，一般の建物火災などとは異なり以下のような特徴がある[25].

①森林は広大な面積を有し，質や量が不均一な可燃物が連続して存在するため，燃焼が極めて複雑となり，建物火災などとは異なった長い火線を持つ.

②地形や局地気象により非常に危険な延焼形態となることがある.

③急な傾斜地での延焼速度は極めて速くなり，強風下では飛び火も多く発生することから，短時間で大規模化することがある.

④火災の現場が人里から離れた遠い山地のため，一般に交通，水利などの便が悪い.

近年ではヘリコプターを利用した空中消火が林野火災の有効な消火法になっているが，厚く堆積した落葉層の深部や，空洞化した枯木の中でくすぶっている火を完全に消火するには人力に頼らざるを得ない.　こうしたことから林野火災の消火は人海戦術を主体としたものになり，建物火災などとは異なる消火技術が要求される.

日本では1975（昭和50）年以降，林野火災は減少傾向にあるが，大規模な林野火災も時に発生している.　なかには住宅地に被害を及ぼすような林野火災が発生することもある.　ここでは，市街地に被害が生じた代表的な事例として，1983（昭和58）年の東北地方同時多発火災と1991（平成3）年の茨城県日立市助川町火災を紹介し，最後に地球温暖化の影響が指摘されている海外で頻発する大規模林野火災について解説する.

1983（昭和58）年4月27日から28日にかけて，東北地方を中心に火災が多発した.　焼損面積が10ha以上となった火災が14件発生し，10ha未満の小規模の火災も含めた焼損焼

面積は 4,755 ha となった．なかでも，岩手県久慈市では，4 月 27 日正午頃に発生した火災が強い西風によって東へ延焼し続け，山側から北側の海に向かって燃え広がり，海沿いの 5 つの住宅密集地を襲った．これにより，山林 1,086 ha が焼損したほか，住宅 45 棟，非住宅 179 棟が全焼した．この時の気象状況は，東北地方全域が 4 月 23 日以降高気圧圏内にあったため乾燥した天候が続き，異常乾燥注意報が発表されていた．4 月 27 日は朝から急速に相対湿度が低下し，10 時には 27% にまで下がった．もっとも風が強かったのは 15 時ころで最大瞬間風速 28.8 m を記録した[26]．

1991（平成 3）年 3 月 7 日から 8 日にかけて，日立市助川町の国有林から出火した火災は折からの西北西の強風（最大風速 9.7 m/s，最大瞬間風速 16.5 m/s）に乗って南東方向に延焼し，山林 218 ha を焼き，その一部は山麓の住宅地に達した．これにより，住宅 8 棟が全焼し，12 棟が部分焼，非住宅 5 棟が全焼した．この火災では，山中の高圧送電線に炭素が付着して送電が遮断されたために日立市内 35,000 世帯が停電となり，都市機能が麻痺する事態を引き起こしている．この時の気象状況は，発達した低気圧が千島中部にあり，優勢な高気圧がシベリア大陸にあって，一時的な西高東低の気圧配置となっていた．6 日の夜半前から北西の季節風が強くなり，湿度も 3 月 7 日正午には日立市内で 14% にまで低下していた[27]．

海外では近年大規模な林野火災が頻発している．たとえば 2003（平成 15）年にはロシア全土で 20 万 km² 以上の森林が焼失したといわれているし，2002（平成 14）年から 2003（平成 15）年にかけてはオーストラリア南東部で約 3 万 km²，2004（平成 16）年にはアメリカ・アラスカ州で 2 万 km² 以上，2007（平成 19）年には同カリフォルニア州で 2 千 km² 以上，2016（平成 28）年にはカナダ・アルバータ州で約 3 千 km² の森林が火災により失われたとされている．地中海沿岸諸国や中国などでも大規模林野火災が頻発している．こうした大規模な火災は温帯や寒帯に属する国々で多発しているが，降水量が多いことで知られる熱帯降雨林地帯も例外ではない．1982（昭和 57）年から 1983（昭和 58）年にかけてインドネシアのカリマンタン島では 5 万 km² 以上の森林が焼失したといわれているし，1997（平成 9）年にも 2 千 km² を焼失する林野火災が起きている．これらの大規模林野火災の発生には地球温暖化が深く関係していると考えられている．地球温暖化により林野火災の頻度や発生する季節，強度，延焼動態などが変化し，これまでにない規模の火災が発生しているのである[28]．

一方で，大規模な林野火災により放出された温室効果ガスは，地球温暖化をさらに進行させているともいわれている．林野火災の頻発化，大規模化と地球温暖化は密接な関係にあり，相互に影響を及ぼし合っていると考えられている．大規模な火災は，温室効果ガスを短時間で大量に大気中に放出させる．例えばカナダでは，1 年間に森林火災により放出された温室効果ガス量が，人間活動により放出された温室効果ガス総放出量の 22% に達していると報告されている[29]．温室効果ガスを大量に放出させると同時に，二酸化炭素の貴重な吸収源である森林を大面積にわたって焼失させてしまうことになり，大規模林野火災は台風などによる森林被害に比べ，地球環境に及ぼす影響がより激しく深刻であるといえよう．

（後藤　義明）

8・2　地震時出火予測の理論

　1995（平成7）年1月17日午前5時46分に発生した兵庫県南部地震では地震後3日間の間に，兵庫県下で200件以上，大阪府下で30件を超える火災が発生した．都市域においては，大規模地震時に同時多発性の火災が発生した．出火件数が消防力によって消火可能な数を上回り，木造建築物が稠密に立地していることもあって，これが市街地火災となって大規模な損害をもたらすおそれのあることは，1923（大正12）年9月1日正午頃発生した関東大地震以降，常に指摘されてきたところである．以下でも触れることとなるが，地震時の出火原因は関東大地震のころから次第に異なってきており，出火危険性の高い場所の地域的な広がり方も変化しているが，70年以上の月日を経過した兵庫県南部地震でも同様の災害が発生し，あらためて都市域において地震時の出火・延焼の危険性が高いことが認識された．2011（平成23）年東北地方太平洋沖地震の際には300件を超える出火が確認されている．このうち約半数は津波に起因する火災であったが，それ以外の火災も150件以上が発生し，東日本の全域に分布した．

　地震に対する防災対策を講ずる際の主要な柱となっている市街地火災対策が地方自治体をはじめとする様々な組織で精力的になされているのは，関東大地震によって多数の火災が発生し，東京，横浜の市街地の大半が焼失したことの経験がなせる業といえるが，現在でもその対策の重要性は変わらないことが，兵庫県南部地震や東北地方太平洋沖地震の経験から明らかになったのである．

　以下では，地震時火災対策を講ずるための最も基本的な事項である，地震時出火予測の理論について解説する．　　　　　　　　　　　　　　　（糸井川　栄一・岩見　達也）

8・2・1　地震時出火事例

　我が国において，地震時に火災が発生した事例は列挙に暇がないが，中でも関東大地震，兵庫県南部地震，東北地方太平洋沖地震などは，数多くの同時多発性の火災が発生した事例の典型である．すべての地震について，地震によって発生した火災の有無の確実な記録が残っている訳ではないが，表8・6は関東大地震以降2000（平成12）年までの出火のあった主な地震を示している．

　一方，2001（平成13）年以降に関しては，被害が生じるような地震に関して，消防庁が災害情報として建物等の被害状況とともに火災の件数を発表しており，個別の地震についての火災発生の有無に関する網羅性の高い情報を得ることができる．表8・7には消防庁の災害情報[2]として火災被害が報告されている2001（平成13）年以降の地震をまとめたものである．東北地方太平洋沖地震の際の330件は特に多いが，19回の地震で火災被害が確認されており，平均的にみれば1年に1回程度の頻度で地震時の火災が発生している．

　このうち，関東大地震では，11時58分頃とちょうど昼食の準備中に発生したため，東京旧15区内で130数件の火災が発生し，約60の火流となって3日間にわたり約35 km²を焼失せしめた．このような大規模な火災になったのは，非常に数多くの出火があったことの他，木造建築物が密集しており市街地の構造が火災に対して脆弱であったこと，地震発生後，寒冷前線が通過し，風向が南→西→北→西→南と大きく変化し，かつ最大風速21.8 m/

表 8·6　関東大地震以降の主な地震時出火（参考文献 1 に最近の地震時出火を加えたもの）

発生年月日	地震名等	規模 （マグニチュード）	出火件数
1923. 9. 1	関東大地震	7.9	628
1925. 5.23	北但馬地震	7.0	22
1927. 3. 7	北丹後地震	7.5	475
1939. 5. 1	男鹿半島地震	7.0	1
1943. 9.10	鳥取地震	7.4	17
1944.12. 7	東南海地震	8.0	14
1946.12.21	南海道地震	8.1	16
1948. 6.28	福井地震	7.3	57
1952. 3. 4	十勝沖地震	8.1	7
1964. 6.16	新潟地震	7.5	13
1968. 2.21	えびの地震	6.1	2
1968. 5.16	1968 年十勝沖地震	7.9	52
1974. 5. 9	1974 年伊豆半島沖地震	6.9	2
1978. 6.12	1978 年宮城県沖地震	7.4	11（仙台市）
1993. 7.12	1993 年北海道南西沖地震	7.8	9
1994.12.28	1994 年三陸はるか沖地震	7.6	7
1995. 1.17	1995 年兵庫県南部地震	7.3	293

表 8·7　2001 年以降の地震時出火（参考文献 2 より作成）

発生年月日	地震名等	規模 （マグニチュード）	出火件数
2001. 3.24	2001 年芸予地震	6.7	4
2003. 5.26	宮城県沖を震源とする地震	7.1	4
2003. 7.26	宮城県北部を震源とする地震	6.4	3
2003. 9.26	2003 年十勝沖地震	8.0	4
2004. 9. 5	東海道沖を震源とする地震	7.4	1
2004.10.23	2006 年新潟県中越地震	6.8	9
2005. 3.20	福岡県西方沖を震源とする地震	7.0	2
2005. 4.20	福岡県西方沖を震源とする地震	5.8	1
2005. 7.23	千葉県北西部を震源とする地震	6.0	4
2007. 7.16	2007 年新潟県中越沖地震	6.8	3
2008. 6.14	2008 年岩手・宮城内陸地震	7.2	4
2008. 7.24	岩手県沿岸北部を震源とする地震	6.8	2
2009. 8.11	駿河湾を震源とする地震	6.5	3
2011. 3.11	2011 年東北地方太平洋沖地震	9.0	330
2015. 5.30	小笠原諸島西方沖を震源とする地震	8.1	1
2016. 4.14	2016 年熊本地震	7.3	15
2016.11.22	福島県沖を震源とする地震	7.4	1
2016.12.28	茨城県北部を震源とする地震	6.3	1
2018. 6.18	大阪府北部を震源とする地震	6.1（暫定値）	7

秒（9月1日23時頃）という強風が吹き荒れたことが大きな要因となっている．横浜市でも200余りの出火があり，横須賀では破壊した重油タンクに延焼し，海上に流出した重油が4時間以上にわたって燃え，タンクは十数日炎上し続けた．この他，神奈川県下の小田原，真鶴等や房総半島でも数多くの出火があり，小田原では発震後，10時間以上たって出火した記録も残されている．これらの出火原因は，昼食時と重なったため火気の使用が集中したことが第一原因として挙げられるが，その火気器具はかまど・七輪等に集中している[3,4]．

　1948（昭和23）年の福井地震は，兵庫県南部地震以前に発生した地震の中では，最も典型的な都市直下型地震であり，福井平野を中心に全壊率100%近くを記録した集落が多かった．地震が夕食準備の時に発生したため，関東大地震と同様，多くの火気器具が使用されており，出火件数が多くなったと考えられるが，かまどや七輪等固体燃料を使用する火気器具からの出火のあった最後の地震といってもよい[5]．家屋の全壊率の高さが契機となり，気象庁の震度階に「家の倒壊率30%以上に対する」7（激震）という階級が新たに設けられたのはあまりにも有名である．

　1964（昭和39）年の新潟地震は，全壊戸数が約2000戸と多かったにも関わらず出火件数は少なかったが，石油タンクの破損によって漏出した石油が津波によって浸水した水面上を拡散し，それに石油コンビナートの火災の火が着火するという典型的な複合災害が発生した．石油タンクの火災の原因として，震動による静電気火花説，液面の揺動による摩擦，または衝突による熱の引火説，攪拌用電動機の短絡火花説などが挙げられているが，確定されていない[6]．

　1968（昭和43）年の十勝沖地震では，普及し始めた石油ストーブ等からの出火が特徴的であり，十和田市では使用中の石油ストーブの1.32%から出火した．出火件数の約40%を石油ストーブが占め，そのうちの半数以上が転倒によることから，その後の石油ストーブの耐震対策の推進を促した[7]．

　1974（昭和49）年の伊豆半島沖地震では，崖崩れの下敷きとなった家屋からの出火やプロパンガスを使用する器具からの出火が目立ち，1978（昭和53）年の宮城県沖地震では大学等の実験室からの薬品による出火が特徴的であった[8]．

　1993（平成5）年の北海道南西沖地震では，奥尻町青苗地区において2火点の出火が発生した際，同時に襲来した津波によって消防隊が火災現場へ駆け付ける進路を絶たれ，有効な消火活動が十分打てずに市街地が焼失した例があり，出火件数は少ないものの地震時の火災と津波という複合災害としてきわめて特異的である[9,10]．

　また，1994（平成6）年の三陸はるか沖地震では7件の出火のうち，2件はテレビの落下と熱帯魚のヒーターの落下によるものであり[11]，現代社会における生活環境を反映した出火原因が今後さらに出現する可能性があることを示唆していた．

　1995（平成7）年の兵庫県南部地震では，発震時刻が未明であったにも関わらず数多くの火災が発生した．出火場所は，後日気象庁から発表された震度7の被災地域全域（西宮市〜神戸市須磨区）にわたってほぼ均等に分布していた．出火原因は，電気ストーブや電気スタンド，熱帯魚ヒーターといった電気設備・器具や，ガスコンロ，ガス風呂釜のようなガスを熱源とする燃焼器具やガスの漏洩，地震による停電後の復電時の出火など多岐にわたり，ま

た，ガスの漏洩・引火，電気器具からの出火や復電時の出火などこれまで地震被害想定など
で考えられてきた出火プロセス以外の原因がかなりの割合を占めており，現代都市における
出火原因がきわめて多様であることを指摘できる[12〜16]．

　2011（平成23）年3月11日に発生した東北地方太平洋沖地震では東日本を中心に広範囲に
わたって多数の火災が発生した．火災学会の調査[17]では398件の火災が確認されており，従
来の地震火災に相当する地震動に伴う火災が175件の他，津波によって発生した火災が159
件，地震が間接的に影響して発生した火災が64件となっている．地震動に伴う火災に関し
ては，大規模に延焼拡大した火災は無く焼損棟数が最大でも7棟で，ほとんどの火災は出火
元建物で終了した．多くの出火原因は特定されており電気ストーブ等の電気器具や電気配線
に関係する出火が65%を占めた．一方で，ガス器具や石油暖房器具からの出火は7%に過
ぎず電気に関係する出火の比率が高くなっている．ただし，震度7の地域は限定的で津波以
外での倒壊家屋が比較的少なかったことから，倒壊家屋が多数発生するような場合の出火原
因は判然としていないことに留意する必要がある．地震動が間接的に影響した火災では，地
震後のあかり取り等のために使用したロウソクからの出火が目立って多く37件の火災が発
生した．他にも地震後の停電による不自由な生活の中で発生した火災なども多く，地震後の
火気の取り扱いには十分注意する必要がある．

　もう一つの大きな特徴としては多数の津波火災の発生が挙げられる．東日本の太平洋沿岸
部で159件の火災が発生し，津波によって生じた倒壊家屋や瓦礫と共に広範囲に延焼した火
災も多数発生した．出火原因が不明の火災が多いが，明らかになっている原因としては津波

表 8・8　兵庫県南部地震以前の主な地震の出火原因別出火件数[19]

出火源	関東大地震[*1] 3），4）より	福井地震 5）より	新潟地震 6）より	十勝沖地震 7）より	宮城県沖地震[*2] 8）より
薬品（火薬を含む）	47	11	3	4	7
ガス	15				2
七輪・かまど・ 火鉢・こんろ	181	10	1		
石油こんろ	3			6	
炊事場・コック室	43	17			
石油ストーブ				13	
その他（漏電，ロー ソク，炭火など）	38	5	5	19	6
不　明	18		3	3	
飛　火	68				
計	413（345）	43	12	45	15

*1：東京府及び神奈川県　*2：宮城県
（　）内の数値は飛び火を除いた計．出火件数は各々の文献によっており，表8・6，図8・19および図8・20
とは一致しない場合がある．

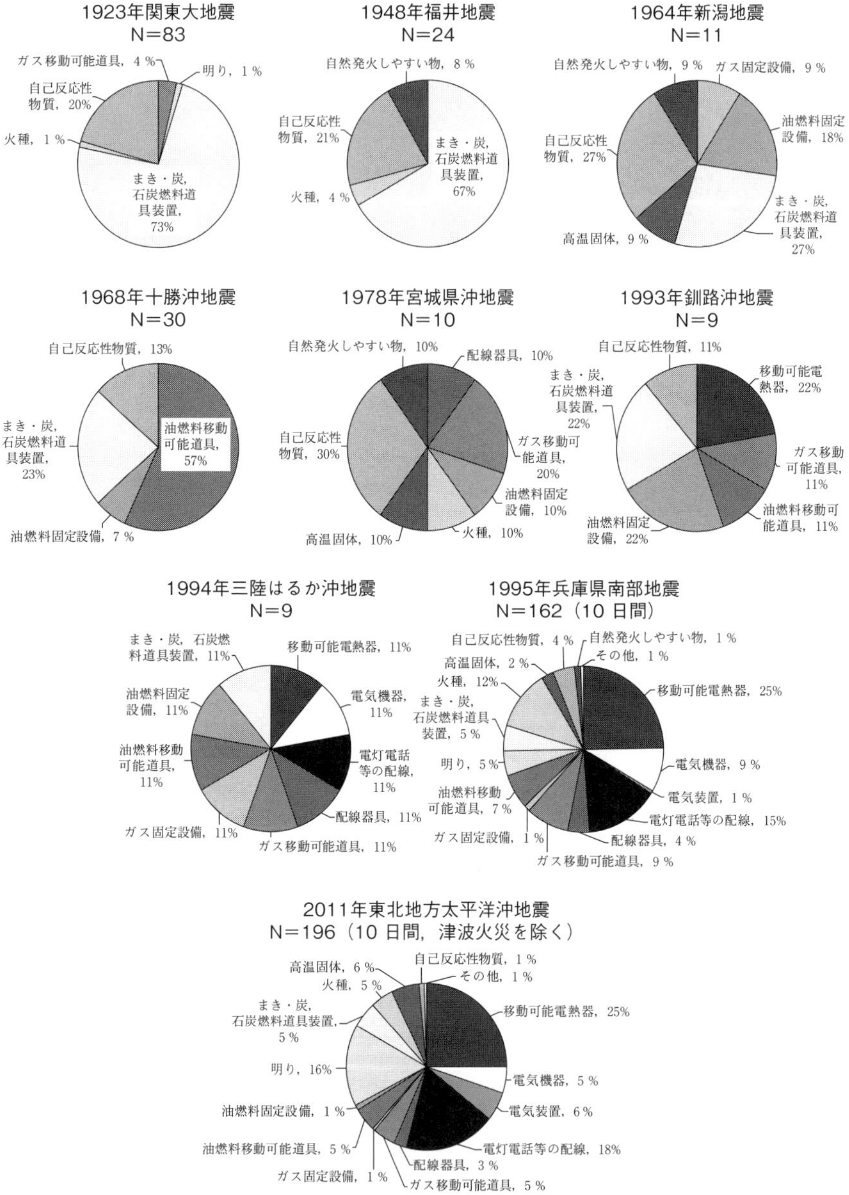

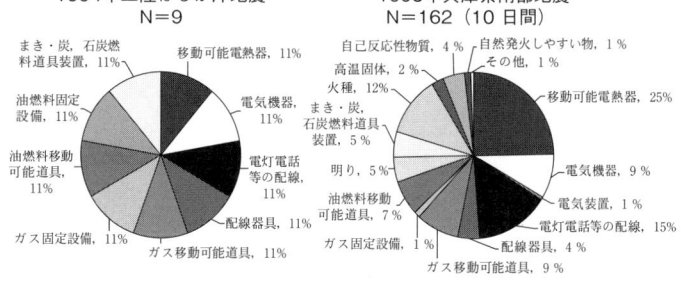

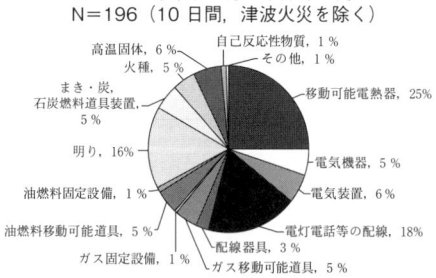

図 8・19　過去の主な地震火災の火源種別（不明を除く）[17, 20, 21]
出火件数や火源種別比率は文献によっており，表 8・6 ～表 8・8 とは一致しない．

で浸水した車両からの出火や電気配線等が確認されている.

　2016 年熊本地震は，2016（平成 28）年 4 月 14 日夜および 4 月 16 日未明に発生した一連の地震で，ともに熊本県益城町などで震度 7 が 2 回観測されている. 総務省消防庁による災害情報によれば，熊本地震に伴って発生した地震火災は 15 件となっているが，この中には「速報としては熊本地震に伴う火災として消防庁に報告したが，最終的には熊本地震の関連かどうかはわからないという判断となった」事例などが含まれていることが判明している. 日本火災学会地震火災専門委員会が震度 5 強以上を観測した市区町村を含んだ 25 の消防本部に対して行った調査結果によれば，地震火災 13 件，広義の地震火災 1 件，地震火災の可能性がある火災 4 件の計 18 件の火災が確認されている. 出火原因は電気配線・コンセントが 7 件で特に多く，次いで，非常用電源設備，ガス器具，工場設備が各 2 件となっている.

　表 8・8 には兵庫県南部地震以前の主要な地震出火原因を，また図 8・19 には主な地震火災の火源種別を示す. 図 8・20 は図 8・19 と同じデータを用いて，出火原因を「電気関係」，「ガス関係」，「油燃料関係」，「明かり・まき・炭等」，「その他」の 5 種に大別してそれらの比率を時系列で示したものである. 近年は，電気関係及び明かり・まき・炭等の比率が増加し，ガス関係及び油燃料関係の比率が減少傾向となっている.

　一方，海外に目を向けてみると，1994 年の米国ロサンゼルス市で発生（1 月 17 日 4 時 31 分）したノースリッジ地震では，地震直後から 1 時間の間に約 100 件の火災が発生し，この 8 割が建築物被害の集中したサンフェルナンドバレーに集中している. 地震直後に発生した火災はすべて同日の午前 9 時 45 分までには鎮圧され，上記兵庫県南部地震のように市街地火災になることはなかった. 地震直後の火災の原因は，天然ガスの地中埋設供給管，家屋内への引込配管，家屋内の配管などが破損してガス漏れを生じ，これらが何らかの着火源により引火して発生したものと見られている. また，比較的大規模な延焼火災となった 3 ヶ所のモービルホームパークの火災は，地中から立ち上がるガス引き込み配管が破損し，漏れたガ

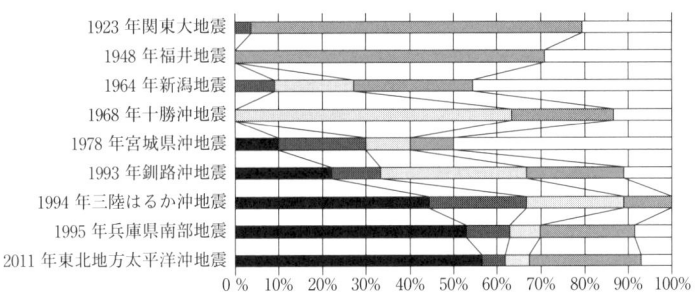

図 8・20　火源種別を 5 種に大別した比率（不明を除く）[17, 20, 21]
出火件数や火源種別比率は文献によっており，表 8・6 ～ 表 8・8 とは一致しない.

スに引火した可能性が指摘されている[18].

　以上のことから明らかなように，地震時の出火は，平常時ではあまり見られない原因によっていることが多いが，その代表的なものは兵庫県南部地震以前は薬品の落下破損，混触による出火であり，これが現代都市における地震出火の特徴と見なされていたといえる．しかしながら，兵庫県南部地震では，全く異なるプロセスで出火に至ったと考えられるケースが顕著であり，今後の地震時出火予測の理論を整備していく上で大きな宿題を負っている．

　また，発震後の出火に至るまでの時間を見てみると，関東大地震時には出火時刻が分散しており，発震後10時間以上経過して出火したものもあったが，新潟地震や1968年十勝沖地震では発震後10分以前にほとんどが出火している．これも，"生活様式の変化に伴う使用火気器具の変化がもたらす出火原因の変化"が主な要因と指摘されてきた[22].これに対し，兵庫県南部地震では家屋の全壊率が著しく高い地域が広く分布し，ガスの漏洩・引火や復電時の短絡など地震後時間が相当経過してからの出火も比較的数多く発生するなど，新たな地震出火の様相を呈しつつあるといえよう．

（糸井川　栄一・岩見　達也）

8・2・2　出火件数予測理論

　地震時出火を予測する試みは，1965年頃（昭和40年代前半）から行われてきているが，当初は一定地域内，例えば東京都の区別の出火件数を予測することに主眼が置かれていた．その後，各種の対策立案のために市街地内の相対的な出火危険性の算定手法や出火地区の特定のための手法が提案されてきた．これらには，目的，方法等に基本的な相違があるため，項目を分けて示すこととし，ここでは，出火件数の予測理論について論じる．出火件数の予測に関しては，①過去の地震時出火の経

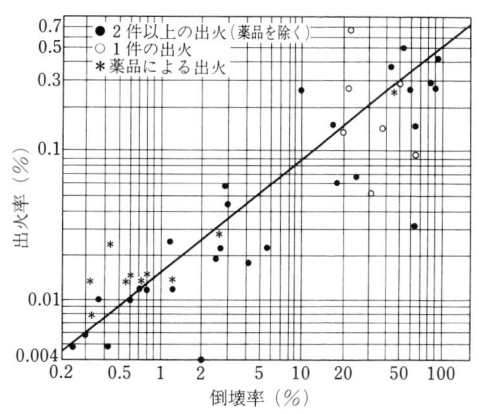

注：回帰には薬品による出火は含まれていない

図 8・21　関東地震における倒壊率と出火率[23]

験に基づいて経験的・統計的に予測するものと，②地震発生から出火に至る経過のイベントツリーを構築して各イベントの生起確率を実験的手法やアンケート調査等を用いて求めて出火確率を予測するものとに大別できる．

（1）経験的・統計的アプローチに基づく出火件数予測手法

A.　河角の方法[23]

　河角は地震の出火率：（出火件数）/（木造建築物棟数）が，木造建築物倒壊率の関数であるとして，

$$n = y \cdot \beta \cdot \gamma \cdot k$$

$$\left. \begin{array}{l} \text{但し，} n：出火件数 \\ \quad\quad y：関東大地震時出火率 \end{array} \right\} \quad\quad (8\cdot1)$$

$$\begin{aligned}
&\beta：社会事情変動係数\\
&\gamma：季節・時刻変動係数\\
&k：木造建築物棟数
\end{aligned}$$

で予測することを提案した（図 8·21）．地震時出火率の倒壊率との関連性を初めて示した点で画期的であった．なお，河角は式（8·1）の出火率 y を求める回帰直線の係数を示していなかったが，その後，小出は，係数は次式で表されることを示している[19]．

$$\log_{10}y = a \cdot \log_{10}x + b$$

$$\left.\begin{aligned}
&但し，y：関東大地震時出火率（\%）\\
&\qquad x：木造建築物倒壊率（\%）\\
&\qquad a：\log_{10}(0.5/0.007)/\log_{10}(250)\\
&\qquad b：\log_{10}(0.5) - 2 \cdot \log_{10}(0.5/0.007)/\log_{10}(250)
\end{aligned}\right\} \quad (8·2)$$

B. 水野の方法[24~26]

水野は，関東大地震から 1974 年伊豆半島沖地震までの出火のあった 13 地震を用いて，全出火（即時消止火災と炎上火災の和）と炎上火災の予測式を提案した．予測に当たっては，市町村を単位として，式（8·3）によるものとした．

$$Y = \alpha \cdot \beta \cdot B \cdot N \cdot (X/N)^a$$

$$\left.\begin{aligned}
&但し，Y：出火件数（全出火または炎上火災）\\
&\qquad \alpha：地震発生時刻の係数\\
&\qquad \beta：地震発生季節の係数\\
&\qquad B, a：パラメータ \quad B = \begin{cases} 0.004125（全出火）\\ 0.003152（炎上火災）\end{cases}\\
&\qquad\qquad\qquad\qquad\qquad a = \begin{cases} 0.5696（全出火）\\ 0.6041（炎上火災）\end{cases}\\
&\qquad X：住家全壊世帯数\\
&\qquad N：全世帯数
\end{aligned}\right\} \quad (8·3)$$

パラメータは，α，β を既存資料で設定した後，全出火については 90，炎上火災については 114 のデータを用いて，式（8·3）の両対数形で回帰分析を用いて推計している．地震時出火の倒壊率との関連性を定量的に示した最初の研究であり，その後の地震時出火予測研究に与えた影響は非常に大きい．

C. 都市防火総プロの方法[22]

建設省建築研究所（現 国立研究開発法人建築研究所）を中心として実施された総合技術開発プロジェクト「都市防火対策手法の開発」（以下，「都市防火総プロ」という．）では，地震時の出火件数の予測式を開発するに当たって，河角や水野の方法が基本的に出火率を倒壊率の関数とし，両対数形の回帰を行っているため，出火率と倒壊率のどちらか，もしくは双方が"0"のデータは扱っていないことに着目している．

そこで，はじめに過去の地震出火データを整理して，全壊率を対数的に 9 段階に分割し，各々の段階の平均出火率と平均全壊率を算出（平均値の算出にあたって出火率 0 のサンプルも含める）し，これを用いて式（8·4）を提案している．

$$\left.\begin{array}{l} 夏：\log_{10}y=0.728\cdot\log_{10}x-2.09 \\ 冬：\log_{10}y=0.814\cdot\log_{10}x-2.82 \\ \qquad 但し，y：出火率（出火件数/世帯数） \\ \qquad\quad x：住家全壊率（全壊世帯数/世帯数） \end{array}\right\} \qquad (8\cdot4)$$

　一方で，倒壊率や出火率を地震時出火データから計算することは不偏推定値を求めていることであるが，χ^2 検定を用いて，出火率"0"のサンプルを含めた安全側推計による方法も示しているが，かなり出火件数が多くなる傾向にある．

　また，この手法を検討する以前に，建設省建築研究所では，関東大地震時の旧東京15区の出火資料を用いて，前年の出火との関連を中心に分析を行っているが，データ数等の制約から予測手法として耐えられるものではないと結論づけている[24]．

D. 小林の提案[27, 28]

　小林は関東大地震時の旧東京区部の出火状況とその後の主な地震時の出火状況を分析し，出火率，出火件数の予測に関して次のような提案をしている．

①関東大地震時の旧東京区部の出火率は，t 検定を用いると河角のような両対数形ではなく，以下に示す回帰分析結果の方が適合度が高い．

$$\left.\begin{array}{l} Y=0.0348\cdot X+0.0163 \quad r=0.729 \\ Y=0.0114\cdot\log X+0.021 \quad r=0.740 \\ \qquad 但し，Y：出火率 \\ \qquad\quad X：木造全壊率 \end{array}\right\} \qquad (8\cdot5)$$

②薬品火災を除く一般火災は，飲食店，食品・料理品製造小売業からの出火が多く，一般火災の出火件数は以下のように回帰できる．

$$\left.\begin{array}{l} Y=0.00611\cdot X-2.212 \quad r=0.831 \\ \qquad 但し，Y：一般火災件数 \\ \qquad\quad X：飲食店数と菓子販売店数の和 \end{array}\right\} \qquad (8\cdot6)$$

③薬品火災は，学校関係，薬種商からの出火が多く，次の関係がある，

$$\left.\begin{array}{l} Y=0.0181\cdot X-4.426 \quad r=0.817 \\ \qquad 但し，Y：薬品火災件数 \\ \qquad\quad X：学校数と薬剤・売薬店数 \end{array}\right\} \qquad (8\cdot7)$$

④関東地震以降の主な地震時の出火を分析すると，出火率は全壊率そのものよりも，全壊率で表される地震の揺れ，すなわち，震度を用いる方が妥当であり，火気器具の使用環境の改善等を考慮すると，震度5〜6の地震の大部分では，

$$全出火率：2.0\times10^{-4}$$
$$一般火災出火率：1.5\times10^{-4}$$

を上限として，確率的に変動するものと考えて差し支えない．

　これまで，建物全壊率と出火率が両対数グラフ上で線形の関係にあると，ある意味では信じられてきた状況に対して，大きな疑問を投げかけた．

E. 愛知県[29]の方法

　愛知県の方法は，これまでの主たる予測手法である"建物全壊率と出火率が両対数グラフ

上で線形の関係にある"ことを前提としていることには変わりがないが，この中で利用されている木造全壊率を，地域の建築物がすべて 1954（昭和 29）年以前の木造建築物と仮定した場合の全壊率を求め，これを木造全壊率としていることに特徴がある．

　これは，"出火件数算定の経験式は，地震動強さの代替指標として，木造全壊率を使用していると考えられるが，近年の木造家屋は木造といえども耐震性が向上し倒壊しにくくなっており，最近建設された家屋の全壊率を基に算定したのでは，炎上出火件数が低めにでると考えられる"という理由によるものである．

　分析の結果，次式によって出火件数を予測することとしている．

$$y_1 = \alpha \cdot P \cdot n \cdot N_1 / (N_1 + N_2)$$
$$y_2 = y_1 \cdot N_2 / N_1$$
$$冬：P = 0.00815 \cdot Z^{0.73}$$
$$夏：P = 0.00152 \cdot Z^{0.81}$$

但し，y_1：木造建築物からの炎上出火件数
　　　y_2：非木造建築物からの炎上出火件数
　　　α：時刻係数　　　　　　　　　　　　　　(8・8)
　　　P：炎上出火率
　　　n：その地域の世帯数
　　　N_1：その地域の木造建築物棟数
　　　N_2：その地域の非木造建築物棟数

F. その他の統計的アプローチに基づく出火件数予測手法

　1995 年兵庫県南部地震では 293 件の火災が発生したが，これ程の火災が発生した地震は戦後初めての経験であった．言い換えれば，統計的アプローチをとる上で，それまでの手法を検証・改良するための貴重なデータが得られることになった．室崎[30]は，1995 年兵庫県南部地震の際の地震出火について分析し，神戸市（区別），芦屋市，西宮市，尼崎市，宝塚市，伊丹市，川西市を対象として，その全域の平均出火率が 1.68（1 万世帯当たり出火件数）と，1948（昭和 23）年の福井地震時の福井市（出火率 15.5）を大きく下回っているとともに，関東大地震時の東京市：2.02 より小さかったと指摘している．しかし，震度 7 を記録した神戸市長田区，中央区，灘区，芦屋市等では，地震直後にほとんど市民消火がなされなかったため（市民消火率 4 ％），出火率は 3 を上回り，福井地震の福井市全体の出火率より大きくなったと分析している．また，2011 年東北地方太平洋沖地震でも 398 件の火災が発生した．

　これらの経験を踏まえて，また統計的研究の進展を取り込んだ形でさらに発展させた手法として，一般化線形理論に基づく手法やベイズ統計理論に基づく手法などが近年提案されている[31~33]．　　　　　　　　　　　　　　　　　　　　（糸井川　栄一・岩見　達也）

（2）イベントツリーに基づく出火件数予測手法

A. 東京消防庁の方法[34, 35]

　東京消防庁の方法では，地震時における出火要因を，(a)火気器具・電熱器具（建物圧壊時以外），(b)建物圧壊時の火気器具・電熱器具，(c)電気機器・配線，(d)化学薬品，(e)危険物施

設，(f)工業炉，(g)LP ガス，(h)漏洩ガス，(i)高圧ガス施設，として，各々の出火率及び出火件数を算定している．

　建物圧壊以外の場合の火気器具・電熱器具については，①兵庫県南部地震における器具別の出火件数などをもとに，震度 4 ～の場合の器具別の出火率を設定，②器具ごとに出火に至る事象をイベントツリー上に示し，事象ごとに生起率を設定し，器具別，震度別の出火率を求め，これを①で設定した出火率と合うように調整，③②で設定した器具別，震度別の出火率をもとに，出火危険度測定の際に調査した用途（住宅，共同住宅，事務所，飲食店など）別の器具保有状況や時間帯別の器具使用率を用いて，夏昼・冬夕別，用途別，震度別の出火率を設定している．

　建物圧壊の場合の火気器具・電熱器具については，出火危険度測定で設定している器具別の全壊建物 1 棟当たりの出火率，1995（平成 7）年に東京消防庁が実施した東京都における火気使用環境調査結果による時間帯別・器具別の使用率を用いるものとしている．

　電気機器・配線等については，兵庫県南部地震における主要被災市における建物全壊数，電気機器・配線からの出火件数より関係式を求めている．

　化学薬品については，近年の地震火災事例から対象とする業態を高校，大学，自然科学研究機関の 3 つに絞り，宮城県沖地震における火災事例や実験の結果を用いて，業態別，震度別の出火率を設定している．

　危険物施設については，専門家へのアンケート調査をもとに設定した出火率に，震度別・施設区分別の補正を加え，施設区分別，震度別の出火率を設定している．

　工業炉については，専門家へのアンケート調査をもとに設定した出火率に，震度別の補正を加え，液体等の燃料を使用する炉については配管の損傷率，電気加熱を熱源とする炉については停電率について補正を加え，炉の種別，震度別の出火率を設定している．

　LP ガスについては，ボンベの転倒実験の結果を用いて，震度別の出火率を設定している．

　漏洩ガスについては，兵庫県南部地震の事例をもとに，配管被害箇所（灯内内管・灯内外管）別，建物被害程度（建物全壊の場合・建物全壊以外の場合）別の出火率，灯内内管・灯内外管別，震度別の配管の被害率を設定している．

　高圧ガス施設では，イベントツリーの各事象の生起確率に基づいてボンベ及び容器からの出火率を設定している．

　なお，東京都の地震被害想定[46]や神奈川県の地震被害想定[41]では，基本的な考え方は東京消防庁の方法を採用し，出火危険度が小さい出火要因を除いて，火気器具・電熱器具，電気機器・配線等の主な出火要因を対象として出火件数の算定を行っている．

B.　中央防災会議・首都直下地震対策検討ワーキンググループの方法[36]

　中央防災会議の首都直下地震の被害想定[36]では，出火要因別の出火件数の算定方法を設定し，出火要因としては，①火気器具・電熱器具，②電気機器・配線，を対象としている．①火気器具・電熱器具については，建物倒壊しない場合と建物倒壊した場合で区分して評価している．なお，化学薬品・工業炉・危険物施設等の要因は，全体に占める割合が非常に少なくメッシュ別把握は困難であるため，対象としていない．

　建物倒壊しない場合の火気器具・電熱器具からの出火については，要因種類ごとの ETA

（Event Tree Analysis）等により設定した要因別，震度別の出火率，火気使用環境調査などによる用途別の要因数から，季節時間帯（冬深夜・夏 12 時・冬 18 時）別，用途（住宅・共同住宅，事務所等その他事業所，診療所，病院，物品販売店，飲食店）別，震度別の出火率が設定されている．なお，この出火率の値や用途の区分等は，東京都第 16 期火災予防審議会答申とは，若干異なっている．

建物倒壊した場合の火気器具・電熱器具からの出火については，兵庫県南部地震の事例から冬における倒壊建物 1 棟あたり出火率を 0.0449% と設定し，暖房器具類を使わない夏における倒壊建物 1 棟あたり出火率を 0.0286% と設定し，これらを時刻補正係数（深夜：1.0，12 時：2.2，18 時：3.4）で補正し，季節時間帯別の倒壊建物 1 棟あたり出火率（冬深夜：0.0449%，夏 12 時：0.0629%，冬 18 時：0.153%）を設定している．

電気機器・配線からの出火については，建物全壊の影響を強く受けると考えて，出火件数の算定式が設定されている．

$$Y_1 = p_f \times N$$
$$Y_2 = (1 - p_e) \times Y_1$$
$$Y_3 = N_b \times p_b$$
$$Y_4 = 0.044\% \times N_c$$
$$Y_5 = 0.030\% \times N_c$$

Y_1：建物倒壊しない場合の火気器具・電熱器具からの全出火件数
p_f：出火率（季節時間帯別，用途別，震度別）
N：要因数（用途別）
Y_2：炎上出火件数
p_e：初期消火成功率
Y_3：建物倒壊した場合の火気器具・電熱器具からの全出火件数
N_b：建物倒壊棟数
p_b：倒壊建物 1 棟あたり出火率（季節時間帯別）
Y_4：電気機器からの出火件数
N_c：全壊棟数
Y_5：配線からの出火件数

(8・9)

表 8・9　冬 18 時の用途別，震度別の出火率[36]

用途	震度 5 弱	震度 5 強	震度 6 弱	震度 6 強	震度 7
飲食店	0.0047%	0.0157%	0.0541%	0.1657%	0.509%
物販店	0.0007%	0.0022%	0.0085%	0.0302%	0.158%
病院	0.0008%	0.0017%	0.0072%	0.0372%	0.529%
診療所	0.0004%	0.0010%	0.0036%	0.0130%	0.041%
事務所等その他事業所	0.0003%	0.0012%	0.0052%	0.0216%	0.177%
住宅・共同住宅	0.0010%	0.0034%	0.0109%	0.0351%	0.115%

（糸井川　栄一・岩見　達也・坂本　朗一）

8・2・3　出火危険度算定手法

　出火件数の予測は，ある程度大きな地震を対象として，出火が想定される火気器具，施設等が一定以上存在する地域を対象とするのに対して，出火危険度はより小さな地区の相対的な出火危険性を算定することによって具体的な対策に結びつけるために開発されてきたといえよう．また，出火に関する研究上の蓄積が不十分であったことから，小さな地区の出火件数（期待値）を算定することが困難であったため，出火件数は地域全体で別手法によって求めておき，地区別に求められた出火危険度の大きさに基づいて，出火件数を地区に配分するために地区別出火危険度が算定された．

　そこで以下では，出火危険度の算定方法と，出火点の地区への配分方法について手法を概説する．

（1）出火危険度算定手法

A. 東京消防庁の方法[37~38]

　上述の出火件数に関する東京消防庁の方法が開発される以前に，地区別の出火危険の相対比較を行うために用いられてきた手法である．500 m メッシュの相対的な出火危険度を，"火気器具による出火危険"と"危険物による出火危険"別に算定し，それを統合することによって算出する手法を開発している．

　火気器具による出火危険値（a）は，燃料別器具別の出火危険，使用環境（用途，形態）による補正，震害係数の3要因によって算定され，危険物による出火危険値（b）も，ほぼ同様の考え方に基づいて算定している．総合的な出火危険値は，次式によって算出し，それを0から9までの10ランクとして示すことによって出火危険度としている．

$$D_f = a + 3.2 \cdot b \tag{8・10}$$

B. 都市防火総プロの方法[22]

　都市防火総プロは，都市防火区画整備による被害低減効果を把握するため，平常時の建物用途別及び火気器具別の出火の火気器具の使用実態を用いた手法を開発した．手法の開発に当たって，a_i, b_j を未知数とする基本方程式，

$$
\left.
\begin{aligned}
&\sum_{j=1}^{n} a_i \cdot b_j \cdot X_{ij} = p_i \\[2ex]
&\sum_{i=1}^{m} a_i \cdot b_j \cdot X_{ij} = q_j \\[2ex]
&\text{但し，} a_i: \text{建物用途に依存しない火気器具 } i \text{ の出火危険係数} \\
&\qquad\ \ b_j: \text{火気器具に依存しない建物用途 } j \text{ の出火危険係数} \\
&\qquad\ \ X_{ij}: \text{建物用途 } j \text{ における火気器具 } i \text{ の使用頻度} \\
&\qquad\ \ p_i: \text{火気器具 } i \text{ からの出火件数} \\
&\qquad\ \ q_j: \text{建物用途 } j \text{ からの出火件数}
\end{aligned}
\right\} \tag{8・11}
$$

に基づいて，平常時の火気器具の出火危険係数について，$\sum_{i=1}^{m} a_i^{(0)} = 1$ という制約条件下で建物用途の出火危険係数 b_j を求め，これが平常時と地震時で変化しないという仮定を設けた上で，アンケート調査により震度 g における火気器具 i の出火危険係数 $a_i(g)$ を求めた．これらを用いて，地区 ℓ における震度 g の場合の出火危険度を次式により算定することとしている．

$$S_\ell^{(g)} = A_\ell \cdot \sum_{j=1}^{n} \sum_{i=1}^{m} a_i^{(g)} \cdot b_j \cdot \hat{X}_{ij} \cdot U_{j\ell}$$

但し, A_ℓ：木造率 $\left.\begin{array}{c}\\\\\\\\\end{array}\right\}$ (8·12)

$\hat{X}_{ij}$：建物用途 j の単位規模当たりの火気器具別延時間台数

$U_{j\ell}$：地区 ℓ の建物用途 j の規模（棟数，延床面積など）

（糸井川　栄一）

（2）出火点の地区への配分手法

　地震時の火災被害を想定する場合，出火地点をある地区に同定する必要がある．この同定は，ある地域内において予測された出火件数と地区別に算定された出火危険度を用いて行う方法と，地区別に得られた出火件数期待値を用いて行う方法があるが，後者のものが比較的新しい手法である．

A．地域全体の出火件数と地区の出火危険度を用いる方法

a．東京都防災会議の方法[39]

　東京都防災会議では東京区部の地震被害想定を行うに当たって，東京消防庁の出火危険度（前述）を用いて出火点の地区への配分を行った．まず，出火危険度9の地区において1 km² 当たり1件の火災が発生し，出火危険度0の地区では出火がないものとして，各危険度毎に按分して出火率とする．これを用いて区別の出火件数を算定した上で，ブロック（焼け止まりの判定の対象となる路線で囲まれた領域）毎の出火危険度と木造建築物密度に応じて，ブロック内の出火地点を想定するとともに，出火比数を用いて，ブロック毎の出火確率も算出している．

b．都市防火総プロの方法[22]

　都市防火総プロでは，都市防火区画整備の効果を算定するにあたって，出火が想定される区画を特定する必要があるため，はじめに，被害低減の目標に基づく想定出火率を用いて，出火の偏在を考慮した算定手法により出火が想定される都市防火区画の数（M_p）を算出する．その後，M_p 個の区画を出火危険度 $S_\ell^{(g)}$（前述の出火危険度算定に関する都市防火総プロの方法参照）の高い順にこれを出火区画として特定することとしている．

B．地区別の出火件数期待値を用いる方法

a．東京都防災会議の方法[40]

　東京都防災会議では，第2回目の地震被害想定を行うに当たり，250 m メッシュ別の出火件数期待値を東京消防庁の方法により算定している．これを用いて出火点をメッシュに配分するために，以下の方法を用いている．

①消防署の管轄区域毎にメッシュ別出火危険度を積み上げ，出火件数を求める．

②署の管轄区域に含まれる250 m メッシュから，出火件数期待値の高いメッシュを抽出し，出火地点とする．

③出火地点としたメッシュの出火件数期待値から1を減ずる．

④上記②〜③を出火件数分繰り返す．

⑤上記①〜④を区部，多摩全域について繰り返す．

　なお，250 m メッシュ内の出火場所は，250 m メッシュ内の xy 座標に関して乱数を発生

させることにより位置を設置している.

b. 神奈川県の地震被害想定の方法[41]

神奈川県の地震被害想定では, 250 m メッシュ別の出火件数期待値を算定している. これを用いて出火点をメッシュに配分するために, 以下の方法を用いている.

① 区市町村別の出火件数を求める.

② 各区市町村を対象に, 下記③④を出火件数分繰り返す.

③ 区市町村に含まれる 250 m メッシュから, 出火件数期待値の高いメッシュを抽出し, 出火地点とする.

④ 出火地点としたメッシュの出火件数期待値を 0 とする.

（糸井川　栄一・岩見　達也・坂本　朗一）

8・2・4　延焼火災件数及び焼失棟数の予測

出火件数と出火場所が設定された場合, この出火を初期消火や消防力等によってどの程度消火可能であるのか, 逆に言えば, 延焼火災として残存する件数はいくつあるのかを求めることが, 火災による被害を予測する上で重要である.

（1）地震時の初期消火率の設定

出火件数予測手法の多くは, 住民による点火中火気器具の止火や初期消火を陽的に取り扱っていない, しかし, 地震時の出火件数は消防力を上回ることが予想され, 火災被害低減の鍵は, 住民の止火及び初期消火が握っているといっても過言ではない. これまで, 以下のような多くの検討, 設定がなされてきている.

A. 水野の算定[24]

前述の出火件数予測式に用いたデータから, 炎上率と住家全壊率は独立であり, 炎上率の 95% の信頼区間は, 53.7 ± 8.9% であるので, 地震時の初期消火率は 46% 程度と考えることが妥当であるとしている.

B. 表の検討[42]

1975（昭和 50）年の大分県中部に発生した地震時の住民調査によれば, 震度 3 以下では消火行動の必要はないと考えているが, 震度 4 を超えると消火行動がされはじめ, 震度 6 以上では消火行動が不可能であると結論づけている.

C. 仙台都市圏防災モデル都市建設計画調査委員会の算定[43]

関東大地震から 1978 年宮城県沖地震までの 5 つの地震出火資料に基づいて, 震度別に表 8・10 のように初期消火率を算定している.

表 8・10　震度階と初期消火率の関係[43]

	震度 5	震度 6	震度 7
全体	78.6%	51.8%	43.9%
市部	68.4%	45.9%	23.8%

D. 小林の算定[27, 28]

小林は, 関東大地震時の旧東京 15 区のデータから, 木造倒壊率によって市民消火率は大

きく異なることを表8·11のように示している.

表 8·11　木造倒壊率の違いによる市民消火率[27]

	木造倒壊率	
	2.5% 未満	2.5% 以上
全火災	70.9%	18.9%
一般火災	73.5%	12.3%
薬品火災	66.7%	66.7%

　このデータを用いて，関東地震時の一般火災の市民消火率は，次式で説明できると提案している.

$$Y = -0.111 \cdot X + 0.828 \quad r = -0.827 \\ 但し, \ Y：市民消火率 \\ X：木造全壊率（\%） \tag{8·13}$$

　また，関東大地震以降の主な地震の分析から，一般火災の市民消火率は震度と強い相関があり，今後の地震で期待できる平均値は，

　　　震度5：60%　　　　震度6：30%　　　　震度7：0％

と考えても大きな誤りはないとしている.

E.　中央防災会議・首都直下地震対策検討ワーキンググループの設定[36]

　中央防災会議の首都直下地震の被害想定[36]では，初期消火については，震度別の初期消火成功率を設定している（表8·12）.

表 8·12　震度別の初期消火成功率[36]

震度	6 弱以下	6 強	7
初期消火成功率	67%	30%	15%

F.　東京消防庁の算定[44, 45]

　止火率を1964年新潟地震（35.3%，推定震度5.4），1968年えびの地震（45.1%，推定震度5.6），1978年宮城県沖地震（仙台市78.8%，推定震度5.3），1995年兵庫県南部地震の事例から推定し，止火率を震度との関係で求めることとしている.

　初期消火成功率は，東京消防庁管内の平常時の火災帳票データの分析から用途別初期消火成功率を求め，これに過去の地震データに基づいて求めた震度別初期消火成功率の補正係数を掛け合わせて求めている（表8·13，8·14）.

　なお，神奈川県の地震被害想定[41]においても東京消防庁の方法が採用されている.

（2）消防等による消火（延焼火災件数，消火可能火災件数，消火率等）の設定

A.　中央防災会議・首都直下地震対策検討ワーキンググループの方法[36]

　中央防災会議の首都直下地震の被害想定[43]では，消防運用の結果，消火することができなかった残火災件数を用いて，250 mメッシュでの延焼シミュレーションを実施している．この残火災件数は，各消防本部・組合について求めた消火可能火災件数と，炎上出火件数を比

表 8·13　用途別の初期消火成功率[34]

用途	映画館	キャバレー	飲食店	料理店	物品販売店舗	百貨店	旅館・ホテル木造
初期消火率	0.67	0.42	0.53	0.51	0.50	0.75	0.45
用途	旅館・ホテル非木造	寄宿舎	共同住宅	病院	診療所	保育所	幼稚園
初期消火率	0.62	0.67	0.67	0.67	0.62	0.66	0.66
用途	小学校	大学	公衆浴場	工場・作業所	事務所	住宅	－
初期消火率	0.56	0.56	0.67	0.50	0.75	0.67	－

表 8·14　震度別の初期消火成功率の補正係数[45]

震度	震度5弱	震度5強	震度6弱	震度6強	震度7
補正係数	1	1	1	0.453	0.229

較し，消火されなかった火災が延焼拡大すると考え，求めることとしている．

　消防運用による消火可能火災件数は，消防本部・組合別に，現況の消防力（消防ポンプ自動車数，小型動力ポンプ数，水利数）から，兵庫県南部地震の消火実績等をもとにした次式により，算定している．

$$
\left.
\begin{aligned}
&Y_R = Y - Y_e \\
&Y_e = 0.3 \times (N_a/2 + N_b/4) \times \{1 - (1 - 61,544/S)^w)\} \\
&\qquad 残火災件数＝炎上出火件数－消火可能火災件数 \\
&\quad Y：炎上出火件数 \\
&\quad Y_e：消火可能火災件数 \\
&\quad Y_e：消火可能火災件数（風速3\,\text{m/s}） \\
&\quad N_a：消防ポンプ自動車数 \\
&\quad N_b：小型動力ポンプ数 \\
&\quad S：市街地面積（\text{m}^2） \\
&\quad w：水利数
\end{aligned}
\right\}
\tag{8·14}
$$

B.　東京都の方法[46]

　東京都の地震被害想定[46]では，公設消防，消防団の投入効果を評価し，消防管轄区域別に消火率を設定している．

　公設消防の消火率については，東京都第16期火災予防審議会答申[45]を参照して，消防団の消火率については，消防団の消火能力は公設消防の1/2と仮定して，設定している．

$$
\begin{aligned}
&P = P_D + (1 - P_D) P_S \\
&P_S = \{1 - (1 - 249705/S)^w\} \times 30 / \{29 \times (t_1 + t_2 + t_3)/10\}
\end{aligned}
$$

$$P_D = P_S \times 1/2$$

P：消火率

P_D：消防団の消火率

P_S：公設消防の消火率

S：地域面積　w：水利数

t_1：消火活動開始所要時間

t_2：火点までの平均的な駆け付け時間

t_3：ホース展開時間

(8・15)

C.　神奈川県の方法[41]

　神奈川県の地震被害想定[41]では，自主防災組織，消防団，公設消防の投入効果を評価し，市区町村別に消火率を設定している．

　自主防災組織・消防団・公設消防の消火率については，東京都火災予防審議会答申「地震火災に関する地域の防災性能評価手法の開発と活用方策」を参考にして，設定している．

$$P = P_j + (1 - P_j) \, P_D + (1 - P_j)(1 - P_D) P_S$$

P　：消火率

P_j：自主防災組織の消火率

P_D：消防団の消火率

P_S：公設消防の消火率

$P_j = \{ 1 - (1 - 15400/S)^w \} \times \{ (a \times R_1 + b)/R_2 \}$
$\quad \times 0.87/(t_j + 0.0040/\sqrt{\rho_j}) \times (1.45 \times R_1 + 0.91)$

$P_D = \{ 1 - (1 - 62426/S)^w \} \times 20/\{ 29 \times (t_{1,D} + t_{2,D} + t_{3,D})/10 \} \times R_D$

$P_S = \{ 1 - (1 - 249705/S)^w \} \times 30/\{ 29 \times (t_{1,S} + t_{2,s} + t_{3,S})/10 \}$

S：地域面積

w：水利数

R_1：可搬ポンプ訓練経験率

R_2：10 分以内に活動開始できる組織率

t_j：消火活動所要時間（自主防災組織）

ρ_j：可搬ポンプ密度

$t_{1,D}$：消火活動開始所要時間（消防団）

$t_{2,D}$：火点までの平均的な駆け付け時間（消防団）

$t_{3,D}$：ホース展開時間（消防団）

R_D：消防団員の参集率

$t_{1,S}$：消火活動開始所要時間（公設消防）

$t_{2,S}$：火点までの平均的な駆け付け時間（公設消防）

$t_{3,S}$：ホース展開時間（公設消防）

(8・16)

（3）焼失棟数の算定

A.　中央防災会議・首都直下地震対策検討ワーキンググループの方法[36]

　中央防災会議の首都直下地震の被害想定[36]では，消防運用の結果，消火することができな

かった残火災件数を用いて，250 m メッシュでの延焼シミュレーションを実施している．延焼シミュレーションでは，延焼遮断帯として，道路，鉄道，河川を考慮している．また，メッシュ中心に延焼が到達した時点で，当該メッシュは焼失と判定している．延焼シミュレーションでは，残火災の火点位置はランダムとして，100 回繰り返すことで，各メッシュの平均的な焼失率，焼失棟数を算定している．

B. 東京都の方法[46)]

東京都の地震被害想定[46)]では，加藤ら（2006）[47)]の手法に基づいて，建物単体データを用いて，気象条件（風向・風速）を設定し，延焼限界距離によるクラスター（延焼運命共同体）を生成し，クラスターデータベースを作成し，炎上出火件数と消火率から，建物ごとの焼失率，メッシュ・区市町村における焼失棟数の平均的な予測値を算定している．

焼失棟数の平均的な予測値は，次の①～④の手順で算定している．①メッシュ別の炎上出火件数を建物単体データに割り振り（メッシュ単位における建物棟数で炎上出火件数を除する），建物単体における出火確率を設定する．②①で設定した出火確率に対し，公設消防・消防団による消火率をかけ合わせ，消防効果を加味した建物単体における出火確率とする．③建物の焼失確率は，その建物が属するクラスターから 1 件以上出火する確率に等しいことか

図 8·22　クラスターデータの拡大イメージ[46)]
（同じ色の範囲が同一クラスター）

ら，クラスターを構成する建物棟数 n，クラスターに属する建物の出火確率の平均値 $\bar{p}$ から，各建物 k の焼失確率 P_k を求める．④集計単位（メッシュ・区市町村）に含まれる建物の焼失確率 P_k の総和として，集計単位（メッシュ・区市町村）における焼失棟数の平均的な予測値 χ を求める．

$$
\left.
\begin{aligned}
&P_k = 1 - \exp(-n\bar{p}) \\
&\chi = \sum P_k \\
&P：各建物の焼失確率 \\
&n：クラスターを構成する建物棟数 \\
&\bar{p}：クラスターに属する建物の出火確率の平均値 \\
&\chi：集計単位（メッシュ・区市町村）における焼失棟数の平均的な予測値 \\
&P_k：集計単位（メッシュ・区市町村）に含まれる建物の焼失確率
\end{aligned}
\right\} \quad (8·17)
$$

C. 神奈川県の方法[41]

神奈川県の地震被害想定[41]では，消防運用の結果，消火することができなかった残出火数を用いて，250 m メッシュでの延焼シミュレーションを実施している．延焼シミュレーションでは，延焼遮断帯として，道路，鉄道，河川を考慮している．延焼シミュレーションでは，出火点を配分したメッシュのうち，不燃領域率が 50% 未満のメッシュで隣接メッシュへの延焼が発生するものとして，延焼する残出火メッシュ（延焼元となるメッシュ）を判定している．延焼する残出火メッシュの上下左右のメッシュを「延焼先のメッシュ」とする．「火災の発生するメッシュ」は，「残出火メッシュ」と「延焼先のメッシュ」を合わせたメッシュとしている．

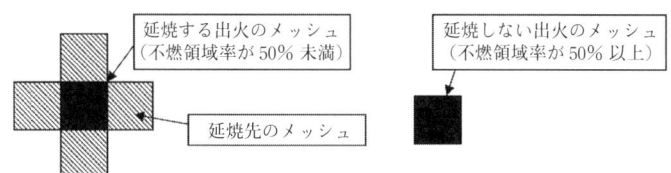

図 8·23　延焼する残出火メッシュと延焼先のメッシュ[41]

「火災の発生するメッシュ」における焼失棟数は，兵庫県南部地震時における延焼状況と都市防火総プロの結果から設定した焼失率を用いて算定している．

$$N_b = (N_w + N_n) \times R_b \times R_c$$

$$R_b = \begin{cases} (-5/2) \times F + 1 & (0.00 \leqq F \leqq 0.20) \\ (-2/3) \times F + 19/30 & (0.20 < F \leqq 0.50) \\ (-1/2) \times F + 55/100 & (0.50 < F \leqq 0.70) \\ (-1/3) \times F + 13/30 & (0.70 < F \leqq 1.00) \end{cases}$$

N_b：焼失棟数

N_w：木造建物棟数

N_n：低層非木造建物棟数

R_b：焼失率

R_c：揺れ・液状化による全壊率

F：不燃領域率

$$(8·18)$$

（糸井川　栄一・岩見　達也・坂本　朗一）

8・3　市街地火災延焼の理論

市街地火災延焼の理論を構成するものとして，次の 3 つが主要な項目として挙げられる．

（1）延焼速度予測

（2）延焼遮断判定

（3）延焼拡大メカニズムの構築

延焼速度予測は，市街地火災における火災前面が単位時間にどの程度進んだか，あるいは，単位時間にどの程度の面積が焼けたかを示す指標であり，市街地火災延焼の理論を構成する

最も基本的なものとして位置づけられる.

　延焼遮断判定は，ある程度成長した火災が，道路，河川，鉄道，緑地などのオープンスペー
スや，連続的な耐火建物など（場合によっては立体的な道路や鉄道なども含まれる）の立体
的構造物によって延焼拡大が阻止されるかどうかを判定するものである．この場合，隣接す
る建築物間の延焼着火の有無の判定は，前記の延焼速度理論のなかで説明され，延焼遮断理
論とは区別される．

　またコンピュータによって市街地火災の予測を比較的手軽に行えるようになった現在，延
焼拡大メカニズムは，上記の延焼速度，延焼遮断の理論を活用して具体的に市街地の延焼予
測を行う際の計算手続きを示すものとして重要性がある．

　なお，市街地火災の分野において，類焼という用語と延焼という用語を厳密に使い分けて
いることは少なく，現在のところ，延焼という用語を用いるほうが一般的である．しかし，
堀内[1]は市街地火災にいたる一過程として，"1棟の建物が火災となって，他の建物に延焼す
ること"を「類焼」と呼んで区別している．

8・3・1　延焼速度の予測

（1）延焼速度への影響要因

　時間当たり火災前面の燃え進む距離を延焼速度と呼び，通常，単位を m/h，m/min で表
す．また，場合によっては，単位時間当たりに市街地が焼けた面積の割合を延焼速度と呼ぶ
ことがあり，この場合には，単位は m^2/h，m^2/min で表す．

　市街地火災の延焼速度に影響を及ぼす要因としては，風向・風速，湿度，降水等の自然的
要因や，消火活動などの人為的要因や道路，河川，空地，崖，建築物，樹木等の社会的要因
（一部，自然的要因を含む）等に分類されるが[2]，これまで提案されている理論における主要
な構成要因は，建築物の構造構成比，その密度，風向・風速，場合によっては湿度等であ
る．

（2）延焼速度と風

　延焼速度について最初にとりまとめられたのは，風速との関係である[3]．これは戦前，戦中
にとりまとめられているが，川越は，この調査結果と戦後の大火の調査結果を統括して，図
8・24 に示す図を作成した[4]．この図によれば，延焼速度は風速が増加するにつれて指数的に
増大することが示されている．同図の延焼速度は火元から焼け止まり線までの距離を出火か
ら鎮火までに要した時間で除して求めている．したがって，飛び火による延焼拡大過程も含
まれているものとみることができ，その影響もあって強風下では非常に延焼速度の速い状況
となっている．

（3）延　焼　速　度　式

A．浜田の延焼速度式

　市街地の建築物の立地状況や気象条件等を表すパラメータにより延焼速度を数式として説
明したものを延焼速度式という．最初に延焼速度式を提案したのは浜田[5]である．浜田は，過
去の火災事例の分析（前述の風による影響分析を含む）に戦時中行われた実大木造家屋火災
実験の結果を追加して，加害側（火元）建物の出火（着火）から受害側（隣接）建物が着火
するまでの時間を説明する式を構築した．これがいわゆる「浜田式」の原型である．市街地

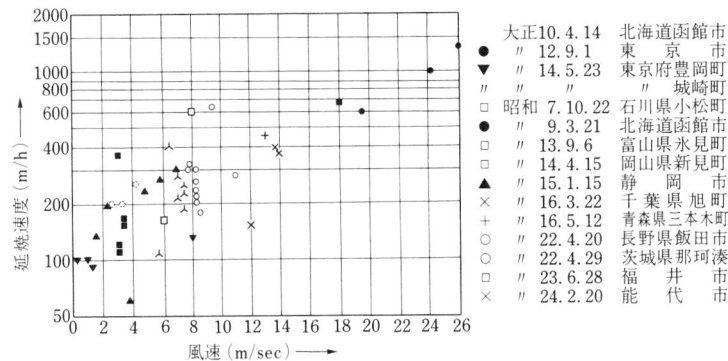

図 8·24 大火災時の木造密集市街地の風下への延焼速度と風速[4]

における建築物の平均的な一辺長を a，平均的な隣棟間隔を d とすれば，建物1棟が分担する範囲 $(a+d)$ を上記の着火時間 t で除せば，延焼速度 $V=(a+d)/t$ となる．発表当初は市街地に純木造家屋が立地する場合の式であったが，その後，市街地内で防火木造建築物や耐火造建築物が立地するという建築物構造の混成状況を考慮に入れた改良[6]（延焼速度比 n の導入）ならびに2階建て建物の考慮[6]，ならびに着火時間に関するパラメータの一部が離散関数となっていたものを連続関数に修正[2]し，現在に至っている．

　最終的な浜田の延焼速度式をとりまとめたものが表 8·15 である．この式では，図 8·25 に示すように均一の規模の建築物が格子状に規則正しく並んでいる市街地を想定している．また，同表の中で，延焼限界距離 D（風下），D'（風下），D''（風側）に 1.15 という係数がかかっている．これは，当初提案の段階では平屋建築物について取り扱っていたものを2階建てまで考慮した結果である．すなわち，火元の炎上家屋周辺の等温面を放物面 $h=pd^2$（h：建築物高さ，d：隣棟間隔，p：パラメータ）と仮定すると，平屋に対して2階建ての場合は軒高比の平方根に相当する量だけ延焼限界距離が増加する（軒高比を 1.7 とすると延焼限界距離は約 1.3 倍）が，2階軒先部分は1階軒先に比較してセットバックしていることを留意して，1.15 としたものである．

　浜田式に基づく延焼速度は，その特性として，建物混成比率（延焼速度比）と風速の影響を最も大きく受けるが，隣棟間隔による影響はほとんど受けない構造となっている．隣棟間隔が大きく関与するのは，これ以上の距離ならば延焼が進まないという延焼限界距離に反映されている．浜田式は，地方自治体が市街地防火対策を講ずる際の火災危険性を把握するための事実上の公式として長く採用されてきたが，近年では，市街地構造の変化が著しい現状の市街地の延焼性状を反映した延焼速度式の開発が試みられている（後述）．

B. 堀内の延焼速度式

　当初の浜田の式が純木造市街地を対象としたものであったのに対して，堀内は防火木造市街地を対象とした延焼速度式を提案した[1]．基本的な式は，100％防火木造で構成された市街地を想定しているので，延焼速度比の概念は導入されていないが，式の構造は浜田式を継承

表 8·15　浜田の延焼速度式

方向	着火から隣家への着火までの時間 t (min)	延焼速度 V (m/min)	延焼限界距離 D (m)	備考
風下	$t_0 = \dfrac{3 + \dfrac{3}{8}a + \dfrac{8d}{D_i}}{1 + 0.1v}$ （1棟目） $t_0 = \dfrac{3 + \dfrac{3}{8}a + \dfrac{8d}{D_i}}{\alpha(1 + 0.1v + 0.007v^2)}$ $\alpha = 1.6\,\dfrac{t + 14}{t + 25}$	$V = n\,\dfrac{\alpha(a+d)(1 + 0.1v + 0.007v^2)}{3 + \dfrac{3}{8}a + \dfrac{8d}{D_i}}$ $n = \dfrac{(a'+b')}{a' + \dfrac{b'}{0.6}}(1 - c')$	$D_0 = 1.15(5 + 0.5v)$ $D_i = \beta_i D_0$ β_i の値 出火から10分迄　1.0 $10 \sim 30$ 分　　 1.5 $30 \sim 60$ 分　　 3.0 60 分〜　　　 5.0	a：建物の平均 　　　一辺長(m) d：隣棟間隔(m) v：風速(m/sec) n：延焼速度比 a'：木造混成比 b'：防火造混成比 c'：耐火造混成比
風上	$t' = \dfrac{3 + \dfrac{3}{8}a + \dfrac{8d}{D'}}{(1 + 0.002v^2)}$	$V' = n\,\dfrac{(a+d)(1 + 0.002v^2)}{3 + \dfrac{3}{8}a + \dfrac{8d}{D'}}$	$D' = 1.15(5 + 0.2v)$	
風側	$t'' = \dfrac{3 + \dfrac{3}{8}a + \dfrac{8d}{D''}}{(1 + 0.005v^2)}$	$V'' = n\,\dfrac{(a+d)(1 + 0.005v^2)}{3 + \dfrac{3}{8}a + \dfrac{8d}{D''}}$	$D'' = 1.15(5 + 0.25v)$	

文献 1),2),4),5) に基づき作成

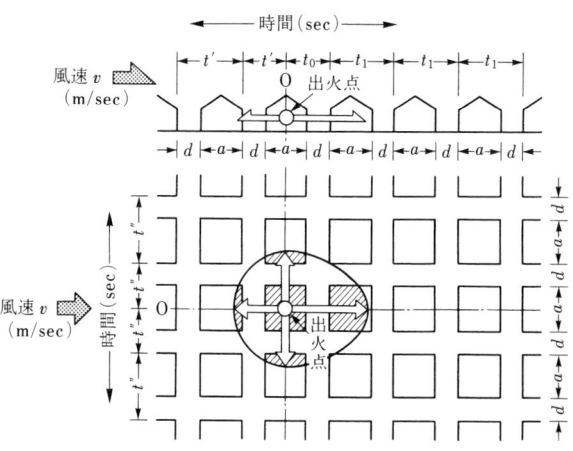

図 8·25　市街地における木造建物の延焼速度[1]

している．ただし，建築物の難燃化，防火性能の相対的向上に伴い，着火時間に関する式の分子に現れる建物一辺長の係数の値が，3/8 に替わって 5/8 となっていること，延焼限界距離がすべての風向において 1/2 となっていること，風下方向に対して延焼限界距離に時間的変化がないことが異なる．

　堀内は，この式を用いて，出火後任意の時間における延焼距離を求めたり，純木造と防火木造の建築物が混在している場合の延焼速度を求める式等を提案している．浜田の式の中で示した延焼速度比の概念は，こうした浜田の研究と堀内の研究の成果に基づいて得られた成果であると考えられる．

C．室﨑の延焼速度式

　室﨑は，旧簡易耐火構造に関する延焼速度式を，1975（昭和50）年以降に $2'×4'$ 工法や軽量 PC 板工法等の実大火災実験の結果を用い，浜田，堀内の延焼速度式を基本として改良した式を提案した[7]．その際，純木造や防火木造で構成される市街地のなかに旧簡易耐火構造の建築物が混在する場合には，各構造ごとに延焼速度を求め，構造比率によりそれぞれの延焼速度に対して重み付けを行い，構成比の加重平均によるものを市街地の延焼速度として提案している．

D．保野の延焼速度式

　保野は，1棟あるいは複数棟が延焼して焼け止まる場合の建物火災の延焼速度（出火からの経過時間に対する焼失面積の関係）として，ロジスティック曲線を用いて表した[8]．これは浜田の延焼速度式をはじめとする多くの延焼速度式が市街地火災のデータを基にしており，したがって出火後1時間もしくはそれ以上の延焼状況に重点が置かれているので，比較的小規模の通常火災の延焼状況を必ずしもよく説明できないという認識に基づいて構築されたものである．ロジスティック曲線は，

$$A(t) = \frac{G}{1 + \exp(-a(t-c))} \tag{8·19}$$

　ただし，$A(t)$：焼失面積(m^2)，G：建築面積(m^2)，t：出火からの経過時間（min），a, c 定数

で表されるもので，この式に実大火災実験の観測値を当てはめたところ，以下の結果を得ている．

$$A(t) = \frac{804}{1 + \exp(-0.150 \cdot (t-19.5))} \tag{8·20}$$

E．建設省建築研究所の延焼速度式

　建設省建築研究所は，浜田の延焼速度式を組み込んだ藤田の延焼拡大シミュレーションモデル（後述，8・3・3項参照）を用いて，市街地内の建築物の混成比率や空地等の市街地条件ならびに風速を様々に変化させてシミュレーション実験を繰り返し，不燃領域率という指標により市街地延焼が焼け止まるか否かを判定する手法と基準を提案した．副次的に，以下に示すような，風下方向への延焼速度が不燃領域率と風速により簡便に推計される式が構築されている．また，不燃領域率が70％を越えると延焼拡大しないという結果が得られている．

$$V = 2.385 - 4.729F + 0.2022U$$
$$F = R_0 + (1-R_0)c' \tag{8·21}$$

　ただし，V：風下延焼速度(m/min)，F：不燃領域率，R_0：空地率，c'：耐火造率

F．東京消防庁の延焼速度式

　東京消防庁では，本格的に震災対策に着手した1961（昭和36）年以来，火災の延焼性状

を分析するために採用してきた浜田の延焼速度式が，必ずしも市街地の実状を的確に表現しえないことが指摘されていることを考慮し，現状の市街地構造を反映した延焼速度を再検討した．当初，東京消防庁の延焼速度式は，東京消防庁管内で発生した火災事例を対象として分析を行い，延焼方向別の延焼速度式を構築していたが[10]，火災事例の放水開始時間が最長 40 分で，得られる延焼速度式の適用範囲も同程度とならざるを得ないことや，地震時の火災状況を適切に再現できないなどの課題を抱えていた．そこで，阪神・淡路大震災時の火災状況に基づき，耐火・準耐火建物の開口の破損や内部防火壁の存在を考慮した延焼速度式（ミクロ延焼速度式）と，背後の火災領域からの予熱効果を考慮して火災の加速現象を記述した延焼速度式（マクロ延焼速度式）を求めている[24, 25]．このうち，マクロ延焼速度式は次のように与えられる．

$$V(t) = \frac{V_f}{1 + \{1.3 - 0.3 \exp(-0.3t)\}\{V_f/V_0 - 1\} \exp(-\{0.5 V_f/(V_f - V_0)\}t)} \tag{8・22}$$

ただし，$V(t)$：出火から t 分後の延焼速度，V_0：初期延焼速度，V_f：最終延焼速度
初期延焼速度 V_0 と最終延焼速度 V_f は別途モデル化されるが，当初は V_0 である延焼速度が，次第に V_f となるように，時刻 t における延焼速度 $V(t)$ がモデル化されている．

G. 糸井川の延焼速度式（東京消防庁拡張式）

　上記の当初段階の東京消防庁の延焼速度式の適用限界が出火後 60 分程度までであるという限界があることを受けて，糸井川は市街地火災の延焼拡大過程を，①輻射熱，接炎現象，隣棟飛び火のように隣接する建築物に逐次的に延焼が伝搬していく過程（逐次燃焼過程），②火の粉の飛散のように，風の影響を大きく受け，火元の建築物からかなり離れた建物に延焼が伝搬する過程（飛火過程），の 2 つに分けて説明する延焼拡大モデルを構築した（詳細は後述，8・3・3（4）項参照）．このモデルを用いて，市街地条件と気象条件を様々に変更してシミュレーションを繰り返し，その結果，計算機上で観測されるシミュレーションケースごとの瞬間延焼速度をロジスティック曲線に当てはめ，曲線のパラメータを求めている．任意の市街地状況と気象条件の場合の瞬間延焼速度は，シミュレーションを行ったケースのなかから，建築物構造の混成比率については最も近い 3 点を，風速，建ぺい率については最寄りの 2 ケースを取り出し，補間を行う方法を提案し，その計算プログラムを作成している[11]．1991（平成 3）年に発表された東京都の地震被害想定では，この延焼速度算定法に基づく方法が採用された[12]．

（4）最近の大規模火災の際の延焼速度との比較

　時代が平成に移ってから，地震に伴う大規模火災が多く発生した．1993（平成 5）年 7 月 12 日に発生した北海道南西沖地震の際の奥尻町における青苗地区の火災，1994（平成 6）年 1 月 17 日に米国ロサンゼルスで発生したノースリッジ地震の際のモービルパークを中心とする火災，1995（平成 7）年 1 月 17 日の兵庫県南部地震における同時多発火災の際の神戸市長田区・兵庫区をはじめとして各所で発生した大規模火災などである．

　東京消防庁では，上記の奥尻町青苗地区の火災の延焼動態を調査するとともに，同地区の市街地構造を計算機上に作成し，東京消防庁の開発した延焼シミュレーションモデル（前述

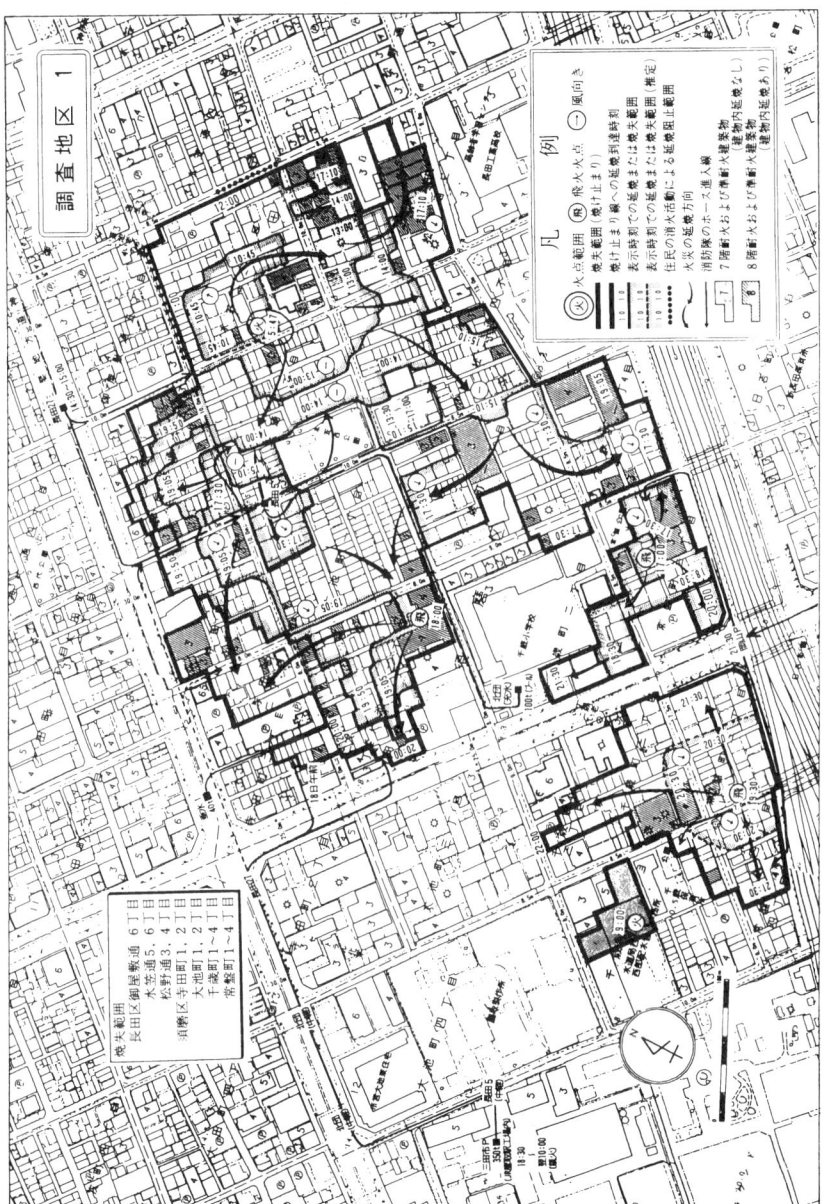

図 8·26 兵庫県南部地震時の火災の延焼動態図例[14]

の東京消防庁式，および拡張式を用いたもの）を用いて火災の再現を行っている．これによれば，出火から約3時間までは，実火災とほぼ同様の延焼拡大の状況を示していることが確認されている[13].

また，同消防庁は兵庫県南部地震時の神戸市長田区を中心として発生した大規模な火災11ヶ所の延焼動態図を作成している．図8・26 はその一例を示したものである．さら

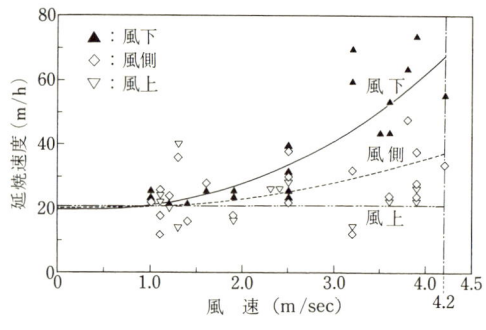

図 8・27　風速と延焼速度の関係[14]

に，これらの図から，風速と延焼速度（延焼等時線間の距離を時間で除しているので，瞬間延焼速度と見ることができる）の関係を分析している（図8・27）．風下および風側方向では，風速の増加とともに延焼速度が大きく加速する傾向が認められている．風下の延焼速度と風速の関係は，回帰分析により以下の式が得られている．

$$V = 3.3 \cdot U^2 - 2.3 \cdot U + 20.1 \quad (r = 0.86) \tag{8・23}$$

ただし，V：延焼速度(m/h)，U：風速(m/sec)　$(0 \leq U \leq 4.2)$，r：相関係数

奥尻島の火災の際の平均風速は約 2.5 m/sec（平均風速の最大は約 3.6 m/sec）前後であり，第一火点からの延焼速度は約 80 m/s 程度，消防活動が活発になった第二火点からの延焼速度で 30 〜 50 m/h 程度であるのに対して，兵庫県南部地震の際の火災では，平均風速 2.6 m/sec（平均風速の最大は 6.8 m/sec）で，延焼速度は図8・27 からみると遅い場合で 10 m/h 程度，瞬間的に風速の大きかった場合で 70 m/h 程度，平均的には 30〜40 m/h となっている．兵庫県南部地震の際の火災では充分な消防活動が得られなかった状況を考えると，これまでの知見から見て比較的遅い延焼速度であったと考えられる．図8・24 からも明らかなように，過去の大規模火災では風速にもよるが 100〜1,300 m/h の延焼速度となっている．酒田市大火（1976（昭和51）年 10 月 30 日）では，120 〜 130 m/h 程度である．

兵庫県南部地震時の火災の延焼速度が緩慢であった原因としては，現在のところ，①一般風速が弱かったこと，②建築物の倒壊により空気の供給の制約を受け，燃焼が緩慢であった，③この結果，隣接する建物での輻射受熱量が低減し，着火までに時間を要した等が考えられているが，特に建物の倒壊は木部の露出や新たな延焼経路を発生させるなど延焼速度を逆に加速させる要因ともなるため，今後，延焼助長・阻止要因の総合的な評価が必要になろう．

（糸井川　栄一）

8・3・2　延焼遮断判定

市街地火災では，周囲の消防活動の他，道路，河川，空地，崖，樹木，耐火建築物等により線的に連続した不燃領域が焼け止まりの要因として働く．このような効果（延焼遮断効果）を期待して，計画的に延焼遮断の機能を有する線的連続領域（古くは防火帯とよばれ，最近では延焼遮断帯とよぶ）によって市街地を分割し，そこで延焼を防止するという着想は，江戸時代の火除け道路，戦時中の防空道路，防災建築街区，コンビナート遮断帯等，数多くの

試みがなされている．しかしながら古い時代には，どの程度の幅員で延焼遮断帯を設けておけば，市街地火災の拡大を阻止することができるかについて十分な知見があったわけではない．このような分野の科学的研究は，第二次大戦中から戦後にかけて，藤田によって緒についた．藤田は，市街地火災の輻射熱あるいは強風下の炎流に対する連続耐火建築物群（立体防火帯：ビル防火帯）の効果について様々な分析を試みている[15]．

（1）東京都防災会議による延焼遮断判定手法

　その後，地方自治体の防災対策の一環として地震時の被害想定が盛んになされるようになったが，そのなかの大きな柱の1つは地震時火災による焼失範囲の推計である．代表的な焼失範囲の推計手法は，東京都（防災会議および東京消防庁）によるものがある[2), 16)]．

　図8·28にこの延焼遮断判定の概要を示すが，この手法の基礎となっているのは，浜田の延焼理論である．この理論では，延焼遮断判定の対象となる連続的不燃領域の直前における火災の規模（火災前面幅，火災奥行，炎の高さと傾き）を想定し，この火災規模の緒元に基づいて決まる輻射放射面から一様な熱射があるものとして，連続的不燃領域の反対側の建築物の露出した木部（一般的には，2階建木造建て築物の軒先として高さ6mが採用される）における輻射受熱量が許容限界（風速の関数となっている）を越えるか否かにより，延焼の突破・遮断を判定するものである．

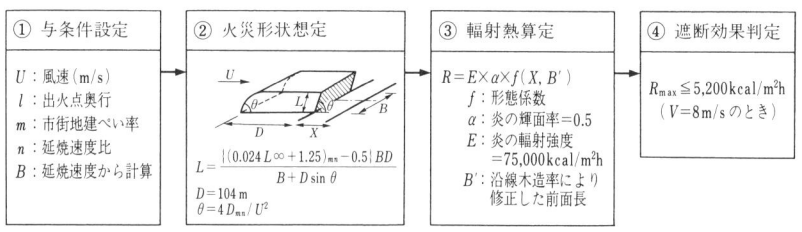

図 8·28　東京都防災会議による延焼遮断判定（風下の場合）[16)]

　実際の火災の伝搬過程では，①接炎，②輻射，③熱気流，④火の粉（隣接建物への近傍飛び火），⑤遠方飛び火，等があると考えられているが，この延焼遮断判定法は，輻射熱によって延焼遮断効果の有無を判定しようとしていることに特徴がある．しかしながら，物理的な意味での輻射熱だけを算定の対象としているわけではなく，熱気流の効果や，現在でもその定量的な伝搬効果の解明が進んでいないとされている火の粉による延焼過程（近傍飛び火，遠方飛び火）の効果が，風下方向での許容限界輻射熱の減少や輻射受熱量の割り増しという形で，暗黙のうちに表現されているとみなすことができる．すなわち，風上に比較して風下，風側では火の粉が飛散することが考慮されており，着火判定の基準である許容限界輻射熱を低くしている．また，風下では風上，風側に比較して延焼速度が速いため火災奥行が大きくなる結果，火災の高さが高くなり，また，風下側に炎が傾き輻射発散面が低くなる構造が組み込まれている．さらには，風速が大きくなると炎の長さが風下側に長くなる．このように，風下では相対的に高い輻射熱を受け，結果として延焼遮断判定が厳しくなっている．総体的にみるとこの輻射熱による判定手法は，形式的には輻射熱のみの判定ではあるが，実質的に

は当時の段階で定量化し得ない火災伝搬要因を輻射熱に代表させて組み込んだものであると考えられる.

（2）建設省建築研究所による延焼遮断判定手法

図8·29 は，建設省建築研究所が総合技術開発プロジェクト「都市防火対策手法の開発」のなかで提案した延焼遮断効果を判定する手法を示したものである[9]．この手法の特徴は，火災の加熱によって風下の気流温度が上昇する効果を評価する手法を組み込み，風下では輻射受熱量と気流温度の相乗効果による着火の許容限界を，風上，風側では輻射受熱量による着火の許可限界を定めていることである．したがって，浜田の延焼理論に比較して輻射熱そのものは熱気流を考慮している分だけ低い値となっている．浜田理論で，熱気流，近傍飛び火，遠方飛び火の要因が輻射熱の中に暗黙的に表現されていたものが，この手法では，熱気流の中に組み込まれていると考えられる．このため，風速が強くなっても風下側の定位置における輻射受熱量はあまり変化しないが，気流温度は風速に比例する形で上昇する．また，この判定法は，立体的延焼遮断帯が存在する場合にも適用することができ，立体延焼遮断帯による輻射熱の遮蔽や，熱気流の跳ね上げによる温度の低減を評価し，延焼の遮断・突破の判定をすることが可能となっている．また，風向と任意の角度の路線の延焼遮断判定を可能としているのもこの手法の特徴の1つである.

（3）東京消防庁による延焼遮断判定手法

東京消防庁では，上記の浜田の延焼理論に基づく延焼遮断判定手法の後に開発された建設省建築研究所の延焼遮断判定手法を応用する形で，新たな延焼遮断判定手法を構築し，地震時の焼け止まり効果の測定に用いている[17].

すなわち，東京消防庁が開発した1棟単位の延焼シミュレーションモデル（後述）を計算機上で実行し，延焼遮断判定の対象となる不燃領域に近づいてきた段階で，同時延焼領域を矩形としてモデル化し，この領域が延焼している際の輻射熱と気流温度を上記の建設省建築研究所の手法により計算し，不燃領域の反対側の判定点での延焼着火を判定するのである．この手法の特徴は，先の浜田理論や建設省建築研究所による延焼遮断判定が，全く静的に行われているのに対して，この手法では，モデル化した同時延焼領域が火災の進展とともにその大きさと形を変えるため，受熱点での輻射熱受熱量と気流温度が時間的変化をするので，着火判定を動的に行っていることである．したがって，浜田理論や建設省建築研究所による延焼遮断判定手法では明らかに着火すると判定される輻射受熱量や気流温度が瞬間的に判定点に加わったとしても，最終的に木部の表面温度が着火判定温度（この手法では220℃）にならなければ，延焼突破とは見なされない．より現実に近づいた手法であるといえる.

（糸井川　栄一）

8·3·3　延焼シミュレーションモデル

ここでは，市街地での火災の拡大の過程を記述したもの，延焼危険性評価の算定手順を示したもの，あるいはこの過程や手順を計算機によりシミュレート（机上計算による再現実験）するためのプログラムを延焼モデルもしくは延焼シミュレーションモデルとよぶ.

延焼モデルによる具体的な算定の内容は，大きく2つに分類することができる．すなわち，

①　具体的な市街地の焼失面積，焼失範囲の算定あるいは延焼速度の算定を行うもの

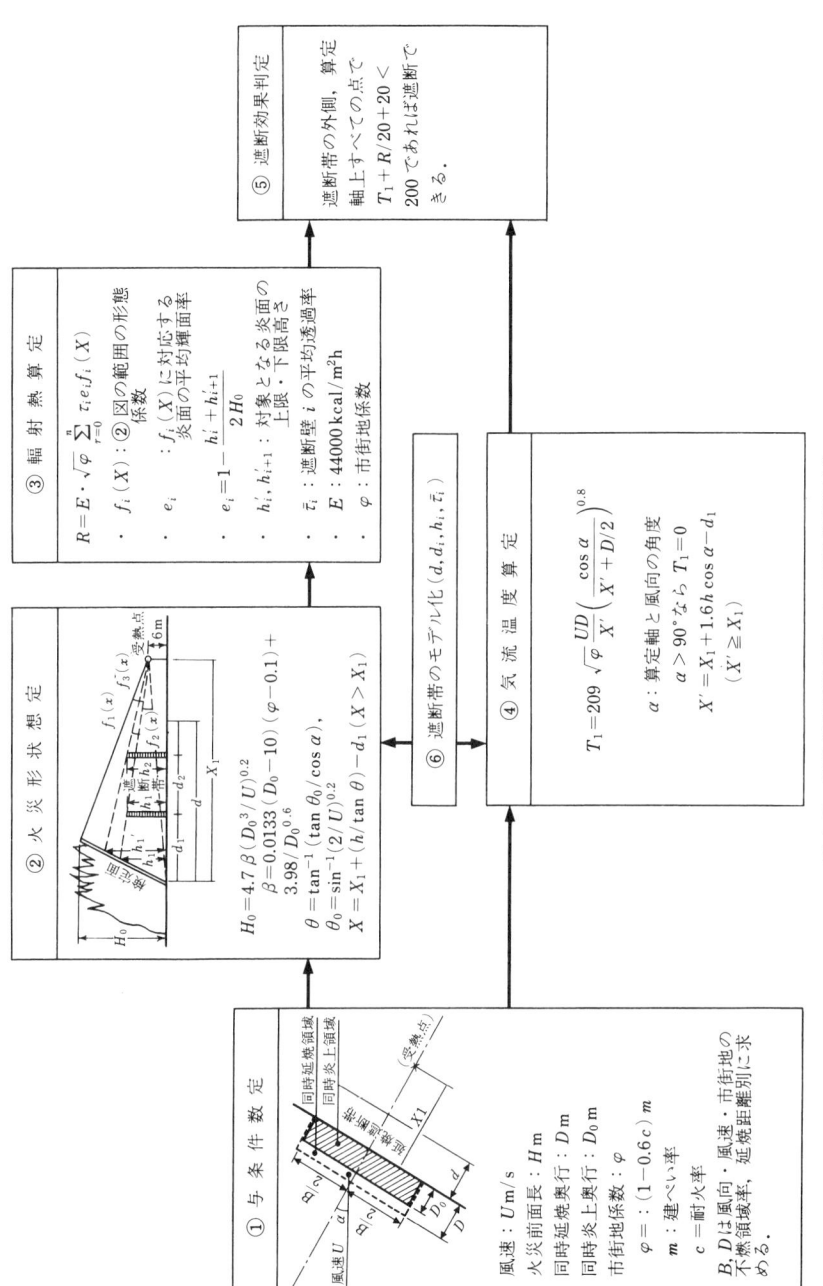

① 与条件数定

$$\varphi = (1 - 0.6c)$$

風速：U m/s
火災前面長：H m
同時延焼奥行：D m
同時炎上頭火：D_0 m
市街地係数：φ
m：建ぺい率
c：耐火率
B, Dは風向・風速・市街地の不燃領域率、延焼距離別に求める。

② 火災形状想定

$$H_0 = 4.7\,\beta\,(D_0^3/U)^{0.2}$$
$$\beta = 0.0133\,(D_0 - 10)\,(\varphi - 0.1) + 3.98/D_0^{0.6}$$
$$\theta = \tan^{-1}(\tan\theta_0/\cos\alpha),$$
$$\theta_0 = \sin^{-1}(2/U)^{0.2}$$
$$X = X_1 + (h/\tan\theta) - d_1 \quad (X > X_1)$$

③ 輻射熱算定

$$R = E\cdot\sqrt{\varphi}\,\sum_{r=0}^{n}\tau_i e_i f_i\,(X)$$

- $f_i\,(X)$：②図の範囲の形態係数
- e_i　　：$f_i\,(X)$に対応する炎面の平均輻射面率
$$e_i = 1 - \frac{h_i' + h_{i+1}'}{2H_0}$$
- h_i', h_{i+1}'：対象となる炎面の上限・下限高さ
- τ_i：遮断壁 i の平均透過率
- $E = 44000\,\text{kcal}/\text{m}^2\text{h}$
- φ：市街地係数

④ 気流温度算定

$$T_1 = 209\,\sqrt{\varphi}\,\frac{UD}{X'}\left(\frac{\cos\alpha}{X'\cdot(X' + D/2)}\right)^{0.8}$$

α：算定軸と風向の角度
　$\alpha > 90°$なら $T_1 = 0$
$$X' = X_1 + 1.6h\cos\alpha - d_1$$
$$(X \geq X_1)$$

⑥ 遮断帯のモデル化 $(d, d_i, h_i, \bar\tau_i)$

⑤ 遮断効果判定

遮断帯の外側、算定軸上すべての点で
$$T_1 + R/20 + 20 < 200$$
であれば遮断できる。

図 8·29　建設省建築研究所による延焼遮断判定[9]

② 地区間の相対的な延焼危険性の評価を行うものである．前者については市街地の具体的特性（建物構造比率，建ぺい率など）を基礎情報として出火点，気象条件を想定し，指定時間内にどの範囲まで燃え広がるかを予測するものである．一方後者は，市街地の構造的特性を示す指標から地域間の延焼危険度の相対的評価を行う．延焼モデルという場合，主として前者を指すことが多い．

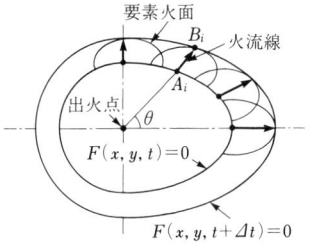

図 8·30 火面要素と等時延焼線[18]

前者の場合の市街地延焼モデルの種類としては大きく，①確定論的延焼モデル，②確率論的延焼モデルの２つに分類される．前者のモデルを構築するために重要な点は，第１に延焼速度の評価，第２に延焼拡大過程の計算手順の２点である．また後者の場合には，第１に他の延焼単位（例えば建物，街区等）へ延焼拡大する確率の大きさの評価，第２に延焼機構の動的・確率的表現の記述が基本事項である．

（1）浜田の楕円モデル

延焼速度を表す浜田式は，風下，風上，風側の３方向の延焼速度を示しているにすぎず，任意の方向の延焼速度は示されていない．そこで，浜田は"均質な市街地における等時延焼線が卵型になる"ことを先験的に仮定した[2]．この結果を用いて，上述した延焼遮断判定では，風向と任意の角度をもつ延焼遮断判定路線近傍における火災領域の想定等に用いられている[9]．

（2）藤田の延焼シミュレーションモデル

確定論的延焼モデルの場合の延焼速度の評価式としては，前述した浜田の延焼速度式が著名であり，延焼拡大の計算手順は藤田の等時延焼線[18]が定番となっている．浜田の延焼速度式は一次元のものであるが，藤田は火災の面的拡大を数学モデルで表現するため，等時延焼線が移動するという方法で延焼拡大メカニズムを導入した．すなわち，ある時刻 t における等時延焼線を $F(x, y, t)=0$ とするとき，この閉曲線上の各点 A_1, A_2……を中心として，そこから微小時間の間に拡大する微小火面（以降「要素火面」とよぶ）を考え，その包絡線として時刻 $(t+\Delta t)$ における等時延焼線 $F(x, y, t+\Delta t)=0$ が形成されると考える．このとき，時刻 t の等時延焼線上の点 A_i からの要素火面が時刻 $(t+\Delta t)$ の等時延焼線と接する点を B_i とすれば，点 A_i が Δt の間に点 B_i に移動すると考えられる．この意味で，このような要素火面と等時延焼線との接点を結んで得られる曲線のことを「火流線」とよんでいる（図8·30）．

この考え方を基本にして，上述したように均質な市街地における等時延焼線が卵型になるという火災科学の分野の定説を拡張し，時刻 t の等時延焼線上の任意の点 A_i において，風向とある角度をなす方向の潜在的延焼速度を示すとともに，火流線の方程式として，次の関係式を導いている．

$$\frac{dx}{V_1(t)\cdot\cos\theta}=\frac{dy}{V_2(t)\cdot\sin\theta} \tag{8·24}$$

ただし，$V_1(t)$：風下（風上）方向への延焼速度，$V_2(t)$：風側方向への延焼速度なる関係を導いている．さらに，藤田はこの関係を非均一な市街地にまで適用するための要

件を整理し，市街地をメッシュとした場合の延焼拡大シミュレーションを行っている.

　このモデルの特徴は，延焼過程を要素火面と火流線により動的に記述したことである. 浜田モデルが均質市街地の卵型の延焼をよく表現し，比較的広い領域の延焼危険性の評価に適していたのに対して，藤田モデルは非均質な市街地への適用という面で効用が高い. 火流線の潜在的延焼速度に浜田の延焼速度式を使うという点で，過去の研究成果を巧みに利用しているばかりでなく，もし，火流線の潜在的速度が工学的に決められるなら，全体としても工学的モデルとして扱える性格になっている.

（3）建設省建築研究所の延焼シミュレーションモデル

　建設省建築研究所の延焼シミュレーションモデルは，それまで市街地をメッシュで表し，メッシュを単位とした延焼シミュレーションを行っていたのを改め，道路，河川，鉄道などの線的不燃領域で囲まれた街区（平均約1ha程度の大きさ）を延焼計算の単位としてシミュレーションモデルを構築したものである[19]. 街区内部の延焼拡大は，明示的な延焼速度式（例えば浜田式や東京消防庁式）を用いて，浜田の楕円モデルにしたがって延焼が拡大する単純なモデルであるが，街区縁辺部を構成する道路等の線的不燃領域近傍に延焼領域が近づいた時点で，前述の建築研究所が構築した延焼遮断判定を行うことができるのが特徴である. メッシュモデルに比較して市街地状況を表現することがより複雑になり，そのため計算アルゴリズムも複雑化しているが，市街地の即地的な状況をより忠実に表現し，延焼拡大計算に反映することが可能となっている.

（4）糸井川の延焼シミュレーションモデル

　確率論的延焼モデルとして具体的な市街地の延焼計算を行うことができる実用性のあるものとしては糸井川の延焼モデルがある[11]. 糸井川は市街地火災の延焼拡大過程を，

① 輻射熱，接炎現象，隣棟飛び火のように隣接する建築物に逐次的に延焼が伝搬していく過程（逐次燃焼過程）

② 火の粉の飛散のように，風の影響を大きく受け，火元の建築物からかなり離れた建物に延焼が伝搬する過程（飛火過程）

の2つに分けて，両者を確率的な延焼過程ととらえて，建築物単位の延焼拡大状況を説明する演繹的な延焼拡大モデルを構築した（図8·31参照）. このなかでは，様々な未知の値のパラメータが存在するが，特に重要な指標である放任火災時の隣棟への延焼確率については，

平常時火災の延焼確率に関する研究成果[20,21]を基に消防の駆付時間分布を考慮して放任火災時の状況を模擬的に想定しており，その他の不明なパラメータも，実大火災実験や実火災事例から設定している. 各建築物の着火確率に関する動的な微分方程式群を逐次計算することで，各建築物の着火確率の時間変化を計算することがモデルの第一義的な目的であるが，この結果から各建築物の延焼着火時

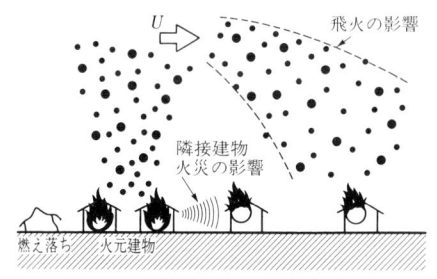

図 8·31　市街地火災の延焼拡大要因[11]

間を期待値として計算することが可能であり，最終的に延焼速度を風向別に計算している．このことからわかるように，このモデルは延焼速度式を明示的に与えられて延焼シミュレーションを実行するのではなく，全く別の観点から構築した延焼拡大過程を説明したモデルを計算実験することで，結果として延焼速度が明らかになるところに特徴がある．

（5）東京消防庁の延焼シミュレーションモデル

　これまでの延焼モデルの多くは，市街地状況を建物構造の構成比率や建坪率という平均化されたものとして取り扱っているため，詳細な市街地状況に対応した延焼状況が十分に表現されていないという難点があることを考慮し，このモデルは，建物1棟ごとを延焼の単位として，延焼拡大を予測するシステムとなっていることが最大の特徴である．このモデルは，先に述べた東京消防庁ミクロ延焼速度式に従っている．延焼拡大の計算手続きとしては，考えられる延焼経路による着火時間の最短のものを延焼経路とする一般的な手法であるが，建物内部の延焼拡大は，平常時の火災ならびに1995年兵庫県南部地震における火災の調査結果から得られた値を用い，建物相互の延焼については，あらかじめ動的な輻射受熱計算をした結果得られた，構造別・階数別・隣棟間隔別・揺れ被害別・風速別の着火に要する時間のテーブル関数を検索することで各建物の着火時間を求めている．ただ，放射受熱計算に基づく着火に要する時間は1棟対1棟の関係で求められており，複数建物が隣接して炎上しているような状況による延焼速度の加速効果を反映できないため，先に述べた東京消防庁マクロ延焼速度式を内蔵し，建物内延焼速度および建物相互の延焼速度を次第に変化させ，最終的に東京消防庁マクロ延焼速度式で得られた延焼速度に近づける工夫がなされている[24,25]．また，延焼遮断帯となりうる路線近傍に火災領域が近づいた場合には，延焼遮断判定が行われるのも特徴の1つである（前述の東京消防庁による延焼遮断手法（8・3・2（3）項）参照）．

（6）消防研究センター（旧消防研究所）の延焼シミュレーションモデル

　このモデルは，延焼拡大を記述することに主眼があるのではなく，大規模地震時の同時多発火災に対する消防力（消防車両，消防水利等）の効率的な運用を支援する情報を出力することを目的としている[26,27]．具体的には，出火点数や出火位置などの入力条件に基づいてリアルタイムに延焼予測や消防隊配備のシミュレーションを行い，放任火災の場合の延焼状況の予測に加え，消防力運用支援一次情報，最適消防力運用支援情報を出力することができる．このうち，消防力運用支援一次情報は，個別の火災を鎮圧するために必要な消防部隊数とともに，最寄りの消防署所から駆け付けて水利に部署可能な消防部隊数を示すものである．また，最適消防力運用支援情報は，同時多発火災が発生した場合に，限られた消防部隊をどの火災に優先的に配備すべきかを示すもので，火災の延焼状況と消防隊の駆け付け時間に応じて算定されるものである．なお，同モデルにおける延焼拡大予測の機能については，基本的な枠組みは上述の東京消防庁の延焼シミュレーションモデルと同様であり，個々の建物の形状と構造を考慮した1棟単位の延焼過程をモデル化している．この中で，延焼速度式には東京消防庁によるもの[28]を採用しているが，風速の変化が延焼速度に及ぼす影響が小さいという特性を考慮して，風向・風速については浜田による延焼速度式[5]に基づいた補正を加えている．

（7）物理的知見に基づく延焼シミュレーションモデル

　物理的知見に基づく延焼シミュレーションモデル（物理的モデル）は，1995（平成3）年の兵庫県南部地震における大規模な市街地火災の発生をきっかけとして，開発が進められたものである[29~33]．それまでに開発された多くの延焼シミュレーションモデルでは，過去の大火もしくは平常時における火災の記録に基づいて経験的に火災拡大速度を定式化してきた．こうした経験的モデルの特徴は，比較的簡便な関係式で被害を予測可能な点にあり，例えば自治体の地震被害想定などの実務での利用実績も多い．しかしその反面，対象となる市街地火災の発生頻度は低く，モデルの精度を左右する検証用データの確保が難しいといった課題が指摘されていた．これに対し，物理的モデルでは，市街地を構成する個々の建物の火災性状，ならびに建物間の延焼性状を物理的に定式化するため，市街地火災を構成する個別の現象単位でモデルの検証を行えるほか，新たな知見の蓄積を待ってモデルの予測機能を改良・拡張させることのでき，火災拡大のメカニズムが明示的にモデル化されるので火災安全対策の効果を評価しやすいといった特徴がある．一方で，計算負荷の増大は避けられず，モデルの機能に応じて詳細な市街地データが必要になるといった課題も抱えているが，大規模な数値シミュレーションを行いうるだけの計算環境の向上や市街地データの充実が，こうした方式のモデル開発を後押しする形になっている．

　物理的モデルには，市街地火災を構成する個々の建物火災の進展を構造種別ごとにシナリオ化したもの（図8・32）[30,31]，建物内部の火災性状を予測するために開発されたゾーンモデルを拡張したもの（図8・33）[29,32,33]など，いくつかの提案があるが，いずれも盛期火災時の温度が概ね一様とみなせる空間を区画とみなし，区画ごとの火災性状に加え，区画間の火災拡大を予測することで，市街地全体の火災拡大を予測している．区画間の火災拡大要因には，火災建物の開口部や屋根面から噴出する火炎や，市街地風で吹き倒された熱気流，同じく市街地風による火の粉の飛散などが考慮されており，それぞれ模型実験などにより妥当性が検証されたモデルが利用されている．

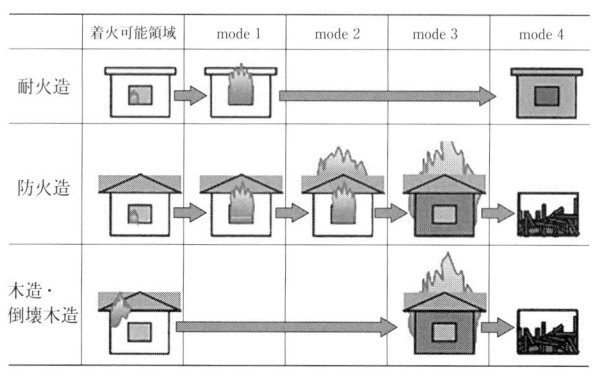

図 8・32　構造種別に応じた火災シナリオ[30,31]

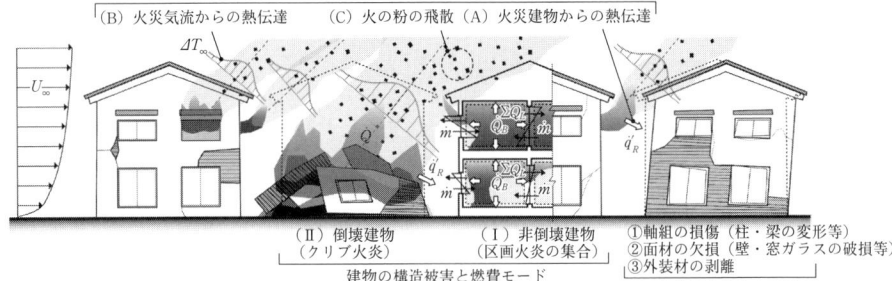

建物間の延焼拡大要因

(B) 火災気流からの熱伝達　　　(C) 火の粉の飛散 (A) 火災建物からの熱伝達

(Ⅱ) 倒壊建物　　　　　(Ⅰ) 非倒壊建物　　　①軸組の損傷 (柱・梁の変形等)
(クリブ火炎)　　　　　(区画火炎の集合)　　②面材の欠損 (壁・窓ガラスの破損等)
　　　　　　　　　　　　　　　　　　　　　③外装材の剥離
建物の構造被害と燃費モード　　　　　建物構造被害の分類

図 8·33　物理的延焼モデルの一例[29, 32, 33]

（糸井川　栄一・樋本　圭佑）

8·4　広域火災と避難

8·4·1　防災対策における避難計画の位置付け[1]

　防災対策は，構造的対策と非構造的対策に大別される．構造的対策は河川堤防や延焼遮断帯に代表され，その設計にあたっては防御すべき自然災害の"外力"が設定される．例えば，阪神・淡路大震災時に各所で落橋・倒壊した高架道路は，基本的に関東大地震と同等の震動に耐えられるように設計されたものである．また，我が国の大河川の多くは200年確率の降雨に対応すべく堤防強化等の整備が行われている．したがって，構造的対策の防御力には，必然的に限界がある．

　それゆえ，構造的対策の限界を超えるような"外力"が働いた時に被害が急速に拡大することを防止し，また，構造的対策の管理・運営を行うための非構造的対策は不可欠なものである．被害の急速な拡大防止，特に，住民の生命・身体を保全するための非構造的対策において，最も重要かつ不可欠なものが避難対策である．

　一方，防災対策は被害の発生防止と軽減の2つに分けることができる．それは図8·34のような体系で示される．この体系において避難は，被害の発生防止と軽減の双方に位置付けられる．被害発生防止においては，耐災性が充分に担保されていない場合の代替手段として，また，被害発生後の防御に失敗した後の住民の生命・身体の保護を図る切り札として，避難は重要な位置を占めている．

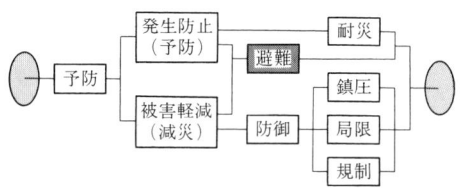

図 8·34　防災対策の体系における避難の位置付け[2]

　したがって，避難は防災対策の体系が一面的で硬直的になることを防ぎ，体系全体にフェイルセーフ機能を与え，安全性を高めるための重要な役割を果たしている．（熊谷　良雄）

8·4·2　広域火災における避難の局面[1]

　広域火災における避難は，関東大震災時にみられたように，同時多発火災が市街地に拡大

した際に大きな問題となる．そこで，大規模な地震が発生した後の避難を時系列的に整理すると，①自己安全確保，②一時避難，③広域避難，④収容避難，⑤疎開・応急仮設住宅への入居，の5段階に区切ることができる．それらの概要は以下のとおりである．

（1）自己安全確保

震動による家具の転倒や家屋の倒壊などから身体を守るための第一次的行動．我が国では，これまで，初めに火気を始末し脱出口を確保した後，机などの下に身を隠すよう指導してきた（震動が収まった後火気の始末をすべきである，という意見もある．また，阪神・淡路大震災以降，"まず身の安全の確保"が前提となっている）．このような指導体系は，我が国の家屋の耐震性が高く，無闇に外に飛び出すと瓦やガラスなどの落下物によって怪我をするおそれがあるために提唱されてきた．しかし，組積造やアドベ（日干し煉瓦）造などの耐震性の低い建物が多い開発途上国などでは，倒壊した建物の下敷きにならないよう，震動を感じたら直ちに外に飛び出すような指導が行われている．

（2）一　時　避　難

地震直後の同時多発火災が，広域火災へ発展するおそれがある場合などに，個人や世帯単位で無秩序に避難するのではなく，コミュニティや町内会単位で秩序立った避難をするための近隣公園や学校などへの一時的な避難．東京都のほとんどの区では，そのための一時集合場所を指定している．また，被害から一時的に身を守るために，各種の公共施設などに避難する場合もこの範疇に入る．

（3）広　域　避　難

火災の拡大，津波の来襲，危険物の漏洩などの緊急事態から生命・身体を守るための避難．災害対策基本法では，市町村長などが避難勧告，避難指示を行い得ることとなっている．東京区部では，大地震後の広域火災から都民の生命・身体を守るために，昭和43年から広域避難場所の指定と整備を進めてきており，現在148カ所が指定されている（2カ所は耐火建物内残留）．東京区部の広域避難場所では，火災の輻射熱から安全な範囲に，最低 $1\,\mathrm{m^2/}$ 人を基準として，最長2〜3日間収容することとしている．

（4）収　容　避　難

家屋の焼失や倒壊などによって住む場所を失った被災者の二次的な避難．地域防災計画などによって，教育施設などの公共施設が収容避難所として，事前に指定されている．

また，水害発生のおそれなどによる避難勧告が発令された場合，その対象者をあらかじめ指定した収容避難所に誘導することがある．

収容避難所の設置管理は都道府県が行い，開設期間は災害発生の日から最大限7日間と定められている（延長可）．一般に，最低 $2\,\mathrm{m^2/}$ 人が確保されることを前提としており，災害救助法が適用されると，収容避難所の管理・運営のための費用の一部は国庫が負担する．

（5）疎開・応急仮設住宅への入居

大規模災害によって，居住が不可能となった被災者の三次的な避難．疎開は，親戚・知人などを頼って行われることが多いが，疎開などができない被災者を対象に，災害救助法の規定によって，被災地内外に応急仮設住宅が建設されることがある．

応急仮設住宅の基準は厚生省が定め，建設戸数は被災世帯数の30％を目途としているが，

雲仙・普賢岳災害や北海道・奥尻では被災世帯の80％前後が建設された．応急仮設住宅の使用は，建築基準法により，建築工事が完了した日から2年間以内とされている（雲仙・普賢岳災害では，何回か延長された）．

　大規模地震後の広域火災からの避難には，以上のような5段階の局面が考えられるが，本節では（2）一時避難と（4）広域避難に焦点をあて，その実態，想定方法等について示す．

（熊谷　良雄）

8・4・3　広域火災時の避難の実態[3〜5]

　ここでは，1923（大正12）年の関東大地震火災時の東京・下町の146人の手記の解析と1976（昭和51）年の酒田大火時の避難行動調査結果[6]を用いて，広域火災時の避難の実態を分析する．

（1）広域火災時の避難開始まで

A.　関東大地震火災時の避難決心要因[3]

　関東大地震火災時には大規模な避難が行われているが，避難開始時刻の累積をみると，1/3が発震後1時間以内，70％が3時間を経過した時点で避難を開始している．

　最終的な避難までの行動は，地震時に屋内にいた人の50％が外に飛び出し，大通り・近くの学校・公園・広場・神社仏閣の境内等狭くても近い場所に一時的に避難し，その後自宅に戻り，本格的な避難をするというパターンをとっている．避難開始は早目に避難する場合と瀬戸際まで踏み止まる場合とに大別できる．早期に避難を決定する場合は，火災等の災害状況を自主的に判断して行動を開始するタイプと，慌てて付和雷同的に避難開始するタイプが中心的である．瀬戸際での避難は，外出中の家族を待っていたり，家財の整理・搬出をしていて火災等の状況に規定された行動をとらざるを得なかったタイプということができる．

B.　酒田大火時の避難[6]

　酒田大火時の最終避難の決心要因は，避難命令（24％），自宅延焼（34％），火災が包囲（23％），その他（19％）であり，関東大震火災時と比較して瀬戸際に避難した人が多い．

　震害を伴わない市街地大火の場合は，火災が一方向から迫ってくるため，一般住民でもある程度危険の予測が可能である．そのため，最終避難までに家財の搬出等の各種の行動が行われる．酒田大火時の焼失区域全体の平均的な避難開始までの行動などは，①煙・臭気の覚知（自宅着火の3.80時間前），②火の粉の覚知（同3.22時間前），③家財搬出開始（同2.67時間前），④老人・子供等の弱者避難開始（最早避難，同1.99時間前），⑤類焼危険認知（同1.36時間前），⑥最終避難（同0.72時間前），⑦隣家延焼（同0.29時間前）であった．しかし，このような行動パターンは火災の進展によって異なってくる．そこで，街区ごとの自宅着火時刻と7つの行動などがとられた時刻を自宅延焼時刻までの時間と比較すると図8・35（原点から45°の直線が出火時刻）のようになる．

　これによると，行動の順序は全域でほぼ同じであるが，

①　初期延焼区域（出火から約3時間以内）では，隣家延焼より最終避難が遅く，瀬戸際まで自宅にとどまっている．

②　終期延焼区域（出火から約6時間以降）では，家財の搬出等の行動を開始してからほぼ2時間後に最終避難をしている．

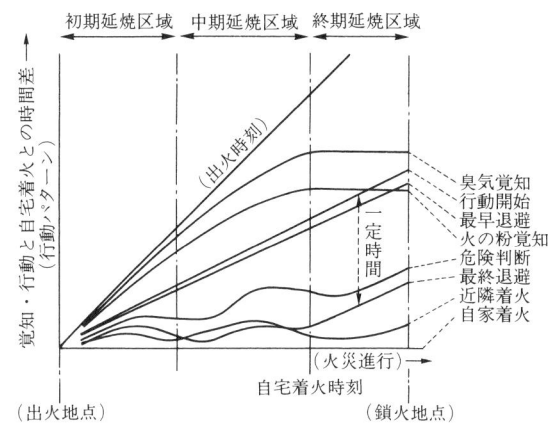

図 8·35　昭和 51 年の酒田大火時の避難までの各種行動の概略[6]

という特徴があり，火災が拡大していくと，家財搬出等の行動が開始されてから一定時間
（酒田大火の場合はおおむね 2 時間）後に最終避難がなされるといえる．

（2）広域火災からの避難開始

ここでは，市街地大火時の避難に最も影響のある見切り距離（避難開始時における火災ま
での距離）を示した後，避難先の決定要因等について述べる．

A. 市街地大火時の見切り距離[4, 5]

関東大地震火災時と酒田大火時との見切り距離をまとめると（表 8·16），社会的背景の差
もあろうが，地震大火時の見切り距離は一般の市街地大火のそれより約 100 m 大きく，見
切り距離の平均は約 230 m，避難開始の距離はほぼ 2 倍の 500 ～ 550 m である．また，複数
の火災が迫ってくると避難開始がかなり早くなり，危機感がつのってくるにつれて避難開始
時期が急速に早まってくるといえる．

したがって，地震火災時には，各種の危機感が重なり合って，ある地区から一斉に避難が
開始され，大きな混乱が生じるおそれがあり，災害状況を踏まえた適切かつ説得力のある避

表 8·16　関東大地震火災時（東京・下町）と酒田大火時の見切り距離

複数火災： 1 km 以内に火災 が 2 カ所以上	酒田大火	関 東 大 地 震 火 災 （東 京 ・ 下 町）			
		一 次 避 難		二 次 避 難	
		単一火災	複数火災	単一火災	複数火災
避難開始：m	200～250	500 ～ 550	550 ～ 600		
避難のピーク：m	0～50	150 ～ 200	300 ～ 350		
平均：m	118.4	231.9	312.1	247.5	253.9
標準偏差	108.7	190.4	182.7	226.7	242.3

文献 4 ），5 ）を基に作成．

難指示・勧告・誘導等が必要である．

B．避難先等の決定[3]

避難先の決定要因を関東大地震火災時の手記を用いて整理すると，避難先の決定は自分で判断した人が約60％，他人の指示等に従った人が約20％であった．これを，個人属性から見ると，女性は他人の指示に従う傾向が強く，ほとんどの男性は自分の判断で避難先を決定している．

避難先（避難地）の決定要因をまとめると，①避難先までの距離，②避難先の火災からの安全性，③集団あるいは知合いと一緒にいるという安心感，の3つが挙げられる．また最初の避難と最終避難とでは避難先の決定要因が異なり，近さから安全性へと変化している．このような傾向は現在の東京区部にもあてはめることができ，指定避難場所まで10分程度ならば直接避難するが，それ以上の場合は，近くの適当な広場・学校などに一度避難（集合）し，様子を見て集団で指定避難場所に行く，という調査結果[7]もある．

C．最初の避難方向[4]

酒田大火時の避難方向は，①はじめに街区から離れる方向は延焼方向と直角，②次の街区では延焼方向と同一，という傾向が強く，はじめは迫ってくる火災をやり過ごし，その後，できるかぎり火災から遠ざかろうという経路選択をしており，市街地大火の風横・風下の延焼速度を考慮すると合理的な避難をしているといえる．

（3）広域火災時の避難途上での行動[4]

関東大地震火災時を例として，避難途上の行動について示す．

A．避難経路

避難者がどのような経路を選択したかを知ることは，災害情報の伝達時期・内容等の決定にあたって重要である．そこで，関東大震火災時の避難経路とその選択理由を分析すると，選択された経路は，○△通り・○×街とよばれる日頃からよく知っている比較的広幅員の街路であり，○○橋・×△公園という固有名詞も広範な地域から挙げられている．また経路は，火災，行く手の道路・橋の混雑，警察官の指示等によって変更されている．

このように，関東大地震火災時の東京市民が，日頃からよく知っている街路，地点をたどって避難場所に向かっていることは注目すべきであり，点と線で生活している現在の都市住民が，市街地大火等の広域的な災害時に臨機応変の面的な行動がとれるかは疑問である．

B．経路変更と火災

経路変更の見切り距離は150 m以下となると飛躍的に増大し，平均は138 mとなっている．これは，避難開始の見切り距離の約1/2であり，避難を開始すると危険が迫ってくるまで経路を変更しない．したがって，避難を開始した後，避難経路を変更させるためには，かなりの説得性のある情報が必要であることを示している．

（4）広域火災と人的被害

A．市街地大火時の死者

これまで，市街地大火で大量の死者が発生したのは1657（明暦3）年の明暦の火災，1847（弘化4）年の善光寺地震等が挙げられる．しかし，明治以降の一般の市街地大火で多くの死者が発生したのは，1934（昭和9）年の函館大火のみであるといってもよく，1945（昭和

20) 年以降，10 人以上の死者が記録されている市街地大火は，長野県上松町（1950（昭和25）年：18 人），北海道岩内町（1954（昭和 29）年：33 人）のみである（阪神・淡路大震災を除く）．また，1945（昭和 20）年以降の 39 の市街地大火（建物の焼損面積が 33,000 m² 以上）におけるり災人員に対する人的被害の比率は，死者：0.05%，負傷者：6.98% であり，大地震後の市街地大火でなければ，大きな人的被害が発生する可能性は低い，といえよう．

B. 関東大震災時の死者[8]

関東大震災による犠牲者は，旧東京市だけでも 6 万人にも及び，その内訳は，圧死：1.24%，焼死：89.3%，溺死：9.17%，救護中死亡：0.27% であり，火災から逃れて海・河川・池等に入った避難者が溺死したと解釈すると，ほとんどが火災による死亡と考えられる．

焼死者の約 3/4 は被服廠跡（現東京都墨田区の横網町公園等）の火災旋風によるものであるが，被服廠跡以外での死者の発生時刻をみると（図 8·36），発震後 3〜4 時間にピークがあり，6 時間以内に 5/6 の焼死者が発生している．死者発生時刻と火災との関係には，

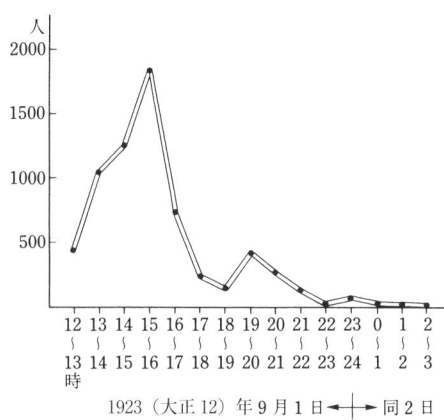

図 8·36　関東大地震火災：旧東京市における時刻別死者発生数（被服廠跡での死者を除く）[8]

① 発震後一時間以内では，出火密度が高く，火の回りが早かった地域（例えば，旧神田区今川小路）で多数の死者が発生している．

② 延焼が進展するにつれて，広場・空地，橋詰等で多くの死者が発生している．

という傾向がある．

次に，延焼動態と死者発生地点との関連を分析した結果から，避難失敗のパターンを分類した結果によれば，

① 出火集中型：30 数カ所/km²（平均火点間隔約 170 m）という集中的な出火によって，発震後 20〜30 分で避難不能となった場合．おそらく，発震と同時に避難を開始したとしても，生存は不可能であったものと考えられる．

② 囲まれ型：火災に大きく囲まれ，飛び火や地理的条件によって，発震後 2〜3 時間で避難不能となった場合．

③ 追い詰められ型：火災が橋の近傍等の避難上の隘路に発生し，結局，河川や海に追い詰められた場合．

④ 火災方向避難困難型：火災をかわして，風上に避難すれば助かったと思われるが，心理的に火災方向に避難できなかった場合．

⑤ 日和見型：小さな空地等に避難し，様子を見ているうちに避難の機会を失った場合．

⑥ 安心型：被服廠跡に代表されるように，安全と思って避難した場所が火災旋風等に襲

われた場合.

などがあり，①～③は物理的要因，④～⑥は心理的要因による避難失敗といえよう.

　以上のような避難の失敗は，「①出火集中型」を除いて，的確な避難経路と避難場所の指示さえあれば，ほとんど回避できたものと思われる.

C. 阪神・淡路大震災時の火災による死者

　1995（平成 7）年 1 月 17 日未明に発生した「平成 7 年（1995 年）兵庫県南部地震」では，地震に起因する出火が 293 件にも及び，静穏な気象条件にもかかわらず被災地域全域で約 66 ha（1995（平成 7）年版消防白書）が焼失し，1995（平成 7）年末には，いわゆる「震災関連死」を含めて 6,308 人の死者が認定された. 同年 12 月初めに厚生省が発表した犠牲者の死亡場所別統計（5,488 人対象）によれば，9.18% が火災に関連したものであり，最も焼失面積の大きかった神戸市長田区では，744 人の犠牲者のうち 32.9% にあたる 245 人の死因が焼死・熱傷とされている.

　このような大量な火災に関連する死者のほとんどは，圧壊した木造家屋等の下敷きとなり，火災から避難できずに死に至ったものと考えられ，火災に囲まれて逃げ場を失って死亡した犠牲者は報告されていない. しかし，遺体の焼損状況が激しいため，圧死後に遺体が焼かれたのか，火災によって死に至ったのかが不明確な事例が多い.

D. 東日本大震災時の火災による死者

　東日本大震災では 15,896 人の死者が発生[36]したが，警察庁が検視等を行った 15,000 体超の遺体の 90% 以上の死因は溺死であり，焼死は 0.9% であった[37]. 広域火災によって死者が発生したという明確な報告はないが，8・1・2 節に示したように津波から退避・避難した先に火災が迫るような津波と広域火災が複合して生じた極めて危険な事例が報告されている[38].　　　　　　　　　　　　　　　　　　　　　　　（熊谷　良雄・岩見　達也）

8・4・4　広域避難モデル[9, 10]

　住民の広域避難はいわば最終的手段であり，当然のことながら広域避難の必要がないことが望ましい. しかし，大規模地震時に市街地大火を完全に食い止めることができると予想することには少なからぬ無理がある. したがって，いくつかの延焼火災が発生することは覚悟すべきであり，それに伴い避難行動が生じ，安全な避難地や避難路を確保することが必要となる. しかし，それらの配置や規模を計画する場合，効果的で被害の少ない計画案を選択するためには，地震時の同時多発火災に直面した人々がどのような避難行動をとるかを予測し，避難所要時間や混雑地点等を評価尺度とした分析が不可欠となる. 広域避難モデルは，このような要請に応えるための手段である.

　それゆえ，広域避難モデルは，大震時の同時多発火災を前提とした都市防災対策上の計画条件を把握することを目的として構築される. したがって，対象とする空間が，平面的ではあるが非常に広範囲であり，数十万人以上を計算の対象としなければならない場合もある. さらに考慮すべきことは，建物・橋梁等建造物の崩壊や路上の散乱物等いわば静的な要素はもちろん，火災，水害，自動車の挙動等の動的な要素も取り上げなければならない点である.

（1）広域避難モデルの分類基準

　広域避難モデルは，その性格から見て大きく 2 つに分類できる. 第 1 は「現象記述型」と

よばれるモデルであり，現在の施設計画やその運用計画等の政策代替案を与えて，どのような現象が発生するかをコンピュータ・シミュレーションによって記述しようとするものである．一方，「規範型」とよばれるモデルは，所与の条件下での最適な政策を導出することを目的としたものである．

広域避難モデルの内容は以下のような諸点から分類できる．

A. 避難群集の表現

① 流体型：避難路上の群集流を流体と見なし，流体方程式に基づき単位区間の流出入量を計算する形で群集移動が記述される．このため，避難群集がどこから来てどこへ行くかという避難経路をトレースできない．また，群集を属性によって分別できない等の問題点を持つが，計算時間が非常に速く，広域を扱うのに適している．

② 粒子（トランザクション）型：個々人あるいは同一属性の集団単位をトランザクションとして，その動きを時間ごとに追う形で群集の移動を記述する．一般に計算時間が長くなるが，避難路の交差点等分岐点におけるトランザクションの経路選択を計算過程のなかに加えることによって，出発地から避難場所までの経路のトレースが可能となり，かつ群集属性などを組み込んだきめ細かいシミュレーションが可能である．

B. 群集の流動方向

① 一方向流型：群集流を街路ごと時間単位ごとに一方向に定めて移動を記述する．したがって，後戻りや右往左往型の行動を記述することが困難であり，目的地直行型となる．

② 二方向流型：同一街路上を二方向の群集が流動するよう組まれたモデルで，避難時における混乱状況の記述を目的としている．この場合，二方向の群集による摩擦が十分に解明されていないなどの問題がある．

C. 避難場所・経路の選択

避難場所およびそこへの経路の選択について，固定的に扱うか，選択行動を内生化するかにより，以下に示すの4つのタイプがある．

① 避難場所固定・経路固定：定められた避難場所へ，定められたルートを通って避難する場合の群集流を記述するタイプのモデルで，避難場所・避難路に関する所与の計画案の妥当性を検証することを目的としている．経路については誘導計画に従って指定する場合と，別計算により最短経路を求め，それを外生的に与える場合とがある．

② 避難場所固定・経路選択：群集は所与の避難場所へ向けて避難するが，その経路については，渋滞・火災状況・地理認知度・避難場所への距離などの要素を，行動途上で時々刻々判断し，選択しながら移動するものとし，何人が安全に避難完了するかを把握することを目的としている．経路を選択する基準にいろいろ工夫がみられるが，避難不能者がこの基準に依存してしまうことが多い，などの問題点がある．

③ 避難場所選択・経路固定：各地区の避難者がどの避難場所へ行くかをモデル内部で決定するが，避難先を決めると避難経路は固定される．通常は線形計画法などにより，収容力制限を基に避難先別人口を配分し，経路は最短経路として与える．避難場所割り当てを目的としたモデルといえよう．

④ 避難場所・経路の同時選択：誰が，どこへ，どのように避難するかを全く固定しない

表 8・17　既存の広域避難モデルの特徴

モデル	流体	トランザクション	一方向	二方向	外生	避難地直行	逃げ廻り	なし	あり	ノード・リンク	メッシュ	現象記述型	規範型
新井のモデル[12]		○	○			○			○	○		○	
室崎等のモデル[13]		○	○			○		○			＊1	○	
小林等のモデル[14]		○		○		○		○			＊2	○	
島田のモデル[15]		○	○			○			○	○		○	
藤田のモデル[16]	○		○			○			○	○		○	
原のモデル[17]		○	○				○		○	○		○	
梶等のモデル[18]		○	○			○			○	○		○	
科学技術庁のモデル[19]	＊3		○			○			○	○		○	
建築研究所のモデル[20]		○	○			○			○	○		○	
岡田等のモデル[21]	○		○			○			○		○	○	
渡辺等のモデル[22]		○	○			○			○		○	○	
避難危険度モデル[23]		○	○			○			○		○	○	
林・橋本のモデル[24,25]		○	○			○			○	○		○	
清水建設のモデル[26]		○	○			○			○	○		○	
大野等のモデル[27]	○		○			○			○	○		○	
増山等のモデル[28]		○	○			○			○	○			○
李　載吉のモデル[9,29]		○	○			○			○	○			○
西野等のモデル[30〜33]		○	○			○			○		＊4 ＊5	○	
岩見等のモデル[34,35]		○	○			○			○		＊4	○	

＊1：避難路に垂直な線分で分割，＊2：街区を矩形で同定，＊3：両方が混在．文献11)を基に作成，＊4：市街地火災の物理的延焼性状予測モデルとの連成，＊5：火災気流や輻射熱が避難行動に与える影響を考慮

とすると，どのような群集流動現象が発生し，何人が安全避難を達成するかといった，自由避難の混乱現象を記述することにより，1人でも多くの安全避難を達成するための必要な誘導計画を求めることを目的とするモデルである．避難場所固定モデルよりさらにパラメータが増え，時々刻々の情報にどう群集が反応するかという感度の与え方次第

で結果が大きく変化する.

D. 火災とのリンク

① 火災除外型：火災の延焼状況を考慮せず, 避難開始後の群集特性（密度, 速度, 滞留, 避難時間等）の解析を目的とする. すなわち, 群集それ自体の持つ危険に注目するものである.

② 火災リンク型：市街地の延焼状況と避難行動をリンクさせて, より現実的な危険性を評価することが目的である. 避難の開始, 経路の選択など群集の挙動を決定するパラメータのなかに, 種々の火災情報を取り込むことが可能となり, 現実性を増すことになる. しかし結果が火災状況に依存することが多く, 対策の一般化が難しくなる.

E. 避難路の表現

① ノード・リンク型：主要街路をノード・リンクとして表現し, その上で群集移動を扱うものである. ノード・リンクの座標表現が複雑であり, 発生群集の割り付けなどに工夫を要するなどが問題点となっている.

② メッシュ型：道路ネットワークをメッシュに同定し, メッシュ間移動によって群集流を表現するものである. データハンドリングの簡便さから, 大規模モデル向きであるが, 精度的な問題点がある.

（2）既存の避難モデルの概要

これまで発表されてきた広域避難モデルの特徴を示したものが表8・17である.

既存の広域避難モデルの多くは, 避難群集をトランザクション：粒として表現し, ノード・リンクで表された計算領域を避難場所等に向けて一方向に流動することを仮定している場合が多く, 近年のコンピュータの発達によって, 規範型のモデルが主流となりつつある, といえる.　　　　　　　　　　　　　　　　　　（熊谷　良雄・西野　智研）

8・4・5　広域避難におけるリアルタイム情報処理[5]

（1）広域火災時の情報

前述のように, 関東大震火災時の死者の発生は, いわば避難者の判断の誤りに起因しており, 災害の拡大に即した的確な指示・誘導があれば, ほとんど回避できたものと思われる.

1959（昭和34）年の伊勢湾台風災害を契機として災害対策基本法が施行された1つの要因として, 避難指示・勧告等の発令権者が不明確であったことが挙げられる. 高潮災害と同様に, 広域火災は, 災害の規模が時々刻々拡大していくことが最も特徴的な点である. 発生から終息まで比較的短時間な土石流災害等では, 避難の成否は一瞬の判断に委ねられる.

しかし, 広域火災は人命・財産に直接的な打撃を与えるとともに, その拡大速度は浸水の拡散速度の1/10程度である. したがって, 避難の判断, すなわち, 避難開始や避難先の決定は, 充分な情報と冷静な判断力さえあれば, 的確に行い得る時間的余裕があるといえる. ここに, 広域火災時の避難における情報の重要性がある. なかでも, 大地震後の広域火災では, 各種の災害形態が出現するとともに, 飛び火・旋風等によって急速な拡大が考えられ, また, 災害発生範囲が広いため, 避難情報の重要性は高い. そこで, ここでは, 大地震後の広域火災に焦点をあて, 火災からの避難と情報について述べる.

都市震災における災害の諸相のなかで, 時々刻々変化するものは火災のみであるといって

もよく，また，その結果としての人的被害の発生も時系列的に増加していく．1993（平成5）年7月の北海道南西沖地震や1995（平成7）年1月の阪神・淡路大震災では広域火災が発生したが，いずれも比較的静穏な気象条件下で発生したため，避難に関する重大な支障はみられなかった．しかし，阪神・淡路大震災時の神戸市長田区等では，校庭等に避難していた被災者に避難勧告が出されたり，安全な避難場所を求めて町会単位の住民が右往左往した事例もあった．

　しかし，これまでの避難勧告・指示の事例をみると，災害現場の警察官等によるものを，市町村長が追認している場合が多く，これらの事例の多くは災害発生現場が局所的であり，また，各々が互いに影響せず，独立であった場合である．このような場合は，避難の開始時期のみが問題となり，避難先や避難経路については，重要な避難情報ではなく，災害発生現場から数百m逃げれば，危険性はほぼなくなるといえる．

（2）広域火災時の避難情報処理

　大震火災時の被害は地域的・時間的に拡大していくものであり，住民は，決して，広域的な危険情報を自らの手で収集することはできない．したがって，広域的・時間的な危険拡大を総合的に判断し，広域的かつ時系列的な視野に立った避難開始時期・避難先・避難経路等の指示が必要である．このためには，個々の災害現場における判断ではなく，地域全体の被害状況を把握したうえでの避難情報の提供が不可欠である．すなわち，被害状況を収集し，その分析と火災の拡大状況を予想し，それに基づき要避難地域を抽出し，避難経路・避難先の選定を行い，これらを各地区へ伝達したうえで，的確な誘導を行わなければならない．以上のような考え方は図8・37のようにまとめることができる．

　このような考え方においては，火災等の拡大の予想や情報伝達が重要であることには変わ

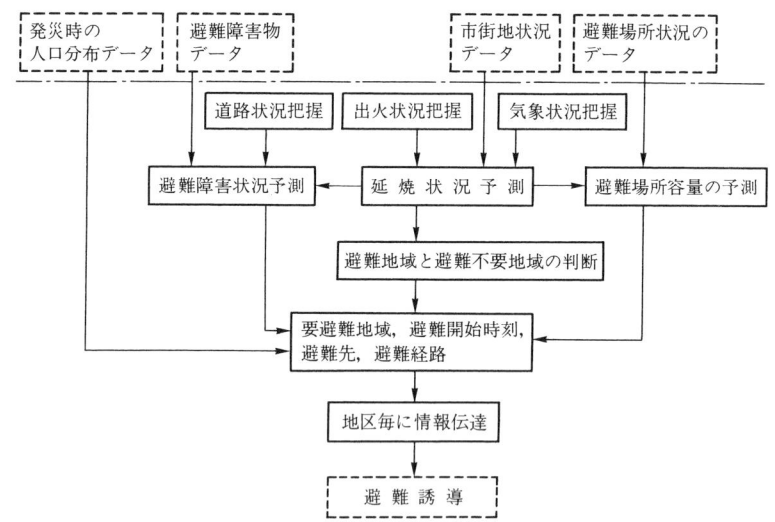

図 8・37　大震時広域火災時の避難情報システムの概要[5]

りがないが，災害の拡大状況に関する情報の収集が最も重要である．その方法としては，航空機や人工衛星等を活用することも考えられるが，それらによって収集された情報の分析手法，分析速度等に問題が残り，地震災害等におけるシステムの稼働可能性に最も大きな課題がある．したがって，大地震時にも利用可能とするためには，システム全体をいかにして簡略化するか，また，人力による代替可能性を確保するか，等々が課題となる．そのためには，システム全体にとって最も重要な災害情報の収集を，人力すなわち警察官・消防職員・消防団員等はもとより，自主防災組織・一般住民の協力に委ねることが考えられ，また，事前にこのような体制を整備しておくことが，災害時の人的被害を最小限に食い止める方策の1つであろう．

　さらに，このようなシステムの構築とその運用にあたっては，平常時におけるシステムの利用方法を確立しておく必要がある．災害という異常かつ混乱した状況の下で，日常使い慣れていないものを，使いこなすことは不可能である．むしろ，日常利用している機能の数十％しか活用し得ない，と考えるべきである．　　　　　　　　　　　　　　（熊谷　良雄）

8・5　林　野　火　災

8・5・1　林野火災の発生状況
（1）林　野　の　状　況
　林野火災とは，森林および原野や牧野などの森林以外の草生地が焼損した火災をいう．日本の国土面積が3,780万haであるのに対し，林野面積は2,508万haであり，国土面積の約3分の2を占めている[2]．都道府県ごとの林野率（林野の占める割合）は表8・18[1]のとおりである．

　日本の森林は，木材やきのこ等の林産物を供給する機能（木材等生産機能）のほか，土砂の崩壊を防ぎ，雨水等による土壌の侵食や流出を防ぐ機能（土砂災害防止機能/土壌保全機能），森林土壌が雨水を吸収して一時的に蓄え，徐々に河川へ送り出すことにより洪水を緩和し水質を浄化する機能（水源涵養機能），希少種を含む多様な生物の生育・生息の場を提供する機能（生物多様性保全機能），大気中の二酸化炭素を吸収し，炭素を貯蔵することにより地球温暖化防止に貢献する機能（地球環境保全機能）などの多面的な機能を持つ．このほか，森林は快適な環境の形成，保健・レクリエーション等様々な機能を有し，これらの働きを通じて国民生活の安定向上と国民経済の健全な発展に寄与している[2]．

　しかし，多くの貴重な森林が毎年林野火災により失われている．樹木は通常の状態では水分を多く含んでいるため，火災の延焼拡大を抑止したり遅延したりする働きを持っている．一方で少雨が長く続いたり大気が極めて乾燥したりするような気象条件となった場合，林野内での失火や火の不始末によって火災が発生し，延焼が広く拡大して大火となることがある．火災は林野だけにとどまらず，住宅地にまで延焼する場合がある．

（2）林野火災の発生状況
　1946（昭和21）年以降の林野火災の発生状況は図8・38のようになっている[3]．出火件数は1947（昭和22）年に2,918件あったのが年々減少して1950（昭和25）年には1,161件となったが，その後増加に転じ，増減を繰り返しながら1974（昭和49）年に8,351件と最

表 8·18　都道府県別の林野率（2015（平成 27）年）

都道府県	総面積（千 ha）	森林面積（千 ha）	森林以外の草生地面積（千 ha）	林野面積（千 ha）	林野率（％）	都道府県	総面積（千 ha）	森林面積（千 ha）	森林以外の草生地面積（千 ha）	林野面積（千 ha）	林野率（％）
北海道	8342	5322	215	5536	66.4	滋賀	402	203	1	204	50.7
青森	965	616	12	628	65.1	京都	461	342	0	343	74.3
岩手	1528	1144	12	1156	75.7	大阪	190	57	0	57	30.2
宮城	728	407	4	411	56.4	兵庫	840	561	1	562	66.9
秋田	1164	820	15	835	71.8	奈良	369	283	0	284	76.8
山形	932	641	3	644	69.1	和歌山	472	361	0	361	76.4
福島	1378	936	7	944	68.5	鳥取	351	257	2	259	73.8
茨城	610	189	1	190	31.2	島根	671	520	5	525	78.3
栃木	641	341	1	341	53.3	岡山	711	484	6	490	68.8
群馬	636	406	2	408	64.1	広島	848	609	8	617	72.7
埼玉	380	121	0	121	31.9	山口	611	437	3	441	72.1
千葉	516	157	2	159	30.8	徳島	415	312	2	314	75.6
東京	219	76	1	77	35.3	香川	188	87	0	87	46.4
神奈川	242	94	0	94	38.8	愛媛	568	399	1	400	70.5
新潟	1258	799	5	804	63.9	高知	710	592	2	594	83.6
富山	425	240	－	240	56.6	福岡	499	222	0	222	44.6
石川	419	276	2	279	66.6	佐賀	244	110	0	111	45.3
福井	419	310	1	310	74.0	長崎	413	241	4	246	59.4
山梨	446	347	2	349	78.2	熊本	741	448	14	461	62.3
長野	1356	1023	8	1032	76.1	大分	634	448	6	454	71.6
岐阜	1062	839	2	841	79.2	宮崎	774	587	2	589	76.1
静岡	778	491	5	496	63.7	鹿児島	919	582	4	586	63.8
愛知	517	218	0	218	42.2	沖縄	228	105	6	111	48.7
三重	577	371	0	372	64.3	（総計）	37797	24433	370	24802	65.6

（出典）農林水産省農林業センサス（農林水産省ホームページ　http://www.maff.go.jp/j/tokei/census/afc/index.html）
（注）林野面積＝森林面積＋森林以外の草生地面積
（注）計の不一致は四捨五入による.

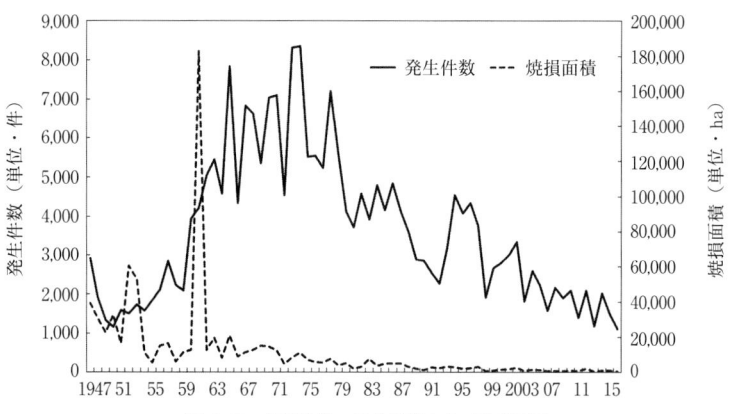

図 8·38　林野火災の発生件数および焼損面積
（出典）消防白書（消防庁ホームページ　http://www.fdma.go.jp/concern/publication/index2.html）

も多くなった．これ以降，増減を繰り返しながらも減少してきており，2015（平成27）年には1946（昭和21）年以降最少の1,106件となった．焼損面積は，1940年代には高水準にあったが，三陸地方でフェーン現象による火災が頻発した1961（昭和36）年に182,633 haと例外的に大きな数字を示してからは徐々に減少してきている．1946（昭和21）年以降，2015（平成27）年までで最も焼損面積が小さかったのは2012（平成24）年の372 haである．火災1件当たりの焼損面積は，1971～1975（昭和46～50）年の平均が1.28 haであったのに対し，その20年後の1991～1995（平成3～7）年には0.85 ha，さらに20年後の2011～2015（平成23～27）年には0.60 haと減少を続けている．このような傾向は，近年，消防対応が早期に行われるようになってきていることや，機動力のあるヘリコプターを利用した空中からの消火活動が活用されていることと関連があると考えられる．しかし，登山や森林浴などレクリエーション利用による入林者は今後も増加していくと考えられ，林野火災が発生する危険性が増大していく可能性もある．特に里山のような市街地に隣接した山林では，火災に対する細心の注意が必要である．

　ここで2006（平成18）年から2010（平成22）年までの5年間，さらにその後の5年間の都道府県別出火件数および焼損面積の平均をみると表8·19のようになっている[3]．火災発生件数は，2006（平成18）年から22年までの5年間の平均では，兵庫県が最も多く115件，次いで広島県の101件，福島県の89件と続いており，次の5年間の平均では，千葉県が最も多く97件，次いで兵庫県の83件，広島県の83件となっている．

　出火の頻度を表す指標として山林面積1,000 ha当たりの出火件数（火災発生頻度）をみると，2006（平成18）年から2010（平成22）年までの5年間の平均では，第1位は沖縄の0.16件，第2位が兵庫県の0.14件，第3位が大阪府の0.13件となっており，次の5年間では，第1位は千葉県の0.19件，第2位が沖縄県の0.15件，第3位が愛知県の0.10件となっている．人口が多く，森林に接する機会の多い地域で火災発生頻度が高くなる傾向がみられる．

　林野火災による被害の程度を表す指標として山林面積1,000 ha当たりの焼損面積（焼損面積の割合）をみると，2006（平成18）年から2010（平成22）年までの5年間の平均では，熊本県が第1位で約0.139 ha，大分県が第2位で0.101 ha，山梨県が第3位で0.096 haであった．次の5年間では香川県が第1位で0.199 ha，東京都が第2位で0.163 ha，岩手県が第3位で0.125 haであった．

　火災発生頻度は，2006（平成18）年から2010（平成22）年までの5年間の平均よりも次の5年間の平均のほうが概して小さくなっている．これに対し焼損面積の割合は大きくなっており，特に東京都や群馬県，香川県などで900％を超える増加率となっていた．逆に山梨県や愛媛県，熊本県では大きく減少していた．林野火災は少雨や乾燥，強風などの条件が整えば，発生後短時間で急速に拡大することがあり，市街地に近い林野では住宅地へ延焼する可能性もある．表8·20には，2002（平成14）年以降に発生した「住民避難勧告」が発令された大規模な林野火災の例を示した[4]．

（3）季節別発生状況

　2011（平成23）年から2015（平成27）年までの5年間の季節別の林野火災発生状況をみ

表 8·19　都道府県別の林野火災発生件数および焼損面積

都道府県	2010(平成22)年林野面積 (A) (千 ha)	火災発生件数 (B) (件)	焼損面積 (C) (ha)	1件当たり焼損面積 (D) (C)/(B) (ha/件)	火災発生頻度 (E) (B)/(A) (件/千ha)	焼損面積の割合 (F) (C)/(A) (ha/千ha)	2015(平成27)年林野面積 (G) (千 ha)
	2006 ~ 2010 (平成18年~22) 年平均						
北海道	(1) 8342	36.8	(2) 73.6	(2) 2.00	0.0044	0.0088	(1) 8342
青森県	965	35.8	17.4	0.49	0.0371	0.0181	965
岩手県	(2) 1528	41.0	42.7	1.04	0.0268	0.0279	(2) 1528
宮城県	728	47.2	31.8	0.67	0.0648	0.0436	728
秋田県	1164	38.8	34.0	0.88	0.0333	0.0292	1164
山形県	932	27.4	10.0	0.36	0.0294	0.0107	932
福島県	(3) 1378	(3) 88.6	16.0	0.18	0.0643	0.0116	(3) 1378
茨城県	610	58.4	7.6	0.13	0.0958	0.0125	610
栃木県	641	51.4	12.7	0.25	0.0802	0.0199	641
群馬県	636	31.8	4.9	0.15	0.0500	0.0076	636
埼玉県	380	24.4	12.1	0.49	0.0643	0.0318	380
千葉県	516	65.2	8.5	0.13	0.1264	0.0165	516
東京都	219	6.2	2.4	0.38	0.0283	0.0109	219
神奈川県	242	14.6	0.6	0.04	0.0604	0.0026	242
新潟県	1258	31.2	10.3	0.33	0.0248	0.0082	1258
富山県	425	4.2	7.6	1.81	0.0099	0.0179	425
石川県	419	16.0	4.1	0.26	0.0382	0.0098	419
福井県	419	6.6	1.1	0.17	0.0158	0.0026	419
山梨県	447	22.6	43.1	(3) 1.91	0.0506	(3) 0.0964	446
長野県	1356	43.6	18.2	0.42	0.0321	0.0134	1356
岐阜県	1062	40.4	2.8	0.07	0.0380	0.0027	1062
静岡県	778	44.6	5.5	0.12	0.0573	0.0071	778
愛知県	516	62.4	8.0	0.13	0.1208	0.0155	517
三重県	578	43.8	8.7	0.20	0.0758	0.0151	577
滋賀県	402	15.0	0.9	0.06	0.0373	0.0021	402
京都府	461	14.6	2.4	0.17	0.0316	0.0053	461
大阪府	190	25.6	6.9	0.27	(3) 0.1349	0.0363	190
兵庫県	840	(1) 114.8	41.9	0.37	(2) 0.1367	0.0499	840
奈良県	369	11.8	1.8	0.15	0.0320	0.0048	369
和歌山県	473	22.0	6.8	0.31	0.0465	0.0145	472
鳥取県	351	13.2	1.2	0.09	0.0376	0.0033	351
島根県	671	37.4	11.6	0.31	0.0558	0.0173	671
岡山県	711	86.8	27.8	0.32	0.1220	0.0390	711
広島県	848	(2) 100.8	46.7	0.46	0.1189	0.0551	848
山口県	611	48.2	7.8	0.16	0.0788	0.0128	611
徳島県	415	17.0	3.4	0.20	0.0410	0.0083	415
香川県	188	20.6	3.6	0.18	0.1098	0.0193	188
愛媛県	568	21.4	27.5	1.28	0.0377	0.0484	568
高知県	711	27.8	8.1	0.29	0.0391	0.0115	710
福岡県	498	55.0	45.0	0.82	0.1105	0.0905	499
佐賀県	244	27.8	1.2	0.04	0.1140	0.0050	244
長崎県	411	46.6	7.8	0.17	0.1135	0.0191	413
熊本県	741	44.0	(1) 102.6	(1) 2.33	0.0594	(1) 0.1385	741
大分県	634	58.4	(3) 64.0	1.10	0.0921	(2) 0.1010	634
宮崎県	773	45.2	10.4	0.23	0.0584	0.0135	774
鹿児島県	919	46.4	6.9	0.15	0.0505	0.0076	919
沖縄県	228	36.6	20.7	0.56	(1) 0.1608	0.0908	228

（出典）林野面積：農林水産省農林業センサス（農林水産省ホームページ　http://www.maff.go.jp/j/tokei/census/afc/index.html）

（出典）火災発生件数および焼損面積：消防白書（消防庁ホームページ　http://www.fdma.go.jp/concern/publication/index_2.html）

| 2011 ～ 2015（平成 23 年～ 27）年平均 | | | | | 火災発生頻度の増加率（M） | 焼損面積の割合の増加率（N） |
火災発生件数 （H） （件）	焼損面積 （I） （ha）	1 件当たり焼損面積（J） （I）/（H） （ha/件）	火災発生頻度 （K） （H）/（G） （件/千ha）	焼損面積の割合 （L） （I）/（G） （ha/千ha）	（K）/（E） （％）	（L）/（F） （％）
24.4	23.4	0.96	0.0029	0.0028	−33.67	−68.21
39.0	23.2	0.59	0.0404	0.0240	8.93	32.89
52.8	(1) 191.3	(2) 3.62	0.0346	(3) 0.1252	(2) 28.81	348.35
39.2	58.1	1.48	0.0538	0.0798	−16.91	83.01
32.0	12.5	0.39	0.0275	0.0108	−17.53	−63.13
25.4	6.6	0.26	0.0272	0.0071	−7.30	−34.11
64.6	29.6	0.46	0.0469	0.0215	−27.09	85.01
60.4	23.2	0.38	0.0991	0.0380	3.40	203.90
49.6	26.3	0.53	0.0774	0.0411	−3.50	106.75
33.8	49.2	1.46	0.0531	0.0773	6.30	(3) 913.36
23.4	6.1	0.26	0.0616	0.0160	−4.11	−49.80
(1) 96.6	15.0	0.15	(1) 0.1873	0.0290	(1) 48.13	76.11
6.2	35.7	(1) 5.76	0.0283	(2) 0.1630	−0.15	(1) 1399.71
15.4	1.4	0.09	0.0637	0.0057	5.48	114.07
16.8	5.0	0.29	0.0134	0.0039	−46.16	−52.03
3.6	2.1	0.57	0.0085	0.0049	−14.29	−72.83
17.6	2.5	0.14	0.0420	0.0061	9.99	−38.25
4.8	0.5	0.09	0.0115	0.0011	−27.29	−58.54
22.8	7.0	0.31	0.0511	0.0156	0.89	−83.79
44.2	(2) 72.1	1.63	0.0326	0.0532	1.38	296.29
30.8	3.4	0.11	0.0290	0.0032	−23.76	21.03
40.2	17.0	0.42	0.0517	0.0219	−9.85	209.80
52.8	9.7	0.18	(3) 0.1021	0.0188	−15.51	21.12
37.6	6.2	0.17	0.0651	0.0108	−14.11	−28.89
13.8	1.2	0.09	0.0344	0.0031	−8.00	45.45
16.4	4.2	0.26	0.0356	0.0092	12.35	74.40
19.4	1.7	0.09	0.1018	0.0090	−24.50	−75.09
(2) 83.2	(3) 67.1	0.81	0.0990	0.0798	−27.57	59.87
15.0	3.0	0.20	0.0406	0.0080	(3) 27.12	66.56
13.0	6.5	0.50	0.0275	0.0138	−40.89	−4.91
10.6	1.2	0.11	0.0302	0.0033	−19.69	0.87
35.0	6.8	0.19	0.0522	0.0102	−6.42	−41.47
62.4	33.9	0.54	0.0877	0.0477	−28.12	22.14
(3) 83.0	21.4	0.26	0.0979	0.0253	−17.66	−54.14
31.4	34.2	1.09	0.0514	0.0560	−34.84	338.01
13.6	9.0	0.66	0.0328	0.0217	−20.01	161.32
16.2	37.4	(3) 2.31	0.0863	(1) 0.1992	−21.37	(2) 931.51
17.2	3.7	0.22	0.0303	0.0066	−19.60	−86.47
24.8	13.9	0.56	0.0349	0.0195	−10.78	70.08
43.6	41.3	0.95	0.0874	0.0828	−20.87	−8.47
17.6	0.9	0.05	0.0721	0.0036	−36.72	−27.83
27.6	8.8	0.32	0.0668	0.0213	−41.16	11.22
34.0	13.0	0.38	0.0459	0.0176	−22.76	−87.31
55.2	37.4	0.68	0.0871	0.0590	−5.49	−41.60
44.2	8.8	0.20	0.0571	0.0114	−2.22	−15.36
32.8	7.1	0.22	0.0357	0.0077	−29.31	2.02
34.2	13.3	0.39	(2) 0.1499	0.0583	−6.76	−35.78

表 8·20　平成 14 年以降に発生した「住民避難勧告」が発令された大規模な林野火災の例

発生場所	発生日〜鎮火日	焼損面積 （ha）	避難勧告人数
茨城県水府村	2002（平成 14）年　3 月 12 日〜　3 月 15 日	69	12 世帯 38 人
宮城県丸森町	2002（平成 14）年　3 月 17 日〜　3 月 19 日	144	4 世帯 20 人
兵庫県宝塚市	2002（平成 14）年　3 月 19 日〜　3 月 21 日	32	241 世帯 718 人
長野県松本市	2002（平成 14）年　3 月 21 日〜　3 月 23 日	170	60 世帯 338 人 2 施設
岡山県備前市	2002（平成 14）年　4 月　4 日〜　4 月　4 日	30	75 世帯 185 人
岐阜県岐阜市・各務原市	2002（平成 14）年　4 月　5 日〜　4 月　6 日	410	1,160 世帯 3,613 人
香川県丸亀市	2002（平成 14）年　8 月 20 日〜　9 月　3 日	160	15 世帯 22 人
広島県尾道市・三原市	2002（平成 14）年 12 月　3 日〜 12 月　4 日	30	4 世帯 8 人
香川県直島町	2004（平成 16）年　1 月 13 日〜　1 月 19 日	122	283 世帯 650 人
広島県瀬戸田町・因島市	2004（平成 16）年　2 月 14 日〜　2 月 23 日	391	17 世帯 40 人
愛媛県今治市	2008（平成 20）年　8 月 24 日〜　8 月 29 日	107	52 世帯
東京都三宅村	2012（平成 24）年 11 月 16 日〜 11 月 25 日	156	85 世帯約 146 人
栃木県足利市	2014（平成 26）年　4 月 23 日〜　5 月　2 日	72	約 40 世帯 90 人
岩手県盛岡市	2014（平成 26）年　4 月 27 日〜　5 月　5 日	78	87 世帯 277 人

（出典）林野庁ホームページ（http://www.rinya.maff.go.jp/j/hogo/yamakaji/index.html）

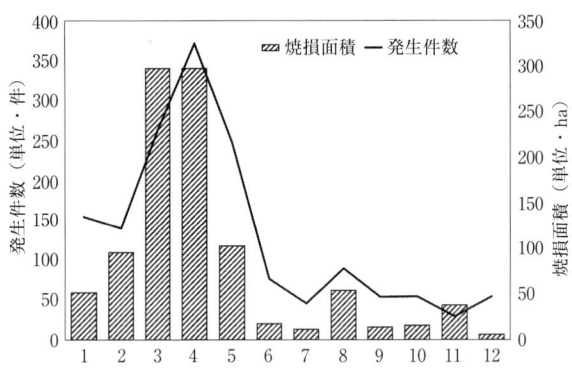

図 8·39　月別林野火災発生状況（2011 〜 2015（平成 23 〜 27）年平均）
（出典）消防白書（消防庁ホームページ　http://www.fdma.go.jp/
concern/publication/index_2.html）

ると，図 8·39 のように 4 月が最も多く，3 月と 5 月がそれに続いている[3]．この 3 カ月間に発生する林野火災は，発生件数で全体の 55.8 %，焼損面積で 69.6 % を占めている．春先に林野火災が多く発生するのは，この時期には落葉，落枝が多量に存在し，草本類は多くが枯れて燃えやすい状態になっていること，山菜採りやハイキングなどで人が入山する機会が多く，たばこの投げ捨て，焚き火の不始末が増えたり，農作業などに伴う火入れが頻繁に行われたりすること，降雨のない日が長く続き空気が乾燥して強風が吹くような気象条件になりやすいこと，等が原因として挙げられる．

（4）出火原因

　2011（平成23）年から2015（平成27）年までの5年間での林野火災の出火原因を図8·40（a）に示す[3].　たき火によるものが437件と最も多く，次いで，火入れによるものが240件，放火（疑いを含む）によるものが162件となっている．20年前（1991～1995（平成3～7）年，図8·40（b））に比べ，たき火やたばこによる火災の占める割合は減少傾向にあり，火入れや放火（疑いを含む）の割合が大きくなっている．

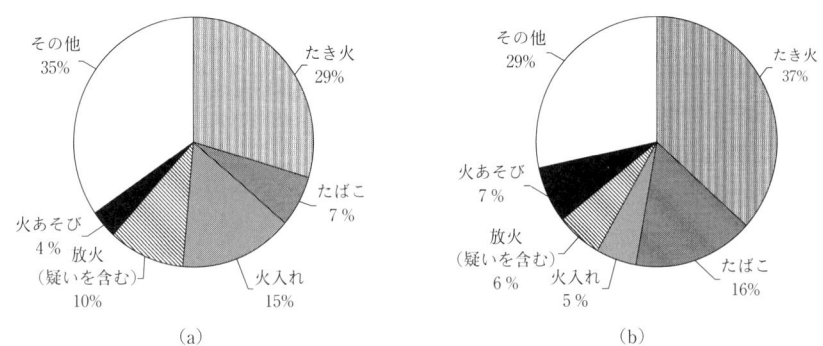

(a)　　　　　　　　　　　　　　　　　(b)

図 8·40　林野火災の出火原因（a：2011～2015（平成23～27）年平均，
b：1991～1995（平成3～7）年平均）

（出典）消防白書（消防庁ホームページ　http://www.fdma.go.jp/concern/publication/index_2.html）

（後藤　義明）

8·5·2　林野火災の延焼状況

（1）林野火災の種類

　林野火災は，燃える部位によって，以下のように，地表火，樹幹火，樹冠火，地中火に分けられる．

A.　地表火

　林野火災のなかで最も多く発生する火災で，林地内に堆積した落葉落枝や枯れた草本類・低木類などが燃えるものである．地表の可燃物が多い場合には地表火から樹幹火や樹冠火に発展し，林木の焼損を大きくしている．特に，ススキやシダ類の枯草は非常に燃えやすく，火勢も強くなるので危険である．

B.　樹幹火

　木の幹が燃える火災で，地表火からの燃え上がりによるものがほとんどである．針葉樹などの老樹で樹皮が粗いものや，エゾマツ，トドマツのように樹脂のしみ出ているもの，枯木や空洞化した大木などが危険である．枯木の樹幹は完全消火が難しい．

C.　樹冠火

　木の樹冠（枝葉）が燃える火災である．大部分は地表火から誘発されるもので，単独に樹冠から発火することは少ない．一般に油脂分の多いスギ，ヒノキ，アカマツなどの針葉樹が燃えやすく危険である．樹冠に一旦火が入ると強風にあおられ，地表火からは独立して樹冠

から樹冠へと延焼が広がり，火勢が非常に強くなって消火は大変困難となる．

D．地中火

　地中にある泥炭層や亜炭層その他の有機質層が燃えるものである．空気の供給が制約されるため，燃焼速度は1時間に4〜5m程度である．泥炭層や亜炭層を多く含む地質が広がっている地域や，寒冷で落業落枝が分解しにくい亜高山地帯や高緯度地方に発生しやすく，日本では北海道で発生することがある．燃焼箇所が地中であるため，容易に鎮火せず延焼方向が複雑で消火が困難となる．

（2）延　焼　速　度

　林野火災は，一旦発生して一定の規模に達すると，飛び火が発生することにより遠方まで速く延焼が拡大し，消防力で抑え込むことがきわめて困難になる．林野火災の延焼は，樹木の種類，樹齢，乾燥度，可燃性有機物の蓄積量，風速，山の斜面の方位や傾斜度などによって異なるが，林床に存在する可燃物が連続的に燃焼するため，市街地での火災より延焼速度は速い．また林野火災では，飛び火により遠方に着火することが多く，これが林野火災の延焼速度を速める大きな要因となる．延焼速度は，普通地表火では1時間に4〜7km，枯れた植生が密に存在し強風が吹く上り斜面では時速10kmにも達する．飛び火が発生すると延焼速度は著しく大きくなる．

（3）飛　　　び　　　火

　林野火災が大規模なものとなり，地表火から樹幹火や樹冠火へ移行するようになると，飛び火により延焼が急激に拡大する恐れが出てくる．飛び火の本体は，火のついた枝葉，鳥の巣，球果，樹皮，枯損木などである．飛び火は，火災時の火炎と上昇気流に乗って飛ばされ，離れた場所に火をつけ，第2，第3の火点をつくり，火災を飛躍的に拡大させていく．火災が山頂付近に到達した時に飛び火が多く発生する．山頂や尾根筋を越えた風は渦を巻き，下降気流が生じるため，多くの飛び火が落下する．風が強いほど飛び火が多く発生し，遠くまで運ばれる．静岡県秋葉山の火災（1943（昭和18）年3月13日，風速約9m）では780m，東京都陣場山の火災（風速約10m）では1,000mなどの事例が報告されている[5]．1983（昭和58）年4月に東北地方で多発した林野火災では，飛び火の発生時刻は風が強くなった午後に集中しており，風の強まりが飛び火の発生を促進させたと考えられている．

（後藤　義明）

8・5・3　林野火災の発生と拡大
（1）林野火災の発生・拡大に関係する3条件

　林野火災の発生状況をみると，前節で説明したとおり降水，湿度，風，気温，斜面方位，傾斜度，土壌，樹齢などの多くの要因により異なってくる．特に気象条件，地形条件，植生条件の3つの条件が林野火災の発生に大きく関与していることが指摘される．

　そこでここでは，林野火災の発生・拡大に関係が深い3つの条件について詳述していく．

（2）気　象　条　件

　気象条件は林野火災の発生危険に大きく影響している．特に降水，湿度，気温，日射量，風などが林野火災の危険性に関係が深いと考えられている．

　降水は林野火災の危険性を低める要素を持っている．降雨中は可燃物に湿りを与えるため

ほとんど火災は発生せず，火災発生中に降雨があると多くが鎮火するといわれている．このように降雨は，発生の危険性を低めると同時に延焼拡大の危険性をも低める機能がある．逆に何日も無降雨状態が続く場合には，大規模な林野火災の発生危険性が高まる．1991（平成3）年3月7日に日立市で発生した林野火災は，林野約218 ha を焼失させたばかりか燐接する住宅20棟を全半焼させる大規模な火災であった．当時の日立市の気象状況をみると，火災当日まで16日間全く降雨のない日が続き乾燥注意報が出されていたという状況であった[6]．

　湿度も林野火災の危険性と密接な関係にある．湿度は可燃物の乾燥度に影響を与え，湿度が高いと燃えにくくなり，湿度が低いと燃えやすくなる．林野においては特に落葉，枯枝などの林床の可燃物の乾燥度に影響を与えることが考えられ，日本の林野火災の多くが，林床の可燃物が延焼する地表火であることを考慮すると林野火災の危険性を判断する要因となりうる．

　気温は，高いと可燃物は乾燥し上記に示したように燃焼しやすくなるが，高くなったり，低くなったりする気温のみで，林野火災の危険性を判断することは難しいといえる．ただし，湿度が一定の場合には，温度が高いほど延焼速度が増大するとの考えもある．

　日射も気温と同様に林野火災の危険性に間接的に影響する．直接可燃物に日射が当たることで可燃物の乾燥が進む．日中で火災の危険性の高い時刻は，午前11時頃から午後3時頃までと考えられているが，これは，この時刻の日射により可燃物の乾燥が進み，火災の危険性が高まるためである．

　風は，延焼速度の増大，飛び火の拡大，可燃物の乾燥促進などに強い影響を与え，燃焼に直接関与する．林野火災の延焼時には，山地の地形が複雑なことから局地風が発生することがあり，風の影響を単純に評価することは難しいが，一般に強風時は危険性が高いといえる．

（3）地 形 条 件

　地形は林野火災の危険性に強い影響をもたらす．直接的には，斜面方向，傾斜度などの要因により危険性は左右され，間接的には，地形の変化により局地的な気象条件や林況条件に影響を与えることになる．ここでは，直接的な影響を与える斜面方向と傾斜度について詳しく述べておく．

　日本の林野火災は地形が複雑な山地で発生することから危険性を評価することには困難が伴う．消防庁の調査[7]によると，南斜面（南西〜南〜南東）で発生危険性が高いとされている．これは，南斜面がほかの方位の斜面に比べ日射量が多く，乾燥しやすくなっているためと考えられる．斜面傾斜度については，同調査によると，発生件数と傾斜度の単純な関係では特に傾向がみられないが，傾斜面の構成頻度で補正した結果では，30°以上の傾斜で発生危険度が高くなっていることが明らかにされている．

（4）植 生 条 件

　林野火災の危険性は，森林を構成する樹種，樹齢等の林況条件で異なる．一般的には，常緑樹の樹冠は燃えにくいものが多く，針葉樹は枝葉に樹脂を多く含み，延焼の危険が高いとされている．また枝葉が密に茂り，日射が森林の中に入りにくい常緑樹林にくらべ，開葉前の落葉広葉樹林や，間伐を行った直後の針葉樹人工林などでは，日射が林内の可燃物に直接

届きやすく，それだけ可燃物が乾きやすい[8]．

　樹種構成が同一であっても，樹齢によって危険性が異なってくる，最も危険性が高いのは，人工林の場合 10 年生以下の幼齢林である．林床に下草類が繁茂し，下草類が枯れる時期には地表火の危険性が高くなる．一般に樹齢 20 ～ 60 年の壮齢林では，林冠が密になり，うっ閉度が高く下草等が生育しにくくなり，林床が湿潤に保たれ林野火災に対して最も安全な期間となる．それ以上の老齢林になると倒木等により林冠に空隙が生じるようになり，うっ閉度がくずれ，林床に下草が繁茂しはじめて地表火の危険性が再び増大することになる．

（後藤　義明）

8・5・4　樹木の防火効果

（1）熱的環境と樹木の対応

　都市防火の一環として樹木を活用する場合，樹木の防火機能は，次の 2 つの力により支えられるということを念頭におかなければならない．

　樹木が，（1）火にどこまで耐えるか　（耐火力）
　　　　　（2）熱をどれだけ遮断するか（遮熱力）

　樹木が防火上有効であるためには，その「耐火力」により火熱に耐え，焼失することなく，樹木としての形状が維持されること，そしてその結果，遮蔽物となって「遮熱力」が発揮されることが必須の要件である．

A．耐火力：燃え難さ

　樹木への熱の影響は，当初は主として樹木の外周に位置し，熱に直面する葉（樹冠）への影響から始まる．樹木は熱を受けると樹葉中の水分を蒸気として放出し（気化熱への変換），葉温度上昇を防ぐ．また，重なり合った葉は，樹冠への熱の浸透を防ぐとともに，その複雑な形状はラジエータのように熱の放射に役立つ．

　このように，冷却作用によって上昇を抑えられた葉温も，より受熱量が増大すると，受熱と放熱とのバランスが崩れ上昇することになる．

　一般に，1 枚の葉によって吸収される熱量 Q_R は，次の式で求められる．

$$Q_R = Q_L + Q_S + Q_M + Q_H$$

　ここで，Q_R は純受熱量（火熱から直接葉に与えられる熱量），Q_L は潜熱伝達量（葉からの蒸散に使用される熱量），Q_S は顕熱伝達量（葉から周辺空間への放射熱量），Q_M は貯留量（放射量より吸収量が多いとき蓄えられる熱量，定常状態では $Q_M = 0$），Q_H は代謝熱（植物代謝に使われる熱量，定常状態では無視できる）である．

　樹木が火熱を受け Q_R が増大していくと，防火作用（冷却と放射）として，Q_L と Q_S が増加していくが，葉中の水分には限界があるため（実験によれば，根からの吸収は間に合わない），蒸散による冷却機能が追い付かなくなってくる．また，放射量も受熱量に追い付かないため，ここで Q_R と（$Q_L + Q_S$）とのバランスが崩れ，Q_M が増加し，結果として葉温が上昇し，これがきわめて大きい場合には熱分解に至ることになる．

　分解によって生成される未燃ガスや残査に発火条件が整うと発火となり，さらに，そこに燃焼条件が満足されれば，燃焼することになる．

　こうして，発火，燃焼の両条件を満たしたものは，炎上してしまうわけで，防火上は無効

と考えられる.

　一方，火熱を受けながらも燃焼することなく，樹木の形状が維持されたものについては，その背後への熱の浸透を防ぐ遮熱力が期待できる．この形状維持には，3つの場合が考えられる.

　1つは，熱を受けても熱収支のバランスが崩れず，その葉が熱分解するに至らない場合で，これはいわば定常状態に近いといえる.

　2つには，熱分解はするが，発火の条件が整わず発火に至らない場合である．風によって葉が揺れ，生成ガスを拡散するため，所定の組成限界に至らない場合もあろうが，一般には，主としてエネルギー条件に左右されているものと思われる．最も耐火力の弱い針葉樹の場合でも，輻射熱 13.95 kW/m^2（12,000 kcal/m^{2}h）未満，温度 400℃ 未満であるとエネルギーとしては不足で発火しない．この場合も，樹木としての形状は維持されることになる.

　3つには，発火はするが，燃焼条件が整わず消えてしまう場合で，この現象を「立消え」という．燃焼条件のうち，一般には酸素の供給は十分と考えられるので，エネルギーの供給が不足ということである．表層の葉が発火，燃焼しても，次層の葉はともに燃焼するだけのエネルギーが及んでいないということは，表層の葉によって，次層の葉が熱から遮蔽されていることで，これは，樹木の熱制御機能（主として遮蔽）を示すものにほかならない．この立消えの場合，一般には樹葉の炎上範囲は小規模で，樹木の形状としては維持されることになる.

B. 遮熱力：熱の通り難さ

　熱に耐え，焼失することなく，樹木としての形状を維持した場合，はじめて遮熱力を評価することになる．遮熱力は樹木が「壁」となってその背後への熱の浸透を遮断する力で，樹木が熱を遮る割合（1－空隙率：樹木の隙間の割合）によって示される.

　空隙率は樹木の遮熱力を導く基となるもので，1本の樹木の立面（樹木範囲＝高さ＊葉張）の中に樹木の葉，枝幹によって遮られない空気が何割あるかということが基本となる).

空隙率 ＝ {樹木範囲－（樹冠面積＋枝幹面積＋枝下面積）}/樹木範囲

　ただし，この樹冠面積の中には多くの隙間があるのが常で，また，この隙間は樹種により異なるものである．したがって，樹冠面積には，樹種別の葉密度係数による補正が必要となる．枝幹面積は立面的にはきわめてわずかだが，枝下部分の空隙は大きいので，枝下の高さと全高との比（枝下比）を求め，空間の補正をしなければならない．この空隙率の大小によって，防火上の有効性の評価が可能となる.

（2）樹木の耐火限界値

　樹木が都市防火上有効であるためには，その「形状が維持される」ことが必須の条件であることは先に述べたとおりである．そのためには，樹木が燃えてなくなってしまっては意味がない．樹木がある熱を受けた時，燃えるか燃えないかを左右するのは，その樹木の「耐火力」であり，その目安として耐火限界値がある.

　樹木，特にその受熱面としての樹葉は，高熱を受けると変色し，これと同時に葉裏からはげしく蒸気を発生した後，折れ曲がり，丸まるように変形する．この変形する経過は生き物のごとくで，この変形が終るころには真っ黒に変色している．ここで，もし耐火限界値を超

える熱を受けた場合は発火となる．一方，限界値以下の場合は黒焦げから次第に白色化するものと，黒焦げのまま裂け目ができてくるものと分かれる．このような状態になったものは，どちらももう決して発火することはない．

23.25 kW/m² (20,000 kcal/m²h) 以下の熱あるいは 550℃ 以下の温度では，例え発火しても赤点 (Red Spot) が次第に拡大し葉前面に広がっていくのみで，これが炎となることはない（無炎発火）．発火しても炎をあげないということは，防火上きわめて大切な条件であり，この点からもサンゴジュは有効な防火樹として推薦できる．

樹木が炎上するのは変色の過程で，いまだ可燃性の分解生成ガスが発生中に，火熱を受けることが必要である．したがって，放射熱だけで発火という可能性は一般にきわめて低いと思われる．接炎あるいは有炎口火の接触があって樹木の炎上は成り立つわけで，遮熱物とし

表 8·21　樹種別の耐火限界値（無炎発火，単位：kW/m²）

常緑広葉樹				落葉広葉樹		針葉樹	
樹木名	耐火限界値	樹木名	耐火限界値	樹木名	耐火限界値	樹木名	耐火限界値
サザンカ	17.33	ヤマモモ	15.93	コナラ	17.45	イヌマキ	18.72
トベラ	17.33	アオキ	15.93	エンジュ	17.33	ス　ギ	17.33
モチノキ	17.33	シラカシ	15.93	ユリノキ	17.33	アカマツ	17.33
ヤツデ	16.86	サンゴジュ	15.58	トウカエデ	16.86	ヒマラヤスギ	15.12
トウネズミモチ	16.86	スダジイ	14.65	ソメイヨシノ	16.86	ヒノキ	14.65
ヤブツバキ	16.40	マサキ	14.65	モミジバスズカケノキ	16.40	カイヅカイブキ	13.84
イヌツゲ	16.40	マテバシイ	14.30	イチョウ	16.40		
クスノキ	15.93			ケヤキ	15.58		

ては有効なものである．

樹木の耐火力を評価する尺度として，実験により得られた放射熱に対する樹種別の耐火限界値は表 8·21 のとおりである．

図 8·41 は，常緑広葉樹の発火時間と受熱量との関係を示す．グラフの上半分は危険域，下半分は安全域を意味する．すなわち，常緑広葉樹の場合，15.64 kW/m² (13,450 kcal/m²h) 以下の熱量ではいくら時間をかけても発火はないということで，この値が「耐火限界値」である．なお，常緑広葉樹の発火時間は放射受熱量 R (1/10 kcal/m²h) より次式にて近似的に求めることができる．

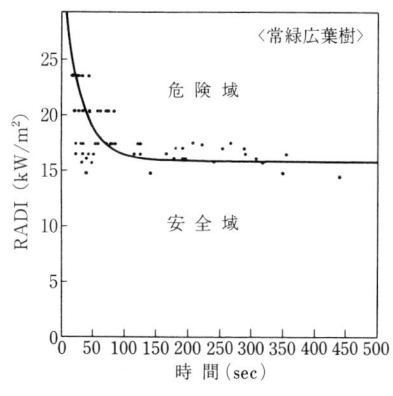

図 8·41　常緑広葉樹の発火限界曲線

$$t_E = 88.13 - 33.71\ln(R - 13.45)$$

ここで，t_E は常緑広葉樹発火時間（秒）である．

図 8·42，8·43 は，落葉広葉樹と針葉樹の発火時間と受熱量との関係を示す．落葉広葉樹で

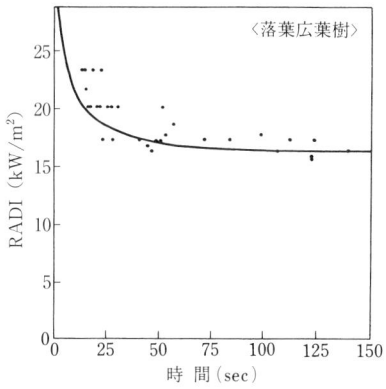

図 8·42　落葉広葉樹の発火限界曲線
$t_F = 50.53 - 19.48 \ln (R - 13.93)$
t_F：落葉広葉樹発火時間（秒）
R：放射受熱量（1/10 kcal/m²h）

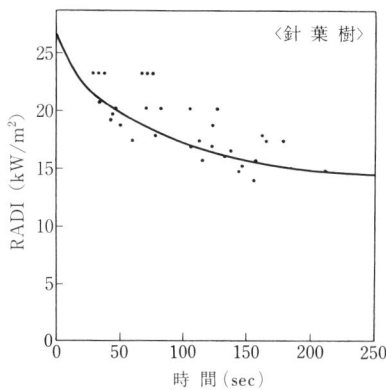

図 8·43　針葉樹の発火限界曲線
$t_N = 196.97 - 87.17 \ln (R - 12.02)$
t_N：針葉樹発火時間（秒）
R：放射受熱量（1/10 kcal/m²h）

16.20 kW/m²（13,930 kcal/m²h），針葉樹で 13.98 kW/m²（12,020 kcal/m²h）が耐火限界値である．

　図8·44 は，火熱を受けた常緑広葉樹の樹葉（マテバシイ）の温度変化を示す．測点1は葉の上方2 cm の空気温度，測点2, 3は表面温度，4, 5は裏面温度である．このうち3と4は放射の影響を排除したもので，測点3の値をもって樹葉の表面温度（葉温）としている．

　測点1は，一番上昇の傾向がゆるく，1分後300℃となり安定（定常状態）．測点2は，当初上昇率は高く，約40秒後400℃となり安定．測点3は，30秒過ぎに急上昇，1分で表面温度2を上回った直後，450℃を超えたところで発火している．測点4は，ほぼ表の葉温と同様の傾向だが，前半は試料台からの影響のため表より高い値を示している．測点5は，約350℃で安定．測点3, 4は，ほかの樹種についても同様な傾向があり，当初放射熱の影響を受けないため，最も遅い温度上昇を示している．しかし，他の測点が定常状態となって安定した後，葉内に蓄積される熱量が一気に増加し，発火に至るものと思われる．

　これまでの実験結果から得られた樹葉の耐火限界温度（葉面温度）は，常緑広葉樹で 445 ℃，落葉広葉樹で 470℃，針葉樹で409℃である．

　この限界値以下の受熱では，樹木の発火，炎上はなく，その形状は維持されているため，一種の衝立としての遮熱力が

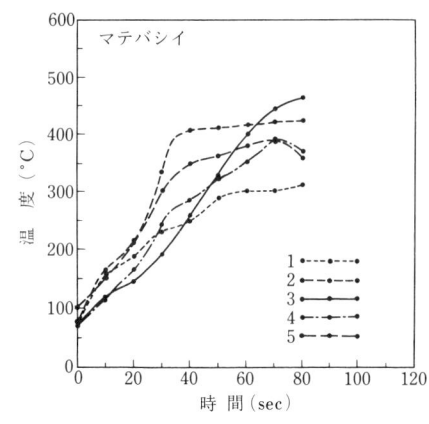

図 8·44　受熱による葉温の変化（マテバシイ）

表 8·22　樹木の耐火限界値

	常緑広葉樹	落葉広葉樹	針　葉　樹
発火限界 放射熱 (kW/m² (kcal/m²h))	15.58 (13,400)	16.16 (13,900)	13.95 (12,000)
温　　度 (℃)	455	407	409
引火限界 (kW/m² (kcal/m²h))			
有炎口火	6.28 (5,400)		6.74 (5,800)
無炎口火	6.63 (5,700)		

期待できることになる.

表 8·22 は，これまでの実験から得られた樹木の耐火限界値である.

(3) 樹木の遮熱率

樹木は，火熱を受けても燃えることなく，その結果その形状を維持した時は，一種の衝立として，熱エネルギー遮断機能が期待できる.

ただし，樹木の衝立は，先に述べたようにコンクリートや板の壁と異なり空隙をもっているのが本来の姿である. よって，熱エネルギー遮断の能力も 100% 密な壁体と比較した場合，割り引きをして考ねばならない. 火熱は，空隙を通って樹木（主として樹冠を考える）の中に浸透してくるからである.

A. 1枚の葉の遮熱率

小型炉による実験では，常緑広葉樹で 40%，落葉広葉樹で 30% の遮熱率が計測されている. しかし，針葉樹は葉の規模，構造から1枚としては計測できない. なお，イチョウは落葉樹ながら，常緑広葉樹と比較しても上位にあたる 48.3% を示す.

B. 1本の樹木の遮熱率

常緑広葉樹で比較的均一な試験体が得られるものにサンゴジュがある. 実大火災実験の例では，83 ～ 93% が計測された. なお，シラカシでは，試験体によっては1本では 36% ほどのものも3本集まると 90% を上回った. 葉が何層にも重なることによって効果は増加するわけである. 針葉樹はカイヅカイブキ，サワラとも 90% を示した. これが3本となると 97% を上回り，ほぼ完全な遮蔽物となることがわかる.

C. 樹帯の遮熱率

複数の樹木の集合体である樹帯では，構

		1　列	2　列	3　列
隙間なし	正列	○○○	○○○ ○○○	○○○ ○○○ ○○○
	交互		○○○ ○○	○○○ ○○ ○○○
隙間1/2本分	正列	○○○	○○○ ○○○	○○○ ○○○ ○○○
	交互		○　○　○ ○　○	○　○　○ ○　○ ○　○　○
隙間1本分	正列	○　○　○	○　○　○ ○　○　○	○　○　○ ○　○　○ ○　○　○
	交互		○　○　○ ○　○	○　○　○ ○　○ ○　○　○

図 8·45　樹木の配植パターンと遮熱率

成する樹木の列数および樹木の間隔ならびに配植のいかんによって遮熱率に差異がみられる.

　すなわち, 図8・45にみられるように1列植えの場合, 樹木の感覚が葉張りの1/2以下の場合は80%を示す. ところが, 間隔を葉張り1本分にまで広げると60%に低下する. 2列植えの場合は, 輻射熱の遮蔽には交互植えが優れている. 3列植えの場合は, 樹木の感覚を葉張り1本分話しても95%の遮熱率を示す. 遮熱という点からいえば, 樹木は3列あれば十分といえよう.

（4）樹木の防火効果の源としての水

　樹木が防火効果を発揮するためには, 一つには樹体がどれだけの量の水分を保持しているか, 次にその水分をどの程度失わずに保持していられるかが重要である. 特に注目される部位としては, 遮熱力を大きく発揮する樹冠, すなわち樹葉である. しかし, その水分の保持力については, それほど多くの樹種について研究が進められているとは言えない. 樹木は, 種類によって葉の厚みや細胞の大きさ, 表層を覆うクチクラ層の発達の程度などに様々な違いがあり, 細胞内に蓄えられた水分を保持する力が異なると考えられることから, 今後の研究が待たれるところである. 幹や枝の水分についても同様のことが言える. 一方, 樹葉の含水率については, これまでの研究[9~12]により178種の樹木に関する実験が行われている. その研究によると表8・23に示す通り, 得られた値を単純平均した場合, 最も含水率が高い樹種はアジサイで約85%, 一方で最も低い樹種はイチイガシの約45%であって, 樹種により大差があることが示されている. これを樹種数で平均すると, 樹葉は一般に約63%の水分が含まれていると考えられ, 水が重要な要素であることがうかがえる.

表 8・23　各種樹葉の含水率（%）

樹　種	樹葉含水率%	樹　種	樹葉含水率%	樹　種	樹葉含水率%
1. アジサイ	84.9	61. アキグミ	66.3	121. シャリンバイ	60.4
2. サネカズラ	80.4	62. チャンチンモドキ	66.3	122. アスナロ	60.3
3. ウツギ	76.6	63. マルバマンサク	66.2	123. ツバキ類	59.9
4. ナツヅタ	75.7	64. ムラサキシキブ	66.0	124. モウソウチク	59.8
5. ユリノキ	75.5	65. トウネズミモチ	65.8	125. クロマツ	59.7
6. フヨウ	75.4	66. アオギリ	65.4	126. ナナミノキ	59.7
7. レンギョウ	75.0	67. アカメガシワ	65.2	127. タチヤナギ	59.7
8. インドゴムノキ	75.0	68. ウワミズザクラ	65.2	128. ドイツトウヒ	59.4
9. イチョウ	74.9	69. クロガネモチ	65.0	129. ニワウルシ	59.3
10. バージニアヅタ	74.6	70. モッコク	65.0	130. ヒノキ	59.2
11. キリ	74.3	71. ツルグミ	64.9	131. ナギ	59.2
12. キヅタ	74.2	72. イヌエンジュ	64.9	132. アカマツ	58.7
13. イチジク	74.0	73. フジ	64.8	133. ユーカリ	58.7
14. ムクゲ	73.8	74. ハウチワカエデ	64.8	134. ヒイラギナンテン	58.7
15. ハクモクレン	73.5	75. シナノキ	64.8	135. モチノキ	58.6
16. モミジバスズカケノキ	73.1	76. マサキ	64.7	136. タラヨウ	58.6
17. ハギ類	72.8	77. ネズミモチ	64.7	137. セイヨウハコヤナギ	58.4
18. モクレン	72.8	78. シキミ	64.6	138. マダケ	58.3
19. トネリコバノカエデ	72.6	79. コウヤマキ	64.3	139. ケヤキ	58.3
20. ハコネウツギ	72.6	80. エゾユズリハ	64.2	140. サワラ	58.2

21.	ヤマグワ	72.4	81.	タイサンボク	64.2	141.	エドヒガン	58.1
22.	スズカケノキ	72.4	82.	ドウダンツツジ	64.2	142.	コノテガシワ	57.9
23.	ジンチョウゲ	72.1	83.	ヤマザクラ	64.1	143.	ヤマモモ	57.7
24.	サンシュユ	72.1	84.	ハナズオウ	64.1	144.	ピラカンサ類	57.6
25.	シロダモ	72.0	85.	サザンカ	63.5	145.	トウカエデ	57.6
26.	フイリアオキ	71.5	86.	マメツゲ	63.5	146.	オカメザサ	57.5
27.	ウメ	71.3	87.	イイギリ	63.2	147.	アセビ	56.8
28.	アオキ	71.2	88.	チャノキ	63.2	148.	ヒイラギ	56.7
29.	コブシ	71.2	89.	ハクウンボク	63.1	149.	アズマネザサ	56.5
30.	イタビカズラ	70.9	90.	ヒムロ	63.0	150.	クヌギ	56.3
31.	ヒサカキ	70.9	91.	イヌツゲ	63.0	151.	ムクノキ	56.3
32.	キョウチクトウ	70.9	92.	トチノキ	62.9	152.	コナラ	56.3
33.	エゴノキ	70.5	93.	イロハモミジ	62.5	153.	アベマキ	56.1
34.	サンゴジュ	70.5	94.	コデマリ	62.5	154.	オオムラサキツツジ	56.0
35.	ヒュウガミズキ	69.8	95.	シダレヤナギ	62.4	155.	ゲッケイジュ	55.9
36.	カツラ	69.5	96.	スギ	62.2	156.	エノキ	55.8
37.	セイヨウハコヤナギ	69.5	97.	クリ	62.1	157.	カイヅカイブキ	55.7
38.	ハリエンジュ	68.9	98.	ブナ	62.1	158.	ビワ	54.7
39.	ホオノキ	68.7	99.	アキニレ	62.1	159.	ガマズミ	54.3
40.	ムベ	68.5	100.	ソメイヨシノ	62.1	160.	スダジイ	54.0
41.	ネムノキ	68.5	101.	サツキツツジ	62.0	161.	ナンテン	53.5
42.	サルスベリ	68.4	102.	クスノキ	61.9	162.	カナメモチ	53.0
43.	カラタチ	68.1	103.	サカキ	61.9	163.	ソヨゴ	52.4
44.	ヤツデ	68.0	104.	ボダイジュ	61.9	164.	カラコギカエデ	52.4
45.	シナレンギョウ	68.0	105.	テイカカズラ	61.8	165.	イスノキ	52.2
46.	エンジュ	67.9	106.	トベラ	61.8	166.	ウバメガシ	52.2
47.	カクレミノ	67.8	107.	カヤ	61.7	167.	ツブラジイ	51.9
48.	フウ	67.6	108.	シノブヒバ	61.7	168.	ザイフリボク	51.7
49.	サワグルミ	67.4	109.	イタヤカエデ	61.7	169.	マテバシイ	51.3
50.	ボケ	67.0	110.	マユミ	61.7	170.	シラカシ	51.3
51.	ヤマモミジ	67.0	111.	クチナシ	61.6	171.	アラカシ	50.9
52.	ミズキ	67.0	112.	アケビ	61.5	172.	キンモクセイ	50.5
53.	ヤマハンノキ	66.9	113.	ハチク	61.5	173.	シリブカガシ	50.0
54.	ヘデラ・ヘリックス	66.7	114.	ハナミズキ	61.5	174.	ヤブニッケイ	49.2
55.	カロライナジャスミン	66.7	115.	アカシデ	61.4	175.	クマザサ	49.0
56.	タマイブキ	66.7	116.	ヤシャブシ	61.2	176.	ヤダケ	49.0
57.	センダン	66.4	117.	イヌマキ	60.9	177.	カシワ	48.9
58.	ノウゼンカズラ	66.4	118.	リュウキュウツツジ	60.9	178.	イチイガシ	45.1
59.	ユズリハ	66.4	119.	ヒマラヤスギ	60.5			
60.	ヤマブキ	66.4	120.	コウヨウザン	60.5	平均		63.4

（5）受熱時の葉温やガス発生の動向

　樹葉に高い放射熱が加わると，図 8・46 のように速やかに葉温（図中 temp）が上昇していく．葉温は，100℃ に達するといったん上昇を止め，しばらくは定温を保つこととなる．この時間までが，すなわち水分による効果である．ここまでの時間は，樹種によってかなり異なると考えている．つまり火災の際，樹種によって水分を保持し防火効果を発揮する力が異なるということである．この後，樹葉の温度は 100℃ を超えて再び上昇していく．この時，樹葉には水分はほぼ存在しないと考えられる．そして，このトウネズミモチの葉の場合は 366℃ で Red Spot（赤熱）を生じ，ゆっくりと拡大していった．この間に発生する主要なガスの動向を追うと，二酸化炭素（図中 CO_2），炭化水素群（図中 CH）ともに二つの山があ

ることが分かる．この山は樹種や供試量によって，また曝される放射熱量によって平坦になるものや合体して一つの高い山になるものなどがある[13]．恐らく最初のピークは受熱部全体から発する未燃ガス（主として炭化水素）とその燃焼によるもので，Red Spot が生じた後のピークはその周辺から急速に発生する未燃ガスとその燃焼によるものと思われる．この程度の炭化水素群の濃度では有炎発火に至らないが，カイヅカイブキなどではさらに短時間に高濃度の未燃ガスが放出されるなど，樹種によって特徴的な傾向がある．そして，やはり樹種による差異は著しい．

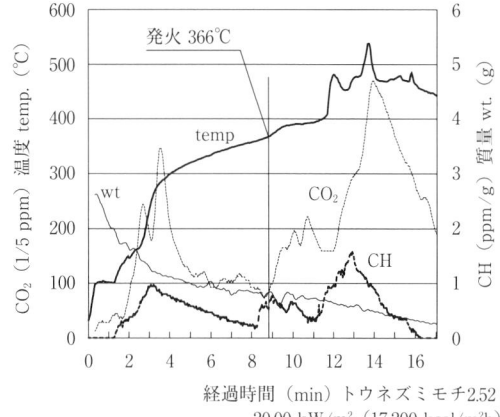

図 8·46　トウネズミモチの葉を加熱した場合の温度，質量，CO_2 濃度，CH 濃度の経時変化

（6）落葉樹と常緑樹の防火力の違い

　一般に，落葉樹は冬季には葉を落として裸木となるが，常緑樹は一年を通じて裸になることはない．さらに，樹種ごとに千差万別な形態やフェノロジーがある．このことから，樹木の防火力を考える際，落葉樹と常緑樹の違いや，樹種の違いによる防火力の違いを考えていくことが望まれている．一般に知られている「落葉樹は冬季に葉を落とす」ことについて筆者が行った調査でも，東京都区部における落葉樹 25 種の着葉期間は表 8·24 に示すように樹種ごとに大きな違いがあり，葉を最も長い期間つけていたのはヤマモミジで 267 日，最も短い期間であったのはセイヨウシナノキの 203 日であって，その差は 64 日もあった．

　こうした樹種による防火力の違いに関連し，常緑樹と比較して落葉樹についてどの程度の評価ができるか，遮熱力に関連する要素を試算した[14]．その結果，着葉期間 25 種，遮蔽率 187 種，樹木空隙率 15 種など既往研究の計測結果から，遮熱力のみに関して言えば，常緑樹 1 に対し落葉樹 0.66 という評価ができるのではないかと思われる．今後は精緻化を図っていくことが望ましいが，樹木は生命があり且つ種の多様性があって，定量化には課題が多い．

（7）都市空間の安全性向上と樹木

　2016（平成 28）年 12 月 22 日に発生した糸魚川駅北大火では 140 棟以上もの建物が焼失したが，その大火を食い止めたのは日本海であって，消防力だけでは如何ともし難い状況であった．この地域は歴史的町並みや建造物があったものの公園等のまとまった樹木地はほぼ皆無であった．しかし，筆者の調査では火災直後に約 350 本の樹木が残っており，限定的ではあったものの防火力を発揮したと考えられる樹木が存在していた．このように公園や緑地が身近に整備されていない街並みは極めて多く，全国どこでも大火の危険性があるなか，防災公園ではなくとも防災機能のある身近な公園緑地の整備が求められる．

表 8·24　東京都区部周辺における樹木の着葉日数（2001 – 2002）

	着葉月（月）	着葉日数（日）
ヤマモミジ	3 – 12	267
モミジバスズカケノキ	5 – 1	259
クサギ	5 – 1	255
アカメガシワ	5 – 1	254
ケヤキ	4 – 12	253
メタセコイア	4 – 1	252
オオシマザクラ	4 – 12	245
イチョウ	4 – 12	244
エドヒガン	4 – 12	241
トチノキ	4 – 12	241
ウメ	4 – 12	238
エノキ	4 – 12	238
フジ	4 – 12	238
ソメイヨシノ	4 – 12	230
アオギリ	5 – 12	228
カキノキ	4 – 12	226
トウカエデ	4 – 12	225
ナツヅタ	4 – 12	223
ハナミズキ	4 – 12	223
イチジク	4 – 12	222
モミジバフウ	5 – 12	218
ユリノキ	4 – 12	217
ニワウルシ	4 – 11	211
ミズキ	4 – 11	207
セイヨウシナノキ	4 – 11	203

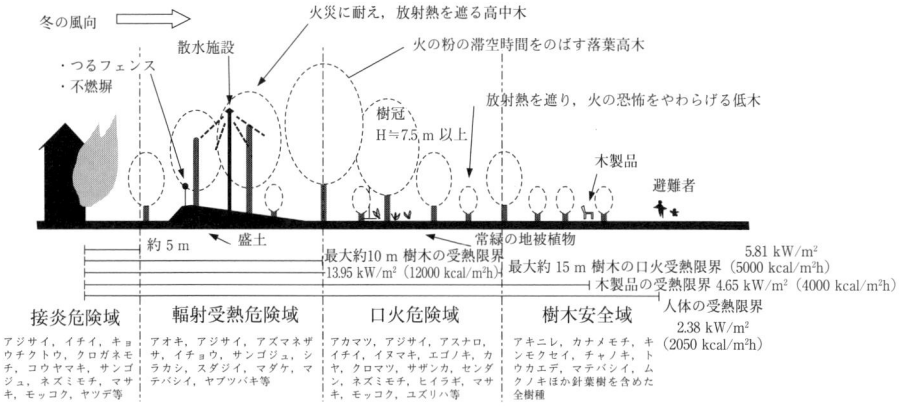

図 8·47　身近な公園や緑地の安全性向上のための植栽関連計画イメージ

　前項までの内容から，いまだ樹種別の防火力の解明は途上としても，樹木がその樹種別の特徴を生かしながら防火力を発揮することを期待した公園緑地等の配植として，図 8・47 に示す樹木配置が考えられる[15]．すなわち一棟火災を想定した輻射熱量の場合，熱源に近い順に①接炎危険域として 5 m，②輻射受熱危険域として 10 m，③口火が飛来する場合に樹木が危険となる口火危険域として 15 m，それより遠い場所に④樹木安全域を各々設定して植栽をプランニングしていくというものであり，人体や木製品の危険域はさらに遠くにある．樹木を配置するほどに各域の安全性は高まり，危険距離が縮まっていくことになる．

（岩河　信文・岩崎　哲也）

文　献

〔8・1〕
1）建設産業調査会：防災ハンドブック，p.1,057 および p.1,397
2）総務省消防庁：平成 29 年版消防白書（2017）
3）諸井孝文・武村雅之：関東地震（1923 年 9 月 1 日）による被害要因別死者数の推定，日本地盤工学会論文集，第 4 巻，第 4 号（2004）
4）緒方惟一郎：関東大地震に因れる東京大火災，震災予防産業調査会報告第百号戊，p.68
5）中村清二：大地震による東京火災調査報告，震災予防調査会報告第百号戊（1926.3）
6）中村清二：大地震による東京火災調査報告，震災予防調査会報告第百号戊，p.100
7）東京消防庁：1993 年（平成 5 年）北海道南西沖地震に伴う消防応援活動・被害調査報告書（1994.1）
8）消防庁：阪神・淡路大震災について（確定報）（2006）http：//www.fdma.go.jp/bn/ 阪神・淡路大震災（確定報）.pdf（2018 年 3 月 20 日閲覧）
9）日本火災学会：1995 年兵庫県南部地震における火災に関する調査報告書（1996）
10）自治省消防庁消防研究所：兵庫県南部地震における神戸市内の市街地火災調査報告書（速報）（1995）
11）建設省建築研究所：平成 7 年兵庫県南部地震被害調査最終報告（1996）
12）総務省消防庁：平成 23 年（2011 年）東北地方太平洋沖地震（東日本大震災）について（第 157 報）（2018）http：//www.fdma.go.jp/bn/higaihou/pdf/jishin/157.pdf（2018 年 4 月 20 日閲覧）
13）日本火災学会東日本大震災調査委員会：東日本大震災火災等調査報告書（完全版）（2016）
14）内田祥文：建築と火災，相模書房（1956）
15）藤田金一郎：火災輻射熱による延焼とその防止，損害保険料率算定会火災科学研究会報告「火災の科学」昭和 26 年，相模書房，p.170
16）亀井幸次郎：鳥取大火調査報告，日本火災学会 "火災" vol.2，No.1，pp.8-26（1952）
17）亀井幸次郎：能代市大火実態調査報告，日本火災学会 "火災" vol.6，No.2，p.92（1956）
18）宇野親員：代邑聞見録（元禄 7 年）能代市立図書館読書会発行写本（1942.9）
19）関根　孝：市街地と大火，建設省建築研究所昭和 52 年度秋季講演梗概集，pp.51-78（1977.11）
20）塚越　功：酒田市大火の避難行動解析，建設省建築研究所昭和 52 年度秋季講演梗概集，pp.79-103（1977.11）
21）山下邦博：酒田市大火の延焼状況に関する調査報告，日本火災学会 "火災" vol.27，No.2-6（1977）
22）消防庁：新潟県糸魚川市大規模火災（第 13 報）（2017）http：//www.fdma.go.jp/bn/ 糸魚川市大規模火災（第 13 報）.pdf（2018 年 3 月 20 日閲覧）
23）国土交通省国土技術政策総合研究所，国立研究開発法人建築研究所：平成 28 年（2016 年）12 月 22 日に発生した新潟県糸魚川市における大規模火災に係る建物被害調査報告書，http://www.kenken.go.jp/japanese/contents/publications/data/184/all.pdf，2017.7（2018 年 3 月 20 日閲覧）

24）糸魚川市大規模火災を踏まえた今後の消防のあり方に関する検討会：糸魚川市大規模火災を踏まえた今後の消防のあり方に関する検討会報告書（2017）http：//www.fdma.go.jp/neuter/about/shingi_kento/h29/itoigawa_daikibokasai/06/houkokusyo.pdf（2018 年 3 月 20 日閲覧）

25）森林総合研究所編：森林大百科事典，朝倉書店（2009）

26）消防庁：異常乾燥・強風下における林野火災対策に関する調査報告書（1984）

27）消防庁・林野庁：林野周辺の住宅地開発の増加に伴う延焼拡大防止対策に関する調査報告書（1992）

28）後藤義明，鈴木　覚：日本において森林火災により放出される温室効果ガス量の推定，火災，**64**，1，pp. 36 – 40（2014）

29）Amiro B. D., Centin A., Flannigan M. D. de Groot W. J.："Future emissions from Canadian boreal forest fires", *Canadian Journal of Forest Research*, **39**, pp. 383 – 395（2009）

〔8・2〕

1）最新建設防災ハンドブック編集委員会：最新建設防災ハンドブック，建設産業調査会

2）総務省消防庁：災害情報，http://www.fdma.go.jp/bn/2018/，最終閲覧 2018.5.7

3）井上一之：帝都火災誌，震災予防調査会報告，第 100 号（戊）（1925）

4）神奈川県警察部：大正大震火災誌（1925）

5）日本建築学会学術研究会北陸震災調査団：北陸震災概報，建築雑誌（1948）

6）新潟県：新潟地震の記録

7）東京都防災会議：1968 年十勝沖地震における石油ストーブ等火器による出火機構（追跡）調査報告（1969）

8）東京都：1978 年宮城県沖地震に関する調査報告書（1979）

9）建設省建築研究所：平成 5 年北海道南西沖地震被害調査報告（1994）

10）東京消防庁：1993 年（平成 5 年）北海道南西沖地震に伴う消防応援活動・被害調査報告書（1994）

11）文部省科学研究補助金・総合研究（A）：「平成 6 年三陸はるか沖地震被害調査研究」報告書（1995）

12）神戸市消防局：兵庫県南部地震に伴う神戸市における火災概要（1995）

13）東京消防庁防災部防災課：兵庫県南部地震に伴う市街地大火の延焼動態調査結果報告書（1995）

14）神戸大学工学部建設学科室崎研究室：阪神・淡路大震災時の火災の延焼状況調査報告書（1995）

15）室崎益輝：なぜ大火災になったのか　"手つかず"の同時多発火災で 100 ha を焼失，日経アーキテクチュア，第 516 号（1995）

16）室崎益輝：都市防災からみた火災，月刊地球，号外 No. 13，（1995）

17）日本火災学会東日本大震災調査委員会：東日本大震災火災等調査報告書（完全版）（2016）

18）ノースリッジ地震政府調査団：ノースリッジ地震政府調査団調査報告書（1993）

19）損害保険料率算定会：地震火災に関する研究（1984）

20）村田明子，岩見達也，北後明彦，室崎益輝：1995 年兵庫県南部地震における出火機構の分析－過去の地震火災事例との比較による考察－，日本建築学会計画系論文集，第 548 号（2001）

21）村田明子，北後明彦：2011 年東北地方太平洋沖地震における出火要因の傾向，平成 25 年度研究発表会梗概集，日本火災学会（2013）

22）建設省：建設省総合技術開発プロジェクト　都市防火対策手法の開発報告書（1982）

23）東京等総務局行政部：東京都の大震火災被害の検討（対策に関する資料）（1968）

24）水野弘之：地震時出火に関する基礎的研究（京都大学学位論文）（1978）

25）水野弘之，堀内三郎：地震時の出火率と住家全壊率の関係について，日本建築学会論文報告集，第 247 号（1976）

26）水野弘之，堀内三郎：地震時の出火件数の予測に関する研究，日本建築学会論文報告集，第 250 号（1976）

27）小林正美：1923 年関東地震における出火状況の分析　－都市地震火災の出火状況に関する研究（第一報），日本建築学会論文報告集，第 337 号（1984）

28）小林正美：関東地震以降の主な地震における出火状況の分析　－都市地震火災の出火状況に関する研究（第二報），日本建築学会論文報告集，第 338 号（1984）

29）愛知県防災会議地震部会：愛知県東海地震被害予測調査　平成 5 年度中間報告書（1994）

30）室﨑益輝：都市防災からみた火災，月刊地球，号外 No. 13（1995）

31）樋本圭佑，山田真澄，西野智研：平成 23 年東北地方太平洋沖地震における津波浸水区域外の出火傾向の分析，日本建築学会環境系論文集，第 79 巻第 697 号（2014）

32）廣井　悠：階層ベイズモデルを用いた地震火災の出火件数予測手法とその応用，地域安全学会論文集，No. 27（2015）

33）西野智研，北後明彦：一般化線形混合モデルを用いた津波火災の発生件数の予測手法，日本建築学会環境系論文集，第 80 巻第 718 号（2015）

34）東京消防庁：東京都の地震時における地域別出火危険度測定（第 8 回）（2011）

35）東京消防庁：東京都の地震時における地域別出火危険度測定（第 9 回）（2017）

36）中央防災会議・首都直下地震対策検討ワーキンググループ：首都直下地震の被害想定項目及び手法の概要　〜人的・物的被害〜（2013）

37）東京消防庁：地域別出火危険度と対策について（1974）

38）東京消防庁：東京都の地域別出火危険度測定結果（1982）

39）東京都防災会議：東京区部における地震被害の想定に関する報告書（1978）

40）東京都防災会議：東京における地震被害の想定に関する調査研究（1991）

41）神奈川県地震被害想定調査委員会：神奈川県地震被害想定調査報告書（手法編）（2015）

42）表俊一郎：大地震時人間心理の問題，保険の科学，第 19 巻 9 号

43）自治省消防庁：仙台都市圏防災モデル都市建設計画調査報告書（2）　－地震火災と消防活動力に関する調査－（1980）

44）東京消防庁：（火災予防審議会答申）地震時における用途別建物の出火危険予測と対策（1983）

45）火災予防審議会・東京消防庁：（第 16 期火災予防審議会答申）地震時における人口密集地域の災害危険要因の解明と消防対策について（2005）

46）東京都防災会議：首都直下地震等による東京の被害想定報告書（2012）

47）加藤孝明，程洪，亜力坤玉素甫，山口　亮，名取晶子：建物単体データを用いた全スケール対応・出火確率統合型の地震火災リスクの評価手法の構築，地域安全学会論文集，No. 8（2006）

〔8・3〕

1）堀内三郎：都市消防力の研究（学位論文：昭和 31 年），朝倉建築工学講座 10　建築防火，朝倉書店（1972）

2）東京都防災会議：大震火災時の焼失範囲の推計に関する調査研究（1973.8）

3）東京消防研究会編：火災における延焼速度（1942）

4）川越邦雄：新訂建築学大系 21 建築防火論，彰国社，p. 389（1970.2）

5）浜田　稔：火災の延焼速度について，火災の研究，第 I 巻，相模書房（1951）

6）浜田　稔：東京都大震火災時避難に関する研究（1），東京都防災会議（1966.3）

7）室﨑益輝：市街地の難燃化効果と新延焼速度式に関する研究，日本建築学会近畿支部研究報告集 22 号（1982）

8）保野健治郎ほか：ロジスティック曲線による建物火災の延焼速度式に関する基礎的研究，日本建築学会論文報告集，Vol. 311（1982）

9）建設省：建設省総合技術開発プロジェクト，都市防火対策手法の開発報告書（1982）

10) 東京消防庁：地震時における市街地大火の延焼性状の解明と対策，(1985.53)

11) 糸井川栄一：市街地における出火・延焼危険評価手法に関する基礎的研究，東京工業大学学位論文 (1990)

12) 東京都防災会議：東京における地震被害の想定に関する調査研究 (1991)

13) 東京消防庁：1993年（平成5年）北海道南西沖地震に伴う消防応援活動・被害調査報告書 (1994)

14) 東京消防庁：兵庫県南部地震に伴う市街地大火の延焼動態調査報告書 (1995)

15) 藤田金一郎：新訂建築学大系21 建築防火論，彰国社，pp. 389 - 466 (1970)

16) 東京都防災会議：東京区部における地震被害の想定に関する報告書 (1978)

17) 東京消防庁：地震時における焼け止まり効果の測定に関する調査研究 (1992)

18) 藤田隆史：地震災害のシミュレーションに関する研究，東京大学学位論文 (1973)

19) 糸井川栄一ほか：地震火災時のリアルタイム情報処理システムの開発——延焼拡大予測と避難情報処理に関する研究——，建設省建築研究所建築研究報告，No. 120 (1989)

20) 青木義次：類焼確率関数の数理・統計的導出，日本建築学会関東支部研究報告集 (1976)

21) 佐々木弘明ほか：都市火災の延焼確率，災害の研究IX，日本損害保険協会 (1978)

22) 東京消防庁：地震時の延焼シミュレーションシステムに関する調査研究 (1989)

23) 消防庁消防研究所：地震時における消防力運用の最適化システムに関する研究開発報告書 (1986)

24) 火災予防審議会・東京消防庁：直下の地震を踏まえた新たな出火要因及び延焼性状の解明と対策，火災予防審議会答申 (1997)

25) 火災予防審議会・東京消防庁：地震火災に関する防災性能評価手法の開発と活用方策，火災予防審議会答申 (2001)

26) 関澤　愛・佐々木克憲・山瀬敏郎・座間信作・遠藤　真・岡部弘志：延焼と消防力運用のシミュレーション予測による市街地の地震火災リスク評価，日本火災学会研究発表会概要集，pp. 264 - 267 (2009)

27) 佐々木克憲・関澤　愛：延焼予測と消防力運用のシミュレーションを利用した地震時の都市火災リスク評価に関する研究，日本火災学会論文集，64，3，pp. 9 - 17 (2014)

28) 東京消防庁：地震時の延焼シミュレーションシステムに関する調査研究 (1989)

29) Himoto K, Tanaka T.：A Physically-based Model for Urban Fire Spread. Fire Safety Science, Proceedings of 7 th International Symposium, pp. 129 - 140 (2002)

30) 国土交通省：まちづくりにおける防災評価・対策技術の開発，国土交通省総合技術開発プロジェクト報告書 (2003)

31) 大宮喜文・岩見達也・林　吉彦：市街地火災における延焼メカニズムの実験的解明，都市計画論文集，No. 38 - 3，pp. 25 - 30 (2003)

32) 樋本圭佑・田中哮義：都市火災の物理的延焼性状予測モデルの開発，日本建築学会環境系論文集，71，No. 607，pp. 15 - 22 (2006)

33) 樋本圭佑・向坊恭介・秋元康男・黒田　良・北後明彦・田中哮義：地震動による建物構造被害と火災加熱による損傷の進行を考慮した地震火災延焼性状予測モデル，日本建築学会環境系論文集，75，No. 653，pp. 543 - 552 (2010)

〔8・4〕

1) 熊谷良雄：発災後の避難と対策について——阪神・淡路大震災を事例として——，安全工学，Vol. 34，No. 6，通巻189号，安全工学協会，pp. 466 - 473 (1995)

2) 熊谷良雄：阪神・淡路大震災時の避難と対策，第25回安全工学シンポジウム講演予稿集，日本学術会議安全工学研究連絡委員会，pp. 99 - 104 (1995)

3) 建設省：建設省総合技術開発プロジェクト，都市防火対策手法の開発報告書，建設省 (1982)

4) 熊谷良雄・岸　栄吉：日本都市計画学会学術研究発表会論文集，No. 18，火災時における避難行動の
　分析——酒田大火と関東地震火災・東京を例にして——，日本都市計画学会，pp. 169–174（1983）

5) 熊谷良雄：市街地大火と避難，通信講座『防災のための情報活動』第 5 分冊，NHK 文化センター，pp.
　27–50（1987）

6) 塚越　功：酒田市大火の避難行動の解析，昭和 52 年度秋期講演会梗概集，建設省建築研究所，pp. 79
　–103（1977）

7) 警視庁警備心理学研究会：大震火災対策のための心理学的調査研究（避難行動について），警視庁
　（1970）

8) 財団法人都市防災研究所：都市における総合的地下利用方策の研究——防災的見地に立った利用方
　策の検討——（1986）

9) 李　載吉：誘導群集の歩行動態ならびに広域群集避難勧告支援モデルの開発，筑波大学社会工学研究
　科学位論文（1992）

10) 熊谷良雄：避難モデル論，都市計画，No. 89，日本都市計画学会，pp. 40–50（1976）

11) 建設省建築研究所：地震火災時のリアルタイム情報処理システムの開発——延焼拡大予測と避難情報
　処理に関する研究——，建築研究報告，No. 120，建設省建築研究所（1989）

12) 新井　健：都市高密度地域における大震災時の避難誘導方策のシミュレーション実験による効果分析
　——東京都におけるケース・スタディを中心として——，東京工業大学修士論文（1975）

13 堀内三郎・室崎益輝・田中哮義：大震火災時の群集避難計画に関する研究（その 2），日本建築学会大
　会学術講演梗概集，日本建築学会，pp. 1243–1244（1973）

14) 堀内三郎・小林正美・中井　進：都市地域における避難計画に関する研究，日本建築学会論文報告
　集，No. 223，日本建築学会，pp. 45–52（1974）

15) 島田耕一：平常時および震災時における消防力の効果に関する研究，京都大学工学部学位論文（1977）

16) 藤田隆史：地震災害のシミュレーションに関する研究，東京大学工学部学位論文（1973）

17) Hara, F：Fuzzy simulation model of civil evacuation from large scale earthquake, Dept. of
　Mech. Eng., Tokyo Univ. of Science（1981）

18) 建設省建築研究所：大震時被害及び避難予測パイロットモデルの開発研究，建築研究資料，No. 7
　（1975）

19) 科学技術庁研究調整局：大震時における総合的被害予測手法及び災害要因摘出手法に関する総合研究
　報告書，科学技術庁研究調整局（1978）

20) 建設省建築研究所：大震時における総合的被害予測モデルに関する研究，建築研究報告，No. 78，建設
　省建築研究所（1977）

21) 岡田光正・吉田勝行・柏原士郎・辻　正矩：大震火災による人的被害の推定と都市の安全化に関する
　研究——（1）延焼過程を組み込んだ避難シミュレーションシステムの設計——，日本建築学会論文
　報告集，No. 275，日本建築学会，pp. 141–147（1979）

22) 諸井陽児・渡辺仁史・池原義郎・吉田克之・中村良三：人間—空間の研究 V（空間における人間の流
　動モデル）メッシュモデルによる広域避難シミュレーション，日本建築学会大会学術講演梗概集，日
　本建築学会，pp. 639–640（1973）

23) 梶　秀樹・熊谷良雄・増山　格・野堀勝明：広域避難計画における地区別避難危険度の算定，日本都
　市計画学会学術研究発表会論文集，第 17 号，日本都市計画学会，pp. 559–564（1982）

24) 林　亜夫・橋本昭洋・渡辺伸明・友利　廣：避難シミュレーターによる避難施設整備計画の評価，日
　本都市計画学会学術研究発表会論文集，第 17 号，日本都市計画学会，pp. 565–570（1982）

25) 橋本昭洋・林　亜夫・渡辺伸明：火災を考慮した避難施設整備計画の評価，日本都市計画学会学術研
　究発表会論文集，第 18 号，日本都市計画学会，pp. 175–180（1993）

26) 清水建設：防災シミュレーションモデル，清水建設 Technical Report, No. 38（1978）

27）大野栄治・加藤　晃・浅井誠治：住民の避難行動を離散的に捉えた避難シミュレーションシステム，日本都市計画学会学術研究論文集，第 22 号，日本都市計画学会，pp. 571 - 576（1987）

28）増山　格・梶　秀樹：大地震時広域避難計画検討のための最遅避難モデルの開発，日本都市計画学会学術研究論文集，第 19 号，日本都市計画学会，pp. 379 - 384（1984）

29）李　載吉・梶　秀樹：拡張最遅避難モデルに基づく避難誘導からみた避難計画の評価，都市計画，通巻 177 号，日本都市計画学会，pp. 72 - 77（1992）

30）T. Nishino, S. Tsuburaya, K. Himoto, T. Tanaka：A Study on the Estimation of the Evacuation Behaviors of Tokyo City Residents in the Kanto Earthquake Fire, Fire Safety Science, Proceedings of the 9 th International Symposium, pp. 453 - 464（2008）.

31）西野智研・円谷信一・樋本圭佑・田中哮義：関東大震災における東京市住民避難性状の推定に関する研究－ポテンシャル法に基づく地震火災時の避難シミュレーションモデルの開発－，日本建築学会環境系論文集，74, 636, pp. 105 - 114（2009）

32）T. Nishino, T. Tanaka, S. Tsuburaya：Development and Validation of a Potential-Based Model for City Evacuation in Post-Earthquake Fires, *Earthquake Spectra*, 29, 3, pp. 911 - 936（2013）.

33）西野智研：火災気流を考慮した市街地火災避難モデルの地震動，火災および津波の複合災害への拡張，日本建築学会計画系論文集，79, 699, pp. 1079 - 1088（2014）

34）岩見達也，竹谷修一：マルチエージェント手法を用いた 広域火災時の避難シミュレーションモデルの構築，日本建築学会 2012 年度大会（東海）学術講演梗概集，日本建築学会（2012）

35）岩見達也，竹谷修一：津波と火災を考慮した複合災害避難シミュレーションツールの開発，日本建築学会第 37 回情報・システム・利用・技術シンポジウム論文集（2014）

36）警察庁：平成 23 年（2011 年）東北地方太平洋沖地震の警察措置と被害状況（2018）https://www.npa.go.jp/news/other/earthquake2011/pdf/higaijokyo.pdf（2018 年 9 月 18 日閲覧）

37）警察庁：平成 24 年版警察白書（2012）

38）日本火災学会東日本大震災調査委員会：東日本大震災火災等調査報告書（完全版）（2016）

〔8・5〕

1）農林水産省：農林業センサス，農林水産省ホームページ　http：//www.maff.go.jp/j/tokei/census/afc/index.html

2）林野庁：平成 27 年度 森林・林業白書，林野庁ホームページ　http：//www.rinya.maff.go.jp/j/kikaku/hakusyo/ 27 hakusyo/index.html

3）消防庁：消防白書，消防庁ホームページ　http：//www.fdma.go.jp/concern/publication/index_ 2.html

4）林野庁：山火事予防，林野庁ホームページ　http：//www.rinya.maff.go.jp/j/hogo/yamakaji/index.html

5）消防庁防災課・地域防災課編：林野火災の警防戦術，ぎょうせい（1980）

6）消防庁・林野庁：林野周辺の住宅地開発の増加に伴う延焼拡大防止対策に関する調査報告書（1992）

7）消防庁：林野火災拡大危険区域予測調査，日本林業技術協会（1984）

8）玉井幸治，後藤義明：間伐・除伐・風倒被害による林野火災発生危険度への影響，森林火災対策協会報，36, pp. 4 - 8（2016）

9）中村貞一：樹林防火力の研究－第 1 報　緑地用樹木の葉の含水率と脱水時間についての比較実験，造園雑誌 12（1）. pp. 13 - 17（1948）

10）木村英夫・加藤和男：樹木の防火性に関する研究，造園雑誌，11, 1. pp. 11 - 15（1949）

11）岩河信文：都市における樹木の防火機能に関する研究，東京大学博士論文（1982）

12）岩崎哲也：防火的視点からみた各種樹葉の含水率に関する研究，ランドスケープ研究，**68**，5，pp. 525‑528（2005）

13）岩崎哲也：都市樹木の防火力の評価とその活用に関する研究，明治大学博士論文（2003）

14）岩崎哲也・手代木純・鳥越昭彦・高橋　涼・奥原一樹：市街地における防火効果に関与する落葉樹の遮蔽力について，日本緑化工学会誌，**43**，1，pp. 235‑238（2017）

15）岩崎哲也：樹木の防火力の評価及び防災緑地計画への提案，ランドスケープ研究 **68**，3，pp. 229‑234（2005）

第9章 広域火災・地震火災対策

9・1 広域火災・地震火災対策の基本的な考え方

　我が国では，1965（昭和40）年頃まで，2000棟以上の家屋が焼失する大規模な広域火災がしばしば発生していた．その後，都市の不燃化推進と消防力の整備の効果が少しずつ現れ，この種の火災は一応の終息をみたと一般に考えられるようになった．しかし1976（昭和51）年の強風下での山形酒田大火，1995（平成7）年の兵庫県南部地震における神戸市での大火，2011（平成23）年の東北地方太平洋沖地震による火災，2016（平成28）年の糸魚川市大規模火災にみられるように，現実には都市大火の危険が潜在化している地域が絶無になったとはいえない．むしろ，兵庫県南部地震火災や東北地方太平洋沖地震にみられるように，今日の過大な都市への人口集中と高齢化などの社会変化は，新しいタイプの都市災害を発生させている．すなわち，被害の影響は火災で焼け出された地域だけではなく，周辺地域および極端な場合には全国規模で大きな連鎖影響を引き起こす．特に，大地震の発生はそれに連鎖した同時多発火災は，地震国日本では今後も避け難い．そこで，都市地域の一環として，ハード/ソフト両面からの様々な火災危険の軽減対策が講じられつつある．その例として，耐震性貯水槽の設置，可搬式動力ポンプの配備，あるいは避難場所，避難路の確保の充実などが行われている．

　火災危険が著しいのは，都市部だけではなく，過疎地，高齢化の進行している農/漁村も同様である．また，各種コンビナート地域なども特有の火災危険を持つ．

　ところで，これら都市などの火災危険地域のハード面の改造は，一朝一夕には行うことができない．それは，都市の不燃化事業一つをみても明らかである．そこで，消防対策から都市計画的対策に至るまでの様々な防災対策を総動員して，しかも，系統的かつ長期的に構じて，総合的な視点から火災危険の軽減を図ることになる．そして，これらの対策は地域の特殊性と大きく関連することから地域ごとにそのための計画を持つことが必要になる．この地域ごとに作成される防火計画が，地域防火計画とでもいうものである．

　この地域の防火計画は，都市や農村の危険の高まり，とりわけ震災時の火災危険が明らかになるに及んで，その必要性や重要性が強く認識され，その作成が積極的にはかられている．具体的には，災害対策基本法に基づく地域防災計画の一部として，また消防組織法に基づく市町村消防計画として，あるいは都市計画法に基づく地区整備計画の一部として作成されている．この他，必要に応じて任意の形で地域防火計画が作成されている．

　ところで，地域の防火計画は，対象とする地域の範囲や性格によって，例えば都市地域ならば都市防火計画というように，都市防火計画，農村防火計画，あるいは石油コンビナート防火計画などに分類される．ここではこの分類に従って地域防火計画を大別し，それぞれについてその内容を考察するが，なかでも都市地域を対象とした防火計画の必要性が高いと考えられるので，都市防火計画については少し詳しく検討する．なお，林野火災の防止に関しては，第8章でその性状について述べ，第15章では消防戦術について若干触れている．

（室﨑　益輝・廣井　悠）

9・2　日本における広域火災・地震火災対策手法の変遷

　伝統的に「木と紙」の建築物で構成される我が国では市街地大火が宿命のように発生してきた．都市形成史の面からすると，大火が旧来の市街地を一掃し，その復旧復興が次の時代を支える市街地をつくりだしたことは否定できない．

　江戸の中期以降，大火から都市を防衛するための都市防火対策が営々と積み重ねられてきた．明治から大正にかけて近代都市計画が成立するが，以来，つい最近まで都市防火・防災は我が国都市計画の最重要テーマであった．ここでは時代を追いながら，広域火災・地震火災の防止手法について都市計画的対策に重点をおき時代的変遷を整理する．

9・2・1　江戸期の広域火災対策

　我が国で初めて史料に防火対策の記述がみえるのは奈良時代の養老令である．倉は側に池渠をおき館舎の間を 50 丈以上にすること（718），倉と倉の間を十丈以上にすること（791），火災に強い土倉をつくる（783）を定めた等が記されている．商業経済が発達し始めた鎌倉・室町の時代になると問屋等の倉が増加した記録，鎌倉時代初期には京都では土倉（塗屋造か）が建ち並んだり土蔵で書庫をつくった記述がみられる．しかし都市大火対策に計画的意図を持った取り組みが展開されるのは近世になってからである．

（1）江戸前期と明暦の大火

　天正 18（1590）年徳川家康が入った当時の江戸はほんの小さい一寒村であった．あいつぐ埋め立てや堀の開設によって人口が急速に増加し，町方人口だけで寛文元（1661）年 30 万人，1721（享保 6）年には 50 万人，武家僧侶等あわせ 130 万人の世界最大の都市になっていた．一方，土地利用でみれば武家地 7 割，社寺と町屋がそれぞれ 1.5 割で，町地の人口密度は 500 〜 600 人/ha を超えていた．最初の大火は 1601（慶長 6）年閏 11 月に駿河町から出火したもので，この時草葺きを禁止し板葺きを命じている．

　1641（寛永 18）年桶町火事のあとは翌々年に「大名火消」の制を始めた．それまでは武家屋敷は武家が，町屋は町人が，そして江戸城は旗本と応援の大名（老中奉書による「奉書火消」）が消火にあたるという仕組みであった．これは大名 16 家を 4 組に編成，1 万石につき 30 人の人足を出し 1 組が 10 日ずつ防火にあたることとした．また何回も火気の取り締まりの触れがだされている．1648（慶安元）年 7 月には火災の恐れから花火禁止を命じ，同種の禁令は以後再々に及んだ．また 1655（明暦元）年 3 月には防火のため町々の井戸掘鑿の制を定めている．

　1657（明暦 3）年 1 月 18 日本郷から出火，翌 19 日にかけて江戸城はじめ市中ほとんど焼失させた明暦の大火，別名振袖火事（焼死者 10 万 7000 余人という）が発生した．時の老中松平伊豆守信綱は，回向院の設立と犠牲者の供養，4 大名に命じての粥施行，焼け米放出等の被災救護を命ずるとともに都市改造に着手した．とられた施策は以下のとおりである．

①　焼失した屋敷，町屋は移転に備え小屋づくりは簡単にすることを命じた．

②　兵学者に命じて江戸府内の地図を数十日で作成した．

③　江戸城を再建（9 月）．ただし天守閣は再建しなかった．

④　大規模な屋敷替え．特に江戸城内にあった御三家等の屋敷を外に出し空地とし，以下，無邸の旗本御家人全員に屋敷を，大名には下屋敷を与えるなど，5年間かけて玉突のように1308家に及ぶ屋敷替えが行われた．この時，加賀前田家は本郷邸が上屋敷になり，市ヶ谷には旗本による番町が形成された．

⑤　寺社の移動．郭内から外堀外か新開地に移動させる方針を定めた．神田等の寺院を浅草に移転させるのを手はじめに，東本願寺が神田から西浅草へ，霊願寺は霊願島から深川へ，吉祥寺はお茶の水から駒込になど大規模な移転が行われた．

⑥　道路の拡張．まず町屋の庇を取り払う町触れが明暦3年に7回出された．当時の道路には庇が京間一間（2 m弱）分突き出し道路を狭めていたが，原則として3尺（0.9 m）までの釣庇しか許さないよう命じた．道路幅員は日本橋通りと通町筋を田舎間10間（18.2 m），本町通り京間7間（13.7 m），他は京間5〜6間の道路に拡張した．

⑦　広小路，火除堤の設置．神田銀町，日本橋四日市には「火除土手」（上に松を植樹した），大工町・中橋・長崎町・湯島・両国には「広小路」，筋違門外・お茶の水・田安門外等には「火除地」を確保した．

⑧　河端の取り締まり強化．大火前より河岸や橋については材木等の放置や小屋組を禁止していたが，小屋の取り払い，材木の立てかけ禁止等いっそう取り締まりを強めた．

⑨　屋根の泥塗り，穴蔵の普及．当時瓦は倉だけだったが，1660（万治3）年には茅葺き藁葺きの屋根には土を塗るよう通達，1661（寛文元）年には茅葺き等の新築を禁止し板葺きとした．また，明暦大火後に穴蔵が普及し，火災の時は身一つで逃げるようになった．

⑩　定火消しの設置．1658（万治元）年9月には旗本に命じて「定火消」（4組，一組あたり与力6騎，同心30人）を設置した．火消屋敷は，北〜北西の強風による火災から江戸城を守る位置である麹町，飯田町，小川町，お茶の水に火の見やぐら付きで設置された．その後増減があり1704（宝永元）年10組となり幕末まで続いた．1658（万治元）年10月には町方でも火消組を設けること等の触れもだされており，当時南伝馬町など23町では町人が定火消しがくるまでと去った後の「跡火消」を行っていた．また1661（寛文元）年9月には町ごとに防火用具の配備を命じる（1町につき井戸8，水桶4，梯子6，手おけ60，かつ家ごとに間口に応じて手おけ3〜10，消火は周囲9町でかかる）町触れがだされていた．

これらの結果，多くの町屋が火除地や道路整備のため移転するとともに，神田川改修や築地一帯の埋め立て，両国橋の架橋（1659〔万治2〕年2月）がなされ本所の開拓が進んだ．

このように消防組織の整備や消防施設の設置，道路の拡幅，オープンスペースの確保，樹木の活用，建築物屋上制限等今日の防災都市づくりでも有効とされている手法が計画的に実施され，火消の仕組みは各藩にも普及した．

このようにすでに江戸期から都市のソフト・ハード総体で大火防止をはかるという日本型の都市防災対策が始まっているが，このことは明暦大火の9年後1666年9月ロンドン大火の後，復興に際して道路等の整備とともに石造煉瓦造による不燃化を実施し，以後，大火を根絶したこととよく対照されるものである．

（2）享保の改革と町火消の登場

　江戸ではその後も大火は続出する．1682（天和2）年12月には駒込から出火（八百屋お七の火事）し本郷等が延焼，この時，火事読売が初めて出された．放火に対しては1652（慶安5）年御触書が出されているが，対策としては密告報奨と聞き込み，そして厳罰主義であり，放火犯は斬首か火あぶりとされ，お七も翌1683（天和3）年3月には処刑された．

　この年1月風烈の折りは怪しい者の逮捕を旗本中山勘解由に命じたことが火付改めの嚆矢という．火付改めは改廃を経て宝永6（1709）年3月「火付盗賊改め」となった．有名な長谷川平蔵は1788（天明8）〜1795（寛政7）年，時の老中は寛政の改革を進めた松平定信である．

　また火元注意の町触れが相次いで出された．1684（貞享元）年10月火元取り締まり強化，1686（貞享3）年11月には，たばこの禁止や2階での火気使用や屋台商売を禁止，以後相次いで同種のお触れが出された．1698（元禄11）年9月には家綱廟および上野本坊が焼失した勅額火事が発生した．

　1716（享保元）年8月徳川吉宗が八代将軍になったが，この前後に火災が続出したこともあって大岡越前守忠相に命じて様々な対策に着手した．享保の改革である．1717（享保2）年1月には火賊追捕並消防制を発令し取り締まりを強化した．有名なのが「町火消」で，1718（享保3）年12月，名主からの火消組合設置の献策をうけ，各町に町火消を設置し，一火災に6町，各町30人ずつ消火に人をだすことなど7ヶ条を定めた．しかし地域割等に難点があり，1720（享保5）年8月いろは47組に再編し，本所深川には16の小組を設置，目印となる纏や幟を定めた．1730（享保15）年に47組は10大組に再編された．

　また，1717（享保2）年1月には神田護持院跡，1720（享保5）年4月には神田川端の柳原など火除地を各所に設けた．特筆すべきは不燃建築の奨励と屋上制限の徹底である．1720（享保5）4月には家格によらず誰でも土蔵造・塗屋・瓦屋根にしてよいとした．このころ桟瓦ができ瓦葺きが容易になったこともあり積極的に奨励され，武家屋敷の瓦葺き・塗屋・蛎殻葺に10年返済で低利貸し付けの制度も用意された．また1723（享保8）年6月には神田通り筋違橋以東両国橋・永代橋西の町々に3ヵ年以内に塗屋土蔵造に改造するよう命じ，1724（享保9）年5月では土蔵造に銅屋根を禁じて瓦葺きを命じた．1724（享保9）年7月日本橋通り沿いは塗屋土蔵造に制限，1727（享保12）年2月には麹町桜田辺の町人へ瓦葺土蔵造を命じ，そのかわり公役銀5か年免除するなど多くの箇所で防火目的の建築制限を実施した．以後も1737（元文2）年6月和泉橋・下谷や1738（元文3）年3月麹町・元山王・永田町で家屋を瓦葺きにするお触れ，1742（寛保2）年2月赤坂の火災後の家屋新設に幕府の貸金によって瓦葺きにさせるなどあいついだ．

　また，1722（享保7）年7月には橋のたもとの髪結床を「橋火消」にした（14年ほど続いた）り，1729（享保14）年10月には市中警火につき水溜桶常備することや火気の持歩き商売の厳禁を命じている．1743（寛保3）年9月には四谷門外上水高桝樋防火に町火消を配するなどもした．

　吉宗の在位は1745（延享2）年9月まで続いた．都市防火対策の観点からは町火消の創設が大きく評価されるが，それとともに，身分によって建物構造等が定まっていたいわゆる封

建的ゾーニングの体系に都市防火対策の観点からの防火ゾーニングを計画的に導入したという大きい功績が指摘できる.

（3）幕末までの広域火災対策

江戸では以後も，1768（明和5）年4月新吉原遊廓焼失，1772（明和9）年2月には目黒行人坂の火災等大火に悩まされた．火除地等の占有や建築違反もでてきた．1747（延享4）年2月には防火上から火除地等の床見世などを撤去，1762（宝暦12）年2月には塗屋土蔵造りの指定区域で不適合の者に戒告したり，1787（天明7）年12月にも空地に家屋を建てることを禁じる町触れがだされている．1842（天保13）年4月，1845（弘化2）年4月にも町々の家作の土蔵造塗家の励行が命じられた.

また，1754（宝暦4）年には長崎で竜吐水がつくられた．江戸でも1755（宝暦5）年6月には竜吐水使用につき町々名主へ諮問，町々から義務付反対の答書が出たが，1764（明和元）年閏12月町火消各組に竜吐水が支給された.

また世相不安を反映して大火後の救護や物価統制も大きい課題になった．1806（文化3）年3月の江戸中心部のほとんどを焼した大火では幕府は15か所に救小屋を設置，同5月には大火後の木材高騰の禁止令を出している．1829（文政12）年3月の神田佐久間町からの大火後も米その他の物価高値を禁止，1834（天保5）年2月の大火では町会所で10か所13棟の救小屋を建て罹災窮民の救助を行った．また1836（天保7）年3月の元数奇屋町二丁目より出火20か町を焼失した大火では町会所積金を免除し罹災窮民に米銭を与えた．1846（弘化3）年1月本郷丸山からの大火でも町会所救小屋を設け窮民を救済している．1854（安政元）年3月には火事場見物取締を命じたり，1864（元治2）年6月には府内浮浪者による放火等の警戒等世相を反映した救護と取り締まりがなされている.

1855（安政2）年10月2日，安政江戸地震は死者7000人を数えたが，10月3日町会所から罹災者に握り飯を配布し，10月4日浅草雷門前他4カ所に救小屋を建てた.

全国の各藩においても江戸に準じて同様の防火対策がとられた．名古屋においては元禄13（1700）年2月の大火を契機に問屋街の裏通りを4間幅に拡幅し堀川とのあいだに藩命で土蔵を並べることを義務づけた．いまでも土蔵壁の一部や火除けを祈願した屋根神が残されている．今日でも飛騨高山等の城下町の町屋空間には，不燃建築である土蔵，避難通路となる路地，消火用水を兼ねた水路，防災のシンボルとしての秋葉神社等，防火に配慮した施設を計画的に配置した市街地空間が形成され，地区的な防火計画の原型となっている.

また，江戸末期になると国学や経済学が隆盛を迎え，経世書がだされ，中に防火思想の芽生えが多くみられた．1798（寛政10）年本多利明「経世秘策」（石造の勧め），1840年代（天保期）帆足万里「東潜夫論」（石造煉瓦造，土地高度利用による空地確保，延焼防止樹林の提案），1802～20（文化文政期）年山片蟠桃「夢の代」（大阪での十文字火除堤の提案），加茂規清「火の用心の仕方」（防火木造と延焼遮断帯の提案），同「斉庭の穂」（延焼防止帯を渦巻き状に配置）等が著されている．なお，我が国に煉瓦造・石造建造物が登場したのは江戸末期である.

9・2・2　近代日本の広域火災対策

明治になっても都市大火が頻発したが，近代国家の制度整備の一環として大火防止対策も

体系的に整備されるようになった．なかでも市街地建築物法に収れんする建築規制による防火ゾーニングと市区改正等による市街地整備の動きに注目したい．また，計画手法が大きく発展するのは，1923（大正12）年の関東大震災と1940年代前半（昭和10年代後半）の防空都市計画であり，それらによって成立した理論は今日でも有効な計画手法となっている（図9・1参照）．

（1）建築規則の普及と東京市「防火線路及び屋上制限令」

　幕末，横浜や長崎等の開港居留地では地所規則で可燃建築物が制限されていた．明治に入ると幕藩時代の制限を引き継いで屋上制限等の防火のための建築規則が生まれた．1870（明治3）年東京府，1873（明治6）年神奈川県，愛知県等で，屋上制限，煉瓦造の推奨等がなされている．

　1881（明治14）年東京市は「防火線路及び屋上制限令」を定めた．概要は以下のとおりである．

「東京市街に於いて火災の延焼を防ぐべきために左の条項指定候条此旨布達候事．
第1条　火災の延焼を防ぐべきため左に列記せる場所を以て防火の線路と定む．
　第1　京橋より新橋に至る路線の両側
　第2　本町一丁目より横山3丁目に至る路線の両側（中略～第16まで）
第2条　第1条に記載せる線路に於いて築造の建物は煉化石造，土蔵造及び石造の3種に限り猶左の各項に従うべし．
　第1　煉化石造は周囲煉化石一枚半積以上，石造は周囲の石厚8寸以上，土蔵造は周囲の壁厚さ柱外3寸以上たるべし．
　第2　家屋の出入口及窓土戸又は又は銅鉄等不燃質の材料を用ゆべし．
　第3　路線に沿ふたる牆塀又は路地口戸締等の構造は全て不燃質の材料を用ゆべし．
第3条　日本橋区，京橋区（佃島，石川島を除く），神田区（神田川以北を除く），麹町区に於いて新築の家屋（庇，物置，雪隠等の別なし）は瓦石金属等の不燃質物を以て屋上を修葺すべし．
第4条　（火災後の仮家屋の規定－略）
第5条　裏家ある地内の路地幅は総て6尺以上に取設け門戸柵等を構造するも路地を狭むべからず．ただし現在6尺に満ざる路地は其地の建物新築又は改造のとき之を改むべし．
第6条　京橋より新橋に至る煉化石造り建築地区域内防火線外にある道路沿の家屋は石造煉化石造，土蔵造又は塗屋造に為し其入口及窓等の外部は不燃質物を以て構造すべし．尤も塗屋は周囲の壁厚さ柱外8分以上たるべし．
　　　　但し比久尼橋より数奇屋橋外及数奇屋橋より土橋に至る河岸通り南紺屋町，西紺屋町の間より紀伊国橋に至る路線はこの限りにあらず．
第7条　（区への届出検査，仮家作の届出の規定－略）
第8条　（仮普請の区への届出の規定－略）
第9条　建物の構造制限に適さざるものは期日を定めて改造を命ずべし．

第10条　改造を命じたる建物を期日以内に改造せざるものは取り毀ちその費用を追徴すべし.」

「この規定は可なり厳重に励行されたもののようで，東京中心部の表通りの家屋は次第に土蔵造に改造され，1897（明治30）年の頃には大体土蔵造の建物が櫛比するに至ったので

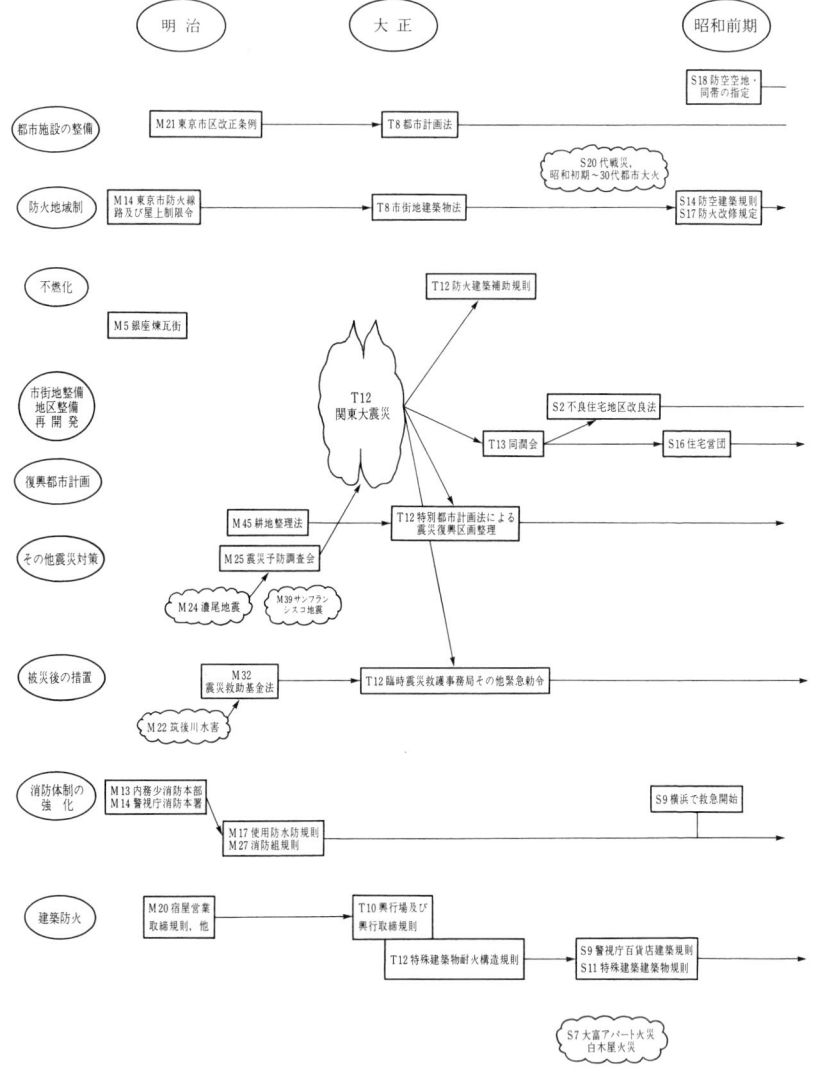

図 9·1　都市防災対策の原譜と展開（明治〜 1992 年まで）

ある．然るに 1900（明治 33）年 5 月に東京市区改正促成計画が決定せられ，それがだんだんと実施せらるるに及んで，折角表通りにできた土蔵造は，道路拡築のために取り払われ，新たに表通りに出た敷地にはこの防火制限の規定が行われないで，ようやくにして出来た表

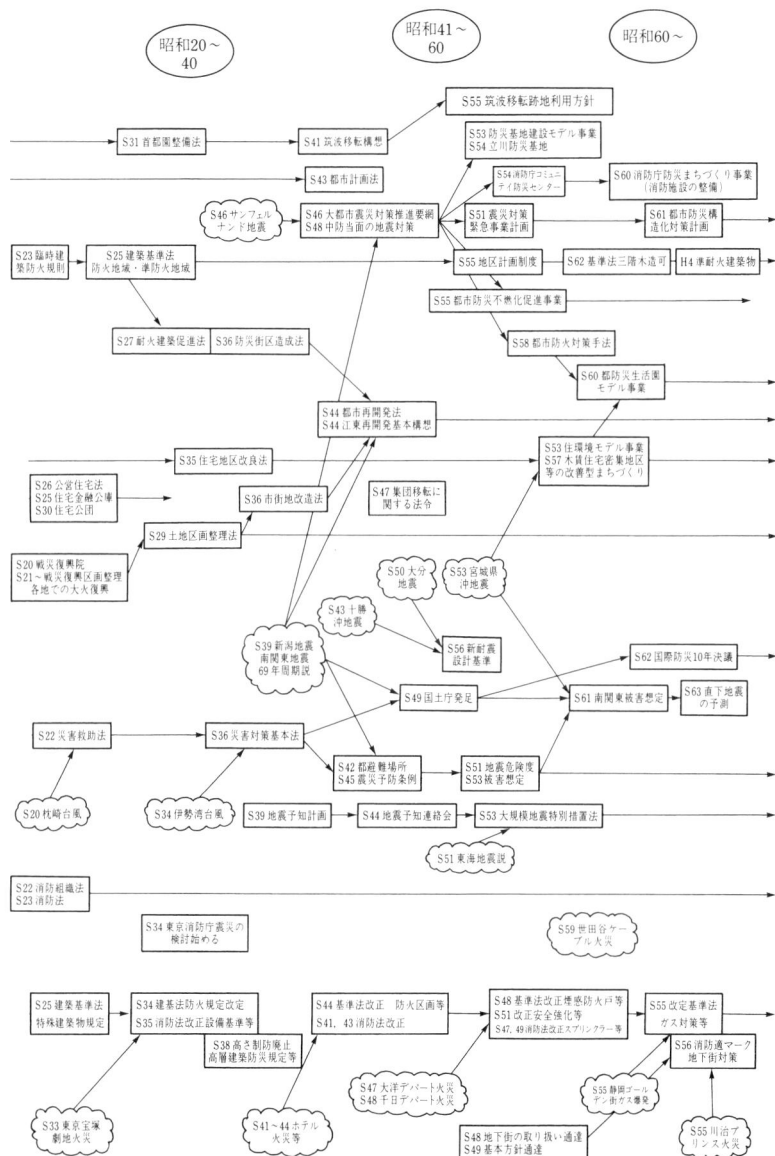

通りの防火構造の家はほとんど跡を断つに至ったのである」（内田祥三，市街地建築物法の回顧「建築行政」1951（昭和 26）年 5 月号）．

　すなわちこの防火線路令は，京橋，日本橋，神田の都心 3 区の主要道路を防火線路に指定し石造・煉瓦造・土蔵造に制限，近傍の家屋はそれから塗家造で開口部に配慮し，さらに都心 3 区と麹町区については不燃材料による屋上制限を行った．近代防火ゾーニングの先駆といえる．これによって防火路線沿いで改修を要する家屋 1500 棟，屋根葺き替えを要する建物は 3 万棟を超えたというが，一定時間内に改修という強制もあって，東京では主要道路沿いの不燃化は進み都心 4 区はほとんどが瓦屋根にかわった．しかし 1888（明治 21）年に始まる市区改正によって不燃建築群の多くは消滅することになった．

　明治期後半になると全国各地で建築規則の制定が相次いだ．1886（明治 19）年の滋賀県「家屋建築規則」は建築一般の規則として先駆をなすもので，以下，他県に波及した．1893（明治 26）年の静岡県，1897（明治 30）年の和歌山県等で「煙突取締り令」，1897（明治 30）年警視庁，1901（明治 34）年新潟県等の「屋上制限令」，その他各地の「建築取締規則」では屋上の材料を不燃材に制限しており，これは今日の単体の建築防火規定に引き継がれているといえる．これらが集大成されたのが，後述の市街地建築物法となる．

（2）銀座煉瓦街と市区改正の前後

　1872（明治 5）年 2 月の大火で銀座，築地の大半を焼失した．4 日目に政府は大蔵参議井上馨等を中心に都心の不燃化をうちだし，東京府に煉瓦街の建設を指示し，建築家ウォートルスに設計をまかせた．道路幅は表通り 15 間（27.3 m，両側 3.5 間ずつの歩道をとり，桜松楓を植えた，従前は 8 間），以下，10 間と 8 間，裏路地は 3 間の道路をつくった．家屋は街区ごとに 1 棟の英国ジョージアンスタイル形式の連棟式建築物とし，1874（明治 7）年に完成した．市民の間ではこれをめぐって賛否両論起きたが，高額の価格や家賃，湿気など，政府の防火の意気込みに反して人気はなかった．

　これより先，1866（慶応 2）年 10 月開港地の横浜で，日本人街の 2/3 と外国人居留地の 1/4 や遊郭などを焼く「豚屋火事」が発生した．折しも幕府は各国と規則改正の交渉を進めており，これが契機になって火防に重点がおいた「第三回地所規則」が締結された．明治政府に引き継がれ，英国人技師ブラントンのもとで復興事業が進み，6.4 ha の横浜公園，沿道には官公庁による防火帯を有し，歩道や植樹帯を備えた幅員 36 m の近代的な日本大通りが 1879（明治 12）年に完成した．銀座と同様に都市防火への配慮はあったが，外国人技師による特別な場所での文明開化の都市づくりで，我が国には定着することはなかった．

　1885 年頃（明治 10 年代末期）には日比谷への中央官庁街集中計画，築港論等帝都中枢を整備する計画があいついだが，それらが集約されたのが 1888（明治 21）年の市区改正であった．事業は 1918（大正 7）年まで続いたが，その間「意ふに道路橋梁及び河川は本なり」，「水道家屋下水は末なり」（知事芳川顕正）の言葉のとおり，各地に改正道路は生み出されたが，家屋等の改良は考慮されなかった．この市区改正は市街地建築物法と同時に成立した 1919（大正 8）年旧「都市計画法」に引き継がれる．

　大阪でも明治になってから大火が何回もあった．1909（明治 42）年 7 月「北の大火」，1912（明治 45）年「南の大火」等が代表的であるが，焼失区域内での幹線道路整備や川の

埋め立てがなされた．「北の大火」の直後8月に「大阪府建築取締規則」が公布された．これは警察技師池田実が欧米の建築規則を参考に研究していたもので，行止り道路での建築禁止，一尺五寸（45 cm）の壁面後退，屋根・壁の防火等全88条の規定があり，1950（昭和25）年まで適用されていた．

　この時期の都市計画的動きは，どちらかといえば近代国家の首都の体裁づくりが重点であり，民政的な観点からの都市大火対策の意識は希薄であったといってよい．ただし，この明治前期には，1881（明治14）年田口卯吉「火災予防法」，大火研究の始めとされる山川健次郎「東京府下火災録」，1885（明治18）年田口卯吉「東京家屋の有様を改良すること難からず」等の近代的防火研究の嚆矢がみられる．

（3）建築学会による建築条例案

　国家としての建築法制を確立する試みの中で次第に防火ゾーニングが形を表していく．東京では1889（明治22）年に市区改正委員会が建築条例案（妻木頼黄起草，防火地区，特殊建築物等を含む）を作成したが成案とならなかった．建築学会は1906（明治39）年の東京市長尾崎行雄の依頼に応え「東京市建築条例案」を1913（大正2）年に作成した．曽根達三以下12名の委員が17国40都市に及ぶ諸外国の関係法規を集めて（項目別一覧表もつくられたという），我が国の実情に合わせて検討された．この時参照された外国の規定について，内田祥三は後年次のような趣旨の記述をしている（岩波防災講座「火災」より要約）．

① 　ロンドン市：建築法で木造は構造，設備，存続期間に主管行政庁の許可がいる．家屋の外壁は煉瓦，石，その他堅牢にして不燃質な材料をもって構築する．小規模な例外あり．

② 　ベルリン市：建築物はすべての主要部分を耐火的に建築し，規則は建築警察で定める．木造は小規模または隣地からの距離が相当あるもの．

③ 　ウイーン市：木骨煉瓦造・木造は建築局で許可を得たもの以外禁止．

④ 　アメリカ合衆国：欧州と異なり市全体に耐火を強制しているところはなく，各都市で各々防火地区を設け，その地区内には厳重な耐火構造の規定を設けている．ニューヨーク市ではマンハッタン区のほとんど全部が防火地区で，木骨造・木造，不燃質材料で構築したものは建築することができず違反建築物は使用できない．またこの他に準防火地区とも称すべき地区を設けている．シカゴ市は，全市を防火地区，臨時防火地区，無制限地区の三種に分け，防火地区には木造の建築は許されず，臨時防火地区では木造は住居か商業で建築委員会の承認がいるが，このためには周囲の承諾がいる．

この建築学会案は1909（明治42）年の大阪府，1912（明治45）年の兵庫県の「建築取締規則」のベースになり，最終的には1919（大正8）年の「市街地建築物法」のもととなった．現在の防火地域制は，市街地建築物法による「防火地区制」から継承されたものであるが，そのルーツは当時のアメリカ合衆国における防火地区制にあることがわかる．

　学会案は，東京市では実行できなかったが，1918（大正7）年ころから警視庁で「建築取締規則」案ができた．しかし，並行して内務省で法律化の動きがあり，警視庁の担当笠原敏郎が内務省入りし，これは取りやめとなった．

（4）市街地建築物法の成立

　1919（大正8）年に成立した「市街地建築物法」は，我が国の近代的な建築規則として最

初に集大成されたものである．建築学会の建築条例案の作業が進んでいた1917（大正6）年
の暮，当時の関西建築協会理事長片岡安は都市計画に関する法令の必要性を訴える発議
を行い，建築学会を中心に陳情を行った．当時の内務大臣は後藤新平であり，そのもとで
1918（大正7）年に都市計画調査委員会が置かれ，内務大臣官房に都市計画課（課長池田宏）
が設置された．特別委員である佐野利器，片岡安，岡田文治（警視総監）と都市計画課に
よって建築法案が起草され，1918（大正7）年委員会に報告，1919（大正8）年春に国会を
通過し，4月に公布された．施行令は1920（大正9）年9月，施行規則は同11月である．
　市街地建築物法の防火に関する主要規定は以下のとおりである．

　　第13条　主務大臣は火災予防上必要と認むるときは防火地区を指定し其の地区内に
於ける防火設備又は建築物の防火構造に関し必要なる規定を設くることを得．防火地区
内においては建物の部分を為す防火壁は土地の境界線に接し之を設くることを得．
［防火地区］
規則第118条　防火地区は甲種，乙種とする
規則第119条　甲種防火地区内にある建物は外壁を耐火構造とすること
規則第123条　甲種防火地区内にある建物で1．建築面積200坪以上にして階数2以上，
　　　　　　　2．建築面積100坪以上にして階数3以上のもの，3．階数4以上のも
　　　　　　　のは，その外壁のみならず，床，柱及び階段を耐火構造とすることを要
　　　　　　　する．
規則第126条　乙種防火地区内にある建物は外壁を耐火構造又は準耐火構造とするこ
　　　　　　　と，その他，甲種防火地区での軒の類は不燃材料，屋根も耐火構造さも
　　　　　　　なくば厚い不燃材料の野地を用いること，乙種防火地区では木造の被覆
　　　　　　　構造，屋根も普通構造で差し支えない．
［防火に関する単体規定から］
　規則第27条　建築物の屋根は耐火構造でないときは不燃材料で覆葺しなければならな
　　　　　　　い．
　規則第29条　木造建築物で建築面積200坪を超えるものは防火壁を設けなければなら
　　　　　　　ない
　規則第36条　煙突は軒より2尺以上突出しなければならない．

　すなわち，法律第13条で「防火地区」として設備や構造の規定を定めることができ，施
行令で防火地区を「甲種」「乙種」に分け，前者は外壁耐火，および一定規模以上は床柱階
段等も耐火，軒や屋根の耐火または不燃を定めた．乙種は外壁を耐火または準耐火とした．
後者は，木造の被覆を許容するもので，木造の外部に貼瓦をなしモルタル塗りあるいは鉄網
コンクリート塗りを行えばよく，また，屋根は普通構造でよいが，金属板をつかう場合は下
地に不燃材料を設けることを定めた．
　なお，それまでは建築物は，民法によって隣地から1尺5寸以上離すこととなっていた
が，第13条2項では「防火地区内においては建物の部分をなす防火壁は土地の境界線に接

しこれを設けることを得」と規定され，ぎりぎりまで接してよいことになった．

防火地区は，1922（大正 11）年 9 月 1 日の東京を最初に，京都（同 12 月），神戸（1923（大正 12）年 2 月），名古屋（同 7 月），大阪（10 月），横浜（1925（大正 14）年 9 月）と指定され，1926（大正 15）年には主要都市に拡大された．「甲種防火地区」は面的，または路線状に都心部の重要地区に指定され，また「乙種」は主に商業地区に指定された．

これら以外でも，今日でいう建築物の単体防火規定，屋上制限（不燃材料による屋根被覆），防火壁，暖炉風呂の煙突等を規定しており，これらは先行した各地の建築規則を集大成したものとなっている．

なお，さらに 1923（大正 12）年には「特殊建築物耐火構造規則」が定められ，特殊建築物について用途と規模に応じて耐火とすべきもの，外壁耐火とすべきもの，準耐火とすべきもの等が区分けして規定された．

震災後，1924（大正 13）年の改正により建ぺい率制限の規定が設けられたが，さらに住宅地については 1931（昭和 6）年の施行令改正により敷地内に一定のオープンスペースを確保する「空地地区」規定が設けられ，1934（昭和 9）年の大改正によって本法に導入された．理由の 1 つに火災予防があげられている．

なお 1919（大正 8）年に旧「都市計画法」ができたが，この法は，都市施設等の整備のための事業法的性格が強く，防火地域等が都市計画で定められる規定は 1950（昭和 25）年の改正を待ってのことになる．

市街地建築物法の制定の後，1921（大正 10）年 4 月に函館大火が発生した．この大火を契機に，内務省都市計画課（課長山縣治郎）の肝入りで耐火構造促進運動が始まり，警視庁との共催で講演会が開かれた．佐野利器は，1906（明治 39）年サンフランシスコ地震の大火例をひいて，もし東京に地震があれば恐らくは焼野原となることなどを訴え，都市中枢部の耐火化の必要性を講演した．

（5）関東大震災と震災復興

1923（大正 12）年関東大震災によって東京・横浜の中心部は焦土と化し，帝都復興が始まった．内務大臣・帝都復興院総裁後藤新平は大規模な改造計画を構想したが，財政的政治的状況の中で事業規模は縮小された．それでも，被災地では特別都市計画法による震災復興土地区画整理事業が全面的に展開された．主な事業成果は以下のとおりであり，今日の都市防災計画につながるものである．

A．特別都市計画法に基づく土地区画整理事業

最終的に東京では 920 万坪（焼失区域の 8 割，横浜では 3 割）で実施され，狭い路地と町屋や長屋が密集した昔ながらの江戸の街並みが一掃され，街路，都市公園等が整備された近代的市街地が出現した．減歩率は 15.3% でうち 10% は無償，超える部分は有償とされた．あわせて町境，町名，地番の整理が行われた．

B．街路，橋梁等の整備

震災復興は幹線道路（幅員 22 m 以上）52 路線 114 km，補助線街路（幅員 11 m 以上）122 路線 139 km，区画整理街路 605 km を生みだし，道路率は 14% から 26.1% へと上昇し，舗装や街路樹も充実した．震災犠牲者の多くが避難中に河川にさえぎられたこともあって，

隅田川の6大鉄橋をはじめ424橋が架橋された．橋のたもとには広場をとり避難や防火用水の取水のスペースとした．また，河川運河が改修され，水運の強化がはかられた．

C. 公園の整備，学校等の地域拠点化

公園については東京市の隅田公園，浜町公園，錦糸公園，横浜市の野毛山，山下，神奈川の各3大公園をはじめ55箇所42 haに及ぶ公園が整備された．小学校は耐震耐火の鉄筋コンクリート造三階建て121校（うち横浜38校）が新築された．特徴的なことは小学校と小公園を隣接配置した地域拠点の整備である．隣接した小公園は校庭の延長として教材園および補助運動場に活用され，低い鉄柵（容易な避難），多くの樹木（防火と自然教育），噴水等水の活用など多くの防災的配慮のもとで設計された．

D. 不燃建築への助成

1923（大正12）年暮れ内務省令で「防火地区建築補助規則」が制定され，防火地区での耐火建築の築造に補助制度が設けられた．これは防火地区の拡大をはかる意図もあり，1925（大正14）年には東京市で2倍に拡大された．この規則は，外壁床柱を耐火にする場合は坪50円以内，外壁だけの場合は40円以内の補助金を交付すること，区画整理と関連して過少宅地や不整形宅地等での共同化についての補助増額を定めている．1925（大正14）年9月には大蔵省，東京市，横浜市により防火地区内の耐火構造の建築を促進するため「復興建築助成株式会社」が設立され，耐火構造の建築（借地でも）に対して低利，長期の資金貸付や分譲を行う仕組みが用意された．このような助成が用意されたものの，補助金は余り，不燃化は進展しなかった．

E. 同潤会の設立と郊外の宅地化

1924（大正13）年5月震災でよせられた義捐金をもとに震災被災者の救護のため内務省社会局の外郭団体として同潤会が設立され，1941（昭和16）年5月住宅営団になるまで不燃化と住宅供給面で多大な成果をあげた．その間に仮住宅（被災者向け簡易住宅）2160戸，普通住宅（郊外住宅）12地区3760戸，アパートメント・ハウス事業（都市中産階層の集合住宅）15地区2501戸，共同住宅（1927（昭和2）年にできた不良住宅地区改良法に基づく先進的事例といえる）3地区807戸，その他分譲等で約12000近い住宅を供給し，住宅の近代化をリードした．

一方，震災後の通勤鉄道の発達もあってサラリーマン層は郊外へ住宅を求め，東京西部の人口は急増した．しかし，昭和初期に区画整理を実施した玉川村，井荻村，私鉄等が宅地造成した洗足，田園調布等一部を除くと，道路等の基盤整備が伴わなかったため，戦後，木賃密集ゾーンとよばれる問題地区となってしまった．

土地区画整理事業はそののち郊外の宅地化等に大いに活用されるが，1945（昭和20）年以降の戦災，都市大火，福井地震などの災害復興に活用され，1954（昭和29）年土地区画整理法で集大成された．区画整理が市街地の災害復興の代名詞とされているのは，関東大震災以降の災害復興をになった実績によるものといえよう．

研究面では震災予防調査会（1892（明治25）年に前年の濃尾地震をきっかけに設立）による調査報告「震災予防調査会報告第百号関東大地震被害調査」をはじめ各学会や出版社から多くの被害報告，教訓集がだされたが，これらは今日の防災対策の重要な資料となってい

る．なお，今日の大都市の震災対策は，関東大震災の被害を繰り返さないことが最大の目標に設定されてきたことはいうまでもない．

（6）大火からの復興

　明治期以降も全国で都市大火が頻発した．1966（昭和41）年三沢市大火までは毎年のようにどこかの都市で大火が発生し，10年後の1976（昭和51）年酒田市大火をもって都市大火の記録は中断もしくは終わりを告げたかのようであった．今日，多くの地方都市の中心市街地には，その時期の火災復興によって再生された街並みが多くみられる．

　函館市は，1854年に開港し北海道開拓の玄関口として発展したが，1869，71，73，75（明治2，4，6，8）年と大火が続き，1878（明治11）年11月にも大火が発生した．北海道開拓使黒田清隆は即座に腹心を派遣，大火8日後には「市区改正順序」を定め事業を開始し，1年後には幅員12間（22 m，従前は4間）の大通りの整備と沿道での石造煉瓦造土蔵などの不燃建築とすること，小路も6間とすること，社寺の移転等を実現した．翌12年12月にも大火が発生，市区改正しなかった地区が焼失，この時も幅員20間（36 m）の道路，不燃化への融資等を実施した．これらでできた街並みは今日の函館の歴史的景観を形成している．

　明治後期になっても32年，40年（市街地の半分が焼失），1913，16，21（大正2，5，10）年と大火に見舞われた．いずれも防火道路を整備し，沿道での不燃化を促進することになった．1934（昭和9）年3月にも大火が発生，焼失区域416 haに及んだ．北海道庁，内務省は全力をあげ大火16日後に「復興計画案大綱」を決定した．学会等から復興への提言があいついだ．佐野利器（建築学会）は区画整理実施，甲種防火区域指定と耐火建築助成，融資等を提案，池田宏（東京市政調査会）はゾーニングの徹底，都心部での公共施設集中による防火壁形成，共同化とオープンスペース確保を提言，林学者本多静六は街路拡張と風向を考えた防火林帯を持つ公園道路建設等を提起した．これらの提案をうけ，緑樹帯（幅55 m 6路線と直行する36 m幅1路線）による防火ブロックの形成，緑樹帯交点への公園や耐火建築（小学校），道路整備，路線沿いの防火地区指定と不燃化促進，消防用の水利強化，避難広場となる公園の整備等体系だった防災都市づくりが展開された．

　1940（昭和15）年1月には静岡大火が発生，中心部のおよそ100 haが焼失した．内務省等の調査では，耐火建築物であっても開口部の防火が不十分な場合は焼失し，広い幅員の道路でも風向に直角であれば突破されやすい，防火道路となるには防火樹林帯や不燃建築群が必要なことを指摘しており，今日にも有効な知見である．区画整理事業によって復興が進み，中央に防火用水路を持つ幅20 mと14 mのグリーンベルトを持つ幅員36 mと30 mの防火道路をはじめ，避難のための4つの公園，駅前公場，消防水利強化等が実現した．

　戦後まもない1947（昭和22）年4月，長野県飯田市で大火が発生，60 haに及ぶ耕地整理を準用した土地区画整理事業による復興が行われた．中心部に3本の防火帯となる幹線道路を配し，防火用水確保や用水路を活用した通路整備等火災の教訓を生かした計画であった．市民の反対は強かったが，GHQの指導等により大規模な墓地移転も含め実行され1954（昭和29）年10月完工した．その1年後，中学生の発意と労力で中心部の30 m道路の緑地帯にはリンゴ並木ができ，いまでも防火のシンボルとなっている．

　他の多くの都市でも大火後，被災地を中心に復興区画整理が行われ骨格的道路が出現し

た．この意味で都市大火は近代日本の都市形成の一端をになってきたといえるが，当時は防火道路として広すぎるといわれたような道路で，戦後の自動車社会には改善をせまられている箇所はかなり多い．

（7）火災実験，防火改修，都市の防空的構築

1932（昭和7）年に起きた「白木屋火災」，「深川大富アパート火災」によって警視庁は1933（昭和8）年「アパート建築規則」，1934（昭和9）年「百貨店建築規則」，告示「高層建築物の防火避難設備に関する取扱い方法の件」を示し，それらをもとに1936（昭和11）年9月には内務省は「特殊建築物規則」を発令した．これが現行の特殊建築物の規定に受け継がれている．

昭和初期は，関東大震災の教訓や頻発する都市大火を背景に，学界から1934（昭和9）年寺田寅彦「函館の大火について」，池田宏「火災防備策」（都市問題誌掲載），1935（昭和10）年岩波書店「普及講座・防災科学」6巻等の提起があり，1933（昭和8）年には建築学会は「防火防空建築普及促進の建議」を行うなど不燃化の推進機運も高まった．1933，34（昭和8，9）年東京帝国大学建築学科（内田祥三，浜田稔等）では木造実大家屋による火災実験を行った．これに基づいて試験用火事温度曲線が設定された．なお，実大実験は，1938（昭和13）年にも不燃化世論の喚起も兼ねて2回実施されている．1940（昭和15）年には東大に加熱実験炉が設けられ，これが1942（昭和17）年の防火改修の理論的根拠となっている．

1935（昭和10）年以降に入ると国防が重要な課題となった．1937（昭和12）年3月に「防空法」が成立し，1937（昭和12）年7月日華事変，10月に内務省計画局には都市計画課が設置され（1941（昭和16）年9月に防空局）防空都市計画の検討が始まった．1938（昭和13）年には市街地建築物法に防空の規定を設けうる旨の改正が行われ，14年1月の市街地建築物法施行規則の改正では，木造の防火壁として耐火構造が原則であったものが，モルタル塗の簡易防火壁が認められることになった．1939（昭和14）年2月内務省令「防空建築規則」が定められた．重要都市の特定区域においては木造等の外回り，屋根の耐火，一定規模以上の鉄筋コンクリート造には耐弾構造を規定するものであった．1941（昭和16）年には防空法が改正され，一定区域の木造建築物所有者に期限付で「防火改修」を命じることができる規定が設けられた．1942（昭和17）年に「防空建築規則」の改正と「防火改修規則」の制定をみ，ここで市街地建築物法の適用地区全般に防火改修の規定が適用されることになった．1943（昭和18）年12月には市街地建築物法の建築規定は，防火と空地関係規定以外はすべて停止し「戦時特例」が設けられた．

このような防火改修を軸とする建築制限と並行して「都市の防空的構築（都市防空計画）」が展開していく．1939（昭和14）年7月内務省は「防空土木一般指導要領」を定め，鉄道，公園・緑地，都市計画等の部門別に防空対策を示した．都市計画については大都市分散，過大都市出現防止を旨とし，市街地を広幅員道路，河川，公園・緑地等で適当な大きさで分割して防火区画を形成する「都市の防火的構築」の方針を示した．翌1940（昭和15）年9月には「東京防空都市計画案大綱」が公表された．工場・学校等の新設の防止，空地地区指定，宅地分割抑制を「膨張抑制及び疎開計画」として示すとともに，幅員100 m以上の「防

空帯」によって市街地を 100 〜 150 万坪の「防空区画」に分割する方針を打ち出した．「防空帯」は中央に 25 m 幅員の道路を配し，両側 35 m を樹林帯とし中に防空壕を設置，沿道の建築物は耐火構造とする試案がつくられ，これを実現するための作業が内務省や東京市の手で始まっていた．

　1941（昭和 16）年 11 月防空法改正，1942（昭和 17）年 10 月防空空地，外周部には環状空地帯を計画する閣議決定がなされ，東京では 1943（昭和 18）年 3 月告示された．これは 1932（昭和 7）年に都市計画東京地方委員会が策定した東京緑地計画を踏襲したもので，外環状空地帯（幅 100 m 〜 200 m），放射空地帯（河川沿い等，幅 300 m 〜 1000 m），内環状空地帯（新規計画幅 150 m 〜，都心より 10 km 圏）からなる計画であった．

　また 1943（昭和 18）年 10 月，「疎開」すべき官庁，官設工場，学校を閣議決定した．同年 12 月「都市疎開実施要綱」を閣議決定，1944（昭和 19）年 1 月より東京，大阪，名古屋等で疎開空地，疎開空地帯が指定され，全国で 61 万戸の建物が除去されたという．戦後，この疎開空地は京都の御池通り，堀川通りや名古屋 100 m 道路など公共的空間になった．

　この時期，一貫して都市防火，防空が大きな課題となり不燃化が懸案の事項であった．都市大火，火災実験等の研究が進展し「防火改修」という我が国独自の防火木造が開発され，それを活用した防火ゾーニングに展開した．さらに戦争遂行のためそれまでの火災対策や都市計画のすべての成果が都市の防空的構築に結集したこと等が特筆できる．

9・2・3　戦後の広域火災・地震火災対策

　戦争終結によって社会体制は大きく変わったが，空襲によっていっそう強く不燃都市建設の重要性が実感されたこともあって，防火対策面では学会を中心に活発な不燃化促進運動が始まった．しかし，戦争直後の疲弊した経済状況のもとでは戦災復興や防火建築帯造成も思うにまかせず，建築基準法による防火地域もごく限られた．一方，都市大火が 1965（昭和 40）年頃まで地方都市で頻発し，復興区画整理が各地で行われた．1965（昭和 40）年以降経済の高度成長と並行して消防力が強化されると，都市大火にかわって大都市震災対策が大きい社会問題となった．ここで防火防災の都市づくりが始まるが，ある意味では関東大震災の復興計画や防空都市計画にみられる手法が受け継がれて展開されてきたといってよい．

（1）戦　災　復　興

　1945（昭和 20）年 8 月，日本のほとんどの都市は空襲による壊滅状態の中で戦争終結を迎えた．罹災面積は 1 億 9500 万坪，罹災戸数 270 万，罹災人口は 980 万に達し，戦災都市の復興がまず大きな課題となった．内務省は終戦直前から作業を開始し，9 月 7 日には「戦災地復興計画基本方針」を内示し，12 月には閣議決定した．

　ここにおいて復興の目標には能率，保健とともに防災を旗印とし，生活の向上と美観の発揚を掲げた．ついで土地利用計画の策定を明記，都市施設では街路は防災等に資するとともに将来の自動車交通や建築様式に対応するものとし，広幅員街路（50 〜 100 m）の建設を提起し，緑地率 10% の目標を設定した．建築については「市街地の不燃，健康及び防災を強化し，戦災地における復興計画に即応して市街地建築物の配置における監督を強化し併せて之が指導を行うこと，都市部及び防火帯に属する地区に於いては堅牢建築物以外の建築物を禁止すること，その他の地区においても堅牢建築物以外の建築物は，その配置及び構造に

関する条件を厳格にし，出来る限り之が耐火性を定めること」とした．1946（昭和21）年8月には「戦災都市における建築物の制限に関する件」通称バラック令が出された．

1946（昭和21）年9月に「特別都市計画法」が制定され，各地で戦災復興土地区画整理事業が始まった．しかし，1949（昭和24）年になると緊縮財政（ドッジライン）のため事業費削減となり，1949（昭和24）年6月「再検討に関する基本方針」がだされた．そこでは幅員30m以上の道路は過大とされ多くの計画変更がなされた．

このような経過をたどった戦災復興であったが，今日多くの中心都市のシンボルとなる道路空間がこのとき形成された．名古屋市若宮大通り公園（通称100m道路），大阪市中央通り（幅員80m），仙台市定禅寺通り（ケヤキ並木の光のページェントで有名），姫路市大手前通り（姫路城を望むシンボルロード），広島市の平和大通りや河岸緑地等の基盤整備はこの結果である．

東京でも，広幅員街路と帯状緑地によって市街地を防火で区画する都市構造に再編し，その区画ごとに民主主義をになうコミュニティ創出を意図するビジョンの計画が作成された．しかし事業は現実には大幅に縮小され，駅前広場整備や周辺の区画街路が生み出されるにとどまった．早期に事業が進んだ名古屋市では区画整理と道路公園の整備が徹底され，旧来の街並みは一掃され整然とした街路網が生まれ，戦後の自動車社会への受け皿となった．

（2）臨時建築制限令と建築基準法の成立

防火ゾーニングをになう建築制限もめまぐるしく変化した．戦時体制のため効力を停止されていた市街地建築物法は1948（昭和23）年ころまでに復活していったが，1946（昭和21）年5月には「臨時建築制限令」，1948（昭和23）年7月消防法，1948（昭和23）年10月防空建築規則が廃止され「臨時建築防火規則」が制定された．一方，1947（昭和22）年内務省が解体され，1948（昭和23）年には戦災復興院は建設省へと昇格した．臨時建築防火規則では，防火構造の定義がなされ，防火地区としては，耐火構造を義務付けた「甲種防火地区」，隣地から1階5m，2階7m以内は防火構造以上とする「乙種防火地区」，同じく1階3m，2階5m以内を防火構造以上とする「準防火区域」，「無指定地域」の4区分がなされた．すなわち木造の防火化に重点をおくとともに，経済事情に対応して防火地区内で一部の構造制限を緩和したものとなっていた．この時期，新時代に向けて行政および学会の間で「市街地建築物法」，「都市計画法」に関する抜本的な検討が行われ，結果，新しい建築基準法が，1950（昭和25）年5月に可決，公布，11月に施行された．

都市防火対策に関する建築基準法の骨子は，次のとおりである．

① 　防火地区・準防火区域を，防火地域・準防火地域としたこと，
② 　建設大臣が行っていた防火地区指定を，都市計画法による都市施設として指定するよう改めたこと，
③ 　防火，準防火地域以外で特定行政庁が指定する区域で，防火，耐火規定を強化できるようにしたこと，
④ 　1948（昭和23）年の消防法の成立をうけて「消防同意制度」が盛り込まれたこと，
⑤ 　一定規模以上の特殊建築物について政令によって避難，防火上支障がないようにすること

　この時，準防火地域の技術基準については，それまでの火災実験等に対応する値の「乙種防火地区」でなく，それを緩くした「準防火区域」の値が受け継がれている．

　また，当時の策定経過を述べた資料（建築行政通巻 100 号記念座談会等）によると，制定の背景には災害防止，特に火災対策を強く意識して法令，政令を考えたが，都市防火に係る集団規定については，都市計画法の改正を待つことにして，新憲法にあわない部分を直す以外は以前の規定をうけたことが記されている．

　なお，「災害危険区域」の考え方も導入されたが，実際は急傾斜地等地盤災害の危険地に適用され，火災危険地区に使われることはなかった．

（3）耐火建築促進，防災建築街区，大火の復興

　戦後の都市の不燃化は，防火地域制の展開，学校・公団住宅等公共建築の耐火化，市街地の再開発の 3 つの手法のもとで進められた．特に今日，都市高度利用を担っている感のある市街地再開発も我が国では都市防災がリードして成立した．

　建築学会は 1945（昭和 20）年 9 月不燃防災化による復興再建を構想するよう国に提言，1947（昭和 22）年には都市不燃化促進委員会を設置した．田辺平学は，不燃化は政治の問題であり運動を起こすべしと説いた．損害保険業界，建設業界等を糾合し，1948（昭和 23）年 12 月都市不燃化同盟が結成され活発な活動が展開された．1945（昭和 20）年から 10 年間はこの不燃化運動を支える学界からの研究や提言が活発に行われた時期であり，主な出版物に 1945（昭和 20）年田辺平学「不燃都市」，1949（昭和 24）年今村明恒「地震の国」，同，金原寿郎「燃焼の科学」，1950（昭和 25）年鈴木清太郎「火災学」，1951（昭和 26）年損害保険協会「火災の研究第 1 巻」，丸善「建築の防災」，1952（昭和 27）年田辺平学「都市防災」，1953（昭和 28）年内田祥文「建築と火災」，1954（昭和 29）年災害科学研究会「大火」などがある．

　不燃化運動の展開をうけて，1950（昭和 25）年 4 月には建築三法が可決された国会で「都市建築物の不燃化の促進に関する決議」の議員提案が議決された．それをうけて 1952（昭和 27）年 5 月「耐火建築促進法」が制定された．趣旨は，都市の枢要地（防火地域内）に帯状に 3 階以上の耐火建築物が建築された防火建築帯を建てるものに木造と防火造の差額の 1/2 を直接補助する事業であった．1952（昭和 27）年 6 月建設省通達では，同法との関連で，防火地域指定について，集団式は都市の重要施設が集合し土地利用度，建築密度が高くかつその経済力よりみて特に助成を待たなくても耐火建築物を建築しうる区域に，路線式は集団式の設定が経済上困難な密集市街区域に施行するものとし，通常，幹線道路（幅員 11 m 以上）沿いで商業，業務用施設および官民の重要施設が集合する土地利用度の高い部分に幅員 11 m で指定するとしている．1960（昭和 35）年までに延長約 6 km，延べ床面積約 64 万 m^2 が耐火化した．

　1945（昭和 20）年から 10 年間，防火建築帯造成事業は，大火復興（鳥取，大館，新潟），戦災復興（小樽，宇都宮，沼津，京都，岡山等）とあわせて実施された．鳥取市では 1952（昭和 27）年 4 月に中心市街地に大火が発生，県によって火災復興区画整理が展開され幅員 22 m の若桜通り，袋川の緑道等が整備され，前者の通り沿い 3327 m に防火建築帯が第 1 号として指定され，1953（昭和 28）年末には 9 割近く完成した．しかし，共同建築は実現せ

ず外観は統一されなかった．共同建築による防火建築帯は，1955（昭和30）年10月の新潟大火後の復興で実現した．防火建築帯が効を奏したのは秋田県大館市である．1953（昭和28）年4月の大火ののち延長893 mの防火建築帯が建設されたが，1956（昭和31）年8月の大火ではそれが延焼を阻止した．

耐火建築促進法による防火建築帯造成事業はこのように成果をあげたが，一方，1955（昭和30）年以降になると都心部での奥行き11 mの路線式の不燃化促進は問題視されることになった．経済活動が盛んになるにつれ目抜き通りには金融機関等をはじめ大規模耐火建築物の建設活動が活発化したが，通りの後背地や小規模な敷地等では依然そのままであり，街区単位の共同化が必要という認識が生起した．この結果，1961（昭和36）年6月耐火建築促進法は廃止され，建築物の共同化，面開発を促進するための「防災建築街区造成法」が成立，公布された．1年前に成立した「住宅地区改良法」，同じ年，基盤整備を伴う再開発を進めるため成立した「市街地改造法」とあわせ再開発三法とよばれた．

同法による「防災建築街区造成事業」は，建設大臣が防火地域内か災害危険区域内に「防災建築街区」を指定し，施行主体となる組合を設立，補助等を受けながら任意事業の形で共同建築物の建築等を行う仕組みである．全国で1976（昭和51）年までに467組合，824街区，約109 haの改造がなされた．特に，土地区画整理や都市改造等と合併（大阪），住宅地区改良と合併（下関等）した例もある．

その後，時代は土地の高度利用へと向かい，市街地改造法，防災建築街区造成法が統合整理され，1969（昭和44）年6月「都市再開発法」が成立し，今日の市街地再開発事業の仕組みが完成された．

時代は下がって1976（昭和51）年10月酒田大火は古くからの都市商業地23 haを焼きつくした．直後から復興計画立案が開始され，土地区画整理事業を主体に市街地再開発事業と商店街近代化事業を組み合せた33 haの地区が3年後に完成した．すばやい計画立案，連日連夜での市と被災者の努力，技術者等全国的な応援等が迅速な復興を可能にしたといえよう．

なお，「耐火建築促進法」，「防災建築街区造成法」，後述の都市防災不燃化促進事業が成立するたび，国は都道府県に防火地域の拡大に関する通達を出している．防火地域が思うように拡大しない我が国都市のジレンマを示している感がある．

（4）建築基準法にみる都市防災関連規定の変遷

1950（昭和25）年の法制定以来，建築基準法は，その時の防災課題等に対応して毎年のように法規・施行令の改正が行われた．防火対策面での改正経緯については，建設省住宅局監修「建築基準法改正経過要覧」東京法令出版1956等に詳しい．ここでは主に防火地域制に関する事項について記述する．

建築基準法1952（昭和27）年改正で，まず商業地域防火地域の建ぺい率が無制限となり，また住居・準工・工業の各地域の準防火地域では，それまで建ぺい率算定にあたって30 m²減じて6割であったのが，30 m²天引きの規定がなくなった．さらに1957（昭和32）年の改正では商業地域，準防火地域での大火の建ぺい率を8割に緩和された．これらは，都市の不燃化を促進するにあたって，防火・準防火地域の指定拡大とその内部における建築活動の活

発化をねらったものであるが，一方隣棟間の距離確保による防火性能保障の考え方は軽視される．

1959（昭和34）年の大改正によって，耐火・簡易耐火建築物の定義が法に定められ，これに伴い防火・準防火地域の建築物は，規模，階数によって構造が規定されることになった．この改正で，ほぼ集団規定に単体を対応させる現在の仕組みが成立した．また，この改正によって特殊建築物の構造規定が強化された．

1963（昭和38）年の改正より「容積地区」制が導入され，また高さ31 mを超える高層建築物についての内装制限を定めるなど，1968（昭和43）年霞が関三井ビルに代表される1965（昭和40）年以降の高度利用に備えた法制整備が始められている．

1968（昭和43）年には，市街化区域，市街化調整区域等を定めた新「都市計画法」が成立した．これは1919（大正8）年の制定以来，通達，例規等の旧法の運用で進めてきた都市計画行政を体系化し，さらに経済の高度成長と急激な都市化の進展に対応させるためでもあった．都市計画法で地域地区の目的・性格・決定方法を定め，具体的な内容は建築基準法で定める仕組みが明文化された．開発許可制度等の新しい仕組みも盛り込まれたが，防火地域制については，大きな議論がなく従前の体系が継承された．

なお，1950（昭和25）年の建築基準法制定時から都市計画法改正の動きがあり，集団規定の多くは都市計画法改正を待つという姿勢があった．八巻淳之輔（建築行政第2巻3号）によれば，その議論の中で，用途地域と防火地域制をリンクするという考えはあったが，結局，従前のまま継続したとされている．

1969（昭和44）年には新たに「都市再開発法」ができ都市政策の前面から防災が退き，土地の高度利用が都市政策の命題となっていった．1970（昭和45）年6月の建築基準法大改正において，集団規定に大幅な見直しがされたが，防火地域制は大きい変化がなかった．集団規定では，1）用途地域を4つから8に拡大した，2）用途地域別に容積率を定めて，空地地区および容積地区制を廃止した，3）絶対高さ制限がなくなり，隣地斜線，道路斜線に関連する規定が改められた，等が指摘できる．これは，都市への人口集中・宅地の需要増大を背景にして，土地の有効利用への社会的要請が高まったことが背景にある．空地地区設定当初にみられた防災も考えての隣棟間隔維持の考え方は，容積率，建ぺい率にほぼ吸収されたといえる．

1971（昭和46）年のサンフェルナンド地震で耐震構造規定の検討が芽生え，防火関係では1972（昭和47）年千日デパートビル火災，1973（昭和48）年大洋デパート火災と重大な災害が続いた．雑居ビル等の火災に対し1973〜76（昭和48〜51）年にかけて消防法や建築基準法特殊建築物規定を中心に防火対策の強化の観点からの改正が行われた．このような災害を契機に，防火規定が強化される傾向は，1980（昭和55）年の川治プリンスホテル火災，1982（昭和57）年ホテルニュージャパン火災等にもみられる．1981（昭和56）年には建設省の通達により，一定規模以上の建築物に関する「防災計画書」の提出が始まった．これらは建物の大規模化・多様化・複雑化に応じて，防火関係規定がさらに複雑化していった過程と考えられる．

一方，集団規定関係では，1980（昭和55）年の法改正により「地区計画制度」が盛り込

まれたことが特筆される．これまで地域地区や都市施設等の大きな網しかかけられていな
かった都市計画に，地区概念をもちこんだことが評価される．しかし，計画項目には用途・
形態・建築線・密度・規模など建築物規定要因や地区道路等の地区施設は盛り込むことがで
きるとされたが，建築構造や防火関係規定はその計画項目となることができず，間接的な防
災効果しか期待できない制度になった．なぜ，防火・防災概念が地区計画制度に取り入れら
れなかったかについて，防火・準防火地域の体系は著しく都市レベルの対策であること，ま
た個々の建築物の防火性能と地区の防火性能をリンクする思想がなかったこと，新規市街化
の地区を主な対象に想定としており既成市街地向けに考えられていなかったこと，手本とし
ていた西ドイツの地区詳細計画等においても構造規定がなかったこと等の理由が考えられ
る．

　1987（昭和62）年における建築基準法改正では，法制定時からあった木造の高さ・規模
制限（高さ13mまたは軒高9mを超える，3000 m² を超える建築物は不可）・防火壁の制限
が見直され大規模木造が可能となり，また，政令により技術基準が定められたことによって
準防火地域内に三階建て木造建築物が建築可能となった．これは1950（昭和25）年以来の
大変更である．さらに後退による道路斜線緩和，12m高さの1住専の新設などがあり，大
都市地域内の民間の建築活動の誘導に向けての一連の措置がとられた．

　1970年頃（昭和40年代後半）以降，毎年のように発生していたような市街地大火が発生
せず，都市防火の視点は後退し，ビルの防災対策強化，および土地の有効利用に伴う密度緩
和等に主題が移行していった．このような背景のもとで，防火地域・準防火地域は，都市大
火への備えとしてでなく震災に対する大都市震災対策の一環としての運用が始められた．
1973（昭和48）年の段階では東京都においては防火地域は商業地域400以上に指定すると
されていたが，1980（昭和55）年には避難道路，避難場所周辺にも指定するとされた．1987
（昭和62）年の運用においては用途地域別に運用の基準を定めており，防災上重要な場合，
容積率200，300でも防火地域に指定できるとしている．

（5）震災火災対策の展開と江東防災再開発

　都市大火や戦災以外では，1945～1964年頃（昭和20年代～30年代後半）は大水害が頻
発し，乏しい経済力のもとで国土保全が大きい課題であった．1959（昭和34）年伊勢湾台
風は未曾有の大水害をひき起こし，1961（昭和36）年災害対策基本法が成立し，災害予防，
応急対策，災害復旧等の総合的な防災対策が始まりだした．1964（昭和39）年の新潟地震
の発生は全国的に大きい衝撃を与え，東京大都市圏に関東大震災の記憶を呼び起こした．
同年河角広は「南関東大地震69年周期説」を発表（今日では根拠が薄いとされている），震
災が切迫していることを警告した．いちはやく反応したのが東京都防災会議で，1967（昭和
42）年に浜田稔が中心となり関東大震災を教訓に42ヶ所の「避難場所」を選定発表した．
また河角を中心とした研究では地盤が軟弱で住宅や工場が密集し水害にも脆弱な江東デルタ
での惨憺たる被害が推定された．

　東京大学高山研究室では，江東デルタの避難地確保のため1965（昭和40）年度「16拠点
構想」，1966（昭和41）年「江東十字架ベルト構想」を提案し防災再開発の必要性を訴え
た．この提案をもとに国・都・学界が一体となり1968（昭和43）年から火災実験など調査

研究が始まった．1969（昭和 44）年 11 月東京都は「江東再開発基本構想」を決定し，白鬚東地区から取り組みが開始され 1972（昭和 47）年「白鬚東地区再開発事業」として都市計画が決定された．

　この事業は避難対象人口一人当たり 1 m² 以上の避難地を確保するため 6 地区で最小 38 ha，最大 118 ha の再開発を実施するものであった．アンケート，住民説明会や協議会など住民対応面も重視して進められ，1969（昭和 44）年に成立した都市再開発のあとおしをうけて 1975（昭和 50）年に着工した．建築学会では，材木スラブや模型等を使った火災実験を実施した．その研究等をもとに，連続した延長 1.2 km の 13 階建て住棟による避難広場を囲む防火壁，放水銃，ドレンチャー，防火シャッター等重装備の防災設備を備えた防災拠点が実現した．大規模で困難な課題の多いプロジェクトではあったが，この防災拠点のプロジェクトによって再開発手法とともに市街地火災，広域避難流動等の研究が大きく進展した．他の防災拠点地区については，経済社会の変化等から一般的な中高層住宅を主体とした再開発や周辺市街地の不燃化促進へと事業手法が転換した．

　なお，1968（昭和 43）年十勝沖地震が発生し石油ストーブの出火危険性が指摘され，東京都は 1970（昭和 45）年に「震災予防条例」を制定し，対震消火装置の義務付けを盛り込んだ．この地震や 1975（昭和 50）年の大分地震等は 1981（昭和 56）年の建築基準法改正による新耐震設計法施行に結実した．また，1971（昭和 46）年ロスアンゼルスを中心にサンフェルナンド地震が発生，我が国でも都市型地震対策の重要性が認識され，1971（昭和 46）年国では中央防災会議で「大都市震災対策推進要網」を決定し，その後，1973（昭和 48）年に中央防災会議「当面の地震対策の推進について」（申し合わせ）ができた．これらをもとに建設省は各種都市施設の耐震強化を開始するとともに，1976（昭和 51）年「防災対策緊急事業計画」（のち 1986（昭和 61）年建設省「都市防災構造化対策事業計画」），「防災緑地緊急整備事業」など都市計画分野での震災対策手法に取り組みだした．

　国の体制づくりは 1974（昭和 49）年国土庁発足，1978（昭和 53）年「大規模地震対策特別措置法」，1983（昭和 58）年中央防災会議「当面の地震対策の推進について」（決定），1984（昭和 59）年国土庁防災局の発足等へと展開していく．

　一方，東京都では震災予防条例をもとに研究を進め，1976（昭和 51）年には「地震に関する地域危険度調査（区部）」の結果を公表した．それによれば，地盤の軟弱な下町だけでなく山手住宅地にも震災火災に脆弱な市街地が拡大していることが指摘された．同年に住民自主防災組織の育成を制度化し，1977（昭和 52）年防災活動拠点整備事業，1979（昭和 54）年「避難道路指定」など先進的に対策を進めていった．1978（昭和 53）年には地域防災計画の基礎となる定量的な「被害想定」を発表した．これより前，大阪，名古屋等で被害想定は作成されていたが，この東京都の作業は研究の集大成であるとともに，社会的にも大きな反響をよんだ．

　なお，1978（昭和 53）年宮城県沖地震では身近な都市空間での被害とともに，ライフラインの停止による都市機能の混乱や生活維持困難が問題となり，電力，ガス，水道等の対策づくりが進展し，コンピュータ等情報化社会の防災対策基準づくりも始まった．この 1980（昭和 55）年前後は，1978（昭和 53）年国土庁防災基地建設モデル事業（のち 1986（昭和

61）年防災基地建設事業），1979（昭和54）年自治省消防庁コミュニティ防災センター整備
事業（1986（昭和61）年防災まちづくり事業となる），1979（昭和54）年立川防災基地等い
ろいろな分野での広域震災対策が進展した．

（6）不燃化促進と不燃化まちづくり

　都市の不燃化については，戦後間もない1948（昭和23）年に耐火建築促進法による助成
制度があったが，前述のとおり市街地再開発が展開し採算性等の点から適地が限られた．ま
た防火地域も，耐火造へのコストがかかるため経済的負担を与えるとして指定を拡大しない
状況が続いており，戦前からの悲願である都市の不燃化には有効な手法が見つけ得ないでい
た．

　関東大震災や戦災，戦後の水害など多くの災禍をうけ，さらにいちはやく震災に危険であ
るとされた江東デルタに木造密集地が広がる墨田区では，1970年頃（昭和40年代後半）か
ら重点的に防災対策を進めていた．防火地域も積極的に拡大したが，それを実効ならしめる
ために，1979（昭和54）年墨田区では「建築物不燃化助成事業」を制度化した．生命の安
全を確保するという観点から，避難地，避難路，地区の防災拠点となる小学校等防災上重要
な施設の周辺を指定し，その区域内で耐火建築物を建てる建築主に補助をする事業である．
翌1980（昭和55）年建設省は「都市防災不燃化促進事業」を開始した．避難地，避難路の
沿道両側30 mを不燃化促進区域（防火地域と最低高さ制限）にしようというもので，当初
適用されたのは両国，木場，中央等は江東防災拠点の地区であったが，その後，全国，特に
東京区部に普及，避難路となる幹線道路沿いで年に数地区ずつ増加した．

　一方，震災への脆弱性が指摘されていた1965（昭和40）年前後から大都市の過密の弊害
が問題となった．この施策の一環として1967（昭和42）年国は都内から筑波研究学園都市
に移転する国立研究機関34箇所を閣議で決定，1970（昭和45）年には筑波研究学園都市建
設法を制定し，地元等との交渉等を経て1980（昭和55）年5月「筑波移転跡地の利用大綱」
を策定した．これは過密解消の目的をうけて防災性向上や生活環境の保全のため，施設整備
とともに市街地改善に役立つ跡地利用をする趣旨のものであった．

　杉並区蚕糸試験場跡地4 haもその1つであり，周辺は木造密集地で避難場所に非常に遠
い地区で，「避難場所を兼ねた公園とし一部を小学校とし，そのために周辺不燃化と道路整
備を」することが跡地利用の条件となった．1981（昭和56）年に杉並区は周辺の住民によ
びかけ住民参加で施設および防災まちづくり計画をつくり，1983（昭和58）年には周辺区
域に不燃化助成と地区計画および道路等の整備事業を開始するとともに，跡地内には小学校
と公園が一体となった．防災，地域利用等を展開する「学校防災公園」を建設し1984（昭
和59）年に開設した．避難地とするため周辺整備が必要とされた跡地は，他に杉並区の気
象研跡地，品川区・目黒両区にまたがる林業試験場跡地，文京区の教育大跡地等がある．

　なお，先行した事例には中野刑務所跡地での防災公園整備（1986（昭和61）年一部開園）
があり，下水処理場の水を利用した樹林スプリンクラー等火災防御のための散水システムが
計画された．その後，散水装置については，蚕糸や気象研跡地，川崎市加瀬下水処理場等で
実現している．

（7）防災まちづくりと防災生活圏の進展

　1975（昭和 50）年前後は大都市では災害に脆弱で住環境が劣悪な市街地の改善が大きい課題となった．このような地区の改善手法には，1927（昭和 2）年の「不良住宅地区改良法」を継いで 1960（昭和 35）年 5 月制定された「住宅地区改良法」による住宅地区改良事業があったが，要件が厳しいことなどのため限界があった．この問題に対し，1975（昭和 50）年前後から住民参加を行いながら既成市街地の修復型改善（市街地構造を変えずにできるところから改善整備する）を進める動きが関西から生まれてきた．

　1972（昭和 47）年，大阪府豊中市は 426 ha に及ぶ庄内地域を 4 つにわけ，南部地区で学識経験者と住民による協議会を設置，話し合いを重ね，1973（昭和 48）年「防災避難緑道と広場の庄内住環境整備構想」をまとめ，それにそって整備計画を策定し施設整備や公営住宅の建設を展開した．それを支える事業手法は 1974（昭和 49）年「過密住宅地区更新事業」（1996（平成 8）年現在，密集住宅市街地整備促進事業）でいわゆるコロガシを可能とする修復型手法であった．

　1975（昭和 40）年以降から公害防止をきっかけに始まっていた神戸市真野地区での住民主体のまちづくり活動も活発化し，これは 1981（昭和 56）年「真野まちづくり協定」とそれに基づく「地区計画」適用に結実した．

　このような住民参加型でまちづくりを進める動きは東京区部に波及した．東京都は墨田区とともに 1980（昭和 55）年京島地区で町会代表者と行政，学議者による協議会を設置，計画づくりを開始した．1978（昭和 53）年「住環境整備モデル事業」（1996（平成 8）年現在，密集住宅市街地整備促進事業）が摘用された．

　1979（昭和 54）年世田谷区ではモデル地区として災害危険度が高いとされた北沢，太子堂の 2 地区を選定し，地区住民に「まちづくり協議会」の結成をよびかけ，防災をテーマとした道路やミニ広場の整備，木賃アパート建て替え助成等による市街地整備を開始した．この両地区は 1982（昭和 57）年の「木造賃貸住宅地区総合整備事業」（1996（平成 8）年現在，密集住宅市街地整備促進事業）摘用第 1 号となった．

　また 1975（昭和 50）年から 10 年間は地区レベルの計画がクローズアップされた時期で，1980（昭和 55）年の都市計画法の改正により地区計画制度ができ，1981（昭和 56）年神戸市まちづくり条例（真野地区等），1982（昭和 57）年世田谷区街づくり条例（北沢，太子堂等）など住民参加の仕組みが制度化されたのもこの時期である．

　また，郊外都市である国分寺市においても 1975（昭和 50）年ころから防災都市づくりの取り組みが始まっている．「防災学校」を開設し，卒業生が地域でボランティアとなって防災まちづくりを進展するような施策を展開している．

　震災火災に関する計画手法の総合研究がなされたのもこの時期である．建設省は 1979（昭和 54）年から総合技術開発プロジェクト「都市防火対策手法の開発」を開始し，1983（昭和 58）年にはその技術的成果を発表した．これは震災火災を前提に市街地内に道路や不燃帯による延焼遮断帯を配置し防火区画を形成する計画手法である．墨田区では 1979（昭和 54）年「防災区画化構想」として施策化し，区内全域でネットワーク状に延焼遮断帯を配置し，不燃化促進事業を開始した．

　東京都は第二次長期計画の一環として 1981 (昭和 56) 年「防災生活圏構想 (延焼遮断帯整備計画)」を発表した．都市計画道路等延焼遮断帯となる都市防災施設で区部を約 700 に分割し，区画内で地震が起きても逃げないでよい防災まちづくり，安全な住環境づくりを進めようという構想である．それを実現するため 1985 (昭和 60) 年「防災生活圏モデル事業」が発足し，墨田区東向島 (一寺言問)，足立区関原，品川・目黒両区の林試の森公園周辺の 3 地区で住民参加の防災まちづくりが始まった．墨田のケースでは有志による住民団体と既成町会がまちづくり組織をつくり，瓦版の発行，道路整備，広場の確保等を推進しており，防災シンボルとして雨水貯留設備「路地尊」を開発するなどアイデア豊かな防災まちづくりが展開した．この事業の特色は，都市防災レベルの対策を地区レベルの整備と整合して進めること，住民参加の改善型まちづくりであること，防災のハード (市街地整備) とソフト (防災活動) が一体となっていることなどがあげられる．1991 (平成 3) 年からは防災生活圏促進事業として 23 区で取り組まれだした．

　このように 1985 (昭和 60) 年前後にはほぼ現行の都市防災対策は出そろったが，その間も時代は大きく動きつつある．国土庁防災局は 1986 (昭和 61) 年南関東地域の地震被害想定結果を公表し，1988 (昭和 63) 年中央防災会議は南関東地域での直下型地震の切迫性を指摘した中間報告を発表した．これまでの震災対策はどちらかというと巨大地震である関東大震災の再来を想定しており，この報告によると震災対策では両タイプの地震を想定することが必要になってきた．

(8) 阪神・淡路大震災後の防災まちづくりの展開

　1995 (平成 7) 年 1 月 17 日に発生した阪神・淡路大震災は激甚な被害をもたらした．神戸市では 2 月 1 日に建築基準法 84 条にもとづく建築制限を指定，16 日には「神戸市震災復興緊急整備条例」，3 月には復興都市計画の計画決定，被災市街地復興推進地域の告示，重点復興地域 24 地区を指定した．この間，政府は，2 月 6 日には「罹災都市借地借家臨時処理法」を適用するなど既存法令の適用に努めるとともに，学識者よりなる「阪神・淡路復興委員会」を設置し，3 月末までに 17 件の法律立法，改正を行うなど諸施策を展開した．中でも 2 月 26 日に公布された「被災市街地復興特別措置法」は，今後の復興に関する一般法として特筆できる．阪神・淡路大震災の都市復興では，計画策定プロセス，仮設住宅，個人被害の求済等様々な問題が噴出したり，住民参加の復興まちづくりが進むなどこれまでにない傾向がみられた．

　この震災は，国や他の自治体にも大きい衝撃を与えた．阪神淡路大震災で建物倒壊による被害が甚大であったことから，1995 (平成 7) 年 7 月に「地震防災対策特別措置法」が施行され，同年 10 月「建築物に対する耐震改修の促進に関する法律」(耐震改修促進法) が公布された．これは特定建築物の耐震診断およびその報告が義務付けされ，結果を公表するなどの目的で 2013 (平成 25) 年に改正されている．さらに 1997 (平成 9) 年 4 月には「密集市街地における防災街区の整備に関する法律」が公布 (木造密集地の改善と老朽住宅建て替え) され，短い間にわが国の災害関連法制度が抜本的な見直しを図られた．また土地区画整理事業，地区計画，公園整備などにも防災的配慮をもりこんだ事業制度がつくられた．東京都では，阪神・淡路大震災の教訓から計画を再検討し，「防災都市づくり推進計画」として

延焼遮断帯整備，災害危険が高い重点整備地域・重点地区の改善を推進し始めた．

　また，この地震をきっかけとして全国でコミュニティを中心としたソフト対策が進められるなど，阪神・淡路大震災を契機にして新しい防災対策が各地で行われるようになった．東京都では阪神・淡路の事例から 2003（平成 15）年より条例による「新たな防火規制」を制度化した．これは原則として，新築には準耐火以上の性能を求めたもので，木造密集市街地等に適用している．これによりわが国の市街地は，徐々に不燃化の進行をみせている．また出火対策としても，阪神・淡路大震災の教訓から感震ブレーカーの普及促進が進められ，現在は設置補助制度や無償配布をする自治体などがみられる．また 1995（平成 7）年度には緊急援助消防隊が創設されることで，大規模災害時に消防機関相互の援助体制が構築された．

（9）東日本大震災以降の展開

　2011（平成 23）年 3 月 11 日に発生した東日本大震災により，約 2 万人の人命が失われて以降は，国を挙げて津波対策や想定外の災害への対応などが発災直後から議論されるようになった．特に地震火災分野では，高知県などにおいて津波火災対策を目的とした危険物の流出阻止などが推進され始めている．

　他方で地震火災対策としても，例えば東京都は首都直下地震の切迫性をにらんで，木造密集市街地の改善を促す「木密地域不燃化 10 年プロジェクト」を実施している．ここでは整備地域の「不燃領域率 70％」および「延焼遮断帯となる主要な都市計画道路の 100％ 整備」を目標とし，整備地域の中で特に重点的・集中的に改善を図るべき地区に対して，老朽建築物の除却費助成や都税の減免措置，種地としての都有地の提供などを行い，「燃えない」まちづくりを進めている．上記のような取り組みにより，わが国の密集市街地は着実な減少をみせており，国土交通省によれば，平成 28 年度末で「地震時に著しく危険な密集市街地」は約 4,000 ha を残すのみとなった．しかしながら，2016（平成 28）年 12 月 22 日の糸魚川市大規模火災では，強風という条件下で約 3 万 m² の焼損被害が発生し，さらなる対策の必要性が顕在化した．それとともに，この大規模火災では，被災者生活再建支援法が適用されている．

9・2・4　我が国の広域火災・地震火災対策の特徴と今後の課題

　以上，都市計画的対策を中心に江戸期以来の広域火災・地震火災対策に関する制度手法を概括してきた．ここから明らかになった特徴と今後の課題について最後に整理する．

（1）広域火災・地震火災対策の特徴

　木造を伝統的な建築様式とする我が国では，建築物の不燃化はなかなか進展しなかった．このため都市レベルの大火防止は，道路も含むオープンスペースや消防力等総合的にハード・ソフトの要素を組み合せて，総体としての防災性能を確保することが最大の特徴であった．これは主として不燃化や建築物の防火区画等の単体性能強化を徹底し大火を防止している欧米諸都市と異なる点である．

　すでに江戸期から，火除け地等オープンスペースの確保，防火の樹林，道路の拡張，土蔵や瓦葺きによる防火ゾーニング，火消し制度強化と施設の計画配置等現在の大火防止手法の原型が展開されている．また道路や不燃帯での延焼遮断帯による防火区画形成と内部市街地の防災的改善の考え方は，戦中の防空都市計画や近年の防災生活圏等で共通した手法となっ

ている．結果，大火防止手法がわが国の都市づくりをリードしてきたといっても過言ではない．大火防止手法として組み合されてきたものは以下のとおりである．

A. 都市施設の整備

大火の焼け止まりとなる道路やオープンスペースの確保は，江戸時代の火除地，防空都市計画による建物疎開，戦後の筑波移転跡地利用等，一貫してとられた重要な手法である．今日においても道路，公園等の都市計画施設を整備することが防災都市づくりの基本となっている．ただし，近年，交通面からの要請により道路整備に重点が置かれ，大公園や系統的な緑地整備（計画手法は都市緑地保全法に基づく緑の基本計画として制度化している），河川の活用や樹木の防火活用はあまり取り組まれていないのが実状である．

B. 防火ゾーニング（防火地域，準防火地域等）の展開

一定の区域を指定しその内部での建築物の構造を規定する防火ゾーニングは，すでに江戸期に初源的なものがみられ，大正になって市街地建築物法成立とともに全国共通となった．その特徴は，防火，準防火，屋上制限，無制限という何区分かの段階的ゾーニングを設定していることである．このうち，中間的ゾーンに要求される防火性能については経済的観点等から緩和されてきた傾向がみられる．また制定当初，火災予防の観点もあった隣地からの建築線，空地地区，建ぺい率の天引き等密度に関する規定は，防火・準防火地域の拡大や建築更新を容易にする観点から一貫して緩和されてきた．また，防火地域制は建物用途，規模など単体規定を通じてしか用途地域等集団規定とリンクしていないことも指摘できる．（図9・2参照）

C. 不燃化促進

助成による不燃化も江戸に起源を有するが，トピックとなったのは関東大震災後の耐火建築補助である．戦後になって耐火建築促進法ができたが市街地再開発に発展し，個別不燃化は避難路沿い等を対象とする1980（昭和55）年の都市防災不燃化促進事業まで助成手法がなかった．一方，昭和後期には，経済成長や集合住宅等の土地高度利用の波のおかげで，都心部等ではマンション等不燃住宅や不燃高層の業務ビルが増加し，部分的に都市大火を心配しないでいい市街地が出現している．

D. 問題地区等の市街地整備事業による重点的改善

基盤未整備で木造密集等の問題地区を面的に整備する手法は比較的新しい．昭和初期の不良住宅地区改良法に起因する住宅政策の流れは1975年以降（昭和50年代後半）に住民参加の改善型の住環境整備手法を生み出し，震災対策と一体となって修復型の防災まちづくりという概念を提起した．とはいえ，一定の区域を延焼遮断帯で囲ってその内部を生活の場としての整備を進める考え方は，戦争直後の東京の戦災復興計画などで提起されており，新しいものではない．

E. 被災後の措置，復興都市計画

被災の直後の被災者救護や復旧については，災害救助法や激甚災害指定等が適用され行政的な手だてが講じられているが，復興については基本は自力復興とされている．事業的には，建築物を整備した例は銀座煉瓦街，函館大火復興，戦後には防災街区や市街地再開発等との併用などがあるが，土地区画整理事業が関東大震災，戦災での特別都市計画をへて確立

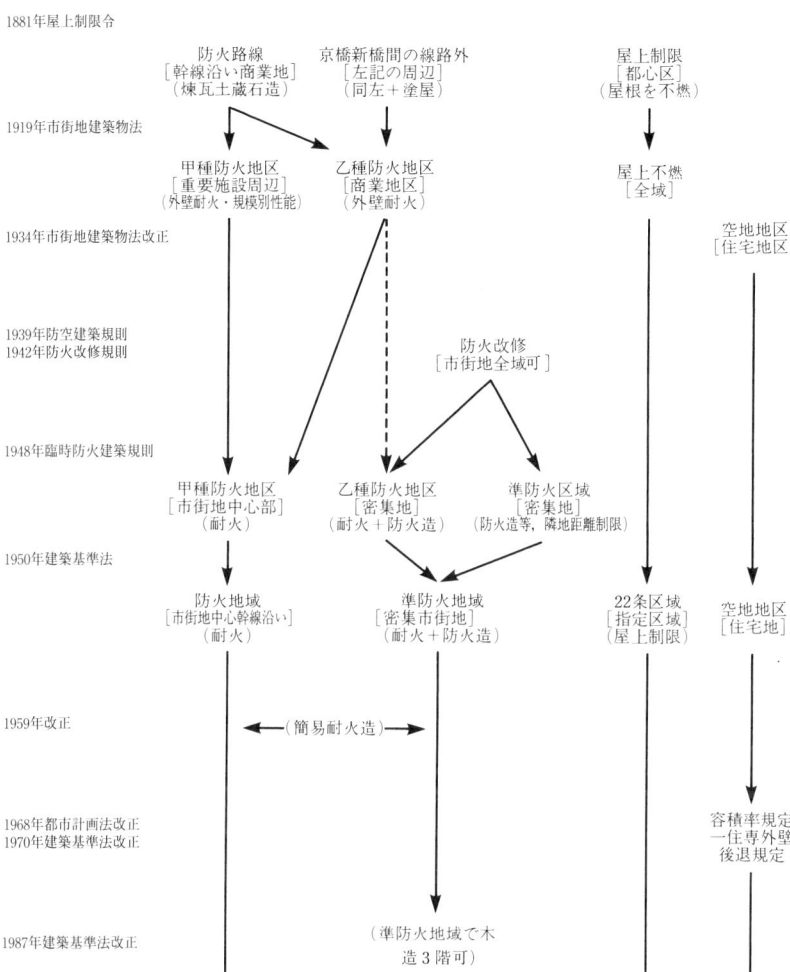

1881年屋上制限令

防火路線
[幹線沿い商業地]
(煉瓦土蔵石造)

京橋新橋間の線路外
[左記の周辺]
(同左＋塗屋)

屋上制限
[都心区]
(屋根を不燃)

1919年市街地建築物法

甲種防火地区
[重要施設周辺]
(外壁耐火・規模別性能)

乙種防火地区
[商業地区]
(外壁耐火)

屋上不燃
[全域]

1934年市街地建築物法改正

空地地区
[住宅地区]

1939年防空建築規則
1942年防火改修規則

防火改修
[市街地全域可]

1948年臨時防火建築規則

甲種防火地区
[市街地中心部]
(耐火)

乙種防火地区
[密集地]
(耐火＋防火造)

準防火区域
[密集地]
(防火造等, 隣地距離制限)

1950年建築基準法

防火地域
[市街地中心幹線沿い]
(耐火)

準防火地域
[密集市街地]
(耐火＋防火造)

22条区域
[指定区域]
(屋上制限)

空地地区
[住宅地]

1959年改正

←(簡易耐火造)→

1968年都市計画法改正
1970年建築基準法改正

容積率規定
一住専外壁
後退規定

1987年建築基準法改正

(準防火地域で木
造 3 階可)

図 9·2　防火地域制の変遷 (明治〜 1987 年まで)

した手法となっている.

F. 消防体制の強化, その他

　消防は, 江戸の火消しに始まるが, 明治・大正になって近代的な消防技術が取り入れられ, 制度的には 1945 (昭和 20) 年から 10 年の間に確立した. 近年は技術革新, 情報通信システム導入, 水利等強化等によって大きく発展しており, 大火防止手法の中ではもっとも進展したものといえよう. 今日の都市では, この消防力強化と裸火から電力ガスへのエネル

ギー源転換によって，地震火災以外の市街地大火の危険性はきわめて低位になったとされている．

（2）広域火災・地震火災対策の課題

我が国の大火防止手法が直面する課題は多いが，なかでも次の2点は重要である．

A. 地震火災等今日的都市課題への火災対策の対応

我が国の防災対策は災害をきっかけに発展してきた．大火防止でみても，江戸の大火が火消しや土蔵を生み，明治には屋上制限令等初源的防火ゾーニングを成立させた．1923（大正12）年の関東大震災は，復興区画整理や不燃化促進運動を引き起こし，また頻発する地方都市の大火や防空に対する社会的要請は我が国独特の建築スタイルである防火改修に結実した．新潟地震，宮城県沖地震等は，震災対策のいっそうの進展を誘発した．災害から教訓を学び，その防止のため研究が進展し，それらをうけて制度や基準が整備され，対策が具体化する．しかし時間の経過につれて都市状況が変化し新しい災害要因が蓄積し，一方，防災意識が希薄になる．そうして時間がたつと次の災害が発生しまた対策が強化されるというプロセスを繰り返してきた．

この項では，木造家屋主体の市街地を念頭において「大火」を記述してきた．しかし，今日の都市を脅かす火災は別の種類のものが登場している．まず，大きい課題は，同時多発，通報困難で消防力を上回るとされる地震火災である．さらに自動車普及に象徴される危険物質に起因する災害，地下街・高層ビル等新空間での火災など旧来の大火防止手法では対応しにくい災害が心配されている．特にわが国の地下街は整備から40〜50年を迎えるものも多く，その一部は設備の老朽化などが進んでいる．その一方で大都市ターミナル駅周辺では，大深度法の施行やリニア鉄道の整備もあいまって，多数の管理者のもとで今後ますます大規模な空間が広がりつつあり，これらの地下空間では迷路性に伴い浸水，火災，煙，津波などからの避難もとりわけ困難と考えられる．

また，東京湾をはじめ地盤が軟弱な臨海埋め立て地に新業務地の開発が始まり都市の業務中枢機能維持という点からの防災対策が課題となってきた．高度情報化の波が経済社会だけでなく日常的な生活にも入り込み，いったん災害が発生すると広域的複合的に拡大する傾向も生じている．例えば，1983（昭和58）年の世田谷ケーブル火災や1994（平成6）年のJR中央線変電所火災のように燃焼するのはわずかでも都市的に大混乱を生起する災害もある．

一方，既成市街地では急激に高齢化が進行している．さらには高齢者や弱者にとって健常者であればなんということのない火災が致命的となるケースが生じている．都市的にはこれまでの広域避難や地域消防強化といった震災対策の効用を著しく低下させることになる．

1991（平成3）年に起きた長崎県雲仙普賢岳噴火や，1993（平成5）年北海道南西沖地震では災害復興が長期化するとともに，仮設住宅や復興計画のコンセンサスづくり等をめぐって議論が起きた．経済的に豊かな社会が実現し，災害だから仕方がないという従来の意識では対応できないという考えが社会的に生まれつつある．東日本大震災以降は特に大都市における帰宅困難者の大量発生に伴い，歩道及び車道の大渋滞が発生したことで，消防車の活動が阻害してしまうという課題も顕在化した．

地域的にみると，震災対策はどちらかというと東京区部を中心に進められてきたが，京阪

神はじめ多くの他都市にも改善が必要な市街地は残されている．京都をはじめ伝統的な都市では市街地の成り立ちに立脚した防災性向上方策が必要になっている．

大火防止手法としてもこれら多様な今日的課題に対応した検討が必要となっている．これからは都市の難燃化がますます進むものと考えられるが，一方で木造密集市街地として残り続ける地域や，そもそも木質系の町並みそのものが観光資源となっている地域もわが国には少なくない．それゆえ今後は，地方都市においては少子高齢化による地域消防力の低下を前提とし，出火防止対策や消火対策とあわせた総合的な防災性向上，ひいては都市防火対策の目標水準の再定義などが求められるであろう．

B.　防火地域制のまがり角と地区的防火対策手法の必要性

我が国の防火地域はまったくの不燃域を形成し他からの火災の延焼拡大を遮るという明快な目標を有している．準防火地域等の中間的ゾーニングをみると，市街地建築物法当初の乙種防火地区は性能的にも経済負担的にも現防火地域に近いものであったが，戦時中の防空・防火体制から軽便低廉な「簡易防火構造」，「防火改修」が生まれ，普及によって隣家延焼の遅延と家庭・地域消防による消火を行い戦災空襲（1 町内 1 焼夷弾消火を想定）の被害を防ごうというものであった．関係者の悲願は，不燃化であったが，時間と国力の点からやむをえず開発されたものといえる．

戦後，消防力が低下し都市大火が頻発する一方，経済困難かつ建築活動を活発化せねばならぬという相反する状況を背景に，1950（昭和 25）年建築基準法で「準防火地域」が設けられ，防火改修を受け継ぐ防火木造がその主役となった．準防火地域も，燐棟への延焼を遅延し，消防により消火をし，大火を未然に防止するという発想である．密集市街地は準防火地域指定によって防火木造を主体とする地域に変貌したが，防災課題が震災火災に移行し経済力が増した今日でも制定時の応急措置のまま続いている．

同時多発の震災火災に対するには，市街地そのものが燃えない体質となっていることが重要となる．

この観点からすると，今後の課題として『地区的な単位で，防火目標を達成しうる対策手法』が必要である．一定の地区的広がりを単位に，外部からの市街地大火を外周の延焼遮断帯（都市施設や防火地域で形成）で対応し，内側に自然鎮火が期待できる街並みを形成し地域の消化能力を高め（飛火にも対応する）れば，大地震時でも逃げないでもよい市街地となる．この街並みの防火目標は，全面的な不燃化でなく選択的に進める難燃化（建築密度・木防率に応じて不燃化率を一定以上に高める，地区特性に応じて耐火造だけでなく，木造・防火造，空地等が適度に混在する市街地とする）で達成できるであろう．そのためには，地区レベルで，建築構造だけでなく，規模・密度等建築物の総体や道路・空地を扱い，難燃化を推進する計画手法が必要といえる．　　　　　　　　　　　　（吉川　仁・廣井　悠）

9・3　地域の防火計画

9・3・1　地域防火計画
（1）地域防火計画の概要

A.　性　格

防火対策は個々の建築物や施設を対象として講じられるだけではない．一定の広がりを持った地域を対象としても防火対策は講じられる．地域を対象とした防火対策として，①自主防火組織を育成する，②都市の不燃化を進める，③消防署所の整備をはかる，といった対策が考えられる．これらの地域を対象とした対策を，総合的かつ長期的に講じていけば，当該地域の火災危険が減少することが予想される．そこで，地域の火災危険の軽減をはかることを目的として，一定の計画のもとに防火対策を系統的に運用することが求められるが，この計画が地域防火計画である．

ところで，地域防火計画は，防火計画としての側面と，地域計画としての側面を合わせ持っている．防火計画としての側面からみれば，地域を対象とした防火計画であるといえる．また，地域計画としての側面からみれば，防火目的を持った地域計画であるということができる．なお，ここでいう地域防火計画は，災害対策基本法に基づく地域防災計画や，消防組織法による市町村消防計画のように制度的裏づけを持ったものだけをいうのではない．その内容や形式のいかんを問わず，地域を対象とした防火計画，もしくは防火目的を持った地域計画を，地域防火計画と呼ぶのである．

B.　目　標

地域防火計画の基本的目標は，建築防火計画と同様，「人命，身体の保全」，「財産の保全」，「機能の保全」である．この３つの目標のうち，「人命・身体の保全」が優先的にはかられるべきことはいうまでもない．都市防火において，避難対策が重視されているのは，このためである．

地域を対象とするときには，日常時の出火や延焼という火災の危険度を低減することもさることながら，地震時や強風時などの非常時における火災の危険度の低減をはかることが大きな課題となる．非常時の火災危険度は地域の条件と深く結びついており，地域を対象とした防火災対策でしか，その低減がはかれないからである．

C.　手　順

地域防火計画の手順は図9・3に示される．つまり，①地域調査，②地域危険度の評価，③防火目標の設定，④対策・手段の編成，⑤対策効果の評価，⑥計画の策定，といった手順で

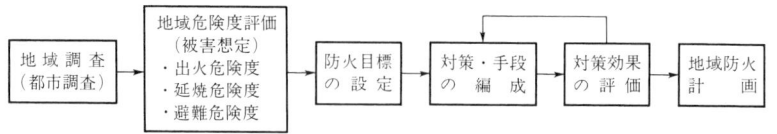

図9・3　地域防火計画の手順

地域防火計画は作成される. 対策効果の評価において, 防火目標が達成されないときは, 対策・手段の編成にフィードバックすることになる.

(2) 地域防火対策の編成

A. 分 類

地域防火対策は, その目的によって, あるいは火災の段階に応じて「出火防止対策」,「延焼防止対策」,「避難対策」の3つに大別される. このうち延焼防止対策は「鎮圧対策」と「局限対策」および「仰止対策」に分けられる. 鎮圧対策というのは, 放水などによって火災を鎮圧するものをいい, 局限対策というのは, 遮断帯などによって火災を局限するものを

表 9·1 地域防火対策手法の整理例[1]

対策の方法 / 対策の目的	1. 管理的対策	2. 設備的対策	3. 空間的対策
出火防止	[火を出さないためのルール] ・火気取扱い規則 ・火の用心, 防火教育 ・消防査察等予防点検 [初期消火] ・早期発見 ・住民消火	[出火防止機材] ・耐震消火装置付火気器具 ・火災感知器 ・スプリンクラー ・火災報知器 ・消火器・三角バケツ	[建築物の制限] ・内装不燃化 ・地震による倒壊防止 [危険物対策] ・出火危険業種の移転
延焼防止	[消防組織] ・常設消防組織の拡充 ・消防団の編成 ・住民消防組織 [消防運用計画] ・消防の最適配置計画 ・消防協力体制の確立 　(広域消防) ・飛火警戒体制の確立	[消防装備の改善] ・航空消防 ・水膜による延焼防止 ・破壊消防機材 [出火延焼状況把握技術] ・出火点の早期発見技術 ・空中からの延焼状況把握 ・無人望楼システム	[消防用道路・水利] ・幹線街路網整備 ・都市河川等の消防水利確保 [密度規制] ・建蔽率制限 ・壁面線指定 ・空地の保全 [建築の不燃化] ・外装不燃化 　(屋根・外壁・開口) ・木造禁止 ・耐火率の向上, 再開発 [延焼遮断帯] ・広幅員道路の確保 ・耐火建築帯の造成 ・防火遮断緑地整備
避難対策	[住民に対する対策] ・避難訓練 ・避難住民組織 [避難誘導体制] ・避難路等の防御計画 ・弱者救出対策 ・避難地の管理	[避難誘導技術] ・住民への情報伝達システム ・交通路制御機材 [避難施設] ・避難シェルターの開発 ・避難路の照明	[避難施設の整備] ・避難用空地の確保 ・避難路ネットワークの整備 ・一時避難地・集合地点の確保 ・避難施設周辺の不燃化

いう．仰止対策は面的不燃化を達成することなどをいう．

　他方で地域の防火対策は，その方法の違いによって「設備的対策」，「空間的対策」，「管理的対策」のようにも分けられる．設備的対策は，器具や装備の充実によって危険の低減をはかるものである．空間的対策は，建物や地域空間の構造や体質の改善によって危険の低減をはかるものである．管理的対策は設備や空間の管理や利用コントロールによって危険の低減をはかるものである．空間的対策はハードな対策，設備的対策はセミハードな対策，管理的対策はソフトな対策といえる．表9・1は地域防火対策を，目的の違い，方法の違いの2つの軸によって分類し，整理したものである．

　しかしながら本稿では簡単のため，地域防火対策を消防力の運用によって防火化をはかる「消防的対策」と，都市計画の運用によって防火化をはかる「都市計画的対策」というように区別し，以降でこの2種類の対策に分けて詳しく説明を行う．

B. 編　成

　地域防火計画は，防火目的を達成するために，地域の実情に即して，防火対策の運用と編成をはかる計画であるが，この編成に際しては防災対策の目的に応じた図9・4に示されるようなデシジョンツリー（対策連関図）を作成し，どの対策とどの対策を組み合せれば，どういう目的が達成されるかに留意しつつ，編成することが大切である．

　この場合，この対策の体系が総合性を持っていることが必要で，ハードな対策とソフトな対策，都市計画的な対策と消防的な対策，あるいは恒久的な対策と応急的な対策といった質の異なる対策を互いに他を補完しあい，総合的に機能するように編成することが望まれる[2]．

（3）地域防火計画と法制度

A. 計　画

　地域防火計画を作成するにあたっては，法制度の運用をはかったり，法制度の制約に留意することが不可欠である．そこで，地域防火計画と法制度との係りを，おおまかに整理しておく．法制度との係りは，計画，事業，規制，誘導のそれぞれの側面についてみることができる[6]．

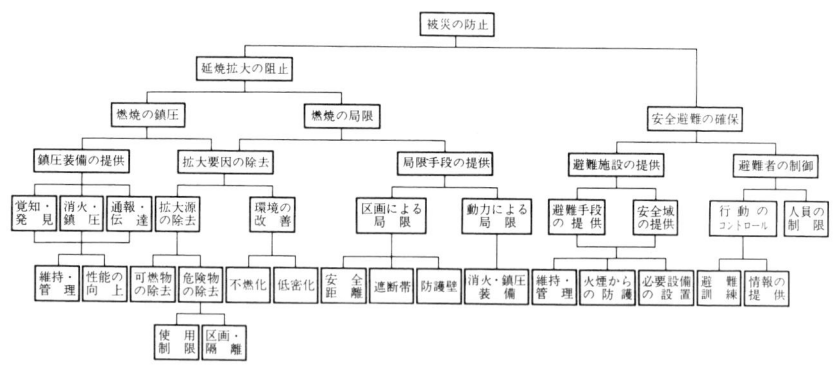

図 9・4　出火による被災を防止するためのデシジョンツリー

　ところで，計画の側面では，地域の防火性の向上をはかるための計画を作成することが法律によって定められている．その主なものが「災害対策基本法」による地域防災計画であり，「消防組織法」による市町村消防計画である．

　地域防災計画は，都道府県または市町村が，国の中央防災会議が定める防災基本計画に基づいて作成するもので，当該地域および地域住民の生命や財産を災害から守ることを目的としている．この地域防災計画には，都道府県の地域について定める都道府県地域防災計画，市町村の地域について定める市町村地域防災計画の他，2つ以上の都道府県，もしくは市町村にわたる地域について定める広域地域防災計画がある．この地域防災計画は，当該地域の防災機関が防災に関して処理すべき業務，災害予防対策，災害応急対策，災害復旧に関する事項等について定める総合計画である．この地域防災計画のなかで，風水害対策などとともに，火災対策が扱われている．特に地震火災対策は重点をおくべき事項として扱われ，広域避難地や避難路の整備をはかることや，消防水利などの防災施設の整備をはかることなどが定められている[3]．

　市町村消防計画は，市町村が作成する消防機関の活動に関する計画で，市町村の定める地域防災計画と密接な関連性を持つものでなくてはならない．この消防計画の内容については，「市町村消防計画の基準」（1966（昭和41）年消防庁告示第1号）によって示されているが，消防力などの整備，防災のための調査，防災教育訓練，災害の予防，警戒および防御，災害時の避難，救助および救急，応援協力などについて，計画が作成される[4]．

　この他にも，地域の防火性の向上をはかるために，防火計画の作成が推奨されているものがある．例えば，災害対策基本法を根拠として作成される防災対策緊急事業計画や都市防災不燃化促進計画などがその例である．

B. 規　制

　規制の面では，土地利用の規制，あるいは建築物や危険物施設の構造の制限が「都市計画法」，「建築基準法」，「消防法」などによって行われている．土地利用の規制では「都市計画法」による用途地域指定が，その代表的なもので，用途の混在を避け，用途の純化をはかることで，地域に防火性を与えようとしている．また，建蔽率や容積率の制限を設け，延焼拡大につながる建て詰まりを防ごうとしている．さらに，地域の建物構造を規制するものとして，防火地域および準防火地域の指定がある．防火地域や準防火地域に指定されると，当該地域の建物の構造が制限をうけ，耐火構造や防火構造にすることが義務づけられる．

　この他，「石油コンビナート等災害防止法」による工場敷地のレイアウト規制などがある．

C. 事　業

　事業の側面では，地域防火に役立つ施設の整備や，地域の開発が各種の法制度によって行われる．

　道路や公園などの公共施設が確保されていることが，防火上も大いに役立つことは先に述べたとおりであるが，こうした公共施設の整備は「都市計画法」やそれに基づく整備事業によって推進される．防火目的を持った公共施設，例えば避難地や避難路も，公園事業や街路事業といった制度で進められている．また，消防ポンプや消火栓といった消防施設の整備は「消防施設強化促進法」に基づいて進められている．

表 9·2　地域防火に係る既存法制度[5]

	規　　制	誘　　導	事　　業
基本的性格	施設立地，建築開発行為に対し，一定基準を守らせるもの	民間の建築活動に対し，融資税制等の手段により，計画的建築化を促進するもの	公共あるいは民間組合による法的裏づけ，または予算補助の裏づけによる事業
法　　律	・地域地区指定制度 　用途地域 　特別用途地域 　高度地区または高度利用地区 　特定街区 　防火地域または準防火地域 ・開発許可制度 ・道路位置指定制度，壁面線指定制度 ・建築協定 ・総合的設計制度 ・地区計画制度 ・石油コンビナート等特別防災区域指定	・都市防災不燃化促進助成制度 ・建築物整備事業(融資) 　総合設計地区内建築物整備事業 　特定街区内建築物整備事業 　高度利用地区内建築物整備事業 ・中小企業事業団による高度化，共同化事業 ・工業再配置促進法 ・住宅金融公庫融資 　一般住宅(特別貸付) 　市街地再開発等 　中高層耐火建築物 　土地担保賃貸住宅 ・公団・民営賃貸向特定分譲住宅制度 ・日本開発銀行・都市開発融資街区整備	・都市施設整備事業 ・市街地開発事業 　土地区画整理 　市街地再開発 　新住宅市街地 　新都市基盤 　工業団地造成 　住宅街区整備 ・住宅地区改良事業 ・沿道環境整備事業 ・公営住宅法による事業 ・住宅・都市整備公団による事業 ・特定住宅市街地総合整備促進事業 ・居住環境整備事業 ・過密住宅地区更新事業 ・住環境整備モデル事業
条例または要綱	・宅地開発指導要綱 ・環境影響評価制度	・コンサルタント派遣制度 ・街づくり助成要綱 ・建物共同化助成制度	

　公共施設の整備とは別に，面的な整備事業，開発事業が地域の防火性の向上に役立つことが多い．「土地区画整理法」による土地区画整理事業や「都市再開発法」による市街地再開発事業，「住宅地区改良法」による住宅地区改良事業などがその例である．主な事業制度は表9·2に示される．

　このなかで，新住宅市街地開発事業や工業団地造成事業，土地区画整理事業，住宅街区整備事業などは，公共空地を生みだすのに効果がある．また第2種市街地再開発事業は，建物が密集していて火災危険の著しい地域に対して，避難地としての公園や広場を整備することを主な内容としたものである．

　D. 誘　導

　誘導の面では，民間のエネルギーの活用をはかることを目的として，都市防災不燃化促進助成制度など，様々な融資制度や助成制度が設けられている．

（室崎　益輝・山田　剛司・廣井　悠）

9・3・2　都市スケールの防火計画
（1）都市スケールの防火計画の概要
A. 対策の流れ

　木造家屋が密集する我が国においては，都市大火の危険性が高いため，古くから都市防火の対策を様々な形で講じている．平安時代にはすでに，宮殿や寺社の屋根を瓦葺きとするとともに，酒倉などを土蔵造りにする努力がはらわれている．室町時代に入ると，町屋にも防火的な配慮がなされるようになり，燐家からの延焼を食い止める防火壁としてのうだつが登場している．桃山時代には，屋根や外壁を土で塗り固めた塗屋造りの民家も現れている．江戸時代，特に明暦の大火（1657）以降になると，土蔵造りや塗屋造りの普及が進み，うだつも盛行をきわめた[7]．

　以上の建築的対策とは別に，都市計画的な対策もまた古くから講じられている．江戸時代には表9・3にみられる対策が各地で実施されている．この都市計画的な対策で有名なのは，明暦大火後の江戸の防火都市づくりの試みである．江戸城周辺の屋敷や寺院を移転させ，あるいは町家を多数撤去して，広小路もしくは火除地とよばれる防火帯を数多く建設している．土手を築いて延焼を防止しようとする火除土手や，蔵を並べて延焼を防止しようとする火除蔵など立体的な防火帯もつくられている[8]．

　消防的な対策では，平安時代にすでに火消しが現れている．禁裡火消しとよばれ，宮殿の防火にあたっていた．江戸時代になると，江戸城や武家屋敷を警護する大名火消しの他，江戸の町の防火にあたる町火消しが設けられ，消防組織の樹立がはかられている．また，江戸時代には，消防用水利の整備がはかられている．用水桶を各所に配するとともに，井戸を消防のために掘ることが奨励されている．また，飲料用と兼ねた消防用の上水道が各地につくられている．金沢市に残る辰巳水道は，金沢城の防火を目的としてつくられたものである．

　こうした江戸時代以前の防火対策は，都市の防火性を高めるのに一定の効果を持ったとはいえ，都市大火を防ぐにはきわめて不十分なものであった．それは，江戸265年間に延焼距離が2kmを超える大火が89回も生じていることをみても明らかである．しかし，空地や緑地を配して延焼を遮断しようとする考え方など，防火計画思想として学ぶべきところは多い．

　明治以降，我が国における都市防火対策は新たな展開をみせる．西洋文明の輸入に伴い，建築技術や消防設備の近代化がはかられるからである．都市計画的な対策では都市の不燃化をはかる試みがなされている．明治時代には，煉瓦街の建設や防火路線の指定が行われている．煉瓦街は東京の銀座や丸ノ内で建設され，防火路線は日本橋など主要16路線に指定された．しかし煉瓦街建設が資金面の

表 9・3　伝統的な都市計画的防火対策

目　　的	技　　法
延焼防止帯	蔵・高塀 防火堤・御土居 広小路・樹木
防災空地	火除地 中庭・裏庭
消防水利	用水槽・消火バケツ 井戸の設置（町内，住戸内）
相隣関係	屋根高を厨子2階に統一 妻側開口部制限
居住制限の対象	風呂屋・鍛冶屋 居住地ゾーニング

行き詰り等の理由で中断したように，この不燃化の試みは徹底しなかった．次に，大正時代に入ると，都市計画法および市街地建築物法が制定され，そのなかで防火地区の制度化がはかられている．

消防的対策では，消防組織や消防ポンプなどの整備が進められている．明治時代には消防組織の一本化がはかられ，各府県で公設の消防組がつくられた．また，蒸気ポンプの採用が行われている．大正時代には，大都市に消防署が設置され，消防の常備化も進められている．消防設備の面では，蒸気ポンプや火災報知機が全国に普及するとともに，新しく消防ポンプ自動車が登場している．

こうした明治以降の都市防火対策は，その実施のテンポが遅かったり，実施の範囲が限られるという限界を持っていたため，十分な実効性を持つに至らぬうち，関東大震災によって東京は灰燼に帰すことになる．この関東大震災の後，帝都復興計画が策定され，街路建設，公園整備，土地区画整理，防火地区建設費補助を主な内容とする復興がはかられ，防火都市づくりがめざされている．しかし，この計画も財政その他の理由で十分には実行されず，危険都市「東京」の再生を許した．

昭和に入って，防火木造の普及が提唱され，防空建築規則によって，その普及がはかられたが，戦前には十分な普及をみるに至らなかった．戦前には，この他防空緑地の建設や疎開道路の建設が進められた．

戦後に至り，都市防火対策の強化がはかられる．すなわち，都市計画的対策では，図9・5に示すような施策が講じられ，都市の不燃化や防火建築帯，防災街区の建設がおし進めら

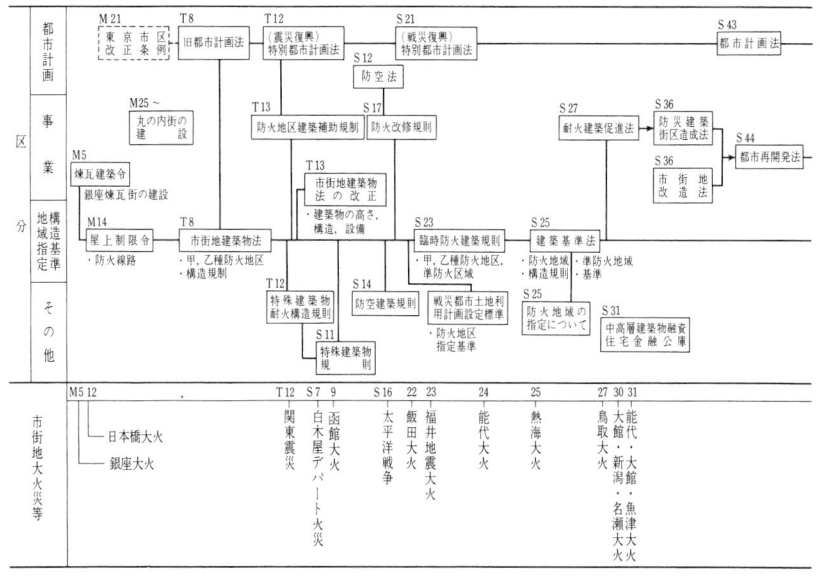

図 9·5　都市不燃化法制度の系譜（明治～ 1969 年まで）[9]

れた．その結果，1965（昭和40）年以降には着工統計の床面積において，非木造の建物が50％を上回るようになった．また，防火地域制の施行により，防火木造の普及も急速に進んだ．

消防的対策では，消防組織法や消防法が制定され，それに伴って消防ポンプや消防水利の整備が進展している．この結果，1955（昭和30）年以降，都市大火は著しく減少している．

都市防火対策が進み，平常時の都市大火が減少したといっても，都市の火災危険が減少したとはいいきれない．依然として木造密集市街地が広範囲に形成されており，また危険物の集積や建て詰まりが進行しているからである．こうしたところから，大地震が起これば同時多発火災が発生し，都市全体が火の海となることが予想される．そこで1960年頃（昭和30年代後半）から，大震火災対策の強化がはかられ，広域避難場所等の整備が行われている．

B. 特　徴

都市は，①市街地が広範囲にわたり，かつ連担している，②施設や機能が高密度に集積し，かつ複合している，といった特徴を持っている．それゆえ，火災が発生すると，市街地大火となり，二次災害，三次災害が引き起こされる．その結果として，多大の被害が生じ，多数の死傷者が発生するという潜在的な危険性を都市は有している．こうしたところから，都市防火対策では，広域的な延焼を防ぎ大火の発生を抑えること，安全避難の確保をはかり人命を保全することが主な目的となる．つまり延焼防止対策や避難対策が都市防火対策では重視されるという特徴がある．

ところで，広域的延焼を防止し，広域的避難を確保するには，都市計画的対策の果たす役割が大きい．それは，火災の規模が大きくなると，消防的対策では対応しきれなくなるからであり，大火から人命を守るためには，避難地や避難路などの空間が必要となるからである．この都市計画的対策の比重が高いというのも，都市防火対策の特徴である．

都市計画的対策の実施にあたっては，地域の実情に即して対策を講じる必要が生じる．都市のように，対象が広範囲にわたる場合，都市を均質ないくつかのブロックに分割し，地区別に対策を講じることが有効になる．このため，地区単位で防火計画を作成することが推奨される．地区スケールの防火計画が意味を持つのも，防火対策の特徴である．

C. 対策の編成

防火計画が防火対策の編成と運用の計画であることは先に述べたとおりである．都市の防火計画においても，延焼防止対策や避難対策，あるいは都市計画的対策，さらには地区対策に重点をおきながら，防火対策の運用と編成をはかる必要がある．

a. 延焼防止対策

延焼防止のための方法は，①消防力の運用による鎮圧，②防火帯の形成による局限，③面的不燃化の達成による抑止，に分けられる．

地震時の都市大火を防ぐには，面的不燃化の達成が最も望ましいのはいうまでもない．しかし，面的不燃化は都心など一部の地域を除いて困難である．他方，消防力の運用による鎮圧は，火災の規模が比較的小さな場合には有効である．しかし，強風や同時多発がもとで，防御線が突破されると非力である．そこで，不燃化の困難な地域の都市大火対策としては，防火帯の形成という方法がとられる．防火帯の形成方法としては，「距離の確保」と「遮断

物の提供」という2つの手段を結びつけながら遮断帯を設置し，その周辺の難燃化や緩燃化を面的にはかるといったことが考えられる．なお，遮断物とは，火災を遮ぎる盛土，樹林，土木工作物，耐火建築物などをいう．また，難燃化や緩燃化とは，簡易耐火造や防火木造の比率を高め，また空地の確保をはかることによって，延焼はするが燃えにくい状態に市街地を改変することをいう．

b. 避難対策

安全避難を確保する最良の方法は，火災の拡大を防ぎ，避難しなくてよい状況をつくることである．しかし，その実現は面的不燃化と同様，きわめて困難である．そこで，避難することを前提とした対策が必要となる．その対策は，①避難施設の充実化と，②避難行動の円滑化に分けられる．避難施設の充実化では，広域避難地の設置や避難路の確保が考えられる．避難行動の円滑化では，誘導体制の確立や教育訓練の実施が考えられる．なお避難路の確保をはかるためには，避難路周辺の不燃化をはかるとともに，効率的な消防部隊の運用計画を作成しておくことが必要である．また誘導体制の確立をはかるためには，誘導リーダーの育成や，情報伝達手段の整備が必要となる．

（2）都市計画的対策

都市防火における都市計画的対策は，図9·6に示されるように，①構造規制対策，②形態規制対策，③密度規制対策，④配置・区画対策，⑤空間利用対策の5つに大別される．ここではこの5種類に加え，広域避難対策についてもまとめる．

A. 構造規制

不燃化や難燃化を促進するために，建物の構造を耐火造もしくは防火造にすることを義務づけたり，誘導したりする対策が構造規制対策である．構造の義務づけをはかるものとして，防火地域や準防火地域の指定がある．また，構造の誘導をはかるものとして，各種の不

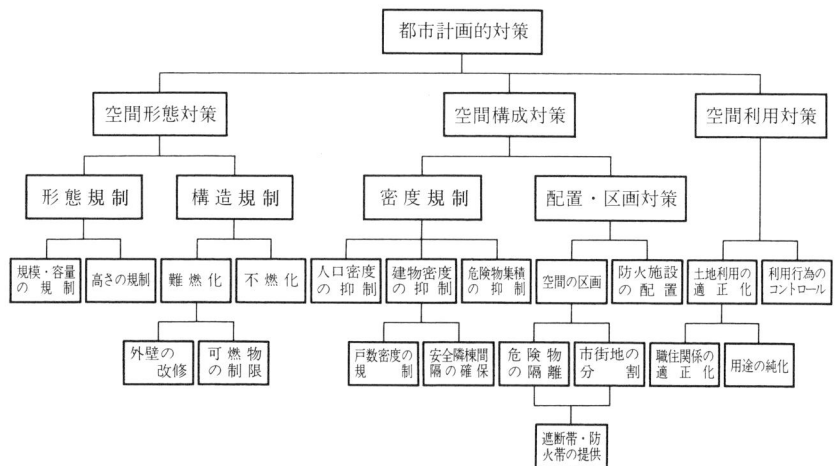

図 9·6　都市計画的対策の内容

燃化融資施策がある.

防火地域に指定されると,地階を除く階数が3以上であり,または延べ面積が 100 m² を超える建築物は耐火建築物とし,その他の建築物は耐火建築物または準耐火建築物としなければならない.準防火地域に指定されると,地階を除く階数が4以上であり,または延べ面積が 1500 m² を超える建築物は耐火建築物とし,地階を除く階数が3であり,または延べ面積が 500 〜 1500 m² の建築物は耐火建築物または準耐火建築物としなければならず,また木造建築物は外壁および軒裏で延焼の恐れのある部分を防火構造としなければならない.

なお,市街地の耐震不燃化を具体化するためには,都市防災不燃化促進事業だけでなく,資金的な裏付けのある事業手法を組み合わせていくことが重要である.

B. 形態規制

建物の形態,すなわち高さや容積などを規制して,建物に遮断効果を持たせたり,延焼危険の低減をはかったりする対策をいう.

耐火建築物を連続させて遮断帯を構成するとき,建物の高さが一定以上あること,またできればその高さがそろっていることが,必要な遮断性を得るために必要となる.このため,耐火建築物の高さに制限を加えることがある.例えば,都市防災不燃化促進事業では,最低高さを7mに規制している.

大規模な木造建築物は延焼拡大の危険性が高いため,規模や高さの制限をうける.すなわち建築基準法では,木造建築物は 3000 m² 以下でなければならず,また高さ 13 m 以下,軒高9m以下でなければならないとされている.

C. 密度規制

密度規制対策としては,建物密度の規制,人口密度の規制,危険物密度の規制などが考えられる.

建築密度の規制は,建て詰りを防止し,延焼危険を和らげる目的で実施される.制度的には建築基準法で,用途地域ごとに建蔽率や容積率の上限値が定められており,これによって規制が行われている.ところが,50 m² 前後の宅地が連続する地域でみると,60% の建蔽率制限がかかっていても,その隣棟間隔の平均は約 1.5 m となり,延焼防止の効果は少ない.この密度規制を徹底するためには,後で詳しく述べるような安全隣棟間隔の確保を個別にはかることや,宅地ごとに保有すべき空地量を定めることが必要となる.

人口密度は法的には規定されない.しかし,人口が過密であると,避難の際に様々な問題が生じる.すなわち,避難地の容量が足りなくなる,避難路で滞留が生じる,群集パニックが起こるといった問題が発生する恐れがある.それゆえ,人口密度があまり高くならないように心掛ける必要がある.

次に,危険物が集積したところで火災が起こると,次々と危険物が燃え上がったり,誘爆したりして,火災の拡大が速まり,その破壊力も強大なものとなる.このことから,石油コンビナート地域などでは,危険物施設間の距離や保有すべき空地の確保を義務づけ,危険性の分散をはかっている.

D. 配置・区画対策

消防署や消防水利，あるいは避難地や避難路といった防火に直接係る施設の整備をはかることはいうまでもなく，公園や道路，学校といった公共的な施設の整備をはかることは，地域の防火性の向上にとって欠かすことができない．

大火を遮断する機能を持った耐火建築物や公園を連続的，効果的に配置をして，遮断帯をつくり，危険地域の隔離をはかり，市街地の防護をはかるのも，この施設整備対策の1つである．

また，火気器具に耐震消火装置をつけることや消防力の強化等の出火防止対策を除けば，大火災を抑制する対策としては，延焼防止策が重要な役割を果たしている．延焼防止対策は，①組織・活動による対策，②機器・装置による対策，③建物や都市構造による対策とに分けられる．住環境の安全性をより自然な形で向上させ，これを恒常的なものとするためには，建物や都市構造による都市計画的対策が基本となるべきである．

a. 建物から建物への延焼防止対策

建物から建物への延焼防止対策の基本は，火を与えない（加害防止）・火をもらわない（受害防止）ということである．つまり，出火建物において初期消火に失敗した場合でも，火元建物のみの焼失で留まるようにすることである．木造建物が炎上すると，隣棟間隔が大きくても延焼する場合があり，耐火建物であっても隣棟間隔が狭い場合には窓等の開口部を介して隣棟に延焼する恐れがある．

現行法規では，一般の市街地において隣棟間隔が1階で3 m以下となる部分，2階以上で5 m以下となる部分を「延焼の恐れのある部分」として規定し，一定の防火性能を要求している．隣棟への延焼を防止するためには，火災に対して外壁を強くする，軒裏を守る，窓等の開口部を強くすることが必要であり，さらに隣りの家の窓等の位置関係を考えながら距離をとることが重要である．また，飛火を防ぐためには屋根裏の防火対策も重要となる．

b. 延焼防止性能の基本方針[1,2]

・加害防止性能の評価基準

隣地に与える放射熱量が一定値を超えないようにする．この場合，一定値は隣地敷地における位置，加害側建物の火災継続時間によってことなる基準値となる．また，市街地における類焼防止の重要性によっても異なるものと考えられる．

例えば，「短時間類焼型の裸木造住宅が隣棟間隔10 mで建ち並んでいる状態を準防火地域程度の市街地に対する限界条件と考えれば，加熱源は開口10 m，炎高さ10 m，放射発散強度5 W/cm²（外部噴出後の温度を700℃と考えると約5 W/cm²の放射に対応する．実際には，内部火災の高温部からの高い放射が混じるが，加熱源面積全体の平均値としては5 W/cm²は適当と考えられる）とすると，受熱側外壁面から加熱源を見る形態係数の最大値は0.24となるから，火災継続時間が短時間であることを前提として，短時間類焼型の建物では，敷地境界の外側5 mの位置における放射熱量が1.2 W/cm²を超えないようにする．」という基準を設けることができる．

また，若干安全側の配慮をすれば，上述の敷地境界の外側3 mの位置における放射熱量1.2 W/cm²を加害防止の限界放射量と考えることができる．加熱源の放射発散強度が5 W/

cm² 程度という条件が成立する場合には，上記の基準は各立面ごとに予想される加熱源を敷地境界の外側 5 m（または 3 m）の地点から見た形態係数の合計値が 0.24 を上回らないようにする．

・**受熱防止性能の評価基準**

隣地から一定の放射熱を受けても支障が起きないようにする．この場合の一定放射熱は，加害防止の基準と対応していなければならない．例えば，上述の加害防止の基準に対応する受害防止の基準は，「敷地境界線上に 5 m×5 m，5 W/cm² の火源を設定して，これからの放射加熱により，建物各部に延焼防止上支障が起きないようにする（敷地境界の外側 5 m の位置に 10 m×10 m，5 W/cm² の加熱源を設定した場合と大略一致するが，受熱源の建物が敷地線上に地階場合，安全側の配置をしていることになる）」と考えることができる．

c. 街区から街区への延焼防止[3,4]

建物や都市構造による延焼防止策は，オープンスペースの確保と建物の不燃化とに分けられるが，既存の木造アパートの建て替えや木造住宅の不燃化は資金面や木造住宅への嗜好性などから，短期間にその進捗を期待することは困難である．結局，都市計画的な手法を用いて延焼遮断効果を有する施設（延焼遮断帯）を市街地に有効に配置することが，最も現実的な対策であるといえる．

一方，避難対策については，今日，避難地・避難路の指定，整備が進められているが，これらの安全性を高めつつ，さらに「逃げなくてもよい街づくり」としていくためにも，延焼遮断帯の配置による延焼防止対策が意義をもっている．

・**延焼遮断帯の防火機能**

延焼遮断帯とは，河川，道路，鉄道，公園等の公共施設を軸として，耐火建築物群や空地あるいは植樹帯を建設したり，保全することによって造られるもので，市街地大火を焼け止まらせるために計画的に構成された帯状の領域をいう．その幅員は，予想される火災の規模により異なるが数十 m 程度になる．

延焼遮断帯は，都市部の業務地区などのようにすでに不燃化された地区や，近い将来不燃化が進むと見込まれる地区，あるいは都市の周辺部などで市街地大火の危険性の低い地区には整備する必要はない．

延焼遮断帯は，出来る限り既存の広幅員道路，河川，鉄道，耐火建築物群などの不燃化の集積の高い帯状の領域，また空地や緑地などを活用して構成する．

延焼遮断帯は，火災による輻射熱や熱気流から，背後の木造家屋を守るように，その幅員，高さが決められる．飛火は延焼遮断帯では防止できないが，輻射熱や熱気流の影響を排除できれば，飛火の鎮止も比較的容易になる．

延焼遮断帯で市街地を区画することによって，市街地大火の危険性の高い都市に求められる主要な課題に対して，次のような全面的・総合的な機能が確保されることになる．

①延焼を防止し，延焼火災を遮断する機能

②出火と火災の拡大を防止する機能，災害に自律的に対応する機能

③避難地・避難路としての機能

また，延焼遮断帯は，避難地周辺不燃化や石油コンビナートの緩衝地帯の建設などとの連

携や，消防戦闘や市民消火といったソフトの対策手法との整合性や相互補完性に優れるなど，きわめて応用の幅が広く，これらを含めて市街地における各種の防火対策の編成の機軸として優れた効果を発揮する．

・伝統的家屋の防火対策

日本の伝統的な家屋が存在する地域においては，家屋の保存を図りつつ防火性能を上げていく必要が生じる．このような地域に対しては，消防力の強化により延焼を抑制する対策と，都市計画的な施設配置や立地規制により延焼を抑制する対策とが考えられる．前者では，公設消防隊の放水開始時間を短くするという見地から，署所や水利の配置の改善を図ること，消防隊の進入路の確保を図ることが考えられる．特に，伝統的建造物群保存地区など面的に保存対象が存在する地区，あるいは緩和のための条例を適用する地区については，消防力の増強という視点からの水利やアクセス路の整備が求められる．なお，密集市街地や裏住宅では，街区単位あるいは敷地単位で，連結送水管等によるブロック消火システムを採用して，消防車のアクセス障害をカバーすることも一案である．

都市計画的対策では，隣家延焼を防ぐための安全隣棟間隔の確保を図ることがまず考えられる．具体的には，道路幅員や建築線等を都市計画や地区計画により担保することである．また，公園や緑地を計画的に配置することも考えられる．次に，大規模な延焼火災を防止するため，街区全体の裸木造建蔽率を50％以内に抑制することを一団地設計その他の方法により目指すことも考えられる．

E.　土地利用

火災の発生や拡大につながる危険な土地利用を防ぐのが土地利用対策である．用途地域の指定で，住宅地のなかに危険物が侵入するのを制限するなど，防火的視点から土地利用の規制が行われている．

F.　広域避難対策

同時多発型の市街地大火が発生すると，安全な場所への避難の必要性が生じる．そこで，都市住民の生命や身体を火災から守るために，広域避難計画の作成や避難地や避難路の整備が図られている．

この避難地や避難路の整備は，公園事業や街路事業，あるいは市街地再開発事業等により進められている．全国の大都市地域や県庁所在地等の既成市街地では，地域防災計画のなかで都市防災構造化対策事業計画を策定して，避難施設の整備を進めることになっている．

ところが避難地や避難路の整備が進んでも，周辺に木造密集市街地があると，火面に包囲さた場合，避難者の安全が確保できないことがある．こうした危険性を取り除くため，都市防災不燃化促進助成制度によって，避難地や避難路の周辺不燃化が図られている．

a.　地区レベルでの避難対策

・段階避難の必要性

大火災が発生した場合の避難計画は，災害発生後直接広域避難場所への避難行動を開始するのではなく，段階避難が多くの地域防災計画で採用されている．これらの段階避難システムは，住民の避難行動意識をもとに計画されたものであるといえる．ある調査では「直接指定避難所に行く人（直接型）」と「まず近くの公園や学校・空地に逃げ，様子をみて次々に

避難し，やがて指定避難場所に行く人（段階型）」と答えた人の比率を指定避難場所までの所要時間との関係をみれば，「指定避難所までの所要時間が110分程度までであれば直接行く」が，それ以上となると，近くの適当な場所に避難し，様子をみた後，最終的に指定避難場所に避難するという意見が大部分を占めているとしている．

また，関東大震災時の住民の避難行動特性調査によれば地震直後，住民は近隣の「学校」，「公園」，「神社」等に避難し，時間経過とともに遠くの広く安全な避難場所へと移動していることがうかがえる．

・避難パターンの想定

①第1次避難行動期（家庭・職場から地域の一時的な終結場所へ）

大地震発生後初期の段階においては，市民は地震による火災の発生や延焼の状況を完全に把握していない段階で避難などの行動を起こすことになる．このような段階では，遠距離にある避難場所に避難行動を開始するということが考えにくいため，第1次避難行動として家庭や職場から直接あるいは近隣の集合場所を経由して集団で一時終結場所まで避難することが予想される．

この初期の段階では，行政や警察等の公的な防災関係機関は，地域に対しての細かな対応の体制を整える時間的な余裕がないため，避難誘導や情報伝達等の防災活動の主体となるのは地域の自主的な防災機関である．

現在，各都市では地域の自主防災組織を育成指導している．その内容は，地域住民が助け合いながら災害初期の情報伝達活動，避難誘導活動，救出救護活動等の応急対応を行うことである．そのためには，初期の段階から市民の一人一人が避難行動をとるのではなく，訓練を受けた地域の防災リーダーの指示に従った組織的な避難行動をとることが必要である．

②第2次避難行動期（地域の一時終結場所から広域避難地へ）

幸いにして，火災の延焼の恐れがない場合には，第1次避難行動で避難が終了し，一時終結場所である学校や公園等の広場が応急対策の拠点として機能することになる．

しかし，一時終結場所周辺で火災の延焼の恐れがある場合には，最終的な安全性を有する広域避難地への再避難が必要となる．このような火災の延焼動向に左右される再避難については，広域避難地へ直接向かうことが可能な場合と，安全な地域を経由して迂回しながら向かう場合とがある．いずれにせよ，再避難を要するとなると，避難者の集団に対する広域的な災害情報の提供，避難誘導，負傷者・弱者の搬送等は，地域の自主防災組織だけでは対応できない．そこで，災害対策本部や消防等の公的な防災関係機関主導のもとで自主防災組織との連携による対応が必要となる．

b. 広域避難場所の条件

広域避難場所の備えるべき条件としては，①市街地大火から避難者の生命を防護するために十分な規模や構造を有していること，②避難圏域に滞在する人口をすべて収容しうるだけの広さを有していること，③市街地が火災に包まれるまでに到達しうる位置に避難地があること，④数日間の避難生活を維持しうる機能を有していることなどがあげられる．

（3）消 防 的 対 策

A．消防施設の整備

地震時に同時多発火災が発生し市街地大火へと発達した場合，以下の①～⑤に示す消防活動の阻害要因が顕著になる．消防力による市街地大火の防ぎょ計画を確実なものとするためには，消防署そのものを耐震強化することのほかに，情報手段の確保，消防救急車両の駆け付け環境の整備，消防水利の整備などこれらの阻害要因への対応を考慮する必要がある．

①情報収集・伝達の問題

停電の発生，電話回線の故障，輻輳等により平常時の火災に比べ，火災覚知時間が大幅に遅れ，火災状況の把握が困難になる．また，同時多発火災により情報量が増大すると消防無線の統制も困難になり，指揮系統にも乱れが生じる恐れが大きい．

②消防施設の被害

消防署所の耐震性に問題がある場合，消防署所施設が被害を受け，部隊の出動が不可能となる恐れがある．

③走行条件の悪化

路面被害や建築物・土木工作物等の倒壊の発生や，地震直後の避難等に利用する一般車両の通行量の増大に伴う交通渋滞により，消防車両の走行速度の低下や通行不能が生じる．

④多数の救助活動の実施

地震による建築物の倒壊により多数の負傷者が発生し，救命救助活動に多数の人手を要する．

⑤消防水利の不足

出火地点に到達できたとしても，水道管路網の被害によって消火栓が使用不能になったり，防火水槽が被害を受けて放水可能な消防水利が不足する．

B．消防戦闘の計画（段階区分）

火災は，その延焼規模によって出火建物が単体で燃えている独立火災から，市街地大火に至るまで段階的に考えることができる．また，消防活動による延焼阻止活動もそれに対応して，次のように想定できる[7]．

①独立火災（出火建物が単体で燃えている場合）

1組の消防部隊（通常2隊1組）程度の消防力で延焼阻止可能である．

②初期延焼火災（数棟程度の延焼火災）から街区火災（1街区又は数街区規模が延焼している場合）

複数の消防部隊の集中的な防ぎょによって，延焼の抑制・阻止が可能．ただし，延焼阻止線として道路や河川等の都市施設の利用が必要となる．

③街区から市街地大火（多数の街区が同時に延焼している場合）

消防力による延焼抑制阻止困難，広幅員の道路，河川等の自然焼け止まり線が必要となる．

9・3・3　地区スケールの防火計画
（1）地区防火計画
A. 計画の有効性

　都市の一部であっていくつかの街区からなり，日常的な機能においてまとまりをもった地域を地区というが，この地区を対象としてつくられるのが地区防火計画である．この地区防火計画は，当該地区の防火性の向上をはかることを目的としたものであるが，当該地区だけでなく，都市全体の防火性の向上につながるものでなければならないことはいうまでもない．都市全体の防火性の向上につながるという意味では，都市防火計画を，地区の実情に即して具体化したものが地区防火計画であるといってもよい．

　地区防火計画は，地区というあるまとまりをもった地域を対象とするため，都市防火計画に比べて，①詳細で具体的な計画が作成できる，②地域の実情を反映した計画がたてやすい，③民間エネルギーの活用や市民の協力がはかられる，といった利点を持っている．このため，地区防火計画を作成しその具体化をはかることが推奨されている．近年には東日本大震災の教訓を踏まえ，2013（平成25）年の災害対策基本法において居住者や事業者が自発的に行う防災活動に関する「地区防災計画制度」が新たに創設され，共助による防災活動が推進されるようになった．

B. 具体化

　地区防火計画を実効性のあるものにするためには，以下の諸点に留意して計画の具体化をはかることが大切である．まず第1に，地区の構成要素（街区，道路，建物，空地など）の配置や形状についての詳細な計画を持つことが必要である．詳細計画を作成するためには，表9・4に示すような構成要素について，防火的な基準もしくは根拠を持たなければならないが，隣棟間隔や道路幅員，不燃化率などについては一定の基準が示されている．

表 9·4　防火基準の必要な構成要素

住　環　境	①住　　宅（規模，構造，階高，設備など） ②集合形式（配列，密度，隣棟間隔など）
街 区 環 境	①防災施設（水利施設，通報施設など） ②危険施設（危険物，常時火気使用施設，ガスなど） ③街区施設（広場，細街路など） ④街区構成（密度，耐火造比率，街路網など）

　第2に，防火整備の段階的なプログラムを持つ必要がある．再開発事業などによって，短期間に地区防火が達成される場合もあるが，多くの場合は地区防火の達成に相当な時間を要するというのは，小規模事業の積み重ねや，民間エネルギーの誘導によって，時間をかけて徐々に整備するというのが，地区防火の一般的な姿だからである．このため，この長期的な防火整備を計画的に遂行せしめるための，段階的なプログラムが必要となる．

　第3に，市民が主体的に地区防火に取り組む体制をつくることである．日常時には火災予防，地震時には初期消火や避難誘導など，防火に果たす市民の役割は小さくない．また防火性のある町づくりを推進するうえでも，市民の協力は欠かせない．そこで，自主防災組織の

育成をはかり，防災コミュニティの形成をはかることが，地区防火計画に求められる．

　第4に，日常性との統一をはかることが求められる．防災空間としてつくられたもので
も，それが日常的にあまり利用されなければ，災害時に有効に機能するかどうか疑わしい．
また，公園や学校などの施設であっても，それが防災的な配慮のもとにつくられておれば，
災害時に機能することが期待できる．つまり，防災空間に日常性を与え，日常空間に防災性
を与えることによって，地区の防火化がはかられる．このような防災「も」まちづくりは，
東日本大震災以前より言及されていたが，このためには，買物や通勤など地区内で展開され
る生活や諸活動に留意して防火化をはかることや，道路や公園などの施設整備や地区環境の
整備のなかで防火化に心掛けることが望ましいといえる．

（2）地区の防火構成要素

A. 街　区

　地区における構成要素として，①街区，②道路，③空地，④建物，⑤水利，などがある．
これらの要素については，以下に示すような点に留意しつつ，その整備をはかることが望ま
れる．街区では，街区内で火災が発生してもすぐに消火できる，あるいは隣家へ延焼しな
い，さらには市街地火災に発展しないといった条件を持つことが要求される．街区の規模が
大きくなると，消防自動車からのホースの延長本数が多くなり，放水までの時間がかかった
り，水圧が下がったりして，消火に手間どることになる．消防水利の配置の基準では，ホー
スの延長距離が200 m以内であることを推奨している．このことから，消防車の進入でき
る道路によって囲まれる街区の規模は，1辺が200 m以下であることが要求される．

　隣家へ類焼しないためには，建物と建物との間隔を十分にとる必要がある．この類焼しな
いために必要な建物間の間隔を安全隣棟間隔という．この安全隣棟間隔の一例を示したもの

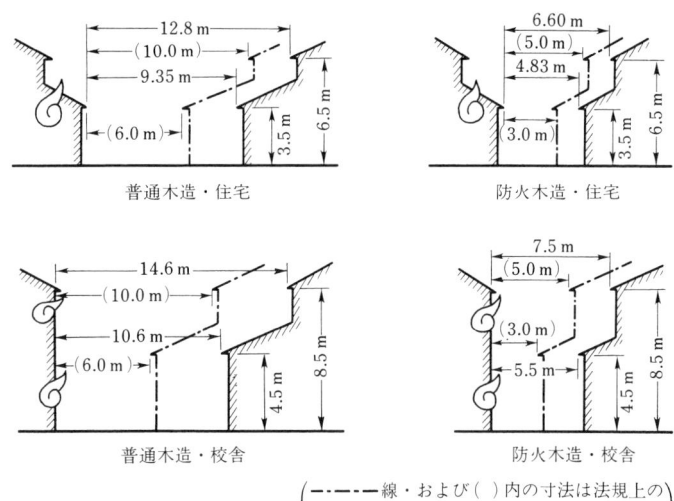

普通木造・住宅　　　　　　　　防火木造・住宅

普通木造・校舎　　　　　　　　防火木造・校舎

$$\left(\begin{array}{l}\text{---・---線・および（　）内の寸法は法規上の}\\\text{「延焼のおそれある部分」を示す．}\end{array}\right)$$

図 9·7　延焼限界距離と延焼の恐れある部分[3]

が図9·7である．なお，この安全隣棟間隔とは別に，建築基準法では「延焼のおそれのある部分」を定めている．図9·7からも明らかなように，建築基準法の危険範囲は，科学的根拠のある安全隣棟間隔よりも緩くなっている．地区防火計画などで隣棟間隔を定める場合には，単に法令上の基準を満足するだけでなく，安全隣棟間隔を確保するよう努力すべきである．

　市街地大火を防ぐためには，街区内の建物をすべて耐火建築物にすることである．とはいえ先にみえたように全面的な不燃化は容易に達成しうるものではない．そこで延焼火災が生じたとしても，市街地大火にならない程度に不燃化もしくは難燃化をはかる必要が生じる．大火にならない市街地の条件を示したのが表9·5である．一般には，建築面積比率で不燃化率を50〜65%までもっていけば，大火の発生を防止できるといわれている[11]．

表 9·5　大火の発生しない市街地の建物条件

条件　　　　　防火性能	市 街 地 の 条 件		
	木造建ぺい率（%）	耐火造率（建築面積比）（%）	防　火　木　率（防火木造と裸木造の棟数比）（%）
不燃化	30未満	条件なし	条件なし
難燃化	30〜50	50以上	〃
		40〜50	60以上
		30〜40	100

B. 道　路

　道路は，①延焼火災を防止する遮断帯，②消防車が駆け付け，戦闘を行う消防スペース，③火災から身を守るために逃げのびる避難路，としての役割が期待される．道路の幅員だけで市街地大火を遮断しようとすれば，一般には数十mの幅員が要求される．ところが，そのような広幅員の道路は幹線道路に限られ，一般道路ではとてもそのような幅員が確保できない．そこで，図9·8に示されるように耐火建築群や河川，緑地を配して遮断性を高めることが必要とされる．また，樹木にも遮断性のあることが確かめられており，表9·6に示されるような耐火性のある樹木を道路に沿って植えるのがよいとされている．一般に，この遮断性を持った道路は防火帯もしくは延焼遮断帯とよばれる．

　消防スペースとして道路をみると，消防車が進入し活動できるためには少なくとも6 m

表 9·6　耐火性のある樹木と耐火等級[1]

耐火等級 1	サンゴジュ，オトメツバキ，トウネズミモチ，マサキ，モッコク
2	サザンカ，トベラ
3	クスノキ，イチョウ，サツキ，トウカエデ，ケヤキ，エゴノキッゲ，シラカシ，コナラ，クロマツ，サワラ
4	カイズカイブキ

耐火建築群
防火道路
耐火建築群
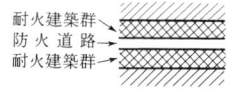

植樹帯
道路
河川
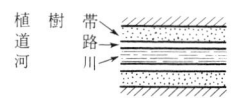

道路
植樹帯
道路
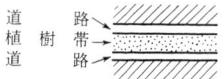

図 9·8　遮断帯の構成例

以上の幅員が必要である．また，消防車の進入や戦闘の障害条件がないことが望ましく，電柱など路上の工作物は地下に埋設するか宅地内に設置するのがよい．

　安全で速やかな避難を確保するためには，袋小路をなるべくつくらないようにすることである．また人口密度が高く，要避難人員の多い地区では，広域避難の際の混雑や滞留を避けるために，街路間隔を短くする，あるいは道路幅員を広げるといった配慮が必要である．

C. 空　地

　広場，公園などの公共空地は，延焼拡大を防ぐ要素として期待される．広場や公園は安全隣棟間隔を確保するうえで有効であるばかりでなく，延焼遮断帯の構成要素として，防火区画の形成などに役立つ．遮断帯の要素として，空地を考える時は，私有地におけるオープンスペースも含め，空地が連続するように配置することが望まれる．

　公園などの公共的空地は，避難施設あるいは収容施設としても機能する．小規模な空地は，最終的な避難場所としては機能しえない可能性があるものの，集結所や一時避難場所，あるいは情報基地として機能することは可能なので，地区コミュニティセンターや地区防災基地の計画などと連携させて，その整備をはかるとよい．

D. 建　物

　建物についていうと，まず延焼拡大の要素とならないようにすることが求められる．次に，できればその耐火化をはかり延焼阻止の要素とすることが求められる．延焼拡大の要素としないためには，建物の構造を耐火造，もしくは防火造にすることはもとより，延焼拡大の経路となる恐れのある窓や軒裏の防護を強めることも大切である．窓の位置や大きさについても防火上の配慮が要求される．接近する建物に向かっては窓を設けないといった配慮がその一例である．

　耐火造の建物の配置は，地区の防火性を高めるうえで重要である．都市防火区画のところ

表 9·7　消防水利の配置基準

用途地域＼年間平均風速	4 m/秒未満のもの	4 m/秒以上のもの
近隣商業地域 商業地域 工業地域 工業専用地域 （m）	100	80
その他の用途地域および用途地域の定められていない地域（m）	120	100

で示したように，区画をつくるように耐火建築物を配置するか，一定間隔をおいて規則的に耐火建築物を配置するのが，延焼拡大火災ひいては市街地大火を抑えるのに有効である．

E. 水　利

消防水利の配置基準は「消防水利の基準」（消防庁告示第 7 号）に定められている．この基準によると，市街地は表 9·7 に示すように消防水利を中心とした半径 80 〜 120 m の円ですべてカバーされていなければならない．

また，消火栓のみに偏することのないようにしなければならない．特に地震時には，消火栓が使用できなくなる恐れもあるため，防火水槽の普及をはかることが望まれる．

（3）地区環境の整備

A. 段階的プログラムの作成

地区の防火性の向上は，地区環境整備の積み上げにより達成される．民間エネルギーの活用や公共事業の投入をはかりながら達成される．そのために，整備のための段階的プログラムや，総合的な地区の整備計画が必要となる．

地区の防火整備の段階的プログラムの一例を表 9·8 に示す．短期対策では，悪化阻止ということと，人命救済ということが基本目標となり，中期対策では大火抑制ということが基本目標となり，長期対策では火災危険の克服，解消ということが基本目標となる．

B. 民間エネルギーの活用

建物の耐火化をはかったり，空地を確保するうえで，地区住民の協力や民間エネルギーの活用は欠かせない．具体的には，「ミニ立体換地」や「土地ころがし」，あるいは「共同建替え」などを，住民の協力と合意で進めることになる．このためには，住民参加のまちづくりを進めることや，資金面における助成や融資をはかることが考えられる．なお，民間エネルギーの活用をはかるとともに，公共事業を積極的に投入し，整備のポテンシャルをあげるこ

表 9·8　地域防火整備の段階的プログラム

対象レベル	基本目標	目標の主な内容	目標達成の主な手段
短期対策	悪化阻止	建て詰りの抑制 肥大化の抑制	木造による増築制限，違反建築の取締り 宅地開発指導，人口増大政策の廃棄
	人命救済	消防力の充実 避難性能の向上	常備化，消防水利や消防無線などの整備 避難地や避難路の整備
中期対策	部分的改良	危険地区の解消 重要拠点の確保 危険施設の分離	再開発，スラムクリアランス，居住地整備 防災拠点の建設，防火街区・難燃街区の建設 危険施設の集約化，工場の共同化
	大火抑制	遮断性能の向上 防火主体の形成	分離帯の建設，防火帯の建設 地域防火組織の育成
長期対策	地域環境 の耐災化	土地利用の転換 低　密　化	土地利用転換計画の作成と実行 ⎫ 密度制限や総量規制の実施 ⎬ 誘導施策の充実
	火災危険 の解消	耐火構造化 地域行動のコントロール	不燃化の達成 地域防火管理システムの確立

とも大切である．公営住宅の建設や公園の整備といった公共事業は，防火帯の形成や避難場所確保の有力な手段となるからである．

C. 地区整備計画との結合

　地区の防火対策は，地区における様々な環境整備と一体的に，あるいは緊密な関連をもって実施されるのが望ましい．それは，地区における環境改善のエネルギーを最大限利用するうえでも，地区で展開される生活や生産，流通といった諸活動との整合性をはかるうえでも，有効だからである．このためには，地区環境改善のための総合的な計画を作成し，そのなかで防火対策の具体化をはかることである．地区計画制度による地区整備計画を積極的に運用することも考えられる．

（4）防災コミュニティの形成

A. 自主防災組織の育成

　自律的で，相互扶助的なコミュニティの形成をはかる施策として，①自主防災組織の育成，②地区防災センターの設置，③コミュニティ空間の整備などが考えられる．

　自主防災組織は，自分たちの地域は自分たちで守ろうという連帯感に基づき，自主的に結成される組織である．市町村や消防機関の指導のもとに，この自主防災組織の育成がはかられている．この自主防災組織をつくるにあたっての留意事項が，消防庁より示されている．すなわち「町内会等に防災部を設置している場合等，すでに自主防災組織と類似した組織がある場合は，その活動内容の充実，強化をはかって，自主防災体制を整備することが適当である．町内会等はあるが，特に防災活動を行っていない場合は，町内会活動の一環として防災体制の整備を推進することが適当な場合もある．町内会等がなく，新たに自主防災組織を設ける場合等においても，その地域で活動している何らかの組織の話し合いの場を通じて，自主防災組織の設置を推進することが望まれる」[13]．

　なお，自主防災組織の育成強化をはかるための事業として，財団法人自治総合センターによる「自主防災組織育成助成事業」がある．

B. 地区防災センターの設置

　住民の自主的な防災活動を支援し，防災コミュニティの形成を図るものとして，コミュニティ防災センターもしくは地区防災センターとよばれる施設の整備がはかられている．この防災センターは，防災知識の普及や防災訓練の場として，また非常時における救急や避難の拠点として機能するもので，展示・教育用施設，備蓄，資機材保管施設，貯水槽等が設けられる．なお，自主防災活動は，コミュニティ活動のなかで展開されるべきだとの考え方から，公民館や児童図書館，公園といったコミュニティ施設と一体的に整備されるのがよいとされている．

C. コミュニティ空間の整備

　人々の生き生きとした触れあいを実現する，児童公園や小広場，あるいは集会所などのコミュニティ空間の整備をはかることも，防災コミュニティ形成に欠かせない．囲み型に住棟を配置することもコミュニティ形成に有効である．

9・3・4　農村・山林・漁村の防火計画
（1）農村・山村・漁村の火災危険
A.　都市との比較

　農山漁村地域では，多数の死者を出すようなビル火災，数百棟を焼損するような大火，あるいは大規模な爆発火災といったショッキングな火災が生じることは珍しい．このため都市地域に比べて火災危険は少ないと考えられがちである．ところが，農山漁村地域における火災危険は，決して小さくはない．

　例えば，1946（昭和21）～ 1982（昭和57）年に発生した，建物焼損面積が 33,000 m² を超える 41 の大火の約半数が町村で起きている．また，2016（平成28）年には，糸魚川市で約 3 万 m² が焼損する大規模火災が発生した．これをみても明らかなように，農山漁村においても少なからず大火は発生する．また数十棟が焼損するような火災は，むしろ農山漁村地域でよく起こる．1975（昭和50）年三浦市三崎町で起きた漁村の大火はその一例である．

　つまり，農山漁村地域には都市地域よりも高い，あるいは都市地域と質を異にする火災危険が存在するのである．こうしたことから，農山漁村地域についても，その火災危険を軽視ることなく，防火計画を作成する必要があるといえる．

B.　火災危険の要因

　農山漁村地域には，農山漁村特有の火災条件があり，それが上述の危険性をもたらしていると考えられる．その火災条件として，まず自然条件の厳しさを指摘することができる．積雪や凍結，あるいは強風といった気象条件が消防障害をもたらすケースが多い．急峻な地形も，消防の駆けつけの障害になる．離島や僻地になると周辺からの応援が得られないという問題もある．

　次に，消防力や消防体制の弱さがある．農山漁村では常備消防を持たないところが少なくない．また，常備化されていても，その体制は概して弱体であり，カバーする面積も広大となる．さらに，消防の施設や装備は，都市に比べると貧弱である．そこに，消防団員の減少や少子高齢化という問題もあって，消火に手間どるケースがしばしば生じている．

　第 3 に，家屋構造や集落形態の問題を指摘できる．家屋構造では，耐火造や防火造の建物が少ない，草葺きや板張りの家屋が存在する木造家屋の規模が大きい，といった問題がある．また，集落形態では，道路が狭溢である，建蔽率の高い集落が存在する，といった問題がある．海岸線に密住集落を形成する漁村の多くは，都市の市街地以上に過密である．市街地更新力の低下もこの原因となる．

（2）農村・山村・漁村の防火整備
A.　消防体制の整備

　消防体制の整備では，①常備化とその充実，②消防団の強化，③消防施設の整備，があげられる．

　常備化は警防面だけでなく，予防面や救急面で大きなメリットがある．ただし，常備化すればよいというものではなく，常備化のメリットが生かされるように，常備体制の強化，充実をはからなければならない．常備化をはかっても駆けつけに長時間を要する，予防や救急の需要にこたえられないというのでは意味がないからである．また，常備化によって消防団

が弱体化することがあるので注意を要する.

　農山漁村では消防団の果たす役割はきわめて大きい. 非常備の場合はいうまでもないことだが, 常備の場合でも消防団に依存する面が少なくない. 予防活動やコミュニティ活動で果たす役割も大きく, 常備化の進んだ地域にあっても, 地域の防災体制の核として位置づけ, その育成をはかることが求められる.

　消防施設の整備の面では, 地域の条件を生かして整備をはかることが大切である. 河川や池, 海などの自然の水源を消防水利として活用すること, 有線放送や農村電話を消防通信施設として利用することなどを望みたい.

B. 集落環境の整備

　消防体制の整備とともに, 集落環境の整備によって火災危険の低減をはかることができる. この集落環境の整備では, ①建物の防火改修, ②防火水路の整備, ③消防道路の確保, ④防火帯・防火空地の設置, などが考えられる.

　建物の防火改修では, 屋根の不燃化をはかることはもとより, 外壁や軒裏をモルタルなどで被覆する, かまどや煙道の改善をすることが必要とされる.

　河川の水や農業用水を, 集落のなかに引き込んで水路とし, 日常時には生活用水として利用しながら, 非常時には消防水利として利用することや, 環濠集落にみられるように, 集落の周囲に水路をめぐらすこともよい方法である. 山間部では, 地形の高低差を利用した, 自然の消火栓を各所に配置することも可能である.

　消防の常備化が進むと, 消防自動車の駆けつけが消火のポイントとなる. ところが, 密住形式の集落や, 山間僻地の集落では道路が狭いため, 消防自動車の進入がままならない. そこで, 消防道路の確保や整備が必要となる.

　また, 密集集落では, 集落全体が火の海となることを避けるために, 防火帯や防火空地を設置することが望まれる. 防火帯は集落を二分する形で, 主風向に直角の方向に設けられることが望ましい. 防火帯は, 広幅員の道路であってもよいし, 道路に樹木や茂みなどを配したものでもよい. また, 換地や移転などによって建物を間引き, 可能なかぎり空地を確保する努力も大切である. 　　　　　　　　　　　　　　　　　　　　　　（室﨑　益輝・廣井　悠）

9・4　地震火災の対策

　近年においても糸魚川市大規模火災のような平常時大規模火災のリスクは残されているが, 地震火災時はとりわけ甚大な被害が発生する可能性が十分にある. 地震火災は同時多発火災という特徴に加えて出火点の予測が事前に困難であり, また風速や季節, 時間帯によって様相が大きく異なる, 不確実性のきわめて高い災害現象である. また発災後にも出火は断続的に発生し, 被害の範囲が拡大するため, 発災後の消火活動の成否によっては, この災害様相は動的に変化し, この予測は大変困難である. それゆえ地震火災対策は, 出火・延焼・消防・避難に関わる対策を総動員することが求められる.

9・4・1　地震火災の被害想定

　大規模な地震が起きると, 同時多発火災が発生し, 甚大な被害になることが予想される. 地震火災対策を講じるにあたっては, 地震火災が発生した場合の状況を予測し, 火災による

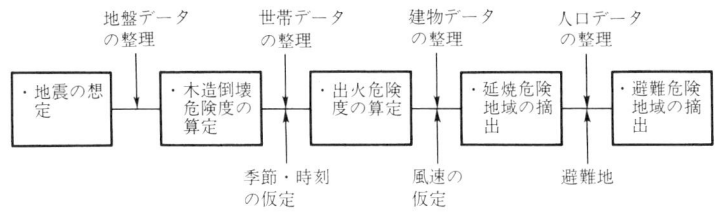

図 9·9　地震火災の被害想定フロー

被害を想定し，現状における問題点の把握に努める必要がある．この被害想定は，図 9·9 に示されるような手順で行われる．

9・4・2　出　火　の　対　策
（1）揺れに伴う出火対策（火気器具の転倒防止）

地震時には建物の倒壊に伴って火災が発生し，また建物が倒壊しなくてもコンロやストーブ，調理器具などの火気器具が転倒し，出火の原因になってしまうことが予想される．それゆえ，地震火災の出火対策として，建物倒壊を防ぐ仕組みやこれら火気器具の転倒防止対策は有効と考えられる．これらの対策は，出火防止とともに避難障害の解消という意義も大きい．

他方で，地震発生時にすばやく出火防止および初期消火を行うことも重要である．一般には，地震発生時に火を使っている設備がすぐ近くにある場合，火を消す必要があるが，揺れが強かったり，すぐに消せない場合は身を守ることを優先し，揺れがおさまった直後に火を消すとともに元栓を閉めるなどの処置が必要とされる．緊急地震速報の充実によって，揺れが襲う前に出火防止を行うことも一部可能になったものの，地震による出火防止器具等の導入も検討に値する．

（2）地震後の状況に伴う出火対策

日本火災学会の報告書によれば，東日本大震災時は本震に伴う火災のみならず，余震に伴って発生した地震火災も多く発生している．典型的な例が，強い揺れに伴って発生した停電地域において，あかり取りの目的から屋内で用いたロウソクが余震で転倒し出火するといった被害が挙げられる．これに対して 2016（平成 28）年に発生した熊本地震時は，消防研究センターが消防庁ツイッターアカウントにおいて，「停電している地域のみなさま 今夜，あかり取りの目的で，屋内でロウソクなどの裸火は極力使わないでください 気を付けるから大丈夫は禁物です 避難生活の疲れから注意が行き届かないこともあります 東日本大震災では，ロウソクからとても多くの火災が発生しました」と注意を促しているが，災害直後のみならず，事前の啓発や LED ライトなどの準備が必要である．

（3）電気の出火対策

阪神・淡路大震災や東日本大震災の火災事例によれば，地震火災の多くは電気による火災であることが知られている．主な出火原因は，電気ストーブや白熱灯などが転倒・落下したり，コンセントの破断，あるいは復電時に伴う通電火災などが代表的であるが，これらの対策としては地震の揺れを感知して電気を止める感震機能付の分電盤・コンセント（感震ブ

　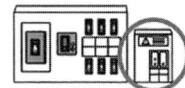　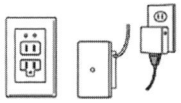　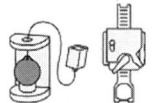

分電盤タイプ（内蔵型）　　分電盤タイプ（後付型）　　コンセントタイプ　　　簡易タイプ

図 9・10　感震ブレーカーの種類（消防庁 HP より引用）

レーカー，図 9・10 参照）が効果的と言われている．注意点としては，これらによって電気が自動で止まった際に，支障のある医療用危機などを設置している場合は，停電に備えたバッテリーなどの準備が必要である．

（4）都市ガスの出火対策

都市ガスは，ガス漏れによる地震後の出火予防のため，LNG タンクから高圧・中圧ガス導管，低圧ガス導管まで耐震性の高い設備を備えている．各住戸では，マイコンメーターにより震度 5 程度以上の揺れを感知するとガス供給を自動的に遮断する．超高層ビル・地下街では，防災センターや管理人室から緊急遮断弁をコントロールすることで，施設全体のガス供給を停止する．ガスの供給エリアには地区ガバナ（圧力調整器）ごとに SI センサー（地震計）が設置され，ガス導管に被害を及ぼすような大きな揺れを感知した地区ガバナではガス供給を自動遮断し，ブロック単位でガス供給を停止する．火災や家屋倒壊などの被害が大きく，二次災害が予測されるブロック内の地区ガバナに対し，遠隔遮断を行う．2011（平成 23）年の東

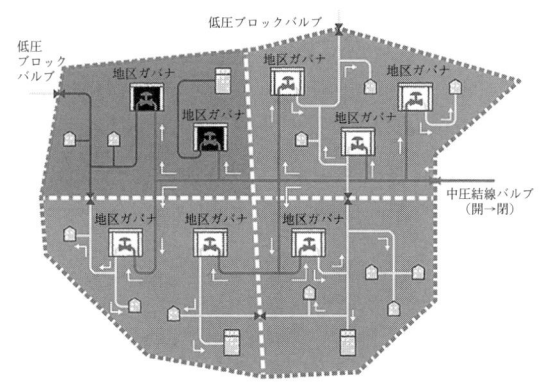

※ガバナ：ガスの圧力を調整する装置（整圧器）

図 9・11　都市ガスの大地震時の緊急対策の模式図
（出典：一般社団法人日本ガス協会　http://www.gas.or.jp/anzen/taisaku/）

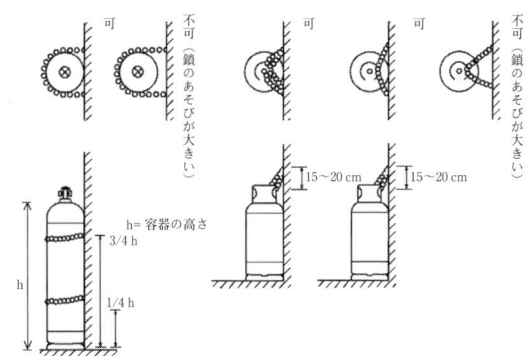

注）1 本での鎖掛けをする場合は，容器の高さの 3/4 の位置に取り付けること．

図 9・12　鎖掛けによる容器固定方法
（出典：経済産業省・高圧ガス保安協会：LP ガス災害対策マニュアル（改訂版），2014 年 9 月）

日本大震災の後，津波や液状化を想定したブロックの設定，バッテリーの24時間化，遠隔復旧システムが導入された．いずれにせよ，地震後のガス復旧に際しては，出火防止に対する万全の備えが必要である．

（5）LPガスの出火対策

　LPガスは，ガスボンベに安全機器（マイコンメーター，警報器，ヒューズコック）が取り付けられ，普及率はほぼ100％である．メーターと機器の間でガス漏れがあった場合，警

① LPガス容器バルブと供給設備を接続し，地震，災害等により容器が動揺や転倒した時，
　高圧ホースの両端をつなげている鎖に過度の張力（荷重）が加わり，ガス放出防止機構が
　作動して，ガスが止まる．

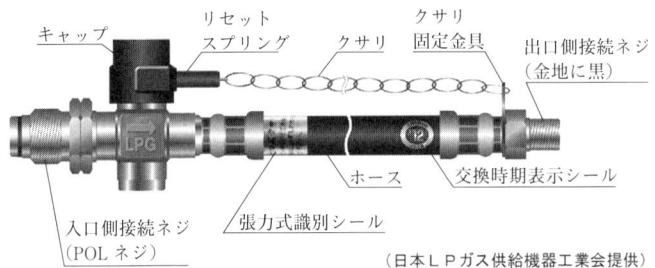

（日本LPガス供給機器工業会提供）

② 地震，災害等によりLPガス容器が転倒した時，ホースに所定の張力が加わり，ガス放
　出防止機能が作動してガスの通路が遮断される．
　　ガス放出防止機構が作動すると，防止器本体の赤色が表示される．

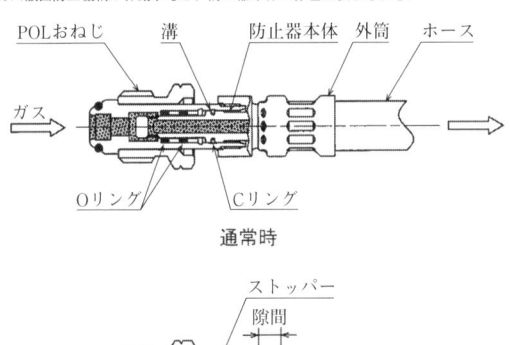

図 9・13　ガス放出防止型高圧ホースの例
（出典：経済産業省・高圧ガス保安協会：LPガス災害対策マニュアル（改訂版），
2014年9月）

容器プロテクターを取り付けた 50 kg 容器

図 9·14　容器プロテクターの例（高知県で採用）
（出典：経済産業省・高圧ガス保安協会：LP ガス災害対策マニュアル（改訂版），2014 年
9 月）

報器でガス漏れを知らせるとともに，メーター，ヒューズコックが作動してガスをストッ
プさせる．さらに，衝撃による漏えいを防ぐためのプロテクター設置によるバルブ保護，
チェーン・ベルト等によるガスボンベの転倒・移動防止，ガス放出防止型高圧ホースの利用
があるが，地域の状況に応じて検討や対策が行われている．また，大型ボンベで供給する簡
易ガス方式では，ガス発生設備（特定製造所）の圧力監視を行う自動監視通報システムを導
入している事業者も見られる．LP ガスの場合，機器や設置環境に応じたきめ細かな出火防
止への備えが求められる．また，災害直後にガスの閉栓確認を行う体制を準備しておく必要
がある．

9・4・3　延焼の対策
（1）都市防火区画の形成

　後述する避難対策は人命の保全をはかることを第一義としたものであるが，ここで示す都
市防火区画は人命保全だけでなく，財産や都市機能の保全をも同時にはかろうとするもので
ある．これは図 9·16 に示されるように，延焼遮断帯もしくは防火帯を市街地内に縦横に配

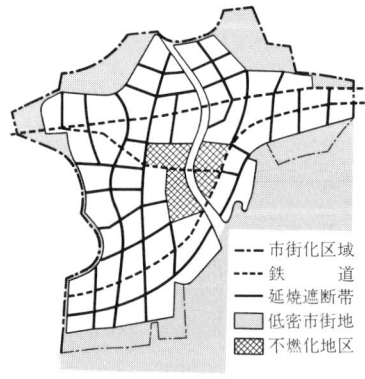

図 9·15　都市防火区画の設定例[1]

市街化区域
鉄　　　道
延焼遮断帯
低密市街地
不燃化地区

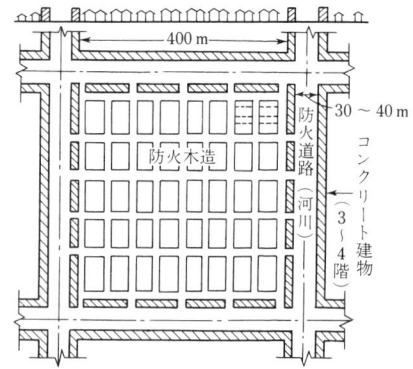

図 9·16　藤田金一郎による防火区画の提案

　　　■　重点整備地域（11 地区・約 2.400 ha）
　　　▨　整備地域（28 地域・約 7.000 ha）
　　　▢　木造住宅密集地域（約 16.000 ha）
　　　（延焼遮断帯）
　　　──　骨格防災軸
　　　──　主要延焼遮断帯
　　　──　一般延焼遮断帯

図 9·17　東京都の延焼遮断帯（東京都建設局ウェブサイトから引用
　　　　　　www.kensetsu.metro.tokyo.jp/about/tokyotown/2012_1_2/
　　　　　　feature.html，2018 年 8 月アクセス）

して区画をつくり，区画から区画への延焼の阻止をはかるものである．広域的な延焼拡大を防ぐには，面的な不燃化が最もよいと考えられるが，この都市防火区画は，面的な不燃化が困難な地域における，有効な延焼防止対策もしくは財産保全対策と考えられる．

　都市防火区画の構想は，戦前にすでに田辺平学博士によって提案がなされ，戦後まもなく図 9·17 に示すようなモデルも示されて，その具体化がはかられている．それは，路線に沿った防火建築帯を建設しようとするものであったが，防火帯が部分的にしかつくられず，区画を構成するまでには至らなかった．その後しばらく，都市防火区画形成の努力は中断されることになる．ところが，地震火災対策を強化する動きのなかで，この都市防火区画の必要性や有効性が再認識され，具体化がはかられつつある（図 9·17）．

（2）木造密集市街地の改善

　2016（平成 28）年 12 月に発生した糸魚川市大規模火災の事例にもあるように，わが国はいまだ多くの木造密集市街地を抱えており，強風時や地震時などは深刻な火災被害が予想される．このため，木造建築物を準耐火建築物や耐火建築物など火災に強い建物に建て替え，同時に道路幅員を確保して確実な避難を可能とするなど，市街地の防火性能を高めるために効果的である．しかしながら，伝統的建造物群保存地区など，木質系の町並みそのものが価値を有していたり，谷中・根津・千駄木など密集市街地そのものが観光資源となっている場所もわが国には多い．このような地域では，木造密集市街地の魅力を損なうことなく防災性

を向上させる工夫が必要と考えられる.

9・4・4　消防活動とその基盤整備

（1）地震時の消防戦闘

地震時に同時多発火災が発生することを想定した場合，多くの都市では火災被害規模別時系列別に2～3段階に区分して消防部隊の運用計画を考えている[7].

①分散防ぎょ（第1次運用）

地震発生直後の初動時には，同時多発火災の発生に備えて消防署所単位で管轄区域内の火災の初期鎮圧体制をとるのが一般的である．この段階では，できるだけ多くの火災を鎮圧することを目的として，独立火災に対応できる消防部隊をもって個々の火災に分散防ぎょ，個別火災防ぎょを行う.

②重点防ぎょ（第2次運用）

消防活動の目標は延焼火災の抑制阻止であり，火災規模が比較的小さい場合には，消防勢力を集中して火面を包囲して鎮圧を図ることも考えられる．しかし，火災規模が大きい場合には，延焼方向を制限したり狭めるため河川，広幅員道路，耐火建築物等を防ぎょ線として設定したり，延焼を拡大させる恐れのある危険物施設等に対する重点的な防ぎょを展開する.

③拠点防ぎょ（第3次運用）

市街地大火がさらに拡大すると多数の消防力を投入しても延焼火災を完全に阻止することが困難な状況となる．そのため，延焼阻止よりも避難者の安全が第一の目標となり，防ぎょ方針も避難地や避難路の安全確保を目的としたものとなる.

（2）自主防災組織と環境改善

地震時に火災が発生してしまった場合，被害を局限化できるかどうかの分岐は，発災から数時間内における消火活動の成否によるところが多い．現状の消防力基準と配置は大原則として，平常時の被害極限化を目的として制度化されている．このため同時多発火災が予想されるなかで，このような厳しい時間制約を満たすためには，常備消防だけでは十分ではなく，消防団が十分にカバーできない場合は発災直後の防火対応として，住民組織などによる初期消火に期待せざるを得ない．阪神淡路大震災以降，町内会などをベースとした自主防災組織が結成される例が増えており，初期消火や要配慮者の避難誘導など様々な取り組みを行っている例もある．しかしながら，消火作業や避難誘導は一歩間違えると命に関わりかねない対応であり，この活動を支援するための工夫や環境改善が全国的に求められている.

（3）水利の確保

消防活動において，消防機械と並んで重要な水利は，地震時においては消火栓などから確保できない場合も考えられる．このため阪神・淡路大震災以降，耐震性貯水槽の設置が促進されているが，東日本大震災では自然水利を用いて消火活動にあたった事例は石巻などを代表として多く，水利の多元化を考慮すると，自然水利の取水ピットなどを事前に準備する必要性も考えられる．他方で，自主防災組織に対してスタンドパイプを準備し，災害時に迅速に消火活動にあたれるよう対策を進めている自治体もある.

（4）飛び火警戒

わが国では過去より，強風時の飛び火によって市街地火災が拡大し，甚大な被害に繋がる危険性が知られており，1940（昭和15）年の静岡，1947（昭和22）年の飯田などに至っては，最大飛び火距離が500mを超えたとも報告されている．これは現代市街地においても同様で，2016（平成28）年に発生した糸魚川市大規模火災では複数件の飛び火が確認され，4haもの市街地が焼失してしまった被害は記憶に新しい．飛び火の対応は一般に飛び火警戒と呼ばれ，飛び火の初期消火・通報のみならず，建物内の見周りや窓・ドアなど開口部の閉鎖，洗濯物の取り込み，火粉が激しく落下した家屋への事前散水などがこれにあたる．ところで飛び火警戒の主体については，東京消防庁警防規定事務処理要綱によれば，飛び火警戒実施要綱として「付近住民に対し（中略）飛び火による火災の防止に関する広報を次により実施する」とあり，開口部の閉鎖や初期消火および消防隊員・119への通報が記載されている．また同じく東京消防庁警防規定事務処理要綱では「状況により，市民消火隊又は市民防災組織の責任者に指示して飛び火の警戒を要請する」，或いは東京消防庁震災警防規定事務処理要綱では「現場最高指揮者は，火災の状況，風向および風速により，飛火火災が発生する恐れがあると判断した場合は（中略）支援ボランティア，自衛消防隊，防災市民組織等に対し飛火の警戒と即時鎮圧を指示し，実施させる」とある．このように，計画上は付近住民・自主防災組織も飛火警戒を行うことになっているが，廣井らの調査によれば糸魚川市大規模火災で飛火警戒を行った住民は1割に留まっており，よりいっそうの啓発や訓練などが望まれる．

9・4・5　避難誘導とその基盤整備
（1）避難場所と避難路の整備

同時多発型の市街地大火が発生すると，安全な場所への避難の必要性が生じる．そこで，都市住民の生命や身体を火災から守るために，広域避難計画の作成や，避難場所や避難路の整備がはかられている．

この避難場所，避難路の整備は，公園事業や街路事業，あるいは市街地再開発事業等により進められている．3大都市圏などの既成市街地では，地域防災計画のなかで防災緊急事業計画を策定して，避難施設の整備を進めている．

ところが，避難場所や避難路の整備が進んでも，周辺に木造密集市街地があると，火面に包囲された場合に，避難者の安全が確保できないことがある．こうした危険性を取り除くために，都市防災不燃化促進助成制度によって避難場所や避難路の周辺不燃化がはかられている．

A．避難場所

広域避難場所の具備すべき条件として

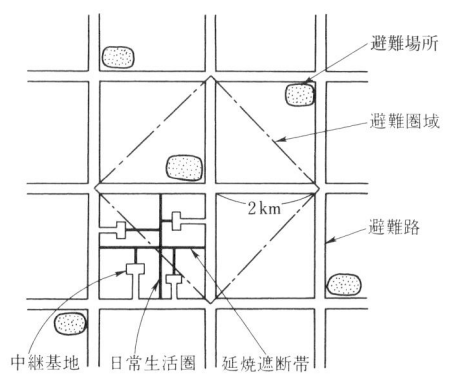

図 9·18　避難路の計画

表 9·9　避難地類型[10]

名　　称	主な機能	標準規模配置基準	主な構成都市施設等	事業手法
広域避難場所	・被災住民の最終避難，復旧時までの居留地（避難所） ・延焼防止（焼け止まり）	25 ha 以上 （10 ha 以上） 避難圏域 2〜4 km以内	公園・緑地・広場等，河川敷，耐火造住宅団地，学校およびグラウンド，その他大規模な耐火建築群および空地・消防水利・備蓄倉庫・防災器材倉庫等	公園等整備事業公営住宅建設学校等整備特定街区・総合設計・再開発一団地住宅施設都市開発資金
防災拠点	同上	同上	同上	同上
地区防災基地 中継基地中継避難地	・社会的弱者の最終避難地 ・一般避難者の中断所 ・避難等に関する情報伝達 ・救急，消防，警備等要員待機	2〜3 ha 約 1000 ha 圏域 1 個所	公園・緑地・広場・グラウンド・住宅団地，学校・その他の公益施設，官庁職員住宅，その他の耐火建物	同上，および公益施設整備，共済事業
待避的空閑地	・一般的避難者の中継所および情報伝達 ・避難障害物処理空間	半径 500 m圏域程度	ほぼ同上，および耐火建物に囲まれる寺社，駐車場等小空間，耐火建築群	同上
一時避難場所	・一般避難者の一時集結，待避 ・情報伝達	ほぼ同上	学校等	学校等整備
避難所	・情報伝達 ・局所・小規模災害避難	〃	同上	同上，および公園，区役所出張所

は，①市街地大火から避難者の生命を防護するに足る規模や構造を持っていること，②避難圏域に滞在する人口をすべて収容しうるだけの広さを有していること，③市街地が火に包まれるまでに到達しうる位置に避難場所があること，④数日間の避難生活を維持しうる機能を有していることなどがあげられる．

　なお，避難場所には，最終避難場所としての広域避難場所の他，表9·9に示されるようなものが提案され，具体化がはかられつつある．

　B. 避難圏域

　避難圏域とは，当該避難場所へ避難すべき人々が居住もしくは滞在する地域の範囲をいう．この避難圏域は，避難場所を中心として 2 km の範囲内にあることが推奨されている．

　C. 避難路

　避難路は，広域避難場所に通じる道路や緑道をいう．この避難路のうち，耐火建築物などに防護されて，安全性の高いものを特別避難路とよぶ．避難路，特別避難路の基準は以下に示すとおりであるが，①滞留することなくスムーズに避難しうる幅員を有していること，②自動車や路上工作物など避難の妨げとなる障害物が少ないこと，③周辺の火災から避難者の

安全が確保されていること，④2方向に避難しうること，が求められる．安全性を確保するために，沿道の不燃化をはかること，樹木を植えること，耐震貯水槽など消防水利を整備することなどが必要となる．

D.　不燃化促進助成

都市防災不燃化促進助成制度は，民間の建築エネルギーを建築費の助成をはかることで，耐火建築物の建設へと誘導し，避難場所や避難路の安全確保をはかろうとするものである．

（2）避難情報と避難誘導

2016（平成28）年に発生した糸魚川市大規模火災では，出火から約2時間後に避難勧告が出され，これを聞いた多くの住民が避難した．しかしながら，地震火災時にこのような避難に関する情報が出るかどうかはいまだ明らかになっていない．津波や水害などと異なり，地震火災は市街地の内部で断続的かつ同時多発的に発生するため，完全な出火情報および予想される被害の情報が収集しにくいからである．このため，誰がどのように避難誘導を行うかについての論点整理はもとより，どのような基準で避難に関する周知を行うかについての検討も今後必要とされる．　　　　　　（室﨑　益輝・山田　剛司・廣井　悠・村田　明子）

9・5　津波火災の対策

津波を起因として発生する津波火災は，津波に対する避難場所となる高台や中高層建築物に延焼する可能性が考えられ，また瓦礫によって消火は困難となる．津波火災を防ぐためには今後どのような対策を進めればよいのであろうか．

日本火災学会の報告書によれば，2011（平成23）年の東日本大震災で発生した津波火災の発生パターンは①斜面瓦礫集積型，②都市近郊平野部型，③危険物流出型，④電気系統単発出火型の4種類に大別される．一方で津波火災の対策方針は「津波火災を発生させない対

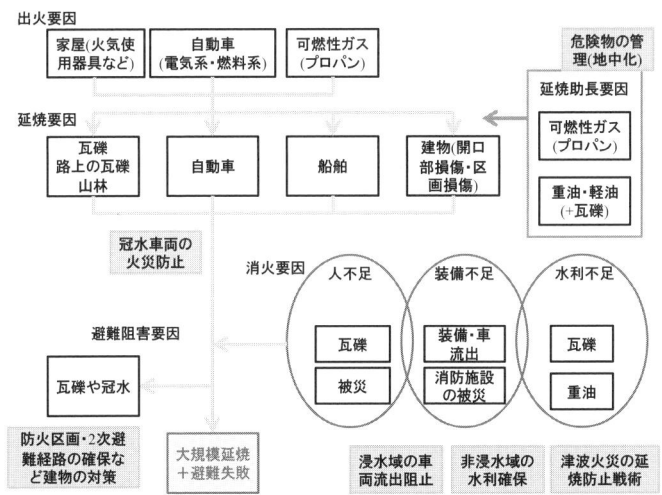

図 9・19　津波火災の発生メカニズムと対策（推測）

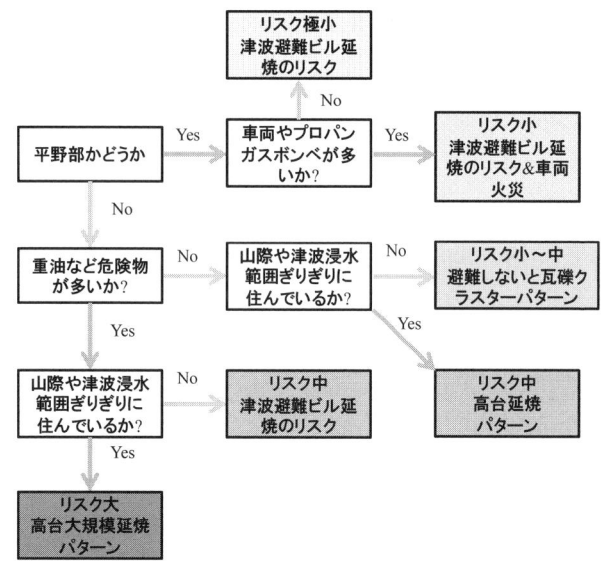

図 9·20　津波火災のリスク評価

策」「津波火災の拡大を抑制させる対策」「津波火災が発生しても人的被害を抑える対策」の3種類に大別されよう.

9・5・1　津波火災を発生させない対策

　津波火災を発生させない対策については，LP ガスボンベの流出・噴出対策や屋外タンクなど危険物施設の津波対策が挙げられる. 前者については，出火減となる LP ガスボンベにガス放出防止型高圧ホースを取り付け，噴出を抑制する対策がすすめられている. 一方で後者については，気仙沼における実例のように，出火源が何であれ，屋外タンクが流出して海上油面火災が形成されると広域的な被害を及ぼす. それゆえ，タンクのかさ上げや地中化，再配置など屋外タンクの内容物を津波で流出させない対策が求められる. 例えば高知県では燃料タンクを地下に埋める対策などをすすめつつ，南海トラフ巨大地震に伴う甚大な津波を想定し，米軍基地で使われている強固な構造の燃料タンクを県内の漁港に設置する方針を決めている. このタンクは高さ 22 メートルの津波を受けても壊れず，また金具で固定すれば流出も防げるという.

9・5・2　津波火災の拡大を抑制させる対策

　津波火災の拡大を抑制させる対策については，津波火災に対する消防力の確保も重要である. 2011（平成 23）年東日本大震災時における，岩手県山田町の事例でみられたように，どんなに初期火災が小さなものであっても，それに対する消防力が伴わなければ火災は広域に延焼する. このような状況下で優先度の高い選択肢は，やはり残された市街地，つまり高台への延焼を最低限防ぐための戦術であろう. 津波襲来後や地震時などにおいては，消火栓も使えず器器材も十分に揃わない中での消防戦術が求められる. それゆえ，高台地区を中心

とした自然水利やポンプ車，防火水槽の確保など，津波火災を想定した消防力の再配置を検討する必要がある．その他，消防活動を行う場所を確保するための重機の準備や，建物の開口部の強化，ブロック塀などを利用した防火壁の形成も必要となろう．津波火災に関する消防戦術の共有も検討しなければならない．

9・5・3　津波火災が発生しても人的被害を抑える対策

津波火災が発生しても人的被害を抑える対策については第一に，津波火災を考慮した避難ルールの確立が必要である．しかしながら先述のように，津波火災は高台の際（きわ）の部分で発生することが多い．つまり，津波がどこまで到達するかによって津波火災の延焼範囲は大きく異なり，災害の規模によって避難行動も大きく変わる．それゆえ災害現象を予測しようとしてもその不確実性はきわめて高く，実際にもこのリスクを前提として複雑な避難行動を住民が実際に行うのは極めて困難である．結果として，津波火災からの避難は津波火災の発生パターンによって大きく変わらざるを得ないであろう．例えば①斜面瓦礫集積型の津波火災は高台の際（きわ）の部分で発生することが多いため，浸水の高さによらず高台避難を大原則として，高台の際（きわ）にある避難場所や避難所の背後に避難経路を必要とするなど，2次避難を可能にする仕組みが必要である．他方で②都市近郊平野部型は，付近に高台がないことも多いため二次避難が難しい．それゆえ津波避難ビルの延焼を防ぐ対策が必要となる．具体的には，外部での可燃物・火源の接近を防ぐ対策（床/地盤のかさ上げ・段差の有無（山田），津波襲来方向の低層階開口部の制限（門脇），柵や塀，樹木などによる緩衝帯の設置，避難場所における駐車場の再検討（門脇）），津波避難ビル内の延焼拡大を防ぐ対策（高い耐火性能をもった建物の必要性（山田），防火区画・竪穴区画の地震時機能の徹底（門脇），部材の耐火被覆や壁の延焼防止性能向上（門脇），窓など開口部を介した上階延焼の防止（門脇））と考えられる．もちろん，住民やポンプ車の適切な避難計画など数多くの個別対策も同様に効果的であろう．

大規模な津波火災による被害はこれまで北海道南西沖地震や東日本大震災くらいしか事例がなく，きわめて不確実性の高い災害現象と考えられる．であるからこそ，より一層の調査研究はもちろんのこと，不確実性の高さを前提とした「減災」対策の推進が求められる．

（廣井　悠）

文　　献

〔9・1〕
1) 建設省：都市防火対策手法の開発概要報告書（1982）
2) 室崎益輝：地域計画と防火，勁草書房（1981）
3) 消防庁防災課：災害対策基本法解説，全国加除法令出版（1982）
4) 消防庁防災課：新訂，市町村消防計画のつくり方，全国加除法令出版（1980）
5) アーバンプランニング研究所：密集市街地の整備手法の開発研究（1982）
6) 遠藤博也：災害と都市計画法，法律時報臨時増刊，日本評論社（1977）
7) 日本学士院：明治前，日本建築技術史，臨川書店（1981）
8) 魚谷増男：消防の歴史400年，全国加除法令出版（1966）
9) 井上良蔵：都市不燃化施策の歴史，新都市260号（1976）

10）土岐悦康：東京都における都市防災対策，新都市 260 号（1976）

11）建設省：都市防災不燃化促進制度の概要（1980）

12）橘　房夫：でたらめ分布を用いた延焼の計算実験，消防輯報第 27 号（1974）

13）消防庁防災課：自主防災組織の手引，全国加除法令出版（1980）

14）消防庁：消防白書　昭和 52 年版，大蔵省出版局（1977）

〔9・2〕

1）日本火災学会：火災便覧　新版，共立出版（1984）

2）建築学大系編集委員会：建築学大系 21 巻　建築防火論，彰国社（1975）

3）尾島俊夫，村上處直，根津浩一郎，増田康広：新建築学体系 9 巻　都市環境，彰国社（1982）

4）東京消防庁：東京の消防百年の歩み，東京消防庁職員互助組合（1980）

5）（社）全国市街地再開発協会：日本の都市再開発史，（社）全国市街地再開発協会（1991）

6）（財）消防科学総合センター：地域防災データ総覧　防災まちづくり編，（財）消防科学総合センター（1992）

7）室崎益輝：地域計画と防火，勁草書房（1981）

8）吉川　仁：防火地域制の成立過程と市街地難燃化方策に関する研究，都市計画学会論文集 27 号（1992）

9）小木新造ほか：江戸東京学事典，三省堂（1987）

10）西山松之助ほか：江戸学事典（縮刷版），弘文堂（1994）

11）小鯖英一：江戸火災史，東京法令出版（1975）

12）黒木　喬：講談社現代新書　明暦の大火，講談社（1977）

13）大石慎三郎：中公文庫　徳川吉宗とその時代　江戸転換期の群像，中央公論社（1989）

14）辻　達也：中公新書　大岡越前守　名奉行の虚像と実像，中央公論社（1993）

15）山本純美：江戸の火事と火消，河出書房新書（1993）

16）（社）日本建築学会・都市計画委員会：名古屋で広幅員街路を考える　広幅員街路と都市空間，（社）日本建築学会・都市計画委員会（1985）

17）（財）建築業協会：地震と都市防災，（財）建築業協会（1975）

18）防災まちづくり研究会：防災まちづくりハンドブック，ぎょうせい（1988）

19）建設省：都市防火対策手法の開発報告書，建設省（1982）

20）日本建築学会：近代日本建築学発達史，丸善（1972）

21）（社）都市不燃化同盟：都市不燃化運動史，（社）都市不燃化同盟（1957）

22）東京都建設局公園緑地部：東京の公園百年，東京都広報室都民資料室（1975）

23）渡辺俊一：「都市計画」の誕生　国際比較からみた日本近代都市計画，柏書房（1993）

24）村上處直：都市防災計画論　時・空概念からみた都市論，同文書院（1986）

25）国土庁大都市圏整備局ほか：大都市地域における地区レベルの防災まちづくり推進方策検討調査報告書（1991）

〔9・3〕

1）類焼防止性評価法　建築物の総合防火設計法　第 1 巻　総合防火設計法

2）防災まちづくり研究会：防災まちづくりハンドブック，ぎょうせい（1988）

3）（財）国土開発技術研究センター：都市防災計画・設計の手引，（財）国土開発技術研究センター（1984）

4）町家再生に係る防火手法に関する調査研究

5）国土庁大都市圏整備局ほか：防災まちづくりマニュアル＆防災まちづくり事例集（1991）

6）建設省：都市防災構造化対策事業計画作成要領（1986）

7）消防庁消防研究所：地震時における消防力運用の最適化システムに関する研究開発報告書（1986）

8）農林水産省林業試験場：林業試験研究報告　第 234 号

〔9・4〕

1）廣井　悠：津波火災に関する東日本大震災を対象とした質問紙調査の報告と出火件数予測手法の提案，地域安全学会論文集，NO. 24, pp. 111‒122（2014）

2）廣井　悠，山田常圭，坂本憲昭：東日本大震災における津波火災の調査概要，地域安全学会論文集，NO. 18, pp. 161‒168（2012）

3）廣井　悠：階層ベイズモデルを用いた地震火災の出火件数予測手法とその応用，地域安全学会論文集，NO. 27, pp. 303‒311（2015）

第 10 章　その他の各種火災

10・1　電 動 車 火 災

10・1・1　電動車両の普及

　近年の自動車は，温暖化ガスの排出量を低減させるために，各国で燃費規制が次第に厳しくなっている．また，欧州や中国などの大気汚染の深刻化を背景に，排ガス規制に対しても一段と厳しくなる傾向にある．このような環境規制に対応するため，自動車メーカでは，次世代環境対応自動車のひとつとして，電気モーターを動力源とする電動車両の開発に力を注いでいる．

　電動車両には，二次電池（蓄電池）だけで走行する電池式電気自動車（Battery Electric Vehicle：BEV），内燃機関車に二次電池とモータを搭載したハイブリッド車（Hybrid-Electric Vehicle：HEV），HEV の二次電池の搭載量を拡大し，かつ BEV のように二次電池へ外部充電ができるプラグインハイブリッド車（Plug-in Hybrid Electric Vehicle：PHEV），燃料電池とモータを搭載した燃料電池自動車（Fuel Cell Vehicle：FCV）がある．

　これらの車両は，地球温暖化対策をはじめとする世界のエネルギー問題に大きな変化をもたらす可能性を持つものとして，その普及拡大が期待されている．特に，2017（平成 29）年，英国，仏国，独国，中国，米国，インドでは，ガソリンやディーゼルなど化石燃料を使用する自動車を，将来的に電動車両へ切り替えるという発表があり，益々，各国政府や自動車メーカーの電動車両に関する動きは活発化し，さらなる販売量の増加が見込まれている．

　図 10・1 には，我が国の電動車両の保有台数を示す．

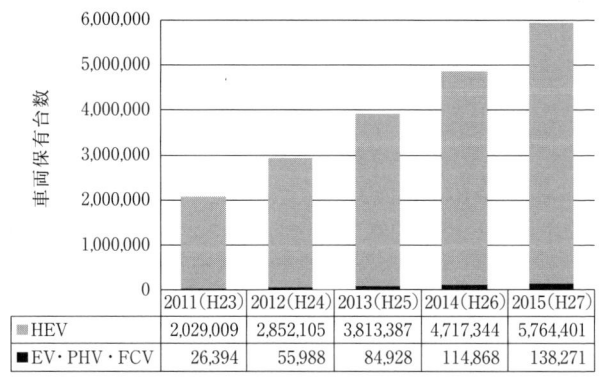

	2011（H23）	2012（H24）	2013（H25）	2014（H26）	2015（H27）
■HEV	2,029,009	2,852,105	3,813,387	4,717,344	5,764,401
■EV・PHV・FCV	26,394	55,988	84,928	114,868	138,271

図 10・1　電動車両の保有台数（次世代自動車振興センター[1]より）

　我が国での電動車両の保有台数は増加し，特に HEV の普及率が高い．HEV は 1997（平成 9）年，トヨタが量産型ハイブリット自動車を販売してから開発競争が活発化し，かつ日本のユーザにも支持されているため[2]とされる．一方，BEV，PHV および FCV についても

次第に増加傾向にあり，電気自動車用充電器の設置や水素スタンドのインフラ整備が国の補助金制度により整備されてきており，今後，本格的な普及が期待されている．

　以下，ゼロエミッション化が期待される BEV および FCV に関わる火災安全性に関して，それぞれの安全構造や関連する火災事例および火災対応について取り上げる．

10・1・2　BEV の火災安全性

（1）BEV に関わる安全構造

　BEV は，駆動用電池の電気を動力として，モータを回転させて走行する車である．そのため，電池の性能によってエネルギー効率や走行性能が定まるため，性能の優れた二次電池が搭載される．二次電池には，鉛蓄電池，ニッケルカドミウム電池，ニッケル水素電池，ニッケルイオン電池，リチウムイオン電池などがあるが，その中でもリチウムイオン電池は，他の電池に比べて体積エネルギー密度や重量エネルギー密度が高く，メモリー効果や自己放電率が低く低劣化である[3]．そのため，現在，BEV に搭載されるほとんどの駆動用電池はリチウムイオン電池である．

　駆動用電池の電圧は，直流 300 〜 400 V がほとんどである．その直流電池から高電圧ハーネスを介して，直流電圧をインバーターによって交流へ変換し，モータを駆動させる．また，BEV には駆動用電池とは別に，補機類を作動させるための 12 V 系の電池が搭載される．この補機類用の 12 V 系と駆動用の高電圧系は，完全に遮断され，独立した回路になっている[3]．

　BEV の安全対策としては，以下の 2 項目がある．

・衝突時などからの感電から人を守るために，高電圧の安全性を確保する．
・電池の熱暴走の防止と熱暴走が起きても外部へ危害を与えないようにする．

　高電圧安全の確保に関しては，乗員が衝突事故時において高電圧電池や高電圧部品に直接触れることがないように，車両内部や衝突変形が及びにくい部位に配置し[3]，かつ強固な筐体によって保護し，さらには衝突検知システムによって高電圧回路を遮断[4]する．また，万が一，漏電した場合には，感電を防ぐために，高電圧部品のケースと車体間を電気的に接続（等電位化）している．また，整備士らが高電圧回路の配線接続を外したり，高電圧部品の筐体が開けられた場合には，それらを監視するシステムが作動し，高電圧回路を遮断するシステムを搭載する[4]車両もある．

　もう一つの安全対策は，電池の熱暴走の防止とそれによる危害低減である．これには，リチウムイオン電池の特性が関与しており，最悪の場合，電池内部のある電池のセルが隣接するセルを次々にショートさせ，異常発熱や発火による熱暴走が起きる可能性があるためである．

（2）自動車用リチウムイオン電池の構造

　図 10・2 にリチウムイオン電池の動作原理を示す[5]．リチウムイオン電池は，正極，負極，セパレータ，電解液で構成さている．充放電は，リチウムイオンが電解液を介して正極と負極間を行き来することで行われる．正極材料には，一般的にコバルト，ニッケル，マンガンの単一または複合の金属酸化物，またはオレビン型リン酸鉄リチウム（$LiFePO_4$）のようなリン酸鉄系の材料が電極材として使用される．負極材料には，一般的に黒鉛などの炭素系材

料やリチウムチタン複合酸化物（Li₄Ti₅O₄）などの粉末を塗った材料が使われている．また，電解液は，炭酸エチレンやジメチルカーボネートなどの有機溶剤系の可燃性液体が用いられている．これらの電解液は可燃性であるため，何らかのトラブルがあった場合，その電解液が引火する危険性がある．そのため，より安全性を向上させるために，難燃性溶剤を電解液に添加する方法[6]や，液漏れの心配がないポリマー電解質や無機固体電解質などの開発が進められている．

リチウムイオン電池を構成する最小単位をセルと呼ぶ．電池は一定の出力，電圧，容量を得るため，複数のセルを接続して使用する．セルの形状には，円筒形，角型，ラミネート型（パウチ型）の3種類がある．自動車用の駆動系電池では，角型，ラミネート型（パウチ型）が多く採用されているが，自動車用リチウムイオン電池は，大きな容量と低い内部抵抗，高い放熱性が要求される[7]ため，主にラミネート型が使われている．図10·3にラミネート型セルの構造の一例を示す．

セルには，正極，セパレータ，負極を交互に積層し，それぞれの電極に電気を取り出すタグまたは端子に接続し，ラミネートフィルムで構成された容器内に入れられ，電解液を注入してシールされた構造になっている[7]．

図10·4に自動車用リチウムイオン電池の構造を示す．

自動車用リチウムイオン電池構造は，一般的に最小単位のセルが積層されてモジュール内に収まり，さらにそのモジュールが積層され，パック内に収められている．また，各々のモジュールにはセンサーユニットが装着され，こ

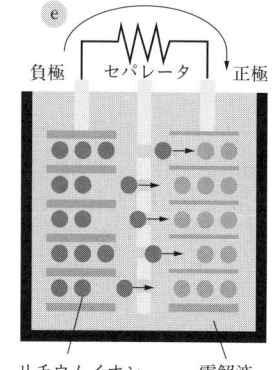

図 10·2　リチウムイオン電池の動作原理図[5]

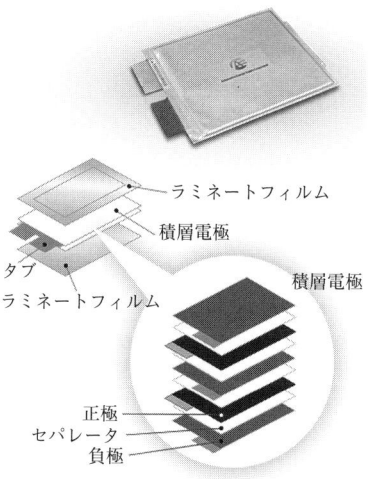

図 10·3　セルの構造（ラミネート型）[8]

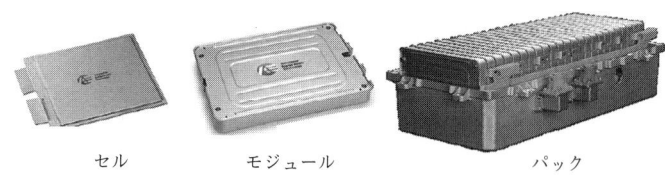

図 10·4　自動車用リチウムイオン電池の構造[9]

れらのセンサーユニットを束ねるコントロールユニットがパックに装着される．このコントロールユニットは電池の充電，放電の管理制御や充電・放電状況などが記憶される．パックのコントロールユニットは車両搭載のコントロールユニットと連携し，総合的に充電，出力などを制御する．また，セル間に性能差などが生じた場合には，それを認識して，一部のセルまたはモジュールが過充電・過放電等の異常な状態にならないように総合制御する保護機能を持つとともに，運転者に対しても警告を促す[10, 11]．これらのパックが搭載位置は，基本的に衝突や振動などに耐えられる箇所に設置[3, 12]されており，主に車両床下中央に搭載されることが多い．

（3）火災事例

BEV および PHEV の主な火災事例を以下に示す．

A 車（BEV）[13, 14]

2011 年 9 月，全米高速道路交通安全局（NHTSA）で A 車を衝突実験を行い，その車両を保管していたが，その 3 ヶ月後，その車両から出火した．2011 年 11 月の NHTSA の声明では，衝突時に電池の冷却配管が破損し，そのクーラント（冷却剤）が電池パックの上のプリント回路基板上に排出された．その後，車が放置された後，クーラントが結晶化し，基板上で漏電短絡が生じたことが原因になったと判断した．2012 年 1 月，メーカは衝突後の電池および電池冷却系統を保護するため，車両の構造を強化するとともに，電池クーラントのレベルを監視するためのセンサーなどが追加された[13]．

B 車（BEV）[14, 15]

2011 年 11 月，中国の杭州にて，B 車のタクシーが走行中に出火し，運転手と乗客 2 名は脱出し，負傷者はいなかった．この EV はトランクルーム床上に搭載されている電池を積み替えて使用する電池交換式である．調査報告書によると，電池のセルからの電解質漏れ，電池が積層されたアルミニウムケースの壁と電池セル間の絶縁破壊が生じ，ケース内で短絡が発生し，後部座席部位が着火したとされる．これは，電池の積み下ろしや収納において注意が不十分であったこと．更には，電池の製造過程や充電時などでも異常を検知できていなかったためとされる．

C 車（BEV）[16, 17]

2012 年 5 月，C 車が中国深圳でスポーツカーと衝突した後，火災になり，乗員 3 人が死亡した．調査の結果，自動車の電池パックに起因するものではなく，高電圧系の配電 BOX 内の高圧電線の短絡によって電気アークが発生し，内装材および電気系統の一部の可燃物に着火したことが原因とされる．

D 車（BEV）[18~21]

2013 年 10 月，D 車が米国ワシントンのハイウェーにおいて，衝突後に出火した[18]．メーカの声明によると，出火原因は，路面に落ちていた金属片が電池パックと衝突し，3 インチ（7.6 cm）の穴を開け，16 個の電池モジュールに損傷を与えたことによるとされる．また，消火活動では，水により消火を試みたが車両下部から再燃したため，消防士は電池の金属製保護カバーに穴を開け，直接，水を電池内に注水して消火させた[19]．なお，メーカは，保護カバーに穴を開けて消火する行為は危険であるため実施すべきではない[20]とコメントしてい

る.

　また，2013 年 10 月，メキシコのメリダ，2013 年 11 月米国テネシー州にて衝突後に火災を発生した[21]．これらの一連の火災により，メーカでは，2013 年 11 月，高速走行時における落下物と電池との衝突を防ぐため，エアーサスペンションを可変させて地上高を高くするソフトウェアーをアップデートするとともに，さらに，2014 年 3 月以降の車両には，強固なアルミとチタン製のシールドを設け，衝撃や貫通を防ぐ対策を行った[22]．

　2016 年 1 月，ノルウェーにおいて，D 車を急速充填中に出火した．メーカでは，出火は車の配電ボックスの短絡によって発生したと判断したが，車両の焼損が酷く，正確な原因を特定できなかった[23]．その他，2016 年 8 月，フランスのビアリッツ近郊にて D 車が火災になったが，この出火原因は電池ではなく，製造不良による電気系統の接続不良であると報告されている[24]．

F 車 [25~27]

　2011 年 12 月，F 車は，電池用のクーラントに接続されているホースクランプの配置が適切でないため，冷却剤が電池内に入った場合，短絡が発生して出火の危険性があるため，リコールが実施された[25]．

　2012 年 5 月，米国テキサス州にて，F 車が出火元になり住宅火災へ至った．出火原因は，電池の焼損が見られないことから電池からではなく，不明とされる[26]．

　2012 年 8 月，米国カリフォルニア州にて駐車中の F 車から出火した．出火原因は，車輪の前方左前に位置する冷却ファンの異常過熱とされる．その後，メーカではファンの交換と追加のヒューズを取り付けるためのリコールが実施された[27]．

G 車用バッテリと H 車 [28]

　2013 年 3 月，EV バッテリーパック組立工場において，完成品検査のために充電中だった G 車用バッテリーパックの 1 個が過熱・発煙し，約 1 時間後に発火した[28]．また，同月に，ディーラーにて H 車を充電してその 1 日後，車両を移動させる際に異臭に気づき点検したところ，80 個搭載されているうちの 1 つのバッテリーパックが異常過熱し，周囲のセルを溶損させた．いずれの火災により負傷者はいなかった．メーカでは，出火は，検査工程での作業時に過大な衝撃が加えられたことにより，電池内部の部品の変形や金属片発生による内部短絡を起こし，不具合が発生した[29]ことが原因であると報告している．

その他（洪水による EV 火災）[30, 31]

　2012 年 10 月，米国，ニューヨークにおいて，ハリケーンによって引き起こされた洪水による冠水により，海上ターミナル港に駐車していた I 車（PHV）の 1 台および F 車（EV）16 台が出火した．I 車メーカの広報担当者によると，出火は，海水が電気系統に侵入したために発生した[30]とされる．同様に，F 車についても，出火原因は海水に数時間浸漬された 12 V 系の車両制御ユニット内での残留した塩により漏電による火災である[31]と報告されている．

（4）火災防止対策

　リチウムイオン電池が異常発熱や発火を起こす現象を"熱暴走"と呼ぶ．熱暴走は過熱，過充電，過放電，外部短絡，内部短絡を起点とし，電池内部で自己発熱反応が発生し，最終

的に熱暴走へ至ることがある.

図 10·5 に熱暴走に至る際の発熱反応の概念図を示す. 電池の温度がある限界温度を超えると, セル内の各正極や負極の構成材料の発熱反応が生じ, 熱暴走へ至る. 熱暴走に至ると, 可燃物である電解液が気化して, 発火することがある.

この熱暴走を発生させないようにするため, バッテリーマネージメントシステムにより, 電流, 電圧, 温度を監

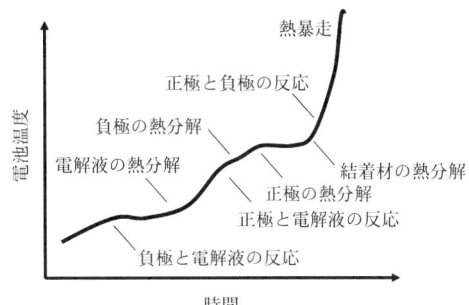

図 10·5　熱暴走へ至る際の各発熱反応の概念図[30]

視・制御し, 異常が検知された際, 高電圧回路を遮断する安全機能が備えられている[33]. しかし, 製造不良などによる熱暴走へ至る要因の一つに内部短絡はバッテリーマネージメントシステムが正常に作動していても防ぐことができないことがある. 内部短絡は, 製造時の金属などの導電体の異物混入や集電体の折れ曲がりなどによって発生する. このため, 内部短絡が発生しても外部へ危害を与えないようにするために, 後述される内部短絡試験法が検討されている.

また, 自動車は衝突事故や火災に遭遇すると, 車載したリチウムイオン電池へ過度な衝撃や圧壊あるいは過熱が加わることで, その電池が熱暴走する場合がある. このような場合でも, 外部へ危害を与えないようにするため, 後述される自動車の安全基準において, 衝撃, 圧壊などの試験法が定められている.

衝突による出火防止に関しては, 車体および強固な電池パックの筐体で保護するとともに, 衝突変形が及びにくい箇所に電池が搭載し, 電池を保護している.

外部からの火災による安全対策に関しては, 電池モジュールまたはパックの耐火（類焼）試験が定められ, 爆発・破裂ないことが定められている. また, 延焼を遅延させるために, 電池パックの筐体を金属製にし, 密閉構造にしている車両もある.

また, BEV の火災時における安全性を評価するために, 各機関において, 様々な BEV を用いた火災実験[34~41]が実施されている. これらの結果は, いずれもガソリン車の発熱速度や総発熱量を比較しても大差なく, かつ, 電池パックが爆発・破裂するような特殊な延焼挙動は見られていないと報告されている.

（5）安全性評価試験法

車載用電池に関する我が国の技術基準には, 2005（平成 17）年, FCV をメインに制定した道路運送車両法「道路運送車両の保安基準の細目を定める告示」の別添 101「燃料電池自動車の高電圧からの乗車人員の保護に関する技術基準」において, 電気安全要件が定められた. 2009（平成 21）年には, BEV, HEV, PHEV に対し, 別添 110「電気自動車及び電気式ハイブリッド自動車の高電圧からの乗車人員の保護に関する技術基準」, 別添 111「電気自動車及び電気式ハイブリッド自動車の衝突後の高電圧からの乗車人員の保護に関する技術基準」の電気安全要件が定められた. また, 2013（平成 25）年には, 国連の自動車基

準調和世界フォーラム（UN/ECE/WP 29）において，自動車技術基準の国際調和を目的とし，型式認定相互承認協定（1958 年協定）に基く BEV の保安基準「電池式電気自動車に係る協定規則」が改正され，国連規則「UN ECE R 100‑02. Part Ⅱ」の適合が義務づけられ，2016（平成 28）年 7 月以降に新規認可される電気自動車には，電池モジュールまたはパッ

表 10・1　国際安全基準「UN ECE R 100‑02. Part Ⅱ」の主な内容[43]

試験項目	目的	概要	合格条件
振動	通常走行時の振動を与えて電池の安全性を検証する	車両走行中の垂直方向の振動を再現する．2～10 m/s^2 の振動を 1 回 15 分，計 12 回（3 時間）繰り返す	試験中に，電解液漏れ，破裂，火炎，爆発，の兆候がない
熱衝撃およびサイクル試験	急な温度変化に対する電池の耐性を検証する	60 ± 2℃ で 6 時間，続いて ‑40 ± 2℃ で 6 時間，電池を置く．試験の両温度間は 30 分以内．これを 5 サイクル実施する．その後，20 ± 10℃ の周囲温度に 24 時間置く	試験中に，電解液漏れ，破裂，火炎，爆発，の兆候がない
衝撃（メカニカルショック）	車両衝突時の慣性荷重を受けたときの電池の安全性能を検証する	100 m～120 ms のパルスを電池に加える．加速度は縦方向が最大 28 G，横方向が最大 15 G．試験環境の周囲温度条件において 1 時間観察して終了する	
圧壊（メカニカルインテグリティー）	車両衝突時に電池に圧力が加わる環境下での安全性を検証する	100 k～105 kN の力を 100 ms～10 秒の期間，指定の破砕板で押しつぶす．試験環境の周囲温度条件において 1 時間観察して終了する	試験中に，火炎，爆発，電解液漏れ，の兆候がない
耐火性（燃焼）	車両からの燃料漏れなど車外から火炎したときの耐性を検証する．運転者と乗員が避難するのに十分な時間が残されているかを検証する	ガソリンを燃やして，電池を直火で 70 秒間あぶり，次に指定の穴の開いた耐火レンガを通した状態でさらに 60 秒間あぶる．（場合によっては直火 130 秒でも可能）	試験中に爆発の兆候がない
外部短絡保護	短絡保護性能を検証する	電池を 5 m Ω より低い回路抵抗で短絡して大電流を流す．過剰な短絡電流を中断，制限する仕組みを作動させる	
過充電保護	過充電保護性能を検証する	最低 C/3* の電流，かつメーカーが規定した通常作動範囲内の最大電流を超えない電流で充電する．電池が自動的に充電を中断，または制限するまで充電を継続する．自動中断しない場合（中断機能を備えないを含む）は定格充電容量の 2 倍まで充電する．	試験中に，電解液漏れ，破裂，火炎，爆発，の兆候がない
過放電保護	過放電保護性能を検証する	最低 C/3* の電流，かつメーカーが規定した通常作動範囲内の最大電流で放電する．電池が自動的に放電を中断，または制限するまで放電を継続する．自動中断しない場合（中断機能を備えないを含む）は公称電圧の 25％ になるまで放電する	
過昇温保護	冷却機能が故障した場合でも，電池の内部加熱による保護措置を検証する	電池の温度をできるだけ急速に上げる定常電流を使用し，試験対象装置を継続的に充放電する．保護装置に対する作動温度まで温度を上げる．保護装置を備えない場合は，最高作動温度まで温度を上げる．保護回路が働く，または電池の温度変化が一定（2 時間で 4℃ 未満の勾配）になる場合は，試験終了	

＊：1 C は 1 時間で満充電放電する電流値．C/3 は 3 時間で満充電放電する電流値

クの電気安全性要求事項の実施義務が追加された[42]．表 10·1 に国際安全基準「UN ECE R 100 - 02．Part II」の主な内容[43]を示す．

　一方，電池パックやシステムのみならず，単セルレベルでの安全性要件の標準化が必要され，IEC　62660 - 3（EV 用 LIB セル安全要件）において，EV 用リチウムイオン電池セルの基本的な安全性確保のための試験法が規定された．試験は，振動，機械的衝撃，圧壊，耐熱，温度サイクル，外部短絡，過充電，強制放電，内部短絡がある．この中でセル製造時の異物混入に起因する内部短絡試験は，強制内部短絡試験は電池を分解し，ニッケル小片を挿入し，外部から加圧する強制内部短絡試験がある[44]．この試験は単セルを分解する必要があり，技術面や安全面から実施が難しいため，より容易かつ分解を行なわずに安全に実施できる代替試験法が考案されているが，妥当性や試験の再現性などの課題があり，試験法が定まっていない[44]．

　また，モジュールやパックにおいても，リチウムイオン電池の 1 セルが熱暴走に至った場合，他のセルへの熱連鎖によって外部に発火や破裂などの被害を生じさせないようにするために自動車用リチウムイオン電池にも，耐類焼特性試験などが検討され[43,44]，より安全に BEV を利用するための規格・基準化が進められている．

（6）消火・救助対応の安全性

　BEV の火災は，一般の自動車火災と同様に，水で消火可能である．ただし，一旦，火が消えても，バッテリーが再燃焼することがあり，消火には，通常の内燃機関の自動車火災よりも大量の放水が必要である[45~48]．また，水に添加剤を入れた方が，消火に必要な水の量を削減できる[47~49]．また，消火放水による消防士の感電の危険性を調べた結果，車両のシャシと放水ノズル間に流れる電流や放水ノズルの電圧は無視できる程度であり，特に，感電するような要素はなかった[47]とされる．また，BEV の火災時に発生する有害なガスは内燃機関自動車の火災と類似しているため，通常の消火活動の場合と同様に，空気呼吸器などの装備が必要である[47]と報告されている．

（7）今後の技術動向

　EV の走行距離をガソリン車並みの 500 km 程度まで伸長させようとした場合，電池のエネルギー密度は 500 Wh/kg 必要であり，リチウムイオン電池では更なるエネルギー密度化が必要である．しかし，安全性や耐久性の確保を考慮すると，リチウムイオン電池のエネルギー密度には限界が近づいている[50]と言われ，リチウムイオン電池の性能を凌駕する車載用革新型蓄電池の開発が必要である．革新型蓄電池には，全固体リチウムイオン電池，リチウム硫黄電池，リチウム空気電池を採用することで，さらにエネルギー密度を高くする試みがなされている．特に，全固体リチウムイオン電池は電解液を有機電解質の固体化により高容量化が可能であり，従来よりも劣化が少なく，かつ充電時間の短縮化が図れる特徴を持つ．また，安全性に関しては，電解質が気化しにくいため，電池を膨張させるようなガスが発生せず，電池の発火リスクが抑えられるとされ，今後の開発に期待されている．

10・1・3　燃料電池自動車（FCV）の火災安全性

（1）FCV に関わる安全構造

　図 10·6 に FCV の主な構造を示す．

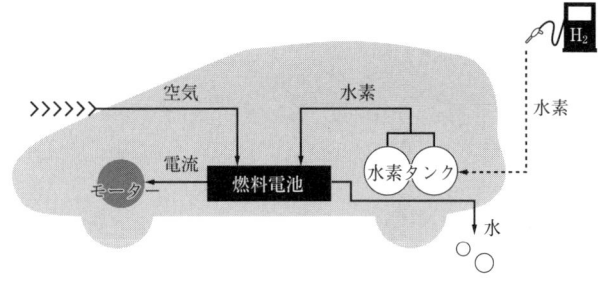

図 10·6　FCV の主な構造

　FCV は燃料電池で水素と空気中の酸素の化学反応によって発電した電気を動力として、モータを回転させて走行する車である。使用燃料の種類としては、水素、メタノール改質、ガソリン改質などがあり、水素を燃料とした場合には排出ガスが水のみとなる。現状のほとんどの FCV では、直接、水素を利用する方法が採用されている。

　表 10·2 に水素、天然ガス、ガソリンの性質を示す。

表 10·2　水素，天然ガス，ガソリンの性質の比較[50]

	水素	天然ガス	ガソリン
分子量	2	16	106
色	無色	無色	有色
臭い	無臭	付臭可	有り
空気の重さと比較	1/14 倍	1/2 倍	3.75 倍
可燃濃度範囲	4.0 〜 74.5%	5.3 〜 15%	1.4% 〜 7.6%
炎の温度	2010℃	1961℃	1977℃

　水素は、天然ガスやガソリンと比較すると分子量が小さいため、漏れやすいこと。燃料電池へ供給する水素に付臭剤を入れると燃料電池が劣化するため、天然ガスのように臭いを付けることができないため、漏れが検知されにくい。また、密度が空気に比べて非常に小さいため、上方へ拡散しやすいが、可燃範囲が広いため、燃えやすい性質を持っている。さらには、金属材料が高圧水素ガスに晒されると、金属材料中に水素が侵入し、材料の強度特性を低下させる水素脆化がある。

　これらの性質があるため、FCV の安全対策は、以下の項目が基本的な考え方である[52]。
・水素ガスを漏らさない。水素ガスが漏れても滞留させない。水素ガスが漏れたら検知し、遮断すること。
・水素を含むガスを排出する場合には、安全に排出する。

　水素ガスを漏らさないという観点では、水素部品は水素脆化を考慮した材料が使用されている。たとえば、容器の金属材料には、水素の影響が少ないステンレス鋼 SUS 316 L やアルミニウム合金の A 6061-T 6 が使用されている。また、万が一、漏れた場合には、漏れセンサーが設置され、漏れを検知すると直ちに水素容器の主止弁を閉じる構造になっている。

また，衝突を検知した場合も，同様に主止弁が閉じる．さらに，燃料系統の配管類は車外に配置されているため，万が一，水素が漏洩してもほとんど滞留せずに拡散しやすい構造になっている．また，FCV の保安基準では，衝突時の水素の最大許容漏洩量は，衝突後 60 分間，平均 118 NL/min 未満と規定されている[53]．前田ら[54]によれば，車両を用いて車外の車両床下から水素を漏洩させた場合，水素は空気よりも軽いため，車底部から漏らした水素は車底部を沿いながら，窪みがあるエンジンコンパートメント内へ侵入・滞留する．その水素漏洩量を，衝突後の最大許容漏洩量の 118 NL/min を上回る 1000 NL/min で漏洩させ続けた場合，エンジンコンパートメント内の最大水素濃度は約 20 % となる．この条件で着火させると，エンジンフードの一部は変形したが，車両周囲の音圧レベル，爆風および熱流束の結果から，車両周囲の人に対しては重大な危害を加えるレベルではないと報告されている．このように，燃料系統の配管類の車外への配置は，万が一，水素が漏洩して着火した場合でも，危害低減に効果がある．

　水素を含むガスの排出に関しては，燃料電池内に溜まった不純物を車外に排出する際のパージ動作がある．米国の自動車メーカで実施された FCV の排気管を模擬した空気/水素予混合気の連続流動下での着火試験[55]の結果に基づき，このパージガス中の水素濃度が，燃料電池自動車の世界統一基準「水素燃料自動車の安全基準に係る協定規則」において規定された．その排出時の水素は，「起動時および停止時を含めた通常の運用中，任意の 3 秒間において平均濃度が 4 % を超えないこと，かつ，いかなる時点でも 8 % を超えない」[54]濃度になるように，空気で希釈する必要がある．

　また，FCV が火災になり，安全弁が作動すると，安全弁の放出孔から水素ガスが放出される．この排出方向についても，技術基準で定められ，「安全弁からの水素ガスの排出方向は，車両の前方向，車両の後部あるいは側面から路面に対して水平方向へ放出してはならない」[54]と規定されている．

（2）水素燃料系の構造と安全対策

　FCV に水素を貯蔵する方法としては，①圧縮水素，②液体水素及び③水素貯蔵材料による貯蔵方法の 3 通りがある．この内，主流の貯蔵方式は圧縮水素である．この貯蔵方法は構成要素部品が少なく，システムが容易で，かつ容器質量も比較的軽量なことなどの理由から，車載用として広く採用されている．

　図 10·7 に自動車用圧縮水素容器の概略図を示す．

　容器は，軽量化を図るために，燃料ガスをバリアするためのライナーと，ライナーを補強する炭素繊維強化プラスチック（CFRP：Carbon Fiber Reinforced Plastics）層で構成され，このような容器を CFRP 複合容器と呼ぶ．自動車用水素 CFRP 複合容器はライナーの材質によって分類されており，金属製ライナーの容器は VH 3（あるいは Type Ⅲ），樹脂製ライナーの容器は

図 10·7　自動車用圧縮水素容器の概略図

VH 4（あるいは Type IV）の2種類がある.

　仮に，ガスが充填された CFRP 複合容器が火炎に晒され続けた場合，火災の熱によって容器内のガスが膨張して内圧が上昇するとともに，CFRP の炭素繊維に含浸されたレジンが燃焼して容器の強度が低下し，破裂に至る場合がある．そのため，自動車用 CFRP 複合容器には安全弁（Temperature Activated Pressure Relief Device：TPRD）が装着されている．安全弁は火災を検知し，容器内のガスを放出させる安全装置である．

　安全弁の作動方式には，圧力作動方式と熱作動方式などがあるが，水素自動車用の CFRP 複合容器には，その特性を考慮し，熱作動式安全弁が採用される[56]．熱作動式安全弁には，溶栓式とガラス球式の2種類が存在する．溶栓式安全弁は火災等の熱により融点の低い金属が溶けることにより安全弁が作動する．ガラス球式安全弁は液体が封入されたガラス製の球

内の液体が温度上昇により膨張し，ガラス球が割れることで安全弁が作動する．熱作動式安全弁の作動温度の規定はないが，ほとんどが105 〜 110℃ で設定されている．火災時において，容器に安全弁が組み付けられた状態で作動するかを確認するため，技術基準には，図 10·8 に示される全面火炎暴露試験が規定されている[57]．

　この試験では，容器全体が軽油などのオイルパンやプロパンガスを燃料としたガスバーナーなどの火炎で炙られ，安全弁が作動して，容器が破

図 10·8 全面火炎暴露試験の状況

裂しないことを確認する．この試験は，FCV よりも先に普及している圧縮天然ガス自動車（CNGV）で規定される試験法とほぼ同じ方法で評価される．

（3）火炎による事故事例

　現時点において，FCV は普及台数が少なく，FCV の火災の事例は見当たらない．しかし，CNGV では FCV に比べて，古くから国内外で広く使われ，市場に多く出回っており，火災時において安全弁が作動せずに容器が破裂した事例がある．そこで，FCV と同じ圧縮ガスを用いている CNGV の火災による容器の破裂事例を以下に示す．

　図 10·9，図 10·10 に CNG バスの燃料容器が火災時に破裂した事例を示す．

　破裂した容器は，先述した全面火炎暴露試験に合格した熱作動式安全弁が装着された

図 10·9 CNG バスの火炎による容器破裂事故[58]

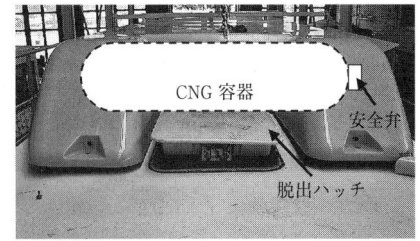

図 10·10 脱出ハッチ上にある CNG 容器[58]

図 10·11 CNG 乗用車の放火による容器破裂事故[59]

図 10·12 破裂した容器[59]

CFRP 複合容器である．客室内の出火により脱出用ハッチから火炎が噴出し，屋根上に積載された容器の中央部のみが炎に晒された．そのため，容器端部に装着されている熱作動式安全弁には熱が伝わらず，安全弁が作動せずに容器が破裂した[58]．

図 10·11，図 10·12 には CNG 乗用車の容器が火災時に破裂した事例である．駐車中の CNG 乗用車の後部座席に火炎ビンが投げられ，後部座席の背面に位置するトランクルーム内に搭載された容器が安全弁から離れた位置で局所的に火炎に晒され，容器が破裂した[59] とされる．

（4）局所火炎に対する対策

これらの局所火炎による容器の破裂事故を受け，自動車用水素燃料容器については，新たに「局所火炎暴露試験」と称する試験法が追加された[60,61]．図 10·13 に局所火炎暴露試験の方法の概要を示す．

試験は，試験開始から 10 分間までの局所火炎と，10 分後の全面火炎の二つのモードで構成される．火源にはプロパンガスを燃料とするガスバーナーを用いる．

局所火炎のモードでは，火源は安全弁から最も離れた位置に置かれ，その全長は 250 ± 50 mm である．容器下部 25 mm 位置に設置した熱電対の指示温度（以後，バーナ火炎温度と言う）は試験開始 3 分までに 600℃ 以上に到達させ，以後 7 分間，その温度は 600 ～ 900℃ の間になるように制御される．

試験開始から 10 分後の全面火炎のモードでは，火源の全長が 250 mm から 1650 mm に広がる．その時のバーナ火炎温度は 900 ～ 1100℃ になるように制御される．

この試験により，容器が破裂しないことを確認する．この試験法は，日本自動車研究所および北米で実施された数 10 台の車両火災試験データから，容器に対して最悪な条件となる容器周囲の温度変化と火炎伝播速度から導かれた[60,61] ものである．

このように，燃料電池自動車に搭載される燃料容器は，車両火災の延焼形態が考慮された試験法になっている．

一方，局所火炎から容器を耐える構造にするためには，容器の耐熱性能を向上させる方法がある．たとえば，容器表面を発泡性塗料でコーティングする方法やセラミックブランケットで覆うなどの方法が考案されている[62]．また，自動車用の CFRP 複合容器には，容器の鏡

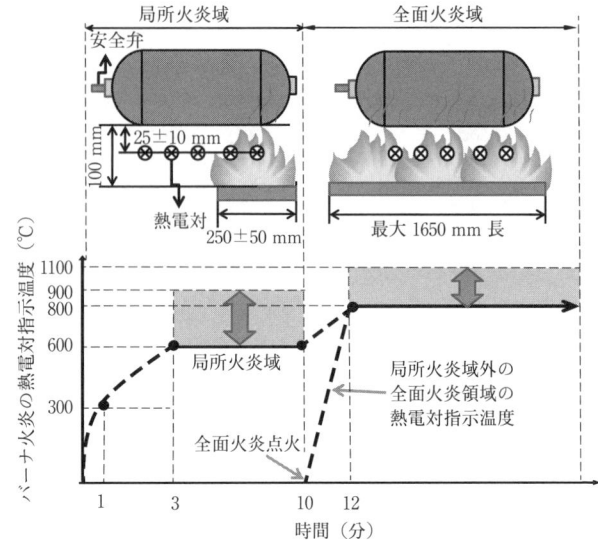

図 10·13　局所火炎暴露試験方法

部において落下衝撃を吸収するためにプロテクターが装着されている．このプロテクターのウレタン中に膨張黒鉛を混入させ，火災時においてプロテクターが発泡することで容器を火炎から保護するプロテクターがトヨタ自動車より開発された．このプロテクターは，既に燃料電池自動車の容器に装着されており，実用化されている[63]．

（5）消火・救助対応の安全性

図 10·14 には，車両火災によって，35 MPa の水素を充填した水素容器の安全弁が作動した時の状況を示す．この実験では，安全弁の放出方向は，床下斜め後方へ向けられている．

図 10·14　車両火災実験により安全弁作動時の状況

FCV の火災時における輻射熱は，ガソリン車や CNGV と比べてもほぼ同等レベルである[65]．ただし，安全弁の作動時の数十秒間は，車両底部の広く及ぶ範囲で水素火炎が広がるため，炎に巻かれないように注意する必要がある．炎に巻かれないようにするためには，先述したように，「安全弁の放出方向は，車両の前方向へは放出してはならない」と規定されているため，火災車両の前方向から接近した方が良い．ただし，安全弁作動時の数十秒間の燃焼音の騒音レベルは 130 dB を超える場合があるため[65]，イヤープラグ等で耳を保護した

方が良い．なお，一般に，純粋な水素火炎は太陽光下では可視できないため，消火活動に支障をきたすとされるが，図10·14に示したように，実規模レベルでの火災の状況では，車両の樹脂や油脂類の燃焼によって生成された煤[66]および空気中の空気中に存在する Na などの微量な化学成分や埃[67]などが水素火炎によって燃焼するため，火災時の水素火炎は視認可能である．

適切な消火方法としては，故意的に安全弁の排出孔へ向けて放水することは避けた方が良い[68]が，放水によって安全弁作動時の水素火炎は容易に消炎しない[69]．また，消火放水によって CFRP 複合容器を冷却することで，容器の強度は維持される[69,70]ため，FCV の消火活動では，BEV と同様に，積極的に放水するべきである．

万が一，水素漏洩し続けている場合の対応としては，ブロアによる強い送風によって漏洩水素を拡散させる方法がある[71]．また，先述したように，水素は無色，無臭であり，漏洩を検知されにくいが，人の聴覚によって，車両から 5 〜 10 m 離れた位置から，550 NL/min 以上の水素漏洩を認知できる[72]．そのため，たとえ水素センサー等がない場合でも，水素漏れを判断するためには，漏洩音に注意しながら車両へ近づくことができる．

また，事故後処理において，安全弁の作動の有無を判別したい場合，安全弁の放出孔部に接触燃焼式の水素濃度計で濃度を計測することにより，容易に判別できる[73]．

（6）今後の技術動向

FCV は安全性を担保しつつ，更なる低コスト化と利便性向上に向けた新しい技術が導入され，今後も新たな技術基準の策定に向けた取り組みが必要になる．たとえば，欧州から，安全弁を不要とする火災の熱を断熱する燃料容器システムの安全性評価試験法が提案されており，新たな技術が取り入れられる可能性がある．

一方，水素燃料自動車の普及促進を図るためには，一般のユーザを含めたステークホルダーに対し，水素の安全に対する正しい認識が必要である．そのためには，さらに水素の社会受容性を向上させる取り組みが必要であり，安全性に関わる積極的な情報発信や消防や整備士などへのトレーニングを通じた安全教育を実施することが必要である．

（田村　陽介）

10・2　鉄道車両火災

10・2・1　火 災 の 現 況

鉄道火災事故は，表10·3に示すとおり年に数件程度発生している[1]．1951（昭和26）年4月に京浜線櫻木町駅で発生した列車火災（死者 106 名，負傷者 92 名），1972（昭和47）年11月に北陸本線北陸トンネル内（敦賀駅と今庄駅の間）で発生した列車火災（死者 30 名，負傷者 714 名）を除くと，多数の死者が発生する列車火災は国内では発生していない．

10・2・2　火 災 の 事 例

国内における列車火災の事例を表10·4に示す．

10・2・3　列車火災対策の経緯

1956（昭和31）年5月に南海電鉄で発生した列車火災事故を契機とし，運輸省は初めて車両の火災対策を通達で規定した．その後，大きな列車火災事故が発生するたびに安全対策

表 10·3　消防機関が出動した鉄道列車火災件数

年	トンネル外						トンネル内					
	JR			JR 以外			JR			JR 以外		
	件数	死者	負傷者	件数	死者	負傷者	件数	死者	負傷者	件数	死者	負傷者
2003	6	1	0	1	0	0	0	0	0	1	0	0
2004	2	2	0	1	0	0	0	0	0	2	0	0
2005	1	0	0	3	0	0	0	0	0	4	0	0
2006	3	0	0	0	0	0	0	0	0	2	0	0
2007	4	1	0	4	0	1	0	0	0	4	0	0
2008	5	0	0	1	0	0	0	0	0	3	0	0
2009	0	0	0	4	0	0	0	0	0	1	0	0
2010	3	0	0	1	0	0	0	0	0	2	0	0
2011	11	0	2	5	0	2	2	0	37	1	0	1
2012	6	0	0	4	0	0	1	0	0	1	0	0
2013	5	0	0	0	0	0	0	0	0	0	0	0
2014	9	0	1	1	0	0	0	0	0	1	0	0
2015	2	2	28	2	0	0	1	0	2	0	0	0

表 10·4　国内における列車火災の事例

発生年月	場所	火災状況
2003（平成 15）年 8 月	JR 東海 中央線日立〜南木曽町間 島田トンネル内	21 時 41 分頃，中津川発松本駅行きの普通列車（3 両編成，乗客 40 名）が非常ブレーキを使用し，トンネル内（長さ 2551 m）に停車した．車掌が車内を確認したところ，2 両目において乗客 1 名が自身に液体を振りかけ，炎が上がっているのを認め，消火器により消火活動を行った．乗客 1 名が死亡した．2 両目の車内，床等が一部焼損した．2 両目の車内において乗客が灯油を自らにふりかけ火を付けたと推定された[2]．
2007（平成 19）年 1 月	JR 東日本 川越線日進〜指扇間	踏切内に進入した乗用自動車に JR の 10 両編成の鉄道車両が衝突した．自動車が炎上し，鉄道車両に延焼した．自動車が全焼し，鉄道車両 1 両が部分焼になった．自動車の運転者が死亡した[1]．
2011（平成 23）年 5 月	JR 北海道 石勝線占冠〜新夕張間　第 1 ニニウトンネル内	21 時 50 分頃，釧路発札幌行きの特急列車（気動車 6 両編成，乗員 4 名，乗客 248 名）が第 1 ニニウトンネル（長さ 685 m）の約 700 m 手前（釧路側）付近で 2 号車が脱線し，トンネル内の釧路側から約 200 m 付近で緊急停止した後，出火した．煙が車内に充満してきたことにより，乗客は非常扉を開け自主的に避難を開始し，トンネル西側（札幌側）杭口の外に自力で避難した．火災により全 6 両が焼損した．乗客の中にいた医師と看護師の協力を得て，トリアージを実施した．39 名（救急隊により 34 名，警察車両により 5 名）が近隣の医療機関に搬送された．乗客 78 名，車掌が負傷した[3,4,5]．
2014（平成 26）年 11 月	東海道新幹線 新横浜駅	停車中の 16 両編成の新幹線の屋根に男性が登り，架線に触れた．車両屋根が焼損し，架線が溶融した．男性 1 名が重症を負った[1]．

2015（平成27）年4月	JR 北海道津軽海峡線知内信号場～津軽今別間青函トンネル内	17 時 15 分頃，函館発新青森行きの特急列車（6 両編成，乗務員等 5 名（運転士 1 名，車掌 2 名，車内販売員 2 名））は，車掌が 5 号車の窓の外に火花を確認し非常停止手配を行ったことにより，竜飛定点から青森方向に約 1.2 km の位置に停車した．運転士が点検を行い，発煙を発見し，初期消火を行った．17 時半頃から，乗務員の誘導により乗客が降車を開始し，線路上を歩いて竜飛定点まで移動した．18 時半頃に乗客全員が竜飛定点に到着した．19 時頃に，公設消防機関が到着した．19 時半頃に，乗客がケーブルカーで地上部へ移動を開始した．23 時頃に乗客の移動が完了した．気分が悪いという申告により，乗客 2 名が病院に搬送された．公設消防機関から 18 台，55 名が出動した[6]．
2015（平成27）年6月	東海道新幹線新横浜～小田原間	11 時 30 分頃，東京発新大阪行き新幹線（16 両編成，乗客約 900 名，運転士 1 名，車掌 3 名，パーサー 5 名）において非常ブレーキが使用された．トンネルの外に停車した．停車後に運転士及び車掌が 1 両目の確認をしたところ，後ろ側デッキに倒れている乗客 1 名を発見した．前側の客室内の通路で倒れている乗客 1 名を発見し，消火器で初期消火活動を行った．1 両目で倒れていた乗客 2 名が死亡し，乗客 25 名（内，重傷者 2 名），運転士及び車掌 2 名が負傷した．1 両目の前側から中央部までの座席，床，壁，天井等が焼損した．1 両目の車内において乗客がガソリンをまき自ら火を付けたと推定された[7,8]．
2017（平成29）年9月	小田急線参宮橋～代々木八幡間	16 時 11 分頃，参宮橋～代々木八幡間で発生した沿線火災の影響により，現場付近を走行していた本厚木発新宿行きの普通列車が停車した．停車した列車では屋根が燃える等の損傷が生じた．乗客は車外に避難した[9]．

の検討が行われて，火災対策を中心に車両の不燃化に関する基準等の充実が図られてきた．1987（昭和 62）年 3 月には普通鉄道構造規則（昭和 62 年運輸省令第 14 号）が公布され，従前から通達等によって行われてきた車両火災対策基準が法令上明確に位置づけられることとなった．

○ 1956（昭和 31）年 5 月

南海電鉄高野線で発生した列車火災事故を契機として，電車の構造の不燃化が検討され，車両部位別にその使用材料の燃焼性が通達で規定された．

・「電車の火災対策について」（昭和 31 年 6 月 15 日付鉄運第 39 号）

・「電車の火災対策に関する処理方について」（昭和 32 年 1 月 25 日付鉄運第 5 号）

○ 1957（昭和 32）年 12 月

地下鉄の車両に対する火災対策が強化され，車両の不燃化構造が AA 基準として規定された．

・「電車の火災事故対策に関する処理方の一部改正について」（昭和 32 年 12 月 18 日付鉄運第 136 号）

○ 1968（昭和 43）年 1 月

電車の不燃化対策が再検討され，電弧・電熱を発生する機器に対する防護，使用材料の燃焼性試験の方法等が明確化された（営団地下鉄日比谷線の列車火災事故が契機）．

・「電車の火災事故対策について」（昭和 44 年 5 月 15 日付鉄運第 81 号）

○ 1973（昭和 48）年 10 月

　山岳トンネルを運転する車両に対する基準が示された（国鉄北陸トンネルにおける火災事故が契機）.

・「電車の火災対策について」の一部改正（昭和 48 年 10 月 11 日付鉄運第 245 号）

○ 1976（昭和 51）年 7 月

　消火の能力単位が変更された.

・「電車の火災事故対策について」の一部改正（昭和 51 年 7 月 30 日付鉄運第 119 号）

○ 1987（昭和 62）年 3 月

　国鉄の分割民営化に伴い，関係省令の整備が図られ，従前の通達内容が運輸省令に盛り込まれた.

・「普通鉄道構造規則」（昭和 62 年 3 月 2 日付運輸省令第 14 号）

・「車両に係る普通鉄道構造規則及び特殊鉄道構造規則の運用等について」（昭和 62 年 4 月 1 日付官鉄保第 16 号，地車第 50 号）

○ 2004（平成 16）年 12 月

　2003（平成 15）年 2 月 18 日午前 9 時 53 分頃に韓国大邱市地下鉄 1 号線中央路駅構内で列車火災が発生した. 6 両編成の列車（乗客約 230 名）が中央駅に到着した際，列車に乗車していた男性が容器に入っていたガソリンを床にまいて着火した. この後到着した対向の 6 両編成の列車（乗客約 190 名）に延焼し，両列車とも全焼した. 死亡者 192 名，負傷者 148 名が発生した[10]. この火災を踏まえて開催された地下鉄道の火災対策検討会[11]からの提言を受けて，地下鉄道の火災対策基準が改正された[12].

・「鉄道に関する技術上の基準を定める省令等の解釈基準の一部改正について」（平成 16 年 12 月 27 日付国鉄技第 124 号）

10・2・4　列車火災の特徴

　列車火災の特徴として以下のことがあげられる[13].

・列車は細長い形状をしている. さらに窓部が多い細長い車両が，何両も通り抜けられる状態で連結されている. 窓ガラスが割れ，隣接している車両との間のドアのガラスが割れると，燃焼しているものに対し，空気が十分に供給される.

・車両は自ら動力を発生し，あるいは他から動力を受け，かなりの高速度で動く. このことは，火災の成長や消防活動に影響する.

・車両が自ら動力を発生させる場合，燃料油のタンク，蓄電池，高圧水素ボンベ等を積載している. 他から動力を受ける場合，電気を供給するための電線またはレールがある.

・列車は，鉄橋やトンネルなどの閉ざされた場所，あるいは市街地や山間部など，レールのあるところはどこにでも動く. このため，固定設備の火災対策だけでは，列車火災の火災対策にはならない. 列車は，車両，架線，信号，レールに故障があると動けなくなる. 公設消防機関にとって活動困難な場所，消防署から離れた場所，乗客にとって避難困難な場所が火災現場になることがある. この反対に，列車はコントロールされた状態で動くことができるので，消火や避難に都合のよい場所に停止することができる.

・列車には多数の乗客がおり，これを限られた数の乗務員でコントロールしている. この多

数の乗客がパニック状態におちいらないように努め，火勢が拡大しないように措置し，乗客の安全を守ることが乗務員の仕事である．乗務員が状況の確認，指令所等との連絡に忙殺されると，乗客の一部が乗務員のコントロールを離れて独自に行動することがある．多数の乗客がいるために，火災が早期に発見されることもある．

10・2・5　地下鉄火災

地下鉄火災には以下のような特徴がある[14]．

・閉鎖空間での火災であるので，濃煙，熱気の充満により火点の特定，災害状況の把握が困難となる．

・地下鉄には多数の乗客がおり，火災発生時には乗客が要救助者になる可能性がある．駅舎に到達した乗客は複数の出口から無秩序に脱出することが考えられる．

・トンネル内の進入には，電源を遮断する必要がある．関係路線の運行停止，換気口の開閉についても，関係者との連携が不可欠である．

・地下への進入は，一部の換気口を除き，駅舎部分からに限定される．駅舎部分から火点に接近するためには，線路，枕木等による足場の悪い長大なトンネル内を移動することになる．運行状態によっては，火災車両の手前に，別の車両が停車していることも予想される．

・トンネル内は狭隘であり，車両と側壁の間隔が狭い．

これらのことから，消防活動が以下のように困難になることが考えられる．

・地下鉄の駅間トンネルは，閉塞性の高い長大な空間である．その内部で火災が発生した場合，実態把握が困難で，活動方針の決定，進入経路の選定等の前提となる状況判断をすみやかに行うことが困難となる．

・駅間トンネルで発生した地下鉄車両火災に対しては，駅舎等から地下部分に降下した後に，路面や照明が悪く，距離の長いトンネル部分を移動しなければならない．この空間が煙で汚染されている可能性もある．

・車両には多数の乗客がいるが，航空機や船舶と異なり，乗客名簿があるわけではない．駅舎からの脱出は，コンコース等を通じて複数の出口から行われるので，避難した乗客の把握が困難である．このことは，情報収集活動を困難にする．

・地下鉄火災では関係者との連携が不可欠であるが，鉄道関係の組織は，役務，運輸指令，電力指令等による縦割りになっている．消防隊の指示，命令，要請等の窓口を一本化しないと円滑な連携が困難となる．

・トンネル内は活動スペースが狭い．また，無線障害が発生しやすい．

（鈴木　健）

10・3　航空機火災

10・3・1　火災の現況

（1）民間航空機事故発生件数

　航空機事故発生件数は表10・5に示すように増減を繰り返しているが，年40件未満となっている[1]．1994（平成6）年4月に名古屋空港で発生した中華航空機の墜落炎上事故では264名が死亡し，7名が負傷したが，それ以降，一度に100人以上の死者が発生する事故は国内では発生していない．1995（平成7）年から2016（平成28）年の間における年間死亡者数は，年30人未満である．

表 10・5　航空事故発生件数及び死傷者数の推移（民間航空機）

年	区分										
	発生件数								死傷者数	
	大型飛行機	小型飛行機	超軽量動力機	ヘリコプター	ジャイロプレーン	滑空機	飛行船	計	死亡者	負傷者
1995	1	7	10	6	0	1	0	25	9	24
1996	5	11	5	8	0	4	0	33	23	206
1997	3	11	3	8	2	3	0	30	28	34
1998	3	14	5	6	1	6	0	35	21	54
1999	1	9	5	7	1	5	0	28	9	18
2000	3	5	5	11	1	5	0	30	9	20
2001	2	6	2	7	0	4	0	21	12	130
2002	4	4	5	15	0	7	0	35	13	65
2003	3	10	3	1	0	2	0	19	12	13
2004	5	11	2	6	1	3	0	28	14	26
2005	1	8	0	7	0	7	0	23	16	20
2006	3	3	4	2	1	5	0	18	4	10
2007	5	3	4	7	0	4	0	23	10	25
2008	3	6	2	3	0	3	0	17	7	10
2009	6	2	1	7	0	3	0	19	9	7
2010	0	4	2	4	0	2	0	12	17	3
2011	2	8	1	3	0	1	0	15	7	14
2012	8	3	2	4	0	1	0	18	1	23
2013	1	4	1	3	0	2	0	11	2	14
2014	4	5	2	1	0	5	0	17	2	28
2015	3	9	3	3	1	8	0	27	10	42
2016	2	4	1	2	0	4	0	13	8	5

（2）航空機火災の発生状況

国内における航空機火災の件数の推移を表 10・6 に示す[2].

表 10・6　航空機火災の発生件数の推移

年	件数	死者数	負傷者数
1995	2	0	0
1996	4	4	193
1997	5	7	0
1998	3	0	0
1999	3	0	1
2000	4	2	3
2001	5	4	1
2002	4	5	0
2003	3	1	0
2004	10	0	4
2005	6	0	1
2006	1	0	0
2007	6	0	2
2008	3	1	2
2009	4	2	0
2010	3	0	0
2011	4	3	1
2012	1	0	0
2013	3	0	0
2014	1	0	0
2015	7	5	6

10・3・2　航空機火災事例

国内における航空機火災の主な事例を表 10・7 に示す.

表 10・7　国内における航空機火災の事例

発生年月	場所	火災状況
1996（平成 8）年 6 月	福岡県 福岡空港管理地内	12 時 8 分頃，福岡発バリ島経由ジャカルタ行きのガルーダインドネシア航空 865 便（DC‒10‒30 型）が離陸滑走中に離陸を断念し南北に延びる滑走路南端を約 620 m オーバーランして県道を横切り，空港管理地内の緩衝地帯で擱座し大破炎上した．乗務員 14 名，通訳 1 名及び乗客 260 名（幼児 1 名を含む）が搭乗していたが，乗客 3 名が死亡し，109 名（通行人 1 名を含む）が負傷した．13 の医療機関に負傷者 106 名を搬送した．負傷者 3 名は他の交通機関により病院へ行き受診した． 消火，救助活動を行った消防職員 53 名が現場医師の判断により病院に搬送された．中等症の 6 名が入院し，軽症の 47 名は当日に現場復帰した．航空燃料または泡薬剤が皮膚に付着したことによる薬傷と推定された．地元の公設消防機関から 1 機，80 台，419 名が出動し，周辺の 4 公設消防機関

		から84台，431名が出動した．陸上自衛隊が放射線源（劣化ウラン）捜索のため派遣要請を受け，放射線源を回収した[3~5]．
1999（平成11）年11月	埼玉県狭山市	航空自衛隊のジェット練習機（T-33 A）が河川敷のゴルフ場に墜落した．地元の公設消防機関が現場に到着した際には，機体は延焼中で，黒煙が激しく上昇していた．隣接公設消防機関の応援を含めて36台が出動した．県の防災ヘリ1機も出動した． 乗員2名が死亡した． 墜落の際，東京電力の高圧線を切断したため，埼玉県内と東京都内で停電した[6]．
2007（平成19）年8月	沖縄県那覇市那覇空港内	中華航空120便（B 737-800型）は，乗客157名（幼児2名を含む），パイロット2名，客室乗務員6名の合計165名を載せ，9時23分に台北空港を離陸し，10時27分に那覇空港に着陸し，10時32分に41番スポットに駐機した．エンジン停止後，第2エンジン付近から出火し，乗客と乗務員の全員が脱出した直後に爆発炎上した．気分不良者等3名を搬送した．これ以外に自力で病院に行った者等が4名いた．これらの7名については全員軽症であった． 地元の公設消防機関から27台，85名，近隣の消防機関から9台，21名，航空自衛隊から13台，40名，空港消防から6台，29名が出動した[7~9]．
2009（平成21）年3月	千葉県成田市	フェデラルエクスプレスコーポレーション所有の定期貨物便FDX 80便（MD-11 F型）が，6時49分頃，成田国際空港滑走路34Lに着陸する際に，バウンドを繰り返し，左主翼が胴体付け根付近で破断して出火した．機体は炎上しながら左にロールして裏返しとなり，滑走路西側の草地に停止した．機体の大部分が焼損した． 乗員2名が搭乗していたが，両名とも死亡した． 地元の公設消防機関と空港消防から，47台，137名が出動した[10]．
2017（平成29）年7月	東京都調布市	個人所有パイパー式PA-46-350 P型は，機長他同乗者4名を載せ，調布飛行場滑走路17から離陸した直後（10時58分頃）に，滑走路末端から約770 m離れた住宅に墜落した．同機は大破し，火災が発生した．同機が墜落した住宅が全焼し，周辺の住宅にも延焼した．機長及び同乗者1名が死亡し，同乗者3名が重症を負った．住民1名が死亡し，住民2名が軽症を負った． 消防車，救急車等が合計102台出動した[11]．
2018（平成30）年2月	佐賀県神埼市	乗員2名が乗った自衛隊ヘリAH-64 Dが墜落，炎上した．墜落現場周辺の住宅2棟，物置1棟が焼損した．乗員2名が死亡し，焼損した住宅にいた女児1名が軽症を負った．ヘリの部品が周囲に飛散し，周辺の建物にも被害がでた． 消防車両20台が出動した． 地元の自治体により，周辺住民，小学生，中学生への心のケアが行われた． 航空機器には放射性物質を含むものがあったので，自衛隊により周辺の放射線測定が行われた[12~16]．

10・3・3　航空機火災の特徴

航空機火災の特徴として以下のことがあげられる[17].

・航空機は引火性の高い燃料を大量に搭載している．墜落した際には，短い時間の間に延焼拡大し，機体は火炎と濃煙に包まれる可能性がある．

・搭載する燃料の量は機種により異なる．例えば，乗客数 345 名のエアバス A 300 - 600 型の燃料全容量は約 669 キロリットル，乗客数 119 名のボーイング 737 - 200 型の燃料全容量は約 11 キロリットルである．また，離陸時か着陸時かによっても異なる．墜落した際には，燃料が爆発的に燃焼したり，燃料タンクが爆発する可能性がある．

・航空機事故では，飛行中の航空機のもつ運動エネルギーの大きさから，機体が原形をとどめることなく壊れて広い範囲に飛散することがある．また，燃料が広範囲に飛散して燃焼したり，火災が複数箇所で発生することがある．

・突然，航空機が市街地に墜落した場合，現場一帯はパニック状態になり，地域住民が大混乱する可能性がある．

・航空機が市街地に墜落し，延焼拡大した場合，多数の死傷者が発生する可能性がある．同時に，住民等の救助，救急搬送，避難誘導も必要になる可能性がある．

（鈴木　健）

10・4　船　舶　火　災

10・4・1　火　災　の　現　況

（1）海難の発生状況

　海上保安庁が認知した船舶事故隻数，死者行方不明者数を表 10・8 に示す[1,2]．船舶事故件数については，2007（平成 19）年以降減少傾向にあり，死者行方不明者数については 1996（平成 8）年以降減少傾向にある．

表 10・8　船舶事故隻数，死者行方不明者数の推移

年	事故隻数	死者行方不明者数
1996	2536	213
1997	2227	170
1998	2251	157
1999	2428	146
2000	2767	163
2001	2710	152
2002	2693	165
2003	2733	150
2004	2883	155
2005	2482	121
2006	2544	108
2007	2579	87
2008	2414	124
2009	2549	143

2010	2400	99
2011	2533	108
2012	2261	78
2013	2306	84
2014	2158	100
2015	2137	48
2016	2014	56

（2）船舶火災の発生状況

　事故種類別の事故隻数を表10·9（次頁）に示す[1,2]．火災になった隻数は減少傾向にある．全事故隻数に占める火災になった隻数の割合は，3から5％であり，衝突，乗揚，機関故障に比べると，小さい．

（3）船舶火災の船種別隻数

　火災となった船舶の船種別隻数を表10·10に示す[1,2]．火災となった船舶の約半数が漁船である．タンカーが火災になり，積載された油の海上への漏洩が発生した場合，影響が大きい．タンカー火災の件数は多くはないが注意が必要である．

表 10·10　火災となった船舶の船種別隻数

年	船種							計
	貨物船	タンカー	旅客船	漁船	遊漁船	プレジャーボート	その他	
2006	13	3	2	54	1	8	7	88
2007	13	6	5	52	3	8	10	97
2008	14	1	4	45	2	6	14	86
2009	8	2	7	56	1	10	6	90
2010	9	3	3	37	2	14	9	77
2011	13	1	1	55	4	7	6	87
2012	16	0	2	42	4	4	7	75
2013	12	4	1	41	2	12	10	82
2014	20	0	3	39	8	8	5	83
2015	16	3	7	29	1	11	6	73
2016	9	2	4	36	3	6	5	65

（4）消防機関が出動した船舶事故の推移

　主要港湾を管轄する消防機関が1994年から2015年までの間に出動した船舶事故は，表10·11のとおりである[3]．事故種別では「火災」が5割前後を占め，また，発生場所では「係留中」が6割前後を占めている．また，船舶総トン数別では，1000トン未満の船舶が半数以上を占めている．

表 10·9　事故種類による事故隻数の推移

年	衝突	乗揚	転覆	浸水	推進器障害	舵障害	機関故障	火災	爆発	行方不明	運行障害	安全阻害	その他	計
1996	1162	321	193	103	114	19	218	134	4	3			265	2536
1997	1007	329	148	72	116	19	204	98	4	5			225	2227
1998	928	354	204	101	104	19	219	107	3	3			209	2251
1999	972	396	179	94	117	33	261	110	3	7			256	2428
2000	1051	412	203	121	180	22	298	135	2	10			333	2767
2001	1008	351	158	171	153	28	339	110	4	2	267	60	59	2710
2002	1016	352	139	133	165	39	230	102	5	2	259	62	189	2693
2003	972	310	172	145	164	38	339	122	5	7	296	67	96	2733
2004	1007	333	210	172	157	30	377	138	9	4	251	102	93	2883
2005	892	339	151	95	148	33	346	118	6	3	214	55	82	2482
2006	861	322	225	144	150	31	317	88	4	7	285	41	69	2544
2007	892	357	135	113	144	27	337	97	3	2	290	79	103	2579
2008	812	314	109	111	149	35	361	86	7	4	269	54	103	2414
2009	801	309	131	118	188	38	384	90	4	3	292	77	114	2549
2010	814	327	84	139	145	33	353	77	1	2	245	65	115	2400
2011	647	218	101	475	165	19	348	87	5	5	268	59	136	2533
2012	601	290	118	119	149	30	380	75	5	10	259	67	158	2261
2013	683	318	105	113	149	22	359	82	3	7	275	59	131	2306
2014	667	279	104	111	138	24	342	83	4	6	224	56	120	2158
2015	620	263	152	95	159	30	351	73	4	4	219	39	128	2137
2016	586	259	154	110	139	17	313	65	3	1	223	37	107	2014

2001（平成13）年から，「その他」から「運行障害」と「安全阻害」を別計上している.

表 10·11　主要港湾における船舶事故の種別等の推移

年別			1994年	95	96	97	98	99	00	01	02	03	04	05	06	07	08	09	10	11	12	13	14	15
事故件数			39	36	43	41	48	50	70	55	56	45	32	28	38	38	45	45	25	31	46	52	45	62
事故種別	火災		23	18	28	24	28	28	29	24	18	21	13	14	17	24	26	20	12	11	22	19	20	26
	爆発		0	0	1	0	0	1	0	1	0	2	0	0	0	0	0	0	0	1	0	0	0	0
	流出		8	8	5	13	10	8	16	15	19	14	11	9	12	10	12	9	4	8	11	12	10	13
	その他		8	10	9	4	10	13	25	15	19	8	8	5	9	4	7	16	9	11	13	21	15	23
発生場所	海上		6	16	14	21	13	23	23	26	12	13	15	9	14	8	11	12	10	3	16	18	18	25
	係留中	荷役中	3	3	6	3	4	8	7	4	9	4	4	6	10	7	11	3	5	6	5	13	15	14
		その他	24	15	16	16	27	15	34	22	34	21	12	9	12	20	19	28	10	22	24	20	12	20
	修理解体		6	2	7	1	4	4	6	3	1	7	1	4	2	3	4	2	0	0	1	1	0	3
船舶総トン別	10万トン以上		1	2	0	8	0	1	1	0	2	0	0	0	3	1	0	0	0	0	2	1	2	5
	1万トン以上10万トン未満		1	2	6	3	3	2	5	5	4	4	3	6	2	7	3	3	5	0	1	7	3	4
	1千トン以上1万トン未満		5	1	3	1	11	9	10	6	7	2	6	6	10	10	11	3	4	5	10	11	8	12
	1千トン未満		32	31	34	29	34	38	54	44	43	39	23	16	23	20	31	25	16	21	29	30	24	22
	不明		0	0	0	0	0	0	0	0	0	0	0	0	0	0	0	14	0	5	4	3	8	19

10・4・2　火　災　事　例

　船舶火災の事例を表 10・12 に示す．建造中に発生した火災の事例も含めた．文献 14）から 16）も参照されたい．

表 10・12　国内における船舶火災の事例

発生年月	場所	火災状況
1996（平成 8）年 4 月	大阪港内	火災となった船舶はコンテナ船（12592 トン，全長 151.7 m，全幅 21.7 m，乗客及び乗組員 21 名）であったが，構造上は客船とコンテナ船の 2 様態構造である貨客船であった．発災時は，コンテナ船としてコンテナのみ輸送中であった．実習船としても使用でき，客船と同様に多くの部屋，生活設備が設けられていた． 出火時は，接岸のため海上を航行中であった．出火と同時に主機関を停止し投錨した．消防艇が接舷し，消防隊が移乗した．乗組員は全員が外国人であり，言葉の障害により情報収集は困難であったが，船体構造図面の入手，積み荷の品名，危険物の積載の有無等の情報収集を行った．また，行方不明者がいることを船長から聴取し，医師の要請を行った．陸上と海上から，消火活動と救助活動を行うために，接岸させることになった．消防艇により消火活動を行いつつタグボート 5 隻で岸壁隣接バースまで約 1 km 曳航した． 当初は火点がわからず中低発泡の泡消火を検討していたが，機関室は燃えておらず，燃えているのは上層のアッパーデッキ，ブーブデッキ等の各室と判明したため，接岸と同時に海水を利用した消火活動を行った．火勢がやや沈静化すると，救助隊が内部に進入し，行方不明者を救助した．濃煙と熱気の中，小区画，タラップ，迷路のような構造に阻まれながら消火活動を行った．覚知から鎮火まで約 10 時間を要した． 1 名が死亡し，3 名が負傷した（軽症 2 名，中等症 1 名）．公設消防機関から 1 機，3 隻，36 台，312 名が出動した．海上保安庁，警察，港湾局，民間から合計で 1 機，34 隻，246 名が出動した[1~6]．
2002（平成 14）年 10 月	長崎県長崎市	17 時 15 分頃，造船所の岸壁で建造中の客船ダイアモンド・プリンセス（113000 トン）から出火した．公設消防機関が現場に到着した時に，逃げ遅れはなく，第 5 デッキ中央部の船首側が燃えているという情報を関係者から得た．先着隊が燃えている場所に進入しようとしたが，濃煙，熱気，火炎で進入できず，応援を要請した． 応援の消防隊と共に第 5 デッキ中央部と船首側から進入したが，特殊な船舶構造，濃煙，熱気，急速な火勢の進展により，消防活動は困難だった．応援を要請した． 火勢が船体中央上部，船首部全体に拡大し，船尾部へも拡大することが考えられたため，船尾上部にあった軽油を移動した．両舷からはしご車，タグボート等の援護放水を受けながら，各層デッキに進入し，船尾部への延焼防止にあたった． 職員の交代を行いながら，消防隊を船首部に移動した．はしご車，消防艇，タグボートを船首側に集めた．出火の翌日の昼に鎮圧状態になり部隊を縮小した．出火から約 36 時間後に鎮火した[7,8]．

以下のような防火安全上の問題点が指摘された.

・出火から消防機関に通報するまで45分を要した[9].

・以前にも不審火が数件発生していたが, 消防機関に連絡があったのは1件のみであった.

・スプリンクラー設備等については, 工事中であったため, 充水されておらず, 使用できない状態だった.

・防火区画も工事中であったため, 開放状態であり, 機能しなかった.

この火災の後, 文献10が通知された.

2007（平成19）年8月	愛知県知多市	ドック内で建造中のバラ積み運搬船の隔壁内部で, 作業員2名がエアレススプレーにより吹き付け塗装作業をしていた. 爆発が起き, 死者1名, 負傷者5名（重症1名, 中等症1名, 軽症3名）が発生した. 爆発により, ホース類に着火した. 事故発生当時, 第4類第1石油類と第2石油類の塗料が使用されていたが, 換気が不十分であった. 可燃性予混合気が形成され, 着火したと推定された. 公設消防機関への通報は, 詳細不明の爆発事故による救急要請だった. 事業所は, 救急事案として捉えたため, 自衛消防隊員は4名しか活動しなかった. 事故発生場所では, 指定数量以上の危険物が無許可で貯蔵されていた. 後日, 負傷者1名が死亡した[11].
2007（平成19）年12月	神奈川県横須賀市	横須賀地区に停泊中の自衛隊の護衛艦（基準排水量5200トン, 長さ159 m, 幅17.5 m）のCIC（戦闘情報センター）が火災になった. 護衛艦は, 火災の前日まで岸壁に係留され, 修理を行っていた. 翌日に出航の予定であった. 火災の発見後に, 乗員が可搬型の二酸化炭素消火器を持ってCIC内に進入したが, 煙のため, 消火活動を断念し, 退出した. 外壁を水流で冷却すると共に, 防火衣と酸素呼吸器を装備した自衛隊員がCIC内で放水したが, 消火活動を断念し, 退出した. 熱気と煙によりCIC内に進入するのは困難であった. 設置されていた出入り口からの消火活動は困難であった. CICと隣接区画を密閉して空気を遮断するのは, 構造上できなかった. そのため, 地元の公設消防機関の消防隊員がエンジンカッターを使用して, 甲板と外壁に, CIC内に放水するための開口をつくった. 放水後に内部に進入し, 鎮火させた. 消火活動に従事した自衛隊員4名が不調を訴え, 自衛隊病院に搬送された. CICが全焼した. CIC内の機器は火災及び消火水により全損した[12].
2008（平成20）年9月	長崎県松浦市	漁船（9.1トン）は, 機関室に海水が侵入したため, 物揚場岸壁に左舷付けして, 機関修理業者が修理を行っていた. 10時頃に機関室内で爆発が発生した. 漁船の船長, 乗組員1名, 機関修理業者2名の計4名が火傷を負った. 以下のように推定された. 機関室内で, スプレー式油脂洗浄剤を使用して, 機関室内機器の洗浄を行った. 洗浄剤の成分は, エタノールが30から40%, イソヘキサンが70から60%であった. 機関室の換気は不十分だった. 可燃性予混合気が形成され, 着火した[13].

10・4・3　船舶火災の特性

船舶の特徴として以下のことがあげられる[17].

・船舶は，構造が立体的で多層，狭隘あるいは閉鎖的で通路が複雑である．また，船舶そのものの規模，用途，乗船者数，積載貨物の種類，数量等も多種多様であり，予め把握しておくことが難しい．

・船舶については，建築物等と異なり，公設消防機関が事前に火災予防の観点から関与する機会が少ない．

・船舶は，通常人や物を運ぶために航行しており，港内に停泊している期間が短い．

・船舶は，船渠又は埠頭等に係留されている期間のみ，防火対象物又は消防対象物となる．
船舶火災の特徴として以下のことがあげられる．

・火災通報は，119 番通報のみでなく，様々な機関，場所又は手段によって通報される．従って，火災情報も正確に伝達されない場合がある．

・船舶の火災が海上で発生するのは，岸壁及び桟橋に接岸中の場合，航行中の場合，岸壁等から離れ係船浮標（ブイ）及び係船くい等に停泊中の場合である．また，入渠又は上架中に発生する場合もある．

・災害の態様によっては，危険物流出等に対する措置等，消防活動に多面的な対応を求められる．

・消防活動の拠点が主として岸壁又は船上の甲板等ということで，消防隊の活動範囲が極めて制約され，消火活動，人命救助活動等が困難になる．

・出火当時の気象条件及び積載貨物等の状況によっては，被災船又は消防艇等の沈没など二次的災害発生の危険性が非常に高い．

・海上の火災では，消防，海上保安官署，警察等，複数の行政機関等が出場することになるが，現場ではこれら相互の連携又は分担した活動が実施できるよう早期に指揮統制の確立が必要である．
船舶には以下のような事情があり，消火活動を困難にする[18].

・海上では，他から消火活動の援助を得にくい．公設消防機関の消防隊員に比べ，乗組員は熟練度が低い．

・浮力及び復元力の確保と，積み荷や設備の水損をかんがえると，消火のために無制限の放水はできない．

・船体の主要構造材料が鋼であるため，熱の伝導性が良く，火災を一区画に閉塞しても，延焼防止ができるとは限らない．

・船舶の内部の構造，区画が複雑であるため，火災発見が遅れることが多い．

・密閉消火が有効な場合もあるが，密閉したことにより直接的な消火活動が困難になることがある．密閉する場合，作業そのものの確実性と，作業員の脱出経路の確保が要求される．火災になった区画を密閉し，区画内の酸素濃度が十分に低下すると，消炎する．燃焼物の温度が十分に低下する前に区画を開放すると，新鮮な空気が供給され再着火することがある．

・船内で火災が発生すると，空気の供給が不足し，不完全燃焼になることがある．その場合，酸素欠乏や有毒ガスの発生のおそれがある．

・多量の可燃性の積み荷があると，積み荷が火災になった場合，積み荷は延焼媒体となりうる．火災が発生した後に，除去することは困難である．

　船舶火災時における公設消防機関と他の機関との連携については，「船舶火災の消火に関する消防機関と海上保安署との業務協定について」（昭和43年4月1日付け消防防第142号消防庁次長通知）により対応してきた．さらに，「船舶火災対応に係る海上保安部署との連携強化について」（平成29年11月27日付け消防特第201号），「船舶火災対応に係る消防機関との連携強化について」（平成29年11月27日付け保警救第59号，保警環第74号）が通知された．
（鈴木　健）

10・5　毒劇物施設の火災

10・5・1　毒劇物と危険性
（1）GHSにおける毒性物質

　「化学品の分類および表示に関する世界調和システム（Globally Harmonized System of Classification and Labeling of Chemicals）」（略してGHS）は，危険有害性に関する情報を伝達し，使用者がより安全な化学品の取扱いを求めて自ら必要な措置を実施できるよう国連において開発されたシステムである[1~3]．危険有害性に関して世界共通の分類と表示を行い，正確な情報伝達を実現し，取扱者が起こりうる影響を考慮して必要な対策を可能とすることを目的として，2003（平成15）年7月に国連より勧告された．GHSに対応するラベルには，①絵表示，注意喚起語と危険有害性情報，②注意書き，③製剤の特定名，④供給者の特定の4つの項目が含まれている．

　危険有害性を以下の用語で説明している．危険有害性に対応した絵表示がある．

爆発物　　　　　爆発性物質および爆発性混合物

可燃性/引火性ガス（化学的に不安定なガスを含む）　　　常圧，20℃で空気との混合気が爆発範囲を有するガス

エアゾール　　　　　圧縮ガス等を内蔵する再充塡不能な容器に噴射装置をつけたもの

支燃性/酸化性ガス　　　酸素を供給し他の物質の燃焼を助けるガス

高圧ガス　　　　20℃で200 kPa（ゲージ圧）以上で容器に充塡されたガスまたは液化または深冷液化ガス

引火性液体　　　　引火点が93℃以下の液体

可燃性固体　　　　易燃性の固体，または摩擦により発火あるいは発火を助長する固体

自己反応性化学品　　熱的に不安定で，酸素の供給がなくても強烈に発熱分解する物質

自然発火性液体　　　少量でも空気と接触すると5分以内に発火しやすい液体

自然発火性固体　　　少量でも空気と接触すると5分以内に発火しやすい固体

自己発熱性化学品　　　上記二つの物質以外で，空気との接触により自己発熱しやすい物質

水反応可燃性化学品　　水と接触して可燃性/引火性ガスを発生する物質

酸化性液体　　　　酸素の発生により，他の物質の燃焼を助長する液体

酸化性固体　　　　酸素の発生により，他の物質の燃焼を助長する固体

有機過酸化物　　　過酸化水素の誘導体であって，熱的に不安定で，自己発熱分解を起こす恐れがある物質

金属腐食性物質　　　化学反応によって金属を著しく損傷，または破壊する物質

急性毒性　　　急性的な毒性症状を引き起こす物質

皮膚腐食性/刺激性　　　皮膚に不可逆/可逆的な損傷を与える物質

眼に対する重篤な損傷性/眼刺激性　　　眼に重篤な/可逆的な損傷を与える物質

呼吸器感作性または皮膚感作性　　　吸入後気道過敏症を，または皮膚接触後アレルギー反応を誘発する物質

生殖細胞変異原性　　　次世代に受け継がれる可能性のある突然変異を誘発する物質

発がん性　　　がんを誘発する物質

生殖毒性　　　雌雄の成体の生殖機能および受精能力に対する悪影響，または子に発生毒性を与える物質

特定標的臓器毒性（単回ばく露）　　　単回ばく露で起こる特異的な非致死性の特定標的臓器毒性を与える物質

特定標的臓器毒性（反復ばく露）　　　反復ばく露で起こる特異的な非致死性の特定標的臓器毒性を与える物質

吸引性呼吸器有害性　　　誤嚥によって化学肺炎，種々の程度の肺損傷，あるいは死亡のような重篤な急性の作用を引き起こす物質

水生環境有害性　水生環境（水生生物およびその生態系）に悪影響を及ぼす物質

（2）「毒物及び劇物取締法」における毒物，劇物

　毒物及び劇物取締法は，日常流通する有用な化学物質のうち，主として急性毒性による健康被害が発生するおそれが高い物質を毒物又は劇物に指定し，保健衛生上の見地から必要な規制を行うことを目的としている．毒物劇物営業者の登録制度，容器等への表示，販売（譲渡）の際の手続，盗難・紛失・漏洩等防止の対策，運搬・廃棄時の基準等を定めており，毒物劇物の不適切な流通や漏洩等が起きないよう規制を行っている．

　毒物及び劇物取締法では，GHS に対応したラベルを義務としては求めていないが，GHS に対応したラベルが推奨されている．

　2011（平成 23）年から 2016（平成 28）年の間に発生した毒劇物等による事故で消防機関が出動したものの件数を表 10・13 に示す．毒劇物等による事故の内訳を表 10・14 に示す．ここでは，毒劇物等とは，毒物及び劇物取締法第 2 条に規定されている物質並びに一般高圧ガス保安規則第 2 条に定める毒性ガスをいう．また，自損行為に起因するものを除いている．毒劇物等による事故の事例を表 10・15 に示す．毒劇物等による事故が発生するのは，毒劇物等を取り扱う化学工場とは限らない．トラック，タンクローリーで毒劇物等を輸送することは一般的に行われている．輸送中の交通事故等により，工場外で漏洩することもある．工場や作業現場だけでなく，一般家庭や日常生活においても，毒劇物等による負傷者が発生している．毒劇物等による事故の事例については，文献 9）と 10）も参照されたい．

　化学災害が発生した場合の消防活動については，文献11）に記載されている．ただし，消防機関の規模によってできることとできないことがある．化学物質の危険性，災害時の対処については，それらをまとめた文献12）が市販されている．

表 10·13　毒劇物等による事故の推移[4~8]

		年					
		2011	2012	2013	2014	2015	2016
事故件数	火災	4	7	4	9	5	6
	漏洩	43	59	49	52	39	60
	その他	52	44	38	27	34	34
	合計	99	110	91	88	78	100
死傷者数	死者	6	3	3	1	0	2
	負傷者	76	144	46	90	49	67
	合計	82	147	49	91	49	69

2011（平成23）年については，東日本大震災によるものを除く．

表 10·14　毒劇物等による事故の内訳[4~8]

年	物質名及び件数								合計
2012	一酸化炭素	塩素	硫化水素	アンモニア	塩酸	硫酸	クロルピクリン	その他	
	24	13	12	10	9	5	3	34	110
2013	一酸化炭素	アンモニア	硫化水素	塩素	硫酸	塩酸	その他		
	16	12	12	10	9	8	24		91
2014	硫化水素	塩素	アンモニア	塩酸	硫酸	一酸化炭素	その他		
	14	14	12	6	5	4	33		88
2015	一酸化炭素	塩素	硫化水素	塩酸	アンモニア	水酸化ナトリウム	その他		
	15	9	8	6	6	5	29		78
2016	一酸化炭素	アンモニア	水酸化ナトリウム	塩酸	硫酸	塩素	その他		
	21	15	12	11	7	6	28		100

表 10·15　毒劇物等の事故

年	月	都道府県	毒劇物等の名称	事故の区分 火災	事故の区分 漏洩	事故の区分 その他	死者数	負傷者数 消防活動従事者	概要
2012	2	岩手	一酸化炭素			○		1	ワカサギ釣りのため，氷上にテントを張り，テント内でカセットコンロを使用していたところ，気分が悪くなった．
	4	広島	塩素			○		1	トイレ清掃作業中，誤って酸性洗剤とアルカリ性洗剤を混合させた．
	5	茨城	クロルピクリン			○		1　　1	サツマイモの苗を植えるための準備中，土壌消毒剤のクロルピクリンを地中に注入したところ，気化したクロルピクリンが拡散せずに滞留したため，異臭騒動になった．
	5	兵庫	塩酸		○				塩酸タンクが設置された区画のガス漏洩警報器が吹鳴したため，作業員が現場に向かったところ，塩酸タンク液面計取り出し弁（下部）ボンネット付近から塩酸が漏洩していた．
	5	東京	アンモニア		○				住宅のワインセラーの冷媒装置から液化アンモニアが漏洩した．
	6	北海道	硫化水素			○	1		地下汚水タンク内で作業中の男性が，同タンク内で発生した硫化水素により中毒症状を呈した．
	7	宮城	塩素			○			プール機械室内で次亜塩素酸ナトリウム（消毒剤，アルカリ性）投入タンクに，誤ってポリ塩化アルミニウム（凝集剤，酸性）を投入してしまい，塩素ガスが発生した．
	10	愛知	フッ化水素酸		○		1		フッ化水素酸を貯蔵タンクから冷延工場内酸洗設備に移送している際に，タンクに亀裂が発生し，噴出したフッ化水素酸が防液堤より飛びだし，全身に浴びた作業員が死亡した．
2013	3	千葉	塩酸		○				塩酸10キロリットルを積載したタンクローリーが，水田に横転した．上部バルブに亀裂が入り，塩酸約150 kgが漏洩した．
	3	三重	硫酸		○			3	動力プラントの硫酸工程において，硫酸タンク吐出ポンプの吐出弁の流量調整を手動で行っていた際に，吐出弁が破損し，98.5% 硫酸が漏洩した．

年	No	都道府県	物質							概要
2013	4	大分	希硫酸		○					トラックでフォークリフト用バッテリーを搬送中，荷台からフォークリフト用バッテリーが落下し，希硫酸が漏洩した．
	5	長崎	硫化水素			○	1	2		水産加工場内の汚物貯蔵地下タンク（魚の内臓，うろこ等）内で硫化水素が発生し，汚物除去の作業をしていた作業員1名及び救出に向かった作業員2名が意識を失った．
2014	1	大阪	一酸化炭素			○	1			住宅2階居室内において，居住者が暖をとるため，火鉢で炭火を使用中に，気分不良を訴えた．
	0	兵庫	水酸化ナトリウム		○					トラック運転手が運搬車（3トントラック）の荷台に積載していた水酸化ナトリウム水溶液（濃度48％）の入ったポリ容器（容積20リットル）を誤って転倒させた．荷台及び工場内に漏洩した．約2 kgが漏洩した．
	1	埼玉	クロルピクリン	○				1	1	納屋に保管されていた農業用土壌燻蒸剤が火災により加熱されたことにより発生した蒸気により，消防活動中の消防隊員が受傷した．
	2	千葉	塩素			○				病院内の人工透析センターの透析機械室内において，職員が次亜塩素酸に酢酸を混合したところ，塩素ガスが発生し，透析機械室内に塩素ガスが漏洩した．
2015	6	京都	塩酸		○			1		塩酸を積載した大型タンクローリーに，後続の大型トラックが追突した．タンク後部が破損し，積載されていた塩酸6500リットルが漏洩した．
	6	東京	一酸化炭素			○	2			解体中の建物で発動機を使用中に，作業員が一酸化炭素中毒になった．
	12	東京	一酸化炭素			○	2			工事現場の地下1階の密閉された室内で発動発電機を使用したために，一酸化炭素中毒になった．
2016	10	広島	過酸化水素		○					運搬車両で過酸化水素（18リットル×110缶）を運搬中に，カーブで2缶を落下させ，過酸化水素が漏洩した．
	12	福島	硫化水素			○	2			下水道マンホール内で清掃作業に従事していた従業員が，硫化水素中毒になった．

（3）消防活動阻害物質

消防活動阻害物質は，消防法第 9 条の 3 第 1 項において，「圧縮アセチレンガス，液化石油ガスその他の火災予防又は消火活動に支障を生ずるおそれのある物質で政令で定めるもの」と定義されている．次の①から⑥に掲げる物質であって，以下に示す数量以上のものと規定されている[13]．

① 圧縮アセチレンガス：40 kg

② 無水硫酸：200 kg

③ 液化石油ガス：300 kg

④ 生石灰（酸化カルシウム 80% 以上を含有するものをいう．）：500 kg

⑤ 毒物及び劇物取締法（昭和 25 年法律第 303 号）第 2 条第 2 項に規定する毒物のうち別表第一の上欄に掲げる物質：当該物質に応じそれぞれ同表の下欄に定める数量

⑥ 毒物及び劇物取締法第 2 条第 2 項に規定する劇物のうち別表第二の上欄に掲げる物質：当該物質に応じそれぞれ同表の下欄に定める数量

消防活動阻害物質のうち毒劇物については，基本的な考え方として，原則として危険物に該当するものを除外し，流通実態を考慮して表 10・16 にあげた要件に該当するものについて，消防活動阻害物質に新たに追加する必要があることとされている．

消防活動阻害物質の貯蔵または取り扱いに際しては，あらかじめ消防長または消防署長に届け出なければならない．消防活動阻害物質が関係した火災の件数を表 10・17 に示す．

表 10・16　消防活動阻害物質に新たに追加するための要件[13]

指定要件	細目
①常温で人体に有害な気体であるもの又は有害な蒸気を発生するもの	○「常温」とは，温度 20℃ をいう． ○「有害な」とは，危険な吸入毒性を有することをいう． ○「有害な蒸気を発生するもの」とは，液体（1 気圧において，温度 20℃ で液状であるもの又は温度 20℃ を超え 40℃ 以下の間において液状となるものをいう．）であるもの又は空気中の水分等と反応して，危険な吸入毒性を有する気体を発生する固体（気体及び液体以外のものをいう．）であるものをいう．
②加熱されることにより人体に有害な蒸気を発生するもの	○「加熱されること」とは，火災時における温度上昇をいう． ○「有害な蒸気を発生するもの」とは，固体であって，融解もしくは昇華するもの又は分解により危険な吸入毒性を有する気体を発生するものをいう．
③水又は酸と反応して人体に有害な気体を発生するもの	○「有害な気体を発生するもの」とは，固体であって，危険な吸入毒性を有する気体を発生するものをいう．
④注水又は熱気流により人体に有害な粉体が煙状に拡散するもの	○「粉体」とは，流通する形状が粉粒状（目開きが 2 mm の網ふるいを通過する量が 10% 以上であるもの）であるものをいう．

表 10·17 消防活動阻害物質に係る火災件数[4~8)]

年	件数	物質の区分					
		圧縮アセチ レンガス	無水硫酸	液化石油 ガス	生石灰	政令別表第1 に定める毒物	政令別表第1 に定める劇物
2012	火災件数	12	0	43	3	3	10
	死者	0	0	0	0	0	0
	負傷者	4	0	25	0	4	6 (1)
2013	火災件数	8	0	34	1	5	12
	死者	0	0	1	0	1	0
	負傷者	0	0	20	1 (1)	0	1
2014	火災件数	9	0	43	1	0	7
	死者	0	0	0	0	0	0
	負傷者	5	0	33	0	0	34
2015	火災件数	16	0	34	3	2	7
	死者	4	0	3	0	0	0
	負傷者	9	0	18	0	1	17
2016	火災件数	12	0	39	5	0	6
	死者	0	0	2	0	0	0
	負傷者	1	0	24	6 (6)	0	2

括弧内の数は消防職員または消防団員の負傷者数

(鈴木 健)

10·6 洞 道 火 災

　洞道は，電力ケーブル，電話ケーブルを地盤面下に暗渠方式に埋設したものである[1)]．ガス管をはじめ電力ケーブル，電話ケーブル，水道管などを地盤面下に一つの溝にまとめて埋設したものを共同溝という．埋設方式は以下の3方式に大別される．
・直接埋設式
　コンクリートトラフ等を敷き並べ，その中にケーブルを敷設し，砂をトラフ内に充填した後，コンクリート板などで蓋をして埋め戻す方式
・管路引入式
　鉄筋コンクリート管，鋼管などを使用して数条から数十条のケーブルを敷設し，適当な間隔をおいてケーブルの引き入れ及び接続のためのマンホールを設ける方式
・暗渠方式
　地中に鉄筋コンクリート等の暗渠を設置し，その暗渠を利用して支持金物によりケーブルを支持する方式

10・6・1　洞道火災の事例

洞道火災の事例を表 10·18 に示す.

表 10·18　洞道火災の事例

発生年月	場所	火災状況
1998（平成10）年11月	東京都中央区	地下 10 m に設置された送電専用洞道内で火災が発生した. 洞道の北側に接する橋の掛け替え工事に伴い, 橋桁を貫通している電力ケーブルの送電を順次止めながら, 布設替え工事を実施していた. 出火時は, 275 kV の 3 系統の内の 1 系統の送電を停止し, 新たに電力ケーブルを接続するための工事を実施していたが, 他の 2 系統は送電されていた. 使用されている電力ケーブルは OF ケーブルであった. RFP 製のトラフとよばれる囲いの中に乾燥砂を敷き, 275 kV ケーブルの三相三線を俵積み状に束ねて, トラフの中心に埋設した形で敷設されていた. 275 kV ケーブルの FRP 製トラフ, 絶縁油等が焼損した.[2,3]
2005（平成17）年3月	神奈川県横浜市	地下約 25 m の洞道内に敷設されている電力ケーブルから出火した. 送電ケーブル, 中間接続部, 絶縁油が焼損した.
2015（平成27）年4月	千葉県船橋市	変電所間を結ぶ約 7 km の洞道内に敷設された電力ケーブルで火災が発生した. 電力ケーブルは, 154 kV 架橋ポリエチレン絶縁防災ビニルシースケーブルであった.[4]
2016（平成28）年10月	埼玉県新座市	新座変電所から練馬変電所及び豊島変電所までを結ぶ洞道内で火災が発生した. 警察からの電話で覚知し, 消防隊が出動した. 現場に到着した消防隊は, 洞道の換気口から黒煙の噴出を確認したことを警防本部へ報告した. 警防本部から洞道を所管する電力会社へ送電停止の要請を実施した. 大隊長は送電停止確認まで放水の禁止, 警戒筒先の配備, 近隣住民等の避難誘導を下命した. 消防隊到着から約 20 分後に電力会社の現場責任者が到着し, 再度, 大隊長から送電停止を要請した. 約 10 分後, 電力会社現場責任者から都心給電所へ送電停止を依頼したところ, 直後に火災の影響により全ての送電線が破壊されたことで送電停止に至ったことが確認された. 消防隊は送電停止の確認を受け, 洞道出入口から泡による消火活動を開始した. 消火活動開始から約 80 分後, 電力会社が火点直上のマンホールの蓋を専用の器具で開放し, 消防隊は火点直上から消火を開始した. 黒煙の減少が確認されたことから, 署隊長の判断で火点直上マンホールから電力会社が自主調達したドライアイス 450 kg を投入し, さらに放水を継続した. 電力会社による OF ケーブルへの給油停止は, 消火活動開始から約 2 時間 30 分後であった. 消防隊が消火活動を開始してから約 3 時間後, 隣接のマンホールより隊員が進入し, 鎮圧を確認した. 人的被害はなかった. 電力ケーブル, 通信ケーブル, OF ケーブル内の絶縁油約 12000 リットル等が焼損した. 豊島区, 練馬区を中心に, 都内で約 58 万 6000 戸一時停電した. また, 約 200 箇所の信号機が一時機能しなくなった. 鉄道機関も麻痺し約 9 万人に影響を与えた.

消防活動について，以下のことが指摘された．
- 指揮隊の人数が3名では，情報管理，情報収集に限界があった．
- 送電停止後に泡による消火を試みたが，地下から高温の気流が上昇してきて，泡が押し返された．
- 報道機関から多数の問い合わせがあり，対応が困難となった．
- 火勢を鎮圧し，マンホールから洞道内に進入するまで，火災の規模が全く把握できなかった．
- 火点に隣接するマンホールから進入を試みたところ，地下の深さは約9mで，火災現場まで約250m離れていた．横に10m進むと，外部と無線交信できなくなった．
- 洞道内に進入する際には，電力ケーブルの他に何があるのか不明だったため，感電のおそれがあった．
- 洞道内には漏洩した絶縁油と消火水が溜まっていた．最下層では深さ1.8mになった．長靴が溶けたり，破れたりして，安全管理上の問題が生じた[5~7]．

10・6・2　洞道火災の特徴

洞道火災には以下のような特徴がある[8]．
- 点検用の入口，換気口等の進入口として使用できる場所が，地上にある建築物と比べて少ない．進入口が少ないことから，活動する消防隊の数が制約され，進入する方向も制限される．このことから，活動が長時間化することが予想される．
- 洞道内に敷設されている電力ケーブル等には，絶縁及び外装材としてプラスチック類が使用されている．また，一部の電力ケーブルには絶縁油が使用されている．これらが燃焼すると，熱，煙，有毒ガスが発生することが考えられる．換気口が限定されることから，洞道内に充満することが予想される．
- 内部に設置された配線ラックや配管が，行動の障害となることがある．洞道内が高温になると，コンクリートの剥離や爆裂も考えられる．
- 洞道内の施設への直接的な被害だけでなく，電話回線の不通，停電，データ通信の混乱などのライフラインへの被害が起こりうる．

10・6・3　消防活動上の留意事項

消防活動上の留意事項として以下のことがあげられる[7]．
- 電力ケーブルが敷設されている洞道（電力ケーブル敷設洞道）の火災時には，早期に消火活動体制を確保するため，洞道の管理者又は敷設者（洞道管理者）に対して迅速に送電の停止を要請する．
- 消防隊は，火災現場において洞道管理者の現場責任者と緊密に連携し，電力ケーブル敷設洞道については速やかに送電停止の状況を確認し，停止されていない場合には，早期停止を要請する．
- 消防隊は，洞道管理者の現場責任者に，要救助者の有無，洞道内の敷設物件，延焼範囲，洞道内の区画構造等を確認し，活動隊員等に周知する．
- 消防隊は，消火体制を確保するため，洞道管理者の現場責任者に対してマンホール等の消火に有効な開口部の早期開放を要請するとともに，延焼拡大及び二次災害を考慮し，周辺

マンホール等への迅速な筒先配備及び消防警戒区域の設定を図る.

・電力ケーブル敷設洞道においては,消防隊は送電の停止が確認できるまでは周囲建物等への延焼防止を主眼として活動し,送電停止の確認後,速やかに洞道内への大量放水又は大量泡放射による消火を図る.

・電力ケーブルに OF ケーブル(Oil Filled Cable)が使用されている場合には,絶縁油が大量に流出している可能性があることから,洞道管理者に早期給油停止を要請するとともに,泡放射による消火を主眼とし,火災の規模に応じて泡消火薬剤の早期集結を考慮する.OF ケーブルとは,導体の内部に油流路を設けてケーブルに絶縁油を充填,導体に巻いた絶縁紙に絶縁油を含浸させ,外部に設置した油槽によって常時大気圧以上の圧力を加えている地中送電用ケーブルである.

・洞道内に進入して活動する際には十分な安全管理体制を確保するとともに,活動時間の設定,進入隊員及び活動内容の把握,進入隊員との通信体制,援護注水体制,退路の確保等,進入管理及び活動管理を徹底する.

事前の警防対策として,以下のことがあげられる.

・火災予防条例に基づく指定洞道等の届出等を活用し,あらかじめ指定洞道等の出入口や内部構造等を把握するとともに,洞道管理者の火災時の対応要領について確認し,必要な場合には協議し,指導する.送電停止の判断については洞道管理者が現場に到着する前でも,消防隊からの要請に早期に対応できるよう,洞道管理者と事前に協議する.

・OF ケーブルの給油停止措置に係る連絡体制,洞道管理者の自主対策(電力ケーブル等の延焼防止対策,防災設備の設置状況,火災時のドライアイス調達等)などを事前に把握し,円滑な消防活動のため,必要に応じて協議し,指導する.

・火災発生時の洞道管理者との連携及び円滑な消防活動のため,洞道及び関連施設等における洞道管理者との合同訓練や視察を定期的に実施する.

・指定洞道等において,警防対策の見直しを要する経路変更や出入口,換気口の新設,撤去などの重要な変更を行う場合は,火災予防条例に基づく届出を徹底するよう洞道管理者に指導する.

電力ケーブル技術ハンドブック[9]には,洞道内のケーブルの防災対策として以下のようなものがあげられている.各洞道にどのような対策がとられているか,どの程度の有効性があるかについては洞道管理者,電力事業者等に問い合わせる必要がある.

・ケーブル,給油管などを難燃性のパイプまたはトラフ内に設置する.
・ケーブルの防食層,プラスチックシースに難燃性の材料を使用する.
・ケーブル,給油管などに難燃性のあるテープを巻き付ける.
・洞道の床面に砂利を敷く.
・ケーブル,接続部などの間に難燃性の板などを設置する.
・マンホール内,マンホール近くの洞道部に消火のための器具等を設置する.
・熱源を発見するための感知線をケーブルに添って設置する.

(鈴木　健)

10・7　廃 棄 物 火 災

　廃棄物とは，排出者にとって不要なものである．そのため，化学的性質または物理的性質により定義することはできない．その結果，あらゆるものが廃棄物として排出されうる．消防法危険物，火薬類，安衛法危険物，高圧ガス容器，スプレー缶，毒劇物，一次電池，二次電池，可燃性の粉体，農薬，放射性物質なども廃棄物として排出されうる．排出者の集積場所での保管中，廃棄物処理業者等による回収作業中，輸送中，処理施設での貯蔵中（建物内，屋外，タンクやサイロ等の内部），資源や燃料にするための加工中，焼却などの処理中，埋め立てのような排出から処理までの全ての過程において，火災または爆発が起こりうる．廃棄物に関連した災害の事例については文献1から12を，廃棄物火災における消防活動については文献1および13を，廃棄物処理施設の安全対策については文献7および14を参照されたい．有毒ガスの発生，酸欠，機械類によるはさまれ等による労働災害も起こるので，公設消防機関による救急活動，救助活動も発生する．　　　　　　　　　　　　　　　（鈴木　健）

文　　献

〔10・1〕

1) EV等保有台数統計，次世代自動車振興センター：http：//www.cev-pc.or.jp/tokei/hanbai. html

2) 風間智英，鈴木一範，張　鼎暉，吉橋翔太郎：2030年に向けた電動車市場の展望と周辺業界へのインパクト，知的資産創造，野村総合研究所（2017）

3) 高橋直人：ハイブリッド自動車及び電気自動車の安全技術，リチウムイオン二次電池を搭載した電気自動車の火災危険性を評価するために，平成24年度火災学会講演討論会テキスト，日本火災学会（2013）

4) 神本一朗，元木正紀，上野正樹：電気自動車の衝突安全性能開発，マツダ技報，No. 30（2012）

5) http：//www.spring8.or.jp/ja/news_publications/research_highlights/no_76/

6) 小園　卓，中川裕江，稲益德雄，片山禎弘，温田敏之：難燃性溶剤を電解液に用いたリチウムイオン電池の特性，*GS Yuasa Technical Report*, **2**, 1（2005）

7) オートモーティブエナジーサプライ株式会社，ラミオネート型セル：http：//www.eco-aesc-lb.com/randd/laminatecell/

8) 内海和明：次世代自動車用リチウムイオン電池，自動車技術会，Motor Ring No. 28（2009）

9) http：//www.nissan-global.com/JP/DOCUMENT/PDF/IREVENT/PRESEN/2008/ AESC_presentation_final_J_08-05-19_v1.pdf

10) 一般社団法人日本自動車工業会：車載用のリチウムイオン電池等の取扱い及び輸出取戻しに係る手続きの円滑化等について－補足資料　使用済自動車用リチウムイオンバッテリの安全性確保について，産業構造審議会環境部会廃棄物・リサイクル小委員会自動車リサイクルWG資料第29回合同会議資料，http：//www.meti.go.jp/committee/smmary/0004358/029_05_08.pdf

11) 吉田　崇：電気自動車用システムの課題と研究動向，*Panasonic Technical Jornal* **57**, 3（2011）

12) 森　雅胤，上井隼太：EVの衝突安全技術について（特集 衝突安全）――（新たな衝突安全技術），自動車技術会，**71**, 4, 20174277（2017）

13) Smith B.：Chevrolet Volt Battery Incident Summary Report, DOT HS 811 573, NHTSA（2012）

　　https：//www-odi.nhtsa.dot.gov/acms/cs/jaxrs/download/doc/UCM399393/INRP-

PE11037-49880.pd.

14) Hangzhou Halts：All Electric Taxis as a Zotye Langyue（Multipla）EV Catches Fire. China Auto Web（2011）
http：//chinaautoweb.com/2011/04/hangzhou-halts-all-electric-taxis-as-a-zotye-langyue-multipla-ev-catches-fire/

15) Battery Pack Defects Blamed for Zotye EV Fire, China Auto Web（2011）
http：//chinaautoweb.com/2011/06/battery-pack-defects-blamed-for-zotye-ev-fire/

16) Hangzhou Halts：All Electric Taxis as a Zotye Langyue（Multipla）EV Catches Fire, China Auto Web（2011）
http：//chinaautoweb.com/2011/04/hangzhou-halts-all-electric-taxis-as-a-zotye-langyue-multipla-ev-catches-fire/

17) Battery Pack Defects Blamed for Zotye EV Fire, China Auto Web（2011）
http：//chinaautoweb.com/2011/06/battery-pack-defects-blamed-for-zotye-ev-fire/

18) Christopher Jensen：Tesla Says Car Fire Started in Battery, *The New York Times*（2013）
https：//wheels.blogs.nytimes.com/2013/10/02/highway-fire-of-tesla-model-s-included-its-lithium-battery/

19) Bill Vlasic：Car Fire a Test for High-Flying Tesla, *The New York Times*（2013）
http：//www.nytimes.com/2013/10/04/business/car-fire-a-test-for-high-flying-tesla.html

20) Steven Russolillo：Musk Explains Why Tesla Model S Caught on Fire, *The Wall Street Journal*（2013）
https：//blogs.wsj.com/moneybeat/2013/10/04/elon-musk-explains-how-model-s-caught-on-fire/

21) Blanco Sebastian：Second Tesla Model S fire caught on video after Mexico crash, Autoblog Green（2013）
https：//www.autoblog.com/2013/10/28/second-tesla-model-s-fire-caught-on-video-after-mexico-crash/

22) John Voelcker：Tesla Fires；NHTSA Will Probe, Warranty To Cover Fire Damage, Ride-Height Tweak, Green Car Reports（2013）
https：//www.greencarreports.com/news/1088588_tesla-fires-nhtsa-will-probe-warranty-to-cover-fire-damage-ride-height-tweak

23) Lambert Fred：Tesla will update the Model S software for safer charging following a Supercharger fire, Electrek（2016）
https：//electrek.co/2016/03/17/tesla-supercharger-fire-update-software-short-circuit/

24) Lambert Fred：Tesla says Model S fire in France was due to 'electrical connection improperly tightened' by a human instead of robots, Electrek（2016）
https：//electrek.co/2016/09/09/tesla-fire-france-electrical-connection-improperly-tightened-human-robot/

25) Christopher Jensen：Fisker Recalling 239 Karma Plug-In Hybrids for Fire Hazard, The New York Times（2012）
https：//wheels.blogs.nytimes.com/2011/12/30/fisker-recalling-239-karma-electric-cars-for-fire-hazard/

26) David Arnouts：Official claims Fisker Karma to blame in Texas house fire, Autoweek（2012）
http：//autoweek.com/article/car-news/official-claims-fisker-karma-blame-texas-house-fire-update-statement-fisker-karma

27) Fisker Automotive, Fisker：Karma fire caused by fault in low-temperature cooling fan；initiates recall, Green Car Congress（2012）
https：//www.greencarreports.com/news/1078598_fisker-karma-fire-due-to-faulty-cooling-fan-recall-underway-factory-says

28) 三菱自動車プレリリース：水島製作所における電気自動車用バッテリーパックの火災について，三菱自動車（2013）
http：//www.mitsubishi-motors.com/publish/pressrelease_jp/corporate/2013/news/detaild327.html

29) 三菱自動車，アウトランダー PHEV 駆動用リチウムイオンバッテリーの溶損・短絡問題は地面への落下による衝撃が原因，Car Watch（2013）
https：//car.watch.impress.co.jp/docs/news/597422.html

30) Josie Garthwaite：Mystery at Port Newark；Why Did 17 Plug-In Cars Burn?, *The New York Times*（2012）
https：//wheels.blogs.nytimes.com/2012/11/02/mystery-at-port-newark-why-did-17-plug-in-cars-burn/

31) John Voelcker：Sandy Flood Fire Followup；Fisker Karma Battery Not At Fault, *Green Car Reports*（2012）
https：//www.greencarreports.com/news/1080276_sandy-flood-fire-followup-fisker-karma-battery-not-at-fault

32) 耐熱性リチウムイオン二次電池，https：//astamuse.com/ja/published/JP/No/2013084521

33) 高橋直人：ハイブリッド自動車及び電気自動車の安全技術，リチウムイオン二次電池を搭載した電気自動車の火災危険性を評価するために，平成 24 年度火災学会講演討論会テキスト（2013）

34) 渡邉憲道：リチウムイオン二次電池を搭載した電気自動車の実規模燃焼実験，平成 24 年度火災学会講演討論会テキスト（2013）

35) 渡邉憲道，諏訪正廣，尾川義雄，須川修身ほか：バッテリー駆動電池自動車の燃焼性状，平成 24 年度日本火災学会研究発表会概要集（2012）

36) 渡邉憲道，須川修身，諏訪正廣，佐藤英樹ほか：角型リチウムイオン二次電池を搭載した小型電気自動車の燃焼挙動，平成 26 年度日本火災学会研究発表会概要集（2014）

37) 渡邉憲道，須川修身，諏訪正廣，佐藤英樹ほか：角型リチウムイオン二次電池を搭載した小型電気自動車の燃焼挙動，平成 26 年度日本火災学会研究発表会概要集（2014）

38) 高橋昌志：リチウムイオン電池搭載車両の火災試験，火災 **62**, 6（2012）

39) Watanabe, N., Sugawa, O., Suwa, T. *et al.*：Comparison of Fire Behaviors of an Electric-battery-powered Vehicle and Gasoline-powered Vehicle in a Real-scale Fire Test, Second International Conference on Fire Vehicles（2012）

40) Amandine Lecocq, Marie Bertana, Benjamin Truchot, Guy Marlair：Comparison of the Fire Consequences of an Electric Vehicle and an Internal Combustion Engine Vehicle, Second International Conference on Fire in Vehicles（2012）

41) Cecilia Lam, Dean MacNeil, Ryan Kroeker, *et al.*：Full-Scale Fire Testing of Electric and Internal Combustion Engine Vehicles, Fourth International Conference on Fire in Vehicles（2016）

42) 高橋雅子：電動車両用電池・充電に関する国際標準化の進捗，*JARI Research Jornal*, 20141201（2014）

43) 小川計介：Automotive Report 外部企業から安全試験を受託，日経 Automotive, 2016 年 9 月号（2016）

44）高橋昌志，前田清隆：自動車リチウムイオン電池の内部短絡試験方法の調査，*JARI Research Journal*，20150902（2015.9）

45）尾川義雄，小高　浩，山田　實，渡邉憲道ほか：リチウムイオン電池を搭載した電気自動車の消火，平成 24 年研究発表会概要集（2012）

46）Egelhaaf, M., Kress, D., Wolpert, D., Lange, T. *et al.*：Fire Fighting of Li-Ion Traction Batteries, *SAE Int. J. Alt. Power.* **2**, 1（2013）

47）R. Thomas Long Jr., Andrew F. Blum, Thomas J. Bress, Benjamin R. T. Cotts：Best Practices for Emergency Response to Incidents Involving Electric Vehicles Battery Hazards；A Report on Full-scale Testing Results, Fire Protection Research Foundation（2013）

48）Markus Egelhaaf, Dieter Wolpert, Thomas Lange：Fire Fighting of Battery Electric Vehicle Fires, Responding to Electric Vehicle Battery Fires, Third International Conference on Fire in Vehicles（2014）

49）Casey C. Grant：Responding to Electric Vehicle Battery Fires, Third International Conference on Fire in Vehicles（2014）

50）車載用蓄電池分野の技術戦略策定に向けて，技術戦略研究センターレポート TSC Foresight，国立研究開発法人新エネルギー・産業技術総合開発機構，Vol. 5（2015.10）

51）National Hydrogen and Fuel Cells Emergency Response TRAINING, the DOE Office of Energy Efficiency and Renewable Energy's Fuel Cell Technologies Office.
https：//h2tools.org/fr/nt

52）燃料電池自動車について，資源エネルギー庁燃料電池推進室，平成 26 年 3 月 4 日，水素・燃料電池戦略ロードマップ～水素社会の実現に向けた取組の加速～平成 26 年 6 月 23 日水素・燃料電池戦略協議会

53）成澤和幸：水素・燃料電池自動車の世界統一基準について，交通安全環境研究所フォーラム 2013（2013）
https：//www.ntsel.go.jp/forum/2013files/1205_1410.pdf

54）Maeda, Y., Itoi, H., Tamura, Y., Suzuki, J. *et al.*：Diffusion and Ignition Behavior on the Assumption of Hydrogen Leakage from a Hydrogen-Fueled Vehicle, SAE Technical Paper 2007‐01‐0428（2007）

55）Corfu, R., DeVaal, J., and Scheffler, G.：Development of Safety Criteria for Potentially Flammable Discharges from Hydrogen Fuel Cell Vehicles, *SAE Technical Paper*, 2007‐01‐0437（2007）

56）Craig Webster：Experience using PRDs in CNGV and Fill Station Service，Transport CANADA，TP 14076（2002）

57）Gas Cylinders‐High pressure cylinders for the on-board storage of natural gas as a fuel for automotive vehicles‐ISO 11439（2000）

58）Lionel Perrette，Helmut K. Wiedemann：Safe Storage of Natural Gas on Urban Buses：Case Early Investigation and Learnings, SAE Transactions. 116‐06：2007‐01‐0430, pp. 240‐248（2007）

59）Robert Zalosh：CNG and Hydrogen Vehicle Fuel Tank Failure Incidents, Testing, and Preventive Measures.
http：//www.technokontrol.com/pdf/2-auto-hydrogen-fuel-20tank-failure.pdf

60）Scheffler, G., McClory, M., Veenstra, M., Kinoshita, N. *et al.*：Establishing Localized Fire Test Methods and Progressing Safety Standards for FCVs and Hydrogen Vehicles, *SAE Technical Paper*, 2011‐01‐0251（2011）

61) Draft Regulation on hydrogen and fuel cell vehicles, World Forum for Harmonization of Vehicle Regulations, ECE/TRANS/WP. 29/GRSP/ September (2013)

62) Craig Webster：Localized Fire Protection Assessment for Vehicle Compressed Hydrogen Containers, NHTSA Report, DOT HS 811 303 (2010)
https：//www.nhtsa.gov/sites/nhtsa.dot.gov/files/811303.pdf

63) 日置健太郎，近藤政彰，山下　顕，大神敦幸：新型 FCV 用高圧水素タンクの開発，自動車技術会 2015 年春期大会学術講演会講演予稿集，S 171, 20155171 (2015)

64) Tamura, Y., Takabayashi, M., Tomioka, J., Suzuki, J. *et al.*：An Experimental Study on the Fire Response of Vehicles with Compressed Hydrogen Cylinders, *SAE Int. J. Passeng. Cars - Mechical System*, 3, 1, pp. 301 - 307 (2010)

65) Suzuki, J., Tamura, Y., Watanabe, S., Takabayashi, M. *et al.*：Fire Safety Evaluation of a Vehicle Equipped with Hydrogen Fuel Cylinders：Comparison with Gasoline and CNG Vehicles, *SAE Technical Paper*, 2006 - 01 - 0129 (2006)

66) Tamura, Y., Suzuki, J., and Watanabe, S.：The Fire Tests with High-Pressure Hydrogen Gas Cylinders for Evaluating the Safety of Fuel-Cell Vehicles, *SAE Technical Paper*, 2004 - 01 - 1013 (2004)

67) Michael R. Swain：Fuel Leak Simulation, Proceedings of 2000 DOE H_2 Program (2000)

68) International Chemincal Substance Safety Card, California Fuel Cell Partnership, Emaegency Response Guide, Version 2 (2004)

69) Tamura, Y., Takabayashi, M., Tomioka, J., Suzuki, J. *et al.*：An Experimental Study on the Fire Response of Vehicles with Compressed Hydrogen Cylinders, *SAE Int. J. Passeng. Cars - Mechical System*, 3, 1 (2010)

70) Tamura, Y., Yamazaki, K., Maeda, K. and Sato, K.：The residual strength of automotive hydrogen cylinders after exposure to flames, The 7 th International Conference on Hydrogen Safety (2017)

71) Yohsuke Tamura, Masayuki Takeuchi, Kenji Sato：Effectiveness of a blower in reducing the hazard of hydrogen leaking from a hydrogen-fueled vehicle, *International Journal of Hydrogen Energy*, **39**, 35 (2014)

72) Kiyotaka Maeda, Yohsuke Tamura：Characteristics of hydrogen leakage sound from a fuel -cell vehicle by hearing, *International Journal of Hydrogen Energy*, **42**, 11 (2017)

73) Koji Yamazaki, Yohsuke Tamura：Study of a post-fire verification method for the activation status of hydrogen cylinder pressure relief devices, *International Journal of Hydrogen Energy*, **42**, 11 (2017)

〔10・2〕

1) 消防庁特殊災害室：特殊災害対策の現況（平成 27 年から平成 15 年）

2) 航空・鉄道事故調査委員会：鉄道事故調査報告書，RA 2004 - 1 (2004)

3) 富良野市広域連合消防本部：月刊消防，9 月号，pp. 49 - 53 (2011)

4) 編集局：近代消防，9 月号，pp. 47 - 51 (2011)

5) 運輸安全委員会：鉄道事故調査報告書，RA 2013 - 4 (2013)

6) JR 北海道：特急スーパー白鳥 34 号車両から白煙が出た事象について（平成 27 年 4 月 4 日付けプレスリリース）

7) 編集室：月刊消防，11 月号，pp. 1 - 9 (2015)

8) 運輸安全委員会：鉄道事故調査報告書，RA 2016 - 5 (2016)

9）国土交通省：石井啓一大臣会見要旨（2017 年 9 月 12 日）
10）特殊災害室：消防の動き，No. 390, pp. 12 - 13（2003）
11）地下鉄道の火災対策検討会：地下鉄道の火災対策検討会報告書（平成 16 年 3 月）
12）特殊災害室：消防の動き，No. 398, pp. 13 - 14（2004）
13）田中利男：列車火災，日本鉄道図書（1976）
14）東京消防庁警防部 監修，東京消防庁警防研究会 編集：新消防戦術，東京法令（1994）

〔10・3〕
1）内閣府：交通安全白書（平成 29 年から 8 年）
2）消防庁特殊災害室：特殊災害対策の現況（平成 27 年から平成 6 年）
3）福岡市消防局警防部警防課：近代消防，7 月臨時増刊号，pp. 177 - 187（2000）
4）福岡市消防局：消防科学と情報，No. 46, pp. 40 - 46（1996）
5）航空事故調査委員会：航空事故調査報告書（ガルーダインドネシア航空所属ダグラス式 DC - 10 - 30
　　型 PK-GIE 福岡空港 平成 8 年 6 月 13 日）
6）月刊消防，1 月号，p. 5（2000）
7）仲宗根忠寛：近代消防，Jan, pp. 80 - 83（2008）
8）消防庁：那覇市において発生した中華航空機炎上事故（最終報）（平成 19 年 8 月 20 日）
9）運輸安全委員会：航空事故調査報告書，AA 2009 - 7（2009）
10）運輸安全委員会：航空事故調査報告書，AA 2013 - 4（2013）
11）運輸安全委員会：航空事故調査報告書，AA 2017 - 4（2017）
12）消防庁：佐賀県神埼市における自衛隊ヘリコプター墜落火災（第 5 報）（平成 30 年 2 月 6 日）
13）神埼市：自衛隊ヘリコプター墜落事故に対する神埼市の対応について（平成 30 年 2 月 14 日）
14）佐賀県：山口知事と小野寺防衛大臣との面談内容をお知らせします（平成 30 年 2 月 13 日）
15）陸幕広報室：陸上自衛隊ニュースリリース（平成 30 年 2 月 5 日から 2 月 11 日）
16）読売新聞：平成 30 年 2 月 6 日付け記事
17）東京消防庁警防部 監修，東京消防庁警防研究会 編集：新消防戦術，東京法令（1995）

〔10・4〕
1）海上保安庁：海難の現況と対策（平成 28 年から平成 20 年）
2）海上保安庁：船舶海難及び人身事故の発生と救助の状況（平成 19 年から平成 17 年）
3）消防庁特殊災害室：特殊災害対策の現況（平成 27 年から平成 6 年）
4）大阪市消防局警防部司令課：コンテナ船エバートラスト号の火災，火災，46, 3, pp. 30 - 35（1996）
5）大阪市消防局警防部司令課：コンテナ船エバートラスト号の火災，近代消防，7 月臨時増刊号，pp.
　　149 - 153（2000）
6）大阪市消防局：コンテナ船エバートラスト号火災，月刊消防，5 月号，pp. 30 - 31（1999）
7）長崎市消防局：ダイヤモンドプリンセス船舶火災の概要，近代消防，1 月号，pp. 93 - 97（2003）
8）長崎市消防局警防課：ダイヤモンド・プリンセス船舶火災，火災，53, 2, pp. 34 - 39（2003）
9）消防庁：建造中の船舶及び工事中の建造物等の防火管理に係る検討報告書，月刊フェスク，12 月号，
　　pp. 27 - 40（2003）
10）新築の工事中の建造物等に係る防火管理及び防火管理者の義務の外部委託等に係る運用について（平
　　成 16 年 3 月 26 日付け消防安第 43 号）
11）消防庁：危険物に係る事故事例（火災編）（平成 19 年）
12）防衛省：護衛艦「しらね」の火災事案について（平成 20 年 3 月 21 日付けプレスリリース）
13）運輸安全委員会：船舶事故調査報告書，MA 2009 - 5（2009）

14）海上保安庁総務部政務課政策評価広報室：船舶火災への対応，海と安全，No. 568，pp. 2 - 5（2016）

15）消防庁特殊災害室：船舶火災における消防機関の消防活動，海と安全，No. 568，pp. 6 - 10（2016）

16）船舶火災事故事例集，海と安全，No. 568，pp. 20 - 38（2016）

17）消防庁特殊災害室：船舶の火災と対策；船舶火災対策活動マニュアル，海文堂（1992）

18）船舶安全学研究会：船舶安全学概論 改訂増補版，成山堂（2003）

〔10・5〕

1）厚生労働省医薬食品局審査管理課化学物質安全対策室：GHS 〜毒物・劇物について

2）厚生労働省医薬食品局審査管理課化学物質安全対策室：GHS 対応ラベルおよび SDS の作成マニュアル

3）厚生労働省医薬食品局審査管理課化学物質安全対策室：GHS 対応ラベルの読み方

4）平成 24 年中の都市ガス，液化ガス及び毒劇物等による災害状況について（平成 25 年 8 月 8 日付け消防危第 144 号）

5）平成 25 年中の都市ガス，液化ガス及び毒劇物等による災害状況について（平成 26 年 8 月 1 日付け消防危第 190 号）

6）平成 26 年中の都市ガス，液化ガス及び毒劇物等による災害状況について（平成 27 年 7 月 31 日付け消防危第 178 号）

7）平成 27 年中の都市ガス，液化ガス及び毒劇物等による災害状況について（平成 28 年 8 月 25 日付け消防危第 160 号）

8）平成 28 年中の都市ガス，液化ガス及び毒劇物等による災害状況について（平成 29 年 8 月 31 日付け消防危第 177 号）

9）全国消防長会 編集，東京消防庁 編集協力：実戦 NBC 災害消防活動，3 訂版，東京法令出版（2009）

10）三好陸奥守：実は身近な NBC 災害，東京法令出版（2017）

11）消防庁国民保護・防災部参事官付：平成 28 年度救助技術の高度化等検討会報告書（平成 29 年 3 月）

12）例えば 田村昌三 監訳，日本化学工業協会 編集：緊急時応急措置指針，改訂 4 版，日本規格協会（2014）

13）火災危険性を有するおそれのある物質等に関する調査検討会：火災危険性を有するおそれのある物質等に関する調査検討報告書（平成 29 年 3 月）

〔10・6〕

1）消防活動研究会 編著，東京消防庁 監修：地下施設災害の消防戦術，東京法令出版（1994）

2）調査課：洞道内の工事中ケーブルから出火した火災，東京消防，5 月号，pp. 115 - 118（1999）

3）本橋由紀則：洞道内の工事中ケーブルから出火した火災，第 47 回全国消防技術者会議資料，pp. 85 - 89（1999）

4）橋本正勝，有田辰哉：指定洞道におけるケーブル接続部から出火した火災について，第 64 回全国消防技術者会議資料，pp. 347 - 356（2016）

5）朝霞地区一部事務組合 埼玉県南西部消防本部：埼玉県新座市の送電施設で発生した火災の消防活動について，ほのお，7 月号，pp. 4 - 8（2017）

6）朝霞地区一部事務組合 埼玉県南西部消防本部：送電施設等で発生した火災の消防活動について，月刊消防，2 月号，pp. 14 - 17（2017）

7）洞道火災時における消防活動上の留意事項等について（平成 28 年 12 月 14 日付け消防消第 242 号，消防予第 377 号）

8）東京消防庁警防部 監修，東京消防庁警防研究会 編集：新消防戦術，東京法令（1994）

9）飯塚喜八郎 監修：新版 電力ケーブル技術ハンドブック，電気書院（1994）

〔10・7〕

1）尾川義雄：廃棄物処理施設等における火災に関する文献紹介，消防研究所報告，**96**，pp. 109‒113 （2003）

2）消防庁：ごみ固形化燃料等関係施設の安全対策調査検討報告所（2003）

3）鈴木　健：RDF 火災について，安全工学，**43**，pp. 254‒261（2004）

4）鈴木　健：サイロ火災について，火災，**55**，pp. 35‒41（2005）

5）T. Suzuki, Y. Ogawa, and L. Gao：An Analysis of fire Accidents Related with Waste Processing in Japan, Fire Asia 2006, Hong Kong, 15‒17 February.（2006）

6）消防研究所：RDF 火災に関する調査研究報告書（平成 15 年度），消防研究所資料，**71**（2006）

7）武田信生 監修：廃棄物安全処理・リサイクルハンドブック，丸善（2010）

8）鈴木　健：コンベヤ火災について，消防研究所報告，**114**，pp. 34‒44（2013）

9）鈴木　健：RDF が関係した火災について，安全工学，**53**，pp. 418‒424（2014）

10）鈴木　健：高速道路で発生した危険物等の災害の事例について，消防研究所報告，**120**，pp. 24‒69 （2016）

11）鈴木　健：小中高校における理科実験で発生した火災，爆発について，消防研究所報告，**121**，pp. 38‒87（2016）

12）鈴木　健：再生油に関係した火災，漏洩について，消防研究所報告，**123**，pp. 41‒65（2017）

13）尾川義雄：廃棄物処理施設での火災安全対策，火災，**60**，pp. 26‒29（2010）

14）全国市有物件災害共済会ごみ処理施設の火災と爆発 事故防止対策マニュアル（2009）

第三編　火災安全対策の技術と方法

	主　査	幹　事
第11章	長尾　一郎	吉葉裕毅雄・万本　敦
第12章	志田　弘二	大宮　喜文
第13章	池田　憲一	千葉　博
第14章	松山　賢	山口　純一
第15章	天野　久徳	五十嵐幸裕・青木　浩
第16章	柏木　修一	岡本　透・沖　裕二

執筆者（五十音順）

明野　徳夫	天野　久徳	生田　眞勝	池田　憲一	石川　義彦
伊藤　幹彌	井上　康史	上杉　英樹	海老原直文	大内　富夫
大原　実	奥山　哲	小田　英輔	鍵屋　浩司	笠原　勲
鎌倉　弘幸	桑原昭四郎	古平　章夫	斎藤　光	斎藤　勇造
桜井登志郎	桜井　高清	塩沢　勉	須川　修身	鈴鹿　靖史
鈴木　弘昭	相馬　信行	髙橋　済	高堀　正一	田中　智子
田中　道高	田村　裕之	田村　陽介	寺井　俊夫	寺崎　秀雄
長岡　勉	仲谷　一郎	永塚　裏	中野　隆志	鍋嶋　康成
西垣　太郎	西形　國夫	西本　俊郎	丹羽　博則	萩原　一郎
長谷見雄二	原田　和典	人見　浩司	深谷　司	福井　潔

（裏面へ続く）

第11章 感知・警報・消火設備

　本章は，主として日本における感知・警報・消火設備について記述する．火災感知に関しては，関連する火災現象や感知特性についても記述している．消防関係法令では，一定の用途や規模の建築物には火災の感知・通報・消火等のための設備の設置・維持が義務付けられている．本章で取り上げる設備は消防関係法令に基づいているが，理解しやすくするために設備や機器に関する用語や分類等が法令とは必ずしも一致しない（例：感知器を火災感知器，受信機を火災受信機と記載するなど）場合があるが，建築物の許認可や機器の認証等の場においては，これらの用語を消防関係法令等に基づき正確に使用することが求められるので注意が必要である．

　また，時代と共に新しい設備機器が追加される一方，ある時期に多量に設置され，現在ほとんど生産されていなくても，建物に設置されつづける機器あるいは補用品のみが提供されているものもある．国内では馴染みがないが海外では広く使用されている機器もある．規格・技術基準が定められているが現在，国内市場に流通していない機器についても記述している．

　なお，消防用設備等の設置基準を含めて，関連情報及び最新情報については，警報設備・消火設備等の各種講習用テキストのほか，認証機関などのホームページに掲載されている情報や関係団体，工業会をはじめ会員各社のホームページ等を参照願いたい[11・1の29～33]．

　海外の規格等の最新情報に関しては，11・5 の参考文献に示すような関連組織のホームページから取得することをお奨めする．

（堀田　博文）

11・1　火災感知と警報システム

11・1・1　感知に関わる火災現象
（1）火源と感知器

　火災感知警報システムの基本的な機能は，（自動的に）火災を見つけて，（在館者に）火災の発生を知らせることである．火災の発生をできるだけ早い段階で見つけるのが感知器の役割である．火災はどこで発生するかわからないので，熱を感知する熱感知器や煙を感知する煙感知器は，最も感知しやすいと思われる場所，例えば部屋の中央付近の天井に設置される．これらの感知器は，部屋のどこかで起きた小規模な火災（火

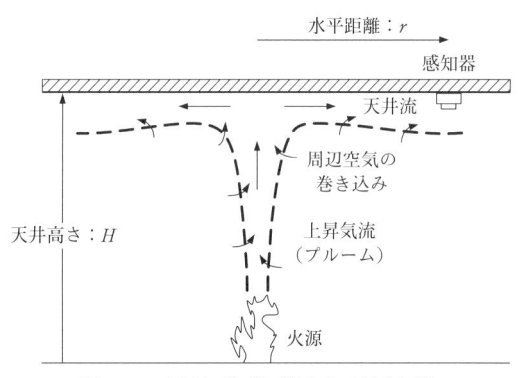

図 11・1　火源と感知器（熱および煙感知器）

源）の発生に際し，火源から発生した上
昇気流に乗って運ばれる高温の空気や煙
粒子が感知器の設置場所に至り，感知器
周囲の環境が変化したときに，それに応
答して作動する（図11·1）．感知器には
いろいろな種類があり，それが作動する
条件は，それぞれの検出対象と原理によ
り異なる．火源から発生する上昇気流
（プルーム）や，天井面に沿って流れる

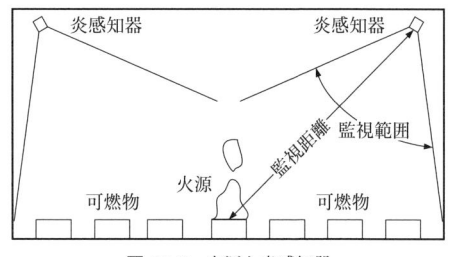

図 11·2　火源と炎感知器

天井流については，他の章で詳しく述べられているので，ここでは省略することとし，最初
に感知器周囲の環境条件と感知器の応答特性を現象面から整理しておく．なお，感知を中心
とした火災現象に関する研究の流れが文献[1]に整理されている．

　炎感知器は，可燃物が燃焼したときに火炎から発生する電磁波（可視光を含む紫外線や赤
外線）を直接に監視する点で，気流に乗って運ばれる燃焼生成物を対象とする煙感知器や熱
感知器とは異なる．設置される場所も，必ずしも天井である必要はなく，すべての可燃物を
監視できる見通しの良い場所，例えば監視対象となる空間の隅角部など，視点の高い場所に
死角を生じないように考慮して設置される．炎感知器の応答は，その設置場所に到達する電
磁波の強度によって決まり，火源の大きさ（発熱強度）と感知器までの距離が重要な要素と
なる（図11·2）．

（2）熱　伝　達

　熱感知器の応答特性は，感知器が置かれた環境と感知器との間の熱伝達により説明するこ
とができる．その熱伝達のプロセスには，気体（高温空気）と感知器の間の対流熱伝達；感
知器の本体を通して起こる伝導熱伝達；そして高温物体から感知器に直接作用する放射熱伝
達；の３つの現象が関係する．それぞれの現象に関する詳しい説明は他の章に譲り，ここで
は熱感知器の応答特性を理解するための基本的な考え方について述べることにする．

　熱感知器の応答特性は熱を感知する感熱部（または感熱素子）の温度の時間的な変化に
よって表されるが，その温度変化は，結局のところ火災が発生してからある時点までに感熱
部に吸収される熱量の総和で決まる．火災のごく初期の間は，感知器の周囲にある物体の温

度は比較的低いので，炎が感知器の直近に
ある場合を除いて，放射により感熱部に伝
達される熱量は他の現象により伝達される
熱量に比べて小さく，ほぼ無視できる．さ
らに，感熱部が感知器の本体と十分に断熱
されている場合には，感熱部から感知器本
体への伝導による熱の移動は無視でき，対
流による感熱部への熱伝達が考慮すべき最
も重要な現象となる．すなわち，放射およ
び伝導による熱伝達が無視し得る場合に

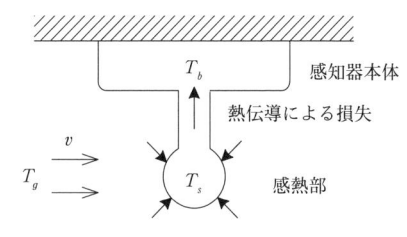

対流による受熱

図 11·3　熱気流から熱感知器の感熱部への熱伝達

は，感熱部に吸収される熱量の総和は対流熱伝達による熱流量の時間的積分値と等しいと考えることができる．

　感熱部と感知器本体との断熱が十分でない場合には，感熱部から感知器本体に熱の流れが生じるために，感熱部に吸収される熱量の総和は対流熱伝達による熱流量の積分値よりも小さくなる．この影響は，対流熱伝達により感熱部に流入した熱量の一部が伝導により失われると考えることにより補正することができる（図 11・3）．

（3）煙　の　特　性

　煙とは物質の燃焼や熱分解により生成される空中浮遊物質のことを指す．一般にガス状の生成物を含めて煙とよぶことも多いが，ここではガス状の生成物を除く粒子状の空中浮遊物質（エアロゾル）だけを考える．

　火源で発生した煙は，浮力により生じた空気の流れや空調等による既存の流れに乗って，火源から室内あるいは建物内に拡散される．火災により発生した煙の拡散を考える場合には，その時間的なスケールが小さいので分子拡散による影響は無視できる．さらに，火源以外の場所で化学反応は起こらない；煙の沈降や付着による消滅は無視できる；と仮定すると，煙の拡散現象は空気を媒体とした純粋な輸送現象と見なすことができる．

　火源における煙の発生量は，燃料となる物質の燃焼速度（重量減少率）と煙生成率から推定することができる．煙生成率は燃焼材から発生する煙の質量の割合を示す指数で，一般に燃焼材の種類および燃焼条件により異なる値となる[2]．

　煙の濃度を表す基本的な指標は重量濃度 C_s で，単位体積当たりの空間に含まれる浮遊粒子（エアロゾル）の質量で表される．この定義から見ると，局所の煙濃度は発生した煙が空気に乗って拡散される過程でどの程度希釈されたかで決まるといえる．火災初期の煙の流動を考える場合には，いわゆるプルームモデルと天井流（シーリングジェット）モデルが有用である．

　煙感知器の応答特性を予測する際には，煙の濃度とともに煙を構成する粒子（エアロゾル）の大きさ（粒子径）に対する粒子数の分布（粒子径分布と呼ばれる）が非常に重要な要素となる．煙の粒子径分布を表すパラメータの中で最も有用なのは，以下のように定義される幾何学的平均粒径 d_{gn} と幾何学的標準偏差 σ_g である．

$$\log d_{gn} = \frac{\int_{d=0}^{d=\infty} \log d \frac{\delta N}{\delta(\log d)} \delta(\log d)}{N} \tag{11・1}$$

$$\log \sigma_g = \left[\frac{\int_{d=0}^{d=\infty} (\log d - \log d_{gn})^2 \frac{\delta N}{\delta(\log d)} \delta(\log d)}{N} \right]^{1/2} \tag{11・2}$$

　ここに，N は煙の単位体積当りの総粒子数濃度，$\delta N/\delta(\log d)$ は $\log d$ と $\log d + \delta(\log d)$ の間の直径をもつ煙粒子の粒子数である．記号 δ は微分を示す．

　d_{gn} と σ_g は，それぞれ粒子径分布 δN を直径 d の対数（$\log d$）でプロットしたときの平均粒子径と粒子径の分布範囲を表す．対数プロットされたときに煙の粒子径分布は一般にガウ

ス分布形になるので，d_{gn} と σ_g は煙の粒子的特性を表す便利な指標となる[2]．線香の煙を例にとると，$d_{gn}=0.072$ μm，$\sigma_g=1.75$ のとき，全粒子数の 68.3% が $\log d_{gn} \pm \log \sigma_g$，すなわち 0.041 μm と 0.126 μm の間にあることを意味する[2]．

　煙の特性を表すもうひとつの重要なパラメータとして減光係数があり，以下のように定義される．

$$K=\frac{1}{L}\ln\frac{I_0}{I} \tag{11·3}$$

ここに，I_0 は入射光の強度，I は同じく光路長 L の煙中を透過した光の強度である．ln は自然対数を表す（図 11·4）．煙感知器の感度は一般に減光率（%/m）で表されているが，これは入射光が煙中で減光される割合 $(I_0-I)/I_0$ を % で表示したものである．例えば，減光率 10%/m は，式（11·3）の定義式に $I=90$ および $I_0=100$ を代入すると，$K \cong 0.1$（m⁻¹）となる．

　一般に減光係数 K と煙の重量濃度 C_s は比例し，以下の関係が成り立つことが知られている[2,3]．

減光式煙濃度計

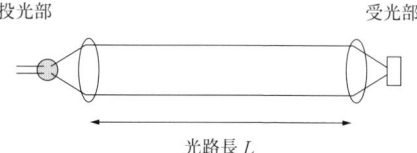

投光部　　　　　　　　　　　　　　　受光部

光路長 L

減光係数 K（m⁻¹）の定義：$K=\dfrac{1}{L}\ln(I_0 / I)$

I_0：入射光の強度
I：煙中を透過した光の強度

図 11·4　減光係数の測定方法

$$K=k_m C_s \tag{11·4}$$

k_m は光の波長と煙の光学的性質（粒子径分布を含む）に依存する有次元の係数である．

（4）火炎からの放射

　いわゆる拡散炎は，紫外線領域から赤外線領域に至る広い波長範囲の電磁波を放射する．炎の中の主な放射源としては，化学反応による励起状態にある化学種の化学発光，電気双極子をもつ高温のガス分子（CO_2，H_2O など），高温の煙粒子（すす），の3つがある．これらの放射源は現実には電磁波を放射すると同時に吸収もする．電磁波の放射と吸収は同一の現象の作用と反作用と考えてよい．炎の場合にはその温度が周囲の物体に比べて非常に高いので，吸収現象よりも放射現象が主体的であるように見えるのである．波長に関しては，煙粒子（すす）が吸収または放射する電磁波は可視から赤外に至る連続スペクトルになるが，ガス体が吸収または放射する電磁波は離散的な波長バンドになる．したがって，何らかの吸収（放射）体を含むガス体の吸収（放射）率は一般的に波長に依存するが，波長を固定したときの吸収（放射）率と吸収（放射）体の濃度の関係は以下のように表される．

$$a_\lambda=\varepsilon_\lambda=1-\exp(-\kappa_\lambda CL) \tag{11·5}$$

ここに，a_λ と ε_λ はそれぞれ波長 λ における単色吸収率または単色放射率，C は吸収/放射体の濃度，L は観測点から見た吸収（放射）体を含むガス体中の光路長である．炎の中に含まれる放射源（ガス体およびすす）はそれぞれ放射のメカニズムが異なるので，放射される電磁波のスペクトルも異なる．実際の炎から発せられる電磁波のスペクトルパターンはそれ

それの放射源のスペクトルの重ねあわせとなっており，放射源を区別するのは困難である．そこで，通常は炎を波長によらない放射率（ε_R）の灰色物体として考えるのが一般的である．

$$\varepsilon_R = 1 - \exp(-K_R L) \tag{11·6}$$

ここに ε_R は炎の実効放射率，L は炎中の平均光路長である．減光係数 K_R は主として炎中のすすの濃度に依存するが，いくつかの燃焼材に対する実験値が知られている[4]．L は炎の厚さに該当するが，簡単な形状の炎に対する値が知られている[5]．これらの値に加えて，炎の温度がわかれば，Stefan-Boltzmann の式から放射源が発するエネルギーを計算することができる．

$$E = \varepsilon_R \sigma T^4 \tag{11·7}$$

ここに，E は単位面積当たりの放射エネルギー，σ は Stefan-Boltzmann 定数（$5.67 \times 10^{-8} \mathrm{Wm^{-2}K^{-4}}$），$T$ は絶対温度である．

さらに，炎から離れた場所における電磁波のエネルギー流束は，観測点から見た炎の形態係数が分かれば推定することができる．炎の形態係数は，例えば長方形などのように単純な炎の形状を想定すれば，容易に計算することができる[5]．　　　　　　　　　（山内　幸雄）

11・1・2　感知器の種類と原理

火災感知・警報システムで消防法（以下，「法」と記す．）に定められている感知器は，火災により生ずる熱，火災により生ずる燃焼生成物（以下，「煙」と記す．）または火災により生ずる炎を利用して自動的に火災の発生を感知し，火災信号または火災情報信号を受信機もしくは中継器または消火設備等に発信するものをいう．熱を感知するものを熱感知器，煙を感知するものを煙感知器，炎を感知するものを炎感知器と称している．1 つの感知器に種類の異なる複数の感知要素を有するものを複合式・補償式・併用式感知器といい，感度や公称作動温度または公称蓄積時間等の異なる 2 つ以上を組み合わせたものを多信号感知器という．感知器の種別ごとの構成は，図 11・5 のとおりである．[17]

多信号感知器や自動試験機能等があるほか，煙感知器に関連する吸引式の煙検知システム，関連設備としてガス漏れ火災警報設備や漏電火災警報器，また，危険物施設等の用いられる防爆型感知器や防水型，耐酸型，耐アルカリ型などの分類も感知器もある．

（1）熱を利用した火災感知

A．定温式スポット型感知器

一局所の周囲の温度が一定の温度以上になったときに火災信号を発信するもので，外観が電線状以外のものをいう．感度に応じて特種，1 種，および 2 種に区分されている．

a）バイメタルを利用したもの

　火災の熱を受熱板で受け，円形バイメタルに伝導し，定められた温度以上になるとバイメタルが反転して接点を閉じる．

b）金属の膨張係数の差を利用したもの

　膨張係数の大きい金属の外筒と，膨張係数の小さい内部金属板を組み合わせ，その膨張係数の差によって接点を閉じる．

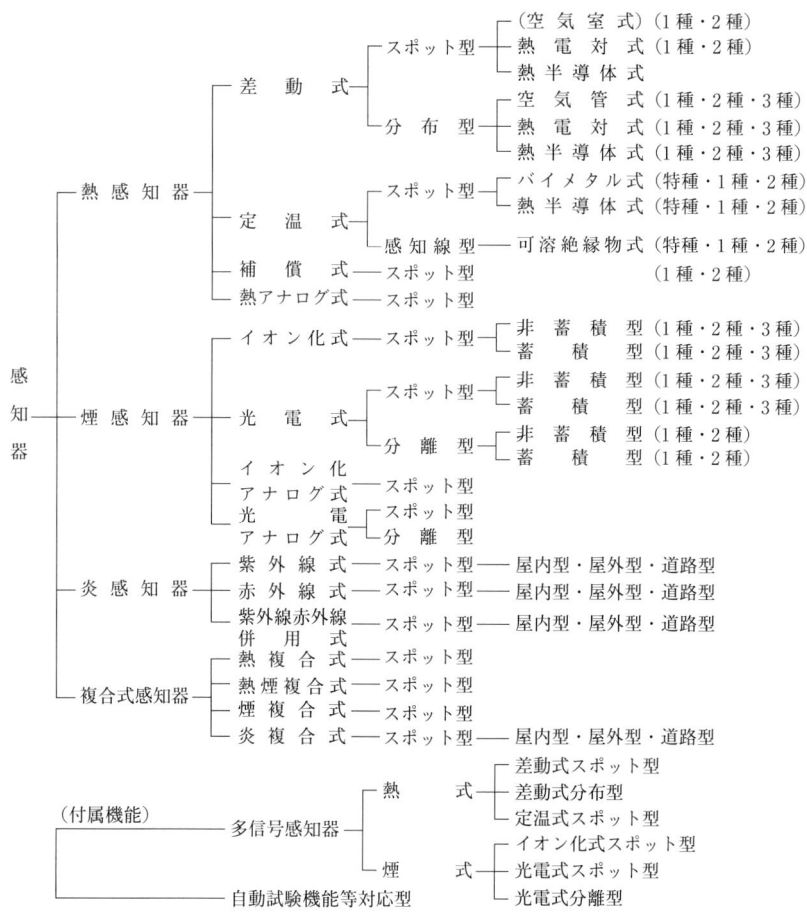

図 11·5　感知器の種別

c）半導体式

　温度検知素子（サーミスタ等）の半導体が熱を受けるとその電気抵抗が徐々に減少していき，ある一定温度に達すると急激に電気抵抗が減少し，電気回路に信号電流を流してスイッチング回路を動作させる．

　この感知器の公称作動温度は，60 ～ 150℃ の範囲とし，60 ～ 80℃ までは5℃ きざみ，80℃ を超えるものは10℃ きざみとなっている．どの公称作動温度のものを使用するかは設置場所の環境温度によって決まる．

B. 差動式スポット型感知器

周囲温度が一定の温度上昇率以上になったときに火災信号を発信するもので，一局所の熱効果によって作動するものをいう．

この感知器は，熱を受けて接点を動作させようと働く順要素と，緩慢な温度上昇のとき動作させないように働く逆要素から構成されている．感度に応じて1種および2種に区分されている．構造，機能は次のとおりである．

　ア）空気の膨張を利用したもの　　図11·6[12]に示すように順要素の役割をする空気室と逆要素の役割のリーク孔（リークバルブ）およびダイヤフラム，接点などからなり，室温が緩やかに上昇するときには膨張した空気はリーク孔から逃げ，動作するには至らないが，火災の際の急激な温度上昇のときは空気室の膨張によりダイヤフラムを押し上げ，接点を閉じて作動する．

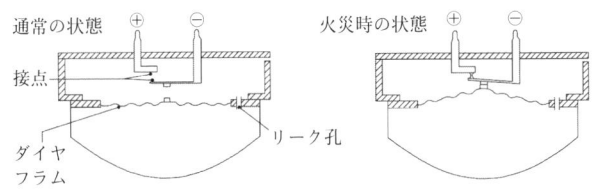

　　　通常の状態　　　　　　　　　　　火災時の状態

接点

ダイヤ
フラム　　　　　　　リーク孔

図 11·6　空気室の構造

　イ）熱起電力を利用したもの　　半導体熱電対，高感度リレーで構成され，火災の際の急激な温度上昇があると，受熱板に固定した順要素の熱電対が起電力を発生し，高感度リレーの接点を閉じて作動する．室温が緩やかに上昇するときには，熱電対の逆要素である冷接点側も徐々に温まり順要素の起電力と相殺されて，動作に至らない．

　ウ）半導体式　　温度検知素子により周囲温度が電圧信号に変換され，この電圧信号に遅れながら追従する遅れ回路の電圧信号により，温度上昇率の電圧信号が得られる．この温度上昇率の信号が決められた値を超えたときに比較回路の出力が出てスイッチング回路を動作させる．

C．差動式分布型感知器

周囲温度が一定の温度上昇率以上になったときに火災信号を発信するもので，広範囲の熱効果の累積によって作動するものをいう．空気管式，熱電対式および熱半導体式のものがある．感度に応じて1種，2種および3種に区分されている．構造，機能は次のとおりである．

　ア）空気管式　　受熱部は細い中空の銅パイプ製空気管，検出部はダイヤフラム，リーク孔および接点機構で構成されており，天井面に張られた全長100 m以内の空気管が一定長さ以上にわたり加熱されると，加熱された部分の空気が膨張し検出部内のダイヤフラムを押し上げ，接点が閉じる．したがって，分布型の場合には，空気管の一部分のみをライターなどで加熱しても作動しない．

　イ）熱電対式　　感熱部に熱電対（異種の金属を互いに接合し，その接合点の熱容量に差を持たせたもの）を用いたもので，感熱部と検出部（半導体回路ユニット）により構成されている．天井面に設置された熱電対の部分が出火によって急激に加熱されると，熱起電力が発生し，半導体回路ユニットの検出部で検出してスイッチング回路を作動する．

ウ）熱半導体式　　感熱部は受熱板に接合した熱半導体素子を用いたもので，形状はスポット型感知器となっている．感熱部を直列に接続して分布型感知器となる．

D. 補償式スポット型感知器

差動式スポット型感知器の性能および定温式スポット型感知器の性能を併せ持つもので，1信号を発信するものをいう．感度に応じて1種および2種に区分されている．

E. 熱アナログ式スポット型感知器

一局所の周囲の温度が一定の範囲内の温度になったときに当該温度に対応する火災情報信号を発信するもので，外観が電線状以外のものをいう．この感知器の公称感知温度範囲は，上限値にあたっては，60℃以上165℃以下，下限値にあっては10℃以上上限値より10℃低い温度以下で1℃刻みであり，感度は公称感知温度範囲の任意の温度において，定温式感知器特種の試験によるものである．

F. その他の熱感知器

その他の感知器として，定温式感知線型感知器があり，外観が電線状のもので，一局所の周囲温度が一定の温度以上になったときに火災信号を発信するものである．

防水型感知器は厨房や給湯室，浴室の更衣室など高温多湿な場所や，温度変化が激しく結露の恐れのある場所に使用される．

耐酸型感知器，耐アルカリ性感知器は，薬品庫や工場などでさまざまなガスが発生する場所に設置するものである．耐酸型感知器は，亜硫酸ガスと塩化水素ガスで試験を実施する．耐アルカリ型感知器は，亜硫酸ガスとアンモニアガスの試験を行う．

防爆型感知器（感知器のうち労働安全衛生法の型式検定に合格したもの）がある．[34,35]

これらは，温泉地や危険物施設等に設置される．

（2）煙を利用した火災感知

A. 光電式スポット型感知器

煙を光学的に検知する方法は煙粒子によって散乱された光をとらえる方法と煙中を通過した光の減衰をとらえる方法とがある．前者が散乱光式であり，後者は減光式である．現在実用化されている光電式スポット型感知器は散乱光式が大部分であり，減光式には光電式分離型感知器がある．光電式ス

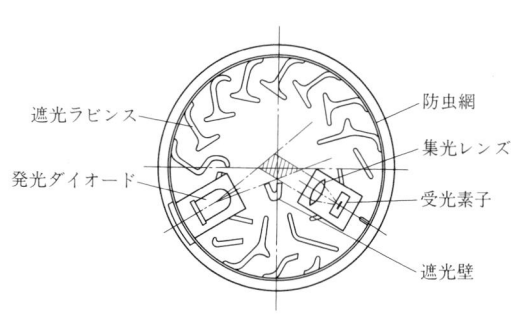

図 11·7　光電式感知器の感知部の構成例

ポット型感知器の構造は，図11·7に示すように周囲の光を遮断し煙だけが進入できるようにした遮光ラビリンス構造の暗箱の中で，受光素子を発光素子からの光が直接入らないような角度にするか，または遮光板を前面に置いて散乱光のみを受光するようにしている．発光素子には寿命の長い発光ダイオードを使用し，消費電力を小さくするため間欠的に発光させている．受光素子にはフォトダイオードが一般的に使用されている．感度に応じて1種，2種および3種に区分されている．

B. 光電式分離型感知器

図11・8に示すように光を発する送光部とその光を受ける受光部がそれぞれ独立した構造とし，5mから100mまでの公称監視距離の範囲で対向設置し，その光路上に進入する煙により減衰される受光量の変化を受光部で検知し作動する．この感知器は，建物の天井付近の壁面に設置するので，高天井を有する体育館や倉庫，アトリウム，格納庫および保守点検上困難な受変電設備等の場所に有効な設備である．感度に応じて1種および2種に区分されている．

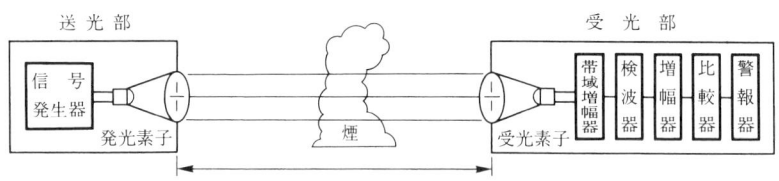

図11・8　光電式分離型感知器の構成

C. イオン化式スポット型感知器

図11・9に示すように，相対した2つの電極間に放射線源（アメリシウム241）を置いてα線を照射させると，電極間の空気分子はα線によりイオン化され，電極間に電圧を加えるとイオン電流として流れる．この電極間に煙などの燃焼生成物の微粒子が進入すると，イオン電流の流れを遅らせ電流変化が生じる．この電流変化を利用したのがイオン化式スポット型感知器である．感度に応じて1種，2種および3種に区分されている．

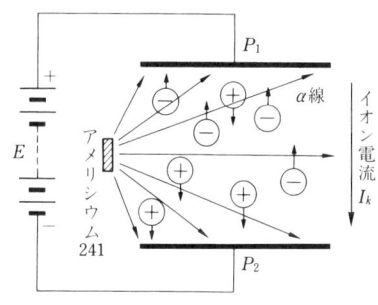

図11・9　イオン電流の流れ

イオン化式感知器は，2005（平成17）年に「放射線同位元素等による放射線障害の防止に関する法律」が改正されたため，不要になったイオン化式スポット型感知器は製造元に返却されなければならなくなり，処分にコストや手間がかかるなどの理由により，現在はごく一部でしか使用されなくなった．

D. 光電アナログ式感知器

光電式アナログ式感知器は，光電アナログ式スポット型感知器と光電アナログ式分離型感知器がある．前述した光電式スポット型感知器は一定の煙濃度以上で火災信号（ON/OFF信号）を受信機に発信するのに対して，アナログ式感知器は，検知した低濃度から高濃度まで連続的な煙濃度（アナログ量）をアナログ式受信機に火災情報信号として送信し，受信機において火災か否かを判断するアナログ式システムに接続される感知器である[28]．

なお，イオン化式アナログ式スポット型感知器は光電アナログ式感知器と同様に火災情報信号を送信する感知器であるが，現在製品化されたものはない．

（3）火炎の放射を利用した感知器

A. 赤外線式スポット型感知器

炎から放射される赤外線の変化が一定の量以上になったときに火災信号を発信するもの
で，一局所の赤外線による受光素子の受光量の変化により作動するものをいう．火炎のス
ペクトルのうち，赤外線領域の4,400 nm付近に二酸化炭素共鳴放射の大きなピークが現れ
る．赤外線式の多くは，特定の波長域の放射スペクトルのみを検知するようにし，赤外線の
1波長を検出するものの他，2波長または3波長を用いたものや赤外線と可視光を組み合わ
せ複数の波長を用いて火災判断するものもある．さらに，外乱光ノイズによる誤動作を防ぐ
ため，燃焼するときの炎のゆらぎを増幅して火災と判断する．屋内の他，屋外や道路に設置
されるものもある．

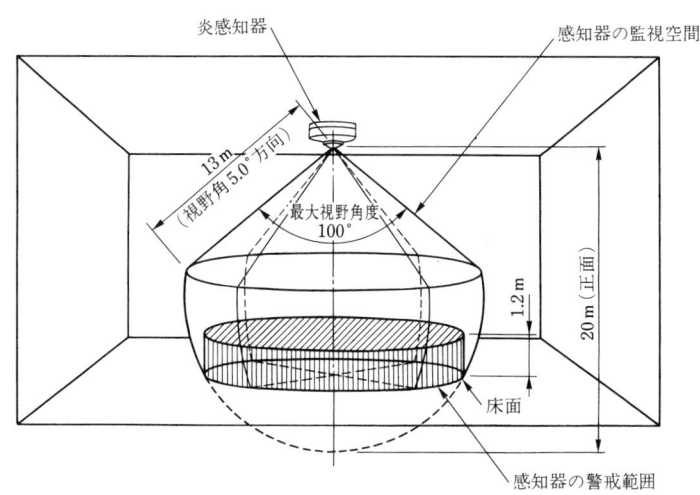

図 11·10　赤外線式スポット型感知器の監視範囲例

B. 紫外線式スポット型感知器

炎から放射される紫外線の変化が一定の量以上になったときに火災信号を発信するもの
で，一局所の紫外線による受光素子の受光量の変化により作動するものをいう．炎に含まれ
る紫外線領域の波長180 nm ～ 260 nmの放射エネルギー量を検知するもので，受光素子と
して一般に，外部光電効果を利用した放電管が用いられる．赤外線式スポット型感知器と同
様に，屋内の他，屋外や道路に分類されている．

（4）複合要素を組合せた感知器

複合式スポット型感知器は，1つの感知器内の性能の異なる複数の感知要素を有するもの
で，出力信号は原則として2以上で，次の6種類がある．

A. 熱複合式スポット型感知器

差動式スポット型感知器の性能および定温式スポット型感知器の性能を併せもつものであ

る．周囲の温度が急激に上昇した場合は差動式の特性によって作動し，周囲の温度が一定の温度以上になった場合は定温式の特性によって作動するもので，組合せの例としては，差動式 2 種と定温式 1 種，あるいは，差動式 2 種と定温式特種などであり，2 信号を発することができる．

補償式スポット型は，熱複合式スポット型に含まれるが，差動式の特性で作動した場合または定温式の特性で作動した場合に信号を発信するもので 1 信号を発信するものである．

B．煙複合式スポット型感知器

イオン化式スポット型感知器の性能および光電式スポット型感知器の性能を併せもつものである．組合せの例として，イオン化式 2 種と光電式 2 種，あるいはイオン化式 2 種と光電式 3 種などである．

C．熱煙複合式スポット型感知器

差動式スポット型感知器の性能または定温式スポット型感知器の性能およびイオン化式スポット型感知器の性能または光電式スポット型感知器の性能を併せもつものである．組合せの例としては，定温式特種と光電式 2 種，差動式 2 種とイオン化式 3 種などである．

D．紫外線赤外線併用式スポット型感知器

炎から放射される紫外線及び赤外線の変化が一定の量以上になったときに火災信号を発信するもので，一局所の紫外線及び赤外線による受光素子の受光量の変化により作動するものをいう．

E．炎複合式スポット型感知器

紫外線式スポット型感知器の性能及び赤外線式スポット型感知器の性能を併せもつものをいう．

F．多信号感知器

1 つの感知器から性能，種別，公称作動温度の別ごとに異なる 2 以上の火災信号を発するものである．前項の複合式スポット型感知器（熱複合式スポット型の補償式スポット型を除く）も多信号感知器であるほか，定温式スポット型の特種 60℃ と 1 種 75℃ の組合せなどもその一例である．

（5）ガス漏れ火災警報設備

燃料用のガスまたは自然発生する可燃性ガスの漏れを検知し，防火対象物の関係者または利用者に警報する設備であって，ガス漏れ検知器および受信機または検知器，中継器および受信機で構成されたものに警報装置を付加したものである．

検知器には，半導体式，接触燃焼式，気体熱伝導度式がある．都市ガス用検知器の検知濃度は爆発下限界の 1/200 ～ 1/4，液化石油ガス用は爆発下限界の 1/5 以下で警報を発するように定められている．

（6）漏電火災警報器

商用電路（600 V 以下）に火災が発生するような漏電が発生した際に警報を発し，火災を未然に防ぐもので，警報器は変流器，受信機および音響装置からなる[19]．　　　（堀田　博文）

11・1・3　各種感知器の応答特性
（1）熱 感 知 器

　熱感知器には，定温式（スポット型）感知器，差動式（スポット型）感知器，差動式分布型感知器などの種類がある．差動式分布型感知器の場合には，感熱部が分布している点が他と異なるが，それぞれ熱を感知する感熱部を有し，その温度変化により応答特性が決まる点は変わらない．そこで，最初に定温式感知器を例にとって，感知器の作動時間を予測するための方法について考える．

A. 定温式感知器

　定温式感知器は，その感熱部の温度があらかじめ設定された温度値を越えたときに警報を発する装置であると定義される．この感熱部は何らかの保持構造を介して感知器本体に固定されている．その詳細構造を無視して，感熱部を感知器本体と熱的にゆるく結合された1個の物体と考えると，その温度上昇率（瞬時値）は，各感知器に特有な RTI（応答指数）および C（伝熱係数）の二つの指数を用いた次のような簡単な微分方程式で表すことができる[7,8]．

$$\frac{\mathrm{d}T_e}{\mathrm{d}t} = \frac{u^{1/2}}{RTI}[T_g - (1 + C/u^{1/2})T_e] \tag{11·8}$$

　ここに，T_e は感熱部の温度，T_g は感熱部付近の空気の温度，u は感熱部付近の空気の流速で，それぞれある時刻における瞬時値を表す．RTI と C は熱感知器の応答特性を表す指数である．RTI は感熱部の熱的な応答時定数を流速で規格化したもの．C は感熱部から伝導熱伝達により奪われる熱の影響を補正するために用いられる．該当する定温式感知器の RTI および C が既知であり，T_g と u がそれぞれ時間の関数として与えられれば，式（11・8）を時間で積分することにより，T_e の時間的変化を計算することができる．感知器の作動時間の予測値は，計算された感熱部の温度 T_e が作動温度に達したときの時間として決定される．個々の感知器に対する RTI および C の値は，風洞内で異なる温度または流速の条件を与えて感知器の応答特性を測定することにより評価することが可能である．

B. 差動式感知器

　差動式感知器は，その感熱部の温度上昇率があらかじめ設定された値を越えたときに警報を発する装置である．市販されている多くの差動式感知器は，感熱部が圧力調整用の小孔（リーク孔）をもつ空気室であり，空気室内の空気が熱を受けて膨張する際，リーク孔で調整可能な速度よりも速い速度で空気室内の圧力が上昇したときに作動する．このような感知器の動作を忠実にモデル化しようとすると，空気室の壁から内部の空気への熱伝達をも考慮する必要がある．差動式感知器の応答を予測するためのもうひとつの手段として，感熱部に対して等価的な RTI（応答指数）と C（伝熱係数）が既知である場合には，それらを使って，上記の定温式感知器の応答予測と同じ方法で，感熱部の温度変化を時間の関数として求めることができる．この場合には差動式感知器の作動時間は，計算された感熱部の温度変化の上昇率が作動条件を満たした時間として決定される．

（2）煙 感 知 器

A. 光電式煙感知器

　光電式煙感知器は，検煙空間内に一対の光源と受光素子を有する．検煙空間内で，光源は直接受光素子を照射しないように，受光素子は光源により照射された領域を見るように，それぞれ配置されている．検煙空間内に煙粒子が侵入すると，煙粒子により散乱された光が受光素子に入射する．光電式煙感知器は，受光素子により検知された散乱光の強度があらかじめ設定された一定値を越えたときに作動する．

　光電式感知器の感度は結局のところ煙粒子により（受光器の方向に）散乱された光の強度の総和できまるが，一つひとつの粒子により散乱される光の強度は一般に光源の波長と強度，散乱角および粒子径に直接依存する．市販されている光電式感知器の光源としては一般に発光ダイオードが用いられており，波長に大きな違いはない．また，光源の強度や散乱角等の条件の違いは感度調整の過程で吸収されると考えられる．したがって，煙の粒子径が光電式感知器の応答を評価する上で最も重要なファクタとなる．市販されている光電式感知器の光源の波長が約 0.9 μm であることを考慮すると，（波長よりも 1 オーダー小さい）0.1 μm 以下の煙粒子に対する応答は期待されない．粒子の径が大きくなるに従って，単一粒子による散乱光の強度は粒子径の 6 乗に比例して増加する．直径が 1.0 μm の粒子により散乱される光の強度は 0.1 μm の粒子による散乱光の強度の約 10^5 倍となる[2]．このような特性により，光電式感知器はくん焼性の火災により発生する粒子径の大きい煙に対して感度が非常に高く，発炎燃焼により発生する径の小さい煙に対する感度が低い（イオン化式感知器とは逆の感度特性を持つ）．

　光電式感知器の応答特性を厳密に評価するためには，イオン化式感知器と同様に応答関数 $R(d)$ と煙の粒子数分布 $\delta N/\delta d$ の積を全粒子径にわたって積分する必要がある．

$$P=\int_0^\infty R(d)\frac{\delta N}{\delta d}\delta d \qquad (11\cdot9)$$

ここに，P は受光素子が受ける散乱光の強度あるいは受光素子の出力レベルと解釈してよい．$R(d)$ の具体的な関数形が明らかでない場合には，P と煙の重量濃度がおおむね比例関係にあることから，以下の式により求めてもよい[2,13,14]．

$$P=kC_s \qquad (11\cdot10)$$

ただし，k は燃焼材の種類と燃焼モード（くん焼または発炎燃焼）により値が異なる[2,13,14]．光電式感知器の作動時間は，計算された応答出力（P）がその感知器のしきい値に達したときの時間として決定される．

　光電式感知器の応答時間を予測するためのさらに簡便な方法としては，減光係数で表現された公称感度値を用いる方法がある．これは煙の重量濃度 C_s と減光係数 K が比例関係にあることを利用して，与えられた重量濃度 C_s から式（11・4）を使って減光係数 K を求めるものである．この場合には，光電式感知器の作動時間は，計算された減光係数 K が公称感度値に達したときの時間として決定される．ただし，一般に光電式感知器は燃焼材の種類や燃焼モードにより異なる減光係数値で作動するので，この方法は感知器の応答時間の概略的な予測を行うときだけに有効である．

B. 光電式分離型煙感知器

光電式分離型煙感知器は煙による光の減衰を利用したライン状の検知領域を持つ感知器である．光電式分離型感知器は，検知区域をはさんで互いに相対して設置された投光部と受光部よりなる．投光部と受光部の間に煙粒子が侵入すると，投光された光が減衰して受光部に到達する光の強度が減少する．光電式分離型感知器は，この受光部に到達する光（透過光）の強度のもとの強度に対する比があらかじめ設定された値よりも小さくなったときに作動する．

光電式分離型感知器の応答は，以下の式により局所的な煙濃度と関連づけられる．

$$\ln(I/I_0) = \int_0^L k_m C_s(l) dl \tag{11·11}$$

ここに，I_0 は煙がないときの透過光の強度，I は煙があるときの透過光の強度を示す．L は光路長，$C_s(l)$ は位置 l における煙の重量濃度である．$C_s(l)$ の代わりに煙の平均濃度 $\bar{C}_s$ が既知であれば，式（11·11）は以下のように単純化される．

$$\ln(I/I_0) = k_m \bar{C}_s L \tag{11·12}$$

ここに，L は光路の全長または煙が存在する部分の長さである．また，k_m は光源の波長と光路中にある煙の特性に基づいて決定されなければならない．ゾーンモデルのように，$\bar{C}_s$ が火災モデルから直接計算される場合に式（11·12）は有効である．k_m に関して十分な情報が得られない場合には，発炎燃焼により発生した煙には $7.6\ \mathrm{m^2/g}$，くん焼により発生した煙には $4.4\ \mathrm{m^2/g}$ の値を使って，概略の予測を行うことができる[15]．光電式分離型感知器の応答時間は，計算された透過光の強度比 (I/I_0) がその感知器のしきい値に達したときの時間として決定される．

C. イオン式煙感知器

イオン化式煙感知器は，検煙空間内にごく微量の放射線源があり，検煙空間内の空気がイオン化されて，検煙空間内に配置された2つの電極間を常時イオン電流が流れている．検煙空間内に煙粒子が侵入すると，それらは空間内の空気イオンと結合してイオンの易動度を低下させ，結果的に電極間のイオン電流を減少させる．イオン化式煙感知器は，このイオン電流のもとの電流値に対する比があらかじめ設定された値よりも小さくなったときに作動する．

煙粒子が空気イオンと出会う確率は煙粒子の大きさと数によって異なるので，イオン化式煙感知器の感度は，煙の粒子径分布に強く依存することになる．一言でいうと，イオン化式煙感知器の応答を論じる上では煙の重量濃度よりむしろ粒子濃度の方が重要である．このような応答特性により，イオン化式煙感知器は一般的にセルロース系（木材や紙）の発炎燃焼時に発生する（径の小さい粒子を多量に含む）煙に対して最も感度が高く，くん焼時に発生する（径の大きい粒子を含むが，粒子数濃度が低い）煙には感度が低い．

イオン化式感知器の応答特性の理論的な研究[9]および実験的な研究[10]の結果によれば，イオン電流のもとの電流に対する比 (i/i_0) を使って定義される Y 値と検煙空間に侵入した煙粒子の特性は以下のように関連づけることができる．

$$Y = c \int_0^\infty d \frac{\delta N}{\delta d} \delta d \tag{11・13}$$

ここに，c は感知器の検煙部に特有な定数，d は煙粒子の直径，$\delta N/\delta d$ は粒子径分布関数である．Y 値は以下のように定義される．

$$Y = \frac{i_0}{i} - \frac{i}{i_0} \tag{11・14}$$

煙の粒子径分布が（対数軸上で）ガウス分布型であると仮定すると式（11・9）は，煙の粒子数濃度 N_s，幾何学的平均粒子径 d_{gn} および幾何学的標準偏差 σ_g を使って，以下のように簡素化される[1]．

$$Y = c N_s d_{gn} \exp\left(\frac{1}{2} \ln^2 \sigma_g\right) \tag{11・15}$$

c の値は，たとえば MIC（measuring ionization chamber）標準濃度計〔Electronikcentralen Horsholm Denmark, MIC Type EC 23095〕の実験値として 0.035 cm^2 が知られている[11]．いま例えば，ある感知器の感度値が $i/i_0 = 0.6$ であったとすると，これに対応する Y 値の値は約 1.07 である．粒子濃度 N_s 値は，次の関係式を使って，（局所的な）煙の重量濃度 C_s から推定することができる[2]．

$$C_s = \frac{1}{6} \pi \rho_s N_s d_{gn}^3 \exp\left(\frac{9}{2} \ln^2 \sigma_g\right) \tag{11・16}$$

ここに ρ_s は，煙粒子を形づくる物質の密度である．

上に述べたように，煙の特性が幾何学的平均粒子径 d_{gn}，幾何学的標準偏差 σ_g，煙粒子の密度 ρ_s で与えられ，さらに局所的な煙濃度が重量濃度 C_s または粒子数濃度 N_s で与えられれば，イオン化式感知器の等価的な出力 Y 値を求めることができる．感知器の作動時間は計算された Y 値がその感知器のしきい値に達したときの時間として決定される．

ここで，上記のモデルでは，個々の感知器の応答特性の違いはそれぞれの感知器の感度値（Y 値）の違いだけで考慮されていることに注意が必要である．すなわち，イオン化式感知器の感度の調整は一般に標準濃度計の出力（Y 値）を指標として行われるので，個々の感知器の応答関数の違いは感度調整により吸収されて無視し得るものとみなされている．同様に検煙部の RTI（応答指数）は一般に非常に小さいので，その影響も無視し得るとみなされている．

イオン化式感知器の応答時間を予測するもうひとつの方法として，気流の温度変化を基準とする方法がある．これは，発炎燃焼火源に対してイオン化式感知器の出力（Y 値）が火災気流の上昇温度 ΔT におおむね比例して変化することから，イオン化式感知器を非常に高感度の定温式感知器と見なして応答を予測する方法である[12]．この方法では，各種燃焼材に対して知られている Y 値の上昇温度 ΔT に対する比（$Y/\Delta T$）の代表値を使って，上昇温度 ΔT からイオン化式感知器の出力値（Y 値）を計算する．感知器の作動時間は感知器付近の上昇温度の予測値から計算される Y 値がしきい値に達した時間として決定される．なお，一般に $Y/\Delta T$ 比は燃焼材の種類と燃焼モード（くん焼または発炎燃焼）により異なる値となるので注意が必要である．

D. サンプリング方式の煙検知システム

　サンプリング方式の検知システムは，検知部，監視エリアと検知部を結ぶ配管および空気ポンプにより構成される．空気ポンプは配管を通して監視エリアから空気を吸引し，検知部に導く．検知部では，吸引された空気に含まれる煙粒子の濃度が計測される．サンプリング方式の煙検知システムは，検知部に導かれた煙粒子の濃度があらかじめ設定された値を越えたときに作動する．ただし，煙粒子の濃度と検知部の出力の関係はそのシステムで使われている検出方式により異なるので，それぞれの検出方式に応じた評価を行う必要がある．また，このようなシステムでは，煙が存在しない場所と煙が存在する場所から吸引された空気が混合されて検知部に達するので，サンプリング場所における煙濃度と検知部における煙濃度は一般に一致しない．さらに，このようなシステムの応答時間を評価する際には，サンプリング場所で吸引された空気が検知部に達するまでに要する時間も考慮されなければならない．

（3）炎　感　知　器

　炎感知器は炎から放射される電磁波により火炎を検知する感知器である．市販されている炎感知器には，電磁波を検知するために使用されている検知素子により，紫外線式と赤外線式の2つの種類がある．いずれの種類の感知器も，炎から放射されて検知素子に入射する電磁波の（検知素子が感度をもつ波長域における）強度があらかじめ設定された値を越えたときに作動する．

　炎感知器の応答特性を厳密に評価するためには，検出素子の波長感度 $R(\lambda)$ と炎から放射されて検知素子に到達する電磁波のスペクトル強度 $\delta I/\delta\lambda$ の積を全波長域にわたって積分する必要がある．

$$P=\int_0^\infty R(\lambda)\frac{\delta I}{\delta\lambda}\delta\lambda \qquad (11\cdot17)$$

　しかしながら，市販されている炎感知器の感度は，一般に電磁波の強度ではなく，感知器の各方向において標準とする光源が検出可能な最大距離で表現されていることが多い．すなわち，炎感知器は標準火源がその感知器の検出可能距離よりも内側にあるときに作動し，検出可能距離の外側にあるときは作動しない．燃焼材の種類および燃焼形態が同じであれば，炎から離れた場所における電磁波のエネルギー流束はおおむね火源の総放射エネルギー Q_R（kW）に比例し，距離の2乗に反比例する．そこで，このように感度が表現されている場合には，標準火源の総放射エネルギー Q_R と検出可能距離 L_{th} を使って定義される等価放射強度 $Q_{Req}(\mathrm{kW/m^2})$ が有用である．

$$Q_{Req}=Q_R/L_{th}^2 \qquad (11\cdot18)$$

　Q_{Req} は，放射源から単位距離離れた位置において感知器が作動可能な最小の放射源の強度を意味する．さらに，Q_R は一般に火源の総発熱量 Q_F に比例するので，

$$Q_R=\chi_R Q_F \qquad (11\cdot19)$$

　χ_R は，火炎の総発熱量のうちの放射エネルギーに変換される割合を表す係数で，一般に燃焼材の種類および燃焼形態によって異なる値となる．

　対象となる炎感知器に対する火源の相対位置（方向と距離 L）および火源の総放射エネル

ギー Q_R が与えられ，その方向に対する等価放射強度 Q_{Req} が既知であれば，その感知器の作動時間は Q_R を L^2 で除して得られる等価放射強度 Q_{Req} がしきい値を越えたときの時間として決定される．火源の放射エネルギーに関する十分な情報が得られない場合には，(11·19) 式において χ_R を 0.3 と仮定することにより，火源の総発熱量 Q_F から Q_R の概略の予測を行うことができる．なお，一般の炎感知器では炎から放射された電磁波とその他の物体から放射され感知器に到達する電磁波を区別するために信号処理が行われているので，その演算に要する時間も考慮されなければならない． 　　　　　　　　　　　　　　　　　　　　　　　（山内　幸雄）

11·1·4　自動火災報知設備の構成と機能

自動火災報知設備は，感知器の作動および人の操作による発信機の信号を受信して，火災の発生を防火対象物の関係者に知らせるものである．P 型，R 型，G 型，無線式などがある．この設備は，受信機，感知器，中継器，発信機，音響装置および表示灯などで構成され，自動火災報知設備として法に定められている．自動火災報知設備は，受信機の型式別，種類別によって，図 11·11 のように構成されている．[20, 21]

（1）P 型システム

P 型システムは感知器など端末機器と受信機を警戒区域ごとに共通線を介し，個々に配線される個別配線方式の標準的な監視制御システムである．また表示もそれに相当する個々の表示窓をもっている．P 型システムには，P 型 1 級受信機を使用した設備，P 型 2 級受信機（5 回線まで）を使用した小規模用設備および P 型 3 級受信機（1 回線のみ）を使用した主に共同住宅用設備がある．P 型の P は Proprietary（所有，私設の意）の頭文字を取ったもので公衆用，私設用と区別して私設用として付けられたものである．構成の一例を図 11·12 に示す．

A．P 型 1 級受信機

P 型 1 級受信機は，小規模から中規模な防火対象物に用いられる．主な構造・機能は次のとおりである．なお，本書の記載量の制約から，その他の受信機の機能については，文献を参照願いたい．[20, 29, 30]

（ア）主電源を監視する装置を受信機の前面に設ける．

（イ）受信機の試験装置は，受信機の前面において容易に操作することができる．

（ウ）復旧スイッチ又は音響装置の鳴動を停止するスイッチを設けるものにあっては，当該スイッチは専用のものとする．ただし，当該スイッチを受信機の内部に設ける場合にあっては，この限りでない．

（エ）火災信号又は火災表示信号を受信したとき，赤色の火災灯及び音響装置（優先して，他の音響装置と識別できること．）により火災の発生を，地区表示装置により当該火災の発生した警戒区域をそれぞれ自動的に表示し，かつ，地区音響装置を自動的に鳴動させる機能（地区音響停止スイッチが鳴動を停止する状態にある間に，受信機が火災信号又は火災表示信号のうち火災表示をする程度に達したものを受信したときは，当該スイッチが一定時間以内に自動的に地区音響装置を鳴動させる状態（再鳴動方式）に移行する．）

（オ）スピーカー等の音声による警報を発する地区音響装置にあっては，次による．

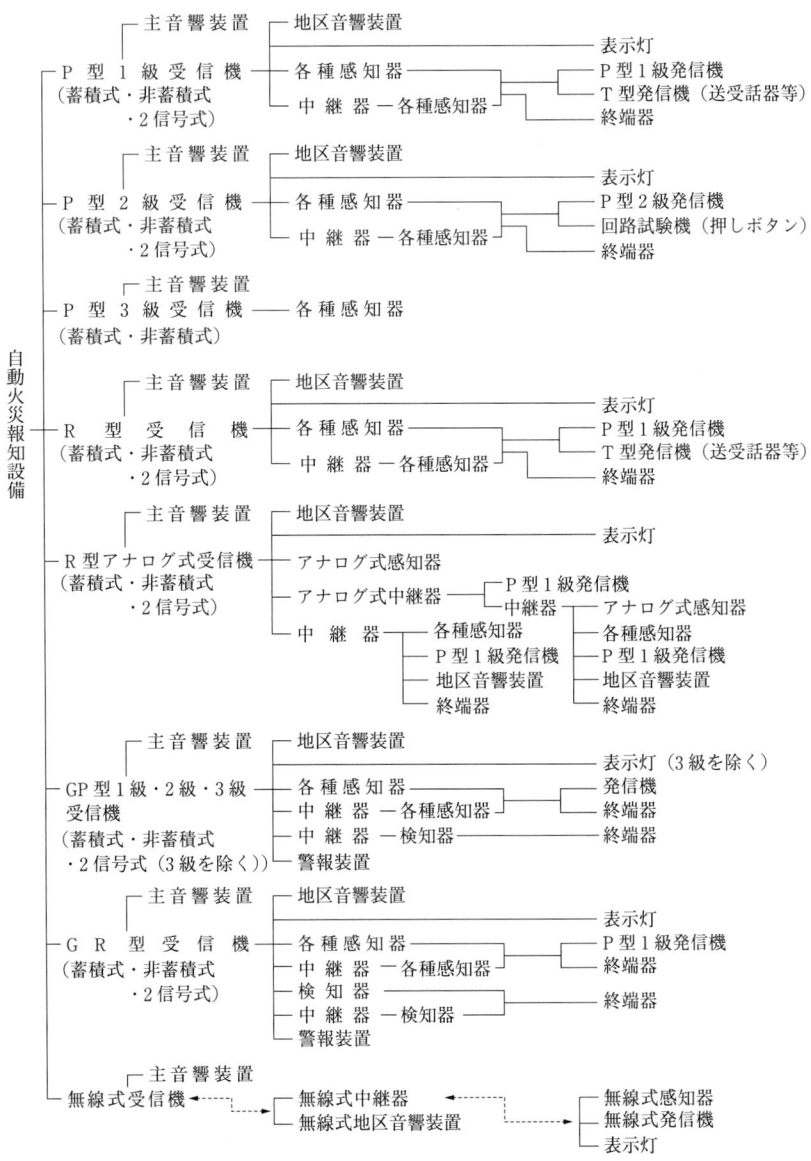

図 11·11 受信機の型式・種別

ア）火災信号（発信機からの火災信号を除く.）又は火災表示信号を受信したとき，自動的に感知器が作動した旨の警報（以下，「感知器作動警報」と記す.）を発する.

イ）発信機からの火災信号を受信したとき又は感知器作動警報の作動中に火災信号，火

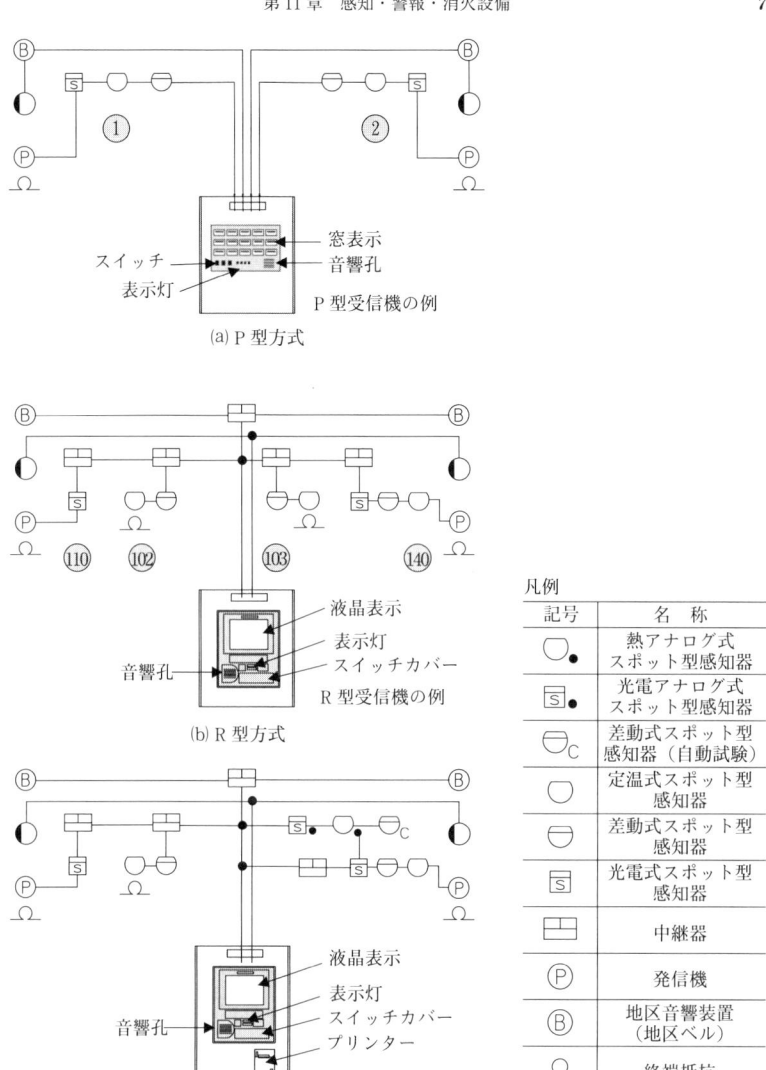

凡例

記号	名 称
•	熱アナログ式スポット型感知器
S •	光電アナログ式スポット型感知器
C	差動式スポット型感知器（自動試験）
	定温式スポット型感知器
	差動式スポット型感知器
S	光電式スポット型感知器
□	中継器
Ⓟ	発信機
Ⓑ	地区音響装置（地区ベル）
Ω	終端抵抗
◖	表示灯
No.	警戒地区番号

(a) P型方式

窓表示
音響孔
スイッチ
表示灯
P型受信機の例

(b) R型方式

液晶表示
表示灯
スイッチカバー
音響孔
R型受信機の例

(c) アナログ型方式

液晶表示
表示灯
スイッチカバー
プリンター
音響孔
アナログ式受信機の例

図 11·12 P型・R型・アナログ式の構成例

災表示信号若しくは火災情報信号のうち火災表示をする程度に達した旨の信号を受信
したとき又は一定時間が経過したとき，自動的に火災警報を発する.

ウ）音声による警報は，音声のほか警報音による構成とする. なお，音声は，次によ

る.
　　a）感知器作動警報は, 女声によるものとし, 自動火災報知設備の感知器が作動した
　　　旨の情報又はこれに関連する内容を周知するものである.
　　b）火災警報は, 男声によるものとし, 火災が発生した旨の情報又はこれに関連する
　　　内容を周知するものである.
（カ）火災の表示を手動で復旧しない限り保持する機能
（キ）火災表示の作動を容易に確認することができる火災表示試験装置
（ク）受信機と感知器等との間の外部配線の終端器に至る信号回路の導通を回線ごとに容
　　易に確認することができる導通試験装置（回線が1のものを除く.）
（ケ）カ及びキの装置の操作中に他の警戒区域からの火災信号又は火災表示信号を受信し
　　たとき火災表示が行える機能
（コ）停電時に自動的に予備電源に切替えられ, 停電復旧時には自動的に予備電源から主
　　電源に切替えられる装置
（サ）予備電源の良否の試験装置
（シ）発信機からの火災信号を受信した旨の信号を当該発信機に送る確認応答装置
（ス）発信機との間で電話連絡をすることができる装置（回線数が1のものを除く.）
（セ）火災信号又は火災表示信号の受信開始から, 火災表示（地区音響装置の鳴動を除く.）
　　までの所要時間は5 s以内である.
（ソ）2回線から火災信号又は火災表示信号を同時に受信したとき, 火災表示ができる.
（タ）定格電圧における主音響装置の音圧は, 85 dB以上である.
（チ）受信機に設備作動受信機能を設けるもののうち, 消火設備等の作動表示を行うもの
　　にあっては, 当該作動信号を発した区域, 装置の名称等を表示する.

B. P型1級受信機（蓄積式）

P型1級受信機の機能の他に, 感知器からの火災信号を受けた後, 一定時間内（これを蓄
積時間といい5 s以上60 s以内）に再度火災信号を受けた場合に初めて火災表示し, 警報を
発する機能を持っている. なお, 発信機は人による火災確認後の操作であり非火災報の恐れ
が少ないため, 発信機からの火災信号は, 蓄積機能を自動的に解除して火災警報を発する機
能を有している.

C. P型2級受信機

接続できる回線数は5以下である他, 1級受信機との相違点は次のとおりである.
（ア）火災灯を設けないことができる.
（イ）外部配線の導通試験装置を設けないことができる.
（ウ）発信機に送る確認応答装置および電話連絡装置を設けないことができる.
（エ）1回線用は, 予備電源を設けないことができる.

D. P型3級受信機

接続できる回線数は1のみであるので, 2級受信機より次の点で機能が緩和されている.
（ア）火災表示の保持機能を持たなくてもよい.
（イ）主音響装置の音圧を1 m離れた位置で70 dB以上とすることができる.

（ウ）予備電源，火災灯，地区表示装置を必要としない．

（2）R 型システム

R 型システムは，端末機器と受信機の間に中継器を設置し，多重伝送を行い幹線の少数線化をはかったシステムである．R 型の R は Record（記録方式の意）の頭文字を取ったものである．構成の一例を図 11・12 に示す．増設時あるいは間仕切り変更などで警戒区域が増え，信号数が追加される場合でも，幹線や受信機のハードを変えることなく，端末側を改修するだけで，既存部分にあまり影響を与えないという将来の拡張性に富み，また防災情報量が多くても P 型受信機より小型となり，省スペース化が図れる特長がある．特にテナントビル，大規模ビルには有効なシステムである．特徴的な機能として，ループ配線や断路器（ショートサーキットアイソレータ）を設けているものや自動試験機能を有するものもある．以下，各種受信機の機能の概要を記す．

A．R 型受信機

P 型 1 級受信機の機能とほぼ同様である．表示はデジタル表示器やフラットディスプレイが用いられ，また制御などの主機能は CPU が行うため，信号数に比例することなく一定でコンパクトである．終端器までの外部配線の断線と受信機から中継器までの外部配線の短絡を検出する装置を必要とする．

B．アナログシステム

アナログシステムは，一般の感知器の ON-OFF 作動によって火災と判断する方式とは異なり，アナログ式感知器が検出した煙量や熱量を連続的に受信機に送信し受信機側で信号を処理し火災警報レベルを判断する方式で，通常 R 型システムの構成と同様である．

例えばアナログ式感知器が検出した煙・熱のアナログ量は，例として，煙式の場合は，煙濃度，熱式の場合は，温度をデジタル変換し，アナログ式感知器ごとの警報機能（注意表示・火災表示等）と多段階連動制御機能があり，さらにアナログ式感知器ごとに蓄積時間を設定し，アナログ式感知器設置場所の環境条件に応じて最適な設定を行える．また火災フェーズに応じた制御や，あらかじめ設定したアナログ式感知器の感度を，通常の火災感知レベルより高感度に切り替えできる環境モード切替機能を装備して，一斉切り替え，および任意に設定したブロックごとの感度切り替えができる．

また，アナログ式感知器からの出力値を常時チェックしており，決められた値になったときには，汚れ，劣化による故障と判断して，速やかにデジタル表示しプリンタにも自動記録し，メンテナンス情報を提供できるものがある．

アナログ式受信機では，アナログ式感知器が注意表示レベルに達したとき，自動的にその出力値の推移で内蔵のプリンタに印字する．モニターは注意表示レベルで自動的に行う他，操作部でアドレスを指定し任意に呼び出すことができ，火災地区のアナログ式感知器はもちろん隣接地区の状況もモニターすることができる．その他に，トレンド表示や履歴データ表示などをできるものがある．

R 型アナログ式受信機には，アナログ式感知器，アナログ式中継器が伝送線路にて接続されるが，経済的理由により一般の各種感知器，発信機等を中継器を介し接続した混在方式で構成される例が多い．すべての監視，制御，表示を R 型アナログ式受信機で行う集中管理

方式と主たる監視，制御を分散配置したアナログ式中継器にて行い，それらをR型アナログ式受信機で統轄する分散管理方式（大規模建築物等に使用される）がある.

（3）G型・GP型・GR型受信機（ガス漏れ火災警報設備）

G型受信機とは，ガス漏れ信号を受信し，ガス漏れの発生を防火対象物の関係者に報知するものをいう. その機能等は，ガス漏れ信号を受信したときに，黄色のガス漏れ灯及び主音響装置によりガス漏れの発生を，地区表示装置（接続できる回線の数が1のものを除く）によりガス漏れの発生した警戒区域をそれぞれ自動的に表示する構造のもの.

GP型受信機とは，P型受信機の機能とG型受信機の機能を併せもつものをいう.

GR型受信機とは，R型受信機の機能とG型受信機の機能を併せもつものをいう.

（4）副受信機，複合受信機

副受信機は，受信機以外の場所でも火災の状況をえるための表示装置で，受信機のように，火災状態の復旧や，各種試験機能を持っておらず，火災受信機と同様の「表示のみ」を行えるものである.

防火防排煙連動操作盤と一体化したものは，複合火災受信機（複合盤）と呼ばれる.

（5）自動試験機能を有する自動火災報知設備

アナログ式受信機からの操作によってアナログ式感知器の検出部の自己診断・自動点検を行う. アナログ式感知器の検出部に電気的・物理的な疑似入力を加え，検出部から伝送部などまで正常であることをチェックする. P型受信機や一般感知器でも自動試験機能付きシステムが出現している. 異常の場合はプリンタに印字し記録する. 従来困難であった高い天井や危険区域での日常の機能確認が容易となる.

自動試験機能として，火災表示等試験機能，電源等試験機能，電路試験機能，感知器試験機能および記録機能を有する.

（6）自動火災報知設備の周辺機器・システム

A. 総合操作盤

防災設備の監視および制御の点数が少ない場合は，受信機での操作で十分である. 大規模な建物においては，各種の防災設備等が多くの場所に設置されるうえ，その機能についても高度にシステム化されたものが多いが，火災発生時において，個々の防災設備等の作動状況を確実に把握し，適切に操作等を行う必要がある. このため，消火設備，排煙設備その他これらに類する防災のための設備の監視，操作等を行う役割をもった総合操作盤を設置している.[22] 総合操作盤は，各種防災設備等の状態および作動状況を監視するLCD表示機（またはCRT表示機），グラフィックパネルなどの表示部，各種防災設備等の起動を行う操作部，入出力信号の制御部，設備の作動を記録する装置および電源，信号伝送機能から構成されている.[23] 総合操作盤の中心的な役割を持つ受信機に接続され，直接制御される防火・防煙区画形成設備，空調設備の連動停止制御，排煙設備，消防機関への通報設備および消火設備の連動起動等の機能と受信機の信号を受けて独立に機能する非常放送設備，非常電話設備および総合操作盤等の周辺機器がある. その他，関連する警報設備としてガス漏れ火災警報設備，漏電火災警報器等がある.

このように大規模なシステムでは，防災センター等に総合操作盤を中心に関連する設備機

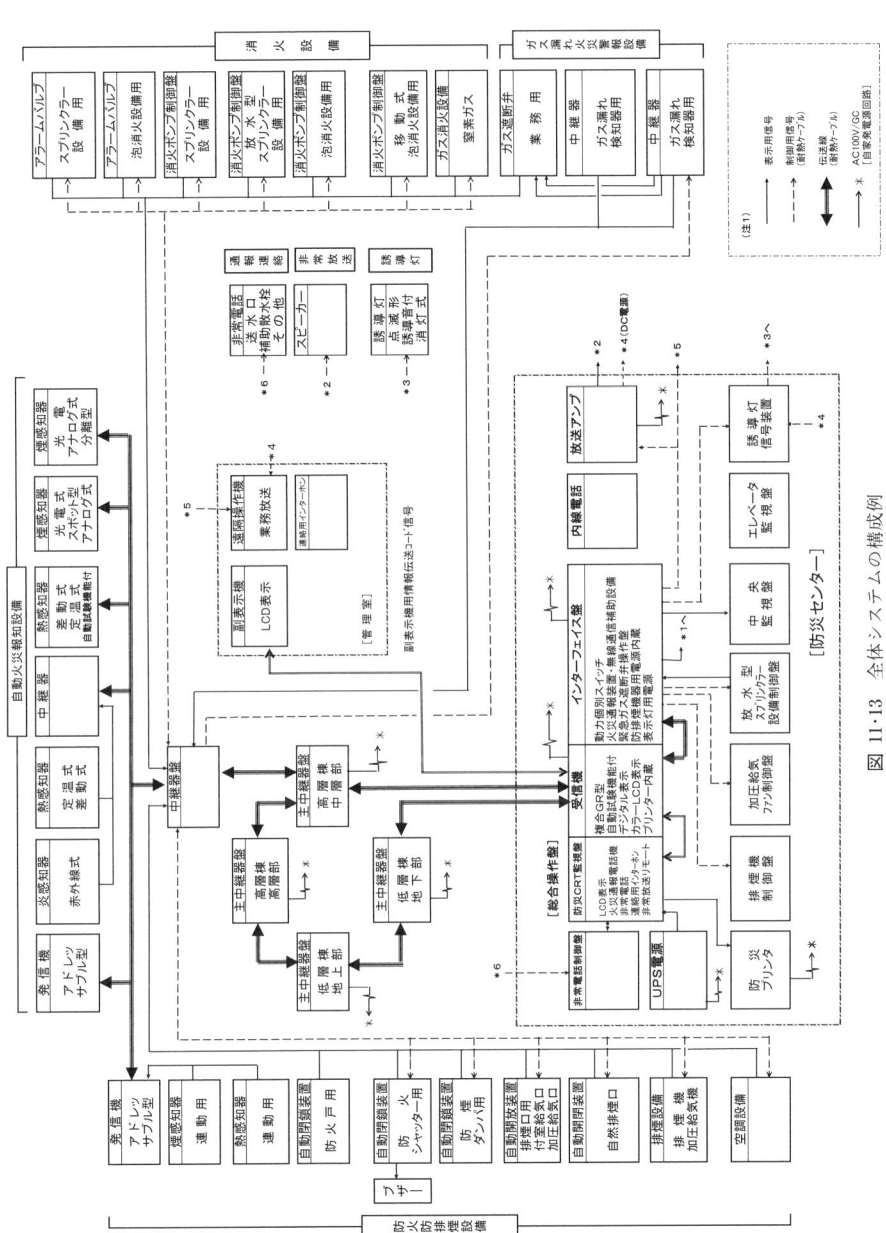

図 11・13　全体システムの構成例

器の監視制御を行っている．全体システムの構成例を図 11・13 に示す．

B. その他の警報設備・連絡通報設備

①非常警報設備

　非常ベル・放送設備が含まれる．起動装置，音響装置，表示灯，非常電源が一体になった複合装置がある．[23]

②非常電話

　非常用放送設備の起動装置として使用する非常電話は，操作部（親機）と非常電話機（子機）との間で相互に同時に通話できる専用電話（インターホンを含む）で，非常電話の送受話機を取り上げることにより，操作部に火災信号を送り，非常用放送設備を自動的に放送可能な状態にできる．ただし，発信機がある場合，連動遮断することができる場合がある．

③火災通報装置

　火災通報装置は消防署への火災の発生を通報し，消防活動を要請するためのもので，火災発生時，消防署へ手動または自動通報（音声合成）する．法令上は，M 型火災報知設備がふくまれるが，現在設置されているのは火災通報装置である．防火対象物により，自動火災報知設備に連動することが義務付けられている[24]．

④光警報装置

　光警報装置は音以外による警報の一つである光により火災の発生を伝える警報装置である．[25]聴覚障がい者や高齢者には警報音に気付かないことを補う目的で用いられる．大規模な空港，駅，その他これらに類する防火対象物等や聴覚障がい者が利用する防火対象物の設置することが望ましいとしている．米国や韓国など海外では設置が義務化され，ホテルなどで見かける装置である．

　音や光による警報に代わるものとして振動で異常を知らせる機器も市販されている．

（7）自動火災報知設備の周辺機器・システムの連動制御

A. 消防設備への連動起動

①非常放送設備の起動

　火災発生時，非常放送アンプを介して，在館者に正確な情報を伝達してパニック状態が生じることを防止し，在館者が正しい行動をとれるように誘導するための設備であり，自動火災報知設備等と連動してあらかじめ録音（音声合成）された警報音，アナウンスにより，出火階直上階方式から全館放送へと災害と避難の指示を放送する．

②誘導灯設備の起動

　点滅型誘導灯，点滅走行式誘導灯等の連動起動

③自動消火設備の起動

　放水型スプリンクラー設備設備，開放型スプリンクラー設備，ガス消火設備の連動起動

　消火設備専用の感知器による他，自動火災報知設備の感知器との同時発報に連動起動．

屋内消火栓設備の消火ポンプの起動用発信機．

B. 建築防火設備への連動

①防排煙設備等への連動

火災発生時，避難・初期消火活動の容易性と火災発生区画以外への延焼防止と他の区画への煙の流出，汚染防止のため，火災地区の区画形成を行う．区画形成を行う機器は防火戸・防火シャッタ，防火ダンパ，可動式防煙垂れ壁，排煙口，排煙窓などで構成される．

火災受信後，自動連動で適切な機器の制御を行う．区画形成の表示および必要な機器は遠隔制御できるシステムとする．

火災発生時，避難・消火活動の容易性と安全区画内に煙が流出しないように，居室→廊下→附室というような安全区画の境に排煙口を設置し，強制的に機械排煙を行う．排煙口は現場で火災確認者が開放し，また，必要により防災センターからも遠隔制御できる．

排煙口の開放時，自動連動でその系統の排煙機を運転させる機能をもち，排煙口の開放表示，排煙機の運転表示を行う．

② その他の建築設備への連動

エレベーターの連動停止制御や空調設備の連動停止制御として排煙起動前に空調機等のファン停止と扉の閉鎖をし，区画を成立させる．　　　　　　　　　　　（堀田　博文）

11・1・5　各種用途向け自動火災報知設備・機器・システム

（1）無線式自動火災報知設備

無線設備規則の小電力セキュリティシステムの無線局の無線設備で無線式感知器，無線式発信機，無線式地区音響装置，無線式中継器又は無線式受信機（感知器，中継器，受信機の規格省令による）から構成される．感知器配線が不要で，美観さを損ねないので，文化財やガラス張り天井，リニューアルのときに使用されることが多い．

（2）住宅向けの自動火災報知設備

① 共同住宅用自動火災報知設備

自動火災報知設備のうち，特定共同住宅等において，住棟受信機，共同住宅用受信機，感知器，中継器，戸外表示機等で構成され，自動試験機能又は遠隔試験機能を有することにより，住戸の自動試験機能等対応型感知器の機能の異常が住戸の外部から容易に確認できる設備である．

② 住戸用自動火災報知設備

自動火災報知設備のうち，特定共同住宅等において，住戸用受信機，感知器，中継器，戸外表示機等で構成され，遠隔試験機能を有することにより，住戸の自動試験機能等対応型感知器の機能の異常が住戸の外部から容易に確認できる設備である．

③ 共同住宅用非常警報設備

特定共同住宅等において，起動装置，音響装置，操作部等で構成され，各階の廊下や階段等に設ける．

（3）住宅用防災機器（住宅用火災警報器）

住宅用防災警報器及び住宅用防災報知設備に係る技術上の規格を定める省令（規格省令）で定められている．住宅用防災警報器は，住宅用火災警報器（住警器）と呼ばれていて，電源に電池を用いて感知・警報機能を有している．住警器の検出方式として，煙式には光電式とイオン式，熱式には定温式がある．日本では光電式が主であるが，海外では，イオン式も使用されている．イオン化式は，海外の規格に基づき欧米を中心とした海外で使用されてい

る．また，住警器には，単独型のほか連動型がある．連動型は，通常無線方式を用いてい
る．設置および維持に関しては，自治体の条例に基づいている．[26]

（4）特定小規模施設用自動火災報知設備

特定小規模施設用自動火災報知設備はグループホーム等で用いられ，受信機を設置したも
のと連動型警報機能付感知器を設置した場合の2種類がある．前者は，発信機，火災通報装
置，感知器から構成され，後者は連動型警報機能付感知器，連動停止スイッチ内蔵の無線移
報用装置，火災通報装置等で構成される．

（5）複合型居住施設用自動火災報知設備

共同住宅の一部を利用し小規模なグループホーム等の福祉施設を設ける場合に設置され
る．

（6）吸引式煙検知システム

循環気流にのって展開する煙が確実に到達する位置に複数の吸引孔を設けた吸引管を敷設
し，吸引ファンにより監視エリアの空気を高感度煙検知部内に吸引して，吸引気流中の煙を
強力な光源を用いた散乱光式により微小な煙量で作動する．この検知システムは，サーバー
室，クリーンルーム等の空調の循環気流を大量に使用する施設への適用される．

（7）光ファイバー温度分布計測システム

光ファイバーを用いて光ファイバー全長に沿った長距離の連続的な温度分布を測定するシ
ステムである．差動式分布型感知器と比較して，異常発生位置の特定も可能である．長大の
ケーブル洞道やトンネルや危険物施設などの異常監視に用いられる．　　　　　（堀田　博文）

11・1・6　非火災報対策と火災検知器の動向について

（1）非火災報対策について

A．非火災報とは

自動火災報知設備が，火災でないときにベル等が鳴動して火災警報を発することを非火災
報と呼んでいる．火災を検知する役割を果たすのが感知器であるが，感知器は火災時に発生
する「煙」「熱」等を捉えて火災感知しているため，たとえば調理の煙や暖房器具からの熱
を，誤って火災と判断してしまうことがある．

非火災報が頻発すると，本当の火災でベルが鳴っても在館者は火災ではないと思い込んで
しまい，その結果，初期対応等の遅れによる被害の拡大が懸念される．したがって，非火災
報を発生させないよう適切な対策を講じ
ることが重要である．

B．非火災報の発生要因[37]

非火災報の発生要因は，下記（ア）～
（カ）のように分類することができる．
これら要因別の発生回数の比率を図11・
14に示す．人為的要因によるものが全
体の約6割，次に原因不明が約2割を占
めている．なお，原因不明を除くと人為
的要因によるものが，全非火災報発生回

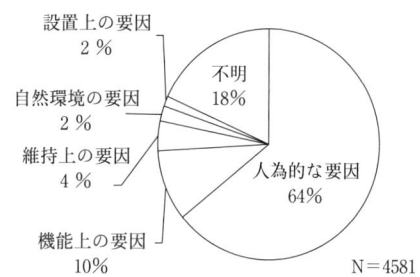

図 11・14　非火災報の要因別発生回数の比率[38]

数の約8割を占める. 図11・15に非火災全体における人為的要因別の発生回数比率（不明を除く）を示す. 調理による熱または煙が約2割, 喫煙等によるものが約1割で, それ以外の要因（蒸気, 粉じん, 空調, シャワーの蒸気等）が1割未満となっている.

非火災報を低減させる上で, 人為的要因の対策を講ずることが肝要となる.

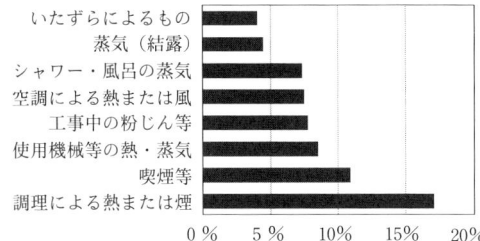

図 11・15　人為的要因の内訳別発生回数の比率[38]

（ア）人為的な要因
・人間の行動等が直接あるいは間接的に影響している場合で, 感知器周囲の環境が火災発生時に近い状態になり発生.
・発生要因は, 調理による熱または煙, 喫煙, シャワー・風呂等の湯気, 工事中の粉じん等, 空調による熱または風, 使用機械等の熱・蒸気, 殺虫剤等.
（イ）機能上の要因
・煙感知器の内部に小さな虫, 砂, 埃が入ったことにより, 感知器の機能が低下して発生.
（ウ）維持管理上の要因
・建物の亀裂等により感知器に浸水, 配線に絶縁不良が生じる等, 感知器が適正に維持管理されていないことにより発生.
（エ）自然環境の要因
・急激な気象変化による気温の上昇, 気圧の変化, 梅雨時の異常な湿度, 雷等, 感知器の機能以上に厳しい環境となったときに発生.
（オ）設置上の要因
・部屋等の用途変更により従来設置されていた感知器が新しい環境に適さない場合.
・たとえば, 事務所を喫茶室に用途変更し給湯器等からの火気使用設備からの熱や煙, 倉庫を休憩室に模様替えすることにより喫煙の煙で発生.
（カ）原因不明
・非火災を発した感知器が特定できないもの, および感知器以外（発信機, 中継器, 受信機等）が原因で発生.

C. 非火災報の対策

非火災が発生した場合には, 直ちに作動した感知器等の設置状況, 発生時の環境状態から推定される発生原因を追求する等, 原因の排除および再発の防止措置をおこなう必要がある. 具体的な対策として, 下記（ア）〜（オ）のような方法がある. なお, 消防庁から感知器の選択基準が示されており, また, 非火災発生時の対応方法や, その後の対策についての非火災報対策マニュアル[36]も発行されているので, ぜひこれらの資料を参照して欲しい.

（ア）環境に適した感知器への交換

（イ）感知器の種別の交換

（ウ）感知器の設置位置の変更

（エ）蓄積機能を有する機器への交換

（オ）アナログ機能を有する機器への交換

（2）火災検知器の動向

特殊な空間や用途，新しいセンサ技術により，新たな火災検知器が登場している．以下にその代表例を示す．

① 走査型火災検出器

ドーム球場，空港，展示場のような天井が高く，面積の大きな空間での火災を検知するセンサとして，走査型火災検知器がある．この検知器は，検出部が大空間をくまなく監視できるように可動，スキャン（走査）している．火災時には炎からの赤外線を検知し，その位置を正確に把握することができる．放水銃システムの火災検知用として使われることが多い．

② 画像による火災検知器

高い天井の空間での火災検知として，監視カメラと画像処理装置を組み合わせた画像による火災検知器がある．監視カメラからの炎や煙の画像データを演算処理することにより火災を検知するものである．煙が天井に達する前に炎や煙の検知をおこなうことができる．

③ 熱・煙・CO マルチセンサ

ヨーロッパやアメリカでは，熱・煙・一酸化炭素（CO）の3つのセンサを組み合わせたマルチセンサが実用化されている．このマルチセンサは3つの要素を設置環境に合わせて感度や判断アルゴリズムを適切に設定することができ，早期火災検出と非火災低減の両立を狙ったものである．なお，マルチセンサは火災用だけでなく CO 検知器としても使用できるよう血中の CO ヘモグロビン濃度の演算機能を持たせたものもある．

（万本　敦）

11・2 消 火 設 備

本章では消火設備の概要を説明するが，実際にはここに挙げた設備・機器以外にも多種多様な設備や機器が存在する．また，新技術の開発や法令改正等による記事の陳腐化も予想される．より詳細な情報や最新の動向等については，関係省庁，認証機関，工業会やメーカー各社のホームページや各種団体が発行する書籍類を参照されたい．本節の末尾に例[1]を示す．

また，感知・警報設備と同様に，消火設備や機械器具等は，火災時にその機能を確実に果たすことが求められる一方で，日常においては全く使用されないものが殆どである．そのため，重要な機械器具に対しては長期的な機能維持を含む詳細な技術基準が定められており，国が定める認証機関による認証を受ける必要がある．認証制度については11・5を参照されたい．

　さらに，建築物に設置された消防用の設備や機械器具等に対しては，施工後の試験はもちろん，正常な機能を維持するために欠かせない維持管理（点検等）やそれに従事する人の専門知識（資格）についても詳細な基準がある．設置と維持管理については11・4を参照されたい．

11・2・1　消火設備の分類

　消火設備は，火災の初期段階で消火することを第一の目的としているが，種々の条件によっては，火勢を抑え他への延焼を防止することを目的とすることもある．

　この消火設備を大別すると，消火器具等，水系消火設備，ガス系消火設備およびその他の消火設備等に区分することができ，その具体的な種類を以下に示す．

（1）消　火　器　具　等

　消防法令では消火器（住宅用を含む）と簡易消火用具（水バケツ・水槽・乾燥砂・膨張ひる石・膨張真珠岩等）の二種類を消火器具と定めている．その他に初期の小さな火災の消火を目的とした器具や装置としては，住宅用下方放出型自動消火装置やフード等用簡易自動消火装置，エアゾール式簡易消火具等が挙げられる．

（2）水系消火設備

　水系消火設備は，屋内消火栓設備・屋外消火栓設備，スプリンクラー設備，水噴霧消火設備，泡消火設備，その他には消防隊が使用する連結送水管や連結散水設備，消防水利等が挙げられる．

（3）ガス系消火設備

　ガス系消火設備には，不活性ガス消火設備，ハロゲン化物消火設備（オゾン層に対する影響から現在は製造・使用の規制を受けているものがある（11・2・2（3）Aを参照））および粉末消火設備が挙げられる．

（4）その他の消火設備等

　その他の消火設備等には，パッケージ型消火設備，パッケージ型自動消火設備，特定駐車場用泡消火設備，水蒸気消火設備，消防用水，動力消防ポンプ設備が挙げられる．

11・2・2　各種消火設備の概要

（1）消　火　器　具　等

　消火器を消防法令でその設置が義務付けられている防火対象物に設置する場合は，設置数や適応性等について消防法令に従って設置しなければならない．消火器および消火器用消火薬剤は検定（11・5（1）A参照．以下同じ．）対象品目である．

A．消火器の種別

　消火器の規格省令[2]（以下「消火器の規格」という．）によれば，消火器とは「水その他消火剤を圧力により放射して消火を行う器具で人が操作するもの（収納容器に結合させることにより人が操作するものを含み，固定した状態で使用するもの及び消防庁長官が定めるエアゾール式簡易消火具を除く．）をいう」と定義されている．この消火器は表11・1のように分類される．

　消防法令に基づく消火器のほか，その規制外のものに次のような消火器がある．

　a．船舶用消火器（船舶安全法に基づく船舶消防設備規則により認定されたもの）

b. 航空機用消火器（航空法及び航空法施行規則等に基づく技術上の基準により審査されたもの）

c. 金属火災用消火器　消火器の規格には金属火災が含まれないため，厳密には金属火災用消火器は存在せず，特殊消火器具として金属火災用薬剤散布器と呼ばれる．

B. 消火器の性能の概要

消火器の消火性能は，適応火災（表11·1参照）ごとに"能力単位"で表される．能力単位とは，簡単にいえば適応火災ごとに消火器の規格で定められた火災模型をいくつ消火できるかを示したものであり，数値が大きいほど消火能力が高い．ただし，電気火災については，消火器の検定細則において，電気火災に対して消火器を使用した場合に，消火対象の電気設備と消火器の間に一定の絶縁性が認められるか否かで判定するため，数字による表現は行われない．また，一定量以上の指定可燃物を貯蔵又は取り扱う場合は大型消火器を設置しなければならない．

その他各種消火器の放射時間や放射距離等の放射性能の例を表11·2に示す．

表 11·1　消火器の分類

分類方法	項　目
用途による分類	業務用/自動車用/住宅用
加圧方式による分類	加圧式/蓄圧式/反応式
消火薬剤による分類	水/強化液/泡/二酸化炭素/ハロゲン化物/粉末
運搬方式による分類	手さげ式/車載式/背負式/据置式
適応火災による分類	普通火災/油火災/電気火災

（注）業務用とは，一般に使用されている消火器を指す．
　　　普通火災：A火災（B火災以外の火災）をいう．
　　　油火災：B火災（引火性液体・可燃性固体類・可燃性液体類の火災）をいう．
　　　電気火災：電気設備等で通電中の火災をいう．
　　　以上の適応火災による分類の詳細は，普通火災及び油火災については上記消火器の規格を，電気火災については消火器の検定細則を参照されたい．

表 11·2　各種消火器の性能（例）

消火器の種別	消火薬剤		放射性能		適用火災（能力単位）		
	種類	量	放射距離	放射時間	普通火災	油火災	電気火災
強化液消火器	強化液	3 - 4 L		15 - 30 s	A-1		
		6 - 6.4 L	4 - 8 m	30 - 50 s	A-2	B-1	
		8 L		55 - 65 s	A-3		C
		20 L	5 - 8 m	75 - 85 s	A-6	B-3	
		60 L	6 - 10 m	140 - 160 s	A-10		
	中性強化液	2 L	4 - 7 m	20 - 35 s	A-1	B-1	
		3 L		30 - 45 s	A-2	B-2	C

種別	薬剤	容量	放射距離	放射時間	A火災	B火災	C火災
強化液消火器	中性強化液	6 L	4 – 7 m	60 – 70 s	A–3	B–5	C
		20 L	5 – 8 m	125 s	A–9	B–8	
水消火器	浸潤剤等入り水（棒状放射）	3 L	6 – 10 m	約 40 s	A–2		
		6 L		約 80 s	A–3		
	浸潤剤等入り水（霧状放射）	1.5 L	4 – 6 m	約 25 s	A–1	B–1	C
		3 L		約 35 s	A–2	B–2	
泡消火器	化学泡	7.5 L	4 – 9 m	約 55 s	A–1	B–3	
		8.5 L		約 60 s	A–2	B–4	
		80 – 100 L	6 – 20 m	80 – 110 s	A–10	B–20	
		170 – 200 L		約 110 s			
	機械泡	1.5 – 2 L	3 – 6 m	約 30 s	A–1	B–3	
		3 – 3.5 L	3 – 7 m	30 – 50 s	A–2	B–6	
		6 L	4 – 8 m	55 – 75 s	A–3	B–12	
		8 L	3 – 6 m	約 100 s	A–3	B–16	
		20 L	3 – 10 m	70 – 120 s	A–10	B–20	
		40 L	7 – 10 m	約 80 s	A–10	B–20	
ガス消火器	二酸化炭素	2.3 kg	1 – 4 m	15 – 20 s		B–1	
		3.2 kg		15 – 20 s		B–2	
		4.6 kg	1 – 5 m	20 – 25 s		B–3	C
		6.8 kg		30 – 35 s		B–4	
		23 kg	2 – 5 m	40 – 50 s		B–6	
		50 kg		65 s		B–20	
	ハロン 1301	1 kg	1 – 3 m	13 – 20 s		B–1	
		2 kg	2 – 4 m	12 – 24 s	A–1	B–2	C
		4 kg	3 – 4 m	約 20 s	A–2	B–3	
		5 kg	4 – 5 m	約 15 s		B–5	
粉末消火器	粉末（ABC）	1 kg	2 – 4 m	12 – 14 s		B–2	
		1.2 kg / 1.5 kg / 1.8 kg	3 – 6 m	12 – 20 s	A–1	B–3	C
		2 kg		12 – 22 s	A–2		
		3 kg / 3.5 kg	3 – 7 m	13 – 20 s	A–3	B–7	
		4.5 kg		17 – 19 s	A–4	B–10	
		6 kg	3 – 8 m	16 – 26 s	A–5	B–12	

			A	B	C
20 kg	4-9 m	28-50 s			
40 kg	4-10 m	60-105 s			
50 kg 55 kg 60 kg	4-10 m	45-75 s	A-10	B-20	C
70 kg 80 kg		40-80 s			
粉末（Na）1.8 kg	3-5 m	約15 s		B-3	
8 kg	3-6 m	約20 s		B-10	C
24-90 kg	4-8 m	35-85 s		B-20	
粉末（K）6.5 kg	4-7 m	約20 s		B-14	
20 kg 40 kg 70 kg	6-12 m	38-60 s		B-20	C
粉末（KU）5 kg	4-7 m	約18 s		B-16	
30 kg	6-12 m	約65 s		B-20	C

（注）本表は市販の消火器の実際の性能について整理したものである．

C. 各種消火器の構造
a. 強化液消火器
水の弱点とされる耐寒性を改良し，また，防炎作用（1・12・2（4）化学的消火を参照．以下同じ）と油火災適応性を有する．

水系消火器として，寒冷地や JR の車両用等に使用されている．

ⅰ）消火薬剤
炭酸カリウム（K₂CO₃）の 35 ～ 40% 水溶液で，pH 12 未満のアルカリ性のものと，無機塩類および界面活性剤の水溶液で，pH が中性のものとがある．凝固点は－25 ～－30℃で，通常の状態で長期保存しても変質しない．いずれも冷却作用（1・12・2（1）エネルギー除去による消火を参照．以下同じ．）と防炎作用により普通火災に適応する．アルカリ性強化液は，酸素除去作用（1・12・2（2）酸素除去による消火を参照．以下同じ．）および抑制作用（1・12・2（4）化学的消火を参照．以下同じ．）によって小さい油火災の消火が可能であるが，中性強化液は界面活性剤が含有されており，泡による酸素除去作用でより大きな油火災の消火が可能である．

ⅱ）構造
蓄圧式と加圧式があり，現在製造されているのは小型消火器では蓄圧式，大型消火器では蓄圧式とガス加圧式である．

① 蓄圧式
本体容器は鋼板製で内面に耐食加工を施し，耐圧気密性を有するものとする．レバー式開閉バルブを容器上部に取り付け，バルブ下方には容器底部に達するサイフォン管を，バルブ

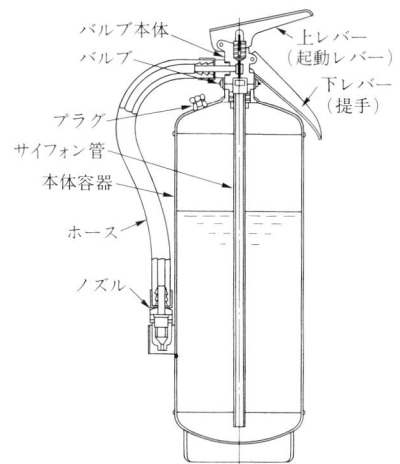

図 11・16　強化液（蓄圧式）消火器の構造断
面図（例）

放出口にはホースを接続し，ホース先端には霧状放射ノズルをつける．容器内容積の約 2/3 に強化液を充てんし，残り 1/3 容積に圧縮空気又は窒素ガスを蓄圧する．バルブ本体側面に指示圧力計（ブルドン管の材質がステンレス鋼のものに限る．）を装着し蓄圧力を表示する．

② 加圧式

現在，大型消火器のみが製造されている．二酸化炭素を充てんした加圧用ガス容器を本体容器の外側に装着し，使用の際は加圧用ガス容器の容器弁を開いて加圧ガスを本体容器内に導入し，その圧力で放射する．ホースの先につけるノズルは棒状および霧状放射切替式のものもある．

b．水消火器

水消火器には主とした水に浸潤剤等を混和又は添加したものが充てんされており，普通火災に用いられる．噴霧ノズルを用いたものは電気火災にも適応する．

ⅰ）消火薬剤

水は最も入手しやすく，また，大きな蒸発熱と比熱を有する優れた消火剤である．さらに浸透性をよくし，凝固点を下げ，防炎作用をもたせる目的で界面活性剤，炭酸塩，リン酸塩等を添加したものが浸潤剤等入り水として使用されている．また，環境や人体への影響を考慮した純水ベースのものも使用されている．

ⅱ）構造

構造は強化液消火器の蓄圧式のものと同じである．

c．泡消火器

泡消火器は，蓄圧式の機械泡消火器と反応式の化学泡消火器に大別される．

ⅰ）機械泡消火器

機械泡消火器は，放射の際にノズル部分で空気を吸入混和して発泡させる．発泡性能は

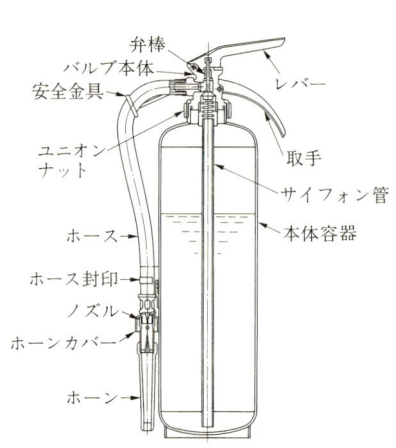

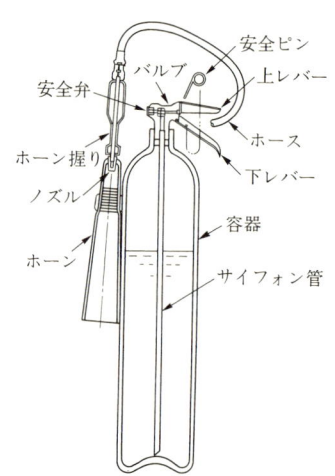

図 11·17　機械泡（蓄圧式）消火器の構造断面　図（例）

図 11·18　二酸化炭素消火器の構造　断面図（例）

消火剤の規格[3]で定められており，発泡倍率5倍以上，25% 還元時間は1分以上とされている．低温性能を付加して下限温度を−20℃ まで下げたものもある．

①　消火薬剤

現在使用されているものは，水成膜泡および合成界面活性剤泡である．いずれの泡も，冷却作用の他に，泡で燃焼面を覆うことによる酸素除去作用により消火するものであり，普通火災および油火災に適応する．

②　構造

本体容器の構造は，蓄圧式強化液消火器と同様であるが，ノズル部分に空気吸入口を有する発泡機構が設けられている．指示圧力計にはステンレス鋼製ブルドン管のものを使用する．（図 11·17 参照）

ⅱ）化学泡消火器

油火災および普通火災の両方に有効であることから，戦前，戦後の一時期最大の分野を占めていたが，ABC 粉末消火器の進出に伴って生産数は激減している．泡消火器の泡放射は，内部の化学反応により発生する圧力を利用しており，低温（5℃ 未満）ではこの化学反応が緩慢となるので，放射性能が著しく低下する．

消火薬剤は，A 剤と称する外筒用薬剤（主成分の炭酸水素ナトリウムに安定剤，起泡剤，防腐剤を加えたもの）および B 剤と称する内筒用薬剤（硫酸アルミニウム）からなる．使用時に外筒液と内筒液を混合し，化学反応によって発生した二酸化炭素ガス圧により泡が放射される．泡の消火作用は機械泡と同様である．

d. 二酸化炭素消火器

二酸化炭素消火器は，高圧ガス容器を使用するので重く，また，高圧ガスの取扱いが容易ではない難点があるが，消火薬剤による汚損がなく電気絶縁性も大きいので今日でも電気機

器を対象として製造されている．使用温度範囲は－30 ～ 40℃ である．

　ⅰ）消火薬剤

　二酸化炭素ガスを高圧ガス容器に圧縮液化して充てんする．消火器の規格では JIS K 1106 の第 2 種または第 3 種を使用するように定められている．二酸化炭素による消火は，酸素除去作用と若干の冷却作用による．

　ⅱ）構造

　容器は，高圧ガス保安法に基づく容器保安規則に適合するものである．バルブは，レバー式開閉機構のもので容器と同等の耐圧力を有し，安全弁を装着している．バルブの放出口にはホースまたは連結管を接続し，先端のノズルから二酸化炭素を放出する．ノズルにはホーンを設け，二酸化炭素の放出速度を緩めて空気の混入を避け，有効な放射を行わせる．

　液化炭酸の充てん比（容器内容積（L）と充てん薬剤重量（kg）との比）は，容器保安規則で 1.34 以上となっているが，消火器の規格では安全性を高めるため 1.5 以上と定めている．容器外面塗色は，容器保安規則の定める緑色を上方約 1/2 部分に，消火器の規格の定める赤色を下方約 1/2 部分に施している（図 11·18 参照）．

　e. ハロゲン化物消火器

　メタン（CH_4）またはエタン（C_2H_6）のハロゲン化物消火薬剤を使用する消火器で，ハロゲン元素の抑制作用により消火するものである．ハロゲン化物消火薬剤は，消火後の汚損がなく，電気絶縁性が高いなどの特長があり，電気機器，自動車，鉄道車両等に使用されているが，オゾン層を破壊するため，消火薬剤の生産は中止された（11·2·2（3）A を参照）．

　f. 粉末消火器

　粉末消火器は，粉末消火剤の種類・充てん量により性能に差があるが，いずれも他の消火器と比べると油火災に対する効果が大きい．

　粉末消火器は，粉末消火薬剤の種類により次の 4 種に分類される．

　①　粉末（ABC）消火器

　②　粉末（Na）消火器

　③　粉末（K）消火器

　④　粉末（KU）消火器

　このうち ABC 粉末は普通火災にも適応するため，現在もっとも広く普及している消火器である．ただし，粉末消火器には水系消火器のように深部まで浸透・冷却する効果はないため，設置する場合は消火対象物に適応したものを選定する必要がある．

　ⅰ）消火薬剤

　①　粉末（ABC）消火薬剤

　リン酸アンモニウム（$NH_4H_2PO_4$）の乾燥粉末を主成分とし，防湿剤その他を添加したもので淡紅色に着色してある．油・電気火災に適応するほか，普通火災にも効果が大きいので，ABC 粉末とよばれている．この消火薬剤を使用した消火器がもっとも多く製造されている．

　②　粉末（Na）消火薬剤

　炭酸水素ナトリウム（$NaHCO_3$）を主成分とする白色粉末または淡青色に着色してある．

油・電気火災に適応するが，普通火災に適応しないので BC 粉末ともよばれている．

③　粉末（K）消火薬剤

炭酸水素カリウム（KHCO₃）を主成分とするもので紫色に着色してある．油・電気火災に適応し，主成分から K 粉末とよばれている．

④　粉末（KU）消火薬剤

炭酸水素カリウムと尿素（urea）の反応物を主成分とするものでねずみ色を呈している．油・電気火災に適応し，主成分から KU 粉末とよばれている．

いずれも 180 μm 以下に粉砕された乾燥粉末で，撥水剤を混和して吸湿を防ぎ，かつ流動性を保っている．これらの主な効果は，ナトリウムやカリウム等のアルカリ金属イオンやリン酸イオンの抑制作用により消火するものであり，また，電気絶縁性が大きいので電気火災に適応する．このほか，ABC 粉末はリン酸塩類の防炎作用によって普通火災をよく消火する．

ⅱ）構造

粉末消火器は，加圧用ガス容器を用いる加圧式と蓄圧式のものがある．

①　加圧式

本体容器は，鋼板製で内面に耐食加工を施す．当初の製品は，加圧用ガス容器を本体容器の外側に装着したが，現在の小型消火器はすべて本体容器に収納されている．レバー操作によって加圧用ガス容器の封板を破り，ガス圧を本体容器の下部に導き，粉末消火薬剤を撹拌してサイホン管，バルブ放出口，ホースを経てノズルから放射される．粉末の有効な放射が得られるようノズルにホーンを設け，ホーンには防湿のためにノズル栓を施す．加圧ガス導入管（放出管）と粉末サイホン管の先端には，粉末消火薬剤による詰りを防ぐため封板等を装着してある．

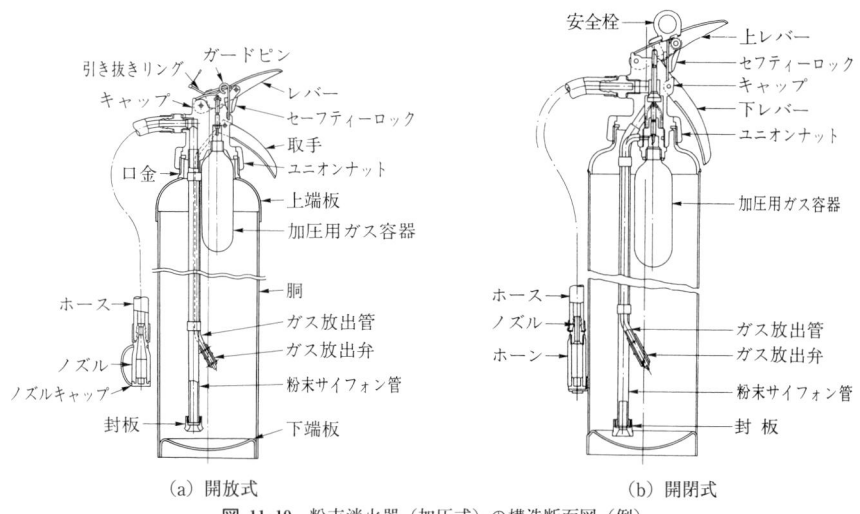

(a) 開放式　　　　　　　　　(b) 開閉式

図 11・19　粉末消火器（加圧式）の構造断面図（例）

充てん消火薬剤量が3 kg以下のものは，いったん放射すると，途中で放射が止められない開放式（図11·19（a）参照）であるが，充てん消火薬剤量が3.5 kg以上のものは，放射を途中で止められる開閉式（図11·19（b）参照）となっている．

加圧用ガス容器の充てんガスには二酸化炭素又は窒素がある．

大型消火器は車載式であり，ホース先端にノズルレバーを設け，放射開閉操作が行えるようにしてある．

② 蓄圧式

内面耐食処理を施した鋼板製容器に粉末消火薬剤を充てんし，さらに窒素ガスまたは乾燥した圧縮空気を蓄圧する．指示圧力計の緑色範囲は，0.7〜0.98 MPaである．バルブは開閉レバー式で，サイホン管およびホースを接続し，ホース先端にはノズルおよびホーンが設けられている．

D.　住宅用消火器

住宅火災の原因である天ぷら油火災，ストーブ火災が年々増加している傾向があり，これに適切な対応をすることができて操作性の良い消火器として開発し普及を図るため，1988（昭和63）年2月消火器の規格の「基準の特例」を活用し家庭用消火器として製品化されたが，一般化するため1993（平成5）年2月消火器の規格を改正し「住宅用消火器」として確立された．

a.　消火薬剤

住宅用消火器として使用される消火薬剤は，水（浸潤剤等入りを含む），強化液，泡または粉末に限定され，所定の火災模型（普通火災，天ぷら油火災，ストーブ火災）が消火できるもので，かつ，電気火災に適応するものと定められている．

具体的な消火薬剤は，一般の消火器に使用されているものと同じである．

b.　構造および性能

現在，市販されているものは強化液（アルカリ性および中性）14型，24型および34型が，ABC粉末1.5 kg入りのものである．構造は蓄圧式でホース付のもの，ホースなしのものがあり，強化液の場合霧状放射ノズルが取り付けられている．

放射性能等は，強化液の場合放射時間は，12〜27秒，放射距離は3〜6 m程度で総重量は2.5〜7.0 kgである．

粉末の場合放射時間は15〜25秒，放射距離は3〜5 m程度で総重量は2.5〜3.0 kgである．

E.　簡易消火用具

簡易消火用具には，水バケツ，水槽，乾燥砂，膨脹ひる石および膨脹真珠岩がある．

水バケツは8 L以上の容積を有するものであるが，内部に隔壁を設けて1回の投水操作では一部分の水しか放水されず，数回繰り返して有効に注水できるように考案された三角型バケツもある．水槽は80 L以上のもので，専用水バケツを備え付けておかなければならない．

乾燥砂は主として一般の消火剤では消火しにくい危険物等の火災に使用される．膨脹ひる石および膨脹真珠岩は一般の消火剤で消火不能とされている金属ナトリウム，金属カリウムおよびアルキルアルミニウム類の火災に適用される．

F. その他の消火装置・簡易消火具

前述のほか種々な小規模の消火装置・消火具が開発され，製造・販売されている．

a. 住宅用下方放出型自動消火装置

一般家庭または小規模な防火対象物の天井，壁等に設置し，火災を検知すると自動的に消火剤を下方に放出して消火対象物を覆い消火する装置で，「住宅用下方放出型自動消火装置の性能及び設置の基準について（通知）（1994（平成 6）年消防予第 53 号）」により性能および設置の基準が定められている．

b. フード等用簡易自動消火装置

業務用厨房内のレンジあるいはフライヤー等による油脂類の加熱火災と油脂蒸気の付着したフード，ダクト内のミスト火災を消火するための消火装置で，その性能及び設置の基準は「フード等用簡易自動消火装置の基準について（1993（平成 5）年消防予第 331 号）」に定められている．

c. エアゾール式簡易消火具

住宅の初期火災に対して簡単な操作で使用できる内容積 1 L までの消火具である．構造は一般のエアゾールと同様で，操作は片手でできるものであり，消火剤は再充てんすることができない．技術基準は消火器とは異なり「エアゾール式簡易消火具の技術上の規格を定める省令（2013（平成 25）年総務省省令第 26 号）」に定められており，自主表示（11・5（1）E 参照．以下同じ．）のあるものを使用する．適応する火災の分類も消火器とは異なり，小規模普通火災，てんぷら油火災，ストーブ火災，自動車用クッション火災，電気火災の 5 種類について絵表示されており，消火試験で消火できない場合は，当該火災模型の絵表示を斜線で消去することとなっている．　　　　　　　（桑原　昭四郎・吉葉　裕毅雄）

（2）水系消火設備

A. 屋内および屋外消火栓設備・連結散水設備・連結送水管

これらの設備は水の冷却作用によって消火や延焼防止を行うもので，広く一般の建物で用いられる．

これらは自動起動式ではなく，火災を覚知した建物関係者や消防隊が用いる設備である．屋内消火栓設備は，消火栓開閉弁，ホース，ノズル等の機器類を防護しようとする防火対象物の内部に設置し，これに水を送る加圧送水装置や配管を接続しておき，火災の際にはその防火対象物の内部で放水して消火活動を行うものである．なお，この設備の一般に用いられているものは，配管内に消火水を常に充水しておく湿式配管方式であるが，寒冷地などで凍結防止のために管に保温材を取り付ける方法をしても凍結のおそれがある場合には，配管内に消火水を充水しておかない乾式配管方式を用いることもある．

屋外消火栓設備は，上記の機器類を防護しようとする防火対象物の外部に設置し，これに水を送る加圧送水装置や配管を接続しておき，火災のときにはその防火対象物の外部で放水して消火活動を行うものである．

連結散水設備・連結送水管は消火活動上必要な施設であり，火災時に消防隊が使用するものである．連結散水設備は面積が一定以上の地階部分に予め送水口，配管，散水ヘッドを設置しておき，消防隊が地階に入れなくても建物外部から消火活動が行えるようにしたもので

ある．連結送水管は，高層建築物やアーケードにおいて，水を放水する開閉弁を防護しようとする防火対象物の内部に，水を送る送水口を防火対象物の外部に設置し，これらを専用の管で接続したものに，公設の消防隊が外部より消防ポンプ車で水を送り込み，開閉弁にホース・ノズルを接続して使用し消火活動を行うものである．なお，一定の要件を満たす場合には，屋内消火栓設備と配管を兼用することができる．

a. 設備の構成

i) 屋内消火栓設備

屋内消火栓設備は，図11·20に示すように水源，加圧送水装置（図はポンプを使用したものであるが，高架水槽あるいは圧力水槽を設け，その落差あるいは圧力によって送水する方式のものもある），消火栓開閉弁・ホース・ノズルを格納した消火栓箱とこれらを接続する配管，電源，非常電源および配線等により構成されている．

そのほか夜間，停電時にも消火栓箱の位置を知らせるための位置表示灯，総合試験あるいは総合点検を行うためのテスト弁，加圧送水装置にポンプを用いるものは消火栓箱の所でポンプを起動させるための起動装置の遠隔操作部，ポンプの起動・運転が消火栓箱のところでわかる起動表示灯（位置表示灯を点滅させることでポンプの起動を表示できる場合は不要），定格負荷運転時のポンプの性能を測定するための試験装置，締切運転時におけるポンプ内の水温

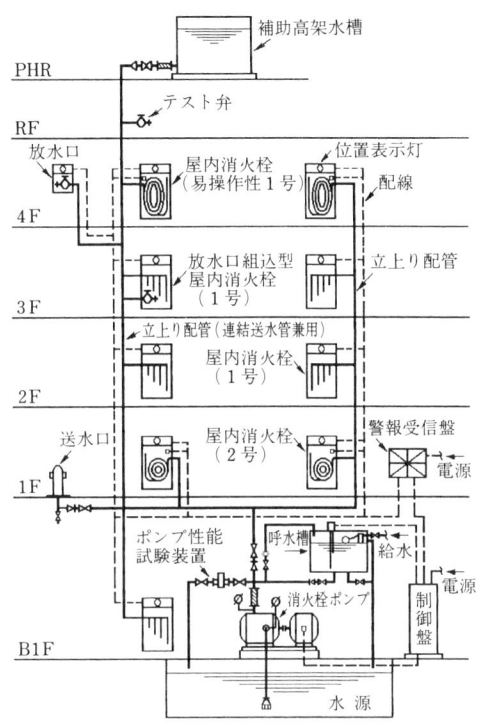

図 11·20　屋内消火栓設備の構成例（立上り管一部連結送水管兼用）

上昇防止のための逃し配管および水源水位がポンプより低い位置にある場合には呼水装置等が必要である．また乾式の場合には上記の他に遠隔起動にて開放することができる弁（電動弁等）および要所に水抜き弁が設けられる．

ii) 屋外消火栓設備

屋外消火栓設備は，消火栓開閉弁等が屋外に設けられている関係で，配管も外部に布設されている以外は屋内消火栓設備と構成は同じである．消火栓開閉弁は地面に設置するため地上式と地下式がある．なお，始動表示灯は必要だが位置表示灯は設けなくてもよい．

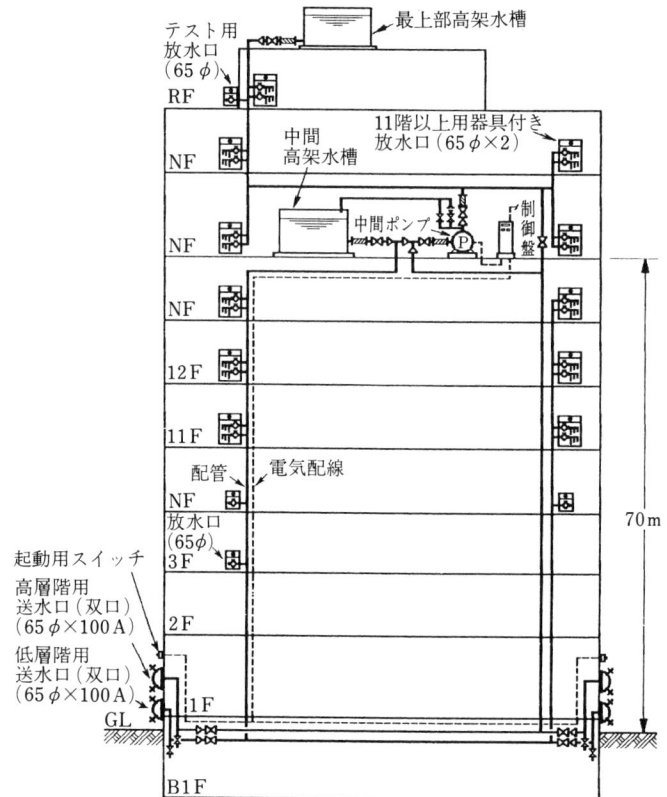

図 11・21　連結送水管の構成例

iii）連結散水設備

　連結散水設備には加圧送水装置がなく，送水口から消防ポンプ自動車による加圧給水を行い，防護対象の天井や天井裏に配置した散水ヘッドから散水する．防護対象は一定数毎の散水ヘッドからなる送水区域に分割し，送水区域ごとに放水できるよう送水口と接続するか選択弁を設ける．

iv）連結送水管

　連結送水管は，図11・21 に示すように送水口と放水口およびこれらを接続する配管とによって構成されている．なお，11 階以上の部分に設けるものには，放水口の他にホース・ノズルの放水用器具を格納した格納箱を（非常用エレベーター等により放水用器具の搬送が容易とみなされる場合を除く），さらに地上からの高さが 70 m を超える建築物には，消防隊の動力消防ポンプ車からの送水を中継して送水するための加圧送水装置（ブースターポンプ）およびこれに対する電源，非常電源，送水口の直近または中央管理室でポンプを起動させるための起動装置の遠隔操作部および配線が必要である．なお，ポンプの付属装置は屋内

消火栓設備で述べられているものと同じである.

b. 機器類

ここでは,それぞれの設備に特有の機器類について解説する.各種消火設備に共通な水源,加圧送水装置,配管については「E.水系消火設備の共通事項」を,非常電源や配線については「11・3　非常電源および配線」を参照されたい.

ⅰ)屋内消火栓設備

屋内消火栓には1号消火栓(在来型と易操作性型とがある.)と2号消火栓(在来型と広範囲型とがある.)および危険物施設に用いるもの(以下「危険物用消火栓」という.)とがあり,工場倉庫,指定可燃物を貯蔵しまたは取り扱う建築物,その他の工作物には1号消火栓を,危険物施設には危険物用消火栓を,その他の防火対象物には1号消火栓または2号消火栓のいずれを設置してもよい.在来型1号消火栓および危険物用消火栓は,使用する場合に,ホースのすべてを格納箱から取り出し延長し,しかも訓練された二人以上での操作が必要であるのに対して,易操作性1号消火栓および2号消火栓は,一人でしかもホースを延長する過程の任意の位置においても操作することができるものである.したがって人員が少ない防火対象物等には特に易操作性1号消火栓を,旅館,ホテル,社会福祉施設,病院等の就寝施設で夜間には人員が少なくなり時には女性だけの勤務になるような防火対象物等には,機器類の大きさが小さく特に操作が容易である2号消火栓の設置が望ましい.

①　在来型1号消火栓

在来型1号消火栓は,図11・22に示すように消火栓開閉弁,ホース,ノズルが常に接続され不燃性の格納箱に収納されており,これを防火対象物の階ごとに,その階の各部分からの水平距離が25 m以下となるように設ける.

屋内消火栓と放水に必要な器具は消防庁長官が定める技術基準[4](以下「屋内消火栓等の基準」という.)に適合する認定品(11・5(1)D参照.以下同じ.)である.

消火栓開閉弁は一般に多く使用されるのは呼び40であり,手動にて開閉操作を行うものであり,ホースとの結合金具は,一般的に差込式の差し口金具が設けられている.

ホースは規格省令[5]が定められており,以前は検定品目であったが2014(平成26)年4月以降

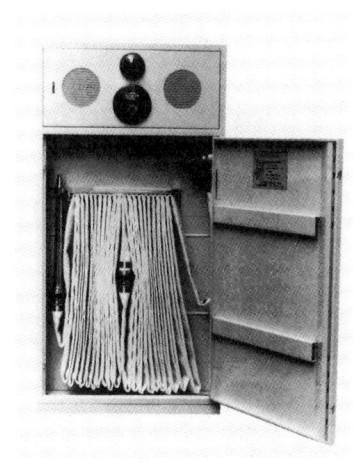

図 11・22　在来型1号消火栓格納箱(例)

は自主表示となっており,適合の表示されたものを使用する.なおホースには種類があり,一般に多く使用されるのは消防用ゴム引きホースである.

ノズルは,ホースと同じ呼称の差込式ホース結合金具の受け口金具,プレーパイプおよびノズルチップにより組立てられたもので,一般には棒状で放水するものが用いられるが,棒状放水と噴霧状放水との切替放水ができるものを用いる場合もある.

性能は，設置されている階の全ての消火栓を同時に使用（最大2とする）した場合に，放水圧力が0.17 MPa以上で放水量が130 L/min以上得られるものである（切替方式のものは棒状放水にした場合）．

②　易操作性1号消火栓

易操作性1号消火栓は，消火栓開閉弁，保形ホース（収納装置に収められている.），ノズルが常に接続され格納箱に収納されており，これを防火対象物の階ごとに，その階の各部分からの水平距離が25 m以下となるように設ける．

この消火栓は，在来型1号消火栓と同様に屋内消火栓等の基準に適合する認定品である．

また，在来型1号消火栓との大きな違いは，前述のように一人で操作して消火活動を行う関係で，ノズルには開閉機構が設けられているとともに棒状放水および噴霧放水の切り替えができるものであり，加圧送水装置にポンプを用いる場合には，消火栓開閉弁の開放操作あるいはノズルを取出すなどの操作によりポンプが起動する方式とし，ホースはリールに巻付けておくホースリール式，あるいはドラムのなかに入れておくか格納箱をホースが飛び出さない構造にしてそのなかに入れておく折畳み等収納式等の収納装置を設け，容易に引出せる構造であるとともに，引出した任意の位置において放水して使用することができるようになっている点である．

ノズルは，棒状放水した場合に在来型と同じ性能が得られるものである．

なお，ホースリール式および折畳み等収納式のいずれも壁面に設置する壁面設置型と天井に設置する天井設置型とがある．ただし，天井設置型にはその直近の壁面に床面からの高さが1.8 m以下の位置に降下装置（表示灯，起動押しボタンが設けられたもの）を設けなければならない．

③　在来型2号消火栓

在来型2号消火栓は，図11·23に示すように消火栓開閉弁，保形ホース，ノズルが常に接続されて格納箱に収納されており，これを防火対象物の階ごとに，その階の各部分からの水平距離が15 m以下となるように設ける．

なお，在来型2号消火栓も屋内消火栓等の基準に従い，認定品が使用されている．

また，上記の各1号消火栓との違いは，消火栓操作の訓練を十分に受けたことがない者でも，一人で容易に操作して消火活動を行うことができるように機器類は小径のものを使用し，ノズルは開閉機構付きとし（棒状放水および噴霧放水の切り替えのできるものもある），加圧送水装置の起動方式およびホース格納方式等は易操作性1号消火栓と同じである．

消火栓開閉弁はボール弁が用いられ，ノズルはホース結合金具あるいはねじ接続等による方法にて接続されている．

性能は，設置されている階の全ての消火栓を同時に使用（最大で2台とする）した場合に，放水圧力が0.25 MPa以上で放水量が60 L/min以上得られるものである．

なお，ホースリール式および折畳み等収納式のいずれも壁面に設置する壁面設置型と天井に設置する天井設置型とがある．ただし，天井設置型にはその直近の壁面に床面からの高さが1.8 m以下の位置に降下装置（表示灯，起動押しボタンが設けられたもの）を設けなければならない．

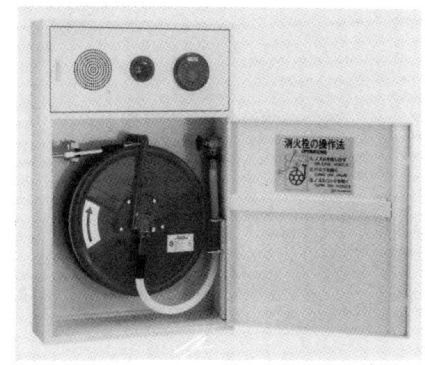
（a）リール式

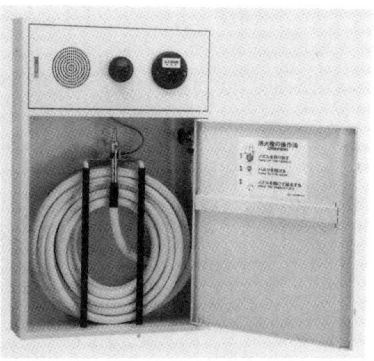
（b）折畳み収納式

図 11・23　2号消火栓格納箱（例）

④　広範囲型2号消火栓

広範囲型2号消火栓は在来型2号消火栓より広範囲を防護できるようにしたものであり，設置は防火対象物の階ごとに，その階の各部分からの水平距離が 25 m 以下となるように設ける．

構成は在来型2号消火栓と同様であるが，性能は，設置されている階の全ての消火栓を同時に使用（最大2とする）した場合に，放水圧力が 0.17 MPa 以上で放水量が 80 L/min 以上得られるものである．

⑤　危険物用消火栓

危険物用消火栓のうち屋内消火栓は，1号消火栓と同じように消火栓開閉弁，ホース，ノズルが常に接続され不燃性の格納箱に収納されており，これを製造所等の建築物の階ごとに，その階の各部分からの水平距離が 25 m 以下となるように設けるとともに，各階の出入口付近に 1 個以上設ける．

ノズルは，1号消火栓と同じもので，一般には棒状で放水するものが用いられるが，棒状放水と噴霧状放水との切替放水ができるものを用いる場合もある．

なお，表示灯，起動装置の遠隔操作部および配線は防爆仕様とする．

性能は，設置されている階の全ての消火栓を同時に使用（最大で5台とする）した場合に，放水圧力が 0.35 MPa 以上で放水量が 260 L/min 以上である．

ii）屋外消火栓設備

屋外消火栓は，図 11・24 に示すような地上式消火栓，地下式消火栓があり，これを防護対象物または建築物の各部分からの水平距離が 40 m 以下となるように設ける．なお，地上式消火栓には屋内1号消火栓のようにホース，ノズルを開閉弁に接続して消火栓箱のなかに入れておくものもあるが，一般的にはホース，ノズルおよび開栓器等の放水用器具は消火栓箱に入れ，屋外消火栓からの歩行距離が 5 m 以内の箇所（屋外消火栓に面する建築物の外壁の見やすい箇所に設けるときは 5 m 以上でも差し支えない．）に別個に設ける．また，起動

表示灯は，消火栓箱の内部または直近の箇所に設ける．

消火栓開閉弁，ホースおよびノズルは，いずれも屋内在来型1号消火栓にて述べたものと同様で，大きさはいずれも呼称65のものである．

性能は，危険物施設に用いるものは全ての消火栓を同時に使用（最大で4台とする）した場合に，放水圧力が0.35 MPa以上で放水量が450 L/min以上であり，一般の防火対象物に用いるものは全ての屋外消火栓を同時に使用（最大で2台とする）した場合に，放水圧力が0.25 MPa以上で放水量が350 L/min以上である．

地上式消火栓および地下式消火栓には，いずれもホースを接続する口の数によって単口型と双口型とがある．地上式は，地中に埋設となる部分に自動排水弁が設けられており（図の下部部分の側面にあるもの），放水完了して消火栓を閉じるとこの弁から地上部分の水が排水されるので凍結することがないことから，不凍式消火栓ともよばれている．地下式は，コンクリート製の桝内に設置され上部には「消火栓」と表示された鉄蓋が設けられている．なお桝には雨水等が溜まらないように排水管が必要である．

また，屋外消火栓設備に類似する設備として，市町村が設置し維持・管理する消火栓がある．これは消防法で設置が求められる消防水利のうちのひとつであり，上水道を給水源としておりポンプ等が不要で比較的操作が容易であるため，近年は地域住民による初期消火活動のために，この消火栓に接続するスタンドパイプ[6]が普及しつつある．

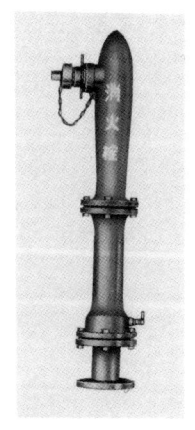
（a）地上式

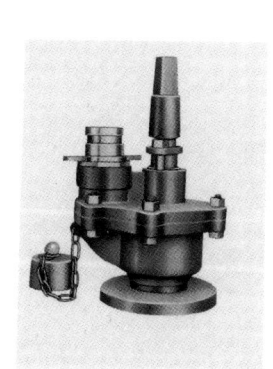
（b）地下式

図 11·24　屋外消火栓（例）

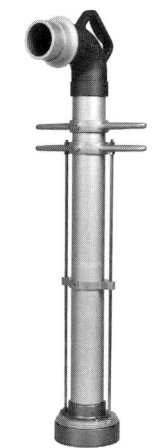
図 11·25　スタンドパイプ（例）

iii）連結散水設備

連結散水設備に用いる散水ヘッドには開放型と閉鎖型があり，開放型ヘッドは消防庁長官が定める基準[7]に適合するものを，閉鎖型ヘッドは閉鎖型スプリンクラーヘッドのうち高感度型ヘッドを除く標準型ヘッド（B. c. i）①参照）を使用する．開放型ヘッドは消火活動が開始されるまで火災の熱に耐え，その後放水によって急冷されても破損しない性能が求

められる．開放型ヘッドの流量は放水圧 0.5 MPa のとき 169 〜 194 L/min であり，一の放水区域の設置数は最大 10 個以下である．閉鎖型ヘッドは放水圧 0.1 MPa のとき 80 L/min であり，一の放水区域の設置数は最大 20 個以下である．一の放水区域で開放型ヘッドと閉鎖型ヘッドを混用してはならない．配管は散水ヘッドの個数に応じて呼び 32 〜 80 が使用される．送水口は消防庁長官が定める基準[8]に適合するものを使用する．

　iv）連結送水管

　連結送水管の放水口は，屋内在来型 1 号消火栓で述べた消火栓開閉弁のうちの呼称 65 のもので，これを地階を除く階数が 7 以上のもの，または地階を除く階数が 5 以上で延べ面積が 6000 m² 以上の建築物にはいずれも 3 階以上のそれぞれの階ごとに，延べ面積 1000 m² 以上の地下街は地階のそれぞれの階ごとに，その各部分からの水平距離が 50 m 以下となるように設ける．また延長 50 m のアーケードおよび建築物の道路の用に供される部分には，その各部分からの水平距離が 25 m 以下となるように設ける．

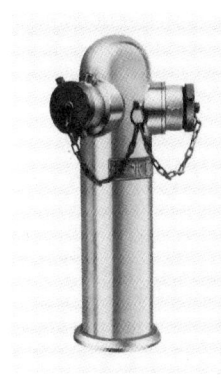

(a) 露出型　　　　　　　　(b) 壁埋込型

図 11・26　送水口（例）

　図 11・27　放水口格納箱（例）　　　図 11・28　放水口格納箱（高層階用）（例）

送水口は，前述の連結散水設備と同様であり，図 11・26 に示すうちのいずれかのもので，ホース接続口設置個数は，連結送水管の立管の数以上を設ける．

放水口は開閉弁そのままを立管に設置する場合もあるが，一般的には図 11・27 に示す格納箱かあるいは屋内消火栓格納箱内（併設しても差し支えないようになっている．）に設ける．また 11 階以上に設けるものは，双口形（一般的には放水口を 2 台設ける．）とし放水器具を附置する．図 11・28 にこれをに示す．

送水口は，ホース接続口が呼称 65 の双口で，管接続部分は 100 A である．

また，放水口および送水口のホース結合金具は，ねじ式のものと差込式のものとがあるが，各都市によってそれぞれ定められており，それに適合したものとする．

B.　スプリンクラー設備

スプリンクラー設備は，水の冷却作用により火災の消火或いは抑制を行うもので，一般の建築物，工作物等の屋根裏または天井面に，「スプリンクラーヘッド」と称する散水器を設け，これに水を送る管を接続しておき，火災の際に水を送って消火する固定式の消火設備で，火災の初期における消火には非常に有効である．

a.　設備の種類

スプリンクラー設備には多くの種類があり，以下に設置対象による分類と設備方式による分類を示す．

ⅰ）設置対象による分類

設置対象による分類では，店舗，病院やビル等に設置される一般的なスプリンクラー設備が最も多い．その他にはラック式倉庫に設置するスプリンクラー設備（以下「ラック式倉庫用スプリンクラー設備」という．），一定の構造要件を満たす共同住宅に設置できる「共同住宅用スプリンクラー設備」[9]，一定規模以下の福祉施設等に設置できる「特定施設水道連結型スプリンクラー設備，戸建住宅に設置する「住宅用スプリンクラー設備」[10]等がある．一般的なスプリンクラー設備とこれらの主な相違点は，

・ラック式倉庫用スプリンクラー設備は，対象の火災危険性が高いことから，一のスプリンクラーヘッドの放水量が多く，同時に開放することができるスプリンクラーヘッドの数（以下「同時開放個数」という．）が多い．

・共同住宅用スプリンクラー設備は，対象の火災危険性が比較的低いことから，一のスプリンクラーヘッドの放水量が少なく，同時開放個数が少ない．使用するスプリンクラーヘッドは火災の延焼拡大防止に効果的な散水パターンを有する小区画型スプリンクラーヘッドを使用する．なお，共同住宅用スプリンクラー設備を設置した場合は自動火災報知設備を設置しないことができる．

・特定施設水道連結型スプリンクラー設備は，対象の火災危険性や設置に関わる経済的負担等を考慮し，一のスプリンクラーヘッドの放水量が少なく，同時開放個数が少ない．使用するスプリンクラーヘッドは小区画型である．水源として水道を使用することができ，後述する流水検知装置が不要である．

・住宅用スプリンクラー設備は，特定施設水道連結型スプリンクラー設備とほぼ同様の設備であり，個人住宅等に自主的に設置するものである．

ii）設備方式による分類

① 閉鎖型

閉鎖型は，消火水を放水する開口部が火災を感知して開放する感熱機構により閉じられている閉鎖型スプリンクラーヘッド（以下「閉鎖型ヘッド」という．）を用いるものであり，これにはさらに湿式，乾式および予作動式があるが，このうち一般に多く用いられているものは湿式である．

湿式は，加圧送水装置（ポンプが最も多く使用されている．以下「B．スプリンクラー設備　a．設備の種類」において「ポンプ」という．）からスプリンクラーヘッドまでの間に湿式流水検知装置（自動警報装置の発信部）を設けたもので，このすべてに加圧水を充てんしておき，火災の発生に伴いスプリンクラーヘッドが感熱作動すると直ちに放水を開始する方式である．

乾式は，ポンプからスプリンクラーヘッドまでの間に乾式流水検知装置を設けたもので，乾式流水検知装置からスプリンクラーヘッドまでの間には圧縮空気が，ポンプから乾式流水検知装置までの間には加圧水が充てんされている．火災の発生に伴いスプリンクラーヘッドが感熱作動すると，まず圧縮空気が放出され，その放出に伴う減圧により加圧水が乾式流水検知装置の弁体を開き，スプリンクラーヘッドから放水を開始する方式で，流水検知装置以降の配管を充水しておくと凍結するおそれのある場所に設けるものである．この方式では圧縮空気が放出された後に水が出るために湿式より放水開始が遅れる．そのため，乾式の水源水量は湿式の 1.5 倍が必要とされるとともに，スプリンクラーヘッドが作動してから放水開始まで 1 分以内になるよう設備することが求められ，比較的放水量の少ない小区画型スプリンクラーヘッドを使用した設備では乾式は使用できない（特定施設水道連結型スプリンクラー設備を除く）．

予作動式は，ポンプからスプリンクラーヘッドまでの間に予作動式流水検知装置を設けたもので，予作動式流水検知装置からスプリンクラーヘッドまでの間には圧縮空気が，ポンプから予作動式流水検知合装置の間には加圧水が充てんされており，さらに予作動式流水検知装置には制御盤が付属しており，この盤から専用に設けた火災感知器までは配線により接続されている．火災の発生に伴い，まず専用の火災感知器が感熱作動すると，予作動式流水検知装置の弁体が開き，スプリンクラーヘッドの方へ水が流れる．さらに火災が進展しスプリンクラーヘッドが感熱作動すると圧縮空気が放出され，続いて放水し消火活動を開始する方式である．なお，予作動式流水検知装置を開放するための感知部は，専用感知器の他に火災報知設備の感知器や火災感知用ヘッド等が使用できる．この方式は，乾式と似ているが，圧縮空気が放出してから放水する「放水の遅延」という欠点を少しでも少なくするために，スプリンクラーヘッドより火災感知の早い火災感知器にて予作動式流水検知装置を作動させて水をスプリンクラーヘッドへ送るようにしたものである．ただし，水源水量やスプリンクラーヘッド作動から放水開始までの時間については乾式と同様の制限があり，小区画型スプリンクラーヘッドを使用した設備（特定施設水道連結型スプリンクラー設備を除く）やラック式倉庫では使用できない．一方，スプリンクラーヘッドに破損事故等が生じたような場合に，湿式は直ちに放水し，乾式は直ちに圧縮空気が放出し続いて放水するのに対し，予作動

式は直ちに圧縮空気が放出するが，火災感知器が作動してないので予作動式流水検知装置が開放しないため放水せず，空気圧が減圧した警報のみ発信する．すなわち予作動式は，事故などによる不時放水を防止することもできるシステムであるため，特に水損の被害が大きい場所に設置される設備である．

　② 開放型

開放型は，放水する口が開いている開放型スプリンクラーヘッド（以下「開放型ヘッド」という．）を用いるもので，閉鎖型で述べた湿式に設けられている流水検知装置の二次側配管の途中に水の噴出を押さえておくための一斉開放弁を設け，この弁の二次側の大気圧になっている部分に開放型ヘッドを設けたものであり，この弁を開くことによって弁の二次側の配管に設けてある全部の開放型ヘッドから一斉に放水する方式である．これは燃えやすいものが多くあって火災が発生すると延焼が非常に早い，あるいは天井または屋根が高くて閉鎖型ヘッドを設けたのでは，熱気流の関係で閉鎖型ヘッドの感熱開放に時間がかかり過ぎる等で火災が拡大するおそれのある場所などに用いる．なお，この方式には直接又は遠隔操作により加圧送水装置及び一斉開放弁または手動開放弁を開かせる手動式と，自動火災報知設備の感知器の作動又は火災感知用ヘッド等の作動と連動して加圧送水装置及び一斉開放弁を開かせる自動式とがある．

　③ 放水型

放水型は，放水型スプリンクラーヘッドその他のスプリンクラーヘッド（以下「放水型ヘッド」という．）を使用するものである．これは，防火対象物の天井または屋根が非常に高い部分に閉鎖型ヘッドを設置しても，火災が発生した場合には熱気流の関係で発火点直上の閉鎖型ヘッドが感熱作動するのに非常に時間がかかるだけでなく，直上以外の部分の閉鎖型ヘッドが感熱作動する等で火災が拡大してしまうおそれがある場所に用いる方式である．これには，固定式ヘッドを用いる方式と可動式ヘッドを用いる方式とがある．いずれの放水型ヘッドも放水口が開放されているものであり，火災感知装置と連動して自動的に放水することができるものである．ただし，防災センター等で火災発生の確認と放水開始の操作およびその確認ができるものは連動としない場合もある．

　b．設備の構成

　スプリンクラー設備は，図11·29に示すように水源，加圧送水装置（屋内消火栓設備で述べたように種々なものがあるが，ポンプを用いるのが一般的である），制御弁，自動警報装置，スプリンクラーヘッド，補助散水栓，スプリンクラー専用送水口とこれらを接続する配管，電源，非常電源および配線などにより構成されている．

　そのほか閉鎖型ヘッドを用いるものは末端試験弁，流水検知装置の種類によっては空気加圧装置，感知部等が必要であり，開放型ヘッドあるいは放水型ヘッド等を用いるものは一斉開放弁または手動開放弁およびこれらの機能試験装置，手動起動装置，自動式のものは感知部や制御部等が必要である．

　c．機器類

　ここでは，スプリンクラー設備特有の機器類について解説する．その他の各種消火設備と共通な水源，加圧送水装置，配管については「E．水系消火設備の共通事項」を，非常電源

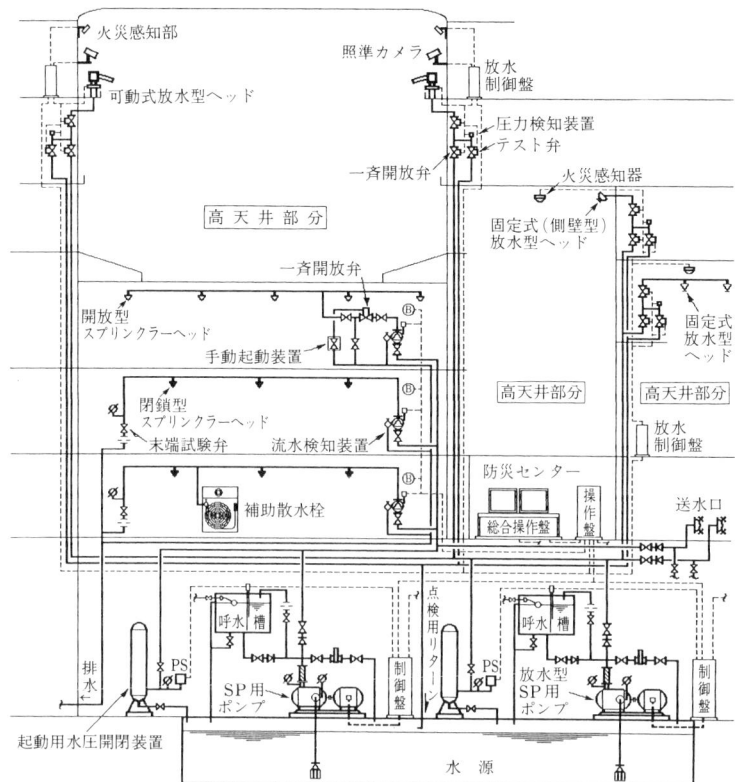

図 11・29 スプリンクラー設備の構成例

や配線については「11・3 非常電源および配線」を参照されたい.

　ⅰ）スプリンクラーヘッド

　スプリンクラーヘッドは，設備の種類で述べたように，閉鎖型ヘッド，開放型ヘッドおよび放水型ヘッドがある.

　①　閉鎖型ヘッド

　閉鎖型ヘッドは，図11・30のように水を送る管に取り付けるねじ部のある本体（放水口），フレーム，水を拡散するデフレクター，水の噴出を抑えている弁体，火災の熱を感知する感熱部及びリンク部等で構成されている.

　火災の熱により感熱部の半田が溶融するとリンク部が分解し，弁体が開口して噴出した水がデフレクターに当り拡散放水するものである.

　感熱部の種類には，上記の半田（可溶片という）のほかにグラスバルブ（ガラス球の内部にアルコール等の液体を封入したもの）がある．閉鎖型ヘッドの種類は多様であり，これらの構造についてはスプリンクラーメーカーの HP 等を参照されたい[11].

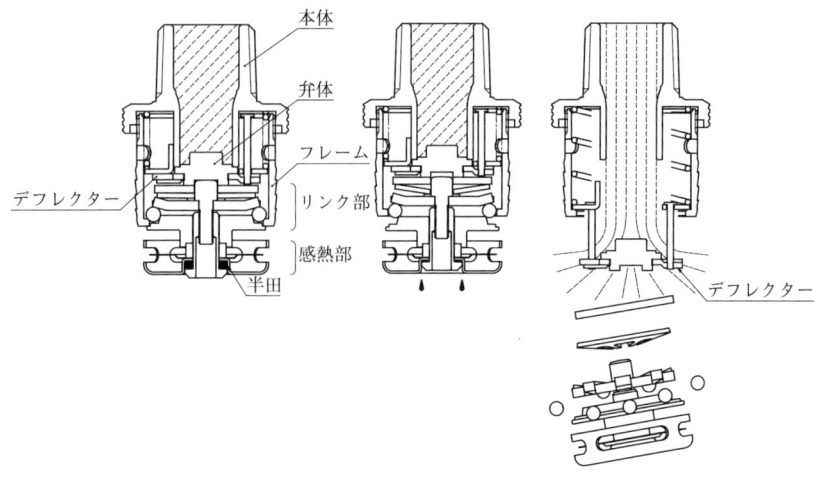

図 11·30　閉鎖型ヘッドの機構例

　なお，閉鎖型ヘッドは，規格省令[12]（以下「閉鎖型ヘッドの規格」という．）に基づく検定品である．閉鎖型ヘッドには表 11·3 に示すような区分・種類がある．概要は以下のとおりであるが詳細は閉鎖型ヘッドの規格等を参照されたい．

・呼び：閉鎖型ヘッドの大きさを表す呼称で，取付ねじと放水量が紐付けられている．
・取付方向：下向き型は放水口を下向きに取り付ける最も一般的なものである．上向き型は放水口を上向きに取り付けるもので，露出した配管の上方に取り付ける場合等に用いられる．縦型・横型は側壁型の分類であり，縦型には上向き・下向き・上下どちらの向きでも使用できるものがあり，横型は水平方向に取り付ける．
・放水形状：標準型は閉鎖型ヘッドを中心に同心円状に散水するもので，側壁型は閉鎖型ヘッドから片側のみに散水する．
・有効散水半径：閉鎖型ヘッドを中心とした有効に散水される範囲をいう．
・標示温度：閉鎖型ヘッドが作動を意図された温度のことで，設置場所の最高周囲温度に適したものを取り付ける必要がある．取付場所が通常の温度環境（39℃ 未満）では標示温度 79℃ 未満のものが，トップライトなど高温となる部分では熱による誤作動を防止するために高温型のものが使用される．
・感度：閉鎖型ヘッドの熱に対する応答の速度を表す指標で，日本では熱時定数が使用されている．時定数が小さいほど火災感知が速く，時定数 50 までのものを一種感度，250 までのものを二種感度と分類している．なお，法令上の区分として，標準型であって感度種別が一種で有効散水半径が 2.6 m 以上であるものを高感度型ヘッドとよび，同時開放個数が少ないと見込まれることから，必要な水源水量がその他の閉鎖型ヘッドを使用した設備より少ない．
・形状：以上の区分の他に，デザイン的な形状の区分がある．主なものを図 11·31 に示

表 11·3　閉鎖型ヘッドの分類

ヘッドの呼び	8	10	15	20
用途等	小区画（住宅用途）		一般ビル等	ラック式倉庫
取付ねじ	R 1/2			R 1/2 又は R 3/4
放水量（L/min−0.1 MPa）	30 〜 50 の範囲の メーカー申請値	50	80	114
放水形状	標準型/側壁型			標準型
有効散水半径（m）	r 2.3/r 2.6/r 2.8			r 2.3
標示温度（℃）	ヒューズの例：72，96，98，139 グラスバルブの例：66，68，88，93			
感度	一種			一種/二種

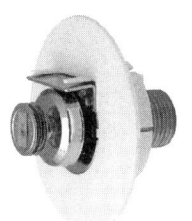

（a）標準型（高感度型）　　　（b）標準型　　　　　（c）側壁型
（下向・天井埋込型）　　（下向・マルチ型）　　（水平取付・壁面埋込型）

（d）標準型　　　（e）標準型（上向・フレー　　（f）ラック式倉庫用
（下向・フレーム型）　　ム型・グラスバルブ型）

図 11·31　閉鎖型ヘッドの例

す．構造が簡単で古くからあるフレーム型（馬蹄型とも呼ばれる）は，現在国内では主に直天井部分等で使用されるのみだが，海外では広く使われている．意匠が重視される二重天井では，天井下の突出し量が比較的少ないマルチ型が普及していたが，現在では殆どが天井埋込型（フラッシュ型ともいい，感熱部以外を天井内に収め，作動時に散水部品が天井下に突き出す構造）となっている．さらに全体を天井内に収め，天井面には感熱構造をもつプレートのみが見えるコンシールド型もある．また，近年スプリンクラー設備の耐震性に対する要求から，特に天井との位置関係により破損しやすいフラッシュ型において，外力による損傷を受けにくい構造のものが普及しつつある．

そのほか特殊なものとして，乾式の設備で下向きにヘッドを設置しなければならない場合に，その立下り部分に水が入ると凍結するので，これを防止するために用いるドライペンダントヘッド，腐食するおそれのある場所に用いるステンレス等の耐食材料を用いたヘッドまたはワックス等でコーティンクしたヘッド等がある．

② 開放型ヘッド

開放型ヘッドは，閉鎖型ヘッドの感熱部分と水をシールする弁体がなく，放水口が開口しているだけでそのほかは全く同じである．すなわち，感熱以外の性能については全く同じであるということである．

③ 放水型スプリンクラーヘッドその他のスプリンクラーヘッド

放水型ヘッド等は，閉鎖型ヘッドおよび開放型ヘッドとは異なったものであり，これを使用した設備は放水型ヘッド等の機器のみでなく，設備全体に対する消防庁の告示基準[13]に従い，日本消防検定協会の評価を受けたものを設置する（構成機器は型式評価，設備全体は総合評価であり，いずれも認定評価（11・5（1）D参照））．

放水型ヘッド等は，設備の種類で述べたように放水口が開放されたもので，固定式と可動式とがある．固定式ヘッドは，閉鎖型および開放型ヘッドと同じように設置されたままの状態で放水するものであり，指定可燃物を貯蔵しまたは取扱う部分に設置する大型ヘッドと，それ以外の部分に設置する小型ヘッドとがある．さらに大型ヘッドおよび小型ヘッドのいずれも天井面に設置する標準型と壁面上部または天井面端部に設置する側壁型とがある．

可動式ヘッドは，任意の位置に据付け固定し，放水部を稼働して放水口を火点に向けて放水するもので，放水砲あるいは放水銃と称されているものである．これも固定式と同様に大型ヘッドと小型ヘッドとがある．可動式ヘッドには，火災感知技術，火源探査技術，放水技術等或いは意匠上の工夫等の多様な技術が取り入れられた各種ヘッド・設備がある．

ヘッドの性能は，固定式および可動式とも大型ヘッドは，放水量が $10 \, \text{L/min/m}^2$ 以上，小型ヘッドは，放水量が $5 \, \text{L/min/m}^2$ 以上得られるものである．また，有効放水範囲は固定式小型ヘッドの場合は $1.2 \, \text{L/min/m}^2$，固定式大型ヘッドの場合は $2.4 \, \text{L/min/m}^2$，可動式の場合はいずれも $20 \, \text{m}^2$ 以上である．

ⅱ）補助散水栓

補助散水栓は，起動方式を除き屋内消火栓設備の在来型2号消火栓と外観，機能ともまったく同じである．

ⅲ）自動警報装置

　自動警報装置は，スプリンクラー設備の起動（閉鎖型ヘッドや補助散水栓の開閉弁の開放等）を検知して警報を発するものであり，特定施設水道連結型スプリンクラー設備を除くスプリンクラー設備には必要なものである．この装置は発信部と受信部で構成されており，発信部は階ごと或いは放水区域ごと（ラック式倉庫の場合は配管系統ごと）に設置し，受信部は発信部が作動した階や放水区域がわかるような表示装置を防災センター等に設置する．発信部には流水検知装置又は圧力検知装置が使用され，配管内の流水や圧力減少によって閉鎖型ヘッドの開放等を検知し信号を発する．受信部には表示装置と音響警報装置があり，表示装置は常時人のいる場所に設けるものとし，総合操作盤や自動火災報知設備の受信機に表示装置としての機能があれば省略できる[14]．音響警報装置は階或いは放水区域で警報を発するものとし，自動火災報知設備や非常放送設備にその機能があれば省略できる．

　発信部のうち流水検知装置は規格省令[15]に基づく検定品である．流水検知装置はアラーム弁とも呼ばれ，大別すると湿式，乾式および予作動式の 3 種類に分類される．

①　湿式流水検知装置

　湿式スプリンクラー設備で使用するもので，さらに自動警報弁型，作動弁型およびパドル型の 3 種類に分類される．

　自動警報弁は，図 11・32 のように逆止弁構造になっており，二重構造の弁座の中間部分が警報の発信部分に接続されている．流水により生じる逆止弁前後の圧力差によって弁が開かれると図（b）の状態になり発信部を作動させるものである．発信部には通常は圧力スイッチが使用され，逆止弁一次側の瞬間的な圧力上昇による誤作動を防止するため，リターディングチャンバーを介して圧力スイッチを設けるか，圧力スイッチ自体に遅延装置を設ける．なお，図 11・32 の弁体中央にある小さな逆止弁構造は，逆止弁二次側への微量の通水のための補助逆止弁である．

　作動弁は自動警報弁と同様に逆止弁構造であるが，図 11・33 のように弁体の動き自体をマイクロスイッチ等で検出する．誤動作防止はマイクロスイッチ部への遅延機構等の付加等による．

　パドル型は，図 11・34 のように水の流れの方向に対して直角にパドルが取り付けてあり，このパドルを支えているレバーが本体の外部に延びてスイッチボックスに連結されている．内部に流水が生じるとパドルが移動し，これに伴って移動したレバーによってスイッチボックス内のマイクロスイッチが信号を発信する．

②　乾式流水検知装置

　乾式流水検知装置は凍結のおそれのある場所に設置される乾式スプリンクラー設備で使用する．図 11・35 に乾式流水検知装置の例を示す．弁体の一次側には加圧水を，二次側には加圧空気等を充てんし，弁体一次側と二次側の面積差及び加圧水と加圧空気の圧力差により発生する閉止力によって弁体が加圧水を封止している．閉鎖型ヘッドの開放により二次側の加圧空気が放出されると，この閉止力が失われ弁体が開放し，二重弁座の中間部分から一次圧力水が圧力スイッチを作動させる．乾式弁は図のように弁の閉止および圧力の保持を良好にする・ガスケットの変質防止・発錆による固着防止などのために予備水を必要とするものが

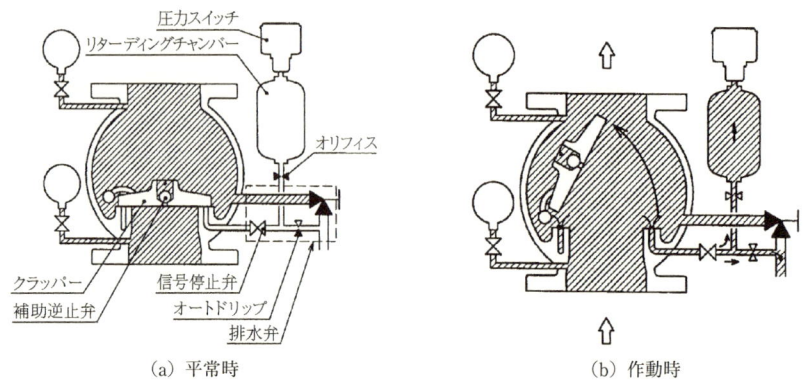

（a）平常時 （b）作動時

図 11・32　自動警報弁型湿式流水検知装置の例
（リターディングチャンバー付きの場合）

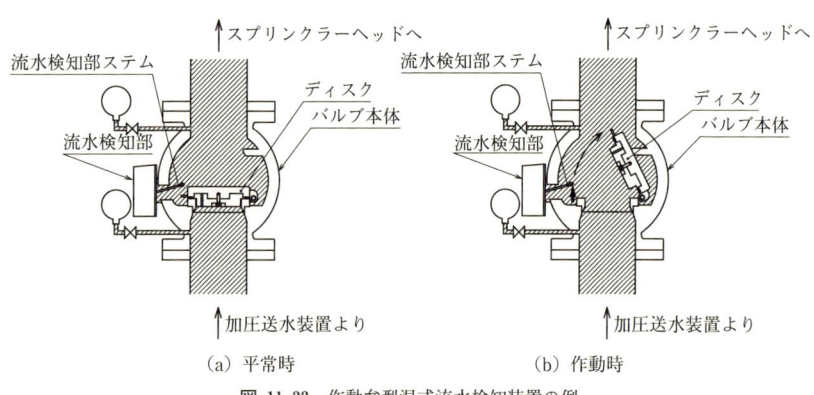

（a）平常時 （b）作動時

図 11・33　作動弁型湿式流水検知装置の例

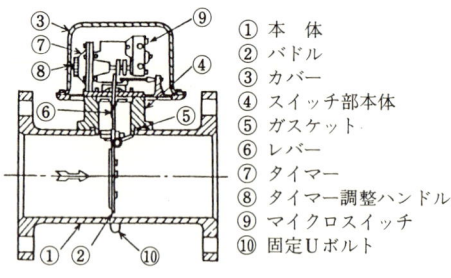

① 本　体
② パドル
③ カバー
④ スイッチ部本体
⑤ ガスケット
⑥ レバー
⑦ タイマー
⑧ タイマー調整ハンドル
⑨ マイクロスイッチ
⑩ 固定Uボルト

図 11・34　パドル型湿式流水検知装置の例

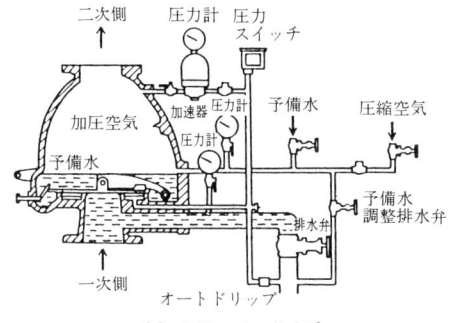

（a）クラッパータイプ

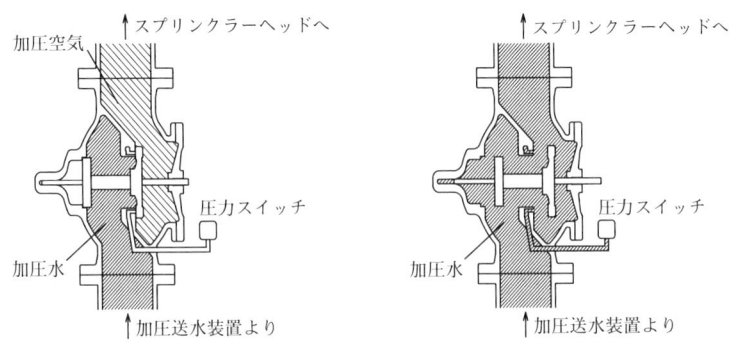

（b）ピストンタイプ（左：平常時，右：作動時）

図 11·35　乾式流水検知装置の例

ある．

③　予作動式流水検知装置

予作動式流水検知装置は，水損の被害が大きい場所に設置される予作動式スプリンクラー設備で使用する．予作動式流水検知装置はスプリンクラーヘッドが作動開放して二次側配管内が減圧しても弁は開かない構造になっており，消火のためのスプリンクラーヘッドとは別に設ける火災感知用ヘッド，自動火災報知設備の感知器などの感知部の作動によって弁が開くような機構になっている．

ⅳ）一斉開放弁

一斉開放弁は開放型スプリンクラー設備で使用する．設備の種類で述べたように，この弁の一次側に接続する配管には水が充てん加圧され，弁は閉止の状態となっており，二次側の配管は大気圧の状態になっており，開放型スプリンクラーヘッド・放水型ヘッド等が設けられている．

一斉開放弁は，火災感知用ヘッドまたは自動火災報知設備の感知器の作動により自動にて開くか，手動起動装置（起動バルブ）の操作により遠隔で開放するものであり，規格省令[16]に基づく検定品である．

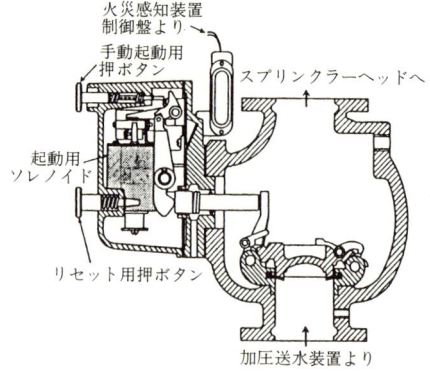

（a）クラッパータイプ

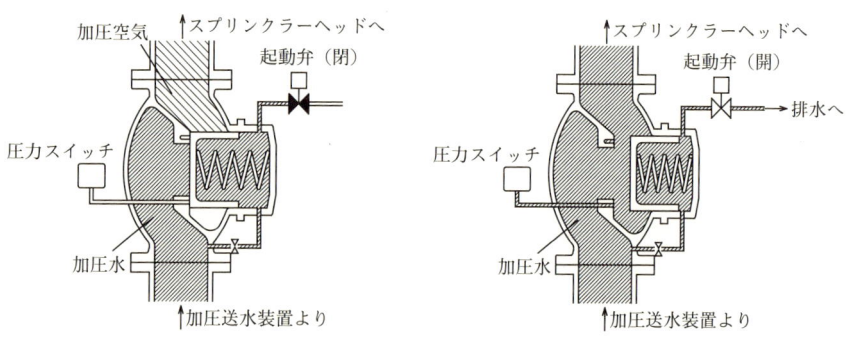

（b）ピストンタイプ（左：平常時，右：作動時）

図 11·36　予作動式流水検知装置の例

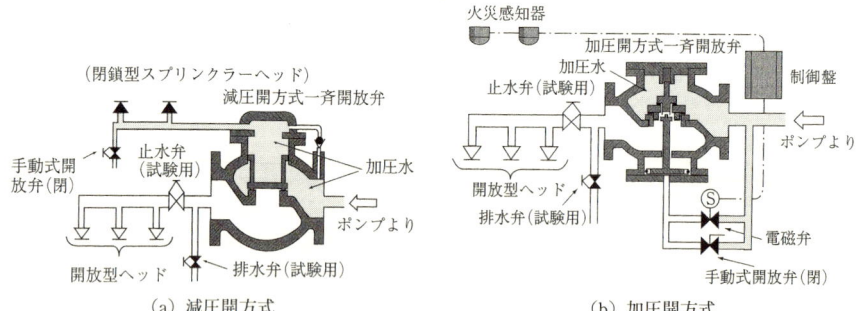

（a）減圧開方式　　　　　　　　　　（b）加圧開方式

図 11·37　一斉開放弁の例

　一斉開放弁には，起動部分のシリンダー内部に常時圧力を加えておき，この圧力を低下させることによって開放する，いわゆる減圧開という方式と，シリンダー内部が常時無圧であり，これに圧力を加えることによって開放する，いわゆる加圧開という方式とがある．図11·37は各方式の一斉開放弁を示したものである．

　ⅴ）末端試験弁

　閉鎖型スプリンクラー設備は，設置が完了してもヘッドから実際に放水して各機能を調べることができないため，末端まで充水されているかを調べるために設けるのが末端試験弁である．これは流水検知装置が設けられている配管系統ごとに，その流水検知装置からもっとも遠い場所にこれを設け，この弁を開放して放水することにより流水検知装置が作動して警報を発し，加圧送水装置が起動して正規の状態となるかを調べると同時に，末端試験弁における放水圧力を調べて良好な状態であるかどうかを確認するものである．末端試験弁には摩擦損失が少なく急速に開放することができる汎用の弁を使用し，その一次側には圧力計を設け，二次側には，直接放水できる場所に設ける場合は開放型のスプリンクラーヘッドまたはスプリンクラーヘッドと同じ放水性能のあるオリフィス等を取り付ける．直接放水できず排水管に接続して流さなければならない場所に設ける場合は，上記のオリフィスを設けて配管接続する．

　ⅵ）スプリンクラー設備専用送水口

　これは特殊なものを除き，前述の連結散水設備や連結送水管で使用する送水口と構造・機能は全く同じである．ただし，スプリンクラーヘッドは放水圧力1MPa以下で使用するものであるので，これに対して送水口から高い圧力で送水したりすると破損するおそれがあるとともに，特に高層あるいは超高層ビル等では上部階と下部階とをゾーニング方法で制限している関係上，送水口の直近の見やすい箇所に，スプリンクラー設備専用と送水圧力範囲とを表示した標識を設けることになっている．

　ⅶ）補助加圧ポンプ

　これはスプリンクラー設備配管内の圧力を維持するために多く使用されているものである．非火災時の消火ポンプの起動（例えば日常の温度変化等で配管内の圧力が僅かに低下した場合など）を避けるため，補助加圧ポンプが起動して配管内の圧力を回復させる．設置の義務は無く消防認証対象でも無いが，スプリンクラー設備の機能（放水や流水検知装置の作動等）に影響しないことが求められる．

C. 水噴霧消火設備

　水噴霧消火設備は，水を微粒子にして噴霧する設備であり，一定数量以上の指定可燃物を貯蔵・取り扱うところや駐車場や道路等，その他工場等でも使用される．その効果は霧状の水による冷却作用，霧状の水と火災の熱とによって発生する水蒸気による酸素除去作用，また液体可燃物に対しては，霧状の水が液体可燃物の表面に放射されるときの強い圧力によって液体可燃物が撹拌されて微粒子となり，水のなかに散乱して不燃性の乳化層を作り液体可燃物の表面を覆う乳化作用（エマルジョン作用），あるいは水によって水溶性可燃物を希釈する作用などによって消火，火災の抑制，延焼防止，冷却を行う固定式の設備である．

　放水性能は，指定可燃物を貯蔵・取り扱うところでは，散水密度10 L/min/m²で，駐車

場や道路では $20 \mathrm{L/min/m^2}$ でそれぞれ 20 分間連続して放射できるものとする.

設備の起動は,開放型スプリンクラー設備とほぼ同様である（B. a. ii）②を参照）.

a. 設備の構成

水噴霧消火設備は,図 11·29 に示したスプリンクラー設備のうちの開放型スプリンクラー設備の水を放射するヘッドが異なるだけで,設備の構成はほとんど同じである.したがって水源,加圧送水装置,一斉開放弁または手動開放弁,水噴霧ヘッド,自動警報装置とこれらを接続する配管,電源,非常電源および配線等により構成されている.

b. 機器類

ここでは,水噴霧消火設備特有の機器類について解説する.その他の各種消火設備と共通な水源,加圧送水装置,配管については「E. 水系消火設備の共通事項」を,非常電源や配線については「11·3 非常電源および配線」を参照されたい.

i）水噴霧ヘッド

水噴霧ヘッドは,それを設置する防護対象物によって異なるものを用いると同時に,その防護対象物に対する出火の予防,延焼防止,火勢制御,防火あるいは消火等の目的により用いるものがある.したがって,その種類が多いのと同時に,各メーカーによってそれぞれ異なるものがつくられておりその数は非常に多い.水を霧状に放出させるには種々な方法があり,直流の流れを螺旋状のガイドによって回転を与えるか,方向を変えることによって回転させてオリフィスより噴出して拡散する方式,スプリンクラーヘッドのようにデフレクターがあり,オリフィスより噴出した水がデフレクターによって拡散する方式,ヘッド本体がチャンバーになっておりそのチャンバー内に蓄圧してオリフィスより噴出拡散する方式（オリフィスが 1 個のものあるいは数個設けられているものがある),あるいはこれらの組み合わせによるものなどがある.図 11·38 は上記の一般的な構造による水噴霧ヘッドである.

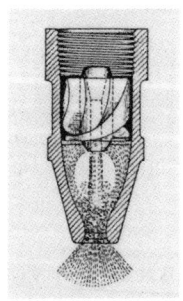

図 11·38 水噴霧ヘッドの例

ii）排水設備

水噴霧消火設備は使用する水量が多いため,ポンプ設備等の最大送水量を排出できるように排水溝に向かって勾配をつける等の排水設備が必要である.また,駐車場や道路に設ける水噴霧消火設備の排水設備には,ガソリン等の流出が考えられるため,油分離装置を備えた消火ピットや区画境界堤（駐車場の場合）を設けなければならない.

（永塚　襄・桑原　昭四郎・吉葉　裕毅雄）

D. 泡消火設備

a. 設備の種類

泡消火設備は，主に油火災を対象とし，泡で可燃物を覆うことによる酸素除去作用と泡の水分による冷却作用により消火や着火防止を行う設備であり，一定数量以上の指定可燃物を貯蔵・取り扱うところや駐車場や道路，航空機の格納庫等，危険物施設（特に石油タンク[17]等），石油コンビナート，その他工場等でも使用される．泡消火設備は，設置方式等により概ね次のように区分される．

表 11·4　泡消火設備の種類

設置方式	移動式	固定式		
発泡倍率	低発泡			高発泡
膨張比[※1]	20 以下			第1種（80 以上 250 以下） 第2種（250 を超え 500 以下） 第3種（500 を超え 1000 未満）
泡放出口等[※2]	泡ノズル	泡ヘッド		高発泡用泡放出口 （全域/局所）
		フォームヘッド	フォームウォータースプリンクラーヘッド	
適用対象	火災時に著しく煙が充満するおそれのないところ	駐車場，道路等	航空機の格納庫等	駐車場，道路等，航空機の格納庫等
		指定可燃物を貯蔵・取り扱うところ		

※1：膨張比とは，発泡した泡の体積をその泡を発生させるのに要した泡水溶液の体積で割ったもの．
※2：低発泡泡用の泡放出口には，この他に石油タンク等で使用される固定泡放出口（フォームチャンバー等と呼ばれる）や泡放水砲（泡モニターノズルとも呼ばれる）がある．

また，泡消火設備にはここで述べた設備の種類以外に，後述するように泡消火薬剤にも様々な種類があり，その特性に応じ防護対象等によって使い分けられている．泡消火設備機器類は，使用する泡消火薬剤に応じたものを使用しないと意図したとおり発泡しない等の問題が生じるため，メーカーの技術資料等を参照して正しい組合せで使用しなければならない．

b. 設備の構成

泡消火設備は，所要の水量を所定圧力で送水できる水源と加圧送水装置，起動装置，自動警報装置，泡消火薬剤の貯蔵タンク，泡消火薬剤を所定量だけ水に混合して泡水溶液を生成させる混合装置，泡を発生させる泡放出口（固定式設備の場合）または泡ノズル（移動式設備の場合）（以下「発泡器」という．），これらを接続する配管，移動式設備の泡ノズル，ホース，ホース接続口等を格納する箱（移動式設備の泡消火薬剤の貯蔵タンク・混合装置を内蔵するものを含む．），泡消火薬剤，非常電源（危険物施設の場合は，予備動力源という．），配線，標識等から構成されている．泡消火薬剤の貯蔵タンク・混合装置と発泡器の部分を除けばスプリンクラー設備，水噴霧消火設備など他の水系消火設備と同様の構成である．一般

的な防火対象物に適用する泡消火設備の代表例として地下駐車場における系統図を図11・39
に示す.

　この設備の起動は水噴霧消火設備とほぼ同様であり，自動火災報知設備の感知器の作動又
は閉鎖型ヘッドの開放又は火災感知用ヘッドの作動若しくは開放によって，加圧送水装置と
一斉開放弁及び泡消火薬剤混合装置を起動する自動式と，直接又は遠隔操作により加圧送水
装置及び一斉開放弁及び泡消火薬剤混合装置を起動する手動式とがある.

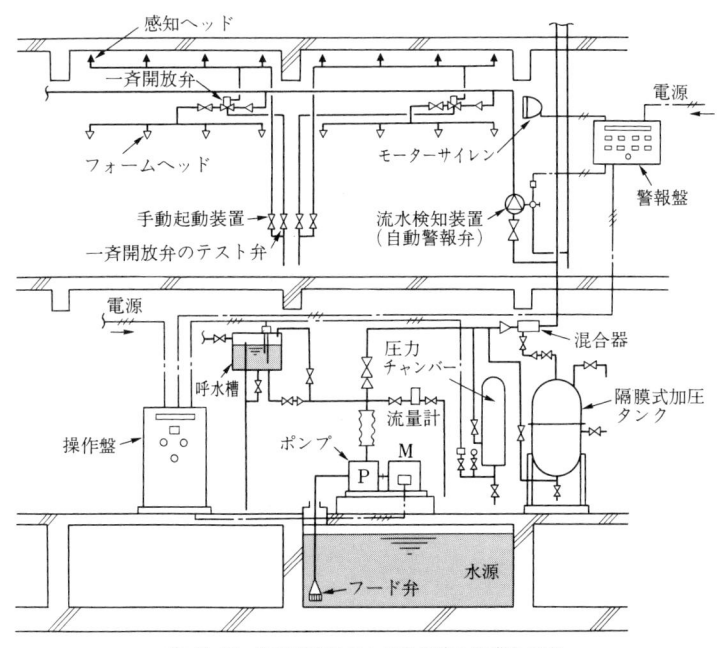

図 11・39　地下駐車場における泡消火設備の構成

c. 機器類

　ここでは，泡消火設備特有の機器類について解説する．その他の各種消火設備と共通な水
源，加圧送水装置，配管については「E. 水系消火設備の共通事項」を，非常電源や配線に
ついては「11・3　非常電源および配線」を参照されたい.

　i）泡消火薬剤

　泡消火設備に用いられる泡消火薬剤は，大きく分けるとたん白泡消火薬剤，合成界面活性
剤泡消火薬剤および水成膜泡消火薬剤の3種類に分類される．このほか，アルコール燃料等
を対象とする水溶性液体用泡消火薬剤や石油コンビナート等を対象とする大容量泡放水砲用
泡消火薬剤がある．泡消火薬剤は規格省令[18]（以下「泡消火薬剤の規格」という.）に基づく検
定品である[19]．ただし，水溶性液体用泡消火薬剤を評価するための基準は現在のところ定め
られていない.

　通常，固定式の設備では泡消火薬剤は原液で貯蔵され，使用時に消火用水で所定の希釈率で希釈し，泡消火薬剤水溶液として使用する．水に対する泡消火薬剤原液の希釈率は3％，6％等がある．貯蔵方法にはこの他に水溶液状態で貯蔵するプレミックス方式がある．現在，一般防火対象物向けの泡消火設備に用いられる泡消火薬剤は，水成膜泡消火薬剤がその主流を占めている．

　一方，危険物施設の消火に用いられて発展してきた泡消火薬剤は，たん白泡消火薬剤がその主流を占めているが，低部泡放出方式（ホース浮上方式を除く．）の場合には，フッ素たん白泡消火薬剤か水成膜泡消火薬剤に限られている．

　なお，化学物質を含有する泡消火薬剤は，地球環境や人体に与える影響の問題から，製造過程で排出される物質等も含め，各種の化学物質に対する規制が適用される事例がある[20]．規制対象物質は知見の集積や分析技術の向上等により変化するため，最新の情報を参照されたい．

　泡消火薬剤の成分と長所・短所を次に示す．

　①　たん白泡消火薬剤

　動植物たん白加水分解生成物を主成分とし，これに鉄塩などの泡安定剤や不凍剤としてグリコール類を加えたものである．この泡消火薬剤により生成した泡は耐熱性に優れているが，発泡器によっては流動性が劣り，消火に要する時間が長くなる欠点がある．また，泡が油で汚染されると消火能力が低下するので泡はできるだけ燃えている油面を撹拌させないように流入することが，この泡を使う条件である．

　②　フッ素たん白泡消火薬剤

　たん白泡にフッ素系界面活性剤を添加し，たん白泡消火薬剤の欠点であった泡の流動性と耐油汚損性を改善したものである．この泡は，貯蔵タンクの低部より直接油の中に注入する低部泡注入方式にも使用される．フッ化たん白泡消火薬剤とも呼ばれる．

　③　合成界面活性剤泡消火薬剤

　炭化水素系界面活性剤を主成分とし，生分解性のよい高級アルコール系の陰イオン界面活性剤が用いられている．この泡消火薬剤は発泡性能に優れる反面，耐熱性や耐油汚損性は劣るため，高発泡泡として放出し大空間を埋める消火方法で使用される．

　④　水成膜泡消火薬剤

　この消火薬剤の水溶液は表面張力が著しく低く展開性に優れるため，素早く火災油面を覆い，火災を消火・抑制する．

　したがって，消防隊が使用するには最適の泡であるが，泡の耐熱性と火熱時の保水性が劣るので，石油貯蔵タンクの消火に用いるときには，タンク壁を水で冷却することなどの注意が必要である．

　この消火薬剤は泡から排出されたフッ素系界面活性剤の水溶液が，油の表面に水性の薄い膜を形成し，その膜で火災を消火し，さらに油面から可燃性蒸気の発生を抑えて，再着火を防止することができるといわれてきたが，条件によっては膜を形成しないことが多く確認されており，また，膜には火災を消火する能力はない．

⑤　水溶性液体用泡消火薬剤

液体可燃物のうち，炭素数の少ないアルコールや極性を有する溶剤の中には，泡を溶解・破壊する性質を有しているものがあり，普通の泡では消火が難しい場合がある．このような場合に用いられる泡消火薬剤で，成分中に泡を保護する物質を添加したものでそれ以外は普通の泡と同様である．添加物により泡が増粘され，泡の保水性，安定性が増加する．

⑥　大容量泡放水砲用泡消火薬剤

この消火薬剤は石油コンビナート等のタンク火災に対して用いられる．タンク火災に対し外部から泡を投入する消火方法では，泡が油面に落下し撹拌するため泡の耐油汚染性が特に重要となるとともに，泡の展開性や安定性において適切な泡性状が他の消火方法とは異なる．2003（平成15）年9月の十勝沖地震による苫小牧市での大規模石油タンク火災の経験を踏まえ，以上を反映した基準が泡消火剤の規格に追加されたものである．

ⅱ）発泡器

泡消火設備には，泡水溶液を機械的に発泡させる機構を有する固定式の泡消火設備の泡放出口および泡モニターノズルならびに，移動式の泡消火設備の泡ノズル等がある．

①　固定式の泡放出口

泡消火設備の泡放出口は，発生する泡の膨張比（発生した泡の体積を泡を発生するのに要する泡水溶液の体積で除した値）により，低発泡と高発泡に区分される．低発泡の泡放出口としては泡ヘッド，固定泡放出口，高発泡の泡放出口としては高発泡用泡放出口がある．

（ア）泡ヘッド

泡ヘッドは防火対象物またはその部分の天井または小屋裏に設けられ，通常は膨張比6〜8程度の泡の散布によって防護対象物のすべての表面を包含するもので，フォームヘッドとフォームウォータースプリンクラーヘッドの2種類がある．

イ）フォームヘッド

泡発生専用のヘッドで，一般的にはノズル，空気吸入口，スクリーン，デフレクター等から構成されており，使用する泡消火薬剤の種別によって多少構造，寸法等に違いはあるが，全体的な構成は変わらない．図11・40にその一例を示す．フォームヘッドは，製造者により設計放射圧力や設計放射量が異なるが，これらはヘッドの特性によるものである．しかし，その基本となる放射量は，防火対象物またはその部分の区分および使用する泡消火薬剤の種別に応じて定められた泡水溶液量を満足するものでなければならない．法令上，泡放出口は告示基準に適

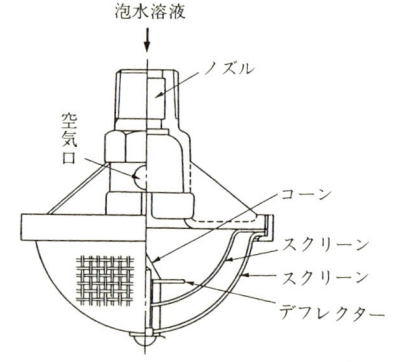

図 11・40　フォームヘッドの構造例

合することとされているが，2018（平成30）年6月現在では告示基準が定められていない．しかし，フォームヘッドは駐車場の泡消火設備等で数多く使用され，前述の通り泡消火薬剤との適切な組み合わせ（一般的にペア認定と呼ばれる）が必要であるため，強制力はないが

性能評定（11・5（1）H 参照）が運用されているのが現状である.

　また，危険物施設で用いられるフォームヘッドは 6.5 L/min/m² のものを 9 m² に 1 個以上設置することと規定されている[21].

　ロ）フォームウォータースプリンクラーヘッド

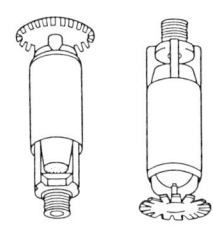

図 11・41　フォームウォータースプリンクラーヘッドの例

　本来，航空機の格納庫の消火設備用として海外で開発されたもので，その発泡機構は若干の違いはあっても，放射量および泡の分布については航空機および飛行場の国際性ということもあり，格納庫の消火に用いるものとして国際的にほぼ同じである. 泡水溶液を用いたときは泡を発生し，水を用いたときは，スプリンクラーヘッドと同じような散水分布が得られるところから，このような名称が付けられているが，泡を発生させるために放射圧力はスプリンクラーより若干高く（通常，0.35 MPa くらいが用いられている.），放射量は 75 L/min とされている. なお，その取付けの都合から上向き型と下向き型の 2 種類がある. 図 11・41 にその一例を示す.

　（イ）危険物施設で用いられる固定式の泡放出口

　石油など液体可燃物の貯蔵タンクに設置される固定泡放出口には，上部泡注入方式と低部（告示等の表記は底部）泡注入方式がある[19, 21].

　上部泡注入方式で使用される泡放出口（フォームチャンバー）は，起泡器（フォームメーカー）と混合室（フォームチャンバー）が一体となって図 11・42 に示すような構造となっているが，貯蔵タンクからの油蒸気が消火設備の配管に入らないようにフォームチャンバー内にガラス製等のシールが設けられていることが他の泡放出口と異なっている点である.

　低部泡注入方式には，泡を貯蔵タンク低部より油中に直接放出して油中を浮上させるものと，フォームメーカーの先に泡ホースを取付け，送泡された泡の圧力で泡ホースを貯蔵タン

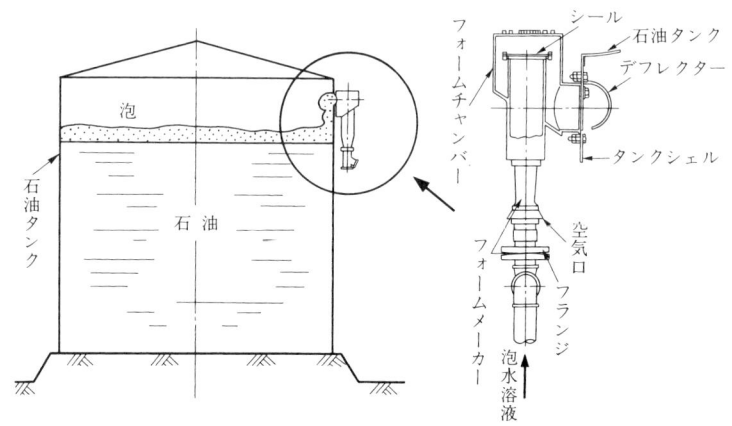

図 11・42　石油タンクの固定泡放出口の構造例

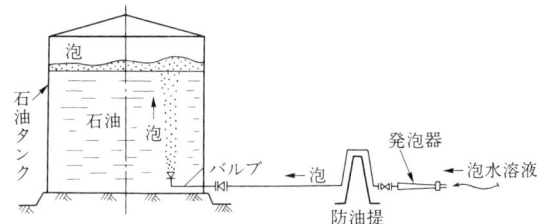

（a）サブサーフェス（SS）方式

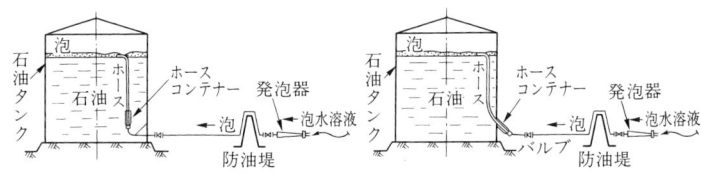

（b）セミサブサーフェス方式

図 11・43　低部泡注入方式の例

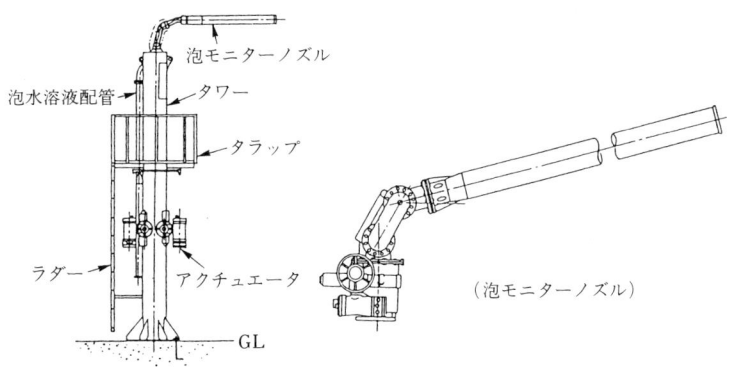

図 11・44　泡モニターノズルの例

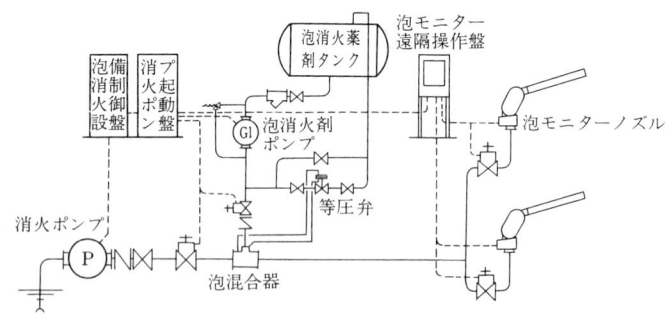

図 11・45　遠隔操作方式泡モニターの設備構成

ク低部より油中に伸長・浮上させ，泡を油表面へ展開させるものとがある．（図11・43参照）

（ウ）泡モニターノズル

後述する泡ノズルを大型化して，架台にのせ，手動或いは遠隔操作によって施回，俯仰して，火災場所へ泡を直接放射するもので，ターレットノズルともよばれている．図11・44に泡モニターノズルの例を，図11・45には遠隔操作のモニターノズルを用いた泡消火設備の構成の例を示す．

（エ）高発泡用泡放出口

通常，防護対象物の最高位より上部の個所に設けて高発泡を放出し，防護対象物を冠泡して消火するもので，泡発生機を内蔵するものと，内蔵しないものとに大別される．なお放出口の能力が泡を押し上げて放出できるものは，防護対象物に応じた高さの個所に設けて高発泡を放出することができる．

高発泡用泡放出口の泡発生機は，送風機構を有するブロワー型と，空気吸入機構を有するアスピレーター型に区分される．ブロワー型はさらに送風用ファンを駆動するための駆動機として電動機または内燃機関を用いるものとファンを発泡に用いる泡水溶液の噴射力を利用して回転させる水流駆動のものに区分される．いずれも泡水溶液を噴霧にして噴射するための噴霧ヘッドと噴霧にした泡水溶液を発泡させるための発泡ネットを有している．

発泡ネットに吹き付けられた泡水溶液は，送られてくる風または吸入される空気が発泡

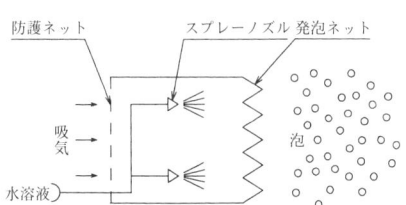

（a）アスピレータ方式の発泡概念図および外観例

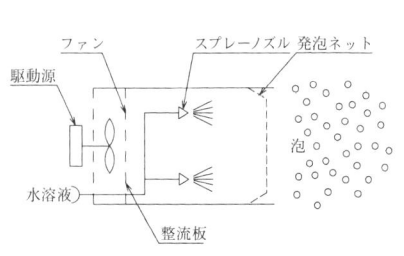

（b）ブロワー方式の発泡概念図および外観例

図 11・46 高発泡用泡放出口の例

ネットを通過する際に高膨張率の泡を発生する.

　泡発生機を内蔵するものは，発泡ネットの直後に泡放出口を備え，泡発生機を内蔵しない
ものは，発泡ネット以後をフォームダクトにより連結されて泡放出口に至っている.

　②　泡ノズル

　低発泡泡を発生する移動式泡消火設備に用いられるもので，送液された泡水溶液を発泡器
により泡を生成し，プレーパイプを経てノズルチップから泡を放射するものである. 発泡機
構には製造者により種々な方式のものがあるが，消火に適する泡をある射程をもって放射し
なければならないので，最近のものはシングルジェット方式のものがその主流を占めてい
る. 泡ノズルは泡水溶液を瞬間に機械的に撹拌して空気を吸引し発泡させるので，消火に有
効な泡を生成するのに種々な工夫がなされている.

　往年は，ノズルの基部で泡消火薬剤を水流によりエダクター機構でピックアップチューブ
を用いて吸引するものであったが，泡消火設備に用いるものにはピックアップチューブを用
いる方式は認められず，泡消火薬剤混合装置によって泡水溶液を生成したものが送液されて

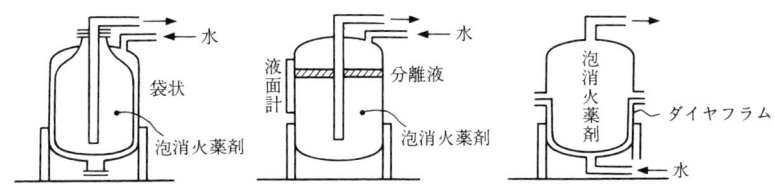

図 11·47　泡消火薬剤貯蔵タンクの構造別の概要

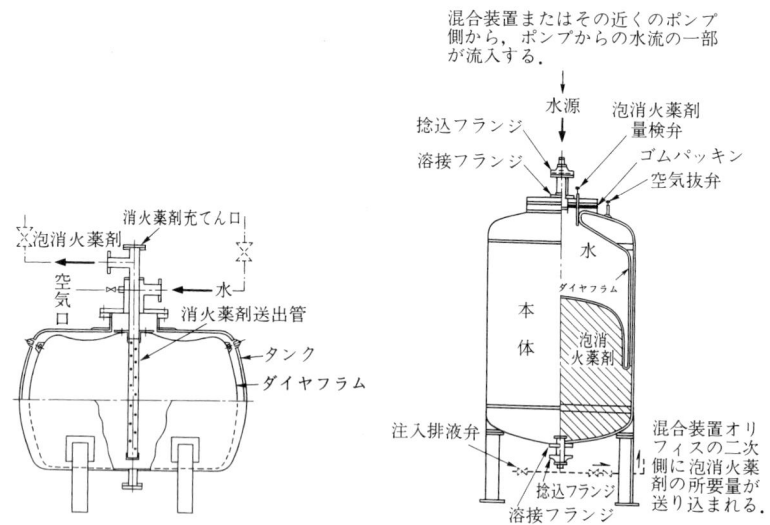

図 11·48　ダイヤフラム式貯蔵タンクの例

発泡放射機能を有するものとなっている.

iii）泡消火薬剤の貯蔵タンク

設備に必要な量の泡消火薬剤を充てんしたもので，泡貯蔵槽，泡原液槽あるいは原液タンクとよばれている．使用する泡消火薬剤の種別，混合方式によって構造が異なるが，一般的に鋼板製で内面を合成樹脂等でライニング（コーティング）処理したものであるが，ステンレス製のものもある．図 11・47 は構造別の概要である.

隔膜式加圧泡消火薬剤の貯蔵タンクの機構は，タンクの内部にゴムまたは合成樹脂製のバックまたはダイヤフラム（隔膜）（「以下「ダイヤフラム等」という．）を設け，この中に泡消火薬剤を貯蔵するものと，ダイヤフラム等とタンクの間に泡消火薬剤を貯蔵するものがある．使用するときは，混合器の一次側から水を送り込んでタンクとダイヤフラム等の間またはダイヤフラム等の中を水で加圧する（図 11・48 参照）.

iv）泡消火薬剤混合装置

泡消火薬剤混合装置は，他の消火設備には見られない特殊なもので，泡消火薬剤を定められた濃度（法令用語では，希釈容量濃度とよばれている．）に水と混合する重要な装置である．特に，泡消火薬剤の温度により異なる粘度，比重等の変化を的確にその機能の中で処理できるものでなくてはならない.

泡消火薬剤混合装置の種別は数多くあるが，現在実用されているものには次の4種の混合方式があり，固定泡消火設備の混合装置の主体は，差圧混合装置の1つであるダイヤフラム等方式の混合装置である.

泡消火薬剤混合装置の種別とその概要は，次の通りである.

①　プレッシャー・プロポーショナー方式

加圧送水装置と泡放出口とを連結する配管の途中に混合器を設け，圧力水の一部を貯蔵タンク内に送り込み，所要の分だけ貯蔵タンク内の泡消火薬剤を押し出して水と泡消火薬剤とを混合させるもので，ダイヤフラム等を備えたものとダイヤフラム等がないものがある．図11・49 にプレッシャー・プロポーショナー方式の一例とその原理図を示す．この方式の混合器には，オリフィス型，ベンチュリー型，可変オリフィス型等がある.

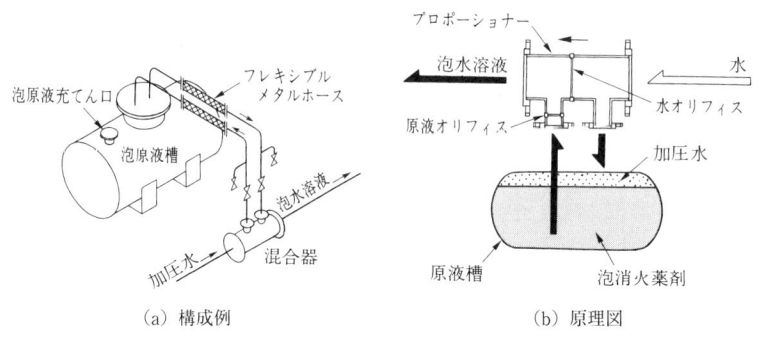

(a) 構成例　　　　　　　　　(b) 原理図

図 11・49　プレッシャー・プロポーショナー方式の例（オリフィス型混合器）

② ポンプ・プロポーショナー方式

ポンプを用いる加圧送水装置の吐出口と吸込口との間にバイパス管路を設け，このバイパス管路中に混合器を設けて，ポンプの吐出水の一部をバイパス管路に流し，混合器に発生する吸引作用およびポンプの吸込み口に発生する負圧を利用して泡消火薬剤を流水中に混合させるもので，図11·50にポンプ・プロポーショナー方式と混合器の一例を示す．

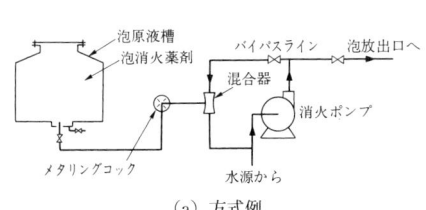

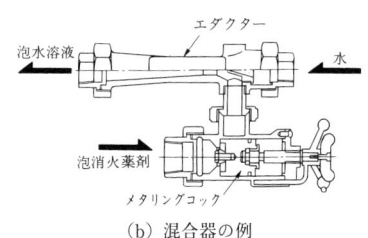

(a) 方式例　　　　　　　　　　　　　　　(b) 混合器の例

図 11·50　ポンプ・プロポーショナー方式の例

③ プレッシャーサイド・プロポーショナー方式

この方式は泡消火薬剤を送液する加圧送液装置を持ち，加圧送水装置と泡放出口とを連結する配管の途中に混合器を設け，混合器を流れる流水に加圧送液装置により泡消火薬剤を圧入混合させるもので，希釈容量濃度の許容範囲内の濃度は混合器における圧力差または流量差により自動的に調整される．図11·51にプレッシャー・サイド・プロポーショナー方式の一例を示す．

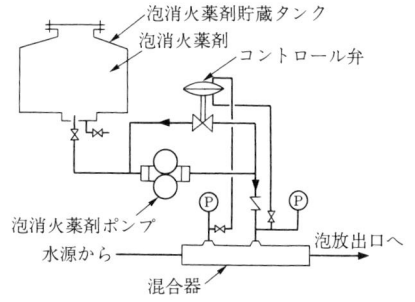

図 11·51　プレッシャー・サイド・プロポーショナー方式の例

④ ライン・プロポーショナー方式

加圧送水装置と泡放出口とを連結する配管の途中に混合器を設け，混合器を流れる流水により発生する吸引力の作用によって混合器に付属する泡消火薬剤貯蔵タンク内の泡消火薬剤を吸引して流水中に混合させるものである．希釈容量濃度の許容範囲内の濃度を得るためにあらかじめ調整されていて，発泡器と一対で使用するようになっている．図11·52にライン・プロポーショナー方式の一例を示す．

泡消火薬剤混合装置の4種類について述べたが，要するにこの装置は，使用圧力範囲内および使用泡水溶液流量範囲内において，使用する泡消火薬剤の種別に応じた希釈容量濃度の許容範囲内の濃度が連続して得られるものであればよい．泡消火設備が自動式の場合は，その設備に用いる加圧送水装置からの流水の供給を受けることで泡消火薬剤混合装置の関連する機器が連動して機能し，所定の濃度が連続して得られるものでなければならない．

泡消火設備は，通常，泡消火薬剤混合装置の2次側配管を乾式としておくので，この乾式配管部分を泡水溶液で充満する間は，流量が増大するが，この場合でも希釈容量濃度の許容

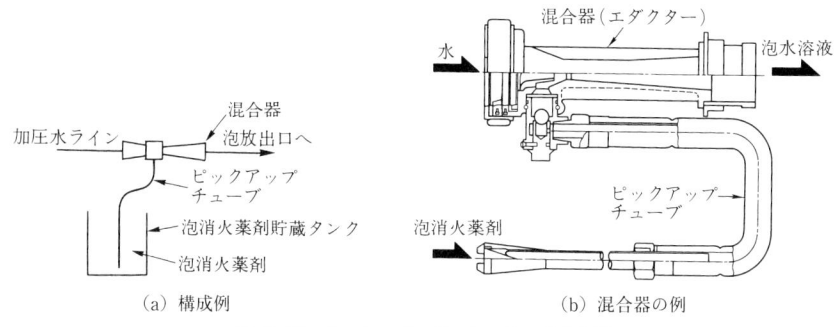

図 11·52　ライン・プロポーショナー方式の例

(a) 構成例　　　　　　　　　　　(b) 混合器の例

範囲内の濃度を確保する必要がある.

　法令上, 泡消火薬剤混合装置は告示基準に適合することとなっているが, 2018（平成 30年）6 月現在では告示基準が定められていない. 実態は設置工事完了時の総合試験において希釈容量濃度の許容範囲について, 3% 型の泡消火薬剤は 3 ～ 4%, 6% 型は 6 ～ 8% であることを確認することとされている[22].

　ⅴ）自動警報装置

　自動警報装置は, 一斉開放弁の開放による配管内の流水または圧力の変動により音響警報を発し, 常時人のいる防災センター等に火災の発生を知らせるとともに表示を行うもので, スプリンクラー設備の自動警報装置と同様である（B. c. ⅲ）を参照）.

　ⅵ）配管

　泡消火設備の配管は, 水系消火設備の共通事項（E. c. を参照）に準ずるが, 泡消火薬剤にたん白泡消火薬剤を用いる場合は, 溶融亜鉛メッキを施したものを用いてはならない.　　　　　　　　　　　　　　　　　　　　　　（桑原　昭四郎・吉葉　裕毅雄）

E.　水系消火設備の共通事項

　ここでは, 水系消火設備に共通する, 水源・加圧送水装置・配管等について述べる. なお, 非常電源や配線については「11·3　非常電源および配線」を参照されたい.

a.　水源とその種類

　我が国では消火設備に使用する水は, 市水あるいは工業用水等の公共施設のものから直接取水することはできないので, 水源として常に水が貯えられていなければならないように定められている. これには海・河川などの自然水利を直接利用するものと, 槽類に貯えておくものとがあるが, 一般には槽類に貯えておくものが多く用いられている.

　水源は, それぞれの消火設備が必要とする容量の水が常に貯えられているものでなければならない.

　ⅰ）自然水利

　自然水利は, 水源として無限に近いといってよいくらいの水量があることから, 水源として十分であるということで使用される. これには, 海, 河川, 湖沼, 池, 泉水, 井戸などがあるが, 年間四季をとおして, しかも 24 時間規定の水量が得られるものでなければならな

い.

ii) 槽類

槽類には, 大気圧式と圧力式とがある. 大気圧式は, 一般的に最も多く用いられているもので, これには地上水槽, 床上水槽, 地下水槽, 床下水槽および高架水槽 (建物の屋上階・塔屋あるいは建物外の独立した塔上に設置するものなどがある.) 等があり, 設置される場所によって分類されている. なお, これらの水槽のうち, 高架水槽はその落差により各設備の放水器具より放水するもので, 水源と加圧送水装置が一体となったものである. 圧力式は圧力水槽であり, 水槽内の水を加圧空気や加圧窒素の圧力により押し出して放水するものである.

水槽にはいずれの方式のものも, 水位計, 排水管 (地下および床下水槽には設けることができないので排水ポンプを用いて排水する.), 溢水用排水管 (オーバーフロー管), 補給水管, 送水管 (設備の構成で述べられているように高架水槽が加圧送水装置と兼ねるもの以外は, ポンプのサクション管となる.), 通気管, 給水ポンプ運転用フロートスイッチまたは電極棒 (補給水管にボールタップを使用するものは設けない.), 満減水警報用フロートスイッチまたは電極棒およびマンホールを設ける. そのほか, 床下水槽で1つの槽だけでは有効水量が得られないときには, 隣接あるいはいくつかの槽を合算して使用するが, この場合には槽と槽の間に設けられる壁あるいは梁に, その槽の底に近い部分に連通管を設けると同時に, それぞれの槽ごとに通気管 (それぞれの槽の上部に設けられない場合にはいずれかの水槽の一箇所の上部に設け, そのほかは壁あるいは梁の水面より上部の部分に通気管を設ける方法でもよい.) を設けなければならない. なお, 連通管を水が流れるのは双方のわずかな水位差 (落差) によるものであるので, これが小さいと抵抗が大きくなり十分な水量が流れないために有効水量が得られないので, 計算式により算出された数値より大きいものを設けなければならない. また, 通気管についてもその大きさが小さいとやはり性能が発揮できないので, その大きさは槽と外部との間に設けるものは 100ϕ 以上の径のものとし, 梁に設けるものは連通管の 1/10 以上の大きさのものが必要である.

iii) 水の種類および水質

消火設備用として使用できる水の種類には, 海水, 湖沼, 河川, 井戸などの自然水, 市水, 中水 (排水を処理施設などで, 開渠などに放流しても差し支えないような基準までに処理したものを再使用する方法があるが, これを中水と称している.) 等があり, このいずれのものでも差し支えないが, 消火設備に著しい腐食, 性能の劣化などを起こし, 機能に影響を及ぼすものであってはならない. 特に海水を長年月使用していると配管および各機器が著しく腐食してくる場合があるので, 海水を水源とする場合には, 平常時には発錆しない水を充てんしておき, 海水が流入した場合には排水およびフラッシングできる装置を設けるなどの措置をする必要がある.

iv) 有効水量

各消火設備に必要なものとして算出される水源水量は, それぞれの消火設備を使用した場合に定められた放水量を規定の時間以上, 連続して放水することができるものであって, 水槽の大きさあるいは水槽に貯えておく水量ではない. すなわち, 水槽はその上部の部分に

は，溢水管，ボールタップなどの給水器具の取り付けおよびその作動可能な範囲の空間部分が必要であり，下部の部分には，ごみなどが入りそれが水槽の底部に沈殿した場合に，その沈殿物が消火設備のなかに入り込まないようにするための部分が必要である．

　したがって有効水量は，渦流現象（水位が水槽底部に近いある高さまで下がると渦を巻いて空気を吸引する現象）が発生する部分と沈殿物が消火設備のなかに入り込まないようにするための部分との合計である下部の使用不能の部分（一般的に送水管或いはサクション管の内径寸法を D とした場合，それぞれの管の上端部（フート弁が設けられるものは，その弁座面）から 1.65 D の高さまでの範囲）および上述の上部空間部分とを水槽の内容積から除いた範囲の部分である．

　なお，建築物の地中梁の間を利用する床下水槽等は，高さが高くないので水槽底部までを有効水量として使用することができるようにするために，サクション管の下部にピットを設けるが，この場合にその深さは上述の下部使用不能部分を考慮したものとし，フート弁の周囲には水量が適正に流れるような間隔を設けることが必要である．

　また，水深があまり深くないような河川等の自然水利を水源とする場合等には，フート弁の直上に渦流防止板を設けた場合は，水面からその板の位置までが有効水量の高さとすることができる．

b.　加圧送水装置

　消火活動を行うための水を圧送する方法には，各設備の構成で述べたように高架水槽，圧力水槽およびポンプによる方法があることから加圧送水装置と呼称されている．なお，一般の建築物では，建物構造や経済性からポンプの仕様が殆どである．

ⅰ）高架水槽

　高架水槽は，水源で述べたように水源と加圧送水装置とが一体となったものであり，その落差により水を送るものである．したがって構造および付属機器などは，水源で述べたとおりである．

ⅱ）圧力水槽

　圧力水槽は，水源で述べたように圧力水槽内の水を空気や窒素等の加圧ガスで押し出して送水するものである．付属品は概ね水源と同様であるが圧力計や圧力水槽内の圧力が低下した場合に自動的に加圧する装置が必要である．また，圧力水槽は消防法令による基準[23]（以下「加圧送水装置の基準」という．）の他に圧力容器としての規格[24]を満足する必要もある．

ⅲ）ポンプ

　ポンプは，消火設備および連結送水管の加圧送水装置として最も多く用いられる．ポンプには種々なものがあり一般の設備用としては，非容積式のうちの遠心ポンプ，斜流ポンプが最も多く用いられており，消火設備に用いるものもこの汎用のものであるが，これに消火設備としての特殊な条件に対応する機能を加味したものである．なお，ポンプは加圧送水装置の基準に基づく認定品が使用される．一般の設備用に用いるポンプと異なる主な点は次に述べるものである．

　①　ポンプの性能：消火設備用のものと一般に用いられるものとの大きな違いは，一般の設備のものは，設計によって算出し採用されたポンプの定格吐出量のわずかな範囲内でしか

使用されないが，消火設備のものは，非常に少ない吐出量から場合によっては定格より多い吐出量で使用することもあるということである．この場合に少ない吐出量のときに放水圧力が非常に高くなり，多い吐出量のときには非常に低くなり十分な機能が発揮できなくなってしまう．このため加圧送水装置の基準では，ポンプの定格吐出量と全揚程との関係を次のように定めている．

（ア）ポンプに表示されている定格吐出量における性能曲線上の全揚程は，表示されている定格全揚程の 100% 以上，110% 以下であること．

（イ）吐出量が定格吐出量の 150% 吐出量における全揚程は，定格吐出量における性能曲線上の全揚程の 65% 以上であること．

（ウ）締切全揚程は，定格吐出量における全揚程の 140% 以下であること．

図 11·53 は，これらの関係を示したものである．

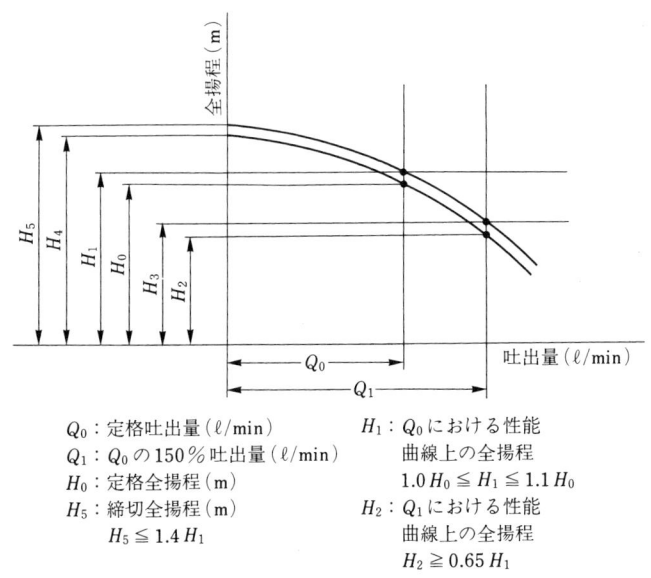

Q_0：定格吐出量（ℓ/min）　　H_1：Q_0 における性能
Q_1：Q_0 の150％吐出量（ℓ/min）　　曲線上の全揚程
H_0：定格全揚程（m）　　　　　　　$1.0\,H_0 \leqq H_1 \leqq 1.1\,H_0$
H_5：締切全揚程（m）　　　　　　　H_2：Q_1 における性能
　　　$H_5 \leqq 1.4\,H_1$　　　　　　　　曲線上の全揚程
　　　　　　　　　　　　　　　　　　　$H_2 \geqq 0.65\,H_1$

図 11·53　ポンプの特性曲線

②　ポンプの付属機器類：消火設備のポンプは常時使用しないが，使用する際には直ちに100% の性能が得られるものでなければならない．しかしながら消火設備の場合には，設置したその設備で 100% の性能が実際に得られるための確認試験をすることができない．したがってこれを確認するための装置，あるいは常時使用しないことにより発生する不具合となる点を防止するための付属機器等が必要である．すなわち，定格吐出量における性能確認のための試験装置（流量計，圧力計，連成計，調節弁，配管により構成されている．），水源の水位がポンプより高い場合にはポンプの吸水管に止水弁（水中ポンプおよび縦型ポンプのようにポンプ本体が水中にあるものは必要でない．）およびストレーナー（水中ポンプおよび

縦型ポンプはポンプの吸水口に設ける，），水源の水位がポンプより低い場合にはポンプ吸水管の底部にフート弁を取付け，かつ，ポンプおよび吸水管内に常に充水するための補給水装置付きの呼水槽，無負荷の状態で長時間運転（締切運転）した場合の過熱による焼損防止のための水温上昇防止用逃し配管等を設けなければならない．その他の付属機器類として起動用水圧開閉装置がある．これはポンプを自動起動するためのもので，各種消火設備の配管内圧の急激な低下（例えばスプリンクラー設備では，閉鎖型ヘッドの作動による）を検出するものである．

c. 配管等

ⅰ）管

配管に使用する管は法令により特定の日本工業規格に則ったものの使用が規定されており，このうち最も多く使用されるものは配管用炭素鋼鋼管（JIS G 3452，記号 SGP）であり，高圧の配管には圧力配管用炭素鋼鋼管（JIS G 3454，記号 STPG）が用いられる．これにはいずれも亜鉛メッキされた白管と称するものと，亜鉛メッキされない黒管と称するものとがあり，乾式又は予作動式スプリンクラー設備の流水検知装置や一斉開放弁の二次側配管のような部分には白管等の防食処理をしたものを使用しなければならない．また水道用亜鉛メッキ鋼管（JIS G 3442，記号 SGPW）を用いる場合があるが，これは母管に SGP を使用し，亜鉛メッキを施したものであるが水道用に用いる関係で SGP の白管より亜鉛メッキの量が多いものである．以上のものと同等以上の強度，耐食性及び耐熱性のある金属製の管の他，合成樹脂製の管のうち告示基準[25]（以下「合成樹脂管等の基準」という．）に適合する認定品が使用できる．なお，特定施設水道連結型スプリンクラー設備は給水設備等との兼用等の特殊性から，別途定められた告示基準[26]に従う．

ⅱ）管継手

管を接続する管継手類には，フランジ継手とフランジ継手以外のものとがあり，さらにそれぞれにねじ込み式継手と溶接式継手とがある．これら管継手類も法令により特定の日本工業規格に則ったものの使用が規定されているほか，告示基準[27]（以下「金属製管継手等の基準」という．）に適合した認定品が使用できる．また，スプリンクラー設備において，スプリンクラーヘッドを取り付ける巻出し部分に使用する巻出し管継手（一般に巻出しフレキと呼ばれる）もこの告示基準に従う．なお，合成樹脂製の管を接続する管継手は，管と同様に合成樹脂管等の基準に適合した認定品を使用する．

ⅲ）弁

弁類は，各設備に述べられている特殊なもの以外に汎用の開閉弁と逆止弁とがあり，これら弁類も管や管継手と同様に特定の日本工業規格に則ったものの使用が規定されているほか，金属製管継手等の基準に適合した認定品が使用できる．

ⅳ）配管支持金物

配管支持金物は，配管を建築物・工作物の天井部分に設け，設置した器具類に接続する場合に，この配管を屋根，天井および壁などから支持するものである．

配管支持金物は，管と管の内部に入っている水の重量および管支持金物の重量との合計の重量を支持するほか，消火設備自身の水が流れる際に発生するウォーターハンマー，プレッ

シャーウェイブ等の振動（大気圧あるいは乾式になっている部分に対して全体にしかも急激に流入する場合は特に大きな振動となる．），地震による建築物・工作物の動揺に伴う振動等が加えられても脱落しないように堅固に支持および固定しなければならない．なお，凍結防止あるいは結露防止のため被覆材を取り付ける場合には，その被覆材の重量も加算したものに対して，支持金物を選択するか支持間隔を短くするなどの方法により堅固に取り付けなければならない．　　　　　　　　　　　（永塚　襄・桑原　昭四郎・吉葉　裕毅雄）

（3）ガス系消火設備

ガス系消火設備は大別すると，不活性ガス消火設備，ハロゲン化物消火設備および粉末消火設備となる[28]．粉末消火設備は消火剤が気体ではないが，クリーニング装置等を除くと設備構成が類似しており，設置対象物もほぼ同じであることからガス系消火設備として扱われている．

ガス系消火設備（粉末消火設備を除く）は，放出する消火剤が気体の消火設備であり，次のような特徴がある．

① 消火剤による水損・汚損がない．

② 電気絶縁性が優れており，電気設備に使用可能である．

③ 高い浸透能力があり，複雑な形状の機器やその内部まで消火剤が到達する．

④ 少ない時間で設備の復旧が可能である．

⑤ 消火剤は容器の中に圧力を持った状態で貯蔵されているため，ポンプの様な動力源を必要としない．

A.　法制化の経緯

ガス系消火設備は，1961（昭和36）年，消防法施行令（昭和36年政令第37号）にて，不燃性ガス消火設備，蒸発性液体（ハロン1011）消火設備，粉末消火設備の3種類が制定され，その後不燃性ガス消火設備が二酸化炭素消火設備に，蒸発性液体消火設備がハロゲン化物（ハロン2402，ハロン1211およびハロン1301）消火設備に改められた．

1985（昭和60）年，オゾン層の保護のためのウィーン条約が，1987（昭和62）年に，オゾン層を破壊する物質に関する議定書（モントリオール議定書）が採択され，この議定書でハロン2402，ハロン1211およびハロン1301がオゾン層破壊物質に指定され，1989（平成元）年に発効された．日本では1988（昭和63）年に，特定物質の規制等によるオゾン層の保護に関する法律（オゾン層保護法）が制定され，1994（平成6）年以降これらのハロゲン化物が生産中止となった．

以上の規制を受け，世界で10種類以上のハロゲン化物代替消火剤が開発され，2001（平成13）年，消防法施行規則の一部を改正する省令（平成13年総務省令第43号）において，窒素，窒素とアルゴンの混合物（IG-55）および窒素とアルゴンと二酸化炭素の混合物（IG-541）の3種類を二酸化炭素消火設備に加え「不活性ガス消火設備」とし，ハロカーボン系のトリフルオロメタン（HFC-23），ヘプタフルオロプロパン（HFC-227 ea）をハロゲン化物消火設備に加え，基準化された．更に2010（平成22）年，消防法施行規則の一部を改正する省令（平成22年総務省令第85号）で，ドデカフルオロ-2-メチルペンタン-3-オン（FK-5-1-12）がハロゲン化物消火設備に追加された．

B. ガス系消火設備の設備方式および放出方式

設備方式では，消火剤貯蔵容器から噴射ヘッドまでのすべての機器を固定する固定式と，消火剤貯蔵容器およびそのまわり，ならびにホースリールを固定し，ホース及び噴射ノズルを人為的に操作する移動式とに大別される．

固定式は，防火対象物の構造および位置等により全域放出方式と局所放出方式に細分される．

a. 全域放出方式

全域放出方式とは，不燃材料でつくられた壁，柱，床または天井（天井がない場合は，はりまたは屋根）によって区画され，開口部に自動閉鎖装置（防火戸または不燃材料でつくった戸で，消火剤が放射される直前に開口部を自動的に閉鎖する装置をいう）が設けられた区画部分（以下「防護区画」という），すなわち，密閉または密閉に近く区画された部分に噴射ヘッドを設け，当該区画された部分の容積，防護対象物の性質によって定まる必要消火剤量を全量放出して，酸素濃度を低下させ，または燃焼反応の抑制作用（負触媒効果ともいう．）を利用して消火する方式である．

一般の防火対象物に対する全域放出方式の放射時間は，消火設備の種類に応じ，次表の時間以内とされている．

表 11・5　一般の防火対象物に対する全域放出方式の放射時間

消火設備名		放射時間
不活性ガス消火設備	二酸化炭素	1 分以内
	窒素，IG-55，IG-541	
ハロゲン化物消火設備	ハロン 1301	30 秒以内
	HFC-23，HFC-227 ea FK-5-1-12	10 秒以内
粉末消火設備		30 秒以内

防護区画に開口部がある場合の条件は次のとおりである．但し，ハロン代替消火剤（窒素，IG-55，IG-541，HFC-23，HFC-227 ea 又は FK-5-1-12）を放射するものは，消火剤放射前に開口部を閉鎖できる自動閉鎖装置を設けることとされている．

ⅰ）床面からの高さが階高の 2/3 以下の位置にある開口部で，放射した消火剤の流出により消火効果を減ずるおそれのあるもの，または保安上の危険があるものには，消火剤放射前に閉鎖できる自動閉鎖装置を設けること．

ⅱ）自動閉鎖装置を設けない開口部の面積の合計は，通信機器室または指定可燃物（可燃性固体類および可燃性液体類を除く．）を貯蔵し，もしくは取り扱う防火対象物またはその部分（以下「通信機器室等」という．）にあっては，囲壁面積（防護区画の壁，床および天井または屋根の面積の合計）の数値の 1% 以下，前記対象物以外のものでは防護区画の体積の数値または囲壁面積の数値のうち，いずれか小さいほうの値の 10% 以下とし，消火剤の種類と開口部の面積に応じて消火剤の量を加算する．

ⅲ）二酸化炭素を放射するものにあっては，階段室，非常用エレベーターの乗降ロビーその他これらに類する避難通路等の場所に面して設けてはならない.

b. 局所放出方式

防火対象物の形状，構造，性質，数量または取扱い方法に応じて求められ貯蔵されている必要消火剤量を局部的に直接防火対象物の燃焼面に放射し，消火させる方式である.

この方式には，上面を開放した容器で燃焼面が一水平面に限定されている対象物を消火する面積方式と，立体的な防護対象物で，火災の際，燃焼面が一水平面とならないもの，または対象物が床面になく，高い場所にあるような場合などで，立体的に燃焼しているものを立体的に消火剤で包含して消火する体積方式とがある.本方式は一般の防火対象物ではあまり使用されていない.

なお，放射時間は，必要消火剤量を30秒で除して得られた放射率以上で連続放射できるものである.

c. 移動式

消火剤が充てんされている貯蔵容器等に，配管により連結されたホースリールやホース架により収納されているホースならびにホースの先端にノズル開閉弁およびノズルが取り付けられているものを用いて，火災の際に人為的にこれらのノズルやホースおよび放出機構を操作して，防火対象物に直接消火剤を放射し，当該火災を有効に消火する方式である.（図11·54参照）

この方式は，人が操作して消火作業をするものであるため，その消火活動が十分できることが設置の条件となる.これは「著しく煙が充満しない場所」ということに

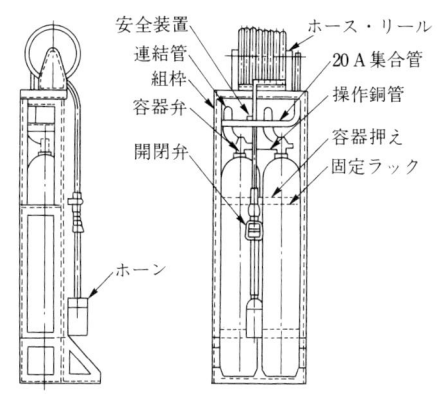

図 11·54　移動式の例（ユニット）

なっている.この「著しく煙が充満しない場所」には，種々な見解が示されているが，一般的には「壁のうち1つの長辺を含む2面以上が外気に接する常時開放された開口部が存する場所，長辺の1辺が外気に接する常時開放された開口部があり，かつ，他の1辺の壁体の面積の1/2以上が外気に接する常時開放された開口部が存する場所等」といわれている.したがって，防火対象物の地下駐車場のような場所には，設置することができない.

C. 不活性ガス消火設備

不活性ガス消火設備には，二酸化炭素，窒素，IG-55，IG-541の4種類の消火剤があり，いずれも酸素除去作用により消火する方式である.ここで，IG-55は，窒素とアルゴンの混合物（混合比率50：50），IG-541は窒素，アルゴン及び二酸化炭素の混合物（混合比率50：42：8）である.

a. 設備の構成

不活性ガス消火設備の放出方式別の最小構成として設備の起動順に列記すると下記のとお

りである.

i）全域放出方式の場合

起動装置，制御盤，音響警報装置，容器弁開放装置（高圧貯蔵方式の場合に限る．）または放出弁（低圧貯蔵方式の場合に限る．），貯蔵容器，配管，噴射ヘッド，保安措置，非常電源または予備動力源，配線，圧力上昇防止装置（ハロン代替消火剤に限る．），自動閉鎖装置，給排気停止装置および耐震措置などから構成されている．

ii）局所放出方式（二酸化炭素に限る）の場合

起動装置，制御盤，音響警報装置，容器弁開放装置または放出弁，貯蔵容器，配管，噴射ヘッド，非常電源または予備動力源，配線および耐震措置などから構成されている．

iii）移動式（二酸化炭素に限る）の場合

手動起動装置，貯蔵容器，ホースリール，ホース，噴射ノズル，表示灯および耐震措置などから構成されている．

なお，i）およびii）について，選択弁（防護区画が2つ以上の場合）および閉止弁（二酸化炭素消火設備に限る）が付加される．

b. 機器類

前 a. i）および ii）の固定式消火設備の機器の構造および機能ならびに，前 a. iii）の移動式消火設備の機器の構造・機能および性能は，次のとおりである．

i）起動装置

消火設備の起動方式には，手動式と自動式がある．消火設備は，本来自動的に火災を感知し，自動的に設備が起動し，消火剤を放出して消火すべきであるが，二酸化炭素消火設備の場合は，二酸化炭素消火剤を放出することにより人体に危害を及ぼすおそれ（二酸化炭素中毒や視界遮断）があるため，その起動は原則として手動式とされている．しかし，常時人がいない防火対象物や夜間無人となるような防火対象物，その他手動式によることが不適当な場所に設けるものでは，自動式とすることができる．ハロン代替消火剤（窒素，IG-55 又はIG-541）消火設備の場合は，原則として自動式とされている．なお，点検等のために人が防護区画内に入る場合は，手動式に切り換えて入室する．

手動式には，貯蔵容器の容器弁開放機構または放出弁を直接手動操作して作動させる直接手動式と，防護区画の出入口付近や防火対象物の近くに設置する操作箱を手動操作して作動させる遠隔手動式とがあるが，遠隔手動式が一般的である．

この遠隔手動式は，操作箱の押ボタンスイッチの操作による電気式が一般的で，貯蔵容器の容器弁に取り付けられている電磁開放器を作動させたり，起動用ガス容器に取り付けられている電磁開放器を作動させて起動用ガスを放出させる．また，起動管および操作管により貯蔵容器容器弁や放出弁の開放器に導入して貯蔵容器容器弁の作動封板を破り，容器弁，放出弁を開放させて，消火剤を放射させるものである．

この方式は，操作箱，開放装置付起動用ガス容器弁を取り付けた起動用ガス容器，起動管および操作管，逆止弁，配線などから構成されており，次に掲げる事項を満足するものでなければならない．

① 操作箱

ア．操作箱の外面は，赤色とする．

イ．電気を使用するものは，電源表示灯が設けられていること．

ウ．起動装置の放出用スイッチなどは，音響警報装置を起動する操作を行った後でなければ操作できないものとし，かつ，起動装置に有機ガラス等による有効な防護措置が施されていること．

エ．感知器等の作動により自動起動するものは，自動および手動を表示する表示灯が設けられ，かつ，手動・自動の切換が，鍵などによらなければ行えない構造のものでなければならない．

オ．操作箱が設けられている場所には，起動装置（操作箱）および表示が容易に識別できる照明を行うこと．

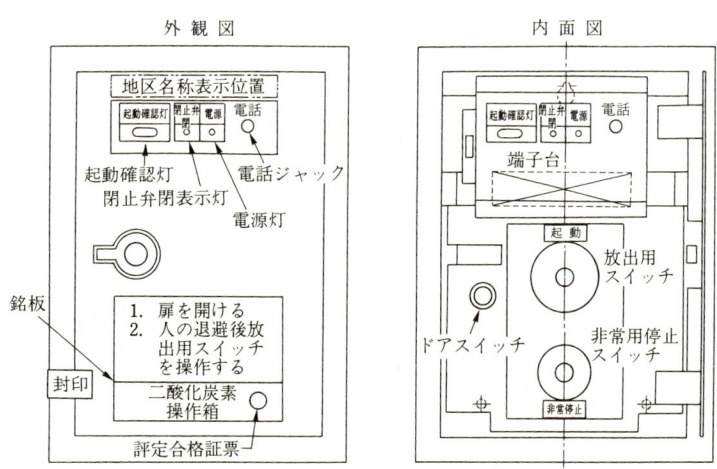

図 11·55　手動起動装置（操作箱）の例

② 起動用ガス容器

ア．高圧ガス保安法および同法に基づく容器保安規則により製造され，検査に合格したものであること．

イ．起動用ガス容器および容器弁（以下「起動用ガス容器等」という）は，24.5 MPa 以上の圧力に耐えるものであること．

ウ．起動用ガス容器等の内容積は，1 L 以上で，当該容器等に充てんされる二酸化炭素の量は，0.6 kg 以上で，かつ，充てん比は 1.5 以上であること．

エ．起動用ガス容器等には，消防庁長官が定める基準[29]（以下「容器弁等の基準」という．）に適合する容器弁および安全装置が設けられていること．

ii）音響警報装置

音響警報装置は，防護区画（二酸化炭素消火設備の場合は防護区画及び防護区画に隣接す

る部分またはその付近）にいる人に消火剤を放射することを知らせて退避させるもので，防護区画内または防護区画に隣接する部分にいる人々が避難できるまで警報を発していなければならない．種類としては，スピーカ一等を用いる音声による警報装置と，モーターサイレン，ベル，ブザー等の音響による警報装置がある．これらは，消防庁長官が定める基準[30]に適合するものでなければならない．全域放出方式の消火設備には，音声による警報装置を設けなければならない．

　ⅲ）貯蔵容器

　貯蔵容器は，貯蔵方式により高圧式（消火剤が常温で容器に貯蔵されているもの）と低圧式（二酸化炭素消火設備に限る，消火剤が $-20 \sim -18℃$ で貯蔵されているもの）に分類されるが，一般的には高圧式のものが用いられている．

　これらの貯蔵容器は，高圧ガス保安法に基づく容器保安規則により製造され，検査に合格したものでなければならない．また，貯蔵容器は，防護区画外で，直射日光や雨水のかかるおそれの少ない 40℃ 以下の温度変化の少ない個所に設けなければならない．

　なお，貯蔵容器に充てんする消火剤は，二酸化炭素にあっては JIS K 1106 の 2 種または 3 種に，窒素にあっては JIS K 1107 の 2 級に，アルゴンにあっては JIS K 1105 の 2 級に適合するものでなければならない．

　高圧式貯蔵容器は，次に掲げる事項を満足するものでなければならない．

　①　一般に使用されている継ぎ目無容器は，二酸化炭素にあっては，充てん比（貯蔵容器の内容積（L）と充てんする液化二酸化炭素の重量（kg）の比率，以下同じ）は，1.5 以上 1.9 以下であること．ハロン代替消火剤（窒素，IG-55 又は IG-541）にあっては，充填圧力が温度 35℃ において 30.0 MPa 以下であること．

　②　二酸化炭素にあっては，容器弁に取り付けられたサイホン管により，消火剤が配管に流出するような構造になっていること．消火剤が気体で貯蔵されている場合はこの限りではない．

　③　高圧式貯蔵容器に取り付ける容器弁は，容器弁等の基準に適合するものであること．（図 11・56 参照）

　④　容器弁開放装置は，ガス圧または電磁開放器で $-20 \sim 40℃$ の範囲で，瞬時に容器弁を開放することができる遠隔操作方式のもので，直接手動操作もできる構造のものであること．

　⑤　容器枠等の支持金具は，容器を直立した状態で堅牢に固定させるためのもので，容器を容易に取りはずしできる構造のものであること．

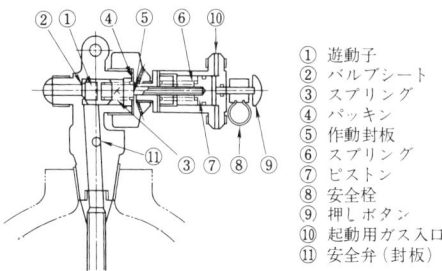

① 遊動子
② バルブシート
③ スプリング
④ パッキン
⑤ 作動封板
⑥ スプリング
⑦ ピストン
⑧ 安全栓
⑨ 押しボタン
⑩ 起動用ガス入口
⑪ 安全弁（封板）

図 11・56　容器弁および開放装置の例

　ⅳ）選択弁・放出弁

　①　選択弁

　選択弁は，1 つの防火対象物またはその部分に防護区画や防護対象物が 2 以上存し，かつ，

貯蔵容器を共用する場合，消火剤の放出区画を選定するために放出区画ごとに設ける弁で，消防庁長官が定める基準[31]（以下「選択弁の基準」という）に適合するものでなければならない．

なお，現在使用している製品の構造断面を図11・57に示す．

② 放出弁

低圧式貯蔵容器に取り付けるもので，消防庁長官が定める基準[32]（以下「放出弁の基準」という．）に適合するもので，前①の選択弁に準じたものである．

(a) 外観図

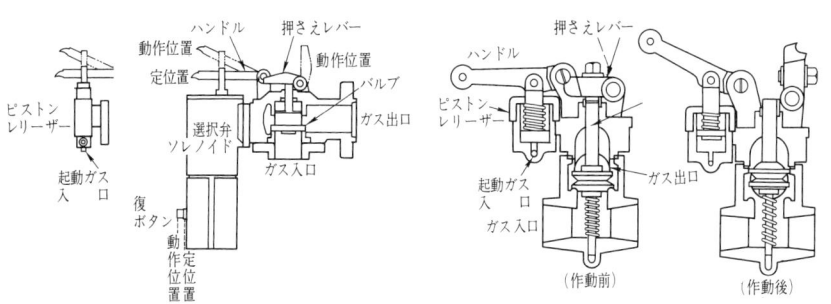

① 電気式開放の選択弁　　　　② ガス圧開放の選択弁

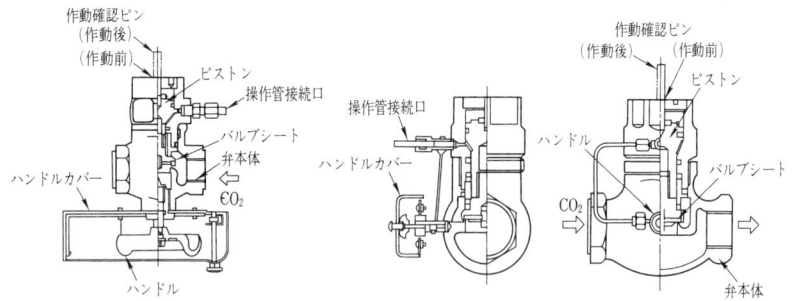

③ ガス圧開放の選択弁

(b) 構造断面図（電気式の例）

図 11・57　選択弁

　ⅴ）配管

　配管とは，管，管継手，バルブ類等から構成され，結合接続されたもので，吊り金具または支持金具，その他これらに類するものにより保持されたものをいう．

　本設備には，消火剤を輸送する一般の管，管継手，バルブ類その他に，高圧式の場合，各貯蔵容器に貯蔵されている消火剤を貯蔵容器から集合管に導く連結管（一般に導管と呼んでいる），各貯蔵容器に貯蔵されている消火剤を集める集合管，ならびに起動用ガス容器の起動用ガスを選択弁，放出弁，容器弁開放器等に導く操作管および起動管（一般にコントロールパイプとよんでいる）がある．

　一般に集合管以降噴射ヘッドまでの配管は鋼管で，その他は銅管が使用されている．

　なお，消火剤を輸送する配管径は，設備設計の圧力損失計算により決められる．

　ⅵ）噴射ヘッド

　噴射ヘッドは配管内を輸送されてきた消火剤を放射させるもので，本体，ノズル，ホーン，デフレクター等より構成されている．本体，ノズルは，単孔型，多孔型，溝型等種々なものがあり，所定の放射量を規定時間内に放出させるようにつくられている．なお，オリフィス径が小さい（3 mm 未満）噴射ヘッドには，目づまり防止用のフィルターを設けなければならない．

　ホーンは，放射の方向，放射の形状を定めるためと，放射速度を減速する効果および適量のドライアイス（二酸化炭素の場合）を発生させるためのものである．

　その種類は，大別するとホーン型，スクリーン型，箱型，天井取り付け型等に分けられるが，それぞれ様々なものがあり，その使用区分は，消火設備の放出方式，防火対象物の位置，構造，状態等に応じて適切なものでなければならない．特に局所放出方式に用いるものは，その噴射ヘッドの消火特性の範囲で使用しないと，不消火と火災の拡大につながる原因となる．

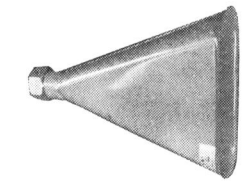

　噴射ヘッドの放射圧力は，すべてゲージ圧力で，放射時の圧力損失計算を行った結果得られた値が二酸化炭素消火設備のうち高圧式のものでは 1.4 MPa 以上，低圧式のものでは 0.9 MPa 以上，ハロン代替消火剤（窒素，IG-55 又は IG-541）のものでは 1.9 MPa 以上でなければならない．（図 11·58 参照）

　なお，噴射ヘッドは，消防庁長官が定めた基準[33]（以下「噴射ヘッドの基準」という．）に適合したものでなければならない．

図 11·58 噴射ヘッド（例）

　ⅶ）保安措置

　全域放出方式の場合，消火剤放出までに一般にタイマーが組み込まれる．また，誤操作等の場合は，その放出を止めるべく，貯蔵容器の容器弁または放出弁が開放されるまでに起動用の電磁開放器の作動停止の操作ができる緊急停止スイッチ等が操作箱に設けられる．設備が正常に作動し，消火が行われた後に人が防護区画内に立ち入ることを防止するために出入

口の見やすい個所に放出表示灯を点灯または点滅させるように設けている．この場合，点灯のみでは十分に注意換起が行えないと認められる場合は，放出表示灯の点滅，赤色の回転灯の付置などの措置を講ずることも考えなければならない．なお，表示灯関連では，停電時の非常電源容量（規定では1時間有効に作動できる容量）を考える必要がある．

　viii）非常電源

非常電源については，「11・3　非常電源および配線」を参照されたい．

　非常時の設備の起動には，起動装置の項で述べたとおり，直接貯蔵容器の容器弁または放出弁を開放させる手動操作部が設けられているので，非常電源がなくても設備の使用は可能であるが，前vii）の保安措置用の電源が最低限必要で，一般的に蓄電池設備が使用されている．

　ix）配線

配線については，「11・3　非常電源および配線」を参照されたい．

　x）避圧措置

窒素，IG-55又はIG-541を使用した全域放出方式の場合，消火設備を設置した防護区画には，当該防護区画内の圧力上昇を防止するための措置を講じること．

　xi）自動式起動装置

自動式の場合の起動装置は，自動火災報知設備の感知器の作動と連動して起動する．

　xii）自動閉鎖装置，給排気停止装置等

自動閉鎖装置は，防護区画の窓，ドア等の開口部を消火剤放出前に閉鎖し，消火剤濃度の保持および消火剤の流出による他への影響を防止するために設けるもので，電気によるものと，ガス圧によるものとがある．また，給排気停止装置は，全域放出方式にあっては消火剤濃度の保持，局所放出にあっては噴射ヘッドの放射パターンへの影響性を考慮して設けるもので，電気によるものと，ガス圧によるものとがある．

　一般的には，ガス圧を利用することが便利で，多くはピストンレリーザーを使用して自動的に作動させる．電気によるものは，圧力スイッチ，電磁スイッチ等により作動させる．

　xiii）耐震措置

貯蔵容器，配管および非常電源には，地震による震動等に耐えるための有効な措置を講じることになっている．特に配管は，貯蔵容器との接続部分，床，壁の貫通部分ならびに支持金具の取り付け部分などについて配慮を要し，耐震度は防火対象物と同程度のものが必要である．

　xiv）移動式消火設備機器の構造・機能および性能

移動式消火設備の構成は，前a．iii）で述べたとおりであり，手動起動装置，貯蔵容器，配管などの構造・機能は前i），iii），v）と同様である．この設備の主体となるホースを収納する方式は，リールドラムに巻かれるホースリール式と，箱または枠等の架に掛けるホース架式とがあるが，ホースのゴム厚，強度，重量，操作性から現在製造されているものはホースリール式となっている．

ホースリール等，ホース，ノズル開閉弁，ノズルの各部分の構造・機能および性能は，消防庁長官が定める基準[34]（以下「ホース等の基準」という．）による．

c. 二酸化炭素消火設備の安全対策

二酸化炭素消火設備は，消火剤自体の中毒性から，消火に必要な濃度となるように二酸化炭素を防護区画に放出した場合に人体に対する影響が大きく生命に危険を与えることがある．1995（平成7）年12月，ビルに設けられた立体駐車場において，誤って二酸化炭素が放出され当該防護区画外の隣接する部分に二酸化炭素が漏えいし，死傷者を出す事故が発生した．このため，特に全域放出方式については，十分な安全対策が必要である．

ⅰ）全域放出方式の二酸化炭素消火設備の設置場所の管理

全域放出方式の二酸化炭素消火設備を設置した場所の防護区画の出入口，当該防護区画に隣接する場所の出入口等の管理を十分行うこと．また，維持管理，点検等のために，関係者のみが出入りする場所にあっては，当該部分の関係者以外の者が出入りできないように，出入口を施錠するなどその管理の徹底を図り，関係者以外の者が不用意に出入りできないように措置すること．

ⅱ）防護区画の安全対策

二酸化炭素消火設備の防護区画は，政省令の規定によるほか，次によること．

ア．防護区画には，二方向避難ができるように2以上の出入口が設けられていること．ただし，防護区画の各部分から出入口の位置が確認でき，かつ，当該防護区画内の各部分から出入口までの歩行距離が30 m以下の場合にあっては，この限りでない．

イ．防護区画に設ける出入口の扉は，当該防護区画内から外側に開放されるもので，かつ，ガス放出による室内圧の上昇により容易に開放しない自動閉鎖装置付きのものとする．

ウ．防護区画内には，避難方向を示す誘導灯および出入口の位置を示す誘導灯を設けること．ただし，非常照明が設置されているなど十分な照明が確保される場合にあっては，標識によることができる．

ⅲ）防護区画に隣接する部分の安全対策

防護区画に隣接する部分（防護区画に接し，防護区画との間に出入口が設けられている廊下，ロビー，前室等．ただし，防護区画に隣接する部分に漏えいした二酸化炭素が滞留し人命に危険を及ぼすおそれがない場合は，この限りでない．）については，次によるものとする．

ア．防護区画の設置されている防火対象物の関係者以外の不特定の者が容易に利用することがないよう体制を整えているものであること．

イ．防護区画に隣接する部分からその他の部分または外部に通じる扉等は，内部から容易に開放できる構造のものであること．

ウ．防護区画に隣接する部分には，防護区画から漏えいした二酸化炭素が滞留するおそれのある地下ピット等の窪地が設けられていないこと．

エ．排気装置が設けられていること．

オ．排気装置の操作部は，防護区画および当該防護区画に隣接する部分を経由せずに到達できる場所に設けること．

ⅳ）二酸化炭素消火設備の管理

二酸化炭素消火設備は，消防法令に規定する技術上の基準に適合するように設置し，維持

管理しなければならない．さらに，当該設備の特性を踏まえて，適正な管理を行うことが必要である．設置と維持管理については，「11・4　消防用の設備等の設置・維持管理義務」を参照されたい．

D. ハロゲン化物消火設備

A．基準化の経緯で述べたように，ハロゲン化物消火設備には，ジブロモテトラフルオロエタン（ハロン 2402），ブロモクロロジフルオロエタン（ハロン 1211）またはブロモトリフルオロメタン（ハロン 1301），および代替ハロンとして開発された，トリフルオロメタン（HFC-23），ヘプタフルオロプロパン（HFC-227 ea）およびドデカフルオロ-2-メチルペンタン-3-オン（FK-5-1-12）（後半の 3 種類を「ハロン代替消火剤」という．以下同じ．）があり，ハロゲンの抑制作用（負触媒効果ともいう．）を利用して消火する方式である．このうち，ハロン代替消火剤を除いては，回収・再利用が供給ルートとなっており，実態としてはハロン 1301 を使用する設備が主体となっている．

以下はハロン 1301 およびハロン代替消火剤を使用する設備に絞って記述する．

a. 設備の構成

ハロン 1301 消火設備の最小構成は，「C. a. の不活性ガス消火設備」と同じであるので省略し，特殊なものとしてパッケージ型ハロン 1301 消火設備について起動順に列記すると下記のとおりである．

自動火災感知装置，起動装置，音響警報装置，容器弁開放装置，貯蔵容器，配管，噴射ヘッド，非常電源等をコンパクトなキャビネットに格納したもので，条件によっては防護区画内にも設置できるものである．（図 11・59）

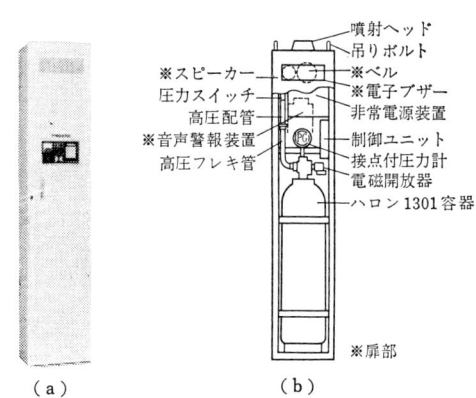

（a）　　　　　　（b）

図 11・59　パッケージ型ハロン 1301 消火装置

b. 機器類

ｉ）固定式消火設備の機器の構造および機能

ハロン 1301 消火設備は二酸化炭素消火設備に，ハロン代替消火剤は，窒素，IG-55，IG-541 に準じるほか，次による．

①　音響警報装置：全域放出方式の消火設備には，音声警報装置としないことができることとなっているが，より安全を考え，音声警報装置とすることが望ましい．

②　貯蔵容器：ハロン 1301 の貯蔵容器は，高圧ガス保安法に基づく容器保安規則により製造され，検査に合絡したもので，かつ，充てん比はハロン 1301 および HFC-227 ea は 0.9 ～ 1.6，HFC-23 は 1.2 ～ 1.5，FK-5-1-12 は 0.7 ～ 1.6 の範囲であること．

③　選択弁：ハロン 1301 消火設備に用いる選択弁の耐圧試験圧力は，最高使用圧力（温度 40℃ における貯蔵容器の蓄圧全圧力）の 1.5 倍の水圧力とする．

④　噴射ヘッド：噴射ヘッドの放射圧力はすべてゲージ圧力で，放射時の圧力損失計算

を行った結果，得られた値が，ハロン 1301 または HFC-23 は 0.9 MPa 以上，HFC-227 ea または FK-5-1-12 は 0.3 MPa 以上でなければならない（図 11・60）.

ⅱ）ハロゲン化物を使用する移動式消火設備の機器の構造・機能および性能

二酸化炭素消火設備の移動式に準ずるほか，ホースリール等，ホース，ノズル開閉弁，ノズルの各部分の構造・機能および性能はホース等の基準による.

E. 粉末消火設備

粉末消火設備は，油などの表面火災に対して速効的な消火性能をもち，かつ，粉末消火薬剤が電気絶縁性が高いものとして米国にて実用化され，液体燃料タンク，焼入れ槽，トランス，油入れ遮断器等に用いられてきた.

当初は，炭酸水素ナトリウムを主成分とした粉末消火薬剤であったが，1964（昭和 39）年にその 2 倍以上の消火効果のあるものとして炭酸水素カリウム主成分の粉末消火薬剤が，追って 1965（昭和 40）年には驚異的な粉末消火薬剤としてリン酸塩類等主成分の俗称 ABC 粉末消火薬剤が開発され，固定式設備にも用いられるようになり，1974（昭和 49）年の法令改正によりその後開発された炭酸水素カリウムと尿素との反応物を含め法規制された．これらの主な効果は，ナトリウムやカリウム等のアルカリ金属イオンやリン酸イオンの抑制作用により消火するものであり，また，電気絶縁性が大きいので電気火災に適応する．このほか，ABC 粉末はリン酸塩類の防炎作用に

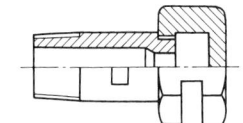
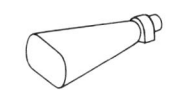

図 11・60　噴射ヘッド（ハロン 1301）

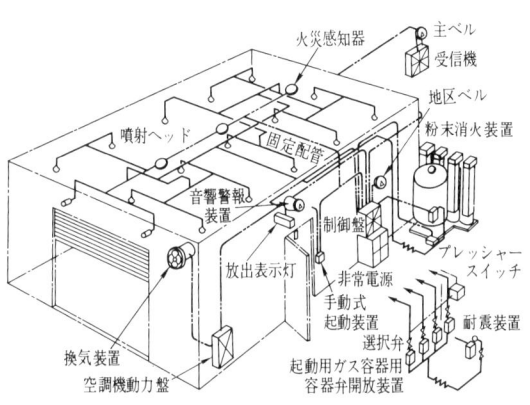

（a）構成例（制御盤から受信機に移報させる方式）

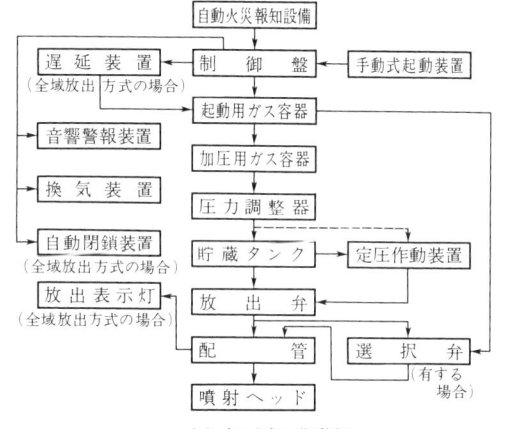

（b）加圧式の作動例

図 11・61　粉末消火設備（固定式）の構成および作動例

よって普通火災をよく消火する.

一方,放出方式については,前 B. で述べたとおり固定式の全域放出方式,局所放出方式および移動式に区分されるが,本設備は使用実態から見ると加圧方式による構成を見る必要がある.

実態は,ほとんどが加圧式で,移動式の一部に蓄圧式がある.

a.　設備の構成

粉末消火設備の最小構成は,蓄圧式では前 C. の不活性ガス消火設備と同様であるので省略し,加圧式について設備の起動順に列記すると次のとおりとなる.

ⅰ)　全域放出方式(図 11・61)

起動装置,音響警報装置,自動閉鎖装置,給排気停止装置,加圧装置(加圧用ガス容器弁開放装置,加圧用ガス容器,圧力調整器より構成されたものをいう.以下同じ.),貯蔵容器等,定圧作動装置,クリーニング装置,放出弁,配管,噴射ヘッド,非常電源,配線等から構成されている.

ⅱ)　局所放出方式

起動装置,音響警報装置,加圧装置,貯蔵容器等,定圧作動装置,クリーニング装置,放出弁,配管,噴射ヘッド,非常電源,配線等から構成されている

ⅲ)　移動式

起動装置,加圧用ガス容器,圧力調整装置,貯蔵容器等,クリーニング装置,放出弁,ホースリール,ホース,ノズル開閉弁,ノズル等から構成されている.

b.　機器類

ⅰ)　固定式消火設備の機器の構造および機能

① 起動装置

本設備の起動装置は,不活性ガス消火設備の起動装置 C. b.　ⅰ)に準じたものである.なお,「貯蔵容器の容器弁」を「貯蔵容器または加圧用ガス容器の容器弁」と読み替えるものとする.ただし,起動用ガスに二酸化炭素を用いるものは,起動用ガス容器の内容積を 0.27 L 以上とし,当該容器に充てんされる二酸化炭素の量は 145 g 以上で,かつ,充てん比は 1.5 以上とすることができることとなっている(一般的には,内容積 0.7 L 以上のものが用いられている.).

② 音響警報装置等

本設備の音響警報装置,自動閉鎖装置,給排気停止装置,保安措置,非常電源,配線,自動火災感知装置,耐震措置(以下「音響警報装置等」という.)は,不活性ガス消火設備の音響警報装置等に準じたものである.

③ 加圧装置

加圧装置は,粉末消火薬剤を放出するための圧力ガスを貯蔵タンクに導入し,粉末消火薬剤と混和して流動化し,所定圧に加圧し,放出する装置で加圧用ガス容器,加圧用ガス容器弁,加圧用ガス容器弁開放装置,圧力調整器等からなっている(図 11・62).

図 11・62　加圧装置

（ア）加圧用ガス容器

加圧用ガス容器は，高圧ガス保安法の適用を受けるため，同法の容器保安規則により製造され，検査に合格したものである．充てんされるガスは，一般に窒素が用いられるが，使用する消火薬剤量が 50 kg 以下のものには二酸化炭素を用いることがある．

必要ガス量は，窒素を用いるものは消火薬剤 1 kg につき 40 L（35℃ で 1 気圧の状態に換算した容積でクリーニング用を含む）以上，二酸化炭素を用いるものは消火薬剤 1 kg につき 20 g 以上保有される．また，二酸化炭素を用いるものは，配管内のクリーニングに必要な量として，消火薬剤 1 kg につき 20 g 以上を別容器に保有しなければならない．

なお，窒素の充てん圧力の最高値は，通常 35℃ において 14.7 MPa となっており，常温では 11.8 ～ 13.7 MPa となる．

（イ）加圧用ガス容器弁および同開放装置

加圧用ガス容器弁は，容器弁等の基準に適合するものである．この容器弁の開放装置は，電磁開放器，ガス圧等により，容器弁を開放することができる遠隔操作方式のもので，直接手動操作もでき，かつ，内圧力測定のため繰返し操作ができる構造のものである（図 11・63）．

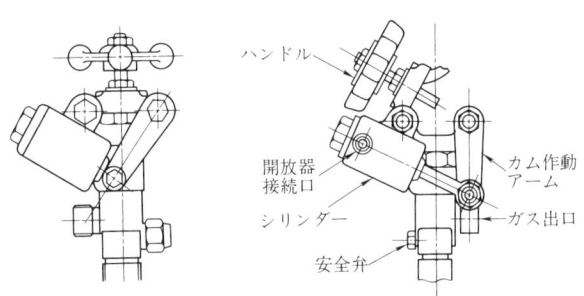

（a）Y 型容器弁の側面図例　　　（b）Y 型容器弁の開放状態図例

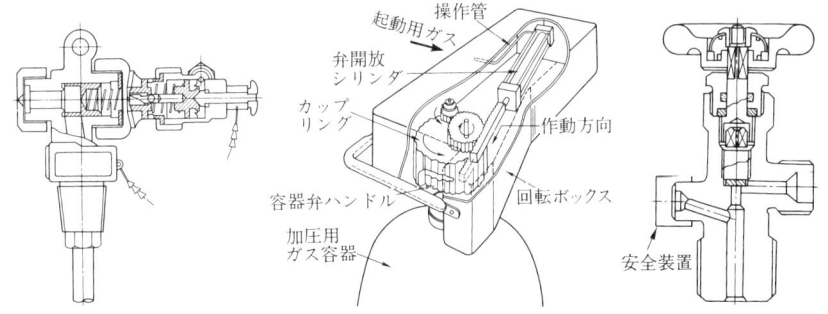

（c）F 型容器弁とガス圧開放器　　　（d）回転型容器弁と開放器　　　（e）手動ハンドル付容器弁

図 11・63　加圧用ガス容器弁と開放装置

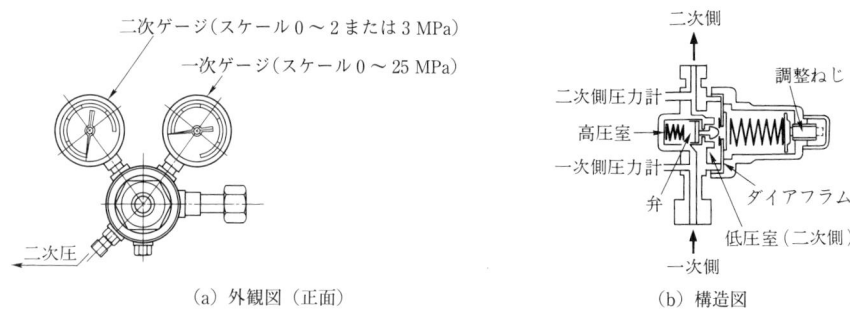

（a）外観図（正面）　　　　　　　　　　　（b）構造図

図 11·64　圧力調整装置の例

（ウ）圧力調整器

圧力調整器は，加圧用ガス容器内に充てんされた 11.8 ～ 13.7 MPa のガス圧を 0.49 ～ 1.47 MPa 程度に減圧して消火薬剤を加圧・混和するものである（図 11·64）．

なお，調整圧力は 2.5 MPa 以下でなければならないが，通常は 1.47 ～ 1.96 MPa に減圧されている．また，消火薬剤の単位時間当りの放射量が特に大きい場合は，上記調整器を 2 個以上並列接続するか，または特殊な大容量を流すことのできる圧力調整器を用いる．

④　貯蔵容器等

粉末消火設備の貯蔵容器等は次による．

（ア）蓄圧式でその内圧力が 1 MPa 以上となる貯蔵容器は，高圧ガス保安法の適用を受け，同法の容器保安規則により製造され，検査（容器保安規則に定められている耐圧試験圧力値以上）に合格したもので，かつ，次の各号によるものである．

イ）通常，容器弁に取り付けられたサイホン管により消火薬剤が配管に流出するような構造になっていること．

ロ）充てん比は，充てんする消火薬剤の種別に応じ，表 11·6 の範囲内であること．

表 11·6　消火剤の種別による充てん比

消火剤の種別	充てん比の範囲
炭酸水素ナトリウムを主成分とするもの（以下「第 1 種粉末」という）	0.85 ～ 1.45
炭酸水素カリウムを主成分とするもの（以下「第 2 種粉末」という），またはリン酸塩類等を主成分とするもの（以下「第 3 種粉末」という）	1.05 ～ 1.75
炭酸水素カリウムと尿素との反応物（以下「第 4 種粉末」という）	1.50 ～ 2.50

ハ）貯蔵容器に取り付ける容器弁および安全装置は，容器弁等の基準に適合するものであること．

ニ）容器弁開放装置は，ガス圧または電磁開放器で −20℃ ～ 40℃ の範囲で瞬時に容器を開放することができる遠隔操作方式のもので，直接操作できる構造のものであること．

ホ）貯蔵容器に取り付ける圧力計または指示圧力計は，使用圧力範囲の上限値の 1.5 倍以上の最大目盛りを有するもので，かつ，使用圧力範囲を緑色に表示したものであること．

ヘ）貯蔵容器枠等の支持金具は，貯蔵容器を直立した状態で，堅牢に固定させるためのもので，容器を容易に取り外しができる構造のものであること．

ト）貯蔵容器の見やすい個所に，充てん消火薬剤量，消火薬剤の種類，製造者名および製造年月を表示してあること．

（イ）蓄圧式でその内圧力が 1 MPa 未満となる貯蔵タンクおよび加圧式の貯蔵タンクは，次の各号によるものである．

イ）貯蔵タンクは，圧力容器の胴及び鏡板（JIS B 8271‒1993）に定める板厚計算を満足する板厚以上のもので，かつ，最高使用圧力または調整圧力の最高値の 1.5 倍以上の耐圧試験圧力に耐えるものであること．

ロ）充てん比は，充てんする消火薬剤の種別に応じ，表 11·6 の範囲内であること．

ハ）加圧式の貯蔵タンクには，放出弁の基準に適合する放出弁が設けられていること．なお，放出弁はガス圧，電気などにより確実に作動できるもので，かつ，手動により開放できる構造のものであること．

ニ）蓄圧式の貯蔵タンクに取り付ける圧力計または指示圧力計は，前（ア），ホ）に準ずるものであること．

ホ）貯蔵タンクの見やすい個所に，充てん消火薬剤量，消火薬剤の種類，最高使用圧力，製造者名および製造年月を表示してあること．

（ウ）貯蔵容器等は，消火薬剤が円滑に流動し，かつ，放出用ガスが分離しにくいもので，使用した場合，充てん量の 90% 以上を放出できる構造であること．

（エ）これらの貯蔵容器等は，防護区画外で直射日光や雨水のかかるおそれの少ない 40℃以下の温度変化の少ない個所に設けなければならない．

（オ）加圧式のものは，容器弁等の基準に適合する安全装置を設けること．

（カ）貯蔵容器等に充てんする消火薬剤は消火剤の規格第 7 条に適合するものであること．

⑤　定圧作動装置

加圧式の粉末消火設備は，起動装置の作動等と連動して，噴射ヘッドから消火薬剤を有効に放射させるため，放出弁を自動開放させる必要がある．定圧作動装置は，加圧用ガス容器の加圧用ガスを貯蔵タンクに導入し，粉末消火薬剤と混和，流動化させ，貯蔵タンク内の圧力が設定圧力（1.3 ～ 1.7 MPa 程度の範囲）に達するまでに通常 10 ～ 30 秒の時間を要し，この時間経過後に放出弁を自動的に開放させるために貯蔵タンクごとに設けるもので，かつ，消防庁長官の定める基準[35]に適合するものであること．機構的規制はないが，次のようなものがある（図 11·65）．

（ア）封板式

（イ）スプリング式

（ウ）圧力スイッチ式

（エ）機械ロック式

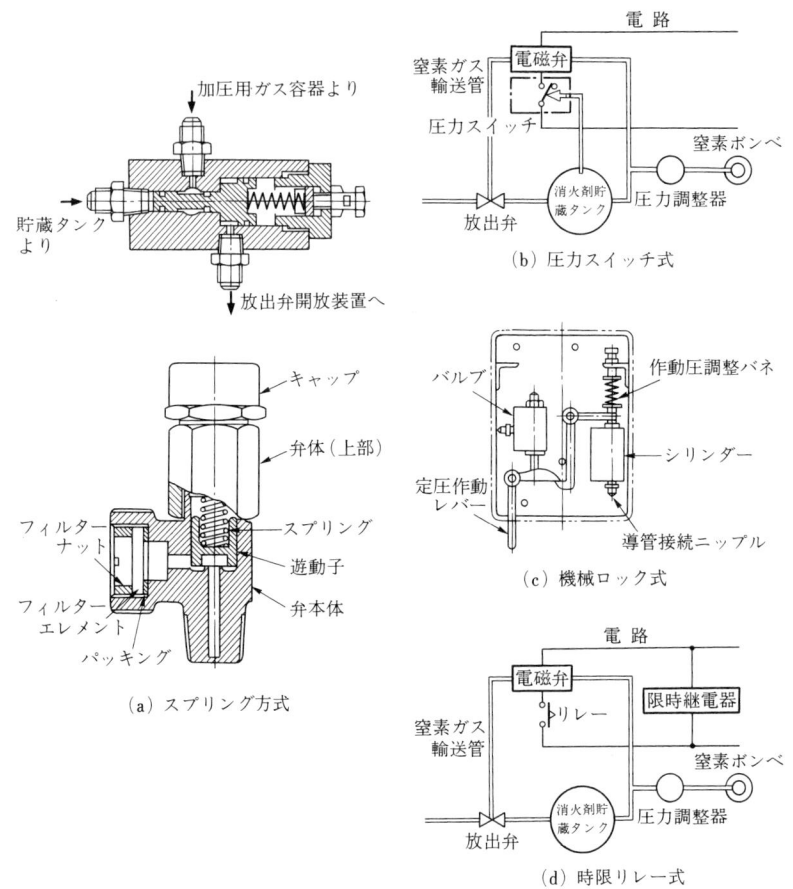

図 11·65　定圧作動装置の例

（オ）時限リレー式

⑥　クリーニング装置

　クリーニング装置は，加圧用ガス容器側等から，ガス導入弁一次側のクリーニング弁または
はガス導入・クリーニング切換え三方分岐弁を経て放出弁の二次側配管に接続され，もしく
は直接放出弁の二次側配管に接続する等の管路構成の部分をいう．設備使用後の配管内また
はホース内の消火薬剤の清掃処理上必要とするもので，このクリーニング操作による清掃
は，維持管理上重要な後作業で，使用後は速やかに行うことが必要である．

　図11·66は，クリーニング操作による各弁の開閉状態を示す．

⑦　放出弁・選択弁

　粉末消火設備に用いる放出弁（旧名称は「元弁」という）および選択弁は，消火薬剤を放

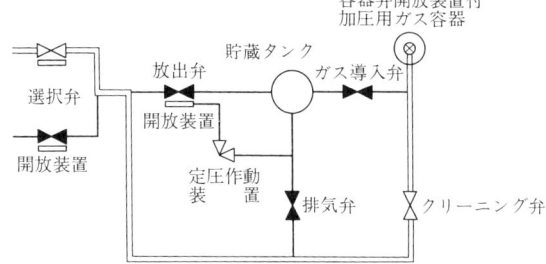

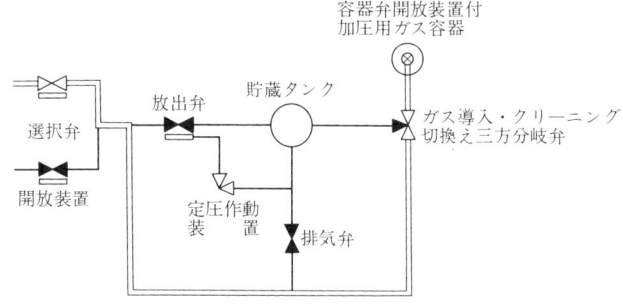

=== クリーニング配管　▶◀ 弁閉止状態　▷◁ 弁開放状態

図 11·66　クリーニング装置の配管系

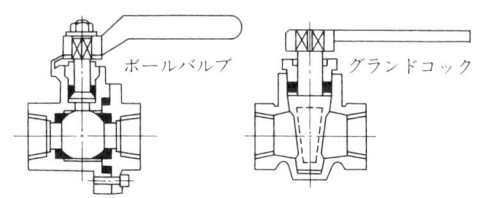

図 11·67　ボールバルブおよびグランドコックの構造

射した場合に消火薬剤と加圧用ガスまたは蓄圧用ガスが分離し，あるいは消火薬剤が残留するおそれのないボールバルブ，グランドコック等の構造（図 11·67）で，かつ，接続する管の呼び径に等しい大きさの呼びで，放出弁の基準および選択弁の基準に適合するものでなければならない．

⑧　配管

粉末消火設備には，貯蔵容器等で粉末消火薬剤と加圧用ガス，蓄圧用ガスが適正な混合となったものを輸送する一般の管，管継手，バルブ類その他に加圧用ガスを貯蔵容器等に輸送する導管，集合管，起動用ガス容器の起動用ガスを選択弁に，加圧用ガス容器弁開放装置等に導く操作管，起動管，貯蔵容器等廻りのクリーニング配管等がある．

一般に加圧式は集合管以降，蓄圧式は貯蔵容器以降，噴射ヘッドまで，および，クリーニング配管は鋼管で，その他は主として銅管が使用されている．

なお，粉末消火薬剤を輸送する配管径は，設備設計の圧力損失計算により決められる．

⑨　噴射ヘッド

噴射ヘッドは，配管内を輸送されてきた粉末消火薬剤と加圧用ガスまたは蓄圧用ガスの混和したものを放射するもので，耐食材料でつくられているか，加工後耐食処理を施こしたものであり，放出方式，防護対象物の位置・構造等に応じて種々の型式，サイズのものが使用される．

代表的なものとして，直射型，多孔型，広角型，扇型などがある（図11・68）．また，噴射ヘッドより配管内に水分の入るおそれのある場合は，保護カバー付，スズ，アルミ箔などにより放出口を密閉したヘッドを用いることがある．ただし，噴射ヘッドの圧力が均一になるように配管の設計施工を行い，同時放射するすべての噴射ヘッドの封板が同時に破板するようにしないと，設備が作動した場合に一部のみ破板し，他は破板しないことがあるので注意を要する．

なお，噴射ヘッドの放射圧力は，すべてゲージ圧力で，放射時の圧力損失計算を行った結果，得られた値が 0.1 MPa 以上でなければならず，かつ，噴射ヘッドの基準に適合するものでなければならない．

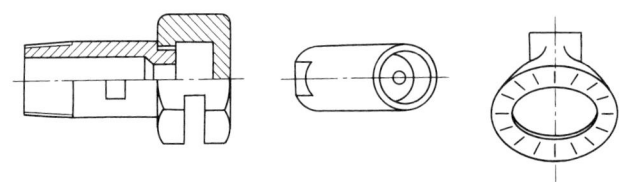

図 11・68　各種噴射ヘッド

ⅱ）移動式消火設備の機器の構造・機能および性能

移動式の設備構成は，前 a．ⅲ）で述べたとおりである．起動装置，加圧用ガス容器，圧力調整器，貯蔵容器等，クリーニング装置，放出弁などの構造・機能は，前ⅰ）と同様である．この方式の主体となるホースを収納する方式は，リールドラムに巻かれるホースリール方式と，箱または枠などの架に掛けるホース架方式とがあるが，経済性からホース架方式が主体となっている（図11・69）．

ホースリール，ホース，ノズル開閉弁，ノズル，格納箱または枠の各部分の構造・機能および性能は，ホース等の基準に適合するもので，その放射性能は，20℃において，第1種粉末では 45 kg/min 以上，第2種粉末または第3種粉末では 27 kg/min 以上，第4種粉末では 18 kg/min 以上で，連続して1分間以上放射できるものとなっている．

なお，移動式は，ユニット型とし，貯蔵タンクをホースリール設置場所ごとに設けなければならない．いわゆる1の貯蔵タンクにすべての粉末消火薬剤を貯蔵して使用するものは，使用手順等により有効に使用できない場合があるので認められていない．

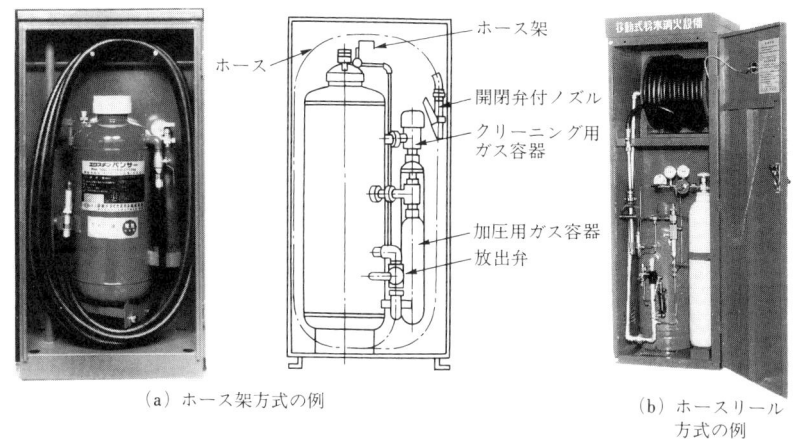

ホース架
ホース
開閉弁付ノズル
クリーニング用
ガス容器
加圧用ガス容器
放出弁

（a）ホース架方式の例　　　　　　　　　　　　　（b）ホースリール
方式の例

図 11・69　移動式粉末消火設備

　また，移動式設備のほとんどが定圧作動装置を取り付けておらず，大型消火器と同様のものとなっており，この場合も使用手順等により有効に使用できない場合がある．したがって，移動式は固定式の次にランク付けられるので，極力，技術的保証ができる定圧作動装置を取り付けたものを推奨したい．　　　　　　　　　　　（桑原　昭四郎・井上　康史）

（4）その他の消火設備等

A．必要とされる防火安全性能を有する消防の用に供する設備

　ここまでに述べた消火設備の殆どは，消防法令により設置・維持の義務が課せられた建築物等に設置するものであり，その設備の詳細は消防関係法令等に仕様規定的に示されている．一方，2003（平成 15）年 6 月の消防法改正及び 2004（平成 16）年 2 月の消防法施行令改正により，総務省令で定められた必要な性能があると認められた設備は，先に述べた仕様規定的な設備に代えて設置・維持することができることになった．ここでは，これらの設備の概要を解説する．なお，新技術の導入等によりこれらの設備の品目は今後も増える可能性がある．

a．パッケージ型消火設備

　用途や建築構造・規模に関する一定の条件を満たす建築物では，屋内消火栓設備に代えてパッケージ型消火設備を使用することができる[36)37)]．屋内消火栓設備は消火剤として大量の水を使用するため水槽やポンプ，非常電源等が必要であるのに対し，この設備は消火剤として浸潤剤等入り水（「11・2・2（1）C．b．水消火器」を参照）等の消火薬剤を使用し，比較的小容量の消火薬剤容器，加圧用ガス容器，ホース，ノズル等から構成されるパッケージであり，屋内消火栓設備よりも取扱いや点検等が容易である．詳細な技術基準は消防庁告示[37)]を参照されたい．

b．パッケージ型自動消火設備

　上記 a．と同様に，一定の条件を満たす建築物では，スプリンクラー設備に代えてパッ

ケージ型自動消火設備を使用することができる[36)38)]．スプリンクラー設備は消火剤として大量の水を使用するため水槽やポンプ，非常電源等が必要であるのに対し，この設備は消火剤として浸潤剤等入り水（前 a．と同様）などの消火薬剤を使用し，比較的小容量の消火薬剤容器，加圧用ガス容器，感知部，放出口（ノズル），制御部等から構成される自動式のパッケージである．この設備はスプリンクラー設備と比較した場合，設置場所や配管サイズが小さく施工が容易であるため，特に小規模な既存建物への遡及適用の場合に採用されることが多い．詳細な技術基準は消防庁告示[38)]を参照されたい．

c. 特定駐車場用泡消火設備

構造や規模が一定の条件を満たす駐車場では，泡消火設備に代えて特定駐車場用泡消火設備を使用することができる[39)40)]．本設備は，基本的に感熱開放する閉鎖型泡水溶液ヘッドにより泡水溶液を発泡させずに使用するため，泡消火設備における泡配管と感知配管を一本化することができ，火災時にも火災感知した部分のみに泡水溶液が放射される．また，発泡させる方式のもの以外は点検のための放出試験が不要（発泡させる方式であっても限定的な放出で済む）であり，環境への影響も少ないものとなっている（図 11・70 参照）．詳細な技術基準は消防庁告示[40)]を参照されたい．

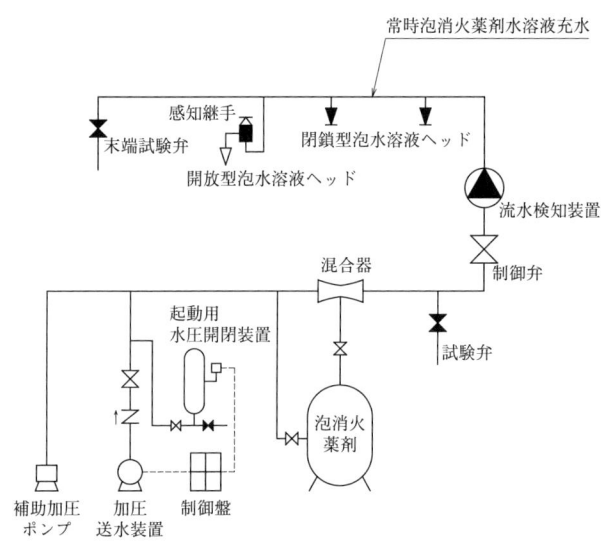

図 11・70　特定駐車場用泡消火設備の構成例

（桑原　昭四郎・吉葉　裕毅雄）

B. その他の消火設備等

a. 水蒸気消火設備

水蒸気消火設備は，蒸気ボイラーにより発生された水蒸気を配管により防火対象物内に導入して，窒息消火させるものである．

　水蒸気は，暖房設備あるいは製造設備用などに昔から用いられており，しかも容易に使用できる不活性気体であることから，これを消火に使用する方法もやはり昔から採用されてきたものである．なお，水蒸気消火設備は危険物の規制に関する政令において第三種の消火設備のひとつに挙げられており，第二類の危険物（可燃性固体）のうち硫黄の溶融したものや，第四類の危険物（引火性液体）のうち引火点が 100℃ 以上のものを貯蔵或いは取り扱うタンクに限って使用できるとされている．

　ⅰ）設備の構成

　水蒸気消火設備は，水源，水蒸気発生装置および蒸気放出口とこれらを接続する配管，電源，予備動力源および配線等により構成されている．

　ⅱ）機器類

　①　水蒸気発生装置

　水蒸気発生装置は，規定が定められていないので一般に用いられている蒸気ボイラーで，防火対象物に対して算出された量の水蒸気を 1 時間以上連続して放射することができるものであるとともに，水蒸気の圧力を 0.7 MPa 以上に維持することができるものである．

　②　蒸気放出口

　蒸気放出口も規定が定められておらず各メーカーの仕様によるものが用いられている．一般にはノズルによる方式のものである．　　　　　（永塚　襄・桑原　昭四郎・吉葉　裕毅雄）

　b. 消防用水

　消防用水は，広大な敷地を有する大規模建築物，大規模高層建築物または同一敷地内の隣接する建築物に相当する床面積の合計が大規模建築物に相当する場合，防火対象物の消火および延焼を防止するため，公設消防隊が使用することを目的として設置する消防用の水利であって，次の種類のものがある．

　地下式有蓋水槽，半地下式有蓋水槽，半地下式有底水槽，半地下式無底水槽，井戸式水槽，打込み式水槽，プール，池，濠，井戸，側溝，河川，湖沼，海などあらゆるものが掲げられる．

　ⅰ）構造および性能

　1 個の消防用水の有効水量は，地盤面下に設けられているものでは，地盤面から 4.5 m 以内の部分の水量が 20 m³ 以上，流水の場合は 0.8 m³/min 以上で，吸水管を投入する部分の水深は，所要水量のすべてを有効に吸い上げることができる深さのもので，適当な大きさの吸管投入孔が設置されているものでなければならない．

　なお，消防防災施設整備費補助金の対象となる地下式または半地下式の防火水槽で 40 m³ 級と 20 m³ 級の規格が別途示されているので，必要に応じ人手の上参考とすること．

　また，40 m³ 級の Ⅰ 型および Ⅱ 型は，次のように定義付けされている，

　Ⅰ型：公園，住宅等で自動車の進入が予想されない場所に設置するもの

　Ⅱ型：Ⅰ型以外の場所に設置するもの

　また，地盤面下 4.5 m を超える場合を含めた，消防用水の構造等は次のようなものが必要とされている．

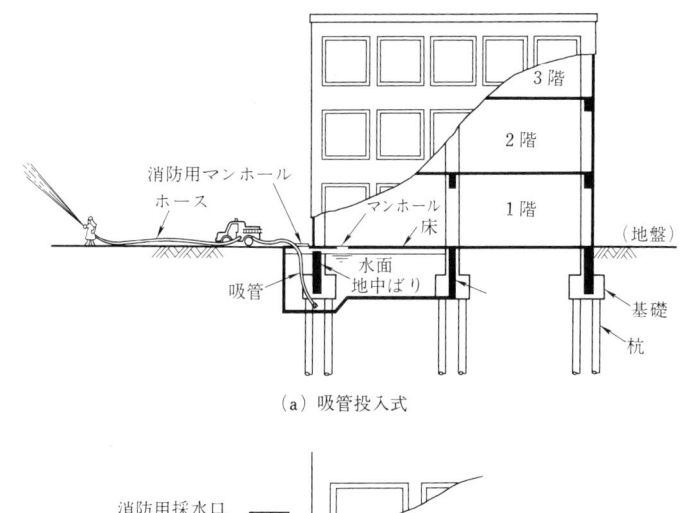

（a）吸管投入式

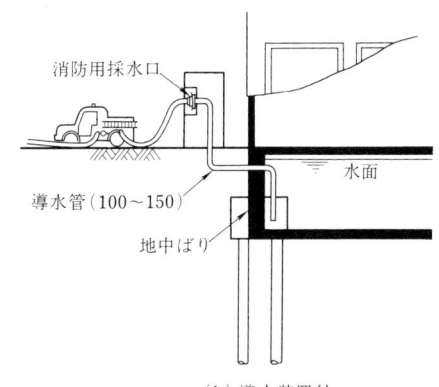

（b）導水装置付

図 11·71　落差 4.5 m 以内の地中ばり水槽断面図（東京都の例）

①　地盤面下 4.5 m 以内の部分に設ける消防用水（図 11·71 参照）

（ア）消防用水に設ける吸水管投入口は，その一辺が 0.6 m 以上，または直径 0.6 m 以上のものとし，所要水量 80 m³ 未満のものでは 1 個以上，80 m³ 以上のものでは 2 個以上を設ける．

（イ）消防用水に設ける採水口は，規格省令[41]（以下「結合金具の規格」という．）に規定される呼称 75 のめねじに適合する単口とし，設置個数は，表 11·7 による．

（ウ）採水口に接続する配管は，呼び 80 以上とする．

（エ）採水口は，地盤面からの高さが 0.5 m 以上 1.0 m 以下の位置に設ける．

②　地盤面下 4.5 m を超える部分に設ける消防用水（図 11·72）

（ア）消防用水の所要水量が，地盤面下 4.5 m を超える部分にある場合は，加圧送水装置（ポンプ）および採水口を設ける．

（イ）加圧送水装置の吐出量および採水口の個数は，表 11·7 による．

表 11·7　採水口の設置個数

所要水量 (m³)	採水口の数 (個)	加圧送水装置の吐出量 (L/min)
20	1	1100
40 ～ 100	2	2200
120 以上	3	3300

（ウ）加圧送水装置は次による.

イ）加圧送水装置は，点検に便利で，かつ，火災等の災害を受けるおそれが少ない場所に設ける.

ロ）加圧送水装置の全掲程は，前（イ）に定める吐出量時において，採水口までの実高および配管摩擦損失水頭に 15 m を加えた数値以上とする.

ハ）電動機容量は，ポンプ軸動力以上の数値とする.

ニ）呼水装置は，水源の水位がポンプより低い位置にある場合にポンプケーシングおよび吸水管の内部に水を満たして誘い水とし，ポンプを正常運転させるためのものであり，呼水槽，減水警報装置，自動補水装置，配管等から構成される.

ホ）水源水量の確保の方法は，（2），E. a. iv）を準用する.

ヘ）採水口の材質は，JIS H 5111 – 1988（青銅鋳物）または JIS H 5101 – 1988（黄銅鋳物）に，仕切り弁，逆止弁の材質は，JIS G 5101 – 1991（炭素鋼鋳鋼品），JIS G 5501 – 1995（ねずみ鋳鉄品），JIS G 5502 – 1995（球状黒鉛鋳鉄品），JIS G 5702 – 1988（黒心可鍛鋳鉄品）もしくは JIS H 5111 – 1988（青銅鋳物）に適合するもの，または，これ

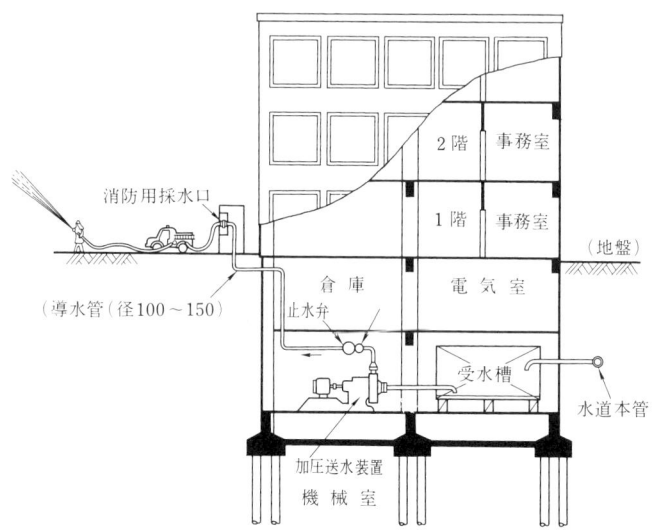

図 11·72　落差 4.5 m を超える場合の加圧送水装置を設置した断面図

らと同等以上の強度，耐食性，耐熱性を有するものを使用する．

ト）採水口の位置には，遠隔起動装置または防災センター等への連絡装置を設け，採水時に速やかに加圧送水装置を起動できるようにする．

チ）遠隔起動装置により起動を行う加圧送水装置には，始動を明示する赤色の表示灯を採水口の直近に設ける．

リ）制御盤等は，加圧送水装置ならびに付属装置および付属機器等の監視，操作等を行うものである．

ヌ）採水口は，結合金具の規格に規定される呼称65のめねじに適合する単口とし，地盤面からの高さが0.5 m以上1.0 m以下の位置に設ける．

③　地盤面より高い部分に設ける消防用水

（ア）採水口に接続する配管は，呼び80 A以上とする．

（イ）採水口は，結合金具の規格による．

（ウ）採水口の直近に止水弁を設け，当該位置で止水弁の操作が容易にできるよう設置する．

④　消防用水の標識

消防用水の吸管投入孔または採水口には，次のような標識を設ける．

（ア）吸管投入口には，「消防用水」または「吸管投入口」と表示した標識を設ける．

（イ）採水口には，「採水口」または「消防用水採水口」と表示した標識を設ける．

c．動力消防ポンプ

動力消防ポンプ設備は，火災が建物内の収容物の火災から建物全体に及んだ火災の消火ならびに隣接する建物の延焼を防止するのに使用する設備及び大規模危険物施設火災対応とする設備で，消防ポンプ自動車，可搬消防ポンプ，大容量泡放水砲用消防ポンプ等いずれも動力源をそれぞれ有し，移動が可能であり機動性に富んだ消火設備である．

ⅰ）設備の構成

動力消防ポンプ設備は，動力消防ポンプ，消防用ホース等装備品，水源等によって構成されている．

ⅱ）機器類

動力消防ポンプ，ホース，水源等の構造および性能は，次のとおりである．

①　動力消防ポンプ

動力消防ポンプは，一般に消防ポンプ自動車，可搬消防ポンプ，大容量泡放水砲用消防ポンプに区分されており，規格省令[42]（以下「動力消防ポンプの規格」という．）に適合する自

表 11·8　水源の位置およびホースの長さ

規格放水量（m³/min）	0.5以上	0.4以上0.5未満	0.4未満
防火対象物からの水源の位置	100 m以下	40 m以下	25 m以下
ホースの長さ	100 m	40 m	25 m

注）ホースの長さは上記範囲内の防火対象物に有効に放水することができる長さを示す．

主表示品である.

　一般構造, 機能, ポンプ, 機関, 配管の色分け, 装備, 性能等の詳細は, 動力消防ポンプの規格に適合したものである.

　②　水源の位置及び消防用ホースの長さ

　水源の位置及び消防用ホースの長さは表 11·8 のとおりである.

　③　動力消防ポンプの設置位置

　自動車によって牽引されるものは, 水源からの歩行距離が 1000 m 以内の場所, その他のものは, 水源の直近の場所に常置する.

　④　水源

　動力消防ポンプ設備の水源は, 貯水槽, プール, 河川などが使用され, その水量は当該動力消防ポンプを使用した場合に, 規格放水量で 20 分間放水することができる量（その量が 20 m³ 以上となる場合にあっては 20 m³）以上の量となるよう設けることとなっている.

（桑原　昭四郎・吉葉　裕毅雄）

11・3　非常電源および配線

11・3・1　一　　般

　消防用設備等は, その目的から有事に備えていつでも確実に作動するようになっていなければならない. 特に消防用設備等のほとんどが商用電源を利用していることから, 停電時, 火災時あるいは地震時において消防用設備等の電源を確保し, 有効に作動してその使命を果たさなければならない.

　また, たとえ電源が確保されても, 消防設備の負荷（スプリンクラー設備の電動機等）までの配線が火災により断線短絡などの事故を起こせば, 当然, 消防用設備等の機能は, 確保することができない. したがって, 非常電源からの配線は, 火災時の熱による影響を受けにくいように, 耐熱保護を行う必要がある. これらの目的から, 消防法において, 非常電源, 配線の規制がなされているのである.

　なお, 建築基準法においては, 非常用エレベーター, 非常用照明装置などに付置する予備電源の規制があるが, 消防法による非常電源（非常電源専用受電設備, 自家発電設備, 蓄電池設備, 燃料電池設備）とほぼ同じ（非常電源専用受電設備を除く.）であり, ここでは省略する.

11・3・2　非常電源の種類

　消防法による非常電源には次の 4 種類がある.

（1）非常電源専用受電設備

　電気事業者の商用電源を利用するもので, 防火対象物における火災により一般負荷回路が, 短絡, 地絡, 過負荷等の事故を起こした場合においても非常電源回路に影響を与えないように結線したもので, 低圧で受電する非常電源専用受電設備, 高圧または特別高圧で受電する非常電源専用受電設備がある.

A.　構造および性能

　a）高圧または特別高圧で受電する非常電源専用受電設備のうちキュービクル式のものは,

キュービクル式非常電源専用受電設備の基準（1984（昭和 59）年消防庁告示第 7 号）に適合するものでなければならない.

b）低圧で受電する非常電源専用受電設備は，配電盤及び分電盤の基準（1981（昭和 56）年消防庁告示第 10 号）に適合するものでなければならない. なお，種別として，1 種，2 種のもの（耐熱性が異なる）がある.

B. 結線方法

非常電源専用受電設備については保護協調をとる必要がある.（以下，（2）自家発電設備，（3）蓄電池設備，（4）燃料電池設備についても同様である.）

C. その他の基準

A. B. の他，設置場所，耐震措置，保有距離等について，基準に従い適正な措置を講じておくことが必要である.（以下，（2）自家発電設備，（3）蓄電池設備，（4）燃料電池設備についても同様である.）

（2）自家発電設備

自家発電設備とは，ディーゼルエンジンやガスタービンにより発電機を動かして発電するものである. 自家発電設備の構造および性能は，自家発電設備の基準（1973（昭和 48）年消防庁告示第 1 号）に適合するものでなければならない. 常用電源の停電から自家発電設備による電圧確立・投入までの所要時間は 40 秒以内とされている.

（3）蓄電池設備

蓄電池設備には，鉛蓄電池やアルカリ蓄電池等があり，蓄電池設備の構造および性能は，蓄電池設備の基準（1973（昭和 48）年消防庁告示第 2 号）に適合するものでなければならない. 2014（平成 26）にはリチウムイオン蓄電池が追加されている（2014（平成 26）年消防庁告示第 10 号）. 常用電源の停電から蓄電池設備による電圧確立・投入までの所要時間は，蓄電池設備のうち直交変換装置を有しないものでは停電直後，それ以外のものでは 40 秒以内とされている.

（4）燃料電池設備

燃料電池設備は，都市ガスや LP ガスから水素を，空気中から酸素を取り出して反応させて発電するもの等である. 燃料電池設備の構造および性能は，燃料電池設備の基準（2006（平成 18）年消防庁告示第 8 号）に適合するものでなければならない. 常用電源の停電から燃料電池設備による電圧確立・投入までの所要時間は 40 秒以内とされている.

11・3・3　消防用設備等に適応した非常電源

消防用設備等の種類，防火対象物の用途，規模に応じてそれぞれ適応する非常電源の種類が指定されている. 表 11·9 に消防用設備等と適応非常電源の概要を示す. 詳細は消防法施行規則の該当部分を参照されたい. このほか，地域によっては条例により付加規制があるので注意が必要である.

11・3・4　配　　　線

消防用設備等は火災時においても有効に作動しなければならない. そのためには，非常電源からの配線が火災により短時間に機能を失うことなく，所定の時間は電源を供給できるように配慮されていなければならない. また，配線については，電気工作物に係る法令が別に

表 11·9　適応非常電源

消防用設備等	非常電源の種別	使用時間
屋内消火栓設備 スプリンクラー設備 水噴霧消火設備	非常電源専用受電設備（注1に掲げる防火対象物は除く）， 自家発電設備，蓄電池設備又は燃料電池設備	30 分以上
泡消火設備 屋外消火栓設備 排煙設備 非常コンセント設備		
連結送水管の加圧送水装置		120 分以上
不活性ガス消火設備 ハロゲン化物消火設備 粉末消火設備	自家発電設備，蓄電池設備又は燃料電池設備	60 分以上
自動火災報知設備 非常警報設備 （非常ベル，自動式サイレン，放送設備）	非常電源専用受電設備（注1に掲げる防火対象物は除く）， 蓄電池設備（直交変換装置を有しないもの）	10 分以上[注2]
無線通信補助設備の増幅器		30 分以上
ガス漏れ火災警報設備	蓄電池設備（直交変換装置を有しないもの） 蓄電池設備[注3]，自家発電設備[注3]，燃料電池設備[注3]	10 分以上
誘導灯	蓄電池設備（直交変換装置を有しないもの） 蓄電池設備[注4]，自家発電設備[注4]， 燃料電池設備[注4]	20 分以上

(注) 1. 延べ面積が 1000 m² 以上の特定防火対象物（特定防火対象物に関しては 11·4·1 を参照）.
　　 2. 受信機に係る技術上の規格を定める省令（1975（昭和 50）年自治省令第 19 号）において，受信機の予備電源は監視時間を 60 分継続した後 10 分間作動できる容量と定められている.
　　 3. 2 回線を 1 分間作動させ，同時にその他の回線を 1 分間監視できる容量以上の予備電源又は直交変換装置を有しない蓄電池設備を設ける場合は，直交変換装置を有する蓄電池設備，自家発電装置又は燃料電池設備を使用できる.
　　 4. 20 分間を超える時間作動させる容量については，直交変換装置を有する蓄電池設備，自家発電設備又は燃料電池設備によることができる.

定められているので，これの規定にも適合するようにしなければならない.

　消防用設備等の配線を用途別に大別すると，電源回路の配線，操作・警報・信号回路等の配線および機器内の配線に区別することができ，さらに電源回路の配線は，常用電源回路および非常電源回路（図 11·73 参照）に分けることができる.

　配線の種類は，非常電源回路を火災時において所定の時間耐熱性能を有する配線とした耐火配線と，操作・警報・信号回路等を火災時の初期段階における耐熱性能を有する配線とした耐熱配線とに区別している.

　耐火配線とは，MI ケーブル又は耐火電線の基準（1997（平成 9）年消防庁告示第 10 号）に適合するもの及び 600 V 2 種ビニル絶縁電線又はこれらと同等以上の耐熱性を有する電線

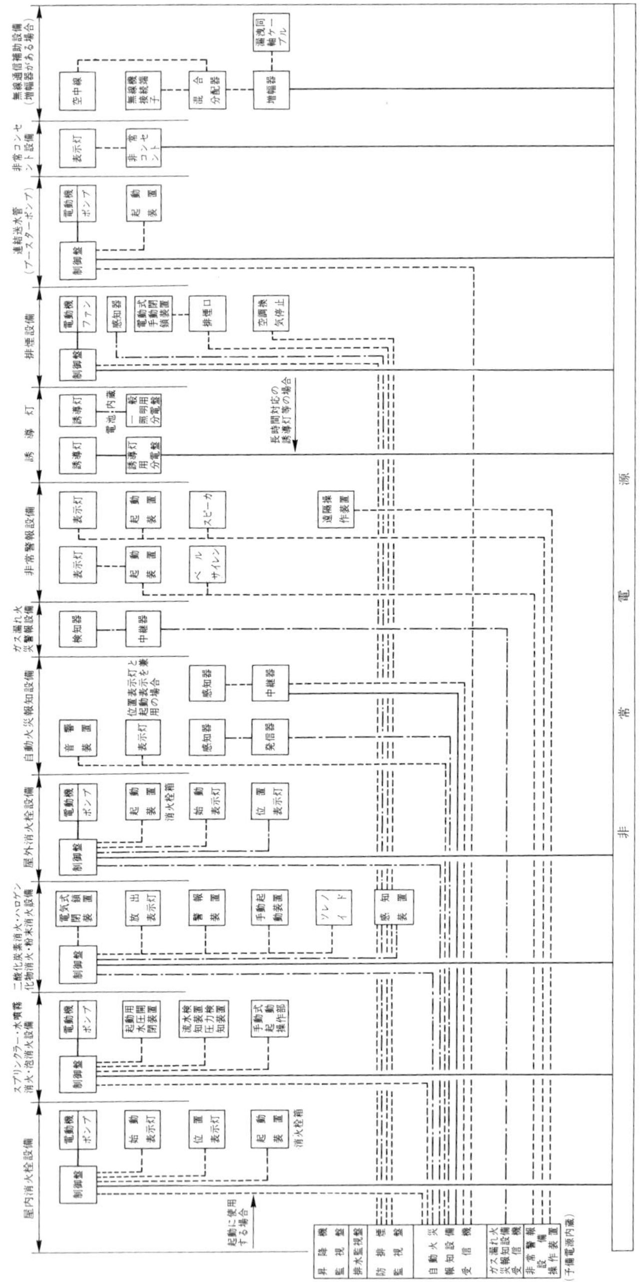

図 11·73　耐熱配線の適用範囲例

を，金属管，2 種金属製可とう電線管又は合成樹脂管に収め，耐火構造で造った壁，床等に埋設（20 mm 以上）したものをいう．なお，不燃専用室，耐火性能を有するパイプシャフト及びピットの区画内（他の配線と共に敷設する場合は，相互に 15 cm 以上隔離するか不燃性の隔壁を設けたものに限る．以下，不燃専用室等という．）に設けた場合は，耐火配線扱いとすることができる．

耐熱配線とは，MI ケーブル又は耐熱電線の基準（1997（平成 9）年消防庁告示第 11 号）に適合するもの及び 600 V 2 種ビニル絶縁電線又はこれらと同等以上の耐熱性を有する電線を，金属管工事，可とう電線管工事，金属ダクト工事又はケーブル工事により敷設したものをいう．なお，不燃専用室等に設けた場合は耐熱配線扱いとすることができる．

（田中　道高・桑原　昭四郎・吉葉　裕毅雄）

11・4　消防用の設備等の設置・維持管理義務

11・4・1　消防用の設備の設置義務

消防法令で定める防火対象物（戸建住宅を除く殆どの建物が該当する）の関係者は，

・消防の用に供する設備（消火設備・警報設備・避難設備）
・消防用水（防火水槽等）
・消火活動上必要な設備（排煙設備等）

を，それぞれ必要とされる性能を有するように政令で定める技術基準に従って設置し，維持しなければならない．なお，特殊消防用設備等は，その設備等設置維持計画に基づいて設置し，維持しなければならない．

また，消防法令で消防用設備等もしくは特殊消防用設備等の設置が義務付けられている防火対象物に関する工事や整備のうち，一部を除いては，後述する消防設備士でない者が行うことができない．

11・4・2　維持管理義務と防火管理者

消防法令で定める防火対象物の管理について権限を有する者は，防火管理者を定めて防火対象物を管理させなければならない．防火管理者をおくべき建築物は，一定以上の面積や収容人員の特定防火対象物やその他の防火対象物である．

防火管理者の職務は，次のようになっている．

① 消防計画の作成
② 消火，通報および避難訓練の実施
③ 消防用設備等の点検および整備
④ 火気の使用または取扱いに関する監督
⑤ その他防火管理上必要な義務

このうち消防用設備等の維持管理は，火災時において消防用設備等が直ちに対応できるように，常に設備を正常に維持するためのものであり，少なくとも法令の定めに従って，日常から点検，整備を行っておかなければならないが，変電，配電，照明，通信などの電気設備や冷暖房，換気，給排水設備，エレベーターなどの昇降機設備などの維持管理とも十分連携のとれたものでなければならない．これらの設備は，消防設備と密接に関連しているからで

ある.

消防法令に定める点検制度の概要を次に示す.

（1）点検および報告の必要性

消防用設備等の点検は，その防火対象物の関係者（所有者，管理者又は占有者をいう．以下同じ．）に対して義務付けられている．すなわち，火災時に人命危険の高い一定規模以上の防火対象物における消防用設備等の点検については，後述する消防設備士または消防設備点検資格者に点検を行わせ，その他の防火対象物については関係者自身が点検を行い，その結果を定期的に消防機関に報告することにより，消防用設備等の機能維持を図ることとしている.

このうち消防設備士または消防設備点検資格者に点検させなければならない防火対象物は，次のもの等である.

① 特定防火対象物（百貨店，旅館，病院等の多数の者が出入りするものとして政令で定められた防火対象物．以下同じ．）：延べ面積 1000 m² 以上

② 特定防火対象物以外の防火対象物：延べ面積が 1000 m² 以上のもののうち消防長または消防署長が火災予防上必要があると認めて指定するもの.

（2）点検の内容および方法

A. 点検とは

消防法第 17 条の 3 の 3 並びに消防法施行規則第 31 条の 6 の規定に基づき，消防用設備等が消防法第 17 条第 1 項の技術上の基準に適合しているかどうか，また，特殊消防用設備等にあっては消防法第 17 条第 3 項の設備等設置維持計画に適合しているかどうかを確認することである.

B. 点検の方法

点検は，消防用設備等の種類及び非常電源の種別並びに配線及び総合操作盤ごとに定められた告示基準に従って行う[1～3]．点検には機器点検と総合点検とがある.

① 機器点検：消防用設備等に附置する自家発電設備（非常電源）または動力消防ポンプの正常な作動の確認，消防用設備等の機器の適正な配置，損傷等の有無などを外観から，機器の機能について外観や簡単な操作で確認をする点検.

② 総合点検：消防用設備等の全部または一部を作動させ，または使用することにより，消防用設備等の総合的な機能を確認する点検.

（3）点 検 の 期 間

点検の期間は，消防用設備等の種類ならびに点検の内容および方法に応じ定められており，機器点検を 6 ヶ月に 1 回，総合点検を 1 年に 1 回行わなければならない．また，特殊消防用設備等にあっては設備等設置維持計画に定める期間により行う.

（4）消防機関への報告

防火対象物の関係者は，点検した結果を維持台帳に記録するとともに，特定防火対象物にあっては 1 年に 1 回，非特定防火対象物にあっては 3 年に 1 回，消防長または消防署長に届出なければならない.

点検結果の報告を義務付けているのは，点検が確実に実施されていることともに，消防機

関が防火対象物の実態を確実に把握できるようにしたものである．なお，消防用設備等の点検結果報告については，消防用設備等点検結果報告書に，消防用設備等の種類ならびに非常電源および配線に応じて定めた点検票を添付して行うことになっている．

11・4・3　消防設備士・消防設備点検資格者

先に述べたように，消防用の設備等の工事・整備及び点検に関しては一部を除き消防設備士しか行うことができない．消防設備士および消防設備点検資格者の種類とその行える工事・整備及び点検のうち主なものについては以下のとおり[4~6]．

表 11・10　消防設備士・消防設備点検資格者の種類と工事・整備および点検の範囲

消防用の設備等の種類	消防設備士の種類			消防設備点検資格者の種類
	工事	整備	点検	点検
特殊消防用設備等	甲種特類			特種
消火栓等水系消火設備[※1]	甲種第1類	甲/乙種第1類		第1種
泡消火設備[※2]	甲種第2類	甲/乙種第2類		第1種
ガス系消火設備[※2]	甲種第3類	甲/乙種第3類		第1種
自動火災報知設備等[※2]	甲種第4類	甲/乙種第4類		第2種
避難設備	甲種第5類	甲/乙種第5類		第2種
消火器	－	乙種第6類		第1種
漏電火災警報器	－	乙種第7類		第2種

※1：電源，水源及び配管の部分の工事を除く．屋内/屋外消火栓設備にあってはホース又はノズル，ヒューズ類，ネジ類等部品の交換，消火栓箱，ホース格納箱の補修等は軽微な整備として消防設備士でなくても行うことができる．

※2：電源の部分の工事を除く．

（桑原　昭四郎・吉葉　裕毅雄）

11・5　認　証　制　度

（1）日　本　の　制　度

感知・警報設備，消火設備などの消防用設備等は，図11・74に示す消防関係法令で定めた検定などの認証制度に基づいている．巻末の資料編の関係規格・試験方法の種類，告示等，国際規格を合わせて参照願いたい．なお，ここでは，消防法を「法」，消防法施行令を「政令」，消防法施行規則を「規則」，火災予防条例を「条例」と記す．

A．検定制度

消防用機械器具等について一定の品質を有することを担保するもので，法第21条の2に定める器具等に該当する技術上の規格を定める省令（以下，「規格省令」と記す．）に基づき，日本消防検定協会（以下，「検定協会」と記す．）又は登録検定機関が行う．

B．検定制度（基準の特例）

新たな技術により開発された検定対象機械器具等が対象である．規格省令の基準の特例条

図 11·74　消防用設備等の消防関係法令上の位置付

項に従い，検定協会に申請し，消防用設備等評価委員会の答申に基づき検定協会が総務大臣に具申し，申請者が総務大臣に特例申請を行い，特例基準が決定される．各種検定対象機械器具に係る規格省令に基準の特例が定められている．

C．特殊消防用設備等の性能評価制度及び大臣認定（個別の防火対象物に対する評価）

防火対象物毎に，新技術等を活用して開発等された消防用機械器具等や政令で定める消防用設備等の技術基準に適合しない特殊消防用設備等について，通常用いられる消防用設備等と同等の性能を有し，かつ，特殊消防用設備等の設置・維持に関する計画に従って設置・維持するものとして，法第17条第3項に定める特殊消防用設備等について防火対象物毎に，検定協会または登録検定機関（日本消防設備安全センター，以下，「安全センター」と記す．）に依頼し，評価委員会の答申に基づき，申請者が総務大臣に大臣認定申請を行い，その結果，設置が認められる．

D．登録認定機関による認定制度

消防法令で定められた技術基準に適合するかを規則第31条の4の規定に定める登録認定

機関[1]に設置された認定委員会等で認定する．文献に認定品の種類及び表示様式が示されている．

E.　自主表示制度

法第 21 条の 16 の 2 及び政令第 41 条に基づき，自主表示対象機械器具等を製造事業者が自ら，規格省令に適合することを検査し，適合している旨の表示を各社で行う．（※規格省令への適合は，検定協会が，製造事業者からの依頼に基づく品質評価で確認している．）総務大臣に届け出がされた機械器具等の自主表示届出番号一覧表が（一社）全国消防機器協会消防機器等製品情報センターから発行されている．

F.　品質評価

品質評価は，検定協会で鑑定に換わるものとして，依頼に応じ消防の用に供する機械器具等に関する評価を受託する業務のうち，各種技術基準に基づき評価を行うもので，自主表示対象機械器具等を含む消防機器の評価を行っている．

G.　特定機器評価

特定機器評価は，検定協会で性能鑑定に換るものして，2013（平成 25）年 4 月から検定協会で開始した評価制度である．新技術等により消防用機械器具等として優れた機能等を有するもので技術上の規格等の定めがないものについて，依頼に応じて特定消防機器の技術基準を検討し，性能の評価をしている．

H.　性能評定

安全センターにおいて，製造事業者からの申請により消防庁告示で技術基準が定められていないものを安全センターにて自主基準を定めて，評定を行い，性能評定結果については，消防庁の「火災予防技術情報提供要綱」に基づき全国の消防機関に事務連絡として通知され，政令第 32 条特例申請等の予防行政の参考に供される．

I.　個別の防火対象物に対する評価

① 　消防設備システム評価（個別の防火対象物に対する評価）

防火対象物の関係者の申請により，安全センターの「消防設備システム評価委員会」において，法第 17 条第 3 項に定める特殊消防用設備等を除き，個々の防火対象物に設置する消防設備システムについて，消防関係法令により義務づけられている消防用設備等の技術基準による場合との同等性の判定及び「総合消防防災システムガイドライン」への適合性評価を行い，政令第 32 条特例の運用の判断の活用に資する．法第 17 条第 3 項が制定される以前の1986（昭和 61）年から 2004（平成 16）年までに，政令で定める消防用設備等の技術基準に適合しない新技術等を用いた消防防災システムなどの設置を計画する際，政令第 32 条特例申請を行うために消防防災システム評価が活用されていた．

② 　ガス系消火設備評価（個別の防火対象物に対する評価）

防火対象物の関係者の申請により，安全センターにおいて一定の防火対象物に消防関係法令に基づいて義務づけられる消火設備の代替設備として設置されるガス系消火設備又は消防関係法令の適用を超えて設置されるガス系消火設備等について消防関係法令に規定する技術基準による場合と同等以上であることの判定をしている．防火対象物ごとに政令第 32 条特例申請を行うために活用されている．

表 11·11　日本における消防の用に供する機械器具等の品質管理に関する各認証制度

認証制度	検定機関	対象消防用機械器具等
A 検定制度	検定協会　または，登録検定機関（一）	政令第37条に示される消火器，消火器用薬剤，泡消火薬剤，感知器・発信機，中継器，受信機，住宅用火災警報器，閉鎖型スプリンクラーヘッド，流水検知装置，一斉開放弁，金属製避難梯子，緩降機など
B 検定制度（基準の特例）	検定協会　または，登録検定機関（一）	同　上 （各種検定対象機械器具に係る規格省令に基準の特例条項がある．新たな技術により開発された検定対象機械器具等が対象．）
C 特殊消防用設備等の性能評価制度及び大臣認定	検定協会　または，登録検定機関（安全センター）	新技術等を活用して開発等された消防用機械器具等，技術基準が定められていない特殊消防用設備等（通常用いられる消防用設備等と同等性）

認証制度	登録認定機関	対象消防用機械器具等
D 登録認定機関による認定制度	安全センター	消火設備の屋内消火栓及び連結送水管の放水口，合成樹脂製の管及び管継手，ポンプを用いる加圧送水装置，加圧送水装置の制御盤，不活性ガス消火設備等の噴射ヘッド・音響警報装置・容器弁及び安全装置並びに破壊板・放出弁・選択弁，不活性ガス消火設備及びハロゲン化物消火設備の制御盤，移動式の不活性ガス消火設備等のホース，ノズル，ノズル開閉弁及びホースリール，粉末消火設備の定圧作動装置，開放型散水ヘッド，パッケージ型消火設備，パッケージ型自動消火設備，金属製管継手及びバルブ類，圧力水槽方式の加圧送水装置．避難設備の避難はしご，避難ロープ，すべり台，救助袋，中輝度蓄光式誘導標識及び高輝度蓄光式誘導標識，警報設備の火災通報装置，その他の総合操作盤
	電線総合技術センター	耐火・耐熱電線
	日本消防放水器具工業会	送水口
	全国避難設備工業会	避難器具用ハッチ
	日本電気協会	キュービクル式非常電源専用受電設備
		直交変換装置を有する蓄電池設備（NAS電池，レドックスフロー電池）
		燃料電池設備
	（日本配電制御システム工業会）	非常電源専用受電設備の配電盤及び分電盤
	（電池工業会）	蓄電池設備
	（日本照明工業会）	誘導灯

	検定協会	非常警報設備の放送設備，パッケージ型自動消火設備，総合操作盤，放水型ヘッド等を用いるスプリンクラー設備，特定駐車場用泡消火設備など
	日本内燃力発電設備協会	自家発電設備
	日本消防防災 電気エネルギー標識工業会	電気エネルギーにより光を発する誘導標識など

認証制度	評価機関	対象消防用機械器具等
E 自主表示制度	検定協会 （※規格省令への適合は，製造事業者からの依頼に基づく品質評価で確認．）	動力消防ポンプ，消防用吸管，消防用ホース，消防用結合金具，エアゾール式簡易消火具，漏電火災警報器変流器・受信機．（消防製品に特有な基幹的な機械器具等のうち，主として消防機関が使用するものに簡易なものが追加された）
F 品質評価	検定協会	前記の自主表示の機器の他，漏電火災警報器，補助警報装置，中継装置，外部試験器，放火監視機器，音響装置（自動火災報知設備，漏電火災警報器用），予備電源（自動火災報知設備，ガス漏れ火災警報設備用），消火器加圧用ガス容器，蓄圧式消火器用指示圧力計，容器弁（消火器及び消火器加圧用ガス容器用），消火設備用消火薬剤，住宅用スプリンクラー設備，消防用積載はしご，消防用接続器具，ホースレイヤー，特殊消防ポンプ自動車又は特殊消防自動車に係る特殊消火装置，可搬消防ポンプ積載車，オーバーホールを行った特殊消火設備，外部試験器の校正，光警報装置など
G 特定機器評価	検定協会	特定初期拡大抑制機器（固定設置型消火機器，インパルス消火銃，火災感知用ヘッド等），特定警報避難機器（感知器リフター等），特定消防活動機器（高圧送水装置等）など．
H 性能評定	安全センター	住宅用下方放出型自動消火装置，フード等用簡易自動消火装置，粉末自動消火装置，緊急通報装置，非常通報装置，警報設備用試験装置，火災避難用保護具，避難ロープ装置，すべり装置，シャッタ等の水圧開放装置，防火水槽等用鉄蓋，消防用ホース端末部耐圧試験装置，防火薬液，防火区画貫通配管，蓄光材など48品目．
I-① 消防設備 システム評価	安全センター	政令第32条特例申請を活用して個々の防火対象物に設置する消防設備システム等（法第17条第3項に定める特殊消防用設備等として総務大臣の認定を受けるものを除く）
I-② ガス系消火 設備評価	安全センター	政令第32条特例申請を活用して，一定の防火対象物に消防関係法令に基づいて義務づけられる消火設備の代替設備として設置されるガス系消火設備又は消防関係法令の適用を超えて設置されるガス系消火設備等

（注）法：消防法　　政令：消防法施行令　　規則：消防法施行規則

　　　検定協会：日本消防検定協会　　安全センター：日本消防設備安全センター

（2）諸外国での制度

諸外国の認証制度及び認証機関について，文献[2~9)]に，海外の消防事情についての文献[10~16)]に紹介されている.

A. 北 米

a. 米 国

米国では，消防用機器に関して公的な認証制度はなく，民間機関に認証を委ねている.

認証業務は，全米認証試験機関（NRTL）として労働安全衛生消防庁（OSHA）に認証された機関のみで実施できる．2012年現在15機関が試験機関として認定されている[2)].

ここでは，代表的な認証機関として独自の規格を所有しているULとFMを取り上げる.

① UL：Underwriters Laboratories

設立は1894年．火災保険業者からの資金援助を受け電気製品の試験機関として運営されていた．1969年以降から政府機関，消費者関係団体等が経営陣に加わり公共性を高め，現在では火災，その他の事故および盗難から人命，財産を保護するための研究，試験認証，検査を行う安全科学機関として世界的に活動をしている．ULが発行するUL規格の多くが，米国国家規格として認められており認定も受けている．現在は民営化され，消防用設備等の規格としてはUL 199（スプリンクラー），UL 217（煙警報器），UL 268（煙感知器）等を発行し，試験・認証業務を実施している.

② FM：FM Approvals

Factory Mutual Insurance（通称FM Global法人向け損害相互保険会社）のグループ企業で，産業用の全ての安全に関する検査承認業務を行っている．消火装置全般（スプリンクラー，流水検知装置，消火ポンプ，火災検知器，耐震ブレース等），電気設備（防爆型電気設備等），建築用品や材料（鋼板屋根，防火扉，耐火コート，ケーブル等），各種製造設備の安全装置（爆発放散口，安全弁等）の認証基準作成と承認を担当．FM Approval Standardsにより製造された様々な安全装置を米国ロードアイランド州にあるFM Global社の研究部門Factory Mutual Research Campus（FMRC）内で検査承認業務を行っている．承認された製品はFM Approval Guideに掲載される．なおFM承認品の生産工場は定期的に生産工程と品質管理の現場監査を受ける.

b. カナダ

① ULC：Underwriters Laboratories of Canada

ULグループの一つで，1990年にカナダ向け業務を行う組織として設立された．SCC（カナダ規格審議会）より規格開発機関，試験・認証機関として認められており，カナダ向けULマークの表示がある製品は，カナダ全州で受け入れられている.

B. 欧 州

a. 英 国

英国では，消防用機器に関する製品の公的な認証制度は採用しておらず，認証は民間機関に委ねている．英国における保険会社が求める基準として普及している.

認証機関であるLPCB（Loss Prevention Certificate Board）（損害防止補償委員会）は，保険業界が創設し，消防機器の規格作成及び試験・認証業務で100年以上の歴史を有する.

LPCB は 2000 年以降，建築関係の業界の総合的な試験・認証機関である BRE（Building Research Establishment）傘下に入り，BRE Global Ltd. の 1 つとして活動している．業務は，火災報知設備，消火装置，防排煙設備，建材，建築設備全般の試験・認証をしている．

消防機器関係の認証は，CE マーキングと BRE Certification（EN 規格が存在しない品目）で，EN 規格（CE マーキング）と LPCB 規格（BRE 認証）をしている．

b. ドイツ

ドイツにおける消防用機器に関する基準としては，保険会社が求める VdS 基準がある．

VdS：Verband der Schversicherere（ドイツ損害保険協会試験所）は，ドイツの損害保険協会が出資する子会社で，試験および承認を行っている．検査品目は，自動火災報知設備（感知器，発信機，受信機）および消火設備等である．EN 規格（CE マーキング）と VdS 認証をおこなっている．また，認証機関として，DIN（ドイツ工業規格：ドイツ工業規格協会）の子会社の DGWK（Deutsche Gesellschaft für Warenkennzeichnung GmbH ドイツ製品認証協会）がある．

C. アジア

アジア地域の認証制度について，文献2）には，中国，インド，カタール，インドネシア，文献9）には，中国，インド，韓国，マレーシア，台湾，シンガポール，ベトナム，フィリピン，インドネシア，タイのアジア地域の各国の認証及び認証機関についてまとめて記載されている．

なお，アジア地域の 10 カ国の認証機関の組織として，Asia Fire-protection Inspection Council（AFIC）があり，日本から検定協会が参画しており，会議の情報が広報誌に提供されている．ここでは中国，韓国，台湾の 3 カ国について文献の情報から概要を記す．詳細は，文献を参照願いたい．

a. 中 国

強制認証制度は，CCC（China Compulsory Certification）マーク制度と呼ばれ，2003（平成 15）年 8 月から開始された制度であり，国家品質監督検査検疫総局及び中国認証認可監督管理委員会（CNCA）が管轄している．消防用機器の実際の認証業務は CNCA に指定された CCC 認証機関である公安部消防産品合格評定センター（CCCF）のみで行われている．指定機関としては，認定公安部消防製品合格評定センターが強制製品認証，型式認可及び参入制度の評価を行っている．警報設備は，公安部瀋陽消防科学研究所（国家消防電子製品品質監督検験センター），消火設備は，公安部天津消防科学研究所（国家固定消火システム及び耐火構件品質監督検験センター）の国家レベルの消防製品品質監督検査センターが強制検験の実施を担当する[4, 16]．

b. 韓 国

韓国の認証体系は，日本に類似している．認証は，韓国消防産業技術院（KFI）が行う．

KFI は，消防用品の試験・検査（型式承認，性能認証，製品検査，KFI 認定，防炎性能検査）等を専門的に遂行する「製品検査専門機関」として指定されている．また，品質が優秀であると認定する消防用品に対し，優秀品質認証を行うことができる．優秀品質認証の対象となる消防用品は，型式承認の対象となる消防用品である[5, 15]．

c. 台　湾

台湾の認証体系は，日本に類似している．製品検査を実施できる機関は，内政部消防庁の委託を受け，かつ登録した認証機関（政府機関・財団法人・公立/私立大学等）と規定されている．認証機関は，内政部消防庁に必要な書類を提出した上，内政部消防庁の審査を受け，「消防用機器等の認可機関の運営に関する規定」の関連要件を満たした場合に内政部消防庁から登録証明書が発給される．登録証明書の有効期間は 3 年となっている．

認証機関は多数指定されているが，型式認可の全ての項目を実施できるのは，消紡安全中心基金会，中華民国消防技術顧問基金会の 2 機関である[6]．

（3）国　際　規　格

A. ISO 規格

消防用設備等に関しては，ISO の TC 21（消防器具の技術委員会）にて取り扱われ，1977 年に ISO の火災の分類が制定され，日本は 1979（昭和 54）年から TC 21 の国際会議に参画しており，2018（平成 30）年 6 月現在は個別の設備ごとに 6 の SC（分科会）にて審議されている．消防用設備等に係る動向について，1986（昭和 61）年から国際規格等に関する調査研究委員会編により，2010（平成 22）年頃より消防庁の担当部署（予防課国際規格係）により毎年資料としてまとめられている．本章に関係する設備の SC は，SC 3（火災感知及び警報システム），SC 5（水を使用する固定消火設備），SC 6（泡，粉末消火剤及び泡・粉末消火剤を使用する消火設備），SC 8（ガス消火剤及びガスを使用する消火設備）などである．規格化された例は，警報設備としては，ISO 7240，スプリンクラー設備の ISO 6182 など巻末の資料のほか，規格の追加や定期的な見直しが実施される．最新情報は，ISO 事務局の規格の情報[17]を参照願いたい．

B. EN（欧州）規格

消防用設備等に関係する国際規格として，欧州の EN に加入している国に適用される EN 規格がある．その規格は加盟各国の規格に組み込まれる．消防用設備については，CEN（European Committee for Standardization）において審議され，EN 規格化されている．

警報設備に関しては CEN/TC 72 で審議され，EN 54 等として発行され，固定消火設備については CEN/TC 191 にて審議され，EN 12259 等として発行されている．規格の追加や定期的に見直しが実施される．最新情報は，CEN 事務局の規格情報を参照願いたい．

（堀田　博文）

文　　献

〔11・1〕

1) 山内幸雄：(総説) 感知を中心とした火災現象に関する研究の流れ，Bulletin of Japan Association for Fire Science and Engineering，日本火災学会論文集，**55**, 2, pp. 79–88（2005）

2) G. W. Mulholland：Smoke Production and Properties, *The SFPE Handbook of Fire Protection Engineering*, National Fire Protection Association（1988）

3) Y. Yamauchi：*Prediction of Response Time of Smoke Detectors in Enclosure Fires*, NBSIR 88–3707, National Bureau of Standards（1988）

4) S. K. Friedlander：*Smoke Dust and Haze*, Wiley and Sons（1977）

5）D. Drysdale：*An introduction to Fire Dynamics*, John Wiley and Sons（1985）

6）W. A. Gray and R. Muller：*Engineering Calculations in Radiative Heat Transfer*, Pergamon Press（1974）

7）R. G. Bill Jr：Thermal Sensitivity Limits of Residential Sprinklers, *Fire Safety Journal*（1993）

8）山内幸雄，万本　敦，森田昌宏：熱感知器の作動時間予測のための計算手法，日本建築学会環境系論文集，第 603 号，pp. 1 - 8（2006）

9）J. P. Hosemann：*On the Theory of Ionizaition Chambers with Consideration of Small-Ion Recombinations*, Staub-Reinhalt（1972）

10）G. W. Mulhlland and B. Y. H. Liu：Response of Smoke Detectors to Monodisperse Aerosols, *Journal of Research of the National Bureau of Standards*（1980）

11）C. Helsper, H. Fissan, J. Muggli and A. Scheidweiler：Verification of Ionization Chamber Theory, *Fire Technology*（1983）

12）Heskestad, G., and Delichatsios, M. A.：*Environments of Fire Detectors - Phase 1：Effect of Fire Size, Ceiling Height and Material, Volume 2, Analysis*, National Bureau of Standards, NBS-CGR- 99 - 95, pp. 125（1977）

13）山内幸雄，万本　敦：光電式煙感知器の作動時間予測のための計算手法，Bulletin of Japan Association for Fire Science and Engineering，日本火災学会論文集，**52**，2，pp. 43 - 50（2002）

14）Yukio Yamauchi, Atsushi Mammoto, Manabu Dohi, Hiromichi Ebata, and Masahiro Morita：A Calculation Method for Predicting Heat and Smoke Detector's Response, *Fire Science and Technology*, **24**, 4, pp. 179 - 210（2005）

15）J. D. Seader and I. N. Einhorn：Some Physical, Chemical, Toxicological, and Physiological Aspects of Fire Smokes, 16 th Symposium（International）on Combustion / The Combustion Institute（1976）

16）消防法施行令（1961 自治政令第 37 号）

17）火災報知設備の感知器及び発信機に係る技術上の規格を定める省令（1981 自治省令第 17 号）

18）日本消防検定協会：消防機器早わかり講座：感知器

19）漏電火災警報器に係る技術上の規格を定める省令（1976 自治省令第 15 号）

20）受信機に係る技術上の規格を定める省令（1981 自治省令第 19 号）

21）中継器に係る技術上の規格を定める省令（1981 自治省令第 18 号）

22）総合操作盤の基準を定める件（2004 消防庁告示第 7 号）

23）非常警報設備の基準（1973 消防庁告示第 6 号）

24）火災通報装置の基準（1996 消防庁告示第 1 号）

25）光警報装置の設置に係るガイドラインの策定について（通知）（2016 消防予第 264 号）

26）住宅用防災警報器及び住宅用防災報知設備に係る技術上の規格を定める省令（2005 総務省令第 11 号）

27）日本消防検定協会：消防機器早わかり講座：http://www.jfeii.or.jp/library/lecture.html

28）スッキリ！がってん！感知器の本，伊藤尚，鈴木和男，電気書院，（2017）

29）消防設備士講習用テキスト（警報設備，消火設備，特殊消防用設備等，ほか），（　・財）日本消防設備安全センター（2016）

30）平成 28 年度版，消防設備士講習用テキスト（警報設備，消火設備，特殊消防用設備等，ほか），（公財）東京防災救急協会（2016）

31）（一社）全国消防機器協会：http://www.nfes.or.jp/

32）（一社）日本火災報知機工業会：http://www.kaho.or.jp/

33）（一社）日本消火装置工業会：http://shosoko.or.jp/

34）労働安全衛生法（1972 法律第 57 号）

35）「電気機械器具防爆構造規格」（1969 労働省告示第 16 号）

36）自動火災報知設備の非火災報対策マニュアル第 3 版，（一社）日本火災報知機工業会（2011）

37）平成 30 年度版，消防設備士講習用テキスト（警報設備），（公財）東京防災救急協会（2017）
（警報設備）

38）自動火災報知設備（警報）のあり方検討会　自動火災報知設備の非火災報に関するアンケート（平成 10 年）

〔11・2〕

1）（本節の参考となる文献等の例．書籍については最新版を参照されたい．）
　　東京防災救急協会：消防設備士講習用テキスト避難設備・消火器
　　東京防災救急協会：消防設備士講習用テキスト消火設備
　　東京防災救急協会：予防事務審査・検査基準
　　日本消火装置工業会：消火設備の設置及び技術基準
　　日本消火装置工業会：屋内消火栓等設備設計・工事基準書
　　日本消火装置工業会：スプリンクラー設備設計・工事基準書
　　日本消火装置工業会：泡・水噴霧消火設備設計・工事基準書
　　日本消火装置工業会：不活性ガス消火設備設計・工事基準書
　　日本消火装置工業会：ハロゲン化物消火設備設計・工事基準書
　　日本消火装置工業会：粉末消火設備設計・工事基準書
　　建築消防実務研究会：建築消防 advice 2017，新日本法規出版
　　國川明輝：建築技術者の知っておきたい消火設備，理工図書
　　高木任之：イラスト建築防火，近代消防社
　　日本建築学会：火災安全設計の原則，丸善出版
　　関東一：実例に学ぶ消防法令解釈の基礎，東京法令出版
　　　　　　　　　　　　　　　　　　　　　　　　　　　　　　　　　　（以上文献）

　　日本消防検定協会ホームページより：消防機器早わかり講座
　　消火器工業会ホームページ及び会員各社のホームページ
　　消火装置工業会ホームページ及び会員各社のホームページ
　　　　　　　　　　　　　　　　　　　　　　　　　　　　　　（以上ウェブサイト）

2）消火器の技術上の規格を定める省令，昭和 39 年自治省令第 27 号

3）消火器用消火薬剤の技術上の規格を定める省令，昭和 39 年自治省令第 28 号

4）屋内消火栓設備の屋内消火栓等の基準，平成 25 年消防庁告示第 2 号

5）消防用ホースの技術上の規格を定める省令，平成 25 年総務省令第 22 号

6）結合金具に接続する消防用接続器具の構造，性能等に係る技術基準，平成 5 年消防消第 98 号，消防予第 197 号

7）開放型散水ヘッドの基準，昭和 48 年消防庁告示第 7 号

8）スプリンクラー設備等の送水口の基準，平成 13 年消防庁告示第 37 号

9）特定共同住宅等における必要とされる防火安全性能を有する消防の用に供する設備等に関する省令，平成 17 年総務省令第 40 号

10）住宅用スプリンクラー設備及び住宅用火災警報器に係る技術ガイドラインについて（通知），平成 3 年消防予第 53 号

11）（閉鎖型ヘッドの構造の参考となるホームページの例）
　　日本消防検定協会ホームページより消防機器早わかり講座
　　消火装置工業会ホームページより会員各社のホームページ

12）閉鎖型スプリンクラーヘッドの技術上の規格を定める省令，昭和 40 年自治省令第 2 号
13）放水型ヘッド等を用いるスプリンクラー設備の設置及び維持に関する技術上の基準の細目，平成 8 年消防庁告示第 6 号
14）日本消火装置工業会：スプリンクラー設備設計・工事基準書
15）流水検知装置の技術上の規格を定める省令，昭和 58 年自治省令第 2 号
16）一斉開放弁の技術上の規格を定める省令，昭和 50 年自治省令第 19 号
17）深田工業株式会社：－屋外貯蔵タンク付属設備の紹介－屋外タンク貯蔵所の泡消火設備，*Safety & Tomorrow*, **136**, pp. 18‑35（2011）
18）泡消火薬剤の技術上の規格を定める省令，昭和 50 年自治省令第 26 号
19）築地千春：泡消火剤の消火性能試験基準について，安全工学，**46**, 2, pp. 96‑101（2007）
20）（泡消火薬剤に対する規制の参考となる資料の例）
　　消防庁：平成 28 年版消防白書，p. 262（2016）
　　日本消火装置工業会ホームページ：PFOS 含有泡消火薬剤を使用した泡消火設備に関する取扱いについて
　　東京防災救急協会：消防設備士講習テキスト消火設備，pp. 265‑267
21）製造所等の泡消火設備の技術上の基準の細目を定める告示，平成 23 年総務省告示第 559 号
22）消防用設備等の試験基準の全部改正について，平成 14 年消防予第 282 号
23）加圧送水装置の基準，平成 9 年消防庁告示第 8 号
24）圧力容器構造規格を定める件，平成元年労働省告示第 66 号または高圧ガス保安法（昭和 26 年法律第 204 号）
25）合成樹脂製の管及び管継手の基準，平成 13 年消防庁告示第 19 号
26）特定施設水道連結型スプリンクラー設備に係る配管，管継手及びバルブ類の基準，平成 20 年消防庁告示第 27 号
27）金属製管継手及びバルブ類の基準，平成 20 年消防庁告示第 31 号
28）山鹿修蔵：ガス系消火剤・消火設備，火災，**27**, 3, pp. 20‑27（1977）
29）不活性ガス消火設備等の容器弁，安全装置及び破壊板の基準，昭和 51 年消防庁告示第 9 号
30）不活性ガス消火設備等の音響警報装置の基準，平成 7 年消防庁告示第 3 号
31）不活性ガス消火設備等の選択弁の基準，平成 7 年消防庁告示第 2 号
32）不活性ガス消火設備等の放出弁の基準，平成 7 年消防庁告示第 1 号
33）不活性ガス消火設備等の噴射ヘッドの基準，平成 7 年消防庁告示第 7 号
34）移動式の不活性ガス消火設備等のホース，ノズル，ノズル開閉弁及びホースリールの基準，昭和 51 年消防庁告示第 2 号
35）粉末消火設備の定圧作動装置の基準，平成 7 年消防庁告示第 4 号
36）必要とされる防火安全性能を有する消防の用に供する設備等に関する省令，平成 16 年総務省令第 92 号
37）パッケージ型消火設備の設置及び維持に関する技術上の基準を定める件，平成 16 年消防庁告示第 12 号
38）パッケージ型自動消火設備の設置及び維持に関する技術上の基準を定める件，平成 16 年消防庁告示第 13 号
39）特定駐車場における必要とされる防火安全性能を有する消防の用に供する設備等に関する省令，平成 26 年総務省令第 23 号
40）特定駐車場用泡消火設備の設置及び維持に関する技術上の基準，平成 26 年消防庁告示第 5 号
41）消防用ホースに使用する差込式又はねじ式の結合金具及び消防用吸管に使用するねじ式の結合金具の技術上の規格を定める省令，平成 25 年総務省令第 23 号

42）動力消防ポンプの技術上の規格を定める省令，昭和61年自治省令第24号

〔11・4〕
1）消防用設備等の点検の基準及び消防用設備等点検結果報告書に添付する点検票の様式を定める件，昭和50年消防庁告示第14号
2）消防用設備等の点検に係る運用について，平成14年消防予第173号
3）日本消防設備安全センター：消防用設備等点検実務者必携
4）消防設備士免状の交付を受けている者又は総務大臣が認める資格を有する者が点検を行うことができる消防用設備等又は特殊消防用設備等の種類を定める件，平成16年消防庁告示第10号
5）消防法施行令第36条の2第1項各号及び第2号各号に掲げる消防用設備等に類するものを定める件，平成16年消防庁告示第14号
6）消防設備士が行うことができる必要とされる防火安全性能を有する消防の用に供する設備等の工事又は整備の種類を定める件，平成16年消防庁告示第15号

〔11・5〕
1）登録認定機関が認定をした消防用設備等又はこれらの部分である機械器具に付する表示の一部変更について（通知），平成25年4月1日消防予第126号
2）消防庁予防課：消防用機器等の国際動向への対応に関する調査検討事業に係わる資料文献調査事業最終報告書（2012）
3）日本消防検定協会企画研究部企画研究課：検定協会だより，**368**，pp. 25‐29（2011）& **369**，pp. 4‐9（2011）
4）同上：検定協会だより，**381**，pp. 17‐23，& **382**，pp. 9‐14（2012）
5）同上：検定協会だより，**392**，pp. 34‐38，& **393**，pp. 8‐14（2013）
6）同上：検定協会だより，**405**，pp. 30‐34，& **406**，pp. 16‐21（2014）
7）同上：検定協会だより，**416**，pp. 13‐17，& **417**，pp. 15‐20（2015）
8）同上：検定協会だより，**429**，pp. 15‐24，& **430**，pp. 17‐20（2016）
9）同上：検定協会だより，**434**，pp. 15‐31（2017）
10）アメリカの消防事情（改訂版），海外消防情報センター（2008）
11）シンガポールの消防事情，海外消防情報センター（2009）
12）石川義徳：ドイツの消防事情（新版），海外消防情報センター（2010）
13）山﨑榮一：フランスの消防事情（新版），海外消防情報センター（2011）
14）内貴　茂：イギリスの消防事情（新版），海外消防情報センター（2012）
15）田中　健：韓国の消防事情（新版），海外消防情報センター（2014）
16）田中敦仁：中国の消防事情（新版），海外消防情報センター（2015）
17）ISO規格：https://www.iso.org/standards.html

第12章 煙制御・避難の設備と計画

12・1 煙制御設備・機器

12・1・1 煙制御の目的と方式

（1）煙制御の目的

　煙制御の目的の1つは，人が外部等の安全な空間へ避難するまで，居室や避難に使用される廊下などの空間の煙温度・濃度を許容値以下に保つことであり，想定する火災は主に初期火災となる．もう1つは消防活動を行っている間，それに必要な非常用エレベーター乗降ロビーなどの空間の煙温度・濃度を許容値以下に保つことであり，想定する火災は，初期火災から盛期火災にまで至る．

（2）煙制御の方式

　煙制御においては，建築的な区画化がきわめて重要である．煙を区画内に閉じ込めることができれば，煙制御の目的のかなりの部分は達成できる．しかし，避難や消防活動のために開放された扉や各所の隙間などから煙が火災室から拡散することもあるし，火災室内居住者の避難時間を確保するために，煙の降下を抑制する必要があることもある．このような場合には，区画化だけではなく排煙設備等により，より積極的に煙を制御する必要がある．

　1970（昭和46）年に建築基準法に創設された排煙規定では，ある程度の規模を超える建物には原則として排煙設備の設置を義務付けているが，その方式としては，排煙機やダクトにより煙を排出する機械排煙方式と，外壁や屋根に設けた窓や排煙口から煙を排出する自然排煙方式が基本である．特別避難階段の付室や非常用エレベーター乗降ロビーに設けることが多い，やや特殊な設備としては，機械給気により煙の侵入を防止する加圧防煙や，2000（平成12）年に告示に規定された機械給気と自然排煙を組み合わせた押し出し排煙（法令では「特殊な構造の排煙設備」）がある．なお，2007（平成19）年には建築基準法，消防法共に加圧防排煙に関わる法令が創設された．大空間のように蓄煙する空間が大きく，蓄煙だけで避難に十分な時間が確保できる場合は，蓄煙方式で対応する場合もある．

　また，2000（平成12）年に導入された「避難安全検証法」を適用し，排煙設備の仕様を低減したり全て外したりする建物も増えてきている．さらに，ごく最近では，煙制御単独ではなく，居室，階，全館の避難計画と煙制御計画を関連付けて考えることにより，一般の室には排煙設備を設けない一方，加圧給気などで室の圧力を制御することで避難経路や消防活動拠点を強固に守り，避難安全性能や消防活動支援性能を確保するという考え方に基づく建物も現れている．

　なお近年は，火災安全工学の解説や煙制御計画の指針に類するものから具体的な設備の設計マニュアルの類まで，参考となる書籍[1~8]も刊行されているので，それらも参照されたい．

　以下に，防煙区画などの区画化と，煙を排出したり煙の侵入を防いだりする煙制御システムについて，それぞれの方法及びその設備について述べる．

12・1・2 防煙区画

建築基準法施行令第126条の2では防煙壁とは，間仕切り壁，天井面から50cm以上下方に突き出したたれ壁，その他これらと同等以上に煙の流動を妨げる効力のあるもので，不燃材料で造り，または覆われたものと定められている．ただし，避難安全検証法適用の場合はたれ壁の深さは30cm以上とされている．これらは火災時の煙の拡散・流動を防ぐための部材であるが，防煙区画には，天井からの下がり壁，いわゆるたれ壁による区画と，天井から床までの間仕切り区画がある．

建築基準法で定めている区画の面積は最大500 m²（避難安全検証法適用の場合は1,500 m²）で，区画材としてはガラススクリーン，不燃や耐火構造等の壁，不燃や防火設備等の扉，防火防煙シャッター，ダクトの防火区画貫通部に設けるダンパーなどがある．

（1）たれ壁による防煙区画

たれ壁は，煙の拡散を防止すると同時に排煙効率の向上を目的としており，煙感知器の作動を確実にするような効果も期待でき，以下のように分類できる（図12・1）．

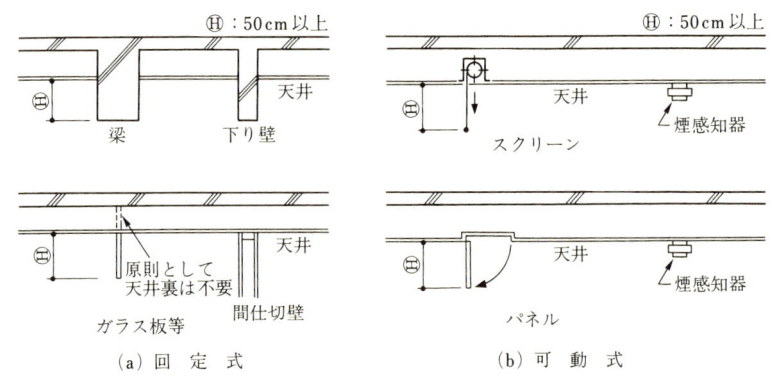

図 12・1　防煙たれ壁の種類

① 固定式 ─── 梁，下がり壁
　　　　　　── 鋼線入りガラス板
② 可動式 ─── スクリーン式
　　　　　　── パネル式

A. 固定式防煙たれ壁

固定式の場合は，下がり壁を設けることが多いが梁を利用することもある．事務所や物販店舗の売場などに設ける場合は，視界の確保や意匠的な面で図12・2のような透明な線入りガラス板が使用されることが多い．固定のたれ壁は原則として天井裏までは必要がないが，天井材が不燃，準不燃材でない場合には天井裏まで必要になる．

図 12・2　防煙たれ壁の例

B. 可動式防煙たれ壁

　可動式の防煙たれ壁は，通常は天井の中に納められていて，火災時に手動あるいは火災信号などにより駆動してたれ壁を形成するものである．通常は天井面に隠れているので，居室天井に設ける部材として支障がなく意匠的な理由で採用されることもある．

　可動式防煙たれ壁には，パネル式（図 12·3 (a)）とスクリーン式（図 12·3 (b)）とがある．火災時に手動もしくは信号により開閉装置のブレーキが解除されると，パネルやシャフトが巻かれた不燃布（スクリーン）が降下してたれ壁となる方式である．スクリーンはガラ

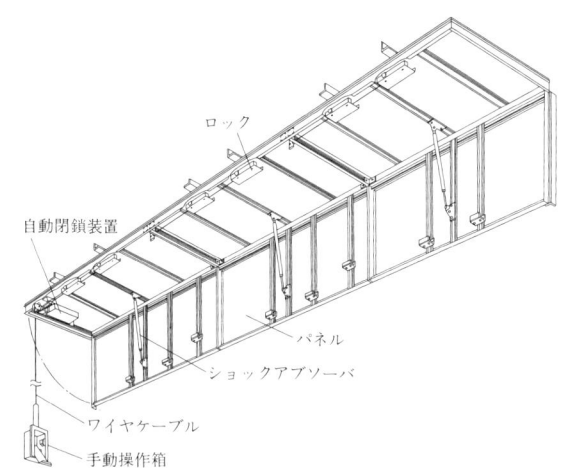

（a）パネル式可動たれ壁

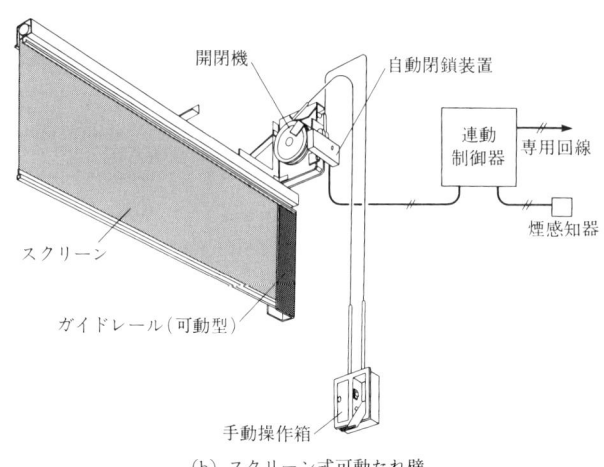

（b）スクリーン式可動たれ壁

図 12·3　可動たれ壁

スクロスにシリコンをコーティングするなどした不燃材料が用いられ，クロスを巻き取るので天井裏のスペースが狭くても取り付けることができる．

（2）床までの防煙区画

たれ壁よりも不燃壁や不燃扉及びシャッターなどで形成する天井から床までの間仕切り壁の方が，防煙性能が優れていることはいうまでもない．

大面積の開口部では通常シャッターが使用される．シャッターの開閉機構としては電動式および手動式があるが，火災時には感知器からの信号を連動制御器で処理して自動閉鎖装置に作動信号を送り，ブレーキを解除してシャッターが降下するというシステムが多い．手動操作による場合は手元の操作箱のボタンを押すなどの動作で直接的にブレーキを解除して閉鎖される．

建物形態や用途上の制約のため，常時開放・非常時閉鎖の区画がある．過去の大災害の多くが，この区画の形成不良によることを明記しなければならない．これらは，次のような原因による．

1）シャッター等の下に物が置かれ，閉鎖が完全に行われない．

2）扉にくさびなどを打って開放のまま固定されている．

3）煙感知器連動の扉やシャッターが保守管理の不良などで作動しない．

日常的に使用頻度の高い扉で，くさびで固定されてしまう危険性があるような場合には，常時閉鎖式でなく，常時開放で煙感知器連動閉鎖の方が望ましいこともある．

シャッターは閉鎖障害の危惧があることや降下までに時間がかかること，竪穴を介する煙伝播は影響が極めて大きいことなどに鑑み，吹き抜けでは上部1/4層，つまり4層吹き抜けの場合は最上層，8階吹き抜けの場合は上部2層はガラススクリーンなどの固定の部材で床までの防煙区画を行うことが望ましい（図12・4）．また，シャッターを手すりの吹き抜け側に設けることで降下障害を防止する対策も推奨される（図12・5）．

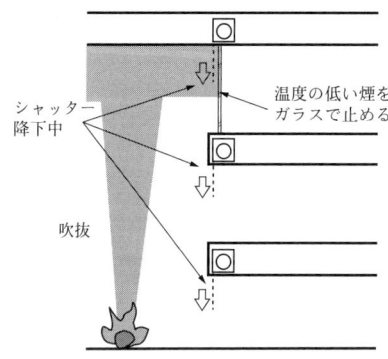

図 12・4　ガラススクリーンによる火災初期の煙伝播防止例[2]

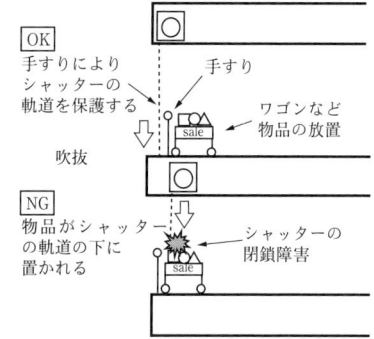

図 12・5　手すりによるシャッターの閉鎖障害防止例[2]

（3）遮　煙　性　能

建築基準法では，竪穴区画や異種用途区画などに用いる防火設備には遮煙性能が要求さ

れている．シャッターの場合は防火防煙シャッターとなり，気密性を高めた構造となっている．漏煙量は圧力差 $2\,\mathrm{kg/m^2}$ の時の通気量が $0.2\,\mathrm{m^3/m^2}$ 分以下と規定されている（1973（昭和48）年建設省告示第2564号）．また，空調や換気用のダクトが防火区画を貫通する場合に設けるダンパーも遮煙性能を有することが定められており，その通気量は差圧 $2\,\mathrm{kg/m^2}$ の時 $5\,\mathrm{m^3/m^2}$ 分以下とされている（1973（昭和48）年建設省告示第2565号）．

　なお，非常用エレベーターのようにエレベーター扉に遮煙性能がないと，乗降ロビーの開口部で遮煙性能を担保することになるが，この場合にはCAS（煙感知器と連動した防火設備の自動閉鎖機構，Close Automatically when the occurrence of a fire has led to generation of Smoke）認定の制度が適用されている．

（4）避難安全検証法適用の際の区画

　建築基準法の避難安全検証法では，在館者が避難している間，つまり初期火災のそれほど高温でない煙を想定し，その伝搬を防ぐことが目的とされている．そこで盛期火災を対象とした防火区画ほどの性能を持たなくても，天井から床までの区画であれば煙の流動が制限できるとされている．例えば，不燃の間仕切り壁を介した煙伝播はないとされる．開口部に関しては，不燃扉には遮煙性能は期待できず，防火設備は遮煙性能があるとされている．なお，防火設備については，施行令112条14項第二号に規定される高い遮煙性能を有するもの（いわゆる二号扉）と，そうでないもの（いわゆる一号扉）とに分類されている．

　不燃扉には遮煙性能が期待できないため，特に避難経路となる廊下や階段前室の区画を，壁は不燃材とするが開口部は防火設備とすることも多い．ただし実際は，避難中には扉は開放されているのであるから，煙の伝播を防ぐことができない場合もあろう．避難安全検証法に準拠しているからといって十分な安全性が確保されているとは限らない．

12・1・3　自　然　排　煙
（1）自然排煙の特徴

　自然排煙は，煙の浮力を利用した排煙方式である．そのため，排煙口，給気口の位置・大きさが性能に大きく影響する．天井の高い空間で，その頂部に排煙口，底部に給気口が設けられたような場合には安定した排煙性能が得られる．ただし，一般の事務所のように天井高も低く，給気経路も明らかでない場合には必ずしも有効な排煙効果は期待できないこともある．給気経路を確保することがその効果を高めるうえで極めて重要となる．

　自然排煙の特徴を以下に示す．

〔長所〕
1）一般に開閉機構が単純であり，作動の信頼性が高い（図12・6）．
2）天井が高い大空間の場合，多量の排煙が期待できる．
3）ダクトのような建物各部を貫通するような装置がないため，大部分の装置を火災室に限定できる．

〔短所〕
1）外部風の影響を受けやすい．
2）上階延焼に対する配慮が必要である．
3）室内外温度差に大きく影響されるため，安定した性能が得にくい．

（a）閉鎖

（b）開放

図 12·6　自然排煙口

4）排煙口・給気口の位置・大きさに大きく影響される.

5）外壁がないと設置できない.

（2）自然排煙の仕様

建築基準法に定められている自然排煙の基本的規定を以下に示す.

1）排煙口面積：排煙口面積は床面積の 1/50 以上とする.

2）排煙口の位置：排煙口の位置は天井（屋根）または壁面とする. 壁面に設ける場合は, 原則として天井面より 80 cm 以内, かつ防煙たれ壁の下端より上部とする. また, その防煙区画のどの部分からも 30 m 以内の位置に設置する.

3）手動開放装置の位置：壁面に設ける場合, 床面より 80 ～ 150 cm の高さ, 天井から吊り下げる場合は床面からおおむね 180 cm の高さとする.

4）開放装置

```
            ┌── 単純手動 ──── 直接手で開放（引き違いの窓など）
①現地手動 ──┼── 機械的手動 ── ワイヤなどを介して開放
            └── 電気的手動 ── 電気信号により開放
②遠方手動 ──────────────── 電気信号により開放
③感知器連動 ────────────── 電気信号により開放
```

5）材質：排煙口を構成する材質は不燃材料とする.

図 12·7 に手動開放装置の例を示す.

図 12·8 には自然排煙口の種類と有効面積を示す. 排煙口の有効面積とは, 天井または壁の上部から規定の範囲内にある実開口面積をいう. この面積の取り方は, 内法寸法を使用し, 中に方立等がある場合はその見付面積を除く. 引き違いや片引き形式のものは, 開けた場合の実開口面積とする. ただし, 図に示すような内倒し窓, 外

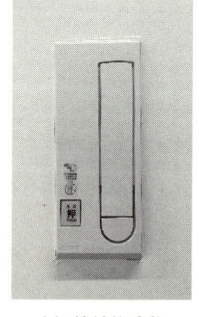

（a）機械的手動

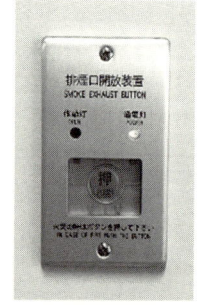

（b）電動的手動

図 12·7　自然排煙口の手動開放装置

倒し窓，突き出し窓等の横軸回転窓の場合は，窓の突き出す方向または天井高によって排煙効果が異なり，有効開口と認められる面積が異なるので注意する必要がある．

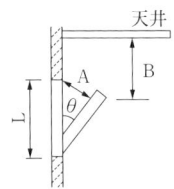 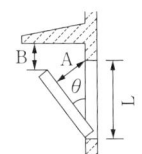 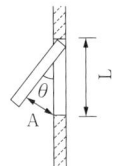 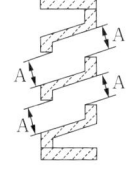

有効開口高さ A は Lsinθ とする．ただし，B が Lsinθ 以下の場合は B を有効開口高さとする．

有効開口高さ A は Lsinθ とする．ただし，B が Lsinθ 以下の場合は B を有効開口高さとする．

有効開口高さ A は Lsinθ とする．

有効開口高さは，高さ A×スリット数とする．

（a）内倒し窓　　　　（b）外倒し窓　　　　（c）突き出し窓　　　　（d）がらり

図 12·8　自然排煙口の種類と有効面積[2]

12・1・4　機　械　排　煙

（1）機械排煙の特徴

機械排煙設備は，排煙口，排煙ダクト，排煙機などで構成されている．機械排煙は機械力により排煙するものであり，外気状態の影響が少なく，ほぼ一定量の排煙風量を確保できる．煙を有効に排出するためには，排煙口を空間の上部に設けることが必要である．排煙機作動の結果，火災室が負圧となり煙の拡散を防止することも期待できる一方，当該室や階が過剰な負圧となり，扉の開閉障害を起こす場合もあるので注意が必要である．機械排煙の特徴を整理すると次のようになる．

〔長所〕

1）安定した風量の排煙ができる．

2）火災室が負圧となり，煙の拡散を防止できる．

3）外壁に面しない室や，室上部に天窓形式の排煙口を設けられない室にも適用できる．

〔短所〕

1）排煙口ダンパー，排煙機，排煙口開放装置，非常電源などが必要となり，システムが複雑となる．

2）給気が十分でないと，室や階全体が過度に負圧になり扉が開放できなくなったりして，避難に支障をきたすこともある．

3）火災温度が上昇した場合，延焼防止のために停止せざるを得ない．一般には，防火区画貫通部には 280℃ で作動する防火ダンパーを設け，ダクトを閉鎖することになっている．

4）非火災室で排煙口を開放した場合，煙を呼び込んだり，火災室での排煙量が減少する可能性もある．

建築基準法に定められている機械排煙の基本的な規定を次に示す．

1）排煙風量：床面積 1 m² 当たり毎分 1 m³ 以上とする．

2）排煙機の風量：毎分 120 m³ 以上で，かつ最大区画の床面積に対し，1 m² 当たり毎分 2

m³以上とする.

3）排煙口の位置：天井または壁に設け，高さは天井から 80 cm 以内，かつ防煙たれ壁下端より高い位置とする．また，当該防煙区画のどの部分からも 30 m 以内の位置に設置する.

4）手動開放装置の位置：壁面に設ける場合，床面より 80〜150 cm の高さ．天井より吊り下げる場合，床面よりおおむね 180 cm の高さとする.

5）排煙口・ダクトの材質：排煙口，ダクトとその他煙に接する部分は不燃材料で造る.

6）予備電源：電源を必要とする排煙設備には予備電源を設ける.

（2）機械排煙の構成機器

A. 排煙口

排煙口の主要構造は不燃材料であることが規定されている．以下に排煙口に必要な性能と設置例（図 12·9）を示す.

1）容易に開放できる手動開放装置を備えていること.

2）排煙口の開放と同時に，排煙機を起動させる連動機構を備えていること.

3）排煙口と排煙風道との接続部は，十分に気密が保たれる構造であること.

4）電気式による排煙口の制御器および手動開放装置も，それぞれ設置個所に見合った耐熱性能を考慮する必要がある．また，制御器および手動開放装置は電線管や外部からの配線が容易に接続できる構造とする．表 12·1 に排煙口の主な形式とその特徴を示す.

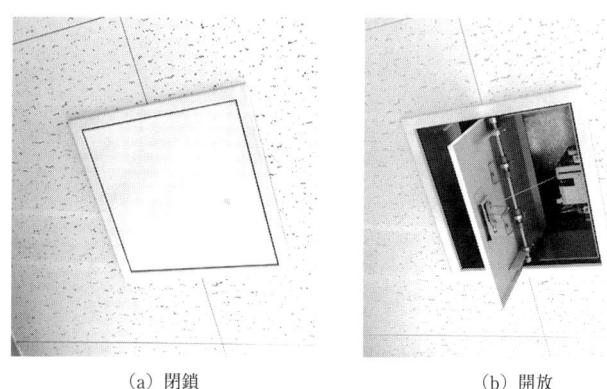

（a）閉鎖　　　　　　　　　　（b）開放

図 12·9　機械排煙口

B. 排煙ダクト

排煙ダクトは，排煙中に変形・脱落などしない堅牢なもので，しかも有毒ガス，有害物質などを発生・生成しない不燃材料で造る．ダクト内には高温の煙が流れるため，周囲に延焼しないように断熱措置が必要となる.

a. 断熱対策

区画された専用ダクトスペース内に設置された排煙主ダクトの断熱は不要であるが，各階

の横引きダクトなどでは断熱の必要がある．断熱措置の仕様を下記に示す．

- ・ロックウール（JIS A 9504）25 mm 以上
- ・グラスウール（JIS A 9504）25 mm 以上，密度 24 kg/m³ 以上

表 12·1　排煙口の形式の分類[2]

形　　式	特　　徴
① パネル形	単翼ダンパー（パネル）にダンパー開放用の制御器を取り付けたものである． 　直接，天井面，壁面に取り付け，建築仕上げ面と同一面となるものである（翼自体に建築仕上げ材を貼り，建築意匠に合わせる場合もある）．
② スリットフェース形	排煙ダンパー形式のものにスリット型フェースと一体型として取り付けられるもので，ダンパーより幅が小さく，かつ，スリットの間より手元復帰が可能である． 　この形式のものは，天井面，壁面などに直接取り付けるが，天井面，壁面より主ダクトまでの距離が最低 300 mm 程度必要なので，納まりに注意する．
③ ダンパー形	ダンパーの側面に，ダンパー開放ならびに復帰用の制御器を取り付けたものである． 　この形式のものは，吸込口と分離してダクト途中に取り付けられるもので，天井ふところに余裕がない場合，防煙区画内を天井チャンバー方式とする場合，および防煙区画内が数室に間仕切られている場合に使用される．保守点検用として天井点検口が必要である．

b. 耐火仕様ダクト

　排煙ダクトが防火区画を貫通する場合には防火ダンパーを設けるが，その代替として耐火仕様ダクトとする場合もある．その仕様は法令には規定されていないが，一般に下記の構造とされている．

- ・1.5 mm 以上の鉄板ダクトにロックウール 25 mm 以上を被覆したもの
- ・1.5 mm 以上の鉄板ダクトに，主要構造部の耐火被覆材として国土交通大臣の認定を受けたもので被覆したもの

　なお，加圧防排煙告示を適用する場合，排煙ダクトにダンパーを設けることができない場合がある．この場合，排煙ダクトには 280℃ を超える煙が流れることになるので，ダクトからの延焼防止対策が必要となる．耐火仕様ダクトとしては，従来は一般的に 24 kg/m³ のロックウールが使用されてきたが，厚さを 25 mm とする場合は 120 kg/m³ 以上のものを，50 mm とする場合は 80 kg/m³ 以上のものが推奨される[9, 10]．

C. 排煙機

a. 構　造

- ・排煙機の構造は JIS B 8331（多翼送風機）または JIS M 7612（軸流形電動機内装部扇風機）に適合するものとし，排煙機本体の主要部材であるケーシングおよび羽根車の材料は JIS

G 3141（冷間圧延鋼板及び鋼帯）の SPCC, SPCD 等とする．なお主軸は JIS G 4151 の S 30C 以上を使用する．

・排煙機に付属する駆動装置の原動機は電動機を原則とする．なお予備電源がない場合は内燃機関（エンジン）を組み合せたものとし，電動機または内燃機関は JIS に適合するものを使用する．

・予備電源は，蓄電池，自家用発電装置，その他これらに類するもので，常用電源が断たれた場合に自動的に切り換わるものとする．

b. 性 能

・JIS B 8330（送風機の風量試験法）に基づいて行った試験により，ファンの風量・圧力・電動機出力等の一般性能が排煙機の表示性能を満足するものとする．なおファンはサージングポイントがないものが望ましい．

・吸込温度が 280℃ に達する間に運転に異常がなく，かつ吸込温度 280℃ の状態において 30 分間以上異常なく運転をすることができるものとする．

・吸い込み温度が 280℃ から 580℃ に達する間に運転に異常なく，かつ吸込温度 580℃ の状態において 30 分間以上著しい損傷なく運転することができるものとする．

・耐熱性能を確認する耐熱試験で用いる温度曲線は，JIS A 1304（建築構造部分の耐火試験方法）に規定する耐火温度曲線とする．

D. 給気の確保

躯体の気密性能が高い建物で排煙が作動した場合，給気が十分でないと室のみならず階全体が過剰に負圧になることもある．避難階以外では避難階段の扉は押し開けであるから，階の負圧が過剰になると，階段扉が開けられないことになる．防音性能が要求され，かつ扉が押し開けの映画館でも過剰負圧による扉の開放障害は起こる．給気経路を十分に確保することが極めて重要である．また，建物使用者は煙制御システムには一般に不案内で，適切に手動起動できるかは極めて不確かである．室用途にもよるが，煙感知器の非火災報がほとんどない場合もあるので，煙感知器連動でシステムを起動させることも検討すべきであろう．

12・1・5 押 し 出 し 排 煙
（1）押し出し排煙の特徴

2000（平成 12）年建設省告示第 1437 号に定められた方式で，機械給気により室内圧力を上昇させて自然排煙口からの排煙の効率を上げるもので，煙を押し出すことから「押し出し排煙」と呼ばれる．概念図を図 12・10 に示す．押し出し排煙の利点は以下である．

① 火災発生の恐れの少ない室（2000（平成 12）年建設省告示第 1440 号等）に適用した場合には，火災室で発生した煙が当該室に侵入した場合でも，自然排煙口から効率よく排煙される．

② 火災発生の恐れの少ない室に給気する場合は，区画内の圧力が高まることにより，煙が侵入しにくくなる．

③ 機械排煙は火災室の温度が上昇すると機能停止が起こりうるが，押し出し排煙にはこの心配はない．

　一般に，火災発生の恐れの少ない室に適した方法として受け入れられている．具体的に

は，特別避難階段の付室や非常用エレベーター乗降
ロビーで，従来の法令による機械排煙の排煙量や自
然給気ダクトの断面積に比較して，押し出し排煙の
告示によれば給気量も自然排煙口面積も比較的小さ
く設計できることから採用実績が多い．なお，自然
排煙の代替として集合ダクトによる排煙とする場合
も見受けられるが，この場合はダクト系の圧力損失
の検討を十分に行い，既定の排煙量が得られるよう
に留意する必要がある．なお，出火の危険のある室

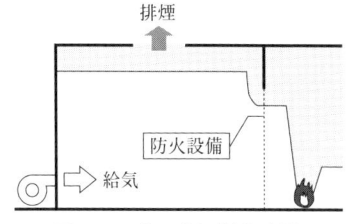

図 12·10　押し出し排煙の概念

に給気を行うと，室内の圧力が高くなり煙を非火災室に漏煙させる危惧があるため，法令で
は禁止されていないが採用すべきではない．

（2）押し出し排煙設備の仕様

A.　排煙口面積と排出量の規定

従来の排煙規定では，自然排煙の場合は排煙口面積が当該床面積の 1/50 以上，機械排煙
の場合は排煙量が 1 m² 当たり 1 m³/分以上と，下限値が定められているが，押し出し排煙
は，排煙口の大きさと排煙風量について，それぞれ下限値のみならず上限値も定められてい
る．

具体的には，

① 排煙口の開口面積が，当該室の床面積の 1/550 以上で，かつ 1/60 以下であること．
② 当該室の床面積 1 m² あたり 1 m³/分以上，かつ排煙口開口×550（m³/分）以下の空気
　を排出できる送風機を風道を通じて設けること．

とされている．排出量は給気量決定に大きく影響を及ぼすが，これに上限があるのは，給気
量が多くなると室内の圧力が過剰に上昇し扉の開閉障害をきたすことがあるので，これを防
止するためである．

B.　給気量の算定

押し出し排煙は，給気することで規定風量を排煙口から押し出すシステムであるが，給気
風量は規定の排出風量のみならず，室内各部からの漏気量を加味する必要がある．各部から
の漏気量は，室内外圧力差と隙間量で算出できるが，隙間量については測定事例も信頼性の
高いデータも少ない．そして隙間は，現場で制御することは困難な場合が多い．そこで，隙
間が多めの場合と，ほとんどない場合の両方を想定しておき，竣工前に現場で排出風量を計
測しながら，供給風量を調節するのが現実的な対策となろう．

なお，非常用エレベーター乗降ロビーや特別避難階段の付室のように，消防活動拠点とし
ても機能させなければならない室では，押し出し排煙で想定されている基準風量である床面
積 1 m² あたり 1 m³/分では必ずしも十分な煙制御煙効果が期待できない．そこで，排煙口
面積と排出量については，告示の規定範囲で大きめの値を目安に設計することが推奨され
る．それに従えば，遮煙性能や煙の希釈効果を高めることができる．なお，文献 3）や東京
消防庁の通知[11, 12] も参照されたい．

12・1・6　加圧防煙システム

（1）加圧防煙システムの特徴

　加圧防煙方式は，特別避難階段の付室など，避難計画上高度な安全性を要求される空間に
外気を給気することにより室の圧力を高め，煙の侵入を防止する方式である．送風機で外気
を供給するため，長時間にわたり給気を行うことが可能である．加圧する室によって方式は
異なり，階段加圧，特別避難階段の付室あるいは非常用エレベーター乗降ロビーの加圧，廊
下の加圧などがある．階段加圧及び付室加圧の概念を図12・11に示す．

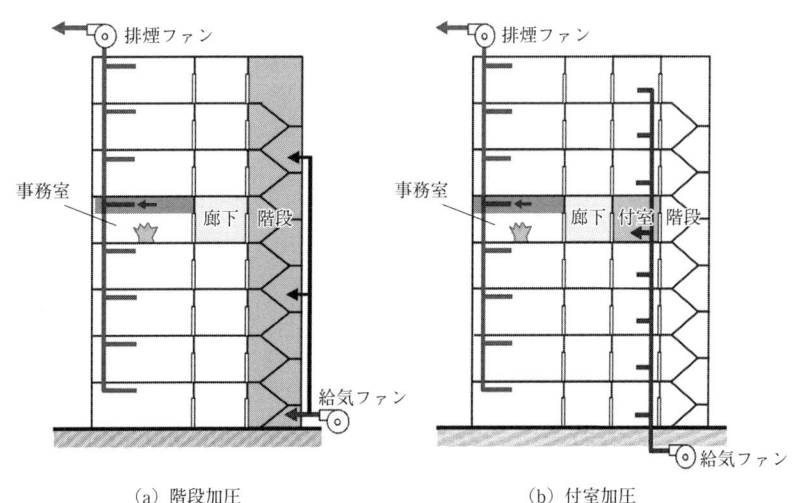

（a）階段加圧　　　　　　　　　　　　（b）付室加圧

図 12・11　階段加圧と付室加圧[2]

　階段加圧方式は，欧米では比較的多く採用さ
れている方式であり，階段に給気することによ
り階段の内圧を高めて煙の侵入を防止すると同
時に，侵入した煙の希釈効果も期待している．
しかし，階段加圧は各階の階段扉の開閉状況に
大きく影響を受け，また，高層ビルでは階段内
の抵抗も考慮する必要があるなど，不確定要素
の多い方法でもある．

　特別避難階段の付室あるいは非常用エレベー
ター乗降ロビーの加圧は，我が国で採用例の多
い方式である．これらの室は，その広さや扉の
数・大きさが限定されているため，条件設定が
比較的容易で，確実に加圧できる．以前は建築
基準法第38条に基づく大臣認定が必要であっ

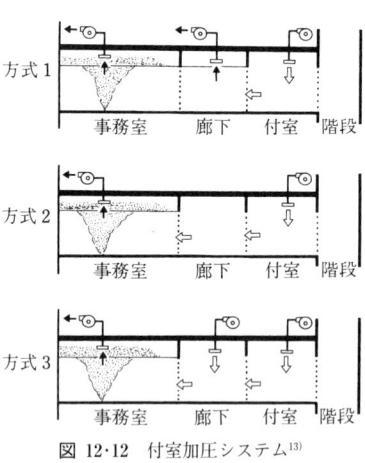

図 12・12　付室加圧システム[13]

たが，その後，告示等（2009（平成 21）年国土交通省告示第 1007 号及び第 1008 号，2009（平成 21）年総務省令第 88 号及び 2009（平成 21）年消防庁告示第 16 号）が創設され，マニュアル[4,5]なども整備された．しかし，排煙ダクトにダンパーを設けてはならないという規定など，一部に設計が困難なものもあり，これらの告示の採用事例は多くはない．

　廊下は避難通路となるので避難中，煙に汚染されないようにする必要があり，そのために廊下を火災室より相対的に正圧にすることが望ましい．手法としては，図 12·12 の方式 2 及び 3 に示すように，廊下を直接加圧する方式と付室などに加圧した空気を廊下に流す間接的な加圧がある．

　なお，当方式における外気の取り入れ口は，建物の最下層など火災による煙を吸い込まない位置に設けなければならない．

（2）圧力・風量の設定と制御

A. 差圧の設定

　加圧防煙方式は，加圧する室と隣接する室との間に差圧を設けることにより遮煙する方式である．そのため，遮煙に必要な差圧を設定しなければならない．温度差のある 2 室間の開口部には，図 12·13 に示すような圧力分布が発生する．図の点線のような分布では上部より煙が火災室より流出してしまうので，実線のように圧力分布を変える必要がある．このために必要な差圧を決定する．

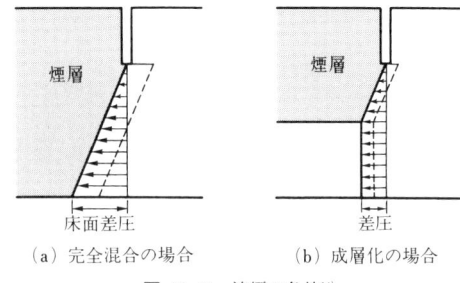

（a）完全混合の場合　　　（b）成層化の場合

図 12·13　遮煙の条件[14]

B. 供給風量

　加圧風量は，遮煙を必要とする開口を通過する風量と，その他へ流出する風量の合計より決定される．すなわち，特別避難階段の付室を加圧し，廊下-付室間で遮煙する場合，付室から廊下へ流出する風量と階段へ流出する量，およびその他の隙間から流出する量の合計が給気風量となる．

C. 扉の開閉障害防止，圧力制御

　特別避難階段の付室を加圧する場合，付室に入る扉は避難方向つまり付室に向かって押し開けることになり，扉前後の圧力差が大きいと開けられなくなる．ちなみに，一般の大人が開放可能な強さは 150 N 程度とされているが，告示では 100 N とされた．扉にドアクローザーが付いている場合には，それらのトルクも考慮し最大差圧を決定する．

　ここで，図 12·14 に示すように室間の

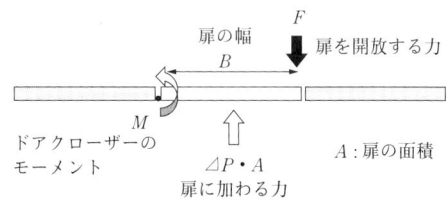

図 12·14　室間の差圧と扉の開放力

圧力差と扉の開放に必要な力について考える．火災時には温度分布が生じている場合の方が多いが，ここでは等温系で考える．なお，火災時の圧力については「平均圧力差[14]」の概念を導入することで，等温系で考える手法を用いることができる．扉のヒンジ周りのモーメントの釣り合いを考えると下式のようになる．厳密にはドアノブからヒンジまでの距離と扉幅は異なるが，ここでは同じとしている．

$$\Delta P \cdot A \cdot \frac{B}{2} + M \leq F \cdot B \qquad (12 \cdot 1)$$

ここで，A：扉の面積（m²），B：扉の幅（m），F：扉を開放するための力（N），M：ドアクローザーのモーメント（N·m），ΔP：扉前後の圧力差（Pa）である．

例えば，扉の大きさを幅 1 m，高さ 2 m，ドアクローザーのモーメントが 50 N の場合，扉開放力を 100 N とすると，差圧は 50 pa 以下である必要があることになる．

扉が半開の状態でも煙が侵入しない条件で供給風量を決めるのが一般的であるが，その場合，扉が閉鎖された状態では最大差圧を超える場合が多く，圧力制御が必要となる．圧力制御方式としては，室間に差圧ダンパーを設けて制御する方式が一般的である．なお，室内外の圧力を検知して送風機の風量を制御する方式もあるが，制御にやや時間がかかるので注意が必要である．

図 12·15 は差圧ダンパーの立面・断面図と特性曲線，図 12·16 は付室－廊下間に設けた差圧ダンパーの設置例である．

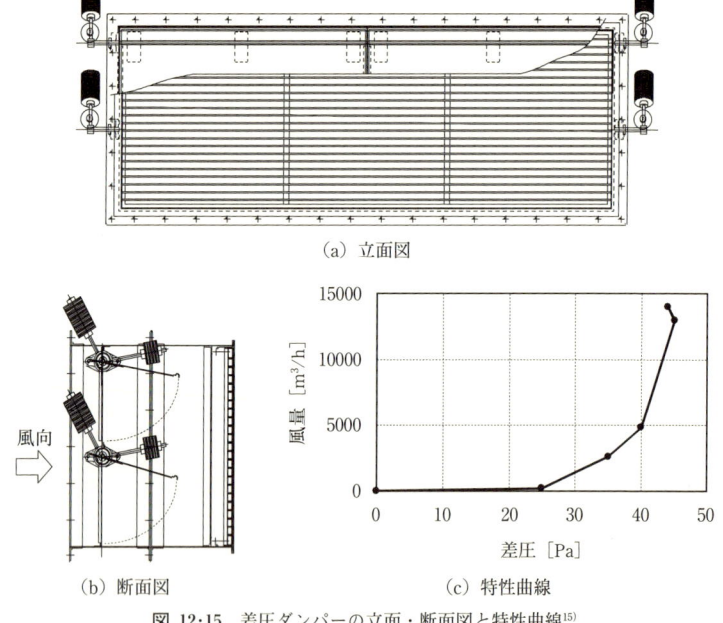

（a）立面図

（b）断面図

（c）特性曲線

図 12·15　差圧ダンパーの立面・断面図と特性曲線[15]

| (a) 施工中 | (b) 付室から見た場合 | (c) 居室から見た場合 |

図 12·16　差圧ダンパーの設置例

（3）給気関連機器

A.　給気口

遮煙すべき開口面に均等に圧力が分布することが望ましい，しかし，開口部の圧力分布は吹出口からの気流の持つ動圧に大きく影響を受け，開口面圧力分布を均一に保つことは容易ではなく，例えば天井面に設けた場合には，開口部の下部から流出し上部から逆に流入してしまう可能性もある．できるだけ拡散するように壁に向けて吹き出したり，吹出風速を小さくしたりするなどの工夫が必要となる．

B.　給気風道，送風機

加圧防煙システムは，外気を加圧すべき空間に送り込むため，排煙システムにおける風道や排煙機のような耐熱性は必要なく，一般の換気用の風道，送風機と同様の仕様でよく，給気風道にも断熱の必要はない．ただし，このシステムにおける給気風道は，特別避難階段などの安全空間に直結しているため，火災の影響を受けないようにしなければならない．

（笠原　勲・山田　茂）

12・2　避難施設・設備・機器

12・2・1 避難の原理，計画の基本

（1）避難の概念

火災時の人命安全の確保のためには，避難安全の対策が最も重要である．避難とは，火災が発生した場合，建物内の在館者が火災からの影響を避けるために，通常，屋外の安全な場所（最終避難場所）へ移動しようとする行為である．この避難に使用される階段や廊下などが避難施設である．

避難施設は，避難のためだけに使用されるのではなく，日常的に利用されている廊下や階段などが，火災のような非常時に利用される．日常的な動線計画など建物全体の建築計画の中で避難施設を考えることが重要である．

空間的な形状や可燃物の状況が火災性状に大きな影響を与えるように，建物の用途や在館者の属性などにより避難の性状は大きく異なる．想定される火災の条件，避難者の条件を十分に考慮して避難計画を作成し，適切な避難施設を配置することが必要である．

避難計画においてはどこで火災が発生したとしても，在館者の存在する場所から安全な場所まで，いつでも使用可能な避難経路を用意することが基本である．避難経路は火災の影響

が及ぶ恐れのあるところからできるだけ遠ざかる方向に用意する．避難経路の途中には安全区画（火災による煙や熱からある程度保護された空間）を設け，避難する方向に従って安全性が増すように計画される．

避難経路は，在館者が存在する場所から最終避難場所まで連続していることが原則である．一度避難経路に入ったならば，途切れることなく，迷わずに最終避難場所へ到達できるようにする．

最終避難場所は通常は公道であるが，十分な広さを持つ屋外の広場とすることもできる．超高層ビルのように地上までの避難が困難な場合には，建物内に一時的な避難場所を設けることも必要であろう．

また，どのような在館者に対しても適切な避難手段が用意されなければならない．特に，自力での避難が困難な障がい者などに対しては，一時的な待機場所を近くに設けて外部からの救助を計画することも必要である．

（2）避難施設の数と配置

避難計画では，どこで火災が発生したとしても在館者の存在する場所からの避難経路を確保することが重要である．避難経路が1つしかないと火災で発生する煙や熱により，この唯一の避難経路が利用できなくなった場合に避難ができないことになる．万が一，火災の影響により避難経路の一部が使用できなくなった場合でも，利用可能な避難経路を確保するために，異なる2以上の避難経路を用意することが基本となる．

一般に法令では，小規模の建物を除いてすべての階には2つ以上の階段を設置することが要求される．もし，階段の1つが火災からの煙で汚染されても，他の一方の階段から安全に避難することができるためである．

このような考え方は，居室からの出口についても当てはめることができる．居室内で火災が発生すれば，出口のいくつかは避難に利用できない恐れがある．出火場所近くの出口が使えなくても別の出口から避難できるためには2以上の出口を設けることが望ましい．

海外の火災時の避難安全に関する建築基準の中には，在館者の人数に基づいて避難経路の数を複数要求する規定もある．それらによれば，おおむね50人を超える在館者が予想される居室などには避難施設に通じる2つ以上の出口が要求されている．さらに多くの人数に対しては，3つ以上の避難経路を要求する場合もある．

理想的な避難施設の配置は，例えば，図12·17の平面形状のような場合である．

火災が発生した居室の前面廊下は噴出する火炎や煙，熱などの影響で避難に利用できない恐れがある．図12·17のように廊下の両端に階段があれば，どこの居室で火災が発生しても各居室から出火した居室の前を通過しないで階段に到達することが可能である．したがっ

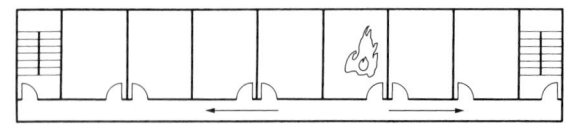

図 12·17　2方向避難が確保された階段配置の例

て，どの居室からも2方向避難が確保されている.

　一方，単に階段を2つ用意しても，それらがお互いに近接して設けられていると2方向避難が確保できない範囲がでてくる．図12·18のように2つの階段が火災の影響を同時に受ける危険性が高くなり，両方とも避難に利用できなくなる恐れがある．複数の避難施設を設置する場合は，お互いにできる限り離れた位置とし，同一の火災による影響を受けないようにすることが重要である.

　避難施設の配置は，在館者の存在する場所からの最大歩行距離を規定することにより制限されている．これは遠く離れた避難施設までの移動に時間がかかるのを制限するだけでなく，複数の避難施設を偏りなく分布させることも目的としている．米国やオーストラリアなどでは避難施設間の直線距離を直接規定して配置を制限している（図12·19）[1, 2].

　実際の建物では，どこからでも2方向避難が可能となるような理想的な避難施設の配置とすることは難しい．各居室が全く独立した廊下に面することや，すべての居室が2つ以上の出口をもつことを要求すれば，建物の平面計画は著しく制限を受けることになる．したがって，図12·18，12·21のような避難経路が1つに限定される部分を許容することが，実務上は必要である.

　在館者の存在する位置から，すなわち，避難を開始する地点から異なる2つの避難方向を選択できる地点までの歩行距離を重複歩行距離といい，避難経路が1つに制限される部分である．法令では，重複歩行距離を一定の範囲内に抑えることを規定している.

　もし，この重複部分が火災の影響で使用できなくなった場合には，この範囲からは通常の避難ができなくなるので，重

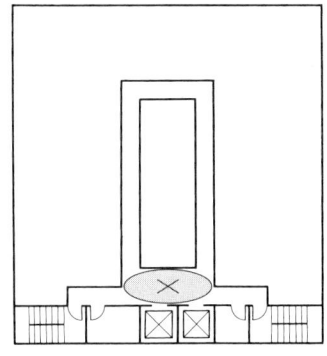

図 12·18　偏りのある階段配置の例

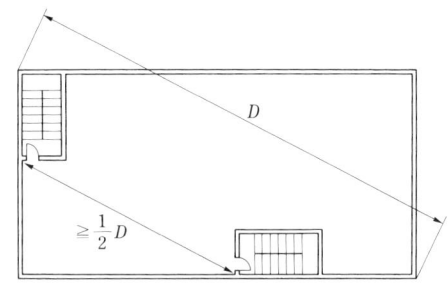

図 12·19　避難施設間の直線距離の制限

　避難施設が負担する領域の最も離れた2地点間の距離 D の1/2以上，避難施設間の距離を離さなければならない.

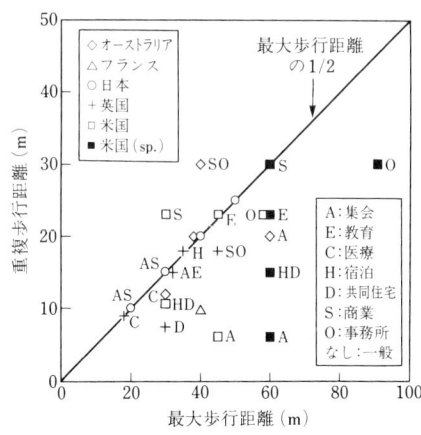

図 12·20　最大歩行距離と重複歩行距離の関係[3]

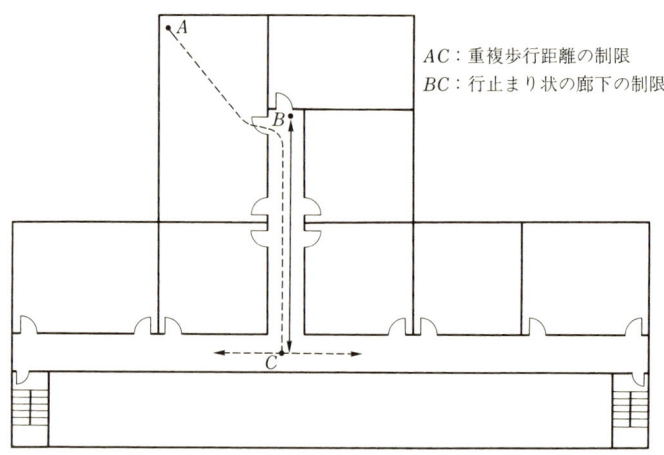

図 12·21　行止まり状の廊下と重複歩行距離の制限

地点 C では 2 方向の避難経路が選択できる. 行止まり状の廊下は BC の部分で
ある. 一方, 重複歩行距離は AC 間の距離で制限される.

複部分の長さはできるだけ短いほうが望ましい. 多くの国では, 重複歩行距離は最大歩行距離の 1/2 程度に制限されている（図 12·20）[3].

　避難施設の配置には, 行止まり状の部分をできるだけなくすことも重要である. 避難経路となる廊下に行止まり状の部分があると, 避難しようとする人が誤って進入したり, 引き返したり, 迷ったり, 火災により逃げ道を失う危険性がある.

　行止まり状となる部分の距離が短い場合には, 進入しても避難できないことがすぐ理解されるかもしれない. しかし, 距離が長く曲がりくねった見通しのきかない場合には, 避難できると考えて避難者が迷いこむ恐れがある. 単に避難に時間がかかるだけでなく, 避難そのものが困難になる. 廊下の端部などの行止まり状の部分の近くには避難施設を設けるなど, できる限り行止まり状の部分ができないように平面計画をつくることが必要である（図 12·21）.

（3）避難施設の容量

　避難は, 火災からの影響により危険な状態となる以前に完了しなければならない. 特に, 大勢の人々が一斉に避難する場合は, 効率よく短い時間内に安全な場所まで移動できることが必要である.

　移動に要する時間は, 基本的には避難者の歩行速度と歩行距離から決まるが, 避難する人数が集中する場合には, 避難経路の幅からも制限されて長くなる. また, 避難経路の幅が極端に狭められている部分, 例えば, 居室や階段室への扉の前では, 避難者が滞留する恐れがある. したがって, 円滑な避難を行なうためには, 廊下や階段の幅, 避難経路上に設ける扉などの幅を適切に計画しなければならない.

　避難施設の適切な容量を決定するためには, まず, 建物の在館者人数を明らかにすること

表 12·2　各国の在館者密度[3]

用途	オーストラリア		フランス		日本		英国		米国	
集会	観客席		劇場,会議場など		劇場,公会堂など		劇場,公会堂など	2.0	劇場,会議場など	
	a)固定席	n	a)固定席	n	a)固定席	n	立見部分	3.33	a)固定席	n
	b)ベンチ	2.22ᵃ	b)ベンチ	2.0ᵃ	b)客席部	1.5	会議室	1.0	b)高密度の部分	1.54
	c)固定席なし	1.0	c)立見	3.0	c)立見	2.0	ラウンジ,待合室	1.0	（固定席なし）	
	d)立見	3.33	会議室	1.0	会議室	1.0	美術室	.20	c)低密度の部分	.72
	会議室	.50	教会(座席なし)	2.0	a)≤400m²	1.5	展示ホール	.67	（固定席なし）	
	教会	1.0	a)座席部分	1.0	b)>400m²	.60	図書館	.14	d)ベンチ	2.17ᵃ
	美術館,博物館,展示	.25	b)立食部分	2.0	宴会場	1.0	バー,クラブ	2.0	会議室	.72
	スペース		c)待ち部分	1.0	レストラン	.70	教会	1.0	教会	1.54
	ショールーム	.20	ナイトクラブ	1.33			レストラン	1.0	ラウンジ	.72
	図書館　書架	.50	スポーツ室	.25			ダンスフロア	2.0	待合空間	3.59
	閲覧	.033	多目的ホール	1.0			スケートリンク	.50	展示室	.72
	バー,喫茶,	1.0	(主にスポーツ)						図書館閲覧	.22
	レストラン		スケートリンク	.67					書架	.11*
	ダンスフロア	2.0	プール水面	1.0					レストラン	.72
	体育館	.33							ダンスフロア	1.54
	屋内スタジアム	.10							体育館	.72
	(アリーナ部分)								プール水面	.22*
	スケートリンク,	.67							デッキ	.36*
	プール									
教育	一般教室	.50			教室	n			教室	.54
	多目的ホール	1.0							その他	.22
	教員室	.10								
	その他	.25							幼稚園	.31
	幼稚園	.25								
医療	病棟部分	.10			病棟部	b			病棟部分	.090*
					診療部	.20			診療部分	.045*
宿泊	ホテル	.067			寝室	b	寝室居間兼用	.10	ホテル,寮	.054*
	下宿屋	.067					寮	.20		
	寮(子供)	.20								
	寮(成人)	.10								
共同住宅					住戸	b+1	寝室	.13	居室など	.054*
商業	売場		売場		売場	.50	売場(百貨店,スーパーを含む)	.50	売場	
	a)地上階,地階	.33	a)地上階	2.0	(通路を含む)		売場	.14	a)地上階	.36*
	b)その他の階	.20	b)2階,地階	1.0	連続式店舗		(家具,自転車など)		b)地下	.36*
	キオスク	1.0	c)3階	.50	a)売場	.50	モール	1.33	c)複数の地上階	.27*
	倉庫	.033	d)4階以上	.20	b)通路	.25	倉庫	.033	d)その他の階	.18*
	厨房	.10	モール	.20			厨房	.14	モール	.20〜.35*
			低密度部分(家具,	.33					倉庫,発送	.036*
			園芸用品など)						厨房	.11
事務所	事務室	.10	公衆が近づける部分	.10	事務室		a)事務室(オープンプラン,>60m²)	.20	事務室	.11*
			公衆が近づけない部分	.010	a)高さ>60m	.125	b)その他	.14		
					b)高さ≤60m					
					自社ビル	.16				
					貸しビル	.25				
備考			公衆の近づける範囲が限定できない場合,床面積の1/3を対象とする		b:ベッドまたは寝室の数				*:グロス	

特記なし:人/m²,　n:座席の数,　a:人/m

が必要である．想定される在館者の密度は建物の用途，空間の利用形態によって変化する．諸外国では，法令の中に在館者密度の数値を与えられていることがある（表12·2）．我が国では，物販店舗や集会施設を除けば避難経路の最小幅が与えられているだけなので，在館者数に基づいて避難経路の幅が要求されることはない．

在館者密度の数値は，通常想定される最大の密度である．したがって，想定される最大の在館者数に対して，適切な避難施設の容量を確保することになる．もし，通常より高い密度で計画されている場合には，実態に基づく人数に対応しなければならない．逆に，通常より低い密度で計画されているとしても，適切な在館者人数の管理が担保されない限り避難施設を減らすことは許されない．

建物内の在館者人数の分布が明らかになれば，建物の各部分からの避難経路を設定することにより各避難経路を利用する人数を求めることができる．避難経路の各部分に必要な容量は，この人数に基づいて決定される．避難経路は連続していなければならないから，避難経路に要求される人数は避難方向に沿って徐々に増加することになり，避難経路として必要とされる幅も広くなる．ただし，要求される人数に相応しい幅が確保されているのであれば，実際の避難経路の幅が減少していることを禁止するものではない．例えば，廊下から階段室への扉のように避難経路の幅が局部的に狭く制限されていても，必要とされる幅が確保されていればよい．

海外の規定では，避難経路に要求される人数に基づき，直接，避難経路の必要幅を決定する方法が多い．例えば，米国では避難経路を利用する人数一人につき，水平な通路や出入口の場合は 0.5 cm，階段の場合は 0.8 cm の幅が要求される．また，オーストラリアやフランスでは，避難経路の単位幅として 50 ～ 60 cm の幅が設定され，一定の避難人数ごとに単位幅ずつ増加させる要求となっている．このような避難経路の幅の設定方法は，建物の条件に関係なく，標準的な避難時間を約 2.5 ～ 3.5 分に仮定しているためである．

また，極端に多くの人数が 1 ヶ所に集中し，滞留することは避けなければならない．避難者が滞留するのに十分な面積が用意されている場合でも，群集災害の発生の恐れがある．人が過度に集中したり，滞留しないように避難経路の数を増やし，滞留人数をできるだけ均等に分散させることも必要である．

（4）避難施設の保護

火災の発生から避難開始までに要する時間はできるだけ短くすることが望ましいが，実際の火災事例をみても明らかなように，火災の発生を知るまでの時間や，火災だと分かっても避難を始めるまでには少なからぬ時間がかかる．特に，就寝施設などでは火災の覚知が遅れるために，避難しようとしたときにはすでに避難経路が使えないという恐れがある．また，大規模または高層建築物の場合，移動に長い時間を要するため，避難経路を火災の煙や熱などから長時間保護することが必要である．

出火空間に火災を閉じ込めることは，延焼防止のための基本的な対策である．出火の恐れがある空間を他の空間と防火・防煙区画することにより，避難に障害となる煙を出火空間に閉じ込めたり，流出を遅らせることは，避難安全にも有効である．どこで火災が発生するかは決めることができないから，出火の恐れのあるすべての空間を区画する必要がある．また，火災が進展し，出火空間に火災を閉じ込めることに失敗した場合には，避難経路が煙に汚染されて避難が困難となる恐れがある．そこで，避難経路となる部分を出火の恐れがある空間と区画し，煙や熱の侵入を防止することが有効である．

安全区画とは，避難経路上にある範囲で煙や熱など火災からの影響を防ぐ対策が取られて

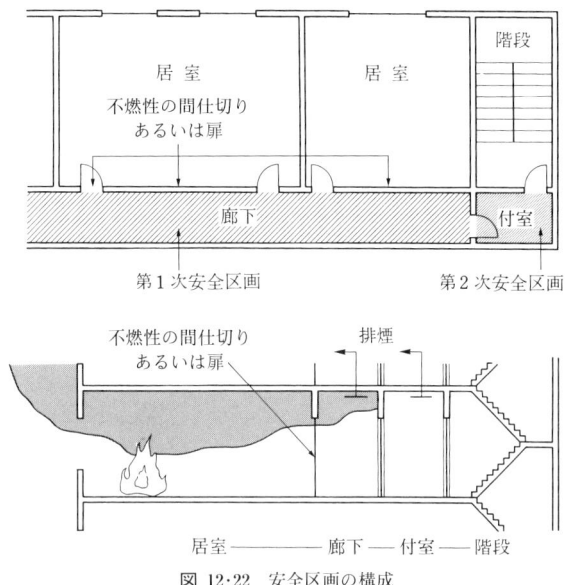

図 12·22　安全区画の構成

　いる範囲をいう．安全区画は，火災で発生した煙が階段室へ侵入し，建物全体に拡大することを防止する役割も持っている．垂直方向の避難手段である階段を煙から保護することは，避難安全上最も重要な対策の1つである（図12·22）．

　安全区画は，避難方向に沿って段階的に安全性が高くなるように構成する．居室から廊下，付室，階段室というように，先に行くほど区画性能が高くなり，避難に利用できる時間も長くなる．一般に，居室と不燃性の間仕切りなどで防煙的に区画された廊下，可燃物が置かれていないロビーなどが第1次安全区画となる．第2次安全区画は，この第1次安全区画に続く防火・防煙区画された特別避難階段の付室などである．

　火災の影響から保護された避難経路は，一度入ったら安全な避難場所まで連続していなければならない．途中で区画の性能が低くなったり，保護された部分から外へ出てしまうものではならない．また，当然のことではあるが，出火の危険性がある部屋や，常時鍵のかけられた部屋を通過する経路は避難経路としては認められない．

　避難経路として保護すべき範囲と要求される区画の性能は，建物全体の避難計画に依存している．中高層の多くの建物では，階段まで避難すれば安全となるように計画されているから，居室から階段までの廊下は，その階の在館者が避難に利用する間だけ耐火性能・防煙性能があればよい．階段は出火した階だけでなく，上階からの避難が完了する間，区画性能を確保しなければならない．一方，低層の建物の場合には，全館同時に避難させるのであれば，廊下や階段に期待される区画性能はそれほど高くないかもしれない．

　安全区画は，消防活動上も有効な活動拠点として位置付けられる場合がある．その場合，消防活動に必要な長い時間，耐火性能・防煙性能を確保することが必要である．

（5）高齢者，障がい者等への配慮

建物の利用者は，自力で避難できる人だけとは限らない．車いすやベビーカーでは階段を降りることはできないし，視覚障がい，聴覚障がいのある人は火災の情報，避難の誘導に関して不利になることが少なくない．このような自力避難が困難な人々に対しても，避難安全を確保できるような避難計画の配慮および避難施設の対応が必要である．

近年，米国を始めとして，障がいを持つ人々の建物利用を妨げるような障害（例えば，車いすが通れない狭い通路や段差の存在）を取り除くことが一般的になってきた．自力避難が困難な人々に対しても，火災などの非常時に他の人々と同じように安全に避難できる手段を提供する必要がある．

一つの解決方法としては，同じレベルの避難経路上に一時避難場所を設置することが提案されている（図 12·23）．階段を降りることが困難な人々に対し

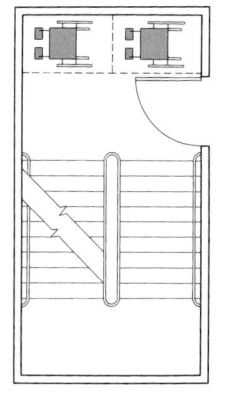

図 12·23　一時避難場所の例[4]

この例では，階段の区画内部に，通常の避難動線を妨げない位置に，車いす2台を収容できるスペースを確保している．

て，ある程度の時間は火災の影響から保護される一時的な避難場所を確保するのである．火災発生時には，基本的には自力で一時避難場所まで避難する．一時避難場所から最終的な避難場所までは区画が十分に保護されているので，避難に多少時間がかかってもよい．他の人の助けを借りて階段を下りたり，外部からの救助を期待することもできる．また，必要な安全対策が施されたエレベーターを用意すれば，避難に利用することも可能であろう[4]．既に東京都では，非常用エレベーターの乗降ロビーや避難階段の前室を「一時避難エリア」とし

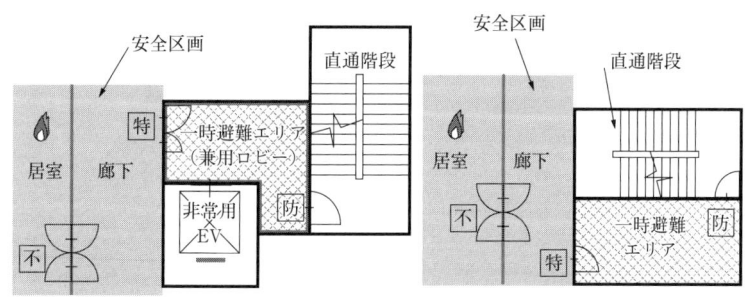

（a）兼用ロビーに設定する例　　　　　　（b）直通階段に連絡して設定する例

▨ 一時避難エリア　▩ 機械排煙　不 常時閉鎖式不燃扉　特 常時閉鎖式特定防火設備
━ 防火区画　━ 不燃区画　防 常時閉鎖式防火設備

図 12·24　一時避難エリアの設定例[5]

て設置することが推進されている[5]（図12・24）.

　一時避難場所が備えるべき機能としては，確実な区画で安全な環境を維持することだけではなく，助けを求めている人の存在を外部に知らせたり，情報を受け取るための相互コミュニケーションの手段も必要である.

　また，このような避難施設は通常の避難を妨げるものであってはならない. 両者の避難動線が同時には交錯しないように計画する. 医療施設などのように，自力での避難が困難な在館者が非常に多い場合は，水平避難（12・2・2（4））とすることも有効であろう. 居室と廊下を含めて，階をいくつかの防火・防煙区画に分割し，区画相互を連絡する開口部を設ける. 火災時には，出火した区画から隣接する区画へ，水平に移動するだけで安全に避難することができる.

（6）維　持　管　理

　避難施設は，建物が利用されている期間中いつでも使用可能な状態を保つために，適切な維持管理が行わなければならない. 避難経路上に障害物が置かれて有効幅が減少していないか，扉等の周囲に物が置かれて閉鎖障害あるいは開放障害が発生していないかなどを常に点検し，適切な状態にしておく必要がある.

　また，在館者に避難施設の存在，利用方法などを教えるために，避難訓練を定期的に行なうことも重要である. 不特定多数が利用する用途の場合には，施設管理者などによる避難誘導の訓練を行なうことも必要だろう. 適切な維持管理や避難訓練の実施により，はじめて避難施設の信頼性と有効性を確保することができる.　　　　　　　　　　（萩原　一郎）

12・2・2　避難施設，器具

（1）扉

　避難経路に設置される扉には様々な種類がある. 防火区画の開口部には防火戸が設置される. 防火戸は自動閉鎖機構を備え，避難終了後には区画が確実に形成されるようにしなければならない. 防煙性能が必要な部分に設置される扉も自動閉鎖することが望ましい.

　扉の開放形式としては，片開き戸，両開き戸，引き戸，回転扉，自動扉などがある. 回転扉は大勢が通過するには不向きなので，避難経路に設けることは望ましくない. 自動扉は停電時に開放障害となる恐れがあるので，手動で開放できるなどの対策が必要である.

　避難経路に設ける扉は，避難する方向に開放されることが原則である. 内開きとした場合，扉の手前に人が集中してしまうと扉が開かなくなる可能性がある. 集会施設など多人数が利用する居室の扉は，避難方向に開放することが法令で規定されている. ただし，通過動線となる廊下に面して居室をもつ事務所などの場合は，居室の扉を内開きにしているものが多い. 外開きにすると，廊下を歩行している人に扉がぶつかる恐れがあるためである. しかし，用途に関わらず，多くの人が避難に利用する居室の扉は，できる限り避難方向に開くものとしたい. 廊下を広くしたり，開放する扉が通行する人にぶつからないような対策をすることが望ましい.

　扉を開放するために非常に大きな力が必要となることは問題である. 力が弱い子供や高齢者および障がい者などでも容易に開放できるような配慮が必要である. 特に，煙制御により生じる差圧は，扉の開放障害や閉鎖障害を引き起こす可能性があるので注意が必要である.

日常的にも，車いすなどの通過が予想されるところでは，移動に必要な幅と周囲のスペースに注意しなければならない．しかし，そのために1枚の扉の大きさを必要以上に広くすると，圧力の影響を受けやすくなり，開閉障害が生じることがある．

避難経路上に設ける扉は特別な操作なしに開放できなくてはならない．建物が使用されている期間は鍵をかけることなく，常に避難可能な状態としなければならない．急いで避難しようとする人に鍵の使用を要求することは，例え単純なものであってもしてはならない．防犯上の必要から鍵が必要となる部分については，例えば，火災感知と連動して自動的に解錠されるような機構のものとする．解錠装置にカバーをかけているようなものは慣れている人以外は利用困難であるから避けるべきである．

図 12·25　パニックバー

ホテルの客用廊下に設けられた扉．火災を覚知すると自動的に閉鎖するが，扉中央に見える押し板の部分を押すことによりラッチが外れて開放できる．

図 12·25 に示すように，扉についた棒や押し板の部分を押すことによりラッチが外れるパニックバーの利用も有効である．ノブをまわす必要がないので，両手がふさがっていても利用できる．さらに，そのデザイン上の特徴から避難経路上の扉であることが容易に分かり，避難施設の存在を認識させる利点がある．

（2）廊　　　下

避難経路として居室と階段をつなぐ廊下は，第1次安全区画として計画される場合が多い．安全区画には，少なくとも避難している時間は避難者を火災の影響から保護するために必要な最低限の防煙性能，耐火性能が要求される．一般的には，居室との間は不燃の間仕切り以上とし，開口部には防煙性能のある扉を設ける程度で良い．

共同住宅によく見られるような常時外気に開放された廊下の場合には，居室から漏れる煙が避難の障害となることは少ない．したがって，噴出火炎や輻射熱からの安全を確保できれば，防煙性能はあまり必要とされない．一方，屋内廊下の場合には，廊下に漏れてきた煙を排出したり，廊下へ煙を出さないようにするために煙制御が必要である．

廊下の幅は法令により最小幅が規定されている場合がある．廊下の用途と廊下の配置により 1.2 m から 2.3 m の範囲で最小幅が規定されている．しかし，迅速で効率的な避難のためには，避難人数に相応しい幅の確保が必要である．例えば，集会施設のように，多人数が集中するような施設の場合には，避難する人数に対応して広い廊下の幅とすることが望ましい．

廊下は通常水平な床面で構成されているので，突然1〜2段の段差があると，避難しようとする人がつまずいたり，転倒したりする恐れがある．このような局部的な段はできる限り避けることが望ましい．段差を解消するためには，勾配の緩い傾斜路とするか，はっきり段差が分かるように床の色彩を変えたり，段差を意識させるような空間的なデザインとする．

避難階における廊下は，その階の避難経路となるだけでなく，上階からの避難者が階段か

ら屋外へ至る避難経路となる場合がある．避難階で出火した場合でも，階段から屋外への避難経路が使えるようにするためには，階段から直接屋外へ出られるようにすることが原則となるが，建物の規模が大きい場合や，センターコアを採用している場合には困難である．その場合には，階段から屋外への廊下を出火が想定される空間と区画したり，配置を考慮することが必要である．

（3）階　　段

　階段は垂直方向の避難手段として最も重要な施設である．階段はその形状からいくつかの種類に分類される．ただし，らせん階段のような特殊な形式は不特定多数が利用する避難階段としては認められていない．

　避難施設として要求される階段は，直通階段として法律上位置付けられている．直通階段とは，一般的な利用形態で在館者の存在が予想される階から，直接屋外へ避難できる避難階まで連続している階段である．特定の階だけを連絡する部分的な階段や途中の階で中断している階段は，直通階段と認められない．

　地上階と地下階とを連絡している階段の場合，避難してきた人が避難階を通過しないようにしなければならない．上下からの避難経路を扉や壁で分離したり，色彩やデザインで避難階を意識させることが必要である．

　直通階段のうち，特に高層階や地下にある階へ連絡する階段は，避難階段または特別避難階段とすることが法令で要求されている．これらの階段は避難時に有効に使用できるとともに，上階への煙の拡大や延焼経路とならないように他の空間から防火・防煙区画することが規定されている．また，階段内の明るさを一定以上に確保するために，採光上有効な開口部を設けたり，照明設備を設置することも要求されている．

　避難階段の形式には，屋内避難階段と屋外避難階段の2つがある（図12・26）．屋内避難階段は，階段室を耐火構造の壁で囲み，出入口は常時閉鎖式または随時閉鎖式の防火戸とする．出入口以外の開口部は厳しく制限され，屋外への開口を設ける場合には，周囲の窓などから一定の距離を離して煙などの影響を受けないようにしなければならない．

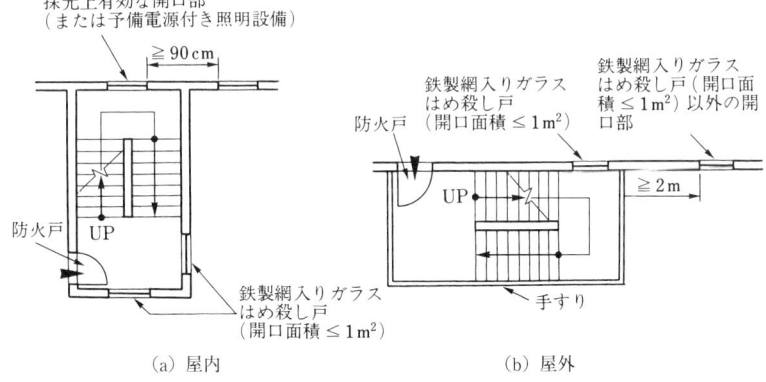

図 12・26　屋内避難階段と屋外避難階段

　屋外避難階段は，常時外気に開放された階段で，煙などの影響を受けないように周囲の開口部は制限されている．ただし，階段近傍に開口部をもつ空間からの出火や風向きによっては，屋外避難階段が煙にさらされる恐れがある．また，冬季の降雪や凍結の恐れがある地域では，屋外への扉の開放障害やすべりによる転倒の危険があるので，屋内避難階段とすることが望ましい．

　特別避難階段は，付室やバルコニーを設け，階段室への煙の侵入防止を確実にしたものである（図 12·27）．階段室の付室には排煙設備を設けるか，またはバルコニーは屋外に十分開放されていることが必要である．また，階段室，付室およびバルコニーの規模はその階の居室面積に基づいて一定の広さが要求される．これは高層建物に要求される特別避難階段では，階段内にある程度の避難者を収容することができ，滞留可能な場所としても位置付けられているからである．

　このように長時間安全性が確保された避難階段や特別避難階段は消防活動上も重要な動線の一つと考えられている．そのため消防活動に必要な施設は，避難階段の内部やその近傍に計画される．

　階段の蹴上げ，踏み面の寸法は，階段の昇降の容易さと関連する重要な要因であり，過去に様々な提案が行われている．避難に利用する階段としては，蹴上げ，踏み面の寸法がひと続きの階段の中で変わらず，一定のリズムで昇降できることが重要である．急いで階段を駆け降りようとする場合や混雑して足元が見えない場合には，局部的な寸法の変化が転落の危険性を高める．

　階段における転落防止のためには，手すりの設置が重要である．軽度の移動困難な障がい者の場合，適切な手すりがあれば自力で階段を昇降することも可能となるので，高齢者・障がい者などへの配慮として手すりの設置が要求されている．左右どちらの利手でも使えるためには，階段の両側に手すりを設けることが必要である．階段の幅が広い場合には，中央部

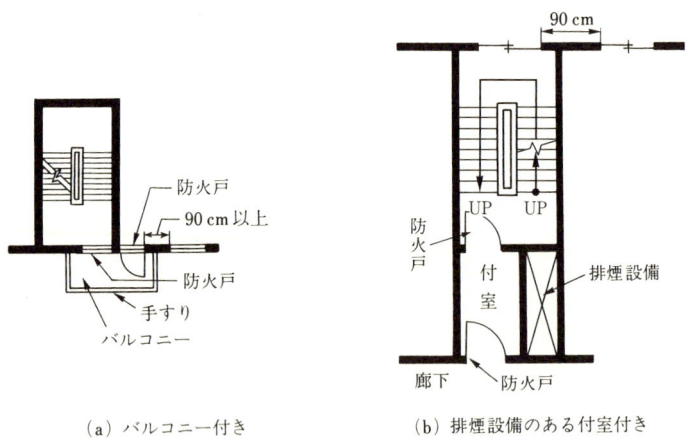

（a）バルコニー付き　　　　　（b）排煙設備のある付室付き

図 12·27　特別避難階段

分にも手すりを設置することも有効である.

　また，万が一転落しても，途中で止まることができるように一定の高低差以内には踊り場を設けることが法令で規定されている．階高が高い場合や階段の面積に余裕がない場合，踊り場にも段を設けることがあるが，転落防止の観点からは段を設けることはできるだけ避けるべきである.

　避難に利用する階段は，ほとんどの用途では最小幅だけが法令により規定されている．例外的に物販店舗の階段幅は，法令により階の床面積に基づき要求されており，避難する人数を考慮しているものと考えられる．諸外国では人数に基づいて階段幅が

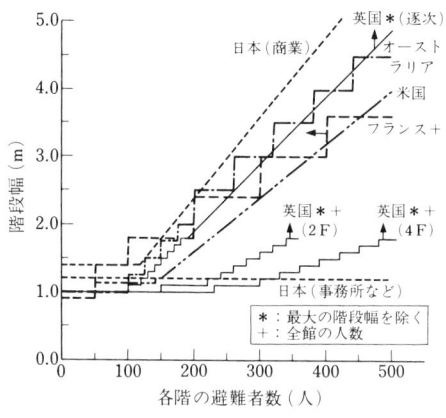

図 12·28　各国の避難階段の要求幅[3]

規定されるのが一般的である．複数階からの同時避難や，全館避難の検討が必要となる場合には，避難する人数に基づいて階段の幅を設定することも考えられる（図 12·28）.

（4）水　平　避　難

　同一階にある範囲を 2 つ以上の防火区画に分割し，相互に一時的な避難場所となるように計画することを水平避難という．どちらか一方の区画で火災が発生しても，区画内にいる人々は隣の区画まで避難すればよいので，階段による避難より迅速な移動が期待できる．特に，階段を昇降することが困難な障がい者等の避難にとって，水平避難は極めて有効な方法である．高齢者や障がい者などの自力での移動困難な利用者が多く存在するような用途では，水平避難を計画することが望ましい.

　水平避難が成立するためには，境界となる区画の壁や開口部に高い耐火性能および防煙性能が必要とされる．火災終了まで隣接する区画の安全性が確保できれば，それ以上避難する必要がない.

　図 12·29 に示すように各区画において，水平避難を含め少なくとも 2 つ以上の避難経路が確保されていることが望ましい．隣接区画から出火した場合に，避難経路が全くなくなることがないように計画しなくてはならない．例え避難しなくても安全が確保できる場合でも，救助のために外部からアクセスできる経路を最低 1 つは確保する必要がある.

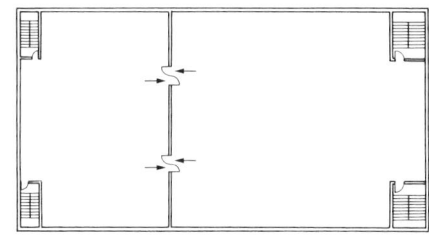

図 12·29　水平避難の例

どちらの区画からも他の区画へ水平避難できるようにする.

　水平避難では，出火区画からの避難者と隣接区画内の避難者全員が滞留できる十分な広さがあることも必要である.

（5）バ ル コ ニ ー

　通常の避難経路とは別に，各居室に設けられたバルコニーを経由して廊下や付室，階段に進入したり，バルコニーに設けた避難タラップなどの避難器具により，下階へ避難する方法がある．2方向避難は通常の避難経路で確保することが原則であるが，バルコニーを利用した脱出経路は煙に対して安全性が高く，比較的容易に利用することができる．

　2方向につながる連続バルコニーは，避難経路の冗長性を高めるために有効である．一度バルコニーに出ればどちらの方向にも避難が可能である．条令などで病院やホテルなどの用途に対して連続バルコニーを要求している場合もある．この場合，バルコニーから直接避難階段などの区画された避難経路へ進入できることが望ましい．

　集合住宅やホテルの場合，連続バルコニーは設置されているが，防犯上またはプライバシー保護の観点からバルコニーに隔板が設けられている．非常時にはこの隔板を破壊して避難するのであるが，力の弱い子供や高齢者などでは困難な場合もある．

　部分的なバルコニーは，隣接する他の住戸や居室に再度侵入する避難経路を想定しているが，鍵がかけられている場合もありその有効性は疑わしい．直接下階へ下りられる避難器具等の設置が望ましい．避難器具は利用する人の能力に適したものとすることが望ましい．

　一方，独立バルコニーでも外気に開放され十分な広さが確保されていれば，火災の影響を受けないで待機することが可能な場合もある．避難に遅れた場合にこのようなバルコニーで外部からの救助を期待できるであろう．

　また，バルコニーではないが窓に設けた連続した庇などをつたって避難することも，実際の火災事例では多く報告されている．

（6）屋 上 広 場

　大規模な物販施設の場合，屋上広場が避難施設として法令の中に位置付けられている．避難階段は避難階だけでなく屋上にも連絡することが要求され，屋上広場を準避難階と考えていることがわかる．避難は原則として地上に通じる避難階へ移動しようとするから，もし避難の途中で階段が使えなくなった場合，別な階段に乗換えようとしたり，元いた場所に戻ろうとするだろう．階段が屋上まで連絡していれば，そのまま階段を上って屋上に避難することができる．屋上は外気に開放されているため一般的には煙に対して安全であり，余裕を持って別な階段から地上に避難することもできる．ただし，出火場所や排煙機の位置によっては避難に適しない環境となる場合もあるので注意が必要である．

　また，高層部からの避難経路の一部として，低層部の屋上を利用することも有効な方法である．低層部の屋上が避難階に準じた扱いが可能ならば地上まで避難しなくても安全を確保することができる．

　屋上を避難場所として利用するためには，墜落防止の柵などの設置が必要である．また，日常的に屋外を利用していない場合には，階段から屋上への経路に鍵が掛けられてしまう恐れがあるので注意しなければならない．

（7）エ レ ベ ー タ ー

　エレベーターやエスカレーターのような搬送施設は，原則として避難手段に利用してはならない．火災により電力が切断されたり，火災による熱などで誤作動をおこし，避難しよう

とする人がエレベーターのかごの中に閉じこめられる恐れがあるからである.

　しかし, 高齢者や障がい者など階段による避難が困難な人々にとって, エレベーターは有効な避難手段の 1 つに考えられている. 水平避難した先の区画や一時避難場所として十分に計画された場所では, 対策の施されたエレベーターを避難に利用することが可能である. 東京都では, 一定の要件を備えた「一時避難エリア」があれば非常用エレベーターを避難に利用できるとしている (12·2·1 (5))[5].

（8）避 難 器 具

　通常の避難施設による避難に失敗し, 取り残された人々に対しても脱出の手段を用意しておくことが必要である. そのような目的のために避難器具がある. 避難器具は, 通常の避難経路が使えなくなった場合の最後の手段であるから, 最初から避難器具に頼った避難計画であってはならない. 通常の避難経路の安全性を高めることが基本であり, 避難器具はあくまで補助的な手段に過ぎない.

　避難器具は使う人の能力に大きく依存している. 健常な成人が使うことが可能でも高齢者や子供が同様に使えるとは限らない. 避難器具を設置する場合には, 利用する人の能力に相応しいものを選択することが望ましい.

　法令では, 避難ロープ, すべり棒, すべり台, 避難はしご, 避難タラップ, 救助袋, 緩降機, 避難橋の 8 種類が避難器具として規定されている.

　一般的に多く設置されているものに避難はしごがある (図 12·30). 避難はしごには, 固定式と可動式がある. 固定式の場合, 地上まで連続させると防犯上の問題が生じる恐れがある. 可動式は窓枠や手すりから吊下げるタイプと, バルコニーの床面に設けたハッチから吊下げるタイプがある. 前者は, はしご部分が分離して収納されていることが多く, 使用時に設置する必要があるために信頼性が低い. また, 降りるときにはバルコニーや窓から身を乗り出すことになるので恐怖心を感じる場合もある. 一方, 後者のタイプはハッチを開くのと連動してはしごが使用できる状態になるため特別な操作が不要であり, 降下する場合の恐怖心も感じにくい.

　最も簡単な避難器具としては, 避難ロープがある. 十分な強度をもつロープに足掛かりとなる結び目などがついた単純なものである. 実際の避難事例では, シーツなどを結び合わせて手作りの避難ロープを作っている例も多く報告されている.

　多少規模の大きな建物では救助袋が設置されている場合もある. 救助袋は布状の袋の中に体ごと入り, 地上まで降下するものである. 落下の速度が早くなりすぎないように工夫されており, 袋を垂直に吊るものと斜めにするものがある. 慣れてくれば比較的大量の避難者を処理することができる.

　屋上などに設けた隣接する他の建物に渡ることのできる橋を避難橋という. 避難した先の階段やエレベー

図 12·30　固定式避難はしごの例
ホテルのバルコニーに設けられた避難はしご. 床のハッチを開放して下階のバルコニーに降下できる.

ターを利用して避難するので，火災の影響を受けることが少なく，安心して避難することができる優れた方法である．一種の水平避難と考えることもできる．しかし，避難橋を設置するためには，建物の条件や管理など解決すべき問題が多くあり，設置できる条件は限定されている．

避難器具は原則として避難する人が使用するのに対して，外部から利用する非常用進入口がある．これは，公設消防が外部から救助や消火活動に利用するものである．建物の外壁に進入可能な開口を一定間隔以内に設置することが要求される．　　　　　　（萩原　一郎）

12・2・3　誘導灯など

災害時，人が安全かつ速やかに避難できるようにするため，消防法では誘導灯・誘導標識，非常放送設備，建築基準法では非常用の照明装置を定めている．ここでは，誘導灯・誘導標識と非常用の照明装置について説明する．

（1）誘導灯・誘導標識

誘導灯・誘導標識は，屋内から直接地上に通じる出入口，直通階段等の安全に避難できる場所を明示して，混乱が生じることを防ぐとともに，安全な場所へ誘導することを目的として設置するものである．

誘導灯は，設置場所や機能により，避難口誘導灯，通路誘導灯，客席誘導灯に分類される（図 12・31）．

避難口誘導灯は，地上に通じる出入口や，直通階段の出入口に安全に避難できる出口であることを表示した緑色の灯火である．

通路誘導灯は，廊下や階段，通路に設け，避難の方向を表示した緑色の灯火である．設置する場所に応じて，室内通路誘導灯，廊下通路誘導灯，階段通路誘導灯に分けられる．

避難口誘導灯（壁付型）

避難口誘導灯（天井付型）

避難口誘導灯
（点滅装置付誘導灯）

室内通路誘導灯（壁付型）

室内通路誘導灯（天井付型）

避難口誘導灯
（音声誘導・点滅装置付誘導灯）

図 12・31　誘導灯の種類

表 12·3 誘導灯・誘導標識の設置基準

防火対象物の別			避難口誘導灯・通路誘導灯	客席誘導灯	誘導標識
(1)	イ	劇場，映画館，演芸場又は観覧場	全部	全部	全部
	ロ	公会堂又は集会場			
(2)	イ	キャバレー，カフェー，ナイトクラブ	全部		
	ロ	遊技場又はダンスホール			
(3)	イ	待合，料理店			
	ロ	飲食店			
(4)		百貨店，マーケット，物品販売店舗又は展示場			
(5)	イ	旅館，ホテル又は宿泊所			
	ロ	寄宿舎，下宿又は共同住宅	地階・無窓階11階以上		
(6)	イ	病院，診療所又は助産所	全部		
	ロ	社会福祉施設等			
	ハ	幼稚園，盲学校，聾学校又は養護施設			
(7)		小学校，中学校，高等学校，中等教育学校，高等専門学校，大学，専修学校，各種学校	地階・無窓階11階以上	設置なし	
(8)		図書館，博物館，美術館			
(9)	イ	公衆浴場のうち，蒸気浴場，熱気浴場	全部		
	ロ	イの公衆浴場以外の公衆浴場			
(10)		車両の停車場，船舶・航空機の発着場			
(11)		神社，寺院，教会	地階・無窓階11階以上		
(12)	イ	工場又は作業所			
	ロ	映画スタジオ又はテレビスタジオ			
(13)	イ	自動車車庫又は駐車場			
	ロ	飛行機又は回転翼航空機の格納庫			
(14)		倉庫			
(15)		前各項に該当しない事業所			
(16)	イ	特定複合用途防火対象物	全部	(1)項用途部分	
	ロ	非特定複合防火対象物	地階・無窓階11階以上	設置なし	
(16の2)		地下街	全部	(1)項用途部分	設置なし
(16の3)		準地下街		設置なし	
(17)		重要文化財，重要有形民俗文化財等の建造物	設置なし		
(18)		アーケード			
(19)		山林			
(20)		舟車			

　客席誘導灯は，劇場などの客席通路の床面を避難上有効な照度となるように設けた誘導灯である．

　誘導標識は，地上に通じる出入口や直通階段の出入口，または廊下や階段，通路に設け，避難の方向を表示した灯火のないものである．なお，蓄光機能を有する誘導標識も開発されており，特に高輝度蓄光式誘導標識を設置すると誘導灯等が免除される場合もある．

　一定規模以上の防火対象物には，その用途や規模に応じて設置が求められている（表12·3）．

　避難口誘導灯と通路誘導灯は，その視認性に関する表示面の縦寸法と表示面の明るさに応じて，A級，B級，C級の3区分に分けられる（表12·4）．また，この3区分に応じた有効範囲が定められており，歩行距離が有効範囲以下となるように設置することが求められている．また，見通しや曲がり角などにも考慮し，避難方向を容易に把握することができるように，設置場所の状況に応じて適切な場所に設置することが重要である．

　誘導灯の光源には，直管蛍光灯による従来型誘導灯とLEDによる高輝度誘導灯がある．高輝度誘導灯は従来型に比べて小型であり，消費電力が少ないというメリットがある．

表 12·4　誘導灯の有効範囲

区分			距離（m）
避難口誘導灯	A 級	避難方向を示すシンボルがないもの	60
		避難方向を示すシンボルがあるもの	40
	B 級	避難方向を示すシンボルがないもの	30
		避難方向を示すシンボルがあるもの	20
	C 級		15
通路誘導灯	A 級		20
	B 級		15
	C 級		10

　避難口誘導灯と通路誘導灯（階段などの設けるものを除く）は，常時，定められた明るさで点灯していることが求められている．その電源は，常時は常用電源でも，停電時には自動的に非常電源に切り替わる必要がある．通常は20分間点灯することが求められるが，大規模・高層建築物では避難に時間がかかることから60分間点灯することが求められる．

　近年は不特定多数の人々が利用する建築物の場合や，視覚，聴覚の不自由な方を考慮して，点滅型や音声誘導型の誘導灯を設置する場合が増えてきている．さらに外国人に対して多言語による情報提供手段として利用が進んできたサイネージの活用や，スマートフォンなどの携帯情報端末を利用した避難誘導の方法などの研究開発も進められている．

（2）非常用の照明装置

　表12·5に示す居室や避難経路に設置し，避難行動を行うための最低照度（床面において1ルクス以上）を確保するための設備である．停電時には予備電源により瞬時に点灯すること，避難に必要な十分な時間点灯し続けるための電源容量が必要である．照明装置は，火災による熱気流にある程度耐える必要があるため，器具や配線などは耐火・耐熱性能が必要で

ある.

予備電源が照明装置に内蔵されている内蔵型と，別に用意する別置型がある（図12・32）．内蔵型は照明器具単独で非常電源の回路が完結しているため，充電のための配線には耐熱性が要求されない．別置型は，大規模な施設で利用されることが多く，蓄電池の場合30分以上点灯できる容量が必要であるため，自家発電設備と組み合わせることが一般的である．また，電源装置と照明器具とをつなぐ配線には耐火・耐熱性能が求められる．

表 12·5 非常用の照明装置を設置すべき部分

映画館，病院，ホテル，学校，百貨店の特殊建築物の居室
階数が3階以上，延床面積が500 m²を超える建築物の居室
無窓居室
延床面積が1,000 m²を超える建築物の居室
上記の居室から地上に通ずる廊下，階段，その他の通路

設置免除の範囲：
　・一戸建ての住宅，長屋または共同住宅の住戸
　・病院の病室，下宿の宿泊室，寄宿舎の寝室など
　・学校等
　・避難階又は避難階の直上階または直下階の居室で避難上支障がないもの

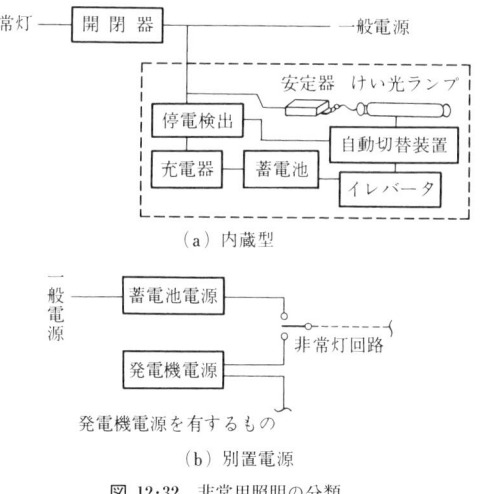

（a）内蔵型

（b）別置電源

図 12·32 非常用照明の分類

（明野　徳夫・萩原　一郎）

文　献

〔12・1〕
1）田中哮義：改訂版 建築火災安全工学入門，日本建築センター（2002）

2）日本建築学会：建築物の煙制御計画指針（2014）

3）空気調和・衛生工学会：特殊な構造の排煙設備（押出排煙）設計マニュアル（2005）

4）日本建築センター：加圧防排煙設計マニュアル（2011）

5）日本消防設備安全センター：加圧防排煙設備の設計・審査に係る運用ガイドライン（2012）

6）建築研究振興協会：BRI 2002 二層ゾーン建物内煙流動モデルと予測計算プログラム（2003）

7）国土交通省住宅局建築指導課他編集：避難安全検証法の解説及び計算例とその解説，井上書院（2001）

8）山名俊夫：排煙設備の規定に関する諸問題と対応方針，国土技術政策総合研究所資料，No. 847
（2015）

9）山名俊男：排煙風道の断熱性能に関する検討，日本建築学会大会学術講演梗概集，防火，pp. 131 –
132（2012）

10）山名俊男：排煙風道の断熱性能に関する検討 その2，日本建築学会大会学術講演梗概集，防火，pp.
279 – 280（2013）

11）東京消防庁：消防法施行令28条及び火災予防条例第45条の2に基づく排煙設備に係る技術上の基準
の特例等について（通知），24予予第606号，2012（平成24）年9月12日

12）東京消防庁予防部予防課：消防排煙に係る特例基準の策定について，月刊フェスク，pp. 38 – 42，日
本消防設備安全センター（2013）

13）田中哮義：高層建築物の避難，煙制御設計と問題点（その3），火災 **42**，3，p. 41（1992）

14）文献2と同じ，pp. 220 – 221

15）データ提供：空調技研工業株式会社

〔12・2〕

1）NFPA 101 Life Safety Code, NFPA（1994）.

2）Building Code of Australia, AUBRCC（1988）

3）萩原一郎，田中哮義：日本建築学会計画系論文集，避難安全規定の国際比較，第470号，pp. 1 – 10
（1995）

4）James Patterson：SIMPLIFIED DESIGN FOR BUILDING FIRE SAFETY, pp. 187 – 189,
JOHN WILEY & SONS（1993）

5）東京消防庁　火災予防審議会：第20期火災予防審議会人命安全対策部会 答申書，高齢社会の到来を
踏まえた高層建築物等における防火安全対策のあり方（2013）

第13章　防火の材料と構造

13・1　材料の燃焼とその生成物

13・1・1　材料の燃焼とその生成物

（1）材料の燃焼

燃焼は物質の酸化による発熱反応系であり，その多くは物質中に含まれる炭素および水素との反応である．有機系の材料は高分子物質であり，その燃焼系を図示すると図13・1となる．

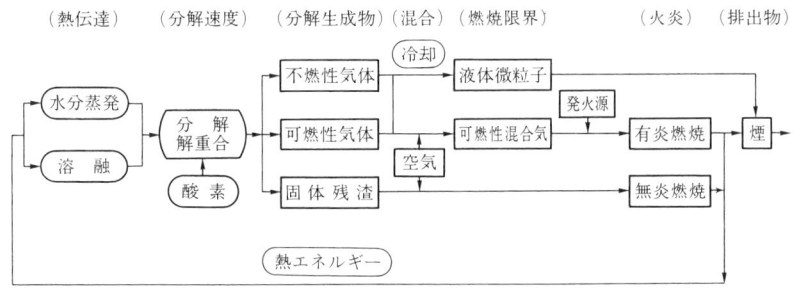

図 13・1　高分子物質の燃焼系プロセス[1]

A.　木材の燃焼

木材を加熱すると230℃付近から重量減少速度が急激に大きくなる．これは木材の熱分解が盛んになり，分解ガスの放出速度が大きくなるためである．木材の引火温度および発火温度は表13・1に示すとおり，それぞれ260℃前後，450℃前後にある．熱分解生成ガスにはCO，H_2 や炭化水素などの可燃性ガスが含まれており，ガスの濃度が燃焼領域濃度に達したところに口火があると引火し，有炎燃焼を呈する．防火工学では260℃を木材の出火危険温度としている．

一般に材料の燃焼は材料の表面から起こるが，例えば木材の周囲の条件が断熱性に富んでいて，加熱が長期間にわたると，徐々に熱分解が進行し，熱分解による発熱が熱分解反応を加速させ，木材の内部温度の上昇を促進させて，やがて発火温度にまで到達して発火に至る可能性がある．この現象を長期加熱による発火という．この場合，図13・2および図

表 13・1　木材の引火・発火温度[2]

樹　種	引火温度（℃）	発火温度（℃）
ス　ギ	240	
ヒノキ	253	
ツ　ガ	253	445
アカマツ	263	430
カラフトアカマツ	271	
エゾマツ	262	437
トドマツ	253	
ケヤキ	264	426
カツラ	270	455
ブ　ナ	272	
シラカバ	263	438
キ　リ	269	
アカガシ		441
ツ　ゲ		447
ク　リ		460
トネリコ		416
ヤマザクラ		430
ベイマツ		445

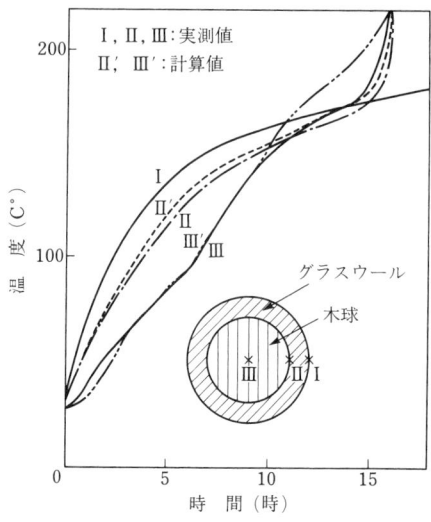

図 13·2　グラスウールを外包した 10 cm の木球の
　　　　　　中心温度と境界部温度の時間変化[3]

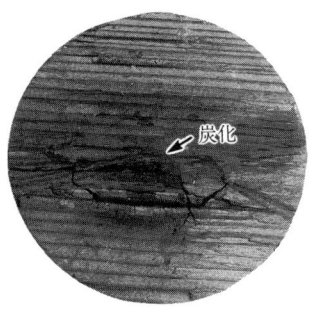

図 13·3　発火直前の木球の中心部[3]

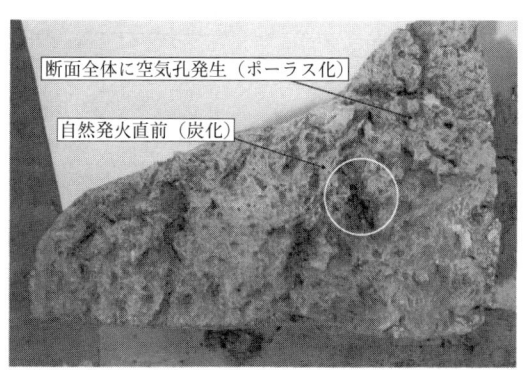

図 13·4　焼付塗装後の洗浄排水中の残渣から出火した例
　　　　　　（実際の残渣を用いた実験例）

13·3 に示すとおり，材料の表面より内部のほうが高温になり，内部から発火する.

　長期加熱による発火は木材に限らず，廃棄物処理工場，RDF（ゴミ固形燃料）[4]，RPF（プラスチック廃棄物固形燃料）等の保管場所[5]やプラスチックの成形時の残渣材の処理・保管，及び，焼付塗装工程における洗浄水の排水路中に溜まった塗料残渣等[6]においても出火事例がある（図 13·4）.

B. プラスチックの燃焼

　プラスチックの語源は，熱可塑性高分子に由来するが，今や熱硬化性高分子も含めて合成有機高分子材料を総称してプラスチック材料とよんでいる.

　プラスチック材料の種類は多く，その性質もそれぞれ全く異なる．プラスチックは熱可塑性と熱硬化性とに大別することができる．前者は熱を受けた場合，表13·2に示すようにそれぞれの熱変形温度に達すると変形し，さらに加熱すると，溶融して，固相からゲル状，液相へと相の変化を経て燃焼する．後者はフェノール樹脂の燃焼でみられるように，固体のままで，ゲル状あるいは液体にならず燃焼するものが多い．プラスチックの引火・発火温度の例を表13·3に示す.

表 13·2　プラスチックの熱変形温度[7]

プラスチック	熱変形温度 (℃)
石炭酸-ホルマリン樹脂成形品（充てん材なし）	115〜125
〃　　　　　　　（石綿充てん）	140〜180
〃　　　　　　　（ガラス繊維充てん）	>320
石炭酸-ホルマリン樹脂注形品（充てん材なし）	75〜80
メラミン樹脂（充てん材なし）	147
〃　　　（α-セルロース充てん）	205
〃　　　（ガラス繊維充てん）	205
ユリア樹脂（α-セルロース充てん）	132〜138
キシレン樹脂（α-セルロース充てん）	140
ABS 樹脂	75〜107
ポリエステル樹脂注形品（硬質）	60〜200
DAP 樹脂成形品（石綿充てん）	155
〃　　　　　（合成繊維充てん）	115〜145
けい素樹脂成形品（鉱物充てん）	170〜260
〃　　　　　（ガラス繊維充てん）	260〜480
ポリ塩化ビニル成形品（硬質）	55〜75
酢酸ビニル樹脂成形品	38
メタクリル樹脂（セルキャスト板）	100〜105
ポリスチレン成形品（充てん材なし）	70〜100
〃　　　　　（ガラス繊維充てん）	103〜114
アクリロニトリル-スチレン共重合樹脂	90〜93
アクリロニトリル-ブタジエン共重合樹脂	93
ポリエチレン（密度 0.914〜0.925）	41〜50
〃　　　　（密度 0.926〜0.940）	50〜66
〃　　　　（密度 0.941〜0.965）	60〜83
ポリプロピレン	85〜110
ポリアミド（ナイロン6）	55〜58
〃　　　（ナイロン66）	58〜61
ポリカーボネート	132

ASTM D 648，荷重：1.81 MPa

表 13・3　プラスチックの引火・発火温度[8)]

プラスチック	引火温度 (℃)	発火温度 (℃)
ポリスチレン	370	495
ポリエチレン	340	350
エチルセルロース	290	296
ポリアミド（ナイロン）	420	424
スチレン・アクリロニトリル共重合樹脂	366	455
スチレン・メチルメタアクリレート共重合樹脂	338	486
ポリ塩化ビニル	530＜	530＜
ポリウレタンフォーム（ポリエーテル系）	310	415
ポリエステル＋ガラス繊維	398	486
フェノール樹脂＋紙		429
メラミン樹脂＋ガラス繊維	475	623

C. 発熱量

各種材料が燃焼すると熱を発するが，これを単位重量当たりの発熱量として表す．表 13・4 にその例を示す．木材，紙，レーヨンなどセルロースを主成分とする材料の発熱量は 15 ～ 19 MJ/kg，ナイロン，アクリル，ポリエステルなど化学繊維のそれは 22 ～ 29 MJ/kg である．

D. 酸素指数

材料の燃焼性（着火性）は温度と酸素に大きく関わるが，これを特に酸素濃度に着目して着火のしやすさを評価する方法がある．これを酸素指数法とよび，

$$酸素指数（OI値）＝\frac{[O_2濃度]×100}{[O_2濃度]＋[N_2濃度]}$$

で表す．酸素指数の値が小さいほど着火しやすい．すなわち，燃焼しやすい材料といえる．プラスチックや繊維材料の燃焼性の指標として使われる．各種材料の酸素指数の例を表 13・5 に示す．

（2）燃 焼 生 成 物

有機物が燃焼した時に発生する物質は固体または液体としての煙粒子と気体しての燃焼生成ガスに分けられる．この煙粒子と生成ガスの発生は空気の供給量と熱分解温度あるいは燃焼温度によって大きく左右される．熱分解によって発生した固体，液体，気体が熱気流に乗って流れている状態を総称して煙という場合もあるが，煙の粒子とガス状成分とでは性質が大きく異なるので，両者を分けて考える場合もある．

A. 煙の生成

煙の生成は，炭化水素の熱分解による脱水素または凝縮などによる化学的機構説が一般的である．煙の生成は，高温下で物質の酸化反応である脱水素と凝縮，縮合，重合が同時に起こり，きわめて短時間で反応が完結する．煙の粒径は加熱温度と酸素分圧に影響を受ける．表 13・6 にその例を示す．

煙の粒子は生成過程における条件により，色も変わる．特にやや低温度での熱分解時に液状成分を放出しやすい材料は，黄色味をおびた液滴粒子を放出するため黄色い煙が見え，高

表 13·4 材料の発熱量[9, 10]

材料		発熱量(MJ/kg)
建築材料	杉 板（比重 0.45）	18.92
	合 板（比重 0.50）	18.84
	パーティクルボード（比重 0.55）	16.74
	軟質繊維板（比重 0.40）	14.65
	硬質繊維板（比重 0.85）	20.09
	パルプセメント板（パルプ 15%）	2.09
	〃 （パルプ 8 %）	1.47
	岩綿吸音板（でん粉 7 %）	0.84
	〃 （でん粉 12%）	2.09
	せっこうボード（紙あり）	6.28
	〃 （紙なし）	0.42
	木毛セメント板（木毛 45%，比重 0.70〜0.85）	3.14〜5.36
	石綿スレート（比重 1.8）	0
	塩化ビニルタイル（塩化ビニル 30%）	19.38
	〃 （塩化ビニル 10%）	15.07
	アスファルトタイル	17.33
	ゴムタイル	15.91
	リノリウムタイル	21.35
壁 紙	紙（難燃処理あり）	10.05 (17.58)
	麻（難燃処理あり）	10.05 (16.66)
	レーヨン（難燃処理あり）	7.91 (15.03)
	塩化ビニル（無機質 55%，難燃処理あり）	8.75 (17.96)
	アクリル（塩化ビニル 50%）	17.96 (31.31)
	ポリエステル（無機質 70%）	7.12 (22.94)
	ポリクラール（難燃処理あり）	17.96 (22.52)
	石 綿（パルプ 18%）	3.77
	ひる石	8.33
	ガラス繊維	3.35
繊 維	綿（100%）	16.12
	麻（100%）	16.70
	レーヨン（100%）	15.03
	羊毛（100%）	21.85
	ナイロン（100%）	27.38
	アクリル（100%）	29.18
	ポリエステル（100%）	21.77
	〃 95%：ナイロン 5%	19.67
	〃 85%：麻 15%	24.91
	〃 80%：麻 20%	20.60
	〃 65%：綿 35%	21.56
	〃 40%：麻 60%	14.69
	〃 35%：アセテート 65%	18.21
	アクリル 80%：羊毛 20%	25.91
	羊毛 80%：レーヨン 20%	11.18

（ ）内の数値は未処理の値を示す.

表 13·5　高分子材料の燃焼性（酸素指数法）[11]

区分	品名	厚さ (mm)	酸素指数
プラスチック	発泡ポリエチレン	3	19.0
	発泡 ABS	3	20.0
	ナイロン6	3	26.3
	ポリエチレン	3	19.3
	〃	2	18.8
	ポリプロピレン(ナチュラル)	3	19.0
	〃　(A種難燃処理)	3	28.1
	〃　(B種　〃　)	3	31.9
	硬質 PVC	3	26.5
	〃	3	53.0
	メタクリル	3	18.8
	〃	2	18.6
	ポリアセタール	3	16.1
	AS	2	19.8
	透明 ABS	2	19.0
	ABS 押出プレート	2	20.0
	ABS G 30%	3	20.0
	ポリスチレン GF 10%	3	19.3
	積層板紙–変性フェノール（A）	3	31.0
	〃　（〃）	1.6	29.0
	〃　（B）	1.6	28.0
	〃　（C）	1.6	28.0
	紙–エポキシ	3	31.3
	〃	1.6	32.0
	ガラス布–エポキシ（A）	1.6	47.0
	〃　（B）	1.6	48.0
	〃　（C）	3	70.0
	〃　（D）	1.6	60.0
	ガラス布–シリコン	3	88.0
プラスチック	ガラス布–メラミン	1.6	60.0
	ガラスマット	1.6	28.0
	無機質–フェルト	3	36.0
	フッ素樹脂	3	95.0
繊維	綿		21.0
	麻		20.5
	羊毛		28.1
	ポリプロピレン		20.2
	アクリル		21.4
	塩ビ，アクリル共重合体		28.9
	ポリエステル 100%		26.3
	ポリエステル綿 65/35		21.9
	レーヨン 100%		22.8
	レーヨン A 種防炎加工		38.1
	〃　B 種　〃		39.5
	〃　C 種　〃		40.9
	キュプラ		21.9
	アセテート		21.9
	ナイロン 100%		28.1
	ビニロン		21.0
	ポリ塩化ビニル		40.3
	ポリクラール（暗幕）		38.3
	〃　（暗幕，加工後）		48.2
	〃　（フラノ）		35.1
	〃　（フラノ，加工後）		49.1
	〃　（平織）		27.2
	〃　（平織，加工後）		43.0

表 13·6　加熱温度・酸素分圧と粒径分布[12]

高分子	分解温度 (℃)	O_2 (%)	平均径 (μm)	粒径 (μm) 0.88 (%)	1.25	1.77	2.50	3.55	5.0	7.1	10
ポリエチレン	440	0.0	1.58	10.6	44.4	29.5	13.4	2.0	—	—	—
		10.9	2.27	2.3	20.4	33.2	20.9	18.9	4.3	—	—
		21.0	1.29	26.8	49.3	21.8	2.1	—	—	—	—
	800	0.0	1.76	5.1	36.7	36.8	15.4	5.5	0.5	—	—
		10.9	2.36	12.4	30.0	38.8	30.0	12.4	—	—	—
		21.0	1.63	4.9	37.0	48.7	8.8	1.2	—	—	—

ポリプロピレン	440	0.0	1.45	11.7	57.4	22.6	6.6	1.7	—	—	—
		10.9	2.28	—	17.9	51.2	17.2	4.9	5.4	2.1	1.3
		21.0	2.80	2.0	28.5	27.6	13.6	9.6	8.3	6.8	3.6
	800	0.0	1.50	10.5	54.9	25.5	6.7	1.1	1.3	—	—
		10.9	1.32	20.9	55.8	20.7	2.3	0.3	—	—	—
		21.0	1.52	7.0	43.3	45.5	3.5	0.7	—	—	—

温になると黒い煤が多量に放出される．この時酸素が十分に供給されれば棒状の長い煤は少なく，短い煤になり煙量も激減する．

煙粒子を含む各種粒子の粒径範囲および粒径測定方法を図13·5に示す．

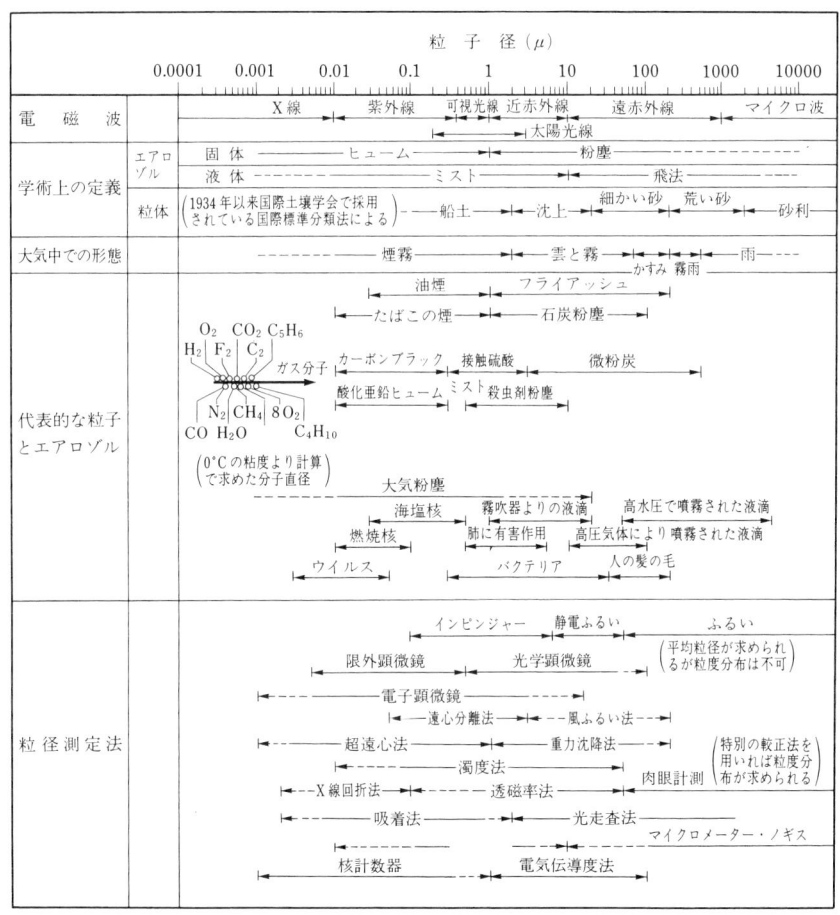

図 13·5 エアロゾル総合特性図[13]

B. 燃焼ガス

燃焼ガスの組成は，材料の化学組成と熱分解温度，供給空気量，酸素分圧などの燃焼条件に大きく依存する．同一材料でも燃焼条件により，生成物の組成が異なる．有機物が，熱分解・燃焼した場合には CO，CO_2 は必ず発生し，その他のガスは化学組成固有のガスを放出する．材料の燃焼状態がくん焼状態にある時は有炎状態の場合と大きく異なる．詳細は後節（3）燃焼生成物の毒性を参照．　　　　　　　　　　　　　　　　　　　　（鈴木　弘昭）

（3）燃焼生成物の毒性

A. 概　要

有毒ガスが発生する火災を対象とした場合，燃焼の現象は，不均一系の燃焼，拡散燃焼，乱流炎，火炎伝播または定置燃焼に分類されよう．例えば，燃焼に伴う煙の生成は，一般的には2つの経路によるとされている．すなわち，1つは熱分解生成物が気層中で燃焼することなく，途中で冷却・凝縮して排出される経路であり，他は熱分解生成物が火炎中で遊離炭素を生成し，これが排出される経路である．有毒ガスの生成もこれらと類似したところがある．前者に対しては，smouldering（くん焼）であり，後者に対しては雰囲気温度（輻射）と空気供給（換気）条件および火炎形成条件等が対応する．一酸化炭素（CO）は遊離炭素が二酸化炭素になる過程で生ずるが，火炎移動がない定置燃焼で拡散炎等の条件下では，発生予

表 13·7　代表的α-オレフィン，ビニルおよびジエン系ポリマーの熱分解ガス[19]

ポリエチレン[14] (530℃)		ポリプロピレン[14] (400℃)		ポリスチレン[15] (500℃)		ポリ塩化ビニル[16] (600℃)		ポリメタクリル酸メチル[17] (500℃)		ポリブタジエン[18] (400℃)	
CH_4	8.0	CH_4	3.9	C_2H_6	3	HCl（ポリマー重量の58.3%）		C_3H_4	2.5	C_2H_4	11.6
C_2H_4	20.9	C_2H_6	4.8	C_6H_6	1	炭化水素成分（同, 38%）		$C_5H_8O_2$（モノマー）	93.6	C_2H_6	14.6
C_2H_6	8.9	C_3H_6	21.4	C_7H_8	1	CH_4	8.8	CO	2.8	C_3H_6	16.8
C_3H_6	9.9	C_3H_8	1.9	C_8H_8（モノマー）	94	C_2H_6	4.8			C_3H_8	5.4
C_3H_8	7.3	iso-C_4H_8	3.0	C_9H_{10}	0.5	C_2H_4	3.5			CH_2=$CHCH$-CH_2	28.2
1-C_4H_8	2.3	C_5H_{12}	24.3			C_3H_6	2.9			C_4H_8	14.5
C_4H_{10}	1.9	CH_2-$CH(CH_3)$ C_3H_8	15.4			C_3H_8	3.0			C_4H_{10}	4
1-C_5H_{10}	2.7	$C_3H_8CH(CH_3)$ C_3H_8	2.3			C_4H_{10}, C_4H_8	2.5			C_5H_{10}	2.1
1-C_6H_{12}	8.0	CH_2-$CH(CH_3)$ $CH_2CH(CH_3)C_3H_8$	18.9			C_6H_6	51.2				
1-C_7H_{14}	8.2					C_7H_8	5.3				
1-C_8H_{16}	3.7					$C_{10}H_8$	4.8				
C_8H_{18}	1.9										
1-C_9H_{20}	3.5										
1-$C_{10}H_{22}$	3.9										

（注）　濃度：モル%，極微量成分（ca, 20% 以下）は省略

測はある程度可能であろうが，実際の火災時の状況に適用するのは，火炎の形成，消失で生成量は不連続的に変化するので困難を伴う．これまで，種々の化学組成を持つ建築・収納物材料について，火災時対応燃焼条件の下での有毒ガス発生性状が調べられてきた．近年は，主として CO を対象としたものであるが，化学種生成モデルを用いた予測も試みられている．

B. 材料から発生するガスの種類と量

有毒ガスの発生を予測しようとする場合，通常，建物内で用いられる材料が火災時条件の燃焼または熱分解等でどのような種類のガスをどの程度発生するかを把握しておく必要がある．燃焼の前段の熱分解では，ガスの種類は多岐にわたる場合が多く，例えば代表的脂肪族

表 13·8 高分子の燃焼[*1]生成ガス[20]

試料 (0.1 g)	空気供給量 (l/h)	燃焼生成ガス (mg/試料 1 g)											ガス化率[*2] (%)
		HCl	CO_2	CO	COS	SO_2	N_2O	NH_3	HCN	CH_4	C_2H_4	C_2H_2	
ポリエチレン[*3]	100		738	210						72	185	34	62.5
	50		502	195						65	187	9.5	51.2
ポリスチレン	100		619	178						6.5	18	13	30.0
	50		590	207						6.5	16	6.4	29.7
ポリ塩化ビニル	100	286	657	177								11	69.3
	50	279	594	207						6.5	2.3	6.4	68.8
ナイロン-66	100		590	205			9.8	31	40	94	15		60.7
	50		563	194			3.5	26	39	82	7.4		55.7
ポリアクリル酸アミド	100		796	157			17	18		16	10	8.5	63.3
	50		738	173			32	21		20	13	4.2	62.1
ポリアクリロニトリル	100		556	108					56	5.9		7.4	37.7
	50		630	132					59	7.8		4.2	42.7
ポリウレタン[*4]	100		666	173				3.3	21	43	14		51.4
	50		625	160				1.1	17	37	6.4		44.5
ポリフェニレンスルフィド	100		1796	161	2.5	423						2.1	85.1
	50		1892	219	2.5	451						1.1	92.7
エポキシ樹脂[*5]	100		1138	153					2.2	16	2.3	7.4	52.9
	50		961	228					3.3	33	4.6	6.4	52.7
尿素樹脂	100		1193										96.7
	50		980	80					22				92.5
メラミン樹脂[*6]	100		576	194			34	84	96				81.8
	50		702	190			27	136	59				86.6

[*1] 加熱温度：700℃，ただし尿素樹脂のみ800℃；[*2]ガス化率：〔(定量された全成分中の炭素の重量/試料中の炭素の重量)×100〕；[*3]ベンゼンおよびプロピレンが検出された；[*4]ポリエステル系ポリウレタン（トリレンジイソアナート系）；[*5]ジアミノジフェニルメタン（30 phr）硬化エポキシ樹脂；[*6]メラミン樹脂の場合，燃焼しなかったので，熱分解生成ガスの組成を示している.

鎖ポリマーの分解ガスは表13·7に示すように，多くの成分に分かれ，さらにこれらが酸素と結合する過程で分岐するので，場合によっては100種類以上の成分ガスが発生することもある．ポリエチレン（PE）は典型的なランダム分解であり，ポリスチレン（PS）はモノマーが多く，またポリ塩化ビニル（PVC）はポリマー重量の約60％が塩化水素（HCl）となり，ベンゼン，トルエン，ナフタレン等も発生している．ポリメタクリル酸メチル（PMMA）は，90％以上がモノマーである．表13·8および表13·9は燃焼ガスの組成を示したものである．

　火災生成ガスの危険性評価を考えた場合，一般にどのような材料が建物内で多く使用されているか，またそれら材料からどの種類の成分ガスが多いかを把握しておく必要がある．材料を，セルロース系（木質系），塩素系，窒素系，C-H系，イオウ系およびフッ素系等に分類して検討される場合が多い．これらのうちの代表例として，塩素系を表13·10に，窒素系を表13·11および表13·12に示す．セルロース系材料に含まれるものは，木材，紙，木綿，合板，

表 13·9　各種高分子物質からの発生ガス[21)]

	セルロース	ポリエステル	絹	羊毛	ナイロン	ポリアクリルニトリル	ポリウレタン	ポリエチレン	ポリプロピレン	ポリメチルメタクリレート	ポリ塩化ビニル
炭酸ガス	202	290	170	69	35	73	88	120	21	99	<8
一酸化炭素	88	85	13	21	13	12	57	120	25	61	7.0
塩化水素	—	—	—	—	—	—	—	—	—	—	230
アンモニア	—	—	21	12	6.0	2.6	—	—	—	—	—
シアン化水素	—	—	1.3	1.8	—	6.6	<2	—	—	—	—
硫化カルボニル	—	—	—	1.8	—	—	—	—	—	—	—
メタン	2.4	1.7	1.7	1.9	0.84	3.4	4.6	2.5	1.5	0.56	1.7
エチレン，アセチレン	2.8	2.7	0.57	1.6	3.6	0.60	3.9	18	2.1	0.51	0.98
エタン	0.52	0.14	0.62	0.91	0.92	0.79	1.3	1.6	3.3	0.08	1.7
プロピレン	0.88	0.18	0.60	2.0	2.6	0.27	29	12	27	1.23	0.73
プロパン	0.11	—	—	1.3	0.70	1.4	—	2.5	—	—	0.83
ブテン	—	—	—	1.1	2.9	—	0.38	—	4.8	—	—
ベンゼン	—	2.7	—	—	—	—	—	—	—	—	11
トルエン	—	0.23	—	—	—	—	—	—	—	—	—
メチルアルコール	—	—	—	—	0.68	2.0	—	6.2	5.6	—	—
アセトアルデヒド	2.5	14	—	—	0.81	—	32	10	7.9	—	0.30
アクロレイン	2.1	—	—	—	—	—	—	8.4	3.9	—	—
アセトン	—	—	—	—	—	—	13	—	—	—	—
アセトニトリル	—	—	5.7	1.6	1.2	3.0	—	—	—	—	—
アクリロニトリル	—	—	—	0.83	—	5.6	—	—	—	—	—
メチルメタクリレート	—	—	—	—	—	—	—	—	—	89	—
試量残量	4.1	9.1	19.3	12.7	4.3	19.5	4.3	32.3	4.0	0	15.5

分解温度：500℃，酸素濃度：21％，空気流量：220 ml/分，分解時間：4分，試料重量：約100 mg
生成物量は単位分解量（g）当りの生成物量（mg/g）で表してある．

木質繊維板等であり，これら材料は主にCOとCO₂を生成し，くん焼時にはさらにアルデヒド，アクロレイン等を生成することが明らかにされているが，実際の火災では，毒性の主体はCOとみてよいであろう．塩素系材料の主なものとしては，ポリ塩化ビニル（PVC），ポリ塩化ビニリデン（PVD）等があり，これら材料はClを含有しているため，燃焼・熱分解時には毒性の強いHCl，Cl₂，COCl₂を生成する可能性があるが，実際の火災時の主体はHClとみてよい．また，HClは水に容易に溶けるため，人間が吸入する可能性はさらに少なくなろう．窒素系材料には，ユリア樹脂，ポリウレタン，ポリアミド（"ナイロン6"，"ナイロン66"

表 13·10　ポリ塩化ビニルの燃焼生成物（g/g）

実験者	Hobb, Pattern[22]		Coleman, Thomas[23]			Walley[24]		
	自由燃焼	くん焼	350℃	660℃	850℃	350℃	500℃	750℃
燃焼条件	800℃ O₂：21%	O₂：11.7%	5ℓのフラスコ中	450ℓ/min 試料0.5g		5ℓのフラスコ中		
CO₂	0.433	0.743	0.017	0.408	0.548		0.447	0.832
CO	0.229	0.086	0.010	0.356	0.166	0.004	0.269	0.240
アルデンド								
フォスゲン	0.0001	0.0008						
アンモニア								
塩　素	0.496	0.473	0.472					
ベンゼン			0.054	0.047	0.031			
トルエン				0.0022	0.0089			
残　渣			0.402					
H₂				0.0016	0.005			
CH₄				0.0014	0.034			
C₂H₆				0.0064	0.0006			
C₂H₄				0.0063	0.013			
HCl			0.472	0.460	0.406		0.433	0.384

表 13·11　ポリアクリルニトリルの燃焼生成物（g/g）

実験者	森本[19]		Sumi, Tsuchiya[25]						岸谷，中村[26]		
	700℃		5ℓフラスコ中800℃						350℃	500℃	750℃
燃焼条件	100ℓ/h (1.7ℓ/min)	50ℓ/h (0.8ℓ/min)	〔0.4〕	〔0.8〕	〔1.2〕	〔1.6〕	〔2.0〕	〔2.4〕	(4ℓ/min)		
CO₂	0.556	0.630	1.46	0.57	0.44	0.28	0.17	0.23	0	—	2.259
CO	0.108	0.132	0.17	0.168	0.148	0.089	0.109	0.076	0	0.017	0.177
HCN	0.056	0.059	0.095	0.128	0.130	0.142	0.193	0.170	0.018	0.031	0.080
CH₄	0.0059	0.0078									
O₂H₂	0.0085	0.0042									
残渣			0.19	0.19	0.19	0.19	0.15	0.15			

〔　〕内は試料量（g）

表 13·12　ポリウレタンフォームの燃焼生成物

実験者	森本[19]		Sumi, Tsuchiya[25]						岸谷, 中村[26]		
燃焼条件	700℃		5 l フラスコ中 800℃						350℃	500℃	750℃
	100l/h 〔1.7l/min〕	〔0.8l/min〕	〔0.4〕	〔0.6〕	〔1.2〕	〔1.6〕	〔2.0〕	〔2.4〕	(4l/min)		
CO_2	0.666	0.625	1.40	0.70	0.47	0.43	0.32	0.28	0.264	0.644	1.236
CO	0.173	0.160	0.21	0.23	0.157	0.142	0.97	0.092	0.026	0.138	0.353
HCN	0.0033	0.0010	0.008	0.008	0.008	0.008	0.008	0.008	0.001	0.006	0.008
CH_4	0.021	0.017									
C_2H_4	0.043	0.037									
C_2H_2	0.014	0.0064	0.12	0.13	0.12	0.12	0.12	0.10			
残渣											

〔　〕内は試料量（g）

等），ポロアクリロニトリル（PAN）（アクリル繊維等），メラミン樹脂等の合成高分子や絹・羊毛などのタンパク質系天然繊維がある．これら材料の有毒な成分ガスは HCN とみてよい．

　成分ガスの毒性の観点から，火災時には CO が主体であると考えられるが，窒素系材料が存在する場合は，CO よりもかなり毒性の高い HCN も考慮する必要があろう．

　CO の発生量に関しては，燃焼条件，すなわち加熱温度や空気供給条件（雰囲気中の O_2 分圧等）と関連させて研究された例が多いが[27, 28]，最近の研究によれば，CO の発生条件はより複雑である．これまでの報告では，空気不足の状態で資料 1 g 当り 50 ～ 800 mg 程度とバラツイているが，炭化層を形成する材料では，図 13·6 に示すように，炎が消滅して灰化する過程での発生性状が影響する場合もある[29]．CO の発生量，発生速度は火災時の燃焼・熱分解反応の中で大幅に変わるが，CO/CO_2 比は，燃料と火災条件の組み合わせでかなりの程度安定しているといわれている．この CO/CO_2 比は，木質材料の制御された燃焼で，供給酸素濃度を通常空気中の状態から 1/2 に急減させると，50 倍に増加するとの報告もある[30]．

　HCN の発生量に関して，以下のような報告がある．ポリアクリロニトリル（PAN），羊毛，絹を空気または N_2 を通じながら 200～350℃ で燃焼・熱分解させた場合，HCN 生成量は，温度が高いほど多

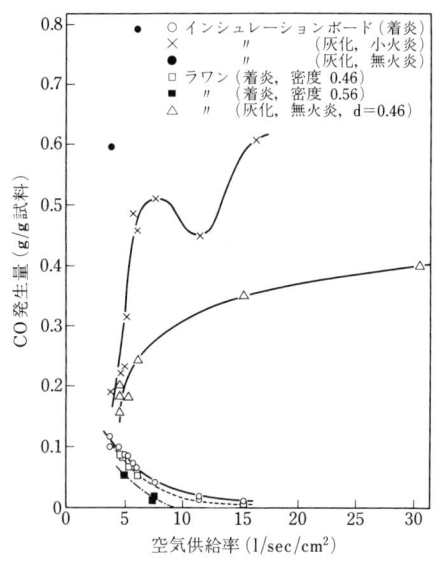

図 13·6　CO 発生量と空気供給量[29]

く，PAN は 180℃ 以上で HCN を生成した．HCN 生成量は 350℃ 加熱の PAN が最も多く，ついで絹，羊毛の順であった（図 13・7）[31]．窒素を含む各種高・低分子材料を空気または N_2 を通じながら燃焼熱・分解させた場合，いずれも 600℃ 以上の温度で必ず HCN を生成し，特に PAN は 300 〜 400℃ でも HCN を生成する．また，ユリア樹脂，メラミン樹脂は 800℃ では発炎による HCN の燃焼のため，生成量は減少する（図 13・8）[32]．各材料の N 含有量と HCN 生成量は，ほぼ比例関係にある（図 13・9）[32]．各種ポリウレタンフォームを反応管内の空気気流中で加熱すると，HCN 生成量は約 500℃ が最高で，それ以上の温度では少なくな

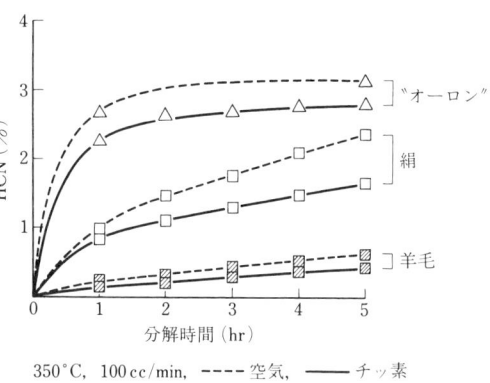

350°C，100 cc/min，----空気，——チッ素

図 13・7　各種試料の比較[31]

図 13・8　加熱温度と HCN 発生量[32]
（空気供給 0.5〜2.5×10⁻² ℓ/min/mg）

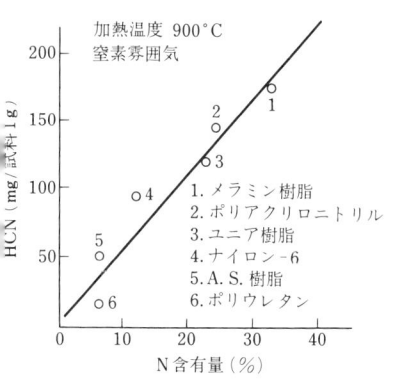

加熱温度 900°C
窒素雰囲気

1. メラミン樹脂
2. ポリアクリロニトリル
3. ユニア樹脂
4. ナイロン-6
5. A.S. 樹脂
6. ポリウレタン

図 13・9　N 含有量と HCN 生成量[32]

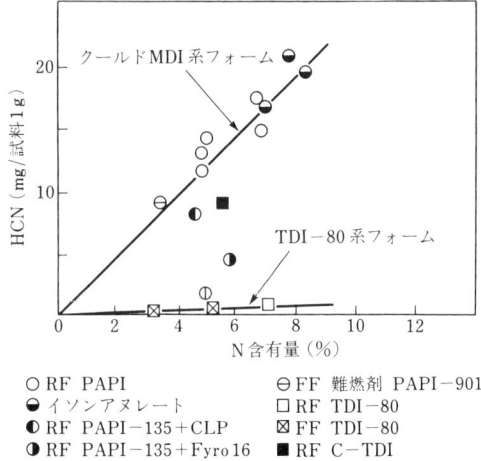

○ RF PAPI　　　　　　　　　　⊖ FF 難燃剤 PAPI−901
◑ イソシアヌレート　　　　　　　⊘ RF TDI−80
◕ RF PAPI−135＋CLP　　　　⊠ FF TDI−80
◑ RF PAPI−135＋Fyro16　　　■ RF C−TDI
Ⅱ FF PAPI

図 13・10　窒素含有量と HCN 発生量[33]

る．イソシアネート成分を同じくするフォームでは N 含有量と HCN の発生量はほぼ比例している（図 13·10）[33]．

化学成分中に窒素を含む材料から生成する HCN の量に関する上記報告のデータ間にはかなりの差があるが，これは主に試験時の空気供給条件の違いによるものと考えられる．

C. CO 発生の予測モデル

燃焼の化学反応としての特徴は原子や遊離基（radical）を含む高温・高速の反応であり，反応性に富んだ種々の遊離基の関与する多数の素過程により構成される複雑な連鎖反応である．遊離基は高温の火炎中に存在する中間的生成物であるが，反応を促進し，燃料を速やかに消費するうえで大きな役割を果たしている[34]．したがって，建築火災に含まれる材料の化学種を基にその発生を予測するのは，厳密にはかなり困難なものとなる．しかしながら，建築火災の解析では燃焼反応の複雑な機構には立ち入らず，総括反応式により化学種の発生を予測する手法が試みられている[35]．燃焼のモデル化を検討する場合によく用いられる気体や液体燃料ではなく，木材のような実在の可燃物の燃焼における化学種の生成を図 13·11 のように単純化して予測する方法も提案されている[36]．図中の w_C, w_H, w_O, w_N はそれぞれ C，H，O，N の質量分率，r の割合で炭素残渣を残しながら定常的に熱分解して気化し，さらに炭素を s の割合で煤に，p の割合で CO に変えながら燃焼すると仮定している．

また，「燃料/空気比」（equivalence ratio）の関数による主な化学種の生成モデルで CO 生成速度を検討する手法も研究されている[37~40]．CO 体積分率の実験と予測結果の一例を図

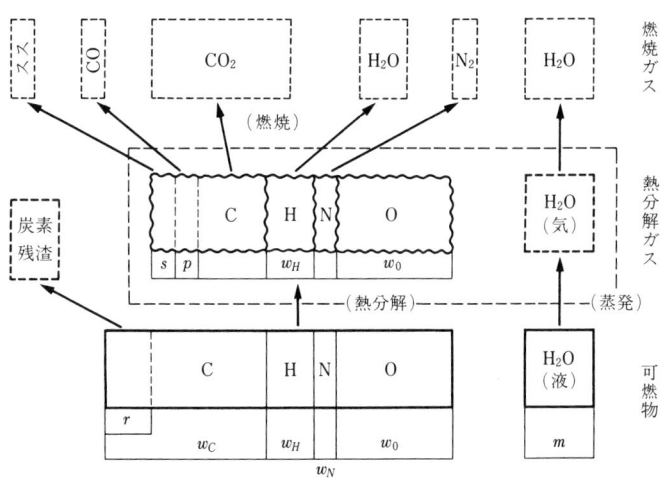

図 13·11　実在可燃物の燃焼の単純化モデル[36]

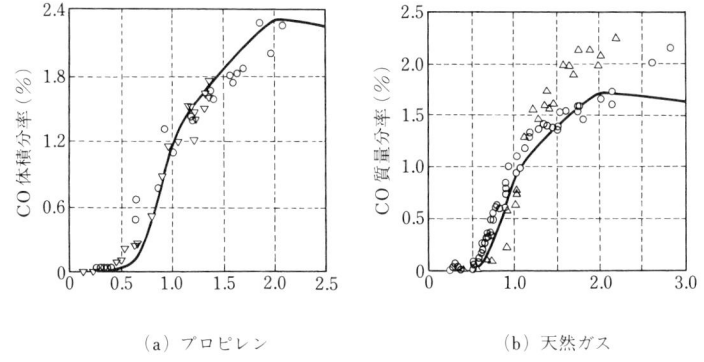

(a) プロピレン　　　　　　　　(b) 天然ガス

図 13·12　プロピレンおよび天然ガスを燃料とした時の化学種体積分率の実験と予測結果[40]
（実線：予測結果，○：Morehart，▽：Beyler，△：Toner）

13·12 に示す.

米国国立標準および技術研究院：
建築および火災研究所（Building and
Fire Research Laboratory, National
Institute of Standards and Technol-
ogy）では，CO の生成と予測に関して
1989 年から 5 カ年のプロジェクトを
実施した[41]．ここでは主として Global
Equivalence Ratio（ϕ_g：上部層中の
燃料より供給されたガスの質量の，化
学量論比により正規化された巻き込み

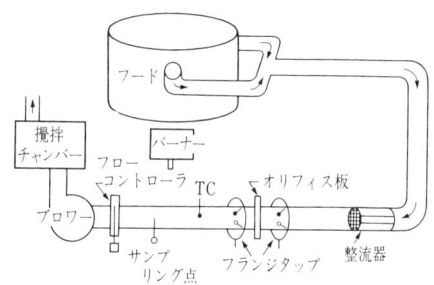

図 13·13　Beyler による 2 層環境での燃焼時のガスの形
成研究に使用したフードの排気システム図

空気質量に対する比，GERC）の概念を用いて室空間における CO の発生と予測を試みたも
のである．これは，Beyler による 2 層中での定常燃焼時の燃焼ガス形成研究[42]を基にしてい
る（図 13·13）．Beyler は，CO 生成は 2 つの定数によって特徴づけられると結論している.
1 つは希薄条件であり（ϕ_p：プリュム当量比；燃料質量流速の，化学量論比で正規化した下
層巻き込み空気流速に対する割合 < 0.7），もう 1 つは濃い（ϕ_p > 1.2）条件である．CO 形
成の固体燃料についての結果[43]も合わせて表 13·13 に示す．フード実験での結論は，① CO
を含む主な火炎中の化学種は，ϕ_g と相関している，②低および高 ϕ_g では，比較的一定の
CO が生成される，③濃い条件下の CO 生成は，希薄条件下よりもきわめて多く，燃料中の
化学構造と関連づけられる，④ CO 生成量のバラツキは小さいなどである.

　NIST における CO プロジェクトの主な研究項目は，室火災での CO 形成，フード実験と
GERC，上層での反応挙動の詳細な化学反応速度計算，模型室（ASTM；Part 18，ISO 9705
の 2/5 のサイズ）による研究，室火災における GERC の CO 生成予測への適用，GERC の
適用限界等である．ここでの結論は，以下のようにまとめられている[44].

　フードタイプ実験での CO 生成は，上部層での ϕ_g ときわめて強い関連がある．この関連は

表 13·13　Beyler による燃焼時のガスの形成研究の結果[44]

燃　　料	化学式	CO 生成比	CO生成量 (g/g)
プロパン	C_3H_8	1.8	0.23
プロペン	C_3H_6	1.6	0.20
ヘキサン	C_6H_{14}	1.6	0.20
トルエン	C_7H_8	0.7	0.11
メタノール	CH_3OH	4.8	0.24
エタノール	C_2H_5OH	3.6	0.22
イソプロパノール	C_3H_7OH	2.4	0.17
アセトン	C_3H_6O	4.4	0.30
ポリエチレン	$-CH_2-$	1.7	0.18
ポリ（メチルメタクリレート）	$-C_5H_7O_2-$	3.0	0.19
Ponderosa Pine	$C_{0.95}H_{2.4}O$	3.2	0.14

上部層の温度と関連するが，よく説明がつくのは低温（<～700 K）および高温（>～900 K）領域である．GERC 概念は，燃焼の形態が同一か上部層が反応的でない温度が十分に低い（> 700 K）場合の室火災に対して適用しうる．このような GERC 概念が拡張できるのは，室内で 2 層ゾーンが明確に形成され，上部層に対して空気流入の他の経路が存在せず，上部層中に熱分解の可能性のある固体が存在しない場合である．GERC 概念が適用できる条件では，煙の吸入による致死をもたらすような室火災の代表的条件とはならない．濃い燃焼ガス層への空気の直接巻き込みがある場合の CO 生

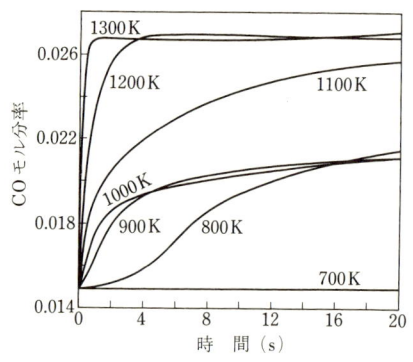

図 13·14　高温プラグでの反応器における一酸化炭素生計算値[39]

成メカニズムが明らかにされた．この CO 生成は詳細な化学反応速度計算による予測と一致する（図 13·14）．室火災での CO 生成およびそこからの CO 伝播は，さらなる検討を要する．

　以上のように，有毒ガス発生予測法は近年特に CO に関して大きな発展をみたが，火災において実際に死者が生ずるような条件に適用するには，さらなる研究を要するといえる．これは，モデル化の条件が，例えば，雰囲気中の酸素濃度が低下するような通常の設定のみでは説明のつかない現象を CO の生成過程では生ずる場合が多いからであろう．室火災をモデル化した実験では，開口部面積を室内の温度や O_2 濃度の低下と関連させて CO の発生を論ずるのが一般的であろうが，特に木質系材料の場合は，局部的に着炎と消炎が振動的に起こったり，灰化の状態が多いような条件では CO 生成量が大幅に増加する可能性があるからである．例えば，雰囲気中の温度や輻射と酸素濃度とを関連させて，有炎燃焼から無炎燃焼

への移行を論ずるには，確率論的なアプローチが必要かもしれない．　　　　（遊佐　秀逸）

（4）燃焼生成物の毒性評価法

A. 材料の燃焼生成ガスで評価する手法

火災による毒性評価に人体を用いることはできないので，動物を暴露した場合の結果に基づいて評価を行うのが一般的となっている．通常の火災毒性の評価には，マウスやラットといったネズミ類を実験動物として用いるのが通例となっている．これらの動物は，一般に人間より呼吸回数が多いために，毒性ガスに対して敏感な反応を示すことが知られている．しかし，人間が口と鼻の両方を使って呼吸するのに対して，ネズミ類は鼻のみで呼吸をし，その鼻はいつも湿っている．このため，SO_2 や HCl のような水溶性のガスあるいは煤のような粒子の場合，肺まで到達するのが遅れることが知られており，このようなガスに対する毒性評価に影響を与えることが懸念されるが，高濃度のガスあるいは，5 μm 以下の細かい粒子

表 13·14　火災の条件の一般的な類型化

火災の類型	酸素濃度（%）	CO_2/CO 比	温度（℃）	輻射強度
無炎分解				
a）　くん焼（自律的）	21	適用除外	<100	適用除外
b）　無炎燃焼（酸化性）	5～21	適用除外	<500	<25
c）　無炎燃焼（熱分解）	<5	適用除外	<1000	適用除外
有炎拡大火災	10～15	100～200	400～600	20～40
最盛期有炎火災				
a）　低換気条件	1～5	<10	600～900	40～70
b）　高換気条件	5～10	<100	600～1200	50～150

ただし，酸素濃度は，室内の平均，CO_2/CO 比は，燃焼領域付近の火災気流内の平均値，可燃物表面における平均熱輻射とする．

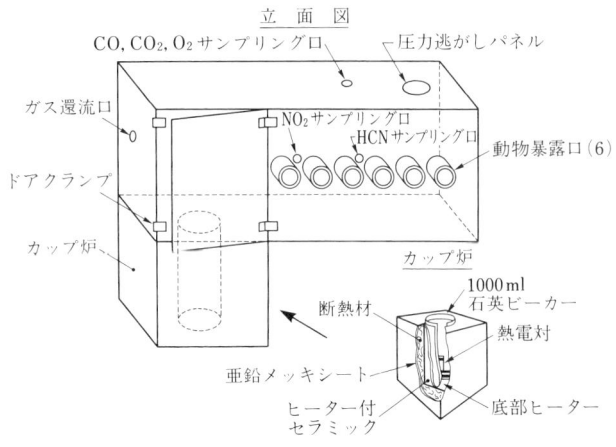

図 13·15　NBS カップ炉

の場合，人間と同等の影響をもたらすことも知られている．したがって，総じてみれば，マウスあるいはラットによる測定結果は，人間に対して安全側の評価を与えるとされている．

火災の性状により発生するガスの種類も異なるので，ISO の技術報告書[45]では，酸素濃度，CO_2/CO 比，温度，輻射強度に応じて，表 13・14 のように分類することを提案している．さらに，同報告書は，世界各国の火災毒性評価を目的とした燃焼ガスの生成およびそのガスへの動物の暴露の装置を箱型燃焼装置，管状燃焼装置，熱輻射燃焼装置の 3 つに分類して例示している．

まず，箱型燃焼装置としては，NBS カップ炉（図 13・15）とピッツバーグ大学箱型炉（図 13・16）がある．NBS カップ炉は，無炎酸化分解反応に適した装置となっており，換気状態のよい初期火災における分解反応の再現に適している．本装置は，ポット炉とよばれることもある．

また，ピッツバーグ大学箱型炉は，毎分 20℃ で昇温加熱されており，無炎燃焼の時期から

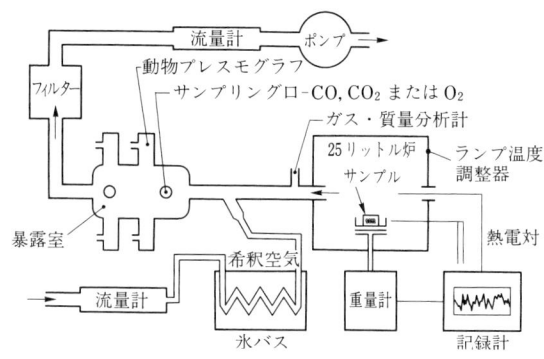

図 13・16　ピッツバーグ大学箱型炉

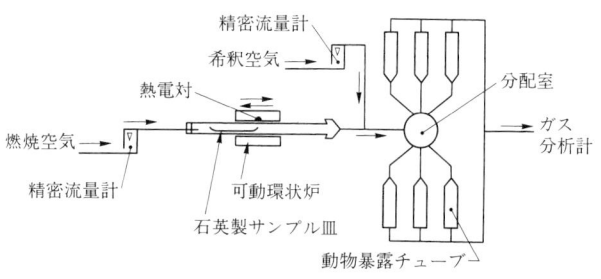

図 13・17　DIN 53436 管状炉

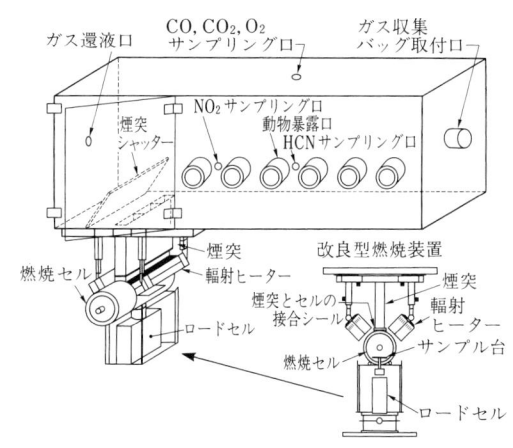

図 13・18　改良型米国輻射炉

有炎燃焼に至るまでの広範にわたる試験を行うことができるという利点もある．しかし，昇温速度が一定であるために，実火災との対応が明確ではないという欠点もある．

管状燃焼装置としては，DIN 53436管状炉（図13・17）がある．本装置の特長は，燃焼雰囲気中のガスおよび試料の受ける加熱条件を自在に制御できる点にある．本装置の難点は，無炎燃焼にするか，有炎燃焼するかを外部から制御できないこととされている．

近年では ISO TS 19700 (2016)[46]（図13・18）も使われるようになったが，この手の管状炉で測定できる材料は単一素材に限定されている．

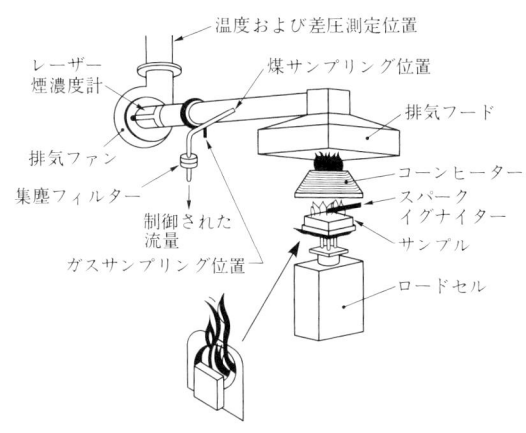

図 13・19 コーンカロリーメータ

輻射加熱を利用するコーンカロリーメータ（図13・19）は，ISO と ASTM の両方で，発熱特性等を測定する中間規模の装置として採用されている．この装置では，輻射強度を変化させることにより，無炎の酸化分解および初期の拡大火災を再現することができる．しかし，本装置では，いつも十分な換気が保障されているので，火災最盛期に対応した高温かつ酸素が不足した条件を再現することができない．現在，この点を改良した装置が開発されているが，装置が複雑になり高価となるので所有する研究・試験機関は今のところ限られてい

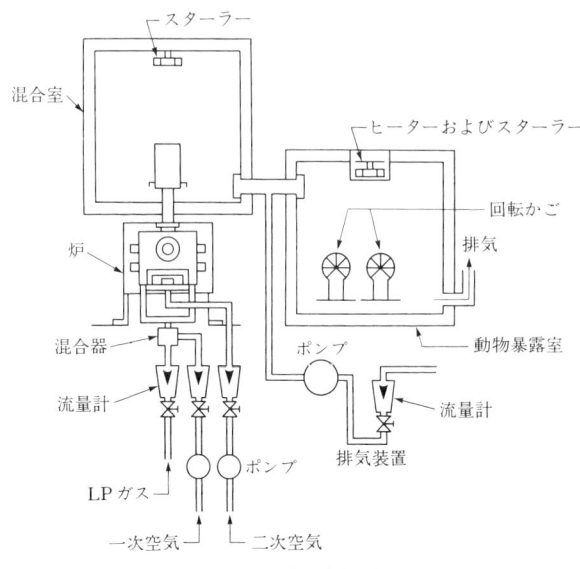

図 13・20 建設省告示炉

る.

　ガス有害性試験装置（図 13・20）は, 現在, 建築火災時におけるガスの毒性評価として用いられている. 本装置は, 換気が制限された火災条件に対応しており, 木材を試料とした場合の CO_2/CO 比は 10 以下となっている. 本装置では, 質量減少を連続的に測定することができないので, 毒性を定量化することが困難となっている.

　現在のところ, それぞれの装置が利点と欠点を合わせ持っている. ガス毒性評価のための燃焼装置の利用者は, その装置の特性をよく理解し, 利用目的にあった装置を選択すべきである.

B. 計算式による予測手法

　火災によって発生する有毒ガスの毒性は, 本来, できるだけ人間に近い生体によって得られた情報に基づいて評価されるのが望ましいことは明白である. しかし, 人間に近い高等動物を安全性評価のためとはいえ, むやみに試験に用いることは困難である. そこで, これまでは火災によって発生するガスにラットもしくはマウスを, 暴露して, その毒性の評価を実施してきた. ところが近年, ヨーロッパ諸国を中心に動物実験そのものの廃止を求める運動が活発になってきた.

　このような世界的な動きに対応して, 動物実験によらず, 火災発生ガスの化学分析と主要ガス成分の毒性値に基づく計算によって全体のガス毒性を推定する方法が ISO において検討されている. しかし, 現段階では, 各毒性ガス成分が生体に及ぼす影響に関する情報が不十分なので, 経験則に基づく複数の評価式が提案されているにすぎない.

　ラットを用いた動物実験の結果から, 一酸化炭素の毒性に関しては, 暴露濃度と暴露時間の積が一定値になるということが経験的に知られている. このことは, 生体に吸入された毒性ガスの総量によってガス毒性が決まっていると解釈できる. また, 他のガス成分についても, 一酸化炭素ほどではないが同様な関係を有していることも知られている. そこで, 各毒性ガスの濃度を毒性の強さに応じて標準化したものを各ガス成分ごとの毒性の指標として扱い, これらの指標の和を全体の毒性値とする考え方が ISO で検討され, ISO 規格原案として提案されてきた.

　ただし, ガスの種類によっては, 一酸化炭素ほど単純な関係が導出できないので, 若干の補正をほどこすことも提案されている. さらに, 混合ガスに動物を暴露した実験結果から, ガス成分の混合による相乗効果の可能性が指摘されている. ISO では, 相乗効果を考慮した計算モデルについても提案しているが, その有効性については, まだ多くの疑問が残されている. ISO 13344（2015）[47]によると酸素濃度の減少が著しく, 二酸化炭素濃度が高い条件において下記の評価式が提案されている.

$$FED = \frac{m[CO]}{[CO_2]-b} + \frac{21-[O_2]}{21-LC_{50}O_2} + \frac{[HCN]}{LC_{50}HCN} + \frac{[HCl]}{LC_{50}HCl} + \frac{[HBr]}{LC_{50}HBr}$$

$$= \frac{m[CO]}{[CO_2]-b} + \frac{21-[O_2]}{(21-5.4)\%} + \frac{[HCN]}{150\,ppm} + \frac{[HCl]}{3700\,ppm} + \frac{[HBr]}{3000\,ppm}$$

　$LC_{50}C_i$ は 30 分間暴露の後, 14 日間の観察を行った際の致死データを統計的に処理して, 50% の死亡率を与える濃度を計算により求めたもの, FED は, その値が 1 になる濃度が,

混合ガスの LC_{50} 値となる（C_i は各毒性ガス成分について，暴露時間（30 分間）の濃度の時間平均）.

　ただし，酸素を除く他のガス成分の単位は，すべて ppm とする.

　係数 m および b の値は，二酸化炭素の濃度に応じて下記のようになる.

$$[CO_2] \leqq 5\% \qquad m = -18, \qquad b = 122{,}000\ \text{ppm}$$
$$[CO_2] > 5\% \qquad m = 23, \qquad b = -38{,}600\ \text{ppm}$$

　さらに，二酸化炭素が呼吸を促進する効果を考慮に入れると

$$FED = \left(\frac{[CO]}{LC_{50}CO} + \frac{[HCN]}{LC_{50}HCN} + \frac{[\text{Irritants}]}{LC_{50}\text{Irritants}} \right) VCO_2 + Z_A + \frac{21 - [O_2]}{21 - 5.4}$$

　ただし，VCO_2 および Z_A の式は，下記のとおりである.

$$VCO_2 = 1 + \exp((0.14[CO_2] - 1)/2)$$
$$Z_A = [CO_2] \times 0.05$$

また，酸素濃度が 15% 以下に低下する場合には，酸素濃度減少の項を追加してもよい．これらの式から，混合ガスの LC_{50} の予測値は，下記の式によって得られる.

$$LC_{50} = \frac{\text{試験体の重量(g)}}{FED \times \text{混合ガスの総量(m}^3\text{)}}$$

　これらの評価式で使われている係数の値は，ラットの致死毒性値（LC_{50}）に基づいて決められたものとなっている．今後は，他の動物および行動不能毒性値（EC_{50}）に基づく係数値の算出が必要とされている. 　　　　　　　　　　　　　　　　　　　　　（仲谷　一郎・若月　薫）

13・1・2　難燃化の機構

　有機高分子の難燃化の試みは，300 年以上も前から行われており，古い資料によると，1638年フランスの首都パリの劇場のキャンバスの難燃化が記録されている．数多くの化学者がこの難燃化に挑戦し，1820 年ゲイリュサックが塩化アンモニウムの混合物が難燃化に有効であることを報告した．また，パーキンはさらに難燃化に有効な処方を見出した．この難燃材料は第二次世界大戦までずっと使用され，改良の必要すらなかった[1].

　難燃化は物質の燃焼つまり酸化熱分解を低下させたり，火炎伝播速度などの低下をいう[2].　不燃化とは意味が異なるし，また，耐火性を示すものでもない．ときに，防炎という用語もしばしば用いられるが，難燃と同義語として解釈されている.

（1）難燃化の方法と燃焼プロセス

　高分子材料の難燃化は，図 13・21 に示す燃焼プロセスを途中で遮断するか，または，遅延させることで達成することができる.

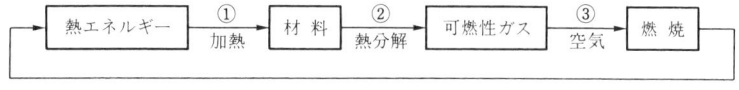

図 13・21　燃焼プロセス

　したがって，燃焼を抑制したり，材料を難燃化したりする方法は，この燃焼プロセスの①，②または③の各ステップ，あるいは複数個のステップを遅くしたり，除いたりする必要があ

る．次に，その主な方法を以下に列挙する[3,4]．

A．熱伝達の制御（材料表面）

燃焼プロセスのステップ①で炎からの熱伝達・輻射熱伝達による熱が材料表面から入らないように遮断する．熱エネルギーを遮蔽する方法で，熱を受けると発泡するある種の塗装を材料の表面に塗布し，熱を材料に伝え難くする方法である．

B．熱分解速度の制御（固相）

ステップ②で材料の熱分解温度を高くして，熱分解を抑制したり，遅延させたり，さらに熱分解速度を遅くしたりする．

C．熱分解生成物の制御（固相）

ステップ②で熱分解生成物を変化させ，可燃性ガス成分を減らし，水・ハロゲン酸のような不燃性成分および固体炭化物・ガラス状物質の生成を促進する．

D．気相反応の制御（気相）

ステップ③で熱分解に伴う気体生成物による可燃性ガス成分の希釈，酸素の希釈，連鎖成長反応の抑制，さらには，水分の蒸発による気相の熱の低下などにより燃焼を抑える．

（2）難燃化の機構

難燃化の方法のうち，難燃剤を用いて固相または気相において燃焼を抑制する方法として難燃剤の代表的な元素であるハロゲンおよびリンの難燃化機構を紹介する．

A．リンの難燃化の機構

リンは特にセルロース系高分子の難燃化に高い効果がある．セルロースは加熱されると，平均重合度200〜500の低分子に切断された後，この低分子の末端から順に切れる．最初に切断されるのは分子が規則正しく配列していない非結晶部である．しかし，この非結晶部は二酸化炭素，水などを生成しながら分解し，炭化物になるので燃焼

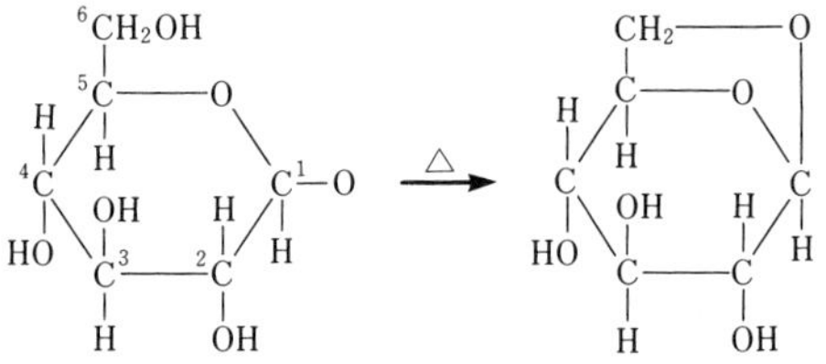

図 13・22　セルロースの分解過程

にはほとんど関係しない．一方，結晶部は280℃ から分解してタール分が生成され，さらに分解し可燃性揮発成分を生成する．この時の主な反応は図13・22に示すレボグルコサンを生成する反応である．

したがって，難燃化はこの反応過程のルートを遮断したり，遅延させたりすることで達成できる．これには，セルロース内に存在する3つの OH 基のうち6の位置の炭素に結合している OH 基が分子内 O 結合を形成するのを防げればよい．この反応機構として以下に示す2つの反応がある．難燃剤としてよく使用されるリン酸アンモニウムは，リン酸となって難燃作用をすることが知られている．

a．エステル化による脱水反応

$$RCH-CH_2OH + H_3PO_4 \rightarrow RCHCH_2OPO_3H_2 + H_2O \rightarrow RCH = CH_2 + H_3PO_4$$

b. カルボニルイオン生成反応

$$RCH-CH_2OH \xrightarrow{H^+} (RCH-CH_2OH_2{}^+) \rightarrow RC=CH_2+H_2O+H^+$$

実際には，エステル化できる酸が有効である.

このようにリン酸塩は固相内でセルロースに作用し，固相内で可燃成分である水素を水に変化させ，水蒸気となって気化熱を奪うだけでなく，もう１つの可燃成分を炭化物にすることによって固相内に閉じ込め，気相内には可燃性成分を出さないという反応機構で難燃化を達成している.

B. ハロゲンの難燃化の機構

多くの難燃剤にはハロゲンが含まれている．ハロゲンが分子内に組み込まれている難燃性高分子のポリ塩化ビニル（PVC）について，難燃化機構を取り上げる.

PVC の化学構造は図13・23 で示す鎖状の高分子で塩素を分子内に有している．分解開始温度は 280℃ で，分解時に塩化水素（HCl）を出すことがよくられている.

$$-[CH_2CH-CH_2-CHCl-CH_2]_n-$$

図 13・23　　PVC の化学構造

ハロゲン酸や有機ハロゲン化合物は気相中で次の反応が行われる.

a. ハロゲン酸の生成反応

$$RX+H \rightarrow R+HX$$
$$RX \rightarrow R+X$$
$$X+RH \rightarrow R+HX$$

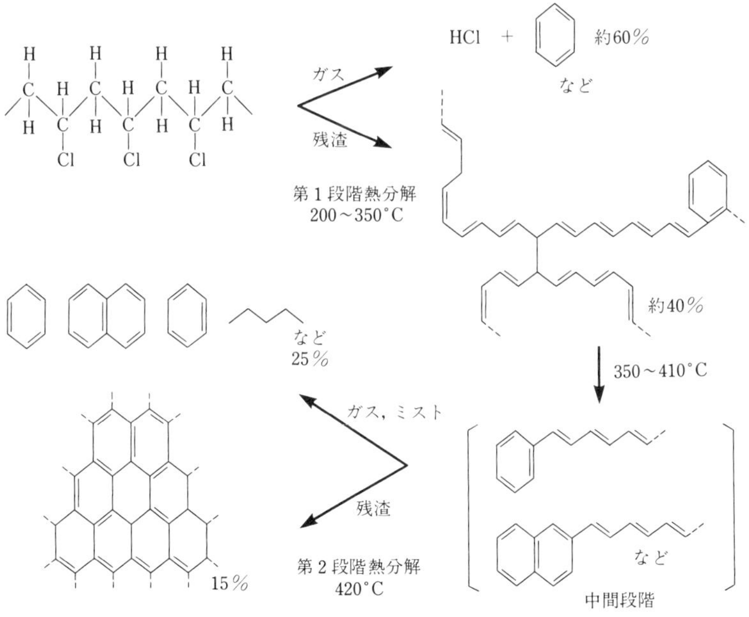

図 13・24　固相におけるハロゲンの難燃化機構

b. 活性ラジカルの不活性化反応

$$HX + (H, OH, O) \rightarrow X + (H_2, H_2O, OH)$$

c. ハロゲン酸の再生反応

$$X + H + M \rightarrow HX + M$$

以上の反応が燃焼の活性ラジカル生成反応 $H + O_2 \rightarrow OH + O$ を抑制したときに難燃効果が現れる[6,9]. さらに，この脱塩化水素反応は同時に固相においてポリエンの形成を経由する炭化を伴い，炭化物が燃焼表面を被覆し火災からの受熱を妨ぐために難燃化をさらに大きくしている[10]. この反応機構の概要を図 13·24 に示した[11].

C. 相乗作用

2つ以上の難燃剤を合わせたときの効果が，それぞれの難燃剤を個々に使用したときの効果を上回るとき，これを相乗作用という. 例えば，三酸化アンチモンは単独で使用しても難燃効果はほとんど現れないが，ハロゲン化合物とともに使用すると以下の反応によって，SbX_3 を生じる.

$$Sb_4O_6 + 12\,RX \rightarrow 4\,SbX_3 + 6(R_2O)$$

この物質は揮発性で反応に富み，固相ではハロゲンの移動と炭化物の生成，気相では有効なフリーラジカルの捕捉剤として作用し難燃化を助長する. 塩素単独で使用すると難燃化に約 40% も必要であるが，三酸化アンチモンを 5% 加えるだけで同程度の難燃効果を上げるのに塩素は約 8% ですむ[12,13].

（3）難　燃　剤

材料の難燃化には，気相で作用するもの，固相で作用するもの，そして表面処理によって熱などを遮断するのとに分けられる. そして，材料自体そのものを燃焼しないものにしたり，燃焼に強くなるように改善したりする. つまり，材料が火に強くなるような化合物を混合し

表 13·15　自己消火性にする必要難燃元素量

材　料	LOI 値	Cl%	Br%	P%	P+Br	Sb$_2$O$_3$+Br	Sb$_2$O$_3$+Cl
ポリウレタン（フォーム）	16.5	18〜20	12〜14	1.5	0.5+4〜7	2.5+2.5	4+4
アクリレート	17.3	20	16	—	—	7+5	—
ポリオレフィン	17.4	40	20	5	2.5+7	3+6	5+8
ポリスチレン	17.8〜18.2	10〜15	4〜5	—	0.2+3	7+7〜8	7+7〜8
セルロース	18.6	>24	—	2.5〜3.5	1+9	—	12+5+9〜12
ABS 樹脂	18.8〜20.2	23	3	—	—	—	5+7
ポリアクリロニトリル	19.6	10〜15	10〜12	—	—	2+6	2+8
エポキシ	19.8	26〜30	13〜15	5〜6	2+5	—	10+6
ポリエステル	20.6	25	12〜15	5	2+6	2+8〜9	2+16〜18
フェノール	21.7	16	10	6	6+6	—	—
ポリアミド	24.3〜28.7	3.5〜7	—	3.5	—	—	10+6
ポリ塩化ビニル	45.0〜49.0	40	—	2〜4	—	—	5〜15 (Sb$_2$O$_3$)

たり，表面処理をしたりするなどの方法がある．現在使用されている難燃剤の主なものは，リン系，ハロゲン系，ホウ酸系化合物，水酸化アルミニウムなどがあり，難燃化補助剤として三酸化アンチモンなどがある．

　材料を自己消火性にする必要難燃元素量を表13・15に示した．実用に際しては，難燃剤の分解温度（分解開始温度）などの化学的，物理的性質を考慮にいれる必要がある．

A. 繊維用難燃剤

　繊維の難燃化には次に掲げる方法が用いられている．

 a. 難燃剤水溶液，エマルジョンに含浸させた後，乾燥する一時的難燃化処理

 b. 難燃剤水溶液に含浸させた後，加熱または適当な処理によって繊維と反応させるか，あるいは水に不溶性の難燃剤に変化させる耐久性難燃化処理

 c. 難燃剤微粒子分散剤に含浸させたり，染色同時処理による耐久性難燃化処理

 d. 繊維紡糸原液中に難燃剤を混和紡糸するか，反応型難燃剤による本質的改質による難燃化

　難燃化の処理方法を選択するにあたっては，繊維の種類，要求される規格などに関し，より適切な処理方法を選ぶ必要がある．表13・16に繊維用難燃剤の代表的なものを示した．

B. 木材用難燃剤

　木材の難燃化は，木材に難燃薬剤の注入，合板等の接着剤中の難燃剤の配合，表面に難燃性樹脂あるいは，難燃添加樹脂を加工する方法が採用される．一般には，木材に注入する難燃剤としては，繊維用難燃剤の水溶性無機塩型のものが使用される．また，難燃性モノマーを注入し各種の方法で重合させる方法も試みられている．さらに，接着剤に難燃剤を配合する場合，接着性を阻害しない範囲で水酸化アルミニウム，ポリリン酸アンモニウム，有機ハロゲン系，有機リン系化合物の分散体，乳化物，ラテックスなどが使用される．

　次に表面処理による難燃化について，表面処理樹脂のみでは難燃化は非常に困難で，多くの場合，難燃化木材と併用される．

C. プラスチック用難燃剤

　プラスチック用難燃剤は，プラスチックの種類，加工温度，物性，使用部位，要求規格により使い分けが必要である．プラスチック用難燃剤は，添加型，反応型，無機物充てん型に大別できる．

a. 添加型難燃剤

　添加型難燃剤の選択条件として次のものが挙げられる．

　（a）毒性，臭気がないこと．

　（b）加工温度で十分耐熱性があり熱分解しないこと．

　（c）揮発性が少なく加工条件，使用条件下でブリードアウトしないこと．

　（d）プラスチックの物性，耐候型，外観を低下させないこと．

などが必要である．また，プラスチックごとに難燃剤の分解領域がプラスチックの分解領域を十分カバーするものを用いるか，2種類以上の難燃剤の配合により十分分解領域をカバーさせる方法も重要である．難燃性の要求規格のうち，燃焼時に樹脂が溶融滴下しないことを要求するものがある．この場合には，難燃剤の融点が170℃以上のものを使用するか，ド

表 13·16　繊維用難燃剤

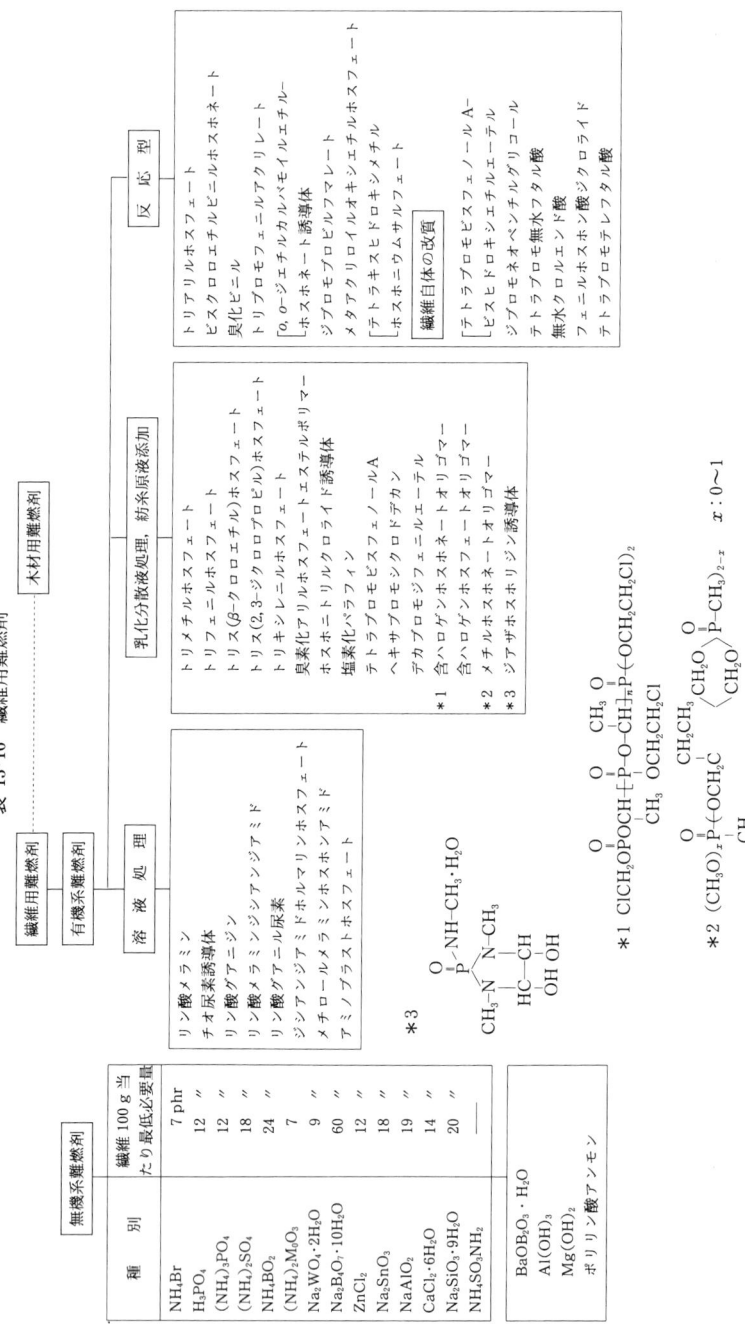

リッピング防止剤としてのコロイダルシリカ，マイカなどのほか，無機充てん剤の併用が必要である．表13·17には添加型難燃剤例を示した．

b. 反応型難燃剤

反応型難燃剤の特徴は，添加型難燃剤を使用した場合と比較して物性の低下が少ないことである．プラスチックの場合，一般に主鎖結合の中に難燃元素を含むもののほうが側鎖に難燃元素を含むものよりも効果的である．難燃効果は，同一使用量の場合，添加型のほうが効果がある．反応型難燃剤は多くの特許があるが実用化されているものは比較的少ない．現状では，不飽和ポリエステル，エポキシ，ポリエステル，ポリウレタン樹脂などが中心となっており，特殊用途が多い．なお，ハロゲン系の添加型，反応型難燃剤の耐熱性向上には，塩化ビニル樹脂の安定剤，酸化防止剤の併用が有効である．表13·18には反応型難燃剤の例を示した．

c. 無機および充てん型難燃剤

水酸化アルミニウム，水酸化マグネシウム，石膏，赤リン，ポリリン酸アンモニウムなどが無機系難燃剤として使用され，比較的低コストで有毒ガスの発生が少ないなどの利点があるが，添加量を比較的多く必要とする．また，成型条件に制限があるが，物性面に対する影響などからラテックス，ポリオレフィン樹脂，熱硬化性樹脂に多く使用されている．三酸化

表 13·17　添加型難燃剤

種別		化学名	難燃元素量	mp℃	用　　途
添加型	含リン含ハロゲン系	トリブチルホスフェート	P-22(%)		塗料，接着剤
		トリクレジルホスフェート	P-8.4		PVC，ポリウレタン，フェノール，酢ビ
		クレジルジフェニルホスフェート	P-8.9		PVC，フェノール，不飽和ポリエステル
		トリフェニルホスフェート	P-9.5	48.5	アセテート，ポリエステル
		トリス(β-クロロエチル)ホスフェート	P-10.8 Cl-36.7		ポリウレタン，PVC，合成ゴム
		トリス(クロロプロピル)ホスフェート	P-9.5 Cl-32.5		〃
		トリス(ジクロロプロピル)ホスフェート	P-7.2 Cl-49.5		〃
		含ハロゲンホスホネートオリゴマー	P-15 Cl-27		PVC，ポリウレタン，MMA，エポキシ
		メチルホスホネートオリゴマー	P-21.5		PVC，繊維，MMA，ポリウレタン
		ビス(ブロモメチル)-2,6-ジオキサ-1-(トリブロモフェノキシ)-1-ホスファシクロヘキサン-1-オキサイド	P-4.9 Br-63.0		ポリオレフィン，PVC，ポリスチレン

種　別		化　学　名	難燃元素量 (%)	mp℃	用　　途
添加型	含ハロゲン系	塩素化パライン	Cl-40〜70	÷94	PVC, ポリオレフィン
		パークロロペンタシクロデカン	Cl-70	380<	ポリオレフィン，ABS，ポリエステル，ポリアミド
		塩素化ポリエチレン	Cl-30〜40	—	PVC, ABS, ポリオレフィン，ゴム
		テトラブロモビスフェノールジアリルエーテル	Br-51.2	118	ポリスチレン，合成ゴム
		モノクロロペンタブロモシクロヘキサン	Cl-6.9 Br-77.9	197	ポリスチレン，ゴム
		ヘキサブロモシクロドデカン	Br-70	180	ポリスチレン，ポリオレフィン
		トリブロモフェニルアリルエーテル	Br-64.6	77	ポリスチレン，ゴム
		ヘキサブロムベンゼン	Br-86.5	336	エポキシ，ポリアミド
		ペンタブロモエチルベンゼン	Br-79.8	138	エポキシ，ポリスチレン，ゴム
		ペンタブロモトルエン	Br-82.0	282	エポキシ，ポリオレフィン
		テトラブロモビスフェノールA (TBA)	Br-59.0	181	ABS，フェノール，エポキシ
		TBA-ビス(ジブロモプロピルエーテル)	Br-66.3	90	ポリスチレン，ポリオレフィン
		エチレンビストリブロモフェニルエーテル	Br-69.9	225	ポリアミド，ポリオレフィン，ポリスチレン
		テトラブロモジフェニルスルホンービス(ジブロモプロピルエーテル)	Br-66.3	65	ポリオレフィン
		デカブロモジフェニルエーテル	Br-88.3	303	ABS，ポリスチレン，ポリエステル
		テトラブロモジフェニルエーテル	Br-61.0		フェノール，エポキシ，不飽和ポリエステル
		臭素化ポリフェニレンオキサイド	Br-66.0	260	ポリアミド，ポリエステル
		TBA-カーボネート	Br-53.0		ABS，ポリカーボネート，ポリエステル
		トリス(ジブロモプロピル)イソシアヌレート	Br-65.8	125	ポリオレフィン，ABS
		臭素化エポキシ樹脂誘導体	Br-61.0	—	エポキシ，ABS，ポリオレフィン
		テトラブロモジヒドロオキシジフェニルスルホン	Br-56.3	293	エポキシ，ABS，ポリオレフィン
		エチレンビステトララブロモフタロイルイミド	Br-67.2	—	ポリアミド，ポリエステル，ABS

表 13·18 反応型難燃剤

	化 学 名	難燃元素量	用 途
		(%)	
	テトラブロモビスフェノールA	Br-59.0	エポキシ, ポリカーボネート
	テトラブロモビスフェノールAグリシジルエーテル	Br-48.8	エポキシ, フェノール
	テトラブロモビスフェノールAビス(ヒドロキシエチルエーテル)	Br-50.6	ポリエステル, ポリウレタン
	ジブロモクレジルグリシジルエーテル	Br-49.7	エポキシ, フェノール
	TBAエポキシアクリレート	Br-40.0	不飽和ポリエステル, エポキシ
	ジブロモプロピルアクリレート	Br-58.8	不飽和ポリエステル, ゴムラテックス
	ジアリルテトラブロモフタレート	Br-56.7	ジアリルフタレート
反	テトラブロモビスフェノールAジメタクリレート	Br-47.0	不飽和ポリエステル, ポリブタジエン
応	テトラブロモ無水フタル酸	Br-68.0	ポリエステル, エポキシ
	無水クロルエンド酸	Cl-57.4	ポリエステル, エポキシ
	臭化ビニル	Br-74.8	アクリルニトリル
型	ジブロモネオペンチルグリコール	Br-64.0	ポリエステル, ポリウレタン
	トリブロモフェニルアクリレート	Br-62.3	ABS, ポリブタジエン, 不飽和ポリエステル, MMA
	トリブロモアニアリン	Br-72.7	エポキシ, ポリアミド
	ビスクロロエチルビニルホスホネート	Cl-41.6 P-1.8	不飽和ポリエステル, MMA
	O, O-ジエチルN. N-ジヒドロキシエチルアミノメチルホスホネート	P-12.2	ウレタン, フェノール
	ジエチルメタアクリロイルオキシエチルホスフェート	P-11.7	MMA, 不飽和ポリエステル

表 13·19 プラスチック用難燃補助剤

補	ハロゲン化合物と併用	三酸化アンチモン, 酸化スズ, 酸化モリブテン, メタホウ酸バリウム, ホウ酸亜鉛
助	結 晶 水 放 出	水酸化アルミ, 水酸化マグネシウム
剤	充 て ん 剤	メラミン, メラミンイソシアヌレート, 炭酸カルシウム, ケイ酸カルシウムなど
	そ の 他	リン酸チタン, 赤リン

アンチモン，三酸化モリブテンなどもハロゲン系難燃剤と併用することでこのなかに含まれる．表 13·19 には難燃補助剤としての充てん型難燃剤などの使用例を示した．

ハロゲン系難燃剤を添加した樹脂，塩化ビニル樹脂などの燃焼時の発煙制御および難燃剤の毒性についても重要な問題である．塩化ビニル樹脂の燃焼時の発煙制御には，微粉状の炭酸カルシウム，金属酸化物，有機メタロセン化合物を添加する方法がある．金属酸化物を添加した場合，燃焼時の架橋触媒として作用し，発煙制御に役立つとされている．表 13·20 に

表 13·20　煙制御剤

(a)　PVC に金属酸化物 5 phr 添加

種　　別	LOI 値	D_sMax[*1]	D_s (750℃)	D_s (470℃)
PVC	41	4　(490)	1.2	3.8
Sb_2O_3	48	3.6 (500)	1.25	3.0
$Al_2O_3 \cdot 3H_2O$	43	3.4 (530)	1.0	2.7
ZnO	66	3.3 (550)	1.6	2.3
SnO_2	59	3.9 (590)	1.5	3.4
$SnO_2 \cdot H_2O$	58	3.6 (590)	1.5	3.3
CuO	65	1.6 (540)	0.55	1.1
Fe_2O3	60	1.9 (490)	0.77	1.8
MoO_3	58	2.0 (505)	0.60	1.6
$(BiO)_2CO_3$	58	1.8 (490)	0.80	1.6

(b)　有機金属添加，ABS 樹脂

種　　別	添加量 phr	C_m[*2]	低下率
ABS 樹脂	—	440	—
フェロセン	5.0	130	70
ベンゾイルフェロセン	2.5	175	60
鉄アセチルアセトン	2.5	310	30
難燃化 ABS 樹脂	—	500	—
ベンゾイルフェロセン	5.0	310	38
フェロセン	5.0	380	24
鉄アセチルアセトン	5.0	225	55

(c)　難燃化 HIPS の発煙性と無機フィラー

種別	D_m（添加部数）	UL規格	D_m[*3]（添加部数）	UL規格
難燃化HIPS	675 (—)	V–O	550～700 (—)	V–O
$Al(OH)_3$	555 (10)	X	551 (20)	X
$MgCO_3$	557 (10)	V–O	493 (20)	V–O
$MgCO_3 : Zn_0(1:1)$	510 (10)	X	450 (20)	X
$ZnCO_3$	576 (10)	X	496 (20)	X
Al_2O_3	653 (10)	X	695 (20)	X

[*1] D_s Max：maximum specific optical density，括弧内温度℃，$D_s = D_m V/LW$（0.6m³/g）

[*2] C_m：視覚濃度

[*3] D_m：比視覚濃度

は煙制御剤の一例を示した.

さらに, 難燃剤を使用するうえで, 毒性の少ないことはもちろん重要である. 表 13·21 には判明している難燃剤の急性毒性値を示した.

表 13·21 難燃剤急性毒性値

難 燃 剤	LD$_{50}$	難 燃 剤	LD$_{50}$
トリス (β-クロロエチル) ホスフェート	1230mg/kg (R)	トリブロモフェニルアクリレート	48.3g/kg (R)
トリス (ジクロロプロピル) ホスフェート	2830 〃 (R)	トリブロモフェニルアリルエーテル	3480mg/kg (R)
トリクレジルホスフェート	30g/kg (M)	テトラブロモビスフェノール A (TBA)	10g/kg
トリフェニルホスフェート	6.9mℓ/kg (M)	ヘキサブロモベンゼン	>10 〃
クレジルジフェニルホスフェート	8.0 〃 (R)	ヘキサブロモシクロデカン	> 40 〃 (M)
トリス (クロロプロピル) ホスフェート	1470mg/kg (R)	TBA ビス (ジブロモプロピル) エーテル	>2500mg/kg
トリブチルホスフェート	3000 〃 (R)	ペンタブロモジフェニルエーテル	5.6g/kg (R)
エチレンビスクロロエチルホスホネートオリゴマー	3.7g/kg	ペンタブロモトルエン	5g/kg (R)

R：ラット, M：マウス.

（4）防 火 塗 料

防火塗料は, それ自体難燃性を要求されることはもちろんであるが, 可燃材料, 特に木質材料に対する熱, 火炎などの攻撃から一定期間被塗物体を保護することを基本にしている. 防火塗料は3つに大別される.

A. 発泡性防火塗料

発泡性防火塗料は, 熱によりその塗膜はスポンジ状に発泡して被塗物上に断熱層を形成する. 表面から基体への熱の移動を抑制することにより被塗物体を保護する. 発泡性防火塗料

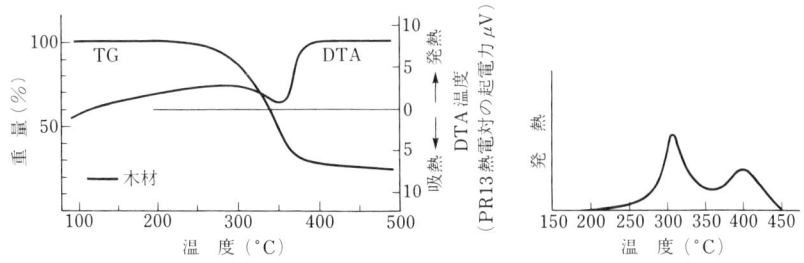

図 13·25 木材の熱重量曲線および示差熱分析曲線

は断熱効果がその性能を左右する．基材への熱の移動を遮断する発泡断熱層を形成するためには，塗膜は木質材料の熱分解温度付近で軟化し，発泡剤は急激に不活性ガスを放出し，塗膜が膨張して炭素質のスポンジ状断熱層を形成しなければならない．木材の熱重量曲線および示差熱分析曲線を図13·25で示した．このように木材の着火温度に近い範囲でビヒクルは

軟化し発泡剤が機能しはじめることから，木質材料を発泡性防火塗料で保護する場合には，これらを充分考慮に入れる必要がある．

　一般に使用されるビヒクルとしては，酢酸ビニル系ポリマー，塩化ビニル系ポリマー，塩化ビニリデン系ポリマー，塩化ゴム，エポキシ樹脂，メラミンホルムアルデヒド縮合系ポリマーなどがある．図13·26に代表的エマルジョン樹脂の示差熱分析結果の発泡効果の関係を示した．

　発泡剤としては，熱により分解し不燃性のガスを発生し，これにより，炭素供給剤より炭化生成した炭素による緻密な断熱層を形成させることが必要で，例えばポリリン酸アンモニウム，リン酸メラミン，リン酸グアニジン，スルファミン酸アンモニウム，ジシアンジアミド，メラミンなどが用いられる．これらの示差熱分

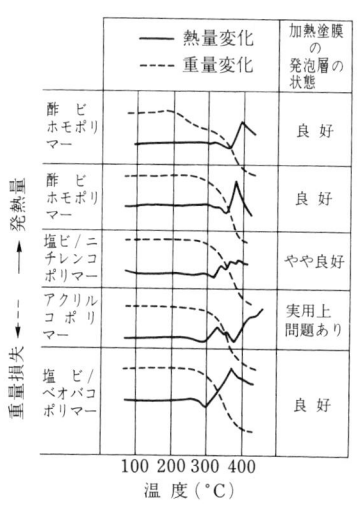

図 13·26　代表的エマルジョン樹脂の示差熱
　　　　　分析曲線

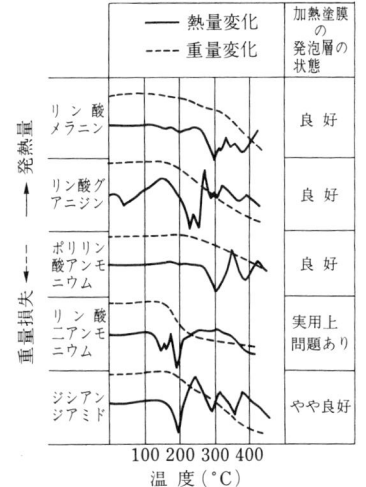

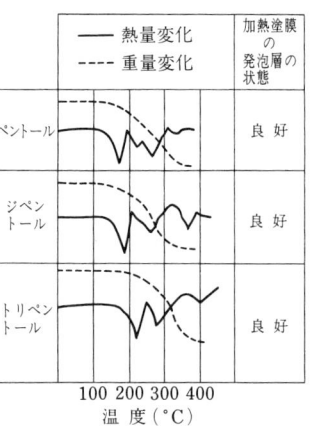

図 13·27　発泡剤の示差熱分析曲線

析例と発泡効果の関係を図 13・27 に示した.

　発泡剤は概して, リン酸などの強酸の塩類が多く, 水に対する溶解度の大きいものがあり, 塗膜の耐湿・耐水性に悪い影響を与えるものもある.

　形成した発泡層は不燃性であることが必要である. そのためには, 炭素からなる発泡層の形成が望ましく, 通常, 炭素供給剤として, ジペントール, トリペントールなどの多官能アルコール類, デンプン, カゼインなどの炭化水物が利用される. これらはリン酸塩などの無機塩類と併用され, 加熱に際し, 生成する無機酸による脱水作用により炭化層の生成を促す.

　また, 同時に, 木質材料の主成分であるセルロースにも触媒として作用し, 次に示す反応のように脱水炭化させて,

$$(C_6H_{10}O_5)_n \rightarrow 6\,nC + 5\,nH_2O$$

炭素と水を生成し, 木質材料の表面を不燃性化合物に変える. 炭素供給剤に必要な条件は, 多数のヒドロキシル基を持ち, 炭素含有量が高く, 分解温度が難燃化剤より高いことである. これら 3 つの構成成分の量的バランスが, 良好な安定した発泡層を形成されるのに必要である. 図 13・28 にジシアンジアミド, ポリリン酸アンモニウム, ジペントールをとった場合の量的関係を例として示した. また塗膜中に占める顔料の容積濃度も発砲形成能を大きく左右する. 実用的には顔料容積濃度で 65 % 以上が望ましい.

　発泡性防火塗料は, 一般の建築用塗料に比べて耐湿・耐水性が劣るので, これを補うため上塗りが施されている.

　発泡性防火塗料の構成成分を図 13・29 に示した.

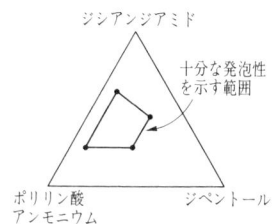

図 13・28　代表的炭素供給剤−発泡剤−難燃剤の量的関係図

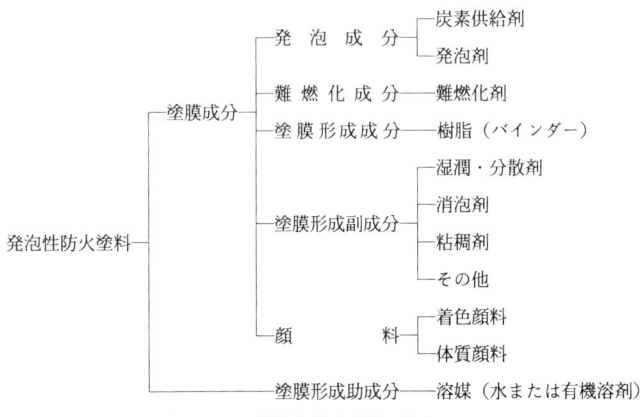

図 13・29　発泡性防火塗料の構成

B. 難燃性塗料

難燃性塗料は，可燃性の被塗物体を火炎から保護する能力はないが，塗膜自体が難燃性であり，塗膜の延燃による火炎の広がりを抑制することを基本にしている．金属，石綿セメント板などの不燃性基材に主として塗装される．

塗膜を難燃化する方法として，樹脂自体を難燃化する方法と難燃化剤を後添加する方法がある．いずれの方法も難燃化機構として次の原理が適用されている．

- a.　フリーラジカルの捕捉による化学的燃焼の抑制
- b.　不燃性ガスによる可燃性ガスの希釈
- c.　吸熱反応による燃焼熱の抑制
- d.　基材表面の溶融被覆
- e.　無煙燃焼の防止

一般に塗膜の燃焼が不均一系であるため，現象が複雑であり，詳細に燃焼抑制機構は解明されていない．

難燃性塗料で使用される難燃化剤は添加型のものが多く，リン，窒素，アンチモン，ジルコニウム，ホウ素，モリブデン，アルミニウム，硫黄，ハロゲンなどの元素を含み，大別してハロゲン化合物，リン酸エステル，含ハロゲンリン酸エステル，無機化合物のタイプに分類できる．

燃焼抑制機構のなかで，最も重要なものは，ラジカル捕促剤による方法で，これにより火炎の伝播速度は著しく抑制される．実用的には，揮発性が少なく樹脂の燃焼温度以上でも安定性のよいハロゲン化有機化合物が使用されている．しかし，難燃化剤の多くは併用したほうがより効果的であり，三酸化アンチモンと含ハロゲン難燃化剤，リン系難燃化剤と含ハロゲン難燃化剤などの組み合せがよく利用される．

樹脂としては，塩化ビニル樹脂，塩化ビニリデン樹脂，アルキド樹脂，塩化パラフィン，塩素化アルキド樹脂，塩化ゴムなどが一般的である．このほかに酢酸ビニル/アクリル共重合樹脂系，酢酸ビニル/ベオバ共重合樹脂系のエマルジョン塗料に多用されているが，顔料分が容積濃度で 40 ～ 65% と多く配合されていることから，塗膜自体燃えにくく，良好な難燃性を持っている．

C. 不燃性塗料

不燃性塗料は，無機質系ポリマーを主要ビヒクルとした無機質塗料で現在，アルカリシリケートタイプ，リン酸塩タイプ，コロイダルシリカタイプなどがある．

a. アルカリシリケート系無機質塗料

アルカリ金属シリケートを主要ビヒクルとしたものである．アルカリ金属シリケートは，その分子量が大きくなく，アルカリ金属を含む関係から，生成塗膜は耐水性に乏しく，この欠点を改良するため，多くの試みがなされているが，代表的なものは各種金属酸化物，水酸化物，縮合リン酸塩類を硬化剤として使用するタイプである．

塗膜中のアルカリ金属を固定化し，$-Si-O-Si-$ 結合の多次元化をはかるには一般に 180 ～ 300℃ の加熱を必要とする．

b. リン酸塩系無機質塗料

多価金属の酸性リン酸塩も適度の粘性があり，塗料用無機ビヒクルとして望ましい特性を持っている．しかし，これ自体では，耐水性に乏しく，実用上支障のない水準にまで改良するには，多価金属酸化物を硬化剤として使用し，120～250℃の温度で焼き付けることが必要である．

塗料の場合，反応性の高い金属酸化物を使用するとホットライフが極端に短くなり，使用しにくいため，通常，比較的反応性の遅い遷移金属酸化物，例えばチタン，スズなどの酸化物と 2 価の金属酸化物を焼成した複合金属酸化物の形で使用されている．

c. その他の無機質系塗料

コロイダルシリカ，アルミナジルの水分散体も無機ビヒクルとして利用される．これらのビヒクルは，水溶性の成分を含まないので，乾燥生成物はすぐれた耐水性を示す．しかしながら，一般に造膜性が劣るため，亜粉末やフレーク状ガラス粉，アルミ粉，雲母微粉など扁平な充てん材，金属酸化物などコロイダルシリカ，アルミナゾルと界面相互作用の強い顔料を使用するなどの手段を利用し，この欠点を克服している．

また，アクリル系エマルション樹脂，ゴム系エマルション樹脂と組み合せ，耐熱性のすぐれた塗料も得られている．　　　　　　　　　　　　　　　　　　（森田　昌宏）

13・1・3　材料の高温特性

一般に材料はその構成物質から分類すると，有機材料と無機材料とに分けられる．有機材料は木材のような天然材料とプラスチックのような合成材料などである．無機材料には，セメント，ガラスなどのセラミック系材料や金属材料が含まれる．これらの材料が火災時のような高温にさらされる時に注目すべき特性は，その材料の用途によって異なる．火災延焼という観点から見ると，着火性および燃焼性，変形性などが重要となり，建築構造部材のように耐力を要求される材料では，機械的強度が重要となり，そして通信ケーブルのような導線材料となる金属では耐熱性とともに高温時の導電特性も重要となる．本節では，有機，無機材料の代表的材料のこれらの高温特性について述べる．

（1）有機材料の高温特性

有機材料は天然材料でも合成材料でも，高温になると熱分解を起こし，種々の分解生成物を気相に放出する．これらのガス，煙の毒性については 13・1・1 項で詳述している．そして周囲に十分なエネルギーがあれば放出された物質が着火したり，燃焼を開始する．着火現象や燃焼現象については第 1 章第 8 節および第 9 節に詳しく示す．

A. 合成高分子材料

合成高分子材料は一般にはプラスチックとかポリマーとよばれている．図 13・30 に高分子材料の熱挙動を図示する．大きく分けて加熱過程（加熱による高分子材料の吸熱過程），分解過程，着火過程（熱分解による可燃性ガスと空気との混合過程，混合ガスの着火燃焼過程，および排出過程）および燃焼継続過程（加熱過程から着火燃焼過程の繰り返し）と考えることができる．

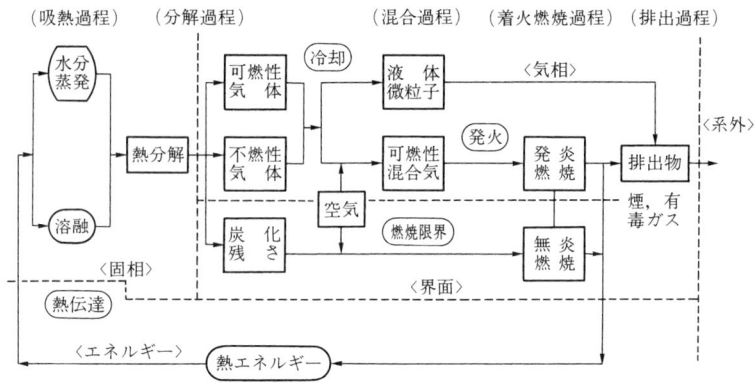

図 13·30　高分子材料の燃焼過程[1]

　加熱過程では，加熱によって高分子内の水分が蒸発し，後述する熱可塑性高分子材料では，軟化・溶融する．この過程では材料の比熱，熱伝導性状などが重要であり，表 13·22 に代表的な高分子材料の比熱，熱伝導度を挙げた．

　さらに加熱が続けられれば熱分解が始まり，分解によって生じた低分子量物質が気相に放出される．ここで放出される熱分解生成物は元の高分子化合物の構造や加熱条件（加熱強度，雰囲気酸素濃度など）に大きく依存している．例としてポリエチレン（PE），ポリメチルメタ

表 13·22　高分子材料の比熱および熱伝導度[4]

高分子材料	比　熱 （J/gk）	熱伝導度 （W/mK）
低密度ポリエチレン	2.30	0.38
ポリプロピレン	1.93	0.12
ポリテトラフルオロエチレン	1.05	0.26
フッ素化エチレンプロピレン	0.17	0.25–0.26
ポリ塩化ビニル	0.84–3.27	0.13–0.30
ポリ塩化ビニリデン	1.34	0.13
ポリスチレン	1.34	0.08–0.14
スチレン–アクリロニトリル共重合体	1.34–1.42	0.12–0.13
ポリメチルメタクリレート	1.47	0.17–0.26
酢酸セルロース	1.26–2.10	0.17–0.34
ナイロン 6	1.59	0.25
ナイロン 66	1.68	0.25
ポリカーボネート	1.26	0.20
ポリプロピレンオキサイド	1.34	0.19
エポキシ樹脂	1.05	0.17–0.21
エポキシ樹脂（シリカ充てん）	0.84–1.13	0.43–0.85
ポリウレタン	1.68–1.89	0.06–0.32
シリコーン樹脂	1.01–1.26	0.32

ポリエチレン
$-(CH_2-CH_2)_n$

ポリメチルメタクリレート
$$-(CH_2-C)_n \\ \overset{CH_3}{\underset{COOCH_3}{|}}$$

ポリ酢酸ビニル
$$-(CH_2-CH)_n \\ \underset{COOCH_3}{|}$$

図 13·31　高分子化合物のモノマー単位の分子構造

アクリレート（PMMA アクリル板），ポリ酢酸ビニル（PVAc）について述べる（図13·31 参照）．PE は熱を受けると高分子主鎖上のランダムな位置から分解を開始し，多種類の CH 化合物を気相に放出する．一方 PMMA は高分子主鎖末端から分解を開始し，ジッパーが外れるようにモノマーが外れていく（解重合反応という）．そして PVAc では先の 2 つの高分子のように主鎖が分解するより低温度で，高分子の側鎖が脱離して，酢酸を放出し，主鎖には二重結合が形成される．主鎖上に形成された二重結合を起点として，低分子量物生成につながる分解反応や後で述べる炭化反応が生じると考えられている．表 13·23 に各種材料の分解温度を挙げる．分解反応の過程では，気相に分解生成物を放出すると同時に，複数の高分子鎖間あるいは鎖内で再結合し，固相での炭化反応も生じると考えられる．炭化によって固体の物理的性質が変化し，可燃物の気相への放出は低減されると考えられ，また材料表面に形成される炭化層が断熱材として作用することも考えられるので，炭化反応は燃焼過程に大きく影響すると思われる．

　気相に放出された可燃性物質は空気と混合し，ここに十分なエネルギーがあれば着火する．着火温度については口火がない場合のデータを表 13·24 に示す．燃焼過程では熱や燃焼生成物が発生するが，燃焼生成物についての詳細は 13·1·1 項に示した．熱量が十分であれば新たな材料部分を熱分解させて気相に燃料を供給させ燃焼が継続し，また燃焼継続には材料の火炎伝播性も重要な因子となると考えられる．表 13·25 に燃焼発熱量と表面燃焼性を挙げる．

　合成高分子材料は加熱過程での性状の違いから，熱可塑性材料と熱硬化性材料とに分け

表 13·23　高分子材料の熱分解温度[4]

高分子材料	熱分解温度範囲（℃）
ポリエチレン	335–450
ポリプロピレン	328–410
ポリイソブチレン	288–425
ポリテトラフルオロエチレン	508–538
ポリ酢酸ビニル	213–325
ポリ塩化ビニル	200–300
ポリ塩化ビニリデン	225–275
ポリスチレン	285–440
スチレン-ブタジエン共重合体	327–430
ポリメチルメタクリレート	170–300
ポリアクリロニトリル	250–280
酢酸セルロース	250–310
ポリプロピレンオキシド	270–355
ナイロン6，ナイロン66	310–380
ポリエチレンテレフタレート	283–306
ポリカーボネート	420–620

表 13·24　高分子材料の着火温度[4]

高分子材料	着火温度（℃）
ポリエチレン	349
ポリプロピレン（繊維）	570
ポリテトラフルオロエチレン	530
ポリ塩化ビニル	454
ポリ塩化ビニリデン	532
ポリスチレン	488–496
アクリロニトリル-ブタジエン-スチレン共重合体（ABS）	466
スチレン-アクリロニトリル共重合体	454
ポリメチルメタクリレート	450–462
酢酸セルロース	475
ナイロン66	532
ポリカーボネート	580
フェノール樹脂（ガラス繊維ラミネート）	571–580
メラミン樹脂（ガラス繊維ラミネート）	623–645
シリコン樹脂（ガラス繊維ラミネート）	550–564
綿	254
白松	260
新聞紙	235

られる．熱可塑性材料は前述のように加熱によって溶融状態となって分解する．また熱を加えることによって容易に変形する性質を持ち，これは製品加工の過程では長所であるが，対火災という観点から見ると短所である．一方，熱硬化性材料は熱可塑性材料よりも一般的に耐熱性が高い．これは高分子鎖が二次元，三次元的に結合しているためと考えられる．フェノール樹脂，エポキシ樹脂，メラミン樹脂などが代表的な熱硬化性高分子材料である．代表的な熱可塑性高分子材料の熱変形温度データを表 13·26 に挙げる．

有機合成高分子材料を使用するときには，要求性能をよく見極めたうえで，それに見合う性能を持つものを選択しなければならない．またこれらの材料は可燃性であるので，適当な難燃処理や不燃材料との併用などの防火上の措置を必要に応じて採るべきであろう（13·1·2 項参照）．

B．木　材

木材も多用途の材料であるが，特に建築用途の場合は，耐力材としても非耐力材としても用いられ，高温時の機械的強度の低下などが問題となる．例えば木材を柱・梁のような主要構造材として用いる場合，火災時においても一定時間必要な耐力を確保することが要求される．木材は炭化によって耐力が減少するので，炭化速度と耐力との関係を知ることは重要なことである．

表 13·25　高分子材料の燃焼発熱量と水平燃焼速度[4]

高分子材料	燃焼発熱量 （kJ/g）	燃焼速度 （in/min）
低密度ポリエチレン	46.6	0.3–1.2
ポリプロピレン	44.0	0.7–1.6
ポリテトラフルオロエチレン	4.2	不燃性
ポリ塩化ビニル	18.0	自己消炎性
ポリメチルメタクリレート	27.7	0.6–1.6
ポリスチレン	40.2	0.5–2.5
ABS 樹脂	35.2	1.0–2.0
ナイロン 6	30.8	自己消炎性
ポリカーボネート	30.5	自己消炎性

表 13·26　高分子材料の熱変形温度[4]

高分子材料	熱変形温度 （℃）
低密度ポリエチレン	32–40
ポリプロピレン	52–60
ポリテトラフルオロエチレン	121
ポリ塩化ビニル（硬質）	54–74
ポリ塩化ビニリデン	54–66
ポリ酢酸ビニル	38
ポリメチルメタクリレート（アクリル板）	70–100
ポリスチレン（一般用）	<104
スチレン・アクリロニトリル共重合体	88–104
ABS 樹脂	94–107
酢酸セルロース	44–88
ポリカーボネート	130–140
ナイロン 6	67–70
ナイロン 6（ガラス繊維充塡）	195
ナイロン 66	66–104
ナイロン 66（ガラス繊維充塡）	243
フェノール・ホルムアルデヒド樹脂	115–125
フェノール・ホルムアルデヒド樹脂 （ガラス繊維充塡）	150–315
メラミン樹脂（α セルロース充塡）	125–295
エポキシ樹脂（注型用）	50–290

ASTM D 648（18.5 kg/cm²）による．

表 13·27 は集成材の炭化速度を示したものである．平均して約 0.6 mm/min となる．柱の載荷加熱試験の結果に対し，炭化速度を 0.6 mm/min と設定して，残存断面応力度比（柱の座屈が生じた時点での残存断面の大きさを求め，その断面に生じた応力度の短期許容応力度に対する割合）を求めたものを表 13·28 に示す．この比の値は 1.5 ～ 2 であり，すなわ

表 13·27　加熱時の平均炭化速度と平均燃焼速度[6]

加熱時間 (min)		断面の大きさ (mm)	とど松集成材		べい松集成材	
			炭化速度 (mm/min)	燃焼速度 (kg/m²·min)	炭化速度 (mm/min)	燃焼速度 (kg/m²·min)
30		90×90	0.76	0.23	0.58	0.24
		105×105	0.63	0.23	0.53	0.24
		120×120	0.63	0.23	0.59	0.27
		160×160	0.67	0.22	0.52	0.24
		210×210	0.58	0.22	0.46	0.24
60	30分 加熱時	105×105	0.66	0.23	0.54	0.25
		120×120	0.70	0.26	0.60	0.27
		160×160	0.65	0.22	0.53	0.25
		210×210	0.57	0.22	0.47	0.22
	50分 加熱時	105×105	0.59	0.19	0.55	0.23
		120×120	0.71	0.23	0.61	0.25
		160×160	0.64	0.20	0.52	0.23
		210×210	0.56	0.21	0.50	0.23
	60分 加熱時	105×105	—	0.19	—	0.36
		120×120	—	0.21	0.60	0.23
		160×160	0.64	0.20	0.51	0.22
		210×210	—	—	0.51	0.22

表 13·28　木柱の載荷加熱試験結果[6]

樹種	断面の大きさ (mm)	荷重係数[1]	座屈時間 (min)	破壊時の鉛直変形量(mm)[2]	破壊時の鉛直変形速度(mm/min)	座屈残存断面の応力度比[3]
とど松	150×150	0.50	43.0	3.86(2.33)	0.34	1.43
		0.70	34.5	3.44(2.41)	0.42	1.38
		0.90	37.7	3.78(2.96)	0.29	2.02
べい松	150×150	0.50	51.5	2.85(2.10)	0.21	2.25
		0.70	42.2	3.19(3.07)	0.48	1.97
		0.90	35.0	3.32(4.18)	0.56	1.85
とど松	200×200	0.50	66.5	5.89(4.71)	0.76	1.52
		0.70	59.5	7.09(4.50)	1.41	1.53
		0.90	49.0	6.92(6.74)	1.01	1.38
べい松	200×200	0.50	76.4	7.84(4.50)	1.18	2.30
		0.70	55.9	5.71(6.88)	0.79	1.36
		0.90	51.7	7.02(8.39)	1.36	1.48
とど松	240×240	0.50	90.2	7.43(5.15)	0.67	1.47
べい松	240×240	0.50	76.3	7.48(7.28)	1.11	1.04

1）載荷荷重 / 長期許容耐力.
2）試験体頂部の鉛直変形量の平均値で初期変形量は含まない．括弧内は初期変形量を示す.
3）発生応力度 / 短期許容座屈応力度（残存断面は炭化速度を 0.6 mm/min として求めた）.

ち，柱に対する火災時の耐力については
1.5〜2の安全率が必要となると考えら
れる．要求耐火時間が長くなると，大き
な部材断面が必要となるので，実際には
防火被覆が施される場合が多い．

　また未炭化部分においてもかなりの高
温度となることが予想されるので，防火
試験における火災危険温度（一般に約
260℃と言われる）以下の温度での機械
的強度を把握する必要がある．表13·29
は250℃以下の一定温度で小型の梁を用
いて行った曲げ試験の結果から，弾性係

表 13·29　弾性係数と破壊荷重の残存率（とど松製材，平均値）[6]

加熱温度 （℃）	弾性係数と破壊荷重の残存率（％）[1]		
	弾性係数[2]	弾性係数[3]	破壊荷重
50	95.1	105.4	89.5
100	75.2	78	59.9
150	76.8	73.8	68.0
200	72.8	64.2	45.9
250	40.7	39.8	15.6

1）　常温時の値を100％とした．
2）　剪断たわみを含んだ見かけの曲げ弾性係数．
3）　剪断たわみを含まない純曲げ弾性係数．

数と破壊荷重を求めて，これらの常温時の値に対する割合（残存率）で示したものである．
弾性係数は150℃から，破壊荷重は50℃から低下している．木材はセルロース，ヘミセル
ロースおよびリグニンといった主成分からなり，これらの成分は熱分解温度が異なる（ヘミ
セルロース180〜300℃，セルロース240〜400℃，リグニン280〜550℃）[7]．すなわち一般
に火災危険温度と言われている260℃よりも低い温度ですでに分解反応が始まっていると考
えられ，さらに空気中に存在する酸素によって酸化熱分解も生じていると考えられる．その
ため，長分子であるセルロース繊維に対する拘束が解けて，繊維間での滑りや曲げが開始し
て機械的強度が低下すると考えられている．

（2）無機材料の高温性状

無機材料は不燃性であり，したがって着火性や

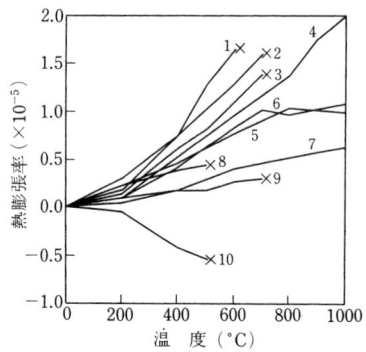

図 13·32　無機材料の熱膨張率の温度変化[9]

1．アルミニウム　2．しんちゅう　3．銅
4．ステンレス鋼　5．熱間圧延異形棒鋼　6．
コンクリート　7．建築用赤れんが　8．普通
ガラス　9．パイレックスガラス　10．ケイ酸
カルシウム板

表 13·30　無機材料の融点[8]

材　　料	融点（℃）
ス　ズ	231.97
鉛	327.5
亜　鉛	419.58
アルミニウム	660.4
銅	1084.5
ニッケル	1455
鉄	1535
しんちゅう	760〜800
ステンレス鋼	1450〜1600
鉛ガラス	500*
ソーダガラス	550*
パイレックスガラス	800*
石英ガラス	1600*
磁　器	1100〜1400*
鉱物繊維	700〜1500*
耐火れんが	1550〜1900*

＊　軟化点データ．

燃焼性状を考慮する必要はない．また一般的に有機材料よりも融点が高く，熱分解温度も非常に高い．ここでは材料の機械的強度や電気的特性に対する温度の影響について述べる．図 13·32 に代表的な無機材料の熱膨張率，表 13·30 に融点（あるいは軟化点）を示す．

A. 金属系材料

金属は固体で展延性に富み，電気および熱の良伝導体である．また加工も容易であり，いろいろな用途の材料として用いられている．代表的な金属の熱性状として熱膨張率と熱伝導率を表 13·31 に示す．

a. 導線材料

金属は電気伝導性に優れているので，電力ケーブルや通信ケーブルとして利用されている．金属は温度の上昇とともに電気抵抗が大きくなるので，電気伝導性能は低下する．表 13·32 に導線材料として用いられている金属の高温度での電気抵抗値を示す．

b. 鋼　材

鋼材は鉄と炭素との合金であり，炭素の量によって，極軟鋼，軟鋼，硬鋼，極硬鋼に分け

表 13·31　各種一般用金属材料の熱伝導率と熱膨張率[10]

金属材料	熱伝導率 （W/cm·K）	熱膨張率 （$\times 10^{-6}$/K）
純銅	3.9097	16.8
65/35黄銅	1.2120	18.4
5％Sn青銅	0.7819	17.8
モネル(Ni–Cu系合金)	0.2346	14.0
1100アルミニウム	2.1894	23.6
7075アルミニウム合金	1.2120	23.6
純鉄	0.7037	26.7
鋼	0.5865	11.7
ステンレス鋼	0.1564	17.3
チタン	0.1564	8.4
ジルコニウム	0.1173	5.0
亜鉛	1.1338	27.4
マグネシウム合金	0.7819	25.9

表 13·32　高温時の金属の体積電気抵抗率[8]

金　属	体積電気抵抗率（$\times 10^{-8}\Omega\cdot m$）				
	0℃	100℃	300℃	700℃	1200℃(その他)
銀	1.47	2.08	3.34	6.1	19.4
アルミニウム	2.50	3.55	5.9	24.7	32.1
金	2.05	2.88	4.63	8.6	31(1063℃)
銅	1.55	2.23	3.6	6.7	21.3(1083℃)
鉄	8.9	14.7	31.5	85.5	122
白金	9.81	13.6	21.0	34.3	48.3

られる．鋼材の用途の約50％は建築・土木であり，こ
れらの分野では軟鋼と硬鋼（炭素量0.15～0.60％）が
主として構造材料として用いられている．すなわち，
鋼材は柱・梁などの主要構造材として，またコンク
リート構造部材の補強材料として用いられる．炭素量
は鋼材の性質に大きく作用し，一般には炭素量が大き
いほど鋼材の伸びは小さくなる．

　図13·33に高温度における鋼材に性質を示す．引っ
張り強度は100℃付近まで一時減少するが，その後増
大して，250～300℃で最大値をとる．これは温度上
昇による初応力の消失によるものと考えられている．
降伏点は温度の上昇とともに低下する．したがって火
災時のような高温雰囲気のなかでは耐火被覆の無い鉄
骨構造は大きな被害を受けると考えられる．伸びは
250℃付近で極小値をとり，これは強度の増大と相
反した現象（青熱脆性）である．

　一般に鋼材を構造材に用いる時には耐火被覆を施
すが，少ない被覆あるいは使用箇所によっては被覆
なしで済む耐火鋼材（FR鋼）の使用が注目されて
いる．図13·34は降伏応力と引張応力の温度変化に
ついて，一般鋼材との比較を示したものである．

B. セラミックス系材料

　ケイ酸塩などの酸化鉱物を原料として用いた材料
で，セメント，コンクリート，ガラス，陶磁器など
のことを指す．

a. コンクリート

　コンクリートはセメント，骨材，水を練り合わせ

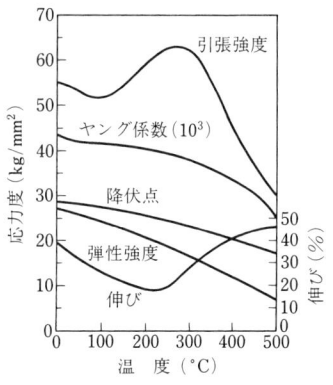

図 13·33　高温度における鋼材の性質[11]

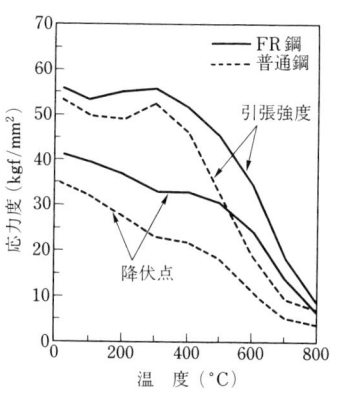

図 13·34　FR鋼と普通鋼の応力の温度変化[12]

た材料であり，大別すると普通重量コンクリートと軽量コンクリートに分けられる．コンク
リートのおよそ75％は骨材で占められているので，コンクリートの性質は骨材の性質に強
く依存すると考えられる．図13·35は膨張率，図13·36は密度の温度による変化であるが，
骨材種類の影響が大きいことがわかる．また炭酸骨材を用いたコンクリートの密度が約
700℃で大きく低下するのは，骨材の部分的な熱分解によるものであると考えられる．図13·
37は弾性強度の残存率である．温度による弾性強度の減衰は骨材には依存しない．同様に図
13·38には各種コンクリートの圧縮強度の温度変化を示す．炭酸系骨材コンクリートの強度
変化は密度の温度変化と同じように，骨材の熱分解の影響を受けていると考えられる．

　火災時にコンクリートに生じる重要な事象としては，上述のような強度の低下の他に爆裂
現象がある．図13·39は部材の厚みと圧縮応力とが爆裂発生に関わる影響を示したものであ
る．爆裂現象の発生は，コンクリート中の含水量，加熱条件，部材にかかる外力荷重や圧縮

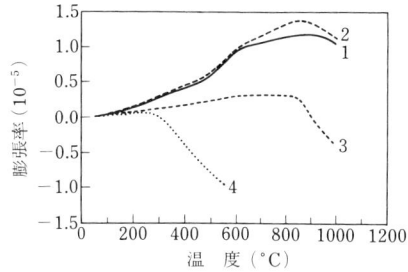

図 13·35　各種コンクリートの膨張率の温度変
　　　　化[13]
　　1．普通重量コンクリート・ケイ酸系骨材
　　2．普通重量コンクリート・炭酸系骨材
　　3．軽量コンクリート・膨張頁岩骨材
　　4．軽量コンクリート・軽石骨材

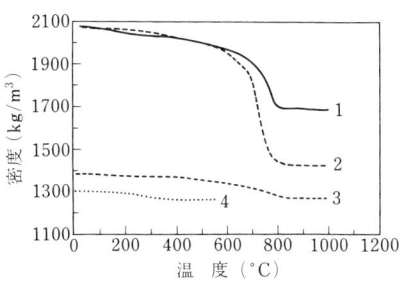

図 13·36　各種コンクリートの密度の温度変
　　　　化[13]
　　1．普通重量コンクリート・ケイ酸系骨材
　　2．普通重量コンクリート・炭酸系骨材
　　3．軽量コンクリート・膨張頁岩骨材
　　4．軽量コンクリート・軽石骨材

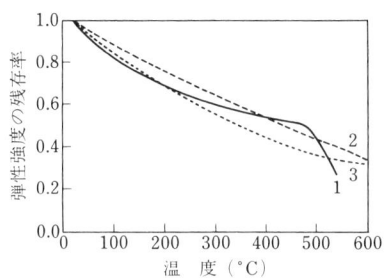

図 13·37　各種コンクリートの弾性強度の残存
　　　　率[14]
1．普通重量コンクリート・ケイ酸系骨材（初期
　値 34,000 Mpa）
2．普通重量コンクリート・炭酸系骨材（初期値
　38,000 Mpa）
3．軽量コンクリート（初期値 19,000 Mpa）

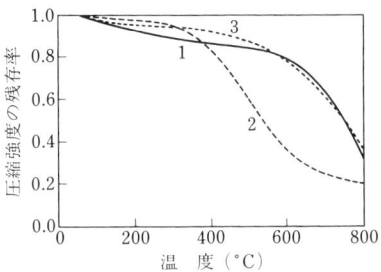

図 13·38　各種コンクリートの圧縮強度の残存
　　　　率[15]
1．普通重量コンクリート・ケイ酸系骨材（初期
　値 26.9 Mpa）
2．普通重量コンクリート・炭酸系骨材（初期値
　26.9 Mpa）
3．軽量コンクリート（初期値 26.9 Mpa）

応力，部材の厚み，構造部材内の鉄筋などが因子となっていると考えられる．

　b．ガラス

　ほとんどのガラスの主成分はケイ砂あるいはケイ石（SiO_2）であり，これにホウ素，アルミニウム，カリウム，マグネシウムなどの酸化物などから組成されている．これらの酸化物の組成比を変え，また種々の元素や化合物を加えることによって用途に要求される性能を満足させることが可能となる非常に有用な材料である．ガラスは固溶体とよばれ，粘度と温度の関係を見ると，融点のような不連続点がなく，低温から高温まで連続的にかつ大きく変化する．図 13·40 にガラスの粘度の温度変化を示す．

　建築用ガラスは窓や扉などの開口部に用いられるだけでなく，最近では外観上の利点や採

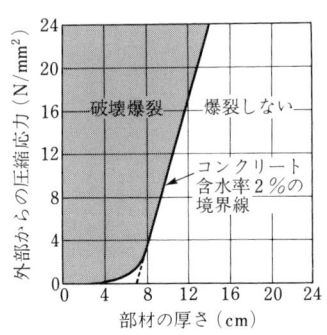

図 13·39　部材厚みおよび圧縮応力と爆裂発生
の関係[16]
加熱方法：2 面加熱，DIN 4102 T 1.2

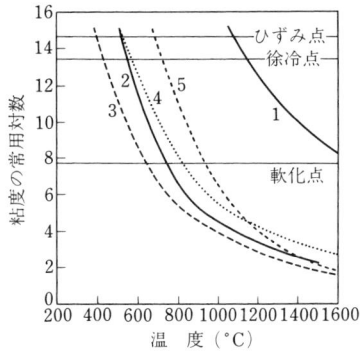

図 13·40　ガラスの粘度の温度変化[10]
1．石英ガラス　2．ソーダ石灰ガラス
3．鉛ガラス　　4．ホウケイ酸ガラス
5．アルミノケイ酸塩ガラス

光などの理由から建物外壁や天井部の材料あるいは間仕切り材としての用途も広がってい
る．ガラスは他の無機建築材と比べて，一般に熱に弱いと言われているが，これはコンク
リートに比べて用途における部材厚みが薄いことや，非結晶集合体であるために応力を吸収
する界面が存在せず，破面が成長しやすいことなどが挙げられる．通常，防火・耐火ガラス
としては網入りガラスが用いられることが多いが，デザイン面からの要求もあって網入り以
外のガラス材の利用開発も進んでいる．用途に応じて，性質の異なる複数のガラスの併用，
他の建材との併用，加熱焼成による結晶化などの工夫が必要である．

　新しい防火ガラス材料としては耐熱強化ガラス，低膨張強化ガラス，耐熱結晶化ガラスな
どが挙げられる．耐熱強化ガラスは加熱時に生じる熱応力に対応するためにフロートガラス
に特殊な加工を施すことで強度を上げたものである．低膨張ガラスはガラス成分中のソーダ
灰のかわりにほう酸を用い強化処理したもので，熱膨張率が小さく加熱時の熱応力が発生し
にくい．耐熱結晶化ガラスは加熱焼成によってガラス内に厳密な結晶構造を作って強度を持
たせたもので，熱膨張率はほぼゼロという特徴を持つものである．これらのガラス材をフ
ロートガラスの物性値を表 13·33 に挙げる．

表 13·33　各種ガラスの物性値[17]

ガラス種	熱膨張率 $\times 10^{-6}$/K	比　熱 J/g·k	熱伝導率 w/m·k	密　度 g/cm^2
フロートガラス	9.0	0.76	0.86	2.5
低膨張ガラス	3.25	0.76	0.86	2.23
透明結晶化ガラス	$-0.3 \sim -0.5$	0.71	1.51	2.51

（髙橋　済・須川　修身）

13・2　輸送機器材料

13・2・1　自　　　動　　　車

（1）自動車材料の変化と車両火災の実態

　近年の自動車の開発は安全性，快適性および機能性を図りながら，省エネや低エミッション化およびリサイクルなどの環境面への配慮が必要である．このため，自動車材料の選択には，性能，コスト，生産性に付け加え，環境への調和も重要視される．特に，近年，温暖化ガスの排出量を低減させるために，自動車材料は軽量化に力が注がれている．その理由は，100 kg の軽量化により燃費が 1 km/ℓ 向上し，CO_2 排出量は 15 g/km の削減が可能になるためである[1]．また，自動車は更なる快適性や自動運転関連の安全性に関わる装備が増えてきており，部品点数の増加により，更なる軽量化に繋がる材料が選択される．軽量化を図るため，車両の内外装部品を中心に，鉄系材料から非鉄系（主にアルミニウム）と樹脂が年々増加している[2,3]．

　しかし，樹脂材料や繊維などの高分子材料は本質的には燃える性質がある．そのため，難燃化が要求される電気部品や内装材などには，難燃剤を添加している材料もある．難燃剤は，臭素系難燃剤，酸化アンチモン，リン系，チッ素系，無機系難燃剤などがある．その内，臭素系難燃剤に関しては，環境汚染問題から世界規模で廃止されており，わが国の自動車においても，業界の自主規制により，2017（平成29）年度以降の新型車や継続生産車では廃止されることが決定された．それに代わる非臭素系の難燃剤として，水酸化マグネシウム，水酸化アルミニウム等の無機系難燃剤やリン系難燃剤が開発されている[4]．

　一方，車両の軽量化に加えて，更なる環境問題への配慮として，電気自動車やハイブリッド自動車などのパワートレインの電動化が盛んになっている．電気動力系統の材料には，高電力・高電圧化に伴う配慮が必要である．たとえば，自動車用高圧電線は使用時に熱が加わるために，耐熱性能に優れた材料が求められている．そのため，電線被覆材料は従来の自動車で使用されていた塩ビ（PVC）に代わり，耐熱性能に優れた架橋ポリエチレンに難燃剤が添加された電線が一部で使用されている．このように，自動車材料は樹脂材料の使用する割合が増加するとともに，樹脂材料自体も変化している．

　そこで，自動車の樹脂材料の増大や樹脂材料の変化が，自動車火災に与える影響を調べる．我が国における車両火災件数，自動車保有台数，交通事故件数の推移を図 13・41 に示す．車両火災の発生件数は，交通事故件数の増減傾向と類似しており，2001（平成13）年度の 8454 件をピークに，年々減少し，2015（平成27）年度ではその約半分の 4188 件に減少した．また，車両保有台数は 2003（平成15）年度以降，ほぼ横ばい状態であるため，車両保有台数当たりの車両火災件数の割合は，2003（平成15）年度では車両 1 万台当たりに約 1 台が火災を起こしていたが，2015（平成27）年度では車両 2 万台に約 1 台に減少した．

　出火原因としては，車両構造に起因する火災は，電気系，排気系，燃料系の 3 つに大別され，その中でも電気系に起因する火災は多い傾向にある．しかしながら，電気系に起因する火災は，2000（平成12）年度以降，急激に減少した．よって，現時点では，自動車の樹脂材料の増大や樹脂材料の変化が，火災事故を増加させる要因には至っていない．

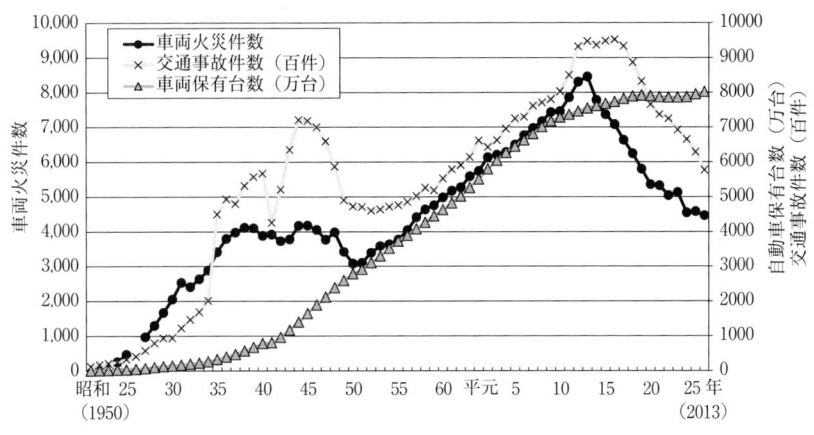

図 13・41　我が国における車両火災件数，自動車保有台数，交通事故件数の推移
（消防白書より）

（2）自動車材料に関わる安全対策と試験法

我が国における自動車火災に関わる主な道路運送車両の保安基準は，以下のとおりである．

1953（昭和28）年	電気装置の基準
1970（昭和45）年	ヒューズブルリンクの装備
1974（昭和49）年	衝突時における燃料漏れ防止基準
1977（昭和52）年	乗用車プラスチック製樹脂タンクの基準
1983（昭和58）年	自動車熱害防止
1985（昭和60）年	被衝突時の燃料漏れ防止要件の強化
1986（昭和61）年	ロールオーババルブ装着
1994（平成6）　年	内装材の難燃性基準・燃料漏れ防止要件の強化

その中で，自動車材料に関連した火災の安全対策としては，内装材料の難燃性に関わる基準がある．我が国の自動車における難燃性の基準は，1993（平成5）年4月に道路運送車両の保安基準の一部が改訂され，1994（平成6）年4月より自動車用内装材の難燃化が義務づけられている．本基準は，米国連邦自動車安全基準 FMVSS 302 の内装材難燃性試験法を参考に作成されたものである．要求される難燃レベルは水平燃焼速度が 100 mm/分以下である．この自動車内装材の難燃規制の目的は，1992（平成4）年3月の運輸技術審議会の答申において「マッチ，たばこ等の小さな発火源に対し，車両火災の発生を極力防止するとともに，万一火災が発生した場合にも初期の燃焼速度を抑え，火災による被害を最小限に止める観点から，自動車の内装材料の難燃化を図る必要がある．」とされている．この米国の FMVSS 302 の内装材難燃性を参考に作成された試験法は，欧州を除いた各国法規に採用され，現在，全世界での新車販売台数の 60% 以上に適用されている．表 13・34 に，FMVSS

表 13·34　FMVSS 302 の試験法を参考にして採用された各国の難燃性の法規

国		アメリカ・カナダ	日本	中華人民共和国	大韓民国	GCC：湾岸協力会議（サウジアラビア, クウェート, バーレーン, カタール, アラブ首長国連邦, オマーン）	ブラジル
法規		FMVSS 302 CMVSS 302	保安基準	GB 8410	KMVSS 095	GS 98/42	CONTRAN 675/86
燃焼速度		102 mm/min	100 mm/min	100 mm/min	102 mm/min	250 mm/min	250 mm/min
燃焼方向		水平	水平	水平	水平	水平	水平
放置条件	温度	21℃	20±5℃	23±2℃	15-26℃	23±2℃	23±2℃
	湿度	50%RH	50±5%RH	50±5%RH	50-60%RH	50±5%RH	50±5%RH
放置時間		24 hrs	24 hrs 以上	24-168 hrs	24 hrs	24-168 hrs	24-168 hrs
試験条件		同上	20±5℃ 65±5%RH	30℃以下	同上	30℃以下	30℃以下
試験片数		規定なし	5 個	5 個	規定なし	5 個	規定なし
試験片サイズ	長さ×幅	356×102 mm	350×100 mm	356×100 mm 356 以上×3-60 mm 138 以上×60 mm 以上	350×100 mm	356×100 mm	356×100 mm 356 以上×3-60 mm 138 以上×60 mm 以上
	厚さ	13 mm 以下	12 mm	13 mm 以下	13 mm	13 mm	13 mm
試験方法（引用規格）		引用規格なし	JIS D 1201-1977	引用規格なし	引用規格なし	引用規格なし	ISO 3795

302 の試験法を基に採用した各国の難燃性の法規を示す.

　FMVSS 302 の内装材難燃性燃焼試験法は，1947（昭和 22）年 8 月 26 日，米国民間航空委員会によって発行された Safety Regulation　Release No. 259 に明記されたものを，米国航空局の Flight　Standards　Service　Release　No. 453（1961（昭和 36）年 11 月 9 日）に引用され，それをそのまま規格化したものである．水平燃焼速度 102 mm（4 inch）/分とした理由は，標準材料として使用されていた 2 〜 4 inch/分の燃焼速度を持つセルロースアセテートブチレートを含有した綿に由来するものである[5].

　FMVSS 302 を導入したことにより，米国では，車室内やトランクルーム内からの出火した車両火災の 30 〜 40% が数十年間で 10% 未満に減少した[6]とされる.

　一方，我が国における難燃性基準の効果としては，内装材の難燃化の目的がタバコやマッチ等の小発火源に対する車両火災の発生を極力防止することであることから，タバコが原因となる車両火災に着目する．図 13・42 に全国の車両火災件数および車両火災内のタバコに

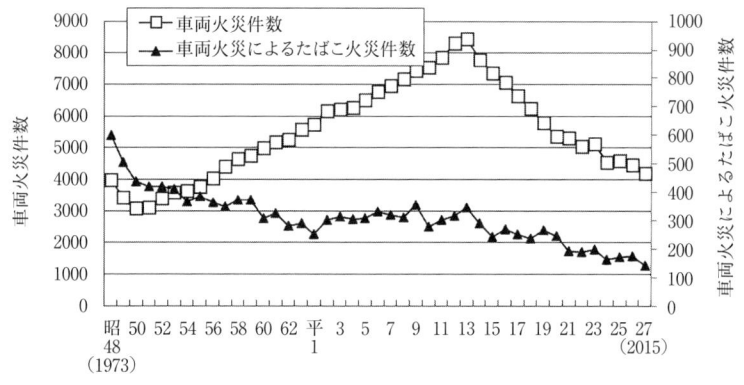

図 13・42　全国の車両火災件数および車両火災内のタバコによる火災件数

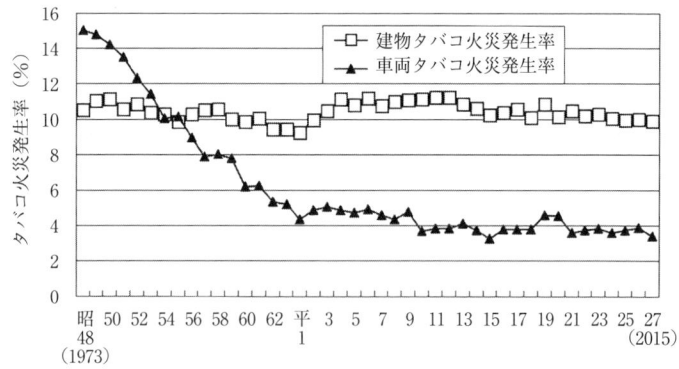

図 13・43　建物火災でのタバコ火災の発生率と車両火災でのタバコ火災の発生率

よる火災件数を示す．たばこによる火災件数は 1973（昭和 48）年頃，約 600 件であったが，その後，次第に減少し，2015（平成 27）年では約 150 件まで減少した．図 13・43 に全国の建物火災件数中でのタバコ火災の発生率および車両火災件数中での車両火災の発生率を示す．

タバコを原因とする出火発生率は，建物火災では 1973（昭和 48）年から 2015（平成 27）年に至るまで，約 10% でほぼ一定であるが，車両火災では，1973（昭和 48）年の 15% から 1993（平成 5）年までに約 5% まで減少し，1993（平成 5）年の内装材の難燃性基準施行後，ほぼ一定状態が続いている．これは，1972（昭和 47）年 9 月 7 日付に運輸技術審議会の運輸大臣への答申「自動車の安全確保及び公害防止のための技術的方策について」において，公式に内装材の難燃性が問題視され，以後，難燃化を対策した車が次第に数を増したためであると考えられる．

しかし，学識者の間では，FMVSS 302 程度の難燃性レベルは火災評価上最低レベルの試験として認識[7,8]されており，米国では，内装材試験法の更新が検討[9]されている．

一方，欧州の自動車用内装材材料の難燃性規制として，EC 指令 95/28 がある．この内装材難燃試験法では，運転手を加え定員 22 名を越える立席乗客および市街地走行（市内バス）を除くバスにのみが適用され，ISO 3795 に準じた水平燃焼試験（図 13・44），ISO 6940 に準じた垂直燃焼試験（図 13・45），フランスの難燃性試験法である NF P 92 - 505 に準じた溶融滴下試験（図 13・46）が定められている[10]．

図 13・44　水平燃焼試験[10]

図 13・45　垂直燃焼試験

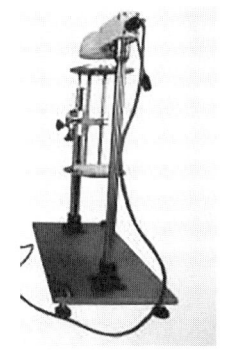

図 13・46　溶融滴下試験

この欧州の難燃性規制は，自動車の構造及び装置の安全・環境に関する統一基準の制定と相互認証を推進することを目的に，1958（昭和 33）年に国連欧州委員会（UN/ECE）の多国間協定（以下，1958 年協定という）で規定された 127 項目中のひとつに規定されており，UN/ECE No. 118「燃焼性状及び/又は自動車の特定区分の構築に使用される材料の燃料又は潤滑油をはじく性能に関する技術基準」として制定されている．なお，我が国は，1998（平成 10）年に「1958 年協定」に加盟してから 2017（平成 29）年度までに日本国内基準に 40 項目程度の「UN/ECE 規則」が採用されているが，難燃性規制の No. 118 の採用に関しては現時点では見送られている．

（3）自動車材料と延焼性

自動車の車室内からの延焼性には，以下の三つの延焼過程に関わる特徴がある[11].

A. 車室内では熱によるガラス割れ，エンジンルームではラジエターの溶損などにより，開口部が拡張されると，急速に延焼拡大する．たとえば，ラジエターの材料がアルミ合金製と銅合金製の場合を比較すると，融点の低いアルミ合金製の方が開口部の形成が早いので，エンジンルーム内の延焼は早い傾向にある．

B. 客室とトランクルームが隔離されてない車体形状の場合，全焼に至るまでの時間が早い．本実験でも，約10分程度早くなっている．近年の車両形状はステーションワゴンなどのトランクルームを有しない車両が多いため，車両の全焼する時間は従来，普及していたセダンのような車両と比べて早い．

C. 火炎高さが車室内の天井に到達すると，極めて早い燃焼速度で天井材が燃焼する．これとともに，燃えた天井材が溶融滴下，あるいは天井と天井材が剥離することにより，座席シート面や床材へ落下し，さらに車室内の延焼が拡大する．このことから，天井材は車室内の延焼拡大に大きく影響する．

　一方，車室内のダッシュボード上，床上，および座面上にはユーザーが持ち込む自動車部品以外の物が置かれることや，シートカバーなどで覆われることもあり，難燃化対策した内装材も功を奏してない場合がある．しかし，天井部分にはユーザーが物を設置したり，カバーを取付けたりすることが殆どないので，車室内の難燃化が最も発揮できる箇所である．これらのことから，車室内の難燃化には，難燃化レベルが高く，かつ溶融滴下燃焼を伴わない天井材を使用し，さらには，その材料が天井から剥離しにくい対策が有効である．

　その他，延焼を遅延させるための技術としては，発泡性難燃塗料の活用[12]がある．たとえば，エンジンルームと客室の間には，ダッシュパネルと呼ばれる隔壁がある．エンジンルームから出火した場合，このダッシュパネル上に設けられた電線やワイヤーなどを通す穴や事故による衝突変形によって形成された穴から火炎が進入し，車室内へ伝播する．そこで，ダッシュパネル上に発泡性難燃塗料を塗り，エンジンルームからの火災に対して，車室内への延焼速度を遅延させる方法が考案されている．

（4）自動車材料の火災時における環境インパクトと毒性

　自動車火災における環境インパクトについても，研究が行なわれている[13〜15]．欧州トンネル火災研究プロジェクトの一環として行われた研究では，車両から排出される煤や残灰試料を採取し，塩素・臭素系ダイオキシン，多環芳香族炭化水素（PAHs）が分析された．その結果を表13・35に示す．

　このデータを基に，ドイツ国内で発生した車両火災の塩素化ダイオキシン類の年間総排出量が算出されており，全火災（住居，森林，工業など）から発生する塩素化ダイオキシン排出量に対する割合は0.0055%である．また，残灰中の塩素化ダイオキシンの場合では0.0059%である．両者ともに全火災に対して自動車火災の占める割合は少ないという結果となった．しかしながら，火災の焼け跡の残存物の処理・廃棄にあたっては，ダイオキシン類から身体を保護するために特別な注意が必要であり，安全な処理をするように勧告している．

表 13·35　トンネル内車両火災実験におけるダイオキシン類の残灰中平均濃度，総排出量算定値，多環芳香族炭化水素の総排出量[13,14]

車両の種類	残灰中 PCDD/Fs の平均濃度 $(ngTEQkg^{-1})$	PCDD/Fs 総排出量算定値		PAHs (g)
		(mg)	(mgTEQ)	
Renault Espace (88 年式)	140	1.93	0.052	13
Ford Taunus (74 年式)	300	2.00	0.044	27

　また，自動車火災の煙や有毒ガスについて取り上げた研究では，1990（平成 2）年に NIST が実施した「スクールバスの内装材の火災性能の評価」[16]と，東海大学医学部医学教室で実施された「交通事故の人的被害」[17]がある．

　前者の研究は，4 種類のポリウレタンフォームと 3 種類のシート表皮材を組み合わせた FMVSS 302 の基準をパスする 6 つのシートを試験対象とし，コーンカロリーメータやファニチャーカロリーメータ，および実車を模擬した火災実験により，CO，CO_2，HCl，HCN のガス類を測定したものである．

　後者の研究は，焼死者から一酸化炭素ヘモグロビン（CO–Hb）濃度を測定したものである．交通事故による焼死者の殆どは，火災により発生した CO を多少なりとも吸引していることや，この CO の吸引量の差は衝突による受傷程度の大小によるとされている．

（5）今後の自動車材料に関わる火災対策

　更なる自動車材料の軽量化を図るため，約 7 割を占める鉄に代替可能となるアルミ合金や CFRP 複合材料などの軽量化素材が採用されている．たとえば，ドアやルーフなどのボディパネルにはアルミ合金が，ウインドゥにはポリカーボネート樹脂，強度部材には CFRP 複合材料が使用されはじめている[1]．これらの材料の採用によって，エンジンルーム，車室，トランクルーム，荷台などの区画が火災時の熱によって，従来よりも早く開口部が生じ，延焼速度が増大する

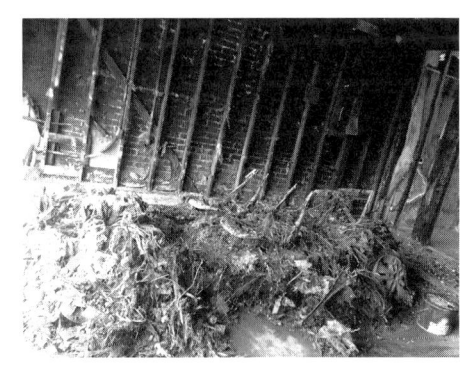

図 13·47　CFRP をボディにした車両の焼損状況[18]

ことが考えられる．また，図 13·47 に示されるように，CFRP やアルミは，火災後，車両の形状が維持されない場合がある．そのため，延焼パターンや焼損痕が残らない場合があり，出火原因調査を困難にすることが想定される．以上のことから，自動車材料の変化に伴う延焼性や，火災後の処理方法などの対策については，今後も注視する必要がある．

（田村　陽介）

13・2・2 航　空　機
（1）航空機の材料

航空機には，単発または多発の固定翼機，滑空機体（グライダー），回転翼機（ヘリコプター），軟式または硬式飛行船などの種類があり，目的用途によっても種々の分類ができ，それぞれ使用されている材料も多岐にわたる．ここでは主として人員を輸送する航空機について記す．

航空機の材料は，機体構造の部材である構造材料と装備品材料とに大別することができる．装備品材料はさらに，エンジン，電子，電気，降着装置などの機能部品の材料と，乗客搭乗員の居住に関係する室内装備材料とに分けられる．

機体の構造材料として，初期のころは木材や羽布，ベニヤ板などが用いられたが，ジュラルミンが実用化されるにいたって，種々のアルミニウム合金が開発され，使用されている．

小型の単発機やグライダー，小型ヘリコプター，飛行船などでは現在でも鋼管の枠組み構造に羽布または薄い金属板を張って整形するやり方が実用されているが，一般の交通機関としての輸送機では，その大部分がセミモノコック構造と呼ばれる機体外板と骨材で応力を持たせた応力外皮構造であり，胴体断面が円形または卵型のものが普通である．これに使用される材料は，比強度（引っ張り強さ/密度）が大きく，価格や工作の容易さから，アルミニウム合金が大半を占めてきた．しかし近来，重量軽減，燃料消費の軽減化のために，室内装備材料のみではなく，機体構造部材への複合材料の採用が広がる傾向にあり，胴体，主翼などの主要構造部材にまで，炭素繊維を主とした複合材料の使用分野が広がってきている．

機能部品としての電子・航法装置，電気装置，空調装置，降着装置，燃料系統装置，エンジン系統装置などについては，ほとんどが金属材料で構成されており，故障などの場合の防火，耐火性についての基準が細部にわたって規定されており，個々の部品としてそれらの要求を満たすものでなければ搭載装備することができない．これら機能部品を装備するため，機体側での収納，取付場所についても，使用部位ごとに耐火性基準があり，航空会社の搭載要否の要求により，製造メーカーが適合する材料を選択して使用している．機体構造，装備品の使用条件，環境により次のような耐火性に関する要求を満たす材料でなければならない．

・第1種耐火性材料：鋼と同等，またはそれ以上に熱に耐え得る材料（防火隔壁など）
・第2種耐火性材料：アルミニウム合金と同等，またはそれ以上に熱に耐え得る材料（燃料配管など）
・第3種耐火性材料：発火源を取り除いた場合，危険な程度には燃焼しない材料
・第4種耐火性材料：点火した場合，激しくは燃焼しない材料
・自己消火性材料：発火源を取り除いた場合，一定時間以内に消火する材料

航空機に使用する材料を含め，安全性要求は各国で法規化されているが，代表的なものにTitle 14 of the Code of Federal Regulations（通称FAR（Federal Aviation Regulations）；米国），Certification Specifications（欧州）などがある．日本では，航空法，航空法施行規則および同附属書，ならびに「航空機及び装備品の安全性を確保するための強度，構造及び性能についての基準」である耐空性審査要領に定められている．

（2）室内装備の材料

　民間航空機の室内装備は各航空会社の特色をだせるところであり，商品価値に直結するものであるため，各航空会社の要求仕様を満足させる必要があるが，乗客・搭乗員の居住性，安全性を損なうものであってはならない．前記の耐火性基準のほかに，一般的に室内装備材料に対して考慮されている要素に以下のものがある．

・軽量であること：民間航空機にとっては，燃料費の軽減はきわめて重要であり，材料費が多少高価についても，軽量である材料が選ばれることが多い．軽量であるということは，それだけ多くの乗客，貨物を遠くまで運べるということにつながる．

・耐火性：材料として自己消火性に優れ，そのうえ発煙が少なく，発生ガスの毒性が低いものであること．

・断熱性：機体外板から伝わる地上炎天下の高温，また高空飛行中の低温から断熱をするものであること．

・防音性：機体構造から伝わる振動を減衰させ，室内騒音を吸収

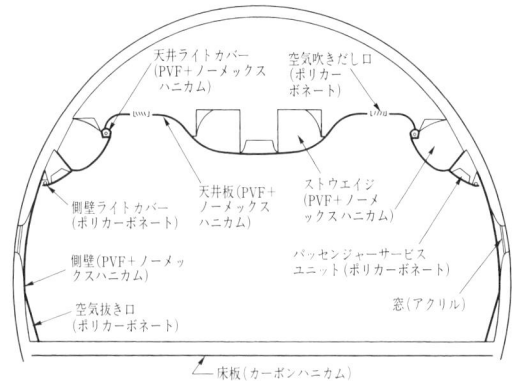

図 13・48　室内装備材料の使用例

表 13・36　室内装備材料の耐火性の評価基準

室内装備品または使用される場所	試験方法	耐火性	平均燃焼長さ/速度	平均燃焼時間	滴下物の平均燃焼時間
天井板，側壁，客室仕切り板，調理室の構造，大寸法のキャビネットの壁，床板，荷物入れ　等	垂直試験（60秒）	自己消火性	15 cm 以下	15 秒以下	3 秒以下
カーペット，カーテン，座席クッション，調理室の備品，エアダクト　等	垂直試験（12秒）	自己消火性	20 cm 以下	15 秒以下	5 秒以下
アクリル製の窓，標識，座席ベルト，肩バンド，荷物等の固縛装置　等	水平試験	－	6.3 cm/分以下	－	－
上記以外の材料（ただし小部品，電線等は除く）	水平試験	－	10.1 cm/分以下	－	－
電線，ケーブルの絶縁物　等	60度試験	自己消火性	7.6 cm 以下	30 秒以下	3 秒以下
使用タオル入れ，紙くず入れ，ゴミ入れ容器　等	－	第2種以上の耐火性材料	－	－	－

表 13·37　座席クッションの耐火性の評価基準

室内装備品	試験方法	耐火性	燃焼長さ	平均重量損失
座席クッション	オイル・バーナー	燃焼性	431 mm 以下 ただし供試体組の少なくとも 2/3 について，反対側に達しないこと	10% 以下 ただし供試体組の少なくとも 2/3 について，10% 以下であること

表 13·38　客室内装材の発熱率および発生する煙の量の評価基準

対象客室内装材	発熱率		煙放射
天井板，側壁，客室仕切り板，調理室の構造，大寸法のキャビネットの壁，荷物入れ　等	総発熱量の平均値（最初の 2 分間）	発熱量の最大値の平均（5 分間）	平均光学煙密度値（4 分後）
	65 kW · min/m² 以下	65 kW/m² 以下	200 以下

するものであること．

・保守整備性：ユニット化して，取り付け，取り外しが容易にでき，また修理やクリーニングが容易にできる材質，構造であること．また，20 年以上にわたる航空機の使用期間中に極端な劣化を引き起こさない耐久性も必要．

さらに，室内装備品は乗客の目に直接触れるので，美観も重要な要素である．図 13·48 に室内装備材料の使用例を示す．

（3）航空機用材料の耐火性の評価方法とその基準

耐火性基準や，室内装備材料に対して考慮すべき要素をもとに，具体的な耐火性の評価の方法，その基準を表 13·36 および表 13·37 に示す．なお難燃性というべき基準もあるが，慣例に従い，耐火性ということとする．

乗客定員数が 20 人以上の民間航空機（飛行機）については，客室内で火災が発生した場合の生存率を高めるため，上記の耐火性基準に加え，客室内装材が輻射熱にさらされる際の発熱率および発生する煙の量を一定値以下に抑えることが求められる（表 13·38）．

（鈴鹿　靖史・奥山　哲）

13・2・3　鉄　　　道

（1）車両火災の歴史と安全対策

現在の鉄道車両の火災安全対策は，過去に経験した車両火災事故を貴重な教訓として段階的に改正されてきた火災対策基準に準拠している．

A.　車両火災事故と火災対策基準制定の経緯[1~4]

1940（昭和 15）年 1 月に西成線で発生した火災事故は，ガソリンエンジン破損を原因とした火災であった．このためガソリンエンジンのディーゼルエンジンへの代替が進み，合わせて電化も進められた．

1951（昭和 26）年 4 月の桜木町駅列車火災事故は，車両屋根に吊架線が接触して放電した結果，着火した火災事故であった．この事故を契機として，実車による全焼試験が実施され，車両の不燃化・難燃化の推進，特に屋根の絶縁強化がなされた．

　1956（昭和 31）年 5 月の南海電鉄高野線トンネル内列車火災事故は，主抵抗器の加熱が原因であった．この事故を契機に 1957（昭和 32）年，運輸省は主として地下鉄車両を対象に屋根，床，外板には金属，天井，内貼りには不燃性の材料，ほろ，座席シート，電線被覆などは難燃性の材料を使用するなどの車両不燃化の構造基準（A-A 様式，A 様式および B 様式の 3 区分）を定めた．この基準以降，車両構体は基本的に金属となり，不燃化の基礎ができあがった．

　1968（昭和 43）年 1 月の営団地下鉄日比谷線（車両は東武鉄道）火災事故は，主抵抗器過熱を原因としており，1969（昭和 44）年に車両用材料の難燃化，床下配線の敷設法および電気機器の搭載部位などについて前基準が抜本的に見直され，新たな構造基準（A-A 基準，A 基準および B 基準の 3 区分）となった．

　この内容は運輸省令「普通鉄道構造規則」（1987（昭和 62）年 3 月制定）の骨格となって受け継がれ，国土交通省令「鉄道に関する技術上の基準を定める省令」（2001（平成 13）年 12 月制定）においても基本的な内容に大きな変化は見られなかった．

　1972（昭和 47）年 11 月の北陸トンネル事故ではトンネル内を走行中に食堂車から火災が発生し，トンネル内での停車措置などにより被害が拡大した．これを受けて国鉄では列車火災走行試験などを通じ長大トンネルにおける総合的な火災安全対策が検討された．車両については旅客車車端の防火構造化，床下制御機器類の防火構造化などが提唱され実施に移された．

　その後，大きな変更はないまま 30 年ほど経過したが，2003（平成 15）年 2 月に韓国大邱（テグ）市の中央路駅にて地下鉄放火事件が発生し，死者 196 名，負傷者 147 名という大惨事となった．被害拡大の背景には，列車運転士の判断ミスなどが重なったことも挙げられるが，韓国における鉄道車両材料の難燃性が相対的に低く，発生した火災が隣接する車両へ延焼したことが材料面での大きな要因と考えられた．

　事故以降，日本の鉄道車両でも大火源による火災を考慮して，2004（平成 16）年に「鉄道に関する技術上の基準を定める省令」の解釈基準が見直され，以下に示すような対策が実施された．

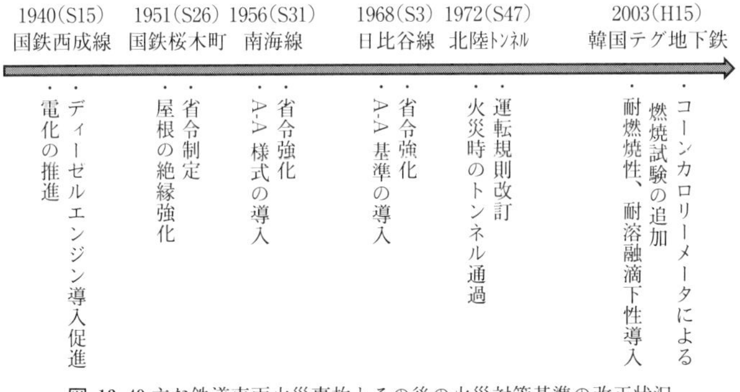

1940(S15)	1951(S26)	1956(S31)	1968(S3)	1972(S47)	2003(H15)
国鉄西成線	国鉄桜木町	南海線	日比谷線	北陸トンネル	韓国テグ地下鉄
・電化の推進　・ディーゼルエンジン導入促進	・屋根の絶縁強化　・省令制定	・省令強化　・A-A 様式の導入	・省令強化　・A-A 基準の導入	・運転規則改訂　・火災時のトンネル通過	・コーンカロリーメータによる燃焼試験の追加　・耐燃焼性，耐溶融滴下性導入

図 13・49 主な鉄道車両火災事故とその後の火災対策基準の改正状況

a. 地下鉄，新幹線車両の客室天井材の耐燃焼性，耐溶融滴下性確保のため，コーンカロリーメータによる燃焼試験および耐溶融滴下性の評価項目を追加

b. 列車の防火区画化（貫通扉などの設置）

c. 消火器の所在場所表示の明確化

　以上，主な鉄道車両火災事故とその後の火災対策基準の改正を述べた．上記の流れを示すと図 13·49 のようになる．

B. 現在の火災安全対策

　鉄道に関する技術上の基準を定める省令（国土交通省令第 151 号）の第 83 条に車両の火災対策基準が定められており，特に地下鉄，長大トンネルを走行する車両に対してはより厳しい制限が課せられている．鉄道車両に適用する基準の内容を表 13·39 に示す．表 13·39 は 2004（平成 16）年の「鉄道に関する技術上の基準を定める省令」の解釈基準の見直しの結果，外板や内張，床の上敷物の項目が独立するなどの更新がなされた．現在，車両の不燃化，難燃化については構体に鋼，ステンレス，軽合金が用いられた全金属製車両が一般化したなか，内装材なども難燃性の高いものを用いるなど，防火・耐火性能は大きく向上している．

（2）主な車両用材料

　内装材や設備材などの鉄道車両用材料に要求される一般的特性としては，

　A. 軽量でかつ必要な強度が得られること．

　B. 腐食，劣化，摩耗，汚れなどに対して良好な耐性が得られること．

　C. 耐火，耐熱性でかつ燃焼時に有害なガスの生成が少ないこと

　D. 振動の吸収，騒音の遮断特性が良好で，車内環境の快適性が得られること．

　E. 低廉で施工性が良く，かつ保守性も良好であること．

などが挙げられる．

　これらを総合して車種別，用途別に車両の居住性，乗心地などとの調和を考慮して最適なものが選択される．図 13·50 は最近量産されている通勤形車両の主な部位別使用材料の例を示す．また，表 13·40 に現行車両に使用される材料の例を示す．近年の新製車両の可燃物重量は大幅に削減され，車両の床面積当たりで通勤用車両が $10 \sim 15 \ \mathrm{kg/m^2}$，寝台車両が約 $30 \ \mathrm{kg/m^2}$ といわれ，防火性能の向上に寄与している．

　近年，軽量合金構体車両が多用されているが，さらに最近，難燃性，低発煙性の CFRP（炭素繊維強化プラスチック），GFRP（ガラス繊維強化プラスチック）などの新素材の使用が増加しつつあり，優れた高温強度特性を持つフェノール CFRP などの研究[5]も進められている．今後，これらの新素材を本格的に実用化するには，防火性能の確認とともにリサイクル問題を考慮する必要がある．

（3）車両用材料の試験方法

　「鉄道に関する技術上の基準を定める省令」の解釈基準に示される鉄道車両用非金属材料の燃焼試験法を示す．現在，試験方法には従来から引き続き実施される試験方法 I に加えて 2004（平成 16）年に試験方法 II が追加されている．

　【試験方法 I】　鉄道車両用非金属材料の試験方法 I において，供試材は試験前処理とし

表 13·39　技術基準に定められた旅客車の火災対策

部位		一般の旅客車	地下鉄等旅客車及び新幹線旅客車	特殊鉄道（備考）	モ	ア	ム	サ	フ
屋根	屋根	金属製または，金属と同等以上の不燃性を有する材料		不燃性	○	モ準	−	−	モ準
				金属製または，金属と同等以上の不燃性	−	−	○	−	−
	屋根上面	難燃性の絶縁材料で覆われていること（架空電線（特高圧の電車線を除く）区間を走行する旅客電車に限る）			−	○	○	−	−
	屋根上面に取り付けられた機器及び金属類	取り付け部が車体に対して絶縁され，または表面が難燃性の絶縁材料により覆われていること（同上）			−	○	○	−	−
外板	妻部	難燃性．表面の塗装には不燃性の材料を使用すること．	不燃性．表面の塗装には不燃性の材料を使用すること．		○	モ準	−	−	モ準
	妻部以外	不燃性．表面の塗装には不燃性の材料を使用すること．	不燃性．表面の塗装には不燃性の材料を使用すること．		○	モ準	−	−	モ準
客室	天井	不燃性または表面が不燃性の材料で覆われたものであり，表面の塗装には不燃性の材料を使用すること．	不燃性．さらに放射熱に対する耐燃焼性かつ耐溶融滴下性を有すること．表面の塗装には不燃性の材料を使用すること．	不燃性．表面の塗装には不燃性の材料を使用すること．	地準	○	−	−	地準
	内張	不燃性または表面が不燃性の材料で覆われたものであり，表面の塗装には不燃性の材料を使用すること．	不燃性．表面の塗装には不燃性の材料を使用すること．		○	モ準	−	−	モ準
断熱材及び防音材		−	不燃性		○	モ準	−	−	モ準
床	床	煙及び炎が通過するおそれの少ない構造							
	床の上敷物	難燃性							
	床上敷物下の詰め物	−	極難燃性		○	モ準	−	−	モ準
	床板	−	金属製又は金属と同等以上の不燃性		○	モ準	−	−	モ準
	床下面	不燃性又は表面が金属で覆われたもの	不燃性又は表面が金属で覆われたもの，かつ表面の塗装は不燃性		○	モ準	−	−	モ準

床下の機器箱	—	—	不燃性，ただし，絶縁の必要がありやむを得ない場合は難燃性	○	モ準	—	—	モ準
座席	表地	難燃性		—	—	—	○	—
	詰め物	—	難燃性	○	モ準	—	—	モ準
	下方に電熱器を設けている場合	—	発熱体と座席の間に不燃性の防熱板を設ける	○	モ準	—	—	モ準
日よけ	—	難燃性		普準	普準	普準	普準	普準
幌	—	—	難燃性	○	○	—	—	モ準

備考 表中の特殊鉄道の略称は以下のようにする．
モ：懸垂式鉄道及び跨座式鉄道（モノレール）　　ア：案内軌条式鉄道
ム：無軌条電車　　　　　　　　　　　　　　　　サ：鋼索鉄道
フ：浮上式鉄道　　　　　　　　　　　　　　　　普：普通鉄道
地：地下鉄道　　　　　　　　　　　　　　　　　モ準：モノレールに準ずる（以下同様）

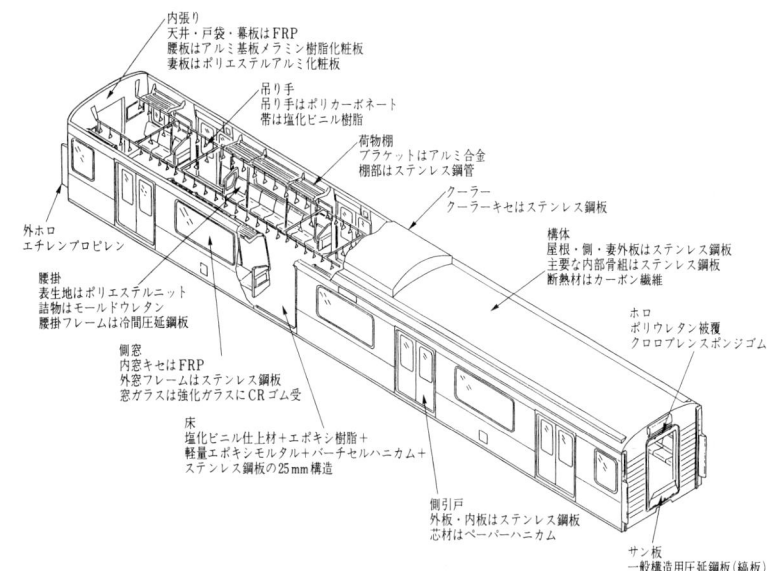

内張り
天井・戸袋・幕板はFRP
腰板はアルミ基板メラミン樹脂化粧板
妻板はポリエステルアルミ化粧板

吊り手
吊り手はポリカーボネート
帯は塩化ビニル樹脂

荷物棚
ブラケットはアルミ合金
棚部はステンレス鋼管

クーラー
クーラーキセはステンレス鋼板

構体
屋根・側・妻外板はステンレス鋼板
主要な内部骨組はステンレス鋼板
断熱材はカーボン繊維

外ホロ
エチレンプロピレン

腰掛
表生地はポリエステルニット
詰物はモールドウレタン
腰掛フレームは冷間圧延鋼板

側窓
内窓キセはFRP
外窓フレームはステンレス鋼板
窓ガラスは強化ガラスにCRゴム受

床
塩化ビニル仕上材＋エポキシ樹脂＋
軽量エポキシモルタル＋バーチセルハニカム＋
ステンレス鋼板の25mm構造

ホロ
ポリウレタン被覆
クロロプレンスポンジゴム

側引戸
外板・内板はステンレス鋼板
芯材はペーパーハニカム

サン板
一般構造用圧延鋼板（縞板）

図 13·50　最近の車両（通勤形）の主な部位別使用材料

表 13・40　現行車両に使用される材料例[6]

使用部位	要求区分	現行車両に使用される材料の例
屋根上絶縁材	難燃性	ポリウレタン樹脂（難燃性）
天井板	不燃性	メラミン樹脂アルミ板（不燃性）
内張り化粧板	不燃性	メラミン樹脂アルミ板（不燃性）
吊り手，吊り手帯	つとめて難燃性	ポリカーボネイト（難燃性）
座席表地	難燃性	ウールモケット（難燃性）
座席詰め物	難燃性	ウレタンフォーム（難燃性）
日除け	難燃性	ポリエステル繊維布（難燃性）
床上敷物	難燃性	塩化ビニル（難燃性）
床詰め物	極難燃性	モルタル（極難燃性）
車両取付材（連結幌）	難燃性	ナイロンターポリン（難燃性）
戸先，戸当たりゴムなど	つとめて難燃性	クロロプレンゴム（難燃性）
断熱材，防振材など	不燃性	ガラス繊維（不燃性）
電気絶縁材料	つとめて難燃性	FRP 成形品（難燃性）
電線管類	つとめて難燃性	硬質塩化ビニル（難燃性）
電線（被覆）	難燃性	ポリエチレン，ポリ塩化ビニル（難燃性）

て，吸湿性材料の場合，所定寸法に仕上げたものを通気性のある室内で直射日光を避け，床面から 1 m 以上離し，5 日間以上経過させることとする．試験室内の条件は温度 15 〜 30℃，相対湿度 60 〜 75% で，空気の流動はない状態とする．

こうして状態調節を行った B 5 判の供試材（182 mm ×257 mm）を図 13・51 に示

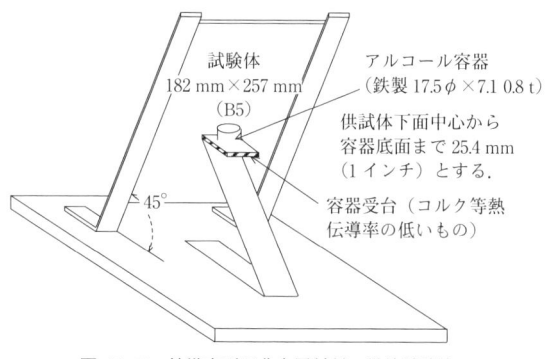

図 13・51　鉄道車両用非金属材料の燃焼試験法 I

すとおり 45° 傾斜させた状態で保持し，燃料容器の底の中心が供試材の下面中心の垂直下方 25.4 mm（1 インチ）のところに位置するように配置する．燃料容器はコルクのような熱伝導率の低い材質の台にのせ，純エチルアルコール 0.5 ml を入れて着火し，燃料が燃え尽きるまでの状況を観察する．

燃焼性の判定はアルコールの燃焼中と燃焼後に分けて，燃焼中は供試材への着火，着炎，発煙状態，炎の状態などを観察し，燃焼後は，残炎，残塵，炭化，変形状態を調査する．得られた結果から表 13・41 に示す判定基準を基に燃焼性を判定し，難燃性以上に判定された材料であれば，用途に応じて鉄道車両で適用することが可能である．

また，現在は本試験で材料の溶融滴下性も評価することとなっており，アルコール燃焼後の材料表面が平滑性を保っている供試材は溶融滴下性の基準を満足した材料と判定される．

表 13·41　試験方法 I の判定基準

区分	アルコール燃焼中				アルコール燃焼後			
	着火	着炎	煙	火勢	残炎	残じん	炭化	変形
不燃性	なし	なし	僅少	—	—	—	100 mm 以下の変色	100 mm 以下の表面的変形
極難燃性	なし	なし	少ない	—	—	—	試験片の上端に達しない	150 mm 以下の変形
	あり	あり	少ない	弱い	なし	なし	30 mm 以下	
難燃性	あり	あり	普通	炎が試験片の上端を超えない	なし	なし	試験片の上端に達する	縁に達する変形局部的貫通孔
緩燃性	あり	あり	多い	炎が試験片の上端を超える	30 秒未満	60 秒未満	試験片の 1/2 を超す面積	試験片の 1/2 を超す面積の変形焼失
可燃性	あり	あり	多い	炎が試験片の上端を超える	30 秒以上	60 秒以上	放置すれば殆ど焼失	

この試験方法は，1969（昭和 44）年 5 月，米国および英国の基準を参考にして交通安全公害研究所（当時）が中心となって制定されたもので，簡便な試験で判定が可能な試験法として定着しており，鉄道車両の防火・耐火性能向上に大きな役割を果たしてきた．

【試験方法 II】　鉄道車両用非金属材料の試験方法 II は材料の耐燃焼性を評価する試験方法で，図 13·52 に示す ISO 5660‑1：2002 に準じた方法（コーンカロリーメーター法）により，縦横約 100 mm の正方形で厚さ 50 mm までの大き

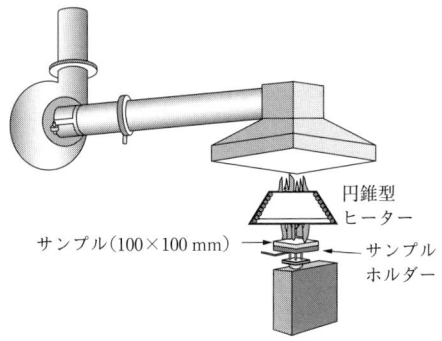

図 13·52　鉄道車両用非金属材料の燃焼試験法 II 略図（コーンカロリーメーター）

さで，かつ，表面が平坦な供試材を用いて行う試験である．

試験は放射熱 50 kW/m² で 10 分間行い，供試材 3 枚の最大発熱速度の平均値と各供試材の最大発熱速度の差が 10% 未満であることを確認し，10% 未満の場合は当該 3 枚の供試材のデータを採用する．10% 以上となる場合には，更に供試材 3 枚の試験を行い，これらの供試材 6 枚のうち，最大発熱速度の最大値と最小値を除く 4 枚の供試材のデータを採用する．燃焼判定は試験時間中に計測された総発熱量（MJ/m²）及び最大発熱速度（kW/m²）並びに着火時間（秒）の結果から表 13·42 に示す基準に基づいて行う．

着火時間（秒）は試験片から炎が確認されてから 10 秒以上炎が存在した場合を着火とみなし，試験開始から最初に炎が確認されるまでの時間とする．

表 13·42　試験方法 II の判定基準

総発熱量（MJ/m²）	着火時間（秒）	最大発熱速度（kW/m²）
8 以下	—	300 以下
8 を超え 30 以下	60 以上	

　溶融滴下性と耐燃焼性は表 13·36 にも示したように，地下鉄等旅客車及び新幹線旅客車の天井材に対してのみ要求される性能で，試験方法 I に基づく「不燃性」を確保した上で，追加して求められる性能である．これは先にも示したように 2003（平成 15）年の韓国大邱（テグ）市の地下鉄放火事件の被害を鑑みて，日本の鉄道車両の大火源による火災を考慮して，2004（平成 16）年に解釈基準が見直された結果である．

（4）鉄道車両材料に適用する試験方法の国際的な動向と今後の課題

　近年，国際的には鉄道車両用材料の燃焼性に関して規格統一に向けた動向があり，特に欧州では欧州規格 EN 45545 が 2013（平成 25）年に発行された．日本の省令に示される解釈基準と欧州規格とを比較したところ，日本では主に材料の燃焼特性に重点を置いているのに対し，欧州規格では火炎，発煙，燃焼ガスの毒性という火災災害の三大要素すべてを対象とし，鉄道車両用材料の燃焼評価として総合的な性質を有している．一方，日本では火災，発煙の評価は含むが燃焼ガスの評価は含まれず，この点の評価は課題と考えられる[7~9]．

　また，欧州規格 EN 45545 では多数の項目について材料の実用環境を考慮した試験が規定されており，ほとんどの項目で定量的な結果が得られる試験方法が採用されている．そのため，多面的・実用的で試験者による差異が少ない結果が得られることが期待される．ただし，適正に実施するためには多大なコストと習熟した試験実施者が必要となる．一方，日本の鉄道車両用材料燃焼試験は簡便かつ短時間で実施でき，利便性は高い試験であるが，評価項目には定性的な項目もあり，試験実施者によって結果の差異が生じうる可能性がある点は課題と考えられる．

　　　　　　　　　　　　　　　　　　　　　　　　　　　　　　　　　　（伊藤　幹彌）

13·2·4　船　　舶

（1）船舶火災の特徴

　船舶は，陸上の建造物と同様に人間が長時間居住し生活をしている．そのために，陸上の建造物にあると同様の生活空間および生活物質を必要とするうえ，さらにそれ自体が自走するための推進機関，発電機関およびその燃料などを保有すると同時に，それらを収納する空間を船員，乗客または貨物（原油，石炭，木材，穀物，自動車……）を収納する空間を必要とする．そのうえ船舶は，水上にあるため晴天時でも常時揺れており，荒天時にはなおさらである．このことが事故時に乗客の避難および消火活動を阻害する．陸上では，避難は火災の建物より外部に出ればほぼ避難は完了するが，船舶の場合，特に洋上にある場合はいったん上甲板場所に集まり，そこより救命艇などに乗り移り避難するなど陸上より幾多の苦難がある．

　船舶での火災の発生場所は多い順に機関室，居住区，業務区域となっている．港に接岸中の船舶を除き，火災の場合に陸からの消火の支援は難しく，消防船艇に消火支援を仰ぐ以外

自己消火に頼らざるを得ない．消火に際して水上にあるからといってむやみに撒水を行うと船体のバランスを崩したり，水舟になったりして沈没の憂き目にあうことになり，撒水もほどほどに行う必要がある．

（2）船舶火災の安全対策

船舶はその性質上，一つ所にとどまらず七つの海を通って世界各国につながっている．船舶および人命の安全のために，国際連合の一専門機関である国際海事機関，通称 IMO（International Maritime Organization，本部ロンドン）において，海上人命安全条約，通称 SOLAS 条約（International Convention for the Safety of Life at Sea）を作成し世界的な統一をはかっている．SOLAS 条約はその採択された年を入れて「1974 年 SOLAS」または「74 SOLAS」という．また，1983 年に改正された「74 SOLAS」を略して「83 SOLAS」ともいう（註：74 SOLAS 条約は 1981 年の部分改正にはじまり数次にわたり改正作業がなされている）．

我が国においては，この条約を採り入れて船舶防火構造規則，船舶設備規定，船舶消防設備規則などが規定されている．これらの規格も SOLAS 条約の改正に伴い改正が行われている．

特に，船舶防火構造規則には船舶（漁船，高速船，特殊船などは除く）の構造上の安全措置を，客船，貨物船，タンカーおよび貨物フェリーなどの船種別，航行区域別，総トン数別などにより区分し詳細に規定している．詳細の説明は規則に委ねるとし，そのうち主な項目を次に示す．

　ⅰ．防火区域（主垂直区域，主水平区域，水平区域，宅住区域，業務区域，貨物区域，車両区域，機関区域，制御場所など，およびこれらの間の仕切りの規定）

　ⅱ．不燃性材料の使用（仕切りの構造材および断熱材，ただし表面材は除く）

　ⅲ．防火仕切り（A 級，B 級および C 級などの級別，隔壁，甲板，防火戸など仕切り別を規定）

　ⅳ．可燃性材料の制限（火炎伝播性，発煙性，燃焼ガス毒性，発熱量などによる規制）

（3）船舶材料の燃焼性状

船舶の場合その材料より，船舶火災の特徴のなかで述べたように，船舶の構造材料の燃焼よりそのなかにある積荷および推進燃料などの燃焼に特徴があり，内装材料の燃焼性状は一般陸上構造物のそれと相違はない．材料メーカーにてもこれら可燃性材料について，特別船舶用として製作するのでなく，一般材料のうち一部規制に抵触するものを除き使用されている．

本来不燃性材料である金属の多孔質の不燃性材料で吸油性のあるものは吸収された油が燃える場合があり，機関室内の隔壁の表面材には使用できない．

（4）船舶材料の燃焼性の試験法と評価法

船舶材料の燃焼性の要件は，SOLAS 条約のなかに，不燃性材料仕切り及びその表面材としての可燃性材料の要件などが規定されており，「それらの要件を満足する」試験法と評価法は国際海事機関の防火小委員会において検討され，国際海事機関の総会で「勧告として」決議した試験方法を，従来は SOLAS 条約の脚注に記されており，その試験方法の採否は主管

庁（各国政府など）に委ねられていた．しかるに，ここにきて，IMO の防火小委員会での試験方法作成の作業が EC の統合につられて，従来は IMO で独自に試験方法を検討していたが，IEC（国際電気標準会議）および ISO（国際標準化機構）などの国際規格を積極的に取り

表 13·43　防火用材の名称と試験方法の関係

	不燃性材料試験	標準火炎試験	火炎伝播性試験	発煙性試験	有毒性ガス試験	発熱量測定試験	熔融床材試験	カーテン類の試験	布張り家具の試験	寝具類の着火性試験
不燃性材料	○									
A 級隔壁		○								
A 級甲板		○								
A 級防火戸		○								
A 級防火窓		○								
A 級防火ダンパ		○								
A 級パイプ貫通部		○								
A 級電線貫通部		○								
B 級隔壁		○								
B 級甲板		○								
B 級防火戸		○								
B 級内張り		○								
B 級天井張り		○								
B 級防火窓		○								
B 級防火ダンパ		○								
B 級パイプ貫通部		○								
B 級電線貫通連		○								
隔壁の表面材			○	○	○	○				
大井の表面材			○	○	○	○				
甲板の表面材			○	○	○		○			
一次甲板床張り			○	○	○					
カーテン・暗幕等								○		
布張り家具の表面材									○	
寝具類										○

入れ，それを基にして船舶としての特殊性を盛り込んだ試験方法を作成する気運となり，急速に各種の火災試験法の作成が進み，これらを統一して「火災試験方法コード」と名付けて決議し，これを SOLAS 条約の本文のなかに明記し強制化をはかるとともに，従来は規定されていなかった型式承認認定書の有効期限を 5 年を超えてはならないとした．なおこれらの関係を盛り込んだ改正 SOLAS 条約は 1998 年 7 月 1 日より発効された．

我が国としては，この SOLAS 条約の改正に伴い船舶防火構造規則の改正を始めとした各種規則の改正を行うとともに，従来船舶検査心得の附属書に位置付けられていた試験方法を，火災試験方法コードを取入れて改正をはかった．

運輸省（日本海事協会も同じ）で規定している防火用材の物件の名称と新しい試験方法について以下に概要を示すとともにそれらの関係を表 13·43 に示す．

A. 不燃性材料

摂氏 750℃ に熱せられたとき燃えず，かつ，自己発火に十分な量の引火性の蒸気を発生しない材料をいう．その他，次に掲げる材料は，不燃性材料として取り扱っている．

a．板ガラス，ガラスロック，粘土，セラミックおよびガラス繊維

b．金属（マグネシウムおよびマグネシウム合金を除く）

c．砂，砂利，膨張蛭石，スラグ（膨張または気泡スラグ），珪藻土，パーライトまたは軽石を骨材としたポルトランドセメント，石膏およびマグネサイトコンクリート

d．潤滑剤の含有率が 2.5% 以下であるニードルパンチされたガラス繊維品

試験は ISO 1182 を参照して作られた．IMO 決議 A 799 (19) に準拠して作成された不燃性材料試験方法により，5 個の試験体について最高温度を過ぎ温度が平衡に達するまで試験を行う．その評価は炉内熱電対および表面熱電対それぞれの最高温度から平衡に達した最終温度を引いた値が 30℃ 以下で，炎の持続時間の平均が 10 秒を超えないものを不燃性材料という．

B. A 級仕切り

A 級仕切りとは，次に示す要件に適合する隔壁，甲板，防火戸，防火窓，防火ダンパ，パイプ貫通部または電線貫通部で形成する仕切りをいう．

i．鋼または「鋼と同等材料」で作られたものであること．

ii．適当に補強されたものであること．

iii．不燃性材料で防熱が施されていること．

iv．60 分間の標準火災試験が終るまで煙および炎の通過を阻止するものであること．

a. A 級仕切りの種類

標準火災試験における防熱時間（炎にさらされない側の平均温度が最初の温度から 140℃ を超えて上昇せず，かつ，継手を含むいかなる点においても最初の温度から 180℃ を超えて上昇しない時間をいう）に応じて表 13·44 に掲げるものとする．

芯材がアルミ合金の場合，芯材温度が試験時間の間 200℃ を超えないこと．

表 13·44

種　類	防熱時間	試験時間
A 60 級	60 分	60 分
A 30 級	30 分	60 分
A 15 級	15 分	60 分
A 0 級	0 分	60 分

C.　B 級仕切り

B 級仕切りとは, 次に示す要件に適合する隔壁, 甲板, 内張り, 天井張り, 防火戸, 防火窓, 防火ダンパ, パイプ貫通部または電線貫通部で形成する仕切りをいう.

　ⅰ.　不燃性材料を用いたものであること.

　ⅱ.　不燃性材料で防熱が施されていること.

　ⅲ.　30 分間の標準火災試験が終るまで炎の通過を阻止するものであること.

a.　B 級仕切りの種類

標準火災試験における防熱時間（炎にさらされない側の平均温度が最初の温度から 140℃ を超えて上昇せず, かつ, 継手を含むいかなる点においても最初の温度から 225℃ を超えて上昇しない時間をいう）に応じて表 13·45 に掲げるものとする.

表 13·45

種　類	防熱時間	試験時間
B 15 級	30 分	30 分
B 0 級	15 分	30 分

b.　A 級および B 級の仕切りの標準火災試験

試験は IMO A 754 (18) として決議されている, 従来の標準火災試験方法 IMO A 517 (13) と比較して新しい試験項目が追加されるとともに, 試験方法及び手順の詳細化が図られている. その中でも大きく異なるところは, 試験体の寸法で従来は隔壁・甲板とも (1.91 m×2.44 m) であったものが, 隔壁などの場合 (2.44 m×2.5 m) に甲板・天井の場合 (2.44 m×3.04 m) と大きくなったことと, 防火窓に対して輻射熱の規制と試験後にガラス部分への注水テストが付加されている.

D.　隔壁および天井の表面材（難燃性上張り材）

難燃性上張り材とは, 炎の広がりが遅い特性を有する管海官庁が認めるもので, 発熱量が 45（MJ/m^2）を超えず, 過度の量の煙その他の有毒性物質を発生しない船舶の内部の隔壁および天井に使用できる可燃性仕上げ材をいう.

E.　甲板の表面材（難燃性表面床張り材）

難燃性表面床張り材とは, 過度の量の煙その他の有毒性物質を発生しない仕上げ材で, 船舶の内部の床の表面に使用できる可燃性材料をいう.

F.　一次甲板床張り

一次甲板床張りとは, 容易に発火せず, かつ, 有毒性物質の発生の危険および爆発の危険がない, 甲板と甲板の表面材の間に使用される管海官庁が認めたもの.

上記 4 種類の物件については, 火炎伝播性試験, 発煙性試験, ガス有毒性試験および発熱量試験が要求されるが, 多少判定基準に差があるだけで試験方法は同じであるので, まとめて説明する.

a.　火炎伝播性試験

この試験方法は IMO A 653 (XVI) および ISO 5658 – 2 に基づいて作成された火炎伝播性試験方法で, 前述のように壁, 天井, 床の表面材および一次甲板床張りの評価に使用される. 試験は試験体に一定の輻射熱を与えるとともに, パイロットフレームを使用し, 試験体表面の火炎伝播距離（輻射熱）と発熱量を測定し表 13·46 に示す基準により評価する.

表 13·46

	隔壁および天井の表面材	床表面材	一次甲板床張り
消火点の熱幅射（kW/m²）	20.0以上	7.0以上	7.0以上
燃焼持続に必要な熱平均値（MJ/m²）	1.5以上	0.25以上	0.25以上
総発熱量（MJ）	0.7以下	1.5以下	1.5以下
燃焼発熱速度の最大値（kW）	4.0以下	10.0以下	10.0以下
燃焼する小滴の発生	——	——	ないこと

b. 発煙性試験・有毒性ガス試験

この試験方法は，ISO 5659-2 の試験方法に基づいて，IMO で審議し IMO の MSC（64）（MSC：Maritime Safety Committee，海上安全委員会）で決議された暫定基準を基に作成された 1 つの試験装置で，煙とガス毒性の両方を同時に測定する方法で，煙は光学的に，ガスの毒性は機器分析により評価する方法である．

試験は，次の条件で 3 回行う．

試験時間：最短で 10 分，最大で 20 分

加熱条件：（1）輻射熱 25（kW/m²），着火炎あり

　　　　　（2）輻射熱 25（kW/m²），着火炎なし

　　　　　（3）輻射熱 50（kW/m²），着火炎なし

判定基準：

発煙性　　3 回の試験の発煙係数（D_s）の平均値（D_m）が次の値を超えてはならない．

材　料	D_m
隔壁・天井の表面	200
床表面・一次甲板	400

ガス毒性　　3 回の試験の 2 回および 3 回目の試験体について，試験箱から発煙係数が最大を示してから 3 分以内にガスを採取し，測定したガス濃度は以下の値を超えてはならない．

CO	1450 ppm	CO_2	60000 ppm
HCl	310 ppm	HBr	50 ppm
HF	590 ppm	HCN	140 ppm
NOx	350 ppm	SO_2	120 ppm
アクロレイン	1.7 ppm	ホルムアルデヒト	3.2 ppm

c. 発熱量試験

隔壁・天井の表面材には，可燃物の量を制限するために発熱量を 45 MJ/m² 以下に規制している．この試験は ISO 1716 を基にした試験方法で，30 気圧の高圧酸素のもとで接着剤も含めて表面材を燃焼しその総燃焼発熱量で評価する．IMO にて近年この値に疑問が呈されており，また，評価の対象材料も床表面材，家具類，寝具類も含む室内の可燃物すべての熱

量を考えるべく検討されている.試験方法についても他の方法が模索されIMOで検討されている.

d. 熔融する床材の試験

この試験方法は,プラスチック製の床の表面材,特に塗り床材の場合,一度火にさらさせて軟化し,熱源を取り去った後も硬化しないものを排除するために開発された新しい試験方法で,JIS A 1407床材すべり試験機にISO 5657着火性試験に規定するコーンヒータの組み込み,一定の条件で加熱し,加熱前と加熱後に床材のすべて摩擦を測定する加熱後のすべり摩擦が小さいものは不合格とする.

G. カーテン・暗幕など

カーテンその他吊り下げれる織物類は,炎の広がりを妨げる性質が$0.8\,kg/m^2$の羊毛の性質に劣らないことと,天然材料を基準として条約に定められている.

カーテン類の試験は,IMO A 471(XⅡ)に基づき作成された試験方法で,エアーミクスドバーナにて垂直に支持された試験体の下部に水平または60度の角度で接炎し,炭化長,残炎時間,フラッシュの有無を測定する(同様の試験方法がISO 6941に規定されている).

判定基準:以下の特性を示すものは不合格とする.

- a. 残炎時間が5秒以上
- b. 試験体の上端まで燃えたものがある場合
- c. 下部に置いた綿に着火した場合
- d. 炭化長の平均が150 mmを超えた場合
- e. 100 mm以上のフラッシュがあった場合

H. 布張り家具

この試験はIMO A 652(XVI)に基づき作成された試験方法で,火の着いたタバコやマッチに対する布張りの座席に使用される詰め物や表張りなどの材料の組み合せたものの着火性を評価する試験方法である.

試験体は背持たれ部($450 \pm 5\,mm$)×($300 \pm 5\,mm$)×($75 \pm 2\,mm$)の大きさ,座席部($450 \pm 5\,mm$)×($150 \pm 5\,mm$)×($75 \pm 2\,mm$)の大きさの模型を表張りおよび詰め物を使用して作り,火源にタバコおよびマッチ同等の熱量を与えるブタン炎を用いて,模型の背持たれと座席部の接合部に火源を置く,タバコの場合は着火したタバコを置き,燃えつきるまで,炎を使用の場合は20秒間接炎する.

判定基準:試験体に拡大するくすぶりまたは有炎燃焼が観察された場合は不合格.

I. 寝具類

この試験はIMOA.688(17)に基づき作成された試験方法で前記の布張り家具の試験方法と原理的には同じである.試験体は,マットレスについては厚さは製品の全厚さで,450 mm×350 mmの大きさとし試験枠の上に置く,毛布,まくら,上掛けなどの薄いものは,450 mm×350 mmの大きさで試験枠の上に置かれた岩棉の上に置き試験する.火源は布張り家具の火源と同様の,タバコおよびブタンまたはプロパン炎とする.タバコを火源とする場合布張り家具の試験と異なり,150 mm×150 mm×25 mmで質量$20 \pm 6.5\,g$の脱脂綿で着火したタバコを覆う,炎を使用の場合は20秒間接炎する.

判定基準：試験体に拡大するくすぶり着火または有炎着火がない場合は合格とする.

(桜井　登志郎・吉田　公一)

13・3　電気部品・製品

13・3・1　電気部品・製品
(1) 電気用品安全法

電気用品安全法[1]の要求事項は,「電気用品の技術上の基準を定める省令（技術基準省令）[2]」および「電気用品の技術上の基準を定める省令の解釈について（省令解釈通達）[3]」に規定されている, したがって, 電気部品の安全を考慮する場合には, その製品に対応する「技術基準省令」と「省令解釈通達」とについてその内容を検討し, それぞれの要求事項を満足させなければならない.

「省令解釈通達」では表 13・47 に示すように, 別表第一〜別表第九までが電気用品の種類, 別表第十・十一が雑音と絶縁関係, 第十二が国際基準というように区分している. 表 13・47 の各別表の内容構成は, 最初が「共通事項」で, 以降が「各用品ごとの個別の要求」である. 表 13・48 は別表第八の内容構成のうち難燃性に関係のあるものについてまとめたものである.

表 13・47　電気用品の範囲

省令解釈通達の別表番号	電気用品名
別表第一	電線及び電気温床線
別表第二	電線管, フロアダクト及び線樋並びにこれらの附属品
別表第三	ヒューズ
別表第四	配線器具
別表第五	電流制限器
別表第六	小形単相変圧器及び放電灯用安定器
別表第七	電気用品安全法施行令 別表第二 第六号に掲げる小形交流電動機
別表第八	電気用品安全法施行令 別表第一 第六号から第九号まで及び別表第二第七号から第十一号までに掲げる交流用電気機械器具並びに携帯発電機
別表第九	リチウムイオン蓄電池
別表第十	雑音の強さ
別表第十一	電気用品に使用される絶縁物の使用温度の上限値
別表第十二	国際規格等に準拠した基準

表 13·48　省令解釈通達別表第八の構成（概略）

項目番号・記号		項　目
1　共通の事項	（2）	構造
	ユ	合成樹脂の外郭の難燃性
	ヒ	保温材，断熱材等の難燃性
	(10)	ブラウン管及びその附属品
	ホ	フライバック変圧器及びその周辺部の耐燃性
	（イ）	フライバック変圧器の難燃性
	（ロ）	フライバック変圧器保持材の難燃性
	（ハ）	フライバック変圧器及びその周辺部の耐アーク性
	ヘ	偏向ヨークの耐燃性
	ト	アノードキャップ，被覆電線，印刷回路用積層板等の難燃性
	(11)	太陽電池モジュール
	イ	材料（太陽電池モジュールの外郭材料の難燃性及び耐候性）
2　交流用電気機械器具	(94)	テレビジョン受信機
	イ	材料
	（ロ）	器体内部の被覆電線の難燃性

（2）UL（Underwriters Laboratories）規格

　米国では，州法によって，電気用品の安全性を規制する機関が UL であると義務付けているため，電気製品を米国に輸出する場合には，それぞれの製品に対応した製品規格を満足させたものでなければならない．そのため，数多くの製品規格をはじめ，部品規格ならびに製品を構成するプラスチックの試験法に関する規格が存在している．

　さらに，それぞれの規格類は絶えず改定されているので，規格を調べる場合には最新版を入手して検討しなければならない．

A．プラスチック材料に関する UL 規格

　UL では，電気製品に使用されるプラスチックには難燃性を要求しているため，ユーザーが難燃性材料を選定しやすいように，市販プラスチックのうち難燃性のグレードの UL 取得が申請されて合格と判定されたプラスチックについては，難燃性のグレードをはじめ多くの性能を記載したイエローブックを発行している．プラスチック材料に関する UL 規格には，難燃性グレードの試験法を規定した UL 94[4]ならびにプラスチックを電気製品に利用する場合に，UL が考えている基本的な方針を示している UL 746[5]がある．UL 94 はバーナーによる難燃性のグレードを評価する試験法で，表 13·46 に示すように，プラスチックは難燃性に応じたグレード分けが要求されている．このほか，発泡材料ならびにフィルム材料の難燃性の試験法がある．

　UL 746 には，UL 746 A（電気特性の試験），UL 746 B（ポリマー材料，長期の特性の評価），UL 746C（ポリマー材料，電気機器での使用の評価）などがある．UL 746 A は高分子

材料の性能評価法一般が記載されていて，バーナー以外の燃焼性状（ホットワイヤー着火法，大電流アーク着火性など）が述べられている．

UL 746 B は，高分子材料の長期耐熱評価がどのような方法で決められているかを述べたもので，材料を開発しているメーカーには必要であるが，電気製品のメーカーが市販材料を選択する場合には，イエローブックに耐熱性の評価が記載されているので，それほど必要性はない．

B. UL の製品規格

UL の製品規格にはオーディオ・ビデオ及び類似の電子機器[6]，情報技術機器[7]，および電子レンジ[8]などに関する規格がある．したがって，UL 取得の電気製品を製造するには，その製品に関連する UL 規格を調査することが必要となる．

表 13·49 UL 60065 部品及び部品に対する燃焼性区分

適用	燃焼性区分
4 kV ピークを超えている電圧を持つ機器に対する内部バリア	V-2，V-1，V-0，VTM-2，VTM-1，VTM-0
潜在的発火源回路に配置された部品に接触する高分子材料又は繊維材料	V-2，V-1，V-0，HF-2，HF-1，HF-0，VTM-2，VTM-1，VTM-0
240 W を超えるオーディオ出力電力を生じるスピーカー端子に接触する可能性のある消音材料	V-2，V-1，V-0，HF-2，HF-1，HF-0
グリルカバー材料，布，及び網状発泡材	タブレットの燃焼試験による
可搬型の専用バッテリー・パックの外部ケース	V-1，V-0
上記の用途以外に用いられる高分子材料又は繊維材料	HB，V-2，V-1，V-0，HBF，HF-2，HF-1，HF-0，VTM-2，VTM-1，VTM-0

表 13·50 UL 60065 防火用エンクロージャに求める要求事項

防火用エンクロージャ内になければならない部分	エンクロージャ材料/適用	燃焼性
・利用可能電力が 15W を超える場合，回路及びその関連部品	木及び金属 高分子材料	なし
	a) 高電圧部品を使用する機器	
・電源に導電的に接続されたインダクタ及び巻線	主要エンクロージャ部分	V-0
	主要エンクロージャ部分以外の部分	V-1 又は V-0
・通常動作状態の下で開放回路電圧が交流又は直流 4 kV ピークを超える機器	b) 業務用オーディオ据置型機器及び電源に接続したままにしておく機器	5 VA
	c) 上記の項目以外の機器	V-2，V-1，V-0
	背面がハードボードのカバー−高電圧部品を使用する機器	V-1，746 の 5 VS

UL 規格には製品規格以外に部品規格があるが，電気製品の製造では製品規格を最優先に考慮しなければならない．

ここでは，UL が電気製品に使用されるプラスチック材料に対してどのように難燃性を規制しているかを UL 60065（オーディオ・ビデオ及び類似の電子機器）規格を例にして，その内容を紹介する．耐火性の要求事項では機器の出火を防ぐ設計や製造，燃えにくい材料や部品の使用，防火用エンクロージャやバリアの使用の 3 つの方法により火災の危険性を機器の周囲に引き起こさないように求めている．各部品の燃焼性区分は材料が機器内に置かれている状態，活電部と接触するもの，材料にかかる電力や電圧の大小などにより異なった燃焼性を要求している．部品と求められる燃焼区分を表 13・49 に，防火用エンクロージャに求める要求事項を表 13・50 に示す．

C．UL の部品規格

各種の部品の認定ならびに電気製品に使用される部品の認定を取得するには，UL の部品規格を満足しなければならない．そのため，UL には多くの部品規格が用意されている．

部品規格には，印刷回路基板[9]，一般用スイッチ[10]，自動スイッチ[11]，専用スイッチ[12]，変圧器[13]などがある．

（3）その他の海外規格と近年の動向

IEC（International Electrotecnical Commission）規格は UL 規格ならびに電気用品安全法にも採用されている．難燃性試験に関係があるものには，バーナー炎による燃焼試験[14~22]，白熱/熱線ワイヤ（グローワイヤ）試験方法[23~26]，電気材料・プリント板及びその他の相互接続構体並びにアセンブリの耐熱試験[27]などがある．カナダでは CSA 規格があり，UL との協定によりアメリカと 2 国間で相互に認証できるようになっている．その他英国には BS 規格，オーストラリアには AS 規格がある．海外規格に関しては，日本規格協会に資料が揃っている．

現在，各国間での規格の整合化（ハーモナイゼーション）が進み，IEC が作成する国際規格を骨格に最小限の国内相違点を加えて自国の規格を作成する国が多い．また，近年の IT機器と AV 機器は相互接続が可能で共通の技術が用いられることから，これらをカテゴリー別に規制するよりも統合することが求められている．そこで，新しい技術に一早く対応するため，製品ではなくエネルギー源に着目して規制するといったハザードベースの安全工学に基づく規制ぶりに移行していく動きがある[28, 29]．

（4）電気製品に用いられる難燃性プラスチック

電気製品には，多くの難燃性プラスチックが，ハウジング，回路基板，スイッチなどの部品として採用されている．表 13・51 には難燃性プラスチックの UL 94 の難燃性状と酸素指数との相関を，表 13・52 には難燃性プラスチックの耐トラッキング指数を示す[30]．

表 13·51　難燃性プラスチックの難燃性

種　　　類	UL 94 の 難燃性	酸素指数法に よる難燃性
ジアリルフタレート(無機質)	V－1	23
エポキシ樹脂成形材料	V－1	27
メラミン樹脂	V－0	40
フェノール樹脂(アスベスト)	V－0	36
ポリエステルBMC	V－0	30
ユリア樹脂	V－0	33
ポリプロピレン	V－0	28
塩化ビニル	V－0	52

表 13·52　難燃性プラスチックの耐ト ラッキング性

材料 ＼ 試験方法	耐トラッキング性 試験 IEC Pub 112 CTI
高耐衝撃性ポリス チレン	＞400
ポリカーボネート	150
ABS 樹脂	＞400
ポリプロピレン	＞400
ユリア樹脂	＞400
メラミン樹脂	＞400
フェノール樹脂	130

（海老原　直文・田村　裕之・松﨑　崇史）

13・3・2　電　　　　線

（1）電線ケーブルの難燃化の動向

A. グループケーブルの難燃化

　電線，ケーブルは，エネルギーおよび情報の伝送路として人間社会における役割はきわめて重要であり，高度の信頼性の要求に応える性能を具備している．しかし，使用方法の不適合や劣化・損傷などがあると，電線ケーブルは，過熱，発火する．また，近傍に火源・熱源が発生し着火すると，電線がいわば導火線となって火災を拡大したり，被覆材料から発生する煙と有害ガスにより二次的災害を招くことがある．

　近年のプラント，地下街，高層ビルでは，コンピュータによる監視・制御システムの導入などにより，制御・計装ケーブルの条数・条長は増加し，電力の消費量増大に伴い，電力ケーブルの電圧・サイズも増大している．電線被覆に用いられるプラスチックやゴムなどの有機材料は，JIS などの材料試験において難燃性に分類されるものであっても，大きな熱源にさらされると燃焼し発熱する．大量の電線ケーブルが布設された状態は，電線路に沿って巨大な火災荷重を背負っていることに等しい．したがって，小さなトリガー（出火原因）が甚大な二次災害を招く可能性があるので適切な防火措置を施す必要がある．

　1960（昭和 35）年代までは，ケーブルの燃焼性は，1 本のケーブルを小型のバーナで燃焼させその自己消火性を確認する試験（一条ケーブルの燃焼試験）によって評価されていたが，1970（昭和 45）年代に入り，欧米において多条布設ケーブル（以下，グループケーブルとよぶ）の延焼性が試験され，種々の試験規格が制定された．そのきっかけは，発電所などにおいて，トレイやダクト，ケーブルシャフトに布設されたケーブルが，外部火源などにより着火・延焼する事故が頻発したことによる[1,2]．いったん着火するとグループケーブルの火勢は強く，また，電線路に沿って延焼し，広い空間に火が回るので消火活動は，困難であり，プラントに大きな損害を与える結果となった．ケーブルに対して，燃焼しやすい布設環境であっても一定の距離以上は延焼しない性能が要求され，米国電気協会により IEEE Std. 383－1974 2.5 項垂直トレイ燃焼試験法（以下，IEEE 383 と略す）が開発された．本試

験方法は UL などにより改良が加えられ，世界的な電線の安全性試験として受入れられる一方，IEC 規格にも IEC 60332‐3 シリーズとして取り入れられ，一条ケーブルの燃焼試験との関係などが明確化された．

このような経緯が示すとおり，近年の電線路の防火対策はグループケーブルを主対象として進められ，個々の火災性状を考慮し，且つ従来の規格・基準を補完する新たな試験法が開発された．その結果，新試験方法に適合する難燃ケーブルや既設電線路の防火措置工法・防火材料の開発が進んだ．

B.　国内におけるグループケーブルの難燃化

IEEE 383 の試験方法は国内でも早くから原子力発電所用ケーブルなどに適用され，難燃ケーブルや延焼防止材料が開発された．国内では鉄鋼プラントの建設が盛んな時期に，電線ケーブルの火災が頻発した．垂直ダクト内のケーブルが燃え上がり，プラントの操業を一時停止する大事故となったこともある．事故原因には内部火災（電気火災）もあるが，多くは外部からの火種飛来が原因であった[3]．1970（昭和 45）年代半ばから 1980（昭和 55）年代にかけて，電線メーカを中心に実規模試験を含む実証的な燃焼試験が実施され，各種難燃ケーブル・延焼防止剤・火災検知線などの開発，防火措置工法の開発が進み[4,5]，表 13・53 に示すとおり，電線路の総合的防火体系がまとめられた．また，電気学会により，国内外の電線ケーブル単独（一条）の燃焼試験，被覆材料の燃焼試験およびグループケーブルの各種燃焼試験方法が，調査・分類された[6]．

C.　通信ケーブルの難燃化

1984（昭和 59）年 11 月，世田谷電話局への洞道内でケーブル火災事故が発生した．情報化時代の到来を印象づけるように，加入電話や銀行などのデータ回線が不通となり社会問題化した[7]．セキュリティ上重要な電線ケーブルは，火災が発生した場合のリスクを評価して対策処置されなければならない．このことが一般に認識され，共同溝（洞道）や道路トンネル，地下施設の通信ケーブルを対象に，IEEE 383 の試験方法を参考にした JIS C 3521 が制定された．

洞道に布設される通信ケーブルのシースには，従来耐寒性の要求からポリエチレンが使われてきた．その難燃化においても，難燃性は優れているが，耐寒性が劣るポリ塩化ビニルの採用を避け，かつ有害ガスを発生する含ハロゲン難燃剤に代えて，無機難燃剤である水和金属化合物を多量配合したポリオレフィン（PE，EVA，EEA など）が用いられた．国内ではこれが契機となり，有害ガスや発煙性が少ない，いわゆるノンハロゲン低発煙・難燃ケーブル（Non-halogen low smoke-evolution flame retardant cable）の実用化が多方面で進むこととなった．

D.　耐火・耐熱電線の難燃化

消防用の非常用電源回路には，火災が発生しても一定時間以上電気，信号等を供給できる耐火・耐熱電線が使用されている．（1997（平成 9）年消防庁告示第 10 号及び第 11 号）．耐火・耐熱電線は一般電線と同様，電気用品の技術基準を定める省令の解釈別表第 1 付表第 21 の 60 度傾斜耐燃性試験が適用される．これに加え，最近は耐火・耐熱電線もグループで布設されることが多くなり，また深層階や長大トンネルなど密閉に近い空間での燃焼時には

表 13·53　電線路の防災体系

火災の様相	ケーブルの延焼,機器・他プラントへの類焼			
原　因	ケーブルの耐延焼性不足による延焼の持続,他所への導火			
	ケーブルの 難 燃 化	延焼防止材 の 使 用	電路分離	局所延焼防止
対　策	1．絶 縁 体, シー 　 ス, 介在物など 　 被覆材料の難燃 　 化 2．メタルシースの 　 採用 3．MI ケ ー ブ ル の 　 使用	1．長手方向の全長 　 または局部に延 　 焼防止シート巻 　 付け,または延 　 焼防止塗料の塗 　 布 2．自己融着型難燃 　 テ ー プ, パ テ 　 状・液状耐熱 　 シール材などの 　 使用による局部 　 の処理	1．電力,制御系統 　 の分離 2．ケーブルラック 　 (ト レ イ) 間 の 　 防火板による隔 　 離	1．垂直ダクト布設 　 下部 (開口部) 　 および中間部の 　 延焼防止 (隔壁 　 施工など) 2．床・壁貫通部の 　 防火処理
火災の様相	ケーブルの局所的発火,燃焼			
原　因	(ケーブル自体の発火) 　1．ケーブル絶縁の劣化 　2．負荷増大による発熱 　3．外力による損傷 　4．接続部の過熱		(外部火源による着火) 　1．火種の飛火 　2．近傍での可燃物の着火 　3．他所の火災による火炎流入	
	防災トラフの使用	検　知・消　火 システムの設置	電線路の保守	線路設計の 適　正　化
対　策	(洞道内布設高圧) (電力ケーブルの) (　　　防災　　　) 1．トラフの砂埋め 2．密閉型防災トラ 　 フの採用	1．長手方向に異常 　 温度感知器,火 　 災検知線などを 　 設置 2．警報・消火設備 　 の設置	1．定期的な絶縁劣 　 化診断 2．接続部の温度異 　 常探知 3．電線路近傍の可 　 燃物除去 4．火種侵入防止壁 　 の設置	1．遮断器動作時間 　 の短縮 2．許容電流の検討 3．接地系の検討

消火活動を阻害する恐れがあることから,高難燃性とともに低発煙性,低ハロゲン性を具備
した電線の開発が必要と考えられるようになり,1994 (平成 6) 年には不特定多数の者が出
入りする駐車場などの露出工事を対象に,一般の耐火・耐熱電線に加えて,垂直トレイ燃焼
試験レベルの難燃性を備えた,高難燃ノンハロゲン耐火・耐熱電線が追加された.

E.　ノンハロゲン低発煙難燃ケーブル実用化の進展

　ケーブルシースには,難燃性と物理的・化学的特性の要求により,塩素を多量含有するポ
リ塩化ビニルが多用されてきた.材料から燃焼時に発生する黒鉛や有害ガスは火災時に二次
災害の原因となるため,従来からその発生を抑制することが望まれていた.火災時の腐食性

ガス発生が特に問題とされる，例えば原子力発電所などの用途向けに，いわゆる低塩酸ビニ
ル，すなわちビニルに塩基性無機粉末充填材を多量配合し，燃焼時の塩化水素ガスの放出を
抑制したシース用材料が開発され実用化されている．一方近年，有害ガスと煙の発生をさら
に抑制したノンハロゲン低発煙難燃ケーブルも使用されている．ハロゲンを含有しないので
燃焼生成ガスの腐食性は当然ゼロに近い．国内でも耐熱機器用配線材料用に，ノンハロゲン
難燃絶縁材料の開発が行われており，難燃化技術の改良に伴い，通信ケーブルシースの難燃
化など実用化は広がった．ただし，垂直トレイ燃焼試験レベルの耐延焼性と規定の低発煙性
の要求を満足するには高度の配合技術が必要であり，コスト要因によりケーブル用途は洞道
内や道路トンネル，地下施設の通信ケーブルなどに限られているのが現状である．

F．絶縁電線ノンハロゲン化，高難燃化の動向

地球環境保護の高まりにより，ダイオキシンなど有害ガスを発生する恐れのある特定臭素
系難燃剤の使用を規制する動きがあり，その対策としてノンハロゲン難燃架橋ポリオレフィ
ン絶縁電線が開発・使用されている．

分電盤・配電盤も大型化が進み，盤内・盤間の電線が局所的に多条布設の状態になるの
で，延焼の危険が増大する．そのため，盤内配線などについても垂直トレイ燃焼試験レベル
の高難燃性が要求される場合がある．一般に，難燃シース層を持たない絶縁電線の高難燃化
は比較的困難とされているが，種々の高難燃絶縁電線が開発され，機器の口出し用や車両配
線用などに使用されている．用途によってはノンハロゲン化の要求もある．

G．欧米におけるケーブルの難燃化

欧州では，2013（平成 25）年に EU 加盟国間の建築資材の流通を円滑化することを目
的に，建築資材の評価手法及び評価基準を統一化するための建築資材規制（Construction
products regulation：CPR）が発効され，適用範囲のケーブルに対する燃焼試験及び評価基
準の整合が図られた．CPR では整合された評価基準によってケーブルの難燃性をクラス分
けすることが要求されるが，ケーブルの難燃性を明確に差別化するために，評価基準に発熱
性を追加した新たな試験方法である EN 50399 燃焼試験が開発された．なお，CPR に規定さ
れた上位の難燃クラスのケーブルは，垂直トレイ燃焼試験レベルの難燃性を大きく上回る性
能を有している．

米国では，過去の火災事故，社会情勢の変化等に伴い，種々のグループケーブル燃焼試験
方法が開発され，建築に用いるケーブルはその布設環境を考慮した燃焼試験が要求されてい
る．特にプレナム等の隠蔽空間に布設されるケーブルについては，見えない場所で，炎及び
煙が急激に拡大する恐れがあることから，垂直トレイ試験レベルの難燃性を大きく上回る性
能を持ち，且つ低発煙性のケーブルが要求される．このようなケーブルの絶縁体およびシー
スには，難燃性の非常に高い ETFE 等のフッ素樹脂が用いられる場合が多い

（2）　難燃ケーブル・電線の種類と材料，試験方法

A．難燃ケーブル・電線の種類と材料

IEEE 383 規格に適合する電力用，制御用難燃ビニルシースケーブルや，耐環境性を具備
した難燃ケーブルが原子力発電所などで使用されている．このほかにも難燃ケーブルの種類
は，通信ケーブル，光ファイバケーブル，消防用耐火・耐熱電線などに広がり，絶縁やシー

スに新材料を用いたノンハロゲン低発煙難燃ケーブルも使用されている．電線メーカ各社
は，使用目的に応じ各種製品を提供している[8]．

電線ケーブルの主な難燃化方法は以下のとおりである．[1,2,9]

a．絶縁材料

難燃ケーブルの絶縁材料は電気特性の維持のため難燃化しないのが一般的である．ただし
原子力発電所用ケーブルの場合は，高圧ケーブルを除き，難燃化する必要がある．原子力用
ケーブルの絶縁体である PE や EP ゴムの場合，難燃剤及び難燃助剤の添加などにより酸素
指数 25 以上とする．原子力用にノンハロゲン低発煙難燃材料の開発も行われているが，こ
の場合には，PE，EEA などのポリオレフィンに水酸化マグネシウム，水酸化アルミニウム
などの水和金属化合物等が難燃剤として高充てんされる．

b．シース材料

難燃ケーブルの耐延焼性は，一般にシース材料の高難燃性に依存している．ケーブルの難
燃性規定として IEEE 383 に代表される垂直トレイ燃焼試験がある．絶縁体が可燃性の場合
は，シース自体の難燃性に加えて絶縁体の断熱保護もある程度必要となるので，炭化層や発
泡層の形成などシースに要求される特性は複雑であり，高度の難燃化技術が駆使される．ポ
リ塩化ビニルやクロロプレンゴムなど，それ自体難燃性を持つ材料であっても，垂直トレイ
燃焼試験に適合させるために難燃剤，難燃助剤が使用されたり，炭化層形成のために添加剤
が使用される．ノンハロゲン低発煙難燃シースにおいては，水和金属化合物の添加に加え
種々の難燃効果を持つ複数の難燃剤の複合等さらに高度の難燃化技術が必要とされる．

B．ケーブル及び材料の燃焼試験

ケーブル燃焼時の主な火災危険性には，電線路に沿った炎の広がり，被覆の燃焼による煙
及び種々の有害ガスの生成及びケーブルとしての機能不全に伴う電源等の喪失等があり，こ
れらの危険性を考慮したケーブルの燃焼試験方法が，数多く開発されている．現在用いられ
ている主な燃焼試験を表 13・54 に示す．なお，日本国内では表中の一部の試験を除き，（一
社）電線総合技術センター（JECTEC）が依頼に応じて試験を実施している．

表 13・54　ケーブルの試験方法

評価特性	試験名	試験方法概要	評価基準	試験規格
耐延焼性	一条ケーブル燃焼試験	1 本のケーブルをブンゼンバーナ等の小型のバーナで燃焼する．規格によってケーブルの設置方法が異なる． バーナ出力：公称 500 W ～ 1 kW	ケーブル損傷長残炎時間滴下物による着火炎の広がり	電気用品技術基準解釈別表第 1 付表第 21 JIS C 3005 4.26 IEC 60332 - 1 UL 2556 VW-1
	垂直トレイ燃焼試験	垂直に設置したケーブルラックを模擬したトレイに布設した規定本数のケーブルの下端をガスバーナにて着火しトレイ上方への燃え広がりを評価する．	ケーブル損傷長（シース炭化長さ）	JIS C 3521 IEC 60332 - 3 IEEE 383 IEEE 1202

		バーナ出力：公称 20 kW		UL 1685
	ライザーケーブル燃焼試験	ビル内の垂直シャフトを模擬したケーブル貫通部を持つ試験炉に布設した規定本数の長さ約 6 m のケーブル下端をガスバーナで着火し，上方への炎の広がりを目視で評価する．試験中は試験炉下部から上方に向けて規定の風速で空気を流す．バーナ出力：公称 150 kW	炎高さケーブル貫通部の温度	UL 1666
耐延焼性発煙性	スタイナートンネル燃焼試験	プレナムを模擬した試験炉（スタイナートンネル）内に水平に設置した長さ約 7 m のケーブルラックにケーブルを敷き詰め，ケーブル端を公称出力 88 kW のバーナで着火し，水平方向への延焼を評価する．バーナ出力：公称 88 kW	炎伝播距離発煙濃度	NFPA 262
耐延焼性発熱性発煙性	欧州ケーブル燃焼試験	IEC 60332 - 3 垂直トレイ燃焼試験に規定された試験炉を用い，ケーブルを燃焼させ，炎の広がりだけでなく，ケーブル燃焼による発熱速度，発煙量等を同時に評価する．バーナ出力：公称 20 kW 又は 30 kW	炎高さ（シース炭化長を炎高さとする．）最大発熱速度総発熱量火災成長速（FIGRA）最大煙生成速度総発煙量滴下物燃焼時間	EN 50399
発煙性	27 m³ キューブ発煙性試験	長さ 1 m のケーブルを 3 m 四方の試験室の中でアルコール燃料を用いて燃焼し，生成した煙による試験室を通過する光の減衰量から発煙性を評価する．	光透過率	IEC 61034
	NBS スモークチャンバ	ケーブル被覆材料を約 75 mm 角のシート状に加工し，規定寸法の試験チャンバ内で加熱・燃焼した際に生成した煙による光の減衰量から発煙濃度を評価する．国内の低発煙ケーブルの評価に用いられている．	特定光学密度（DS）	JIS C 60695 - 6 - 31 ASTM E 662
燃焼ガスの腐食性	塩化水素発生量測定	少量のケーブル被覆材料を石英ガラス製の管状炉内で燃焼し，生成した燃焼ガスを NaOH 水溶液でトラップし，水溶液中の塩化水素量を滴定によって定量する．	塩化水素発生量	IEC 60754 - 1
	燃焼ガス酸性度測定	少量のケーブル被覆材料を石英ガラス製の管状炉内で燃焼し，生成した燃焼ガスを水でトラップし，吸収水の酸性度を測定する．国内のノンハロゲンケーブルの評価に用いられている．	PH導電率	JIS C 3662 IEC 60754 - 2

燃焼ガスの毒性	欧州鉄道車両用ケーブル毒性試験	少量のケーブル被覆材料を石英ガラス製の管状炉内で燃焼し，生成した燃焼ガスを吸収液，ガスバック等で捕集し，NDIR，FTIR，イオンクロマトグラフ，検知管等を用いて CO，CO_2，SO_2，NOx，HCN 等の毒性成分の生成量を定量する．	毒性成分の定量結果から算出される毒性指数	EN 50305 9.2 BS 6853 Annex B NFX 70‐100
耐火性	消防庁告示耐火・耐熱試験	試験炉に長さ 1.3 m のケーブルを設置し，JIS A 1304 に規定された標準曲線に基づき試験炉内を加熱し，ケーブルの回路維持能力を評価する． 耐火電線の場合は，標準曲線に従って 30 分間（30 分後の到達温度 840℃），耐熱電線の場合は，標準曲線の 1/2 の温度で 15 分間（15 分後の到達温度 380℃）の加熱を行う．	絶縁耐力絶縁抵抗	1997（平成 9）年消防庁告示第 10 号，11 号
	IEC ケーブル耐火試験	ケーブルを，ガスバーナを用い規定温度の炎で燃焼させ回路維持能力を評価する． 試験時間：最大 120 分	絶縁耐力導通	IEC 60331
	欧州ケーブル耐火試験	細径のケーブルは，IEC 耐火試験と同様の試験を実施するが，一定サイズ以上のケーブルに対しては，建築材料の耐火試験を実施する壁炉，床炉等にケーブルラックに納めたケーブルを布設し，ISO 834‐1 に規定された標準曲線に基づき試験炉を加熱し，ケーブルの回路維持能力を評価する． 試験時間：最大 120 分	絶縁耐力導通	EN 50200 EN 50577
	UL ケーブル耐火試験	壁炉を用い，試験ケーブルを試験規格（UL 2196）の加熱曲線に従って加熱し，ケーブルの回路保持能力を評価する． 試験時間：最大 240 分 5 分間で 1093℃ まで昇温する急速加熱曲線での試験も規定されている．	絶縁耐力導通	UL 2196

（3）ケーブル貫通部防火措置工法及びケーブル防災製品

　電線路の防災体系として，表 13・53 にも示したとおり，ケーブル延焼防止材料の使用が普及している[3, 4, 5, 10]．ケーブルが防火区画を貫通する部分は，建築基準法で定められているようにその隙間を決められた性能を持つ防火措置方法で埋めることが義務付けられている．具体的には，壁または床のケーブル貫通部防火措置工法に関し，国土交通大臣の認定を受けた 1 時間の防火性能を有する方法で埋め戻すことになり，その例を図 13・53，図 13・54 に示す．

　ケーブル・電線メーカ各社により開発されたケーブル貫通部防火措置工法（国土交通大臣認定工法）において使用される防災製品には，シート状タイプ・テープ状タイプ・パテタイプなど使用目的に対応して多くの種類があるが，キット製品化され施工を容易にしている[10]．

　以下は，ケーブル防災製品の代表例である．

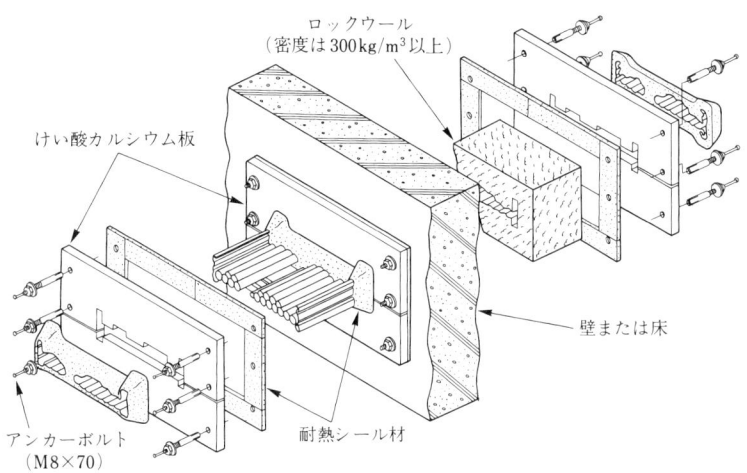

図 13·53　ケーブル貫通部防火措置工法例（充填工法：PS 060 WL-0756 による）

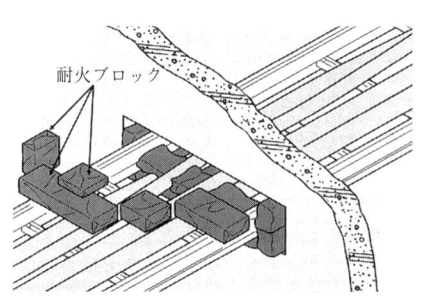

図 13·54　ケーブル貫通部防火措置工法（例 2）

ⅰ．延焼防止材料（主にケーブルの難燃化対策用）；

延焼防止シート，自己融着型難燃テープ

電力ケーブル用；難燃ゴム引きガラスクロス

通信・制御ケーブル用；アルミラミネートガラスクロス＋ガラスクロス（いずれも IEEE 383 適合）

ⅱ．防火材料（主に貫通部における防火措置用）；

非硬化型耐熱シール材（パテ），耐火仕切板（けい酸カルシウム板，ロックウール圧縮板），耐火充填材（ロックウール）

ⅲ．気密・防水材料；難燃シール材（2 液混合常温硬化型等）

　これらの技術は，電線ケーブルの配線に用いられる合成樹脂製可とう電線管（PF 管・CD 管）の壁・床貫通部に対しても適用可能であるが，必ず認定条件にこれらの樹脂管が使えることが明記されていることを確認することが必要である．また，最近ではこの他の樹脂管

（電気用塩ビ管，FEP 管等）に対しても認定条件で適用できる工法もあるので，必要に応じて工法を選択することが可能である．　　　　　　　　　　　（小田　英輔・深谷　司）

13・4　家具・建具

　建物火災で，出火源から最初に着火した可燃物を第 1 次着火物，さらに，天井面へ火災が拡大し火災が成長する媒体となった可燃物を立ち上がり材と言うが，これらの第 1 次着火物・立ち上がり材は，消防統計[1]によると内壁の他に家具類，建具（襖・障子），カーテンなどが主となっている．したがって，内壁とともに家具・建具の小火源に対する着火性や燃焼性状が初期の火災拡大に大きな影響をもつ．

　家具は多種多様で，材質も木質系，金属系（スチールキャビネットなど），プラスチック系のものなどがある．住宅では，収納家具（タンス・本棚・食器棚など），机・椅子，布張家具（ソファなど），ベッド，家電用品（テレビ・冷蔵庫・洗濯機など）など，事務所では，机・椅子，書棚，OA 事務機器など，建物空間用途によっても可燃物となる家具の種類は異なる．また，建具は住宅では扉・襖，障子などが，事務所ではローパーティションなどが可燃物となる．

　内装材（内壁）に関しては，内装制限によって難燃化・不燃化が行われ，火災安全性の確保がはかられるが，建物収納物としての家具および建具は，法規制の対象外であり，内装制限された空間であっても，家具類の燃焼は初期火災性状の重要な要因となる．

13・4・1　家具・建具の着火性試験

　家具や建具は，火災時に小火源（出火源）で着火し，さらにそれ自身が着火源となって他の可燃物に燃焼を拡大する．これらの着火性は，本来構成材料の個々の着火性に依存するが，家具や建具のように複数の材料で構成されたものは，その構成材料の組み合せや保持姿勢などにも影響を受け，複雑な性状を示す．

　家具類のなかで，布張家具やクッションには内部の詰め物としてウレタンフォームなど発泡フォームが多用されている．このウレタンフォームなどは，小火源，例えばマッチなどで簡単に着火し燃焼も速く多量の煙を発生する[2,3]．このような芯材を布で覆った形の布張家具は，布の種類や他の構成材，形状などに着火性は左右されるが，難燃対策のとられていない布張家具は，小火源で簡単に着火すると考えてよい．また，薄手の合板をたいこ張りにした木製の家具もごみ箱の燃焼程度の火源で簡単に着火する場合もある．

　このような着火性能を調べたり着火性の級別のため，布張家具に関しては着火性試験が開発されている．これらの着火性試験では，一部にタバコ・新聞紙などを火源として用いる場合もあるが，実験および結果の再現性を考え，マッチやロウソクの炎，ごみ箱の燃焼などの小火災をモデル化した木材クリブ，アルコールパンやガスバーナーなどを火源として用いる．英国の布張家具の着火性試験法 BS 5852 では，実火災の出火源であるロウソクの炎，タバコ，マッチ，ごみ箱などの燃焼をモデル化した火源（表 13・55）を用いている．表 13・55 の火源 No. 2 のブタンガスバーナー①はマッチの燃焼，No. 8 のクリブ④は丸めた新聞紙 4 〜5 枚の燃焼に相当する．また，米国のカリフォルニア州家庭家具局（CBHF）の布張家具の着火性試験法 TB 116，117 では，火源はタバコまたは小型ガスバーナーを用いて，着火

表 13·55　BS 5852 の火源

	火源の名称	火源の仕様
1	タバコ	
2	ブタンガスバーナー①	45 mℓ/min　　20秒 火炎長さ　35 mm
3	ブタンガスバーナー②	160 mℓ/min　　40秒 火炎長さ　145 mm
4	ブタンガスバーナー③	350 mℓ/min　　70秒 火炎長さ　240 mm
5	クリブ①	6.5 mm角　40 mm長　合計10本　重量8.5 g
6	クリブ②	6.5 mm角　40 mm長　20本　17 g
7	クリブ③	6.5 mm角　40 mm長 12.5 mm角　80 mm長　18本　60 g
8	クリブ④	6.5 mm角　40 mm長 12.5 mm角　80 mm長　28本　126 g

	概略図	試験法	火源	時間	条件	
側地	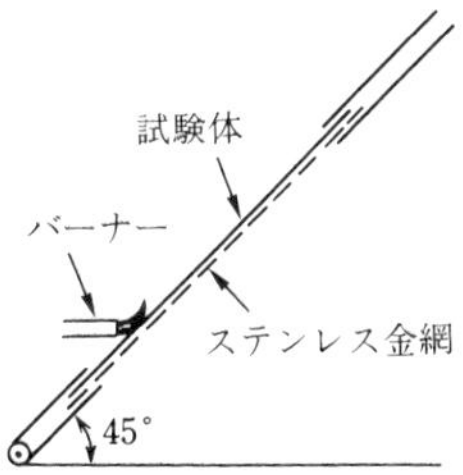 試験体／バーナー／ステンレス金網／45°	45°エアーミックスバーナ金網法	エアーミックスバーナ（24 mm）	30秒	炭化長：{最大70 mm以下／平均50 mm以下}	
完成品	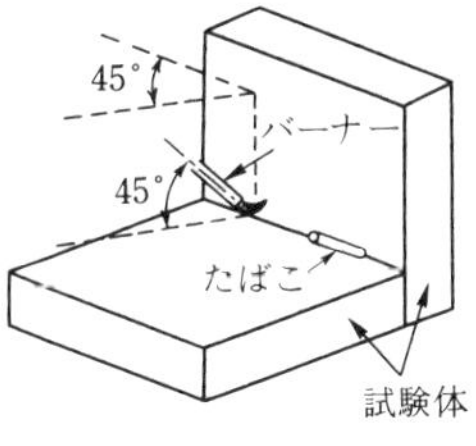 45°／バーナー／45°／たばこ／試験体	クレビスたばこ法	たばこ	－	1時間以内において発炎および進行するくすぶりが認められないこと	内部において発炎および進行するくすぶりが認められないこと
		クレビスバーナ法	エアーミックスバーナ（24 mm）	30秒	残炎時間120秒以下残じん時間120秒以下	

図 13·55　布張家具の防災製品認定試験法[4]

有無を炭化長さや残炎などで判定している．日本の布張家具の防炎製品認定の試験法（45度エアーミックスバーナー金網法，クレビスタバコ法，クレビスバーナー法：図13·55参照）ではガスバーナーやタバコを火源に用いている．

13·4·2　家具・建具の燃焼性状

火災初期の火災性状を予測するためには，火源データとして家具類の燃焼性状が必要である．しかし，家具類の既往の系統的燃焼データはまだ少ない．火災モデルにおいて通常火源データは，①重量，②燃焼速度，③発熱速度の形で与えられる．しかし，家具類は先にも述べたように多種多様であり，その構成材料の材質，形状，大きさ，保持姿勢・位置（壁際など周辺の状況）により燃焼は影響を受けるので，その性状は不規則かつ複雑であり，火源データを定量化することは難しい．そこで，実大の燃焼実験により求めたデータをモデル化した火源モデル[5,6]がいくつか提案されているが，一方で実大燃焼実験の結果を修正して用いるか，木材燃焼に換算して置き換えることも多い．

（1）燃　焼　速　度

ここでいう燃焼速度とは，可燃物の燃焼に伴う重量減少速度のことである．図13·56は各種家具の実大燃焼実験の結果の一例[7]である．この実験では，木製家具である本棚・タンスには，本，衣類などを適度に詰め，また着火源には小型アルコールバンを用いている．食器棚・タンス・下駄箱などの箱型の家具は，急激に燃焼することもある．机などの水平板型の家具は，比較的緩やかな燃焼曲線を示している．布張椅子は，詰め物の燃焼が先行して終了すると，木枠のみとなり残存重量も多くなっている．また，図13·57に椅子の燃焼速度を示す．実線は劇場等の布張椅子であり，点線は硬質プラスチック製のスタジアム椅子である．布張椅子に比べ硬質プラスチック製の椅子は火災成長が遅く，最大発熱速度が小さいものが多い．一般的に可燃物を単体で燃焼させると，発熱速度が徐々に増大し，基本的には全表面が燃焼すると最大発熱速度で横ばいとなり，その後に燃え尽きにより減衰していく．可燃物の厚さが薄いものは，全表面が燃焼する前に先に燃えた部分が減衰を始めるため，横ばいの期間がなくなり尖った山状の発熱速度を示すことが多い．椅子は座と背の複合可燃物であり，多くの椅子が座の燃焼時と背の燃焼時の2つのピークを有している．

また，燃焼実験のデータが少ないが，建具の木製扉の耐火実験[11]では，2.7mm合板のフラッシュドアは約4分で燃え抜けている．中空部に不燃材を充填すれば，燃え抜け時間は長くなる．防火戸に関する法改正により，20分間の耐火試験に合格する木製の防火戸も開発されている．襖の燃焼実験[12]では，アルコールバンで片面の下部に着火，

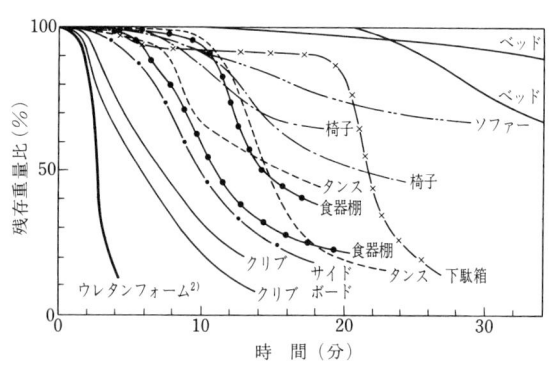

図13·56　家具類の重量減少率曲線[2,3,7]

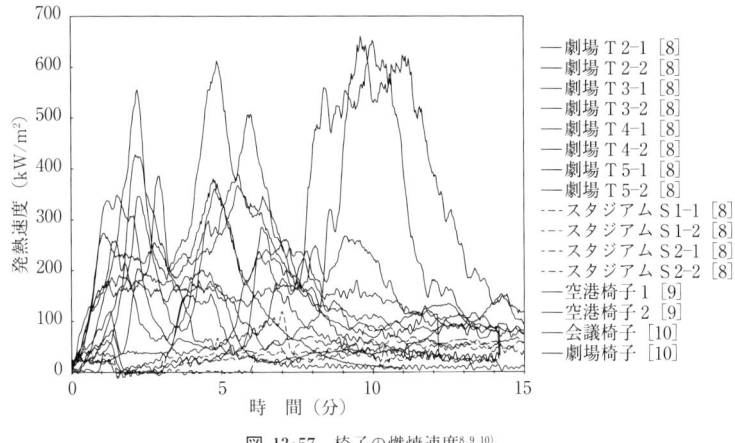

図 13·57　椅子の燃焼速度[8, 9, 10]

1 分過ぎに燃焼がピークになり，約 2 分間火盛期が続き下火になる．この 2 分間の平均燃焼速度が 10g/s 程度となっている．

（2）発　熱　速　度

家具類の発熱速度は，燃焼速度から求める方法と直接測定する方法とがある．

単位発熱量の既知な材料は，重量減少（燃焼速度）から発熱速度を推定できるが，複数の材料からなる家具の場合は，単位発熱量の推定が難しく燃焼速度から発熱速度を精度良く推定することは難しい．

家具類のような実大の可燃物の発熱速度を測定するには，furniture カロリーメータ[13, 14, 15]とよばれる図 13·58 のような集煙フードのついた装置の下で燃焼させ，排煙ガスの酸素濃度，流量などを計測し，酸素消費法によって求める．また，小部屋のなかで燃焼させ，開口部に付けた集煙フードや排煙ダクトで排煙ガスを集収し，同様に酸素消費法によって発熱速度を求めることも行われる．家具の燃焼性試験法である ASTM E 1537（ASTM）や TB 133（CBHF）[16)]では，小部屋のなかで燃焼させるこの方法を用いている．

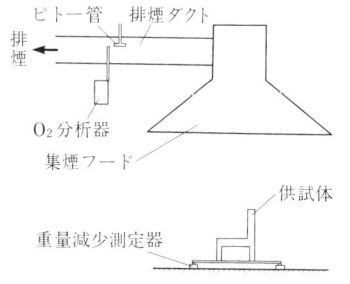

図 13·58　家具類の発熱速度測定装置概念図

表 13·56　発熱速度の目安

可燃物	ピーク時の発熱速度
ゴミの入った屑籠	50KW
詰め物クッション	100KW
木製タンス	1〜3MW[7)]
布張椅子	0.3〜1.5MW[13)]
OA機器（電算機端末）	150〜200KW[17)]

表 13・56 に発熱速度の目安を示す．これらは，既往の実験データからまとめたものであるが，これらに関する既往データもまだ少なく，今後データの蓄積が望まれる．

（3）発　煙　性　状

図 13・59 は，家具類の燃焼実験[18]での発煙性状の結果である．

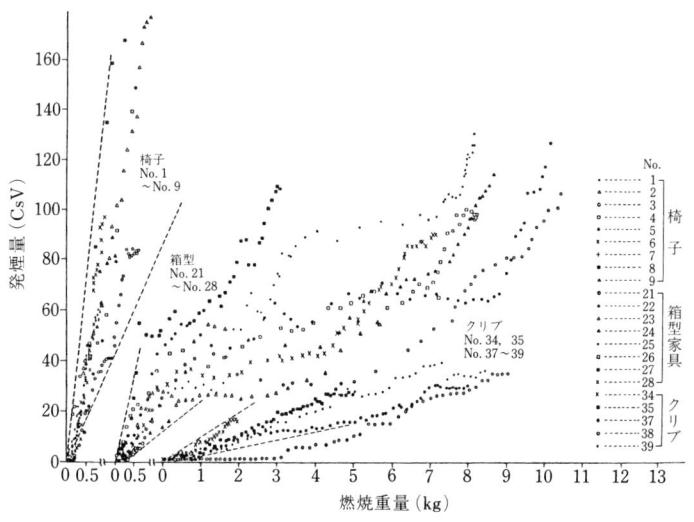

図 13・59　燃焼重量と発煙量[18]

　一般に家具類は，例えば木製タンスでも化繊の衣類が収納されているし，布張家具は布，ウレタンフォームその他多種の材料で構成されており，構成材料単体の発煙性状とは違った複雑な発煙性状を示す．プラスチックを含んだものは発煙量が多く，材料単体での発煙量が多い材料を含んでいる場合には，特に注意する必要がある．また，くん焼か有炎燃焼かで発煙性状が異なるので，この面からも検討が必要である．

13・4・3　家具・建具の火災安全

　出火・拡大防止対策として，タバコ，マッチ，ごみ箱燃焼などの小火源で着火しないよう内装材，家具類や建具を防炎化・難燃化することが，火災安全をはかるうえで有効な対策の１つである．

　日本では，一般的に家具類は難燃化も困難で法規制の対象外であるが，布張家具類に関しては，行政指導による防炎規制が行われており，そのための防炎製品認定制度があり，その試験法（13・4・1 項参照）を防炎製品認定委員会（（公財）日本防炎協会）が定めている．外国においても，米国，カナダ，フィンランド，ニュージーランド，スウェーデン，イタリア，英国，ノルウェーなどでは，対象とする建物用途に違いはあるが，主に住宅や公共施設で行政指導などにより布張家具類の防炎規制が行われている[19]．

　さらに，米国の Life Safety Code（NFPA 101）[20]では，拘留・矯正施設などで用いられる布張家具に対して難燃要求があり，ASTM E 1537 の試験法で試験を行い，発熱量の大きさ

（ピーク時の発熱速度が 250 kW 以下，5 分間の発熱量が 40 MJ 以下：ただしスプリンクラー設置の場合は除く）で布張家具の規制を行っている．

このように家具類において，出火拡大防止対策は布張家具に対する防炎規制が中心であるが，その他，建具の火災安全対策として，難燃化された襖もすでに開発されており，建具・造作に難燃化木材をはじめ難燃化材料を用いることも有効である．

（水野　智之・長岡　勉）

13・5　衣服材料・寝具

13・5・1　衣　服　類

（1）衣服類の燃焼と災害

着衣着火による火傷，死亡さらには火災への拡大といった災害面では，伝統的な綿，レーヨン，羊毛などの繊維製品の可燃性に加えて，ナイロン，ポリエステルをはじめとする合成繊維の登場が災害を大きくした傾向にある．

1957（昭和 32）年の英国規格協会の報告書[1]では，1955（昭和 30）年度中の英国における家庭内災害の死者 7771 件中，725 件が火傷によるものであると報告されている．1972（昭和 47）年，米国の可燃性織物法の規定により，HEW（保険・文部・教育省）が調査した第 3 年次報告[2]では，約 4596 件の災害中その 87% を着衣着火が占めている．

また一方，日本においては比率としては少ないが建物火災における死者数のうち着衣着火での死者数の割合が 2009（平成 21）年から 2017（平成 29）年までの 8 年間で平均 4.8% を占めている[3]．

こうした災害の原因となっている衣服類の燃焼による危険性が社会の注目をあび，繊維製品の防炎（難燃）化の研究・研究開発がすすめられている．

（2）衣服類の規制：法規制と自主規制

1953（昭和 28）年，米国は衣服類の着火による障害から国民を保護するため，世界に先駆けて米国内で製造・販売・輸入される非常に燃えやすい（易燃性）すべての繊維製品を排除する法規制（可燃性織物法）[4]を制定した．その後この可燃性織物法を CPSC（消費者製品安全委員会）が 1967（昭和 42）年に改正し[5,6]，小さいサイズの子供用寝衣基準（16 CFR 1615/FF-3-71）[7]及び大きいサイズの子供寝衣基準（16 CFR 1616/FF-5-71）[8]を作り運用している．

英国は，CPA（Consumer Protection Act/消費者保護法）により 1974（昭和 49）年から子供用寝衣の規制[9]を実施している．この子供用寝衣に関してはそのほかカナダ[10]やオーストラリア，ニュージーランドも法的に規制[11]がなされている．

日本は，任意の制度であるが防炎製品としての認定制度を持っている．1986（昭和 61）年防炎製品認定委員会（事務局：日本防炎協会）が衣服類（特殊作業服，消防服を除く）の性能基準[12]を定め認定品目に追加された．当時とは認定のシステムが違うが，現在も同じ性能基準で公益財団法人　日本防炎協会が衣服類（防火服，活動服，作業服を除く）として認定を行っている[13]．

（3）試　験　方　法

日本の防炎製品認定委員会の衣服類の性能基準[13]は米国の子供寝衣の燃焼試験方法の装置を準用して，50回洗濯後の試料について炭化長を測定しており，また，熱溶融性繊維の炎滴着火性を評価するため，試験体支持枠の下方にガーゼを置き修正を加えている．（図13・60の略図参照）．

（4）防炎化方法及び毒性審査

繊維製品に防炎性能を付与する方法として，製造工程での防炎化と後加工工程での防炎化に分けることができる．製造工程での防炎化としては防炎性の原料ポリマーを重合時に使用し防炎性を付与する方法と，防炎薬剤などを紡糸時に添加して防炎化する方法，この2法を組み合

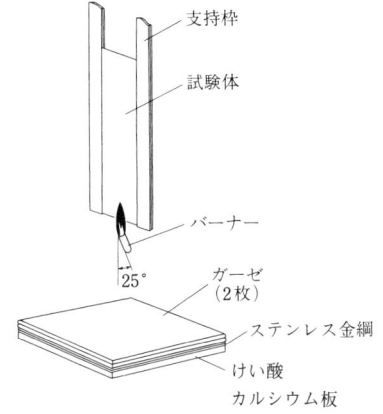

図 13・60 防炎製品衣服類の防炎性能試験方法

わせて使用する方法などがある．後加工での防炎化方法としては，染色・整理工程などで反物への防炎薬剤塗布や浸漬，吹付などの後加工等法がある．

ここで使用される防炎薬剤及び繊維素材の毒性については厳重なチェックが行われる．衣服類については身に着けるものであり，直接にとの肌に触れたりあるいは幼児がしゃぶったりする危険があるためである．

日本の防炎製品認定委員会の毒性審査基準[14]では，防炎製品の用途（毒性審査コード分類で1群から5群まで）に応じた毒性審査項目が表13・57のように定められている．毒性審査コード分類と毒性審査項目は以下のように分類されている[14,15]．

衣服類は少なくとも次の項目の毒性試験結果について審査されている．（1群の"○"項目）

① 防炎薬剤の成分及び純度不純物の成分と含有率
② 防炎薬剤以外の処理剤の成分及び商品名
③ 急性毒性（経口半数致死量（LD 50 値））
④ 変異原性（Ames 試験）
⑤ アレルギー性接触皮膚障害

また，防炎製品認定委員会は，必要に応じ亜急性毒性，慢性毒性及び発がん性などの試験データを追加請求できることになっている．

13・5・2　耐熱防護服類

（1）人体と熱の関係

普通の環境では，人体は体温が外気より高いため，衣服によって熱の発散を防いでいる．標準体温は約37℃であるが，外気と接する皮膚の表面は，温度30℃，湿度30～40%であり，熱の発生速度は59 W/m² といわれている[16]．

一方，皮膚の火傷は，熱の与えられ方が，対流，輻射，伝導のいずれかであれ，皮膚が吸

表 13·57　防炎製品の毒性審査項目

毒性審査コード分類	1群	2群	3群	4群	5群
対象防炎製品の種類 ＼ 毒性審査項目	衣服類（詰物を除く）	寝具類 衣服類（詰物に限る） 布張家具等側地	防災頭巾等側地	襖紙・障子紙等	1群から4群の防炎製品以外の防炎製品
毒性審査コード分類	1群	2群	3群	4群	5群
一般毒性　一次ふるい分け審査　経口半数致死量（LD$_{50}$値）	○	○		○	
変異原性（Ames試験）	○	○			
二次ふるい分け審査　変異原性（小核試験）	□	□			
亜急性毒性	△	△			
長期毒性	△	△			
発ガン性	△	△			
接触皮膚障害　アレルギー性接触皮膚障害	○				
刺激性接触皮膚障害　閉鎖式貼付試験　河合式貼付試験　細胞毒性試験		○		○	
防炎薬剤　成分及び純度	○	○	○	○	○
不純物の成分と含有率	○	○	○	○	○
防炎薬剤以外の処理剤　成分及び商品名	○				

○印：毒性審査に必要な資料及び試験成績書，□印：一次ふるい分け審査の結果により委員会が必要とする場合，△印：二次ふるい分け審査の結果により委員会が必要とする場合

収する熱流量（Heat Flux）とその持続時間によって発生する．表 13·58 は，人体皮膚へ伝達される熱量と人体皮膚内で第二度火傷を引き起こす暴露時間との関係を表した表である．

（2）防火服の規格

現在，防火服の ISO 規格については，ISO 11999：2015（建物火災用消防隊員用防護装備−第3部防護服），ISO 15538：2001（反射性表地を持つ消防隊員用防火服）及び ISO 15384：2003（原野火災時の消防隊員用防火服）が規格化されている．日本においては消防庁により 2017（平成29）年3月に消防隊員用個人防火装備に係るガイドライン[18]が発行され，日本防炎協会においてもそのガイドラインに沿った形の規格を作成中である．防火服に求められる主な性能は，①耐炎・耐熱性　②引張・引裂抵抗などの機械的強度　③耐化学薬品性　④快適性能及び運動性能　⑤耐水性，帯電性　等であり，炎や熱に対する防護性能が

高く，かつ高い快適性能及び運動性能を得られるような薄くて軽い防火服の開発が進められている[18].

また，近年熱流速だけではなくATPV（Arc Thermal Performance Value：アーク熱性能値）値をもとに電力作業に携わる作業員をアークフラッシュによる火傷から保護するためのNFPA 70 E[19]（職場の電気安全のための要求事項）のような規格もできている.

（3）評　価　方　法

熱の伝わり方は，対流，輻射及び伝導の3形態があるが図13·61，図13·62はそれぞれ対流熱と輻射熱についての国際規格の測定装置である.

（4）適応繊維素材

これらの用途には，着用者の火傷防護が重点であり，熱流束の遮蔽を目的にした耐熱性繊維が使用されている.また，耐熱防護服の構成は，熱の遮蔽機能以外に着用時の作業性が要求されている.使用される素材として次のようなものがある.

　　アラミド繊維　/　トワロン，テクノーラ，コーネックス，ケブラーなど

　　ポリアリレート繊維　/　ベクトラン

　PBO（ポリパラフェニレンベンゾビスオキサザール）繊維　/　ザイロン

　ポリイミド繊維　/　P 84など

　アクリル系繊維　/　プロテックスなど

　炭素繊維　/　トレカ，テナックス，パイロフィルなど

　綿の防炎加工　/　プロバン加工など

　羊毛の防炎加工　/　ザプロ加工など

表 13·58　第二度火傷に至る人体皮膚の許容熱量[17]

暴露時間 (s)	熱流束 (kW/m^2)	総熱量 (kJ/m^2)	熱量計相当量	
			ΔT (℃)	ΔV (mV)
1	50	50	8.9	0.46
2	31	61	10.8	0.57
3	23	69	12.2	0.63
4	19	75	13.3	0.69
5	16	80	14.1	0.72
6	14	85	15.1	0.78
7	13	88	15.5	0.80
8	11.5	92	16.2	0.83
9	10.6	95	16.8	0.86
10	9.8	98	17.3	0.89
11	9.2	101	17.8	0.92
12	8.6	103	18.2	0.94
13	8.1	106	18.7	0.97
14	7.7	108	19.1	0.99
15	7.4	111	19.7	1.02
16	7.0	113	19.8	1.03
17	6.7	114	20.2	1.04
18	6.4	116	20.6	1.06
19	6.2	118	20.8	1.08
20	6.0	120	21.2	1.10
25	5.1	128	22.6	1.17
30	4.5	134	23.8	1.23

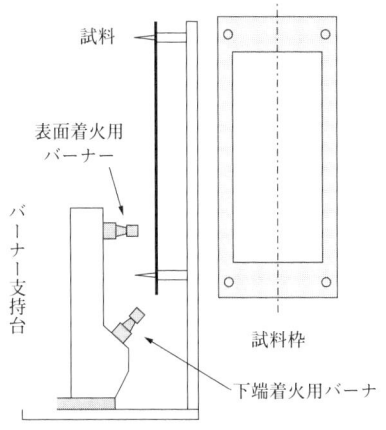

図 13・61　耐熱性試験装置[18]（ISO 15025）

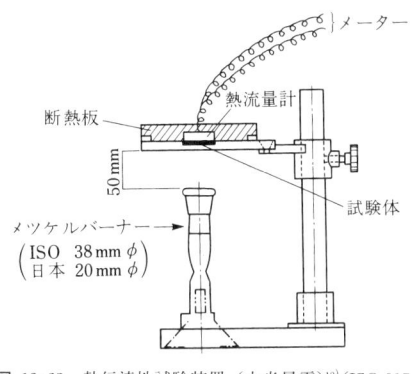

図 13・62　熱伝達性試験装置（火炎暴露）[18]（ISO 9151）

13・5・3　寝　　具　　類
（1）災　害　の　統　計

住宅火災における死者発生の災害状況は，消防白書[20]によると表13・59，表13・60に掲げたように，発火源ではたばこが，また，着火物では寝具類がそれぞれ首位を占め，寝たばこによるこの災害の傾向は変わっていない．

表 13・59　住宅火災による死者

発火源	死者数	%
たばこ	141	14.1
ストーブ	103	10.3
電気器具	77	7.7
こんろ	43	4.3
マッチ，ライター	36	3.6
ローソク・灯明	34	3.4
こたつ	10	1.0
その他	60	6.0
不明	493	49.4
	997	100.0

表 13・60　住宅火災による死者（65歳以上）

着火原	死者数	%
寝具類	79	11.2
衣類	54	7.7
屑類	27	3.8
内装・建具類	33	4.7
繊維類	26	3.7
紙類	21	3.0
ガソリン・灯油類	19	2.7
家具類	12	1.7
カーテン・ジュータン	11	1.6
てんぷら油	8	1.1
ガス類	3	0.4
その他	52	7.4
不明	358	50.9
	703	100.0

（2）法規制と任意基準

日本ではこうした災害を防ぐために任意の制度として衣服類と同様に公益財団法人日本防炎協会が基準[13]を定め認定を行っている．日本の場合，マットレスはふとん類などと同じ寝

具として分類している．また，ベッドに使用するようなスプリングマットレスやウレタン
フォームマットレスなどはベッドマットレスとして布張り家具類に分類している．欧米の場
合ベッドマットレスはベッドベース，すなわちベッドとして分類し，寝具類はマットレスの
上にのせるシーツ，毛布などの寝具をさしている．

　米国では CPSC（米国消費者製品安全員会）が 16 CFR 1632[21] と 16 CFR 1633[22] の 2 種類の
試験基準を施行している．

（3）試 験 方 法

　寝具類の燃焼試験方法には，マッチ，ライターを想定した有炎の火源とたばこのくすぶり
燃焼の火源がある．一般には，有炎の火源のほうが厳しい試験と思われがちであるが，たば
この火源も火災統計が示す通り侮りがたい厳しさがある．現象的にはたばこと寝具の接触部
分での蓄熱と放熱のバランスが取れた場合にくすぶり燃焼が持続し，最後に有炎燃焼に発展

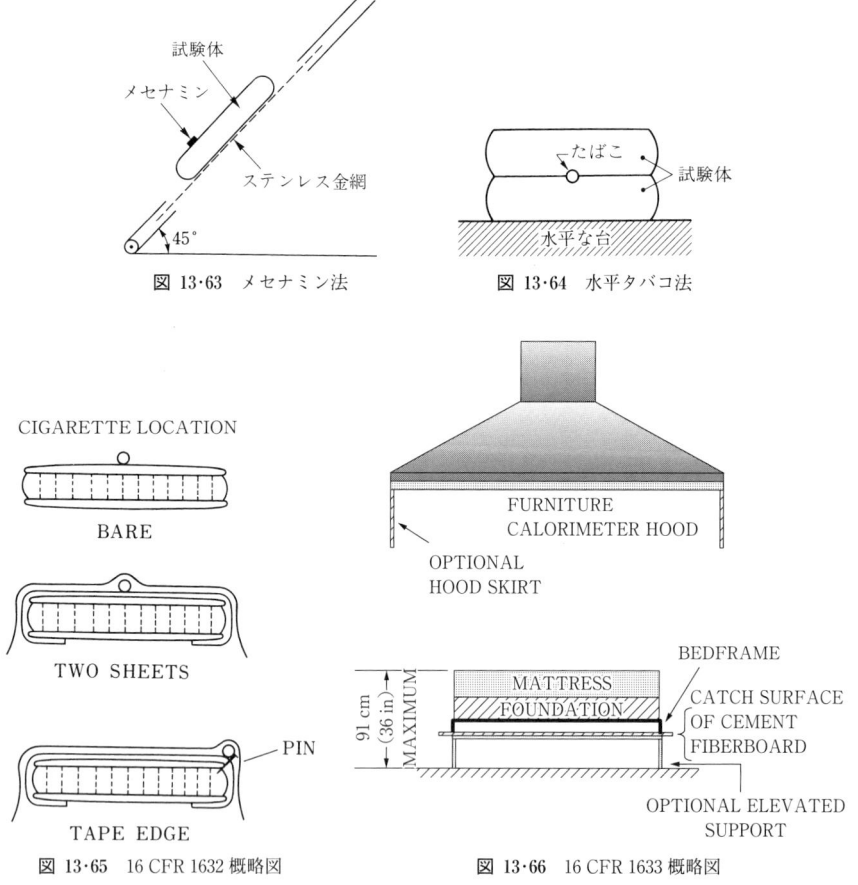

図 13·63　メセナミン法

図 13·64　水平タバコ法

CIGARETTE LOCATION

BARE

TWO SHEETS

TAPE EDGE — PIN

FURNITURE
CALORIMETER HOOD

OPTIONAL
HOOD SKIRT

BEDFRAME

CATCH SURFACE
OF CEMENT
FIBERBOARD

MATTRESS
FOUNDATION

91 cm
(36 in)
MAXIMUM

OPTIONAL ELEVATED
SUPPORT

図 13·65　16 CFR 1632 概略図

図 13·66　16 CFR 1633 概略図

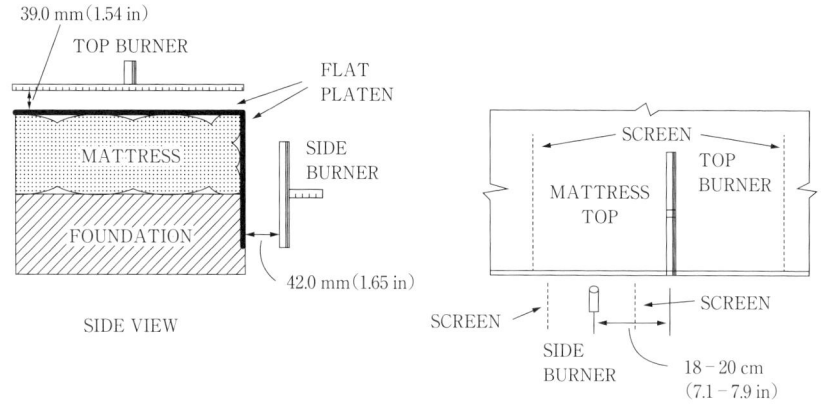

図 13·67　16 CFR 1633 で使用されるバーナーの位置

する．日本の寝具類は，無炎燃焼の火源のたばこと有炎火源のメセナミン（錠剤状の固形型燃料）の両者の試験を実施している．布団を例にとると，まず側地の試験を行い，次いで詰め物と側地を組み合わせた完成品模型を作製し，2 種類の試験すなわちタバコとメセナミンの試験を行う．図 13·63 はメセナミン法，また図 13·64 は水平タバコ法の略図である．

　米国のマットレスの試験は 16 CFR 1632 のタバコ法のみであったが，2006（平成 18）年に 16 CFR 1633 として有炎のオープンフレーム法が追加施行された．16 CFR 1632 は着火原としてたばこを用い，それをベッドの上に置き，そのタバコでの燃焼がある一定の基準値を超えなければよいとするものである．16 CFR 1633 の着火原としては 2 種類のバーナーを用いベッドマットレス上部と側部とに同時に火をつけてベッドを燃焼させその時の熱量などを測定し合否を決めるというものになっている．それぞれの概略図を図 13·65，図 13·66，図 13·67 に示す．

（4）寝具類の毒性審査

　日本の防炎寝具類の毒性審査は，衣服類と同じ項目の毒性データについて審査されるが，皮膚障害性については，アレルギー性接触皮膚障害の試験までは要求されず，刺激性接触皮膚障害性の試験を行うこととされている．　　　　　（寺崎　秀雄・人見　浩司・三浦　岳）

13・6　燃焼機器の安全対策

13・6・1　液体燃料使用機器
（1）製 品 の 概 要

　液体燃料を使用した機器には，大は発電用ボイラ[1]，タービン[1,2]，工業用各種ボイラ[3]，炉[4]など固定設置される産業用機器から，小は移動式のしん式の石油こんろ，石油ストーブや石油ファンヒーターなどの家庭用の機器まで多種多様なものがある．これらの機器で使用される燃料油には種々のものがあり，最も多く使用されているのは石油系の燃料油で，ガ

ソリン，灯油[5]，軽油[6]，重油[7]，航空用タービン燃料油などがあり，それぞれ日本工業規格（以下，JIS という）や各国規格で品質性能が規定されている．産業用には主に重油が使用され，一部加熱用として軽油が使用されているが，近年公害防止の規制強化に伴い工業用低硫黄燃料として灯油の需要も多くなってきている．家庭用およびセミ業務用としては，燃焼性や取り扱いやすさなどの点から JIS 1 号灯油が使用されている．

産業用の大形ボイラには，陸用鋼製ボイラ[8]や鋳鉄ボイラ[9]の JIS が制定されている他，法規制に係るボイラについては労働安全衛生法に係るボイラ，電気事業法に係る発電用ボイラなどがある．この他にはディーゼルエンジン駆動によるヒートポンプや遠赤外線放射式暖房装置[10]などがある．家庭用やセミ業務用の主な機器としては，暖房用では移動式のしん式石油ストーブ[11]や石油ファンヒーター[12]，固定型では半密閉式（煙突式）[13]や密閉式（強制給排気式，FF 式）石油ストーブ[14]があり，それぞれ JIS が制定されている．半密閉式や密閉式の石油ストーブには燃焼排ガスの排熱を利用した床暖房機能付きや，暖房用のバーナーとは別に床暖房用のバーナーも搭載したツインバーナー機器もある．また，団体規格が制定されているものとして，オーブン機能を備えた加熱機能付きの半密閉式[15]や密閉式[16]の石油ストーブがあり，エアコンとの複合機器として石油熱源機用[17]，電気ストーブ又は電気温風機付石油ファンヒーター[18]などがある．給湯用や温水暖房用としては，油だき温水ボイラ[19]，石油小形給湯機[20]，風呂の追い焚き機能付の給湯機[21]，石油ふろがま[22]などがあり，JIS が制定されている．この他には排ガス中の熱を回収（潜熱回収）して再利用して熱効率を 95% に高め，灯油の使用量を節約し，CO_2 の排出量を削減する環境にも配慮した石油給湯機「エコフィール」が開発されているほか，機器への給水圧を 0.2 MPa に高めた高圧力型減圧弁を採用して通常の減圧弁の約 2 倍の圧力を実現した減圧式高圧力型の石油給湯機[23]がある．また，1982（昭和 57）年に当時の通産省のムーンライト計画の一環として，電力エネルギーの利用平準化などの目的のため 6 カ年計画で汎用スターリングエンジンの研究開発が開始され，技術基準・検査基準案が検討されたものとしてスターリングエンジンヒートポンプ[24]などの新しい機器も存在した．燃焼機器に組み込まれるガンタイプ油バーナ用燃焼安全制御器[25]については JIS が制定されている．

（2）安　全　対　策

燃焼機器の大部分は，安全に運転・使用され，所定の性能を発揮するよう自動的に制御され，異常燃焼や異常過熱などに対処するための安全装置が組み込まれている．また燃焼機器はその構造や使用される材料，製造方法などの他，機器を設置する場合も含めて機器自体の品質性能面だけではなく，使用時の安全性の確保の観点からもいろいろと制約を受けており，人的要件としては，溶接作業や取扱い，機器の点検整備などその作業に必要な資格要件を必要とする場合も含まれ，これには溶接技能者，ボイラ技士，ボイラ設備士などがある．

法規制のあるボイラ・圧力容器の構造，設計，工作方法などに関する基準としては，労働安全衛生法[26]および規則[27]，構造規格[28,29,30]などがあり，発電用設備についても電気事業法[31]および技術基準としての省令[32]などがある．この他にボイラ・圧力容器に係る規格として，前述の陸用鋼製ボイラなどの JIS 以外に圧力容器に係る構造規格[33,34]および関連 JIS を収録したハンドブック[35]が発行されており，工業用燃焼炉の安全については通則 JIS[36]が制定さ

れている．また火を使用する設備の位置，構造および管理，器具の取扱いならびにボイラおよび 70 キロワット以上の給湯湯沸設備や温風暖房機などの設置の届出については消防法[37]，消防法施行令[38]，消防法施行規則[39] および火災予防条例（例）[40] に規定がある．

　家庭用などに使用される燃焼機器は，産業用の機器と異なり，特定の資格を持たない不特定多数の一般消費者の使用を前提としており，機器の品質性能や安全性を確保するために前述のように JIS や団体規格が制定されている．JIS では各部の温度上昇，燃焼排ガス中の CO/CO_2，消火時間，燃料消費量，暖房（給湯）出力や効率といった基本的な品質性能の他，機器の構造一般が規定され，構造に係る通則 JIS[41] も制定され，一般要求事項の他に燃焼方式別，給排気方式別の構造，油タンクの構造，一般家庭用電源使用機器の構造，使用される材料，加工方法などの規定の他，安全装置および制御装置としては対震自動消火装置，不完全燃焼防止装置，点火安全装置，燃焼制御装置，停電安全装置，過熱防止装置，電動機過負荷保護装置，空だき防止装置の取付けや表示事項，取扱説明書の記載事項などのソフト面が個別の品目に応じて規定されている．大部分の石油燃焼機器は製造業者と第三者製品認証機関との認証契約によって JIS に基づいた試験・検査や団体規格（検査基準）に基づく適合性検査が行われ，その品質性能および安全性が確認されている．この認証や適合性検査に係る試験方法についても JIS で通則規格[42] が制定されている．また，石油燃焼機器のなかで温風暖房機（強制通気形開放式石油ストーブ，強制対流形の半密閉式および密閉式石油ストーブ）については，電気用品安全法[43] に基づいた電気用品の技術上の基準を定める省令[44,45] によって電気部分の安全性が規定され，製造業者はその基準への適合義務を負わされている．石油燃焼機器においても他の家電製品と同様に外部から受ける電気雑音などに対する基準[46] が団体規格として制定されている．また，デザインや加工性，製造コストなどの点から，操作部など機器の外かく部分などへ，プラスチック材料の使用範囲が拡大する傾向があり，関係業界は保安上の問題からプラスチック材料の使用についてのガイドライン[47] を定めている．なお，機器の部品用プラスチック材料の難燃性基準などには 13・1 節の材料の燃焼とその生成物に記述がある．

　設置上の安全性を確保するためには，火災予防条例（例）において機器の入力が 70 キロワット未満の石油燃焼機器については，JIS または火災予防上これと同等以上の基準（検査基準）に適合している機器〔（一財）日本燃焼機器検査協会の認証基準に適合し認証マークや JIS マークが表示された機器〕は，火災予防上安全性が確認された機器として，同条例（例）別表第 3，第 5 に示す可燃物との離隔距離で設置[48,49] することができる．これは木材の低温度着火危険を想定した機器側面・周辺および下面の表面温度規制に基づいて，決められている．しかし近年の科学技術の進歩や消費生活の変化に伴い防火性能に優れた燃焼機器や全く予想もしない新しい機器の開発に対して，同条例（例）第 17 条 3（基準の特例）の規定に基づいて，その機器の防火性能に係る火気設備等及び対象火気器具等の離隔距離に関する基準[50] が定められ，この基準への適合を確認する検査基準[51] に基づいた防火性能認証制度が運用されている．燃焼機器に接続する煙突（排気筒）については，周囲の可燃物との安全性の確保のため建築基準法施行令[52] における建築物に設ける煙突の規定や火災予防条例（例）に設置に係る規制の規定がある．煙突の部材としての規格として燃焼機器用排気筒[53]，石油

燃焼機器用給排気筒[54]の JIS が制定されている．また，油タンクに係る法規制としては消防法および危険物の規制に係る政令[55]，危険物の規則に係る規則[56]や火災予防条例（例）があり，灯油用 200 リットル未満の別置き油タンク[57]および油タンクと燃焼機器を接続する送油管[58,59]については JIS が制定されている．

　なお，石油燃焼機器のうち石油給湯機，石油ふろがま，石油ストーブは，2009（平成 21）年 4 月 1 日から消費生活用製品安全法[60,61,62]の特定製品に指定され，技術基準に適合した機器には PSC マークが表示されている．また，石油給湯機，石油ふろがまおよび FF 式石油温風暖房機は特定保守製品[63]として指定され，長期使用製品安全点検制度によってその機器の使用者と製造・輸入販売者の双方に点検・保守の責務を求めている．

（3）主な事故事例

　火災の出火原因は数限りなく存在する．ここでは液体燃料使用機器のなかで出火件数の比較的多い石油ストーブの出火件数の推移を図 13・68 に示す．図 13・68 では石油ストーブによる火災件数は漸減傾向を示し，この 10 年間で半減してきている．図 13・69 は石油ストーブ及び他の熱源を含む全種類のストーブによる火災の主な出火要因別の推移を示す．図 13・69 から 2015（平成 27）年では“可燃物の接触・落下”に起因するものが多く，次いで“引火・輻射”，“可燃物が火源の上に落下”，“引火する”，“使用方法の誤り”に起因するものの順となっている．図 13・69 からわかるように 2006（平成 18）年では“可燃物の接触・落下”が 700件程度あったが，2015（平成 27）年では 65％ ほど減少，同様に“使用方法の誤り”も 2006（平成 18）年での 280 件程度から 2015（平成 27）年では約 70 件と 75％ ほど減少してきているものの，“可燃物が火源の上に落下”や“引火する”はやや横這いの傾向にある．過去の事故事例では，石油こんろ[65]，しん式石油ストーブ[66,67]，石油ファンヒーター[68]などの報告があり，ガソリンを誤使用した事例の報告[69,70,71]やシンナーへの引火による事例[72]が報告されている．石油ストーブにガソリンを誤使用した場合の危険性については，徳島県警の新居による実験報告[73]がある．機器の部品に起因した事故事例として，石油ファンヒーター[74]，石油ふろがま[75]などの報告がある．重油バーナーを使用した営業用ふろかまどの元湯槽の蓋および保温木材の低温加熱による炭化例[76]の報告の他，火災現場などに放置されたしん式石

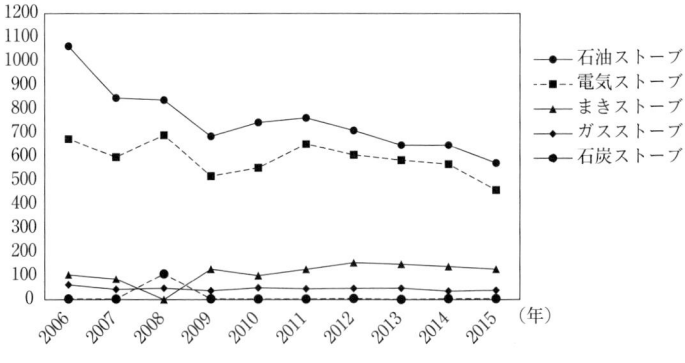

図 13・68　ストーブによる火災件数の推移[64]

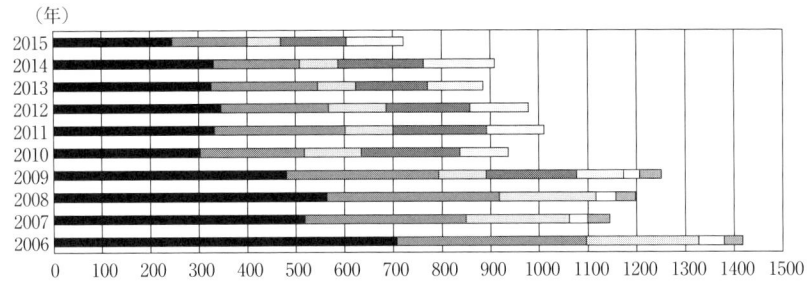

図 13·69　ストーブ火災での主な経過[64]

油ストーブの使用状態の判定方法[77,78]についての報告がある．この他には家庭用の石油燃焼機器の設置状況や使用状況についての一連の実態調査の報告[79]がある．　　　（松本　好生）

13・6・2　気体燃料使用機器

（1）製品の概要

気体燃料を使用する機器には，一般家庭で使用される家庭用機器やレストランの厨房などで使用される業務用厨房機器，業務用・産業用で使用される空調機器やボイラ，炉などの大型機器など多種多様なものがある．

家庭用機器については，ふろ・給湯器や給湯暖房機などの温水機器，こんろや炊飯器などの厨房機器，ファンヒーターや暖炉などの暖房機器などがある．温水機器にあっては，従来の熱交換器に加え，今まで使われなかった排気の熱を有効に利用できる熱交換器を搭載した高効率率湯沸器が開発されており，省エネ性が向上している．また，厨房機器にあっては，こんろの使い勝手を向上させるために，機器上面で操作できるものや音声ガイド機能があるものも開発されており，安全性に加え利便性にも配慮されている．

近年では都市ガスやLPガスから水素を取り出し空気中の酸素と化学反応させて発電し，同時にそのとき発生する熱でお湯を沸かす燃料電池，都市ガスやLPガスを燃料とするガスエンジンで発電させ同時にそのとき発生する排気熱でお湯を沸かすガスエンジン給湯器などいわゆるコージェネレーション機器も一般家庭に普及している．

業務用厨房機器については，火力の強い大型こんろやこんろとオーブンが一体となったレンジ，フライや唐揚げなどの揚げ物調理に使用するフライヤー，一度に大量の炊飯が行える立体式炊飯器，そばやうどんなどのめん類を茹でるときに使用するめんゆで器などがある．最近の特徴としては，機器に断熱層を設けたり，排気の吹き出し方法を工夫したりすることで従来の機器よりも輻射熱や排気熱の拡散を低減させた機器が多く開発されており，厨房内の作業環境向上や空調負荷低減が期待できる．

業務用の空調機器としては，セントラル空調として用いられるガス吸収式冷温水機や個別空調として用いられるGHP（ガスエンジンヒートポンプ冷暖房機）がある．最近の特徴としてはGHPの中に発電機を搭載し，停電時でも使用可能な災害時対策型のものも開発されている．

また，業務用のコージェネレーション機器は，発電効率が高いガスエンジン式のものが主流となっており，工場や病院，事務所などの業務用施設に普及している．

（2）安 全 対 策

主として一般家庭で用いられるガス瞬間湯沸器，ガスストーブ，ガスバーナー付ふろがま，ガスふろバーナー，ガスこんろなどについては，ガス用品や液化石油ガス器具の省令基準[1,2]に適合しなければ販売してはならない規制がかけられている．また，JIS（日本工業規格）においてもガス機器の構造基準[3]や調理機器[4]，温水機器[5,6]，暖房機器[7]の安全・性能基準などが規定されており，これらの基準に基づき製造メーカーは設計している．

ガス機器を安心して使ってもらうため，点火の際の不点火や立消えなどを監視する立消え安全装置，機器本体やその周辺の壁や床などの温度が異常な温度になることを防ぐ過熱防止装置，不完全燃焼する以前に燃焼を停止する不完全燃焼防止装置，温水機器内に水がない場合に空だきにならないようにする空だき防止装置，熱交換部に異常が生じた場合に燃焼を停止する熱交換部損傷安全装置，こんろでの天ぷら油などの過熱による火災を防止する調理油過熱防止装置など機器に応じて様々な安全装置が備わっている．

ガスこんろ（一口こんろや業務用こんろは除く）にあっては，2008（平成20）年からこんろバーナー全口に調理油過熱防止装置及び立消え安全装置の装備が法令で義務付けされるとともに，更にこの2つの安全装置に加え，消し忘れ消火機能が備わったSiセンサーこんろが普及し始めた．これにより，ガスこんろによる火災件数が2008（平成20）年時点では5124件あったが，2016（平成28）年には2702件となっており，Siセンサーこんろの出荷台数が増える一方でこんろによる火災件数は顕著に減少している．

また，浴槽の横に設置している箱形のバランス型ふろがまにあっては，2011（平成23）

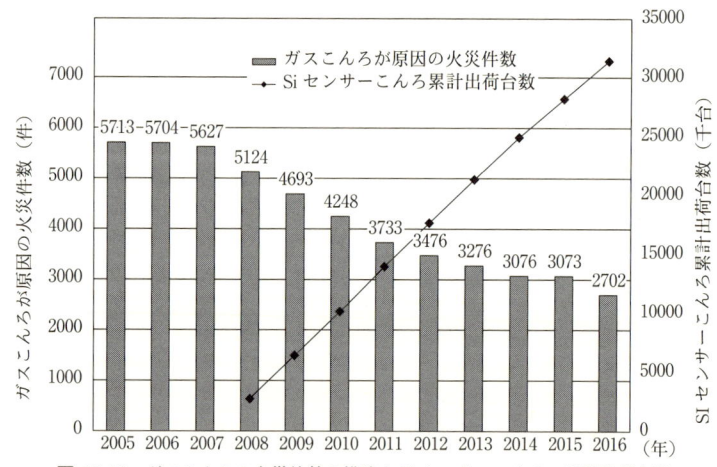

図 13·70　ガスこんろの火災件数の推移とSiセンサーこんろの累計出荷台数

[1] 火災件数は消防白書[8]より；[2] Siセンサーこんろの出荷台数は一般社団法人日本ガス石油機器工業会調べ

年から業界の自主的な取り組みとして，全ての機器に乾電池とマイコン制御を入れることで，点火操作を容易にするとともに，誤操作時の点火で発生する大きな音での着火，炎あふれなどの異常着火や異常着火による機器変形や損傷を防止する機能，排水口が詰まって起こる冠水による機器の異常を検知する機能，ふろ消し忘れ防止機能や長年使用するとお知らせしてくれるタイムスタンプ機能を搭載し，バランス型ふろがまの安全性向上を行っている．

　業務用ガス厨房機器にあっては，一部のガス消費量が小さいこんろを除き，前述の省令での規制やJISがないものの，従来からある立消え安全装置や過熱防止装置に加え，不完全燃焼を監視するCOセンサーを搭載した機器や換気扇連動型の機器など，より安全性を向上させた機器が開発されつつある．

　気体燃料を使用する機器は，消防法施行令[9]において火気設備若しくは火気器具に位置付けられ，可燃物と火災予防上安全な距離（離隔距離）で設置することが規定されている．

　一方，断熱性能を向上させたり特定の安全装置を装備したり一定の安全要件を満足させた機器については，離隔距離未満で設置することができることも規定されており，これらに対応した防火性能に優れた機器も数多く開発されている．

　これら安全装置の機能確認や機器の防火性能の確認については，第三者検査機関であるJIA（一般財団法人日本ガス機器検査協会）が実施している．JIAは法令やJISなどの規定を基に，学識経験者，関係業界，消費者団体，関係官庁等で組織する委員会での検討を経て，家庭用温水機器[10, 11]，家庭用調理機器[12]，業務用機器[13, 14]など製品に応じて構造，材料，性能及び表示に関する基準を定めた検査規程を作成している．JIAはこれらの検査規程を用いて検査，認証を行っており，厳しい基準をクリアーし認証された製品には合格証が貼付されている．

（3）主な事故事例

　2016（平成28）年のガスこんろによる火災件数は2702件あり，ガスストーブやガス温水機器に比べると依然多いのが現状である．2008（平成20）年から全口Siセンサーこんろが普及し始め，ガスこんろによる火災件数は大幅に減少したものの，最近では，こんろバーナーの近傍にふきん，プラスティック製容器や調理油などを置いて引火するケースやグリル庫内の手入れ不足により，調理かすなどがグリル皿にたまり炭化したり，魚や肉など調理物の油などがたまり，それに火が着き火災となるケースも見受けられる．ガスこんろにも様々な安全装置が装着されており異常を感知するとガスを遮断することはできるが，こんろ近傍の可燃物が燃えたり，調理かすが燃えたりした場合，機器がその炎を消火させることはできない．東京都生活文化局消費生活部のアンケート調査によると74.4%の人がガスこんろで危ない使い方の経験がある[15]と回答しており，火災予防の観点からこんろ周辺の整理整頓や日頃から適度な清掃に努めてもらいたい．

　一方，温水機器では，積雪や外壁塗装の際の養生でガス機器の給気部や排気部が塞がれ，それを知らずに機器を使用することで，異常着火した事例などが報告されている．ガス機器の給気部や排気部を塞ぐと新鮮な空気を取り入れることができず，また，排気ガスを正常に排出できなくなり，空気とガスのバランスが悪化したり，未燃ガスが機器内部にたまったりして，点火不良や異常着火，不完全燃焼を引き起こす．

　また，業務用厨房機器においても，排気口にボウルやトレイなどの調理用具を置くことで，正常に排気ガスが排出されずに不完全燃焼が発生することによる一酸化炭素中毒事故も見受けられる．しかし，最近では排気口に容易にものが置かれないように工夫されている機器も存在する．

　火災と同様に危険な事象として，一酸化中毒事故が挙げられる．近年，エコ等をうたい過熱性保温性を向上させた釜やフライパンなどをこんろで使用し，一酸化炭素の警報器が鳴動したケースが報告されている．原因として，釜の形状やフライパンの底の形状が影響し，こんろバーナーの燃焼に必要な空気が充分供給されず不完全燃焼を引き起こし一酸化炭素の濃度が上昇したものであった．この件については，2015（平成27）年3月に注意喚起[16]が出されている．

（鍋嶋　康成）

13・7　防火材料と防火構造

13・7・1　防　火　材　料

　火災による延焼拡大を防止するためには，出火の危険性を低減すること，火災を初期の段階でくい止めて発展させないことが重要である．そのため建材に於いては，壁や天井などで室内に面して用いられる建材（内装材料）を燃えにくく火をくい止められる材料で構成することが必要である．また，火災に際して建物内の人々が安全に避難するため，火熱にさらされても避難を阻害するような有害ガスを発生しないことが求められる．

　このような延焼拡大を防止し，避難安全を阻害しない建築材料は一般に「防火材料」と呼ばれるが，建築法規では「不燃材料」「準不燃材料」「難燃材料」の3種類に分けて規定し，建物の用途や規模あるいは場所によって表13・61（内装制限）のようにその使用範囲が制限され，制限を受ける場所には，告示で例示された材料や国土交通大臣の認定を受けた防火材料でなければ使用することができない．

（1）防火材料の区分

　防火材料の区分と政令の関係を表13・62（防火材料と法令）に，政令により定められた技術的基準の要件等を表13・63（技術的基準の概要）に示す．

　防火材料の区分は「不燃材料」「準不燃材料」「難燃材料」の3種類であるが，技術的基準で要求されている要件の項目は共通であり，要件を確保する時間を区分ごとに定めている．

　認定された防火材料には認定番号（アルファベット2文字＋4桁の数字）が付けられて認定書が発行されるが，特別な表示制度等はない．大臣認定の台帳が「構造方法等の認定に係る帳簿（建築物関係）」として国土交通省のWEBページに公開されており，認定番号や材料名称などを確認することができる．

（防火材料の認定番号）

　　不燃材料　　：NM-○○○○　（外部の仕上げ用の不燃材料　：NE-○○○○）

　　準不燃材料：QM-○○○○　（外部の仕上げ用の準不燃材料：QE-○○○○）

　　難燃材料　　：RM-○○○○　（外部の仕上げ用の難燃材料　：RE-○○○○）

＊　第13章第7節は平成28年6月1日時点の建築基準法に基づく．

表 13·61　内装制限（概要）

用途・規模・構造区分	当該用途に供する部分の床面積の合計			内装制限		建築基準法施行令
	耐火建築物等の場合（注1）	準耐火建築物等の場合（注2）	その他の建築物等の場合	居室等*1	地上に通ずる主たる廊下・階段通路	
① 劇場・映画館・演芸場・観覧場・公会堂・集会場	（客席）400 m²以上	（客席）100 m²以上		難燃材料*1（3階以上の階に居室を有する建築物の当該用途に供する居室の天井にあっては準不燃材料）	準不燃材料*2	128条の4第1項第1号 128条の5第1項
② 病院・診療所（患者の収容施設があるもの）・ホテル・旅館・下宿・共同住宅・寄宿舎・児童福祉施設等（令19条第1項第1号参照）	300 m²以上（3階以上の部分）但し、100 m²以内（共同住宅にあっては200 m²）ごとに、準耐火構造の床若しくは壁又は法第2条第9号の2ロに規定する防火設備で区画されている部分の居室を除く	300 m²以上（2階部分）（病院、診療所は、2階に患者の収容施設がある場合に限る）但し、100 m²以内（共同住宅にあっては200 m²）ごとに、準耐火構造の床若しくは壁又は法第2条第9号の2ロに規定する防火設備で区画されている部分の居室を除く	200 m²以上			128条の4第1項第3号 128条の5第3項
③ 百貨店・マーケット・展示場・キャバレー・カフェー・ナイトクラブ・バー・ダンスホール・遊技場・公衆浴場・待合・料理店・飲食店又は物品販売業を営む店舗（10 m²以下のものを除く）	1,000 m²以上（3階以上の部分）	500 m²以上（2階部分）	200 m²以上			128条の4第1項第2号 128条の5第2項
④ 地階又は地下工作物内に設ける①②③の用途に供するもの		全部		準不燃材料*2		
⑤ 自動車車庫・自動車修理工場		全部				128条の3の2 128条の5第5項
⑥ 無窓の居室	全部（但し、天井の高さが6 mを超えるものを除く）			難燃材料*1		
⑦ 階数及び規模によるもの（注3）	全部（建築基準法施行令126条の2-1項2号参照）但し、次のものを除く 1. 学校等（建築基準法施行令126条の2-1項2号参照） 2. 100 m²以内ごとに防火区画された特殊建築物の用途に供しない居室、耐火建築物又は主要構造部を準耐火構造とした準耐火建築物の高さが31 m以下の部分にあるもの 3. ②欄の用途に供するもので高さ31 m以下の部分				準不燃材料*2	128条の4第2,3項 128条の5第4項

		準不燃材料＊2	
⑧ 火気使用室（注4）	住宅：階数が2以上の住宅で、最上階以外の階にある火気使用室 住宅以外：火気使用室は全部（ただし、主要構造部を耐火構造としたものを除く）		112条第6項 128条の4第4項
⑨ 階数が11以上のもの	100 m²以内に防火区画された部分	準不燃材料（下地とも）注5	112条第5項
	200 m²以内に防火区画（特定防火設備以外の法第2条第9号の2ロに規定する防火設備を除く）された部分	準不燃材料（下地とも）	112条第6項
	500 m²以内に防火区画（特定防火設備以外の法第2条第9号の2ロに規定する防火設備を除く）された部分	不燃材料（下地とも）	112条第7項
⑩ 地下街	100 m²以内に防火区画された部分	（地下道）注6	128条の3第1項三号
	200 m²以内に防火区画（特定防火設備以外の法第2条第9号の2ロに規定する防火設備を除く）された部分	準不燃材料（下地とも）	128条の3第5項
	500 m²以内に防火区画（特定防火設備以外の法第2条第9号の2ロに規定する防火設備を除く）された部分	不燃材料（下地とも）	

注1：耐火建築物又は法第二十七条第一項の規定に適合する特殊建築物（特定避難時間が1時間未満である特定避難時間倒壊等防止建築物を除く）の場合．

注2：準耐火建築物又は特定避難時間又は特定避難時間が45分間以上1時間未満である特定避難時間倒壊等防止建築物が31m以下のものについては、②欄の規定が適用される。

注3：⑦欄の規定に該当する建築物のうち、②欄の用途に供するものであって31m以下のものについては、②欄の規定が適用されない。

注4：⑧欄の規定は、主要構造部を耐火構造としたものに適用されない。

注5：⑨欄の規定では、100 m²以内に防火区画された部分については、使用材料の制限は、記されていないが、使用材料の制限は、記されていないが、①②③欄の組合せによる④欄の規定が適用される。

注6：⑩欄の規定では、100 m²以内に防火区画された部分については、使用材料の制限は、記されていないが、①②③欄の組合せによる④欄の規定が適用される。

＊1：難燃材料又は難燃材料に準じるものとして、国土交通大臣が定める材料に準じるものとしたもの。

＊2：準不燃材料又は準不燃材料に準じるものとして、国土交通大臣が定める材料に準じるものとしたもの。

表 13·62 防火材料と法令の関係

区分	不燃材料	準不燃材料	難燃材料
法令	建築基準法 第2条第9号	建築基準法施行令 第1条第5号	建築基準法施行令 第1条第6号
技術的基準	建築基準法施行令 第108条の2 (加熱開始後20分間)	建築基準法施行令 第108条の2 (加熱開始後10分間)	建築基準法施行令 第108条の2 (加熱開始後5分間)
例示材料	2000(平成12)年建設省告示 第1400号	2000(平成12)年建設省告示 第1401号	2000(平成12)年建設省告示 第1402号
大臣認定	指定性能評価機関(建築基準法第68条の26第2項及び第3項)が実施する性能評価に基づき国土交通大臣が認定をおこなう.		
性能評価試験※	・発熱性試験または不燃性試験 ・ガス有害性試験	・発熱性試験または模型箱試験 ・ガス有害性試験	・発熱性試験または模型箱試験 ・ガス有害性試験

※指定性能評価機関の業務方法書による.

(参考)準難燃材料は2000(平成12)年に施行された改正建築基準法で廃止された.準難燃材料のうち不燃物品の保管庫等の屋根に使用される材料は「屋根構造(飛び火)」(建築基準法第63条及び同法施行令第136条の2の2第一号)に移行され,新たな告示(2000(平成12)年建設省告示第1443号)が規定されている.

表 13·63 技術的基準の概要

種類	要件	要件を満たす時間
不燃材料	①燃焼しないものであること. ②防火上有害な変形,溶融,き裂その他の損傷を生じないものであること. ③避難上有害な煙またはガスが発生しないものであること. (建築基準法施行令第108条の2)	20分間
準不燃材料		10分間
難燃材料		5分間

(2) 防火材料の試験方法

建築基準法に基づいて防火材料の性能評価を行うための試験方法には,発熱性試験やガス有害性試験などがある.これらは指定性能評価機関の業務方法書に規定された試験方法である.

A. 発熱性試験

a. 概 要

発熱性試験は,防火材料の試験で共通に用いられる代表的な試験といえ,防火材料に必要とされる3つの要件(技術的基準)のうち,

① 燃焼しないものであること

② 防火上有害な変形,溶融,き裂その他の損傷を生じないものであること

の2項目を判定するものとして規定されている.

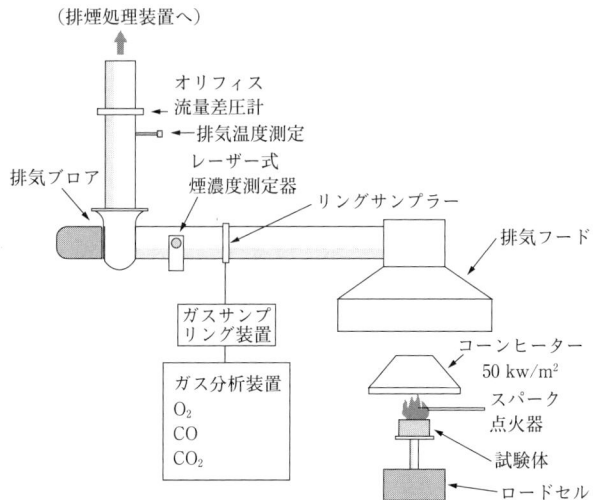

図 13·71　発熱性試験装置の概要

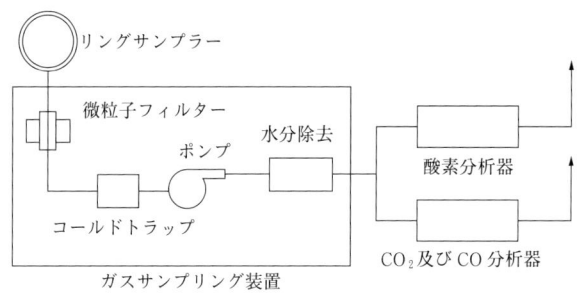

図 13·72　燃焼ガスの計測システム

　発熱性試験は，小さな平板状に切り出した材料に一定レベルの放射熱を与えながら，電気スパークを点火源として燃焼させるもので，経時的な燃焼発熱速度の変化と燃焼開始から終了までの総発熱量を求めることができる．

　測定原理は 1982（昭和 57）年に米国で開発され，その後 ISO 5660 –Fire test–Reaction to fire/Part 1：Heat release（コーンカロリーメーター）に規定されるなど，材料の燃焼を扱う試験法としては国際的に広く認知されており，2000（平成 12）年の建築基準法改正に際して性能評価のための試験に取入れられたものである．

b. 試験装置と試験条件

　図 13·71 ～ 13·73 に示すように，試験体を燃焼させるためのコーンヒーター，燃焼生成ガスを捕集するための排気装置，排気中の酸素ガス濃度や温度，流量等を測定する計測部によって構成されている．コーンヒーターの下に設置された試験体は加熱を受けて燃焼し（図

図 13·73　発熱性試験装置の外観

図 13·74　発熱性試験の試験状況

表 13·64　発熱性試験の試験条件

項　目	要　件
試験体	大きさ 99 mm×99 mm（最大厚さ 50 mm）
加熱強度	50 kW/m^2
加熱時間	不燃材料：20 分，準不燃材料：10 分，難燃材料：5 分
判定条件	試験を 3 回繰り返し全て以下の条件を満足すること （1）総発熱量が 8 MJ/m^2 以下であること． （2）防火上有害な裏面まで貫通する亀裂及び穴がないこと． （3）最高発熱速度が，10 秒以上継続して 200kW/m^2 を超えないこと．

13·74），燃焼により生じた排気ガス中の酸素濃度等を計測することで発熱量や発熱速度を得ることができる．

試験条件を表 13·64 に示す．

c. 試験体

試験体は厚さ 50 mm までの平板状材料で，大きさを 99 mm×99 mm（±1 mm）に切出したものである．試験実施数量は 3 体であるが，予備試験体も含めて 7 枚程度を準備しておく必要がある．

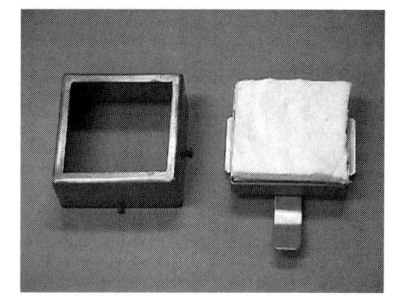

図 13·75　試験体枠

装置に設置する際には，材料が火災による火熱を受けることが予想される面を加熱面とし，裏面及び四周の木口面を厚さ 25 μm のアルミニウムはくで覆った後，94 mm×94 mm の開口を持った鋼製の試験体枠内に納めて，試験装置に設置される．試験体枠の写真を図 13·75 に示す．

アルミニウムはくで覆った試験体を試験体枠内に納める際には，フェルト状のセラミックウールを裏あて材とし，試験体加熱面が試験体枠の開口部内面に接するように調整する必要がある．

d. 判定方法

発熱性試験の判定は，表 13·64 の判定条件に示す 3 項目によって行われ，試験を 3 回繰返して全て満足した場合が合格となる．

総発熱量と最高発熱速度は，主に室内火災における火災拡大やフラッシュオーバーなどの防火上有害な燃焼性状に関連するデータであり，貫通する亀裂や穴のないことは，旧来より防火材料に求められている遮炎性を確認するための項目である．

e. 測定データ

測定データの例を図 13·76 ～ 13·79 に示す．

図 13·76 及び図 13·77 は化粧せっこうボードについて 20 分

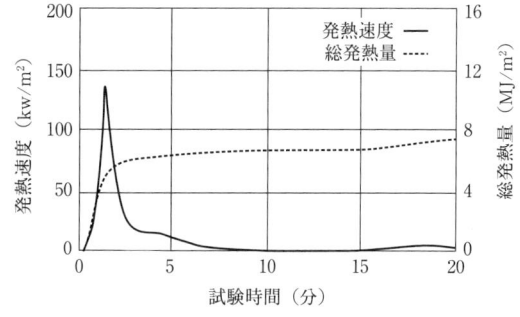

図 13·76　防火材料の発熱性試験結果例
（化粧せっこうボード，化粧量：大）

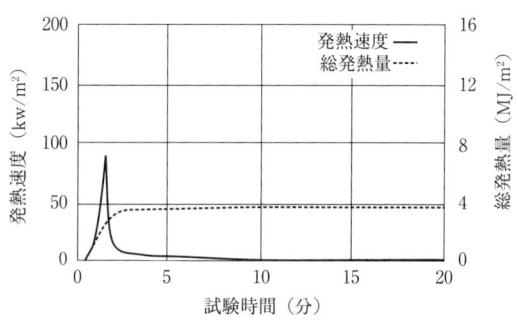

図 13·77　防火材料の発熱性試験結果例（化粧鋼板，化粧量：少）

間加熱を行った場合の測定例
で，最高発熱速度，総発熱量と
もに判定項目を満足する結果と
なっている．

　図 13·78 は，木材（ラワン板，
厚さ 10 mm）の例で，試験体
に特別な難燃処理等は施されて
いない．このため，総発熱量が
加熱開始後 5 分（300 秒）以内
に既定値（8 MJ/m²）を超えて
しまい，防火材料としては何れ
の区分にも適合しないデータと
なっている．

　図 13·79 は，木材（すぎ板，
厚さ 12 mm）に難燃効果のあ
る薬剤を注入処理した薬剤処
理木材の試験例である．20 分
間の加熱において総発熱量が 8
MJ/m² 以下に抑えられており，
不燃材料に相当する試験結果と
なった．

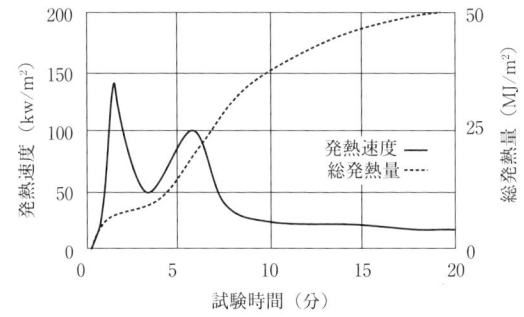

図 13·78　防火材料の発熱性試験結果例（ラワン板，厚さ 10 mm）

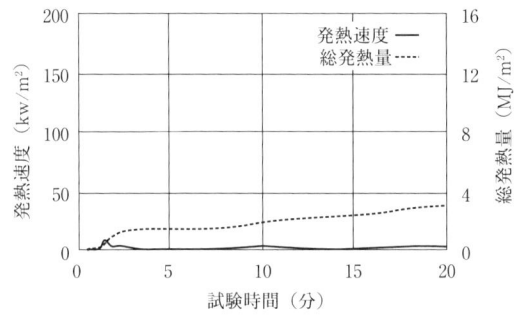

図 13·79　防火材料の発熱性試験結果例
（薬剤処理木材，不燃材料相当）

f.　特徴と留意事項

　発熱性試験では，比較的小さ
な試験体を用いて，微細な計測値の変化を読みとって発熱量を求めているため，試験装置や
試験条件全体にわたる厳密な管理が不可欠である．試験体枠の汚れも結果に影響するのでメ
ンテナンスや清掃が欠かせない．

　特に酸素濃度の変化をいかに精度良く測定するかがポイントであり，分析計の校正・管
理，試料ガス経路のチェックや水分除去剤等の定期的な交換管理等は必須である．

　また，雰囲気中の酸素濃度は様々な要因で変動を来す場合があるので，常に酸素濃度の変
化や試験室の排気，換気状態を管理しながら試験を実施することが重要である．

B.　ガス有害性試験

a.　概　要

　ガス有害性試験は，内装材料等の燃焼によって放出される燃焼ガスについて，避難安全に
かかわる有害性をマウスの行動停止時間によって評価するものであり，防火材料に必要とさ
れる 3 つの要件（技術的基準）のうち，

　　　③避難上有害な煙またはガスがしないものであること．
を確認するものである．

　プラスチックなど新たな素材を用いた「新建材」への対応として 1975（昭和 50）年以降

に建築基準法（建設省告示）に取り入れられた試験方法であり，材料が火災による火熱の影響を受けた際に発生する燃焼ガス等が「避難するための判断力の低下や行動不能を招かないか，さらには死にいたる急性毒性を有していないか」を評価する試験方法である．現在は発熱性試験と同様，指定性能評価機関の業務方法書に規定されている．

b. 試験装置と試験条件

ガス有害性試験装置の概要を図 13·80 及び 13·81 に示す．

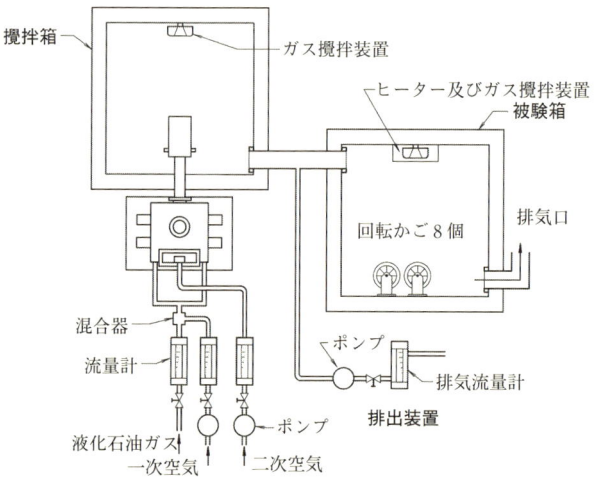

図 13·80　ガス有害性試験装置の概要

試験体をプロパンガス及び電気ヒーターを熱源とする試験炉に取り付けて 6 分間加熱し，この時放出される燃焼ガスを被検箱内に導き，この箱の中にマウス（週令 4～5，体重 20 ± 2 g）を入れた回転カゴを置いて 15 分間暴露させる．マウスが回転カゴ内を歩行することによって回転するカゴの動きを計測し，燃焼ガスにマウスの行動を妨げるような有害性があってカゴを回転できなくなる場合には，加熱開始からカゴの回転が停止するまでの時間を行動停止時間として記録する．試験で得られたマウスの平均行動停止時間（X_S）が，木材が燃焼した場合を想定して設定された基準値の「6.8 分」以上である場合に合格と判定される．

図 13·81　ガス有害性試験装置

c. 測定データ

判定のための平均行動停止時間（X_S）の計算は以下の通りである．

$$X_S = \lceil 平均 X \rfloor - \sigma$$

ここに

X：各マウスの行動が最後に記録された時間（分）

（ただし15分から16分の間に記録された場合は，15分）

平均X：8匹のマウスのXの平均値（分）

σ：8匹のマウスのXの標準偏差（分）

試験データの例を図13・82及び13・83に示す．

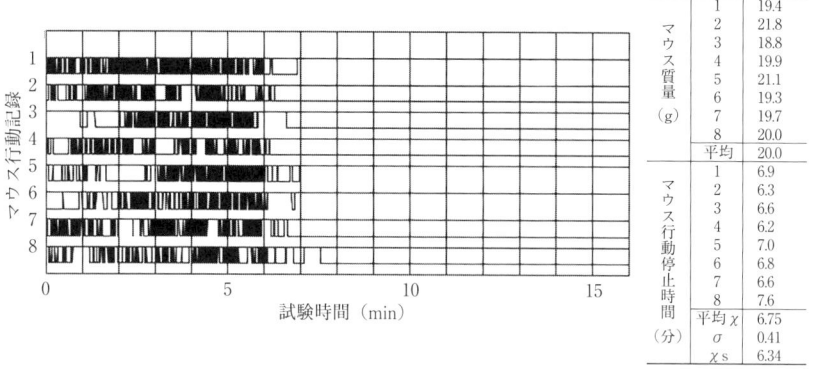

マウス質量（g）	1	19.4
	2	21.8
	3	18.8
	4	19.9
	5	21.1
	6	19.3
	7	19.7
	8	20.0
	平均	20.0
マウス行動停止時間（分）	1	6.9
	2	6.3
	3	6.6
	4	6.2
	5	7.0
	6	6.8
	7	6.6
	8	7.6
	平均χ	6.75
	σ	0.41
	χ_S	6.34

図 13・82 マウス行動記録（プラスッチック系板の測定例）

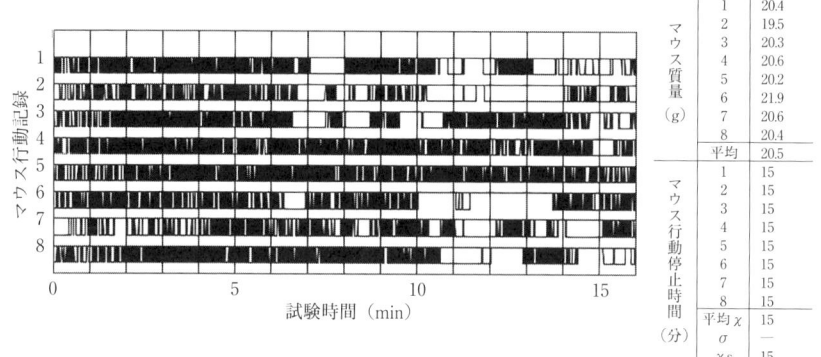

マウス質量（g）	1	20.4
	2	19.5
	3	20.3
	4	20.6
	5	20.2
	6	21.9
	7	20.6
	8	20.4
	平均	20.5
マウス行動停止時間（分）	1	15
	2	15
	3	15
	4	15
	5	15
	6	15
	7	15
	8	15
	平均χ	15
	σ	—
	χ_S	15

図 13・83 マウス行動記録（塗装セメント系板の測定例）

d. 特徴と留意事項

一般に，材料の燃焼量が少なければ，燃焼時に発生する燃焼ガスの量も少ない．このため前述の発熱性試験を満足するような，発熱量が抑えられた材料であれば有害なガスの発生も限定的である．しかしながら，もともと可燃物の量が多い素材を用いて，材料の配置や薬剤

などにより防火性能を高めているような建材では，燃焼や発熱は抑えられていても，分解ガスが多く発生して有害性の増大に繋がる場合もある．

プラスチックや木材を不燃化，難燃化した材料ではガス有害性にも充分な配慮が必要である．

C．その他の試験方法

前述の2つの試験方法以外に不燃材料のための「不燃性試験」と準不燃材料および難燃材料のための「模型箱試験」が規定されているが，これまでのところ限定的な活用にとどまっている．今後は各試験の特性を生かして，多様化する様々な組成や構成の防火材料に対応した適切な評価につなげることが期待される．

・不燃性試験

不燃材料のみに適用される試験方法であるが，発熱性試験を実施する場合は適用されない．ISO 1182（Reaction to fire tests for building products. Non-combustibilit. test）に準拠した試験方法である．750℃に保った加熱炉の中へ円柱状の試験体を入れて，加熱開始から20分間の炉内の温度上昇の測定と試験体の質量減少を測定する．試験開始後20分間の炉内温度が最終平衡温度に対して20 Kを超えて上昇せず，加熱終了後の試験体の質量減少率が30％以下であるとき合格と判定される．

・模型箱試験

準不燃材料および難燃材料に適用される試験方法であるが，発熱性試験を実施する場合は適用されない．内法寸法の幅，高さが840 mm，奥行1680 mmの試験箱に，内装材として試験対象の材料を施した室空間の模型を作って試験体とする．室空間の奥隅にガスバーナーを設置して燃焼させ，発熱量と発熱速度を測定する．準不燃材料の場合は10分間の燃焼試験を行い，燃焼開始後総発熱量が30 MJ（バーナーの燃焼による寄与を除く）以下でかつ最高発熱速度が10秒以上継続して140 kWを超えないとき合格と判定される．難燃材料の場合は5分間の燃焼試験を行って同様の判定が行われる．

なお本試験は，建設省告示に規定されていた模型箱試験を改定したものであることから改定模型箱試験とも呼ばれ，日本の提案でISO/TS 17431（Fire tests— Reduced-scale model box test）が策定されている．

（3）防火材料の難燃化

A．薬剤による難燃化工法

難燃薬剤を使用することにより，可燃性材料の素地面が発火点に達する時間を遅らせることができる．難燃処理方法には，難燃薬剤を素材に含浸させる方法，接着剤や塗料に添加する方法がある．一般に，薬剤処理をすることによって燃えにくくなるが，その結果煙は多くなる傾向にある．特に，この現象は薬剤の含浸による難燃材料の試験結果にみられる．

薬剤処理の量と発煙量との関係は，燃焼温度が高いほど，また薬剤処理量が多いほど発煙量が少なくなるが，ある一定量以上の薬剤処理量になると，今度は発煙量は増加する傾向を示している．

合板の難燃処理の方法には，次の方法のうち2つ以上を組み合せると効果がある．

　i．芯材に対し，リン酸塩系の難燃剤を合板の表面積1 m²当たり55 g以上含浸させる．

ⅱ．単板の接着には，完成後合板の表面積 1 m² 当たり 55 g 以上含浸させる．

ⅲ．合板の表面に，リン酸塩系の難燃剤を 20 % 以上含有する発泡性防火塗料を，表面積 1 m² 当たり 55 g 以上目止め剤として塗布する．

B．発泡による難燃化工法

防火塗料により難燃化する．防火塗料には，リン酸系の発泡性防火塗料が用いられる．発泡性防火塗料は，加熱により塗膜が発泡し，その膜が断熱層となって防火力を発揮するものである．

難燃合板を基材として，この発泡性防火塗料とアルミニウム箔の併用によって，難燃性をさらに強化することが可能である（図 13・84 参照）．この工法によって，難燃合板の持つ"難燃"のグレードは，"準不燃"にまで向上させる

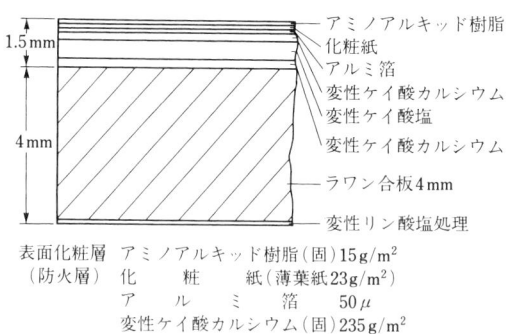

アミノアルキド樹脂
化粧紙
アルミ箔
変性ケイ酸カルシウム
変性ケイ酸塩
変性ケイ酸カルシウム
ラワン合板 4 mm
変性リン酸塩処理

表面化粧層　アミノアルキド樹脂（固）15 g/m²
（防火層）　　化　粧　紙（薄葉紙 23 g/m²）
　　　　　　ア　ル　ミ　箔　　50 μ
　　　　　変性ケイ酸カルシウム（固）235 g/m²
　　　　　変　性　ケ　イ　酸　塩（固）1450 g/m²
　　　　　変性ケイ酸カルシウム（固）230 g/m²

図 13・84　準不燃合板の例

ことが可能であるが，この発泡性防火塗料の発泡能力が，この工法による材料の防火力を支えているため，長期にわたってこの発泡能力の効力持続性が，適切な試験により保証されなければならない．特に，環境変化の著しい場所に使用される場合には持続性が低下する危険性が大きい．

C．不燃板のサンドイッチによる難燃化工法

薬剤による難燃処理には，おのずから量に限度がある．そこで，可燃性材料を不燃性材料でサンドイッチにして難燃化する工法がとられる（図 13・85 参照）．この工法は，火災初期の防火としては優れているが，実際に施工された場合，目地部の防火処理が不十分であると，火熱を受けて板が変形し，心材としている可燃性材料が直接加熱を受ける危険性がある．また，表面層の不燃性材料についても亀裂の入りやすいものや収縮の大きなもの，軟化する恐れのあるものも同様な危険性がある．

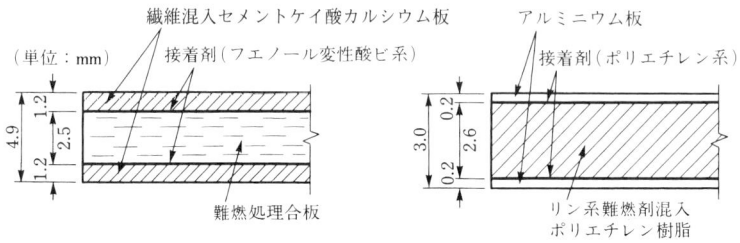

繊維混入セメントケイ酸カルシウム板
接着剤（フェノール変性酸ビ系）
難燃処理合板

アルミニウム板
接着剤（ポリエチレン系）
リン系難燃剤混入
ポリエチレン樹脂

（a）両面石綿セメント板張難燃処理合板　　（b）両面アルミニウム板張ポリエチレン樹脂板

図 13・85　不燃板のサンドイッチによる難燃化工法の例

（4）防火材料の構成例

国土交通大臣の認定を受けた防火材料の構成例を表13·65～表13·67に示す．ここに示されるように，基本材料を組み合せたものや，それらに各種の化粧を施したものが開発されて

表 13·65　不燃材料の例

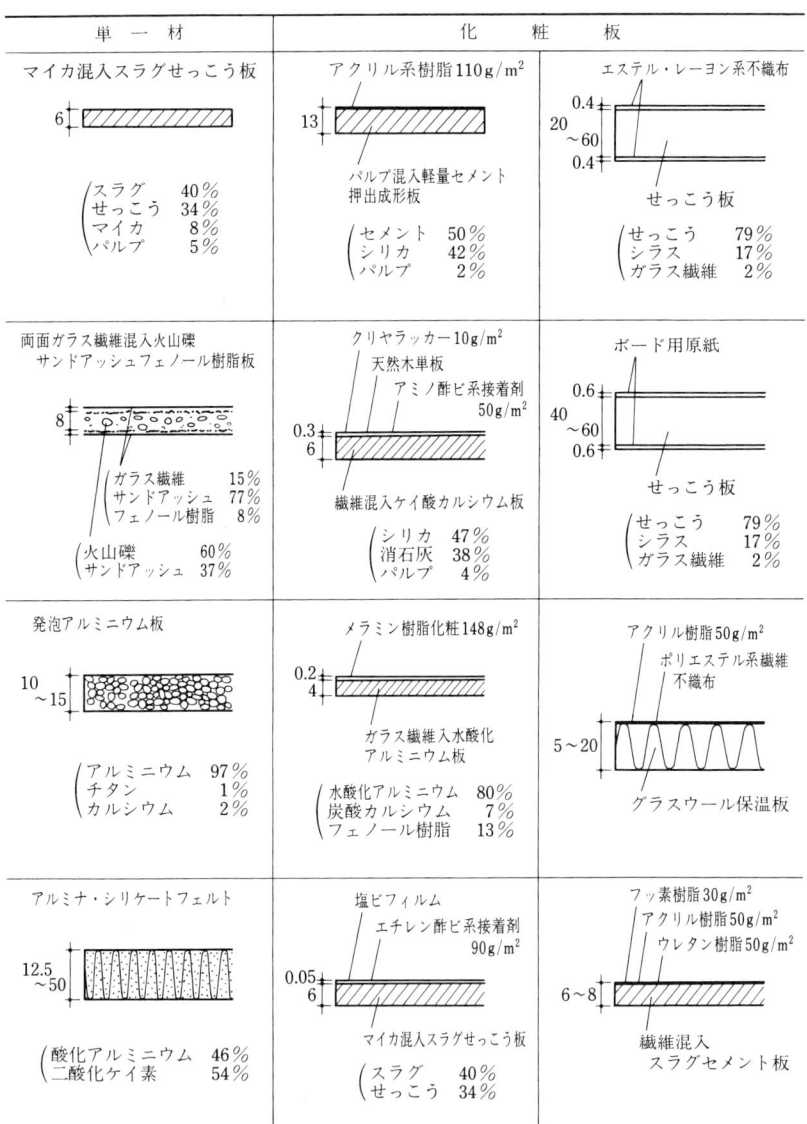

単 一 材	化 粧 板	
マイカ混入スラグせっこう板 6 ⊐▨▨▨⊏ （スラグ　　40% せっこう　34% マイカ　　8% パルプ　　5%）	アクリル系樹脂110g/m² 13 パルプ混入軽量セメント 押出成形板 （セメント　50% シリカ　　42% パルプ　　2%）	エステル・レーヨン系不織布 0.4 20 ～60 0.4 せっこう板 （せっこう　　79% シラス　　　17% ガラス繊維　2%）
両面ガラス繊維混入火山礫 サンドアッシュフェノール樹脂板 8 （ガラス繊維　　15% サンドアッシュ　77% フェノール樹脂　8%） （火山礫　　　60% サンドアッシュ　37%）	クリヤラッカー10g/m² 天然木単板 アミノ酢ビ系接着剤 50g/m² 0.3 6 繊維混入ケイ酸カルシウム板 （シリカ　　47% 消石灰　　38% パルプ　　4%）	ボード用原紙 0.6 40 ～60 0.6 せっこう板 （せっこう　　79% シラス　　　17% ガラス繊維　2%）
発泡アルミニウム板 10 ～15 （アルミニウム　97% チタン　　　　1% カルシウム　　2%）	メラミン樹脂化粧148g/m² 0.2 4 ガラス繊維入水酸化 アルミニウム板 （水酸化アルミニウム　80% 炭酸カルシウム　　　7% フェノール樹脂　　　13%）	アクリル樹脂50g/m² ポリエステル系繊維 不織布 5～20 グラスウール保温板
アルミナ・シリケートフェルト 12.5 ～50 （酸化アルミニウム　46% 二酸化ケイ素　　　54%）	塩ビフィルム エチレン酢ビ系接着剤 90g/m² 0.05 6 マイカ混入スラグせっこう板 （スラグ　　　40% せっこう　　34%）	フッ素樹脂30g/m² アクリル樹脂50g/m² ウレタン樹脂50g/m² 6～8 繊維混入 スラグセメント板

いる．グレードの異なった基本材料の組み合せによってできた新しい材料の性能は，一般にグレードの低い材料の性能に支配される．

表 13·66　準不燃材料の例

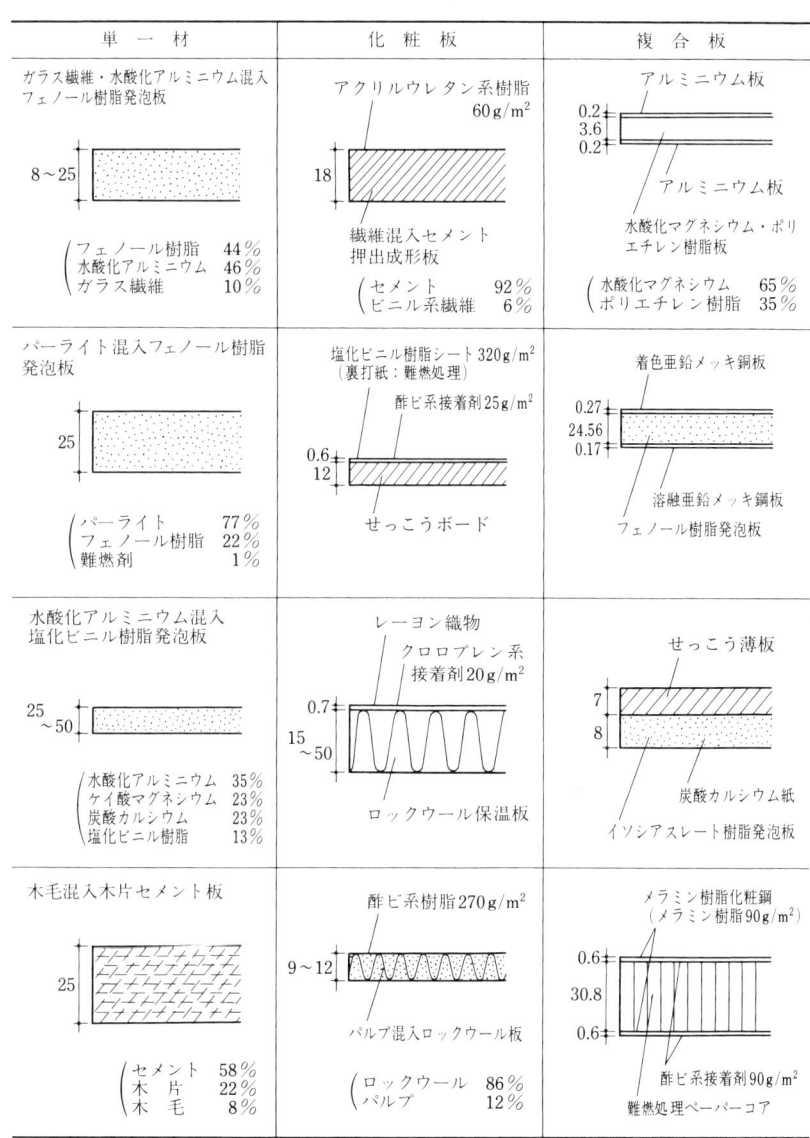

単　一　材	化　粧　板	複　合　板
ガラス繊維・水酸化アルミニウム混入フェノール樹脂発泡板 8〜25 フェノール樹脂　44% 水酸化アルミニウム　46% ガラス繊維　10%	アクリルウレタン系樹脂 60 g/m² 18 繊維混入セメント押出成形板 セメント　92% ビニル系繊維　6%	アルミニウム板 0.2 3.6 0.2 アルミニウム板 水酸化マグネシウム・ポリエチレン樹脂板 水酸化マグネシウム　65% ポリエチレン樹脂　35%
パーライト混入フェノール樹脂発泡板 25 パーライト　77% フェノール樹脂　22% 難燃剤　1%	塩化ビニル樹脂シート320 g/m² （裏打紙：難燃処理） 酢ビ系接着剤25 g/m² 0.6 12 せっこうボード	着色亜鉛メッキ鋼板 0.27 24.56 0.17 溶融亜鉛メッキ鋼板 フェノール樹脂発泡板
水酸化アルミニウム混入塩化ビニル樹脂発泡板 25〜50 水酸化アルミニウム　35% ケイ酸マグネシウム　23% 炭酸カルシウム　23% 塩化ビニル樹脂　13%	レーヨン織物 クロロプレン系接着剤20 g/m² 0.7 15〜50 ロックウール保温板	せっこう薄板 7 8 炭酸カルシウム紙 イソシアヌレート樹脂発泡板
木毛混入木片セメント板 25 セメント　58% 木　片　22% 木　毛　8%	酢ビ系樹脂270 g/m² 9〜12 パルプ混入ロックウール板 ロックウール　86% パルプ　12%	メラミン樹脂化粧鋼 （メラミン樹脂90 g/m²） 0.6 30.8 0.6 酢ビ系接着剤90 g/m² 難燃処理ペーパーコア

表 13·67　難燃材料

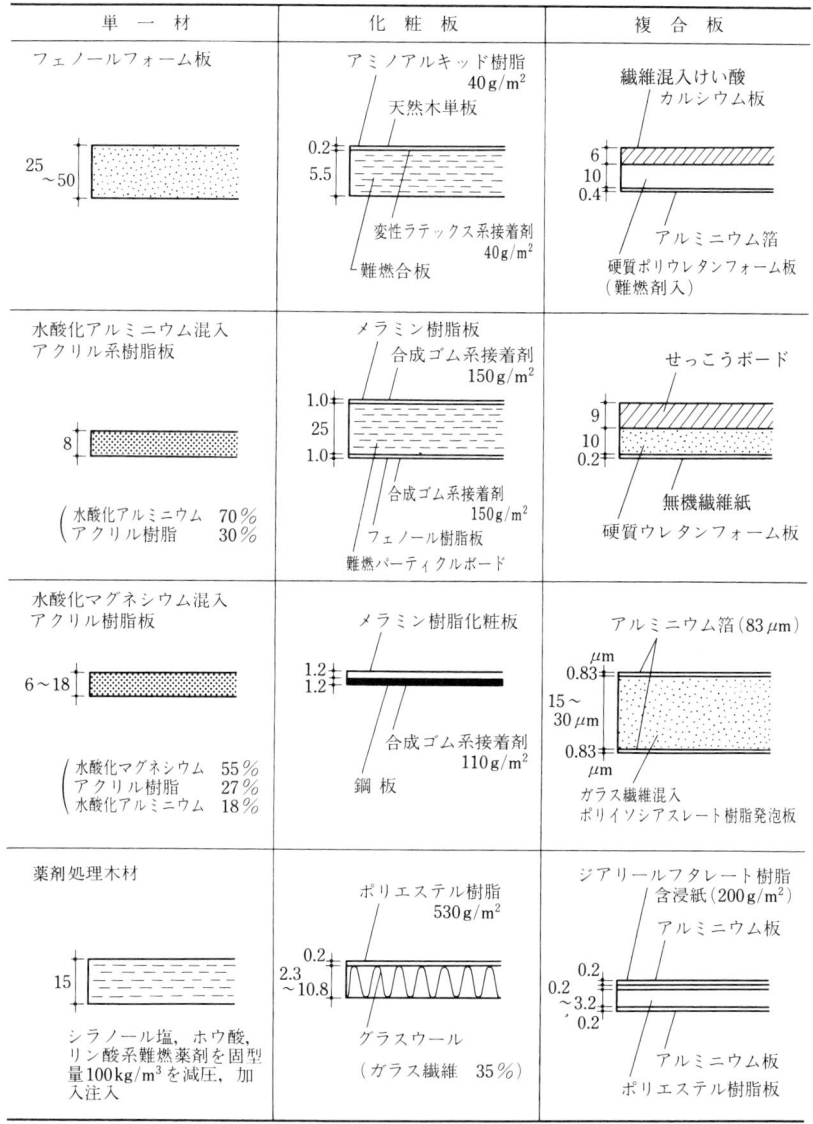

単　一　材	化　粧　板	複　合　板
フェノールフォーム板 25〜50	アミノアルキッド樹脂 40 g/m² 天然木単板 0.2 5.5 変性ラテックス系接着剤 40 g/m² 難燃合板	繊維混入けい酸 カルシウム板 6 10 0.4 アルミニウム箔 硬質ポリウレタンフォーム板 （難燃剤入）
水酸化アルミニウム混入 アクリル系樹脂板 8 （水酸化アルミニウム　70％ 　アクリル樹脂　　　　30％）	メラミン樹脂板 合成ゴム系接着剤 150 g/m² 1.0 25 1.0 合成ゴム系接着剤 150 g/m² フェノール樹脂板 難燃パーティクルボード	せっこうボード 9 10 0.2 無機繊維紙 硬質ウレタンフォーム板
水酸化マグネシウム混入 アクリル樹脂板 6〜18 （水酸化マグネシウム　55％ 　アクリル樹脂　　　　27％ 　水酸化アルミニウム　18％）	メラミン樹脂化粧板 1.2 1.2 合成ゴム系接着剤 110 g/m² 鋼板	アルミニウム箔（83 μm） 0.83 μm 15〜30 μm 0.83 ガラス繊維混入 ポリイソシアスレート樹脂発泡板
薬剤処理木材 15 シラノール塩，ホウ酸， リン酸系難燃薬剤を固型 量100 kg/m³ を減圧，加 入注入	ポリエステル樹脂 530 g/m² 0.2 2.3 〜10.8 グラスウール （ガラス繊維　35％）	ジアリールフタレート樹脂 含浸紙（200 g/m²） アルミニウム板 0.2 0.2 〜3.2 0.2 アルミニウム板 ポリエステル樹脂板

13・7・2　防　火　構　造

　隣接建物の火災による類焼は，それに面する外壁や屋根，軒裏あるいは戸・窓などの開口部を通して拡大していく．そこでこの類焼を防止するためには，十分な隣棟間隔を設ける必要がある．しかし，この間隔が十分確保できない場合には，互いに面する側を防火上十分な遮熱力や遮炎力を持たせた構造とし，火炎や高温ガスを屋内に持ち込ませないようにする必要がある．建築基準法ではこのように隣接建物で発生した火災から，延焼を防止するために必要な性能を防火性能と呼んでいる．

　準防火地域内では，建物の「延焼のおそれのある部分」にこの防火性能が要求され，外壁と軒裏の構造について防火構造（建築基準法第2条第8号）を定めている．防火地域・準防火地域外の市街地で，特定行政庁が指定した区域（法22条地域）では建物の「延焼のおそれのある部分」のうちの外壁部分に準防火性能が要求され，準防火構造（建築基準法第23条）が定められている．「延焼のおそれのある部分」とは隣棟間隔が1階部分では隣地境界

表 13・68　　防火構造・準防火構造等と法令の関係

区分	防火構造 （外壁・軒裏）	準防火構造 （外壁）	その他の構造（飛び火構造）	
			通常火災を想定した屋根の構造	市街地火災を想定した屋根の構造
法令	法第2条第8号	法第23条	法第22条第1項	法第63条
技術的基準	施行令第108条（外壁（耐力）は30分の非損傷性[1]，外壁及び軒裏は30分の遮熱性[2]）	施行令第109条の6（外壁（耐力）は20分の非損傷性，外壁は20分の遮熱性）	施行令第109条の5（飛び火による延焼防止性[3]）	施行令第136条の2の2（市街地における飛び火による延焼防止性[3]）
例示仕様	2000（平成12）年建設省告示第1359号	2000（平成12）年建設省告示第1362号	（不燃性の物品を保管する倉庫等）2000（平成12）年建設省告示第1434号	（不燃性の物品を保管する倉庫等）2000（平成12）年建設省告示第1434号（屋根の構造方法）2000（平成12）年建設省告示第1365号
性能評価試験[4]	防火性能試験方法	準防火性能試験方法	屋根葺き材の飛び火性能試験	屋根葺き材の飛び火性能試験

1）非損傷性：建築物の周囲で発生する通常の火災による火熱が加えられた場合に，所定の時間，構造耐力上支障のある変形，溶融，破壊その他の損傷を生じない性能
2）遮炎性：建築物の周囲において生ずる通常の火災による火熱が加えられた場合に，所定の時間，加熱面以外の屋内面の温度が可燃物燃焼温度以上に上昇しない性能
3）飛び火による延焼防止性：
　　一　屋根が，通常の火災による火の粉により，防火上有害な発炎をしないものであること．
　　二　屋根が，通常の火災による火の粉により，屋内に達する防火上有害な溶融，き裂その他の損傷を生じないものであること．
4）指定性能評価機関（建築基準法第68条の25第2項及び第3項）の業務方法書による．

線から 3 m，2 階以上の部分では 5 m 以下にある建築物の部分（建築基準法第 2 条第 6 号）である．

また屋根（屋根防火構造）については，隣接建物の火災により飛来する火の粉を対象とした性能が要求され，「通常火災を想定した屋根の構造」（法第 22 条の屋根）と「市街地火災を想定した屋根の構造」（法第 63 条の屋根）が定められている．

以上のような建物の性能に関連した構造と法令の関係を表 13·68 に示す．政令で例示された防火構造等の仕様を表 13·69 に示す．

表 13·69　防火構造の防火被覆の仕様（2000（平成 12）年建設省告示第 1359 号）

部位	下地	位置	No.	下 張 り	仕 上
外壁（耐力壁・非耐力壁）	不燃材料	屋内側	1	せっこうボード（9.5 mm 以上）張り	
			2	グラスウール又はロックウール（75 mm 以上）充填＋合板，構造用パネル，パーティクルボード，又は木材（4 mm 以上）張り	
		屋外側	3	鉄網	モルタル（15 mm 以上）塗り
			4	木毛セメント板張り又はせっこうボード張り	モルタル（10 mm 以上）塗り又はしっくい（10 mm 以上）塗り
			5	木毛セメント板＋モルタル又はしっくい塗り	金属板張り
			6	モルタル塗り＋タイル張り（総厚 25 mm 以上）	
			7	セメント板張り又は瓦張＋モルタル塗り（総厚 25 mm 以上）	
			8	せっこうボード（12 mm 以上）張り	金属板張り
			9	ロックウール保温板（25 mm 以上）張り	金属板張り
	不燃材料以外	―	10	土蔵造	
			11	土塗真壁（40 mm 以上）（裏返し塗りをしないものにあっては，間柱の屋外側の部分と土壁とのちりが 15 mm 以下であるもの又は間柱の屋外側の部分に木材（15 mm 以上）を張ったものに限る）	
		屋内側	12	下地不燃材料・屋内側仕様（No. 1, 2）と同	
			13	土塗壁（30 mm 以上）	
		屋外側	14	鉄網又は木ずり	モルタル（20 mm 以上）塗り又はしっくい（20 mm 以上）塗り
			15	木毛セメント板張り又はせっこうボード張り	モルタル（15 mm 以上）塗り又はしっくい（15 mm 以上）塗り
			16	土塗壁（20 mm 以上）（下見板を張ったものを含む）	
			17	下見板（12 mm 以上）張り（屋内側は土塗壁（30 mm 以上）に限る）	
			18	下地不燃材料・屋内側の No. 6 ～ 9 の仕様と同	
軒裏	―	―	19	土蔵造	
		屋外側	20	上記，下地不燃材料以外・屋外側仕様の No. 14 ～ 16 及び No. 18）と同	

　防火構造等の性能を確認するための試験方法は，指定性能評価機関（建築基準法第 68 条の 25 第 2 項及び第 3 項）が作成して国土交通省に届け出た業務方法書の中で性能評価試験として規定されている．告示で例示された仕様以外の構造であっても，これらの性能評価試験による性能評価を行うことで国土交通大臣の認定を受けることができる．防火構造等の認定番号（付番方法）を表 13·70 に示す．

表 13·70　防耐火構造等の認定番号

構造種別	部位	認定番号
防火構造	外壁（耐力壁）	PC 030 BE-○○○○
	外壁（非耐力壁）	PC 030 NE-○○○○
	軒裏	PC 030RS-○○○○
準防火構造	外壁（耐力壁）	QP 020BE-○○○○
	外壁（非耐力壁）	QP 020NE-○○○○
飛び火構造	防火地域または準防火地域の屋根	DR-○○○○
	同上（不燃性の物品を保管する倉庫等）	DW-○○○○
	法第 22 条区域の屋根	UR-○○○○
	同上（不燃性の物品を保管する倉庫等）	UW-○○○○

（1）防火構造等の試験方法

A．防火性能試験及び準防火性能試験

　指定性能評価機関の業務方法書で規定された防火構造や準防火構造のための試験方法（表 13·68）は，基本的に「ISO 834/Fire resistance tests –Elements of building construction–」に準拠しており，特徴は以下の二点である．

　　①加熱曲線，試験体の大きさ，遮熱性の測定法や判定基準が，ISO 834 に準じて統一されている．

　　②耐力部材（耐力壁，柱，床，はり，屋根，階段）の試験においては，原則として載荷加熱の条件で試験を行う．

　なお，JIS における火災安全のための代表的な試験方法である JIS A 1304（建築構造部分の耐火試験方法）においても，2017 年に ISO 834 に準拠した改正が行われており，加熱曲線や測定法の共通化が図られている．

・試験体

　試験体の形状，構成及び大きさは，原則として ISO 規定のものと同一であり，防火性能試験と準防火性能試験の対象である外壁の場合には，実際と同様の形状，構成で幅，高さともに 3 m 以上の大きさで再現したものであることが条件となっている．

　防火性能試験を行う軒裏の場合は，軒の幅を 1.8 m 以上，両側面の形状と軒の出を実際のものと同一とした試験用の軒に，実際と同一の仕様で軒裏材を施工して試験体とする．その際，試験用の軒内の小屋裏に面する部分には遮熱性，遮炎性を判定するための標準板（繊維混入けい酸カルシウム板，厚さ 8 mm，密度 900 ± 100 kg/m³）が取り付けられる．

・加熱条件

加熱条件は試験体の加熱温度 T（℃）と時間 t（分）の関係が次式で表されている.

$$T = 345 \log 10(8\,t+1) + 20$$

加熱時の時間・温度曲線を図 13·86 に示す. この加熱曲線は，耐火・準耐火性能，防火・準防火性能及び防火設備などの試験で共通に適用される. 外壁を試験体として防火性能試験及び準防火性能試験を行う場合には，屋外側が加熱面になる

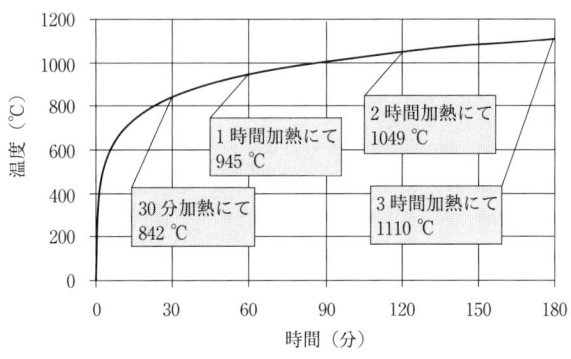

図 13·86　標準加熱曲線（防火構造等）

・載荷条件

　常時の垂直荷重を支持する構造（耐力壁である外壁など）においては，試験体に長期許容応力度に相当する応力度が生じるように載荷しながら加熱試験（載荷加熱試験）を行う.

・試験結果の評価基準

①非損傷性

　常時の垂直荷重を支持する構造の試験体に載荷加熱試験を行った場合は，試験体の変形量や変形速度によりその非損傷性（ISO 834 にいう荷重支持能力）を評価する. 旧来の防火，耐火性能試験などでは，非載荷加熱試験を行い，支持部材の許容温度に基づく評価が一般的であったが，2000（平成 12）年の基準法改正により載荷加熱試験が標準の方法として位置付けられている.

②遮熱性

　遮熱性の評価基準である試験体裏面温

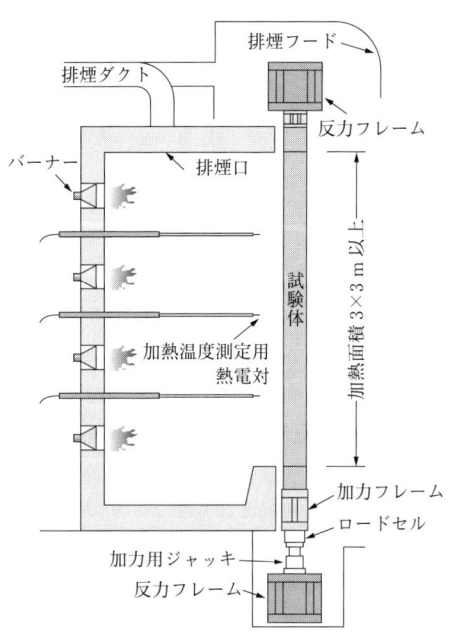

図 13·87　加熱試験炉（壁炉）の概要

度の判定値は，平均温度が140℃＋初期温度，最高温度が180℃＋初期温度であり，ISO 834 規定の評価基準に整合化されている．

　③遮炎性

　非加熱側へ 10 秒を超えて継続する火炎の噴出がなく，非加熱面で 10 秒を超えて継続する発炎がないこと．また，試験体の加熱側から非加熱側に火炎が貫通する亀裂等の損傷を生じないこと，が必要である．

・加熱時間

　防火性能試験と準防火性能試験では，それぞれが法令に規定された「火災の火熱が加えられる時間」（防火構造は 30 分間，準防火構造は 20 分間）にわたって載荷加熱試験若しくは加熱試験を行う．加熱時間以外の条件や判定方法等は概ね同一である．

・試験装置

　加熱試験炉（壁炉）の概要を図 13・87 及び 13・88 に示す．

B. 屋根防火性能試験

　屋根防火性能の試験方法は，屋根構造のうち主に屋根葺き材料とその下地材料までの部分の防火性能を確認するものであり，火種として法第 22 条の屋根については 40 mm 角の木片，法第 63 条の屋根については 80×80×60 cm に組合せた木材クリブを用い，ISO 12486

図 13・88　加熱試験炉（壁炉）の外観

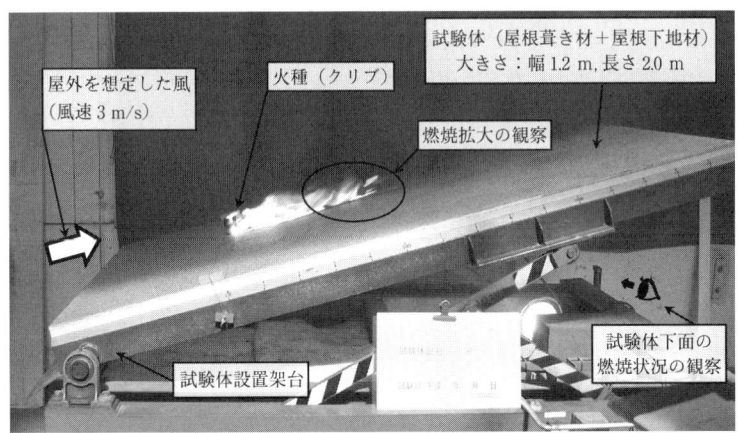

図 13・89　屋根葺き材の飛び火性能試験の概要

（Test Method for External Fire Exposure to Roofs）に準拠した手順で試験を行う．火種を屋根葺き材の上に置いて観察し，試験体の各辺に達する火炎の拡大及び燃え抜け（用途等によっては要求が除外される場合あり）がないとき，屋根を構成する材料として必要な要件を満足していると判定される．

指定性能評価機関の業務方法書に「屋根葺き材の飛び火性能試験方法」として規定されている．屋根葺き材の飛び火性能試験の概要を図 13·89 に示す．

（2）壁の防火工法

壁の防火工法には，木造や鉄骨の軸組に繊維混入セメント板，繊維混入けい酸カルシウム板，せっこうボード，木毛セメント板，あるいはこれらと金属板とによる複合板などの乾式材料を被覆した乾式防火工法と，木造や鉄骨の軸組にせっこうラスボードやラスシートを取り付け，これにモルタルなどの湿式材料を被覆した湿式防火工法とがある．

壁が火災によって熱を受けても，そこから延焼拡大していかないためには，壁の防火被覆板は，これに接する木造部分が着火を起こさないような遮熱力を有していることが必要である．そのため，各種防火被覆板がその特性を生かして複合される．一般に，この防火性は防火被覆板の不燃層の厚さに比例して向上するが，乾式防火工法の場合は，被覆板の目地部分の処理が防火性能を左右する大きな要素の 1 つになっている．湿式防火工法には，せっこうラスボードやラスシートがまず張られる．せっこうラスボードには穴あきラスボード（半貫通ラスボード）と平ラスボード（一般にせっこうボードと称しているもの）がある．ラスシートにはワイヤラス，メタルラス（平ラス，コブラス），リブラス（メタルラス）に力骨をつけたもの）などがある．

この工法では，モルタルとラスとの付着性を高める施工，またモルタルの亀裂の発生を防ぐ施工をすることが防火性を維持するために重要である．

防火構造の試験は，小片で行われる材料の試験と違って，一辺が 3m 以上の大きな試験体によって行われるため，目地等の防火上弱点になる部分を含めて性能を確認する．したがって，防火性能は単に材料の構成からだけでは決定されず，接合部分の工法もこれを大きく左右する大きな要素となっている．特に，軽量化や断熱化のため，発泡プラスチック板と金属板とを複合させた材料が外壁材に用いられるが，この種の材料は，構造体とした時の接合部分が大きな弱点となる．そのため，接合部の裏側に捨板を張るなどの断熱上の補強が必要である．

（3）外壁の防火構造用被覆板

国土交通大臣によって認定された外壁の防火構造に用いられている被覆材の構成の例を表 13·71 に示す．

防火試験のおいては，材料は 800℃ 以上の温度で加熱される．そこで，遮熱性の全くない材料や単一材料でこのような高い温度に耐えられない材料については，いろいろな材料を複合し，互いの利点を生かして用いられる．特に，熱的に非常に弱いプラスチック系の発泡材料でも，以下に述べるように，金属板や不燃材料を表面に用いて複合させれば十分防火性能を持たせることができる．

表 13·71 防火構造用材料

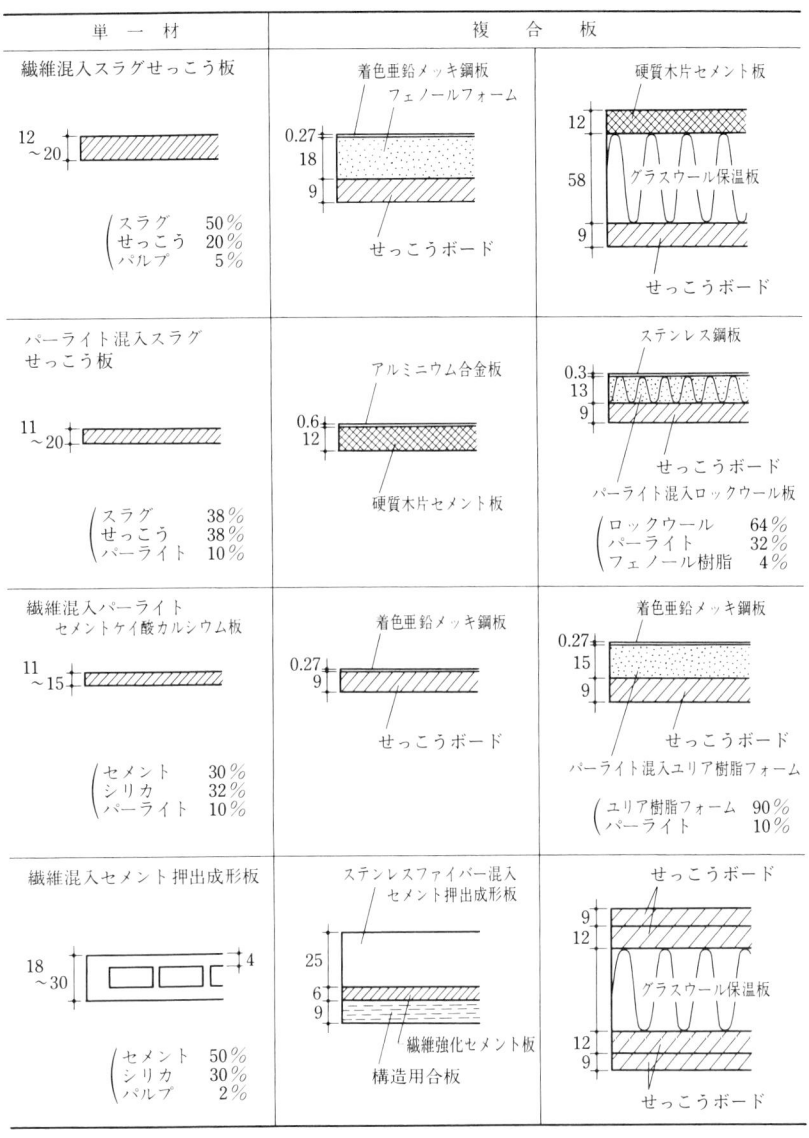

A. 金属板を用いる工法

金属板には遮熱力はないが，遮炎力があるので，ロックウール板のように燃えにくいが，加熱により大きな収縮を起こす材料や，せっこうボードのように加熱によって脆くなる材料などと重ね張りして用いることにより防火性能を発揮することができる．また，急激な加熱によって爆裂を起こしやすい材料の表面側に張ることによって，その材料の温度上昇が緩やかになったり，爆裂を生じにくくする効果もある．しかし，金属板の接合部分は，加熱によって容易に変形して隙間が生じ，遮熱力が著しく低下する．

B. せっこうボードを用いる工法

せっこうには，約21%の結晶水が含まれており，128℃の加熱によって結晶水を放出するが，この脱水反応中はせっこうの温度上昇が抑えられるため，これが火災時に有効な防火力となる．しかし，脱水後大きな収縮亀裂を生じて著しく脆くなるため，金属板やその他の不燃性材料をその表面に重ね張りをして用いる．

C. 木毛セメント板を用いる工法

木毛セメント板は，セメントペーストにより木毛の燃焼が抑制され，260℃になっても着火せず，さらに温度が上がっても発炎せず，400℃を超えると炭化して脆くなる．したがって，金属板や薄い不燃性材料を張るなど，わずかな不燃層を木毛セメント板の表面に設けることによって，かなりの防火性能を発揮することができる．しかし，木毛に残じんが残り，長時間くすぶり続け，表面層の脱落などによって空気の流入があると再び燃焼することがある．

D. ロックウールを用いる工法

ロックウールは非常に優れた断熱材であるが，高温の火炎を直接受けると，灰化し脆くなるので，不燃性の材料を表面に積層して用いる他，両面が不燃性材料による中空張りの壁の芯として用いられる．また，あらかじめ水およびセメントと混練りして，直接部材の表面に吹き付けて被覆する工法がある．

E. グラスウールを用いる工法

グラスウールは非常に優れた断熱材であるが，火炎が直接当たると溶融するため，表面に金属板や他の不燃性材料を張って用いることにより，防火力を発揮することができる．両面に不燃性材料を用いた中空張りの壁の芯材として多用されている．

F. 発泡プラスチック板を用いる工法

イソシアヌレートフォーム板やフェノールフォーム板などは優れた断熱材であるが，高温には耐えられず，火熱を受けると溶融したり脆くなる他，多量の煙や有毒性のあるガスを放出するので，消火活動や避難を困難にするなど，近隣への二次的災害をもたらす恐れがあるなどの点で大きな問題がある．壁の防火工法としては，金属板と複合して用いられる．

13・7・3　仮設材料・インテリア材料

（1）仮 設 材 料

仮設材料で，出火危険の大きい材料として工事用シートが挙げられる．工事用シートは，工事現場において裸火の使用や溶接・溶断作業の際に発生する火花によって着火する危険性がある．工事現場には，発泡プラスチック材をはじめとして，着火しやすい材料が散在して

いる．したがって，これらに着火すればさらに大きな火災に発展する恐れもある．そこで，消防法では，工事用シートは防炎性のあるものを使用することが規定されている．

　JIS では A 1323 に「建築工事用シートの溶接及び溶断火花に対する難燃性試験方法」が制定されている．建材試験センターなどの試験機関で実施されており，工事用シート製品の性能確認に利用されている．

（2）インテリア材料

A．プラスチックタイル類

　ビニルタイルは，熱可塑の塩化ビニル樹脂を主原料に無機充てん材を含有しているため難燃性があり，小さな火源では着火しにくいが，難燃性を求めるあまり，多量の無機質を充てんさせると床に要求される他の性能を低下させてしまう恐れがある．

　建築基準法では，内装制限は壁や天井を対象にしているので，床面の材料については適用されない．床材の耐熱性は，JIS K6911 に準じて評価されるが，防火材料の試験によりグレード分けをすると，多くは難燃の性能となる．

B．カーペット類

　カーペットの難燃性は，JIS L1091（繊維製品の難燃性試験方法）によって評価される．この方法は，250 mm× 250 mm の石綿板の上に約 230 mm× 230 mm の試験片を置き，その上に直径 203.2 mm の円形の孔を打ち抜いた金属板を重ねて置き，その中央に火源を置き，それに点火し，燃焼状況を観察する．炭化部分の周辺と金属板の孔の周囲との距離を測定し，燃焼の広がりの程度を判定する．

　建築基準法では，内装制限は壁や天井を対象にしているので，床面の材料については適用されない．カーペット類を防火材料の試験によりグレード分けすると，多くは難燃の性能となる．

C．カーテン類

　カーテンのような垂直材料は，着火しやすい材料であれば，小さな火源でも急速に火災の拡大を助長する．したがって，この種の材料は高い難燃性が要求される．

　消防法では，高層建物，地下街，劇場，キャバレーなどで使用するカーテン，展示用合板については，政令で定める基準以上の防炎性を有していなければならないと規定されている．ここで，政令で定める防炎性の基準は，JIS Z2150（薄物材料の防炎性能試験方法）にほぼ類似した試験に規定されている．この試験では，45 度に傾けた試験片にバーナーの火炎を規定の時間接炎させ，そのときの残炎や残じん時間，炭化面積などの測定を行う．

（斎藤　勇造・西本　俊郎）

13・8　耐　火　構　造

13・8・1　耐火構造の性能の区分

　建築構造部材としては梁・柱・壁・床などがある．常時は積載荷重，自重より生じる曲げモーメント，せん断力，軸力などの長期荷重を支え，地震時，台風時などの短期荷重に対してはこれに抵抗する．

　火災時に建物が倒壊しないためには，これら構造部材は常時に支えている荷重を火災時も

支えていなくてはならない．さらに壁・床などの面材は柱・梁などの線材と異なって，建築
内部空間を区画し発生した火災をそのなかに閉じ込め，

ⅰ．延焼を防ぐ

ⅱ．居住者の避難路を確保する

ⅲ．消火活動を容易にする

働きを持つので区画部材としての機能も有する．区画部材は間仕切り壁や，非耐力壁のよう
に構造部材としての機能がない場合でも火災時上記の3つの働きをすれば防耐火上きわめて
有用である．ただ，区画部材は火災時にその裏面温度が上昇して非火災室側に着火しないよ
うな遮熱性を持つこととひびわれなどにより火災室の炎が持続的に漏れたり，熱気が通過し
ないように遮炎性を有する構造としなくてはならない．

以上述べたように，火災時，

ⅰ．構造耐力機能（柱・梁など）

ⅱ．区画機能（間仕切り・非耐力壁など）

ⅲ．構造耐力および区画機能（耐力壁・床など）

を持ち建築物の倒壊と延焼防止，避難路の確保をする建築部材を一般的な意味での耐火構造
という．

　建築基準法における耐火構造に対する基本的な考え方は，火災による加熱が終了した後も
構造部材は壊れずに長期荷重を支持し，区画部材は延焼を防ぐことである．例えば，1時間
耐火の場合は，加熱中の1時間に加え，火災が終了した後の冷却後においても所定の性能を
満たすことが求められている．一方，海外の耐火構造は，日本の耐火構造と要求性能を求め
る時間がやや異なる．海外では，火災に対して所定の時間，荷重支持能力を確保できていれ
ばよく，日本の準耐火構造と同義である．

　耐火構造に求められる性能は，建築基
準法施行令第107条により次のように規
定されている．

　長期荷重を支持する部材には，構造耐
力上支障のある変形，溶融，破壊その他
の損傷を生じない性能（非損傷性）が要
求され，その耐火時間は，図13·90に示
すように最上階からの階数と建築物の部
分に応じて区分されている．表13·72に
示すように柱，はりは最長で3時間耐
火，床，耐力壁は最長で2時間耐火，屋
根，階段は30分耐火の性能が要求され
る．

　屋外からの延焼，建築物内の延焼を防
止するために，壁，床には非加熱面側の
温度が可燃物燃焼温度以上に上昇しない

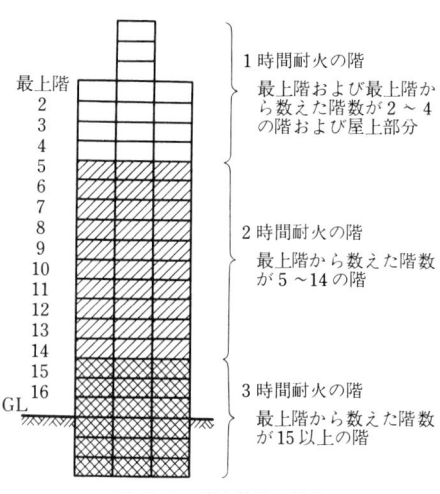

図 13·90　耐火構造の区分

表 13·72　要求耐火性能

区分		建築基準法施行令第107条		
		第一号 非損傷性	第二号 遮熱性	第三号 遮炎性
壁	第1号　耐力壁・間仕切り壁（2時間耐火）	2時間	1時間	－
	第2号　耐力壁・間仕切り壁（1時間耐火）	1時間	1時間	－
	第3号　非耐力壁・間仕切り壁	－	1時間	－
	第4号　耐力壁・外壁（2時間耐火）	2時間	1時間	1時間
	第5号　耐力壁・外壁（1時間耐火）	1時間	1時間	1時間
	第6号　非耐力壁・外壁	－	1時間	1時間
	第7号　非耐力壁・外壁（延焼のおそれのある部分以外の部分）	－	30分	30分
柱	第1号　3時間耐火	3時間	－	－
	第2号　2時間耐火	2時間	－	－
	第3号　1時間耐火	1時間	－	－
床	第1号　2時間耐火	2時間	1時間	－
	第2号　1時間耐火	1時間	1時間	－
はり	第1号　3時間耐火	3時間	－	－
	第2号　2時間耐火	2時間	－	－
	第3号　1時間耐火	1時間	－	－
屋根	30分耐火	30分	－	30分
階段	30分耐火	30分	－	－

性能（遮熱性）が要求される．遮熱性については，表13·1に示すように建築物の階数に関係なく，延焼のおそれのある部分以外の非耐力外壁は30分耐火，その他は1時間耐火が要求される．

　建築物の外皮である外壁，屋根には，屋内で発生した火災を閉じ込めるために，屋外に火炎を出さない性能（遮炎性）が要求される．遮炎性については，表13·72に示すように屋根と延焼のおそれのある部分以外の非耐力外壁は30分耐火，他の外壁には1時間耐火が要求される．

　耐火構造には，上記の性能を有すものとして国土交通大臣が定めたものと国土交通大臣の認定を受けたものがある．国土交通大臣が定めたものは2000（平成12）年建設省告示第1399号に規定されており，表13·73[1]に抜粋して示す．近年では表13·73に示した仕様に加えて，けい酸カルシウム板，吹付けロックウール，強化せっこうボードなどで耐火被覆した鉄造，木造が耐火構造として同告示に追加されている．これらはビスの間隔等の詳細な規定を設けない代わりに，耐火性能にある程度の余裕を持たせた耐火被覆厚さや密度が定められている．

　国土交通大臣の認定を受けるためには，性能評価機関で実施する耐火試験を受験して合格し，国土交通大臣に認定申請を行う必要がある．耐火試験については，耐火試験方法の節で述べる．

表 13·73　耐火構造の告示仕様の抜粋[1]

（単位：cm）

構部造分	構造	被覆材料	小径・厚さ B				被覆・厚さ l				備考
			30	1	2	3	30	1	2	3	
1 壁	鉄筋コンクリート造，鉄骨鉄筋コンクリート造	コンクリート		7	10			3	3		t：非耐力壁では2cm以上
	鉄骨コンクリート造	コンクリート		7	10			N	3		
	鉄骨造	鉄網モルタル		N	N			3	4		塗下地不燃材料
		鉄網パーライトモルタル		N	N				3.5		
		コンクリートブロック，れんが，石		N	N			4	5		
	コンクリートブロック造，無筋コンクリート造，れんが造，石造	コンクリートブロック，コンクリート，れんが，石		7							
	鉄材で補強したコンクリートブロック造，れんが造，石造	コンクリートブロック，れんが，石		5	8			4	5		
	木片セメント板の両面に厚さ1cm以上のモルタル塗				8						
	高温高圧養生気泡コンクリート製パネル				7.5						
	中空鉄筋コンクリート製パネルで中空部にパーライトまたは気泡コンクリートを充填したもの				12						
外壁の非耐力壁	不燃性の岩綿保温板①，鉱滓綿保温板②，木片セメント板③の両面にスレート・パーライト板を張ったもの		4								厚さ比重標準 ①…0.3以上 ②…0.15以上 ③…0.7以上
	気泡コンクリート・パーライト板・硅藻土・を主材とした断熱材の両面にスレート・けい酸カルシウム板		3.5								芯材のかさ比重 0.3~1.2を標準
	軸組を鉄骨造とし，その両面に厚さが1.2cm以上のパーライト板を張ったもの		N				1.2				
	階数2以下，延べ500m²以下の法別表第一(い)欄(一)(四)(五)(六)項以外の用途の建築物における鉄筋コンクリート製パネル		4				N				耐火性能と直接の関連なく定められたもの

番号	図	構造	被覆材料									備考
2柱	B, t	鉄筋コンクリート造，鉄骨鉄筋コンクリート造	コンクリート		N	25	40		3	3	3	
	B, t	鉄骨コンクリート造	コンクリート		N	25	40		3	5	6	
	B, t	鉄骨造	鉄網モルタル		N	25	40		4	6	3	
			鉄骨軽量モルタル		N	25	40		3	5	7	
			コンクリートブロック，れんが，石		N	25	40		5	7	9	
			軽量コンクリートブロック		N	25	40		4	6	3	
			鉄網パーライトモルタル		N	25				4		
	B	鉄材で補強されたコンクリートブロック造，れんが造，石造	コンクリートブロック，れんが，石		N				5			
3柱	t, B, t	鉄筋コンクリート造，鉄骨鉄筋コンクリート造	コンクリート		7		40		2	2		
	t	鉄骨造	鉄網モルタル		N				4	5		塗下地不燃材料
			コンクリート		N				4	5		
	t, b_1, b_2, b_1, b_2, B	鉄材で補強されたコンクリートブロック造，れんが造，石綿	コンクリートブロック，れんが，石造		5	8			4	5		
	B	階数2以下，延べ500 m² 以下の法別表第一（い）欄（一）（四）（五）（六）項以外の用途の建築物における鉄筋コンクリート製パネル										耐火性能と直接の関連なく定められたもの
4柱	t, B	鉄筋コンクリート造，鉄骨鉄筋コンクリート造	コンクリート		N	N	N		3	3	3	
	t, B, t	鉄骨コンクリート造	コンクリート		N	N	N		3	5	6	

	鉄骨造	鉄網モルタル	N	N	N	4	6	8
		鉄骨軽量モルタル	N	N	N	3	5	7
		コンクリートブロック, れんが, 石	N	N	N	5	7	9
		軽量コンクリートブロック	N	N	N	4	6	8
		鉄網パーライトモルタル	N	N	N		4	5
	床面から下端までの高さが4m以上の鉄骨造小屋組	なし, または不燃材料, 準不燃材料で造られた天井	N				N	

5 屋 根	30分耐火の性能を有する屋根は次のいずれかに該当するものとする. 一　鉄筋コンクリート造または鉄骨鉄筋コンクリート造 二　鉄材によって補強されたコンクリートブロック造, れんが造, または石造 三　鉄網コンクリート, もしくは鉄網モルタルでふいたもの, または鉄網コンクリート, 鉄網モルタル, 鉄材で, 補強されたガラスブロックもしくは網入ガラスで造られたもの. 四　鉄筋コンクリート製パネルで厚さ4cm以上のもの. 五　高温高圧蒸気養生された軽量気泡コンクリート製パネル
6 階 段	一　鉄筋コンクリート造または鉄骨鉄筋コンクリート造 二　無筋コンクリート造, れんが造, 石造, またはコンクリートブロック造 三　鉄材によって補強されたれんが造, 石造, またはコンクリートブロック造 四　鉄　造
その他	法別表第一(い)欄(一)(四)(五)(六)項の用途──階数2, 面積500 m² 以下の建築物の壁・床──鉄筋コンクリート製パネル厚4cm以上
注	(1) 不燃性岩綿保温板(嵩比重0.3以上)鉱滓綿保温板(嵩比重0.15以上)木片セメント板(嵩比重0.7以上) (2) 気泡コンクリート, パーライト板, 硅藻土, 石綿 (嵩比重0.3以上1.2以下) (3) 小径, 厚さB, 被覆厚さt欄の30,1,2,3, はそれぞれ30分耐火, 1時間〜3時間耐火を示す (4) tは「かぶり厚さ, 塗厚さ, おおい厚さ」を示し, Bは壁・床の厚さ, 柱, 梁の小径を示す (5) 柱, 梁の小径のほかはすべてモルタル, プラスター等の仕上材料の厚さを含む (6) Nは寸法の制限がないことを示す

(西垣　太郎・道越　真太郎)

（1）鉄筋コンクリート構造の耐火性

A．部材内部の温度上昇

火災による加熱を受けた構造部材の内部温度の上昇は，主として構成材料の熱伝導率と比熱に左右される．この値は種々の条件によって変動し一定の値ではない．

コンクリートの熱伝導率は100℃を境界とする2つの温度領域で様相を異にする．100℃以下の範囲では，熱伝導率は主として比重と含水率に左右される．常温時のこれらの影響を図13·91（a）に示す[2]．また，比重一定の場合に熱伝導率は含水率だけでなく，温度にも影響されることを図13·91（b）は示している[3]．

100℃以上の範囲では，コンクリートは完全に乾燥するので，100℃以下の場合より熱伝導率は小さくなる．各種コンクリートの高温時の熱伝導率を図13·91（c）に示す[4]．高温になると熱伝導率が大きくなることがわかる．

部材内部の温度上昇を支配するのは，温度伝導率 $a = \lambda/c \cdot \rho$（λ：熱伝導率，c：比熱，ρ：比重）であり，コンクリートの比熱は温度上昇とともに増加するので[5,6]，熱伝導率が温度上昇とともに増加しても，温度伝導率の値の変化はわずかでしかない．

部材内部の温度上昇を遅らせるのに大きな役割を果たすのは，コンクリート内部の水の蒸発である．25℃における水の蒸発潜熱は2442 kJ/kgと大きいので，コンクリート部材の内部温度は，コンクリートの含水率に大きく左右される．

鉄筋など鋼の高温時の熱伝導率と比熱を図13·92（a）と（b）[7]にそれぞれ示す．鋼の熱伝導率は温度の上昇とともに減少していき，約850℃以降は一定，または約850℃で最低値を示しその後は若干増加する．炭素含有量の低いほど熱伝導率は大きく温度による減少の割合は大きい．また，合金元素が添加されると一般に熱伝導率は減少するが，温度による変化は炭素鋼の場合より少なくなる．

鋼の比熱は温度の上昇とともに増加していく．その後約770℃で鉄の分子の結晶格子が，結晶構造の変化がないまま，強磁性の格子から常磁性の格子に変化する．それにより，比熱は約770℃で異常に高くなった後，急激に減少し一定値に落ち着く．

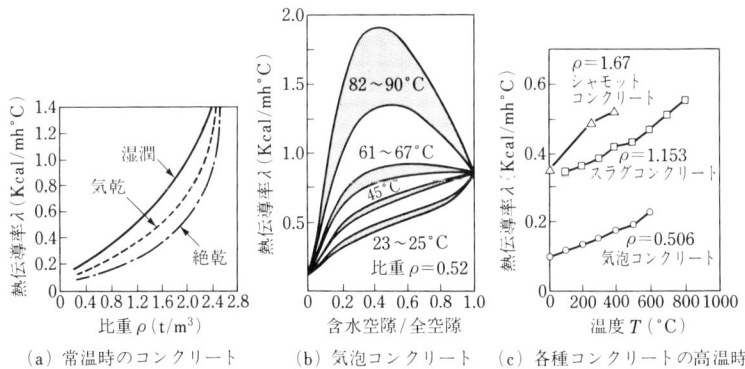

（a）常温時のコンクリート　（b）気泡コンクリート　（c）各種コンクリートの高温時

図 13·91　熱伝導率

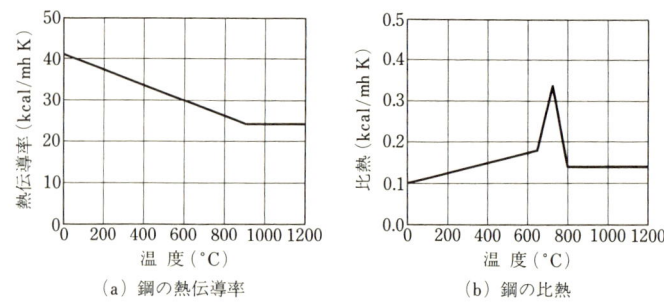

（a）鋼の熱伝導率　　　　　　（b）鋼の比熱

図 13·92　鋼の熱的物性[7]

　壁や床板などの１方向から加熱される部材の内部温度分布は，定常状態で考えると図13·93（a）のようになる．また耐火被覆層などをもつ多層壁の場合には図13·93（b）のようになる．火災時の加熱温度は時間の関数であるので，部材内部の温度分布は非定常となり，図13·93（c）のようになる．

B. 鉄筋とコンクリートの高温強度

　（a）鉄筋の高温強度　　高温時の鉄筋の降伏点・弾性係数などは，鉄筋コンクリート構造部材の火災時の性状を解明するのに，きわめて重要な要素である．鉄筋は加熱されると，その機械的性質は著しく低下する．特に鉄筋コンクリート曲げ部材の引張り側鉄筋が加熱される場合には，その降伏点が低下して存在応力度の値以下になると，部材は降伏現象を示して破壊する．したがって，構造耐力上主要な鉄筋は，降伏点が存在応力度以下に低下しないように，ある温度以上に加熱されないように保護する必要が生じてくる．この鉄筋の高温時の降伏点低下は，その材質に大きく左右される．

　我が国で生産されている鉄筋コンクリート用棒鋼の代表的鋼種についての高温強度を，図13·94に示す[8]．200℃ 以上の温度になると降伏点は低下し，400 ～ 600℃ の温度まで低下する．引張強度は一旦100℃ で常温時より低下するが，300℃ では常温時の引張強度よりも高くなる．その後は温度の上昇とともに低下していき，600℃ では常温時の約1/3になる．一般に鋼材は高温に加熱されて強度性状が低下しても，その後の冷却過程で強度性状はある程度まで回復する．冷間引抜き鋼線は300℃，焼入れ鋼線は400℃ までの加熱履歴があっても残留耐力の低下はないが，より高温に加熱されると急激に不可逆の耐力損失が増加して，残留耐力は低下してしまう．圧延鋼棒ではこの残留耐力の低下はほとんど見られない．このように被害を受けたコンクリー

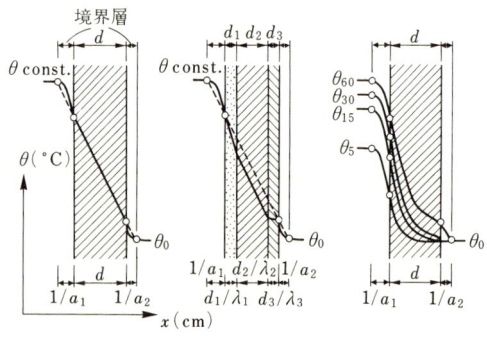

（a）単層壁（定常）（b）多層壁（定常）（c）単層壁（非定常）

図 13·93　一方向加熱壁の温度分布

ト構造部材のその後の強度性状も
使用鉄筋の材質と温度履歴に左右
される.

（b）コンクリートの高温強度

高温時のコンクリートの圧縮強
度，応力度ひずみ度曲線の形状，
膨張係数は，鉄筋コンクリート構
造部材の火災時の挙動を解明する
ためにきわめて重要である．しか
し高温時のコンクリートの強度お
よび変形の性状は，現在のところ
まだ完全にはわかっていない．既
往の文献についても，あちらこち
らに矛盾した報告がみられる．こ
れらは多くの場合，コンクリート

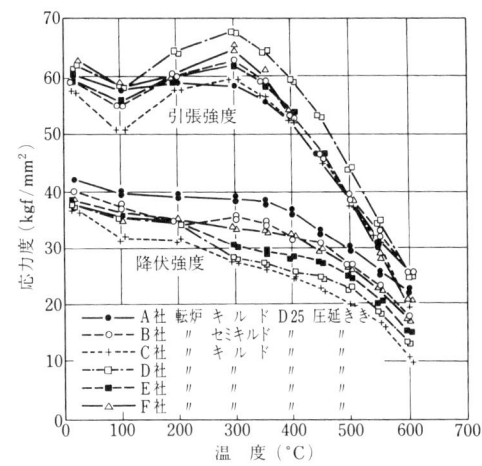

図 13・94　高温強度（SD 345）

の組成，断面形状，加熱速度，その他種々の条件の差によって影響を受けたためである.

コンクリートの高温時の強度性状に最も影響を与えるものは，コンクリート構成材料間の
膨脹係数の差異と，コンクリート内部温度分布が直線的でないことである．このためコンク
リートに内部応力が発生し，亀裂を生じて強度が減少するのである．この影響はコンクリー
トの加熱過程はもちろん冷却過程にも作用するのできわめて重要なこととなる．例えば，コ
ンクリートの加熱時の強度よりも加熱後の強度が弱いのはこのためである.

コンクリートの高温時の圧縮強度と骨材の種類との関係を図 13・95（a）に示す[5, 9~11]．これ
は普通ポルトランドセメントと各種骨材を用いた 7 cm 立方体試験体の無載荷加熱 8 時間の
結果である．一般の気乾状態のコンクリートでは，400℃ までの加熱は圧縮強度をあまり変
化させない．しかしより高温になると著しく圧縮強度を低下させる．これは $Ca(OH)_2$ の分
解が 400℃ 以上で著しくなり，さらに高温で骨材の分解を生ずるためである．石英を含有す

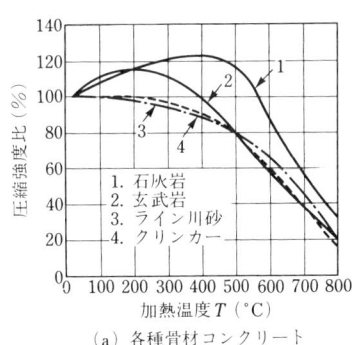

（a）各種骨材コンクリート

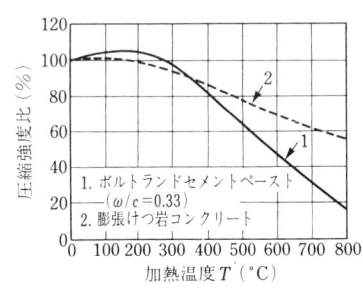

（b）人工軽量骨材コンクリート

図 13・95　高温時のコンクリートの諸性質

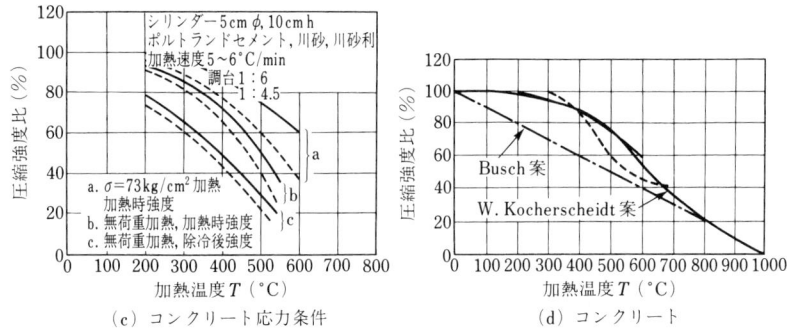

（c）コンクリート応力条件　　　　　　（d）コンクリート

図 13·95　（つづき）

る骨材のコンクリートは 575℃ の石英変態点の影響で圧縮強度が急減するように，骨材の種類による影響はきわめて大きい．

人工軽量骨材を用いたコンクリートの高温時圧縮強度を図 13·95（b）に示す[12]．普通コンクリートは 300℃ 以上で直線的な強度低下を示し，500℃ で 60% 程度になる．これに対し人工軽量骨材コンクリートは強度低下がはるかに少なく，60% 程度に低下するのは 750℃ である．人工軽量骨材の持つ特性がはっきりと影響していることがわかる．

加熱時のコンクリートの応力条件や調合の圧縮強度に及ぼす影響を図 13·95（c）に示す[13]．上部の曲線群は加熱中 73 kgf/cm² の応力をかけたものの高温時圧縮強度を示し，中央は無荷重で加熱したものの高温時圧縮強度を示し，下部は無荷重で加熱した後に徐冷したコンクリートの圧縮強度を示す．

加熱時に圧縮応力の作用しているコンクリートのほうが無応力のものより高温時圧縮強度の大きいこと，また高温時強度よりも冷却後の強度が低いことは，すべて加熱冷却過程において生ずる不均等温度分布による内部応力の影響が大きいと考えられる．さらにセメント量が大きくなると高温強度，残留強度ともに加熱による強度減少が大となる．

コンクリートの高温時圧縮強度は，種々の条件が影響するので，ほとんどの実験結果は一

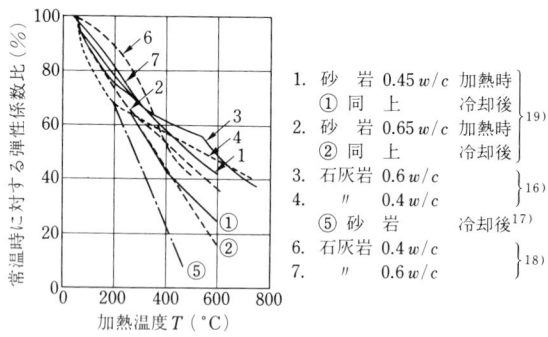

1.　砂　岩　0.45 w/c　加熱時 ⎫
　①　同　上　　　　　冷却後 ⎬[19]
2.　砂　岩　0.65 w/c　加熱時 ⎪
　②　同　上　　　　　冷却後 ⎭
3.　石灰岩　0.6 w/c　⎫
4.　〃　　　0.4 w/c　⎬[16]
　⑤　砂　岩　　　冷却後[17]
6.　石灰岩　0.4 w/c　⎫
7.　〃　　　0.6 w/c　⎬[18]

図 13·96　高温時のコンクリート弾性係数

致しない．しかしこれらを統合して，標準的なコンクリートの高温時圧縮強度を表示する堤案も試みられている．これらを図 13·95 (d) に示す[13〜15]．

　加熱によるコンクリートの組織変化は弾性係数の低下をもたらす．これは圧縮強度の受ける影響よりも著しい．これに関する既往の実験結果を図 13·96 に示す[16〜19]．高温時圧縮強度の場合とほぼ同じ条件に左右されると考えてよい．実験結果の間にはかなりの差がみられるが，500℃ に加熱されると弾性係数は常温時の 40 〜 50% に低下するので，圧縮側が加熱される鉄筋コンクリート曲げ部材の変形状況などにはきわめて重要な問題となる．

C. 鉄筋コンクリート構造部材の火災時の性状

（a）曲げ応力を受ける部材

① 鉄筋の降伏による破壊　　床版や梁は火災の時下面から加熱されるので，下端鉄筋は急速に温度上昇する．鉄筋に引張り応力が作用している場合は，その存在応力度の値まで鉄筋の降伏点が低下した時に，鉄筋は降伏して変形が急速に増加し，圧縮側コンクリートが圧壊して部材の破壊にいたる．鉄筋の高温強度の項ですでに述べたように，この鉄筋の降伏する限界温度は，鉄筋の種類，存在応力度，加熱速度に影響される．したがって，鉄筋の存在応力度の大きい部材は，存在応力度の小さい部材よりも火災時の耐力は小さい．

　プレストレスコンクリート構造の場合も，破壊の機構は鉄筋コンクリート構造の場合と全く同じである．ただ鉄筋の存在応力度がはるかに大きいため，鉄筋コンクリートの場合よりも低温で，クリープ現象等が生じてプレストレス力を失い，部材の曲げ変形が急増する．図 13·97 に示す実験結果は，鉄筋コンクリートとプレストレスコンクリート構造曲げ部材の差をはっきり表している[20]．

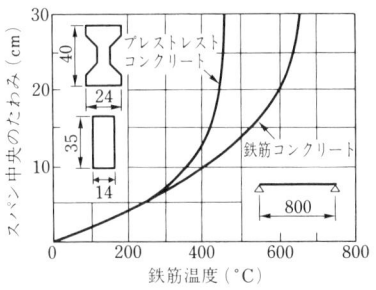

図 13·97　鉄筋温度と梁のたわみの関係

　鉄筋を保護しているコンクリート層の厚さが大であれば，当然その温度上昇速度は小となり，火災時の耐力は向上する．しかし，この被覆コンクリートに大きな亀裂やはく落を生じて，鉄筋が露出すると急激に鉄筋温度は上昇して破壊にいたる．いわゆるコンクリートの爆裂現象はこの危険性がきわめて大きく，コンクリート構造部材の耐火性能を大きく左右する問題である．

② コンクリートの圧縮破壊　　引張り側から加熱される曲げ部材では，通常の場合，圧縮側コンクリートは直接加熱されないので，徐々に温度上昇をする．したがって，圧縮側コンクリートは部材の直接の破壊原因とはならない．これとは逆に圧縮側コンクリートが直接加熱される場合には，コンクリートの温度上昇による圧縮強度や弾性係数の低下のため，圧縮応力を負担するコンクリート領域が低温側に移動して，応力中心距離は徐々に小さくなっていき，次いでコンクリートの圧縮破壊を生ずる．連続梁の端部下端などは，圧縮側コンクリートが加熱される例である．

（b）端部拘束を受ける曲げ部材　　構造部材は火災時の加熱によって，部材内の温度上昇による材長方向の伸びと，部材内の不均等温度分布による湾曲を生ずる．材端を拘束されな

い単純支持部材は，その加熱による変形がそのまま現れるが，実際の部材の場合には一般に材端が弾性固定となっているため，これらの加熱による変形が拘束されて内部応力を生ずる．この内部応力が部材の耐火性能に影響を与える．

図 13·98（a）の断面を持つコンクリート部材が底部より急加熱を受け，（b）のような温度分布となった時，（c）の熱膨脹の分布が直線的でないため，（d）のような内部ひずみを生ずる．この内部応力の解析より火災時のコンクリート部材の変形および拘束軸力，拘束曲げモーメントが求まる．

コンクリート曲げ部材の火災時の性状を，各種拘束条件について算定した結果を図 13·99 に示す[21,22]．火災時の部材内部の応力分布が加熱時間の経過に伴い変化していく状況がみられる．

一般に単純支持の曲げ部材が引張り側から加熱されると，下方にたわみを生ずる．このたわみは部材の曲げ剛性低下によるものと，部材内部の温度差による熱変形とに分離できる．この温度差による熱変形は図 13·100（a）に示すように部材全長にわたり曲率一定である．もしこの変形を外力によって生じさせようとすると，（b）に示すように部材全長にわたり一定の曲げモーメントが作用しなければならない．したがって，材端曲げ拘束のみが作用している時は，材端の回転変形のみが拘束されるのであるから，熱変形を打ち消すような拘束

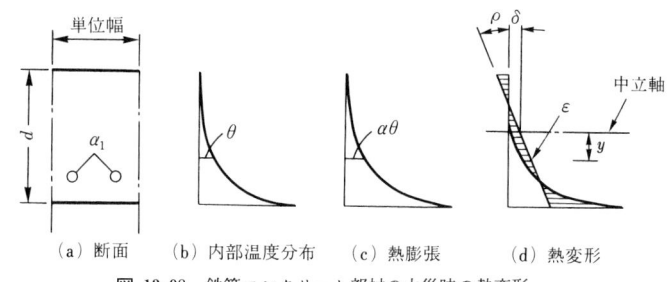

（a）断面　　（b）内部温度分布　　（c）熱膨脹　　（d）熱変形

図 13·98 鉄筋コンクリート部材の火災時の熱変形

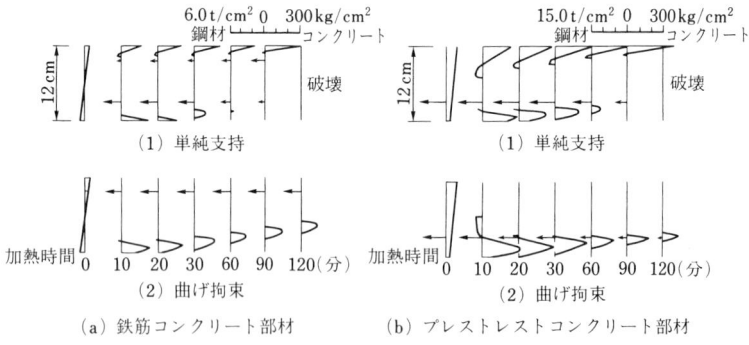

（a）鉄筋コンクリート部材　　（b）プレストレストコンクリート部材

図 13·99 火災時の応力分布

曲げモーメントが (c) に示すように生ずる. そしてこの拘束曲げモーメントの値は, 火災初期に急速に増大し, その後は部材の応力状態, 断面配筋などの条件によって徐々に減少していく.

単純支持曲げ部材が引張り側より加熱された場合と, 圧縮側より加熱された場合の降伏破壊モーメントと加熱時間の関係は図 13·101 に示すようになる[21]. 単純梁の場合にはスパン中央の引張り側曲げモーメントが一定であるため, 加熱時間の経過とともに引張り側加熱の降伏モーメントがこの値まで低下した時に耐火限界に達する. これに対し両端曲げ拘束のある部材では, 拘束曲げモーメントがスパン中央の引張り側曲げモーメントを打ち消すように作用し, 通常の断面では部材全長が圧縮側加熱の状態になる. 圧縮側加熱と引張り側加熱の降伏モーメ

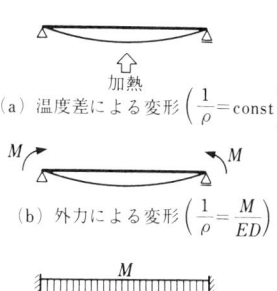

(a) 温度差による変形 $\left(\dfrac{1}{\rho} = \text{const}\right)$

(b) 外力による変形 $\left(\dfrac{1}{\rho} = \dfrac{M}{ED}\right)$

(c) 拘束曲げモーメント

図 13·100　材端曲げ拘束

ントの和が, その部材の外力による全モーメントの値まで低下した時に, 両端および中央に降伏ヒンジが発生した状況となって耐火限界に達するのである. このように曲げ拘束のある部材は, 単純支持部材よりもはるかに大きな耐火性を持つことが説明できる.

次に加熱された門型フレームが火災を受けた場合の崩壊プロセスを図 13·102 に示す[21]. 図 13·102 (a) に示すような鉄筋コンクリート門型フレームの梁に等分布荷重が作用し, フレームの内側が加熱されるとする. 等分布荷重のみ作用した場合の鉄筋コンクリート門型フレームのモーメント分布は, (b) 図のようになる. また, 等分布荷重および自重は作用せずに, 加熱のみ作用した場合のモーメント分布図は (c) 図のようになる. よって, 加熱中のモーメント分布図は (b) 図と (c) 図の重ね合わせとなる. 加熱が始まると (c) 図のモーメントの値は大きくなっていくので, 加熱初期には鉄筋コンクリート梁部材全体が圧縮側加熱の状態となり, 加熱が進むにつれて梁部材全体が温度上昇するため, 梁部材全体の曲げモーメントが増大し, 最初に端部の曲げモーメントが降伏モーメントに達する ((d) 参照). さらに加熱が進むと部材断面の温度上昇により, 部材を構成するコンクリートと鉄筋のヤング率や降伏

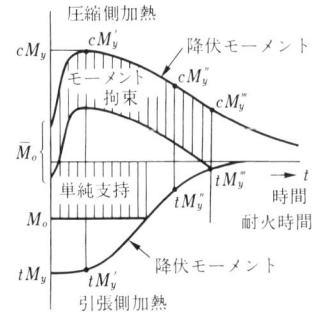

cM_y：圧縮側降伏曲げモーメント
tM_y：引張側降伏曲げモーメント
M_o：積載荷重による曲げモーメント
M：加熱による曲げモーメント
$\overline{M}$：総モーメント
cM_y'：加熱時圧縮側降伏曲げモーメント
tM_y''：加熱時引張側降伏曲げモーメント

図 13·101　材端曲げ拘束部材の耐火限界

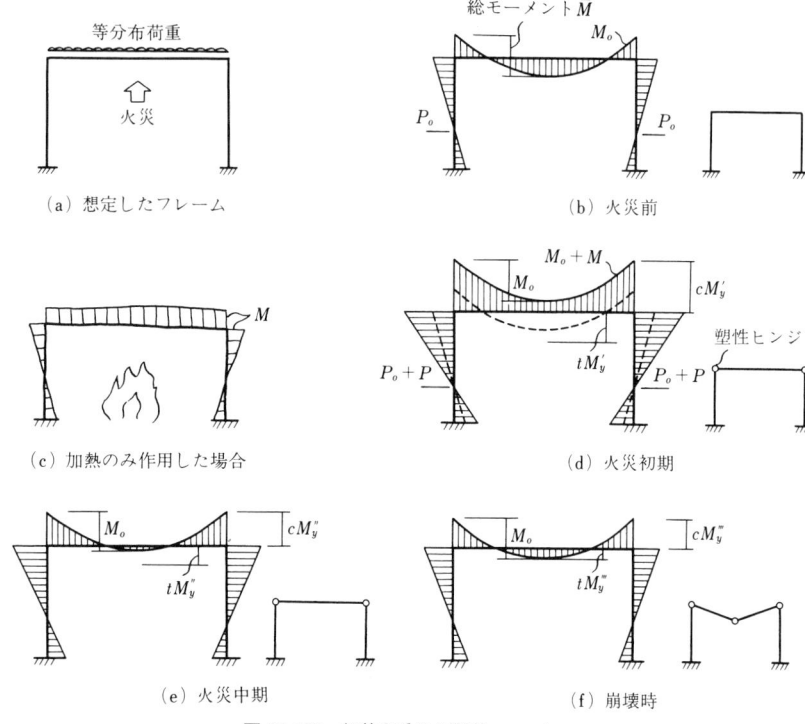

（a）想定したフレーム　　　（b）火災前

（c）加熱のみ作用した場合　　　（d）火災初期

（e）火災中期　　　　　（f）崩壊時

図 13·102　加熱を受ける門型フレーム

応力度などが低下し始めるため，降伏曲げモーメントの値も減少していく（(e) 参照）. 圧縮側加熱と引張側加熱の降伏モーメントの和が梁部材全体の外力によるモーメントの値まで低下した時に，両端および中央にヒンジが発生し崩壊にいたる（(f) 参照）.

　（c）コンクリートの爆裂　　　コンクリート部材は火災初期に，表面層コンクリートのはく落を生じて鉄筋を露出してしまう破壊現象の起こることがある. これがコンクリートの爆裂とよばれるもので，コンクリート部材の耐火性を大きく左右する問題である. この現象は高強度コンクリートやプレストレストコンクリート構造およびプレキャストコンクリート構造部材に生ずる危険が大きいとされている.

　いままでの耐火試験の結果から，次の条件の場合に，プレストレストコンクリート部材は爆裂を生じやすいことが判明している[23].

　　ⅰ. 耐火試験の初期

　　ⅱ. 急激な加熱

　　ⅲ. コンクリートの含水率が大

　　ⅳ. 導入プレストレス力が大

　　ⅴ. 部材厚が薄い

　vi.　梁および柱の隅角部

　vii.　I形梁の薄いウェブ

　爆裂の原因は従来よりコンクリート内部の水蒸気圧によるとされていたが，これにより爆裂の現象を説明することに無理があることはかなり以前から指摘されていた．現在ではコンクリートの爆裂はいくつかの不利な要因が重なって生ずるのであるが，火災時の部材内部の熱応力がより大きな役割を果たしていると結論されている[24]．

　コンクリート部材の爆裂を火災時の熱応力による表面層コンクリートの圧縮破壊であるとすれば，前記の爆裂の生じやすい条件はもちろんのこと，鉄筋量がきわめて大きいパネルの爆裂[25]や圧縮加熱部材の爆裂[26]もきわめて明快に説明できる．また一般に，単純支持部材として耐火試験をする際に，普通の鉄筋コンクリート部材には爆裂を生ぜず，プレストレストコンクリート部材に爆裂が多いのも説明できる．したがって，実際の建築構造においては，端部拘束の効果が大きく作用して，プレストレス力の影響はあまり表面化せず，爆裂の危険性はプレストレストコンクリート構造部材のみならず普通の鉄筋コンクリート構造部材，特に高強度コンクリートを用いた部材に対しても同等であると考えられる．

（斎藤　光・池田　憲一）

（2）鋼構造の耐火性

A.　構造用鋼材の高温強度

　構造用鋼材の常温時の弾性係数に対する高温時の弾性係数比を図 13·103 に示す[27]．

　また，我が国の建築構造用鋼材の代表的鋼種についての降伏応力度比を図 13·104 に示す[27]．

　温度が上昇すると応力度−ひずみ度曲線における降伏点が消失しその形を変えるが，これ以外にも弾性係数，降伏点（0.2 ％耐力），引張り強さ，破断伸びなども変化する．降伏点，引張り強さは一般に高温になるほど低下するが，時効硬化などにより，降伏点が 200℃ 付近，引張り強さは 300℃ 付近に強度のピークが現れることがある．これはセミキルド鋼など時効

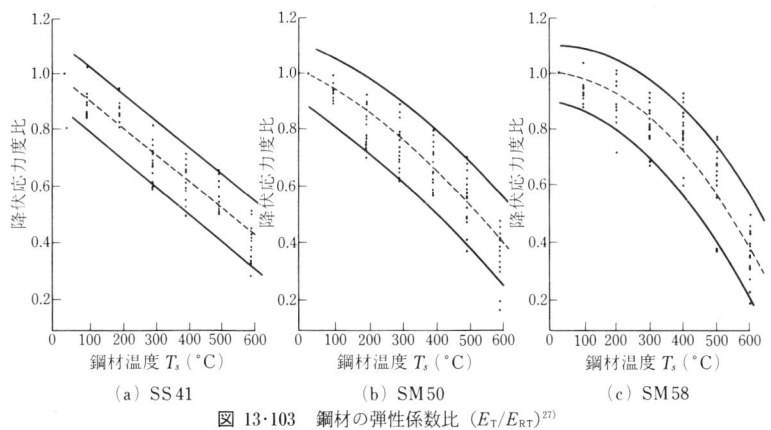

（a）SS 41　　　　　　（b）SM 50　　　　　　（c）SM 58

図 13·103　鋼材の弾性係数比　$(E_\mathrm{T}/E_\mathrm{RT})$[27]

性の大きい鋼材にみられる.

　構造用鋼材は，その用途に応じて，強度，延靱性，加工性，溶接性などの諸特性が要求される
が，これらは鋼材の化学成分と脱酸形式および熱処理によって決定される.　したがって
同一鋼種でも，板厚および熱処理が異なれば，その化学成分もやや異なったものになり，鋼
材の高温強度性状は異なったものになる.　　　　　　　　　　　　　（斎藤　光・池田　憲一）

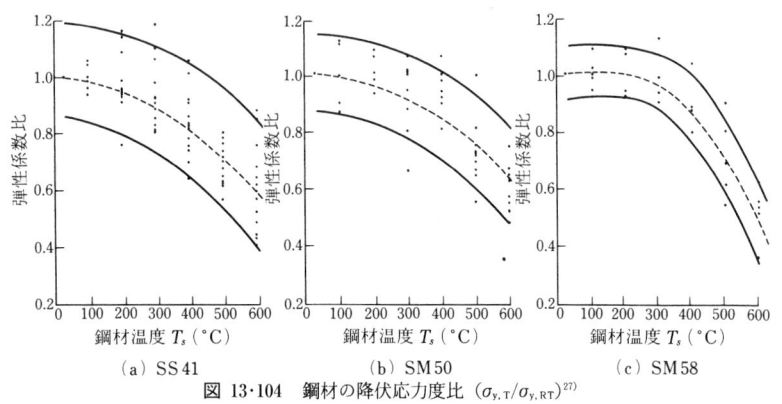

（a）SS41　　　　　　　（b）SM50　　　　　　　（c）SM58

図 13・104　鋼材の降伏応力度比（$\sigma_{y,T}/\sigma_{y,RT}$）[27]

B.　耐火鋼

　耐火鋼は高温時の材料特性を普通鋼のそれよりも良好にしたものである.　普通鋼と耐火鋼
の弾性係数を比較したものを図 13・105[28]に，降伏応力度を比較したものを図 13・106[28]にそれ
ぞれ示す.　弾性係数は 600℃ までは耐火鋼と普通鋼の値に差はないが，600℃ を超えると普
通鋼の弾性係数低下率のほうが大きくなっている.　降伏応力度については普通鋼は約 350℃

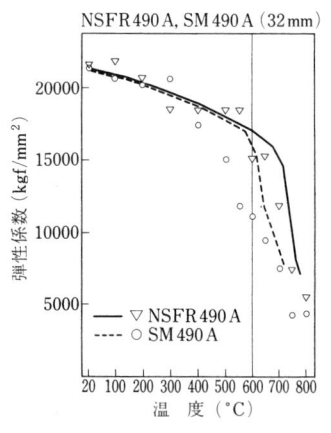

図 13・105　高温時におけるヤング係数[28]

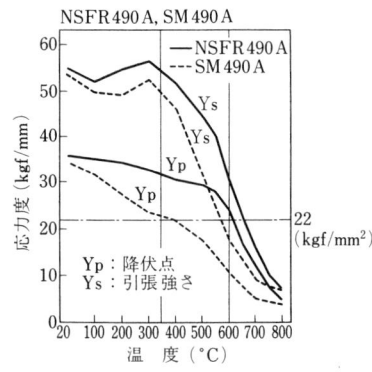

図 13・106　高温時における引張り強さと降伏点[28]

で常温時降伏応力度の2/3の値に低下しているが，耐火鋼は600℃弱である．引張り強度は一旦100℃で常温時より低下するが，300℃では常温時の引張り強度よりも高くなる．その後は温度の上昇とともに低下していき，600℃では常温時の約1/3になる．これらのことより，普通鋼の許容平均温度は350℃であるのに対し耐火鋼は600℃となっている．

C. 鋼構造部材の火災時の性状

（a）単純支持曲げ部材　　梁断面の鋼材温度が一様に上昇すると，鋼材の弾性係数 E は低下するため，鉄骨梁に生じているひずみ度 ε は増大する．また降伏点も低下するため，その低下が存在応力度 σ の値に達した時に降伏現象を示す．すなわち，鉄骨梁のひずみ度 ε が，降伏時のひずみ度 ε_y に達した時に降伏現象を示す．したがって，塑性変形を起こさないための梁の許容たわみ限度は次式となる．

$$\delta = K_y \cdot \frac{l^2}{d}$$

ここに，$K_y = C \cdot \varepsilon_y$：荷重形式と鋼材温度による定数

最外縁応力度が200, 400, ……kg/cm²の単純梁が火災を受けて，鋼材温度の上昇していく場合を考えると，それぞれの梁の中央たわみは図13·107に示すような経過をたどり，K_y の曲線上で塑性変形を起こし崩壊にいたる[29]．火災時に生ずる梁のたわみの許容値は $(K_y - K)l^2/d$ で示される．この値は図から明らかなように，存在応力度の値に大きく左右される．

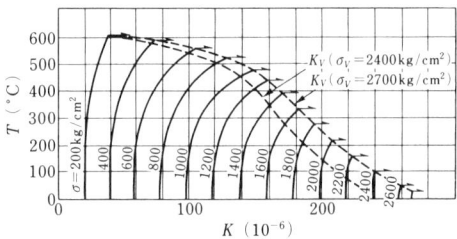

図 13·107　単純梁のたわみ（等分布荷重の場合）

$$\delta = K \cdot \frac{l^2}{d}$$

この温度上昇による降伏現象は，温度上昇による鋼材の降伏点の低下が，存在応力度の値に達した時に生ずるものである．図13·108に示す実大試験結果から得た鉄骨梁の最外縁応力度と降伏時鋼材温度の関係は，とりもなおさず，鋼材の高温時の降伏点の低下を示すものと考えてよい[30]．

実験結果の大部分は旧ソ連の実験式によく一致しており，存在応力度が大になると降伏時鋼材温度の低下する傾向がはっきり認められる．旧ソ連では普通の構造用軟鋼に対して，その高温時降伏点を300℃から750℃まで直線的に低下するものと規定し，次式で与えている[31]．

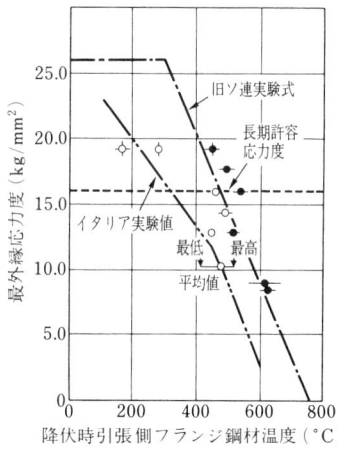

図 13·108　存在応力度と降伏時鋼材温度

$$\frac{\sigma_y{'}}{\sigma_y} = \frac{750 - T}{450}$$

ここに　σ_y：降伏応力度

T：部材温度

（b）単純支持圧縮部材　　常温時の鉄骨柱の座屈応力度は，通常次式で示される．

長柱（弾性座屈）：$\sigma_k = \dfrac{\pi^2 E}{\lambda^2}$，　短柱（塑性座屈）：$\sigma_k = \sigma_y - \dfrac{\sigma_y{}^2 \cdot \lambda^2}{4\pi^2 E}$

σ_y：降伏応力度，E：ヤング率，

λ：有効細長比

高温時の座屈応力度は，弾性座屈域では弾性係数の低下に，塑性座屈域では降伏点と弾性係数の低下に関係して減少する．

普通鋼材の高温時の座屈応力度を図13・109に示す[29]．鋼材温度350℃以上の座屈応力度が，長期許容座屈応力度を下回る部分がある．これは鋼材温度が350℃以上になると，長期設計荷重に耐えることができずに，崩壊する柱の生ずる可能性のあることを示している．いままでの実験結果もこのことを裏付けている[32]．

（c）連続梁　　実際の建築の構造部材の耐火性能は，その部材端部の拘束条件の影響を大きく受け，単純支持部材の場合とかなり様子が異なってくる．連続梁は最も簡単な端部拘束の例である．

例えば，単純梁に等分布荷重が作用している時は，図13・110（a）のような応力状態となる．これが2スパンの連続梁の場合には，（b）のようになる．これらの梁が火災を受けて，梁断面の鋼材温度が均等に上昇したとする．ある鋼材温度に達して単純梁の中央断面が降伏する時，連続梁は中央支点に降伏ヒンジが発生する．この時単純梁は破壊するが，連続梁はさらに鋼材温度の上昇に耐え，（c）に示す応力状態になって初めて梁全

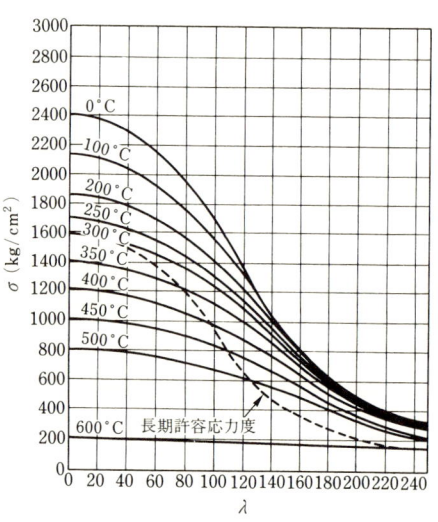

図 13・109　高温時の座屈応力度
（鋼材降伏点 2400 kg/cm²）

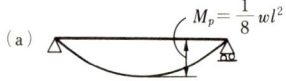

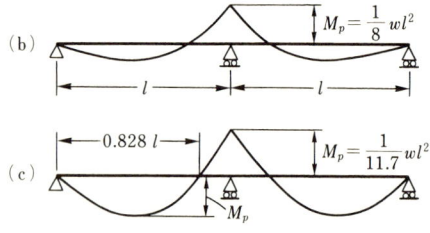

M_p：塑性モーメント，w：等分布荷重，l：部材長

図 13・110　梁の火災時の降伏応力度状態

体の機能を失う．この両方の梁がともに長期許容応力度一杯に設計されていたとすると，この支持条件の差は降伏時の鋼材温度に約100℃の開きをもたらす．一般に，部材端部の曲げ拘束は，耐火性能を大にする効果をもつ．

　(d)端部拘束部材　　構造部材は火災時に加熱された場合，断面内の温度上昇による材長の変化と断面内の不均等な温度分布による湾曲を生ずる．部材の端部を拘束されていない単一の部材では，これらの変形はそのまま現れるので問題はないが，通常の構造部材は材端が拘束されて内部応力を生ずる．この内部応力すなわち火災時の加熱による熱応力が大となれば，部材は破壊し構造耐力は激減する．

　鋼構造部材の場合には，断面内の温度分布は比較的均等であるので，湾曲による熱応力は一般に考えなくともよい．しかし材長変化は大きいので，材端で軸方向伸びが拘束されている場合の鋼構造部材の熱応力はきわめて大となる．材端拘束のある鋼構造部材を火災時に無損傷に確保することは不可能に近い，

　材端を拘束されている部材の断面積A，部材長l，材端弾性固定係数kとすると，材端拘束度Kは次式となる．

$$K = \frac{k \cdot l}{A}$$

　この部材に火災前，初応力度σ_1，ひずみ度ε_1が存在し，火災時の加熱により部材温度が均等にt℃上昇して，熱応力度σ_tを生じたとすると，火災時の部材の存在応力度は次式によって示される．

$$\sigma_1 + \sigma_t = \frac{E_t}{1 + (E_t/K)} \left\{ \left(1 + \frac{E}{K} \right) \varepsilon_1 + \alpha \cdot t \right\}$$

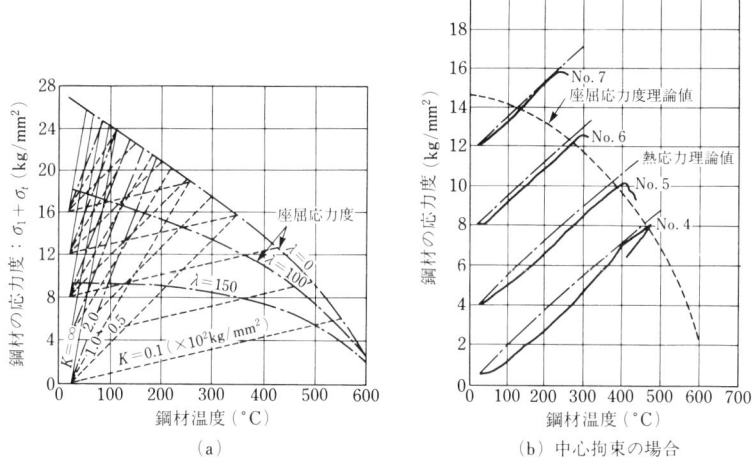

図 13·111　鋼材温度と熱応力

ここに，E，E_t：常温時および高温時の鋼材の弾性係数

　　　　α：鋼材の線膨脹係数

　普通鋼材について算定した火災時の熱応力理論値と実験結果を図 13・111 に示す[32]．熱応力度，熱変形の増加率は，材端拘束度の値によって大きく左右される．初期の存在応力度の値によって出発点は異なるが，温度の上昇とともに熱応力度はほぼ直線的に増加し，部材の細長比によって決定される高温時の座屈応力度に達すると座屈破壊を起こす．

　一般の建築構造の場合，材端拘束度は，拘束を与える部材の荷重変形性状によって決定される．したがって，材端拘束度が大で加熱された部材が比較的低温で破壊する時は，拘束を与える部材は無損傷であるが，材端拘束度が小で加熱された部材がかなり高温まで破壊しない時は，拘束を与える部材はかなりの強制変形を受けることになる．これを簡単に図 13・112 に示す．

　普通には，梁が加熱されて柱が拘束を与えると考えてよいので，柱の剛性を高めて梁に対する材端拘束度を大にし，柱が大きく外側に押し出されるような強制

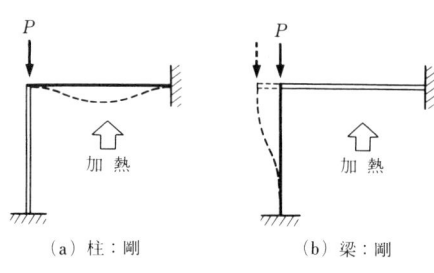

図 13・112　熱応力破壊のタイプ

(a) 柱：剛　　　　　(b) 梁：剛

変形を防止しないと，建物全体の崩壊を招く恐れもある．つまり，意識的に梁を早期に局部破壊させて，熱応力の緩和をはかる必要があるともいえる．

（斎藤　光・池田　憲一）

D. コンクリート充てん鋼管柱の耐火性

　(a) 部材内部の温度上昇　　コンクリート充てん鋼管柱は角柱鋼管または丸形鋼管のなかに無筋コンクリートを充てんしたもので，主に柱に使用される．火災時には鋼管の代わりにコンクリートが荷重支持能力を発揮するため，無耐火被覆の使用が実施されている構造部材である．コンクリート充てん鋼管柱の特性として，コンクリートの熱容量が大きいことによる部材内部温度上昇の抑制，表面の鋼管による表面コンクリート部分の爆裂防止などが挙げられる．コンクリート充てん鋼管柱（□-1000，□-750，□-500）の加熱開始 3 時間後の部材内部温

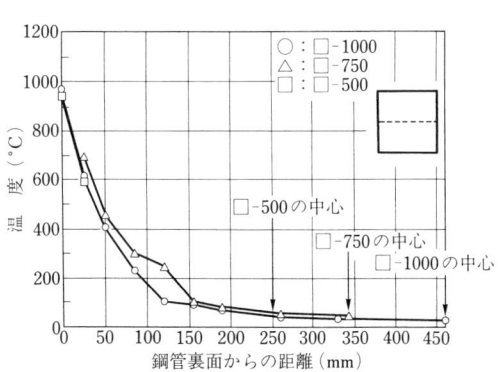

図 13・113　辺中心線上の断面温度分布の実距離による比較（加熱 3 時間）[33]

度分布を図 13・113[33] に示す．表面から 100 mm 以上内部ではコンクリートの温度が 200℃ 以下であり，火災時にはこの部分で軸力を保持している．図 13・113[33] に示すように断面が大き

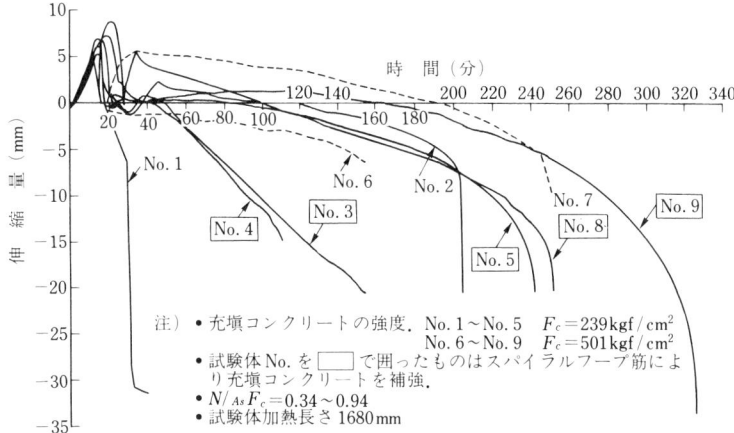

図 14・114　無耐火被覆鋼管コンクリート柱の加熱時の伸縮変形[34]

くなるほど健全部分の割合が高い．大断面になるほど火災時にコンクリート充てん鋼管柱の効果が発揮される．

（b）コンクリート充てん鋼管柱の火災時の性状　　中心圧縮を受けるコンクリート充てん鋼管柱の加熱時間と軸方向変形量の関係を図 13・114 に示す．火災時には鋼管の温度が急激に上昇し熱膨脹が生じる．それに対し熱容量が大きい内部コンクリートは比較的低温のままなので，鋼管に比較して全体的に熱膨脹せず，軸力がない場合は中心部には引張り応力が生じる応力度分布となる．加熱開始20分程度まではコンクリート充てん鋼管柱は，鋼管の熱膨脹によって軸方向に伸長していく．加熱開始20分を過ぎると熱膨脹した鋼管は，軸力により局部座屈を生じ，熱劣化との相乗効果で耐力を失う．その後鋼管に代わりコンクリートの軸力負担率が増加していき，コンクリートの

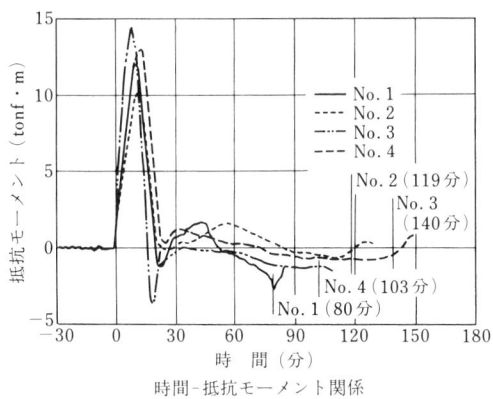

図 13・115　柱頭部に曲げモーメントを作用させた実験[35]

耐力がなくなった時点で崩壊する．外柱のように柱頭部に曲げモーメントが生じている場合の実験も行われている[34]．柱頭部に曲げモーメントを作用させたときの加熱時間と抵抗モーメントの関係を図 13・115[35]に示す．加熱15分程度で最大曲げモーメントを示し，加熱が進むにつれて抵抗曲げモーメントが減少し，0 に近づいていく．

　火災後の補修は充てんされているコンクリートの損傷も鋼管があるために表層部に限られること，高温になった鋼管が局部座屈を生じても常温に戻ってある程度耐力を回復すること

などから，火災加熱を受けたあとの耐力低下が少ないことが報告されている．

（谷田貝　健・池田　憲一）

13・8・2　耐火試験方法

一般的に建築構造部材の耐火性能は耐火試験によって評価・判定される．耐火試験には

ⅰ．加熱試験

ⅱ．載荷加熱試験

の2種類がある．

（1）加 熱 試 験

加熱試験は，耐火炉のなかに試験体
を設置し所定の温度曲線に従って加熱
し，加熱中あるいは加熱後の性状と試
験体中の鋼材温度によって，耐火性を
評価するものである．試験体は実大の
構造部材が望ましいが，縮小模型の場
合もある．

火災入力としての温度は図13・116
に示すような標準加熱曲線が設定され
ている．建築基準法に基づく耐火試験
においては，2000（平成12）年から
ISOの加熱温度曲線が採用された．

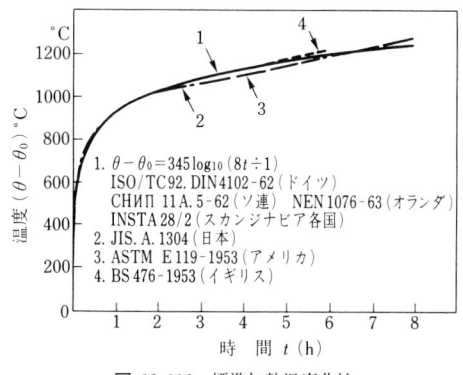

図 13・116　標準加熱温度曲線

また，JIS規格にも「建築構造部分の耐火試験方法（JIS A 1304：2017）」に標準加熱曲線の
規定がある．JIS A 1304：2017の標準加熱曲線には，ISOによる加熱曲線が標準加熱曲線
Aとして加わり，旧来からの加熱曲線は標準加熱曲線B（図13・116の2）として併記され
ている．なお，旧JIS A 1304では試験結果の合否基準の規定があったが，JIS A 1304：2017
では試験方法のみを定め，試験結果の解釈についての規定は無い．実際の火災おいて，可燃
物量，開口部の形状寸法などの建物条件によって火災性状は異なるが，標準的な火災温度を
示すものと考えられている．また，試験結果の評価のためにも入力条件を統一しておくこと
は合理的である．

（2）載 荷 加 熱 試 験

載荷加熱試験は建築構造物の長期許容応力度にみあう荷重を試験体に載荷して加熱試験を
行うものである．長期許容応力度は地震時などを除いた通常時に許容される最大の応力であ
り，構造物の長期設計時応力はこれより小さい．

この耐火試験方法を国際的に統一するものとして，国際規格ISO 834（建築構造部材の耐
火試験）が作成された．国際調和の観点から，これを採用した耐火規定を制定する努力が
なされている．試験結果の判定については，各国とも独自の規定を持っている．表13・4に
1990（平成2）年当時の各国における耐火試験方法を比較したものを示す．

日本における耐火性能は，試験機関が定めた業務方法書に従って試験を受験し，合否を判
定する．そして試験結果の判定方法は，次のように定められている．

ⅰ．常時垂直荷重を支持する構造で，載荷を実施した場合にあっては，次のイからハまで
　　の要求が，試験終了時（要求耐火時間に等しい時間の加熱が終了してから要求耐火時間
　　の3倍の時間又は試験開始から要求耐火時間の1.2倍の時間が経過した時をいう．ただ
　　し，1時間を超える加熱を実施した場合は，加熱終了後，3時間を経過した後，すべて
　　の構成材の温度が最大値を示したことが明らかであり，かつ変位が安定していることが
　　明らかな場合はその時点において要求耐火時間の3倍の時間が経過したものとし試験終
　　了とすることができる．）まで満足されること．

　イ．壁及び柱にあっては，試験体の最大軸方向収縮量及び最大軸方向収縮速度が次の値以
　下であること．

　　　最大軸方向収縮量（mm）：h/100

　　　最大軸方向収縮速度（mm/分）：3 h/1000

　ロ．床，屋根及びはりにあっては，最大たわみ量及び最大たわみ速度が次の値以下である
　こと．ただし，最大たわみ速度は，たわみ量がL/30を超えるまで適用しない．

　　　最大たわみ量（mm）：$L^2/400\ d$

　　　最大たわみ速度（mm/分）：$L^2/9000\ d$

　この式において，Lは試験体の支点間距離（mm）

　　　dは試験体の構造断面の圧縮縁から引張り縁までの距離（mm）

　ハ．階段にあっては，段板の最大たわみ量が段板の支持長さの1/30を超えないこと．

ⅱ．常時垂直荷重を支持する構造で，載荷を行わずに鋼材温度を測定した場合にあって
　　は，鋼材温度の最高又は平均が建築物の部分及び構造の種類に応じて，試験終了時まで
　　次の表に掲げる温度を超えないこと．

表 13·74　加熱試験における鋼材の許容温度

構造の種類及び温度の種別	建築物の部分	柱及び梁	床，屋根，壁（非耐力壁を除く）
鉄筋コンクリート造 鉄筋コンクリート製パネル造等	最高温度	500℃	550℃
プレストレストコンクリート造	最高温度	400℃	450℃
鋼構造	最高温度	450℃	500℃
薄板軽量形構造 コンクリート充てん鋼管構造	平均温度	350℃	400℃

　　また，免震材料の表面温度を測定した場合にあっては，表面温度の最高が，試験終了
　　時まで性能担保温度を超えないこと．ここで言う性能担保温度とは，別途実施した JIS
　　K 6254 または同等の圧縮強度試験等により求めた性能低下を起こさないことが明確な
　　温度とする．

ⅲ．壁（外壁を屋内側から加熱した場合を除く）及び床にあっては，1時間（非耐力壁で
　　ある外壁の延焼のおそれのある部分以外の部分にあっては30分間）の加熱を実施し，

表 13·75　各国における耐火試験法[36]

規定項目		ISO 834(改訂草案)(1990年)	BS 476：Part20(1987年)	ASTM E-119(1983年)	DIN 4102：Part2(1977年)	JIS A1304(1975年)
試験体の加熱面の大きさ		①壁：3m(高さ)×3m(幅)以上②床, 屋根：4m(スパン)×3m(幅)以上③柱：3m(高さ)以上④はり：4m(スパン)以上	①壁：m(高さ)×3m(幅)以上②床, 屋根：4m(スパン)×3m(幅)以上③柱：3m(高さ)以上④はり：4m(スパン)以上	①壁：面積9m²以上, 一辺の長さ 2.7m以上②床, 屋根：面積16m²以上, 一辺の長さ3.7m以上③柱：2.7m(高さ)以上④はり：3.7m(長さ)以上	①壁：2.5m(高さ)×2m(幅)以上②床, 屋根：4m(長さ)×2m(幅)以上(1方向配筋), または4m(長さ)×4m(幅)以上(2方向配筋)③柱：3m(高さ)以上④はり：4m(長さ)以上	①壁：2.4m(高さ)×1.8m(幅)以上②床, 屋根：2.4m(長さ)×1.8m(幅)以上③柱：2.4m(高さ)以上④はり：2.4m(長さ)以上〔以上A試験体〕
加熱試験結果の判定	適用部材	規定なし	規定なし	被覆された鋼構造柱・はり(被覆は荷重支持機能を有しない)	設計荷重下での載荷加熱試験が不可能な鋼構造柱のみ	すべての部材
	鋼材温度	規定なし	規定なし	①平均温度≦538℃(柱は4分割した高さごとに, はりは長さ方向に4等分した位置の各断面ごとに)②最高温度≦649℃	①最高温度≦500℃	①鉄筋コンクリート造等柱・はり…最高温度≦500℃床・屋根・壁…最高温度≦550℃②プレストレストコンクリート造柱・はり…最高温度≦400℃床・屋根・壁…最高温度≦450℃③鋼構造柱・はり…最高温度≦450℃平均温度≦350℃床・屋根・壁…最高温度≦500℃平均温度≦400℃
	遮炎性・遮熱性・その他	規定なし	規定なし	規定なし	規定なし	①変形, 破壊, 脱落等のないこと②火炎を通すようなきれつが入らないこと③裏面温度≦260℃④10分間以上火気が残存しないこと
	載荷荷重	許容設計荷重	許容設計荷重	許容設計荷重	許容設計荷重	長期許容応力度の1.2倍に相当する応力度が生ずるように載荷
	荷重支持能力(Loadb-	①曲げ部材の変形制限○最大たわみ(mm)	①水平部材の変形制限○最大たわみ(mm)	①試験中, 試験荷重を支持していること	試験中, 試験荷重を支持していること	①加熱中, 耐火上または構造強度上有害な変形, 破壊, 脱

規定項目		ISO 834(改訂草案)(1990年)	BS 476 : Part20(1987年)	ASTM E-119(1983年)	DIN 4102 : Part2(1977年)	JIS A1304(1975年)
載荷加熱試験結果の判定	earing Capacity)	$\leq L^2/400d$①最大たわみ速度(mm/分)$\leq L^2/9,000d$$L$:スパン(mm)$d$:構造断面の上端から設計引張領域の下端までの距離(mm)(最大たわみ速度は,たわみが$L/30$を超える前は適用しない)②軸方向載荷部材の変形制限○最大軸方向収縮(mm)$\leq h/100$○最大軸方向収縮速度(mm/分)$\leq 3h/1,000$$h$:初期高さ(mm)	$\leq L/20$①最大たわみ速度(mm/分)$\leq L^2/9,000d$$L$:スパン($mm$)$d$:構造断面の上端から設計引張領域の下端までの距離(mm)(最大たわみ速度は,たわみが$L/30$を超える前は適用しない)②鉛直部材の変形制限試験荷重を支持していること(変形速度が急変しないこと)	②床,屋根および梁りの鋼材温度○鋼構造…最高温度$\leq 704℃$平均温度$\leq 593℃$○鉄筋コンクリート造……平均温度$\leq 593℃$○プレストレストコンクリート造……平均温度$\leq 427℃$(平均温度については,4等分した位置の各断面ごと)	②単純支持の曲げ部材の最大たわみ(cm/分)$\leq L^2/9,000h$$L$:スパン(cm)$h$:高さ(cm)	落等の変化を生じないこと②変形量の時間的変化が急変しないこと③最大たわみδ(cm)の制限○床…$\delta \leq L^2/10,000$マ屋根…$\delta \leq L^2/6,000$$L$:スパン(cm)
	遮炎性(Integrity)	①コットンパッドが着火しないこと②裏面において10秒間を超える持続性火炎を生じないこと③次の現象を生じないこと○6mm隙間ゲージが貫通し,隙間に沿って150mm動かせる○25mm隙間ゲージが貫通する	①コットンパッドが着火しないこと②裏面において持続性火炎を生じないこと③次の現象を生じないこと○6mm隙間ゲージが貫通し,隙間に沿って150mm動かせる○25mm隙間ゲージが貫通する	①コットンパッドが着火しないこと	①コットンパッドが着火しないこと②裏面において火炎を生じないこと	①加熱中,火炎を通すようなすき間が入らないこと(コットンパッドが着火しないこと)
	遮熱性(Insulation)	①裏面温度の制限○平均温度(℃)$\leq 140 + $初期温度○最高温度(℃)$\leq 180 + $初期温度	①裏面温度の制限○平均温度(℃)$\leq 140 + $初期温度○最高温度(℃)$\leq 180 + $初期温度	①裏面温度の制限○平均温度(℃)$\leq 139 + $初期温度	①裏面温度の制限○平均温度(℃)$\leq 140 + $初期温度○最高温度(℃)$\leq 180 + $初期温度	①裏面温度の制限○最高温度(℃)≤ 260

試験終了時まで，試験体の裏面温度上昇が，平均で 140 K 以下，最高で 180 K 以下であること．

iv．構造上主要な構成材料が準不燃材料である壁（外壁を屋内側から加熱した場合を除く）及び床にあっては，72 分間（非耐力壁である外壁の延焼のおそれのある部分以外の部分にあっては 36 分間）の加熱を実施し，その間，試験体の裏面温度上昇が，平均で 140 K 以下，最高で 180 K 以下であること．

ⅴ. 壁及び床にあっては，1時間（非耐力壁である外壁の延焼のおそれのある部分以外の部分にあっては30分間）の加熱を実施し，試験終了時まで，次の基準を満足すること．

イ. 非加熱側へ10秒を超えて継続する火炎の噴出がないこと．

ロ. 非加熱面で10秒を超えて継続する発炎がないこと．

ハ. 火炎が通る亀裂等の損傷を生じないこと．

ⅵ. 構造上主要な構成材料が準不燃材料である壁及び床にあっては，72分間（非耐力壁である外壁の延焼のおそれのある部分以外の部分にあっては36分間）の加熱を実施し，その間，次の基準を満足すること．

イ. 非加熱側へ10秒を超えて継続する火炎の噴出がないこと．

ロ. 非加熱面で10秒を超えて継続する発炎がないこと．

ハ. 火炎が通る亀裂等の損傷を生じないこと．

ⅶ. 屋根にあっては，30分間の加熱を実施し，試験終了時まで，次の基準を満足すること．

イ. 非加熱側へ10秒を超えて継続する火炎の噴出がないこと．

ロ. 非加熱面で10秒を超えて継続する発炎がないこと．

ハ. 火炎が通る亀裂等の損傷を生じないこと．

ⅷ. 構造上主要な構成材料が準不燃材料である屋根にあっては，36分間の加熱を実施し，その間，次の基準を満足すること．

イ. 非加熱側へ10秒を超えて継続する火炎の噴出がないこと．

ロ. 非加熱面で10秒を超えて継続する発炎がないこと．

ハ. 火炎が通る亀裂等の損傷を生じないこと．

　試験体の端部の拘束条件の違いが，構造部材の耐火性能に大きく影響することは実験結果からよく知られている．一般には，拘束の影響は有利に作用するが，時には不利な影響を与えることもある．したがって，試験体の端部支持拘束条件は実際の部材の条件と同一にすることが原則であるが，事実上きわめて実行が困難であるので，一般には単純支持の条件で試験を実施している．このため構造部材の耐火性は，単純支持の状態におかれている部材が，標準的な通常の火災時の加熱にある時間耐えられるということを示しているにすぎず，実際の構造部材としてその時間の火災で破壊するということを意味しているのではない．

　以上に述べた方法は標準的な試験方法である．法的に規定されていない新しい構造形式，構造種別による部材の耐火性能評価や，構造部材の耐火性能をより研究的に把握しようとする場合は耐火実験による方法と解析的方法の2つがある．

　解析的方法は，構造部材の火災時断面温度分布，熱応力変形性状に係わる模型則を考える必要がなく，実際の構造部材に応じて耐火性能を算出できるので，きわめて便利である．しかし，非定常熱伝導解析においても，熱応力－変形性状解析においても解析条件に多くの仮定が入るので，部材の定性的な火災時挙動をつかむには有利であるが，現段階では定量的な耐火性の評価判定には採用され難い．解析精度を上げるには，材料の高温物性を正確に把握して，適切にモデル化する必要がある．

　そのため，新しい構造部材の耐火性能評価は耐火実験によって評価判定されるのが一般的

である．以下に，公的試験機関，大学，民間研究機関で行われている柱，梁，床，骨組など
の耐火実験方法を示す．これらは，実構造物の模型試験体に載荷条件，支持条件などの工夫
を施し載荷加熱実験を行ったものである．

　載荷荷重は，構造物の長期設計時応力を考慮して長期許容応力度が試験体に生じるような
荷重を設定している場合が多い．載荷加熱試験で短期許容荷重ではなく長期許容荷重を与え
る理由は，火災と地震が同時に発生することは極めて稀なためである．なお，地震後の火災
発生はあり得ること，また，BCP に対する意識の高まりもあり，地震後の耐火性能を把握
するために鉄骨の耐火被覆や間仕切壁を対象に，地震を想定した水平変位を与えた後の耐火
実験も行われ始めた．

　ⅰ．柱　　　耐火炉の外側のフレームあるいは試験機により所定の軸力を載荷し4面加熱実
験を行う．

　ⅱ．梁・床　　　単純梁形式で試験するのが一般的であるが，両端モーメントを拘束して，
連続梁形式[37]（図 13・117）あるいは，試験装置，試験体[38]（図 13・118）に工夫して実験を行っ

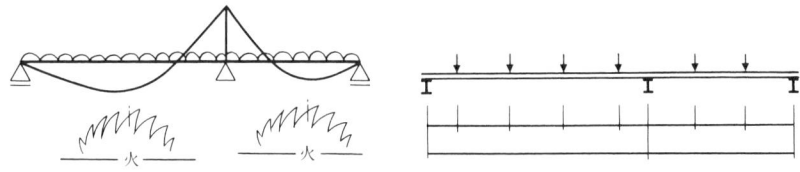

図 13・117　連続深形式の載荷加熱実験[38]

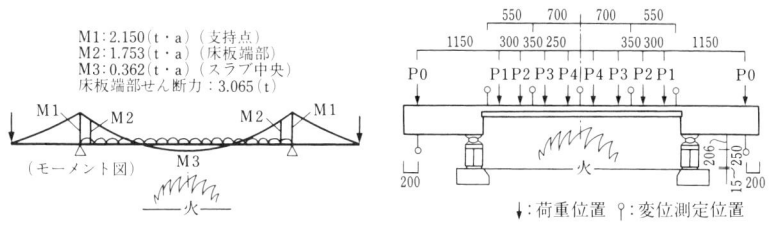

M1：2.150（t・a）（支持点）
M2：1.753（t・a）（床板端部）
M3：0.362（t・a）（スラブ中央）
床板端部せん断力：3.065（t）

図 13・118　両端回転固定の載荷加熱実験[39]

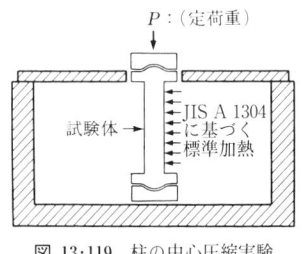

P：（定荷重）

図 13・119　柱の中心圧縮実験

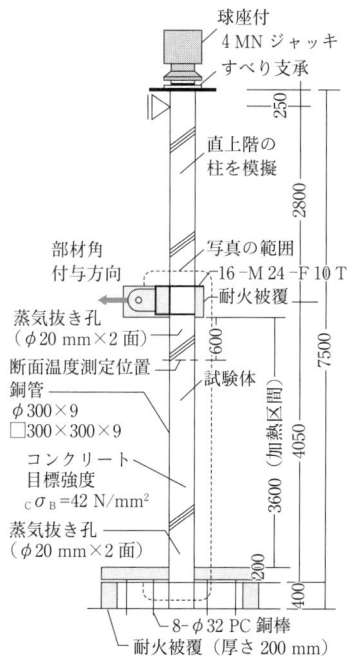

球座付
4 MN ジャッキ
すべり支承
250
直上階の
柱を模擬
2800
部材角
付与方向
写真の範囲
16 -M 24 -F 10 T
耐火被覆
蒸気抜き孔
（φ20 mm×2 面）
断面温度測定位置
鋼管
φ300×9
□300×300×9
コンクリート
目標強度
$_c\sigma_B$=42 N/mm²
蒸気抜き孔
（φ20 mm×2 面）
1600
試験体
3600（加熱区間）
4050
7500
200
400
8-φ32 PC 鋼棒
耐火被覆（厚さ 200 mm）

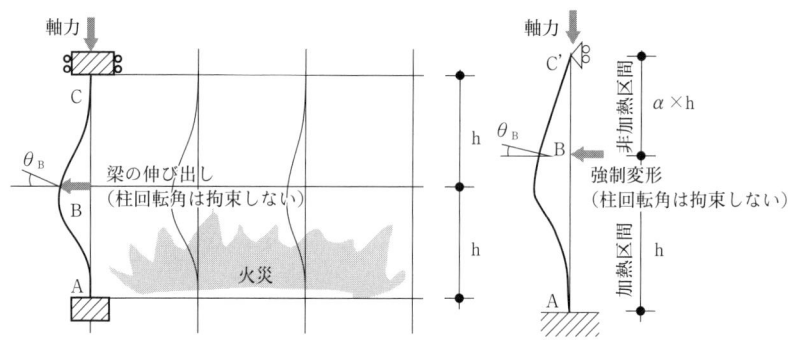

軸力
C
θ_B
梁の伸び出し
（柱回転角は拘束しない）
B
火災
A
h
h

軸力
C'
$\alpha \times h$
非加熱区間
θ_B
B
強制変形
（柱回転角は拘束しない）
加熱区間
A
h
h

図 13・120[5]　梁の伸び出しを考慮した柱の載荷加熱実験

ている．

　ⅲ．耐力壁　　耐力壁の場合，所定の軸力を載荷し，片面加熱実験を行う（図13・119）．
　ⅳ．骨組　　骨組の実験で多いのは梁の伸び出しによる柱の押し出しである．図13・120
に示したものは火災時の鉄骨梁の熱膨張を考慮して，コンクリート充てん鋼管柱に部材角を
与えて加熱した例である．

（西垣　太郎・道越　真太郎）

13・8・3　耐火被覆の施工法とその留意点

耐火工法の代表的なものは，鋼構造における耐火被覆である．鋼材は高温加熱にさらされると，降伏強度，弾性係数が著しく低下する．それゆえ，鋼構造は骨組みが露出したままでは火災時に長期荷重を支えられないので倒壊の危険がある．このため，鋼材の表面を耐火被覆材で覆い温度を上昇させないようにして耐火構造としての性能を持たせるのが耐火被覆工法である．

耐火被覆工法は，主として1) 吹付け工法，2) 巻き付け工法，3) 成形板工法，4) 耐火塗装工法に大別される．また，外壁に面した柱，はりには，外壁を耐火被覆とした合成耐火工法がある．以下にこれらの代表的な工法の施工法と留意点を述べる．

（1）　吹付け工法

吹付け工法は，水，水硬性材料，断熱素材をポンプ圧送して吹き付ける工法で，複雑な形状でも施工が容易であり，また高層階への圧送も可能で施工が早い点に特徴がある．吹付け工法の代表的なものとして吹付けロックウールがある．吹付けロックウールの工法は，乾式吹付け工法，半乾式吹付け工法に分けられる．かつては湿式吹付け工法を用いた湿式吹付けロックウールがあった．湿式吹付けロックウールは硬化後の発じんが少ないため，エレベーターシャフト内等の風速を受ける部位で使用されたが現在は使用されていない．乾式工法は，ロックウールとセメントをあらかじめ工場にて混合した材料を吹付け施工機械で圧送し，ノズル先端の周囲から噴霧される水で包み込み，材料を湿潤させながら均一に下地に吹付ける工法である．ノズル先端までロックウールとセメントが乾いた状態で送られるため乾式工法を呼ばれる．

現在，主に使用されている工法は，半乾式吹付け工法（図13・121）である．半乾式吹付け工法は，吹付け機（解綿機）でロックウールを解綿した後，ノズル先まで空気で送り出す．セメントと水をミキサーで混合したスラリーをポンプによりノズル先まで送る．使用材料であるロックウールとセメントのうちロックウールが乾いた状態で送られることから半乾式吹付け工法と呼ばれる．

吹付けロックウールの耐火品質確保のポイントは，かさ密度と厚さである．規定のかさ密度を確保するために，施工に先立ち，セメントと水の質量を1：2の割合で混合したセメントスラリーと，ロックウールの時間あたりの吐出量をそれぞれ測定し，表13・76の配合割合となるように吐出量を調整する．ロックウールとセメントスラリーの標準的な吐出量は，ロックウール1 kgに対しスラリーは2 kgとなる．かさ密度を未乾燥状態で確認する場合には，吹付け後4時間以

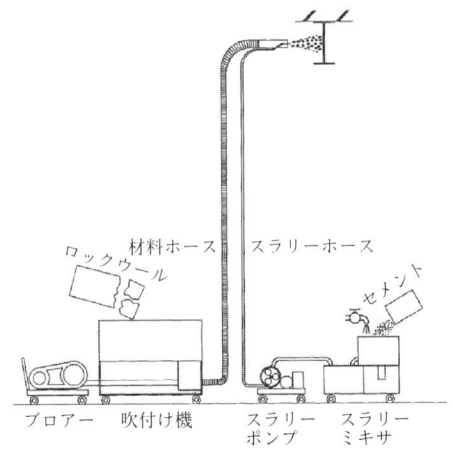

図 13・121　半乾式吹付け工法[40]

表 13·76　吹付けロックウール質量配合比

材料	ロックウール	セメント	水
質量配合比	60 ± 5	40 ± 5	80

内に採取した湿潤状態のサンプル質量から乾燥後のかさ密度を推定する早見表を用いて，乾燥後のかさ密度を推定する．所定の質量に満たない場合にはかき落として再施工する．かさ密度を乾燥状態で確認する場合には抜き取り器によって被覆材を切り出し，乾燥してかさ密度を測定する．

　吹付けは，厚さを測りながら行い，吹付け後は表面の毛羽立ちを押さえるため，コテ均しする．所定の厚さを確保するために，施工中は厚さを確認しながら吹付けを行う．施工後は，厚さ確認ピンを植え込む．植え込みの箇所は，柱は1面に1本，梁はウェブ両側に各1本，下フランジ下面に1本，下フランジ両端（コバ）に各1本を標準とする．また，厚さ測定器により代表的な箇所の厚さを測定する．

（2）巻き付け工法

　巻き付け工法とはフェルト状の断熱材を図 13·122，図 13·123 のように鉄骨部材に巻きつける工法で，その特徴は，施工中の発じんが少ないため，他工事との並行作業も可能なことと，工場製品のため，厚さと密度の品質が安定している点にある．

　巻き付け工法で主に使用されている材料は，表面に不織布を接着したフェルト状の耐熱ロックウールである．鉄骨に巻きつける際には，固定ピンを用い，ピンの先端をスタッド溶接して留め付ける．施工上に際しては，たるみやよじれがないこと，固定ピンの留め付けピッチは適切であること，固定ピンに外れがないこと，目地部に隙間がないことに留意する．

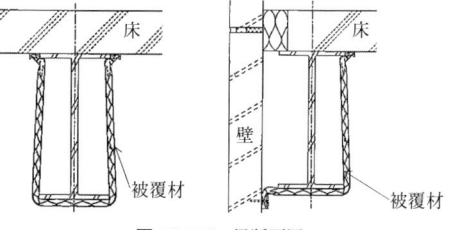

図 13·122　梁断面図

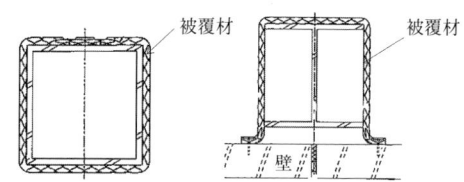

図 13·123　柱断面図[41]

（3）成 形 板 工 法

　成形板は工場で材料配合，密度，板の厚さを管理するため，耐火品質が安定している．また工場でプレカットすると，施工現場での粉じんや残材は極めて少なく，また省力化にもなる．塗装，クロス仕上げの下地材としても使用可能である．成形板にはけい酸カルシウム板，強化せっこうボード，ALC（軽量気泡コンクリート）パネルなどを用いた耐火構造がある．ここでは，使用例が多いけい酸カルシウム板について述べる．

　材料のけい酸カルシウム水和物には，トバモライト系とゾノトライト系がある．トバモラ

イト系は JIS A 5430 繊維強化セメント板のタイプ 2 に該当し，主に内装ボードやガラスカーテンウォールのスパンドレルに使用されている．

　耐火被覆に用いられるのは，ゾノトライト系けい酸カルシウム板で，JIS A 5430 繊維強化セメント板のタイプ 3 に該当する．JIS A 5430 繊維強化セメント板のタイプ 3 には，0.5 けい酸カルシウム板と 0.2 けい酸カルシウム板の 2 種類あり，密度が高い 0.35 g/cm³ 以上 0.7 g/cm³ 未満のものが 0.5 けい酸カルシウム板（0.5 TK，通称 1 号品），密度が低い 0.15 g/cm³ 以上 0.35 g/cm³ 未満のものが 0.2 けい酸カルシウム板（0.2 TK，通称 2 号品）に分類される（表 13·77）．

　0.5 けい酸カルシウム板（0.5 TK）は表面精度が良好で材質も緻密なので，塗装，クロス張り仕上げなどが容易にでき，見え掛かり部分の「仕上げ用」として使用される．0.2 けい酸カルシウム板（0.2 TK）は強度が低く安価で，主として見え隠れ部に使用され，仕上げを行わないのが一般的である．

　施工は，けい酸カルシウム板と同質のスペーサーをけい酸ソーダを主成分とした無機質

表 13·77　けい酸カルシウム板の物性

種類		かさ密度 （g/cm³）	曲げ強さ （N/mm²）	主な用途
タイプ 2	0.8 けい酸カルシウム板	0.60 以上 0.90 未満	10.0 以上	内装用
	1.0 けい酸カルシウム板	0.90 以上 1.20 未満	13.0 以上	
タイプ 3	0.5 けい酸カルシウム板 （1 号品）	0.35 以上 0.70 未満	1.5 以上	耐火被覆用
	0.2 けい酸カルシウム板 （2 号品）	0.15 以上 0.35 未満	0.39 以上	

ペーストの耐火接着剤で鉄骨に取り付け，けい酸カルシウム板を釘で留め付ける工法が多い．スペーサーを用いずにけい酸カルシウム板を釘で留め付ける工法もあるが鉄骨の寸法精度に影響を受けないよう配慮する必要がある．塗装については，プライマー処理を行い，けい酸カルシウム板タイプ 3 は合成樹脂塗料，エマルジョン塗料，塩化ビニル塗料等を使用する（図 13·124 ～ 126）．

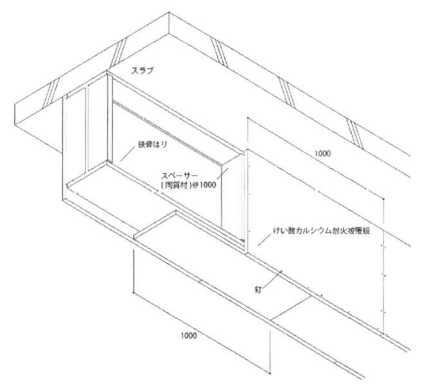

図 13·124　梁施工図（寸法単位：mm）

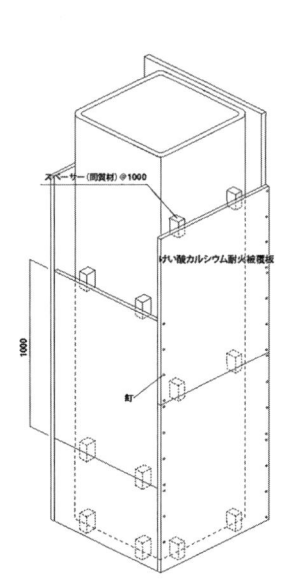

図 13·125　柱施工図（寸法単位：mm）

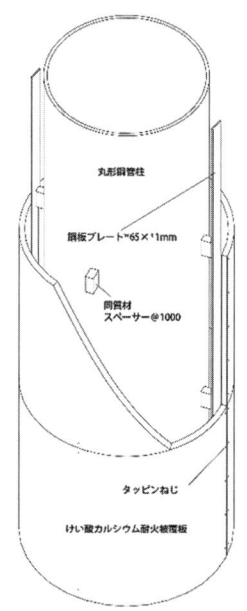

図 13·126　丸柱施工図（寸法単位：mm）

（4）耐火塗装工法

　耐火塗装は，火災の加熱を受けると発泡して断熱層を形成する塗料で，国内では耐久性等の検討も行われ（テクニカルレポート　耐火塗料の実用化に関する調査研究，1998（平成10）年 03 月，日本鋼構造協会），1990 年代後半（平成 7 年頃）から使用されている．意匠的に鉄骨をあらわしで使用したい場合に使用される事が多く，厚膜タイプと薄膜タイプがある．厚膜タイプは，主成分がエポキシ樹脂で膜厚は数 mm ～ 40 mm 程度であり，石油プラントなど屋外での使用も可能で過酷な火災条件に対しても有効であり，3 時間耐火認定を取得したものがある．薄膜タイプは通常 1 ～ 4 mm 程度で，現状では 2 時間耐火まで耐火認定を取得したものがあり，既に実用化されている．ここでは薄膜タイプの耐火塗料について述べる．

　耐火塗料は水系と溶剤系があり，いずれも下塗り，主材，上塗りで構成される．下塗りは鉄骨防錆・主材の鉄骨への付着性向上，主材は図 13·127 に示すように火災時に約 250℃ に達すると発泡して断熱層を形成して耐火性能を発揮し，上塗りは主材を保護と意匠性を兼ねる．耐火塗料の長所は，他の耐火比較に対して施工が簡単であること，塗膜が薄く，一般塗装と同様に外観を美しく仕上げられることが挙げられる．

　施工上，使用上の留意点は，エヤレススプレー，刷毛，ローラーのいずれも使用可能であるが，主材は粘度が高く厚膜なのでエヤレススプレーによることが望ましいこと，主材は他の一般塗料に比べて厚く塗り重ねるため，規定の塗装間隔を厳守する必要があり通常よ

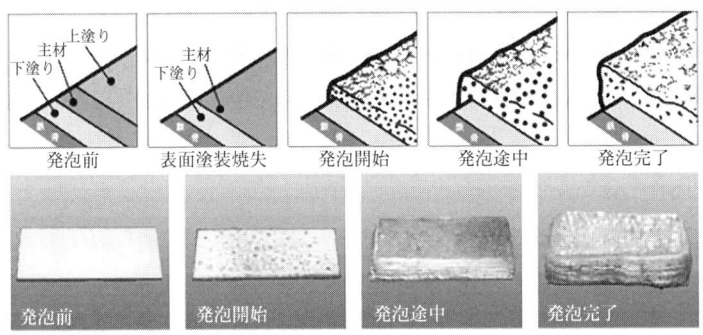

図 13·127　耐火塗料の断熱層形成メカニズム

りも長い塗装工期が必要になること，主材は水分に触れると分解し耐火性能が低下するため，施工中は雨水などが塗膜にかからないように雨掛かり対策が必要であること，屋外での使用に当っては雨水が貯まらない箇所や水分に長時間触れない箇所に使用することなどである．耐火塗料の施工に関しての詳細な情報は，日本建築仕上学会 2010 の耐火塗料の施工指針（案）・同解説に記述されている．

（5）合成耐火被覆工法

　鉄骨造建物の外壁には，プレキャストコンクリートパネル，ALC パネル，押出成形セメント板などが用いられる．かつては外壁の漏水等のメンテナンスのために，外壁と柱，梁の間にスペースを確保していたが，漏水対策技術が進歩したことで，外壁と柱，梁の間のデッドスペースを極力減らした建物が増えてきた．外壁と柱，梁の離隔距離が狭いと，外壁側の耐火被覆の施工が難しいため，外壁を耐火被覆として利用しようと考案されたのが合成耐火

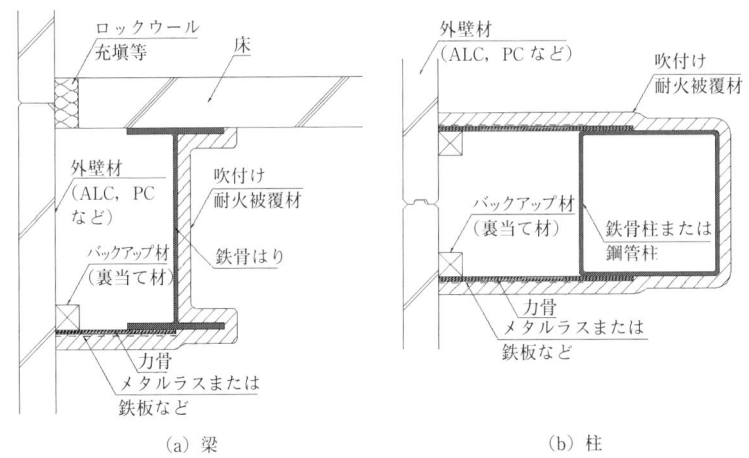

(a) 梁　　　　　　　　　　　　　　　　(b) 柱

図 13·128　吹付け耐火被覆材の合成耐火構造例

被覆工法である（図 13・128）.

　合成耐火被覆工法は，火災時に外壁が熱で変形すると，外壁と耐火被覆材の間に隙間が生じるため，隙間からの熱の侵入を防ぐためにバックアップ材（裏当て材）を外壁に取り付ける．なお，1 時間耐火の合成耐火被覆工法についてはバックアップ材が無いものもある．合成耐火被覆工法は，耐火被覆の材質・厚さ，外壁の材質・厚さ，外壁目地仕様，バックアップ材の寸法や材質，外壁と柱梁の離隔距離等が詳細に規定されているのでこれらを遵守することが重要である．なお，合成耐火被覆工法の一般的な仕様を告示化するための検討が日本建築学会で行われている．（合成耐火被覆材を施した柱・梁の耐火性能，（社）日本建築学会，防火委員会　合成耐火被覆小委員会　2010.5）

（道越　真太郎）

13・9　防火区画と開口部材・区画貫通部材

13・9・1　防　火　区　画

　建物内において火災が発生した時，居住者の安全な避難や消火活動を容易にするとともに，建物の倒壊を防止するためには，火災をある一定の区画内に閉じ込めて延焼拡大を防止することが重要である．この火災を閉じ込める区画すなわち防火区画を構成する部材が壁であり床である．間仕切壁や床は，建物の内部において互いに区画を形成し，壁は水平方向の，床は垂直力向の火災の延焼拡大を防止する．屋根や外壁は建物の内部を外界から区画し，内部火災に対しては隣接建物への延焼拡大を防止し，また隣接建物からの火災に対しては内部への類焼を防止する役割を果たす．したがって，これらの区画部材に対して，耐火性能上の観点からは，遮炎性能および遮熱性能が要求され，避難上の観点からは遮煙性能も要求される．

　防火区画の必要な場所や区画部材に要求される性能などは，建築物の用途，規模，構造などに応じて法令で規定されている．防火区画の基本的な考え方には，面積区画，たて穴区画，異種用途区画の 3 種類があるが，これらをうまく組み合わせて建物の上下階の層間を確

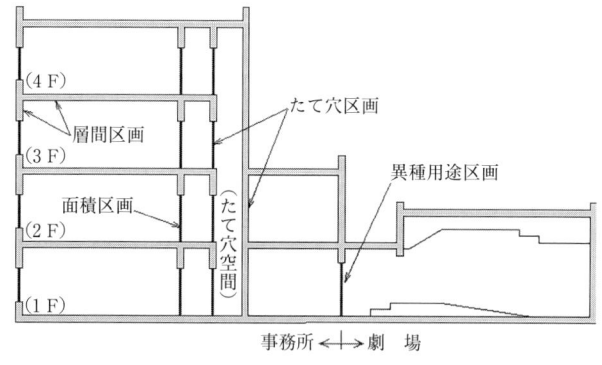

図 13・129　防火区画の種類

---

*　第 13 章第 9 節は平成 28 年 6 月 1 日時点の建築基準法に基づく.

実に区画すること（層間区画）が重要とされている．（図 13・129）

　層間区画は主に，耐火構造，準耐火構造の床スラブ，外壁のスパンドレルや袖壁によって上下階の延焼拡大を防止する．火災盛期に開口から噴出する火炎も上階延焼の大きな要因であり，開口部間の距離を確保したり庇などを設けたりすることも有効である（図 13・130）．

　面積区画について建築基準法で定められた規定（令第 122 条，令第 128 条の 3）を表 13・78 に示す．

　たて穴区画は，階段，エレベーターシャフト，吹抜け，配管シャフトなど各階にまたがって垂直方向に連続するたて穴空間を，耐火構造，準耐火構造の壁や防火戸などの防火設備によって他の空間と区画するものである．

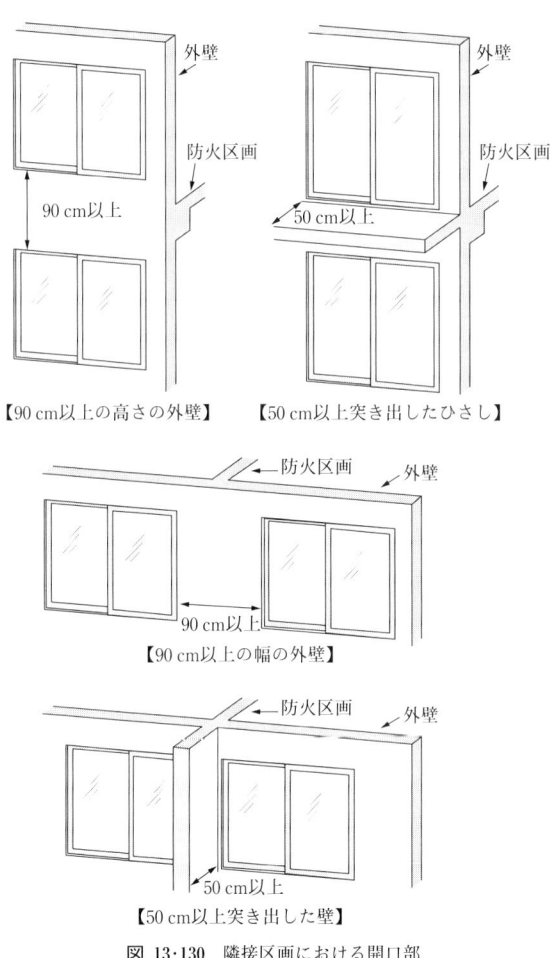

図 13・130　隣接区画における開口部

表 13·78　基準法における防火区画に関連した規定

区画等の種類	条文	対象建築物及び部分	区画基準	区画を構成する部位の構造 壁又は床	区画を構成する部位の構造 開口部	適用除外 ※
外壁の開口部	法第2条9号の2ロ	耐火建築物	—	—	防火設備	—
	法第2条9号の3	準耐火建築物	—	—	防火設備（準遮炎性能）	—
	法第64条	防火地域又は準防火地域内の建築物	—	—	—	—
	令第112条11項	防火区画に接する外壁	—	—	防火設備	—
	令第112条14項1号、令第136条の2	準防火地域内の地階を除く階数が3である建築物で耐火建築物若しくは準耐火建築物でない外壁開口部	その部分を含み幅90 cm以上の部分に開口部を設ける場合／隣地境界線又は同一敷地内の他の建築物との距離が1 m以下	—	—	①
面積区画	令第112条1項、同14項1号	主要構造部を耐火構造又は準耐火構造とした建築物	床面積1500 m²以内	耐火構造、1時間準耐火構造	特定防火設備	②
	令第112条2項、同14項1号	準耐火建築物（外壁耐火構造）	床面積500 m²以内	耐火構造、1時間準耐火かつ防火上主要な間仕切壁を準耐火構造とする	特定防火設備	
	令第112条3項、同14項1号	準耐火建築物（1時間準耐火構造又は不燃構造）	床面積1000 m²以内	1時間準耐火構造		
	令第112条5項、同14項1号	建築物の11階以上の部分	床面積100 m²以内	耐火構造	防火設備	—
	令第112条6項、同14項1号	建築物の11階以上の部分（内装仕上げ、下地とも準不燃材）	床面積200 m²以内	耐火構造	特定防火設備	—
	令第112条7項、同14項1号	建築物の11階以上の部分（内装仕上げ、下地とも不燃材）	床面積500 m²以内	耐火構造		—
	令第112条8項、同14項1号	建築物の11階以上の部分（共同住宅の住戸部分）	床面積200 m²以内	耐火構造		—
たて穴区画	令第112条1項2号、同14項2号	主要構造部を耐火構造又は準耐火構造とした建築物で、階段・昇降機の昇降路部分（ロビーを含む）	その他の部分と区画（但し開口部の廊下との境界は省く）	耐火構造、45分準耐火構造	遮連性能を有する特定防火設備	—
	令第112条4項2号、同14項2号	準耐火建築物で、内装仕上げが準不燃。階段・昇降機の昇降路部分（ロビーを含む）				—
	令第112条8項、同14項2号	建築物の11階以上の部分で居室が200 m²以下で区画された共同住宅で、廊下、その他の避難経路部分				—
	令第112条8項、同14項2号	建築物の11階以上の部分で居室が100 m²以下で区画された場合で、階段・昇降機昇降路部分（ロビーを含む）、廊下、その他の避難経路部分				③
	令第112条9項、同14項1号	主要構造部を準耐火構造とし、地階又は3以上の階に居室を有する建築物	住戸、吹抜、階段、昇降機の昇降路、ダクトスペースその他これに類する部分とその他の部分			④

区分	条文	適用除外の概要	当該用途部分相互間及びその他の部分	構造	遮煙性能	
異種区画用途	令第 112 条第 12 項、同 14 項第 1 号	建築物の一部が法第 24 条各号による木造建築物等の特殊建築物	当該用途部分相互間及びその他の部分	耐火構造、45 分間準耐火構造（壁）	遮煙性能を有す防火設備	—
	令第 112 条第 13 項、同 14 項第 2 号	建築物の一部が法第 27 条第 1 項、2 項各号による特殊建築物		耐火構造、1 時間準耐火構造	遮煙性能を有す特定防火設備	—
地下街	令第 128 条の 3 第 2 項、令第 112 条第 14 項第 2 号	地下街の各構えと他の部分	各構えと他の構えが接する部分		遮煙性能を有す特定防火設備	—
	令第 128 条の 3 第 3 項、令第 112 条第 14 項第 2 号	地下街の各構えと他の部分	各構えが地下道と接する部分		遮煙性能を有す特定防火設備	—
	令第 128 条の 3 第 5 項、令第 112 条第 14 項第 1 号	地下街の各構え内	床面積 100 m² 以内	耐火構造	防火設備	—
	令第 112 条第 14 項第 1 号	地下街の各構え内で、内装仕上げ、下地とも不燃材料	床面積 500 m² 以内		特定防火設備	—
	令第 112 条第 14 項第 2 号	地下街の各構え内で、階段・昇降機の昇降路（ロビーを含む、廊下、その他の避難経路部分	その他の部分と区画		遮煙性能を有す特定防火設備	—
避難設備	令第 123 条、令第 112 条第 14 項第 2 号	屋内避難階段	階段室の構造と開口部	耐火構造（壁、階段）及び壁の室内に面する部分を不燃材料とする（仕上げと下地）	遮煙性能を有す特定防火設備	—
	令第 123 条	屋外避難階段	階段の構造と開口部	耐火構造（階段）	遮煙性能を有す防火設備	—
	令第 112 条第 14 項第 2 号	特別避難階段	階段室と附室及びバルコニーの構造と開口部	耐火構造（壁、階段）、階段室及び附室の天井及び壁の室内に面する部分を不燃材料とする（仕上げと下地）	遮煙性能を有す特定防火設備、防火設備	—
（例外）	令第 129 条の 2 の 2	たて穴区画・異種用途区画・高層面積区画・避難階段・特別避難階段の一部	全館避難安全検証で確かめられたものは適用除外			—

※ 適用除外の概要
① 令第 112 条第 1 項 1 号　劇場、体育館等で用途上やむを得ない部分
② 令第 112 条第 4 項 1 号　体育館・工場等で、内装仕上げを準不燃材のもの
③ 令第 112 条第 9 項 1 号　非難階段からその直上階又は直下階のみに通ずる吹抜き、階段その他これらに類する部分で内装仕上げ、下地とも不燃材で造ったもの
④ 令第 112 条第 9 項 2 号　階数が 3 以下で延面積が 200 m² 以下の一戸建て又は共同住宅の住戸の吹抜き、階段、昇降機の昇降路その他これらに類する部分

（西本　俊郎）

13・9・2　開　口　部　材

開口部材は，建物内部においては人や物の移動経路として，また建物外周部においては採光や出入口として利用される．建物内部の開口部材は，火災の延焼拡大を防止する区画部材の一部を構成している他，居住者の安全な避難を可能にする役割も果たしている．建物外周部の開口部材は外壁とともに，屋内を外界から区画し，火災の延焼拡大を防止する重要な区画部材の一部を構成している．特に，そこに用いられるガラスは重要で，これが火災時に破壊すると，そこから噴出した火炎によって火災を上階に延焼させたり，あるいは隣接の建物に類焼を及ぼしたりする危険性も持っている．

そこで，外壁や防火区画の開口部，区画等を貫通する風道等に設けて火災時に隣接区画への延焼を防止する設備が防火設備であり，また火災時の避難安全性を確保する役割を担うものである．

建物内部にある開口部材は，遮炎性能あるいは遮熱性能が要求され，さらに煙の伝播を防止する必要のある部分には遮煙性能も要求される．また，建物外周部の開口部材には遮炎性能が要求される．延焼の恐れのある部分（隣棟間隔が1階部分では隣地境界線から3m，2階以上の部分では5m以下にある建築物の部分）に該当する外壁に設けられる開口部には，周辺で発生する火災に対する遮炎性（準遮炎性）が要求される．

建築基準法では，これらの開口部材を防火設備あるいは特定防火設備と呼び，表13・79示す①〜⑧に分類して法令を定めている．防火設備は，防火戸，防火シャッター，防火ダンパー，ドレンチャー等を総称するものである．

（1）防火設備の構造

2000（平成12）年の建築基準法改正に伴い，旧来の乙種防火戸は防火設備へ，甲種防火戸は特定防火設備へと呼称が変更された．

防火設備として2000（平成12）年建設省告示第1360号に例示された仕様は以下のとおりであり，旧来の乙種防火戸の仕様と基本的に違いはない．

- イ　鉄製で鉄板の厚さが0.8mm以上1.5mm未満のもの
- ロ　鉄骨コンクリート製又は鉄筋コンクリート製で厚さが3.5cm未満のもの
- ハ　土蔵造の戸で厚さが15cm未満のもの
- ニ　鉄及び網入ガラスで造られたもの
- ホ　骨組は防火塗料を塗布した木材製とし，屋内面に厚さが1.2cm以上の木毛セメント板又は厚さが0.9cm以上のせっこうボードを張り，屋外面に亜鉛鉄板を張ったもの

また特定防火設備も2000（平成12）年建設省告示第1369号に例示された仕様は以下のとおりであり，旧来の甲種防火戸の仕様と基本的に違いはない．

- イ　骨組を鉄製とし，両面にそれぞれ厚さが0.5mm以上の鉄板を張った防火戸
- ロ　鉄製で鉄板の厚さが1.5mm以上の防火戸又は防火ダンパー
- ハ　鉄骨コンクリート製又は鉄筋コンクリート製で厚さが3.5cm以上の戸
- ニ　土蔵造の戸で厚さが15cm以上の防火戸

（2）防火設備の試験方法

防火設備の試験方法は防火構造等と同様に「ISO 834/Fire resistance tests -Elements of

表 13·79　防火設備の分類と要求される性能等

防火設備の分類	関連法令等	想定している火災	遮炎性能 遮炎時間	遮煙性能	閉鎖・作動 常時閉鎖又は時閉鎖（作動）する	閉鎖・作動 避難上支障がない	自動閉鎖（作動）閉鎖 煙の発生	自動閉鎖（作動）閉鎖 温度上昇	自動閉鎖（作動） 周囲の人の安全確保する	仕様規定 鉄製である
① 耐火建築物の外壁の開口部の延焼のおそれのある部分に設ける防火設備	法第2条第九号の二ロ、令第109条、令第109条の2、平12建告第1360号	通常の火災	○ 20分							
② 防火地域及び準防火地域の建築物の外壁の開口部に設ける防火設備	法第64条、令第136条の2の3、平12建告第1366号	周囲において発生する通常の火災	○ 20分							
③ 防火区画に設ける特定防火設備	令第112条第1項、平12建告第1369号	通常の火災	○ 1時間							
④ 防火区画に設ける防火設備又は特定防火設備	令第112条第14項第1号、平13国交告第65号	通常の火災	○ 20分／1時間		○	○	○	○	○	
⑥ 防火区画を貫通する風道に設ける防火設備	令第112条第16項、平12建告第1372号	通常の火災	○ 1時間	○			○	○		○
⑦ 界壁等を貫通する風道に設ける防火設備	令第114条第5項、平12建告第1377号、平13国交告第66号	通常の火災	○ 45分	○			○	○		○
⑧ 道路内に建築することができる建築物に設ける特定防火設備	令第145条第1項第2号	通常の火災	○ 1時間	○	○	○	○	○	○	

building construction–」に準拠した加熱試験が実施される.

　指定性能評価機関で実施されている防火設備試験の概要を表13·80に，標準加熱曲線を図13·131に示す．また防火設備の試験状況を図13·132に示す.

　防火設備に要求される基本的な性能は遮炎性能であるが，想定している火災の違いにより，「通常の火災」に対する遮炎性能（令第109条の2）と建築物の「周囲において発生する通常の火災」に対する準遮炎性能（令第136条の2の3）に分けられる．ここでいう「通常の火災」とは，建築物の屋内並びに建築物の周囲のそれぞれにおいて発生する通常の火災の両方を指しており，試験においても防火設備の両側それぞれから火熱を受けた場合の遮炎性を確認する．「周囲において発生する通常の火災」では建築物の周囲（屋外側）からの火熱のみを想定して防火設備の屋外側から火熱のみに対する遮炎性（準遮炎性）を確認してい

表 13·80　防火設備試験の概要

区分	防火設備		特定防火設備
対象法令	基準法第64条	法第2条第九号の二ロ，令第109条，令第109条の2	令第112条第1項
想定する火災	屋外側	両側	両側
性能	準遮炎性能（屋外側からの火災に対して，加熱裏面側に火炎を出さない）	遮炎性能（屋内，屋外両側からの火災に対して，加熱裏面側に火炎を出さない）	遮炎性能（防火区画両側からの火災に対して，加熱裏面側に火炎を出さない）
性能の要求時間	20分		1時間
試験体の大きさ	実際の大きさ		
試験体数	2体	合計2体（各面1体で両面）	合計2体（各面2体で両面）
性能評価試験	指定性能評価機関（建築基準法第68条の25第2項及び第3項）の業務方法書（防火設備（遮炎性能）の性能評価）に規定された「遮炎・準遮炎性能試験方法」による		

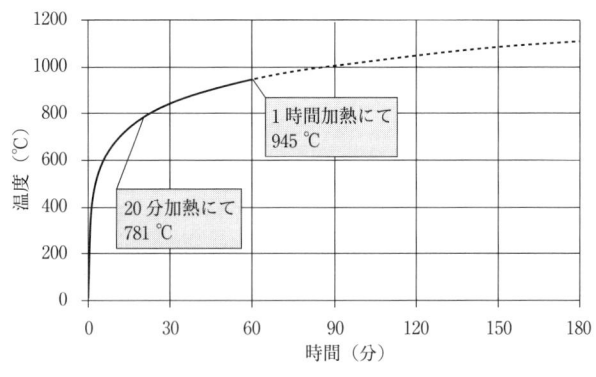

図 13·131　標準加熱曲線（防火設備等）

る.

　これらの試験方法は，指定性能評価機関（建築基準法第68条の25第2項及び第3項）が作成して国土交通省に届け出た業務方法書の中に規定されている．政令で例示された仕様以外の構造であっても，これらの性能評価試験による性能評価を行うことで国土交通大臣の認定を受けることができる．防火構造等の認定番号（付番方法）を表13·81に示す．

図 13·132　防火設備の試験状況（耐熱板ガラス入り防火戸）

表 13·81　防火設備の認定番号

認定区分	防火設備の分類	概要	認定番号
特定防火設備	③④	防火区画の開口部（Type-A）	EA-○○○○
防火設備（遮炎性能）	①	耐火建築物等の外壁に設ける防火設備（Type-B）	EB-○○○○
防火設備（準遮炎性能）	②	防火地域等の外壁に設ける防火設備（Type-C）	EC-○○○○
防火ダンパー等	⑦	界壁を貫通する風道に設ける防火設備（Type-D）	ED-○○○○
防火設備の自動閉鎖機構	④	熱感知器と連動した自動閉鎖機構	CAT-○○○○
		煙感知器と連動した自動閉鎖機構	CAS-○○○○

（3）開口部の防火工法

A．サッシの防火工法

　建物の外周壁の取り付けられる防火設備としては，網入板ガラスをはめ込んだ鋼製あるいはアルミニウム合金製のサッシが最も普及している．

　板ガラスは火炎にさらされると熱応力によって破壊し脱落するので，この防止のために網入板ガラスが用いられ，ガラス抑えには，難燃性のガラスパテやグレージングチャンネルなどが用いられる．

　アルミニウム合金製のサッシの引違い戸の防火試験では，加熱時に召し合わせ部分の変形や，中桟の溶融あるいは変形によるガラスのずれなどによって裏面側に貫通する穴が生じる

ことがあるので，一定以上の肉厚が必要である．

　大きな開口部に用いられるはめ殺しのガラスは，枠にガスケットで固定される．ガラスは火災の最盛期には加熱側に湾曲してくるが，火災が下火になって変形がもどり始めるころ，加熱側に脱落することがよくある．これは加熱側のガスケットが火熱により脆くなり，ガラスの自重に耐えられなくなったことによるものである．燃焼しても原型を保つ自己消炎性のガスケットの使用や，それが劣化してもガラスが脱落しないような堅固なガラス押さえが必要である．

　網入板ガラスに用いられる鋼線の太さや間隔も遮炎性を大きく左右する．鋼線が細かったり間隔が広いと，熱を受けて膨脹した鋼線がガラスの自重に耐えきれず切断されて，ガラスの脱落を招くことになる．

　近年，熱膨張が小さく破壊しにくい耐熱ガラスの普及により，従来の網入板ガラスよりもかなり遮炎性の優れた防火戸が開発されている．

　防火設備として認定を受けているアルミニウム製防火戸の代表的な仕様は，

　　ⅰ．戸の主要部の肉厚は 1.8 mm 以上，枠の主要部肉厚は 1.5 mm 以上

　　ⅱ．材質は JIS H4100（アルミニウムおよびアルミニウム合金押出形材）に規定する A 6063S

　　ⅲ．ガラスは，JIS R3201（網入板ガラス）に規定する厚さ 6.8 mm および 10 mm の菱網入板ガラスおよび角網入板ガラス

　　ⅳ．枠の見込みは 70 mm 以上

　　ⅴ．グレイジング材は，建築ガスケット協会および日本シーリング工業会が指定する防火設備用ガスケット材およびシーリング材

基本形式とその大きさが表 13·82 のように定められ，それらを横あるいは縦に組み合せる場合の条件，防火戸を連結する場合の条件などが規定されている．例えば，組み合せた場合の防火戸全体の幅は，形式にかかわらず 4.0 m 以下，高さはプロジェクトは 1.2 m 以下，プロジェクト以外は 2.0 m 以下とされている．

B．ドアの防火工法

　建物外周部で，延焼の恐れがある部分の開口部に設けるドアには，防火設備の性能が必要である．建物内の廊下，階段室，防火区画の開口部に設けられるドアには，特定防火設備の性能が必要である．

　表面材に金属板を用い，芯材に断熱材を用いた特定防火設備は，防火試験において，表面と裏面の温度差が大きくなり，扉板の反りが鋼板 1 枚の断熱性のない扉板の場合に比べて大きくなり，裏面に貫通する隙間を生じやすい．

　木製の枠を用いた木製あるいは木質系のドアの場合，戸当たり部分の枠の構造が防火性を大きく左右する．扉板の木口には，グラファイト系発泡材を埋め込んで，加熱により発泡させて扉と枠の隙間をふさぎ，火炎の裏面側への出炎を防いでいる．木製の扉板は，加熱によって木部の断面欠損が進行していくが，炭化深さは，20 分の加熱試験では 20 ～ 30 mm くらいになる．そこで，木の表面に不燃板を張り，断面欠損の進行をくい止めることによって遮炎性能を向上させることができる．

表 13·82　アルミニウム製防火設備（防火戸）の開閉形式と最大寸法

開閉形式	名　称	姿　図	最大面積（m²）	一辺の最大長さ（m）	
				幅	高さ
はめ殺し	はめ殺し		4.8	2.4	2.4
引　き	片引き		4.8	2.4	2.4
	引き込み				
	引き違い				
プロジェクト	突き出し		2.0	2.0	1.2
	すべり出し				
	外倒し				
	内倒し				

表 13・82（つづき）

開閉形式	名　称	姿　　図	最大面積 （m²）	一辺の最大長さ （m）	
				幅	高さ
開　き 片開き 両開き	開　き		4.8	2.4	2.4
	縦すべり出し				
ドレーキップ	ドレーキップ		2.3	1.4	2.0
回　転	縦軸回転		3.6	2.0	2.0
	横軸回転				

C. シャッターの防火工法

　防火シャッターは，シャッター各部が火炎を完全に遮断できるような構造であることが必要である．シャッターは設ける位置によっては断熱性能や遮煙性能も要求される．

　遮煙性能は，シャッターから漏れる空気の量を測定することによって評価される．シャッターから漏れる空気の量すなわち煙は，まぐさ部とスラットの連結部やスラットとガイドレールのかみ合わせ部から生ずる他，火燃によるスラットや座板の変形によっても生じる．

まぐさ部とスラットの連結部からの煙の漏れは，図 13·133 のように連結部に気密材を設けるか，あるいは煙返しとまぐさ部をかみ合わせ，そこに気密材を挿入することによって少なくすることができる．スラットがガイドレールを走る部分からの煙の漏れは，ガイドレールがスラット面の火熱による膨張で湾曲しても外れないように，レールの溝の深さを十分とり，かつ気密材を挿入することによって少なくすることができる．スラットは，火熱によってスラット間のロック部分が離れないよう堅固に，また座

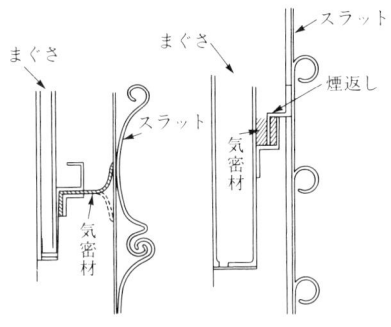

図 13·133 まぐさとスラットの連結部

板は熱により変形しないよう充分肉厚の大きなもので剛性を持たせることも必要である．気密材はシャッターの開閉によって劣化し，遮煙効果が低下するおそれがあるので，十分耐久性のあるものを，また高温の熱を長時間受けても耐えるものを選択する必要がある．

（斎藤　勇造・西本　俊郎）

13·9·3　区画貫通部材

建築物の防火対策は，建築外部からの延焼等を防止するとともに，建物内で発生，あるいは建物内に侵入した火災の拡大を構造制限や防火区画等によって局所に限定し，鎮圧対策へつなげることが重要である．防火区画等を構成する壁や床，防火壁や界壁等には，給水管，配電管その他の管が貫通する部分を含むが，これらの部分（区画貫通部分）にも防火設備と

表 13·83　区画貫通部に関する法令

規定項目	法令
防火区画	法第 36 条（防火区画等の技術的基準の根拠条文）
貫通する管の構造	令第 129 条の 2 の 5 第 1 項第 7 号（管の構造に関する規定） 〈貫通の対象となる防火区画等〉 　　令第 112 条第 15 項（準耐火構造の防火区画） 　　令第 113 条第 1 項（防火壁），第 114 条第 1〜4 項（界壁，間仕切壁，隔壁の防火区画等） 〈貫通する管〉 　　つぎのいずれかとする 　　イ．貫通部の両側 1 m を不燃材料とする 　　ロ．管の外径がさだめられた数値未満であること 　　ハ．遮炎性能基準を満たしたものとして国土交通大臣の認定を受けたもの
管の外径	2000（平成 12）年建設省告示第 1422 号（管の外径の規定）
貫通部の埋め戻し	令第 112 条第 15 項（貫通部の埋め戻しに関する規定）
大臣認定	令第 129 条の 2 の 5 第 1 項第七号ハ 法第 68 条 25 の 3（大臣認定の委任） 法第 77 条 56（指定性能評価機関）

同様に延焼を防止するための性能（遮炎性能）が要求される.

　区画貫通部は防火区画等の部材である壁や床等，貫通する管等，並びに管等の周囲の隙間を埋め戻す部分から構成される．建築基準法における壁や床等及び貫通する管等の技術的基準は，区画貫通部に関連する法令（表 13·83）に規定されており，埋め戻し部分に関しては，管が貫通する壁や床が防火区画であれば令第 112 条第 15 項に，防火壁であれば令第 113 条第 2 項に，界壁，間仕切，隔壁等であれば令第 114 条第 5 項に，仕様的に管と壁や床との隙間をモルタルその他の不燃材料で埋めなければならないことが示されている.

　また，貫通する管等に関しては，令第 129 条の 2 の 5 第 1 項第 7 号のイとロに仕様が示されている．イでは，給水管等が貫通する部分及び貫通部から両側に 1 m 以内の部分を不燃材料で造ることが示されている．ロでは，2000（平成 12）年建設省告示第 1422 号により表 13·84 に示すとおり管の用途（給水管，配電管，排水管及び付属する通気管），覆いの有無，材質，肉厚，貫通する壁や床等の構造区分に応じて仕様的に用いることができる管の外径が示されている.

　そして，令第 129 条の 2 の 5 第 1 項第 7 号ハに，貫通部の管の構造に要求される技術的基準が示され，国土交通大臣により認定が行われることが示されている．貫通する管に通常の火災による火熱が加えられた場合の遮炎時間は，貫通する部分に要求される性能によって 20 分，45 分，1 時間に分けられ，加熱側の反対側に火炎を出す原因となるき裂その他の損

表 13·84　給水管等の外径（2000（平成 12）年建設省告示第 1422 号）

給水管等の用途		材　質	肉　厚	給水管等の外径			
				給水管等が貫通する床，壁，柱又ははり等の構造区分			
				防火構造	30 分耐火構造	1 時間耐火構造	2 時間耐火構造
給水管		難燃材料又は硬質塩化ビニル	5.5 mm 以上	90 mm	90 mm	90 mm	90 mm
			6.6 mm 以上	115 mm	115 mm	115 mm	90 mm
配電管		難燃材料又は硬質塩化ビニル	5.5 mm 以上	90 mm	90 mm	90 mm	90 mm
排水管及び排水管に付属する通気管	覆いのない場合	難燃材料又は硬質塩化ビニル	4.1 mm 以上	61 mm	61 mm	61 mm	61 mm
			5.5 mm 以上	90 mm	90 mm	90 mm	61 mm
			6.6 mm 以上	115 mm	115 mm	90 mm	61 mm
	厚さ 0.5 mm 以上の鉄板で覆われている場合	難燃材料又は硬質塩化ビニル	5.5 mm 以上	90 mm	90 mm	90 mm	90 mm
			6.6 mm 以上	115 mm	115 mm	115 mm	90 mm
			7.0 mm 以上	141 mm	141 mm	115 mm	90 mm

（備考）
・給水管等が貫通する令第 112 条第 10 項ただし書の場合における同項ただし書のひさし，床，そで壁その他これらに類するものは，30 分耐火構造とみなす.
・内部に電線等を挿入していない予備配管にあっては，当該管の先端を密閉してあること.

表 13·85　区画貫通部の種類と遮炎性能を要求される時間（令第129条の2の5第1項第七号ハ）

区画貫通部の種類	対象（管が貫通する床，壁など）	遮炎性の要求時間
準耐火構造の防火区画 （令第112条第15項）	令第112条第1項～同条第4項，同条第5項，同条第8項の規定による床若しくは壁	1時間
	令第112条第9項，同条第10項若しくは同条第12項の準耐火構造の床若しくは壁	20分
	令第112条第10項のただし書きのひさし，床，袖壁その他これらに類するもの	
防火壁	令第113条第1項（耐火構造かつ自立する構造の壁）	1時間
界壁，間仕切壁，隔壁	令第114条第1項の界壁 同条第2項の間仕切壁 同条第3項若しくは同条第4項の隔壁（準耐火構造）	45分

表 13·86　区画貫通部の認定番号

認定区分	貫通部	遮炎性の要求時間	認定番号	対象法令
防火区画を貫通する管等	壁	1時間	PS 060 WL－○○○○	令第129条の2の5第1項第七号ハ
		45分間	PS 045 WL－○○○○	
	床	1時間	PS 060 FL－○○○○	
		45分間	PS 045 FL－○○○○	

　傷等を生じないことが要求される．ただし，令第129条の2の5の規定は，1時間準耐火構造の床や壁又は特定防火設備で区画されたパイプシャフト，パイプダクトその他これらに類するものの中にある部分については適用されない．

　区画貫通部の埋め戻し部分は，配管等の周囲の見えにくく狭い部分であり，旧来は埋め戻し等の施工が不十分となって延焼経路となる事例も多かったことから，2000（平成12）年の法改正において区画貫通部の要求性能が具体的に示され，国土交通大臣により認定されることとなっている．令第129条の2の5第1項第七号ハに示された区画貫通部の種類と遮炎性能を要求される時間を表13·85に示す．区画貫通部の認定番号（付番方法）を表13·86に示す．

　なお，消防法規では，消防法施行令第8条に規定する「開口部のない耐火構造の床または壁の区画」（令8区画）および「共同住宅等の住戸間の開口部のない耐火構造の床または壁の区画」（共住区画）を貫通する配管および貫通部分の施工方払については，表13·87のように規定されている．

（1）試　験　方　法

　区画貫通部材の試験方法は防火構造等と同様に「ISO 834 / Fire resistance tests – Elements of building construction –」に準拠した加熱試験が実施される．

表 13・87　消防法における区画貫通部の技術的基準

呼称	令8区画	共住区画
区画の種類	開口部のない耐火構造の床，壁の区画（消防法施行例第8条）	共同住宅等の住戸間の開口部のない耐火構造の床，壁の区画（消防法施行例第8条）
貫通する管等（原則）	給・排水管	給・排水管，空調用冷温水管，冷媒管等（電気配線が含まれたものを含む）
管の呼び径	直径 200 mm 以下	
開口の径	丸形：直径 300 mm 以下，矩形：直径 300 mm の円形に相当する面積以下	
開口相互の離隔距離	大きいほうの穴の直径と等しい距離以上（当該直径が 200 mm の場合は 200 mm 以上）	
貫通部の埋め戻し	モルタル等の不燃材料で完全に埋め戻し，十分な気密性を有すること	
要求される耐火性能	遮炎性能，遮熱性能，遮煙性能	
耐火性能を保持する時間	2 時間以上	1 時間以上

表 13・88　区画貫通部試験の概要

対象法令	建築基準法			消防法	
	令第 129 条の 2 の 5 第 1 項第七号ハ			消防法施行例第 8 条	
貫通する防火区画等	準耐火構造の防火区画の床・壁（令第 112 条第 15 項，令第 113 条第 1 項）	界壁，間仕切壁，隔壁（令第 114 条第 1〜3 項）		開口部のない耐火構造の床，壁	共同住宅等の住戸間の開口部のない耐火構造の床，壁
性能	遮炎性能（加熱裏面側に火炎を出さない）			遮炎性能（加熱裏面に火炎を出さない） 遮熱性能（加熱裏面の温度が規定値を超えない） 遮煙性能（加熱裏面の発煙量が規定値を超えない）	
性能の要求時間	1 時間	20 分	45 分	1 時間	2 時間
試験体の概要	貫通部分（防火措置工法），貫通する管等及び貫通する防火区画等の部材（防火区画部材）は実際の仕様とする 防火区画部材に設ける開口の寸法及び面積は，実際の仕様の最大とする				
試験体数	合計 2 体（各面 1 体で両面）				
試験，評定等	指定性能評価機関（建築基準法第 68 条の 25 第 2 項及び第 3 項）の業務方法書（防火区画等を貫通する管）に規定された「遮炎性試験」による				一般財団法人日本消防設備安全センターの消防防災用設備機器性能評定（防火材等）の規定による

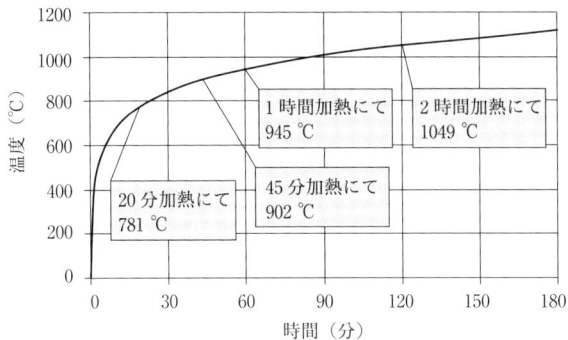

図 13·134　標準加熱曲線（区画貫通部材）

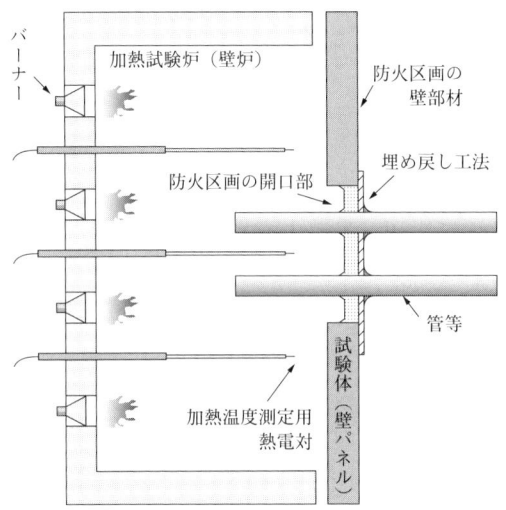

図 13·135　区画貫通部の試験（壁の場合）

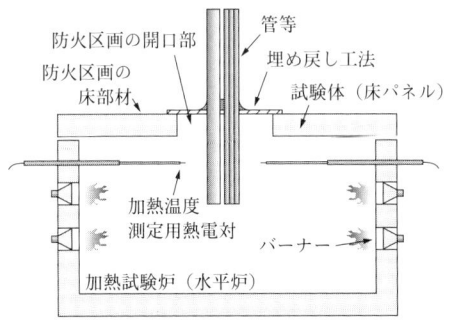

図 13·136　区画貫通部の試験（床の場合）

　建築基準法並びに消防法に基づいて実施されている区画貫通部材試験の概要を表13·88に示す. また, 試験に用いられている標準加熱曲線を図13·134に, 壁及び床の防火区画部材における試験の状況を図13·135及び図13·136に示す.

（2）各種区画貫通部防火工法

A. 給排水管貫通部の防火工法

　配管そのものの焼失や脱落, あるいは貫通部での配管と区画部材との間の充てん材の焼失や脱落によって火炎が直接隣の区画へ進入して延焼する場合と, 金属管に見られるように, 火災室側の管が加熱されてその熱が管を伝わり, 隣の区画内の管表面温度を上昇させ, 近傍の可燃物への着火を生じさせる危険性がある. 1982（昭和57）年に（財）建築行教会が行っ

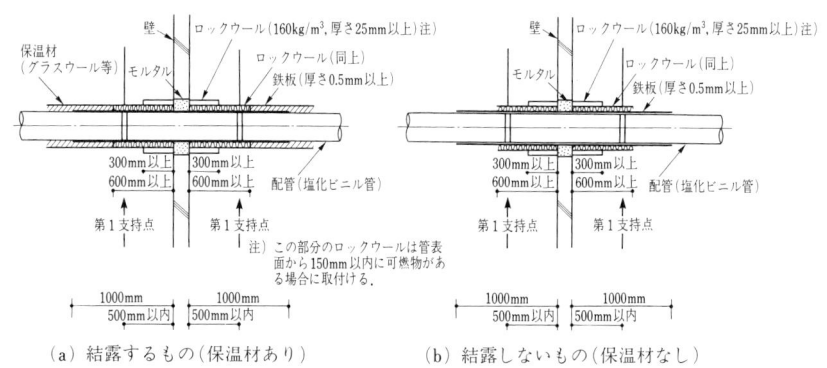

図 13·137　塩ビ管鉄板巻配管を用いた壁貫通防火工法

（配水管で管径が100 mm以上の場合）

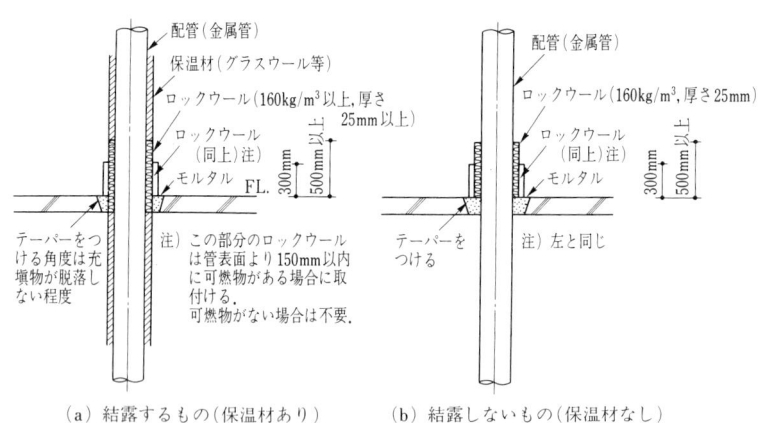

図 13·138　金属配管を用いた床貫通防火工法

（配水管で管径が100 mm以上の場合）

た「区画貫通部の耐火性に関する研究」では，延焼を配管そのものの焼失や脱落，あるいは貫通部での配管と区画部材との間の充てん材の焼失や脱落によって火炎が直接隣の区画へ侵入する場合と，金属管に見られるように，火災室側の管が加熱されてその熱が管を伝わり，隣の区画内の管表面温度を上昇させ，近傍の可燃物への着火をもたらす場合を考え，これらを基に貫通部に延焼防止性能と遮煙性能の機能を持たせた工法を提案している（図13·137，13·138 参照）．

B. 電線ケーブル貫通部の防火工法

鋼製のケーブルラック（配線支持金物）を壁あるいは床のケーブルが貫通する部分に固定し，それを介してケーブルを敷設し，隙間を耐火仕切板，耐火充てん材，熱膨張性の耐熱シール材などで充てんする．

標準的なケーブル貫通部の防火工法としては，図13·139 のように，貫通部の開口寸法は，120 cm×120 cm で，遮蔽板には繊維混入ケイ酸カルシウム板（厚さ25 mm），耐火充てん材にはロックウールが用いられる．

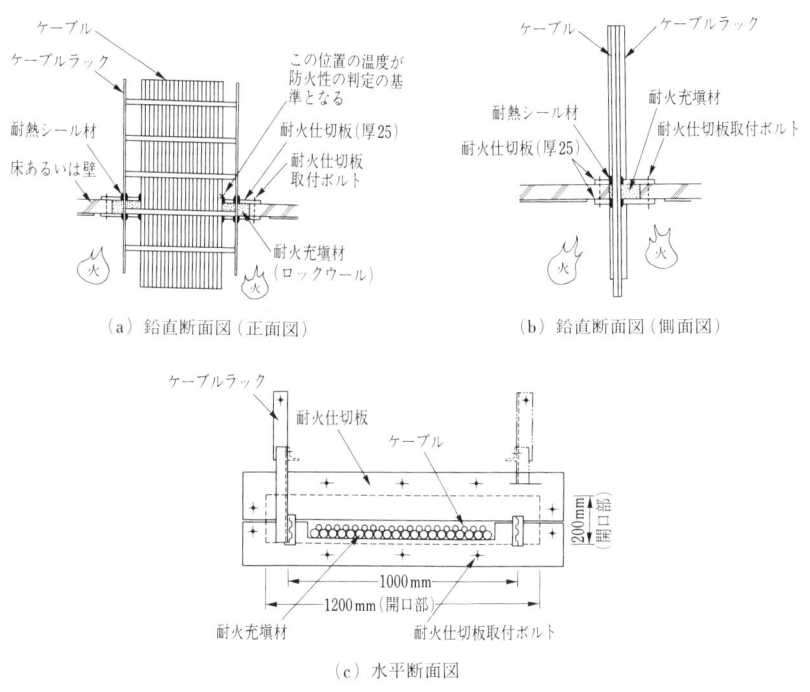

（a）鉛直断面図（正面図）　　　　（b）鉛直断面図（側面図）

（c）水平断面図

図 13·139　ケーブルの区画貫通部防火工法

C. 衛生器具貫通部の防火工法

床付け和風便器やグリストラップなどは，床を大きく貫通させて設置することから，火災時にはそこが延焼拡大や煙あるいは高温ガスの通過する経路となる恐れがある．便器は，加

熱により容易に破壊することから，便器の下部を耐火被覆した耐火便器も開発されている．

（斎藤　勇造・西本　俊郎）

13・10　被災建物の診断と補修技術

13・10・1　診　断　方　法

　建物が火災を受けると，火災の規模によっては，補修や補強が必要となる被害を生じる．この時補修の必要性の有無，補修の範囲と方法を決定するためには，正確な被害度の調査が要求される．近年，火災性状予測手法や各種熱計算手法が整備されるようになり，また火災を受けた場合のコンクリートや鋼材の性質に関して，より精密な実験データも整備されてきた．被災状況の調査，診断ならびに補修方法の決定にあたっては，このような手法や最新の研究成果を適宜取り入れながら総合的に判断することが重要である．ここでは鉄筋コンクリート造と鉄骨造について，被災建物の診断方法と補修技術を述べる．

（1）建物の被害

A．鉄筋コンクリート造

　鉄筋コンクリート造建物が火災を受けると，コンクリート深さ方向で被害の程度が異なって発生する．したがって，コンクリート内部の被害状況の正確な把握が必要となる．鉄筋コンクリート造が加熱されると，温度上昇に伴う材料的な劣化とともに，コンクリート内部温度が非線形で不均一となることによる熱変形や内部応力の発生など，複雑な性状を引き起こす．この結果，火災を受けた建物には，コンクリートの変色のほか，亀裂，爆裂や脱落によるコンクリートの欠損，部材のたわみといった外観上の被害が発生する．

　鉄筋コンクリート造では鉄筋とコンクリートの付着が重要であるが，両者の高温時の膨張率の違いから，加熱を受けると鉄筋との付着強度は低下する．高温時の付着強度に関する実験結果の一例を図13・140に示す[1]．これによれば，錆の発生の少ない普通鉄筋では，300℃に加熱されると付着強度は常温時の約50％になることがわかる．

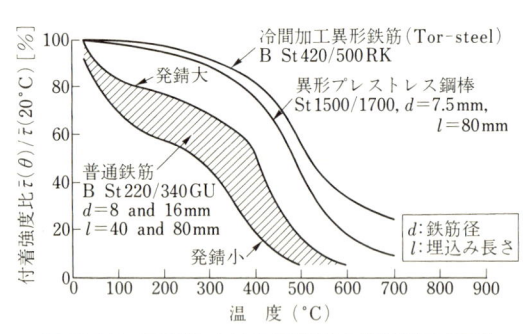

図 13・140　高温時における各種鉄筋の付着強度の低下[1]

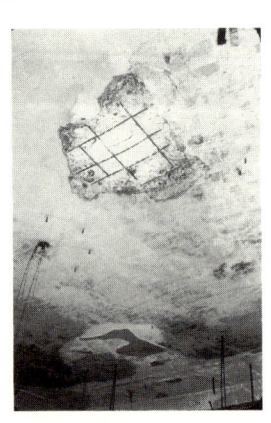

図 13・141　床スラブ下面の爆裂

　また，鉄筋コンクリート造建物の火害で目につく現象に爆裂がある．これは加熱を受けたコンクリートが突発的にはく落するもので，コンクリート表面層の欠損にとどまるもの，鉄筋が露出するまで欠損するもの，さらには床スラブが貫通するほど激しいものと，その程度は状況に応じて大きく異なる．図 13・141 は床スラブ下面に生じた爆裂の例である．この現象は，比較的火災初期に見られ，程度の激しい場合には耐火性に大きな影響を与える．爆裂は，加熱が急激な場合，コンクリートの含水率が大きい場合，緻密なコンクリートを使用した場合，部材の隅角部や厚さの薄い部材の場合などに生じることが多い．

B. 鉄骨造

　耐火被覆を施さない裸鉄骨造では，火災後，部材が大きく変形し構造的に大きな火害を生じることが多い（図 13・142）．鉄骨造の場合，断面内温度分布は比較的均一となるが，熱膨脹係数が大きいので加熱時の材長変化が大きく発生する．このため端部の拘束を受ける通常の構造物では，架構形式によっては大きな熱応力が発生し，構造的な損傷に結びつくことになる．なお，このような火害は，図 13・143 に示すように，直接，加熱を受けない箇所にも起こるので，調査では見落としのないようにしたい．鋼材自体の材料的特性として，一般に変態点温度（720 〜 733℃）を越えると材質に変化を生じ，降伏点が不明確になり強度的にも問題を残すようになる．また，高力ボルトを用いた接合部では，400℃ 程度に加熱されると，加熱後のすべり耐力は通常の 70 〜 80% に低下するといわれており，材質自体の低下がない場合でも注意を要する．

図 13・142　裸鉄骨造の火災被害例

図 13・143　非火災室におけるブレースの被害

（2）診 断 方 法

　図 13・144 に鉄筋コンクリート造（鉄骨鉄筋コンクリート造も準じる）被災建物の大略の診断フローを示す[2]．診断は，予備調査，1 次調査，2 次調査の順に行うが，空間内の火災性状や部材の内部温度分布などは理論計算によって把握し，これらをあわせて総合的に被害度を評価することが望ましい．

A. 予備調査

　以下に述べる項目は本調査に先立ち実施するもので，この段階で必要な情報をできるだけ収集しておくようにしたい．

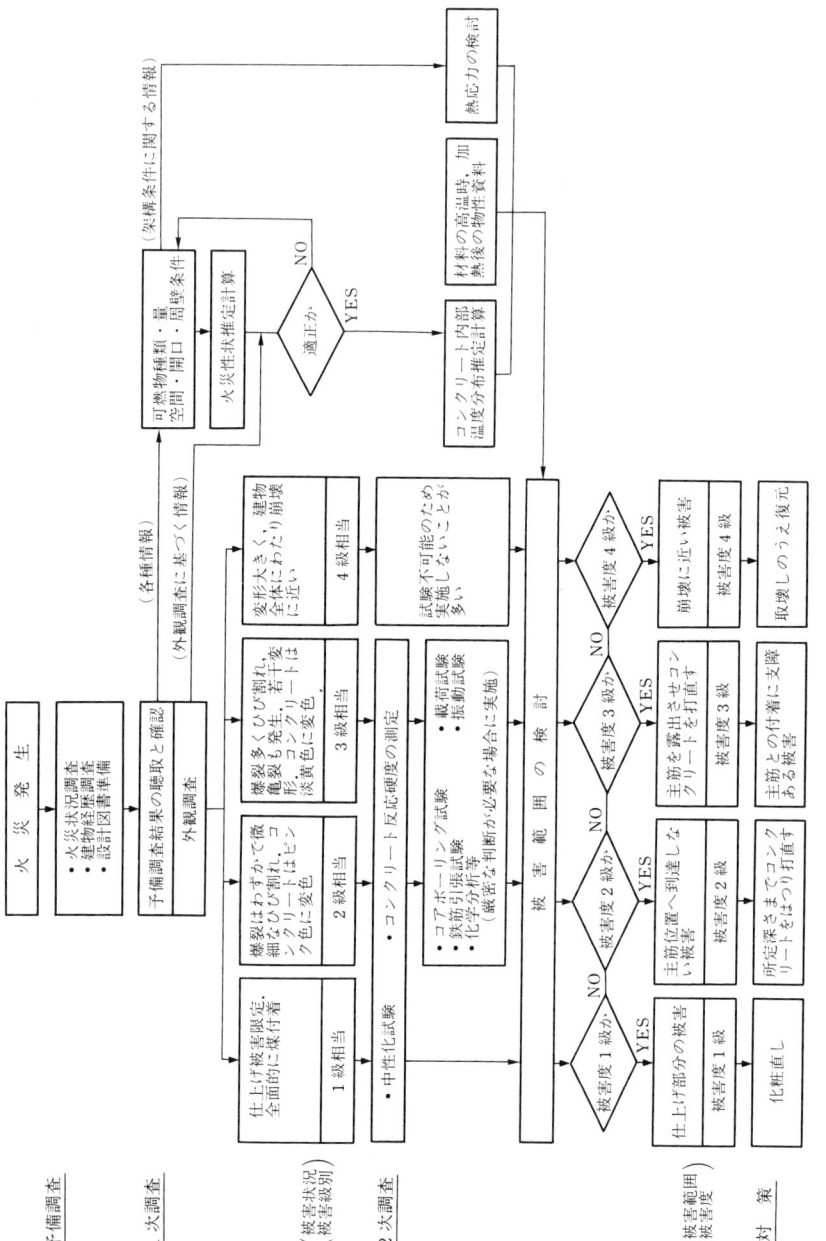

図 13·144　鉄筋コンクリート造被災建物の診断フロー[2]

ⅰ．火災状況調査

　　建物関係者，消防署，新聞記事，目撃者などから，出火状況，火災の進展状況，可燃物の種類と量，消火活動等の火災状況に関する情報を収集する．これらをもとに概略の火災規模が推測される．特に，可燃物の種類と量が詳細にわかれば，理論的な計算も有効となる．いずれにしろ，被災現場が片づけられる前の被災直後の状況を知ることが必要で，そのような状況での写真は重要な情報となる．

ⅱ．建物経歴調査

　　被災建物の建物概要と過去に被災した災害の種類や規模を調査する．

ⅲ．設計図書類の準備

　　被災建物の空間形状・寸法や設計耐力条件を知るため，設計図書類や資料を準備する．設計図書類のない場合，実測などで図面をおこす必要も生じる．

B. 1次調査

　1次調査では，予備調査結果と外観調査に基づき，被害の概略の級別を行う．このため現地で調査を行うが，この段階は目視による調査が中心となる．

　鉄筋コンクリート造の場合，表 13·89 に示す外観調査基準に従って級別する[2,3]．

　この時特に以下の項目を中心に調査を進める．

- ・コンクリートの変色
- ・爆裂の有無，幅，長さ
- ・浮きやはく離の有無，程度
- ・部材のたわみ，変形
- ・鉄筋の状況など

ここで加熱を受けたコンクリートは，温度により以下のように変色し変質する．

300℃ 以下	表面にすすが付着
300 ～ 600℃	ピンク色
600 ～ 950℃	灰白色
950℃ 以上	淡黄色
1200℃ 以上	溶融

表 13·89 鉄筋コンクリート造の外観調査基準[2,3]

被害級別	部位	状　態
1級相当	全体	仕上げに被害は限定される．コンクリートに亀裂・ひび割れや変形の被害はない
	柱	仕上げの一部はく落．すす付着
	はり	爆裂わずか．すす付着
	床	吊り天井崩壊．爆裂わずか．すす付着
2級相当	全体	爆裂はわずかで，ひび割れも表面に微細なもののみ．変形なし
	柱	仕上げに大きな被害．爆裂わずか．表面に微細亀裂．ピンク色に変色
	はり	端部主筋まで爆裂．下端に浮き発生．表面に微細亀裂発生．黒またはピンク色に変

		色
	床	爆裂により鉄筋一部露出. コンクリートと鉄筋の付着は問題なし. すすけている
3級相当	全体	爆裂が多く見られ，ひび割れ・亀裂も発生. 若干，変形が生じる場合もある
	柱	仕上げ脱落. 局部的爆裂が多数発生し鉄筋露出. 鉄筋座屈なし. 淡黄色に変色
	はり	下端が爆裂し主筋円周 50% 露出. 主筋に座屈箇所あり. 数 mm 幅の亀裂発生. たわみ小. 淡黄色に変色
	床	10% 以上亀裂. コンクリートと鉄筋の付着は問題なし. たわみ小. すす付着またはピンク色
4級相当	全体	3 級相当の被害が生じ，変形も大きく，建物全体にわたり崩壊に近い
	柱	広範囲に爆裂し大被害. 鉄筋座屈. ねじれる
	はり	下端が大きく爆裂し主筋露出. 鉄筋座屈. たわみ大きく破壊箇所あり. 淡黄色か灰色に変色
	床	コンクリート脱落. たわみ大

このような外観変化によっても，コンクリート被害の概略の把握が可能となる.

一方，鉄骨造の場合には，鉄骨の変形状況ならびに耐火被覆材やペンキの損傷状況を中心に調査し，表 13・90 の外観調査基準に従って級別する[2].

表 13・90　鉄骨造の外観調査基準[2]

被害級別	状　　　　　態
1級相当	すす，油煙が付着している
2級相当	鉄骨の変形はわずかで，仕上げのペンキにひび割れやはく離が生じている. 錆止めペンキに異常はない
3級相当	鉄骨が変形している. 仕上げペンキが黒変，脱落し，錆止めペンキが変色している
4級相当	鉄骨が大変形している. 錆止めペンキがほぼ脱落している

なお，仕上げ材のある場合には，その状況についても念入りに調査し，収納物の燃焼状況，造作材や金物等の状況も観察する. 各種材料の温度による影響を表 13・91[4] に，また各種材料の引火温度と着火温度を表 13・92 に示す[4]. これらを参考にして，対象個所の上昇温度を大略，推定することができる.

以上のような観察結果を整理して，被災個所の被害度を 1 ～ 4 級相当の 4 段階に級別する.

表 13・91　各種材料の温度による影響[4]

材　　料	使　用　例	状　　態	温　度（℃）
ポリスチレン	食器，電気器具 カーテンフック	つぶれる 軟化する 溶融し流れる	120 120 ～ 140 250

ポリエチレン	びん，バケツ	収縮する	120
	防湿フィルム	軟化し溶融する	150
ポリメチル	透光材	軟化する	130 〜 200
メタクリレート		気泡が発生する	250
PVC	電線	品質が低下する	100
		煙が発生する	150
		茶褐色になる	200
		炭化する	400 〜 500
塗料		品質が低下する	100
		損傷を受ける	250
セルロース	木材，紙，綿	黒色化する	200 〜 300
木材		着火する	200
はんだ	鉛管接合部	溶融する	250
鉛	鉛管，衛生設備	溶融し角が丸くなる	200 〜 350
	おもちゃ	しずくができる	
亜鉛	衛生設備，樋	しずくができる	400
アルミニウムと	サッシ，金物	軟化する	400
その合金	小さな機械部品	溶融ししずくができる	650
ガラス	ガラス部材，びん	軟化し角が丸くなる	500 〜 600
		容易に流れる，粘つく	850
銀	宝石，スプーン	溶融ししずくができる	950
しんちゅう	錠，蛇口，ドアのノブ	溶融ししずくができる	900 〜 100
ブロンズ	窓枠材，造作材	角が丸くなる	1000
	呼び鈴，装飾品	しずくができる	
銅	電線，装飾	溶融する	1000 〜 1100
鋳鉄	暖房設備，パイプ	溶融ししずくができる	1100 〜 1200

表 13·92　各種材料の引火温度と発火温度[4]

材料	引火温度（℃）	発火温度（℃）
毛織物	200	—
紙	230	230
綿	230 〜 266	254
ポリメチルメタクリレート	280 〜 300	450 〜 462
硬質ポリウレタンフォーム	310	416
ポリエチレン	341	349
ポリスチレン	345 〜 360	488 〜 496
ポリエステル（ガラス繊維補強）	346 〜 399	483 〜 488
PVC	391	454
ポリアミド（ナイロン）	421	424
フェノール樹脂（ガラス繊維補強）	520 〜 540	571 〜 580

C. 2次調査

1次調査に続き，図13·144 のフローチャートに従い，2次調査を行い，1次調査で行った級別の適否を確認する．一般には，1級相当〜3級相当と判断された範囲で必要に応じ，以下のような試験を実施する．なお4級相当とは，通常再使用が不可能なほどの被害が生じている個所で，2次調査ができないことが多い.

　ⅰ．コンクリートの中性化試験

　　　コンクリートの中性化は経年により進行するものであるが，加熱を受けた場合もコンクリートは中性化する．すなわち，コンクリートが加熱を受けると 500℃〜580℃の温度でコンクリート中の遊離アルカリ分である水酸化カルシウムが熱分解し，アルカリ性を減ずる化学的被害を被る．この部分が表面からどのくらいの深さかを調べるのに，フェノールフタレイン1％アルコール溶液が使われる．試験方法としては，コンクリートを表面から深さ方向にはつり，微粉末を除去した後，フェノールフタレイン溶液を噴霧する．このとき，アルカリ性を保持している部分は赤色を呈するので，コンクリート表面からその境界部までの深さを測定することで中性化深さが得られる.

　　　コンクリートの中性化は経年でも進行することから，火災により中性化したものかどうか，健全個所との比較で判断する必要がある．また仕上げ材の影響も大きいので注意を要する．中性化範囲が火災による進行と判断されれば，赤色を呈する部分は 500℃以下であったとみなしてよい.

　ⅱ．シュミットハンマーによる反発硬度測定

　　　火災を受けたコンクリート部材の圧縮強度の低下を知るための非破壊試験方法として，シュミットハンマーによる反発硬度から圧縮強度を推定する方法がある．ただし，加熱を受けたコンクリートは表面層と内部で被害程度が異なり，必ずしも加熱されたコンクリート反発硬度と圧縮強度との関係のデータが十分とはいえないので，圧縮強度推定値を重視するのではなく，反発硬度での比較により被害級別の確認に用いることが妥当であろう．この意味から健全個所での測定値が必須となる.

　ⅲ．コアボーリング試験

　　　コアボーリングにより抜き取ったコア供試体を用いて直接，圧縮強度を測定する方法である．実際にはコンクリート表面からの深さ方向で被害程度が異なるのに対し，この方法では，抜き取ったコア全体の圧縮強度を評価することになる．コンクリートの強度性状にはばらつきが多いので，ある程度のサンプリング個数が必要である．また，この試験の場合にも健全個所との比較が望まれ，変色などの外観調査も念入りに行う必要がある.

　ⅳ．鉄筋や鋼材の引張試験

　　　一般に使用されている鉄筋や鋼材の高温時ならびに加熱後の強度性状については資料が整備されているので，鉄筋や鋼材位置の温度が推定できれば，それらの強度低下は，特に試験を行わなくても推定できる．しかし，爆裂に伴い鉄筋露出している場合など，強度低下に不安がある時など，鉄筋や鋼材をサンプリングして引張試験を行い，

強度を確認する必要も生じる.

v．載荷試験および振動試験

　　被災個所の耐力低下を直接，把握する方法に載荷試験や振動試験がある．これらの試験は，これまで述べたものとは違い，大がかりな試験となる．火災性状や部材温度を理論的に計算することで，これらの試験を行わなくてもすむケースが多くなっている．

vi．その他の試験[5]

　　コンクリートの上昇温度を推定するために，コンクリートの高温時の材質変化を利用し，コンクリートの二酸化炭素量，コンクリートの二酸化炭素再吸収量，コンクリートの遊離石灰量を測定する方法がある．これらの試験は，より微視的な調査であり，コンクリートの加熱時の化学反応に基づき受熱温度を推定するものである．これらの化学反応は水や二酸化炭素が伴うものであるが，火災の場合，消火活動による放水があり，また被災後の日時の経過による変化もあるため，結果の評価にあたっては十分な配慮が必要である.

　鋼材についても，上昇温度を推定するため，硬度を測定する方法や金属組織の変化を微視的に観察する方法がある.

D．総合診断

　これまでに実施した調査結果ならびに必要に応じ実施した理論計算の結果を踏まえて，総合的に各部位の被害度を判定する．鉄筋コンクリート造ならびに鉄骨造の被害度の級別をそれぞれ表 13・93 と 13・94 に示す[2].

　ここで分類された被害度に基づき，適切な補修・補強方法を講じることになる.

表 13・93　鉄筋コンクリート造の被害度[2]

被害度	被害状況
被害度 1 級	仕上げ部分に被害がとどまっている
被害度 2 級	主筋位置まで被害が及んでいない
被害度 3 級	主筋とコンクリートの付着が損なわれている
被害度 4 級	主筋が座屈したり，広範囲に実質的な被害を被っており，建物全体にわたり崩壊に近い状態となっている

表 13・94　鉄骨造の被害度[2]

被害度	被害状況
被害度 1 級	仕上げ材または耐火被覆材に被害が限定されている
被害度 2 級	鋼材に温度上昇のあとがみられるが，変形はわずかである
被害度 3 級	鋼材に変形が残っているが，変態点温度以下である
被害度 4 級	鋼材温度が変態点温度を越えて大変形している

13・10・2　補　修　技　術

前項で述べた火災を受けた建物の診断結果に基づき，必要ならば，最適な工法で補修や補強を行うことになる．ここで用いられる工法は一般の補修・補強工法と変わらないが，火災の被害度に応じて補修・補強の範囲を決定することが重要な作業となる．

以下，被災建物の被害度に応じた基本的な補修の考え方，補修・補強方法について述べる．

（1）基本的考え方

被災建物のそれぞれの被害度に対する基本的な補修・補強の考え方を，鉄筋コンクリート造の場合を表 13・95 に，鉄骨造の場合を表 13・96 に，それぞれ示す[2]．

補修・補強工法は，一般に用いられる方法と同じである．具体的には，エポキシ注入によるひび割れ補修，コンクリート打ち直し，ショットクリート工法，鋼板補強工法などが行われている[6]．

表 13・95　鉄筋コンクリート造の被害度と補修方法[2]

被害度	被害状況
被害度 1 級	仕上げ材の補修，化粧直し
被害度 2 級	500℃ を越えたと推定される深さまでコンクリートをはつり取り，打ち直す．ひび割れ補修
被害度 3 級	主筋を完全に露出させ，コンクリートを打ち直す．鉄筋を補強し打ち直す．鋼板補強など
被害度 4 級	取り壊し

表 13・96　鉄骨造の被害度と補修方法[2]

被害度	被害状況
被害度 1 級	仕上げ材の補修，化粧直し．耐火被覆材の取り替え
被害度 2 級	鋼材の変形を手直す
被害度 3 級	鋼材の残った変形やサンプリング箇所を修復補強する
被害度 4 級	取り壊し

（2）補　修　技　術

鉄筋コンクリート造では，コンクリートの被害部分をはつり取り，必要に応じ原設計にみあう補強筋を配してモルタルあるいはコンクリートを打ち直す．

被害がコンクリート表面層に限られている場合は，補修配筋は必要ないが，はつり面と後打ちコンクリートとの付着が確認できるよう，細心の注意が必要である．

主筋とコンクリートの付着が損なわれているような被害が発生している場合には，主筋を完全に露出させ，コンクリートを打ち直す．爆裂が生じ鉄筋が露出している場合など，鉄筋自体も強度低下していると考えられるケースでは，原設計にみあうワイヤメッシュや鉄筋などで補強する．型枠を組みコンクリートを打設することのできる間隔は限られているのでモ

ルタル注入工法を採用するケースが多い．型枠を組み補修することが困難な場合は，コンク

リートを吹き付けるショットクリート工法も
採用される．火災の影響により部材の剛性が
損なわれている火害が生じた場合には，部材
寸法の増加や鋼板等での部材の補強，あるい
は壁の増設といった方法を採用する必要が生
じる．これには耐震補強で使われている工法
を用いることができる．

　鉄骨造の場合は，変形の手直しや高力ボル
トの締め直し，ならびに原設計にみあうよう
部材の交換や補強を行う．

図 13·145　床スラブの鋼板による補強

　図 13·145 は，鉄筋コンクリート造の集合
住宅の火災例で，床スラブ下面に鉄筋の露出するような爆裂が生じたため，鋼板で補強する
工法を採用したものである．また図 13·146，13·147 は鉄骨造の工場建屋の火災例で，鉄骨
はりトラス部材ならびに接合部を補強した事例である．

　なお，火害診断および補修・補強方法について，2015（平成27）年に日本建築学会から
指針が発行されている[7]．併せて参考にされたい．

図 13·146　鉄骨梁トラス部材の補強

図 13·147　鉄骨梁トラス部材ならびに接合部の補強

（大内　富夫）

文　献

〔13・1・1〕
1) 秋田一雄：高分子の燃焼，高分子 Volz 122，No. 153，p. 24（1973）
2) 火災学会編：火災便覧　新版，p. 586，共立出版（1984）
3) 鈴木弘昭：学位申請論文，東京理科大学（1971. 3）
4) 安原昭夫：ごみ固形燃料（RDF）の火災危険性と事故原因について，安全工学，vol. 43，No. 6
　（2004）
5) 鶴田　俊，鈴木　健，尾川義雄，廖　赤虹，高　黎静：RDF 爆発・火災に関する研究報告書（その
　1），消防研究技術資料，第 77 号，消防庁　消防大学校　消防研究センター（2007）

6）鈴木弘昭：プラスチック材料の燃焼性に関する研究，日本火災学会研究発表会概要集（2006）

7）上原陽一，三門恒雄：ポリメチルメタクリレートの燃焼に及ぼす塩素化ポリエチレンおよび酸化アンチモンの効果，横浜国立大学材料基礎工学研究，No. 12, 35（1976）

8）浜田　稔ほか：建築防火論，新訂　建築学体系21, p. 91, 彰国社（1970）

9）資料集成，環境編，丸善

10）小国勝男：建築学会大会論文集（1976）

11）喜多信之：プラスチックの燃焼性，p. 11, 工業調査会（1975）

12）J. Michel et al. : Toxicity of Thermal Degradation Products of Polythylene and Polypropylene, Fire and Materials Vol. 1 , No. 4 （1976）

13）A. C. Stern : Air Polution, Vol. 1 , p. 151

14）W. C. Kuryla and A. J. Papa, ed. : Flame Retardanncy of Polymeric Materials, p. 90, 91, Marcel Dekker, New York（1973）

15）L. A. Wall : Journal of Research, National Bureau of Standards, 41, p. 315（1948）

16）M. M. Q'Mara : Journal of Polymer Science, A-1, 8, p. 1887（1970）

17）S. Straus and S. L. Madorsky : Journal of Research, National Bureau of Standards, 66 A, p. 401 （1962）

18）S. L. Madorsky, S. Straus and D. Thompson : ibid., 42, p. 499（1949）

19）森本高克："高分子の燃焼生成ガスの組成"高分子，Vol. 22, No. 253, p. 190（1973）

20）斎藤　直，箭内英治：消防研究所技術資料第10号（1977）

21）岸谷孝一：火災科学セミナーテキスト（ビル火災における煙などの諸問題），煙の発生と有毒ガス，p. 65（1974）

22）A. P. Hobb and G. A. Patten : Products of Plastics and other Commor Solid, Dow Chemical （1966, March）

23）E. H. Coleman and C. H. Tomas : The Products of Combustion of Chlorinated Plastics, Jounal of Applied Chemistry, 4, p. 379（1954, July）

24）W. D. Walley : Decomposition Products of PUC for Studies of Fire, British Polymer Journal, 3, p. 186（1971, July）

25）K. Sumi and Y. Tsuchiya : Combustion Products of Polymeric Materials Cotaining Nitorogen in Thir Chemical Structures, Jounal of Fire and Flammability, 4, p. 15（1973, Jan.）

26）岸谷孝一，中村賢一：高分子材料の燃焼および熱分解生成物に関する考察，プラスチック，25 〔11〕 （1974）

27）G. W. Mulholland, M. Janssens, S. Yusa, W. Twilley and V. Babrauskas : "The effect of oxygen concentration on CO and smoke produced by flames", Proceedings of the 3 rd International Symposium on Fire Safety Science, pp. 585 - 594, Edinburgh, Scotland, July（1991）

28）Y. Tsuchiya : "CO/CO$_2$ ratio in fire", Proceedings of the 4 th International Symposium on Fire Safety Science, Ottawa, Canada, June（1994）

29）遊佐秀逸："火災時の燃焼生成物の毒性評価法"，建築研究所建築研究成果撰「あらか」No. 4 , pp. 185 - 198, Oct.（1986）

30）土屋能男："酸素濃度および燃料/酸素等量比の関数としてのCO/O$_2$比"，日本火災学会平成7年度研究発表会概要集，pp. 242 - 245, May（1995）

31）長尾英夫，内田成也，山口晃雄："ポリアクリロニトリルの熱分解（青酸の発生）"，工業化学雑誌，Vol. 59, No. 6 , p. 698（1956）

32）守川時生："燃焼熱分解によるシアン化水素の発生"，日本火災学会論文集，Vol. 22, No. 1 - 2 , p. 1 , Nov.（1972）

33) 芦田包義：“ウレタンフォームの燃焼ガスと煙”，プラスチックマテリアル，Vol. 15，p. 52，Jan. (1975)

34) 秋田一雄：燃焼概論，コロナ社 (1971)

35) T. Tanaka：“A Model of Multiroom Fire Spread, NBSIR 83 - 2718 (1983)

36) 田中哮義：建築火災安全工学入門，日本建築センター

37) C. L. Beyler：“Major Species Production by Diffusion Flames in a Two-layer Compartment Fire Environment”, Fire Safety Journal 10 (1986)

38) 山田　茂，田中哮義：“燃焼時の化学種生成モデル”，日本建築学会大会学術講演梗概集，pp. 1285 - 1286，Aug. (1992)

39) 山田　茂，田中哮義：“火災時の建物内一酸化炭素濃度予測モデル”，日本建築学会大会学術講演梗概集，pp. 1263 - 1264，Sep. (1993)

40) 山田　茂，田中哮義：“一酸化炭素濃度予測モデルの改善”，日本建築学会大会学術講演梗概集，pp. 1263 - 1264，Sep. (1994)

41) W. M. Pitts：“Long-range Plan for a Research Project on Carbon Monoxide Production and Prediction”, NISTIR 89 - 4185, National Institute of Standards and Technology, May (1989)

42) C. L. Beyler：Ph. D. Thesis, Harvard University (1983)

43) C. L. Beyler：Fire Safety Science-Proceedings of the First International Symposium, pp. 431 - 440, Hemisphere, New York (1986)

44) W. M. Pitts：“The Global Equivalence Ratio Concept and the Formation Mechanismsof Carbon Monoxide in Enclosure Fires”, Pro. Energy Combustion Science, Vol. 21, pp. 197 - 237 (1995)

45) ISO/TR 9122 - 4 Toxicity testing of fire effluents —Part 4：The fire model (furnaces and combustion apparatus used in small-scale testing) (1993)

46) ISO TS 19700：2016 Controlled equivalence ratio method for the determination of hazardous components of fire effluents—Steady-state tube furnace

47) ISO 13344：2015 Estimation of lenthal toxic potency of fire effluents

〔13・1・2〕

1) J. W. Lyons：The Chenistry and Uses of Fire Retardants, Wiley Interscience (1970)

2) B. W. Kuvshinoff ed：Fire Sciences Dictionary, Wiley Interscience (1977)

3) 秋田一雄：高分子の難燃機構，神戸博太郎編；高分子の熱分解と対熱性，6章，培風館 (1974)

4) 上原陽一：高分子の難燃化機構に関する二・三の問題，燃焼研究，No. 39 (1975)

5) J. W. Lyons：Mechanisms of Fire Retardation with Phosphorus Compounds, Some Speculations, Journal of Fire and Flammability, 1 (1970)

6) W. A. Rosser, H. Wise and J. Miller：Mechanism of Combustion Inhibition by Compounds Containing Halogen, 7 th International Symposium on Combustion (1959)

7) W. E. Wilson Jr., J. V. O'Donovan and R. M. Fristrom：Flame Inhibition by Halogen Compounds；12 th International Symposium on Combustion (1969)

8) R. M. Fristrom and P. van Tiggelen：An Interpretation of the Inhibition of C-H-O Flames by C-H-X Compounds：17 th International Symposium on Combustion (1978)

9) 斎藤　直：高分子の難燃化における気相制御の役割，火災，31（4），(1981)

10) R. J. Schwartz：Fire Retardation of Polyethylene and Polypropylene；W. C. Kuryla and A. J. Papa ed；Flame Retardancy of Polyeric Materials, Vol. 2, Chap. 2 (1973)

11) 下川繁三，大野泰照，相馬純吉，平野崎望，遠藤一夫：ポリ塩化ビニル熱分解反応の熱分析およびFSR による研究，日本化学会誌 (1973)

12) J. J. Pitts：Antimony-Halogen Synergistic Reactions in Fire Retardants：Journal of Fire and

Flammable, 3 （1972）

13） 上原陽一，三門恒雄：ポリメチルメタクリレートの燃焼に及ぼす塩素化ポリエチレンおよび三酸化アンチモンの効果，横浜国立大学材料基礎工学研究，No. 12 （1976）

〔13・1・3〕
1） 西沢　仁：ポリマーの難燃化-その化学と実際技術，大成社 （1987）
2） Hirado, C. J.：Flammability Handbook for Plastics, 4 th edition, Technomic Publishing Co., Inc. （1990）
3） 伊藤公正：プラスティックデータハンドブック，工業調査会 （1980）
4） ポリマー辞典 （増補版），大成社 （1993）
5） Society of Fire Protection Engineers：The Handbook of Fire Protection Engineering (1 st ed.), NFPA （1988）
6） 建設省：新木造建築技術の開発報告書第 3 巻，防・耐火設計に関する技術開発 （建設省総合技術開発プロジェクト）（1992）
7） 右田伸彦，米沢保正，近藤民雄：木材化学 （下巻），共立出版 （1968）
8） 国立天文台編：理科年表，丸善 （1991）
9） 岸谷孝一，藤井準之助，森　実：セメント技術年報 （1971）
10） 日本化学会編：化学便覧基礎編 （3 版），丸善 （1989）
11） 重倉祐光：建築材料学 （3 版），建築材料研究会 （1993）
12） 作本好文，山口種美，岡田忠義，斎藤勇造，西田一郎，斎藤　光：建築構造用耐火鋼梁の耐火性能に関する実験的研究，日本建築学会構造系論文報告集，No. 442, pp. 147 - 156 （1992）
13） T. Z. Harmathy and L. W. Allen,：Thermal properties of selected masonry concrete units. *J. Am. Concr, Inst.,* Vol. 70, p. 132 （1973）
14） C. R. Cruz,：Elastic properties of concrete at high temperatures. *J. PCA Res. Devel. Labs.* Vol. 8, p. 37 （1966） 16
15） M. S. Adams,：Temperature and Concrete, SP 25, American Concrete Institute （1971）
16） C. Meyer–Otens,：Zur Farge der Adplatzungen an Bauteilen aus Beton bei Branbeanspruchungen (Spalling of Structural Confrete under Fire), Deutscher Ausschuβfür Stahlbeton, No. 248 （1975）
17） 白山和久編：建築新素材・新材料，丸善 （1991）

〔13・2・1〕
1） アーサー・D・リトル （ジャパン） 株式会社：平成 26 年度成果報告書　革新的新構造材料等研究開発 車体軽量化に関わる構造技術，構造材料に関する課題と開発指針の検討，平成 26 年度成果報告書，独立行政法人新エネルギー・産業技術総合開発機構 （2014）
2） 藤根　学ほか：TOYOTA Technical Review, **53,** 219 （2004）
3） 高　行男：自動車と材料 （第 1 報，自動車の 3 大構成材料），中日本自動車短期大学論叢 （2010）
4） 株式会社環境管理センター：平成 23 年度使用済自動車再資源化に係る臭素系難燃剤等対策調査業務報告書，環境省 （2011 年）
5） Alexander Goldsmith：Flammability Characteristics of vehicle interior materials, Final Techical Report, Project J 6152, IIT Research Institute （1969）
6） A. Goldsmith：Flammability Characteristics of Vehicle Interior Materials, Final Technical Report, J 6152, Illinois Institute of Technology Research Institute, Chicago （1969）
7） K. H. Digges, R. G. Gann, S. J. Grayson, *et al.*：Improving Survivability in Motor Vehicle Fires, International Interflam Conference, 11 th Proceedings. Vol. 1, pp 135 - 143 （2007）

8) Johan Svebrant, *et al.*：FIRE SAFETY IN MILITARY VEHICLES, EVALUATION OF ISO 3795,　International Interflam Conference, 13 th Proceedings. January 28‑30, pp 551‑562（2013）

9) Barbara C. Hennessey：Test Procedures for Evaluating Flammability of Interior Materials, 2017 SAE Government‑Industry Meeting, Washington, DC, USA（2017）

10) Michael Försth：A comparative study of test methods for assessment of fire safety performance of bus interior materials, Fire Technology, SP Technical Research Institute of Sweden（2009）

11) 早野公郎，田村陽介，荻本安昭ほか：乗用車の火炎伝播に関する研究，2001 年秋期大会，自動車技術会，20015556（2001）

12) Anthony Hamins：Evaluation of Intumescent body panel coatings in simulated post‑accident vehicle fires, NISTIR 6157（1998）

13) V. Zelinski, H. Wichmann, W. Lorenz, M. Bahadir：Chlorinated and Brominated Dioxins and Furans in Fire Resudues from Private Residences and Vehicle, Chemosphere, 31,（1995）

14) 中川祐一：火災によるダイオキシン類排出に関する最近の研究動向，日本火災学会誌，**49**，6（1999）

15) H. Wichmann, W. Lorenz, M. Bahadir, Chemoshere, Gerfahrstoffe‑Reinhaltung der Luft, **56**（1996）

16) Emil Braun, Sanford Davis, John H. Klote, *et al.*：Assessment of the fire performance of school bus interior components, NIST, NISTIR 4347（1990）

17) 長澤俊郎，武市早苗：自動車火災の人的被害，平成 13 年度火災学会講演討論会テキスト－自動車火災の将来対応技術－，日本火災学会（2002）

18) http：//bmwi3.blogspot.jp/2015/12/bmw‑i3‑melts‑away‑in‑house‑fire.html

〔13・2・3〕
1) 田中利夫，列車火災：日本鉄道図書，p. 43（1976）
2) 西原　一：難燃性高分子の高性能化，シーエムシー出版，p. 388（2002）
3) 山田常圭，鄭　柄表：大邸地下鉄中央路駅火災の概要，火災，**53**，2，pp. 1‑8（2003）
4) （公財）鉄道総合技術研究所鉄道技術推進センター編：事故に学ぶ鉄道技術（車両編 II），p. 86（2014）
5) （社）日本鉄道技術協会：鉄道車両の火災対策の研究報告書（1992）
6) 田畑暢哉，秋田谷真一，深沢　徹：ノンハロゲン難燃性ポリプロピレン「オレエース R」，機能材料，**12**，10，pp. 22‑32（1992）
7) 伊藤幹彌，田中　誠：鉄道車両用内装材料の燃焼試験方法，RRR，**63**，10，pp. 14‑17（2006）
8) 伊藤幹彌：FRP 構成素材入門；第 4 章　機能的特性と分析法－耐熱性・難燃性－，日本複合材料学会誌，**34**，4，pp. 153‑161（2008）
9) 伊藤幹彌：高分子材料の難燃性評価，日本ゴム協会誌，**83**，1，pp. 6‑10（2010）

〔13・3・1〕
1) 電気用品安全法（改正平成 26 年 6 月 18 日法律第 72 号）
2) 電気用品の技術上の基準を定める省令（平成 25 年 7 月 1 日経済産業省令第 34 号）
3) 電気用品の技術上の基準を定める省令の解釈について（平成 25 年 7 月 1 日経済産業省通達商局第 3 号）
4) UL 94：機器の部品用高分子材料の燃焼試験
5) UL 746A：高分子材料－短期的特性評価，UL 746 B：高分子材料－長期特性評価，UL 746 C：高分子材料－電気機器の評価に使用する規格，UL 746 D：高分子材料－加工部品，UL 746 E：高分子材

料―プリント配線板に使用する工業用積層板，フィラメント巻きチューブ，バルカナイズドファイバー及び材料

6）UL 60065：オーディオ・ビデオ及び類似の電子機器－安全要求事項
7）UL 60950－1：情報技術機器－安全性－パート1一般要求事項
8）UL 923：電子レンジ
9）UL 796：印刷回路板.
10）UL 20：一般用スイッチ
11）UL 1008：自動スイッチ
12）UL 1054：専用スイッチ
13）UL 1411：変圧器（ラジオおよび TV 用）
14）IEC 60695－11－2：1 kW の予混合火炎－装置，確認試験配置及び指針
15）IEC 60695－11－3：500 W の火炎－装置及び確認試験方法
16）IEC 60695－11－4：50 W 炎－装置及び確認試験方法
17）IEC 60695－11－5：針状火炎試験方法－装置，確認試験配置及び指針
18）IEC 60695－11－10：試験炎－50W 水平炎及び垂直炎による試験方法
19）IEC 60695－11－20：試験炎－500W 炎による試験方法
20）IEC 60695－11－21：試験炎－管状高分子材料の500W 垂直試験
21）IEC 60695－11－30：1979 年から1999 年までの経緯と発展
22）IEC 60695－11－40：確認試験－指針
23）IEC 60695－2－10：白熱／熱線ワイヤ試験方法－グローワイヤ装置及び共通試験手順
24）IEC 60695－2－11：白熱／熱線ワイヤ試験方法－最終製品のグローワイヤ燃焼試験方法
25）IEC 60695－2－12：白熱／熱線ワイヤ試験方法－材料のグローワイヤ燃焼試験方法
26）IEC 60695－2－13：白熱／熱線ワイヤ試験方法－材料のグローワイヤ着火温度試験方法
27）IEC 61189－2：電気材料，プリント板及びその他の相互接続構体並びにアセンブリの試験方法－第2部－相互接続構体の材料の試験方法
28）UL 62368－1：オーディオ・ビデオ，情報及び通信技術機器－第1部－安全要求事項
29）株式会社 UL Japan 編：新版 UL 規格の基礎知識 第3版，日本規格協会（2012）
30）日本火災学会編：火災便覧　第3版，p. 853，共立出版（1997）

〔13・3・2〕
1）齋藤　直：高分子の難燃化における気相制御の役割，火災，**31**，4，（1981）
2）R. J. Schwartz：Fire Retardation of Polyethylene and Polypropylene；*Flame Retardancy of Polymeric Materials*（W. C. Kuryla and A. J. Papa ed.），Vol. 2，Chap. 2（1973）
3）下川繁三，大野泰照，相馬純吉，平野崎望，遠藤一夫：ポリ塩化ビニル熱分解反応の熱分析および FSR による研究，日本化学会誌（1973）
4）J. J Pitts：Antimony-Halogen Synergistic Reaction in Fire Retardants：*Journal of Fire and Flammable*，**3**（1972）
5）上原陽一，三門恒雄：ポリメチルメタクリレートの燃焼に及ぼす塩素化ポリエチレンおよび三酸化アンチモンの効果，横浜国立大学材料基礎工学研究，No. 12（1976）
6）西沢　仁：ポリマーの難燃化－その化学と実際技術，大成社（1987）
7）Hirado, C. J：*Flammability Handbook for Plastics*，4 th edition，Technomic Publishing（1990）
8）伊藤公正：プラスチックデータハンドブック，工業調査会（1980）
9）ポリマー辞典（増補版）大成社（1993）
10）建設省：新木造建築技術の開発報告書，第3巻，防・耐火設計に関する技術開発（建設省総合技術

開発プロジェクト）（1992）

〔13・4〕
1) 火災の実態，平成27年度版，東京消防庁HP
2) 川越，笹川，水野，堀内：災害の研究，第11巻，ウレタンフォームの室内燃焼試験（1980）
3) T. Mizuno：Fire Science and Technology, Burning Behaviour of Urethane Foam Mattresses, Vol. 1, No. 1, pp. 33 – 44（1981）
4)「防災製品」の認定関係資料集，（財）日本防災協会（1993）
5) 水野：日関建築学会構造系論文報告集，椅子の燃焼速度について，第363号，pp. 103〜109（1986）
6) 建築物の総合防火設計法，第2巻，出火拡大防止設計法，（財）日本建築センター，pp. 22〜23, pp. 143〜147（1989）
7) 川越，水野，篠田：日本火災学会大会講演概要集，閉空間における家具類の燃焼性状（その2）（1983）
8) 水野智之他：椅子の燃焼性状に関する実験的研究，日本火災学会研究発表会，B 25, 1998.5
9) 長岡　勉他：プラスチック系椅子の燃焼性状，日本火災学会研究発表会，A 33, 2003.5
10) 長岡　勉他：椅子の燃焼発熱性状，日本建築学会関東支部研究報告，3001, 2001.3
11) 川越，水野，小池，大柳：日本火災学会大会講演概要集，木製ドアの遮炎性能，（1981）
12) 昭和58年度総プロ「住宅性能総合評価システムの開発」報告書，安全性に関する評価法及び測定法の開発（防火安全性能の評価方法の開発，資料編），建築研究所（1978）
13) B. Sundstron, I. Kaiser：Full Scale Fire Testing of Upholstered Furniture, sp Rapp（1986）
14) V. Babrauskas and J. Krasny：Fire Behavior of Upholstered Furniture, NBS Monograph 173（1985）
15) B. E. Sundström："Quantitative Large–Scale Tests of Furnishings in Europe," Fire and Flammability of Furnishings and Contents of Buildings, ASTMSTP 1233, A. J. Fowell, Ed., American Society for Testing and Materials, Philadelphia, pp. 98 – 104（1994）
16) G. H. Damant and S. Nurbakhas："Using Carifornia Technical Bulletin 133 to Measure Heat Release Rate Tests of Scating Furniture," Fire and Flammability of Furnishings and Contents of Buildings, *ASTM STP* 1233, A. J. Fowell, Ed., American Society for Testing and Materials, Philadelphia, pp. 83 – 97（1994）
17) 超高層建築物防災問題に係る研究報告書――OAオフィス分科会――，（財）日本建築センター
18) 川越，水野，堀内：災害の研究，第八巻，単一家具の室内燃焼試験（1980）
19) M. M. Hirschler,："Fire Tcsts and Interior Furnishings," Fire and Flammability of Furnishings and Contents of Buildings, ASTM STP 1233, A. J. Fowell, Ed., American Socicly for Testing and Materials, Philadelphia, pp. 7 – 31（1994）
20) Life Safety Code 101, NFPA（1944）

〔13・5〕
1) The flammability of apparel fabrics in relation to domestic burning accidents：PD 2777, British Standards Institution（1957）
2) Flammable Fabrics–Third Annual Report；U. S. Department of Health, Education and Welfare（1972）
3) 消防白書：消防庁，平成21年–平成28年
4) 寺崎：月刊消防，1月号，21，第一法規出版（1984）
5) Code for Federal Regulations：Title 16, Part 1609
https：//www.ecfr.gov/cgi–bin/text–idx?SID=f5139243535919e279b1c30c69964910&mc=true&

node=pt16.2.1609&rgn=div5（2017/7/21）

6）寺崎：月刊消防，2月号，31，第一法規出版

7）Code for Federal Regulations：Title 16, Part 1615
https：//www.ecfr.gov/cgi-bin/text-idx?SID=f5139243535919e279b1c30c69964910&mc=true&
node=pt16.2.1615&rgn=div5（2017/7/21）

8）Code for Federal Regulations：Title 16, Part 1616
https：//www.ecfr.gov/cgi-bin/text-idx?SID=f5139243535919e279b1c30c69964910&mc=true&
node=pt16.2.1616&rgn=div5（2017/7/21）

9）寺崎：防炎ニュース，71号，日本防炎協会（1982）

10）Children's Sleepwear Regulations（SOR/2016-169）（Canada Consumer Product Safety
Act）

11）Product Safety Standard（Children's Nightwear and Limited Daywear Having Reduced
Fire Hazard）Regulations 2016 /

12）防炎製品認定関係資料集（日本防炎協会）

13）公益財団法人　日本防炎協会　防炎製品性能試験基準
http：//www.jfra.or.jp/member/pdf/nintei_shokitei/07.pdf（2017/7/21）

14）公益財団法人　日本防炎協会　防炎製品毒性審査基準
http：//www.jfra.or.jp/member/pdf/nintei_shokitei/08.pdf（2017/7/21）

15）公益財団法人　日本防炎協会　防炎製品毒性審査申請規程
http：//www.jfra.or.jp/member/pdf/nintei_shokitei/02.pdf（2017/7/21）

17）STOLL, A. M. and CHIANTA, M. A., Method and Rating System for Evaluation of
Thermal Protection. Aerospace Medicine, **40**, pp. 1232-1238（1969）

18）消防隊員用個人防火装備のあり方について，消防隊員用個人防火装備に係るガイドラインの見直し
に関する検討会

19）NFPA 70 E：Standard for Electrical Safety in the Workplace（National Fire Protection
Association）

20）消防白書：消防庁，平成28年

21）Code for Federal Regulations：Title 16, Part 1632
https：//www.ecfr.gov/cgi-bin/text-idx?SID=7ac47730c3961cf34f8e9e80c4d9d087&mc=true&
node=pt16.2.1632&rgn=div5（2017/7/21）

22）Code for Federal Regulations：Title 16, Part 1633
https：//www.ecfr.gov/cgi-bin/text-idx?SID=7ac47730c3961cf34f8e9e80c4d9d087&mc=true&
node=pt16.2.1633&rgn=div5（2017/7/21）

〔13・6・1〕

1）（一社）日本機械学会編：新版機械工学便覧　基礎・応用編，（一社）日本機械学会（2007）

2）（一社）日本機械学会編：燃焼の設計　理論と実際，オーム社（1990）

3）（一社）日本ボイラ協会編：新版　ボイラ便覧，丸善（1997）

4）国井大蔵：炉と燃焼装置，科学技術社（1958）

5）JIS K 2203：灯油，（一財）日本規格協会（2009）

6）JIS K 2204：軽油，（一財）日本規格協会（2007）

7）JIS K 2205：重油，（一財）日本規格協会（2006）

8）JIS B 8201：陸用鋼製ボイラの構造，（一財）日本規格協会（2013）

9）JIS B 8203：鋳鉄ボイラの構造，（一財）日本規格協会（2005）

10）日本暖房機器工業会 遠赤外線放射式暖房装置（2015）

11）JIS S 2019：自然通気形開放式石油ストーブ，（一財）日本規格協会（2009）

12）JIS S 2036：強制通気形開放式石油ストーブ，（一財）日本規格協会（2009）

13）JIS S 2039：半密閉式石油ストーブ，（一財）日本規格協会（2009）

14）JIS S 2031：密閉式石油ストーブ，（一財）日本規格協会（2009）

15）（一財）日本燃焼機器検査協会：加熱機能付半密閉式石油ストーブ検査基準（2012）

16）（一財）日本燃焼機器検査協会：加熱機能付密閉式石油ストーブ検査基準（2012）

17）（一財）日本燃焼機器検査協会：エアコン暖房用石油熱源機検査基準（2012）

18）（一財）日本燃焼機器検査協会：電気ストーブ又は電気温風機付強制通気形開放式石油ストーブ検査基準（2012）

19）JIS S 3021：油だき温水ボイラ，（一財）日本規格協会（2013）

20）JIS S 3024：石油小形給湯機，（一財）日本規格協会（2013）

21）JIS S 3027：石油給湯機付ふろがま，（一財）日本規格協会（2013）

22）JIS S 3018：石油ふろがま，（一財）日本規格協会（2009）

23）（一財）日本燃焼機器検査協会：高圧力型油だき温水ボイラ・高圧力型石油小形給湯機・高圧力型石油小形給湯機付ふろがま検査基準（2017）

24）（財）ヒートポンプ技術開発センター：平成 4 年度 スターリングエンジン利用機器実用化に関する調査研究報告書 HPTC-88：スターリングエンジンヒートポンプ基準案（1993）

25）JIS B 8412：ガンタイプ油バーナ用燃焼安全制御器，（一財）日本規格協会（1981）

26）労働安全衛生法（2015 年 5 月 7 日法律第 17 号）

27）ボイラー及び圧力容器安全規則（2016 年 9 月 20 日厚生労働省令第 149 号）

28）ボイラー構造規格（2003 年厚生労働省告示第 197 号）

29）小型ボイラー及び小型圧力容器構造規格（1975 年 10 月 18 日労働省告示第 81 号）

30）労働安全衛生法施行令の一部を改正する政令等の施行について（1998 年 12 月 11 日基発第 695 号）

31）電気事業法（最終改正：2016 年 6 月 3 日法律第 59 号）

32）発電用火力設備に関する技術基準を定める省令（最終改正：2014 年 11 月 5 日経済産業省令第 55 号）

33）JIS B 8265：圧力容器の構造－一般事項，（一財）日本規格協会（2010）

34）JIS B 8266：圧力容器の構造－特定規格，（一財）日本規格協会（2006）

35）（一財）日本規格協会，JIS ハンドブック　圧力容器・ボイラ［用語／構造／附属品・部品・その他］（2017）

36）JIS B 8415：工業用燃焼炉の安全通則，（一財）日本規格協会（2008）

37）消防法（最終改正：2015 年 9 月 11 日法律第 66 号）

38）消防法施行令（最終改正：2016 年 12 月 16 日政令第 379 号）

39）対象火気設備等の位置，構造及び管理並びに対象火気器具等の取扱いに関する条例の制定に関する基準を定める省令（2002 年 3 月 6 日総務省令第 24 号）（最終改正：2015 年 11 月 13 日総務省令第 93 号）

40）火災予防条例（例）（2014 年 1 月 31 日消防予第 20 号）

41）JIS S 3030：石油燃焼機器の構造通則，（一財）日本規格協会（2009）

42）JIS S 3031：石油燃焼機器の試験方法通則，（一財）日本規格協会（2009）

43）電気用品安全法（最終改正：2014 年 6 月 18 日法律第 72 号）

44）電気用品の技術上の基準を定める省令　別表第八（最終改正年月日：2012 年 1 月 13 日経済産業省令第 5 号）

45）電気用品の技術上の基準を定める省令の解釈（2013 年 7 月 1 日 20130605 商局第 3 号）

46）（一財）日本燃焼機器検査協会，電気雑音等に関する検査基準（2012）

47）（一社）日本ガス石油機器工業会　石油燃焼機器のプラスチック材使用ガイドライン（2015）

48）東京消防庁監修：9訂版 火災予防条例の解説，東京法令出版株式会社（2017）

49）全国消防長会監修：石油燃焼機器の解説，（一財）日本石油燃焼機器保守協会（2013）

50）対象火気設備等及び対象火気器具等の離隔距離に関する基準（2002年3月6日消防庁告示第1号）

51）（一財）日本燃焼機器検査協会，防火性能検査基準（2012）

52）建築基準法施行令（最終改正：2016年8月29日政令第288号）

53）JIS S 2080：燃焼機器用排気筒，（一財）日本規格協会（2000）

54）JIS S 3025：石油燃焼機器用給排気筒，（一財）日本規格協会（1996）

55）危険物の規制に関する政令（最終改正：2013年3月27日政令第88号）

56）危険物の規制に関する規則（最終改正：2017年1月26日総務省令第3号）

57）JIS S 3020：石油燃焼機器用油タンク，（一財）日本規格協会（2006）

58）JIS S 3022：石油燃焼機器用ゴム製送油管，（一財）日本規格協会（2003）

59）JIS S 3028：石油燃焼機器用銅製送油管，（一財）日本規格協会（2006）

60）消費生活用製品安全法（最終改正：2014年6月13日法律第69号）

61）消費生活用製品安全法施行令（最終改正：2012年3月30日政令第96号）

62）経済産業省関係特定製品の技術上の基準等に関する省令（最終改正：2016年5月31日経済産業省令第73号）

63）経済産業省関係特定保守製品に関する省令（最終改正：2010年11月1日経済産業省令第55号）

64）総務省消防庁：火災年報（2006年度〜2015年度）

65）原實，土方忠道，島田由夫，宮川育郎：石油こんろの火災危険，火災，32，5，pp. 41 - 46，（1982）

66）東京消防庁調査課：今冬期の異常寒波と火災，火災，34，4，pp. 47，（1984）

67）東京消防庁監修：1993年版火災の実態，pp. 338，（財）東京防災指導協会（1993）

68）東京消防庁予防調査課：石油ファンヒータの火災事例2題；1．気化式石油ファンヒータ，2．芯式石油ファンヒータ，火災，36，4，pp. 48 - 49，（1986）

69）原實，土方忠道，宮川育郎：強制排気式石油ストーブの火災危険，火災，29，6，pp. 46 - 52，（1979）

70）東京消防庁監修：1991年版　火災の実態，pp. 308，（財）東京防災指導協会（1991）

71）東京消防庁監修：1993年版　火災の実態，pp. 279，（財）東京防災指導協会（1993）

72）東京消防庁監修：1991年版　火災の実態，pp. 358，（財）東京防災指導協会（1991）

73）新居秀敏：灯油とガソリンの混合油を使用した場合の石油ストーブの発火危険性，火災，37，2，pp. 7 - 11，（1987）

74）東京消防庁調査課：東京消防，73，7，pp. 171 - 173，（1994）

75）東京消防庁監修：1993年版　火災の実態，pp. 278，（財）東京防災指導協会（1993）

76）東京消防庁予防調査課：木材の低温加熱による炭化例，火災，33，5，pp. 34 - 38，（1983）

77）新井邦彦：しん上下式石油ストーブの使用状態の1判定法について，火災，38，4，pp. 31 - 38，（1988）

78）新井邦彦，野波昌史：燃焼，12，I，pp. 56 - 73，（1989）

79）寒冷地における石油燃焼機器の使用実態調査報告書（1990年度〜1992年度），（財）日本燃焼器具検査協会（1993）

〔13・6・2〕

1）ガス用品の技術上の基準等に関する省令（昭和46年4月1日通商産業省令第27号）

2）液化石油ガス器具等の技術上の基準等に関する省令（昭和43年3月27日通商産業省令第23号）

3）JIS S 2092：家庭用ガス燃焼機器の構造通則，日本規格協会（2010）

4）JIS S 2103：家庭用ガス調理機器，日本規格協会（2015）

5) JIS S 2109：家庭用ガス温水機器，日本規格協会（2011）
6) JIS S 2112：家庭用ガス温水熱源機，日本規格協会（2011）
7) JIS S 2122：家庭用ガス暖房機器，日本規格協会（2010）
8) 消防白書，総務省消防庁（平成 19 年版〜平成 29 年版）
9) 消防法施行令（昭和 36 年 3 月 25 日政令第 37 号）
10) 日本ガス機器検査協会：ガス温水機器検査規程（2010）
11) 日本ガス機器検査協会：ガス温水熱源機検査規程（2011）
12) 日本ガス機器検査協会：ガス調理機器検査規程（2014）
13) 日本ガス機器検査協会：業務用ガス厨房機器検査規程（2015）
14) 日本ガス機器検査協会：ガス温水機器検査規程（ガス消費量が JIS の適用範囲を超えるもの）（2012）
15) 東京都生活文化局消費生活部：平成 27 年度調査報告書　ガスコンロの安全な使用に関する調査報告書，p. 23
16) nite News Release 製品評価技術基盤機構（平成 27 年 3 月 26 日）

〔13・7〕
1) 日本建築学会：防火材料パンフレット（1993）
2) 日本建築学会関東支部：建築仕上げ材料の性能試験方法（1991）
3) 大宮善文，遊佐秀逸他：建築学の基礎 7　建築防災，共立出版（2005）
4) 建材試験センター：防耐火性能試験・評価業務方法書（2016）
5) 日本建築防災協会：特定建築物調査員講習会テキスト 1（2016）
6) 建材試験センター：建築材料・部材の試験評価技術（2014）

〔13・8〕
1) 日本建築学会編：防火区画の設計・施工パンフレット，p. 38 日本建築学会（1990）
2) E. Raisch：Die Wärmeleitfähigkeit von Beton in Abhängigkeit vom Raumgewicht und Feuchtigkeitsgrad, Gesundheitsingenieur, Sonderheft（1930）
3) O. Krischer：Die Wissenschaftlichen Grundlagen der Trocknungstechnik, Springer Verlag, Berlin（1956）
4) H. J. Wierig：Das Verhalten von Betonwaren und Stahlbetonfertigteilen im Feuer, D. A. f. St. Heft 162（1964）
5) H. Busch：Feuereinwirkung auf nicht brennbare Baustoffe und Baukonstruktionen, Zementverlag GmbH, Berlin（1938）
6) K. Billig：Heat-Resistant Concrete, Civil Engineering and Public Works Review, Sept., Oct.（1962）
7) T. T. Lei, editor："Structural fire protection", pp. 222 〜 223, ASCE Manuals and Reports on Engineering Practice No. 78（1992）
8) 日本鋼構造協会：鉄筋コンクリート用棒鋼および PC 鋼棒・鋼線の高温ならびに加熱後の機械的性質 ; JSSC, Vol. 5, No. 45（1969）
9) H. Lehmann and G. Mälzig：Über die Heißdruckfestigkeit von Beton, Tonindustrie–Zeitung（1960）
10) O. Graf, W. Albrecht and H. Schäffler：Die Eigenschaften des Betons, Berlin–Göttingen–Heidelberg（1960）
11) K. Kordina：Das Verhalten von Stahlbeton–und Spannbetonbauteilen unter Feuerangriff. D. A. f. St., Heft 162（1964）

12) T. Z. Harmathy and J. E. Berndt：Hydrated Portland Cement and Lightweight Concrete at Elevated Temperatures, Journal of A. C. I., January (1966)

13) H. L. Malhorta：The Effect of Temperature on the Compressive Strength of Concrete, Magazine of Concrete Research, Vol. 8, No. 23, August (1956)

14) F. G. Thomas and C. T. Webster：The Fire Resistance of Reinforced Concrete Columns, Investigations on Building Fires, Part. VI, Research Paper No. 18 (1953)

15) W. Kocherscheidt：Feuerwiderstandsfähigkeit von Beton und Stahlbeton Dissertation

16) R. Philleo：Some Physical Properties of Concrete at High Temperatures, Journal of A. C. I., April (1958)

17) 原田　有：高温度におけるコンクリートの強度と弾性の変化，日本建築学会論文集，No. 48 (1954)

18) C. R. Cruz：An Optical Method for Determining the Elastic Constants of Concrete, Journal of the P. C. A. Research and Development Laboratories, May (1962)

19) 大岸佐吉：放射線遮蔽コンクリートの高温弾性と強度変化に関する研究，日本建築学会論文報告集，No. 103 (1964)

20) Haas, Ophorst, Rengers (Commissie voor Uitvooring van Research)：Brandproeven op voorgespannen Betonliggers. CUR-Rapport 4, 13 (1958)

21) H. Saito：Behavior of End Restrained Concrete Member in Fire, B. R. I. Research Paper No. 32 (1968)

22) 斎藤　光：材端拘束鉄筋コンクリート部材の火災時の性状，日本建築学会大会学術講梗概集 (1968)

23) 斎藤　光：プレストレストコンクリート部材の爆裂について，日本火災学会論文集，Vol. 15, No. 2 (1966)

24) 斎藤　光：プレストレストコンクリートの耐火性（第5回 FIP 国際会議・委員会報告），日本火災学会論文集，Vol. 16, No. 2 (1967)

25) C. M. Ottens：Abplatzungsversuche, Feuerwiderstandsfahigkeit von Spannbeton, Bauverlag GmbH. Wiesbaden-Berlin (1966)

26) H. Ehm, R. von Postel：Versuche an Stahlbetonkonstruktionen mit Durchlaufwirkung unter Feuerangriff, Feuerwiderstandsfahigkeit von Spannbeton, Bauverlag GmbH. Wiesbaden-Berlin (1966)

27) (財)国土開発技術センター，(財)日本建築センター：建築物の総合防火設計法

28) 作本好文他：建築構造用耐火鋼材の高温強度特性，日本建築学会構造系論文報告集，第 427 号，pp. 107～115 (1991)

29) 斎藤　光：鉄骨構造の火災に対する安全率，日本建築学会論文報告集，No. 76 (1962)

30) H. Saito：Research on the Fire Resistance of Steel Beam, B. R. I. Research Paper No. 31 (1968)

31) Н. Й. зенков：О Прочности Строительных Стапеипри Бисоких Темлературах. Промыщленное Строителъство No. 11 (1958)

32) 斎藤　光：端部拘束鋼構造部材の火災時の性状，日本火災学会論文集，Vol. 15, No. 1 (1966)

33) 水野敬三他：大断面コンクリート充填鋼管柱の耐火性に関する研究，日本建築学会大会学術講梗概集，pp. 1409～1410

34) 古平章夫：耐火，コンクリート工学，pp. 74～79 (1994)

35) 斎藤秀人・斎藤　光：充填鋼管コンクリート柱の耐火性能に関する実験的研究，日本建築学会構造系論文集，第 458 号，pp. 163～169

36) 中村賢一：各国の試験方法の比較，火災，40, 6 (189)，pp. 13～ (1990)

37) 茂木　武・田次伸也・原田晶利：耐火被覆のない合成スラブの耐火性能試験（その3）再加熱試験等

の試験結果，日本建築学会大会学術講演集 A，pp. 20 - 21（1987）

38）森田　武・近藤照夫・斎藤秀人・斎藤　豊・永見一夫：ハーフ PC 合成床板の耐火実験，日本火災学会研究発表会梗概集，pp. 81 - 84（1991）

39）新都市ハウジング協会調査研究委員会躯体構造部会 CFT 耐火 WG：無耐火被覆 CFT 長柱の耐火性能，日本建築学会技術報告集，16，pp. 145 - 150（2002）

40）コンクリート工学協会：コンクリート工学，**45**，9（2007）

41）AIJ ガイドブック

〔13・9〕

1）日本建築学会：防火材料パンフレット（1993）

2）日本建築学会関東支部：建築仕上げ材料の性能試験方法（1991）

3）大宮善文，遊佐秀逸他：建築学の基礎 7　建築防災，共立出版発行（2005）

4）建材試験センター：防耐火性能試験・評価業務方法書（2016）

5）日本建築防災協会：特定建築物調査員講習会テキスト 1（2016）

6）建材試験センター：建築材料・部材の試験評価技術（2014）

〔13・10〕

1）U. Diederichs and U. Schneider：Magazine of Concrete Research, Bond strength at high temperatures, Vol. 33, No. 115, pp. 75 - 84（1981）（抄訳；大内富夫：建築雑誌，高温時における鉄筋とコンクリートの付着強度．Vol. 97，No. 1188（1982））

2）鹿島建設技術研究所編：既存建物の耐力診断と対策，pp. 81 - 109，鹿島出版会（1978）

3）竹山謙三郎ほか：コンクリートパンフレット第 41 号，鉄筋コンクリート建築の耐力診断，日本セメント技術協会（1955）

4）U. Schneider and E. Nagele：Repairability of fire damaged structures, CIB W 14 Draft report, pp. 11 - 12（1988）

5）岸谷孝一・森　　実：セメントコンクリート，火害を受けた鉄筋コンクリート建物の受熱温度の推定，No. 302，pp. 13 - 22（1972）

6）補修・補強の材料・工法一覧表：コンクリート工学，Vol. 31，No. 7（1993）

7）日本建築学会：建物の火害診断および補修・補強方法指針・同解説（2015）

第14章　建築物の火災安全設計

14・1　火災安全設計の基本的考え方

14・1・1　火災安全の目標

　火災に対する建築物の安全設計は，大きくは人命の安全を確保し，財産の損耗を防止することを目的としている．人命に関しては，建物の在館者（居住者，使用者，訪問者など建物に居る人々）と，消火活動に携わる警備員や公設消防隊などの対応者が通常想定される．また，財産保護に関しては，延焼範囲と煙損範囲を限定して建物そのものの再使用を容易にすること，マンション等の区分所有建物では第三者への迷惑防止のため，火元以外の住戸へ損害を拡大させないことが求められる．また，火災規模が大きくなると，周辺建物への延焼拡大や，市街地火災への拡大が懸念される．特に，地震後の火災や津波，台風などの自然災害に伴って発生する火災では複数同時火災が道路寸断状態で発生することも想定される．このような場合には，公設消防が対応できない可能性もあり，建物側の対策で火災拡大を抑制する対策が望まれる．

表 14・1　火災安全設計の目標[1~3]

区分	名称	内容	参照法令等
社会規範	出火防止	日常火気使用室などからみだりに出火しないこと	建築基準法消防法
	在館者の人命安全	在館者が火災の影響を受けずに安全な場所まで避難できること，あるいは建物内の安全な場所に待機できること．	建築基準法消防法
	消防隊の安全	救助隊および消防隊の活動に著しい危険がないこと．また，危険が差し迫ったときには，待避する経路が確保されること．	建築基準法消防法
	第三者の財産保護	建物内の他の使用者の財産の損耗を防止すること	建築基準法
	建物間の延焼防止	周辺の建物から容易に延焼しないため，延焼の恐れのある部分の外壁等への延焼を防止すること	建築基準法
	市街地火災防止	都市防火上重要な地区内の建築物は耐火性を有し，市街地規模の火災を抑止すること	建築基準法都市計画法
施主要求	事業継続性	火災後の復旧時間を最小にし，事業継続上の支障を最小にすること．	施主要求
	財産保護	建物所有者の財物，データ，文化財などを火災の影響から離隔する．	施主要求
	再使用性	建物の修理を容易にし，合理的コストで再使用を可能とすること．	施主要求
	周辺迷惑防止	電力，鉄道などの社会基盤への火災の影響を最小化すること	隣地との契約
	環境保護	環境へ放出されるガス，飛散物，汚染水などの影響を最小化すること	社会貢献

　これらの目標は，社会規範として建築基準法，消防法などの法令基準で強制的に規定されているものと，施主および使用者の希望に応じて任意に設定されるものがある．表 14・1 に，火災安全設計の目標の主なものを列挙する．

14・1・2　機　能　要　件

　火災安全の目標が定められた後は，各目標を達成するために必要な事項を機能要件として考慮する．例えば，在館者の人命安全に関しては，表 14・2 のように機能要件を定めることができる[3]．

表 14・2　在館者の人命安全に関する機能要件

1. 適切な避難計画の策定
1.1　建築物の設計は火災時の避難計画を予め考慮に入れたものでなくてはならない．
1.2　建築物の避難計画は，通常予想される全ての在館者に対する火災時の安全性を考慮したものでなくてはならない．
1.3　建築物の避難計画は，如何なる時間帯に火災が発生したとしても，有効に機能するものでなくてはならない．
1.4　建築物の避難計画は，建築物の在館者，空間形状，利用，管理，運営及び火災感知・警報システム等の特性を勘案して火災時の避難計画として実際的なものとしなければならない．
2. 燃焼による危険の著しい材料の使用制限
2.1　燃焼性が著しく高い材料，または有毒性の高いガスを発生する恐れのある材料を，その潜在的危険に対する十分な専門的知識の乏しい者が使用する空間に用いてはならない．ただし，著しい危険が発現しないような措置を講ずるものにあっては，この限りでない．
3. 安全な避難場所の確保
3.1　建築物には，火災時における在館者の避難の最終的安全のために避難場所が確保されなければならない．
3.2　避難場所は原則として公道，危険を避けるために必要な時には，避難者が避難場所から自由に遠ざかることができる空間に確保することとする．但し，このような空間への避難を妥当な時間内に完了することが困難な建築物では，建築物の敷地上または建築物の内部に設けることができるものとする．
3.3　避難場所は，避難者に対し，火災の煙，火炎および放射熱，ならびに建築物の破損，倒壊等，火災に起因する危険の及ぶ恐れがないものでなくてはならない．
3.4　避難場所は，避難者の滞在を生理的に困難にする環境であってはならない．
3.5　出火位置に応じて避難場所を変更する避難計画の場合は，そのために避難誘導を複雑にし混乱の原因となる恐れがあってはならない．
4. 安全な避難経路の確保
4.1　避難経路は，通常在館者の存在する可能性のある各位置から最終避難場所まで連続し，かつ明快なものでなくてはならない
4.2　避難経路は，出火の可能性がある如何なる部分で火災が発生した場合にも，通常予想される全ての在館者に対して，少なくとも 1 つの避難可能な経路が確保されるように計画しなければならない．
4.3　避難経路は，火災時の避難に支障のない通過容量，形状，構造，設備等を有するものでなくてはならない．
4.4　避難経路の各部分は，その部分における避難が継続する間，煙，火炎，放射熱，崩壊，破損等火災に起因する危険が避難者に及ばないものとしなければならない．
4.5　出火した場合，通常予想される在館者に対して避難経路が全く残らなくなる恐れのある部分を有

する建築物は，その部分で出火しても在館者に避難の必要を生ずるような危険が及ばないようにするか，若しくはその部分での出火危険が無視できる程度となるような措置を講じなければならない．

14・1・3　性能評価法

　火災安全上の目標と機能要件を満足するように建築の設計案を作ることが火災安全設計である．これが十分かどうかは，個別の仕様書的基準に従うか，性能評価法により検証することになる．詳細は 14・4 節に譲るが，性能評価法では機能要件に対応する火災の燃焼を設計火源として想定し，これが建物で生じたときの温度，煙濃度などの影響を定量的に予測した上で対策の可否を判断する[4]．図 14・1 に示す設計火源では，火災感知検討用の微小火源に対して火災感知器が，消火設備検討用の成長火源に対してスプリンクラーが正しく作動することを検証する[5]．避難検討用の成長火災に対して室内が危険な状態になる前に在館者の避難が完了すること[6]，消防活動安全性検討用の中期火源に対して消防隊のアクセスと消火活動の安全性を評価する[5]．構造耐火性検討用の盛期火災では，フラッシュオーバー後の盛期火災を想定して建物躯体の健全性を検証する[7]．これらの試行により，合理的な設計案を導くことが設計のねらいとなる．

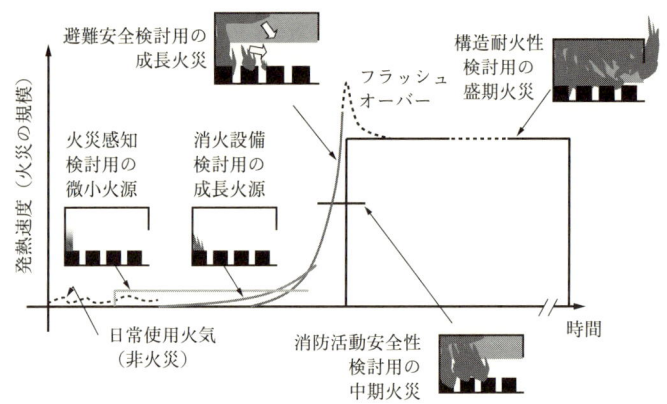

図 14・1　火災安全設計における設計火源（想定する火災の規模）[5~7]

14・1・4　建築設計における火災安全設計手順

　建築物の設計においては，建物配置，階数，規模といった敷地スケールでの設計から始まり，最終的には建物各部位の詳細設計までが行われる．火災安全設計は建築設計の一部であり，建築設計のプロセスに関連して考えると図 14・2 の手順で設計を進めることができる．すなわち，建物全体を防火区画に分割して火災の規模を制限する場所を決めておく．次に，煙汚染範囲を設定し，汚染範囲外に一次避難場所とさらにその先に最終避難場所を設定し，避難場所へ至る経路を設定する．また，救助隊および消防隊が外部から火点に至るまでのア

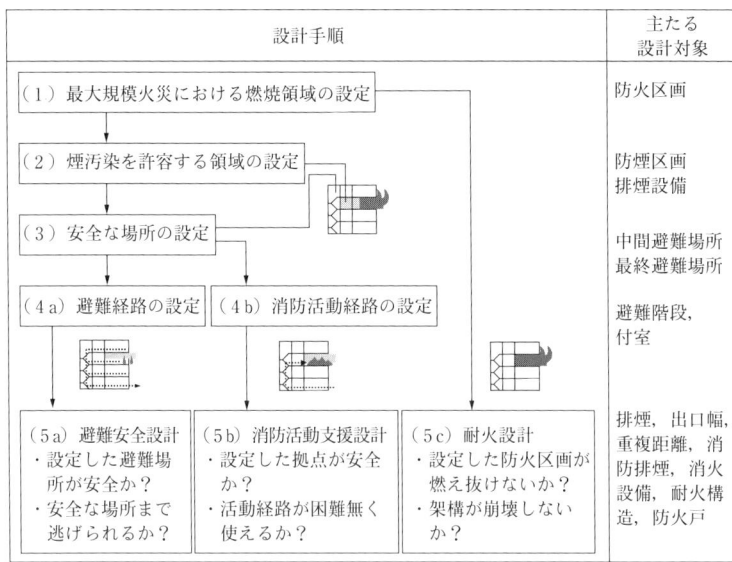

図 14·2　火災安全設計の手順の例（文献 9）を一部改）

クセス経路を設定する．以上の設定が，想定される火災に対して無理なく実施できるかどうかを検証して一連の設計手順が完了する[8]．

14·1·5　設計における総合化

　建築物の設計では，固有の目的を持った建物を，敷地条件，階高，面積等が異なる条件下でまとめ，意匠的にも優れたものとしなければならない．建物本来の目的のための空間，構造，設備がある一方で，火災安全のためのみに必要となる空間，構造，設備もある．これらは，経済活動的には無駄なものと捉えられがちであるが，種々の制約のなかで最適に配分して安全性を高めるように総合的に計画することが求められる．

　一般には，複数の設計案を立てて比較検討した後に最終案を選ぶことになる．複数設計案の比較のため，例えば，米国防火協会（NFPA，National Fire Protection Association）ではdecision tree[10]を提示し，システムの重みづけの決定や設計の見落とし防止のための利用を図っている．また，システムの故障が波及していく経過をevent tree[11]で表し，重大な結果をひき起す原因を特定して改善する方法，あるいはfault tree[12]で故障の連鎖を表し，懸念される事象が発生する確率を最小化する方法などがある．

　火災安全システムは，その動作の有無からアクティブ・システムとパッシブ・システムに分けることができる．パッシブ・システムは，機械的な動作が不要あるいは最低限のもので有効性が期待できるものであり，主には耐火構造壁による区画化や不燃壁による避難経路の確保などが含まれる．一方，アクティブ・システムは，電源や空気圧等の機械的動作を前提とした設備類が該当し，感知器，スプリンクラー，排煙等の設備がその代表である．防火シャッターや排煙窓などの火災感知器と連動して作動する建具は，アクティブ・システムの

一種である．アクティブ・システムは正しく作動した時の効果は大きいが，必ず作動すると
は限らない．そのため，作動したときの効果だけでなく，不作動あるいは誤作動した時の欠
点を考慮してシステムに組み込むことが望ましい．また，操作ミス等の人的要因により有効
度が低下することを防止するため，操作を誤りなく行えるように設計することも有効であ
る．これは，フール・プルーフ（fool proof）設計あるいはアフォーダンス設計と言われて
いる．例えば，切迫した状況下でも自然にわかりやすい避難出口の形状とすること，誤操作
の起こりにくいように機器の色彩や可動部の形状を決めること，設置位置，操作性等を人間
の心理や生理的活動の状況に応じて計画しておくことなどが考えられる．

　安全性の評価は，性能の下限に注目して行うべきものである．言い換えれば本来の機能で
なく，故障とその結果に着目している．したがって，安全システムを設計する場合において
も，その達成できる最高性能だけを評価するのではなくて，システムの一部が故障しても大
事に至らないことを検討しておく必要がある．システムのどこかで故障が生じても，システム
が破局的な危険に至らないような設計をフェイル・セーフ（fail safe）設計と呼び，サブ
システムの並列化により実現できる．アクティブ・システムとパッシブ・システムを並列化
するのも典型的な方法であり，パッシブ・システムにより破局的な危険が生じないようにし
ておいて，アクティブ・システムで安全性を高めるのが妥当な設計と考えられる．特に地震
後の出火に対しては，アクティブ・システムに頼らずに最小限必要な安全を確保することを
考えておく必要がある．

14・1・6　火災に対する安全システムの検討例

　火災の進展状況と，各時点，場所で作動すべきシステムとの関係を考え，サブシステムに
優先順位をつけるとシステムのブロック・ダイアグラムを作ることができる．優先順位が高
いサブシステムを上位レベルに位置づけて，上位レベルのサブシステムが有効に働けば，そ
れより下位レベルのサブシステムは不要となる．

　ブロック・ダイアグラムの作成例を図14・3に示す[13]．「建物使用」という節点から，「安
全」という節点に至る経路は，出火防止システムと出火後の安全システムの並列で表され
る．出火防止システムは，レベル1の不燃化サブシステムとレベル2の予防保全サブシステム
の並列で表される．不燃化は構造体の不燃化と可燃物制限の直列システムである．レベル
2の予防保全には，立入り検査による危険個所の発見・修理や巡回等が含まれる．レベル3
以下は出火後の被害抑止システムである．感知サブシステムが共通して直列要素として含ま
れるので，この有効性が高いことが示されている．使用目的に応じた特性を持つ感知器の選
定と取り付け，感知器の確実性すなわち正常な発報と誤報の無いことが総合されて有効性が
定まる．

　感知に直列に接続されるサブシステムは，消火，防火区画と通報・避難が並列に組み合わ
されたものである．レベル3が消火で，建物に組み込まれた消火諸設備，消火器等による在
館者自らによる消火が含まれる．スプリンクラーは，感知と消火が連動するものであり信
頼性が高い．レベル3の消火が有効であればそれより下位レベルのサブシステムは不要とな
る．これはトレードオフで考慮すべき重要な項目である．レベル4は防火区画で，耐火構造
の壁，防火扉，防火ダンパー等による火災の閉じ込めである．レベル3はアクティブ・シス

テム，レベル4はパッシブ・システムで，レベル4はレベル3に対するバックアップの役目を果たしている．

　レベル5から下は消火および火災の閉じ込めが失敗した場合の人命安全に対するサブシステムである．避難の前提として通報システムが直列に入ってくる．避難安全の形態を考えると，防煙区画が形成されて時間的余裕をもって避難するシステムをレベル5，排煙または加圧給気等の煙制御システムが有効に働いて避難経路の安全を確保できる場合をレベル6，煙制御も失敗して煙中を手探りで避難する場合もしくは消防隊による救助をレベル7としている．

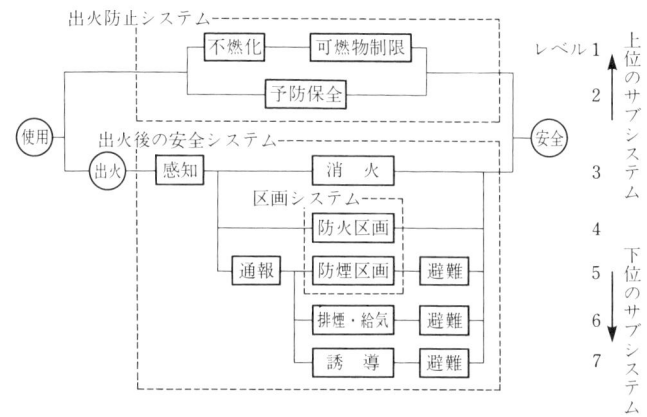

図 14·3　火災安全のブロック・ダイアグラム[13]

　このような安全システムの各サブシステムの有効度が決定できれば，システム全体としての安全度も計算でき，コスト有効性の観点からサブシステムのトレードオフも定量的に行うことができる．各サブシステムの有効度は，人的要因も含めて考えなければいけないので，火災統計から定量化するのはきわめて困難であろう．しかし，サブシステムのトータルシステムの有効度に対する感度解析を行い，最もネックとなっているサブシステムを探して改良する手段として利用することができる．　　　　　　　　　　（寺井　俊夫・原田　和典）

14・2　用途別火災の特徴

14・2・1　事 務 所 ビ ル

　事務所ビルには自ら所有し利用する自社ビルと，賃貸を目的としたテナントビルがある．どちらでも事務所ビルの火災件数は少なく，死者が発生することもまれである．これは，喫煙場所が限定され，湯沸室回りに火気の使用が限定されていることなど，火災の発生の可能性が低いことに加え，在館者のほとんどは建築物に慣れ，基本的に就寝を伴わず避難経路をよく知っているためと考えられる．

　執務空間は，一般に間仕切りの少ない大空間となる傾向がある．業務はコンピューター利

用が増えたことなどにより，デスク周りにはプラスチック製品が増加し，ローパーティショ
ンにも可燃性の材料が利用されているため，可燃物は少なくない．そのため，火災が発生し
初期消火に失敗した場合には，火災による影響を受ける範囲が広くなり，被害が大きくなり
やすい．

　テナントビルの場合は，比較的小さなテナントが同一階に複数設けられている場合も少な
くない．テナント内で火災が発生しても，その情報が他のテナントに伝わるのには時間がか
かるため，避難が遅れることが懸念される．共用廊下に煙が流出すると，他のテナントから
の避難が困難になるため，避難経路となる廊下を火災の影響から保護することが重要であ
る．

14・2・2　ホテル・旅館

　ホテルと旅館はともに就寝施設であるが，ホテルはベッドのある洋室に，旅館は布団を敷
いた和室に宿泊することが一般的である．しかし，これらの混在型も多く，両者を厳密に区
別することは困難である．

　ホテルにも客室と飲食施設しかないビジネスホテルから，宴会場や婚礼施設，飲食店舗な
ど様々な機能を備えたシティホテル，リゾートに位置するリゾートホテルまで多様である．
また，旅館でも，宴会場やアミューズメント施設など様々な機能を備えたものもある．この
ようにホテルも旅館も，単に就寝施設というだけでなく，様々な機能を持つ施設と複合化が
進んでおり，空間的にも複雑化している傾向がある．

　出火の危険性としては，客室部分におけるたばこの不始末などがあげられる．客室自体は
区画化されていることが多いが，そのため火災の発見が遅れることも少なくない．就寝して
いる他の客室からの避難が遅れるだけでなく，高齢者や身障者，また泥酔した人などの避難
弱者が利用者にいることから，火災の発見が遅れると人命に危険が及ぶ危険性が高い用途で
ある．

　また，宴会場や飲食店舗などの部分は，厨房部分からの出火が懸念される．利用者は施設
に不案内であることが予想されるため，分かりやすい避難経路とすることが重要である．

14・2・3　病　　　院

　病院は行動能力や非常時の判断能力に不利な人が多く存在し，就寝施設であることが特徴
である．したがって，火災が発生した場合，利用者の避難は容易ではなく，階段を下りて
地上まで避難することが困難である．手術室，ICU（集中治療室），NICU（新生児集中治療
室），CCU（心臓病治療室），人工透析室などのように，緊急に移動させることができない
室もある．そのため，火災の発生を極力防止するとともに，火災が発生した場合には火災の
影響を狭い範囲に限定し，避難を最小限にすることが極めて重要である．

　出火の原因としては，放火やたばこ，電気関係のものが多いとされている．医者や看護婦
は夜間を含め，常時勤務しているため，非常時の対応は迅速に行われることが期待される．
しかし，夜間には勤務している職員数が少なくなるため，夜間の出火に備えることが重要で
ある．例えば，病棟部分では階を大きく2以上に防火区画し，一つの区画で火災が発生した
場合には，他の区画に水平に避難して安全を確保することが有効である．

　病院には，病棟，外来，中央検査室，手術部，中央材料室，給食サービス，管理部など，

様々な部門から構成されており，それぞれの空間構成や火災危険性も異なる．したがって，相互に火災の影響を及ぼすことがないように，防火区画を行うことが重要である．

14・2・4　共同住宅

建築物の火災による死者の大半は住宅火災である[1]．用途別の出火件数では約半分を住宅が占め，死者数では約9割を占めている．もっとも，戸建て木造住宅の火災が多いのであるが，共同住宅も潜在的な火災危険性が高いといえる．

住宅という性格上，居住者は成人以外にも，高齢者，障がい者，幼児が含まれ，また，一時的にけがをしたり，病気になっている人など，自力で避難したり，非常時の判断に不利な人が存在し，就寝施設であることが特徴である．

また，それぞれの専有部分である住戸内で，調理や暖房などのために火気を使用する．最近では，オール電化の住宅も増えているが，このような住宅でもロウソクなどの裸火を使う場合が少なくなく，出火の危険性は低いとは言い切れない．

各住戸部分を防火区画し，もし出火した場合でも火災を住戸内に閉じ込めることが重要である．住戸間の界壁の耐火性能が十分であれば，壁を通じて延焼する恐れはほとんどないが，避難後に玄関扉の防火戸が確実に閉鎖されないと煙が避難経路へ大量に流出する危険がある．また，開口部からの噴出火炎により上階延焼する危険性がある．バルコニーに可燃物を集積していると，噴出火炎により可燃物に着火し，さらに内部へ延焼する恐れがある．また，外装材に可燃性の材料が使用されていると，上階延焼の危険性が高くなるため，十分な注意が必要である．

一般的には，住戸の出入口は玄関一ヵ所であるため，玄関近くで出火した場合に避難が困難になる恐れがある．そのため，バルコニーなどを経由して隣の住戸へ避難できるようにすることや，バルコニーに設けた避難器具などにより下階の住戸へ避難する手段を用意することも重要である．しかし，超高層住宅では上階からの落下物の危険性や強風の影響もあるため，常にバルコニーに設置することが可能であるわけではないため，それに代わる避難手段を用意することが望ましい．

14・2・5　大規模物販店舗

百貨店，大型スーパーマーケット，ショッピングモールなど，小売店が集積した大型施設が近年増えてきた．他の用途の火災被害を比較すると，火災による死者の発生は少ないものの，焼損面積が大きく，損害額も高い傾向がある．

一般に，店舗の内部は間仕切りの無い広い空間に，大量の可燃物が集積しているため，一度出火すると火災は急激に拡大し，次々と延焼する危険性がある．また，商品に太陽光があたるのを避けるために，外壁には窓を設けないことが多いので，火災で発生した大量の煙を屋外に排出することが困難となり，屋内にこもりがちとなる．そのため，在館者の避難が困難になることや，消防活動にも支障が生じやすくなる．

大量の可燃物が集積し，防火区画が大きいため，初期消火が極めて重要である．そのためには自動消火設備の設置が不可欠である．また，防火区画も耐火構造の壁ではなく，防火シャッターで構成されることが多い．しかし，防火シャッターでは遮熱性がないため，隣接する他の防火区画への延焼を防止することは難しい．また，防火シャッターの降下位置に商

品などが置かれていると，閉鎖障害となる問題もある．そのため，通路と組み合わせて離隔距離を確保することや，ガラススクリーンを併設するなどの対策が重要である．

　ホテルなどと同様に，大規模物販施設も複合化の傾向がある．飲食店舗だけでなく，映画館などの集会施設，美術館などの展示施設，ゲームセンターなどのアミューズメント施設，さらには鉄道など交通施設に接続したものなど，多様な施設と複合し，複雑な空間構成となりやすい．そのため，利用者の人数は季節や時間により大きく変動するだけでなく，空間的にも人の集中する場所が生じ，それらに対応した避難計画とする必要がある．一般に，避難者が多く発生する場所の近くに，階段などの避難施設を多く計画することが基本となる．また，防火区画を効果的に行うことにより，急いで避難することが必要な範囲を限定し避難者の数を抑えることや，自力での避難が困難な人のための一時的な避難場所を計画することが重要である．

14・2・6　集　会　施　設

　集会施設には，劇場，映画館，コンサートホール，公会堂などがある．また，ドームなどのスポーツ施設を集会に利用するものや，大規模な会議室，ホテルの宴会場なども含まれる．一般的には，舞台部分と客席部分に分かれているものが多いが，自由に変えられるような場合もある．多くの場合，客席部の人口密度は極めて高い状況になる．

　過去の火災事例では，舞台部分や楽屋部分からの出火が多く，大量の死者が発生した火災も少なくない．演出のために持ち込んだ裸火や照明器具などから，舞台の幕や大道具などに着火している．火災の影響により室内の照明が消えてしまうと，客席部分は真っ暗闇となり，避難が極めて困難となる．また，高密度の客席から大勢の観客が一度に避難しようとするため，通路や出口部分がネックとなり大きな滞留が発生し，群集災害が発生する危険性もある．

　出火を防止することが第一であるが，舞台部分の出火の危険性が高い場合は，客席部分と防火区画することが必要である．音楽専用ホールのように，舞台部分の出火の危険性が低い場合には，無理に防火区画をしなくてもよいであろう．

　窓の無い屋内空間であることは物販店舗と同じであるが，天井が高いので，火災により発生した煙を空間の上部に溜めることが可能である．例えば，舞台部分の上部に蓄煙し，効率よく排煙する対策が有効である．

　客席部からの避難は，大勢の避難者を多方向に分散させて避難させることが重要である．特定の出口に避難者が集中することがないように，客席内の通路と関連付けて，均等に出口を配置する．客席部から出た後も，避難場所に至るまで避難経路として必要な幅を確保する．また，施設を初めて訪れる人も少なくないので，分かりやすい避難経路とすることが重要である．

（萩原　一郎）

14・3　目的別の火災安全設計

14・3・1　出火防止計画

　火災そのものの発生予防は，火災による被害の防止の最も根本的な対策である．出火を抑制することができれば，人命・資産などに対する火災損害を低減できる．日常的に火気・発熱器具を使用する建築物では出火防止を図らなければ安心して生活することはできない．ま

た，不特定多数者の利用施設，就寝施設などでは，火災対応や避難の遅れが大きな被害に結びつきやすいから，出火防止が火災安全全般に占める意義はとりわけ大きい．

　出火は，火気の不適切な使用や管理，故障あるいは放火などによって，可燃物等に生じた燃焼から出発するのが一般的で，こうして着火した第一次着火物からの火災からの放射熱等に他の可燃物・内装が加熱されて，順次着火するという経緯をたどって火災が成長する．火気，収納物や内装，さらに使用する人間の特性や管理体制は，計画する施設や空間によって異なり，例えば，食堂，飲食店舗のように，火気の使用が必要となる施設では，火気による着火を生じやすい内装や収納物の燃焼制御を図る必要があり，防火管理体制についても建築物を利用している時間帯はほぼ常時，管理者・設備の両面で十分な対応ができるようにする必要がある．火気使用に伴う付属設備である換気，排気設備の設置条件や火気使用室の防火区画，避難経路などとの位置関係なども計画段階で十分考慮すべき問題である．また，火気を使用しない空間でも，不特定多数者が利用するものは，防火体制の整備だけでなく，喫煙場所の考慮や死角空間の回避など計画的な対応を考える必要がある．このように，出火防止といってもその対策の方法は様々である．

（1）出火防止対策

A. 出火源対策

　出火源対策として考えるべき要素としては，火気使用設備機器，熱源の種類や使用燃料（電気，ガス，液体燃料）の選択ならびに火気使用設備器具に付随する諸設備の設置条件などが挙げられる．近年，住宅の高層化が進展してきたのに伴い，高層建築物でも，ガス器具を使用する例が増えてきた．ガス設備については火災予防技術がかなり進歩してきたが，ガス器具を使用する場合は，火災だけでなくガス漏出による爆発の危険や不完全燃焼に伴う中毒に対する注意も必要で，ガス漏れ検知器の設置や換気，排気設備の設置条件，防火管理体制を十分考慮をすべきである．特に，燃焼器具については，建物の気密化の進行とともに給気経路が十分確保するのが困難となったことに起因する事故が目立つようになった．断熱改修等の際に燃焼器具の給排気経路を見直すことも重要である．

　燃料タンクについては，周辺からの加熱で引火・爆発したりしないように火気使用設備の規模，種別に応じて十分これらの設備との間に空間を設け，また振動で漏出・転倒などが生じないように，耐震上支障のないように設置しなければならない．

　厨房用排気設備などダクトについては，ダクト内部に油カスが蓄積して出火，延焼する火災事例が後を絶たない．これを防止するには，フードに除油装置を設けるとともに，フードに付着した炎がダクト内に引火しないように，フードとダクトの接続部に火炎伝播防止装置を設置し，レリーズ装置により作動する化学消火装置を設置することが望ましい。厨房ダクトの防火ダンパーも，油煙による閉鎖障害が起こりやすいので，計画の段階で，容易に点検・清掃できるよう点検口の配置などを設定すべきである．

B. 内装材の選択

　出火防止対策としての内装材選択の目的は，火気からの接炎や放射熱によって容易に着火しないようにして出火そのものを防ぐとともに，家具などの第一次着火物からの火炎によって，容易に火炎を拡大させる媒体となることがないようにすることである．図14・4は，木

質材料に加わる放射熱と着火時間の関係をまとめた
ものであるが，これによると，着火時間は，加熱強
度が大きくなると急激に短くなり，加熱強度の2乗
にほぼ反比例している．一方，図を見ると，加熱強
度がある条件以下になると，いくら長時間加熱を受
けても着火しなくなる．この条件は火災安全評価
上重要な意味を持つので特に着火限界とよんでい
るが，着火時間は材料の着火温度と室温の差に比例
することがわかっている．木材の着火限界はほぼ10
kW/m² 程度で，火炎に近接していれば，この限界を
大きく超えるから，木材が着火を免れるのは難しい．

法令上，厳しい内装制限を受ける室以外であって
も，飲食店舗の客席部分，ホテルの客室などのよう
に過失による失火の可能性が考えられ，しかも，建

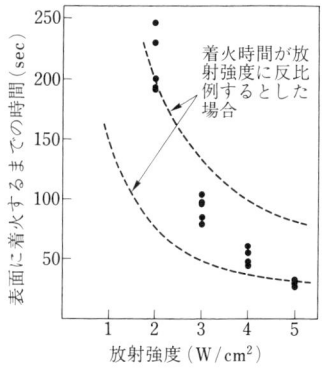

図 14・4　木質材料に加わる放射熱と着
火時間の関係

物管理者による火災対応体制が十分整わない，出火後早期に人命危険が発生する可能性が大
きい場所や，天井裏など防火管理の目が届きにくい空間については，できるだけ不燃材料，
準不燃材料のように着火の恐れの小さい材料で仕上げることによって，出火防止や火災初期
の燃焼拡大遅延を図ることが望ましい．

厨房などでは，日常的な火気や熱源の周囲に不燃材料として金属板が使われることも少な
くないが，金属のように熱伝導率が大きく厚さの薄いものを利用すると熱伝導によって裏面
の材料が加熱を受け，蓄熱による炭化などによって発火する恐れがあるので，下地に木材な
どの可燃物を使用したり可燃性断熱材に近接したりするのは避けたほうがよい．

C.　収納可燃物

統計によれば，出火時の着火物は収納可燃物である場合が圧倒的に多く，収納可燃物に対
する防火管理の重要さを示している．施設の用途，使用計画に応じて予想される可燃物量に
見合うような収納庫や倉庫，収納容器の計画的配置を考慮するべきである．特に，避難階段
や非常用エレベーターのロビーなどには，可燃物が置かれることがないように計画および管
理を行う必要がある．

収納家具などについては，まず固定した位置で使用されるようなロッカーや戸棚・書庫で
設計段階において配置計画できるようなものは，できるだけ不燃性のものを使用することが
望ましい．書類などは，不燃性の収納庫に収納すれば，火災時の燃焼を免れることも少なく
ないから，火盛り期の火災の抑制という面でも効果が期待できる．建築物の家具は，事務所
などにパソコンが大量に導入されたいわゆる IT 化を契機として，ローパーティションなど
のオフィス家具が普及したが，軽量化や高機能・多機能化をねらってプラスチックやペー
パーハニカムが素材として使われることが多く，適切な防火対策を施していない製品には易
燃性のものも少なくない．また，ソファなどの応接家具やカーペット，カーテンなどについ
ても，防炎物品などの指定があるものや着火性などの試験法が JIS などに定められているも
のについては，着火・燃焼拡大防止の観点からの適切な製品を選ぶことが望ましい．

D. 出火防止の管理

火災予防は，種々の防災設備や防火対策の日常的な防火管理の遂行があってこそ，その実効が上がるものである．過去の災害事例をみても，そうした地道な点検管理に対する倦みや怠りから破綻をきたし，火災の発生に至ったり，被害を大きくした例が多い．火災予防のためには，管理者は火気や可燃物などの管理によって事故が発生する確率を最小にするよう日常的に努力する必要があり，施設利用者に対する防災指導や監視も，毎日の業務に組み入れた防火管理の計画を立てることが重要である．

不特定多数の人が出入りする建築物については，死角空間をできるだけ少なくし，可燃物の管理を十分行うなど，放火の発生を防ぐための計画および管理体制を考えておく．

スプリンクラーは火炎がある程度成長しないと作動しないし，スプリンクラーが作動すれば，散水による被害が発生することがある．情報機器などは，火災のごく初期の煙や散水でも大きな被害を生じることがあり，スプリンクラーが適切に作動しやすい建築物であっても，スプリンクラーを設置すれば火災損害が皆無になるというわけではないことを認識する必要がある．　　　　　　　　　　　　　　　　　　（長谷見　雄二・鍵屋　浩司）

14・3・2　感知・警報計画

火災の感知・警報には，様々なタイプの機器・設備があり，火災感知，警報設備の設置方法，機構の技術基準は，消防庁の告示などで定められている．しかしながら，建築空間の大規模複雑化等，様態の急速な変化により，従来の技術基準では，効果的な感知，警報ができにくい場合も生じてきている．以下，こうした新しい空間における感知・警報計画を立てる上での基本となる留意点について列記する．

（1）空間規模，環境条件に適合した火災の感知手法の選定

火災の感知手法としては，大別して，熱，燃焼生成物（煙）および火炎による3種類からなる．感知計画では対象空間の規模，用途などの環境条件に適した感知手法を選定することが重要である．

個々の感知器に熱や煙が到達して火災を感知するスポット型感知器は，最も普及している感知器ではあるが，大規模空間のように熱や煙が到達するまでに希釈されてしまう場合の感知には適していない．大規模空間では，光電式分離型煙感知器あるいは炎感知器が適しており，アリーナ部分に炎感知器を内蔵した熱放射式走査型火災検知器が用いられる事例も少なくない．一方，非火災報の防止といった観点から，空間特性に適合した感知器の機種の選択基準が示されており，感知計画においては，表14・3に示すような環境の空間においては，感知器の選定には留意が必要である．

その他，クリーンルーム，コンピュータルームのように換気回数が多く，床面へ排気され室内には煙が拡散しにくい特殊な空間では，排気系統内に，煙粒子をカウントし火災を感知する特殊な感知器も開発され，実用に供されている．

（2）非火災報対策

平常時，非火災報が多く，主および地区音響装置を停止したため，火災時に多くの被害者を出した事例は，過去に何件か見受けられる．こうした非火災報を減じるため，環境条件に適合した感知器の設置法，新しい形式の感知器についての消防庁告示等で技術基準を定めて

表 14·3　感知器機種選定にあたって留意すべき空間の環境条件および具体事例

環境状態	具体事例
● 喫煙による煙が滞留するような換気の悪い場所	会議室，応接室，休憩室，控え室，楽屋，娯楽室，喫茶室，飲食室，待合室，キャバレー等の客室，集会場，宴会場等
● 就寝施設として使用する場所	ホテルの客室，宿泊室，仮眠室等
● 煙以外の微粒子が浮遊している場所	廊下，通路等
● 風の影響を受けやすい場所	ロビー，礼拝堂，観覧場，塔屋にある機械室等
● 煙が長い距離を移動して感知器に到達する場所	階段，傾斜路，エレベーター昇降路等
● 燻焼火災となるおそれのある場所	電話機械室，通信機室，電算機室，機械制御室等
● 大空間でかつ天井が高いこと等により，熱および煙が拡散する場所	体育館，航空機の格納庫，高天井の倉庫・工場，観覧席上部等で感知器取付け高さが 8 m 以上の場所

（消防庁通達　平成 3 年 12 月 6 日づけ消防予第 240 号，別表第 2 より抜粋）

いる．

　かつてホテル客室で多く見受けられた喫煙あるいは浴室からの湯気等による非火災報を減じるため，感知器の改良が行われ，蓄積型感知器とよばれる一定期間出力が継続した場合に，火災と判定する機器が普及してきた．この他，技術進歩により例えば，埃・直射日光等を検知部に侵入しにくい構造の改良，火災を判断するアルゴリズムの改善，熱や炎検知との複合による火災判断等，非火災報を低減する様々な工夫がなされてきた．こうした非火災報対策を考慮した機器の採用により，非火災報を減じることが期待できる．

（3）警報設備の適正な設置

　警報設備は，感知器・発信器の作動時に連動して音響装置を鳴動させ，在館者に火災の発生を知らせる設備である．受信機に内蔵される主音響装置と，各階ごとに設置される地区音響装置から構成され，在館者が耳にするのは後者である．建物火災時には原則として全館一斉鳴動することとなっているが，地階を除く階数が 5 以上で，延べ床面積が 3,000 m² を超える地上階であれば，火災階とその直上階で鳴動させることにより，一斉鳴動による階段室等の避難経路での混乱防止等を図ることが可能となっている．

　こうした自動火災報知設備に付随する音響装置の他，警報を発する設備として非常ベル，自動式サイレン，非常用放送設備があり，おのおの消防庁の告示等により技術基準が定められている．ホテルの客室のように遮音性が高い部屋では，従来の規準では，有効に室内の在館者へ警報を伝えることが困難になりつつある．それゆえ，各室内ごとにスピーカーを設けたり，電話器の鳴動により警報を発するシステムも開発されてきている．またさらに目や，耳の不自由な人々へは，通常の警報音に加え，誘導音や点滅灯を加える等，災害時要援助者への配慮も重要である．

（4）感知・警報計画における機器設備のインテリジェント化

　建物の大規模・複合用途化や建物の管理の一元化により，感知器をはじめとするセンサー

機器出力の数が膨大になり，火災発生後に制御すべき防災機器も多種多様で複雑化してきている．こうした膨大な機器の監視・制御をするため，建物内に光ファイバー等，構内ネットワーク（LAN）を敷設し，情報の高度集中化，CPU による情報の高速処理を行ういわゆるインテリジェント化が最近の防災機器の時代の潮流となっている．本節の感知・警報，そして次節の消火は一連のシーケンスのもとで初めて効率的運用が可能となるため，高層建築物をはじめとする大規模建築物の防災計画においては，個々の対策が有機的に機能するよう ICT 技術を活用した総合的なインテリジェント化が行われている．

（山田　常圭・松山　賢・山口　純一）

14・3・3　消　火　計　画

建物火災の消火計画は，大きく初期消火と本格消火の二種類に分けられる．初期消火は自動または在館者の人手を介して行われるもので，出火直後速やかに適切に行われれば物的・人的被害も局限化できる．また，完全に消火できなくても，消防隊が到着する迄の火勢抑制という重要な役割も担っている．これに対して，本格消火は公設消防隊の注水等による消火活動のことを指し，効率的な消火活動を支援するための設備，施設の計画が，本格消火計画である．

（1）初期消火計画

初期消火のために建物内に設置される機器，設備としては，水バケツ，乾燥砂等の簡易消火用具や消火器から，スプリンクラーで代表される自動消火設備まで，多岐にわたっている（表 14・4）．これらの構造，設置等の技術基準は，消防庁の告示等で細部にわたり仕様書的に定められている．

表 14・4　建物内の消火に関わる主な消防用設備等

設備の分類			設備の名称
初期消火関連	消防の用に供する設備	消火設備　水その他消火剤を使用して消火を行う機械器具又は設備	1）消火器および簡易消火用具（水バケツ，水槽，乾燥砂，膨張ひる石又は膨張真珠岩） 2）屋内消火栓設備 3）スプリンクラー設備 4）水噴霧消火設備 5）泡消火設備 6）不活性ガス消火設備 7）ハロゲン化物消火設備 8）粉末消火設備 9）屋外消火栓設備 10）動力消防ポンプ設備
本格消火関連	消防用水		防火水槽又はこれに代わる貯水池その他の用水
	消防活動上必要な施設		1）排煙設備 2）連結散水設備 3）連結送水管 4）非常コンセント設備 5）無線通信補助設

初期消火の計画を立てる際には，この技術規準が基本となるが，新しい建築物の中には，空間規模・形態等において，現行の技術基準作成時には想定していない条件のものも出現してきている．このような建築空間の消火計画では，想定される火災に対して適切な消火能力を有する機器，設備であるかどうか，合理的に検討される必要がある．以下，消火計画を性能面から立てる上で基本となる留意事項について列記する．

A.　想定火源に応じた消火剤，消火方法の選定

火源の燃料種別，発生状況によって用いられる消火剤の種類は異なる．木質系が主体となる一般材料が火源である普通火災（A火災），駐車場・機械室等で想定される油火災（B火災），電気室，配電盤，変圧器等の電気火災（C火災）に大別され，おのおのの火災特性に適した消火器，消火設備が用いられる．例えば，多くの水系の消火器・設備は，放水時に感電の恐れがあるため電気火災には不向きである．ただし水系でも，水噴霧消火設備のように霧状にした場合には，電気的絶縁度も高くなり，感電・接地のおそれが少なく電気火災にも使用可能である．また油火災にも水噴霧消火設備は使用されるように，同一消火剤でも，放出状況により効果が異なってくる．その他にも，駐車場におけるガソリン等の油火災が予想される部位では水系ではなく泡消火設備を採用するなど，想定火源に応じた適材適所の消火剤，消火方法の選定が重要である．

B.　空間規模・形態等に応じた消火設備の選定

従来の大規模建築空間では，体育館のように火災発生の危険が低く，その用途も限定されるものが多かった．こうした空間は，天井が高く，スプリンクラーのヘッドが火災を感知しない，また仮に散水できたとしても，火源に到達する以前に水滴が蒸発するなど，自動消火による消火が困難であるため屋内消火栓等を用いた人手による消火が計画されてきた．法令でもこうした事情から8mを超える天井高の空間においては，従来型のスプリンクラーは効果的でないと考えられ設置対象外とされてきた．しかしながら，空間の大規模化と用途の多様化が進み，音楽コンサートや展示即売会等にみられるような，可燃物量も避難者数も多い，潜在的火災危険が増大する事例が多くみられるようになってきた．こうした空間では，放水銃とよばれる特殊な自動消火設備が開発され設置されることもある．

この消火設備は，半径数十mの半円形に近い範囲で有効放水が可能であり，アリーナのような大規模空間における有効な消火設備として普及してきている．また，吹抜け空間においては，延焼の経路となりやすい側壁に散水する開放型スプリンクラーが，自動消火設備として使用されている．

C.　焼損および水損による被害の局限化を考慮した消火計画

スプリンクラーや水噴霧消火設備のような水系消火設備は，毎分当たりの放水量，同時放水可能個数，放水継続時間等の値が定められ，その機能を充足できるポンプ，消火用水，非常用発電機を備えている．しかしながら，消火完了の後，速やかに弁の閉鎖を行わないと，水損による物的損害が，焼損のそれを上回る被害をもたらす事態を招く．こうした水損防止のために，空間ごとの想定火源規模に見合った水量を放水可能なスプリンクラーが開発され使用に供されている．このスプリンクラーは，連動型と呼ばれ単に水量を減ずるだけではなく，作動時期を早め火勢の弱い内に消火しようとするものであり，放水開始のための火災感

知方法とも密接な関連がある.

　一方, サーバールームや書庫のような在館者が少なく, 人的被害より焼損または水損による二次的火害が甚大になると考えられる空間では, 水系消火施設ではなく, 不活性ガス消火設備が用いられる. この場合, 在館者の当該空間からの退避が消火計画において重要な要素となる. 機械式駐車場内のように, ほぼ無人に近い場所においては, 二酸化炭素消火設備のような窒息消火も可能であるが, 常時在館者が出入りするような場所においては, 万一逃げ遅れた場合においても危険性が低い, 代替ハロンなどイナージェントガスを用いることが推奨されている.

D. 初期消火に携わる人々に適した初期消火計画

　スプリンクラーのような自動消火設備以外の多くの初期消火設備は, 火災の発見者により操作されることが前提である. また, 自動消火設備においても, 消火後の送水停止などは, 在館者によることになる. それゆえ, 初期消火設備は, 簡便に使用できることが前提である. 例えば, 消火器は, 目につきやすい場所に配置することが望ましいし, 操作も簡便であることが望まれる. また, 消火能力も高い屋内消火栓設備においては, 従来型より水圧が低くホースの延長等, 操作の易しい「2号消火栓および補助散水栓」が流布している.

　一方, 高齢化社会が進む中, 要介助者を擁する施設において特定施設水道直結型スプリンクラー設備やパッケージ型自動消火設備といった自動消火設備の導入が進んでいる. こうした設備においても使用者を考慮した消火計画の検討が被害軽減の上で重要である.

（2）本格消火計画

　初期消火が不奏功の場合, 建物火災は, 消防隊による本格消火に委ねられる. 消防隊は, 建物火災の鎮圧には十分対応可能な消火能力を有しているが, 消火の成否は本格消火支援のため建物に設置される消防用設備等にも大きく依存している. 本格消火計画上特に重要なのは, 消火活動のための拠点確保と消防水利の確保である. 低層あるいは小規模の建物においては, 建物周辺部に消火活動のための寄りつき場所の確保が必要となる. また, 高層や大規模面積を有する建物においては, 建物内部での, 特別避難階段付室, 非常用エレベーター乗降ロビーのような, 常に新鮮な空気が供給される拠点が不可欠である.

　建物内での消火活動のための水利は, 連結送水管による屋外からのポンプ車等の送水によることが多い. また, 超高層ビルにおいては, 地上のポンプ車からの送水だけでは, 水圧が不足し, 十分な水量の確保が難しく, 中間階に昇圧ポンプを設けた屋内消火栓設備等, あらかじめビル内に設置された設備を利用することが必要である.

　この他, 間接的に消防隊の消火活動を支援するものとして, 煙制御のための排煙設備, 各拠点と指令本部との速やかな情報伝達のための無線通信補助設備, 照明その他の警防活動に必要となる諸機材を使用する上で必要となる非常用コンセントなどの消防設備が挙げられる.　　　　　　　　　　　　　　　　　　（山田　常圭・松山　賢・山口　純一）

14・3・4　避　難　計　画
（1）避難計画の考え方
A. 建築計画と避難安全性

建築物における各種の安全性のなかでも火災に対する安全性は, 建築物の平面計画や利用

者特性によって大きく異なることから，建築計画のなかで考慮する必要がある．単に法令を守ればよいとするのではなく，建築物の特性に対応させて計画することが重要である．

　避難計画は，出火の可能性のある場所から安全な場所までの避難経路と避難誘導を計画するものである．それには，避難経路，避難階段，滞留場所などの避難施設の配置と量を計画し，これに基づいて避難施設各部の防火防煙対策を計画する．

　避難計画では，火災のシナリオに基づいて手計算による避難計算やコンピュータを用いたシミュレーションによって，施設計画（施設配置と規模）の避難安全性能を評価する．多くの場合，火災階から階段室に避難終了するまでを評価の対象としている．このことは，非火災階からの緊急避難の必要がないように，火・煙の階段室への侵入防止と非火災階への伝播防止を前提としている．これらを実現する手段も避難計画の方針によって異なるものであり，建築計画の当初に設定する必要がある．

　避難施設の各部の構造は，避難計画に基づいて避難流動に問題が生じないように設計しなければならない．

B.　建築物の空間特性のとらえ方

　避難計画にあたっては，空間の形態と構成の防火上の特性を把握することが重要である．

　まず，出火の可能性や空間の規模，可燃物量などの特徴をとらえる．特に，吹抜け（アトリウムを含む）や，エスカレーター，エレベーターシャフトなどの竪穴は，全館に煙を伝播させる経路ともなるので，その底部の使われ方や避難経路との区画が要点となる．

　次には，避難施設をはじめ，空間相互のつながり方に着目する．居室から避難階までの避難経路の連続性が保たれているかどうか，そして，その間にどのような区画があるか，という点である．

　そのほか，高層階，大面積の平面などにおける避難行動への影響や，地下階，無窓居室などにおける火・煙性状も避難計画にかかわる点である．

C.　利用者の特性のとらえ方

　避難計画に際して以下のような観点から利用者の特性をとらえ，それに応じて計画する（表14・5参照）．施設の用途によってこの利用者特性は異なるが，さらに，より実際の建築物の使い方や維持管理の状況までを把握する必要がある．

① 　利用者の特定・不特定：在館者の特定か不特定であるかは避難経路の認知度の代表特性である．

② 　在館者の人数，密度：在館者の密度は避難施設規模にかかわる要素である．在館者数には時刻変動，日変動，月変動があり，また，建築物内の場所による密度の変動もある．避難計画においては空間別に想定される最大人数を設定することが原則である．

③ 　就寝・非就寝：避難の成否は避難開始時間に左右されることが多いが，これに関わるものとして就寝施設であるかどうかという点が挙げられる．

④ 　行動能力：高齢者，幼児，病人，障害者のように行動能力に不利のある人や，判断能力に不利のある人，また，非常時に日本語を理解できない外国人は災害に弱い立場にある．これらの災害時に不利のある人を総称して「災害時要援護者」といわれている．これらの災害弱者の含まれる割合を把握する必要がある．

⑤　使い方（利用時間帯，維持管理など）：複合建築物のように，建築物内の場所によって使われ方が異なる建築物がある．このような用途の各部の利用時間帯，避難経路の使われ方や開口部の施錠などの特徴を把握する必要がある．

⑥　非常時の心理の特徴：避難所要時間は，避難開始時間，歩行速度と避難方向の選び方，ネックとなる部分の通過時間により決まる．実際には，避難方向の選択傾向が避難安全性能に大きくかかわるものと考えられ，したがって，過去の火災事例からえられた以下のような避難者の心理的特性を考慮して計画する．

・日常利用しているルートを使う．
・最寄りの出口を利用する．
・既知のルートを使う．
・明るい方，外部が見える方に向かう．
・群集に追随する．
・リーダーシップのある声に従う．

群集避難において，滞留できる人数が限られると，先を争うパニック的状況になる可能性がある．群集流が危険な空間に滞ることがないように避難施設を計画しなければならない．

表 14·5　避難計画にかかわる空間のとらえ方[1]

特性＼分類	高	中	低
(1) 火災発生危険性	厨房, 台所, 化学実験室, 舞台, など	事務室, 住宅居室, 一般店舗, ホテル客室, 病室, など	教室, 体育館, 集会, 待合室, 廊下ロビー, など
(2) 収納可燃物の燃焼性	衣料品店舗, 寝具店舗, 家具, 演劇舞台, など	事務室, 住宅居室, 店舗, ホテル客室, 病院病室, ロビー, など	会議室, 教室, 体育館, 食堂客席, など
(3) 収納可燃物密度	衣料品売り場, 家具売り場, 家具, など	事務室, 住宅, 一般店舗, ホテル客室, 病院病室, など	会議室, 体育館, 集会室, 廊下ロビー, など
(4) 就寝の割合	住宅, 病院病室, 老人施設居室, など	ホテル客室, 寄宿舎, 寮, 託児所, など	事務室, 教育, 集会, 商業, 飲食店, サービス, など
(5) 避難行動能力	事務室, 店舗, 学校, 集会, スポーツ, ホテル客室, 寮, など	住宅, 保育所, 小学校, など	病院病室, 老人施設, 社会福祉施設, 乳幼児施設, など
(6) 建物熟知度	事務室, 住宅, 教育, 寮, など	庁舎, 銀行, 病院病棟, など	劇場, 集会, 博物館, ホテル, 店舗, 病院外来, など
(7) 在館者密度	劇場, 集会, 量販店, 教室, 博物館, 待合室, 宴会場, など	事務室, 一般店舗, 飲食店, など	住宅, 寮, スポーツ, ホテル客室, 会議室, など

（2）避難計画の原則

A．避難経路の連続性

避難経路は居室から廊下，特別避難階段付室あるいは避難階段前室，避難階段，避難階というように避難経路を連続させ，しかも避難先になるにしたがって火・煙から安全になるように計画することが原則である．火・煙から守られていれば避難する場所はどこでもよいわけであるが，建築物の機能や非常時の避難目標がわかりやすいことを考えると，順次安全性が高くなるようにするというのが計画上の原則となる．

B．安全区画の考え方

出火の可能性のある居室から煙の侵入を防ぐように区画された避難経路を安全区画といい，避難経路ならびに非火災階に火煙の影響が及ぶことを防ぐ機能をもつ．一般の建築物では廊下や避難階段の前室，特別避難階段付室がこれにあたる．安全区画の要件は，居室とは天井から床まで不燃材によって区画され，開口部は自動閉鎖式の不燃材以上の耐火性のある扉が設けられ，排煙設備（機械排煙もしくは自然排煙）が設置されていることである．

C．二方向避難，避難路の明快性

出火場所は特定できないため，出火位置に関わらず避難できるようにするために二方向避難の考え方が重要である．居室にあっては2つ以上の出口を設けること，安全区画においても二方向への避難を可能として火災室から漏煙してもいずれかの階段室に支障なく避難できるようにすることが原則である．建築基準法では，これを2つの避難経路の重複距離の制限によって規定している．なお，建築防災計画指針[2]にも表示されている通り概ね200 m^{2}までの居室（人口密度の高いものは除く）は出口が1つでも避難に支障がないとされている．また，避難経路は不特定の在館者にもわかりやすい配置とする必要がある．

D．避難計画の前提としての階避難

一般の建築物の避難計画では，火災階に限定して避難者が階段まで安全に避難できるかを評価している．これは施設計画として階の避難を前提にしているもので，非火災階は少なくとも緊急には避難しなくとも安全なようにエレベーターシャフトなどの竪穴や層間で，煙や火の侵入がないように守らねばならないということになる．

E．災害時要援護者対策の基本

災害時要援護者は，避難に時間がかかる．特に階段による避難はできないと考えねばならない．また，災害時要援護者が混在して避難することにより，全体の避難が遅れることも予測されている[7]．1994年，不特定の人が使う施設をバリアフリー化することが制度化[3]されたことを契機に，今後は災害弱者の安全対策が必要となる．災害弱者に対する避難計画の基本的対策は以下の3つの方法が挙げられる．

第一には，水平移動と避難距離の短縮と火煙から守られた一時的滞留場所をつくる「水平避難方式」（図14・5）である．

第二には，一時的に安全に滞留できる場所を設置することである．特別避難階段付室がこれにあたるほか，図14・6のような階段室内の退避場所の考え方[3,4]もある．バルコニーもこれにあたる．

第三には，避難せず長時間留まることができる籠城的な区画である．

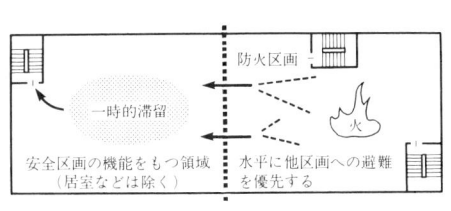

図 14·5　水平避難方式の概念

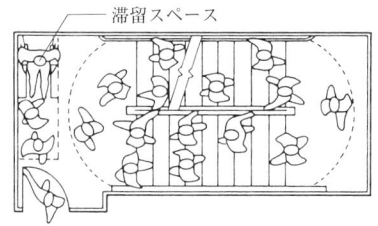

図 14·6　階段室内の滞留スペースの例[3]

　なお，災害時要援護者に対してエレベーターを避難に利用するという考え方もある．世界貿易センターのテロ事件以降，海外では避難用のエレベーターの設置を高層建物に求めるようになってきており，日本でもそうした検討が行われている[8]．

（3）避難施設計画

A. 居室出口

　居室から階段までに廊下などの安全区画に相当する空間を設置することが望ましい．物品販売店舗のように，階段室が直接居室に面する形態の場合，安全区画がある場合よりも早期に階段室が危険になるので，一層，階段室の配置と出口幅員を避難安全性能面から計画する必要がある．

　小さな居室を除き，居室には 2 つ以上の出口を配置し，その居室内の想定最大人数との関係で出口幅や位置を計画する．廊下を安全区画とするためには開口部は，不燃材による自動閉鎖式の扉にする．

B. 避難経路の配置，階段室の配置

　避難経路は避難階まで連続させ，二方向避難の原則に従う．やむを得ず行き止まり部分が生じる場合は，その長さと室用途によって行き止まり部分にバルコニーを設置することが望ましい．

　避難路の明快性の評価方法はまだ確立されていないが，定性的には分岐点が多いほど，曲がりがあるほど，行き止まり空間があるほどわかりにくくなるものと考えられる．避難路が120 度などの直角以外の角度で曲がっている場合，方向感覚がなくなる傾向がある．避難路の幅に大小をつけたり，色を変える，などはわかりやすくする手段でもある．

　避難誘導灯についても，周辺の広告照明などにより，大きく視認性がおちることに注意する必要がある．

　物品販売店舗では現行法で規定される階段幅が大きいために一カ所に集中して階段を設置する計画も多い．しかし，偏った階段配置は階段幅が有効に使われず，避難者が一部に滞留するなど避難危険性が大きい[5]．このような建築物では，階段を均等に分散配置させ，避難路をわかりやすくする必要がある．

C. 竪穴区画の遮煙性

　エレベーターシャフトは建物の各階を結び，上階に煙を伝播する経路になりやすい．したがって，エレベーターシャフトを遮煙することが避難施設計画で重要である．その手法は，

エレベーター扉に遮煙性能のある扉を設置するか，エレベーターロビーを遮煙区画する，もしくはエレベーターシャフトに給気加圧し，廊下あるいは居室から排煙する加圧防煙システムにより遮煙する方法がある[2].

吹抜け（アトリウムを含む）など竪穴区画を形成するシャッターが多いと，閉鎖に失敗する部分が生じる確率が大になる．このような場合，煙がたまる上部数層は網入りガラスとシャッターを併用するなど，確実な防煙を計画する．

D.　付室，前室

前室は避難階段等の前に配置された小面積の避難経路上の空間をいい，煙の伝播防止と避難者の滞留場所としての機能をもつ．

特別避難階段には，この空間の防火防煙性能を高めた特別避難階段付室が設置される．付室は避難計画上の安全とみなされる場所であり，また，非常用エレベーター乗降ロビーと兼用する場合には消防隊の活動拠点となる．付室の区画の構造，排煙設備，消防設備について法令で規定されている．

E.　避難階段

避難階段は避難施設のなかで最も重要なものである．一般に避難計画上は階段室に入れば安全とみなすことを前提にし，各種の防火対策の性能が要求される．

避難階段は，避難階まで直通していることが求められ，15階以上あるいは地下3階以下に通じる階段は特別避難階段にすることが規定されている．

法規定以外で避難計画における注意点には，階段の煙突効果による煙挙動への影響に配慮して区画の閉鎖と煙制御を計画することが挙げられる．また，避難階段内の滞留や転倒の混乱を防ぐために，階段入り口幅は階段有効幅よりも小さくすべきことや，回り階段は避けることにも配慮する．

F.　避難階

避難階は地上に直接通じる階であり，避難距離，扉の引き勝手や，多人数が使用する建物の出口幅が規定されている．全館の避難者が避難時に通過する場所であり，また，消防隊の進入する主要な階でもある．

人工地盤やスカイウェイなどのように，避難者が安全に滞留でき，かつ地上に導かれる場合や，当該建築物以外に導かれる場合は，その人工地盤を避難階に準ずる階とみなし，避難経路とする考え方もある．

避難階における階段室から屋外までの経路は，出火の可能性のある部分と区画した経路とすることが望ましい．

G.　特殊な避難施設

a.　バルコニー

バルコニーは，避難開始がおくれる可能性のある建築物や，災害時要援護者の利用する施設では設置することが望ましい有効な対策である．バルコニーの連続の程度により避難上の有効性が異なる．避難階段あるいは付室まで連続している場合や，出火室と防火区画されたゾーンまで連続する形態の場合は特に有効性が高いといえる．

なお，社会福祉施設や病院などの施設においては，バルコニー幅や，出入口との段差，日

常の施錠方式も避難計画のなかで検討する必要がある.

b. 水平避難区画

災害時要援護者が使用する施設や不特定多数が利用する大規模な物品販売店舗においては, 平面を大きく防火区画し, それを避難に利用する水平避難方式が有効とされている[2,6]. このためには, 防火防煙性能をもった区画によって平面を分割し, 分割されたいずれのゾーンで出火しても他のゾーンに避難できるように避難扉を配置することと, 区画部分の扉の開き勝手を設計することが望まれる.

c. 避難タラップなどの脱出装置

二方向避難を保つことができない場合や, バルコニーから非火災空間への脱出手段としてのタラップは, あくまで最後の脱出手段である. 高層部に設置する場合にはタラップ室を設けるなど, 恐怖感を与えないような工夫が必要である.

d. 篭城区画

病院の手術部などの利用者が移動できない空間を, 避難しなくてもよいように区画する方法を篭城区画ともいう. この区画は耐火構造の壁とし, 開口部も火煙の伝播がないように2重に区画することが望ましい. また, 設備系統も別にすることが望ましい. なお, 火災がせまってきた場合, 最終的には避難しなければならないから, この区画から階段室まで他の部分を経ないで到達できるか, 異なる2つ以上の防火区画に通じるようにする.

（4）避難安全性の確認

避難施設を評価し, 計画にフィードバックする方法として避難安全性の評価方法がある. 基本的な考え方は避難に要する時間と煙の降下時間を比較することであり, 手計算による簡易な手法から, コンピューターを用いた高度なシミュレーションなどがある.

（矢代　嘉郎・福井　潔）

14・3・5　煙制御計画

（1）煙制御の目的

火災時における煙制御には以下の2つの目的がある.

① 建物内の在館者が外部など恒久的に安全な空間へ避難するまで, 避難に使用する空間の煙温度・濃度を, 避難に支障を及ぼさない状態に保つこと.

② 非常用エレベーター乗降ロビーなど消防活動に使用する室, 特別避難階段の付室など一時的に避難者が滞留する室では, それらの空間の煙温度・濃度を消防隊や避難者に支障を及ぼさない状態に保つこと.

室内の空気がある程度静謐に保たれている場合には, 火災により発生した煙はその室の上部に煙層を形成し, 徐々に在館者に害を及ぼすような高さまで降下してくる. 一方, 煙の温度が低い場合や, 空調などにより室内の空気が攪拌されたような状況では, 煙は室全体に拡散していく. いずれの場合も, 室に隙間や開口部があると, 煙は, それ自体のもつ浮力や建物内の煙突効果などにより火災室外へ流出し, 建物内に拡散する. その結果, 他の居室の在館者に害を及ぼし, 廊下, 階段などの避難経路に侵入し, 避難を困難または不可能にする. 煙制御の目的の1つは, このような拡散や侵入を制御することにより, 建物内の在館者が外部などの安全な空間へ避難するまで, 火災室以外の居室および避難に必要な廊下や階段を,

避難に支障のない状況に煙の状態を保つことである.

　また，建物内には非常用エレベーターの乗降ロビーや特別避難階段の付室のように，消防活動上や避難上重要な空間がある．それらの空間を煙から長時間にわたって安全に保つことがもう1つの目的である.

（2）煙制御の基本概念

　煙制御の基本的な概念は，区画化による煙の拡散・侵入防止，排煙，遮煙，煙の降下防止，希釈などである．これらの煙制御方法の有効性は，空間の形状や建物の高さなどにより異なる．一般にはこれらの概念を組み合わせて，その目的を達成することになる.

　なお，12章及び文献9）～11）なども参照されたい.

A．区画化

　空間を壁やたれ壁で区画することにより，煙の拡大や侵入を防止することであり，煙制御の基本となる考え方である．たれ壁による区画でも，火災初期には煙の拡大を遅らせることが可能であるが，煙層が厚くなればたれ壁を越えて拡大してしまう．耐火性能や不燃性能を有する床から天井までの壁及び扉であれば，煙の拡大はかなり防止できる.

B．排煙（煙の排除）

　煙を排除することにより煙の降下や拡大を防止し，煙の温度・濃度の低下も図ることを目的としている．この考えは，厨房などでコンロから発生する燃焼ガスを排除する方式と同様である．煙層が薄い状況では下部の空気も吸い込み排煙効率は減少するので，有効に排煙するためには十分な深さの煙層が形成されるような煙溜まりが必要である．また，排煙口より上部へ上昇してしまった煙を吸い込むことは困難になるため，排煙口は空間の最上部に設けることが望ましい.

　なお，排煙の方式としては自然排煙，機械排煙，押し出し排煙（第二種排煙）がある.

C．遮　煙

　2つの室の間に温度差があると両室間に差圧ができ，室間の開口部では自然対流により室相互に空気の出入が生じる．この自然対流に打ち勝つだけの差圧を強制的につけると，気流は圧力の高い室から低い室への一方向となる.

　このように室間に所要の差圧をつけることにより，開口部や隙間を介した煙の拡大・侵入を防止することを遮煙という．大臣特認を取得して採用されている特別避難階段の付室の加圧防煙システムは，この遮煙の概念に基づいている.

　もちろん，室間に差圧をつけることが目的であるから，排気でも給気でもこの目的は達成できる．ただし，空間に差圧が形成されるためには，2室間に空気の流れがあることが必要であり，一方の室に2室間の開口以外に空気の流入・流出がない状態では，他方の室において排気や給気を行っても両室間に一方向の空気の流れは形成されず，両室の圧力差は室温の差による浮力による差圧のみとなり，開口部で遮煙を達成することは不可能となる．このように遮煙を達成するためには，圧力の高い室では機械による強制給気か外部からの給気口，圧力の低い室では強制排気（排煙）か外部への排気（空気逃がし）口を設けることが必要となる．前記Bの排煙方式でも，隣室に給気口などの給気経路を確保すると室間で差圧が形成され，遮煙が達成できる.

D. 煙の降下防止

室の上部に煙溜まりがあり，煙が居住域や隣接する室との間の開口部まで降下してこなければ，煙の拡大は防止でき避難の障害にもならない．この考え方は煙層が明確に形成されることが条件であり，煙層が乱れては成立しない．そのため，排煙口を空間最上部に設けると同時に給気口を下部に設け，給気口からの流入空気が確実に下部空気層に供給されるようにしなければならない．給気が煙層に流入すると煙層を増大させたり乱したりする原因にもなる．

この手法は，天井の高いアトリウムや劇場などで有効であり，煙の降下状況は2層ゾーンモデルを採用した非定常予測計算[例えば12]により予測することができる．

E. 蓄　煙

空間の容積が非常に大きく天井が十分に高い場合，前記Dのような煙の降下防止を積極的に行わなくても，上部に煙を溜めるだけで避難に支障がないことがある．ただし，火災が

表 14·6　煙制御方式別の概念，機能，原理

方式		概念図	機能	防排煙の原理
区画化			・非火災室への煙流出を防ぐ	・遮煙性のある防火設備等の区画によって煙を閉じ込める
排煙	自然排煙		・煙の降下を遅らせる ・非火災室への煙流出を防ぐ	・煙の浮力を利用して煙を排出する
	機械排煙		・煙の降下を遅らせる ・非火災室への煙流出を防ぐ	・機械力で煙を排出する
	押し出し排煙（第二種排煙）		・当該室の煙降下を遅らせる ・室内に拡散した煙を希釈，排出する	・新鮮空気を供給して室内圧を高め，煙を押し出す
遮煙	加圧防煙		・煙の侵入を防ぐ	・室内圧を高くして煙の侵入を防止する
蓄煙			・煙の降下を遅らせる	・高天井，大容積を利用して火災室上部に煙を蓄える

ある程度継続すると，徐々にではあるが煙は降下し続けるため，在館者の避難時間と煙の降下状況などを評価しておく必要がある．一般には，巨大ドームのような大空間にのみ適用可能な手法である．

F. 希 釈

煙がある程度存在しても，その温度・濃度が低く，避難や消火活動などに支障のないレベルに保つことができれば，煙制御の目的は達成される．この概念を導入し設計を行うには，発生または侵入する煙の性状を適切に予測する必要があり，やや高度な予測計算が必要となる．しかし，煙制御システムの多くは，その付随的効果として希釈も期待でき，建築基準法で定めている特別避難階段の付室の給気を伴う排煙は，この希釈効果も考慮しているといえよう．

表 14·6 に，代表的な煙制御方式の概念，機能，原理を一覧にして示した．

（3）煙制御システムの計画

煙制御システムの計画は，図 14·7 に示すように建物の形態，在館者の状況，避難計画などを考慮しなければならない．すなわち，建物の高さや平面的な広がり，在館者の人数，特定の人か不特定の人か，就寝施設かどうかなどに基づき避難計画を立案し，その避難計画と整合をとって計画されなければならない．それらをもとに，煙制御システムに要求される性能，すなわちどの空間をどれだけの時間，煙から防御すべきかを設定する．この要求性能を

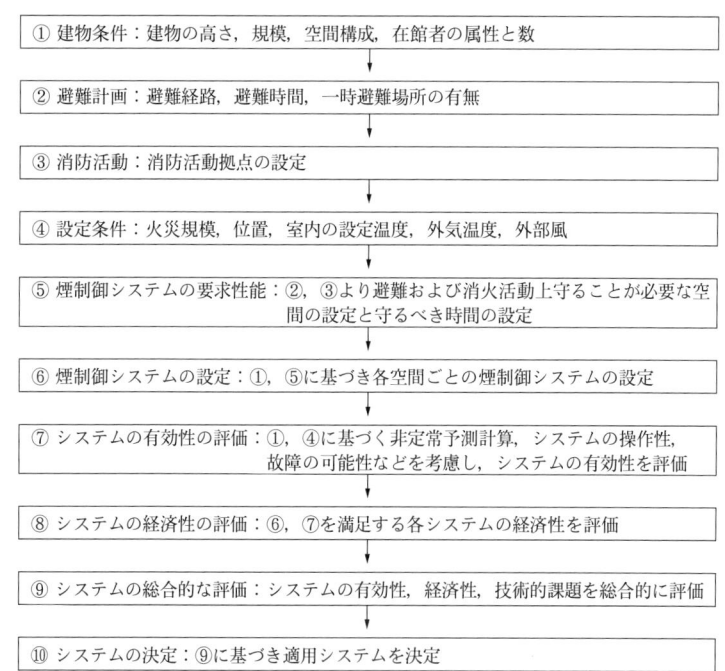

図 14·7　煙制御システムの設計フローの例

満足できる可能性のあるシステムを建物条件を考慮し決定する．これらについて，火災条件や気象条件をもとに非定常予測計算などを行い，その有効性を確認し，それらの操作性や経済性を含めて総合的に評価し決定する．

煙制御方式は建築基準法により仕様書的に明確に規定されているため，このような手順をとって計画されている例は少ない．しかし，大空間やアトリウム，特別避難階段の付室などの煙制御システムで，大臣認定を得て採用される場合は，このフローに近い検討がなされている．

一般の建築物では，火災の時間的状況，経時的に変化する煙の流動状況及び避難性状から，煙制御の対象空間は次の6種類に分類できる．

① 火災室
② 火災室以外の居室
③ 廊下
④ 階段の前室，非常用エレベーター乗降ロビー（非 ELV 乗降ロビー）
⑤ 階段
⑥ アトリウム，エスカレーターなどの竪穴

また，煙制御の基本的なシステムには次のような方式がある．

① 機械排煙
② 自然排煙

表 14·7 空間別の煙・避難の性状と適用できる煙制御方式
（○：適用可，×：適用不可，－：条件による）

室	煙と避難の性状	煙制御方式				
		自然排煙	機械排煙	押出排煙	加圧防煙	蓄煙
火災室	・煙の拡がりは早い ・避難所要時間は比較的短い	○	○	×	×	○
火災室以外の居室	・煙は侵入しないこともある ・避難開始が遅れることもある	○	○	×	－	○
廊　下	・煙が来るまでには多少時間がある ・多くの避難者が集まり，滞留することもある	○	○	○	○	－
階段の付室，非 ELV 乗降ロビー	・多くの避難者が集まり，滞留することもある ・一時避難場所になることもある ・消防活動拠点になる	○	○	○	○	×
階　段	・階段に煙が入ると，影響は甚大 ・火災階以外からの避難者も集中する ・超高層の全館避難には数時間かかる ・避難終了後でも，消防隊は使用する	－	×	×	○	×
アトリウム，エスカレータ等の竪穴	・避難に不使用でも煙伝播経路として影響大 ・シャッターは作動信頼性に配慮が必要 ・ガラススクリーン併設が効果的	○	○	－	－	○

③　押し出し排煙

④　加圧防煙

⑤　蓄煙

　これらの方式と区画化とを併用し，煙制御の基本概念に示したように目的を達成することになる．表14・7に，各空間の煙・避難の性状とどのような煙制御方式が適用できるかを示す．

　なお従来は，一定の規模を超える建物では，全ての室に排煙設備を設けるのが原則とされてきた．しかし，2000（平成12）年に建築基準法の告示に規定された「避難安全検証法」を適用し，排煙設備の仕様を低減したり全廃したりする建物も増えてきている．この手法による場合，告示の規定を満足するだけで，安易に排煙設備の撤廃を行なっている例も見られる．問題があると思われるものもあるので，採用にあたっては十分な検討が必要である．

　また，ごく最近では，煙制御単独ではなく，居室，階，全館の避難計画と煙制御計画を関連付けて考えることにより，一般の室には排煙設備を設けない一方，避難経路や消防活動拠点は煙感知器連動起動の加圧防煙方式により重点的に守ることで，避難安全性能や消防活動支援性能を確保するという考え方に基づく建物も現れて来ている．

（4）空間と煙制御システム

　ここでは，各煙制御方式について，対象空間別により具体的に記述する．

A．火災室の煙制御

　火災室の煙制御には，火災室からの避難を容易にすることと，火災室の外への煙の拡大を防止することの2つの目的がある．避難のためには煙の温度・濃度を許容値以下に保つか，煙層が居住空間まで降下することを防止する必要がある．そのための方式としては，火災室の自然排煙（図14・8）や機械排煙（図14・9）がある．これらは煙を積極的に排除し，煙層の降下防止や希釈を行い，結果として煙の拡大防止を図ることにもなる．

　天井が高く容積も大きい空間では，火災の初期に室の上部空間に煙を溜めることにより煙の降下を遅らせ，その間に避難させる方法もある．いずれにしても火災室の圧力を他の室より低く保ち，煙の拡大を防止することが原則である．しかし，火災室を機械排煙する方式では，ダクト内温度がある程度上昇すると（一般には280℃），他の防火区画への延焼を防止することを目的として排煙を停止させるため，その後は火災室の負圧は保持できなくなる．

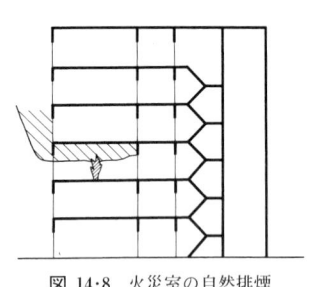

図 14・8　火災室の自然排煙　　　　　図 14・9　火災室の機械排煙

その場合には，区画化や隣接する室の煙制御が必要となる場合もある．

　また，建物の気密化が進み，機械排煙を作動させると火災室内の圧力が過剰に低下し，扉の開閉障害を引き起こす場合がある．防音の目的で気密性を高くするシネマなどでは，この可能性は高い．さらに，階の床面積が大きくない場合には，階全体が過剰に負圧になり，階段室の扉が開放できなくなることもある．これらを避けるためには，給気経路を設け機械排煙作動時に極端な圧力低下を防止することが非常に重要となる．

B. 火災階の火災室以外の居室や廊下

　火災階の火災室以外の室における煙制御の原則は，火災室の煙を侵入させないことである．そのためには，火災室と隣接する廊下などとの間で遮煙するのが有効である．

　具体的には，不燃材で構成される壁，常時閉鎖や煙感知器連動閉鎖の扉により区画する方法などがある．しかし扉は，避難などで開閉されることもあり，また物が挟まったりして完全に閉鎖しないこともある．そこで，扉がある程度開放された状態でも避難安全性を確保するために，避難経路となる廊下などでも機械排煙や自然排煙設備を設けることが多い．また，廊下や隣室に給気して，これらの空間の圧力を上昇させ遮煙する方法もある．

C. 階段の付室，非常用エレベーターの乗降ロビー

　特別避難階段の付室や非常用エレベーターの乗降ロビーは，避難者の避難経路及び滞留場所であると同時に，消防隊の進入経路や活動拠点にもなるため，火災が継続している間，安全性を確保する必要がある．煙制御方法としては，機械排煙または排煙風道による排煙と給気風道による給気を組み合わせた方式（図14·10），自然排煙用の窓を設ける方式，押し出し排煙及び加圧防煙などがある．これらは，安全を確保すべき空間に侵入した煙を排除し煙の温度・濃度を許容値以下に保つか，遮煙により煙を侵入させないことを目的としている．

　ただし，ファンを設けない排煙風道及び給気風道による方式（スモークタワー）は，風道の断面積が大きくなるため，ほとんど利用されていない．

　特別避難階段の付室や非常用エレベーターの乗降ロビーでは，機械給気により室の圧力を高める一方，火災室や廊下に圧力逃がし口を設けたり排煙したりすることにより，付室・ロビーと廊下の間の出入口に差圧をつけ遮煙を行う加圧防煙方式（図14·11）が広く採用されている．

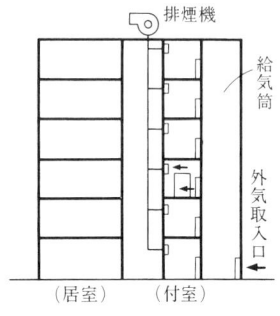

図 14·10　付室機械排煙，給気風道方式

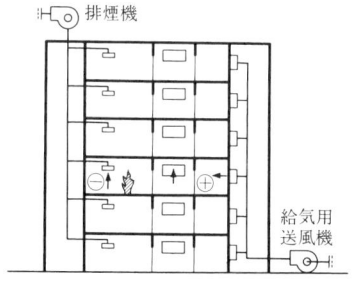

図 14·11　付室の加圧防煙システム

加圧防煙方式は，外気を送風機により給気させるため，煙温度が上昇した場合でも運転が継続できるという長所がある反面，防護する空間の圧力が過剰に上昇し，扉の開放障害を起こす可能性がある．そのため，給気した空気を逃すためのバイパスダンパーを設けるなどして，圧力を制御する必要がある．図14・12に差圧と加圧風量の測定例を示す．給気した空気を建物外部へ逃がす経路も重要である．逃がす経路がないと火災階全体がプラス圧になる可能性があり，煙を上下階へ拡大させる恐れがある．火災の各段階における遮煙位置と空気の流れを考慮し，通気経路を検討することが重要となる．

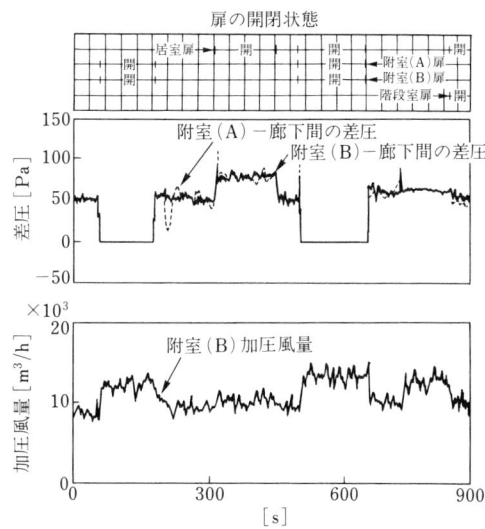

図 14・12　付室加圧における扉開閉時の差圧と加圧風量の測定例[13]

一般には，火災初期においては付室に給気し火災室で排煙や圧力逃がしをすることにより，気流は付室→廊下→火災室へと流れ，火災室−廊下間で遮煙する．火災が進展し，火災室排煙が停止した場合には，廊下排煙をとるか，廊下の自然排煙口や圧力逃がし口を開放し，それらから流出させる．その場合の遮煙位置は，廊下−付室間となる．

D. 火災階以外の階

層間区画や竪穴区画を完全に行うことにより火災階からの煙の侵入を防止することが原則である．火災階の煙制御により拡散が防止できれば，一般階には火災階以外では煙制御は必要ない．

しかし，火災階に対し相対的にプラス圧とすることにより煙の拡散を防止する方法もある．概念を図14・13に示す．このような圧力分布は火災室の排煙によっても達成可能であるが，火災階以外の階に給気し圧力を高める方法もある．

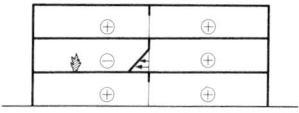

図 14・13　火災室と同一階の他部屋，他階間の圧力分布

E. 階　段

避難階段は避難経路及び消防隊の進入経路として非常に重要な空間である．国内では階段に煙制御設備を設けることはほとんどないが，海外では階段に機械給気する場合が多い．

図14・14に示すような階段加圧では，階段室の圧力

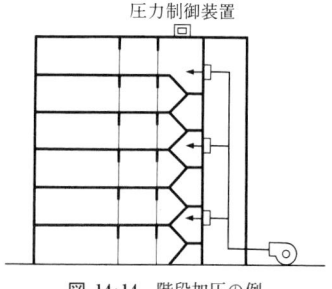

図 14・14　階段加圧の例

を均等に高める必要がある．給気が1ヶ所では難しく，給気口を分散化し3〜8層程度ごとに給気口を設ける必要があるとされている．

　また，給気のための外気の取り入れ口は火災室の窓などから外気に噴出した煙を吸い込まない位置としなければならない．

　階段室には扉が多いため，全ての扉を開放した状況で煙が侵入しないような圧力を保つことは困難であり，一般には扉が2〜3枚開放した状況で所定の圧力を達成するように風量を設定することになる．さらに，全ての扉が閉鎖した場合に，階段内の圧力が過剰に上昇しないような圧力制御も必要となる．図14·15に圧力分布の測定例を示す．

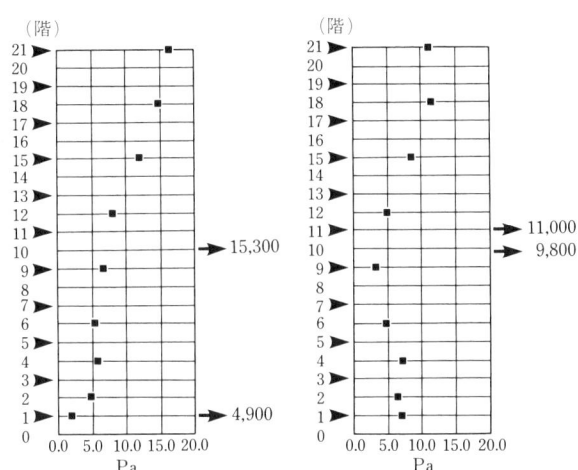

►：加圧給気口位置，　➔：扉開放位置と通過風量［m³/時］

図 14·15　階段加圧における圧力分布の測定例[14]

F．エレベーターシャフト

エレベーターシャフトの煙制御には，以下のような目的がある．

① 　エレベーターシャフトが煙の伝播経路となることを防止する．

② 　エレベーターを火災時の避難用として活用する．

　従来から日本では，①の目的のために防煙対策を行ってきた．エレベーターシャフトに設けられた扉は隙間が大きい上，シャフトは竪穴空間であり煙突効果が作用しやすい．ニューヨークWTCの爆破テロ（1993年）でもみられたように，シャフトに侵入した煙は全館に拡散するため極めて危険である．そこで，エレベーターの扉の前面に防煙性能を有するシャッターなどを設けたり，シャフトを加圧する場合もあった．

　しかし，現在は遮煙性能を有するエレベーター扉が開発され，一般に使用されているため，安全性は確保されていると考えられている．

　②の目的でエレベーターを避難用として活用することは，海外を含め行われていない．しかし，特に身体障害者等を対象とした避難利用は国内外で検討[15, 16]されており，ごく最近で

は海外で実施例もある．ただし，シャフトへの煙の侵入防止対策は万全にしなければならない．

G.　その他の空間

a.　大空間

アトリウムや屋内競技場などの大空間には，以下のような煙制御上の特性がある．

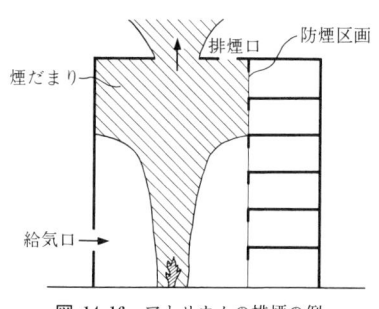

図 14·16　アトリウムの排煙の例

① 静謐な空間では煙は層を形成し，徐々にその厚みを増し降下する．天井の高い大空間では，煙が居住域まで降下するのにある程度の時間がかかる．そこで，煙の性状を予測し，避難に影響するかどうかの評価が重要となる．

② 一般には，室内の火災荷重に比較し空間が大きいため，室内全体が高温になりにくく，フラッシュオーバーは起こりにくい．

③ 大空間が1つの防煙区画となる．そのため平面的に煙が拡大しやすくなる．特に劇場など，空間上部に在館者がいる場合には，その避難時間と煙の降下，拡大の状況を十分に検討しておく必要がある．また，大空間に隣接する居室や通路への煙拡大は防止しなければならない．

④ 天井が高くプルームの上昇中に多量の空気を巻き込むため，煙温度も濃度も比較的低くなる．また，夏期など天井付近に熱気が滞留し高温層ができていると，火災の初期で煙温度が低い状況では，煙が天井まで達せず空間の中途に漂うような場合もある．そこで，火災覚知システムに留意が必要で，光電式分離型煙感知器や炎感知器が用いられることも多い．

⑤ 多様な使い方をする場合が多く，火源も多種多様となる．そこで，使い方を十分考慮し火源の設定を行わなければならない．

大空間での煙制御は，以下のように行う．

① 煙層の降下を防止することが基本となる，そのために，超大な空間以外では，排煙設備を設けることになる．煙の成層を維持しながら有効に排煙するには，空間低部には給気口も必要となる．給気口を設けない場合は中性帯の位置が上昇し，排煙口位置での差圧が小さくなり，排煙は効率的には行われない．排煙口面積とほぼ同様の大きさの給気口を設けると，中性帯の位置がそれらの中間になり，有効な差圧を確保でき，排煙も有効に行われる．

② 給気口は空間下部に設けなければならない．図14·17に示すように，給気口が上になると中性帯の位置も上昇するため，排煙口での差圧が確保できなくなる．また給気口が上部になると給気口からの気流が煙に入り，かえって煙層を増加させたり，煙層を乱す可能性もある．

③ 天井の高い空間では，底部の火災の場合には火源からのプルームに巻き込まれる空気により煙量が増加する．その分排煙量を大きくしなければならない場合もある．2層

ゾーンモデルなどで解析し，排煙量を決めることが必要となる.

④　アトリウムのように，火源の位置が空間の低部だけでなく上部にもある場合には，評価の目的に応じて火源位置を変えた検討も必要である．例えば，煙層降下状況を評価する場合には，煙量が多くなる低部を火源位置とし，周囲空間との区画壁の耐熱性など，煙の温度を評価対象とする場合には，プルームへの巻き込み風量が少なく煙温度が高くなる空間上部に火源を設定することが必要となる.

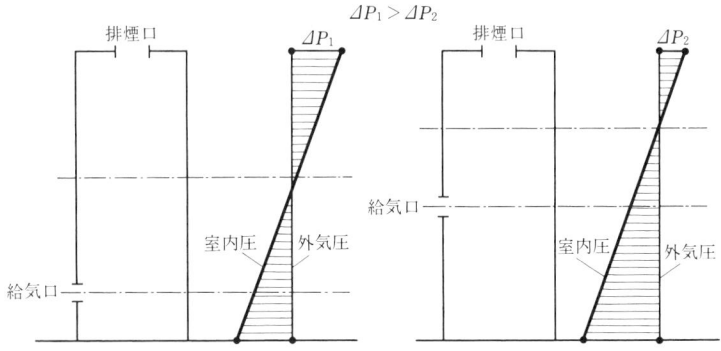

図 14·17　給気口の位置と外気基準の室内圧力分布（排気口の面積は同じ，室内は均一の温度とした場合）

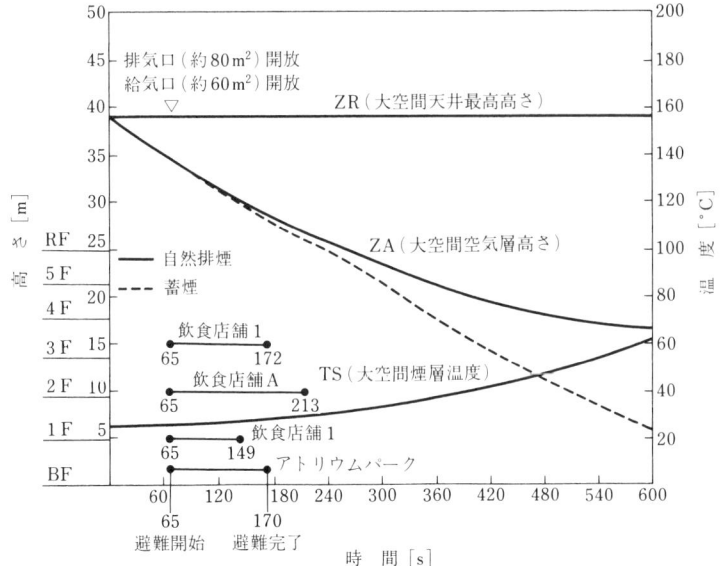

図 14·18　アトリウムにおける2層ゾーンモデルによる解析例

⑤　アトリウムのように，空間の上部に隣接した居室がある場合には，それらと吹き抜け空間との間に防煙的に有効な区画を設けなければならない．空間の上部は最初に煙が達する部分であり，防煙区画が不完全であると避難に重大な影響を及ぼす．また，一般には煙は空間上部に煙層を形成し，その浮力で外部へ排出される．そこで，空間上部に煙溜まりを作らなければならない．煙溜まりの高さは，排煙口からの排出量と煙層下部より入ってくるプルーム量とのバランスにより決定されるため，煙の降下位置を2層ゾーンモデルなどで予測し決めなければならない．図14·18に解析例を示す．

b.　ボイド空間

集合住宅では建物中央部にボイドを設けた例も多い．ボイドに面する側が避難用の通路となっており，ボイドへ煙が流出した場合は，すみやかにボイド外へ排煙し，ボイド内の煙の濃度を低くおさえる必要がある．ボイドを煙制御上外部とみなすか，みなさないかは非常に難しく，開口の平面的な広さと高さとの関係によって決められる．図14·19のような高さに対して十分に平面的に広く，噴出火炎のプルームとその周囲から降下してくる気流がプルームを乱さないような状況では，外部周囲に近い環境が得られるだろう．しかし，図14·20のようなボイド面積に対して高さが高い場合には，上昇する煙と降下する空気が混合し，ボイド内部の煙は乱され，ボイド周囲の避難路は危険にさらされる．そのため図14·21のようにボイド下部に給気口を設けて煙の排出をより容易に行えるようにすることが重要となる．

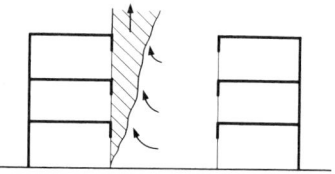

図 14·19　ボイド空間の高さに比較しボイド平面が十分に大きい場合

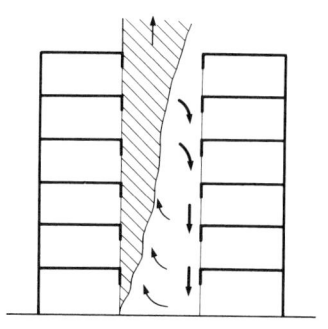

図 14·20　ボイド空間の高さに比較しボイド平面が小さい場合

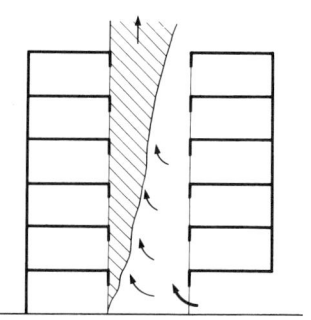

図 14·21　低部に給気口を設けたボイドの排煙例

（笠原　勲・山田　茂）

14・3・6　延焼防止計画
（1）区画計画の基本

火災による物的損害を最小限に抑えると共に，避難や消防活動拠点の安全性を高めるため，建物を一定の範囲に区画することが重要となる．区画は火災の拡大と煙の流動を制限す

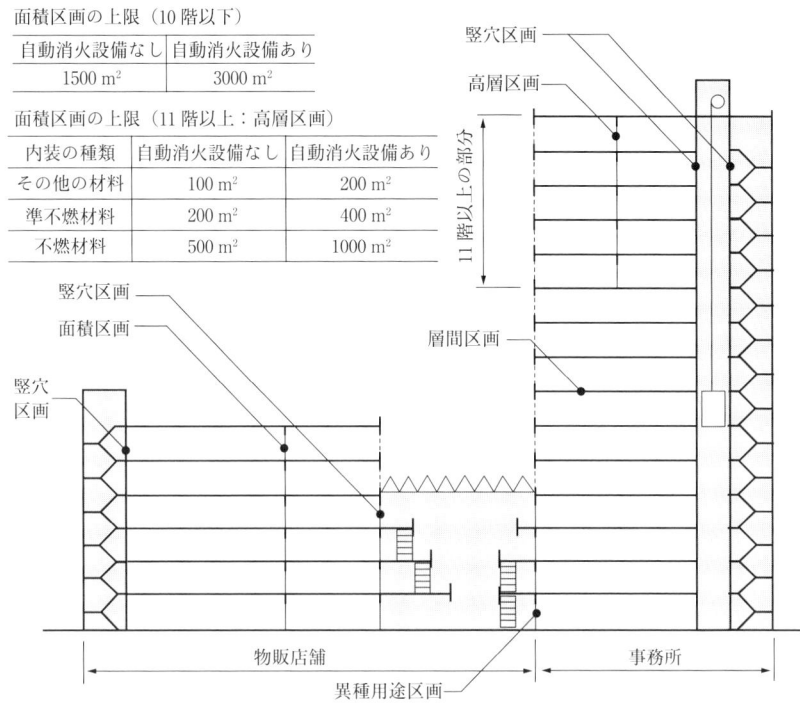

面積区画の上限（10 階以下）

自動消火設備なし	自動消火設備あり
1500 m²	3000 m²

面積区画の上限（11 階以上：高層区画）

内装の種類	自動消火設備なし	自動消火設備あり
その他の材料	100 m²	200 m²
準不燃材料	200 m²	400 m²
不燃材料	500 m²	1000 m²

図 14·22　建築基準法における区画の種類と面積区画の上限

るものであるから，区画部材は一般的に耐火構造の壁や床で構成されるのが基本であり，このような区画を防火区画と呼ぶ．防火区画に開口部を設ける場合，開口部には火災の延焼や煙の流動を一定時間抑制するための防火設備（防火戸，防火シャッター等）を設けることになる．

　防火区画は法規により設置基準が定められているが，その役割に応じて層間区画，竪穴区画，面積区画，高層区画，異種用途区画に分類される（図 14·22 参照）．また，火災拡大を阻止する防火区画ではないが，避難安全上，消防活動上の必要性から安全区画，防煙区画が設けられる[17]．これらの区画の設置位置は日常時の機能・動線にも配慮しながら避難計画，消防活動支援計画，耐火設計における要求を満足するように設計初期段階で検討することが重要である．なお，設計図書において，区画の設置位置は防火区画図に示されるが，防火区画は赤色のライン，防煙区画は緑色のラインで描かれることが多い．

（2）区画の種類と役割

A．層間区画

　上階，または下階への延焼拡大を防止するための床，スパンドレル，バルコニー，庇，層間ふさぎ等による区画をいう．層間区画は各階に設けられることが基本である．特に床スラ

ブと壁との取合い部における隙間等の層間塞ぎは設計・施工時において見落とされる場合が多いので綿密に行う必要がある．層間塞ぎは一般にロックウールやモルタル等不燃性の材料を隙間に充填する場合が多いが，部材の選定に当たっては作業性等も考慮し，充分な品質が得られるように配慮すべきである．また，スパンドレルを構成する外壁としてカーテンウォールを使用する場合には火災時にカーテンウォール自体の脱落が生じないように取り付け部の耐火性についても十分配慮する必要がある[18]．

B. 竪穴区画

吹き抜け，エレベーターシャフト，エスカレーター，階段室，及びダクトスペースなどの竪穴空間に煙が流入・拡散するのを防ぐための区画である．竪穴空間に煙が流入すると，竪穴空間の最上部まで煙が一気に上昇し，竪穴空間の最上部に隣接した階に煙が拡散することになり，当該階の避難者が煙にまかれて逃げ遅れる原因となる．

吹き抜け，及びエスカレーター等の竪穴は火災時のみ閉鎖する常時開放型の防火設備（防火シャッター等）により区画される場合が多い．特に面積の大きな吹き抜けでは多数の防火シャッターにより竪穴区画を構成することになるため，閉鎖の信頼性が問題となる．

エレベーターシャフトはエレベーター扉の位置で区画する場合と，エレベーターホールを含めて区画する場合がある．前者の場合はエレベーター扉自体に遮煙性能を持たせる方法，及びエレベーター扉の近傍に防火シャッターやスクリーンを併設する方法がある．後者の場合はエレベーターホールが避難経路となる計画とならないようにする[19]．

階段室は火災時の避難経路として使用されると共に消防活動上の動線や拠点にもなるため，区画計画上重要であり，区画の開口部は常時閉鎖型の防火設備で区画される場合が多い．

このように竪穴区画は延焼防止の機能に加えて充分な遮煙性能を有している必要があるため，竪穴内部を給気することで内圧を高め，煙の侵入を防止する対策を併用する場合もある．

C. 面積区画

空間を一定の床面積以内毎に区画することにより，最大燃焼領域を一定規模以内に抑えるための区画である．建築基準法では主要構造部が耐火構造物の建築物では $1,500 \mathrm{~m}^2$ 以内毎（自動消火設備が設置されている場合は $3,000 \mathrm{~m}^2$ 以内毎）に耐火構造の床もしくは壁で区画し，開口部は特定防火設備で区画することが規定されている．床面積の大きな物販店舗や物流倉庫などの場合は防火シャッター等の常時開放型の特定防火設備を用いて区画することになるが，床面積がそれほど大きくない場合，面積区画は竪穴区画と一致させる計画となる．なお，劇場，観覧場，及び製造ラインを有する工場等で用途上，面積区画を行うことが困難である場合，建築主事の判断により区画の設置が免除される．

D. 高層区画

建築物の 11 階以上の部分では消防活動が低層部に比べて困難であることから，低層部（10 階以下）の面積区画よりも小さな床面積（内装が不燃で，自動消火設備が設けられている場合は $1,000 \mathrm{~m}^2$ 以内）毎に区画することが建築基準法では規定されている．なお，地下街についても消防活動上の理由により，高層区画と同様な区画の規定が準用されている．

E．異種用途区画

1つの建築物の中に用途（管理区分，利用者の構成，使用時間帯など）が異なる部分が共存する場合，異なる用途への延焼を防止するための区画である．異種用途区画では区画毎に建物利用時間帯や管理形態が異なる場合が多いので，避難経路，及び常用・非常用設備の系統も区画毎に分離するのが望ましい[20]．大規模な複合用途の建築物では，異種用途区画を境に管理形態が異なる部分毎にブロック化することができるため，火災時に消防隊（救助隊）の寄りつき場所（指揮所）をブロック毎に設定することで消防活動においても混乱を避けることが可能となる．

F．安全区画

避難人数が多い用途や不特定多数利用の用途の場合，階の避難者のすべてが階段室に入るまでに時間を要するため，階段室に入る途中の廊下や付室などの空間を煙や炎から一定時間守ることが避難安全上望ましい．このために設定する区画を安全区画と呼ぶ．安全区画は避難者が火災室からの煙や熱の影響を受けないようにするために設けられるが，階段室の付室等は消防隊が消火や救助活動を行う際の拠点として使われる場合がある．区画は不燃材料で覆われた間仕切り壁や扉で構成され，排煙設備が設けられる．また，火災室からの煙の侵入を防ぐため，区画内を新鮮空気で加圧する場合もある．

G．防煙区画

避難安全上の目的により，面積区画の内部を不燃材料で覆われた間仕切り壁や防煙たれ壁で細かく区切り，煙の拡大範囲を限定するためのものである．排煙設備を設ける場合は，防煙区画毎に排煙口を設置して，排煙効率を高めると共に，煙の拡散を遅延させる．上述の安全区画を設定する場合は，安全区画ラインと防煙区画ラインを一致させる．

（村岡　宏）

14・3・7　防火・耐火構造計画

防火・耐火構造計画を進めるにあたっては，建築構造物に対して，火災時において居住者の安全性を確保し物的損害を限定することを最終的な目標としなければならない．すなわち，個々の建物ごとの状況や敷地条件等に応じて，火災時において以下に挙げた項目を達成する必要がある[21]．

① 避難・消防活動の安全の確保．
② 被火災建築物に関わる財産の保護．
③ 周辺への危害の防止．

このような観点から，現行の建築基準法では，建築物の防火・構造耐火に関連して次のような対策を定めている[22]．

　ⅰ．建築物の倒壊を防止し，内部火災の発生・拡大を抑制するための建築物の主要構造部の構造の制限．
　ⅱ．隣家や周辺市街地からの延焼を防止するための建築物の外部仕様の制限．
　ⅲ．建築物内部の火災の拡大を防止するための防火区画の設定．
　ⅳ．建築物内部の火災の発生・成長を抑制するための建築物の内装の制限．

このうち，ⅰ～ⅲについては，耐火建築物，準耐火建築物の規定があり，さらに部位によ

表 14·8　区画・架構部材の火災時の要求機能と耐火性能の評価基準[24]

部材に要求される機能	耐火性能の評価項目	耐火性能の評価基準		
		架構部材（柱，はり等）	区　画　部　材	
			耐力部材（床，耐力壁等）	非耐力部材（間仕切壁，外壁等）
1) 避難および消防活動の安全を確保するうえで支障がないこと	非損傷性	火災時の各部材の応力度が，その許容応力度以下であること	同　　左	——
	遮熱性	——	非加熱側表面温度が避難および消防活動の状況により個々に定められる許容温度以下であること	同　　左
	遮煙性	——	漏煙量が，避難および消防活動の状況により個々に定められる許容漏煙量以下であること	同　　左
2) 火災区画から他の区画への延焼拡大を防止する	非損傷性	火災時の各部材の応力度が，原則としてその許容応力度以下であること．ただし，当該部材が支持する区画部材の延焼拡大防止性能を損なわないことを条件に，塑性変形を許容する	火災時の各部材の応力度が，原則としてその許容応力度以下であること，ただし，当該部材の延焼拡大防止性能を損なわないことを条件に，塑性変形を許容する	——
	遮熱性	——	非加熱側表面の最高温度が，延焼のおそれがある温度以下であること	同　　左
	遮炎性	——	別に定める『標準試験法』の規定による	同　　左
3) 区画火災または延焼拡大火災に対して，建築物の倒壊を防止する．	非損傷性	火災時の各部材の応力により，座屈などの不安定現象が生じないこと，かつ，塑性ヒンジの発生により部材または部分架構に崩壊機構を形成しないこと	火災時の各部材の応力により，部材が破壊しないこと．ただし，床等の部材で，その破壊により建築物が倒壊するおそれがないものにあっては，この限りではない	——

り耐火構造，準耐火構造，防火構造，等などの構造上の規定がある．またivに関しては，建築物の用途，規模，構造などにより使用材料に制限を課している．

　例えば，耐火構造を例に挙げれば，現行の建築基準法では，大きく2通りの方法で設計することができる．一つは，建築からの方法で，規模により要求耐火時間が定められており，

その耐火時間に応じて，耐火性能試験に基づいて部位ごとに指定された工法を採用することである．この方法は，設計者にとって非常に簡略な方法である反面，現行の方法のみでは個々の建物条件に対応したより詳細な評価ができないといった問題がある．もう一つは，火災工学の研究が進展したことで可能となった性能設計によるものである．耐火設計分野においても，次項以降で述べるような解析的手法に基づく方法が確立されてきた．具体的には，建物の火災時間が実験や計算により算出され，性能に応じた耐火被覆や仕様を用いることである．

　さて，防火・耐火構造計画を進めるうえで，建築物またはその区画・架構部材が火災時にもつべき機能を再度，整理すると次のようになる[23]．

　　 i ．避難および消防活動の安全を確保するうえで支障がない．（避難安全確保）
　　 ii ．火災区画から他の区画への延焼拡大を防止する．（延焼拡大防止）
　　 iii ．区画火災または延焼拡大火災に対して，建築物の倒壊を防止する．（倒壊防止）

　区画・架構部材に要求されるこれらの機能に対し，耐火性能の評価基準としては，表 14·8 のようにまとめることができる[24]．基本的に，柱やはりのような架構部材に対しては火災時の非損傷性が，また壁や床のような区画部材に対しては，非損傷性，遮熱性，遮煙性，遮炎性を組み合わせた機能が要求される．前述のように，防火・耐火構造の設計においては，ともすれば機械的に決定されがちであるが，使用部位に要求される機能を十分把握し，それに応じた性能を有する工法を採用することが肝要である．　　　　（大内　富夫・丹羽　博則）

14·4　工学的火災安全性評価の基準と手法

14·4·1　出火防止設計

　建物等の内装の着火は，家具等の室内の第一次可燃物で出火して炎上したとき，内装表面がその火炎の接炎や放射熱等で強く加熱されることによって起こるのが最も一般的である．あえて建物の出火防止設計という場合は，一般に，煙草等による家具・寝具での出火や発熱器具の故障による出火を防止するという意味ではなく，そのような出火が確率的には起こり得ることとみなしたうえで，そのような出火に対して，建物内装への着火や大型可燃家具等への着火のように空間内の火災拡大の引き金になるような事象に発展しないように計画する工学技術という意味で理解される．

　このような条件は，図 14·23 のように強い放射加熱に曝される可燃固体表面の着火時間の予測としてモデル化されるが[1,2]，建物・船舶・車両等に使われる通常の材料に対しては，この問題は，実用上，固体の熱伝導方式程式を解いて，その表面温度が，材料とその部位によって決まる着火温度 T_{ig} に達する時間を求めるという問題に帰着する．

　図 14·23 のように放射加熱に曝される固体表面の温

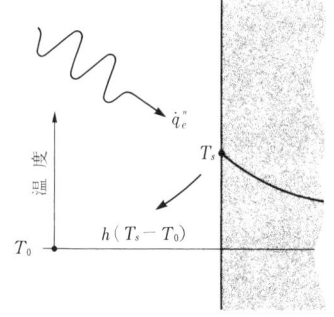

図 14·23　放射加熱される材料表面の熱収支

度 $T_s(t)$ は，加熱が始まる前の表面温度（気温もこれに等しいとする）T_0，表面放射率を ε，放射入射熱を $q_e(t)$ とすると，

$$T_s(t) = T_0 + \int_0^t \varepsilon q_e(s) [\{\pi k\rho c(t-s)\}^{1/2} - (h/k\rho c)$$
$$\exp\{(h^2(t-s)/k\rho c \operatorname{erfc}\{h^2(t-s)/k\rho c\}^{1/2}]ds \qquad (14\cdot1)$$

となる．h は，固体表面からの熱損失を求める際の総合熱伝導率である．着火時間は，$T_s(t_{ig})$ $= T_{ig}$ となる時刻 t_{ig} で与えられるが，もし，$t \to \infty$ で $T_s(t) < T_{ig}$ ならば，着火は起こらないことになる．式（14·1）には多数の変数が様々な形で含まれているが，上式で，$T_s(t_{ig}) = T_{ig}$ とおいて両辺に h を乗じ，適当に整理すると，$a = h^2/k\rho c$, $b = h(T_{ig} - T_0)/\varepsilon$ として式（14·2）が得られる．

$$b = \int_0^{t_{ig}} q_e(s) [\{a/\pi(t_{ig}-s)\}^{1/2} - a \cdot \exp\{a(t_{ig}-s)\} \operatorname{erfc}\{a(t_{ig}-s)\}^{1/2}]ds \qquad (14\cdot2)$$

式（14·2）には加熱条件を表わす $q_e(s)$ と着火時間 t_{ig} の他には，a, b の2つのパラメータが含まれているだけで，しかも a, b は材料物性（k, ρ, c, T_{ig}, ε）と部位・環境条件（h, T_0）で決まるから，式（14·2）は，a, b が与えられれば，着火時間は加熱強度の時間変化 $q_e(s)$ の関数として計算されることを意味している．したがって，出火防止設計は，材料・部位等の条件として a, b の2つのパラメータを把握し，加熱条件として火源による加熱強度の時間変化を予測・想定するという2段階に分かれることになる．前者は主として内装材料の性質とその使い方によって決まり，後者は建物用途・収納可燃物・空間規模等によって決まる条件であるが，一般に内装設計は，空間の用途・規模がほぼ決定された段階で行われるから，内装防火設計上，操作できるパラメータは，事実上，収納可燃物（家具等）と内装材料の2種類である．内装への着火防止は，原理的には，内装材料の選択によっても，また出火源となる可能性のある収納可燃物の燃焼性制御によっても達成可能である．

（1）材料の着火特性

式（14·2）の a, b は，例えば，ISO 5657 着火性試験や ISO 5660 コーンカロリーメーター等を使用し，$q_e(s) =$ 一定として t_{ig} を数通りの加熱強度について測定すれば推定できる．式（14·2）で $q_e(s) =$ 一定（q_e で表す）とすると右辺は解析的に積分可能で，

$$b = q_e \cdot \{1 - \exp(at_{ig}) \operatorname{erfc}(at_{ig})^{1/2}\} \qquad (14\cdot3)$$

となる．この結果を整理すると図 14·24 のように，$t_{ig}^{1/2}$ と q_e は，横軸に切片を持ちながらほぼ，直線で表わされる関係となる．これを直線で近似すると，図 14·25 のように a は縦軸切片から，また b は横軸切片から推定されることになる．図 14·25 の横軸切片 $b = h(T_{ig} - T_0)/\varepsilon$ は，$t_{ig} \to \infty$ に対応する加熱強度に相当するから，$q_e \leqq b$ では，材料はどんなに長時間加熱されても着火には至らない．この意味で，b を，材料の着火限界加熱強度等と称し，火災安全性評価上，重要な概念となっている．h は，表面温度や部位の影響を受けるはずであるが，区画火災の初期段階の煙層に関する実大実験でも，また ISO 5657 着火性試験装置についても，ほぼ $h = 0.03 \sim 0.04$ kW/m²K となるとの実験報告がある[3,4]．また，着火温度についても，部位の影響が現れ得ることや，木材のような混合物や複合材料では，分解の様態が材料内部の温度分布に依存するため，加熱強度によって着火温度が異なってくる傾向があ

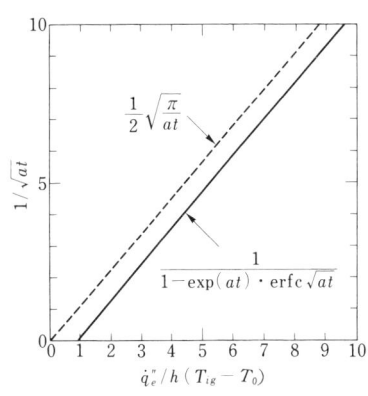

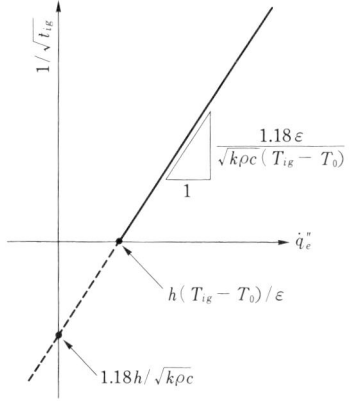

図 14·24　着火時間 t_{ig} と放射加熱強度 q_e'' の間に期待される一般的関係

図 14·25　着火時間と放射加熱強度の関係に基づく材料着火特性の評価

ることなどが報告されている[5]．内装への着火の有無を予測する実用的な設計では，木質内装が想定されることが最も普通であるが，室温がよほど高くない限り，木質系材料の着火限界加熱強度は，$10\,\mathrm{kW/m^2}$ を仮定すれば，危険側の想定となる．

　図 14·26 は，木材に関する着火時間と加熱条件の関係を上記の方法で整理した結果である[1]．やや上に凸な曲線となっているが，これは，熱伝導モデルによる予想に比べて，q_e が小さい領域ほど着火が起こりにくいことを意味している．木材では，リグニン等の分解温度が着火温度よりもやや低いため，弱い加熱が続くと着火に先だって可燃成分の分解が進行して

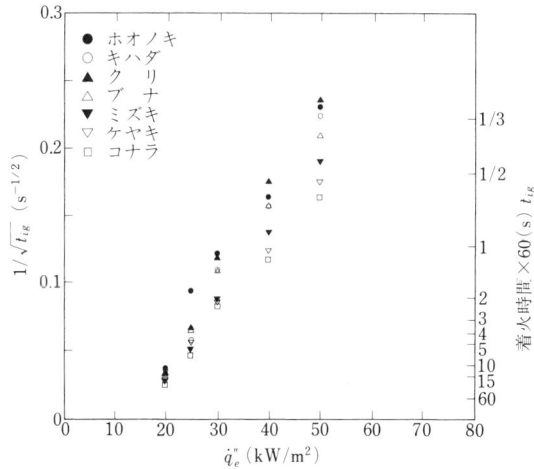

図 14·26　広葉樹材に関する着火時間 (t_{ig}) と外部放射加熱強度 q_e'' の関係

炭化層を形成してしまうことが，この原因であろう．着火温度の精密測定でも，木材の着火温度は，加熱強度が大きいほど低下する傾向を示しており[5]，この考察と矛盾しない．このような現象を着火予測モデルに正確に取り込むのは簡単ではないが，q_e が高い領域で得られた結果から直線を外挿すれば，一応，危険側の予測が可能にはなる．Atreya らは，さらに，加熱表面付近の気流流速が増大したり，雰囲気中の酸素濃度が低下すれば，着火温度が上昇することを示しており，着火温度が材料だけで決まるパラメータではないことを実証している[5]．

（2）火源からの加熱条件

内装材料が火源から受ける加熱の様態は部位によって異なり，壁・床では火炎からの放射熱が主であるのに対して，天井や壁面の上部は煙層に暴露されるため，煙層からの熱伝達も重要である．火炎からの放射熱については，火源発熱速度がわかれば，火源上の火炎高さが求まるから，受熱面から火炎を見る形態係数を計算して，放射受熱量を求めることができる．火炎の輻射能は，$100 \ \mathrm{kW/m^2}$ 程度を仮定することが多い．また，煙層からの加熱は，煙層温度と壁面の温度差に総合熱伝導率 h を乗じるなどの方法で予測できる[3]．家具等に着火したときの発熱速度は酸素消費法等により測定することができるが，実際的な防災設計では，複数の家具に燃焼拡大した場合などを想定して，家具単体の発熱速度ピーク値の状態で一定の発熱速度が続くと仮定する場合も多い．火源発熱速度が一定で持続すると仮定する場合は，その発熱速度と火源・内装表面間の位置関係で決まる内装表面の受熱強度が，（1）項で述べた着火限界加熱強度以下になるように，内装材料を選択するか，発熱速度の小さい家具を選択することになる．　　　　　　　　　　　　　　　　　　（長谷見　雄二・鍵屋　浩司）

14・4・2　避 難 安 全 設 計

（1）避難安全設計の概要

建築火災を対象とした避難安全設計では，火災発生時の在館者の避難安全性を確保するため，建物の空間特性や在館者の特性に応じて適切な避難経路を確保し，その避難経路を保護するための対策を講じることが重要である．避難安全設計の設計ルートは，建築基準法に定められた仕様基準に基づき設計する方法（ルート A）と，設計火源と避難安全性に関わる許容値（一般的には，避難完了時点の煙層下端高さ≧床面＋1.8 m）を定め避難シミュレーション等の工学的手法を用いて避難施設等の設計を行う方法（ルート B または C）がある．後者の方法によって避難安全性が確かめられた場合，ルート A における避難関連規定の一部を適用除外とすることができる[6]．

工学的手法に基づく避難安全設計においては，設計火災シナリオと許容安全基準（限界煙層高さなど）が避難安全性を決定する 2 要素である．また，広い意味では予測計算法に含まれる安全率も安全性に影響を与えるが，安全性を確保する仕組みが一般の設計者等には見えにくいため，上記の 2 要素に基づき安全性をコントロールするのが一般的である．

予測計算法には，避難行動や煙流動のイメージを具体化し，避難計画や煙制御計画の効果を定量的に示し，それらと避難安全性（許容基準）とを結びつける役割がある．一般的な予測計算法として，平成 12 年建設省告示第 1441 号または同第 1442 号に定められる避難安全検証法がある．

（2）避難安全性能の定義

2000（平成12）年の建築基準法の性能規定化により，階避難安全性能（建築基準法施行令第129条）と全館避難安全性能（建築基準法施行令第129条の2）が以下のように定義された．

階避難安全性能は，「当該階の何れの火災室で火災が発生した場合においても，当該階に存する者のすべてが当該階から直通階段の1までの避難を終了するまでの間，当該階の各居室及び各居室から直通階段に通ずる主たる廊下その他の建築物の部分において，避難上支障がある高さまで煙又はガスが降下しないものであること」と定義される．

全館避難性能は，「当該建築物の何れの火災室で火災が発生した場合においても，当該建築物に存する者のすべてが当該建築物から地上までの避難を終了するまでの間，当該建築物の各居室及び各居室から地上に通ずる主たる廊下，階段その他の建築物の部分において，避難上支障がある高さまで煙又はガスが降下しないものであること」と定義される．

また，それぞれの避難安全性を有するものであることを確かめる方法として，階避難安全検証法（平成12年建設省告示第1441号）と全館避難検証法（平成12年建設省告示第1442号）が定められた．

（3）避難安全設計の手順[7]

図14·27に避難安全設計の流れを示す．避難安全設計の大きな流れは，「計画の把握」，「危険の抽出」，「避難安全計画」，「避難安全検証」となる．

計画建物の基本計画が終わった段階で，想定される危険性を把握する．想定される危険の抽出では，対策が講じられていない状況を想定して被害の大きさを知ることが重要である．次に，避難安全性を確保するための対策（避難安全計画）を考える．それにより，計画建物の特徴や対策の必要性が明確になる．それ以降は専門的な内容になるが，設計火災シナリオや安全率の設定等の避難安全検証の基本方針を考える．また，予測計算を行う場合には計算法の適用範囲や前提条件の確認を行う．

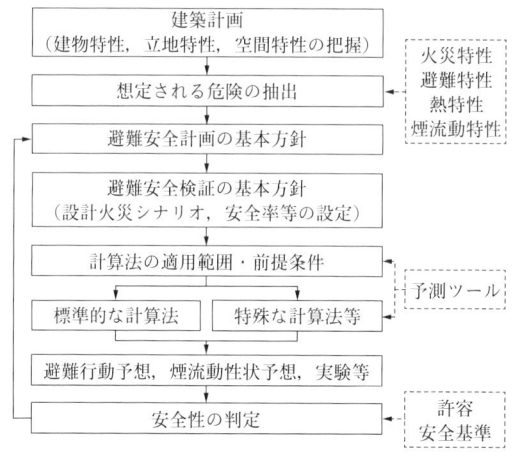

図 14·27　避難安全設計の流れ

なお，告示で定められた避難安全検証法を用いる場合には，「想定される危険性の抽出」から「計算法の適用範囲・前提条件」を行わずに，「標準的な計算法」から実施することが可能である．ただし，使用した計算法の適用範囲や前提条件の確認が疎かになり，また新しい空間形態等が生じた場合に危険性を見逃してしまう恐れがあるので注意が必要である．どのような評価を行うとしても「想定される危険の抽出」と「避難安全計画の基本方針」を実施することが重要である．

A. 避難安全に関わる基本特性

現在の避難安全設計の多くは，避難行動予測や煙流動性状予測から始め，NG となった部

表 14·9　避難安全性に関わる基本特性

避難安全に関わる基本特性		想定される危険の一例（避難安全計画の際に考慮すること）
a. 火災特性	火気・熱源の使用	出火の危険性が高い．
	危険物等の収納	想定外の火災が発生する．
	可燃性内装材等の使用	火災が急速に拡大する．
b. 避難特性	情報伝達の遅れ	非火災室，管理者の異なる部分，就寝用途の部分等において火災覚知が遅れる．
	属性の異なる在館者の混在	管理区分，歩行速度等の違いによる混乱が生じる．
	居室から屋外に至るまでの避難経路における滞留	居室出口において滞留が生じる．
		廊下において長時間の滞留が生じる．
		階段内において長時間の滞留が生じる．
		屋外出口において長時間の滞留が生じる．
	不特定の者の利用	避難経路を熟知していない．
		火源や火災室から遠ざかる方向に移動する．
	自力避難困難な者の利用	階段による避難が困難である．
		介助を必要とする．
c. 熱侵入・煙流動特性	避難経路や他階への熱や煙の侵入	輻射熱等の影響により避難経路が通行不能となる．
		避難経路や竪穴を構成する区画部材が損傷し，避難経路や他階に熱や煙が侵入する．
		排煙設備が作動せず，または防火シャッター等が閉鎖せず，避難経路や他階に熱や煙が侵入する．
		吹抜空間およびそれに面する居室等では多量の煙が発生または侵入する．また，複数階の煙制御が必要となる．
		排煙設備の作動等により生じる圧力差により，防火戸等が開放状態になる，また避難扉に開放障害が生じる．
d. その他	施錠等による避難経路の閉鎖	避難経路に物品等が置かれる．
		避難口が施錠されている（容易に解錠できない）．
		消防隊の進入・活動に支障を生ずる可能性がある．

分の改善方法を考える．すなわち，「想定される危険な抽出」のための道具として計算法を使っている．その場合，使用した検証法の適用範囲や前提条件の確認が疎かになり，また新しい空間形態等が生じた場合に潜在的な危険性を見逃してしまう恐れがある．それを防止するためには，避難安全に関わる基本特性を常に意識することが重要である．

表 14·9 は，避難安全性に影響を与える主な要因を a. 火災特性，b. 避難特性，c. 熱侵入・煙流動特性および d. その他に分類し，またそれぞれに対して避難安全計画の際に考慮することを整理したものである．このような分類に従い，避難安全計画の基本方針を定める．

B.　避難安全検証の基本方針

避難安全検証の基本方針では主に設計火災シナリオおよび安全率の設定を行う．なお，計算法に掛けられる安全率もあるが，ここでは設計火災シナリオや設計目標に対して設定される安全率を示している．

設計火災シナリオは，工学的に予測の難しいもの，例えば火源の位置，避難者の出口の選択，防火シャッター等の作動／不作動と考えることができ，火源シナリオ（設計火源），避難行動シナリオ，設備的対策の作動シナリオに分類される．これらの設定は避難安全性に大きく影響するため適切に設定することが求められる．なお，設計火災シナリオは実現象を忠実に再現する，または最悪のシナリオを想定すれば良いものではなく，設計（評価）対象に合わせて適切に選択することが重要となる．

図 14·28 は設計避難行動シナリオの一例を断面的に示したものである．シナリオ（a）は階避難が完了してから全館避難が開始されると考えた場合，シナリオ（b）は階避難を開始してから一定時間経過すると階避難中であっても全館避難が始まる場合を示している．シナリオ（a）は各階で避難が完結するため，階段内で滞留が発生することはない．一方，一定時間経過すると全館避難が始まるシナリオ（b）では，階段内で滞留が発生する．従って，階段内の滞留面積の評価を目的とする場合は，シナリオ（b）を選択することが適切である．

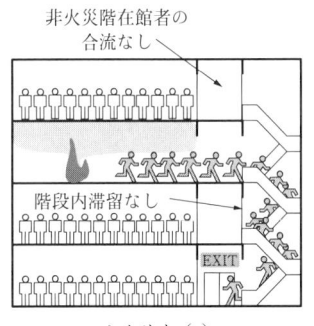 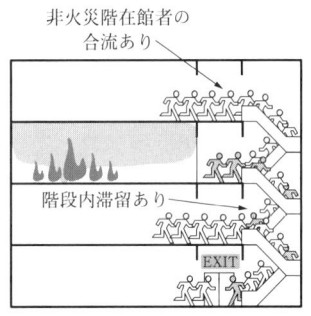

図 14·28　設計避難行動シナリオの設定例（断面図）

（4）火災フェーズと設計プロセス[7]

図14·29は火災フェーズ（火災の進展過程）と避難安全設計プロセスの関係を示したものである．図14·29に示すように，避難安全性に関わる対策の決定（設計）は基本計画から実施設計まで段階的に行われるが，火災フェーズに基づき考える対策の順序と設計プロセスにおける対策の決定順序が逆になるので注意が必要である．例えば，高層ビルの階段計画（幅や配置）は基本計画または基本設計の段階で概ね確定されるため，実施設計（性能評価）段階で問題が発覚しても計画の見直しは難しい．付室の計画も同様である．これらは基本計画や基本設計の段階で適切に計画されることが望ましく，そのためには基本計画の段階から防火技術者が関与できる仕組み，または一般の設計者らが計画の妥当性を判断する仕組み（仕様基準）が必要である．

火災 フェーズ	避難安全対策 （代表例）	設計 プロセス
出火	火気管理	実施設計， 性能評価 （基本設計 の具現化）
出火	火災感知	実施設計， 性能評価 （基本設計 の具現化）
出火	初期消火	実施設計， 性能評価 （基本設計 の具現化）
初期火災〜 拡大 （居室避難 〜階避難）	火災報知	実施設計， 性能評価 （基本設計 の具現化）
初期火災〜 拡大 （居室避難 〜階避難）	スプリンクラー設備	実施設計， 性能評価 （基本設計 の具現化）
初期火災〜 拡大 （居室避難 〜階避難）	内装不燃化	実施設計， 性能評価 （基本設計 の具現化）
初期火災〜 拡大 （居室避難 〜階避難）	避難経路（配置，幅，面積，構造，排煙）	基本設計 （平面計画 の決定）
盛期火災 （全館避難）	防火区画	基本設計 （平面計画 の決定）
盛期火災 （全館避難）	竪穴区画	基本設計 （平面計画 の決定）
盛期火災 （全館避難）	付室（配置，面積，構造）	基本計画 （ボリュームの決定）
盛期火災 （全館避難）	避難階段（配置，幅，面積，構造）	基本計画 （ボリュームの決定）

図 14·29　火災フェーズと避難安全設計プロセスの関係

（5）避難安全性の評価基準

建築基準法施行令第129条第1項に基づく認定に係る評価の業務方法書[8]で定められる避難安全性の評価基準を一例として紹介する．避難安全性は煙層下端高さ Z_s と煙層温度 T_s に基づき判定する（図14·30）．

A．評価の方法

階避難安全性能の評価は，直通階段までの避難が完了するまで，居室および避難経路の各部分ごとに，各部分からの避難が終了するまで避難上支障のある煙等が避難上支障のある高さまで降下しないことを確認する．

図 14·30　避難安全性の評価のイメージ図（居室の避難安全検証）

B. 避難上支障のある高さ

避難上支障のある高さとは，避難者が無理な姿勢をとることなく移動できる高さとする．当該居室の床面から1.8 m を標準とする．

$$Z_s \leq 1.8 \ m \tag{14·4}$$

Z_s：床面から煙層下端までの高さ ［m］

C. 避難上支障のある煙等

避難上支障のある煙等とは，煙等の温度及び濃度が，在館者が煙等に曝される恐れのある時間内に，支障のある値以上となるものをいう．

避難上支障のある温度についての判断基準は，避難者が煙に曝されている間に煙から受ける熱的影響が下記の条件となったものを避難上支障のある煙等と見なす．

$$\int_{t_1}^{t_2} (T_s - T_a)^2 dt \geq 1.0 \times 10^4 \tag{14·5}$$

T_s：当該室の煙等の温度 ［℃］

T_a：当該室の空気の初期温度 ［℃］

t_1：当該室の在館者が煙等に曝され始める時間 ［s］

t_2：当該室の在館者が当該室からの避難を完了する時間 ［s］

濃度については煙中の二酸化炭素濃度を代表値とし，0.5% を超えたものを避難上支障のある煙等と見なす．　　　　　　　　　　　　　　　　　　　　　（山口　純一）

14·4·3　耐　火　設　計

（1）耐火設計の概要

耐火設計の目的は建築物の延焼拡大防止と倒壊防止であるが，延焼拡大防止については14·4·4 項で述べられるので，ここでは倒壊防止を対象に主として柱・はりなどの架構部材の耐火設計について述べる．

架構部材が火災時に加熱を受けると部材温度が上昇し，部材の熱膨張による熱応力や構成材料の劣化による耐力低下が生じる．発生した火災の激しさや架構に作用する荷重，架構条件によっては建築物が破壊や倒壊にいたることがある．建築物の倒壊が生じると避難や消防活動が危険にさらされる他，周辺の建築物にも危害を及ぼす可能性がある．また，火災を発生した建物自体も直接的・間接的に大きな損害を被ることになる．

建築物の倒壊を防止するための耐火設計の手順を図 14·31 に示す．まず建築物の構造部材が火災時に保持すべき耐火性能の目標水準を設定する．目標水準は，建築物の用途や建設される地域，また建築物に施される防火対策などに基づいて設定する．

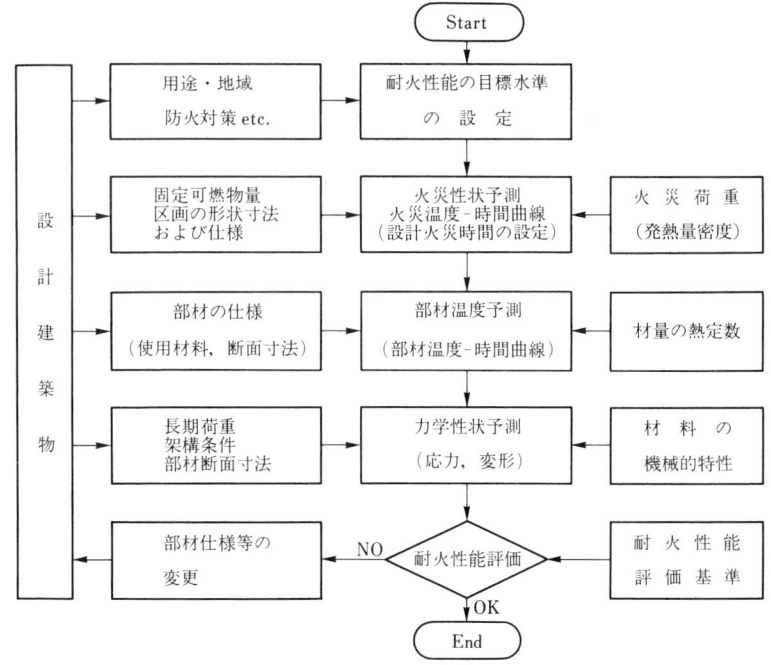

図 14·31　耐火設計の手順

　次に建築物内に収納されている可燃物量や防火区画の形状寸法，仕様等に基づいて火災性状が予測される．一般に耐火設計で対象とする火災はフラッシュオーバー以降の盛期火災であるが，可燃物の量や配置，空間条件によってはフラッシュオーバーにいたらず，局所的な火災となることもある．また，外壁の外側に架構部材を露出した建築物では外壁の開口部から噴出する火炎や近燐火災により架構部材が加熱を受けるため，これらについて予測する必要がある．

　部材温度予測では上記の火災性状予測で求められた火災温度-時間曲線やプルーム温度を加熱条件とし，架構部材の断面寸法，構成材料の熱定数等に基づいて部材温度—時間曲線や部材の最高到達温度を算定する．

　力学性状予測は架構条件や部材の断面寸法，構成材料の高温時の力学的性質や作用荷重等に基づいて上記部材温度のもとでの架構または部材の応力・変形性状を予測する．

　最後の耐火性能評価は別に定められた耐火性能評価基準に基づいて，架構や架構部材に破壊や倒壊が生じないか否かを評価する．

　評価基準を満足しない場合には，耐火被覆や部材の仕様を変更するなどして再度，火災性状予測以降の解析を進め，評価基準を満足するまで作業が繰り返される．

　以下に火災性状予測，部材温度予測，力学性状予測の概要について述べる．

（2）火災性状予測

耐火設計で考慮すべき火災としては，大空間内の局所的火災や区画内のフラッシュオーバー以降の盛期火災がある．また，架構部材が外壁の外部に設置された建築物では窓等の外壁開口部からの噴出火炎や近隣の火災を考慮する必要がある．

A. 局所火災

可燃物の少ないアトリウムや大規模スポーツ施設などでは，火災が発生しても空間全体に火災が拡大することはなく局所的な火災となることが想定される．このような火災が構造部材に与える熱的な影響を検討するために火源条件に基づいて火炎の高さや火源上の熱気流温度分布を予測する．

a. 火源条件の設定

局所火災における燃焼面積や発熱速度等の火源条件は，建築物の用途や使用条件に基づいて適切に設定する必要がある．

b. 火炎の高さ，火源軸上温度

構造部材が火源から離れた位置にあり，火炎から放射熱を受ける場合には放射熱源として火炎の形状を決定する必要がある．この場合，火炎が途切れずに常に存在する連続火炎高さの予測式が提案されている[9]．また，火源軸上温度に関しては文献 9)，10）に算定図表が示されている．

c. 火源上の気流温度分布

火源条件が 240 秒以降（発熱速度 3000 kW，燃焼面積 1.7 m²）に対して算定した熱気流軸上温度と高さの関係の計算例を図 14·32 に示す．なお，文献 9)，10）には円形火源，矩形火源および線火源に対する軸上温度算定図表も示されている．

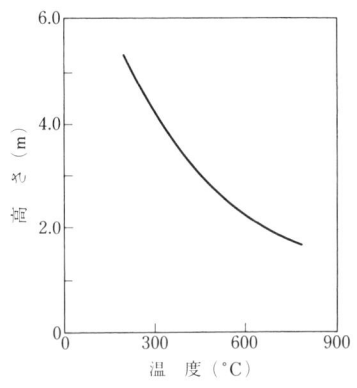

図 14·32　軸上温度と高さの関係計算例

B. 盛期火災

区画内のある所で発生した火災は，徐々に成長しある段階に達すると区画全域に急激に拡大する．この現象がフラッシュオーバーとよばれるものであり，フラッシュオーバー以降は可燃物が激しく燃焼する盛期火災となる．盛期火災は構造体に与える熱的な影響が最も激しく耐火設計の対象として一般的な火災である．

a. 基礎理論

盛期火災時の火災温度の算定は川越・関根の研究[10]により確立された基礎理論に基づいて実施でき，火災温度は式（14·6）の区域内のエネルギー収支式から求められる式を時間の経過に従って逐次解くことにより求められる．

$$Q_H = Q_W + Q_B + Q_L + Q_R \tag{14·6}$$

ここに，Q_H：区画内の発熱速度（kW）

Q_W：周壁に吸収される熱量（kW）

Q_B：輻射により開口部から外部に放出される熱量（kW）

Q_L：開口部から噴出する火災の持ち去り熱量（kW）

Q_R：区画内のガス温度を上昇させる熱量（kW）

Q_W は周壁の熱伝導計算から，Q_B は開口面積と火災温度から，また Q_L は開口部における換気量に基づいて算定することができる．また Q_H は火災荷重の燃焼速度に比例し，燃焼速度（R）は次式で与えられる．

$$R = 5.5A\sqrt{H}\,(\mathrm{kg/min}) \approx 0.1A\sqrt{H}\,(\mathrm{kg/s}) \tag{14・7}$$

ここに，A：開口面積（m²），H：開口の高さ（m）

b. 火災荷重

上記の基礎理論に基づいて火災温度を予測する場合，火災区画の形状寸法，区画部材の熱特性，開口部の形状寸法が必要となるが，これらは建築物の設計に基づいて設定される．また，区画内の可燃物量を設定する必要があるが，可燃物量は熱的に等価な木材重量に置換して式（14・6）のような火災荷重として表現されるのが一般的である．

$$q = \frac{\Sigma_i(G_iH_i)}{18{,}900A} \tag{14・8}$$

ここに，q：火災荷重（kg/m²），G_i：可燃物重量（kg），A：火災区画床面積（m²），H_i：可燃物の単位発熱量（kJ/kg），i：可燃物の種類，木材の単位発熱量：18,900（kJ/kg）

火災荷重には建物の内装等から定まる固定火災荷重と家具や収納物から定まる積載火災荷重とがある．前者は建築物の設計に基づいて設定し，後者は同一用途の調査例に基づいて設定する．調査例[11]を図14・33に示すが，積載火災荷重はその用途により大きく異なることがわかる．

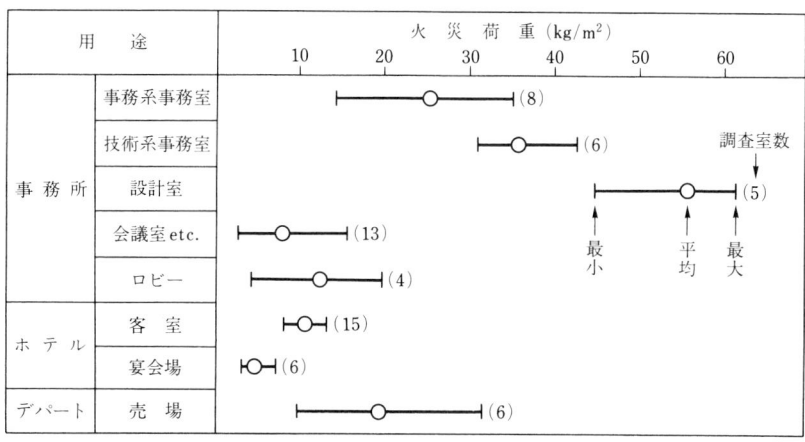

図 14・33　積載火災荷重の調査例[11]

C. 開口部からの噴出火炎および近隣火災

外壁の外側に架構部材を設置した建築物に対しては開口部からの噴出火炎や近隣火災につ

いて性状予測を行う必要がある.

開口部から噴出する火炎の温度を予測する代表的な手法としては横井の研究がある[12]. これは, 開口部の寸法や開口部から放出される熱量等に基づいて噴出火炎の中心軸上の温度を予測する方法である. また, 区画内の火災温度, 噴出火炎温度とともにこれにさらされた鉄骨部材の温度を算定するには様々な方法が提案されている.

（3）部材温度予測

A. 部材温度予測の概要

柱, はり等の架構部材の温度予測は, 前述の火災性状予測で求めた火災温度や火源上の気流温度, 火炎からの放射熱を加熱条件とし, 部材の断面寸法や構成材料の熱特性に基づいて熱伝導方程式を解くことにより実施される.

境界条件の具体的な形としては, 既知の熱流束, 対流熱伝達, 放射熱伝達がある. 上記の微分方程式は差分法または有限要素法を用いて空間的, 時間的に離散化し数値計算するのが一般的である. 差分法を用いた三次元非定常熱伝導解析手法[13, 14]や熱伝導とともに水分の移動を考慮した詳細な解析手法[15]がすでに提案されている. 二次元の熱伝導解析の例としてH形鋼のフランジ間にコンクリートを充填した合成梁の解析例を図14・34に示す. この

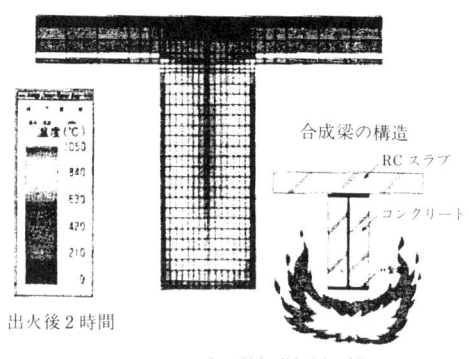

出火後2時間

図 14・34　二次元熱伝導解析の例

ような手法を用いることにより断面内の詳細な温度分布を知ることができる.

上述の詳細な温度解析手法は鉄筋コンクリート構造や合成構造など種々な材料や断面形状の構造部材に対して有効であるが, 鉄骨構造の耐火設計においては鋼材の熱伝導率が大きく比較的均一な温度分布が予測されることからより簡易な計算法を用いることがある. 以下にその概要を述べる.

B. 鉄骨部材の温度予測

鉄骨部材が裸鉄骨か耐火被覆を施されているか, また, 鉄骨部材が部分的に火炎からの加熱に曝されるか, 全く火炎に巻き込まれているかにより種々の計算が行われる.

a. 裸鉄骨部材が火炎から放射熱を受ける場合

裸鉄骨部材が火炎から放射加熱を受ける場合, 火炎温度と鉄骨部材の断面が一様に温度上昇すると仮定すると微小時間間隔 $\Delta t(h)$ について次式を繰り返し計算することにより, 鉄骨温度を算定することが多い.

$$\Delta T_s = \frac{\alpha_s}{C_s \cdot \rho_s} \cdot \frac{F_s}{V_s}(T_f - T_s)\Delta t \tag{14·9}$$

ここに, C_s：鋼材の比熱 (kJ/kg・K), ρ_s：鋼材の密度 (kg/m³), F_s：単位長さ当たりの鉄骨の表面積 (m²/m), V_s：単位長さ当たりの鉄骨の体積 (m³/m), T_s：鋼材温度 (K),

T_f：火災温度（K），α_s：総合熱伝達率（kW/m²K）

b. 裸鉄骨部材が周辺から一様に加熱を受ける場合

裸鉄骨部材が火炎に巻き込まれる場合や盛期火炎にさらされた場合などは次式により鋼材温度を予測することができる．

$$T_s(t+\Delta t)=T_s(t)+\frac{\alpha s F_s}{C_s \rho s V_s}(T_f(t)-T_s(t))\Delta t \qquad (14\cdot10)$$

ここに　αs：対流・放射の総合熱伝達率（kW/m²K），

裸鉄骨部材の温度上昇は式（14·10）から火災温度や部材断面形状の他，形態係数や熱伝達率など種々の要因に影響されることがわかる．

c. 耐火被覆が施された鉄骨部材

耐火被覆が施された鉄骨断面を加熱周長に沿って層分割し，図14·35のようにモデル化することにより一次元差分法を用いて鉄骨部材の温度上昇を求めることができる．

このような単純化を行うにあたっては鉄骨断面内の温度分布および耐火被覆材各層の温度が一様であるとの仮定がなされている．したがって，著しく不均一な温度分布が予想される部材に対しては，本法を適用することはできないが，例えば床スラブ付きの鉄骨梁等は，温度が比較的均一となることが予想される上フランジ，ウェブ，下フランジの各部分に分割し，それぞれに図14·35のようなモデルを適用することにより改善が図られる．

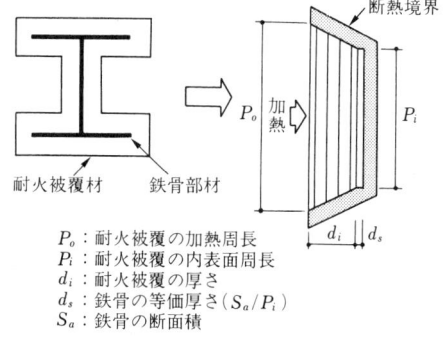

P_o：耐火被覆の加熱周長
P_i：耐火被覆の内表面周長
d_i：耐火被覆の厚さ
d_s：鉄骨の等価厚さ(S_a/P_i)
S_a：鉄骨の断面積

図 14·35　部材のモデル[11]

耐火被覆が施された角形鋼管（□−300×300×9）が標準加熱温度曲線に沿って加熱を受けたときの計算例を図14·36に示す，耐火被覆材は吹付けロックウールとし，厚さ$d=45$ mm，密度$\rho=400$ kg/m³，熱伝導率$\lambda=0.0116$（W/mK）℃，比熱$C=1.25$（kJ/kg）℃，含水率は0とした．

各曲線は，加熱表面からの深さ13.5 mm，22.5 mm，31.5 mm の位置における耐火被覆材の温度と鋼材温度を示している．鋼材温度は140分のとき，最高348℃に到達している．

（4）架構の力学性状予測

火災加熱を受ける架構骨組の応力・変形性状は，材料の機械的特性の低下と架

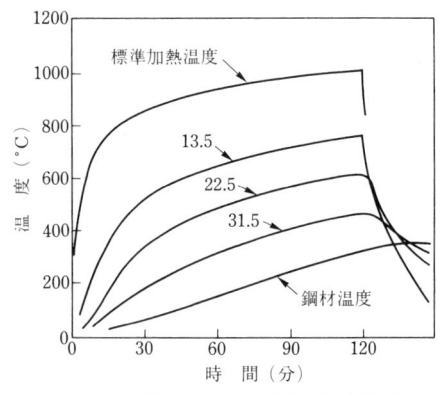

図 14·36　耐火被覆が施された部材の温度算定例

構内に発生する熱応力および長期荷重によって支配される．ここでは鉄骨架構の弾塑性熱変形解析について示す．

　火災時の鉄骨架構の応力変形性状を予測するためには，時間的にまた部位ごとに変化する部材温度と，それによって生じる材料の機械的特性の変化を考慮する必要がある．そこで時間による部材温度の変化と部材内の温度分布を次のように仮定する．

　①　温度の時間的変動は階段状とし，分割時間内では一定とする．

　②　部材内の温度分布は，部材を細分化して得られる切片内では均一とする．

　また構造骨組の応力・変形解析は，次の 3 つの原則的関係に基づいて行う．

　①　節点での力の釣合

　②　部材の剛性と材端力

　③　適合条件

　部材の剛性と材端力は，応力-ひずみ曲線に基づいて求めたヤング率と応力度を用いて誘導する．次に，分割された時間内での変位増分は，いわゆる接線剛性法に基づく繰り返し計算により算定する．

A. ヤング率と応力度

　節点変位増分 ΔU より部材内切片のひずみ増分 $\Delta\varepsilon$ を次のように求める（図 14·37）．

$$\Delta\varepsilon = \Delta\varepsilon_0 - \Delta\phi \cdot y \tag{14·11}$$

　ここに，$\Delta\varepsilon_0 = (\Delta U_R - \Delta U_L)/L_1$，$\Delta\phi = (\Delta\theta_R - \Delta\theta_L)/L_1$ である．

　$\Delta\varepsilon_0$ は参照軸上でのひずみ増分であり，$\Delta\phi$ は曲率の増分である．また ΔU，$\Delta\theta$ は部材両端の軸方向と回転の変形増分であり，添字 R，L はそれぞれ右，左を意味する．ひずみ増分 $\Delta\varepsilon$ を累積することにより，任意時間における全ひずみ ε を知ることができ，これから熱膨張ひずみとクリープひずみを差し引くことにより，応力に関係するひずみを決定することができる．すなわち，

$$\varepsilon^s = \varepsilon - (\varepsilon^T + \varepsilon^C) \tag{14·12}$$

　ここに，ε^s：応力に関係するひずみ，ε：全ひずみ，ε^T：熱膨張ひずみ，ε^C：クリープひずみ．

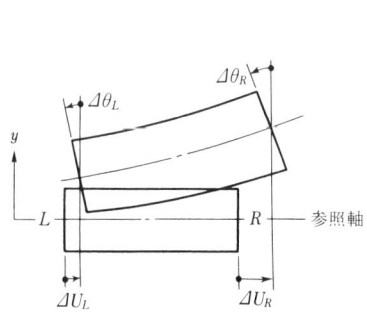

図 14·37　節点変位増分

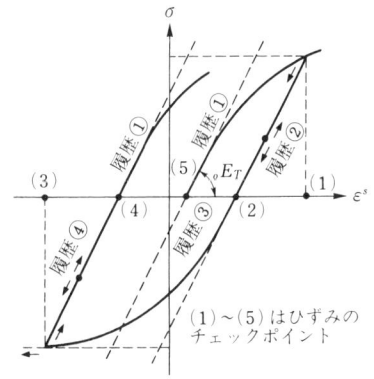

図 14·38　鋼の応力-ひずみ履歴モデル

図 14·38 に示すように，応力に関係するひずみとその履歴を知ることにより，あらかじめ得られている応力-ひずみ曲線を用いて，切片のヤング率と応力度を求めることができる．

B. 部材の剛性

部材の伸びおよび曲げ剛性については，部材中央における断面の各切片のヤング率を用いて，定式化された中立軸回りの部材剛性の公式により求め，これを参照軸回りの部材剛性に変換する．以下にその手順を示す（図 14·39）．

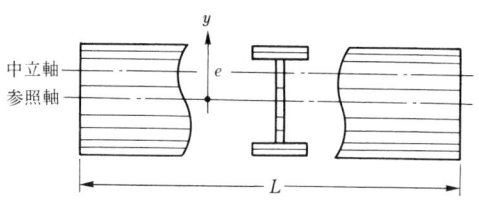

図 14·39　部材の中立軸と参照軸

E（ヤング率）…応力-ひずみ曲線より求める

$$\left.\begin{aligned} EA &= \int E \cdot dA \\ EQ &= \int E \cdot y \cdot dA \\ EI &= \int E \cdot y^2 \cdot dA \end{aligned}\right\} \text{参照軸回りの断面の諸性能}$$

$e = EQ/EA$　参照軸から中立軸までの偏心距離

$\overline{AE} = EA$…………中立軸回りの軸剛性

$\overline{EI} = EI - e^2 \cdot EA$………中立軸回りの曲げ剛性

$$K = \begin{bmatrix} \overline{AE}/L & 0 & 0 & -\overline{AE}/L & 0 & 0 \\ 0 & 12\overline{EI}/L^3 & 6\overline{EI}/L^2 & 0 & -12\overline{EI}/L^3 & 6\overline{EI}/L^2 \\ 0 & 6\overline{EI}/L^2 & 4\overline{EI}/L & 0 & -6\overline{EI}/L^2 & 2\overline{EI}/L \\ -\overline{AE}/L & 0 & 0 & \overline{AE}/L & 0 & 0 \\ 0 & -12\overline{EI}/L^3 & -6\overline{EI}/L^2 & 0 & 12\overline{EI}/L^3 & -6\overline{EI}/L^2 \\ 0 & 6\overline{EI}/L^2 & 2\overline{EI}/L & 0 & -6\overline{EI}/L^2 & 4\overline{EI}/L \end{bmatrix}$$

$$e_{11} = \begin{bmatrix} 1 & 0 & -e \\ 0 & 1 & 0 \\ 0 & 0 & 1 \end{bmatrix}, \quad e = \begin{bmatrix} e_{11} & 0 \\ 0 & e_{11} \end{bmatrix}$$

$K = e^T \cdot \overline{K} \cdot e$……参照軸に関する部材の剛性
（e^T は e の転置マトリックス）

C. 部材の材端力

部材の材端力は，部材剛性と同様に，部材中央断面の応力度分布を断面内で積分することにより求める（図 14·40）．ただし，せん断力は，収束段階のせん断剛性（$K_{2,j}$）よりせん断力増分を求め，これを前時間段階

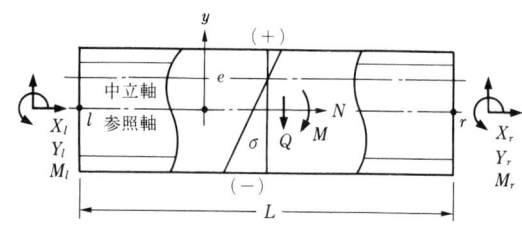

図 14·40　部材の材端力と内力の関係

$$N = \int \sigma \cdot dA$$

$$M = \int \sigma \cdot y \cdot dA$$

$$Q = Q_i + \mathit{\Delta} Q$$

$$\mathit{\Delta} Q = \sum_{j=1}^{6} K_{2,j} \cdot \mathit{\Delta} U_j$$

$\mathit{\Delta} U_j$：前時間段階からの変位増分

$$\begin{Bmatrix} X_l \\ Y_l \\ M_l \\ X_r \\ Y_r \\ M_r \end{Bmatrix} = \begin{Bmatrix} -N \\ +Q \\ +M + Q \cdot L/2 \\ +N \\ -Q \\ -M + Q \cdot L/2 \end{Bmatrix}$$

D. 架構骨組の解析[16)]

火災加熱により架構に生じる熱応力は，防火区画が有効に働いている限り局所的であり，火災部分より数層離れた所ではその影響は比較的小さく，さらに離れた部分ではほとんど認められなくなる．このような局所性を利用するため，架構骨組を図14・41に示すように局部架構，周辺架構および外周架構に区分する．ここで，局部架構は，火災加熱の影響を著しく受けて弾塑性

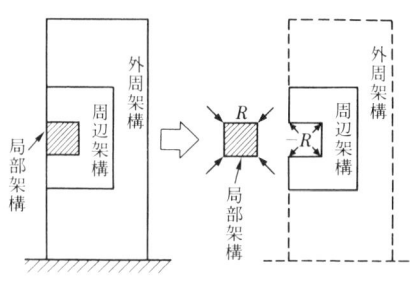

図 14・41　架構の分割と凝縮

解析の必要な部分であり，周辺架構は，熱膨張の影響を受けるが弾性的挙動にとどまる局部架構の隣接部分であり，外周架構はこれらの2つの部分を除いた架構骨組全体のことである．火災加熱を受ける局部架構は，その熱膨張を周囲の架構に拘束される．直接的には，図14・41に示すように局部架構と周辺架構の境界節点で拘束力 R を受ける．この拘束力 R は境界節点の変位，周辺架構と外周架構の剛性および周囲より伝達される力によって定まる．拘束力 R は局部架構の端部に作用するので，端部拘束力とよぶ．局部架構は，端部拘束力を導入することにより周辺架構から切り離され，単独での解析が可能となる．

局部架構の解析においては，柱・はり部材の温度が加熱時間によって刻々と変動し，またある時刻での部材内温度分布も一様でなく，部材の長さ方向や断面内で温度勾配が生じる．さらに，応力－ひずみ関係も弾性域だけでなく塑性域にわたる．このような非線形現象に対処するためには，時間の分割と柱・はり部材の細分化が必要となる．局部架構内の節点には，周辺架構との境界節点のほかに，この細分化によって生じる節点が含まれる．局部架構内の各節点での釣合式および変位とその増分の関係は次のように定式化される（図14・42）．

$$\left\{ \begin{matrix} R^i - {}_TP_R^{i,\,j} \\ P_L - {}_TP_L^{i,\,j} \end{matrix} \right\} = \left[\begin{matrix} {}_TK_{RR}^{i,\,j} & {}_TK_{RL}^{i,\,j} \\ {}_TK_{LR}^{i,\,j} & {}_TK_{LL}^{i,\,j} \end{matrix} \right] \cdot \left\{ \begin{matrix} \varDelta U_R^{i,\,j+1} \\ \varDelta U_L^{i,\,j+1} \end{matrix} \right\} \tag{14·13}$$

$$U_R^{i,\,j+1} = U_R^{i,\,j} + \varDelta U_R^{i,\,j+1} \tag{14·14}$$

式 (14·13) と式 (14·14) の中の文字 R, P, K, U はそれぞれ端部拘束力，節点力，剛性，節点変位を意味し，添字 R は端部拘束力の作用する周辺架構との境界節点に，添字 L は局部架構の構成部材の細分化によって生じる節点に，添字 T は温度に関係することを意味する．また添字 i は時間区分を示し，j は非線形近似を行うための繰返し数を意味する．

$_TP_R^{i,\,j}$, $_TP_L^{i,\,j}$ は，部材内力より導かれる節点力である．部材内力は，まず熱膨張ひずみとクリープひずみを全ひずみより差し引いて応力を算定し，これを断面内で積分す

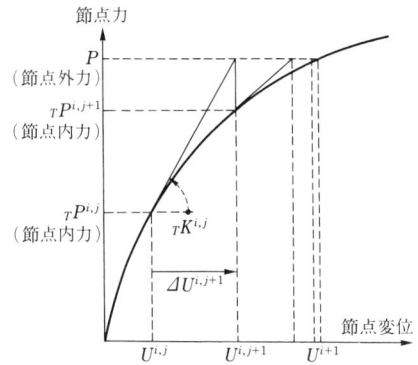

図 14·42 接線剛性法による収束過程

ることにより求める．したがって，$_TP_R^{i,\,j}$, $_TP_L^{i,\,j}$ に応力-ひずみ曲線，熱膨張およびクリープの影響が集約される．

架構骨組の全体から局部架構を切り離し，図 14·41 に示すように，境界節点に端部拘束力を逆に作用させて，周辺架構と外周架構の各接点で釣合式を作成すると，次式のようになる．

$$\left\{ \begin{matrix} P_R - R^i \\ P_A \\ P_G \end{matrix} \right\} = \left[\begin{matrix} K_{RR} & K_{RA} & 0 \\ K_{AR} & K_{AA} & K_{AG} \\ 0 & K_{GA} & K_{GG} \end{matrix} \right] \cdot \left\{ \begin{matrix} U_R^{i,\,j+1} \\ U_A \\ U_G \end{matrix} \right\} + \left\{ \begin{matrix} {}_0P_R \\ {}_0P_A \\ {}_0P_G \end{matrix} \right\} \tag{14·15}$$

式 (14·15) 中の $_0P$ は途中荷重による等価節点力であり，添字 A，G はそれぞれ周辺架構と外周架構に関係することを意味している．式 (14·15) の第 1 行目は，局部架構と周辺架構の境界節点での力の釣合式であり，2 行目と 3 行目は，それぞれ周辺架構と外周架構の各節点での力の釣合式である．局部架構と熱膨張の影響が少ない外周架構の剛性 K_{GG}, K_{GA} と節点力 $_0P_G$, P_G を凝縮し，局部架構と周辺架構の境界節点まで縮約する．実際の手順は，K_{GG} を上方後退消去し，K_{AA} を正法消去して単位化すれば，境界節点変位 $U_R^{i,\,j+1}$ に関する項に凝縮された形の次式となる．

$$\left\{ \begin{matrix} P_R' - R^i \\ P_A' \\ P_G' \end{matrix} \right\} = \left[\begin{matrix} K_{RR}' & 0 & 0 \\ K_{AR}' & I & 0 \\ 0 & K_{GA}' & K_{GG}' \end{matrix} \right] \cdot \left\{ \begin{matrix} U_R^{i,\,j+1} \\ U_A \\ U_G \end{matrix} \right\} + \left\{ \begin{matrix} {}_0P_R' \\ {}_0P_A' \\ {}_0P_G' \end{matrix} \right\} \tag{14·16}$$

凝縮された (14·16) の第一行より端部拘束力を導くと，次式のようになる．

$$R^i = -K_{RR}' \cdot U_R^{i,\,j+1} - \{{}_0P_R' - P_R'\} \tag{14·17}$$

式 (14·17) の R^i を式 (14·13) に代入することにより，周囲からの拘束を受ける局部架構の弾塑性解析を可能にする次式が得られる．

$$\left\{ \begin{array}{c} P'_R - {}_0P'_R - K'_{RR} \cdot U_R^{i,j} - {}_TP_R^{i,j} \\ P_L - {}_TP_L^{i,j} \end{array} \right\} = \left[\begin{array}{cc} {}_TK_{RR}^{i,j} + K'_{RR} & {}_TK_{RL}^{i,j} \\ {}_TK_{LR}^{i,j} & {}_TK_{LL}^{i,j} \end{array} \right] \cdot \left\{ \begin{array}{c} \Delta U_R^{i,j+1} \\ \Delta U_L^{i,j+1} \end{array} \right\} \tag{14·18}$$

この式は, 式 (14·14) を用いて変位の適合をとり整理したものである. 変位増分$\Delta U_R^{i,j+1}$, $\Delta U_L^{i,j+1}$を図 14·42 に示すように零に収束させることにより, ある時刻段階での局部架構の解析を終了する.

局部架構を囲む周辺架構の各節点の変位は, 式 (14·16) より次式のように導かれる.

$$U_A = -K'_{AR} \cdot U_R^{i,j+1} + (P'_A - {}_0P'_A) \tag{14·19}$$

局部架構の解析の結果 $U_R^{i,j+1}$ が得られ, これを式 (14·19) に代入することにより, 周辺架構と各節点変位が定まり応力算定が可能となる.

E. 熱応力解析の超高層鉄骨架構への適用例

超高層架構の 1 防火区画内に火災を想定して熱応力解析を試みる. 架構の形態は, 図 14·43 に示すように 60 層 3 スパンとし, 上部構造の鋼構造部分を解析の対称とする. 火災加熱を受ける部分は, 第 30 層部分の片側の防火区画とする. 弾塑性解析を必要とする局部架構は, 図 14·43 に示すように, 火災加熱を受ける柱とはりおよび 1 層上の柱を含む H 形架構とし, 全体架構から切り離して端部拘束力を作用させる, 周辺架構は局部架構の上下 2 層を含む 6 層とし, 図 14·41 に示すように局部架構との境界に端部拘束力を逆に作用させる. 外周架構は, 全体架構から局部架構と周辺架構を除いた部分であり, 上部架構の大部分を占める. 局部架構の熱応力解析は, 時間積分直接剛性法[17]の繰返し計算によって行う.

図 14·43 に示す超高層架構の第 30 層部分の片側にある防火区画に火災を想定し, 火災区画内の柱とはりが 60 分間で均一に 600℃ まで温度上昇するものと仮定する. 鉄骨架構の鋼種は SM 490 を想定する. 応力解析結果を図 14·44 ～図 14·47 に示す. 被加熱ばりの伸び出

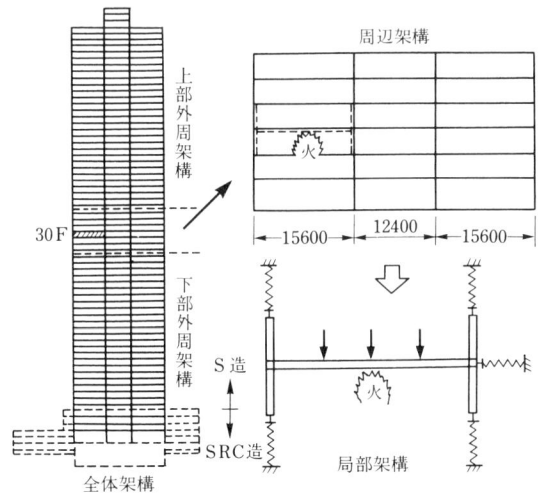

図 14·43　建物概要と架構の分割

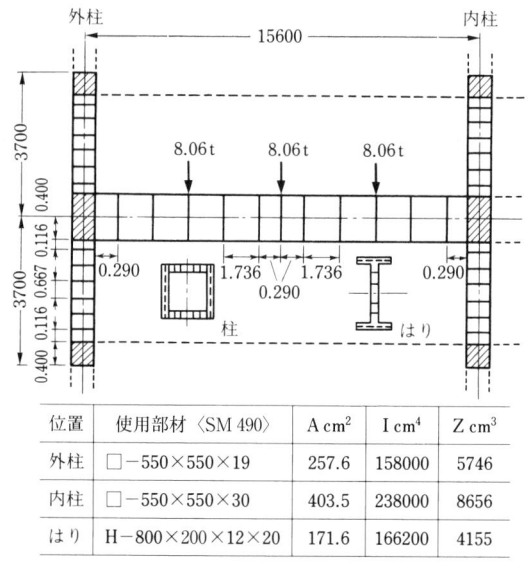

位置	使用部材〈SM 490〉	A cm²	I cm⁴	Z cm³
外柱	□－550×550×19	257.6	158000	5746
内柱	□－550×550×30	403.5	238000	8656
はり	H－800×200×12×20	171.6	166200	4155

図 14·44　局部架構の部材と分割

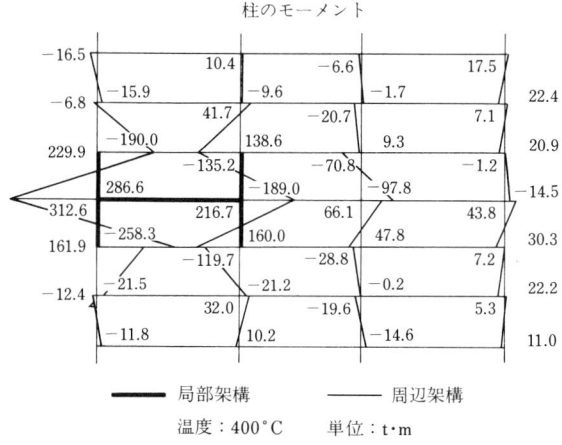

図 14·45　局部架構および周辺架構の発生モーメント

しによって生じる柱のモーメント増大は，図 14·45 に示すように顕著であるが，加熱部位から離れるに従って大きく減少し，2 層または 2 スパン離れた部分では無視し得るくらい小さいものとなる．このように，熱応力の発生は非常に局所的である．

部材温度の上昇に伴う熱応力の増大は，図 14·46 に示すように約 300 ～ 400℃ において最

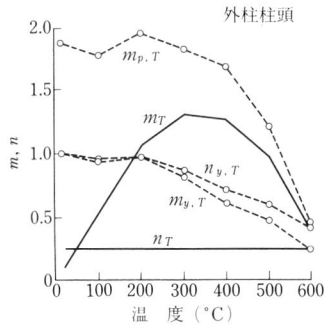

注）M_T, N_T：発生熱応力
　$M_{y,T}$：高温時降伏モーメント
　　　　$M_{y,T} = Z(\sigma_{y,T} - N_T/A)$
　$N_{y,T}$：高温時降伏軸力
　　　　$N_{y,T} = A\sigma_{y,T}$
　$M_{p,T}$：軸力 N_T 作用下での終局モーメント
　　　　$N_T = \int_y \sigma_{p,T} dA$
　　　　$M_{p,T} = \int_y {}_y\sigma_{p,T} y dA$
　$\sigma_{y,T}$：高温時降伏応力度
　${}_y\sigma_{p,T}$：高温時終局応力度
図中の小文字 m, n は，上記の各種応力を常
温時の軸力を考慮した降伏モーメント $M_{y,o}$
および降伏軸力 $N_{y,o}$ で除し無次元化したも
のである．

図 14・46　局部架構の発生熱応力

大となり，その後は部材耐力の低下に従って減少する．火災階の柱頭変異とはりの中央部たわみを図 14・47 に示す．柱頭変位は，外柱側が内柱側に比較して非常に大きい．はりの中央部のたわみは，約 400℃ から急増する傾向にある．この現象は，熱膨張によるはりの伸び出しが，端部拘束力によってたわみとして現れるためだけではなく，はりの耐力低下によりその両端と中央部の回転変位が急増するためである．

（上杉　英樹・古平　章夫・丹羽　博則）

14・4・4　延焼防止設計

（1）延焼防止の目的と対策

　近年，建設技術の進歩と相まって，建築物の大規模化，高層化，複合用途化が進んでいる．また，社会構造の変化は，新たな用途の建築物（データセンタ，物流倉庫，大深度地下の駅舎等）を生み出している．このような建築物において火災が発生した場

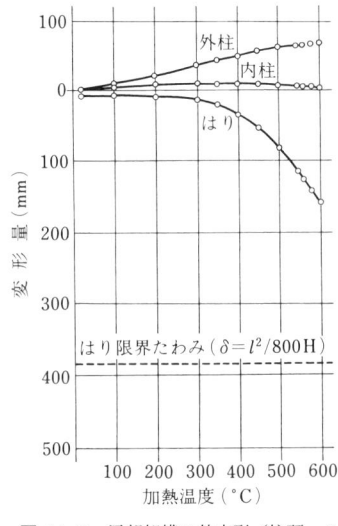

図 14・47　局部架構の熱変形（柱頭，はり中央）

合，財産の確保，避難安全，消防・救助活動の観点から火災の延焼を一定の範囲内に抑えることはきわめて重要である．建築物単体を考える場合，延焼する方向（水平方向，あるいは垂直方向）に応じて，適切な延焼防止対策を講じる必要がある．また，市街地火災など，複数棟に及ぶ建物群を考える場合は，建物間の延焼防止対策を講じる必要がある．

　延焼防止の対策としては防火壁や防火設備を設けて火災領域からの熱（放射・対流）を遮断する方法が一般的である．この方法では常時固定されている壁や常時閉鎖されている扉の他，常時開放されている防火シャッターや扉等が用いられる．これらは対流と放射による熱伝達の両方を遮断することにより延焼を防止するが，網入ガラスや耐火ガラスなど放射熱を一部透過する材料を用いる場合，また，防火シャッターなど熱的に薄い材料を用いる場合は

延焼遮断効果が低減するので注意が必要である.

　一方,防火壁や防火設備などにより物理的に区画ができない場合は,放射熱の放熱源となる火炎と着火対象となる可燃物との離隔距離を保つことや,着火対象となる可燃物に散水して冷却すること等により延焼を抑制する方法もある.

(2) 建物内における延焼防止設計

　建物内における延焼防止設計を行う上で,法規で定められている面積区画,高層区画,異種用途区画,竪穴区画を適切に計画することは重要となる.これらの区画を構成する区画部材の内,壁は遮熱性能,及び遮炎性能の両方を有する必要がある.遮熱性能は盛期火災の加熱を受けた場合でも,非加熱側の温度上昇を一定限度以下に抑える性能であり,法規では耐火構造の壁は裏面側の平均温度が平均で160℃,最高で200℃以下であることが要求されている.また,遮炎性能は非加熱側に火炎が貫通する隙間が生じることや,一定時間以上継続する火炎の噴出がないことを要求している.

　区画の開口部に設けられる防火設備としては防火戸,防火シャッター,耐火ガラス等がある.法規上,防火設備に求められる性能は遮炎性能のみであり,遮熱性能は要求されていない.しかしながら,防火設備に接して可燃物が置かれる場合や,避難経路,消防活動拠点に面して防火設備を設置する場合,遮熱性能についても考慮する必要がある.特に防火シャッターは厚さ1.6 mm程度の鋼板であるため,火災時には非加熱側の表面温度が上昇し,可燃物が近傍に置かれていると着火して延焼する可能性がある.また,避難経路や消防活動拠点に面して面積の大きな防火シャッターや耐火ガラスの区画が設置される場合も,これらの防火設備からの放射熱によって避難行動や消防・救助活動に支障をきたす可能性がある.

　常時開放型の防火設備については作動信頼性についても考慮する必要がある.防火戸が閉鎖する部分や防火シャッターの降下ライン上に物が置かれていると閉鎖の障害となるため,日常の管理,及び定期点検が重要となる.特に,大規模物販店舗や物流倉庫等,多数の防火シャッターにより防火区画を構成する場合は注意が必要であり,近年発生した物流倉庫の火災では閉鎖障害の他,防火シャッターと防災盤,感知器と防災盤間の信号伝送ケーブルが火災により損傷して多数の防火シャッターが連動閉鎖しない事例が確認されている[18].

　空調ダクトや排煙ダクトも火災時には延焼経路となるので,防火区画を貫通するこれらのダクト内には防火ダンパーを設置する.防火ダンパーは温度上昇によりヒューズが溶けてダンパーが閉鎖するものと,煙感知器からの信号に連動して閉じるものがある.また,配管やケーブルなどが防火区画を貫通する場合も貫通部周囲の区画が不十分であると延焼経路となるため,法律で定められた区画貫通処理を確実に行うようにする.

　一方,床面積が大きく,天井が高い空間(コンベンションホール,展示場等)では可燃物同士の離隔距離を一定以上に保つことにより,火災の延焼拡大を防止する手法もある.この場合は可燃物が局所的に炎上している火源(局所火災)からの放射熱により一定距離離れた可燃物の放射受熱強度を算出し,この放射受熱強度が加熱を受ける可燃物の着火限界を超えないことを確認する.放射受熱強度 q'' の算定は火源の放射面の寸法(幅・高さ)と受熱面との位置関係より受熱面における形態係数 F を求め,これと火源の放射強度 q を用いて算出する(図14·48).可燃物の着火限界は可燃物の種類によって異なるが木材の場合,

10 kW/m² とされる．火源の放射強度も燃焼する可燃物の種類，火炎域（連続火炎域，間欠火炎域）の温度，及び火炎の放射率によって異なるが，概ね 100 kW/m² 程度と考えると[19]，可燃部間の離隔距離によって延焼を防止するためには形態係数が 0.1 以下になるように可燃物の配置を設計すればよい．

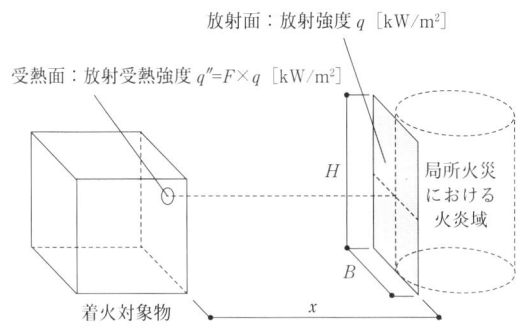

図 14·48　局所火災における着火対象物に対する放射熱のモデル化

（3）外部開口まわりの延焼防止設計

　盛期火災時には火災室の外部開口から火炎・熱気流が噴出し，当該建物の上階，あるいは隣接する建物に延焼する危険性がある．このため，盛期火災時の開口噴出熱気流性状を正確に予測することが重要となる．噴出熱気流の温度，及び熱気流主軸の軌跡（トラジェクトリ）は外部開口の寸法（幅・高さ），噴出熱気流の発熱速度によって決まる．外部開口が横長であると，トラジェクトリは外壁に近づき，逆に縦長の場合は外壁から離れる性状を示す．また，噴出熱気流温度は開口面からの距離に応じて低減する．このため，外部開口からの噴出熱気流が上階の開口に及ぼす影響を小さくするためには図 14·49 に示すように，外壁

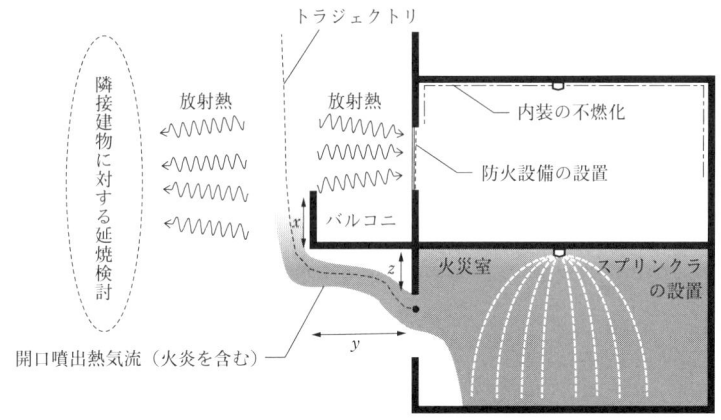

図 14·49　外部開口まわりの延焼防止設計の概念図

のスパンドレル部，庇，バルコニー等により上階開口までの距離 ($x+y+z$) を長くするように設計すればよい．さらに，自動消火設備（スプリンクラー）の設置，外部開口への防火設備の設置，及び外部開口を有する室の内装不燃化により延焼防止効果はさらに高まる．また，近年は外断熱工法の普及により可燃性材料を外装材に用いることや，内部に中空層が設けられる外装システムを用いること等により，上階延焼を助長するケースが多くなっている．このため，外装材（外装システム）の上階延焼性状を評価するための試験法の整備が国内外で進んでいる．

　外部開口に隣接する建物への延焼を防止するため，建築基準法では延焼のおそれのある部分に設置する外部開口には防火設備を設けることが義務付けられている．一般的には網入りガラス等が用いられるが，これにより，一定時間の間，開口からの火炎や熱気流の噴出を防ぐことができる．但し，防火設備は放射熱の透過を完全に防ぐことはできず，過去の実験では網入りガラスで約50%，耐火ガラス（耐熱結晶化ガラス）では約60%の放射熱を見かけ上，透過することが確認されているので[20]，留意する必要がある．

（4）建物間の延焼防止設計

　建物間の延焼を引き起こす機構には，開口噴出火炎や建物自体の炎上による火炎からの放射熱，火災建物から風下方向に流れる熱気流，火の粉等がある．このうち，火の粉による延焼は2016（平成28）年に発生した糸魚川市街地火災においても多数確認されており，昭和初期に建てられた古い木造密集市街地火災においては延焼防止対策上の課題である[21]．建築基準法等による木造建築物の外壁や屋根の不燃化が功を奏しているものの，古い瓦屋根では瓦の隙間から火の粉が侵入して延焼に至る可能性が高く，屋根の下地材も含めた不燃化対策が重要である．

　建物間の延焼防止設計の手法としては，加害側建物の燃焼発熱の抑制と受害側建物の外壁・開口部の防火性能の確保の2通りの考え方が成り立つ．しかし，所有区分や建設時期の異なる建物間でこのような延焼防止対策の調整を図るのは困難なので，市街地では法令によって建物構造・規模の制限を課すことにより，加害側・受害側の両方にそれぞれ適当な火災安全性能を負担させるという考え方がとられる．燃焼発熱の抑制については，木造建築においては対策が困難であったため，大規模木造建築に関わる規制強化により対応していたが，1970（昭和45）年代の枠組壁工法の導入以降，木造建物内の区画性能の向上によって燃焼発熱を抑制する手法が向上し，1980（昭和55）年代後半からは大規模木造建築に関わる規制も次第に緩和されつつある．

　一方，開口部を介した建物間の延焼は耐火建築物においても考慮する必要があるため，前述した外部開口まわりの延焼防止対策を充実させることにより対応することが必要となる．

（村岡　宏）

文　　献

〔14・1〕
1）日本建築学会編：火災安全設計の原則（2013）
2）ISO 23932：2009（E），Fire Safety Engineering–General Principles, International Organiza-

tion for Standardization
3）日本建築学会編：建築物の火災安全設計指針（2002）
4）辻本　誠，萩原一郎，原田和典，高橋　済，竹市尚広：建築基準法の防火・避難規定における性能
評価法，火災，**49**，1，pp. 7–15，（1999）
5）総務省消防庁予防課：防火対象物の総合防火安全評価基準のあり方検討会報告書，（2004）
6）国土交通省住宅局建築指導課ほか：2001 年版避難安全検証法の解説及び計算例とその解説，井上書
院（2001）
7）国土交通省住宅局建築指導課ほか：2001 年版耐火性能検証法の解説及び計算例とその解説，井上書
院（2001）
8）原田和典，野竹宏彰，海老原学，水野雅之：火災安全設計と建築設計，（社）日本建築学会大会学術
講演梗概集 A–2，pp. 257–260（2000）
9）原田和典：建築火災のメカニズムと火災安全設計，（一財）日本建築センター（2007）
10）NFPA 550, Guide to the Fire Safety Concepts Tree（2007）
11）IEC 62502, Analysis techniques for dependability–Event tree analysis（ETA）
12）IEC 61025, Fault tree analysis（FTA）
13）寺井俊夫，栗山知広，吉田治典：火災に対する建物の安全計画法に関する研究，日本建築学会大会
学術講演梗概集，pp. 311–316（1972）

〔14・2〕
1）総務省消防庁：平成 29 年度版　消防白書（2018）

〔14・3〕
1）　建設省建築研究所，日本建築センター：建設省総合技術開発プロジェクト「防耐火性能評価技術の
開発」平成 6 年度報告書，日本建築センター（1995.3）
2）　建設省住宅局建築指導課監修：新・建築防災計画指針，建築センター（1995）
3）　建設省住宅局建築指導課：高齢者・身体障害者等が円滑に利用できる特定建築物の建築の促進に関
する法律の施行について，ビルディングレター，日本建築センター（1994.10）
4）　古瀬　敏：高齢者・障害者の火災時の安全をどう考えるべきか—近年の外国の動きを見る—火災
Vol. 42，No. 4，日本火災学会（1992）
5）　東京消防庁火災予防審議会：超高層建築物等の多様化に伴う防火安全対策のあり方，東京消防庁火
災予防審議会報告書（1995）
6）　矢代嘉郎：災害弱者施設の防火対策—水平避難方式—，火災 Vol. 42，No. 5，日本火災学会（1992）
7）　佐野友紀：日本建築学会第 13 回安全計画シンポジウム資料（1999）
8）　日本建築学会：火災時のエレベーターを利用した避難計画指針（案）
9）日本建築学会：建築物の煙制御計画指針　第 2 版（2014）
10）日本建築センター：加圧防排煙設計マニュアル（2011）
11）日本消防設備安全センター：加圧防排煙設備の設計・審査に係る運用ガイドライン（2012）
12）建築研究振興協会：BRI 2002　二層ゾーン建物内煙流動モデルと予測計算プログラム（2003）
13）村田義郎，原　哲夫，林　広明，水野敬三，笠原　勲：附室加圧煙制御システムに関する実施建物の
実測結果，日本建築学会梗概集（1991）
14）高橋一郎，原　哲夫，湯川敦司，笠原　勲：階段加圧システムの性能の検証—給気口の位置による
影響—，日本建築学会梗概集（1995）
15）日本建築学会：火災時のエレベーター避難を利用した避難計画指針（案）（2009）
16）日本防火技術者協会：火災時のエレベーター利用避難のための設計・運用ガイドライン（案）（2016）

17）日本建築学会：火災安全設計の原則，pp. 17 - 18（2013）

18）日本建築学会：防火区画の設計・施工パンフレット，pp. 13 - 15（1993）

19）日本建築学会編：図解 火災安全と建築設計，p. 35（2009）

20）原田和典：建築火災のメカニズムと火災安全設計，p. 100（2007）

21）「建築物の総合防火設計法」第 4 巻 耐火設計法，p. 1，日本建築センター（1989）

22）井上勝徳：建築防災，建築計画と火災対策，**86**，3，pp. 2 - 11（1986）

23）前掲21），p. 12

24）前掲21），p. 17

〔14・4〕

1）国土開発技術研究センター編：「建築物の総合防火設計法」第 2 巻（出火拡大防止設計法），日本建築センター（1989）

2）長谷見雄二：「放射熱を基準とする建築間火災拡大予測評価手法」，災害の研究，第 18 巻（1986）

3）長谷見雄二：吉田正志，中林卓哉：木造内装居室における天井不燃化の防火安全効果―「天井不燃・木造壁工法」にもとづく内装防火設計に関する研究・Ⅰ，日本建築学会構造系論文報告集，第 446 号（1993）

4）M. L. Janssens: A Thermal Model for Piloted Ignition of Wood Including Variable Thermophysical Properties, Proceedings of the Third International Symposium on Fire Safety Science, Edinburgh（1991）

5）A. Atreya and M. Abu-Zaid："Effect of Environmental Variables on Piloted Ignition", Proceedings of the Third International Symposium on Fire Safety Science, Edinburgh（1991）

6）国土交通省住宅局建築指導課他編集：2001 年度版 避難安全検証法の解説及び計算例とその解説，海文堂（2001）

7）山口純一：避難安全設計法の標準化 WG，2013 年度日本建築学会大会研究協議会（防火）－2000 年以降の防火設計の実態と防火技術の展望－（2013）

8）一般財団法人日本建築センター：避難安全性能評価業務方法書（平成 28 年 6 月 1 日変更）

9）「建築物の総合防火設計法」第 2 巻 出火拡大防止設計法，（財）日本建築センター（1989）

10）K. Kawagoe and T. Sekine: Estimation of Five Temperaturetime Curve in rooms., B. R. E. Occasional Report, No. 11（1963）

11）建築物の防火設計法の開発 第 4 巻 耐火設計法，（財）日本建築センター（1989）

12）S. Yokoi: Study on Prevention of Fire-Spread Caused by Hot Upward Current, Report of B. R. I., No. 34, November（1960）

13）若松孝旺：火災時における建物部材の内部温度算定に関する研究（第一報），―算定式の誘導，算定条件及び算定要素―，日本建築学会論文報告集，第 109 号（1965）

14）若松孝旺：火災時における建物部材の内部温度算定に関する研究（第二報），―算定式の解法―，日本建築学会論文報告集，第 111 号（1965）

15）Teral, Harada：Heat and Mass transfer in an intensly Heated Mortal Wall, Proc. 3 rd, Int. Symp. on Fire Safety Science（1991）

16）上杉英樹，小池 浩：高層鉄骨架構の熱応力解析手法，日本建築学会構造系論文集，第 381 号（1987）

17）J. Becker and B. Bresler：EIRES-RC … A Computer Program for the Fire Response of Structure … Reinforced Concrete Frames., Report No.UCBFRG 74 -3, University of California, Berkeley, July（1974）

18）総務省消防庁：埼玉県三芳町倉庫火災を踏まえた防火対策及び消防活動のあり方に関する検討会報

告書（2017）

19）日本建築センター：建築物の総合防火設計法，第 2 巻　出火拡大防止設計法（1989）

20）村岡他：開口部付き壁の熱放射量に関する実験的検討（その 2），各種防火設備認定品の加熱実験，日本建築学会学術講演梗概集，pp. 193 - 194（2010）

21）水上，竹谷，岩見：昭和初期の糸魚川地域における瓦屋根の仕様調査と火災風洞実験による飛び火発生メカニズムの解明，日本建築学会学術講演梗概集，pp. 63 - 64（2017）

第15章　消防の装備と消防戦術

15・1　消　防　車　両

15・1・1　動力消防ポンプの性能

　ポンプの性能は，通常，揚程（圧力）と吐出量（放水量）により表される．消防車両で使用されるポンプの性能については，動力消防ポンプの技術上の規格を定める省令（1986（昭和61）年10月15日自治省令第24号）により表15・1のとおり規格が定められている．

表 15・1　消防ポンプ規格

ポンプの級別	放　　水　　性　　能				吸水口の内径（mm）
	規 格 放 水 性 能		高 圧 放 水 性 能		
	規格放水圧力 MPa	規格放水量 m³/min	規格放水圧力 MPa	規格放水量 m³/min	
A－1	0.85	2.8 以上	1.4（直列並列切換え型のポンプは，1.7）	2.0（直列並列切換え型のポンプは，1.7）以上	125 以下
A－2	0.85	2.0 以上	1.4（直列並列切換え型のポンプは，1.7）	1.4（直列並列切換え型のポンプは，1.0）以上	100 以下
B－1	0.85	1.5 以上	1.4	0.9 以上	100 以下
B－2	0.7	1.0 以上	1.0	0.6 以上	90 以下
B－3	0.55	0.5 以上	0.8	0.25 以上	75 以下
C－1	0.5	0.35 以上	0.7	0.18 以上	65 以下
C－2	0.4	0.2 以上	0.55	0.1 以上	65 以下
D－1	0.3	0.13 以上			40 以下
D－2	0.25	0.05 以上			40 以下

15・1・2　消防ポンプ自動車

　消防ポンプ自動車（以下本章では「ポンプ車」という）は，消防用自動車の中で最も代表的なものであり，消火活動などに多く使われる．同じポンプ車の中でも，地形や道路状況等地域の特性に応じて，小型の車両やホースカーの有無，ポンプ能力など装備の内容が異なっている．

表 15・2　国の補助基準に基づくポンプ車の分類

条件　型別	隊員の座	ホイルベース	ポンプ性能
CD－II型	ダブルシート	3 m 以上	A－2 級以上
CD－I型	ダブルシート	2 m 以上	B－1 級以上

　最近では，一般火災用の放水器具のほか，各種の救助器具や保安器具などを積載しており，火災に限らず多様な災害に対応できるものが多い．

　国の補助基準に基づくポンプ車の分類は，表15・2のとおりであり，CD-Ⅱ型に分類される車両サイズのものを普通ポンプ車（図15・1），CD-Ⅰ型に分類される車両サイズのものを小型ポンプ車（図15・2）と呼ぶことが多い．

表 15・3　普通ポンプ車諸元，性能例

全　　　　長	6.57 m	主要装備・積載品
全　　　　幅	2.32 m	・A-2級消防ポンプ
全　　　　高	2.72 m	・無給油型真空ポンプ
ホイルベース	3.28 m	・ゲート式ホースカー昇降装置
乗 車 人 員	7名	・散光式赤色警光灯（LED発光式）
車 両 総 重 量	7665 kg	・動力ホースカー，軽量ホースカー
エンジン出力	154 kW-2400 rpm	・チタン製三連はしご，チタン製かぎ付はしご
最 大 ト ル ク	706 N・m-1600 rpm	・可搬式投光機
ポンプ性能（吸水落差1 m）		・発動発電機
	1.5 MPa-2000 L/min 以上	（定格出力900 VA，4サイクルエンジン）
	2.0 MPa-1000 L/min 以上	

表 15・4　小型ポンプ車諸元，性能例

全　　　　長	5.70 m	主要装備・積載品
全　　　　幅	1.90 m	・A-2級消防ポンプ
全　　　　高	2.65 m	・無給油型真空ポンプ
ホイルベース	2.75 m	・垂直式ホースカー昇降装置
乗 車 人 員	6名	・散光式赤色警光灯（LED発光式）
車 両 総 重 量	5720 kg	・軽量ホースカー
エンジン出力	110 kW-2800 rpm	・チタン製三連はしご，かぎ付はしご
最 大 ト ル ク	375 N・m-1400-2800 rpm	・可搬式投光機
ポンプ性能（吸水落差1 m）		・発動発電機
	1.5 MPa-2000 L/min 以上	（定格出力900 VA，4サイクルエンジン）
	2.0 MPa-1000 L/min 以上	

図 15・1　普通ポンプ車

図 15・2　小型ポンプ車

例として動力付ホース延長用資器材を積載した普通ポンプ車（CD-Ⅱ型）及び小型ポンプ車（CD-Ⅰ型）の諸元，性能例を表 15・3，15・4 に示す．

15・1・3　水槽付消防ポンプ自動車

水槽付消防ポンプ自動車（以下本章では「水槽付ポンプ車」という）は，ポンプ車に水槽を積載した構造の車両で，消火栓や防火水槽などの水利がなかったり，火災現場直近部署時の早期放水を行う際に使われる車両である（図 15・3，15・4）．水槽の大きさは 1 m³ 未満のものから 10 m³ 以上のものまであるが，標準的なもので，容量は 1000 L ～ 2000 L である．外観は，ポンプ車と大きな違いはなく，ポンプ性能，主要装備，積載品等もポンプ車とほぼ同等である．

図 15・3　水槽付ポンプ車（2000 L）　　　図 15・4　水槽付ポンプ車（5000 L）

15・1・4　化学消防ポンプ自動車

化学消防ポンプ自動車（以下本章では「化学車」という）は，水では消火が困難な油脂や電気，ガス，その他危険物などの火災を，泡を使って消火するための車両で，泡消火装置を装備しており，水のほか泡消火薬剤（以下本章では「泡剤」という）を積載している．

一般に使用されている化学車は，泡剤を主体とした空気泡（エアフォーム）を放射するものがほとんどで，水と泡剤を混合して水溶液を作り，泡ノズルでこれに空気を混合して発泡するものである．泡剤と水を混合する方式にはポンププロポーショナー方式，圧送式自動比例混合方式，電子流量制御式自動比例混合方式，サクションプロポーショナー方式などがあり，また，ピックアップノズルやラインプロポーショナーなど可搬式の混合器もある．

化学車は，中，小規模の油脂火災などに対処するとともに，通常火災においては水槽付ポンプ車と同様に使用することも考慮されている普通化学車（図 15・5），石油貯蔵施設や工場での大規模油脂火災等に対応することを目的とし，多量の泡剤を積載し A-1 ポンプ，放水銃を装備した大型化学車（図 15・6），空港及びその周辺で発生した航空機火災に対応する空港用化学車（図 15・7）に大きく分類される．

普通化学車は，装備品についてはポンプ車とほぼ同様だが，化学車として必要な各種泡ノズルや耐熱服などを積載している．大型化学車は，遠隔操作式で 4000 L/min 以上の放水又は泡放射が可能な放水銃を車両上部に装備し，輻射熱を受ける場所に部署した場合でも熱から車体を保護することができる自衛噴霧装置を車両周囲に装備しているものが多い．空港用

表 15·5　普通化学車諸元，性能例

全　　　長	7.0 m	車両総重量	10900 kg
全　　　幅	2.4 m	水槽容量	1500 L
全　　　高	2.9 m	泡剤槽容量	150 L×2 槽
ホイルベース	3.79 m	ポ　ン　プ	A−2 級
乗車人員	7 名	混合方式	ポンププロポーショナー

表 15·6　大型化学車諸元，性能例

全　　　長	9.5 m	車両総重量	20500 kg
全　　　幅	2.5 m	水槽容量	2900 L
全　　　高	3.2 m	泡剤槽容量	1200 L×2 槽
ホイルベース	5.77 m	ポ　ン　プ	A−1 級
乗車人員	7 名	混合方式	圧送自動比例方式

図 15·5　普通化学車

図 15·6　大型化学車

図 15·7　空港用化学車

化学車は，迅速な泡放射と機動性が要求されることから，放水しながら自走できる構造となっており，積載水や泡剤は大型化学車よりはるかに多く積載している．

　普通化学車及び大型化学車の主要諸元例を表 15·5，15·6 に示す

15・1・5　排煙高発泡車

排煙高発泡車は，耐火建物や地下街などの火災で，煙の充満のために室内に進入できない

場合に大量の消火泡を送り込み排煙及び窒息消火を行うほか，大型送風装置で煙の排出や送気作業を行い，火災で発生した濃煙や熱気を早期に排除して消防活動を容易にすることを目的とした車両である（図 15·8）．この車両は，送風管等の資器材を積載するため，収納ボックスを多数設けた車体形状とし，排煙時に建物開口部を塞ぐ遮煙袋や可搬式送風機を積載しているものが多い．

　排煙高発泡車の主要諸元例を表 15·7 に示す．

表 15·7　排煙高発泡車諸元，性能例

全長	7.6 m	主要装備・積載品	
全幅	2.4 m	・送風管	
全高	3.3 m	レデューサー	入口 φ 1.2 m×出口 φ 0.9 m
ホイルベース	3.79 m	φ 1.2 m	長さ 10 m×1，長さ 5 m×2
乗車人員	7 名	φ 0.9 m	長さ 10 m×1，長さ 5 m×8
車両総重量	9900 kg		長さ 2 m×4
エンジン出力	154 kW‑2600 rpm	・昇降式照明装置×2 基	
発泡性能		・発動発電機　最大出力 2.8 kVA，交流 100 V	
混合液吐出量	400 L/min	・遮煙袋　高さ 3.5 m　幅 2.8 m	
泡吐出量	200 m³/min	・可搬式送風機　エンジン駆動式×2	
泡原液槽	150 L×2 槽	電気駆動式×2	
最大風量	1500 m³/min		
混合方式			
ラインプロポーショーナー			

図 15·8　排煙高発泡車

15·1·6　は し ご 車

　はしご車は，中高層建物における人命救助や消防活動をするため，起伏，旋回，伸縮自在の油圧式のはしご装置を装備した車両で，地上高 10 m から 50 m を超えるものまで様々な種類のはしご車が地域の特性に合わせて配備されており，はしごの先端が屈折するものもある（図 15·9，15·10）．消防ポンプを装備したものとしないものがあり，てい体には，はしご先端に取付け，建物などの目標へ容易に近づくことを目的としたバスケット装置や，はしごの上面をガイドとして昇降するリフター装置が装備されている．バスケット装置はバス

ケット内ではしごの操作が可能で，放水銃も装備され高所での作業が安全にできる装置であり，現在のはしご車の主流であるが，リフター装置を併設しているものもある．

　はしご車の主要諸元例を表15·8に示す．

表 15·8　はしご車（30 m級）車諸元，性能例

全　　　　長	10.0 m	はしご装置	
全　　　　幅	2.5 m	はしご連数	4連
全　　　　高	3.5 m	最大地上高	約31 m
ホイルベース	4.9 m	各段の長さ	8.90〜9.23 m
乗 車 人 員	6名	はしご全伸長	30 m
車両総重量	16610 kg	起伏角度	−10〜75度
エンジン出力	235 kW−1700 rpm	傾斜矯正角度	7度
		先端許容加重	バスケット＋2700 N
		最大作業半径	約19 m

図 15·9　はしご車

図 15·10　先端屈折式はしご車

15·1·7　救 助 工 作 車

　救助工作車は，火災，交通事故及び労働災害等の様々な災害において，各種の救助作業を行うことを目的とした車両である（図15·11，15·12）．ウインチ，クレーン，照明装置等を

表 15·9　救助工作車（クレーン付）諸元，性能例

全　　　　長	8.2 m	ウ イ ン チ	
全　　　　幅	2.3 m	けん引力	前方5 t，後方10 t
全　　　　高	3.2 m	ワイヤー	φ 13 mm×60 m
ホイルベース	4.23 m	クレーン装置	
乗 車 人 員	7名	最大ブーム長	7.3 m
車両総重量	11500 kg	吊り上げ能力	28 kN−2.3 m
エンジン出力	162 kW−2700 rpm		9.4 kN−6.9 m
発　電　機	100 V−10 kVA	ウインチ能力	7.3 kN
照 明 器 具	昇降式		
	250 W×2灯		
	2000 W×2灯		

装備し，救助器具，切断器具，破壊器具，呼吸保護器具等多岐に渡る積載品を収納できる構造の車体を採用しているものが多い．

　クレーン付きの救助工作車の主要諸元例を表15·9に示す．

図 15·11　救助工作車（クレーン付）

図 15·12　クレーン装置

15·1·8　救 急 自 動 車

　救急自動車は，急病人や交通事故，各種災害による傷者を医療機関へ緊急搬送する車両でストレッチャーおよびサブストレッチャーを備え，同時に2人以上収容することができる（図15·13）．車内での活動性を考慮してロングボディー，ハイルーフのワンボックス型の車両が多い．救急車の主要装備品としては，ストレッチャーのほか，酸素吸入装置，人工呼吸器，吸引器などのほか，救急救命士による救急処置をおこなうための自動体外式除細動器，

表 15·10　救急自動車諸元，性能例

全　　　　長	5.7 m	主要装備品
全　　　　幅	1.9 m	赤色警光灯（LED 型）
全　　　　高	2.5 m	冷暖房装置
ホイルベース	3.1 m	酸素吸入装置　酸素ボンベ（10 L）×2
乗 車 人 員	7 名	空気清浄機
車 両 総 重 量	3300 kg	
エンジン出力	111 kW–4800 rpm	

図 15·13　救急自動車

気道確保や薬剤投与などの特定行為用資器材がある.

　救急自動車の主要諸元例を表15·10に示す.

15·1·9　その他の消防車両

（1）屈折放水塔車

　屈折放水塔車は，2節または3節の屈折放水塔と塔先端に大容量のモニターノズルを装備し，高所での火災や危険物施設での火災に大量放水または大量泡放射することのできる車両である（図15·14）.　A-1級の消防ポンプ，泡剤槽，泡混合装置等を装備し，大型化学車としての機能を有しているものが多い.

（2）照明電源車

　照明電源車は，夜間における消防活動において，消防隊員の行動を容易にするための照明活動を行うほか，消防機器等に電力を供給する電源車として使用する車両である（図15·15）.

　シングルキャブのトラックシャシをベースに，塔体，照明装置，発電装置を装備し，可搬式の投光器等を積載しているものが多い.

図 15·14　屈折放水塔車

図 15·15　照明電源車

（3）指　揮　車

　指揮車は，災害現場における現場指揮拠点としての運用を図ることを目的とした車両で，災害現場から消防本部や関係機関へ連絡するための通信機器などを装備している（図15·16）.　名称は指揮車，司令車，指揮隊車等消防本部により異なっており，車両もワゴン型，バン型，マイクロバス型など様々なものが使用されている.

（4）資 材 搬 送 車

　資材搬送車は，災害内容に対応したコンテ

図 15·16　指揮車

ナを選択して積載して出場する車両で
あり，コンテナの種類には，一般救
助用コンテナ，危険物火災用コンテ
ナ，林野火災用コンテナ，運搬車（平
ボディー），舟艇用コンテナ等がある
（図 15·17）．危険物火災用コンテナに
は泡剤を，林野火災用コンテナには可
搬式動力ポンプなどの資器材を積載し
ている．

図 15·17　資材搬送車

（5）水　　槽　　車

　水槽車は，震災時や高速道路上での車両火災など消防水利の少ない災害現場に消火用水を
搬送する車両で，送水するための動力ポンプや単体での消防活動を行うための放水銃等を装
備しているものが多い（図 15·18）．

図 15·18　水槽車（10,000 L）

（6）消防活動二輪車

　消防活動二輪車は，その機動性を活かし，高速道路や山間部などの火災や救助・救急現場
にいち早く先行し，積載してある可搬式消火器具や救助・救急資器材により初期消火や救急
活動等を行うための車両である（図 15·19）．

図 15·19　消防活動二輪車

（山本　密雄）

15・2　消防ロボット

　消防本部では遠隔操縦型の機械を配備し，現場で使用されている．これら遠隔操作機械も広義のロボットと考え，紹介する．用途は主に放水，水中探査，偵察，重量物排除，救助，無人航空機の6種類に分類できる．

15・2・1　放水・重量物排除

　消防隊員が侵入不可能な狭小領域における火災対策として，小型の放水ロボットが開発，配備された．移動のための動力を失っても，放水反力を利用して移動できる特徴があった．しかしながら，多くの台数が配備されるには至らなかった．その後，より大型のロボットが多く配備されるようになった．火災発生時の放射熱が高く，消防隊員の近接が難しいと想定される，石油タンク，化学プラント火災対策として放水型ロボットが開発，配備されている．また，木造文化財の火災延焼防止を目的として開発，配備されているものもある．放水型ロボットは30年程前から配備が進み，10年ほど前に耐用期限を迎えたものが多く，この時点で更新を実施できた消防本部は少なく，更新せずに配備から外し，保管している消防本部もある（図15・20）．放水型は消防専用に新たに開発されたものが多く，コスト的に負担が大きく，更新が難しかったと考えられる．ピーク時においても全国で8台が配備されていたにすぎない．

　初期に配備された放水型ロボットは大型であるが故に，火災対応において侵入が難しいことがあった．放水型ロボットは最も早く配備された消防ロボットであり，重量物排除等多くの機能を一つのロボットに盛り込んだため大型となってしまったと考えられている．そこで，放水型ロボットを小型化するために，放水以外の機能を別の機械として分化させたことから，重量物排除型ロボットの配備が始まっている（図15・21，15・22）．基本的には，汎用の遠隔操縦

図 15・20　初期に配備された放水型ロボットの一例

図 15・21　小型化された放水ロボットの一例

図 15・22　重量物排除ロボット

重機を消防用に若干改良したものである．また，遠隔操縦機能が備わっていないものの，双腕重機を配備している本部がある．

15・2・2　水 中 探 査

水難事故が発生した場合，水中の遭難者を探索することは消防隊員にとって大きな肉体的負担となり，また，危険も伴う．そこで，消防本部で水中探査ロボットを配備している（図15・23）．これらは既製の水中ロボットを救助目的に使用しているものである．消防庁消防研究センターの調査では32台が全国の消防本部に配備されている．「救助隊の編成，装備及び配置の基準を定める省令（昭和六十一年自治省令第二十二号）」において，高度救助隊では地域の実情に応じて，また特別高度救助隊では装備すべき救助資機材と指定されていることも，水中探査ロボットの配備が進んだ一要因と考えられる．消防隊が救助活動を行う港湾河川領域では，必ずしも水の透明度が高くはない．そのため，ソナーが有効であり，また，ロボットには単純なマニピュレータを装備しているものもあるが，主に周囲のものを把持し，潮流や水流に対抗してロボットの位置や姿勢を保つために使用される．

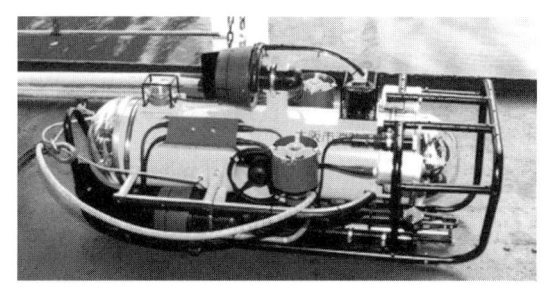

図 15・23　水中探査ロボットの一例

15・2・3　偵 　 察

隊員が火災室に侵入する際に，フラッシュオーバー現象が発生し，隊員が負傷する可能性が高い．偵察型ロボットは当初このような火災対策として開発，配備された．その後，1995（平成7）年3月に発生した地下鉄サリン事件対応として偵察型ロボットが開発，配備された．さらに開発が進められ，汎用性が高まり，防じん，耐衝撃，非誘爆（可燃性ガス雰囲気内での活動が可能）性能等の耐環境性が高められた偵察型ロボットが配備されるようになった．この偵察型ロボットは閉鎖空間で使用される事が多いため，無線による遠隔操縦に難があった．そのため2台1セットでの配備とし，ロボット1台を中継器として使用することによって，より有効な運用を実現している．また，中継器となる1台を有線，探査機となる1台を無線とすることにより，密閉性の高い閉鎖空間内への遠隔操作および探査機の運動性能の両立を図っている（図15・24）．「救助隊の編成，装備及び配置の基準を定める省令（昭和六十一年自治省令第二十二号）」において，特別高度救助隊の装備品として地域の実情に応じて装備すべき救助資機材と指定されている．

図 15・24　偵察ロボットの一例

15・2・4 救　　助

救助型ロボットは，国内に1台配備されている．要救助者に優しく接するために，操縦装置に取り付けられたロボットハンドを動かすと，ロボットに取り付けられている実際のハンドが同じ動きをする，マスタースレーブ制御が採用された双腕のロボットハンドが取り付けられている．ロボットハンドを操作し，救助者を格納式ベッドに収容する．ベッドには，救助者への音声による通話システム，空気の供給装置が装備されている．現

図 15·25　救助ロボット

在配備されている救助型ロボットは既に一度更新されたものであり，第2世代のロボットである（図15·25）．第1世代のロボットより小型軽量化が進められ，救助される人への影響，危険性が低減されている．

15・2・5 無人航空機

近年各分野で実用が進んでいるマルチロータ無人航空機が消防においても導入が進んでいる（図15·26）．最近の調査では全国の消防本部のうち約1割となる70消防本部で，のべ約100機が所有されている．今のところ，活用法も模索段階であるが，一方で実戦での活用も始まっている．操縦が比較的容易なこと，また，導入時のコストが大きくないことが，導入が進んだ大きな要因と考えられる．主な活用目的は情報収集及び資材の搬送等である．

図 15·26　無人航空機の一例

（天野　久徳）

15・3 消　防　艇

15・3・1 概　　要

消防艇は，海上および水上における船舶火災，航空機火災，沿岸建物火災の消火，水難救助，浸水船の排水作業，水面に流出した油類の排除，消火にあたる陸上のポンプ車等への大量送水など多岐にわたる消防活動を行う．我が国の消防艇の大きさは，河川用として7～15 t，港湾用として15～100 tのものが多い．

大型の消防艇には，放水塔，泡消火装置，粉末消火装置，高発泡装置，照明装置および流出油処理装置などを装備し，多目的に使用できるものが多い．消防ポンプの能力は，船体の大きさ，構造によって異なるが5000～20000 L/min程度の放水量を持ち，航行用主機関によって運転されるものが多い．なお，小型の消防艇の中には指揮艇と呼ばれ，消防ポンプを

装備していないものもある．

15・3・2　消防艇の装備

　消防艇の消防ポンプ装置は，一般の船舶に設けられている自衛のための消火設備と異なり，広範な消防活動を行うために十分な能力を持つポンプが設置され，甲板上に配管されるとともにブリッジ上などの放水砲や放水銃に連結される．泡消火装置を装備し大量の泡放射ができるようにしたものも多い．海上における船舶火災では，長時間の消火活動を強いられるため，消防ポンプを主機関によって駆動する場合は，一般に船用定格出力を基準としてポンプ性能を決定する場合が多い．

　消防艇に装備される放水器具は，車両に設置されるものと特に異なるものではないが，大量放水用に 3,000 ～ 15,000 L/min 程度の大容量の放水砲が使用されている．放水砲は放水射程あるいは放水範囲を広くするために，放水塔の上に設置するほか，伸縮式放水塔，屈折式放水塔上に設置した艇が多い．河川での使用を考慮した消防艇では，橋の下を通過するために放水塔を起倒式にしているものもある．

　消防艇の諸元・性能例を表 15・11 に，各々の外観を図 15・27 ～ 15・29 に示す．

表 15・11　消防艇の主要諸元，性能例

艇名	みやこどり	ありあけ	はやて
船体形式・構造	Ｖ型・鋼	Ｖ型・鋼軽合金	Ｖ型・FRP
総トン数（t）	195	40	4.80
全長（m）	43.20	23.20	10.10
幅（m）	7.50	5.95	3.10
喫水（m）	2.00	1.13	0.50
推進方法	3軸ウォータージェット方式	2軸（両舷外旋）	2軸（両舷外旋）
最高速力（ノット）	20.0以上	20.0以上	30.0以上
航続距離（km）	550	280	650
燃料（タンク量）	軽油（24,000 L）	軽油（3,000 L）	軽油（700 L）
ポンプ性能 （L/min-MPa）	1基 10,000-1.5 2基 30,000-1.5	2基 15,000-1.5	－
放口口径及び口数	65 mm-12 口 75 mm- 4 口 150 mm- 4 口	65 mm-10 口 75 mm- 2 口 150 mm- 2 口	－
放水銃砲 放水量及び口数 （L/min-口）	15,000 - 2 10,000 - 2 5,000 - 2 2,000 - 2	5,000 - 2 5,000 - 2 500 - 2	－
泡剤タンク容量	4,500 L×2	2,000 L×2	－
油処理剤タンク容量	1000 L	－	－
最大定員	98 名	21 名	10 名

図 15·27　消防艇みやこどり

図 15·28　消防艇ありあけ

図 15·29　消防艇はやて

（山本　密雄）

15・4　消防ヘリコプター

15・4・1　概　　要

近年，消防活動に航空機が広く用いられる傾向にあり，特にヘリコプターは，滑走路を必要としないうえ，空中に停止（ホバリング）できる特性があることから，消防用として多く活用されている（図 15·30）．消防におけるヘリコプターの活用分野は次のとおりである．

① 建物火災や林野火災，水災時の空からの人命救助，消火活動，消防用資器材・人員の搬送など．

② 離島などへの医師，医薬品，人員，救援物資などの緊急輸送，離島などからの救急患者の緊急搬送．

③ ヘリテレビによる災害現場の情報収集，テレビ映像の電送．

④ 平常時の上空からの査察，調査，広報活動，写真撮影など．

なお，我が国における消防ヘリコプターの保有状況は，31 機である．

15・4・2　消防ヘリコプターの特殊装備

（1）ホイスト装置

この装置は，通常機体の右側上部に固着され，火災建物の屋上，山岳救助現場，河川，海上の災害現場などから要救助者を吊り上げ，ヘリコプター内に収容・救出するもので，油圧式，電気式がある．ホイストの吊り上げ能力は 270 kgf で，巻き上げ長さは，75 ～ 90 m で

図 15·30　消防ヘリコプター

ある.

（2）カーゴスリング装置

この装置は機体底部に装着し，重量物や容量の大きい器材を機外に取り付けて運搬するもので，消火用のバケットもこの装置で吊り下げて使用する．この装置の許容荷重は，1600 kgf ～ 3800 kgf で，大型ヘリコプターでこの装置を使えば小型乗用車を吊り下げることが可能である.

（3）担 架 装 置

この装置は，担架を支持脚などでキャビン内に固定し，傷病者を安全に輸送するために使用するものである．限られたキャビンスペースを有効に活用できるよう合理的に設計されている.

（4）照 明 装 置

この装置は，夜間における消防活動を容易にするためや避難誘導などを行う際に使用するもので，サーチライトが多く使用されている．この装置は，どの機種にも比較的簡単に取り付けることができ，1600 W 程度のものが多く使用されている.

（5）ヘリテレビ電送装置

この装置は，林野火災や高層ビル火災などのように地上からでは災害の把握が困難な場合に上空から捉えた映像を警防本部や災害現場の指揮本部に送り，災害活動を支援するためのもので，ヘリコプターに搭載したテレビカメラおよび送信装置と地上の受信設備から構成される．受信可能範囲は，基地設備で半径約 75 km，車両などに積載する可搬式設備では，約 3 km である．新たな送信装置としてヘリサットシステムがあり，このシステムでは，直接衛星へ電波を打ち上げ，基地局に関係なく，日本全国からの映像をリアルタイムで受信可能となる.

（6）消 火 装 置

この装置は，山林火災などにおいて上空から水または消火剤を投下し消火活動を行うためのもので，胴体下部取り付け式消火装置とカーゴスリング装置により吊り下げられるバケット式消火装置がある．容量は，500 L ～ 2500 L である.

15・4・3　諸 元 ・ 性 能

消防ヘリコプターの諸元・性能例を表 15·12 に示す.

表 15·12　消防ヘリコプターの諸元・性能（例）

項　　目	AS 365 N 3 型	AW 139 型
全　　　　長	13.73 m	16.62 m
全　　　　幅	11.94 m	13.80 m
全　　　　高	4.06 m	4.06 m
空虚重量（自重）	2389 kgf	4392 kgf
発動機出力・基数	977×2 基	1872×2 基
主 回 転 翼 数	4	5
最 大 許 容 重 量	4300 kgf	6800 kgf
搭 乗 人 員	14 名	14 名
巡 行 速 度	269 km/h	259 km/h
高 度 限 界	6095 m	6095 m
航 続 距 離	792 km	792 km

（山本　密雄）

15・5　消 防 器 具

15・5・1　可搬式動力消防ポンプ

　可搬式動力消防ポンプは，狭隘道路あるいは急坂などのため，ポンプ車などが進入または水利部署できない場合の消防活動や，また，震災，降雨などによって道路が寸断され車両の通行が不能となった場合の消防活動に際して，台車，ボート，そりなどに積載して搬送したり，あるいは人力で搬送して使用するためのものである．可搬性の観点から，「動力消防ポンプの技術上の規格を定める省令」により，可搬式動力消防ポンプの乾燥重量は 150 kg 以下と定められており，一般に 100 kg 以上のものは重可搬ポンプ，100 kg 未満のものは軽可搬ポンプと呼ばれており，重可搬ポンプは，取り外し可能な構造で台車に積載されているものが多い（図 15·31）．

図 15·31　可搬式動力消防ポンプ（手引き台車に積載した状態）

15・5・2　呼吸保護器具

呼吸保護器具は，火災現場などにおいて隊員が濃煙，有毒ガスなどの充満した場所に進入し，消火作業や救助作業を行う場合に隊員の呼吸を確保するための器具である．呼吸保護器具は大きくろ過式と給気式に分類できるが，消防活動においては給気式のものが多く使用されている．

火災現場等で使用する呼吸保護器具で最も一般的なものは，背負子，空気ボンベ，ガス圧力調整器および面体から構成される空気呼吸器である（図15・32）．4.7 L の空気ボンベを使用し充てん圧力 29.4 MPa の場合，平均的な使用時間は約30分となる．給気式のものとして他に酸素呼吸器や送気マスクなどがある．

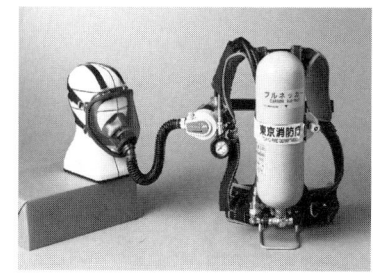

図 15・32　空気呼吸器

15・5・3　吸　水　器　具

吸水器具は，水利からポンプ装置へ吸水する際に使用される器具で，吸管，吸管結合金具，ストレーナーおよびちりよけかご，吸管離脱機などがある．この中で最も重要な役割を果たす吸管には，耐久性能，耐圧性能，負圧に対する非変形性能，水流に対する摩擦損失の少なさなどが求められている．吸管は「消防用吸管の技術上の規格を定める省令」により規格が定められており，一般にポンプ車積載用として，内径75 mm，長さ10 ～ 12 mのゴム吸管が最も多く使用されている（図15・33）．

図 15・33　ポンプ車に積載した吸管

15・5・4　放　水　器　具

（1）管　そ　う

管そうは，ホースまたは媒介金具とノズルの間に入れて使用するもので，ポンプからの水流を整流し，水の速度を増すと同時に，活動時のノズルの保持を容易にするためのものである．管そうの多くは，テーパー管で作られアルミ製のものが多い（図15・34）．

（2）ノ　ズ　ル

ノズルは，管そうによって整流された水流をさらに増速し，放水流の射程や形態を消火に適した状態にするもので様々な種類がある．

主なものとして，直状放水を行うためのスムースノズル，水を微粒子状にして放水し放水角度を変化させることのできる噴霧ノズル，強力な超硬・錘状ノズルヘッドで壁や天井を貫通

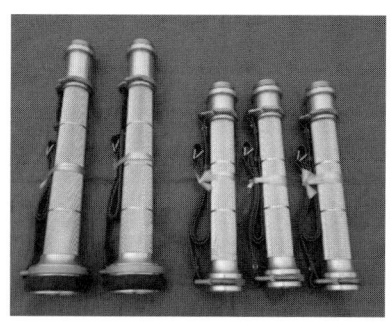

図 15・34　管そう

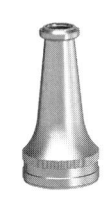
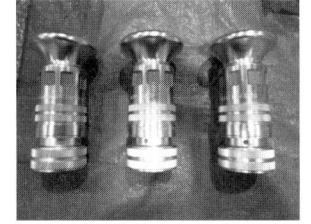

図 15·35　ノズル（左からスムースノズル，噴霧ノズル，ガンタイプノズル）

させて放水するやりノズル，全長が短く軽量で操作性が良いガンタイプノズルなどがある（図15·35）.

（3）放水銃及び放水砲

　放水銃及び放水砲は，大規模火災や強風時火災の際に，遠方から高圧・大量放水を行うために使用するものである．放水銃の大きさは一定のノズル圧力に対する放水量で示され一般に使用されているものに 1000，1500，2000，3000，5000 型等があり，5000 型以上は放水砲と呼ばれている（図15·36，15·37）.操作はレバーまたはウォームギアにより行うものと，油圧，水圧，電気等により，遠隔操作で行うものがある．

図 15·36　放水銃

図 15·37　放水砲

（4）ホ　　ー　　ス

　消防用ホースはポンプ車などから消火用水を送水するためのもので，ホース部と結合金具部から構成される．消防機関で使用されている標準的なホースの長さは約 20 m だが，様々な長さのものがある（図15·38）.日本の消防機関で使用されているホースのほとんどは，ポリエステルのたて糸，よこ糸を平織りし，内側にゴムまたは合成樹脂の内張りが張られている．ま

図 15·38　消防用ホース

た,「消防用ホースの技術上の規格を定める省令」により,規格が定められている.

15・5・5　発　泡　器　具

発泡器具は,石油類の火災に対して泡消火を行うためのノズルで,水とたん白泡消火薬剤,合成界面活性泡薬剤等を混合した水溶液に空気を混入して発泡させる器具である(図15・39).発泡倍率により低発泡器,中発泡器,高発泡器に分類される.

図 15・39　発泡器具(左から簡易発泡器,MEA-500 型中発泡器,1100 型泡ノズル)

15・5・6　その他の消防器具

これまで述べた器具のほかに,消防活動において使用される器具としては,投光器などの照明器具,油圧救助器具・エアジャッキ・救命索発射銃などの救助器具,エンジンカッターやチェーンソーなどの破壊器具や可搬式三連はしご,可搬式ウインチなどがあげられる.

(山本　密雄)

15・6　消防活動用被服

15・6・1　防　火　服

防火服は,火災による熱や落下物などの危険から消防隊員の安全を守るとともに,消火水などによる消防隊員の水濡れを防止するための装備品で,防火衣と防火帽から構成される(図 15・40).

防火服に要求される性能には,防護性と軽量性,作業性と防水性など相反する要素が多くあり,これらの要求を全て満たす完全な素材はないため,用途・目的に応じて種々のものが使用されている.現在,我が国で使用されている防火衣は,ハーフコート型上衣とズボンで構成され,表地,透湿防水層,断熱層の三層構造のものが多い.素材としては,ポリアミドやアラミドを使用したものが多い.

防火帽は,頭部を保護するもので,帽体(ヘルメット)としころから構成されている.帽体はガラス繊維とポリエステル樹脂を加熱成形したもので,労働安全衛生法に基づく保護帽の規格を満たしている.火災現場における落下物の衝撃を分散しやすくするために,帽体上部に凸条状の段差を設けて強度の増加を図り,後部の庇部分が大きいのが

図 15・40　防火服

特徴である．帽体にはハンモックの着装体のほか，合成樹脂製などの顔面保護板などが取り付けられている．しころは防火外とうと同一の生地で作られており，顔面の保護，防煙などのほか，落下物による衝撃を吸収する機能も持っている．

図 15·41　耐熱服

15·6·2　耐熱防火被服

　耐熱防火被服は，危険物火災，航空機火災，輻射熱の強い場合に使用するもので，熱に対し反射，断熱性能を備え，素材に防炎耐熱性を持たせたものである（図 15·41）．一般に熱反射性の良いアルミニウム層を表地とし，中間地及び裏地を防水層や断熱層としている．耐熱防火被服の構成は上位，ズボン，フード，手袋及び半長靴からなり，全身を覆う構造で内部に呼吸保護器具を着装できるようゆとりを持たせたものが多い．

15·6·3　防　　　護　　　衣

　防護服は，毒劇物や放射性物質に関わる災害で消防活動を行う際に，消防隊員の身体を防護するために着用するもので，放射能防護服，化学防護服などがある．服，手袋，長靴がすべて一体となり，服の内部で陽圧式の空気呼吸器を使用することにより防護服内を陽圧とし，ガスなどの有害物質が進入しない構造とした陽圧式防護服も多く使用されている．

（山本　密雄）

15·7　消防通信設備

15·7·1　指令管制システム

指令管制システムの一例として，以下に東京消防庁のシステムについて述べる．

（1）指令管制システムの概要

　指令管制システムは，災害救急情報センターにおける 119 番通報受信，出場隊編成，出場指令，災害管制，救急管制，関係機関連絡等の業務を中心に，消防署所等における出場指令の受信，隊情報の管理，消防部隊が災害現場で行う情報収集等の業務を支援するシステムである（図 15·42）．

　災害救急情報センターは，本部庁舎（千代田区大手町）と立川消防合同庁舎（立川市）の 2 拠点に設けられ，相互にバックアップできる構成としている．

（2）基幹となる装置等

A.　受付指令制御装置

　119 番通報回線をはじめ，災害救急情報センターと消防署所等を結ぶ指令回線，救急相談（＃7119），現場電話等の加入回線，関係機関との連絡を行うための専用回線等の音声通信を制御するための装置である．

　119 番通報は，本装置を介して災害救急情報センターの指令台に着信し，指令台から消防署所等に対する音声指令，消防車両に対する無線交信等も本装置を介して行われる．

B.　指令管制ホスト，各種サーバ群

　119 番通報に基づく出場隊編成，出場指令先選定等の指令台で行う業務をはじめ，消防署

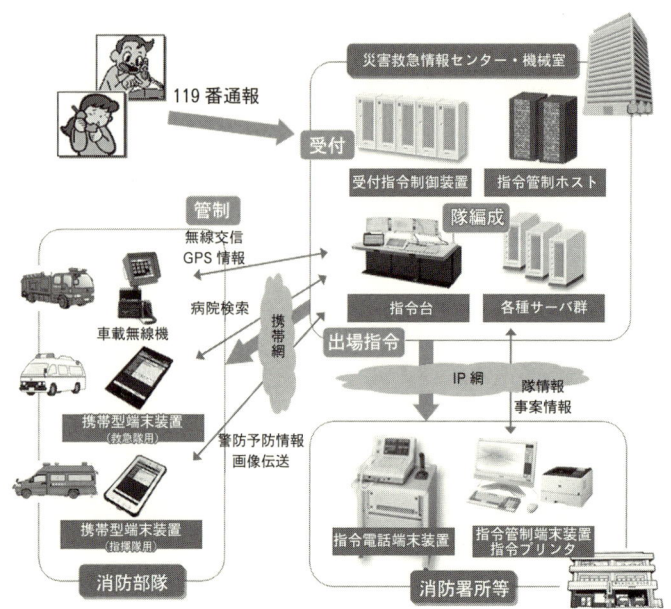

図 15·42　指令管制システムの概要図

所の指令管制端末装置，携帯型端末装置等で行う各業務の機能を制御する装置である.

　指令管制ホストは，システムの中枢として事案管理及び部隊管理を行うとともに，システム全体を統括的に制御しており，各種サーバ群は，地図情報，手書き情報，携帯型端末装置，外部システム接続，運用保守，訓練等の個別の制御・管理を行っている.

（3）災害救急情報センター

A．指令台の構成

　指令台は，災害救急情報センターにおいて，指令室員が部隊運用を行うための装置の総称で，音声制御装置，タッチパネル，指令台端末，支援情報端末，地図端末，手書き入力制御端末，各ディスプレイ等により構成されている（図 15·43）.

　指令台には，119 番通報を受付け署所に指令を行う受付指令モード，災害の管制を行う災害管制モード，救急隊の管制を行う救急管制モード等，9 種類の台運用モードがあり，それぞれの業務に応じて指令台ごとにモードを選択し運用する.

　大規模災害等 119 番通報が輻輳した場合には，2 台の指令台を組み替えて，3 台に増強して運用することができる.

　また，消防署所の指令電話端末装置と接続する指令回線を IP 化しているため，自地区の災害救急情報センターのシステムが停止した場合でも相手地区から音声指令を行うことができる.

【支援ディスプレイ】部隊運用に必要な各種情報を表示することができる.

【受付編成ディスプレイ】災害地点を決定し，出場部隊を編成することができる.

【地図ディスプレイ】消防車両の位置や災害地点を地図上に表示できる.

【タッチパネル】119番通報受付，署所等への出場指令などのタッチ操作ができる.

【手書き入力装置】電子ペンにより，119番通報の聴取状況などをメモできる.

図 15・43　災害救急情報センターと指令台

B. 指令台の機能

a. 119番通報の着信・受付機能

119番通報が着信すると，指令台のタッチパネルで受付操作を行うことにより通報者との通話を開始し，タッチパネルには回線事業者名，通報電話番号等が表示される.

b. 位置情報通知機能

119番通報を受信した際，必要に応じて通報者電話番号から位置情報を照会し，通報者の登録住所，位置座標等を視覚的に表示する.

c. 指令予告機能

災害通報内容を聴取中であっても，災害種別（火災，救急，救助等）を入力することにより，通報者の位置情報を基に出場隊該当署所を自動抽出し，データ及び合成音声による指令予告を送出する.

d. 出場隊自動編成機能

災害種別を選択し，通報者から聴取した情報，位置情報等を基に災害地点を決定すると，隊現況，移動隊，緊急配備隊，位置情報等の消防部隊管理情報及び出場計画に基づき，火災

等に出場する部隊を自動で編成する.

e.　自動指令機能

編成された隊が属する署所，災害地点の管轄署等を自動で抽出し，音声及びデータによる出場指令を行う.

f.　なりかわり機能

相手地区の災害救急情報センターの業務が輻輳した場合等に対応するために，指令台の設定を変更することで，相手地区の指令台として119番通報の受付から出場隊の編成及び出場指令を行うことができる.

（4）消 防 署 所 等

A.　各機器の構成

a.　指令電話端末装置

受付指令制御装置と指令回線により接続しており，指令台からの出場指令音声を受信し，増幅部（アンプ）に接続しているスピーカから庁舎内に拡声する.

増幅部には，消防電話，署所間無線，消防放送，マイク装置等も接続されており，これらの音声を庁舎内に拡声することが可能である.

また，指令台を呼び出しての通話や，指令内容の自動録音及び再生を行うことができる.

b.　指令管制端末装置

指令管制ホスト及びサーバと指令回線により接続しており，指令台からの出場指令データを受信し，指令情報を画面表示するとともに，指令プリンタから出場指令書を印刷する.

部隊の現況入力及び表示，位置の把握，現場画像の閲覧等，部隊運用に係る各種情報を管理している.

c.　直流電源装置

指令電話端末装置に24 Vの直流電源を供給する装置である.

バッテリーを有しており，停電時でも6時間の電力供給が可能である.

d.　携帯型端末装置（救急隊用）

各救急隊に配置されているタブレットタイプの端末で，指令情報の受信，搬送先医療機関の検索，電話連絡及び選定，傷病者情報の入力等を行うことができる.

e.　携帯型端末装置（指揮隊用）

各指揮隊に配置されているタブレットタイプの端末で，指令情報の受信，警防予防情報等の閲覧，現場画像の伝送等を行うことができる.

B.　指令管制端末装置の機能

a.　署隊本部編成機能

PA連携等の際に，必要に応じて署隊本部で自己所属の部隊を追加編成することができる.

b.　隊情報管理機能

出場隊の隊現況について，出場，出向，待機，不能のいずれかを入力する.併せて，車両の入替えに伴う代車移動局登録，移動先署所の登録を行う移動情報登録，資器材や他所属の現況参照等を行うことができる.

c. 地図情報表示機能

署隊本部の活動を支援するために，火災等地点，目標物等の地点の検索，警防情報，届出情報等の各種情報表示，消防部隊の位置の検索等を行うことができる．

d. 水災時，震災時の機能

水災時は，署隊本部，方面隊本部，警防本部の単位で指令管制システムを通常モードから水災モードに変更し，署隊本部では水防部隊の編成及び水災事案の作成が，警防本部では部隊を編成せずに指令する伝達指令が可能となる．

震災時は，警防本部により震災モードを発令し，署隊本部では震災部隊の編成及び震災事案の作成が，警防本部では伝達指令が可能となる．

e. 訓練機能

単独訓練，通常・水災訓練，震災訓練の3つのモードから選択する．

単独訓練は方面本部，消防署及び出張所に限定した訓練を，通常・水災訓練は警防本部を含めた全庁で連携した訓練を，震災訓練は震災消防活動支援システムと指令管制システムがデータ連携した訓練をそれぞれ行う．

C. 携帯型端末装置（救急隊用）の主な機能

a. 搬送先医療機関検索表示・電話連絡・決定機能

状況に応じて直近病院検索，区市町村別検索，地域救急医療センター検索等の方法により搬送先医療機関を検索・表示する．表示画面から直接医療機関へ電話連絡することが可能で，搬送先決定後に決定登録を行う．

b. 電話連絡先応需可否回答登録機能

警防本部，コーディネータ及び救急隊の三者がそれぞれ病院に電話連絡した際の応需可否の回答結果を登録することで，三者間で回答状況を共有することができる．

c. 即報入力機能

出場した救急事案に対して，傷病者情報，搬送先医療機関情報，活動記録情報，動態情報（AVM）等を入力し，総合情報処理システムへ引継がれる．

D. 携帯型端末装置（指揮隊用）の主な機能

a. 指令情報表示機能

火災等の覚知日時，火災等地点住所，最新の出場隊一覧情報等の指令情報を表示する．

b. 警防指揮資料表示機能

警防本部又は署隊本部がスキャナーで取り込んだ図面等のデータを表示する．

c. 警防予防情報検索表示機能

特殊消防対象物，高圧ガス取扱施設等の警防情報並びに総合予防情報システムに登録された建物情報，事業所情報等の予防情報を検索し，表示する．

d. 画像伝送機能

携帯型端末装置で撮影した写真を現場からアップロードし，署隊本部等の指令管制端末装置で確認できる．

15・7・2　消防有線通信設備

有線通信は，住民からの災害通報の受信，消防署所への指令・連絡・防災関係機関との連

絡，その他各種行政サービスを行うため，有線通信ネットワークを構成している．

消防有線通信設備の一例として，以下に東京消防庁の設備について述べる．

（1）消防通報用電話（119番）

住民からの火災通報，救急要請等を受信するための着信専用電話であり，東京都内からの119番通報は，特別区内の場合は災害救急情報センター（特別区）の受付指令台に，多摩地区（稲城市を除く．）の場合は多摩災害救急情報センターの受付指令台に着信する．

また，稲城市及び島しょ部からの通報は，それぞれを管轄する消防機関に着信する．

なお，IP電話回線のうち，電話番号が050で始まるものは，119番通報ができない．

（2）指　令　電　話

住民からの119番通報等により火災，救急，その他の災害の発生を覚知した時，速やかに関係する消防署所へ出場指令を伝達するために設けられているのが指令電話である．音声による指令は，災害救急情報センターの受付指令台から指令され，広域イーサネットを活用したIP回線により消防署所に設置した指令電話端末装置に伝達される．

また，警察機関，電気事業者，ガス会社等の防災関係機関にも連絡用回線が接続されており，緊急連絡等が迅速に行えるようになっている．

（3）消　防　電　話

消防電話は，消防業務上の事務連絡を行うための消防専用の電話である．

消防学校及び立川合同庁舎の2拠点に設置しているVoIPサーバと各消防署間を結ぶ回線は，IP方式を利用する信頼性を高めた中継網となっている．

（4）現場連絡用電話

出場隊から災害救急情報センターに，災害現場の情報を連絡するために設けられた着信専用の加入電話で，特別区及び多摩地区の両災害救急情報センターの指令台で受信できるようになっている．

（5）病院連絡用電話

病院連絡用電話は，救急医療機関に救急患者の収容依頼等について連絡する加入電話で，特別区及び多摩地区の災害救急情報センターの救急監督台及び災害救急管制台から利用できるようになっている．

（6）加　入　電　話

加入電話は，電気通信事業者と契約を結び，外部機関や一般住民との行政連絡を行うために使用しており，その電話回線は各消防署所に設置の消防用電話交換機に収容し，利用効率を高めている．

（7）救急相談電話（#7119）

住民からの救急要請に迷った際の相談や，病院の休日・夜間診療の問合せに対する案内を専門に行うための加入電話で，特別区及び多摩地区の東京消防庁救急相談センターにおいて救急相談医や救急相談看護師等が対応している．

（8）早期支援情報収集装置（高所監視カメラ）

地震，火災等の災害発生時に，高層ビル等に設置したカメラ装置からの映像を災害救急情報センター及び消防署等で受信することにより，現場の状況（災害状況，被害状況，交通状

況等）を早期に把握し，消防部隊活動の支援情報として活用している．

15・7・3　消防無線通信設備

消防無線通信設備の一例として，以下に東京消防庁の設備について述べる．

（1）無線通信系の種類

消防無線通信網は，警防本部と出場隊間を結ぶ移動通信系，災害現場内における指揮者と各隊員間を結ぶ携帯通信系，本部庁舎，方面本部，消防署及び出張所等の庁舎間を結ぶ固定通信系及びその他の通信系に大別できる（図 15・44）．

A.　警防本部と出場隊間の移動通信系

a.　消防・救急デジタル無線

活動系デジタル無線，共通系デジタル無線及び受令系デジタル無線の 3 つに分類される．

①　活動系デジタル無線

警防本部のほか各方面本部及び署隊本部にも遠隔制御器を設置し，方面 A・B チャンネルを使用した出場隊との災害通信及び個別通信チャンネルを使用した救急隊を含む各車両との個別通信が可能である．

また，音声通信と同時に GPS 情報，動態情報等のデータ通信が可能である．

②　共通系デジタル無線

主に大規模災害等，消防応援活動時における異なる消防本部間の通信系として，全国の消防本部が同一の仕様で整備している．

③　受令系デジタル無線

警防本部から，災害の発生，延焼等の状況や，震災，水害等の非常災害情報の提供を行う下り専用の片方向通信系である．

b.　水上無線

警防本部と消防艇との間を結ぶ通信系で，移動局は消防艇にのみ積載されている．

c.　航空無線

警防本部と消防ヘリコプター間及び消防ヘリコプター相互の通信を行うもので，ヘリコプターの離陸，経路通過予定，目的地到着予定時間等に関する通信並びに気象状況，機体状況等に関する通信を行っている．

d.　ヘリコプターテレビ電送システム

山林火災などのように災害現場が広範囲にわたるときや，高層建物火災のように地上からでは災害状況の把握が難しいときなどに，ヘリコプターに搭載したカメラで上空から撮影した映像を警防本部に伝送し，災害活動を支援するシステムである．

このシステムには，このほかに，災害現場に出場した消防隊で映像を受信できる可搬受信設備や，大規模災害が発生した場合に，被害状況を迅速に把握するための地震被害判読システムが備えられている．

B.　災害現場の携帯通信系（携帯無線）

災害現場等において各級指揮者及び消防隊員が携帯し，指揮命令や情報連絡の伝達手段として使用する通信系である．また，地下空間では電波が壁面に吸収される等，多くの壁面等の遮蔽物による減衰が大きく，地上に比べて無線通信可能距離が極端に短くなることから，

無線通信補助設備が整備されている建物，工作物等において，漏洩同軸ケーブル等を媒介とした通信を行っている．

C. 消防庁舎間の固定通信系

a. 同報無線

警防本部から消防署所等に対して，広範な消防情報を一斉に伝達する下り専用の片方向通信系である．東京消防庁では，この通信系を「消防放送」と呼んでおり，指令回線の副通信系として回線障害時等における出場指令等の伝達にも活用している．

b. 署隊無線

震災等の非常災害時における方面本部と署隊本部との間の通信を確保するための通信系で，平常時は警防本部と署隊本部との間の無線交信に活用されている．基本的には卓上に設置した状態で使用するが，持ち出しての使用も可能である．

c. 署所間通信無線

震災等の非常災害時における消防署，出張所及び高所見張り間の通信を確保するための通信系である．

d. 多重無線

本部庁舎と無線中継所の間に固定設置される無線回線で複数の通信を多重化し，一つの伝送路（マイクロ波回線）を使用して同時に伝送する通信系であり，消防無線基地局の遠隔制御，映像伝送等に使用している．

D. その他の通信系

a. 防災相互通信用無線

消防，警察，海上保安庁等の防災機関が協力して，災害現場での防災活動を円滑に実施するために，防災機関相互に情報交換を行うための通信系である．

b. 航空交通管制用無線

航空機の航行の安全と秩序を維持するため，法令により設置を義務付けられている通信系（VHF 帯）である．

c. 国際海上移動業務用無線（国際 VHF）

港湾内又はその付近において，船舶の交通及びその安全を図るための通信系で，一般的にこの周波数帯を使用する無線機を国際 VHF と呼んでいる．この無線機は，船舶が入港する際の港務通信や，船舶相互間の通信等に使用し，海上において他の船舶と交信ができる唯一の無線であり，船舶火災等において発災船舶，海岸局，海上保安庁などとの連絡に活用されている．

d. 衛星通信システム

衛星通信は，耐災害，広域性，同報性という，地上通信では実現しがたい特性を有している．

東京消防庁では地域衛星通信ネットワークと高度衛星通信ネットワークの 2 つのネットワークを運用している．

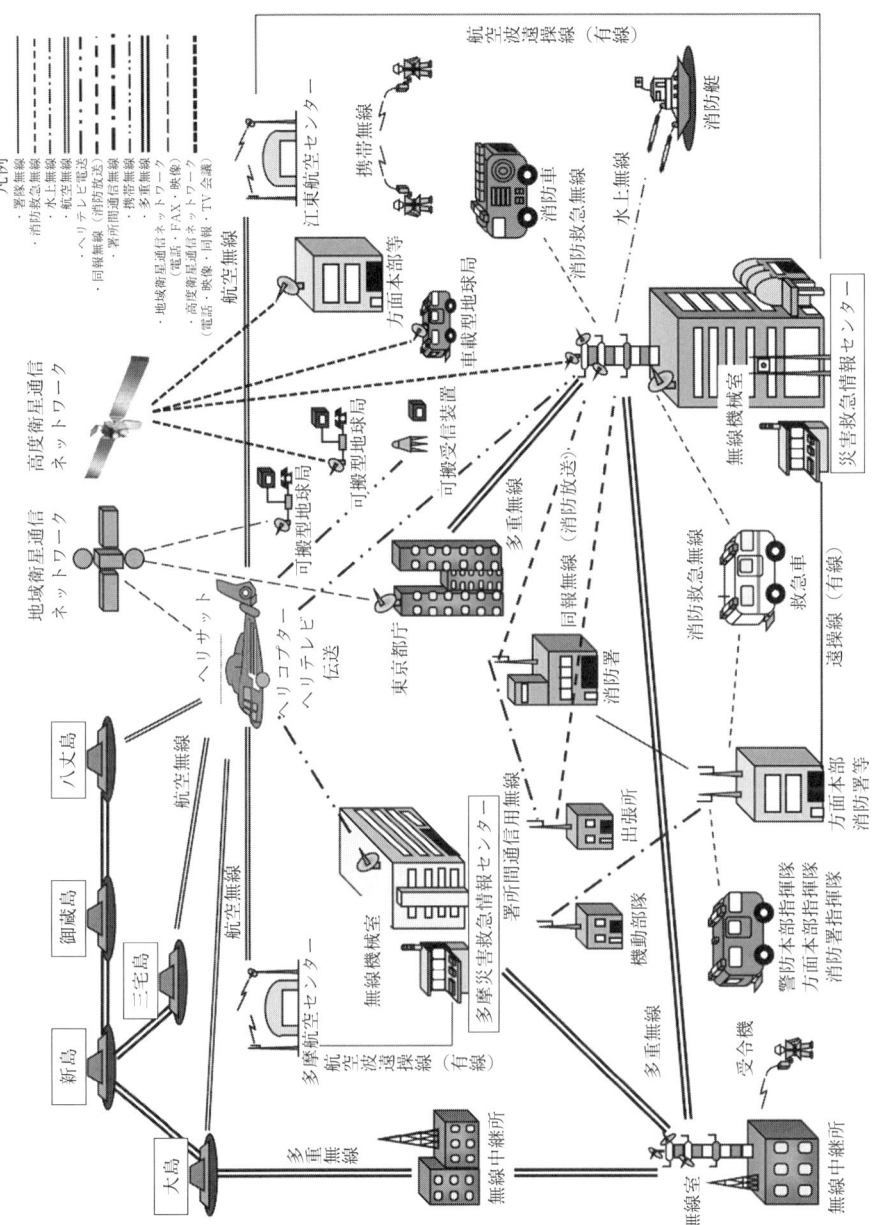

図 15·44　無線通信ネットワーク図

（山本　密雄）

15・8　消 防 指 揮

15・8・1　消防活動の特性

　消防活動は,他の一般的な組織体の活動とは著しく異なるものがある.消防指揮の特性は,消防活動の特性に起因するものであることから,消防指揮を考える場合には,まず消防活動の特性を明らかにする必要がある.

（1）災害の拡大危険性

　消防活動の活動対象である災害は,火災・水災であっても,単なる自然現象ではなく,必ず被害が伴う.その被害発生も一過性でなく危険性が持続し,かつ急激に拡大するところに特性を認めることができる.

　消防活動は,単に災害の後始末というような消極的なものではなく,拡大しつつある災害を組織された消防部隊が実力行動をもって制圧し,安全な状態に回復させる活動である.

　災害の拡大危険性が消防活動に及ぼす影響は,主として次のとおりである.

　ⅰ．消防活動は迅速でなければならない.また,拡大し変化する状況に即応できる機敏性と柔軟性が要求される.

　ⅱ．消防戦術は,直ちに実施できるものでないと価値はない.戦術がいかに合理的であっても,いかに精緻巧妙であっても,実施困難であったり,準備に時間を要するものは戦術として不適である.

　ⅲ．消防指揮においては,即時の決断,実施が最も重要である.通常,災害現場では,戦術を検討する十分な時間はない.そして指揮判断の要素等が不明であっても,決断を躊躇することは許されない.

（2）行 動 危 険 性

　活動には危険がつきものである.火災現場を例にとれば,火煙や熱のほか,火災の推移によって生じる落下物,建物倒壊等は,隊員の行動を著しく阻害する.

　また,隊員は,通常は通らない所を通り,登るべきでない所を登り,行動を妨げるものがあれば破壊してでも強行する.さらに,長時間に及ぶ過激な行動は,著しく体力を消耗して疲労が増大し,注意力,思考力も減退するほか,熱中症の危険も伴なう.これらが複合し,危険性は自ずと高まることになる.

　消防活動は,常に危険性が伴うと考えなければならない.したがって,指揮者は任務を強力に遂行しながら,一方では,常に隊員の安全を確保することに配意しなければならない.つまり,消防指揮は,任務遂行と安全確保という対立的な2つの要素を同時に満足させるものでなければならない.

（3）災害の偶発性

　発生に予告はなく,時間と場所を問わず突発的に発生するものである.そして,発生したからには,どんな事情があっても直ちに対応しなければならない.そのため,消防機関は常時即応の体制で待機することを余儀なくされる.

　常時即応という概念が,消防機関ほど重要視される機関は他にはない.それは,24時間一瞬といえども間隙のない勤務形態となって現れ,勤務時間内の強い拘束も災害の偶発性に起

因するものである.

（4）活動環境の異常性

　災害現場は, 平常の場とは異なり一種の危機場面である. 人々は, 自己の住居, 所有物に対する執着と危険からの逃避との葛藤にあり, また, 急速に処理する必要に迫られるため, その手段を見失い呆然自失となる. あるいは, 無意味な行動に固執するなど, 混乱状態に陥っている. また, 消防部隊においても常時即応の体制で待機しているが, 災害の発生は隊員の心理状態を緊張させる. これは消防活動に必要なことであるが, ややもすれば不適切な行動の原因ともなる. このため, 感情に走って理性的統制が失われ, 組織活動を阻害することがある.

　このように, 組織内外の人々が異常心理になっているとき, 組織活動を維持するためには強力なリーダーシップと規律が必要になる. 消防指揮は, 活動環境の異常性を前提として行わなければならないものである.

（鎌倉　弘幸・石川　義彦）

15・8・2　指揮の定義

　指揮とは「さしず」することであり, 消防指揮は,「指揮者が指揮権に基づき, 自己の意図を実現するために組織を活用し, 部隊または個人に一定の行動を強制すること」と定義される.

　指揮者は, その任務を遂行するため指揮権を行使して, 指揮下の部隊または隊員に意図する活動を実施させる. 指揮権は, 大隊長, 中隊長, 小隊長など指揮系列にある職に伴って個人に与えられる権限であり, 指揮にはその権限に相応する責任を伴うものである.

（中野　隆志・石川　義彦）

15・8・3　指揮責任

（1）行動責任

　部下は, 指揮者の命令を忠実に実行する立場にあることから, 部下の行動およびその結果については, 指揮者が全責任を負うものである. 隊員の自覚として,「自分たちの行動がよい結果を生めば, 指揮者はそれなりの評価をしてくれ, たとえ失敗しても指揮者が責任をとってくれる」という確信があって初めて隊員は激務に耐え, 危険な状況下でも命令を履行するものである.

　小隊長は自己隊員の行動について, 中隊長は指揮下の小隊について, 指揮本部長は全隊について, それぞれ上位の指揮者などに対し責任を負うものである. 隊員の活動が自己の命令に基づく行動でなくとも, その行動を許容したという意味で責任を回避することはできない.

　自隊の行動に関し, 指揮者が責任をとらなければ指揮系統は成立しなくなり, その組織は成立しない.

（2）任務の遂行責任

　任務の完遂は, 指揮者の責任である. 消防活動において, 各隊のあらゆる行動は, 行動目的, 行動目標によって義務付けられ, その目的, 目標の達成によりその存在価値を有する. 人命救助・延焼阻止等の任務・命令は, この目的・目標を示したものである. 消防活動は組織活動であり, 指揮本部長は, 総合力をもって災害による被害を最小限にくい止めようとす

る．それは，出場各隊が，それぞれ下命を受けた任務を遂行してこそ成り立つものである．
もし，一隊でも指揮本部長の意図から逸脱し，局面のみに目を奪われ，自己の判断で勝手な
行動をしたならば，組織としての総合力は発揮できないばかりか，被害が拡大したり，他の
隊に危険が及ぶことになる．したがって，指揮者は自己隊の任務を確実に把握して任務遂行
を図らなければならない．

15・8・4　指　揮　権

（1）命　令　権

指揮権の中核をなすものが命令権である．部下に一定の行動をとることを要求する権限で
あり，そこには規律が保持されていなければならない．

命令と服従の関係を規律といい，どんなに混乱した現場においても厳然と維持されなけれ
ばならない．規律が失われれば，部隊は混乱して烏合の衆となってしまう．

消防活動における命令は，苦痛や危険または実行に際して困難が伴うものがほとんどであ
るが，それらの困難を克服して命令が忠実に履行されるのは，指揮者および受命者の使命感
と相互信頼に基づく規律の作用である．

（2）指揮権の絶対性

組織活動を行ううえで，命令系統の一元化を確保することはきわめて大切である．

指揮者は，部下の行動に全責任を負うものである．指揮者の権限を尊重し，みだりに干渉
してはならないものである．

（3）行　動　評　価

部下の行動評価にあたっては，指揮者の意見が十分に尊重されなければならない．自らの
権限と責任において，部下に命令して実施させた当事者であり，また，その行動を最も正確
に把握し，その効果を判断できる立場にある．したがって，行動評価にあたっては，指揮者
の意見が十分に尊重され，反映されることが肝要である．

15・8・5　指揮者の資質

（1）冷　　　静

災害現場は，一種の危機的場面である．突然予期しないような事態に遭遇したとき，一般
の人は冷静さを失う．興奮したり気が動転し，普段では全く考えられないような異常行動，
いわゆるパニックに陥りがちである．それは，一生に一度経験するかどうかの出来事であり，
そのような行動をとったとしても無理のないことである．

しかし，消防職員は，そのような異常環境のなかで活動することを任務としているのであ
り，一般の人々と同じように興奮したり狼狽したりすることは許されない．特に，消防活動
の要となる指揮者が冷静さを失った場合の影響は大きく，任務が遂行できないばかりでな
く，部下を危険に陥らせることになる．冷静さは，指揮者の重要な要件である．

（2）信　　　念

信念とは，自信に裏打ちされた消防活動上の方針をぐらつくことなく，強力に押し進める
ことである．混乱する災害現場において，部下を指揮して任務を遂行するためには，強固な
信念に基づく決心と実行が必要である．信念に欠けた決心は，一貫性を欠くとともに，少々
の障害にあっても部下の動揺を招いてしまう．

15・8・6　消防活動の基本

災害現場において，指揮本部長が第一になすべきことは実態把握である．実態が不明のまま活動を展開すれば，効果が期待できないばかりでなく危険性が増大する．

建物の内部構造および人命危険や作業危険はあるのか，周囲への延焼危険はどうかなどをできるだけ確実に把握する必要がある．実態を把握するためには，情報が必要であり，その収集が現場活動の始点である．また，情報を収集している間にも，各隊は活動を開始しており，できるだけ早く情報を収集して，実態把握に努めなければならない．情報をもとに実態を把握し，何をなすべきか，そのための部隊配備と任務はいかにすべきかを決心する．

指揮本部長の決心は，直ちに命令するという形で関係指揮者に伝達，実行される．しかし，決心のとき前提となった状況は，必ずしも実施のときの状態ではなく，変化していることが常である．指揮本部長は，終始，自己の意図と実施結果の適合度合いおよび効果を測定し，さらに活動結果が明らかになれば，再度，状況を判断して部隊増強，転戦等の新たな決心を行い，命令となって関係指揮者に伝達される．指揮活動はこのような指揮サイクル（図15・45）として現場活動終了まで継続されるものである．

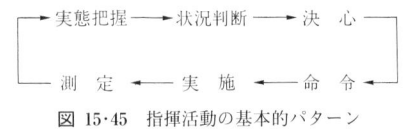

図 15・45　指揮活動の基本的パターン

（1）状 況 判 断

消防指揮における状況判断とは，現場の状況から災害の実態を把握し，これに任務をつき合わせ，この状況で「今，何をなすべきか」を常に判断することである．

指揮者の指揮行為のうちで最も重要な問題は，与えられた任務を達成するため，適時適切な決心に基づいて所要の命令を発することにある．状況判断は，この適時適切な決心に到達する基礎となるものである．

（2）決 　 心

状況判断が，任務を基礎とし，とるべき方法を判断するという思考作用であるのに対し，決心は実行のための決意である．つまり，組織の意思を決定することである．

それゆえ，状況判断は指揮本部長ばかりでなく，各級指揮者や幕僚も行うものであるが，決心するのは指揮本部長ただ一人だけである．指揮本部長は，状況判断をもとにして，自ら全責任をもって部隊の活動方針を決定するものである．

（3）命 　 令

命令は，決心に基づく指揮者の意思の発動であり，指揮下の部隊または隊員に実行を命ずるものである．

命令は，指揮の根源である．受命者は，命令を理由なく拒否することは許されないものであり，命令を忠実に遵守し，実行する義務が課せられる．また，同時に発令者に対して，命令の内容およびその結果について，一切の責任と実行を確認する義務を負わせるものである．そのため，命令の発令には，慎重さが要求されるとともに，一度発令した命令は，強固な意思をもってこれを遂行することが必要となる．

命令には，組織全体の達成すべき目的，受命者が達成すべき任務・目標を明確に示す必要

がある．そして，受命者がその任務を達成するための手段については，特に統制が必要である場合のほかは示さず，受命者が状況に応じて創意工夫する余地を残すことが大切である．

（中野　隆志・石川　義彦）

15・9　安　全　管　理

消防活動の対象となる災害現場は，通常の人が立ち入ることのない，極めて作業危険の高い事態が発生している状況に置かれている．このような状況下において，消防職員は住民の生命，身体，財産を守り，災害による被害を最小限にとどめるという使命を有しており，その活動は迅速性，確実性が求められる．消防における安全管理とは，危険を伴う任務の遂行を前提とした消防活動を実施するにあたり，事故の根絶を期すため，事故要因を合理的に除去するための一連の安全対策をいう．言い換えれば，安全管理はそれ自体が目的ではなく，消防の目的を達成するための前提であり，さらには任務を遂行するための積極的行動対策でなければならない．

15・9・1　消防職員の受傷事故状況

全国消防職員の受傷事故発生状況についてみると，公務（火災等の災害対応，演習，訓練実施時など）により負傷した消防職員は毎年1千人以上にのぼり，そのうち例年多少の差はあるが，火災出場時約14%，訓練・演習時約36%，救急出場時約20%，その他30%の割合（2015（平成27）年中）となっている．

消防職員の公務災害の発生状況は，火災及び訓練・演習中の占める割合が全体の約5割を占めている．

その原因としては，消防の任務が危険な領域である火災現場等での活動が，消防活動の大半を占めること，およびこれに備えて日常厳しい訓練を続けていることなどが考えられる．

15・9・2　現場活動の特性と危険性

火災については，当然のことながら，1件ごとにその様相が異なる．時間的経過によって事態が複雑に移り変わり，変化の度合いも一様ではない．災害活用の安全管理を実践するうえで，その特性と危険性に着目すると次のような事項があげられる．

（1）拡大危険と不安定性

火災は短時間のうちに急速に拡大し，危険の度合いもこれに比例して増大する．火災に遭った建物は，熱を受け破損したガラスの落下，壁や柱の倒壊・崩壊，床の抜け落ちなど，何らかの被害を受けて，正常な状態や機能を失っている．また，耐火造建物は，煙や熱気が建物全体に広がり，たちまち危険要素を拡大していく．

平素は，全く安全だと思われる建物が，火災によって著しく不安定なものとなり，すべて危険を前提とした行動が必要となる．

（2）行　動　障　害

火災現場では，普段は通行しない所を通り，登るべきでない所を登ったり，入るべきでない所から進入するなど，平常の行動パターンと異なる行動を余儀なくされる．延焼拡大中の建物は，炎，煙，熱気が消防隊員の屋内進入を阻む．また，階段にはホースが延び，屋内は足の踏み場もないほど収容物が散乱する．

このように，火災現場は常に混乱し，乱雑となり，消防の任務を達成しようとするところに多くの危険性が潜在することを理解しなければならない．

（3）異常心理

火災現場では，火点建物関係者はもちろん，指揮者であれ，消防隊員であれ，平素の穏やかで物静かな精神状態を保つことは難しい．また，緊張や興奮で，声が大きくなったり，早口になったりして必要な意志の伝達が図りにくくなることがある．このような興奮した異常な心理状態にあると，冷静な思考力の減退につながり，それだけ安全に対する配慮にも欠け，危険性が高まっている状況となる．

（4）疲労

火災現場の煙や熱の中で，長時間の活動に耐えるということは大変な忍耐力を必要とし，身体は極度に疲労する．疲労が増すと思考力は減退し，注意力も散漫となり，事故の危険性が増大するとともに，指揮者の管理も行き届かなくなりがちである．

15・9・3 災害活動の危険要因

事故は不安全な環境や不安全な状態，不安全な行動，あるいはこれらが複合して起きている．事故の背景にある潜在危険要因に目を向け，危険に対する感覚，感受性の向上を図るとともに，次のような危険要因の排除に努める必要がある．

（1）物的危険要因

建物や施設，設備及び構造等に不備・欠陥があり，不安全な状態にある危険性を物的危険要因といい，隊員の不安全な行動とは無関係に事故が起こり得る．

火災現場においては，ガラス，瓦の落下，柱，壁の崩壊，屋根，床の落下，さらには建物全体の倒壊等，時間の経過とともに，一般的に物的危険要因は高まる．

その対応策としては，事前に危険を予知・予測し，危険に対する感受性を高め，事前に危険要因を排除することにより，相当の効果が期待できる．

（2）環境的危険要因

災害活動に危険を与える要因としては，気象条件や天候，現場付近の立地条件，災害そのものによって作り出される環境がある．このような環境が危険性として存在する場合を環境的危険要因という．

異常乾燥下や強風下の火災では，特異な延焼拡大状況を呈し，降雨・降雪時は滑り，凍結，視界不良による転倒，転落等の危険性が考えられる．また，現場付近の路面の段差，勾配，不整地は，隊員の行動を阻害する要因となる．

さらに，火災の発生と同時に作り出される環境では，炎，熱，煙，有毒ガス，停電による暗闇等の危険要因は，時間の推移によって変化も著しい．

窓の開放や破壊等によって，フラッシュオーバーの発生や煙の流動の変化等，人為的に危険な環境をつくる場合もある．環境的危険要因に対する対応は，物的危険要因とともに予測にたった安全対策を講ずることが必要である．

（3）人的危険要因

事故発生の条件を誘発させるおそれのある，人の行動や行為または安全な状態を不安全な状態に変える行動や行為が事故の発生要因となる場合を人的危険要因という．人それぞれに

考え方，性格が異なるように，安全か不安全かの行動をとるのも個人差がある．

　ある隊員が危険な行動をとった場合，その隊員は自分の判断に基づいて行動したものであり，指揮者からみればその行動が危険な行動にみえても，隊員は危険を自覚していない場合が多い．

　不安全な行動をとる要因は，「安全に対する知識がなかったり，認識が不足している．危険に対する感受性が不足している．」，「能力が不十分でやれない．又は安全に発揮できない．」，「知識や能力があってもやらない．意識が低下していてやれない．」場合である．

　このように安全な行動ができないということは，自ら危険要因をつくり出し，事故を招くこととなる．

　また，事故の原因として，よく"不注意"という理由をあげる場合があるが，実際には，危険要因があることに，気がつかなかったことが多い．不注意を起こさせる条件として，「肉体的条件（疲労，苦痛，病気，暑さ，寒さ等）」，「精神的条件（喜怒哀楽，心配，悩み，気疲れ，過緊張，解放感，慣れ，迷い，不安，士気等）」の二点があげられ，注意力，集中力などを散漫にさせ，事故に結びつきやすい．

　さらに，人の心理面から見た危険要因としては，ヒューマンエラー（不注意，錯誤，誤判断，誤操作，緊張と弛緩，憶測判断及び省略行為等の人的過誤）がある．火災現場のように混乱した場所では，不安全行動とヒューマンエラーが相互に作用して事故に結びつくことが多いのである．

（4）管理的危険要因

　災害現場や訓練実施時に本来実施されるべき責任や事前に対策や教育を講じるべき状態を管理的危険要因と呼ぶことができる．

　災害現場は，予測できない状況が多々発生する場合があり，完全という現場管理は難しい面がある．

　一方，訓練においては，時間的余裕があり，かつ各隊員の能力にあった訓練ができ，危険を予測することも教育により可能であり，危険な場合は中止することもできる．このため，災害活動や訓練時に安全状態を確保するためには，次に記す安全管理対策が適正に講じられるとともに，災害活動や訓練等での管理が適正に行われている必要がある．

15・9・4　安全管理対策

　安全管理対策は，それぞれの消防組織のなかで明確にし，推進していかなければばらない．

（1）組織的対策

　組織的な対策として災害活動および訓練・演習時における責任体制を明確化し，安全管理体制を構築するとともに，要綱，基準等の整備を図り，組織をあげて推進していく必要がある．また，使用する装備等の安全対策，職員に対する安全教育も重要である．

（2）装備的対策

　消防活動の効率化，安全化を推進するためには，消防隊の使用する装備や資器材等の適正な活用，開発，改良によりさらに安全化，軽量化を図っていく必要がある．

　しかし，どのような資器材の改良や安全器具が整備されても，管理や取扱いの不適は，安

全性が損なわれるだけでなく，二次災害誘発の要因ともなるため，適正な維持・管理に心掛けることがきわめて重要である．

（3）教　育　的　対　策

安全の確保や事故の防止に対する取り組みは，個人単位で行うには限度があり，組織全体としての体制や姿勢を充実させる必要があることから，消防職員の安全に関する知識及び技術の向上を図るため，安全に関わる教育を計画的に行い，安全文化となるよう組織風土を浸透させることが極めて重要である．

（4）安全管理体制

災害活動及び訓練時の安全管理対策については，組織として機能化され職員の安全保持のため，実行力のあるものとして示されている必要があり，災害活動時及び訓練・演習時の安全管理体制の整備を図っておく必要がある．

A．災害時の安全管理体制

混乱した災害現場は，事故の発生危険が高い．各級指揮者は，隊員の行動把握に限らず，活動環境，資器材の活用等の状況を的確に把握し，危険が予測されるときは，適切な措置を講ずる責務がある．状況によっては，安全管理を担当する隊長や隊の配置など組織的な安全管理体制を構築することも考慮する必要がある．また，平素から隊員に対し安全に関する教育を行っておく責任があり，災害活動等には装備資器材がベストの状態で活用できるよう管理の徹底を図る必要がある．隊員は，安全管理の基本が自己にあることを認識し，体力，気力及び技術の錬磨を図り，いかなる事象に直面しても適切に対応できる臨機の判断力，行動力を養うとともに，活動時の安全確保が図れるよう努める必要がある．

B．訓練・演習時の安全管理体制

訓練・演習時の安全管理の主体は，各級指揮者及び隊員であり，基本的には災害活動時の指揮系列に準じて行われるのが原則である．

訓練・演習時には，計画の段階から，施設，場所，環境及び資器材等について事前に点検や確認を行い，管理責任のもとに指導体制や安全管理体制を確立する．計画の段階から安全管理上の障害を排除し，排除できない部分については，安全用資器材の活用や，安全主任者等を配置して万全の体制で実施する．

さらにその実施結果からみた達成度合いの検討及び問題点の反省を行って，次回の訓練，さらには災害活動時の安全管理に反映させていく体制が必要である．

15・9・5　安　全　教　育

災害活動時及び訓練・演習時には，危険な事象を察知したり，危険要因を予知・予測し，危険要因を回避していく能力を身につけなくては意味をもたない．

（1）安全管理資料

隊員に周知すべき事案が発生した場合などに類似事故の再発防止を図るため，各種事故事例を分析した資料を OJT などを通じて安全教育手法の一つとして活用する．

（2）危険予知訓練（KYT）

消防活動と訓練，演習等を描いたイラストシート（訓練シート）を使って，消防活動や訓練，演習等の中に潜む危険要因とそれが引き起こす現象を，小隊で話し合い，考え合い，分

かり合って危険ポイントや重点実施項目を唱和し，指差呼称で確認して行動する前に安全を
先取りする．

（3）4 S 運 動

整理，整頓，清掃，清潔の頭文字をとって4Sと呼称し，職場の目標として掲げ，職場環
境において，不安全状態を作らないようにする．

（4）安 全 点 検

消防署，訓練場などを巡回し，設備や作業環境などを点検し，災害ポテンシャル（災害発
生要因）を摘出する．

（5）ツール・ボックス・ミーティング（TBM）

小隊などのような少人数で，訓練開始前に小隊長を中心に訓練場所近くで話し合うなど，
簡単な安全ミーティングをいう．

TBM の語源は，作業者が「道具箱」を囲むようにして話し合いをしていたところからき
ており，アメリカの建設業界で使われていたもので，職長が作業前に作業者にその日の仕事
の割当てや手順，心構えなどを教える指示事項，伝達事項的なものであった．

（6）ヒヤリ・ハット報告制度

事故には至らなかったが「ヒヤリ・ハット」した事例を積極的に報告させ，その事例をも
とに潜在する危険要因を事前に研究することで，職員一人ひとりの安全意識の高揚を図る．

なお，将来における受傷事故防止が目的であるので，職員が報告に伴う不利益を生じさせ
ないことが大切であり，「ヒヤリ・ハット」を経験した隊長や隊員が報告することに抵抗を
感じない職場作りを全員で目指す制度である．また，多くの事例を収集し，分類，分析する
ことが重要である．　　　　　　　　　　　　　　　　　　　　　　　　　　　（石川　義彦）

15・10　一般火災消防活動要領

15・10・1　木造・防火造建物火災

（1）木造建物火災の特性

木造建物火災は，早期に建物全体に炎が伝送拡大し，各開口部や軒裏等から火煙が激しく
噴出する（図15・46）．これも，建物の規模，用途，屋根材，収容物および湿度，実効湿度，
風速等の気象条件によって，燃焼の速度，様相が異なる．

特に，異常乾燥時や強風時は延焼も速く，拡大危険
飛火危険も著しく高くなる．

- ⅰ．延焼拡大が速い
  - ・第1成長期では，無炎着火より発炎着火の方
    が火災の成長が速い．
  - ・平面的燃焼より縦方向燃焼の方が速い．
  - ・建物の間仕切り区画が大きいほど速い．
  - ・窓，出入口等の開口部が多く，広いほど速い．
  - ・湿度，実効湿度が低いほど速い．
  - ・風下側の方が速い．

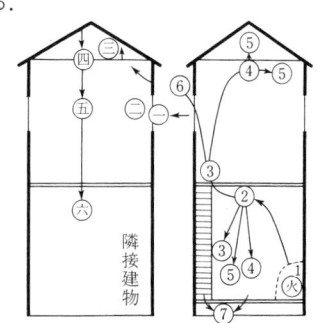

図 15・46　木造建物の延焼順序

・2階から出火したときより，1階から出火し
たときの方が速い．
・瓦屋根はトタン屋根より縦方向に速く，ト
タン屋根は瓦屋根より横方向に速い．
・上階への延焼は，屋内の階段，押入れから
が速い．

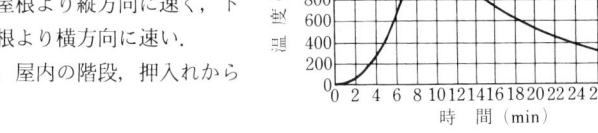

図 15·47　木造建物の火災温度標準曲線

ii．火勢が強い
・建物の規模が大きいほど強い．
・窓，出入口等の開口部が広いほど強い．
・建物内の収容可燃物が多いほど強い．
・火災の最盛期は，耐火造建物火災と比較して強い（図 15·47）．

iii．崩壊，落下
・最盛期以降は，瓦，柱，梁，壁体等が崩壊，落下する．
・上階の床の焼きにより家具等が落下する．
・床の焼きにより隊員の落下危険がある．
・注水により瓦，梁等が崩壊，落下する．
・建物が大きいほど空間が広く，倒壊の危険が高い．

iv．飛　火
・最盛期以降は火の粉が飛散する．
・屋根の燃え抜けや倒壊により，火の粉の飛散が増大する．
・火勢が強いと木片等が飛散する．

（2）防火造建物火災の特性

　防火造建物火災は，木造火災に比べ火災初期における燃焼は緩慢であるが，最盛期以降は木造火災と同じ様相を呈する．しかし，隣棟建物火災からの延焼阻止には有効である（図 15·48）．

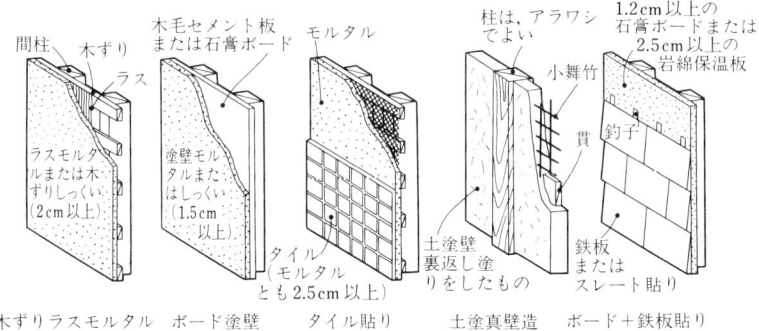

図 15·48　防火構造

　　i．木造建物と比較して延焼が緩慢
　　　・建物の外壁，軒裏等の間隙が少なく，空気の流入が少ないため，初期においては外部噴煙も少ない．
　　　・開口部閉鎖時は，開口部，屋根等を焼きして火炎を噴出するまでは，建物内はくん焼状態となる．
　　　・壁間火災の初期はくん焼状態が続き，初期の焼き部分以外の軒裏や床下等から噴煙する．
　　ii．火炎が一気に拡大
　　　・火煙が壁体内を伝送し，予期しないうちに建物全体に拡大する．
　　　・開口部の破壊等によって，フラッシュオーバーやバックドラフトが発生する．
　　　・開口部，天井，屋根等が燃え抜けると，新鮮な空気が流入して火勢が強まり，最盛期の様相を呈する．
　　iii．倒壊・崩壊
　　　・内壁側の木ずり等の焼きや注水により，モルタル壁のはく離・落下，外壁の倒壊・崩壊が起こる．
　　　・建物の一部が防火構造となっている場合は，初期に倒壊が起こりやすい．
　　iv．飛　火
　　　木造火災と同様に，火の粉が飛散する．
　　v．残り火
　　　壁間，軒裏等に残り火が生じやすい．

(3) 基　本　戦　術

A．消防活動の 10 原則

　　i．人命の検索救助活動を優先する．
　　ii．消火活動は，周囲建物への延焼阻止に主眼をおく．
　　iii．先着隊は直近の水利に部署，後着隊の活動障害にならないように停車する．
　　iv．拡大火災時の筒先配備は背面，側面，進入階は2階，1階の順とし，屋内進入を原則とする．
　　v．初期の小規模火災は，正面より攻撃して一挙鎮滅を図る．
　　vi．延焼防止点は，内壁，小屋裏区画，廊下，階段口とする．
　　vii．街区内の拡大火災は，風下側および延焼危険の大きい方向に筒先配備する．
　　viii．火煙認知の有無にかかわらず水利部署する．
　　ix．延焼建物に耐火造建物が面している場合は，迅速に耐火造建物に警戒筒先を配備する．
　　x．積載はしご，破壊器具の積極的活用を図る．

B．水利部署の原則

　　i．先着隊は，出火建物の直近水利に部署する．
　　ii．出場順路，到着順位を考慮して選定する．
　　iii．水利は，火点周囲の水利を空けることなく，到着方向から順次包囲体形をとるよう

に選定する.

　　iv．警防計画樹立地域および対象物は，指定水利を選定する.

　　v．延長ホースが幹線道路を横断しない水利を選定する．ただし，当該道路に面する拡大火災時は除く.

　　vi．先着隊は，後着隊の進入，ホース延長に必要なスペースを確保し，活動障害とならないように部署する.

　　vii．火点周辺では，特殊車の活動スペースを確保する.

C．人命検索救助活動

　火災室を最優先に，中性帯を活用して内部の状況を確認し，援護注水のもとに検索救助活動を行う.

D．消火活動

　初期における小規模火災は，正面から直接攻撃して一挙鎮滅を図るものとし，このほかの場合は，延焼危険の大きい方向から火面に正対し，筒先を配備して火勢制圧を図る.

a．筒先配備

　　i．優先順位

　・風向，周囲の建物配置を考慮して，筒先配備の優先順位を決定する.

　・消防力が優勢である場合は，積極的に内部進入を図る．火勢が圧倒的に優勢である場合は，屋外に部署し，隣棟への延焼阻止にあたりながら後着隊の支援を待つ.

　・先着隊は延焼危険の大きい面に筒先配備し，後着隊は筒先の不足する面を担当する.

　・風下，背面，両側面および上階を優先する．ただし，状況即応を原則として，道路，空地に面する場所は最後にまわす.

　・2階は延焼危険が大きいことから，先着隊は2階に進入し，後着隊は1階を担当して先着隊の安全を確保する.

　　ii．火点包囲

　・迅速に筒先で火点を包囲する.

　・木造老朽建物は，予備注水が有効である．進入前に必ず外部注水してから屋内に入る.

　・隣接建物の屋根上からの火点包囲は，延焼箇所への有効注水が難しく効果は期待できない.

　　iii．集中配備

　・火勢し烈な中に逃げ遅れ者がいる場合は，集中注水により身体保護と火勢の早期制圧を図る.

　・延焼方向に大規模建物や危険物施設がある場合，筒先を集中して注水を行う.

　　iv．警戒筒先

　・延焼建物に耐火造建物の開口部が面している場合は，迅速に耐火造建物の各階に筒先を配備する.

　・警戒建物に煙や熱気があれば延焼の危険性が大きいと判断し，煙の発生源を確認する.

・延焼前の警戒筒先の配備は，延焼後の筒先配備に比較して数倍の威力を発揮することから，早期に警戒筒先を配備する.

・警戒筒先は，安易に移動させない. 移動後に延焼拡大した事例も多い.

b. 延焼阻止

・隣接建物に延焼危険があるときは，隣接建物に予備注水する.

・現着時，先着隊が自己隊または後着隊の支援により一挙鎮滅できる場合は，屋内進入して直接火点を攻撃する. それ以外の場合は，隣接建物の屋内から延焼阻止態勢をとる.

・屋外に噴出する火勢を押さえたら，積極的に屋内進入する.

・延焼建物の軒高の 2 〜 3 倍の距離までは隣棟への着火の危険があるので，迅速に筒先を配備し，注水範囲を広くとって延焼阻止する（表 15·13 〜 15·15）.

・建物内の延焼経路は，壁間，小屋裏，押入，階段等が主である.

・火炎が目視できないときは，手の感触および局部破壊により確認する.

・小屋裏や 1 階の天井裏の水平方向への火炎伝送を見逃さない.

・壁間，押入，階段からの燃え上がり（下がり）に注意する.

・注水開始時には，火煙，熱気の吹き返しがある. 部署位置は，開口部正面を避けて斜めに注水し，安全を確認してから正面注水に移る.

・屋根が燃え抜けていない火災は，注水すると熱気が吹き返してくるので，開口部正面に位置してはならない.

・火炎が勢いよく噴出した場合は，反対側の開口部が開放されているか，または注水中である.

表 15·13　安全距離（裸木造と裸木造の場合）

被類焼建築物の種類	軒高 (m)	安全距離 (m)
平屋建住宅	3	8.7
2 階建住宅	6	12.3
2 階建校舎・事務所の類	8	14.2

表 15·14　安全距離（防火木造と裸木造の場合）

被類焼建築物の種類	軒高 (m)	安全距離 (m)
平屋建住宅	3	4.5
2 階建住宅	6	6.3
2 階建校舎・事務所の類	8	7.3

表 15·15　安全距離（防火木造と防火木造の場合）

被類焼建築物の種類	軒高 (m)	安全距離 (m)
平屋建住宅	3	1.9
2 階建住宅	6	2.7
2 階建校舎・事務所の類	8	3.1

c．活動統制

i．フラッシュオーバー

火災によって発生した熱が建物内に蓄積され，天井，側壁，収容物等の可燃物が加熱されて，燃焼しやすい状態になり，部屋全体が一度に燃えだし，急速に延焼拡大する現象をいう．

火煙の状況等からフラッシュオーバーを予測し，注水による温度の低下を図る．注水できない場合は早期に退避する．

ii．バックドラフト

空気不足による不完全燃焼から，一酸化炭素等の爆発性ガスが生じる室内の燃焼による温度上昇の状態のなかで，開口部の開放によって急激に空気の供給が行われることにより爆発的な燃焼が起こる現象をいう．

開口部の開放は，指揮本部長の統制下において隊員の安全を確保した上で行う．

iii．落下物

・剥き出しの梁や小屋組の下に部署すると，倒壊・落下の危険がある．

・梁，けた等の結合部は，焼け細りにより落下する．結合部分に注水し，落下防止を図る．

・軒下は，瓦，ガラス，壁体等が落下する．延焼建物の軒下部署は努めて避け，やむを得ず部署する場合は退避手段を確保する．

・建物内は焼き物が落下する．屋内侵入は，まず天井等に注水して落ちやすいものを落としてからとする．

・1 階の天井が焼け抜けていると，2 階の家具等の落下危険がある．焼け抜けた空間の下で活動しない．

・1 階が広い店舗等の建物は，2 階の荷重を支える力が弱くなり落下危険が大きい．

iv．転落

・スレート屋根，塩ビ屋根に登ることは努めて避け，やむを得ず登る場合は，ボルト部分を踏むか，板，はしご等を渡して足場にする．

・2 階の床，階段は下からの焼けが早く，不用意に乗ると転落する．部署する場合は敷居等の上とし，部屋の中央部は強度を確認してから体重を乗せる．

・2 階の床や 1 階の天井が焼きている場合，2 階での残火処理時には 1 階に隊員を配置しない．

v．倒壊

・モルタル壁は，内壁が燃えると剝離または倒壊する．モルタル壁に亀裂や膨らみが生じたら，速やかに，ロープ等で立入り禁止区域を設定する．

・パラペットは，支えている構造材が焼ければ倒壊する．

・梁，小屋組は，1 箇所でも落下すると建物全体が一挙に倒壊する．一部に落下が生じたら，直ちに建物外に避難する．

・倒壊時に木材の破片が飛散するので，避難は建物の軒高と同距離をとる．

vi．危険物

・プロパンガス　　ボンベに炎が吹きつけていたら，噴霧注水等によりボンベの冷却に努めるとともに，転倒防止に配意する．また，噴出ガスに着火している場合は，二次災害の発生危険が生じるので注水は行わない．

・灯油タンク　　タンクが熱により変形したら，タンクの規模により安全距離を保ち，冷却注水を行う．

・都市ガス　　都市ガスの噴出を伴う火災の場合は，ガスの遮断方法が決定するまで，消火せず，周囲への延焼阻止にあたる．

（高堀　正一・石川　義彦）

15・10・2　耐火造建物火災

（1）耐火造建物火災の特性

A．建築構造上からみた特性

耐火造建築物は，高層化・深層化に加え大規模化が進み，建築構造および使用形態も複雑化している．

　　ⅰ．一般的に多数の在館者がいることから，要救助者の発生する確率が高い．

　　ⅱ．対象物の責任区分が細分化されており，関係者の特定に苦慮する．

　　ⅲ．一般的に対象物が大規模であるため，実態把握に時間を要する．

　　ⅳ．密閉構造のため煙が充満し，火点および状況把握が困難である．

　　ⅴ．縦穴区画等を通じて上階へ延焼する危険が大きく，またダクト配管等から水平方向，

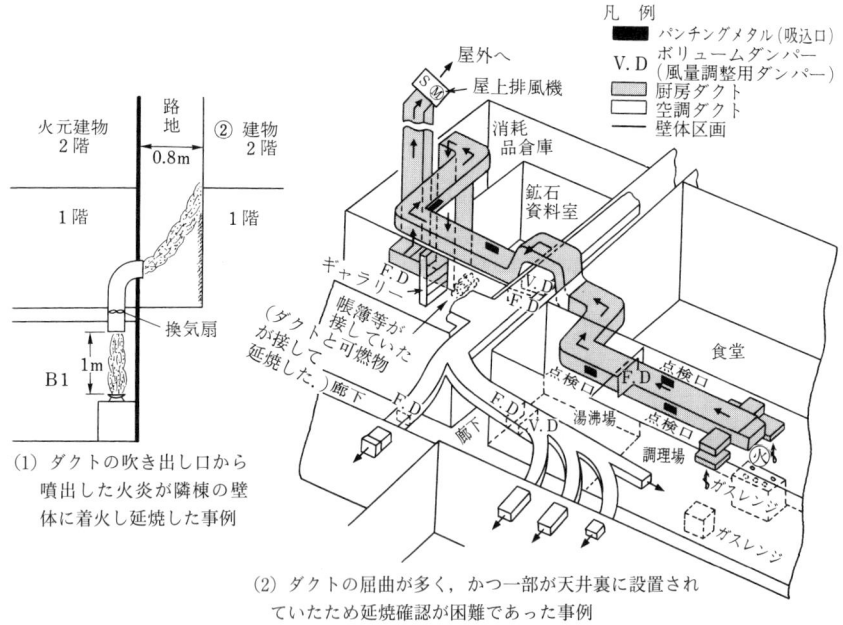

(1) ダクトの吹き出し口から噴出した火炎が隣棟の壁体に着火し延焼した事例

(2) ダクトの屈曲が多く，かつ一部が天井裏に設置されていたため延焼確認が困難であった事例

図 15・49　ダクト配管を延焼経路とした事例

さらに下階へも延焼する危険がある.（図15·49）

vi．内部区画等のため，無効注水となりやすく，水損を生じやすい.

vii．気密性が高いため，携帯無線機等の交信に障害が生じやすく，命令，報告等に支障をきたす.

viii．消防用設備等および建築防災設備の有効活用により，消防活動が容易になる.

B．消防活動上からみた特性

消防活動は，対象物に応じて的確に展開されなければならない.耐火造建物火災は，延焼階へのアクセス，また立体的に発生する要救助者に対する救助要領等平面火災にはない多くの活動障害を有している.

i．外部からの取り付きおよび火点室等への進入口が限定され，かつ活動スペースが狭い.

ii．消防活動が立体的になるため，消防力が分断されやすい.

iii．濃煙熱気の充満，有毒ガス・危険物の漏洩および漏電等の危険要因が多く発生する.

iv．消防活動が長時間になり，隊員の疲労が激しい（表15·16）.

v．窓ガラス，看板等の破損落下，さらには隊員の転落等受傷危険が高い.

表 15·16　消防隊員の消費カロリー

	活動時間	消費カロリー
共同住宅（耐火 5 / 0）4 階 1 戸 50 m² 焼損	2 時間 6 分	1015 kcal
百貨店（耐火 10 / 2）8 階 2000 m² 焼損	4 時間 21 分	1826 kcal
救助作業（地下鉄工事現場）要救助者 1 名	48 分	312 kcal

＊ 体重 60 kg の消防隊員（21 歳）

（2）基 本 戦 術

A．組織活動

消防活動は，指揮本部長の決定する活動方針を実現するため，各種任務を各隊が分担して遂行することになる.

火災現場では，指揮本部長が部隊を完全に掌握し，明確な活動方針のもとに組織的な活動を展開しなければならないが，そのためには，各隊の任務をそれぞれ具体的に指示するとともに，活動を統制する必要がある.

一方，各隊の活動はそれぞれ密接な連携があり，一部の隊の恣意的行動は消防活動に重大な影響を及ぼす.したがって，各隊は，指揮本部長の統制のもとに全体のなかにおける自己隊の位置付けを常に明確に自覚し，組織的に活動を行う必要がある.

B．実態把握

ビル火災では，濃煙熱気の充満するなか，立体的に消防活動を実施しなければならない.したがって，迅速に各種情報を収集して実態を把握することは，消防活動を行うために不可欠の要素である.

C．屋内進入

ビル火災では進入箇所が限定され，また，濃煙熱気の充満等により迅速な内部進入が困難

であることから，まず排煙および進入のための開口部を設定して消防活動を行う.

D. 人命検索救助

人命検索は，消防活動を行ううえで最重要の任務であり，フラッシュオーバーおよびバックドラフト等急変する火災状況に対応した手段を講じる必要がある．そのために，救出に際しては内部および外部から，あるいは上階および下階から，または積載はしごとロープ，はしご車の活用等，同時に複数の救出手段を講じた人命救助活動にあたるものとする．また，中性帯を有する開口部がある場合は，放水前に中性帯を活用して内部状況を確認してから進入する（図15・50）.

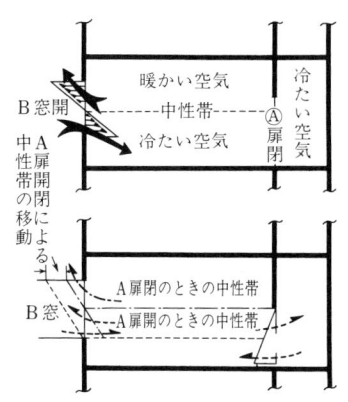

(1) 中性帯が形成されている場合は，次の確認を行う．
　ア　逃げ遅れ者の確認
　イ　火点の確認
　ウ　延焼範囲の確認
(2) 中性帯を活用する場合は，姿勢を低くして煙の流動方向を逆にたどる．
(3) 注水は，開口部から出る煙の中性帯の有無によってストレート注水，またはスプレー注水をする．

図 15・50 中性帯活用要領

E. 筒先配備

筒先配備は，建物構造，火災状況および出場部隊数を把握したうえで，活動方針に基づき消火，救助および警戒の目的に合わせて重点配備する.

F. 注　水

ビル火災は，濃煙等のため火点および延焼範囲の確認が困難であり，またむやみに注水すると水損だけが増える結果となり，効果的な消防活動は期待できない．したがって，早期に火災の状況に応じた筒先口数，放水量を考慮した注水を行う（表15・17）.

表 15・17　ノズル保持限界

ノズル口径 (mm)	1人保持 (kg/cm²)	反動力 (kg)	2人保持 (kg/cm²)	反動力 (kg)
15.9	5.0	20	8.0	32
19.1	3.5	20	5.5	31
22.2	2.5	25	4.0	30
25.4	2.0	21	3.0	30

G. 煙の制御

ビル火災では，濃煙熱気のため，火点および延焼範囲の確認が困難であるとともに，以後

の消防活動が大きく阻害される要因となることから，早期に排煙活動に着手する．

H. 消防用設備等の活用

耐火造建物は，一般に消防用設備等および建築防災設備が複数設置されており，消火設備等の作動状況について，関係者から迅速に把握することにより以後の消防活動に影響を与える．特に，連結送水管，連結散水設備，排煙設備，非常コンセント設備および無線通信補助設備等の消火活動上必要な施設の効果的な活用が望まれる．さらに，建築基準法施行令に定める排煙設備，非常用エレベータおよび非常用進入口ならびに避難階段（特別避難階段を含む）は，指揮本部長が活動方針を決定する際の重要な施設であり，統制のもとで有効な活用を図る．

I. 水損防止

消防活動を行う場合，消火用水による被害は最小限にとどめるべきであり，特に，過剰注水または水損防止作業の遅れによって水損が大きくなるので，早期に水損防止に配意する必要がある．なお，水損によって著しい被害が生ずる施設，部屋があるときは，事前に水損防止措置を講じる等の配意をする．

J. 残火処理

指揮本部長は，ダクトおよびパイプスペース等縦穴部分で残り火が生じやすい箇所を小破壊しながら火源を確認し，消火に努めるとともに安全に配意して残火処理の徹底を図る．

（生田　眞勝・石川　義彦）

15・11　化学火災消防活動要領

15・11・1　危険物火災

（1）危険物災害の特性

A. 事故時の特性

図 15・51　危険物施設の火災

ⅰ．危険物災害は，急速に進展する．起因する物質と施設の形態との組合せにより，流出石油類による大火面の出現や第5類危険物の爆発的燃焼が引き起こされることが多く，その際には強烈な輻射熱や爆風が発生する（図15・51）．

ⅱ．危険物の流出または火災時に，それ自身からおよび燃焼により有害ガスを発生させるものが多い．

ⅲ．危険物は，容器から漏洩し，管理されない状態になると火災危険を生ずる．拡散が早く，火災危険が高いことから，火災となっている状態より消防隊の対応が困難となる場合がある．

B. 消防活動の重点

ⅰ．災害実態と，その進展の危険性について早期に把握し，活動方針を決定する．

ⅱ．要救助者の救出等人命安全対策を講ずることを第一とする．

ⅲ．危険物災害は，その原因となっている物質により消防隊の対応が異なるため，物質

の把握が不可欠である.

iv．建築物と危険物が火災となっている場合は，燃焼危険物の消火と延焼防止を図る．この場合，危険物対応隊と建物対応隊を明確に区分し，適応筒先を配備する.

（2）基 本 戦 術

A．活動の原則

i．人命検索・救助を最優先とし，災害の拡大防止を主眼とする.

ii．早期に危険物取扱者等の関係者を確保し，災害に係る危険物の類別，品名，数量，特性および緊急措置方法等の情報収集を行い，その情報収集結果および警防計画等に基づき活動する.

iii．指揮本部長は，初動情報に基づき早期に活動方針を決定し，各級指揮者を通じ全隊員に周知徹底する.

iv．速やかに適応する資器材と必要数の消防部隊を集結して，一挙鎮滅を図る.

v．指揮本部長は，災害の規模に応じて早期に指揮態勢の確立を図る.

vi．部隊の行動統制や，危険物の公共下水道および地下鉄道等への流入防止などを行い，二次災害の発生防止を図る.

B．安全管理

i．危険物災害は，急激に進展，拡大することを認識し，災害の規模等の状況からその推移を察知して二次災害の防止に努める.

ii．一局面の特異な状況に眩惑されて，周囲の状況把握が散漫となるおそれもあるため，災害の進展等について常に把握し，他隊と情報交換を図る等チームワークを保つ.

（3）消 防 活 動

A．出場時の措置

出場指令時に危険物に起因する災害であることが付加された場合は，測定器，油処理剤，耐熱服等の災害に適応する必要資器材および指揮資料，許可書類等の関係資料を積載して出場する．警防計画等が樹立されている対象物の場合は，計画を確認する.

B．部署位置の選定

i．風上または風横から接近し，視覚や聴覚を働かせるとともに，測定器を活用して，危険物の滞留または存在の有無を確認し，安全な場所に部署する.

ii．すでに火災警戒区域が設定されている場合は，当該区域外に部署する.

C．指揮本部の設置

a．設置位置

指揮本部は，災害の状況を全般的に把握できる位置に設置し，その位置を全隊に周知する.

b．情報収集

i．施設関係者を確保し，次の事項を収集する.

・負傷者および要救助者の有無，人数

・災害状況（延焼状況，流出または飛散状況）

・施設状況（施設形態，作業内容，災害発生位置等）

・危険物の類別，品名および数量

・災害に係る危険物の危険性（混触危険を含む）および措置方法
・二次災害発生危険
・施設側の災害対応状況（応急措置実施状況を含む）
・施設の位置，構造，設備状況
・施設にある消火設備等の種類および作動状況
・中和等の処理剤および防護服等の災害対応資器材の種類および数量等

ⅱ．施設関係者が確保できない場合または十分な情報の収集ができない場合は，次により情報収集する．

・施設の標識，掲示板および容器の表示（法令によるもののほか，施設独自で設置している表示等も含む）
・商品納入業者等の施設に出入りしている者からの聴取
・納品伝票，出荷伝票等
　許可書類，防火対象物関係資料および警防計画，指揮資料等

（4）危険物類別の消防活動の要点

A．第1類危険物；酸化性固体

a．危険物特性

ⅰ．性　質

・酸化性物質である．
・加熱，衝撃，摩擦等により分解し，酸素を放出する．

ⅱ．危険性

・可燃物を激しく燃焼させ，または可燃物との接触により，発火，爆発する．
・分解により有毒ガスを発生する．
・過酸化ナトリウムなどアルカリ金属（リチウム，ナトリウム，カリウム，セシウム，ルビジウム）の過酸化物は，水と接触して発熱および発火する．

b．消火方法

ⅰ．火災時には，原則として，大量の水で消火する．なお，放水は遮蔽物を利用し，放水銃および消防ロボット等による無人放水態勢も考慮する．

ⅱ．過酸化ナトリウムなどアルカリ金属の過酸化物は，乾燥砂または油処理剤等で被覆する．

B．第2類危険物；可燃性固体

a．危険物特性

ⅰ．性　質

・着火しやすい固体である．
・低温で引火しやすい．
・燃焼速度が速い．

ⅱ．危険性

・燃焼により有毒ガスを発生する．
・浮遊粉じんとなっているものは，爆発（粉じん爆発）を生じる．

b. 消火方法

　ⅰ．原則として，大量の水で消火する．

　ⅱ．硫化リン，鉄粉，金属粉，マグネシウムは，乾燥砂または油処理剤等で窒息消火する．

C. 第3類危険物；自然発火性物質および禁水性物質

a. 危険物特性

　ⅰ．性　質

　　・自然発火性物質（黄りんなど）は，空気中で自然に発火する．

　　・禁水性物質（カリウム，ナトリウムなど）は，水と接触して発火する．

　ⅱ．危険性

　　・水との接触により爆発するものがある．

　　・燃焼により有毒ガスを発生する．

b. 消火方法

　ⅰ．一般に，水による消火は不可能であるため，乾燥砂または油処理剤等で窒息消火する．

　ⅱ．黄りんなど禁水性物質以外のものは，水により消火可能である．

D. 第4類危険物；引火性液体

a. 危険物特性

　ⅰ．性　質

　　・引火性の液体である．

　　・蒸気比重が大きい（空気より重い）．

　　・液体比重が1より小さい（水より軽い）．

　　・ほとんどのものが非水溶性である．

　　・ほとんどのものが電気の不良導体である．

　　・アルコール類の火災は，ほとんど確認できない．

表 15·18　泡消火薬剤の種別

組織上の分類	一般的な名称	省令上の区分	使用区分
タンパク質加水分解物	タンパク泡	タンパク泡	低発泡
タンパク質加水分解物にフッ素系界面活性剤を添加したもの	フッ素タンパク泡		低発泡 中発泡
上記で水成膜を形勢するもの	フッ素タンパク水成膜泡		低発泡
フッ素系界面活性剤を主成分とし，水成膜を形勢するもの	フロロケミカル水成膜泡	水成膜泡	低発泡
フッ素系界面活性剤を主成分とするもの	フロロケミカル泡	合成界面活性剤泡	低発泡
炭化水素系界面活性剤を主成分とするもの	合成界面活性剤泡		中発泡 高発泡

　　ⅱ．危険性
　　　・可燃性蒸気を出す．
　　　・燃焼により，毒性ガスを発生する．
　　　・可燃性蒸気は，低所に滞留して引火する．
　　　・水の表面に広がることにより，火面が拡大する．
　　　・静電気の蓄積により引火する．
b．消火方法
　　ⅰ．泡放射を原則とする（表 15·18）．
　　ⅱ．大量の泡放射をする場合は，汚染された消火水の拡大防止処置を講ずる．

E．第 5 類危険物；自己反応性物質

a．危険物特性
　　ⅰ．性　質
　　　・比較的低い温度で分解し，多量の熱を発生する．
　　　・爆発的に反応が進む．
　　　・水と反応しない．
　　ⅱ．危険性
　　　・加熱，衝撃，摩擦または他の薬品との接触により発火し，爆発する．
　　　・空気中に長時間放置すると分解が進み，やがて自然発火する．
　　　・燃焼により，毒性ガスを発生する．
b．消火方法
　　ⅰ．原則として，大量の水により消火する．
　　ⅱ．危険物が多量の場合は，爆発危険があるので，放水銃や消防ロボット等により，遠
　　　隔大量放水を行う．

F．第 6 類危険物；酸化性液体

a．危険物特性
　　ⅰ．性　質
　　　・不燃性液体である．
　　　・有機物を酸化させる．
　　ⅱ．危険性
　　　・可燃物との接触により，発火，爆発する．
　　　・加熱すると，爆発する．
　　　・分解により，有毒ガスを発生する．
b．消火方法
　　ⅰ．原則として，水で消火する．
　　ⅱ．三フッ化臭素などのハロゲン化合物に対しては，乾燥砂または油処理剤等で被覆す
　　　る．

15・11・2　ガ　ス　災　害

（1）ガス災害の特性

A. ガスの種類

都市ガスは発熱量と燃焼速度とにより，13 A，12 A，6 C，5 C，L 1，L 2，L 3に分類されており，他にLPガスがある．

1991（平成3）年から日本ガス協会及び日本ガス石油機器工業会によるIGF 21計画によりガスの種類の集約が進められており，2010（平成22）年までに需要家の99％に，13 A，12 Aが供給されている．

B. 事故時の特性

ガス漏洩は，滞留地域および流動範囲の確定が難しく，引火による爆発危険，酸欠，中毒危険等が常に潜在する．特にLPガスは，蒸気比重が空気より大きいため，低所に滞留し爆発混合気を形成しやすい．

C. 消防活動の重点

ガス漏洩時の対応は，人命救助ならびに事故の拡大および爆発等二次災害の防止を最重点として活動する（図 15·52）．

図 15·52　ガス漏洩による
爆発火災

（2）基　本　戦　術

A. 活動の原則

　ⅰ．部署は風上，風横とし，火災警戒区域外とする．

　ⅱ．火災警戒区域内の活動は，2名以上で必要最小限の人員とする．

　ⅲ．爆発危険区域内の消防活動は，ガスおよび電路の遮断後とし，援護注水のもとで行う．

　ⅳ．消防隊員によるガスの遮断は，住戸外ガスメーターコック等の閉鎖とし，電路の遮断は，主開閉器の開放，引込線の切断等の範囲とする．

　ⅴ．ガス滞留地域に進入する場合は，空気呼吸器および耐熱服等を着用する．

B. 安全管理

　ⅰ．指揮本部長または各級指揮者は，隊員の行動を強く統制し掌握する．

　ⅱ．消防活動は，二次災害の発生に留意するとともに，爆発による影響を考慮した活動を基本とする．

　ⅲ．指揮者から隊員にいたるまで全員が火災発生防止に細心の注意を払い，自らを強く律する．携帯無線機等個人装備の無造作な操作によるわずかな火花でも，爆発の危険があることを認識する．

（3）消　防　活　動

A. 出場時の措置

　ⅰ．指令内容から事故状況を推測し，ガス対策資器材等の積載と併せて，活動統制，部署位置等二次災害防止を主眼とする消防活動の原則的事項を再確認し出場する．

　ⅱ．ガス・電気事業関係者の出場を要請する．

B. 指揮本部の設置

a. 設置位置

i ．指揮本部は，風向，街区状況等から爆発等による影響を受けることが少なく，指揮に適した場所を選定する．

ii ．消防活動が広範囲に及ぶ場合は，前進指揮所を設け指揮分担を図る．

iii ．指揮本部長は，常に所在位置を明確にして消防部隊ならびに関係機関の統括指揮を行い，災害の推移に対処する．

b. 情報収集

i ．指揮本部長は，ガス漏洩事故の発見者，建物居住者，ガス事故に係る関係者等からガス漏洩原因，漏洩状況，応急措置の状況について聴取し，現場の災害危険の実態を把握する．

ii ．消防隊が現場到着時，ガス・電気事業者が先着している場合は，ガスおよび電路の遮断等の応急措置状況ならびに爆発等二次災害危険について報告を求める．

c. 関係機関との連携

i ．指揮本部長は，必要によりガス・電気事業関係者の責任者に対し，ガス，電路の遮断を要請する．

ii ．現場の警察官に対し，火災警戒区域の設定範囲を示し，応急作業に従事する者以外の者の退去，出入りの禁止，制限，交通規制等について協力を求める．

C. ガス濃度の測定

a. 測定要領

i ．ガス濃度の測定は，原則としてガス事業関係者等と連携して実施する．

ii ．測定は，漏洩ガスの特性及び風向等に留意し，安全な地域から危険側へと測定する．

iii ．測定は，必要最小限の隊員とし，測定者は，爆発等二次災害による熱傷等を防止するため防火衣または耐熱服を着用する．なお，危険性に応じて援護態勢を配慮する．

b. 測定重点

i ．空気より軽いガス（12 A・13 A 等）
 ・建物の上階または居室の天井，小屋裏等上方部分
 ・パイプスペース，エレベーター昇降路等縦穴部分の最上部

ii ．空気より重いガス（LP ガス等）
 ・室内の床面，下階及びパイプスペース，エレベーター昇降路等縦穴部分の最下部
 ・屋外の場合は，マンホール，下水溝の低所部分

D. 火災警戒区域

a. 火災警戒区域の設定

i ．ガス臭気の強弱及び測定値の大小にかかわらず設定する．

ii ．設定範囲は，ガスの漏洩場所から原則として半径 150 m の範囲とするほか，ガス滞留地域，ガス流動範囲，気象状況及び周囲の状況等を総合的に判断し，広めに設定する．

ⅲ．住民等への周知を考慮し，道路，街区，地番等で指定する．

ⅳ．地下街，地下室，耐火建物等は，原則として全体を捉えて設定区域とする．

ⅴ．設定の表示は，原則としてロープ等で行う．

b．火災警戒区域内の規制

ⅰ．火気の使用は，原則として禁止する．

ⅱ．退去命令は，警察，ガス事業関係者等と協議を行い，退去が必要と認められる範囲にある者に対して行うものとし，爆発に伴う飛散物等による受傷危険が高いと推測される者に対しては，直接消防隊が誘導を行うものとする．

　　なお，屋内のガス漏えいにあっては，ガス漏えい住戸，その直上・直下階及び隣接する住戸等からの退去を最優先とする．

E．爆発危険区域

a．爆発危険区域の設定

ⅰ．指揮本部長は，火災警戒区域内でガス濃度が爆発下限界の 30 パーセントを超える区域に設定する．

ⅱ．地下街，地下室，耐火建築物等は，原則として全体をとらえて設定区域とする．

ⅲ．設定の表示は，原則としてロープ等により行う．

b．爆発危険区域内の規制

　　指揮本部長は，緊急やむを得ず隊員等を進入させる必要がある場合は，原則としてガス及び電路を遮断した後とする．

c．爆発危険区域内の消防活動

ⅰ．ガス及び電路の遮断が確認されるまで放水台座等を活用し，原則として噴霧注水等により援護又はガス拡散注水を行うものとする．

ⅱ．人命救助及び緊急やむを得ず行うガスの遮断及び拡散・排除等の活動には，防火衣又は耐熱服を着用するとともに噴霧注水等により援護を行うものとする．

F．応急措置

a．ガスの拡散・排除

ⅰ．屋内

・ガスの拡散・排除は，原則としてガスおよび電路の遮断を確認した後，外気開口部を設定して行う．外気開口部の設定要領等については，次のとおり．

・外気開口部の設定は，必ず風下または風横側の出入口，扉，ガラス窓等を選定する．

・外気開口部の設定は，必要最小限の隊員とし，隊員の接近及び作業位置は，柱形部分または鉄筋コンクリート壁等遮へい物を活用し，爆発等による被害の防止を図る．

・風位，風速等を考慮した自然通気または噴霧注水，送風等によりガスの拡散，排除を行う．

・外気開口部の設定及びガスの拡散・排除後，室内へ進入する場合は，残留ガスに留意し，原則として測定器等によりガス濃度測定を行い，安全を確認した後，進入す

るものとする.

> ※　滞留ガスの排出時間
>
> 　外気開口部を設定したときの室内に滞留するガスの排出時間は, 3 LDK 型住戸 (住戸内面積≒80 m² × 天井高さ 2.5 m = 200 m³) に外気開口 (0.8 m × 0.9 m) を設けたと仮定した場合, 次のとおりと推定される.
>
> 　1　空気より軽いガス (12 A, 13 A 等)
>
> 　ドラフト効果が大きいため, 単純容積に対する排出所要時間はおおむね 1 分程度と推定され, 小壁, 界壁などによる抵抗を考慮しても, 5 分間程度で外気と置換可能となる.
>
> 　2　空気より重いガス (LP ガス等)
>
> 　ガスが床面近くにある物品による抵抗を受け, 流出速度が遅いことから, 外気開口の設定後おおむね 5 分間が経過した後, 風上側にも開口部を設定して風通しをよくする配慮が特に必要である.

ⅱ. 屋外
- ・下水溝, 堀坑等地下施設物にガスが滞留している場合は, マンホールのふた, 覆工板等を可能な範囲で取り除き, 拡散を図る.
- ・ガスが低所に滞留しているときは, 噴霧注水により拡散を図る.
- ・風向及びガス特性等により漏えいガスが地下街, 地下室, 地下鉄, 共同溝等建築物内に進入するおそれのある場合は, 当該建築物の開口部の閉鎖等の措置を講じる.
- ・漏えいガスが建築物内に進入した場合の措置については, 前ⅰ. を準用する.

b. ガス遮断要領

ⅰ. 遮断の原則
- ・ガスの遮断は, 原則として指揮本部長の要請に基づきガス事業関係者が実施する. ただし, 指揮本部長は, ガス事業関係者が現場にいない場合で, 爆発等二次災害防止のため緊急の必要があると認める場合は, 消防隊が行う.
- ・ガスの遮断に際しては, 関係する施設の関係者及び住民等に対し, 事前広報等によりガス栓の閉止等必要な措置の徹底を図る.

ⅱ. 消防隊によるガス遮断
- ・消防隊によるガス遮断は, 地下街等の遮断装置または住戸外にあるメーターコックの閉止等可能な範囲において行う.

c. 電路の遮断要領

ⅰ. 遮断の原則
- ・電路の遮断は, 原則として指揮本部長の要請に基づき, 電気事業関係者が実施する. ただし, 指揮本部長は, 現場に電気事業関係者が到着していない場合で, 爆発等二次災害防止のため緊急の必要があると認める場合は, ガス遮断の有無にかかわらず消防隊が行う.

・電路遮断に際しては，病院又は電子計算機及びエレベーター等特殊機器が使用されている対象物への影響及び電路遮断により自動的に作動する自家発電設備，非常照明等非常電源による着火危険について十分配意する．また，遮断により重大な支障を及ぼさないように施設関係者及び住民等に対し事前広報等を行い，予防措置の徹底を図る．

ii．消防隊による電路遮断

・消防隊による電路遮断は，主開閉器の開放，引込線の切断又は電力量計のねじを外すなどにより電路遮断を行うものとする（図15·53）．この場合，電路遮断に際しては，遮断場所周囲のガス滞留の有無を測定器等により測定を行い，安全を確認した後に行うものとし，ゴム手袋の着用等感電防止に留意する．

・外気開口部の設定及びガス拡散・排除後，室内へ進入する場合は，残留ガスに留意し，原則として測定器等により，ガス濃度測定を行い，安全を確認した後，進入するものとする．

引込線取付点での切り離し手順
緊急の場合の切り離し手順
（1）①をペンチで切断し他物に接触しない様に折り曲げる．
（2）②，③の順に①に準じて切断を行う．
（3）①，②，③の電源側電線端末をテープ処理する．

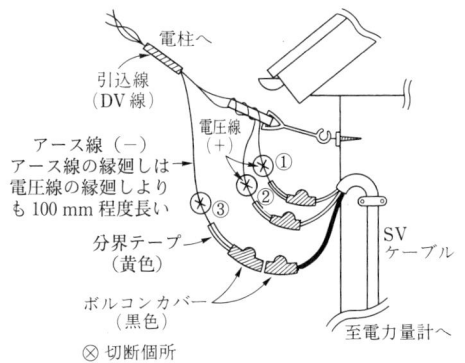

引込線（DV線）
電柱へ
電圧線（＋）
アース線（－）
アース線の縁廻しは電圧線の縁廻しよりも 100 mm 程度長い
分界テープ（黄色）
ボルコンカバー（黒色）
SV ケーブル
至電力量計へ
⊗ 切断個所

（注）引込線の種類と色表示

電気方式	引込線		電圧線の色	アース線の色
単相二線式	一次側	電力会社側新仕様（DV）	黒	黒
		電力会社側旧仕様（DV）	黒，茶，緑，灰，紫	青
	二次側	需要家側（SV）	黒	白
単相三線式 三相三線式	一次側	電力会社側新仕様（DV）	黒	黒
		電力会社側旧仕様（DV）	黒，茶，緑，灰，紫	青
	二次側	需要家側（SV）	黒，赤	白

※ 2009（平成21）年度から新仕様（電圧線の色）等の変更

図 15·53　電路の遮断要領

d．ガスおよび電路の復旧

指揮本部長は，消防活動により二次災害等の発生危険がなくなったと判断した場合は，

ガスおよび電気事業関係者と協議し，安全を確認した後，ガスおよび電路の復旧を要請する．

G. 消火活動

噴出ガスに着火炎上している場合の消防活動は，ガス遮断を優先することとし，次による．

a. 筒先部署位置の選定

筒先部署位置は，爆発による被害を防止するため，できるかぎり柱部及び鉄筋コンクリート壁を遮へい物とし，屋外にあっては，建物の陰，塀際等ガスの滞留するおそれのない場所を選定する．

b. 注　水

i　着火炎上しているガスは，不用意に消火すると生ガスにより二次災害の発生の危険があるので，注水は，近隣建物等への延焼防止を主眼とする．

ii　導管からの噴出圧力が高いときは，メッシュの小さい金網，むしろ等をかぶせ，その上から噴霧注水を行い，火柱を低く抑えて近隣建物への延焼防止を図る．

iii　単独の LP ガスボンベから噴出ガスが炎上している場合は，原則として注水は行わないものとする．

iv　ボンベ集積所等で炎上している場合は，誘爆のおそれがあるので地物等を盾として放水銃などにより，速距離から大量の冷却注水を行い，誘爆を防止する．

c. 消　火

i　導管及び LP ガスボンベから噴出ガスが炎上している場合は，バルブの閉止，木栓の打ち込み等により，噴出ガスを閉止することが可能な場合に消火する．

ii　単独の LP ガスボンベから噴出ガスが炎上している場合は，噴出炎の反対側から接近し，バルブを閉止する．

H　爆発危険区域の解除

指揮本部長は，爆発危険区域設定の必要がなくなったと認めたときは，速やかに爆発危険区域を解除する．

I　火災警戒区域の解除

指揮本部長は，火災警戒区域設定の必要がなくなったと認めたときは，速やかに火災警戒区域を解除する．

（4）水素ガス災害の特性及び消防活動要領

近年急速にエネルギー源として普及が進んでいる水素ガスは，都市ガスや LPG 等の一般的高圧ガスと異なる特別な危険性状を有するとともに，水素ガスの充填施設である水素ステーション等の水素取扱施設は，今後更なる普及拡大が込まれることから，水素取扱施設等で発生する災害に対する活動対策の確立及び隊員の安全性等の向上が必要である．

A. 水素ガスの性状（表15·19）

表 15·19　水素ガスの主な性状

臭気等	無色無臭
比重	都市ガスを1とした場合の水素ガスの比重は0.1で非常に軽い.
燃焼範囲（燃焼限界）	4 〜 75 vol%
最小着火エネルギー	0.02 mJ
火炎の色	無色（ただし，地盤面や空気中の粉じん等と混在して燃焼する場合は稀に着色される場合がある.）
漏えい時に予想される様態	水素取扱施設内の配管やボンベ等の容器内の水素ガスは，80 MPa程度の超高圧となっていることもあるため，漏えい時には大きな放出音が発生する.

B. 消防活動

水素ガス災害の消防活動については，前（1）〜（3）のガス災害対応によるほか，次の点に留意すること.

a. 水素ガス漏えい範囲の推定

　ⅰ．指揮本部長は，水素取扱施設関係者と積極的に連携を図り，早期に漏えい範囲の推定又は特定をする.

　ⅱ．水素ガス漏えい範囲の推定は，配管や容器からガスが放出される際の音の聴取や，水素ガス検知器等の設備作動状況（警報音，表示）の確認によるほか，水素ガスの比重等の特性及び風向等に留意し，測定器や熱画像直視装置を活用して行う.

b. 火花を発する機器等の使用禁止

　水素ガス滞留地域での火花を発するおそれのある携帯無線機の発信，懐中電灯のスイッチ操作及びインターホン，電話その他火花を発する機器等の使用は厳禁とする.

　なお，測定器等にあっては，防爆構造（国際電気標準会議の定める国際規格の分類において，防爆電気機器のグループが「ⅡC」であるもの）を有する機種を使用する.

c. 水素ガスの拡散・排除

　噴霧注水による水素ガスの拡散・排除は，高速噴霧で発生する静電気により着火危険が生じることから，緊急やむを得ない場合を除き禁止とし，自然通風による拡散・排除とする.

　また，屋内等でその効果が期待できない場合は，送風機等により人工送風を行い水素ガスの拡散・排除を行う. この場合，水素ガスが流入するおそれのない場所でかつ爆発危険区域外に送風機等を設定し，機器から発生する火花による爆発防止に十分留意する.

　なお，水素ガスの拡散・排除の完了は，容器等からの漏えい停止または，容器等内の水素ガスの全量放出の確認後，測定器による可燃性ガス測定結果が0％であることを確認するとともに，水素取扱施設関係者等との協議により判断する.

d. 水素ガスに着火炎上している場合

ⅰ. 水素ガスに着火炎上している場合は，火炎が見えにくいことから，熱画像直視装置により，間接的に輻射熱等を受けている箇所を確認するとともに，施設図面等により配管や容器からの火炎の立ち上がり箇所を類推し，延焼拡大防止を主眼とした消防活動を実施する．

ⅱ. 多数のボンベを集合させたカードル等が炎上している場合，誘爆のおそれがあるので，地物等を盾として放水銃などにより，遠距離から大量の冷却注水を行うとともに，施設に散水設備が設置されている場合は有効に活用し，誘爆を防止する．

ⅲ. 容器や蓄圧器等から水素ガスが強制放出されている場合は，安全装置の凍結による機能停止を防止するため，容器等の安全装置付近への注水は禁止とする．

15・11・3　毒 劇 物 災 害

（1）毒劇物災害の特性

A. 事故時の特性

ⅰ. 火災，漏洩，流出事故等の災害形態により，中毒，引火，爆発等の二次災害の発生危険が大きい．

ⅱ. 毒劇物は，空気，水との接触，過熱および他の物質との化学的反応ならびに物理的変化が様々であり，災害が複雑多様化の様相を呈し，危険性が増大しやすい．

ⅲ. 物性および災害形態等により，応急措置が困難となる場合があり，災害が広域化する危険性がある．

B. 消防活動の重点

毒劇物災害時は，人体危険，火災危険，反応危険を踏まえ住民の早期避難と人命検索・救助を最優先とし，災害の拡大および中毒，引火，爆発等二次災害の防止を最重点として活動する．

（2）基 本 戦 術

A. 活動の原則

消防活動は，消防隊員の曝露及び汚染を防止し，住民の安全を確保しながら原因物質の汚染拡大防止を図り，次により行動することを原則とする．

ⅰ. 被災者を早期に救出及び救護し，被害の軽減を図る．

ⅱ. 消防隊は防護服及び酸欠空気危険性ガス測定器等の装備を有効に活用し，迅速に対応する．

ⅲ. 活動方針の決定に当たっては，本基準が対象とする施設関係者を早期に確保して有効に活用するとともに，専門家等の助言を参考とする．

ⅳ. 空調設備を停止する．ただし，空調設備に汚染拡大を防止する構造がある場合及び災害状況から空調設備を作動させる必要がある場合は活用する．

ⅴ. 毒・劇物危険区域等の設定を明確に行い，厳重な進入管理と汚染防止措置を実施する．

ⅵ. 消防活動方針は，指揮者を通じて全隊員に周知徹底し，隊員の行動を強く統制する．

　　ⅶ．消火活動は，密閉消火等の効果的な消火方法を選定し，延焼防止を重点とする．

　　ⅷ．汚染した傷病者や活動隊員を受け入れ可能な医療機関を確保する．

B．安全管理

　　ⅰ．指揮本部長または各級指揮者は，隊員の行動を強く統制し掌握する．

　　ⅱ．消防活動は，人体危険，火災危険および反応危険に対応した身体防護措置を図り，二次災害の発生に留意するとともに，中毒，引火，爆発による影響を考慮した活動を基本とする．

　　ⅲ．「臭気」，「刺激臭」，「着色ガス」があり，品名および物性が不明の場合は，毒劇物危険区域内に準じた身体防護措置を行うとともに，火災の発生防止に細心の注意を払い自らを強く律する．

　　ⅳ．各級指揮者は，常に隊員の身体変調について十分掌握する．毒劇物および爆発危険区域内で消防活動を実施した隊員の身体変調の有無，防護衣等の異常を確認する．

　　ⅴ．身体防護措置の解除は，危険区域外の安全な場所とする．また，使用資器材は一括保管に配慮し，洗浄等による毒劇物の除染後収納する．

　　ⅵ．施設関係者を応急措置等に従事させる場合は，消防隊員と同等以上の安全措置を講ずる．

（3）消　防　活　動

A．出場時の措置

　　ⅰ．指令内容から事故状況を推測し，防護服，呼吸保護具，毒劇物災害対応資器材等及び警防計画，指揮資料を積載するとともに，活動統制，部署位置等二次災害阻止を主眼とする消防活動の原則的事項を再確認し出場する．

　　ⅱ．必要に応じて部隊の集結場所を指定する．

B．部署位置の選定

　　ⅰ．風上，風横側とする．

　　ⅱ．現場到着までに得た情報，風位，風速，地形，建物状況および毒性ガス，可燃性毒性ガスの流動状況を推測し，誘爆および爆発による影響に配慮して部署位置を決める．

C．指揮本部の設置

a．設置位置

　　ⅰ．指揮本部は，風上の安全な位置で，施設関係者等と連携が取りやすい場所を選定して設置する．

　　ⅱ．消防活動が広範囲に及ぶ場合は，活動拠点ごとまたは区域を指定して前進指揮所を設けて指揮分担を行う．

　　ⅲ．指揮本部長は常に所在位置を明確にし，消防部隊ならびに関係機関の統括指揮を行い，災害推移に対処する．

b．情報収集と施設関係者の活用

　　ⅰ．指揮本部長は，事故の発見者，施設関係者および事故に係る関係者等から事故の原因，漏洩・流出状況および品名または物性，応急措置状況について聴取し，現状の災

害実態を把握する.

ii. 施設関係者等が先着している場合は，危険範囲および毒性ガス，可燃性ガスの種別等の災害の実態，漏洩・流出防止等の応急措置状況，安全確保措置状況ならびに中毒，引火，爆発等二次災害危険と進展予測について報告を求める.

iii. 施設関係者を早期に確保して，消防活動上必要な情報収集ならびに応急措置，消火活動および除害措置等に積極的に活用するとともに，活動方針決定にかかる技術的支援者として有効に活用する

　・消防法第16条の3の規定による事故発生時の対応による場合は，施設関係者に必要な措置を命じて応急措置を行わせる.

　・消防部隊が保有する資器材では，応急措置が困難であると判断される場合は，施設関係者に中和剤，回収容器等の資器材の調達，および専門技術者の派遣等の要請を行わせる.

D. 進入統制ラインの設定

曝露及び汚染危険のある場所の安全側に進入統制ラインを設定する.消防隊員の曝露及び汚染防止のため，身体防護をしていない隊員の進入を統制する.

E. 毒劇物等の測定

i. 濃度の測定は，施設関係者と連携して，複数の測定器を用いて実施する.

ii. 指揮本部長は，必要最小限の隊員を指定（最低2名）し，毒性ガス濃度測定を行わせる.測定者は，原則として防護衣の着装，身体防護措置をして活動する.

iii. 測定は，毒性ガスの特性および風向等に留意し，安全な地域から徐々に測定範囲を狭める等危険側へと実施する.複数の測定班を指定する場合は，各班の測定範囲および測定位置を明確に指定し，測定させる.

F. 警戒区域

a. 消防警戒区域又は火災警戒区域の設定

i. 住民等の安全確保及び現場における消防活動エリアを確保するため，消防警戒区域を設定する.この場合，安全を見込んで十分に広いスペースを確保する.

ii. 火災の発生するおそれが著しく大きいときには，火災警戒区域を設定し，その警戒区域からの退去命令，区域への出入り制限及び火気の使用を禁止し，住民等の安全を確保する.

b. 警戒区域の設定

i. 消防または火災警戒区域の範囲は，発災場所を中心として，臭気，刺激臭，着色ガスまたは毒性ガス，可燃性ガスが確認または測定された距離を考慮し，活動上必要とされる区域に設定する.

ii. 設定後は，測定結果，気象，漏洩状況等により範囲を見直し，必要に応じて範囲を拡大または縮小する.

iii. 警戒区域は，街区，建物，敷地等を単位として設定し，ロープ，標識等で表示する.

G. 危険区域

a. 毒劇物危険区域

　i．次に該当する区域に毒・劇物危険区域を設定する.

　　・人体許可濃度（※）を超えるガス濃度が検出された区域

> ※　人体許可濃度とは，以下に示すものをいう.
> 　1　労働安全衛生法の作業環境評価基準にある管理濃度
> 　2　労働安全衛生法の管理濃度として示されていない物質については，産業
> 　　衛生学会勧告による許容濃度
> 　3　労働安全衛生法の管理濃度及び産業衛生学会勧告による許容濃度で示さ
> 　　れていない物質については，米国産業衛生専門家会議（ACGIH）で示し
> 　　ている許容濃度（TLV–TWA）

　　・毒性ガスの品名及び毒性が不明な場合は，臭気，刺激臭又は有色ガスを確認した区
　　　域，毒性ガスが発生している可能性が高い区域または体調等に何らかの異状が現れ
　　　た区域

　　・施設関係者等が示した区域または災害実態から判断して人命危機が高いと予測され
　　　る区域

　ii．街区，建物，敷地等を単位として設定し，ロープ，標識等で設定表示を行う. 測定
　　　結果，風向，風速，漏えい・流出量等から危険性を判断して，設定範囲の拡大又は縮
　　　小を行う.

　iii．毒劇物危険区域へは，呼吸保護器，防護服の着装等，身体防護措置を講じた者以
　　　外の進入を禁止する.

b. 爆発危険区域

　i．火災警戒区域のうち，可燃性ガス濃度が爆発下限界の 30% を超える区域，施設関係
　　　者が勧告した区域または指揮本部長が引火・爆発の危険が高いと判断した区域に設定
　　　する.

　ii．可燃性毒性ガス等の漏えいにより，毒・劇物危険区域及び爆発危険区域を同時に設
　　　定する場合は，設定範囲の広い区域をもって当該区域とする.

H. 除染区域

汚染のない安全な場所に，隊員・要救助者及び資器材の除染所を設定し，除染所を含むエ
リアを除染区域とする.

I. 人命検索および救助活動

　i．指揮本部長は，毒劇物および爆発危険区域内で緊急やむを得ず人命検索・救助活動
　　　を実施する場合は，最小限の隊を指定し，身体防護装置を講ずるなど，毒劇物および
　　　爆発危険区域内での活動統制を徹底する.

　ii．要救助者を発見した場合は，曝露及び汚染危険のある場所からできるだけ危険の低
　　　い場所への移動及び一時的な避難（ショートピックアップ）を考慮し，曝露及び汚染

　危険の軽減を図る.

ⅲ．救助した要救助者は，毒・劇物危険区域外
　　に搬出し，一次トリアージ担当，除染担当に
　　引き継ぐ.

J．応急措置

　応急措置は，関係者および関係機関等と連携し，
施設の人員および設備を活用して以下のように実施
する.

図 15·54　毒性ガス漏洩防止

ⅰ．漏洩，流出停止措置を最優先する（図15·54）.

ⅱ．災害の実態と災害対応力を勘案し，効果的な方法を選択する.

ⅲ．漏洩，流出停止措置が困難または長時間を要する場合は，次の措置を優先する.

　　・住民を安全な場所に避難または退去させる.

　　・容器等の移動，注水による危険排除，土砂，土のう等による吸収・流路変更または
　　　容器への回収等により汚染の拡大を防止する.

K．中　和

ⅰ．中和反応は，一般に発熱を伴う激しい化学反応であるので，中和剤の散布は，最初
　　は少量を散布して安全を確認し，漸次，量を増やす方法で散布する（表15·20）.

ⅱ．中和剤の散布は，ガス等の影響を受けない風上，風横，安全な場所から開始し，順
　　次拡大して，全体に散布する.

ⅲ．活動中は監視員を配置し，隊員の安全を確保する.

ⅳ．中和後の廃棄物の処理は，原則として関係者に実施させる.

表 15·20　主な毒性ガスの中和剤

中 和 剤	ガ　ス　名
消　石　灰	・塩素　・亜硫酸ガス　・塩化水素　・ホスゲン ・三フッ化ホウ素　・三塩化ホウ素　・スチビン
多量の水	・亜硫酸ガス　・塩化水素　・三フッ化ホウ素 ・三塩化ホウ素　・アンモニア　・酸化エチレン ・シアン化水素　・クロルメチル　・ジメチルアミン ・シボラン
苛性ソーダ	・ホスゲン
ソーダ灰	・三フッ化ホウ素
リカゾール	・硫化水素　・アルシン　・スチビン
硫酸鉄の水酸化ナトリウム溶液	・シアン化水素
アルカリ液	・プロムメチル
硫酸銅溶液	・アルシン
硫酸第一鉄溶液	・酸化窒素　・過酸化窒素
多量の水と炭酸ソーダ	・酸化窒素　・過酸化窒素

L．消火・注水

ⅰ．消火には，施設の消火設備等を積極的に活用する．

ⅱ．可燃性の毒劇物の噴出の場合は，バルブの閉鎖等により消火する．

ⅲ．可燃性毒性ガスの消火は，消火後，バルブの閉鎖等による応急措置により，漏洩流出停止ができる場合に実施する．

ⅳ．毒劇物の漏洩・流出停止が困難な場合は，周囲への延焼防止を重点とする．

ⅴ．貯蔵施設または容器集積所に延焼危険がある場合は，毒劇物の移送，抜き取り，容器の搬出および大量注水による冷却活動を消火活動と並行して実施する．

ⅵ．注水による消火では，その他次のことに留意する．

・二次災害防止を考慮し，安全な場所に筒先部署する．また，危険性によっては無人放水体形を確保する．

・消火水が河川，下水等に流入して汚染を拡大させないための措置を講ずる．

・注水による毒劇物の拡散，飛散または容器の破損等を防止する．

M．避難誘導

ⅰ．爆発危険区域，毒劇物危険区域，隣接区域の順に効率的に行う．

ⅱ．避難誘導が広範囲に及ぶ場合は，次の事項に留意する．

・関係機関との連携

・避難区域・場所の指定

・広報手段等の選定

・区域内の災害弱者対応

N．除　染

ⅰ．除染は，除染区域内に設置した除染所において，毒・劇物危険区域内で活動した消防隊員，関係者，要救助者及び使用した消防装置について行う．

ⅱ．研究施設等の屋内で発生した場合は，原則として施設内の設備を活用するものとし，設備がない場合又は使用できない場合もしくは屋外で発生した場合は，災害の状況から汚染の拡大を防止できる場所に除染所を設置する．

ⅲ．除染は，原則として施設関係者に行わせ，状況により除染担当の隊を指定し，実施させる．

ⅳ．汚染の可能性がある場合は，一次トリアージ実施後，次により除染を行う．

・傷病者の除染は，乾的除染後，必要により，露出していた体表面の部分的な水的除染を実施する．必要により，全身の水的除染を実施する．

・隊員の除染は，防護衣を着装した状態で水的除染を実施し，防護衣離脱後，必要により乾的除染を実施する．

・汚染の可能性がある装備資器材は事業主等に処理を依頼する．必要により，水的除染を実施する．

O．警戒区域・危険区域の解除

a．解除と広報

毒劇物流出等事故に伴う中毒・爆発等二次災害の発生危険がすべて排除されたときは，

速やかに火災警戒区域，毒劇物危険区域を解除するとともに住民に広報し周知する．

b. 安全の確認

各級指揮者は，毒劇物および爆発危険区域内で活動させた場合は，隊員に身体変調の有の有無について報告させ，確認する．

15・11・4　放射性物質災害

(1) 放射性物質災害の特性

A. 事故時の特性

a. 放射性物質の特性

放射性物質とは，α線，β線，γ線等の放射線を放射する物質である．α線の人体へ与える影響は非常に大きいが，透過力は小さく，紙一枚，数センチメートルの空気で遮蔽できる．γ線の人体に与える影響は，α線ほどではないが透過力が非常に強く，数十センチメートルのコンクリートでないと遮蔽できない．β線はその中間的なものである．

b. 放射線特性と消防活動

α線は遮蔽することは簡単であるが，このことは逆に消防隊が測定器で感知したときは，すでに危険領域に進入している可能性があるということである．これに対してγ線の場合は，比較的遠方からでもその存在を感知することができるが，適当な遮蔽手段がないということであり，いずれも，効果的な消防活動の展開に支障を生じるものである．

B. 消防活動の重点

　ⅰ. 放射線取扱主任者等の関係者を確保し，また関係資料等に基づき早期に実態を確認する．輸送時における事故の場合は，輸送責任者を確保し情報収集するほか，標識，携行書類等によって確認する．

　ⅱ. 活動にあたっては，放射性物質の拡散，汚染の拡大に配慮し，付近住民，隊員の被ばく防止を重点とする．

　ⅲ. 災害の現場に要救助者が認められた場合は，隊員の被ばく防止に配慮のうえ，救出・救助に全力を傾注する．

　ⅳ. 隊員の被ばく危険が大きく，かつ，要救助者が認められない場合は，周囲への延焼防止，汚染の拡大防止に配慮し，トータル被害の軽減化に努める．

(2) 基 本 戦 術

A. 活動の原則

消防活動は，消防隊員の被ばく及び汚染を防止し，住民の安全を確保しながら原因物質の汚染拡大防止を図り，次により行動することを原則とする．

　ⅰ. 被災者を早期に救出及び救護し，放射線による障害の軽減を図る．

　ⅱ. 災害の状況から判断し，活動中の被ばくが避けられない場合は，活動隊員の積算被ばく量を予測し，被ばく限度（※）を超えない活動とする（表15・21）．

　　なお，危険区域及び除染区域で活動する隊は，必ず警報を発する個人線量計を携帯する．

　　　※　消防活動における隊員の被ばく限度基準

1　1回の消防活動における被ばく線量限度は，10 mSv とする．

2　被ばく線量が 30 mSv を超えると予測される区域に消防隊員を進入させてはならない．

3　人命救助のために，止むを得ない場合は，100 mSv を限度とすることができる．

4　1年間の積算被ばく線量が 50 mSv に達した場合は，以降5年間，放射線災害現場で活動させてはならない．

5　積算被ばく線量が 100 mSv を超えた隊員は，生涯にわたって放射線災害現場で活動させてはならない．

表 15·21　放射線危険区域内での活動可能時間

被ばく線量当量限度	10 mSv				
活動可能時間	20 分	30 分	1 時間	2 時間	5 時間
線量当量率	30 mSv/h	20 mSv/h	10 mSv/h	5 mSv/h	2 mSv/h
被ばく線量当量限度	100 mSv				
活動可能時間	6 分	12 分	20 分	30 分	1 時間
線量当量率	1 Sv/h	0.5 Sv/h	0.3 Sv/h	0.2 Sv/h	0.1 Sv/h

ⅲ．被ばく限度に達した隊員を現場活動から離脱させた後の補充隊員を十分に確保するため，化学機動中隊等の応援要請を行う．

ⅳ．活動方針の決定に当たっては，施設関係者を早期に確保して有効に活用するとともに，専門的な知識を有する者の助言を参考とする．

ⅴ．空調設備を停止する．ただし，空調設備に汚染拡大を防止する構造がある場合及び災害状況から空調設備を作動させる必要がある場合は活用する．

ⅵ．放射線危険区域等の設定を明確に行い，厳重な進入管理と被ばく管理及び汚染防止措置を実施する．

ⅶ．消防活動方針は，指揮者を通じて全隊員に周知徹底し，隊の行動を強く統制する．

ⅷ．放射性物質等に係わる安全規制担当省庁，都道府県，市区町村及び警察機関と密接に連携し行動する．

ⅸ．消火活動は，密閉消火等の効果的な消火方法を選定し，延焼防止を重点とする．

ⅹ．被ばくした傷病者，放射性物質等による汚染を受けた傷病者や活動隊員を受け入れ可能な緊急被ばく対応医療機関を確保する．

B．安全管理

ⅰ．消防活動にあたっては，測定器を活用して徹底した放射線防護に配慮する．この場合，確認した放射性物質の種類，線種に応じた測定器，測定方法を活用する．

ⅱ．放射能防護服や耐熱服は視野が限定され，かつ，構造も密着していないので，行動

時には障害物に注意する.

iii. 放射線発生装置には高電圧部分があるので，元の電源が遮断されていることを確認して消防活動を実施する.

（3）消　防　活　動

A．出場時の措置

a．資料等の積載

ⅰ．放射性物質等関係施設調査資料等を携行する.

ⅱ．出場隊は，放射線測定器，警報付個人線量計，呼吸保護具，防護衣，ゴム手袋等必要資器材の積載を確認し出場する.

ⅲ．放射線測定器積載隊は，出場時から測定器の電源を入れて空間線量率を測定しながら出場する. なお，爆発火災にあっても，放射性物質等に係わる可能性があることから空間線量率を測定しながら出場する.

b．出場隊の集結

ⅰ．出場途上において，放射線測定器積載隊がバックグラウンドレベルを越える線量率を確認した場合，車両を停止させ，空間線量率がバックグランドレベルを超えない安全な位置まで移動する.

ⅱ．集結場所に集結した場合は，空間線量率がバックグラウンドレベルを超えないことを複数の測定器を用いて確認する. とともに，隊員に対し，呼吸保護具の着装，資器材の再点検等，必要な指示を行う.

B．現場到着時の活動

ⅰ．風上側で安全を見込んだ十分な距離をとって部署する.

ⅱ．指揮本部は，空間線量率が，バックグラウンドレベルを超えない安全な位置で，施設関係者等と連携が取りやすい場所を選定して設置し，風位風速を測定する.

ⅲ．出場隊は，早期に施設関係者等を確保し，災害実態の把握に努めるとともに，活動方針決定に係わる技術的支援者として有効に活用する.

ⅳ．消防警戒区域を早期に設定する.

ⅴ．災害が発生している施設等への接近に際しては，関係者の助言と誘導に従い，必ず複数の放射線測定器による継続的な空間線量率の測定を実施し，慎重に接近する.

ⅵ．放射線（空間線量率）の測定値がバックグラウンドレベルを超えた場所及び情報等により進入統制が必要と判断される場所の安全側に進入統制ラインを設定する. なお，消防隊員の被ばく防止及び汚染防止のため，身体防護をしていない隊員の進入を統制する.

C．放射線測定

ⅰ．放射線（空間線量率）の測定は，努めて測定に専従する隊員により実施する.

ⅱ．放射線の測定は，必ず複数の測定器を用いて実施するものとし，測定結果は放射線測定結果記録表に記録する.

ⅲ．放射線危険区域への隊員の進入は，原則として，交替要員が確保できた後に開始する.

D. 消防警戒区域等の設定

a. 消防警戒区域及び火災警戒区域

　ⅰ．住民等の安全確保及び現場における消防活動エリアを確保するため，測定器を用いた測定値（空間線量率）がバックグラウンドレベルを超えない区域に速やかに消防警戒区域を設定する．この場合，安全を見込んで十分に広いスペースを確保し，区域を縮小することはあっても拡大することがないように設定する．

　ⅱ．火災の発生するおそれが著しく大きいときには，火災警戒区域を設定し，その区域からの退去命令，区域への出入り制限及び火気の使用を禁止し，住民等の安全を確保する．

b. 放射線危険区域の設定

　放射線の測定値（空間線量率）が $0.5 \mathrm{~mSv/h}$ 以上の区域及び関係者等の情報から放射線被ばく（放射能汚染を含む．）の危険が高い区域を放射線危険区域として設定し，人命救助等でやむをえない場合を除き，原則として進入を禁止する．また，放射性物質等の輸送車両については，$0.5 \mathrm{~mSv/h}$ 以上の放射線が検出されない場合においても輸送容器から半径 $15 \mathrm{~m}$ の区域に放射線危険区域を設定する．

c. 除染区域の設定

　ⅰ．空間線量率がバックグラウンドレベルを超えない安全な場所に，隊員・要救助者及び資器材の汚染検査所及び除染所を設定し，汚染検査所及び除染所を含むエリアを除染区域とする．

　ⅱ．放射線危険区域から除染区域までの隊員の入退出経路及び傷病者の搬送経路にあっては，状況により放射線危険区域又は除染区域を設定する．

　ⅲ．災害の状況により，汚染拡大危険を考慮した範囲で設定する．

E. 要救助者の救出・救護

　ⅰ．要救助者を発見した場合は，被ばく又は汚染危険のある場所から，できるだけ危険の低い場所へ移動（ショートピックアップ）し，被ばくによる障害の軽減を図る．

　ⅱ．救助した要救助者は，放射線危険区域外に搬出し，一次トリアージ担当，汚染検査・除染担当に引き継ぐ．

F. 消火活動

　ⅰ．努めて施設に設置してある消火設備を活用する．

　ⅱ．管理区域内においては，放射性物質に直接注水することを避け，放射性物質の飛散および流出の防止を図る．

　ⅲ．管理区域内に注水する必要がある場合には，噴霧注水を原則とする．

　ⅳ．消火水による汚染拡大を防止するため，排水系統を確認するとともに，注水は最小限にする．

　ⅴ．不活性ガス固定消火設備（二酸化炭素およびハロゲン化物）を活用して消火する場合は，特に，酸素欠乏の二次災害の防止に努めるとともに，火災室の圧力増加に伴う汚染拡大防止に努める．

　ⅵ．関係施設の火災で，注水のための接近が隊員の被ばく防止上不可能な場合は，隣接

消防対象物への延焼防止を主眼に消火活動を行う.

ⅶ．汚染された煙が外部に噴出するおそれがある場合は，開口部の破壊または開放は，指揮本部長の指示による.

ⅷ．残火処理は，必ず施設関係者の立会いを求めて行うとともに，特に，危険区域では，トビ口，マンガ等を活用して行い，直接手で触れない.

ⅸ．RI関係施設周辺の火災の場合は，RI関係施設への延焼防止に配意して消火活動をする.

G．汚染検査及び除染活動

ⅰ．汚染検査及び除染は，除染区域内に設置した汚染検査所及び除染所において，放射線危険区域内で活動した消防隊員，関係者，要救助者及び使用した消防装置について行う.

ⅱ．汚染検査及び除染は，原則として施設内の汚染検査室及び除染室を活用する．ただし，汚染検査室及び除染室がない場合又は使用できない場合は，空間線量率がバックグラウンドレベル以下で汚染の拡大を防止できる場所に汚染検査所及び除染所を設置する.

ⅲ．汚染検査及び除染は，原則として施設関係者に行わせ，状況により除染担当の隊を指定し，実施させる.

ⅳ．汚染検査所において，1次トリアージを実施後に歩行可能者にあっては詳細検査，歩行不能者にあっては緊急検査を実施する.

　・要救助者及び関係者は，汚染検査所において，乾的除染後に詳細検査を実施する．傷病程度が重く緊急に救命処置が必要と判断される場合は緊急検査を実施し，必要により乾的除染を実施後，速やかに医療機関へ搬送する.

　・隊員は，汚染検査所において，防護衣等を着装した状態で詳細検査を実施する．ただし，汚染の可能性が高いと判断される場合は，防護衣を検査前に離脱し，その防護衣を汚染物袋等に密閉した後に呼吸保護具を着装した状態で詳細検査を実施する.

　・資器材等は，1箇所に集中管理し，詳細検査を実施する．必要により，監視人を置くとともに，警戒ロープ，標識を掲出し，紛失及び移動等による二次汚染の防止に努める.

ⅴ．汚染検査により，汚染が認められた場合は除染を行う.

　・要救助者及び関係者は，放射性物質専用除染液等を用いて，皮膚等を拭き取りにより除染する.

　・隊員は，防護衣を離脱し，その防護衣を汚染物袋等に密閉後，詳細検査を実施する．さらに汚染が認められた場合には，乾的除染を実施し，再度，詳細検査を実施する．乾的除染後に汚染が認められた場合は，ⅱによる除染を実施する.

ⅵ．汚染が認められた装備資器材は，事業主に処理を依頼する.

ⅶ．除染実施後は，指示があるまで，絶対に喫煙及び飲食はしない.

ⅷ．汚染が認められた装備資器材は，除染の結果，再使用できるものは除き，原則とし

て再使用しない.

H. 被ばく時の措置

ⅰ. 急激に高線量率の放射線を被ばくしたとき又は放射性物質等による汚染を受けたときは, 直ちに放射線危険区域から脱出し, 汚染検査・除染実施後, 緊急被ばく医療機関で受診する.

ⅱ. 創傷部が汚染された場合は, 直ちに活動を中断し, 汚染検査・除染実施後, 緊急被ばく医療機関に受診する. 創傷程度が重い場合は, 緊急検査を実施し, 身体全体を被覆して汚染拡大措置を実施後, 緊急被ばく医療機関に搬送する.

（桜井　高清・石川　義彦）

15・12　特異災害消防活動要領

15・12・1　地 下 街 火 災
（1）火 災 の 特 性

A. 状況特性

ⅰ. 外部から視認できる事象が局限され, また内部構造による地下街固有の風の流れ等により, 火点から離れた思わぬ出入口から噴煙する等, 地上からの災害予測, 状況判断が困難である.

ⅱ. 地下では, 空気の供給が限定されるため, 不完全燃焼が進み, 酸欠状態を呈することがある. また, 多量に発生する煙により広範囲に煙汚染のおそれがある.

ⅲ. 地下街は, 鉄道駅舎やビルと複雑に通じている場合が多く, これら駅舎やビルへ濃煙熱気の流入と延焼危険がある. また, 地下街隣接区画やさらにはダクト等により上階への延焼危険がある.

ⅳ. 消防活動が立体的, かつ閉鎖区画内となり, 消防力が分断されるとともに無線障害

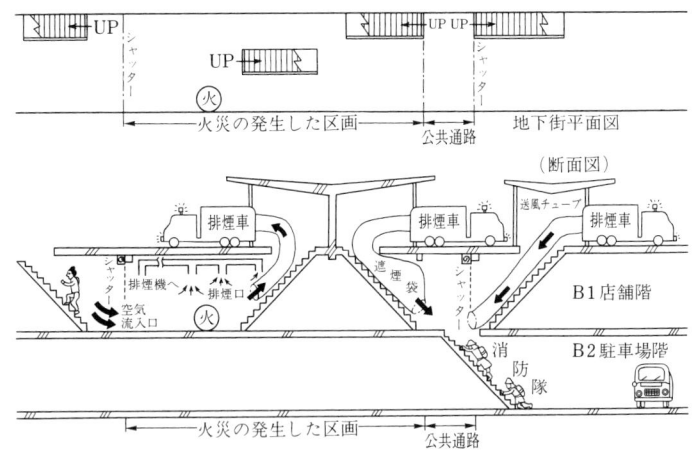

図 15・55　排煙車活用による排煙, 排熱要領

が生じやすい.

B. 活動特性

i. 進入には,階段を使用することとなるため,進入方向が偏りやすい.また,進入路が限定されるため,活動態勢の確立までに時間を要する.

ii. 大気中への熱放射が少ないため,濃煙熱気が充満するなかでの消防活動が強いられ,隊員の体力消耗が激しい.さらには,長時間燃焼が継続すると,熱気の蓄積により活動はきわめて困難になる(図 15・55).

iii. 地下街は,立体的および平面的に複雑な構造となっており,独特の気流がある.したがって,延焼状況や放水および排煙の状況等によって,上階から下階への煙の誘引,閉鎖シャッターの開放による煙の逆流等のおそれがある.

(2)基 本 戦 術

A. 指揮の原則

a. 人命救助の最優先

人命の検索・救助行動・避難誘導を最優先とする.

b. 指揮本部の設置場所

i. 現場全体を把握しやすい地上で,指揮活動に便利な場所

ii. 無線通信補助設備の接続端子付近

iii. 避難動線,避難通路と競合しない出入口付近

iv. 現場救護所の付設できる広い場所で,かつ周辺の道路状況の良い場所

v. 指揮隊車等による警防本部との連絡が容易である場所*

c. 前進指揮所(活動拠点を含む.)の設置場所

i. 煙汚染がなく,出火場所に近い指揮活動に便利な場所

ii. 指揮本部と通信確保のできる場所

iii. 非常電話設置場所付近

iv. 資器材の集結できるスペースのある場所

d. 火勢制圧態勢

火災による被害は,最小の防火区画内に止めるよう努める.

e. 部隊配備の原則

i. 給気階段等,進入可能な出入口に筒先及び救助隊員を配備する.

ii. 排気側は,原則として警戒筒先とし,排煙効果を防げるスプレー注水等は行わない.

B. 活動の原則

i. 消防活動は,人命救助および避難誘導を最優先とし,指揮本部長の統制および活動方針のもとに行うものとする.

ii. 消防活動は,消防隊と共同防火管理組織とが有機的な連携を図るとともに,消火活

---

* 地下街の防災センターの多くは,地下1階又は地下2階に設置されているので,防災センターに指揮本部を設置すると,災害現場全体を把握することが困難となる.

　　動上必要な施設等を有効に活用する．なお，危険な範囲での活動は消防隊が担当する．

　ⅲ．消防活動は，所要の部隊および資器材を早期に集結し，被害の軽減および活動の効
　　　率化を図る．

　ⅳ．消防活動にあたっては，隊員行動の統制と把握を強化し，活動の効率化および安全
　　　管理の徹底を図る．

　ⅴ．避難誘導時の状況によっては，消火活動を一時中断して，防火戸，シャッター等の
　　　閉鎖を行い，共用通路および階段等の煙汚染防止措置を優先させる．

（3）消　防　活　動

A．情報活動

　ⅰ．対象物の状況

　　・内部構造・用途・収容物・階段の種別・位置および防火区画の有無

　　・エレベーター・空調（換気）設備の運転状況

　　・ダクト・パイプシャフト・エスカレーター・階段・電線管シャフト等縦穴の位置，
　　　または横穴開口部の状況

　ⅱ．災害実態

　　・火点・延焼範囲・煙の拡散状況

　　・防火区画，シャッター・防火戸・防火ダンパー等の開口部の開閉状況

　　・消防用設備等の作動状況

　　・逃げ遅れ状況（煙汚染範囲内の避難または要救助者の状況）

　ⅲ．人命危険

　　・営業実態および在館者の状況

　　・避難者からの情報

　　・逃げ遅れの階層・位置

　ⅳ．活動危険

　　・ガス，危険物・爆発物・RI 等の有無

　　・変電設備等の状況

　ⅴ．防災センターにおける情報収集

　　・出火場所の状況（階・位置・用途），火災発生区画の名称

　　・屋内消火栓およびスプリンクラー等の設置・作動状況

　　・消防用水・連結送水管および連結散水設備の設置状況

　　・シャッター・防火戸および排煙設備等の設置・作動状況

　　・防火ダンパーの作動状況

　　・非常電話・非常放送・無線通信補助設備等の設置状況

　　・空調機の運転状況

　　・階段室の扉の開閉状況

B．指揮活動等

a．組織活動の徹底

　指揮本部長は，常に部隊の現況を把握し，部隊を統制する．

b．進入統制

　濃煙内での活動は，進入活動隊を明確に指定するとともに，他隊の進入統制を徹底する．

c．無線統制

　必要により携帯無線を統制する．

d．署隊本部との連携

　署隊本部との連携を図り，建物の実態把握に努める．

C．進入路設定活動

a．活動拠点の設置等

　ⅰ．活動拠点は，原則として煙汚染の少ない火災室隣接区画または特別避難階段等に設
　　　置する．

　ⅱ．活動拠点に資器材等を搬送・確保し，活動支援を行う．

　ⅲ．活動拠点には，担当指揮者を指定し，体制を強化する．

　ⅳ．活動拠点の指揮者は，指定隊以外の常駐を禁止する等により拠点の混乱化を防止す
　　　る．

b．進入路確保等

　ⅰ．進入路は，避難階段での避難者との競合を避けて，噴煙量の少ない場所を優先して
　　　確保する．なお，進入路を確保した場合は各隊に徹底する．

　ⅱ．人命検索または火点検索のため，火災室進入口（路）の確保にあたっては，火災階
　　　の通路廻りおよび階段室の出入口扉を閉鎖し，通路・階段・上階等に煙が進入しない
　　　ように措置する．また，噴霧注水を行い階段室へ煙が流入しないようにする．

D．検索救助活動

a．進入時の措置

　ⅰ．対象物の状況，災害実態，人命危険および活動危険等の情報を全隊員に周知徹底す
　　　る．

　ⅱ．進入は，2名以上1組として行い，ロープを展張し退路を確保する．

　ⅲ．進入に際しては，呼吸保護器を着装し，進入前に点検を確実に行うほか，進入隊員
　　　名，進入時間等をチェックする．

　ⅳ．活動拠点において，呼吸保護器の空気圧および使用時間を確認する．

　ⅴ．検索区画指定に基づき，関係図面により各隊ごとに検索順路等を設定する．

　ⅵ．進入時には，援護筒先および照明等を確保する．

b．避難誘導等

　ⅰ．非常放送設備または携帯拡声器等を用いて，避難者の不安を軽減し，落ち着くよう
　　　呼び掛けてパニック防止を図る．

　ⅱ．避難誘導は，状況により消防隊が直接行うものとし，避難方向，活用する避難階段
　　　等について具体的に避難者に指示する．誘導先は，消防隊の活動上支障のない地上広
　　　場とする．

　ⅲ．誘導経路は，給気側直近の出入口階段を選定する．なお，重層で火災階の直下階を
　　　活用できる場合は，これを利用した迂回誘導も考慮する．

ⅳ．地上への出入口には，隊員を配置して誘導を行う．

c.　検索担当区域の指定および救助行動等

ⅰ．検索救助の重点場所および検索順序は，情報に基づく場所を最優先とし，順次，火
点周囲，出入口付近，排煙側通路と同階段，通路の行き止まり部分，主要通路，補助
通路，通路の交差付近，エレベーター，便所，部屋の隅等に拡大する．

ⅱ．時間的，距離的に判断して排気側から救助する必要があるときは，指揮本部長に報
告のうえ，排気側から送風および援護注水を行う．ただし，必要な場合に限る．
　給気側から送風および援護注水を行う．ただし，必要な場合に限る．

ⅲ．救出にあたり，簡易呼吸器等の活用により要救助者の呼吸保護に配意する．

d.　要救助者が多数ある場合の処置

救助行動は，第1段階として，煙汚染のない区画までの救出とし，救助効率を高める．

E.　火勢制圧活動

a.　火煙の抑制

ⅰ．空調設備の運転状況を確認し，必ず運転を停止する．

ⅱ．原則として，防火区画，防火戸，ダクトおよびダンパーの閉鎖等を行う．

b.　火勢の制圧

ⅰ．延焼阻止線の設定　　火災が拡大した場合は，原則として次の区画または部分に筒
先を配備して阻止線を設定する．

・シャッター，防火戸，ダクト，エレベーター，パイプシャフト等の防火区画

・主要通路部分

・接続建築物の接続部分

ⅱ．延焼阻止線に対する措置

・延焼阻止線に対して配備する筒先を多数必要とする場合は，二又分岐金具を活用す
るなど多口放水を図る．

・指揮本部長の決定した延焼阻止線のうち，筒先進入以外の防火区画に対しては，次
の措置を講ずる．

① 各防火戸の閉鎖

② 各ダクト，ダンパーの閉鎖

③ 防火区画を構成する壁体の亀裂，穴，配管貫通部周囲の埋め戻しおよびシャッ
ターケース上部の間隙の確認

④ 防火戸等周辺にある可燃物，営造物の除去

・延焼阻止線，防火区画外に煙が進入している場合は，噴霧注水，照明，空気呼吸器
等の所要の準備ならびに援護注水のもとで措置する．

ⅲ．消火手段の決定　　火災荷重，火勢，煙・熱気の状況および水損の影響等を考慮し，
次のいずれかまたは複数併用により制圧する．

・スプリンクラー設備等固定消火設備の活用による消火

・スプレー注水，ストレート注水による消火

・高発泡放射による消火

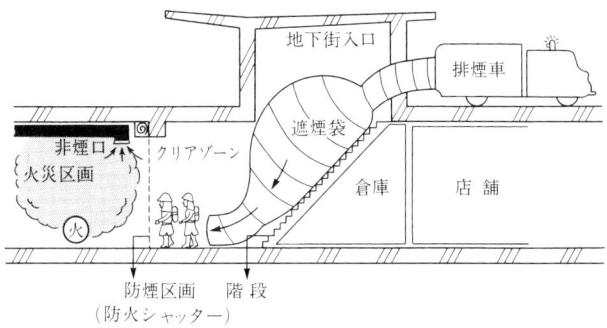

図 15·56　排煙車の送風によるクリアゾーン設定要領

- ・変電室等電気設備火災
  - ①　火災建物外部または内部の受変電設備による電源の遮断を，電気事業者または関係者に指示する．
  - ②　火災室を密閉し，二酸化炭素消火設備等固定消火設備を活用して消火する．（要救助者なしの確認後）
  - ③　高発泡放射による消火
  - ④　スプレー注水
- iv．火災室進入およびホース延長
  - ・高圧スプレー注水の援護のもとに進入する．
  - ・防火戸，防火シャッター等の開放または破壊に際しては，バックドラフトを防ぐためスプレー注水で援護する．
  - ・送風加圧および遮煙袋を併用して，クリアゾーンを設定し進入する（図15·56）．
  - ・消防隊専用放口からのホース延長に際し，付室の防火戸を通過する場合は，付室の煙汚染防止に配意する．
- v．火勢制圧
  - ・消防隊専用放口を活用する．
  - ・筒先は，火炎にできるだけ接近して燃焼実体に注水する．また，状況に応じ，天井または壁体を利用した散水および反射注水を多用する．
  - ・注水開始時は，火煙の吹き出し，吹き返しがあるため，低姿勢，遮蔽物利用の配意をする（図15·57）．
  - ・状況により高発泡による消火に配意する．
  - ・拡大火災では，燃焼実体に対するストレート注水及び噴霧注水による排熱，排煙を併用しながら消火活動を行う．
- F．警戒筒先配備
  - i．警戒筒先は，火災室に対面し，延焼経路となるおそれのある次の場所に重点配備する．
    - ・排気口付近

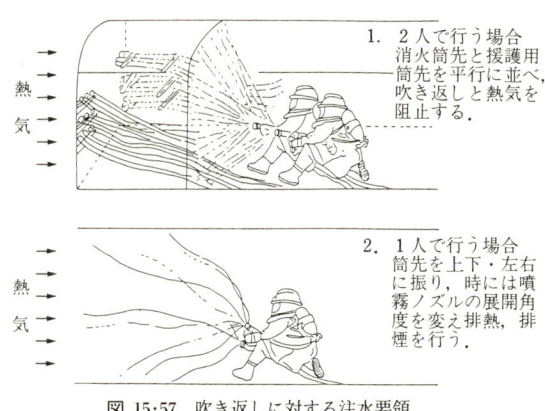

1. 2人で行う場合
消火筒先と援護用
筒先を平行に並べ,
吹き返しと熱気を
阻止する.

2. 1人で行う場合
筒先を上下・左右
に振り, 時には噴
霧ノズルの展開角
度を変え排熱, 排
煙を行う.

熱気

図 15・57　吹き返しに対する注水要領

　　　・上階に通ずる出入口, 階段
　　　・地下街と接続建築物との接続部
　　　・交通機関との連絡口
　　　・公共用通路
　　　・火災室に面する防火区画のダクト等貫通部分
　　ii. 警戒筒先は, 筒先まで送水し, 筒先側に増加ホースを準備しておく.
　　iii. 指揮本部長から警戒解除命令があるまで絶対に担当場所を離れない.

G. 水損防止活動
　　i. 重点場所
　　　・火点直下階
　　　・発（変）電設備・コンピュータ施設および光学機器室等の重要機器室
　　　・エレベーターシャフト等
　　ii. 水損防止
　　　・火災規模, 用途等に適応した筒先選定と注水統制を行う.
　　　・火災室直下階に変電室, 電子計算機室等水損により著しい被害を生ずる施設（室）
　　　　がある場合は, 水損防止措置を講じた後に注水し, 必要最小限度の注水にとどめる.
　　　・火災室に固定消火設備が設置されている場合は, 当該施設を有効に活用する.
　　　・コンピュータ・光学機器・楽器等は, 防水シートで被覆し, 機能保持に努める.
　　　・放水開始後, 速やかに火災室下階に防水シートを展張する.

（4）安　全　管　理
　指揮本部長は, 濃煙内の活動では, 前進指揮所の指揮者を進入管理者に指定し, 進入隊隊
長とともに, 次により進入隊員を確実に統制・管理させる.
　　　・進入隊員の呼吸保護器の完全着装
　　　・携帯警報器の完全着装
　　　・複数隊員による連携進入態勢

・確保ロープの展張状況の確認

・進入経過時間等の隊員カードへの記入

・退出隊員の進入管理者への報告の徹底

・固定消火設備が作動している室内へ進入する際の安全確認

（西形　國夫・塩沢　勉・石川　義彦）

15・12・2　地下鉄火災
（1）火災の特性
A．状況特性

ⅰ．閉鎖空間での火災であり，濃煙，熱気の充満により火点の特定，災害状況の把握が困難である．なお，換気口からの発煙により119番通報等された場合は，地下鉄の火災であるのか洞道等の火災であるのかは，判断を要する事項である．

ⅱ．地下鉄には多数の乗客がおり，火災発生時にはこれらの者が同時に要救助者となるおそれがあり，また，駅舎に到達した避難者は多数の出口から無秩序に脱出することが予想される．

ⅲ．トンネル内への進入には電力の供給を遮断しなければならず，また，関係路線の通行停止，換気口の開閉についても関係者の活用が不可欠である．

ⅳ．地下への進入は，一部の換気口を除いて駅舎部分に限定され，ここからの火点への接近は，線路，枕木，バラスト等による足場の悪い長大なトンネル内を通過しなければならない．また，運行状況によっては，火災車両の手前に停車している車両の存在も予想される．

ⅴ．トンネル内は狭あいであり，複線トンネルでは車両の片側が，単線トンネルでは両方が，側壁との間隔が数十センチメートルしか確保されていない．

ⅵ．路線によって集電方式が異なり，「架空電車線方式」と「第三軌条方式」とがある．

B．活動特性

ⅰ．地下への進入口が限定されるため，進入口から火点までの距離が長くなる場合が多い．

ⅱ．地下という比較的密閉された空間のため，濃煙熱気が充満しやすく，出火箇所の確認と災害実態の把握が困難である．

ⅲ．通勤時間帯に火災が発生した場合は，多数の要救助者の発生するおそれが高く，救助活動及び避難誘導等に困難を極めるほか，避難動線と消防隊進入路が競合するなど消防活動が制約されるおそれがある．

ⅳ．消防力が地下部分と地上部分とに分かれる．また，地上における消防部隊の配備場所も広くなり，立体的で広範囲の消防活動を展開せざるを得なくなる（図15・58）．

ⅴ．地下空間内の消防活動であるため，消防無線の不感や電波障害等により無線交信に支障をきたし，また，トンネル内は暗く，強力な照明が必要である．

ⅵ．地下駅舎と地下街等が複雑に通じている場合が多く，駅舎から地下街等への濃煙熱気の流入と延焼危険がある．また，ダクト等により地下街隣接区画や上階への延焼危

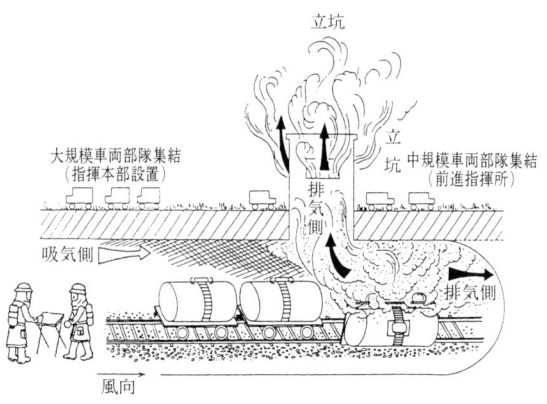

図 15·58　部隊配備状況

　険がある.

（2）基　本　戦　術

A．指揮の原則

ⅰ．人命救助の最優先　　人命の検索救助行動，避難誘導を最優先とする.

ⅱ．災害実態把握　　駅務員等関係者からの聞き込み，煙・熱の流動状況からの判断等，
多角的に情報収集を行い，迅速に災害の実態を把握する.

ⅲ．活動方針の決定　　指揮本部長は，災害実態およびトンネル実態等を早期に把握し，
的確な状況判断のもと，人命検索救助，避難誘導および火勢制圧等についての活動方
針を決定する.

ⅳ．活動方針の周知と確認　　活動方針（変更含む）は，各級指揮者を通じて全隊員に
周知するとともに，全隊から確認をとる.

B．活動の原則

消防活動は，的確な状況判断のもと厳格な活動統制下で対応する.

ⅰ．消防活動は，要救助者の検索救助を最優先とし，乗客等の避難誘導および車両の火
勢制圧を主眼とする.

ⅱ．進入口は，煙の流動方向を早期に把握し，給気側に設定する.

ⅲ．煙の噴出している換気口等からの進入は厳禁とする.

ⅳ．指揮本部は，原則として進入口側の駅に設置する.

ⅴ．トンネル内への進入は，安全管理体制および後方支援体制を確立して行う.

ⅵ．トンネル内の消防活動は，隊員の行動を強く統制するとともに，担当指揮者を指定
し，活動範囲および任務を明確にして行う.

ⅶ．指揮本部長および最先到着隊長等は，黒煙等を認知した場合には，救助隊および応
援指揮隊等の必要部隊ならびに空気呼吸器等の必要資器材を早期に要請する.

（3）消 防 活 動

A．出場時の措置

ⅰ．出場隊は，警防計画及び指揮資料等の資料を積載して出場する．

ⅱ．指揮隊及び救助指定中隊は，出場報告時に出場先の駅名（入口名）等を付加する．

ⅲ．後着隊は，長距離のホース延長を考慮する．

B．情報収集

ⅰ．駅設置の各種防災設備，構内監視用カメラ，鉄道無線等を関係者の協力のもと活用し，効率的な情報収集を行う．

ⅱ．消防ヘリにより上空から，出入口，換気塔等からの煙の噴出状況等の情報収集を行い，トンネル内の煙の流動方向，火点の位置等の特定に活用する．

ⅲ．関係者から次の事項を重点とし収集し，初期段階で収集されている事項はより詳細に確認する．

- ・延焼状況（駅舎，車両）
- ・火災車両の停車位置（駅間トンネル内，駅舎及び上下線の別）
- ・火災車両の列車の編成数及び火災発生車両
- ・単線又は複線トンネルの種別
- ・煙の流動方向
- ・火災路線及び火点の両側の駅において連絡している路線（以下「連絡路線」という．）の車両運行の停止状況
- ・電力供給遮断の有無及び範囲並びに後続車両の位置
- ・避難状況（要救助者の有無，避難方向）
- ・負傷者の有無，人数
- ・関係者の初動措置内容
- ・排煙（換気）設備の作動（制御）状況
- ・出火場所付近の換気塔等の位置並びにその活用の可否
- ・火災車両と運輸指令所等との連絡内容
- ・火災車両の緊急停止装置（非常ブレーキ）の作動状況
- ・トンネルの構造（勾配，深度，換気設備等）

表 15·22　車両の混雑状況

混雑率 （目安）	混雑状況
100%	定員乗車（座席につくか，つり革につかまるか，ドア付近の柱につかまることができる．）
150%	広げて楽に新聞を読める．
180%	折りたたむなどすれば新聞を読める．
200%	体が触れ合い，相当圧迫感があるが，週刊誌程度なら何とか読める．
250%	電車が揺れるたびに体が斜めになって身動きができず，手も動かせない．

ⅳ．活動隊を指定して，次の事項を状況把握する．

　　・地上の換気塔等から噴出している煙の状況（噴出範囲，濃さ，勢い）

　　・地上の避難口からの避難状況（人数，負傷者の有無）

　　・換気塔等からの付近建物への影響（煙の流動，延焼の有無，延焼危険性）

　　・駅長室へ情報指揮隊等を派遣し，運輸指令所等に集約される情報のうち，現場で収集できない事項を把握する．

ⅴ．避難者から乗車していた車両の混雑状況を聴取し，次に示す混雑率の目安を参考として乗車人数を推測する（表15·22）．

C. 指揮活動等

a. 指揮本部の設置

ⅰ．駅間トンネル内での火災の場合は，直近駅又は隣接駅（直近駅と反対側の駅をいう．以下同じ．）で給気側の地上部分

ⅱ．避難動線，避難通路と競合しない出入口付近

ⅲ．無線通信補助設備の端子のある付近（図15·59）

b. 活動方針等

　ⅰ．指揮本部長は，次の事項を重点に活動方針を決定する．

図 15·59 換気所の無線通信補助設備と連結送水管放水口.

　　・濃煙等の状況から判断し，進入口，救出口および排気口を決定する．

　　・乗客等の避難誘導の方向および場所ならびに検索救助の方法を決定し，進入隊および資器材を決定する．

　　・火災車両の火勢制圧のため，火災車両の位置を確認し，ホース進入口を決定する．

　　・進入口側への濃煙の流動等火災状況に変化があった場合には，速やかに活動方針の変更を行う．

　ⅱ．活動方針に基づく活動隊および任務を具体的に決定する．

c. 指揮本部長の措置

　ⅰ．延焼中の場合は，活動隊の増強ならびに救助隊，救急隊および補給隊等を要請する．

　ⅱ．出火駅が排気側となり進入困難な場合は，隣接駅及び進入可能な換気塔等に部隊を応援要請する．

　ⅲ．指揮本部設置駅以外の隣接（直近）駅および地上の換気口等の必要な箇所に，応援指揮隊および活動隊を指定し，救助，警戒および排煙等の任務を行わせる．

　ⅳ．関係者と連絡を密にして，次の措置を行う．

　　・火災路線および連絡路線の運行，送電の停止を関係者に指示する．

　　・煙の流動状況および換気口等を考慮し，進入口および進入方向を決定する．

　　・換気口塔等の開放等の関係者による初動措置内容を確認する．

　　　・指揮本部の反対側駅の特定隊に，避難状況および火災状況の確認，警戒等の措置を
　　　　させる．
　　　・進入に必要な噴霧注水，送風または排煙の要否を決定する．
　　　・投光機を集結させ，トンネル内全域の照明を確保する．
　　　・早期に前進指揮所を設置し，無線通信補助設備等を活用して，指揮本部等との通信
　　　　体制を確保する．
　　　・排煙高発泡車等の特殊車隊，救助隊および救急隊等の必要部隊を早期に要請して，
　　　　活動体制を確保する．
　　　・長時間の活動が予想されるときは，交替要員ならびに空気ボンベ等の資器材，給食
　　　　および冷水等の補給品の確保を行うなど，支援体制を確立する．
　　iv．局面指揮等の任務指定を早期に行い，指揮本部の機能強化を図る．
　　v．トンネル内に連結送水管，非常コンセント設備および非常電話等の消防活動上必要
　　　　な施設が設置されている場合は，それらを有効に活用して消防活動の効率化を図る
　　　　（図 15·60）．
　　vi．無線および有線通信手段を確保し，活動方針および火災状況の変化等の重要情報を
　　　　各級指揮者を通じて全隊員に周知徹底する．

d．前進指揮所の設置等

　　i．前進指揮所の設置場所は，次に例示する資
　　　　器材の集結及び指揮本部との交信に支障のな
　　　　い安全な場所とする．

　　　・非常電話設置場所付近
　　　・駅を経由して進入する場合は進入駅のプ
　　　　ラットホーム
　　　・換気塔等から進入する場合は，付近の地上
　　　　部分

図 15·60　トンネル内連結送水管送水口

　　　・駅事務室には防火管理の機能が集約され，
　　　　駅によっては，駅事務室に専用の空調が設置されていることから，活動拠点として
　　　　使用可能な駅事務室等を事前に把握し活用する．
　　ii．前進指揮所の運営は，応援指揮隊をもって行う．
　　iii．前進指揮所では，次の任務を行う．
　　　・活動方針に基づく局面指揮
　　　・担当局面の災害状況の把握
　　　・隊員カードの活用による進入・脱出の管理および活動統制
　　　・指揮本部との連絡
　　iv．前進指揮所と指揮本部は，携帯無線機またはインターホン等により常に連絡ができ
　　　　る体制を確保する．

e．資器材の集積管理

　　活動資器材の管理を専従とする特定隊を指定し，次の場所で資器材を集中管理して効率

的な運用を図る.

　　i．指揮本部　　　排煙機, 破壊器具 (空気式, 電気式, エンジン式), ガス溶断器, 呼吸
　　器, 油圧式救助器具, 防水シート等

　　ii．前進指揮所または火点直近の活動拠点　　　空気ボンベ, 投光器, 投光器用発動発電
　　機, ホース, 単はしご, 携帯無線機用バッテリー, 検索ロープ, ケミカルライト等

　　iii．換気塔等で進入に使用した場所　　　空気ボンベ, 投光器, 投光器用発動発電機,
　　ホース, 検索ロープ等

D．進入要領

a．地下への進入

i．進入路は, 避難階段での避難者との競合を避けて, 給気状態又は噴煙量の少ない場所
を優先する. 業務用の通路が設置されている場合は, 積極的に活用する.

ii．進入路が煙で汚染され, かつ移動距離が長くなる場合は, 次の要領による. なお, 送
風による火勢助長に配意する.

　　・排煙高発泡車等の活用により階段室等を排煙し, 進入路を設定する.

　　・排煙高発泡車の遮煙袋を地下階へ設定し, 活動拠点及び要救助者の一時救出場所とし
　　て活用する. なお, 熱気の影響を受けない場所に設定する.

iii．火災規模が比較的小さい場合には, 火源に近い防火シャッターを早期に閉鎖し, 消防
隊はくぐり戸を活用して活動するとともに, 火源から遠い階段を利用者の避難階段とす
るなど, 避難者と消防隊の動線を分離する.

iv．進入時は, 駅舎等の階層・構造, 火災状況, 人命危険及び活動危険の情報を全隊員に
周知徹底する.

v．進入時は, 呼吸器の点検及び着装を行うとともに, 隊員カード等を活用し, 進入隊員
名及び進入時間等をチェックする.

vi．進入は, 必ず2名以上を1組とし, 検索ロープの展張及びケミカルライトの活用など
により退路の確保を図って行う.

vii．進入する場合は, 懐中電灯, 投光器, 単はしご等を携行する.

viii．呼吸器を着装して, 地下駅舎及びトンネル内に進入する際は, 帰路で消費する空気量
を考慮した活動時間を設定する.

ix．呼吸器は, 活動環境に応じて使用し, 不必要な消費を避け活動時間を確保する.

b．トンネル内への進入

i．駅出入口が排気側となっている場合, 又は駅間トンネル内での火災で気流の方向によ
り, 直近駅からの進入が困難な場合は, 隣接駅や進入可能な駅間換気塔等から進入す
る.

ii．換気塔等からの進入に当たっては, 指揮本部と連絡を密にし, 状況変化に対応できる
呼吸器, 警戒筒先等の安全措置を行うものとする.

iii．浸水防止が設置された換気口からの進入は原則禁止とする.

　　ただし, 救助等のため進入する必要がある場合は, 運輸指令所等, 駅舎及び設備を管
理する部署等への安全確認を行うとともに, 換気口の構造を把握している鉄道事業者職

員に開放を依頼し，当該職員とともに進入するものとする．

iv．進入は，車両運行の停止及び電源の遮断を確認した後に行う．

v．トンネル内に煙が滞留している場合は，噴霧注水又は排煙高発泡車等からの送風による排煙態勢のもとに進入を行う．

vi．進入時は，トンネル構造，勾配，火災状況，人命危険及び活動危険の情報を全隊員に周知徹底する．

c．車両への進入

i．列車の最前部及び最後部の乗務員室から進入する場合は，扉内部に折り畳み式はしご又は車両外部にタラップ等が設置されているので活用する．

ii．車両側面の窓からの進入の場合は，単はしごを活用する．

iii．車両側面の扉の開放は，車両外部の扉開放コック（赤色又は白色塗色）により操作する．

E．救助活動

a．避難誘導

i．パニック防止を図るため，適宜な場所に誘導員を配置して携帯拡声器等（反響音を発生させない音量にする）を用いて呼び掛けるなど，避難者の不安を軽減する．

ii．避難誘導は，照明器具およびケミカルライト等を活用し，避難方向および避難口等の避難経路について，具体的に指示して行う．

iii．トンネルからの避難時には，足元の線路および枕木等に注意させ，誘導者はロープを用いて誘導する．

iv．誘導は，避難口から直接に地上へ誘導するか，または駅舎へ誘導する．

v．誘導経路は，給気側直近の出入口階段を選定する．

vi．地上への避難口には，必ず誘導を行う隊員を配置する．

b．救助要領

i．濃煙熱気および延焼中の車両からの救助活動は，援護注水のもとに行う．

ii．車両内には要救助者が多数あるものと考え，当初から必要部隊を救助活動にあてる．

iii．自力歩行不能の傷者等を優先的に救助し，自力歩行可能者は避難誘導する．なお，車両からの救出時には，単はしごおよび座席のシートの活用を図る．

iv．救助した傷者等は，前進指揮所等の安全な場所まで一時的に救出し，その場所からは他の隊に対応させる等，救助効率を高める．

v．救助活動は，肉体的および心理的に困難な活動を強いられるため，随時交替して行う．

F．消火活動

i．消火は，注水によることを基本とし，延焼防止を主眼とする．

ii．消火は，給気側（進入側）から行うことを基本とする．

iii．連結送水管等の消防活動上有効な設備が設置されている場合は，これを有効に活用する．

　iv．消火ホースの延長は，火災車両の停止位置付近の換気口および換気所等を有効に活用して行う．

　v．単線トンネルで上下線連絡路がある場合，または複線トンネルで上下線の区画があり，その区画に防火扉がある場合には，火災が発生していない路線側をホース延長し，火災発生場所付近の進入側に近い連絡路または防火扉から火災路線に進入して消火活動を行う．

　vi．消火活動は，照明器具を効果的に活用する．なお，非常用コンセント設備が設置されている場合は，これを活用する．

　vii．排気側には警戒筒先を配備する．

（4）安　全　管　理

i．地下鉄火災では活動危険が高いことから，組織的な安全管理体制を確立し，トンネル内の状況や活動上の危険要因を活動隊に周知させるほか，隊員の行動等について監視を行う．

ii．個人装備資器材及び救助資器材等は，濃煙熱気内で長時間の消防活動が要求されることから，確実な点検を行って搬送する．

iii．防火衣及び呼吸器等の個人装備は，完全に着装する．

iv．進入は，必ず車両運行の停止及び電力供給の遮断を確認した後に実施する．

v．消防活動は，投光器等の照明器具を有効に活用する．

vi．線路や枕木等に十分注意し，照明器具を活用して進入する．

vii．進入は2名以上とし，携帯警報器は必ず電源（入）を確認する．

viii．鉄道車両は，ステップの位置が線路上から高方にあるため，車両への進入及び脱出には十分注意する．

ix．緊急停止装置（非常ブレーキ）が未作動の場合は，列車の最前部及び最後部の乗務員室又は車両外部に積載されている車輪止（手歯止め）を活用して車両の固定を行う．

x．歩道上等に設置された換気口には，雨水が大量に流入した場合に自動的に鋼製の蓋が閉鎖される浸水防止機が設置されているものがあり，消防隊による注水等により隊員の挟み込み又は閉じ込めのおそれがあることから，「15・12・2（3）D．b．iii」の部分による．

（西形　國夫・塩沢　勉・石川　義彦）

15・12・3　洞　道　火　災

（1）火　災　の　特　性

A．状況特性

　i．洞道という地下の線状工作物であり，地上にある建築物に比較すると，点検用の入口や換気口等の進入可能な場所が格段に少ない．

　ii．洞道内に敷設されている電話ケーブル，電力ケーブルおよびその他のケーブル等は，絶縁および外装材料としてポリエチレン，ポリ塩化ビニル，合成ゴムや絶縁油などが用いられているものがあり，一度燃焼すれば高い温度の濃煙や有毒ガスが発生し，換気口が限定されていることから洞道内に充満する．

　　iii．内部の配線ラックや配管による足元の障害および高熱によるコンクリートの剝離，
　　　　爆裂などがある.

　　iv．洞道内施設物の直接的被害のほか，電話の不通，電力供給の停止，金融機関等のコ
　　　　ンピュータオンラインの停止によるデータ通信網の混乱など，洞道火災の発生はライ
　　　　フラインの途絶という社会的，経済的に大きな影響を与える.

B．活動特性

　　i．進入口が少ないことから，活動する消防部隊の数が制約され，かつ，進入方向が限
　　　　定される．したがって，少人数による消火活動や一方向からの消火活動を強いられ，
　　　　長時間の消防活動となる.

　　ii．火災発生時には，洞道内に濃煙熱気，有毒ガスが充満し，火点や燃焼範囲等の確認
　　　　などの状況把握が困難である.

　　iii．洞道内進入時の吹き返し，内部の配線ラック等による足元の障害等，きわめて困難
　　　　な消防活動が強いられる.

　　iv．洞道内の被害把握が困難な上，周辺地域に波及的に発生する被害が視覚的に把握で
　　　　きないため，被害実態の把握が困難である.

　　v．消防部隊が地下と地上に分断されるほか，洞道に沿って広範囲に分散されるため，
　　　　消防部隊の活動を強く統制するとともに，指揮命令等の伝達を徹底する必要がある.

　　vi．情報関連災害は被害が火災現場付近だけではなく，関連する通信情報網全域に及ぶ
　　　　おそれがあるため，火災現場における消火活動や人命検索活動と，報道対応や通信途
　　　　絶に伴う対策の確立という二面の対応が求められる.

（2）基　本　戦　術

A．指揮の原則

　　i．人命検索救助最優先　　人命検索救助を最優先とする.

　　ii．災害実態の把握　　管理機関職員および工事人等からの聞き込み，煙・熱の流動状
　　　　況，洞道の経路ならびに構造からの判断等多角的に情報を収集して災害の実態を把握
　　　　する.

　　iii．活動統制　　消防部隊の活動を強く統制し，安全の確保および長時間活動体制の確
　　　　保を図る.

　　iv．活動方針の決定　　指揮本部長は，災害実態および被害規模の予測を行い，明確な
　　　　活動方針を決定する(図15·61).

　　v．活動方針の周知と確認　　活動方針（変更を含む）は，各級指揮者を通じて速やか
　　　　に全隊員に周知するとともに，全隊長から確認をとる(図15·61).

　　vi．指揮本部の機能強化　　社会的，経済的に大きな影響を及ぼすことから，局面指揮
　　　　等の任務指定を行い，指揮本部の機能強化を図る.

B．活動の原則

　　i．指定洞道等における消防活動は，人命検索救助を最優先とし，洞道内の敷設物およ
　　　　び接続している建物への延焼防止を主眼とする.

　　ii．洞道内に進入して消防活動を行う場合は，指揮体制，安全管理体制および後方支援

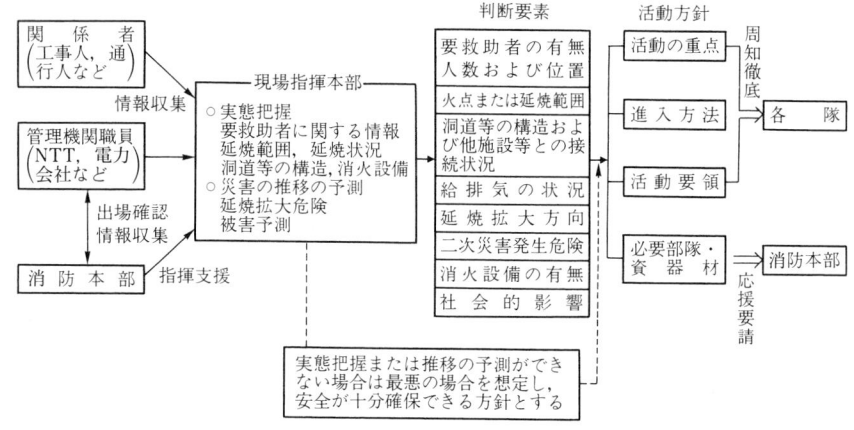

図 15·61　活動方針の決定および徹底

体制を確保した後に実施する.

iii. 社会的に大きな影響を及ぼし，かつ，消防活動が広範で長時間にわたるおそれがあることから，前進指揮所の設置および局面指揮等の任務指定を行い，指揮本部機能の強化を図る.

iv. 常に活動部隊との通信連絡手段を確保し，活動方針，活動範囲および火災状況の変化等の重要情報を各級指揮者を通じ全隊員に周知徹底する.

v. 火災の推移に対応できるよう指揮隊，特別救助隊，化学車，排煙車等の消防部隊および耐熱服，酸欠空気危険性ガス測定器等の必要資器材を早期に要請する.

vi. 早期に指定洞道等の管理者，敷設者（以下「管理者」という）および現場の関係者を指揮本部に確保し，指定洞道等の用途，出火場所，延焼範囲および要救助者等の情報を収集するとともに，マンホールの開放および現場の確認等に積極的に活用する.

（3）消　防　活　動

A. 情報活動

出場してきた管理者，監視センターおよび工事人等の現場の関係者を指揮本部に確保し，情報の収集および確認に努める.

i. 指定洞道等の名称および用途

ii. 要救助者の有無および場所

iii. マンホール等からの火煙の噴出状況

iv. 出火場所，燃焼物および延焼範囲

v. マンホール，給排気口および防火区画の位置ならびに洞道内の区画等の構造

vi. 指定洞道の勾配および接続する建物の状況

vii. ガス漏れおよび感電等の二次災害の発生危険

viii. 消防用設備および給排気設備等の設置状況ならびに作動状況

B.　指揮活動等

a.　指揮本部等の設置

ⅰ．現場指揮本部の設置位置は，原則として，指定洞道等に接続する電話局舎等の建物が火災現場の直近にある場合は，当該建物の敷地内とし，それ以外の場合は，消防隊の進入口付近で火災の全容が把握できる場所とする．

ⅱ．前進指揮所の設置は次による．

・消防活動が広範囲にわたる場合は，消防隊進入口および洞道が接する建物に前進指揮所を設置する．

・前進指揮所の任務を具体的に指示し，任務内容に基づく部隊および必要資器材を配備する．

・前進指揮所が複数設置された場合は，伝令員を配置し，無線波の指定等通信連絡手段を確保する．

b.　指揮本部機能の強化

応援指揮者および署隊本部員を署隊本部担当，広報担当，指揮支援担当に指定して指揮本部機能の強化を図る．

c.　関係者の活用

ⅰ．消防活動中に敷設物等に関して専門的，技術的支援の必要が生じた場合は，消防本部を通じて管理者に対し職員の出場を要請する．

ⅱ．現場の関係者を指揮本部に確保し，現場に出場してきた管理者職員および洞道等に接した建物への延焼の予測等，消防活動上必要な情報を提供させるとともに，マンホールの開放および現場の確認等消防活動の支援を行わせる．

d.　活動方針の決定

ⅰ．洞道内へ進入して消防活動を行う場合は，原則として，次の体制を確保してから実施するものとし，体制が整うまでの間は，洞道に接続する建物等の延焼防止を行う．

・指揮体制

・安全管理体制

・後方支援体制

ⅱ．洞道内への進入は，空気呼吸器の着装，援護注水および退路の確保などの十分な安全措置を講じ，かつ，ガス漏れのないこと，電路が遮断されていることを確認した上で行う．

ⅲ．洞道内に進入する場合は，マンホールおよび給排気口，洞道に接する建物および共同溝に接する防火区画を進入，排煙，送風および延焼阻止のための活動拠点とする．

ⅳ．消防活動に必要な図面および資料を活用して，各級指揮者に具体的に指示する．

ⅴ．常に活動部隊との通信連絡手段を確保し，活動方針，活動範囲および火災の状況等の重要情報は指揮者を通じ全隊員に周知徹底する．

e.　現場管理

安全管理および長時間の消防活動を前提として，次により現場管理を行う．

ⅰ．火災状況の変化に応じて，消防車両の停車位置の変更および延長ホースの移動等

の指示を行い，交通障害の排除に努める．

ii．常に火災の急激な変化に即応できる人員を確保するとともに，活動，安全管理，待機および休憩等のローテーションを組んで効率的な消防活動を行う．

iii．前進指揮所を設置して隊員の入退出の管理を行い，進入隊，活動要領および活動時間を明確に指示する．

iv．前進指揮所に空気ボンベ交換のための要員を配置する．

f．応援要請

火災の態様に応じ，指揮隊，特別救助隊，化学小隊，排煙小隊，空気補給隊，照明小隊，航空隊，燃料補給隊，補給隊等の消防部隊および耐熱服，長時間使用可能な空気呼吸器，照明器具，酸欠空気危険性ガス測定器，泡消火薬剤等の資器材を速やかに要請する．

C．人命検索救助活動

i．人命検索救助活動は，要救助者および場所について十分な情報収集を行い，長時間使用可能な空気呼吸器を着装し，進入口および検索範囲を特定して行う．

ii．進入は，給気側からとし，複数の検索班により行う．

iii．検索は，必ず援護注水の下で行う．

D．消火活動

i．進入条件が整うまでの間は，延焼阻止線となるマンホール，給排気口に大径口ノズルを配備して火勢の抑制を図る．

ii．進入体制が整った場合は，長時間使用可能な空気呼吸器を着装し，給気側から進入するものとし，排気側に警戒筒先を配備する．

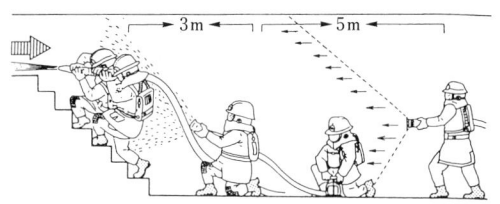

図 15・62　援護注水の体形

iii．洞道内の消防活動は，複数の放水体形により実施することとし，ストレート注水と噴霧注水を使い分けて効果的な排熱排煙を行うとともに，排気側に排気口を確保してiと同様の措置を行う．また，急激な吹き返しがある場合，または火勢が強い場合には，二重，三重の援護注水により安全を確保したうえで実施する（第1筒先はストレート注水，第2筒先または第3筒先は噴霧注水とする，図15・62）．

iv．ホース延長は，可能な限り延焼部分の直近のマンホール，給排気口または建物との接続口から行う．

（4）安　全　管　理

i．無線等を活用し，洞道内進入隊と前進指揮所および現場指揮本部との確実な通信連絡手段を確保する．

ⅱ．進入口直下からケミカルライトを配置し，退路を確保する．

ⅲ．洞道内および付近の有毒性ガスおよび可燃性ガスの検知を継続的に実施する．

ⅳ．可燃性ガスが漏洩または発生している場合には，エンジンカッター，携帯無線および照明器具等の火花を発生させる資器材の活用に注意する．

（西形　國夫・塩沢　勉・石川　義彦）

15・12・4　航空機災害
（1）火災の特性
A．状況特性

ⅰ．航空機は，引火性の高い液体燃料を大量に搭載しているため，墜落により一般火災の初期，中期の段階的な経過をたどらず，一瞬のうちに最盛期を迎え，機体は火炎と濃煙に包まれ，急激に延焼拡大していく．

ⅱ．燃料の量は，機種，離陸時，着陸時等でそれぞれ異なるが，近距離航空機でも10kℓ，国際線長距離ジェット機では200 kℓ以上搭載することができるものもある．このため，墜落事故等が発生した場合，この燃料に引火し爆発的に燃焼したり，状況によっては燃料タンクが誘爆を起こす危険性がある．

ⅲ．航空機事故では，その運動エネルギーから，場合によっては機体が原形をとどめることなく粉々に砕け散り，燃料も広範囲に飛散し延焼が急激に拡大したり，また，機体が飛散して数カ所同時に火災が発生することなどが予想される．

B．活動特性

ⅰ．危険物を含む大規模火災となった場合は，その燃焼は急激であり，かつ，し烈をきわめ，燃焼温度も高温に達し，その放射熱で消防隊の接近が困難となる．

ⅱ．燃焼の範囲が広大で，火面長，火炎の高さが長大となった場合は，濃煙と熱風の猛烈な対流現象から，消防活動は著しく阻害されるとともに，消防力が分散され，統一した消火活動体制をとれなくなるおそれがある．

ⅲ．航空機火災はタンク内の燃料に引火して，誘爆，ファイヤーボールが発生することも考えられ，消防活動への危険性が懸念される．

ⅳ．航空燃料の火災には，消火剤を継続して大量に放射しなければならず，所要時間内での消火薬剤の輸送，集結に困難が予想される．

ⅴ．行政管轄が異なる境界線付近における災害現場は，関係機関との競合が考えられ，指揮，命令等の現場管理が不明確になるおそれがある．

ⅵ．大量の航空燃料が広範囲に流出した場合は，下水道，河川等への流入防止，火災警戒区域の設定等に消防力が費やされることおよび応援要請時の集結場所の選定に配慮が必要である．

ⅶ．災害現場は猛煙猛火に包まれ，消防警戒区域等を迅速，的確に設定しなければならないが，広範囲にわたる猛煙猛火等により状況把握が困難となることが予想される．

ⅷ．異常な災害現場であるため，搭乗者はもとより，消防隊への危険性もあり，また，その規模によっては長時間の消防活動が要求され，疲労等からその活動が制約される．

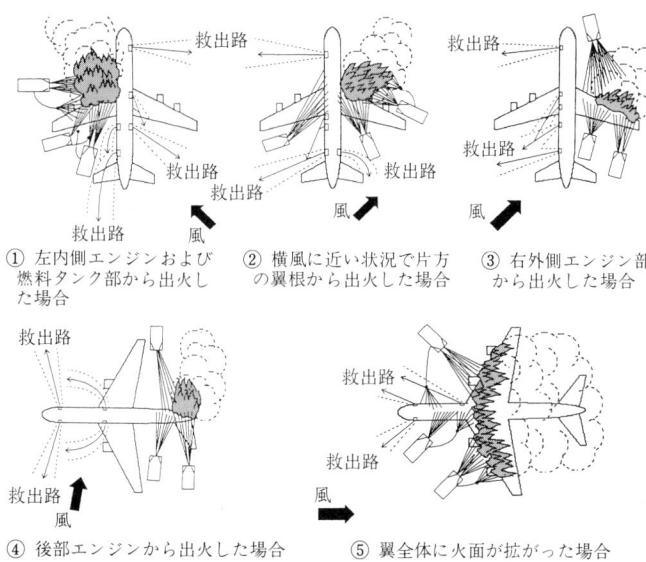

① 左内側エンジンおよび　　② 横風に近い状況で片方　　③ 右外側エンジン部
　燃料タンク部から出火し　　　の翼根から出火した場合　　　から出火した場合
　た場合

④ 後部エンジンから出火した場合　　⑤ 翼全体に火面が拡がった場合

図 15·63　航空機消防活動例

ix．多数の負傷者が同時に発生することが予想され，負傷者を収容する病院等の選定，
　　連絡，搬送および消防隊による負傷者管理（把握）ならびに医療機関側の受入態勢等
　　に混乱の起こることが予想される．

（2）基　本　戦　術

A．指揮の原則

　i．全局面の大要を把握し，活動方針を決定して消防隊および関係機関の効果的な活動
　　を図る．

　ii．消防力が火勢に対し優勢な場合は，救助活動と並行して火災の一挙鎮圧を図る．消
　　防力が火勢に対し劣勢な場合は，救助活動のための局面の火勢鎮圧を最優先とする．

　iii．燃料タンクへの引火，爆発等による二次災害の発生防止に配意する．

B．活動の原則

　i．消防活動は，人命検索救助を最優先とし，火勢の制圧および延焼拡大阻止を主眼と
　　する．

　ii．消火活動は救助隊員の進入位置，避難者の脱出場所と胴体部への延焼阻止を第一に
　　行う．

　iii．消火活動は，風上および機首側から行うことを原則とするが，風向と機首の向きの
　　異なる場合は風上側から行う（図 15·63）．

　iv．航空機災害は，その災害の特殊性から消防機関をはじめ関係各機関が現場に集結し
　　て独自に活動するため，国土交通省，警察機関，都道府県，市区町村，地元医師会，
　　日本赤十字社，自衛隊，NTT，各報道機関と連携体制を図り活動する．

（3）消　防　活　動

A．情報活動

a．情報収集

責任ある関係者から，おおむね次の事項について情報収集する．

- ⅰ．事故現場の位置（例：C 滑走路 34 R エンド付近）
- ⅱ．航空機の機種・関係航空会社・便名（例：機種別－ボーイング 777，形態別－貨物機，旅客機）
- ⅲ．事故の態様（墜落，衝突，胴体着陸等）
- ⅳ．傷病者の情報（傷病者の有無，傷病者の人数）
- ⅴ．搭乗者数および搭乗者名簿
- ⅵ．搭載危険物の種類および残量
- ⅶ．立入り禁止区域の設定
- ⅷ．医療救護班（DMAT 含む）の出動状況
- ⅸ．空港消防及び消火救難協力隊

b．搭乗者の確認要領

航空会社で作成された搭乗者名簿を入手して確認する．

B．指揮活動等

a．指揮体制の確立

多数の死傷者等が発生するおそれのある航空機災害においては，早期に指揮体制を確立する必要があり，時機を失することなく上位の指揮体制に移行するとともに，必要な指揮隊を要請する．

b．指揮本部の設置位置

設置位置は事故機の風上または風横とし，全般の状況および各消防隊を把握でき，空港消防隊およびその他関係機関との連絡が容易な位置とする．

c．指揮本部の任務

状況把握，情報収集および部隊指揮を次のとおり行う．

- ⅰ．搭乗者および傷病者の把握
- ⅱ．燃料搭載量および活動障害となる搭載品の確認
- ⅲ．状況に応じた活動方針の決定
- ⅳ．活動方針に基づく部隊配備
- ⅴ．出場各隊の隊別特性，総数および空港消防隊の掌握
- ⅵ．各隊に対する任務分担
- ⅶ．必要とする消防部隊，資器材あるいは資料，情報等の要請
- ⅷ．消火薬剤，救助用資器材等各種資器材の集結・確保
- ⅸ．無線通信の統制
- ⅹ．警戒線の設定
- ⅺ．関係機関等との連絡・調整
- ⅻ．報道関係者に対する広報

d. 前進指揮所の任務

前進指揮所の任務は，指揮本部長の活動方針に基づく次の事項である．

ⅰ．担当範囲における災害状況，活動状況等の実態把握

ⅱ．消防力劣勢もしくは資器材不足時の指揮本部に対しての要請

ⅲ．指揮下にある部隊の管理

ⅳ．必要資器材の集積管理

ⅴ．隊員の事故に備えての救護体制の確保

C. 消火活動

ⅰ．泡放射は，屈折放水塔車，大型化学車および普通ポンプ車の連携による大量放射態勢をとる（表15・23）.

表 15・23　泡消火薬剤の物性・性能一覧

		たん白泡 消火薬剤	合成界面活性 剤泡消火薬剤	水成膜泡 消火薬剤
比重		1.10〜1.20	0.90〜1.20	1.00〜1.15
粘度		400 cst 以下	200 cst 以下	
流動点		−7.5℃以下（耐寒用は−12.5℃，超耐寒用は−22.5℃以下）		
水素イオン濃度		6.0〜7.5	6.5〜8.5	6.5〜8.5
沈殿量		(1) 0.1% 以下 (2) 上澄み液 0.05% 以下 (3) 変質試験後 0.2% 以下	(1) 0.1% 以下 (2) 上澄み液 0.2% 以下 (3) 変質試験後 0.2% 以下	(1) 0.1% 以下 (2) 上澄み液 0.05% 以下 (3) 変質試験後 0.2% 以下
発泡 性能	標準発泡 ノズル	6 倍以上		5 倍以上
		25% 還元時間 1 分以上		
	標準発泡 装置	—	500 倍以上	—
			25% 還元時間 3 分以上	

※　耐アルコール泡消火薬剤については，泡消火薬剤の技術上の規格を定める省令（昭和五十年十二月九日自治省令第二十六号）には分類されておらず，第四類の危険物（水に溶けないもの以外のものに限る.）に用いる泡消火薬剤として，製造所等の泡消火設備の技術上の基準の細目を定める告示（平成二十三年十二月二十一日総務省告示第五百五十九号）第十七条第3項及び第4項に記載されている.

ⅱ．化学車隊は，一次的には泡放射砲または泡放射銃を活用して火勢の制圧を図るとともに，進入路および救出路の設定・確保を行う.

ⅲ．泡放射砲または泡放射銃は，延焼部分の消火を行うとともに，胴体部分への延焼を阻止する.

ⅳ．先着隊は，後着隊の到着を待つことなく進入するとともに，救出路の設定を考慮した泡放射を行う.

ⅴ．救出路の確保は，胴体部分，主翼部分を消火しながら確保する.

ⅵ．後着隊は，先着隊の間げきをぬって部署し，泡放射により火勢の制圧と進入，救出路の拡幅を行う.

D．救助活動

a．機体進入位置の決定

ⅰ．乗客等が多数閉じ込められている場所に，最も近い出入口を選定する．

ⅱ．延焼危険の大きい場所に近い出入口等を選定する．

ⅲ．他隊の支援が得られやすく，救出路の確保および要救助者の収容が容易に行える場所に最も近い出入口を選定する．

ⅳ．出入口を進入位置として選定できない場合は，進入のための切開位置を定める．

b．人命検索救助

ⅰ．検索は人命危険の大きい場所から実施する．

ⅱ．救助は，二次災害を防止するため，機体について次の措置を講じてから行う．

　・酸素バルブ，燃料コックの閉鎖

　・マスタースイッチの切断

　・バッテリーの遮断

　・機内が燃焼している場合，援護注水または機内の消火器による消火

ⅲ．救助は，救助しやすい状態の者から行う．ただし，重症者等はその症状等により優先する．

ⅳ．乗客等の安全ベルトが外れない場合は，ナイフ等で切断する．

ⅴ．胴体着陸などの非常事態では，乗客等が緊急脱出を開始するため，パニック状態となることが予想される．消防隊は，乗客等の脱出行動を助けて二次災害の発生を防止し，乗客等の安全を確保する．

ⅵ．状況によっては，耐熱服を着用して検索救助活動にあたる．

E．救急救護活動

a．救急隊員の増員

　トリアージ地区，現場救護所の開設，傷者に対する救急処置等の任務があることから，可能な限り隊員を増員して出場するものとする．

b．非常用救急資器材の積載と集積場所

　原則として，非常用救急資器材を積載し，指揮本部長または救急指揮所担当隊長の指定する場所に搬送する．

c．負傷者トリアージ要領

ⅰ．現場救護所の効率的運用を図るため，トリアージ地区を設定する．

ⅱ．トリアージ地区は，二次災害発生危険のない場所に設ける．

ⅲ．トリアージは，医師が行うものとし，救急隊は医師の支援にあたる．医師が現場に到着するまでは，救急隊員が行う．

d．現場救護所の設置

ⅰ．設置位置

　・二次災害発生危険のない位置

　・救急隊の進入・搬送路が別系統に確保できる位置

　・地形平坦で容易に救護活動ができる位置

　　　・群衆混乱のおそれがない位置
　ⅱ．設定要領
　　　・警察官，消防団員および関係者等の協力を求め，ロープ，膨張テント等を活用して，立入制限を行うなど救護活動の円滑化を図る．
　　　・防水シートを敷き，毛布等により負傷者の保護を図る．
　　　・程度別ごとに救護所を区分し，「救護所」の旗を掲出する．

F．現場処置要領

　　地元医師会，日赤医療救護班等が現場到着した場合，消防機関は医療調整者と連携し医療活動の支援にあたり，到着していない場合は現場処置活動にあたる．

（4）安　全　管　理

A．消防活動時

　ⅰ．滑走路への進入にあたっては，空港事務所から滑走路の閉鎖措置がなされているかどうかを確認し，二次災害の防止に細心の注意を払う．
　ⅱ．航空機へ接近する場合，エンジンから高温の排気ガスが強力に噴射されているので，尾部からおおむね45 m以上，また，引き込まれを防止するため，空気取入口からおおむね8 m以上の距離を保つ．また，放射熱・熱気の吹き出しによる気道への障害を防ぐため，空気呼吸器等の呼吸保護器を完全に着装する．
　ⅲ．過熱した車輪を局部的かつ急激に冷却しすぎると，車輪が破裂する誘因となることがあるので注意する．
　ⅳ．油脂火災の特異性から放射熱により接近不能となるので，原則として筒先担当者および救助隊員は耐熱服を着用する．
　ⅴ．放水に際しては，放水台座，放水銃，放水砲等の機器を活用し，身体の安全を図る．
　ⅵ．放射性物質は，旅客機・貨物機を問わず空輸されることが多く，荷物によっては危険性の高い場合もあるので，航空会社や航空貨物代理店から情報を収集し，早期に必要な部隊を応援要請し，警戒区域を設定して対応する．
　ⅶ．油が流出している場合，エンジンカッターは使用しない．
　ⅷ．機体内の残留燃料から発生したガスによる爆発に留意する．

B．救助活動時

　ⅰ．機体に残っているジェット燃料の爆燃等による二次災害の発生が予想されるため，機内および周辺の検索救助にあたっては，冷却消火態勢を確立して隊員の安全確保を図る．
　ⅱ．大量の搭載燃料がマンホールや側溝等に流れ込み，救助活動中，思わぬ所から爆発・延焼拡大する危険が内在していることを念頭に行動する．
　ⅲ．救助活動時の援護注水により，爆発または燃焼を促進する物質等の危険要因に留意する．
　ⅳ．航空機周辺の検索救助にあたっては，強力な放射熱により接近することが困難であることから，防火衣の完全着装に留意する．
　ⅴ．路上の散乱物はもちろん，壁体の剝離および飛散落下物等による危害防止に留意す

る.

（5）そ の 他

ⅰ．本活動要領は，原則として空港内における航空機災害を対象とする.

ⅱ．空港消防隊の活動

① レスポンスタイム　　レスポンスタイムとは，覚知から出場，現場到着，そして有効な消火・救助活動を開始するまでに要する時間のことで，国際民間航空機構（ICAO）基準によると3分以内とされている.

これは，流出した燃料に着火した場合，外板が溶解するまでは，機体の断熱により機内温度が 60°C 程度にとどまり，機内の人々にとって耐えられない温度ではないが，外板が溶解した場合に機内温度が一挙に上昇する時間から定められている.

② 活動方法　　空港消防の活動方法は，ノックダウン（一挙鎮圧）方式を採用しており，この方式ではホース延長によらず，泡放射開始から90秒以内に火災の90%を鎮圧することを目的としていることをいう（ICAO 基準）.

（西形　國夫・塩沢　勉・石川　義彦）

15・12・5　船　舶　災　害

（1）火 災 の 特 性

A．状況特性

ⅰ．船舶は，鉄，アルミ，強化プラスチック等の材質で建造され，熱伝導が速いとともに燃焼速度も速い.

ⅱ．船舶によっては構造が立体的で多層，狭あい，閉鎖的で通路及び区画等が複雑である.

ⅲ．火災発生船舶（以下「被災船」という.）の用途，規模，乗船者数及び積載貨物の種類，数量等により，火災の状況が大きく異なる.

B．活動特性

ⅰ．火災通報は，119番通報のみでなく，様々な機関や場所又は手段によって通報される.従って，発生場所，船舶の用途等の火災情報が正確に伝達されない場合がある.

ⅱ．船舶火災は，上架中又は入渠中以外は，岸壁等に接岸中，航行中又は，けい船浮標（ブイ）に停泊中等があり，陸上及び水上の双方から対応可能な場合と，海上等にあり消防艇のみでの対応となる場合がある.

ⅲ．被災船が航行中又は海上等において停泊中の場合は，陸上部隊との連携が困難である等，部隊活動が制限される.

ⅳ．火災状況によっては被災船からの危険物流出への措置等，消防活動において様々な対応が必要となる.

ⅴ．消防活動の拠点が主として船上又は岸壁等に限定される.

ⅵ．気象，海象及び積載貨物等の状況によっては，被災船の沈没や，それに伴う消防艇の転覆危険等の影響がある.

ⅶ．海上等の火災では，消防機関，警察機関及び海上保安部など，多数の行政機関が出場することから，相互に連携又は分担した活動が必要となる.

（2）基　本　戦　術

A．指揮の原則

ⅰ．各級指揮者は，指揮本部長が示した活動方針に基づく消防活動を的確，効率的に実施するとともに，安全確保を図るために隊員の行動を強く統制する．

ⅱ．人命の検索救助を最優先とし，延焼範囲および検索範囲を明確に特定するとともに，船舶内への進入手段，経路を決定し，部隊を指定して人命検索および消火活動を行う．

ⅲ．タンカーのタンク室火災および流出油火災の場合は，他のタンク室に誘爆する危険性を状況から判断して，タンク室火災の消火および流出油火災，誘爆防止のための冷却注水，海上への曳航などの消防活動を行う．

ⅳ．消防活動は，2箇所以上の開口部を設定して，原則として給気側から行う．

ⅴ．長時間の消防活動が予想されることから，消火活動，警戒および待機等のローテーションを組んで，効率的な消防活動に努める．

B．消防活動の原則

ⅰ．消防活動は，要救助者の検索救助を最優先とし，延焼範囲及び検索範囲を特定した上で被災船内への進入手段，未燃部分及び延焼危険がない経路を決定し，部隊を指定して人命検索，消火活動を行う．消火は，水損，積載物の損傷等の被害を最小限度にとどめることを主眼として行う．

　　また，陸上施設への延焼危険がある場合は延焼阻止を最重点とする．

ⅱ．船舶職員（船長，航海士，機関士等上級船員をいう．以下同じ．）を確保し，要救助者等，出火場所，船舶構造，船舶消防設備，積載物等の情報を早期に把握して，船舶消防設備の積極的活動を考慮した活動方針を決定するとともに，船舶職員との密接な連携のもと活動を行う．

　　なお，上記の情報が把握できるまでは，むやみに被災船内に進入しない．

ⅲ．指揮本部長は，船長等に対して口頭で，消防活動を行う旨の意思表示を行う．ただし，外国船籍船舶にあっては船長等，軍艦及び自衛艦（以下「軍艦等」という．）にあっては艦長の同意を得る．

　　なお，外国船籍船舶及び軍艦等の火災で，消防活動を行うことについて同意が得られない場合は，船舶内又は艦内への進入はせず，活動体制を整える．この場合において，周囲への延焼危険，危険物の流出等があるときは，被害の拡大防止を図るとともに，警防本部及び関係機関と対応について協議する．

ⅳ．活動方針は，各級指揮者を通じて全隊員に周知し，原則として活動拠点ごとに前進指揮所等を設けて隊員の行動を強く統制する．

ⅴ．消防活動は，2箇所以上の開口部を設定して，原則として給気側から行う．

ⅵ．長時間の活動が予想されることから，活動隊の交替を考慮して効果的な活動を行う．

ⅶ．被災船への達着及び消火活動は，原則として風上側から行う．

ⅷ．被災船へ消防艇が係留する場合は，船体の損傷を防ぐため，大型消防艇（総トン数20トン以上の消防艇．以下同じ．）が先に係留するよう配意する．

ix．被災船への進入は，荷物搬入口，タラップ，縄はしご等を活用するものとし，未燃
部分及び延焼危険がない部分への進入を原則とする．

　　ただし，船内に爆発危険があると認めた場合又は海面火災に発展するおそれがある
場合は，被災船への接近及び進入は行わず，状況により消防艇及び陸上の活動隊は被
災船周囲から緊急退避する．

x．被災船内に進入する場合は，状況により可燃性ガス等の活動環境を測定し，安全を
確認する．

xi．陸上側から活動可能な場合は，消防艇からはしご車，屈折放水塔車への大量送水も
考慮する．

xii．過剰な注水は，転覆，沈没等の危険があることから，消火効果を確認しながら，注
水量等に留意する．

xiii．陸上側から活動困難な場所での船舶火災は，大型消防艇は主として消火活動に当た
り，小型消防艇（総トン数 20 トン未満の消防艇．以下同じ．）は，人員，資器材及び
傷病者の搬送等を考慮する．

xiv．被災船が大型船（総トン数 10,000 トン以上のもの）等で，陸上，海上の双方から
の進入が困難な火災では，上空からの情報収集及び人員，資器材の投入について，消
防ヘリコプターの活用を考慮する．

（3）消　防　活　動

A．情報活動

a．情報収集項目（表 15・24）

i．船舶火災を覚知した場合，次の情報を通報者等から収集して，出場部隊に周知する
（図 15・64）．

表 15・24　情報収集項目

	項　目	内　　容
1	被災船の状況	(1) 船舶の所在（係留，上架，入渠，航路，港区等の場所） (2) 船名，船籍 (3) 船種（船舶の用途，構造，総トン数，長さ） (4) 出火場所（船倉，甲板等）及び燃焼実体 (5) 船主，荷役会社，代理店等 (6) 船舶電話番号
2	要救助者等の状況	(1) 乗客数，乗員数 (2) 要救助者及び負傷者の有無とその状況
3	延焼拡大要因	(1) 積載物の種類，形態，危険物の有無 (2) 火災の状況（単独又は衝突等の別）

ii．先着隊は，次の情報を収集する．

　・被害状況

　　① 要救助者の有無及び状況

　　② 火災発生場所

　③　船種，構造，総トン数，乗客数，乗員数

　④　積荷の状況（種別，形態，延焼危険（爆発危険）/積載数量）

　⑤　延焼範囲とその状況

　⑥　流出油の状況

・進入，達着場所

・船舶消防設備等の設置場所及び作動状況

・乗組員による消火活動等の状況

・消防活動障害の有無

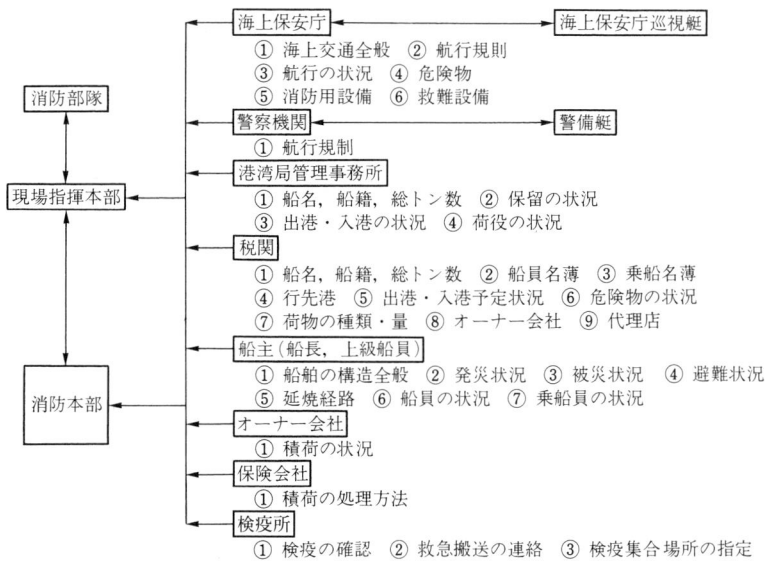

図 15·64　消防本部および出場隊の情報収集内容および入手先

b. 通報ルート

　船舶火災の通報は，被災船の種別，火災発生場所および火災状況等により異なるが，一般的な通報経路は次のようになる（図15·65）.

　ⅰ．無線（国際 VHF）による通報　　船舶積載の国際 VHF 無線による通報は，海上保安庁（東京海上保安部）等を経由して消防機関に通報される.

　ⅱ．船舶電話による通報　　船舶電話は，船舶に搭載の電話機により海上から電話を行うもので，海上における事件，事故は118番で海上保安庁に通報され，消防機関に転送される．また，船舶所属会社等を経由して消防機関に通報されることもある.

c. 船舶備付図書による情報収集

　船舶は，船舶法（明治32年法律第46号）および船舶安全法（昭和8年法律第11号）等の法律により，図書等の標示および備付けが義務づけられていることから，これら図書類

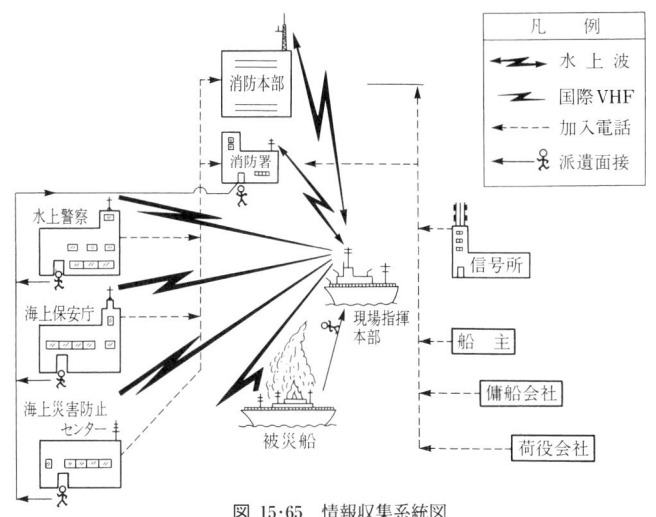

図 15·65　情報収集系統図

等の確認または掲示により情報を収集する.

d. 情報収集機関

ⅰ. 海上保安庁

ⅱ. 警察機関

ⅲ. 税関および検疫所（入国船に限る）

ⅳ. 海上災害防止センター

ⅴ. 海運代理店, 旅行代理店

ⅵ. 保険会社等

B. 指揮活動等（指揮本部長の任務）

a. 活動方針の決定

　船舶火災は一般火災と異なり, 水面上に浮かんでいるという条件と船舶の構造, その他各種特異性を有することを十分認識し, 的確に状況把握した上で活動方針を決定して, 組織的活動を行う.

b. 指揮本部の設置

　指揮本部は次の場所に設置する.

ⅰ. 埠頭に係留された船舶の場合は, 原則として陸上部分で災害現場全体が把握でき, かつ, 消防活動の障害とならない場所

ⅱ. 埠頭以外の錨地（船舶が錨を下ろして停泊するために指定された場所）等に係留された船舶の場合は, 原則として指揮本部長の指定する消防艇

ⅲ. 火災が局部的で火煙の影響がなく, かつ, 被災船上に設置することが効果的な場合は, 被災船上で指揮本部長が指定する場所

ⅳ. 河川, 運河等にある船舶の場合は, 指揮本部長が指定する場所

c. 指揮分担及び前進指揮所の設置

　ⅰ．海上保安部との調整又は多数の避難者管理が必要な場合は，現地幕僚又は応援指揮
　　隊長等を指定して指揮分担を行う．

　ⅱ．被災船内に進入して消防活動を行う場合で，活動隊が居住区域，貨物区域，機関区
　　域等，複数の階層（デッキ）に分断されることが予想されるときは，原則として活動
　　拠点ごとに前進指揮所を設置して次の任務を行う．

　　　・局面指揮
　　　・活動統制（入退出の管理を含む．）
　　　・使用資器材の集結，管理
　　　・指揮本部との連絡
　　　・交替要員の管理等

　ⅲ．前進指揮所を設置したときは，前進指揮所担当隊長名を明確にし，担当面の各級指
　　揮者に周知徹底する．

d. 海上保安部との協議

　　次の場合は，海上保安部との協議の上，活動方針を決定する．

　ⅰ．大量の燃料油等の漏洩，流出又は爆発により，陸上に重大な被害が予想され，被災
　　船を海上へ曳航する必要がある場合

　ⅱ．海洋汚染等及び海上災害の防止に関する法律（昭和45年法律第136号）第42条の
　　5又は第42条の6に定める権限を行使する場合

e. 消防活動の任務分担と管理

f. 消防活動状況の把握と安全管理

g. 消防活動に必要な資器材の調達と管理

h. 消防本部への報告，連絡

i. 関係者および関係機関との連絡調整

j. 情報の補完

C. 人命検索救助活動

　ⅰ．前進指揮所の指揮者は，部隊を指定して，次により人命検索救助活動を行う．

　　　・居住区域（客室，船室等），工事場所，機関室等及びこれらに至る経路を人命検索
　　　　の重点とする．

　　　・部隊を内部進入させる場合は，進入口，経路，検索範囲を図面を活用し，具体的に
　　　　指示する．

　　　・上記2項目の活動に当たっては，船舶職員の協力を求め，船舶備付図書等を有効活
　　　　用する．

　ⅱ．人命検索班は，小隊単位とし，指揮者，筒先担当員（必要に応じ援護の体制を整え
　　る．）及び検索員で編成する．

　ⅲ．船舶の構造，区画等の複雑性からロープ等を活用して必ず退路を確保する．

　ⅳ．空気呼吸器を必ず着装し，照明器具を携行する．

　ⅴ．被災船内に，船橋と船内各所をつなぐ通話設備，船内案内図等が設置されている場

合は，有効活動を図る．

vi．検索活動時に開放した区画は，未燃区域への延焼防止及び船体への浸水時における水密を保つため必ず閉鎖し，ケミカルライト等を活用して検索済みの表示をする．

D．消火活動

ⅰ．消火手段は原則として，①固定消火設備（固定式鎮火性ガス消火装置等），②ポンプ車，消防艇による放水，③積荷の処分の順位で決定する．

ⅱ．消火手段は，船舶職員の意見を考慮して決定する．

a．固定消火設備（固定式鎮火性ガス消火装置等）による消火要領

ⅰ．要救助者等の有無及び火災区画の完全密閉を確認して行うものとし，延焼範囲と防護区画を確実に把握して消火剤を放出する．

ⅱ．消火剤の放出は，原則として関係者に行わせる．

ⅲ．鎮火の確認は，警戒筒先を配備し，必ず空気呼吸器を装着するとともに，概ね次の要領により行う．

・火災区画の酸素濃度 14 パーセント以下，温度が常温に近い温度に低下したとき．

・火災荷重（単位床面積当たりの可燃物の質量）が多い場合は，48 時間程度経過し，かつ火災区画の酸素濃度 14% 以下，温度が常温に近い温度に低下したとき．

・鎮火の確認のため火災室を開放する場合は，再燃により船体や貨物に更に損傷を与える危険があることから，船主，保険代理店と協議して行う．

b．水による消火要領

ⅰ．原則として，活動拠点をデッキとし，進入，筒先配備は，燃焼実体に注水できる場所を確保し，有効注水できるノズルを選定して行う．

ⅱ．船舶備え付けの消火設備がある場合はこれを優先し，消火を行う場合は，船舶の転覆，沈没を防ぐために，船長等に対し復元力曲線（※）及び満載喫水線（※）を勘案した傾斜限度を確認した上で，船体の傾斜及び沈降状況に留意しながら行う．

　なお，傾斜限度を超える危険がある場合又は満載喫水線を超えて船体が沈むことが予測される場合は，必ず船長等と協議の上，次の措置を並行して行う．

・バラスト（船舶のバランスを保つため，船底に重しとして積載する水），飲料水，燃料の移動

・ビルジポンプ（船底に溜まる汚水をくみ出すポンプ），緊急排水装置の運転

・水中ポンプ，可搬式ポンプ及び空気駆動ポンプによる排水

※　復元力曲線：グラフの横軸に船舶の横傾斜角を，縦軸に船舶の復元てこをとり，船舶が排水量を変化することなく横傾斜したときの復元てこを表示した曲線で，船舶ごとに定められ，船長が保管している．

※　満載喫水線：船舶に貨物等をどれだけ積載可能か（船舶をどれだけ沈めても安全航行が可能か）をあらかじめ算定し，船体中央部の両舷にその限度を示す満載喫水線標識等を表示することが船舶安全法（昭和 8 年法律第 11 号）第 3 条で定められている．対象となる船舶は①遠洋区域又は近海区域を航行

> 区域とする船舶，②沿海区域を航行区域とする長さ 24 メートル以上の船舶，
> ③総トン数 20 トン以上の漁船となっている．

ⅲ．積荷，収容物，械器類は，海水を注水することにより損害が大きくなることが予想
されることから，海水を使用する場合は，船長等に同意を得る等，その可否を十分に
考慮する．

ⅳ．火災区画に接する壁体等からの延焼拡大が予想される場合は，次の措置を行う．

・警戒筒先の配備

・可燃物の除去

・予備注水による冷却

ⅴ．ドア，窓，ハッチを開放し，排気口を設定して消火活動を行う．

c．泡による消火要領

ⅰ．構造，区画，燃焼及び積荷等の状況から発泡器具を選定する．

ⅱ．消火剤はフッ素たんぱく泡とし，必要量を確保し，一挙鎮滅を図る．

ⅲ．泡放射量は，床面積 1 m² 当たり泡混合液換算で毎分 16.6 L 以上とする．

ⅳ．小区画等の火災で，陸上から合成界面活性剤が調達できる場合は，高発泡による窒
息消火も考慮する．

d．積荷の処分による消火

・積荷の処分による消火は，船舶職員からの申し出があった場合に限定して行う．

・船舶設備又は埠頭設備のクレーン等を有効に活用する．

・処分に要する費用は原因者（船主，荷主等）に負担させる．

（4）安　全　管　理

ⅰ．消防艇から被災船への移乗は，活動の安全を期するため救命胴衣を着装するととも
に最小限度の装備で行い，必要な装備はロープ等により被災船に吊り上げる．陸上側
から縄はしご等を活用して進入する場合も同様とする．

ⅱ．被災船に設置された船橋と船内各所をつなぐ通話設備又は携帯無線機等を活用し，
船内における自己隊の所在位置を常に明らかにしておく．

ⅲ．被災船に爆発危険がある場合又は予想される場合は，乗船を禁止し，すでに乗船し
ているときは速やかに退船する．

ⅳ．船舶火災は，二次災害の発生要因が潜在していることを予測して，常に緊急退避で
きる措置を講じておく．

ⅴ．船体は波により大きく揺れることがあるため，消防活動全般にわたって身体の安全
確保に配意する．

ⅵ．固定消火設備（固定式鎮火性ガス消火装置等）を使用して消火した場合の鎮火の確
認は，必ず空気呼吸器を着装して行う．

（西形　國夫・塩沢　勉・石川　義彦）

15・12・6 林 野 火 災

(1) 火災種別による特性

A. 地表火

　ⅰ. 地表を覆っている雑草, 低木, 落葉, シダ, クマザサ等の地被物が主として燃える
　　火災であり, 林野火災で最も多く発生している.

　ⅱ. 延焼速度は, 地形, 風向, 風速, 湿度等の影響を受けやすく, 通常 4 ～ 7 km/h の速
　　さであるが, 状況によっては 10 km/h 以上にもなる.

　ⅲ. 地被物のたい積量と最終降水日からの日数が, 燃焼力の差となって現れる.

　ⅳ. 地被物の量が多く, 乾燥している場合には樹幹火, 樹冠火になることもある.

B. 地中火

　ⅰ. 地中にある泥炭層, 亜炭層, その他の有機質層が燃える火災で, 容易に鎮火しない.
　　北海道, 中部山岳地方に多く見られる.

　ⅱ. 延焼速度は, 4 ～ 5 m/h 位である.

C. 樹冠火

　ⅰ. 樹の枝葉 (横冠) が燃えるもので, ほとんどが地表火から発生する.

　ⅱ. 樹種によって火災の発生しやすいものと発生しにくいものとがあり, 火勢が強烈で
　　消火が困難である. また, 飛火危険があり, 飛火は 100 ～ 1000 m に及ぶことがある.

　ⅲ. 地表火と 2 段階 (地表火が先で樹冠火が後にやってくる) に燃える場合も多く, こ
　　の場合は, さらに危険性が増大する.

D. 樹幹火

　ⅰ. 樹木の幹が燃えるもので, 地表火から起こることが多く, 老樹の針葉樹等に多い.
　　特に, 枯木は木心まで燃えが入り, 消火が困難である.

　ⅱ. 樹幹火は, 風倒木, 空洞木から燃えることが多い. 通常は, 規模が小さいが, 燃焼
　　は長時間に及ぶことがある.

　ⅲ. 多くの場合, 消火が困難であり, 水がない場合は土や苔を利用する. 空洞の場合は
　　穴を塞いで消火する.

　ⅳ. 季節や気候によって, 一度消火したように見えたものが, 再び燃えだす例が少なく
　　ない.

(2) 地形による特性

　ⅰ. 急斜面では, 熱気流が山腹に沿って上昇するので, 火勢が強く急激な燃焼拡大を示
　　す.

　ⅱ. 谷から峰に吹き上げる風は, 助燃剤である酸素の大きな供給源となる.
　　　林間を「すきま風」となって吹き上げる速い風は, 火流を押し上げる役目を果たす.

　ⅲ. 傾斜が急であればあるほど上昇気流が激しく, 乱れた種々の局地風が吹き, また,
　　傾斜, 起伏が激しければ, 風はさらに乱れて吹く.

　ⅳ. 山頂に向かって吹き上げる熱気のため, 樹木は急激に乾燥し, 生葉は精油 (揮発分)
　　の放散を始め, 火炎伝送を著しく早める.

　ⅴ. 急斜面を転げ落ちる燃え屑は, 下方への延焼要因となる.

ⅵ．急斜面にある林道，崖地は延焼阻止線とはならず，火は容易に上方へ移る．

ⅶ．下方の樹幹は上方の下枝に接し，火流は上方へ延焼拡大する．

ⅷ．急斜面の火災防御は，火足の速さに追いつけず，石などの落下物に妨げられて危険であり，効果をあげることが困難である．

ⅸ．南斜面，急斜面ほど延焼危険が大きく，延焼速度も速い．

（3）林相による特性

ⅰ．針葉樹の一斉林（同じ樹種の林）は燃えやすく，かつ樹冠火になりやすい．

ⅱ．針葉樹と雑木の混在林は，針葉樹の混在率が高いほど，延焼拡大，飛火とも危険性が大きくなる．

ⅲ．幼齢林（おおむね20年未満の若木）は樹間の採光が良く，下草が繁茂しており本格的な延焼火災に移行しやすい．特に，手入れの行き届いていないこの種の林相の出火危険は，きわめて大きいとともに，火勢も激しく，消火活動も困難を極める．

ⅳ．壮齢林（おおむね20年から60年）は樹間が密であり，「うっ閉」（かさ状の梢が密接して地表が全く日陰になること）が生じて下草の発生が押さえられるので出火危険は減少する．しかし，火災になった場合は，樹冠火を誘発して火勢が強くなり，飛火が発生するなどして消火活動が困難となる．

ⅴ．老齢林（おおむね60年以上）になると，「うっ閉」が破れて，再び地表に光が入り，下草の繁茂を促すとともに地表火を誘発する．

ⅵ．笹原は，普通の草原より出火率は少ないが，いったん火災になると消火が困難である．

ⅶ．伐採地は，枯枝，枯草が放置されており出火危険が大きい．また，火勢も強いことから延焼危険および人命危険も大きい．

ⅷ．草むらは燃え足が速い．

ⅸ．切り株，丸太，巨木は燃えにくいが，山地に積み上げられた木材状のものは，大量の消火用水を必要とする．

ⅹ．原生林の出火率は少ない．

（4）気象等による特性

ⅰ．月別の出火傾向をみると，気象との関係がきわめて密接であり，特に湿度の低い1月から4月に林野火災が頻発し，湿度の高い7月から10月には少ない．

ⅱ．晴天で著しく乾燥した空気は，森林から多量の水分を吸い取っていく．このため，出火の発生危険が大きい時間帯は10時から18時までで，そのうち，最も出火頻度が高い時間帯は12時から17時頃である．

ⅲ．湿度が30%以下になると，出火率，延焼拡大危険および飛火危険が大きくなる．

ⅳ．フェーン現象の発生は，林野火災を多発させる．

ⅴ．太陽熱は，山地，燃えぐさを乾燥させ，出火しやすい状況となる．

ⅵ．日照は，山地に特有の上昇気流を発生させ，強い山風を誘発して火災危険を増大させる．

ⅶ．風は，延焼拡大に最も強い影響力をもっており，主風は延焼方向を決定づける．

viii. 主風が尾根の方向と一致しているときは，延焼速度はきわめて大きくなり，7 〜 10 km/h に達する．

ix. 主風の方向が尾根に直角のとき，延焼速度は0.5 〜 2 km/h となるが，横方向の延焼速度が増大する．

x. 山地では，谷間から山頂に向かって吹き上げる風が発生し，林野火災に決定的な影響力を与える．斜面の風は，熱上昇気流と競合して風速が異常に早くなり，樹間をすき間風となって吹き上がるとともに，上昇気流は火災による加速を受けて火流を吸い上げる．

xi. 狭い谷間を吹き抜ける風は，広い平地から吹き寄せの作用を受けて風速が著しく速くなり，また風の息も激しく変化する．

xii. 斜面では，火炎の到来とともに風速が増す．

xiii. 林の中では風が弱められ，通常，樹上の 1 / 3 から 1 / 4 の風速といわれている．したがって，林の中の風速をそのときの風速と誤認してはならない．

xiv. 火災は風向に従って延焼し，風速に比例して延焼速度を早める．

（5）延 焼 の 特 性

i. 主風，局地風，熱対流，舞い風，地形等が延焼方向を左右する．

ii. 主風と尾根方向が一致しているとき，火勢は容易に尾根を越えて反対側の斜面に拡大し，尾根を中心に上方へ両斜面が同時に燃え上がる．また，斜面の両側へも燃え下がる状態で拡大する．

iii. 飛火による延焼拡大危険が高く，長い火線が特徴である．

iv. 延焼危険範囲は，一般に火流の先端から 100 m〜 500 m である．

v. 湿度が 15 % 以下になると，飛火を誘発する．

vi. 火足の速い主火流が，峰を越えようとするとき飛火の危険は最大となる．

vii. 火流は稜線付近で激しくなり，多くの飛火を誘発する．

viii. 舞い風（局地的過流風）が発生して飛火を誘発する．

ix. 温度，湿度，風等の気象変化により飛火の方向，高さが変化する．

x. 山容によっては，落石等による燃え下がり現象も発生する．

（6）消防活動上の特性

i. 発見や通報の遅れ等から覚知までに時間を要し，初期対応が遅れ，延焼拡大していることが多い．

ii. 火点の確認，進入路の決定および出場準備等に時間がかかるため，出場までに時間を要する．

iii. ポンプ車等が接近できる道路がきわめて少ないため，現場まで徒歩に頼らざるを得ない場合が多く，進入に時間を要するとともに，体力を消耗する．

iv. 延焼速度が建物火災に比較してきわめて速く，初期の時点で部隊の配置が遅れることが多く，守勢の消火活動に立たされることが多い．

v. 斜面では延焼速度が速く，火先（火頭）での活動は危険である．

vi. 水利の確保が困難で，注水以外の消火手段が主たる消防活動となることが多い．

ⅶ．地上機動力による活動が困難で，航空機以外はもっぱら人海戦術を主とした消火方法をとらねばならず，隊員の疲労が大きい．

ⅷ．広範にわたることが多く，大部隊および大量の資器材の集結が必要である．

ⅸ．長時間あるいは数日にわたる消防活動になることがあり，交替要員，食料，休息施設の確保が必要となる．

ⅹ．部隊が広範囲に分散し，通信連絡，連携活動が困難になることから，無線等の連絡手段の確保が必要となる．

ⅺ．広範囲の火災になると，局面ごとに独立火災の状況を呈して危険性も増大する．部隊統制，支援の配慮が必要である．

ⅻ．ヘリコプターによる上空活動（偵察，空中消火）が非常に有効である．

xⅲ．夜間の活動は危険が多く，ほとんど不可能である．

xⅳ．地形，樹木の種類および気象の変化により火災状況の急変，特異な燃焼が発生するなど状況判断が難しい．

（7）消防活動の原則

ⅰ．火災状況と消防力との比較により，一挙鎮圧または延焼拡大防止を主眼とした活動を行う．

ⅱ．建物への延焼阻止を優先する．

ⅲ．林野火災に適した装備を使用する．

ⅳ．消火活動にあたっては，自己の退路を必ず確保する．

ⅴ．消火活動は，消火可能な方向から着手する．

ⅵ．消火方法は，火災発生場所および延焼状況に適応した方法とする．

ⅶ．延焼阻止線の設定は，森林の切れ目，尾根筋，河筋等を利用し，それを拠点として防火空間を拡幅し，防火線を構築する．

ⅷ．延焼阻止線の設定順位は，延焼阻止効果，山林の価値を考慮して決定する．

ⅸ．日没後の消火活動は，災害実態や活動環境等の変化を把握することが困難であり危険性が高いことから，消火活動は，原則として日の出から日没前までとし，日没までに下山する．また，翌日の活動に備え，下山せず延焼危険のない安全な場所で待機する場合は，日没までに待機する場所に集結完了する．

ⅹ．消火活動は組織的に行い，各級指揮者は積極的に指揮本部長の指揮下に入り，緊密な連携態勢を図るとともに，自己隊の活動範囲を明確にする．

ⅺ　風下側及び斜面上等の延焼方向の火先は危険であるので進入しない．

xⅱ　延焼している急斜面の下は，落石等の危険があるので進入しない．

xⅲ　早朝は，一般的に風のなぎ，湿度の高まり等で火勢が衰えるので，消火活動の好機であり，機を逃さずに活動する．

xⅳ　体力の消耗が最小限となるよう活動するとともに，常に退避行動のための余力を残しておく．

（8）消 火 要 領

A. 注水による消火要領

あらゆる手段を講じて消火用水の確保に当たり，次の要領で消火活動を行う.

ⅰ．注水は，足元付近から行う.

ⅱ．延焼方向側面から進入包囲し制圧する（両側面から挟撃し，延焼幅を先細りさせる）.

ⅲ．小規模で消防力優勢時，火勢を包囲し一挙鎮圧する.

ⅳ．放水線は，各筒先が横一線に並ぶように配置し活動する.

ⅴ．火勢し烈時は，未燃焼部分に予備注水を行い，延焼の拡大防止を図る.

B. 防火線の設定

ⅰ．地形，風向，延焼状況から延焼速度と防火線の設定に当たる人員及び器材を考慮し，時間的に余裕をもった位置に防火線を設定する.

ⅱ．防火線の幅は，おおむね 10 m 以上，樹高の 2 倍以上，草丈等の 10 倍以上を基準とし，部隊数，延焼状況を考慮し，指揮者がその幅を決定する.

ⅲ．防火線の種類等は，おおむね次のとおり（表 15·25）.

表 15·25　防火線の種類等

	伐開（ばっかい）防火線	剥取（はぎとり）防火線	掻起（かきおこし）防火線	溝渠（こうきょ）防火線	焼切（やききり）防火線
設置場所	稜線に沿った背面，道路，渓線	原野に接する林縁，伐採跡地	壮齢林の林内又は林縁	家屋等の周囲に林野との接触を遮断	林縁
効用	・地表火	・地表火 ・地中火	・地表火	・地表火 ・地中火	・地表火
作業要領	・立木の伐開 ・雑草類の刈払い ・伐倒木，刈払い物の除去	・地被物の除去 ・剥取り（幅は10m以上）	・地被物の除去 ・掻き起し（幅は10m以上）	・地表の剥取 ・堀土 ・積土	・拠点設定 ・点火 ・焼切り ・相互連絡
使用	斧，鋸，チェーンソー，鎌，鉈，スコップ等	鎌，鉈，スコップ等	鎌，鉈，鉄熊手，唐鍬等	スコップ，唐鍬，つるはし等	鎌，鉈，スコップ等

C. 注水以外による消火要領

消火用水が確保できない場合又は初期の場合でホースが延長されるまでの間に行う措置は次による.

a. たたき消し

ⅰ．杉の枝又は燃え難い広葉樹の葉のついた枝等を用いて火に対し，火の粉や炎を追い返すようたたき消す.

ⅱ．未燃焼部分へ火の粉を飛散させないようにする.

ⅲ．1名で2m〜3m幅を担当し，1列に並び行う．

ⅳ．注水消火と併用して行うと効果的である．

b. 覆土（土かけ）

ⅰ．小規模な火，地表火に有効であり，火の粉が飛散しないようスコップを用いて覆土する．

ⅱ．尾根筋等の延焼力の弱まる位置で実施する．

（相馬　信行・石川　義彦）

第16章　防火管理と防災教育・訓練

16・1　防　火　管　理

16・1・1　防火管理制度
（1）防火管理制度の意義

　防火管理とは，火災，震災その他の災害等を予防するための必要な措置及びそれらの発生による被害を最小限に止めるための必要な措置を図ることをいう．このように，防火管理は，火災等の災害の発生を防止し，かつ万一発生した場合でもその被害を最小限に止めるために必要な万全の対策を樹立し，実践することであり，災害という危険を予防し，立ち向かって，軽減しようとする積極的な業務である．

　防火管理の業務は，災害の発生を予防するための災害予防管理と被害を軽減するための災害活動管理（自衛消防）に大別され，この両者を円滑かつ効果的に実行するための教育・訓練も含まれる．

　防火管理は，災害から人命と財産を守り，安全を確保することにより事業の存続と繁栄をもたらし，社会的責任を果たすことを目的としたものであり，「自分の事業所は自分で守る」ということが，防火管理の基本精神である．

　建築物を不燃化し，消防用設備等を設置する等，物的面を完備したとしても，そこに人間が介在する限り，火災の発生を皆無にすることはできない．また，建築物や施設・設備等だけで火災の発生を防ぐことはできず，人間が常に正しく使用し，維持管理することにより，これらが効果を発揮するのであり，「人」と「物」の両者がうまくかみ合って，初めて総合的な安全が確保される．

　過去の火災においても，日常の火気管理の不適切などから出火し，施設や設備の維持管理不適，初期対応の失敗などが要因となって拡大し，人的・物的被害を増大させ，大惨事に至った例は数多く見受けられる．被害の要因は，管理権原者や防火管理者の防火管理に対する意識の低さや，火災の危険性と損失の軽視，防火管理の重要性の認識不足による管理の怠慢によるもので，尊い人命と財産を失い，社会的指弾を受ける結果も招いている．

　防火管理上必要な業務（以下，「防火管理業務」）のように直接的利益に結びつかないものは，火災の発生頻度が少ないこともあって，事業所において軽視されがちである．しかし，火災によって受ける人的・物的損失や社会的影響の大きさを考えると，防火管理業務は事業所の業務推進の基礎となるべき重要な業務である．

　また，防火管理は消防法に規定されるまでもなく，本来，すべての防火対象物において自主的に行われるべきである．しかし，自主的な防火管理を期待するだけでは，安全が十分に確保されない場合がある．そのため，特に多数の者を収容する一定規模以上の防火対象物等について，消防法で防火管理を義務付けている．

（2）防火管理制度の根拠と創設の経緯

　防火管理制度の根拠は，消防法第8条の規定であり，一定規模以上の学校，病院，工場，

事業場，興行場，百貨店，複合用途防火対象物その他多数の者を収容する防火対象物の管理権原者は，防火管理者を選任し，消防計画を作成させて当該消防計画に基づき防火管理業務を行わせなければならない（消防法第8条第1項）．

　防火管理については，1948（昭和23）年の制定当初から消防法第8条に規定されていた．すなわち，「学校，工場，興行場，百貨店，危険物の製造所又は処理所その他市町村長の指定する建築物その他の工作物の所有者，管理者又は占有者は，防火責任者を定め，消防計画を立てその訓練を行わなければならない．」とされていた．その後，1958（昭和33）年の東京宝塚劇場火災等を契機に，防火管理業務の質の向上と実効性の確保を図るため，1960（昭和35）年7月の消防法改正で，第8条が全部改正され，現行の防火管理制度の基礎が確立し，防火管理者の選任，消防計画に基づき防火管理業務を行うことなどが定められた．また，1961（昭和36）年に制定された消防法施行令及び消防法施行規則により，防火管理者の責務，消防計画に定める事項などが明確化された．

（3）防火管理制度の適用がある対象物

　防火管理が義務となる対象物（以下，「防火管理義務対象物」）は，表16·1のとおりである．（消防法施行令第1条の2第3項）

表 16·1　防火管理制度の適用がある対象物

1　消防法施行令別表第1（6）項ロ，（16）項イ及び（16の2）項に掲げる防火対象物（同表（16）項イ及び（16の2）項に掲げる防火対象物にあっては，同表（6）項ロに掲げる防火対象物の用途に供される部分が存するものに限る．）で収容人員が10人以上のもの
2　消防法施行令別表第1（1）項から（4）項まで，（5）項イ，（6）項イ，ハ及びニ，（9）項イ，（16）項イ並びに（16の2）項に掲げる防火対象物（同表（16）項イ及び（16の2）項に掲げる防火対象物にあっては，同表（6）項ロに掲げる防火対象物の用途に供される部分が存するものを除く．）で収容人員が30人以上のもの
3　消防法施行令別表第1（5）項ロ，（7）項，（8）項，（9）項ロ，（10）項から（15）項まで，（16）項ロ及び（17）項に掲げる防火対象物で収容人員が50人以上のもの
4　新築の工事中の次に掲げる建築物で，収容人員が50人以上のもののうち，外壁及び床又は屋根を有する部分が次に定める規模以上である建築物であって電気工事等の工事中のもの （1）地階を除く階数が11以上で，かつ，延べ面積が10,000 m² 以上である建築物 （2）延べ面積が50,000 m² 以上である建築物 （3）地階の床面積の合計が5,000 m² 以上である建築物
5　建造中の旅客船で，収容人員が50人以上で，かつ，甲板数が11以上のもののうち，進水後の旅客船であって，ぎ装中のもの

（4）管理権原者

A. 管理権原者の要件

　消防法上の管理権原者とは，防火対象物について正当な管理権を有する者で，当該防火対象物の管理行為（建築物の増・改築及び消防用設備等の設置並びに維持管理等）を法律，契約又は慣習上当然行うべき者を指す．

　また，「管理」とは，防火対象物の防火についての管理であり，貸しビル等においてテナ

ントとして入居していても，テナントごとに管理権原が分かれているとは限らず，当該防火対象物の所有形態，管理形態，占有形態（使用形態）等によって管理権原者が決まる．

　管理権原者は，具体的には所有者や借受人が同時に管理権を有していることもある．例えば大規模のビル等でその使用体系と管理体系が分かれている場合や，所有者が管理体系に実質的な影響力を有していない場合には，管理体系上の正当な管理権を有する者がこれにあたる．

　公立学校の学校長などのように，私法上又は公法上の契約等により本来の管理権原者から管理を委任された者がある場合は，管理について実質的な影響力を有している者が管理権原者に該当する．

　管理権原者は，おおむね次の者が該当する．

i　当該事業所の代表権と防火対象物の自由処分権を正当に有している者．

ii　建築物の増・改築，避難施設及び消防用設備等の設置並びに維持管理上の権限又は責任を有している者．

iii　当該事業所に勤務する者について，人事又は労務上の権限を有している者．

　B. 管理権原者の責務

　管理権原者は防火管理の最終責任者であり，防火管理者を選任しさえすれば防火管理責任を免責されるものではない．管理権原者は，防火管理者が効果的に防火管理業務を遂行できるよう指導，支援，協力を行い，実効ある防火管理に努めなければならず，消防法上の責務は次の（a）から（f）までのとおりである．

　（a）防火管理者の選任義務（消防法第 8 条第 1 項）

　（b）防火管理業務の監督義務（消防法第 8 条第 1 項）

　（c）防火管理者の選解任時の届出義務（消防法第 8 条第 2 項）

　（d）統括防火管理者の選任義務（消防法第 8 条の 2 第 1 項）

　（e）統括防火管理業務の監督業務（消防法第 8 条の 2 第 1 項）

　（f）統括防火管理者の選解任時の届出義務（消防法第 8 条の 2 第 4 項）

　また，事業所から火災等の災害が発生すると，管理権原者は刑法，民法等により様々な責任を追及される．民法等の私法上の賠償責任のほか，火災等によって死傷者が発生すると問題になるのが，業務上過失致死傷の刑事責任である．

　刑法第 211 条には「業務上必要な注意を怠り，よって人を死傷させた者は，5 年以下の懲役若しくは禁錮又は 100 万円以下の罰金に処する．」とあり，管理権原者は，防火管理の最終責任者であることから，防火管理業務は刑法上の「業務」にあたり，必要な注意を怠ればこの条項が適用される例が多い．

i　防火管理者の選任義務

　管理権原者は，消防法施行令で定める資格を有する者の中から防火管理者を定めて届出し，防火管理業務を行わせなければならない．（管理権原者の届出義務−消防法第 8 条第 2 項）管理権原者が資格を有し，防火管理業務を遂行できれば，管理権原者自身を防火管理者として選任することもできる．

ii　防火管理業務の監督義務

　管理権原者は，防火管理者に消防計画を作成させ，これに基づいて火気取扱いの監督や消防用設備等の点検及び教育，訓練等の防火管理業務を行わせなければならない．管理権原者は，単に防火管理者を選任し，防火管理業務の実施を命ずるだけではなく，防火管理業務が適正に行われるよう防火管理者から適宜報告を求め，その実施状況を確認するなど防火管理者を指揮監督しなければならない．

（5）防火管理制度の体系

　防火管理制度の体系については，図16·1のとおりである．

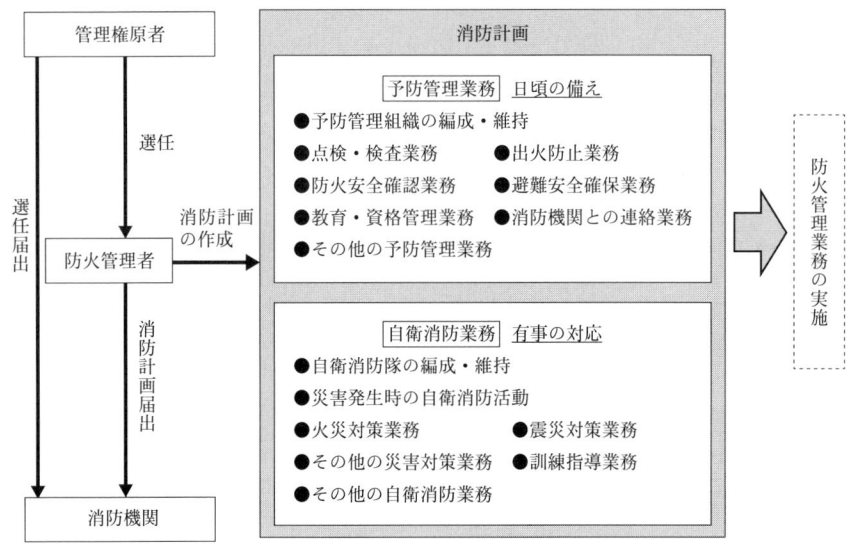

図 16·1　防火管理制度の体系

A.　防火管理者の選任

　防火対象物内の管理権原者単位に選任することが原則である．例えば，複数のテナントが入居する事業所ビルでは，管理権原者の単位であるテナントごとに防火管理者の選任が求められる．なお，同一敷地内に管理権原者が同一である防火対象物が2以上ある場合，これらは一の防火対象物としてみなされる（消防法施行令第2条）．

i　管理権原者が単一の防火対象物

　防火対象物全体で管理権原者が1人の場合は，管理権原者が防火管理者を選任する．

ii　管理権原者が複数の防火対象物

　防火対象物全体で管理権原者が複数の場合は，それぞれの管理権原者が防火管理者を選任する．

B.　防火管理者の資格

　防火管理者は，広範にわたる防火管理業務を確実かつ円滑に行うために一定の知識・技術

を有し，事業所内においてもこれを推進し得る権限を有していることが必要であることから，防火対象物ごとに定められた法定資格（表 16·2）と地位の両面を満足する者でなければならない．

表 16·2　防火対象物と防火管理者の資格区分

用　途	特定用途の防火対象物		非特定用途の防火対象物	特定用途の防火対象物	非特定用途の防火対象物
	※	左記以外			
建物全体の延べ面積	すべて	300m² 以上	500m² 以上	300m² 未満	500m² 未満
建物全体の収容人員	10 人以上	30 人以上	50 人以上	30 人以上	50 人以上
資格区分	甲種防火管理者			甲種又は乙種防火管理者	
区　分	甲種防火対象物			乙種防火対象物	

※　消防法施行令別表第 1（6）項ロ，（16）項イ又は（16 の 2）項（同表（16）項イ又は（16 の 2）項にあっては，同表（6）項ロの用途に供される部分が存するものに限る.）の用途に供される部分が存する防火対象物

i　防火対象物の区分に応じた資格（消防法施行令第 3 条第 1 項，消防法施行規則第 2 条）

　防火対象物の区分に応じ，表 16·3 に定める者である．

ii　乙種防火管理講習の課程を修了した者を防火管理者とすることができる防火対象物の部分

　表 16·4 のとおりである（消防法施行令第 3 条第 3 項，消防法施行規則第 2 条の 2 の 2）．

iii　防火対象物の各テナントで，管理権原者ごとに選任する防火管理者の資格

　表 16·5 のとおりであり，防火対象物の区分，テナント部分の用途や収容人員により区分される．

C.　防火管理者の地位

　防火管理者は，防火対象物内における防火管理業務を推進することを職務とする者であり，火災発生を未然に防止し，かつ，万一火災が発生した場合でもその被害を最小限に止めるべく万全を期する職責を有する．

　このため，事業所において防火管理者は，防火対象物等の維持管理に必要な予算措置や従業者に対し指示命令ができる地位にあり，かつ，管理権原者に直接指示を求めることができる立場にある者でなければならない．したがって，防火管理者は役員会の構成員となり得るような事業所内の地位にあり，防火対象物の事情にも精通し，従業者からも十分に信頼されていることが必要である．このことから，法令では，「管理・監督的な地位にある者」を選任することを規定している（消防法施行令第 3 条第 1 項）．

　なお，共同住宅や管理について権原が分かれている防火対象物の部分で，その管理する部分のみでは防火管理者を選任しなければならない規模に至らない場合や，管理・監督的な地位にある者のいずれもが遠隔の地に勤務しているなどの事由により，防火管理上必要な業務を適切に遂行することができないと消防長又は消防署長が認める場合は，一定の要件のも

表 16·3　防火対象物の区分に応じた資格

1	消防法施行令第1条の2第3項各号に規定する防火対象物で，2に定める乙種防火対象物以外のもの（以下，「甲種防火対象物」）については，次のいずれかに該当する者

- (1) 都道府県知事，消防本部及び消防署を置く市町村の消防長又は法人であっては総務省令で定めるところにより総務大臣の登録を受けたものが行う甲種防火対象物の防火管理に関する講習（甲種防火管理講習）の課程を修了した者
- (2) 学校教育法（昭22年法律第26号）による大学又は高等専門学校において総務大臣の指定する防災に関する学科又は課程を修めて卒業した者（当該学科又は課程を修めて同法による専門職大学の前期課程を修了した者を含む．）で，1年以上防火管理の実務経験を有する者
- (3) 市町村の消防職員で，管理的又は監督的な職に1年以上あった者
- (4) 労働安全衛生法（昭47年法律第57号）第11条第1項に規定する安全管理者として選任された者
- (5) 消防法施行規則第4条の2の4第4項に規定する防火対象物の点検に関し必要な知識及び技能を修得することができる講習の課程を修了し，免状の交付を受けている者
- (6) 消防法第13条第1項の規定により危険物保安監督者として選任された者で，甲種危険物取扱者免状の交付を受けている者
- (7) 鉱山保安法（昭24年法律第70号）第22条第3項の規定により保安管理者として選任された者（同項後段の場合にあっては，同条第1項の規定により保安統括者として選任された者）
- (8) 国若しくは都道府県の消防の事務に従事する職員で，1年以上管理的又は監督的な職にあった者
- (9) 警察官又はこれに準ずる警察職員で，3年以上管理的又は監督的な職にあった者
- (10) 建築主事又は1級建築士の資格を有する者で，1年以上防火管理の実務経験を有する者
- (11) 市町村の消防団員で，3年以上管理的又は監督的な職にあった者
- (12) (4)から(11)までに掲げる者に準ずる者として消防庁長官が定める者

2	消防法施行令第1条の2第3項第1号ロ及びハに掲げる防火対象物で，延べ面積が消防法施行令別表第1（1）項から（4）項まで，（5）項イ，（6）項イ，ハ及びニ，（9）項イ，（16）項イ並びに（16の2）項に掲げる防火対象物については，300 m² 未満，その他の防火対象物については，500 m² 未満のもの（以下，「乙種防火対象物」）は，次のいずれかに該当する者

- (1) 都道府県知事，消防本部及び消防署を置く市町村の消防長又は法人であっては総務省令で定めるところにより総務大臣の登録を受けたものが行う乙種防火対象物の防火管理に関する講習（以下「乙種防火管理講習」）の課程を修了した者
- (2) 前1，(1)から(12)までに掲げる者

表 16·4　乙種防火管理講習の修了者を防火管理者とすることができる防火対象物の部分

1	防火対象物の部分で消防法施行令別表第1（6）項ロ，（16）項イ又は（16の2）項に掲げる防火対象物（同表（16）項イ又は（16の2）項に掲げる防火対象物にあっては，同表（6）項ロに掲げる防火対象物の用途に供される部分が存するものに限る．）の用途に供されるもののうち収容人員が10人未満のもの
2	防火対象物の部分で消防法施行令別表第1（1）項から（4）項まで，（5）項イ，（6）項イ，ハ若しくはニ，（9）項イ，（16）項イ又は（16の2）項に掲げる防火対象物（同表（16）項イ又は（16の2）項に掲げる防火対象物にあっては，同表（6）項ロに掲げる防火対象物の用途に供される部分が存するものを除く．）の用途に供されるもののうち収容人員が30人未満のもの
3	防火対象物の部分で消防法施行令別表第1（5）項ロ，（7）項，（8）項，（9）項ロ，（10）項から（15）項まで，（16）項ロ又は（17）項に掲げる防火対象物の用途に供されるもののうち収容人員が50人未満のもの

表 16·5　テナントの防火管理者の資格区分

区　分	甲種防火対象物のテナント						乙種防火対象物のテナント
テナント部分の用途	特定用途		非特定用途	特定用途		非特定用途	すべて
	※	左記以外		※	左記以外		
テナント部分の収容人員	10人以上	30人以上	50人以上	10人未満	30人未満	50人未満	すべて
資格区分	甲種防火管理者			甲種又は乙種防火管理者			

※　消防法施行令別表第1（6）項ロ，（16）項イ又は（16の2）項（同表（16）項イ又は（16の2）項にあっては，同表（6）項ロの用途に供される部分が存するものに限る.）の用途に供される部分

と，管理・監督的な地位ではない者を選任することが認められている（消防法施行令第3条第2項，消防法施行規則第2条の2）.

D.　防火管理者の責務

防火管理者は火災等の災害から従業者の生命や企業の財産を保護することはもとより，防火対象物の利用者等及び周辺住民の生命，財産に影響を及ぼすことのないよう危険を排除する義務と責任を有する．このため，防火管理者は，災害発生防止のための「予防管理業務」と災害発生時の対応のための「災害管理（自衛消防）業務」を推進する責任者である.

ⅰ　防火管理者の業務（消防法施行令第3条の2）

（a）消防計画の作成

（b）消火，通報及び避難の訓練の実施

（c）消防用設備等の点検及び整備

（d）火気の使用又は取扱いに関する監督

（e）避難又は防火上必要な構造及び施設の維持管理

（f）収容人員の管理

（g）その他の防火管理業務

ⅱ　防火管理業務に従事する者への指示義務

防火管理業務は，大規模な事業所では膨大な業務量となる．したがって，防火管理者がすべての防火管理業務を単独で実施することは不可能であり，事業所の多くの者に行わせることとなる．その際，防火管理者は火元責任者や設備の点検に当たる者などに対し必要な指示を与えなければならない（消防法施行令第3の2第4項）.

ⅲ　訓練の実施義務

消防計画で従業者の組織編成を明確にするとともに，個々の従業者が任務を理解して確実に遂行できるよう，訓練の積み重ねにより活動能力を向上させる必要がある．このため，防火管理者には消火，通報，避難の訓練を定期的に実施しなければならない責任と義務が課せられている（消防法施行令第3条の2第2項，消防法施行規則第3条第1項）.

ⅳ　誠実な業務遂行義務

防火管理者は，管理権原者に防火管理業務の執行状況を報告するとともに，これらの業務

を行うときは，必要に応じて，指示を求め，誠実に職務を遂行しなければならない（消防法施行令第3条の2第3項）．

（6）防火管理業務の一部委託

防火対象物の管理権原者等が，防火管理業務の一部（火気使用設備器具等の点検，消防用設備等の総合操作盤及び制御装置等の監視や操作，防火・避難施設の維持管理，火災が発生した場合の初動措置等）を警備会社やビルメンテナンス会社等に委託し，受託者側の従業者が常駐してこれらの業務への従事（常駐方式），夜間無人となる建物の巡回（巡回方式）や機械監視（遠隔移報方式）等にあたる形態が年々増加している傾向にある．このように防火管理業務の一部が委託された場合において，その委託された業務と他の防火管理業務とは，綿密に関連して一体的な処理がなされなければならない．

また，特に自衛消防活動は，統括された指揮命令に基づき，全従業者が一体となって行われなければならず，そのためには，普段から受託者側の従業者等に対しても指揮命令系統を確立しておき，消防計画に基づいて適正に業務が推進されることが必要である．

したがって，管理権原者は，受託者が防火管理業務を遂行するにあたり，防火管理者の指示及び指揮命令ができるよう委託契約を締結しなければならない．消防法施行規則第3条第2項では，防火管理業務の一部委託を行う場合には，受託者の氏名及び住所（法人にあっては，法人の名称及び主たる事務所の所在地）や，受託者の行う防火管理業務の範囲及び方法を消防計画に定めることを規定している．

16・1・2　統括防火管理制度

（1）統括防火管理制度の意義

1つの防火対象物に複数の事業所が入り，管理について権原が分かれている場合は，それぞれの管理権原者が相互に連絡協力し合う体制がなければ，火災時に混乱を招くおそれがある．

このことから，管理について権原が分かれている防火対象物で，防火対象物全体についての消防計画の作成，消火，通報及び避難の訓練の実施，避難施設の管理等，防火対象物全体の防火管理を推進することが極めて重要である．

（2）統括防火管理制度の根拠と創設の経緯

統括防火管理制度は消防法第8条の2で規定される．制度創設の経緯は以下のとおりである．1965（昭和40）年以降になって高層建築物，地下街，中小の雑居ビルからの火災が多発し，これらの火災を背景に，管理について権原が分かれている防火対象物における一体的な防火管理を確保するため，1968（昭和43）年の消防法改正により消防法第8条の2に基づく共同防火管理制度が発足した．続いて，1971（昭和46）年の消防法の一部改正により，消防長・消防署長に是正命令権（協議事項の作成命令）の付与の規定が設けられた．さらに，管理権原が分かれている雑居ビル等で死傷者を伴う火災が相次いで発生したことを踏まえ，2012（平成24）年の消防法改正により，消防法第8条の2が一部改正された．従前の共同防火管理制度が改められ，統括防火管理者の業務・役割の明確化，統括防火管理者に各テナント等の防火管理者に対する「指示権」の付与，統括防火管理者の選任・届出の義務化及び全体についての消防計画の作成・届出の義務化などを旨とする統括防火管理制度が発足

した.

（3）統括防火管理制度の適用がある対象物

次のいずれかに該当するもので，管理について権原が分かれているものは，統括防火管理を行う義務がある（消防法第8条の2第1項，消防法施行令第3条の3）．高層建築物の高さについては，建築基準法施行令第2条第1項第6号による．なお，防火対象物によっては，消防法第8条第1項による防火管理の義務はないが，統括防火管理は義務となる場合がある.

i　高層建築物（高さ31mを超えるもの）

ii　地下街（消防法施行令別表第1（16の2）項で消防長又は消防署長が指定するもの）

iii　消防法施行令別表第1（6）項ロ及び（16）項イに掲げる防火対象物（同表（16）項イに掲げる防火対象物にあっては，同表（6）項ロに掲げる防火対象物の用途に供される部分が存するものに限る.）のうち，地階を除く階数が3以上で，かつ，収容人員が10人以上のもの

iv　特定用途の防火対象物（前iからiiiを除く.）のうち，地階を除く階数が3以上で，かつ，収容人員が30人以上のもの

v　消防法施行令別表第1（16）項ロの複合用途防火対象物（前iからivを除く.）のうち，地階を除く階数が5以上で，かつ，収容人員が50人以上のもの

vi　準地下街（消防法施行令別表第1（16の3）項）

（4）統括防火管理制度の体系

統括防火管理制度の体系については，図16・2のとおりである.

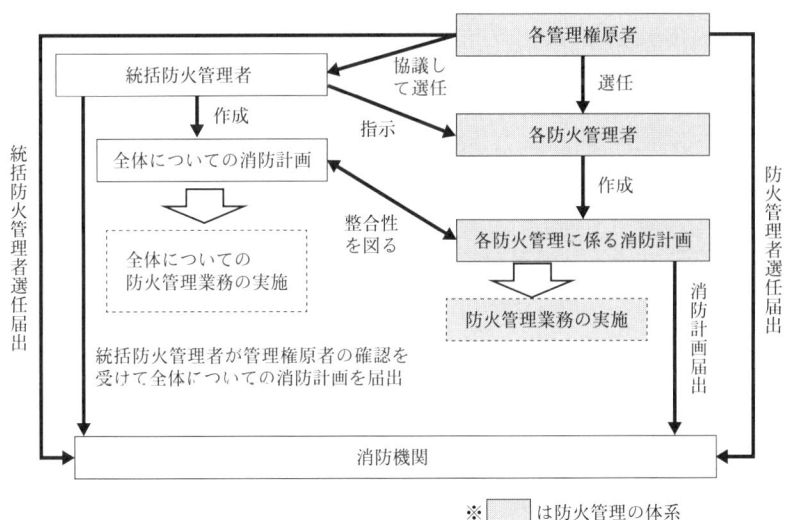

図 16·2　統括防火管理制度の体系

A. 統括防火管理者の資格

統括防火管理者は，防火対象物の区分に応じ，防火管理講習の課程を修了した者等で，当該防火対象物の全体についての防火管理業務を適切に遂行するために，権限及び知識を有していることが必要であり，次の要件がある（消防法施行令第4条，消防法施行規則第3条の3）.

i　管理権原者から，必要な権限が付与されていること.

ii　管理権原者から，業務の内容について説明を受けており，かつ，当該内容について十分な知識を有していること.

iii　管理権原者から，当該防火対象物の全体についての位置，構造及び設備の状況等に係る説明を受けており，かつ，当該事項について十分な知識を有していること.

B. 統括防火管理者の責務

消防法第8条の2第1項では，管理権原者が統括防火管理者に行わせなければならない防火対象物の全体についての防火管理業務を，次のように例示している.

i　防火対象物の全体についての消防計画の作成

ii　前iの消防計画に基づく消火，通報及び避難の訓練の実施

iii　防火対象物の廊下，階段，避難口その他の避難上必要な施設の管理

iv　その他防火対象物の全体についての防火管理業務

統括防火管理者が，防火対象物の全体についての防火管理業務を行うときは，必要に応じて管理権原者に指示を求め，誠実にその職務を行わなければならない（消防法施行令第4条の2第3項）.

16・1・3　防災管理制度

（1）防災管理制度の意義

地震発生時には，避難経路となるべき廊下や階段の破損，家具や什器の転倒などにより避難が困難になることや，倒壊建物からの救出事案等が同時期に多数発生することが予想される．南海トラフ巨大地震，首都直下地震等の大規模地震の発生が危惧されており，発生時には，消防機関の消防活動は極めて困難となり，迅速な対応は必ずしも期待できない．また，特殊な災害では，原因物質が目に見えないものもある．対応方法を誤ると，二次的被害の増大が予想される.

これらのことから，地震その他特殊な災害について一定の知識を有した上で，地震その他特殊な災害に備えた防災管理を主体的かつ積極的に実施するための制度として，多数の者が利用する大規模な防火対象物の管理権原者に防災管理が義務付けられている.

（2）防災管理制度の根拠と制度創設の経緯

防災管理制度は，消防法第36条で規定される．この制度は大規模地震等では同時多発的に被害が発生するなど，火災とは状況が異なることを踏まえ，2007（平成19）年の消防法改正により，導入された.

法令上では準用規定（ある事項のための法文を，性質の異なる別の事項に一定の修正を加えて，あてはめるもの）が設けられ，防災管理は，防火管理に関する規定を読み替えている．すなわち，消防法第36条第1項は，「第8条から第8条の2の3までの規定は，火災以

外の災害で消防法施行令で定めるものによる被害の軽減のため特に必要がある建築物その他の工作物として消防法施行令で定めるものについて準用する.」と規定され，同項においてそれぞれ消防法第 8 条，消防法第 8 条の 2，消防法第 8 条の 2 の 2，消防法第 8 条の 2 の 3 を準用し，防災管理者，統括防災管理者，防災管理点検及び防災管理点検の特例認定に関して規定されている.

なお，防災管理の対象となる災害は，消防法施行令第 45 条に 2 種類の災害が規定されている（表 16・6）.

表 16・6　防災管理の対象となる災害

1　地震
2　次の原因により生ずる特殊な災害 　(1)　毒性物質又はこれと同等の毒性を有する物質の発散 　(2)　生物剤又は毒素の発散 　(3)　放射性物質又は放射線の異常な水準の放出 　(4)　前(1)から(3)までの発散又は放出のおそれがある事故

（3）防災管理制度の適用がある対象物

消防法施行令第 46 条により，防災管理が義務付けられる建築物その他の工作物は，具体的には消防法施行令第 4 条の 2 の 4 に基づく防火対象物（以下「防災管理義務対象物」）である（表 16・7）.

防災管理は，防災管理義務対象物の管理権原者に課せられる義務であり，防火管理と同様に，同一敷地内の管理権原者が同一の防災管理義務対象物については一の防災管理義務対象物とみなされる.

なお，防災管理義務対象物は，後述の自衛消防組織の設置が義務となる対象物と同一であり，これは大規模・高層の建築物に自衛消防組織の設置を義務付けた趣旨を踏まえて同一とされている.

表 16・7　防災管理制度の適用がある対象物

消防法施行令別表第 1（1）項から（4）項まで，（5）イ，（6）項から（12）項まで，（13）項イ，（15）項及び（17）項（以下，「対象用途」という.）に掲げる防火対象物で，次に該当するもの. 　1　地階を除く階数が 11 以上の防火対象物で，延べ面積 1 万 m^2 以上 　2　地階を除く階数が 5 以上 10 以下の防火対象物で，延べ面積 2 万 m^2 以上 　3　地階を除く階数が 4 以下の防火対象物で，延べ面積 5 万 m^2 以上
対象用途を含む消防法施行令別表第 1（16）項に掲げる防火対象物で，次に該当するもの. 　1　対象用途が 11 階以上にあり，対象用途の床面積の合計が延べ面積 1 万 m^2 以上 　2　対象用途が 5 階以上 10 階以下にあり，対象用途の床面積の合計が延べ面積 2 万 m^2 以上 　3　対象用途が 4 階以下にあり，対象用途の床面積の合計が延べ面積 5 万 m^2 以上
消防法施行令別表第 1（16 の 2）項に掲げる防火対象物で，延べ面積 1,000 m^2 以上のもの.

（4）防災管理制度の体系

A. 防災管理者の選任

消防法第 36 条第 1 項において準用される消防法第 8 条第 1 項により，管理権原者は，火災その他の災害の被害の軽減に関する知識を有する者で消防法施行令で定める資格を有する者のうちから防災管理者を定め，消防計画の作成，当該消防計画に基づく避難の訓練の実施その他防災管理上必要な業務を行わせなければならない．（管理権原者の届出義務－準用される消防法第 8 条第 2 項，消防長，消防署長の選任命令権－準用される消防法第 8 条第 3 項）

　管理権原者自身が資格を有し，防災管理上必要な業務（以下，「防災管理業務」）を遂行できれば，管理権原者自身を防災管理者として選任することもできる．なお，消防法第 36 条第 2 項の規定により，防災管理者は防火管理者の行うべき防火管理業務も行うため，防災管理者と防火管理者は同一の者となる．

　防火管理義務対象物と防災管理義務対象物の双方に該当する場合は，乙種防火管理者を選任することができる部分であっても，甲種防火管理者及び防災管理者の資格を有する者を，防火管理者及び防災管理者として選任しなければならない．

B. 防災管理者の資格（消防法施行令第 47 条，消防法施行規則第 51 条の 5）

消防法第 36 条第 1 項において準用される消防法第 8 条第 1 項の政令で定める資格を有する者は，表 16·8 に掲げるいずれかの者で，防災管理義務対象物において防災管理業務を適切に遂行することができる管理的又は監督的な地位にある者である．

表 16·8　防災管理者の資格

1　甲種防火管理講習及び防災管理新規講習の課程を修了した者
2　大学若しくは高等専門学校において総務大臣の指定する学科若しくは課程を修了し，かつ，1 年以上防火管理の実務経験を有する者で，防災管理新規講習を修了したもの，又は 1 年以上防災管理の実務経験を有する者
3　市町村の消防職員で，管理的又は監督的な職に 1 年以上あった者
4　消防法施行規則第 51 条の 5 で定める学識経験者 　⑴　労働安全衛生法第 11 条第 1 項に規定する安全管理者として選任された者 　⑵　消防法施行規則第 51 条の 12 第 3 項に規定する防災管理義務対象物の点検に関し必要な知識及び技能を修得することができる講習の課程を修了し，免状の交付を受けている者 　⑶　消防法第 13 条第 1 項の規定により危険物保安監督者として選任された者で，甲種危険物取扱者免状の交付を受けている者 　⑷　鉱山保安法第 22 条第 3 項の規定により保安管理者として選任された者 　⑸　国若しくは都道府県の消防の事務に従事する職員で，1 年以上管理的又は監督的な職にあった者 　⑹　警察官又はこれに準ずる警察職員で，3 年以上管理的又は監督的な職にあった者 　⑺　建築主事又は 1 級建築士の資格を有する者で，1 年以上の防火管理の実務経験及び 1 年以上の防災管理の実務経験を有する者 　⑻　市町村の消防団員で，3 年以上管理的又は監督的な職にあった者 　⑼　⑴から⑻までに掲げる者に準じる者として消防庁長官が定める者

C. 防災管理者の責務

防災管理者は，防災管理業務を行うときは，必要に応じて当該防災管理義務対象物の管理

権原者の指示を求め，誠実にその職務を遂行しなければならない．また，防災管理者は，防災管理に係る消防計画を作成し，これに基づいて避難の訓練を定期的に実施しなければならない（消防法施行令第 48 条）．

（5）防災管理業務の一部委託

防災管理業務の一部を委託する場合は，委託する業務と他の業務とは，密接に関連しているため，一体的な処理がなされなければならない．特に，災害発生時の自衛消防活動は，初期消火や人命救助などの状況に応じた種々の対応行動であり，統括された指揮命令に基づき全従業者が一体となって行えるよう，普段から派遣された従業者等に対しても指揮命令系統を確立し，防災管理に係る消防計画に基づいて適正に業務を推進する必要がある．

したがって，防災管理業務の一部を委託する場合には，受託者の氏名及び住所（法人にあっては，名称及び主たる事務所の所在地）や，受託者の行う防災管理業務の範囲及び方法（消防法施行規則第 51 条の 8 第 2 項）を防災管理に係る消防計画に定めなければならない．

16・1・4　統括防災管理制度

（1）統括防災管理制度の意義

2011（平成 23）年の東日本大震災においては，長周期地震動により高層ビルを中心に激しい揺れに伴う人的・物的被害が発生し，在館者の避難に混乱が生じた．防災管理についても，それぞれの管理権原者が相互に協力し合う体制がなければ，地震その他の特殊な災害時に混乱を招くおそれがある．

このことから，防災管理義務対象物で管理について権原が分かれているものについては，統括防火管理制度と同様に，協議して統括防災管理者を定め，全体についての消防計画の作成，避難訓練の実施，避難施設の管理等，建築物その他の工作物全体の防災管理業務を行わせるとともに，統括防災管理者が各防災管理者に対して必要に応じて指示することができるよう統括防災管理の制度が設けられている．

（2）統括防災管理制度の根拠と創設の経緯

統括防災管理制度は消防法第 36 条で規定される．制度創設の経緯は，防災管理制度の規定化に伴い，共同防災管理制度として準用された．さらに，統括防火管理制度と同様に，2012（平成 24）年の消防法改正により，消防法第 8 条の 2 の一部改正に合わせて，同法第 36 条の準用規定により，従前の共同防災管理制度が改められた．これにより，統括防災管理者の業務・役割の明確化，統括防災管理者に各テナント等の防災管理者に対する「指示権」の付与，統括防災管理者の選任・届出の義務化及び全体についての防災に係る消防計画の作成・届出の義務化などを旨とする統括防災管理制度が発足した．

（3）統括防災管理制度の適用がある対象物

防災管理を要する建築物その他の工作物（消防法施行令第 46 条）で管理について権原が分かれているものである．

（4）統括防災管理制度の体系

A. 統括防災管理者の資格

防災管理者の資格を有する者で，当該防災管理義務対象物の全体についての防災管理業務を遂行するために必要な権限及び知識を有していることが必要であり，次の要件がある（消

防法施行令第 48 条の 2，消防法施行規則第 51 条の 11）.

i　管理権原者から，必要な権限が付与されていること.

ii　管理権原者から，業務の内容について説明を受けており，かつ，当該内容について十分な知識を有していること.

iii　管理権原者から，当該建築物その他の工作物の全体の位置，構造及び設備の状況等について説明を受けており，かつ，当該事項について十分な知識を有していること.

B.　統括防災管理者の責務

消防法第 36 条第 1 項において準用される同法第 8 条の 2 第 1 項の規定では，管理権原者が統括防災管理者に行わせなければならない建築物その他の工作物の全体についての防災管理業務を，次のように例示している.

i　防災管理対象物の全体についての防災管理に係る消防計画の作成

ii　前 i の消防計画に基づく避難の訓練の実施

iii　防災管理対象物の廊下，階段，避難口その他の避難上必要な施設の管理

統括防災管理者が，防火対象物の全体についての防災管理業務を行うときは，必要に応じて管理権原者に指示を求め，誠実にその職務を行わなければならない（消防法施行令第 48 条の 3）.

16・1・5　消　防　計　画

（1）消防計画の基本

消防計画は，防火管理者の選任単位ごとに実態に応じた実効性のあるものを作成する. 具体的には，防火対象物の規模，用途等を把握した上で，できるだけ簡潔にし，理解され易く，かつ，火災等の各種災害が発生した場合に，組織全体がその計画に基づいて活動できるものとする. 担当者の不在等があっても，補完できるように定めておくことが重要である.

また，防火対象物の危険要因に着目し，これらに対する措置に重点を置くとともに，一部委託等により，自己事業所以外の者に業務を行わせる場合には，その権限を明確にする. 行動に関する部分については，マニュアル化するなど訓練に活用でき，夜間等，従業員が少ない場合でも実行できるものにする. なお，消防計画の内容は，防火対象物の使用状況，自衛消防訓練の結果等に応じて，常に見直しを行う必要がある.

（2）消防計画の種類

消防計画には，消防法第 8 条第 1 項に基づいて防火管理者が作成する「防火管理に係る消防計画」と同法第 36 条第 1 項において準用される同法第 8 条第 1 項に基づいて防災管理者が作成する「防災管理に係る消防計画」がある.

防火管理に係る消防計画は，事業所の火災の発生等を未然に防止するため，建築物，火気使用設備器具等の火災予防上の自主検査や消防用設備等の点検及び整備等の行動規範を文書化したものである. 消防計画には日常の予防管理組織を定め，万一災害が発生した場合に，被害を最小限に止めるために必要な自衛消防組織の編成，その活動要領や任務を明確にする.

一方，防災管理に係る消防計画は，事業所の地震及び特殊な災害による被害を軽減するため，避難施設等の自主検査や震災対策に係る資器材の点検及び整備等の行動規範を文書化し

たものである．消防計画には自衛消防の組織の編成，その活動要領や任務を明確にする．

　　防火管理者，防災管理者は，作成した消防計画を所轄消防長又は消防署長に届け出なければならない（消防法施行令第3条の2第1項，第48条第1項）．防火管理に係る消防計画と防災管理に係る消防計画は，それぞれ個別の届出が法令上義務となるが，実際の運用を踏まえ，整合性の確保が求められる．

（3）防火管理に係る消防計画に定めるべき事項

A．通常定めるべき主な事項（消防法施行規則第3条第1項）

ⅰ　自衛消防の組織．

ⅱ　防火対象物についての火災予防上の自主検査．

ⅲ　消防用設備等の点検及び整備．

ⅳ　防火管理上必要な教育．

ⅴ　消火，通報及び避難の訓練の実施．

B．自衛消防組織が該当する場合に定めるべき主な事項（消防法施行規則第4条の2の10）

ⅰ　火災による被害の軽減のために必要な業務として自衛消防組織が行う業務に係る活動要領．

ⅱ　自衛消防組織の要員に対する教育及び訓練．

ⅲ　共同して自衛消防組織を設置する場合

　（a）自衛消防組織に関する協議会の設置及び運営．

　（b）自衛消防組織の統括管理者の選任．

　（c）自衛消防組織が業務を行う防火対象物の範囲．

（4）防災管理に係る消防計画に定めるべき事項

A．通常定めるべき主な事項（消防法施行規則第51条の8第1項）

ⅰ　自衛消防の組織．

ⅱ　防災管理上必要な教育．

ⅲ　避難の訓練その他防災管理上必要な訓練の定期的な実施．

ⅳ　地震による被害の軽減．

　（a）地震発生時における被害の想定及びその対策．

　（b）被害軽減のための自主検査．

　（c）家具，什器等の落下，転倒及び移動の防止のための措置．

ⅴ　大規模テロ災害等による被害の軽減．

　（a）災害発生時における通報連絡及び避難誘導．

　（b）災害による被害の軽減に関し必要な事項

B．自衛消防組織が該当する場合に定めるべき主な事項（消防法施行規則第51条の10）

ⅰ　火災以外の災害による被害の軽減のために必要な業務として自衛消防組織が行う業務に係る活動要領．

ⅱ　自衛消防組織の要員に対する教育及び訓練．

ⅲ　共同して自衛消防組織を設置する場合

　（a）自衛消防組織に関する協議会の設置及び運営．

（b）自衛消防組織の統括管理者の選任.

（c）自衛消防組織が業務を行う防火対象物の範囲.

（5）出火防止対策

出火防止対策は防火管理の中でも特に重要な業務であり，消防計画に定めておくことが適当である．火災類型別の主な具体的対策には次のものがある.

A. 放火対策

全国の放火による火災は，2005（平成17）年以降，減少傾向が見られるものの，1997（平成9）年から2015（平成27）年まで19年連続して我が国の出火原因の第一位となっている．2015（平成27）年中の放火による火災件数は，全火災の10.3%，放火の疑いを含めると16.6%を占めている（出典：消防庁ホームページ　http://www.fdma.go.jp）.

放火火災の特徴は表16·9，主な予防対策は表16·10のとおりである．中でも重要なこと

表 16·9　放火火災の特徴

項　　目	内　　容
1　発 生 用 途	放火火災の大半が一般住宅及び共同住宅である.
2　発生時間帯	夕方から深夜にかけての時間帯に多発している.
3　着　火　物	紙製品，合成樹脂類，ごみくず，繊維等の着火しやすいものへの放火が多い.
4　放 火 箇 所	外部からの侵入が容易な共用部分（玄関ホール，廊下，階段等）が多い.

表 16·10　主な放火対策

1　自由に出入りできる場所の留意事項
(1)　死角となりやすい廊下，階段室，洗面所等における可燃物の整理，整頓又は除去
(2)　主たる使用場所以外の物置，空室，雑品倉庫等の施錠管理と人が入れない環境づくり及び巡回警備の実施
(3)　出入口の特定と出入りする者に対する呼びかけ及び監視等の強化
(4)　百貨店等におけるアルバイトや出入りする者の明確化による不法侵入者の監視の実施
(5)　客用トイレを従業員と共用にすることによる監視の強化
(6)　監視カメラ等の設置による死角の解消
(7)　内装材，装備品等の不燃化の促進
(8)　死角となる場所の不定期巡視体制の確立
2　就業時間外等の留意事項
(1)　敷地内及び建物内への侵入防止措置の実施
(2)　火元責任者又は最終帰宅者による火気及び施錠の確認
(3)　建物の使用実態に応じた放火防止措置の徹底（放火が多くなる時期の巡視体制強化等）
(4)　休日，夜間等における巡回体制の確立及び可燃物の整理整頓
(5)　合鍵の保管場所の検討
3　施錠管理の留意事項
(1)　出入口だけでなく，窓も施錠.
(2)　車庫・駐車場内にある車両の施錠
(3)　複合用途の防火対象物における施錠管理の確認及び連絡体制の確立

は，可燃物の整理と出入者の管理である．

B．火気使用設備・器具に係る火災対策

火気使用設備・器具に係る火災は，これらを取り扱う者の知識の不足と取り扱う環境の不適によることが多い．特に飲食店については，営業時間の長時間化による清掃不良やアルバイト従業員の増加による防火教育の不徹底の例が多いため，表 16·11 の留意事項などを日常的に注意喚起し，適正な取扱いの徹底等を行うことが重要である．

また，維持管理が不徹底な排気ダクト等は，内部に多量の油脂等が堆積し，延焼ルートとなる恐れがあるほか，防火ダンパー等に油脂等が固着して正常に作動しない原因ともなる．排気ダクト等の内部は狭隘で清掃が困難な場合もあるため，日常的な点検及び清掃により常に良好な状態を維持しておく必要がある．

表 16·11　火気使用設備・器具に係る防火管理上の留意事項

項　目	内　容
1　日常の注意喚起	火災予防上の留意事項や火災時の行動等を簡単に取りまとめた意識向上シートを見やすい場所に掲示する．
2　取扱者の指定	取扱者は当該設備等に精通している者とし，新たな設備を使用する場合又は未熟な者が取り扱う場合には，教育する．
3　使用開始前の確認	使用開始前に当該設備等の状態と周囲の状態（油の付着，紙屑の有無等）を確認する．
4　異常発見時の指示	使用方法，監視者の指定，異常発見時の措置等を指示する．
5　臨時使用の報告	臨時に火気使用を行う場合の報告を徹底する．
6　使用中の放置厳禁	飲食店の厨房設備等からの火災原因の大半が使用放置によるものであるため，火気使用中はその場を絶対に離れない．
7　使用後の措置	火気使用終了時の消火及びガス栓等の閉鎖を確認する．
8　清掃の徹底	使用後は厨房設備等の周囲，天蓋，フィルター等の清掃を徹底し，火災拡大原因となる油脂の付着を除去しておく．
9　管理者不在となる場合の措置	管理者不在となる場合は，元栓の閉止状況及び電源の遮断状況等を確認するとともに，確認した旨の表示板の掲出と警備担当部門への報告をさせる．

C．たばこ火災対策

全国のたばこによる火災は，1953（昭和 28）年から 1976（昭和 51）年までは出火原因の第 1 位であった（1977（昭和 52）年以降は放火が第 1 位）．2015（平成 27）年中は，全火災の 9.3% を占め，住宅火災の死者（放火自損者を除く）を発火源別にみると，たばこが最も多く，経過をみると「不適当な場所への放置」によるものが多い（出典：消防庁ホームページ　http://www.fdma.go.jp）．

たばこ火災は，概ね無炎燃焼を継続してから有炎燃焼に至ることから，火種の落下直後は気が付かない場合が多い．たばこ火災の特徴は表 16·12，主な予防対策は表 16·13 のとおりである．

表 16·12　たばこ火災の特徴

項　目	内　容
1　発　生　用　途	多くが一般住宅及び共同住宅の居住系用途で発生している.
2　発　生　時　間　帯	全体的に日中の発生が多い.
3　出　火　箇　所	居室内が大半で, 他にはベランダが多い.
4　出火に至った時間	1時間未満が多いが, 6時間以上経過した後に出火した火災も発生している.

表 16·13　主なたばこ火災対策

1　喫煙場所の指定による集中管理 ※社会福祉施設等の入所施設では, 居室内禁煙としているにも関わらず喫煙して火災になる例があるので, 管理を徹底するよう指導する.
2　灰皿の適正配置（場所, 個数, 大きさ, 水の注入）
3　可燃物と分離した吸殻専用のごみ処理
4　更衣室, 控え室等における喫煙管理の徹底
5　終業時等における点検体制の確立 ※次の箇所は重点的に点検する. 　　▶たばこの不始末が予想される場所（旅館における宿泊者退出後の押入れ等） 　　▶人目を忍んで喫煙することが予想される場所 　　▶たばこの吸殻が可燃物とともに集積される場所
6　防炎性能を有するシーツ, 布団カバー等（防炎製品）の使用. ※布団そのものを防炎化しなくても, シーツや布団カバーのみに防炎製品を使用することでも, 着火を抑える効果がある.
7　一酸化炭素検知機能付き火災警報器の設置

D. 電気火災対策

電気や電気製品に係る火災は, 主な原因として, 使用者の管理の怠りによるもの, 取扱いの不注意によるもの等が挙げられる. 配線器具等に係る主な出火原因は表 16·14 のとおりである.

表 16·14　配線器具等の主な出火原因

出火原因	内　容
1　金属接触部の過熱	差し刃と受け刃の接触部分等での緩みに起因
2　電　線　の　短　絡	被覆が損傷し心線同士が接触
3　トラッキング	差込みプラグの差し刃間にたまったほこりが水分を含み, 通電, 過熱
4　電　流　の　過　多	コードの定格電流を超えての使用
5　半　　断　　線	被覆内部での素線の一部断線
6　そ　　の　　他	地絡, スパーク等

　また，電気火災の対策は，①使用者の管理の徹底，②適正な器具の取扱いの 2 点が大きい柱となる．特に配線器具等については，意識が低くなりがちで注意が行き届かないことが多いので，注意を要する．主な予防対策は表 16・15 のとおりである．

表 16・15　主な電気火災対策（配線器具等以外）

1　白熱灯・蛍光灯
⑴　点灯中の白熱電球は高温になっているため，物置やクローゼット内の白熱電球の近くに，可燃物（衣類や寝具等）を置かない．
⑵　クリップ式の白熱電球は，傾きや緩みでずれていないか点検する．
⑶　蛍光灯の安定器は，定期的に点検や交換を行う．
⑷　照明器具に衣類やタオルなどの物をのせたり，覆いかぶせたりしない．
⑸　照明器具を使用した後は，スイッチを必ず切り，安全を確認する．
2　電気製品全般
⑴　使用する前に，電気製品の取扱説明書をよく読む．
⑵　使用していない電気製品の差込みプラグは，コンセントから抜いておく．
⑶　故障した場合は自分で分解せず，専門の業者に修理を依頼する．
⑷　電熱器等の電気製品の周囲には，燃えやすいものを置かない．
⑸　長年使用していなかった電気製品は，使用する前に専門の業者に点検を依頼して，安全を確認してから使用する．
⑹　長年使用している電気製品は，異常の有無を点検する．
3　地震，風水害時の火災等防止対策
⑴　地震発生時に避難する際は，避難する前にアンペアブレーカーを切る．
⑵　地震に備えて感震機能付分電盤や感震機能付コンセントを設置する．
⑶　断線したり垂れ下がっている電線には，絶対に触れない．
⑷　一度水に浸かった屋内配線や電気機器は使用しない（漏電等の原因となる）．

E.　その他の出火防止対策（ガス，危険物及び危険物施設の管理）

　ガス及び危険物の火災は，その前段としてこれらが漏洩している場合が多いことに留意する必要がある．火災の主な予防対策は表 16・16 のとおりである．

表 16・16　ガス及び危険物に係る火災予防対策

項　目	内　容
1　管理上の要点	⑴　危険物等の漏洩防止 ⑵　火気の適正管理 ⑶　危険物貯蔵取扱場所周辺の整理整頓 ⑷　漏洩事故発生時の迅速な通報連絡 ⑸　漏洩した危険物等の除去
2　漏洩防止上の着眼点	**確認する機器等の部位** 貯蔵容器 配管，ホース等 ポンプ バーナー その他の取扱い設備　➡　**確認事項** 設置状況 固定状況 締付状況 変形・腐食の有無 弁の開閉状況 容器類の気密状況

3　低引火点の危険 物を取扱う場合	(1)　防爆構造の電気設備器具の使用を徹底する. (2)　静電気の発生除去対策を徹底する.
4　薬品類の落下防 止措置	研究室, 薬品庫等は, 酸化剤と還元剤等の組み合わせによる混合(混触)発生 防止のため, 次の措置を行う. (1)　同一場所に収容する薬品類の選定 (2)　容器の転倒・落下防止措置.
5　油脂類の自然発 火対策	飲食店における揚げかす, 金属加工業等における油(動植物油)を含んだ切削 屑, その他製造業における油ぼろ(ウエス)等の集積は, 油の酸化熱により自然 発火に至る場合があるので, 保管には十分配慮する.

（6）工事中の消防計画

A.　新築工事中の消防計画の対象

　消防法施行令第1条の2第3項第2号に基づき, 新築工事中の防火対象物で次のすべてに該当する場合, 管理権原者は, 防火管理者を選任し, 当該防火管理者に消防計画を作成させて, 消防署長に届け出なければならない(消防法施行令第1条の2第3項).

i　新築工事中の建築物であり, 外壁及び床又は屋根を有する部分が, 次のいずれかの規模以上である建築物.

(a) 地階を除く階数が11以上で, かつ, 延べ面積が1万 m^2 以上である建築物

(b) 延べ面積が5万 m^2 以上である建築物

(c) 地階の床面積の合計が5,000 m^2 以上である建築物

ii　収容人員が50人以上のもの.

iii　電気工事等の工事中のもの.

B.　工事中の消防計画に定める主な事項

i　消火器等の点検及び整備.

ii　避難経路の維持管理及びその案内.

iii　工事中に使用する危険物等の管理.

iv　防火管理上の必要な教育.

v　自衛消防の組織.

vi　消火, 通報及び避難の訓練その他防火管理上必要な訓練の実施.

（7）全体についての消防計画

A.　防火対象物の全体についての消防計画

　全体についての消防計画には, 消防法第8条の2第1項に基づいて統括防火管理者が作成する「全体についての防火管理に係る消防計画」と, 同法第36条第1項において準用される同法第8条の2第1項に基づいて統括防災管理者が作成する「全体についての防災管理に係る消防計画」がある.

　統括防火管理者, 統括防災管理者は, 作成した全体についての消防計画を所轄消防長又は消防署長に届け出なければならない(消防法施行令第4条の2第1項, 第48条の3第1項).

　全体についての防火管理に係る消防計画と全体についての防災管理に係る消防計画は, それぞれ個別の届出が法令上義務となるが, 実際の運用を踏まえ, 整合性の確保が求められ

る.

B. 全体についての防火管理に係る消防計画に定めるべき主な事項

i　防火対象物の管理について権原を有する者の当該権原の範囲

ii　消火，通報及び避難の訓練の実施

iii　廊下，階段，避難口等の避難施設の維持管理及び案内

iv　火災の際の消防隊への情報提供及び誘導

C. 全体についての防災管理に係る消防計画に定めるべき主な事項

i　建築物その他の工作物の管理について権原を有する者の当該権原の範囲

ii　防災管理上必要な訓練の実施

iii　廊下，階段，避難口等の避難施設の維持管理及び案内

iv　地震その他特殊な災害が発生した場合における消防隊への情報提供

16・1・6　自衛消防組織制度

（1）自衛消防組織制度の意義

　大規模・高層の建築物においては，収容人員が多いことに加え，内部の構造が複雑であるものが多く，災害発生時における利用者の避難誘導等の応急対応が困難となることが予想されるため，災害発生時の応急対策を円滑に行う体制を整備し，利用者の安全を確保する必要がある．

　自衛消防組織とは，消防法上の定義はないが，火災等の発生時において消防計画の定めにより，初期消火，消防機関への通報，在館者の避難誘導等，火災等による被害を軽減するために必要な自衛消防業務を行う人的組織であり，防火対象物の従業者等により構成される．

　なお，消防法第14条の4において，一定の数量以上の危険物を貯蔵する事業所について自衛消防組織の設置を義務付ける規定があるが，これは別の観点から設置を義務付けている．

（2）自衛消防組織制度の根拠と創設の経緯

　自衛消防組織の設置が義務となる対象物（以下，「自衛消防組織義務対象物」）は，消防法施行令第4条の2の4に規定されている．2007（平成19）年の消防法の改正で，特に，災害発生時に相当の被害が生じかねない多数の人々が利用する大規模・高層の防火対象物において自衛消防力の確保を通じた消防防災体制の強化を図るため，当該防火対象物の管理権原者に，自衛消防組織を置くことが義務付けられた．

（3）自衛消防組織制度の適用がある対象物

　自衛消防組織義務対象物は，前述の防災管理義務対象物と同じであるが，複合用途の場合，自衛消防組織義務対象物の用途に供される部分の管理権原者にのみ設置義務が生じる（消防法施行令第4条の2の5第1項）．これは複合用途の防火対象物では両制度の適用の範囲が異なる．図16・3を例にすると，自衛消防組織の設置義務は共同住宅（5項ロ）部分に生じないが，防災管理制度は，共同住宅等（5項ロ）を含めて防火対象物全体に適用となる．

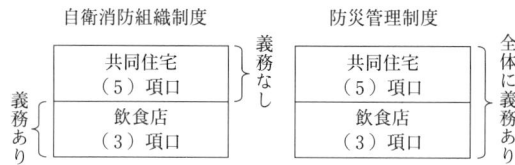

図 16·3　自衛消防組織制度と防災管理制度の義務

（4）自衛消防組織制度の体系

A. 自衛消防組織の設置の届出

　自衛消防組織義務対象物の管理権原者は，自衛消防組織を設置した際，遅滞なく自衛消防組織の要員の現況その他消防法施行規則第4条の2の15第1項に定める事項を，管轄する消防長又は消防署長に届け出なければならない．当該事項を変更したときも同様である（消防法第8条の2の5第2項，消防法施行規則第4条の2の15第1項）．

B. 自衛消防組織の業務

　自衛消防組織は，防火管理に係る消防計画及び防災管理に係る消防計画に基づき，火災等の災害発生時には，公設消防隊が到着するまでの初期消火，通報・連絡，避難誘導等の被害の軽減のために必要な活動を行う（消防法施行令第4条の2の7，第49条）．

C. 消防計画における自衛消防組織の業務の定め

　自衛消防組織義務対象物の管理権原者は，選任した防火管理者に，防火管理に係る消防計画においておおむね次のi及びiiに掲げる事項を，選任した防災管理者に，防災管理に係る消防計画においておおむね次のiii及びivに掲げる事項を定めさせなければならない．

i　共通事項（消防法施行規則第4条の2の10第1項）

　（a）火災の初期の段階における消火活動，消防機関への通報，在館者が避難する際の誘導その他の火災の被害の軽減のために必要な業務として自衛消防組織が行う業務に係る活動要領．

　（b）自衛消防組織の要員に対する教育及び訓練．

　（c）その他自衛消防組織の業務に必要な事項

ii　共同して置く自衛消防組織に関する事項（消防法施行規則第4条の2の10第2項）

　（a）自衛消防組織に関する協議会の設置及び運営．

　（b）自衛消防組織の統括管理者の選任．

　（c）自衛消防組織が業務を行う防火対象物の範囲．

　（d）その他自衛消防組織の運営に必要な事項

iii　共通事項（消防法施行規則第51条の10第1項）

　（a）関係機関への通報，在館者が避難する際の誘導その他の火災以外の災害の被害の軽減のために必要な業務として自衛消防組織が行う業務に係る活動要領．

　（b）自衛消防組織の要員に対する教育及び訓練．

　（c）その他自衛消防組織の業務に必要な事項

iv　共同して置く自衛消防組織に関する事項（消防法施行規則第 51 条の 10 第 2 項）

(a) 自衛消防組織に関する協議会の設置及び運営.

(b) 自衛消防組織の統括管理者の選任.

(c) 自衛消防組織が業務を行う防火対象物の範囲.

(d) その他自衛消防組織の運営に必要な事項

D.　自衛消防組織の要員

自衛消防組織は，統括管理者及び自衛消防要員により編成する.

i　統括管理者

統括管理者とは，自衛消防業務を実施するにあたり自衛消防組織全体を指揮命令する者をいう.　防火管理に係る消防計画及び防災管理に係る消防計画には，統括管理者がその役割を果たすため責務・役割を定めておくことが必要である.

統括管理者には，自衛消防業務講習を修了した者等の資格者をもって充てなければならない.　統括管理者の資格は次のとおりである.

(a) 自衛消防業務講習を修了した者

(b) 消防職員で 1 年以上管理監督的な職にあった者

(c) 消防団員で 3 年以上管理監督的な職にあった者

(d) 廃止前の 1994（平成 6）年消防庁告示第 10 号に規定する防災センター要員講習を修了した者で，最後に当該講習を受けた日から 5 年以内に自衛消防組織の業務に関する講習（追加講習）の課程を修了した者（なお，以後における最初の 4 月 1 日から 5 年以内ごとにおいて自衛消防業務再講習の課程を修了する必要がある.）

講習により資格を得た統括管理者は，講習の課程を修了した日以後における最初の 4 月 1 日から 5 年以内ごとにおいて当該再講習の課程を修了する必要がある.　これを修了していない場合には，自衛消防組織の統括管理者の資格を有しないこととなり，自衛消防組織が消防法施行令第 4 条の 2 の 8 に定める基準に適合しないこととなる.

ii　自衛消防要員

自衛消防組織には，内部組織として次の業務ごとに，おおむね 2 人以上の自衛消防要員を置かなければならない（消防法施行規則第 4 条の 2 の 11）.　内部組織は，通常「班」と呼ばれ，班を統括する者を班長という.　自衛消防要員の数は，消防計画作成時における被害想定，自衛消防訓練の検証結果等を踏まえ，消防計画に定める対応が実施できる体制を確保する（消防法施行規則第 4 条の 2 の 10 第 3 項）.

(a) 火災の初期段階における消火活動

(b) 情報の収集及び伝達並びに消防用設備等の監視等

(c) 在館者が避難する際の誘導

(d) 救出及び救護

iii　教育等

統括管理者と統括管理者が直接指揮をする初期消火，通報・連絡（情報），避難誘導，救出・救護を担当する班長は，自衛消防業務講習の修了者等の資格者としなければならず，防火管理に係る消防計画及び防災管理に係る消防計画に定める教育事項に，統括管理者と当該

班長の講習受講等について定める必要がある（消防法施行規則第4条の2の10第4項）．当該班長が講習修了者以外の資格者の場合は，統括管理者等が防火管理に係る消防計画及び防災管理に係る消防計画に定めるところにより教育を行う．なお，統括管理者が直接指揮をする内部組織の他の班長は，災害への的確な対応ができるように資格者であることが望ましい．

16・1・7　自衛消防訓練

（1）自衛消防訓練の意義

自衛消防訓練は，火災，地震その他の災害が発生した場合に公設消防隊が現場に到着するまでの間，各事業所の自衛消防隊が消火設備，避難設備等を活用して，迅速・的確に人命の保護と災害の拡大防止の措置を図るために必要である．

「身体で覚えたことは自然に実行できる．」といわれるように，火災，地震その他の災害が発生したとき，異常な心理状態と環境の中で迅速・的確な行動を取るためには，日頃から災害対応の一連の活動を繰り返して行い，身に付けておくことが大切である．

（2）自衛消防訓練の根拠

A．防火管理に関する自衛消防訓練の根拠

消防法第8条に基づき，一定規模以上の事業所の管理権原者は，防火管理者を選任し，防火管理に係る消防計画を作成させ，この計画に基づき消火，通報及び避難訓練を実施させなければならないこととされている．防火管理に関する自衛消防訓練の法令根拠は，図16・4のとおりである．

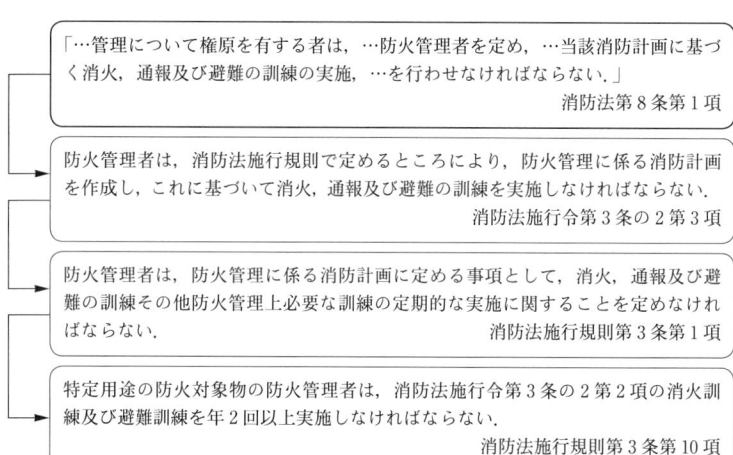

図 16・4　防火管理に関する自衛消防訓練の根拠

B. 防災管理に関する自衛消防訓練の根拠

防火管理義務対象物のうち一定規模以上の事業所の管理権原者は，消防法第36条第1項に基づき，防災管理者を選任し，防災管理に係る消防計画を作成させ，この計画に基づき，避難の訓練を実施させなければならないこととされている．防災管理に関する自衛消防訓練の法令根拠は，図16・5のとおりである．

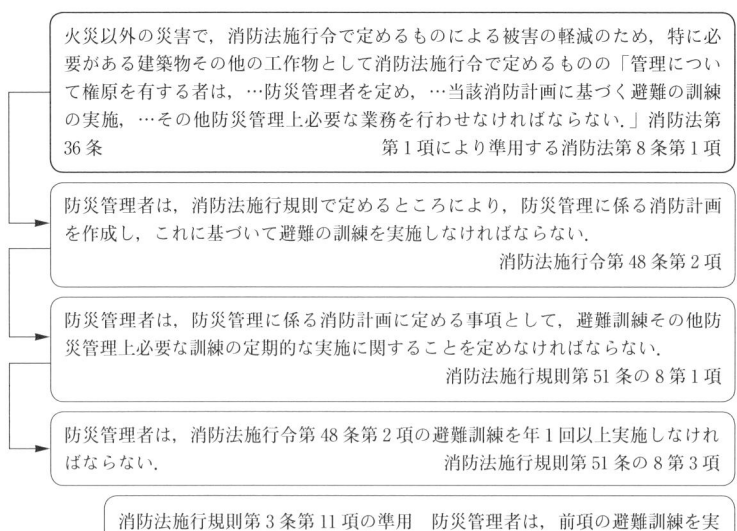

火災以外の災害で，消防法施行令で定めるものによる被害の軽減のため，特に必要がある建築物その他の工作物として消防法施行令で定めるものの「管理について権原を有する者は，…防災管理者を定め，…当該消防計画に基づく避難の訓練の実施，…その他防災管理上必要な業務を行わせなければならない．」消防法第36条　　　　　　　　　　　　　　　第1項により準用する消防法第8条第1項

防災管理者は，消防法施行規則で定めるところにより，防災管理に係る消防計画を作成し，これに基づいて避難の訓練を実施しなければならない．
　　　　　　　　　　　　　　　　　　　　消防法施行令第48条第2項

防災管理者は，防災管理に係る消防計画に定める事項として，避難訓練その他防災管理上必要な訓練の定期的な実施に関することを定めなければならない．
　　　　　　　　　　　　　　　　消防法施行規則第51条の8第1項

防災管理者は，消防法施行令第48条第2項の避難訓練を年1回以上実施しなければならない．　　　　　　　　　　　消防法施行規則第51条の8第3項

消防法施行規則第3条第11項の準用　防災管理者は，前項の避難訓練を実施する場合には，あらかじめ，その旨を消防機関に通報しなければならない．　　　　　　　　　　　　　　　　消防法施行規則第51条の8第4項

図 16・5　防災管理に関する自衛消防訓練の根拠

（3）自衛消防訓練の種別

自衛消防訓練は，総合訓練，部分訓練及びその他の訓練に大別され，それぞれの内容は次のとおりである．

A. 総合訓練

総合訓練は，火災の発生から公設消防隊到着までの一連の自衛消防活動について，総合的に実施するもので，火災総合訓練，地震火災総合訓練とがある．これらは，火災又は地震に伴う火災の発生を想定し，発災場所の確認，消防機関への通報，館内への連絡，初期消火，安全防護，避難誘導，応急救護及び消防隊への情報提供等並びにこれらの活動指揮を行う訓練をいう．主な実施項目は次のとおりである．

i　火災総合訓練
　（a）発生場所の確認
　（b）消防機関への通報
　（c）館内への連絡

　(d)　初期消火

　(e)　区画の形成

　(f)　避難誘導

　(g)　応急救護・救出

　(h)　指揮

ii　地震火災総合訓練

　(a)　身体防護

　(b)　出火防止措置

　(c)　危険物品に対する応急措置

　(d)　被害状況の把握

　(e)　情報収集と伝達

　(f)　エレベーターの閉じ込めの確認

　(g)　消防機関への通報

　(h)　館内への連絡

　(i)　火災発生場所の確認

　(j)　初期消火

　(k)　区画の形成

　(l)　避難誘導

　(m)　応急救護・救出

　(n)　指揮

B. 部分訓練（消火訓練等の各実施項目）

　部分訓練は，消火訓練，通報訓練，避難訓練，安全防護訓練，応急救護訓練，地震想定訓練（地震に伴う火災を含まない.），火災・地震以外の災害等に係る訓練等の個別に行うものをいい，主な実施項目は次のとおりである.

i　消火訓練

　建築物に設置されている設備・器具の位置，性能の把握とともに操作方法を習得し，訓練想定に基づき，消火器及び屋内消火栓設備等の活用，防火区画の形成を行う.

ii　通報訓練

　119番の通報要領，放送設備の取扱要領等を習得し，訓練想定に基づき，火災を確認してから119番の通報，館内連絡，防災センターへの連絡を行う.

iii　避難訓練

　避難施設・設備等の位置の把握とともに，操作方法を習得し，訓練想定に基づいて放送設備等を活用することにより，避難者を秩序正しく迅速に誘導する.自力避難が困難な者については適切な搬送方法で安全な場所へ誘導を行う.

iv　安全防護訓練

　危険物品（危険物，ガス，毒劇物など）の応急措置要領，防煙，防火区画の形成要領，エレベーター管制，非常電源の確保，空調の停止，防水等の措置を行う.

ⅴ　応急救護訓練

　傷病者の応急手当と搬送要領，応急救護所の設定要領などを行う．

ⅵ　地震想定訓練

　震災時の身体保護，火気設備・器具からの出火防止，危険物等の流出飛散防止，消火作業，指定場所への避難など一連の訓練を行う．

ⅶ　大雨，強風等に伴う災害に係る訓練

　気象情報等の収集と伝達，資器材の点検・整備，建物内外の巡回，地下室の立入制限，浸水防止措置，応急救護，指定場所への避難等の訓練を行う．

ⅷ　大規模テロ等に伴う災害に係る訓練

　情報の収集・伝達，身体保護措置，応急救護所の設置，警報の伝達及び避難を行う．

　C．その他の訓練

　その他の訓練は，実動を伴わない仮想の図上研究，自衛消防隊の編成及び任務確認，隊員個々の基本的な諸動作及び設備機器の取扱いなどについて行う訓練をいう．例えば，建築物の平面図，配置図，設備図等を使用し，災害を想定した図上の研究及び討議，消防計画に定められた自衛消防隊の編成及び任務の確認，個々の自衛消防隊員が，その任務を遂行するために必要な基本的な諸動作，規律の訓練などが挙げられる．

（4）自衛消防訓練の安全管理

　防火管理者，防災管理者等は，訓練の実施に当たって，事故防止に万全を期するため，表16・17の「自衛消防訓練実施上の安全管理のポイント」等により，安全管理に関して，次のことに留意しなければならない．

ⅰ　自衛消防訓練における安全管理の主体は防火管理者，防災管理者及び訓練指導者であることを認識する．

ⅱ　訓練の規模に応じて安全管理を担当する者を指定し，事故の未然防止の確認を行い，訓練計画を策定する．

ⅲ　訓練を実施する前には，計画の変更の有無を確認し，変更があった場合は，参加者に相違点を周知する．

ⅳ　訓練中は参加者個々の行動に注視し，危険が予測される場合又は事故が発生した場合は，直ちに中止する．

ⅴ　消防用設備等を使用した訓練を実施した場合は，資器材等の収納を確実に行うとともに，受信機などのスイッチ類についても確実に元の状態に復旧する．

ⅵ　訓練の終了後は，安全管理面から気付いた点を記録して，その後の訓練に反映する．

ⅶ　表16・17の「自衛消防訓練実施上の安全管理のポイント」を活用し，訓練参加者全員に安全管理のポイントを周知する．

表 16·17　自衛消防訓練実施上の安全管理のポイント

1 訓練前	⑴　救助袋又は緩降機を使用して実際に降下訓練を実施する場合は，消防設備業者の指導を求める． ⑵　オイルパンによる模擬火災消火訓練は，異常乾燥時又は強風時を避け，他に延焼の恐れのない空地等の場所で実施する． ⑶　訓練に参加する自衛消防隊員に対し，使用器材の事前教育を実施し，安全に対する認識を持たせる． ⑷　訓練使用施設，使用資器材及び設備は，事前に点検する． ⑸　事前に自衛消防隊員の服装や履物及び健康状態を確認し，訓練の実施に支障があると思われる場合には，参加させない等の措置を講じる． ⑹　大規模な訓練や公設消防隊との合同の訓練に際しては，必要に応じて安全管理を担当する者及びその補助者を指定し，安全確保に努める．
2 訓練中	⑴　安全管理を担当する者は訓練の状況全般が把握できる位置に，補助者は安全管理上必要な箇所に配置し，各操作及び動作の確認を行わせる． ⑵　誤操作，憶測による判断の防止手段として，自衛消防隊員に指差し呼称，確認呼称及び復唱させ，安全を確認させる． ⑶　自衛消防隊員の年齢，性別，体力等は個人により千差万別であることから，参加隊員に応じた安全管理対策を行う． ⑷　訓練の種別に応じて体調を整えるための準備運動を実施する． ⑸　訓練中に，使用器材及び訓練施設に異常を認めたときは，直ちに訓練を停止して，是正措置を講じるなどの安全対策を行う． ⑹　消火訓練を実施する場合は，次の事項を遵守して実施する． 　A　有効期限を経過した消火器や失効消火器は，使用しない． 　B　消火器を正しく操作し，消火薬剤・薬液が放射されない場合は，異常と判断して使用を中止する． 　C　異常のあった消火器具は，使用不能とし，他のものと完全に区別しておく． 　D　屋内消火栓による放水訓練は，定圧，定流量弁の活用又は補助者を配置するなどして筒先担当者の安全を確保する． 　E　現実の火災を意識して，適切な距離をとる，姿勢を低くする，避難路を確保する等の対応を行う．
3 訓練終了後	⑴　資器材収納時は，訓練時同様に手袋，ヘルメットを着用し，安全を確保する． ⑵　訓練に使用した器材や消防用設備等は，必ず元の状態に戻し，災害発生時に使用できるよう確実に点検を行う． ⑶　訓練参加者に，けが，体調不良などが生じていないか確認する． ⑷　防火管理者，防災管理者，訓練指導者，自衛消防隊長等は，当該訓練計画及び行動の相違点を抽出して検討を行い，自衛消防訓練実施結果記録書に記録して，以後の訓練に反映する．

（森住　晃）

16・2　防　災　教　育

16・2・1　消防機関が行う防災教育

（1）防災教育を行う根拠

1961（昭和36）年に公布された「災害対策基本法」は，第3条に国の責務が，第4条及

び第5条に都道府県，市町村が行うべき防災に関する責務が定められており，消防機関は市町村の責務が十分に果たされるよう，相互に協力しなければならないとされている．また，第8条第2項では，国及び地方公共団体は，防災上必要な教育及び訓練に関する事項の実施に努めなければならないとされている．

　東京都の場合，東京都震災対策条例第33条により，都は，区市町村と協力し，学校教育，社会教育等を通じて防災教育の充実に努め，区市町村が防災組織等を通じて行う防災教育に対し，支援及び協力を行うよう努めなければならないとされている．第42条では，防災市民組織等の責任者は，震災の発生に備え，防災訓練を実施しなければならないとされており，訓練項目として，初期消火訓練，避難訓練，救出・救助訓練，応急救護訓練が示されている．

（2）防災教育の基本

　東京都震災対策条例では，第一に「自らの生命は自らが守る」という自己責任原則による「自助」の考え方，第二に他人を助けることのできる都民の地域における助け合いによって「自分たちのまちは自分たちで守る」という「共助」の考え方，この二つの理念に立つ都民と公助の役割を果たす行政とが，それぞれの責務と役割を明らかにした上で，連携を図っていくことが欠かせないとしている．

　地震による災害から一人でも多くの生命及び貴重な財産を守るためには，この「自助」，「共助」の考え方に基づき，防災教育を行うことが重要である．

（3）防災教育の実態

　防災教育の機会は，町会・自治会，女性防火組織，消防少年団など，自主防災組織単位の防火防災訓練で行われることが多く，事業所においては自衛消防訓練として行われているほか，教育機関や地域コミュニティ等の様々な機関と連携し，地域イベントや学校の授業等，あらゆる機会を捉えて行われている．

　東京消防庁を例にとると，大規模な地震や火災等の災害発生に伴う被害の防止を図るため，「身体防護訓練」，「出火防止訓練」，「初期消火訓練」，「救出・救助訓練」，「応急救護訓練」，「通報連絡訓練」，「避難訓練」，「その他の訓練（防災講話等）」の8種別の訓練により，単独又は複数の訓練を組み合わせて実施されている．

　訓練は，地域住民が集合しやすい学校の校庭や公園等で行われているほか，実災害における共助体制の強化に向け，実際に住民が住む街区に配置されている軽可搬ポンプ等の資器材を活用するなど地域特性に応じた訓練も行われている．　　　　　　　　　　　（大原　実）

（4）要配慮者等に対する防火防災教育

　東京消防庁における要配慮者のとらえ方は，災害対策基本法第8条第2項第15号に規定される要配慮者のうち，火災，震災その他の災害への対応力が弱く，防災上の支援及び配慮を必要とする65歳以上の者又は障害者基本法に基づく障害者としている．

　要配慮者の安全を確保するため，要配慮者に関する情報の収集に努め，要配慮者の安全対策を推進している．

　具体的には，要配慮者及びその支援者の防火防災意識及び行動力を高めるため，次に掲げる事項を推進している．

表 16·18　要配慮者及び支援者の対応を取り入れた訓練事例

防火防災訓練の例	主眼
要配慮者自身及び支援者を対象とした防災行動力向上のための訓練	自助
一般住民等の要配慮者を支援する力を向上するための訓練	共助
民生児童委員，ケアマネージャー等福祉関係者の防災行動力向上のための訓練	共助
総合防災教育時等を活用した訓練 ・小学校高学年に対する要配慮者を支援する必要性を意識づけるための訓練 ・中学生，高校生に対する要配慮者を支援する方法を身につけるための訓練	共助
災害時支援ボランティア，女性防火組織及び消防少年団員に対する要配慮者を支援する力を向上するための訓練	共助
自力歩行で避難することが困難な要配慮者を避難させるために，避難支援資器材を活用しての訓練	共助

A. 要配慮者対応を取り入れた防火防災訓練の推進

各消防署では，地域における自主的な訓練の促進と地域の実情に応じた訓練の促進を図っている（表 16·18）.

B. 防火防災意識の啓発に係る情報提供及び講習会等の実施

障害者団体や福祉関係機関等と連携して，要配慮者が必要とする情報について，利用しやすい形態で行っている.

情報提供・講習会等の推進例は，次のとおりである.

a. 要配慮者自身，支援者及び福祉関係者を対象とした防火防災教材「地震から命を守る『7 つの問いかけ』」を活用した講習会等の実施

防火防災教材「地震から命を守る『7 つの問いかけ』」とは，2013（平成 25）年に東京消防庁が作成したものである. 背景には，2011（平成 23）年 4 月に東京都知事から火災予防審議会に対して「大規模災害に備えた災害時要援護者の被害軽減方策」について諮問がなされ，約 2 年間にわたる審議を経て答申を受け，要配慮者の被害軽減に向けた防火防災意識啓発，防火防災訓練を推進するための啓発資料として本教材が完成した.

目的 1：災害時の行動や備えを考える「きっかけ」を与える.

災害時に要配慮者がいつもと異なる状況に置かれることで，思いどおりに行動できない. 他人の支援が必要といった状況が起きうる可能性に気付き，要配慮者自身及び支援者による必要な事前対策の取組を促進する「きっかけ」を与えることを目的としている.

目的 2：場面に応じた一人ひとりの災害対応力を高める.

災害発生時に要配慮者に起こりうる災害リスクを「場面」として時系列に沿って設定（7 区分）し，各場面において自分の身を守るために必要な基本的な対応行動を確認・訓練することができるように構成しており，災害対応力を高めることを目的としている.

「7 つの問いかけ」の具体的内容は，表 16·19 のとおりである.

b. 聴覚障害者を対象とした手話による防火防災に関する講習会等の実施

聴覚障害者を対象とした東京消防庁主催の防火防災講演等においては，手話通訳士や要約

表 16·19　「7つの問いかけ」での場面設定と問いかけ

	リスク（場面）	問いかけ
地震時	ゆれによる家具の転倒など，看板や塀の倒壊	①ゆれから身を守ることができますか？
地震直後	割れたガラスや倒れた家具などによるケガ	②ゆれの後，危険に気づくことができますか？
	火災の発生	③自分で，火を消すことができますか？
	地震後の火災の延焼，津波の発生	④大切な情報を，知ることができますか？
地震後	停電や電波の錯綜による平時の通信連絡手段の機能停止	⑤頼れる人と，連絡をとることができますか？
	生命維持に必要なもの（薬，食品，医療機器のバッテリーなど）の不足	⑥命に係わる大切なものは何ですか？
	安全な場所への避難行動	⑦安全に避難することができますか？

筆記者を派遣要請し，聴覚障害者に対する情報伝達手段の確保を行っている．

c. 視覚障害者に対する録音図書（CD 等）による広報の実施

視覚障害者向け広報媒体として，防火防災に係る様々な情報を音声収録した録音図書（CD 等）を作成し，各消防署に備えるほか，区市町村，都立盲学校，図書館，視覚障害者団体等に配布している．

d. ユニバーサルデザインに配意したチラシ等による広報の実施

点字，音声コード，文字の大きさ，色などのユニバーサルデザインに配意したチラシ等を作成し，分かりやすい広報を行っている．

C. 緊急ネット通報及び 119 番ファクシミリ通報に関する情報提供

音声による 119 番通報が困難な聴覚障害者等の安全・安心を確保するために，緊急ネット通報制度及び 119 番ファクシミリ通報の利用を促進している．

a. 緊急ネット通報

スマートフォンや携帯電話のウェブ機能を活用して緊急時の通報を行うものである．

b. 119 番ファクシミリ通報

ファクシミリを活用してファクシミリから「119」を押し，送信することで，緊急時の通報を行うものである．

D. 要配慮者世帯を対象とした「総合的な防火防災診断」の実施

東京消防庁では，要配慮者の日常生活での居住環境の安全対策，大規模災害時の被害軽減対策の一つとして，2013（平成 25）年度から「総合的な防火防災診断」を実施している．

背景には，2011（平成 23）年 4 月に東京都知事から火災予防審議会に対して「大規模災害に備えた災害時要援護者の被害軽減方策」について諮問がなされ，約 2 年間にわたる審議，全消防署での試行及び検証等を経て，現在に至っている．

総合的な防火防災診断とは，要配慮者宅を消防職員が訪問し，火災，震災，家庭内事故等の危険性についてアドバイスを行うものである（表 16·20）．

表 16·20　「総合的な防火防災診断」の主な診断項目

火災	火災発生危険（放火・たばこ・ストーブ・コンロ・家電・電気配線等），住宅用火災警報器，消火器等の有無，維持管理状況，火災発生時の対応に係る意識等
震災	家具類の転倒・落下・移動防止対策の実施状況，地震発生時の意識・行動，避難場所の知識，非常持ち出し品の準備，町会自治会との関わり等
家庭内事故	転倒事故危険，浴室内事故危険，熱中症対策に係る意識・対策実施状況，一酸化炭素中毒事故危険等

　東京消防庁では，それまでも各家庭を訪問して火災予防等に関する情報提供やアドバイスを行ってきたが，それまでの取組との違いは，診断項目が火災のみならず震災等（地震・水害等），家庭内事故とトータル的に捉えて設定していること，各診断項目の評価結果から各家庭の危険要素を定量的に判断できるように「危険度判定手法」を構築したことである（表16·21），また，実施にあたっては消防単独で実施するのではなく，関係機関と連携して地域が一体となって行うことで改善を促進し，要配慮者の生活の安全に寄与することを主眼としているところであり，それが「総合的な」と呼称している所以である．

表 16·21　「総合的な防火防災診断」実施時の具体的な奏功事例

区分	取組内容
出火防止	石油ストーブ上に衣類を干している高齢者宅に対し，衣類の干し方を指導し，石油ストーブの位置修正を行い，出火危険を未然に防止した．
	電気コードがネズミにかじられて損傷があったので，一時的に絶縁テープで被覆補修を実施し，立ち会った家族に電気コードの交換を依頼し，使用について指導した．
	電化製品のコンセントプラグの清掃を実施した際，プラグの緩みと損傷を発見したため，使用しないように指導し，出火防止を図った．
住宅用火災警報器	住宅用火災警報器の誤報と汚れ防止として，カバーを被せていたため，適正な使用方法を説明し，カバーを除去した．
	住宅用火災警報器が一部設置の高齢者宅に対し，区の福祉サービス等を紹介し，住宅用火災警報器の設置を促進した．
家具類の転倒等防止	家具の向きがベッド上に転倒する位置にあったため，ベッド上に転倒しない位置へ移動し，即時改善を行った．
	家具転倒防止器具を購入したものの，放置されている状況を現認し，同行した町会の方と即時，家具転倒防止器具を設置した．
その他	エアコンを設置しているが，夏の暑い日でも使用しないという高齢者に対して，熱中症予防のために，適正なエアコンの利用と十分な水分補給を指導した．

（田中　智子）

16・2・2　防　災　訓　練
（1）防災訓練の意義と実情
防災訓練の意義は，初期消火，避難誘導などの防災対応の訓練を行うことによって，いざ

という時に的確に対応できるようにすることである．知識はあっても，非常時にはあわてて
的確な判断ができなくなることが多いが，体験的に，しかも繰り返し訓練することによって
身に付けることができる．また，実際に行動する訓練でなくとも，机上のシミュレーション
でも効果があるといわれている[1]．

　防災訓練の方法には各種あるが，大きくみると表 16・22 のような機関と訓練のタイプがあ
る．

　特殊建築物では一般に消防計画の一環で防災訓練が行われている．学校では，防災教育の
一環で，火災予防週間などに初期消火訓練や避難訓練などが行われている．

　百貨店などの不特定多数の利用する建築物では，消防署の指導も受け入れて，他用途に比
べて訓練を重ねていることが多い．例えば，従業員で行う訓練，売り場責任者までで行う訓
練，防火管理者のみで行う訓練などの方法を実施している事業所もある．これは，不特定多
数の人が利用する施設のために，参加者の範囲と訓練のタイプをわけ，それぞれの頻度をき
め，定期的に訓練を重ねることを狙ったものである．

　病院では，看護師など職員の役割の再確認，患者の救助，担送訓練などとともに，VTR な
どによる災害の一般知識を習得する教育訓練を行っている施設もある．類似の施設として，
近年では老人福祉施設が増加しているが，これらの施設でも年 2 回の防災訓練が義務づ
けられており，夜間想定による職員数の少ない条件での火災避難訓練等が実施されてい

表 16・22　防災訓練のタイプ[1]

実 施 主 体	内　容，特　徴　等
国，指定公共機関，地方公共団体等	総合防災訓練として，国，指定公共機関，地方公共団体，民間企業，住民等幅広い参加協力のもとに，情報伝達，交通規制，避難・誘導，救出・救護，緊急物質の輸送，施設復旧等多様な内容の訓練が行われる．
指定行政機関，指定公共機関，地方公共団体	情報伝達訓練等に加え，各機関で固有の訓練が行われる．また，地域の実情に応じて，特定の災害を想定しての訓練も行われる．
駅，デパート，地下街，病院，ホテル等	人が多数集まるところや宿泊するところで，避難・誘導訓練，消火訓練等が行われる．
学校，幼稚園等	避難・誘導，児童，園児の引き渡し，集団下校等の訓練が学校内でおよび学校と家庭が連携して行われる．
企業・事務所	石油コンビナート，石油備蓄基地，工場，ガソリンスタンド等では，消火訓練，避難・誘導訓練等が行われる．事務所では，避難・誘導訓練，初期消火訓練等が行われる．
自主防災組織，自治会等	避難・誘導訓練，初期消火訓練等が行われる．
家　　庭	避難訓練等が行われる．「家族会議」で防災について話し合うことは，「机上訓練」の効果がある．
個　　人	以上の避難訓練や初期消火訓練のほか，防火訓練会場，防災センター等において，起震車による地震体験，煙道避難体験，災害体験ゲーム，災害シミュレーションゲーム，パソコンによるクイズ等による訓練が可能である．

る[例えば2, 3)].

　事業所では，火災予防運動の時期などに初期消火訓練や避難訓練が行われる．工場におい
ては自衛消防隊による大規模な消火訓練などを行う例もある．しかし，一般に，事務所建築
物等では自衛消防隊の訓練にとどまるのが多い．近年では，高層事務所建築物における全館
避難訓練の実施例も見られる[例えば4, 5)]．

　このように，各種事業所で防災訓練が実施されているものの，不特定多数の人が利用する
施設や一部の生産施設などの他には，避難と消火器の操作などの型どおりの防災訓練にとど
まっており，各種の防火対策の機能の把握や操作手順の確認などは行われていない，という
問題点もある．参加者も決して多いといえないのが実情であろう．

（2）防災訓練の課題と訓練方法

　建築物の大規模化，複合化，大空間などの形態や新たな防火対策が出現してきたことによ
り，防災訓練で重要な点は，型どおりの初期消火訓練や避難訓練のみでなく，新たな防災教
育も実施する必要があることである．すなわち，火災を例にとると，建築物の特性による火
災の性状の特徴をふまえて，各種の防火対策の機能とそれを作動させるタイミングを確認す
るとともに，実際に操作の訓練を行うことが望まれる．日常作動させることのない各種防災
設備，例えば煙感知器連動防火シャッターや排煙設備，非常放送設備を作動させるなどであ
る．また，災害情報が行動を左右するので，火災確認と連絡，通報，警報などの災害情報の
授受と状況判断，指示系統の訓練も重要となってきている．

　例えば，超高層建築物では避難がどのような状態になるか認識していない在館者も多い．
ある超高層建築物における一般の利用者の場合，50階から地上まで5分で避難できるという
人から，1時間以上と答える人まで様々である．また，エレベーターで避難する，と答える
利用者もいる[6)]．このような不特定の利用者の避難意識をみると，防火管理要員は在館者の
意識を前提にして非常時の訓練を行う必要がある．

　新たな訓練の課題に要配慮者の救助計画があがっている．特に不特定多数の人が利用する
施設においては，待機場所の指示，避難救助の手段（図16・6），そして救助要員の早期集結
が訓練の要点になる．

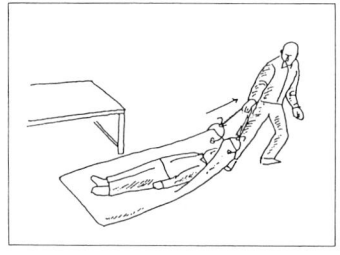

片手でベルトを持って床面を引く．
被搬送者の頭部を前方にして引くこと．
牽引荷重は床面の材質によって異なる
が，板張り，Ｐタイル張り，リノリウ
ム張り等の実験結果では，大きな差は
なく，おおむね体重の1/4～1/5以内に
収まる．

図 16・6　要配慮者の避難救助方法の例[7)]

　防火管理要員の防災訓練では，自動火災報知設備鳴動後の対応の訓練を行う必要がある．
特に，防災設備の高機能化や建築物の大規模複合化においては，各種防火対策が多く，火災

初期の対応も多い．また，防災設備の高機能化に伴い，防火管理要員の技能も追い付いていかれない面もでているのが実情であり，非常時に的確に対応できるかどうかの問題がある．東京消防庁では防災センター要員を対象に，総合操作盤の操作など火災時の初期対応の訓練シミュレータを使った講習を行っている[8]（図 16・7）．

　総合操作盤には，ガイダンス機能（ある情報のもとに次にチェックすべき事項を列挙する機能）やシミュレーション機能（電気信号のみで各種の対応を行ってみる機能）を持っている防災システムもある[8]．これらを利用し，日常から総合操作盤の使用方法の習熟に努め，緊急時に迷うことなく円滑に防災設備の制御や非常放送設備を用いた避難誘導を行う能力を高めることが望まれる．

　自然災害に対する防災訓練では，従来の避難訓練のほか，地域固有の災害危険があるので，それに応じた訓練プログラムが必要である（例えば，津波，水害，地震災害など）．また，災

事象発生時間：	事象内容
00分00秒	■ 20階 自火報発報（事務室4）
00分12秒	■ 20階 電気錠開錠（東西）
00分16秒	自火報主ベル停止
00分19秒	20階 地区ベル停止（手動）
00分35秒	■ 20階 防煙垂れ壁降下（事務室3-4間）
00分43秒	ELV14号機火災管制運転
00分44秒	ELV13号機火災管制運転
01分05秒	■ 20階 自火報発報（コア部分）
01分15秒	20階 非常放送（階選択）
01分15秒	21階 非常放送（階選択）
01分15秒	22階 非常放送（階選択）
01分15秒	23階 非常放送（階選択）
01分16秒	非常ELVインターホンからの連絡
01分20秒	■ 20階 防火ダンパー閉鎖（機械室A）
01分20秒	■ 20階 防火ダンパー閉鎖（機械室B）
01分28秒	■ 20階 防火ダンパー閉鎖（倉庫A）
01分28秒	■ 20階 防火ダンパー閉鎖（倉庫B）
01分31秒	■ 20階 防煙垂れ壁降下（廊下）
01分31秒	一次消防キー操作
01分34秒	自火報主ベル停止
01分38秒	地区ベル停止解除（手動）
01分40秒	■ 20階 防火戸閉鎖（東）
01分40秒	■ 20階 防火戸閉鎖（西）
01分42秒	ELV1～6号機火災管制運転
01分42秒	ELV7～12号機火災管制運転
01分46秒	20階 地区ベル停止（手動）
02分13秒	消防運転解除
02分19秒	20階 現場に到着
02分28秒	20階 非常放送（階選択）
02分47秒	１１９番通報受付
02分58秒	■ 20階 自火報発報（事務室3）
03分12秒	■ 20階 自火報発報（事務室2）
03分13秒	自火報主ベル停止
03分15秒	20階 消火器使用
03分21秒	自火報主ベル停止
03分24秒	■ 20階 防煙垂れ壁降下（事務室1-2間）
03分24秒	20階 地区ベル停止解除（手動）
03分25秒	■ 20階 防火シャッター閉鎖（事務室2-3間）
03分31秒	20階 地区ベル停止（手動）
03分32秒	20階 現場側非常電話使用
03分55秒	20階 １号消火栓バルブ開放
03分55秒	20階 １号消火栓ポンプ起動
03分55秒	21階 非常放送（階選択）
03分55秒	22階 非常放送（階選択）
03分55秒	23階 非常放送（階選択）
03分55秒	24階 非常放送（階選択）
03分55秒	25階 非常放送（階選択）
04分00秒	自火報主ベル停止
04分03秒	20階 地区ベル停止解除（手動）
04分06秒	■ 20階 自火報発報（事務室1）
04分10秒	20階 １号消火栓放水
04分14秒	20階 １号消火栓放水
04分15秒	20階 地区ベル停止（手動）
04分15秒	自火報主ベル停止
04分22秒	20階 現場側非常電話使用
04分49秒	20階 非常放送（階選択）
04分49秒	21階 非常放送（階選択）
04分49秒	22階 非常放送（階選択）
04分49秒	23階 非常放送（階選択）
04分49秒	24階 非常放送（階選択）
04分50秒	20階 現場側非常電話使用
05分46秒	空調停止措置

記録例

図 16・7　防災センター要員講習における訓練シミュレーション[8]

表 16·23　災害体験ゲームの概要[1]

1. 発想の経緯		これまで各防災機関で実施している防災訓練の傾向 (1) 参加の主体制を刺激する部分がほとんどない. (2) 訓練が個別の応急対応技術ごとで，全体状況のなかでの位置付けが稀薄である. (3) 臨場感が欠如している. (4) 手近な目標がない.
2. ねらい		(1) 「見る」訓練から「する」訓練への転換 (2) 全体に一貫したシナリオ性をもたせ，個別訓練をつなげる. (3) 街を舞台としたイベントにする. (4) 訓練に評価システムを導入する.
3. ゲームの内容		1つの町会または，防災市民組織が単独で実行できるよう 150 人から 200 人位の参加を見込んで，半日のプログラムを設計する. 災害の想定は関東大地震クラスの地震とし，街や住民に生ずるであろういろいろな被害状況をシナリオとして設定し，それを時々刻々変化させながら参加者に臨機応変の対応を行わせる.
4. ゲームの方法	集合と配置	ゲーム参加者を 1 ケ所に集め，班ごとに分け，ゲーム内容を説明する. 係員は配置場所に待機する.
	ゲーム	「初期対応ゲーム」「被害発見ゲーム」「避難ゲーム」の 3 つに分けられ「個人被害カード」の指示に従って火を消したり，パネルに書かれた町内の被害を探したり，危険箇所を回避して避難する.
	得点システムと表彰	配点表によりグループごとに点を与え，ゲーム終了後に商品を出して表彰する.

害現象に関する情報と緊急度の理解や，災害情報に応じた判断と行動，などの情報を核にした訓練が新たな課題と考えられる.

　防災訓練は災害発生後の経過年によって年々参加者が少なくなるという実情がある[1]. このような問題に対して，参加者の興味をひくような新たな訓練方法も提案されている. 例えば，地震災害を想定した地域避難訓練の一環で，ゲームの要素をとりいれ（表16·23），出火場所の情報と避難経路選択など，オリエンテーリングのような避難訓練が考案されている（筑波大学梶秀樹による）[1]. ゲーム感覚で参画でき，かつ土地感もつくなど，好評であるという.

　また，1994（平成 6）年ノースリッジ地震[9]や 1995（平成 7）年阪神・淡路大震災においては，ボランティア活動によって避難者の救護などが行われた. このようなボランティア活動の方法，ボランティア活動の組織化などの新たな訓練の課題があがっている[10].

　阪神・淡路大震災においても，何らかの防災訓練を行っていたところでは災害の拡大防止に寄与していたという[11]. 防災訓練は予期しない非常時の対応にも，また協力体制にも効果があるものと考えられる.

　災害発生時やその後の復旧，復興においても，その時に適切な対応行動をとることが重要であるが，個人というよりも集団の中で優れたリーダーシップを発揮することが効果的であることが多い. 訓練の企画や実施において，より多くの関係者が主体的に役割を担うことで実災害への対応能力が高まることは言うまでもない.　　　　　　（矢代　嘉郎・水野　雅之）

16・2・3　防災講習会

防災講習会には，建築技術者を対象にしたもの，防火管理者を対象にしたものが代表的なものである．

建築技術者を対象にした講習会は，大規模複合化や大空間などの建築物の変化や防火技術の発達に応じて，防災計画の方法や防火対策の設計技術といった実務的な講習が行われる．例えば，（一財）日本建築センターでは，防災関連の新しい技術がまとまった時や防災関連技術の指針が策定された時に各地で講演会を開催している．日本火災学会や日本建築学会では防火や地震防災に関するセミナーやシンポジウムを開催している．表 16・24 は日本火災学会主催の 1986（昭和 61）年から 2017（平成 29）年までの火災科学セミナーと講演討論会のテーマを示したものである．

表 16・24　日本火災学会主催の火災科学セミナーと講演討論会のテーマ（1986 ～ 2017）

暦年	火災科学セミナー	講演討論会
1986	● 近未来社会における防災対策	● 出火拡大現象と制御システムのモデリング
1987	● 最近の火災特性と火災対策	● 建築防火および消防からみた開口部の役割
1988	● 危険物等複合エネルギーの危険性と災害防止 ● 市街地空間の火災危険とその要因	● 建築物のたて穴の火災安全上の諸問題
1989	● 病院・社会福祉施設の防火安全対策 ● 住宅火災の現状分析と対策	● 火災安全に関わる人的要因の問題
1990	● 大規模建築物群の現状と防火対策 ● 物品販売店舗の防火対策	● 防災システムの変遷と今後の火災 （高層住宅火災の問題点）
1991	● 避難環境における諸要素の解明とその対策 ● ウォーターフロント等の都市開発の現状と大規模・特異建築物等における防火対策の課題	● 火災感知をめぐる防災の課題
1992	● 21 世紀に向けた都市と建築の防災対策の課題 ● 首都圏の直下型地震等に対する都市防災と建築防災 ● 21 世紀の都市防災	● 大深度地下空間の開発と火災対策 ● 産業界における防火・防災の取り組み
1993	● アトリウムを有する大規模建築物の現状と防災安全対策 ● 近年における消防法上の危険物に係る生産・流通実態とその安全対策 ● 自然災害と建築災害の防災	● 大規模化する建築物の火災安全 ● 地震と火災―災害の地域性を考える
1994	● 都市的集団災害時の消防防災対策 ● 首都圏の地震対策 ● 都市を火災から守る	● 自動車火災の実態と防火対策 ● 建築物の火災安全と規制緩和
1995	● 都市の直下型地震に備える ● 直下型地震に対する都市防災 ● これからの都市防災と建築防災	● 災害弱者と避難安全 ● 地震と火災

1996	● 人間と都市防災 ● 防災福祉コミュニティ都市をめざして ● 安全・安心都市の実現に向けて	● 大都市地震対策とその対策
1997	● 建築物の安全管理対策 ● 高層住宅の安全	● 大地震時の火災と地域防災活動 ● トンネル火災の現状と対策
1998	● 災害の多様化と安全対策 ● 21 世紀における消防防災	● 先端産業と火災 ● 最先端の感知と消火
1999	● 防火性能向上の動向 ● 21 世紀につなぐ安心まちづくり	● 倉庫火災の問題点と対策 ● 阪神淡路大震災が首都圏の震災対策に与えたインパクト
2000	● 都市と防災 ● 防災の 21 世紀への展望	● 情報設備・機器の火災安全
2001	● 防火対策の今昔 ● 放火－病める都市を考える	● 水系消火剤と消防戦術
2002	● 防火安全対策の向上 ● 火災安全に関わる法規の役割と課題	● 自動車火災の将来対応技術
2003	● 地下鉄道の火災対応 ● 安全・安心住宅防火	● 化学火災事例の最近の傾向と問題点
2004	● 火災・消火の潮流 ● 大震災から 10 年，さらなる防災力の向上をめざして	● 火災と人間行動のかかわり
2005	● 火災対策はどこまで進んだか ● 安全な住まいを目指して	● 住宅火災の現状と今後の対策
2006	● 危険物施設等の安全対策 ● 社会福祉施設等の防火安全対策	● 首都圏大規模地震に対する課題と対策
2007	● 大規模防火対象物の安全対策 ● 地震災害等への取り組み	● 消防設備・施設の性能設計について
2008	● 製品安全はどこまで進んだか ● 火災・事故等の被害軽減	● 製品設計と火災の実態
2009	● 最近の社会動向と火災安全対策 ● 低炭素社会の実現に向けた新エネルギー・新技術の動向と火災安全対策	● 社会福祉施設と病院の火災安全
2010	● 東京スカイツリーの安全対策 ● 安心創造都市を目指した取組	● 急拡大する火災など不安定環境下での事故事例とその対策
2011	● 複合災害『東日本大震災』を考える ● 広域 巨大災害に対する備えと連携	● 最近の電気火災の実態と原因調査からみた火災安全の取り組み
2012	● 自然災害に起因する火災等 ● 今忘れてはならない地震時同時多発火災	● なぜ火災で人は亡くなるのか－火災時のガス毒性に関する諸要因－
2013	● 歩行困難者（高齢者・障害者・幼児等）の避難安全 ● 新たな科学技術に係る安全対策	● リチウムイオン二次電池を搭載した電気自動車の火災危険性を評価するために

2014	● 大都市における安全対策 ● 大規模地震発生に伴う都市の火災危険と対策	● 太陽光発電システムと火災安全
2015	● 超高齢社会における防火安全対策 ● 過去の大規模災害に学ぶ，災害対応の未来	● 地震火災対策の現状と課題－阪神・淡路大震災と東日本大震災を経験して－
2016	● 新エネルギーへの変換による潜在的な災害要因 ● 最新技術を活用した災害対応の未来	● 消防活動の現状と課題
2017	● 災害に学ぶ地域特性と課題 ● 先進的技術の導入による災害対応	● 水素時代の火災安全－水素燃料の普及にどう備えるか－

表 16·25　防火管理者などに対する主な法定講習[12]

種　　　類	内　　　　容
防火管理講習	消防法第8条に定められた防火管理者として，防火対象物における防火上必要な業務を遂行していくうえで必要な消防関係法令，消防用設備等の基礎的知識の習得を通して，各事業所における防火管理業務を行う者としての技能の涵養と従事する防火管理業務の適正化を図るため消防長等が実施している．
防災管理講習	消防法第36条に定められた防災管理者として，防火対象物における地震，テロ等による被害を軽減するために，業務を遂行していくうえで必要な消防関係法令等の基礎的知識の習得を通して，各事業所における防災管理業務を行う者としての技能の涵養と従事する防災管理業務の適正化を図るため消防長等が実施している．
防火対象物点検資格者講習	2002（平成14）年4月の消防法改正により，消防法第8条の2の2に基づき一定の防火対象物については防火管理の実効性を確保するため，防火対象物点検資格者に用途の実態や消防計画に基づいた防火管理の実施状況等を総合的に点検させ，その結果を消防機関に報告することとなった．このことから消防法令及び火災予防等に係る専門的知識を有する防火対象物点検を行う者としての技能の習得と従事する防火対象物点検業務の適正化を図るため登録講習機関（一般財団法人日本消防設備安全センター）が実施している．
防災管理点検資格者講習	2007（平成19）年6月の消防法改正により，消防法第36条に基づき大規模建築物等については，防災管理業務の実施状況を定期的に防災管理点検資格者に点検させ，その結果を消防機関に報告することとなった．このことから防災管理に係る専門的な知識を有する防災管理点検を行う者としての技能の習得と従事する防災管理点検業務の適正化を図るため登録講習機関（一般財団法人日本消防設備安全センター）が実施している．
消防設備点検資格者講習	消防用設備等及び特殊消防用設備等はいざというときにその機能を十分に発揮することが必要である．このことから消防法第17条の3の3に基づき消防用設備等の維持管理の徹底を図るため，定期点検が義務づけられ，その結果を消防機関に報告することとなった．特に人命危険の高い一定の防火対象物に設置されている消防用設備等については，消防設備士又は消防設備点検資格者に点検させなければならない．この消防用設

	備等の点検は非常に高度で専門的な知識と技術を必要とすることから消防庁長官の登録講習機関（一般財団法人日本消防設備安全センター）が消防設備点検資格者講習（特殊，第1種及び第2種消防設備点検資格者講習）を実施している．
自衛消防業務講習	2007（平成19）年6月の消防法改正により，消防法第8条の2の5に基づき大規模な防火対象物については，自衛消防業務講習の修了者を統括管理者及び本部隊の各班の班長として配置した自衛消防組織の設置が義務づけられた．自衛消防組織は災害による被害の軽減を図るための重要な組織であることから要員としての知識及び技能の習得と従事する自衛消防業務の適正化を図るため消防長等又は登録講習機関（一般財団法人日本消防設備安全センター）が実施している． なお，東京での講習は，東京都火災予防条例に基づく防災センター要員講習とあわせて一般社団法人東京防災設備保守協会が実施している．
危険物取扱者保安講習	消防法第13条の23により，製造所，貯蔵所又は取扱所において危険物の取扱い作業に従事する危険物取扱者は，その危険性に鑑み，危険物の取扱い作業の保安に関する講習受けなければならないことから，総務省令で定めるところにより，都道府県知事（総務大臣が指定する市町村長その他の機関を含む．）は危険物取扱い上の安全管理等に関する保安講習を実施している．
消防設備士講習	消防法第17条の7に基づき消防設備士免状の交付を受けている者は，高度で専門的な知識と技術を必要とすることから，消防法第17条の10に基づく，工事整備対象設備等の工事又は整備に関する講習を受けなければならず，総務省令で定めるところにより，都道府県知事（総務大臣が指定する市町村長その他の機関を含む．）は消防設備に関する講習を実施している．

　このような講習会では，新たな防災上の課題や技術的進展がテーマになっている．1985年以降の大規模化・複合化した建築物や，アトリウムや地下空間などの防火対策や消防対策がテーマに取り上げられており，防火関係の技術者にとって新たな知識を習得する機会になっている．1996（平成8）年以降は阪神淡路大震災を受けた地震防災のあり方や21世紀に向けてのあるべき姿などが取り上げられると共に，製品安全や高齢化社会に対する話題が取り上げられており，防火技術者のみならず関連企業や団体の関係者にも有益な内容となっている．

　防火管理を行う人を対象にした講習会では，防火管理講習，危険物取扱者保安講習，消防設備点検資格者講習などが法で義務付けられている（表16・25）．他にも，各種特種防災機器や薬品の使用者などに対する講習会がある．新たな問題として，防火対策や防災設備のインテリジェント化が進んでいる反面，防火管理要員の技術の問題が取り上げられ始めている．防火管理者を対象とした講習会にも，今までにない空間の防火特性や新たな防火対策について習得する場として講習会に期待されている．

　また，新たな防災教育の視点の1つに，不特定の人が利用する建築物を対象に，要配慮者に対する安全対策が求められている．日本火災学会や日本建築学会ではこの問題について先駆的にシンポジウムなどを開催し，対策の方向を提案している．

　これらの防災講習のほかに，自治体が主催する住民などを対象にした防災セミナーや講習会がある．これらには学識経験者や防災関係機関の担当者が防災問題について講演したり，映画を上映するなどの方法によって市民の啓発をはかっている．しかし，これらの講習会は専門分野の人を対象としたものでないだけ，年中行事化しがちである．したがって，自治体のかかえる問題など，目標を明確にした講習会にするなどの工夫が必要であろう．

（矢代　嘉郎・水野　雅之）

16・2・4　防災についての大学教育と建築技術者教育

　建築の設計者などの建築技術者は生活環境の安全性を計画し，実現するという防災の基礎を形づくる役割を持つ．建築技術者あるいはそれを目指す人を対象にした防災に関する教育は，大学における建築学の一環で行われる教育，ならびに建築実務者に対する企業内の教育などが主なものである．

　大学教育では，防災に関わる基礎的分野の教育が主であって，直接防災技術や災害について教育するカリキュラムは少ないのが実状である．建築学科を持つ大学は多いものの，建築防火なり地震防災の講座がある大学は必ずしも多くない．燃焼現象は対象としても，災害としての火災を科学する分野は少ない．それは，建築防火にしても地震防災にしても，各種の専門分野が関わる総合的な分野であるためであろう．例えば，火災安全についてみると，既成の分野では材料工学，建築計画，構造力学，環境工学，都市計画，建築法規，さらには建築経済という分野に関わりがある．また，火災現象については燃焼科学で，防災設備になると電子工学，機械工学など多くの研究分野が関わることになる．

　近年，防火分野の研究も多くなったとはいえ，日本建築学会の1995（平成7）年と2016（平成28）年の学術講演梗概集の発表題数をみると，構造分野（2143→2468）や環境工学分野（1085→1377）に比べて，防火分野は122→195編と倍率でみれば大きく躍進しているものの絶対数で見れば少ない現状にある．地震防災についても，耐震工学研究者は多いものの，防災の観点からの研究は新しい分野として発表され始めたにとどまる．

　安全の考え方から災害対策まで体系的に習得する場は大学など教育機関においてしかない．したがって，専門分野の総合化の一分野として，人が直接/間接に被害をこうむるという災害現象と，それを防ぐ防災という視点から建築物や生活環境をみることも期待されることである．ただし，防災全般ではないが，東京理科大学では大学院国際火災科学研究科を2010（平成22）年に設立し，建築学科で教育される建築防火や火災現象に関する科目をより詳しく講義するばかりでなく，火災科学に関する科目を幅広く教育課程に盛り込み，消防防災や防火規定，消火理論や防災設備等の科目を開講しており，また過半の講義を英語で行うことで主にアジアからの留学生にも対応しており，若手の防火技術者の育成の面で貢献が期待される．

　一方，実務の建築技術者になると，建築設計の当初から建築基準法の適用に腐心しているのが実態である．その過程で防火関係の法令，技術基準，建築防災計画指針[13]や避難計算などをオンジョブトレーニングの形で習得している．そのために，法令の基準は最低限であるはずが，ともすると設計実務における目標となっている場合も多々みられる．一般に，危険の予防よりも当面の経済性やデザインを優先する，などの防災に対する基本的問題が存在し

ているのが実情である.

しかし,設計者や防火技術者は安全性を無視しているわけではなく,より自由度の高い防火対策の設計を要望していることも事実である[14]. かつての建築基準法第38条大臣認定の制度を適用した建築防災設計が,建設省総合技術開発プロジェクト「総合防火設計法」[15]の開発を契機に増大したことも受けて,1998(平成10)年の建築基準法への性能規定の導入に伴い,避難安全性能と構造耐火性能に関する性能設計が可能となり,当初は右肩上がりで性能規定に基づく設計案件が増大した.ただし,安全性の検証作業としては,従来の法令に抵触する部分のみを対象とした工学的根拠に基づく法規制が求める防火対策と同等かそれ以上であることを評価するものから,全体的な範囲を対象として性能検証が求められるため煩雑になったという指摘もあり,また昨今取り沙汰されているコンプライアンスの関係から計画変更等の運用上の課題もある.こうした課題に新しい世代の防火技術者が取り組み,建築設計者と協力して建築主の理解を得ながら適切な防火対策を取捨選択したり,新たな技術開発に基づく防火設計が一層普及することが望まれる.

また,火災性状の予測手法,評価方法を習得することは,建築物で守るべき安全性を設計者が考え,さらに利用者や防火管理者に伝達される機会になる.実務者教育ならびに大学教育においても,災害の性状,安全確保の基礎と最新の防災技術などの教育がさらに普及することが期待される. 　　　　　　　　　　　　　　　　　　　　　　　（矢代　嘉郎・水野　雅之）

16・2・5　学校における防災教育

学校保健安全法により,各学校においては,児童,生徒等の安全の確保を図るため,学校安全計画の策定・実施が義務づけられており,関連する教科・総合的な学習の時間・特別活動等を通じ,安全教育の一環として防災教育が展開されている.また,同法においては,保護者との連携を図るとともに,地域の実情に応じて関係機関等との連携を図るよう定めている.

児童,生徒等に対しては,子供の発達段階に応じ,体系的かつ継続した防災教育を行うことが重要であり,幼児期からの防災教育により,各種災害に対する自らの防災行動力を高め,家庭や地域の防災行動力の向上及び将来における防災活動の担い手の確保に結びつくことが期待できる.

東京消防庁では,下表に例示する幼児期から社会人に至るまでの発達段階に応じた教育体系（到達目標及び具体的方策）に基づき,地震や火災及び日常生活において生ずる事故に関し,教育機関,消防団,PTA及び町会・自治会等との連携した防災教育が行われている.

A.　保育所児・幼稚園児に対する防災教育

到達目標	○災害時には身を守る動作ができる ・大人の指示に従うことができる ・身を守る動作を取ることができる
行動・知識の目標	・大きな声で大人を呼ぶことができる ・頭部を守る,煙を吸わないようにするなどの危険回避行動ができる ・火災等の災害は危険であることを知っている ・生活の中で危険なものを知っている

B.　小学校低学年に対する防災教育

到達目標	○身の安全を確保することができる ・大人の指示に従うことができる ・大人の指示がなくても身の安全を確保することができる ・危険を避ける行動ができる
行動・知識の目標	・周囲の大人や先生に災害等の発生を知らせることができる ・「お・か・し・も」の約束を実践できる ・頭部を守る，煙を吸わないようにするなどの危険回避行動ができる ・地域や自宅内の危険な場所を知っている ・災害への備えを知っている（防災ずきん，家具類の転倒・落下・移動防止・非常用品等） ・生活の中で危険なものを知っている

C.　小学校中学年，高学年に対する防災教育

到達目標	○初期消火や応急手当ができる ・各種災害事故から自分の身を守ることができる ・地震，火災及び都民生活において生ずる事故に関する基本的な知識を身に付ける
行動・知識の目標	・災害に適応した避難ができる ・119番通報ができる ・消火器を使うことができる ・応急手当（止血法等）を行うことができる ・煙の危険性を理解している ・地域の危険な場所を把握している ・地震や火災等の災害による被害を知っている ・生活の中で危険なものを知っている

D.　中学生に対する防災教育

到達目標	○地域防災の担い手になる ・実技体験訓練等を通じて，基本的な防災行動力を身に付ける ・地震，火災及び都民生活において生ずる事故に関する知識を身に付ける
行動・知識の目標	・地域と連携して，防災資器材を活用した防災活動ができる ・消火器により初期消火を実施することができる ・可搬消防ポンプ等の操作方法を理解している ・応急手当（心肺蘇生及びAEDの操作等）を確実に行うことができる ・地域の危険性を把握している

E.　高校生に対する防災教育

到達目標	○防火防災において社会に貢献できる ・災害時には自分で判断をして，初期消火，応急手当等ができる ・防火防災の担い手になる
行動・知識の目標	・救出・救護を行うことができる ・応急手当（心肺蘇生及びAEDの操作等）を確実に行うことができる ・災害時支援ボランティア，自主防災組織等の担い手として期待ができる

F. 大学生に対する防災教育

到達目標	○災害時にボランティア活動などを通して社会に貢献できる ○幼児等に安全教育を行うことができる ・防火防災の担い手になる ・幼児への総合防災教育を実施できる
行動・知識の目標	・防災に関するボランティア活動等に参加できる ・子ども（幼児）に防火・防災の基本を教えることができる ・消防団，災害時支援ボランティア，自主防災組織等の担い手として期待ができる

（大原　実）

16・2・6　防災における国際化への対応

　近年，2020 年に控えた東京オリンピック・パラリンピックの開催に向けた国際対応やバリアフリー対応が急速に改善されてきている．例えば，鉄道の案内標識は日本語に加えて，英語のみならず中国語と韓国語が併記されることは珍しくもなく，首都圏近郊に限ったことかもしれないが鉄道車内のアナウンスもこれら 4 カ国が用いられている．このような背景には，もちろん冒頭に述べた一大イベントの影響は否めないが，そればかりでなく訪日外国人旅行者の数がうなぎ登りに増大しており，どちらかと言えば既に国際化への対応をせざるを得ない状況が生み出されているということである．日常の利便性向上は日頃からその要求が強いことやその効果が現れやすいため普及しやすいことは周知の通りであるが，非常時の備えという観点では日頃からの防災情報の伝達や，いざ非常時に実際に対応を迫られると様々な問題点が浮き彫りになってくるに違いない．

　こうした背景を受けて，総務省消防庁では，2017（平成 29）年 3 月に「外国人来訪者等が利用する施設における災害情報の伝達・避難誘導に関するガイドライン骨子」を作成し，自治体に配布した．また，これを受けて 2017（平成 29）年度には外国人に参加してもらいながら，具体的な訓練方法を検討する事業を同庁が主導しており，着実に防災における国際化への対応が進んでいる．ここでは社会の国際化と防災教育上のポイントについて整理しつつ，前述のガイドライン骨子について整理する．

（1）国際化への対応が求められる背景

　図 16・8 から一目瞭然のように，訪日外国人旅行者数は 1995（平成 7）年の 335 万人からその倍に達するまでに 10 年以上を要したが，2013（平成 25）年に 1000 万人を超えてから 4 年後の 2017（平成 29）年には約 2.5 倍の 2544 万人に達しており，2020 年の東京オリンピック・パラリンピックに向けて更なる増大が見込まれる．特段これらの理由について述べる必要はないが，アジア諸国の経済成長や LCC（Low-cost carrier：格安航空会社）の発展等が寄与していると考えられる．

　また，外国人登録者数に関しても，1995（平成 7）年の 136 万人（総人口に占める割合 1.08%）から 2005（平成 17）年に 201 万人（同 1.57%）に達し，その後 2009（平成 21）年のリーマンショックや 2011（平成 23）年の東日本大震災の影響もあってやや減少したものの，近年再び増加傾向にあって 2016（平成 28）年には 238 万人（いずれも法務省「在留外

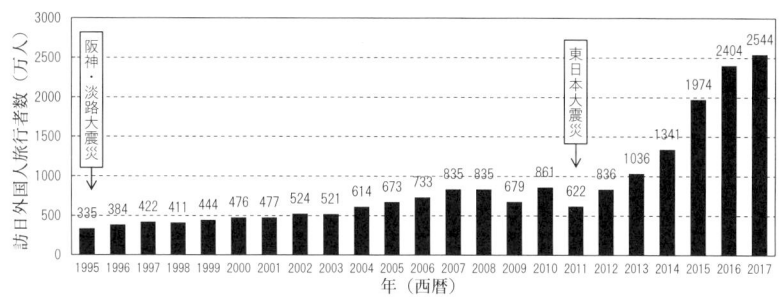

図 16·8　訪日外国人旅行者数の推移（出典：日本政府観光局）

国人統計（旧登録外国人統計）による）となっている．

　このように日本の国際化が進展しており，日常生活のみならず災害時などの非常時や普段からの防災の面でも国際化への対応が求められている．例えば，暑い気候の国からの人は，冬季のストーブなどの暖房器具の扱いに不慣れなことは容易に想像でき，また言葉の壁もあって周囲の人との連携が取りにくいためにとっさの対応ができない等の原因になっている場合もある．

（2）防火・防災教育の基本

　すべての行政サービスは市民に等しく提供されねばならず，このことは，防災教育についても同じである．災害に対応できる情報を正しく外国人に伝えることが，外国人の災害に対する不安を解消させるとともに，防災行動力を向上させ生活の安全を確保することにもつながる．

　また，防災教育の対象とする外国人は，原則として，地域に居住または滞在するすべての外国人を対象とするものとし，外国人に対して，防災上地域の一員となる必要があることを理解させ，一般市民に対しては，地域に居住または滞在する外国人も一市民であることを理解させ，地域の防災訓練に外国人も参加することにより，地域に溶け込めるよう配慮することも必要である．

（3）防災教育の要素

　防災教育にあたっては，外国人については居住者と旅行者に大別し，当該者に対する災害種別を火災・救急・地震に区分した場合，教育する要素は表 16·26 のようなものが考えられる．

　なお，旅行者については，ホテル・旅館など，宿泊先となる防火管理者等を通じて行うことが効果的であると思われる．

（4）様々な課題

A．パンフレットの作成

　2016（平成 28）年度末の日本における国籍別外国人登録者数の上位は，中国が 748 千人，韓国・朝鮮が 485 千人，フィリピンが 243 千人，ベトナムが 199 千人，ブラジルが 180 千人であり，米国の 53 千人，ペルーの 47 千人が続く．こうしたことから防災パンフレットを作

表 16·26　外国人に対する防災教育の要素

		居　住　者	旅　行　者
火災	1	火災原因別の予防措置	1　119番通報要領
	2	119番通報要領	2　消火器の使用方法
	3	避難要領	3　避難要領
	4	消火器具の使用方法	●煙の怖さ
		●消火器　　●三角消火バケツ	4　火災から身を守る行動と備え
	5	火災から身を守る行動と備え	
救急	1	119番通報要領	119番通報要領
	2	救命に係る講習等に基づく内容	
		●気道確保要領　●止血法	
		●人工呼吸法　　●傷病者管理	
		●心肺蘇生法	
地震	1	地震発生メカニズム	1　地震時における行動と普段の
	2	地震被害の予測	備え
	3	避難場所，避難道路	
	4	非常用品	
	5	地震時における行動と普段の備え	
	6	警戒宣言発令時の行動と備え	

成する場合の言語は，英語，中国語，韓国・朝鮮語，ポルトガル語およびスペイン語の5カ国語が重要となる．現状では，例えば，東京都生活文化局が，東京を訪れる外国人旅行者や都内在住外国人向けに，4言語併記（日本語，英語，中国語，韓国・朝鮮語）の防災リーフレットや緊急時のハンドマニュアルを作成・配布している．ポルトガル語やスペイン語は含まれていないが，地震についての知識や災害時の適切な対応などを，イラスト入りで説明したもの　になっているため一定の理解はできると思われる．

B. 情報の伝達方法

　行政サービスとしては，これらの言語のギャップを克服するため，地域の特性に合わせて外国語の話せる職員の養成も重要な要素になる．また，上記の通り，パンフレットなどの媒体で情報を伝えるには，言葉を直接翻訳するような案内よりも，記号化した絵表示（ピクトグラム）を使用することにより，平易でかつ直感的に伝えるような情報手段を積極的に取り入れることが必要である．

　一方で，近年では「やさしい日本語」[例えば16, 17]という，普通の日本語よりも簡単で，外国人にもわかりやすい日本語を用いた情報伝達という方法も検討されている．地震などの災害が起こったときに有効であると言われており，そうした取り組みの成果を広く一般に普及させることができれば有効な情報伝達手法になる可能性がある．

C. 関係機関の連携

　入国後は各区市町村に分散し，外国人に対するアプローチの手段が限定されることから，区市町村の住民登録を行っているセクションの協力が必要になる．プライバシーの問題もあ

るが，消防関係のみならず防災関係行政機関，関係団体などの協力が不可欠であり，既成の枠を越えた対応が必要であり，入国時に空港でパンフレットを配付するなどの対応も重要な機会と思われる．

D.　指導員の育成

教育指導にあたっては，言葉の問題が一番大きいことから，教育指導に携わる防災行政機関の職員の語学研修とあわせ，一般住民による語学ボランティアの協力が受けられるようなシステム作りも今後必要になるだろう．　　　　　　　　　　　（柳澤　欽一・水野　雅之）

（5）外国人来訪者等が利用する施設における災害情報の伝達・避難誘導に関するガイドライン骨子（総務省消防庁）[18]

A.　ガイドラインの対象等

災害発生時の情報伝達や避難誘導の際に配慮が必要となる①外国人来訪者，②障害者・高齢者を対象としている．従って，この取り組みでは，必ずしも国際化への対応に限定していないが，以降では国際化への対応の内容に絞って記述する．

B.　対象となる災害の種類

ガイドラインが対象とする災害は，火災及び地震であり，特に地震時に想定される事故としては，例えば，エレベーターの停止及びこれに伴う閉じ込め，収容物の転倒や落下，移動などに伴う要救助者や要救護者の発生，停電や余震などによるパニックが上げられている．

C.　対象とする施設

多数の外国人来訪者等が使用する施設として，空港・駅，ホテル・旅館等の宿泊施設が上げられ，さらに東京 2020 オリンピック・パラリンピック競技大会を対象とした場合には競技場が含まれる．

D.　情報伝達・避難誘導の考え方

多言語での情報伝達について，日本語のほか，第一に英語，次いで中国語・韓国語を優先することを基本とする．また，日本語での情報伝達の際に，簡単な日本語（やさしい日本語）を使用することが外国人来訪者への情報伝達に有効となることも考慮する．加えて，近年の発展がめざましい ICT 技術を活用し，スマートフォンやデジタルサイネージ等を活用し，絵（ピクトグラム）や映像，地図なども活用し，複数の方策によって情報を伝達することで補完し合う効果が期待できる．また，近年，自動通訳機器や多言語音声翻訳アプリ等の発展もめざましく，個別の情報伝達に活用が期待できる．

E.　情報伝達・避難誘導の方法

スマートフォンアプリによる多言語での情報伝達では，外国人来訪者等が日常使用しているスマートフォン等の携帯端末に専用アプリをインストールすることにより，災害発生時等に適切な災害情報等を表示する方法である．情報を発信する側は，事前に携帯端末に表示するテキストやピクトグラム等を用意しておくことで，状況に応じた多様な情報の伝達が可能となる．その際，各ユーザーの指定した言語で多くの外国人来訪者等に情報伝達が可能となる．

デジタルサイネージは，平常時は施設において広告や観光情報等を表示する画面として使用されるが，災害発生時等には，画面に詳細な災害情報や避難方向などを表示させることで

活用が見込まれる．事前に情報コンテンツを用意しておけば状況に応じた多様な情報の伝達が可能である．文字や映像など複数の情報を組み合わせた情報伝達が可能である．自動火災報知設備や IoT 技術を活用したインターネットとの連携でより高度な情報伝達の可能性がある．

自動通訳機器や他言語音声翻訳アプリ等を活用するにあたっては，例えば自衛消防隊員（従業員）から外国人来訪者等への情報伝達・避難誘導の場面が考えられる．機器等への話しかけによる入力に対して指定した言語に翻訳し，それを音声や文字情報として出力することができるため，対面により災害情報や避難誘導を伝達するなどの使い方がある．また，フリップボードによる情報伝達も対面による情報伝達に有効な方法であり，災害情報のみならず危険な場所や避難場所などを図面や地図上に表示することで有効な情報伝達手段となる．

これらの情報伝達・避難誘導を効果的に活用するには，事前の準備が不可欠であり，活用する機器（ハードウェア）の整備に加えて，防火・防災対策に関する情報を施設使用者に周知するためのツールや情報コンテンツ（ソフトウェア）の整備が不可欠である．そして，先にも記したとおり，情報コンテンツの整備においては，文字情報のみならずピクトグラムやマップの活用が有効に情報を伝達するための要点となる．

（6）東京消防庁における国際化への対応の取り組みの例[19]

A．消防署での多言語対応

日本語での会話ができない外国人が消防署に来訪した際，発生した災害に関する情報を把握し，迅速な初動活動につなげることを目的としたコミュニケーション支援ボードを全消防署に配置することを計画中である．また，その効果を検証するために，日本語がほとんど分からない来日して間もない外国人に協力してもらって，消防署に災害を知らせに来た外国人という想定で，実際にコミュニケーション支援ボードを活用した訓練を行い，実効性を確認できた．消防署に直接来訪する機会がどの程度の頻度で発生するのかという部分はあるが，救急要請のあった現場で救急隊員が日本語の分からない外国人に対応するために活用が見込まれるなどが考えられるため，消防署に限らず様々な場面を想定してコミュニケーション支援ボードを活用することが期待される．

B．英語対応救急隊の配備

東京消防庁管轄内における救急搬送された外国人旅行者の搬送人員の推移を見ると，2010（平成 22）年は 1138 名であったが，2015（平成 27）年には 2039 名に増大しており，さらに日本に住所があるなど長期滞在者や在住者を含めた外国籍を持つ人の救急搬送数で見ると2015（平成 27）年は 9817 名に上っている．救急隊の全出動件数に占める外国人搬送人員の割合は 1 ％以下ではあるが，その割合も増加傾向にあるため，東京消防庁では英語対応救急隊を発足している．これは救急隊長，救急隊員，及び救急機関員の基本 3 名乗務の体制において，1 名以上の英語対応救急隊員が乗務することであり，2017（平成 29）年現在において都心部を中心に 14 署 36 隊配備しており，今後も増大を計画している．

C．大使館への防災情報の配信

日本と外国では消防サービスが異なる点が多くあり，ある国では救急車の利用が有料であったり，別の国では軍隊の一部が消防業務を受け持っていたりする．また，緊急通報番号

が異なっていることもある．例えば，日本では警察が 110，救急と消防が 119 であるが，中国では警察と消防は日本と同じであるが，救急は 120 であり，韓国では救急と消防は日本と同じであるが，警察は 112 である．こうしたことを踏まえ，外国人に知ってもらいたい東京（日本）の消防体制や防災情報等を大使館に配信する事業を 2017（平成 29）年 2 月から開始している．こうした災害時を想定した必要な情報ばかりでなく，大規模な災害が発生した場合には，旅行者や滞在者は訪問先の自国の大使館の情報を頼りに災害時情報を収集することが考えられるため，首都の東京における防災情報を大使館に配信する事業は，将来発生の危険が指摘されている首都直下地震なども考慮すれば，地震時の避難場所や避難所や，二次災害も考慮した地域の安全性や危険性などの情報提供にも大いに活用が期待されるため，大規模災害時の迅速な情報提供ネットワークへの活用にも期待したい．　　　　　　（水野　雅之）

文　　　献

〔16・2〕

1）消防科学総合センター：地域防災データ総覧防災教育編，pp. 34 - 46，消防科学総合センター（1989）
2）山村太一ほか：高齢者福祉施設の防火避難訓練における職員の行動特性，日本建築学会大会学術講演梗概集（防火），pp. 315 - 318（2013）
3）関根龍一ほか：グループホームにおける避難訓練の分析　その 2　一時待機スペースまでの避難，日本火災学会研究発表会概要集，pp. 150 - 151（2017）
4）八木真爾：群馬県庁舎における全館避難訓練の事例研究，日本建築学会技術報告集，No. 19，pp. 147 - 150（2004）
5）門倉博之ほか：高層建築物での順次避難における階段室内の流動状況と滞留発生に関する研究：－全館避難訓練時の行動実態観測に基づく分析と考察－，日本建築学会環境系論文集，80，716，pp. 849 - 856（2015）
6）東京消防庁火災予防審議会：超高層建築物等の多様化に伴う防火安全対策のあり方，東京消防庁火災予防審議会（1995）
7）消防科学総合センター：地域防災データ総覧防災教育編，消防科学総合センター（1989）
8）中島敏彦：防災センター要員講習制度について，火災，46，4，pp. 37 - 44（1996）
9）林　春男：ノースリッジ地震の社会的影響（ロスアンジェルスの対応を中心に），火災，44，pp. 33 - 39（1994）
10）首藤伸夫ほか：災害多発地域の災害文化に関する研究，平成 4 年科学研究費補助金研究成果報告書（1993）
11）熊谷良雄：阪神・淡路大震災時の避難と対策，第 20 回安全工学シンポジウム「阪神・淡路大震災における緊急対応の状況と今後の課題」講演予稿集（1995）
12）消防科学総合センター：地域防災データ総覧防災教育編，pp. 47 - 48，消防科学総合センター（1989）
13）建設省住宅局建築指導課監修：新・建築防災計画指針，日本建築センター（1995）
14）建築業協会防災技術専門委員会防災計画技術小委員会：防災計画に関する設計者意識のアンケート調査報告書，建築業協会（1995）
15）建設省大臣官房技術調査室監修：総合技術開発プロジェクト総合防火設計法（1989）
16）佐藤和之：消防行政への外国人住民のための「やさしい日本語」適用を考える：外国語に依存しない大規模災害時の合理的で科学的な情報伝達法，消防防災の科学，No. 128，pp. 23 - 31（2017）
17）田中輝輝：やさしい日本語による定住外国人への情報提供，電子情報通信学会誌，101，2，pp. 198 - 205（2018）

18）小林恭一：「外国人来訪者等が利用する施設における災害情報の伝達・避難誘導に関するガイドライ
　　ン骨子（消防庁）」の要約と解説，火災，**67**，3，pp. 15 – 19（2017）
19）伊藤　大：東京消防庁における国際事業について，火災，**67**，3，pp. 9 – 14（2017）

第四編　火災安全に関する調査・研究

	主　査	幹　事
第17章	塚目　孝裕	大江　康夫
第18章	田村　裕之	阿部　伸之
第19章	松山　賢	山口　純一
第20章	水野　雅之	鈴木　圭一・峯岸　良和

執筆者（五十音順）

板垣　晴彦	伊東　浩一	大谷　英雄	岡本　勝弘	北村　芳嗣
小森　一成	塩川　芳徳	志田　弘二	須川　修身	鈴木　圭一
髙橋　太	田中　亨	塚目　孝裕	名取　晶子	長谷見雄二
林　吉彦	松下　敬幸	水野　雅之	峯岸　良和	八島　正明
安福　健祐	山口　純一			

第17章　火災の調査と分析

17・1　火災調査の責任と権限

17・1・1　消防機関における火災原因調査
（1）火災調査の意義

　火災は，国民の生命，身体，財産に多大な損害を与えるものであり，延焼拡大することによって，当事者のみならず社会に影響を及ぼすことにもなる．火災をなくし，火災による被害を最小限にとどめるためには，現に発生した火災を調査することによって得た知識，資料を活用するのが最善策である．

　このため，消防法により消防機関の固有の事務として火災調査が定められ，業務執行にあたっており，火災調査の社会的要請は高まっている．

　火災調査は，火災がどのようなもので，いかにして発生し拡大し，人身と財産にどの程度の被害を発生させたかを明らかにする必要があり，個人の財産権と人権に対する一定の侵害を発生することから，消防法に一つの章を設けて，その行政権限の保証と制限を規定している．消防活動の根拠となる消防法第6章「消火の活動」の次に，第7章として「火災の調査」を定め，消防活動時から引き続いて火災の調査を行うこととしており，消防機関の基本的な事務となっている．

　消防法第7章第31条には，「消防長及び消防署長は，消火活動をなすとともに火災の原因並びに火災及び消火のために受けた損害の調査に着手しなければならない」と定められており，本条によって，火災の調査は消防機関の専管的事項とされ，原因と損害の調査を同時に行うことを義務付けている．さらに同法35条において「放火又は失火の疑いのあるときは，その火災の原因の調査の主たる責任及び権限は，消防長又は消防署長にあるものとする」となっており，現場で共同して活動する消防と警察の関係においても消防の優先権を法的に明確にしている．

　また，火災の調査には，り災者へのり災証明事務などの行政事務が付帯的に生じることから，消防機関はり災証明の方法を定め，住民の要求に答えている．り災証明は，火災保険の請求，税金の免除，住宅の滅失等の届出，各種お見舞金等の支払いの手続きなど公的な証明として大きな役割を果たしている．このようなことから，火災があったことを知りながら消防の火災調査が終了していないにもかかわらず，焼損物件等を移動，損壊することは，消防法上の火災調査権に対する侵害となり，また，り災者のり災証明等の生活権に対する侵害となる．

　消防法第7章において，消防長および消防署長には，火災調査を行うにあたっての権限および義務が定められている．

（2）消防法上の権限

　第33条：火災により破損され又は破壊された財産の調査権（物的調査権）

第 32 条第 1 項：関係ある者又は火災の原因である疑いがあると認められる製品を
　　製造し若しくは輸入した者に対しての質問権必要な資料の提出，報告徴収権（人
　　的調査権）

第 32 条第 2 項：関係ある官公署に対する必要事項の通報請求権

第 34 条：関係者に対する資料提出命令権，立入検査権

第 35 条の 2 第 1 項：警察官が放火又は失火の犯罪の証拠物を押収した場合，それ
　　が検察官に送致されるまでの間の，その証拠物に対する調査権（物的調査権）

第 35 条の 2 第 1 項：警察官が放火又は失火の犯罪の被疑者を逮捕した場合，それ
　　が検察官に送致されるまでの間の，その被疑者に対する調査権（人的調査権）

（3）消防法上の義務

第 31 条：消防長又は消防署長の火災調査義務

第 34 条：立入検査の場合の関係者の承諾を得る義務，関係者の業務不妨害及び秘
　　密不漏洩の義務

第 35 条第 2 項：放火又は失火で犯罪の疑いがある場合の所轄警察署への通報及び
　　証拠物の収集保全の義務

同　　　　上：消防庁が放火又は失火の犯罪捜査の協力の勧告を行う場合の服従義務

第 35 条の 2 第 2 項：被疑者の逮捕中又は証拠物の押収中の質問又は調査遂行に当
　　たって，警察官の捜査を妨害しない義務

第 35 条の 4 第 2 項：放火及び失火の絶滅のための消防吏員と警察官との協力義務

（4）火災原因調査の対象

　火災原因調査の中心とするところは，もちろん出火原因調査であるが，延焼拡大の原因や
死傷者発生の原因も重要な調査の対象である．

　火災は，通常「出火」に始まり，「延焼」拡大することによって，物的あるいは人的な被
害を生じる．その過程で「消防用設備等の作動・使用」「発見」「通報」「初期消火」及び
「避難」などの事象が発生するが，これらについて調査することは当然であるが，さらにそ
の結果を消防行政に充分反映するためには，防火対象物の用途，危険物施設の区分，業態，
防火管理状況，防火対象物等の管理状況，出火時の状態，出火時の人的状況などに加え，平
素の火災予防査察等の結果などを考慮することが大切である．

　また，火災原因調査は出火および延焼拡大要因を調査するため，例えば，自動火災報知設
備が鳴動しなかったこと，防火戸が閉鎖しなかったことなどの被害の拡がった要因が調査事
項の中心と考えられがちであるが，延焼を防止した理由，消防用設備等の奏功理由，初期消
火の成功理由および避難が適切に行われた理由など，被害が抑えられた要因を調べること
も，火災原因調査の対象である．

（5）火災原因調査の目的等

　火災原因調査の目的等は，消防庁通知「火災の原因調査に関する業務の運用について」で

示され，本通知に基づき，消防機関は火災原因調査の業務を実施している．以下に，その要旨を示す．

参考「火災の原因調査に関する業務の運用について」(1963, 5)

第1　調査の目的について

　消防機関が行う火災の原因調査は，火災予防の施策ないし措置の成果を検討し，その是正改善を図り，もって火災予防の徹底に資することを本来の目的とすること．これと合わせて，消防機関は，火災の初期における燃焼状況から全貌を把握していること及び火災についての専門的知識経験を有することに基づき，警察官が行う放火及び失火犯の捜査に寄与し，協力することも副次的な目的とされている．

第2　調査の責任及び権限について

　原因調査の責任及び権限は，消防長若しくは消防署長又は消防長を置かない市町村においては市町村長にある．消防法第35条の3の規定により，都道府県知事が原因調査を実施する場合においては，都道府県知事にも調査の責任及び権限があることとなるが，この場合においても，消防長若しくは消防署長又は市町村長の責任を排除し，又は権限を失わせることではない．

第3　調査の範囲について

　原因調査の最も中心とするところは，出火原因であること．原因調査は，本来予防行政に資するために行われることから，出火原因の調査は，単に人の行為のみならず，広く一般の現象事実に及ぶ．この場合，人の行為は，出火について責任のある人の行為であるが，相当因果関係のある人の行為であることを必要とせず，その他の条件を与えた人の行為をも含む．

　従って，放火又は失火の疑いの有無にかかりわりなく調査を行う．

　さらに原因調査は，出火原因の調査と合わせて火災の延焼拡大の原因についても調査する．また火災が延焼するに至った場合は，建築物等の位置，構造，設備又は管理の状況等を，火災前の査察等と合わせて検討しながら，出火の状況，火災の延焼拡大の状況を把握し，進んでその原因を探究することが火災予防の対策上重要である．

第4　調査の方法について

1　原因調査は，消防法に定める権限と手続きとに従って実施する．

2　原因調査は，火災の出火又は延焼拡大の原因となるべき物について科学技術的な調査に最も重点を置き，関係ある者又は目撃者に対する質問は，補助的な調査方法とする．

3　原因調査の実施に当たっては，不当に個人の権利を侵害し又は事由を制限することのないように留意するとともに，知り得た個人の秘密についても，みだりに他に漏らすことのないよう厳に慎まなければならない．

第5　調査結果について
1　原因調査の結果，放火又は失火の犯罪があると認めるときには，直ちに所轄の警察署に通報することはいうまでもないが，一般に調査の結果は必ずしもすべて公表しなければならないものではない．
2　原因調査の結果に基づき，火災予防の対策を再検討のうえこれを事後の予防指導等の方針に織り込むとともに，関係機関又は団体等に連絡し，必要な是正措置につき協力を求める等適切な方策を講ずることが必要である．

このように火災の原因調査は，火災予防の徹底に資することを本来の目的とし，出火から延焼拡大，人命の損傷にわたる火災に関する非常に広い対象について調査することとしている．また，調査の基本は物的証拠を主体とし，関係者等の供述に基づいて検討を加え，科学的方法による合理的な事実の解明を図らなければならない．

（髙橋　太・小森　一成）

17・1・2　警察機関における火災原因調査
（1）犯罪捜査としての火災原因調査
警察法は，犯罪捜査が警察の責務であることを定めている（警察法第2条）．後述するように，刑法第108条から第118条には，「放火及び失火の罪」として火災にかかる犯罪が規定されていることから，火災発生を捜査の端緒と捉えて，警察は犯罪捜査の一環として火災原因の究明を行う（刑事訴訟法第189条2項）．

放火・失火の罪は，火力の不正な使用によって物件を焼損し，これにより，公共の危険（不特定又は多数の人の生命・身体・財産に対する危険）を生じさせるものである．特に，故意に物件を焼損させる放火罪は，個人の生命，身体，財産を侵害する度合いが高いとして凶悪犯罪に位置づけられている．そのため，火災調査においては，油類が使用されていないか，家人以外の第三者が介在していないか，器具等からの出火を偽装したものではないかなど，人為的な火災であるかに主眼が置かれることが多い．しかし，失火であったとしても，火災発生の予見性があり，結果回避の義務を怠った場合には，刑事責任が問われる．そのため，失火であった場合には過失捜査の観点から，出火原因の究明以外にも，火災による被害の発生を回避するにはどのような対策が必要であったかについても明らかにする必要がある．以上のように，火災の発生に際しては放火の可能性の有無にかかわらず，火災犯捜査の目的から火災の原因究明を行う．

犯罪捜査は原則として任意捜査による行われるものであり，火災犯捜査も同様である（刑事訴訟法第197条1項但し書き）．しかし，大規模火災や重大放火事件においては，広範囲にわたる現場や証拠の保全のために，裁判所が発付する検証許可令状を得て，検証として火災原因調査が行われることがある．強制処分である検証においては，火災現場の所有者であったとしても部外者の立ち入りを禁ずることができるが，消防機関による火災調査活動は法令に則ったものであり，消防機関の火災調査者を排除するものではない．検証に参加する消防機関の火災調査者を事前に指定し，両機関の協力の下，火災原因調査は行われる．

（2）刑法における放火及び失火の罪
A．放火の罪

　放火及び失火の罪については，刑法第108条から第118条に規定されており，放火行為など，火力により，建物などの財産を侵害した場合に成立する．

　放火罪の保護法益は公共の安全と考えられていることから，放火の対象によって成立しうる犯罪類型が異なる．以下に，刑法に規定される主要な放火罪について述べる．

　放火により，現に人が住居に使用する，または現に人がいる建造物等（建造物，汽車，電車，艦船または鉱坑）を焼損させた場合には，現住建造物等放火罪が適用される（刑法第108条）．

　現に人が住居に使用せず，かつ，現に人がいない上記建造物等を放火により焼損させた場合には，非現住建造物等放火罪が適用される（刑法第109条第1項）．非現住建造物等放火罪には財産犯としての一面もあることから，上記の放火の客体が自己の所有物であった場合に本罪を適用するには，公共の危険性が発生したことを立証する必要がある（刑法第109条第2項）．

　建造物等以外の物を放火により焼損させ，よって公共の危険を生じさせた場合には，建造物等以外放火罪が適用される（刑法第110条第1項）．本罪においても，放火の客体が自己の所有物であった場合には法定刑が軽減される（刑法第110条第2項）．刑法第108条及び第109条第1項に規定されている建造物等が放火の客体であった場合には，焼損させた時点で公共の危険が生じたと見なされるが，建造物等以外の物が放火の客体である場合には，具体的な公共の危険の発生が構成要件となっている．例を挙げると，建造物等に該当しない自動車に対して放火した場合，隣接する建物に燃え広がるなどといった公共の危険の発生がなければ，建造物等以外放火罪に該当しないことになり，器物損壊罪が適用される（刑法第261条）．

B．失火の罪

　過失行為によって火災を発生させ，刑法第108条に規定する物または他人の所有に係る刑法第109条に規定する物を焼損させた場合には，失火罪が適用される（刑法第116条第1項）．自己の所有に係る刑法第109条に規定する物または第110条に規定する物を失火により焼損させ，よって公共の危険を生じさせた場合にも本罪が適用される（刑法第116条第2項）．

　刑法第116条に規定する行為が業務上必要な注意を怠ったことによる場合，または重大な過失による場合には，法定刑が加重される（刑法第117条の2）．

（岡本　勝弘）

17・1・3　厚生労働機関における火災原因調査
（1）調査の目的

　労働災害の調査は，災害の発生過程と原因を明らかにし，同種災害の再発防止策を立案・実施するために行われる．爆発や火災などの労働災害とは，「労働者の就業に係る建設物，設備，原材料，ガス，蒸気，粉じん等により，または作業行動その他業務に起因して，労働者が負傷し，疾病にかかり，又は死亡することをいう．」と定義される（労働安全衛生法第

2条の1).事業場*で労働安全衛生法に定める特定の事故(爆発,火災,回転機械の破裂,機械装置の鎖や索の切断,ボイラーの破裂など)が発生した場合は,被災者の有無にかかわらず,事業者は労働基準監督署長に事故報告書を提出しなければならない.また,労働者が業務上などで死傷したり,休業したりしたときは労働災害として,労働者死傷病報告書を遅滞なく同署長に提出しなければならない.負傷した労働者にとっては,労災保険,休業補償の給付が重要であり,その根拠となる事業場が作成した事故報告・死傷病報告や必要に応じて行う厚生労働機関の災害調査結果が重要な資料となる.

労働災害の調査は,事業場が自主的に行う場合と行政機関などが行う場合があり,労働安全衛生法上は行政機関が直接実施する義務はない.事業場が行う労働災害の調査方法と分析方法については,文献1)が参考となる.

(2)調査担当

厚生労働機関で爆発や火災を含む労働災害の調査を担当するのは,各地にある労働基準監督署である.調査の権限があるのは,厚生労働省職員である労働基準監督官(以下,「監督官」,労働基準法第102条,労働安全衛生法第92条)と産業安全専門官・労働衛生専門官(以下,「専門官」,労働安全衛生法第93条,94条)である.このほか,厚生労働大臣の要請あるいは命令により,独立行政法人労働者健康安全機構(以下,「機構」)の職員が調査を行うことができる(労働安全衛生法第93条,94条)[2].行政指導や司法にかかる権限は有しないものの,公務員ではない機構の職員が現場に立ち入り,調査する権限を有することは特殊といえる.

(3)調査の実施

厚生労働機関が調査対象とする,爆発や火災に関する主な現場は,一般住宅ではなく,工場などの事業場である.爆発や火災の原因調査は,法令違反とは切り離して行われる.しかし,調査を進めていく過程で,法令違反が疑われる場合は,監督官は司法警察員として検察庁,さらに警察関係者と協力して職務を行う.工場などで爆発や火災が発生した場合は,必要に応じ労働基準監督署も調査に着手するが,数人から5人程度の体制であり,現場では消防と警察が中心となって進められることが多い.これは,爆発や火災に精通している監督官と専門官が少ないことと,調査に充てる人的資源が足りないことによる.しかし,原因となった可燃物の種類によっては,化学物質の危険性・有害性の点で厚生労働機関が主導的に調査を進める場合もある.現場での機関同士の協力関係は重要である.

機構は,行政支援として,科学的な原因の究明と同種災害の再発防止策の検討などを行い,さらに刑事訴訟法に係る鑑定嘱託,捜査関係事項照会にも対応する.犯罪捜査のため,労働基準監督署のほか,警察署,海上保安署などの司法警察員の依頼に応じる.

(八島　正明)

---

*　事業場:企業の事務所や工場など,同じ場所にあるものは原則として一つの事業場とし,場所が分散しているものは別の事業場とする.

17・2　火災調査の基礎

17・2・1　火 災 損 害 調 査
（1）火災損害調査の意義

　火災損害調査は，「火災」の被害状況を国民に伝えるうえで重要であり，ひいては防火への注意を促す大きな役割を果たしている．

　1972（昭和47）年の大阪千日デパート火災（死者118名），1973（昭和49）年の熊本大洋デパート火災（死者110名），2001（平成13）年の新宿歌舞伎町複合用途ビル火災（死者44名）では，火災による被害が国民にインパクトを与えた．これらの火災を契機として，特定防火対象物に対する消防用設備等の既存遡及適用や消防吏員による防火対象物における火災の予防又消防活動の障害除去のための措置命令等について，消防法の改正がなされた．また，1995（平成7）年の阪神淡路大震災や2011（平成23）年の東日本大震災においても，火災による死傷者数，焼損建物数などの被害の実態が伝えられたことは重要であった．

　特に，消防関係法令の改正に際して，国民の合意を得るうえで，消防機関が行った火災損害調査の結果が大きく寄与している．

　消防機関が行う「火災の損害」の正確な把握が，死傷者数・り災棟数・焼損面積・損害額等の情報として数値化される．こうした客観的な情報が国民に発生した火災を想起させ，類似火災防止への関心を高める．

　火災の損害あるいは被害に関わるすべての調査が火災損害調査の対象であり，「正確」かつ「迅速」であることが要求される．また，火災から得られた教訓を行政に反映するため，「どのような火災であったのか」を簡素に表現することが必要とされる．火災損害調査は，その結果が社会的役割を担っているため，時々の社会常識に沿ったものであり，かつ，全国的に同一な尺度でなければならない．

　同一の尺度としては，1994（平成6）年4月消防庁長官通知「火災報告取扱要領」によっている．

　火災損害調査の対象は，大きくは人的被害と物的被害の把握に分けられる．そして，物的被害は，損害額の評価を行い社会的損失の実態を明らかにする．この被害には，火災という燃焼現象及び避難等により受けた人的・物的被害だけではなく，火災の消火・鎮圧活動に要した直接的な人的・物的被害や経済的損害についても調査対象になる．なお，焼け跡の整理費，り災のための休業による損害等の間接的損害は含まれない．

　参考「東京消防庁火災調査規程」（2013, 10/8）
　第4条　調査の区分は火災原因調査及び火災損害調査とし，その範囲は次の各号に
　　揚げるとおりである．
　　(1)　火災原因調査
　　　ア　出火原因　火災の発生経過及び出火箇所
　　　イ　発見，通報及び初期消火，発見の動機，通報及び初期消火の一連の行動経
　　　　過

> ウ　延焼状況　建物火災の延焼経路，延焼拡大要因等
> エ　避難状況　避難経路，避難上の支障要因等
> オ　消防用設備及び特殊消防用設備等の状況　消火設備，警報設備及び避難設
> 　　備の使用，作動等の状況
> ⑵　火災損害調査
> ア　人的被害の状況　火災による死傷者，り災世帯，り災人員等の人的被害の
> 　　状況及びその発生状況
> イ　物的被害の状況　火災による焼き，消火，爆発等による物的な損害の状況
> ウ　損害額の評価等　火災により受けた物的な損害の評価，火災保険等の状況

火災損害調査の役割は，図 17·1 のようになる.

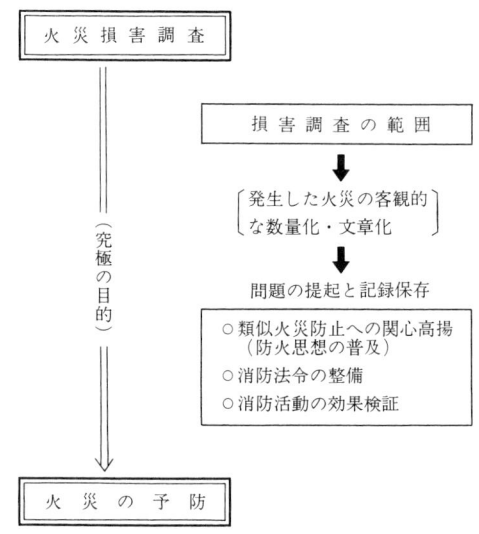

図 17·1　火災損害調査の役割

（2）火災損害調査の区分

　消防法第 31 条に規定される火災の損害は，「火災損害」と「消火損害」の二つに大別される．前者は火災という燃焼現象そのものと，これらの避難等により受けた人的・物的損害であり，後者は火災の鎮圧活動により受けた人的・物的損害をいう．

　また，前記の「火災報告取扱要領」によれば火災損害は次の 4 つに区分される．

　　　　　　　　　┌─ 焼き損害……火災の火炎，高温等によって焼けた，壊れた，煤けた，
　　　　　　　　　│　　　　　　　　変質した物等の損害をいう．
　　火災損害 ─┤
　　　　　　　　　├─ 消火損害……火災の消火行為に付随しておきる水損，破損，汚損等の
　　　　　　　　　│　　　　　　　　物の損害をいう．

├─ 爆発損害……爆発現象により受けた破損等の損害をいう.
└─ 人的損害……火災による死者及び負傷者

火災損害調査の体系は，図17·2のようになる.

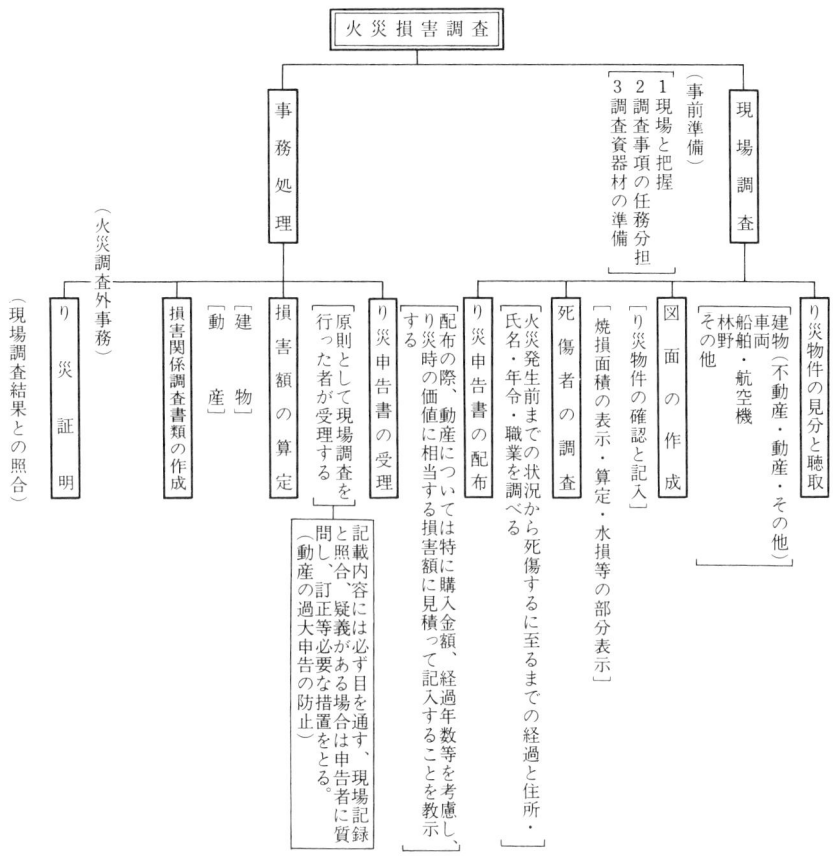

図 17·2　火災損害調査の体系

（3）火災損害調査の項目

火災損害調査に関する用語の意味を列記する.

ア　火災

　人の意図に反して発生し，もしくは拡大し，または放火により発生して消火の必要がある燃焼現象であって，これを消火するために消火施設またはこれと同程度の効果のあるものの利用を必要とするもの．または人の意図に反して発生し，もしくは拡大した爆発現象をいう.

イ　火災の件数

　　1件の火災とは，1つの出火点から拡大したもので，出火に始まり鎮火するまでをいう．

ウ　火災種別

　　次の6種とする．

　・建物火災：建物またはその収容物が焼損した火災をいう

　・林野火災：森林，原野または牧野の樹木，雑草，飼料，敷料等が焼損した火災をいう．

　・車両火災：車両および被けん引車またはそれらの積載物が焼損した火災をいう．

　・船舶火災：船舶またはその積載物が焼損した火災をいう．

　・航空機火災：航空機またはその積載物が焼損した火災をいう．

　・その他の火災：前記以外の物が焼損した火災をいう．

エ　焼損の程度

　　1棟ごとに焼損した程度を次の4種に区分する．

　・全焼：建物の70%以上を焼損したもの，またはこれ未満であっても残存部分に補修を
　　加えて再使用できないものをいう．

　・半焼：建物の20%以上70%未満を焼損したものをいう．

　・部分焼：全焼，半焼および，ぼやに該当しないものをいう．

　・ぼや：建物の10%未満を焼損したもので，かつ，焼損床面積もしくは焼損表面積が1
　　㎡未満のもの，または収容物のみを焼損したものをいう．

オ　り災程度

　　1世帯ごとに火災による損害の程度を次の3種に区分する．

　・全損：建物（その収容物を含む）の火災損害額が，り災前の建物の評価額の70%以上
　　のものをいう．

　・半損：建物の火災損害額が，り災前の建物の評価額の20%以上70%未満のものをいう．

　・小損：全損，半損に該当しないものをいう．

カ　り災世帯

　　人が現住する建物（付属建物は除く）またはその収容物が，り災した時に計上する．な
　お，共同住宅については，居住のために占有する部分またはその収容物が，り災した時と
　する．

キ　り災人員

　　原則として，り災世帯の構成人員を計上する．なお，寄宿舎，下宿等については，被害
　を受けた部屋の居住人員を計上し，共用部分で受けた火災損害については，実際に被害を
　受けた人員のみを計上する．

ク　損害評価額

　　損害額の算定は，火災によって受けた直接的な損害をいい，消火のために要した経費，
　焼け跡の整理費，り災のための休業による損害等の間接的な損害は除く．

　・建物：規模，構造，仕上げ要素そのほかの状況に応じ，り災時における再建築費単価を
　　算出し，建物の耐用年数，経過年数および損耗の程度を考慮して，減価償却の方法によ
　　る．

・車両等：車両，船舶，構築物，機械装置，器具および備品等は取得価格を基準とし，耐用年数および経過年数に応じた減価償却の方法による．

（北村　芳嗣）

17・2・2　火災原因調査

（1）火災調査の特質

火災原因の調査は，常に焼け跡の見分を主体として進められるものであり，焼損が強くなるほど，また関係者が少ないほど，火災に至った原因を調査することが困難となり，その特質として次のようなことが挙げられる．

ア　火災は，物質の燃焼と消火活動により，現場の物件が焼損あるいは破壊され，証拠資料が隠滅し，復元が困難となる現象である．

イ　火災発生要因の多くには人の介在があり，危険行為の認識の有無，犯罪性さらに異常な心理状態など，調査に当たってはこのような人の心を探求しなければならない．

ウ　火災調査での発掘・物件鑑識は，方法や進行を誤るとやり直しがきかない．このことを十分認識し，調査の手順など基本的な留意事項を理解しておかなければならない．

エ　火災の調査は，中立かつ公正な立場で行わなければならず，その結果は正確で客観性が高く，かつ社会的にも納得されるものでなくてはならない．このことから，火災調査は物的証拠を主体として，事実の解明に至る過程では科学的な思考と合理的な判断が必要となる．

オ　火災現場においては，火災予防を目的とする消防機関と犯罪捜査を目的とする警察機関等が協同して調査・捜査にあたることとなる．調査にあたっては，互いの目的・任務及び消防法令における相互協力の規定を十分認識した上で，それぞれの機関の主体性を保ちながら実施していかなければならない．

火災では，これらの特質が複雑に関係し，火災原因調査は一律的な対応にそぐわないため，調査員の資質による部分が大きい．原因調査は，帰納的に行われなければならない．手順としては，焼損物件を見分して延焼の方向をとらえ，出火箇所を特定し，そこに存在しまたは存在していたであろう複数の火源を検証していく．また，消防機関が火災調査を実施する根拠は，消防法第7章に求めることができ，消防長，消防署長の権限と義務が明示されている．このような権限と義務に基づく行政は，当該行政機関の主体性を前提としており，関係者からの一方的な供述や伝聞情報，風聞，他機関の資料を鵜呑みにしての火災調査であってはならない．消防職員として自らの五感と知識・経験をもって，火災現場のありのままの状況を文章，写真，図面等により記録・保存し，行政機関としての意思決定の資料としなければならない（図17・3）．

図 17・3　製品火災の鑑識

（2）基本的な知識

　火災は自然現象や各種設備機器等の異常，人の
行動のなかで発生するものであり，そこには防火
に関する法令基準なども係わり，技術的課題や学
術的課題が広く認められる．科学的な火災調査を
行うには，次のような基本的な知識を習得してお
かなければならない．

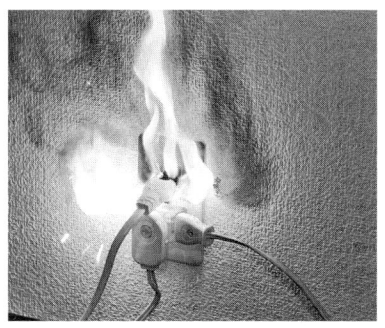

図 17・4　差し込みプラグのトラッキング

ア　電気の火災のうち，例えば差し込みプラグの
　火災では，両刃間に塵埃や湿気の影響によりプ
　ラグがグラファイト化し絶縁破壊されて出火す
　るトラッキング現象があり，差し込みプラグの
　両刃の根元が溶融するという痕跡を残す（図17・4）．また，てんぷら油の火災では，油が
　過熱されると臭気を伴った煙が発生した後，発火する．各種機器，物質にはそれぞれの潜
　在的出火危険があり，その結果として特有の痕跡を残す場合がある．

　　このように，原因調査にあたっては，電気・燃焼機器，化学物質，車両などの潜在的出
　火危険性と火災発生メカニズムに関する知識が必要となる．

イ　化繊の布団，綿の布団，合成樹脂製品など，物質にはそれぞれの燃焼性状があり，無炎
　燃焼から時間を経て有炎燃焼へ進展する場合もある．また，形状の違いによる燃焼性状の
　違いもあることから，これらに関する知識が必要となる．

ウ　火災現場では，木材・金属・コンクリートなどの各種素材の焼損状況から，受熱影響を
　考察して水平・垂直の延焼の流れをとらえ，出火建物・出火箇所を順次絞り込んでいく見
　分要領の知識が必要となる．

エ　火災原因を帰納的に考察するためには，現場から多くの資料を収集することが大切であ
　り，調査を進める上での証拠保全の手順・方法に関する技術が必要となる．

オ　火災が発生した建物には，建築基準法や消防法などの防火のための法規制がなされてい
　る場合があり，車両や船舶などにもさまざまな法規制がある．さらに電気・石油・ガス設
　備機器の基準，人の行為として電気工事や溶接の技術基準，高圧ガスや毒劇物等の貯蔵取
　扱いの法令があり，これらの法令，基準等の知識が必要となる．また，刑法や民法，情報
　開示関連の条例などの知識や，科学技術の進展や社会情勢の変化に対応した新しい情報と
　知識が必要となる．

　　以上のように火災調査は，様々な知識の習得と研修の上になされる高度な技術的行為であ
　り，調査員のたゆまぬ探究心，科学的で柔軟な思考と強靭な体力のもとに実施される．

　　火災調査は，やり直しがきかないことや，多数の調査員で行う作業であることから，計画
　的な調査手順が必要である．現場の何をどの様に発掘し証拠として残し，火災調査書類に記
　載できるようにすることが，火災原因判定の正確性と客観性を担保することとなる．

（3）後継者の育成

　火災調査は，経験と専門的な技術等が必要とされる業務であるため，消防機関における技
術の伝承が不可欠である．したがって，調査員は，次の世代の後継者の育成を念頭に置い

て，後輩職員に対して出来る限り多くの現場経験や鑑識経験の機会を与え，現場や鑑識においてやるべきこと，見るべきことを実地に教育していかなければならない．その中で，火災調査の行政的意味や魅力，やりがい，さらに面白さを伝えることが重要である．

（北村　芳嗣・伊東　浩一）

17・2・3　火災原因の3要素

火災原因は，火災統計分類を検討した 1952（昭和 27）年火災学会の「出火原因統計特別委員会」により示された，「発火源」「経過」「着火物」の3つの要素を組み合わせる統計法を用いており，火災発生のメカニズムはこれらの3つの組合せで表現される．

一般的には，発火源と経過の組合せが火災の原因となる．例えば，てんぷら油の火災では発火源が「ガステーブル」で，火をつけたままその場を離れた場合，経過が「放置する，忘れる」となり，この組み合わせで火災原因が表現される．

「発火源」とは，出火に直接関係し，又はそれ自体から出火したものをいい，一般的に「火気及び高温物」が考えられるが，この他にも平常の状態では発火源となり得ない物であっても，その使用の状況等によっては「発火源」となることがある．例えば，電気コードから出火した火災では，短絡による電気エネルギーが熱源となる．

「経過」とは，出火に関係した現象，状態又は行為をいい，経過分類の適用にあっては，発火源との関連により出火に直接関係した「現象」「状態」「行為」について妥当な順序で考察し適用する．てんぷら油火災の例でいえば，現象としては，てんぷら油の「過熱」であるが，統計の観点からみれば，行為である「放置する，忘れる」を適用することが妥当である．

「着火物」とは，発火源によって最初に着火したものをいい，構造材等についてはその下地材を含むものである．例えば，トタン屋根から出火した場合，トタンそのものは燃えるものではないが，その下地材の木質物等を含めて着火物とする．

火災は，類似性に乏しい偶発的な「希少性」を持つか，てんぷら油火災のように日常的に再発性が高く人為的要因もきわめて高い「普遍性」を持つか，両極端な二面性を備えている．そのため，火災の原因究明には，現場の焼損状況と関係者の供述から，ありふれた原因やありそうにない原因を引き出して，これらを一つ一つ否定しながら判断することとなる．

（北村　芳嗣・伊東　浩一）

17・2・4　火災調査書類

（1）火災調査書類の意義

火災調査書類は，火災調査の結果を記録するばかりでなく，火災の証拠保全の一形態でもあるため，調査員は細心の注意と論理的な思考に基づいて作成しなければならない．事例によっては，司法上の取扱いを受けることがある．

特に必要とされる場合は，刑事訴訟法第 321 条，322 条の規定による司法警察職員等が作成する供述調書または検証調書，実況検証調書に準ずるものとして，証拠能力がある書面に取り扱われる．一般的には，被告人または弁護士が証拠とすることに同意して採用されるケースが多いが，刑事・民事の火災に関する裁判では，裁判官の心証形成等に強く影響することがある．このため火災調査書類の良否が，調査そのものの内容を決定することにもな

り，また，論旨の通った火災調査書類を作成するには，質の高い現場調査を実施する必要がある．

（2）火災調査書類の種類

ここでは，東京消防庁における火災調査書類の内容を示す（図17·5）．

ア　火災調査書

　　火災調査結果の概要をまとめたもの．

イ　出火原因判定書

　　各見分内容，関係者等の供述内容，その他の資料から必要な事項を引用し，その部分に考察を加えて，客観性のある内容をもとに合理性のある結論へ導くもので，出火原因について記載したもの（図17·6）．実際に原因を判定した者が判定者として署名する．

ウ　火災出場時の見分調書

　　消防隊，救急隊，救助隊等が火災に出場し，出場から鎮火までの間の消防活動時に現場で見分した内容を記載したもの．本調書が，出火原因判定書における「出火建物の判定」等の証拠資料となることがある．

| 火　災　調　査　書 |
| 火　災　原　因　判　定　書 |
| 火災出場時における見分調書 |
| 現　場（鑑　識）見　分　調　書 |
| 質　　問　　調　　書 |
| 延　焼　状　況　等　調　書 |
| 出火建物・避難状況等調書 |
| 危　険　物　施　設　等　調　書 |
| 建物・収容物損害調査書 |
| 建物以外の損害調査書 |
| 死　傷　者　調　査　書 |
| り　災　申　告　書 |
| 火　災　損　害　状　況　調　書 |

図 17·5　火災調査書類の構成

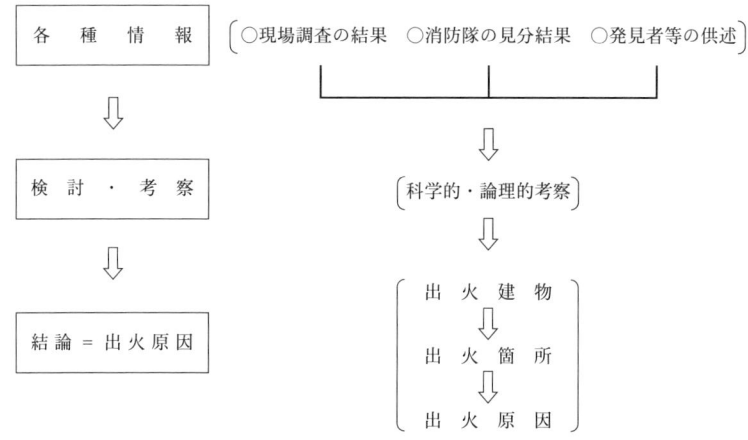

図 17·6　火災原因判定の流れ

エ　現場（鑑識）見分調書

　　現場見分調書は，現場の焼き・水損・破損等の状況，調査の状況，火災現場の発掘・復元作業の状況を，文章，写真，図面等により克明に記録・保存するために作成する文書であり，火災現場の証拠保存といえる．また，本調書は，消防機関の最終判断を記載する「出火原因判定書」の中で，各種証拠の客観性を保持する中心的役割を担っている．記載順序は，建物火災では焼け止まり部分から次第に出火箇所へと進め，発掘時の

見分とそれに続く焼けの特徴的な箇所や各発火源等の見分内容を記載する．図面と写真を同時に添付する．

　また，火災調査現場では，発火源と推定される家電製品や燃焼機器等の内部の詳細，スイッチの ON・OFF，内部部品の過不足，燃料配管の気密等の見分が困難な場合がある．鑑識見分とは，火災調査現場からそのような物件を収去し，後日，消防署内等で見分することをいい，通電立証により電気機器からの出火を裏付けたり，製造物からの出火機構の全容を明らかにしたりする．鑑識見分調書は，これらの結果を記録するために作成する文書である．再現実験など「立証のための調査」を実施した場合も，本調書により処理する．このように本調書は，出火原因そのものの本質に迫る見分内容を記載するもので，出火原因の判定資料として「現場見分調書」と同等の証拠価値を持つ．なお，この調書は，見分する現場ごとに別に作成される．

オ　質問調書

　発見者，通報者，初期消火者などの関係者や発火源等の製造業者，電気・ガス事業者などから得た火災に関する供述を記載したもの．録取後に相手に読み聞かせて任意に供述したことに署名を求めることとしている．質問調書の作成目的は，出火原因判定書を作成する際に，関係者等が有する情報を引用し，火災現場の見分事実を強固に裏付けるための重要な証拠資料とすることにある．質問は一般的に消防署内で行われるが，軽微な火災では火災現場で録取することもある．現場で録取した調書は，供述者の署名を省略することができる．

カ　延焼状況等調書

　火災の延焼拡大要因等について記載したもの．延焼状況の調査は，火災による人命危険防止を図るため，延焼拡大要因を究明することによって延焼拡大の問題点を明らかにする．記載内容は主に次の3点であり，調査によって得られた事実に検討や考察を加えたものとする．

　・延焼拡大の実態と延焼拡大要因（どこから，なぜ延焼したのか）

　・建築基準法の防火規定や延焼防止に関連する法令規制と火災拡大との関係

　・消防関係法令の延焼防止に関連する規制と火災との関係

キ　出火建物・避難状況等調書

　出火建物の避難および消防用設備の作動・使用等の状況を記載したもの．避難状況の調査は，避難の実態・防火管理の状況・消防用設備の設置状況等を把握し，避難に伴う死傷者発生の防止を図るための消防行政に反映することを目的としている．

ク　危険物施設等調書

　危険物施設が関係した火災の状況について記載したもの．

ケ　損害調査書

　火災の損害をまとめて記載したもの．

コ　死傷者調査書

　死傷者の発生した状況について記載したもの．

これらの火災調査書類を基にして，火災報告取扱要領に定める統計データが作成される．

（北村　芳嗣）

17・3　調査に必要な装備・機器・分析

17・3・1　現場で使用する機器
（1）現場で使用する機器

ア　手袋，防じんマスク，防じんメガネ

　　調査現場での危害防止のために用いる．発掘には厚手の水が浸透しないゴム引きなどの手袋を使用し，粉じん等による人体への悪影響を避けるため，防じんマスク，防じんメガネを着用する．

イ　各種ほうき・ちりとり

　　落下堆積物をおおよそ除去した後，焼け残った収容物等から細かな炭化物を除去し，「焼け方」の方向性を明確にするため使用する．

ウ　バケツ

　　堆積物の搬出や，関係物件の水洗いに使用する．

エ　ホース・布類

　　構造材や収容物件の表面に付着した細かい炭化物を水で洗い落す．残水はストロボ撮影の障害となるため，布類で拭き取る．

オ　スコップ・熊手

　　焼損範囲から明らかに外れている範囲において，初期段階の不要物の除去に用いる．

カ　工具類

　　のこぎり，ドライバー，ペンチ，金づち，はさみ，カッター，針金，釘などを出火箇所付近の復元，床下や壁内見分のための破壊，物件鑑識のための分解に使用する．

キ　発動発電機・投光器

　　暗い火災現場で効率よく調査をするため，また，危害防止のためにも照明が必要である．できるだけ長時間使用できるものを選定するか，予備燃料の準備を行う．

ク　コードリール

　　発動発電機から投光器までの接続や，ほかの建物から電源を引く場合に使用する．

ケ　携帯用バッテリーライト・懐中電灯・ヘッドライト

　　投光器等を準備する前の焼損状況の確認，発掘時の部分的な見分，写真撮影時のピント合わせなどに使用する．

コ　カメラ（広角，マクロ交換レンズ・ストロボ・リングストロボ）・鑑識物件撮影用シート・脚立

　　火災現場は撮影対象が様々であることから，見分事実を記録するため，カメラの付属品類を準備する．製品や電気配線等を展開して撮影する場合もあるため，物件を並べて置くためのシートや，高い位置から全体を撮影するため，脚立を準備する．

サ　現場用図板

　　発掘作業は，出火室の物品配置状況や行動等を関係者から詳細に聴取した後に実施する．図板にはその内容を記載し，調査員全員に把握させ，情報共有するために使用する．

シ　手帳・立入検査証

　　手帳は，調査員が現場で収集した情報をメモするために使用する．調査にあたっては，立入検査権を行使するため，証票の携帯は消防法で定められた調査員の義務である．

ス　携帯用図板・用紙（雨天紙，コピー用紙）・筆記具一式・巻尺（大，小）

　　建物平面図，立面図などの図面作成や計測に使用する．

セ　白ひも・杭・標識

　　白ひもや杭は，焼損して不明確となった建物の間仕切りや開口部の位置などの表示に使用する．標識は，出火室とそれ以外の部屋の区別や関係物件，特異な現象などの表示に使用する．

ソ　ピンセット

　　手で触ると壊れたり崩れてしまう物件や小さな物件の採取，小さな標識の表示などに使用する．

タ　採取瓶・採取袋

　　鑑識物件を収去するために使用する．密栓できるものが望ましい．

チ　ルーペ（拡大鏡）

　　肉眼での見分が困難な微小物件の細部を鑑識する場合に使用する．

ツ　テスター・万能測定器

　　電気機器や配線器具などの通電立証，抵抗値測定，絶縁材料のグラファイト化などの立証に使用する．

テ　静電圧測定器

　　静電気スパークに係わる出火の時に，出火時と同条件下で静電電圧を測定する．静電容量が推定できれば，スパークに伴う放電エネルギーを計算することができて，出火の可能性の大小が議論できる．

ト　ファイバースコープ

　　人が入れない狭隘箇所や配管内などの内部観察に使用する．

ナ　ガス検知器

　　ガソリン等の可燃性液体を用いた放火，自殺等又はその可能性がある火災現場で，簡易に油分を検出するために使用する．反応があった範囲の残さを収去・分析し，物質を特定する．

ニ　放射温度計

　　再現実験等において，非接触でその温度を測定できる．高い温度（500℃程度）まで測定可能なものが望ましい．　　　　　　　　　　　　　（塩川　芳徳・伊東　浩一）

17・3・2　鑑識・鑑定で使用する機器

　火災の原因調査においては，火災現場の観察から判明する事実，残存試料から判明する事実，人から得る情報から判明する内容等を総合的に判断して最終的な結論を導く．そのうち，残存試料をそのまま観察し特異箇所を見つけ出すためには，主として拡大観察をする機器を用い，残存試料の材質・組成，油成分の有無等の判断を行うには各種の分析機器等を用いて分析化学的な手法を用いて結果を出す．そのために，以下のような機器を利用してい

る.

（1）観察を主体とした機器

試料を観察する装置として，実体顕微鏡，生物顕微鏡，金属顕微鏡，デジタルマイクロスコープ等の光学顕微鏡，電子顕微鏡，また，X線透過像を得るためのX線非破壊検査装置等が使用されている．燃焼残さ物の拡大観察を行なうことで，接点等の溶着状態，配線の切断，溶融痕等，これらが存在した場合に明瞭に観察できる．また，電子顕微鏡では，金属に生じている微細な亀裂を容易に観察することができる．X線非破壊検査装置では，融解プラスチック中で覆われてしまっている基板の配線状態等，破壊してしまうと現状が観察できなくなってしまう試料について，非破壊で観察することができる．

（2）分析化学的手法を用いる機器

分析化学的手法を用いる機器には，主に以下のようなものがある．

ア　ガスクロマトグラフ（GC）

鉱物油，動植物油等の油類に関する検査や，プラスチック可塑剤等の高温で揮発する試料に幅広く利用できる．混合物を成分毎に分離して検出するため，単一組成でないものでも検査ができる．検査する対象化合物に合わせて複数種の検出器があるが，水素炎イオン化検出器（FID検出器）は有機化合物に感度が高く検出器の中では安価であるため利用されていることが多い．FID検出器よりも高額になるが質量分析装置（MS）は，物質の同定能力に優れており感度も良く，最近では低価格化も進んでいるため，導入している機関も多い．質量分析装置をガスクロマトグラフと組み合わせた機器を，広くGC-MSと呼んでいる．

イ　フーリエ変換型赤外分光光度計（FT-IR）

試料に赤外線を照射し，吸収した赤外線の波長を調べることで物質の同定を行う装置である．固体，液体，気体（特別な付属品が必要）と試料の形状によらず測定することができる利点がある．既存のデータベースと対照することで物質の同定を行うが，同定能力が発揮できるのは試料が単一物質である場合であり，混合試料での物質同定は難しい．

ウ　蛍光X線分析装置

試料にX線を照射し，試料から発する二次X線を測定することで，試料に含まれている元素の種類が特定できる．二次X線のエネルギーを測定するエネルギー分散型と波長を測定する波長分散型の2種類の検出方法がある．蛍光X線分析では元素の存在は確認できるが，検出した元素がどのような形態で存在するかはわからない．例えば，蛍光X線装置で鉄が検出しても，金属の鉄の状態で存在しているのか酸化鉄の状態で存在しているかは解析できない．この検出器は，電子顕微鏡にも付属させることが可能であり，電子顕微鏡で拡大観察した微小部分の元素分析が可能である．

エ　X線回折装置

試料にX線を照射すると，結晶を持つ化合物の種類に応じて特有のX線散乱が生じる．この散乱状態を測定することで物質の同定が行える．一方，結晶を持たない化合物についてはX線散乱が生じないため適用が難しい．得られたデータは既存のデータベースと対照することによって化合物の特定を行うことができる．化合物が一種類であれば同定

の確度が上がるが，数種類の化合物が混在してしまうと同定能力が落ちる．

オ　熱分析装置

　　試料に熱を与えて，試料がどのように熱によって変化するのを調べる装置である．代表的なもので，試料温度と試料重量の関係を測定する熱重量測定装置（TG），試料温度と試料の熱出入りを測定する示差熱分析装置（DTA），示差走査熱量測定装置（DSC）がある．その他に，DTA，DSC よりも微細な熱量が測定できる装置として双子型高感度熱量計（C 80），等温型高感度熱量計（TAM）等がある．TG，DTA，DSC は主として試料の分解温度や発熱・融解挙動を，C 80 や TAM は前記 3 種類の測定装置で捉えきれない試料の微細な発熱，蓄熱等が測定できる．

カ　液体クロマトグラフ

　　熱に弱い試料やイオンを検査するために用いられる．混合物を分離して，それぞれの成分を同定することができる．用途に合わせた検出器が数種類存在し，イオンの検査には電気伝導度検出器，有機物にはフォトダイオードアレー検出器が用いられることが多い．

キ　粒度分布測定装置

　　試料の粒子径の大きさを測定することができる．液体中や気体中に分散させた試料に光を当てて，粒子に当たった光が散乱する状態から試料粒度の大きさを換算する．粉じん爆発を起こす粒子径であるかが判断できる．

ク　その他の分析機器

　　分析機器の進歩は著しく，いろいろな原理を用いた機器が多く出ている．それらの分析機器の特性を活用することで，火災原因調査に有用な情報を得ることができる．使用頻度は低いが，上記に記した分析機器の他に核磁気共鳴装置（NMR），ラマン分光光度計，X線光電子分光（XPS）等の装置は，今後必要に応じては利用されていくことになると考えられる．　　　　　　　　　　　　　　　　　　　　　　　　　　　　（塚目　孝裕）

17・4　火災調査の方法

　火災原因調査は，「火災出場時における調査」「現場における調査」「立証のための調査」に大別され，各々の詳細を図 17·7 に示す

17・4・1　火災出場時における調査

　火災出場時の調査は，火災の覚知と同時に開始する．この調査は，出場時から火災の特徴を把握し，到着時における消防活動の情報収集行動と防ぎょ行動を通じて現場の延焼状況を的確にとらえる．さらに，火災発生の因果関係に詳しい関係者，発見，通報，初期消火，避難にかかわった関係者を確保して出火前の状況を聴取する．このように火災出場時の調査は，火災原因を究明する上での重要な情報や鎮火後における現場調査を容易にする各種資料を収集するために行われる．

　後に行う現場における火災調査では，焼け残った火災現場を見て出火原因，延焼状況，死傷者の発生要因等を決定しなくてはならない．火災現場は刻々と変化するため，最初に火災現場に到着し，延焼状況や延焼範囲を冷静に判断した消防隊員の情報が出火原因を判定する上でも貴重な判断材料となる．

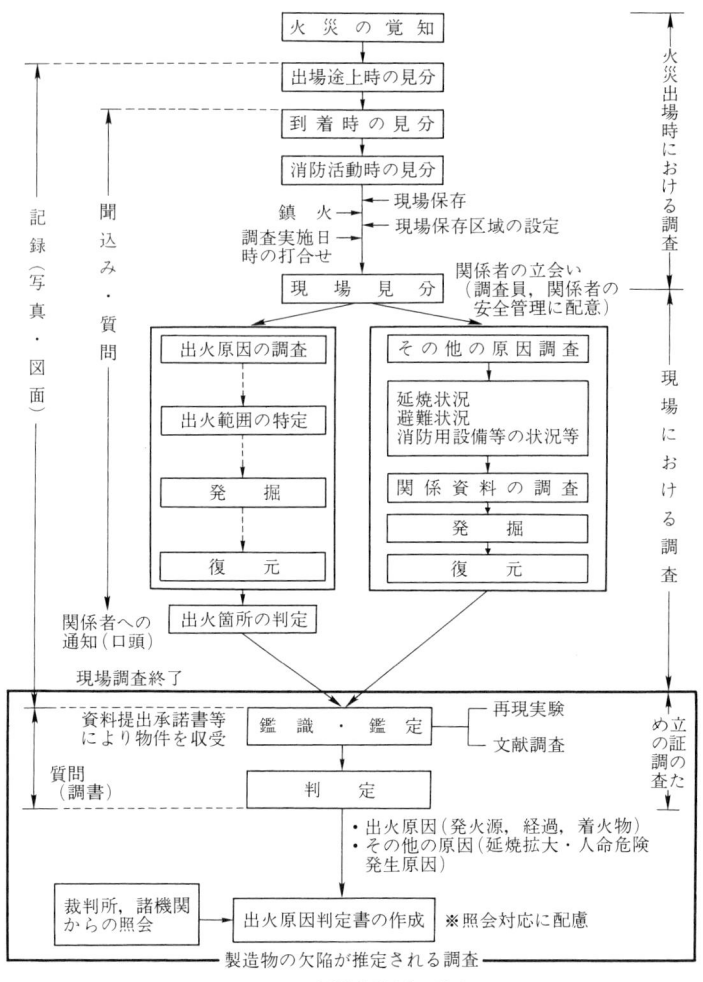

図 17・7　火災原因調査の流れ

（1）火災出場時の調査及び現場到着時の調査

　火災出場時の調査は，騒然とした中で実施される消防活動と同時に行うので，突発的な火災事象に対処できる心構えで，安全な行動ができる服装により，効率的に調査のできる用具の携行が必要である．

　また，情報収集や写真撮影を行う者は，あらかじめそれぞれの任務分担を定め，現場到着後の刻々と変化する火災状況を的確に把握しながら，互いに連絡をとり効果的に調査する．

（2）消防活動時における調査

　現場に到着した調査員は，延焼中の建物状況を冷静に見極めて調査に当たらなければなら

ない．現場に到着したら，その時分を確認し，覚知から出場，到着までの所要時間と火災出場途上に見分した火災の状況から延焼速度を把握して，火災現場全体を見分する．到着時に複数の建物が延焼している時は，出火建物及び出火室が特定できるように延焼状況等を見分する．さらに，出火原因や出火範囲を特定するための，火災発生の因果関係に詳しい関係者，火災の発見・通報・初期消火にかかわった関係者を見つけ出して情報収集活動を行う．このようにして火災発生の初期段階の状況を早期に把握する．

　現場到着時における建物の延焼状況，火災拡大の延焼経路を概ね次の事項について見分する．その際に見分した位置も記録する．

ア　出火建物・周囲建物の軒先や開口部からの火煙の噴出状況，屋根の燃え抜け等火災の進展状況，火勢の強弱，これらを確認した位置

イ　現場周辺の建物状況，出火建物の構造，延焼方向及び延焼経路の状況

エ　関係者等の負傷の有無，服装，行動の概要及び応答内容

オ　死傷者および死傷した場所の状況

カ　異音・異臭・爆発等，特異な現象の有無，これらを確認した位置

キ　建物の出入口，窓，シャッター等の開閉・施錠状況

ク　出火建物の所在，名称，用途，火元者氏名等

ケ　漏電の有無，ガス漏れの有無，ガス栓の開閉状況

コ　残火処理に伴う出火箇所付近での物件の移動，損害状況の把握

　また，り災棟数，焼損面積，り災世帯数，急激に延焼拡大した物件，死傷者，避難者の状況および消防隊，救急隊，救助隊の見分，消防用設備等の種類，作動・活用状況，危険物施設の管理状況，防火管理状況，および火災予防査察における消防関係法令違反について，情報を収集する．大規模火災，多数死傷者が発生した火災では，調査応援のための要員を補充する．

17・4・2　現場における調査

　現場の調査は，先入観にとらわれることなく火災現場全体の状況をよく把握して，現場から多くの調査資料を収集し，関連するとみられる多くの問題点を見極めながら実施する．

　そして，調査結果に対しては，合理的な判断と科学的な妥当性に基づいて出火原因，延焼拡大等の要因を究明しなければならない．

　原因の調査は，出火出場時に得られた延焼状況等の見分資料や関係者の供述内容等に基づき調査方針を立て，現場発掘を行って，状況証拠の検証をしつつ，「出火箇所，発火源，経過，着火物」等を明らかにする必要がある．

（1）事前準備と調査開始前の確認

　火災の規模，出火範囲の位置，焼損物件の堆積状況，発掘範囲の面積等を考慮し調査員の人数や担当を決定する．大規模火災の調査時は，消防用設備等，建築設備等の対象ごとに専門的知識を有する者を現場見分者に指定し，写真，図面担当者の班編成を行う．

ア　火災出場時における見分・質問状況を確認する．

イ　活動中における見分・質問状況を確認する．

ウ　受傷者の搬送・処置時の状況を確認する．

エ　現場保存状況を確認する.

オ　防火対象物の状況を確認する.

　現場調査は，やり直しがきかないため，火災出場時の調査で得られた全ての情報を資料にして，現場調査開始前に検討を行うなど，十分な準備が必要である．特に大規模火災は，証拠資料となる物件類の多くが破損，焼失し，さらに出火時間，出火原因，建物構造，用途及び業態によって焼損状況が全て異なるので，それぞれの火災現場によって調査方針も違ってくる.

（2）初期の現場見分

　初期の見分は，火災現場全体の焼損状況を観察し，どこから燃えだして，どのように燃え広がったかを判断し，発掘範囲を決定する．この見分結果は，その後の調査方針や発掘範囲の重要な決定要因となり，情報収集や発掘作業に大きな影響を及ぼすこととなる.

　初めに建物全般が見渡せる場所から，現場全般を観察し，建物の外周部から焼けの強い方向，建物中心部へ向かって見分する．延焼した建物が複数棟の場合は，焼け止まりの境界付近の焼損状況から延焼方向を確認し，延焼した建物と出火建物の相互の状況から，延焼の方向性を把握する.

　構造材の落下物や倒壊物が集中している箇所，小屋組・合掌材の倒壊箇所および焼け残りの状況から延焼方向を考察し，出火建物の内壁・外壁，家具，調度品等の焼損程度を立体的に見分し，出火箇所を把握する．最後に強い焼け，燃え抜け，焼け細り，受熱変色の激しい金属製品等の著しい焼け方をしている箇所を見分する.

（3）出火範囲の特定

　出火範囲の特定については，初期の現場見分，火災出場時における指揮，消火活動，救助，調査時において見分した結果や関係者から得た供述を参考にして総合的に判断して行う.

　しかし，火災の発見・通報の遅れや現場到着まで時間を要したために，現場到着時すでに出火建物が倒壊している場合がある．このような場合では，初期における見分や関係者等からの情報による判断資料が不足し，出火範囲を狭い範囲に特定することが困難である.

　焼損状況から焼け止まりの建物や部屋等から順次，焼けの方向性を判断し，出火範囲付近の焼損状況が立ち上がり材の焼け方と合致しているか検討するとともに，出火からの時間的経過，焼損物件の燃焼特性が燃焼経路と合致するか検討する.

　発見状況からは，出火時間を推定し，複数の発見者がある場合は，各々の供述内容の相違を検討し，火災を発見した位置と発見時の燃焼状況とに誤りがないか判断する.

（4）関係者に対する質問

　出火原因の多くは，直接・間接に人の行為が関係しており，聞き込みなどによって得た関係者の火災発生前，発生後からの行動は，出火原因を究明する上で重要である.

　しかし，関係者から得られた供述は，関係者が直接体験した事実だけでなく「他人からの伝聞事項」や「利害関係から生じた，事実と全く相反する供述」を含んだ不正確で歪曲された情報もある．不確実な情報に惑わされることなく，供述内容の検討を早急に行い，正しい情報を選択することが大切である.

　現場発掘前に実施する関係者への質問により，建物構造，出火範囲付近の収容物，生活・作業状況，火気施設等を総合的に把握し，それまでに得られた火災発見時の状況，初期における建物の延焼状況，鎮火後の焼損状況等の情報から，「出火範囲又は出火建物」，「出火原因となった可能性がある火源」，「火源から燃え移った可燃物（着火物）」等の判断資料とする．

　主な質問事項は以下のとおりである．

ア　出火建物の建築年月，増改築の有無，所有者名

イ　出火範囲付近の収容物，電気配線，暖房器具，喫煙等の状況

ウ　生活状況，火災発生前後の行動状況，火災発生前の出火箇所付近での火気・器具等の使用状況，人の出入り状況

エ　喫煙状況，平素の吸殻の処理状況

オ　外出時の施錠状況，鍵の種類，鍵の所有者

カ　盗難事実の確認，保険加入の有無，出火当日の居住者の状況，従業員の状況，搬出物品の状況

キ　発見，通報，避難状況

　消防法令で幅広く規制されている防火対象物の火災の発掘前には，上記の項目のほか消防用設備等の使用・作動・維持管理状況，避難設備の使用状況と避難状況，防火管理状況，自衛消防活動の状況，延焼拡大の状況についても確認する．

（5）現場の発掘・復元及び焼損状況の検討

　これまでの調査事例では，特定された出火範囲及びその周辺には，発火源はもとより，着火物，延焼媒体となった可燃物，又はこれらの痕跡が埋もれている場合が多い．

　発掘作業は，証拠物件を採取し，出火原因と出火後の火災の進展状況を実証的に把握していくための手段である．本作業は，発掘した焼損物件について証拠価値の有無を判断しながら選別し，出火前の状況を復元することに留意して行わなければならない．

　火災現場の堆積物下部の物件ほど，出火原因に関わりがあり，堆積物の種類，用途，材質，取り付け位置を考慮し，相互の重なり状態に注意しながら発掘する．不燃性物件の残存物は，受熱変色状況から延焼の方向性が判断できる重要な物件であるため，元の場所から移動しない．

　復元については，焼損物件の位置を建物構造材との間で明らかにし，復元可能な場合は，発掘時に保存した物件を計測に基づき復元する．鴨居，敷居，内壁材，家具等の復元は，残っている釘ネジの部品等から推定し，位置を決める．焼失して復元不可能な物件は，紐・標識等で明示する．

　焼損状況の検討については，出火範囲内に存在する発火源，出火に結びつく焼損物件があれば，これらが出火につながる火源となるか，慎重に検討する．

　また，復元された焼け方の状況から延焼方向を推定し，焼損物件の炭化状況から，延焼方向を確認する．焼損状況から炎の流れを考察し，出火箇所から出火点へと導く．全体的な広い視野に立って，焼けから燃え方を考察する．　　　　　　　　　　　（塩川　芳徳）

17・5　出火箇所の判定法

　一般的に，出火箇所は長時間火炎を受け，他の箇所よりも熱的影響を強く受けることが多く，焼けの強弱を考慮に入れながら現場の焼損状況から燃焼の方向性を考察して，出火箇所を判定する．

　ただし，焼けの強弱は，建物構造，開口部の位置，可燃物配置状況，有炎燃焼時間等の影響を受けることから，広範囲に焼失した場合には，現場の焼損状況だけからでは出火場所を絞り込むことは困難なことが多く，発見時の状況や人の動き等を考慮して総合的に判断する必要がある．そして，到達した結論は全ての現場状況と矛盾せず合理的かつ科学的な説明ができるものでなければならない．

17・5・1　焼け方の判断材料

　焼けの強弱は，一般的には建物構造部材として最も多く用いられている木材部分の焼け方を見て判断する．木材の焼け方から燃焼状況を判断する絶対指標はないことから，同じ材質の木材が同寸法で同じように取り付けられた部分，例えば間柱や根太の焼け方を相対的に比較することによって，どちら側が強く焼けているか，どの方向へ向かって焼けていったかを判断できることがある．焼け止まり付近は延焼方向が比較的分かりやすい．床面に近い土台部分の焼け方が有用な情報を与えてくれることも多い．焼け方を定量的に測定する方法としては炭化深度が知られている．同じような構造が連なった建物の場合には，炭化深度を測定することによって，焼損の度合いを定量的に比較することができる．ただし，木材の焼け方は木目方向や密度，節目などによって必ずしも均一にはならないことから，炭化深度の測定値は厳密なものではなく，目安であると考えるべきである．また，一部分の焼け方だけを基に判断するのではなく，あくまでも総合的に判断することが重要である．

　木材の炭化状態だけでなく，石膏ボードやコンクリート，金属部などの不燃材料の溶融，変色，変形状況といった被熱程度からも焼けの強さを判断できることがある．不燃物表面には塗料などの燃焼残渣のほか煤や煙の凝集物が付着して黒っぽく変色するが，さらに焼け方が強い部分ではこれらが焼失して白っぽくなることがある．コンクリートは，強い熱を受けた表面に亀裂が生じたり剥落したりすることがある．ただし，剥落の原因が火災以前から，あるいは火災以外にあったかもしれないことに注意する必要がある．石膏ボードは，強い熱を受けると脆く崩れやすい状態に変化する．この変化した深さを測定し，炭化深度と同じような判断材料として用いることができる場合もある．

　金属類も木材と同様に，火災による受熱の影響を外観に残す．表面が防錆のために塗料でコーティングされている金属は，受熱の程度により，表面塗料が焼けて煤が付着，煤が焼失して塗料が灰化，地金が変色というような外観に変化を示す．現場に残る金属類の色変化が焼けの方向を判断する材料となることがある．火災熱を受けた金属は溶融する前に強度が低下し，自重や建物荷重による応力を受けて変形するため，鉄骨建物の火災現場では，鉄骨部材が湾曲しているのを見かけることは多い．火災初期に加熱されて強度が低下した箇所は，建物荷重が集中して変形が現れやすいことから，柱や梁材に座屈や歪曲といった変形が大きく現れた付近は出火箇所の可能性があると推定することができる．ただし，これらの変形

は，鉄骨部材にかかる建物荷重に影響されることから，荷重の同一性を加味して検討する必要がある．

17・5・2　特徴的な焼け方

様々な焼け方の特徴とその解釈が経験的に知られているが，代表的なものを以下に説明する．

（1）局部的に深い炭化

出火するまでに無炎燃焼が長時間続いた場合，その部分が深く炭化し，さらには焼け込み，焼け落ちにつながることがある．無炎燃焼が起こる原因としては，一旦有炎着火した後に炎が立ち消えた場合もそうであるが，無炎燃焼している火源による着火や伝導熱による着火のように発熱源の種類によっては無炎燃焼が起こりやすい場合がある．そのような発熱源として，たばこ，蚊取り線香，火の粉，溶接火花などがある．また，漏電火災の発熱箇所が木材と接していた場合にも周囲の木材が深く炭化することがある．なお，深い炭化は他の要因によって生じることもあるので注意する必要がある．例えば，空気の供給状態が良い箇所や最後まで燃えていた箇所には深い炭化が見られる．

（2）垂直面のV字形の焼け方

一般に垂直壁体では，上方ほど燃え広がりやすいので，必ずしもV字形に焼けるとは限らないが，一般的に上方向に広がった焼け方をしている場合，最も低い箇所から火炎が立ち上がった可能性がある．ただし，火災中に落下した火種によって二次的に立ち上がった燃焼による場合，あるいは上から下への焼け下がりによる場合，熱の遮蔽物や建物構造による場合など，他にも類似した焼け方を生じる場合があるので注意する．

（3）床面の不規則な焼け方

燃焼速度は，下方向，横方向，上方向の順に速くなる．もし，下方向や横方向に広範囲に延焼している場合は可燃性液体の関与も考える．しかし，床面やカーペットなどに不規則な形状の焼けが生じている場合でも，その形だけからガソリンや灯油などの可燃性液体が散布されたと判断できるものではない．そこにあった液体以外の可燃物や落下物が燃焼した場合，あるいはそれらによって火災の熱が遮蔽された場合などによっても，不規則な形状の焼け方が生じることが考えられる．また，樹脂類の多くは熱分解や燃焼によって炭化水素系のガスを発生し，石油類の臭いと間違える恐れもある．したがって，可燃性液体が疑われる場合には，残焼物の化学分析を行った上で判断する必要がある．

17・5・3　電気配線の短絡痕

火災現場においては，電気配線の銅線が溶けた溶融痕が見られることがある．短絡（ショート）時に発生したアーク放電と呼ばれる大電流の高熱によって銅線が溶けた溶融痕が，いわゆる短絡痕あるいは電気的溶融痕と呼ばれるものである．これらは，電気的な出火原因となった箇所に見られる短絡痕を一次痕，火災によって通電中の電気配線が燃えることで絶縁被覆が焼けて短絡した短絡痕を二次痕と呼んで区別している．

火災時の温度は銅の融点を超えることがあることから，火災熱による溶融痕（熱痕）も生成する．熱痕は，短絡痕と比較して低い温度で表面側から溶融し，火災熱を受けて比較的広範囲に溶融するため，外観からでも短絡痕との識別は可能な場合が多い．しかし，短絡痕生

成後に受ける火災の影響が著しいと短絡痕の特徴が失われ，外観では両者の識別が困難になることもある．なお，一般に火災温度は室内下部よりも上部の方が高くなるため，火災熱による溶融痕も天井内など室内上部の配線に生じやすい．

　一次痕は火災原因が電気器具や電気配線などの電気に起因する場合に限られるので，火災現場に見られる短絡痕の多くは二次痕である．しかし，短絡痕が出火原因に関するか否かにかかわらず，短絡痕が生成するということは，その箇所に通電されていたことを示すものである．短絡によってブレーカーの作動や電線の溶断が起こる可能性があり，火災の進展につれて電源供給が遮断されることになるため，短絡痕が生成している箇所は，火災初期段階で燃焼していたという可能性を考えることができる．このため，短絡痕の存在箇所から，火災の延焼拡大過程を推定するための情報が得られることがある．火災原因調査における短絡痕の調査では，短絡痕の位置だけでなく，配線経路の状況，同一経路の短絡痕の有無，電線の種類，ブレーカーの作動有無などにも留意する．

　だだし，短絡痕の存在は，基本的には火災時の通電を立証しているに過ぎないことから，最終的な出火場所の判断には，焼け方の調査や溶融痕付近の詳細な調査などが必要である．

（岡本　勝弘）

17・6　火源の判定法

　出火箇所において火災の発端となる発火源の特定は，火災原因調査の重要な項目の1つである．判定した出火箇所において，発火源となり得る全ての火源について出火の可能性を検討し，着火物との位置関係，現場の焼損状況，延焼拡大要因，関係者の供述内容等を総合して，合理的に出火原因を判定する．火災現場で活動を行う消防機関・警察機関の職員は，同じ現場，同じ資料を対象に観察調査しているので，そこから得られる結論が大きく異なることはない．消防機関，警察機関，それぞれの火源の特定手法について紹介する．

（塚目　孝裕）

17・6・1　火源の検討（消防機関の判定法）

（1）電気痕の判定

　電気機器の通電立証は，機器内部に発生している電気痕によって出火原因とともに判定できる場合もあるが，まず配線の電気痕から見分する．

A．電気痕

　通電されている配線が自ら発熱し，または何らかの原因で発生した火災熱により短絡してできたもので，以下の一次痕と二次痕を総称して「電気痕」という（図17・8）．

B．一次痕

　通電されている配線が，被覆の損傷により短絡し，出火原因となったもの．

C．二次痕

　通電されている配線が，火災熱により短絡したも

図 17・8　コードの電気痕

の．出火後，二次的に発生したもので，出火箇所の判定材料となる．

D. 熱　痕

通電されていない配線が，火災熱により溶融したもの．

（2）接触抵抗値の増加の判定

導体の接触（接続）部で，接触面に凸凹があるとその部分の集中抵抗のため，また，油などの絶縁物が付着すると境界抵抗のため発熱し，出火する．

接触抵抗値の増加による火災は，ほとんどの場合，片方の極の通電中の導体接触部に発生し，プラグの差し刃とコンセントの受け刃の接触部，スイッチ類の接点部分，配線と端子の接続部などで，通常はどちらか片方の極の導体に溶融が認められる．

その要因として，接続部ネジの締め付け不良，電線の圧着不良，接続部の緩みなどが考えられる（図17·9）．

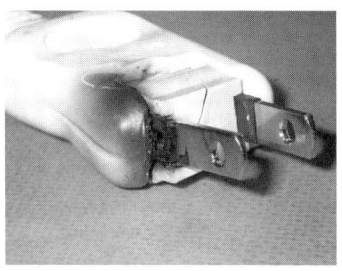

図 17·9　差し込みプラグの接触部過熱

（3）コンデンサーの絶縁劣化の判定

コンデンサーの中の絶縁物に，ピンホールがあったり異物が付着していると，絶縁が劣化して層間で短絡状態となり，出火する．

コンデンサーが絶縁劣化で発火すると，素子の内部が強く焼損し，誘電体フィルムを使用したものは炭化してグラファイトを生じる．

また，コンデンサーは落雷などの影響により，高電圧が印加され出火する場合もある．これらの場合は，屋内線及び同一回路に接続されている他の機器の異常の有無を調べる必要がある（図17·10）．

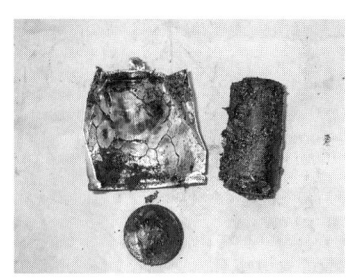

図 17·10　コンデンサーの焼損状況

（4）漏　電　の　判　定

漏電回路（漏電点・出火点・接地点）が形成されるか調査する．出火点付近にある金属（電線，釘等）の接地抵抗を測定し，大地との導通状況を確認した後，漏電点から出火点，大地までの推定される回路の絶縁抵抗測定を行い，漏電回路を明らかにする．

（5）火気使用設備等の判定

機器の構造，機能等を十分に理解し，使用状況，故障，破損の有無，本来の目的以外の使用の有無等について調査する．

図 17·11　ガステーブル押し回し式（ビルトイン）

ガステーブルの使用立証については，次の要領で行う．

A. 押し回し式

器具栓シャフトの切り欠き角度，圧電装置の爪の位置，閉子の回転位置等で，使用の有無を確認する（図17・11）．

B. ピアノスイッチ式

圧電装置の爪の位置，点火レバーと消火レバーの位置等で，使用の有無を確認する．

C. プッシュ式

バルブロッドの変色層，点火スパーク

図 17・12　ガステーブルプッシュ式（ビルトイン）

用マイクロスイッチ起動レバーの位置等で，使用の有無を確認する（図17・12）．

（6）化学的な分析等による判定

化学変化の発生を究明し，どのような物件の収去・鑑定を行えば原因を判定できるか検討し，有効・適切な収去を行って，分析・同定を行う．

（7）微小火源の判定

たばこ，マッチ，線香等では，これらが焼失し，見分できない場合がほとんどであることから，微小火源特有の焼損状況を確認して立証する．　　　　　　　　　　　（伊東　浩一）

17・6・2　火源の検討（警察機関の判定法）

火災原因は多種多様で，原因を分類した代表例を表17・1に示す．火災現場では，出火原因であることを明瞭に示す痕跡が発見されることは希である．出火箇所において発火源となり得る全ての火源を列挙し，それらの火源によって火災に発展するか否か検討しつつ，その可能性を一つずつ消去する手法をとることになる．以下に，火災現場に一般的に見られる火源の判定方法について述べる．

（1）電　気　機　器

スイッチの状況，プラグの差し込み状況，配線に生じた痕の状況から，機器の使用状況を判断する．通電状態であれば，ヒューズ，サーモスタット等の安全装置の作動状況，コイルの層間短絡など機器内部の放電痕跡の有無，着火物との離隔距離を含む位置関係等から，出火の可能性を検討する．

（2）燃　焼　器　具

構造，機能，破損，煤の付着の状況等から，使用状態，異常の有無を調査する．また，適正な燃料が使用されていたか調査する．器具からの出火が疑われる場合には，着火物との位置関係や周辺の焼損状況等から出火の可能性を検討する．

（3）微　小　火　源

たばこ，マッチ，線香，火の粉等からの出火では，出火箇所において無炎燃焼となった焼損状況等を確認して出火の可能性を検討する．

表 17·1　火災原因の分類

分類	具体例
電気関係	・電気機器（テレビ，冷蔵庫，洗濯機，扇風機，モーター，電球など） ・電熱器具（電熱器，暖房器具など） ・電線，配線器具（電線，テーブルタップ，コンセント，スイッチなど） ・電力設備（送配電・受変電設備など） ・漏電
ガス・石油 燃焼器具	・石油燃焼器具（ストーブ，コンロ，風呂釜など） ・ガス燃焼器具（コンロ，ストーブ，給湯器，風呂釜など）
固体燃料器具	・七厘コンロ，こたつ，風呂釜，暖炉，ストーブなど
微小火源	・裸火（マッチ，たばこ，たき火，ろうそく，燃えさしなど） ・火の粉（煙突，かまど，焼却炉，たき火など）
高温物体	・煙道，排気管（ボイラー，風呂釜，焼却炉，エンジンなど） ・高温粒子（アーク溶接火花，ガス溶接・切断火花，グラインダー火花など） ・摩擦熱（軸受，ドリルなど）
化学的現象	・自然発火性物質（セルロイド，乾性油，活性炭，たい肥，干し草など） ・準自然発火性物質（金属ナトリウム，黄リン，生石灰など） ・混合発火性物質（除草剤，漂白剤など）
静電気	・人体帯電 ・流動・摩擦帯電
自然現象	・太陽光線の収れん，落雷，強風など

（4）高　温　物　体

　出火原因となった機器の稼働状況や作業の実施状況を調査する．出火箇所付近の可燃物の種類や焼損状況等を調査し，高温物体による着火の可能性を検討する．

（5）漏　　　電

　出火箇所付近に漏電電流の痕跡（溶融等）が確認された場合は，漏電点及び接地点を含む漏電原因と漏電経路を調査する．また，引き込み配線と建物との接触や漏電ブレーカー設置の有無を確認し，漏電による出火の可能性を検討する．

（6）化　学　的　現　象

　酸化，分解，発酵といった化学反応により発熱する性質を有するか，他の物質と混触する状況にあったか，保管状態や製造工程上で化学反応が暴走する誘因を備えていたか，化学変化の発生要因があったかを調査し，化学的現象による出火の可能性を検討する．

（岡本　勝弘）

17・6・3　出火原因の判定

（1）現場における出火原因の判定

・発火源として推定した物件から，近接する可燃物が燃えだした経過に無理がないこと．
・物件が残らない場合は，焼損状況，発見状況，出火箇所の環境，出火までの経過時間等を総合的に判断し，妥当性があること．

・推定した発火源以外の物件について，可能性が否定できること．
・出火箇所と延焼状況に矛盾がなく，建物全体の焼損状況に延焼経路として焼けのつながりが認められること．
・過去の火災事例，経験則に照らし，出火の可能性に無理がないこと．

（2）現場調査以降における出火原因の判定

・立証のための鑑識，鑑定を行う．
・出火機構を解明するため，燃焼実験等を行う．
・各種の文献調査および過去の火災事例等を調査する．

（伊東　浩一）

文　　献

〔17・1〕
1）大関　親：新しい時代の安全管理のすべて，中央労働災害防止協会，pp. 259 - 309（2002）
2）板垣晴彦：労働安全衛生総合研究所における災害調査等について，火災，**68**，2，pp. 37 - 39（2018）

第18章　火災実験の方法と計測技術

18・1　実験・計測技術

18・1・1　建物火災安全評価手法

　火災は自己成長していく拡大現象であり，成長過程で開口部（窓ガラス，ドア）や壁を熱破壊して自ら境界条件を変化させていく極めて強い動的な非線型現象である．また煙・ガスの拡散は人の避難行動の成否に直接影響を与えることになる．このため，人の避難安全も含めた火災安全設計に生かすために，火災が成長していく過程を定量的・動的に把握し，火災の成長状態に合わせた火災安全対策を立てるのに必要な情報を得ておく必要がある．燃焼生成物（煙・ガスを含む熱気流）の流動拡散性状，建物の梁や柱への火災荷重の状態，煙・ガスの廊下や階段室での流動速度や濃度などの実火災時の火災性状が不明であれば，人の避難速度や避難に利用される通路幅など，火災時の避難性状についても定量的な判断はできない．これらに必要なデータ収集手段や，火災安全設計が有用であるか否かの判断手法として，実大実験，縮尺模型実験，火災モデルを用いた数値計算などが挙げられる．

　実大実験は，建物全体を対象とした実験だけでなく，建物の部材や部位についても行われる．例えば，防耐火性能を高めた壁，ドア，窓，柱や梁などは施工前に，実物の建物部品として火災温度曲線に沿った加熱実験を行い，防耐火性能の評価が行われる．ここで用いられている火災温度曲線も多数の実大実験で得られた火災室の温度−時間変化に基づいて得られたものである．

　実大実験は火災現象を定量的に把握するだけでなく，例えば，難燃化した建材を用いたり，構造的に耐火性能を高めた建物を実験対象として建物の総合的な防火性能評価を行ったり，火災感知や消火機器が所定の時間内に作動するか，消火方法が有効であるか，加圧防排煙設備が設定通りの性能を発揮できるかなど，火災安全対策の効果を検証することにも用いられる．木造3階建て建物や，一面開放型給油所の火災安全性能の確認や評価など，法改正を行うための実証実験にも実大実験が行われた．多くの実際的な情報が実大実験で得られる反面，経費面や実験を行う場所の選定など，また実験結果の再現性の問題（気象条件などの実験パラメータが結果に大きく影響を与える）を考慮しなければならない．特に用いた建物空間の個性が強く反映されるので，他の建物や空間に一般化して適用する場合には，空間の大きさや天井や壁での熱損失や凹凸など，火災気流の流れ性状に及ぼす条件の違いなどについて十分な注意が必要である．

　実大実験は繰り返し行う事は困難である事が多いため，縮小した建物模型を使っての実験が行われている．これは，評価に必要な火災性状データの収集が容易で，対象となる物理量に応じた設定や再現が比較的容易に行えるため，火災モデルの確立には有効な手段となる．縮小した模型実験にはどのような物理量で相似則が成立するかどうか，吟味と確認が必要である．火炎の相似則については18・2・3（1）に後述する．

　NIST（National Institute of Standards and Technology）が公開している FDS[1]（Fire

Dynamics Simulator）と Evac[2]（Fire Evacuation Modeling）（いずれもフリーの数値計算プログラム）によっても，煙・熱気流の伝播状態や人の避難に必要な時間の推定が，実大建物を計算領域として持てるようになり，様々な状況や設定の下で火災の事前あるいは事後評価が可能である．また，避難行動を実験によって把握することは非常に困難で危険性を伴うが，数値計算は有効に種々の条件を変えて行うことができる．数値計算は，実際の現象を数値的（あるいは定量的）になぞっていく仮想的な現象の再現である．プログラムによっては，燃焼反応の変化に応じて，即ち具体的には酸素濃度，雰囲気温度に応じて変化するCO/CO_2の比率などを細かく変えきれないので，特に避難に大きく係る煙・有毒ガスを含む熱気流の流れ性状は，十分理解して妥当な結果であるかどうかの吟味が必要である．また，計算に用いる火源モデルの構築や計算に必要な係数決定のためにも，実大実験・計測が新たに生じる場合もある．さらに技術の進歩に伴って生じる防災上の新たなニーズに応じた火災モデルを確立するためにも，実大実験によるデータ収集や検証が必要とされることは言うまでもない．

　火災と同じ状況を実験的に再現させた中で被験者に避難をさせること自体が危険性を伴うので，火災時の人の避難行動を実験から把握することは難しい．例えば煙層の降下や停電に伴う視界の低下を想定して，被験者に目隠し（アイマスク）や部分的に身体機能を低下させるような器具を装着した上で避難させるとか，心理的な圧迫を想定して制限時間を与えた上で避難させるといった方法がとられる．避難者の特性（年齢，性別，能力，酩酊状態など）の一般化や心理状態と行動の関連付けなど不明な点が多く，広く行動心理学分野の研究者との共同研究が必要である．まずは，実火災時の記憶が新鮮なうちに避難者への聞き取り調査を行い，避難時の煙の視程，煙層の厚み，温度，更にはニオイなど実際状況を十分に把握しておく事は極めて重要である．

18・1・2　実大実験の意義と目的

　燃焼実験は，空間の規模に見合った雰囲気空気の巻込みや流入に基づく燃焼反応速度，火災からの放射熱伝達，火災熱気流が自ら有する粘性・乱れの大きさ，浮力と慣性力の釣り合った流れ（フルード数で代表される）などが自然に同時に満たされるのが実大実験である．このため，燃焼規模と建物内の空間規模の釣り合い（規模効果（Scale Effect））を特に考慮しなくてすむ．得られた実大実験の気流速度，熱気流の幅・厚みなどの結果は，そのまま実火災時の物理・化学量として評価することができる．実態に即して適切な燃え種（燃料）に広がりを持たせて設定すれば，各所で温度履歴が異なり様々な酸化分解過程が同時に存在するようになるので，火災の実態に近いガスや煙の発生が得られる．一様な加熱温度になる縮尺模型実験あるいは材料試験では，実火災を模したガス・煙の発生が困難となる場合もある．安全性（あるいはガス・煙の危険性）を評価する際には，燃焼規模の違いが与える燃焼反応の進行状態のずれに基づく発生ガス・発煙性だけでなく，熱伝達にも考慮することが重要であり，この点で実大実験の優位性がある．

18・1・3　模型実験と実大規模実験

　必要な火災現象を観察する場合は，対象となる部分や現象のみ繰り返し行ってデータを得る方が効率的であるし，モデル化に必要な現象を把握するためには特定の因子（例えば，煙

粒子による汚損などの）による影響を受けたくない場合もある．このような場合は，相似則に基づいた特定の現象に着目した縮尺模型実験が行われる．相似則や実験のスケールファクターについては Quintiere[3]や江守[4]によって基礎的な考え方がよくまとめられている．

（1）相　　似　　則

現象の類似性に基づくモデリング（Analog Modeling）は，例えば熱気流が上昇していく様子を清水の中に塩水を注水することで代用し，流れ性状や蓄積状況を観る手法である．熱気流が持つ浮力は熱膨張で与えられるが，浮力を分子量の小さいヘリウムガスを用いた気体で置換し，煤や煙のない清浄な気体を用いて類似のプルームを作成させ，数値計算に必要な渦や乱れの大きさなどの測定[5]が行われている．

火災時の燃焼によって加熱された煙を含む空気は熱膨張（密度低下を Boussinesq 近似する）し，雰囲気空気から浮力を受け上方に流動し，天井があれば浮力は熱気流を水平に押し出す駆動力を与えて水平流動を与える．熱気流の流れが十分発達して乱流とみなせる時は壁面から気流に作用する粘性力は二次的な力となって無視でき，熱気流の流動は浮力を駆動力として与えられる．従って，熱気流の持つ慣性力と浮力は一定の釣り合いを持つと見なせる．この性状は，気流がアトリウムのような大規模空間を垂直上方へ流動する場合にも，廊下やトンネルのような水平で長い空間を浮力によって押されて水平に流動する場合にも成立する．浮力と慣性力を基に相似則を構築するのがフルードモデリング（Froude Modeling）であり，火災気流の多くは自然対流が支配的であるから，フルード数（無次元発熱速度）を基準にとった縮尺実験結果は，実大の結果によく合う．例えば，建物間の延焼危険や上階延焼を評価する際に必要となる火炎長さの推定は，フルードモデルが基礎となっている．

流れに関してフルードモデルを採用した上で，対象となる物理現象の雰囲気の圧力を変化させて，雰囲気中に生じる流れのレイノルズ数を合わせる圧力モデリング（Pressure Modeling）も燃焼に関する相似実験では採用される．燃焼反応では酸素濃度と可燃ガス濃度の比率が重要な要因であるから，気圧を変化させて実質的な酸素濃度を抑制する方法が採用される[6]．

実際の火災現象の持つ時間，長さ，力，速度，発熱量を縮尺あるいは拡大して実験する場合に，縮尺模型と実大が示す結果をどのように相似させるかを考えるのが相似則である．燃焼は酸化学反応であるために原子・分子（結果として場に与えられる温度）を縮尺して系に与えることはできないので縮尺率＝1 となってしまう．放射熱伝達や電磁波による伝達などが大きい場合，縮尺模型と実大との対応には十分な注意が必要である．

（2）火災に関する相似則[3]

A. 無次元発熱速度 Q^*

簡単に記述するために，一次元の浮力の作用する気体の運動量の釣り合いを考える．

$$\rho \frac{\partial u}{\partial t} + u \frac{\partial u}{\partial x} = -\frac{\partial P'}{\partial x} + g(\rho_a - \rho) + \frac{4}{3}\mu \frac{\partial^2 u}{\partial x^2} \tag{18·1}$$

ここで，$P' = p - p_a$，添字 a は雰囲気を示す．

物理量を無次元化して $\tilde{\rho}$ のように表現すると，π_4 としてフルード数が与えられる．

$$\bar{\rho}\left[\pi_1\frac{\partial\tilde{u}}{\partial\tilde{t}}+\tilde{u}\frac{\partial\tilde{u}}{\partial\tilde{x}}\right]=\pi_2\frac{\partial\bar{P}'}{\partial\tilde{x}}+\frac{4}{3}\pi_3\frac{\partial^2\tilde{u}}{\partial\tilde{x}^2}+\pi_4(1-\bar{\rho})$$

$$\pi_1=1/(V\cdot r),\ r=\frac{l}{V}$$

$$\pi_2=P_a/(\rho_0\cdot V^2)$$

$$\pi_3=\mu/(\rho_0\cdot V\cdot l)=1/Re$$

$$\pi_4=gl/V^2=1/Fr^2$$

$\qquad\qquad(18\cdot2)$

上記フルード数を下のように発熱速度を用いて書き換えると無次元発熱速度が得られる.

$$Fr\equiv\frac{V}{\sqrt{gD}}\propto\frac{\rho\cdot C_p\cdot T_f\cdot V\cdot A}{\rho\cdot C_p\cdot T_\infty\cdot\sqrt{gD}\cdot D^2}\approx\frac{C_p\cdot T_f\cdot\dot{m}}{\rho\cdot C_p\cdot T_\infty\cdot\sqrt{gD}\cdot D^2}\approx\frac{\Delta H\cdot\dot{m}}{\rho\cdot C_p\cdot T_\infty\cdot\sqrt{gD}\cdot D^2}\equiv Q^* \qquad(18\cdot3)$$

ここで，D：火源の代表規模，g：重力加速度，C_p：気流あるいは雰囲気空気の比熱，T_f：火炎温度，T_∞：雰囲気気温度，ΔH：燃料あるいは燃え種の単位質量当たりの発熱量であり$\dot{Q}=\Delta H\cdot\dot{m}$である．$\dot{m}$：単位時間の燃焼量.

B.　火炎長さと Q^*

　フルードモデル（あるいは無次元発熱速度）に基づく相似則を使う代表的な例を示す．発熱規模と火炎長さの関係から無次元火炎高さを L_f/D で表し Q^* との関係を用いて整理すると，$L_f/D\propto Q^{*n}$（平方・円形火源：n＝2/5，線状・矩形火源：n＝2/3）の関係が得られる．平方・円形火源からの火炎高さを火源径で無次元化した L_f/D と無次元発熱速度 Q^* の関係は多数の実験結果[7]がまとめられているので，線状火源・矩形

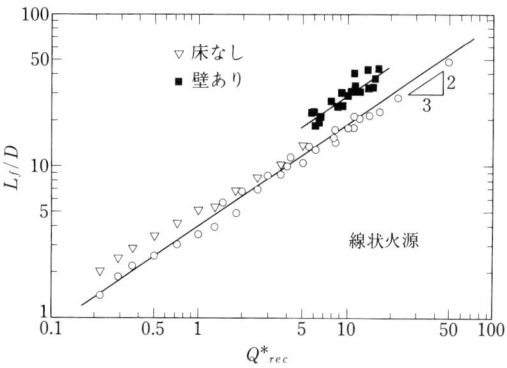

図 18・1　無次元発熱速度 Q^* と無次元火炎高さ L_f/D の関係（線状火源，矩形火源の場合）

火源の場合を図18・1[8]に示しておく．窓からの噴出火炎や庇による火炎の壁からの離隔などの実験において，実大と縮尺模型との間で火炎の長さについて相似則を保った実験を行うには，このフルードモデルを利用して，

$$\frac{L_{model}/D_{model}}{L_{real}/D_{real}}=k=\left(\frac{Q^*_{model}}{Q^*_{real}}\right)^{5/2} \qquad(18\cdot4)$$

と変形し模型に $Q^*_{model}=k^{2/5}\cdot Q^*_{real}$ の熱量を与えて実大実験に見合った縮尺模型実験を行うことになる．

18・1・4　計算による模擬的火炎性状の推定

　火災現象を記述できる適切な数値モデルがあれば，種々の火災現象の事前評価や測定では不可能な位置や時間間隔での性状把握が可能になる．計算に用いられるモデルは，大別すると実験や計測値に基づいて得られた性状を記述するモデル（Empirical Model）および数値

によって模擬的に現象を記述するモデル（Simulation Model）がある．

Empirical Model は，火災現象を支配する主たる物理現象に着目し，浮力，慣性力，熱伝達などを温度（熱膨張に基づく密度），気流速度，発熱速度や発熱量，材料の持つ熱的係数（熱伝導率）などを組み合わせて精巧に記述されたモデルである．代表例として，区画火災の燃焼速度に関する川越[9]，Harmathy[10]のモデル，区画火災の換気質量速度に関する Rockett[11]のモデル，火柱（Fire Plume）に関する横井[12]，McCaffrey[13]のモデル，火炎長さと発熱量に関する Thomas[14]や Zukoski[15]のモデル，煙層降下に関する Thomas[16]や Zukoski[17]のモデル，火災区画内温度の推定に関する McCaffrey–Quintiere–Harkleroad[18]モデル，避難速度に関する田中・高橋[19]のモデル，煙流中での見通し距離に関する神[20]のモデルなどがある．例えば，先に示したように，火源上に形成される火炎の長さ（L_f），火炎柱に沿った温度や速度の分布などは，火源の直径（D），発熱速度（$\dot{Q}$）などを入力すれば容易に算出することができる．これらのモデルは火災現象を対象として記述されているので，容易に評価が行える．また，取り扱いが容易であり主たる性状を記述しているため，火災規模と建物の空間規模と仕様を種々変化させた場合のそれぞれについて計算を行い，どのような火災性状が生み出されるかを推定できる．設計段階での建物空間や火源規模を数値として記述し，これらを独立変数として種々の火災性状を算出することで，大略の火災性状を半定量的に判断できる計算となっている．

計算機技術の発展は計算速度や計算対象規模の目覚ましい増大をもたらし，大空間を対象とした計算に Simulation Model が使用されている[21]．このモデルは，対象となる計算空間を，例えば熱気層と下層などの特徴を持つ気層に分けて計算するモデル（Zone Model）と，三次元の小さな空間に分けて計算する（Field Model）に大別される．どちらも建物の空間部分での熱気流の流動，気流（気層）温度，ガス・煙濃度など火災性状予測を推定する場合

表 18·1　計算の利点と欠点

利　　　　点	欠点（注意をする点）
・様々な状況や設定下でのケーススタディーが容易に行える（例えば，火源規模・位置，区画形状，壁・天井などの固定境界の材質や開口条件といった初期条件を用意に変化できる） ・実験では測定し難い場所でも近似的ではあるが，詳細な情報が得られる． ・火災のエキスパートでなくても容易に種々の物理量が得られ，安全性の評価に役立てられる． ・事前予測の判断支援情報が得られ，境界条件や換気条件などを変化させて，最適な安全状態が予測できる． ・手法が確立すれば様々な対象空間に応用でき，実大実験では一度決めると境界条件の変更が困難であるが，自由に境界条件を変えて使用可能である．	・各種プログラムの特徴と組み込まれている物理モデルの内容をある程度理解し習得していないと，適応範囲外の条件で安全性を評価してしまう．また，時間ステップと対象とする物量のつり合いを十分に吟味する必要がある．ただし，これらが適応範囲にあるかどうかの判断は，かなりの経験や物理現象に対する理解が必要． ・欲しい結果が得られるように係数や境界条件を変えない． ・計算結果が実際の物理現象と比較して十分理論的な範囲であるかどうか，判断が困難な場合がある．

に使用されている．Zone Model（例えば BRI 2002）では機械排煙を作動させた場合の熱気層の温度や厚み，拡散状態だけでなく避難時の人の流れまでも予測可能な高機能モデルとなってきており，必要な建物規模や火災規模，様々な機械排煙網の設定状況を入力すれば，建物内の各部屋，階段室，廊下などの熱気層温度・厚みなどが数値として出力される．従って，想定する建物空間，排煙設備，火源規模を数値としてモデルに与え，複雑な区画での煙の流れが数値として定量的に算出され，避難や防耐火性能が十分な安全性を有しているかどうか評価する場合の支援となっている．このような計算は，特に複雑な機械排煙を種々の設定条件下で作動させる場合など，実大実験では多くの手間・費用・時間がかかって行い難い実験も容易に行える．Field Model を用いた場合も Zone Model と本質的に同様であり，得られる情報の細かさや量が計算対象となるセルの大きさで決定され，詳細な情報が得られる優位性があるが，算出には多くの時間がかかる．

　火災現象を記述できるプログラムを道具として用いた計算の結果は，有益な設計支援情報や判断情報を与えるが，無検定に結果を用いると必ずしも実態に合わず，安全性評価に結びつかない場合が生じてしまう．これらをまとめると表 18・1 のようになる．

18・1・5　過去の実大実験

　日本の家屋は木造が主であったため，火災温度曲線や燃焼継続時間を新たに決める必要があり，火災科学的な観点から内田祥三や浜田稔らによって先駆的研究が開始され，1933（昭和8）～ 1934（昭和9）年当時の東京帝国大学建築学科教室では大学構内で木造家屋を用い，1938（昭和13）年には2階建て木造家屋を用いてそれぞれ火災実験を行い，火災温度，放射熱量，延焼距離，火災家屋内のガス濃度の測定などが行われた．引き続き昭和10（1935）年代後半には国防上の要請から防火改修建築を用いた戸建て木造家屋の街区火災を考慮した燃焼実験が多数行われた．鉄筋コンクリート造の居室火災を対象として，同潤会アパート[22]の1戸（約 22.6 m²）を用い，家具，建具，造作材（計約 700 kg の燃え種）を持つ通常の使用状態での区画火災実験も行われている．この実験では室内温度・ガス濃度（CO, CO_2, O_2）・風速・放射熱量が測定された．このような一連の実大実験結果に基づいて内田や浜田らは火災温度-時間曲線を再現できる炉を作成し，種々の防火構造用材料の評価を行った．これが，その後の建築基準法の防火構造規程の基礎となった．同潤会アパートの実験では窓を開放して区画火災のフラッシュオーバーが出現したことが既に記述されている．このような実験内容は，煙濃度や有毒ガス濃度，火災感知器の作動状況などを除けば，昭和30（1955）年代から本格的に行われた実大実験での測定項目と殆ど同じであり先駆者らの深い洞察力が伺える．

　戦後の復興期（昭和20（1945）年代後半）には消防力も十分では無かった時代であり，鳥取や新潟などの都市大火では多数の罹災者が出た．都市大火防止を目指して耐火構造として必要な防災性能を把握するために，まず建物区画火災の評価が川越邦雄（当時建築研究所）を中心として組織的に行われるようになった．昭和30（1955）年代になるとコンクリート造建物の区画火災性状把握が進み，火災温度-時間曲線[8]，区画火災に対する開口因子など基礎的な区画火災性状が実大実験と模型実験から明らかになった．特に，燃焼支配や換気支配の燃焼実験から開口因子が $5.5A\sqrt{H}$ と表現できる[9]ことが報告され，区画火災性状の物

理モデルの幕開けとなった.

　実際の建物を用いた火災実験の主目的は「区画火災」から建物全体に及ぶ「ビル火災」性状の把握へと次第に拡大し, これに伴って研究対象が総合的かつ組織的に行われるようになり, 旧山一證券ビル[23]をはじめとして, 三菱仲 15 号館[24], 赤羽台住宅公団アパート[25,26], 横浜大運ビル[27]などで実験が行われた. これらは防火材料, 柱・梁の耐火構造の開発研究を促進した. 旧山一證券ビル実験ではすでに赤外ランプを光源とした透過光式の煙濃度測定の試みがなされていることは特筆すべきことであり, 煙の流動拡散性状が火災避難の大きな要因であることを認識した研究が行われ, その後の「煙制御」の基礎を与えている. 昭和 40 (1965) 年代以降になると, 区画内の燃焼性状から建物全体に及ぶ煙制御が主要テーマになり, 大阪中央電話局[28]ではスモークタワー[29]の効果を検討している. 東京海上ビル[30], 新宿国鉄中央病院[31], 米軍王子還付ビル[32], 三菱銀行金杉橋支所[33], 富国生命ビル[34]などの建物の建て替え時に多数の実建物を用いた火災実験が行われた. 三菱銀行金杉橋支所実験では比較的高天井で広い空間 (高さ 7.4 m, 面積 1870 m^2) において熱気流温度分布が測定され, 熱気層 (煙層) の降下速度の推定式の検討がなされている. この実験では, 物販店を想定した火災火源が設定され, ハンガーに吊るした衣類 (116 着 314 kg) と段ボール (33 kg) を燃え種として 7.6 m^2 の火源面積を与え, 油をしみこませたボロ布で着火している. アルコール火皿実験 (1 m^2×4 枚) との比較からこの火源の最盛期発熱速度として 24 MW を得ている. この発熱速度がその後の火災安全評定を行う際の標準的な火災規模となり, 色々な変更を受けながら現在に至っている. 米軍王子キャンプビルおよび金杉橋支所実験の結果・考察は, 蔵前の旧国技館火災実験[35]へと続き, 特に区画空間における蓄煙状態 (熱気層の形成とその降下：Smoke Filling) と火災燃焼規模 (発熱量と火源面積) の相関が確認されるに至った. 昭和 50 (1975) 年代には, 単数の建物火災ではなく家屋群を用いた大規模火災対策のための実験[36]も大分県佐賀関町で行われ, 家屋から家屋への延焼状態, 水幕や生木による防熱効果, サーマルマネキンを使った人体への放射熱量, 防災無線通信への煙の影響などが調査され, 1 棟火災から市街地火災への延焼把握だけでなく, 飛行機による水散布も含めた大規模な消防戦術も研究された. 都市建物の防耐火や内装材の不燃・難燃化が進み, 多数の建物を燃焼対象とする都市火災の実験的研究は減少し, むしろ火災拡大要素例えば, 放射熱伝達, 火の粉, 火災風を組み合わせた市街地火災シミュレーション[37]が作られるようになった. これは, 地震火災やフェーン現象下での市街地火災に対応する実規模での数値計算であり, 地形や種々の自然現象を考えると極めて重要な課題である. この様な中で, 2016 (平成 28) 年 12 月 22 日, 古い街並みが続く新潟県糸魚川市では大規模火災が生じており, 大規模火災の消火困難さが明らかになった.

　つくばで開催された科学万博博覧会の建物を利用しての実規模実験も行われ, 2 層ゾーンモデル[38]による煙層降下の計算結果と実験結果との比較が行われ, アトリウムのような大空間に対しても 2 層ゾーンモデルの実用的な使用可能性が明確となった[39~40]. 1998 (平成 10) ～ 2016 (平成 28) 年に日本火災学会および日本建築学会大会などで発表された主な実大火災実験の概要は表 18·1 の通りである. 詳細についてはそれぞれの報告を参照していただきたい.

表 18·2　日本火災学会および日本建築学会などにおける発表[41~56]

発表年	発表タイトル	発表者	概要
1998	空中消火による市街地火災時の延焼阻止効果に関する研究	山下ら（消防研究センター）	空中消火は，林野火災に対して極めて有効な手段であり，既に実用化されている．大震災時などの市街地火災に対する有効性について直接消火は困難と考えられている．しかし，市街地火災に対しても延焼阻止などの活用法が考えられる．実大規模に近い消火実験を行い市街地火災に対する空中消火の延焼阻止効果の有効性と限界を明らかにするために行われた．
2002	3層階段室における火災性状	箭内ら（消防研究センター）	階段室に可燃物を置いて倉庫代わりに使っていた雑居ビルの階段室で火災が生じた場合の，各階への煙・ガス，熱気流の流入に関する実規模での実験
2006	物販店舗の収納可燃物の燃焼実験 他	阿部ら（消防研究センター）	圧縮陳列を行っていた物販店の火災拡大状況を調査したもの．
2010	区画火災におけるミスト放水による抑制効果	石原ら（ヤマトプロテック）	
2012	カラオケボックス店火災の長官調査（火災実験とシミュレーション）	阿部（消防研究センター）	2階建てカラオケ店舗で天ぷら火災があり，その拡大機序と煙・ガスの流動機構を実規模で調査．
	木造3階建て学校の実大火災実験（予備実験）	長谷見ら（早稲田大）	
	火災時における太陽電池モジュールの発電特性	松島ら（消防研究センター）	
2014	建築物の竪穴空間内の火災性状に関する研究	大宮ら（東京理大）	
	木造3階建て学校の実大火災実験（本実験）	長谷見ら（早稲田大）	
2016	サンドイッチパネルの火災安全性能評価に係る中規模及び実大規模試験	棚池ら（東大）	

　昭和後期から平成の始め頃の実大実験の傾向をみると，建築基準法38条に基づく認定をとるために工法・物件の火災安全性を確認・評価するものがほとんどであったが，2000（平成12）年に建築基準法の避難安全検証法が大幅に改訂され，ルートA，B，Cの考え方に基づき蓄積されてきた火災安全の知識やZone Modelによる数値計算などに基づいて評価がなされるようになってきた．実験で得られた大規模空間での煙流動結果を三次元のフィールドモデルによる計算結果と対比を行って，より詳細な検討例も出てきている[57]．特に火災後の検証にフィールドモデルの適応例が次第に増え，計算による数値実大火災実験の可能性が更に高まってきている[58]．

この他に特殊建築物の実大実験としては，多層の自走式自動車車庫の部分実大火災実験[59]，自動機械式における倉庫火災性状の実験[60]などが行われている．自走式車庫には壁がないが，Zone Model が十分適用できることが実大実験で明らかになっている．このほかに人的被害の多かった新宿歌舞伎町の雑居ビル火災（明星 56 ビル，死者 44 名）では，消防法規制強化のための実規模実験も行われている．

18・1・6　計測技術と計測上の留意点

（1）概要および一般的留意点

実験時には実験建物からの延焼防止対策が万全であるか，煙・ガスが周辺に迷惑とならないように広報されているか，所轄消防などの関係機関へ連絡がなされ，許可を得ているかなど実験に関する事前の準備が必要である．実験場所で少なくとも 1 週間前から気象データをとり，風向・風力の日変化を調べておき，風の弱い時間を選出しておくことも大切である．

実大実験においてはセンサーから記録計までの距離が長い場合が多いので，信号へ雑音が入らないようにシールドケーブルを用いる．ケーブルは地面や床面と擦れるので十分な耐久性を持ったものを使う．ケーブル線のつなぎ目は水や湿気が入らないようにシールするなどの注意が必要であり，実験場所によっては短期間で設置し短期間で撤去する必要がある．一般電源から距離が遠い場合は電圧降下などもあるので無停電・安定化電源を準備し，測定・記録機器へ支障なく電源を供給し，得られたデータを保護する注意も必要である．電池を用いる機器には新品の物を使用し，実験中に支障が起きないように配慮する．

測定項目や方法については基本的には縮尺模型実験と同じであるが，試験室内での模型実験とは異なり，同じ試験体に対して同じ条件の実験を何度も行うことはできないので，周到な準備が必要である．即ち，実験の目的を明確にした上で，これを達成するために，どのようなデータをどれだけの量（時間的かつ空間的に）必要なのかを明らかにしておかなければならない．やみくもに測定点数を増やすのは効率が悪いだけではなく，測定の失敗にもつながる．

実大実験では測定点数が多く，小型試験のように 1 台のデータロガーで測定記録が出来ないため，複数台のデータロガー，ビデオやカメラを必要とする．これらの時間的同期も必要である．現象の観測と測定による物理量の時間変化の関連付けも重要なので，実験開始前の測定機器と観測機器や観測者との間で必ず時刻合わせを行っておく．

屋外で実験を行う場合，天候や風向・風速が火災現象に大きく影響するので，できる限り地上・上空の気象データを測定し記録する．火災安全設計を行う場合，強風時の火災の発生が危険側の条件と考えられることから，実験条件として外気風の性状を取り扱う必要も生じる．1987（昭和 62）年に行われた東京理科大キャンパスでの一面開放型ガソリンスタンド実験では，建物の下流に渦が生じて，高さ 20 m 以上の旋回火炎が観測された[61]．実大実験は実火災に近い状況を再現する実験であるから，当然危険度も高い．特に毒性ガスが発生したり，可燃ガスを漏洩させる実験には注意が必要である．消火器・水などの消火設備の準備，実験員は必要な服装・装備を身に着け，緊急時の連絡体制を事前に確保しなければならない．また実験の進行スケジュールを明確にし，参加者全員に周知徹底しておく事が必要である．

（2）観　　測

A.　一般事項

試験体に対して，定点での観測と移動しながらの観測が必要となる．定点観測者は決まった時間間隔で，現象変化を記録することが主要任務となるが，イベントの発生に応じて臨機応変に現象を記録する必要がある．移動観測者は定点観測者からは見えない位置，あるいは細かい現象変化を，時間間隔にこだわらずに記録していくことが主要任務となる．移動観測者は危険な場所に立ち入ることもあるので，必要な服装装備（耐火服，安全帽，安全靴，保護メガネ，無線通信装置など）を身に着けなければならない．また他の観測者に危険を知らせることも重要な任務である．可能であれば経験を積んだ者が移動観測者になることが望ましい．

B.　火炎高さ・長さの計測

火炎高さ・長さは延焼危険性を判断するうえで重要な情報となるので，観察項目として延焼状況と共に必要である．火炎高さの測定は通常，目視による読み，カメラやビデオ撮影などの画像データ処理で行われるが，赤外線カメラ，高速カメラなどを用いた火炎高さの測定手法もある．ビデオ記録では連続的に火炎高さのデータを読みとれ，画像解析から統計的なデータ処理もできる．また，延焼経路の解析にも役立つ．画像解析には予め火炎高さの標点を画面録画しておく．この時火炎の最高点と最低点がかならず収まるようにカメラの視野を固定する．火炎高さの読み取りは連続的な画像解析によって，最大値，最小値，平均値および標準偏差を求める．最大値は間歇火炎領域の上端，最小値は間歇火炎領域の下端すなわち連続火炎高さを表す．標準偏差は火炎の乱れの大きさを示し，火炎への空気の巻込みと強く関連するので重要なデータとなる．

（3）温　度　測　定

A.　熱電対による測定

熱電対は，2種の素線からなる閉回路を構成すると，その接点では温度差に基づく起電力が生じるというゼーベック（Seebeck）効果を利用したもので，熱エネルギーを電圧変化として得ることで温度の測定を行う．火災実験には，白金-ロジウム熱電対（Rタイプ），アルメル-クロメル熱電対（Kタイプ）が多用される．JIS規格によればRタイプ，Kタイプはそれぞれ最高1770℃，1370℃までの計測が可能である．また測定場所によって400℃程度までならば銅-コンスタンタン熱電対（Tタイプ）も十分使用できる．耐火性を求められる場合や常に火炎中のような高温度域にセンサー（接点）部分がある場合は，ジルコニウムで被覆した（シース型）熱電対を用いるが，それ以外の箇所ではガラス繊維被覆のもので十分であり，必要に応じてセラミックウールなどで保護する．データを収録する機器まで長い距離がある場合は，測定場所近くで小型のデータロガーで集録し，このデータを無線LANやLANケーブルで送り込む．いずれにしても実大実験では大空間を点によって測定することになるので，多数の熱電対やセンサーが必要となる．これらのセンサー群の整理には系統別に番号や記号などを付け，取付位置とセンサー番号の記録には注意が要る．また，機器やケーブルを雨露や湿気などから保護するために，結線部分や接続部はきちんと防水処理を施す．

B.　赤外線カメラによる測定

　赤外線カメラを用いた温度測定は，測定領域を広く取り扱え，実験後に種々のデータ処理を行えば燃焼領域からの放射熱量の算定ができるなど有効な使い方が可能である．

（4）速　度　計　測

A.　二方向管と微差圧計[62)]

　通常，温度が高い火災領域での気流速度測定には二方向管が用いられる．二方向管の取り付けに際して，動圧と静圧の両方がうまく納まるようにしなければならない．二方向管から微差圧計までの圧力の伝達には，ビニルチューブを用いることが多いが，水蒸気の凝縮による水滴の発生による詰まりには特に注意する．差圧計と二方向管の高さは同じにすることが望ましい．ビニルチューブは人に踏まれたり，折れ曲がったりしないように設置する．火炎の中に二方向管先端がある場合，十分に温度が低下する距離まで，銅管などで延長させ，その後ビニルチューブに接続する．二方向管は実験前に熱線風速計などを用いて校正し，それぞれの管係数を求めておく必要がある．真ちゅう製の二方向管は繰り返し使用すると耐久性

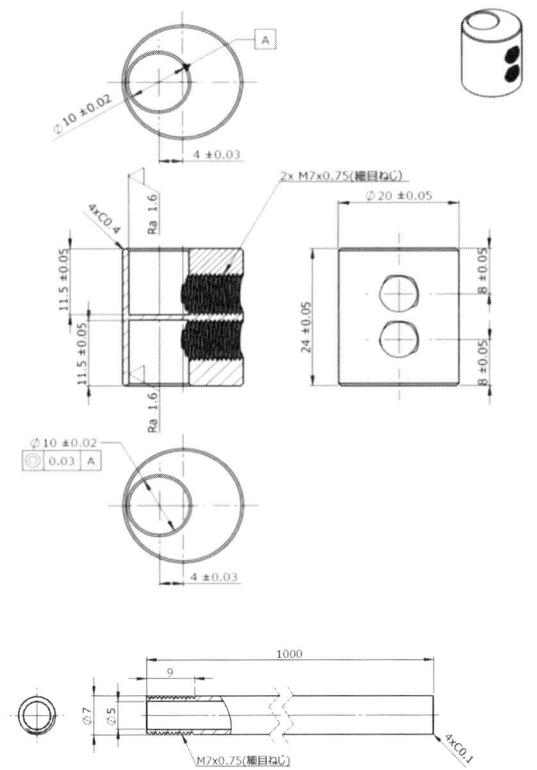

図 18·2　SUS製新しいタイプのピトー管の図面
（提供：諏訪東京理科大学 須川研究室，ピトー管係数はおおよそ 0.4）

が落ちるため，耐久性を考慮した SUS 製の新しいデザインのものも（図18・2）使われ，従来のものと同様の結果が得られている．

B．熱線風速計

熱線風速計は取り扱いが容易であるが，高温域では使用しないことが望ましい．またセンサーとなる熱線部分には，煤や埃が付着しないように配慮し，特に細線を切断しないように取扱いには細かな注意が必要である．

C．可視化による方法[63]

スモークワイヤー法は，フタル酸ジオクチルや流動パラフィンなどを細い線径の電熱線*に塗布し，きわめて短時間に電熱線に電気を通じてこれを加熱蒸発させ，気層中で微細な液滴粒子に凝集し気流に乗って流れる時にレーザー光やフラッシュライトを当てて，拡散状態を写真に記録する．通電から撮影までの時間を決めておけば，流動距離に応じて気流速度と分布が同時に測定される．微細な液滴にならないと可視化され難いため，気流温度が高い領域では使用できない．通電時の電熱線の伸びを解消するために，錘を下げておくと直線的な流動開始線が得られる．

トレーサー法では，流れに微細な粒子を添加して気流に流し，レーザー光を当てつつ，時間を隔てた間欠的な映像を得て，粒子位置のズレから速度を算出する方法である．よく知られている PIV 法は，トレーサー粒子の変位から速度を直接算出するが，広い領域を観測する場合には手間がかかる．火炎部のような領域ではレーザー光を強くするか，波長を変えてトレーサー粒子をよく見るようにして精度の低下を防ぐ．装置は高価であるが，高精度の定量的なデータを効率的に得るには最も適している．しかし，装置の光軸の設定や測定には十分な準備が必要である．

視覚化によって面的に流れ性状を知るためには，タフト法がある．これは壁面や対象物の表面にピンや毛糸や麦わらなどを刺し止めて，これらが動く様子から葉面近くの流れの状況を見る方法であり，ピアノ線を格子状に張り交点に毛糸や炭素繊維の糸などを取り付けて流れの中に設置し渦の大きさや位置を可視化する．火炎気流は温度も高くタフトが可燃性であったり，煙による視程（Visibility）が悪い場合にはこれらの方法は使えない．

（5）放射熱（Thermal Radiation）

〈手法〉放射計

放射計のセンサー部分の温度は，参照温度となるので一定に保つ必要がある．通常は水をポンプで回して冷却するが，屋外実大実験で火源から離れた個所については，雰囲気空気をポンプで循環させた冷却で十分である．冬季に温度がきわめて低く冷却管の水が凍結する恐れがある場合，一定温度の温水（凍結しない程度）を循環させるか，アルコールなどを水に入れて凍結防止を図る．当然，火源に近く高い放射加熱にさらされるような場所の測定は，センサーからの出力線や冷却管（ゴムホースなど）を十分に保護しなければならない．

---

*　鉄線（はり金）は均一に昇温しないので，使えない．熱電対のアルメル線又はクロメル線を熱線として使うと，均一な昇温が得られ熱気流に対して強い．

（6）煙 濃 度 測 定

〈手法〉Cs 計などの光学的手法

　光学的な手法を用いる場合，光路が合っていることを第一に確認しなければならない．また光路長も正しく計測し，調整しておく必要がある．設置に関しては光路に障害物がないようにすることが重要である．当然，熱源に近い所では投光器・受光部ともに耐熱保護が必要である．さらに投光器には定電圧電源装置が，熱によるゴースト出力を生じさせないために受光素子の温度が変化しないように断熱保温が，それぞれ必要である．また，火源光や散乱光が入るようであれば，受光素子の前にラビリンスを設ける．

　光学的煙濃度（Concentration of Smoke；Cs）は計測方法に基づけば濃度ではなく煤や煙粒子による濁度であるが，通常煙濃度と言い表している．図 18・3 のような測定装置を用いて測定する．また受光セルの減光特性は減光フィルターを用い，光量に対する出力値を検量しておき，煙濃度に置換する．

$$Cs=-\frac{\alpha}{L}\log\frac{I}{I_0} \qquad (18\cdot5)$$

ただし，L：長さ（m），α：減光フィルターを用いて校正して求めた特性値，I：煙のある時の出力，I_0：煙のない時の出力であり，ランバート・ベールの式と同質のものである．

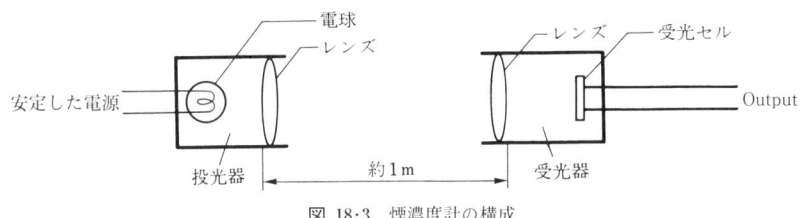

図 18・3　煙濃度計の構成

（7）ガ ス 濃 度

〈手法〉ガス濃度計，ガス検知器，GC–MS，FT–IR など

　燃焼ガスや分解ガスを対象としたガス濃度が計測される．一酸化炭素（CO），二酸化炭素（CO_2），炭化水素（プロパンあるいはメタン換算）などは非分散赤外吸光度計が用いられる．酸素濃度は磁気式あるいはガルバニ電池方式によって測定される．ガス濃度測定では，実験前に既知濃度の校正ガスを用いて調整しておく必要がある．測定器までガスの移動による時間遅れと，測定器の反応時間遅れなどの総括遅れ時間が生じるので，時間のズレを補正する必要がある．吸引した試料ガスには煤や水分が多く含まれるので計測器へ導入する前に，除じん管やドレイン管によって前処理を施しておく必要がある．また漏洩（外気が導入管へ漏れて入ってくる）などが誤差を大きくするので，管の接合部は漏れが生じないようにシールしておく．測定領域のガス量が少ないと誤差が大きくなるので，規定量のガスが入っているかは十分に注意し，ポンプへの電源の安定化を図る必要がある．

　ガス検知管は対象ガス種が豊富であり手軽に使用できるので，火災時に問題となる毒性ガス（シアンガスや塩素ガスなど）の簡易測定には便利である．しかし，連続的な測定には不

向きである.

GC-MS や FT-IR のような分析機器を用いると多種多様のガスや揮発性液体の検出や定量定性測定ができるが, 連続測定には不向きである. 野外の実験現場にこれらの機器を持ち込んでの測定は事実上不可能であり, 実験場所でのガス採取と変質させない保存と運搬方法の工夫が必要となる.

(8) 燃料（燃え種）の消費

〈手法〉重量計（ロードセル）, 液面計, 流量計など

実験時の燃料や可燃物の燃焼による消費量を時間変化として測定することは, 火災による燃焼現象を知るうえで非常に重要である. ロードセルやバネ秤のように歪み量に基づいて重量を計測する場合, 測定器具のセンサー部を熱から十分に保護しなければならない. 出力ケーブル類などは土や砂などをかぶせたり耐熱材で覆うなどの対処も必要である. ロードセルを複数個用いる場合は, 出力を和算箱を用いて集合させ, あたかも1つの歪み計からの出力のようにして計測する. また, 台座の支点（複数）がほぼ水平になるように, 特に屋外での実験では基礎を打ったり, 鉄板などの敷板を用いた方が良い.

液面計を用いる場合は, 本体および燃料の液面に繋がっている連通管を熱から十分に保護する必要がある. 連通管の中で液体燃料が加熱によって泡を生じたりすれば, 液面変化の測定が行えなくなる. これを防ぐために連通管は地下に埋設するとか, 二重管にして内外側管の間を水冷するなどして連結管内に泡立ちが生じないように工夫する必要がある.

ガス流量は, 積算式と連続測定式がある. 管の外側から流体に触れずに測定するものとして, 温流量計, 超音波流量計, 電磁流量計などがある.

18・1・7　避難行動実験

避難行動実験の主な目的は2つである. 1つは対象となる建物あるいは空間における避難所要時間の把握であり, 避難者の方向（あるいは移動）速度や出口周囲や通路の曲がり部, 階段部へ移る場合での滞留性状などを調査することである. もう1つは煙による視界の低下や恐怖に直面した場合の心理的動揺を把握することである. 実際の火災状況と同じような高温度で煙が充満しているような空間で, 被験者の避難行動を調査するということは不可能である. 従って, 様々な前提や条件付けを与えたうえで避難実験を行う場合が多い.

群衆の歩行速度や滞留に関する調査研究としては, 群衆の歩行速度の測定や建物用途ごとの人口密度を調査した1950（昭和25）年代の戸川[64]による先駆的な研究があり, 現在の避難モデルの礎となっている. 建築物の用途の多様化や規模の巨大化・複合化などに伴う避難経路の複雑化, 情報通信システムの発展による多数の在館者への情報伝達の向上があるが, 高齢者や要介護者の避難は優先順位の選択など容易に解決できない. 高齢者の認知症による避難困難さも, 手強い問題として残っている. 高齢化に伴う避難行動性状も変化してきているので, 新たなデータの蓄積が必要である.

神[65~67]は煙中での視程と煙濃度の関係について一連の実験研究を行っている. 実際に煙の充満している空間での被験者の心理を考慮した行動を調査したものもあり, 貴重なデータで, 先駆的な研究成果である. 避難者の見通し距離は, 煙濃度, 標識の形状および色, 室内または廊下の照明の明るさ, 煙の質（目や喉に対する刺激）, 被験者の要因（その空間の認

知度など）に関連することが明らかになり，実験研究成果は，現在の避難基準や表示板のデザインに大きく寄与している．

近年，行われている避難行動実験について表 18·3 に示す．

表 18·3　避難実験

概要（タイトル）	使用した建物あるいは空間形状	被験者に与えられた条件	測定・観測項目	文献番号
空間要素を考慮した模型装置による実験的検討				68
群集歩行性状に関する実験的研究	直線 10 m 以上の直線，ロ型，L 型，合流がある等の通路に最大 96 人の歩行性状に関する実験	20 ～ 25 歳．身長に色分けした帽子を着用．	ビデオカメラ，時間ごとの被験者の位置座標を計測	69
超高層集合住宅における火災時の避難計画に関する研究	地下 2 階，地上 52 階建て，住戸数 600 戸．407 名を対象に実験．	出火階（13 階）と直上階（14 階）に避難指示，その後近隣ブロック（15 ～ 19 階）に避難指示をし，最後に全館に避難指示をした．	画像による記録，アンケート調査」	70

傾向としては，わが国では地下空間や大空間など新しい建物空間での歩行速度の測定や滞留時間の調査が行われている．また，ノルウェーで行われた避難実験[71]で被験者に与えられている条件は，実火災の状況に近いものであり，興味深い結果が得られている．

（須川　修身）

文　　献

1) Fire Dynamics Simulator（FDS）and Smokeview（SMV），https：//pages.nist.gov/fds-smv/，2018 年 2 月アクセス

2) FDS＋Evac tool , http：//lovreglio.altervista.org/，2018 年 2 月アクセス

3) J. G. Quintiere：Scaling Applications in Fire Research, Proceedings of International Symposium on Scale Modeling, Japan Society of Mechanical Engineers, pp. 361‑372（1988）

4) 江守一郎：模型実験の理論と応用，技術堂出版（1985）

5) Y. Xin：Baroclinic Effects on Fire Flow Field, In Proceedings of the Fourth Joint Meeting of the U. S. Sections of the Combustion Institute. Combustion Institute, Pittsburgh, Pennsylvania, March（2005）

6) R. L. Alpert：Pressure Modeling of Upward Fire Spread, FMRC J. I. 0 A 0 AR 8. BU, Factory Mutual Research Co.,（1979）

7) SFPE：*Handbook of Fire Protection Engineering*

8) O. Sugawa, H. Satoh and Y. Oka：Flame Height from Rectangular Fire Sources Considering Mixing Factor, Proceedings of 3 rd International Symposium on Fire Safety Science, pp. 435‑444（1991）

9）K. Kawagoe：Fire Behavior in a Room, BRI Report, No. 27（1958）

10）T. Z. Harmathy：Mechanism of burning of fully-developed compartment fires, *Combustion and Flame*, **31**, pp. 265‒273（1978）

11）J. A. Rokett：Fire induced gas flow in an enclosure, *Combustion Science and Technology*, **12**, pp. 165‒175（1976）

12）横井鎮男：建築物の火災気流による延焼とその防止に関する研究（博士論文：東京大学），（1960）

13）B. J. McCaffrey：Purely buoyant diffusion flames, some experimental results, NBSIR 79‒1910（1979）

14）P. H. Thomas：The size of flames from natural fires, 9 th International symposium on combustion, pp. 844‒859（1963）
Buoyant diffusion flames：Some experiments of air entrainment, heat transfer and flame merging, 10 th International symposium on combustion, pp. 983‒996（1965）

15）E. E. Zukoski, T. Kubota and B. Cetegen：Entrainment in Fire Plumes, *Fire Safety J.*, **3**, pp. 107‒121（1981）

16）G. Mulholland, T. Handa, O. Sugawa and H. Yamamoto：Smoke Filling in an Enclosure, *Fire Science and Technology*, **1**, 1, pp. 1‒32（1981）

17）E. E. Zukoski：Development of a Stratified Ceiling Layer in the Early Stage of a Closed-Room Fire, *Fire and Materials*, **2**, pp. 54‒62（1978）

18）B. J. McCaffrey, J. G. Quintiere and M. F. Harkleroad：Estimation Room temperatures and the likelihood of flashover using fire test data corelations, *Fire Technology*, **17**, pp. 98‒119 and **18**, p. 122（1981）

19）田中哮義，高橋　清：建物火災時の避難性状予測モデル，建築研究報告，No. 119（1989）

20）T. Jin：Visibility through fire somoke, Fire Research Institute Report, No. 30（1970）and No. 33（1971）

21）A. Hokugo：State of the Art-Development and Use of Fire Models in Japan, Mini-Symposium on Fire Safety Engineering（1995）

22）同潤会アパート火災実験報告，建築雑誌（1941）

23）旧山一證券ビル火災実験報告，火災，**6**, 3（1956）

24）東京消防庁：三菱仲 15 号館の火災実験報告，火災，**12**, No. 3（1962）

25）赤羽台住宅公団アパート火災実験，住宅公団研究報告 7 巻（1961）

26）住宅公団：赤羽台住宅公団アパート火災実験特集，火災，**12**, No. 4（1692）

27）横井鎮男，川越邦雄，斎藤　光，斎藤文春，飯塚幸治：横浜大運ビル火災実験，火災学会論集，**14**, 12（1965）

28）前田敏男，山崎達三：大阪中央電報電話局旧建物の火災排煙実験，火災，**17**, 2（1967）

29）前田敏男，寺井俊夫，山口昭三：スモークタワーの模型実験その 1，火災学会論文集，**17**, 2（1968）

30）東京海上ビルの火災実験報告，火災，**17**, 3（1967）

31）川越邦雄：火災時の煙の問題（中央鉄道病院火災実験より），火災，**19**, No. 4（1969）

32）日本火災学会火災実験小委員会：米軍王子キャンプビル火災実験（1974）

33）東京消防庁：三菱銀行金杉橋支店火災実験結果報告書（1974）

34）東京消防庁：火災予防審議会：富国生命ビル火災実験結果報告書（1976）

35）東京消防庁：蔵前国技館火災実験結果報告書（1985）

36）自治省消防庁研究所：実家屋群による大規模火災対策の研究調査報告書（1980）

37）Wildland-Urban Fire Models, https：//www.fs.fed.us/pnw/fera/wfds/, 2018 年 2 月アクセス

38）田中哮義，中村和人：建物内煙流動予測計算モデル，建築研究報告，No. 123，建築研究所（1989）

39) 原　哲夫，矢内由美子，森川泰夫，笠原　勲：アトリウム空間での煙流動に関する研究その 4，日本建築学会大会学術講演梗概集（防火），pp. 119‑120（1995）

40) 田中哮義，吉田正志，石野　修，児島一哉，金谷　靖：アトリウム空間における煙制御その 1〜5，日本火災学会研究発表会概要集，pp. 41‑60（1991）

41) 山下邦博，佐藤晃由，古積　博，寒河江幸平，金田節夫ら：空中消火による市街地火災時の延焼阻止効果に関する研究その 1〜5，日本火災学会研究発表会概要集，pp. 358‑377（1998）

42) 鈴木　健，箭内英治，阿部伸之，山田常圭，関沢　愛ら：3 層階段室における火災性状（階段室における火災性状に関する実験的研究（その 1），日本火災学会研究発表会概要集，pp. 126‑159（2002）

43) 鈴木　健，阿部伸之，栗岡　均，山田常圭，箭内英治ら：階段室における火災性状に関する実験的研究（その 1 3 層階段室における火災性状），日本建築学会大会学術講演梗概集（防火），pp. 177‑178（2002）

44) 箭内英治，鈴木　健，阿部伸之，山田常圭，関沢　愛ら：5 層階段室における火災性状（階段室における火災性状に関する実験的研究（その 2），日本火災学会研究発表会概要集，pp. 160‑163（2002）

45) 箭内英治，栗岡　均，鈴木　健，阿部伸之，山田常圭ら：階段室における火災性状に関する実験的研究（その 2　5 層階段室における火災性状），日本建築学会大会学術講演梗概集（防火），pp. 179‑80（2002）

46) 原田和典，萩原一郎，吉田正志，山田常圭，阿部伸之：物販店舗の収納可燃物の燃焼実験．火災，**56**，pp. 12‑17（2006）

47) 阿部伸之，篠原雅彦，間宮浩之，横溝敏宏，山田常圭ら：商品陳列棚火点近傍の火災拡大性状，日本火災学会研究発表会概要集，pp. 298‑301（2006）

48) 阿部伸之：物品販売店舗火災に係る商品圧縮陳列棚の火災拡大性状について，近代消防，pp. 82‑85（2009）

49) 阿部伸之：物品販売店舗火災の長官調査（圧縮陳列棚の火災拡大性状），消防研修，pp. 86‑90（2012）

50) 石原慶大，砂原弘幸，吉川昭光，森田昌宏：区画火災におけるミスト放水による抑制効果：実大実験結果，日本建築学会大会学術講演梗概集（防火），pp. 191‑192（2010）

51) 阿部伸之：カラオケボックス店火災の長官調査（火災実験とシミュレーション），消防研修，pp. 69‑100（2012）

52) 長谷見雄二，板垣直行，成瀬友宏，泉　潤一，萩原一郎ら：木造 3 階建て学校の実大火災実験（予備実験）その 1〜14，日本建築学会大会学術講演梗概集（防火），pp. 287‑314（2012）

53) 松島早苗，阿部伸之，田村裕之，塚目孝裕，尾川義雄，高梨健一，河関大祐：火災時における太陽電池モジュールの発電特性：その 3 模擬家屋を用いた火災実験，日本建築学会大会学術講演梗概集（防火），pp. 17‑18（2012）

54) 大宮喜文，申易澈，田嶋一雅，外山敬寛，円谷信一ら：建築物の竪穴空間内の火災性状に関する研究その 1〜2，日本建築学会大会学術講演梗概集（防火），pp. 53‑56（2014）

55) 長谷見雄二，成瀬友宏，萩原一郎，安井　昇，板垣直行ら：木造 3 階建て学校の実大火災実験（本実験）その 1〜24，日本建築学会大会学術講演梗概集（防火），pp. 285‑332（2014）

56) 棚池　裕，田中義起，吉岡英樹，田村政道，西尾悠平ら：サンドイッチパネルの火災安全性能評価に係る中規模及び実大規模試験，日本建築学会大会学術講演梗概集（防火），pp. 141‑142（2016）

57) L. Kerrison, N. Mawhinney, E. R. Galea, N. Hoffmann and M. K. Patel：A Comparison of Two Fire Field Models with Experimental Room Fire Data, Proceedings of 4 th International Symposium on Fire Safety Science（1994）

58) Report of the Technical Investigation of The Station Nightclub Fire, NIST NCSTAR 2 Vol. 1‑2（2005）

59) 日本建築センター：自走式自動車車庫実験（1995）

60）比企広域消防本部：東洋製罐（株）埼玉工場自動倉庫火災の出火原因報告書（1997）

61）T. Mizuno and O. Sugawa："Experimental Study on Gasoline Station Fire-Wvaluation of Fire Safety", Proceedings of 2 nd International Symposium on Fire Safety Science（1989）

62）H. W. Emmons and T. Tanaka：Vent Flows, The SFPE Handbook of Fire Protection Engineering, Fourth Edition, NFPA, pp. 2 - 37 - 2 - 53（2008）

63）流れの可視化学会編集：新版流れの可視化ハンドブック，朝倉書店（1986）

64）戸川喜久三：群集流解析に関する理論式の実用性の検討，火災学会編集，**6**，1，pp. 9 - 14（1956）

65）神　忠久：煙中の見通し距離について（Ⅰ）～（Ⅳ），火災学会論文，（Ⅰ）**19**，2，pp. 1 - 8（1970），（Ⅱ）**21**，1，pp. 17 - 23（1971），（Ⅲ）**22**，1，2，pp. 11 - 15（1972），（Ⅳ）**23**，1・2，pp. 1 - 8（1973）

66）神　忠久：煙の中での心理的動揺度について，火災学会論文集，**30**，1，pp. 1 - 6（1980）

67）神　忠久：煙の中での思考力および記憶力の低下について，火災学会論文集，**32**，2，pp. 1 - 5（1982）

68）森田達哉，長谷川麗，大宮喜文，遠田　敦：煙の視覚的異変感知に関する研究：空間要素を考慮した模型装置による実験的検討その 1 ～ 2，日本建築学会大会学術講梗概集（建築計画），pp. 891 - 894（2012）

69）野竹宏彰，大宮喜文，佐野友紀，丹下　学，山口純一ら：群集歩行性状に関する実験的研究その 1 ～ 10，日本火災学会研究発表会概要集，pp. 44 - 67（2016）

70）野竹宏彰，水野雅之，長谷川佳苗，吉野攝津子，富松太基：超高層集合住宅における火災時の避難計画に関する研究その 1，日本火災学会研究発表会概要集，pp. 168 - 173（2017）

71）G. Jensen：Evacuation in Smoke：Full Scale Tests on Emergency Egress Information Systems and Human Behavior in Smoky Conditions- including the Blind, IGP AS Tronaheim, Norway（1993）

第19章　火災の分析と評価の方法

　本章で用いる“火災危険度”とほぼ同義の意味で，火災安全性（安全度）評価という用語が用いられることがある．安全は危険が存在することを前提として生じる概念であり，“安全とは危険の裏返し”，といわれる[1]．つまり，ある物やある状態を“安全である”と判断する場合，“危険が全く存在しない”，ということは意味せず，むしろ“危険は存在するがその危険は受忍できる程度である”という判断がなされた場合である．したがって，安全を評価するには，その裏返しであり直接的に認識しやすい危険を考えた方が論理が組み立てやすい．そこで，本章では，危険度（リスク）評価，という用語を用いることとした．

　本章では，火災危険度評価を，工学的な立場での手法（19・1，19・3，19・4節）と火災保険の立場での手法（19・2節）に大きく分類した．前者の手法を適用する場が，建築設計，消防活動，防火管理がある．後者は，火災の発生に備えた保険料の支払いによって，火災後の管理者の経済的な負担を下げる視点からの評価である．

　なお，工学的な性能基準に基づく火災安全設計の考え方と具体例は，第14章（14・4 工学的火災安全性評価の基準と手法）に説明されている．

19・1　火災危険度の工学的評価

　“火災発生に伴って人や財産が危険となる可能性”を，建物内の個別の空間で定量化できれば，設計，消防活動，また防火管理においても，安全対策を決める拠り所となり有効である．具体的には，危険となる可能性を表現する物差しとして，“この建物のこの空間内で1年間に死亡者が1人以上発生する確率は0.001である”というような間隔尺度が提案できると便利である．

　本節では，“火災発生に伴って人や財産が危険となる可能性”を火災危険度と定義し（詳細は19・1・2項），火災危険度を計測する物差しの作り方，そして読みとった火災危険度を設計や管理の際にどのように評価するかに関して，具体的な手法を引用しながら述べることとする．

（志田　弘二）

19・1・1　火災危険度評価の意義と目的

（1）仕様書的規制の問題点

　実務の場での火災安全設計は，建築基準法や消防法で仕様書的に規制された個々の安全対策を守る作業といえよう．個々の安全対策が法を守っていれば最低限の安全が確保され，守っていなければ危険，という評価方法である．このような方法で設計を規制する際の不都合としては，条文の難解性や根拠の不明確さ，さらには条文解釈の不統一，といった規制内容や運用の質の問題以外に，仕様書的規制が必然的に陥りがちな問題点，つまり“総合性”の欠如や，“代替性”の欠如があげられる．

　1）個々の規制は，一部の緩和措置（スプリンクラー設置と防火区画面積の上限の関係など）を除いて各々独立し，すべてを満足することが要求され，対策相互の代替性がほとんどない．また，規制を守って得られた“最低限の安全”が確保された設計にどの

　　程度の危険が残存しているのか（安全が実現しているのか）を定量的に確認する方法
　　がない.
2）用途・規模・構造について大まかな分類でしか規制のレベル（強弱）を分けることが
　　できない. 結果として規制が画一的になる. 例えば，建築基準法の特殊建築物では，
　　病院はホテル・旅館，共同住宅などと同じ分類になっている. "法の求める最低限の安
　　全"が仮に病院を想定していると，病院以外の用途では最低限の安全ではなく過剰な
　　安全を要求している可能性がある. 個別の建物が持つ空間的・運用的また人間行動的
　　な要素を考慮した設計が可能となる手法が必要である.

（2）火災危険度評価の目的と意義

　火災安全設計に要求される目標は，"人間（財産）に火煙の影響を与えない"という性能で
ある. 仕様書的規制の問題点を解消する意味で，火災危険度は，この性能を単一目盛で読み
とれることが必要である. また，各種の安全対策を要素として組み込んで，対策の代替性を
確認しながら総合的に評価できることが必要である. このような危険度評価であれば，設計
の硬直化を防ぎ自由度を確保することも可能である. また，建物利用者に空間に潜む危険度
をわかりやすく情報提供できることも期待できる.　　　　　　　　　　　（志田　弘二）

19・1・2　火災危険度の定義および評価の考え方

（1）火災危険度の定義

　"火災発生に伴って人や財産が危険となる可能性"を火災危険度と定義する.

　この定義は，安全工学の分野などで一般的に用いられるリスク（risk）の定義[2]"システム
に生じる人的あるいは物的な損失の可能性（chance,possibility）"，を火災に合わせて表現し
たものである. 数学的には，"危険の大きさ（D）"と"危険の発生する頻度（F）"の関数で火
災危険度（R）を表現できる. 危険の内容を，例えば，火災に伴う死亡のレベルと考え，また，
F の単位時間を1年と考えると式（19・1）となる.

$$R（死亡/年）＝D（死亡/火災）×F（火災/年） \qquad (19・1)$$

　例えば，設計中の空間が，一つの火災で平均的に10人の死亡が予想され（$D=10$），火災
の頻度が100年で1回（$F=10^{-2}$）と予想されるとき，R は 10^{-1}（死亡/年）となる. 当然の
ことながら，R を減らすには D ならびに F を減らすことが要求される. R を推計できれば，
安全対策が異なる空間の相互比較が容易となる.

　ところで，式（19・1）で D と F の値を入力するためには，火煙の物理的・化学的な性状
（出火〜延焼拡大），火煙に対する各種建築部材の挙動，防災機器の作動信頼性，さらには人
間行動に関して，様々な条件下での知見が必要である. しかし，そのような知見が不足する
段階では，死者数のような被害を式（19・1）で求めるのではなく，火災進展の防止効果や人
的被害減少への効果に相対的に比例するように安全対策をランク化し得点（順序尺度）を与
え，その得点の和や積を危険度とする考えも採用されてきた.

（2）火災危険度の具体化

A. 何を危険とするか

　まず，危険を受ける対象が，人間か物的財産かを考える必要がある.

　人間の場合は，前述した"人間に火煙の影響を与えない"という性能を，式（19・2）のよ

うな"避難"と"火災進展"の関係を同一時間軸で比較する方法で表現できる.

　　安全な空間までの避難所要時間（t_e）＜火煙によって危険となるまでの時間（t_c）

$$(19 \cdot 2)$$

　式（19・2）からは，t_e を短縮する，あるいは（同時に）t_c を延長する（出火しない，あるいは，初期消火が 100 ％確実なら $t_c = \infty$）ことが必要なことがわかる.

　一般財団法人日本建築センターの防災計画評定で一般的に用いられている避難計算の方法は，避難所要時間の推計値が許容避難時間（t_c に相当する時間）を超過しないことを確認する方法であり，許容避難時間の理論的な根拠に曖昧さが残るが，"避難"と"火災進展"を比較する方法の一つと考えられる.

　また，式（19・2）の左辺を考えず，右辺の t_c に至る途中段階の火災進展の段階（フェーズ）までの所要時間や進展の可能性を火災危険度と考えることもできる. ただし，それだけでは人命に危険があるかどうかは評価できない.

　人命に関連する火災危険度の物差しとして以下のような例があげられる.

　；火煙による死者数・傷者数
　；死者・傷者が x 人以上生じる確率
　；死亡率（死亡人数/在館者人数）

　物的財産の場合は，t_e と t_c の比較のような人間行動のファクターがなく単純であるが，財産の金銭的な価値（修復のための金額など）を考慮する必要がある. 物的財産に関連する危険度の物差しとして以下の例があげられる.

　；焼損を受けた財産の損害金額，修復費用
　；焼損面積
　；焼損を受けた部屋の数

B. 危険の大きさ（D）と危険の発生する頻度（F）

　式（19・1）の D については，式（19・2）に示したように，人的な危険に関しては，避難と火災進展の関係を同一時間軸で比較する（$t_e < t_c$）ことにほぼ帰着される. 例えば，t_c までに安全域まで避難完了できなかった人数として計算できる. ただし，この計算には，避難ならびに火災進展の起こりうるシナリオ数は膨大であり，後述 C. のような配慮が必要である.

　F は，出火率（火災頻度/年）である. その空間の用途（使われ方），火気使用，可燃物の種類・量，また防火管理の関数であり，具体的には空間の用途・規模ごとに過去の火災統計を基に設定することとなる.

C. 火災と避難のシナリオ

　式（19・1）の D は，t_c までに安全域まで避難完了できなかった人数であるが，この値は，火災進展のシナリオまた避難のシナリオに従って変動する.

　t_c を求めるための火災進展（出火後に火災がどの程度に進展するか）のシナリオは，一様ではなく，建築部材の性能，防災設備の信頼性，また人間の行動や防火管理に従って様々なシナリオが想定できる. t_e も，同一建物であっても，避難者の人数・運動能力が一定でない場合は変動する. このように変動する要素を，決定論的に扱うか確率論的に扱うかによって，計算された火災危険度の意味は異なってくる.

決定論的とは，D を単一のシナリオを想定して計算する場合で，そのシナリオが生起する頻度（確率）は考慮しない．出火率 F（火災/年）についても，"火災が発生したとして"つまり $F=1$ とする場合である．決定論的な方法は，一般に簡便であるが，想定するシナリオに従って，火災危険度（R）が大きく変動する可能性がある．確率論的な方法は，有意と考えられるすべてのシナリオとその生起確率を考慮する場合に用いられ，原子力発電所の危険度評価で特に研究が進んできた．火災分野では，後述（19・1・3（2）G. や H.）のような例がある．なお，米国では，決定論的な手法を Fire Hazard Analysis，確率論的な手法を Fire Risk Analysis と呼んで区別している[3]．

（3）評価の考え方

A. 危険度評価のフロー

図 19・1 は，火災危険度評価のための概念フローの例である．設計者や建物管理者（オーナー）が提示する入力条件（建築・設備に関する設計図面，管理・利用計画）を基に火災危険度（R）を計算し，この R が許容値を下回るように入力条件の改良を繰り返すことで火災安全設計（既存建築物の改修も含めて）を進めることを示している．

この評価フローを成立させるためには以下の B. と C. が重要な点である．

B. 火災危険度は 0 にならない

出火が 0 になるか，あるいは出火後の安全対策の信頼性（成功確率）が 100% であるか，が満足されない限り，火災危険度は 0 にならない．人間がその空間で生活する以上特別な場合を除いて出火を 0 にすることは不可能であり，安全対策についても防災設備を管理・操作する人間のファクターを考慮すると信頼性が 100% とはいいがたい．可能な限り 0 に

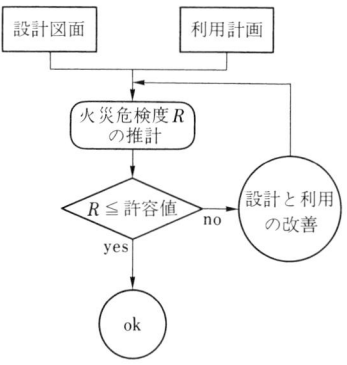

図 19・1　火災危険度評価法の利用フロー[22]

近づける設計の改良はするものの，どこまで危険度が 0 に近づけば安全と判断するかの基準，つまり"許容値"が必要となる．なお，許容値を下回るのはいわば最低限の要求であって，危険度がより小さい設計にするか否かは，建物管理者・設計者（さらには利用者）がコストなども考慮して総合判断する必要がある．

C. 許容値の決め方

人間の種々の行動（自動車やグライダーを運転するなど）あるいは建築などの工業生産物が，危険が内在しているにも関わらず社会に定着している理由は，人々がそのような"危険をあまり意識していない"か，"危険が意識されてはいるが利益とのバランスにおいて容認できるため"と考えられている[1]．いずれにしても危険がある限度以下であることが必要で，この限度（許容値）は受認限界（acceptable risk）といわれる．前述したように，安全とは，危険度が受認限界を超えない範囲の状態のことである．

この受認限界を決める（が決まる）判断に，主観的な部分を除くことは困難であり，その

時代の個人（集団）の価値観や知識に左右されると考えられる．以下に，受認限界の決め方に関する既存の考えを整理した．

①危険度と利益のバランス

Starr[4]（米国，1969 年）は，各種の危険に関して，社会で受認されている危険度（risk）と利得（benefit）の関係を分析し，利得が同じならば，能動的行為（スカイダイビング，喫煙など）で受認されている危険度（死亡/人・年）は，受動的行為（隕石の落下などの天災など）で受認されている危険度の 1000 倍程度であるとの考えを提案している．

②危険度の経年的な収束値が受認限界

Starr[4]は，危険度が経年に従って指数関数的に減少し一定値（疾病の危険度）に収束する（ようにみえる）事実を基に，これが受認限界であると提案した．このような研究を基に，社会に定着し受認限界にある危険度との比較から，原子力発電の危険度がその他の災害・事故に比べ小さいので受忍できるとの研究が発表された[5]．この研究への批判は様々なされたが，危険度の計算の過程や計算値そのものの妥当性はともかく，受認限界という基準との比較で危険度を評価する方法は有効であろう．

なお，Starr と同様な考え方で，辻本[6]は，人命に関わる各種の事故データを経年的に分析し，個人的な危険度（住宅火災など）は経年的にほぼ一定であり，社会性が強くその危険が公共の福祉に反する（病院火災など）危険度は，現代（1965（昭和 40）年代〜 1985（昭和 60）年代）の日本では減少を続けていることを確認している．

③危険度の感じ方（リスク認知；risk perception）

1000 年に一度発生する事故（$F = 10^{-3}$）で 1000 人中全員が死亡する（$D = 1$）場合と，1 年に一度発生する事故（$F = 1$）で 1000 人中 1 人が死亡する（$D = 10^{-3}$）場合では，危険度は等しいが前者のように稀に起こる大惨事に社会（個人）は重大な関心を示す．このような危険度の感じ方を，危険度嫌悪感（risk aversion）というものを提案して説明する試みがある[7]．つまり，人の感じ方は，単純な期待値（Σ損失の大きさ×発生確率）でなく，損失の大きさに重きをおく下式となるとされている．

$$危険度嫌悪感 = \Sigma （損失の大きさ）^a \times （発生確率） \qquad 例えば，a = 1.2 \qquad (19\cdot3)$$

また，Slovic[8]は，81 個の危険（災害・事故・物質）を 18 個の形容詞尺度で評定させ，その因子分析の結果から，恐ろしさ（dread）と未知性（unknown）と災害規模（number of people involved）の 3 軸で構成される危険度（リスク）の認知マップを作成している．また，辻本[9]は，危険度の経年的な減少の程度と危険度の感じ方に関する心理調査の結果を基に，工学分野では，危険度が減った事故ほど危険と感じられている（つまり，感じ方が危険度の経年的な増減と相関する）こと，医学分野では，危険度が減った疾病ほど安全と感じられていることを確認している．　　　　　　　　　　　　　　　　　　　　（志田　弘二）

19・1・3　火災危険度評価の種類と歴史

（1）実例に見る危険度評価法の種類

A．危険度として具体化する計算方法

何らかの燃焼が通常でなくなった後（出火した状態）を考え，安全対策がされていない状態を，仮に潜在的な火災危険（P）と呼び想定してみる（図 19・2）．P を減少させるために，

火災の進展に沿っていくつかの安全対策（t_e を短縮, t_c を延長）が行われるが, 最終的には, ある量の火災危険度（R）として残ることとなる.

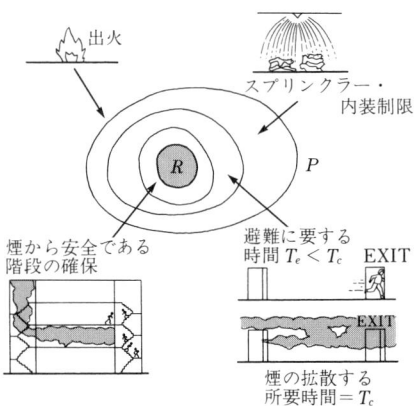

図 19·2　火災危険度 R の計算過程の概念図[10]

P を減少させる各々の安全対策の効果は, 定性的には, "燃焼を火災に進展させない",
　"発生した煙を出火室に留める", などと表現できるが, このような効果の定量化の方法, ならびに結果として計算される火災危険度（R）の数値としての種類（間隔尺度, 順序尺度など）で以下の①～③に分類できる.
　①安全対策の効果として相対的な得点を与える
　　潜在的な危険（P；potential fire hazard）を構成する要素, ならびに危険を減少させる安全対策（M；protection and prevention measures）の要素をそれぞれランク化し, 式（19·1）の D や F の結果に比例するように各要素の各ランクに相対的な得点（順位尺度）を与える方法である.
　　P と M は, それぞれの要素の得点の和や積で計算されるので順位尺度となる. R は, P と M の比較（P/M, あるいは $M \geqq P$）とする場合と, 要素を P と M に区別せず, 各要素（$i = 1, \cdots, n$）の得点（x_i）の総和（Σx_i）とする場合がある（要素の危険度減少への寄与の程度 a_i を考慮し $\Sigma a_i \cdot x_i$ とする場合もある）.
　②安全対策の成功確率を与える
　　安全対策の要素をランク化し相対的な得点を与えるのではなく, 各要素の成功確率（信頼性）を与える方法である. 安全対策の相互関係をシステムとして構成させることで, システム工学の計算手法を援用して, 危険度を安全対策全体としての成功確率として計算できる.
　③火煙による被害を直接的に計算する
　　安全対策の効果を, 式（19·2）の t_e や t_c という間隔尺度を比較し, 死者数のような被害を直接的に計算する場合である. t_e は, 建築平面型や火災感知方式などで決まる避難時間の予測に基づいて決まる. また, t_c は, 建築的・設備的な条件で変動する火煙の性状（発生

量や拡散量）で決まる．両者ともに工学的計算が必要となる．前述したように，避難と火災のシナリオの想定の方法や，安全対策の成功確率の取り扱い方法で，決定論的な方法と確率論的な方法に分類できる．

B. 組み込まれる要素

危険度の計算結果は，要素として何を選択するかの影響を受ける．後述する評価法の実例には，以下のような要素が選択されている．

①避難する人　　　；運動能力（自力避難可能かなど），就寝中・飲酒など
②空間の使われ方　；人口密度，可燃物量，使用火気など
③建築的な安全対策；防火区画の規模・配置，避難施設の配置・容量，内装など
④防　災　設　備　；設置の有無，設置個数，維持管理状態，作動信頼性など

C. 評価法の利用者と利用目的

利用者の立場や利用目的（設計中～竣工後）で以下のように分類できる．

①設計段階（設計者・行政担当者）；建築・設備に関する設計図面，管理・利用計画を基に危険度を計算できれば，その改善案の作成に有効である．
②維持管理段階（管理者・設計者）；維持管理の状態で，設計で想定した危険度は大きく変動する．管理者自身が自分の建物の火災危険度を確認できれば，改築の重点箇所を発見できるなどの利点がある．
③予防（消防機関職員）；予防査察の際に，指導ポイントを客観的・統一的に抽出できる．

D. 空間の単位ならびに人の単位

建物全体（この“建物”では 100 人が死亡する），階層ごと（この“階”では 10 人が死亡する），部屋ごと（この“部屋”では 5 人が死亡する），部屋のある場所ごと（この“場所”では 0.5 人が死亡する），というように危険度を計算する空間を絞り込めば，個々の空間の条件による危険度の違いがより細かく確認できる．

また，前記したように，危険度には社会的危険度と個人的危険度とがある．つまり，“この空間で死亡する可能性のある人は 100 人である”なのか，“この空間であなたが死亡する可能性は 0.001 である”，かといった表現によって受ける印象は微妙に変わってくる．

（志田　弘二）

（2）危険度評価の歴史

1960 年代の始めから火災危険度を計算する試みが始まり，1970 年代から手法の開発が活発になった．初期の段階は，前述した，安全対策の効果として相対的な得点を与える方法が主流である．これに属する手法はヨーロッパで多く提案されており，最初の提案は M. Gretener の手法（1968 年）といわれている．M. Gretener の手法は，潜在的火災危険（P）と安全対策のレベル（M）の商（P/M）を火災危険度（R）としている．P や M を求める具体的な要素や計算方法を発展させた手法として A. 項[11]と文献 12），13）などがある．米国では，B. 項[14]の NBS の手法が P/M とするのではなく大小比較（$P \leq M$）としているが，$M/P \geq 1$ の意味であり考え方は同じである．

C. 項[15]，文献 16），17）などは，各要素 i の得点（x_i）と危険減少への寄与の程度（a_i）の積の総和（$\Sigma\, a_i \cdot x_i$）を火災危険度とする手法である．

また，D. 項[18]とE. 項[19]は，式（19·1）のDやFの減少効果を，一部の安全対策に関して
は間隔尺度で計算しているが，最終的には，火災危険度は順序尺度として求められている．
さらにF. 項[20, 21]は，安全対策の成功確率を求める手法の代表例である．

被害量を直接的に推定する手法は，火災の進展や人間の避難行動が工学的に予測できるよ
うになった1980年代から提案され始めている．決定論的な手法から確率論的な手法に移行
する傾向がある．確率論的な手法としてG. 項[22]と関連する文献10），23）～26），H. 項[27~33]
などがある．

なお，本章で解説した以外にも，文献34）～43）などの手法が提案されている．また，
火災危険度評価手法を総合的に解説した文献38）が参考となる．

A．ヨーロッパ火災報知器工業会の手法（Purtの手法，1972年）[11]

ヨーロッパ火災報知器工業会（European Fire Alarm Manufactures Association）が主
体となって提案した手法である．自動消火設備と自動火災報知設備を設置すべき建物を判定
するために，図19·3に示す火災危険度を建物危険（GR）と建物内危険（IR）に分けて算
定している．Pについては5要素，Mについては2要素を設定している．それぞれの要素
には数ランクの水準が設定され得点が与えられている．

①要　素

建物危険（the building risk）$GR = [(Q_m \times C + Q_i) \times B \times L] / [W \times R_i]$　　　　（19·4）

・分子の要素

　Q_m：収納物の火災荷重　　　Q_i：建材の火災荷重　　　C：燃焼性

　B：建物規模　　　　　　　L：本格消火のおくれ

・分母の要素

　W：耐火性　　　　　　　　R_i：危険低減係数

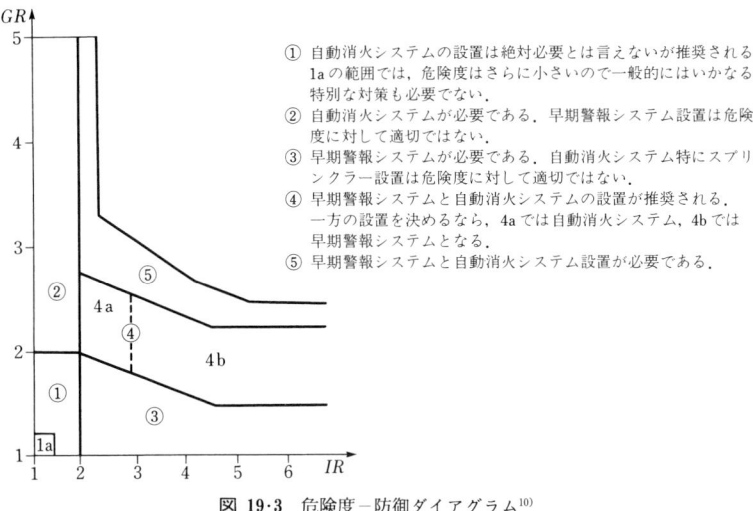

① 自動消火システムの設置は絶対必要とは言えないが推奨される．
　1aの範囲では，危険度はさらに小さいので一般的にはいかなる
　特別な対策も必要でない．
② 自動消火システムが必要である．早期警報システム設置は危険
　度に対して適切ではない．
③ 早期警報システムが必要である．自動消火システム特にスプリ
　ンクラー設置は危険度に対して適切ではない．
④ 早期警報システムと自動消火システムの設置が推奨される．
　一方の設置を決めるなら，4aでは自動消火システム，4bでは
　早期警報システムとなる．
⑤ 早期警報システムと自動消火システム設置が必要である．

図 19·3　危険度－防御ダイアグラム[10]

建物内危険（the content risk）$IR = (H \times D) \times F$ 　　　　　　　　　　(19・5)

　　H：人命危険　　　　　　　　D：財産危険　　　　　　　F：発煙危険

②得点化

　GR の各々の要素は，要素の特性を示す物理的な数値を基に数ランクに分け，得点化（1〜4 の範囲）されている．ただし，R_i は，着火のしやすさと火災の拡大速度を定性的にランク分けし得点化している．

　IR の各要素は，H が自己救助（self rescue）の可能性，D が単位面積当り（ならびに建物全体）の損失金額でランク分けされ得点化（1〜2 の範囲）されている．F は，H と D に影響を与える要素として組み込まれており，発煙する材料の量をランク分けし得点化している．

③評　価

　IR と GR の二次元座標上で，対象建築物の座標値（IR, GR）がどこに位置するかで，自動消火設備と自動火災報知設備を設置する必要性を判定している（図 19・3）．（志田　弘二）

B. NBS の医療施設防火安全性評価法（1978 年）[14]

　防火改修の補助金交付の判断をすることを目的に，米国の NBS（標準局，現 NIST）と HEW（保健教育福祉局）が共同開発した手法である．要素，得点化，評価の詳細は，日本の老人ホームに適用した実例（19・1・4（1））で後述するので以下は概要のみ述べる．

　安全対策の要素（13 要素）ごとに，数ランクに分け得点化し，各要素の得点の和を総合的水準 SG（building safety features）とする．また，建築物（医療施設）の利用者（患者）の特質を示す要素（行動能力，年齢など 5 要素）ごとに，数ランクに分け得点化し，得点の積を在館者危険度 R（occupancy risk）とする．そして，$SG \geq R$（つまり，$SG/R \geq 1$）を満足するか否かで危険度評価をする．さらに，安全対策の冗長性を判定するため，13 要素を"火災の封じ込め"，"消火"，"避難安全"の 3 つの対策に分け，該当する要素の得点の和が，対策ごとに基準値を満足しているかを確認する．なお，$SG \geq R$ の判定は，防火（もしくは防煙）ゾーンごとにされるので，建物の部分部分の改良の判定が容易である．

　$SG \geq R$ という大小関係比較は，R を避難時間，SG を避難不能となるまでの時間（の逆数）と考えれば，$(t_e) < (t_c)$ と同様であるのでわかりやすい．

　各要素のランク分けや得点，また冗長性を判定する基準値は，NFPA の Life Safety Code と同等の安全性が達成されたとみなせるように，専門家がデルファイ法を用いて定めた設定値である．また，この手法は，1981 年版 Life Safety Code において，code を代替する安全確認の手法として付録に掲載されている．

C. エジンバラ大学の火災安全性評価法（1982 年）[15]

　この評価法は，英国の保健社会保障省の後援で，エジンバラ大学火災安全工学科により開発された．開発に際しては，前記 B. の NBS の評価法の影響を受けている．NBS の手法を英国の病院に適用したが，空間の設計手法の違いなどのため満足できる評価となる病院がなかったことを契機に，英国向けに独自の手法を開発した．

①要　素

　　NBS の手法と同様に，根拠となる法規（Draft Guide to Fire Precautions in Hospitals）を標準の安全対策として想定し，法規から 17 の安全対策要素を抽出している．また，法規には記載されていない 3 要素を加え，合計 20 の要素が設けられている（表 19・1）．

②得点化と火災危険度の定義（表 19・1）

　各々の要素は，6 ランク（得点 0 ～ 5）に分けられており，法規の要件を満足するランク（5 点）に比較した不足分（20% 刻み）で，徐々にランクが下げられる．さらに，各要素には，重み付けのための寄与係数が設定されており，各要素の得点と寄与係数の積の総和（総得点）が火災危険度と定義される．したがって，得点が低いほど危険度が高いこととなる．要素をランク化し得点を与える考え方は，M. Gretener の流れをくむ手法（P/M）や NBS の手法（$SG \geq R$）と同じだが，総得点を求める方法，また要素に重みを考慮していることが特徴である．

　20 個の要素の寄与係数（総和は 100）は，専門家によるデルファイ法によって算定されている．なお，方法の妥当性は，実在建物のサーベイを繰り返すことで高められるとしている．

表 19・1　エジンバラ大学の火災安全性評価法の構成と実例

評価の要素	寄与係数	グレード（6 段階）下線部が該当	サブスコア＝寄与係数×グレード
1　職　員	9	×012345	＝27
2　患者と訪問者	6	×012345	＝12
3　煙の動きに影響する要素	7	×012345	＝21
4　防火区画	6	×012345	＝30
5　ダクト・シャフト・空隙	4	×012345	＝16
6　防火管理	7	×012345	＝35
7　内部仕上げ	5	×012345	＝15
8　備え付け家具	6	×012345	＝18
9　防火区画の近づきやすさ	4	×012345	＝16
10　非常出入口	4	×012345	＝16
11　避難距離	5	×012345	＝15
12　階段室	5	×012345	＝25
13　廊　下	5	×012345	＝25
14　エレベータ	3	×012345	＝15
15　情報伝達システム	5	×012345	＝10
16　表示および火災覚知	4	×012345	＝12
17　消火設備	3	×012345	＝12
18　避難灯	5	×012345	＝10
19　自動消火	3	×012345	＝0
20　消防隊	4	×012345	＝20
トータルスコア（500以内）			＝350（許容可能）

③評　価

　　トータルスコアの最高は 500（100%）であり，10% 減の 450 までが良好（good），450 未満〜 350（56% 減）が許容可能（acceptable）としている．350 未満は許容できないと判断され，350 未満〜 280（56% 減）が許容不可能（unacceptable），280 未満（56% 未満）は絶対的に許容不可能（definitely unacceptable），と判断される仕組みとなっている．　　　　　　　　　　　　　　　　　　　　　　　　　　　　　　　　　（志田　弘二）

D. 建設省の住宅防火安全性能評価法（1978 年）[18]

　工業化住宅認定制度の整備のため，建設省総プロ "住宅性能総合評価システムの開発" の一部として開発された評価法である．

①危険度の定義

　　この手法では，以下のような火災フェーズ（5 段階）間の推移（" " 付の 4 種類）のしやすさが，式（19·1）の D や F（したがって，火災危険度）を支配すると考え，推移のしやすさを評価することで，火災危険度の評価に代用している．

　　　　・初期火源燃焼フェーズ（火災の原因となる可能性のある火源が燃焼）

　　　　　　↓ "出火"

　　　　・室内局部燃焼フェーズ（家具や内装材の一部が燃焼しているが，可燃物の大半は未着火）

　　　　　　↓ "初期拡大"

　　　　・全室内燃焼フェーズ（可燃物の大半に着火し，火災室の全体にも燃焼が拡大）

　　　　　　↓ "延焼拡大"

　　　　・全住戸燃焼フェーズ（住戸内の火災室以外の部屋にも燃焼が拡大）

　　　　　　↓ "類焼"

　　　　・他住戸燃焼フェーズ （出火住戸以外の部屋にも燃焼が拡大）

　　各々のフェーズの推移は，推移のしやすさではなく，推移を防止する性能（平均的な防止レベルに比べての優劣の程度）で表現し，その性能で評価している．なお，火災フェーズの推移の評価とは別に，避難安全性も評価しているが，両者は各々独立して評価されている．

②得点化

i. 出火防止性能

　　火災は，火気の熱が何らかの契機で可燃物に伝搬し着火をもたらすことで生じる．そこで，3 つのパラメーター（α, β, γ）を設定し，次式のようにこれらの積（K）で出火防止性能を評価している．

$$K = \alpha \times \beta \times \gamma \tag{19·6}$$

　　　　α；火気スコア

　　　　β；管理係数

　　　　γ；可燃物係数

　K は，$\alpha \times \beta \times \gamma$ の値を基に，在来住宅の平均的な出火防止性能を $K = 100$ として，ランク化されている（5 ランク；値が大きいほど危険）．

ii．初期拡大防止性能

　内装材の種類と感知・消火設備の種類を基に，部屋ごとに評価する．前者について
は，次式で表す不燃化率 α を計算し，α の値でランク化（1〜5）している．

$$\alpha = (\Sigma q_i \times s_i) / (\Sigma s_i) \tag{19・7}$$

　　q_i；室内表面を構成する材の種類・性能に応じて，設定される数値

　　s_i；室内の表面仕上げ材 i の面積

　また，感知・消火設備については，各々の設置の有無と設備の種類でランク化（感知
器1〜4，消火設備1〜5）する．

iii．延焼拡大防止性能

　火災が，出火室内で鎮火するか室外へ延焼するかは，室内の火災性状と室の区画の性
能で決まる．前者を火盛り継続時間 T，後者を延焼阻止時間 P で代表させ，出火室は出
火頻度の高い部屋（食堂，浴室など）だけを想定している．延焼を受けた部屋をその時
点で新たな出火室とし，他の部屋への延焼の判定を順次繰り返すこととしている．

$$火災室 i の火盛り継続時間 \; T_i = W/R \tag{19・8}$$

　　W；標準可燃物量　　R；燃焼速度

　　W と R は既往の知見を基に工学的な算定式が用意されている．

　火災室 i から j 室への延焼阻止時間 P_{ij} は，区画の材料と構法に応じて時間が設定され
ている（例；甲種防火戸120分，襖3分など）．2種類以上の材料・構法で構成される場
合は，最も時間の短い材料・構法を選択する．

　最初の出火室から延焼の推移を調べ，次式で定義される延焼拡大係数 C を計算し，C
の値を基に延焼拡大防止性能をランク化（ランク1〜5）する．

$$C = \frac{A}{B} \tag{19・9}$$

　　A；（最終延焼拡大面積/延床面積）× 100　　B；延焼拡大終了時間（分）

iv．類焼防止性能

　類焼とは，ある住戸から他の住戸への延焼拡大のことである．類焼の可能性は，炎上
住宅の輻射放熱量，輻射を受ける側の住宅の外周部防火性，ならびに両住宅の幾何学的
な関係で決まる．この評価法では，外周部位（外壁・軒裏，開口部，屋根）の防火性を
対象とし，部位ごとに現行法規の規定を基準に外周部の構成材をランク化（各部位1〜
4）している．

v．避難安全性能

　平面計画から判断できる避難経路の接続を基に，各部屋ごとに，最終避難先（安全
域：地上など）までの避難経路の信頼度（確率のような厳密な値でなく相対的な順序を
示す0〜1の値）を求め，その値をランク化（1〜5）している．最終避難先までの個
別の経路の信頼度はその形状に応じて0〜1の値が設定されており，ある部屋（場所）
からある部屋（場所）への経路が複数の場合は，経路の直列・並列も考慮して信頼度が
求められている．

③評　価

上記した 5 つの性能をランク化することで，平均的な住宅の性能に比べての優劣が火災フェーズごとに評価される．　　　　　　　　　　　　　　　　　（志田　弘二）

E. 消防庁の複合用途防火対象物危険度評価基準（案）(1987 年)[19]

消防法令では，防火対象物の火災危険度を表す物差しとして主に用途と規模（面積・高さ）を用い消防設備の設置や防火管理の規制を定めている．このような物差しでは，用途が複合すると充分に対応できないため，新たな危険度評価基準が作成された．消防機関の職員が実地の場で利用できるように，具体的かつ実践的な評価法を目指している．一番の特徴は，評価の対象空間が，単位空間・階・建物全体と段階的に用意され，また物的な焼損と人的な被害の両者を対象としている点である．

①要　素

単位空間火災危険度 (R_1)，階別焼損危険度 (R_2)，階別人命危険度 (R_3)，焼損危険度 (R_4)，人命危険度 (R_5)，の 5 つの危険度を算定しており，このうち R_4, R_5 が建物全体での危険度である．

②得点化

火災危険度 R_1〜R_5 は，それぞれ，以下に示す 6 つの特性値のうちのいくつかの和として算定される．特性値は数字が大きいほど危険側となる．

　i．単位空間 i の特性値 (P_i)

　　次式の 3 要素で定義される．

$$P_i = \Sigma（単位空間 i の用途 j の特性値 P_{0,ij}）×床面積 A_{ij}×設備対策補正値 \alpha_{ij} \qquad (19\cdot10)$$

　　$P_{0,ij}$ は，0〜1 の範囲の値であり，"出火の可能性"と"拡大の可能性"を総合的に判断して設定された相対的数値である．α_{ij} は防災設備の設置によって $P_{0,ij}$ を減少させるための補正値である．

　ii．階内拡大特性 (S)

　　下式のダメージポテンシャル D_i を基にランク化される．D_i は，空間 i に対して平面的に火災拡大を及ぼす可能性のあるすべての単位空間 j の区画の防火的強弱（空間区画特性 C_{ji}）と前記の単位空間 j の特性値 (P_j) との積で定義される．

$$D_i = \Sigma (P_j)×(C_{ji}) \qquad (19\cdot11)$$

　　D_i は最終的に，(D_i の平方根)/3，の値で，1〜10（最も危険）に得点化されている．

　　階内拡大特性 (S) は，すべての単位空間のうち D_i のランクが最も大きい単位空間の D_i のランクをその階のランクとしている．

　iii．避難特性 (E)

　　避難所要時間と避難完了基準時間の比較によって，その階の階段ごとに求める．避難所要時間は，避難開始時間と避難行動時間に分けて，階段ごとに計算し，そのための簡便な計算方法が提示されている．避難完了基準時間も避難開始時間と避難行動時間それぞれに設定され，前者は 180 秒，240 秒，300 秒の 3 ランクで区切り，後者は階床面積の関数と考え，床面積の平方根の 3 倍，4 倍，5 倍の 3 ランクで区切っている．そして，その組み合せで 1〜10 のランクが設定されている．避難特性 (E) の評価値は，その階の

最も危険なランクの階段のランクで代表させている.

iv. 消防活動特性（*F*）

　階内拡大特性（*S*）と避難特性（*E*）を補完する特性である. 要素は7つであり, 階ごとに, 単純和で*F*を求めている（*F*＝Σ*f*ᵢ, *i*＝1〜7）.

　各要素は, 3ランクに分けられ, 得点0, 1, 2が与えられている.

消防活動特性（*F*）は, 階ごとに最大14〜最小0の値をとるが, 最終的にはこの値を4ランク（0〜3）に置き換えている.

v. 立体拡大特性（*V*）

　火災の立体的な（垂直方向の）拡大を表す特性であり, 出火階から他階への"火熱の拡大"と"煙の拡大"2種類を考えている. 階内拡大特性（*S*）で定義したダメージポテンシャルD_iと同様な考え方で, 竪穴まわりごとに, 接続する空間との間の区画の特性を基に下式で計算する.

　竪穴vのk階でのダメージポテンシャルD_{kv}＝Σ　$(D_j \times C_{jv}) + (P_{0v} \times A_v \times \alpha_v)$　　　(19・12)

　　　D_j；竪穴vに接続する空間jのダメージポテンシャル

　　　C_{jv}；竪穴vに接続する空間jとの間の区画特性

　　　P_{0v}；用途特性値（利用実態を考慮する）

　　　A_v；竪穴vの床面積（水平断面積）

　　　α_v；設備対策補正値

　避難階段など本来可燃物の置かれてはならない階段は, $P_{0v} \times A_v \times \alpha_v$＝0とする.

　C_{jv}は, 階内拡大特性（*S*）でのC_{ji}同様に0〜1の範囲で設定されており, 火熱用と煙用が別々に用意されている. また, 竪穴vの総ダメージポテンシャルD_vは各階の合計（ΣD_{kv}）となる.

　竪穴vのダメージポテンシャルは簡略的にランク化され用いられる.

vi. 防火管理特性（*M*）

　建築的な特性による危険度を補正する特性であり, 階別焼損防火管理特性（M_1）, 階別避難防火管理特性（M_2）, 共通防火管理特性（M_3）に分けられる. 各特性の要素は定性的な分類（例；管理が適切である, 管理の一部が適切でない, 管理が適切でない）で3ランクに分けられ得点（0〜2）が与えられる.

　・階別焼損防火管理特性（M_1）；5要素（m_1〜m_5）Σm_k；k＝1,5

　　　0〜10の合計得点となり, この値を4ランク（0〜3）に分けている.

　・階別避難防火管理特性（M_2）；4要素（m_6〜m_9）Σm_k；k＝6,9

　　　0〜8の合計得点となり, この値を4ランク（0〜3）に分けている.

　・共通防火管理特性（M_3）；10要素（m_{10}〜m_{19}）Σm_k；k＝10,19

　0〜20の合計得点となり, この値を6ランク（0〜5）に分けている.

③危険度の計算と評価

以上の特性値を組み合せてR_1〜R_5を算定する.

i. 単位空間火災危険度（R_1）

　単位空間ごとに求めたダメージポテンシャルD_iとする（ランク1〜10）.

ⅱ．階別焼損危険度（R_2）

階ごとに，階内拡大特性（S）のランク S^*（$1 \leq S^* \leq 10$）に，消防活動特性（F）のランク F^*（$0 \leq F^* \leq 3$）と階別焼損防火管理特性（M_1）のランク M_1^*（$0 \leq M_1^* \leq 3$）を加算して求める．

$$R_2 = S^* + F^* + M_1^* \qquad 1 \leq R_2 \leq 16 \qquad\qquad (19 \cdot 13)$$

ⅲ．階別人命危険度（R_3）

階ごとに，避難特性（E）のランク E^*（$1 \leq S^* \leq 10$）に，消防活動特性（F）のランク F^*（$0 \leq F^* \leq 3$）と階別避難防火管理特性（M_2）のランク M_2^*（$0 \leq M_2^* \leq 3$），さらに階内拡大特性（S）のランク S^*による補正値 S^0（$0 \sim 2$，$S^* = 10$ で $S^0 = 2$）を加算して求める．

$$R_3 = E^* + F^* + M_2^* + S^0 \qquad 1 \leq R_3 \leq 18 \qquad\qquad (19 \cdot 14)$$

ⅳ．焼損危険度（R_4）

建物全体としての火災拡大の危険度である．最も R_2 が高い（危険な）階の R_2（$1 \leq R_2 \leq 16$）を選択し，これに火熱の立体拡大特性（V_1）のランク V_1^*（$0 \leq V_1^* \leq 3$）と共通防火管理特性（M_3）のランク M_3^*（$0 \leq M_3^* \leq 5$）を加算して求める．

$$R_4 = R_2 + V_1^* + M_3^* \qquad 1 \leq R_4 \leq 24 \qquad\qquad (19 \cdot 15)$$

ⅴ．人命危険度（R_5）

建物全体としての人的被害の危険度である．最も R_3 が高い（危険な）階の R_3（$1 \leq R_3 \leq 18$）を選択し，これに煙の立体拡大特性（V_2）のランク V_2^*（$0 \leq V_2^* \leq 3$）と共通防火管理特性（M_3）のランク M_3^*（$0 \leq M_3^* \leq 5$）を加算して求める．

$$R_5 = R_3 + V_2^* + M_3^* \qquad 1 \leq R_5 \leq 26 \qquad\qquad (19 \cdot 16)$$

ⅵ．評価の考え方

焼損危険度と人命危険度を，二次元座標（階ごと；$R_2 \cdot R_3$，建物ごと；$R_4 \cdot R_5$）にプロットすることで，焼損と人命の両方を考慮した評価が容易となる．　　　（志田　弘二）

F．GSA（米国 General Servives Administration）の DT（1972 年）[20, 21]

前述してきた，A.～E. 項の手法は，安全対策各要素の得点の和や積を計算しているが，その計算根拠が不明確である．DT（ディシジョンツリー）では，安全対策の要素の相互関係をシステムとして構成し，システムの成功確率がその許容基準を下回らないことで危険性（安全性）を判断している．この DT は，信頼性工学の分野で機器の故障解析に用いられているフォールトツリー（FT）を応用した手法であり，計算は比較的簡便な確率計算で行える．

安全対策システムは，図 19・4 のように"火災安全の目的"を頂上に，サブシステム（要素）として"予防（prevention）"と"制御（control）"が設定されており，さらにいくつかのサブシステムに分かれる．目的は，①に示しているように，設定した火災に対して，在館者の安全を守ること，設定エリア内に火災の拡大を留めること，などであり，この目的に対応する基準が，火災規模に対する"全体システムの成功確率"という形式で与えられている．対象とする建築物の全体システムの成功確率は，FT の手法を用いて各サブシステムの成功確率を徐々に計算することで計算される．ただし，具体的な確率計算が可能なのは"火災拡大防止（limitation of fire characteristics）"だけであり，人間の行動，煙の性状など時

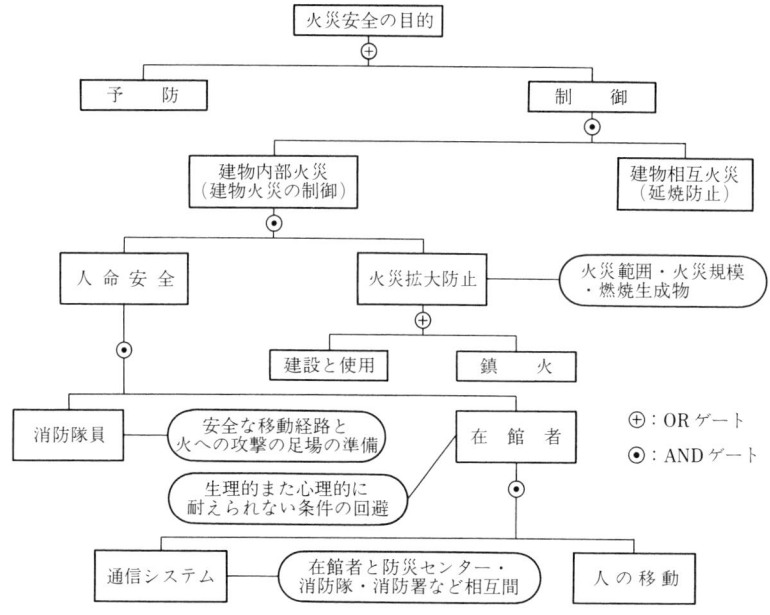

図 19·4　DT の全体構成[21)]

間変動があるファクターが関わるサブシステム（避難サブシステムなど）は，成功確率を計算するまでには至っていない．また，建物の平面計画を評価することはできない．

　なお，日本における類似の手法として寺井の手法[45)]がある．

　①DT の構成

　DT は，各要素（サブシステム）の相互関係を表現しており，火災現象そのものは表していない．各要素は FT 法を用いて抽出され，専門家の判断を基に構成が決められている．

　また，各要素は AND ゲートと OR ゲートで構成されており（図 19·4），上位の要素（事象）が成立するためには，AND ゲートの場合が下位の要素のすべて，OR ゲートの場合が下位の要素のうち 1 つ以上が成立しなければならない．要素の成功確率が与えられれば，以下のような AND ゲートと OR ゲートの計算方法を用いて，頂上の要素の成功確率が計算できる．

$$p_s；ゲートの上の要素の成功確率，\ p_i ゲートの下の要素の成功確率$$

AND ゲート；$p_s = p_1 \times p_2 \times \cdots \times p_n$

OR ゲート　；$p_s = (1 - ((1 - p_1) \times (1 - p_2) \times \cdots \times (1 - p_n)))$　　　　　(19·17)

　成功確率が設定されているのは，"制御"の下位事象である "火災拡大防止"だけである．結果として得られる危険度は，"ある空間範囲まで火災が拡大する確率"であり，人命安全（safety to life）サブシステムなどその他のサブシステムはツリーの構成を提示するに終わっている．

②評価基準

"火災拡大防止"サブシステム（図19·5）の評価基準は，火災規模（火災継続時間；sever-ity）と火災拡大空間範囲（building space modules）の２つのパラメーターを用いて設定されている．

③計算例

"火災拡大の防止 L"の成功確率 $p(l)$ は，図19·5の要素を用いると，$p(l)＝$（鎮火の成功確率$p(s)$）＋（建築と使用の成功確率 $p(c)$），から開始して最終的には下式となる．

$$p(l)=1-\{(1-p(i))\times(1-p(a))\times(1-p(m))\times(1-p(o)\times p(d)\times p(t))\} \quad (19\cdot18)$$

$p(i)$；類焼防止の成功確率

$p(a)$；スプリンクラーの成功確率

$p(m)$；マニュアル消火の成功確率

$p(o)$；炎・ガス・輻射に対する壁の完全さの成功確率

$p(d)$；火災荷重に対する構造の完全さの成功確率

$p(t)$；床・壁・天井の耐熱性の成功確率

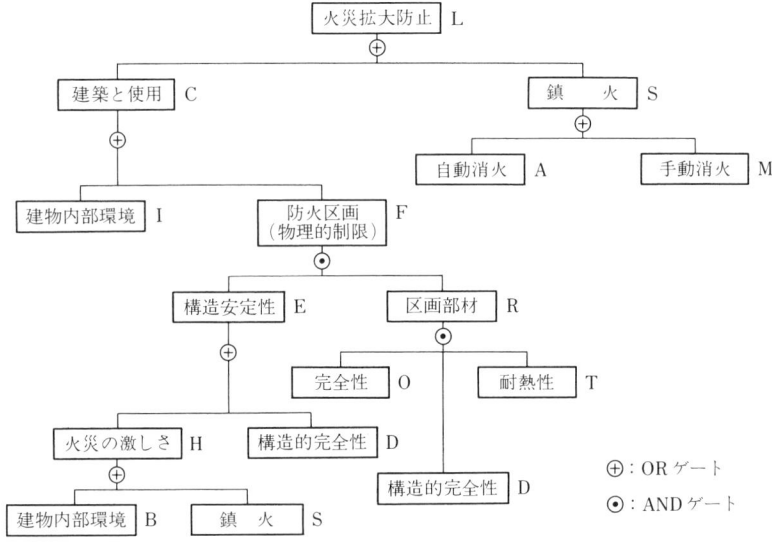

図 19·5　火災拡大防止サブシステムの構成[21]

それぞれの要素の成功確率は火災拡大空間範囲あるいは火災継続時間（severity）に対しての成功確率曲線の図表で与えられている．　　　　　　　　　　　　　　（志田　弘二）

G. 信頼性を考慮した火災危険度の評価法（1986年）[22]

防災設備の作動信頼性を組込んだ，人命危険度の評価法である．なお，具体的な適用例は，病院の病棟平面で危険度を計算した例を後述（19·1·4（２））する．

①危険度の定義

"各空間で滞在時間当り火災により死亡する回数"と定義している．ただし，煙の拡散予測と避難シミュレーションの重合わせから"死亡"を推定することは困難であるので，滞在時間当り死亡する回数が，煙に汚染され避難が不可能となる回数に比例すると仮定している．さらに，単位を滞在時間当りとすると出火率の時間変動などの要素も入るため，とりあえず在室者は常に滞在すると考え，滞在時間を単位時間に読みかえ，最終的には，"単位時間当り煙により避難不能となる回数"を人命の火災危険度としている．さらに，入院患者のように運動能力に明らかに差があるような場合には，運動能力別にも危険度が算出できるよう配慮している．

②計算手順

確率論的な扱いが可能なこと，また今後得られるであろう新しい知識の付加が容易であることを前提に，以下のような手順で危険度を求めている．

・ある空間 i に影響を及ぼすすべての空間 j（$=1, n$）での出火を考える．

・空間 j の出火に伴ない，火災進展モデルおよび人間行動のモデルを並行してシミュレーションする．

・危険度に大きな影響を及ぼすと判断される要素（スプリンクラーによる消火の成否，火災室の扉の開閉など）の成否により事象を分岐させ，火災発生に伴ない起こる事象をいくつかのシナリオ（$k=1, m$）に代表させる．火災の進展モデル，人間行動のモデルはこの分岐に対応して変化できる．

・各シナリオで空間 i の滞在者が避難不能になる回数を計算し，これを各シナリオ（$k=1, m$）で合算し，さらに各出火（$j=1, n$）で合算する．

③シナリオの作成

成否の確率を与えられる要素ごとに枝分かれする時間経過を考慮したイベントツリー（event tree）をつくる．結果として複数の火災進展段階（拡大規模）を表すシナリオが，想定する出火室ごとに作成されることになる．成否の確率を与えられる要素としては，機器類と人間側を合せて以下の 4 つを考えている．

機器類；感知器，スプリンクラー，防火戸

人間側；警備職員が感知器の作動を覚知してから避難誘導に至る行動を類型化して考え．具体的には，出火室にて火災を確認後すぐ避難誘導が行われるか，それが消火活動の後になるかを枝分かれの条件として与えている．

上記 4 つの要素のうち，感知器を除く 3 つの要素の成否により作られたイベントツリーの例が図 19·6 である．このイベントツリーは 6 つのシナリオより構成されている．各要素の成功確率を E_1〜E_4 とすると，シナリオ k の生起確率 P_k は以下となる．

スプリンクラー作動の確率：E_1　　　　屋内消火栓使用の確率：E_2

消火栓による消火成功の確率：E_3　　　出火室の扉が閉じられている確率：E_4

シナリオ① $P_1 = E_1$

シナリオ② $P_2 = (1-E_1) \times E_2 \times E_3$

シナリオ③ $P_3 = (1-E_1) \times E_2 \times (1-E_3) \times E_4$

シナリオ④　$P_4 = (1-E_1) \times E_2 \times (1-E_3) \times (1-E_4)$

シナリオ⑤　$P_5 = (1-E_1) \times (1-E_2) \times E_4$

シナリオ⑥　$P_6 = (1-E_1) \times (1-E_2) \times (1-E_4)$ 　　　　　(19・19)

　それぞれの要素の時系列的配置（順序）は，火災進展もしくは人間行動予測プログラムから決まるもので，空間（もしくは建物）が異なれば同じ順序になるとは限らない．なお，各要素での分岐の確率は，既存の研究を参考に設定している．図19・6のシナリオ①，②では，扉の開・閉の要素による分岐がないが，これは，フラッシュオーバー（F.O.）以前に初期消火が成功して避難不要と判断しているためである（シナリオ①とシナリオ②合計で生起確率＝93.9%）．それ以外の初期消火がなされない（消火栓を使わない＋使用したが消火失敗）シナリオ（③〜⑥）では，フラッシュオーバー時の出火室（火災室）の扉の開・閉により分岐する（出火室の扉"閉"＝シナリオ③＋⑥＝4.9%，"開"＝シナリオ④＋⑥＝1.2%）．結果として，火災の進展規模や避難の必要性が異なることとなる．

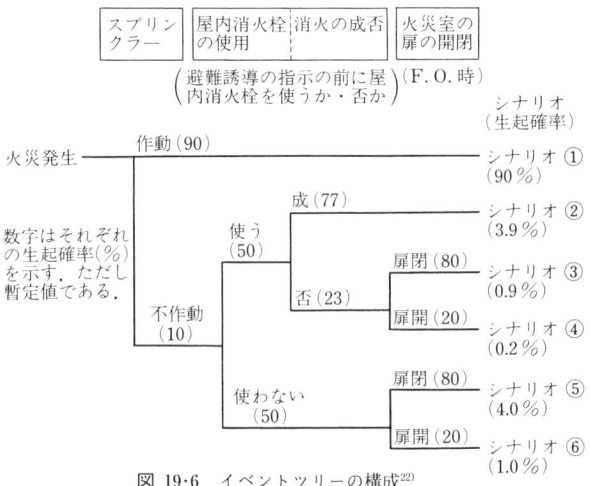

図 19・6　イベントツリーの構成[22]

④危険度の計算

計算式は以下となる．

$$R_i = \sum_{j=1(j \neq i)}^{n} \left[F_j \cdot \left\{ \sum_{k=1}^{m} P_k \cdot T_k / N_i \right\} \right] \qquad (19 \cdot 20)$$

R_i：空間 i 滞在者の危険度（回/年）　　　　n：防火区画内の出火空間の総数（i を除く）

P_k：ツリーの中でのシナリオ k の生起確率　　m：シナリオの総数

T_k：空間 j からの出火で，空間 i にいた人のうちシナリオ k で避難不能となった人数（人）．煙により避難不能となる時点を，避難空間の煙の減光係数 C_s が，一般人の避難時の許容濃度である 0.15/m を越した時点とし，この時点で安全域に達していない避難者は避難不能になるとした．T_k はこれらのうち空間 i にいた人数である（式 (19・2) の考えと同様）．

これらの計算は，下記の"火災性状・煙流動予測プログラム"，"人間行動のシミュレーションプログラム"で計算される.

N_i：空間 i の滞在者数（人）

F_j：空間 j の出火率（回/年）

ある空間において制御不能の燃焼（火災）が発生する割合は，その空間の用途と面積で規定されると考える.

$$F_j = f \cdot A_j \tag{19・21}$$

f：用途別床面積当りの出火率（回/年・m²）

統計分析の結果を入力するが，以下では数値は入力せず f のままで用いる.

A_j：空間 j の床面積（m²）

⑤シミュレーションプログラム

ⅰ．火災性状・煙流動予測プログラム

火災の発生した空間でのフラッシュオーバーの発生時期，廊下への煙の流出量・濃度，煙の拡散等を計算する．これと同時に，火災感知器・スプリンクラー等，火災の物理性状だけで作動の決まる要素については，この作動時期も時間軸上に算出される.

ⅱ．人間行動のシミュレーションプログラム

管理者が火災発生を覚知してから避難誘導に至るまでの行動と避難者が滞在する空間から安全域（火・煙から安全に区画された空間）まで移動する避難行動のシミュレーションをする.

具体的なケーススタディは，19・1・4（2）で解説する.　　　　　　　　（志田　弘二）

H．リスクの概念に基づく避難安全設計法（田中ら，2009 年）[27]

避難安全設計にリスクの概念を取り入れるための研究が行われている．ここでのリスクとは，火災により避難不能者が発生する危険性（以後，避難リスク）を意味し，部分焼以上の火災を対象とし，ある火災が発生した際の避難不能者数 C_{cas} の期待値を避難リスク R（人/件）と定義する．避難安全設計の目標は，避難リスク R を設計許容避難リスク R_a^D 以下とすることである.

$$R \leq R_a^D \tag{19・22}$$

R：火災が発生した際の避難不能者数期待値（人/件）

R_a^D：設計許容避難リスク（人/件）

図 19・7 に示すように，各種対策が講じられている場合は火災時に複数の火災シナリオが想定されるが，その際は火災シナリオ i の生起確率 P_i とその避難不能者数 $C_{cas,i}$ の積（R_i）の和（避難リスク R）が，

$$R = \sum_{i=1}^{n} P_i C_{cas,i} \leq R_a^D \tag{19・23}$$

を満足するように設計することとなる[28].

以上の設計法を具体化する手法として以下が提案されている.

山口[28]は，ある設計火災条件の下で避難不能者が生じないことを検証する枠組みは現状の設計法のものを踏襲し，かつ潜在的危険性の高い建築物は通常より厳しい設計火源の下で安

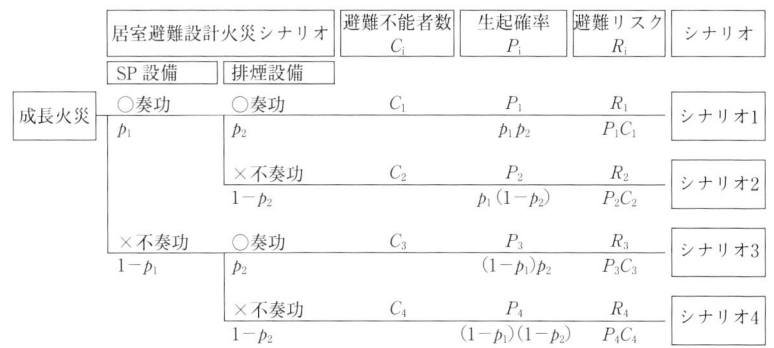

図 19·7　居室避難検証のイベントツリーの一例[29]

全性を検証することで，火災リスクの概念を性能的火災安全設計に導入する手法を提案している．

　出口[30]は，設計法のキーポイントの1つである火災成長率 α の位置付けを示した．次に事務室，住宅居室，飲食店舗，物販店舗を対象として，総務省消防庁の火災報告データから火災成長率 α に関連する情報を整理し，設計法に用いる火災成長率 α の分布の推定結果を提案している．

　野竹[31]は，設計法に用いる許容避難リスク $R_a{}^D$ が，出火率，床面積，成長火災1件あたりの死傷者数から構成されることを示した．そして，住宅・共同住宅火災を例に，住宅タイプ別の出火率，死傷者数の値を求め，これらの値と，火災報告データ上の火元建物の床面積の分布から，避難リスク R の取り得る範囲を示した．

　池畠[32]は，住宅以外の用途の建築物において設計法を導入することを目的として，統計データを用いて現状の法規制の下での各用途の避難リスクの算出，基準とする空間の避難リスクをもとに，用途，床面積に応じて許容避難リスクを算出する方法を検討した．また，用途毎，事務所，住宅の代表的な規模の避難リスクを許容値とした場合の各用途における設計許容避難リスクを算出した．

　また池畠[33]は，物販店舗および飲食店舗に関して，出火率や天井高さ等の条件が居室避難検証を成立させる限界歩行距離および必要出口幅に及ぼす影響について検討した．

　さらに池畠[29]は，スプリンクラー設備が設置されていない室およびスプリンクラー設備が設置されている室のそれぞれの条件について，小規模居室を対象とし居室避難の詳細検証を免除可能な床面積，煙に曝されずに避難可能な床面積と親室率に応じた最大歩行距離および必要出口幅の簡易検証の条件を検討した．　　　　　　　　　　　　　　　　（山口　純一）

19·1·4　火災危険度評価の適用実例

19·1·3（2）で概説した手法のなかから，具体的な建築設計に適用した例を紹介する．

（1）NBS の医療施設防火安全性評価法の実例

日本の特別養護老人ホームに適用した例を引用して説明する[44]．

A. 条　　　件

・出火階；2階（1層1防火区画）

・在館者の実態（出火階）

在館者；入居者36名（寝たきりあるいは歩行の不自由な人が約60%）

　　　　　夜間勤務の職員1名（3階にもう1名勤務）

B. 評価結果

表19·2に示すように，在館者危険度 R に関する5要素はそれぞれ，患者の行動能力 M（Patient Mobility）＝3.2，患者の密度 D（Patient Density）＝2，区画の階 L（Zone Location）＝1.2，付添人に対する患者の割合 T（Ratio of Patients to Attendants）＝4.0，患者の平均年齢 A（Patient Average Age）＝1.2，となり，新築とみなす場合は $R＝36.8$，改築とみなす場合は $R＝18.4$（＝36.8/2）となる.

表 19·2　在館者危険度 R の要因と評価値（現状）[44]

危険要因 [Risk Parameter]	危険要因値 [Risk Factor Values]					
患者の行動能力 [Patient Mobility]（M）	行動 可能 得点	行動 可能 1.0	限定 行動 1.6	行動 不可 3.2	移動 不可 4.5	
患者の密度 [Patient Density]（D）	患者 得点	1〜5 1.0	6〜10 1.2	11〜30 1.5	>30 2.0	
区画の階 [Zone Location]（L）	階 得点	1 1.1	2〜3 1.2	4〜6 1.4	7以上 1.6	地下 1.6
付添人に対する患者の割合 [Ratio of Patients to Attendants] （T）	割合 1 得点	1〜2 1 1.0	3〜5 1 1.1	6〜10 1 1.2	>11 1 1.5	なし 4.0
患者の平均年齢 [Patient Average Age]（A）	年齢 得点	1歳〜65歳 1.0		65歳以上または1歳未満 1.2		
$M×D×L×T×A＝F$ $R＝a×F$	36.86 新築（$a＝1.0$）＝36.8　　改築（$a＝0.5$）＝18.4					

次に安全対策の13要素に関しては，火災時点の現状が表19·3のように得点化される．特徴的な点は，以下である.

　　対策 5.（廊下へ通じる出入口）＝－10（最低点）；ドアなしの判定

　　　　　；就寝室と廊下の間に欄間があり，またドアにガラスがある

　　対策 8.（危険区域）＝－6；区画のなかに可燃物の多いリネン庫があり，かつドアが弱い

　　対策 11.（手動火災警報装置）＝－4（最低点）；消防署への直接通報装置がない

また，表19·4のように，総得点 SG は－3となり，新築の場合の R の値（36.84）を大きく下まわっている．安全対策の冗長性の判定，"火災の封じ込め" に関する合計 $S1$，"消火" に関する合計 $S2$，"避難安全" に関する合計 $S3$ に関しても，すべて基準値を満足していない（表19·4）．そこで，以下のような2ケースの改修（既存扱いとなる）を考えて，評価法

表 19·3　建築安全対策と評価値[14]

対策 [Construction]	対策の得点 [Parameters Values]						
	可燃 [Combustible]				不燃 [Non Combustible]		
	木造軸組 [Wood Frame]		通常 [Ordinary]		非防火	防火	耐火
	非防火 [protected]	防火 [Unprotected]	非防火 [Unprotected]	防火 [Protected]	[Unprotected]	[Protected]	[Fire Resist]
1. 構造体 [Construction] 区画の階 [Floor of Zone]							
1階	-2	0	-2	0	0	2	2
2階	-7	-2	-7	-2	-2	4	2
3階	-9	-7	-9	-7	-7	2	4
4階以上	-13	-7	-13	-7	-9	-7	4
2. 内装材料(廊下・出入口) [Interior Finish (Corr. & Exit)]	C級 -5	B級 0	B級 0	A級 3	A級 3		
3. 内装材料(室) [Interior Finish (Rooms)]	C級 -3	B級 1	B級 1	A級 3	A級 3		
4. 廊下の間仕切・壁 [Corridor Partitions/Walls]	可動または不完全 -10 [0] *	20分耐火以下 0	20分耐火以下 0	20分~60分耐火 1 [0] *	60分耐火以上 2 [0] *		
5. 廊下へ通じる出入口 [Doors to Corridor]	ドアなし -10	20分耐火以下 0	20分耐火以下 0	20分耐火以上 1 [0] ***	20分耐火以上 かつ自動閉鎖 2 [0] ***		
6. 区画の次元 [Zone Dimensions]	100 ft以上の袋小路 -6 [0] **	30~100 ftの袋小路 -4 [0] **	30~100 ftの袋小路	30分以上の袋小路がなくかつ区画の長さ 150 ft以下 -2	100 ft~150 ft 0	100 ft~150 ft 0	100 ft以下 1
7. 竪穴 [Vertical Openings]	4階層以上 -14	2~3階層以上 -10	1階層以下 0	定められた耐火措置による区画 1時間以下 0	1~2時間 2 [0] *	1~2時間	2時間以上 3 [0] *

表 19·3　(つづき)[14]

対策	区分	対策の得点 [Parameters Values]
8. 危険区域 [Hazardous Area]	二重　区画内	-11
	単一　区画内	-6
	単一　区画外	-2
	なし	0
9. 煙制御 [Smoke Control]	制御なし	-2 [0]***
	防煙区画なし　区画内	-5
	区画	0
	機械支援システム　区画	3
	機械支援システム　廊下	4
10. 避難経路 [Emergency Movement Routes]	単一	-8
	複数　容量不足	-2
	複数　水平出口 (W/O)	0
	複数　水平出口	3
	複数　直接出口	5
11. 手動火災警報装置 [Manual Fire Alarm]	手動火災警報装置なし	-4
	(W/O) 消防連絡	1
	W / 消防連絡	2
12. 煙感知および警報 [Smoke Detection & Alarm]	なし	0
	廊下のみ	2
	室のみ	3
	廊下および居住部	4
スプリンクラー [Automatic Sprinklers]	なし	0
	廊下	2 [0]**
	廊下および居住部	8
	全域	10
	全域	5

* 地下へ通じる出入口が -10 の場合または構造体が 1 階または非防火である場合

** 避難通路が -8 の場合または構造体が非防火である場合

*** 既存建築で区画内の患者数が 31 人以下の場合または廊下の間仕切り・壁が -10 の場合

表 19·4　評価のための計算ルール[4]

安全対策 [Safety Parameters]	火煙の封じ込め [Containment Safety] (S1)	消火 [Extinguishment Safety] (S2)	避難安全 [People Movement Safety] (S3)	総合安全 [General Safety] (SG)
1. 構造体　[Construction]	現状 = 4 改修 1 = 4　改修 2 = 4	現状 = 4 改修 1 = 4　改修 2 = 4		現状 = 4 改修 1 = 4　改修 2 = 4
2. 内装材料(廊下および出入口) [Interior Finish(Corr. & Exit)]	現状 = 3 改修 1 = 3　改修 2 = 3		現状 = 3 改修 1 = 3　改修 2 = 3	現状 = 3 改修 1 = 3　改修 2 = 3
3. 内装材料(室) [Interior Finish(Rooms)]	現状 = 3 改修 1 = 3　改修 2 = 3			現状 = 3 改修 1 = 3　改修 2 = 3
4. 廊下の間仕切・壁 [Corridor Partitions/Walls]	現状 = 0 改修 1 = 0　改修 2 = 1			現状 = 0 改修 1 = 0　改修 2 = 1
5. 廊下へ通じる出入口 [Doors to Corridor]	現状 = -10 改修 1 = -10　改修 2 = 1		現状 = -10 改修 1 = -10　改修 2 = 1	現状 = -10 改修 1 = -10　改修 2 = 1
6. 区画の次元 [Zone Dimensions]			現状 = 1 改修 1 = 1　改修 2 = 1	現状 = 1 改修 1 = 1　改修 2 = 1
7. 竪穴 [Vertical Openings]	現状 = 0 改修 1 = 0　改修 2 = 3		現状 = 0 改修 1 = 0　改修 2 = 3	現状 = 0 改修 1 = 0　改修 2 = 3
8. 危険区域 [Hazardous Area]	現状 = -6 改修 1 = -6　改修 2 = -6	現状 = -6 改修 1 = -6　改修 2 = -6		現状 = -6 改修 1 = -6　改修 2 = -6
9. 煙制御 [Smoke Control]			現状 = -2 改修 1 = -2　改修 2 = 0	現状 = -2 改修 1 = -2　改修 2 = 0
10. 避難経路 [Emergency Movement Routes]			現状 = 3 改修 1 = 3　改修 2 = 5	現状 = 3 改修 1 = 3　改修 2 = 5

表 19·4 （つづき）[44]

安全対策 [Safety Parameters]	火煙の封じ込め [Containment Safety] (S1)	消火 [Extinguishment Safety] (S2)	避難安全 [People Movement Safety] (S3)	総合安全 [General Safety] (SG)
11. 手動火災警報装置 [Manual Fire Alarm]		現状 ＝ －4 改修1 ＝ －4　改修2 ＝ 2		現状 ＝ －4 改修1 ＝ －4　改修2 ＝ 2
12. 煙感知および警報 [Smoke Detection & Alarm]		現状 ＝ 5 改修1 ＝ 5　改修2 ＝ 5	現状 ＝ 5 改修1 ＝ 5　改修2 ＝ 5	現状 ＝ 5 改修1 ＝ 5　改修2 ＝ 5
13. スプリンクラー [Automatic Sprinklers]	現状 ＝ 0 改修1 ＝ 0　改修2 ＝ 0	現状 ＝ 0 改修1 ＝ 10　改修2 ＝ 0	現状 ＝ 0 改修1 ＝ 5　改修2 ÷ 2 ＝ 0	現状 ＝ 0 改修1 ＝ 10　改修2 ＝ 0
合　計	$S1 =$ [< >基準値]	$S2 =$ [< >基準値]	$S3 =$ [< >基準値]	$SG =$ [< >基準値]
現　状	－6 < [14]	－1 < [8]	0 < [9]	－3 < [36.8]
改修1（スプリンクラー設置）	4 < [8]	9 > [5]	5 > [3]	7 < [18.4]
改修2（小区画化ほか）	9 > [8]	5 ＝ [5]	18 > [3]	22 > [13.8]
基準値 　　1階	新規 ＝ 9 既存 ＝ 4	新規 ＝ 6 既存 ＝ 3	新規 ＝ 6 既存 ＝ 1	新規 ＝ R 既存 ＝ R／2
2階以上	新規 ＝ 14 既存 ＝ 8	新規 ＝ 8 既存 ＝ 5	新規 ＝ 8 既存 ＝ 5	新規 ＝ R 既存 ＝ R／2

を適用してみる（表19·4）.

　・改修1；スプリンクラーを設置する. R は, 現状の改築と考え, $1/2$（$=18.4$）となる.
　　　　　安全対策は, 13.（スプリンクラー）のみ変化（$0 \to 10$；"避難安全"での得点
　　　　　は $1/2$ となり5）する.

　SG は7であり, 現状の -3 に比べ, 若干高くはなるが, 基準値 R（$=18.4$）を満足しない.
また, 冗長性の判定は, "火災の封じ込め"S1, が基準値を満足していない.

　・改修2；4つの改修を考える.
　　1）廊下に, 煙感知器連動の網入りガラス木製防火ドアを設置し, 4つの防煙区画に分
　　　割する（図19·8）. 区画内の入居者は13人以下となる.
　　2）廊下と就寝室の欄間を閉鎖し, ドアは20分耐火の木製防火ドアとする.
　　3）バルコニーへの出口をベッドで通れるようにする.
　　4）自火報に連動した消防署への直接通報装置を設置する.

　患者の密度 D が減少（$2 \to 1.5$）した結果, $R=27.6$ となり, 現状の改築と考えて $1/2$（$=13.8$）となる. SG は, 22であり, 現状の -3, 改修1の7に比べ, 著しい上昇である. 基準値 R（$=13.8$）も満足し, また, 冗長性の判定は, すべてが基準値を満足している.

　以上のように, 建築と在館者に関しての簡単なデータを入力すれば, 簡便に危険度評価が可能である. 改修を想定する場合も, 代替となる安全対策の効果の検討も容易である.

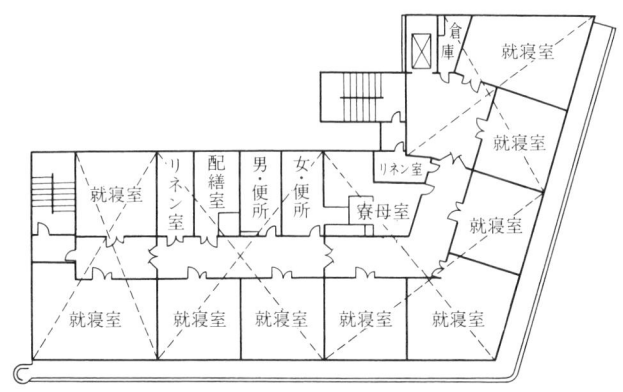

図 19·8　評価対象老人ホーム平面の概略と改修案[44]

（2）信頼性を考慮した人命危険の評価法[22]

　19·1·3（2）G.で述べた手法を具体的な建築平面（病棟平面の出火階での危険度評価）に適用したケーススタディで説明する.

A.　適用にあたっての条件設定
　・危険度の計算は, 出火した防火区画内に限定する.
　・病室以外からの出火は考えない.
　・出火室での危険度については扱わない.

・運動能力の異なる人が同一空間に滞在する場合には，式 (19·3) の T_k, N_i を同じ能力の人ごとに計算する．結果として，その空間の危険度が運動能力ごとに出力される．

・各空間には感知器が設置され，出火の感知は感知器によるものだけを考える．

・防災センターがあり，24 時間体制で管理行動マニュアルに従う警備職員がいる．

・出火室以外の空間にいる人間は感知器作動後，防火に対し責任を持つ職員の指示があって初めて避難行動を開始するものとする．

・上記職員以外の消火・誘導の活動は考えない．また，職員の危険度は考慮しない．

B. 危険度に対する設定値変動の影響

危険度を変動させる要因を，仮に［火災系］・［設備系］・［人間系］・［空間系］と名付けて分類すると，評価法の構造から表 19·5 となる．

これらの中で，［火災系］・［設備系］については，評価法で用いた設定値にある程度の精度を期待できるが，［人間系］・［空間系］の設定値は，ヒューマンファクターが入るという意味で大きな変動が予想される．そこで，［人間系］・［空間系］の設定値の変動が危険度にどのような影響を及ぼすかを標準的な病棟平面（図 19·14 (a)）で検討する．

表 19·5 評価法に組み込んだ危険度を変動させる要因[22]

	要　因
A. 火災系	A-1：出火率 A-2：F. O. の発生時期 A-3：$C_s \geqq 0.15$ の時期
B. 設備系	B-1：感知器の有無・作動信頼性・作動時期 B-2：スプリンクラーの有無・作動信頼性・作動時期 B-3：火災室の扉の性能・閉鎖率
C. 人間系 　　管理者 　　避難者	C-1：管理者が火災確認に要する時間 C-2：消火活動の有無と成功率 C-3：避難指示の時期・誘導者の人数 C-4：要避難者の運動能力（各避難者の安全域到達までの所要時間）
D. 空間系	D-1：用途・規模 D-2：平面型（安全域の数，避難経路数，避難距離，廊下幅，開口部幅） D-3：空間の使用・管理状況

表 19·6 は，表 19·5 のうち 3 つの要素に注目し，その標準の設定値と変動の条件を示している．図 19·9 は，標準の設定値でのシミュレーション結果を時系列上に示したものである．まず，火災性状・煙流動シミュレーションから，フラッシュオーバーの発生は 180 秒となる．この時，火災室の扉が閉じているか・開いているかで，廊下が避難不能となる（$C_s \geqq 0.15$）時間は 180 秒（シナリオ②，⑥），273 秒（シナリオ③，⑤）と与えられる．表 19·6 のうち，管理者の到着が，フラッシュオーバー（180 秒）以降になる場合は消火活動が不可能となるため，イベントツリー自体が変化する結果となる（図 19·10）．

図 19·11，図 19·12，図 19·13 に，設定値の変動に従って，各空間ごと，患者の運動能力ご

表 19·6　設定値の標準値と変動条件[22]

		標準値	変動条件
a.	管理者の出火室への到着時間（感知器作動後）	評価法の計算条件より求められる値（防災センターより最も遠い病室の場合）：80秒	I（0秒）　　V（90秒） II（60秒）　VI（100秒） III（70秒）　VII（120秒） IV（80秒）　I〜Vまでは （標準値）　F.O.以前
b.	患者の運動能力	実測調査を基にした値 A：自由歩行 　0.8 m/s　65% B：杖・車椅子 　0.4 m/s　20% C：要介助（移送時） 　0.8 m/s　15%	A が 100%
c.	安全域の数	2カ所以上（評価する防火区画に接する）	1カ所 （平面（a）では右側のみ）

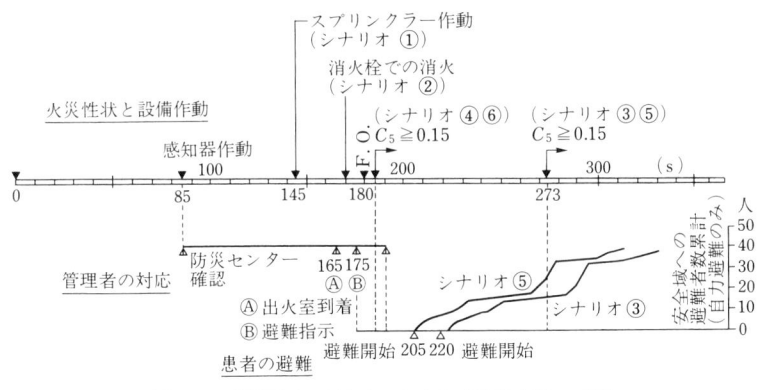

図 19·9　時間軸上に示したシナリオ（平面（a））の例[22]

とに求まる危険度の分布がどのように変化するかを示す．これらの図で，横軸は，床面積当りの出火率（式（19·21）の f）をかけると，式（19·20）の R_i となる数値で，危険度を表す．縦軸は，平面の各位置にいる患者がどの危険度の範囲にどれだけ分布しているかを示す（図19·15（a）は標準の設定値での各空間の危険度を平面図上に表したものである）．

なお，各要素での分岐（成否）の確率を変更し，各空間（各個人）の危険度にどのような影響が生じるかについては文献26）で検討している．

①管理者の出火室への到着時間の変動（図19·11）

管理者の到着時間がフラッシュオーバーに近づくとともに，危険度は次第に増大し，フラッシュオーバー前後（表19·6の条件V，VI）で大きく変化する．これはVI以降では消火

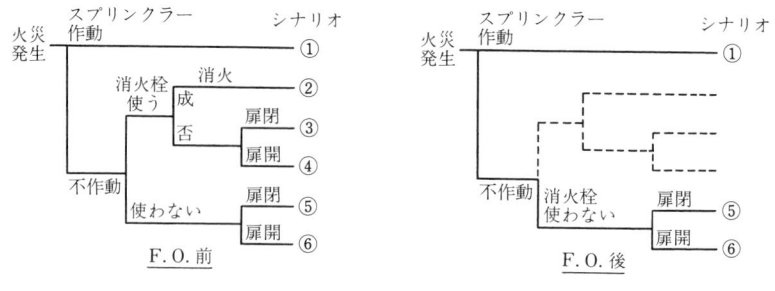

図 19·10　イベントツリーの変化[22]

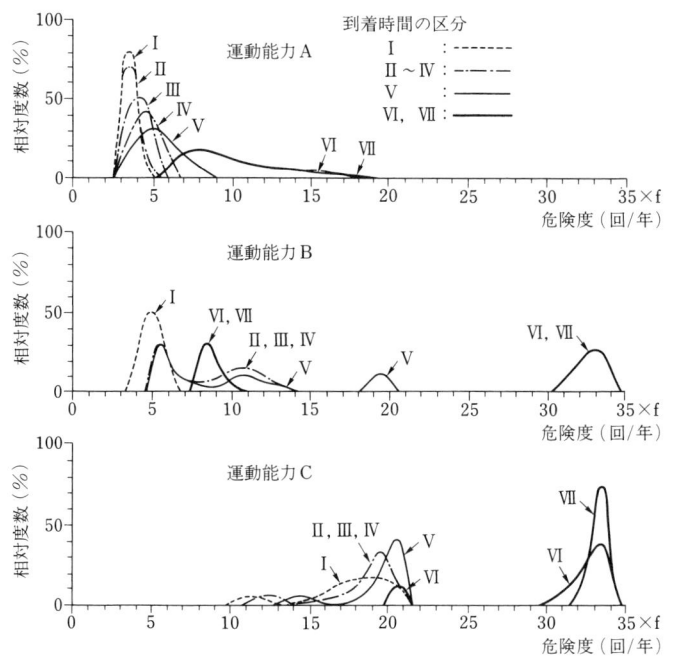

図 19·11　管理者到着時間の変動に従った危険度の変化[22]

活動の成功による危険度の軽減が存在しなくなるためである．この傾向はどの運動能力（A，B，C，表 19·6 参照）でも同様である．

　②運動能力の変動（図 19·12）

　運動能力 C の患者は，2 名の看護婦の往復によってのみ移動できる条件としているため，もともと避難条件が他の患者とは大きく異なる．これを運動能力 B，C の患者とも，運動能力 A との想定で計算すると危険度は著しく下がり，全体としては標準の構成比率での運動能力 A の分布にほぼ等しくなる．

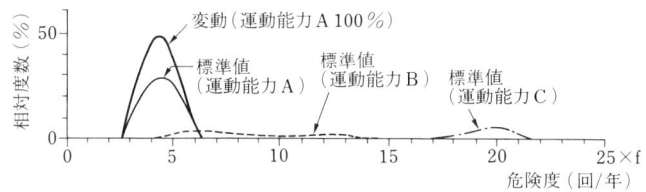

図 19·12　患者の運動能力の変動に従った危険度の変化[22]

③安全域の数の変動（図 19·13）

安全域を 1 つ減らすことで，どの運動能力に対する危険度も増大し，その程度は運動能力が高いほど著しい．また安全域のすぐ隣の危険度の低い空間では，反対側の安全域が無くなっても危険度はそれほど上昇せず，低いままであることが運動能力 A，B の分布の変化でわかる．

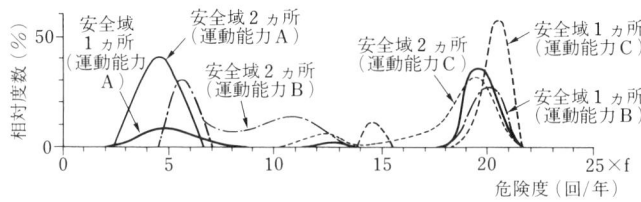

図 19·13　安全域の数の変動に従った危険度の変化[22]

以上のように，それぞれ任意に設定した範囲では，危険度の計算結果は，従来の防火計画上の知見と矛盾を生じていない．そこで，表 19·6 の標準値を採用し，次に，複数の代表的な病棟平面に適用することとした．

C.　複数の平面への適用

図 19·14（a）～（h）に示す 8 つの病棟平面を対象として危険度を算定する．なお，"管理者の到着時間"，"運動能力 A，B，C 患者の構成比率と分布"，"安全域の最少数と位置（防火区画は 1 つのナースステーションで受け持つ病室の範囲と一致し，ここには 2 ケ所以上の安全域が接する）"の条件については，表 19·6 の標準値で統一し計算した．また，廊下の幅・天井高についても同じ条件（2.4 m×2.4 m）としている．

各病室の危険度を算定すると図 19·15（a）～（h）となる．同一の病室に運動能力の異なる患者が混在する場合は運動能力別に危険度を示している．また，図 19·16 は運動能力別の，各平面での患者の危険度の相対度数分布である．

平面（b），（f）を除いて，運動能力 A の患者の危険度はほとんどが 3 f～5 f の値で，病室位置による差はない．平面（b）では床面積が他の平面より大きいため出火件数が増える結果となり，危険度が全体に高い．さらに，安全域からの距離が増加するにつれて危険度が高くなる．平面（f）では，避難シミュレーションの条件で出火室の前は通れないとしていることから，袋小路（行き止まり）となっている廊下に面する病室で危険度が高くなっている．運動能力 B の患者の場合，平面（a），（b）以外は運動能力 A と同程度に低い分布である．平面

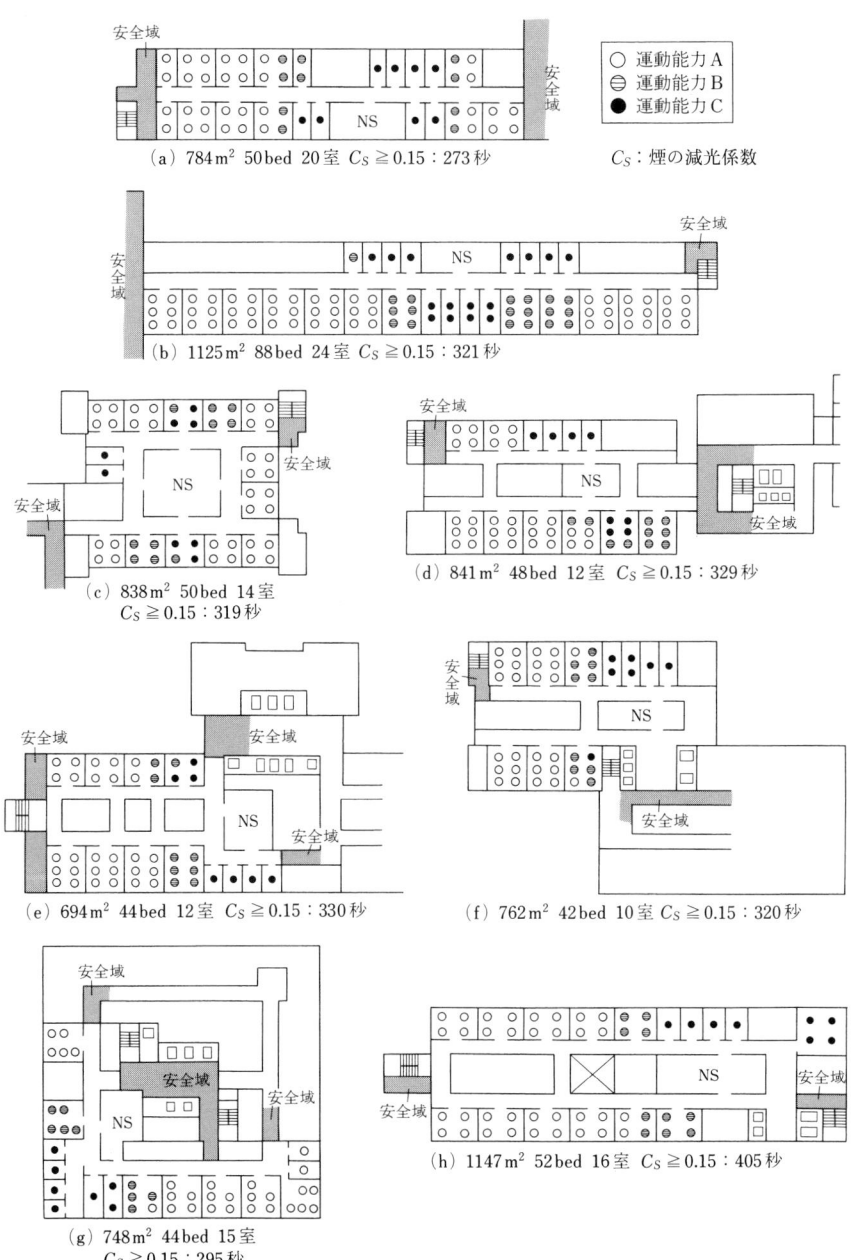

図 19·14　適用対象病棟平面図[22]

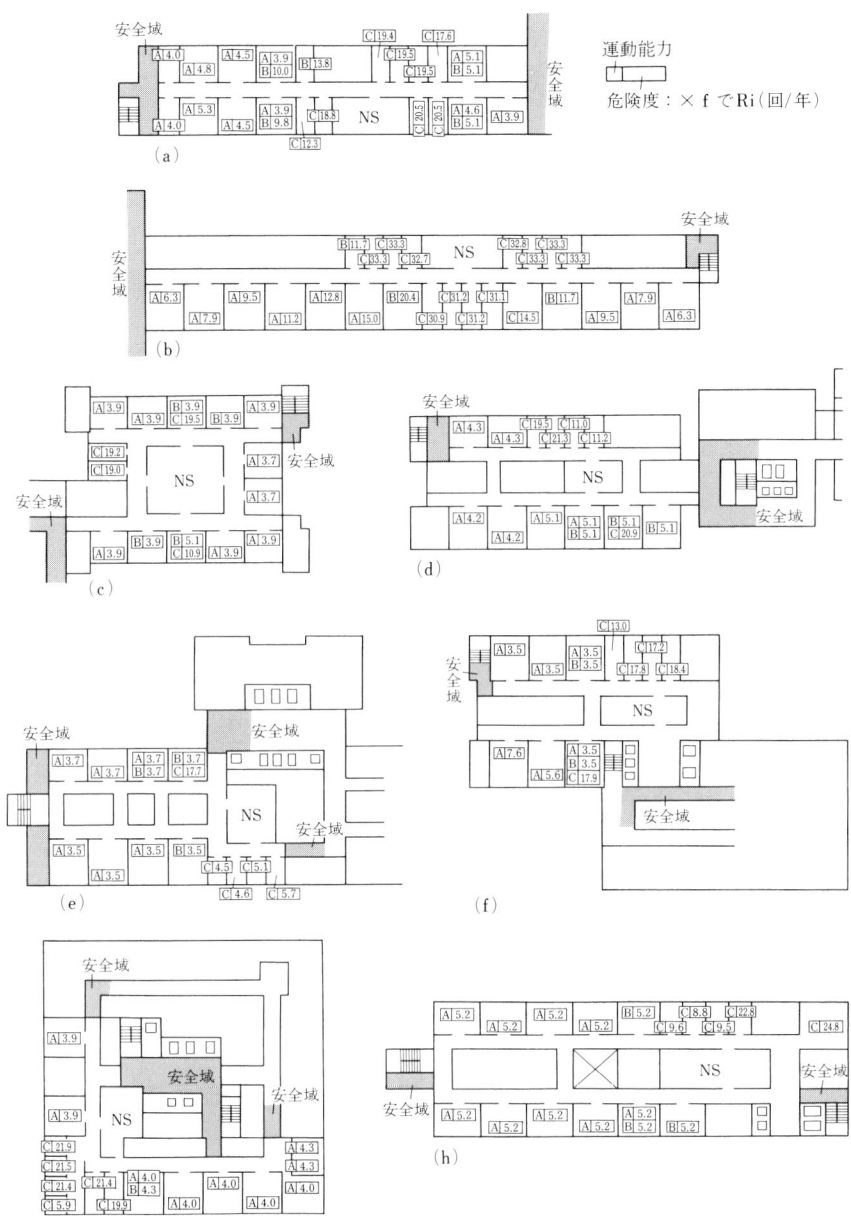

図 19·15　各平面での火災危険度[22]

（a）では，避難距離の長い病棟中央付近に滞在する運動能力Ｂ患者が高い危険度となっている．運動能力Ｃ患者の場合，危険度の最大値は平面（b）で $32f$〜$33f$ であるのを除いて $20f$ 前後である．病室ごとに差があるのは，看護婦が介助にくる順番によって安全域到着の時間が大きく異なるためである．平面（e）では，ナースステーションに近くかつ安全域に近い病室で，看護婦による往復がスムーズなため危険度が非常に低く，他の平面ではみられない特徴である．

　以上のように，従来から得られていた知見を矛盾なく，定量的に表すことが可能である．

　また，前提となる諸条件・仮定についての検討は残すものの，各対策の効果を数値的に表現でき，代替案の比較も容易である．

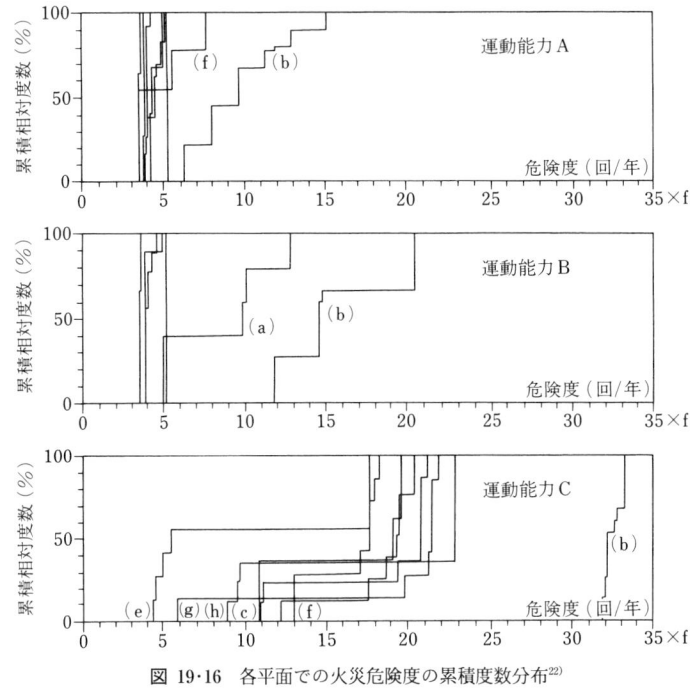

図 19・16　各平面での火災危険度の累積度数分布[22]

（志田　弘二）

19・2　火　災　保　険

19・2・1　火災保険の意義

（1）火災保険の役割

　日々の社会活動は，様々なリスクに晒されている．個人であれば，傷害・疾病・死亡，失業，住宅や家財など資産の物的損害，賠償責任などのリスク，企業活動であれば，例えば，建物や生産設備等の物的損害以外にも，事故による操業停止や休業による収益減少リスク，

賠償責任リスク，海外活動でのリスクなど多岐に亘る．これら日常生活を取り巻くリスクへの備えとして有効な手段が保険である．保険は，リスクに見合う対価（保険料）を契約者が保険会社に支払うことにより，契約者が保有するリスクを保険会社が肩代わりし（リスクの移転機能という），万が一事故が起きた際には，多数の契約者から集められた保険料から保険金が支払われる制度であり，大きくは生命保険と損害保険に分けられる．人間の生存または死亡による損失に対して，一定額の保険金を支払う生命保険に対し，偶然の事故による損失の補償を目的とする損害保険は，個人や企業活動の基盤を支える重要な役目を果たしている．

損害保険の一つである火災保険は，かつては「火災」による損害のみを補償する保険であったが，個人向け，企業向けともに，度重なる改定を経て，火災以外にも破裂・爆発による損害，落雷，風災，水災，雪災などの自然災害による損害や盗難，他物の飛来，破損等による損害など，多様なリスクを補償するようになっている．これは，現代社会のなかで主に①経済的安定の確保，②安心・信用の確保，③損害の防止・軽減といった役割を果たしている．

A.　経済的安定の確保[1,2]

個人の社会生活において，住居は大きな財産であり，生活の基盤である．予期せぬ火災や自然災害により建物や家財が罹災した場合，火災保険に加入していれば速やかに保険金が支払われ，それを元手に生活の建て直しを図ることができる．企業活動においても，基盤となる工場の建物や設備・什器が罹災した場合，支払われる保険金により，早期の復旧が可能となる．このように，早期の生活の建て直しや事業復旧に資するという意味で「経済的安定を確保する」役割を有する．

B.　安心・信用の増大[1,2]

リスクへの備えとして貯蓄は重要であるが，十分な備えとするには時間もかかるうえ，たとえ貯蓄できたとしてもいつ発生するかわからないリスクに対して資金を寝かしておくことは合理的ではない．そこで火災保険により保有するリスクを保険会社に移転すれば，企業であればその資金を設備投資や事業拡大など，前向きな事業活動に当てることができる．

また，個人が住宅を購入するために住宅ローンを組む際には，火災保険をつけることが一般的である．火災保険の保険金請求権に，融資元である金融機関に対する質権を設定すれば，当該物件が罹災しても保険金は金融機関に優先的に支払われ，債務の返済不能というリスクを払拭できる．これにより，比較的容易に個人に対する融資が可能となる．一方，企業についても，工場などが罹災しても支払われる保険金により早期に事業を復旧できることから，資金の融資元である金融機関にとっては優良な貸付先となる．

このように，火災保険によるリスク移転は，資金活動の安心感，また，融資の促進につながるという意味で「安心・信用の増大」という役割を有する．

C.　損害の防止・軽減[1,2,4]

火災保険は，罹災した際に速やかに保険金が支払われることにより，生活の建て直しや事業の復旧に資するものであるが，本来的には，火災等の発生を事前に予防し，罹災しても損害の拡大を防止・抑制することが重要かつ最善の策である．火災保険では，主に建物の構造

や用途を料率区分とし，企業向けについては，消防設備等の設置・維持に応じた割引制度を有する体系となっているものが多い．耐火性の高い建物は低い建物より保険料が安く，消防設備の設置・維持状況によって保険料が割り引かれるため，損害防止へのインセンティブが働く．また，大規模工場などにおいては，保険会社が保険を引き受けるにあたり，当該事業所にどのようなリスクが存在するかを事前に調査・分析し，必要に応じた改善策の提案や提供可能な保険商品の選定を行っている．このように，火災保険は，その仕組みを通すことで，災害の予防や損害の防止・軽減に繋がるという意味で「損害の防止・軽減」という役割を有する．

（2）失火責任法と火災保険[1, 5]

火災保険は，失火責任法との関係からも重要である．

江戸時代より，日本の町の多くは，木造住宅が密集し路地が入り組んだ市街地構造となっており，ひとたび火災が発生すると，瞬く間に市街地全体に延焼するとともに，消火も困難であった．それゆえ，幾度となく都市大火を経験してきた．

民法第709条は，故意または過失によって他人に損害を与えた場合，その損害を賠償しなければならない旨が定められている（不法行為責任）．これに則れば，自らの故意または過失によって出火し，他人の家へ延焼させてしまった場合には，その損害に対して賠償責任が生じることとなるが，都市大火が頻発していた我が国においては，一軒の出火が元で町全体に延焼するような火災に対して賠償責任を負わせても，火元だけでは到底賠償できるものではない．このような考えのもと，失火については特別法として「失火ノ責任ニ関スル法律」（以下，失火責任法）が定められており，この法律によると，失火により他人の家へ延焼させた場合，火元は延焼に伴う他人の損害に対して賠償責任を負う必要はないものとされる．一方，火災が延焼し損害を被った側からみれば，もらい火による損害について誰からも賠償されない（ただし失火責任法で免除されるのは，あくまでも，重大でない過失（軽過失）によるものである）こととなる．これに対し自己防衛を行うには，自らの出火による自らの損害のみでなく，他人の失火に伴う自らの損害に対しても補償する火災保険は大きな手段となる．

なお，失火責任法で免除されるのは民法第709条の不法行為責任についてのみであることには注意を要する．例えば賃貸住宅の入居者は，民法上，管理義務や賃貸契約終了時には原状回復して貸主に返還する義務（民法第400条，第597条，第616条）を負い，これが履行されなかった場合には，民法第415条に基づく賠償責任を負うことになる（債務不履行責任）．債務不履行責任は失火責任法の免除対象外であるため，入居者が火災を起こした場合，これを保険で補償するためには，入居者は自らの家財に対する火災保険に加入する際に賠償責任補償に関する特約をつける等，貸主との間で取り決めておく必要がある．

19・2・2　火災保険の歴史

（1）火災保険のはじまり[6〜8]

火災保険のはじまりは，イギリス発祥の私営保険（民営保険）とドイツ発祥の公営保険の二つの系譜がある．前者は，1666年のロンドン大火を契機とした火災保険の誕生であり，医者兼建築士として活躍していたニコラス・バーボンらが1681年に最初の火災保険会社で

ある「ファイア・オフィス」を設立して火災保険の営業を開始し，その後，イギリスに多くの火災保険会社が誕生した．後者は，15 世紀にドイツ北部ではじまった火災共済組合（火災ギルド）を端緒とするもので，当時，ハンブルグ市には，ビール醸造業者が結成していた火災保険組合をはじめ，多数の火災共済組合があった．16 世紀ごろに同市では多数の火災が発生しており，こうした組合のなかには，大火の際に支払資金に苦慮していたものもあったことから，1676 年に当時 46 あった火災共済組合を統合して市営の火災金庫（後のハンブルグ火災金庫）が設立された．これがドイツ各地で関心をよび，官営もしくは公営の建物火災保険制度へと発展していった．

（2）日本における火災保険のはじまり[1~3]

　日本人と火災保険の関わりは江戸時代の末の頃である．日本は，1853（嘉永 6）年，ペリーの来航によって鎖国政策に終止符を打ち，1859（安政 6）年の開港条約に基づいて運上所（税関）が設置され，外国との通商が再開されることとなった．これに伴って外国保険会社が進出し，近代的保険制度が日本に紹介された．当時，外国保険会社は主に外国商社を相手とした保税倉庫内の保管貨物に対する火災保険の引き受けを行っていたが，次第に日本商社や日本人を相手とした引き受けを行うようになった．

　日本の火災保険の始まりは，1878（明治 11）年に行われた，当時東京医学校のドイツ人講師であったパウル・マイエット博士による講演がきっかけである．同氏は，当時の日本における火災の惨状を目の当たりにし，日本においてもドイツに倣って，火災，地震，風害，水害および戦争の五危険について建物に対する国営の強制保険を実施すべきと提案した．その講演内容は，「日本家屋保険論」としてまとめられて政府関係者へと配布された．これを支持した当時大蔵卿であった大隈重信は，マイエット博士を大蔵省専属の顧問として省内に火災保険取調掛を設置し，国営の強制保険の検討に着手させた．しかし，その後代替わりし，イギリス流の民営優先の保険制度を支持する松方正義が大蔵卿になると，国営の強制保険案は挫折した．

　他方，このときの調査が契機となって，1887（明治 20）年に東京火災保険会社（現在の損保ジャパン日本興亜社）が日本で最初の火災保険会社として設立され，1891（明治 24）年に明治火災保険会社（現在の東京海上日動社）が，そして 1892（明治 25）年に日本火災保険社（現在の損保ジャパン日本興亜社）がそれぞれ設立された．

（3）保険会社の濫立と競争[7,8]

　日清戦争（1894 ～ 95 年）後，資本主義化が進み火災保険事業も発展期を迎え，相次いで火災保険会社が設立された．保険会社の濫立は競争の激化を生み，火災保険分野で激しい料率の引き下げ（以下，ダンピング）競争が生じた．多くの会社は財政的基盤が弱く経営方法も拙劣であったために，経営が行き詰まり，営業を中止する会社も多かった．そうしたことから，保険会社の経営の安定性の確保や保険の安定供給をめざし，1907（明治 40）年 5 月，東京火災，明治火災，日本火災，横浜火災，共同火災の有力 5 社が火災保険協会を結成し，料率の協定を行った．これにより保険業界の混乱は一定程度収まったが，相次ぐ大火の発生による経営難から料率を引き下げる会社が出てきたことにより，再びダンピング競争が激化し，協定の効果は上がらなかった．1917（大正 6）年に国内保険会社 18 社，外国保険会

社24社を包括する大日本聯合火災協会（現在の日本損害保険協会）が設立されると，ようやく料率協定を効果的に行うことができるようになり，しばらくの間，健全な経営が可能となった．

（4）関東大震災と保険会社の再編成[6~8]

1923（大正12）年に関東大震災が発生すると，火災保険では地震による損害は免責であったが，これに対する世論の反発が大きかったため，保険会社は一定額を見舞金として契約者に支払うこととなった．その総額7470万7千円の見舞金のうち，6355万8千円を政府の助成金により賄ったことで，その後長期に渡る返済が火災保険事業経営に対する重圧となった．さらに，1927（昭和2）年の震災手形に端を発する金融恐慌，それに続く不況は，再度のダンピング競争の激化や料率協定の破たんをもたらし，保険会社の整理統合が進んだ結果，43社あった保険会社（日本社）は，1944（昭和19）年3月末には16社となった．

（5）戦後の火災保険[8,9]

1947（昭和22）年4月，経済民主化政策の一環として「私的独占の禁止および公正取引の確保に関する法律」（独占禁止法）が公布されたが，損害保険事業については，過去のダンピング競争の経験を踏まえ，高い公共性等の事業の特殊性に鑑み，同年制定の適用除外法により，損害保険に関する協定についての独占禁止法の適用除外が認められた．さらに，1948（昭和23）年に「損害保険料率算出団体に関する法律」（以下，料団法）が制定され，これに基づく料率算出団体として損害保険料率算定会（現在の損害保険料率算出機構）が設立された．これにより，火災保険については，損害保険料率算定会による料率の協定（算定会料率）が認められた．

戦後，日本経済が発展し，人々の生活が豊かになるにつれ，人々を取り巻くリスクも多様化してきた．かつてのような大火は減り，火災による罹災が減少する一方，次第に台風災害など，火災以外の財産に生じるリスクについても保険ニーズが高まってきたが，1959（昭和34）年の伊勢湾台風による大被害の発生を契機として，1961（昭和36）年にわが国最初の総合型火災保険である「住宅総合保険」が開発された．この総合保険は，台風災害，水災などの自然災害や盗難などの人為的災害も総合的に補償するもので，改定を繰り返しながら，その補償内容も拡大していった．

また，これまでいわゆる「掛け捨て」が主流であったが，貯蓄性を有する積立保険（満期返戻金付長期保険）も開発された．

（6）規制緩和と料率の自由化[9~11]

世界的な金融規制緩和，自由化の流れのなか，1996（平成8）年4月，56年ぶりの全面改正となる保険業法（民営保険事業に関する一般法）および料団法が施行され，自由化に向けた保険制度改革が実施された．さらに，当時の橋本首相が提唱した「金融システム改革（日本版金融ビッグバン）」の一環として保険制度改革が要請されるなか，1996（平成8）年12月の日米保険協議において，算定会料率の会員会社に対する遵守義務を廃止し，料率を自由化する等の合意に至った．これにより，1998（平成10）年7月より，算定会料率の遵守義務は撤廃され，火災保険の料率は完全に自由化されることとなった．

現在，料団法に基づき損害保険料率算出機構が算出する参考純率は，遵守義務のないアド

バイザリー・レートとして今日の火災保険における役割を担う（19・2・3（3）参照）一方，各保険会社では，商品内容，価格ともに多様化した独自の保険商品を開発・販売している．

19・2・3　火災保険の概要

（1）保険料率の構成[12, 13]

火災保険の保険料率（保険金額に対する保険料の割合）は，保険金額 1000 円あたりの当該保険契約の値段（保険料）である．保険料は保険料率に保険金額をかけることで算出される．ここで，保険金額とは，支払われる保険金の上限額をいい，保険をかける対象の価額（保険価額）を基に契約時に定めるものである．

$$保険料率＝保険料/保険金額 \tag{19・24}$$

保険料率は純保険料率（純率）と付加保険料率（付加率）により構成される．純率部分は，事故が発生した時に支払われる保険金に充てられる部分であり，危険原価に相当する部分である．付加率部分は，保険会社が保険事業を行うために必要な経費や利潤などに充てられる部分である．

$$保険料率＝純保険料率＋付加保険料率 \tag{19・25}$$

（2）料率三原則[12, 13]

身の回りにある多くの物の値段は，まず原価があり，そのうえで値段が決定される．それに対して保険の場合，特に純率部分は事故が発生して初めて確定できるものである．これを「原価の事後確定性」という．そのため，保険の原価に当たる純保険料率については，過去の統計データや数理的，工学的など様々な手法に基づいて算出される．また，火災保険は，19・2・1（1）で述べたように，予期せぬ災害等に見舞われた際に経済的安定を確保する役割を担うことから，公共性が高いものである．これらのことから，保険料率は料団法第 8 条に示される基準，いわゆる料率三原則に適合しなければならないものと定められている．

《料率三原則》

① 　合理的であること

　　算出に用いる保険統計その他の基礎資料が，客観性があり，かつ，精度の高い十分な量のものであること．算出が，保険数理に基づく科学的方法によるものであること．

② 　妥当であること

　　将来の保険金の支払いに充てられることが見込まれる部分として，過不足が生じないと認められるものであること．

③ 　不当に差別的でないこと

　　危険の区分や水準が，実態的な危険の格差に基づき適切に設定されていること．

（3）参考純率[12, 13]

参考純率とは，料団法に基づき損害保険料率算出機構が算出し，監督官庁である金融庁長官に届出ている純保険料率であり，機構会員である損害保険会社が保険商品の料率算出の基礎とできる純保険料率として位置付けられている（料団法第 2 条第 1 項第 5 号），遵守義務のないアドバイザリー・レートである．参考純率は，会員である損害保険会社から報告される大量の保険データや一般統計等を基に，数理的手法や工学的手法などを用いて算出されており，上記の料率三原則に則ったものとなっている．

　会員である損害保険会社が，参考純率を使用して商品等の認可申請や届出を行った際は，金融庁長官の審査において，使用した参考純率の部分については料率三原則に適合するものと勘案される（料団法第9条の2第4項）．

（4）料率区分[12, 13]

　火災保険では，個人の住宅等の家計分野，企業（事務所，工場など）の建物等の企業分野に大別される．損害保険料率算出機構の参考純率では，家計分野である住宅物件のほか，企業分野をさらに一般物件，工場物件，倉庫物件に細分した4種類の物件種別に分類し，各物件の特性に応じた料率区分（適用する料率の異なる区分）を設けている（表19・7）．

表 19·7　参考純率における物件種別と料率区分

物件種別	対象とするもの	料率区分
住宅物件	住居専用建物とその家財　等	建物の構造，所在地（都道府県）等
一般物件	住宅，工場，倉庫のいずれにも該当しない建物，動産　等	建物の構造，所在地（都道府県）等 ただし，建物用途または作業内容，管理状況等に応じた割増引あり
工場物件	作業に使用する動力・電力，作業人員が一定規模以上の工場の敷地内に所在する建物，設備，什器　等	建物の構造，業種・作業工程 ただし，地域（都道府県を集約した地区），管理状況等に応じた割増引あり
倉庫物件	倉庫業者等が管理する保管貨物，倉庫建物	建物の構造，保管貨物の危険品級別 ただし，管理状況等に応じた割増引あり

（5）保険の対象[13, 14]

　火災保険は，火災等の災害により財物に損害が生じた際に保険金が支払われる仕組みであるが，火災保険を契約する際には，どのような財物を保険の対象とするのかを定める必要がある．

　前出の住宅総合保険を例にとると，保険の対象とできるのは，建物とこれに収容される家財（建物のみ，家財のみ，建物と家財の両方とすることも可）であり，建物には付属建物（物置や車庫など）および門，塀，垣が含まれる．一方で自動車，通貨，有価証券，預貯金証書，印紙，切手その他これらに類する物については，原則として保険の対象とすることはできない．これらは他のものに比べてリスクが高いだけでなく，自動車であれば，衝突による損傷が走行中にできたのか，車庫内でできたのかを判別することが困難であること，通貨等は盗難リスクが高く，また損害の額の確認が困難であることから保険の対象から除外している．ただし，契約時に保険の対象とすることを明確に合意（明記）し，保険証券に明記した場合に保険の対象となるものがある．価値の評価が困難もしくは盗難リスクが他に比べて著しく高い，一定額を超える貴金属類や，稿本，設計書などがこれにあたり，これらを明記物件という．

（6）保険価額の評価基準[12~14]

　保険契約を行う際には，保険の対象を明確にすると同時に，これらの金銭的価値（保険価額）を適切に評価する必要がある．契約時に評価された保険価額は保険金額の設定基準になる．罹災時の保険金は，これら保険価額と保険金額，そして損害の大きさに応じて支払われる．適切な評価に基づく保険金額が設定されていなければ，罹災後，契約者が十分な補償を受けられないおそれがあることから，保険価額の評価はとても重要である．保険の対象の保険価額の評価基準として，「再調達価額」と「時価」があるが，現在は「再調達価額」をもとに評価する方法が一般的である．

A.「再調達価額」をもとに決める方法

　保険の対象を再築または再取得するのに必要な金額をもとに決める方法である．この場合，たとえば，建物が全焼した際には，支払われた保険金で焼失した建物と同等の建物を再建することも可能である．この「再調達価額」を「再取得価額」や「新価」ともいう．

B.「時価」をもとに決める方法

　新品（住宅であれば新築時）での取得時点からの時間経過等に伴う消耗や劣化を考慮するもので，再調達価額から経年減価分を差し引いた金額（時価）をもとに決める方法である．この場合，罹災後に支払われる保険金も時価ベースで算定されるため，たとえば，建物が全焼した際には，支払われた保険金では同等の建物を再建できないおそれがあるが，従来はこの方法が一般的であった．

（7）保険金の算定方式[13,14]

　上記（6）において，保険価額の評価基準について記したが，保険の対象が火災等により罹災した場合に支払われる保険金を算定する際，上記の評価基準のほか，「比例払方式」と「実損払方式」による違いがある．

A．比例払方式

　保険価額に対する保険金額の割合に比例して保険金の支払額が決まる方式で，下式による．

$$保険金の支払額＝損害の額 \times 保険金額/保険価額$$
$$（保険金額/保険価額は1を上限とする．） \quad (19 \cdot 26)$$

　従来の火災保険では，不当利得を防止する観点から，原則「時価」を評価基準としており，この方式が主流であったが，式にあるとおり，保険金額が罹災時点の保険価額を下回る（一部保険という）場合，それに比例して保険金の支払額も削減されることから，支払われる保険金だけでは再建，再取得を行うことができなくなる．このことは契約者の納得感が得られにくいものであった．

　住宅総合保険等では，上記の条件を緩和し，保険金額が保険価額の80％以上で契約されている場合には，損害の額がそのまま（保険金額が上限）支払われ，80％未満で契約されている場合には，比例払方式が適用されるが，分母となる保険価額に80％を乗じることにより，比例払方式よりも保険金の支払額を多くする方式となっている．これを80％付保割合条件付実損払（80%co-ins.）という．

〈80%co-ins.〉

保険金の支払額＝損害の額×保険金額/（保険価額×80%）　　　　(19·27)

（保険金額/（保険価額×80%）は1を上限とする.）

B.　実損払方式

　実際に生じた損害の額を支払う方法であり，下式による．ただし，保険金額を限度とする．

$$\text{保険金の支払額} \quad = \quad \text{実際に生じた損害の額} \quad (19·28)$$

　火災保険の補償は，保険価額の評価基準や保険金の算定方式が比例払方式か実損払方式かで額が異なり，その分，契約者が支払う保険料も異なる．現在の家計分野商品は，契約者のわかりやすさの観点もあり，保険価額の評価を再調達価額基準とした実損払方式の商品が主流である．

（8）近年の火災保険の傾向と火災保険商品の多様化[13,14]

　火災保険は，火災危険のみならず，財物に対する様々な危険を総合的に補償する．近年の火災保険においては，火災危険が減少しているのに対して自然災害のウェイトが高くなっており，年度によっては台風災害などによる巨額な支払額が発生している．

　1998（平成10）年7月の自由化以前は，商品内容，料率共に画一的であったが，自由化以降，各保険会社において様々な商品が発売されている．家計分野については，補償内容を火災，落雷，破裂・爆発と風災，雹災，雪災に限定した商品（住宅火災保険）や，盗難や水濡れ損害など住宅を取り巻く様々なリスクを総合的に補償する商品（住宅総合保険）のほか，さらに補償範囲を広げ，不測かつ突発的な事故も補償するオール・リスクタイプの商品がある．企業分野については，基本的な補償内容（火災，落雷，破裂・爆発，風災，雹災，雪災，水濡れなど）の商品や，さらに補償範囲を広げたオール・リスクタイプの商品，休業等による収益減少に対する補償をセットにした商品など様々であり，企業の多様なニーズに対応できるよう，補償するリスクや内容を自由に組み合わせることが可能な商品が各社より発売されている．

19·2·4　アンダーライティング[13]

　アンダーライティングとは，一般的には，保険会社として適正な保険引受判断を行うこと全般を指す．保険会社は保険の引受に際して，契約対象が保有するリスクを適正に把握・分析（リスクの評価）したうえで，契約を引き受けるか否か，引き受けるとしたらどのような条件（契約条件，料率）で引き受けるのが妥当かといったことを判断（リスクの選択）する．特に大規模工場などの企業物件については，個々の事業所のリスク格差が大きいため，企業概要（企業規模，営業年数，財務状況など）から過去の事故歴や管理状況（防災体制，危機管理状況，研修体制など）まで幅広く情報を収集し，事故シナリオを想定して当該事業所で想定される事故と損害額の予測などをもとに個別のリスク実態に応じたリスク評価を行い，その結果をもとに引受条件や料率設定を行うのが一般的である．

　過去の歴史から見ても明らかなように，保険の特性上，保険料率が自由化されている現在，料率競争が容易に生じる懸念が常に存在している．適正なアンダーライティングの実施は健全な保険事業を営む上で重要であり，そのノウハウの蓄積，技術の向上は保険会社に

とってとても重要な事項である．これらに資する学際的研究も望まれるところである．契約者にとっても保険会社にとっても，事故が起こらないこと，万が一起こったとしても損害が小さく抑えられることが何よりも重要である．アンダーライティングでは，契約対象のリスク実態を客観的に評価するだけでなく，把握したリスクを軽減するためのアドバイスを契約者に対して行うなどして，リスク軽減につなげることも重要な役割の一つである．

（名取　晶子）

19・3　産業防火の考え方

　産業防火といっても大部分の産業においては工場の建屋の火災が主なものであり，通常の建物火災と同様であるので，特に考え方に異なる点はない．ただし，産業によっては他の産業に比べて明らかに火災危険性が高く，また通常の建物火災のような防火対策では不十分なこともある．この節で取り上げるのはそのような特に火災危険性の高い産業における防火の考え方である．

　火災あるいは爆発災害に関して他の産業と異なる対策が必要とされる産業には，化学産業，半導体産業，廃棄物処理業，電力業界，特に原子力発電所などがある．これらは一般の可燃物（紙・木材などの木質系可燃物，プラスチック類など）以外の物質を扱う産業であり，防火対策を立てるには取り扱っている物質をよく理解することが必要である．

　化学産業においては種々のいわゆる消防法の危険物等が使用されており，それらの物質の危険性についてはよく知られている．したがって，個々の物質に応じた防火対策が取られており，かつては消防法危険物の火災件数は年々減少していたが，1994（平成 6）年を底に増加してきており，2006（平成 18）年頃からは高止まりして増減を繰り返しているようである．このことはバブル期までは防火対策の技術の向上が効果を発揮していたが，日本の工場設備の老朽化やバブル後の産業構造の変化，特に従業員の雇用形態の変化などが影響を与えているのではないかと推察され，火災発生件数を減少させるためには，従来の考え方と異なる防火対策を取り入れる必要があることを示している．これについては次節で紹介する．

　半導体産業においては，従来の化学産業で使用されていたものとは異なる，より火災危険性の高い物質が使用されている．それらの中には工業的に大量に使用されることのなかった物質が多く，また技術革新の早い産業でもあり，火災危険性のあることが予想されながら火災危険性に関する技術データが不十分なままに使用されている物質もある．

　バーゼル条約等により廃棄物に関する規制が厳しくなるにつれ，廃棄物処理の問題点が明らかとなってきている．有害廃棄物の中には火災危険性の高いものも含まれるが，廃棄物の性質上，単一の物品であることは少なく，種々の物質の混合物となっている．火災危険性に関しては従来の消防法の危険物と同様の取り扱いが必要になるものと思われるが，混合物であり，均質なものでもないので，消防法の試験法をそのまま適用することは適切ではないと考えられる．また，大量に積み上げられた古タイヤには自然発火する危険性があることが知られているが，廃棄物処理業というのは工業製品の流れの中では一番川下に存在し，取り扱われる物質の単価が安く，利益を確保するために大量に取り扱われることが多く，類似の物質が大量に蓄積されることにより火災の危険性が増大していることも指摘しておく必要があ

る．特に古タイヤのように常温付近でも自然に酸化反応が進むような物質では，少量であれば火災の危険性はなくても，大量に存在すると徐々に蓄熱して自然発火に至ることがあるので注意が必要である．

　発電所で火災が発生すると社会的影響が大きいため，厳重な防火対策がとられている．通常の火力発電所の火災危険性は化学産業に類似した考え方で評価できるし，原子力発電所の火災では放射能を含んだ煙の発生が問題ではあるが，火災そのものは大規模建屋での火災というにすぎないので，防火対策も通常の考え方をさらに徹底すればよい．ところが，地球環境問題への対応の必要から，従来とは異なる発電方式，蓄電方式が開発されてきており，それらに対する防火の考え方は確立されていないように思う．火災性状が問題となるような特殊な物質としては，高速増殖炉やナトリウム―硫黄（NAS）電池で問題となるナトリウムや硫黄，自然発火性があるとされているプルトニウムなどがある．防火対策は十分にとられているとは思うが，社会的な影響を考えるとさらに徹底した防火対策を採られることが望ましい．

　以上，他の産業と特に異なる防火対策が必要となる産業について簡単に触れたが，これ以外にも他とは異なる可燃物を大量に使用している産業もあると思う．缶飲料の貯蔵倉庫で大規模な火災が発生した事例や事務用品のラック倉庫の火災事例もあるように，個々の物質の火災危険性を評価することも重要であるが，通常では火災危険性の大きくない物質でも大量に存在することにより火災危険性が大きくなる場合もあることを理解しておくことも重要である．

　上に挙げた火災危険性が他と比べて大きいと思われている産業のうちでも，化学産業については防火あるいは防爆の考え方が進んでいるので，以下の節では化学産業の例を中心に防火対策を実際に活かす設計法について紹介する．　　　　　　　　　　　　　　　（大谷　英雄）

19・4　産業施設の火災・爆発危険度評価

　火災・爆発対策を要する産業施設に対しては，それぞれの国の状況/事情に応じた法規制と公的機関や学会，業界団体などが発行する基準書，標準書，あるいは施設設置者自身が制定した内規などにより，施設が具備すべき設備条件，安全装置，防消火設備などが規定されている．火災・爆発対策を要する産業施設は，これらの規定に基づき設計/製作されることにより所定の水準の安全が保持される．また，最近は，安全性検討（Safety Study），危険性解析（Hazard Analysis）などのいわゆるリスクアセスメント（Risk Assessment）手法の発達に伴い，これらの手法を用いて設備の評価を行い，個々の設備の安全性を確認するとともに，必要に応じて，評価結果を新設あるいは改造の計画・設計に反映させることが行われる．リスクアセスメントで評価対象となる事象は，火災・爆発に限らず施設に存在する潜在する危険源（Hazard），換言すると，“顕在化すると事故として扱われる事象”全般である．ここでは，まず，解析評価結果を設備設計に反映させるために実施されるリスクアセスメントの一般的な手順を示し，その後，リスクアセスメントで実施される火災・爆発危険の評価を概説する．また，火災・爆発危険の解析評価の機会が比較的多い大量の可燃性物質を取り扱う施設の代表的施設である化学プラントのリスクアセスメントの実施状況も併せて記

す.

19・4・1　リスクアセスメントと手順

　潜在する危険源に関する解析評価は，評価目的あるいは評価対象に適した様々な解析が行われており，その内容は一様でなく，用いられる解析手法も多様である．しかしながら，リスクアセスメントでは，固有の評価尺度を定義している特定の解析手法を使用する場合を除き，おおむね，下記の二つの観点からの評価が行われる.

①　危険源の顕在化に係わる蓋然性，すなわち，事故と認識される事象発生が実際に起こるか否かの確実さの度合いに関する評価（以降，この解析評価を"蓋然性評価"とよぶ）

②　危険源が顕在化した時の影響，すなわち，事故発生時の被害状況の評価（以降，この解析評価を"影響度評価"とよぶ）

　なお，後述のように，この二つの観点からの評価を，別途定義されるリスク（Risk）とよばれる尺度で評価する（以降，この解析評価を"リスク評価"とよぶ）方法もある.

　これらの解析評価の実施手順を図19・17に示す．図19・17の（a）は，危険源の顕在化に係る蓋然性と顕在化時の影響度を順次個別に評価する場合で，始めに「①危険源を抽出」し，次に，「②危険源の顕在化に係る蓋然性評価」を行う．蓋然性評価により得られた評価結果をあらかじめ設定している目標値と対比し，評価された蓋然性が不十分であれば，検討対象に対して何らかの改善策を講じ再度蓋然性評価が行われる．評価された蓋然性が目標値を満たしている場合には，危険源が顕在化後の「③影響度評価」が実施される．この評価結果も前記同様，あらかじめ設定されている目標値と対比し，これが満たされていない場合には，影響度を低減させる改善策を検討対象設備に講じ，再度，影響度評価が実施される．危

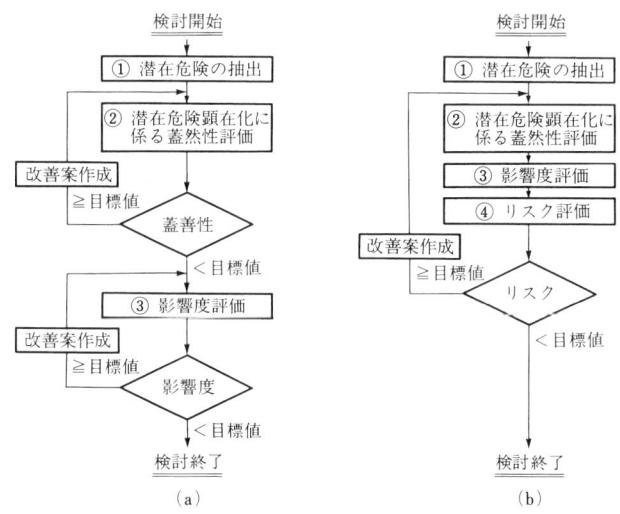

図 19・17　代表的な潜在危険評価の手順

険源の顕在化過程に関係するような改善策が講じられた場合には，蓋然性に関する評価にまで戻り再評価される．影響度の評価結果が，目標値を満たしている場合には，所定の安全性を有していると判断され，評価検討が終了する．なお，評価の目的によっては，(a) の手順に準じた手順で，蓋然性評価のみを実施したり，影響度評価のみを実施することもある．

　図 19·17 の (b) には，別途定義されるリスクとよばれる評価尺度を用い，危険源の顕在化の蓋然性評価結果と顕在化時の影響度の評価結果を統合し一度に評価する場合の手順を示す．(b) の場合，「①危険源の抽出」が終了した後，「②蓋然性評価」と「③影響度評価」を行い，その結果を使い，後述する定義の例などに基づくリスクを求め「④リスク評価」を行う．評価により得られたリスクを目標と対比し，目標値を満たしている場合には，必要な能力を有していると判断され検討が終了する．満たされていない場合には，何らかの改善を行い再評価することになる．

　以下，前述の手順で実施される解析評価の内容を項目ごとに概説する．

（1）危 険 源 の 抽 出

　解析評価の初めの段階で"危険源"を抽出する．ここで抽出された危険源が以降の解析評価の対象となる．危険源の抽出に際しては，施設内で取り扱う物質の性質（可燃性，発火性，毒性，反応性など），設備構成，運転/保守/管理などあらゆる面から検討し抽出モレの防止を図る．物質の性質に係わる危険源の抽出にはチェックリスト法[1,2]による確認，設備構成に係わる危険源の抽出には FMEA（Failure Mode & Efects Analysis）[1,2]，What If 法[1,2]，HAZOP（Hazard and Operability Analysis）[1,2]などの解析手法が用いられる．類似の施設がある場合には，類似施設の過去の事故事例と対比する方法も危険源を抽出するために使われる．

（2）危険源の顕在化に係る蓋然性評価

　抽出された危険源は，その危険源が顕在化する度合，すなわち，その事故発生の確実さの度合が発生確率や発生頻度値で評価される．この評価が"危険源の顕在化に係る蓋然性評価"である．蓋然性の評価には，類似施設の過去の事故事例を統計処理して得られる確率データを用いて評価する方法や FTA（Fault Tree Analysis）[1,2]，ETA（Event Tree Analysis）[1,2]あるいは C&C 解析（Cause and Consequence Analysis）[1,2]などの手法を用い，危険源の顕在化過程，すなわち，事故原因とその原因の発生条件，あるいは，事故原因が生起後，事故発生に至る間に関与する安全装置，さらには，事故発生後に関係する防災設備などの相互関係を解析し，この解析結果から発生確率を求め蓋然性を評価する方法が用いられる．

（3）影 響 度 評 価

　危険源が顕在化した後の影響の評価は，想定される事故の出現状況を推定し，その事故発生に備えて設置されている防災設備の効果なども組み入れ，その事故が周辺に及ぼす影響を推算し評価する．この影響の推算は，たとえば，漏洩ガスあるいは漏洩した液から蒸発するガスの大気中での拡散シミュレーション，火災が発生した場合の影響を推定するための火炎からの放射伝熱シミュレーション，爆発が発生した場合の影響を推定するための爆風圧伝達シミュレーションなど現象解析計算を行うとともに，それら現象の及ぼす影響効果の推定，

たとえば，火炎からの放射伝熱による周辺設備表面あるいは内部の温度上昇や爆風圧による破壊の有無などの推定，また，評価目的によっては周辺設備の被害金額の推定，生産停止に伴う被害額の推定なども行われる．被害推定の基となる各種のシミュレーション結果は，防災設備の能力評価や設置場所の妥当性の判断などにも使用される．

（4）リ ス ク 評 価

前掲の図 19·17 の（b）に，リスクとよばれる評価尺度を別途定義し，この定義に基づく尺度を用いて評価を行う場合の手順を示した．安全性の評価には種々の尺度が提案されているが，最も汎用的でリスクアセスメントによく使われている尺度がこの "リスク（Risk）" とよばれる尺度である．この尺度は，出現確率（あるいは発生頻度）と事故の出現により生じる被害規模．米国原子力規制委員会が発表した「原子炉の安全性研究－米国の商用原子力発電所の事故リスクの評価」報告書[3]では，"リスク" を次式で定義している．

$$\text{リスク}\left[\frac{\text{事故の影響}}{\text{単位時間}}\right] = \text{事故発生頻度}\left[\frac{\text{事故発生数}}{\text{単位時間}}\right] \times \text{事故規模}\left[\frac{\text{事故の影響}}{1\,\text{事故発生}}\right] \quad (19\cdot29)$$

19・4・2　火災・爆発危険の評価

火災・爆発危険に関する評価も，他の危険源の評価同様，事象の発生に係わる蓋然性とその影響度に関する二つの観点からの評価がなされる．火災・爆発発生に係わる蓋然性の評価結果は，火災・爆発発生防止対策の評価，すなわち，防火・防爆対策の適否やその有効度の判定に用いられるとともに，解析の過程で得られる情報は，防火・防爆対策の向上に役立てられる．一方，影響度に関する評価結果は，火災・爆発発生後の防消火あるいは耐爆対策の適否，それらの有効度の判定に用いられるとともに，防消火/耐爆対策の向上に役立てられる．

（1）火災・爆発危険の抽出

火災・爆発危険に関する評価が求められる場合は，危険源に関する検討の結果，火災・爆発危険が抽出された場合，もしくは評価対象の施設に火災・爆発危険が潜在していることがあらかじめ明らかな場合である．前節で述べた方法により抽出作業が行われるが，検討の結果，火災・爆発危険が抽出された場合も，あらかじめ火災・爆発危険が潜在していることが明らかな場合も，火災に関しては火災時の燃焼物質や想定されるその火災の形態，爆発に関しては爆発時の反応式やその反応進行に必要な条件などを明らかにし，以降解析評価の対象となる火災・爆発危険の同定をする．

（2）火災・爆発危険の蓋然性評価

蓋然性評価の段階では，火災・爆発危険が顕在化する原因およびその原因が生起する条件，原因が生起してから火災・爆発発生に至るまでの不調，異常状態の進行過程とその過程に関係する火災・防爆対策，異常状態の進行の防止を目的に設置されている装置や機器の不信頼度，人間が行う操作やコミュニケーションの不確実度，さらには，それらの対策が有効に作用しない条件などを解析評価し，火災・爆発発生に至るシナリオとそれらを阻止する対策との相互関係を明らかにする．これらの解析評価には，FTA，ETA あるいは C&C 解析などの手法が使われ，最終的な評価結果は，確率値などで定量的に表現される．

火災・爆発危険に関する蓋然性評価では，上述のような解析結果を検討することにより，計画/設計された防火・防爆対策の適否を判定する．不適/不十分と判定された場合には，不足している対応機能や対応機能の中の脆弱な機能部分を見いだし，これらの評価結果から処置の適切性を判定する．また，解析結果および解析過程で得られる各種情報は，代替案の作成・立案時に使われる．

（3）火災・爆発危険の影響度評価

火災が周辺に及ぼす影響は，火炎から放射される輻射熱の到達強さ（受熱強度）の推定値で評価される．爆発に関しては，爆発により生じる爆風圧の推定値で評価する．熱放射を伴う爆発の場合には前記の受熱強度の推定値で評価する．また，破壊を伴う爆発に関しては爆発により生じる飛翔物の飛翔距離を推算することも行われる．これらの尺度を用いて火災・爆発現象を評価するためには，輻射伝熱や爆風圧に関するシミュレーション（数値解析）が必要であり，このシミュレーションを行うためには評価対象となる火災・爆発形態が同定されなければならない．影響評価には，評価対象ごとに評価用の火災・爆発モデルが想定される．以下に，火災・爆発危険を評価するために使われている一般的な火災ないし爆発影響予測に用いられている評価モデルを示す．

A. 火災評価用に使われる一般的モデル

a. ガス火災

検討対象となる一般的なガス火災は，施設の設備内部に存在する可燃性ガスが大気中に漏洩し，この漏洩ガスに着火し発生する火災である．可燃性ガスが漏洩後空気と混合し燃焼する場合は拡散燃焼となり，空気（酸素）などの支燃性ガスがあらかじめ混合状態にある可燃性ガスに着火すると予混合燃焼の噴出ガス火災を生じる．噴出ガス火災の周辺に及ぼす影響は，フレアスタックの放射伝熱を計算するために API（American Petroleum Institute）が推奨している Hajek and Ludwig の放射伝熱式[4]が使用できる．

b. プール火災

可燃性液体が漏洩し，この漏洩した液から蒸発したガスに着火すると液面上での火災が発生する．この火災はプール火災（Pool Fire）とよばれ，火災の形状は液体の流出状況に依存する．たとえば，溝に液が流れ込んだ場合には，溝の形状に沿った形で溝の上に火炎が形成される．あるいは，円筒の液体タンクの上部で火災が生じた場合には，円筒状の火炎が形成される．これらの火炎から放射される輻射熱の輻射強度は，放射伝熱式や放射伝熱式を変換し輻射発散度と形態係数を用いて計算する式[5]が用いられる．

B. 爆発評価用に使われる一般的モデル

a. 開空間爆発の評価

可燃性ガスの大量漏洩あるいは漏洩した可燃性液体から蒸発したガスが大気中に多量に滞留し，爆発下限界濃度以上の濃度のガス塊を形成した後に着火すると開空間爆発が生じることがある．開空間における爆発の被害は，爆風圧の強さとその持続時間により予測されるが，爆風圧の時間変化が把握されている物質は少ない．そこで，一般には，研究の進んでいる TNT（トリニトロトルエン）の挙動をもとに推定する方法[5]が使われている．

この推定方法では，検討対象とする可燃性ガス爆発時に発生するエネルギー量を TNT の

相当量に換算して評価される.

b. 蒸気雲爆発の評価

蒸気雲爆発も，上記同様，大量に存在している可燃性物質のガス塊に着火すると発生する．蒸気雲爆発はファイアボールを形成する．ファイアボールから放射される熱の影響は，ファイアボールの大きさと持続時間とを予測し，その結果を用いて評価される．ファイアボールから放射される熱量と持続時間の推定式[5]は種々提案されている．

c. 閉空間内爆発の評価

閉空間爆発の影響評価では，主に，閉空間を形成する容器などの破壊後の破片の飛翔ならびに飛翔物の衝突による破壊力が推定される．しかしながら，これらの影響評価を行うには，容器破裂時に形成される破片の形状，飛翔方向など不確定性を伴う事項が多く，通常，評価結果は確率的評価となる．容器破裂時に形成される飛翔物の評価方法は，平野の"ガス爆発予防技術"[6]に詳しい記述がある．

19・4・3　化学プラントのリスクアセスメント

化学プラントに関して，安全解析の試みが行われ始めたのは1950年代の米国と思われる．この頃は，主にチェックリストを用いた安全点検が行われていたが，1960年代初め，ダウケミカル社は，後にダウ方式とよばれ有名になる火災・爆発指数（Fire and Explosion Index）を用いた化学プロセスの危険度評価手法を開発した．この手法は，化学プラントの火災・爆発危険に焦点をあてた評価方法で，第3版（1966）以降，米国化学技術者協会（American Institute of Chemical Engineers）からマニュアルが出版され，化学プラントの火災・爆発危険の評価に広く使われており，現在，第7版（1994）まで発表されている．また，ダウ方式の評価方法は，様々なバリエーションが作られている．国内では，1974（昭和49）年に高圧ガス保安協会から"コンビナート保安・防災技術指針"が発行され，漏洩，拡散，火災，爆発の各現象の影響を評価するための計算方法が示された．また，1976（昭和51）年には，労働省より"化学プラントにかかるセーフティ・アセスメントに関する指針"と題された通達が出され，化学プラントの新設/増設の際には，セーフティ・アセスメントを実施することとなった．さらに，1980（昭和55）年には，消防庁から"石油コンビナート災害想定の手法について"と題された通知が出され，タンク火災などの影響評価の簡約手法が提示された．

一方，欧州では，イタリアのセベソにおけるダイオキシン放出事故（1976）が発端となり，1982年，当時のEECは，"Council Directive on 82/501/EEC on the major・accident hazards of certain industrial activities（通称：セベソ指令）"を発令し，加盟各国に対し，特定の産業施設の新設，増設時には，事前の安全性評価を実施することを義務づける法律の制定を要請した．この結果，1988年のイタリアでの法制化を最後に加盟各国の事前評価の体制が整った．また，米国では，1984年のインドのボパールでのイソシアン酸メチルの漏洩事故が引き金となり，1990年OSHAの改訂が公布され1992年より施行された．この改訂により，米国内の特定物質を取り扱う化学プラントは，新設増設プラントはもとより既設プラントを含め安全性に関する見直し評価を周期的に実施することが義務づけられた．先述のセベソ指令によるEU加盟諸国の法制化と米国におけるOSHAの改訂により欧米では化学

プラントの安全性評価の普及が加速されている．日本国内では，労働省の "化学プラントに かかるセーフティ・アセスメントに関する指針" に基づく評価実績が多く，成果を上げてい るが，今後は確率評価なども取り入れていくことになろう．

19・4・4　その他の工場施設のリスクアセスメント

　化学プラントを保有する石油/石油化学/化学業界以外で安全性評価が行われている分野 には，原子力産業界がある．国内では，原子炉等規制法に基づく安全性評価が義務づけられ ている．航空宇宙産業界でもリスクアセスメントが行われているが，多くの場合，ロケット や航空機自体のいわゆる製品に対するアセスメントが主体となっており，工場施設に関する アセスメントは少ない．現在のところ，危険源の存在が明確な産業界を主体にリスクアセス メントが行われている．しかしながら，火災など，思わぬ産業施設に大きな危険が潜在して いることもあり，これまでさほど危険の存在が意識されていない産業施設に対しても，その 設計段階では，これらの手法によるアセスメントを実施し，その結果を設計面に反映させる ことにより不測の事故災害による被害/損害の防止に努めることが望まれる．

（田中　亨・板垣　晴彦）

文　献

〔19・1〕
1) 佐藤一男：原子力安全の論理，日刊工業新聞社（1984）
2) 井上紘一：リスクアナリシスの方法論，Vol. 23, No. 6，安全工学（1984）
3) 関沢　愛, J.R. Hall：火災危険分析モデルを記述するための一般的な概念的フレームワーク，災害の 研究，損害保険料率算定会第24巻（1994）
4) C. Starr：Social Benefit versus Technological Risk, Vol .165, Science（1969）
5) UN NRC（米国原子力規制委員会）：Reactor Safety Study, An Assessment of Accident Risks in US Commercial Nuclear Power Plants, WASH－ 1400，ラスムセン報告，NUREG 75/ 014（1975）
6) 辻本誠：建物火災の危険度評価に関する方法論，日本建築学会大会梗概（環境）（1988）
7) UN NRC（米国原子力規制委員会）：An Approach to Quantitative Safety Goals for Nuclear Power Plants, NUREG- 0739（1980）
8) P. Slovic：Perception of risk, Vol. 236, Science（1987）
9) 辻本誠ほか：事故・災害による人命リスクについての一考察，No. 467，日本建築学会計画系論文集 （1995）
10) 志田弘二・辻本誠ほか：火災発生に伴う人命危険の評価法（階段室汚染を考慮した火災危険度評価と 危険度の度数分布），日本建築学会大会梗概（計画）（1987）
11) G. A. Purt：The Evaluation of the Fire Risk as a Basis for Planning Automatic Fire Protection Systems, Vol. 8, No. 4, Fire Technology（1972）
12) D. Cluzei：Méthode E. R. I. C Evaluation du Risque Incendia le par Calcul, CIB Symposium Systems Approach to Fire Safety in Buildings（1979）
13) E. Bamert：Evaluation du Risk d'Incendie et Mesures de Protection Inherentes, CIB Symposium Fire Safety in Buildings, Needs and Criteria（1977）
14) H. E. Nelson：A Fire Safety Evaluation System for Health Care Facilities；New Approaches to Evaluating Fire Safety in Buildings, National Academy of Sciences（1980）
15) P. Stollard：The Development of a Points Scheme to Assess Fire Safety in Hospitals, No. 7, Fire

Safety Journal（1984）

16）勝野　仁：建築物の防災性能評価手法，Vol. 23, No. 6, 安全工学（1984）

17）火災予防審議会答申・東京消防庁監修：特定防火対象物の防災性能評価手法，(財)東京防災指導協会
（1983）

18）田中哮義：建設省の住宅防火安全性能評価法，安全性の評価手法，日本建築学会，彰国社（1987）

19）消防庁・日本消防設備安全センター：複合用途防火対象物危険度評価基準（案）（1987）

20）National Bureau of Standards : The Goal Oriented Systems Approach, NBS-GCR- 77- 103（1977）

21）矢代嘉郎：GSA のデシジョンツリー，安全性の評価手法，日本建築学会，彰国社（1987）

22）志田弘二・辻本誠：火災発生に伴う人命危険の評価法：No. 368，日本建築学会計画系論文報告集
（1986）

23）西岡史仁・辻本誠・志田弘二：火災発生に伴う人名危険の評価法（その 3．階段室汚染を考慮した火
災危険度の評価），日本建築学会東海支部研究発表会梗概集（1987）

24）建築防災対策推進委員会・愛知県建築部：建築防災対策推進委員会報告書（1986）

25）長谷部弥・辻本誠・志田弘二・江本哲也：災害弱者施設における火災危険度評価に関する研究，日本
火災学会研究発表会概要集（1994）

26）井口健二・志田弘二：社会福祉施設の火災危険度の推計に関する研究，日本建築学会大会梗概（防
火）（1992）

27）Tanaka, T : Risk-based Selection of Design Fires to ensure an Acceptable Level of Evacua-
tion Safety, Fire safety Science, 9, pp. 49 - 61（2009）

28）山口純一，伊藤彩子，田中哮義：リスクの概念に基づく避難安全設計火源の決定方法，日本火災学
会論文集，58，3，pp. 11 - 20（2008）

29）池畠由華，山口純一，仁井大策，田中哮義：小規模居室の居室避難の簡易検証手法に関する研究，
日本建築学会環境系論文集，No. 677, pp. 541 - 550（2012）

30）出口嘉一，野竹宏彰，抱憲誓，仁井大策，山口純一，池畠由華：リスクの概念に基づく避難安全設
計法に用いる火災成長率の分布の推定，日本火災学会論文集，61，2，pp.13 - 23（2011）

31）野竹宏彰，池畠由華，山口純一，田中哮義：住宅・共同住宅火災の統計的分析に基づく設計避難リ
スクの算出−火災安全設計における設計避難リスクに関する研究−，日本火災学会論文集，61，2，
pp. 1 - 12（2011）

32）池畠由華，野竹宏彰，山口純一，田中哮義：統計データに基づく用途別の避難リスクの算出−火
災安全設計における設計基準避難リスクに関する研究−，日本火災学会論文集，61，3，pp. 1 - 10
（2013）

33）池畠由華，山口純一，仁井大策，田中哮義：店舗の歩行距離および出口幅に関する検討，日本建築
学会環境系論文集，No. 676（2012）

34）田中哮義ほか：高層建築物の火災危険度評価に関する研究，日本火災学会研究発表会概要集（1994）

35）V. R. Beck : A Cost-effective, Decision-making Model for Building Fire Safety and Protection ,
Fire Safety Journal, No. 12（1987）

36）Bengtson S. : The Effect of Different Protection Measures with Regard to Fire- Damage and
Personal Safety, CIB Symposium Fire Safety in Buildings, Needs and Criteria（1977）
避難危険性および焼損面積を，建築用途・規模，可燃物の質，天井高，スプリンクラー・感知器の設
置などを要素として判定する手法が提案されている．避難危険性は，フラッシュオーバー時間および
避難上支障のある煙濃度に達する時間と避難時間との比較を基に求められいる．また，焼損面積は，
スプリンクラー設置の場合は作動時の火災面積で決まり，また消防隊の到着時間（感知時間と関連）
とフラッシュオーバー時間との関係を考慮して求められている．ただし，設備の作動信頼性について
は考慮されておらず決定論的な方法となっている．

37) 建設省・(財)国土開発技術研究センター：建築物の総合防火設計法（第1巻総合防火設計法第1部第4章），(財)日本建築センター（1989）
火災の進展や避難の性状，防災設備の作動を工学的に予測し，安全の基本要件と評価基準を満足する設計をみつける評価手法である．
38) 日本建築学会建築計画委員会：安全性の評価手法，日本建築学会，彰国社（1987）
39) B. M. COHN：Formulating acceptable levels of fire risk, ASTM Spec Tech Publ（1982）
40) H. J. ROUX：A discussion of fire risk assessment, ASTM Spec Tech Publ（1982）
41) W. D. ROWE：Assessing the risk of fires systemically, ASTM Spec Tech Publ（1982）
42) P. M. THOMAS.：Fire risk quantification using a discrete scenario model, Manag E ng Fire Saf Loss Prev（1991）
43) J. M. WATTS：Fire Risk Rating Schedules, ASTM Spec Tech Publ（1992）
44) 田中　慎，水野智之，川越邦雄：養護施設の火災ゾーンの安全性評価シート書き込み要領，火災科学海外情報シリーズ No. 12, 東京理科大学火災科学研究所（1987）
45) 寺井俊夫：火災に対する建築の防災計画のあり方，OHM，12月（1975）

〔19・2〕
1) 大谷孝一編著：保険論　第3版，pp. 237-238, pp. 250-251, 成文堂（2015）
2) 鈴木辰紀編著：新保険論－暮らしと保険－，pp. 93-95, 成文堂（2003）
3) 公益財団法人　損害保険事業総合研究所：アンダーライティング I，p. 19, 公益財団法人　損害保険事業総合研究所（2015）
4) 東京海上日動火災保険株式会社編著：損害保険の法務と実務　第2版，pp. 143-144, 一般社団法人金融財政事情研究会（2016）
5) 損害保険料率算出機構編：火災保険論　損害保険講座テキスト2010年版，pp. 8-10, 財団法人損害保険事業総合研究所（2010）
6) 木村栄一監修：損害保険の軌跡，pp. 20-23, pp. 56-59, (社)日本損害保険協会（1995）
7) 大谷孝一編著：保険論　第3版，pp. 240-241, 成文堂（2015）
8) 鈴木辰紀編著：新保険論－暮らしと保険－，pp. 95-101, 成文堂（2003）
9) 公益財団法人　損害保険事業総合研究所編：火災保険論　2016年度版　損害保険講座テキスト，pp 6-10, 公益財団法人　損害保険事業総合研究所（2016）
10) 損害保険料率算定会：損害保険料率算定会五十年史，pp. 182-234, 損害保険料率算定会（1999）
11) 東京海上日動火災保険株式会社編著：損害保険の法務と実務　第2版，pp. 60-61, 一般社団法人金融財政事情研究会（2016）
12) 損害保険料率算出機構：2016年度　火災保険・地震保険の概況，pp. 12-17（2017）
13) 公益財団法人　損害保険事業総合研究所編：火災保険論　2016年度版　損害保険講座テキスト，pp. 22, pp. 25-27, 31-35, 44-46, 150-158, 公益財団法人　損害保険事業総合研究所（2016）
14) 東京海上日動火災保険株式会社編著：損害保険の法務と実務　第2版，pp. 61-64, 一般社団法人金融財政事情研究会（2016）

〔19・4〕
1) CCPS of AIChE：Guide for Hazard Evaluation Procedures 2 nd Edition（1992）
2) 上原陽一・小川輝繁監修：防火・防爆対策技術ハンドブック，テクノシステム（1994）
3) United States Nuclear Regulatory Commission：Reactor Safety Study（1975）
4) American Petroleum Institute：API RECOMMENDED PRACTICE 521 3 rd Edition（1990）
5) 高圧ガス保安協会：コンビナート保安・防災技術指針 KHK E 007-1974（1974）

6）平野敏右：ガス爆発予防技術，海文堂（1980）

第20章　煙と避難のシミュレーション

　建築物に限らず人を収容する施設においては，万が一火災が発生した場合の人命の安全を確保するための対策が施されていることが必要であろう．建築基準法においても「国民の生命，健康及び財産の保護」を謳っており，災害の一つである火災から人や財産を守るために最低の基準を定め，これをもって「公共の福祉の増進に資することを目的」としている．一方，1998（平成10）年に建築基準法が改正され，性能規定が導入されたことを受けて，設計火源に基づく火災性状予測に対して在館者の避難安全性を評価する方法が運用されてきている．その軸を成すのが，室や避難経路となる廊下等において避難に支障を来すまでに要する時間として規定された煙等降下時間と，それらの空間からの避難に要する時間として規定された避難時間であり，両者を比較することで避難安全計画の妥当性を検証する仕組みが広く建築設計に普及してきている．本章では，まず火災安全工学におけるシミュレーションの対象と基礎概念を幅広く概説した上で，火災時に可燃物の燃焼によって生じる燃焼生成ガスや煤などを総称した煙の流動性状と，火災時の在館者の避難性状の2つを対象として，それぞれ別々に種々のシミュレーションの手法や基礎的な知識等を紹介する．

　火災安全工学の分野において，煙流動性状は大雑把に分類するとゾーンモデルとフィールドモデルが数値計算手法として適用されてきている．前者は，空間毎にコントロールボリュームを設定した一層ゾーンモデルや，空間毎にコントロールボリュームを上部煙層と下部空気層の2つを設定し，火源からの煙の発生や室間の開口部を介した煙や空気の流動によって上部煙層と下部空気層の境界高さが変化する二層ゾーンモデルが一般的である．さらに二層ゾーンモデルにおける上部煙層の形成過程や垂直方向に温度分布が存在することに着目して拡張された多層ゾーンモデルも開発されてきた．一方，後者のフィールドモデルは一般的に計算対象空間を3次元の微小空間に分割したコントロールボリュームを設定し，それらでの質量やエネルギー，運動量，化学種などの変化や反応，またコントロールボリューム間でのそれらの移動を種々の物理的あるいは化学的法則の下に計算することで全体像を把握しようとするものである．

　避難性状に関しては，様々な手法が存在するためその分類は複雑であるが，避難者の個々の移動から避難者全体の動きを再現しようとするエージェントモデルに基づくものと，建物の各室から避難する避難群集が避難経路を移動する挙動やその流動のネックとなる扉を通過する挙動に着目した流動モデルに大別されるであろう．前者は，人（エージェント）の振る舞いを様々なモデルとして規定し，複数のエージェントによる同時進行的な仮想空間上での移動実験として捉え，コンピューターを用いた数値計算によって実行するマルチエージェント・シミュレーションが主流を成している．後者は，各空間あるいは空間内を複数のセルに分割してコントロールボリュームを設定し，それらのネットワークとして避難経路を規定し，コントロールボリュームにおける避難群集の集結や流出，これらに伴う避難者の滞留の状況を予測するものである．この概念を用いて避難経路の滞留人数やネックを通過するのに要する時間を手計算レベルで解くグラフ解法や簡易計算法が，建築防災設計においては避難

計算法や避難安全検証法として整備され実用に供している.

　このような煙流動性状並びに避難性状に関するシミュレーションは，個別の技術として開発されているが，建築防災設計において避難安全性を評価するとなると評価基準が必要となる. 一つの考え方として，避難性状予測に基づく避難時間に着目すれば，その比較対象として許容避難時間あるいは目標避難時間を設定し，それ以下に避難時間が収まることを確認する方法がある. これをより科学的根拠に基づいて評価する方法として煙流動性状の予測結果から，避難に支障となる煙層高さ，避難者が曝される熱エネルギーの環境条件や化学種の濃度に基づく暴露評価などが評価基準として用いられている. 従って，シミュレーションの開発においては，それら予測技術をどのように活用するのかを念頭に置いて，評価基準に対応するアウトプットを得られるようにシステム開発を行うことが肝要である.（水野　雅之）

20・1　火災安全工学におけるシミュレーションの対象と基礎概念

20・1・1　シミュレーションの対象

　火災安全工学の重要な役割は火災損害を制御する点にあるが，そのためには火災時における環境の状態とその変化の把握と並んで，このような環境下での人間の反応・挙動の予測や防災設備・施設などの有効性の予測・計画が重要な課題である. 火災環境は，主として燃焼科学，伝熱学，流体力学の手法で現象の記述や分析が行われるのに対して，人間の反応・挙動に対しては心理学，生理学，人間工学などの手法が適用されることが多い. また，防災設備・防災施設の原理や有効性の予測は，それぞれ，利用している要素技術（電気工学，空気調和衛生工学，化学工学，建築計画学等）に依存している.

　火災安全工学で取り扱う現象や対象は，このように多岐にわたるばかりでなく，今後，社会の多様化などが進めば，火災から護るべき対象として火災安全設計が取り扱わなければならないものが増加したり変化する可能性は大きい. 現在，火災から護るべき対象としては，人命，財産が最も基本的なものとみなされているが，すでに情報機能，交通などの重要性がとみに増している. 護るべき対象が異なれば火災性状について予測すべき現象の種類や問題となる程度，必要な予測精度も変化すると考えられるので，火災安全工学において何をシミュレーション分析の対象とし，どの程度の精度で扱うかは，問題の設定次第で大きく変化することになる. また，同じ現象でも，モデリングの方法論自体に様々な方向があり，モデリングの方向も，何をどの程度の精度で予測するかによる. しかし，現象の記述という面から，おおまかに次のように分類してみる.

（1）移　動　現　象

　火災による損害の大部分は，火災によって発生する熱・煙が空間的に移動・拡大することに伴って発生する. 避難計画は，主としてこのような現象から安全な場所に人間を移動させることによって成り立っており，ここでも質点の空間的な移動が現象の記述の核心となっている. 熱・煙などと人間の移動のモデル化の主な違いは，人間の移動は，意思や個性を伴う個体の行動であって，移動をつかさどる力は，本来，熱・流体現象のように即物的なものだけではない点であるが，多数の人間の流動を扱う場合は，このような個性は平均からのばらつきとみなして近似的に流体のように扱うことによって，避難計画に必要な数量的な情報を

得ることができる.

　移動現象の数量的モデル化の方法論は，移動現象を扱う場に注目して移動の空間的パター
ンを把握しようとする方向と，移動する物質・属性などのゆくえを経時的に追跡していく方
向の2通りに大別される．このような視点の違いは流体力学に端を発しており，流体力学に
おけるそれぞれの方向の創始者の名をとって，前者をオイラー型モデル（Eulerian Model-
ing），後者をラグランジュ型モデル（Lagrangian Modeling）などとよんでいる．オイラー
型モデルとラグランジュ型モデルでは，現象の観察の仕方の違いが計算結果等の表現の仕方
にも反映されてくるが，適用対象も，保存則（質量保存則等）が移動現象の態様を強く支配
する場合（流体など）はどちらかといえばオイラー型モデルのほうが適用しやすく，保存則
を強く意識しないですむ場合（人間の行動のように離散的な粒子の運動とみなし得るもの）
はラグランジュ型モデルが威力を発揮する場合が多い.

（2）拡大・伝播現象

　市街地や材料表面の燃焼面の拡がりのような現象は，移動現象としてよりは，何らかの特
徴によって周囲と区別される空間や面の時間的拡大の過程と見たほうがイメージしやすい.
このような描像を，ここでは伝播現象とよんでみる．伝播現象も，そのメカニズムが伝熱等
の物理的過程で一意に決まる場合は決定論的なモデルで，またメカニズムに確率論的な過程
が介在したり，計算に必要なパラメータ等にばらつきがあって，ばらつきの影響を評価しよ
うとする場合等は，確率論的モデルで表現される.

　決定論的伝播モデルは，何らかの形で，燃焼面等の先端が周囲に拡がろうとする速度を与
えて，その先端位置の移動を追跡するというものである．可燃固体表面上の火炎伝播現象等
については，解析的なモデルがいくつか誘導され，市街地・森林の火災拡大については，風
向と延焼方向の関係等を考慮して，延焼先端の位置ごとに延焼速度を与えて，燃焼面が拡大
する様相を時々刻々，計算するモデルなどが研究されている[2]など.

　市街地火災等では，建物から建物への延焼の過程に，気象条件，建物条件や火災を厳密に
モデルとして組み込むことができないことに由来する確率的要素が介入する．このため，延
焼確率を与え，市街地で火災が拡大していく様子を再現しようとするモデルなどが開発され
ている[3,4].

（3）状態の遷移

　出火後，次第に室内で火災が拡大し，フラッシュオーバーを経て火災盛期に達する過程に
はいくつか不連続的といってよいほど様相がはっきり変化する節目があり，この過程全体
は，「火災室の様子」という観察対象が時間的に遷移する現象として表現することもできる.
出火，火災初期，フラッシュオーバー，火災盛期，減衰期などを火災フェーズとよぶことに
すると，火災安全対策上は，これら火災フェーズの遷移の速さ，遷移の有無などを予測評価
することが重要な課題となる．火災フェーズの遷移には多分に確立論的な要素があるから，
火災が拡大する確率の予測なども活発に研究されている．火災時における状態の時間的遷移
のモデル化は，火災加熱を受ける構造部材の耐火性，火災感知器・スプリンクラー等の作動
などを予測評価しようとする場合も，重要な課題である.

　このような形のモデルの考え方は，（1）で述べた移動現象のラグランジュ型モデルと組み

合わせて用いられる場合もある．移動する粒子・人間などの状態や移動特性が，場の状態だけでは決定できず，それまでに過ごしてきた状態の履歴などに左右される場合がそれで，煙粒子の凝集・老化現象や，煙・熱などによる生理・心理的な影響を受けながら避難する避難者の行動などについては，少なくとも，移動するものの状態の遷移を配慮する必要がある．

（4）要素間の関係

　上記のモデル化の考え方は，ひとまとまりの空間の様相や空間の中の粒子・人間等の挙動を予測しようとするものであり，その意味で，モデル化の対象以外の条件は境界条件として与えられる孤立した系を扱おうとしている．しかし，建物は，室・廊下などの要素空間に分かれており，火災安全対策では，これらの要素空間の間に防火区画・防煙区画などを配置して，火災・煙から安全な要素空間を確保し，避難計画をたてるのが最も一般的である．このような防災対策の基本的な考え方に沿って，火災拡大・煙流動・避難行動などをモデル化するには，要素空間の間に，火災拡大・煙流動・避難行動上，どのような関係が成り立つかを把握するという視点が効力を発揮する．火災性状モデルで予測される結果が火災安全設計上，思わしくなかったときの処方も，設計で操作できる要素（部材，材料，防災設備など）の性能を変化させたときの予測結果の方向が見通しやすいモデルのほうが容易である．

　このような要素間の関係のモデル化は，要素内部で起こる現象は単純化したり，サブルーチンとして処理して，各要素について，着目する現象や指標の入出力関係だけを扱う傾向があるため，現象の記述を目的とするモデリングというよりは，システム分析の一環とみたほうがよいかもしれない．

20・1・2　シミュレーションの基礎概念

　本節では，上で分類したいくつかのシミュレーションの対象について，現象の記述法の基礎的な考え方を述べる．

（1）移動現象のオイラー型モデル

　熱・空気・人間などが，図 20・1 のような場の中を移動しているとしよう．オイラー型モデルは，この場全体の流れのパターンがどのような様相を示し，時間とともにどのように変化するかをみようというものであるが，移動を支配する法則が場のどこでも本質的に違わなければ，この変化の様相は，空間を任意のやり方で分割して得られる格子（例えば図 20・2）を

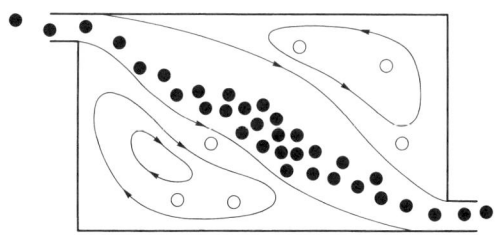

●は流れに乗って流れる粒子．○は，拡散でこの流れから外れたもの

図 20・1　流れ場と物質の移動

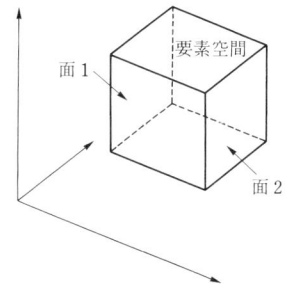

図 20・2　移動現象を考察する場の要素空間分割

対象とする数学的モデルで表現したうえで，それを座標の関数として解いて空間全体の様相を把握するという方法がとられる．

オイラー型モデルでは，移動を検討している対象（熱・空気・人間など．以下，ξ で代表させる）の量の単位時間の収支を図 20・2 のような要素空間について考察し，

　　　　要素空間内の ξ の量の増加＝面 1 からの ξ の流入量＋面 2 からの ξ の流入量＋…
　　　　　　　　　　　＋要素空間内の ξ の生成量　　　　　　　　　　　　　(20・1)

なる形式の方程式をたて，次に ξ の生成と各面からの流入が何にどのように支配されているかをモデル化する．格子分割の仕方は，数値計算の容易さや分割したときの各格子の物理的構造のイメージのしやすさなどを手がかりとして決められる．

図 20・2 のような格子において，ξ がいずれかの面から流出する場合は，流出量に負の符号をつけて流入量に代入すればよい．式 (20・1) は ξ に関する保存則に他ならないから，この型のモデルでは物質，エネルギーのように保存則が成り立つことがあらかじめ約束されている対象を扱うのが適当である．単位時間当たり面の流入出量をその面の面積で割ったものを流束といい，単位時間当たり要素空間内の生成量をその容積で割ったものを生成速度というが，火災安全工学で扱われる主な移動現象について，保存則の成り立つ量 ξ，流束，生成速度の関係を整理すると，表 20・1 のようになる．

表 20・1　保存則の成り立つ量 ξ，流束，生成速度の関係

	ξ	流束	生成（減少）速度
伝熱	エネルギー（kJ）	熱流（kW/m^2）	発熱速度（kW/m^3）
気流	密度（kg/m^3）	質量流束（kg/sm^2）	
運動量	運動量	運動エネルギー	重力，圧力勾配，外力
ガス流動	質量濃度（kg/m^3）	ガス質量流束（kg/sm^2）	反応生成速度（kg/sm^3）
煙流動	煙濃度×密度	煙濃度×質量流束	煙生成速度
避難行動	人口密度	流動係数（人 /sm），歩行速度×人口密度	避難中の死亡率

以下，デカルト座標系で保存則その他の数量的表現を整理してみる．

A. 保存則

図 20・2 で，ξ の x，y 方向の移動速度は，それぞれ $u\,(x,\ y)$，$v\,(x,\ y)$ と表されるものとする．u，v は，モデル化しようとしているのが煙流動ならば流速，人間の避難行動ならば歩行速度である．u，v に物質の密度と $\varDelta y$，$\varDelta x$ を乗じたものが，このメッシュをそれぞれ水平方向，垂直方向の ξ の流束であり，$\varDelta t$ 時間内に流れる流量を求めるには，それをさらに $\varDelta t$ 倍すればよい．ここで，ξ，u，v が位置によって異なり得ることを考慮すると，このメッシュの四辺の ξ の出入りによって，メッシュ内の ξ の量は，時間 $\varDelta t$ の間に，

$$\varDelta M = [\{\xi u(x-\varDelta x/2, y) - \xi u(x+\varDelta x/2, y)\}\varDelta y + \{\xi v(x, y-\varDelta y/2)$$
$$-\xi v(x, y+\varDelta y/2)\}\varDelta x]\varDelta t \qquad (20・2)$$

だけ増加する．このメッシュの中では ξ が一様に分布しているか，分布があるとしてもメッシュの中心からの距離に比例すると仮定してさしつかえなければ，メッシュ内の ξ の増加分

ΔM は，$\Delta M = \{\xi(t+\Delta t) - \xi(t)\}\Delta x \Delta y = \Delta\xi \Delta x \Delta y$ となる．また，上記の考え方に基づく物質の生成・消滅が，単位時間・単位体積あたり G（メッシュ1つでは Δt 時間内に $G\Delta x \Delta y \Delta t$ となる．また，G は，生成のときはプラス，消滅のときはマイナスとする）であったとして，これらの関係を式（20·1）に代入して Δy，Δx，Δt などを整理すると，

$$\Delta\rho/\Delta t = \{\rho u(x - \Delta x/2, y) - \rho u(x + \Delta x/2, y)\}/\Delta x + \{\rho v(x, y - \Delta y/2)$$
$$- \rho v(x, y + \Delta y/2)\}/\Delta y + G \tag{20·3}$$

が得られる．式（20·3）は，$G = 0$ の場合には，メッシュを出入りする ξ の出入りに見合ってメッシュ内の密度が増減して，物質の総量が一定に保たれることを表している．式（20·3）の計算を図 20·2 のメッシュ全部について行って，その合計をとると，メッシュ間を行き来する物質の流れは相殺されてしまうから，結局，

$$S \cdot \Delta\rho/\Delta t = A1 - A2 \tag{20·4}$$

となる．なお，空間的に連続した物質が，時間的にも滑らかな動きを示す場合には，Δy，Δx，Δt をそれぞれ微小量に置き換えて，式（20·2）は微分方程式とに変換される．

$$\partial\rho/\partial t = \partial\rho u/\partial x + \partial\rho v/\partial y + G \tag{20·5}$$

人間の行動などは，個々の人間の大きさが相対的に十分小さいとみなせる程度の空間でなければ，式（20·5）はそのままではあてはまらない．

式（20·1）〜式（20·5）のような保存則が，図 20·1，20·2 のように個性のないメッシュに分割されるような抽象的な場だけでなく，ゾーンモデルの各ゾーンでも成り立つ考え方であることは容易に理解できよう．なお，式（20·5）は，流体力学における連続の式にほかならない．ゾーンモデルや人間行動モデルでは，各ゾーンについて式（20·3）に相当する保存則を数式化し，さらに u，v，G を支配する方程式をたてて連立方程式にして解を求めるのが一般である．

流れの特殊な場合として，密度 ρ が一定だったり，式（20·5）とは無関係に決まってしまうことがある．水や常温に近い大気の流れなどはほぼ $\rho =$ 一定の非圧縮流れとして扱われ，大気で温度が変化する場合は圧力が大気圧に支配されるため ρ の変化はほぼ温度だけに支配される．このような場合，式（20·5）は，u，v と無関係に定まる項を C で表して，

$$\partial u/\partial x + \partial v/\partial y = C \tag{20·6}$$

となって，u，v は，式（20·6）を満足するような関係になっていなければならない．u，v は，流体力学ならば運動方程式で決定されるが，非圧縮流れなどでは，運動方程式に現れる静圧の勾配が，式（20·6）を満足するように決定されるのである．熱，人間の行動をモデル化する場合などは，密度に相当する概念（人間行動では人口密度）が一定に保たれると仮定することはできない．

B. 流　束

火災空間における熱・ガス濃度等の移動は，その媒体とみなされる空気の移動に乗って生じるものと空気の移動によらなくても起こるものに大別される．

例えば，火災時の流速を測定すると，図 20·3 のような乱れを示すことが多いが，この流れに乗って生じる ξ の流速の時間的平均をとると，

$$u\xi = (U + u')(\Xi + \xi')U\Xi + u'\xi' \tag{20·7}$$

となる. $U\xi$ は u, ξ の時間的平均の積になっており, 平均速度 U の流れに乗るものとして観測される ξ の流束が $U\xi$ で, これを対流による流束といい, $u'\xi'$ は乱流による流束を表している. 二次元の流れ場の様子は, 例えば図 20·4 (a) のようにパターンとして表現することができる. 図の曲線と曲線上の矢印は流れの方向を表し, この曲線を流れ線, 図 20·4 (a) のような

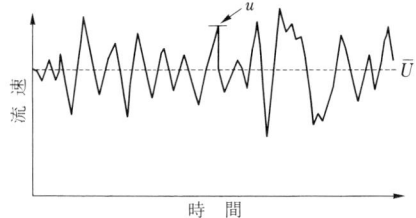

図 20·3　火災時の流速の一般的な様子

図を流れ線図という. 平均的な流れが流れ線を横切って生ずることはない点に注意して, 図 20·4 (a) を微視的にみると図 20·4 (b) のようになるが, 断面 Δy を横切る流れの量 $|\Delta y|$ と Δx を横切る流れの量 $-v\Delta x$ は一致するはずで (図 20·4(b) では Δx を横切る流れは下向きであり v は負の値となるので Δx を横切る流れの量にはマイナスの符号をつけた),

$$\phi(x, y) = \int u dy = -\int v dy \tag{20·8}$$

が原点と座標 (x, y) を結ぶ線 (曲線でもよい) を横切る流れ量となる. これを流れ関数という. 流れ線図は流れの様相をイメージとして把握するのに便利であるが二次元の流れでしか成り立たないことに注意する必要がある.

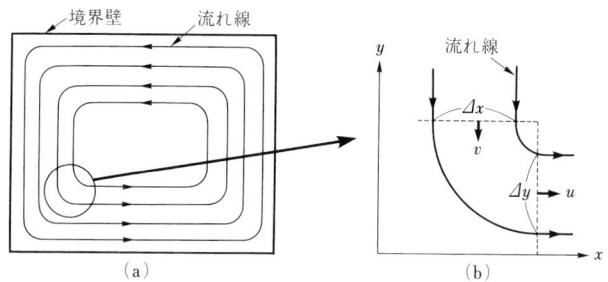

図 20·4　二次元流れ場の様子例 (a) とその細部 (b)

いま, 渦による乱れのため u' が常にゼロになることはないが, $U = 0$, すなわち平均的には無風だったとして (したがって $\overline{u'} = 0$ である), ξ の平均濃度に空間的な分布があるとすると, $U\xi = 0$ となるが, $u'\xi'$ は必ずしもゼロにならない. 図 20·5 に示す実線のように x に対して ξ が増加するように分布していれば, u' がプラスのとき, 格子にはその格子

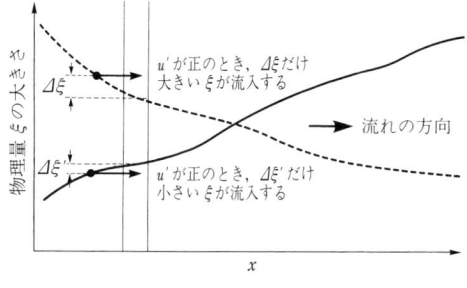

図 20·5　流れの乱れによる移動

の本来の ξ の濃度よりも小さい濃度の気塊が侵入するから ξ の濃度は低下するように働き，u' がマイナスのときは逆にその格子より高い濃度の気塊が侵入するから ξ の濃度が上昇するように働く．逆に，図 20·5 に示す破線のように ξ が x に対して減少していれば u' が正のとき，格子の ξ 濃度は上昇し，負のとき，ξ 濃度が低下するから，乱流による流束は，ξ の勾配 $\partial\xi/\partial x$ の符号と逆の効果を示すことがわかる．そこで，仮に乱流による流束が $\partial\xi/\partial x$ に比例すると仮定すると，

$$\overline{u'\xi'} = -D \cdot \partial\xi/\partial x$$

で表される．D は正の符号をもつ係数で，拡散係数（乱流によることを強調する場合は乱流拡散係数等）という．D が大きいほど乱れが大きいことはいうまでもない．図 20·5 では u' と ξ' との間には何の関係もないとしているが，u' と ξ' が相関を示す場合もある．大気の高さ方向の熱の流れがその代表的なもので，上向きの流速を u とするとき，気塊の温度 θ が平均温度より高ければ浮力が働くから気塊は上昇（u' はプラス）する傾向に働き，θ' がマイナスなら下降傾向（u' もマイナス）に働く．したがって，この場合は $\overline{u'\theta'}$ はプラスの値をもち，たとえ平均温度 θ が高さ方向に一定でも乱れがあれば，$\overline{u'\theta'}$ はプラスとなるから上向きの流束が生じることになる．

C．移動現象における力の概念

移動現象のモデル化では，移動を「突き動かす力」を数学的に表現することが重要である．質量のある物質を移動させる場合は文字どおり，力が問題になるが，この考え方は，さらに一般化して，伝熱現象や化学反応等にも適用できるものである．このような力は，対象とする系に対して外から与えられる外力と，系自体の性質として事実上内在しているとみなせるもの（例えば力学における重力など）に大別できる．外力はいわば人工的に与えられるものであるので，現象のモデル化においては，系自体の性質として存在する力の定式化のほうが重要である．

（2）移動現象のラグランジュ型モデル

ラグランジュ型モデルの考え方は，流体を例にとってみると，大気の動きを観測するのに気球を飛ばしてその軌跡を追跡したり大気中の煙や火の粉の動きを観察する場合が代表的である．長い間，どちらかといえば数学的モデル化よりも自然現象の観察の方法論として親しまれてきたが，数値計算技術の進展によって，数学モデルへの応用も活発化している．流れ線が適さない三次元流れの数値計算において，計算で得られた流れのパターンを直観的にわかりやすくするために質点（マーカー）の動きを場の中に示す手法や，モンテカルロ法による拡散シミュレーションなどが代表的なものである．人間の避難行動のように，連続体としてよりは離散的な粒子とみたほうがイメージしやすい対象を扱う場合も，ラグランジュ型モデルが適していると思われる．

なお，ラグランジュ型モデルでは流れ場の粒子の運動をモデル化することになるが，例えば，二次元流れ場の中の粒子の運動は，粒子に着目して運動方程式 $m \cdot du/dt = \cdots$ をたてればよい．ここで，$dx/dt = u$, $dy/dt = v$ であることを考慮して，これを展開すると，$m \cdot du/dt = m(\partial u/\partial t + u\partial u/\partial x + v\partial u/\partial v)$ となるが，（　）内の下線部分はオイラー型モデルの運動方程式の左辺にほかならないから，数学的にはオイラー型モデルとラグランジュ型モデルは等

価である.

A. 流れの中の質点の動きのモデリング

図 20・4（a）のような流れ場の中の質点の平均的な動きは，質量を無視すれば,

$$x(t+\Delta t)=x(t)+U(x,y)\Delta t$$
$$y(t+\Delta t)=y(t)+V(x,y)\Delta t \qquad (20\cdot9)$$

なる計算を次々に実行して，追跡することができる.　その軌跡は，$\Delta t\to0$ の極限では流れ線図に一致するが，流れ線図は二次元流れでしか描けなかったのに対して，このような軌跡は三次元流れでも描ける点にディスプレイとしての利点がある.　火の粉の挙動を問題にするような場合は，飛行中の温度の変化などが予測できれば火の粉による延焼危険の予測に役立つであろう.　火の粉が，内部の温度分布が問題にならない程度に小さいと仮定し，さらに熱損失が周囲との温度差に比例すると仮定すると，式（20・9）を計算していく際，同時に,

$$T(t+\Delta t)=T(t)-\Delta t\cdot hA(T(t)-T_\circ(x,y))/Cm \qquad (20\cdot10)$$

なる計算を行っていけばよい.　ただし，h は表面熱伝達率，A は表面積，$T_\circ$ は雰囲気温度，C は火の粉の密度，m は火の粉の質量である.

B. 拡散現象のモデリング

前項では，平均的な流れに沿って動く質点を考察した.　このようにあらかじめ条件を与えれば，動きの様相がそれだけで決定してしまう場合を決定論というが，火災時の煙粒子や火の粉の動き等を観察すると，1 ヵ所でまとまって発生した後は次第に拡がっていくのが普通である.　このような拡がりは主として乱流に由来するもので，個々の粒子や火の粉が確率論的な動きをすることによって生ずると仮定してモデル化することができる.　このようなモデルの代表的なものにランダム・ウォーク（random walk）がある.　ランダム・ウォークは酔歩と訳されるように，人間が周辺環境のいろいろな影響を受けたり心理の揺れを経験しながら歩行するような場合のモデル化への応用も容易である.

ランダム・ウォークには様々な方法があるが，ある確率 $p(0<p<1)$ で起こる現象が実際に起こるかどうかを判定する最も一般的な方法は，まず，適当な確率密度関数 $f(x)$ を仮定し，x を乱数で与えて，累積分布関数 $F(x)$ が，$F(x)\geqq1-p$ となった場合，この現象が生起し，$F(x)<1-p$ では起こらないと解釈するものである.　乱数の発生については，種々のプログラムが開発されている.　多量に発生する煙粒子の動き等については，この操作を粒子ごとに繰り返し行えば，集団としての動きの様相を再現できることになる.　例えば，式（20・9）で表される決定論的な動きとは別に，Δt の間に $\pm\delta x$ だけ確率 p'（プラス側に動く確率とマイナス側に動く確率が等しければ，$0<p'<0.5$）で移動し得るものとし,

$$x(t+\Delta t)=x(t)+u(x,y)\Delta t+\delta x\cdot\gamma \qquad (20\cdot11)$$

で表す.　ここで，γ は，上記の乱数から計算した累積分布関数 $F(x)$ について，次式で定まるものとする.

$$\gamma=-1 \qquad F(x)\leqq p' \text{ のとき}$$
$$\gamma=0 \qquad p'<F(x)<1-p' \text{ のとき}$$
$$\gamma=1 \qquad F(x)\geqq1-p' \text{ のとき}$$

この操作を繰り返していくことにより，粒子が移動する軌跡が描かれる.　多数の粒子につい

てこの計算を行って，ある時刻での粒子の
分布を図示すれば，煙粒子，火の粉，避難
者等のある時間での空間分布が求められる
ことになる．

　流れの中の平均的な動きについてはオイ
ラー型モデルとラグランジュ型モデルが対
応することを示したが，拡散現象について
もこの 2 つのモデルの対応関係が成り立
つ．図 20·6 のような条件で格子 A にある
粒子が面 a を通って格子 B に侵入する確

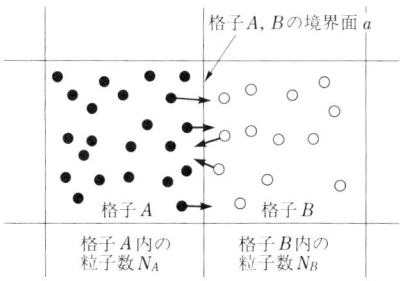

図 20·6　格子分割された空間間の粒子のやりとり

率を P（単位面積・単位時間あたり）とすると，格子 B から格子 A へも同じ確率で侵入する
はずだから，格子 A から格子 B への $\varDelta t$ 時間内の移動数は，

$$P(N_A - N_B)\varDelta y \varDelta t \fallingdotseq -P\varDelta y \varDelta t \partial N/\partial x \qquad (20\cdot12)$$

となる．一方，オイラー型モデルの考え方によると，これは $-D\varDelta y \varDelta t \partial N/\partial x$ と表されるから，
拡散係数 D は，上記のように考えたときの格子間の移動確率 P に対応することがわかる．

（3）伝播現象のモデル化

　市街地や材料表面の燃焼面の拡がりは，前述した移動現象としてよりは，何らかの特徴に
よって周囲と区別される空間や面の時間的拡大の過程と見たほうがイメージしやすい．この
ような描像を，ここでは伝播現象とよんで，そのモデル化の考え方を整理してみよう．

　伝播現象も，そのメカニズムが伝熱等の物理的過程で一意に決まる場合は決定論的なモデ
ルで，またメカニズムに確率論的な過程が介在したり，計算に必要なパラメータ等にばらつ
きがあって，ばらつきの影響を評価しようとする場合等は，確率論的モデルで表現される．
前述した拡散現象も確率論的伝播現象とみなすことができるが，拡散現象は多数の粒子の集
団行動としてイメージしやすいのに対して，ここでは，市街地延焼のように，燃焼面等のフ
ロントと周囲は画然と性質を異にしていながら，フロントの移動自体は決定論的には決まら
ないという場合を想定したい．

A．決定論的伝播モデルの例

　着目する面のフロントの移動速度 V が与えられていたり，ある規則のもとで容易に決定
される場合は，フロントの位置 X の移動のモデリングは，$dX/dt = V$ を解析的または数値的
に解くことに帰する．しかし，フロントの移動速度自体が何らかの構造を持っていて，移動
速度自体のモデル化が問題の核心となる場合も少なくない．その代表的なものとしては火炎
伝播現象があげられる．

　固体表面上の火炎伝播現象については，熱分解領域先端 x_p より先方の未燃表面温度が引
火温度に達すると x_p がそこまで移動すると考えたモデル化が広く使われている[5]．ここで
は，このように，伝播現象が起こる面上で何らかの物理量・変数 ξ の分布に注目し（火炎
伝播では表面温度），それがある閾値に達した線を伝播面のフロントとみなすことができる
場合（図 20·7）を考える．

　ある時刻の表面温度がその時刻までの表面入射熱の履歴に支配されているように，点 x

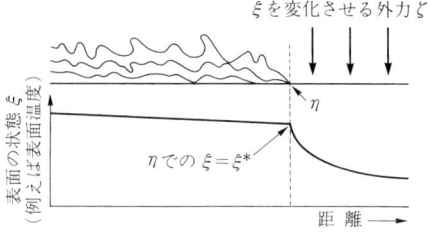

図 20·7　伝播現象の決定論的モデル化

における時刻 t の $\xi(x, t)$ は，図 20·7 のように時刻 t に達するまでの外力 ζ に支配されるものとすると，$\xi(x, t)$ は，

$$\xi(x, t) = \int_0^t \zeta(x, \tau)\phi(t-\tau)d\tau \tag{20·13}$$

で表される．$\phi(t-\tau)$ は，時刻 τ における点 x への外力 $\zeta(x, \tau)$ が $\xi(x, t)$ に及ぼす影響の大きさを表し，ζ に対する ξ のインパルス応答という．普通，外力の影響は時間がたつほど小さくなるので，$\phi(t-\tau)$ は $(t-\tau)$ が大きくなるほど絶対値が減少する関数になる．また，上式右辺は畳み込み積分またはデュアメル（Duhamel）積分とよばれ，様々な問題の記述に利用されるため，多くの条件について実用的な解法が整備されている．伝播現象が定常の場合，伝播フロントの位置 η は，伝播速度を V とすると $\eta = V \cdot \tau$ で表されるから，上式の $\xi(x, t)$ に伝播フロントで ξ が取る値 ξ^* を代入して，次式が誘導される．

$$\xi^* = \int_0^x \zeta(x, \eta)\phi(x-\eta)d\eta(d\tau/d\eta) = \int_0^x \zeta(x, \eta)\phi(x-\eta)d\eta/V \tag{20·14}$$

したがって，この型の伝播現象の伝播速度は，

$$V = \int \zeta(x, \eta)\phi(x-\eta)d\eta/\xi^* \tag{20·15}$$

で与えられる．非定常伝播現象では，このように明快な解が得られるとは限らず，一般に畳み込み積分を面の各点について数値計算して，$\xi = \xi^*$ となる位置を時々刻々求めるという手順を繰り返す必要がある．この場合は，フロントの伝播速度 V は場所・時間によって変化することになる．

B. 確率論的伝播モデル

　移動現象の確率論的モデル化では，粒子の移動の仕方が確率論的に定まるとしたのに対して，伝播現象として見る場合は，考察する場を格子に分割し，フロントの格子に隣接する格子に伝播が起こるかどうかを確率論的に決めるという方法がとられる．その代表的なものに，浸透モデル（パーコレーションモデル）がある[6]．

　浸透モデルでは，例えば図 20·8 (a) のような格子の上に白黒の碁石を，白が出る確率と黒が出る確率を適当に与え，白黒のそれぞれの碁石で占められた格子の拡がりによって伝播現象をシミュレートする．モデル化しようとする領域を例えば黒の碁石で代表させるならば，まず，黒の石を置いたうえ，その周囲の格子交差点のそれぞれについて乱数で白石か黒石を置くという手順を繰り返す．市街地火災の延焼等は風上方向と風下方向で延焼確率が異なる

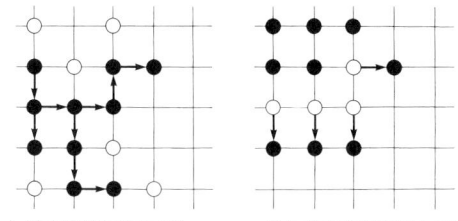

（a）確率論的伝播モデル　　　　　（b）確率論的移動モデル

（● 碁石の拡がり（矢印）を　　　（● 碁石が矢印の方向に進むと，前の
　　○ 碁石がブロックしている）　　　　時刻の碁石は消失するものとする）

図 20·8　浸透モデルによる確率論的伝播モデル（a）と確率論的移動モデル（b）

と考えられるが，そのような場合は，方向によって黒石が出る確率を変化させればよい．また，建物火災は限られた時間しか続かないから，市街地火災の確率論的シミュレーションでは，炎上建物から隣接する建物への延焼の有無は，炎上建物が類焼してから燃え落ちるまでの時間だけ，問題にすればよい．炎上中，炎上の程度によって延焼確率を時間的に変化させるのも原理としては可能である．

　このようなシミュレーションは，移動現象の確率論的モデルに若干の変形を加えるだけでも行えるものである．すなわち，移動現象の確率論的モデル化は，図20·8（b）のように，ある格子が存在するとき，確率pでこの粒子が消失して，そのかわりに隣の格子に粒子が出現するとみることもできるが（実際に移動現象のモデルの計算プログラムではそのように扱うことが多い），この本来の粒子が消失するのではなく，そのまま存続すると考えて，粒子が増殖するモデルにすれば，拡大モデルに変換されることになる．この考え方を延焼に適用する場合は，「粒子が存在する」ことは火災が続いていることを意味するから，一度，隣の格子に粒子を発生させて増殖を果たした粒子についても，その後のタイムステップで他のまだ延焼していない隣接格子への延焼を再び引き起こす可能性を調べる必要がある．上記のように，単体建物の火災がある時間しか継続しない場合は，ある格子に粒子が発生してから，その時間が経過すると粒子が消滅するようにプログラムしておけばよい．

（4）状態遷移モデル

　一室の火災拡大の様子の時間的変化の様子や避難行動中の避難者の心理的状態の変化，飛行する火の粉の温度変化などは，前述した空間的分布とは違う形でモデル化することができる．このような時間的変化も，変化を引き起こす要因が一意に決まっている場合は求めようとする量・変数の時間に関する常微分方程式で表現され，変化の要因が確率的な場合，確率モデルなどで表現される．

A．決定論的モデル

　火災に限らず，自然現象や社会現象で決定論的な状態遷移モデルが試みられる最も典型的な場合として，把握したい量や変数x（火災なら温度，資源管理なら動物の個体数，年代推定における放射性物質の残存率など）の時間変化率が，時間そのものや過去の状態には依存せず，そのときのその量・変数自体の状態の関数になるという条件，すなわち，

$$dx/dt = f(x) \tag{20·16}$$

があげられる．このような条件を力学系（dynamic system）といい，その最も単純な場合として $f(x)＝\lambda x+\gamma$ なる線形モデルが考えられるが，対流・定常熱伝導による熱損失などは温度に比例するし，人口増加速度なども社会・環境条件に大きな変化がなければ，人口に比例するとみて大きな誤りはないから，線形モデルが実際に利用できる場合は少なくない．線形微分方程式については，現実の現象として起こり得るほとんどの条件について解析解が得られており，工学的には，現象をモデル化した後は，その解析解を求めて解の挙動の工学的意味を分析するのが最も一般的である．式（20・16）の形式で非線形となるモデルで，火災に縁の深いものとしては，熱発火理論があげられる．熱発火理論では，燃焼による反応速度をアレニウス型，すなわち $F\cdot\exp\,(-E/RT)$ という強い非線形性を持つ関数で与えたうえ，系の熱損失（温度に比例すると仮定できる）との平衡を考え，反応による発熱と熱損失のバランスの崩壊による温度の発散によって発火を説明している[7]．

　火災では温度だけでなく，ガス濃度など多数の変数が扱われるが，それらが相互に影響しあうことも考えられる．このような場合，変数を x_1，x_2，…とすると，式（20・16）に対応するものとして，次式が誘導される[8]．

$$dx_1/dt＝f_1(x_1, x_2, x_3, \cdots)$$
$$dx_2/dt＝f_2(x_1, x_2, x_3, \cdots) \qquad (20\cdot17)$$
$$dx_3/dt＝f_3(x_1, x_2, x_3, \cdots)$$

このように多変数になると，方程式の右辺の中に，例えば $x_1 x_2$ などのように変数同士を積にしたものが現れることが少なくない．例えば，室火災では自然換気量 G は時間とともに変化し得る変数であるが，換気による熱損失は，C_p を空気の比熱，θ を火災室温とすると，$C_p G\theta$ となって G と θ の 2 つの変数の積に比例する．この熱損失が上式の右辺に現れるのである．このように常微分方程式が変数について非線形となる場合は，解析解を得るのが困難になるばかりでなく，コンピューターなどで数値解を求めたとしても，解の様相が初期条件や式に含まれるパラメーターによって大きく変化するなど，線形モデルからは予想もできない複雑な振る舞いを示すことがある．このうち，初期条件がわずかに変化しただけで解の様相が一変してしまう場合の代表的なものとしてカオスが挙げられる．非線形モデルの解の挙動について数学的に明確な考察ができるのは著しく単純な場合だけで，現象の比較的細部まで現実と一致させるような精緻なモデルについて非線形性の影響を詳細に評価するのは現状では困難であるが，シミュレーションで火災安全性評価を行おうとする場合は，少なくとも 1 通りの条件だけの計算で終わらせるのではなく，設計条件と幾分異なった条件ではシミュレーション結果がどのように変化するか調べるなど，条件に対する感度を分析しておく必要が大きいといえよう．

B. 確率過程モデル

　火災の進展過程を予測しようとしても，火災が起こる室の状態は，火災には大きな影響を及ぼすはずでありながら，必ずしも事前に予測できるとはいえない．また，火災の進展過程では，人が発見できるかどうか，また発見された場合でも，初期消火が十分行われるかなど，火災の進展を左右する重要な条件でありながら予測困難なものが少なくない．このような予測困難な条件を組み込みながら火災の進展の様子を数量的に評価しようとする際，多用され

るのが確率過程モデルである．確率過程モデルは，例えば火災統計などから，火災の進展段階ごとの消火奏功確率が推計されているような場合に，その統計値を説明できるように火災フェーズの遷移確率を決めることによって，物理的なモデル化とは異なる方法で火災進展過程をモデル化する，というような方向で利用されることもある．

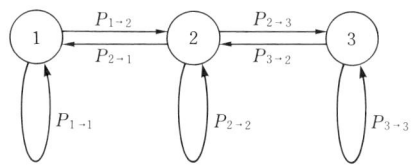

図 20·9　状態遷移の確率モデル

$Pi{\rightarrow}j$ は遷移確率．$\sum_i Pi{\rightarrow}j = 1$ が成り立つ．$j<i$ で $Pi{\rightarrow}j = 0$ となる場合は状態の遷移は一方向にだけ進む．これを不可逆過程という．

確率過程モデルでは，例えば，現象の推移の道筋は図 20·9 のような離散的なフェーズの連鎖として表され，フェーズからフェーズへの推移が起こるかどうかは確率で示される[9,10]．この確率は，実際はフェーズがそこまで進展するまでの間に生じた事柄の影響を受けていることが多いが，理想化して遷移確率が遷移を考えている現在の状態だけで決まると考えた場合がマルコフ過程である[8]．　　　　　　　　　　　（長谷見　雄二）

20·2　煙のシミュレーション

建築設計において火災対策などを講じる，あるいは火災事故の原因分析などの際に，火災の初期から盛期に至るまで，時間の経過に従って変化していく避難性状と煙性状を予測し，それらを比較して避難安全性能を調べることがある．また他室や廊下にも煙が侵入した場合についての検討や，発熱速度や排煙量が時間により変化するなど，複雑な設定条件が必要となることもある．そのような際には入手可能な煙のシミュレーションソフト（煙性状予測モデル）を用いるのが現実的であろう．以降に述べるものは非定常，多数室にも対応しており，手計算よりも精度の高い予測や柔軟な設定が可能になる．ただし実務にこれらのプログラムを導入するにあたり，以下に記されるようなシミュレーションに関する最低限の知識を持ち，ある程度の練習や検証を経て用いることを強く勧める．またどのモデルも万能ではなく適用範囲があり，とくにゾーンモデルについては広大な室や外部風の影響が大きい条件での使用は控えるべきである．CFD モデルについては，適用範囲の制限はそれほど強くないが，境界条件の設定を適切にすることと，必要に応じてコントロールボリュームの分割幅を十分に小さくすることなどに注意されたい．

20·2·1　ゾーンモデル

（1）概　　要

まず時間経過とともに変化していく煙性状を簡易に予測するゾーンモデルのうち，単純なものとして一層ゾーンモデルがある．これはいかなる場合でも室内に完全に煙が満ちた状態を仮定するモデルであり，盛期火災時などの完全混合に近い状態で煙が伝播する場合や煙制御方式の検討などに適している．それよりも計算が複雑になるが，室内を層に分離して考える二層ゾーンモデルは火災時の室の上部に高温層（上部層），下部に低温層（下部層）が存在するとしたもので，このプログラムでは，これらの体積，温度，濃度，流量，圧力などが算出される．複数室・複数階を有する建物全体の煙性状を予測することができ，室間の圧力

差により生じる扉の開閉障害や，温度上昇によるガラスの破損などを予測するのにも利用できる．計算時間は短く，比較的手軽に使用できるものであり，我が国では建設省総合技術開発プロジェクト「建築物の防火設計法の開発」（1982（昭和 57）〜1986（昭和 61）年）で開発された BRI 2[1, 2]が煙性状予測ツールとして汎用的に利用されており，使用されている期間も長い．超高層ビルにおける加圧防排煙システムの多くは，このプログラムを用いて設計されてきた．現在でも後継の BRI 2002[3, 4]が煙制御システムの設計などで広く用いられている．ただし，二層ゾーンモデルといえども万能ではなく，火源の規模に対して床面積が大きな室や，多くの室が複雑に接続する建物のように，二層形成を想定することが不適切な場合もあり，どのような条件でも利用できると過信するのは望ましくない．比較的静穏で，明確に二層が形成されやすく，高温層に温度勾配があまりできないような場合に適用すべきであろう．このプログラムについての空間および時間，火災性状等について，適用範囲の定量的な評価は十分でないのが現状である．

　一方，多層ゾーン煙性状予測モデル（MLZ モデル）[5, 6]は，室を多数の薄い層に分割しており，温度やガス濃度について，高さ方向の分布を予測できるので，信頼性や自由度の高い性能設計の可能性が広がる．アトリウムのような天井高さが高い室では，高温層内に温度勾配が生じやすいが，このモデルでは高さに応じた温度予測ができ，階ごとの防火シャッターや防火ガラスの必要性なども評価できる．また後述の CFD モデルのように複雑なデータ入力や莫大な計算コストを必要とせず，二層ゾーンモデルとほぼ同程度の扱いやすさや軽快性を確保している．ただし二層ゾーンモデルで課題となっている床面積が大きな室や，多くの室が複雑に接続する建物のように，成層化を想定することが不適切な室についての適用性についてはこのモデルでも解決されていない．またこのモデルで熱流が天井付近の層から下部の層に下降する過程は実際の現象とは異なっている場合もあると考えられる．まだ使用実績が少ないことから，本章での詳細な紹介は省略する．　　　　　　　　　　（鈴木　圭一）

（2）基礎方程式

　ここではゾーンモデルの計算方法について述べる．この方法は煙の成層化と成層内部で完全混合を仮定しており，竪穴や水平廊下などでの流動の扱いに問題が残されているが，実用上は許容されよう．

　使用する基礎式は

　1）質量収支式

　2）内部エネルギー収支式

　3）完全ガスの状態方程式

である．また，煙濃度の計算を必要とする場合には

　4）濃度収支式

の関係が加わる．基礎式に

　i．各層内部の完全混合である．

　ii．建物内部のすべての部分で圧力は大気圧に近く，圧力の時間変化の影響は小さい．

　iii．建物内部の圧力は瞬時に平衡する．

　iv．開口部流れは同一水平面での圧力差によって生じるものとする．

v．ρT＝constant

などの仮定を導入し，煙層の高さ，煙層の温度などの変化を与える式を誘導する．なお，変形の過程で見かけ上異なる式を計算に使用することもあるが，現在，2層ゾーンモデルとして使用される計算に使用されている関係式は，要素の取り扱いの精粗はあるが基本的には同一と考えてよい．

（3）ゾーン方程式の導出

A．1室1ゾーンの場合

建築物には隙間があることや火災時には窓ガラスが割れたりすることから，火災時の圧力 P の条件として，圧力の時間変化を無視した取扱いができる場合が多い．このとき

$$\frac{dP}{dt}=0 \tag{20·18}$$

となる．また，1層ゾーンの場合には，室全体の体積 V は変化しないとすることができるため

$$\frac{dV}{dt}=0 \tag{20·19}$$

となる．1つのゾーンとみなし得る層の密度を ρ とすると，質量収支式は次のように表現される．

$$V\frac{d\rho}{dt}=-\sum_{\lambda}m_{\lambda}+M \tag{20·20}$$

左辺はゾーン内部の密度の時間変化を記述しており，状態方程式から温度の時間変化を示すということもできる．右辺第1項は，その室を取り巻くすべての開口を通して流入する質量の和から，すべての開口から流出する質量の和を差し引くことを表しており，その室に開口を通して正味に流入する質量である．室から流出する正味の質量流量を

$$m=m_{\lambda}{}^{+}-m_{\lambda}{}^{-} \tag{20·21}$$

により定義する．$m_{\lambda}{}^{+}$ は開口 λ において室から流出する流量，$m_{\lambda}{}^{-}$ は室に流入する流量を意味する．したがって，総和記号の前にマイナスが必要となる．右辺第2項は質量の発生を示している．通常の火災時の可燃物の熱分解による質量の増加は他の項と比べて相対的に小さいとすることができる．

なお，この関係式は少し変形することにより，燃焼生成物などの特定の物質に注目した収支式の表現においても用いることができるが，気体の組成の変化についてはここでは詳細には取り扱わない．

エネルギーについては，C_v を定容比熱，C_P を定圧比熱とすると，次式が一般的な収支式である．

$$\frac{C_vV}{R}\frac{dP}{dt}+\frac{C_PP}{R}\frac{dV}{dt}=-\sum_{\lambda}C_P\overline{mT_{\lambda}}+q+Q \tag{20·22}$$

左辺第1項は圧力の時間変化による項，第2項は体積の時間変化による項である．右辺第1項は接続したすべての開口部を通して流体により正味に持ち込まれるエネルギーである．開口 λ における流体の移動に伴う正味の流出エネルギー $C_P\overline{mT_{\lambda}}$ を

$$C_P \overline{m T_\lambda} = C_P(m_\lambda{}^+ T_i - m_\lambda{}^- T_j) \tag{20・23}$$

により定義する．$C_P m_\lambda{}^+ T_i$ は収支を考えている室 i から開口 λ を通して室 j に流出するエネルギー流量，$C_P m_\lambda{}^- T_j$ は室 j から室 i に流入するエネルギー流量を意味する．

　圧力条件および体積の条件のほかに，摩擦によるエネルギー消散を無視する，係数として現れる絶対圧はその変化を無視して一定とするなどの仮定のもとに，エネルギー収支の式は

$$- \sum_\lambda C_P \overline{m T_\lambda} + q + Q = 0 \tag{20・24}$$

となる．

B.　1室2ゾーンの場合

　前項 A. では，1室の内部がすべて均一になっている場合を扱った．ここでは室内が煙層と空気層にきれいに分離されており，各層内が均一な場合について考察する[1,2]．

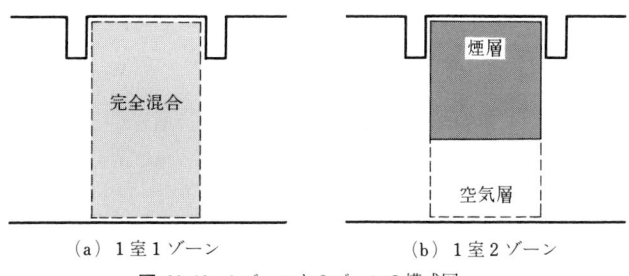

（a）1室1ゾーン　　　　　　（b）1室2ゾーン

図 20・10　1ゾーンと2ゾーンの模式図

　この場合には（2）で記述した基礎式において，煙層と空気層の間の質量およびエネルギーのやりとりと煙層と空気層の体積の和が室の体積に等しいという関係とを加えて考慮する必要がある．

　煙層に対する質量収支式は次式のようになる．

$$\frac{d\rho_S V_S}{dt} = - \sum_\lambda m_{S\lambda} + M_S + m_P \tag{20・25}$$

　1室1ゾーンの場合と異なる点は，煙層のゾーンに対する収支を考えている点と右辺第3項の空気層から煙層への質量の移動 m_P を考慮している点である．なお，空気層から煙層に移動する量 m_P は，ゾーンの界面を通して移動する流体により流入する質量の一部であるが，説明の容易さのために右辺第1項とは分離して表現している．空気層に対する質量収支式も同様に次式のようになる．

$$\frac{d\rho_a V_a}{dt} = - \sum_\lambda m_{a\lambda} + M_a - m_P \tag{20・26}$$

ただし，$V_S + V_a = V$（室の体積）である．上記の2式に現れる空気層から煙層に移動する質量は室全体としての質量の変化には依存しないことがわかる．

　火源から上昇する気体は上昇しながら周りの空気を取り込んでいき，高さとともにその流量が増加していく．これを火災プルームという．通常，煙層と空気層の間の気体の移動は火

災プルームを介在して行われるとして，界面における直接の移動を考慮しないことが多い．火災プルームに関しては，いくつかの提案があるが，ここでは現在一般に使用されている Zukoski のモデルを示す．火源から z の高さにおけるプルームの流速度は次式で与えられる（図 20·11）．

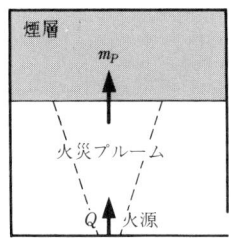

図 20·11　火災プルームのモデル化

$$m_P = 0.21 \left(\frac{\rho_a{}^2 g}{C_P T_a} \right)^{1/3} Q^{1/3} (z + z_0)^{5/3} \qquad (20\cdot27)$$

ただし，ρ_a，T_a は空気層の密度および温度であり，Q は火源での発熱量（kW），z_0 は実際の火源を同等の点熱源に置き換えたときの点熱源の位置が実際の火源面からどれだけ下にあるかの距離（m）（仮想点熱源位置という）である．仮想点熱源位置に関しても各種の提案があるが，現在次式で表される Heskestad の式を用いることが多い．

$$z_0 = 1.02 D - 0.083\, Q^{2/5} \qquad (20\cdot28)$$

ただし，D は実際の火源の直径（m）である．

エネルギーの収支に関しては，煙層に対して次式となる．

$$\frac{C_v V_S}{R} \frac{dP}{dt} + \frac{C_P P}{R} \frac{dV_S}{dt} = - \sum_\lambda C_P (\overline{m T_S})_\lambda + q_S + Q_S + C_P m_P T_a \qquad (20\cdot29)$$

右辺の各項は煙層に流入するエネルギーを表す．質量収支の場合と同様，右辺第 4 項は空気層から煙層に流入する流体により持ち込まれるエネルギーを示し，右辺第 1 項から分離されている．また，空気層に対するエネルギーの収支は次式となる．

$$\frac{C_v V_a}{R} \frac{dP}{dt} + \frac{C_P P}{R} \frac{dV_a}{dt} = - \sum_\lambda C_P (\overline{m T_a})_\lambda + q_a + Q_a - C_P m_P T_a \qquad (20\cdot30)$$

なお，上記の 2 式に現れる空気層から煙層に移動するエネルギーは両者の和をとると消えることから，室全体としてのエネルギーの変化には依存しないことがわかる．

煙層に流入する煙は火災プルームのみであり，煙層を取り巻く開口部がなく単純に煙層が降下してくる問題を扱う（図 20·11）．火源で発生したエネルギー Q は空気層には伝達されずその全量が煙層に持ち込まれるとし，さらに簡略化のために下部空気層の温度 T_a は変化しないものとする．このような簡略化を認め，さらに火災室での全圧 P の変化を無視できる場合には，煙層の質量収支式およびエネルギー収支式は次のように簡単な形で表される．

$$\frac{d(\rho V_S)}{dt} = m_P \qquad (20\cdot31)$$

$$\frac{C_P P}{R} \frac{dV_S}{dt} = q_S + Q + C_P m_P T_a \qquad (20\cdot32)$$

この両式および完全気体の状態方程式から，次のような煙層の体積変化（断面積が一定の場合には煙層高さの変化を与える）および温度変化の式を得ることができる．

$$\frac{dV_S}{dt} = \frac{q_S + Q + C_P m_P T_a}{C_P \rho_S T_S} \qquad (20\cdot33)$$

$$\frac{dT_S}{dt}=\frac{m_P-(q_S+Q+C_P m_P T_a)/(C_P T_S)}{V_S \rho_S T_S} \tag{20·34}$$

C. 多数室における基礎方程式

実際の建築空間は多数の室が接続したものであり，前項 A. または B. で得られた関係をすべての室について満足しなければならない．ここでは，1室1ゾーンの場合について記述するが，1室2ゾーンの場合については前項 B. で記述した扱いにより記述できる．

質量収支式について，多数室の関係を要素を用いて表現すると

$$\frac{d\rho V_i}{dt}=-\sum_\lambda (m_\lambda)_i + M_i \tag{20·35}$$

である．右辺第2項の $(m_\lambda)_i$ は室に接続する開口を示しており，室 i に開口を通して正味に流入する質量を与える．この式はある室 i における収支式がすべての室について同形であることを示す．

多数室の場合の関係式の表現にはすべての室に関する収支式を表現するために行列による表示も可能である．室と開口とのつながりの関係を表すインシデンス行列 $[I]$ を用いた行列表現[3,4]を行うとすべての室の関係を簡単にまとめて表現でき，

$$\left\{\frac{d\rho V}{dt}\right\}=[I]\{m\}+\{M\} \tag{20·36}$$

となる．

エネルギー収支式については，要素による表現は，室 i において

$$\frac{C_v V_i}{R}\left(\frac{dP_i}{dt}\right)+\frac{C_P P_i}{R}\left(\frac{dV_i}{dt}\right)=-\sum_\lambda C_P \overline{mT}_{\lambda i}+q_i+Q_i \tag{20·37}$$

となり，行列表示を用いると，すべての室について

$$\left\{\frac{C_v V}{R}\frac{dP}{dt}\right\}+\left\{\frac{C_P P}{R}\frac{dV}{dt}\right\}=-[I]\{C_P \overline{mT}\}+\{q\}+\{Q\} \tag{20·38}$$

となる．

（4）計 算 手 順

換気計算法には，圧力仮定法と流量仮定法がある[10]．両者それぞれ特徴があり，比較の意味からも両方の計算法について示すことにする．ただし，簡単のために1室1ゾーンの場合とし，$\frac{dP}{dt}=0$ とする．

A. 圧力仮定法

圧力仮定法は，開口部での流れを決定するために

1） 開口両側の室の床面圧力を仮定する．

2） 1）により開口部での流量を求める．

3） 室の流量収支式を満足するまで床面圧力の補正を繰り返す．

方法である．1つの計算時間ステップにおける計算の流れのフロー図を，計算に用いる式とともに図 20·12 に示す．

B. 流量仮定法

流量仮定法は，開口部での流れを決定するために

1）　開口部での流量を仮定する.

2）　1）の流量をもとに圧力差を求める.

3）　圧力差がすべてのループで総和が 0 になるという規則を満足するまで開口部流量の補正を繰り返す.

方法である．1 つの計算時間ステップにおける計算の流れのフロー図を，計算に用いる式とともに図 20・13 に示す.

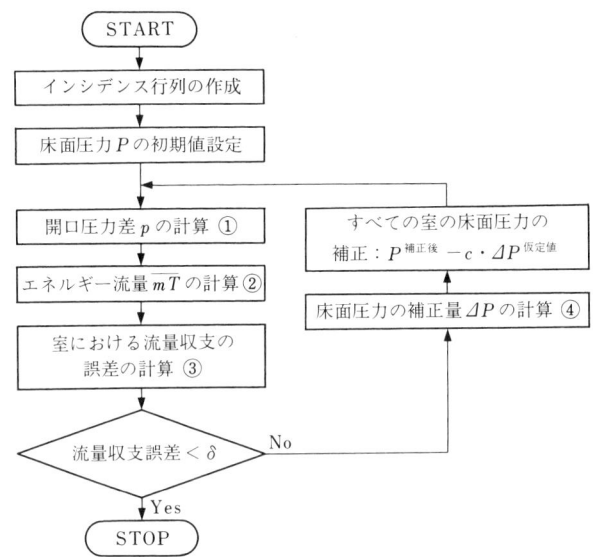

①　$\{p\} = [I']\,\{P\}$

　　ただし，$[I']$ はインシデンス行列 $[I]$ の転置行列である.

②　$\overline{mT}$ の計算は，温度を用いた (20・23) 式の計算を行う.

③　エネルギー流量収支式 $\{0\} = -[I]\,\{C_p\overline{mT}\} + \{q+Q\}$ は，仮定した床面圧力が誤差を持つとき誤差 $\{ \varDelta Q \}$ を生じる．すなわち，$\{ \varDelta Q \} = -[I]\,\{C_p\overline{mT}\} + \{q+Q\}$

④　$\{ \varDelta P \} = \left([I]\left[\dfrac{\partial(\overline{mT})}{\partial p} \right][I'] \right)^{-1} \{ \varDelta Q \}$

　　ただし，$\left[\dfrac{\partial(\overline{mT})}{\partial p} \right]$ は対角行列である.

図 20・12　圧力仮定法による計算の流れ

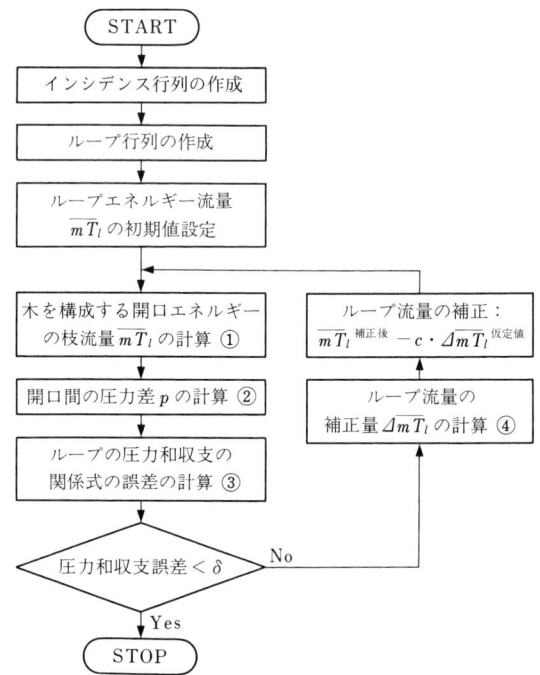

① $\{\overline{mT_t}\} = [I_t']\{\overline{mT_l}\} + [I_t]^{-1}\{q + Q\}$

ただし，添字 t は木を構成する開口部を，l はそれ以外（補木）の開口部を示す．また，$\overline{mT_l}$ はループ流量である．

② p の計算は一般に直接計算することが困難であるため，温度を用いた式（20・23）の計算を行って $\overline{mT}$ を求め，この値と与えられた値 $\overline{mT_l}$ とが等しくなる p を逐次近似で求める方法が使用される．

③ ループでの圧力和収支式 $\{0\} = -[L]\{p + p_\sigma\}$ は，仮定したループのエネルギー流量が誤差を持つとき誤差 $\{\Delta p_l\}$ を生じる．すなわち，$\{\Delta p_l\} = -[L]\{p + p_\sigma\}$．ただし，$p_\sigma$ は開口部生じる起圧力．

④ $\{\Delta \overline{mT_l}\} = \left([L] \left[\dfrac{1}{\dfrac{\partial(\overline{mT})}{\partial p}} \right] [L'] \right)^{-1} \{\Delta p_l\}$

ただし，$\left[\dfrac{1}{\dfrac{\partial(\overline{mT})}{\partial p}} \right]$ は対角行列であり，$[L']$ はループ行列 $[L]$ の転置行列である．

図 20・13　流量仮定法による計算の流れ

（松下　敬幸）

20・2・2　フィールドモデル
（1）概　　　要

　フィールドモデル（CFD，数値流体解析モデルともいう）は火災現象だけではなく，建築や土木，機械分野などで水や空気の流れに関する問題に広く使われ，さらには燃焼や爆発などに用いられることもあり，汎用性や適用範囲が大きく，またプログラム開発が盛んであることがメリットである．このモデルは基本的に3次元の質量，エネルギー，運動量に関する偏微分方程式（ナビエ・ストークス方程式）に基づいて流速や温度を求めようとするものである．ナビエ・ストークス方程式は流体に作用する慣性力と粘性力，浮力，圧力の釣り合いを表しており，これを数値的に近似解を得られるように空間と時間に関して離散化し，コンピューターを用いて解を求める．得られる解の精度は，離散化の解像度（時間刻みと空間刻みの細かさ）に大きく依存する特性がある．精度の高い解を求めるためには解像度を高くすればよいが，それに伴い計算に費やされる時間が膨大となるため，求める問題に対して適切な設定を検討する必要がある．ただしよほど大きく複雑な室でなければ，近年の計算機の高速化と低価格化の恩恵により，予測精度と消費時間を許容できる範囲で両立できることが多く，実用に向けての障壁が低くなっていると言える．

　商業的に利用可能な汎用CFDコードとして，Ansys CFD（旧Fluent）[11]，STAR-CCM＋[12]などが世界的に有名である．また火災向けにFDS[13]やSmartfire[14]が開発されており，とくにFDSは無償であり検証事例も多く，比較的扱い易いことから，近年，火災安全設計の分野で国際的に広く使われつつある．ただし日本では伝統的に前述の二層ゾーンモデルを使われる事例が多く，あまりCFDは利用されていないようである．CFDとゾーンモデルを比較すると，コントロールボリュームの個数が大きく異なることと（前者は多数，後者は1つないしは数個），またCFDではすべてナビエ・ストークス方程式に基づいて解を得るのに比べ，ゾーンモデルでは火災プルームのモデルなどに半実験式を組み込んでいることなどが異なる．ゾーンモデルは平面的に大きな室や長細い室で用いると予測精度が低下するため，このような場合にはCFDを利用するメリットが大きいと考えられる．

（鈴木　圭一）

（2）数　値　解　法

　フィードモデルで対象とする流れのスケールや物理的性質は，理工学の各分野で扱う流れによって異なるものの，数値計算の手順は基本的に変わらない．

　まず最初に，実現象の流れは数学的表現に投影される．例えば，圧縮性流体の基礎方程式系，非圧縮性流体の基礎方程式系[15]等とよばれるものである．なお，両者の違いは，圧力による密度変化を考慮するか否かである．以下は非圧縮性流体の方程式系である．

$$\frac{\partial \mu_i}{\partial t} + \frac{\partial \mu_i \mu_j}{\partial x_j} = -\frac{\partial p}{\partial x_i} + \frac{\partial}{\partial x_j} \nu \left(\frac{\partial \mu_i}{\partial x_j} + \frac{\partial \mu_j}{\partial x_i} \right) \frac{\partial \mu_i}{\partial x_i} = 0$$

なお，記号は後述する．

　多くの場合，この方程式系は乱流モデルの基礎方程式系へと書き換えられる．後述するが，計算機能力の限界から，このようにしないと計算は多くの場合不可能である．なお，乱流モデルを使わない方法は，直接シミュレーション，ダイレクトシミュレーション（DNS）な

どとよばれる．乱流モデルの種類としては，k-ε 型 2 方程式モデル（k-ε モデル）[16, 17, 30]，Large Eddy Simulation（LES）[18, 19, 30]等が工学的によく知られている．これらの基礎方程式系は非線形の偏微分方程式系で，このままでは数値的に解くことができない．したがって，離散化手法を用いて代数方程式系に書き換えられる．離散化手法の種類には，差分法（Finite Difference Model：FDM）[20]，有限体積法（Finite Volume Method：FVM）[21]，有限要素法（Finite Element Method：FEM）[22]等がある．計算機は与えられたアルゴリズムに従って効率よく代数方程式系の数値解を解いていく．アルゴリズムの種類としては，MAC 法（Marker and Cell 法）[23, 29]，HSMAC 法（Highly Simplified MAC 法）[24]，ABMAC 法（Arbitrary Boundary MAC 法）[25]，SIMPLE 法（Semi Implicit Method for Pressure Linked Equations）[26, 40]等がよく使用される．

シミュレーションに先立って行われる計算領域分割作業は，プリ処理とよばれる．また，シミュレーション結果は数字の羅列であり，コンピューターグラフィックス（Computer Graphics：CG）等を用いて流れの可視化が行われるが，この作業はポスト処理とよばれる．

（3）基礎方程式の種類

実際の煙は，気体，熱，各種化学物質粒子等で構成されている．気体の質量，気体の運動量，気体のエンタルピー量，気体中の各化学物質粒子は，気体の流れに乗って遠方に運ばれていく．熱や化学物質だけでなく，気体自身も気体によって運ばれているのである．

煙流動の実現象を数学的に表現する場合，各々の物理量について保存則を考えることになる．保存則とは，任意の微小空間における物理量の収支バランスを考えることである．

気体の質量，気体の運動量，気体のエンタルピー量，気体中の各化学物質量に保存則を適用すると，連続式，運動量輸送方程式（運動方程式，またはナビエ・ストークス方程式），エネルギー輸送方程式，スカラー輸送方程式が得られる．火災の煙流動では，燃焼に伴い生じる CO，CO_2 等，複数のスカラー輸送方程式が必要になる．

物理量の保存則から導出されたこれらの基礎方程式系は，実現象を数学的に模擬した表現である．対象とする流れの特徴に応じて各種の基礎方程式系が導出される．例えば，密度変化の影響の程度に応じて，圧縮性流体，非圧縮性流体等の方程式系がある．

建築環境工学で扱うような低マッハ数の流速（音速の 0.3 倍以下）では，高圧により気体の密度が大きく変化するようなことはなく，液体と同様に非圧縮性流体として扱うことができる．ただし，空間で局所的に温度差がある場合，気体の密度変化は流れ場に影響を与える．この場合，温度差による密度変化の影響は運動方程式の浮力項にのみ残され，他は密度一定を仮定することが多い．これはいわゆるブジネスク近似である．非圧縮性流体の基礎方程式系[15]は，連続式，運動方程式，エネルギー方程式，スカラー方程式で構成される．

ところが，火災室内のように常温から一気に 1000℃ にまで達するような場合には，気体の密度差には約 4 倍の開きがあるため，火災室内の煙流動や火災室内から噴出し建物内に拡散する煙流動を記述する際には，温度による気体の密度変化の影響を抜きにして考えると大きな誤差を生んでしまう．火災時の煙流動は，著しい温度差により密度変化が大きく，かつ低マッハ数であり，これを疑似する基礎方程式系は，例えば Rehm & Baum[15, 17]によって提案されているものがある．これを近似的圧縮性流体の基礎方程式系と称することにする．こ

の方程式系の中には，圧縮性流体の場合と同様，状態方程式が現れる．ただし，低マッハ数の流れでは，圧力の変動成分は空間の平均圧力に比べてきわめて小さいため，状態方程式中の圧力は空間平均圧力が用いられる．エネルギー輸送方程式中の圧力も同様である．

（4）乱流モデル

　工学で対象とする流れ場は一般に乱流である[28]．火災流の場合も例外ではない．乱流には様々なスケールの渦が含まれており，大きなスケールの渦は，運動方程式の移流項における非線形作用によって分裂を重ね，最終的に粘性の作用するスケールで熱エネルギーに変換され消滅する．この最終スケールをコルモゴロフのマイクロスケールという．基礎方程式系を直接，差分近似で解くDNSを使うためには，この最終スケールに対応するきわめて微細な空間分解能が必要である．

　居室程度の広さの室内を考えてみると，このコルモゴロフのマイクロスケールは概算でコンマ数ミリ程度となり，$(10^4)^3$ 程度の空間格子点が必要になる．差分メッシュを小さくすることは，それに対応して時間差分間隔も小さくすることが要求されるから，結局のところ膨大な記憶容量と計算時間が必要になり，現在の計算機の能力では実行不可能であるし，将来の計算機の進歩を考慮に入れても，DNSは当分は不可能と考えるべきである．

　したがって，乱流を数値的に解く場合には，コルモゴロフのマイクロスケールに比較してかなり粗いメッシュ分割を用いた場合にも乱流の特徴をとらえ得るような何らかのモデル化が必要になるのである．

　工学的に関心のあるものは主に物理量の平均値であり，流れ場の微細な乱流構造はそれほど重要でない場合が多い．そこで，基礎方程式系に統計的平均操作を施して，微小スケールの流れの部分については粗視化が行われる．この平均化操作には，時間平均操作と空間平均操作がある．

　導出の詳細は省略するが[29]，基礎方程式系に時間平均操作を施したものは時間平均された基礎方程式系とよばれる．ナビエ・ストークス方程式を時間平均したものは，特にレイノルズ方程式とよばれる．時間平均された基礎方程式系が表現しているのは時間的平均流である．平均流ならば，空間分布はある程度緩やかであるから，少々粗いメッシュ分割でも解析可能になる．しかしながら，平均化の代償として，レイノルズ応力という未知相関量がレイノルズ方程式中に出現する[29]．粗視化に伴い解消された微細な速度変化の影響はレイノルズ応力の中に凝縮されていると考える．レイノルズ応力という新たな未知数の出現により，未知数の数が方程式の数を上回り，時間平均された方程式系はこのままでは完結しなくなる．したがって，この未知量を平均量と結びつけてモデル化し，時間平均された方程式系を完結させることが重要な課題になり，この観点から様々な乱流モデルが存在する．乱流モデルとしては，0方程式モデル，1方程式モデル，2方程式モデル，応力方程式モデルなどがある．2方程式モデルとしては，k-ε 型2方程式モデル（k-ε モデル）[6,7,20]（表20・2）が最もよく知られているが，このモデルではレイノルズ応力を評価するためにさらなる未知量である乱流エネルギー k と乱流エネルギー散逸 ε を用いており，k の輸送方程式，ε の輸送方程式計2つを追加することに名前の由来がある．工学的に最もよく用いられており，火災研究も例外でない．しかしながら，もともと管内流等の単純な流れを対象に開発されているため，室内

流や屋外流のような衝突，剥離，循環を伴うような流れに適用した場合にはある程度の誤差
を生じることは避けられない．これは k-ε モデルが等方的な渦粘性に基づいているためであ
り，構造的に克服のできない欠点である[30, 45]．これに代わるモデルとして，応力方程式モデル
（Differential Second-moment closure Model：DSM）[31, 42] や代数応力方程式モデル（Alge-
braic Second-moment closure Model：ASM）[32, 41] が提案されている．これらの結果では，
k-ε モデルにみられる問題点はかなり解消され，精度は大きく改善される．しかしながら，
レイノルズ応力の輸送方程式を考えるため方程式数は増え，それに伴い新たなモデル化や数
値定数の設定も増えることから，基礎方程式系はかなり複雑なものとなる．

表 20·2　k-ε モデルの基礎方程式系

$$\frac{\partial <u_i>}{\partial x_i} = 0$$

$$\frac{D<u_i>}{Dt} = \frac{\partial <p>}{\partial x_i} - \frac{\partial <u_i'u_j'>}{\partial x_j}$$

$$\frac{Dk}{Dt} = \frac{\partial}{\partial x_j}\left(\frac{\nu_t}{\sigma_k}\frac{\partial k}{\partial x_j}\right) + \nu_t\left(\frac{\partial <u_i>}{\partial x_j} + \frac{\partial <u_i>}{\partial x_j}\right)\frac{\partial <u_i>}{\partial x_j} - \varepsilon$$

$$\frac{D\varepsilon}{Dt} = \frac{\partial}{\partial x_j}\left(\frac{\nu_t}{\sigma_\varepsilon}\frac{\partial k}{\partial x_j}\right) + \frac{\varepsilon}{k}\left(C_{\varepsilon 1}\nu_t\left(\frac{\partial <u_i>}{\partial x_j} + \frac{\partial <u_i>}{\partial x_j}\right)\frac{\partial <u_i>}{\partial x_j} - C_{\varepsilon 2}\varepsilon\right)$$

$$\nu_t = C_u\frac{k}{\varepsilon}$$

$\sigma_k : 1.0, \quad \sigma_\varepsilon : 1.3, \quad C_{\varepsilon 1} : 1.44, \quad C_{\varepsilon 2} : 1.92, \quad C_u : 0.09$

　空間平均操作に基づく乱流モデルとして，LES（Large Eddy Simulation）[18, 19, 30]（表 20·3）
がある．上述したように，コルモゴロフのマイクロスケールのレベルの細かい変動までを数
値シミュレーションで追跡することは困難である．そのため，適当な長さスケールを想定し
て，そのスケール以下の微細な変動を粗視化して，元の乱流に比べてやや緩やかに変動する
ような乱流モデルを考える．このときに想定されるスケールは，コルモゴロフのマイクロス
ケールよりも大きく，乱流の平均的なスケールよりは小さくなるように選ばれる．想定した
スケール以上の変動はモデル化なしで直接計算される．LES には，最も一般的な Smago-
rinsky モデルなどいくつかのモデルが提案されているが，LES でモデル化されているのは，
高周波成分に限られており，適当な方法で解けばかなり精度の高い解が得られる可能性があ
る．しかしながら，その分大きな記憶容量と高速処理能力が計算機に要求されるが，近年の
計算機の性能向上のため実用化が進んでおり，精度が必要な予測ではもっとも利用されてい
るモデルである．

（5）解析スキームと境界条件

　乱流モデルの基礎方程式系は偏微分方程式系で，このままでは数値的に解くことができな
いので，離散化手法を用いて代数方程式系に書き換える．離散化手法として工学的に有用と
考えられるのは，差分法（Finite Difference Model：FDM）[20]，有限体積法（Finite Volume
Method：FVM）[21]，有限要素法（Finite Element Method：FEM）[22] などである．差分法は，
偏微分方程式系を差分方程式系に書き換えるものであり，最もわかりやすい方法である．差

表 20·3　LES の基礎方程式系

$$\frac{\partial \overline{u_i}}{\partial t} + \frac{\partial \overline{u_i u_j}}{\partial x_j} = -\frac{\partial}{\partial x_i}\left(\bar{p} + \frac{2}{3}k^\star\right) + \frac{\partial}{\partial x_j}\,(\nu + \nu_{SGS})\,\overline{e_{ij}}$$

$$\frac{\partial u_i}{\partial x_i} = 0$$

$$\nu_{SGS} = (C_s h)^2 \left(\frac{1}{2}\,\overline{e_{eij}^2}\right)^{1/2}$$

$$e_{ij} = \frac{\partial u_i}{\partial x_j} + \frac{\partial u_j}{\partial x_i}$$

$$h = (h_1 \cdot h_2 \cdot h_3)^{1/3}$$

$$C_s = 0.12$$

表 20·4　20·2·2 節の記号

t	：時間	x_i	：空間座標の 3 成分
u_i	：x_i 方向の風速成分	ρ	：空気密度
P	：ρ で除した圧力	ν	：動粘性係数
ν_t	：渦動粘性係数	ν_{SGS}	：subgrid scale 渦動粘性係数
$\langle u_i' u_j' \rangle$：レイノルズストレス		k	：乱流エネルギー
$k^\star$	：subgrid scale 乱流エネルギー	ε	：k の散逸項
		h_i	：x_i 方向セル幅

偏微分方程式系を差分方程式系に書き換えるものであり，最もわかりやすい方法である．差分演算子は，テイラー展開等により与えられ，各種の精度のものが用いられる．差分の次数が高くなるほど精度は向上するが，参照点数が増加し計算量や数値解析の不安定性要因となる．方程式中の非線形移流項の差分スキームについては，解の安定，不安定を強く左右する可能性があるので非常に重要である．これについては後述する．離散化手法の中でも，有限体積法は現在 CFD で最も主流の方法である．また，有限要素法は，複雑形状の取り扱いに適応性が高く，また局所的に分割を細かくして精度向上をはかることができる手法である．しかしながら，計算記憶容量を多く必要とする．この手法は，流体解析では近年使われるようになったものであるが，今後実用的に有望と考えられる．

　数値解を得るには解析領域を分割し，計算格子（メッシュ）を定義する必要があるが，その方法の選択として，直交座標系を用いるのが最も簡単でわかりやすいが，建物の傾斜面や曲面は階段状の格子で代用されてしまう．実用上はこれでも十分なことが多いが，精度が要求されるときは境界適合座標[33,34,35]といって，固体表面の形状にあわせてメッシュ分割する方法がある．この場合，物理空間は曲座標系で表示されるが，計算空間は直交座標系に変換されるので，差分表現形式は座標変換の手続きを経る結果となり複雑になる．また，建物内の煙流動を予測する場合でも，外部風の影響を受けるときには，建物周辺のかなり広い計算領域を設定しなければならない．そのような場合には，建物内に細かい格子系を用いて，周辺には相対的に粗いメッシュ分割を行う複合メッシュ[36]とよばれる手法を用いて，必要に応

じて流れ場に複数の格子系を設置することがある.

　非線形項であるナビエ・ストークス方程式の移流項に中心差分による近似を用いると, 数値粘性をもたないために計算の安定が保てずに発散してしまうことがよくある. 例えば, k-ε モデルの k, ε 輸送方程式にこの傾向が大きい. これを避けるテクニックとして, 中心差分に一次精度の大きな数値粘性を付加したものが一次精度風上差分とよばれるものであるが, きわめて安定な反面, 数値粘性による大きな誤差が含まれている点に注意しておく必要がある.

　QUICK スキーム[39] は風上側の重みをもつものの, 比較的小さな数値粘性となるように設計されており, 精度とのバランスもよい. k-ε モデル, ASM, DSM でよく用いられており, 煙流動の計算もこれに従うのがよいと思われる.

　空間の流れの解析において直面する境界は, 固体部分の壁面境界と限られたサイズの計算領域の都合上設けられる仮想部分の境界である. また, 対称性がある流れ場では, 対称面境界を用いて計算負荷を避けることもある. 壁面境界条件は, 壁面に近い部分の空間の物理量を解くために必要なもので, 壁面上にある大きさの物理量を仮想的に設定するものである. non-slip, free slip, べき乗則[37, 38], 対数則, 一般化対数則[16, 30] などがある. べき乗則, 対数則, 一般化対数則などはもともと境界層流を解くために開発されており, 室内流や建物周辺流のような衝突, 剥離, 循環を伴うような流れに適用することには理屈が必要であるが, 他に適切な方法がないことや, このような流れ場であってもミクロな見地からすれば境界層を形成しているとの判断から利用されているのが実状である. 計算領域の入口側の境界では物理量の一定値を与えることが多く, 出口側や上部側境界では各物理量の勾配なしの条件を与えることが多い.

（林　吉彦）

20・3　避難のシミュレーション

20・3・1　避難のシミュレーションの種類

　歩行・避難性状予測についての研究は 1930（昭和 5）年代頃より行われてきたが, 1950（昭和 25）年代の戸川によって, 開口部への避難者の集結と開口部通過, および開口部通過における流動係数という概念による避難性状のモデル化が提案された[1, 2]. この方法では, 比較的簡易な計算や図解法によって避難時間や滞留性状が計算することが可能である. 新・建築防災計画指針の避難計算[3] や避難安全検証法[4] など, 現在の火災避難安全設計の実務にも広く利用されている避難性状予測手法も, この概念に従って構成されている.

　一方, 近年はシミュレーション技術の進展により, 在館者の個々の動きを再現しようとする避難シミュレーションが普及してきており, このような手法はマルチエージェントシステムまたはエージェントベースモデルという呼称が定着している. エージェントとは, 人工知能分野において, ある環境を認識して自律的に動作するシステムをいい[5], 複雑系科学分野では主体性のある構成要素のことを指し[6], マルチエージェントシステムは, 複数のエージェントの局所的な相互作用から巨視的な現象が創発される特徴をもつ. 旧来からの簡易計算方法と比べると, 個々の在館者の行動の経時変化が動画像として出力されるため, 避難上ボトルネックになる地点や密集地点での群集の大きさを視覚的に把握しやすいという長所が

挙げられる．しかし，より本質的な価値は，避難シミュレーションに適用した場合，災害が発生している空間という環境の中で，在館者が主体性のある構成要素となり，在館者同士のインタラクションから群集流動や避難性状が再現されることにあると言える．また，在館者全員を均質に扱うのではなく，個々の在館者に対して異なる特性を与えること，身体寸法や歩行速度などの物理的なパラメータ以外に人間の認知特性や状況判断までを考慮することで，現実のような多様な在館者を前提とした避難行動を精緻に再現できる可能性がある．

　現状の避難シミュレーションは，既に実務で活用されているもの，一般にパッケージソフトウェアとして市販されているもの，新しい避難行動モデルを提案しているものなど様々な形態が存在するが，マルチエージェントシステムとして共通の手法がみられる．多くのマルチエージェントシステムによる避難シミュレーションは，目的地までの大域的な避難経路を決定するために必要な「空間モデル」と「経路選択モデル」および在館者が避難経路に沿って移動する際，他の在館者や障害物と局所的に衝突回避するための「群集歩行モデル」で構成されている．また一部では，グループ行動や介助行動，エレベーターを使った避難などを取り入れた「高度な避難行動モデル」も提案されている．以下にこれらモデルの特徴をまとめる．

（1）空間モデル

　エージェントとして表現される在館者（以下，在館者）が空間を認識して，安全な建物出口などの目標に向かって移動する経路を考えると，在館者が居室を出て，廊下を通り，階段室に入るといった経路選択を行うため，在館者に空間構造を認識させる必要がある．このような空間構造を表現するため，避難シミュレーションでは，空間をある一定範囲を表すノードと，ノード間の接続関係を表すエッジによるネットワーク構造によってモデル化する．このような空間モデルは大きく二つの手法に分類でき，いずれかを採用したものが多い．

　一つは，建物の平面図をセルと呼ばれる格子状に分割してネットワーク構造を構築するもので，セルベースやメッシュモデルとも呼ばれる．セルベースの種類には，隣接するセル同士はすべてエッジで接続し，セル自体に通行可能かどうかの属性を与えるモデル[7,8]と，隣接するセル同士の接続状態により通行可能かどうかを表現するモデル[9]がある．セルの大きさは避難シミュレーションによって様々であるが，建物の平面形状を正確に再現できるほど細かいセルに分割されたものは，特に微細ネットワーク（fine network）とも呼ばれている[10]．

　もう一つは，建物内で通行可能な領域を凸多角形のメッシュの集合で表現し，各メッシュをノードとして隣接するメッシュとの接続関係を保持したナビゲーションメッシュと呼ばれる空間モデルである[11]．凸多角形にすることで，メッシュ内の任意の2点間に障害物がないことが保証される．ナビゲーションメッシュの場合，セルベースと比べてデータ量が小さくなることや，3次元の建築空間に対応しやすいという長所がある．一方で，あるメッシュから次のメッシュに移動する方向は，接続しているエッジ上の任意の点となるため，エージェントごとに適切な移動経路を算出するための処理が別途必要になる．

　それ以外に，大規模な空間を扱う場合には居室や通路などの単位をノードとして出入口をエッジとしたネットワーク構造（粗ネットワーク（coarse network）とも呼ばれる）もあ

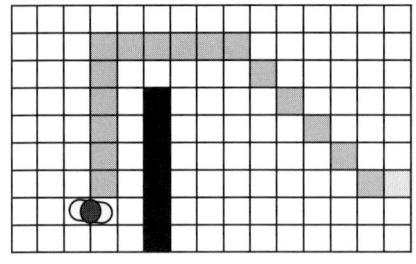
（a）セルベース

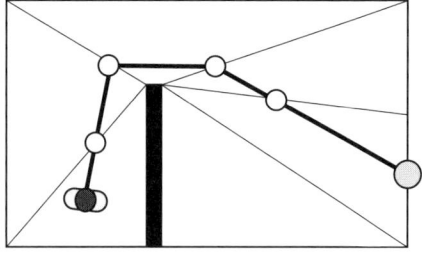
（b）ナビゲーションメッシュ

図 20·14　空間モデルの種類

り，セルベースと組み合わせて階層的にネットワーク構造を構築しているモデルもある[12]．

（2）経路選択モデル

　避難シミュレーションの経路選択モデルには，出口までの最短経路を算出するものが多い．この場合，ネットワーク構造を有する空間モデル上で最短経路探索が行われることになり，アルゴリズムとしてはダイクストラ法やA*探索がよく知られている[5]．セルベースの場合は，各セルに対して出口までの距離を事前に計算し保存しておくことで，在館者が周囲のセルから距離が小さくなる方向のセルを選択させることで最短経路選択ができる．これを距離マップといったり，その値のことをより一般的にポテンシャル値と呼ばれたりする[13]．

　一方，実際の人間の避難行動は最短経路を選択するとは限らず，また，最短経路が最適な避難経路にならない場合もある．例えば，ある在館者にとって複数の出口の選択肢がある場合，普段使用している出口を選択するほうが人間の避難行動特性に近い．それに対応するため，出口ごとに複数の距離マップを作成しておくことで，在館者の特性により特定の出口に向かって避難させたり，最短経路で避難させたりといった制御ができるものがある[14]．また，建物に不慣れな人を考慮し，誘導灯の視認範囲を経路選択に取り入れた入れたモデル[9]や，他の在館者に追従する行動を取り入れたモデル[15]もある．これらは，セルベースで各セルに誘導灯の視認範囲の属性や他の在館者の歩行軌跡データをポテンシャル値として保持させる手法が用いられる．

　より最適な経路としては，最短時間で避難ができる経路を選択することも重要である．最短距離となる経路は空間モデルから算出できるが，最短時間となる経路は，在館者の環境に対する状況判断を考慮する必要がある．例えば，ある最寄りの出口に他の在館者が殺到している場合，別の離れた出口に向かって避難したほうが避難時間は短くなる場合が考えられる．この場合，最短経路探索のアルゴリズムにおいて，群集密度の高い経路には，ネットワークの重みやポテンシャル値を移動コストとして追加するなどし，最短時間に近づくような経路選択をさせる[11]．実際の避難行動において，最短避難時間の経路を選択するとは限らないが，最適な避難誘導を行うための指針を得るには有効である．

（3）群集歩行モデル

在館者は，経路選択モデルにより現在地から目的地に向かうための方向が定まるが，実際に移動するときは，周囲にいる他の在館者，壁などの障害物とは衝突しないように移動する必要がある．このように他の在館者との局所的な相互作用を考慮して移動させることで，群集歩行性状を再現するモデルを群集歩行モデルまたは衝突回避モデルと呼ぶ．この群集歩行モデルにはいくつかの種類があり，ニュートン力学を応用した力学ベースモデル，セルオートマトンモデル，その他の分野で開発されたモデル，一定のルールを定めた独自の衝突回避モデルなどである．

力学ベースモデルは，在館者が連続座標上の粒子や粉体として表現され，運動方程式を解いて歩行速度を算出する．これまで磁気モデル[16]や個別要素法[17]，Social Force モデル[18]などが提案されている．特に Social Force モデルは市販のパッケージソフトウェアに多く使われており，その改良版[19]も多い．これらのモデルは，経路選択モデルによる目的地方向には引力を受け，他の在館者や障害物からは反発力を受けることで衝突を回避しながら目的地に近づく．また，衝突回避の行動をより人間に近づけるため，障害物までの距離を視覚情報として扱ったモデルも提案されている[20]．

セルオートマトンモデルは，セルベースの空間モデルを用いて，一つのセルには在館者が1人しか存在できない条件を与えて衝突回避を行う．在館者は，近傍のセルから他の在館者のいないセルに向かって，ポテンシャル値と歩行速度に応じた遷移確率で移動する．セルオートマトンは離散時間，離散空間，近傍のセルのみを参照するルールから計算負荷が低いことが利点である．また，統計力学と相性がよく，単純な規則から複雑な群集流動が発生するメカニズムを数理的に解明するのに用いられている[15, 21, 22]．

その他の分野で開発されたモデルとしては，ロボット工学やCGアニメーションの研究分野においても同様のモデルが開発されて，避難シミュレーションに応用されている事例がある．ロボットのような移動物体同士の衝突回避を行う理論には，Velocity Obstacles[23]と呼ばれる概念があり，移動物同士が Velocity Obstacles の内側に入らないように歩行速度を選択することで衝突回避が保証される．それを人間同士の衝突回避の特徴に合わせたRVO（Reciprocal Velocity Obstacles）[24]が提案され，ORCA（Optimal Reciprocal Collision Avoidance）[25]という呼び方にもなっている．さらにCGアニメーションによる映像的にリアルな群集の動きを表現するための Human Like[26]やタイムステップを大きくしても安定するImplicit Crowds[27]と呼ばれるモデルも開発されている．

それ以外の独自の衝突回避モデルとして，エージェントの前方や周囲に衝突判定領域やパーソナルスペースと呼ばれる領域を設定し，この領域への他エージェントや障害物の存在により衝突回避や速度変化のルールを設けたりするなどして実際の群集流動に近い状況となるようにパラメータを調整したものもある[13]．

（4）高度な避難行動モデル

コンピューターの性能が向上し，より複雑な計算が可能になったことで，より詳細に災害時の在館者の避難行動を扱った高度なモデルも提案されている．特に避難シミュレーションでは災害が避難に及ぼす影響を考慮することが重要である．災害性状がシミュレーションさ

れていない場合，在館者の避難開始は設定された一定時間が経過してから一斉に避難をはじめる．それに対して，火災によるガスや煙の影響を考慮したモデルは，火災による温度上昇や煙濃度を在館者が認知して避難を開始することができる．さらに，避難経路上のガスや煙の濃度が歩行速度に影響を与えるもの[28]，さらに煙の濃度が上がり，視界が遮られると壁に沿って移動するようなモデル[9]もある．この場合，火災シミュレーションの結果を，避難シミュレーションに反映させる必要があり，空間モデルのポテンシャル値を制御するケースが多い．こうすることで，火災や煙を避けるような避難行動も扱うことができる．

その他に，在館者の避難行動をより高度にモデル化したものとしては，車椅子使用者の影響を考慮したモデル[29]，グループを形成して行動するモデル[14]，介助者としての行動を考慮したモデル[12]などがある．グループ行動は，友人同士，家族同士，同僚同士などを想定した複数人が一緒に行動するモデルであり，最も遅い歩行速度に他が合わせたり，お互いを追従したりするような行動が考慮される．介助行動については，介助者モデルとして，自力で避難できない人を探し，目的地まで移動させる行動を行う．また，多様な避難経路を扱うものとしては，エスカレーターやエレベーターも避難手段として利用できるモデル[11]もある．

（5）避難シミュレーションモデルの妥当性の検証

上記のモデルを避難シミュレーションに適用する場合，特に避難安全性の評価などを行う場合には，その再現性の妥当性の検証を行うことが重要である．最も基本的な妥当性検証としては，開口部などのネック部分での群集流動係数や，群集密度と歩行速度の関係について，観測結果との比較が挙げられる[1,30]．再現性を向上させるためには，モデル化の見直しやパラメーターの調整などが行われる．また，逆に観測結果による流動係数や歩行速度を入力値として設定する方法も，実務的な場面を中心に行われる[11]．高度な判断・行動を再現したモデルほど，そのモデル化が結果に及ぼす影響が直接的に見えにくくなりがちであるため，慎重な妥当性検証が必要となる．

避難シミュレーションは現在発展途上にあり，建築設計，防火設計，防災教育などで実用化をすすめていくため，BIMとのデータ連動やVR技術に対応した体験型のシステムも開発されている．また，災害と避難の双方向の影響を考慮したもの，リアルタイムに最適な避難誘導を算出するシステムなども期待されている．さらに，より現実に近い人間の動きをモデル化するため，洗練されたアルゴリズムが開発されていく一方，観測されたビッグデータを元にAI技術を取り入れたデータ駆動型のアプローチも今後は考えられる．

（安福　健祐・峯岸　良和）

20・3・2　簡易計算式

ここでは，実務的によく用いられる避難時間の簡易計算式として，新・建築防災計画指針の避難計算と避難安全検証法の計算方法を示す．

（1）新・建築防災計画指針の避難計算

本計算は，避難時間をグラフを作成しながら計算する一種の図式解法である．このとき，計算を簡単にするため，以下の条件を原則として仮定している．

①　避難対象者は，室内に均等に分布している．

②　避難者は一斉に避難開始する．ただし，出火室と非出火室では，避難開始時間が異なる．

③　避難者はあらかじめ定められた経路を通って避難する．

④　歩行速度は一定で，追い越しや後戻りはしない．

⑤　避難者の流れは出入口などのネックによって規制される．

⑥　避難経路が複数ある場合には最寄りの経路を利用する．

　本指針における安全性の評価は，居室避難時間，廊下避難時間，および階避難時間の3つの避難時間が，それぞれの居室や階の面積により定められる許容時間を超えないことを確認することにより行うが，ここでは避難時間の算出方法を中心に紹介する．

　まず，居室避難時間 T_1 は，居室内の P 人が出口を通過し終える時間 t_{11} と，居室内の最後の人が出口に到達する時間 t_{12} の長い方の時間として算出される．このとき，出口を単位時間および単位長さあたりに通過する人数の割合として，流動係数を用いる．この値は，過去の実測調査に基づき，1.5人/(m・s) として与えられている．ただし，この値は，出口の先に避難者の滞留がなくスムーズに出口を通過できることを前提としているため，後述のように，出口の先の空間である廊下等に存在する避難者の数が多すぎないという条件を満足する必要がある．

$$T_1 = \max(t_{11}, \, t_{12}) \tag{20・39}$$

$$t_{11} = \frac{P}{1.5\Sigma W} \tag{20・40}$$

$$t_{12} = \frac{L_{x+y}}{v} \tag{20・41}$$

t_{11}　：P 人が出口を通過するのに要する時間［s］

t_{12}　：最後の避難者が出口に到着する時間［s］

P　：避難人数［人］

W　：避難扉幅［m］

L_{x+y}　：室内歩行距離（室内で最も長い距離）［m］

v　：歩行速度［m/s］

　次に，廊下避難時間 T_2 および階避難時間 T_f は，バーチャートによるグラフ解法により求められる．手順は次のとおりである．

①　その階の中の一つの居室を出火室に想定する．

②　その階の全部の避難対象者について，階段または外部までの避難経路を設定する．

③　出火室とそれ以外の居室（非出火室）の避難開始時間を設定する．

④　階段への経路ごとに避難時間を算出する．

　③は，非出火室からの避難開始が出火室よりも遅れることを考慮した設定である．本指針の中では，出火室の避難開始時間は，その室の面積に応じて長く（遅く）なり，また，非出火室の避難開始時間は，出火室のそれの2倍を想定している．

　避難計算グラフは次のような手順で作成する．図20・15のような1つの廊下に2つの居室が連なり，また，居室からの避難経路が，その廊下から付室を経由して階段に至る平面を想

定する.

　まず，横軸を時間とするバーチャートを作成する．出火室と非出火室の避難開始時間から避難完了時間までをバーチャートとして記載する．これを，横軸を時間，縦軸を人数とした流動グラフに転記する．各室から単位時間当たりに廊下に流出する人数を一定と考えているので，一定の勾配を持つ線分となる．出火室の避難完了後に非出火室の避難が開始されるので，グラフ①のような流動グラフとなる.

　次に出火室から始めに流出した避難者は，廊下出口，すなわち付室入口 d_4 までの距離 L_1 [m] を移動して到達し，d_4 に到達後から付室に流入する．同様に，非出火室からの避難者も L_2 [m] 移動後に付室に流入する．これをバーチャートで示すと，上記のバーチャートを移動時間分ずらしたバーとなる．これを流動グラフに転記すると，グラフ②となる.

　ここで，d_4 を単位時間あたりに通過できる人数から算出される付室流入時間をバーチャートに記して，流動グラフに転記するとグラフ③のようになる．このとき，グラフ②とグラフ③を比較すると，グラフ③がグラフ②より下にあるが，これは，d_4 を通過できる流量より d_4 に集結する流量が大きく，d_4 の前に滞留が生じていることを示す．同様に考えると，グラフ①とグラフ③の縦軸の値の差は，廊下を歩いている避難者数を示す.

　以降，付室からの流出者を階段に対しても同様にバーチャートと流動グラフを作成することで，各出口の避難完了時間と各場所の滞留人数を算出することが可能である.

　ここで，図に示す $_mN_1$ は廊下内に存在する避難者数の最大値，$_mN_2$ は付室内に存在する避

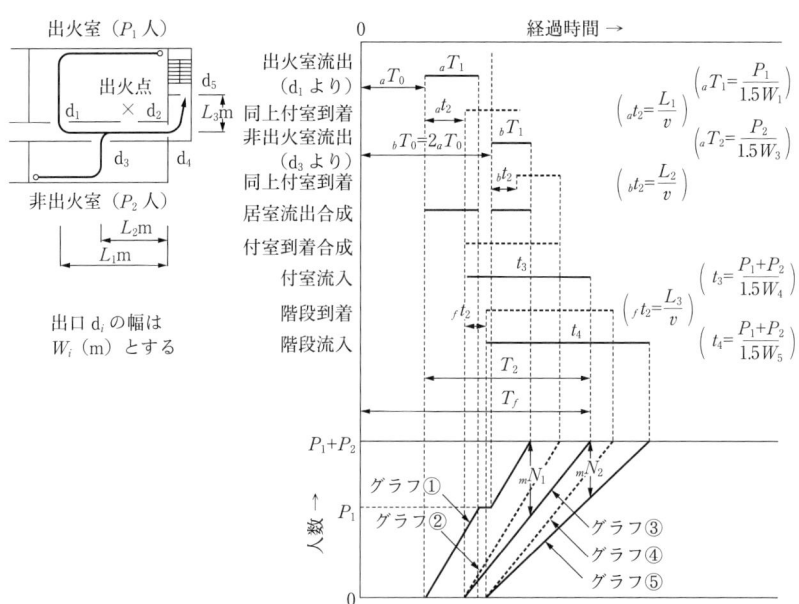

図 20·15　避難計算グラフの概要[1)]

難者数の最大値を示す．本計算は，廊下内に避難者があふれることなく，居室からの出口通過が妨げられない状況を想定しているため，これらの避難者が，それぞれの場所に収容しきれることを確認する．本指針では，廊下のような第一次安全区画では1人当たり0.3 m²，付室やバルコニーなど防火防煙対策が強化された第二次安全区画では同0.2 m²と，より高密度で収容できるように設定している．廊下等に避難者を収容しきれない場合は，避難中の安全性が確保されないので，廊下面積を増やすか，廊下，付室，階段の出入口幅を大きくするなど，設計的な調整が必要となる．

（2）避難安全検証法

建築基準法施行令第129条および同第129条の2において，階避難安全検証法と全館避難安全検証法が定められており，この中に，居室避難時間，階避難時間，全館避難時間の算出方法が定められている．

これらの避難時間は，避難開始時間，歩行時間，出口通過時間の和として求められる．避難開始時間は，居室避難では出火室，階避難では出火階，全館避難では，全館のうち最大床面積の階の床面積をパラメータとして，また階避難や全館避難では就寝用途を伴うか否かによって定まる式となっている．歩行時間と出口通過時間は，避難安全検証法では避難時間の算出にあたり，これらの和をとるが，（1）の新・建築防災計画指針では，歩行時間と出口通過時間を加算せず，このうち大きい方の時間を避難時間として定義している．この違いは，新・建築防災計画指針では，避難者が居室にほぼ均等に配置している状況を仮定することで，計算を簡略化しているのに対して，避難安全検証法では，避難者が出口に遠い位置に偏っているような不利な場合を考慮して，両者の和をとるように定式化されていると考えられる．

また，出口通過時間を算出するにあたっては，新・建築防災計画指針の計算方法と同様に流動係数を用いているが，その扱い方に違いがある．新・建築防災計画指針では，廊下等に時刻歴に生じる滞留人数の最大値に対して滞留スペースが十分あり，出口からスムーズな流動が妨げられないこと（実際には付室や階段室に近い居室出口からの避難は，廊下での滞留の影響を受ける可能性はある）を確認することで，流動係数を一律の1.5人/(m·s)として計算する．一方で，避難安全検証法では，その廊下等を通行しなければ避難できない人数に対して，どの程度の割合を廊下等に収容できるかによって，また，その廊下に対する流入側の扉の幅の合計とその廊下からの流出側の扉の幅の合計との比によって，流動係数を変化させる定式としている．すなわち，廊下の面積が小さい場合や，一つの廊下に対して複数の経路から避難者が流入する場合には，その廊下に至る扉の流動係数が低下する状況をモデル化している．

ここでは居室避難時間の算出方法を例として示す．なお，流動係数の$N_{eff}=90$人/(m·分)は時間の単位を分から秒に変換すると1.5人/(m·s)となり，新・建築防災計画指針の設定値と同じである．すなわち，廊下等の面積が十分にある場合は，新・建築防災計画指針と同様にスムーズに開口通過できるが，滞留面積が不足すると，流動係数がこれより低下する考え方である．

$$t_e = t_{start} + t_{travel} + t_{queue} \tag{20·42}$$

$$t_{start} = \frac{2\sqrt{\Sigma A_{area}}}{60} \tag{20・43}$$

$$t_{travel} = \max\left(\Sigma \frac{l_l}{v}\right) \tag{20・44}$$

$$t_{queue} = \frac{\Sigma p A_{area}}{\Sigma N_{eff} B_{eff}} \tag{20・45}$$

$$N_{eff} = \begin{cases} 90 & \left(\Sigma \dfrac{A_\infty}{a_n} \geq \Sigma pA\right) \\ \max\left(\dfrac{80 B_{neck}\Sigma \dfrac{A_{co}}{a_n}}{B_{room}\Sigma pA_{load}},\ 80\dfrac{B_{neck}}{B_{load}}\right) & \left(\Sigma \dfrac{A_\infty}{a_n} < \Sigma pA\right) \end{cases} \tag{20・46}$$

t_{escape}：避難時間［分］

t_{travel}：歩行時間［分］

t_{queue}：出口通過時間［分］

A_{area}：当該居室および当該居室を通らなければ避難することができない建築物の部分の各部分ごとの床面積［m²］

l_l　：当該居室等の各部分から当該居室の出口の一に至る歩行距離［m］

v　：歩行速度［m/分］

p　：在館者密度［人/m²］

N_{eff}：有効流動係数［人/(m・分)］

B_{eff}：有効出口幅［m］

A_{co}　：当該避難経路等の部分の各部分ごとの床面積［m²］（図20・16）

a_n　：避難経路等の部分の区分に応じて定める1人当たりの必要滞留面積［m²/人］

A_{load}：当該居室の出口が面する避難経路等の部分を通らなければ避難することができない建築物の部分ごとの床面積［m²］（図20・16）

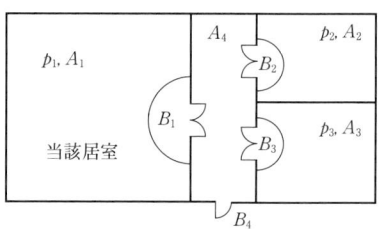

$A_{co}=A_4$, $\Sigma pA_{load}=p_1 A_1+p_2 A_2+p_3 A_3$
$B_{room}=B_1$, $B_{neck}=\min(B_1, B_4)$,
$B_{load}=B_1+B_2+B_3$

図20・16　有効流動係数の算定式にあらわれる変数[2]

B_{neck}：当該居室の出口の幅又は当該居室の出口に面する避難経路等の部分の出口（直通階段又は地上に通ずるものに限る．）の幅のうちどちらか小さい方のもの［m］（図20・16）

B_{room}：当該居室の出口の幅［m］（図20・16）

B_{load}：当該居室の出口の面する避難経路等の部分を通らなければ避難することができない建築物の部分の当該避難経路等の部分に面する出口の幅の合計［m］（図20・16）

（峯岸　良和）

20・3・3　マルチエージェントシミュレーションの利用例

（1）物販店舗の安全性の評価[33]

ビルテナントのリニューアル工事等において，火災予防上，危険な状態で営業されることがないようにするため，避難シミュレーションにより安全性を評価した事例である．

本シミュレーションプログラムでは，火災による放射熱や煙の影響を考慮した上で避難性状を予測することが特徴である．まず，在館者が火災を覚知し，避難開始するきっかけとして，火源による放射熱や煙層の高さを考慮している．また，他室の避難者が流入してきた室の在館者も，その流入をきっかけに避難開始するようにモデル化している．次に，避難経路の再現として，火源近傍の放射熱の強い部分は通行できないようにモデル化している．

これらにより，避難経路の適切さや，避難経路に物品を放置し，それが出火源となった場合の安全性を評価することができる．例えば，図20・17では，百貨店の飲食フロアのような場所のある飲食店で火災が生じた場合の，火災・避難性状を予測した結果である．この場合，一部に避難者が滞留する部分が生じるが，放射熱や煙により支障をきたすことなく避難完了できることが確認できた．一方で，図中の右下の円の部分に，椅子や自動販売機などを設置し，通路幅が狭くなった状態を再現すると，安全に避難完了できない避難者が生じる結果となる．

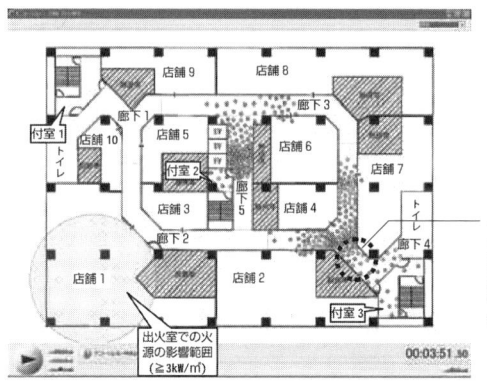

図 20・17　飲食店舗階でのシミュレーション結果の例[33]

（2）大規模競技施設の設計での利用例[34]

大規模競技施設のように，1つの大空間に多くの観客等が集まるような施設では，火災等の危害が生じた場合に，多くの在館者が一度に避難する可能性があるなど，避難計画に当たっては慎重な計画が必要である．また，避難経路上にネックや合流があると，滞留が生じ，その滞留が後続の避難者の避難を妨げたり，階段のような不安定な場所に滞留が生じると，将棋倒しを誘発する恐れがある．本事例は設計段階において，マルチエージェント避難シミュレーションを用いて滞留の生成の有無，その生成の位置と規模を把握しながら，出口，コンコース，階段等の容量，位置を決定している．

　例えば，図 20・18 のように，スタジアムの観客席からの避難に対して，コンコースの幅が狭いと滞留が観客席まで連なり，観客席からの避難が妨げられる．また，このとき，観客席の滞留は通路の後方に生じることがわかる．図 20・19 のように，階段の流出先に滞留が生じると，その滞留が階段上まで連なる場合がある．足元の不安定な階段上に滞留が生じると将棋倒しの誘発の恐れも高まることから，このような滞留が生じない設計や避難誘導が必要となる．

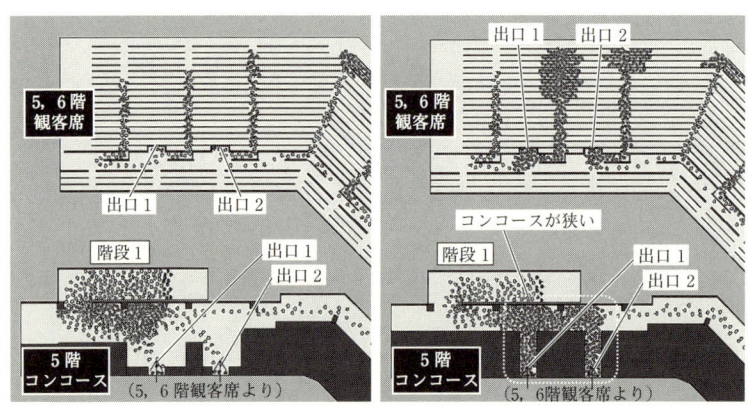

(a) 最終プラン　　　　　　　　(b) 途中案：コンコースが狭い場合

図 20・18　観客席，コンコース，階段における避難性状[34]

(a), (b) ともに避難開始 4 分後の状況を示す．凡例は図 20・19 に同じ．

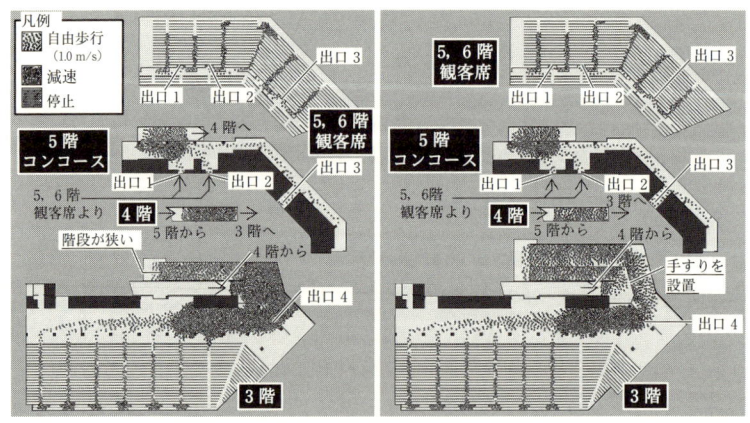

(a) 途中案：階段が狭い場合　　　(b) 最終プラン（階段拡幅，手すり設置）

図 20・19　階段周りの合流性状[34]

(a), (b) ともに避難開始 4 分後の状況を示す．

（3）病院施設の避難安全性の評価[35]

　医療施設や福祉施設等の自力避難困難な避難者が多く想定される施設においては，火災時には，施設管理側のスタッフ等による介助避難が実施される．一般的な避難性状は，出口や階段に向かって一方向の流れとなるが，介助避難では，介助者の往復の動きや複数人で対処する行動，逐次参集の影響を考慮する必要がある．本事例では，このような一連の行動を避難シミュレーションにより再現し，避難安全性を評価している．

　まず，実際の医療施設のスタッフへのヒアリング等に基づき，避難者を独歩，護送，担送の3つの救護属性に分け，それぞれの人数および，それぞれに対する必要な介助者数，歩行速度を与えている．次に介助者に対しては，1人1人に対して，火災確認，出火室の安全確保，防災センターへの連絡，避難誘導等の行動シナリオとそれに要する時間を与えている．加えて，ベッドから車いすやストレッチャーへの乗せ替えに要する時間を実験結果に基づき与えている．

　評価対象は，図20·20に示すような両端コア・ダブルコリドー型のプランの病棟である．プラン中央付近に防火区画を設けることで，出火区画から非出火区画への水平避難により安全性を確保する計画としている．本例では図20·21のように，出火区画側の在館者の全員が煙に曝露されることなく，非出火区画に避難完了できることが確認されている．この手法を

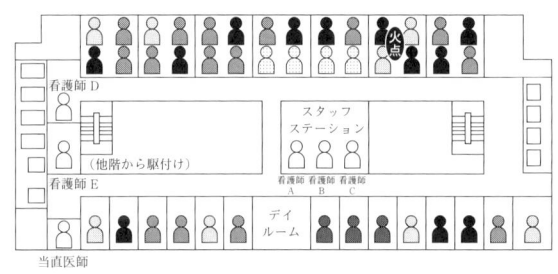

避難者の属性別内訳

避難者の救護区分	マーカー	必要介助者数（人）	歩行速度（m/s）	人数（人）
独歩		－	1.0	8
			0.5	12
護送		1	1.0	15
担送		2	1.0	4
		3	1.0	3

図 20·20　避難者と介助者の配置例[35]

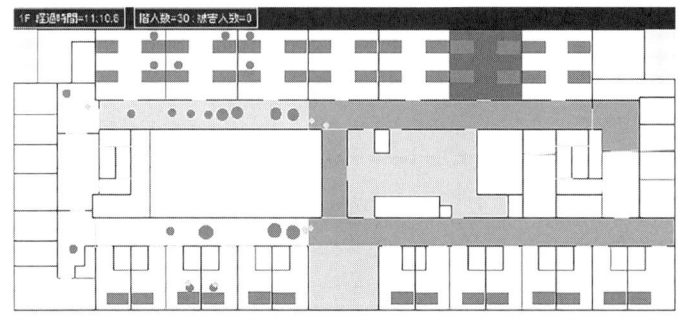

●避難者（患者）　○介助者（看護師）　◑介助中　●介助避難中の避難者と介助者

図 20·21　水平避難完了時の避難シミュレーション結果（出火671秒後）[35]

用いることで，火源の条件のみならず，救護属性を考慮した避難者の配置，介助者の人数の充足などの評価が可能である．

（峯岸　良和）

文　　献

〔20・1〕
1) 近藤次郎：システム工学（改訂増補），丸善（1981）
2) 藤田隆史：火災の延焼モデルとシミュレーション，災害の研究，第8巻，損害保険料率算定会（1975）
3) 橘　房夫：でたらめ分布を用いた延焼の計算実験，消防研究所揖報第25号（1971），同27号（1974）
4) 糸井川栄一：東京工業大学学位論文（1990）
5) J. de Ris：Spread of a laminar diffusion flame, Proceedings of the Twelfth Symposium (International) on Combustion (1968)
6) スタウファー著，小田垣　孝訳：浸透理論の基礎，吉岡書店（1988）
7) セミョーノフ：化学反応論（下），岩波書店（1964）
8) D. バージェス，M. ボリー著，恒田高夫，大町比佐栄訳：微分方程式で数学モデルを作ろう，日本評論社（1990）
9) 森下弥三郎：火災拡大過程の統計による解析，日本火災学会研究協議会概要集（1977）
10) 関沢　愛：住宅における火災拡大危険の要因分析，日本火災学会研究協議会概要集（1977）

〔20・2〕
1) 田中哮義，中村和人：〈二層ゾーンの概念に基づく〉建物内煙流動予測計算モデル，建築研究報告 No. 123，建設省建築研究所（1989）
2) 煙流動及び避難性状予測のための実用計算プログラム解説書，日本建築センター（1990）
3) BRI 2002 二層ゾーン建物内煙流動モデルと予測計算プログラム，社団法人建築研究振興協会（2003）
4) Tanaka, T. and Yamana, T.：Smoke Control in Large Scale Spaces (Part 1 Analytic theories for simple smoke control problems), *Fire Science and Technology*, **5**, No. 1, pp. 31 – 40 (1985)
5) 鈴木圭一，田中哮義，原田和典，吉田治典：火災空間における垂直温度分布の予測モデル　多層ゾーン煙流動予測モデルの開発　その1，日本建築学会環境系論文集，582，pp. 1 – 7 (2004)
6) 鈴木圭一，田中哮義，原田和典，吉田治典：区画火災鉛直温度分布予測モデルの拡張と検証および火災プルームへの連行を考慮した天井ジェット温度予測　多層ゾーン煙流動予測モデルの開発　その2，日本建築学会環境系論文集，590，pp. 1 – 7 (2005)
7) Cetegen, Zukoski, Kubota：Entrainment and Flame Geometry of Fire Plumes, NBS-GCR, 82 – 402 (1982)
8) Thomas：*Fire Research Technical Paper*, No. 18 (1967)
9) G. Heskestad：*Virtual Origin of Fire Safety Journal*, 5 (1983)
10) N. Didden, T. Maxorthy：The Viscous Spreading of Plane and Axisymmetric Gravity Currents, *J. Fluid Mech*, **121**, pp. 27 – 42 (1982)
11) http：//www.ansys.com/ja-jp/products/fluids
12) http：//mdx 2.plm.automation.siemens.com/ja/products/star-ccm
13) https：//pages.nist.gov/fds-smv/
14) https：//fseg.gre.ac.uk/smartfire/
15) 加藤信介ほか：日本建築学会計画系論文報告集，449，pp. 19 – 27 (1993)
16) B. E. Launder, et al.：Computer Methods in Applied Mechanics and Engineering, 3, pp. 269 – 289

(1974)

17) B. E. Launder, et al.：Mathematical Models of Turbulence, Academic Press（1972）

18) J. W. Deardorff：J. Fluid Mech., 41, pp. 453 − 480（1970）

19) U. Schumann：J. Comp. Phys., 18, pp. 376 − 404（1975）

20) P. J. ローチェ：Computationnal Fluid Dynamics, Hermosa Publishers Inc.（1976）
（邦訳）コンピュータによる流体力学, 構造計画研究所（1978）

21) S. V. パタンカー：Numerical Hert Transfer and Fluid Flow, Hemisphere Publing（1980）
（邦訳）コンピュータによる熱移動と流れの数値解析, 森北出版（1985）

22) 鷲津久一郎ほか：有限要素ハンドブック, 培風館（1983）

23) F. H. Harlow, et al.：Phys. Fluids, 8, pp. 2185 − 2189（1965）

24) A. A. Amsden, et al.：J. Comp. Phys., 6, pp. 322 − 325（1970）

25) J. A. Viecelli：J. Comp. Phys., 8, pp. 119 − 143（1971）

26) S. V. Patankar, et al.：Int J. Heat Mass Transfer, 15, pp. 1787 − 1806（1972）

27) R. G. Rehm, et al.：J. Research of the National Bureau of Standards, 83 −3, pp. 297 − 308（1978）

28) H. Tennekes, et al.：A First Coursein Turbulence, the MIT Press（1972）

29) 木村建一：建築環境学1, 丸善（1992）

30) 持田 灯ほか：日本建築学会計画系論文報告集, 423, pp. 23 − 31（1991）

31) B. E. Launder, et al.：J. Fluid Mech., 68, pp. 537 − 566（1975）

32) W. Rodi：ZAMM, 56, pp. 219 − 221（1976）

33) M. Vinokur：J. Comp. Phys., 50, pp. 215 − 234（1983）

34) L. E. Eriksson：AIAAJ., 20 − 10, pp. 1313 − 1320（1982）

35) J. F. Thompson：J. Comp. Phys., 15, pp. 299 − 319（1974）

36) S. C. Caruso, et al.：AIAA paper, 86 − 0498（1986）

37) M. Wolfshtein：J. Hert Mass Transfer, 12, pp. 301 − 318（1969）

38) 坂本雄三ほか：日本建築学会大会学術講演梗概集, pp. 321 − 322（1978）

39) B. P. Leonard：Computational Techniques in Transient and Turbulent Flow, 2, pp. 1 − 35（1981）

40) 張維ほか：日本建築学会関東支部研究報告集, pp. 77 − 80（1991）

〔20・3〕

1) 戸川喜久二：群衆流の観測に基く避難施設の研究, 学位論文（1963）

2) 吉田克之：設計実務における避難行動予測の変遷（その1）, 火災, 51, 4, pp. 45 − 51（2001）

3) 建設省住宅局建築指導課監修：新・建築防災計画指針, 日本建築センター（1995）

4) 平成12年建設省告示第1441号, および, 第1442号：階避難安全検証法に関する算出方法等定める件, および全館避難安全検証法に関する算出方法等を定める件

5) S. Russell, P. Norvig 著, 古川 康一監訳：エージェントアプローチ人工知能, 共立出版（1995）

6) 山影 進, 服部正太：コンピュータのなかの人工社会　マルチエージェントシミュレーションモデルと複雑糸, 構造計画研究所（2002）

7) 位寄和久：避難行動モデルに関する研究−火災状況の認識と心理状態を考慮したモデルの提案−, 日本建築学会論文報告集, 325, pp. 110 − 118（1981）

8) 安福健祐, 阿部浩和, 山内一晃, 吉田勝行：メッシュモデルによる避難シミュレーションシステムの開発と地下空間浸水時の避難に対する適用性, 日本建築学会計画系論文集, 589, pp. 123 − 128（2005）

9) Galea, E. R., Lawrence, P. J., Flippidis, L., Blackshields, D. and Cooney, D.：*buildingEXO-*

DUS version 4.0 User Guide and Technical Manual, University of Greenwich（2006）

10）Kuligowski, E., Peacock, R., Hoskins, B.：*A Review of Building Evacuation Models, 2 nd Edition*, NIST Technical Note, 1680（2010）

11）*Pathfinder Technical Reference*, Thunderhead Engineering Consultants Inc.（2009）

12）海老原学，掛川秀史：オブジェクト指向に基づく避難・介助行動シミュレーションモデル，日本建築学会計画系論文集，467，pp. 1 - 11（1995）

13）木村　謙，佐野友紀，林田和人，竹市尚広，峯岸良和，吉田克之，渡辺仁史：マルチエージェントモデルによる群集歩行性状の表現－歩行者シミュレーションシステム SimTread の構築－，日本建築学会計画系論文集，74，636，pp. 371 - 377（2009）

14）*Egress：Simulex User Guide*, Integrated Environmental Solutions Ltd.（2014）

15）Nishinari, K., Kirchner, A., Namazi, A. and Schadschneider, A.：Extended Floor Field CA Model for Evacuation Dynamics, *IEICE Trans. Inf. Syst.*, E 87-D, 3, pp. 726 - 732（2004）

16）岡崎甚幸，松下　聡：避難計算のための群集歩行シミュレーションモデルの研究とそれによる避難安全性の評価，日本建築学会計画系論文報告集，436，pp. 49 - 58（1992）

17）清野純史，三浦房紀，瀧本浩一：被災時の群集避難行動シミュレーションへの個別要素法の適用について，土木学会論文集，1996，537/I- 35，pp. 233 - 244（1996）

18）Helbing, D., Farkas, I. and Vicsek, T.：Simulating Dynamical Features of Escape Panic, *Nature*, 407, pp. 487 - 490（2000）

19）Korhonen, T. and Heliövaara, S.：FDS＋Evac：Modelling Pedestrian Movement in Crowds, *Pedestrian and Evacuation Dynamics*, pp 823 - 826（2011）

20）Moussaïd, M., Helbing, D. and Theraulaz, G.：How simple rules determine pedestrian behavior and crowd disasters, *Proc. Natl. Acad. Sci. USA*, 108, 17, pp. 6884 - 6888（2011）

21）谷本　潤，萩島　理，田中嗣貴：避難口のボトルネック効果に関するマルチエージェントシミュレーションと平均場近似に基づく解析，日本建築学会環境系論文集，74，640，pp. 753 - 757（2009）

22）小山雅之，篠崎喜彦，森下　信：セルオートマトンによる群集流動の特性に基づく歩行行動のモデル化　避難シミュレーションの開発その1，日本建築学会環境系論文集，78，691，pp. 669 - 677（2013）

23）Fiorini, P. and Shiller, Z.：Motion Planning in Dynamic Environments Using Velocity Obstacles, *Int. Journal of Robotics Research*, 17, 7, pp. 760 - 772（1998.7）

24）van den Berg, J., Lin, M., Manocha, D.：Reciprocal Velocity Obstacles for Real-Time Multi-Agent Navigation, *Proc. of the IEEE Int. Conf. on Robotics and Automation（ICRA）*, pp. 1928 - 1935（2008）

25）van den Berg, J., Guy, S. J., Lin, M. and Manocha, D.：Reciprocal n-Body Collision Avoidance, *Robotics Research － Proceedings of the 14 th International Symposium ISRR*, 70, pp. 3 - 19（2011）

26）Guzzi, J., Giusti, A., Gambardella, L. M., Theraulaz, G. and Di Caro, G. A.：Human-friendly Robot Navigation in Dynamic Environments, *Proc. of the IEEE Int. Conf. on Robotics and Automation（ICRA）*, pp. 423 - 430（2013）

27）Karamouzas, I., Sohre, N., Narain, R. and Guy, S. J.：Implicit Crowds：Optimization Integrator for Robust Crowd Simulation, *ACM Transactions on Graphics（TOG）*, 36, 4, 136（2017）

28）井田卓造：階段シミュレータおよび人・熱・煙連成避難シミュレータ（PSTARS），火災，65，3，pp. 20 - 25（2015）

29）瀧本浩一：個別要素法を用いたシミュレーションによる避難時の車椅子使用者と他の避難者との影

響に関する一考察，日本建築学会環境系論文集，566，pp. 9‑15（2003）

30）ジョン・J・フルーイン著，長島正充訳：歩行者の空間－理論とデザイン－，鹿島出版会（1974）

31）建設省住宅局建築指導課，日本建築主事会議：新・建築防災計画指針－建築物の防火・避難計画の解説書－，日本建築センター 刊（1995）

32）平成 12 年建設省告示第 1441 号，および，第 1442 号：階避難安全検証法に関する算出方法等定める件，および全館避難安全検証法に関する算出方法等を定める件

33）水野雅之ほか：防火安全技術講習で用いている避難安全評価シミュレーション，火災，59，2，pp. 37‑41（2009）

34）峯岸良和，竹市尚広：滞留の生成・連鎖の発生を制御したスタジアムの群集避難安全設計 スタジアム・劇場等における避難性状のマルチエージェントシミュレーションによる予測 その 2，日本建築学会計画系論文集，82，739，pp. 2173‑2183（2017）

35）野竹宏彰ほか：介助行動を考慮したシミュレーションモデルを用いた病棟の避難安全性評価，日本建築学会大会学術講演梗概集（関東），防火，pp. 329‑330（2015）

資　料　編

主　査

八島　正明

執筆者（五十音順）

佐藤　研二	佐藤　博臣	鈴木佐夜香	鈴木　淳一	髙橋　太
田村　裕之	常世田昌寿	中島　信行	仲谷　一郎	西本　俊郎
平井　孝昌	松﨑　崇史	八島　正明	山下　平祐	

1．SI と常用単位間の換算

SI と常用単位系間の換算

量	SI から他の単位系へ	SI 以外の単位系から SI へ
長　さ	1 m＝39.3707 in＝3.2808 ft 　　＝1.09361 yd＝6.2137×10^{-4} mile 　　＝5.3996×10^{-4} 海里 　　＝3 尺 3 寸	1 in（インチ）＝0.02540 m, 1 ft（フィート）＝12 in＝0.30480 m 1 yd（ヤード）＝3 ft＝0.91440 m, 1 chain（チェーン）＝22 yd＝20.12 m 1 mile（マイル）＝1760 yd＝1.6093 km, 1 海里＝1.852 km 1 尺＝1/3.3 m＝0.30303 m, 1 寸＝1/10 尺＝0.03030 m 1 間＝6 尺＝1.8182 m
面　積	1 m^2＝0.01 a＝1550.0 in^2＝10.764 ft^2 　　＝1.1960 yd^2＝0.3025 坪 1 km^2＝0.3861 mile^2＝100 ha	1 in^2＝6.4516 cm^2,　1 ft^2＝0.092903 m^2 1 yd^2＝0.8361 m^2,　1 mile^2＝2.5900 km^2, 1 a（アール）＝100 m^2 1 ha＝100 a＝10000 m^2 1 ac（エーカー）＝10 平方チェーン＝4046.9 m^2 1 坪＝1 平方間＝3.3058 m^2
体　積	1 m^3＝61023.7 in^3＝35.3147 ft^3 　　＝1.3080 yd^3 1 l＝10 dl＝1000 ml＝1000 cc＝10^{-3} m^3 　　＝0.2200 英ガロン 　　＝0.2642 米ガロン＝0.006289 バレル	1 in^3＝16.387 cm^3,　1 ft^3＝0.02832 m^3 1 yd^3＝0.76455 m^3, 1 英ガロン＝4.5460 l＝4.5460×10^{-3} m^3 1 米ガロン＝3.7853 l, 1 バレル 159.0 l 1 升＝1.8039 l
質　量	1 kg＝2.2046 Ib＝35.274 oz 　　＝0.9842×10^{-3} 英トン 　　＝1.1023×10^{-3} 米トン＝0.2667 貫	1 lb（ポンド）＝0.45359 kg, 1 oz（オンス）＝1/16 lb＝28.350 g 1 英トン＝2240 lb＝1016.1 kg, 1 米トン＝2220 lb＝907.2 kg 1 貫＝3.75 kg, 1 匁＝1/1000 貫＝3.75 g, 1 ct（カラット）＝0.2 g
速　度	1 m/s＝3.6 km/h＝2.2369 mile/h 　　＝1.9438 kt	1 km/h＝0.2778 m/s, 1 mile/h＝0.4470 m/s 1 kt（ノット）＝1 海里/h＝0.5144 m/s
温　度	T K＝t ℃＋273.15 　　＝(t °F＋459.67)/1.8 0 K＝273.15 ℃＝459.67 °F	t ℃＝T－273.15 ℃ t °F＝1.8 T－459.67 °F
力	1 N＝10^5 dyn＝0.101972 kgf	1 kgf＝9.80665×10^5 dyn＝9.80665 N
圧力，応力	1 Pa＝1 N/m^2＝0.101972 kgf/m^2 　　＝1.01972×10^{-5} kgf/cm^2 　　＝7.50062×10^{-3} mmHg 1 kPa＝0.0101972 kgf/cm^2＝0.01 bar 1 MPa＝9.8692 atm＝10.1972 kgf/cm^2	1 kgf/m^2＝9.80665 Pa 1 kgf/cm^2＝1.0000×10^4 mmH$_2$O 　　　　＝980.665 hPa(mbar) 　　　　＝9.80665×10^4 Pa 1 mmHg(torr)＝1.33322 hPa＝133.322 Pa 1 bar＝100 kPa 1 atm＝760 mmHg＝1013.25 hPa 　　　＝1.01325×10^5 Pa

		1 psi(1 bf/in^2)＝6895 Pa
粘　度	1 Pa·s＝10 P(ポアズ)＝1000 cP ＝0.10197 kgf·s/m^2	1 kgf·s/m^2＝9.80665 Pa·s
動粘度	1 m^2/s＝1×10^4 St	1 St＝1×10^{-4} m^2/s,　1 cSt＝1×10^{-6} m^2/s
仕事，エネ ルギー	1 J＝0.238889 cal＝0.101972 m·kgf ＝2.7778×10^{-7} kWh	1 cal＝4.18605 J,　1 m·kgf＝9.80665 J 1 kWh＝3.6×10^6 J,　1 BTU(英熱量)＝1.055 kJ
仕事率，熱 流	1 W＝0.23889 cal/s＝0.101972 m·kgf/s 1 kW＝1.35961 PS＝1.34048 HP ＝0.9480 BTU/s	1 cal/s＝4.18605 W,　1 m·kgf/s＝9.80665 W 1 PS(仏馬力)＝75 m·kgf/s＝0.7355 KW, 1 HP(英馬力)＝550 ft·1 bf/s＝0.7457 kW 1 BTU/s＝1.055 kW
比　熱	1 J/(kg·K)＝2.38846×10^{-4} cal/(kg·K)	1 cal/(kg·K)＝4186.8 J/(kg·K)
熱伝導率	1 W/m·K＝0.86000 kcal/m·h·deg	1 kcal/m·h·deg＝1.16279 W/m·K
熱伝達係数	1 W/m^2·K＝0.86000 kcal/m^2·h·deg	1 kcal/m^2·h·deg＝1.16279 W/m^2·K

(cal は計量法カロリーの場合)

（佐藤　研二・八島　正明）

2. 火災史年表等

2・1 日本の火災年代表

和　暦		西暦	記　　事（括弧内は陽暦の月日）	概　　要
欽明天皇	13	552	大極殿火災（11.16）	
舒明天皇	8	636	岡本宮火災（7.12〜8.10）	
皇極天皇	2	643	難波の百済客館火災，民家へ延焼（4.10）	
大　化	3	647	皇太子宮火災（2.1）	
斉明天皇	1	655	飛鳥板蓋宮火災，飛鳥岡本宮火災（11.7・2.3）	
天智天皇	8	669	大蔵省火災，斑鳩寺火災（12.28・1.29）	
〃	9	670	雷震で**法隆寺**火災（5.27）	落　雷
〃	10	671	近江宮火災（1.2）	
天武天皇	8	680	橘寺火災，尼房失火10房を焼く（5.17）	
持統天皇	1	686	難波宮火災，大蔵省失火（2.15），名張厨司火災（7.—），民部省火災（8.7）	
養　老	5	721	太宰府城門火災（8.26）	
天　平	2	730	神祇宮曹司火災（7.20），雷震で**神祇宮屋火災**，人畜多く死す	落　雷
神護景雲	3	769	下総狭島郡火災，穀物6400余斗焼失（9.22）	
宝　亀	4	773	上野緑野郡火災，正倉8間穀額334000余束焼失（7.6）	
〃	5	774	陸奥行方郡火災，穀物25400余斗焼失（9.4）	
〃	11	780	**京都中数寺**雷火（3.1）	落　雷
延　暦	1	782	**大蔵東長蔵**雷火（8.20）	落　雷
〃	10	791	伊勢大神宮盗火，正殿，殿門全焼（9.9）	
大　同	3	808	左衛士坊失火，180家を焼く（11.3）	
承　和	6	839	伊勢斉宮火災，官舎100余棟に延焼（12.18）	
嘉　祥	1	848	京都大火，東西二京に火災（8.15）	
斉　衡	2	856	山城山崎津車頭失火，300余戸焼失（12.4）	
仁　和	1	885	京都一条衛士町失火，300余戸焼失（3.12），西京二条失火，200余戸焼失（2.8）	
寛　治	6	1092	京都火災，10余町延焼（4.21）	
元　永	1	1118	京都七条火災，10余町延焼（10.16）	
天　治	2	1125	京都大火（1.7）	
仁　安	3	1168	京都大火，3000余戸延焼（3.31）	
治　承	1	1177	京都大火，公家民家多数焼失，焼死者数千人（6.3）	
建　暦	1	1211	京都大火（一）	
建　保	6	1218	京都焼亡，100余町焼失（5.26）	
安　貞	1	1227	京都大火，延焼大内に及ぶ（6.15）	
寛　元	4	1246	京都大火（7.23）	
建　長	1	1249	京都大火，京中大焼失．死者数知れず（5.14）	
建　治	3	1277	京都大火，近衛西洞より六条殿までことごとく焼失（8.21）	
弘　安	3	1280	鎌倉大火（11.28）	
延　慶	3	1310	鎌倉大火（12.5）	
正　和	4	1315	鎌倉大火（4.20）	

和　　暦	西暦	記　　事（括弧内は陽暦の月日）	概　要
応　永　33	1426	京都大火，100 余町焼失（3.2）	
永　享　6	1434	京都大火，10000 余戸焼失（3.30）	
〃　　8	1436	鎌倉大火（12.13）	
明　応　9	1500	京都大火，柳原より出火し延焼 100 余町（9.12）	
大　永　1	1521	高野山金剛峯寺火災，大塔金坊舎等 3900 余ことごとく焼失（3.30）	
天　文　13	1544	伊勢山田大火，6000 戸延焼	
慶　長　6	1601	江戸大火，日本橋駿河町より出火全市焼失（一）	
〃　　19	1614	江戸大火（一）	
元　和　4	1618	江戸大火（2.25）	
〃　　5	1619	奈良大火，3000 余戸延焼（1.6）	
〃　　6	1620	京都大火，5000 余戸（4.2），再び1000余戸（4.6）	
寛　永　4	1627	江戸大火，日本橋横山町より出火，3昼夜にわたり 40 町を焼く（秋）	
〃　　8	1631	金沢大火（5.15）	
〃　　18	1641	江戸大火，中橋通桶町より出火，2夜にわたって 97 町延焼，武家屋敷 130 軒焼失，江戸成都以来の大火（3.9）	
明　暦　2	1656	江戸大火（10.9）．江戸大火（12.1）	
明　暦　3	1657	江戸大火，本郷本妙寺より出火，湯島，浅草，鎌倉河岸，京橋，八丁堀，鉄砲洲，佃島，深川に延焼し鎮火（**振袖火事**）（3.2）．小石川伝通院前新鷹匠町より出火，江戸城焼失．夜，番町麹町 7 丁目より出火，半蔵門，芝愛宕下，札の辻，海辺に至る（3.3）．2 日間の大火で万石以上の大名屋敷 500，旗本百石以上の屋敷 160，その他合計 773 屋敷，町の焼失 400，片町 800 町，焼死者 107000 余人	明暦の大火
万　治　3	1660	江戸大火，本郷湯島天神大門前より出火（2.24）．江戸大火（2.25）．陰暦正月より3月まで火災 150 件を数える	
寛　文　1	1661	京都大火，皇居全焼（2.14）	
〃　　1	1661	江戸大火，牛込鷹匠町より出火し京橋まで延焼（2.26）	
〃　　4	1664	**越後**大地震，高田火災	地震
〃　　6	1666	大阪大火，3日間燃え続け町家 8527，武家 18 軒焼失（2.11）	
〃　　8	1668	江戸大火，牛込下，酒井家下屋敷から出火した火災，市谷天竜寺内より出火した火災，お茶の水より出火した火災など相次いだ（3.13）	
〃　　8	1668	江戸大火，四谷鮫ケ橋より出火した火災と，下谷車坂より出火した火災あり（3.16）	
〃　　8	1668	江戸大火，小日向築地武家屋敷，榊原家から出火（3.18）以上13, 16, 18日の火災で，武家屋敷2400余軒，町家132町半，寺院136宇，農家170軒焼失	
〃　　10	1670	伊勢山田大火，5000 余戸焼失（1.5）	
延　宝　1	1673	京都大火，皇居炎上類焼 5000 余戸，焼死 4 人（6.22）	
〃　　6	1678	江戸大火，四谷 3 丁目より出火，三田に至る（3.1）	
〃　　8	1680	鹿児島大火，武家屋敷町家等3283 戸焼失，焼死 64 人（2.11）	
天　和　1	1681	水戸大火，2000 余戸焼失（4.11）	
〃　　2	1682	江戸大火，本郷丸山より出火（1.25），**八百屋お七の放火**	
元　禄　3	1690	金沢大火，6369 戸焼失（4.24）	
〃　　7	1694	**羽後能代**大地震大火，800 戸焼失，死者 300 人（6.9）	地震
〃　　8	1695	江戸大火，紀伊大納言別邸ほか 67400 余戸焼失（春）	
〃　　16	1703	江戸大火，四谷塩町から芝浦海岸までことごとく焼失（12.22）	

和　暦		西暦	記　　事（括弧内は陽暦の月日）	概　要
元　禄	16	1703	**江戸および東海道諸国**大地震，処々火災，人多く死す（12.30）	地震
〃	16	1703	江戸大火，本郷追分より出火谷中に延焼，また小石川水戸邸より出火，浜町まで延焼さらに本所に飛火，深川に至り鎮火，この火災にて永代橋，新大橋，両国橋等焼け落ち，逃げ場を失った者を含め死者総数30000人（1.6）	
宝　永	5	1708	京都大火，皇居焼く．10551戸焼失（4.28），大阪大火1561戸焼失（2.8）	
享　保	5	1720	江戸大火，日本橋箔屋町より出火し千住まで延焼（5.4）	
〃	9	1724	大阪大火，全市の3分の2焼失，死者293人（3.16）	
〃	9	1724	名古屋大火，弥宜町より出火，2000余戸焼失（7.3）	
〃	10	1725	江戸大火，青山から下谷金杉まで延焼（3.28）	
〃	13	1728	江戸大火，神田猿楽町より出火，小石川まで延焼（3.26）	
〃	15	1730	京都大火，134町，3798戸焼失（8.3）	
〃	16	1731	江戸大火，目白台より出火，市谷田町まで延焼，ほかに麹町3丁目より出火した火災，芝浦海岸まで延焼（5.20）	
寛　保	1	1741	京都大火，町家2800戸，寺14焼失（1.1）	
延　享	2	1745	江戸大火，青山千駄ケ谷より出火，品川まで延焼（4.13）	
〃	3	1746	四国高知，中須町より出火，2600余戸焼失（1.16）	
寛　延	3	1750	**京都二条城天守閣**雷火（9.26）	落雷
宝　暦	6	1756	長崎大火（1.1），江戸大火，大学火事という（11.23）	
〃	9	1759	金沢大火，死者1202人（5.6）	
〃	10	1760	江戸大火，赤坂今井谷より出火，品川まで延焼（3.20）	
明　和	1	1764	伊勢山田大火，8000戸焼失（1.8）	
〃	3	1766	**津軽**大地震大火（3.8）	地震
〃	3	1766	福井大火6000戸焼失（4.14）．江戸大火，神田筋違より出火，浅草吉原まで延焼（5.21）	
〃	4	1767	江戸大火，八丁堀より出火，日本橋川岸で翌日鎮火（5.6）	
〃	9	1772	江戸大火，目黒行人坂大円寺より出火，630町最高幅1里，長さ6里を焼失，死者数知れず（4.1），**明和大火**	目黒行人坂大火
天　明	6	1786	江戸大火，山手，下町，芝辺過半数焼失（2.16）	
〃	8	1788	京都大火，内裏に延焼，武家屋敷65，神社220余，寺院928，町数3100余，家数183000余戸焼失（3.7），2日間燃え続け鎮火	
寛　政	3	1791	大阪大火，13386戸焼失，焼死32人（11.4）	
〃	12	1800	江戸吉原火災，浅草竜泉寺より出火，吉原遊廓焼失（3.17）	
文　化	3	1806	江戸大火，武家屋敷ほとんど焼失，町屋530余，表町屋16096戸，裏町屋11000戸焼失，焼死1210人（4.22），**丙寅火事**	
〃	6	1809	江戸大火，日本橋佐内町より出火，本所へ飛火（2.14）	
〃	8	1811	江戸大火，市谷念仏坂より出火，芝赤羽橋まで焼失（3.15）	
文　政	12	1829	江戸大火，神田佐久間町材木町屋より出火，京橋日本橋焼失，諸候47，旗本等900余，町屋118000余軒焼失，焼死2795人（4.24）	
天　保	5	1834	江戸大火，神田佐久間町より出火，霊岸島まで焼失2000余町焼失，焼死4000人（3.16），**甲午火事**	
〃	6	1835	大阪大火（12.17〜18）	
〃	8	1837	大阪大火，大塩平八郎の党反放火，12578戸焼失，奉行与力同心等の屋敷16軒焼失，2日間にわたる火災（3.25）	

和　暦		西暦	記　　事　（括弧内は陽暦の月日）	概　要
天　保	9	1838	江戸大火，日本橋小田原町の湯屋より出火 (5.10)	
〃	14	1843	江戸京橋大火，松平三河守邸より出火，翌日鎮火 (2.15)	
弘　化	1	1844	越後今町大火，14900 戸焼失 (3.20)	
〃	1	1844	江戸城本丸焼失 (6.25)	
〃	2	1845	江戸青山，麻布大火，126 町焼失，焼死数百人 (2.25)，江戸神田富松町出火，49 町焼失 (5.3)	
〃	3	1846	江戸大火，小石川から霊岸島まで 13600 余戸焼失，焼死 300 余人 (2.10)	
嘉　永	3	1850	江戸大火，麹町から出火し芝橋まで延焼，諸候屋敷 36，武家屋敷 250 余戸焼失 (3.18)	
安　政	1	1854	**伊賀上野，伊勢四日市**地震大火，400 余戸焼失 (7.8)	地震
〃	1	1854	**土佐高知，阿波徳島，東海道諸国**大地震大火 (12.23)	地震
〃	2	1855	**江戸**地震大火，50 余個所より出火，焼死推定 6641 人 (11.11)	地震
〃	5	1858	江戸大火，日本橋，京橋，神田一帯 118 町 124540 戸焼失 (3.24)	
〃	6	1859	江戸大火，青山穏田から出火，赤坂，牛込，四谷，小石川一帯 2 里 14 町を焼失，翌日鎮火，死傷者多し (3.25)	
文　久	2	1862	江戸新吉原火災 (冬)	
〃	3	1863	大阪大火，五幸町より出火，144 町を焼失，翌日鎮火 (冬)	
元　治	1	1864	京都大火 (8.20)	
慶　応	1	1865	京都祇園新地火災 (4.21)	
〃	2	1866	江戸浅草大火，浅草田原町より出火，吉原全焼本所へ飛火三つ目あたりで止む (1.28). 函館大火，内澗町より出火，延焼数百軒 (秋)	
明　治	1	1868	横浜市西の町より出火，1200 戸焼失 (1.7). 大阪城内本丸出火，一の丸，二の丸大部分焼失 (1.9). 新潟県北蒲原郡安田村 800 戸焼失 (3.一). 江戸戦火，1081 戸焼失 (5.15)，彰義隊蜂起. 新潟県長岡市火災，2900 戸焼失 (5.19)，兵火によるもの. 静岡県網代港で**軍艦翔鶴爆発**，町家に延焼 (10.14)	爆発
〃	2	1869	埼玉県川越市石原町より出火，1500 戸焼失 (2.16). 北海道函館市弁天町徳川軍による放火，5 カ町 870 戸 (5.11). 東京神田相生町より出火，11 カ町 1100 戸焼失 (12.12). 東京京橋元数寄屋町より出火，銀座など 33 カ町 3400 戸焼失，焼死 22 人 (12.28)	
〃	3	1870	東京日本橋浪花町より出火，15 カ町 1200 余戸焼失 (12.22)	
〃	4	1871	北海道函館市常盤町より出火，5 カ町 1123 戸焼失 (9.2)	
〃	5	1872	東京丸の内兵部省より出火，町数 41，2900 戸焼失，焼死 4 人 (2.26)	
〃	6	1873	神奈川県横浜相生町より出火，1600 戸焼失 (3.22). 北海道函館大火，豊川町より出火，1300 戸焼失，焼死 5 人 (3.23) 再び豊川町より出火 1023 戸焼失，焼死 5 人 (4.18). 東京丸の内皇居全焼 (5.15). 東京神田福田町より出火，48 カ町 5000 戸焼失 (12.9)	
〃	7	1874	静岡県浜松伝馬町より出火，1830 戸焼失 (4.27). 島根県雑賀町 6 丁目より出火，2000 戸焼失 (6.8)，東京日本橋川口町より出火，1200 戸焼失 (11.17)	台風
〃	8	1875	岐阜県高山二元町より出火，1300 戸焼失 (4.24)	
〃	9	1876	東京神田三河町 3 丁目より出火，12 カ町 805 戸焼失 (10.3). 東京日本橋数寄屋町より出火，79 カ町 10000 戸焼失，焼死 3 人 (11.29〜30)	
〃	11	1878	東京神田黒門町より出火，31 カ町 5200 戸延焼 (3.17). 北海道函館市	

和　暦		西暦	記　　　事（括弧内は陽暦の月日）	概　要
			鯰潤町より出火，13 カ町 1000 戸焼失（11.16）.	
明　治	12	1879	富山県高岡木舟町より出火，28 カ町 1 村 2000 戸焼失（3.3）. 北海道函館堀江町より出火，33 カ町 2326 戸焼失（12.6〜7）. 東京日本橋箔屋町より出火，築地海岸まで 65 カ町延焼（12.26）	
〃	13	1880	群馬県高崎元町より出火，2000 戸焼失（1.26）. 東京日本橋橘町より出火，浜町 2 丁目まで延焼 2120 戸焼失（2.3〜4）. 青森県弘前の火災により，1500 戸焼失（5.17）. 新潟県三条裏館より出火，2500 戸焼失，死傷 64 人（5.21）. 新潟県新潟大川前通り 6 番地より出火，83 カ町 6200 戸焼失（8.6）. 新潟県柏崎本町より出火，2700 戸焼失（8.8〜9）. 新潟県新潟市より出火，5554 戸焼失（8.8）. 大阪市南区笠屋町より出火，3000 戸焼失（12.24）. 東京神田鍛冶町 35 番地より出火，2200 戸焼失（12.30〜31）	
〃	14	1881	東京神田松枝町より出火，日本橋，本所深川に延焼 52 カ町 15221 戸焼失（1.26）. 東京神田柳町より出火，27 カ町 7751 戸焼失（2.11〜12）. 東京四谷簟笥町より出火，1600 戸焼失（2.21）. 東京行徳間航路の**川蒸汽船の煙突**の火の粉により町家へ延焼（4.13）. 福島県福島柳町より出火，1700 戸焼失（4.25）	飛火
〃	15	1882	富山県氷見仕切町より出火，窪村へ延焼 1600 戸焼失（5.15）	
〃	16	1883	福島県若松下一之町より出火，1500 戸焼失（5.1）	
〃	17	1884	大阪市東区本町橋詰より出火，10 カ町，1440 戸焼失（1.9）. 茨城県水戸市大軒町より出火，1200 戸焼失（5.13）. 岩手県盛岡市内の監獄署より出火，1600 戸焼失（11.7〜8）	
〃	18	1885	東京市日本橋区坂本町より出火，1320 戸焼失（3.12）. 富山県富山市餌指町より出火，52 カ町へ延焼 6229 戸焼失，焼死 8 人（5.31）	
〃	19	1886	長野県松本市鍛冶町より出火，1100 戸焼失（2.9）. 秋田県秋田市川反町より出火，3554 戸焼失（4.30）. 東京市神田区元佐久間町より出火，2200 戸焼失（7.6）	
〃	20	1887	東京市日本橋蛎殻町より出火，1630 戸焼失（12.19）	
〃	21	1888	長野県松本市本町南深志極楽寺より出火，1600 戸焼失（1.4）. 神奈川県横浜市中区野毛町より出火，1100 戸焼失（1.31）. 福井県大野郡横町より出火，1100 戸焼失（3.8）	
〃	22	1889	静岡県静岡市一番町より出火，1200 戸焼失（2.1）. 神奈川県横浜市中区相生町より出火，1600 戸焼失（3.22）	
〃	23	1890	東京市浅草区三間町より出火，1497 戸焼失（2.27）. 大阪市西区新町 1 丁目より出火，2097 戸焼失，焼死 86 人（9.5）	
〃	24	1891	東京市麹町区国会議事堂焼失（1.20）. **濃尾地震**，岐阜，愛知両県にわたり大地震火災 2900 戸焼失（10.28〜29）. 岐阜県大垣市 1000 戸焼失（10.28）	地震
〃	25	1892	東京市神田区猿楽町より出火，4119 戸焼失，焼死 24 人（4.10〜11）. 北海道札幌市南三条より出火，1000 戸焼失（5.4〜5）	
〃	26	1893	埼玉県入間郡川越町より出火，2300 戸焼失（3.17〜18）. 三重県松阪町より出火，全町の半分 1500 戸焼失（3.29〜30）	
〃	27	1894	山形県山形市蝋燭町より出火，13 カ町 1250 戸焼失（5.26）. 神奈川県横浜市元町より出火，1092 戸焼失（6.17）	
〃	28	1895	新潟県新発田町大字殻町より出火，2410 戸焼失（6.2）. 北海道根室港	

和　暦	西暦	記　　事（括弧内は陽暦の月日）	概　要
		花咲町より出火，弥生町へ延焼 1300 戸焼失（10.3）	
明　治　29	1896	北海道函館市弁天町より出火，2300 戸焼失（8.26）	
〃　30	1897	新潟県柏崎町より出火，1243 戸焼失（4.3）．東京府八王子町字大横町より出火，3104 戸焼失，焼死 37 人，負傷 60 人（4.22）	
〃　31	1898	東京市本郷区春木町より出火，金助町ほか数町に延焼 1111 戸焼失（3.23）．新潟県直江津町大字砂山より出火，1618 戸焼失，焼死 6 人，負傷 66 人（6.4）	
〃　32	1899	福井県福井市外より出火，22 ケ町 1 カ村 1891 戸焼失（4.19）．宮城県刈田郡白石町大字新町より出火，全町ほとんど焼失，焼死 2 人，負傷 80 人（5.4）．神奈川県横浜市中区雲井町より出火，3207 戸焼失，焼死 14 人，負傷 10 人（8.12〜13）．富山県富山市中野新町より出火，22 カ町 6000 戸焼失（8.12）．北海道函館市豊川町より出火，2494 戸焼失（9.15）	
〃　33	1900	福井県福井市外本田村より出火，福井市街へ延焼 1752 戸焼失，焼死 7 人，負傷 281 人（4.20）	
〃　35	1902	福井県福井市佐佳枝町より出火，33 カ町 3 カ村 3200 戸焼失，焼死 6 人，負傷 16 人（3.30）	
〃　36	1903	秋田県横手町より出火，1200 戸焼失（4.26）	
〃　37	1904	北海道小樽市稲穂町より出火，2481 戸焼失（5.8〜9）	
〃　38	1905	佐世保軍港内に停泊中の**軍艦**三笠艦内より出火，沈没（9.12）．北海道厚岸郡厚岸町より出火，1200 戸焼失（10.31）	船舶
〃　39	1906	新潟県直江津町字色内町より出火，1418 戸焼失（7.11）	
〃　40	1907	北海道函館市東川町より出火，町の 8 割 12400 戸焼失（8.25〜26）	
〃　41	1908	新潟県新潟市古町通より出火，，20 カ町，1200 戸焼失（3.8〜9）．再び同場所より出火，37 カ町 2200 戸焼失（9.4）	
〃　42	1909	大阪市北区空心町より出火，51 カ町 17365 戸焼失，大阪北部ほとんど焼失，焼死 6 人，負傷 69 人（7.31）	
〃　43	1910	石川県輪島町大字河井町より出火，1800 戸焼失（4.16〜17）．青森県青森市安方町より出火，23 カ町 7519 戸焼失（5.3〜4）	
〃　44	1911	東京市浅草区新吉原江戸町より出火，6555 戸焼失（4.9）．山形県山形市七日町より出火，強風下 1340 戸焼失（5.8〜9）	
〃　45	1912	大阪市南区難波新町より出火，5300 戸焼失，焼死 3 人，負傷 79 人（1.16）．東京市深川区洲崎矢崎町より出火，1200 戸焼失（3.21）．長野県松本市裏町より出火，1200 戸焼失（4.1）．長野県松本市上横田町より出火，市の 3 割 2000 戸焼失（4.22）	
大　正　2	1913	東京市神田区三崎町より出火，2430 戸焼失（2.20）．静岡県沼津市出口町より出火，2400 戸焼失，焼死 9 人，負傷 17 人（3.3）．北海道函館市若松町より出火，1532 戸焼失，死傷 25 人（5.4）．福井県武生町より出火，1700 戸焼失（9.19）．新潟県蒲原郡五泉町より出火，1600 戸焼失（10.4〜5）	
〃　4	1915	宮城県気仙沼町より出火，全町の 3 分の 2，1100 戸焼失，焼死 1 人，負傷 22 人（3.30）	
〃　5	1916	北海道函館市旭町より出火，1763 戸焼失（8.2）	
〃　6	1917	山形県米沢市代官町より出火，2294 戸焼失，焼死 10 人，負傷 80 人（5.22）	

和　暦	西暦	記　事（括弧内は陽暦の月日）	概　要
大　正　7	1918	茨城県水戸市奈良屋町**汽車の煙突**飛火出火, 1100 戸焼失 (3.25). 福島県安達郡二本松町より出火, 1399 棟焼失, 焼死 1 人 (4.20)	飛火
〃　　8	1919	神奈川県横浜市千歳町より出火, 3127 戸焼失, 焼死 2 人, 負傷 17 人 (4.28). 山形県米沢市館山口町より出火, 1207 戸焼失, 焼死 1 人, 負傷 25 人 (5.19). 兵庫県神戸港にけい留中の**大阪商船**西貢丸 6553 t 1 隻焼損 (10.2)	
〃　　9	1920	名古屋市名古屋電鉄工場および電車 99 両焼失 (6.7)	
〃　　10	1921	東京市浅草区田町より出火, 1278 戸焼失 (4.6). 北海道函館市東川町より出火, 2141 戸焼失 (4.14)	
〃　　11	1922	長野県飯田市愛宕より出火, 1300 戸焼失 (5.4〜5). 大阪市西区大阪ガス会社の**ガスタンク爆発**, 負傷 50 〜 60 人 (10.8)	タンク爆　発
〃　　12	1923	広島県尾道市尾崎町で宣伝巡回映画開催中出火, 死者 19 人, 負傷 20 人 (1.28).	
		関東地方大地震, 東京, 神奈川, 静岡, 千葉, 埼玉, 山梨, 茨城の 1 府 6 県にわたり, 東京は全市の約 2 分の 1, 横浜は全市ほとんど焼失, 東京においては死者 59593 人, 負傷 28972 人, 行方不明 10904 人, 神奈川県下の死者 29614 人, 負傷 19523 人, 行方不明 2295 人 (9.1〜)	関東大地震
〃　　13	1924	青森県八戸市大字元鍛冶町より出火, 1223 戸焼失, 焼死 3 人 (5.16)	
〃　　14	1925	東京市荒川区日暮里町元金杉より出火, 2108 戸焼失 (3.18). **山陰地方**大地震火災, 1683 戸焼失, 死者 381 人, 負傷 532 人 (5.23)	地震
〃　　15	1926	静岡県沼津市末広町より出火, 4500 棟焼失 (12.10〜11)	
昭　和　2	1927	**京都府奥丹後地方**地震により出火, 峰山村 882 戸, 網野村 247 戸市場村 200 戸, 島津村 160 戸, 浜詰村 116 戸など 4999 戸焼失, 京都府下の死者 2275 人, 傷者 4101 人, 行方不明 81 人 (3.7). 石川県金沢市安仁町より出火, 15 カ町 748 戸焼失 (4.21). 青森県弘前市北横町より出火, 422 戸焼失 (5.29). 島根県松江市灘町より出火, 273 戸焼失 (12.29)	地震
〃　　3	1928	青森県弘前市富田町より出火, 936 棟焼失, 焼死 1 人 (4.18). 秋田県西馬音内町より出火, 500 戸焼失 (5.10). 新潟県両津町より出火, 569 戸焼失, 焼死 1 人 (10.18). 北海道稚内町中通りより出火, 681 戸焼失, 焼死 1 人 (10.25)	
〃　　4	1929	宮城県気仙沼町より出火, 1000 戸焼失 (2.23). 茨城県新治郡石岡町より出火, 1537 棟焼失 (3.14). 岐阜県吉城郡船津町玉川より出火, 922 棟焼失, 焼死 2 人 (5.20). 青森県三本木横町より出火, 333 棟焼失 (10.28)	
〃　　5	1930	石川県小松市中町より出火, 700 棟焼失 (3.28). **静岡, 伊東伊豆北部**の三島, 韮山, 箱根を中心に大地震, 伊東, 函南, 韮山の町村より出火. 死者 257 人 (11.26)	地震
〃　　6	1931	新潟県白根町より出火, 459 棟焼失 (5.13). 秋田県秋田市牛島通より出火, 430 戸焼失 (5.15). 島根県松江市末次本町より出火, 672 戸焼失, 負傷 81 人 (5.16)	
〃　　7	1932	青森県鰺ケ沢町より出火, 247 戸焼失 (1.17). 高知県久札町 250 戸焼失 (2.20). 宮崎県小林町西旭通りより出火, 470 棟焼失 (4.16). 静岡県大宮町より出火, 1300 戸焼失 (4.21). 岐阜県船津町より出火, 342 戸焼失, 焼死 1 人 (5.26). 北海道余市町より出火, 330 戸焼失 (5.27).	

和　暦	西暦	記　事（括弧内は陽暦の月日）	概　要
昭　和　8	1933	石川県小松町の映画館より出火，1120戸焼失（10.22）．東京市日本橋区の白木屋百貨店より出火，4階〜7階まで焼失，死者14人（12.16）．富山県糸魚川町より出火，354戸焼失（12.21）．岩手県釜石町，**金華山沖**大地震により，釜石町では焼失家屋216戸，死者1723人，負傷930人，行方不明1263人（3.3）．北海道余市町より出火，215戸焼失（4.11）．東京府町田町より出火，167戸焼失（9.8）．秋田県南秋田郡船川港町より出火，170戸焼失（10.8）兵庫県**相川町播磨造船所ドック**で艤装中の小牧丸9000t（10.8）．鹿児島県宇検村平田部落より出火，200棟焼失（12.2）	地震
〃　　9	1934	北海道函館市住吉町より出火，40カ町23633戸焼失，死者2166人，負傷2318人（3.21〜22）．青森県脇野沢村大字脇野沢字下町より出火，173棟焼失（4.18）．福島県田島町字西町より出火，200棟焼失（5.10）．鳥取県岩井温泉入口より出火，346棟焼失（6.6）．新潟県山本村浦瀬より出火，250棟焼失（6.6）．秋田県大館町より出火，145棟焼失（9.5）．石川県大聖寺町より出火，403棟焼失（9.9）．京都市中京区三条通りの中学校焼失，死者30人，この火災は**近畿一帯**を襲った台風によるもの（9.21）．北海道夕張町より出火，196戸焼失（10.23）	
〃　　10	1935	鳥取県西伯郡境町より出火，4カ町へ延焼879棟焼失（1.12）．富山県新川郡生地町上町より出火，235戸焼失（3.16）．新潟県加茂町より出火，172戸焼失（5.12）．大阪市此花区桜島安治川に**けい留中の郵船**前橋丸9000tの棉花焼失浸水（6.27）．新潟県新発田町より出火，796戸焼失（9.13）．秋田県船越町より出火，198棟焼失（10.26）	
〃　　11	1936	福井県福井駅付近**進行中の列車**の4両目より出火，2両焼失，焼死4人（1.13）．福岡県久留米市上空を低空飛行中の大村海軍航空隊の**攻撃機**が日吉町1丁目に墜落し延焼火災（3.18）．神奈川県横浜港にけい留中の春天丸5623tより出火，積荷大半焼失（4.7）．新潟県西蒲原郡地蔵堂町より出火，206棟焼失（8.15）	列車航空機
〃　　12	1937	東京市芝区田村町1丁目付近の**地下鉄工事現場のガス鉄管**が爆発，火災となり付近の住家に延焼（12.21）．福岡県小倉市日明付近**進行中の列車**の4両目より出火，3両全焼，焼死4人，負傷24人（12.27）	都市ガス列車
〃　　13	1938	鹿児島県揖宿町の東方の農家より出火，245戸焼失，焼死1人，負傷5人（2.24）．岡山県新見町高尾より出火，300戸焼失（4.15）．東京市大森区の上空で日本飛行学校と日本航空輸送会社の両**飛行機**が空中衝突し民家に墜落，塔乗員5人，墜落現場の職工12人が即死，さらに発生した火災により重軽傷者多数にて病院収容後死亡51人の計68人の犠牲者を出した（8.24）．富山県氷見町より出火，1510戸焼失，焼死3人，負傷10人（9.6）	航空機
〃　　14	1939	大阪府枚方町陸軍**火薬庫爆発**，枚方，中の宮，山垣内に延焼411戸焼失，死傷者294人（3.1）．大阪市南区心斉橋十合百貨店6階より出火，7，8階へ延焼（4.2）．東京市板橋区小豆沢町大日本セルロイド工場前でトラックに満載のセルロイド屑に運転手のたばこの火が引火，外に干してあった衣服に飛火し同工場の**火薬庫**に引火，爆発62棟焼失，死者19人，負傷197人（5.9）．島根県横田村の旅館より出火，目抜商店街300棟焼失（6.17）	爆発
〃　　15	1940	静岡県静岡市新富町より出火，49カ町5121戸焼失，焼死4人，負傷	軌道車

和　暦		西暦	記　　事（括弧内は陽暦の月日）	概　要
			19人 (1.15). 大阪市安治川口駅にて省線西成線ガソリンカー転覆出	列車
			火, 死者183人, 負傷57人 (1.29). 米坂線下り列車が進行中, 山形	
			県小国本地内横根山トンネル西口で大雪崩のため6両が転覆し, 荒川	
			に墜落客車ストーブから出火, 硫黄合剤積載車に引火爆発, 死者11	
			人, 負傷28人, 行方不明7人 (3.5). 東京市麹町区大手町の官庁街に	
			ある逓信省航空局に落電, 各官庁等101焼失, 死者3人 (6.20)	落雷
昭　和	16	1941	青森県上北郡三本木村稲生町より出火, 976戸焼失 (5.12)	
〃	17	1942	青森県青森市蜆貝町より出火, 365戸焼失 (9.15)	
〃	18	1943	北海道倶知安町の映画館布袋座の火災で死者208人 (3.6). 富山県下	
			新川郡魚津町より出火, 240戸焼失 (11.26)	
〃	19	1944	埼玉県秩父郡小鹿野町より出火, 240戸焼失 (2.1). 富山県西礪波郡蘵	
			波町より出火, 291戸焼失 (5.7). 富山県東礪波郡出町より出火, 291	
			戸焼失 (5.7)	
〃	20	1945	岩手県九戸郡久慈村より出火, 995戸焼失 (4.7). 新潟県中蒲原郡三原	
			町より出火, 779戸焼失 (4.16). 富山県婦負郡四方町より出火, 507戸	
			焼失 (4.18). 秋田県南秋田郡一日市町より出火, 509戸焼失 (4.18).	
			鳥取県西伯郡境町より出火, 381戸焼失 (4.23)	
〃	21	1946	福島県田島町より出火, 515棟焼失, 負傷31人 (5.20). 新潟県村松町	
			より出火, 1337棟焼失, 焼死2人, 負傷59人 (6.8). 長野県飯田市大	
			火, 198棟焼失, 負傷4人 (7.15). 青森県五所川原町より出火, 594棟	
			焼失, 負傷9人 (11.23)	
〃	22	1947	新潟県両津町より出火, 315棟焼失 (4.17). 長野県飯田市再び大火	
			3742棟焼失 (4.20). 茨城県那珂湊市大火, 1508棟焼失, 負傷6人	
			(4.29). 北海道三笠町より出火, 488棟焼失, 焼死2人, 負傷4人	
			(5.16)	
〃	23	1948	福井市丸岡町を中心に地震発生, 3690戸焼失, 死者5168人, 負傷	地震
			3347人 (6.28). 北海道喜茂別村より出火, 183棟焼失, 焼死1人, 負	
			傷2人 (5.11)	
〃	24	1949	奈良県斑鳩町法隆寺金堂より出火, 全焼 (1.26). 秋田県能代市大火,	
			2238棟焼失, 焼死3人, 負傷874人 (2.20). 北海道古平町より出火,	
			721棟焼失, 焼死2人, 負傷52人 (5.10). 山梨県谷村町より出火, 334	
			棟焼失, 負傷17人 (5.13)	
〃	25	1950	静岡県熱海市大火, 1461棟焼失, 負傷3277人 (4.13). 長野県上松町	
			より出火, 615棟焼失, 焼死18人, 負傷153人 (5.13). 秋田県鷹巣町	
			より出火, 559棟焼失, 負傷242人 (6.1). 京都市上京区衣笠金閣寺町	
			臨済宗鹿苑寺通称金閣寺1棟焼失 (7.2)	
〃	26	1951	神奈川県横浜市国電桜木町駅付近進行中の電車火災, 焼死107人, 負	電車
			傷81人 (4.24). 山形県温海町より出火, 376棟焼失, 負傷225人	
			(4.24). 三重県松阪市大火, 1155棟焼失, 負傷195人 (12.26)	
〃	27	1952	島根県鳥取大火, 7240棟焼失, 焼死3人, 負傷3963人 (4.17). 機関	飛火
			車の飛火によるもの	
〃	29	1954	北海道岩内町より出火, 3299棟焼失, 焼死33人, 負傷551人 (9.26)	洞爺丸
				台風
〃	30	1955	秋田県大館市大火, 345棟焼失, 焼死1人, 負傷20人 (5.3). 新潟県	
			新潟市大火, 892棟焼失, 焼死1人, 負傷275人 (10.1). 鹿児島県名	

和　暦	西暦	記　事（括弧内は陽暦の月日）	概　要
		瀬市大火，1361 棟焼失（12.3）．神奈川県横浜市養老院聖母の園の火災，焼死 99 人，負傷 9 人（2.17）	
昭　和　31	1956	秋田県能代市大火，1475 棟焼失，負傷 19 人（3.20）．福井県芦原町より出火，737 棟焼失，焼死 1 人，負傷 349 人（4.23）．秋田県大館市，更大火，1344 棟焼失，負傷 16 人（8.18）．富山県魚津市大火，1677 棟焼失，焼死 5 人，負傷 170 人（9.10）	
〃　32	1957	新潟県分水町より出火，378 棟焼失，負傷 176 人（4.2）	
〃　33	1958	鹿児島県瀬戸町より出火，1628 棟焼失，負傷 48 人（12.27）	
〃　36	1961	岩手県新里村より出火，1062 棟焼失，焼死 5 人，負傷 97 人（5.29）．三陸大火．青森県八戸市大火，720 棟焼失（5.29）．北海道森町より出火，554 棟焼失，負傷 80 人（10.23）	
〃　37	1962	長崎県福江市大火，486 棟焼失，負傷 28 人（9.26）	
〃　38	1963	東京都豊島区池袋西武百貨店火災，焼死 6 人，負傷 114 人（8.22）	
〃　39	1964	**新潟県粟島**付近地震発生，昭和石油株式会社等 346 棟焼失（6.16）．東京都品川区**勝島宝組倉庫**爆発火災，死者 19 人，負傷 114 人（7.14）	地震 爆発
〃　40	1965	東京都大島町より出火，585 棟焼失（1.11）．北海道室蘭市幌萌町**日本石油室蘭製油所構内埠頭**にけい留中のノルウェー油槽船 58260 t 1 隻焼損，死者 5 人，負傷 10 人，行方不明 5 人（5.26〜6.19）	船舶
〃　41	1966	青森県三沢市中央町より出火，282 棟焼失，負傷 26 人（1.11）．東京都大田区**東京羽田国際空港カナダ航空機**ダグラス DC 8 型旅客機防潮堤に激突炎上，死者 51 人，負傷 8 人（3.4）．群馬県利根郡水上町菊富士ホテル火災，死者 30 人，負傷 28 人（3.11）．鹿児島県串木野市大字羽島より出火，135 棟焼損，負傷 1 人（6.16）	航空機
〃　42	1967	三重県鈴鹿郡関町**鈴鹿トンネル**内出火，自動車 13 台焼失，負傷 2 人（3.6）．京都市中京区国際ホテル火災 7〜10 階焼失，負傷 12 人（4.5）．東京都新宿区**国鉄新宿駅構内油槽列車**火災，油槽車 4 両，電気機関車 1 両各焼損，負傷 3 人（8.8）	トンネル
〃　43	1968	秋田県大館市御成町より出火，290 棟焼失，負傷 1 人（10.12）．兵庫県神戸市兵庫区有馬温泉池之坊満月城火災，焼死 30 人，負傷 44 人（11.2）	
〃　44	1969	福島県郡山市熱海町磐梯熱海温泉磐光ホテル火災，焼死 30 人，負傷 41 人（2.5）．石川県加賀市片津山温泉白山荘出火，68 棟焼損，負傷 16 人（5.18）	
〃　45	1970	愛知県豊橋市広小路株式会社豊栄百貨店 1 棟焼損（2.6）．大阪市大淀区国分寺町**地下鉄工事現場**，死者 74 人，負傷 331 人（4.8）．岩手県**釜石市甲子町日本道路公団仙人有料道路** LP ガスタンクローリー火災，死者 2 人（12.14）	都市ガス LPタンク ローリー
〃　46	1971	和歌山県和歌山市和歌浦株式会社寿司由楼火災 1 棟焼失，死者 16 人，負傷 15 人（1.2）．千葉県千葉市中央区畑百貨店 1 棟焼損，死者 1 人負傷 63 人（5.12）．熊本県山鹿市大字山鹿より出火，85 棟焼損，負傷 5 人（8.30）	
〃　47	1972	大阪市南区難波新地千日デパート 1 棟焼損，死者 118 人，負傷 81 人（5.13）．福井県敦賀市深山寺**北陸トンネル**内進行中の列車の食堂車より出火，食堂車 1 両焼損，死者 30 人，負傷 715 人（11.6）	トンネル 内列車
〃　48	1973	熊本県熊本市下通り株式会社大洋，通称大洋デパート出火，3〜9 階	

和　暦	西暦	記　　　事（括弧内は陽暦の月日）	概　要
昭　和　49	1974	焼損，死者 100 人，負傷 124 人（11.29） **大阪府泉佐野市南中樫井団地**プロパンガス爆発火災，死者 5 人，負傷 22 人（11.29）	プロパンガス爆発タンク
〃　50	1975	神奈川県三浦市三崎より出火，32 棟焼損，負傷 14 人（1.19）．三重県**四日市市大協石油株式会社**灯油タンク火災（2.16）	
〃　51	1976	京都市左京区岡崎西天王寺町平安神宮 9 棟焼失，負傷 5 人（1.6）．山**形県酒田市**中町より出火，1774 棟焼損，死者 1 人，負傷 1003 人（10.29）	
〃　54	1979	静岡県内の**東名高速道日本坂トンネル内**で自動車が衝突，189 台焼失，死者 7 人，負傷 2 人（7.11）．神奈川県内**東名高速道**で自動車が衝突，6 台焼失，死者 3 人，負傷 8 人（8.22）．長野県長野市元善町善光寺大本願出火，8 棟焼損，負傷 3 人（8.23）	高速道路トンネル
〃　55	1980	滋賀県甲賀郡甲西町小砂町東洋ガラス株式会社滋賀工場倉庫より出火，3 棟焼損，死傷者なし（1.12）．石川県羽咋市釜屋町北国繊維株式会社工場より出火，2 棟焼失，死傷者なし（1.17）．	
		静岡県静岡市紺屋町**ゴールデン街第一ビル**爆発火災，1 棟焼損，死者 14 人，負傷 223 人（8.16）．東京新宿駅西口バスターミナルで無職の男	地下街ガス爆発
〃　55	1980	の放火（バス車内へガソリンを撒く）により死者 6 人，傷者 19 人（8.19）．栃木県塩谷郡藤原町**川治プリンスホテル雅苑** 1 棟焼失，死者 45 人，負傷 23 人（11.20）	
〃　56	1981	兵庫県神戸市中央区脇浜海岸通りより出火，23 棟焼損，負傷 1 人（4.27）．北海道根室市花咲港第 1 荷捌所にけい留中の**漁船** 18 t の船員室焼損，死者 7 人，負傷 1 人（5.9）．高知県高知市弘北台中央卸売市場岸壁けい留中の高知県海洋開発**調査船**こうち 243 t の船員室焼損，死者 4 人（5.27）．兵庫県神戸市旭通国際マーケットより出火，12 棟焼損，死傷者なし（11.12）	
〃　57	1982	東京都千代田区永田町**ホテルニュージャパン**地上 10 階地下 2 階建の 9 階より出火，32 人死亡，34 人負傷，原因は宿泊客の寝たばこ（2.8）．茨城県神栖町の鹿島製油所の脱硫装置から出火，死者 4 人（3.31）．大阪府堺市のダイセル化学工場から出火，4 人死亡，206 人負傷，り災世帯 2167，り災者 6,793 人（8.21）．宮崎県清武町の（株）沖電気半導体集積回路製造工場から出火，5 人負傷，損害額 33 億 3,534 万円（10.3）	
〃　58	1983	山形県山形市の蔵王観光ホテルから出火，11 人死亡，2 人負傷，焼損面積 3,577 ㎡（2.21）．静岡県掛川市のマヤハリクエーションセンター「つま恋」でプロパンガス爆発，14 人死亡，28 人負傷（11.22）	
〃　59	1984	福岡県高田町の三池炭鉱三池坑内火災，83 人死亡，16 人負傷（1.18）．東京都の世田谷の電話局管内の洞道内から出火，管内の電話回線 9 万回線等に障害発生（11.16）	洞道火災
〃　60	1985	北海道釧路市で林野火災，鶴居村に延焼，焼損面積は釧路市では 1500 ha，鶴居村では 700 ha（4.30）	
〃　61	1986	大阪市生野区の併用住宅，飲食店から出火，8 人死亡，2 人負傷（2.28）．千葉県船橋市の東武デパート変電室から出火，3 人死亡，損害額 17 億 8,000 万円，原因は配電用変圧器（6.14）．神戸市北区の寄宿舎居室から出火，8 人死亡（7.31）	

和　暦	西暦	記　　事（括弧内は陽暦の月日）	概　要
昭　和 62	1987	福井県金津町の住宅兼作業場から出火，6人死亡，原因は可燃物が石油ストーブの上に落下（2.14）．東京都品川区の**大井火力発電所**から出火，4人死亡，1人負傷，原因は電気熔接器から油に引火（5.26）．東京都東村山市の**特別養護老人ホーム「松寿園」**から出火，17人死亡，25人負傷，原因は放火の疑い（6.6）．大阪府東大阪市の近鉄生駒トンネル内待避所から出火，1人死亡，48人負傷（9.21）	
〃　　63	1988	大阪市でソ連船プリアムーリ工場の船舶火災，11人死亡，35人負傷（5.18）．大阪府東大阪市の共同住宅，居室から出火，6人死亡，2人負傷，原因は線香の転倒落下（12.31）	
平　成　元年	1989	東京都調布のにっかつ撮影所火災，1人死亡，26人負傷（2.10）．神奈川県横浜市神奈川区の船舶火災，機関室から出火，10人死亡，13人負傷．原因はアセチレンガス溶接機・切断機からの引火（2.16）．東京都江東区高層住宅スカイシティ南砂24階居室出火，傷者6名（8.24）	
〃　　2	1990	兵庫県尼崎市の百貨店**長崎屋火災**，15人死亡，6人負傷，損害額1億7,404万7千円（3.18）．東京都板橋区の化学工場（第一化成工業）ブ過酸化ベンゾイル小分け作業中に爆発火災，死者9名，傷者17名（5.26）	
〃　　3	1991	東京都足立区の靴卸売業の商品庫より出火，負傷者16人，焼損面積6,165 m²，損害額33億1,902万円（5.15）．宮崎県日向市のリニアモーターカー火災，損害額14億7,920万2千円，原因はゴムタイヤの摩擦（10.3）	
〃　　4	1992	茨城県守谷町の花火製造工場より出火，死者3人，負傷者58人．損害額3億4,033万9千円（6.16）．千葉県袖ケ浦市の石油精製業富士精油株式会社の脱硫装置より出火，死者9人，負傷者8人，損害額2億5,000万円（10.16）	
〃　　5	1993	東京都江東区の工事中の隧道より爆発出火，死者4人，負傷者1人（2.1）．北海道奥尻町，北海道南西沖地震．焼損面積18,973 m³（7.12）	
〃　　6	1994	東京都板橋区スナック店舗から出火，1家5人焼死，放火犯容疑者逮捕（1.16）．愛知県豊山町の名古屋空港で，中華航空のエアバスが墜落炎上し，264人死亡，7人が負傷（4.26）．神奈川県海老名市門沢橋で，寄宿舎から出火，648 m²焼損し，8人が死亡，45人が負傷（7.6）．長野県上田市で，危険物タンク火災，タンク3基が延焼，1人死亡，3人負傷．福島県飯坂町の旅館街で，耐火9階建（一部木造）の本館から出火，5,700 m²を焼損，宿泊客5人が死亡，3人が負傷	
〃　　7	1995	1月17日午前5時46分淡路島を震源とするマグニチュード7.2の**兵庫県南部地震**（阪神・淡路大震災）が発生，神戸市三宮，淡路島北部で震度7を記録，死者6,425人，行方不明2人，負傷者43,772人，建物被害488,222棟，火災294件，なお神戸市内では地震後10日間に火災175件発生，焼損棟数7,386棟焼損床面積819,108m²，り災人員18,109人，焼損区域から発見された遺体又は遺骨529名 埼玉県比企郡吉見町，「東洋製缶埼玉工場」の倉庫から出火，鉄骨2階建の倉庫，3051 m²焼損，消防隊員2人殉職，関係者1人死亡，6人負傷（11.8）	阪神大震災 ハイテク倉庫火災
〃　　8	1996	北海道積丹半島，国道229号線豊浜トンネル岩盤崩落により死者20名（2.10）．福岡県福岡空港でガルーダ・インドネシア航空の旅客機が	岩盤崩落 航空機火

和　　暦	西暦	記　　事（括弧内は陽暦の月日）	概　要
		墜落炎上，乗客 3 人死亡，108 人負傷，他に消防職員 53 人負傷（6.13）．広島市，市営基町高層アパート 18 号棟（20 階建）9 階出火，ベランダ伝いに 9 階から最上階の 20 階まで延焼（10.28）	災
平　　成　　9	1997	全国で大規模**林野火災**が続発（群馬県安中市・榛名町一焼損面積 196.2 ha，香川県白鳥町・引田町一焼損面積 480.0 ha，山梨県勝沼町一焼損面積 374.9 ha）（3.7〜3.12）．**動燃東海事業所アスファルト固化施設**の火災と爆発，放射性汚染物質が管理区域外へ漏えい，37 人が被爆（3.11）．名古屋市の改装工事中のスーパーのガス爆発，38 人が重軽傷（9.11）．	林野火災
〃　　10	1998	宮城県古川市の建設工事中のキノコ栽培工場の火災，1 人焼死，16 人やけど，5 人重傷（4.20）．宮城県鳴子町の国立鳴子病院外来病棟の改築工事中にプロパンガスに引火爆発，1 人死亡，12 人重軽傷（8.8）．	
〃　　11	1999	**茨城県東海村のウラン加工施設の臨界事故**，従業員 2 人死亡，救急隊員 3 人，政府関係機関の防災関係者 57 人，従業員等 81 人等多数が被ばく（9.30）．東京都港区の首都高速 2 号上り線の古川橋付近で，過酸化水素約 1,000 リットルを積載して走行中のタンクローリーが突然爆発，横転し，25 人負傷（10.29）．	
〃　　12	2000	神戸市内の 3 階建て雑居ビルにあるテレホンクラブに火炎瓶が投げ込まれ，客 4 人死亡（3.2）．群馬県尾島町（現・太田市）の化学工場で**ヒドロキシルアミンの蒸留塔**が爆発炎上，4 人死亡，58 人負傷，周辺建物が損壊（6.10）．愛知県武豊町の火薬工場で爆発事故，周辺の 79 人負傷し，周辺建物が損壊，工場は休業日で無人だった（8.1）．	ヒドロキシルアミン
〃　　13	2001	千葉県四街道市内の**作業員宿舎火災**，11 人死亡，増築を繰り返した同建物には約 40 の部屋があり，出入口は 1 箇所しかなかった（5.5）．青森県弘前市の消費者金融店舗に男が押し入り，店内にガソリンをまいて**放火**，従業員 5 人死亡，4 人負傷（5.8）．**東京都新宿区歌舞伎町の雑居ビル 3 階付近から出火，44 人死亡，3 人負傷**（9.1）．東京都新宿区歌舞伎町の雑居ビル 5 階の風俗エステ店から出火，2 人死亡，5 人負傷，このビルは延べ床面積約 1,080 m² であり，先月 1 日の死者 44 人を出した雑居ビル火災後の緊急査察対象外だった（10.29）．	雑居ビル
〃　　14	2002	東京都大田区の不燃ごみ処理センターでの火災，活動中の消防隊員 1 人全身火傷で死亡（5.7）．北海道稚内市の駅前繁華街にある中央小売市場内から出火，同市場のほか付近の飲食店，商店など，約 9,000 m² が全焼（6.29）．香川県丸亀市の本島で山林 2 ヵ所から出火，島の約 4 分の 1 にあたる約 160 ha を焼失，消防隊員ら延べ 3,000 人以上，ヘリコプター約 80 機が消火に当たったが，空中消火のできない夜間に火勢が盛り返した．8 月 27 日に鎮圧，9 月 3 日に鎮火が宣言され，平成に入って最長の山火事（8.20）．造船所の岸壁で内装工事中の大型客船から出火，2 日後に鎮火，船内にいた約 1,000 人の作業員は全員無事避難（10.1）．	
〃　　15	2003	鹿児島市西別府町の**花火工場**の爆発，10 人死亡，3 人重軽傷（4.11）．新潟県青海町の石灰石採掘用鉱山トンネルで作業員休憩室内の乾燥室から出火，作業員 3 人死亡，8 人重軽傷（5.4）．神戸市西区の住宅 2	十勝沖地震原油タン

和　暦	西暦	記　事（括弧内は陽暦の月日）	概　要
		階から出火，火勢がほぼ鎮まった後，消火・救出のため1階に入った消防隊員13人が崩れ落ちた建物の下敷きになり，3人死亡，1人重体，9人重軽傷，家人1人も焼死体で発見（6.2）．三重県多度町（現・桑名市）のごみ固形化燃料（RDF）発電所の火災爆発，消防隊員2人死亡，作業員4人負傷（8.14）．名古屋市港区にある油槽所でタンク改良工事のためガソリンを抜き取り後にガソリンタンクから出火，タンク内で作業中の3人を含む6人死亡，1人負傷（8.29）．愛知県東海市の製鉄所内でコークス炉ガスのタンクの爆発，15人負傷（9.3）．栃木県黒磯市のタイヤ工場から出火し，周辺住民1,708世帯，5,032人に避難指示（9.8）．名古屋市東区のビルの4階で人質立てこもり事件，犯人がガソリンとみられる液体を床などにまき，支店長を除く人質7人を解放した直後に爆発，炎上し，支店長，犯人，警察官の3人死亡，41人重軽傷（9.16）．9月26日に十勝沖地震が発生，苫小牧市内の製油所の原油タンクの火災（9.26），その2日後に，同製油所のナフサタンクの全面火災が発生（9.28）．神奈川県大和市のスーパーで生ごみ処理施設から煙が発生し，消防などが消火活動を準備中に爆発が発生，消防隊員ら11人重軽傷（11.5）．	ク火災 RDF 生ごみ処理施設
平　成　16	2004	10月23日午後5時56分，平成16年（2004年）新潟県中越地震（マグニチュード6.8）発生，以降27日10時40分までの4回の余震を含めて，死者68人，負傷者4,805人，住家被害は全壊3,175棟，半壊13,810棟，一部破損105,682棟，建物火災は9件発生した．27日，長岡市で土砂に埋もれていた車から母子3名のうち2歳の男児が4日ぶりに救出．埼玉県さいたま市内のディスカウントストアで連続放火，13日は従業員3人死亡（12.13，12.15）．	新潟中越地震
〃　17	2005	大阪府高槻市の金属加工工場でアルミの機械部品の研磨作業中の爆発，作業員1人死亡，7人負傷（2.2）．兵庫県尼崎市のJR宝塚線で快速電車が脱線，線路脇のマンションに突っ込み大破，死者107人，負傷者500人以上（4.25）．長崎県大村市のグループホームの火災，高齢者7人死亡，3人負傷（1.8）．	快速電車脱線事故
〃　18	2006	愛媛県今治市の石油精製施設の原油貯蔵タンクで定期点検のため原油の抜き取り作業中に火災，作業員5人死亡，2人負傷（1.17）．東京都北区浮間の温泉掘削工事現場でメタンガスが噴出して引火し，炎は一時高さ約20 mに達した．周辺住民20世帯に避難（2.10）．	
〃　19	2007	兵庫県宝塚市のカラオケ店1階調理場で揚げ物調理中に出火し，3人死亡，5人負傷（1.20）．新潟県上越市にあるメチルセルロース製造工場の爆発と火災が発生，3人重体，14人重軽傷（3.20）．東京都渋谷区にある温泉施設の爆発，従業員3人死亡，通行人を含む3人が重軽傷（6.19）．茨城県神栖市にある化学工場のエチレンプラントから出火し，補修工事にあたっていた4人死亡（12.21）．	
〃　20	2008	東京都国分寺市のJR国分寺駅付近の変電所の火災，JR中央線は約7時間不通（4.10）．福岡県飯塚市の本町商店街から出火，計約6,100 m²を焼き，8棟（39戸）全焼，2棟（3戸）半焼（4.21）．静岡県掛川市にあるゴム製品の製造工場で圧力釜の蓋が飛ぶ爆発，作業員13人重軽傷（6.5）．6月14日午前8時43分，平成20年（2008年）岩	岩手・宮城内陸地震 個室ビデオ店

和　暦	西暦	記　事（括弧内は陽暦の月日）	概　要
平　成　21	2009	手・宮城内陸地震（C 19マグニチュード7.2）が発生し，人的被害は死者17人，行方不明者6人，負傷者426人，住家被害は全壊30棟，半壊146棟，一部損壊2,521棟，火災発生は4件（平成21年7月2日現在，消防庁調べ）．京都市伏見区にある世界文化遺産の醍醐寺の火災，木造平屋建ての観音堂が全焼（8.24）．大阪市浪速区にある雑居ビル1階の**個室ビデオ店の火災**，客16人死亡，従業員を含む10人負傷．出火元の部屋にいた男が放火と殺人の容疑で逮捕（10.1）．大分県由布市湯布院町の野焼き作業に参加していた男女4人が火に巻き込まれて死亡，女性2人が重軽傷（3.17）．**群馬県渋川市郊外にある老人ホームの火災**，10人死亡，1人負傷（3.19）．4月10日以降，乾燥注意報の出ている全国各地で林野火災が相次いだ．群馬県高山村では林野火災が発生し，枯れ草など約1,500 m²を焼き，夫婦が死亡（4.10）．神戸市東灘区の小麦粉を扱う食品製造会社の火災，消火作業中の消防隊員1人死亡（6.1）．東京都杉並区の5階建て雑居ビル2階の居酒屋の火災し，4人死亡，12人重軽傷（11.22）．兵庫県明石市のニッケルやコバルトを製造する工場で溶解炉の清掃中に爆発，1人死亡，3人重軽傷（12.4）．	
〃　22	2010	横浜市金沢区の液晶テレビなどの原料を製造する化学工場の爆発，12人負傷（1.7）．大分県別府市の住宅密集地にあるアパートの火災，強風にあおられて約2,500 m²に燃え広がり，アパート，住宅，店舗など全焼23棟を含む38棟を焼損，1人死亡，100〜200 m離れた建物にも飛び火（1.13）．札幌市北区のグループホームで火災が発生し，入居者7人死亡，入居者1人と女性職員が病院へ搬送（3.13）．静岡県御殿場市の陸上自衛隊東富士演習場で住民らが野焼き作業中，突然風向きが変わり，3人が炎に巻き込まれて死亡（3.20）．	
〃　23	2011	3月11日午後2時46分頃，平成23年（2011年）**東北地方太平洋沖地震（東日本大震災）**（マグニチュード9.0）が発生，青森県から静岡県までの17都県で震度5弱以上，岩手県，宮城県，福島県沿岸の広範囲にわたる市街地が最大で高さ16 mに達する津波に流され壊滅的被害．宮城県気仙沼市，石巻市，岩手県山田町，大槌町などで大規模な火災，千葉県市原市でも製油所の高圧ガスタンク落下による火災，福島第1原子力発電所では冷却装置が故障して燃料露出や水素爆発．人的被害は死者19,533人，行方不明者2,585人，負傷者6,230人，住家被害は全壊121,768棟，半壊280,160棟，一部破損744,396棟，公共建物被害14,562棟，その他91,913棟，火災330件（平成29年3月1日現在，消防庁調べ）．5月以降，震災ごみ仮置き場から出火が相次いだ（5.6，6.29，8.28，9.11，9.16，9.18，9.28，10.11，12.9，12.10）．北海道占冠村のJR石勝線でディーゼル特急が脱線し，トンネル内で停車した後全焼し，39人負傷（5.27）．	東日本大震災
〃　24	2012	山口県和木町の自動車タイヤのゴム用接着剤などに使われるレゾルシンを製造する化学工場の爆発，作業員1人死亡，22人重軽傷（4.22）．広島県福山市のホテルから出火し，7人死亡，3人重傷（5.13）．新潟県南魚沼市の工事中のトンネル内の爆発，4人死亡，3人重軽傷，トンネル最奥にはメタンガスを多く含む地層があった（5.24）．千葉県	

和　　暦	西暦	記　　事（括弧内は陽暦の月日）	概　要
		富津市の港に接岸中の土砂運搬船で爆発と火災，船内にいた3人死亡（7.17）．兵庫県姫路市の**アクリル酸を製造する化学工場**の爆発と火災，消火活動中にも爆発が発生したことで消防隊員1人が死亡，従業員ら少なくとも30人が重軽傷（9.20）．岐阜県飛騨市のニュートリノ観測施設から出火し，5人負傷（11.20）．	
平　成　25	2013	**長崎県長崎市のグループホーム**から出火し，5人死亡，7人重軽傷（2.8）．京都府福知山市の花火大会会場の露店のガソリン爆発，3人死亡，56人負傷（8.15）．福岡県福岡市の病院から出火し，10人死亡し，5人負傷（10.11）．千葉県野田市にある廃油リサイクル工場の爆発・火災，2人死亡，18人負傷（11.15）．	
〃　　26	2014	三重県四日市市の高純度多結晶シリコンの製造工場で爆発と火災，5人死亡，12人負傷（1.9）．同，現場で爆発原因の検証，不純物採取中に爆発が発生（1.16）．東京都町田市の**マグネシウム合金**の金属加工会社工場の爆発と火災，1人死亡，8人負傷，放水による消火が難しく，火は約38時間後に鎮火（5.13）．兵庫県姫路市の姫路港沖合停泊中のタンカーの爆発と火災，1人死亡し，4人負傷（5.29）．青森県大鰐町で林野火災が発生し，山林約200,000 m²が焼け，約20時間後に鎮火（6.5）．愛知県東海市の製鉄所の石炭貯蔵施設の爆発，5人重傷，10人負傷（9.3）．	
〃　　27	2015	東京都江戸川区の首都高速7号小松川線の高架下工事現場でシンナーを使った塗装工事中の足場から出火し，作業員2人死亡，11人けが，小松川線上下で通行止めとなった（2.16）．北海道苫小牧市のキノコ生産会社の工場から出火，4人死亡，工場は操業しておらず，装置の交換作業を行っていた（4.26）．川崎市川崎区日進町の**簡易宿泊所**から出火し，宿泊客10人死亡，18人負傷（5.17）．神奈川県小田原市上町付近を走行中の東海道新幹線下り「**のぞみ225号**」で焼身自殺，煙を吸った女性死亡，その他の乗客負傷，新幹線初の列車火災（6.30）．調布飛行場を離陸直後の小型航空機が付近の民家に墜落炎上，乗員5人のうち2人，墜落現場住宅の住人1人の計3人が焼死，乗員や付近住人，消防隊員の計9人負傷（7.26）．東京都多摩市で建築中の住宅の放火火災6件（9.12）．広島市中区の2階建て雑居ビルから火災が発生し，メイドカフェの従業員と客のうち3人死亡，3人負傷（10.8）．	
〃　　28	2016	広島県東広島市にある山陽自動車道の八本松トンネルの中の下り線で，12台の車が関係する事故が起き5台の車が炎上，2人死亡，71人重軽傷（3.17）．4月14日午後9時26分，平成28年（2016年）**熊本地震**（マグニチュード6.5）が発生，人的被害は死者247人，負傷者2,787人，住家被害は全壊8,674棟，半壊34,592棟，一部損壊162,149棟など，火災発生は15件（平成29年9月13日現在，消防庁調べ）．埼玉県新座市の**電力会社のケーブル**が入った洞道内での火災，東京都内の11の区で合わせて58万戸余りが一時停電（10.12）．東京都新宿区明治神宮外苑のイベント会場で木製展示物から出火し，幼稚園児1人死亡，父親ら2人負傷（11.6）．**新潟県糸魚川市**の駅前ラーメン店から出火し，147棟が焼損し，消防団員など17人が負傷する	熊本地震

和　暦	西暦	記　事（括弧内は陽暦の月日）	概　要
平　成　29	2017	大規模火災が発生（12.22）． 埼玉県三芳町の事務用品通販会社の**倉庫火災**，約45,000 m² 焼損，2人負傷，12日後に鎮火（2.16）．北海道旭川市の鋳物鉄工所で炉の**水蒸気爆発**，1人死亡，5人負傷した（4.25）．北九州市小倉北区の木造2階建てアパートから出火，6人死亡，5人負傷（5.7）．東京都世田谷区の鉄道沿いの建物から出火，近くで緊急停止した鉄道車両の屋根に燃え移ったが，乗客約300人は線路に降り無事避難（9.10）．兵庫県明石市「大蔵市場」で火災，約30軒延べ約2600 m² を焼損（10.25）．静岡県富士市の化学工場で爆発火災，従業員1人死亡，重軽傷14人（12.1）．さいたま市大宮区の特殊浴場店から出火，死者4人，負傷者8人（負傷者1人は3日後に死亡），3階建て，延べ面積約170 m²（12.17）．	倉庫火災
〃　　　30	2018	草津白根山が噴火，訓練中の自衛隊員1人が死亡，重軽傷11人（1.23）．札幌市東区の自立支援施設で火災，木造2階，約400 m² を焼失，死者11人，負傷者3人（1.31）．	

（髙橋　太・平井　孝昌・八島　正明）

2・2 特異火災事例

特異火災事例概要の集約一覧表

（昭和7年および27年以降の全国で発生した特異火災事例を年代順にまとめた）

番号	名　称	用途令別表第1	所在	構造 階	造 層	発生年月日	時間経過 出火時刻	出火から消防覚知	出火から鎮火まで
(1)	白　木　屋	4	東京都日本橋区	耐火	8/2	昭和7.12.16	9：18	：5	3：12
2	かねすや百貨店	4	福岡県小倉市	耐火木造	6/1 6/0	27.11.30	5：15	：42	2：45
3	ス　バ　ル　座	1イ	東京都千代田区	防火	2/0	28.9.6	18：50	：15	：49
(4)	式場精神病院	6イ	千葉県市川市	木造	1/0	30.6.18	1：07	：5	：53
5	神田共立講堂	1ロ	東京都千代田区	耐火	4/1	31.2.23	20：48	：4	：53
6	仙台丸光百貨店	4	宮城県仙台市	耐火一部木造	5/1 3/0	31.5.5	17：30	：5	2：30
7	明　治　座	1イ	東京都中央区	耐火	4/1	32.4.2	1：45	：9	1：37
8	川奈ホテル	5イ	静岡県伊東市	耐火一部木造	3/1	32.12.4	21：40	：20	4：10
(9)	東京宝塚劇場	1イ	東京都千代田区	耐火	5/1	33.2.1	16：09	：11	1：36
(10)	や　し　ま　旅　館	5イ	京都市中京区	木造一部土蔵	2/0	33.4.25	3：55	：7	1：12
(11)	衣　笠　病　院	6イ	神奈川県横須賀市	木造	2/0	35.1.6	21：00		：55
(12)	徳　山　静　病　院	6イ	山口県徳山市	防火造	2/0	35.3.8	5：50	：38	1：35
(13)	レストラン東洋	3ロ	東京都千代田区	木造	3/0	35.7.22	1：55	：4	：42
(14)	香流精神病院	6イ	愛知県守山市	防火造	1/0	35.10.29	0：54		
(15)	ひ　さ　ご	3ロ	東京都渋谷区	木造	3/1	35.12.24	4：17	：6	：42
(16)	根岸国立病院	6イ	東京都府中市	木造	1/0	36.5.5	18：43	：4	
17	百貨店大丸	4	大阪市	耐火	8/3	36.7.2	1：03	：2	2：57

出　火　場　所	出　火　原　因	焼　損階　層	$\dfrac{\text{焼損面積}\times100}{\text{延面積}}=\%$ (m²)	死傷者数			死者の出た階
				在館者	死者	負傷者$\binom{消防職}{員等}$	
４階中央玩具売場	修理中の装飾用豆電球のスパーク	4〜7F	$\dfrac{13140}{34306}=38$	1600	14	40 (14)	3F-1 4F-1 5F-6 6F-6
屋外のゴミ箱付近	不　　　　　明	B1〜6F	$\dfrac{4096}{4096}=100$	0	—	5 (5)	—
１階廊下端の物置	不　　　　　明	1・2F	$\dfrac{1032}{1073}=96$	1000	—	5 (4)	—
病棟１階　洗面所の天井	不　　　　　明	1F	$\dfrac{947}{947}=100$	205	18	—	1F-18
１階ステージ左側の緞帳裏	ステージの火鉢の火が幕類に着火	B1〜4F	$\dfrac{3178}{3733}=85$	11	—	11 (11)	—
木造旧館１階階段脇のコーヒースタンド	点火中の石油ストーブに給油中こぼれた油に引火	1〜5F	$\dfrac{2397}{5141}=47$	2276	—	4 (2)	—
舞台部上手にある４階照明室	オートトランス被覆損傷による地絡発火	B1〜4F	$\dfrac{2323}{7137}=33$	23	—	9 (9)	—
３　階　小　屋　裏	不　　　　　明	3F	$\dfrac{1158}{6877}=17$	3階に客1名他階は不明	—	14	—
１階舞台上部の幕	舞台で使用した裸火の火の粉が幕に着火	1〜4F	$\dfrac{3718}{15764}=24$	2889	3	25 (1)	1F-3
１階玄関横の帳場	たばこの不始末（推定）	1〜2F	$\dfrac{560}{560}=100$	149	1	25	1F-1
２　階　分　娩　室	重油ストーブ点火放置	1〜2F	$\dfrac{2566}{2566}=100$	86	16	—	2F-16
１階保護者病棟病室	不　　　　　明	1F	$\dfrac{687}{1471}=47$	89	3	—	1F-3
中　２　階　居　室	不　　　　　明	1〜3F	$\dfrac{389}{389}=100$	19	7	8	2F-5 3F-2
病棟１階洗面所	不　　　　　明	1F	$\dfrac{429}{429}=100$	76	5	—	1F-5
１階階段脇の部屋	煉炭火鉢に衣類が触れて着火	1〜3F	$\dfrac{145}{154}=94$	10	6	6 (2)	2F-4 3F-2
１　階　保　管　室	放　　　　　火	1F	$\dfrac{254}{553}=46$	73	2	—	1F-2
中２階階段隣室付近	接着ゴムのり作業中,揮発ガスに扇風機のスパークで出火	M2〜7F	$\dfrac{1231}{45826}=3$	18	—	32 (30)	—

番号	名　称	用途令別表第 1	所在	構造	階層	発生年月日	時間経過		
							出火時刻	出火から消防覚知	出火から鎮火まで
18	丸光百貨店	4	長野県長野市	耐火	8/1	36.11.30	3：30	：25	2：30
(19)	佐藤病院	6イ	東京都狛江市	防火木造一部	2/0 2/0	37. 1.25	4：09	：4	1：23
(20)	喫茶店「白十字」	3ロ	東京都渋谷区	防火一部3階	2/0	37. 4. 5	16：38	：3	
(21)	錦水別館	5イ	広島県福山市	木造	3/1	38. 8. 8	4：25	：9	1：40
(22)	西武百貨店	4	東京都豊島区	耐火	8/2	38. 8.22	12：56	：15	7：39
23	淵上百貨店	4	福岡県福岡市	耐火一部木造	5/0	38.12.21	22：38	：6	2：38
24	松屋銀座店	4	東京都中央区	耐火	8/3	39. 2.13	15：33	：4	5：34
(25)	常岡病院	6イ	大阪府伊丹市	防火	2/0	39. 3.30	6：02	：27	：58
(26)	吉影館	1イ	東京都台東区	防火	2/0	39.11.12	2：00	：7	1：43
(27)	キャバレー　金の扉	16イ	東京都豊島区	耐火	5/1	39.12.21	1：10	：4	8：33
(28)	八峰館	5イ	東京都豊島区	防火	2/1	40. 2. 4	2：33	：3	1：54
29	渋谷東急ビル	16イ	東京都渋谷区	耐火	9/2	40. 4.10	12：37	：5	1：23
(30)	喫茶ニューブリッジ	16イ	東京都足立区	防火	2/0	40.10. 4	2：46	：3	1：13
31	衣料デパートいずみ屋	16イ	大阪市北区	耐火	5/1	40.11.27	23：52	：5	1：38
(32)	金井ビル	16イ	神奈川県川崎市	耐火	6/1	41. 1. 9	0：58	：5	3：40
(33)	仙台「まるしん」マーケット	4	宮城県仙台市	耐火	4/1	41. 2. 7	8：52	：20	1：38
(34)	菊富士ホテル	5イ	群馬県水上町	耐火一部木造	3/1	41. 3.11	3：40	：18	2：20
(35)	植松病院	6イ	神奈川県横浜市	防火一部耐火	4/0	42. 1. 5	1：05	：16	1：21
36	京都国際ホテル	5イ	京都市中京区	耐火	10/1	42. 4. 5	8：50	：17	1：40
(37)	寝屋川第一センター	4	大阪府寝屋川市	簡耐一部木造	2/0	42. 9.13	0：25	：20	

出　火　場　所	出　火　原　因	焼損階層	$\dfrac{焼損面積\times100}{延面積}=\%$ (m²)	死傷者数			死者の出た階
				在館者	死者	負傷者(消防職員等)	
地下1階喫茶室カウンター内	ガスコンロの使用放置	B1 F	$\dfrac{492}{6568}=7$	2	—	7(7)	—
別館1階病室の押入れと便所	放　　火	1・2F	$\dfrac{979}{979}=100$	56	7	3	1F-3 2F-4
1階入口そばのカウンター内	電気ストーブの輻射熱	1~3F	$\dfrac{89}{89}=100$	31	1	17(1)	2F-1
本館1階事務室西側	不　　明	B1~3F	$\dfrac{2304}{2304}=100$	63	6	14(2)	2F-3 3F-3
7階食堂前のエスカレーターシャッター付近の通路	投げ捨てたマッチの燃えがらが散布した殺虫剤に引火	7・8F	$\dfrac{10250}{69346}=15$	294	7	216(204)	7F-7
木造部分1階正面入口付近	た　　ば　　こ(推定)	木造1・2F 耐火1~5F	$\dfrac{3200}{3200}=100$	7	—	9(9)	—
5　階　売　場	不　　明	5~7F	$\dfrac{3862}{45659}=8$	101		24(22)	
1階外科処置室	不　　明	1・2F	$\dfrac{681}{681}=100$	27	9	3	1F-3 2F-6
1階舞台裏の楽屋	寝　た　ば　こ	1・2F	$\dfrac{379}{379}=100$	10	3	4(2)	1F-3
地下1階の客席	た　ば　こ	B1・中B1	$\dfrac{556}{3736}=15$	28	1	18(11)	B1-1
1階ホームバー西側の外壁	煙突接続部モルタル亀裂により付近の間柱を炭化させ出火	B1~2F	$\dfrac{756}{756}=100$	25	2	8(5)	2F-2
7階工事中の室内	不　　明	7・8F	$\dfrac{2754}{30759}=9$	約700	—	38(18)	—
1階喫茶店厨房	業務用ガスコンロの消し忘れ	1・2F	$\dfrac{234}{234}=100$	21	5	4	2F-5
1階東南隅寝具売場	不　　明	1~3F	$\dfrac{1526}{3576}=43$	44	—	9	
3階更衣室木製ロッカー付近	たばこの不始末(推定)	3~6F	$\dfrac{692}{1399}=49$	37	12	14(6)	6F-12
2　階　階　段　室　内	山積した寝具用マットレスがスポットライトの熱により着火	2~4F	$\dfrac{510}{3085}=17$	19	2	2	3F-2
新館（耐火）1階警備員控室	仮眠中石油ストーブを転倒	1~3F	$\dfrac{2640}{7465}=35$	217	30	29	2F-14 3F-16
本館離れ雑役夫住込部屋の2階	電気コンロの消し忘れ	本館(防火)1・2F	$\dfrac{634}{1799}=35$	84	4	1	2F-4
ダストシュート内の1階と2階の中間部	ダストシュートへのたばこの投げ捨て	8・9F PH	$\dfrac{262}{21139}=1$	792		12	
1階店舗中央部北側	不　　明	1・2F	$\dfrac{996}{996}=100$	12	5	2	2F-5

番号	名　　称	用途令別表第1	所在	構造階層	発生年月日	時間経過		
						出火時刻	出火から消防覚知	出火から鎮火まで
38	小田急OX町田店	4	東京都町田市	耐火　3/1	43. 1.15	15：56	：6	3：20
(39)	喫茶田園	16イ	福岡県北九州市	耐火一部防火　4/1	43. 1.17	5：30	：7	1：05
(40)	大伊豆ホテル	5イ	神奈川県湯河原町	耐火一部木造　6/2	43. 2.25	6：30	：55	2：45
(41)	有楽町ビル	16イ	東京都千代田区	耐火　12/5	43. 3.13	12：41	：5	：52
42	ブロンズ会館	16イ	東京都豊島区	耐火　9/3	43. 1.14	11：43	：3	3：53
(43)	国際劇場	1イ	東京都台東区	耐火　4/1	43. 3.18	2：15	：2	2：44
(44)	池之坊満月城	5イ	神戸市	耐火一部木造　6/0	43.11. 2	2：30	：36	3：15
(45)	日本青年会館	16イ	東京都新宿区	耐火一部簡易耐火　5/1	44. 1. 9	4：24	：5	2：15
(46)	磐光ホテル	5イ	福島県郡山市	耐火4/0隣接棟耐火3/0鉄骨2/0	44. 2. 5	21：00	：15	6：30
(47)	トルコその	9イ	東京都新宿区	防火　2/0	44. 3.29	17：05	：3	2：46
48	蒲田文化会館（イトーヨーカ堂）	16イ	東京都大田区	耐火　5/1	44. 5. 1	17：06	：5	3：52
(49)	熱川大和館	5イ	静岡県東伊豆町	防火一部耐火一部木造 4/1	44.11.19	0：30	：15	1：30
(50)	藤井精神病院	6イ	徳島県阿南市	防火造　1/0	44.11.19	23：00	：26	2：00
(51)	鶴見園　観光ホテル	5イ	大分県別府市	耐火　5/1	44.11.27	10：33	：2	1：28
52	つるやホテル	5イ	静岡県熱海市	耐火　10/0	45. 2. 3	2：00	1：50	4：00
53	（株）豊栄百貨店	4	愛知県豊橋市	耐火　8/1	45. 2. 6	3：15	：54	6：45
(54)	奥道後ホテル奥道後第一ホール	5イ	愛媛県松山市	鉄骨造　1/1	45. 2.15	0：10	：12	5：20
(55)	両毛病院	6イ	栃木県佐野市	木造　1/0	45. 6.29	20：07	：5	1：03
(56)	野澤屋デパート	4	神奈川県横浜市	耐火　7/1	45. 9. 9	15：57	：6	1：53

| 出　火　場　所 | 出　火　原　因 | 焼損階層 | $\dfrac{(\text{m}^2)}{延面積}\dfrac{焼損面積\times100}{}=\%$ | 死傷者数 | | 死者の出た階 |
				在館者	死者	負傷者(消防職員等)	
3階食堂厨房換気ダクト	不　　　明	3F	$\dfrac{887}{3115}=28$	1123	—	7(6)	—
2階喫茶店調理場	不　　　明	2F	$\dfrac{80}{409}=20$	10	5	3	4F-3 屋上-2
地下2階ボイラー室	ボイラーの不完全燃焼(推定)	B2～1F	$\dfrac{1200}{9708}=12$	448	2	79	4F-2
2階特別サウナ室	サウナ風呂ヒーターの長期加熱により無煙着火(推定)	2F	$\dfrac{34}{41936}$(小火)	1284	3	5(2)	2F-3
1階喫茶店入口付近	床に溢れた石油を燃やして拭こうとしたため延焼拡大	B1～6F	$\dfrac{1105}{2312}=48$	71	—	14(8)	—
地下1階けいこ場前の通路	不　　　明	B1 F	$\dfrac{158}{13726}=1$	12	3	7(5)	B1-3
木造仁王殿2階サービスルーム(厨房)	不　　　明	B2～4F	$\dfrac{6950}{11258}=62$	309	30	44(3)	1F-1 2F-17 3F-12
5　階　客　室	た　ば　こ(推定)	5F	$\dfrac{440}{11624}=4$	90	2	9(2)	5F-2
1階大広間舞台裏の控室	ベンジンを浸透させたタイマツに石油ストーブの火が引火	1～4F	$\dfrac{15511}{21117}=73$	674	30	35(8)	1F-28 3F-2
1階ボイラー室	過剰給油で溢れた重油がバーナーの火で着火	1・2F	$\dfrac{358}{358}=100$	13	5	3(2)	2F-5
隣接の野積のダンボール置場	たばこの投げ捨て	2・3F	$\dfrac{1782}{6314}=28$	549	—	13(2)	—
屋外ネオン灯付近(2階外壁部分)	ネオントランスの絶縁不良(推定)	B1～4F	$\dfrac{1983}{3497}=57$	106	1	14(3)	2F-1
第3病棟1階便所	入院患者の放火	1F	$\dfrac{606}{696}=87$	入院患者119	6	5	1F-6
2　階　大　宴　会　場	プロパンガス配管工事の点火試験中漏洩ガスに着火	2～4F	$\dfrac{910}{15310}=6$	129	2	6	4F-2
東館9階物入れ部分	放　火　の　疑　い	8～10F PH	$\dfrac{2450}{24149}=10$	340	—	2(2)	—
地階スナックバー内カウンター	ガスコンロの使用放置	B1～7F	$\dfrac{2382}{3493}=68$	3	—	17(16)	—
中地階楽団員，タレント控え室	不　　　明	B1・1F	$\dfrac{3228}{3228}=100$	6	1	—	MB1-1
1階病棟ふとん部屋	入院患者の放火	1F	$\dfrac{305}{305}=100$	47	17	1	1F-17
5階エレベーターホール	たばこ・マッチの投げ捨て(推定)	5～7F	$\dfrac{145}{21955}=0.7$	85	1	1	7階で受傷、翌日死亡

番号	名　称	用途令別表第1	所在	構造 階層		発生年月日	時間経過		
							出火時刻	出火から消防覚知	出火から鎮火まで
(57)	水戸中央ビル	16イ	茨城県水戸市	耐火	8/2	45.12.26	14：30	：16	7：50
(58)	姫路市国際会館	16イ	兵庫県姫路市	耐火	4/0	46. 1. 1	22：00	：10	1：50
(59)	寿　司　由　楼	5イ	和歌山県和歌山市	木造一部防火および耐火4/1		46. 1. 2	1：03	：17	2：22
(60)	のだや去留庵	5イ	静岡県修善寺町	耐火	5/0	46. 1.28	0：50	：5	1：00
(61)	小　島　病　院	6イ	宮城県岩沼町	耐火2階一部木造1階		46. 2. 2	19：45	：18	：55
(62)	（株）田畑百貨店	4	千葉県千葉市	耐火	8/3	46. 5.12	1：22	：11	16：13
(63)	椿　グランドホテル	5イ	和歌山県白浜市	耐火　7/0一部木造3/0		47. 2.25	6：30	：15	5：25
(64)	中部ユニー栄さが美センター	4	愛知県名古屋市	耐火	6/1	47. 3.30	14：44	：5	1：39
(65)	千　日　ビ　ル	16イ	大阪市南区	耐火	7/1	47. 5.13	22：27	：13	19：03
(66)	済生会　八幡病院	6イ	福岡県北九州市	耐火一部防火5/1		48. 3. 8	3：21	：30	2：04
(67)	青森市民病院小浜分院	6イ	青森県青森市	防火	2/0	48. 4.20	14：20	：12	1：05
(68)	第6ボールスタービル	46イ	東京都新宿区	耐火	8/2	48. 5.28	10：06	：4	2：02
(69)	釧路オリエンタルホテル	5イ	北海道釧路市	耐火	6/1	48. 6.18	4：20	：2	1：19
(70)	西武高槻ショッピングセンター	4	大阪府高槻市	耐火	6/1	48. 9.25	6：00	：27	20：00
(71)	大洋デパート	4	熊本県熊本市	耐火	9/1	48.11.29	13：15	：8	8：04
72	館山市　いとう屋	4	千葉県館山市	耐火　4/0一部木造2/0		48.12. 7	15：30	：13	3：37
(73)	今井マンション	5ロ	東京都練馬区	耐火	3/0	48.12.11	6：40	：1	1：55
(74)	湯浅内科病院	6イ	広島県尾道市	耐火	7/0	49. 1.26	10：46	：2	3：04
(75)	神戸デパート	4	兵庫県神戸市	耐火	7/10	49. 2.17	23：52	：7	19：40

出 火 場 所	出 火 原 因	焼損階層	(m²) $\frac{焼損面積 \times 100}{延面積} = \%$	在館者	死者	負傷者(消防職員等)	死者の出た階
地下1階飲食店の厨房用排気ダクト	不　　　　明	B1～7F	$\frac{10476}{12112}=86$	1110	2	18	B2-2
3階卓球場隅のらせん階段付近	た　　ば　　こ（推定）	2～4F	$\frac{1844}{3235}=57$	7	2	—	3F-2
2　階　大　広　間	不　　　　明	B1～4F	$\frac{2749}{2749}=100$	74	16	15(4)	4F-16
3階ふとん部屋	不　　　　明	3～5F	$\frac{880}{3098}=28$	16	2	2	4F-2
1階病棟保護室	不　　　　明	1F	$\frac{299}{2195}=14$	147	6	—	1F-6
シャッターに接して屋外に設けてある木製段飾り付近	不　　　　明	1～5F	$\frac{9380}{15655}=60$	2	1	63(63)	8 階と塔屋の中間
本館木造3階調理室または配膳室付近	不　　　　明	1～5F	$\frac{11120}{11120}=100$	388	3	6(1)	5F-3
1階階段横の物置の中	放　火　の　疑　い	1～6F	$\frac{785}{1125}=70$	7	2	1	3F-1 5F-1
3　階　婦　人　服　売　場	工事人のたばこかマッチの投げ捨て（推定）	2～4F	$\frac{8763}{25923}=34$	212	118	81(27)	7F-118（飛び降り等22）
1階産婦人科診察室	蚊取線香の火がカーテンに着火	1～4F	$\frac{888}{6270}=14$	250	13	3(1)	4F-13
2階病室押入付近	不　　　　明	2F	$\frac{530}{2409}=22$	217	3	—	2F-3
4階ゴーゴークラブ客席	たばこの不始末	4・5F	$\frac{285}{2189}=13$	58	1		5F-1
1　階　売　店　付　近	不　　　　明	1F	$\frac{830}{5735}=14$	60	2	27(2)	4F-2
地　下　1　階　売　場	不　　　　明	B1～6F	$\frac{34647}{59145}=59$	73	6	13(10)	B1-4 4F-2
2階階段踊場部分	不　　　　明	3～9F	$\frac{12581}{19074}=66$	1166	103	121(15)	3F-1 4F-40 5F-1 6F-31 7F-29 8F-1
木造部分1階の便所	不　　　　明	1～4F	$\frac{2044}{2044}=100$	88	—	5(5)	—
2　階　居　室	漏洩ガスの爆発	2・3F	$\frac{114}{365}=31$	33	5	7(1)	2F-5
2　階　処　置　室	エタノールを火気近くで不注意に取り扱ったため	2・4・5F	$\frac{339}{1551}=22$	約150	2	22(3)	4F-1 5F-1
1　階　用　品　売　場	放　　　　火	1～5F	$\frac{7090}{16113}=44$	8	1	40(40)	1F-1

番号	名 称	用 途合別表第 1	所 在	構 造階 層		発 生年月日	時 間 経 過		
							出火時刻	出火から消防覚知	出火から鎮火まで
(76)	池 袋 朝 日 会 館	16イ	東 京 都豊 島 区	耐火	7/2	50. 3. 1	2：28	：17	4：46
(77)	千 成 ホ テ ル	5イ	大 阪 市西 成 区	耐火	7/0	50. 3.10	6：16	： 4	6：42
78	袋田温泉ホテル長 生 閣	5イ	茨 城 県大 子 町	木造	3/0	50.10. 5	4：45	：10	2：13
(79)	秀和めじろ台レジデンス	5ロ	東 京 都八王子市	耐火	11/0	50.11.23	2：07	： 5	2：15
(80)	貴 悦 ビ ル	16イ	東 京 都港 区	耐火	6/2	51. 1.10	0：10	： 4	1：51
(81)	青 い 城	5イ	東 京 都葛 飾 区	耐火	4/0	51. 8.31	4：45	： 9	2：27
(82)	関 根 ビ ル	16イ	東 京 都豊 島 区	耐火	8/2	51.11.27	5：40	： 6	2：25
(83)	国 松 ビ ル	16イ	東 京 都墨 田 区	耐火	4/1	51.12. 4	0：33	： 3	2：02
(84)	今井ビル（二条プラザホテル）	16イ	北 海 道旭 川 市	耐火	4/1	51.12.16	0：35	： 3	1：53
(85)	三沢ビル（らくらく酒場）	16イ	静 岡 県沼 津 市	耐火	3/0	51.12.26	1：30	： 5	：55
(86)	白 石 中 央 病 院	6イ	北 海 道札 幌 市	耐火一部防火 2/0		52. 2. 6	7：41	：13	1：54
(87)	岩 国 病 院	6イ	山 口 県岩 国 市	耐火 3/0一部木造 2/0		52. 5.13	22：50	：24	1：19
(88)	旅 館 丸 井 荘	5イ	福 島 県会津若松市	耐火 4/2一部木造 3/0		52.12.18	4：57	： 2	1：48
(89)	今町会館（エル・アドロ）	16イ	新 潟 県新 潟 市	簡耐火	3/0	53. 3.10	0：09	： 2	：41
(90)	東急ストアー辻堂店	4	神奈川県藤 沢 市	耐火	5/0	53. 5.29	16：50	： 6	3：10
(91)	ビジネスホテル白馬	5イ	愛 知 県半 田 市	耐火 3/0一部木造 2/0		53. 6.15	1：57	：22	2：08
(92)	（ 株 ） カ タ セ	4	長 野 県松 本 市	耐火一部木造 4/0		53. 9.26	14：42	： 7	1：48
(93)	天 狗 ビ ル	16イ	東 京 都葛 飾 区	耐火	4/0	53.11.19	2：27	： 3	2：15
(94)	川治プリンスホテル雅 苑	5イ	栃 木 県藤 原 町	鉄骨 5/0一部防火 2/0		55.11.20	15：15	：19	3：30

出　火　場　所	出　火　原　因	焼損階層	$\dfrac{焼損面積\times100}{延面積}=\%$ (m²)	死傷者数 在館者	死者	負傷者 (消防職員等)	死者の 出た階
2 階喫茶店客席	採暖中に電気ストーブに落下したコートに着火	1〜3F 6・7F	$\dfrac{811}{1618}=50$	26	5	17 (2)	3F-4 5F-1
1　階　客　室	不　　　　　明	1〜7F	$\dfrac{1501}{1501}=100$	185	4	61	2F-1 5F-1 6F-1 7F-1
3 階大広間 舞台部付近	不　　　　　明	1〜3F	$\dfrac{2124}{2124}=100$	168	—	1 (1)	
6　階　居　室	漏洩ガスの爆発	5〜7F 9F	$\dfrac{314}{25703}=1$		2	19 (2)	7F-1 11F-1
3 階倉庫内 出入口付近	放　火　の　疑　い	3F	$\dfrac{100}{934}=11$	31	1	12	5F-1
2　階　宿　泊　室	不　　　　　明	2・3F	$\dfrac{72}{737}=10$	39	2	7	2F-1 3F-1
2　階　喫　茶　店　内	不　　　　　明	2〜4F	$\dfrac{505}{1348}=37$	2	1	—	7F-1
階段 2 階踊場部分	不　　　　　明 (放火の疑い)	3F	$\dfrac{75}{513}=15$	19	6	3 (1)	3F-6
3 階ホテル客室	た ば こ の 不 始 末	3・4F	$\dfrac{339}{1056}=32$	17	3	—	3F-3
1　階　階　段　室	放　火　の　疑　い	1〜3F	$\dfrac{256}{369}=69$	22	15	8	1F-1 2F-14
1 階診察室の壁体	トーチランプの火が可燃物に着火	旧館 1・2F	$\dfrac{648}{1959}=33$	111	4	5 (2)	2F-4
旧館病棟 1 階病室	不　　　　　明	1・2F	$\dfrac{465}{1627}=29$	63	7	5	1F-1 2F-6
木造旧館 2 階客室	不　　　　　明	B2〜4F	$\dfrac{1766}{2576}=69$	127	4	11	2F-2 3F-1 4F-1
2 階「エル・アドロ」の出入口通路天井付近と推定	不　　　　　明	2F	$\dfrac{78}{342}=23$	23	11	2	2F-11
4 階日用雑貨売場	不　　　　　明	4・5F PH	$\dfrac{1729}{4480}=39$	164	1	6 (2)	PH-1
木造 1 階管理人居室前の廊下付近	不　　　　　明	1〜3F	$\dfrac{663}{663}=100$	36	7	20	2F-4 3F-2 R-1
2 階改装工事中の店舗	改装工事中に使っていた接着剤にマッチの火が引火(推定)	1〜4F	$\dfrac{647}{647}=100$	38	6	12	2F-1 3F-5
2　階　喫　茶　店　内	たばこの投げ捨て (推定)	2・3F	$\dfrac{71}{244}=29$	6	4	3	4F-4
新館 1 階西側天井付近と推定	溶 接 器 の 火 花	1〜5F	$\dfrac{3047}{3047}=100$	約130	45	22	—

番号	名　称	用途令別表第1	所在	構造 / 階層	発生年月日	出火時刻	出火から消防覚知	出火から鎮火まで
(95)	ホテルニュージャパン	16イ	東京都千代田区	耐火　10/2	57. 2. 8	3：15	：24	9：21
(96)	庄川温泉観光ホテル	5イ	富山県庄川町	耐火一部木造　4/1	57.11.18	0：00	：10	1：56
(97)	蔵王観光ホテル	5イ	山形県山形市	木造一部耐火　4/0	58. 2.21	3：30	：22	3：10
(98)	宏知会　青山病院	6イ	広島県尾道市	木造　1/0	59. 2.19	10：45	：7	1：00
(99)	三　島　ビ　ル	16イ	愛媛県松山市	耐火　3/0	59.11.15	1：20	：14	3：30
(100)	ホテル大東館旧館「山水」	5イ	静岡県東伊豆町	木造　3/0	61. 2.11	1：55	：16	4：55
(101)	菊　水　館	5イ	静岡県河津町	木造 2/0一部耐火 4/0	61. 4.21	2：04	：15	2：11
(102)	船　橋　東　武	16イ	千葉県船橋市	耐火　8/2	61. 6.14	10：15	：5	4：40
(103)	陽気会　陽気寮	6ロ	兵庫県神戸市	防火　2/0	61. 7.31	23：40	：23	4：49
(104)	佛　祥　院	6ロ	静岡県富士市	木造　3/0	62. 2.11	5：26	：9	：49
(105)	昭青会　松寿園	6ロ	東京都東村山市	耐火　3/0	62. 6. 6	23：20	：9	6：41
(106)	にっかつ撮影所	12ロ	東京都調布市	耐火　2/0	平成1. 2.10	15：04	：2	10：29
107	スカイシティ南砂	5イ	東京都江東区	耐火　28/1	1. 8.24	16：00	：2	3：06
(108)	長崎屋尼崎店	4	兵庫県尼崎市	耐火　5/0	2. 3.18	12：30	：7	4：36
(109)	大阪大学基礎工学部電気工学科　D棟	7	大阪府豊中市	耐火 5/0一部 6/0	3.10.2	15：57	：6	1：40
(110)	小室組第一工事部	5ロ	神奈川県海老名市	鉄骨造一部木造　3/0	6. 7. 6	1：55	：13	2：59
(111)	若喜旅館本店	5イ	福島県福島市	耐火一部木造　8/1	6.12.21	22：33	：15	4：41
(112)	東洋製罐埼玉工場	14	埼玉県吉見町	準耐火 1/0一部 2/0	7.11. 8	23：30	：22	23：15
113	広島市営基町アパート	5ロ	広島県広島市	耐火　20/0	8.10.28	14：27	：7	4：24
(114)	日進化工群馬工場	12イ	群馬県尾島町		12. 6.10	18：08	：1	5：02

出火場所	出火原因	焼損階層	$\dfrac{(\text{m}^2)}{延面積} \times 100 = \%$	死傷者数			死者の出た階
				在館者	死者	負傷者（消防職員等）	
９ 階 客 室	た ば こ	7F, 9F, 10F, 塔屋	$\dfrac{4186}{46697}=9$	396	32	34	10F-7 9F-25
本館 1 階社長室	不　　　明	B1〜4F	$\dfrac{3432}{6443}=53$	151	2	8	2F-1 1F-1
本館 2 階客室天井	不　　　明	1F〜4F	$\dfrac{1596}{1596}=100$	124	11	2	3F-6 2F-5
病棟 1 階病室	放 火 の 疑 い	1F	$\dfrac{160}{179}=89$	15	6	1	1F-6
1 階箇所不明	放　　　火	1F〜3F	$\dfrac{542}{827}=66$	36	8	13	3F-3 2F-4 1F-1
1 階パントリー	ガ ス こ ん ろ	1F〜3F	$\dfrac{788}{788}=100$	26	24	—	3F-12 2F-11 1F-1
本館 1 階ラウンジ	不　　　明	1F, 2F	$\dfrac{1099}{2534}=43$	118	3	56	2F-3
地下 2 階特別高圧変電器室	変　圧　器	B2	$\dfrac{117}{68303}=0$	約300	3	—	B2F-3
2 階居室押入	放 火 の 疑 い	1F, 2F	$\dfrac{1023}{1024}=100$	64	8	—	2F-8
1 階読経室	た ば こ	1F, 2F	$\dfrac{290}{3136}=9$	65	3	1	2F-1 1F-2
2 階リネン室	放 火 の 疑 い	2F	$\dfrac{450}{2014}=22$	76	17	25	3F-1 2F-16
1 階第 5 スタジオ	火　　　薬	1F	$\dfrac{721}{2778}=26$	45	1	26	1F-1
24階リビングルーム	不　　　明	24F, 25F	$\dfrac{184}{33209}=0$	663	—	6	—
4 階インテリア売場	不　　　明	4F	$\dfrac{814}{5152}=16$	190	15	6	5F-15
5 階研究室	シ ラ ン ガ ス	5F	$\dfrac{199}{33948}=0$	200〜300	2	5	5F-2
1 階物置	放　　　火	1F〜3F	$\dfrac{1280}{1280}=100$	52	8	—	2F-8
6 階客室	不　　　明	B1〜8F	$\dfrac{3610}{5973}=60$	53	5	3	6F-5
1 階製品自動倉庫	インフラパック機電熱ヒータ／可燃物接触	1F	$\dfrac{3052}{4155}=74$	5	3	6	1F-3
6 コア 9 階居室	不　　　明	8F〜20F	$\dfrac{580}{66064}=1$	約2500	—	2	
再 蒸 留 塔	不　　　明		—	—	4	28	

番号	名　称	用途令別表第1	所在	構造 / 階層	発生年月日	出火時刻	出火から消防覚知	出火から鎮火まで
(115)	菊池組作業員宿舎	5ロ	千葉県四街道市	鉄骨プレハブ造 2/0	13.5.5	不明		覚知から 3：30
(116)	明星56ビル	2イ	東京都新宿区	耐火 4/2	13.9.1	不明	―	5：43
(117)	南国花火製造所	12イ	鹿児島県鹿児島市		15.4.11	13：29	：0	：25
(118)	名古屋大曽根第一生命ビルディング	16イ	愛知県名古屋市	耐火 8/0	15.9.16	10：20 (救急要請)		15：14
(119)	ドン・キホーテ浦和花月店	4	埼玉県さいたま市	鉄骨造一部鉄筋コンクリート造 1/0	16.12.13	20：00頃	：20	12：40
(120)	やすらぎの里さくら館	6ロ	長崎県大村市	鉄骨造一部木造 1/0	18.1.8	2：19	：13	2：46
(121)	カラオケボックス（ビート）	2ロ	兵庫県宝塚市	鉄骨造 2/0	19.1.20	18：30	：5	1：06
(122)	シエスパB棟	15	東京都渋谷区	耐火 1/1	19.6.19	―		
(123)	桧ビル（個室ビデオ店キャッツなんば）	2ニ	大阪府大阪市	耐火 7/0	20.10.1	2：50	：9	5：28
(124)	静養ホームたまゆら	6ロ	群馬県渋川市	木造 1/0	21.3.19	22：45	：10	2：29
(125)	パチンコホール（CROSS-ニコニコ）	16イ	大阪府大阪市	耐火 6/0	21.7.5	16：14	：2	4：08
(126)	第8東京ビル（居酒屋石狩亭）	3ロ	東京都杉並区	耐火 5/2	21.11.22	9：08	：2	2：15
(127)	グループホームみらいとんでん	6ロ	北海道札幌市	木造 2/0	22.3.13	不明		覚知から 3：38
(128)	三井化学岩国大竹工場	12イ	山口県和木町		24.4.22	2：15	：5	36：16
(129)	ホテルプリンス	5イ	広島県福山市	木造 2/0	24.5.13	不明		覚知から 3：12
(130)	日本触媒姫路製造所	12イ	兵庫県姫路市		24.9.29	不明		覚知から 25：25
(131)	グループホームベルハウス東山手	16イ	長崎県長崎市	鉄骨造一部木造 4/0	25.2.8	不明		覚知から 2：6
(132)	福知山花火大会		京都府福知山市		25.8.15	19：28	：1	：12
(133)	安部整形外科	6イ	福岡県福岡	耐火 4/1	25.10.11	2：10	：12	2：46
(134)	三菱マテリアル四日市工場	12イ	三重県四日市市		26.1.9	14：05	：2	：16
(135)	川崎市簡易宿泊所	5ロ	神奈川県川崎市	木造 2/0	27.5.17	2：08	：2	16：52

出 火 場 所	出 火 原 因	焼損階層	$\dfrac{焼損面積 \times 100}{延面積}=\%$ (m²)	死傷者数			死者の出た階
				在館者	死者	負傷者(消防職員等)	
不　　　　　明	不　　　　　明		1000	41	11	0	2F
3 階　エレベータホール付近	放　　　　　火	3, 4	$\dfrac{160}{497.65}=0$	—	44	3	3, 4F
配　合　所	不　　　　　明		—	30	9	5	
4 階 事 務 所	放　　　　　火	4	$\dfrac{334}{6369}=5$	—	3	35	4F
店　　　　　内	放　　　　　火		$\dfrac{2237.67}{2237.67}=100$	—	3	8	
共用室居間ソファ付近	たばこ又はライター		$\dfrac{279.1}{279.1}=100$		7	3	
1 階　厨　房	天ぷら油の過熱		$\dfrac{105.96}{218.14}=49$		3	5	2F
地 下 1 階	その他(制御盤の火花)		153.71		3	8	1F
1　　階	放　　　　　火	1	$\dfrac{37}{1318}=3$		16	9	1F
1　　階	放　　　　　火	1		17	10	1	1F
1　　階	放　　　　　火	1	$\dfrac{400}{2384}=17$	131	4	19	1F
2 階 店 舗 厨 房	大型ガスこんろ	2	$\dfrac{117}{1030}=11$		4	12	2F
1 階　食　堂	ス　ト　ー　ブ		$\dfrac{227}{227}=100$		7	2	1F
レゾルシン製造施設	反　応　暴　走				1	22	
1 階 事 務 所	不　　　　　明				7	3	
アクリル酸タンク	反　応　暴　走				1	36	
2 階 10 号 室	加　　湿　　器		$\dfrac{51.5}{581.85}=9$		5	7	1, 2, 3F
露天商店舗	火　気　設　備				3	56	
1 階 処 置 室	コ　ン　セ　ン　ト		$\dfrac{282}{681.71}=41$		10	5	
機器洗浄場(非危険物施設)	衝　　　　　撃				5	13	
1 階　ホ　ー　ル	放　　　　　火				10	18	

番号	名　　称	用途令別表第1	所在	構造	造	発生年月日	時間経過		
				階	層		出火時刻	出火から消防覚知	出火から鎮火まで
(136)	化 学 工 場 火 災	12イ	静 岡 県富 士 市	耐火	4/0	29.12. 1			覚知から5：41
(137)	さいたま市特殊浴場	9イ	埼玉県さいたま市	鉄骨造	3/0	29.12.17			覚知から7：02
(138)	札幌市自立支援施設	5ロ	北 海 道札 幌 市	木造	2/0	30. 1.31	23：30	：10	12：11

(注1) 括弧内の番号は死者発生火災事例.

(注2) 番号114以降は, 消防白書の附属資料「用途別の主な火災発生事例」に掲載されたもの, あるいは「年ごとの主な火災」のうち車両火災, 航空機火災, 林野火災等を除き, 死傷者が10人以上で, 死者1人以上のもの, その他の資料を参考とした.

出火場所			出火原因			焼損階層	$\dfrac{焼損面積 \times 100}{延面積}=\%$ (m²)	死傷者数			死者の出た階
								在館者	死者	負傷者（消防職員等）	
調	査	中	調	査	中				1	14	
調	査	中	調	査	中		$\dfrac{}{170.65}=-$		4	8	
調	査	中	調	査	中	2	$\dfrac{}{404}=-$	16	11	3	

（髙橋　太・中島　信行・八島　正明）

2・3　外国の火災史

外国の火災年代表

西　暦	月　　日	国　名(場所)	記　　　　　　　　　事
BC　480		ギリシア（アテネ）	ペルシャ軍進入，放火のため焦土と化す
390		イタリア（ローマ）	ガリヤ人侵掠のため大火
331		イラン（ペルセポリス）	アレキサンダー大王東方遠征の途次放火，宮殿等焼失
206		中国（陝西省）	西安の西方阿房村，秦の始皇帝が建てたといわれる阿房宮の火事
47		エジプト（アレキサンドリア）	40万巻の写本を蔵した図書館を焼失
AD　64		イタリア（ローマ）	8日間延焼，14区のうち10区を焼失，**ネロの火災**として史上に有名
103		トルコ（ニコメディア，Nicomedia）	この火災につき，一青年プリニーはトレージャン皇帝に対し，火災はエンジン，バケツその他の消防器具を具備しないと鎮圧できないと建白，彼は150名の消防隊組織編成の公許を出願して許可された．この公認消防隊は常に火災防御にあたるのみならず，治安上の犯罪者を取り締ることも許可された．
640		エジプト（アレキサンドリア）	カリフ・オマルの命により，70万巻を蔵したセラフィム図書館を焼失
798		イギリス（ロンドン）	全市ほとんど焼失
856		フランス（パリ）	ノルマン人により焼失
899		イギリス（ロンドン）	**消灯令を制定**，毎晩一定の時間に合図の鐘を鳴らして寝ることを命じ，その時に残り火の始末をさせた
1212	7.10	〃　（　〃　）	南区から出火，市民が北方へ避難したが，南風が吹いたために市の北端の家屋に飛火し，行手を遮られ，テムズ河にボートなどで逃げたが，煙りに巻かれ溺死した者3,000人と称される．その他建物火災により死者12,000人といわれる
1272		〃　（ノーリッチ）	巨額の財宝と人命とが犠牲となった．この火事は修道士と市民との争議から起こったものであった．34名の者が放火罪のため処刑された
1299		ドイツ（ワイマール）	破壊的火災
1380	8.11	〃　（ベルリン）	市の大部分焼失，これを機会に街角の家屋を石材などによる不燃性の建物にすることになった
1405		スイス（ベルン）	全滅
1647		アメリカ（ニューアムステルダム＝現ニューヨーク）	火災を防止するため家の所有者に煙突を掃除し，火災用のはしごとバケツを準備することを義務づけた
1666	9.2〜6	イギリス（ロンドン）	英国で最も著名な大火で，いわゆる**"偉大なる火事"**である．死者はわずかに6名に過ぎなかったが，その焼失住宅13,200棟，400街，焼失面積436エーカーに及び，聖ポール寺院をはじめ，教会堂86，礼拝堂6，市役所，国立取引所，税関，多数の病院，

西　暦	月　日	国　名(場所)	記　　　　事
			図書館, 組合事務所 52, その他多くの公設建物を焼き, 市門 3, 石橋 4, 刑務所, 艦隊, 家禽および並木道まで焼いた. 火はプディング小路の木造家屋に発し, ロンドン塔から寺院の礼拝堂へ延焼し, また東北門からホルボーン橋まで延焼したもので, 2 日から 6 日まで 5 日間焼け続けた. この火災以後, 木造厳禁の制が定められ, 建物の外壁には木材を使用することを禁止した.
1679		アメリカ（ボストン）	**アメリカ最初の常設消防設置**
1684		イギリス（ロンドン）	**火災保険会社が設立された.** 各社私設消防隊を設け, もっぱら被保険財産の消火にあたった
1689	4.19	デンマーク（コペンハーゲン）	木造のオペラ劇場とアマーリエンボーグの城を焼失, 死者 210 名
1700		イギリス（エジンバラ）	大火災
1729		トルコ（イスタンブール）	焼失家屋 12,000, 焼死者 7,000 人
1752		ソ連（モスクワ）	家屋 18,000 焼失
1756		トルコ（イスタンブール）	家屋 15,000 焼失, 死者 100 人
1772		トルコ（イズミル）	家屋 3,000, 船舶 4,000 焼失
1780	6.2	イギリス（ロンドン）	**ジョージゴルドン暴動,** 監獄等を焼き, 300 名の囚人を開放, 死傷者 500 人, 夜間の放火 36 個所に及んだ
1780		ソ連（レニングラード）	家屋 11,000 焼失
1782		トルコ（イスタンブール）	2 月に 600, 6 月に 7,000 の家屋を焼き, 8 月には 12 日より 3 日間延焼, 10,000 の家屋と回教堂 30, 水車小屋を焼失
1790		フィリピン（マニラ）	無数の商店焼失
1791		トルコ（イスタンブール）	3 月より 7 月の間に家 32,000 焼失
1794		デンマーク（コペンハーゲン）	宮殿炎上
1795		トルコ（イスタンブール）	家屋 30,000 焼失
1795		ジャマイカ（モンチーゴ, ベイ）	西インド諸島ジャマイカ島の都市大火
1796		トルコ（イズミル）	商店 4,000, 回教大会堂 2, 公立大浴場 2, 全倉庫ならびに食料品など焼失
1812		ソ連（モスクワ）	市民が**ナポレオン軍**を追い払うため, 市中に火を放った有名な大火で, 前後 5 日間延焼し, 全市の 9 / 10 が焼失した. 焼失家屋 30,800
1816	8.16	トルコ（イスタンブール）	住宅 12,000 および目抜きの商店 3,000 焼失
1829		イギリス	イギリスで初めて蒸気ポンプが発明された
1833		フィリピン（マニア）	草舎 10,000 焼失し, 50 人焼死. 住居を失う者 30,000 人
1836	2.14	ソ連（レニングラード）	劇場焼失, 死者 700 人
1841		トルコ（イズミル）	家屋 12,000 焼失
1842	5.4	ドイツ（ハンブルグ）	この火災は 3 日間にわたり, 100 時間延焼した. 教会や公共建物等 4,219 と住宅 2,000 を焼失, 全市民の 1/5 はその住家を失い, 焼死者 100 人を出した.

西　暦	月　日	国　名(場所)	記　　　　　事
			この火災の翌年，オペラハウスの火災を機会に，消防器具上水道を改革し，ドイツで最初の常設消防隊がベルリンに誕生した
1845	5.28	カナダ（ケベック）	家屋 1,650 焼失．1 カ月後にまた家屋 1,365 焼失
1846	6.12	〃　（　〃　）	王立劇場焼失，死者 200，負傷者多数
1851	5. 3	アメリカ（サンフランシスコ）	2 日間延焼し，全市の 3／4 を焼失
1852		〃　（ボストン）	**電信火災警報器**が設置された
	7. 8	カナダ（モントリオール）	住宅 2,000 焼失，り災者 15,000 人
	11. 8	アメリカ（サクラメント）	建物 2,500 焼失
1861		アルゼンチン（メンドサ）	地震による大火災，死者 10,000 人
1863		チリ（サンチアゴ）	教会より出火，焼死者 2,000 人．その多数は婦人と子供であった
1870	6. 5	トルコ（イスタンブール）	ペラの郊外，建物 7,000 焼失，外国公館等も類焼
1871	10. 8	アメリカ（シカゴ）	3 日延焼し，焼失建物 17,430 棟，焼死者 300 名，焼失面積 2,124 エーカー．焼跡は 1875 年までに全部復興した
	10. 8	〃　（ペスティゴーウィスコンシン）	山林火災により死者 800 人．火災旋風により村全体が火に包まれた
1872	11. 2	〃　（ボストン）	商業街 748 棟などが焼け，焼損面積 65 エーカー以上
1876	12. 5	〃　（ブルックリン－ニューヨーク）	コンウェース劇場火災．死者 283 名
1881	12. 8	オーストリア（ウィーン）	リング劇場火災，死者 640 名
1883	1. 7	ソ連（モスクワ）	ブフォ劇場火災，死者 270 名
	6.16	イギリス（サンダーランド）	ビクトリアホール火災，児童 183 名階段で圧死
1885	4.17	アメリカ（リッチモンド）	木造の曲馬場（サーカス）火災，死者 100 人と多数の負傷者を出し，馬 50 頭焼死
1887	5.25	フランス（パリ）	オペラ劇場火災，死者 115，重傷者 60 名
1888	3.20	ポルトガル（オポルト）	バケット劇場火災，死者 170 名
1894	9. 1	アメリカ（ヒックリー－ミネソタ）	森林 160,000 エーカー焼失，418 人死亡
1897	5. 4	フランス（パリ）	チャリティーバザー火災．死者 124 人
1900	6.30	アメリカ（ホボーケン）	ニュージャージー州ドック等焼失，死者 300 人
1903	8.10	フランス（パリ）	メトロポリタン鉄道列車火災，トンネルで 80 人死亡
	12.30	アメリカ（シカゴ）	**イロクォイス劇場火災**，死者 602 人
1904	2. 7	アメリカ（ボルチモア）	80 街，140 エーカー焼失
	6.15	〃　（ニューヨーク）	**大木造蒸気客船**ゼネラルスローカム号，イースト河で炎上，死者 1,000 人
1906	4.18	〃　（サンフランシスコ）	大地震後の大火で 4 マイル四方にわたって延焼，焼失面積 120 万 m^2，死者 700 人
		イギリス（ロンドン）	消防隊，ガソリン自動車，はしご車を採用
1909	2.15	メキシコ（アカプルコ）	劇場火災により 250 人死亡
1917	12. 6	イギリス（ハリファックス）	戦略物資の爆発から火災になり，家屋を失った者 20,000 人，死者 1,500 人ともいわれている

西　暦	月　　日	国　名(場所)	記　　　　　　　事
1918	10.13	アメリカ（ミネソタ）	山林火災，死者 400 人以上
1920	2.12	中国（重慶）	夜半重慶城内火災 4,000 戸焼失
1921	9.21	ドイツ（オッパウ）	第一次大戦中に毒ガスを製造したバージッシェア・アニリン工場爆発，死者 600 人，オッパウ村は全滅
1922	9.13	トルコ（イズミル）	全市ほとんど焼滅，死者 2,000 人，り災 100,000 世帯
1925	3. 3	ブラジル（リオデジャネイロ）	火薬庫爆発，破壊家屋 2,000 棟，死者 100 人
1926	3.10	アメリカ（ニューヨーク）	ブロードウェイ，エクィタブルビルの最上階 35 階より出火．損害莫大
1927	3.20	中国（上海）	店舗住宅 2,500 戸焼失，死者多数
1929	5.15	アメリカ（クリーブランド）	クリニック病院の X 線室爆発出火，毒ガスのため死者 124，負傷者 40 人を出す
1930	4.18	ルーマニア（コスチ）	教会出火，150 人焼死
	4.21	アメリカ（コロンブス）	オハイオ州刑務所より出火，囚人 300 人焼死
	5.	〃 （デトロイト）	ジョンアイボリー倉庫会社および隣接物火災，損害 3 億ドル（当時）と非常に大きかった
1931	6. 3	ルーマニア（モイネスチ）	石油坑に落雷のため爆発，付近一面火の海となり，死者多数
	6. 6	ドイツ（ミュンヘン）	世界の美術界で有名な**水晶宮の火災**で絵画 3,500 万焼失
1933	3.10	アメリカ（ロスアンゼルス）	同地方を中心に 9 回の地震あり，市の西南部から出火，大倉庫，中学校等を焼失，死者 500 人
1934	5.19	アメリカ（シカゴ）	家畜集散場の乾草車に投棄したマッチにより出火．500,000 頭収容の大家畜場および近接の缶詰工場へ延焼，さらに一般住宅，商店街へも進出し，出火後 3 時間で 80 ブロックの町並を焼いた．重傷者 400 名
1937	2.13	中国（安東）	安東劇場より出火，観客 650 人焼死
	5. 6	アメリカ（ニュージャージー州レイクハルト）	ツェッペリン，"ヒンデンブルグ"（飛行船：全船 803 フィート）炎上，36 人死亡
	8.13	中国（上海）	戦火により家屋 20,000 戸焼失
1938	5. 8	〃 （重慶）	7,000 戸が灰燼となる
	11.12〜16	〃 （長沙）	市街地火災となり，死者 2,000 人
1939	11.13	ベネズエラ（グリニヤ）	マラカイボ湖上の石油基地が火災により壊滅，死者 500 人以上
1940	4.23	アメリカ（ミシシッピー州ナッチェス）	ダンスホール出火，死者 198 名
1942	11.28	〃 （ボストン）	ココナッツグローブナイトクラブ火災で死者 198 人
1943	7.27	ドイツ（ハンブルグ）	空襲により焼死者 42,000 人．火災の最盛期に火災旋風が起こり風速が 50 m/秒以上に達し，30 分で市街地が燃え尽きた
1944	4.14	インド（ボンベイ）	弾薬の爆発により船が炎上，死者 1,500 人
	10.20	アメリカ（クリーブランド）	液化ガスタンクの爆発により，50 ブロックが火災になり，死者 121 名
1946	12. 7	〃 （アトランタ）	ウィンコックホテル火災により死者 119 人
1949	9. 4	中国（重慶）	市の中心街を焼失し死者 1,700 人，り災世帯 10,000

西　暦	月　日	国　名(場所)	記　　　　　　　事
1953	8.12	アメリカ（レボニア）	ゼネラルモーターズの工場火災で損害 180 億円，死者 6 名
1960	7. 4	グァテマラ（グァテマラ市）	精神病院火災で死者 200 名
	11.13	シリア（アミューデ）	映画館火災で死者 152 名
1961	4. 8	サウジアラビア（ダラ）	イギリスの定期航路船がペルシャ湾上で炎上，死者 212 名
	12.17	ブラジル（ナイトロール）	サーカスのテント火災で死者 323 人
1967	5.22	ベルギー（ブリュッセル）	百貨店（L'Innovation）火災で死者 322 人
1970	8. 5	アメリカ（ニューヨーク）	ニューヨークプラザホテル（50/3）の 33, 34 階火災
	11. 1	フランス（サンローレン－デュポン）	ダンスホール火災で死者 144 名
1971	12.25	韓国（ソウル）	**大然閣ホテル火災**，死者 163 名
1972	2.24	ブラジル（サンパウロ）	アンドラウスビル（31/ 1 ）3 階出火，全館火の海，死者 16 人，屋上からヘリコプターで 400 人救出
1974	2. 1	〃　　　（　〃　）	ジョエルマビル（26 階建）3 階出火，死者 189 人
1975	12.12	サウジアラビア（メッカ）	巡礼者用テント火災により死者 138 名，負傷者 151 人
1977	5.28	アメリカ（ケンタッキー州サウスゲート）	ナイトクラブ火災で死者 164 名
	12.22	〃　（ルイジアナ－ウェストウェゴ）	穀物倉庫（コンチネンタルグイイン社）の**サイロの粉塵爆発火災**，損害 250 億円
1978	8.19	イラン（アバダン）	放火により映画館焼失，死者 430 人
	10.20	ドイツ（ケルン）	フォード社倉庫火災，焼損面積 75,000 m²，損害 250 億円
1979	7.29	インド（ツチコリン）	映画館の火災で死者 104 人
1980	5.20	ジャマイカ（ジャマイカ－キングストン）	老人，困窮者施設の火災で死者 157 人
	11.22	アメリカ（ラスベガス）	**MGM グランドホテル**の 1 階レストランから出火，死者 84 人，負傷者 534 人，損害 105 億円
1981	2. 7	インド（カルナタカ州バンガロー）	4,000 人の観客で超満員のサーカス小屋での火災．巨大なテントが炎上に包まれて観客席に落下，死者 100 人以上
	3.21	チリ（サンチアゴ）	サンタマリータワー（36 階建）の 12 階付近から出火，上下階を焼いて 2 時間後に鎮火，死者 11 名
	12. 6	インド（アーマダバード）	ヒマヤラ山脈を模した 5 階建ての木と帆布で造られた行楽客用建物での火災，死者 50 人
1982	1. 8	ソ連（モスクワ）	アルジャノケドジ機械工場で実験用ロボット施設の爆発，死者 50 人，負傷数百人
	1.20	メキシコ（ラベンタ）	石油パイプラインの爆発，死者 33 人
	4.12	ビルマ（ラングーン）	住宅から出火し大火，学校 3，工場 12，民家 1,555 焼失，り災者，9,814 人
	4.25	イタリア（トーディ）	古美術品展覧会会場の爆発，火災，死者 34 人
	5.25	フランス（エールシュー－ラドール）	民営の精神障害児収容施設での火災，死者 41 人
	12.19	ベネズエラ（タコア）	タコア発電所の燃料タンク爆発，死者 145 人

西　暦	月　日	国　　名(場所)	記　　　　　　　事
1983	2.13	イタリア（トリノ）	映画館「スタチュード」の火災，死者64人，負傷93人
	5.7	トルコ（イスタンブール）	「ワシントンホテル」での早朝火災，死者35人
	5.9	メキシコ（トラバコヤ）	貯蔵してあった花火15kgの爆発，死者34人，負傷750人
	12.17	スペイン（マドリード）	地下ディスコ「アルカラ20」でステージ付近から出火，死者79人
1984	2.25	ブラジル（クバタオ）	住宅密集地の**ガソリンパイプライン**の破損，側溝に流出し，爆発，住宅群炎上，死者少なくとも500人
	11.19	メキシコ（メキシコシティ）	メキシコ石油公社（ペメックス）の**天然ガスプラント爆発**，死者452人，負傷2,000人，避難者25万人
	12.2	インド（ボパール）	米・ユニオン・カーバイド社のインド子会社での圧力過度によるタンクの漏れと，有毒ガスの漏出，死者少なくとも3,000人
1985	5.11	イギリス（ブラッドフォード）	**サッカー競技場の観客席の火災，死者54人**
1986	1.28	アメリカ（フロリダ州ケープカナベラル）	スペースシャトル「チャレンジャー」号の爆発，死者7人
	2.17	ブラジル（リオ・デ・ジャネイロ）	13階建てオフィス・ビルの火災，死者24人
	4.26	ソ連（チェルノブイリ）	**チェルノブイリ原子力発電所**の原子炉事故，死者少なくとも26人
	12.31	プエルトリコ（サンファン）	高級ホテル「ディポン・プラザ」の火災，死者95人
1987	11.18	イギリス（ロンドン）	**地下鉄キングスクロス駅の火災**，死者30人
1988	7.6	北海	石油・ガス掘削プラットホーム「パイパー・アルファ」の爆発，火災，死者167人
	11.9	インド（ボンベイ）	石油精製所の大火災，死者32人
1989	2.8	インド（マイソール）	テレビスタジオでクラッカーが炎上，撮影中のセットの布地やココナッツの葉に延焼，火災，死者少なくとも43人
	6.3	ソ連（ウファ近郊）	シベリア鉄道沿いの天然ガスパイプラインから漏れたガスに鉄道の火花が引火，爆発，死者少なくとも645人
	10.17	アメリカ（サンフランシスコ近郊）	サンフランシスコ市南南東96kmでM7.1地震発生，50件以上の火災等により死者62人（**ロマプリータ地震**）
1990	3.1	エジプト（カイロ）	ホテル「ヘリオポリス・シュラトン」の火災，死者19人
	7.13	中国（山東省）	火力発電所の爆発，死者少なくとも45人
	7.25	レバノン（ベイルート）	ホテル火災，死者少なくとも45人
	12.27	バングラデシュ（ダッカ）	織物工場での火災，死者23人
1991	5.30	中国（広東省東莞近郊）	雨具工場の宿泊施設の火災，死者66人
	7.12	インド（タミールナドゥ州）	サットゥール近郊の花火工場における火災・爆発，死者少なくとも37人
	9.18	インドネシア（イリアンジャヤ州）	葬儀の準備中に聖堂の2つの身廊で火災，死者38人

西　暦	月　日	国　名(場所)	記　　　　　　事
	10.30	北朝鮮（平康）	２つの弾薬庫の爆発，死者少なくとも110人
	12.10	アルバニア（フーシェアレツ）	食糧倉庫に対する略奪の間に出火，死者少なくとも60人
1992	2.9	インド（マイソール）	映画スタジオ火災，死者36人
	3.24	セネガル（ダカール）	据え付けのタンクにアンモニアを注入中，石油製造工場のタンカーが爆発，死者100人，負傷者200人
	4.22	メキシコ（クアダラハラ）	下水道内でのガス爆発，1,000家屋崩壊，死者202人，家を失った者4,443人，負傷者1,440人
	8.8	トルコ（チョルルー）	織物工場のメタンガス爆発により，工場内にある食堂の天井が崩壊，死者32人，負傷者64人
	11.20	イギリス（ウィンザー）	城での火災，総損害6千万英ポンド
1993	1.7	韓国（全州）	数回にわたるガス爆発でアパートが崩壊，死者少なくとも29人，行方不明者2人，負傷者60人
	1.19	台湾（タイペイ）	雑居ビルの２階にあるレストランから出火，死者33名，負傷者20名
	2.14	中国（唐山市）	百貨店で熔接の火花から出火，3,000 m² 焼損，死者79名，負傷者53名
	2.26	アメリカ（ニューヨーク）	超高層ビル「世界貿易センタービル」の地下１階駐車場が爆発炎上，死者7名，負傷者500名
	5.10	タイ（バンコック）	火災安全装置に欠陥があった玩具工場の火災，死者211名，負傷者547人
	8.5	中国（信川）	産業地区での火災，爆発の後，酸性タンクが爆発，死者84人，負傷者510人
	.0.26 ～ 11.3	アメリカ（カリフォルニア州）	州南部の森林13カ所から出火，焼損面積 46,000 ha，627棟の豪邸焼失，死者3人，負傷者130人
	11.19	中国（広東省深圳市）	プラスチック工場から出火，死者81人，負傷者36人
	11.28	中国（遼寧省犀新）	ダンスホールから出火，死者233人，負傷者5名
1994	1.17	アメリカ（ロスアンゼルス）	カリフォルニア州ロスアンゼルス付近で，M 6.8の地震が発生，100ケ所以上で火災発生，建物倒壊により61人死亡，9,354人負傷（ノースリッジ地震）
	11.28	中国（遼寧省犀新）	ダンスホールから出火，233人死亡，5人負傷
	12.8	中国（カマライ市）	ウィグル自治区カマライ市の映画館から出火，児童310人死亡，約150人負傷
1995	2.15	台湾（台北市）	耐火造3階複合建物のレストラン出火，67人死亡，18人負傷
	3.12	インド（タミルナド州）	タンクローリとバスが衝突後火災発生，120余人死亡
	5.27	ロシア（サハリン州）	オハ地区で，マグニチュード7.6の地震発生，1,989人死亡
	10.28	アゼルバイジャン（バクー）	走行中の地下鉄から出火，約300人死亡，300人負傷
	12.23	インド（ハサヤナ州ダブワリ）	学芸会中に出火，小中学生等425人死亡，120人負傷
1996	4.24	モンゴル	東北部の草原や森林から火災発生，40ケ所で延焼，死者17人，草原等8万km²焼損
	11.12	インド（ニューデリー）	ニューデリー上空でサウジアラビア航空機とカザフ

西　暦	月　日	国　名(場所)	記　　　事
			スタン航空機が空中衝突，墜落炎上，乗員乗客 350人死亡
1997	2.23	インド（オリッサ州）	バリパタ郊外の寺院で出火，ヒンズー教信者 100人焼死，約 500人負傷.
	7	インドネシア	各地で山林火災が多発，7月末までに 9,000 m² 焼失.
1998	3	ブラジル（ロライマ州）	アマゾン川支流域で森林・原野火災，2か月余りで九州本土に匹敵する 37,000 m² 超を焼失，地元ではアマゾン史上最大の災害と報道.
	9.11	韓国（富川）	LPG スタンドでガス爆発，46人重軽傷.
	10.18	ナイジェリア	南部の産油地帯で，石油パイプラインが炎上，住民 500人以上死亡，テロ活動により破裂したパイプラインから漏れた大量の油を住民がすくいとろうとした際に何らかの火が引火したもの.
	10.29	韓国（釜山）	建設中の冷凍倉庫の火災，作業員など 27人死亡，16人重軽傷.
1999	3.24	フランスとイタリア国境（モンブラントンネル）	小麦粉やマーガリンを運搬中のトラックがトンネル中央部で炎上，周辺の 40台の車両が巻き込まれ，死者 35人以上.
2000	7.10	ナイジェリア（南部アジェジ村）	石油パイプラインが爆発，バケツでガソリンを盗んでいた付近住民 250人余りが死亡. 16日にも同国南部ワリにある製油所付近でパイプラインが爆発し，死者数は 100人に達した.
	7.25	フランス（シャルル・ド・ゴール空港）	エールフランス航空の超音速機コンコルド機が離陸直後にエンジンから火を噴いて墜落，乗客乗員 109人と地上の 5人が死亡.
	11.11	オーストリア（ザルツブルク州）	キッツシュタインホルン山でスキー客らを乗せたケーブルカーのトンネル火災，日本人 10人を含む乗客 155人死亡，トンネル上部の駅でも 3人が煙に巻かれて死亡.
	12.25	中国（河南省洛陽）	4階建て商業ビルから出火，少なくとも 309人死亡，数十人負傷.
2001	9.11	米国	航空機による同時多発テロ発生，ニューヨーク・マンハッタンの世界貿易センター北側タワーに航空機が衝突炎上・倒壊，南側タワーに航空機が衝突炎上・倒壊，ワシントン郊外の国防総省に航空機が衝突炎上，ピッツバーグ郊外で航空機が墜落. 世界貿易センタービルでは死者・行方不明者が約 6,000人.
	9.21	フランス（南西部トゥールーズ近郊）	肥料の原料になるアンモニア化合物を製造する石油化学工場の爆発，少なくとも 12人死亡，約 240人負傷.
	12.29	ペルー（リマ）	買物客で混雑した繁華街の火災，300人近くが死亡.
2002	2.20	エジプト（アル・アイ	夜行列車の火災，乗客約 370人が死亡，多数が負

西　暦	月　日	国　名(場所)	記　　　　　事
		ヤート付近)	傷.
	6.20	中国（黒竜江省鶏西）	炭鉱のガス爆発，115人死亡.
2003	2.18	韓国（大邸）	**地下鉄車両内の放火火災**，198人が死亡.
	2.20	米国（ロードアイランド州ウエストウォリック）	ナイトクラブの火災，99人死亡，180人以上負傷.
2004	2.15	中国（吉林省吉林）	4階建て商業ビルから出火，少なくとも54人死亡，68人負傷.
	2.18	イラン（ホラサン州ニシャプール）	ガソリンなどを積載した貨物列車が無人のまま操車場から走り出して約20 km暴走した後で脱線・炎上，少なくとも消防隊員や住民など309人死亡，450人負傷.
	4.22	北朝鮮（平安北道龍川郡龍川駅）	硝酸アンモニウム肥料積載貨車と石油タンク列車の入替作業中，不注意により電線に接触し，爆発.被害は半径4 kmに及び，少なくとも161人死亡，1,300人余り負傷.
	12.30	アルゼンチン（ブエノスアイレス）	**ディスコの火災**，少なくとも183人死亡，714人負傷. 犠牲者の大半は10代から20代の若者.
2005	2.14	中国（遼寧省阜新）	炭坑でガス爆発，死者は214人超. 同国の炭鉱事故による犠牲者は2004年は6,000人超.
	3.7	ドミニカ	刑務所で受刑者間の争いがもとで火災が発生，少なくとも134人死亡，26人負傷.
	3.23	米国（テキサス州テキサス）	製油所の爆発，15人死亡，70人以上負傷.
	4.11	バングラデシュ（ダッカ近郊）	縫製工場の9階建てビルがボイラーの爆発が原因で倒壊，200人以上が下敷きになり死亡.
	11.27	中国（黒竜江省七台河）	炭鉱で炭じん爆発，161人死亡を確認.
	12.11	英国（ハートフォードシャー・ヘメルヘムステッド）	バンスフィールド石油貯蔵基地で爆発・火災，少なくとも43人負傷，周辺住民約2,000人が一時避難，計22個のタンクが炎上するという欧州では戦後最大規模の火災.
2006	4.10	インド（メーラト）	公園で開催中の見本市会場の火災，少なくとも42人死亡，100人以上負傷，女性や子供の死者が多かった.
	5.1	韓国（水原）	ユネスコの世界遺産に登録された水原華城西将台から出火，楼閣2階部分を全焼，酔客による放火.
	5.12	ナイジェリア（ラゴス近郊）	石油パイプラインが爆発炎上，200人近く死亡. 貧しい住民らによる盗油や反政府勢力による石油施設の破壊などが続発していた. 12月26日にも同様の事故が発生，284人の死亡を確認.
	11.27	米国（ミズーリ州南西部アンダーソン）	グループホームの火災，職員1人を含む20代から高齢者までの10人死亡，24人負傷.
	12.9	ロシア（モスクワ）	麻薬患者治療を専門とする5階建ての病院の火災，患者ら46人死亡，約10人負傷.
2007	3.22	モザンビーク（マプト）	軍の弾薬庫が爆発，付近の住民や子供を含む少なくとも93人死亡，300人以上負傷. 35℃に達する猛

西　暦	月	日	国　　名（場所）	記　　　　　　　　　　　事
				暑が原因とみられている.
		3.28	ナイジェリア（北西部）	北西部の村でカーブを曲がりきれずにタンクローリー（33 kL）が横転し，運転手の警告を無視して付近の住民らがガソリンを抜き取っていたところ爆発炎上，少なくとも98人死亡.
		6.18	米国（サウスカロライナ州チャールストン）	家具店の火災，突然崩落した屋根の下敷きになって消防隊員9人死亡. フラッシュオーバーが起きて急速に燃え広がった. NFPA ジャーナルによると，米国全体で2006年は89人の消防隊員殉職，消火活動中は38人で，そのうちの16人は林野火災.
		9.12	パラグアイ（北東部）	9月12日までに北東部で3週間以上続いていた山火事により1,000 km^{2}以上が焼失，政府は非常事態宣言を発令. 2,000箇所以上で出火.
		11. 4	ロシア（ツーラ地方・モスクワから南に約200 km）	高齢者福祉施設の火災，32人死亡.
		11.18	ウクライナ（ドネツク）	ザチャシコ炭鉱のガス爆発，90人死亡，11人行方不明.
2008	1	1. 7	韓国（京畿道利川）	物流センターの地下の冷凍倉庫で爆発・火災，40人死亡，当時，倉庫内では冷凍設備，電気設備，エアコンなどの工事関係者ら計57人が作業中.
	2	2. 7	米国（ジョージア州ポート・ウェントワース）	砂糖精製工場の粉じん爆発・火災，13人死亡，30人以上負傷.
		2.10	韓国（ソウル）	国宝第1号に指定されている崇礼門（南大門）の火災で全焼，出火原因は放火とみられ，容疑者が逮捕された.
		5.12	中国（四川省）	**中国四川省でマグニチュード8.0の地震が発生**，6月4日現在の中国政府集計では，死者6万9,122人，行方不明者1万7,991人，負傷者37万3,606人. 什ホウ市では工場の倒壊によりアンモニアが漏洩，綿竹市ではリンが燃えるなど化学物質の漏洩事故が4件発生. 日本からは国際緊急援助隊救助チームと医療チームが派遣.
		5.15	ナイジェリア（ラゴス近郊）	道路工事の建設機械が誤って石油パイプラインを破裂したため火災が発生，少なくとも100人死亡，20人負傷.
		9	中国	**炭鉱爆発，火災事故**が続いた. 4日，遼寧省阜新市の炭鉱でガス爆発，27人死亡，5日四川省宜賓市の炭鉱のガス突出，17人死亡，1人行方不明，5日，河北省唐山市の炭鉱のガス爆発，13人行方不明，20日，黒龍江省鶴崗市の炭鉱の火災，19人の遺体を発見，21日，河南省鄭州市の炭鉱のガス突出，37人死亡.
		11.13	米国（カリフォルニア州）	11月13日〜15日，南部各地で山火事. サンタアナと呼ばれる強い季節風の影響で延焼拡大，焼失面

西　暦	月　日	国　名（場所）	記　　　　　　事
			積は合計 17,600 km²，移動式住宅を含め 800 棟以上が焼失，避難者は数万人．13 日夜に出火したサンタバーバラ郡の火災，高級住宅街モンテシトで有名人らの住宅 100 棟以上が焼失．また，14 日夜に出火したロサンゼルス郡シルマーの火災，高齢者が多い移動式住宅約 500 棟が焼失．
2009	1. 1	タイ（バンコク）	高級クラブの火災，日本人男性 1 人を含む 66 人死亡，200 人以上負傷．
	1	オーストラリア（南部）	1 月～2 月記録的猛暑に襲われ，1 月 31 日までに熱中症などで 31 人死亡，ビクトリア州では住宅 20 戸と山林約 6,000 ha 焼失．2 月 7 日，南東部の複数箇所で山火事，火災はビクトリア州に集中，完全に鎮火したのは 3 月 14 日．この火災により 210 人死亡，約 42 万 ha と住宅 2,000 棟以上が焼失．
	6. 5	メキシコ（ソノラ州エルモシーリョ）	保育園の火災，少なくとも幼児 47 人死亡，職員を含む 30 人以上負傷．
	11.14	韓国（釜山）	室内射撃場の火災，日本人男性 7 人を含む男性 9 人，女性 1 人の計 10 人の遺体が収容，さらに病院で日本人男性 3 人，韓国人男性 1 人，韓国人女性 1 人が死亡，死者計 15 人．
	12. 4	ロシア（中央部ウラル地方ベルミ）	**ナイトクラブの火災**，現場で少なくとも 94 人死亡，百数十人負傷，入院先での死亡が続き，1 月 5 日現在で 155 人死亡，58 人入院中．
2010	4. 5	米国（ウェストバージニア州ローリー郡）	アッパー・ビッグ・ブランチ炭鉱のガス爆発，29 人死亡，米国では 1970 年にケンタッキー州ハイデンの炭鉱で 38 人が死亡したガス爆発以来の惨事．
	4.20	米国（ルイジアナ州沖メキシコ湾）	**BP 社の石油掘削基地で爆発と火災**，115 人が救出されたが 11 人行方不明，原油流出量は推定では 1,900～3,000 kl/日．マイアミ大の研究によると汚染海域は 24,000 km² を超え，1989 年にアラスカ沖で起きた推定約 41,000 kl の流出事故を上回る米史上最悪の事故．
	6.3	バングラデシュ（ダッカ）	旧市街にある 3 階建てアパートの火災，少なくとも周辺のアパート 6 棟と約 15 店舗に延焼，少なくとも 120 人死亡，100 人以上負傷．
	7.2	コンゴ（東部の村）	タンクローリーがバスを追い越そうとして横転，約 1 時間後火災が発生，漏れ出したガソリンを容器で集めていた住民や周辺住宅が巻き込まれ，女性約 30 人，子供約 60 人を含む少なくとも 245 人死亡，100 人以上負傷．
	7	ロシア（西部・中部）	7 月下旬から森林・泥炭火災の拡大が続き，8 月 2 日，モスクワ州など 7 つの州や共和国に大統領が非常事態宣言．この夏，ロシア全土では，約 2 万 8,000 箇所で森林火災が発生，約 88 万 ha 焼失，54 人死亡．

西　　暦	月　　日	国　　名(場所)	記　　　　　　　　　事
	12.8	チリ（サンティアゴ郊外）	刑務所の火災，煙のために少なくとも 81 人死亡，21 人負，出火原因は受刑者同士の喧嘩．
2011	2.22	ニュージーランド（南島）	**カンタベリー地方でマグニチュード 6.3 の地震が発生**．震源に近いクライストチャーチ市で被害が甚大，各所で火災も発生，地元テレビ局や語学学校が入居する 6 階建てビルが崩壊，日本人 28 人が巻き込まれた．3 月 8 日までに 166 人の遺体回収，15 人行方不明，うち 59 人の身元確認．日本をはじめとする 7 カ国が国際緊急援助隊を派遣．
	7.7	トルクメニスタン（アシガバート近郊）	火薬庫で大規模な爆発，約 200 人が死亡．
2012	2.14	ホンジュラス	首都テグシガルパから 60 km 北西の刑務所で大規模な火災，少なくとも 300 人死亡．
	11.15	中国（上海）	28 階建てマンションから出火し，少なくとも 58 人死亡，断熱材が燃えて有毒ガスが発生し，被害が拡大したとみられる．当時は壁や窓枠サッシの改良工事中．
	11.24	バングラデシュ（ダッカ近郊）	9 階建て衣料品工場の 1 階で火災，少なくとも 124 人死亡．
2013	1.7	米国（マサチューセッツ州）	ローガン国際空港に駐機していた日本の航空会社の航空のボーイング 787 型旅客機から出火，消火中に 1 人負傷．リチウムイオンバッテリーの発火が原因．1 月 16 日，同型機が飛行中に煙が発生し，高松空港に緊急着陸．
	1.27	ブラジル（サンタマリア）	**ナイトクラブから出火し，少なくとも 231 人が死亡**，100 人が負傷．遮音材から有害なガスが発生し，犠牲者の大半は煙を吸い込んで死亡．
	2.15	ロシア（ウラル地方）	上空で隕石が爆発し，爆風により，約 3,000 棟のビルの窓ガラスが割れるなどして約 1,000 人が負傷．隕石は上空の下層大気で一部燃えた後粉砕した．この隕石の爆発の威力は 30 万 t の TNT 爆弾の威力に相当．
	2.26	エジプト（ルクソール）	熱気球が着陸する際に火災が発生，墜落し，日本人 4 人を含む 19 人死亡．熱気球事故として史上最多の死者数を出す事故．
	4.17	米国（テキサス州）	硝酸アンモニウムを扱う肥料工場の火災，その後爆発が起き，15 人死亡，200 人以上が負傷．
	6.3	中国（吉林省徳恵）	鶏肉加工工場で爆発，火災が発生し，少なくとも 119 人死亡，54 人負傷．爆発の原因は工場で使われていた液化アンモニアが漏れ出し，火花に引火したため．
2014	5.13	トルコ（西部）	炭鉱内で爆発，鉱内にいた作業員らが閉じ込められ，301 人死亡し，約 80 人以上負傷．
	5.28	韓国（全羅南道長城郡）	高齢者向け療養型病院の火災，21 人死亡，8 人重軽傷．

西　暦	月　日	国　名(場所)	記　　　　　　　　　　　　事
	8.1	台湾（高雄）	約3,000,000 m²の範囲にわたり爆発が数回起き，約30人死亡，約280人負傷，広範囲で道路が陥没．市内の地下の老朽化したガス管からプロピレンが漏れ，爆発したとみられる．
2015	1.30	ロシア（モスクワ）	1918年開設の図書館で火災が発生し，文献史料100万点以上，約2,000 m²を焼失し建物の屋根の一部が崩壊．図書館はロシアの公立図書館としては最大級の規模，東欧の諸言語で書かれた16世紀以降の文書約1,400万点を所蔵していた．
	6.27	台湾（新北）	テーマパークで色の付いた粉を来場者に吹きかけていたところ爆発，229人がやけどなどで病院に搬送．
	8.12	中国（天津）	経済開発区の**化学物質が保管される施設で大規模な爆発**，173人犠牲（9月11日時点）．クレーターのような巨大な穴が確認でき，爆発は少なくとも2回起きた．中国当局は，TNT火薬に換算して，1回目が3 t，2回目は21 tに相当するとしている．保管されていた危険化学物質は約40種，計約3,000 t．
2016	3.13	タイ（バンコク）	銀行本店地下室で消火装置から誤って消火剤が噴射される事故，8人窒息で死亡，7人負傷．当時銀行内では作業員らが消火装置の点検改修作業中．
	10.17	ドイツ（ルートヴィッヒスハーフェン）	総合化学メーカーBASF本社工場で爆発炎上し，2人死亡，6人負傷，2人行方不明．3時間前には同社の別の工場で爆発し，4人負傷．本社工場では2年前にも爆発し，2人死亡，22人負傷．
	10.24	中国（陝西省府谷県）	住宅地で大規模な爆発，14人死亡，147人負傷．違法に爆発物を製造し保管．
2017	6.14	英国（ロンドン）	1974年に建てられた高層集合住宅「**グレンフェル・タワー**」で大規模な火災，71人死亡．
	6.17	ポルトガル（コインブラ）	郊外で森林火災，62人死亡，消防隊員8人を含む50人以上負傷．
	6.25	パキスタン（パンジャブ州バハワルプル）	幹線道路で石油燃料を運ぶタンクローリーが横転して爆発し，少なくとも146人死亡，約80人負傷．

（髙橋　太・八島　正明）

3. 年代毎の主な火災および強化された関連法規とその契機となった火災

年代毎の主な火災および強化された関連法規とその契機となった火災

年代	出火年月日・所在・名称	消防法・消防法施行令の改正経過（公布）	建築基準法・建築基準法施行令の改正経過	発災年月・契機となった火災
1950	50. 4.13　静岡県熱海市　熱海市大火	(法) 50. 5.17　*1 ・消防職・団員の立入検査 ・法別表の危険物・製造所・取扱所を規定 ・防火塗料、消火薬剤等の規格・検定 ・同意の基準、手続きの明確化		*1　49. 2　能代市大火 　　50. 4　熱海市大火
	51.11.24　千葉県勝浦市（現勝浦市）　勝浦町旅館			
	52.11.30　福岡県小倉市　かねやす百貨店			
	53. 4. 5　栃木県宇都宮市　宇都宮劇場			
	53. 9. 6　東京都千代田区　スバル座			
	54.　北海道小樽市　小樽映画劇場			
	54. 9.15　大阪府大阪市　大阪OS劇場	(法) 59. 4. 1 ・危険物製造所等の基準を政令に ・危険物製造所等の許可、完成検査、維持、使用停止 ・危険物取扱主任者 ・映写室、映写技術者 ・危険物運搬の基準	(令) 58.10. 4 ・防火区画の貫通部の強化 (法) 59. 4.24　*2 ・耐火、簡易耐火建築物の規定 ・特殊建築物等の内装制限 ・消火・避難施設を要するものの拡張 (令) 59.12. 4　*3 ・準不燃、難燃材料の規定	
	55. 2.17　神奈川県横浜市　聖母の園養老院			
	6.18　千葉県市川市　武蔵精神病院			
	3.　東京都世田谷区　昭和女子大			*2　58. 2　東京宝塚劇場火災
	8. 1　〃　墨田区　東京都引場省察／井上花火店			
	56. 2.23　東京都千代田区　神田共立講堂			
	5. 5　宮城県仙台市　仙台丸光百貨店			
	57. 4. 2　東京都中央区　明治座			*3　58. 2　東京宝塚劇場火災
	12. 4　静岡県伊東市　川奈ホテル			

年代	出火年月日・所在・名称	消防法・消防法施行令の改正経過（公布）	建築基準法・建築基準法施行令の改正経過	発災年月・契機となった火災
	58. 2. 1 東京都千代田区 宝塚劇場 4.25 京都市中京区 やし旅館 7.23 長崎県佐世保市 玉屋デパート 53. 2.14 東京都府中市 小勝多摩火工 56.12.29 58. 7.30		・特殊建築物、無窓の居室の内装制限強化 ・耐火構造、防火構造、防火戸の強化 ・階数が3以上の建築物の柱の防火被覆強化 ・防火区画、面積区画、異種用途区画、防火区画の貫通部の強化	
1960	60. 1. 6 神奈川県横須賀市 日本医療伝導会衣笠病院 3. 8 山口県徳山市 徳山病院 3.19 福岡県久留米市 国立療養所 7.22 東京都千代田区 レストラン東洋 8.15 新潟県長岡市 （株）イチムラ 10.29 愛知県守山市 香流精神病院 12.24 東京都渋谷区 ひさご 8.24 東京都江戸川区 東京油脂工場	(法) 60. 7. 2 *4 ・防火管理者制度 ・火災危険物品の規制 ・消防用設備等の基準を政令に ・消防用設備等 　(1)既存の適用除外 　(2)措置命令	(法) 61. 6. 5 ・特殊建築物の防火上の制限強化 ・特定街区の制限 (令) 61.12. 2 ・内装制限強化（百貨店、キャバレー等） ・特殊消火設備を設けた部分の内装、防火区画の緩和	*4 58. 2 東京宝塚劇場火災
	61. 5. 5 東京都府中市 根岸国立病院 7. 2 大阪府大阪市 百貨店大丸 11.30 長野県長野市 丸光百貨店	(令) 61. 3.25 消防法施行令公布		
	62. 1.25 東京都狛江市 佐藤病院 4. 5 〃 渋谷区 喫茶店白十字 63. 8. 8 広島県福山市 錦水別館 8.22 東京都豊島区 西武百貨店	(法) 63. 4.15 ・立入禁止の質問の明確化 ・上映規制の緩和 ・映写技術者選解任発生 ・消防用設備等の検定と日本消防検定協会	(法) 63. 7.16 ・特殊建築物の内装制限強化(31m経) ・容積地区の制度 ・高さ制限の撤廃	

年代	出火年月日・所在・名称	消防法・消防法施行令の改正経過（公布）	建築基準法・建築基準法施行令の改正経過	発災年月・契機となった火災
	12.21　福岡県福岡市　淵上百貨店	（令）64. 7. 1 ●11階以上の消防用設備等の強化 (1)屋内消火栓の基準、非常電源 (2)スプリンクラーの基準電源、非常電源 (3)誘導灯 (4)非常コンセント (5)連結送水管	（令）64. 1.14 ●耐火構造(部位別、階別に要求) ●防火区画強化(11階以上の部分) ●歩行距離強化(15階以上の部分) ●特別避難階段の設置強化(15階以上) ●避難階段等の階段室の内装制限強化	
	64. 2.13　東京都中央区　松屋銀座店			
	3.30　兵庫県伊丹市　常岡病院			
	64.4.23　栃木県宇都宮市　山吉百貨店		●特避附室の面積規定(15階以上) ●〃　　排煙設備設置義務	*5　64. 6　新潟地震昭和石油(株)新潟製油所火災
	11.12　東京都台東区　吉影百貨店			64. 7　品川宝組勝島倉庫火災
	12.21　〃　豊島区　キャバレー金の扉		●高さ31m以上の内装制限 ●容積地区内斜線制限緩和	
	65. 2. 4　東京都豊島区　八蜂館	（法）65. 5.14　*5 ●危険物関係規制の強化 ●危険物取扱主任者の業務を明確化 ●屋外の火災予防及び立入検査の規定整備		*6　66. 3　菊富士ホテル火災
	4.10　〃　渋谷区　渋谷東急ビル			*7　65.10　西宮LPGタンクローリー爆発火災
	10. 4　〃　足立区　喫茶ニューブリッジ			67. 1　山形LPGタンク車火災
	11.27　大阪府大阪市　衣料デパートいずみ屋			
1960	66. 1. 9　神奈川県川崎市　金井ビル	（令）66. 4.22 ●消防設備士が行う工事、整備 ●11階以上の避難器具除外	（令）69. 1.23　*9 ●防火区画の強化 (1)たて穴区画等の規制を整備 (2)自動消火設備部分の面積を1/2控除 (3)防火戸の自動閉鎖 ●避難施設の強化 (1)避難階段及び特別避難	*9　66. 1　金井ビル火災
	2. 7　宮城県仙台市　まるしんマーケット			66. 3　菊富士ホテル火災
	3.11　群馬県水上町　菊富士ホテル			68.11　池之坊満月城火災
	67. 1. 5　神奈川県横浜市　楠病院			
	4. 5　京都府中京区　京都国際ホテル			
	5. 6　東京都新宿区　新宿日赤病院			
	9.13　大阪府寝屋川市　寝屋川第一センター			
	静岡県下田市　下田グランドホテル			
	68. 1.14　大分県日出町　みのり学園小百合寮	（令）66.12.15　*6 ●防火管理者の責務を追加 ●自動火災報知設備、避難		
	1.14　東京都豊島区　フランス文化会館			
	1.15　〃　町田市　小田急OX町田店			

年代	出火年月日・所在・名称	消防法・消防法施行令の改正経過（公布）	建築基準法・建築基準法施行令の改正経過	発災年月・契機となった火災
		器具の規制強化	難階段の規制強化	（防災関係）
			（2）2以上の直通階段の設置	58. 2 東京宝塚劇場火災
	1.17 福岡県北九州市 喫茶 田園		・内装制限強化	66. 6 菊富士ホテル火災
	2.25 神奈川県湯河原町 大伊豆ホテル	（法）67. 7.25 *7	（1）避難路の準不燃材以上	*8 （防火管理関係）
	3.13 東京都千代田区 有楽町劇場	・液化石油ガス等に対する予防措置の強化等	（2）特殊建築物の対象拡大	64.12 キャバレー「金の扉」火災
	3.18 〃 国際劇場		・風道等貫通部分の不燃化	
	9.13 神奈川県湯河原町 福寿美ホテル	（令）68. 3.10		65. 4 渋谷東急ビル火災
	9.14 長野県茅野市 白樺湖ホテル	・圧縮アセチレンガス等の貯蔵、取り扱う場合の届出		65.10 喫茶「ニューラッジ」火災
	11. 2 兵庫県神戸市 池之坊満月城	（法）68. 6.10 *8		66. 1 金井ビル火災
		・予防査察体制の強化	（令）69.1.23	66. 2 仙台まるしん火災
1960	69. 1. 9 東京都新宿区 日本青年館	・共同防火管理制度の発足	・竪穴区画の規定追加	68. 1 喫茶「田園」火災
	1.18 〃 渋谷区 林ビル	・防火管理者の業務の拡大	・地下街の防火区画の構造	68. 3 有楽町ビル火災
	2. 5 福島県郡山市 磐光ホテル	・高層建築物、地下街等の防火管理体制の強化	・劇場、ホテル・旅館、百貨店、ホテル、高さ31m超の避難経路の内装制限強化	68. 3 プロンス会館火災
	3.29 東京都新宿区 トルコその他	・防炎規制の実施		*10 66. 3 菊富士ホテル火災
	4.21 北海道岩内町 ホテルいのう	（令）69. 3.10 *10		68.11 池之坊満月城火災
	5. 1 東京都大田区 浦田文化会館（イトーヨーカ堂）	・共同防火管理を行う防火対象物		69. 2 磐光ホテル火災
		・防火対象物、防炎性能基準		
	5.18 石川県加賀市 白山荘	・消防用設備等の強化		
	8. 6 佐賀県大和町 龍登園	（1）5,6,16に自動火災報知設備普及		
	11.19 静岡県東伊豆町 熱川大和館	（2）電気火災警報機の設置強化		
	11.19 徳島県阿南市 藤井精神病院	（3）非常警報設備強化		
	11.27 大分県別府市 鶴見園観光ホテル	（4）誘導灯設置の強化		

年代	出火年月日・所在・名称	消防法・消防法施行令の改正経過（公布）	建築基準法・建築基準法施行令の改正経過	発災年月・契機となった火災
		（5）アセチレンガス等の届出物質		
1970	70. 2. 3　静岡県熱海市　つ る や ホ テ ル	（令）70.12.26　建築基準法及び同施行の一部改正に伴う関連する事項の整備	（法）70. 6. 1	
	2. 6　愛知県豊橋市　（株）豊栄百貨店		•防火に関する基準の強化	
	2.15　愛媛県松山市　関道後ホテル第一ホール		（1）耐火、簡易耐火建築物の規定	
	3.20　山梨県上野原町　泉老人ホーム		（2）内装制限を受ける建築物の範囲拡大	*12　70. 9　福田屋百貨店火災
	6.29　栃木県佐野市　秋山会両毛病院		•避難、消火等に関する基準の整備	70.12　水戸市中央ビル火災
	8. 6　北海道札幌市　手稲病院	（法）71. 6. 1　　　　　　　*12	（1）排煙設備等の技術的基準	
	9. 9　神奈川県横浜市　野澤屋デパート	•防火管理者措置命令		71. 1　寿司「のだや」留庵火災
	9.10　栃木県宇都宮市　福田屋百貨店	•危険物施設仮使用		71. 1　のだや留庵火災
	12.26　茨城県水戸市　水戸市中央ビル	•危険物取扱者		
	71. 1. 1　兵庫県姫路市　姫路市国際会館	•危険物と移送と停車命令	（2）非常用エレベーターの設置規定	*13　69. 2　磐光ホテル火災
	1. 2　和歌山県和歌山市　寿司　のだや　留庵	•別表の改正		69. 3　トルコ「その」の火災
	1.28　静岡県修善寺町　小島病院	（令）72. 1.21　　　　　　*13	（3）非常用照明、非常用進入口の規定の追加	70.12　水戸市中央ビル火災
	2. 2　宮城県岩沼市　（株）田畑百貨店	•防炎防火対象物、防炎対象品の拡大と性能基準の改正	•共同住宅の遮音構造	
	5.12　千葉県千葉市　千葉宮十字屋デパート	•消防用設備等の強化と基準改正	•絶対高さの廃止、容積率制限の全面適用	71. 1　寿司「のだや」留庵火災
	12.26　栃木県宇都宮市	（1）ラック式倉庫にスプリンクラー設備	•1専、2専内に北側斜線制限	
	72. 2. 7　愛知県東海市　ユニー大田川ショッピングセンター		•総合設計	
	2.25　和歌山県白浜市　椿グランドホテル	（2）4項の地階、4～10階にスプリンクラーの強化	•用途地域の整備	*11　69. 2　磐光ホテル火災
	3.30　愛知県名古屋市　中部ユニーさが美センター		（令）70.12. 2　　　　　　*11	
	5.13　大阪府大阪市　千日デパートビル	（3）特殊浴場に自動火災報知設備	•耐火建築物、簡易耐火建築物としなければな	
	73. 3. 8　福岡県北九州市　済生会　八幡病院			

年代	出火年月日・所在・名称	消防法・消防法施行令の改正経過（公布）	建築基準法・建築基準法施行令の改正経過	発災年月・契機となった火災
	3.14 東京都東村山市 老人ホーム東村山分院	(4)非常警報設備強化	らない建築物の拡大	
	4.20 青森県青森市 青森市民病院小浜分院	(5)連結散水設備	・不燃材料の指定	
	5.28 東京都新宿区 第6ボールスタービル	・令別表第1の改正(4)項,(8)項,(9)項	・防火区画	
	6.18 北海道釧路市 釧路オリエンタルホテル		・無窓の居室に排煙設備,内装制限等の義務づけ	*14 72.5 千日デパートビル火災
	9.25 大阪府高槻市 西武高槻ショッピングセンター	(法)72.7.23	・特殊建築物等の内装強化	*15 72.5 千日デパートビル火災
	10.11 兵庫県神戸市 坂口荘	・防炎性能の表示	・排煙設備,非常用照明等の技術基準	
	11.29 熊本県熊本市 大洋デパート	・防炎物品の販売元等の表示義務	・屋外への出入口の施錠装置	
	12.7 千葉県館山市 いとう屋	・防炎性能の遡及	・非常用進入口	
	12.11 東京都練馬区 今井マンション		・非常用エレベーター	
	12.19 三重県津市 大門観光	(令)72.12.1　*14	(令)73.8.23　*15	
1970	74. 1.26 広島県尾道市 湯浅内科病院	・防火管理者の資格及び責務の強化	・防火戸の構造強化	
	2.17 兵庫県神戸市 神戸デパート	・防炎の指定表示	・防火ダンパーの基準	
	3.27 山口県下関市 下関大丸百貨店	・消防用設備等の設置基準強化	・2以上の直通階段を設ける建築物の範囲拡大	
	7.16 神奈川県横浜市 京急サニーマート		・特殊建築物の内装制限強化	
	75. 2.8 愛知県名古屋市 愛知ガスセンター	(1)複合防火対象物への適用強化		
	3.1 東京都豊島区 池袋朝日会館		75.12.17	
	3.10 大阪府大阪市 千成ホテル	(2)9イ,10イに自動火災報知設備遡及	石油コンビナート等災害防止法公布	*16 72.6 千日デパート火災
	7.11 東京都中央区 喫茶店 銀座オリエント	(3)地階,無窓階強化		73.3 火災
	8.29 〃 渋谷区 渋谷七店会ビル	(4)11階以上の階強化		73.3 済生会八幡病院大災
	10.5 茨城県大子町 袋田温泉ホテル長生閣	・令別表改正(16)項イ,ロ	(法)76.11.15	
	11.23 東京都八王子市 秀和じろ名合レジデンス		・建築物の防災強化	73.11 大洋デパート火災
	76. 1.2 奈良県香芝市 香芝中央デパート	(法)74.6.1　*16	・日影規制の新設	
	1.10 東京都港区 貴悦ビル	・防火管理措置命令	・用途規制強化	*17 73.3 済生会八幡病院火災
	8.31 〃 葛飾区 青い城	・危険物移送取扱所	・道路幅員による各種制限	
	10.29 山形県酒田市 酒田大火			

年代	出火年月日・所在・名称	消防法・消防法施行令の改正経過（公布）	建築基準法・建築基準法施行令の改正経過	発災年月・契機となった火災
	11.27　〃　豊島区　関根ビル	・危険物施設の許可認可、緊急措置、保安検査等	の強化	73.11　大洋デパート火災
	11.30　〃　新宿区　新宿第一モナミビル	・消防用設備等	・建ぺい率、容積率の加重平均	
	12. 4　〃　墨田区　国松ビル	(1) 地下街の強化	・都市防災対策室設備	
	12.16　北海道旭川市　今井ビル（二条プラザホテル）	(2) 特定防火対象物の遡及	・検査済証交付前の仮使用の規定追加	
	12.26　静岡県沼津市　三沢ビル（らくらく酒場）	(3) 届出、検査	77.9.17	
	77. 2. 6　北海道札幌市　白石中央病院	(4) 点検、報告	・仮使用についての規制と防火措置を追加	
	5.13　山口県岩国市　岩国病院	(令) 74. 6. 1		
	12.18　福島県会津若松市　旅館丸井荘	・消防用設備等の強化		
	78. 3.10　新潟県新潟市　今町会館（エル・アドロ）	(1) 基準の改正		
	5.29　神奈川県藤沢市　東急ストアー辻堂店	(2) 特定防火対象物の既存遡及		
	6.15　愛知県半田市　ビジネスホテル白馬	(3) スプリンクラー設備、その他消防用設備等の設置義務化		
	9.26　長野県松本市　（株）カタセビル	・消防用設備等の維持管理及び防火管理体制の強化		
	11.19　東京都葛飾区　天狗ビル	・消防用設備等の強化		*18　70. 2　昭和石油（株）川崎製油所火災
1970	79. 6.22　滋賀県大津市　丸栄百貨店	(1) 基準の改正		73. 7　出光石油（株）徳山工場火災
	11. 9　東京都板橋区　イトーヨーカ堂大山店	(2) 届出、検査		73. 9　大阪石油（株）
	11.20　福岡県岡垣町　パチンコラッキーホール	(3) 点検報告		
		(4) 遡及対象物		
		(5) 地下街の強化		
		・消防設備士の講習		
		(令) 74. 7. 1　*17		

年代	出火年月日・所在・名称	消防法・消防法施行令の改正経過（公布）	建築基準法・建築基準法施行令の改正経過	発災年月・契機となった火災
				泉北工業所火災
				73.10 チッソ石油化学(株)五井工場火災
				74.12 三菱石油(株)水島製油所重油流出事故
		(法) 75.12.17　*18 石油コンビナート等災害防止法を制定、付則で危険物関係条項の一部を改正 ・危険物保安統括管理者の届出 ・定期点検業務 ・危険物の応急措置命令		*19 76.12 国松ビル火災
				76.12 三沢ビル火災
				78. 3 今町会館火災
		(令) 78.11. 1　*19 ・じゅうたん等の防炎規制 ・小規模のキャバレー、飲食店に自動火災報知設備の設置強化 ・キャバレー、飲食店の避難器具の強化		*20 79. 5 大阪住吉ゴム(株)火災
				*21 73. 3 済生会八幡病院火災
				73.11 大洋デパート火災
		(令) 79. 9.26　*20 特殊可燃物の一つとして合成樹脂を追加		75.11 秀和めじろ台レジデンス火災
1980	80. 8.16 静岡県静岡市 ゴールデン街第一ビル 11.20 栃木県藤原町 川治プリンスホテル（株） 12.23 北海道倶知安町 ニセコ商事 81. 2.28 島根県松江市 サンパレット 3. 4 大阪府摂津市 正雀ニューデパート	(令) 81. 1.23　*22 ・劇物、毒物の届出 ・別表で16の3項として準地下街を規制強化 ・ガス漏れ火災警報設備を消防用設備とし、準地下街、特定防火対象物の地	*21 (合) 80. 7.14 ・防火ダンパーの閉鎖機構 ・ガス配管設備の安全対策の強化 ・建築物の壁・床等、耐震基準の強化	*22 80. 8 静岡駅前ゴールデン街火災

年代	出火年月日・所在・名称	消防法・消防法施行令の改正経過（公布）	建築基準法・建築基準法施行令の改正経過	発災年月・契機となった火災
1980	82. 2. 8 東京都千代田区 ホテルニュー・ジャパン	階に設置規制		*23 80.11 川治プリンスホテル火災
	11.18 富山県庄川町 庄川温泉観光ホテル	81. 5.15 防火基準適合表示要綱の制定　*23		
	83. 2.21 山形県山形市 蔵王観光ホテル	(法) 84. 3.27 ・住宅の一部について消防同意から通知へ切り替える		
	84. 2.19 広島県尾道市 広知会青山病院			
	11.15 愛媛県松山市 三島ビル			
	86. 2. 8 青森県弘前市 島光会草苑園館	・消防同意の審査事項の合理化　*24		*24 85. 5 目黒区柿の木坂タンクローリー火災
	2.11 静岡県東伊豆町 大東館		(法) 87. 6. 5 ・準防火地域内での3階建て木造建築物の建築可能	
	4.21 〃 河津町 菊水館	(法) 86. 4.15 消防法及び消防組織法の改正　*24		
	6.14 千葉県船橋市 船橋東武	(令) 87.10. 2 ・(6)項イ及びロに掲げる防火対象物へのスプリンクラー設備の設置規制強化　*25	87.10. 6 ・木造建築物に係わる制限の合理化	
	7.31 兵庫県神戸市 陽気会東陽気院	・補助散水栓、2号消火栓等について規定化	・共同住宅の住戸に関する排煙設備規定の緩和	*25 87. 6 昭青会松寿園火災
	87. 2.11 静岡県富士市 佛松祥院			
	6. 6 東京都東村山市 昭青会松寿園			
	88.12.30 大分県別府市 ホテル望海荘			
	89. 8.24 東京都江東区 スカイシティ南砂			
	12.23 三重県四日市市 岡本総本店			
1990	90. 3.18 兵庫県尼崎市 長崎屋尼崎店	(令) 90. 6.19 ・(4)項に掲げる防火対象物へのスプリンクラー設備の設置規制強化　*26	(法) 92. 6.26 ・準耐火建築物の追加	*26 90. 3 長崎屋尼崎店火災
	94.12.21 福島県福島市 若喜旅館		(令) 93. 5.12 ・準耐火構造に関する技術基準の追加	*27 95. 1 阪神淡路大震災
	95. 1.17 兵庫県神戸市 阪神淡路大震災による大火	(法) 95.10.27 ・消防組織法改正、緊急消防援助隊の発足　*27	(法) 98. 6.12 ・建築行政の民間開放	
	11.20 埼玉県吉見町 東洋製罐埼玉工場		・中間検査制度の導入	
	96.10.28 広島県広島市 広島市営基町住宅第18アパート	(令) 98. 2.25 ・危険物施設附属設備の耐　*27	・単体規定の性能規定化	

年代	出火年月日・所在・名称	消防法・消防法施行令の改正経過（公布）	建築基準法・建築基準法施行令の改正経過	発災年月・契機となった火災
	98.11.17 和歌山県西牟婁郡 白浜温泉ホテル天山閣	震性基準強化 （令）99. 1.13　*27 準特定屋外タンク貯蔵所の耐震性強化		
	00. 6.10 群馬県新田郡尾島町（太田市） 日進化工（株）工場		（令）00. 4.26 ・構造、材料：仕様規定から技術的基準を規定 ・主要構造部への技術基準の追加 ・耐火性能検証法、防火区画検証法、避難安全検証法導入	*28　00. 6 日進化工群馬工場爆発火災
	01. 5. 8 青森県弘前市 武富士弘前支店	（法）01. 7. 4,　*28 （令）01. 9.14 ・ヒドロキシルアミン等を危険物に追加 ・植物油等を危険物から除外し、指定可燃物へ追加 ・火を使用する設備等の基準を市町村条例で規定		*29　01. 9 新宿区歌舞伎町雑居ビル火災
	9. 1 東京都新宿区 明星56ビル			
	3. 8.14・19 三重県桑名郡 三重ごみ固形燃料発電所			*30　03. 8 三重ごみ固形燃料発電所爆発事故
	02. 6.29 北海道稚内市 中央レンバイ ダイヤモンドプリンセス号	（法）02. 4.26　*29 ・防火対象物の定期点検報告制度の導入 ・立入検査権限の強化 ・消防吏員への命令権限の付与	（法）04. 3. 1, （令）05. 5.23 ・既存不適格建築物に対する勧告・是正命令制度の創設 ・建築物に係る報告・検査制度等の充実及び強化 ・既存不適格建築物に関する規制の合理化	*31　03. 9 ブリヂストン栃木工場火災
	10. 1 長崎県長崎市 ブリヂストン栃木工場			
	03. 9. 8 栃木県黒磯市（那須塩原市） 出光興産（株）北海道製油所	（令）02. 8. 2　*29 ・特定一階段防火対象物への自動火災報知設備の基準強化		*32　06. 1 大村市グループホーム火災
	9.26・28 北海道苫小牧市 出光興産（株）北海道製油所			
2000	04.12.13 埼玉県さいたま市 （株）ドン・キホーテ浦和花月店	（法）03. 6.18　*29 ・消防用設備等の性能規定化の導入 ・消防庁長官の火災原因調査権を規定		*33　07. 1 宝塚市カラオケボックス火災
	05. 5.11 福島県いわき市 （株）ケミクレア小名浜工場			
	06. 1. 8 長崎県大村市 やすらぎの里さくら館		（法）06. 3.30, （令）07. 3.12 ・構造計算適合性判定の実施 ・建築物の設計者等に対す	07. 6 渋谷区温泉施設爆発事故
	07. 1.20 兵庫県宝塚市 カラオケボックス			*05.11～ 構造計算書偽装問題
	6.19 東京都渋谷区 松濤温泉シエスパ			
	7.16 新潟県柏崎市 東京電力（株）柏崎刈羽原子力発電所			

年代	出火年月日・所在・名称	消防法・消防法施行令の改正経過（公布）	建築基準法・建築基準法施行令の改正経過	発災年月・契機となった火災
2000	12.21　茨城県神栖市　三菱化学（株）鹿島事業所	（法）04. 6. 2,　（令）04.10.27 ●一般住宅への住宅用火災警報器の義務付け	●罰則の強化	
	08.10. 1　大阪府大阪市浪速区　絵ビル（1階キャッツ）	（法）04. 6. 2　*31 ●指定可燃物等の貯蔵又は取扱基準の充実		
	09. 3.19　群馬県渋川市　静養ホームたまゆら	（令）04. 7. 9　*30 1000kg以上の再生資源燃料を指定可燃物へ追加		
	11.22　東京都杉並区　第8東京ビル（2階 石焼き好ほた焼 台仔亭）	（令）05. 2.18 ●地下タンク貯蔵所に係る性能規定の導入 ●水素充てん設備を設ける屋外給油取扱所に係る基準新設		
		（令）06. 1.25 ●給油取扱所に係る性能規定の導入		
		（令）07. 6.13　*32 ●社会福祉施設の一部のスプリンクラー設備、自動火災報知設備等の基準強化		

年代	出火年月日・所在・名称	消防法・消防法施行令の改正経過（公布）	建築基準法・建築基準法施行令の改正経過	発災年月・契機となった火災
2000		・社会福祉施設の一部の防火管理体制の強化 （法）07. 6.22,（令）08. 9.24 ・防災管理制度の創設 （法）08. 5.28 ・大規模地震等に備え、危険物流出事故等の調査体制を充実 （令）08. 7. 2　＊33 ・遊興のための個室店舗の自火報を新たに義務付け ・温泉汲み上げ施設にガス漏れ火災警報設備設置義務化 （法）09. 5. 1 ・消防法第1条に救急搬送業務の文言追加		
2010	10. 3.13　北海道札幌市　グループホームみらいとんでん 11. 3.11　岩手県山田町　東日本大震災による大火 3.11　千葉県市原市　コスモ石油（株）千葉製油所	（法）12. 6.27 ・雑居ビル等における防火防災管理体制の強化 ・火災原因調査権の拡大 ・消防用設備等の違法な流通防止措置		＊34　12. 5　福山市ホテル火災 13. 2　長崎市グループホーム火災 13. 8　福知山市花火大会火災

年代	出火年月日・所在・名称	消防法・消防法施行令の改正経過（公布）	建築基準法・建築基準法施行令の改正経過	発災年月・契機となった火災
	12. 4.22　山口県和木市　三井化学岩国大竹工場	●検定制度等の見直し	(令)13. 7.12 ●建築物の天井脱落対策及びエレベーター等の脱落防止対策等についての強化	*35　13.10　福岡市整形外科医院火災
	5.13　広島県福山市　ホテルプリンス	(公)13.12.27　　*34		
	9.29　兵庫県姫路市　日本触媒姫路製造所	●社会福祉施設の一部におけるスプリンクラー設備の面積制限撤廃及び火災通報装置の自火報連動義務化 (5) 項イの自火報面積制限撤廃 ●屋外イベント等での火気器具使用時等に消火器の準備を義務付け		
	13. 2. 8　長崎県長崎市　グループホームべルハウス東山手			
	8.15　京都府福知山市　福知山市花火大会	(令)14.10.16　　*35	(法)14. 6. 4, (令)15. 1.21 ●建築物の事故等に対する調査体制の強化	
	10.11　福岡県福岡市　安部整形外科	●病院等の一部におけるスプリンクラー設備の面積制限撤廃	●木造建築関連基準の一部性能規定化 壁等（法第21条第2項）の技術基準の新設 特定避難時間の新設	
	14. 1. 9　三重県四日市市　三菱マテリアル(株)四日市工場	●違反対象物の公表制度の導入（運用）		
	9. 3　愛知県名古屋市　新日鐵名古屋製鐵所		●新技術の円滑な導入に向けた仕組みの導入（法第38条の新設）	
2010	15. 5.17　神奈川県川崎市　簡易宿泊所（吉田屋）			
	10. 8　広島県広島市　雑居ビル飲食店		(令)16. 1.15	
	16.12.22　新潟県糸魚川市　糸魚川市大規模火災			

年代	出火年月日・所在・名称	消防法・消防法施行令の改正経過（公布）	建築基準法・建築基準法施行令の改正経過	発災年月・契機となった火災
17.	1.18 和歌山県有田市 東燃ゼネラル石油（株）和歌山工場 ・22 2.16 埼玉県入間郡 アスクル株式会社 ASKUL Logi PARK 首都圏		・定期調査・検査報告制度の強化（防火設備の検査内容等） ・耐火性能検証法における壁及び床の裏面温度に関する規定の追加 ・防火上有害な損傷を許容する屋根に関する規定の見直し ・防火上主要な間仕切壁に係る規制の合理化（強化天井の導入） ・別の建築物とみなす規定の合理化 ・特別避難階段の付室、非常用エレベーターの乗降ロビーの排煙方法の合理化 ・非常用進入口の設置に係る規制の合理化	
2010			（法）18 ・木造建築物の高さ制限の合理化 ・一定の避難措置を付加した既存建築ストックに関する規定の合理化 ・防火地域・準防火地域に	

年代	出火年月日・所在・名称	消防法・消防法施行令の改正経過（公布）	建築基準法・建築基準法施行令の改正経過	発災年月・契機となった火災
2010			おける延焼防止性能の性能規定化 （告）18 ●大規模倉庫に設ける感知器の構造方法に関する規定の強化	

（佐藤　博臣・田村　裕之・松﨑　崇史・鈴木　淳一）

4．火災関連規格・試験方法の種類

4・1 JIS 規 格

（1） 材料規格

JIS A 5404：2007 木質系セメント板

A 5422：2014 窯業系サイディング

A 5430：2013 繊維強化セメント板

A 6301：2015 吸音材料

A 6901：2014 せっこうボード製品

A 9511：2017 発泡プラスチック保温材

A 9521：2017 建築用断熱材

A 9523：2016 吹込み用繊維質断熱材

K 6744：2014 ポリ塩化ビニル被覆金属板及び金属帯

K 6885：2005 シール用四ふっ化エチレン樹脂未焼成テープ（生テープ）

K 6911：1995 熱硬化性プラスチック一般試験方法

K 7193：2010 プラスチック−高温空気炉を用いる着火温度の求め方

K 7201：1999 プラスチック−酸素指数による燃焼性の試験方法

R 3204：2014 網入板ガラス及び線入板ガラス

R 3223：2017 耐熱強化ガラス

（2） 建築火災関係

JIS A 1301：1994 建築物の木造部分の防火試験方法

A 1304：2017 建築構造部分の耐火試験方法

A 1310：2015 建築ファサードの燃えひろがり試験方法

A 1311：1994 建築用防火戸の防火試験方法

A 1313：2015 防火シャッターの検査基準

A 1314：2014 防火ダンパーの性能試験方法

A 1320：2017 建築内装用サンドイッチパネルの箱型試験体による燃焼性試験方法

A 1321：1994 建築物の内装材料及び工法の難燃性試験方法

A 1322：1966 建築用薄物材料の難燃性試験方法

A 1323：1995 建築工事用シートの溶接及び溶断火花に対する難燃性試験方法

A 1450：2015 フリーアクセスフロア試験方法

A 1454：2016 高分子系張り床材試験方法

A 4303：1994 排煙設備の検査標準

A 8952：1995 建築工事用シート

S 1037：2013 耐火金庫

（3）機 械 関 係

JIS　A　8202：2007　トンネル工事機材－安全

　　　D　1201：1998　自動車・及び農林用のトラクタ・機械装置－内装材料の燃焼性試験
　　　　　　　　　　方法

（4）繊 維 関 係

JIS　L　1091：1999　繊維製品の燃焼性試験方法

　　　Z　2150：1966　薄い材料の防炎性試験方法（45°メッケルバーナ法）

（5）電 気 関 係

JIS　C　2107：2011　電気絶縁用粘着テープ試験方法

　　　C　3005：2014　ゴム・プラスチック絶縁電線試験方法

　　　C　60079－0：2014　爆発性雰囲気

　　　C　60079－1：2014　爆発性雰囲気で使用する電気機械器具－第1部：耐圧防爆構造
　　　　　　　　　　　　　"d"

　　　C　60079－2：2014　爆発性雰囲気で使用する電気機械器具－第2部：内圧防爆構造
　　　　　　　　　　　　　"p"

　　　C　60079－6：2014　爆発性雰囲気で使用する電気機械器具－第6部：油入防爆構造
　　　　　　　　　　　　　"o"

　　　C　60079－7：2014　爆発性雰囲気で使用する電気機械器具－第7部：安全増防爆構
　　　　　　　　　　　　　造"e"

　　　C　60079－10：2014　爆発性雰囲気で使用する電気機械器具－第10部：危険区域の
　　　　　　　　　　　　　分類

　　　C　60079－11：2014　爆発性雰囲気で使用する電気機械器具－第11部：本質安全防
　　　　　　　　　　　　　爆構造"i"

　　　C　60079－14：2014　爆発性雰囲気で使用する電気機械器具－第14部：危険区域内
　　　　　　　　　　　　　の電気設備（鉱山以外）

　　　C　60079－15：2014　爆発性雰囲気で使用する電気機械器具－第15部：タイプ"n"
　　　　　　　　　　　　　防爆構造

　　　C　60079－18：2014　爆発性雰囲気で使用する電気機械器具－第18部：樹脂充てん
　　　　　　　　　　　　　防爆構造"m"

　　　C　60079－25：2014　爆発性雰囲気で使用する電気機械器具－第25部：本質安全シ
　　　　　　　　　　　　　ステム

　　　C　8364：2008　バスダクト

　　　C　8411：1999　合成樹脂製可とう電線管

　　　C　8430：1999　硬質塩化ビニル電線管

　　　C　8992：2010　太陽電池モジュールの安全適格性確認

　　　F　8009：2013　船用防爆電気機器一般通則

　　　F　8422：2003　船用防爆天井灯

（6）物質危険関係

JIS　K　2265－1：2007　引火点の求め方－第1部：タグ密閉法

　　　K　2265－2：2007　引火点の求め方－第2部：迅速平衡密閉法

　　　K　2265－3：2007　引火点の求め方－第3部：ペンスキーマルテンス密閉法

　　　K　2265－4：2007　引火点の求め方－第4部：クリーブランド開放法

　　　K　4810：2003　火薬類性能試験方法

　　　Z　7252：2014　GHS に基づく化学品の分類方法

　　　Z　7253：2012　GHS に基づく化学品の危険有害性情報の伝達方法－ラベル，作業
　　　　　　　　　　　　場内の表示及び安全データシート（SDS）

　　　Z　8817：2002　可燃性粉じんの爆発圧力及び圧力上昇速度の測定方法

　　　Z　8818：2002　可燃性粉じんの爆発下限濃度測定方法

　　　Z　8834：2016　粉じん・空気混合物の最小着火エネルギー測定方法

（山下　平祐・西本　俊郎・八島　正明）

4・2　省 庁 告 示 等

（1）　国土交通省（旧建設省）

法　　　　　律第　201 号　1950 年 5 月 24 日　建築基準法

政　　　　　令第　338 号　1950 年 11 月 16 日　建築基準法施行令

建 設 省 令 第　40 号　1950 年 11 月 23 日　建築基準法施行規則

建 設 省 告 示第3411号　1965 年 12 月 18 日　地階を除く階数が 11 以上である建築物の屋
　　　　　　　　　　　　　　　　　　　　　　　上に設ける冷却塔設備の防火上支障のない構
　　　　　　　　　　　　　　　　　　　　　　　造方法，建築物の他の部分までの距離及び建
　　　　　　　　　　　　　　　　　　　　　　　築物の他の部分の温度

　　　　　　　　第1729号　1969 年 5 月 1 日　建築基準法施行令第 128 条の 3 第 1 項第 1 号
　　　　　　　　　　　　　　　　　　　　　　　の規定に基づく地下街の各構えの接する地下
　　　　　　　　　　　　　　　　　　　　　　　道の壁等の耐火性能

　　　　　　　　第1829号　1970 年 12 月 28 日　火災時に生ずる煙を有効に排出することがで
　　　　　　　　　　　　　　　　　　　　　　　きる排煙設備の構造方法

　　　　　　　　第1830号　1973 年 12 月 28 日　非常用の照明装置の構造方法

　　　　　　　　第2563号　1973 年 12 月 28 日　防火区画に用いる防火設備等の構造方法

　　　　　　　　第2564号　1973 年 12 月 28 日　遮煙性能を有する防火設備の構造方法

　　　　　　　　第2565号　1973 年 12 月 28 日　防火ダンパーの構造方法

　　　　　　　　第1579号　1974 年 12 月 28 日　建築基準法施行令第 112 条第 16 項の規定に
　　　　　　　　　　　　　　　　　　　　　　　基づく風道の耐火構造等の防火区画を貫通す
　　　　　　　　　　　　　　　　　　　　　　　る部分等にダンパーを設けないことにつき防
　　　　　　　　　　　　　　　　　　　　　　　火上支障がないと認める場合

　　　　　　　　第1901号　1987 年 11 月 10 日　通常の火災時の加熱に対して耐力の低下を有
　　　　　　　　　　　　　　　　　　　　　　　効に防止することができる主要構造部である

		柱又ははりを接合する継手又は仕口の構造方法
第 1902 号	1987 年 11 月 10 日	建築基準法施行令第 115 条の 2 第 1 項第九号の規定に基づく通常の火災により建築物全体が容易に倒壊するおそれのない構造であることを確かめるための構造計算の基準
第 1905 号	1987 年 11 月 10 日	外壁，主要構造部である柱及びはり，床，床の直下の天井，屋根，屋根の直下の天井並びに国土交通大臣が指定する建築物の部分の構造方法
第 1426 号	1993 年 6 月 22 日	準耐火構造の壁を貫通する給水管，配電管その他の管の部分及びその周囲の部分の構造方法
第 1435 号	1993 年 6 月 24 日	建築基準法施行令第 316 条の 10 第 3 号ハの規定に基づくその屋内側からの通常の火災時における炎及び火熱を遮る上で有効と認める屋根の基準
第 1356 号	2000 年 5 月 23 日	鉄骨造の建築物について 1 の柱のみの火熱による耐力の低下によって建築物全体が容易に倒壊するおそれがある場合等
第 1358 号	2000 年 5 月 24 日	準耐火構造の構造方法
第 1359 号	2000 年 5 月 24 日	防火構造の構造方法
第 1360 号	2000 年 5 月 24 日	防火設備の構造方法
第 1361 号	2000 年 5 月 24 日	特定行政庁が防火地域及び準防火地域以外の市街地について指定する区域内における屋根の構造方法
第 1362 号	2000 年 5 月 24 日	木造建築物等の外壁の延焼のおそれのある部分の構造方法
第 1364 号	2000 年 5 月 25 日	外壁準防火構造の構造方法
第 1365 号	2000 年 5 月 25 日	防火地域又は準防火地域内の建築物の屋根の構造方法
第 1367 号	2000 年 5 月 25 日	準耐火建築物と同等の性能を有する建築物等の屋根の構造方法
第 1368 号	2000 年 5 月 25 日	床又はその直下の天井の構造方法
第 1369 号	2000 年 5 月 25 日	特定防火設備の構造方法
第 1376 号	2000 年 5 月 26 日	防火区画を貫通する風道に防火設備を設ける方法
第 1377 号	2000 年 5 月 26 日	建築物の界壁，間仕切壁又は隔壁を貫通する

風道に設ける防火設備の構造方法

第 1399 号 2000 年 5 月 30 日 耐火構造の構造方法

第 1400 号 2000 年 5 月 30 日 不燃材料

第 1401 号 2000 年 5 月 30 日 準不燃材料

第 1402 号 2000 年 5 月 30 日 難燃材料

第 1411 号 2000 年 5 月 31 日 非常用の照明装置を設けることを要しない避難階又は避難階の直上階若しくは直下階の居室で避難上支障がないものその他これらに類するもの

第 1416 号 2000 年 5 月 31 日 防火上支障のないエレベーターのかご及び昇降路並びに小荷物専用昇降機の昇降路

第 1422 号 2000 年 5 月 31 日 準耐火構造の防火区画等を貫通する給水管, 配電管その他の管の外径

第 1432 号 2000 年 5 月 31 日 可燃物燃焼温度

第 1433 号 2000 年 5 月 31 日 耐火性能検証法の算出方法

第 1436 号 2000 年 5 月 31 日 火災が発生した場合に避難上支障のある高さまで煙又はガスの降下が生じない建築物の部分

第 1437 号 2000 年 5 月 31 日 通常の火災時に生ずる煙を有効に排出することができる特殊な構造の排煙設備の構造方法

第 1439 号 2000 年 5 月 31 日 難燃材料でした内装の仕上げに準ずる仕上げ

第 1440 号 2000 年 5 月 31 日 火災の発生のおそれの少ない室

第 1441 号 2000 年 5 月 31 日 階避難安全検証法の算出方法

第 1442 号 2000 年 5 月 31 日 全館避難安全検証法の算出方法

第 1443 号 2000 年 5 月 31 日 防火上支障のない外壁及び屋根の構造

第 1444 号 2000 年 5 月 31 日 安全上又は防火上重要である建築物の部分等

国土交通省告示第 282 号 2008 年 3 月 10 日 建築物の定期点検の項目, 方法, 結果の判定基準

第 225 号 2009 年 2 月 27 日 準不燃材料でした内装の仕上げに準ずる仕上げ

第 860 号 2014 年 8 月 22 日 間仕切壁を準耐火構造としないこと等に関して防火上支障がない部分

第 249 号 2015 年 2 月 23 日 壁等の加熱面以外の面で防火上支障がないもの

第 250 号 2015 年 2 月 23 日 壁等の構造方法

第 253 号 2015 年 2 月 23 日 木造等大規模建築物の主要構造部構造方法

第 254 号 2015 年 2 月 23 日 ひさしその他これに類するものの構造方法

第 255 号 2015 年 2 月 23 日 法 27 条第一項建物の主要構造部構造方法

第 240 号　2016 年 1 月 21 日　定期報告を要しない通常の火災時において避難上著しい支障が生ずるおそれの少ない建築物等

第 692 号　2016 年 4 月 22 日　内装の仕上げを不燃材料ですることその他これに準ずる措置の基準等

第 693 号　2016 年 4 月 22 日　不燃性の物品を保管する倉庫に類する用途等

第 694 号　2016 年 4 月 22 日　強化天井の構造方法

第 695 号　2016 年 4 月 22 日　通常の火災時において相互に火熱又は煙若しくはガスによる防火上有害な影響を及ぼさない構造方法

第 696 号　2016 年 4 月 22 日　特別避難階段の階段室又は付室の構造方法

第 697 号　2016 年 4 月 22 日　非常用エレベーターの昇降路又は乗降ロビーの構造方法

第 698 号　2016 年 4 月 22 日　特別避難階段の階段室又は付室の構造方法

第 723 号　2016 年 5 月 2 日　防火設備の定期検査報告における検査及び定期点検における点検の項目，事項，方法及び結果の判定基準並びに検査結果表

第 785 号　2016 年 5 月 30 日　ガス有害性試験不要材料

第 786 号　2016 年 5 月 30 日　一定の規模以上の空間及び高い開放性を有する通路その他の部分の構造方法

第 1438 号　2016 年 12 月 26 日　安全上，防火上及び避難上の危険の度並びに衛生上及び市街地の環境の保全上の有害の度に著しい変更を及ぼさない変更

運輸省「航空機耐空審査要領」1973 年 12 月 13 日―第III部，付録 F

省　　　　令第　11 号　1980 年 5 月 6 日　船舶防火構造規則（船舶安全法）

法　　　　律第 185 号　1951 年 6 月 1 日　道路運送車両法

省　　　　令第　67 号　1951 年 7 月 28 日　道路運送車両の保安基準

国土交通省令第 151 号　2001 年 12 月 25 日　鉄道に関する技術上の基準を定める省令

（2）　総務省（旧自治省）

法　　　　律第 186 号　1948 年 5 月 17 日　消防法

政　　　　令第　37 号　1961 年 4 月 1 日　消防法施行令

自 治 省 令第　6 号　1961 年 4 月 1 日　消防法施行規則

a．　消火設備関係

自 治 省 令第　27 号　1964 年 9 月 17 日　消火器の技術上の規格を定める省令

第　28 号　1964 年 9 月 17 日　消火器用消火薬剤の技術上の規格を定める省令

第　26 号　1975 年 12 月 9 日　泡消火薬剤の技術上の規格を定める省令

第　35 号　1974 年 9 月 20 日　動力消防ポンプの技術上の規格を定める省令

第 27 号	1968 年 9 月 19 日	消防用ホースの技術上の規格を定める省令
第 10 号	1964 年 4 月 15 日	消防用ホースに使用する差込み式の結合金具の技術上の規格を定める省令
第 8 号	1970 年 3 月 31 日	消防用ホースまたは消防用吸管に使用するネジ式の結合金具の技術上の規格を定める省令
第 2 号	1965 年 1 月 12 日	閉鎖型スプリンクラーヘッドの技術上の規格を定める省令
第 18 号	1975 年 9 月 26 日	流水検知装置の技術上の規格を定める省令
第 19 号	1975 年 9 月 26 日	一斉開放弁の技術上の規格を定める省令
第 2 号	1983 年 1 月 18 日	流水検知装置の技術上の規格を定める省令
第 24 号	1986 年 10 月 15 日	動力消防ポンプの技術上の規格を定める省令
第 25 号	1986 年 10 月 15 日	消防用吸管の技術上の規格を定める省令

消防庁告示第 32 号　2008 年 12 月 26 日　配管の摩擦損失計算の基準

第 19 号	2001 年 3 月 30 日	合成樹脂製の管および管継手の基準
第 31 号	2008 年 12 月 26 日	金属製管継手およびバルブ類の基準
第 8 号	1997 年 6 月 30 日	加圧送水装置の基準
第 2 号	2013 年 3 月 27 日	屋内消火栓設備の屋内消火栓等の基準
第 37 号	2001 年 6 月 29 日	スプリンクラー設備等の送水口の基準
第 7 号	1973 年 2 月 10 日	開放型散水ヘッドの基準
第 6 号	1996 年 8 月 19 日	放水型ヘッド等を用いるスプリンクラー設備の設置および維持に関する技術上の基準の細目
第 5 号	1998 年 7 月 24 日	ラック式倉庫のラック等を設けた部分におけるスプリンクラーヘッドの設置に関する基準
第 17 号	2006 年 5 月 30 日	共同住宅用スプリンクラー設備の設置および維持に関する技術上の基準
第 27 号	2008 年 12 月 26 日	特定施設水道連結型スプリンクラー設備にかかる配管，管継手およびバルブ類の基準
第 2 号	1976 年 2 月 25 日	移動式の不活性ガス消火設備等のホース，ノズル，ノズル開閉弁およびホースリールの基準
第 9 号	1976 年 8 月 26 日	不活性ガス消火設備等の容器弁，安全装置および破壊板の基準
第 1 号	1995 年 1 月 12 日	不活性ガス消火設備等の放出弁の基準
第 2 号	1995 年 1 月 12 日	不活性ガス消火設備等の選択弁の基準
第 3 号	1995 年 1 月 12 日	不活性ガス消火設備等の音響警報装置の基準
第 7 号	1995 年 6 月 6 日	不活性ガス消火設備等の噴射ヘッドの基準
第 38 号	2001 年 6 月 29 日	不活性ガス消火設備等の制御盤の基準

	第	4	号	1995 年 1 月 12 日	粉末消火設備の定圧作動設置の基準
	第	12	号	2004 年 5 月 31 日	パッケージ型消火設備の設置及び維持に関する技術上の基準
	第	13	号	2004 年 5 月 31 日	パッケージ型自動消火設備の設置及び維持に関する技術上の基準
	第	14	号	2004 年 5 月 31 日	消防法施行令第三十六条の二第一項各号及び第二項各号に掲げる消防用設備等に類するものを定める件
	第	2	号	2006 年 3 月 28 日	大容量泡放水砲用泡消火薬剤の基準
	第	6	号	1982 年 12 月 4 日	エアゾール式簡易消火具
総 務 省 告 示 第	557		号	2011 年 12 月 21 日	製造所等の不活性ガス消火設備の技術上の基準の細目
	第	558	号	2011 年 12 月 21 日	製造所等のハロゲン化物消火設備の技術上の基準の細目
	第	559	号	2011 年 12 月 21 日	製造所等の泡消火設備の技術上の基準の細目

b.　警報設備関係

	第		号		
自 治 省 令 第	17		号	1981 年 6 月 20 日	火災報知設備の感知器および発信機に係わる技術上の規格を定める省令
	第	18	号	1981 年 6 月 20 日	中継器に係わる技術上の規格を定める省令
	第	18	号	1981 年 6 月 20 日	受信機に係わる技術上の規格を定める省令
消 防 庁 告 示 第	6		号	1973 年 2 月 10 日	非常警報設備の規準
	第	2	号	1981 年 6 月 20 日	ガス漏れ検知器ならびに液化石油ガスを検知対象とするガス漏れ火災警報設備に使用する中継器および受信機の基準
	第	1	号	1996 年 2 月 16 日	火災通報装置の基準
	第	9	号	1997 年 6 月 30 日	地区音響装置の基準
	第	18	号	2006 年 5 月 30 日	共同住宅用自動火災報知設備の設置及び維持に関する技術上の基準
	第	19	号	2006 年 5 月 30 日	住戸用自動火災報知設備及び共同住宅用非常警報設備の設置及び維持に関する技術上の基準
	第	20	号	2006 年 5 月 30 日	戸外表示器の基準を定める件
	第	25	号	2008 年 12 月 26 日	特定小規模施設用自動火災報知設備の設置及び維持に関する技術上の基準
	第	7	号	2004 年 5 月 31 日	総合操作盤の基準
	第	8	号	2004 年 5 月 31 日	総合操作盤の設置方法

c.　電気関係

自 治 省 令 第	15	号	1976 年 6 月 7 日	漏電火災報知器に係わる技術上の規格を定め

る省令

消防庁告示第 1 号 1973 年 2 月 10 日 自家発電設備の基準を定める件

第 2 号 1973 年 2 月 10 日 蓄電池設備の基準

第 13 号 1973 年 12 月 22 日 誘導灯および誘導標識の基準を定める件

第 8 号 2006 年 3 月 29 日 燃料電池設備の基準

第 10 号 1997 年 12 月 18 日 耐火電線の基準

第 11 号 1997 年 12 月 18 日 耐熱電線の基準

第 7 号 1975 年 5 月 28 日 キュービクル式非常電源専用受電設備の基準

第 10 号 1981 年 12 月 22 日 配電盤および分電盤の基準

d. 防炎関係

自 治 省 令第 5 号改正（消防法施行規則第 4 条の 3）1979 年 3 月 23 日　防炎性能の基準の数値等

消防庁安全救急課長通達，消防安第 56 号　1974 年 6 月 25 日　寝具類等の防炎表示物品の使用について

消防庁告示第 11 号 1973 年 6 月 1 日　防炎性能に係る耐洗たく性能の基準

e. 避難器具関係

自 治 省 令第 3 号 1965 年 1 月 12 日 金属製避難はしごの技術上の規格を定める省令

自 治 省 令第 4 号 1965 年 1 月 12 日 緩降機の技術上の規格を定める省令

自 治 省 令第 2 号 1994 年 1 月 17 日 緩降機の技術上の規格を定める省令

第 3 号 1994 年 1 月 17 日 緩降機の技術上の規格を定める省令（平成六年自治省令第二号）の施行に伴う消防法施行令第三十条第二項の技術上の基準に関する特例を定める省令（平成 6 自治省令 3）

消防庁告示第 1 号 1978 年 3 月 13 日 避難器具の基準

第 2 号 1996 年 4 月 16 日 避難器具の設置及び維持に関する技術上の基準の細目

第 2 号 1999 年 3 月 17 日 誘導灯及び誘導標識の基準

消防庁告示第 7 号 2002 年 11 月 28 日 消防法施行規則第四条の二の三並びに第二十六条第二項，第五項第三号ハ及び第七項第三号の規定に基づく屋内避難階段等の部分を定める件

第 2 号 2003 年 10 月 1 日 消防法施行規則の一部を改正する省令附則第五条の規定に基づき，同条の方法を定める件

f. その他

自 治 省 令第 1 号 1989 年 2 月 17 日 危険物の試験及び性状に関する省令

消防庁告示第 1 号 2002 年 3 月 6 日 対象火気設備等及び対象火気器具等の離隔距離に関する基準

第　2　号　2005 年 3 月 25 日　特定共同住宅等の位置，構造及び設備

第　3　号　2005 年 3 月 25 日　特定共同住宅等の構造類型

第　4　号　2005 年 3 月 25 日　特定共同住宅等の住戸等の床又は壁並びに当
該住戸等の床又は壁を貫通する配管等及びそ
れらの貫通部が一体として有すべき耐火性能

（3）　経済産業省（旧通商産業省）

法　　　　　律第 204 号　1951 年 6 月 7 日　高圧ガス保安法

政　　　　　令第 204 号　1951 年 11 月 6 日　高圧ガス保安法施行令

通商産業省令第 50 号　1966 年 5 月 25 日号外　容器保安規則

通商産業省・運輸省・建設省・自治省

令　　第　2　号　1972 年 12 月 25 日　石油パイプライン事業の事業用施設の技術上
の基準を定める省令

告　　　示第　1　号　1973 年 9 月 28 日　石油パイプライン事業の事業用施設の技術上
の基準の細目を定める告示

（4）　厚生労働省（旧労働省）

法　　　　　律第 57 号　1972 年 6 月 8 日　労働安全衛生法

政　　　　　令第 318 号　1972 年 8 月 19 日　労働安全衛生法施行令

労　働　省　令第 32 号　1972 年 9 月 30 日　労働安全衛生規則

労　働　省　令第 33 号　1972 年 9 月 30 日　ボイラーおよび圧力容器安全規則

厚生労働省令第 21 号　2005 年 2 月 24 日　石綿障害予防規則

労　働　省　告　示第 16 号　1969 年 04 月 01 日　電気機械器具防爆構造規格
（国際規格に基づく基準）
国際整合防爆指針 2015：労働安全衛生総合研究所技術指針「工
場電気設備防爆指針−国際整合技術指針 JNIOSH−TR−46−1 〜
9：2015」

第　19　号　1988 年 03 月 30 日　防じんマスクの規格

第　68　号　1990 年 09 月 26 日　防毒マスクの規格

第 126 号　1999 年 9 月 30 日　アセチレン溶接装置の安全器及びガス集合溶
接装置の安全器の規格

厚生労働省告示第 196 号　2003 年 04 月 30 日　圧力容器構造規格

第 197 号　2003 年 04 月 30 日　ボイラー構造規格

第 133 号　2012 年 03 月 16 日　化学物質等の危険性又は有害性等の表示又は
通知等の促進に関する指針

4・3　国　際　規　格

　防火に関する規格を制定している機関は各種あるが，国際規格としては ISO，IEC，欧州
規格 EN などが主要であることから，この 3 機関が制定しているものを取り上げることとし

た．それぞれ代表的なものを抜粋して以下に示す．また，各国の国家規格，団体規格等に関
しては，燃焼・火災関係と消防関係に大別してとりまとめた．

　現在，規格類は各機関の web サイトで容易に検索できるので，詳しい規格情報を確認し
て活用いただきたい．

（1）　国 際 規 格

a.　ISO 規　格

（制定機関：International Organization for Standardization（ISO）国際標準化機構）
　　https://www.iso.org/standards.html（規格の検索サイト）

（資料の国内入手先：　一般財団法人日本規格協会　https://www.jsa.or.jp/）

TC＊20　Aircraft and space vehicles

　　ISO 2156：1974　Aircraft ― Fire resisting electrical cables ― Methods of test

TC 21　Equipment for fire protection and fire fighting

　　ISO 21927‒1：2008　Smoke and heat control systems ― Part 1：Specification for
　　　　　　　　　　　　smoke barriers

　　ISO 21927‒2：2006/Amd 1：2010　Smoke and heat control systems ― Part 2：
　　　　　　　　　　　　Specification for natural smoke and heat exhaust
　　　　　　　　　　　　ventilators

　　ISO 21927‒3：2006/Amd 1：2010　Smoke and heat control systems ― Part 3：
　　　　　　　　　　　　Specification for powered smoke and heat exhaust
　　　　　　　　　　　　ventilators

　　ISO 3941：2007　Classification of fires

TC 23　Tractors and machinery for agriculture and forestry

　　ISO 3795：1989　Road vehicles, and tractors and machinery for agriculture and
　　　　　　　　　　　　forestry ― Determination of burning behavior of interior materials

TC 28　Petroleum and related products, fuels and lubricants from natural or synthetic
　　　　sources

　　ISO 1516：2002　Determination of Flash/no flash ― Closed cup equilibrium method

　　ISO 1 523：2002　Determination of flash point ― Closed cup equilibrium method

　　ISO 2592：1973　Petroleum and related products ― Determinations of flash and fire
　　　　　　　　　　　　points ― Cleveland open cup method

TC 33　Refractories

　　ISO 1893：2007　Refractory products ― Determination of refractoriness under load ―
　　　　　　　　　　　　differential method with rising temperature

TC 45　Rubber and rubber products

　　ISO　188：2011　Rubber, vulcanized or thermoplastic ― Accelerated ageing and heat
　　　　　　　　　　　　resistance tests

　　ISO 3582：2000/Amd 1：2007　Flexible cellular polymeric materials ― Laboratory
　　　　　　　　　　　　assessment of horizontal burning characteristics of

small specimens subjected to a small flame

TC 61　Plastics
　ISO　871：2006　Plastics — Determination of ignition temperature using a hot-air furnace
　ISO 4589：2017　Plastics — Determination of burning behaviour by oxygen index
　ISO 9772：2012　Cellular plastics — Determination of horizontal burning characteristics of small specimens subjected to a small flame
　ISO 9773：1998/Amd 1：2003　Plastics — Determination of burning behaviour of thin flexible vertical specimens in contact with a small-flame ignition source
　ISO 12992：2017　Plastics — Vertical flame spread determination for film and sheet
TC 92　Fire safety
　ISO 13943：2017　Fire safety — Vocabulary
　ISO/TR ** 17755：2014　Fire safety — Overview of national fire statistics practices
TC 92/SC 1　Fire initiation and growth
　ISO 1182：2010　Reaction to Fire test for products — Non-combustibility test
　ISO 1716：2010　Reaction to Fire test for products — Determination of the gross heat of combustion（calorific value）
　ISO/TS *** 3814：2014　Standard tests for measuring reaction-to-fire of products and materials — Their development and application
　ISO 5657：1997　Reaction to fire tests — Ignitability of building products using a radiant heat source
　ISO/TS 5658 - 1：2006　Reaction to fire tests — Spread of flame — Part 1：Guidance on flame spread
　ISO 5658 - 2：2006/Amd 1：2011　Reaction to fire tests — Spread of flame — Part 2：Lateral spread on building and transport products in vertical configuration
　ISO 5658 - 4：2001　Reaction to fire tests — Spread of flame — Part 4：Intermediate -scale test of vertical spread of flame with vertically oriented specimen
　ISO 5660 - 1：2015　Reaction-to-fire tests — Heat release, smoke production and mass loss rate — Part 1：heat release rate（Cone calorimeter method）and smoke production rate（dynamic measurement）
　ISO 5660 - 4：2016　Reaction-to-fire tests — Heat release, smoke production and mass loss rate — Part 4：Measurement of low levels of heat release
　ISO 9239 - 1：2010　Reaction to fire tests for floorings — Part 1：Determination of the burning behaviour using a radiant heat source

ISO 9705 – 1 : 2016　Reaction to fire tests — Room corner test for wall and ceiling
　　　　　　　　　　lining products — Part 1 : Test method for a small room configu-
　　　　　　　　　　ration

ISO 11925 – 1 : 1999　Reaction to fire tests — Ignitability of building products
　　　　　　　　　　subjected to direct impingement of flame — Part 1 : Guidance on
　　　　　　　　　　ignitability

ISO 11925 – 2 : 2010/Cor 1 : 2011　Reaction to fire tests — Ignitability of products
　　　　　　　　　　　　　　　subjected to direct impingement of flame — Part
　　　　　　　　　　　　　　　2 : Single–flame source test

ISO 11925 – 3 : 1997/Cor 1 : 1998　Reaction to fire tests — Ignitability of building
　　　　　　　　　　　　　　　products subjected to direct impingement of flame
　　　　　　　　　　　　　　　— Part 3 : Multi–source test

ISO 12136 : 2011　Reaction to fire tests — Measurement of material properties using a
　　　　　　　　　fire propagation apparatus

ISO 12863 : 2010/Amd 1 : 2016　Standard test method for assessing the ignition
　　　　　　　　　　　　　　propensity of cigarettes

ISO 13784 – 1 : 2014　Reaction to fire test for sandwich panel building systems — Part
　　　　　　　　　　1 : Small room test

ISO 13784 – 2 : 2002　Reaction–to–fire test for sandwich panel building systems —
　　　　　　　　　　Part 2 : Test method for large rooms

ISO 13785 – 1 : 2002　Reaction–to–fire tests for façades — Part 1 : Intermediate–scale
　　　　　　　　　　test

ISO 13785 – 2 : 2002　Reaction–to–fire tests for façades — Part 2 : Large–scale test

ISO 14696 : 2009　Reaction–to–fire tests — Determination of fire and thermal param-
　　　　　　　　　eters of materials, products and assemblies using an intermediate–
　　　　　　　　　scale calorimeter (ICAL)

ISO 14697 : 2007　Reaction–to–fire tests — Guidance on the choice of substrates for
　　　　　　　　　building and transport products

ISO 14934 – 1 : 2010　Fire tests — Calibration and use of heat flux meters — Part 1 :
　　　　　　　　　　General principles

ISO 16405 : 2015　Room corner and open calorimeter — Guidance on sampling and
　　　　　　　　　measurement of effluent gas production using FTIR technique

ISO/TR 17252 : 2008　Fire tests — Applicability of reaction to fire tests to fire model-
　　　　　　　　　　ling and fire safety engineering

ISO/TS 17431 : 2006　Fire tests — Reduced–scale model box test

ISO 17554 : 2014　Reaction to fire tests — Mass loss measurement

ISO 20632 : 2008　Reaction–to–fire tests — Small room test for pipe insulation
　　　　　　　　　products or systems

ISO/TS 22269：2005　Reaction to fire tests — Fire growth — Full-scale test for stairs and stair coverings

ISO 24473：2008　Fire tests — Open calorimetry — Measurement of the rate of production of heat and combustion products for fires of up to 40 MW

TC 92/SC 2　Fire safety — Fire containment

ISO 834 – 1：1999/Amd 1：2012　Fire-resistance tests — Elements of building construction — Part 1：General requirements

ISO 834 – 2：2009　Fire-resistance tests — Elements of building construction — Part 2：Guidance on measuring uniformity of furnace exposure on test samples

ISO/TR 834 – 3：2012　Fire-resistance tests — Elements of building construction — Part 3：Commentary on test method and guide to the application of the outputs from the fire-resistance test

ISO 834 – 4：2000　Fire-resistance tests — Elements of building construction — Part 4：Specific requirements for loadbearing vertical separating elements

ISO 834 – 5：2000　Fire-resistance tests — Elements of building construction — Part 5：Specific requirements for loadbearing horizontal separating elements

ISO 834 – 6：2000　Fire-resistance tests — Elements of building construction — Part 6：Specific requirements for beams

ISO 834 – 7：2000　Fire-resistance tests — Elements of building construction — Part 7：Specific requirements for columns

ISO 834 – 8：2002　Fire-resistance tests — Elements of building construction — Part 8：Specific requirements for non-loadbearing vertical separating elements

ISO 834 – 8：2002/Cor 1：2009　Fire-resistance tests — Elements of building construction — Part 8：Specific requirements for non-loadbearing vertical separating elements — Technical Corrigendum 1

ISO 834 – 9：2003　Fire-resistance tests — Elements of building construction — Part 9：Specific requirements for non-loadbearing ceiling elements

ISO 834 – 9：2003/Cor 1：2009　Fire-resistance tests — Elements of building construction — Part 9：Specific requirements for non-loadbearing ceiling elements — Technical Corrigendum 1

ISO 834 – 10：2014　Fire-resistance tests — Elements of building construction —

　　　　　Part 10：Specific requirements to determine the contribution of
　　　　　applied fire protection materials to structural steel elements

ISO 834－11：2014　Fire-resistance tests — Elements of building construction — Part
　　　　　11：Specific requirements for the assessment of fire protection to
　　　　　structural steel elements

ISO 834－12：2012　Fire-resistance tests — Elements of building construction — Part
　　　　　12：Specific requirements for separating elements evaluated on
　　　　　less than full scale furnaces

ISO 3008：2007　Fire resistance tests — Door and shutter assemblies

ISO 3008－2：2017　Fire resistance tests — Door and shutter assemblies — Part 2：
　　　　　Lift landing door assemblies

ISO 3008－3：2016　Fire resistance tests — Door and shutter assemblies — Part 3：
　　　　　Door and shutter assemblies horizontally oriented

ISO 3009：2003　Fire resistance tests — Glazed elements

ISO 5925－1：2007/Amd 1：2015　Fire tests — Smoke control door and shutter
　　　　　assemblies — Part 1：Ambient— and medium-
　　　　　temperature leakage test

ISO 6944－1：2008/Amd 1：2015　Fire containment — Elements of building construc-
　　　　　tion — Part 1：Ventilation ducts

ISO 6944－2：2009　Fire containment — Elements of building construction — Part 2：
　　　　　Kitchen extract ducts

ISO 10294－1：1996/Amd 1：2014　Fire resistance tests — Fire dampers for air
　　　　　distribution systems — Part 1：Test method

ISO 10294－4：2001/Amd 1：2014　Fire resistance tests — Fire dampers for air
　　　　　distribution systems — Part 4：Test of thermal
　　　　　release mechanism

ISO 10294－5：2005　Fire resistance tests — Fire dampers for air distribution systems
　　　　　— Part 5：Intumescent fire dampers

ISO 10295－1：2007　Fire tests for building elements and components — Fire testing
　　　　　of service installations — Part 1：Penetration seals

ISO 10295－2：2009/Cor 1：2009　Fire tests for building elements and components —
　　　　　— Fire testing of service installations — Part 2：
　　　　　Linear joint（gap）seals

ISO 12468－1：2013　External exposure of roofs to fire — Part 1：Test method

ISO 12472：2003　Fire resistance of timber door assemblies — Method of determining
　　　　　the efficacy of intumescent seals

ISO/TR 15657：2013　Fire resistance tests — Guidelines for computational structural
　　　　　fire design

ISO/TR 15658：2009　Fire resistance tests — Guidelines for the design and conduct of non-furnace-based large-scale tests and simulation

ISO 22899 – 1：2007　Determination of the resistance to jet fires of passive fire protection materials — Part 1：General requirements

TC 92/SC 3　Fire threat to people and environment

ISO 12828 – 1：2011　Validation method for fire gas analysis — Part 1：Limits of detection and quantification

ISO 12828 – 2：2016　Validation methods for fire gas analyses — Part 2：Intralaboratory validation of quantification methods

ISO 13344：2015　Estimation of the lethal toxic potency of fire effluents

ISO 13571：2012　Life-threatening components of fire — Guidelines for the estimation of time to compromised tenability in fires

ISO/TR 13571 – 2：2016　Life-threatening components of fire — Part 2：Methodology and examples of tenability assessment

ISO 16312 – 1：2016　Guidance for assessing the validity of physical fire models for obtaining fire effluent toxicity data for fire hazard and risk assessment — Part 1：Criteria

ISO/TR 16312 – 2：2007　Guidance for assessing the validity of physical fire models for obtaining fire effluent toxicity data for fire hazard and risk assessment — Part 2：Evaluation of individual physical fire models

ISO/TS 19700：2016　Controlled equivalence ratio method for the determination of hazardous components of fire effluents — Steady-state tube furnace

ISO 19701：2013　Methods for sampling and analysis of fire effluents

ISO 19702：2015　Guidance for sampling and analysis of toxic gases and vapours in fire effluents using Fourier Transform Infrared (FTIR) spectroscopy

ISO 19703：2010　Generation and analysis of toxic gases in fire — Calculation of species yields, equivalence ratios and combustion efficiency in experimental fires

ISO 19706：2011　Guidelines for assessing the fire threat to people

ISO 26367 – 1：2011　Guidelines for assessing the adverse environmental impact of fire effluents — Part 1：General

ISO 26367 – 2：2017　Guidelines for assessing the adverse environmental impact of fire effluents — Part 2：Methodology for compiling data on environmentally significant emissions from fires

ISO/TR 26368：2012　Environmental damage limitation from fire-fighting water run-

ISO 27368：2008 Analysis of blood for asphyxiant toxicants — Carbon monoxide and hydrogen cyanide

ISO 29903：2012 Guidance for comparison of toxic gas data between different physical fire models and scales

ISO 29904：2013 Fire chemistry — Generation and measurement of aerosols

TC 92/SC 4 Fire safety engineering

ISO/TS 13447：2013 Fire safety engineering — Guidance for use of fire zone models

ISO 16730‒1：2015 Fire safety engineering — Procedures and requirements for verification and validation of calculation methods — Part 1：General

ISO 16732‒1：2012 Fire safety engineering — Fire risk assessment — Part 1：General

ISO 16733‒1：2015 Fire safety engineering — Selection of design fire scenarios and design fires — Part 1：Selection of design fire scenarios

ISO 16734：2006 Fire safety engineering — Requirements governing algebraic equations — Fire plumes

ISO 16735：2006 Fire safety engineering — Requirements governing algebraic equations — Smoke layers

ISO 16736：2006 Fire safety engineering — Requirements governing algebraic equations — Ceiling jet flows

ISO 16737：2012 Fire safety engineering — Requirements governing algebraic equations — Vent flows

ISO/TR 16738：2009 Fire‒safety engineering — Technical information on methods for evaluating behaviour and movement of people

ISO 23932：2009 Fire safety engineering — General principles

ISO 24678‒6：2016 Fire safety engineering — Requirements governing algebraic formulae — Part 6：Flashover related phenomena

ISO/TS 24679：2011 Fire safety engineering — Performance of structures in fire

ISO/TS 29761：2015 Fire safety engineering — Selection of design occupant behavioural scenarios

TC 94 Personal safety — Protective clothing and equipment

ISO/TR 2801：2007 Clothing for protection against heat and flame — General recommendations for selection, care and use of protective clothing

＊TC：Technical Committee

＊＊TR：Technical Report

＊＊＊TS：Technical Specification

b.　IEC　規　格

（制定機関：International Electrotechnical Commission（IEC）国際電気標準会議）

　https://webstore.iec.ch　（IEC　Webstore）

（資料の国内入手先：　一般財団法人日本規格協会　https://www.jsa.or.jp/）

TC 20　Electric cables

　IEC 60331‒1：2009　Tests for electric cables under fire conditions — Circuit integrity — Part 1

　IEC 60332‒1‒1：2004/Amd 1：2015　Tests on electric and optical fibre cables under fire conditions — Part 1‒1

c.　EN　規　格

（制定機関：European Committee for Standardization（CEN）欧州標準化委員会）

　https://standards.cen.eu

国立国会図書館リサーチ・ナビ

　https://rnavi.ndl.go.jp/research_guide/entry/theme‒honbun‒400383.php

　（EN 規格 〜欧州の統一規格〜）

EN 規格は独自に出版されたものではなく，欧州各国の国家規格として入手する．例えば，「EN 1234」について，英国の場合は「BS EN 1234，ドイツの場合は「DIN　EN　1234」

（資料の国内入手先：　一般財団法人日本規格協会　https://www.jsa.or.jp/）

TC 70　Manual means of fire fighting equipment

　EN 2：1992/A 1：2004　Classification of fires

　EN 3‒7：2004/A 1：2007　Portable fire extinguishers — Part 8：Additional requirements to EN 3‒7 for the construction, resistance to pressure and mechanical tests for extinguishers with a maximum allowable pressure equal to or lower than 30 bar

　EN 3‒8：2006/AC：2007　Portable fire extinguishers — Part 7：Characteristics, performance requirements and test methods

　EN 3‒9：2006/AC：2007　Portable fire extinguishers — Part 9：Additional requirements to EN 3‒7 for pressure resistance of CO_2 extinguishers

　EN 3‒10：2009　Portable fire extinguishers — Part 10：Provisions for evaluating the conformity of a portable fire extinguisher to EN 3‒7

TC 72　Fire detection and fire alarm systems

　EN 54‒1：2011　Fire detection and fire alarm systems — Part 1：Introduction

　EN 54‒5：2017　Fire detection and fire alarm systems — Part 5：Heat detectors — Point heat detectors

　EN 54‒7：2000/A 2：2006　Fire detection and fire alarm systems — Part 7：Smoke detectors — Point detectors using scattered light, transmitted light of ionization

EN 54 – 10 : 2002　Fire detection and fire alarm systems — Part 10 : Flame detectors — Point detectors

EN 54 – 11 : 2001/A 1 : 2005　Fire detection and fire alarm systems — Part 11 : Manual call points

EN 54 – 12 : 2015　Fire detection and fire alarm systems — Part 12 : Smoke detectors — Line detectors using an optical beam

EN 54 – 13 : 2017　Fire detection and fire alarm systems — Part 13 : Compatibility and connectability assessment of system components

EN 54 – 16 : 2008　Fire detection and fire alarm systems — Part 16 : Voice alarm control and indicating equipment

EN 54 – 17 : 2005/AC : 2007　Fire detection and fire alarm systems — Part 17 : Short -circuit isolators

EN 54 – 18 : 2005/AC : 2007　Fire detection and fire alarm systems — Part 18 : Input/output devices

EN 54 – 20 : 2006/AC : 2008　Fire detection and fire alarm systems — Part 20 : Aspirating smoke detectors

EN 54 – 21 : 2006　Fire detection and fire alarm systems — Part 21 : Alarm transmission and fault warning routing equipment

EN 54 – 22 : 2015　Fire detection and fire alarm systems — Part 22 : Resettable line-type heat detectors

EN 54 – 23 : 2010　Fire detection and fire alarm systems — Part 23 : Fire alarm devices — Visual alarm devices

EN 54 – 24 : 2008　Fire detection and fire alarm systems — Part 24 : Components of voice alarm systems — Loudspeakers

EN 54 – 25 : 2008/AC : 2012　Fire detection and fire alarm systems — Part 25 : Components using radio links

EN 54 – 26 : 2015　Fire detection and fire alarm systems — Part 26 : Carbon monoxide detectors — Point detectors

EN 54 – 27 : 2015　Fire detection and fire alarms systems — Part 27 : Duct smoke detectors

EN 54 – 28 : 2016　Fire detection and fire alarm system — Part 28 : Non-resettable line-type heat detectors

EN 54 – 29 : 2015　Fire detection and fire alarm systems — Part 29 : Multi-sensor fire detectors — Point detectors using a combination of smoke and heat sensors

EN 54 – 30 : 2015　Fire detection and fire alarm systems — Part 30 : Multi-sensor fire detectors — Point detectors using a combination of carbon monoxide and heat sensors

EN 54 – 31：2002　Fire detection and fire alarm systems — Part 31：Multi-sensor fire detectors － Point detectors using a combination of smoke, carbon monoxide and optionally heat sensors

TC 127　Fire safety in buildings

EN 1363 – 1：2012　Fire resistance tests — Part 1：General Requirements

EN 1363 – 2：1999　Fire resistance tests — Part 2：Alternative and additional procedures

EN 1364 – 2：1999　Fire resistance tests for non-loadbearing elements — Part 2：Ceilings

EN 1364 – 3：2014　Fire resistance tests for non-loadbearing elements — Part 3：Curtain walling － Full configuration（complete assembly）

EN 1364 – 4：2014　Fire resistance tests for non-loadbearing elements — Part 4：Curtain walling － Part configuration

EN 1364 – 5：2014　Fire resistance tests for non-loadbearing elements — Part 5：Air transfer grilles

EN 1365 – 5：2004　Fire resistance tests for loadbearing elements — Part 5：Balconies and walkways

EN 1365 – 6：2004　Fire resistance tests for loadbearing elements — Part 6：Stairs

EN 1366 – 6：2004　Fire resistance tests for service installations — Part 6：Raised access and hollow core floors

EN 1366 – 7：2004　Fire resistance tests for service installations — Part 7：Conveyor systems and their closures

EN 1366 – 10：2011/A 1：2017　Fire resistance tests for service installations — Part 10：Smoke control dampers

EN 1366 – 11：2017　Fire resistance tests for service installations — Part 11：Fire protective systems for cable systems and associated components

EN 1366 – 12：2014　Fire resistance tests for service installations — Part 12：Non-mechanical fire barrier for ventilation ductwork

TC 250　Structural Eurocodes

EN 1991 – 1 – 2：2002/AC：2013　Eurocode 1：Actions on structures — Part 1 – 2：General actions — Actions on structures exposed to fire

EN 1992 – 1 – 2：2004/AC：2008　Eurocode 2：Design of concrete structures — Part 1 – 2：General rules — Structural fire design

EN 1993 – 1 – 2：2005/AC：2009　Eurocode 3：Design of steel structures — Part 1 – 2：General rules — Structural fire design

EN 1994 – 1 – 2：2004/A 1：2014　Eurocode 4：Design of composite steel and concrete structures — Part 1 - 2 : General rules — Structural

fire design

EN 1995 - 1 - 2 : 2004/AC : 2009　Eurocode 5 : Design of timber structures — Part 1

- 2 : General — Structural fire design

EN 1996 - 1 - 2 : 2005/AC : 2010　Eurocode 6 : Design of masonry structures — Part

1 - 2 : General rules — Structural fire design

EN 1999 - 1 - 2 : 2007/AC : 2009　Eurocode 9 : Design of aluminium structures —

Part 1 - 2 : Structural fire design

（2）　各国の規格

国家規格　ANSI　米国（管理団体：American National Standards Institute）

AS　オーストラリア（管理団体：Standards Australia）

BS　英国（管理団体：British Standards Institute）

CSA　カナダ（管理団体：Canadian Standards Association）

DIN　ドイツ（管理団体：Deutsches Institut für Normung）

DS　デンマーク（管理団体：Dansk Standard）

GB　中国（管理団体：中国国家標準化管理委員会）

KS　韓国（管理団体：Korean Standards Association）

NEN　オランダ（管理団体：Nederlands Normalisatie–Instituut）

NF　フランス（管理団体：Association Française de Normalisation）

NZS　ニュージーランド（管理団体：Standards New Zealand）

SIS　スウェーデン（管理団体：Swedish Standards Institute）

SFS　フィンランド（管理団体：Suomen Standardisoimisliitto SFS ry）

団体規格　ASTM　米国材料試験協会 American Society for Testing and Materials

FM　FM 社（保険会社）FM Approvals LLC

MIL　米国国防総省 United States Department of Defense

NFPA　全米防火協会 National Fire Protection Association

UL　米国保険業者安全試験所 Underwriters Laboratories Inc.

以上のような規格が存在するが，具体的な規格名等は，以下，代表的なものについてのみ示す.

a.　燃焼・火災関係規格

AS　　1530　　　　　Method for fire test on building materials, components and

structures

　　　　2122　　　　　Combustion propagation characteristics of plastics

CAN/ULC–S 1 O 1　Standard methods of fire endurance tests of building construction

and materials

/ULC–S 102　　　Standard method of test for surface burning characteristics of

building materials and assemblies

BS　　476　　　　　Fire test on building materials and structures

	5852	Methods of test for assessment of the ignitability of upholstered seating by smouldering and flaming ignition sources
ASTM	D 635 – 14	Standard test method for rate of burning and/or extent and time of burning of plastics in a horizontal position
	D 1230 – 17	Standard test method for flammability of apparel textiles
	D 1929 – 16	Standard test method for determining ignition temperature of plastics
	D 2863 – 17	Standard test method for measuring the minimum oxygen concentration to support candle-like combustion of plastics (Oxygen Index)
	E 69 – 15	Standard test method for combustible properties of treated wood by the fire-tube apparatus
	E 84 – 17	Standard test method for surface burning characteristics of building materials
	E 108 – 17	Standard test methods for fire test of roof coverings
	E 119 – 16 a	Standard test methods for Fire test of building construction and materials
	E 136 – 16 a	Standard test methods for behavior of materials in a vertical tube furnace at 750℃
	E 162 – 16	Standard Test Method for Surface Flammability of Materials Using a Radiant Heat Energy Source
	E 648 – 17	Standard test methods for critical radiant flux of floor-covering systems using a radiant heat energy source
	E 662 – 17 a	Standard test methods for specific optical density of smoke generated by solid materials
DIN	22103	Flameresistant steelcord conveyer belts; requirements and method of test
	4102	Fire behaviour of building materials and building components
	53438	Testing of combustible materials

b.　消防関係規格

　消防関係規格は，非常に詳細に決められていることが多いことから，代表的な国家規格として DIN と BS を，団体規格として UL 規格を採り上げ，用途に整理した．

　ⅰ）用語，記号，火災の分類

DIN

14010	Statements for fire statistics
14011	Terms for firefighting purposes
14033	Symbolic abbreviations for fire brigade

BS

1635	Recommendations for graphical symbols and abbreviations for fire protection drawings
2929	Safety colors for use in industry
4422	Fire vocabulary
EN ISO 7010	Graphical symbols. Safety colors and safety signs. Registered safety signs.
ISO 3864 – 1	Graphical symbols, Safety colors and Safety signs, Design principle for safety signs and safety markings

ⅱ）可搬式消火器関係

DIN

14406 – 1	Portable fire extinguishers：types, terms, requirements
14406 – 2	Portable fire extinguishers：test of type
14406 – 3	Portable fire extinguishers：extinguisher bodies for charging extinguishers and extinguishers with chemical pressure generation; requirements and test methods and marking
14406 – 4	Portable fire extinguishers：Maintenance
SPEC 14412	Portable fire extinguishers according to DIN EN 3 － Requirements to fire extinguishing media and environment protection
75405	Fixtures for fire extinguishers in passenger cars; requirements, tests

BS

5306 – 3	Fire extinguishing installations and equipment on premises. Commissioning and maintenance of portable fire extinguishers. Code of practice
5306 – 8	Fire extinguishing installations and equipment on premises. Selection and positioning of portable fire extinguishers. Code of practice
5306 – 9	Fire extinguishing installations and equipment on premises. Recharging of portable fire extinguishers. Code of practice

UL

8	Water based agent fire extinguishers
92	Standard for fire extinguisher and booster hose
154	Carbon-dioxide fire extinguishers
299	Dry chemical fire extinguishers
626	Water fire extinguishers
711	Rating and fire testing of fire extinguishers
1093	Halogenated agent fire extinguishers

ⅲ）火災報知設備関係

DIN

14623	Signs for orientation at automatic fire detectors
14661	Firefighting and fire protection － Fire-brigade control panel for fire detection and fire alarm systems

14662	Firefighting and fire protection － Fire-brigade indication panel for fire detection and fire alarm systems
14674	Fire detection and fire alarm systems － System interconnection
14675 − 1	Fire detection and fire alarm systems : Design and operation
14675 − 2	Fire detection and fire alarm systems : Requirements to the specialised company
14676	Smoke alarm devices for use in residential buildings, apartments and rooms with similar purposes － Installation, use and maintenance

BS

5446 − 2	Fire detection and fire alarm devices for dwellings. Specification for heat alarms
5446 − 3	Detection and alarm devices for dwellings. Specification for fire alarm and carbon monoxide alarm systems for deaf and hard of hearing people
5839	Fire detection and fire alarm systems for buildings. Code of practice for design, installation, commissioning and maintenance of systems in non-domestic premises
EN 54 − 1	Fire detection and fire alarm systems. Introduction
EN 54 − 4	Fire detection and fire alarm systems. Power supply equipment
EN 54 − 5	Fire detection and fire alarm systems. Heat detectors. Point heat detectors
EN 54 − 28	Fire detection and fire alarm system. Non-resettable line-type heat detectors
EN 14604	Smoke alarm devices

UL

38	Manual signaling boxes for fire alarm systems
217	Standards for smoke alarms
268	Smoke detectors for fire alarm systems
521	Heat detectors for fire protective signaling systems
539	Single and multiple station heat alarms
632	Electrically-actuated transmitters
827	Central-station alarm services
864	Control units and accessories for fire alarm systems
985	Household fire warning system units
1481	Power supplies for fire-protective signaling systems

ⅳ）固定消火設備関係

DIN

| 4055 | Water pipelines; valve box for underground hydrants; DVGW code of practice |

14375	Double outlet standpipes, nominal pressure 16
14461 − 1	Delivery valve installations for firefighting purposes − Part 1 : Wall hydrants with semi-rigid hose
14461 − 2	Delivery valve installations − Part 2 : Filling station and output system connected with dry water conduit for fire extinguishing
14461 − 3	Delivery valve installations for firefighting purposes − Part 3 : Fire hose valves for nominal pressure PN 16
14461 − 4	Delivery valve installations for firefighting purposes − Part 4 : Filling valves PN 16 connected with firefigthing pipes
14461 − 5	Delivery valve installations for firefighting purposes − Part 5 : Tap PN 16 connected with firefigthing pipes
14461 − 6	Delivery valve installations for firefighting purposes − Part 6 : Wall hydrants with flat hose for trained personnel
14464	Assembly with direct connection for sprinkler systems and extinguishing systems with open nozzles − Requirements and testing
14475	Powder extinguishing systems for firefighting vehicles
EN 12416	Fixed firefighting systems − Powder systems − Part 1 : Requirements and test methods for components
EN 12845	Fixed firefighting systems − Automatic sprinkler systems − Design, installation and maintenance
EN 13565 − 1	Fixed firefighting systems − Foam systems − Part 1 : Requirements and test methods for components
EN 13565 − 2	Fixed firefighting systems − Foam systems − Part 2 : Design, construction and maintenance
EN 14339	Underground fire hydrants
EN 14384	Pillar fire hydrants

BS

3251	Specification. Indicator plates for fire hydrants and emergency water supplies
5306 − 0	Fire protection installations and equipment on premises. Guide for selection of installed systems and other fire equipment
5306 − 1	Code of practice for fire extinguishing installations and equipment on premises. Hose reels and foam inlets
5306 − 4	Fire extinguishing installations and equipment on premises. Specification for carbon dioxide systems
5306 − 5.1	Code of practice for fire extinguishing installations and equipment on premises. Halon systems. Specification for halon 1301 total flooding systems

5306 – 5.2	Code of practice for fire extinguishing installations and equipment on premises. Halon systems. Halon 1211 total flooding systems
5401 – 1	Fire hydrant systems equipment. Specification for landing valves for wet risers
5401 – 2	Fire hydrant systems equipment. Specification for landing valves for dry risers
5401 – 3	Fire hydrant systems equipment. Specification for inlet breechings for dry riser inlets
5401 – 4	Fire hydrant systems equipment. Specification for boxes for landing valves for dry risers
5401 – 5	Fire hydrant systems equipment. Specification for boxes for foam inlets and dry riser inlets
8489 – 1	Fixed fire protection systems. Industrial and commercial watermist systems. Code of practice for design and installation
8489 – 4	Fixed fire protection systems. Industrial and commercial watermist systems. Fire performance tests and requirements for watermist systems for local applications involving flammable liquid fires
8489 – 5	Fixed fire protection systems. Industrial and commercial watermist systems. Fire performance tests and requirements for watermist systems for the protection of combustion turbines and machinery spaces with volumes up to and including 80 m^3
8489 – 6	Fixed fire protection systems. Industrial and commercial watermist systems. Fire performance tests and requirements for watermist systems for the protection of industrial oil cookers
8489 – 7	Fixed fire protection systems. Industrial and commercial watermist systems. Tests and requirements for watermist systems for the protection of low hazard occupancies
EN 671 – 1	Fixed firefighting systems. Hose systems. Hose reels with semi‒rigid hose
EN 694	Fire‒fighting hoses. Semi‒rigid hoses for fixed systems
EN 12416 – 1	Fixed firefighting systems. Powder systems. Design, construction and maintenance
EN 12416 2	Fixed firefighting systems. Powder systems. Requirements and test methods for components
EN 12845	Fixed firefighting systems. Automatic sprinkler systems. Design, installation and maintenance
EN 13565 – 2	Fixed firefighting systems. Foam systems. Design, construction and maintenance

UL

33	Heat responsive links for fire-protection service
47	Semiautomatic fire hose storage devices
107	Asbestos-cement pipe and couplings
193	Alarm valves for fire-protection service
199	Automatic sprinklers for fire-protection service
203	Pipe hanger equipment for fire protection service
246	Hydrants for fire-protection service
260	Dry pipe and deluge valves for fire-protection service
262	Gate valves for fire-protection service
312	Check valves for fire-protection service
385	Play pipes for water supply testing in fire protection service
393	Indicating pressure gauges for fire-protection service
668	Hose valves for fire-protection service
860	Alarm accessories for automatic water-supply control valves for fire protection service
1091	Butterfly valves for fire-protection service
1474	Adjustable drop nipples for sprinkler systems
1486	Quick opening devices for dry pipe valves for fire protection service

ⅴ）消火薬剤

DIN

EN 1568 - 1	Fire extinguishing media − Foam concentrates − Part 1：Specification for medium expansion foam concentrates for surface application to water-immiscible liquids
EN 1568 - 2	Fire extinguishing media − Foam concentrates − Part 2：Specification for high expansion foamconcentrates for surface application to water-immiscible liquids
EN 1568 - 3	Fire extinguishing media − Foam concentrates − Part 3：Specification for low expansion foam concentrates for surface application to water-immiscible liquids
EN 1568 - 4	Fire extinguishing media − Foam concentrates − Part 4：Specification for low expansion foam concentrates for surface application to water-miscible liquids
14452	Portable foam liquid container

UL

| 162 | Standard for foam equipment and liquid concentrates |

（仲谷　一郎・鈴木　佐夜香・鈴木　淳一・田村　裕之・
常世田　昌寿・西本　俊郎・八島　正明・山下　平祐）

4・4　法令等に基づく化学物質の評価試験

（1）消防法　別表第1　危険物確認試験（危険物の試験及び性状に関する省令）

第1類の試験：燃焼試験，落球式打撃感度試験，大量燃焼試験，鉄管試験

第2類の試験：小ガス炎着火試験，引火点測定試験

第3類の試験：自然発火性試験，水との反応性試験

第4類の試験：タグ密閉式引火点測定器による引火点測定試験，クリーブランド開放式引
　　　　　　　火点測定器による引火点測定試験，セタ密閉式引火点測定器による引火点
　　　　　　　測定試験

第5類の試験：熱分析試験，圧力容器試験

第6類の試験：燃焼試験

（2）危険物輸送に関する国連勧告試験，GHS の分類

　一般に国連勧告試験を実施し，GHS の分類を行う．

可燃性/引火性ガス：ISO 10156 などによる可燃範囲測定試験あるいは計算による推定

可燃性/引火性エアゾール：着火距離試験，密閉空間試験，泡試験（泡エアゾールの場合）

支燃性/酸化性ガス：ISO 10156 などによる可燃範囲測定試験あるいは計算による推定

高圧ガス：試験なし

引火性液体：初溜点測定，引火点測定試験

可燃性固体：燃焼速度試験

自己反応性化学品：鉄管試験，爆轟伝ぱ試験，圧力容器試験など

自然発火性液体：自然発火性試験

自然発火性固体：自然発火性試験

自己発熱性化学品：発熱性試験

水反応可燃性化学品：水との反応性試験

酸化性固体：燃焼試験

酸化性液体：酸化性液体試験

有機過酸化物：鉄管試験，爆轟伝ぱ試験，圧力容器試験など

金属腐食性物質：腐食性試験

（3）火薬類性能試験

摩擦感度試験

落つい感度試験

（山下　平祐・八島　正明）

5．火災，防災関係の web サイト

　ここでは，インターネット上で，火災，爆発，防災等の災害情報を収集するための情報元（web サイト）を紹介する．ただし，発信元としては報道機関を除き，政府，公的な機関・団体を優先し，登録の有り無しにかかわらず無料で閲覧できるものとした．

　表に災害等の情報関連とデータベース等の web サイトを示す．Google，Yahoo，Bing 等のよく知られた検索サイトは充実しており，いちいち URL を入力せずとも，発信元や情報のページなどの適当なキーワードを入力すればたどり着けると思う．

　全国消防長会の web サイトは，全国の消防本部の web サイトにリンクが張られている．海外の消防情報は，海外消防情報センター（発信元：一般財団法人日本消防設備安全センター）の pdf 文献がよくまとまっている．欧州であれば，CFPA（The Confederation of Fire Protection Association Europe：欧州防火協会連合）にアクセスし，リンクが張られた国の防火協会に移動して調べるとよい．

　近年，防災情報はよく整備され，国から必要な情報が web 上で入手しやすくなっている．消防庁の「防災・危機管理 e-カレッジ」は学びの場として有用である．化学物質の SDS 情報については，厚生労働省「職場のあんぜんサイト」にアクセスし，足りない情報をほかの web サイトで調べるとよい．

　国立研究開発法人産業技術総合研究所（AIST），国立研究開発法人物質・材料研究機構（NIMS）のデータベースは充実している．全般的に米国の NIST（National Institute of Standards and Technology）のデータベースは充実しており，火災関連情報は有用である．

　有料の文献検索サイトもあるが，J-STAGE，CiNii（サイニィ），Google Scholar 等は無料で利用できる．

　インターネット上では報道機関，個人的なホームページを含め情報が飛び交っているが，二次利用をする際は，信頼できる機関，公的団体からのもので，出典がわかる情報を活用すべきである．事件事故に関する報道機関の情報は速報性を優先して発信されるので，発生日時，死傷者数，原因，因果関係などがその後の調査で訂正されることがある．そのため，利用する際は，出典元の発信・掲載日時，アクセス日などを明確にすべきである．

災害情報等

発信元	情報のページ	URL	備考
〈学術団体〉			
防災学術連携体	ホームページ	http://www.janet-dr.com	防災減災，災害復興に関する学会ネットワーク（2016年1月設立）．日本火災学会も参加
〈国〉			
内閣府	防災情報のページ	http://www.bousai.go.jp/	災害情報，防災対策，被災者支援，防災白書等の刊行物
〃	TEAM防災ジャパン	https://bosaijapan.jp/	防災に関するあらゆる情報が集約されたポータルサイト
総務省消防庁	メインページ	http://www.fdma.go.jp/	災害情報，消防白書等の刊行物，データベース
総務省消防庁消防大学校消防研究センター	災害調査・支援	http://nrifd.fdma.go.jp/research/saigai_chousa_shien/index.html	地震・大規模火災関連情報，調査研究関係の刊行物
厚生労働省	職場のあんぜんサイト	http://anzeninfo.mhlw.go.jp/	労働災害統計，災害事例，リスクアセスメント，化学物質情報など
経済産業省	産業保安	http://www.meti.go.jp/policy/safety_security/industrial_safety	電力，鉱山，火薬類，都市ガス，LPガス，高圧ガス，熱供給，製品の安全に関する情報
国土交通省	災害・防災情報	http://www.mlit.go.jp/saigai/	災害情報，交通関係のリアルタイム情報へのリンク
〃	防災情報提供センター	http://www.mlit.go.jp/saigai/bosaijoho/	国土交通省が保有する防災情報を集約して発信
国土交通省　国土技術政策総合研究所（国総研）	災害調査報告	http://www.nilim.go.jp/lab/bcg/saigai.html	国総研研究者による災害調査報告の概要
原子力規制委員会（原子力規制庁）	メインページ	http://www.nsr.go.jp/	原子力関係の安全，災害情報等

〈地方、独立行政法人、団体等〉

東京消防庁	メインページ	http://www.tfd.metro.tokyo.jp/	安全・安心情報、災害情報等
〃	電子図書館	http://www.tfd.metro.tokyo.jp/elib/	東京消防庁で監修等を行った図書や写真資料等の情報提供
神奈川県	工業保安関係事故のページ	http://www.pref.kanagawa.jp/cnt/f5050/p14873.html	神奈川県内で発生した工業保安関係（高圧ガス、液化石油ガス及び火薬類）事故の情報を提供、高圧ガス事故事例データベース（1997年以降）
危険物保安技術協会	危険物総合情報システム	http://www.khk-syoubou.or.jp/hazardinfo/guide.html	危険物施設における事故事例の検索、法令階層間リンクシステムなどの情報
一般財団法人消防科学総合センター	消防防災博物館（火災原因調査、特異火災事例）	http://www.bousaihaku.com/	危険物関係の災害情報、各消防本部・局署から提供のあった火災原因調査の内容を公開
一般財団法人日本消防設備安全センター	海外消防情報センター	http://www.kaigai-shobo.jp/	海外の消防情報の出版物、海外消防情報の検索
全国消防長会	メインページ	http://www.fcaj.gr.jp/	全国の消防本部等へリンク
公益財団法人日本消防協会	メインページ	http://www.nissho.or.jp/	消防団の情報、全国消防団へリンク
独立行政法人労働者健康安全機構 労働安全衛生総合研究所	爆発火災データベースの公開（第4次）	https://www.jniosh.go.jp/publication/houkoku/houkoku_2013_03.html	所内で利用してきたデータベースの掲載内容を見直して公開
国立研究開発法人産業技術総合研究所	リレーショナル化学災害データベースRISCAD	https://riscad.aist-riss.jp/	産総研で蓄積されてきた経済産業省所管の火薬類、高圧ガス関連の災害事例や消防法危険物関連災害事例、その他の化学プラント関連災害事例
国立研究開発法人防災科学技術研究所	自然災害情報室	http://dil.bosai.go.jp/	自然災害関係、災害年表、文献紹介

高圧ガス保安協会	事故情報	http://www.khk.or.jp/activities/incident_investigation/	高圧ガス，ＬＰガス関係の事故情報．
独立行政法人製品評価技術基盤機構 (NITE)	生活安全分野	http://www.nite.go.jp/jiko/	身の回りにある消費生活用製品の欠陥等により人的被害が生じた事故，人的被害が発生する可能性の高い製品の欠陥，及び製品の欠陥により生じた可能性のある事故に関する情報
〃	化学物質管理	http://www.nite.go.jp/chem/	化審法，化管法，GHS 等の関連情報
中央労働災害防止協会	労働安全衛生センター：労働災害事例	http://www.jaish.gr.jp	法令・通達，労働災害等
一般社団法人日本ボイラ協会	事故情報	http://www.jbanet.or.jp/accident/	最近のボイラー，圧力容器関係の事故情報
特定非営利活動法人日本防火技術者協会	メインページ	http://www.jafpe.or.jp/	防火技術，防災技術者に関する情報
特定非営利活動法人防災情報機構（株式会社防災情報新聞社）	防災情報新聞無料版	www.bosaijoho.jp/reading/	防災情報新聞社が編集するサイト
特定非営利活動法人災害情報センター	ADIC 災害情報データベース（基本情報）簡易検索版	http://www.adic.waseda.ac.jp/rise/	事故・災害事例データベースを早稲田大学と共同で運用している NPO 法人
特定非営利活動法人失敗学会	失敗知識データベース	http://www.shippai.org/fkd/index.html	産業分野ごとに事故や失敗の事例を分析．原因，シナリオ，要因分析
産業安全と事故防止について考える…Safety First	メインページ	http://anzendaiichi.blog.shinobi.jp/	工場や工事現場などで最近起きた事故，過去に起きた事故の新聞報道などの紹介．個人運営のブログ
《韓国》			
Korean Culture and Information Service (KOCIS)	メインページ（英語）	http://www.korea.net/	韓国政府広報，日本語あり

Ministry of the Interior and Safety	メインページ（英語）	http://www.mois.go.kr/eng/a01/engMain.do	消防防災庁が解体され、2014年国民安全処として再編
Korean Institute of Fire Science & Engineering (KIFSE)	メインページ（韓国語）	http://www.kifse.or.kr/	韓国の火災学会、会長挨拶のみ英語
KFPA（Korean Fire Protection Association）	Korean Fire Data	http://www.kfpa.or.kr/en/service/ser_01.asp	韓国の防火協会、Korean Fire Data に1997年以降の pdf データ，Korea Fire Safety Standards（KFS），The National Fire Codes（NFC）のリスト
KOSHA（the Korea Occupational Safety & Health Agency）	メインページ（英語）	http://english.kosha.or.kr/english/main.do	韓国産業安全衛生公団
〈中国〉			
The State Council	メインページ（英語）	http://english.gov.cn/	人民政府
公安部消防局	メインページ（中国語）	http://www.119.gov.cn/xiaofang/	消防行政機関、災害情報、火災統計、各種情報
中国消防協会（China Fire Protection Association）	メインページ（中国語）	http://www.cfpa.cn/	中国の防火協会
「中国消防」雑誌社（China Fire Protection Magazine）	メインページ（中国語）	http://china-fire.com/	消防報道、専門誌を発行、各種情報
〈欧州〉			
CFPA（The Confederation of Fire Protection Association of Fire Protection Association Europe：欧州防火協会連合）	メインページ	http://cfpa-e.eu/	「members」より欧州17カ国の防火協会にリンク

〈英国〉

GOV. UK	メインページ	https://www.gov.uk/government/organisations	内閣，政府系機関のリンク
MHCLG (Ministry of Housing, Communities &Local Government)	メインページ	https://www.gov.uk/government/organisations/ministry-of-housing-communities-and-local-government	コミュニティ・地方省，消防行政機関，火災統計
BRE (Building Research Establishment Ltd)	メインページ	https://www.bre.co.uk/	火災研究所等を含む情報
HSE (Health and Safety Executive)	メインページ	http://www.hse.gov.uk/fireandexplosion/	ATEX 指令，DSEAR (The Dangerous Substances and Explosive Atmospheres Regulations) などの情報
The Fire Protection Association (FPA)	メインページ	https://www.thefpa.co.uk/	英国の防火協会
Chief Fire Officers Association (CFOA)	メインページ	http://www.cfoa.org.uk/	消防長会
National Fire Chiefs Council (NFCC)	メインページ	https://www.nationalfirechiefs.org.uk	2017年4月1日にCFOAから新たに設立

〈米国〉

USA. gov	メインページ	https://www.usa.gov/	米国の情報，政府系機関のリンク
DHS (Department of Homeland Security)	メインページ	https://www.dhs.gov/	国土安全保障省，2002年設立
FEMA (Federal Emergency Management Agency)	メインページ	https://www.fema.gov/	連邦危機管理庁，DHS の内部部局，大規模な自然災害，ハリケーン，洪水，森林火災
U. S. Fire Administration	メインページ	https://www.usfa.fema.gov/	米国消防局，FEMA 管轄下の消防行政機関，火災統計

OSHA (Occupational Safety and Health Administration)	メインページ	http://www.osha.gov/	労働安全衛生庁，産業現場の爆発，火災等の行政
DOT (U. S. Department of Transportation)	メインページ	https://www.transportation.gov/	米国運輸省，危険物の輸送
CSB (U. S. Chemical Safety and Hazard Investigation Board)	メインページ	http://www.chemsafety.gov/	化学物質安全性調査委員会（連邦政府の独立調査機関），産業界で発生した主な化学事故災害について，独自に調査し，結果をホームページ上で公表
NFPA (National Fire Protection Association)	メインページ	http://www.nfpa.org	全米防火協会
NIST (National Institute of Standards and Technology)	メインページ	https://www.nist.gov/topics/fire	米国国立標準技術研究所，火災研究，火災リスク，Fire Dynamics Simulator (FDS)，データベース等の情報豊富
SFPE (Society of Fire Protection Engineers)	メインページ	http://www.sfpe.org/	防火技術者協会，防火技術に関する事業，啓発活動を展開

（2018年1月31日アクセス）

データベース等

発信元	情報のページ	URL	備考
〈防災情報〉			
内閣官房	国民保護ポータルサイト	http：//www.kokuminhogo.go.jp/pc-index.html	武力攻撃やテロから国民を守るサイト
総務省消防庁	地域防災計画データベース	http：//www.db.fdma.go.jp/bousaikeikaku/	都道府県の防災計画
〃	国民保護データベース	http：//www.db.fdma.go.jp/kokuminhogo/	都道府県の保護計画
国土交通省	ハザードマップポータルサイト	https：//disaportal.gsi.go.jp/	「重ねるハザードマップ」では，関係各機関が作成した防災情報をまとめて閲覧，「わがまちハザードマップ」
国立研究開発法人防災科学技術研究所	データ公開一覧	http：//www.bosai.go.jp/activity_special/data/	地震関連，火山関連，気象関連，土砂関連，雪氷関連，総合防災の情報
国立国会図書館	リサーチ・ナビ	https：//rnavi.ndl.go.jp/rnavi/research-navi.php	当館職員が調べるのに有用であると判断した図書館資料，web サイト，各種データベース，関係機関情報等多岐にわたる
〈規格情報〉			
日本工業標準調査会（JISC）	メインページ	http：//www.jisc.go.jp/	規格情報，JIS，TS/TR 検索
一般財団法人日本規格協会	メインページ	https：//www.jsa.or.jp/	規格情報
ISO，IEC，EN，ASTM，UL などの主な規格は検索サイトからアクセス			
〈化学物質 SD，GHS などの情報〉			
独立行政法人製品評価技術基盤機構（NITE）	化学物質管理	http：//www.nite.go.jp/chem/	化審法，化管法，GHS 等の関連情報
一般社団法人日本試薬協会	メインページ	http：//www.j-shiyaku.or.jp/home/	市販の化学薬品の SDS の検索

機関	名称	URL	内容
国立研究開発法人科学技術振興機構 (JST)	J-GLOBAL	http://jglobal.jst.go.jp/	化学物質のデータベース370万件超を掲載
環境省	PRTRインフォメーション広場	http://www.env.go.jp/chemi/prtr/risk0.html	
厚生労働省	「職場のあんぜんサイト」化学物質	http://anzeninfo.mhlw.go.jp/user/anzen/kag/kagaku_index.html	GHS情報、SDS情報
国立研究開発法人産業技術総合研究所 (AIST)	データベース一覧	http://www.aist.go.jp/aist_j/aist_repository/	論文・研究者などの各種データ、必要な情報（成果）のデータベース
〃	化学物質の爆発安全情報データベース	http://explosion-safety.jp/	化学物質の爆発安全にかかわる情報（物性、評価法、過去の事例、予測法など）
一般社団法人日本化学工業協会	JCIA BIGDr	https://www.jcia-bigdr.jp/jcia-bigdr/top	化学物質リスク評価支援ポータルサイト
〃	メインページ	https://www.nikkakyo.org/	レスポンシブル・ケア、化学製品の安全情報、環境、保安防災、危険物輸送等
一般財団法人化学物質評価研究機構	メインページ	http://www.cerij.or.jp/index.html	公開データベース（化学物質ハザードデータ集）
厚生労働省国立医薬品食品衛生研究所	国際化学物質安全性カード（日本語版）	http://www.nihs.go.jp/ICSC/	化学物質の健康や安全に関する重要な情報の概要
総務省消防庁	危険物災害等情報支援システム	https://internal.fdma.go.jp/kiken-info/index.html	ID、パスワードが必要
IFA (Institute for Occupational Safety and Health of the German Social Accident Insurance)	GESTIS Substance database	http://www.dguv.de/ifa/gestis/gestis-stoffdatenbank/index-2.jsp	粉じんなどの爆発危険性データの検索
OSHA (US Occupational Safety and Health Administration)	Chemical Sampling Information	https://www.osha.gov/dts/chemicalsampling/toc/toc_chemsamp.html	SDS情報

United Nations (UN)	Globally Harmonized System of Classification and Labelling of Chemicals (GHS)	https://www.unece.org/trans/danger/publi/ghs/ghs_rev07/07files_e0.html	GHS 文書のダウンロード可
独立行政法人製品評価技術基盤機構	GHS 国連文書・マニュアル類	http://www.safe.nite.go.jp/ghs/ghs_manuals.html	GHS 分類を行うためのマニュアル類や GHS 関連の規定類等に関する情報
UN (United Nations)	Transport	http://www.unece.org/trans/welcome.html	Dangerous Goods, GHS, UN Model Regulations 等の情報，危険物輸送に関する勧告（モデル規則），具体的な試験方法と判定基準はマニュアル（改訂5版, 2009）を参照
日本大学	城内研究室	http://jonai.medwel.cst.nihon-u.ac.jp/?cid=00000000009	GHS 関係情報，GHS などの翻訳版の公開，試験方法と判定基準マニュアル（改訂5版, 2009）
〈防火材料・防耐火等の情報〉			
一般財団法人日本建築防災協会	防火・避難ポータルサイト	http://www.kenchiku-bosai.or.jp/	建築の防災，維持管理に関する情報，防火材料・防耐火構造関係の情報
〈物性値，計算〉			
国立研究開発法人物質・材料研究機構 (NIMS)	MatNavi	http://mits.nims.go.jp/index.html	高分子，無機材料，金属材料等，データベースサイト
国立研究開発法人産業技術総合研究所 (AIST)	分散型熱物性データベース	https://tpds.db.aist.go.jp/	液体，固体，高温融体に関する熱伝導率，比熱容量，熱拡散率，密度，表面張力，蒸気圧等の熱物性値
NIST (National Institute of Standards and Technology)	NIST Data Gateway	https://srdata.nist.gov/gateway/gateway	データベースの入り口．火災シミュレーション FDS. Fire on the Web 等はここから検索できる
〃	NIST Chemical Kinetics Database	http://kinetics.nist.gov/kinetics/index.jsp	化学反応速度定数に関するデータベース

〃	Fire on the Web	https://www.nist.gov/el/fire-research-division-73300/fire-web	火災研究の有益な情報
〃	Fire Dynamics Simulator (FDS) and Smokeview (SMV)	https://pages.nist.gov/fds-smv/index.html	火災シミュレーションソフトのダウンロード
NASA	NASA Computer program CEA	https://www.grc.nasa.gov/WWW/CEAWeb/	化学平衡計算
〈学習〉			
国立研究開発法人科学技術振興機構 (JST)	JREC-IN Portal : e-learning	https://jrecin.jst.go.jp/seek/SeekTop	機械、化学、材料、安全、社会基盤、技術者倫理などweb上で学習
総務省消防庁	防災・危機管理 e-カレッジ	http://open.fdma.go.jp/e-college/	地震災害や大規模災害について、地域住民、防職員・消防団員、地方公務員などを対象にweb上で防災・危機管理に関する学びの場を提供。
〈文献検索〉			
国立研究開発法人科学技術振興機構 (JST)	メインページ	https://www.jst.go.jp/index.html	文献検索 (J-STAGE)、J-GROBAL、各種データベースへアクセス、文献検索複写サービス JDreamIIは (株) ジーサーチに事業移管
大学共同利用機関法人 情報・システム研究機構 国立情報学研究所	CiNii (サイニィ)	https://ci.nii.ac.jp/	論文、図書・雑誌や博士論文などの学術情報を検索
Google	Google Scholar	https://scholar.google.co.jp/	論文検索
U. S. National Library of Medicine	PubMed	https://www.ncbi.nlm.nih.gov/pubmed	医学、生命科学の文献検索

(2018年1月31日アクセス)

(八島 正明)

6. 危険物等の物性値

6・1 物　性　値

（1）気体の密度（0℃，1 atm）[1]

気体		密度 （1 atm） g/cm³	比重 （対空気）	気体		密度 （1 atm） g/cm³	比重 （対空気）
アセチレン	C_2H_2	$1.173×10^{-3}$	0.907	シアン	$(CN)_2$	$2.335×10^{-3}$	1.806
アルゴン	Ar	1.784	1.380	臭化水素	HBr	3.644	2.818
アンモニア	NH_3	0.771	0.596	水素	H_2	0.0899	0.06952
一酸化炭素	CO	1.250	0.967	窒素	N_2	1.251	0.9675
一酸化窒素	N_2O	1.978	1.530	二酸化硫黄			
エタン	C_2H_6	1.356	1.049	（亜硫酸ガス）	SO_2	2.926	2.263
エチレン	C_2H_4	1.260	0.974	二酸化炭素	CO_2	1.977	1.529
塩化水素	HCl	1.639	1.268	フッ素	F_2	1.696	1.312
塩素	Cl_2	3.220	2.486	プロパン	C_3H_8	2.02	1.562
オゾン	O_3	2.144	1.658	ヘリウム	He	0.1786	0.138
空気	—	1.293	1	ホスフィン	PH_3	1.531	1.184
酸化窒素	NO	1.340	1.036	メタン	CH_4	0.717	0.5545
酸素	O_2	1.429	1.105	硫化水素	H_2S	1.539	1.190

（1atm＝760mmHg＝1013.3hPa＝1.0332kgf/cm²）

（2）主な気体の0℃，1 atm での物性[2~4]

気体	密度 ρ （g/cm³）	定圧比熱 c_p （J/gK）	定圧モル 比熱C_p （J/mol・K）	比熱比 γ	粘度（粘性 係数）μ[1] （Pa・s）	動粘性係数 $\nu(=\mu/\rho)$ （m²/s）	熱伝導率 λ[2] （W/m・K）
アルゴン	$1.761×10^{-3}$	0.522	20.85	1.67	$21.2×10^{-6}$	$11.9×10^{-6}$	$16.48×10^{-3}$
アンモニア	0.762	2.056	37.40	1.33	9.194	12.1	22.92
一酸化炭素	1.262	1.041	29.16	1.40	16.48	13.3	24.67
空気	1.275	1.005	29.11	1.40	17.23	13.2	24.17
酸素	1.410	0.9167	29.33	1.40	19.14	13.4	24.35
水素	0.0897	14.20	28.40	1.41	8.397	93.6	172.6
窒素	1.234	1.041	28.11	1.40	16.65	13.5	24.23
二酸化炭素	1.951	0.8260	36.35	1.31	13.75	7.05	14.64
プロパン	1.984	1.584	69.85	1.15	7.469	3.76	15.65
ヘリウム	0.1762	5.193	20.77	1.67	18.69	106.1	146.2
メタン	0.7081	2.281	36.59	1.32	10.25	14.5	30.57

1）気体の粘度 μ は数＋Pa から数 atm の範囲で圧力にほとんど無関係.
2）気体の熱伝導率 λ は数百 Pa から数 atm の範囲で圧力にほとんど無関係.

（3）融点，沸点と融解熱，蒸発熱[1, 3, 5, 6]

物質	融点 (℃)	融解熱 (J/g)	沸点 (℃)	蒸発熱 (J/g)	物質	融点 (℃)	融解熱 (J/g)	沸点 (℃)	蒸発熱 (J/g)
亜鉛	419.6	100	907	1764	トルエン	−94.99		110.6	364
アセチレン	*1−80.8		−84.0		チタン	1668	388	3287	8295
アセトン	−94.8		56.5	499	鉄	1538	278	2862	6286
アルゴン	−189.2	30.0	−185.9	163	銅	1084	209	2562	4793
アルミニウム	660.3	397	2519	10540	ナトリウム	97.8	114	882	3873
アンモニア	−77.7	332	−33.5	1370	ナフタレン	80.5	147	217.9	385
硫黄（斜方）	95.3		444.6	299	鉛	327.5	23	1750	866
一酸化炭素	−205.1	30.0	−191.6	214	二酸化硫黄	−75.5		−10	389
ウラン	1132.2	56.2	4138	1950	二酸化炭素	*1−56.5	189	*2−78.5	
エタン	−183.6		−88.6	489	ニッケル	1455	300	2913	6334
エチルアルコール	−114.5	109	78.3	838	白金	1768	111	3825	2617
エチレン	−169		−103.9		バリウム	727	55.8	1845	1099
塩化水素	−114.2	54.0	−85.1	444	フッ素	−219.6		−188	
塩化ナトリウム	801	483	1485		ブタン（イソ）	−159.6		−11.7	366
塩素	−101	90.4	−34.11	288	ブタン（正）	−138.3		−0.5	386
オゾン	−193		−112		プルトニウム	639.5		3228	
カリウム	63.5	61.4	759	2171	プロパン	−188	80.0	−42.2	426
カルシウム	842	230	1484	3741	ヘリウム	*3−272.2	3.5	−268.9	21
金	1064	64.5	2856	1647	ベンゼン	5.5	126	80.1	406
銀	962	105	2162	2365	ホウ素	2076		3927	
酢酸	16.6	195	118	406	マグネシウム	650	378	1090	
酸素	−218.4	13.8	−182.97	213	水	0	334	100	2260
臭素	−7.2	65.7	58.8	192	メタン	−182.6	58.6	−161.5	510
ジルコニウム	1858	183	4377	6380	メチルアルコール	−97.8	98.9	64.7	1100
水銀	−38.9	11.6	356.7	290	ヨウ素	113.6		184.4	245
水素	−259.1	59.5	−252.8	452	硫化水素	−82.9		−60.4	
スズ	232	59.6	2602	2446	リチウム	180.5	435	1330	19400
タングステン	3422	192	5555	4350	リン（黄）	44	20.3	277	
炭素（無定形）	3550		4827		リン（赤）	597		431	
窒素	−209.9	25.7	−195.8	199	ロジウム	1964		3695	4816

（蒸発熱は沸点での値）　＊1　三重点，　＊2　昇華点，　＊3　26 atm，

（佐藤　研二・八島　正明）

6・2　可燃性気体・液体蒸気，可燃性粉じんの着火性

　以下の表は「静電気安全指針2007」（労働安全衛生総合研究所発行）の付録の転載である．データは特定の条件下（主に常温常圧）で規格試験に基づき測定した値であるので，作業環境の条件（高圧あるいは低圧）によっては適用に注意する．また，可燃性粉じんの着火性は粒径に依存するので，作業現場で実際に取り扱われる粉じんの危険性を評価する際には改めて測定することが望ましい．

（1）可燃性気体・液体蒸気の着火性

気体・液体蒸気	分子量	融点(℃)	沸点(℃)	引火点(℃)	発火温度(℃)	最小着火エネルギー(mJ)	爆発下限(vol%)	爆発上限(vol%)	爆発圧力(MPa)	最大圧力上昇速度(MPa/s)	蒸気密度	CAS番号
アクリル酸エチル $CH_2=CHCOO_2H_5$	100.12		99	10	372		1.4	14			3.49	140-88-5
アクリル酸メチル $CH_2=CHCOOCH_3$	86.09	−76.5	80.3	−3 oc	468		2.8	25			2.97	96-33-3
アクリル酸ニトリル（アクリロニトリル） $CH_2=CHCN$	53.06	−83.55	77	0 co	481	0.16 @9.0%	3.0	17	0.76 @8.0%	19.3 @8.0%	1.83	107-13-1
アクロレイン（アクリルアルデヒド） $CH_2=CHCHO$	56.06	−86.95	52	−26	220 不安定	0.13	2.8	31			1.93	107-02-8
アセチレン $CHCH$ アセチレン（酸素中）	26.04	−81.8	−83		305	0.017 @8.5% / 0.0002 @40%	2.5	100	1.03 @13%	82.8 @12-13%	0.90	74-86-2
アセトアルデヒド（酢酸アルデヒド） CH_3CHO	44.05	−123.5	21	−39	175	0.37	4.0	57	0.65 @10-12%	14.5 @10%	1.52	75-07-0
アセトニトリル（シアン化メチル） CH_3CN	41.05	−45.72	82	6 oc	524	6 @7.02%	3.0	16			1.42	75-05-8
アセトフェノン $(C_6H_5)COCH_3$	120.2	19.65	202	77	570		1.1				4.14	98-86-2
アセトン CH_3COCH_3 アセトン（酸素中）	58.08	−94.82	56	−20	465	0.74 * @5.1% / 0.0024	2.6 / 2.5	12.8 / 60	0.57 @6%	13.8 @6%	2.00	67-64-1
アリルクロライド（塩化アリル） $CH_2=CHCH_2Cl$	76.5		45	−32	485	0.77	2.9	11.1			2.64	107-05-1

気体・液体蒸気	分子量	融点 (℃)	沸点 (℃)	引火点 (℃)	発火温度 (℃)	最小着火エネルギー (mJ)	爆発下限 (vol%)	爆発上限 (vol%)	爆発圧力 (MPa)	最大圧力上昇速度 (MPa/s)	蒸気密度	CAS 番号
安息香酸エチル (C₆H₅)COOC₂H₅	150.2	−34.7	212	88	490		1.0				5.18	93-89-0
安息香酸ベンジル (C₆H₅)COOCH₂(C₆H₅)	212.3	20	323	148	480		0.7				7.32	120-51-4
安息香酸メチル (C₆H₅)COOCH₃	136.2	−12.21	150	83	510						4.70	93-58-3
アンモニア NH₃	17.03	−77.7	−33		651	680	15	28			0.59	7664-41-7
イソブタン (2-メチルプロパン) (CH₃)₂CHCH₃	58.12	−159.60	−12	−81	460	0.52 @3.12%	1.8	8.4			2.00	75-28-5
イソブチルアルコール (2-メチル-1-プロパノール) (CH₃)₂CHCH₂OH	74.12	−108	107	28	415		1.7 @51℃	10.6 @94℃			2.56	78-83-1
イソブチルアルデヒド (CH₃)₂CHCHO	72.11	−65.9	61	−18	196		1.6	10.6			2.49	78-84-2
イソプロピルアミン (CH₃)₂CHNH₂	59.11	−101.2	32	−37 oc	402	2.0 @3.82%	2.0	10.4			2.04	75-31-0
イソプロピルメルカプタン (2-メルカプトプロパン, 2-プロパンチオール) C₃H₈S	76.17	−131	57	−34		0.53					2.6	75-33-2
イソヘキサン (2-メチルペンタン) CH₃(CH₂)₂CH(CH₃)CH₃	86.18	−153.67	57-61	<−29	264	0.21 @3.8%	1.0	7.0			2.97	107-83-5
イソペンタン (エチルジメチルメタン, 2-メチルブタン) (CH₃)₂CHCH₂CH₃	72.15	−159.20	28	<−51	420		1.4	7.6			2.49	78-78-4

気体・液体蒸気	分子量	融点 (℃)	沸点 (℃)	引火点 (℃)	発火温度 (℃)	最小着火エネルギー (mJ)	爆発下限 (vol%)	爆発上限 (vol%)	爆発圧力 (MPa)	最大圧力上昇速度 (MPa/s)	蒸気密度	CAS 番号
イソペンチルアルコール (3-メチル-1-ブタノール, イソアミルアルコール) HOCH$_2$CH$_2$CH(CH$_3$)$_2$	88.15	-117.2	132	43	350		1.2	9.0 @100℃			3.04	123-51-3
一酸化炭素 CO	28.01	-205.0	-192		609		12.5	74			0.97	630-08-0
エタノール CH$_3$CH$_2$OH	46.07	-114.5	78	13	363		3.3	19	0.69 @12%	17.3 @10%	1.59	64-17-5
エタン CH$_3$CH$_3$	30.07	-183.6	-89.0	-130	472	0.24 @6.5%	3.0	12.5	0.68 @7%	17.3 @7%	1.04	74-84-0
エタン (酸素中)						0.0019	3.0	66				
エチルアミン C$_2$H$_5$NH$_2$	45.09	-81.0	17	<-18	385	2.4	3.5	14			1.55	75-04-7
エチルビニルエーテル (ビニルエチルエーテル) C$_2$H$_5$OCH=CH$_2$	72.11	-115.8	36	<-46	202		1.7	28			2.49	109-92-2
エチルプロピルエーテル CH$_3$CH$_2$CH$_2$OC$_2$H$_5$	88.15		64	<-20			1.7	9.0			3.04	628-32-0
エチルベンゼン (C$_6$H$_5$)C$_2$H$_5$	106.2	-94.98	136	21	432		0.8	6.7			3.66	100-41-4
エチルメチルエーテル C$_2$H$_5$OCH$_3$	60.1	10.8	11	-37	190		2.0	10.1			2.07	540-67-0
エチルメチルケトン (2-ブタノン, メチルエチルケトン) CH$_3$COCH$_2$CH$_3$	72.11	-87.3	80	-9	404	0.53 @5.3%	2.0	12			2.49	78-93-3
エチレン CH$_2$=CH$_2$	28.05	-169.2	-104		450	0.07	2.7	36.0	0.82 @8%	58.6 @8%	0.97	74-85-1
エチレン (酸素中)						0.0009	3.0	80				

気体・液体蒸気	分子量	融点 (℃)	沸点 (℃)	引火点 (℃)	発火温度 (℃)	最小着火エネルギー (mJ)	爆発下限 (vol%)	爆発上限 (vol%)	爆発圧力 (MPa)	最大圧力上昇速度 (MPa/s)	蒸気密度	CAS 番号
エチレンイミン $(CH_2)_2NH$	43.07	−71.5	56	−11	320	0.48	3.6	46			1.48	151-56-4
エチレンオキシド (酸化エチレン) $(CH_2)_2O$	44.05	−112	11	−29	570 No air	0.065 @10.8%	3.0	100			1.52	75-21-8
エチレングリコール (1,2-エタンジオール) $HOCH_2CH_2OH$	62.07	−12.6	197	111	398		3.2				2.14	107-21-1
エチレングリコールモノブチルエーテル (2-ブトキシエタノール) $CH_3(CH_2)_2 CH_2OCH_2CH_2OH$	118.2		171	62	238		1.1 @93℃	12.7 @135℃			4.08	111-76-2
エチレングリコールモノメチルエーテル (2-メトキシエタノール) $(CH_3O)CH_2CH_2OH$	76.1	−85.1	124	39	285		1.8	14			2.62	109-86-4
塩化イソプロピル (2-クロロプロパン) $CH_3CHClCH_3$	78.54	−117.0	35	−32	593	1.08	2.8	10.7			2.71	75-29-6
塩化エチル CH_3CH_2Cl	64.52	−136.4	12	−50	519		3.8	15.4			2.22	75-00-3
塩化ビニル $CH_2=CHCl$	62.5	−159.7	−14	−78 oc	472		3.6	33.0			2.16	75-01-4
n-塩化ブチル (1-クロロブタン) $CH_3(CH_2)_3Cl$	92.16	−123.1	77	−9	240	1.24	1.8	10.1			3.18	109-69-3
n-塩化プロピル $CH_3CH_2CH_2Cl$	78.54	−122.3	47	<−18	520	1.08	2.6	11.1			2.71	540-54-5
塩化メチル CH_3Cl	50.49	−97.72	−24	−46	632		8.1	17.4			1.74	74-87-3

気体・液体蒸気	分子量	融点 (℃)	沸点 (℃)	引火点 (℃)	発火温度 (℃)	最小着火エネルギー (mJ)	爆発下限 (vol%)	爆発上限 (vol%)	爆発圧力 (MPa)	最大圧力上昇速度 (MPa/s)	蒸気密度	CAS 番号
オクタノール (1-オクタノール) CH₃(CH₂)₆CH₂OH	130.2	-15	194	81	260						4.49	111-87-5
オクタン CH₃(CH₂)₆CH₃	114.2	-56.8	126	13	206		1.0	6.5			3.94	111-65-9
ギ酸 HCOOH	46.03	8.4	101	69	539						1.59	64-18-6
ギ酸イソブチル HCOOCH₂CH(CH₃)₂	102.1	-95.8	98	<21	320		約1.7	約8.9			3.52	542-55-2
ギ酸エチル HCOOC₂H₅	74.08	-79	54	-20	455		2.8	16.0			2.55	109-94-4
ギ酸ブチル (n-ブチルホルメート) HCOO(CH₂)₃CH₃	102.1	-91.9	107	18	322		1.7	8.2			3.52	592-84-7
ギ酸プロピル HCOOCH₂CH₂CH₃	88.11	-92.9	82	-3	455						3.04	110-74-7
ギ酸n-アミル (ギ酸ベンチル) HCOO(CH₂)₄CH₃	116.2	-73.5	131	26	265						4.01	638-49-3
ギ酸メチル HCOOCH₃	60.05	-99	32	-19	449	0.4	4.5	23			2.07	107-31-3
o-キシレン (CH₃)₂(C₆H₄)	106.2	-25.18	144.41	32	463	0.2	0.9	6.7			3.66	95-47-6
m-キシレン (CH₃)₂(C₆H₄)	106.2	-47.89	139.10	27	527	0.2	1.1	7			3.66	108-38-3
p-キシレン (CH₃)₂(C₆H₄)	106.2	13.26	138.35	27	528	0.2	1.1	7			3.66	106-42-3

気体・液体蒸気	分子量	融点 (℃)	沸点 (℃)	引火点 (℃)	発火温度 (℃)	最小着火エネルギー (mJ)	爆発下限 (vol%)	爆発上限 (vol%)	爆発圧力 (MPa)	最大圧力上昇速度 (MPa/s)	蒸気密度	CAS 番号
クメン (イソプロピルベンゼン) (C₆H₅)CH(CH₃)₂	120.2	−96.02	152	36	424		0.9	6.5			4.14	98-82-8
o-クレゾール OH(C₆H₄)CH₃	108.1	31	191	81	599		1.4 @149℃				3.73	95-48-7
m-クレゾール OH(C₆H₄)CH₃	108.1	11.9	201	86	558		1.1 @150℃				3.73	108-39-4
p-クレゾール OH(C₆H₄)CH₃	108.1	34.7	201	86	558		1.1 @150℃				3.73	106-44-5
クロトンアルデヒド CH₃CH=CHCHO	70.09	−76.6	102	13	232		2.1	15.5			2.42	4170-30-3
クロロベンゼン (塩化ベンゼン) (C₆H₅)Cl	112.6	−45	132	28	593		1.3	9.6			3.88	108-90-7
酢酸 CH₃COOH	60.05	16.635	118	39	463		4.0	19.9 @93.4℃			2.07	64-19-7
酢酸イソブチル CH₃COOCH₂CH(CH₃)₂	116.2	−98.9	118	18	421		1.3	10.5			4.01	110-19-0
酢酸イソプロピル CH₃COOCH(CH₃)₂	102.1	−73.4	90	2	460		1.8 @38℃	8			3.52	108-21-4
酢酸イソアミル (酢酸イソペンチル) CH₃COO(CH₂)₂CH(CH₃)₂	130.2	−78.5	143	25	360		1.0 @100℃	7.5			4.49	123-92-2
酢酸エチル CH₃COOC₂H₅	88.11	−83.6	77	−4	426	0.46 @5.2%	2.0	11.5			3.04	141-78-6
酢酸ビニル CH₃COOCH=CH₂	86.09	−93.2	72	−8	402	0.7	2.6	13.4			2.97	108-05-4

気体・液体蒸気	分子量	融点 (℃)	沸点 (℃)	引火点 (℃)	発火温度 (℃)	最小着火エネルギー (mJ)	爆発下限 (vol%)	爆発上限 (vol%)	爆発圧力 (MPa)	最大圧力上昇速度 (MPa/s)	蒸気密度	CAS番号
酢酸ブチル $CH_3COO(CH_2)_3CH_3$	116.2	-73.5	127	22	425		1.7	7.6			4.01	123-86-4
酢酸プロピル $CH_3COOCH_2CH_2CH_3$	102.1	-95.0	102	13	450		1.7 @38℃	8			3.52	109-60-4
酢酸ペンチル (酢酸アミル) $CH_3COO(CH_2)_4CH_3$	130.2	-70.8	149	16	360		1.1	7.5			4.49	628-63-7
酢酸メチル CH_3COOCH_3	74.08	-98.05	60	-10	454		3.1	16			2.55	79-20-9
シアン化水素, HCN	27.03	-13.3	26	-18	538		5.6	40			0.93	74-90-8
ジイソプロピルエーテル $((CH_3)_2CH)_2O$	102.2	-87.8	69	-28	443	1.14	1.4	7.9	0.71 @3%	11.6 @3%	3.52	108-20-3
ジエチルアミン $(C_2H_5)_2NH$	73.14	-48	57	-23	312		1.8	10.1			2.52	109-89-7
ジエチルエーテル $(C_2H_5)_2O$	72.12	-116.3	35	-45	180	0.19 @5.1%	1.85	36.5	0.72 @5%	20.7 @5%	2.56	60-29-7
ジエチルエーテル (酸素中)						0.0012	2	82				
1,4-ジエチルベンゼン (p-ジエチルベンゼン) $(C_6H_4)(C_2H_5)_2$	134.2	-42.85	181	55	430		0.7	6.0			4.63	105-05-5
シクロプロパン $(CH_2)_3$	42.08	-127.53	-34		498	0.17 @6.3%	2.4	10.4			1.45	75-19-4
シクロプロパン (酸素中)						0.001 @17%	2.5	60				
シクロヘキサノン $C_6H_{10}O$	98.15	-32	156	44	420		1.1 @100℃	9.4			3.38	108-94-1
シクロヘキサン C_6H_{12}	84.16	6.47	82	-20	245	0.22 @3.8%	1.3	7.8	0.72 @3%	15.2 @3%	2.90	110-82-7

気体・液体蒸気	分子量	融点 (°C)	沸点 (°C)	引火点 (°C)	発火温度 (°C)	最小着火エネルギー (mJ)	爆発下限 (vol%)	爆発上限 (vol%)	爆発圧力 (MPa)	最大圧力上昇速度 (MPa/s)	蒸気密度	CAS 番号
シクロヘキセン C_6H_{10}	82.15	−103.51	83	< -7	244	0.52	1.2				2.83	110-83-8
シクロペンタジエン C_5H_6	66.1	−85	42	25	640	0.67					2.28	542-92-7
シクロペンタン C_5H_{10}	70.14	−93.46	49	< -7	361	0.54	1.5				2.42	287-92-3
1,2-ジクロロエタン CH_2ClCH_2Cl	98.96	−35.3	84	13	413		6.2	16			3.41	107-06-2
cis-1,2-ジクロロエチレン $ClCH=CHCl$	96.94	−80.5	61	4	460		9.7	12.8			3.34	156-59-2
ジクロロシラン（二塩化シラン）SiH_2Cl_2	101.01		8.4	−30	58	0.015	4.7	96			3.48	4109-96-0
1,2-ジクロロプロパン $CH_2ClCHClCH_3$	113.0	−100.42	96	16	557		3.4	14.5			3.90	78-87-5
ジクロロメタン（二塩化メタン，メチレンクロライド）CH_2Cl_2	84.93	−96.8	40	none	556	>1000	14	22			2.93	75-09-2
ジクロロメタン（酸素中）						0.137	11.7	68				
ジヒドロピラン $CH_2CH_2CH_2=CHCHO$	84.12		39	−18		0.36					2.9	110-87-2
ジビニルエーテル $CH_2=CHOCH=CH_2$	70.09	−101.1	39	< -30	360		1.7	27			2.42	109-93-3
ジフェニルエーテル $(C_6H_5)O(C_6H_5)$	170.2	26.9	258	115	618		0.7	6.0			5.87	101-84-8
ジブチルエーテル $(CH_3(CH_2)_3)_2O$	130.2	−95.35	141	25	194		1.5	7.6			4.49	142-96-1

気体・液体蒸気	分子量	融点 (℃)	沸点 (℃)	引火点 (℃)	発火温度 (℃)	最小着火エネルギー (mJ)	爆発下限 (vol%)	爆発上限 (vol%)	爆発圧力 (MPa)	最大圧力上昇速度 (MPa/s)	蒸気密度	CAS 番号
ジプロピルエーテル (CH₃CH₂CH₂)₂O	102.2	−122	90	21	188	1.14	1.4	7.9			3.52	111-43-3
ジメチルアミン (CH₃)₂NH	45.09	−93.0	7	−50	400		2.8	14.4			1.55	124-40-3
ジメチルエーテル (メチルエーテル) (CH₃)₂O	46.07	−141.50	−24	−41	350	0.17 * @6.6%	3.4	27.0			1.59	115-10-6
ジメチルスルホキシド (CH₃)₂S=O	78.13	18.42	189	95 oc	215	0.48	2.6	42			2.69	67-68-5
2,2-ジメチルブタン CH₃CH₂C(CH₃)₂CH₃	86.18	−99.870	50	−48	405	0.25 @3.4%	1.2	7.0			2.97	75-83-2
2,2-ジメチル-1-プロパノール (CH₃)₃CCH₂OH	88.15	55	114	37	420		1.2	8			3.04	75-84-3
2,6-ジメチル-4-ヘプタノン (ジイソブチルケトン) (CH₃)₂CHCH₂COCH₂CH(CH₃)₂	142.2	−46.04	168	49	396		0.8 @93℃	7.1 @93℃			4.90	108-83-8
臭化エチル CH₃CH₂Br	109	−118.9	38.402	none	511		6.8	8.0			3.76	74-96-4
シュウ酸ジエチル (ジエチルシュウ酸) C₂H₅OOCCOOC₂H₅	146.1	−38.5	186	76							5.04	95-92-1
水素 H₂ (酸素中) 水素 (酸化窒素中)	2.016	−259.14	−252		500	0.016 @28% 0.0012 8.7	4.0 4.0	75 94	0.7 @35%	75.8 @35%	0.07	1333-74-0
スチレン CH₂=CH(C₆H₅)	104.2	−30.69	146	31	490		0.9	6.8			3.59	100-42-5
セバシン酸ジブチル CH₃(CH₂)₃O₂C(CH₂)₈CO₂(CH₂)₃CH₃	314.5	1	343	178 oc	365		0.44 @243℃				10.84	109-43-3

気体・液体蒸気	分子量	融点 (℃)	沸点 (℃)	引火点 (℃)	発火温度 (℃)	最小着火エネルギー (mJ)	爆発下限 (vol%)	爆発上限 (vol%)	爆発圧力 (MPa)	最大圧力上昇速度 (MPa/s)	蒸気密度	CAS番号
炭酸ジエチル (C₂H₅O)₂CO	118.1	−43.0	126	25							4.07	105-58-8
チオフェン C₅H₁₀O	84.14	−38.3	84	−1		0.39					2.9	110-02-1
テトラヒドロピラン SCH=CHCH=CH	86.13	−49.2	81	−20		0.22 @4.7%					2.97	142-68-7
テトラヒドロフラン C₄H₈O	72.11	−108.5	66	−14	321	0.54	2.0	11.8			2.49	109-99-9
トリエチルアミン (C₂H₅)₃N	101.2	−114.5	89	−7 oc	249	0.75	1.2	8.0			3.49	121-44-8
トリエチレングリコール (2,2-エチレンジオキシジエタノール) HOCH₂CH₂OCH₂CH₂OCH₂CH₂OH	150.2	−9.4	288	177	371		0.9	9.2			5.18	112-27-6
1,1,1-トリクロロエタン CH₃CCl₃ / 1,1,1-トリクロロエタン (酸素中)	133.4	−32.8	74	none		0.092	7.5 / 5.5	12.5 / 57			4.6	71-55-6
トリクロロエチレン (三塩化エチレン) CCl₂=CHCl	131.4	−88.0	87	none	420		8 @25℃	10.5 @25℃			4.53	79-01-6
トリクロロシラン (三塩化シラン) SiHCl₃	135.45	−134	32	−14 oc	93	0.017					4.6	10025-78-2
トリメチルアミン (CH₃)₃N	59.11	−117.2	3	−13	190		2.0	11.6			2.04	75-50-3
2,2,4-トリメチルペンタン (イソオクタン) (CH₃)₃CCH₂CH(CH₃)₂	114.2	−107.380	99	−12	415	1.35	0.95	6.0			3.93	540-84-1

気体・液体蒸気	分子量	融点 (℃)	沸点 (℃)	引火点 (℃)	発火温度 (℃)	最小着火エネルギー (mJ)	爆発下限 (vol%)	爆発上限 (vol%)	爆発圧力 (MPa)	最大圧力上昇速度 (MPa/s)	蒸気密度	CAS 番号
2,2,4-トリメチル-2-ペンテン (ジイソブチレン) CH₃CH=C(CH₃)C(CH₃)₃	112.2		105	2 oc	305	0.96	1.1	6.0			3.9	107-40-4
トルエン (C₆H₅CH₃)	92.14	-94.99	111	4	480	0.24	1.27	7.0	0.64	16.6	3.18	108-88-3
二塩化エチリデン (1,1-ジクロロエタン) CHCl₂CH₃	98.96	-96.7	57-59	-17	458		5.4	11.4			3.41	75-34-3
ニトロエタン CH₃CH₂NO₂	75.07	-90	114	28	414		3.4				2.59	79-24-3
1-ニトロプロパン CH₃(CH₂)₂NO₂	89.1	-108	131	36	421		2.2				3.07	108-03-2
2-ニトロプロパン CH₃CH(NO₂)CH₃	89.1	-93	120	24	428		2.6	11.0			3.07	79-46-9
ニトロベンゼン (C₆H₅)NO₂	123.1	5.85	211	88	482		1.8 @93℃				4.24	98-95-3
ニトロメタン CH₃NO₂	61.04	-28.37	101	35	418		7.3				2.10	75-52-5
二硫化炭素 CS₂	76.14	-111.99	46	-30	90	0.009 @7.8%	1.0	50.0			2.63	75-15-0
ネオペンタン (2,2-ジメチルプロパン) CH₃C(CH₃)₂CH₃	72.15	-16.55	9		450	1.57	1.4	7.5			2.49	463-82-1
ヒドラジン N₂H₄	32.05	1.4	113	38		0.082	2.9	98			1.11	302-01-2
ビニルアセチレン (ブテン-3-イン) HCCCH=CH₂	52.08		5				1.7	100			1.8	689-97-4

気体・液体蒸気	分子量	融点(℃)	沸点(℃)	引火点(℃)	発火温度(℃)	最小着火エネルギー(mJ)	爆発下限(vol%)	爆発上限(vol%)	爆発圧力(MPa)	最大圧力上昇速度(MPa/s)	蒸気密度	CAS番号
ビフェニル $(C_6H_5)(C_6H_5)$	154.2	71	254	113	540		0.6 @111℃	5.8 @155℃			5.32	92-52-4
ピリジン (C_5H_5N)	79.1	-41.8	115	20	482		1.8	12.4			2.73	110-86-1
ピロール C_4H_5N	67.09	-24	130	39		3.4 @3.83%					2.31	109-97-7
フェネトール $C_6H_5OC_2H_5$	122.2	-29.5	172	63							4.21	103-73-1
フェノール C_6H_5OH	94.11	40.95	181	79	715		1.8	8.6			3.25	108-95-2
1,3-ブタジエン $CH_2=(CH)_2=CH_2$	54.09	-108.915	-4		420	0.13 @5.2%	2.0	12			1.87	106-99-0
1-ブタノール $CH_3(CH_2)_3OH$	74.12	-89.53	117	37	343		1.4	11.2	0.72 @6%	18.6 @6%	2.56	71-36-3
フタル酸ジブチル $(C_6H_4)(COO(CH_2)_3CH_3)_2$	278.3	-35	340	157	402		0.5 @235℃				9.60	84-74-2
ブタン C_4H_{10} ブタン(酸素中)	58.12	-138.3	-1	-60	287	0.25 @4.7% 0.009	1.6 1.6	8.4 49	0.67 @4〜5%	15.9 @5%	2.00	106-97-8
ブチルアミン $CH_3(CH_2)_3NH_2$	73.14	-50.5	78	-12	312		1.7	9.8			2.52	109-73-9
t-ブチルアルコール $(CH_3)_3COH$	74.12	25.6	83	11	478		2.4	8.0			2.56	75-65-0
t-ブチルペルオキシド (ジ-t-ブチルパーオキサイド) $(CH_3)_3COOC(CH_3)_3$	146.23	-40		18		0.41					5.03	110-05-4
n-ブチルアルデヒド $CH_3CH_2CH_2CHO$	72.11	-99	76	<-22	218		1.9	12.5			2.49	123-72-8

気体・液体蒸気	分子量	融点 (℃)	沸点 (℃)	引火点 (℃)	発火温度 (℃)	最小着火エネルギー (mJ)	爆発下限 (vol%)	爆発上限 (vol%)	爆発圧力 (MPa)	最大圧力上昇速度 (MPa/s)	蒸気密度	CAS番号
n-ブチルベンゼン $CH_3(CH_2)_3(C_6H_5)$	134.2	-87.54	180	71 oc	410		0.8	5.8			4.63	104-51-8
1-ブテン $CH_3CH_2CH=CH_2$	56.11	-185.35	-6		385		1.6	10.0			1.93	106-98-9
フラン C_4H_4O	68.08	-85.68	31	<0		0.22	2.3	14.3			2.35	110-00-9
フルフラール (2-フルアルデヒド) $C_5H_4O_2$	96.09	-38.7	161	60	316		2.1	19.3			3.31	98-01-1
1-プロパノール (プロピルアルコール) $CH_3(CH_2)_2OH$	60.1	-126.5	97	23	412		2.2	13.7			2.07	71-23-8
2-プロパノール (イソプロピルアルコール) $(CH_3)_2CHOH$	60.1	-89.5	83	12	399	0.51	2.0	12.7 @93℃	0.64 @6%	13.2 @6%	2.07	67-63-0
プロパン $CH_3CH_2CH_3$ プロパン(酸素中)	44.1	-187.69	-42	-104	450	0.25 @5.2% 0.0021	2.1	9.5	0.66 @5%	17.3 @5%	1.52	74-98-6
1,2-プロパンジオール (プロピレングリコール) $CH_3CH(OH)CH_2OH$	76.1	-59.5	188	99	371		2.6	12.5			2.62	57-55-6
プロピオンアルデヒド (プロパナール) CH_3CH_2CHO	58.08	-80.05	49	-30	207	0.32	2.6	17			2.00	123-38-6
プロピオン酸 CH_3CH_2COOH	74.08	-20.83	147	52	465		2.9	12.1			2.55	79-09-4
プロピオン酸エチル $C_2H_5OOCCH_2CH_3$	102.1	-73.9	99	12	440		1.9	11			3.52	105-37-3

気体・液体蒸気	分子量	融点 (℃)	沸点 (℃)	引火点 (℃)	発火温度 (℃)	最小着火エネルギー (mJ)	爆発下限 (vol%)	爆発上限 (vol%)	爆発圧力 (MPa)	最大圧力上昇速度 (MPa/s)	蒸気密度	CAS 番号
プロピルアミン CH₃CH₂CH₂NH₂	59.11	−83.0	49	−37	318		2.0	10.4			2.04	107-10-8
プロピルベンゼン (C₆H₅)(CH₂)₂CH₃	120.2	−99.56	159	30	450		0.8	6.0			4.14	103-65-1
プロピレン CH₃CH=CH₂	42.08	−185.25	−47		455	0.28	2.0	11.0			1.45	115-07-1
プロピレンオキシド (酸化プロピレン) CH₃CHCH₂O	58.08	−111.8	35	−37	449	0.13 @7.5%	2.3	36.0			2.00	75-56-9
プロピン (メチルアセチレン) CH₃CCH	40.07	−104	−23			0.11	1.7				1.40	74-99-7
ブロモベンゼン (臭化フェニール) (C₆H₅)Br	157.0	−30.6	156	51	565		1.6				5.41	108-86-1
2-ヘキサノン (メチルブチルケトン) CH₃CO(CH₂)₃CH₃	100.2	−56.9	128	25	423		1.2	8.0			3.46	591-78-6
3-ヘキサノン (エチルプロピルケトン) CH₃CH₂CO(CH₂)₂CH₃	100.2		123	35 oc	575		約1	約8			3.46	589-38-8
ヘキサン CH₃(CH2)₄CH₃ ヘキサン (酸素中)	86.18	−95.348	69	−22	225	0.24 @3.8% 0.006	1.1 1.2	7.5 52	0.64 @2.5%	17.3 @2.5%	2.97	110-54-3
1-ヘプタノール H₃C(CH₂)₅CH₂OH	116.2	−34.03	177	77	275						4.01	111-70-6
ヘプタン CH₃(CH₂)₅CH₃	100.2	−90.610	98	−4	204	0.24 @3.4%	1.05	6.7			3.46	142-82-5

気体・液体蒸気	分子量	融点 (℃)	沸点 (℃)	引火点 (℃)	発火温度 (℃)	最小着火エネルギー (mJ)	爆発下限 (vol%)	爆発上限 (vol%)	爆発圧力 (MPa)	最大圧力上昇速度 (MPa/s)	蒸気密度	CAS 番号
ベンジルアルコール C$_6$H$_5$CH$_2$OH	108.1	−15.5	206	93	436						3.73	100-51-6
ベンゼン C$_6$H$_6$	78.12	5.533	80	−11	498	0.2 @4.7%	1.3	8.0	0.67 @4%	15.9 @3−4%	2.69	71-43-2
1-ペンタノール CH$_3$(CH$_2$)$_4$OH	88.15	−78.85	138	33	300	1.2	10.0 @100℃				3.04	71-41-0
2-ペンタノン (メチルプロピルケトン) CH$_3$COCH$_2$CH$_2$CH$_3$	86.14	−77.75	102	7	452		1.5	8.2			2.97	107-87-9
3-ペンタノン (ジエチルケトン) CH$_3$CH$_2$COCH$_2$CH$_3$	86.14	−39.8	103	13 oc	450		1.6				2.97	96-22-0
ペンタン CH$_3$(CH$_2$)$_3$CH$_3$	72.15	−129.7	36	<−40	260	0.28 @3.3%	1.5	7.8			2.49	109-66-0
1-ペンテン CH$_3$(CH$_2$)$_2$CH=CH$_2$	70.14	−165.22	30	−18 oc	275		1.5	8.7			2.42	109-67-1
cis-2-ペンテン H$_3$CCH$_2$CH=CHCH$_3$	70.14	−151.39	37	<−20	275	0.18 @4.4%	1.4	8.7			2.42	627-20-3
ホルムアルデヒド HCHO	30.03	−118	−19		424		7.0	73			1.04	50-00-0
ホルムアルデヒドジメチルアセタール (メチラール) (CH$_3$O)$_2$CH$_2$	76.1	−104.8	44	−32 oc	237	0.20 * @6.8%	2.2	13.8			2.62	109-87-5
無水酢酸 (CH$_3$CO)$_2$O	102.1	−68	140	49	316		2.7	10.3			3.52	108-24-7
メタノール CH$_3$OH	32.04	−97.78	64	11	464	0.14 @14.7%	6.0	36.0	0.62 @15%	20.9 @15%	1.10	67-56-1

気体・液体蒸気	分子量	融点 (℃)	沸点 (℃)	引火点 (℃)	発火温度 (℃)	最小着火エネルギー (mJ)	爆発下限 (vol%)	爆発上限 (vol%)	爆発圧力 (MPa)	最大圧力上昇速度 (MPa/s)	蒸気密度	CAS番号
メタン CH_4	16.04	−182.76	−162	−187	537	0.21 @8.5%	5.0	15.0			0.55	74-82-8
メタン (酸素中)						0.0027	5.1	61				
メタン (酸化窒素中)						8.7						
メチルアミン CH_3NH_2	31.06	−93.46	−6		430		4.9	20.7			1.07	74-89-5
メチルシクロヘキサン $C_6H_{11}CH_3$	98.19	−126.34	101	−4	250	0.27 @3.5%	1.2	6.7			3.39	108-87-2
2-メチルペンテン $CH_2=C(CH_3)CH_2CH_2CH_3$	84.16		62	<−7	300	0.18 @4.4%					2.91	27236-46-0
メチルビニルエーテル $CH_2=CHOCH_3$	58.08	−122	6		287		2.6	39			2	107-25-5
2-メチルプロペン (イソブテン, イソブチレン) $(CH_3)_2C=CH_2$	56.11	−140.35	−7		465		1.8	9.6			1.93	115-11-7
4-メチル-2-ペンタノン (メチルイソブチルケトン) $CH_3C(=O)CH_2CH(CH_3)_2$	100.2	−83.5	118	18	448		1.2 @93℃	8.0 @93℃			3.46	108-10-1
硫化水素 H_2S	34.08	−82.9	−60		260	0.068	4.0	44			1.18	7783-06-4
硫化ジメチル $(CH_3)_2S$	62.13	−98.25	37	<−18	206	0.48	2.2	19.7			2.14	75-18-3

1) この表は「静電気安全指針2007」（労働安全衛生総合研究所）の付録の転載である。
2) 主要な参考文献
　L. G. Britton : Avoiding static ignition hazards in chemical operations. American Institute of Chemical Engineers. New York, 1999.
　NFPA : NFPA 77 Recommended practice on static electricity 2000 edition, 2000.
　NFPA : NFPA 325 Fire hazard properties of flammable liquids, gases, and volatile solids, 1994 edition, 1994.
3) 沸点は1気圧での値である。一定の沸点とならない場合はASTM D 86, Standard method of test for distillation of petroleum products によって求められた蒸留点の10%の値である。

4) 引火点の大部分は closed cup test の値である．open cup test の値は oc で付記してある

5) 発火温度は ASTM D 286 または ASTM D 2155 のどちらかの方法によって測定された値である．なお，ASTM D 2155 は ASTM E 659 に置き換えられている．

6) 最小着火エネルギーと爆発限界は明記のない限り，常温（主に 25℃），空気 1 気圧での値である．*を付記したものは産業安全技術協会にて測定されたもので，文献値 NFPA 77 よりも小さい場合である．測定条件を示す"@"の後の数値の単位% は vol% のこと．

7) 最小着火エネルギーは濃度の明記がない限り，最低最小着火エネルギー（LMIE）である．

8) 最大圧力上昇速度，爆発圧力は明記のない限り，常温常圧下での値である．

（2）可燃性粉じんの着火性

粉じん	平均粒径 (μm)	爆発下限 (g/m³)	最大爆発圧力 (bar)	KSt (bar·m/s)	発火温度 (℃)	くすぶり温度 (℃)	最小着火エネルギー (mJ)	発炎性クラス
木綿・木粉・ピート（泥炭）								
紙パルプ	29		9.8	168				
紙粉	<10		5.7	18	580	360		
紙粉（ティッシュ）	54	30	8.6	52	540	300		4
紙粉（フェノール樹脂処理）	23	30	9.8	190	490	310		
セルロース	51	60	9.3	66	500	380	250	5
ピート（水分 15%）	58	60	10.9	157	480	320		4
ピート（水分 22%）	46	125	8.4	69	470	320		4
ピート（水分 31%）	38	125	8.1	64	500	320		
ピート（水分 41%）	39	爆発せず	*	*	500	315		4
ピート（フルイ付着粉）	74	125	8.3	51	490	310		
ピート（堆積粉）	49	60	9.2	144	−360	295		
木粉	33				500	320	100	
木粉	80				480	310	7	
木粉（切屑）	43	60	9.5	102	490	320		3
木粉（ボール紙，黄麻）		30	5.8	26	610	360	245	5
木綿（ボール紙，黄麻，樹脂）		30	8.4	67	520	350	3	5
木綿	44	(100)	7.2	24	560	350		3
リグニン	18	15	8.7	208	470	>450		5

粉じん	平均粒径 (μm)	爆発下限 (g/m³)	最大爆発圧力 (bar)	KSt (bar·m/s)	発火温度 (℃)	くすぶり温度 (℃)	最小着火エネルギー (mJ)	発炎性クラス
石炭・石炭関連物								
アスファルト	29	15	8.4	117	550	溶		
活性炭	18	60	8.8	44	790	>450		4
活性炭	22	爆発せず	*	*	670	335		4
活性炭（水分16%）	46	125	8.4	67	(630)			
褐炭	41		9.1	123	420	230	160	4
褐炭（電気集じん機から）	55	60	9.0	143	450	240		4
褐炭（粉砕機から）	60		8.9	107	420	230	230	3
褐炭（グラファイト化）	28	爆発せず	*	*	>850	>450		
褐炭/無煙炭（80：20）	40	60	8.4	108	440	230	>4000	
褐炭/無煙炭（20：80）	<10		0.4	1	590	280		
褐炭コークス	290	250	8.4	115	560	>450		3
無煙炭（集じん機から）	<10	爆発せず	*	*	>850	360		
木炭	14	60	9.0	10	520	320		4
木炭	19	60	8.5	117	540	270		
木炭	>500	爆発せず	*	*	>850	>450		
瀝青炭	<10		9.0	55	590	270		
瀝青炭（ペトロコーラ）	38	125	8.6	86	610	360		
瀝青炭（高揮発分）	4	60	9.1	59	510	260		
その他の天然有機物								
亜麻（含脂）	300		6.0	17	(440)	230		
オイルシェール	20	125	5.2	35	520	290		2
オイルシェール	32	爆発せず	610	>450				4
クルミ殻		(100)						
血清粉末	57	60	9.4	85	610	>450		1

粉じん	平均粒径 (μm)	爆発下限 (g/m³)	最大爆発圧力 (bar)	KSt (bar·m/s)	発火温度 (℃)	くすぶり温度 (℃)	最小着火エネルギー (mJ)	発炎性クラス
小麦グルテン	48	30	8.7	105	540	溶		
石松子	55				410 (B)	280		
デキストリン		(100)	8.8	109	490	>450		2
皮革（集じん機から）								5
干草	200	125	8.0	47	470	310		
ホップ（発酵済）	490	125	8.2	90	420	270		
絹実飛翔体	245	125	7.7	35	(480)	350		3
農産物								
大麦（穀粒）	240				400 (B)		100	4
大麦	295	125	7.7	83	350	350		3
オート麦（穀粒）		750	6.0	14				
オリーブ錠剤		125	10.4	74	470 (B)		>1000	
果糖（集じん機から）	150	60	9.0	102	430	溶	<1	
果糖	200	60	7.0	28	440	440	180	
果糖	400	125	6.4	27	530	溶	>4000	
紅茶（水分 6%）		30	8.1	68	510 (B)			≥3
紅茶（ブラック、集じん機から）	76	125	8.2	59	510	300		4
コーヒー（集じん機から）	<10	60	9.0	90	470	>450		
コーヒー（精製品）	<10		6.8	11	460 (B)		>500	4
コーンスターチ	16	60	10.2	128	520	>450	300	2
コーンスターチ			9.7	158	520	440		2
ココア/砂糖混合物	500	125	7.4	43	580	460		2
ココア豆殻皮	125	125	8.1	68			>250	4
粉ミルク	165	60	8.1	90	460	330	75	
粉ミルク	235	60	8.2	75	450	320	80	

粉じん	平均粒径 (μm)	爆発下限 (g/m³)	最大爆発圧力 (bar)	KSt (bar·m/s)	発火温度 (℃)	くすぶり温度 (℃)	最小着火エネルギー (mJ)	発炎性クラス
粉ミルク（低脂肪，噴霧乾燥）	46	30	7.5	109			>100	
粉ミルク（全脂肪，噴霧乾燥）	88	60	8.6	83	520	330	540	2
小麦	50				500	>450	540	
小麦	57	60	8.3	87	430	>450	>100	
小麦					400 (B)			
小麦550	56	60	7.4	42	470	>450	400	3
小麦（穀粒）	80	60	9.3	112		290		3
小麦（穀粒）	125							3
小麦澱粉	20	60	9.8	132	500	535		3
米澱粉	18		10.0	190	530	420		3
米澱粉	18				470	390	90	3
米澱粉（水和化）	120	60	9.3	190	480	555		5
砂糖（アイシング，菓子用）	19				470	>450		5
脂肪/乳しょう混合物	330		7.0	23	450	410	180	5
脂肪粉（48％脂肪）	92	30	6.4	20				2
脂肪粉					430 (B)		>100	
タバコ	49		4.8	12	470	280		2
タピオカ（粒状）	44	125	9.0	53	(450)	290		4
大豆	20	(200)	9.2	110	620	280		2
トウモロコシ種子屑（水分9％）	165	30	8.7	117	440 (B)		>10	
肉エキス（21％澱粉）			5.1	12	500 (B)		>1000	
肉粉	62	60	8.5	106	540	>450		2
乳しょう脂質改良剤	400		7.2	38	450	420	90	5
乳糖	10	60	8.3	75	440	溶	14	5
乳糖	27	60	8.3	82	490	460		2

粉じん	平均粒径 (μm)	爆発下限 (g/m³)	最大爆発圧力 (bar)	KSt (bar·m/s)	発火温度 (℃)	くすぶり温度 (℃)	最小着火エネルギー (mJ)	発炎性クラス
フィッシュミール	320	125	7.0	35	530			
ブドウ糖（粗）	22							2
ブドウ糖（粗）	80	60	4.3	18	500	570		3
米粉		60	7.4	57	360 (B)		>100	
ポテト	65	125	9.1	69	480	>450		3
ポテト（顆粒状）			6.4	21	440 (B)		>250	
ポテト（澱粉）		30	7.8	43	420 (B)		>1000	3
ポテト（澱粉）	32		(9.4)	(89)	520	>450	>3200	2
ライ麦	29		8.9	79	490	>450		
ラクトース（集じん機から）	22	125	6.9	29	450	>450	80	
ラクトース（サイクロンから）	23	60	7.7	81	520	>450		3
レモン錠剤		60	7.7	39	460 (B)		250	
プラスチック・樹脂・ゴム								
アクリロニトリル・ブタジエン・スチレン共重合体	200	60	9.2	147	480	>450		5
エポキシ樹脂（樹脂60%, 酸化チタン36%）	23		7.8	155				
エポキシ樹脂（樹脂60%, 酸化チタン36%）	26	30	7.9	129	510	溶		2
エポキシ樹脂（アルミニウム入）	34		8.9	208	570	溶		
エポキシ樹脂（粉体塗装機から）	55	(100)						2
ゴム	34	(100)	7.4	106				5
ゴム（粉砕機から）	80	30	8.5	138	500	230	13	5
ゴム（天然, カウチョウク）	95	30	9.5	192	450	230		
ゴム（合成）	80	15	8.6	145	450	240		5
2,5-酢酸セルロース	19	30	9.8	180	520	>450		
シリコン樹脂	100	60	7.2	80	480	溶		
樹脂（集じん機から）	40	30	8.7	108	460	溶		

粉じん	平均粒径 (μm)	爆発下限 (g/m³)	最大爆発圧力 (bar)	KSt (bar·m/s)	発火温度 (℃)	くすぶり温度 (℃)	最小着火エネルギー (mJ)	発炎性クラス
静電塗装粉体（エポキシ）	29	30	8.9	100	540	溶		2 (3)
静電塗装粉体（ポリウレタン）	29	30	7.8	89	490	溶		2 (2)
セラック（天然樹脂）	15	15	7.6	144				2
フェノール樹脂	<10	15	9.3	129	610	>450		
フェノールホルムアルデヒド樹脂	60	(100)						4
ホルムアルデヒド・尿素（成形体）	13	60	10.2	136	700	390		2
ホルムアルデヒド・メラミン（成形体）	14	60	10.2	189	800	>440		2
ポリアクリレート	62	125	6.9	38	460	420	>1800	5
ポリアクリロアミド	10	250	5.9	12	780	410		2
ポリアクリロニトリル	63	60	7.4	41				
ポリミド樹脂	15	30	8.9	105	450	溶		
ポリミド絹屑	37	30	9.8	93	520	溶		2 (3)
ポリウレタン	3	<30	(7.8)	(156)	570	溶		5
ポリエステル	<10		10.1	194		溶		5
ポリエステル樹脂（ガラス混入）	14	(100)						
ポリエチレン	72		7.5	67	440	溶		
ポリエチレン（高圧法）	280		6.2	20	470	溶		
ポリエチレン（低圧法）	26		8.7	104	490	>450		
ポリエチレン（低圧法）	<10	(30)	8.0	156	420	溶		2 (5)
ポリエチレン（低圧法）	150	125	7.4	54	480	溶		3 (5)
ポリエチレン（低圧法）	245	125	7.5	46	460	溶		3 (5)
ポリ塩化ビニール	<10	30	8.4	168	530	340		
ポリ塩化ビニール	125	30	7.7	68	750	>450	>2000	
ポリ塩化ビニール（乳化重合　97.5%PVC）	25	125	8.2	42	790	350	>2000	
ポリ塩化ビニール（乳化重合　97%PVC）	51	125	8.5	63				

粉じん	平均粒径 (μm)	爆発下限 (g/m³)	最大爆発圧力 (bar)	KSt (bar·m/s)	発火温度 (℃)	くすぶり温度 (℃)	最小着火エネルギー (mJ)	発炎性クラス
ポリ塩化ビニル（懸濁重合）	105	125	7.7	45	510	>450		2
ポリ塩化ビニル（懸濁重合）	137	爆発せず	*	*	>800	>450		—
ポリ酢酸ビニル（共重合体）	20	60	8.7	86	660	溶		2
ポリスチレン（共重合体）	155	30	8.4	110	450	溶		
ポリスチレン（硬，発泡）	760		8.4	23				
ポリビニルアルコール	26	60	8.9	128	460	溶		5
ポリビニルアルコール	56	60	8.3	83	460	溶		5
ポリプロピレン	25	(30)	8.4	101	410	溶		3 (5)
ポリプロピレン	162	(200)	7.7	38	440	溶		2 (5)
ポリメタクリルイミド	105	30	9.6	125	530	溶		5
ポリメタクリレート	21	30	9.4	269	550	溶		5
ポリメタクリレート		15	8.0	199				—2
メチルメタクリレート・ブタジエン・スチレン	135	30	8.6	120	470	溶	11	5
メチルメタクリレート・ブタジエン・スチレン	150	30	8.4	114	480	溶	30	5
メラミン樹脂	18	125	10.2	110	840	>450		2
メラミン樹脂	57	60	10.5	172	470	>450		2
ワックス（N,N－エチレンジステアリン酸アミド）	10	15	8.7	269				2 (2)
医薬品・化粧品・農薬								
L(+)-アスコルビン酸	14	60	6.6	48	490	溶		2 (5)
アスコルビン酸	39	60	9.0	111	460	溶		2 (5)
L(+)-アスコルビン酸ナトリウム	23	60	8.4	119	380	380		2
アセチルサリチル酸		15	7.9	217	550 (B)			2 (5)
アミノフェナジン	<10		10.3	238	330			
2-エトキシベンズアミド		15	8.6	214	490 (B)	溶		2 (5)
カフェイン		30	8.2	165	>550 (B)	溶		2 (5)

粉じん	平均粒径 (μm)	爆発下限 (g/m³)	最大爆発圧力 (bar)	KSt (bar·m/s)	発火温度 (℃)	くすぶり温度 (℃)	最小着火エネルギー (mJ)	発炎性クラス
システイン水和物	<10	125	7.4	40	420	溶	>2000	
L-システィン	15	60	8.5	142	400	溶	40	
ジギタリス	46	250	8.5	73				
ジメチルアミノフェナゾン	<10		10.0	337				
ナイスタチン（抗生物質）	5	(500)						5
ナイスタチン（有機亜鉛化合物）	<10	60	9.0	154	480	300		
ナイスタチン（Maneb）	<10				380	200	>2500	
農薬	<10	60	8.6	151	410	320		
パラセタモール		15	7.9	156		溶		2 (5)
メチオニン	<10	30	9.4	143	390	溶	9	5
メチオニン	<10	30	8.7	128	390	溶	100	5
中間化学物質（その他）								
アジピン酸	<10	60	8	97	580	溶		2 (5)
アジジカルボン酸アミド	<10		12.3	176				
油吸着剤	65	60	7.2	42	540	>450		
アルキン酸プロピレングリコール	115	125	8.8	82	440	450		2 (5)
安息香酸		(30)						
アントラキノン	<10		10.6	364	600	溶		
アントラキノン	12	30	9.1	91				
アントラセン	235	15	8.7	231	510	>450		
一水和ベタイン	710	60	8.2	63	275	>450		
エチルセルロース	40		8.1	162	−330	溶		
エポキシ樹脂硬化剤	17	60	10	64	>850	溶		2
塩酸ベタイン	<10	60	9.8	114	400	>450		3
過酸化メラミン	24	250	12.2	73	>850			2

粉じん	平均粒径 （μm）	爆発下限 （g/m³）	最大爆発圧力 （bar）	KSt （bar·m/s）	発火温度 （℃）	くすぶり温度 （℃）	最小着火エネルギー （mJ）	発炎性クラス
カゼイン	24	30	8.5	115	560	>450		
カゼインソーダ（集じん機から）	17	60	8.8	117	560	>450	740	
カルボキシメチルセルロース	<15		9.2	184				
カルボキシメチルセルロース	71	125	8.9	127	390	320		3
金属石鹸（ステアリン酸 Ba/Pb）		15	8.1	180				2（2）
金属石鹸（ベヘノキシル酸亜鉛）		15	8.1	119				2（3）
クロロアセトアミド	170	（200）						2（2）
酢酸カルシウム	92	500	5.2	9	730	>460		2
サポニン	13		9.4	150	440	>450		3
サリチル酸		（30）						2（5）
シアナミド亜鉛	<10	爆発せず	*	*	>850	>450		3
シアナミド亜鉛	600		（4.8）	（53）				2
シアノアクリル酸メチルエステル	260	30	10.1	269	500	>450		5
クラミン酸ナトリウム（ジクロヘキサンスルファミン酸）	260							5
酒石酸	480							2
酒石酸三ナトリウム	800							2
1,3-ジエチルジフェニル尿素	<10	15	8.8	163	530	溶		2（5）
1,3-ジエチルジフェニル尿素	1300	30	8.7	116	600	溶		2（5）
ジシアンジアミド	<10		3.7	9	>850	>450		
ジニトリルテレフタル酸		<30	8.8	260				5
ジフェニルウレタン	128	30	8.9	218	660	溶		2
ジフェニルウレタン	1100	30	7.6	51	660	溶		2
ジメチルテレフタル酸	27	30	9.7	247	460	>450		2
水素シアナミドナトリウム	40	125	7.0	47	460	溶		
ステアリン酸	1300	8	7.2	34	500	溶		1（1）

粉じん	平均粒径 (μm)	爆発下限 (g/m³)	最大爆発圧力 (bar)	KSt (bar·m/s)	発火温度 (℃)	くすぶり温度 (℃)	最小着火エネルギー (mJ)	発炎性クラス
ステアリン酸カルシウム	16	30	9.3	133	620	>450	25	
ステアリン酸鉛	15	60	9.1	111	600	>450	3	
ステアリン酸亜鉛		(100)						2 (5)
ステアリン酸亜鉛	13				520	溶	5	
ステアリン酸カルシウム	<10				520	溶	9	
ステアリン酸カルシウム	<10	30	9.2	99	580	>450	16	
ステアリン酸カルシウム	145	30	9.2	155	550	>450	12	
ステアリン酸ナトリウム	22	30	8.8	123	670	溶		2
ステアリン酸マグネシウム		(100)						2 (2)
ステアリン酸鉛	<10				480	溶	<1	
ステアリン酸鉛	12	30	9.2	152	630	溶		5
セルロース・イオン交換樹脂	<10	60	10.0	91	410	>450		5
セルロース・イオン交換樹脂	112	30	9.4	112	-350	>465		5
多糖類	23	(500)						4
2,2-チオ二酢酸	75	30	6.5	72	350	410		2
チオ尿素	460	250	3.5	8	440	溶		2 (2)
チロシン（最終製品）	10							5
チロシン（原生成品）	15							5
トリメリット酸（無水）	1250	30	6.8	33	740	溶	>2500	2 (5)
ナトリウムアミド		(200)						2
2-ナフタル酸	<10	30	8.4	137	430	>450	5	
ナフタル酸（無水）	16	60	9.0	90	690	溶	3	
ナフタレン	95	15	8.5	178	660	>450	<1	(5)
乳化剤（炭化水素50%，脂肪30%）	71	30	9.6	167	430	390	17	
尿素	2900							1 (2)

粉じん	平均粒径 (μm)	爆発下限 (g/m³)	最大爆発圧力 (bar)	KSt (bar·m/s)	発火温度 (℃)	くすぶり温度 (℃)	最小着火エネルギー (mJ)	発炎性クラス
パラホルムアルデヒド	23	60	9.9	178	460	>480		5
パラホルムアルデヒド	27	60	10.7	222	460	>450		4
ビスコース絹屑	13	(100)						
ビフェノールＡエチレン	15	(500)	9.0	270				
ピリジンチオン亜鉛								2 (5)
フェノール（縮合生成物）	20	15	8.2	171	560	溶		2 (5)
フェロセン	95	15	8.3	267	500	>450	5	5
フタル酸（無水）		(100)						5
フタル酸メラミン	16	125	8.1	52	910	溶		2
フマル酸	215	(100)						5
ヘキサメチレンテトラミン	27	30	10.5	286				
ヘキサメチレンテトラミン	155		10.0	224	530	溶		3
ペクチナーゼ	34	60	10.6	177	510	>450	180	3
ペクチン	59	60	9.5	162	460	300		
ペンタエリスリトール	<10	30	9.6	120	460	溶	<1	2 (5)
ペンタエリスリトール（集じん機から）	85	30	9.1	188	490	溶	6	5
ペンタエリスリトール（集じん機から）	135	30	9.0	158		溶	27	5
ポリエチレンオキサイド	115	(30)						3 (5)
D(−)-マニット	67	60	7.6	54	460	溶		2
メタクリルアミド	580		8.5	113	530	>450	180	
メチルセルロース	22		10.0	157	400	380	12	
メチルセルロース	29	60	10.0	152	400	>450	105	5
メチルセルロース	37	30	10.1	209	410	450	29	5
メラミン	<10	1000	0.5	1	>850	>450		2
リグニンスルホン酸ナトリウム	58	(200)						2

粉じん	平均粒径 (μm)	爆発下限 (g/m³)	最大爆発圧力 (bar)	KSt (bar·m/s)	発火温度 (℃)	くすぶり温度 (℃)	最小着火エネルギー (mJ)	発炎性クラス
チタン	30				450	>450		
チタン（酸化処理）	35				380	400		
鉄（乾式集じん機から）	12	500	5.2	50	580	>450		
鉄/ケイ素/マグネシウム (22：45：26)	17		9.4	169	670	>450	210	
鉄/ケイ素/マグネシウム (24：47：17)	21		9.9	267	560	>450	35	
鉄カルボニール	<10	125	6.1	111	310	300		3
ニオブ（アルミニウム 6%）	250	(200)						2
鉄 (100% Cr-6)		(30)	(4.0)	(83)				2
フェロクロム	<10	500	6.4	86	>850	>450		
フェロシリコン (22：78)	21	125	9.2	87	>850	>450		
フェロマンガン	<10		6.8	84	730	>450		
マグネシウム	28	30	17.5	508				
マグネシウム	240	500	7	12	760	>450		5
マンガン（電気分解）	16		6.3	157	330	285		
マンガン（電気分解）	33		6.6	69				
モリブデン	<10	爆発せず	*	*	>850	390		
その他の無機化学製品								
硫黄	12				240	250		
硫黄	20	30	6.8	151	280		<1	5
硫黄	40				330	270	3	
硫黄	120				370	270	5	
一酸化チタン		(200)						4
グラファイト (99.5% 炭素)	7	<30	5.9	71	>600 (B)	680		1
硝安/ジシアンアミド (66：34)	50	250	7.0	21	390	>450		
水素化チタン		(200)						2

粉じん	平均粒径 (μm)	爆発下限 (g/m³)	最大爆発圧力 (bar)	KSt (bar·m/s)	発火温度 (℃)	くすぶり温度 (℃)	最小着火エネルギー (mJ)	発炎性クラス
すす	5	60	9.2	85	760	590		
すす（集じん機から）	<10	30	8.8	88	840	570		4
石油コークス	15	125	7.6	47	690	280		3
石油コークス	71	125	3.8	3	750	>450		3
石油コークス（石炭）	22	250	6.8	14	>850	>450		5
赤燐	18		7.9	526	400	340		4
炭化チタン		(100)						2
炭素繊維（99%）		(100)						4
二硫化モリブデン	19	250	5.6	37	520	320		
その他								
フラッシュ堆積物	21	60	8.6	91	580	260		1
研削粉（亜鉛）		(500)	(2.3)	(24)				4
研削粉（アルミニウム）		(30)	(5.7)	(214)	480 (B)			5
研削粉（カード板）	160	(100)						2
研削粉（チタン）	170	(100)						
研削粉（ポリエステル）	<10	30	9.5	153	500	>450		5
研削粉（ポリエステル）	25		9.4	237	550	>450		5
研削粉/研磨粉（ポリエステル）	<10				530	>450	<1	
研磨剤（亜鉛）	190	(200)			400 (B)	350		2
研磨剤（アルミニウム）	150		5.0	18	440	320		5
研磨剤（合湿）	600	(30)	6.2	11	580	340		2
研磨剤（真ちゅう）								4
ステアリン亜鉛/ベントナイト（90：10）		(100)						3
ステアリン亜鉛/ベントナイト（20：80）								2
ステアリン酸鉛，カルシウム混合物	35	(100)		116				2 (2)

粉じん	平均粒径 (μm)	爆発下限 (g/m³)	最大爆発圧力 (bar)	KSt (bar·m/s)	発火温度 (℃)	くすぶり温度 (℃)	最小着火エネルギー (mJ)	発炎性クラス
清精粉 (Al ブラシン)	25	30	11.4	360	590	450	<1	
繊維 (天然/合成)		(30)						5
炭化カルシウム/ジアミドライム/マグネシウム (72:18:10)	8	125	5.8	30				4
沈降室泥	23	60	7.7	96	430	260		5
トナー・樹脂	18				580 (B)	>450	<1	(5)
トナー/鉄粉	60	60	8.2	169	570 (B)	>450		
トナー	<10	60	8.9	196	520 (B)	溶	4	
トナー	<10	30	8.7	137	530 (B)	溶	<1	5
トナー	21	60	8.8	134	530 (B)	溶	<1	(3)
トナー	23	60	8.8	145	530 (B)	溶	8	(3)
フライアッシュ (電気集じん機から)	6	125	1.9	35				1
ブレーキライナー (研磨粉)	<10	250	6.9	71	530	310		2
ベントナイト/アスファルト/石灰/有機物 (15:45:35:5)	54	(100)						2
ベントナイト/石灰 (50:50)	42	(100)						
ベントナイト/有機化合物	35	60	7.4	123	430 (B)	>450		3
溶融炉飛散粉 (軽金属)	15		7.6	242	370 (B)	280		4

1) この表は「静電気安全指針2007」(労働安全衛生総合研究所) の付録の転載である.
2) 主な参考文献
Berufsgenossenschftliches Institu für Arbeitssichereit. BIA (1987) Brenn-und Explosions-Kenngrössen von Stäuben. Erich Schmidt Verlag, Bielefeld. 1987.
[IFA ((Institute for Occupational Safety and Health of the German Social Accident Insurance) : GESTIS Substance database]
3) 粉じん雲の発火温度を測定する装置として, Godbert-Greenwald 電気炉装置および BAM 電気炉装置による. "(B)" を付記したものは BAM, 何も付いていない値は Godbert-Greenwald によるものである.
4) くすぶり温度は直径100 mm, 厚み5 mm の円形粉体料層を金属板上に形成し, 金属板を加熱し, てくん燃現象を加熱し, くすぶり温度に至る最低温度を示す. 括弧内はその温度で2時間加熱しても くん燃に至らないことを示す. "溶" は加熱したとき, 溶融または溶解して粉体としての形態を失い, くすぶり温度が測定不能であることを示す.
5) 発炎性クラスは粉状堆積粉体を陶磁板に載せ, 粉体層の一端にガス炎または1000℃に加熱した白金線を接触させた場合, 次の現象に対応して分類した発炎性のクラスを示す. 括弧内は, 厚さ4 cm, 長さ2 cm は幅2 cm, 20 wt% の珪藻土 20 wt% の珪藻土を粉体試料に混合して測定した層の発炎性クラスを示す.
1:燃焼せず　2:発火するが, すぐ消火　3:部分的な燃焼
4:くん焼伝搬　5:火炎伝搬　6:爆発的な燃焼

(八島　正明)

文　　献

1）理科年表（平成 29 年，第 90 冊）(2017)
2）日本機械学会編：伝熱工学資料　改訂第 5 版，日本機械学会（2009）
3）日本熱物性学会編：新編熱物性ハンドブック，養賢堂（2008）
4）http://www.kayelaby.npl.co.uk/　（2018 年 4 月 2 日アクセス）
5）日本金属学会編：改訂 4 版　金属データブック，丸善（2004）
6）日本機械学会編：技術資料　流体の熱物性資料，丸善（1994）

索 引

火災便覧 第4版

1984 年 3 月 1 日　　新版 1 刷発行
1997 年 5 月 25 日　　第 3 版 1 刷発行
2018 年 11 月 20 日　　第 4 版 1 刷発行

編　者　日本火災学会　　ⓒ 2018

発　行　共立出版株式会社／南條光章
　　　　〒112-0006
　　　　東京都文京区小日向 4-6-19
　　　　電話　（03）3947-2511（代表）
　　　　振替口座　00110-2-57035
　　　　URL　www.kyoritsu-pub.co.jp

印　刷　藤原印刷株式会社
製　本　ブロケード

検印廃止
NDC 524.94
ISBN 978-4-320-07721-8

一般社団法人
自然科学書協会
会員

Printed in Japan

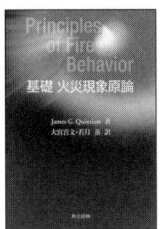

基礎 火災現象原論

James G.Quintiere著／大宮喜文・若月　薫訳

火災という現象が，あらゆる分野の学問の融合で成り立っているということを丁寧に説明。専門的用語も充実しており，使用される用語の定義を各章のポイントごとに，適宜，簡潔かつ明解に解説している。

【目次】火災科学のあゆみ／火の性質と燃焼／伝熱／着火／他

【B5判・216頁・定価（本体3,500円＋税）ISBN978-4-320-07703-4】

はじめて学ぶ建物と火災

日本火災学会編

建築系大学・専門学校2〜3年生を対象とした，火災の基礎から，消防設備設計，避難設計，防火・耐火設計などについてやさしく記述。

【目次】建物火災に対する安全／火災は意外と多い／ものが燃える，火が拡がる，熱が伝わる／火・煙から人をまもる／他

【B5判・194頁・定価（本体2,700円＋税）ISBN978-4-320-07697-6】

建築防災 建築学の基礎⑦

大宮喜文・奥田泰雄・喜々津仁密・古賀純子・勅使川原正臣・
福山　洋・遊佐秀逸著

建築学の基礎的要素として理解しておくべき建築と防災について，安全性の立場から，その理論と実際を図・写真を多用して詳述する。

【目次】概論／構造安全性／火災安全性／日常安全性

【A5判・266頁・定価（本体4,000円＋税）ISBN978-4-320-07664-8】

都市の大火と防火計画
―その歴史と対策の歩み―

菅原進一著

日本と欧米における代表的な大火の歴史を探り，それらの大火の性状やその時々の防火対策を概観しつつ，都市づくり・街づくり・建物造りと防火計画のあり方などを貴重な絵画・図版・写真等で解説する。

【A5判・244頁・定価（本体2,400円＋税）ISBN978-4-320-07693-8】

火災と建築

日本火災学会編

防火の基礎理論，火災の事例や科学，消防設備，避難設計，評価基準等を詳述。実践的な知識が学べるよう配慮した建築系学生の教科書。

【目次】建築防火概論／火災安全指針／火災実態／燃焼と火災性状／煙／伝熱／内・外装設計／消防設備設計／防排煙設計／他

【B5判・352頁・定価（本体4,700円＋税）ISBN978-4-320-07670-9】

（価格は変更される場合がございます）

共立出版

www.kyoritsu-pub.co.jp
https://www.facebook.com/kyoritsu.pub